L'OFFICIEL DE LA MUSIQUE 2014

Depuis 27 ans, ***L'Officiel de la musique*** est L'OUTIL de référence au service des professionnels, amateurs et partenaires du monde musical.

L'Officiel de la musique fidèle à sa vocation recense l'ensemble des acteurs professionnels intervenant dans le quotidien du secteur et son développement, soit plus de 25 000 contacts issus de l'ensemble des branches de la filière (musique enregistrée, spectacle, médias, formation, organismes, etc.) et de toutes les esthétiques qui composent les musiques actuelles (rock, chanson, musiques du monde, hip hop, jazz, musiques électroniques, etc.).

Ce guide-annuaire ne se contente pas de compiler les adresses, mais détaille ses fiches et présente les acteurs, « en situation », de façon à rendre leur contact sélectif et directement opérationnel.

Réactualisées et validées par les structures ou les individus référencés, ces fiches proviennent d'une sélection effectuée dans la base de données de l'Irma, alimentée par un réseau de 60 correspondants régionaux et expertisée par des permanents spécialisés dans chaque domaine.

L'objectif de cet ouvrage est de répondre aux usages et aux besoins d'acteurs en quête de contacts et de partenaires pour développer leurs projets. À demi-mot, l'espoir est qu'il contribue à rapprocher un peu plus ces métiers et passions qui construisent la filière comme autant de maillons d'une chaîne.

En ouverture, au fil d'une série d'entretiens, des artistes – de Kent à Chinese Man en passant par Jil is Lucky ou Psy4 de la Rime – racontent leur itinéraire et leurs stratégies de développement mises en place face aux mutations successives que connaît la filière musicale.

L'Officiel de la musique est une des nombreuses publications que l'Irma conçoit et édite. Nous proposons également de multiples autres services (formations, centres d'information, librairie, documentation, fiches pratiques, services en ligne, etc.) dont vous pourrez trouver toutes les présentations sur notre site **www.irma.asso.fr**.

L'Irma est soutenu par le ministère de la Culture et de la Communication (DGCA), ainsi que par l'Adami, le CNV, le FCM, la Sacem et la SPPF.

En quelques chiffres, *L'Officiel de la musique* c'est :

25 000 contacts professionnels répartis dans **80 métiers**
8 070 e-mails et **7 700 sites web**
1 600 artistes renvoyant vers leurs managers, tourneurs, maisons de disques, éditeurs.

1 900 structures du secteur de la musique enregistrée

- 770 labels
- 195 distributeurs, e-shops, sites de *streaming* et de VPC
- 300 spécialistes des éditions musicales et de la synchronisation
- 380 studios d'enregistrement et de *mastering*

2 550 diffuseurs de spectacles

- 1 060 salles, clubs et cafés-concerts
- 480 agents, tourneurs et producteurs de spectacles
- 650 festivals et tremplins

670 activités de services au spectacle

- Répétition
- Billetterie
- Régie générale
- Son / lumière
- Transport, *catering*…

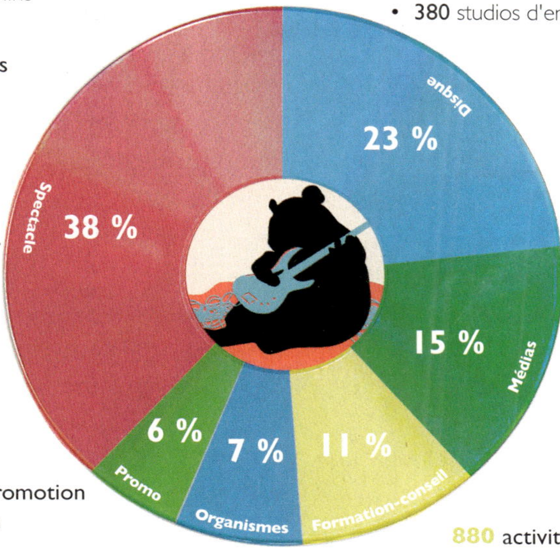

1 200 médias régionaux, nationaux et web, généralistes et spécialisés

- Presse
- Radio
- TV
- Journalistes

475 structures de promotion et de communication

- Attachés de presse
- Agences
- Salons pro
- Agendas concerts
- Communication visuelle
- Communication web

620 institutions et organismes professionnels régionaux, nationaux et internationaux

880 activités en :

- Conseil
- Ressource
- Accompagnement
- Formations techniques et administratives

Cahier spécial : « **Parcours d'artistes** » avec 9 entretiens de :
Kent, Jil is Lucky, Arnaud Rebotini, Chinese Man…

L'OFFICIEL DE LA MUSIQUE 2014 sommaire général

Dossier spécial

Spectacle

Médias

Promotion

Disque

Formation/Conseil

Organismes

Index

Parcours d'artistes

Parole aux artistes ! D'horizons et d'univers différents, neuf d'entre eux racontent ici leur parcours singulier, en développement pour certains, plus installé pour d'autres.

Dans ce panel, le chanteur **Kent** fait office de grand témoin avec sa quinzaine d'albums et ses presque 40 ans d'activisme musical. Il regarde les grands bouleversements subis par l'industrie d'un œil acerbe et fataliste tandis que les plus jeunes n'ont eu d'autre choix que d'avancer dans la tempête. **Mesparrow**, **Le Prince Miiaou** ou **Jil is Lucky** se sont appuyés sur Myspace à leurs débuts. Comme d'autres, **JC Satan** ou **Chinese Man** se sont construits au gré du *live* et des tournées. Entre les deux générations, des artistes éclos juste avant la crise comme **Arnaud Rebotini**, les **Psy4 de la Rime** ou **Chassol** se sont adaptés, chacun continuant son petit bonhomme de chemin à son rythme.

À les écouter raconter leur itinéraire, qu'ils soient solistes ou en groupe, nés dans la crise ou avant, une chose marque : ils se prennent en main et se sont fabriqués eux-mêmes, conscients de ce qu'ils font et des réalités économiques dans lesquelles ils évoluent.

Certains voient plus loin que le marché français et mettent la priorité à l'international. D'autres ont profité d'opportunités de synchronisation sur des publicités pour faire décoller leur renommée. Une constante aujourd'hui : la plupart des artistes accordent une importance grandissante à la vidéo et à l'image.

Bref, la multiactivité artistique est au cœur de certains parcours. Kent écrit pour d'autres, Rebotini et Chassol sont également arrangeurs, et les Psy4 de la Rime comme Chinese Man ont monté leur propre label qui leur permet aujourd'hui de développer de jeunes pousses. L'entraide et l'échange semblent des prolongements naturels à leurs activités artistiques... comme si, crise aidant, les liens s'étaient resserrés.

KENT

Chanteur français promu sur le devant de la scène avec son groupe rock Starshooter à la fin des années 1970, Kent a depuis roulé sa bosse à travers une riche carrière solo. Une carrière qui dure et qui l'amène également aujourd'hui à s'investir dans la défense du statut de l'artiste...

Quelles sont les étapes ou les rencontres qui ont été déterminantes dans votre carrière ?

Ma première rencontre importante a été celle du directeur artistique Philippe Constantin. C'était en 1977 ou 1978. Avec Starshooter, le groupe dans lequel je jouais, nous avions fait la première partie de Jacques Higelin, et c'est là que je l'ai rencontré. Nous avions fait un concert plutôt réussi, et il nous a laissé son numéro de téléphone... C'est à ce moment-là que j'ai découvert l'existence des directeurs artistiques. Mon entrée en matière dans le métier, c'est grâce à lui.

La seconde étape est intervenue 10 ans plus tard, lorsque j'ai quitté Lyon pour monter sur Paris et faire de la musique en solo. Starshooter s'était arrêté 4 ou 5 années auparavant, un peu comme s'arrêtent tous les groupes... On était arrivé au bout d'un truc, et chacun avait des envies différentes. Starshooter était un groupe de rock et, personnellement, j'avais aussi envie de faire autre chose que du rock. Du coup, à Lyon, je trouvais mon milieu musical un peu limité et je commençais à tourner en rond. À Paris, j'ai passé mon temps à rencontrer des gens et j'ai rencontré les bons compagnons. C'est comme ça que j'ai pu lancer ma carrière solo.

Comment s'est tissée votre carrière à partir de ce moment-là ?

Je me suis retrouvé à Paris et j'ai bossé entre autres avec le guitariste Jacques Bastello. Lui cherchait des textes, et moi je cherchais un musicien pour arranger mes chansons, voire m'aider à composer. À ce moment-là, j'ai découvert une autre façon de travailler avec d'autres personnes, sans pour autant que ce soit dans une ambiance de groupe. C'est également là que j'ai découvert le travail sur les premiers ordinateurs Atari. Il s'agissait d'une révolution pour l'époque, car on pouvait créer des arrangements avec. J'étais épaté. Je n'y comprenais pas grand-chose, mais j'étais épaté.

Les autres collaborations sont venues une fois que ma carrière solo a démarré. On a commencé à m'appeler pour écrire des textes pour d'autres chanteurs ou chanteuses. C'était quelque chose que je souhaitais faire depuis longtemps, et les opportunités se sont présentées à ce moment-là.

Quel regard portez-vous aujourd'hui sur l'industrie musicale ?

C'est un peu comme si j'étais sur le toit d'une maison et que je regardais passer l'inondation. J'ai une vision un peu fataliste. Pas désespérée, mais fataliste. Je ne sais pas où va l'industrie musicale, où ça mène... Cependant, j'aimerais bien que, dans cette histoire, on ne perde pas les acquis obtenus sur le statut de l'artiste et sur les droits d'auteur. Ok, nous sommes dans un bouleversement, et on ne sait pas quand tout ça va se stabiliser, mais en attendant, il ne faut pas jeter le bébé avec l'eau du bain. En ce moment, les *majors* sont en train de faire n'importe quoi juste pour des questions de profit à court terme. Elles sont en train de tout jeter pour garder leurs 15 % de bénéfice, et c'est extrêmement dangereux car c'est un jeu nuisible à la création.

À l'inverse, j'aime beaucoup la position de la France sur l'exception culturelle. Ce n'est pas le village d'Astérix qu'on défend, c'est une notion qui doit s'étendre au monde entier pour protéger la création.

Est-ce pour ces raisons que vous participez à la Gam, la Guilde des artistes de la musique ?

Oui, la Gam permet justement aux artistes de mettre en commun leurs réflexions, leurs questions et leurs inquiétudes, entre autres par rapport à cette inondation qui est en train de déferler.

Il s'agit d'un regroupement d'artistes principaux qui se réunissent, car le métier d'hier est en train de disparaître. Le fameux statut « d'artiste maison », engagé dans la durée auprès d'une maison de disques avec qui il peut discuter, négocier, parler de sa carrière, etc. est en train de disparaître. Aujourd'hui, les maisons de disques font des contrats à 360° qui sont beaucoup plus contraignants. Elles prennent l'argent sur les ventes de disques, mais également sur tout ce que fait l'artiste, voire sur tout ce qu'il est puisqu'elles se rémunèrent aussi sur son image, ce que je trouve très discutable. L'artiste peut devenir produit pour de la publicité sans qu'il ait son mot à dire ! D'un autre côté, ceux qui ne veulent pas signer ces contrats sont plus ou moins contraints de créer une nouvelle façon de faire de la musique, en passant par l'indépendance, ce qui est mon cas et celui de nombreux autres artistes aujourd'hui.

La Gam est une façon de partager les expériences de chacun et de voir ce qui est améliorable. C'est avant tout un *think tank* où on réunit les réflexions, et si tout le monde est d'accord sur un point, on monte au créneau au niveau des négociations, que ce soit au niveau du Parlement européen, des maisons de disques, des quotas radio, etc.

L'idée n'est pas de se substituer à des organismes qui nous aident comme l'Adami ou la Sacem, mais d'être présent à la table des négociations avec eux. Parce que l'Adami défend un certain aspect de notre travail, la Sacem aussi, les syndicats aussi, mais cela reste parcellaire. Nous voulons défendre notre statut de manière globale.

PSY4 DE LA RIME

Soprano, fondateur du groupe de rap marseillais Psy4 de la Rime, évoque leurs débuts juste « pour le style » jusqu'à l'avènement de leur structure de production et de management Only-Pro.

Comment tout a commencé pour les Psy4 de la Rime ?

C'est un truc très simple, nous sommes cousins et issus du même quartier.

Avec Rachid, mon meilleur ami, nous voulions faire de la musique. Le rap s'est imposé à nous comme une évidence. C'était la musique dans laquelle nous nous reconnaissions, la plus accessible quand tu viens d'un quartier, la musique que beaucoup de jeunes écoutaient également. Comme mes cousins Alonzo et Vicenzo étaient toujours avec moi, on a formé le groupe Psy4 de la Rime et nous avons fait tout de suite beaucoup de concerts...

Quels étaient les objectifs, les aspirations de départ ?

Au départ, nous voulions juste nous amuser. Nous faisions ça « pour le style »... Tant que nous arrivions à sortir de bonnes phases, que nous travaillions nos techniques, nous étions heureux. La musique nous permettait de rêver !

Dans un coin de notre tête, nous gardions tout de même l'idée de faire carrière. L'exemple d'IAM, nos aînés et voisins, nous avait montré la voie.

Quand êtes-vous véritablement entrés dans la carrière ?

Cela c'est fait indirectement et doucement. Il n'y a pas eu de déclic.

Lorsque Akhenaton nous a proposé un contrat d'artistes, nous étions en « mode carrière ». Cela faisait 7 ans que l'on tournait partout en France via le réseau des MJC et des centres sociaux.

Bien que nos 2 albums sortis en indépendant sur 361 Records (le label d'Akhenaton) aient été des succès, il nous fallait franchir un cap pour avoir certaines clés et accès à certains médias et à beaucoup de choses en fait. C'est pourquoi Akhenaton nous a conseillé d'aller dans une maison de disques plus solide, ce qui a permis de mieux développer notre projet et de penser notre carrière sur le long terme. Nous avons donc signé chez Barclay/Universal.

Quelles autres rencontres professionnelles ou artistiques se sont avérées déterminantes ?

Les membres d'IAM nous ont donné l'envie d'aller plus loin, de penser carrière plutôt que de faire un coup ou ce qu'on appelle un braquage musical. Ils nous ont montré quelles étaient les étapes à franchir petit à petit.

Artistiquement, NTM fut un véritable choc ! Nous étions partis les voir en concert alors que nous étions très jeunes... Sur scène ils étaient si parfaits, si monstrueux ! Ils nous avaient mis une telle gifle qu'ils nous ont fait prendre conscience de l'importance de la scène. Nous avons beaucoup travaillé celle-ci. Nous nous sommes entourés également d'un *staff* technique professionnel de qualité et nous remplissons des Zénith, de gros festivals, etc. Nous sommes loin des clichés du rap qui ne marche pas sur scène. C'est vrai que même encore aujourd'hui, sur certains concerts, des gens, qui ne connaissent pas bien le groupe, nous demandent « on vous met deux platines là et ça suffit ? ». Non cela ne se passe pas comme ça ! Car la scène fait partie intégrante de notre travail et de notre proposition artistique.

Aujourd'hui de plus en plus d'artistes décident, quelquefois contraints et forcés, de se prendre en main. Pourriez-vous me parler de votre structure Only-Pro ?

À la base, cela n'a aucun rapport avec le groupe. C'est juste que j'avais beaucoup de morceaux, de petites maquettes et des *mixtapes* que je voulais diffuser. Puis avec mes amis Mattéo, aujourd'hui gérant de la boîte, Mej, mon DJ ingénieur du son de notre studio, et Djamali, qui s'occupe de tout ce qui est *merchandising*, nous avons monté le label Street Skillz qui s'appelle aujourd'hui Only-Pro.

Notre exemple, encore une fois, c'était 361 Records. Créons notre label tôt, comme ça dans 5 à 10 ans, quand nous serons bien installés, nous pourrons produire des artistes que l'on aime. Et c'est ce que l'on fait aujourd'hui. À ses débuts, le label ne sortait que des *mixtapes* et ne s'occupait que du management de ma carrière solo. Progressivement, nous avons commencé à nous développer, à sortir des disques, ce qui nous a permis de récupérer les Psy4 de la Rime. Comme nous nous connaissons tous depuis l'enfance, il était logique que l'on se retrouve ensemble sur ce projet. Il fallait également que l'on fasse profiter de notre expérience dans le business à d'autres artistes, et c'est à partir de là que le management et la production d'autres artistes sont arrivés.

CHINESE MAN

Chinese Man est un collectif de DJ hip hop qui a construit sa réputation sur ses boucles fiévreuses et son parcours dans l'autoproduction. En récoltant notamment une synchro pour Mercedes, ils ont pu asseoir leur stratégie en toute indépendance et s'aventurent dorénavant à produire d'autres jeunes pousses... High-Ku, membre-fondateur, aux réponses.

Comment le groupe Chinese Man s'est-il monté ?

Nous avons monté le label Chinese Man Records avant le groupe, car notre premier objectif était de presser des vinyles pour passer de la musique hip hop en soirée. À la base, nous sommes trois producteurs et deux d'entre nous sont DJ. On a créé une structure en association et on a autoproduit notre premier maxi *Pandi Groove* en 2005. Finalement, c'est là que le projet du groupe a commencé, mais au départ, on n'avait pas spécialement envie de mettre des artistes ou un groupe en avant. L'idée était d'abord de produire des vinyles sous un nom, Chinese Man Records, qui représente et fédère les différents artistes que nous sommes. Le nom du groupe s'est imposé par la suite parce qu'on avait besoin d'être identifié, mais, initialement, on voulait juste monter un label pour sortir des vinyles.

Comment la carrière de Chinese Man a-t-elle basculé vers ce qu'elle est aujourd'hui ?

J'ai l'impression que cela s'est fait en deux phases. D'abord, nous avons très rapidement fait du *live*, ce qui nous a donné une identité assez forte auprès du public qui nous a perçu un peu plus comme un groupe. L'autre étape est que notre musique ait été choisie par Mercedes pour leur campagne de publicité TV. À cette époque, nos morceaux n'étaient sortis qu'en vinyle à 500 exemplaires, et le fait que Mercedes prenne un de ces morceaux pour le synchroniser sur sa pub a fait exister le groupe auprès d'un public plus large.

Avez-vous travaillé avec un éditeur musical pour obtenir cette synchronisation ?

Non, même pas ! Un des producteurs du label, qui a travaillé par ailleurs dans la pub, a placé notre musique sur des disques durs d'agence de pub. Les créatifs des agences peuvent ensuite y puiser des sons pour illustrer les images et donner des exemples aux marques. Au final, il s'est avéré que les créatifs et le client ont flashé sur un de nos morceaux qui s'appelle « I've got that Tune » et ils nous ont contactés. Cela nous a immédiatement obligé à nous professionnaliser et à prendre un avocat pour gérer le projet.

Comment avez-vous fait évoluer votre carrière suite à cela ?

Grâce à cette synchro, on a pu financer la production de disques pendant les deux années suivantes sans se soucier de ce qui allait se passer. Cela nous a permis d'installer un peu plus le groupe. Par la suite, on a sorti en CD une première compilation de ce qui était paru en vinyle, et c'est là que le groupe a vraiment pris plus d'importance.

À travers le label Chinese Man Records, vous avez construit votre parcours dans l'indépendance et l'autoproduction. Comment s'est structuré votre entourage professionnel?

On fonctionne depuis le début de manière très indépendante, que ce soit pour la production de disques, l'édition ou pour les tournées. Chinese Man Records, c'est un regroupement des forces qui étaient autour de nous, de nos connaissances qui se sont professionnalisées avec nous, que ce soit le régisseur, le *booker*, le *label manager*, ou aujourd'hui la personne qui fait la promo, voire le comptable, etc. On a tous grandi en même temps que le projet!

Mais il y a eu également des gens ou d'autres structures qui ont pu s'investir dans Chinese Man Records à un moment donné, souvent des indépendants qui pouvaient comprendre notre projet. Je pense notamment à Garance avec qui on s'est associé pour produire une date parisienne.

Comme nous n'avons pas franchi l'étape de signer en *major* ou dans une grande boîte de production, nous n'avons pas eu d'à-coups. Tout s'est fait de manière progressive. Même quand il y a eu Mercedes, on a saisi l'opportunité, mais on n'a pas sorti de disques tout de suite car on ne voulait pas être identifié uniquement par rapport à cette publicité. Il y a eu plein de *majors* qui nous ont fait des propositions à ce moment-là, mais l'idée était de construire notre carrière dans le temps, à notre rythme, en progressant par étapes et surtout en étant prêts pour passer ces étapes.

Quelles sont les perspectives pour le groupe et le label?

Les aventures du groupe et du label sont très liées et se sont faites en parallèle. Mais les choses sont en train de changer et deviennent plus distantes aujourd'hui.

Chinese Man, le groupe, a beaucoup tourné en France, et la priorité est maintenant de développer le projet à l'étranger via le *live*, car c'est aussi comme ça qu'on va chercher des distributions à l'étranger. C'est un peu le serpent qui se mord la queue cette histoire : s'il n'y a pas de distribution du disque, il est difficile de trouver des dates; mais, sans date, il n'y aura pas de distribution! Même si financièrement, c'est moins intéressant que de jouer en France, à un moment donné, il faut privilégier des pays comme l'Allemagne, l'Italie, l'Espagne, la Suisse ou la Belgique qui sont des pays où il y a des possibilités de distribution. Voilà pour Chinese Man! En sachant qu'en développant le groupe à l'étranger, forcément cela ouvre le pays pour le label et les autres artistes qu'on souhaite produire avec.

En ce moment, on se concentre d'ailleurs là-dessus, on revient au label et on travaille la sortie d'autres groupes. L'idée est de développer d'autres artistes comme Taiwan MC ou Deluxe qui va sortir un album cette année et faire du développement autour de ces projets-là. Donc encore et toujours, sortir des disques, commencer à trouver des dates, les faire exister dans les médias petit à petit, etc.

MESPARROW

Découverte par le *live*, l'artiste tourangelle Mesparrow a construit seule son projet artistique avant de s'entourer professionnellement. Prochaine étape, l'international.

Comment votre projet artistique a-t-il démarré?

Après avoir fait les Beaux-Arts, je suis partie à Londres. Rentrée en France, assez rapidement j'ai commencé à faire des petits concerts à Paris, à Tours dans ma région d'origine. C'est à ce moment-là, que je me suis consacrée pleinement à mon activité d'artiste.

Quand votre carrière a-t-elle vraiment basculé?

En 2011, lorsque j'ai fait les Découvertes du Printemps de Bourges (Les Inouïs N.D.L.R.) et le Chantier des Francos, c'est pendant cette année que j'ai rencontré mon tourneur et mon éditeur, ce qui a facilité la signature de mon contrat chez East West.

Y a-t-il eu des rencontres artistiques déterminantes pour votre projet?

À Londres, j'ai rencontré de nombreux artistes. Quand je suis rentrée à Tours, j'étais gonflée d'énergie! En plus, beaucoup de groupes s'étaient créés. Ils répétaient au même endroit et enregistraient les uns avec les autres. En participant à cette émulation, j'ai pu développer mon projet artistique. Sur scène, mes morceaux évoluaient à chaque concert. Mais pour monter une tournée plus ambitieuse, il me fallait absolument un album et je connaissais très mal l'univers de l'enregistrement. J'ai donc choisi de travailler avec un réalisateur, dont le regard extérieur m'a apporté autre chose, et j'ai enregistré fin 2012 avec Peter Deimel au Black Box à Angers un studio « rock » à l'anglaise avec des bandes et des vieux micros. J'ai confié les arrangements de mes compositions à Thomas Poli du groupe Montgomery qui joue avec Dominique A et Yann Tiersen…

Quel développement envisagez-vous pour votre carrière?

Lorsque j'ai démarré, mon but n'était pas de jouer qu'en France. J'envisageais de construire très vite une carrière internationale, d'où mon départ pour Londres d'ailleurs. Mais en étant signée chez East West, je me suis retrouvée dépendante de Warner et « coincée » en France sans distribution à l'international. J'ai bien un tourneur pour l'étranger, The Agency, qui est en relation avec des tourneurs qui me font jouer sur leur territoire, comme l'Allemagne, la Belgique, la Suisse et la Canada, mais comme il n'y a pas de sortie d'album sur ces territoires, je n'y fais que quelques concerts épisodiques. Il y a pourtant de la demande. Il me faudra, à l'avenir, construire avec Warner une véritable stratégie à l'international, car cette dimension fait partie intégrante de mon projet artistique.

LE PRINCE MIIAOU

Artiste farouchement indépendante, Le Prince Miiaou nous parle de sa « petite entreprise » artistique.

Comment en êtes-vous arrivée à monter ce projet ?

J'ai monté Le Prince Miiaou en réaction à mon expérience en groupe. Après plusieurs années de compromis, de composition à plusieurs, de conflits, je me suis rendue compte que la démocratie en musique n'était pas faite pour moi. J'avais des idées précises qui ne collaient pas forcément au style du groupe dans lequel j'étais. J'ai déménagé à Paris et assez naturellement, de manière empirique, j'ai commencé à faire des morceaux avec le logiciel Cubase. C'est comme ça que Le Prince Miiaou est né. Avec les logiciels de musique, je pouvais enfin composer les morceaux de A à Z, de la batterie aux cordes, etc. Je pouvais faire tout ce que j'avais dans la tête sans obligation, que cela plaise à d'autres ou non.

Quels étaient vos aspirations et objectifs au départ ?

Très vite, j'ai eu envie de faire écouter ma musique à des amis. On m'a encouragée à continuer, on m'a dit qu'il y avait « quelque chose ». J'aimais faire des morceaux, puis bidouiller des clips pour ces chansons que je postais sur mon Myspace. Par manque de confiance, je n'y croyais pas du tout, mais je faisais quand même quelques démarches pour me faire connaître. Je crois que depuis que j'ai commencé la musique vers 17 ans, inconsciemment, j'ai eu très envie d'en faire mon métier, bien que je me sois dit que c'était impossible… Au final, le fait d'avoir géré toute seule le management, l'enregistrement ou les financements à mes débuts m'a beaucoup aidée. Cela m'a permis de comprendre les rouages du *music business* et m'aide encore aujourd'hui à développer mon projet.

Justement, comment ce projet s'est-il développé ?

C'est devenu plus concret le jour où un assistant de Microbe Studios à Paris, un studio que je connaissais bien, m'a proposé de m'enregistrer gratuitement. J'avais tout juste 10 morceaux, de quoi faire un album. Suite aux séances en studio, l'idée du *live* m'a été suggérée par les deux musiciens qui jouaient avec moi. Ça ne m'était pas venu à l'esprit à cause d'expériences de concerts déplorables et traumatisantes au sein de mon ancien groupe. Mais on a quand même monté un *live* qu'on a joué 5 fois en tout ! Un an après, je retournais en studio pour enregistrer un deuxième album, un peu plus maîtrisé. Et un jour, alors que j'étais régisseuse pour un groupe de musique, j'ai donné un CD gravé de mon nouvel album à une connaissance de Jean-Daniel Beauvallet des *Inrockuptibles*. Elle lui a passé et la semaine suivante, mon projet était mentionné par *Les Inrocks* dans le top 10 des chansons du net. Ces trois lignes me concernant furent déterminantes. C'est grâce à elles que Bernard Lenoir sur France Inter m'a découverte, diffusée et soutenue, et que tout a commencé. En 2009, j'ai participé aux Chantiers des Francos où l'équipe croyant en mon potentiel. Emmanuel Marolle du *Parisien* fit un article élogieux, ce qui accéléra encore le processus de développement de ma carrière.

Parallèlement, je travaillais comme assistante pour de nombreux manageurs. Je ne leur parlais pas de mon projet, je n'avais pas envie de paraître opportuniste. Jeff Génie, qui avait son bureau de management dans le même bâtiment, a écouté mon premier album et m'a aidée en me présentant à ma future attachée de presse Mélissa Phulpin, qui a accepté de défendre mon second album *Safety First*. En septembre 2009, j'ai arrêté de travailler pour me consacrer pleinement à mon projet. Puis Jeff Génie a passé la main à Thomas Mignot, mon manager actuel, et à partir de là, le projet s'est pleinement professionnalisé.

JC SATAN

© Isadora Tripodo.

JC Satan groupe de garage pop bordelais a commencé sa carrière sur une « blague » pour la poursuivre furieusement jusqu'à aujourd'hui aux Eurockéennes de Belfort ou à Rock en Seine, explications de Romain Boutin, batteur.

Comment en êtes-vous arrivés à monter ce projet ?

Au départ, cela ressemblait à une blague entre Arthur le compositeur et Paola l'auteure du groupe.

Ils ont enregistré quelques morceaux pour « déconner » et les ont postés sur Myspace. Tout de suite le public a accroché, et des maisons de disques se sont manifestées.

Quelques mois après la sortie d'un premier 45T autoproduit, le label américain Slovenly Records nous a signés en exigeant qu'un groupe soit monté afin d'assurer la tournée promotionnelle de l'album. C'est à partir de là que JC Satan a pris forme.

Il n'y avait aucun objectif de carrière. Au contraire d'Arthur qui a toujours fait de la musique, Paola n'avait jamais chanté de sa vie. Elle organisait simplement des concerts de garage à Turin en Italie.

Comment tout a-t-il basculé ?

La première tournée européenne en octobre 2010 ne fut pas satisfaisante : les dates étaient belles, souvent en première partie de groupes renommés dans le milieu garage, mais le groupe n'était pas prêt. Un changement de *line up* s'est avéré nécessaire. C'est d'ailleurs à cette époque, début 2011, que j'intègre le groupe à la batterie.

Malheureusement, Slovenly Records avait très peu de contacts en France et en Europe et ne disposait pas de branche promotionnelle. Du coup nous faisions tout nous-mêmes : tournée, promotion, management, etc. Nous avons donc changé de label en signant chez Teenage Menopause avec une véritable distribution assurée par Differ'Ant. Ensuite Zoobook nous a pris en *tour*, et Frédéric Vocanson d'Animal Factory en comanagement, et ses conseils se sont avérés très précieux. En fait, tout s'est accéléré à ce moment-là, notamment avec la sortie de notre dernier album en octobre 2012.

Aujourd'hui, où en êtes-vous ?

Nous tournons énormément et à l'été 2013 nous ferons des festivals tels que Rock en Seine, Les Eurockéennes, Dour ou Montreux. Tout est allé très vite si l'on songe que, dans sa version présente, le projet n'a que 2 ans.

Nous jouons beaucoup plus à l'étranger qu'en France et nous avons pour projet de monter une tournée aux États-Unis en 2014.

Actuellement, nous sommes à la recherche d'un label aux épaules plus larges que le nôtre qui nous permettra de franchir un palier.

JC Satan est membre du collectif Iceberg. Comment fonctionne ce collectif ?

Iceberg est un collectif d'artistes dont les plus connus sont Crâne Angels, JC Satan, Petit Fantôme ou Botibol... Il est formé d'un noyau dur de 10 à 15 musiciens qui jouent pour plusieurs groupes du collectif. Ainsi pour JC Satan, 3 de ses membres jouent également dans Crâne Angels.

Le collectif n'est pas axé sur un style de musique particulier. Nous sommes tous des amis et nous faisons de la musique ensemble, bien que ce soit dans des styles différents : du hip hop à la pop en français jusqu'au rock garage ou à la cold wave. On explore et expérimente perpétuellement. Lorsque Frédéric Vocanson a signé les Crâne Angels sur son label, le collectif stagnait, sans appui professionnel et sans connaissance du business musical. Nous faisions tous de la musique pour l'amour de l'art, et c'est grâce à lui que beaucoup d'artistes d'Iceberg ont pu se développer.

JIL IS LUCKY

© Sylvain Gripoix.

Chanteur français d'expression anglaise et musicien depuis son plus jeune âge, il évoque pour nous sa carrière d'artiste qu'il définit lui-même comme « non monolithique » et fulgurante.

Comment le projet s'est-il construit et monté ?

Je suis musicien depuis l'âge de 8 ans. Adolescent, j'accompagnais déjà mon frère à la basse dans les bars.

Quand je suis arrivé à Paris, j'ai arrêté mes études et j'ai commencé à écrire des chansons. C'était les débuts de l'explosion Myspace, et cela m'a permis de me créer un premier réseau de fans. Je voyageais beaucoup et je postais régulièrement des chansons sur mon site. D'ailleurs, c'est en voyageant que j'ai rencontré certains membres de mon groupe actuel. Dès 2008, de nombreuses maisons de disques se sont très vite intéressées à mon travail, et en quelques semaines j'avais des propositions de signatures et des sollicitations pour du *live*.

Malgré mes premières expériences, faire des concerts sur mes propres chansons avait quelque chose d'effrayant et d'excitant à la fois. Le groupe a commencé par faire quelques premières parties, c'était une époque formidable à Paris. Le programmateur Serge Balmayer *aka* Sergueï de la Flèche d'Or nous a donné notre chance. Nous y jouions presque toutes les semaines et avons rôdé nos premières chansons jusqu'à l'épuisement sur scène. Il faut dire également que notre *label manager*, Yvan Taieb (Roy Music), nous a fait beaucoup travailler avant d'enregistrer notre premier EP.

Tout un faisceau de gens et de choses a vraiment aidé le groupe à ses débuts. Nous avons en effet bénéficié d'un *buzz* autour de ce premier EP, ce qui à nos yeux était plutôt rassurant. Les médias ont écrit de nombreux articles dans la presse, et le public qui s'intéressait à l'indépendance et aux musiques nouvelles nous a suivi.

À côté de l'activité du groupe, j'ai également commencé à faire de la synchronisation, pour la Fête du cinéma par exemple, ou à composer de la musique pour des défilés de haute couture.

Quand votre carrière a-t-elle basculé vers une plus grande notoriété ?

Le succès de notre EP puis de notre premier album restait tout de même limité à un milieu très *indie* et parisien. Pour notre première scène parisienne en tête d'affiche, les 350 places du Point Éphémère ont été remplies en une journée… 4 mois après la sortie de l'album, notre label reçoit un coup de fil de la direction de

Kenzo Monde : le directeur artistique était intéressé par le titre « The Wanderer » qui passait beaucoup en radio à l'époque. On savait ce que cela représentait pour nous, on allait quitter l'*underground* pour entrer dans le salon des gens. Même une grosse *playlist* radio comparée à une synchronisation dans une publicité mondiale, ce n'est pas comparable. On a tout de suite vu les effets et l'emballement que cela a suscité. Notre stratégie était d'utiliser cette extraordinaire exposition pour nous faire connaître, plutôt que d'en tirer un parti pris mercantile. C'est pour cela que nous avions offert ce titre sur notre page Myspace. Les ventes de l'album ont été boostées, et on a pu remplir la Cigale à Paris un mois avant la date prévue, puis tout s'est enchaîné avec un Casino de Paris 3 mois plus tard. En 2009, nous avons été lauréats du Fair, de Paris Jeunes Talents, des Avant-Seine de Rock en Seine et les dates de concerts et les festivals prestigieux ont commencé à s'accumuler : plus de 250 en un an !!!! Tout cela a été très vite...

Quelles sont aujourd'hui les perspectives de Jil is Lucky ?

Continuer à écrire des chansons... Pour moi comme pour beaucoup d'autres artistes, le travail sur la production ou sur les arrangements est aussi primordial ; j'essaie d'être plein de choses différentes à la fois. Je ne me considère pas comme un artiste monolithique et je suis très heureux que l'on s'intéresse à moi autant comme auteur-compositeur-interprète que comme arrangeur, producteur ou réalisateur. Toutes les facettes de la musique m'intéressent, je n'ai pas envie de me cantonner à une seule chose. Ce qui m'éclate dans la musique, c'est de pouvoir faire plein de projets différents.

Pour parler du groupe proprement dit, nous travaillons à l'export également : on a notre petit réseau et notre petit public. Nous sommes heureux de retrouver nos petits clubs lorsque nous allons en Angleterre, en Espagne ou en Allemagne... Dernièrement nous avons fait une tournée en Inde qui ne nous a laissé que de bons souvenirs.

ARNAUD REBOTINI

© Daniel Dormeyer.

Arnaud Rebotini ne croit pas aux chapelles, mais plutôt à ses machines et aux rencontres qui ont jalonné sa carrière. Persévérance et sincérité en sont les mots clés.

Comment en êtes-vous arrivé à monter vos projets et quels ont été leurs développements ?

J'ai toujours eu envie de faire de la musique depuis que je suis gamin. Adolescent, j'ai immédiatement fait des groupes, pour faire mes armes. J'aime la musique au sens large : de la musique classique au death metal en passant par la soul, le blues, etc.

Je n'ai jamais voulu me cantonner dans un style ou une chapelle, j'ai fait très vite des choses assez différentes. Ma carrière je l'ai construite comme ça.

Un de mes premiers gros succès, c'était en 2000 avec l'album qui était sorti sous le nom de Zend Avesta qui était une espèce de mélange de jazz, de trip hop, une musique électronique assez downtempo d'influence classique, une sorte de fourre-tout...

Ensuite j'ai fait Blackstrobe avec une orientation très electro dance music, que j'ai reconstruit plus récemment en une sorte d'hybride blues discoïde.

Parallèlement, je lâchais l'aspect dancefloor de Blackstrobe, pour un projet solo autour de mes machines analogiques et en développant un véritable *live* : une techno plus *old stream* instrumentale à 90 %, réalisée aux synthés. Ce n'est pas de la pure techno de Détroit, ni de la minimal ou je ne sais quel sous-genre auquel elle pourrait se rattacher, car elle se nourrit de tas d'influences comme le Krautrock, l'electrofunk, l'EDM, la techno ou la house classique.

Comment votre carrière a-t-elle basculé vers ce qu'elle est aujourd'hui, comment est-elle devenue plus construite, plus professionnelle ?

Dans mon cas, c'est la persévérance dans mes choix qui m'a toujours guidé, car je n'ai jamais eu de succès fulgurant.

Je me suis toujours moqué des modes, des petits tics, des petits gimmicks du moment, tout en me tenant au courant de ce qui se passe. Je ne pourrais pas dire comment j'ai construit ma carrière si ce n'est que j'essaie de mettre le plus de qualité et de sincérité possible. Je vis dans un milieu de musiciens, et échanger avec eux a beaucoup contribué à l'évolution de ma carrière.

Il m'est difficile de citer une personne en particulier qui aurait été déterminante dans le développement de ma carrière. Néanmoins, au tout début de celle-ci, Jérôme Mestre du label Désire, qui était également l'un des patrons du magasin Rough Trade à Paris où je vendais des disques, m'a permis de faire mon premier disque, période critique pour un jeune artiste, puis ensuite les choses se sont enchaînées d'elles-mêmes...

Vous participez également à de nombreuses conférences sur la musique électronique, d'où vous vient cette volonté de transmission ?

J'aime partager mes connaissances, mon expérience. Je fais également beaucoup de tutoriels vidéo sur les synthés analogiques. Beaucoup de DJ cachent leurs disques, moi pas, c'est un plaisir de divulguer mes *playlists*.

Vous êtes producteur, pourriez-vous nous en parler ?

J'ai produit le dernier Yann Wagner, par exemple, c'était une belle expérience. Quand des artistes qui m'aiment bien me demandent un coup de main sur leur production, je le fais volontiers. C'est aussi un positionnement complètement différent par rapport à celui d'artiste : on se met au service de la musique d'un autre, on a un rôle défini et l'on n'est pas le décideur final, c'est une position intéressante qui permet de se projeter dans la musique des autres, j'aime ces moments avec des artistes qui aiment les synthés, le travail en studio.

CHASSOL

À la fois artiste, arrangeur et musicien de tournées, Chassol est un musicien-né au parcours tout terrain. Attiré par l'image, il a réalisé de nombreuses musiques pour la publicité, la télévision et le cinéma. En parallèle, quelque part entre « pop, arts plastiques et expérimentation », il développe des projets personnels de vidéos musicales expérimentales qu'il joue sur scène dans le monde entier.

© DR.

Comment votre parcours en tant que musicien a-t-il commencé ?

J'ai commencé le conservatoire quand j'étais tout petit. Puis j'ai fait une école de jazz tout en jouant en autodidacte à côté. Un jour, alors que j'avais 16 ou 17 ans, l'école de jazz me propose une animation pour un mariage où je devais jouer du piano avec un autre élève de l'école, le saxophoniste Mathieu Bost. J'ai fait mes premiers pas comme ça, en duo et en reprenant des standards de jazz pendant les mariages. Parallèlement, je donnais beaucoup de cours individuels de piano et, au début, j'ai même travaillé pour la Sacem ! Comme j'étais dans le réseau du zouk, j'écrivais les relevés et les partitions pour les groupes de zouk et de rap afin que les morceaux puissent être déposés. Maintenant qu'il suffit de déposer un CD, c'est une activité qui n'existe plus aujourd'hui...

J'ai commencé à faire mes premiers arrangements pour la pub et pour d'autres artistes vers 1998 ou 1999. Le premier qui m'a fait bosser est Philippe Cohen-Solal, le producteur de Gotan Project, qui lui aussi faisait beaucoup de musique de pub et de musique à l'image. Dans son studio, il m'a fait faire des arrangements pour orchestre sur « Born to be Alive ». C'était mon tout premier arrangement bien payé ! Il m'a mis le pied à l'étrier.J'ai aussi fait beaucoup de musique de pub avec mon ami Clément Souchier qui avait monté la webradio Soundicate, puis le label Creaminal spécialisé dans la synchronisation. De mon côté, pour placer ma musique à la télévision, j'y suis allé aux forceps. Je suis allé voir toutes les boîtes de production et j'ai même tenté le Festival de Cannes ! C'est comme ça que j'ai obtenu des opportunités pour faire beaucoup d'habillage sonore pour les chaînes TPS et MCM, pas mal de séries dont « Clara Sheller », le logo de la Gaumont qui introduit tous les films qu'ils produisent, etc. Cela m'a permis de vivre tout en consacrant du temps à faire mes projets plus personnels.

Justement, en parallèle de ces activités, comment se sont construits vos projets personnels?

À la fin des années 1990, j'avais un quartet qui s'appelait Supernova : basse, batterie, piano, flûte. On jouait une musique à la Zappa, à la Lalo Schifrin, à la Mahavishnu Orchestra du jazz. Très Chick Corea aussi ! À côté, j'avais également monté l'Institut Cobra, un orchestre de 24 musiciens avec des cordes, des cuivres, des bois, etc. On jouait pas mal d'ailleurs...

J'ai continué les deux projets en parallèle, puis j'ai obtenu une bourse pour faire des études au Berklee College of Music à Boston. Quand je suis revenu, vers 2003, j'ai monté un autre groupe plus expérimental qui s'appelait Dashaa. Ensuite, je suis parti en tournée avec le groupe Phoenix, ce qui m'a beaucoup aidé. J'ai continué à faire des arrangements, notamment pour Sébastien Tellier avec qui j'ai aussi fait des musiques de films et de séries télévisées. Après ça, je suis parti habiter à Los Angeles où j'étais en résidence dans un centre d'art. J'avais du temps et de l'argent, ce qui me permettait de développer un type de jeu, une façon particulière de me servir des logiciels. J'ai développé ma pratique de l'*autosampling* : j'enregistrais des choses que je passais dans mes claviers puis je les passais en samples, et j'ai commencé à développer mon propre son en alliant mon jeu avec ma vision de l'image. En 2005, quand je suis rentré de Los Angeles, j'étais vraiment en train d'expérimenter. J'ai commencé à faire de l'harmonisation de vidéos, ce que j'ai appelé des *ultrascores*...

Votre parcours témoigne d'une proximité avec le monde de l'art contemporain...

Oui, j'ai beaucoup travaillé avec des artistes plasticiens contemporains à cette époque, notamment Sophie Calle qui m'a commandé des musiques et Xavier Veilhan qui a montré mon travail d'harmonisation vidéo à la Nouvelle-Orléans pendant une Biennale d'art contemporain. Pour ce projet, je lui ai proposé de faire un film, *Nola chérie*, qui est sorti par la suite chez Tricatel. Je faisais ça tout en continuant à tourner avec Sébastien Tellier. J'étais à la fois dans la pop, les arts plastiques et l'expérimentation ! Et même un peu dans la danse car je travaillais aussi pour Arter, une agence de production d'art contemporain où j'ai fait de la musique pour des spectacles de danse. Je suis même allé jouer à l'Opéra d'Hanoï avec eux...J'ai toujours fait ce que j'aime en y mettant beaucoup de moi, que ce soit les grilles d'accords que j'aime ou les recherches sur lesquelles je travaille à ce moment-là.

Comment s'est faite la rencontre avec le label Tricatel ?

J'avais contacté des labels, mais ils ne voyaient pas l'intérêt de sortir mon travail. En 2010, j'ai revu Bertrand Burgalat, le fondateur du label Tricatel, et il m'a proposé de produire *Nola chérie* avec une compilation de ce que j'avais fait depuis 15 ans, qui s'appelle *X-piano*, un double CD+DVD sorti en 2012 avec un superbe coffret. Dans le contexte de la crise du disque, c'était super gonflé de sortir un truc aussi épais, une véritable prise de risque de la part de Tricatel. Et contrairement à ce que je pensais, il y a eu beaucoup de presse et de réactions positives.

On a commencé à faire des concerts où j'ai joué *Nola chérie* en *live* ! *Nola chérie*, c'est des images de fanfares et de beaucoup de musiciens en situation que je suis allé filmer à la Nouvelle Orléans. Je me sers des images comme d'un matériaux musical : j'harmonise le discours des protagonistes, je mets les images en boucles, je les superpose, je les étire... Bref, je les manipule pour y mettre des accords en dessous et réharmoniser le tout, etc. En *live*, je suis face à mon batteur, et l'écran est derrière nous. C'est un dialogue à trois entre l'écran, le batteur et moi aux claviers. C'est une pièce qui dure 45 minutes. Cela a vraiment bien plu, et on a fait pas mal de concerts avec un certain succès. C'était très agréable, surtout que je pensais faire quelque chose de très expérimental.

Dans la foulée, avec Tricatel, on s'est dit qu'il fallait faire un autre film. Alors, en 2012, avec une chef opérateur et un ingénieur du son, nous sommes partis en Inde pour tourner *Indiamore*. Tout ça produit par Tricatel et moi-même, on a tourné pendant 2 semaines, et j'ai finalisé le film pendant l'été pour le jouer fin septembre à Reims au festival Elektricity. Après ça, on a continué à le jouer un peu partout et on est même parti deux fois à New York sur invitation de Gilles Walter puis de Laurie Anderson. Ensuite, pendant une présentation professionnelle au festival Côté court de Pantin qui nous a beaucoup soutenu, on rencontre notre tourneur, Clotaire Buche de Junzi Arts, et, depuis, on est retourné jouer à New York au festival River to River où c'était fantastique... Sinon, on va sortir une compilation en vinyle avec des remixes entre autres par Yuksek et Guillaume Brière des Shoes, et je viens de faire les musiques pour les films d'épouvante d'Alexandre Courtés, *The Incident*, et de Marina de Van, *Dark Touch*.

Index des artistes

Les 1 600 artistes ou groupes référencés dans cet index spécifique sont classés par ordre alphabétique avec un renvoi vers la page de leur tourneur, de leur maison de disques, de leur manager ou de leur éditeur.

Vous pouvez consulter les fiches complètes des artistes (site, contacts, environnement professionnel, instrument(s), formation, références, discographie, etc.) :

- par **esthétique**, dans chacun de nos annuaires spécialisés (jazz, musiques du monde, hip hop, etc.) ;
- plus **directement**, *via* le site repertoire.irma.asso.fr ;
- ou, plus **globalement**, avec toutes les fonctions de tri propres à ce service, en vous abonnant au Woffi • www.woffi.com.

Internet, nouveaux usages, copie privée
l'adami
agit pour une juste rémunération des artistes-interprètes
L'Adami apporte l'efficacité de la gestion collective.
Elle se mobilise pour faire évoluer les législations nationales, européennes et internationales en faveur des droits des artistes-interprètes.
* Bronx (Paris) www.bronx.fr - photos : © Francis Vernhet, Thomas Bartel, Laurent Edeline
Société civile pour l'administration des droits des artistes et musiciens interprètes
www.adami.fr
adami

index des artistes

numérique

A

B

E

F

G

H

I

N

O

P

Q

R

S

SPECTACLE

PARIS, PIGALLE & MONTMARTRE
LE CRÉDIT MUTUEL DONNE LE LA
MaMA PARIS 18°
Festival & Convention
16/17/18 OCTOBRE 2013
3 JOURS
DE CONCERTS ET
DE RENCONTRES PRO
INTERNATIONALES
3500 PROFESSIONNELS FRANÇAIS ET INTERNATIONAUX
TOUTE LA FILIÈRE MUSICALE RÉUNIE
100 CONCERTS | 20 SALLES & LIEUX ATYPIQUES
40 CONFÉRENCES & DÉBATS | 150 INTERVENANTS
DE NOMBREUSES ACTIVITÉS PRO : MATCH-MAKING
WORKSHOPS | APÉROS PRO...
îledeFrance
RÉPUBLIQUE FRANÇAISE
Culture Communication
MAIRIE DE PARIS
Crédit Mutuel
LA banque à qui parler
WWW.MAMA-EVENT.COM
mamaevent.paris
mamaevent
Available on the App Store
MA13_315_D010 / LICENCES N° 2-1038760 et 3-1038761 / CONCEPTION GRAPHIQUE : ROLAND LECOUTEUX / CINE-CULTURE

106 DB PRODUCTIONS

✆ **06 72 21 35 97**
fabrice@106db.com • **www.106db.com**
9 allée de la Charmeraie • 42480 **LA FOUILLOUSE**
Fabrice PIASTRINO (Gérant)

Activité(s) : Entrepreneur de spectacles, tourneur • **Genre(s) musical(aux)** : Rock, pop, blues, metal, reggae • **Forme juridique** : SARL • **Rayonnement** : National • **Catalogue** : Band of Friends, Baskery, Bleech, Blue Oyster Cult, Bukowski, Buzzcocks, Crucified Barbara, Datune, Deborah Bonham, Dr Feelgood, Eddie & the Hot Rods, Elliott Murphy, Melline, New Model Army, Nine Below Zero, Oli Brown Band, Tony Joe White, Wilko Johnson, Wishbone Ash • **Licence(s)** : 1000413 (2)

11 BOUGE

✆ **06 32 99 75 73**
contact@11bouge.com • **www.11bouge.com**
Le Chapeau Rouge • 18 rue des Chasseurs • 11000 **CARCASSONNE**
Franck TANNEAU (Programmateur)

Activité(s) : Entrepreneur de spectacle • **Genre(s) musical(aux)** : Ts • **Forme juridique** : Asso. • **Rayonnement** : Régional • **Spectacles produits** : Magyd Cherfi, Oldelaf et Monsieur D, Bombes de Bal, André Minvielle, L'Herbe Folle, « Musique en pays lauragais », festival Chapiteuf, etc. • **Licence(s)** : 1040887 (1), 1040888 (2), 1040889 (3) • **Autre(s) activité(s)** : Gestion du Chapeau Rouge

1ER RANG

✆ **02 31 50 37 21** • fax 02 31 23 28 16
contact@premier-rang.com • **www.premier-rang.com**
18 pl. St Sauveur • BP 198 • 14011 **CAEN CEDEX**
Magali ROSSIGNOL-COLLING (Gérante) • Patrick LEUDIERE (Assistant de direction) • Stéphanie LECLER (Chargé de production)

Activité(s) : Entrepreneur de spectacles, organisateur • **Genre(s) musical(aux)** : Musiques actuelles • **Forme juridique** : SARL • **Rayonnement** : Grand Ouest • **Spectacles produits** : Y. Noah, J.-L. Aubert, Jamel, Les hommes viennent de Mars les femmes de Vénus • **Licence(s)** : 17504 (6)

213 PRODUCTIONS

✆ **02 99 94 50 18** • fax 02 99 99 76 32
contact@213productions.fr • **www.213productions.fr**
6 rue Balzac • 35300 **FOUGERES**
Arnaud FAZ (Gérant) • Jean-Baptiste COCHET (Administrateur / chargé de production) • Magali ANIN (Billetterie) • Claire ROME (Chargée de communication)

Activité(s) : Production de spectacles et de tournées • **Genre(s) musical(aux)** : Tous • **Forme juridique** : SARL • **Rayonnement** : International • **Spectacles produits** : Bénabar, Tri Yann, Souchon, Clan des divorcés, Le dîner de cons, Laurent Gerra, Hindi Zahra, Joyce Jonathan, Archimède, Jenifer, Madjo, Paris combo, etc. • **Catalogue** : Starliners, De Palmas, Arno Santamaria • **Licence(s)** : 1007399 (2), 1007400 (3) • **Autre(s) activité(s)** : Édition, affichage, street marketing

27 YD

✆ **06 64 62 48 21 / 01 42 46 10 02**
asso27yd@gmail.com • **www.asso27yd.com**
84 av. du Gal Leclerc • 93260 **LES LILAS**
Karine LAMY (Directrice artistique) • Vanessa ISOIRO (Présidente) • Vu-Oo QUANG (Trésorière) • Chloé BERTRAND (Secrétaire)

Activité(s) : Entrepreneur de spectacles, tourneur, manager • **Genre(s) musical(aux)** : Musiques du monde, salsa, jazz • **Forme juridique** : Asso • **Rayonnement** : International • **Spectacles produits** : Havana D'primera, Klimax, Munequitos de Matanzas, Pupy y Los que Son Son, La Excelencia, Isaac Delgado, etc. • **Catalogue** : Havana D'primera, Giraldo Piloto y Klimax, Pupy y Los que Son Son, Spanish Harlem Orquestra • **Licence(s)** : en cours • **Autre(s) activité(s)** : Stages de musique et danse, festival de salsa, secrétariat artistique

3 POM PROD

✆ **01 53 36 04 70** • fax 01 53 36 04 26
accueil@3pomprod.com • **www.3pomprod.com**
68 rue de la Folie-Méricourt • 75011 **PARIS**
Yann DERNAUCOURT (Directeur) • Etienne ZILLER (Booking) • Fanny LARIVIERE (Administration / Communication)

Activité(s) : Tourneur, producteur • **Genre(s) musical(aux)** : Rock, pop, folk, musiques du monde • **Forme juridique** : SARL • **Rayonnement** : International • **Catalogue** : Hindi Zahra, Salif Keïta, Alela Diane, Femi Kuti, Boy, Shantel, Emel Mathlouthi, Tinariwen, Alice Russell, Grace, Mélissa Laveaux, Juveniles, Nicole Willis, Don Cavalli, Sly Johnson, Anna Aaron, French Cowboy, Joanna Newsom, True Live, Ron Sexsmith, Liam Finn, Lindi Ortega, A Curva Da Cintura, etc. • **Licence(s)** : 1043438 (2), 1043439 (3)

3C

✆ **02 41 41 78 78 / 05 57 53 02 41 / 02 41 41 78 78**
fax 02 41 41 78 79
info@3ctour.com • **www.3ctour.com**
4 av. Vauban • 49000 **ANGERS**
Véronique CLEMOT (Responsable) • Christophe BOSQ (Responsable) • Jimmy KINAST (Booking) • Guillaume BOURREAU (Booking) • Alexis BOURIAU (Agent administratif) • Clémentine DUFOUR (Coordinatrice) • Caroline DESGEORGE (Booking) • Mathieu VINCENT (Manager) • Agnès CESBRON (Administration) • Pierre GIRAUD (Booking)

Activité(s) : Entrepreneur de spectacles, tourneur, promoteur local • **Genre(s) musical(aux)** : Tous • **Forme juridique** : SARL • **Rayonnement** : International • **Catalogue** : La Grande Sophie, Renan Luce, Eiffel, Jil is Lucky, Debout sur le zinc, Pigalle, Les yeux de la tête, Riké, General Elektriks, Pendentif, Laurent LAMARCA, Bensé, Benoît Doremus, Chapelier Fou, Jali, Karkwa, Petit Fantôme, Eddy La Gooyatsh, Bruning Heads, Hello Bye Bye, La Gale, Les Sales Majestés, Lewis Furey, Marie-Pierre Arthur, Mars Red Sky, Sergent Garcia, etc. • **Licence(s)** : 142873 (2), 142874 (3) • **Autre(s) activité(s)** : Management, Promoteur local Bordeaux - 3C (74 rue Georges Bonnac - 33000 Bordeaux, tél. 05 57 53 02 41)

3D FAMILY

✆ **01 40 09 64 66** • fax 01 40 09 12 34
info@3dfamily.org • **www.3dfamily.org**
50 rue Servan • 75011 **PARIS**
Valérie MALOT (Directrice générale et artistique) • Fabrice GOGENDEAU (Booking international) • Didier GRANET (Booking France) • Laurent MAGO-AYRAULT (Booking) • Karen BAUDET (Administratrice) • Jérôme PAPELARD (Comptable) • Edouard ROSE (Communication / Promotion / Partenariat)

Activité(s) : Entrepreneur de spectacles, tourneur • **Genre(s) musical(aux)** : World, jazz, hip hop • **Forme juridique** : SARL • **Rayonnement** : International • **Catalogue** : Musiques du monde : Amadou et Mariam, Jupiter & Okwess International, Mamani Keïta, Skatalites, Shibusa Shirazu Orchestra, Omara Portuondo, Tony Allen, Cheikh Tidiane Seck, Bonga, Roberto Fonseca, Yasmin Levy, Tongues on Fire, Ebo Taylor; jazz : David Murray, Last Poets, Omar Sosa, World Saxophone Quartet, Laïka Fatien; hip hop/DJ : Dam, MoDJ • **Licence(s)** : 7500805 (2), 7500444 (3) • **Autre(s) activité(s)** : Manager, éditeur

6E CONTINENT

✆ **04 37 28 98 71 / 06 73 10 19 74**
sixiemecontinent@wanadoo.fr • **www.sixiemecontinent.net**
51 rue St-Michel • 69007 **LYON**
Mohamed SIDRINE (Directeur)

Activité(s) : Diffusion et accompagnement des artistes • **Genre(s) musical(aux)** : Musiques du monde • **Forme juridique** : Asso. • **Rayonnement** : International • **Spectacles produits** : Gnawa de Marrakech, EGP • **Catalogue** : Maâlem Majhoub et le Gnawa de Marrakech, Aïssi, Medjliss, Tidiane Gay, Electro Gnawa Project • **Licence(s)** : 126057(3)

À DONF

✆ **05 46 49 03 18** • fax 05 46 86 12 49
contact@freemusic-festival.com • **www.myspace.com/adonfweb**
Appt. 5 • 5 rue de la Garenne • 17130 **MONTENDRE**
Carl CECCARELLO (Directeur)

Activité(s) : Entrepreneur de spectacles • **Genre(s) musical(aux)** : Rock, électro, reggae, dub, metal, chanson, hip hop • **Forme juridique** : Asso. • **Rayonnement** : Regional • **Licence(s)** : 136569 (2), 136570 (3) • **Autre(s) activité(s)** : Free Music Festival, Freeze Music La Saison, salle de répétition, atelier musiques

A GAUCHE DE LA LUNE

✆ **03 28 04 56 66** • fax 03 28 04 56 60
contact@agauchedelalune.com • **www.agauchedelalune.com**
9 rue du Rempart • 59800 **LILLE**
Anne-Sophie GADREY (Directrice) • Florent DECROIX (Booking) • Aline PETITPAIN (Booking) • Perrine CHEVALON (Communication) • Valérie DALEIDEN (Administration) • Marie (Comptable) • Yann HAUVET (Régisseur / Programmation péniche) • Marine DUQUESNOY (Assistante promotion)

Activité(s) : Entrepreneur de spectacles, tourneur, organisateur, promo locale • **Genre(s) musical(aux)** : Rock, électro, hip hop, dub, pop, chanson • **Forme juridique** : SARL • **Rayonnement** : International • **Spectacles produits** : Pete Doherty, Bharati, Feist, Interpol, James Blunt, M, Moby, Fugees, Tiken Jah Fakoly, Wax Tailor, Crystal Castles, Yodelice, etc. • **Catalogue** : An Pierlé, Asian Dub Foundation, Brisa Roché, Daniel Darc, Daniel Johnston, Dub Inc., Empyr, Felipecha, Fredrika Stahl, Girls In Hawaii, Le Peuple de l'Herbe, Puppetmastaz, The Bronx, The Cinematic Orchestra, The Herbaliser, The Subways, The Tellers, Wax Tailor, etc. • **Licence(s)** 119583 (2), 119584 (3) • **Autre(s) activité(s)** : Programmation (Fête de l'Humanité Grande Scène, Folies de Maubeuge), organisateur de festivals (Festival Les Paradis Artificiels, Ground Zero), communication, gestion salle La Péniche (Lille centre). Bureau Paris : 177 rue du Temple 3°

Association **A PARTÉ**

✆ **06 15 94 78 41**
contact@a-parte.fr • **www.a-parte.fr**
MDA du 18e • 15 passage Ramey • Boite n° 47 • 75018 **PARIS**
Anne-Laure FERON (Booking)
Activité(s) : Tour • **Genre(s) musical(aux)** : Tous • **Forme juridique** : Asso • **Rayonnement** : National • **Catalogue** : Casey, Marion Rouxin, Marc Sens • **Licence(s)** : 1046345 (2), 1046346 (3) • **Autre(s) activité(s)** : Aide administrative (financements), organisation d'ateliers pluridisciplinaires (écriture, musique, théâtre, vidéo, etc.)

À PORTÉE DE VOIX

✆ **01 43 00 17 18** • fax 01 43 00 84 06
aporteedevoix@free.fr
5 rue Maurice Grandcoing • 94200 **IVRY SUR SEINE**
Catherine LE SAGE (Manager)
Activité(s) : Entrepreneur de spectacles, tourneur • **Genre(s) musical(aux)** : Chanson, musique du monde, jazz • **Forme juridique** : Asso. • **Rayonnement** : International • **Spectacles produits** : Pink Martini, Susana Baca, Amelita Baltar, Art Mengo, Chico Hamilton, Peio Serbielle • **Catalogue** : Art Mengo, Amelita Baltar, Peio Serbielle, Ken Cargo, Yan Vagh, Xavier Marcos, Philippe Pallaro, Egon, Guyl • **Licence(s)** : 750391 (6) • **Autre(s) activité(s)** : Edition, coaching artistique individuel

A QUICK ONE RECORDS

✆ **06 78 35 33 37**
info@aquick1records.com • **www.aquick1records.com**
45 rue Max Dormoy • 75018 **PARIS**
Jérôme MAKLES (Label manager)
Genre(s) musical(aux) : Indé, pop, rock, alternative • **Catalogue** : Sourya, Gaspard Royant, The Agency, Colo Colo, Everyman Has Your Voice, Le Mépris, Appletop, Franz Is Dead, Victor Pavy, GraamH

ACCENT AIGU

✆ **01 47 97 69 99** • fax 01 47 97 65 44
festival@africolor.com • **africolor.com**
5 rue Arthur Groussier • 75010 **PARIS**
Sylvie SOUM (Administratrice)
Activité(s) : Entrepreneur de spectacles, tourneur • **Genre(s) musical(aux)** : Musiques d'Afrique et de l'Océan Indien • **Forme juridique** : Asso. • **Rayonnement** : International • **Spectacles produits** : Festival Africolor • **Catalogue** : Salem Tradition, Danyel Waro, Nahawa Doumbia, Percussions Elima, Moriba Koïta, Abdoulaye Diabaté, Faytinga, Zoumana Tereta, Sayon Bamba, Lindigo • **Licence(s)** : 1025506 (2), 1025507 (3) • **Autre(s) activité(s)** : Management

ACCES

✆ **02 35 88 75 74** • fax 02 35 89 20 33
info@accesconcert.com • **www.accesconcert.com**
10 rue Sénard • 76000 **ROUEN**
Olivier CASAŸS (Directeur) • Fanny PREVET (Booking)
Agence de conseil en communication et spectacles • **Activité(s)** : Entrepreneur de spectacles, tourneur, organisateur • **Genre(s) musical(aux)** : Variétés, jazz, world music • **Forme juridique** : SARL • **Rayonnement** : International • **Spectacles produits** : Dee Dee Bridgewater, Maurane, Youn Sun Nah, etc. • **Catalogue** : Maurane, Elisabeth Kontomanou, Youn Sun Nah, Jeanette Lindström, Soledad, Viktoria Tolstoy, Laurent de Wilde, Michael Nyman, Tuck & Patti, Fatoumata Diawara, Bassekou Kouyate & N'Goni Ba, Gustavo Beytelmann, L'Orchestre de Contrebasses, Minino Garay et les Tambours du Sud, Dan Berglund, Magnus Öström, Raghunath Manet, Ulf Wakenius • **Licence(s)** : 760064 (6) • **Autre(s) activité(s)** : Conseil en programmation

ACCORDS CROISÉS

✆ **01 47 53 68 68** • fax 01 47 63 68 69
info@accords-croises.com • **www.accords-croises.com**
23 rue des Fontaines du Temple • 75003 **PARIS**
Saïd ASSADI (Directeur) • Guillaume ROCHE (Chargé de production) • Olivier PAPET (Régisseur de tournée) • Chloé HOUSSEAU (Booking) • Katharina VOSS (Administration)
Activité(s) : Entrepreneur de spectacles • **Genre(s) musical(aux)** : Musiques du monde • **Forme juridique** : SARL • **Rayonnement** : International • **Spectacles produits** : Qawwali-Gospel, Angélique Ionatos et Katerina Fotinaki, Melos « Chant de la Méditerranée », Ravi Shankar, Faiz Ali Faiz, Voix des femmes pour la Paix, etc. • **Catalogue** : Anoushka Shankar, Faiz Ali Faiz, Alireza Ghorbani, Trio Chemirani, Trio Erik Marchand, Keyvan Chemirani, Houria Aïchi, Angélique Ionatos, Deolinda, Juan José Mosalini, Vicente Pradal, Ti Coca & Wanga Nègès, Esperanza Fernandez, Débora Russ, Ana Moura, Houria Aïchi, Abida Parveen, Dorsaf Hamdani, Egschiglen, Etsuko Chida, Liu Fang, Mahwash, Sudha Ragunathan, Egschiglen, etc. • **Licence(s)** : 755966 (2), 755967 (3) • **Autre(s) activité(s)** : Label

ACCORDS PRODUCTIONS

✆ **01 47 97 01 57** • fax 01 47 97 09 56
g.peyregne@accordsproductions.com • **www.accordsproductions.com**
62 bis rue des Rondeaux • 75020 **PARIS**
Geneviève PEYREGNE (Agent et manager)
Activité(s) : Producteur • **Genre(s) musical(aux)** : Jazz, world music • **Forme juridique** : SARL • **Rayonnement** : International • **Catalogue** : Joachim Kühn, Joshua Redman, Dianne Reeves, Michael Wollny, Maria de Medeiros, Pascal Auberson • **Licence(s)** : 1031608(2), 1031609(3) • **Autre(s) activité(s)** : Conseil artistique, logistique

ACM PRODUCTIONS

✆ **04 88 14 63 35**
info@acm-productions.com • **www.acm-productions.com**
33 av. du Mal Koenig • 13090 **AIX EN PROVENCE**
Seydou BARRY (Producteur) • Catherine VALLON-BARRY (Productrice)
Activité(s) : Producteur, bookeur • **Genre(s) musical(aux)** : Jazz • **Forme juridique** : SARL • **Rayonnement** : France, international • **Catalogue** : Ahmad Jamal, Catherine Duflot, Philippe Petrucciani, Yusef Lateef, Cassandra Wilson • **Licence(s)** : 1037057 (2), 1037058 (3) • **Autre(s) activité(s)** : Management, consulting

AD LIB PRODUCTION

✆ **01 39 75 98 08 / 06 76 65 83 39**
adlib.prod@free.fr • **www.jeanlucfillon.com**
171 route de Marolles • 78670 **VILLENNES SUR SEINE**
Philippe FOUBERT (Chargé de production) • Thomas FRANCOIS (Administrateur)
Activité(s) : Secrétariat artistique (collectif d'artistes) • **Genre(s) musical(aux)** : Jazz, musiques improvisées, musiques du monde • **Forme juridique** : Asso. • **Rayonnement** : International • **Spectacles produits** : « Privé de Désert » (F. Al Aïedy, João Paulo, Yves Torchinsky, Adel Shams El Din), « Echoes » (JL Fillon, João Paulo, Glenn Ferris, Jean-Jacques Avenel, Tony Rabeson, Alain Jean-Marie), « Oborigins » (JL Fillon, João Paulo, Jarrod Cagwin), « Aquarela » (JL Fillon, Manuel Rocheman, Edu Miranda) • **Catalogue** : Jean-Luc Fillon, João Paulo, Glenn Ferris, Fawzy Al Aiedy, Jarrod Cagwin, Jean-Jacques Avenel, Didier Ithursarry, Alain Jean-Marie, Michaël Felberbaum, Bruno Rousselet, Karl Jannuska, Ronnie Lynn Patterson, Claude Barthélemy, Barry Altschul • **Licence(s)** : 941692 (2)

AD-PROD

jcb@artdisto.com • **www.artdisto.com**
c/o La Piscine • 10 bd Tolstoi • 54510 **TOMBLAINE**
JC
Activité(s) : Tourneur, promoteur local • **Genre(s) musical(aux)** : Rock, chanson • **Forme juridique** : SARL • **Rayonnement** : National, international • **Catalogue** : Ange, Mell, Nordine le Nordec, King Automatic, Aissate, Cedric Hanriot • **Licence(s)** : 1002 450 (2)

ADAM CONCERTS

✆ **04 91 60 61 62** • fax 04 91 60 99 55
adam.production@wanadoo.fr • **adamconcerts.com**
14bis bd Provençal • 13015 **MARSEILLE**
Stéphane METAYER (Gérant)
Activité(s) : Entrepreneur de spectacles, organisateur • **Genre(s) musical(aux)** : Musiques actuelles • **Forme juridique** : SARL • **Rayonnement** : Régional • **Spectacles produits** : Johnny Hallyday, Patrick Bruel, Joe Cocker, David Bowie, Rammstein, Texas, Placebo, Jamiroquai, Muse, Rolling Stones, AD/DC, Christophe Maé, Police, Bob Dylan, Ben Harper, Depeche Mode, Jean-louis Aubert, Julien Clerc, M., Melody Gardot, Sexion d'Assaut, Indochine, etc. • **Licence(s)** : 1000272 (2), 146676 (3) • **Autre(s) activité(s)** : Promoteur local, prestataire de services

ADIMA PRODUCTIONS

✆ **01 53 11 01 59**
contact@adimaprod.fr • **www.adimaprod.fr**
22 rue Bernard Dimey • 75018 **PARIS**
Didier ZILLIOX (Producteur)
Activité(s) : Production • **Genre(s) musical(aux)** : Chanson, blues, jazz, théâtre, etc. • **Forme juridique** : SARL • **Rayonnement** : National • **Catalogue** : Patrick Verbeke, Fabrice Collette, EHA sextet dirigé par Philippe Coignet, Erik Sitbon & the gosth band, Les aventures de Rosalie (comédie musicale pour enfants), théâtre : Un clown sur le toit du monde, fleur d'oranger danse orientale • **Licence(s)** : 1039780 (2), 1033238 (3) • **Autre(s) activité(s)** : Label Kwazil

ADL PRODUCTIONS

✆ **06 85 80 40 75 / 09 53 63 59 47**
sophie@adlproductions.fr • **www.adlproductions.fr**
36 av. Marcel Ouvrier • 91550 **PARAY VIEILLE POSTE**
Sophie PEDUZZI (Administratrice)
Activité(s) : Booking • **Genre(s) musical(aux)** : Jazz, chanson • **Forme juridique** : Association • **Rayonnement** : France/Etranger • **Catalogue** : OMMM, Garnier et Sentou, Bleu Teckel, Emmanuel Urbanet, Cédric Laronche, Frédéric Bobin, Immo • **Autre(s) activité(s)** : Administration

ADLIB

✆ **06 21 32 16 79 / 02 98 92 90 47**
adlibleila@orange.fr
11 rue Jean Jaurès • 29100 **DOUARNENEZ**

Leïla BERGER (Responsable) • Erwan ACHART (Responsable)

Activité(s) : Promotion locale, production, échanges Bretagne/Ile de France • **Genre(s) musical(aux)** : Tous • **Forme juridique** : Asso. • **Rayonnement** : National • **Spectacles produits** : Yan et les Abeilles, La Rue Ketanou, Les Ongles Noirs, Black Cat Bones, Skunk, Maximum Kouette, etc. « Les Vendredis du Port de Douarnenez » • **Catalogue** : Abomifreux, The Good Old Boys, Juke le ténor de Brest, Jack Danielle's • **Licence(s)** : 759819 (2) • **Autre(s) activité(s)** : Festival bi-annuel « Bouge ton Corps », concerts dans les bars

ADZ BOOKING

✆ **06 88 67 81 71**
aurore.despretz@gmail.com • **www.myspace.com/adzbooking**
29600 **MORLAIX**

Aurore DESPRETZ (Booking / Manager)

Activité(s) : Booking • **Genre(s) musical(aux)** : Musiques électroniques, dub, hip hop, reggae, etc. • **Forme juridique** : Auto entrepreneur • **Rayonnement** : Monde • **Catalogue** : Mad Professor, Vuneny, Rahzel, IDEM, Dragongaz, Crystal Distortion, 69db, Earl 16, MOP, Ghostface Killah, Grandmaster Flash, Jeff23, Ixindamix, The Beatnuts, Lords of The Underground, etc. • **Autre(s) activité(s)** : Management

AFTER BEFORE

✆ **05 53 36 02 83 / 06 17 59 71 31**
captaineab@gmail.com • **www.after-before.org**
108 rue Léon Jouhaux • 47500 **FUMEL**

Christophe CARMEILLE (Booking) • Laurence VASSEUR (Présidente / programmation) • Fabien DA COSTA LIMA (Webmaster)

Activité(s) : Booking • **Genre(s) musical(aux)** : Electro, hardcore, dub electro, pop rock • **Forme juridique** : Asso. • **Rayonnement** : International • **Catalogue** : Dubwiser, Vibronics, Webcam Hifi, Nucleus Roots, Basement, Randy Mandys, Weeding Dub, Geneva, Dub in vo, Mayd Hubb, The Dub Sync, Zion Train, We insist !, Pord, The Ruts DC, By the Rivers, etc. • **Licence(s)** : 470450 (2) • **Autre(s) activité(s)** : Gestion de la salle « Pavillon 108 », organisation festival After Before

AGENCE QUAI OUEST MUSIQUES

✆ **02 98 44 93 15** • fax 02 98 44 93 21
contact@quai-ouest.net • **www.quai-ouest.net**
Bât. du Grand Large • Quai de la Douane • 29200 **BREST**

Jacques GUERIN (Gérant) • Marie CLAVIER (Coordinateur) • Ronan GUIHENEUF (Coordinateur / Production) • Marc JOUON (Coordinateur)

Activité(s) : Agent, entrepreneur de spectacles, tourneur • **Genre(s) musical(aux)** : Musiques actuelles • **Forme juridique** : SARL • **Rayonnement** : National • **Spectacles produits** : Im from Barcelona, Brigitte, Camille, Piers Faccini, Fink, Aaron, Thomas Fersen, Florent Marchet, Charles Bradley, Alina Orlova, Ten Years After, etc. • **Catalogue** : Les Goristes, The Silencers, etc. • **Licence(s)** : 290777 (2), 290778 (3) • **Autre(s) activité(s)** : Festival du Bout du Monde & du Chant Marin de Paimpol, etc.

AGORA SPECTACLES

✆ **02 35 03 32 30** • fax 02 35 72 11 98
j.hupin@wanadoo.fr • **www.agoraspectacles.com**
60 rue V. Basch • 76140 **LE PETIT QUEVILLY**

Jacques HUPIN (Directeur / Booking)

Activité(s) : Entrepreneur de spectacles • **Genre(s) musical(aux)** : Tous • **Forme juridique** : SA • **Rayonnement** : Haute-Normandie • **Spectacles produits** : Benabar, Tryo, Ayo, Trust, Fatal Picards, U-Roy, Grégoire, Superbus, etc. • **Catalogue** : Pierre Akendengue, Xavier Richardeau, Zikatatane, The Rockignols • **Licence(s)** : 760061 (6) • **Autre(s) activité(s)** : Soirées étudiantes, club V.S, Discothèque

AIMEZ-VOUS BRAHMS ?

✆ **06 84 43 57 61 / 06 20 54 22 66**
contact@aimezvousbrahms.com • **www.aimezvousbrahms.com**
14 rue Basse Combalot • 69007 **LYON**

Benoît JOUBERT (Tourneur) • Merryl MESSAOUDI (Administration / Arts numériques)

Activité(s) : Tourneur, producteur • **Genre(s) musical(aux)** : Rock, indie, electro • **Forme juridique** : Asso. • **Rayonnement** : National, international • **Spectacles produits** : Turnsteak, Kelpe, Cougar, Arandel, Dimlite, The Melting Snow Quartet, Animalerie, Bonnie Li, A Band of Buriers, Slugabed, Tommy Guerrero, NastyNasty • **Catalogue** : A Band of Burier, Arandel, Bonnie Li, Collectif Animalerie, Cosmos 70, Cougar, Dimlite, Eprom, Free the Robots Kelpe, NastyNasty, Pierce Warnecke, Slugabed, The Melting Snow Quartet, Tommy Guerrero, Turnsteak • **Licence(s)** : 139926 (2), 139927 (3) • **Autre(s) activité(s)** : Installations d'arts numériques

L'ALBATROS PRODUCTIONS

✆ **01 77 12 78 23**
albatrosprod@gmail.com • **www.myspace.com/albatrosproductions**
c/o L'Albatros Management • 5 rue Hégésippe Moreau • 75018 **PARIS**

Bertrand HELLIO (Directeur) • Véronique MARCHAND (Administratrice)

Activité(s) : Tourneur • **Genre(s) musical(aux)** : Musiques Actuelles • **Forme juridique** : Asso. • **Rayonnement** : National, Europe • **Catalogue** : Martin Solveig, Atomik, Disfonction, Oscar Ride, No Bluff • **Licence(s)** : 1010163 (2) • **Autre(s) activité(s)** : Organisation festivals (Diatonique, Terre Neuvas, Bobital, Zic'Aulnes), programmation, promotion, design sonore, etc.

ALGOMIS

✆ **06 21 43 58 37**
contact@algomis.com • **www.algomis.com**
13 rue Joseph Dijon • 75018 **PARIS**

Albert GOMIS (Responsable)

Art & Culture • **Activité(s)** : Agent, producteur • **Genre(s) musical(aux)** : Musiques du monde, jazz, chanson • **Catalogue** : Momo, Pamberi Steel Orchestra, Mosquito Salsa Club, Dhoad Les Gitans du Rajasthan, Jaipur Maharadja Brass Band, Saiddread, Ben1, Bianchi, Mamy Wata, Guillaume Perret, Hervé Samb, Jérémy Tordjman, Mokhtar Samba, etc. • **Licence(s)** : 1045072 (2) - 1045073 (3) • **Autre(s) activité(s)** : Label

ALHAMBRA PRODUCTIONS

✆ **05 56 52 45 28** • fax 05 56 48 21 40
malika33@orange.fr • **www.box.fr**
Theâtre Femina • 10 rue de Grassi • 33000 **BORDEAUX**

Michel GOUDARD (Gérant) • Malika JOSSE (Assistante de direction)

Activité(s) : Entrepreneur de spectacles, organisateur • **Genre(s) musical(aux)** : Tous • **Forme juridique** : SARL • **Rayonnement** : Grand Sud-Ouest • **Spectacles produits** : P. Obispo, J. Hallyday, Sanseverino, M, Juliette, Keren Ann, Lynda Lemay, Calogero, De Palmas, F. Pagny, E. Mitchell, Zazie, Edgar, L. Kravitz, Ayo, Pussydelic, etc. • **Catalogue** : Super Héros • **Licence(s)** : 870474 (1), 870483 (2), 870476 (3) • **Autre(s) activité(s)** : Gérant du théâtre Fémina de Bordeaux, production disque (Edgar de l'Est, Julie, Super Heros), éditions Zaroza

ALIAS

✆ **01 53 20 32 00** • fax 01 53 20 00 71
dominiquerevert@alias-production.com • **www.alias-production.fr**
10 rue du Fbg Poissonnière • 75010 **PARIS**

Jules FRUTOS (Gérant) • Hélène ROL (Gérante) • Dominique REVERT (Cogérant) • Matthieu PINSARD (Booking) • Ariane ANCRI (Booking) • Gérome MINCHELLI (Booking)

Activité(s) : Agent, entrepreneur de spectacles, tourneur • **Genre(s) musical(aux)** : Rock, R&B, funk, hip hop, pop, musiques électroniques, variété • **Forme juridique** : SARL • **Rayonnement** : National, international • **Spectacles produits** : Jamiroquai, PJ Harvey, Oasis, Cure, Maceo Parker, Muse, Korn, M. Manson, etc. • **Catalogue** : St-Germain, Gotan Project, Keane, Saez, Dionysos, Maceo Parker, ASA, Razorlight, Antony and the Johnsons, Dionysos, Cascadeur, Anoraak, etc. • **Licence(s)** : 1001047 (3)

ALLO FLORIDE

thomas@allofloride.com • **www.allofloride.com**
13 bd de Belleville • 75011 **PARIS**

David LEBLANC (Booking management) • Thomas LEFRANÇOIS (Booking management) • Benoît HARAN (Booking)

Activité(s) : Booking, management • **Genre(s) musical(aux)** : Rock, pop, musiques électroniques, hip hop • **Forme juridique** : SAS • **Rayonnement** : International • **Catalogue** : Noisia, Madeon, Netsky, Toxic Avenger, Foreign Beggars, Total Warr, Dream Koala, Flume, Flux Pavilion, Lifelike, Shlohmo, Spoek Mathambo, Gramatik, Soul Square, etc. • **Licence(s)** : 1062945 (2), 1062943 (3) • **Autre(s) activité(s)** : Production audiovisuelle pour The Rodeo, Total Warr, Yeti Lane, Pitchfork, Madame Figaro, Kitsuné, etc.

AMC & LES TONTONS TOURNEURS

✆ **02 31 94 29 70**
info@lestontonstourneurs.com • **www.lestontonstourneurs.com**
Maison des associations • 1018 Maison polyvalente du Grand Parc • 14200 **HEROUVILLE ST CLAIR**

Amarande GOHIER (Production / Communication) • David RAPETTI (Booking / Régie) • François LEVALET (Booking / Régie)

Activité(s) : Tourneur, manager, promotion locale • **Genre(s) musical(aux)** : Electro, hip hop, rock • **Forme juridique** : Asso. • **Rayonnement** : International • **Catalogue** : April Shower, Camilla Sparksss, Canailles, Cercueil, Fat Supper, Fordamage, GaBLé, Gratuit, Honey for Petzi, Hyphen Hyphen, Jesus Christ Fashion Barbe, Laetitia Shériff, Lilea Narrative, Marvin, etc. • **Licence(s)** : 1003641 (2) • **Autre(s) activité(s)** : Accompagnement, prestations administratives, régie, location de matériel de sonorisation et d'enregistrement, studio mobile

AMES PRODUCTION

✆ **01 60 66 26 26 / 06 74 59 97 18**
ames@wanadoo.fr • **www.amesproduction.com**
131 rue de la Fontaine au Aspic • Vosves • 77190 **DAMMARIE LES LYS**

Didier LOCKWOOD (Directeur artistique) • Florence ASSOULINE-TELLIER (Administratrice)

Agence de concerts Didier Lockwood • **Activité(s)** : Agence de spectacles et bureau de concerts • **Genre(s) musical(aux)** : Jazz • **Forme juridique** : SARL • **Catalogue** : Didier Lockwood, André Ceccarelli, Glenn Ferris, Marc Berthoumieux • **Licence(s)** : 771017 (2), 771018 (3) • **Autre(s) activité(s)** : Studio d'enregistrement, production phonographique, musiques de film et illustration, édition musicale

AMJA PRODUCTIONS

✆ 06 78 87 84 48
directeur@amja.fr • **www.amja.fr**
60 rue Lionnaise • 49100 **ANGERS**

Pascal LABORIE (Directeur) • Vincent BREGET (Président) • Lydia GUIHARD (Secrétaire)

Activité(s) : Organisateur, tourneur • **Genre(s) musical(aux)** : Jazz, chanson • **Forme juridique** : Asso • **Rayonnement** : International • **Catalogue** : Les Reprises de l'Impossible, Pierrick Menuau, le Big Band Bleu Citron, Yvan Dautin, Laurent Malot, Butch Warren French 5tet • **Licence(s)** : 1046916 (2), 1046917 (3) • **Autre(s) activité(s)** : Tremplin de chanson française, production phonographique

AMS BOOKING

✆ 09 81 00 99 27
max@amsbooking.fr • **www.amsbooking.fr**
c/o Avec Mes Sauss • 8 rue de Montyon • 75009 **PARIS**

Maxime LE DISEZ (Booking) • Cindie BARBOYON (Chargée de production)

Activité(s) : Tourneur, événementiel • **Genre(s) musical(aux)** : Electro, rock, pop • **Forme juridique** : Asso. • **Rayonnement** : International • **Spectacles produits** : Acid Washed live • **Catalogue** : Acid Washed, Mixhell, Scratch Massive, David Carretta, Heroes X Villains, Murphy Jax, Munk, Freek, Workerpoor, Stuff, Yasmin Gate, Elijah Collins, Populette, Alien Alien, Motor, Yan Wagner djset, Nomenklatur, Headman, Rodion, Golden Bug, Franz & Shape, Black Asteroid, Telonius, Class B Band, Museum, Manuel Kim, KDMS, Prince 85, Dinamics • **Licence(s)** : 1051398 (2) • **Autre(s) activité(s)** : Management, label

ANDRÉ SOULIES PRODUCTIONS

✆ 04 67 47 58 90 / 06 65 71 76 46
andre.soulies@wanadoo.fr • **www.andre-soulies.com**

André SOULIES (Directeur)

Activité(s) : Tourneur • **Genre(s) musical(aux)** : Rock, blues • **Forme juridique** : Asso. • **Rayonnement** : Europe • **Catalogue** : Alvin Lee, The Yardbirds, Mick Taylor, Black Voices, Canned Heat, UB40, Buddy Whittington, Geno Washington, Vargas Blues Band, Ten Years After, John Mayall, Gary Moore, Rodolphe Raffalli, etc. • **Licence(s)** : 752278 (2)

ANTEPRIMA

✆ 01 45 08 00 00
info@anteprimaproductions.com • **www.anteprimaproductions.com**
3 rue Clairaut • 75017 **PARIS**

Reno DI MATTEO (Gérant et booking) • Bialka WLODARCZYK (Administration) • Laurent CHARRIER (Booking) • Sylvain ELIE (Booking) • Marine PIERROT (Booking) • Nina PARADISO (Chargée de production) • Etienne DOREY (Chargé de production) • Sébastien BELLOIR (Relations presse)

Activité(s) : Booking, management • **Genre(s) musical(aux)** : Jazz, musiques du monde • **Forme juridique** : EURL • **Catalogue** : Ibrahim Maalouf, Manu Katché, Erik Truffaz (en accord avec Uni-T), Stefano Di Battista et Sylvain Luc (en accord avec Just Looking Productions), Cécile McLorin Salvant, Baptiste Trotignon, Eric Legnini, Gerald Glayton, Aldo Romano, Michel Portal, Stéphane Huchard, Gretchen Parlato, Térez Montcalm, Anouar Brahem, Ambrose Akinmusire, Carmen Souza, Fly, Red Baraat, Dave Holland, Limousine, The Amazing Keystone Big Band, Sophie Alour, Lucky Peterson, Sidony Box, Jason Moran • **Licence(s)** : 1053740 (2) • **Autre(s) activité(s)** : Conseiller artistique : Tourcoing Jazz Festival

ARACHNÉE CONCERTS

✆ 04 73 62 79 00 • fax 04 73 62 79 02
contact@arachnee-concerts.com • **www.arachnee-concerts.com**
L'Arche 1 • 36 rue de Sarliève • 63800 **COURNON D'AUVERGNE**

Nathalie MELEY • Charlotte GUIOT • Charline POUZET (Responsable de la communication à Clermont-Ferrand) • Elodie BERNHEIM (Bureau de Lyon)

Activité(s) : Entrepreneur, organisateur, diffuseur de spectacles • **Genre(s) musical(aux)** : Rock, variétés • **Forme juridique** : SAS • **Rayonnement** : Multi régions • **Spectacles produits** : Alicia Keys, N. Canteloup, Oui-Oui, L. Kravitz, Keziah Jones, Bénabar, etc. • **Licence(s)** : 1048124 (3)

ARACHNÉE PRODUCTIONS

✆ 01 55 07 47 00
contact@arachnee-productions.com • **www.arachnee-productions.com**
52/54 rue Châteaudun • 75009 **PARIS**

Stéphane LETAVERNIER (Président) • Benjamin JOURDAIN (Directeur) • Hélène BRABANT (Chargée de production) • Marie NICOLAS (Booking)

Activité(s) : Entrepreneur de spectacles, tourneur, producteur • **Genre(s) musical(aux)** : Rock, variétés, chanson, hip hop, électro • **Forme juridique** : SAS • **Rayonnement** : National et international • **Spectacles produits** : Pascal Obispo, Neïmo, Babylon Circus, Jenifer, Nolwenn Leroy, De Palmas, Soma, Housse de Racket, Ridan, Ycare, Jean Racine, etc. • **Catalogue** : Pascal Obispo, Hubert-Félix Thiéfaine, Alan Stivell, Neïmo, Babylon Circus, La Fouine, Booba, Housse de Racket, Sultan etc. • **Licence(s)** : 1051522 (2), 1051507 (3)

ARCHIEBALL

✆ 01 53 14 32 28
jim@archieball.com • **www.archieball.com**
43 rue de Chateaudun • 94200 **IVRY SUR SEINE**

Monette BERTHOMIER (Directrice) • Laure LE VAVASSEUR (Administration production)

Activité(s) : Tourneur, producteur • **Genre(s) musical(aux)** : Jazz, world • **Forme juridique** : SARL • **Rayonnement** : International • **Catalogue** : Archie Shepp, Bernard Lubat, Frank Cassenti, Benjamin Sanz, Mama Africa, etc. • **Licence(s)** : 1023701 (2) • **Autre(s) activité(s)** : Label Archieball

ARIANE PRODUCTIONS

✆ 05 56 96 50 44
ariane@arianeproductions.com • **www.arianeproductions.com**
3 rue Edgar Poe • 33700 **MERIGNAC**

Gérard MEYER (Conseiller artistique) • Véronique CAMELEYRE (Chargée de production) • Sophie JEZEQUEL (Présidente)

Activité(s) : Producteur, diffuseur, promoteur • **Genre(s) musical(aux)** : Chanson, voix, humour musical • **Forme juridique** : Asso. • **Rayonnement** : National • **Spectacles produits** : Rue de la Muette, Patrice Caumon, Alain Sourigues, Zedvan, etc. • **Catalogue** : Caumon & Costa, Rue de la Muette, Sourigues, Zed van Traumat • **Licence(s)** : 1057829 (2) • **Autre(s) activité(s)** : Management, développement d'artistes

ARKA PRODUCTIONS

✆ 06 64 90 58 93
info@arkaproductions.com • **www.arkaproductions.com**
5 rue Soret • 91600 **SAVIGNY SUR ORGE**

Emmanuel HUMBERT (Gérant) • Jérôme LEVASSEUR (Directeur artistique)

Activité(s) : Production de spectacles et de tournées • **Genre(s) musical(aux)** : Reggae, world, soul, blues • **Forme juridique** : SARL • **Rayonnement** : France et Europe • **Spectacles produits** : Midnite, Joan Armatrading • **Catalogue** : Midnite, Twinkle Brothers, Twinkle Brothers & Tribunie Tutki, Joan Armatrading, Tu Shung Peng, Misty in Roots, Black Roots, Clinton Fearon • **Licence(s)** : 1056400 (2), 1056297 (3) • **Autre(s) activité(s)** : Promotion, diffusion de supports de communication

L'ARMADA PRODUCTIONS

✆ 02 99 54 32 02
contact@armada-productions.com • **www.armada-productions.com**
11 rue du Manoir de Servigné • 35000 **RENNES**

Franck PICHOT (Administrateur de production) • Justine LE JONCOUR (Chargée de production) • Marina FILOMAR (Chargée de diffusion) • Laëtitia BARBIER (Chargée de production) • Alice LEMONNIER (Chargée de diffusion) • Julie BETSCH (Chargée de diffusion) • Salima MALIK-RIVIERE (Chargée de diffusion) • Clémence HUGO (Chargée de production) • Myrtille FURNON (Chargé de production)

Activité(s) : Production, diffusion, accompagnement artistique • **Genre(s) musical(aux)** : Musiques actuelles, jeune public • **Forme juridique** : Asso. • **Rayonnement** : National, international • **Spectacles produits** : Histoire Naturelle, PoPoPolska, Le Village des Petites Boucles, Ensemble Unissez-Moi, Super Mosai et pas mal Vincent, L'Odyssée de Rick le Cube, Rock'n'roll Rebel, Adventures in Front of the TV Set • **Catalogue** : Carton Park, Chapi Chapo, Mami Chan, Le MJM, Mosai, Sati, Rotor Jambreks University • **Licence(s)** : 1010996 (2), 1029069 (3)

ARSENAL PRODUCTIONS

✆ 02 98 43 68 38 • fax 02 98 43 68 60
arsenal.prod@wanadoo.fr • **www.arsenal-prod.com**
15 rue Amiral Nielly • 29200 **BREST**

Marc RIBETTE (Gérant)

Activité(s) : Tourneur, producteur, promoteur local • **Genre(s) musical(aux)** : Tous • **Forme juridique** : SARL • **Rayonnement** : National, international • **Spectacles produits** : Indochine, Nada Surf, Cali, Obispo, Bénabar, Gad Elmaleh, Olivia Ruiz, Grand Corps Malade, Superbus, ZAZ, Danakil, Coeur de Pirate, Eddy Mitchell, Sexion d'Assaut, Hubert-Félix Thiefaine, etc. • **Catalogue** : Dom Duff, dOMb, Merzhin, Raggalendo, Blankass, Elmer Food Beat, Tristan Nihouarn, Les Caméléons, etc. • **Licence(s)** : 1029107 (2), 1029108 (3)

ARSENIC ET CHAMPAGNE

✆ 04 94 65 82 68
contact@arsenic-et-champagne.com • **www.arsenic-et-champagne.com**
Centre Olbia • 4 rue Soldat Bellon • 83400 **HYERES**

Jérôme DELEPINE (Manager) • Stéphanie PEFFREDO (Assistante de production) • Marion HARREGUY (Promotion) • Juliette MASSE (Infographiste / Vidéo)

Activité(s) : Producteur • **Genre(s) musical(aux)** : Tous • **Forme juridique** : SARL • **Rayonnement** : National • **Catalogue** : Raoul Petite, KitchenMen, Frandol, Appletop, Didier Super, No More Babylon, Joseph Dahan • **Licence(s)** : 1017729 (2) 1017730 (3) • **Autre(s) activité(s)** : Label, management

ART & MUSES

✆ 06 89 90 10 98 / 01 30 36 80 27
sylvie.jacquemin@artetmuses.com • **www.myspace.com/artmuses**
69 rue Daubigny • 95430 **AUVERS SUR OISE**

Sylvie JACQUEMIN (Chargée de diffusion / booking)

Activité(s) : Producteur, tourneur • **Genre(s) musical(aux)** : Jazz, world • **Forme juridique** : Asso. • **Rayonnement** : International • **Catalogue** : Thierry Péala, Nico Morelli, Nicolas Parent, Pretty Dirty Jazz Gang, « Jazz Ô Corps » (danse), Laurence Saltiel, Eduardo Lopes, Michele Hendricks • **Licence(s)** : 1036162 (2), 1036160 (3) • **Autre(s) activité(s)** : Communication, management, actions culturelles et pédagogiques, ateliers de pratique de jazz vocal

ART'VERNE PRODUCTIONS

✆ 04 73 14 22 43 • fax 04 73 14 22 43
contact@art-verne-productions.com
www.art-verne-productions.com
12 rue de l'Oratoire • 63000 **CLERMONT FERRAND**

Activité(s) : Tour, diffusion • **Genre(s) musical(aux)** : Rock, rockabily, jazz, contes, magie, etc. • **Forme juridique** : Asso. • **Licence(s)** : 141856 (2), 141857 (3)

ARTIK ÜNIT

✆ 09 81 93 28 03
val@artik-unit.com • **www.artik-unit.com**
24 montée Saint Sébastien • 69001 **LYON**

Valérie BADER (Booking / Tour manager) • Olivier TIMOTEO (Booking / Tour manager) • Elena KINTZIG (Administratrice) • Camille RENOUD-LIAS (Administratrice)

Activité(s) : Booking/tour management • **Genre(s) musical(aux)** : Electro, hip-hop, dub, expé, etc. • **Forme juridique** : Asso. • **Rayonnement** : Européen • **Catalogue** : Dälek, Aucan, IconAclass, Oddateee, MRC Riddims, Mick Harris, K-The-I???, Bleubird, Subtitle, High Tone, Kaly Live Dub, Bass Crafters, Brain Damage, Jazzsteppa, Son Of Kick, Jahtari Crew / MC Soom T, Uzul, Zöl, L'Oeuf Raide, Picore, Von Magnet, Pilah, Dj Twelve, Led Piperz, Dino & Roots'n'Future Hifi, Kas Product • **Licence(s)** : 1057417 (2), 1057418 (3)

ARTISPORT PRODUCTIONS

✆ 01 77 85 29 44 / 06 17 44 09 88
contact@artisportproductions.com • **www.artisportproductions.com**
25 av. de Paris • 94300 **VINCENNES**

Grégory BAKIAN (Manager général / Directeur artistique) • Richard KASPARIAN (Booking)

Activité(s) : Entrepreneur de spectacles, tourneur, producteur, organisateur • **Genre(s) musical(aux)** : Tous • **Forme juridique** : SARL • **Rayonnement** : National • **Spectacles produits** : Véronique Sanson, Anthony Kavanagh, Jenifer, Bob Sinclar, DJ Luxury, Festival « Electro-Beach », etc. • **Licence(s)** : 1018163 (2), 1018150 (3) • **Autre(s) activité(s)** : « Crossover Tour » en exclusivité, édition musicale, production phonographique, relations publiques

ARTISTES DU MONDE

✆ 05 40 08 12 73 • fax 05 57 95 74 25
artistesdumonde@9online.fr • **myspace.com/artistesdumonde**
48 rue de tauzia • 33800 **BORDEAUX**

Véronique CISSOKO (Directrice)

Activité(s) : Tourneur, organisateur • **Genre(s) musical(aux)** : Musiques du monde • **Forme juridique** : Asso. • **Rayonnement** : Régional, national, international • **Spectacles produits** : Doudou Cissoko, Langi, Noumi's Acoustic, Mobass Band, Adama Traoré, Soulaya, Afro Guinguette, Faso Diya • **Catalogue** : Doudou Cissoko • **Licence(s)** : 1027953 (2) • **Autre(s) activité(s)** : Administration, promotion d'artistes et cultures du monde

ARTISTIC PRODUCTION

✆ 05 56 32 40 78 • fax 05 56 32 40 89
contact@artisticprod.com • **www.artisticprod.com**
8 rue Camille Flammarion • BP 102 • 33015 **BORDEAUX CEDEX**

Michel CHARTIER (Gérant) • Jacques CHARTIER (Agent jazz) • Anne VIGNAUX (Relations internationales jazz) • Gaëlle HAURY (Contact variétés)

Agence internationale de production et d'administration de spectacles • **Activité(s)** : Production, organisation • **Genre(s) musical(aux)** : Jazz, gospel, salsa, variété, classique • **Forme juridique** : SARL • **Rayonnement** : National, international • **Catalogue** : Pink Turtle, The Golden Gate Quartet, Rhoda Scott, Rumbanana, Christian Morin, The Glenn Ambassadors, Parker Legacy Band, Mambomania, les Haricots rouges - En accord avec Atout jazz : Lavelle, Olivier Temime, Steeve Laffont, Nico Wayne Toussaint, Lawrence Collins Band, Ensemble Aromates, L'orchestre Luter, Pink Turtle • **Licence(s)** : 1031760 (2), 1031759 (3) • **Autre(s) activité(s)** : Gestion administrative

ARTISTS PLUS

✆ 01 43 60 63 63 • fax 01 43 60 50 73
a.frenoy@artists-plus.com • **www.artists-plus.com**
9 rue Malmaison • 93170 **BAGNOLET**

Alain FRENOY (Gérant)

Activité(s) : Booker, producteur • **Forme juridique** : SARL unipersonelle • **Rayonnement** : Monde • **Spectacles produits** : Basto, LMFAO, Inna, R.I.O. Feat. U-Jean, DJ Antoine, Cascada, Carlprit, etc. • **Catalogue** : Adrien Toma, Alexandra Stan, Aimé Garnier, Basto, Bodybangers, Carlprit, Cascada, Costuleta, Daddy Killa, DJ Antoine, David Puentez, Elena, Eric Carter, Inna, ItaloBrothers, Kat Deluna, Klaas, LMFAO, Mademoiselle Eva, Manian, Michael Mind Project, Mico C, Play & Win, R.I.O. Feat. U-Jean, Radio Killer, Remady & Manu-L, Sak Noel, Starkillers, Sugarfree, Three Drive, Willy William, etc. • **Licence(s)** : 1044069 (2), 1044070 (3) • **Autre(s) activité(s)** : Management, label, édition, promotion

ARTMADA PRODUCTIONS

✆ 01 39 49 92 92 / 01 42 49 03 08 • fax 01 39 51 06 12
info@artmada.fr • **www.artmada.fr**
3 rue des Missionnaires • 78000 **VERSAILLES**

Serge KURTS (Gérant) • Pascale MARTIN (Directrice) • Jean-Jacques VILLEROY (Tourneur) • Boris KURTS (Directeur de prodution) • Emmanuel COGNET (Régisseur)

Activité(s) : Entrepreneur de spectacles, tourneur, organisateur, producteur • **Genre(s) musical(aux)** : Musiques du monde, jazz, pop, folk • **Forme juridique** : SARL • **Rayonnement** : National et international • **Spectacles produits** : Guy Marchand, Trio Rosenberg, Norig, Ferran Savall, Selmer 607, Sébastien Giniaux • **Catalogue** : Sébastien Giniaux, David Reinhardt, Guy Marchand, Fred Manoukian Orchestra, Selmer 607, Trio Rosenberg, Yom, Norig, Klezmer Nova, Chico et les Gypsies, Sourisse/Charlier Quartet, Ben Toury, Trio Khoury, Monkypolis • **Licence(s)** : 1003099 (2), 103098 (3) • **Autre(s) activité(s)** : Management, conseil en programmation

ARTS ET SPECTACLES

✆ 01 42 59 73 23 • fax 01 42 59 67 88
contact@artsetspectacles.fr • **www.artsetspectacles.fr**
35 rue du Poteau • 75018 **PARIS**

Julie-Anna DALLAY SCHWARTZENBERG (Chargée de production) • Martine DEGIOANNI (Chargée de production)

Activité(s) : Producteur • **Genre(s) musical(aux)** : Jazz, blues, pop • **Forme juridique** : Sarl • **Catalogue** : David Patrois, Michel El Malem, Mauro Serri, « L'A.Project » (trio de blues de Thierry Anquetil), Georges Paczynski, Anthony Alborghetti, « So Lonely » avec Jean Luc Lopez, Pascal Gomez et Eric Leroy • **Licence(s)** : 1030773 (2) • **Autre(s) activité(s)** : Édition musicale, Label

ARTY FARTY

✆ 04 78 27 59 30 • fax 04 78 59 57 29
lucas@arty-farty.eu • **www.arty-farty.eu**
6 quai Jules Courmont • 69002 **LYON**

Vincent CARRY (Directeur) • Lucas VIONNET (Coordination booking / Management & production)

Management artistique • **Activité(s)** : Booking, producteur, management • **Genre(s) musical(aux)** : Cultures électroniques et indépendantes • **Forme juridique** : Asso. • **Rayonnement** : International • **Catalogue** : Acid Washed, Alejandro Paz, Danger, Collectif Palma, Reworks, Spitzer • **Licence(s)** : 1024000 (2), 1024001 (3)

ASTÉRIOS SPECTACLES

✆ 01 53 36 04 70 • fax 01 53 36 04 26
accueil@asterios.fr • **www.asterios.fr**
68 rue de la Folie-Méricourt • 75011 **PARIS**

Olivier POUBELLE (Gérant) • Yann DERNAUCOURT (Directeur adjoint) • Julie FIGHIERA (Administratrice) • Benjamin RITTNER (Booking) • Agathe OLIVIER (Booking) • Pauline HEUDE (Booking) • Charles-Antoine DESFORGES (Directeur technique) • Gaël PERROT (Assistant de production) • Clémence REVOL (Assistante administrative)

Activité(s) : Tourneur, producteur • **Genre(s) musical(aux)** : Tous • **Forme juridique** : SARL • **Rayonnement** : France, Europe • **Catalogue** : Cœur de Pirate, Yannick Jaulin, Disiz, Henri Gougaud, Orelsan, Têtes Raides, Dick Annegarn, Thomas Fersen, Kent, Richard Desjardins, Cali, Jeanne Cherhal, Sanseverino, Vincent Delerm, Bumcello, Loïc Lantoine, Daphné, Olivia Ruiz, Christophe Mali, Ariane Moffatt, Adrienne Pauly, Babx, Stephan Eicher, Pauline Croze, Camélia Jordana, Misia, Alex Beaupain, Soan • **Licence(s)** : 1021171 (2), 1021172 (3) • **Autre(s) activité(s)** : Programmation de la Maroquinerie, du Bataclan, du théâtre des Bouffes du Nord, des Etoiles, de la Flèche d'Or

ATEA PRODUCTION

✆ 04 57 93 07 07 • fax 04 69 96 35 00
contact@ateaprod.com • **www.ateaprod.com**
26 av. Maréchal Randon • 38000 **GRENOBLE**

Julien MOUROUX (Chargé de production) • Marc BENTEGEAT (Chargé de production)

Activité(s) : Tourneur, organisateur • **Genre(s) musical(aux)** : Tous • **Forme juridique** : Asso. • **Rayonnement** : International • **Spectacles produits** : Parno Graszt • **Catalogue** : El Gafla, Slonovski Bal, Arat Kilo, Parno Graszt, Zaragraf, L'Arbre d'Hipollène, Djeli Moussa Condé, Oncle Strongle, etc. • **Licence(s)** : 136220 (2), 136221 (3) • **Autre(s) activité(s)** : Communication

L'ATELIER D'EN FACE

✆ 04 70 41 35 60
contact@latelierdenface.fr • **www.latelierdenface.fr**
Le Souchet • 03120 **ISSERPENT**

Alexandre HUMBERT (Direction / Communication) • Mickaël FAVIER (Direction / Production)

Activité(s) : Entrepreneur de spectacles • **Genre(s) musical(aux)** : Tous • **Forme juridique** : SARL • **Rayonnement** : International • **Catalogue** : La Ruelle en Chantier, La Milca, Antoine Bertazzon, Carine Reggiani • **Licence(s)** : 1038427 (2), 1038428 (3) • **Autre(s) activité(s)** : Production phonographique

ATHOS PRODUCTIONS

✆ **04 72 37 92 93 / 06 03 00 70 80** • fax 04 72 37 14 15
info@athosprod.com • **www.athosbook.com**
9 rue Carnot • 69500 **BRON**

Robert CARO (Président) • Jean-Sébastien ESNAULT (Chargé de production) • Pierre ESPOURTEILLE (Booking) • Vincent BIGALLET (Booking) • Cédric REMONT (Administrateur)

Activité(s) : Tourneur • **Genre(s) musical(aux)** : Musiques traditionnelles, musiques du monde, arts de la rue, cirque, danse contemporaine, cultures urbaines, théâtre • **Forme juridique** : Asso. • **Rayonnement** : Régional, national et international • **Spectacles produits** : Biennale du fort de Bron, programmation de festivals de musique et de théâtre, installations sous chapiteaux • **Catalogue** : Carina Salvado, Sahra Halgan, Balkanes, Naziha Azzouz Trio, Erik Aliana, Adel Salameh, Forro de Rebeca, Forasteros, Garlic Bread, Shelta, Toss, Avelsinn, Foxy Devil ; Bal à Bistan, Du Cochon, Clôche Seychal • **Licence(s)** : 138112 (2), 138113 (3) • **Autre(s) activité(s)** : Conseil artistique, conseil en programmation, productions déléguées, label

ATMO LIVE

✆ **01 44 58 91 11** • fax 01 44 58 91 12
infos@atmolive.com • **www.atmolive.com**
44 rue du Louvre • 75001 **PARIS**

Marc THONON (PDG) • Agathe BASQUIN (Responsable des activités) • Aubry LAVERGNE (Booking)

Activité(s) : Production de concerts, booking • **Genre(s) musical(aux)** : Pop, rock, électro, chanson, hip-hop • **Forme juridique** : SARL • **Rayonnement** : Monde • **Catalogue** : Patxi Garat, Pepper Island, Joseph D'Anvers, Penguin Prison, Didier Wampas, Swann, Remingway, Yalta Club, We are me, Noa Moon, Malo, Kristoffer & the Harbour Heads, etc. • **Licence(s)** : 1030859 (2), 1030857 (3) • **Autre(s) activité(s)** : Label Atmosphériques

AUGURI PRODUCTIONS

✆ **01 44 93 86 00** • fax 01 43 38 64 97
promo@auguriproductions.com • **www.auguriproductions.com**
97 rue Oberkampf • 75011 **PARIS**

Charles BENSMAINE (Président) • Laurent MALVALDI (Responsable) • Olivier WURTH (Promotion / Marketing) • Charlotte GLUZMAN (Booking) • Sévrine GRENIER-JAMELOT (Booking) • Karim MERABET (Booking) • Clémence BIZIEN (Booking) • Alexandre PAGES (Booking) • Julie FLAMANT (Promotion)

Activité(s) : Entrepreneur de spectacles, tourneur • **Genre(s) musical(aux)** : Chanson, rock, world, hip hop • **Forme juridique** : SAS • **Rayonnement** : National • **Spectacles produits** : Thomas Dutronc, Anaïs, Vanessa Paradis, les Cowboys Fringants, -M-, Diam's, Juliette, Julien Doré • **Catalogue** : Alexis HK, Mathieu Boogaerts, Robert Charlebois, Dominique A, Oxmo Puccino, Java, la Chanson du Dimanche, Soha, Micky Green, Thomas VDB, Benjamin Siksou, Chat, The Fitzcarraldo Sessions, Hugh Coltman, Katerine, Soprano, Keny Arkana, Yodelice, Les Cowboys Fringuants, Vanessa Paradis, Hollysis, Stereo, Mai Lan, Poni Hoax, Florent Marchet, Jenifer, Arthur H, Stromae, Gael Faye • **Licence(s)** : 1035935 (2), 1039130 (3) • **Autre(s) activité(s)** : Secrétariat artistique, management

AVRIL EN SEPTEMBRE

✆ **01 42 00 24 23**
spectacles@avrilenseptembre.fr • **www.avrilenseptembre.fr**
145 rue de Belleville • 75019 **PARIS**

Armelle HÉDIN (Directrice)

Activité(s) : Producteur de Spectacles, tourneur • **Genre(s) musical(aux)** : Spectacles d'humour, cirque, art de rue, etc. • **Forme juridique** : SARL • **Rayonnement** : National • **Spectacles produits** : Immo, Cie Les Sea Girls, Milo & Olivia, Le Grandiloquent Moustache Poésie Club, Cie Label Z, Cie Onstap, Cie La Française de Comptages • **Catalogue** : Immo, Sea Girls, Milo & Olivia, La Française de comptages • **Licence(s)** : 1046633 (2), 1046634 (3) • **Autre(s) activité(s)** : Production déléguée

AZIMUTH

✆ **01 44 79 00 36** • fax 01 44 79 00 34
anne@azimuthprod.com • **www.azimuthprod.com**
43 rue de Trévise • Escalier C • 75009 **PARIS**

Geneviève GIRARD (Gérante) • Bernard BATZEN (Directeur artistique) • Pascale PASTORELLI (Chargée de production) • Julie GIRAUD (Booking) • Anne LORIQUER (Promotion / Communication)

Activité(s) : Entrepreneur de spectacles, tourneur, organisateur • **Genre(s) musical(aux)** : Chanson, musiques du monde, jazz, techno pop fusion • **Forme juridique** : SARL • **Rayonnement** : International • **Spectacles produits** : Michel Fugain, Lynda Lemay, Pep's, Yules, Yodelice, Raul Paz, Kery James, Bertignac, Charlebois, Festival « Tout Azimuth », Festival « Les Méditerranéennes », Pascal Comelade, Madredeus, Les Cowboy Fringants • **Catalogue** : Chanson : Lynda Lemay, Michel Fugain, Alexandre Poulin, Batpointg, Bertrand Soulier, Enzo Enzo ; Pop Rock Folk Electro : 77 Bombay Street, Divin With Andy, Julian Perretta, Lail Arad, Lambchop, Nits, Noemi, Rebekka Karijord, Sarah Carlier, The Popopopops, Dead Combo, Shuggie Otis, Seward, Avalanche Quartet ; World : Amparo Sanchez, Ba Cissoko, Bombino, Buika, Calypso Rose, Carlton Rara, La Chiva Gantiva, Lek Sen, Les Espoirs De Coronthie, Los De Abajo, Magnifico, Mercan Dede, Natacha Atlas, Nidi D'arac, Niuver, Raul Paz, Samian, Sidi Toure, Yat ; Jazz Blues : Bjorn Berge, Kimmo Pohjonen, Marc Perrone, Susie Arioli, Marc Perrone • **Licence(s)** : 752089 (2) • **Autre(s) activité(s)** : Editions, production phonographique « Rue Bleue », participation à l'Alhambra, programmation festival Mosaïc aux Mureaux

BACANA

✆ **04 67 85 20 38** • fax 04 67 99 06 52
info@bacana.fr • **www.bacana.fr**
5 plan de la Croix • 34980 **MONTFERRIER SUR LEZ**

Christian GEORGIADIS (Booking) • Francois GUERITOT (Booking) • Melina CHOSSON (Administratrice)

Activité(s) : Tour, booking • **Genre(s) musical(aux)** : World, jazz, soul, afro-latin, R&B, samba, bossa, salsa, électro crossover, etc. • **Forme juridique** : Sarl • **Rayonnement** : International • **Catalogue** : Andreya Triana, Blue King Brown, Bonobo live, Bugge Wesseltoft & Henrik Schwarz, Calle 13, Da cruz, Dubmarine, Ernest Ranglin, Forro in the Dark, Frédéric Galliano & Kuduro sound system, Grasscut, Grupo Fantasma, Hidden Orchestra, Incognito, Jamaican Legends, Jazzanova live, Jono McCleery, Kaki King, Kins Go Forth, Kinny, Kruder & Dorfmeister live, Lucas Santtana, Mama Kin, Marcos Valle, Mark Atkins, Mark de Clive Lowe, Mexican Institute of Sound, Nitin Sawhney, Nostalgia 77, Novalima, Ojos de Brujo, Omar, Quantic & su combo barbaro, Roy Paci & Aretuska, Ska Cubano, Snowboy & the Latin Section, Submotion Orchestra, Susana Baca, The Brand New Heavies, Mulatu Astatke, Zap Mama, Blitz the ambassador, Amp Fiddler ft. George Clinton, Hypnotic Brass Ensemble, Neil Cowley Trio • **Licence(s)** : 1023599 (2) • **Autre(s) activité(s)** : Edition

BACK TO BLUES

✆ **01 46 37 33 88 / 06 70 80 10 00**
gv@gve.fr • **www.lizmccomb.com**
17 bd Vital-Bouhot • 92200 **NEUILLY SUR SEINE**

Gérard VACHER (Gérant)

Activité(s) : Tourneur, producteur • **Genre(s) musical(aux)** : Blues, gospel, R&B • **Forme juridique** : SARL • **Rayonnement** : International • **Spectacles produits** : Liz Mc Comb, Johnny Mars, Koko Taylor, Blind Boys of Alabama, « les Légendes du Gospel », Ruby Wilson, Chick Willis, Syl Johnson, Johnny Rawls • **Catalogue** : Liz Mc Comb et tous les artistes programmés par le Quai du Blues • **Licence(s)** : 15887 (5), 15888 (6) • **Autre(s) activité(s)** : Evénementiel entreprise

BACKLINE

✆ **01 44 42 96 00** • fax 01 44 18 08 68
production@backline.fr • **www.backline.fr**
c/o VMA • 20 av. Rapp • 75007 **PARIS**

Rose LEANDRI (Gérante) • Olivier AGASSE (Administrateur) • Elodie BAURAIN (Assistante de production / Coordination promo) • Delphine PÉRICHON (Assistante de production / Coordination promo) • Frédéric MILLAND (Assistant administratif)

Activité(s) : Entrepreneur de spectacles, tourneur, chanson, humour, théâtre • **Forme juridique** : SARL • **Rayonnement** : International • **Catalogue** : Jean-Louis Aubert, Benjamin Biolay, Patrick Bruel, Carla Bruni, Julien Clerc, Jamel Debbouze, Laurent Laffite, Marc Lavoine, Maxime Le Forestier, Renaud, Elie Semoun, Alain Souchon • **Licence(s)** : 752425 (6)

BADAPJAZZ

✆ **06 80 25 08 72 / 06 13 30 20 29**
badapjazz@gmail.com • **www.badapjazz.com**
23 rue de Garches • 92000 **NANTERRE**

Sylvie ROCHART (Présidente) • Thierry GUILLEDROIT (Associé)

Activité(s) : Entrepreneur du spectacle • **Genre(s) musical(aux)** : Jazz, blues, boogie, caribéen, musiques actuelles • **Forme juridique** : Asso. • **Rayonnement** : National, international • **Catalogue** : Patrick Artero, Ray Blue, Blues De Paris (François Fournet), Claude Bolling, Philippe Combelle, Francis Demange Duo (Claudia Pereira) & Quartet, Philippe Duchemin, Ahmet Gülbay, Peter King Parisian Jazz Quartet, Martin Pyrker, Frédérique Bajart, Susanna Bartilla, Changamiré, Faby Médina, Victoria Rummler, Jean-Pierre Bertrand • **Licence(s)** : 1046563 (2), 1046564 (3) • **Autre(s) activité(s)** : Festival « Jazz au coeur des régions » (chaque trimestre, 1re édition en mai 2013 : www.jazzaucoeurdesregions.com)

BANZAÏ LAB

✆ **06 17 48 65 85**
banzai.lab@gmail.com • **www.banzailab.com**
18 rue des Argentiers • 33000 **BORDEAUX**

Clément ROUAN (Booking)

Activité(s) : Booking • **Genre(s) musical(aux)** : Musiques électroniques, musiques actuelles • **Forme juridique** : Asso. • **Rayonnement** : France, UK, Turquie, Canada • **Catalogue** : Tha New Team • **Licence(s)** : 1020131 (2), 1020132 (3) • **Autre(s) activité(s)** : Label

BAP

✆ **01 46 06 29 26 / 06 08 84 30 45**
contact@beatriceadnotbooking.com • **www.beatriceadnotbooking.com**
82 rue du Mont Cenis • 75018 **PARIS**

Béatrice ADNOT (Gérante) • Marina REGENT (Administration / Communication) • Jennifer GELEZ (Chargée de production)

Béatrice Adnot Productions • **Activité(s)** : Production, booking • **Genre(s) musical(aux)** : Chanson, humour, musiques du monde • **Rayonnement** : International • **Spectacles produits** : Jules, Isabelle Mayereau • **Catalogue** : Patson, Bratsch, Isabelle Mayereau, Jules, Tomás Gubitsch, Askehoug, Le Maxi Monster Music Show (avec Pbox), Claudia Tagbo, William Sheller (avec Quartier Libre), Semianyki (avec Quartier Libre) • **Licence(s)** : 1060066 (2), 1060068 (3)

BASE CONCERTS

✆ **05 57 59 11 70** • fax 05 57 59 11 72
infos@base-productions.com • **www.base-productions.com**
74 rue Georges Bonnac • Tour 6 - 2e étage • 33000 **BORDEAUX**

Laurent LEFEBVRE (Gérant) • Sabine ALVES DE PUGA (Administratrice)

Activité(s) : Booking, co-production • **Forme juridique** : SARL • **Rayonnement** : International • **Spectacles produits** : 1995, Airnadette, Aldebert, Berry, Birdy nam nam, Caravan Palace, Devin Townsend, Dionysos, Dragon Force, Epica, Ez3kiel Extended, Flux Pavillon, Foreign Beggars, Giedre, Gojira, Gotthard, Irma, Izia, Joey Starr, Johnny Winter, Le Peuple de l'Herbe, Les Cowboys Fringants, Lofofora, Mass Hysteria, Meshuggah, Nada Surf, Nashvill Pussy, Oomph !, Popof, Rhapsody of Fire, Rizzle Kicks, Royal Republic, Simple Plan, Tagada Jones, The Bewitched Hands, Ultravomit, Wax Tailor, etc. • **Licence(s)** : 1034738 (2), 1034739 (3) • **Autre(s) activité(s)** : Management

The BASE ENTERTAINMENT

booking@thebaseentertainment.com • **thebaseentertainment.com**
9 av. James de Rothschild • 77164 **FERRIERES**

Activité(s) : Booking • **Genre(s) musical(aux)** : Rap, R&B, groove, ragga, etc. • **Rayonnement** : International • **Catalogue** : Colonel Reyel, Big Ali, TLF, D-Bass, Bob Sinclar, La Fouine, Franky Vincent, etc.

BASE PRODUCTIONS

✆ **05 57 59 11 70** • fax 05 57 59 11 72
infos@base-productions.com • **www.base-productions.com**
74 rue Georges Bonnac • Tour 6 - 2e étage • 33000 **BORDEAUX**

Laurent LEFEBVRE (Président / Agent) • Philippe GENESTE (Agent) • Roger WESSIER (Producteur / promotion) • Guillaume PRINCE (Booking) • Sabine ALVES DE PUGA (Administratrice) • Julien IRIARTE (Booking) • Emilie LAPLACE (Communication)

Activité(s) : Tourneur, producteur, organisateur, promo locale • **Genre(s) musical(aux)** : Tous • **Forme juridique** : Asso. • **Rayonnement** : National, international • **Catalogue** : Apocalyptica, Atmosphere, Bass Crafter, Black Joe Lewis, Bomba Estereo, Brother Ali, Charles Walker & The Dynamites, Cynic, Dagoba, Danko Jones, Dragon Force, Edguy, Eths, Eyeless, Ez3kiel, Flip Grater, Freak Kitchen, Gatha, Gojira, Guadalupe Plata, Headcharger, Helloween, Hill Valley, Hollywood Undead, Kaly live dub, Killerpilze, Kyuss Lives !, Les Tambours du Bronx, Lofofora, Manigance, Maylee Todd, Mountain Mocha Kilimandjaro, Mucc, Nashville Pussy, Odezenne, ODyl, One-Way Mirror, Osaka Maunorail, P.O.S, Pain, Patrick Rondat, Psalm One, Rascals, Reverend Horton Heat, S. Mos, Saidah Baba Talibah, Stratovarius, Supersuckers, The Devin Tonsend Project, The Duke and The King, The Excitement, The Felice Brothers, Transglobal Underground, Treponem Pal, Turisas, Undergang, Waltari • **Licence(s)** : 1034738 (2), 1034739 (3) • **Autre(s) activité(s)** : Management

BBM MUSIC-COMMUNICATION

✆ **01 43 72 60 67 / 06 09 16 75 60** • fax 01 43 72 60 67
bettyb.prod@wanadoo.fr
65 rue de Lagny • 75020 **PARIS**

Betty BEHAR (Productrice)

Vice Versa SARL • **Activité(s)** : Production • **Genre(s) musical(aux)** : World • **Forme juridique** : SARL • **Rayonnement** : International • **Spectacles produits** : Comédie musicale BRASIL, Al Pollan • **Catalogue** : Doc Gyneco, Tania Maria, Marcelo Ferreira, Tribute to Yves Montand, Al Pollan, etc. • **Licence(s)** : 1012000 (2), 1012001 (3) • **Autre(s) activité(s)** : Communication, édition, public relation, management, événementiel

BE MY EVENTS

✆ **04 74 06 61 26 / 06 61 27 05 63 / 01 43 55 22 19**
booking@bme-prod.com • **www.bemyevents.com**
340 rue des Carriers • 69480 **LUCENAY**

Loïc PLANCHE (Président) • Vanessa POTHIER (Booking Paris) • Stéphane THIEN (Production)

Activité(s) : Producteur, tourneur • **Genre(s) musical(aux)** : Chanson, rock, pop, jazz • **Forme juridique** : SAS • **Rayonnement** : National et international • **Spectacles produits** : Be My Girl, tournée allemande « Vengeance » Benjamin Biolay • **Catalogue** : Mathis Gardel, Priscilla Betti, Ronan Siri, Moïraa, Bow Low, Bang Gang, 1984, La Bestiole, Demi Mondaine, Françoise Fognini, Dirty Dozen Brass Band, Cécile Siméone, Alys, Freeman, Doriand, Nova Heart, etc. • **Licence(s)** : 1044959 (2), 1044960 (3)

BEBOP

✆ **02 43 78 16 03**
promo@bebop-music.com • **www.bebop-festival.com**
28 av. Jean-Jaurès • 72100 **LE MANS**

Bruno LE ROY (Président) • Yves BARRE (Administrateur) • Charlène MAZE (Communication)

Activité(s) : Production • **Genre(s) musical(aux)** : Musiques actuelles • **Forme juridique** : Asso. • **Spectacles produits** : Kiemsa, Eths, M83, Corneille, Buck 65, Jamaïcan All Stars, M, Sniper, Syd Matters, Louis Chédid, Asian Dub Foundation, Nosfell, Mig, 17 Hippies, Kool Shen, La Ruda, Dirty Fonzy, JL Murat, Cyann and Ben, etc. • **Licence(s)** : 1057723 (1), 1013574 (2), 1057724 (3) • **Autre(s) activité(s)** : Be Bop'n'Roll festival, 24h Moto et Auto le concert (20 000 pl.), centre ressource-infos musique

BEER NECESSITIES

✆ **01 53 19 98 88**
karel@anythingmatters.com • **www.anythingmatters.com**
104 quai de Jemmapes • 75010 **PARIS**

Karel BEER (Tourneur)

Activité(s) : Entrepreneur de spectacles, tourneur • **Genre(s) musical(aux)** : Folk, blues, country • **Forme juridique** : Nom propre • **Rayonnement** : International • **Spectacles produits** : Rocheforts en accords Festival • **Catalogue** : Robyn Hitchcock, Corey Harris, Richard Thompson, Joe Henry, Mary Gauthier, Josh Rouse, Peter Rowan, Peter Case, Willard Grant Conspiracy, Dan Bern, Steve Earle, Lucinda Williams, Jools Hollano • **Licence(s)** : 1036388 (2) • **Autre(s) activité(s)** : Spectacles comiques en anglais

La BELLE ANAPHORE

✆ **06 30 23 24 85 / 06 88 31 84 91**
diffusion@labelleanaphore.fr • **www.labelleanaphore.fr**
Rue du Paradis • 07400 **ALBA**

Philippe EUVRARD (Directeur artistique) • Bernard DUFLAU (Administrateur)

Activité(s) : Production, booking • **Genre(s) musical(aux)** : Jazz • **Forme juridique** : Ass. • **Spectacles produits** : Trio Barolo, projet « Cher Pays de mon enfance », Honeyjungle Trio, Pierre Coulon Cerisier Quartet • **Catalogue** : Trio Barolo, projet « Cher Pays de mon enfance », Honeyjungle Trio, Manu Codja Trio, Thuillier Guignon Duo, Joël Forrester French Quintet, Pierre Coulon Cerisier Quartet, Guillaume de Chassy (Diffusion Rhône-Alpes) • **Licence(s)** : 1057396 (2), 1057397 (3) • **Autre(s) activité(s)** : Label

BENJAMIN INTERNATIONAL PRODUCTION

✆ **04 90 02 38 62 / 06 19 53 52 50 / 06 08 73 10 51**
contact@benjiprod.fr • **www.benjiprod.fr**
144 allée de Beauport • 84270 **VEDENE**

Stéphane BRAILLE (Booking Management) • Jean-Marc VALAY (Booking Management) • Aurelia CONTI (Booking)

BIP • **Activité(s)** : Entrepreneur de spectacles, tourneur, manager, promotion locale • **Genre(s) musical(aux)** : Tous • **Forme juridique** : SARL • **Rayonnement** : National, international • **Catalogue** : Grupo Compay Segundo, The Pogues, Kid Creole & The Coconuts, Caligagan, Oslo Swan, The Dubliners, Henry Mc Cullough, The Commitments, Bastien Lucas, Jeffrey Grice, The Moorings, La Souris Déglinguée, Domino, Rey Cabrera Y Sus Amigos, Les Cris de Jérémy, Laura Mayne, Enrique y Eché cantan a Antonio Machin, Alain Meilland chante Léo Ferré • **Licence(s)** : 471712 (2), 471713 (3) • **Autre(s) activité(s)** : Production déléguée

BERNARD DULAU PRODUCTIONS/WCM

✆ **06 24 43 44 79**
b.dulau@yahoo.fr
14 av. de l'Opéra • 75001 **PARIS**

Bernard DULAU (Manager)

Activité(s) : Booking • **Genre(s) musical(aux)** : Jazz / World • **Forme juridique** : SARL unipersonnelle • **Rayonnement** : Europe, Amérique du sud, Moyen-Orient, Afrique, Chine, Asie • **Catalogue** : Marcus Miller, Al Jarreau, David Sanborn, Lalah Hathaway, Joe Sample • **Autre(s) activité(s)** : Management

BÉTON PRODUCTION

✆ **02 47 51 11 33** • fax 02 47 51 10 99
aucard2tours@radiobeton.com • **www.radiobeton.com**
c/o Radio Béton • 90 av. Maginot • 37100 **TOURS**

Pascal REMY (Programmateur)

Activité(s) : Organisateur • **Genre(s) musical(aux)** : Rock, musiques électroniques, hip hop, chanson • **Forme juridique** : Asso. • **Rayonnement** : Régional • **Spectacles produits** : EZ3kiel vs Hint, Les Ogres de Barbacks, Brigitte Fontaine, Black Mountain, Busdriver, Wriggles, etc. • **Licence(s)** : 109907 (2), 109908 (3) • **Autre(s) activité(s)** : Radio Béton

BETTY BOOK PRODUCTION

✆ **06 77 79 69 57 / 09 51 39 74 05**
bettybook.prod@gmail.com • **www.bettybook-production.com**
71 allée de Brienne • 31000 **TOULOUSE**

Sandrine FERRITO (Chargée de production/booking)

Activité(s) : Booking, organisation • **Genre(s) musical(aux)** : Musiques actuelles, Jazz • **Forme juridique** : Asso. • **Rayonnement** : National, international • **Spectacles produits** : Toulouse in Bikini • **Catalogue** : Get The Blessing, Hypnotic Brass Ensemble, Tiken Jah Fakoly (Export), Ninc et Nous, L'Herbe Folle (Export), Amos Hoffman, Benjamin Coum, Bettie page party, Madeleine Besson, etc. • **Licence(s)** : 1040236 (2), 1040237 (3) • **Autre(s) activité(s)** : Direction technique, régie générale d'événement

BI-POLE

✆ **04 95 04 95 62** • fax 04 95 04 95 00
editions@bi-pole.org • **www.bi-pole.org**
Friche Belle de Mai • 41 rue Jobin • 13003 **MARSEILLE**

Cyril TOMAS-CIMMINO (Directeur) • Julia CAPPELLE (Chargée de production) • Jean-Baptiste BOREL (Tour manager)

Activité(s) : Booking • **Genre(s) musical(aux)** : Rock, electro • **Forme juridique** : Asso. • **Rayonnement** : International • **Spectacles produits** : Té érama Dub Festival • **Catalogue** : Ok Bonnie, Filewile, Molecule, Mike Ladd, Jahcoozi, Hooka Hey, Benjamin Fincher, 340ML, Jako Maron • **Licence(s)** : 1042688 (2), 1042687 (3) • **Autre(s) activité(s)** : Editions

BIG BRAVO SPECTACLES

✆ **02 96 70 86 99** • fax 02 96 70 86 99
bigbravo@wanadoo.fr • **www.bigbravospectacles.com**
32 rue de la Vallée • 22190 **PLERIN**

Sophie GLARNER (Directrice) • Celine THORAVAL (Administration / Communication)

Activité(s) : Entrepreneur de spectacles, diffusion • **Genre(s) musical(aux)** : Musiques du monde et traditionnelles • **Forme juridique** : EI • **Rayonnement** : National • **Spectacles produits** : Dan Ar Braz et Clarisse Lavanant, Soïg Sibéril, Oktopus Kafé, Annie Ebrel, Nolùen Le Buhé, Marthe Vassallo, Gilles le Bigot, Lydia Domancich • **Catalogue** : Autour de la Guitare Celtique, Melaine Favennec, Pikey Butler, Cie Grégoire and Co, Dominique Dupuis, Vishten • **Licence(s)** : 1029309 (2), 1026310 (3)

La BISE FRAÎCHE

✆ **06 07 18 19 26**
labisefraiche@gmail.com • **labisefraiche.wordpress.com**
Maison des Associations du 20e • 1-3 rue Frédérick Lemaître • 75020 **PARIS**

Maud CITTONE (Direction, booking)

Activité(s) : Booking, management • **Genre(s) musical(aux)** : Pop, rock indé, folk • **Forme juridique** : Asso • **Rayonnement** : International • **Catalogue** : My Ant, My Broken Frame, Exotic Club, The George Kaplan Conspiracy, Kim Novak, Beat Mark • **Licence(s)** : 1043130 (2), 1043131 (3)

BL MUSIC PRODUCTION

✆ **+33 9 54 06 56 53** • fax +33 9 59 06 56 53
ben@blmusicprod.com • **www.blmusicprod.com**
C/o Mila • 2 rue André Messager • 75018 **PARIS**

Benjamin LEVY (Gérant)

Activité(s) : Entrepreneur de spectacles, booking • **Genre(s) musical(aux)** : Funk, soul, jazz, hip hop • **Forme juridique** : EI • **Rayonnement** : International • **Catalogue** : Dee Dee Bridgewater, George Duke & Stanley Clarke, Roy Ayers, Raashan Ahmad, Wax Poetic, Headhunters, Guillaume Perret & The Electric Epic, The Soul Rebels, Eumir Deodato, The Count Basie Orchestra, Ilhan Ershahin, Joey Negro & Sundburst Band, Ilhan Ersahin & Istanbul Sessions, Bugge'n' Friends Soul Rebels, Martha Reeves, Bootsy Collins, Mulato Astatke & the Heliocentrics, Azymuth, Don Blackman, Duke Ellington Orchestra, Gwen Mac Crae, Barbara Masson, Bilal, Crown City Rockers, Dialect Music, Push Up, etc. • **Licence(s)** : 1035677 (2), 1035678 (3) • **Autre(s) activité(s)** : Management de Dialect Music, formateur à l'international

BLEU CIEL PRODUCTIONS

✆ **06 29 91 52 64**
bleucielproduction@gmail.com • **www.bleucielproductions.com**
20 chemin des garrigues • Les Royantes Nord • 13400 **AUBAGNE**

Christophe MAROUKEYAN (Booking)

Activité(s) : Production • **Genre(s) musical(aux)** : Jazz manouche • **Catalogue** : Florin Niculescu, César Swing, Zarifa, Loïs Coeurdeuil, Marylise Florid • **Licence(s)** : 1059645 (2), 1059646 (3) • **Autre(s) activité(s)** : Création artistique, organisation de festivals

BLEU CITRON

✆ **05 62 73 44 77** • fax 05 62 73 44 78
bleucitron@bleucitron.net • **www.bleucitron.net**
12 bd d'Arcole • 31000 **TOULOUSE**

Gilles JUMAIRE (Président) • Sophie LEVY-VALENSI (Programmatrice / production) • Marie-Ange MARTIN (Communication) • Sylvain BAUDRILLER (Tourneur) • Samuel CAPUS (Tourneur) • Jean-Baptiste DEIX (Tourneur) • Coralie DURAND (Administration / contrats) • Etienne ANDRÉ (Commercialisation/billetterie)

Activité(s) : Organisateur, producteur, tourneur • **Genre(s) musical(aux)** : Tous • **Forme juridique** : SAS • **Rayonnement** : National • **Spectacles produits** : Archive, Izia, Brigitte, Charly Wintson, Justice, Shaka Ponk, Arnaud, Camille, Arctic Monkeys, etc. • **Catalogue** : Izia, Féfé, Da Silva, Magyd Cherfi, JP Nataf, Zaza Fournier, Fancy, FM, Bombes 2 Bal, Stupeflip, Nasser, Benjamin Paulin, Luke, Rococo, 1995, Fancy, Addictive TV, Saul Williams, Suzanne Vega, Giedré, Arno, Charlie Winston, -M-, Indochine, etc. • **Licence(s)** : 1059424 (2), 1059423 (3)

BLEU PASSION

✆ **06 60 05 91 02**
bleupass@club-internet.fr
53 rue M. Gaucher • 94120 **FONTENAY SOUS BOIS**

François-Georges LACÔME (Responsable)

Activité(s) : Producteur, tourneur • **Genre(s) musical(aux)** : Tous • **Forme juridique** : SARL • **Rayonnement** : International • **Catalogue** : Usmar, Emma Daumas, Cécilia Pascal • **Licence(s)** : 1004404 (2), 1004405 (3) • **Autre(s) activité(s)** : Manager

BLUE BOX PROD'

✆ **06 75 91 24 63**
contact@blueboxprod.fr • **www.blueboxprod.fr**
75 rue Delegorgue • 62970 **COURCELLES LES LENS**

Pierre FAILLY (Gérant)

Activité(s) : Tourneur, diffuseur, organisateur • **Genre(s) musical(aux)** : Blues, blues rock, rock, pop rock, jazz, chanson, funk • **Forme juridique** : SARL • **Rayonnement** : France, Belgique, Suisse, Hollande, Allemagne, Luxembourg • **Spectacles produits** : Blues 'N' Rock Festival • **Catalogue** : Tino Gonzales, Innes Sibun, Marcus Malone, Sinnerboy, Julian Sas, Clara Free, Todd Sharpville, Azouz Filali, Still Life, etc. • **Licence(s)** : 1004654 (2), 1004655 (3) • **Autre(s) activité(s)** : Concerts et festivals pour entreprises

BLUE FISH

✆ **06 73 86 45 76 / 05 56 44 89 41** • fax 09 51 70 68 99
marie.bluefish@gmail.com • **www.bluefish-art.com**
96 Quai de Bacalan • 33000 **BORDEAUX**

Marie FAVEREAU (Vice-présidente) • Thomas GUIBERT (Chargé de production)

Activité(s) : Tourneur, producteur, diffuseur • **Genre(s) musical(aux)** : Jazz, swing, musiques du monde • **Forme juridique** : Asso. • **Rayonnement** : National et International • **Catalogue** : Adama Traoré, Bignol Swing, Musicas Recuperadas, Thomas Bercy Jazz Band, Salsa Ilegal, Duo Corriente, Michel El Malem Group, Cie Famille Nombreuse, Thomas Ottogalli Trio, (Novox) vs Pokemon Crew, Shekinah Rodz Quintet • **Licence(s)** : 143754 (2) • **Autre(s) activité(s)** : Conseil, management

BLUE GEODESICS

✆ **01 44 75 59 38** • fax 01 44 67 79 36
bluegeo@bluegeo.com • **www.spacetimerecords.com**
90 cours de Vincennes • 75012 **PARIS**

Xavier FELGEYROLLES (Directeur)

Activité(s) : Entrepreneur de spectacles, organisateur • **Genre(s) musical(aux)** : Jazz • **Forme juridique** : SARL • **Rayonnement** : International • **Catalogue** : Donald Brown, Keith Brown, Robert Glasper, Mulgrew Miller, Bill Mobley, Walter Smith III, Tony Tixier, Jean Toussaint • **Licence(s)** : 1006518 (2), 1006517 (3) • **Autre(s) activité(s)** : festival « Jazz en Tête », label « Space Time Records »

BLUE LINE PRODUCTIONS

✆ **05 65 27 15 15**
contact@blueline.fr • **www.blueline.fr**
Rue Droite • BP 10021 • 46600 **MARTEL**

Michel VAUTROT (Gérant) • Christian BOURGAUT (Gérant) • Christine WEILER

Activité(s) : Producteur, tourneur • **Genre(s) musical(aux)** : Musiques du monde, chanson • **Forme juridique** : SARL • **Rayonnement** : International • **Spectacles produits** : Les 7 doigts de la main, Les Tistics, Emma la clown, Barbes café, Frédo, Pockemon Crew • **Catalogue** : Alee, Carole Petit, Charles Pasi, Choeurs de Cordoue, Chloé Lacan, Davy Sicard, Dick Rivers, La Fanfare en Pétard, Flavia Coelho, FM LAETI, Gari Grèu, HK et les Déserteurs, Hk & les Saltimbanks, Idir, Joyeux Urbains, Kamilya Jubran, Karimouche, Manu Dibango, Le Pied de la Pompe, Sophia Charaï, Souad Massi, Trio Esperança, Volo, Zebda, Zone d'Expression Populaire, Z Star • **Licence(s)** : 752091 (6) • **Autre(s) activité(s)** : Management

BLUES AND SOUL EVENTS

✆ **06 61 45 42 13**
contact@bsefrance.org • **www.bsefrance.org**
Cannes Center B • 1 rue du Châtaignier • 06400 **CANNES**

Catherine MARIE (Booking)

Activité(s) : Booking • **Genre(s) musical(aux)** : Blues, jazz, soul, rock, pop, country • **Forme juridique** : Asso. • **Rayonnement** : France, Belgique, Suisse • **Catalogue** : Fred Chapellier, Tom Principato, Michael Jones, Charlie Fabert Influence, Renaud Cugny, Miguel M, Lisa Doby, Soul Project-Tribute to the Blues Brothers, Nico Backton, Robert Lenoir, Janet Robin, Wes Mackey, Orville Nash, Roland Tchakounté, Beauty & the Beast, Laurent Cugny, Paul Cox • **Licence(s)** : 1029376 (2), 1062155 (3) • **Autre(s) activité(s)** : Management

BLUES QUI ROULE

✆ **06 60 63 58 20**
harmo@wanadoo.fr • **www.bluesquiroule.com**
7 rue du Pont de Forge • 44240 **LA CHAPELLE SUR ERDRE**

Alain LECLERC (Président)

Activité(s) : Booking • **Genre(s) musical(aux)** : Blues • **Forme juridique** : Asso. • **Rayonnement** : International • **Spectacles produits** : « Europa Blues », festival « Deux Rivières Blues » • **Catalogue** : Beansprouts, Tim Lothar Peterson, Spike Drivers, Dago Red, Jerry Portnoy, Witchcraft, Groanbox, Gloria Turrini, Never The Bride, Matthew Lee, Shannon, Chris Farlowe, Norman Beaker, Jeremy Spencer, Steve Weston, The Cadillac Kings • **Licence(s)** : 142243 (2)

BLUESTUFF PRODUCTIONS

✆ **04 74 61 64 49 / 06 08 84 06 46**
bluestuff@wanadoo.fr
4 ch. de la Rivière • 01800 **ST MAURICE DE GOURDANS**

Dominique CAMARD (Directeur)

Activité(s) : Entrepreneur de spectacles, tourneur, organisateur • **Genre(s) musical(aux)** : Jazz, musiques traditionnelles et actuelles • **Forme juridique** : Asso. • **Rayonnement** : Régional, national et international • **Spectacles produits** : Nord Sud, Des Sons dans l'Eau, Jacques Mayoud, Un si beau jardin, La confusion • **Catalogue** : Christian Oller, Jacques Mayoud, Karell Prugnaud • **Licence(s)** : 134860 (2), 135677 (3)

BOITACLOUS

✆ **04 68 51 85 21** • fax 04 68 35 55 61
contact@boitaclous.com • **www.boitaclous.com**
44 rue Foch • 66000 **PERPIGNAN**

Thierry MEIER (Directeur)

Activité(s) : Entrepreneur de spectacles, organisateur, promoteur local • **Genre(s) musical(aux)** : Musique, humour, théâtre • **Forme juridique** : Asso. • **Rayonnement** : Régional • **Catalogue** : Pedro Soler, Inés Bacan, « Barcelone, Amsterdam » • **Licence(s)** : 1038339 (2), 1038340 (3)

BONSAÏ BOOKING & MANAGEMENT

✆ 01 44 85 53 98
contact@bonsaibooking.com • **www.bonsaibooking.com**
160 rue Lamarck • 75018 **PARIS**

Alain KASSIMATIS (Codirecteur) • Pierre DARMON (Codirecteur)

Activité(s) : Producteur, tourneur • **Genre(s) musical(aux)** : Jazz • **Forme juridique** : SARL • **Rayonnement** : France, Europe • **Spectacles produits** : Paolo Fresu, Matthieu Boré, Julien Daian Quintet & DJ Borz • **Catalogue** : Ben Sidran, Flavio Boltro, Giovanni Ceccarelli, Julien Daian Quintet & DJ Borz • **Licence(s)** : 1053638 (2), 1053639 (3) • **Autre(s) activité(s)** : Label, éditions, concerts privés, conseil en programmation

BREAK PRODUCTIONS

✆ 09 51 54 59 59 / 09 51 54 59 59
news@breakprod.com • **www.breakproductions.com**
12 rue du grand chemin • 59100 **ROUBAIX**

Thomas TALMAT (Booking / production)

Activité(s) : Entrepreneur de spectacles, tourneur, producteur • **Genre(s) musical(aux)** : Hip hop, Funk, Soul, Psyché-Rock, Maghreb, Gnawa, Jazz • **Forme juridique** : EI • **Rayonnement** : France et Belgique • **Spectacles produits** : Aloe Blacc, Ty, Bonobo, Israel Vibrations Alice Russell, Junior Kelly, Breakestra, Rob Swift, Dudley Perkins, Soul Rebel Brass Band, etc. • **Catalogue** : Martha High, Monophonics, Sweet Vandals, Karim Ziad, Ty, Oum, DJ Amir, Pharcyde, etc. • **Licence(s)** : 1007463 (2)

BS PARTY & RECORDS

✆ 01 83 87 94 87
info@baladessonores.com • **www.baladessonores.com**
1 av. Trudaine • 75009 **PARIS**

Toma CHANGEUR (Président)

Activité(s) : Organisateur concerts et soirées • **Genre(s) musical(aux)** : Rock, pop, folk, musique électronique • **Forme juridique** : Asso. • **Rayonnement** : Paris • **Spectacles produits** : « Une Autre Balade Sonore » • **Catalogue** : Les concerts « Balades Sonores », artistes dans les sélections Balades Sonores • **Licence(s)** : 1033569 (2) • **Autre(s) activité(s)** : Label, communication

BV PROD

✆ 01 40 23 94 01
serge@bvprod.fr • **www.bvprod.fr**
11 rue Fénelon • 75010 **PARIS**

Serge BEVERELLI (Directeur de production)

Activité(s) : Agence artistique, événementiel, concerts privés, tourneur • **Genre(s) musical(aux)** : Tous • **Forme juridique** : SARL • **Rayonnement** : International • **Catalogue** : Halie Loren, Arielle Dombasle, Sinne Eeg, Ola Onabulé, The Straits, Caroline Henderson, Cunnie Williams, Hamel, Jacob Karlzon, Joana Amendoeira, Magic Pop Hotel, Magnus Hjorth Trio, Mario Biondi, Paddy Milner, Passi, Quentin Paquignon Quartet, Tierney Sutton Band, The Draytones, William White • **Licence(s)** : 930783 (2)

C'EST PAS DES MANIÈRES

✆ 04 78 94 84 12 • fax 09 81 40 21 41
www.cestpasdesmanieres.org
34 av. Roger Salengro • 69100 **VILLEURBANNE**

Christophe JACQUES (Directeur artistique) • Manon LENOIR (Chargée d'administration) • Ségolène PATEL (Responsable technique) • Kolotiana RAMONJA (Chargée de diffusion) • Émilie JEANNOT (Chargée de production) • Paul WIEL (Chargé du développement web)

Activité(s) : Producteur, management • **Genre(s) musical(aux)** : Chanson, rock, folk, world • **Forme juridique** : Asso. • **Rayonnement** : National et international • **Catalogue** : Trio Soulayrès, Vidala, Chems, Patricia Kalla • **Licence(s)** : 26018 (2), 25685 (3) • **Autre(s) activité(s)** : Label, studio d'enregistrement, licences artistes étrangers, promotion, régie

C'KEL PROD ?

✆ 04 77 20 04 86 • fax 04 77 20 04 87
contact@ckelprod.com • **ckelprod.com**
Passage Jean-Baptiste Galley • 42100 **ST ETIENNE**

Simon JAVELLE (Gérant)

Activité(s) : Organisation de spectacles • **Genre(s) musical(aux)** : Rock, chanson, hip hop • **Forme juridique** : SARL • **Rayonnement** : Régional • **Spectacles produits** : Benabar, Zebda, Eric Antoine, Revolver, Giedré, Sexion d'Assaut, Volo, Idir, Oldelaf, General Elektricks, HK & les Saltimbanks, etc • **Licence(s)** : 1014151 (2), 1014152 (3) • **Autre(s) activité(s)** : Billetterie, promotion

CAFÉ BLANC

✆ 06 67 32 41 95 / 09 82 45 99 69
cafeblanc@wanadoo.fr
6 rue du Dauphiné • 17000 **LA ROCHELLE**

Laurence MOINARD (Responsable)

Activité(s) : Organisation, diffusion • **Genre(s) musical(aux)** : Reggae, world music, jazz, rap • **Forme juridique** : Asso. • **Rayonnement** : International • **Spectacles produits** : Special Mix Mondial (Nuit reggae roots), Mike Brooks, Agathe Sahraoui chante Billie Holiday • **Catalogue** : Well Well (Agathe Sahraoui, Boudjman Guerdjou), DJ Awal, La Jambox • **Licence(s)** : 751628 (6) • **Autre(s) activité(s)** : Relations presse, street marketing, organisateur, management

CAFÉ DE LA DANSE

✆ 01 47 00 57 59 • fax 01 48 05 65 22
fred@cafedeladanse.com • **www.cafedeladanse.com**
5 passage Louis Philippe • 75011 **PARIS**

Loïc BARROUK (Directeur) • Jérémie RICHARD (Chargé de production)

Activité(s) : Entrepreneur de spectacles, tourneur, organisateur • **Forme juridique** : SARL • **Rayonnement** : National • **Spectacles produits** : Les Belles Nuits du Ramadan, Prétendanse, Les Femmes s'en Mèlent/Accordéons à Paris, Mahmoud Ahmed • **Catalogue** : Caravan Palace, Gush • **Licence(s)** : 7500312 (1), 7500313 (2), 7500314 (3) • **Autre(s) activité(s)** : Salle de spectacles

CARAMBA SPECTACLES

✆ 01 42 18 17 17 • fax 01 42 18 17 16
info@caramba.fr • **www.caramba.fr**
14 rue Pierre Larousse • 75014 **PARIS**

Luc GAURICHON (Gérant) • Matthieu BALIGAND (Booking) • Julia LE GROUX (Booking) • Vincent FEASSON (Booking) • Mélodie BLANCHARD (Booking) • Guillaume HUREL (Booking) • Mélissande CROZIER (Communication)

Activité(s) : Entrepreneur de spectacles, producteur, organisateur, programmateur d'événements • **Genre(s) musical(aux)** : Rock, pop, chanson, jazz, world, etc. • **Forme juridique** : SARL • **Rayonnement** : National, international • **Spectacles produits** : Ben l'Oncle Soul, Zaz, Slava's Snowshow, K-POP, Parov Stelar, Mr & Mme Rêve /CIE Pietragalla Derouault, etc. • **Catalogue** : Abd Al Malik, Axel Bauer, Bénabar, Ben l'Oncle Soul, Bernhoft, Berry, Bojan Z, Célien Schneider, Christophe, Corneille, Didier Lockwood, Dominique Fillon, Emilie Gassin, Ibeyi, Imany, Jamait, John Mamman, Johnny Clegg, King Charles, Laurent De Wilde, LCGC, les Francos Gourmandes, Ludovico Einaudi, Luz Casal, Maïa Vidal, Merlot, Michel Delpech, Mike Ibrahim, Mikhael Paskalev, Mr & Mme Rêve/Cie Pietragalla Derouault, Mummenschanz, Parov Stelar, Pascal Comelade, Paul Séré, Raphael Gualazzi, Riff Cohen, Rivière Noire, Salvatore Adamo, Saule, Slava's SnowShow, Stéphan Rizon, Swan Lake, Taïro, WoodKid, Zaz, etc. • **Licence(s)** : 1035987 (2), 1035991 (3) • **Autre(s) activité(s)** : Co-Production Festival Les Francos Gourmandes, management

CARAVELLE

✆ 04 72 10 99 50 • fax 04 78 30 93 82
contact@caravelle-prod.com • **www.caravelle-prod.com**
20 rue Joseph Serlin • 69001 **LYON**

Olivier BOCCON-GIBOD (Directeur) • Julien DUSSAUGE (Responsable booking) • Angélique OLIVIER (Responsable Tournées Françaises) • Aurore VOISIN (Responsable booking)

Activité(s) : Tourneur, producteur de spectacles • **Forme juridique** : SARL • **Rayonnement** : International • **Catalogue** : Agnès Bihl, Buridane, Carré de Dames, Dead Rock Machine, Edward Barrow, Elephant, Filastine, Fowatile, Fredrika Stahl, Ginkgoa, Hifana, Imbert Imbert, Kadebostany, La Rumeur, Leila, Lena Deluxe, Marklion, Maud Lübeck, Mrs Good, Nekochan, Niveau Zero, Peter Von Poehl, Russian Red, Slow Joe & the Ginger Accident, The Dancers, The Sophia Lorenians, Toybloïd • **Licence(s)** : 143873 (2), 143874 (3)

CC PRODUCTION

✆ 01 48 76 83 01 / 06 26 30 60 73
info@ccprod.org • **www.ccprod.org**
53 Rue du Bois des Joncs Marins • 94120 **FONTENAY SOUS BOIS**

Pierrette DEVINEAU (Directrice) • Ingrid GOMIS (Chargée de production)

Activité(s) : Entrepreneur de spectacles, management • **Genre(s) musical(aux)** : Jazz • **Forme juridique** : Asso. • **Rayonnement** : International • **Catalogue** : Isabelle Olivier, Eric Seva, Olivier Ker Ourio, Olivier Cahours • **Licence(s)** : 1038914 (2), 1038915 (3) • **Autre(s) activité(s)** : Label, direction et programmation du Paris Jazz Festival

CESAM INTERNATIONAL

✆ 03 22 09 09 09 • fax 03 22 09 09 00
contact@cesam-international.com • **www.cesam-international.com**
72 rue des Jacobins • 80000 **AMIENS**

Raymond-Alexandre VERNIER (Directeur général) • Calixte VERNIER (Directeur du marketing) • Romain VERNIER (Directeur commercial) • Inna KIRICENKO (Département International) • Patricia LOCOCHE (Directrice administrative)

Activité(s) : Entrepreneur de spectacles • **Genre(s) musical(aux)** : Musiques du monde, jazz, blues, gospel, variétés et spectacles de rue • **Forme juridique** : SARL • **Rayonnement** : France et international • **Catalogue** : Era, Ali Campbell (UB 40), Uriah Heep, Edith Piaf JIL, Matia Bazar, Moranci, Scorpions, Hélène Segara, Ricchi e Poveri, Conférence Gerhard Schroder, François de Closets, Jacques Seguela, Bernard de la Villardière, Julien Lepers, Jean-Loup Longnon, Manu Le Prince, Mariannick Saint-Céran, Christian Morin, Gilbert Sigrist, Gipsyland, Pierre Porte, Bulgarian Legend, Gipsy Baliardo, Jean-Marc Savelli, Cocobamboo, Soleil des Tropiques, Jimmy Cliff, « Blues Event » avec Sugar Blue, Bill Deraime et John Mayall, Daniel Herzog, Fabien Kachev, Anastacia, Shaggy, Lightman, Live Sculpting, Peintre, Cocobamboo, Ruski kabak, Gipsyland, etc. • **Licence(s)** : 1042356 (2) • **Autre(s) activité(s)** : Sonorisation, éclairage, audiovisuel, disques

Le CHANTIER

✆ 04 94 59 56 49 • fax 04 94 59 99 70
le-chantier@le-chantier.com • **www.le-chantier.com**
Fort Gibron • BP 24 • 83570 **CORRENS**

Françoise DASTREVIGNE (Directrice artistique) • Laurent SONDAG (Chargé de communication)

Centre de création des nouvelles musiques traditionnelles & musiques du monde • **Activité(s)** : Diffuseur, producteur • **Genre(s) musical(aux)** : Musiques traditionnelles et du monde • **Forme juridique** : Asso. • **Rayonnement** : International • **Spectacles produits** : Erol Josué « Haïti : Chants vaudou & contredanses », ForaBandit, Evelyne Girardon « Si la Lune s'arrête... », Duo combi / Quenehen, Trio Chemirani, Cie Montanaro « .G », The Samurai, Jacky Molard Quartet & Foune Diarra Trio, etc. • **Catalogue** : Spectacles issus de résidences de création • **Licence(s)** : 1021245 (1), 138366 (2), 138367 (3) • **Autre(s) activité(s)** : Centre de création des nouvelles musiques traditionnelles & musiques du monde, festival Les Joutes Musicales de Printemps

CHAOS PRODUCTIONS

✆ 01 48 51 05 49 • fax 01 48 51 05 04
booking@chaos-prod.com • **facebook.com/chaosprod**
31 rue de Vincennes • 93100 **MONTREUIL**

Habib LABACHI (Agent) • Chakri HAJOUI (Agent)

Activité(s) : Booking, créateur d'événements et tournées • **Genre(s) musical(aux)** : Hip hop, R&B, electro • **Forme juridique** : SARL • **Rayonnement** : International • **Spectacles produits** : 113, DJ Big Ali, DJ Snake, Jamel Debbouze (after party), Michael Youn (after party), Dj Mice, Mister you, etc. • **Catalogue** : Dj Abdel, Cut Killer, Dj Pone, Dj Crazy B, Dj Cutee, Dj Kheops, Dj Snake, Fatal Bazooka, etc. • **Licence(s)** : 754944 (6)

CHÂTEAU BRUYANT

✆ 06 63 80 03 80 / 06 29 76 01 85
wapibooking@gmail.com • **www.chateaubruyant.com**
1 rue Palestro • 13003 **MARSEILLE**

Romain FROC (Booking)

Label, booking, management • **Activité(s)** : Booking • **Genre(s) musical(aux)** : Electro, hip hop, bassmusic • **Forme juridique** : Asso. • **Rayonnement** : National • **Catalogue** : Tambour Battant, Niveau Zéro, The Unik, Confipop, Comic Strip, MC2, Habstrakt, Jankenpopp, Chateau Bruyant Party, Mim & Ntek, Flore, Budju Jankenpopp, Youthman, Parallel, Alphaat, Wareika, DJ Skillz • **Licence(s)** : 1023478 (2), 1023479 (3) • **Autre(s) activité(s)** : Label, association Freeson, management

La CHAUDIÈRE PRODUCTION

✆ 06 83 52 14 63
chaudiprod@chaudiere-production.com • **www.chaudiere-production.com**
49 rue du Professeur Patel • 69009 **LYON**

Marie-Caroline PHELUT (Directrice artistique) • Faustine CHAVENT (Assistante de production)

Activité(s) : Production • **Forme juridique** : Asso. • **Rayonnement** : International • **Spectacles produits** : Pee Wee Ellis, Weapon of Choice, Fred Wesley, Tony Allen, etc. • **Catalogue** : Japtaal, Von Magnet, Septanbre, Blackthread, Vincent Cros, Mots Paumés, Ana Dess, Toss, Pain d'Epices, Le Tour de Valse, Etranges Primitifs • **Licence(s)** : 138336 (2), 138337 (3) • **Autre(s) activité(s)** : Label, Activités pédagogiques, ateliers de pratique artistique, illustration musicale (pub, cinéma, CD-Rom), production discographique, management, organisation d'événements

CHEYENNE PRODUCTIONS

✆ 02 47 49 80 03 • fax 02 47 42 55 55
lea@cheyenne-prod.com • **www.cheyenne-prod.com**
135 av. de la Tranchée • 37100 **TOURS**

Claude CYNDECKI (Gérant) • Noémie DENAT (Directrice de production) • Caroline FICHOT (Directrice de tournée)

Activité(s) : Organisation de spectacles • **Genre(s) musical(aux)** : Chanson, variétés, rock, rap, etc. • **Rayonnement** : Centre et grand ouest • **Spectacles produits** : The Voice, RFM party 80, La tournée des années 90 • **Licence(s)** : 143386 (3)

CHWET PRODUCTIONS

✆ 06 68 20 07 13
info@chwetproductions.com • **www.chwetproductions.com**
27 rue Ordener • 75018 **PARIS**

Arnaud CIPRIANI (Gérant) • Olivier CALENDINI (Directeur)

Activité(s) : Promoteur de spectacles, booking, tourneur, organisateur • **Genre(s) musical(aux)** : Musiques actuelles • **Forme juridique** : SARL • **Rayonnement** : France et Europe • **Spectacles produits** : Jungle Juice, Splash • **Catalogue** : France : Dirtyphonics, Camo & Krooked, Delta Heavy, Fred V & Grafix; Europe : Habstrakt, Dubsidia, Xkore, Bong, Lucid, etc. • **Licence(s)** : 1051232 (2)

CLEF DE SCÈNE

✆ 01 83 56 39 12 / 06 25 79 75 85 • fax 01 44 64 96 80
contact@clefdescene.com • **www.visavies.fr**
50 av. Robert André Vivien • 94160 **SAINT MANDE**

Patrick KORENBLIT (Gérant) • Gérard DAHAN (Directeur artistique) • Marion CÉRÉSIA (Chargée de production)

Activité(s) : Entrepreneur de spectacles, manager, tourneur • **Genre(s) musical(aux)** : Chanson, musiques du monde, jazz • **Forme juridique** : SARL • **Rayonnement** : National • **Spectacles produits** : Vis à vies • **Catalogue** : Vis à Vies • **Licence(s)** : 1016100 (2), 1016098 (3) • **Autre(s) activité(s)** : Production phonographique, ingénierie culturelle

CO2 ACTIVITY

✆ 09 81 04 02 89
co2activity@gmail.com • **www.co2activity.com**
30 rue Lucien Sampaix • 75010 **PARIS**

Antoine MISSIR (Gérant / Agent) • Morgan ANTONUTTI (Agent) • Fabrice PICAVET (Agent)

Activité(s) : Producteur, booking • **Genre(s) musical(aux)** : Hip hop, soul, funk, reggae, électro • **Forme juridique** : SARL • **Rayonnement** : International • **Spectacles produits** : Barrington Levy, Revolusound (Tairo, Dragon Davy, Kenyon), Gangrene (Alchemist & Oh No), Glen Washington, Baby Cham, Deen Burbigo & Jazzy Bazz, Gregfrite (Triptik) & DJ Pone (Birdy Nam Nam), etc. • **Catalogue** : Eklips, Rocca (La Cliqua), Vicelow (Saian Supa Crew), Flynt, The Alchemist, Just Blaze, OhNo, Onyx, Bobo Meets Rhettmatic, Cash Money, Nelson, Kozi, Dirty Swift, Arthur King, Ewone !, Moody Mike, Dj Bronco, Barrington Levy, Baby Cham, Glen Washington, Pressure, Protoje, Don Corleon, Deadly Hunta, Admiral T, Dragon Davy (Soundkail), Brahim, Ilementz, Spyda Team, Lord Zeljko, Massive B, Bost&Bim, Supersonic Sound, Robbo Ranx, etc. • **Licence(s)** : 1046318 (2), 1045952 (3)

COIN COIN PRODUCTIONS

✆ 04 78 62 34 38 / 09 81 69 34 38 • fax 09 81 70 00 78
resp@coincoinprod.org • **www.coincoinprod.org**
8 rue du Gazomètre • 69003 **LYON**

Sarah BATTEGAY (Directrice)

Activité(s) : Tourneur, entrepreneur de spectacles • **Genre(s) musical(aux)** : Jazz, world, electro • **Forme juridique** : Asso. • **Rayonnement** : International • **Catalogue** : Antiquarks, Ciné-concert Duel, Cosmographes, Bal interterrestre, Moulassa • **Licence(s)** : 1044957 (2), 1044958 (3) • **Autre(s) activité(s)** : M@scaron (progiciel spectaculaire)

COLA PRODUCTION

✆ 06 16 66 00 97 • fax 04 95 04 96 36
colaproduction@free.fr • **www.africafete.com**
Friche la belle de Mai • 41 Rue Jobin • 13003 **MARSEILLE**

Cécile RATA NDAW (Directrice) • Isabelle SCHMITT (Administratrice) • Cécile ROUCHER (Assistante de production)

Activité(s) : Production, diffusion • **Genre(s) musical(aux)** : Musiques africaines • **Forme juridique** : Asso. • **Rayonnement** : International • **Spectacles produits** : Festival Africa Fête Marseille • **Catalogue** : Oumar Kouyaté, Marietou Cissokho, Diho, Toko Blaze, Big D, Duggy Tee, etc. • **Licence(s)** : 135317 (2), 1032828 (3) • **Autre(s) activité(s)** : Correspondant de Tringa Musiques et Développement initiateur du festival Africafête à Dakar (+221 33 855 44 50 ou +221 777 085 854). Travaille sur les échanges artistiques avec l'Afrique

COME4EVENT

✆ 01 42 96 90 10 • fax 01 40 20 00 34
infos@come4event.com • **www.come4event.com**
5 rue de l'Echelle • 75001 **PARIS**

Nicolas JEANNETÉ (Directeur général) • Bertrand JEANNETÉ (Directeur associé / directeur du bureau de Berlin) • Stephane WLODARCZYK (Directeur du bureau de Varsovie) • Céline TREMILLON (Directrice de projets) • Hélène BERTHE (Bookeur) • Sébastien CHATEL (Promotion presse)

Activité(s) : Producteur, entrepreneur de spectacles, tourneur • **Genre(s) musical(aux)** : Pop, rock, musiques électroniques, chanson française • **Forme juridique** : SARL • **Rayonnement** : Europe • **Spectacles produits** : Francophonic Festival (Allemagne, Pologne), Paris Berlin Warsaw Indie Club, French Kiss Tour, les Femmes S'en Mêlent (Allemagne et Pologne) • **Catalogue** : Pour l'Europe de l'Est : Yann Tiersen, Rachid Taha, Nosfell, Benjamin Biolay, Féfé, Emilie Simon, etc. • **Licence(s)** : 1025269 (2), 1025270 (3) • **Autre(s) activité(s)** : Conseil en communication événementielle

La COMPAGNIE DU LAMPARO

✆ 06 66 87 33 34 / 04 91 01 45 07
cielamparo@gmail.com • **www.cie-lamparo.net**
45 rue des Bons Enfants • BP 30238 • 13445 **MARSEILLE CEDEX 6**

Nora MAURIAUCOURT (Responsable)

Activité(s) : Producteur • **Genre(s) musical(aux)** : Chants lyriques en occitan, sacrés, à danser et politiques • **Forme juridique** : Asso. • **Rayonnement** : International • **Spectacles produits** : « Chants politiques et sociaux » (2005), Chants sacrés/politiques/A danser • **Catalogue** : Lo Cor de la Plana, Chin Na Na Poun, Lo Cor de la Bouche, Gacha Empega, Madalena, Trio Hbeish-Théron-Dargent, Vé zou via, Lo Còr el maya, Polyphonic System • **Licence(s)** : 1057287 (2) • **Autre(s) activité(s)** : Collectage du patrimoine oral marseillais, ateliers de chant, création musicale en occitan

COMPAGNIE DU TIRE-LAINE

✆ 03 20 12 90 53 • fax 03 20 54 92 78
compagnie@tire-laine.com • **www.facebook.com/tire.laine**
50 rue de Thumesnil • 59000 **LILLE**

Arnaud VAN LANCKER (Directeur artistique) • Agathe CORNILLE (Chargée de diffusion) • Martin LECONTE (Chargé de diffusion)

Activité(s) : Production, diffusion • **Genre(s) musical(aux)** : Musique tzigane, musette, klezmer, jazz, swing, musiques méditérranéennes et orientales, jeune public • **Forme juridique** : Asso. • **Rayonnement** : France, Europe et international • **Catalogue** : Swing Gadjé, Taraf Dékalé, Arnaud Van Lancker Quartet, Au Bal Taquin, Le Global, le P'tit Bal (bal pour enfants), le Bal d'Areski, les Barbarie Karaoké, Quartet Tshirikly, Tavez Bartali, Hard Bop Machine, Drom Tchirengo, Trio Atcharav, Fanfare La Baleine, Le Fantastique Voyage d'Agaperos, contes musicaux (Les voyages de Marco Polo, Les Contes Rustres, le Journal de Karl Codenton, Le Grand Beng) • **Licence(s)** : 102385 (2) • **Autre(s) activité(s)** : Collectif artistique, projets et actions sur les territoires

Les CONCERTS PARISIENS

✆ **01 48 24 16 97** • fax 01 48 24 16 29
maillard@concertsparisiens.fr • **www.concertsparisiens.fr**
21 rue Bergère • 75009 **PARIS**

Philippe MAILLARD (Gérant) • Marc PARESYS (Administrateur)

Activité(s) : Producteur, tourneur • **Genre(s) musical(aux)** : Variétés, classique, musiques du monde • **Forme juridique** : SARL • **Rayonnement** : Monde • **Catalogue** : Madame Raymonde, Lucilla Galeazzi, Mathieu Rosaz, Paco el lobo • **Licence(s)** : 1051450 (2)

CORIDA

✆ **01 49 25 82 82** • fax 01 42 23 67 04
olivier.darbois@corida.fr • **www.corida.fr**
120 bd Rochechouart • 75018 **PARIS**

Assaad DEBS (PDG) • Olivier DARBOIS (Concerts) • Virginie HAYE (Manager) • Christel MARTINET (Concerts) • Vanessa ELSAS (Concerts) • Alexandre GAULMIN (Responsable de la promotion et du marketing)

Activité(s) : Entrepreneur de spectacles, tourneur, organisateur • **Genre(s) musical(aux)** : Pop, rock, variétés • **Forme juridique** : SA • **Rayonnement** : International • **Spectacles produits** : Simply Red, Texas, Dire Straits, Mark Knopfler, Eric Clapton, Ben Harper, Rammstein, Emilie Simon, Phoenix, Justice, Jamie Cullum, Radiohead, Jack Jonhson, etc. • **Catalogue** : Manu Chao, Catherine Ringer, Joseph Léon, Micky Green, Khaled Mouzannar, Tulsa, Tristesse Contemporaine, Kavinsky • **Licence(s)** : 752580 (2) • **Autre(s) activité(s)** : Management

CORNOLTI PRODUCTION

✆ **06 86 81 52 16 / 03 83 80 94 08**
thierry.cornolti@wanadoo.fr • **www.cornolti-production.com**
119 route Nationale • 54700 **MONTAUVILLE**

Thierry CORNOLTI (Directeur) • Aurélie LE BARON (Booking) • Aline FAUVARQUE (Booking)

Activité(s) : Producteur, booking • **Genre(s) musical(aux)** : Jazz, blues, chanson • **Forme juridique** : SARL • **Catalogue** : Sébastien Texier, Stéphane Guillaume, Greg Zlap, Eric Starczan, Mickaël Miro, Sirius Plan, Yvan Cassar, Merwan Rim, Corson, Elisa Tovati • **Licence(s)** : 54055 (2) • **Autre(s) activité(s)** : Management, Festival international des métiers d'art de Baccarat

CÔTÉ COUR

✆ **02 31 96 31 31 / 06 07 88 52 29**
contact@cote-cour.fr • **www.cote-cour.fr**
159 rue Victor Tesnière • 14990 **BERNIERES SUR MER**

Christian COLIN (Responsable) • Denis GEHANNE (Responsable)

Activité(s) : Entrepreneur de spectacles, organisateur • **Genre(s) musical(aux)** : Musiques actuelles, traditionnelles, jazz, blues, arts de la rue, jeune public • **Forme juridique** : SNC • **Rayonnement** : National, international • **Licence(s)** : 140134398 (3), 140135598 (5), 140136698 (6) • **Autre(s) activité(s)** : Ingénierie culturelle, centre de formation

Gilbert COULLIER PRODUCTIONS SAS

✆ **01 40 68 79 79** • fax 01 40 68 02 93
accueil@coullier.com • **www.coullier.com**
31 pl. St-Ferdinand • 75017 **PARIS**

Gilbert COULLIER (Président) • Olivier HIBAL (Directeur général)

Activité(s) : Producteur • **Genre(s) musical(aux)** : Variété, rock, humour • **Forme juridique** : S.A.S. • **Rayonnement** : France et pays francophones • **Spectacles produits** : Garou, Johnny Hallyday, M. Pokora, Bastian Baker, Michel Sardou, Nolwenn Leroy, Roch Voisine, Serge Lama, Véronic DiCaire, Véronique Sanson, Superbus, Dany Brillant, Patrick Bruel • **Catalogue** : Garou, Johnny Hallyday, M. Pokora, Bastian Baker, Michel Sardou, Nolwenn Leroy, Roch Voisine, Serge Lama, Véronic DiCaire, Véronique Sanson, Superbus, Dany Brillant, Patrick Bruel • **Licence(s)** : 752486 (3), 752577 (6) • **Autre(s) activité(s)** : Production disques et vidéos

CRISTAL PRODUCTION

✆ **05 46 44 96 48** • fax 05 46 34 20 47
production@cristalprod.com • **www.cristalprod.com**
2 pl. de la Petite Sirène • BP 138 • 17005 **LA ROCHELLE CEDEX 1**

Eric DEBÈGUE (PDG) • Christelle ROULET (Chargée de diffusion)

Activité(s) : Bureau de production, entrepreneur de spectacles • **Genre(s) musical(aux)** : Musiques Actuelles • **Forme juridique** : SCIC • **Rayonnement** : National • **Catalogue** : Yvan Le Bolloc'h, Isabelle Autissier, Ronald Baker Quintet, Kilce • **Licence(s)** : 13519 (1), 10167 (2) • **Autre(s) activité(s)** : Promotion artistique, studio d'enregistrement, label, édition

CRYSTAL IMPERIAL PRODUCTIONS

✆ **06 14 54 18 41**
contact@crystal-imperial.com • **www.crystal-imperial.com**
BP 51414 • 44014 **NANTES**

Jeff NAULEAU DE POINTIÈRE

Activité(s) : Producteur, tourneur, promoteur local • **Genre(s) musical(aux)** : Chanson francophone, variété • **Forme juridique** : Asso. • **Rayonnement** : Grand Ouest, national, international • **Spectacles produits** : J. Zenatti, H. Ségara, L. Fabian • **Licence(s)** : 1036489 (2), 1036491 (3) • **Autre(s) activité(s)** : Productions audiovisuelles & label

CULTURE SCÈNE

✆ **06 27 01 40 51**
www.culturescene.fr
65 rue Pierre Brossolette • 92500 **RUEIL MALMAISON**

Mireille PEGOT (Présidente) • Emmanuelle HENRY (Production / Diffusion)

Activité(s) : Producteur, tourneur, organisateur • **Genre(s) musical(aux)** : Jazz, chanson • **Forme juridique** : Asso • **Rayonnement** : International • **Catalogue** : Gildas Boclé, Marc Thomas, Voice Messengers, Yuval Amihai, Isabelle Carpentier "Correspondance Française", Celia Reggiani, Sophia Domancich « Snakes and Ladders », Laura Littardi • **Licence(s)** : 1060061 (2), 1060059 (3) • **Autre(s) activité(s)** : Formation, management, communication

La CURIEUSE

✆ **04 75 55 38 31**
admin@la-curieuse.com • **www.la-curieuse.com**
Espace Cluny • 2 rue Durand • 26120 **CHABEUIL**

Nicolas LOPEZ (Directeur artistique) • Vanessa LONGEPIERRE (Chargé de production) • Thibault GLÉRÉANT (Booking) • Christine CARRAZ (Booking)

Activité(s) : Production, diffusion • **Genre(s) musical(aux)** : Jazz, musiques du monde, ciné-concert, chanson, alternatif • **Forme juridique** : Asso • **Rayonnement** : National • **Catalogue** : No Mad?, Lalala Napoli, Doc Mad, Xavier Machault & Roberto Negro, L'Etrangleuse, François Castiello, Cie Haut les Mains, Lignes de Fuite, The Loving Suite • **Licence(s)** : 1048965 (2), 1048966 (3) • **Autre(s) activité(s)** : Label, éditions

D. BAO

✆ **06 79 65 54 97**
louna.musique@wanadoo.fr
16 rue Gaspard Monge • 13200 **ARLES**

Roger GOUPIL (Gérant)

Activité(s) : Entrepreneur de spectacles, tourneur • **Genre(s) musical(aux)** : Chanson, rock, humour, théâtre • **Forme juridique** : SARL • **Rayonnement** : International • **Spectacles produits** : Raoul Petite, Véronique Gain, Jean-Jacques Vanier, Laurent Malot, Le Procédé Guimard Delaunay, Nilda Fernandez, etc. • **Catalogue** : Véronique Gain, Jean Mouchès, Laurent Malot, Moya, Nelly Mella • **Licence(s)** : 136412 (2) • **Autre(s) activité(s)** : Management, production phonographique

DAKA TOUR

✆ **09 81 93 68 96** • fax 09 81 70 86 80
bureau@dakatour.com • **www.dakatour.com**
15 pl. de la Mare • 14000 **CAEN**

Romain PELLICIOLI (Gérant / Booking & management) • Guillaume BENFEGHOUL (Booking)

Activité(s) : Production, booking • **Genre(s) musical(aux)** : Musiques actuelles et amplifiées • **Forme juridique** : SARL • **Rayonnement** : National, international • **Spectacles produits** : Concrete Knives, Applause, La Maison Tellier, La Casa • **Catalogue** : Concrete Knives, Granville, Archipel, Caandides, Le Vasco, Applause, Granville, Sarah W Papsun, Botibol, John Grape, etc. • **Licence(s)** : 1026742 (2), 1026743 (3)

DAKTARI MUSIC

✆ **02 98 43 56 50 / 06 81 65 26 95** • fax 09 72 16 38 68
contact@daktari-music.com • **www.daktari-music.com**
24 rue jean Corre • 29470 **PLOUGASTEL DAOULAS**

Catherine BIHAN-LOISON (Gérante)

Activité(s) : Entrepreneur de spectacles, tourneur • **Genre(s) musical(aux)** : Musique du monde, jazz • **Forme juridique** : SARL • **Rayonnement** : National • **Catalogue** : Annie Ebrel, Armenian Voices, Beoga, Bollywood Brass Band, Elisa Vellia, Jacques Pellen, Kiran Ahluwalia, Levellers, Mood, Mor Karbasi, Mukta, Olli & Bollywood Orchestra, Olli & Mood, René Lacaille, Seckou Keita, Serendou, Tahli Gang, Titi Zaro, Trilok Gurtu, Waloya • **Licence(s)** : 1019062 (2), 1019063 (3) • **Autre(s) activité(s)** : Fête de la Musique (Brest), Festival Noborder

DANIEL GINDELE PRODUCTIONS

✆ **03 83 41 17 25 / 06 07 69 13 42**
dgprod@wanadoo.fr • **www.dgpspectacles.com**
54180 **HEILLECOURT**

Daniel GINDELE (Directeur)

Spectacles • **Activité(s)** : Entrepreneur de spectacles • **Genre(s) musical(aux)** : Chanson française, variété, jazz, rock • **Forme juridique** : EI • **Rayonnement** : Grand Est, France, international • **Catalogue** : Bernard Sauvat, Patchwork « les légendes du Rock », Ensemble Troïka, Mike Rive « Cover Jean Jacques Goldman », Sandy Sims « hommage à Dalida » • **Licence(s)** : 540431 (2), 540432 (3) • **Autre(s) activité(s)** : Services annexes, régie générale, gestion contrats et salaires

DANS LA BOÎTE

danslaboite@danslaboite.fr • **www.danslaboite.fr**
188 rue de la Roquette • 75011 **PARIS**

Avril BOUDON (Gérante) • Oriana CONVELBO (Booking) • Romain LECLERC (Booking) • Chadia NOBILET (Administratrice)

Activité(s) : Tourneur, producteur • **Genre(s) musical(aux)** : Musiques actuelles • **Forme juridique** : SARL • **Rayonnement** : International • **Spectacles produits** : Moriarty, Charlelie Couture, Narrow Terence, Melanie Pain, My Little Cheap Dictaphone, Twin Twin, You & You, Broadway, etc. • **Catalogue** : Mcriarty, Charlelie Couture, Narrow Terence, Twin Twin, You & You, B.alone, J-L. Murat, Boogers, Les Breastfeeders, Yuri Buenaventura, Zuul FX, Bikinians, Set & Match, Phyltre, Train-Train (DJ Pone et Greg Frite), etc. • **Licence(s)** : 1037523 (2), 1043437 (3) • **Autre(s) activité(s)** : Management, éditeur

DEBACKSTAGE

03 25 03 13 85 • fax 03 25 03 13 85
myriam@debackstage.eu • **www.debackstage.eu**
3 rue de Verdun • 52340 **BIESLES**

Myriam DEBACQ (Entrepreneur de spectacles)

Activité(s) : Producteur, diffuseur, organisateur • **Genre(s) musical(aux)** : Tous • **Forme juridique** : SARL • **Rayonnement** : National • **Spectacles produits** : Spectacles de rue, d'animation, scolaires, repas dansants, café concert, etc. • **Licence(s)** : 1055378 (2), 1055377 (3) • **Autre(s) activité(s)** : Location, vente, SAV matériel audio-visuel, matériel scénique

Christophe DEGHELT PRODUCTIONS

04 93 71 89 24 / 06 76 08 54 30
info@deghelt-productions.com • **www.deghelt-productions.com**
724 av. de Bellevue • 06190 **ROQUEBRUNE CAP MARTIN**

Christophe DEGHELT (Agent)

Activité(s) : Booking • **Genre(s) musical(aux)** : Jazz, world • **Forme juridique** : EURL • **Rayonnement** : International • **Catalogue** : 2013 : Jacky Terrasson, Yaron Herman, Edouard Ferlet, Giovanni Mirabassi, Zakir Hussain, Wayne Krantz, Remember Shakti, John McLaughlin, Grégoire Maret • **Licence(s)** : 1039913 (2), 1039914 (3) • **Autre(s) activité(s)** : Programmation du Saint-Emilion Jazz Festival, « Jazz au Château Palmer » - direction artistique

DELALUNE SARL

04 76 03 11 11 • fax 04 76 15 39 39
agence@delalune.com • **www.delalune.com**
44 rue Saint-Laurent • 38000 **GRENOBLE**

Francine CLAUDE (Directrice) • Annette SERRE (Responsable de l'administration)

Activité(s) : Entrepreneur de spectacles, tourneur • **Genre(s) musical(aux)** : Chanson, musiques du monde, electro, rock, jeune public • **Forme juridique** : SARL • **Rayonnement** : National • **Catalogue** : Bebey Prince Bissongo, Imaz'Elia, PEAU, Rona Hartner, Dj Tagada, Yoanna, Les Monstroplantes, Kicca & Intrigo • **Licence(s)** : 137913 (2), 137914 (3) • **Autre(s) activité(s)** : Production déléguée, traitement des salaires

DELL'ARTE

05 61 76 58 48 / 06 20 43 52 64 • fax 05 61 43 00 61
dell.arte@laposte.net • **www.dellarte.fr**
8 rue Mireille Sorgue • 31000 **TOULOUSE**

Nicky TREMBLAY (Directrice) • Karim DJELASSI (Programmateur)

Activité(s) : Tourneur • **Genre(s) musical(aux)** : Musiques du monde, Afrique de l'Ouest, Occitanie • **Forme juridique** : Asso. • **Catalogue** : Les Petits Sorciers de Guinée Conakry, Boni Gnahoré, Aldeny Cherif (djembefola), Eric Fraj, Les Troubl'Amours, Mosaïca, Eydolon • **Licence(s)** : 1020290 (2), 1020291 (3) • **Autre(s) activité(s)** : Promotion d'artistes régionaux, actions culturelles de proximité, coopération avec des pays d'Afrique de l'Ouest

DERAPAGE PRODUCTIONS

06 60 42 67 21 / 09 70 44 50 03 • fax 01 45 28 60 88
info@derapageprod.fr • **www.derapageprod.fr**
126 rue Baudin • 93140 **BONDY**

Greg CONNAN (Administrateur / Producteur) • Grégoire BOUQUET (Manager / booking Nord-Europe, Amérique du Sud) • Guillaume LAUMIERE (Booking Sud-Europe)

Activité(s) : Bookeur, producteur • **Genre(s) musical(aux)** : Musique du monde, jazz-tango, musiques actuelles, chanson • **Forme juridique** : SARL • **Rayonnement** : Europe, Amérique Latine, Afrique • **Catalogue** : Toto La Momposina, Chico Trujillo, Celso Piña, El Hijo de la Cumbia, Antonio Rivas, Cumbia All Stars, Julieta Venegas, Bloque Depresivo, Orquesta Tipica Fernandez Fierro, Orchestre International du Vetex, Juana Fé, Dengue Dengue Dengue !, Terrakota, Al Jawala, Escalandrum, etc. • **Licence(s)** : 1018570 (2), 1018571 (3) • **Autre(s) activité(s)** : Label, management

Les DERNIERS COUCHÉS

04 73 14 65 45 • fax 04 73 14 65 44
infos@lesdernierscouches.com • **www.lesdernierscouches.com**
15 Rue du Pré La Reine • 63000 **CLERMONT FERRAND**

Bernard BRAJOUX (Responsable)

Activité(s) : Organisation • **Genre(s) musical(aux)** : Variété, Humour, rock, pop, grands spectacles, etc. • **Forme juridique** : SAS • **Rayonnement** : Rhône Alpes, Auvergne • **Spectacles produits** : Scorpions, Tryo, F. Dubosc, F. Foresti, Bénébar, G. Elmaleh, Calogero, L. Gerra, L. Kravitz, L. Pausini, Zucchero, M. Sardou • **Licence(s)** : 1005274 (2) 10005275(3)

DES MESURES PROD

01 41 34 21 07
infos@des-mesures.com • **www.des-mesures.com**
40 rue Anatole France • 92300 **LEVALLOIS PERRET**

Thomas CHOUCHAN (Directeur) • Marie-Anne MASSUELLE (Directrice artistique / Promotion)

Activité(s) : Agents, entrepreneurs de spectacle • **Genre(s) musical(aux)** : Jazz, variété française et internationale, musique du monde • **Forme juridique** : SARL • **Rayonnement** : France • **Spectacles produits** : Thomas Verovski, nombreux événementiels (Le Public Système, Aventis, L'Oréal, Agence VIP, Lever de Rideau, Sagarmatha, etc.) • **Catalogue** : Thomas Verovski, Ketan Quartet, Moboulou, Paul Raphaël, Sharon Evans, BBM, S-Tel, Anne Carleton • **Licence(s)** : 757122 (2) • **Autre(s) activité(s)** : Production de disques, production son (TV, radio, internet)

DESSOUS DE SCÈNE PRODUCTIONS

04 50 22 85 98
infos@dessousdescene.com • **www.dessousdescene.com**
BP 90033 • 74001 **ANNECY CEDEX 1**

Jean-Luc ROUSSELET (Responsable)

Activité(s) : Producteur • **Genre(s) musical(aux)** : Pop-rock, jeune public • **Forme juridique** : SARL • **Rayonnement** : International • **Catalogue** : Tue-Loup, Thierry Romanens, Kill The Young, Balafon, etc. • **Licence(s)** : 138764 (2), 143957 (3) • **Autre(s) activité(s)** : Bluekat, festival Transvoisines (www.bluekat.ch - infos@bluekat.ch)

DINOSAUR EGG

ambre@dinosauregg.fr • **www.facebook.com/dinosaureggfr**

Ambre BRESSET (Promotion)

Activité(s) : Production d'événements à Paris • **Genre(s) musical(aux)** : Psyché, garage, XP • **Rayonnement** : Régional • **Spectacles produits** : Wooden Shjips, Disappears, White Sense, K-X-P, Sic Alps, Menace Ruine, etc.

DIOGÈNE PRODUCTIONS / CARROUSEL

02 98 47 94 54 • fax 02 98 47 94 62
contact@diogene.fr • **www.diogene.fr**
745 rue du Tromeur • 29200 **BREST**

Jacques ABALAIN (Gérant) • Olivier CAUCHON (Programmateur) • Amélie GESTIN (Administratrice) • Jean-Alain LE GOUALCH (Administrateur)

Activité(s) : Entrepreneur de spectacles, promoteur local, producteur • **Genre(s) musical(aux)** : Variétés, musiques actuelles • **Forme juridique** : SARL • **Rayonnement** : Régional • **Spectacles produits** : A. Roumanoff, Noah, Zazie • **Catalogue** : Mesk ! • **Licence(s)** : 1015702 (2), 1015703 (3)

DIONYSIAC TOUR

01 47 07 79 85
dionysiac.production@yahoo.fr • **www.dionysiac-tour.com**
73 rue Labat • 75018 **PARIS**

Christian CLERET (Coordinateur)

Activité(s) : Entrepreneur de spectacles • **Genre(s) musical(aux)** : Rock, reggae, chanson, flamenco, musiques du monde • **Forme juridique** : Association • **Rayonnement** : National • **Catalogue** : PPFC, The Tatianas, Calima, Nomades Orkestra, Beco, Calima, Macaco, Pad Brapad, La Mathilde, Locomondo, Will & The People, D'Callaos, Ras Daniel Ray & Tu Shung Peng, Derajah & The Donkey Jaw Bone, Rastamytho, Goayandi, Secret Vibes, Kitoslev, Rodolph Raffalli, Salsos Positivos, etc. • **Licence(s)** : 1043475 (2), 1043476 (3)

DIRECTO PRODUCTIONS

04 92 09 13 27 • fax 04 92 09 14 21
contact@directoproductions.com • **www.directoproductions.com**
146 av. Cyrille Besset • 06100 **NICE**

Gil MARSALLA (Responsable de production) • Rebecca FERRERO (Administratrice) • Karine SOUCHEIRE (Responsable événements) • Grégory LIVOLSI (Chargé de production)

Activité(s) : Entrepreneur de spectacles, tourneur, manager, promoteur local • **Forme juridique** : SARL • **Rayonnement** : Europe, USA • **Spectacles produits** : Christophe Mae, Jimmy Cliff, Julien Clerc, Liane Foly, Valérie Lemercier, Gérard Darmon Celtic Legend, Histoire du Tango d'Astor Piazzolla, Axelle Red, Johnny Clegg, Yuri Buenaventura, Toure Kunda, etc. • **Catalogue** : Umberto Tozzi, Trio Persi Cecarelli, Celtic Legends, l'Histoire du Tango d'Astor Piazolla, Persi Trio, Richard Galliano, Le Comptoir de Buenos Aires, etc. • **Licence(s)** : 144715 (2), 144776 (3) • **Autre(s) activité(s)** : Evénementiel, location technique (son, lumière, grill), accueil loge, etc.

DIRTY 8

03 88 36 52 21 / 06 11 53 65 38 • fax 03 88 24 58 82
info@dirty8.com • **www.dirty8.com**
3 rue de Guebwiller • 67100 **STRASBOURG**

Julien PICARD (Manager / tourneur)

Activité(s) : Tourneur, booking • **Genre(s) musical(aux)** : Hardcore, fusion, metal • **Forme juridique** : Asso. • **Rayonnement** : International • **Catalogue** : Housebound, S-core, Superbutt, Clawfinger, X-vision • **Licence(s)** : 1029829 (2), 1029830 (3) • **Autre(s) activité(s)** : Management, label

DISNEYLAND PARIS

01 64 74 34 30 • fax 01 64 74 39 24
gilbert.rouit@disney.com • **idf-disney-village.disneylandparis.fr**
Talent Casting • BP 100 • 77777 **MARNE LA VALLEE CEDEX 4**

Gilbert ROUIT (Directeur artistique)

Activité(s) : Production, diffusion • **Genre(s) musical(aux)** : Salsa, pop rock, country rockabilly, blues • **Forme juridique** : SA • **Rayonnement** : Disneyland Paris • **Spectacles produits** : Tina Turner, C. Camp, Cher, Neil Young, Willy Nelson, Elton John • **Licence(s)** : 17801 (6) • **Autre(s) activité(s)** : Cirque, danse, animation de rue

DIVA / MUSIQUES DES MONDES

✆ **06 22 78 08 69 / 06 67 99 05 82 / 09 54 31 86 05**
fax 01 42 50 93 62
divamusic@free.fr
10 rue Léon Dierx • 75015 **PARIS**

Christian LEDOUX (Producteur) • Miriam NOOR-LEDOUX (Communication)

Activité(s) : Production, diffusion • **Genre(s) musical(aux)** : Musiques du monde • **Forme juridique** : Asso. • **Rayonnement** : International • **Spectacles produits** : Zakir Hussain Percussions, Bnet Marrakech, Anuj Mishra • **Catalogue** : Shivkumar Sharma, Zakir Hussain, Shashank, Debashish Battacharya, Fatima Miranda, Rakesh Chaurasia, Ashok Pathak, Beihdja Rahal, Syrine Ben Moussa, Bnet Marrakech • **Licence(s)** : 757443 (2) • **Autre(s) activité(s)** : Conseiller au Théâtre de la Ville (Paris), coaching et accompagnement de projets

DIVAN PRODUCTION

✆ **03 20 33 30 70** • fax 03 20 33 90 73
contact@divan-production.com • **www.divan-production.com**
18 rue des Montagnards • 59000 **LILLE**

Didier VANHECKE (Gérant /agent) • Dominique ROUSSEAU (Chargé de production) • Frédéric CHABAROT (Commercial) • Gaëlle LEFEBVRE (Comptable)

Activité(s) : Entrepreneur de spectacles, agent • **Forme juridique** : SARL • **Rayonnement** : National, international • **Spectacles produits** : Fatals Picards, A. Roumanoff, N. Canteloup, Y. Jamait, M. Boujenah, Scoobydoo, Daniel Guichard, Bernard Mabille, Les Ecoliers, Harlem, etc. • **Catalogue** : Royal Prestige Orchestra, J. Aigrot • **Licence(s)** : 137546 (2), 1019130 (3)

DUNOSE PRODUCTIONS

✆ **09 81 43 30 52**
info@dunose.com • **www.dunose.com**
c/o Mila • 2 rue André Messager • 75018 **PARIS**

Jean-Guillaume SELMER (Booking / Management) • Arnaud WEIL (Production / Communication) • Baptiste CAZAUBON (Booking)

Activité(s) : Tourneur, producteur • **Genre(s) musical(aux)** : World, Jazz, Funk • **Forme juridique** : Asso. • **Rayonnement** : International • **Spectacles produits** : Chlorine Free, Sami Waro, The Afrorockerz, Arifa, Gérald Tot, Yom New King of Klezmer Clarinet, Yom duos et Yom & The Wonder Rabbis • **Catalogue** : The Coup, Chlorine Free, Soweto Kinch, EOL Trio, The Alaev Family, Sami Waro (Lo Griyo), The Afrorockerz, Arifa, Bigre !, Denis Cuniot, Gérald Toto, Ferran Savall, etc. • **Licence(s)** : 1045932 (2), 1045933 (3) • **Autre(s) activité(s)** : Régie, production exécutive, production graphique, web et vidéo

DYNAPROD

✆ **06 21 16 15 50**
contact@dynaprod.com • **www.dynaprod.com**
73 bis rue de la Bidonnière • 78300 **POISSY**

Philippe SEITHER (Directeur booking, management) • Matt JAMISON (Booking)

Activité(s) : Booking • **Genre(s) musical(aux)** : Musiques électroniques, clubbing • **Forme juridique** : SARL • **Rayonnement** : National, international • **Catalogue** : Cauet, Clara Morgane, Helmut Fritz, Global Deejays, Remady, Peter Luts, Kylian Mash, Christopher's, Benjamin Braxton, Amnesia World Tour, Sak Noel, Javi Mula, Loona, Hold Up, David Puentez, Ocean Drive, Alex Ferrari, Jose de Rico & Henry Mendez, RLS • **Licence(s)** : 1061278 (2), 1061279 (3) • **Autre(s) activité(s)** : Management

EASY BOOKING

✆ **04 68 71 50 58 / 06 72 07 96 58** • fax 04 68 11 25 69
easy.booking@wanadoo.fr • **www.easybookingprod.com**
16 rue d'Aigle d'Or • 11000 **CARCASSONNE**

Alain ANDRIEU (Responsable) • Joëlle OLIVIER (Assistante) • Françoise COLMARD (Assistante)

Activité(s) : Entrepreneur de spectacles • **Genre(s) musical(aux)** : Electro, house, R'nb • **Forme juridique** : EI • **Rayonnement** : National • **Spectacles produits** : Laurent Garnier, Dave Clarck, Benjamin Diamond, Superfunk, Demon, Magic System, Festival Electrobeach, Festival Musik ô Park, Festival Cité Jeunes, C2C, Festival Electro d'Uzès, Andrew Weatherall, etc. • **Catalogue** : Cerrone, David Vendetta, Joachim Garraud, S Pompougnac, Philippe Corti, Ariel Wizman, etc. • **Licence(s)** : 1051796 (2), 1051797 (3)

ECHO PRODUCTIONS

✆ **04 76 84 50 29** • fax 04 76 84 50 30
echoprod@echoprod.fr • **www.echoprod.fr**
Imm. Arc en Ciel • 1 rue des Pins • 38100 **GRENOBLE**

Jean D'INCA (Gérant) • Camille MORHAIN (Administration) • Cédric CHAZAUD (Tourneur) • Vanessa ALLAIRE (Assistante de production)

Activité(s) : Producteur, tourneur • **Genre(s) musical(aux)** : Tous • **Forme juridique** : SARL • **Rayonnement** : National, européen • **Spectacles produits** : Pas Vu à la Télé, Sinsémilia, Riké • **Catalogue** : Sinsemilia, Emzel Café, Mountain Men, Djemdi, Natty de Sinsemilia, Quand la Diva s'en va, Gaël Buswel • **Licence(s)** : 141841 (2), 141842 (3) • **Autre(s) activité(s)** : Management, label, édition

ÉCLATS SPECTACLE

✆ **01 53 21 84 04** • fax 01 53 21 84 09
contact@eclatsspectacle.com • **www.eclatsspectacle.com**
54 rue Notre Dame de Nazareth • 75003 **PARIS**

Julien BOUSQUET (Directeur) • Julien ACKERMANN (Directeur) • Antoine ALLOUCHERY (Booking) • Benjamin PITTION-ROSSILLON (Booking)

Activité(s) : Production, diffusion • **Genre(s) musical(aux)** : Chanson, musiques actuelles • **Forme juridique** : SARL • **Rayonnement** : National • **Spectacles produits** : Allain Leprest, Benoît Dorémus, Travis Bürki, Thibaut Derien, JB Manis, Manu Galure • **Catalogue** : Manu Galure, Jeanne Garraud, Liz Cherhal, David Sire, Mathieu Des Longchamps, Adrien Marbek, Travis Bürki, Damien Delisle • **Licence(s)** : 1007358 (2), 1007359 (3)

EDITO MUSIQUES

✆ **01 43 52 20 40 / 06 12 25 52 85** • fax 01 48 34 52 78
edito.hudin@wanadoo.fr • **www.editomusiques.com**
33 av. Philippe-Auguste • 75011 **PARIS**

Cristine HUDIN

Activité(s) : Producteur, tourneur • **Genre(s) musical(aux)** : Chanson • **Rayonnement** : International • **Catalogue** : Jean Guidoni, Serge Utgé-Royo, Bernard Joyet, Vincent Absil, Michel Bühler, Francesca Solleville, Natacha Ezdra, Valérie Barrier, Arbon, etc. • **Licence(s)** : 1049671 (2), 1049672 (3) • **Autre(s) activité(s)** : Editeur

EINSTEIN ON THE BEACH

✆ **06 72 73 88 40 / 05 56 74 31 15 / 06 72 81 31 35**
info@einsteinonthebeach.net • **www.einsteinonthebeach.net**
86 rue de la Rousselle • 33000 **BORDEAUX**

Yan BEIGBEDER (Directeur artistique et chargé de développement) • Anne SORLIN (Directrice des productions)

Activité(s) : Agence de conception, organisation et développement de projets culturels, dans le domaine du spectacle vivant dans le grand Sud-Ouest (les Concerts secrets, la Débauche, Les Guinguettes Contemporaines, etc...) • **Genre(s) musical(aux)** : Musiques improvisées, jazz contemporain, musiques expérimentale, contemporaine, du monde, traditionnelle • **Forme juridique** : Asso. • **Spectacles produits** : Trio André Minvielle, Phil Minton, Joëlle Léadre, Patxix Bidart et Monsieur Gadou, Dulce Coplas, Patxix Bidart et François Rossé, Le Bal d'André Minvielle, Phil Minton et Lauren Newton • **Catalogue** : Le Poète à New York, Das Kapital, etc. • **Licence(s)** : 1020157 (2), 1020158 (3) • **Autre(s) activité(s)** : Rencontres artistiques, ateliers, stages, vernissages, expositions

L'ÉLASTIQUE À MUSIQUE-GRAMM

✆ **02 43 81 08 87**
elastique.gramm@wanadoo.fr • **asso.elastique.org**
6 av. Jean Jaurès • 72100 **LE MANS**

Michel HUBERT (Responsable) • Elisabeth HODEBERT (Responsable) • Nathalie LE GEAY (Permanente) • Florence BAHIER (Permanente)

Groupe de recherche et d'actions musicales du Maine • **Activité(s)** : Entrepreneur de spectacles, tourneur • **Genre(s) musical(aux)** : Jazz, musiques du monde, traditionnelles, chanson • **Forme juridique** : Asso. • **Rayonnement** : National • **Catalogue** : MAM (François Michaud & Viviane Arnoux), les jeux d'Ö, Dave Golitin, Martin Coudroy, Thomasi, La Bouche a Zoui • **Licence(s)** : 137112 (2) • **Autre(s) activité(s)** : Collectif de mus., formation artistique et éveil musical pour jeune public

ELDORADO & CO

✆ **04 72 27 22 90** • fax 04 72 27 22 92
public@eldorado.fr • **www.eldorado.fr**
Parc des Mercières- bâtiment A • 884-888 rue des Mercières
69140 **RILLIEUX LA PAPE**

Julien POMMIER (Directeur général) • Jean-Pierre POMMIER (Directeur de production) • Alexandre MURA (Chargé de production) • Elodie POMMIER (Promotion) • Vanille DECARO (Chargée de production)

Activité(s) : Entrepreneur de spectacles, organisateur, promoteur local • **Genre(s) musical(aux)** : Rock, pop, variétés, chanson, humour • **Forme juridique** : SAS • **Rayonnement** : Régional • **Spectacles produits** : Cirque de Pékin, Mozart, Holiday On Ice, Shakira, Lady Gaga, Johnny Hallyday, L. Gerra, C. Mae, M. Sardou, Mika, RFM Party 80, Muse, Depeche Mode, Rammstein, Bob Dylan, J.M Jarre, Cranberries, Tokio Hotel, etc. • **Catalogue** : Florence and the Machine, Le Dîner de Cons, Mika, Saez, etc. • **Licence(s)** : 1037339 (2), 0137340 (3)

EMBARQUE PROD

✆ **06 32 18 95 57**
lembarque@gmail.com • **www.lembarque.fr**
Le Mas • 87400 **ST DENIS DES MURS**

Philippe LABROUSSE (Chargé de production et de diffusion)

Activité(s) : Producteur, diffuseur • **Forme juridique** : Asso. • **Rayonnement** : National • **Catalogue** : François Buffaud, Echappés de Sangatte, Philippe Lars, Thomas Ezekiel, Une Femme Mariée, Vlad, Bobby Dirninger, La Route du Blues, Yules • **Licence(s)** : 870634 (2), 870637 (3) • **Autre(s) activité(s)** : Label, aide aux projets, festival

EMODAYS PRODUCTION

✆ 09 72 22 11 53
info@emodays.com • **www.emodays.com**
7 rue Justin Godart • 69004 **LYON**

Anthony CHAMBON (Directeur) • Maelle BAYLION (Chargée de production et de promotion)

Activité(s) : Production, organisation • **Genre(s) musical(aux)** : Rock, pop, punk, hardcore, metal • **Rayonnement** : National • **Spectacles produits** : All Time Low, Enter Shikari, A Day To Remember, Millencolin, 36 Crazyfists, Comeback Kid, Funeral For A Friend, Hot Water Music, Forever The Sickest Kid, Bleeding Through, Silverstein, Parkway Drive, Vegastar, Ian Watkins de Lost Prophets, Caliban, Fenix Tx, Enhancer, Unearth, Joey Cape de Lagwagon, The Chariot, Madina Lake, Strung Out, Cancer Bats, La Dispute, Zebrahead, Empyr, Rock My Thursday, Oui Love Backstage, Cover Show, Groezrock Party, Rock My Sunday, The Boat That Rocks, Rock Me, etc. • **Licence(s)** : 1038477 (2), 1038478 (3) • **Autre(s) activité(s)** : Promotion, programmation du Backstage By The Mill (Paris)

EN MÊME TEMPS

✆ 01 48 58 39 15
contact@enmemetemps.com • **www.enmemetemps.com**
31 rue de Vincennes • 93100 **MONTREUIL**

Ronan SPARFEL (Directeur) • Dorothée OURY (Booking) • Cindy DEVOS (Brazilian Booking)

Activité(s) : Production, tourneur • **Genre(s) musical(aux)** : Tous • **Forme juridique** : SARL • **Rayonnement** : National et international • **Spectacles produits** : Living Room, Avenida Brasil, Rua Carioca • **Catalogue** : 2012-13 : Sandra Nkaké, Band Of Gypsies, Rocé, Baloji, Criolo, Anything Maria, Ceux Qui Marchent Debout, Adrian Crowley, Gaspard LaNuit, About The Girl, Megafaun, BirdPen, Tribeqa, 4 Guys From The Future, Grand Pianoramax, The Real Tuesday Weld, Sophia Charaï • **Licence(s)** : 1046464 (2)

EN NORD MASSIF

✆ 06 15 92 59 33
julien.ennordmassif@gmail.com • **www.ennordmassif.eu**
17 rue François de Badts • 59110 **LA MADELEINE**

Julien ALBA (Directeur artistique)

Activité(s) : Producteur, tourneur • **Genre(s) musical(aux)** : Jazz, black music • **Forme juridique** : Asso • **Spectacles produits** : The HeadShakers, Opus 2 Brass Band • **Catalogue** : The HeadShakers, Opus 2 Brass Band, David Laisné Trio, Renya • **Licence(s)** : 1059749 (2), 1059750 (3)

ENCORE PRODUCTIONS

✆ 01 42 60 61 25 • fax 01 42 60 69 40
encoreprod@wanadoo.fr
6 rue du Mont Thabor • 75001 **PARIS**

Pascal BERNARDIN (Directeur général) • Aline ANTRAYGUES (Booking)

Activité(s) : Entrepreneur de spectacles, tourneur • **Genre(s) musical(aux)** : Rock, variétés, jazz, world, cirque • **Forme juridique** : S.A.S • **Rayonnement** : National • **Spectacles produits** : River Dance, Lord of the Dance, Bagdad Café, Pietragalla Cie, Le Temps des Gitans, La Marche des Dinosaures, Les Coeurs de l'Armée Rouge, Mummen Schanz, etc. • **Catalogue** : Hugues Aufray, Toto, Noa, Sting, NTM, Prince, Ligabue, etc. • **Licence(s)** : 750186 (6)

ENLUMINURES

✆ 05 55 37 92 43
enluminures@aol.com • **www.enluminures-event.fr**
40 rue Charles Silvestre • 87100 **LIMOGES**

Brigitte ROUGERON (Responsable)

Activité(s) : Entrepreneur de spectacles, producteur, organisateur, secrétariat artistique • **Genre(s) musical(aux)** : Chanson, variétés, world • **Forme juridique** : Asso. • **Rayonnement** : International • **Spectacles produits** : Joël Barret, Destination 2000, Train d'Images, Lumières Cisterciennes, Aparté Lyon fête des Lumières, Thierry Chenavaud • **Catalogue** : Joël Barret, Yul K, Christina Rosmini, Benoit Mardon, Thierry Chenavaud • **Licence(s)** : 870644 (2) • **Autre(s) activité(s)** : Management, production phonographique, événementiel

ENZO PRODUCTIONS

✆ 01 41 09 97 00
enzoproductions@enzoproductions.com
www.enzoproductions.com
215 rue Jean-Jacques Rousseau • 92130 **ISSY LES MOULINEAUX**

Lionel HALLADJIAN (Gérant) • Enzo SAYRIN (Attaché de production) • Bernard GANIMIAN (Attaché de production)

Activité(s) : Agent, manager, producteur • **Genre(s) musical(aux)** : Tous • **Forme juridique** : SARL • **Rayonnement** : International • **Catalogue** : Robin McKelle, Electro Deluxe, Mario Canonge, Romane/Stochelo Rosenberg (5 formules), Malia, The Puppini Sisters, Naturally 7, André Manoukian, Le Grand Orchestre du Splendid, Zap Mama, So in love Fleurs Noires, Trio Casadesus_Enhco, Because of Lily, Céu, New Gospel Family • **Licence(s)** : 1036329 (2), 1036328 (3) • **Autre(s) activité(s)** : Conseil programmation, événements privés, location de 3 expositions de Philippe Baudoin et Isabelle Marquis : « l'Arbre du jazz », « Dansons le jazz », « Les coulisses du jazz » (www.baudoinjazz.com)

EPIDEMIC

✆ 01 43 83 49 53 • fax 01 49 36 04 39
mail@epidemic.net • **www.epidemic.net**
15 bis allée Massenet • 93270 **SEVRAN**

Richard CASTELLI (Directeur) • Chara SKIADELLI (Coordinatrice des spectacles vivants) • Florence BERTHAUD (Coordinatrice) • Claire DUGOT (Administration)

Activité(s) : Entrepreneur de spectacles, secrétariat artistique • **Genre(s) musical(aux)** : Musiques nouvelles, théâtre contemporain, spectacles multimédia, opéra • **Forme juridique** : Asso. • **Rayonnement** : International • **Catalogue** : Jean-Michel Bruyère, LFKS, Shiro Takatani, Dumb Type, Granular Synthesis, Kurt Hentschläger, Ulf Langheinrich, Thomas McIntosh, Ryuichi Sakamoto, Shiro Takatani, Jeffrey Shaw, Saburo Teshigawara, Karas, The User, Robert Lepage, Ex Machina • **Licence(s)** : 1028424 (2) • **Autre(s) activité(s)** : Consultance artistique, conférences, installations, expositions, commissariat d'exposition, production de films et d'installations (dont 2D, 3D)

EUROSPECTACLES

✆ 03 88 50 10 55 / 06 11 26 14 75 • fax 03 88 83 47 69
info@eurospectacles.fr • **www.eurospectacles.info**
127 A rue d'Altorf • 67120 **DACHSTEIN**

Koffi ATITSO (Gérant)

Activité(s) : Entrepreneur de spectacles, organisateur • **Genre(s) musical(aux)** : Variété, humour, sport spectacle, rock • **Forme juridique** : SARL • **Rayonnement** : Grand Est • **Spectacles produits** : H-F. Thiéfaine, Harlem Globe Trotters, Kavanagh, Axelle Red, The Mozart group • **Catalogue** : Axel Red, Kavanagh, etc. • **Licence(s)** : 143127 (2), 143128 (3) • **Autre(s) activité(s)** : Organisation de salons

EUTERPE PROMOTIONS

✆ 05 55 33 28 16 • fax 05 55 34 52 30
euterpe-pro@orange.fr • **www.box.fr**
15 rue Jean Jaurès • BP 60158 • 87004 **LIMOGES CEDEX 1**

Michel GOUDARD (Directeur)

Activité(s) : Organisateur, promoteur local • **Genre(s) musical(aux)** : Chanson, rock, variétés, théâtre, humour • **Forme juridique** : SARL • **Rayonnement** : Régional • **Spectacles produits** : Paris Combo, Julien Clerc, Gérald de Palmas, Matmatah, Tryo, Noah, Jennifer, Renaud, Raphael, etc. • **Licence(s)** : 1045331(2), 1045332 (3)

EXCUSE MY FRENCH

tom@excusemyfrench.fr • **www.excusemyfrench.fr**
46 rue Léon • 75018 **PARIS**

Thomas ROUTIER (Programmateur) • Eva CHAGUIBOFF (Chargée de production)

Activité(s) : Booking, production • **Genre(s) musical(aux)** : Hip hop, électro • **Forme juridique** : SARL • **Rayonnement** : France & international • **Spectacles produits** : Excuse My French • **Catalogue** : Hippocampe Fou, Mr Viktor • **Licence(s)** : 1020084 (2), 1020085 (3) • **Autre(s) activité(s)** : Management, promotion

F2FMUSIC

✆ 01 43 46 88 78 • fax 01 43 46 89 51
f2fmusic@f2fmusic.com • **www.f2fmusic.com**
43 rue de Charenton • 75012 **PARIS**

Fabrice COALAVA (Directeur artistique) • Valérie ETIENNE (Responsable de production) • Célia BESSONNARD (Chargée de production) • Isabelle SIRE (Chargée de production) • Pauline MERLOT (Booking)

Activité(s) : Entrepreneur de spectacles, tourneur, organisateur • **Genre(s) musical(aux)** : Chanson, musiques du monde, swing jazz manouche, nouvelle scène française • **Forme juridique** : SARL • **Rayonnement** : National, international • **Catalogue** : Samarabalouf, Bévinda, Carmen Maria Vega, Mariana Ramos, Fred Radix, Céline Ollivier, Florent Marchet, Art Mengo, Diane Tell, The Bal'Ouf, Les Rois de la Suède, Charles-Baptiste, Catfish, etc. • **Licence(s)** : 141869 (2), 141870 (3) • **Autre(s) activité(s)** : Edition

FAKE

✆ 06 60 97 19 80 / 02 99 33 96 99
contact@fakeproject.org • **www.fakeproject.org**
3 rue de Lorraine • 35000 **RENNES**

Ismaël LEFEUVRE (Chargé de production)

Activité(s) : Booking, production • **Genre(s) musical(aux)** : Rock, pop, électro • **Forme juridique** : Asso. • **Rayonnement** : National, international • **Catalogue** : The Wankin' Noodles, The Popopopops electro live, The Russian Sex Toys, Manceau, Ordœuvre, Theo Gravil, Juveniles • **Licence(s)** : 1001329 (2), 1001330 (3) • **Autre(s) activité(s)** : Gestion, administration de société et artiste tiers

FAR PRODUCTION

✆ 01 42 85 46 48 • fax 01 42 85 46 47
administratif@far-prod.com • **www.far-prod.com**
1 rue Lafferière • 75009 **PARIS**

Fabienne ROUX (Responsable tournées et productions) • Christophe CLÉMENT (Booking) • Céline PIGIER (Chargée de production)

Activité(s) : Producteur, tourneur • **Genre(s) musical(aux)** : Variété, musiques du monde, spectacles enfants • **Forme juridique** : SARL • **Rayonnement** : International • **Spectacles produits** : Blackfeet Revolution • **Catalogue** : Bïa, Brigitte, Jil Caplan et Jean Christophe Urbain, Pascal Danaë, Vendeurs d'Enclumes, Smaïn lit Pierre et le Loup, La Lune de Quentin, Achiké, L'ogre qui n'était pas dans son assiette, Les Contes Tsiganes, Mémémoire, Handracfted Soul, Julien Ribot, Pijama Party • **Licence(s)** : 1033480 (2), 1033481 (3) • **Autre(s) activité(s)** : Management

FIGURES LIBRES

✆ **02 54 77 06 92**
contact@figureslibres.org • **www.figureslibres.org**
Porte St George • Rue Poterie • BP 25 • 41101 **VENDOME CEDEX**
Richard GAUVIN (Directeur & Programmateur) • Cécile BOURSIER (Chargée de production) • Jocelyn BORDE (Administrateur)
Activité(s) : Organisateurs de concerts • **Genre(s) musical(aux)** : Tous • **Forme juridique** : Asso. • **Rayonnement** : National et international • **Spectacles produits** : La Chair des Anges d'Olivier Mellano • **Catalogue** : Iologic, We Only Said, Marc Minelli, Magnetic D-Jukebox, Nestor Is Bianca, Pull, « Sa Majesté des Mouches » de Laetitia Shériff, Léo88man, « Mad Max » de Montgomery (ciné concert) • **Licence(s)** : 127621 (2), 127622 (3) • **Autre(s) activité(s)** : Figures Libres, festival les Rockomotives

La FISSURE PROD'

✆ **04 94 03 73 05**
contact@lafissureprod.com • **www.lafissureprod.com**
Z.I Toulon Est • 167 av. Louis Lagrange • BP 396
83085 **TOULON CEDEX 9**
Alexia BELLEVAUT
Activité(s) : Booking • **Genre(s) musical(aux)** : Chanson, rock, soul, musiques du monde, hip hop, metal • **Rayonnement** : National • **Catalogue** : Petite Musique, Temple of Nemesys, Eon, Avis de Bâtard, Renga Feat Dr Mozz, Chainsaw Billies, Maritorne, Magic Buck, Celtic Kanan, Deuce • **Licence(s)** : 1023711 (2), 1023712 (3) • **Autre(s) activité(s)** : Label, management

FIVA PRODUCTION

✆ **06 84 38 55 58**
fivaproduction@voila.fr
75 av. Parmentier • 75544 **PARIS CEDEX 11**
Rita BEUCHET (Administratrice)
Activité(s) : Entrepeneur de spectacles, producteur, diffuseur • **Genre(s) musical(aux)** : Musiques actuelles, world, salsa, chanson, reggae, théâtre • **Forme juridique** : Asso. • **Rayonnement** : National • **Spectacles produits** : « Cabaret Balkan », « Afrika », « Bushman », « Sophie Forte en concert », « Nuit d'Orient » • **Catalogue** : Cie Black Bakara, Sophie Forte, Muriel Bloch, Eric Bouvron • **Licence(s)** : 1038831 (2) • **Autre(s) activité(s)** : Administration

FM PRODUCTIONS SAS

✆ **04 67 92 17 34** • fax 04 67 58 53 37
frances@ticketsud.com • **www.ticketsud.com**
1 rue Baudin • 34000 **MONTPELLIER**
Stéphane METAYER (Président) • Robert FRANCES (Directeur)
Activité(s) : Producteur, promoteur local • **Genre(s) musical(aux)** : Rock, variétés • **Forme juridique** : SAS • **Rayonnement** : De Toulouse à Avignon • **Spectacles produits** : Benabar, Lenny Kravitz, F. Cabrel, Ayo, Prodigy, Roch Voisine, Festival de Nîmes, etc. • **Licence(s)** : 12555 (6)

Les FOURMIS

✆ **02 96 80 27 74** • fax 02 96 80 27 74
contact@lesfourmis.net • **www.lesfourmis.net**
les Villes Joies • 22130 **ST LORMEL**
Thomas SCHMITT (Directeur) • Didier PORTE (Gérant)
Activité(s) : Tourneur, producteur, promoteur local • **Genre(s) musical(aux)** : Tous • **Forme juridique** : SARL • **Rayonnement** : National • **Spectacles produits** : Alpha Bondy, Tiken Jah Fakoly, Skatalites, Coco Tea, Israel Vibration, Gladiators, Dub Incorporation, Desert Rebel, Joey Starr, Lofofora • **Catalogue** : Hama Wassa, Abdallah Oumbadougou • **Licence(s)** : 220421 (2), 220422 (3) • **Autre(s) activité(s)** : Logistique, régie, organisation, événement, location de tentes & chapiteaux, tout type de matériel de festivité (alimentaire & technique)

FREDDY MOREZON PROD

✆ **05 67 00 23 55** • fax 05 67 00 23 55
freddy@freddymorezon.org • **www.freddymorezon.org**
58 av. Camille Pujol • 31000 **TOULOUSE**
Claire DABOS (Coordinateur) • Maryse MERCIER (Administratrice) • Lucille BALL (Communication)
Activité(s) : Producteur, diffuseur, promoteur local • **Genre(s) musical(aux)** : Jazz, musiques actuelles, images • **Forme juridique** : Asso. • **Rayonnement** : International • **Spectacles produits** : « Pour en finir avec 69 » de La Friture Moderne, Duo Mathieu Sourisseau et Éténèsh Wassié • **Catalogue** : La Friture Moderne, le Tigre des Platanes, Mathieu Sourisseau & Éténèsh Wassié, Didier Kowarsky, Christine Wodrascka, Wrong side • **Licence(s)** : 1000593 (2) et 1000595 (3) • **Autre(s) activité(s)** : Label

FRENCH MUSIC TOUCH

✆ **06 16 61 84 58**
contact@frenchmusictouch.com • **www.frenchmusictouch.com**
13 rue de Jouy • 77710 **VILLEBEON**
Mélanie DANAIS • Dominique COJAN
Activité(s) : Production, booking • **Genre(s) musical(aux)** : Americana, country rock, french fried country • **Forme juridique** : SARL • **Rayonnement** : International • **Spectacles produits** : Steve & Heather • **Catalogue** : Steve & Heather, Trio Celtic Band, TBone 66, Acoustic 5, Peter Myles, BB 66, etc. • **Licence(s)** : 1030907 (2), 1030908 (3) • **Autre(s) activité(s)** : Label, management

FURAX

✆ **01 53 19 12 46** • fax 01 53 19 12 61
signefurax@wanadoo.fr • **www.furax.fr**
28 rue Orfila • 75020 **PARIS**
Pierre-Pascal HOUDEBINE (Gérant) • Virginie DUBOIS (Booking) • Anthony DEVIN (Booking) • Antonin DESPINS (Booking) • Joss ISHII (Booking)
Activité(s) : Tourneur • **Genre(s) musical(aux)** : Musiques actuelles • **Forme juridique** : SARL • **Rayonnement** : International • **Catalogue** : La Caravane Passe, Emily Loizeau, Hocus Pocus, Misteur Valaire, The Bamboos, Travesti Monsters, Tambour Battant, La Fine Equipe, Loo & Placido, C2C, Nneka, Odelaf, Emiliana Torrrini, Steel Pulse, La Femme, etc. • **Licence(s)** : 1046150(2), 1046151 (3)

FUTURIA PRODUCTION

✆ **01 73 73 21 04** • fax 01 84 10 28 21
christophe@futuriaproduction.com • **www.futuriaproduction.com**
4 Cour St Pierre • 75017 **PARIS**
Christophe LYARD (Gérant)
Activité(s) : Entrepreneur de spectacles, organisateur, producteur • **Genre(s) musical(aux)** : Electro, House • **Forme juridique** : SARL • **Rayonnement** : National • **Spectacles produits** : Métropole techno, Futuria • **Catalogue** : Phunky Data, Lake Soul, Alex K, Miloch • **Licence(s)** : 74040 (6) • **Autre(s) activité(s)** : Label Sekence

GAFAITI PRODUCTION MUSIC

✆ **09 52 46 59 45 / 06 18 97 15 66** • fax 01 41 37 32 93
gafaitiproductionmusic@hotmail.fr
www.myspace.com/gafaitiproduction
4 allée Alfred de Musset • 92000 **NANTERRE**
Nourredine GAFAITI (Gérant)
Activité(s) : Producteur, entrepreneur • **Genre(s) musical(aux)** : Raï, Kabyle, Maroc • **Forme juridique** : SARL • **Rayonnement** : National, international • **Spectacles produits** : Chab Sahraoui, Hasni, Nasro, Anouar, Zahouania, E. Macias, Rimitti, K-reem, Passi, Mori Kanté, Takfarinas, Laazaz, Gold, Baaziz, Juste Causes, Rinitti, Zinou Hanini, Marsaoui, Djura, Cheikha rabia, etc. • **Catalogue** : Chab Sahraoui, Zahouania, Rinitti, Chab Hamid, Chab Nasro, Kadirou, Tarik, Ouahid, Bellemou Messaoud, Assia, Asma, Amelia Zidane (danse), Laazaz, Kamal Igman, K-reem, Rachida, Karima, Hanini, Cab Zinou, Nadim, Hasni, Nasro, Anouar, E. Macias, Passi, Mori Kanté, Takfarinas, Gold, Baaziz, Juste Causes, Rinitti, Zinou Hanini, Marsaoui, Djura, Cheikha rabia, etc. • **Licence(s)** : 921674 (2) • **Autre(s) activité(s)** : Label, éditions

GARANCE PRODUCTIONS

✆ **01 55 07 06 00** • fax 01 55 07 06 11
ccil@garanceproductions.com • **www.garanceproductions.com**
43 rue de Dunkerque • 75010 **PARIS**
Gérard MICHEL (Président) • Antoine JAMET (Productions nationales & internationales) • Guillaume REVEILLON (Productions métal) • Cécile COMBE (Assistante de direction) • Arnaud LAVERGNE (Responsable de la communication)
Activité(s) : Entrepreneur de spectacles, tourneur, organisateur • **Genre(s) musical(aux)** : Tous • **Forme juridique** : SAS • **Rayonnement** : International • **Spectacles produits** : Garance reggae Festival, Télérama Dub Festival, Dub station, Club NME, Rock Is Dead, etc. • **Catalogue** : Assassin, Bauchklang, Betraying the Martyrs, Big Boi d'Outkast, Burning Spear, Chase & Status, Deadmau5, Dinosaur jr., Dj Premier, Fool's Gold, Gallows, Groove Armada, Koudlam, Krs-one, Missill, Pendulum, Q-Tip, Santigold, South Central, Spank Rock, UB40, Achozen, Amanda Blank, Angie Stone, Brute Chorus, Black Milk, Clipse, Cunninlynguists, Datarock, Dead Prez, Dj Cam Live, Dj Cut Killer, Dj Jazzy Jeff, Dj Netik, Dj Revolution, Donso, Dwele, Easy Star All-Stars, Finley Quaye, Gabriella Cilmi, Jeru Tha Damaja, Kissy Sell Out, Krazy Baldhead, La Methode, Lords Of The Underground, Meneo, Method Man, Natty, Necro, Neg' Marrons, Ninjasonik, People Under The Stairs, Pete Rock & Cl Smooth, Piano Club, Remi Domost, Rza (Wu-Tang Clan), S.C.U.M., Swollen Members, Talib Kweli, The Killer Meters, Vicarious Bliss, Youngblood Brass Band • **Licence(s)** : 8907 (5)

GÉRARD DROUOT PRODUCTIONS

✆ **01 44 94 91 50** • fax 01 44 94 91 60
info@gdp.fr • **www.gdp.fr**
4 rue Chauveau-Lagarde • 75008 **PARIS**
Gérard DROUOT (PDG) • Sébastien CHARRON (Responsable booking) • Alexandre LANGLAIS (Booking) • Sarah LOUIS (Responsable marketing) • Alice CASENAVE (Chef de projet marketing)
Activité(s) : Producteur • **Genre(s) musical(aux)** : Rock, variétés, jazz • **Forme juridique** : SA • **Rayonnement** : International • **Spectacles produits** : L. Cohen, Deep Purple, B. Springsteen, J. Satriani, L. Kravitz, S. Rollins, P. Metheny, E. John, AC/DC, Tom Waits, U2, Norah Jones, Harry Connick Jr, George Benson, Snoop Dogg, 50 Cent, The Who, Guns n' roses, Melody Gardot, Asaf Avidan, Beth Mars, Joe Bonamassa, The Smashing Pumpkins, Neil Young & Crazy Horse, Lou Reed, Diana Krall, The Australian Pink Floyd Tour, Imelda May, etc. • **Catalogue** : Dee Dee Bridgewater, Norah Jones, Melody Gardot, Diana Krall, Lizz Wright, Sonny Rollins, Pat Metheny, Keith Jarrett, Al Green, Nigel Kennedy, Tracy Chapman, Bruce Springsteen, Keith Richards, Joe Satriani, Lenny Kravitz, U2, Aerosmith, AC/DC, Elton John, Kiss, Robert Plant, Psy 4 de la Rime, etc. • **Licence(s)** : 13545 (3), 13557 (4), 13623 (6)

GIANTSTEPS

✆ 06 18 42 44 76 / 01 47 09 39 06
pascal@g-steps.com • **www.g-steps.com**
13 rue Alfred Fournier • 92370 **CHAVILLE**

Pascal PILORGET (Producteur) • Mathilde MABILLE (Chargée de production) • Julie DIELBOT (Chargée de production)

Activité(s) : Booking, promotion • **Genre(s) musical(aux)** : Jazz • **Forme juridique** : SARL • **Rayonnement** : National • **Catalogue** : Dan Tepfer, Vincent Artaud, Pierre de Bethmann, Thomas Enhco, Kellylee Evans, Tigran Hamasyan, Kneebody, China Moses & Raphael Lemonnier, Rémi Panossian, Pierrick Pedron, Rusconi, Alex Tassel, Dhafer Youssef, Lars Danielsson, Nir Felder, Groove Catchers, Trilok Gurtu, Sachal Vasandani, Ben Wendel • **Licence(s)** : 922449 (2) • **Autre(s) activité(s)** : Label

GIGS PROD

✆ 09 50 84 41 01 / 06 61 19 45 87
info@gigsprod.com • **www.gigsprod.com**
11 rue André Messager • 75018 **PARIS**

Harald LUNDELL (Gérant) • Cathy RAOELIARISON (Booking / Administratrice)

Activité(s) : Production, booking • **Genre(s) musical(aux)** : Rock, électro, pop • **Forme juridique** : SARL • **Rayonnement** : International • **Spectacles produits** : Mylo, Mr Oizo, Fever Ray, Soulwaxmas • **Catalogue** : Mr Oizo, Kavinsky, Simian Mobile Disco, The Count & Sinden, A-Trak, Fever Ray, Fake Blood, Breakbot, Data, DSL, Mylo, Diplo, Maxence Cyrin, Mr Flash • **Licence(s)** : 1023118 (2), 1023119 (3) • **Autre(s) activité(s)** : Organisation événementiel, management

Association GILDA & COMPAGNIE

✆ 06 89 63 44 41 • fax 09 52 34 89 46
administration@gildaetcompagnie.com
Le Familia • 18 rue Edouard Dépret • 62210 **AVION**

Nicolas LEFEVRE (Directeur artistique) • Grégoire THION (Chargé de diffusion / Communication)

Activité(s) : Tourneur, producteur • **Genre(s) musical(aux)** : Chanson, spectacles musicaux • **Forme juridique** : Asso. • **Rayonnement** : National • **Spectacles produits** : Lulu, festival Festi'Meuse, Jonny Fédébul, Jef Kino • **Catalogue** : Lulu • **Licence(s)** : 1021778 (2), 1044485 (3) • **Autre(s) activité(s)** : Gestion administrative

GINGER

✆ 03 22 89 20 00 / 03 22 89 01 02 • fax 03 22 89 70 00
ginger@ginger.fr • **www.ginger.fr**
33 bis rue Blasset • 80000 **AMIENS**

Philippe TASSART (Gérant) • Anne TAQUET (Associée directeur) • Alexandre HUMBERT (Chargé de production)

Activité(s) : Entrepreneur de spectacles, tourneur, organisateur • **Genre(s) musical(aux)** : Tous • **Forme juridique** : SARL • **Rayonnement** : Picardie, international • **Spectacles produits** : Zazie, H.-F. Thiéfaine, Y. Tiersen, Tri Yann, Indochine, I Muvrini, Patricia Kaas, Eddy Mitchell, Charles Aznavour, Obispo, La Rue Kétanou, Les Ogres de Barback, V. Delerm, D. Boon, Les Wampas, The Rabeats, Lenny Kravitz, Scorpions • **Catalogue** : The Rabeats, Sons of the Desert, Polar Bear, King of Queen, David Brighton, Samsara, Hollywood V2 • **Licence(s)** : 8081 (2), 8082 (3) • **Autre(s) activité(s)** : Label

GIRL IN BLUE

✆ 01 42 58 61 97 / 06 66 95 47 03
info@girlinblue.net • **www.girlinblue.net**
63 rue Letort • 75018 **PARIS**

Cathy DAMOUR (Manager et booking)

Activité(s) : Booking • **Genre(s) musical(aux)** : Jazz • **Forme juridique** : SARL • **Rayonnement** : France et international • **Catalogue** : Stephane Belmondo, Grégory Privat, Jean-Philippe Scali, The Volunteered Slaves, La Velle, Robert Glasper • **Licence(s)** : 1049726 (2), 1049727 (3) • **Autre(s) activité(s)** : Production phonographique, éditions, management

GIRO MUSIC

✆ 01 69 38 38 05 / 06 13 28 66 95 / 06 72 36 53 56
info@giromusic.com • **www.giromusic.com**
12 bis av. Condorcet • 91200 **ATHIS MONS**

Paola D'ANGELA (Directrice / Administratrice) • Toni DOS SANTOS (Booking)

Activité(s) : Producteur, tourneur, organisateur • **Genre(s) musical(aux)** : Jazz, world music • **Forme juridique** : Asso. • **Rayonnement** : National, international • **Catalogue** : Christian Escoudé, Marcel Loeffler, Adrien Moignard, Rocky Gresset, Géraldine Laurent, Kora Jazz Trio, Lionel Belmondo, Christophe Dal Sasso, Laurent Fickelson, Trio Esperança, Sia Tolno, Cyrille Aimée, Stefan Filey, Nancy Viera, Gasandji • **Licence(s)** : 1046351 (2) • **Autre(s) activité(s)** : Production phonographique, management

GLADY'S PEOPLE

✆ 01 43 14 08 10 / 06 07 08 55 56 • fax 01 43 14 08 10
manager@gospeldream.com • **www.gospeldream.com**
3 rue Abel Rabaud • 75011 **PARIS**

Alain AJAVON (Président)

Activité(s) : Entrepreneur de spectacles, organisateur • **Genre(s) musical(aux)** : Gospel, blues, variétés • **Forme juridique** : Asso. • **Rayonnement** : National et international • **Spectacles produits** : King Voice, Dark Victory, The Good News Singers • **Catalogue** : The Good News Singers, Gospel Dream • **Licence(s)** : 750195 (6) • **Autre(s) activité(s)** : Conseil et promotion de tout événement gospel, ateliers de gospel

GOMMETTE COMMUNICATION & PRODUCTION

✆ 06 64 39 46 13 / 09 81 49 92 22
virginie@gommette-production.com • **www.gommette-production.com**
1, rue de la Trinquette • 17000 **LA ROCHELLE**

Virginie RICHE

Activité(s) : Production de spectacles, tourneur • **Genre(s) musical(aux)** : Chanson, rock, jeune public • **Forme juridique** : SARL • **Catalogue** : Virginie Capizzi, David Sire, Barbara Carlotti, Toma Sidibé, Merlot, Elie Guillou, Oldelaf, Madiot, 129H, Tom Poisson, Manu Larrouy, Pascal Peroteau, etc. • **Licence(s)** : 1038087 (2) • **Autre(s) activité(s)** : Conseil, management, communication, organisation d'événements, éditions

GORGIA ÉVÉNEMENTS

✆ 03 20 33 44 14
gorgia.evenements@orange.fr • **www.gorgia-evenements.com**
1 bis rue Verhaeren • 59370 **MONS EN BAROEUL**

Didier LALEU (Chargé de diffusion) • Tiphaine BECKAERT (Chargée de production & développement)

Activité(s) : Tourneur, producteur • **Genre(s) musical(aux)** : Chanson française, rock, jazz, gospel • **Forme juridique** : Asso. • **Rayonnement** : National • **Spectacles produits** : North Gospel Quartet, Grabouilla, Lola Baï, Ian Kelly • **Catalogue** : Ian Kelly, Jeancristophe, Lola Baï, North Gospel Quartet, Valentine's Day • **Licence(s)** : 107945 (2), 107946 (3) • **Autre(s) activité(s)** : Aide au développement de carrière, management, production phonographique

GRAMOFONE

✆ 06 84 61 95 97
christelle@gramofone.fr • **www.gramofone.fr**
33 rue Voltaire • 92150 **SURESNES**

Christelle BOURGUIGNON (Directeur général)

Activité(s) : Entrepreneur de spectacle, tourneur • **Genre(s) musical(aux)** : Gospel, pop rock, électro, rap, R&B • **Forme juridique** : SARL • **Rayonnement** : International • **Spectacles produits** : Delirious, Graham Kendrick, Worship Central, Matt Redman, Somic Floud, Andy Hunter • **Catalogue** : Marcel Boungou, Nicolas Ternisien, God Save the Dj, Ensemble Bonsaï, Family One • **Licence(s)** : 1025343 (2), 1025345 (3) • **Autre(s) activité(s)** : Evénementiel

GROOVE ! PRODUCTION

✆ 01 43 76 46 47
groove.production@orange.fr • **www.groove-production.com**
29 rue de Champagne • 94700 **MAISONS ALFORT**

Loïc YSNEL (Gérant tourneur) • Adrien FLISAK (Chargé de production / régisseur général)

Activité(s) : Tourneur, organisateur, producteur, entrepreneur de spectacles • **Genre(s) musical(aux)** : Groove ou tout ce qui bouge • **Forme juridique** : SARL • **Rayonnement** : National et international • **Spectacles produits** : Bernard Allison, America, Framix, Maze ft Frankie Beverly, Larry Graham & Graham Central Station, Gwen McCrae, Earth Wind & Fire, Kool & the Gang, The Temptations, G. Clinton & Parliament Funkadelic, Sly & the Family Stone, Zapp, Blues Brothers Band, Bootsy Collins, Jimmy Cliff, Alpha Blondy, L.K.J, Khaled, Ziggy Marley, Ray Charles, B. Spear, Joe Cocker, Santana, Compay Segundo, Magma, Isaac Hayes, Enrico Macias, Vanessa Da Mata, etc. • **Catalogue** : George Clinton Parliament/Funkadelic, Earth Wind & Fire experience ft Al McKay, Kool & the Gang, Bernard Allison, Larry Graham, America, Maze ft Frankie Berverly, Chic ft Nile Rodgers, Roy Ayers, Kid Creole & the Coconuts, Nicole Slack Jones, Cameo, Zapp Band, The Temptations, Martha High, Gap Band ft Charlie Wilson, Alpha Blondy, Family Stone, Nina Hagen, Original Blues Brothers Band • **Licence(s)** : 1051297 (2), 1051212 (3) • **Autre(s) activité(s)** : Management, programmation Tunisie et Afrique du Nord

HARISSA MUSIC

✆ 01 48 51 11 11 • fax 09 64 32 71 52
harissamusic@orange.fr
216 rue Rosny • 93100 **MONTREUIL**

Habib LAIDI (Gérant)

Activité(s) : Agent, entrepreneur de spectacle, tourneur • **Genre(s) musical(aux)** : Spécialiste des musiques du Maghreb et du Moyen Orient • **Forme juridique** : SARL • **Rayonnement** : International • **Spectacles produits** : Magheb Dance, Tunisie en Fête, Maroc Dance, Nouvel An Berbère, Festival du Rire Arabe, la Nuit du Raï • **Catalogue** : En exclusivité : Najate Aatabou, Stati, Jil Jilala, Senhaji, Hajib, Sahraoui, Kada, Casta Cali, Ismaël Ledesma, Hedi Habouba, Abidat El R'Ma, Bilal, Baaziz, Cheb Tati, Reda Taliani, Abbes, Houari Dauphin, Zied Gharsa, Zina et Gasrinia etc. • **Licence(s)** : 1039713 (2), 1039712 (3) • **Autre(s) activité(s)** : Management, secrétariat artistique

HARMONIA PRODUCTIONS

✆ 09 52 54 89 08
info@harmonia-prod.com • **www.harmonia-prod.com**
37 rue Caraussane • 34200 **SETE**

Guilhem MERIC (Directeur) • Emilie DESCAMPS (Trésorière) • Marie-Claire MERIC (Secrétaire)

Activité(s) : Production, organisation • **Genre(s) musical(aux)** : Tous • **Forme juridique** : Asso. • **Rayonnement** : National • **Spectacles produits** : Isabelle et le Roi, Lumières de l'Histoire • **Catalogue** : Nolwen, Divino, Chiara Zeffirelli, Cats dance, Marine de Sola, Killer Queen, Hélène Segara, Gérard Lenorman, Casimir, Jota e Companhia, les Zèbres, Charivari, Alain Robin, etc. • **Licence(s)** : 1004086 (2), 1004087 (3) • **Autre(s) activité(s)** : Prestataires de services aux artistes (créations graphiques, websites), événementiel, animation

HEMISPHÈRE SUD

✆ **02 62 33 86 86 / 06 92 85 64 44** • fax 02 62 33 86 87
hsud@hsud.net • **www.hsud.net**
399 rue des Scalaires • 97434 **ST GILLES LES BAINS (REUNION)**

Ivan SUDRES (Directeur) • David PICOT (Directeur de la production) • Martine DUPONT (Comptable)

Activité(s) : Producteur, organisateur local, tourneur • **Genre(s) musical(aux)** : Tous • **Forme juridique** : SARL • **Rayonnement** : Régional • **Spectacles produits** : Zazie, Christophe Maé, Johnny Hallyday, Tryo, Calogero, etc. • **Licence(s)** : 1022449 (2), 1022450 (3) • **Autre(s) activité(s)** : Organisation du Wayo Festival

HERISSON PRODUCTIONS

✆ **04 67 54 61 23** • fax 04 67 54 72 83
contact@herisson-prod.com • **www.herisson-prod.com**
3 rue des Pins • 34000 **MONTPELLIER**

Frédéric BRISSON (Gérant)

Activité(s) : Organisateur, promoteur • **Genre(s) musical(aux)** : Rock, variété • **Forme juridique** : SARL • **Rayonnement** : Régional et national • **Catalogue** : Joan Baez, Orquestra Buena vista social club, Julien Doré, Bharati, Celtic Legends, Forever King of pop, Le lac des cygnes • **Licence(s)** : 1023625 (2), 1023626 (3)

HEXAGON BOOKING AGENCY

jhxgbooking@gmail.com • **www.jalapenobooking.fr**

Jérôme HAULTIER (Responsable)

Activité(s) : Tourneur • **Genre(s) musical(aux)** : Rock, métal • **Rayonnement** : International • **Catalogue** : Adler, The Arrs, Ritchie Kotzen, Tank, Jennifer Batten, Demians • **Licence(s)** : 1042417 (2), 1042418 (3) • **Autre(s) activité(s)** : Management

HOLIDAY ON ICE FRANCE

✆ **01 53 32 32 32 / 01 56 95 06 91** • fax 01 48 78 90 99
christophe.chabanon@stage-entertainment.fr • **www.holidayonice.fr**
23 rue de Mogador • 75009 **PARIS**

Jean-François RICHARD (Directeur) • Mathilde CZYZYSZYN (Chargée de production) • Sylvie LAHUPPE (Responsable de la communication) • Adeline GUIGNARD (Responsable presse) • Laurent POLLET (Responsable commercial)

Activité(s) : Entrepreneur de spectacles, tourneur • **Genre(s) musical(aux)** : Spectacle familial • **Forme juridique** : Société du groupe Stage Entertainment • **Rayonnement** : National • **Spectacles produits** : Holiday on Ice, L'Age de Glace Live ! • **Catalogue** : L'Age de Glace Live ! • **Licence(s)** : 1012317 (2) • **Autre(s) activité(s)** : Evénementiel

HOOK UP BOOKING & MANAGEMENT

contact@hook-up.fr • **www.hook-up.fr**
Setasound • 182 rue haute • 34200 **SETE**

Eliel JOUGLA (Manager) • Nicolas CELLIER (Régisseur) • Randy KLASSER (Booking / Production) • Charly ROUX (Booking / Management)

Activité(s) : Booking, production • **Genre(s) musical(aux)** : Musique électronique • **Forme juridique** : Asso • **Rayonnement** : National, international • **Catalogue** : Tha Trickaz, Onra, Ondubground, Waan, Reid Speed, Tha New Team, Sawgood, Juke Ellington, Altazer, Nekochan, Poisound, Beauty Brain, Aglory, Faders Penetrators, Doshy, Telmini, The Wobbler, Broad Rush, Bioblitz, Full Dub, .357 Magnum, Salary Man, Dj Odilon, Dual Shock, Hidden Face, Dj Jase • **Licence(s)** : 1033908 (2), 1033909 (3) • **Autre(s) activité(s)** : Management

Ï TREMA PRODUCTION

✆ **06 81 10 23 66**
itrema.production@gmail.com
www.myspace.com/itremaproduction
14 rue Dom Vaissette • 34000 **MONTPELLIER**

Anaïse MOUROCQ (Responsable) • Vanessa FARA RABESANDRATANA (Administration)

Activité(s) : Production, diffusion • **Genre(s) musical(aux)** : World, swing, electro-swing, folk bastringue, slam • **Forme juridique** : Association • **Rayonnement** : International • **Catalogue** : Les Noces Gitanes, Martine on the Beach, Le Skeleton band, ZOB • **Licence(s)** : 1040867 (2), 1040868 (3) • **Autre(s) activité(s)** : Aide à la production phonographique, management

IC TOUR

✆ **06 73 47 06 41**
simon.jouneau@ic-tour.com • **www.ic-tour.com**
12 rue Alain Gerbault • 35000 **RENNES**

Simon JOUNEAU (Booking) • Benjamin LE BARON (Booking)

Activité(s) : Booking • **Genre(s) musical(aux)** : Rock, pop indé, musiques électroniques • **Forme juridique** : Asso • **Rayonnement** : International • **Catalogue** : Mnemotechnic, Piranha, No Pilot, Shiko Shiko, Splash Wave, Hators, Les 3 Fromages, Les Spadassins, Green Vaughan, The History of Colour TV, Disco Doom, Monoski, We Are Van Peebles, etc. • **Licence(s)** : 1039794 (2)

L'IGLOO

✆ **02 41 80 08 43**
ligloo@wanadoo.fr • **www.ligloo.org**
BP 44044 • 49802 **TRELAZE CEDEX**

LUDO (Tourneur)

Activité(s) : Entrepreneur de spectacles, tourneur, promoteur local • **Genre(s) musical(aux)** : Tous • **Rayonnement** : National • **Spectacles produits** : Tiken Jah Fakoly, Mister Gang, Triptik, Eiffel, Kery James, Spook and the Guay, Alexis HK, Watcha, Lofofora, New York Ska Ensemble, Philippe Katerine, The Gladiators, Mass Hysteria, Ice Party, Renan Luce, Les Wampas, Madmoiselle K, Birdy Nam Nam, etc. • **Catalogue** : Kiemsa, Les Voleurs de Swing, Dub Orchestra, John Doe's, Terakaft, Flow, Sweatshop, ASM, etc. • **Licence(s)** : 105924 (2), 105925 (3) • **Autre(s) activité(s)** : Affichage

IMAGO PRODUCTION

✆ **04 92 04 57 71 / 06 11 30 96 91** • fax 09 59 26 15 91
david@imagoproduction.com • **www.imagoproduction.com**
36 rue Richelmi • 06300 **NICE**

David BENAROCHE (Directeur artistique) • Loïc MORVAN (Responsable communication / relations presse)

Activité(s) : Booking, organisateur sur Nice et le 06 • **Genre(s) musical(aux)** : Jazz, world music • **Forme juridique** : Asso. • **Rayonnement** : National • **Spectacles produits** : Richard Bona, Louis Winsberg; Louise Attaque, Raoul Petite, Kabbalah, Rona Hartner, Asian Dub Foundation, Trilok Gurtu, Alice Russell, Madmoiselle K, John Cale • **Catalogue** : Sashird Lao, Fabrizio Bosso & Ale Colina 4t, Sashird Lao, Merakhaazan, Vladimir Bozar 'n' Ze Sheraf Orkhestär, Kim Cao, 5AM (quintet d'Andy Gravish et de Mike Campagna), Mulatu Astatké, UHT°, Magma, Milenka, etc. • **Licence(s)** : 1029318 (2), 1029319 (3) • **Autre(s) activité(s)** : « New Blues Festival » et « New Jazz Festival » (Nice) - enregistrement, formation, label, édition, management

IMPERIAL

✆ **01 43 07 53 08** • fax 01 43 07 53 08
contact@imperialprod.fr • **www.imperialprod.fr**
12 rue Moreau • 75012 **PARIS**

Isabelle LELANDAIS (Chargée de production) • Jiess NICOLET (Directeur artistique)

Activité(s) : Entrepreneur de spectacles, tourneur, organisateur • **Forme juridique** : SARL • **Rayonnement** : International • **Spectacles produits** : Festival Les femmes s'en mêlent, HushPuppies, Cheveu, Christine & the Queens, Ladylike Lily, Austra, etc. • **Catalogue** : HushPuppies, Rubin Steiner, Yeti Lane, Plastiscines, Austra, Emily Jane White, Beak>, Camera Obscura, Frustration, Concorde, Jessie Evans, French Cowboy, Arne Vinzon, Christine and the Queens, The Polyphonic Spree, Cheveu • **Licence(s)** : 1038956 (2), 1038957 (3)

INCLINAISONS

✆ **05 35 38 27 86 / 06 08 42 13 88**
marion.piras@inclinaisons.com • **www.inclinaisons.com**
109 rue Gambetta • 33200 **BORDEAUX**

Marion PIRAS (Agent) • Emmanuelle HERTMANN (Administratrice)

Activité(s) : Entrepreneur de spectacles, producteur • **Genre(s) musical(aux)** : Jazz • **Forme juridique** : Asso. • **Rayonnement** : International • **Spectacles produits** : Louis Sclavis Quintet, Monnier/Sclavis, Vincent Courtois Quartet, Francesco Bearzatti « Tinissima Quartet » • **Catalogue** : Louis Sclavis, Michel Portal, Daniel Humair, Stefano Bollani, Enrico Rava, Vincent Courtois, Michele Rabbia, Francesco Bearzatti, Paolo Angeli, Giovanni Guidi, François Merville, Bruno Chevillon, Fred Frith, Christophe Marguet, Bruno Angelini, Benjamin Moussay, Antonello Salis, Giovanni Falzone, Luca Aquino, Cristina Zavalloni, Vincent Peirani (solo ou duo), « Looking for Parker », trio avec Géraldine Laurent, Christophe Marguet et Manu Codjia • **Licence(s)** : 1003986 (2) • **Autre(s) activité(s)** : Management

INDIGO PRODUCTIONS

✆ **05 49 73 66 16** • fax 05 49 73 61 88
bkenette@wanadoo.fr • **www.indigoprod.net**
113 bis rue de Nambot • 79000 **NIORT**

Bertrand KENETTE (Gérant)

Activité(s) : Entrepreneur de spectacles, organisateur, tourneur, promoteur local • **Genre(s) musical(aux)** : Tous • **Forme juridique** : SARL • **Rayonnement** : National • **Spectacles produits** : Benabar, Tryo, Yannick Noah, Deep Purple, etc. • **Catalogue** : African Footprint, Soweto Entsha, La Fabuleuse Histoire de Bollywood, Alioune K • **Licence(s)** : 19503 (2), 19504 (3)

INITIALES

✆ **01 42 55 61 15** • fax 01 42 55 57 44
martine.palme@free.fr • **www.martinepalme.com**
33 bis rue Doudeauville • 75018 **PARIS**

Martine PALMÉ (Agent)

Activité(s) : Entrepreneur de spectacles • **Genre(s) musical(aux)** : Jazz • **Forme juridique** : Asso. • **Rayonnement** : National et international • **Catalogue** : Trio Arild Andersen/Tommy Smith/Paolo Vinaccia, Trio Azzola/Caratini/Fosset, Jean-Paul Celea, Trio Celea/Liebman/Reisinger, Trio Celea/Couturier/Humair « Triptic », Dave Liebman, Alain Jean-Marie, Jean-Charles Richard, Bobo Stenson, John Surman • **Licence(s)** : 752915 (6) • **Autre(s) activité(s)** : Management

INNACOR ARTISTS BOOKING & MANAGEMENT

✆ **02 97 23 82 82**
contact@innacor.com • **www.innacor.com**
3 rue des Milad • 56630 **LANGONNET**

Bertrand DUPONT (Directeur) • Manon FOUQUET (Assistante de direction / Chargée de production) • Yvain LEMATTRE (Administration)

Activité(s) : Booking, tourneur, accompagnateur d'artistes • **Genre(s) musical(aux)** : Musiques créatives de Bretagne et d'ailleurs, world, jazz • **Rayonnement** : International • **Catalogue** : Erik Marchand et ses projets : Ukronia, Akana, Before Beach, Trio Marchand/Robin/Chemirani, Fest-Noz, Turbo Sans Visa, Kreiz Breizh Akademi ; Jacky Molard et ses projets : Jacky Molard Quartet, Triskan, N'Diale ; Hélène Labarrière, etc. • **Licence(s)** : 1015586 (2), 1015585 (3) • **Autre(s) activité(s)** : Label

INOUIE

✆ **09 53 64 10 45 / 06 08 28 32 76 / 06 72 13 65 38**
fax 09 53 64 10 45
inouie94@gmail.com • **inouie94.free.fr**
18 rue Marcelin Berthelot • 94140 **ALFORTVILLE**

Thierry BALASSE (Directeur) • Philippe LEMOINE (Administrateur de production) • Emmanuelle SAGNIER (Chargée de production) • Marthe LEMUT (Chargée de diffusion de spectacles)

Activité(s) : Production • **Genre(s) musical(aux)** : Musiques improvisées électroacoustiques • **Forme juridique** : Association • **Rayonnement** : International • **Spectacles produits** : Touch, La Petite Fille sur le Toit, Carnets Sonores, Concerts sous Casques, Ensemble Silence, La Face Cachée de la Lune, Impressions, et aussi Installations • **Catalogue** : Thierry Balasse, Eric Groleau, Cécile Maisonhaute, Valérie Philippin, Fany Mary, Eric Lohrer, Laurent Dailleau • **Licence(s)** : 1049986 (2)

INSTANT PLURIEL

✆ **01 48 00 81 00 / 05 61 90 20 00**
alexey.puzyrev@instantpluriel.com • **www.instantpluriel.com**
10 rue Bleue • 75010 **PARIS**

Martine CROCE (Directrice) • Aurelia RIPPE (Administratrice des productions) • Nicolas FABRE (Assistant de diffusion)

Activité(s) : Production, diffusion • **Genre(s) musical(aux)** : Classique, jazz • **Forme juridique** : Sarl • **Catalogue** : Richard Galliano, duo Danilo Rea & Flavio Boltro, Pascal Contet, Thomas Leuleu, Marina Fiche, Yan Lundgren, Guillaume Dechassis, Alinna Azario, Alain Planès, Travlim Quartet, etc. • **Licence(s)** : Agent artistique n° 870, 1043491 (2), 1043492 (3) • **Autre(s) activité(s)** : Management

IVOIRE MUSIC

✆ **04 97 25 62 75** • fax 04 97 25 62 76
contact@ivoiremusic.fr • **www.ivoiremusic.fr**
c/o Studios de la Victorire • 16 av. Edouard Grinda • Bât. 2 • 06200 **NICE**

Patrice BOUCHON (Directeur de production) • Joanna LIVOTI (Chargée de production) • Charlotte TRAVERSO (Chargée de communication) • Thomas ZAGAMI (Régisseur général)

Activité(s) : Producteur, organisateur • **Genre(s) musical(aux)** : Pop, rock, variété, chanson • **Forme juridique** : Asso. • **Rayonnement** : National • **Spectacles produits** : Festival Crazy Week, Izïa, Revolver, Yodelice, Justin Nozuka, Moriarty, Selah Sue, Nneka, Camille, etc. • **Licence(s)** : 146181 (2), 146182 (3)

JARRING EFFECTS

✆ **04 78 30 50 29 / 01 83 56 27 99** • fax 04 78 27 23 96
booking@jarringeffects.net • **www.jarringeffects.net**
13 rue René Leynaud • 69001 **LYON**

Vincent NICOD (Booking / Lyon) • Sylvain DESCHAUX (Booking / Paris)

Activité(s) : Tourneur, entrepreneur de spectacles, secrétariat artistique, régie de tournée • **Genre(s) musical(aux)** : Hip-hop, musiques électroniques, dub & hors normes • **Forme juridique** : Asso. • **Rayonnement** : International • **Catalogue** : Virus Syndicate, Cape Town Effects, Erotic Market, Ben Sharpa, Sibot, Yoggyone, Não, Al'tarba feat Nixon, Squeaky Lobster, Metastaz, Ruby My Dear, Mat3r Dolorosa, Ni, Soni Area, Llamatron, Stazma The Junglechrist, 2methylbulbe1ol, Tetra Hydo K • **Licence(s)** : 1045030 (2), 1045031 (3)

JASPIR PROD

✆ **04 74 79 51 67** • fax 04 74 79 51 67
benjamin@jaspir.com • **www.jaspir.com**
ZI du Pré de la Barre • 63 ch. du Reposu • 38440 **ST JEAN DE BOURNAY**

Cédric CREMADES (Producteur) • Mathieu ORIOL (Chargé de production) • Julien REGNAULT (Booking) • Colin RIGAUD (Booking)

Activité(s) : Booking, productions • **Genre(s) musical(aux)** : Tous • **Forme juridique** : Asso. • **Rayonnement** : National • **Spectacles produits** : Désordre, La Tête allant vers, Zombie Circus Show, Le temps fait son affaire, Votre monde est d'enfer, Afrobeat Experience • **Catalogue** : La Mine de Rien, Mac Abbé, Barrio Populo, Sonith, NMB Brass Band Afrobeat Experience, Fanfare Danguba, La Pompe Funèbre • **Licence(s)** : 147290 (2), 147291 (3) • **Autre(s) activité(s)** : Label

JAZZ MUSIQUES PRODUCTIONS

✆ **04 67 59 74 97** • fax 04 67 59 72 84
jmp@jmp.fr • **www.jmp.fr**
520 rue de la Ducque • 34730 **PRADES LE LEZ**

Olivier LECOMTE (Tourneur) • Franck FÉRET (Tourneur)

Activité(s) : Entrepreneur de spectacles, tourneur • **Genre(s) musical(aux)** : Jazz, Musiques populaires brésiliennes, Musiques du monde • **Forme juridique** : SARL • **Rayonnement** : International • **Catalogue** : Sarah Murcia, Omar Sosa, Nguyên Lê, Ray Lema, Sylvain Rifflet, Paolo Fresu, Huong Thanh, Mieko Miyazaki, The Syndicate « File Under Zawinul », Michel Camilo - Selon tournées : John Zorn, John Scofield, Marc Ribot, Steve Coleman & Five Elements, Mike Stern, Marc Copland, John Abercrombie, Gilberto Gil, Carla Bley, Don Byron, Medeski, Martin & Wood, Steve Swallow, Aka Moon, John Hassell, Dave Douglas, Jack Dejohnette, David Liebman, Ellery Eskelin, Uri Caine & Han Bennink, etc. • **Licence(s)** : 340456 (6)

JAZZMUCH !

✆ **05 49 29 05 55 / 06 07 29 90 10** • fax 05 49 29 05 25
jazzmuch@neuf.fr • **jazzmuch.free.fr**
Imp. la Boutrie • 79120 **ROM**

Jean PERRIER (Directeur)

Concerts modernes • **Activité(s)** : Tourneur, secrétariat artistique • **Genre(s) musical(aux)** : Musiques du monde • **Forme juridique** : Asso. • **Rayonnement** : International • **Spectacles produits** : Les Manches de Fourche • **Catalogue** : Les Manches de Fourches, Ameriberia, César Stroscio, Kalinka Vulcheva & Topolovo Orchestra, Alix Quoniam & Dominique Molard, Orchestre de Contrebasses, Pascal Coulon, Andras Vigh, Les Tambours de Tokyo, Mieko Miyazaki trio, Oedo Sukeroku Taiko • **Licence(s)** : 140809 (2), 140810 (3)

JBE MIZIK

✆ **02 62 32 84 84 / 06 92 86 49 25** • fax 02 62 32 84 85
jbe.mizik@wanadoo.fr • **www.jbe-mizik.fr**
79 rue Bernardin • 97460 **BOIS ROUGE ST PAUL (REUNION)**

Daniel BOISSON (Gérant) • Jean-Bruno ESCYLE (Directeur artistique) • Yoanna ATCHAMA (Chargée de production Et de communication)

Activité(s) : Tourneur, organisateur, secrétariat artistique • **Genre(s) musical(aux)** : Musiques de l'Océan Indien • **Forme juridique** : SARL • **Rayonnement** : National, régional et international • **Spectacles produits** : Fête de St Paul, Fête de l'Etang Salé, L'orgue à feu à St Pierre, nombreux plateaux artistiques de ville ou d'asso., tournées Océan Indien et France • **Catalogue** : Apolonia, Tiana, Free Jam • **Licence(s)** : 1015849 (2), 1015850 (3) • **Autre(s) activité(s)** : Productions audiovisuelles, phonographique, édition, formations, management

JEAN-CLAUDE CAMUS PRODUCTIONS

✆ **01 44 40 33 33** • fax 01 46 22 67 24
infos@camusproduction.com • **www.camusproduction.com**
29 rue de Lisbonne • 75378 **PARIS CEDEX 8**

Dinh-Thien NGO (Président) • Eric MANALT (Directeur général) • Hadrien BRANLY-COUSTILLAS (Directeur juridique) • Lydie PRADAL (Directrice commerciale) • Clément REINBERGER (Booking)

Activité(s) : Producteur • **Genre(s) musical(aux)** : Variétés • **Forme juridique** : SAS • **Rayonnement** : International • **Spectacles produits** : Cléopâtre-La Dernière Reine d'Egypte, M. Sardou • **Catalogue** : Grégoire, Louisy Joseph, Anggun, Christophe Maé, Emmanuel Moire, Amaury Vassili, Inna Modja, Michel Sardou, Mimie Mathy, Fred Blondin, Amel Bent • **Licence(s)** : 1023702 (2), 1023703 (3)

JERKOV MUSIQUES

✆ **06 82 84 90 37 / 09 81 95 02 90**
matthieu.miegeville@jerkov.net • **www.jerkov.net**
BP 42426 • 31085 **TOULOUSE CEDEX 2**

Matthieu MIEGEVILLE (Responsable de la programmation / Coaching) • Christophe RYMLAND (Responsable Partenariats) • Nicolas SOULIE (Responsable Booking) • Céline ARRES (Chargée de production) • Mina FOROUHAR (Chargée de communication) • Nicolas DABADIE (Booking - Régie) • Charles FERRAUD (Booking)

Activité(s) : Producteur, diffuseur • **Genre(s) musical(aux)** : Tous • **Forme juridique** : Asso. • **Rayonnement** : International • **Spectacles produits** : Rover, Fishbone, Balthazar, Raggasonic, Christine & the Queens, Job for a Cowboy, Jil is Lucky, The Lost Fingers, Festival Groland • **Catalogue** : Cats on Trees, John Parish, Acid Mothers Temple, Les Touffes Kretiennes, El Comunero, Pitom, Will Haven, Cats on Trees, My own private Alaska, Mabreuch, Rufus Bellefleur, Cortez, etc. • **Licence(s)** : 1012416 (2), 1012417 (3) • **Autre(s) activité(s)** : Management, programmation, actions culturelles

JM ARTISTIC

✆ **09 50 71 66 48 / 06 24 97 57 04**
jmartistic@free.fr • **www.myspace.com/jmartistic**
36 rue Sibuet • 75012 **PARIS**

Jean-Michel GAIFFE (Directeur)

Activité(s) : Agent, booking • **Genre(s) musical(aux)** : Chanson, rock, métal • **Forme juridique** : EI • **Rayonnement** : International • **Catalogue** : Bumblefoot, Guthrie Govan, The Aristocrats, Cyril Achard, Craig Erickson, Plug-in, SUPERFIZ, Federico Miranda, Youri de Groote, Lucky Peterson, Pascal Mulot, Gnô (non exclusif), etc. • **Autre(s) activité(s)** : Management et organisation ponctuelle d'événements

JOSETTE

✆ **06 07 29 41 80**
odette33@wanadoo.fr • **pagesperso-orange.fr/odette-josette**
102 rue Camille Flammarion • 33100 **BORDEAUX**
Thierry HOSTEINS (Directeur)
Activité(s) : Entrepreneur de spectacles, tourneur • **Genre(s) musical(aux)** : Pop, chanson • **Forme juridique** : Asso. • **Rayonnement** : National • **Catalogue** : Scarzello & Lys Slow Motion Orchestra, Olivier Gallis, OPA, Dollar$, Victor Hall, etc. • **Licence(s)** : 331009 (2), 331010 (3) • **Autre(s) activité(s)** : Organisateur et promoteur local

JOSTONE TRAFFIC

✆ **02 38 56 28 76** • fax 02 3856 28 76
jostone@wanadoo.fr • **www.jostonetraffic.com**
56 av. du Capitaine Jean • 45800 **ST JEAN DE BRAYE**
Jean-Luc JOUSSE (Responsable)
Activité(s) : Agent, entrepreneur de spectacles, tourneur, organisateur de concert • **Forme juridique** : SARL • **Rayonnement** : International • **Catalogue** : The New Bomb Turks, The Jim Jones Revue, Guitar Wolf, Bob Log III, The Bellrays, The Fleshtones, The 5678's, The Dirtbombs, DKT MC5, Barrence Whitfield & the Savages, The A-Bones, Mama Rosin, Tokyo Sex Destruction, Dustaphonics, Kitchenmen, Washington Dead Cats, Tav Falco & Panther Burns, Urban Voodoo Machine, Lewis Floyd Henry, Scott H. Biram, etc. • **Licence(s)** : 112474 (3), 143485 (2) • **Autre(s) activité(s)** : Tour management, sonorisation

JPR PRODUCTION

✆ **06 75 46 65 95 / 0032 (0) 479 72 64 01**
prod@jpr-production.org • **www.jpr-production.org**
2 ch. des Meules • 08600 **RANCENNES**
Jean-Philippe ROLOT (Agent)
Activité(s) : Booking • **Genre(s) musical(aux)** : Jazz, pop, chanson • **Forme juridique** : EURL • **Rayonnement** : Pays francophones • **Spectacles produits** : Olivier Laurent, M. Jones Michael, Alec Mansion, Les Déménageurs, Laam, Rock Show 80, etc. • **Catalogue** : Fabien Degryse, Jo Scinta, Phil Abraham, Trio Actual Proff, Camping Sauvach, William Dunker, Michael Jones, Rock Show 80, Alec Mansion, Six Ways to Funk, Laam, Lili. Road, Polk • **Licence(s)** : 1024790 (2), 1024789 (3) • **Autre(s) activité(s)** : Événements, stages, régie, management

JULIE TIPPEX

✆ **01 58 64 01 77** • fax 01 78 72 91 29
hello@julietippex.com • **julietippex.com**
Association Disco-Babel • 24 aveue du Château • 94300 **VINCENNES**
Marie-Pierre BONNIOL (Booking) • Pascal REGIS (Booking) • Ambre BRESSET (Booking)
Activité(s) : Booking, producteur • **Genre(s) musical(aux)** : Electro, pop, etc. • **Rayonnement** : International • **Catalogue** : Animal Hospital, Anthurus d'Archer, Blurt, Bush Tetras, Chain and the Gang, Cheveu, ESG, Etienne Jaumet, Glenn Branca, Half Japanese, Jeff Mills, Lumerians, Noel Akchote, Zombie Zombie, etc. • **Licence(s)** : 1043182 (2), 1043113 (3)

JUNZI ARTS

✆ **06 15 17 35 39**
clotaire@junzi-arts.com • **www.junzi-arts.com**
8 rue Ortolan • 75005 **PARIS**
Clotaire BUCHE (Producteur / Cofondateur) • Jérémie CHARBONNEL (Producteur / Cofondateur) • Vincent ZARRAGOZA (Assistant)
Activité(s) : Tourneur • **Genre(s) musical(aux)** : Pop, rock, soul, electro, chanson • **Forme juridique** : SARL • **Rayonnement** : International • **Catalogue** : A/C/O, Bernhoft, Chassol, Cléa Vincent, Destin, Lukas Graham, Marion Corralès, Parov Stelar, Puggy, Thomas Azier, Walter Sobcek, Woodkid • **Licence(s)** : En cours

JUST LOOKING PRODUCTIONS

✆ **01 43 44 03 03 / 01 47 00 83 07 / 06 10 01 87 02**
alex@justlookingproductions.com • **www.justlookingproductions.com**
5 passage Charles Dallery • 75011 **PARIS**
Alexandre LACOMBE (Manager) • Jean-Louis PERRIER (Productions) • Florence AVENEL (Chargée de production) • Céleste TAVARES (Gérante) • Jean-Michel MERCIER (Booking) • Lucas FLECHET (Booking) • Julie HEURTEL (Chargée de production)
Activité(s) : Producteur, bookeur, tourneur • **Genre(s) musical(aux)** : Jazz, chanson, musiques du monde • **Forme juridique** : SARL • **Rayonnement** : National • **Spectacles produits** : Angelo Debarre « Manoir de mes rêves, » Sylvain Luc et Bireli Lagrene « Electric Project », Ernesto Tito Puentes « Gracias », etc. • **Catalogue** : Sylvain Luc, André Ceccarelli, David Linx, Médéric Collignon, la Compagnie Lubat, Christophe Monniot, Jean-Michel Pilc, Ernesto 'Tito' Puentes, Angelo Debarre, Ludovic Beier, Daniel Mille, Teofilo Chantre, Elina Duni, Baptiste Herbin, Fiona Monbet, Ari Hoenig, Elina Duni, Gilad Hecksélman, Philip Catherine, Tomasz Stenko, Jean-Michel Kajdan • **Licence(s)** : 758657 (2), 754949 (3) • **Autre(s) activité(s)** : Management, label

JUST WINNER

✆ **01 60 02 49 02**
contact@just-winner.com • **www.just-winner.com**
2 rue du Prè des Aulnes • 77340 **PONTAULT COMBAULT**
Alain ZÉLATEUR (Directeur général) • Christophe DIEDERICHS (Responsable Communication / Presse / Médias) • Majix (Responsable son)
Activité(s) : Production de concerts et showcases • **Genre(s) musical(aux)** : Dancefloor, rap, dancehall, socca, reggaeton • **Forme juridique** : SARL • **Rayonnement** : International • **Catalogue** : Edalam, Kymaï, Olmyta, Singuila, X-Man, King Serenity • **Licence(s)** : 1043300 (2) • **Autre(s) activité(s)** : Label

KALIMA PRODUCTIONS

✆ **06 15 50 57 56**
contact@kalimaproductions.org • **www.kalimaproductions.org**
9 rue de Panama • 75018 **PARIS**
Florent BONY (Coordinateur de projets artistiques) • Hedwige DHENAIN (Booking) • Emilie LEFEBVRE (Booking & assistante coordination)
Activité(s) : Booking • **Genre(s) musical(aux)** : Musiques actuelles • **Forme juridique** : Asso. • **Rayonnement** : International • **Catalogue** : Arnold, 3 Minutes sur Mer, Igit, Soole • **Licence(s)** : 1024369 (2), 1024370 (3) • **Autre(s) activité(s)** : Management, accompagnement, événementiel, diffusion

KAP N'DOO PRODUCTIONS

✆ **09 81 21 53 58**
info@kapndoo.com • **www.kapndoo.com**
9 imp. du Chardonnet • 73000 **CHAMBERY**
Elie CHOWANEK (Directeur) • Antoine NEIGER (Administration)
Activité(s) : Booking, production, promotion, développement d'artiste • **Genre(s) musical(aux)** : Tous • **Forme juridique** : Asso. • **Rayonnement** : National, international • **Catalogue** : Orange Bud, Erwan Pinard, Abyssinie Club • **Licence(s)** : 1054490 (2), 1054491 (3) • **Autre(s) activité(s)** : Management, centre de ressources, conseil, accompagnement administratif et juridique, organisation de concerts et de r-saison culturelle

KARAVANE PRODUCTIONS

✆ **01 40 16 54 30 / 06 25 47 04 93** • fax 01 40 16 05 39
jrpouilly@karavane.pro • **www.karavane.pro**
9 rue Ambroise Paré • 75010 **PARIS**
Jean-René POUILLY (Directeur général)
Activité(s) : Entrepreneur de spectacles, tourneur • **Genre(s) musical(aux)** : Jazz, musiques du monde, classique, • **Forme juridique** : SARL • **Rayonnement** : National et international • **Spectacles produits** : Grappelli Memory, Gypsie Planet, La Huchette Swing Show, La Nuit du Ragtime et du Boogie Woogie, Romanès Cirque Tzigane • **Catalogue** : Fabrice Eulry, Marc Laferrière, Éric Le Lann, Martial Solal, René Urtreger, Marcel Azzola, Raùl Barboza, Juan José Mosalini, Cirque invisible, Piano Seven, Guy Carlier • **Licence(s)** : 1010321 (2) • **Autre(s) activité(s)** : Management

KLAKSON

✆ **05 62 27 10 89** • fax 05 31 60 19 30
klakson.prod2@gmail.com • **www.klakson.fr**
78 av. des Etats-Unis • 31200 **TOULOUSE**
Nicolas SON (Directeur & booking, manager W Anselme) • Bangsi (Booking) • Karim GUERCH (Développement) • Emilie DELCHAMBRE (Booking, manager l'Herbe Folle) • Jérôme BLANCHARD (Booking)
Activité(s) : Production • **Genre(s) musical(aux)** : Tous • **Forme juridique** : Asso. • **Rayonnement** : International • **Catalogue** : Wladimir Anselme, Pilöt, Yeti, l'Herbe Folle, Ciné-concert Dark Swing, Valgeir Sigurdsson, Dilemn live, Pro 7, Samenakoa; Le Catcheur, la Pute et le Dealer, Scarecrow, Bernard Adamus • **Licence(s)** : 1032813 (2), 1032814 (3) • **Autre(s) activité(s)** : Conseil au développement de projet, recherche de financements, gestion salariale pour les entreprises culturelles, management, développement d'artistes

KOLIAPOV PRODUCTION

✆ **06 50 75 75 40 / 01 82 28 37 25**
koliapov@gmail.com • **www.koliapov.com**
5 rue du Moulin Joly • 75011 **PARIS**
Kolia RUSTIN (Directeur)
Activité(s) : Bookeur, producteur • **Genre(s) musical(aux)** : Pop, rock, électro, hip hop, world • **Forme juridique** : Asso. • **Rayonnement** : National, international • **Catalogue** : Erevan Tusk, Nawel, Dark Time Sunshine, Qwel&Maker, Arash Khalatbari, Loops Haunt, Signal2, Hugo Kant, Bombay Show pig • **Licence(s)** : 1051159 (2), 1051157 (3) • **Autre(s) activité(s)** : Management, label, régie de tournée

KONGFUZI BOOKING

✆ **06 72 66 15 64**
kongfuzi.booking@gmail.com • **kongfuzi-booking.org**
3 rue le Gonidec • 29200 **BREST**
Christophe EHRWEIN (Agent / manager / tourneur) • Adrien DURAN (Booking / Promotion)
Activité(s) : Booking, production • **Genre(s) musical(aux)** : Rock, électro • **Forme juridique** : Association • **Rayonnement** : International • **Catalogue** : Isis, The Notwist, Throbbing Gristle, Pan Sonic, Why?, Fennesz, Sparklehorse, Current 93, Deerhoof, Dirty Projectors, Kylesa, Final Fantasy, Lightning Bolt, Lucky Dragons, Matmos, Blackstrobe, Melt Banana, Om, Oxbow, Pelican, Nurse With Wound, The Books, Suicide, Alva Noto, etc. • **Licence(s)** : 1019062 (2), 1019063 (3) • **Autre(s) activité(s)** : Promotion

LA ROUTE DU ROCK BOOKING

✆ **02 99 14 01 07** • fax 02 99 54 22 46
booking@laroutedurock.com • **www.laroutedurock.com**
Rock Tympans • 4 mail François Mitterrand • 35000 **RENNES**

Pierre TEMPLÉ (Booking) • Marin PEROT (Chargé de production et de promotion)

Activité(s) : Booking • **Genre(s) musical(aux)** : Rock, pop, folk, electronica • **Forme juridique** : Asso • **Rayonnement** : International • **Spectacles produits** : La Route du rock session • **Catalogue** : Flaming Lips, Mazzy Star, Future Islands, Here We Go Magic, Chelsea Wolfe, Dirty Three, Giant Sand, Wedding Present, The Pains of Being Pure at Heart, etc. • **Licence(s)** : 1014371 (2), 1014372 (3) • **Autre(s) activité(s)** : Festival La Route du Rock

LABEL ADONE

✆ **09 81 80 53 74**
equipe@label-adone.com • **www.label-adone.com**
3 rue Boyer • 75020 **PARIS**

Aurélie THUOT (Responsable) • Benoit FALIP (Booking) • Elodie BAUDOIN (Booking) • Aline TEXIER (Chargée de production)

Activité(s) : Tourneur, organisateur • **Genre(s) musical(aux)** : Chanson, pop, rock, jeune public • **Forme juridique** : Asso. • **Rayonnement** : National • **Catalogue** : Les Fatals Picards, Les Rois de la Suède, C++, La Sex Bomb, Les Petites Bourrettes, Bobby Joe Roi des Mers, H2omme, l'Armée du Love • **Licence(s)** : 1056661 (2) • **Autre(s) activité(s)** : Label

LABEL FOLIE

✆ **09 82 21 50 29**
contact@labelfolie.com • **www.labelfolie.com**
23e impasse de la Comète • 26000 **VALENCE**

Christophe GENEVEST (Booking) • Olivier LE ROY (Administration)

Activité(s) : Booking, production • **Genre(s) musical(aux)** : Chanson, jazz, world, slam, rock • **Rayonnement** : National • **Catalogue** : Laurent Montagne, Des Fourmis dans les Mains, No Shangsa, Miss White and the Drunken Piano • **Licence(s)** : 145792 (2), 145793 (3) • **Autre(s) activité(s)** : Label, management

LABEL LN

✆ **03 83 45 81 60** • fax 03 83 45 81 61
mail@label-ln.com • **www.label-ln.com**
32 rue Alexandre 1er • 54130 **ST MAX**

Frédéric SAINT-DIZIER (Gérant) • Lionel RUVERA (Assistant)

Activité(s) : Entrepreneur de spectacles, organisateur • **Genre(s) musical(aux)** : Tous • **Forme juridique** : SARL • **Rayonnement** : Grand Est • **Spectacles produits** : Lenny Kravitz, Patrick Bruel, M. Farmer, Johnny Hallyday, Michel Sardou, Phil Collins, Eddy Mitchell, Muse, Placebo, Christophe Maé, Ayo, J-L Aubert • **Catalogue** : Dom Colmé, Annie Brocoli • **Licence(s)** : 540109 (6) • **Autre(s) activité(s)** : Promoteur local, régies, prestations de service (personnels, catering, affichage, billetterie, mailing collectivités, show case)

LABEL TOUR

✆ **04 68 32 18 94 / 06 07 23 27 52**
labeltour@orange.fr • **www.labeltour.net**
4 rue de la Paix • 11100 **MONTREDON DES CORBIERES**

Dourné (Booking) • Estelle RIVOIRE (Administratrice)

Activité(s) : Tourneur • **Genre(s) musical(aux)** : Tous • **Forme juridique** : Asso. • **Rayonnement** : International • **Catalogue** : Les Castafiores, Les Croquants, C'dric, Nicobé, Bob's not Dead, Dj Balpore's • **Licence(s)** : 1026240 (2), 1026241 (3) • **Autre(s) activité(s)** : Label I-D (Festival Hace Calor, Festival le Porte-Voix), régie générale, promotion

LAGARDERE UNLIMITED LIVE ENTERTAINMENT

✆ **01 74 31 70 05** • fax 01 74 31 70 20
16 rue du Dôme • 92100 **BOULOGNE BILLANCOURT**

Jérôme LANGLET (Président) • Karine CHAIGNON (Secrétaire générale) • Géraldine FINK (Directrice du développement) • Xavier RÉCHAIN (Producteur exécutif)

Activité(s) : Production et diffusion de spectacles et d'événements • **Genre(s) musical(aux)** : Tous • **Forme juridique** : SAS • **Rayonnement** : International • **Spectacles produits** : Elle en Scène, Nuit Velours • **Catalogue** : Salut Les Copains • **Licence(s)** : 1047269 (2), 1046551 (3) • **Autre(s) activité(s)** : Gestion de salles, coproductions

LAMASTROCK

✆ **04 75 06 39 80 / 06 86 72 62 07** • fax 04 75 06 39 80
yves@lamastrock.com • **www.lamastrock.com**
3 place Rochette • 07300 **ST JEAN DE MUZOLS**

Yves COLOMB (Programmateur / Chargé de prod) • Mathilde FILLAT (Communication) • Nicolas BESNARD (Booking) • Véronique DUPRÉ (Booking) • Sylvie MABILLON HUTINET (Booking)

Activité(s) : Production, tourneur • **Genre(s) musical(aux)** : Chanson, rock, blues, musiques du monde, jazz manouche • **Forme juridique** : Asso. • **Rayonnement** : National • **Spectacles produits** : Les Doigts de l'homme Imperial Kikiristan, Marc-André Léger, Juan de Lerida, etc. • **Catalogue** Alfio Origlio Trio, Marc Lacaille, Les Doigts de l'Homme, Kady Diarra, NMB Brass Band, Marc-André Léger, Karim Baggili, Juan De Lerida, Imperial Kikiristan, Transgunner, Norig, etc. • **Licence(s)** : 1034180 (2), 1034181 (3) • **Autre(s) activité(s)** : Label

Harry LAPP ORGANISATION

✆ **03 88 15 29 29** • fax 03 88 24 03 16
hlorg@wanadoo.fr • **www.harrylapporganisation.com**
9 av. de la Liberté • 67000 **STRASBOURG**

Harry LAPP (Président) • Dominique LEITERER (Directeur de la production) • Kate KRASUSKI (Booking)

Activité(s) : Entrepreneur de spectacles, tourneur, diffuseur • **Genre(s) musical(aux)** : Rock, jazz, chanson, danse, théâtre, classique • **Forme juridique** : SAS • **Rayonnement** : France, Europe • **Spectacles produits** : 200/an dont le Festival de jazz de Strasbourg • **Catalogue** : Tchavalo Schmitt, Martial Solal, Roberta Gambarini, Nicole Henry, Roy Hargrove, Sidney Bechet Memory All Stars, Napolis Ensemble • **Licence(s)** : 9531 (3), 9532 (4), 9538 (6)

LAST EXIT TOUR

✆ **06 70 91 99 40**
reception@lastexitrecords.com • **www.lastexit-tour.com**
41 rue de Coat Tan • 29200 **BREST**

Damien LITAUD (Gérant)

Activité(s) : Entrepreneur de spectacles, tourneur, organisateur • **Genre(s) musical(aux)** : Tous • **Forme juridique** : SARL • **Rayonnement** : International • **Catalogue** : Robin Foster, NagNagNag, Too Soft, Hku., etc. • **Licence(s)** : 1042179 (2), 1042180 (3) • **Autre(s) activité(s)** : Last Exit Records, Last Exit Publishing

LATITUDE PRODUCTIONS

✆ **05 58 98 46 38 / 06 80 35 09 18** • fax 05 58 98 46 38
latitude.productions@orange.fr
Le Clos Molia • 40380 **GAMARDE LES BAINS**

Joel LIAGRE (Président) • Pierre SARRADE (Programmateur) • Marie-Pierre DINET (Attachée de presse)

Activité(s) : Entrepreneur de spectacles, promoteur local • **Genre(s) musical(aux)** : Tous • **Forme juridique** : Asso. • **Rayonnement** : Régional • **Spectacles produits** : J.L Aubert, M, Emir Kusturica, Gojira, Julien Clerc, Ojos de Brujo, Patrick Bruel, Yannick Noah, Groundation, Benabar, F. Cabrel, Renan Luce, Jacques Dutronc, Jacques Higelin, Marc Lavoine • **Licence(s)** : 401173 (3) • **Autre(s) activité(s)** : Affichage, régie générale, programmation, catering

Saick LE RESTE

✆ **02 97 47 16 02**
saick@wanadoo.fr
2 rue du Colonel Pobeguin • 56000 **VANNES**

Activité(s) : Producteur de spectacles, agent • **Genre(s) musical(aux)** : Rock, jazz, variétés, théâtre • **Forme juridique** : EI • **Rayonnement** : National • **Spectacles produits** : P. Bruel, B. Lavilliers, S. Eicher, M. Jonasz, Joe Cocker, Johnny Clegg, Faudel, Pierpoljak, le Splendid, Michel Galabru, etc. • **Licence(s)** : 560513 (2)

LIFE LIVE

✆ **01 43 72 27 28**
everybody@lifelive.org • **www.lifelive.org**
36 rue de Terre Neuve • 75020 **PARIS**

Sarah LESVEN (Chargée de production)

Activité(s) : Développement et stratégies de carrières, production, programmation • **Genre(s) musical(aux)** : Rock, chanson, électro, pop, world • **Forme juridique** : Asso. • **Rayonnement** : National • **Catalogue** : Arlt, Moziimo, Edo, Claire Deligny, Jean Jacques Nyssen, Mendelson, Inglenook, Maxi Monster Music Show • **Licence(s)** : 7500732 (2)

LIMITROPHE PRODUCTION

✆ **04 96 17 57 26**
limitropheproduction@gmail.com • **www.limitrophe-production.fr**
22 rue Robert • 13007 **MARSEILLE**

Olivier JACQUET (Gérant) • Clément JAULIN (Booking)

Activité(s) : Tourneur, producteur • **Genre(s) musical(aux)** : Funk, soul, hip hop, électro • **Forme juridique** : SARL • **Rayonnement** : National • **Spectacles produits** : Chinese Man Live, Soirées What The Funk (Paris), Funk Bless You (Marseille), What The Festival (Paris) • **Catalogue** : Ysae, Dinner at the Thompson's, Soulance, John Lord Fonda, Soulist, Breakestra, Hot 8 Brass Band, Nostalgia 77 TM Juke, Quantic, Benga, Jungle by Night, No Kolouns, Ottilie, Mekanik Kontatik, Benny Sings, Frederic Nevchehirlian, The Red Rum Orchestra • **Licence(s)** : 145502 (2), 145503 (3)

The LINK PRODUCTIONS

romain@thelinkprod.fr • **www.thelinkprod.fr**
15 rue du Général Patton • 54270 **ESSEY LES NANCY**

Romain MONEREAU (Directeur /Booking) • Jean-Baptiste Le Bail (Booking) • Nicolas GERARD (Production)

Activité(s) : Production de concerts, tournées • **Genre(s) musical(aux)** : Metal, rock, electro, pop • **Forme juridique** : Association • **Rayonnement** : International • **Catalogue** : Hacride, Moon Pallas, Svart Crown, Reno, Hypno5e, Miss Burton, Carpenter Brut, Reno • **Licence(s)** : 1042453 (2), 1042454 (3)

LISTEN'UP PRODUCTION

✆ **04 67 13 26 58 / 06 13 14 31 45**
contact@listenup.fr • **www.listenup.fr**
450 rue du Mas des Brousses • 34000 **MONTPELLIER**

Michael NAKACHE (Directeur)

Activité(s) : Organisateur et promoteur local • **Genre(s) musical(aux)** : Tous • **Forme juridique** : SARL • **Rayonnement** : Montpellier, régional • **Spectacles produits** : Jamadoc Reggae Festival, Sinsemilia, Wampas, Barrington levy, Tambours du Bronx, Tiken Jah Fakoly, Alpha Blondy, L.K.J., Mad Caddies, Admiral T, Magic System, etc. • **Licence(s)** : 1048251 (2), 1048252 (3)

LIVE NATION SAS

✆ **01 48 03 87 87** • fax 01 48 03 32 32
information@livenation.fr • **www.livenation.fr**
17 rue de Lancry • 75010 **PARIS**

Angelo GOPEE (Directeur général) • Armel CAMPAGNA (Directeur Live Nation France Festival) • Damien CHARMARD BOUDET (Booking) • Yannick REQUIS (Booking musiques urbaines et electro) • Alexandra GROSEILLER (Promotion /booking) • Stephan DEGOS (Directeur commercial)

Activité(s) : Entrepreneur de spectacles • **Genre(s) musical(aux)** : Tous • **Forme juridique** : SAS • **Rayonnement** : International • **Spectacles produits** : Jay-Z, Béyoncé, Rihanna, Lady Gaga, Madonna, Depeche Mode, Roger Waters, Roger Hodson, Maklemore and Ryan Lewis, Alicia Keys, 30 seconds to Mars, Sting, Stevie Wonder, Indochine, Tiken Jah Fakoly, Christophe Willem, Khaled, etc. • **Licence(s)** : 1058290 (2) et 1058291 (3)

LLING MUSIC SAS

✆ **04 72 27 06 49** • fax 04 78 23 30 37
michel.masson.lyon@gmail.com
11 cours Aristide Briand • 69300 **CALUIRE**

Victor BOSCH (PDG) • Michel MASSON (Directeur général)

Activité(s) : Entrepreneur de spectacles, tourneur • **Genre(s) musical(aux)** : Rock, variétés, humour, comédies musicales • **Forme juridique** : SA • **Rayonnement** : International • **Spectacles produits** : Garou, 16 Horsepower, B. Burgalat, Laurent Voulzy, Petit Prince • **Catalogue** : Francis Cabrel, Michel Leeb, Laurent Voulzy, Guy Bedos • **Licence(s)** : 146 105 (2), 146 106 (3)

LMD PRODUCTIONS

✆ **01 48 57 51 48** • fax 01 48 57 07 63
maite@maitemusic.com • **www.maitemusic.com**
23 rue Parmentier • 93100 **MONTREUIL**

Maïté (Directrice)

Activité(s) : Producteur, manager, tourneur • **Genre(s) musical(aux)** : Jazz, musiques du monde • **Forme juridique** : SARL • **Rayonnement** : International • **Catalogue** : Abraham Inc, Hermeto Pascoal, Kocani Orkestar, David Krakauer, Mounira Mitchala, Dizu Plaatjies, Rajery, les Tambours de Brazza, Camel Zekri - Ishango et les Pygmés Aka - Djoliba les Voix du Niger - le Diwan de Biskra, François Corneloup, Sylvain Kassap, Didier Petit, Henri Texier, le Trio de Clarinettes • **Licence(s)** : 1033233 (2)

LMI PRODUCTIONS

✆ **01 53 89 03 75 / 06 22 02 37 81 / 06 86 84 28 67**
fax 01 53 75 16 66
lmi-prod@wanadoo.fr • **www.lanuitdugospel.com**
25 rue de Ponthieu • 75008 **PARIS**

Xavier BARON (Directeur artistique) • Julien LEROY (Booking)

Live Music International • **Activité(s)** : Producteur, tourneur • **Genre(s) musical(aux)** : Gospel, blues • **Forme juridique** : SARL • **Rayonnement** : International • **Spectacles produits** : Tournée « La Nuit du Gospel », « American Gospel Story » • **Catalogue** : Craig Adams & the Voices of New Orleans, Henry Butler, Davell Crawford, Nicole Slack Jones, Mighty Chariots Of Fire, Reverend T (Titus Williams), Sjuwana Byers And The Ladies Of Alabama, Sounds Of Unity, Terrance Simien, The Campbell Brothers, The Red Stick Ramblers The Red Stick Ramblers, Tonya Baker And The Divinity Gospel Singers, Wimberlyfamily Gospel Singers, etc. • **Licence(s)** : 1013313 (2), 1013314 (3) • **Autre(s) activité(s)** : Importation et distribution de spectacles depuis les Etats-Unis. Promotion locale et nationale

LMP MUSIQUE

✆ **02 40 17 01 47** • fax 02 40 17 01 46
contact@lmpmusique.fr • **www.lmpmusique.fr**
7 rue du Lavoir • BP 303 • 44605 **ST NAZAIRE CEDEX**

Muriel BOUSSEAU (Directrice) • Jean-Baptiste OYER (Booking) • Alann THOMAZO (Booking)

Activité(s) : Entrepreneur de spectacles, tourneur, organisateur • **Genre(s) musical(aux)** : Chanson, musiques actuelles • **Forme juridique** : Asso. • **Rayonnement** : Régional, national • **Catalogue** : Céline Mastrorelli, Chez Dame Jeanne, Nausicaa, Jawel, Bay and the Echo chair • **Licence(s)** : 1051931 (1), 1051932 (1), 1051933 (2), 1051934 (3) • **Autre(s) activité(s)** : Label « Les Disques en chantier », organisateur de festival, management

LONG AGE PRODUCTIONS

✆ **06 34 47 41 30**
contact@longageproductions.fr • **www.longageproductions.fr**
4 rue des Violettes • 31130 **BALMA**

Stéphane HENRIQUES (Président) • Corentin PEYROT DES GACHONS (Chargé de production / Booking) • Renaud MARQUIÉ (Chargé de diffusion)

Activité(s) : Producteur, organisateur, bookeur • **Genre(s) musical(aux)** : Chanson française, rock, pop/folk, hip hop • **Forme juridique** : Asso • **Rayonnement** : Régional, national • **Spectacles produits** : Festivals Les Sales Tympans • **Catalogue** : Alone With Everybody, Thomas Aussenac, Bertrand Betsch, De Calm, Ericnemo, Kiefer, Laëtitia Velma, Les Grandes Bouches, MP1point2, Ox, Pollen, Spaghetti Overdrive, Unbranched • **Licence(s)** : 1059374 (2), 1059375 (3) • **Autre(s) activité(s)** : Management, studio enregistrement

LONG WAVE

✆ **01 43 48 50 15**
jeanpierre@longwave.fr • **www.longwave.fr**
8 bd de Ménilmontant • 75020 **PARIS**

Jean-Pierre LAURENT (Tourneur) • Thomas WEILL (Tourneur associé)

Activité(s) : Booking, production • **Genre(s) musical(aux)** : Musiques du monde, jazz, pop-rock • **Forme juridique** : SARL • **Rayonnement** : International • **Catalogue** : Rokia Traoré, Ebo Tayor, Danilo Pérez, Chocolate Genius, Dez Mona, Las Ondas Marteles, Peïo, Mehdi Haddab & Speed Caravan, Misja Fitzgerald Michel • **Licence(s)** : 80257 (2) • **Autre(s) activité(s)** : Management

LOOP PRODUCTIONS

✆ **01 46 21 08 37** • fax 01 46 21 44 51
communication@looproductions.com • **www.looproductions.com**
215 rue Jean-Jacques Rousseau • 92130 **ISSY LES MOULINEAUX**

Jean-Noël GINIBRE (Gérant) • Ronan PALUD (Tourneur) • Alexandre ARNOUX (Chargé de communication) • Julien FAGNI (Tourneur)

Activité(s) : Tourneur, producteur • **Genre(s) musical(aux)** : Jazz, blues, world • **Forme juridique** : SARL • **Rayonnement** : International • **Spectacles produits** : Loop Jazz Series • **Catalogue** : Patricia Barber, Lionel Belmondo, James Carter, Céu, Avishai Cohen, Chick Corea, Chano Dominguez, Kurt Elling, Kenny Garrett, Buddy Guy, Herbie Hancock, James Hunter, Roy Haynes, Stacey Kent, Gregory Porter, Joe Lovano, Branford Marsalis, Wynton Marsalis, Brad Mehldau, Robin McKelle, Jef Neve, Madeleine Peyroux, Chris Potter, Wayne Shorter, McCoy Tyner, Jeff Watts • **Licence(s)** : 920351 (6) • **Autre(s) activité(s)** : Programmateur festival « Jazz sur 31 », management

LOS PRODUCTION

✆ **01 42 29 48 01**
francois@losproduction.com
11 rue Boinod • 75018 **PARIS**

François PINARD (Gérant) • Camille PUONS (Booking)

Activité(s) : Agent, entrepreneur de spectacles, organisateur, tourneur • **Genre(s) musical(aux)** : Rock, chanson, musiques du monde • **Forme juridique** : SARL • **Rayonnement** : National, international • **Spectacles produits** : Zebda, Sting, Compay Segundo, Deep Purple, etc. • **Catalogue** : Kassav', Tanya Saint Val, Tabou Combo, Oscar D'Leon, Los Van Van, Hubert-Felix Thiéfaine, Chloé Mons, Clarika, Erik, Rocé, Aldebert, Jeremie Kisling, Marc Aymon, K-Maro, etc. • **Licence(s)** : 250481 (2), 250482 (3) • **Autre(s) activité(s)** : Régie, management

LOUD & DUN SARL

contact@loudbooking.com • **www.loudbooking.com**
7 rue Constantine • 69001 **LYON**

Céline LAGARDE (Gérante) • Malick FADIKA (Booking) • Éric RENAULT (Booking)

Activité(s) : Booking, organisation • **Genre(s) musical(aux)** : Pop-rock, musiques électroniques, Hip Hop • **Forme juridique** : SARL • **Rayonnement** : International • **Spectacles produits** : Amon Tobin, Rodriguez, Bonobo, !!!, Lescop, La Femme, Zombie Zombie, etc. • **Catalogue** : Rodriguez, Battles, Metz, Born Ruffians, Ebony Bones, Griefjoy, Kid Koala, Belleruche, Shabazz Palaces, Jacques Greene, Autechre, Amon Tobin, Rustie, Flying Lotus, Hudson Mohawke, !!!, etc. • **Licence(s)** : 1045275 (2), 1045276 (3)

Le LOUP BLANC

✆ **05 49 77 08 20** • fax 05 49 77 38 54
agence@leloupblanc.fr • **www.leloupblanc.fr**
4 rue du Docteur Roux • 79000 **NIORT**

Jack HUMBERT (Chef de projet) • Sébastien CHEVRIER (Programmateur / Chef de projet) • Emilie MARTIN (Chargée de production)

Activité(s) : Ingénierie et production, culturelle et événementielle • **Genre(s) musical(aux)** : Musiques actuelles • **Forme juridique** : SARL • **Rayonnement** : France • **Spectacles produits** : C. Nougaro, M. Parker, The Stranglers, Kat Onoma, P. Katerine, B. Fontaine, Piers Facini, Camille, Y. Tiersen, Lo'Jo, Marcel et son Orchestre, H. Workman, Kocani Orkestar, Espace Culturel Leclerc Niort, Fanf'Oiron, Sites en Scène (17), Nuits Romanes, Festival Nouvelle(s) scène(s), Jour de Loire, etc. • **Licence(s)** : 1033806 (2), 1033807 (3)

LOVE 8 SPECTACLES

✆ 01 58 20 00 26 • fax 01 58 20 00 26
contact@love8music.com • **www.myspace.com/love8spectacles**
83 rue du fbg St Martin • 75010 **PARIS**

Philippe MAHER (Gérant producteur) • Laurent CASTANIÉ (Producteur) • Charlotte FRESLON (Assistante)

Activité(s) : Producteur • **Genre(s) musical(aux)** : Rock, musiques électroniques, danse, etc. • **Forme juridique** : SARL • **Rayonnement** : International • **Spectacles produits** : Spectacle de danse « Marco Polo » (en accord avec la Cie Pietragalla) • **Catalogue** : Christophe, Daniel Darc, Les Wampas, Lilly Allen, Chemical Brothers, Good Charlotte, Marillion, Porcupine Tree, Melvins, Against Me !, etc. • **Licence(s)** : 1026913 (2), 1025634 (3) • **Autre(s) activité(s)** : Management et stratégies artistiques

La LUNE ROUSSE

✆ 01 48 24 25 97 • fax 01 40 22 00 92
association-traverse@orange.fr • **www.lalunerousse.com**
3 rue Juliette Dodu • 75010 **PARIS**

Fabrice TERRIER (Gérant) • Stefff GOTKOVSKI (Directeur artistique) • Clothilde DU ROSTU (Chargée de production) • Pierre-Yves BILLON (Chargé de production) • Virginie FREMENT (Chargée de production /location de salles)

Activité(s) : Entrepreneur de spectacles • **Genre(s) musical(aux)** : Tous • **Forme juridique** : SARL • **Rayonnement** : National • **Spectacles produits** : Panik, 100 ans de chanson française, Nuits Rousses, Cinémix, Meetic Live • **Catalogue** : Paris Bal Rock, Cirkus Feat. Neneh Cherry, etc. • **Licence(s)** : 1016160 (2) • **Autre(s) activité(s)** : Agence de communication, événementiel, location de salles

MA FANFARE

✆ 01 41 09 97 00
contact@mafanfare.com • **www.mafanfare.com**
c/o Enzo Productions • 215 rue Jean-Jacques Rousseau
92130 **ISSY LES MOULINEAUX**

Lionel HALLADJIAN (Gérant) • Enzo SAYRIN (Attaché de production) • Bernard GANIMIAN (Attaché de production)

Activité(s) : Tourneur • **Genre(s) musical(aux)** : Fanfares tout styles • **Forme juridique** : SARL • **Catalogue** : Mardi brass band, Docteur groove, La nouvelle collection, Pop corn 007, La fanfare Saugrenue, A Quatre Epingles, Comparsa Bataola, No Water Please, Dixie Kings, La Fanfare des rails, la Goutte au nez, L'Aile ou la Cuisse, Jackson brass band, Pouet Pouet Story, Fanfaraï, Les Traines-Savates, Wombolombaheke Orchestra, Disco 70's gang, Danguba • **Licence(s)** : 1036329 (2), 1036328 (3)

MAD MINUTE MUSIC

✆ 01 40 10 25 55 • fax 01 40 10 17 37
corinne@madminutemusic.com • **www.madminutemusic.com**
5/7 rue Paul Bert • 93400 **ST OUEN**

Corinne SERRES (Tourneur / manager) • Laurence BAUMER (Administratrice) • Annie ROSENBLATT (Booking) • Marcelo BUENO (Producteur)

Activité(s) : Entrepreneur de spectacles, tourneur, organisateur • **Genre(s) musical(aux)** : World, musiques traditionnelles • **Forme juridique** : SARL • **Rayonnement** : International • **Spectacles produits** : Mariza, Ismaël Lô, Mayra Andrade, Boubacar Traoré • **Catalogue** : Lo'Jo, Boubacar Traoré, Huun Huur Tu, Ismaël Lô, Lila Downs, Mariza, Mayra Andrade, Nathalie Natiembe, Régis Gizavo, Sara Tavares, Tcheka, Tumi & The Volume, Ballake Sissoko & Vincent Segal Duo, Lenine, Madredeus, Danças Ocultas, Sílvia Pérez Cruz • **Licence(s)** : 930424 (2) • **Autre(s) activité(s)** : Management (Ballake Sissoko)

MADAMELUNE

✆ 01 43 66 28 89
sonia@madamelune.com • **www.madamelune.com**
23 rue Boyer • 75010 **PARIS**

Sonia BESTER (Gérante) • Marie BEN BACHIR (Administratrice)

Activité(s) : Production • **Genre(s) musical(aux)** : Pop, chanson, classique • **Forme juridique** : EURL • **Rayonnement** : International • **Spectacles produits** : Saison Classica Luna, Nuit ECM, Tribute to Neil Young, Les Rendez-Vous de la Lune, Swiss Music Rendez-Vous, etc. • **Catalogue** : Sonia Wiede Atherton avec Chants d'Est, Chants Juifs, Vita, Talila, Tzane, Saison Les RDV de la Lune avec Jeanne Cherhal, Arthur H, Emily Loizeau, Moriarty, Florent Marchet, Piers Faccin et Vincent Segal, Private Domain avec Laurence Equilbey, Camille God Is Sound & Bach, Les Françoises, Jacno Future • **Licence(s)** : 7501754 (2), 7501755 (3) • **Autre(s) activité(s)** : Communication, promotion : Francofolies de Montréal, Blue Note Festival, Festival International de jazz de Montréal, Opéra des Rues, label « No Format », etc.

MAGO & CO

✆ 01 34 76 00 00 • fax 01 34 76 00 03
magoandco@free.fr
11 Les Marcets • 78270 **LA VILLENEUVE EN CHEVRIE**

Laurent MAGO (Tourneur)

Activité(s) : Agent, entrepreneur de spectacles • **Genre(s) musical(aux)** : Chanson, electro, hip hop, divers • **Forme juridique** : SARL • **Rayonnement** : International • **Spectacles produits** : Sanseverino, Tété, Patrice, Para One, Busdriver, Daedelus, Modeselektor • **Catalogue** : TTC, Para One, Busdriver, Daedelus, Dj Orgasmic, Cuizinier, Jonaz, Blake Worrell (des Puppetmastaz), Symbiz • **Licence(s)** : 1038968 (2) • **Autre(s) activité(s)** : Conseil, business management

MARELDE PRODUCTION

✆ 04 66 01 63 94 / 06 03 64 66 57
mareldeprod@gmail.com • **www.mareldeprod.com**
Prado Rivage, bât. A122 • 5 av. Pierre Mendès France
13008 **MARSEILLE**

Marelde BONNEFOI (Gérante)

Activité(s) : Tourneur, producteur • **Genre(s) musical(aux)** : Jazz, pop-rock, musiques du monde, gospel, classique • **Forme juridique** : EURL • **Rayonnement** : International • **Catalogue** : Laurent Gavard, Quintet Ronald BAker, Akpé Motion, Trio Guylain Deppe, Let Hit Be, Beatles go jazz, Soleil Nomade, Nomadeus • **Licence(s)** : 1027279 (2), 1027280 (3) • **Autre(s) activité(s)** : Management

La MARMITE

✆ 04 75 25 01 17 / 06 20 32 07 43
francoise.chevalier@club-internet.fr • **www.lamarmite.fr**
Le Pourret • 26400 **AOUSTE SUR SYE**

Françoise CHEVALIER (Responsable)

Activité(s) : Diffusion • **Genre(s) musical(aux)** : Jazz trad., Rock, Fanfare, musiques de rue, etc. • **Forme juridique** : Asso. • **Rayonnement** : National • **Catalogue** : Swinging Alouette, les Zonions, La Fanfarinette, Fanfaronne the Rock, Christian Bedoy Quintet (hommage à Sidney Bechet), Swingalam, Les Zonions, La Fanfare à Ginette, Fanfaronne The Rock, Christian Bedoy Quintet • **Licence(s)** : 137979 (2)

MC5

✆ 09 54 27 76 67 • fax 09 59 27 76 67
booking.mc5@gmail.com • **www.mc5.fr**
56 av. Henry Dunant • 06100 **NICE**

Michaël CARSENTI (Gérant)

Activité(s) : Production, booking, promotion locale • **Rayonnement** : National • **Spectacles produits** : Cody Chesnutt, Assassin, Mos Def, De La Soul, Wu Tang Clan, Methodman, Raekwon, Gza, Ghostface Killah, The Pharcyde, Doom, Dilated People, Dj Muggs, Dj Qbert, Shuggie Otis, Talib Kweli, Blackstar, Festival Rock The Bells (Paris), Festival Rockers Rockers Rockers, Festival Westcoast Conexxxion • **Licence(s)** : 1000248 (2), 1000249 (3) • **Autre(s) activité(s)** : Consulting

MEDIACOM TOUR

✆ 03 26 36 30 50 / 09 81 07 01 92 / 06 70 90 72 11
fax 09 59 18 54 87
info@utopia-music.fr • **www.mediacom-tour.com**
84 rue Battant • 25000 **BESANCON**

Florent SANSEIGNE (Gérant) • Michel JOVANOVIC (Directeur artistique) • Claire HENOCQUE (Booking / Promo)

Activité(s) : Entrepreneur de spectacles, tourneur, producteur • **Genre(s) musical(aux)** : Reggae, world • **Forme juridique** : SARL • **Rayonnement** : International • **Spectacles produits** : Artistes catalogue + Fantan Mojah & I-Wayne, Max Romeo, Sean Paul, Dub Inc, Tiken Jah Fakoly, Magic System, Meway, Danakil, etc. • **Catalogue** : Alpha Blondy, Stephen Marley, Tarrus Riley, The Abyssinians, The Congos, The Gladiators, Toots and the Maytals, Max Romeo, Morgan Heritage, Capleton, Israel Vibration, Julian Marley, Andrew Tosh, Beenie Man, Beres Hammond, Bunny Wailer, Fantan Mojah & I-Wayne, Flamengo, I Jah Man Levi, Inna de yard, Junior Kelly, Lee Scratch Perry, LKJ, Macka B, Neg'Marrons, Omar Pene, Queen Ifrica & Tony Rebel, Sly and Robbie, etc. • **Licence(s)** : 1043763 (2), 1043764 (3) • **Autre(s) activité(s)** : Festivals

MEDIATONE

✆ 04 78 27 93 99 / 06 72 94 02 94 • fax 04 78 27 93 99
jerome@mediatone.net • **www.mediatone.net**
29 rue des Capucins • 69001 **LYON**

Jérôme LAUPIES (Coordinateur) • Eric FILLION (Chargé de communication)

Activité(s) : Organisation locale, production, accompagnement artistique • **Genre(s) musical(aux)** : Musiques actuelles • **Forme juridique** : Asso. • **Rayonnement** : National et régional • **Spectacles produits** : Lofofora, Eiffel, Java, K2R Riddim, Babylon Circus, Aston Villa, Percubaba, Guem, Ska-P, Blankass, Los Tres Puntos, Les Amis d'ta Femme, Sergent Garcia, Luke, Birdy Nam Nam, Alice Cooper, Groundation, Rue Kétanou, etc. • **Catalogue** : Mine de Rien, Fake Oddity • **Licence(s)** : 124355 (2), 124356 (3) • **Autre(s) activité(s)** : Management, promoteur local, salon des musiques actuelles en Rhônes Alpes, label, festivals

MEGA PROD / DISSIDENT

✆ 03 81 98 46 14 / 01 44 09 04 87 / 06 63 71 73 21
laurent@dissident.fr • **www.mega-prod.com**
c/o Dissident • 3 rue Galvani • 75017 **PARIS**

Grégory BARATA (Producteur) • Laurent BARBIER (Ventes spectacles) • Jean-François MANU (Promotion)

Activité(s) : Production • **Genre(s) musical(aux)** : Dancefloor, clubbing, populaire, house, électro • **Forme juridique** : EURL • **Rayonnement** : Europe • **Catalogue** : King Kuduro, Obed, John Revox, The Dee, Alex Dakosta, Laurent H, Jeffman, L Rayan, Greg B, Royal Team, Lady Lova, Houssdjo, Soley Dancefloor, Gee Lewis, Alycia Stefano, Sarah Sand, Zap • **Licence(s)** : 1044729 (2) • **Autre(s) activité(s)** : Label, promotion

MELODINOTE

✆ 06 64 20 18 22
melodinote@hotmail.fr • **www.melodinote.fr**
15 rue Gensan • 33000 **BORDEAUX**
Rudy LANNOU (Président)
Activité(s) : Gestion, production, diffusion • **Genre(s) musical(aux)** : Jazz, chanson, musiques traditionnelles et du monde • **Forme juridique** : Asso. • **Catalogue** : Les Gosses de la Rue, Thomas Bercy Jazz Band, The Jouby's, Eskelina, Amaga Menta, Mystère Daoud, Faburden, Irish Times, La Forcelle, etc. • **Licence(s)** : 1040017 (2), 1040018 (3) • **Autre(s) activité(s)** : Label, animation d'ateliers artistiques

MELODYN PRODUCTIONS

✆ 06 71 91 25 14 / 05 55 85 61 44
fred@melodyn.fr • **www.melodyn.fr**
Chantegril • 19500 **MEYSSAC**
Fred LOMEY (Directeur) • Rémi FAURE (Administration Production) • Julien DE LAUZUN (Booking) • J-Christophe RODRIGUES (Promotion communication)
Activité(s) : Tourneur • **Genre(s) musical(aux)** : Rock, chanson, world music, jazz • **Catalogue** : Magic Malic, Chilly Gonzales, Susheela Raman, The Young Gods, Nosfell, Dam Barnum, Prohom, June & Lula, Boulbar, Dr Jekyll & Mr Hyde vs Sleeppers, Meltones, Diagram, Radiosofa, The Hyènes, Soma, etc. • **Autre(s) activité(s)** : Exposition Richard Bellia

MHO

✆ 06 82 80 08 00
info@mho.fr • **www.mho.fr**
24 av. George V • 75008 **PARIS**
Michel HABERT (Manager)
Michel Habert Organisation • **Activité(s)** : Agent, entrepreneur de spectacles • **Genre(s) musical(aux)** : Variété • **Forme juridique** : EURL • **Rayonnement** : National, international • **Catalogue** : Dave, Charles Dumont, Thomas Boissy • **Licence(s)** : 1016408 (2) • **Autre(s) activité(s)** : Plateaux artistes pour événementiel

MIGAL PRODUCTIONS

✆ 01 40 33 00 77
info@migal-productions.com • **www.migal-productions.com**
2 rue Marché Popincourt • 75011 **PARIS**
Myriam KANOU (Responsable) • Julien LEFEVRE (Administrateur) • Laure CAMILLERI (Chargée de production et du booking)
Activité(s) : Agent, tourneur, organisateur, manager • **Genre(s) musical(aux)** : Chanson, rock, électro, dub, dubstep, pop • **Forme juridique** : SAS • **Rayonnement** : International • **Catalogue** : Chanson Plus Bifluorée, High Tone, Chet, Lise, Tricot Machine, Miliana, Orfaz, B r oad Way, etc. • **Licence(s)** : 1024382 (2), 1024381 (3)

MISSOURIS PRODUCTIONS

contact@missourisprod.com • **www.missourisprod.com**
33 rue du Dragon • 75006 **PARIS**
Maÿlis PIOUX (Directrice artistique)
Activité(s) : Producteur, organisateur • **Genre(s) musical(aux)** : Pop, folk, rock, chanson • **Forme juridique** : Asso • **Rayonnement** : National • **Catalogue** : Maissiat, Mathieu Scott, Watine • **Licence(s)** : 1049316 (2), 1049317 (3) • **Autre(s) activité(s)** : Management, coordination festivals

MISTIROUX PRODUCTIONS

✆ 09 52 57 37 82 • fax 09 52 57 37 82
info@mistirouxproductions.com
www.myspace.com/mistirouxproductions
6/14 rue d'Estienne d'Orves • 92120 **MONTROUGE**
Olivia RIVASSEAU (Productrice / gérante) • Cristine HUDIN (Chargée de production)
Activité(s) : Production, entrepreneur de spectacles • **Genre(s) musical(aux)** : Chanson, rock, jeune public, classique, jazz, etc. • **Forme juridique** : EURL • **Catalogue** : Serge Utgé-Royo, Valérie Barrier, Barbarie, Natacha Ezdra, Léo Nissim, Jean My Truong, Michel Bühler, Simone Tassimot, Élodie Ruillier, etc. • **Licence(s)** : 1035881 (2) • **Autre(s) activité(s)** : Label, promotion

MOLENE MUSIQUES

✆ 02 99 79 06 90 / 06 11 21 22 19
contact@molenemusiques.fr
c/o Gabriel Aubert • BP 90205 • 35102 **RENNES CEDEX 3**
Gabriel AUBERT (Président) • Christine MAUDET (Assistante)
Activité(s) : Entrepreneur de spectacles, tourneur • **Genre(s) musical(aux)** : Chanson francophone, musiques du monde • **Forme juridique** : Asso. • **Rayonnement** : Régional • **Spectacles produits** : Artistes catalogue • **Catalogue** : Ernest Ahippah, Louis Pierre, Gaston Lorho, Squiban/Trévarin, Jim O'Neill et les Balles d'Amour, Etienne Grandjean • **Licence(s)** : 1018982 (2)

MOLPÉ MUSIC

✆ 01 42 23 02 06 / 06 30 35 36 80
amelie@molpe-music.com • **www.molpe-music.com**
14 rue Kléber • 93100 **MONTREUIL**
Amélie SALEMBIER (Contact)
Activité(s) : Bookeur, tourneur • **Genre(s) musical(aux)** : Musiques du monde • **Forme juridique** : EURL • **Rayonnement** : International • **Catalogue** : Kayhan Kalhor, Titi Robin « Les Rives », Titi Robin Trio, Oneira, Trio Lopez-Petrakis-Chemirani, Gül Haçer Toruk, Electrik Gem, New York Gypsy All Stars, Forabandit, Bijou Chemirani & Kevin Seddiki • **Licence(s)** : 1055359 (2), 1055360 (3) • **Autre(s) activité(s)** : Management

MOM PRODUCTIONS

✆ 01 43 36 14 13 / 06 85 52 46 73 • fax 01 45 87 83 34
raymond.gonzalez@momproductions.com • **www.momproductions.com**
4/6 rue Nicolas Roret • 75013 **PARIS**
Raymond GONZALEZ (Directeur)
Activité(s) : Entrepreneur de spectacles, tourneur • **Genre(s) musical(aux)** : Jazz, variété, rock, salsa, rhythm & blues • **Forme juridique** : SARL • **Rayonnement** : International • **Catalogue** : Duke Ellington Orchestra (en collaboration avec Ace Lechstenstein), Gloria Gaynor, Urban Sax, Diakara, Kada, The Original Blues Brothers Band, Jerry Lee Lewis, Eddy Floyd, The Beach Boys, Kris Kristofferson, New Order, Cheb Bilal, Jimmy Scott, Bar at Buena Vista, The Music of Abba, Najat Aatabou, Zahounia, Janis de Rosa, Dounia, Clyde Wright, Sam Waymon, Richie Blackmore (Blackmore's night), Les Ballets Africains (Guinée), Glasgow, RJ and The James brown Band, Walter Trout, Monte Montgomery, Harry Connick Jr, Zanzibar, Dionne Warwick, Gainsbourg moi non plus, Tito Jackson • **Licence(s)** : 1035836 (2), 1040780 (3) • **Autre(s) activité(s)** : Management

MOOSE PRODUCTIONS

✆ 06 27 57 32 67 / 06 71 12 77 08
mooseasso@gmail.com • **www.mooseasso.com**
17 av. de l'Observatoire • 75006 **PARIS**
Maria-José GALINDO (Booking et management) • Marine PIERROT (Booking avec Anteprima)
Activité(s) : Booking et management • **Genre(s) musical(aux)** : Jazz, Musiques Actuelles, Musique Classique • **Forme juridique** : Asso • **Spectacles produits** : « Pierre et le Loup... Et le Jazz » (Jazz à Vienne 2012 • **Catalogue** : David Enhco, Enhco Brohers (avec Anteprima), Trio Lockwood-Enhco, Roberto Negro, Trio Casadesus-Enhco « Du classique au jazz », Federico Casagrande, The Amazing Keystone Big Band (avec Anteprima) • **Licence(s)** : En cours • **Autre(s) activité(s)** : Label Phonographique : « Pierre et le Loup... Et le Jazz » (Chant du Monde, 2013), David Enhco « La Horde » (2013)

MOOV'N AKTION

✆ 01 40 10 28 06 • fax 01 40 10 28 13
contact@moovnaktion.org • **www.moovnaktion.org**
3 bis villa des Lions • 93310 **LE PRE ST GERVAIS**
Yacine AMBLARD (Directeur de la production) • Dirk KORELL (Directeur de la production rel. internationales) • Valérie DORPE (Administratrice)
Activité(s) : Entrepreneur de spectacles, tourneur, organisateur • **Genre(s) musical(aux)** : Danse : Hip hop • **Forme juridique** : Asso. • **Rayonnement** : International • **Spectacles produits** : Artistes catalogue • **Catalogue** : Storm, Collectif Jeu de Jambes, Raphael & Sébastien, Yiphun Chiem/Cie Tribal Sarong, Serial Stepperz Quartet • **Licence(s)** : 1047147 (2), 1047148 (3) • **Autre(s) activité(s)** : Festival Danse HipHop Tanz, coopération culturelle internationale, formations (danse, production), montage de projets, organisation événementielle, conseil, mise en réseau, production, diffusion

La MOUCHE PRODUCTION

✆ 06 17 22 20 73
lamoucheprod@orange.fr • **www.lamoucheproduction.com**
4 Kerham • 56270 **PLOEMEUR**
Jean-Jacques MEL • Corinne YVON
Activité(s) : Diffusion, organisation, booking • **Genre(s) musical(aux)** : Chanson, rock, swing, jazz, musiques bretonnes et métissées • **Forme juridique** : Asso. • **Rayonnement** : International • **Catalogue** : Geoffrey Oryema, Gérard Jaffrès, Jami Rose, Hocine Trio, Opus Swing Trio, Mishto, Suspens Orchestra, Empty Spaces, JJ Mel, Ludo & Georges, Rhum et O • **Licence(s)** : 1019021 (2) • **Autre(s) activité(s)** : Gestion de manifestations culturelles, management, label

MPA INTERNATIONAL

✆ 04 78 29 30 57 / 06 07 31 57 64
info@musicprodart.com • **www.musicprodart.com**
11 rue du Bon Pasteur • 69001 **LYON**
Philippe DA SILVA (Directeur artistique) • Danae GEBELIN (Assistante de production)
Music Production Artistic International • **Activité(s)** : Entrepreneur de spectacles, tourneur, organisateur, producteur • **Genre(s) musical(aux)** : World music, pop, rock, latin music, blues, nouveau cirque, arts de la rue • **Forme juridique** : Asso. • **Rayonnement** : National, international • **Spectacles produits** : Compay Segundo, Orquesta Aragon, Septeto Habanero, Jiripoca Band, Circo Da Madrugada, etc. • **Catalogue** : Septeto Habanero, Ganafoul, Maezah, Jack Bon, Mama Ohandja, Brown Sugar, Jack Mono Blues, Gawa, Mingo Fernandez, Jiripoca Band, Colorblind, Ourzoo, Mc Ilhenny's Hot Pepper, etc. • **Licence(s)** : 691293 (2), 691294 (3) • **Autre(s) activité(s)** : Spectacles clé en main, événements son et lumière, festival de nouveau cirque « Cirk Divers »

MUR DU SONGE

✆ 02 36 58 23 23 / 06 58 38 85 64
jerome@lemurdusonge.com • **ww.lemurdusonge.com**
14 bd Winston Churchill • 44100 **NANTES**
Jérôme NICOLET (Booking)
Activité(s) : Booking • **Genre(s) musical(aux)** : Chanson • **Rayonnement** : National • **Catalogue** : Aldebert, Amélie les Crayons, Clara Yucatan

MURAILLES MUSIC

muraillesmusic@gmail.com • **www.muraillesmusic.com**

(Promotion)

Activité(s) : Tourneur • **Genre(s) musical(aux)** : Rock indé, folk, expé • **Forme juridique** : Asso. • **Rayonnement** : France, Europe • **Catalogue** : Electric Electric, Dark Dark Dark, Stranded Horse, Matt Elliott, La Terre Tremble !!!, Papier Tigre, Ramona Córdova, « La Colonie de Vacances », Hoquets, My Name is Nobody, Percevalmusic, The Patriotic Sunday, L'Ocelle Mare, François Virot, Powerdove, ciné-concert 'Tom & Jerry' (Van Beuren) • **Licence(s)** : 139767 (2) • **Autre(s) activité(s)** : Label

MUSIC FACTORY PRODUCTION

✆ **04 66 33 09 26 / 06 22 25 11 31**

musicfactoryprod@hotmail.com • **www.musicfactoryprod.com**

BP 94158 • 30204 **BAGNOLS SUR CÈZE CEDEX**

Corinne MARTIN (Présidente) • Philippe DESPREAUX (Responsable de production)

Activité(s) : Booking, organisateur • **Genre(s) musical(aux)** : Blues, jazz, variété internationale, etc. • **Forme juridique** : Asso. • **Rayonnement** : France, Europe • **Spectacles produits** : Corey Harris, Mickael Burks, Gerry Joe Weise, Alain Mion, Magma, Maceo Parker, Poppa Chubby, etc. • **Catalogue** : Boney Fields & The Bone's Project, Cortex, Kinsey Report, Eric Sardinas, Sananda Maitreya, Donald Kinsey Band, Gerry Joe Weise, Créole Jazz Orchestra, etc. • **Licence(s)** : 1019257 (2) • **Autre(s) activité(s)** : Conseil en programmation

MUSIC FOR EVER

✆ **03 89 64 21 36**

music.for.ever@estvideo.fr • **www.music-for-ever.fr**

8 rue des Sapins • 68170 **RIXHEIM**

Joëlle KILHOFER (Gérante) • SEB (Booking)

Activité(s) : Entrepreneur de spectacles • **Genre(s) musical(aux)** : Jazz, metal • **Rayonnement** : National et international • **Catalogue** : Glenn Miller Memorial Orchestra, Scorpion, Pat O'May, Karelia, Temple of Rock, Night of the Guitars, Kotak, etc. • **Autre(s) activité(s)** : Promotion locale

MUSIC PROMOTION & MANAGEMENT

✆ **06 86 53 70 11** • fax 01 42 54 41 60

info@musicprom.com • **www.musicprom.com**

7 villa Chassagnolle • 93260 **LES LILAS**

Brigitte BLANQUER (Responsable) • Sophie ROBIC

Activité(s) : Tourneur • **Genre(s) musical(aux)** : World, gipsy, jazz, gospel, pop rock, folk, tsigane, classique • **Forme juridique** : Asso. • **Rayonnement** : International • **Catalogue** : Marie-Caroline KFoury, Urban Sax, Gipsyland, Gitano Family, Anwar Khan Group, Arte Flamenco, Titi Demeter, Yuri Buenaventura, Sal Si Son, Métiswing, Toups Bebey, Mokhtar Samba & Mossan, Roberto Mirabal, Te Ava Piti, Davy Spillane, Sean Tyrrell, Ian Mc Camy & his Celtic Reelers, Heaven Gospel Singers, Difference Gospel Singers, Black & White Gospel Singers, Cristine, Black Moses, Amos Coulanges, Kelly Joe Phelps, Gospel Voices • **Licence(s)** : 752615 (6) • **Autre(s) activité(s)** : Programmation soirées privées, conventions, etc.

MUSIC WON'T STOP

✆ **06 72 91 23 31**

musicwontstop@gmail.com • **www.musicwontstop.com**

2 rue de la Présentation • 75011 **PARIS**

Jérôme PONS (Président / Producteur)

Activité(s) : Entrepreneur de spectacles, production de spectacles • **Genre(s) musical(aux)** : Musiques actuelles • **Forme juridique** : SAS • **Rayonnement** : National, international • **Spectacles produits** : Concerts, festivals • **Catalogue** : La Souris Déglinguée, Mercredi Équitation, 2:12 AM, Saeetah et les Weissmüller • **Licence(s)** : 1052358 (2), 1052359 (3) • **Autre(s) activité(s)** : Soutien d'artistes ; Accompagnement de structures culturelles ; Accompagnement d'industriels de la filière musicale avec du conseil en stratégies numérique

MUSIC'ACTION PROD

✆ **05 56 69 10 30** • fax 05 56 69 12 92

info@musicaction.fr • **www.musicaction.fr**

1 rue Pierlot • 33460 **MACAU EN MEDOC**

Fred LACHAIZE (Directeur) • Marie-Eve BEERENS (Chargée de communication) • Edwige CHARDON (Gérante) • Delphine VIUDES (Administration) • Benoît COLY (Booking) • Benoit FERDY (Booking) • Laurent IMBERT (Booking) • Xabi OSPITAL (Booking) • Alexandre QUENTIN (Booking)

European Booking agency • **Activité(s)** : Organisateur, bookeur, tourneur • **Genre(s) musical(aux)** : Reggae, soul, funk, dub, etc. • **Forme juridique** : SARL • **Rayonnement** : International • **Spectacles produits** : Alpha Blondy, Patrice, The Skatalites, Groundation, Danakil, Aloe Blacc, etc. • **Catalogue** : Groundation, Hollie Cook, Danakil, Broussaï, Shaolin Temple Defenders, Sebastian Sturm, Dub Pistols, U-Roy, Linval Thompson, Mighty Diamonds, Pablo Moses, Natty Jean, Gizele Smith, Rootz Underground, The Dynamics, Hawa, Martha High, Lyre Le Temps, etc. • **Licence(s)** : 1014597 (2), 1014596 (3) • **Autre(s) activité(s)** : Programmation

MUSICAL RIOT

✆ **04 42 21 05 47** • fax 04 42 21 14 71

musicalriot@yahoo.fr • **www.musicalriot.org**

C/o Julien Seguela • Rés. La source - bât. B • Chemin de Repentance

13100 **AIX EN PROVENCE**

Julie LESPINASSE (Présidente) • Sébastien GRAU (Administrateur) • Benjamin BEFORT (Responsable de la promotion) • Julien PICKERING (Booking)

Activité(s) : Entrepreneur de spectacles, promoteur local, tourneur • **Genre(s) musical(aux)** : Reggae, dub • **Forme juridique** : Asso. • **Rayonnement** : International • **Spectacles produits** : Dub Station, Peyrolles Splash • **Catalogue** : Iration Steppas, Bush Chemist, King Shiloh, Channel One, Jah Tubby's World System, Chinese Man Records, Jacin • **Licence(s)** : 1022652 (2), 1022653 (3) • **Autre(s) activité(s)** : Distribution labels dub internationaux, vynil spécialiste

MUSICART

✆ **06 62 79 05 12 / 04 93 36 99 05** • fax 04 93 36 99 05

musicart@musicart-grasse.fr • **www.musicart-grasse.fr**

29 rue Victor Hugo • 06530 **ST CEZAIRE SUR SIAGNE**

Aurélie DANDOY (Tourneur/Manager)

Activité(s) : Tourneur, manager • **Genre(s) musical(aux)** : Jazz, jazz manouche • **Forme juridique** : Asso. • **Rayonnement** : National, international • **Catalogue** : David Reinhardt, Richard Manetti, Noé Reinhardt, Pierre Manetti, Rocky Gresset, Romane, Samy Daussat, Levis Adel-Reinhardt, Costel Nitescu, Fiona Monbet, Frédéric Viale, Fabrizio Bosso, 5 A.M., Patrick Evans & les PatGirls, Zingaria • **Licence(s)** : 1002023 (2)

MUSICOMEDIA

✆ **01 53 79 00 03** • fax 01 53 79 04 23

musicomedia@orange.fr

75 bd Richard Lenoir • 75011 **PARIS**

Gladys GABISON (Gérante)

Activité(s) : Agent • **Genre(s) musical(aux)** : Chanson française, musiques traditionnellles • **Forme juridique** : EI • **Rayonnement** : National, international • **Catalogue** : Habib Koïte et Bamada, Taraf de Haïdouks, Anne Sylvestre, Michèle Guigon, René Aubry, 3 MA, Jacques Higelin, etc. • **Autre(s) activité(s)** : Théâtre

MUSIK EN STOCK - BLUE TRAIN

✆ **04 66 82 19 32**

contact@musikenstock.com • **www.musikenstock.com**

1 imp. de la Capitelle • 30200 **BAGNOLS SUR CEZE**

Marianne GAUCHOT (Responsable artistique) • Amèlie SALE (Communication)

Activité(s) : Organisateur, entrepreneur de spectacles, tourneur • **Genre(s) musical(aux)** : Jazz, musiques celtiques, rock, chanson française • **Forme juridique** : Asso. • **Rayonnement** : National et international • **Spectacles produits** : Festival de Cornillon, Seltic family • **Catalogue** : Pascal Salé Project, Seltic Family, Magic Bus "Tribute to the Who", Altaïr, Renée Stefanie, Pôl &Cie, «Guitar Summit » avec Marc Fosset, Emanuele Cisi, Jan Van Naeltwijck Cool Jazz Trio, Vincent Audigier Trio, Fanakalo • **Licence(s)** : 1018423 (2) • **Autre(s) activité(s)** : Label, distribution

MUSIQUE CAMÉLÉON

✆ **02 41 42 15 84** • fax 02 41 42 15 84

admin@musique-cameleon.com • **www.musique-cameleon.com**

63 rue Beaurepaire • 49100 **ANGERS**

Martine BELCACEM (Présidente) • Stephane FURET (Administrateur) • Stéphane BLOUIN (Tourneur) • Thierry LEPICIER (Secteur blues)

Activité(s) : Tourneur • **Genre(s) musical(aux)** : Tous, blues • **Forme juridique** : Asso. • **Rayonnement** : National & international • **Catalogue** : Mardi Gras B.B., Santa Macairo Orkestar, Ma Valise, Electric Bazar Cie, Gypsy Sound System, Psycho Mutants, Sagapool, Vagalatschk, etc. • **Licence(s)** : 141327 (2), 143586 (3) • **Autre(s) activité(s)** : Evénementiel

MUSIQUES EN BALADE

✆ **06 80 42 52 37 / 03 88 22 51 27**

musibala@free.fr • **www.fawzy-music.com**

Béatrice VIELLE (Chargée de production) • Rémi MIFSUD (Président)

Activité(s) : Entrepreneur de spectacles, tourneur, manager • **Genre(s) musical(aux)** : Musiques du monde, world, jeune public • **Forme juridique** : Asso. • **Rayonnement** : International • **Catalogue** : Fawzy Al-Aiedy • **Licence(s)** : 1054051 (2) • **Autre(s) activité(s)** : Concerts jeune public, résidences, actions culturelles

MY REFERENCE EVENTS

✆ **06 60 81 37 99**

contact@myreferenceevents.com • **www.myreferenceevents.com**

98 av. Debourg • 69007 **LYON**

Patricia MARTINEZ (Gérante / production)

Activité(s) : Production, booking, promotion, régie, événementiel • **Genre(s) musical(aux)** : Tous • **Forme juridique** : SARL • **Rayonnement** : Européen • **Spectacles produits** : Pain, Therion, Ten Years After, Patrick Fiori, Moospell, Ministry, Dark Tranquility, Angra, Therapy • **Catalogue** : God Damn, Pain, Dyslesia, Hord, Lotz • **Licence(s)** : 1000412 (2), 1000462 (3) • **Autre(s) activité(s)** : Communication, promotion, production, web developpement

NABKA COORDINATION

✆ 09 81 21 68 08 / 06 60 46 88 99
nabkacoordination@gmail.com
44 rue Cavendish • 75019 **PARIS**

Ariane ARANA (Manager et booking)

Activité(s) : Tourneur, manager • **Genre(s) musical(aux)** : Blues, jazz, world • **Forme juridique** : Asso. • **Catalogue** : Amar Sundy, Manu Le Prince, Khalil Chahine, Francis Lockwood, Ostinato • **Licence(s)** : 7503026 (2), 7503027 (3)

NAÏ NÔ PRODUCTION

✆ 06 21 37 25 90 / 06 28 04 04 63
naino.prod@gmail.com
7, rue Chevalier Aude • 84400 **APT**

Pascal CHARRIER (Directeur artistique) • Renaud BARRY (Chargé de communication) • Camille TRASTOUR (Chargée de production et d'administration)

Activité(s) : Producteur • **Genre(s) musical(aux)** : Jazz • **Forme juridique** : Asso. • **Rayonnement** : National • **Spectacles produits** : En partenariat avec l'Espace Julien (Marseille), production des « Nu Jazz Sessions » • **Catalogue** : Kami Quintet, Fenêtre sur Intérieur, Trio Charrier/Rossi/Tamisier, Auguste Brass Band • **Licence(s)** : 1005206 (2) & 1005207 (3) • **Autre(s) activité(s)** : Producteur phonographique

NAIADE PRODUCTIONS

✆ 02 99 85 44 04 / 06 23 11 39 11
prod@naiadeproductions.com • **www.naiadeproductions.com**
3 rue de Lorraine • 35000 **RENNES**

Jacques-Antoine PINEL (Booking) • Manon RIOUAT (Attachée de production)

Activité(s) : Diffuseur, producteur, organisateur • **Genre(s) musical(aux)** : Musiques traditionnelles, musiques du monde • **Forme juridique** : Asso. • **Rayonnement** : International • **Catalogue** : Bayati, Sylvain Barou, Danù, Altan, Sharon Shannon, Baba Zula, Mairead Ni Mhaonaigh, Mairtin O'Connor, The Bonny Men, Skeouz, Mze Shina, Nid de Coucou, Selim, Sesler • **Licence(s)** : 1042138 (1), 1042139 (2) • **Autre(s) activité(s)** : Accompagnement

NDP PROJECT

✆ 01 43 59 15 78 • fax 01 43 59 66 77
ndp@pomme-music.fr • **www.ndpofficial.com**
61 rue de Ponthieu • 75008 **PARIS**

Nicolas TALAR (PDG) • Charles TALAR (Administrateur)

Activité(s) : Entrepreneur de spectacles • **Genre(s) musical(aux)** : Spectacles musicaux, comédies musicales • **Forme juridique** : SA • **Rayonnement** : National, international • **Spectacles produits** : Notre-Dame de Paris, Cindy Cendrillon 2002, Les Enfants du Soleil, Don Juan, Oui-Oui et ses amis, Les Aventures de Rabbi Jacob, Oui-Oui et le cadeau surprise, Dora l'exploratrice et la cité de jouets perdus, Nuevo ballet espagnol, One Musical Show de Julie Victor, Princes et Princesses, Oui-Oui et le grand carnaval • **Licence(s)** : 1056967 (2), 1056968 (3)

NELL PROD

✆ 05 53 31 29 64 / 06 71 82 19 32 • fax 05 53 31 29 64
www.myspace.com/nellprod
La Croix de St Quentin • 24200 **MARCILLAC ST QUENTIN**

Nelly MARTIN (Responsable)

Activité(s) : Agent, tourneur • **Genre(s) musical(aux)** : Jazz • **Forme juridique** : Ent. individuelle • **Rayonnement** : International et national • **Catalogue** : Tom Harell, Jacques Schwarz-Bart, Olivier Hutman, Stephanie McKay, Gino Sitson, Cédric Hanriot, Andy Narrell • **Licence(s)** : 1005539 (2) • **Autre(s) activité(s)** : Management

NEMO

✆ 06 20 76 10 10
fr.peyratout@nemomusic.com • **www.nemomusic.com**
31 rue de la Haute Musse • 44770 **PREFAILLES**

François PEYRATOUT (Administrateur / booking) • Catherine TALON (Administratrice)

Activité(s) : Entrepreneur de spectacles, tourneur, manager • **Genre(s) musical(aux)** : Jazz, world • **Forme juridique** : SARL • **Rayonnement** : International • **Catalogue** : Renaud Garcia-Fons, David El Malek, André Minvielle, Lionel Suarez, Hadouk Trio, Didier Malherbe, Tania Maria, Dorantes, Anne Paceo, Thomas de Pourquery « Musica Nuda » (Petra Magoni & Ferruccio Spinetti), Louis Winsberg, Perrine Mansuy, Leila Martial, Arthur Ribo, Trio Zephyr, Michelangelo 4tet, Paul Lay, Jean-Philippe Viret, Murat Öztürk, Matthieu Boré, Maria Pia de Vito, Sarah Lenka • **Licence(s)** : 752286 (6) • **Autre(s) activité(s)** : Label E-motive Records, éditions

NEO POP ART

✆ 01 48 59 00 10
neopopart@neopopart.fr • **www.neopopart.fr**
31 rue de Vincennes • 93100 **MONTREUIL**

Alexis ALYSKEWYCZ (Directeur) • Aurore MENU (Secrétaire) • Noémie STASKIEWICZ

Activité(s) : Entrepreneur de spectacles, programmation • **Genre(s) musical(aux)** : Musiques électroniques, hip hop, ragga, cabaret, cinémix • **Forme juridique** : Asso. • **Rayonnement** : Île-de-France • **Spectacles produits** : « Balance maman hors du train », « Cabarets Mama Mia Circus », « Un Cri dans la Jungle », « Moutarde à l'Ancienne », « Discovery », « Les doigts dans la prise » ; Ark, Dee Nasty, Laurent Hô, Manu le Malin, Karkit & Kabok, Spiral Tribe, Flore, Dilemn, Niveau Zéro, Prosper, Pushy !, etc. • **Licence(s)** : 1050797 (2), 1049269 (3) • **Autre(s) activité(s)** : Antenne PdB, programmation festivals, décoration, sérigraphie, etc.

NEONOVO

✆ 06 60 90 39 44 / 09 82 56 53 33
yann@neonovo.fr • **www.neonovo.fr**
41 rue Jean-Marie Maurice • 56600 **LANESTER**

Yann AUTRET (Gérant)

Activité(s) : Booking • **Genre(s) musical(aux)** : Chanson, hip-hop, soul, électro • **Forme juridique** : EURL • **Rayonnement** : National, international • **Catalogue** : Kwal, Pulpalicious, Yvan Le Bolloc'h & MGSR, Sheer.K, Mesk !, Jim Murple Memorial, Solillaquists of Sound, The Penelopes, Fukkk Offf, MC2, Andy Kayes, Yapa, South Central, Janksi Beeeats, Ill Chemistry, Ordoeuvre, etc. • **Licence(s)** : 1026853 (2), 1026854 (3) • **Autre(s) activité(s)** : Conseil artistique, management, promotion, édition, label

NEW STOMPERS

✆ 03 20 54 17 68
new.stompers@wanadoo.fr • **www.newstompers.com**
7 rue Louis Faure • 59000 **LILLE**

Sabine MICHIELS (administration, diffusion) • Jan DUSZYNSKI (Chargé de diffusion)

Activité(s) : Production, diffusion • **Genre(s) musical(aux)** : Tous, jeune public • **Forme juridique** : Asso. • **Rayonnement** : Régional, national • **Spectacles produits** : L'arbre Millénaire, le Secret des Mérides, Médor le Dinosaure, l'Opéra Dentaire, Contes Gouttes, La Fontaine des Murmures, L'école y'en a ras le bol !, Rêves en bleu, Tatatoum, Dagobert roi de la route • **Catalogue** : New Stompers, Sabor do Brasil, Les Marjorettes de Billy sur Yvette, F451, Rayo de Son, Alurican, Opus2BrassBand, Mbaymi, Ensembe RaDouGa • **Licence(s)** : 101247 (2)

NEW TRACK PRODUCTION

✆ 06 08 81 58 07
fabristi@orange.fr • **www.newtrackprod.com**
3 rue Beau Séjour • 34000 **MONTPELLIER**

Fabristi

Activité(s) : Tourneur • **Genre(s) musical(aux)** : Rock, metal • **Rayonnement** : International • **Catalogue** : 1969 was Fine, Dead Sexy Inc., Kaophonic Tribu, Mass Hysteria, Punish Yourself, Sidilarsen, KAO • **Licence(s)** : 1055790 (2), 1055789 (3)

NEWBLED VIBRATIONS

✆ 06 10 67 67 40 • fax 01 79 75 32 39
serail@free.fr • **www.newbled.com**
65 rue du Fbg St-Denis • 75010 **PARIS**

Mohand HADDAR (Responsable) • Virginie SCHWOB (Contact)

Activité(s) : Entrepreneur de spectacles, organisateur • **Genre(s) musical(aux)** : Elect'oriental, worldbeat, Asian • **Forme juridique** : Asso. • **Rayonnement** : International • **Spectacles produits** : Festival Newbled : Ojos de Brujo, Mercan Dédé, Zuco 103, Talvin Singh, Origines Controlées, Mehdi Haddab & The Speed Caravan, etc. • **Catalogue** : Smadj, Arash & The Wise Orkestra • **Licence(s)** : 1021059 (2), 1021060 (3) • **Autre(s) activité(s)** : Promoteur local, booking Dj's

NO FRIDGE

✆ 06 22 85 85 48
contact@nofridge.com • **www.nofridge.com**
2 passage Kracher • 75018 **PARIS**

Dj CLICK (Directeur artistique)

Activité(s) : Booking • **Genre(s) musical(aux)** : World, jazz, electro • **Forme juridique** : SARL • **Rayonnement** : International • **Catalogue** : DJ Click, UHT°, Tziganiada, Gnawa Njoum Exp., Rona Hartner • **Licence(s)** : 932026 (2) • **Autre(s) activité(s)** : Label, édition, promotion

NOMADES KULTUR

✆ 04 42 03 72 75 • fax 04 42 03 72 82
cendyroe@nomadeskultur.com • **www.nomadeskultur.com**
La Ferme de Napollon • 280 av. des Templiers • 13676 **AUBAGNE CEDEX**

Cendryne ROE (Directrice / manager) • Sarah KRIEG (Booking)

Activité(s) : Entrepreneur de spectacles, tourneur • **Genre(s) musical(aux)** : Musiques du monde, danse, jeune public • **Forme juridique** : Asso. • **Rayonnement** : International • **Spectacles produits** : Juan Carmona • **Catalogue** : Juan Carmona, Juan Carmona & Larry Coryell, Duquende, Dorantes, Montse Cortes, Cie Antonio Canales, Cie Mercedes Ruiz, Maria Del Mar Moreno, Silvia Marin, Gero Dominguez & Los Makarines, etc. • **Licence(s)** : 1015275 (2), 1015276 (3) • **Autre(s) activité(s)** : Management, formations artistiques et administratives, pépinière d'artistes, label, direction artistique « nuits flamencas de Châteauvallon »

NOR SUD PRODUCTIONS

✆ 01 44 95 37 61 / 06 07 33 11 04
nor-sudprod@wanadoo.fr • **www.norsudprod.com**
34 av. des Champs Elysées • 75008 **PARIS**

Yann YDOUX (Booking)

Activité(s) : Organisateur, booking • **Forme juridique** : SARL • **Rayonnement** : National • **Catalogue** : Richard Anthony, Patrick Juvet, Daddy Mory, Princesse Erika, North Cregg • **Licence(s)** : 127108 (2), 127109 (3)

NOTE ONLY

✆ **06 64 45 18 54**
contact@noteonly.com • **www.noteonly.com**
12 rue du Ramondou • 31780 **CASTELGINEST**

Elvire DELAGRANGE (Cogérante)

Activité(s) : Management d'artistes, production, booking, diffusion • **Genre(s) musical(aux)** : Jazz, funk, salsa, etc. • **Forme juridique** : Asso • **Catalogue** : Big Band 31 & Richard Galliano, Big Band 31 & Kellylee Evans, Conga Libre (orchestre salsa), Initiative H (small band jazz-rock-fusion de David Haudrechy), The Headbangers (sextet jazz-funk-électro de Nicolas Gardel), Daltin Trio (mélodies du monde, Grégory Daltin), Philippe Léogé (piano solo) • **Licence(s)** : en cours • **Autre(s) activité(s)** : Communication, conseil-ingénierie

NOTETOUR

www.notetour.com
101 rue de Sèvres • 75272 **PARIS CEDEX 06**

Zohra HADDOUCH

Activité(s) : Tourneur • **Genre(s) musical(aux)** : Ciné concert, ciné-mix • **Forme juridique** : Asso. • **Rayonnement** : International • **Catalogue** : NLF3, Radiomentale, Marc Collin, Murcof, V.D.J. Oof, Rami, Bachar Khalife, Nicolas Errera, Fred Berthet + L'Amateur, Olivier Mellano, Iologic, Lillevan & Vladislav Delay, Goran Vejvoda, ITN, Zone Libre, Séville 82, spectacle cinématographique « George Méliès » • **Licence(s)** : 1046556 (2) • **Autre(s) activité(s)** : Créations audiovisuelles et création ciné concerts, résidences, spectacle cinématographique « George Méliès »

NOTICE FRANCE

✆ **03 87 75 04 05** • fax 03 87 76 95 76
noticefrance@voila.fr • **www.noticefrance.fr**
126 rue de Castelnau • 57000 **METZ**

Roland JAGER (Gérant) • Johann D'ANTUONO (Assistant de production)

Activité(s) : Entrepreneur de spectacles, tourneur, organisateur • **Genre(s) musical(aux)** : Tous • **Forme juridique** : SARL • **Rayonnement** : International • **Spectacles produits** : Louise Attaque, Saez, Miossec, Superbus, Aaron, Sexion d'Assaut, Tryo • **Licence(s)** : 57005 (2), 570170 (3) • **Autre(s) activité(s)** : Organisation festivals, affichage, street marketing

NOUNA PROD

✆ **03 80 66 76 66** • fax 03 80 48 61 70
contact@pyrprod.fr • **www.pyrprod.fr**
32 bd Carnot • 21000 **DIJON**

Pierre-Yves ROMANO (Directeur de production) • Adeline CARNIO (Assistante de production)

Activité(s) : Promoteur local, régie • **Genre(s) musical(aux)** : Tous • **Forme juridique** : Asso. • **Rayonnement** : Local • **Spectacles produits** : La Grande Sophie, Babylon Circus, Popa Chubby, the Gladiators, Lee Scratch Perry, Sriracha Tour, Aqme, Tiken Jah Fakoly, U-Roy, Pleymo, Aldebert, Arno, Brooklyn Funk Essentials, Soha • **Licence(s)** : 127718 (2), 127719 (3) • **Autre(s) activité(s)** : Billetterie par internet

NOUS PRODUCTIONS

✆ **01 48 24 12 20** • fax 01 40 22 03 93
infos@nousproductions.com • **www.nousproductions.com**
33 rue d'Hauteville • 75010 **PARIS**

Salomon HAZOT (Directeur) • Florian BOUCHEREZ (Directeur de la production) • Matthias LEULLIER (Evénementiel / Production manager) • Gaelle COURT (Production manager) • Caroline LECLERC (Production manager) • Jonathan CHEZE (Producteur) • Arnaud MEERSSEMAN (Production manager) • Bertrand DELASNERIE (Production manager) • Céline DUMAIT (Promotion / Marketing)

Activité(s) : Producteur, promoteur, organisateur • **Genre(s) musical(aux)** : Tous • **Forme juridique** : SAS • **Rayonnement** : International • **Spectacles produits** : Artistes produits et catalogue : Red Hot Chili Peppers, Coldplay, Metallica, Black Eyed Peas, Bjork, Dead Can Dance, Lana del Rey, BB Brunes, Keren Ann, Caravan Place, Bruno Mars, Wiz Khalifa, Linkin Park, Iron Maiden, The Prodigy, Green Day, Massive Attack, Rage Against the Machine, etc. • **Licence(s)** : 142638 (2), 142639 (3) • **Autre(s) activité(s)** : Festivals : Club Riviera, Rock en Seine, Sonisphère (France)

NUAGES PRODUCTIONS

✆ **04 99 13 32 55 / 06 07 87 52 16** • fax 04 99 13 32 56
esbb@esbb.net • **www.esbb.net**
6 rue Flaugergues • 34000 **MONTPELLIER**

Bernard BIGLIONE (Gérant)

Activité(s) : Producteur • **Forme juridique** : SARL • **Rayonnement** : International • **Spectacles produits** : « The Voice of the Gypsies », Juerga « les 20 Guitares » • **Catalogue** : Manitas de Plata, Antonio Rivas, Juerga, Gypsies Band, Ricao, Sealiah, Manolo, etc. • **Licence(s)** : 342237 (2), 342238 (3) • **Autre(s) activité(s)** : Management, éditions

NUEVA ONDA PRODUCTION

✆ **04 67 86 58 59** • fax 04 67 91 23 39
info@nuevaonda.fr • **www.nuevaonda.fr**
43 rue St Michel • 34150 **GIGNAC**

Marie BRISSET (Gérante) • Jean-Hervé MICHEL (Agent) • Yohann FEIGNOUX (Booking)

Activité(s) : Booking, producteur • **Genre(s) musical(aux)** : World, blues, jazz, afrobeat, afro cubain, etc. • **Forme juridique** : SARL • **Rayonnement** : International • **Catalogue** : Nina Attal, Fatoumata Diawara, Mulatu Astatke, Keb Mo, Fred Wesley, Taj Mahal, Shemekia Copeland, C.J. Chenier, Larry Garner, Keith B. Brown, Big Ed Sullivan, Bill Deraime, Carolina Chocolate Drops, Eric Bibb, Joe Louis Walker, Malted Milk, Mighty Mo Rodgers, Music Maker Foundation Revue, Orchestra Baobab, Orquesta Buena Vista Social Club, Popa Chubby, Pura Fe, Roland Tchakounte, The Souljazz Orchestra, Afrocubism, Candye Kane, etc. • **Licence(s)** : 1033903 (2), 1033904 (3) • **Autre(s) activité(s)** : Label, Festival Blues Camares

Association NUITS MÉTIS

✆ **04 90 58 98 09** • fax 04 90 58 96 72
nuitsmetis@yahoo.fr • **www.nuits-metis.org**
c/o MJC Miramas • 11 bis bd A. Briand • 13140 **MIRAMAS**

Marc AMBROGIANI (Directeur de la production) • Chloé MARCHAND (Administrateur) • Hanadi NADJATI (Comptable)

Activité(s) : Organisateur • **Forme juridique** : Asso. • **Rayonnement** : Régional, national, Guinée, Algérie • **Spectacles produits** : Electrodunes, Alpha Wess, Jawasound et Toko Blaze + le Cabaret Nomade, El Maya-Barbès D. & Stéphane Paulin, Ba Cissoko/Dubians • **Catalogue** : Ba Cissoko, Temerik Electrik, Naïas • **Licence(s)** : 109214 (2) • **Autre(s) activité(s)** : Nuits Métis, Les Nuits de la Saoura à Beni Abbes

O SPECTACLES

✆ **02 40 48 97 30** • fax 02 40 47 46 08
contact@ospectacles.fr • **www.ospectacles.fr**
12 rue Émile Péhant • 44000 **NANTES**

Christophe DAVY (Gérant) • Nicolas NANTILLET (Directeur) • Alexandra DELETANG (Responsable de la promotion) • Jean-Hugues HALNAR (Responsable billetterie)

Activité(s) : Diffusion • **Genre(s) musical(aux)** : Tous • **Forme juridique** : SARL • **Rayonnement** : Grand Ouest • **Spectacles produits** : 1789, Les Amants de la Bastille, -M-, Mylène Farmer, Michael Gregorio, BB Brunes, Mark Knopfler, Messmer, Amel Bent, Sexion d'Assaut, Michel Sardou, Stephen Eicher, La Rue Kétanou, Giedre, Axel Bauer, Monsieur Nov, Les Cowboys Fringants, Suarez, Tal, Higelin, Max Boublil, Foals, Circus, Zazie, Within Temptation, Le Soldat Rose, Lara Fabian, Salut Les Copains, Wax Tailor & The Dusty Rainbow Experience, Kery James, Olivia Ruiz, Oxmo Puccino • **Licence(s)** : 144684 (2), 144685 (3)

ÖCTÖPUS

news@projet-octopus.com • **www.projet-octopus.com**
45 rue de meaux • 75019 **PARIS**

Cyril BAHSIEF • Marie FAVRE

Activité(s) : Production/agent • **Genre(s) musical(aux)** : Rock, folk, nouvelles musiques • **Forme juridique** : SAS • **Rayonnement** : International • **Spectacles produits** : Staff Benda Bilili, Wye Oak, Callers, Diagrams, Phantogram, AA Bondy, Winter Camp Festival, Plants and Animals, Night Yourself, etc. • **Licence(s)** : 1049563 (2), 1049564 (3)

OH LORD PRODUCTIONS

✆ **02 99 64 33 10** • fax 02 99 64 33 10
ohlord@wanadoo.fr • **www.myspace.com/ohlordproductions**
3 rue du Champ Fleuri • 35310 **CHAVAGNE**

Franck GOUERI (Responsable) • Fabien HOUGUET (Booking) • Géraldine CUEFF (Administratrice)

Activité(s) : Entrepreneur de spectacles, tourneur, promoteur local • **Genre(s) musical(aux)** : Tous • **Forme juridique** : Asso. • **Rayonnement** : International • **Catalogue** : Fishbone, The Aggrolites, Breakestra, Dub Trio, The Hillbilly Moon Explosion, Brain Damage, New York Ska Jazz ensemble, Dr Ring Ding, Big Boss Man, Sleepers, Lefties Soul Connection, The Lions, Western Standard Time • **Licence(s)** : 350827 (2) • **Autre(s) activité(s)** : Manager, programmation à La Cité, L'Antipode, Mondo Bizarro

L'OISIVERAIE

✆ **06 81 76 59 39 / 04 76 07 82 19** • fax 04 76 07 82 19
oisiveraie@oisiveraie.com • **www.oisiveraie.com**
60, Le Village • 38140 **ST PAUL D'IZEAUX**

Olivier MASSON (Gérant)

Activité(s) : Tourneur, organisateur, secrétariat artistique • **Genre(s) musical(aux)** : Fanfares, arts de rue, theâtre d'objet sonore, conte • **Forme juridique** : EURL • **Rayonnement** : International • **Spectacles produits** : Laurent Bigot « Petit Cirque » • **Catalogue** : Musicabrass, Quelques Fiers Mongols, Trasphalt, Laurent Bigot, Tatoueurs de Rues, Klug, Les Petseurs • **Licence(s)** : 139324 (2), 139325 (3) • **Autre(s) activité(s)** : Management

ON THE ROAD AGAIN

✆ **06 63 19 58 71**
contact@ontheroad-again.eu • **www.ontheroad-again.eu**
4 pl. du Huit Mai • 09500 **LA BASTIDE DE BOUSIGNAC**

Aurélie ROQUET (Booking)

Activité(s) : Blues Production & Tour Management • **Genre(s) musical(aux)** : Blues, Rock, Soul • **Catalogue** : Syl Johnson, Royal Southern Brotherhood, Dana Fuchs, Layla Zoe, Jesus Volt, Jc Brooks & the Uptown Sound, Jimmy Johnson, James Harman, Sugaray. • **Licence(s)** : 1039633 (2), 1039634 (3)

ONE WAY'S BOOKING & MANAGEMENT

✆ **06 85 53 39 75 / 06 11 28 58 12**
onewaysbooking@gmail.com • **www.oneways.fr**
7 rue des Ecoles • 14310 **VILLERS BOCAGE**

Paul METAIRON (Tourneur) • Christine ROSENZWEIG (Tourneur)

Activité(s) : Entrepreneur de spectacles • **Genre(s) musical(aux)** : Jazz manouche, jazz, blues, folk, rock, gospel, etc. • **Forme juridique** : Asso. • **Rayonnement** : National • **Catalogue** : Samson Schmitt, Mayo Hubert, Paho Saga, Beverly Jo Scott, TomCat Blake, Jul Erades, Reverend Black Network, Westbound, Gaelle Mievis, etc. • **Licence(s)** : En cours • **Autre(s) activité(s)** : Label

ONLY TALENT PRODUCTIONS

✆ **09 51 79 58 05** • fax 01 79 73 51 79
contact@onlytalentproductions.com
www.onlytalentproductions.com
4 bd Alsace-Lorraine • 91170 **VIRY CHATILLON**

Damien BAUTHAMY

Activité(s) : Producteur, bookeur • **Genre(s) musical(aux)** : Rock • **Forme juridique** : SARL (filiale de Medside) • **Rayonnement** : National • **Spectacles produits** : Damage Festival • **Catalogue** : A Skylit Drive, Asking Alexandria, Bleed From Within, Bury Tomorrow, Caliban, Cancer Bats, Cerebral Ballzy, Chunk ! No Captain Chunk !, Dance Gavin Dance, Deaf Havana, Destine, Devil Sold His Soul, Eskemo, Every Time I Die, Finch, Fucked Up, Glassjaw, God Is An Astronaut, Hawthorne Heights, Heights, Hopes Die Last, Hot Water Music, Into It. Over It., La Dispute, Madina Lake, Make Do And Mend, Mayday Parade, Of Mice & Men, Our Theory, Periphery, Reel Big Fish, Rolo Tomassi, Set Your Goals, Silverstein, Streetlight Manifesto, Tesseract, The Black Dahlia Murder, The Dangerous Summer, The Maine, The Story So Far, The Swellers, This Is Hell, Trash Talk, TRC, Vanilla Sky, Walk Off The Earth, We Are The Ocean, While She Sleeps, Your Demise, Zebrahead • **Licence(s)** : 1021253 (2), 1021254 (3) • **Autre(s) activité(s)** : Label Medside, Les Editions Maelys

OPUS 31

✆ **04 99 52 92 64 / 04 67 07 34 79 / 06 22 06 04 51**
contact@opus31.fr • **www.opus31.fr**
BP 35 505 • 34071 **MONTPELLIER CEDEX 3**

Catherine CROUZAT (Chargée de production) • Philippe THÉVENET (Chargé de production) • Benedicte COURTY (Administratrice)

Activité(s) : Producteur, diffuseur • **Genre(s) musical(aux)** : World, art polyphonique, jazz, classique • **Forme juridique** : Asso. • **Rayonnement** : National, international • **Spectacles produits** : Jasser Haj Youssef, Chants Sacrés Gitans en Provence « Swing, Django, Swing », concert Latcho Drom et ses invités, Vox Bigerri, Quatuor Barbaroque, Création Shiva-Rodinn • **Catalogue** : Chants Sacrés Gitans, Vox Bigerri, Shiva-Rodin, Quatuor Barbaroque, Pansanel, Latcho Drom • **Licence(s)** : 1020721 (2), 1020722 (3) • **Autre(s) activité(s)** : Programmation festival, Art, culture et handicap ("hors limites !"), ingénierie

ORIENTÉ BANCAL PRODUCTIONS

contact@weinsist.com • **www.weinsist.com**
3ter Cité du Palais Royal de Belleville • 75019 **PARIS**

Étienne GAILLOCHET (Administrateur) • Laurent POGGI (Président) • Isabelle AUDOUARD (Trésorière)

Activité(s) : Booking, production • **Genre(s) musical(aux)** : Rock, musiques nouvelles assimilées rock et jazz, improvisations • **Forme juridique** : Asso. • **Rayonnement** : International • **Spectacles produits** : We Insist !, Zarboth, Osteti, etc. • **Catalogue** : We Insist !, Zarboth • **Licence(s)** : 1016403 (2) • **Autre(s) activité(s)** : Management, label « Corruptible Records » (en licence avec Exile On Mainstream, dist. Southern Records)

OUTRO BRASIL

✆ **09 51 32 82 07 / 06 16 35 78 50**
agency@outrobrasil.com • **www.outrobrasil.com**
3 pl. Robert Desnos • 75010 **PARIS**

Marc RÉGNIER (Directeur artistique) • Soraya CAMILO (Promotion)

Booking et Records • **Activité(s)** : Booking • **Genre(s) musical(aux)** : World music, Brésil • **Forme juridique** : Asso. • **Rayonnement** : Europe, Asie, Amériques • **Spectacles produits** : ForrOccitania, Renata Rosa & polyphonies Kariri-Xoco, Nuits de la Canne à Sucre, etc. • **Catalogue** : Silverio Pessoa, Eddie, Seu Luiz Paixão, Funk'n Lata, Siba, Nicolas Krassik, Marcos Suzano, Valdir Santos, Boteco Electro, etc. • **Licence(s)** : 1031499 (2) • **Autre(s) activité(s)** : Label, management, production

OXYCOM PRODUCTION

✆ **03 28 36 44 92 / 06 76 97 47 80**
contact@agence-oxycom.com • **www.agence-oxycom.com**
123 rue du Marais • 59160 **LOMME-LILLE**

Guillaume WRYK (Gérant) • David WRYK (Directeur technique son) • Nicolas WRYK (Directeur technique lumiere et plateau) • Hervé-François LANCELIN (Directeur financier)

Activité(s) : Entrepreneur de spectacles, tourneur • **Genre(s) musical(aux)** : Variété française et internationale • **Forme juridique** : SARL • **Rayonnement** : International • **Spectacles produits** : Bollywood Legends, Show Rnb, Orientalis, I Salsa Festival, Destination Soleil, La Nuit du Ramadan, Starmusictour, I Salsa Tropical • **Catalogue** : Bollywood (Danse, chant, musiciens, etc.) • **Licence(s)** : 121335 (2), 121334 (3) • **Autre(s) activité(s)** : Sonorisation, éclairage, scène, structure, régie, backline, vidéo

PANDA 06 PRODUCTIONS

✆ **04 93 97 03 49**
contact@panda06production.org • **www.panda06production.org**
27 bd du Parc Impérial • 06000 **NICE**

Benoît GELI (Directeur artistique) • Giovanni MEREGAGLIA (Chargé de production) • Yann DEGORCE-DUMAS (Responsable de la communication)

Activité(s) : Production, organisation • **Genre(s) musical(aux)** : Electro, hip hop, chanson, reggae, jazz, soul, funk • **Forme juridique** : Asso. • **Rayonnement** : Régional, national • **Spectacles produits** : Salle S. Grappelli, Théâtre Lino Ventura, Nakaïa Live à Nice : Robert Glasper, Hidden Orchestra, Qualif Nice Zik Zak, Sébastien Tellier, Mass Hysteria, Youssoupha & Gak, LKJ & Jah Legacy, etc. • **Licence(s)** : 1042238 (2), 1042237 (3) • **Autre(s) activité(s)** : Soutien d'artistes découverte

PAPA'S PRODUCTION

✆ **02 35 19 00 38** • fax 02 35 21 07 09
courrier@papasprod.com • **www.papasprod.com**
Fort de Tourneville • 33 rue du 329e RI • 76620 **LE HAVRE**

Franck TESTAERT (Directeur) • Jérémie GUERRIER (Chargé de diffusion) • Matthieu LECHEVALLIER (Chargé du développement)

Activité(s) : Structure d'accompagnement • **Genre(s) musical(aux)** : Tous • **Forme juridique** : Asso. • **Rayonnement** : International • **Spectacles produits** : La Papamobile (scène ambulante composée de 10 caravanes, d'une scène) • **Catalogue** : Gille Adam Solo, Your Happy End, Souinq • **Licence(s)** : 127878 (2), 126355 (3) • **Autre(s) activité(s)** : Gestion de la salle Tetris (ouverture en Mars 2013), Ouest Park Festival, chapiteau, catering, promotion des groupes

PAPAQ PRODUCTION

✆ **02 31 85 90 00 / 06 42 31 68 91** • fax 02 31 85 90 00
papaq@free.fr • **papaq.free.fr**
Maison des associations • 7 bis rue Neuve Bourg L'Abbé • 14000 **CAEN**

Denis MONJAVEL (Directeur artistique) • Françoise GRIEU (Chargé de diffusion) • Cécile PREVOST (Chargée de diffusion) • Fabien LEFORT (Administrateur de production)

Activité(s) : Production, booking • **Genre(s) musical(aux)** : Jeune public, musiques actuelles, traditionnelles, improvisées • **Forme juridique** : Asso. • **Rayonnement** : Régional, national • **Spectacles produits** : « Aventure publique », « XP3 Laboratoire », « Sons Merveilles », « Le Roi Coléoptère » « Le jour de la Lune », « Monsieur Filoche », « L'Enfant sans nom », « L'Ebloui », "Ulysse clandestin" • **Catalogue** : Papaq Cie • **Licence(s)** : 1015369 (2) • **Autre(s) activité(s)** : Management, organisation

PARALLÈLES ATTITUDES DIFFUSION

✆ **05 56 33 66 00** • fax 05 56 33 66 11
contact@rockschool-barbey.com • **www.rockschool-barbey.com**
18 cours Barbey • 33800 **BORDEAUX**

Éric ROUX (Directeur) • Patrick BAZZANI (Codirecteur) • Emmanuel RANCEZE (Programmateur) • Achraf ES-SAYEH (Chargé d'actions culturelles) • Nicolas CABOS (Chargé d'accompagner la scène locale)

Activité(s) : Entrepreneur de spectacles, organisateur • **Genre(s) musical(aux)** : Musiques amplifiées • **Forme juridique** : Asso. • **Rayonnement** : International • **Spectacles produits** : Fugazi, Propain, Treponem Pal, Chockebore, John Spencer Blues Explosion, Korn, Jay Jay Johanson, NOFX, Têtes Raides, Asian Dub Foundation, Louise Attaque, etc. • **Licence(s)** : 1022557 (1), 1022558 (2), 1022559 (3) • **Autre(s) activité(s)** : Promoteur local, répétition, enregistrement, école de musique

PATCH WORK PRODUCTION

✆ **06 76 20 49 33** • fax 09 55 35 72 56
patchworkprod@gmail.com • **www.patchworkproduction.fr**
35 av. du Gal de Gaulle • 30290 **LAUDUN**

Arnold METROT (Gérant) • Cyrille ANNIBALE (Chargé de production)

Activité(s) : Production, tour • **Genre(s) musical(aux)** : Alternatif, rock, reggae, dub, world, chanson, electro • **Forme juridique** : SARL • **Rayonnement** : International • **Spectacles produits** : David Vincent et ses Mutants, Bionik, Jack Simard, Julien m'a dit, Acorps de rue, Fumuj, Joseph Cotton • **Catalogue** : Soul Sindikate et Dub Trooper, Gueules d'Aminche, Tribuman et Jazzomatix, Jayadeva, Noahidy, Control Alt Supp, Acorps de Rue, Bionik, Ashkabad, Papaya Cake, David Vincent, Bruno Blum • **Licence(s)** : 1002533 (2) • **Autre(s) activité(s)** : Sonorisation, studio, print, label

PBOX CONCERTS

✆ 01 40 24 02 10 / 04 75 86 05 16 • fax 04 75 42 04 69
xavier@pbox-concerts.com
www.live-boutique.com/site/-pbox-.html
5 cité Chabert • 26000 **VALENCE**

Bertrand AUBONNET (Directeur artistique) • Edouard RISSOAN (Administrateur) • Gildas DEXHEIMER (Production) • Xavier AUBONNET (Booking) • Alain MICHEL (Booking Blues) • Stéphanie SUDRIE (Booking)

Activité(s) : Entrepreneur de spectacles, tourneur • **Genre(s) musical(aux)** : Tous • **Forme juridique** : SARL • **Rayonnement** : International • **Spectacles produits** : P box, Festival « 18 en scènes » • **Catalogue** : Karpatt, Barbara Carlotti, Nouvelle Vague, H-Burns, Natasha Saint Pierre, Music Is Not Fun, Bertrand Belin, Didier Super, PacoVolume, Phoebe Killdeer & The Short Straws, Cécile Hercule, MeLL, Le Maximonster Music Show, Djazia Satour, Maxxo, Mickey 3D, Jesse Dee, Elliott Murphy, les Fils de Teuhpu • **Licence(s)** : 1031235 (2), 1031236 (3) • **Autre(s) activité(s)** : Secrétariat artistique

Le PÉRISCOPE

✆ 04 56 14 71 71 • fax 04 56 14 71 70
info@leperiscope.com • **www.leperiscope.com**
163 cours Berriat • 38000 **GRENOBLE**

Alex AUJOLAS (Administrateur / Manager) • Sylvain NGUYEN VAN TINH (booker) • Nicolas SCHAUER (Gérant) • Mélanie COLLET (Chargée de production) • Clément GRANGER (Booker)

Activité(s) : Booking, producteur • **Genre(s) musical(aux)** : Tous sauf jazz, blues • **Forme juridique** : SARL • **Rayonnement** : International • **Catalogue** : Kaolin, Maniacx, Exsonvaldes, Mintzkov, Pets, Vincent Léoty, Tom Frager & Gwayav, Baden Baden, Joyce Jonathan, Pep's, Namasté, Shout out louds, Lafayette, Watcha Clan, S Petit Nico • **Licence(s)** : 139835 (2), 139836 (3) • **Autre(s) activité(s)** : Event Logistic & Production (www.lp2.fr)

LA PETITE

✆ 05 67 22 54 15
emily@lapetite.fr • **www.lapetite.fr**
27 rue d'Armagnac • 31500 **TOULOUSE**

Émily LECOURTOIS (Directrice) • Bérangère SENTEX (Chargée de production) • Julien ROCHE (Directeur artistique graphique et communication)

Activité(s) : Création, production, diffusion • **Genre(s) musical(aux)** : Musiques électroniques, pop, folk, indépendant • **Forme juridique** : Asso. • **Rayonnement** : National • **Spectacles produits** : festival La Petite invite # Les femmes s'en mêlent, Nuits sonores, Worldwide Festival • **Licence(s)** : 1045739 (2), 1045740 (3) • **Autre(s) activité(s)** : Soutien à la jeune création, accompagnement administratif d'artiste (SMartFR Midi-Pyrénées), revue « Rayon Frais »

PI POLE

✆ 04 67 12 81 70 • fax 04 67 12 81 71
pascal@pi-pole.com • **www.pi-pole.com**
1bis rue de Verdun • 34000 **MONTPELLIER**

Pascal SANCHEZ (Gérant) • Florence MATEOS (Administratrice / production) • Clément BOURNAT (Tourneur)

Activité(s) : Entrepreneur de spectacles • **Genre(s) musical(aux)** : Tous • **Forme juridique** : SARL • **Rayonnement** : National et international • **Catalogue** : The Rapture, LCD Soundsystem, MGMT, Cold War Kids, Etienne de Crecy, Alex Gopher, 2manydjs, Rinôçérôse, Telepopmusik, Tiga, Superdiscount, Sporto Kantes, Soulwax Nite Version, Art Brut, Fiery Furnaces, The Whip, Does It Offend You Yeah, Tom Vek, The Young Gods, etc. • **Licence(s)** : 1006330 (2), 1006331 (3)

PLANÈTE AURORA

✆ 01 43 73 70 70 • fax 01 43 73 70 71
info@planete-aurora.com • **www.planete-aurora.com**
36 rue Keller • 75011 **PARIS**

Claire HENAULT (Gérante) • Sarah HENRIC (Booking France) • Arnaud GRANET (Booking international) • Tina LEVALLOIS (Administratrice) • Antoine RAJON (Booking France)

Activité(s) : Tourneur, producteur, manager • **Genre(s) musical(aux)** : Musiques du monde, jazz, latin jazz, blues • **Forme juridique** : EURL • **Rayonnement** : International • **Catalogue** : Aziz Sahmaoui & University Of Gnawa, Seun Kuti & Egypt 80, Melingo, Chucho Valdes & The Afro Cuban Messengers, Harold Lopez Nussa Trio, Anthony Joseph & The Spasm Band, Malcolm Braff Trio, Orquesta Aragon, Melingo, Kouyaté - Neerman, Chicha Libre, Zam Rock, Sienna Moestra, El Gusto, Nino Josele, Jerry Gonzalez, etc. • **Licence(s)** : 1060902 (2)

PLEMI

✆ 06 26 69 41 22 • fax 01 42 71 81 95
info@plemi.com • **www.plemi.com**
147 rue St Martin • 75003 **PARIS**

Romain GUILLOT (Gérant) • Raphaël PIECHAUD (Responsable contenus & éditorial)

Activité(s) : Production et co-production de concerts dans le cadre de projets en financement participatifs lancés sur la plateforme web koalitick.com • **Genre(s) musical(aux)** : Tous • **Forme juridique** : SARL • **Rayonnement** : National • **Spectacles produits** : Fatals Picards au Cabaret Sauvage, Rock Metal Show au Divan du Monde, etc. • **Licence(s)** : 1053700 (2), 1053701 (3) • **Autre(s) activité(s)** : Développement de services web dédiés au live, agence de communication live

PLUS PLUS PRODUCTIONS

✆ 02 40 12 04 80
contact@plusplusprod.com • **www.plusplusprod.com**
4 rue Paul Nassivet • 44200 **NANTES**

Véronique MÉNORET (Présidente) • Gilles BOUHIER (Régisseur) • Denis POULIN (Chargé de production)

Activité(s) : Producteur, tourneur • **Genre(s) musical(aux)** : Chanson • **Forme juridique** : Asso. • **Rayonnement** : National • **Spectacles produits** : Xavier Merlet, Acta Fabula, Christophe Belloeil • **Catalogue** : Xavier Merlet, Acta Fabula, Christophe Belloeil, Electroplume, Mucho Corazon, Les Banquettes Arrières • **Licence(s)** : 1022250 (2), 1022249 (3) • **Autre(s) activité(s)** : Gestion de salaire, secrétariat artistique

POLE'N PRODUCTIONS

✆ 03 26 40 20 00 • fax 03 26 47 08 21
polen.productions@wanadoo.fr • **www.polenproductions.com**
56 rue Chanzy • 51100 **REIMS**

Jean-Luc PERRET (Gérant)

Activité(s) : Producteur, promoteur • **Genre(s) musical(aux)** : Rock, blues variétés, jazz • **Forme juridique** : SARL • **Rayonnement** : Régional • **Spectacles produits** : Sting, Iggy Pop, Bob Dylan, F. Pagny, Deep Purple • **Catalogue** : Benureau, Gilles Detroit, Jean-Lou De Taria, Elastic, Umberto Pagnini, Les frères Taloches, Yves Duteil, Jacky Matte, Jean-Pierre Marcellesi, June & The Soul Robbers, Orchester, Akel, etc. • **Licence(s)** : 510071 (3), 510072 (6)

POLYFOLIES

✆ 01 30 15 65 00 • fax 01 39 76 51 12
polyfolies@polyfolies.com • **www.polyfolies.com**
28 rue du Marché • 78110 **LE VESINET**

Dominique DUMOND (PDG) • Laurent CARMÉ (Chargé de diffusion) • Julie GIROST (Assistante de production)

Activité(s) : Producteur • **Genre(s) musical(aux)** : Humour et musique • **Forme juridique** : SA • **Rayonnement** : International • **Spectacles produits** : Le Quatuor, La Framboise Frivole, Chanson Plus Bifluorée, Elisabeth Amato, Anne Roumanoff (coprod.), Les Aventures de la Diva et du Toréador, J-J Vanier, Hélène Delavault, Didier Gustin, Vincent Roca, Olivier et Catherine Marchal « Rendez-vous au grand café » • **Licence(s)** : 18283 (2) • **Autre(s) activité(s)** : Evénementiel

POLYSONGS PRODUCTIONS

✆ 09 79 53 78 43 • fax 05 49 05 10 91
polysongsproductions@orange.fr • **www.polysongsprod.com**
Les Oliviers • 79400 **NANTEUIL**

Jean-Luc LARAND (Gérant)

Activité(s) : Entrepreneur de spectacles, tourneur, producteur • **Genre(s) musical(aux)** : Chanson, pop, rock, blues, world, funk, jazz, electro • **Forme juridique** : SARL • **Rayonnement** : International • **Catalogue** : Alex Keren, Remna, Organ Crumble, Christelle Berthon, Valeria Pacella, Republik, Big Dez, Buzztown • **Licence(s)** : 1023785 (2), 1023786 (3)

POP

✆ 01 34 78 82 78
contact@p-o-p.fr • **www.p-o-p.fr**
bât. Inneos • 401 av. de la Grande Halle • 78200 **BUCHELAY**

Jérôme MATHIS (Gérant / Directeur artistique) • Nathalie VILANOVA (Administratrice) • BLIGHT (Booking / manager) • Christophe COMORETTO (Communication) • Lionel BIDABÉ (Booking Management)

Pour oublier productions • **Activité(s)** : Entrepreneur de spectacles, tourneur • **Genre(s) musical(aux)** : Rock, pop, world, chanson, humour • **Forme juridique** : SARL • **Rayonnement** : International • **Catalogue** : Shakaponk, Melissmell, Lenox, Dafoniks, Alex Keren, John Morillion, Elsa Kopf, Flox, David Tétard, Nicolas Reggiani, Manu LanvJehro, Tcheky Karyo, Flox, Lenox, Framix, Dafuniks, Manu Lanvin, The H.O.S.T, Fergessen • **Licence(s)** : 780471 (2), 780472 (3) • **Autre(s) activité(s)** : Conseil en programmation, management

PORTE PAROLES

✆ 04 66 53 71 72 / 06 84 98 89 74
porte.paroles@online.fr • **www.porteparoles.net**
BP 33 • 30220 **AIGUES MORTES**

Iremel MONTSENY (Producteur)

Activité(s) : Organisation d'événements • **Genre(s) musical(aux)** : Jazz, musiques dansantes • **Forme juridique** : EI • **Rayonnement** : International • **Catalogue** : Gipsyland, Duo KW, spectacle « Quelques Choses de Goldman » • **Licence(s)** : 1015439 (2), 1015440 (3) • **Autre(s) activité(s)** : Management, programmation

POUR FAIRE BOUILLIR LA PLUIE

✆ 01 34 12 61 65 / 06 16 89 64 69
isabelletrubert@orange.fr
3 rue Jules Ferry • 95880 **ENGHIEN LES BAINS**

Isabelle TRUBERT (Gérante)

Activité(s) : Agent, producteur • **Genre(s) musical(aux)** : Jazz, chanson, jeune public • **Forme juridique** : EURL • **Catalogue** : François Lemonnier, Yves Rousseau, Elise Caron • **Licence(s)** : 1046467 (2) • **Autre(s) activité(s)** : Éditeur

PREMIER JOUR

✆ **06 61 34 25 27 / 06 87 24 87 44**
infos@premier-jour.com • **www.premier-jour.com**
LAURENT (Booking) • ROMAIN (Booking)

Activité(s) : Booking • **Genre(s) musical(aux)** : Pop, rock, électro, chanson, etc. • **Rayonnement** : International • **Catalogue** : Ortie, Nadj, Olivier Depardon, Savage Republic, OK, Leila Bounous, etc.

PRO-FUSION MULTI-CULTURES

✆ **04 91 62 25 79 / 06 16 95 72 55** • fax 04 91 62 25 79
contact@pro-fusion.net • **www.pro-fusion.net**
4 imp. de la Pépinière • 13004 **MARSEILLE**
Benoît FREMIN DU SARTEL (Gérant)

Activité(s) : Entrepreneur de spectacles • **Genre(s) musical(aux)** : World music, musiques électroniques, chanson, jazz • **Forme juridique** : SARL • **Rayonnement** : Européen • **Catalogue** : Diabloson, Kirby Memory, Tom Sawyer & Co, Yaïr Dalal, Dj Rebel, Delizioso, Solat, Wajdi Cherif, Mardjane, Chemirani, Etsaut, Vardan Grigorian, Drunksouls, etc. • **Licence(s)** : 141896 (2) • **Autre(s) activité(s)** : Management

La PROD JV

✆ **01 42 64 01 01** • fax 01 42 64 05 51
laprodjv@laprodjv.com • **www.laprodjv.com**
Le Moulin de la Galette • 79 rue Lepic • 75018 **PARIS**

Olivier JOUAN (Directeur artistique / booking international) • Sophie VALENTIN (Administration de production / promotion) • Jean CORREIA (Directeur artistique / booking national et international) • Nathalie SCHWERDT (Booking national)

Activité(s) : Entrepreneur de spectacles, tourneur • **Genre(s) musical(aux)** : Pop rock, folk, musiques du monde, jazz, blues • **Forme juridique** : SARL • **Rayonnement** : International • **Catalogue** : Alexandre Kinn, Ane Brun, Ben Ricour, Joseph Arthur, Magma, Orange Blossom, Orchestre National de Barbès, Lords of Altamont, Hjaltalin, Richard Gotainer, Alina Orlova, Ana Moura, Ndidio, Daan, Daran, Charlotte Marin, Sallie Ford and the Sound Outside, The Legendary Tigerman, Moss, Jorane, Sarcloret, Trixie Whitley • **Licence(s)** : 753356 (3), 753512 (6)

Les PRODUCTIONS DU VENDREDI

✆ **05 61 13 62 29 / 06 88 40 03 31** • fax 05 61 13 77 18
lesproductionsduvendredi@gmail.com
www.lesproductionsduvendredi.com
Espace Job • 105 Route de Blagnac • Quartier de Sept deniers • 31200 **TOULOUSE**

Matthieu CARDON (Chargé de production et diffusion) • Edouard LEBORNE (Chargé de diffusion et production) • Elise HAMEAU (Chargée de diffusion)

Activité(s) : Entrepreneur de spectacles, production, booking • **Genre(s) musical(aux)** : Jazz, chanson, musiques du monde • **Forme juridique** : Asso. • **Rayonnement** : Local, National, International • **Catalogue** : Eric Lareine et leurs enfants (avec Pascal Maupeu « A Wop Bop A Loo Bop A Lop Bam Boom », avec Denis Badault « Duo Reflex », avec Bernado Sandoval, « Eric Lareine et ses enfants »), Françoise Guerlin (Quartet et spectacle « Du Vian dans mon crâne »), François Dorembus Quintet, etc. • **Licence(s)** : 1055647 (2), 1055648 (3) • **Autre(s) activité(s)** : Collectif d'artistes

PULS'ACTION

✆ **09 53 51 04 23**
pulsaction@sfr.fr • **www.emmanuelbex.net**
ATELIER EO2 • 2 rue Denfert Rochereau • 93200 **ST DENIS**
Sophie BEX (Agent)

Activité(s) : Booking, production • **Genre(s) musical(aux)** : Jazz • **Forme juridique** : Asso. • **Rayonnement** : International • **Catalogue** : Francesco Bearzatti et Simon Goubert, « Open Gate feat. Béla Bartok » en trio mais aussi en quintet ou orchestre dirigé par Franck Tortiller, « Requiem en couleurs », Emmanuel Bex solo, Musimages ciné concert jeune public avec E-Bex, Francois Verly et le VJ Philippe Abheilou • **Licence(s)** : 1023397 (2) • **Autre(s) activité(s)** : Label, management

PURE SON'G

✆ **01 53 21 06 97 / 06 62 43 06 97** • fax 09 56 79 06 97
contact@puresong.fr • **www.puresong.fr**
43 rue de la Rochefoucauld • 75009 **PARIS**
Franck VORGERS (Manager) • Eric GALLÉ (Administrateur)

Activité(s) : Producteur • **Genre(s) musical(aux)** : Musiques du monde, jazz, chanson • **Forme juridique** : SARL • **Rayonnement** : National, international • **Spectacles produits** : Maria Teresa & Kristo Numpuby, Adjabel • **Catalogue** : Kristo Numpuby, Maciré Sylla, Yancouba Diébaté, Assiko Danse, Jean-Christophe Bény, Alex Bovet « Le Cercle » • **Licence(s)** : 1035740 (2), 1035742 (3) • **Autre(s) activité(s)** : Coordination d'événements, promotion, management

PYPO PRODUCTION

✆ **06 75 50 62 66**
booking@pypoproduction.com • **www.pypoproduction.com**
7 pl. de la République • 44200 **NANTES**
Sophie LEUDIERE (Booking / Administration)

Plein les Yeux Plein les Oreilles • **Activité(s)** : Booking • **Genre(s) musical(aux)** : Tous • **Forme juridique** : Asso. • **Rayonnement** : National, international + Québec • **Spectacles produits** : Syrano • **Catalogue** : Syrano, Katel, Laura Cohen, Helluvah, Jack & Lumber, Babel, Khagely Trio, Bluemango, Alex De Vree • **Licence(s)** : 1041983 (2), 1041984 (3) • **Autre(s) activité(s)** : Prestations administratives, recherche de financements, stratégie de développement, etc.

PYRPROD

✆ **03 80 66 76 66** • fax 03 80 48 61 70
contact@pyrprod.fr • **www.pyrprod.fr**
32 bd Carnot • 21000 **DIJON**

Pierre-Yves ROMANO (Gérant) • Adeline CARNIO (Assistante De Pierre-Yves Romano) • Hervé BRILAND (Directeur de la production) • Benjamin FOURNET (Booking) • Séverine MENCARELLI (Responsable de la communication / Accueil) • Thierry BINOCHE (Responsable de la communication /presse)

Activité(s) : Tourneur, producteur • **Genre(s) musical(aux)** : Chanson, reggae, variétés • **Forme juridique** : SARL • **Rayonnement** : International • **Spectacles produits** : Gad Elmaleh, Indochine, Superbus, Canteloup, Dutronc, la Rue Ketanou • **Catalogue** : Tryo, Ours, Archimede, Lieutenant Nicholson, The Lost Fingers, The Hub, Vandaveer, La Rue Ketanou, Boulevard des Airs, Les Hurlements d'Léo, Camping de Luxe, Joe Driscoll et Sekou Kouyate, Heymoonshaker, Scotch&Sofa, Kiss and Drive, Secret Maker, Balbino • **Licence(s)** : 146643 (2), 146644 (3) • **Autre(s) activité(s)** : Théâtre, billetterie par internet, accueil de spectacles, management

QUARTIER LIBRE PRODUCTIONS

✆ **01 57 64 18 01 / 04 91 73 46 76** • fax 01 57 64 18 04
contact@quartierlibre.fr • **www.quartierlibre.fr**
4 rue Jeanne d'Asnières • 92110 **CLICHY**

Alexandre BAUD (Gérant) • Julien MAILLET (Directeur tournée) • Mike MOLLOY (Développement international) • Stéphanée DUPERAY (Chargée de production)

Activité(s) : Tourneur, entrepreneur de spectacles • **Genre(s) musical(aux)** : Tous • **Forme juridique** : SARL • **Rayonnement** : France, Espagne, Benelux • **Spectacles produits** : Les Franglaises, Les 7 Doigts de la Main, Abba Gold, Vote on the rocks, William Sheller, Arielle Dombasle, ZUT, Subsonica • **Catalogue** : Arielle Dombasle, William Sheller, ZUT, Bertrand Pierre, Ashton Brothers, Percossa, Olé !, Accordzéâm, Semianyki • **Licence(s)** : 1050117 (2), 1010118 (3) • **Autre(s) activité(s)** : Les Estivales de Dinard, Classic Tennis Tour, Pop's Cool

QUOID9PROD

✆ **06 87 72 10 59**
contact@quoid9prod.com
4 rue Mi-Carême • 42000 **ST ETIENNE**
Philippe PEREIRA (Responsable)

Activité(s) : Booking, production • **Genre(s) musical(aux)** : Jazz, chanson, world • **Forme juridique** : Asso. • **Rayonnement** : National • **Catalogue** : Sylvestre Planchais, le Baron de Vezeline, E'Joung-JU, le Spam Orchestra, Tentación, La Mamiwatta, Gaëlle Vignaux • **Licence(s)** : 1031406 (2), 1031407 (3) • **Autre(s) activité(s)** : Promotion, management

R1 PROD.

✆ **06 68 63 75 07**
naimabooking@gmail.com • **www.r1prod.com**
Naima (Directrice) • Arnold (Booking)

Activité(s) : Booking, management • **Genre(s) musical(aux)** : Hip hop, groove, R&B • **Catalogue** : Sefyu, TLF, Sheryfa Luna, Jmi Sissoko, Moussier Tombola, Lumidee, DJ R-Wan, DJ Goldfingers, DJ First Mike, etc.

RADICAL PRODUCTION

✆ **02 41 88 19 82** • fax 02 41 86 82 79
info@radical-production.fr • **www.radical-production.fr**
20 rue d'Anjou • 49100 **ANGERS**

Christophe DAVY (Gérant) • Nolwenn GUEHO (Chargée de production) • Agathe DE COULARE DELAFONTAINE (Assistante de direction) • René GENTIL (Responsable tournées) • Gwen TRICOIT (Communication web) • Jean-Hugues MALNAR (Promotion locale) • Hélène DURAND (Comptabilité) • Myriam KADDOUR (Paie)

Activité(s) : Tourneur, producteur • **Genre(s) musical(aux)** : Rock • **Forme juridique** : SARL • **Rayonnement** : International • **Catalogue** : Dj Zebra, Herman Düne, La Phaze, Miossec, Von Pariahs, Yann Tiersen, Zone Libre, Adam Green, Arcade Fire, Arctic Monkeys, Band Of Horses, Beach House, Beck, Ben Kweller, Bill Callahan, Bloc Party, Blonde Redhead, Blood Red Shoes, Bonnie Prince Billy, Brian Jonestown Massacre, Clap Your Hands Say Yeah, Delphic, Eugene McGuinness, Explosions in the Sky, Foo Fighters, Get Well Soon, Ghinzu, Gogol Bordello, Grizzly Bear, Heavy Trash, Interpol, Jimmy Eat World, Lambchop, Lou Barlow, Low, Maximo Park, Miles Kane, Of Monsters And Men, Paolo Nutini, Pavement, Placebo, Shellac, Skunk Anansie, Tame Impala, The Black Keys, The Dandy Warhols, The Dead Weather, The Hives, The Jon Spencer Blues Explosion, The Kills, The Mars Volta, The Shins, The Strokes, The White Stripes, Vampire Weekend, Yeah Yeah Yeahs, Yeasayer, etc • **Licence(s)** : 144109 (2), 144110 (3)

La RAFINERIE

✆ **01 42 51 67 57**
communication@larafinerie.com • **www.larafinerie.com**
69 rue de Caulaincourt • 75018 **PARIS**
Raphaël KHALIFA (Gérant) • Ami Weickaane SARR (Communication)

Activité(s) : Production • **Genre(s) musical(aux)** : Jazz, hip hop, broken beat, électro, world • **Forme juridique** : EURL • **Rayonnement** : National • **Spectacles produits** : Guru, Bonobo, Gilles Peterson, Cymance, José James, Slum Village, Flying Lotus, Courtney Pine, Kurtis Blow • **Licence(s)** : 1041932 (2) • **Autre(s) activité(s)** : Communication, organisation et gestion d'événements privés et de marque

RAGE TOUR

✆ **02 23 46 07 53** • fax 02 99 14 25 15
booking@ragetour.com • **www.ragetour.com**
9/11 rue de Dinan • 35000 **RENNES**

Nicolas GIRAUDET (Tourneur) • Kalchat (Tourneur) • Cyril FAROUGIA (Tourneur)

Activité(s) : Booking • **Genre(s) musical(aux)** : Rock • **Forme juridique** : SARL • **Rayonnement** : International • **Catalogue** : Tagada Jones, Parabellum, Black Bomb A, Le Bal des Enragés, Ultra Vomit, L'Esprit du Clan, Assassin, Loudblast, Banane Metalik, Sepultura, Mononc'Serge & Anonymus, Detroit7, Maximum The Hormone, Talco, GBH, Skindred, Civet, Agnostic Front, Downset, Hatebreed, Jaya the Cat, Born From Pain, Madball, Napalm Death, Sick of it All, Sonic Boom Six, Terror, The Adicts, Real McKenzies, The Exploited, The Bones, The Unseen, Uk Subs, Us Bombs, Walls of Jericho, Fumuj, Eths, Manu (ex Dolly), Aqme, Guns of Brixton, etc. • **Licence(s)** : 1024269 (2), 1024270 (3) • **Autre(s) activité(s)** : Management pour Enragé

RALEUR PRODUCTION

✆ **01 48 03 32 40** • fax 01 48 03 32 40
raleurprod@yahoo.fr • **www.raleurprod.com**
12 bd de la Chapelle • 75018 **PARIS**

Vincent BOSSUET (Président) • Camille BOSSUET (Secrétaire) • Marinette LIOUVILLE (Trésorière) • Veronique BERRE (Responsable artistique)

Activité(s) : Touneur, entrepreneur de spectacles • **Genre(s) musical(aux)** : World, jazz, chanson, fanfare, chorale, ska, reggae, etc. • **Forme juridique** : Asso. • **Rayonnement** : National • **Catalogue** : Catia Werneck, Manu le Prince, Hildegarde Wanzlawe, Makaia, Stone & Charonne, La fanfare du Douzbekistan, FBI, Magura, Haut Débit, The run, etc. • **Licence(s)** : 758416 (2)

Le RAT DES VILLES

✆ **01 40 35 55 44 / 01 42 05 24 37**
alainlahana@wanadoo.fr • **www.leratdesvilles.fr**
8 rue Pierre Dupont • 75010 **PARIS**

Alain LAHANA (Président) • Cécile MARCHAND (Chargée de production)

Activité(s) : Entrepreneur de spectacles, tourneur, organisateur • **Genre(s) musical(aux)** : Rock, pop • **Forme juridique** : SAS • **Rayonnement** : International • **Catalogue** : Phil Collins, David Bowie, Iggy Pop & The Stooges, REM, Patti Smith, Féfé, Saul Williams, GiedRé, Richie Havens, Suzanne Vega, Zaza Fournier, Ayo, etc. • **Licence(s)** : 1028642 (2), 1028643 (3) • **Autre(s) activité(s)** : Management, édition

RECLAIM THE BASS

✆ **06 45 61 22 83**
booking@reclaimthebass.com • **www.facebook.com/ReclaimTheBass**
PARIS

Simon BIERLAIRE (Directeur / Booking) • Luca RUIZ (Booking / Promotion) • Vivian RAFITOSOA (Presse)

Activité(s) : Booking • **Genre(s) musical(aux)** : Musiques électroniques • **Rayonnement** : National, international • **Spectacles produits** : Soirée « Yours » (Social Club, Paris), « Get Closer » (Antirouille, Montpellier) • **Catalogue** : Andy Slaker, Aylo, Eda, Elize, Etche, Jan Hendez, Lemy Leopard, Loquace, Luca Ruiz, MightyMetronoms, Simon Baxter, Superlate, Synapson, Yamen, Zépé

REG@RTS

✆ **05 82 74 50 14 / 06 24 31 07 36**
contact@asso-regarts.com • **www.asso-regarts.com**
78 av. des États-Unis • 31200 **TOULOUSE**

Olivier OCHEM (Chargé de production) • Karim GUERCH (Directeur relations publiques) • Hugot ZIGGY (Booking)

Activité(s) : Organisateur d'évènements • **Genre(s) musical(aux)** : Musiques du monde, musiques électroniques • **Forme juridique** : Asso. • **Licence(s)** : 1042907(2), 1042908 (3) • **Autre(s) activité(s)** : Régie

RÉGIE SCÈNE

✆ **02 98 30 30 15** • fax 02 98 30 30 16
contact@regie-scene.com • **www.festival-fetedubruit.com**
Sentier du Morbic • 29800 **LA ROCHE MAURICE**

Joël BERNARD (Gérant) • Carol CONSOLA (Communication / Production)

Activité(s) : Entrepreneur de spectacles, promoteur local, organisateur • **Genre(s) musical(aux)** : Tous • **Forme juridique** : SARL • **Rayonnement** : Régional • **Spectacles produits** : 2 Many Dj's, Laurent Garnier, Etienne de Crecy, The Bloody Beetroots, Status Quo, Moby, Simple Minds • **Licence(s)** : 1003527 (2), 1003528 (3) • **Autre(s) activité(s)** : Management

RENKO PRODUCTIONS

✆ **01 40 44 63 30**
info@renkoprod.com • **www.renkoproductions.com**
8 rue Pache • 75011 **PARIS**

Alex RENKO (Gérant)

Activité(s) : Tourneur • **Genre(s) musical(aux)** : Jazz, world rock, reggae • **Forme juridique** : EURL • **Rayonnement** : International • **Spectacles produits** : Sun Ra Arkestra, Ron Carter Jazz & Bossa Quintet, Georges Clinton Parliament/Funkadelic, Kenny Barron, Pee Wee Ellis Assembly feat. Fred Wesley, etc. • **Catalogue** : Take 6, Nina Hagen, Ruben Blades, Kenny Barron, Earth Wind & Fire Experience Ft. Al Mkay, Maraca Latin All Stars, New York Voices, George Clinton, Eddie Palmieri, The Curtis Brothers, Roberta Gambarini Group, Ron Carter, The Cookers, Apache Indian, etc. • **Licence(s)** : 1005508 (2) • **Autre(s) activité(s)** : Label, management

RETOUR DE SCÈNE

✆ **04 58 00 11 37**
contact@retourdescene.net • **www.retourdescene.net**
2 rue Gustave Flaubert • 38100 **GRENOBLE**

Damien ARNAUD (Programmateur) • Marie WEHRLE (Administration)

Activité(s) : Organisateur, booking, producteur • **Genre(s) musical(aux)** : Tous • **Forme juridique** : Asso. • **Rayonnement** : National • **Spectacles produits** : Young Blood Brass Band, Rahzel, Shantel, La Ruda, Les Ramoneurs de Menhirs, Didier Super, R-wan, etc. • **Catalogue** : Patatraa, Milanga, Gagadilo, Sentinel, Fanfare Toudzec, Mû, Basta Paï Paï, Les frères Parish, Faut qu'ça guinche • **Licence(s)** : 1026450 (2), 1026451 (3)

RICHARD WALTER PRODUCTIONS

✆ **04 32 60 05 99** • fax 04 90 26 33 08
jh@rwprod.net • **www.rwprod.net**
11 cours Guynemer • 13910 **MAILLANE**

Jean-Hugues FEUGEAS (Directeur) • Ghislaine BEAL (Promotion)

R.W.P • **Activité(s)** : Entrepreneur de spectacles, tourneur • **Genre(s) musical(aux)** : Tous • **Forme juridique** : SAS • **Rayonnement** : National & international • **Catalogue** : Patricia Kaas, Carlos Nunez, Arno, Abba Mania, One Night of Queen, Musical box, Letz Zep, Olivier Laurent, Best of Floyd, etc. • **Licence(s)** : 136902 (2), 136903 (3)

ROBIN PRODUCTION

✆ **01 46 10 10 00** • fax 01 46 10 10 10
robinproduction@robinco.fr • **www.robinco.fr**
86/88 rue Thiers • 92100 **BOULOGNE BILLANCOURT**

Jean-Yves ROBIN (Producteur) • Christophe ROBIN (Producteur délégué)

Activité(s) : Production, booking • **Genre(s) musical(aux)** : Variété • **Forme juridique** : EURL • **Rayonnement** : International • **Spectacles produits** : SVPP • **Catalogue** : Bruno Solo, Yvan le Bolloch, François-Xavier Demaison • **Licence(s)** : 756060 (2), 756061 (3) • **Autre(s) activité(s)** : Production et distribution de programmes TV, (www.calt.tv), management

ROCKIN' DOGS

✆ **06 63 68 86 32 / 09 53 05 47 79**
boking@rockin-dogs.com • **www.rockin-dogs.com**
41 rue Desgranges • 93100 **MONTREUIL**

Toma JEANNOT (Tourneur)

Activité(s) : Tourneur, organisateur • **Genre(s) musical(aux)** : Garage, rock'n'roll, punk rock, soul • **Forme juridique** : Asso. • **Rayonnement** : International • **Spectacles produits** : Jello Biafra, The Dwarves, UK Subs, Demented Are Go, Peter Pan Speedrock, Vibrators, Turbo Ac's, Kings of Nuthin', Boss Martians, Epoxies, PKRK, etc. • **Catalogue** : Lipstick Vibrators, The Members, The Vibrators, 999, Rewinder, Jeff Hershey and the Heartbeats, Pete Ross and the Sapphire, Bertie Page Clinic • **Licence(s)** : 1010521 (2)

La RONDE DES JURONS

✆ **09 64 26 30 54**
contact@larondedesjurons.org • **www.larondedesjurons.org**
Café du Boulevard • 2 pl. René Groussard • 79500 **MELLE**

Claire BOUQUET (Administratrice) • Rachel (Booking)

Activité(s) : Entrepreneur de spectacles, tourneur, organisateur local • **Genre(s) musical(aux)** : Musiques actuelles, chanson • **Forme juridique** : Asso. • **Rayonnement** : National, local • **Spectacles produits** : Higelin, Vendeurs d'Enclumes, Damien Robitaille, Rock à lili, Les Ogres de Barback, Enterrés sous x, Ziveli, Akalé Wubé, Electrick Bazar Cie, Pigalle, La Danse du chien, Les Fils de Teuhpu, etc. • **Catalogue** : Zed van Traumat, Coup d'Marron, Meneito, Mmmhpfff…Trio, artistes locaux • **Licence(s)** : 144680 (2), 144681 (3)

RPO

✆ **04 76 87 50 80** • fax 04 76 47 48 23
rpo.vally@wanadoo.fr
4 pl. Birakheim • 38000 **GRENOBLE**

Rémi PERRIER (Gérant)

Rémi Perrier Organisation • **Activité(s)** : Entrepreneur de spectacles, tourneur, organisateur, promoteur local • **Genre(s) musical(aux)** : Ts • **Forme juridique** : SARL • **Rayonnement** : Régional • **Spectacles produits** : Eddy Mitchell, Renaud, Garou, Johnny Hallyday, Yannick Noah, Calogero, Noir Désir, Mylène Farmer, Sinsemilia • **Licence(s)** : 134586 (2) 134987 (3)

RUDE AWAKENING

✆ **09 54 45 17 82** • fax 09 59 45 17 82 / 09 59 45 17 82
info@rude-awakening.org • **www.rude-awakening.org**
14 rue Dom Vaissette • 34000 **MONTPELLIER**

Aurélien BESNARD (Directeur artistique) • Abel GIBERT (Chargé de diffusion) • Ela KESSELHEIM (Chargée de communication)

Activité(s) : Entrepreneur de spectacles • **Genre(s) musical(aux)** : Jazz, jazz contemporain, musiques improvisées • **Forme juridique** : Asso. • **Rayonnement** : International • **Spectacles produits** : John Tchichaï, Marc Ducret, Francis Corneloup, Louis Sclavis, Franck Vigroux, Bechir Saad, Sylvaine Hélary, Bruno Chevillon, Barre Phillips, Lionel Garcin, Stephan Pasborg, Samuel Silvant, Guillaume Séguron, Philippe Deschepper, Raymond Boni, Luc Bouquet, Heddy Boubaker, Sébastien Cirauteau, Hervé Perez • **Catalogue** : Les Yeux de la Tête, Q, Twits, Jonah, Contrebande, Empty Cage Quaret, Bernard Santacruz, Samuel Silvant Trio, Guillaume Seguron, Sap(e) • **Licence(s)** : 1025761 (2), 1025760 (3) • **Autre(s) activité(s)** : Label

RUN PRODUCTIONS

✆ 05 49 59 10 10 / 06 07 11 02 28 / 06 80 72 46 86 / 06 83 15 17 71 • fax 05 49 54 24 10
run@runprod.com • **www.runprod.com**
44 Grand' Rue • BP 34 • 86470 **LAVAUSSEAU**

Yorrick BENOIST (Gérant) • Philippe AUVIN (Comptable) • Philippe LEVY (Chargé de production) • Angèle PIED (Secrétaire) • Brigitte BENOIST (Secrétaire logistique) • Claude CHAIGNEAU (Ingénieur du son / tour manager) • Stéphane BRUNET (Ingénieur du son / tour manager) • Benjamin DUPUIS (Ingénieur du son / tour manager) • Christophe TOULET (Ingénieur du son / tour manager)

Activité(s) : Tourneur • **Genre(s) musical(aux)** : Musiques traditionnelles et du monde • **Forme juridique** : SARL • **Rayonnement** : International • **Catalogue** : Alim & Fergana Qasimov, Lo Cor de la Plana, Tartit, Danyel Waro, Balanescu Quartet, Kithara, Fanfare Ciocarlia vs Mahala Raï Banda N'Diale, Big Buddha, Kobo Town, Cimarron, Super Rail Band de Bamako, Renegades Steel Orchestra, Doudou N'Diaye Rose, Jaojoby, Socalled, Les Maîtres Tambours du Burundi, Triaboliques, Señor Coconut/Flanger/Atom tm, Fanfare Tirana, Konono n° 1, Albert Marcœur, Pascals, Ti-Fock, Culture Musical Club, Maurice El Medioni, Dub-U, Amjad Sabri, Narasirato, Albert Kuvezin/Yat-Kha, El Tanbura, The Klezmatics, El Cabrero, Terem Quartet, Spakka Neapolis 55, Balanescu Quartet, etc. • **Licence(s)** : 19618 (2), 19619 (3) • **Autre(s) activité(s)** : Management

SAFOUL PRODUCTIONS

✆ 01 48 59 36 11 / 06 64 10 17 13 • fax 09 55 08 59 06
safoul@safoul-productions.com • **www.safoul-productions.com**
27 ter rue du Progrès • 93107 **MONTREUIL CEDEX**

Assane NDOYE (Directeur) • Seydou GUEYE (Directeur artistique) • Laëtitia CHANTRAIT (Chargée de diffusion / communication) • Zoé COGNET (Administration / Production)

Activité(s) : Production • **Genre(s) musical(aux)** : Musiques Afrique/ Océan Indien • **Forme juridique** : Asso. • **Rayonnement** : National, international • **Spectacles produits** : Les Frères Guissé, Tom Diakité, Sam Tshabalala, Les Go de Kotéba, Lamine Koyaté, Festival L'Afrique dans tous les sens • **Catalogue** : Les Frères Guissé, Doudou Ndiaye Rose Junior, Tom Diakité, Mah Damba, Mikidache et M'Toro Chamou, Les Go de Kotéba, Patrick Bebey, Lamine Kouyaté, Sam Tshabalala, Diogal, Ballet Théâtre Libota, Mounawar, M. Djely & J.P. Rykiel, Mariana Ramos, Omar Pene, Touré Kunda (en accord avec Full Force) • **Licence(s)** : 931928 (2) • **Autre(s) activité(s)** : Promotion, organisation Takusaan Party au Batofar, management

SALAMAH PRODUCTIONS

✆ 04 79 34 18 17 • fax 09 56 61 03 54
asso.salamah@free.fr • **asso.salamah.free.fr**
4bis rue Jean Monard • 73100 **AIX LES BAINS**

Benoît ROSSI (Coordinateur) • Romain BOUEZ (Chargé de production / Booking) • Sarah KAZAROFF (Booking) • Grégoire BOUROULLEC (Chargé de communication)

Activité(s) : Tourneur, organisateur • **Genre(s) musical(aux)** : Rock, dub, électro, hip hop, trad • **Forme juridique** : Asso. • **Rayonnement** : National • **Catalogue** : Dubioza Kolektiv, Amsterdam Klezmer Band, Matt.B, Robert Spline, Lakay, Fanfare Danguba, MMD 38, Baby Universal • **Licence(s)** : 1005349 (2), 1014102 (3) • **Autre(s) activité(s)** : Label, médiation artistique et culturelle

SAMEDI 14

✆ 06 80 72 14 89 / 09 83 06 99 93
frank@samedi14.com • **www.samedi14.com**
1 rue Chalopin • 69007 **LYON**

Frank BROUSSAS (Directeur artistique) • Grégoire POTIN (Chargé de diffusion) • Marie BOBIN (Chargée de diffusion) • Marion PARIZOT (Chargée de production)

Activité(s) : Producteur, tourneur • **Genre(s) musical(aux)** : Chanson • **Forme juridique** : Asso, SARL • **Rayonnement** : National • **Spectacles produits** : Balmino, La Blanche, Camel Arioui, Seyo, Evelyne Gallet, Billie, Broc, Traversée de la scène à la nage • **Catalogue** : Balmino, La Blanche, Camel Arioui, Seyo, Broc, Evelyne Gallet, Billie, Williwam • **Licence(s)** : 136385 (2), 136386 (3) • **Autre(s) activité(s)** : Label, éditions

SAMEDISOIR

✆ 01 46 23 04 26 / 06 20 54 96 64
marc.decagny@gmail.com • **www.samedisoir.org**
58 rue des Garrements • 92140 **CLAMART**

Marc de CAGNY (Booking)

Activité(s) : Agence, booking • **Genre(s) musical(aux)** : Jazz, chanson • **Forme juridique** : SARL • **Rayonnement** : France, Europe, International • **Catalogue** : Bireli Lagrene, Jean-Luc Ponty, Mino Cinelu, Niels Lan Doky, Jeanmy Truong, Franck Wolf, Malene Mortensen, Swan Berger, Claude Bolling, Marc Thomas, Laurent Couson, Keith Loftis, Joseph Tawadros, Bernard Thomas, Cécile Verny • **Licence(s)** : 1056821 (2), 1056822 (3)

SAVOIR FAIRE BOOKING

✆ 01 42 46 00 34
contact@savoirfairecie.com • **www.savoirfairecie.com**
69 rue d'Hauteville • 75010 **PARIS**

Antoine « KRAFT » CAUDRON (Directeur artistique) • Elise SAUVINET (Communication) • Emilie JACQUET (Chargée de production) • Simon BIERLAIRE (Booking) • Jonathan MILTAT (Booking)

Activité(s) : Tournée et production d'événements • **Genre(s) musical(aux)** : Electro, rock, pop • **Forme juridique** : SARL • **Rayonnement** : International • **Catalogue** : Alb, Birdy Nam Nam, Blackstrobe, Mc Luvin, Stuck in the Sound, The Aikiu, The Betwiched Hands, The Shoes, Yuksek, Arnaud Rebotini, Baauer, Bambounou, Beataucue, Benga, Borgore, Brodinski, Canblaster, Club Cheval, Dillon Francis, Drop The Lime, Excision, Feed Me, Flight Facilities, Flosstradamus, French Fries, G.Vump, Gigamesh, Joris Delacroix, Maelstrom, Manu le Malin/ The Driver, Martyn, Mr Scruff, Mumbai Science, MYD, Noisia, Oliver, Panteros 666, Partyharders, Pelican Fly, Renaissance Man, Rusko, Sam Tiba, Skream, The Hacker, The Subs, Crookers, Gesaffelstein, I Am Un Chien !!, Jackson and His Computer Band, Madeon, Magnetic Man, Miss Kittin and The Hacker, New Polotics, Pony Pony Run Run (Dj set), Skrillex, Team Ghost, The Bloody Beetroots, The Magician, Uz, Zeds Dead • **Licence(s)** : 1024684 (2), 1024685 (3) • **Autre(s) activité(s)** : Management, label, marketing

SCÈNE & PUBLIC

✆ 01 45 55 01 40
contact@scene-public.fr • **www.scene-public.fr**
73 rue de Clignancourt • 75018 **PARIS**

Pierre BEFFEYTE (Gérant)

Activité(s) : Producteur et diffuseur • **Genre(s) musical(aux)** : Théâtre et musique • **Forme juridique** : SARL • **Rayonnement** : National • **Catalogue** : Romain Bouteille, Les Yeux Noirs, Tomas Gubitsch, Tipari, etc. • **Licence(s)** : 1056698 (2), 1056699 (3)

SCHERZO CONCERTS & PRODUCTION

✆ 01 44 53 80 80 • fax 01 44 53 80 81
contact@scherzoproduction.com • **www.scherzoproduction.com**
34 rue de la Victoire • 75009 **PARIS**

Isabelle DACHEUX (Responsable)

Activité(s) : Entrepreneur de spectacles • **Genre(s) musical(aux)** : Rock, pop, blues, rythm'n Blues • **Forme juridique** : SARL • **Rayonnement** : International • **Spectacles produits** : Fête de la musique à Cuba, Daran, Molécule*G, Wil Campa, Louis Ville, Fanfare P4 • **Catalogue** : Daran, Molécule*G, Wil Campa, Louis Ville, Fanfare P4 • **Licence(s)** : 1041530 (2) • **Autre(s) activité(s)** : Management, édition, label indé., gestion de catalogue éditorial

SCORE PRODUCTIONS

✆ 01 48 59 89 61 • fax 01 48 59 95 33
score@nerim.net • **www.score-productions.com**
17 rue de la Révolution • 93107 **MONTREUIL CEDEX**

Serge BAUDOUIN (Gérant) • Philippe NAULOT (Administrateur) • Amandine PAUFENT (Booking)

Activité(s) : Entrepreneur de spectacles, organisateur • **Genre(s) musical(aux)** : Classique, jazz, variétés • **Forme juridique** : SARL • **Rayonnement** : International • **Spectacles produits** : « Les nuits des musiciens » • **Catalogue** : Zool Fleischer et Denis Leloup, Sébastien Paindestre, Pierre Guicquéro Septet, Certains l'aiment chaud, MAM, Z Quartett, That Case, Astoria, Bovary, Endless Shiver, etc. • **Licence(s)** : 1028684 (2), 1028637 (3)

SEVEN PRODUCTIONS

✆ 01 42 52 20 30 / 06 14 30 05 44 • fax 01 72 70 37 47
contact@seven-productions.com • **www.seven-productions.com**
Mila • 2 rue André Messager • 75018 **PARIS**

Thierry LESCAUT (Directeur)

Activité(s) : Tourneur • **Genre(s) musical(aux)** : Jazz, world, musiques actuelles • **Forme juridique** : SARL • **Rayonnement** : International • **Catalogue** : Magma, Christian Vander, Mônica Passos, Carine Bonnefoy, Sylvain Beuf, Claudia Solal, Franck Avitabile, Kicca & Intrigo, Ilene Barnes, Janysett McPherson, Tony Tixier, David Eskenasy, Ilene Barnes • **Licence(s)** : 7502827 (2) • **Autre(s) activité(s)** : Relations presse pour des labels étrangers, management

SFR LIVE CONCERTS

✆ 01 71 07 07 07 • fax 01 71 07 65 59
www.live-concert.sfr.fr
Tour Sequoia, la Défense 6 • 1 pl. Carpeaux • 92915 **PARIS LA DEFENSE**

Aurélie SOHIER (Responsable Pôle SFR Live Concerts) • Mathieu DUBOIS (Responsable Projet digital) • Audrey SIMIANA (Responsable SFR Jeunes Talents)

SHABAZ

✆ 05 62 73 71 62
info@shabaz.net • **www.shabaz.net**
12 bd d'Arcole • 31000 **TOULOUSE**

Jean-Baptiste DEIX (Président) • Soufiane DJAFFER (Chargé de production) • Florent MONTIGNY (Chargé de diffusion)

Activité(s) : Booking, production • **Genre(s) musical(aux)** : Musiques actuelles • **Forme juridique** : Asso. • **Rayonnement** : International • **Spectacles produits** : The Young Gods, Mariee Sioux, H-Burns, Dalek, Oddatee, Bleubird, Hell's Kitchen, Marvin, Fumuj, Balkan beatbox, Irma, Gablé, Ben Sharpa, Son Of Kick, dDamage, Numbers Not Names • **Catalogue** : Jens Bosteen (et non Basteen), Dirty Fonzy et (non Fonzi), The Gabelt (et non gablet) • **Licence(s)** : 1050173(2), 1050174 (3) • **Autre(s) activité(s)** : Régies, diffusion

SHERPAH PRODUCTIONS

✆ 01 30 52 27 98 • fax 01 30 52 13 00
contact@sherpah.com • **www.sherpah.com**
BP 33 • 78470 **ST REMY LES CHEVREUSE**

Sylvain COMORETTO (Gérant)

Activité(s) : Entrepreneur de spectacles • **Genre(s) musical(aux)** : Chanson, variétés, world music • **Forme juridique** : SARL • **Rayonnement** : International • **Catalogue** : Michael Jones, Nicolas Peyrac, Sapho, Nojazz, Tanya Saint-Val, Mokhtar Samba, Tale of Voices, Face à la mer, Les Breuvachons, Big Band Brass, Wenta, Aliox, Jennifer Batten, Les Percussions Galactiques, etc. • **Licence(s)** : 1028745 (2)

SIRVENTES

✆ 04 71 64 34 21 / 06 33 53 83 42 • fax 04 71 64 09 07
michel.navarro0528@orange.fr • **www.sirventes.com**
9 cité Clair-Vivre • BP 312 • 15003 **AURILLAC CEDEX**

Joël MESPOULÈDE (Tourneur) • Thierry BOUSSEAU (Communication et Relations Presse)

Activité(s) : Entrepreneur de spectacles, organisateur • **Genre(s) musical(aux)** : Musiques et chants occitans pour scènes actuelles et traditionnelles (ragga, trad-jazz, rock, bourrée ska, etc.) • **Forme juridique** : SCOP - SARL • **Rayonnement** : National • **Spectacles produits** : Le Comité, Laurent Cavalié, La Mal Coiffée, Du Bartàs, Géraud Bastar, etc. • **Licence(s)** : 1006020 (2), 1006021 (3) • **Autre(s) activité(s)** : Label, évenementiels, études valorisant le patrimoine culturel, naturel et social

Laurent-Baron **SLOW BUENAVISTA**

✆ 01 41 38 03 33
slo.assistant@orange.fr • **www.sloprod.com**
100 rue Rouget de Lisle • 92150 **SURESNES**

Laurent BARON (Gérant) • Valérie GILBERT (Booking) • Dominique LETESSIER (Administration) • Joseph BARON (Assistant de production)

Activité(s) : Producteur, bookeur, agent • **Genre(s) musical(aux)** : Variété, jazz, humour • **Forme juridique** : SARL • **Rayonnement** : Europe et pays francophones • **Catalogue** : Liane Foly, Marcel Amont, Nacash, André-Philippe Gagnon, Les Dimanches de Barbara, Charles Aznavour, Smain • **Licence(s)** : 1045856 (2), 1045857 (3)

SNARK

✆ 02 31 85 90 00
contact@snark.fr • **www.snark.fr**
65 rue des Rosiers • 14000 **CAEN**

Françoise GRIEU (Chargée de production) • Fabien LEFORT (Administrateur de production) • Caroline TRICARD (Assistante promotion)

Activité(s) : Production de spectacle, organisation • **Genre(s) musical(aux)** : Musiques actuelles métissées, musiques du monde • **Forme juridique** : Asso • **Catalogue** : Fady Mélo, Patchamama, Mary*, N'Ding, Noïram, Zikfa, Truc'Muches, Spleen L'Ancien, Ingrid Luley • **Licence(s)** : 1040467 (2), 1040468 (3) • **Autre(s) activité(s)** : Promotion, coordination actions culturelles, promoteur Basse-Normandie "Peace&Lobe" (risques auditifs)

SONOTEK

✆ 08 10 81 09 98 • fax 05 46 26 31 19
info@sonotek.fr • **www.sonotek.fr**
BP 1 • 17380 **TONNAY BOUTONNE**

Cyril RENARD (Gérant technicien)

Activité(s) : Producteur • **Genre(s) musical(aux)** : Tous • **Forme juridique** : SARL • **Rayonnement** : International • **Spectacles produits** : Freddie Meyer, Les Tontons, Allan and the Soul Connection, Marissu Quartet, La Fête de Rondine, Asioasis, Mosquito Salsa Club, Hot Couture, Groove on the Top, la Mare aux Couleurs, le Théâtre d'Aurina, Rolling Dominos, Mardi Brass Band, Encore Floyd, MO, Jazz Around Midnight, Roland Zee, Korben Live, Le Réveil des Sons, Caribop, Kabaret de Poche • **Licence(s)** : 27750 (2)

SOPHIANE TOUR

✆ 04 73 45 18 08 • fax 04 73 93 96 13
sophianeprod@gmail.com • **www.sophiane.net**
11 rue Georges Clémenceau • 63000 **CLERMONT FERRAND**

Annick CLAVAIZOLLE (Gérante) • Jean-Olivier BRUN (Chargé de production)

Activité(s) : Tourneur, booking • **Genre(s) musical(aux)** : Tous • **Forme juridique** : SARL • **Rayonnement** : National • **Spectacles produits** : The Elderberries, Cocoon, Sam, Zak Laughed • **Catalogue** : Adam Wood, Adèle Coyo, Au P'tit Bonheur, Babayaga, Fake Oddity, Folk Music & Protest Song, Jim Yamouridis, La Boîte à Ooti, Léonie, Les Hotesses d'Hilaire, Mere Grand and the Sound Avengers, Norfolk A.C, Taÿfa, The Elderberries, Zedrus • **Licence(s)** : 1026671 (2), 1026672 (3)

SOSTENUTO

✆ 03 20 52 59 08 / 06 87 96 85 25 • fax 03 20 52 59 08
sostenuto1@free.fr • **www.sostenutoprod.com**
50 rue de Thumesnil • 59000 **LILLE**

Magali LECLERC (Directrice artistique associée) • Fatima HASSOUNA (Directrice artistique associée)

Activité(s) : Tourneur • **Forme juridique** : SARL • **Rayonnement** : Régional, national, international • **Spectacles produits** : Ceux du catalogue • **Catalogue** : Presque Oui, From & Ziel, Moran, 3x6, Cie Les Porteuses de Sons, Cie Tintinabulles, Cie Mucho Molto, Les Bavards Muets, Cabaret 50', Patrick Sourdeval, DUOpointzero • **Licence(s)** : 144874 (2) • **Autre(s) activité(s)** : Recherches de financements, éditeur, relations presse, accompagnement de projets, management

SOUND SURVEYOR

✆ 06 68 86 88 88 / 01 34 78 82 58
boris@soundsurveyor.com • **soundsurveyor.com**
Epsace Inneos • 1401 av. de la Grande Halle • 78200 **BUCHELAY**

Boris JOURDAIN (Direction & booking) • Thierry LESCOUZÈRES (Booking) • Céline LUGUÉ (Administration & production)

Activité(s) : Producteur • **Genre(s) musical(aux)** : Jazz, blues, musiques du monde • **Forme juridique** : SARL • **Rayonnement** : International • **Spectacles produits** : Festival « April in Paris » (2013) • **Catalogue** : Lionel Loueke, Rabih Abou-Khalil, Otis Taylor & Contraband, Simone sings Nina, Shaï Maestro, Jacques Schwarz-Bart, Kenny Werner, Denis Colin, Vijay Iyer, Denis Colin, Yuval Amihai Ensemble, Heritage Blues Orchestra, Laïka, Ablaye Cissoko & Volker Götze, Univers Nino • **Licence(s)** : 1049399 (2), 1049400 (3) • **Autre(s) activité(s)** : Management, formation ACT (Art Culture Transmission)

SOUND'ACTION

✆ 06 85 14 44 25 • fax 09 72 12 88 96
prog@soundaction.fr • **www.soundaction.fr**
12 rue Pierre Blard • 44800 **ST HERBLAIN**

Pierre-Yves ROUX (Président) • Charles-Moïse BARTH (Coordinateur) • Jean-Baptiste OYER (Directeur de la production)

Activité(s) : Tourneur, producteur • **Genre(s) musical(aux)** : Hip hop, musiques actuelles • **Forme juridique** : Asso. • **Rayonnement** : International • **Spectacles produits** : Festival Art Hip Hop (battle break, mc, beatbox & dj), Festival Original Spirit, soirées Hands Up • **Catalogue** : Oslim, Groove Control, Dj Freshhh, Zoxea, Sages Poètes de la Rue • **Licence(s)** : 1034606 (2), 1034605 (3) • **Autre(s) activité(s)** : Relations presse, webdesign, web marketing, street marketing, sonorisation & éclairage, management

SOYOUZ FOLKLORE MODERNE

✆ 04 50 51 46 84
mail@soyouzmusic.com • **www.soyouzmusic.com**
2 rue du Travail • 74000 **ANNECY**

Scott GILLOT (Chargé de production) • Florent CRASSOUS (Chargé de production) • Thierry LEGRAND (Chargé de production)

Activité(s) : Entrepreneur de spectacles • **Genre(s) musical(aux)** : Folklore moderne • **Forme juridique** : Asso. • **Rayonnement** : International • **Catalogue** : Balkan Beat Box, DAAU, Fantazio, Zea, Hell's Kitchen, Spaceheads, The Ex, Nina Nastasia, 22 Pistepirkko, Firewater, Zu, The Ex & Getatchew Mekurya, Seaming, Homelife, Orchestre Tout Puissant Marcel Duchamp, Vale Poher, Charlie O, Yoyoyo Acapulco, Deltahead, God is my Co-Pilot, D.V.D., Imperial Tiger Orchestra, Kimya Dawson, Nibs van der Spuy, Nomo, Angelo Spencer, ARLT, Axel Krygier, Ben Lupus, Joy, Omar Souley Man, The Master Musicians of Jajouka, Zun Zun Egui, Verone, King Automatic, etc. • **Licence(s)** : 1007664 (2), 1007665 (3)

SPEAKEASY

✆ 01 44 54 80 60 • fax 01 44 54 80 61
contact@speakeasy.pro • **speakeasy.pro**
177 rue du Temple • 75003 **PARIS**

Jean-Louis SCHELL (Gérant booking) • Gérald FRAYSSE (Communication)

Activité(s) : Producteur, tourneur • **Genre(s) musical(aux)** : Rock • **Forme juridique** : EURL • **Rayonnement** : National, européen • **Catalogue** : Kasabian, Peter Doherty, Razorlight, Family of the Year, Royal Republic, Alan Corbel, Monster Magnet, Arman Melies, Karnivool, The Phantom Band, Viva Brother, Mother Mother, Band of Skill, etc. • **Licence(s)** : 1035714 (2) 1035715 (3)

SPECTACLES ET ÉVÉNEMENTS

✆ 09 71 56 42 77 / 06 42 02 67 79
spectacles-evenements@orange.fr • **www.spectaclesevenements.fr**
33 rue Lemercier • 75017 **PARIS**

Jean-Baptiste PAGANI (Directeur de la production)

Activité(s) : Production, tourneur • **Genre(s) musical(aux)** : Tous dont jazz, chanson, rock, humour • **Forme juridique** : EI • **Rayonnement** : International • **Spectacles produits** : Nathalie Soles, Gil Aniorte-Paz, Hakima El Atrassi, Pierre Diot, Julien Schmidt • **Catalogue** : Nathalie Soles, Gil Aniorte-Paz, Ralph Hartmann, Janice De Rosa, Hakima El Atrassi • **Licence(s)** : 1019783 (2), 1019784 (3) • **Autre(s) activité(s)** : Management, production exécutive, événementiel

SPRAY LAB

✆ 03 83 28 16 46
spraylabzic@gmail.com • **www.spaylab.fr**
115 rue Gabriel Mouilleron • 54000 **NANCY**

Yvain VON STEBUT (Artiste / coordination) • Jérémy SCHWARTZ (Administrateur)

Activité(s) : Entrepreneur de spectacles, direction artistique • **Genre(s) musical(aux)** : Hip hop, cultures urbaines • **Forme juridique** : Asso. • **Rayonnement** : International • **Catalogue** : Le Crapo des Marais, L'ôtre Ville • **Licence(s)** : 1029326 (2), 1029627 (3) • **Autre(s) activité(s)** : Collectif d'artistes (musique, graff, skate), organisation d'expositions et de manifestation culturelles

STARASSOPROD

✆ **06 12 04 03 71 / 06 87 52 37 24 / 04 68 51 75 96**
starassoprod@gmail.com • **www.starassoprod.com**
4 rue des Pins • 66300 **TROUILLAS**

Christian MICHEL (Booking) • Isabelle BEAUVAIS (Booking internaional)

Activité(s) : Entrepeneur de spectacles, booking • **Genre(s) musical(aux)** : Blues et musiques du monde • **Forme juridique** : Ass. • **Catalogue** : Nico Backton & Wizards of Blues, Jack Bon Slim Combo, Chris the Cat, Lino Muoio : Mandolin Blues, Mark Lelangue, DouDouDiouf • **Licence(s)** : 1058474 (2) et 1058475 (3) • **Autre(s) activité(s)** : Gestion administrative des artistes adhérents

La STATION SERVICE

✆ **06 89 90 02 21**
contact@lastationservice.org • **www.lastationservice.org**
2 rue Glais-Bizoin • 35000 **RENNES**

François LEBLAY (Chargé de production) • Pascal CABANNE (Chargé de diffusion) • Sophie RACINEUX (Chargée de diffusion) • Benoit GAUCHER (Chargé de diffusion) • Cécile AUMASSON (Régie Tournées)

Activité(s) : Musiques actuelles, ciné concerts, fanfares et spectacles • **Genre(s) musical(aux)** : Musiques actuelles, ciné concert et spectacles musicaux • **Forme juridique** : Asso. • **Rayonnement** : National et international • **Spectacles produits** : « Directors's Cut » Santa Cruz + Joseph Racaille + l'Orchestre Symphonique de Bretagne, « How we tried... » Olivier Mellano, Portotrio • **Catalogue** : Santa Cruz, L'Enfance Rouge, Michel Cloup (duo), The Last Morning Soundtrack, Sax Machine, Lydia Lunch's Putan Club, Marcel Kanche, Olivier Mellano, Chien Vert, Julie Seiller, Les Elles, Sergent Pépère etc. • **Licence(s)** : 1014255 (2) • **Autre(s) activité(s)** : Interventions et formations, prestations musicales pour événementiels, prestations administratives

SUB TOUR

✆ **09 50 91 19 90 / 06 64 13 18 09 / 06 87 42 60 77**
jim@subtour.fr • **www.myspace.com/subtour**
7 rue Saint Esprit • 06600 **ANTIBES**

Jim BESSON (Gérant)

Activité(s) : Booking • **Genre(s) musical(aux)** : Rock, musiques électroniques • **Rayonnement** : National • **Catalogue** : Eon Megahertz, Mandrac, Treenity • **Licence(s)** : 1008504 (2) • **Autre(s) activité(s)** : Management, location bus tournées, régie, etc.

SUD CONCERTS

✆ **04 91 80 10 89** • fax 04 91 80 11 84
sudconcerts@sudconcerts.net • **www.sudconcerts.net**
255 Av. du Prado • Entrée C « Le Pullman » • 13008 **MARSEILLE**

Rabah HOUIA (Directeur) • Stéphanie NOGUES (Communication) • Fréderique MARROC (Chargée de production) • Emmanuelle ROBERT (Relations publiques) • Catherine SUSINI (Comptable) • Céline DUBOIS-MATRA (Billetterie) • Marine BERNARD-HERVÉ (Chargée de diffusion) • Marine BENSALHA (Relations presse) • Liselotte DAGNAUX (Chargée de production) • Erika ENAULT (DAF)

Activité(s) : Promoteur, producteur • **Genre(s) musical(aux)** : Tous, humour • **Forme juridique** : SARL • **Rayonnement** : Régional, national • **Spectacles produits** : Élie Semoun, Gad Elmaleh, Vincent Delerm, Nicolas Canteloup, Pascale Picard, Grand Corps Malade, Yodelice, Deep Purple, Maurane, Joan Baez, etc. • **Catalogue** : Enrico Macias, Show Dance, Tano, P. Fiori, Louis Bertignac, Beverly Jo Scott, etc. • **Licence(s)** : 1029615 (2), 1029316 (3) • **Autre(s) activité(s)** : Spectacles jeune public pour comités d'entreprise, Festival les Voix du Gaou, Festival du château

SUPER !

✆ **01 43 38 41 04** • fax 01 43 38 53 69
julien@supermonamour.com • **www.supermonamour.com**
51 rue de la Roquette • 75011 **PARIS**

Julien CATALA (Directeur artistique) • Claire PERROT (Booking /chargée de communication) • Julie BATHELLIER (Chargée de communication) • Quentin GAUVIN (Booking) • Clémence BIZIEN (Booking) • Greg TRANCHECOSTE • Walter (Chargé de production)

Activité(s) : Producteur, bookeur, agent • **Genre(s) musical(aux)** : Rock électronique, nouvelles musiques • **Forme juridique** : SARL • **Rayonnement** : Europe, international • **Spectacles produits** : Pitchfork Music Festival, Fireworks Festival • **Catalogue** : Animal Collective, The XX, M83, Bon Iver, Of Montreal, Black Lips, Mumford and Sons, The Lumineers, Caribou, SBTRKT, Grimes, Four Tet, etc. • **Licence(s)** : 1020956 (2) 1020957 (3)

SURPRIZE

✆ **09 52 96 02 78**
contact@surprize.fr • **www.surprize.fr**
3 rue Bellot • 75019 **PARIS**

Aurélien DUBOIS (Gérant) • Adrien BETRA (Cogérant) • Brice COUDERT (Directeur artistique)

Activité(s) : Production, tour • **Genre(s) musical(aux)** : Electronique, électro rock • **Forme juridique** : SARL • **Rayonnement** : International • **Spectacles produits** : Weather, Twsted, Concrete, Scandale !, Paramaniac, Weather Festival • **Catalogue** : Scandale !, Sexysushi, Djedjotronic, T.Raumschmiere, Only for the kids, Evernever, + Concrete artistes (Ben Vedren, S3A, Molly, Cabanne, Copacabannark, Francois X, Polar Inertia, Behzad et Amarou, Lowris, Antigone) • **Licence(s)** : 1050622 (2), 1050623 (3) • **Autre(s) activité(s)** : Label

SWEATLODGE

✆ **06 64 32 60 20 / 06 80 82 96 65 / 09 81 63 57 49**
martin@sweatlodge.fr • **www.sweatlodge.fr**
378 Route de Sainte Luce • 44300 **NANTES**

Martin GEOFFRE (Coordinateur)

Activité(s) : Production, organisation • **Genre(s) musical(aux)** : Techno, électro, breakbeat, dubstep, etc. • **Forme juridique** : Asso. • **Rayonnement** : National • **Spectacles produits** : Bankal Cie, Redux, Substance Cirk, Pirates !, TotoBlack • **Licence(s)** : 144611 (1), 143765 (2), 143766 (3) • **Autre(s) activité(s)** : Location de deux chapiteaux, prestations techniques et de matériel (son et lumière)

SYNCOPE MANAGEMENT

✆ **02 43 80 70 38 / 06 06 61 68 16**
booking@synopse-prod.com • **www.syncope-prod.com**
c/o ZA du Vivier • 17 rue du Vivier • 72700 **ALLONNES**

Mathieu MARÉE

Activité(s) : Producteur, booking • **Genre(s) musical(aux)** : Metal, éléctro, rock, hip-hop, reggae, jazz • **Forme juridique** : Asso. • **Rayonnement** : National • **Catalogue** : Acne, Azzura's, Climat, Dirty Charly, Glück, Jr Yellam, La Mauvaise Humeur, Noïd, Novels, Sharon & Tracy, Shuffle, Unleashing the Beast • **Licence(s)** : 1054280(2), 1054154 (3) • **Autre(s) activité(s)** : Développement, management, administration du spectacle, promotion, festivals, sonorisation

TALENT BOUTIQUE

✆ **01 49 25 82 82** • fax 01 42 23 67 04
talents@thetalentboutique.fr • **thetalentboutique.fr**
c/o Corida • 120 bd Rochechouart • 75018 **PARIS**

Pierre BLANC

Activité(s) : Booking, production • **Genre(s) musical(aux)** : Musiques électroniques, hip hop, pop • **Spectacles produits** : Soirées, événements • **Catalogue** : Aeroplane, Bobmo, Aloe Blacc, Booka Shade, Azealia Banks, Busy P, Connan Mockassin, We are Enfant terrible, Para One, Rocky, Soko, Surkin, Metronomy, Kindness, Digitalism, etc.

TALOWA PRODUCTIONS

✆ **05 61 31 04 03** • fax 05 61 31 04 03
contact@talowa.com • **www.talowa.com**
12 rue Adolphe Coll • 31300 **TOULOUSE**

Bastien BACHA (Gérant / chargé de production) • Émilie DAUBRESSE (Chargée de production / booking) • Hugo FIORI (Chargé de production) • Nabil MOSTAFA (Chargé de communication)

Activité(s) : Tourneur, producteur, booking • **Genre(s) musical(aux)** : Reggae, world, roots, dancehall, dub • **Forme juridique** : SARL • **Rayonnement** : International • **Spectacles produits** : Toulouse Dub Club • **Catalogue** : Gentleman, Alborosie, Horace Andy, Kymani Marley, Anthony B, Ken Boothe, Jah Mason, Johnny Clarke, Etana, Kiddus I, Lutan Fyah, Ce'cile, Tok, Omar Perry, Homegrown Band, Bitty Mc Lean, Meta & The Cornerstones, Ziggi Recado, Colocks, Banyans, Kanka, Bush Chemists, Weeding dub, Ackboo, Dub Monsters, Radikal Guru, Systema Solar, LA 33, etc. • **Licence(s)** : 1052998 (2), 1052999 (3) • **Autre(s) activité(s)** : Production audiovisuelle, promotion locale

Le TAXI PROD

info@letaxiprod.com • **www.letaxiprod.com**
74 bd. Voltaire • 75011 **PARIS**

Philippe GSELL (Gérant) • Habib ACHOUR (Cogérant et resp. booking) • Kamel SALIH (Booking rock et electro)

Activité(s) : Production, booking • **Genre(s) musical(aux)** : Jazz, électro jazz, musiques électroniques, hip hop, rock, rock électro, et jazz contemporain • **Forme juridique** : SARL • **Rayonnement** : International • **Spectacles produits** : Poni Hoax • **Catalogue** : Lansiné Kouyaté/David Neerman, Kyle Eastwood Band, The Neil Cowley Trio, Elysian Fields, The LIPS, Poni Hoax, Cheveu, Success • **Licence(s)** : 1020875 (3), 1020874 (2) • **Autre(s) activité(s)** : Management

TCHOOKAR

✆ **04 76 25 26 55** • fax 04 76 14 07 95
contact@tchookar.com • **www.tchookar.com**
Le Fort du Murier - Gières • 38400 **ST MARTIN D'HERES**

Henry GUETAZ (Co-gérant) • Damien COLAS (Co-gérant et administrateur) • Julie BROUCQSAULT (Chargée de production)

Activité(s) : Entrepreneur de spectacles • **Genre(s) musical(aux)** : Musiques d'ici et d'ailleurs • **Forme juridique** : Scop • **Rayonnement** : International • **Catalogue** : Zen Zila, Kazak, Kalakuta Orchestra, Saturnes, Geraçao Capöeira, Yves Gaudin, Calle San Miguel, Zalyshar, Lull, Holy Bones, Neige & Ben • **Licence(s)** : 1018778 (2), 1018779 (3) • **Autre(s) activité(s)** : Secrétariat artistique, édition, producteur phonographique, production audiovisuelle

TEAM CJ PROMOTION

✆ **04 72 35 17 64 / 06 07 61 84 43** • fax 04 72 36 01 76
jaume@teamcj.fr • **www.teamcj.net**
19 rue de la Villette • 69425 **LYON CEDEX 3**

Christian JAUME (Gérant) • Odile TERASSE (Directrice de la production)

Activité(s) : Producteur de spectacles, organisateur • **Genre(s) musical(aux)** : Chanson, variétés • **Forme juridique** : SARL • **Rayonnement** : International • **Catalogue** : Georges Chelon, Nicole Rieu, Los Machucambos, Georges Moustaki (en accord avec M.A Mirande), Pierre Perret, R. Zaraï, Pascal Danel, Gilles Dreu • **Licence(s)** : 136799 (2), 136800 (3)

TELSER

✆ 01 64 35 02 83
booking@telser.fr • **www.telser.fr**
c/o CybearSonic • 565 av. du Prado • 13008 **MARSEILLE**
Didier-J. MARY (Directeur)
Activité(s) : Booking, touring & production • **Genre(s) musical(aux)** : Musiques africaines • **Catalogue** : Djeli Moussa Diawara, Gangbé Brass Band, Elage Diouf, Teriba Trio, Timadiguste • **Licence(s)** : 1041482 (2), 1041483 (3) • **Autre(s) activité(s)** : Label, édition, supervision musicale

TEMPO BLUES

✆ 09 50 06 99 65 • fax 09 50 06 99 65
booking@tempoblues.com • **tempoblues.com**
c/o KNT • 16 rue du Grand Veymont • 38320 **EYBENS**
Jean-Pierre DUARTE (Tour booking)
Activité(s) : Tour booking • **Genre(s) musical(aux)** : Blues • **Forme juridique** : SARL • **Rayonnement** : Etats-Unis, Europe • **Catalogue** : Boogie Matt Weavil, Paul Oscher, Eddie C. Campbell, Gene Taylor, Steve Guyger, Eddie Taylor Jr, Larry Taylor, etc. • **Licence(s)** : 1017292 (2), 101793 (3)

TEMPO SI

✆ 06 80 91 00 57 / 04 67 92 36 62
odile.meynadier@orange.fr • **www.myspace.com/temposi**
0 rue Levat • 34000 **MONTPELLIER**
Odile MEYNADIER (Chargée de production) • Benoit VEHRLE (Communication) • Jean-Jacques LAYRE (Président) • Franck TENAILLE (Vice-président) • Valérie JACQMAM (Chargée de production)
Activité(s) : Entrepreneur de spectacles • **Genre(s) musical(aux)** : Musiques du monde • **Forme juridique** : Asso. • **Rayonnement** : International • **Spectacles produits** : Beñat Achiary • **Catalogue** : Beñat Achiary, La Squadra de Gènes, Antonio Rivas, Roberto de Brasov, Amelia Muge, Escala Candela, Carlo Rizzo (duo et trio), Burhan Öçal, Duo Valla/Scurati, Fratelli Mancuso • **Licence(s)** : 342325 (2), 342326 (3) • **Autre(s) activité(s)** : Management

TER A TERRE CONCERTS

✆ 05 58 52 44 02 • fax 09 59 83 11 66
booking@teraterre.com • **www.teraterre.com**
22 rue Paul Claudel • 40280 **ST PIERRE DU MONT**
Laurent LACROUTS (Directeur / Agent) • Mathieu JOURDAIN (Chargé de production)
Activité(s) : Tourneur • **Genre(s) musical(aux)** : Tous • **Forme juridique** : Asso. • **Rayonnement** : National, international • **Catalogue** : Suicidal Tendencies, Infectious Grooves, Inspector Cluzo, The Dynamites • **Licence(s)** : 1040033 (2), 1040034 (3)

Le TERRIER PRODUCTIONS

✆ 06 71 03 55 04 • fax 03 20 47 77 20
robinsengupta@hotmail.com • **www.leterrierproductions.com**
359 rue du Gl De Gaulle • 59370 **MONS EN BAROEUL**
Robin SEN GUPTA (Gérant / Booking) • Pierre MARESCAUX (Communication / Booking)
Activité(s) : Booking, production, management • **Genre(s) musical(aux)** : Chanson • **Forme juridique** : SARL • **Rayonnement** : National, Suisse et Belgique • **Catalogue** : Les Blaireaux, Les Mauvaises Langues, La Goutte, Tonycello, Franz « Bas les pattes », Tony Melvil, Bazz Phoz, Ewen et l'Atelier clandestin • **Licence(s)** : 141651 (2)

TF1 PRODUCTION

✆ 01 41 41 43 34 / 01 41 41 33 82 • fax 01 41 41 43 26
gthouret@tf1.fr • **www.tf1production.fr**
1 quai de Point du Jour • 92656 **BOULOGNE CEDEX**
Céline ROUX (Directrice) • Ariane LECAMUS (Assistante)
Activité(s) : Entrepreneur de spectacles, tourneur, organisateur • **Genre(s) musical(aux)** : Variétés, comédies musicales • **Forme juridique** : SAS • **Rayonnement** : International • **Spectacles produits** : Les Prêtres « Spiritus Dei » • **Catalogue** : Les Prêtres « Spiritus Dei » • **Licence(s)** : 1039332 (2), 1039333 (3) • **Autre(s) activité(s)** : Production TV, événements

TOGEZER PRODUCTIONS

✆ 06 25 06 22 77
contact@togezerproductions.com • **www.togezerproductions.com**
2 rue de Pornic • 44710 **ST LEGER LES VIGNES**
Jérôme ETTINGER (Directeur artistique) • Estelle GAUCHER (Chargée de production Communication)
Activité(s) : Producteur • **Genre(s) musical(aux)** : Musiques traditionnelles du monde et électro-acoustiques • **Forme juridique** : Asso • **Spectacles produits** : Egyptian Project, Électro Sénoufo • **Catalogue** : Egyptian Project, Électro Sénoufo, Nessma, Les Musiciens du Caire, etc. • **Licence(s)** : 1059335 (2) et 1059336 (3) • **Autre(s) activité(s)** : Action culturelle, atelier de pratique musicale (samba reggae, percussions ivoiriennes musique traditionnelle égyptienne, MAO)

TONTON PATCH

✆ 06 60 76 15 33
tontonpatch@gmail.com • **www.tontonpatch.fr**
Patchanka • BP 1057 • 78131 **LES MUREAUX CEDEX**
Arnaud PATCHANKA-FOSSE (Contact)
Activité(s) : Production, organisation locale • **Genre(s) musical(aux)** : Du concert au théâtre de rue • **Forme juridique** : EURL • **Rayonnement** : Yvelines & Île-de-France • **Spectacles produits** : Titoff, Semoun, J.-L. Aubert, Jim Murple, Daysibox • **Licence(s)** : 780462 (2), 780463 (3) • **Autre(s) activité(s)** : Promotion, agenda papier « On vous aura prévenu » (www.myspace.com/agendaonvousauraprevenu)

TOURBILLON

✆ 09 83 53 94 31
info@tourbillon.pro • **www.tourbillon.pro**
49 rue de Valenciennes • 59000 **LILLE**
Xavier COLLIN (Gérant) • Christophe MAHO (Booking) • François DEFEVER (Booking)
Activité(s) : Entrepreneur de spectacles, producteur • **Genre(s) musical(aux)** : Tous • **Forme juridique** : SARL • **Rayonnement** : International • **Catalogue** : Balimurphy, Bat'Ker, Erika & Emigrante, Mutiny On The Bounty, The Peas Project, Junes, Bodh'aktan, Labiur, Mummy's Gone, Thierry Zaboitzeff, Mathilde Braure, Bams, etc. • **Autre(s) activité(s)** : Manager, consultant, gestion administrative

TOURNÉE GÉNÉRALE

✆ 06 09 99 23 54
contact@tourneegenerale.org • **www.tourneegenerale.org**
17 pl. du Gal De Gaulle • 80500 **MONTDIDIER**
Cécile CARON (Chargée de production)
Activité(s) : Producteur, booking • **Genre(s) musical(aux)** : Chanson, jeune public • **Forme juridique** : Asso. • **Rayonnement** : Régional, national • **Catalogue** : Jean Caron, Les Têtes de Piafs • **Licence(s)** : 80188 (2) • **Autre(s) activité(s)** : Management

TRAFFIX MUSIC

✆ 01 48 51 30 81 • fax 01 43 60 38 44
emilie@traffixmusic.com • **www.traffixmusic.com**
130 av. Pasteur • 93170 **BAGNOLET**
Emilie HOUDEBINE (Gérante / Booking) • Alice JOSEPH-EDOUARD (Booking (export))
Activité(s) : Booking • **Genre(s) musical(aux)** : Rock, pop, hip-hop, world, chanson, jeune public • **Forme juridique** : SARL • **Rayonnement** : International • **Catalogue** : Daara J. Family, Pascal Parisot, Pitcho, Radiomatic, Beautiful Girls, Axel & the Farmers, Fredy Massamba, June et Jim, Ok Channel, Mat McHugh, Fredda, Tjupurru, Cie O Clair de Plume • **Licence(s)** : 1014114 (2), 1014113 (3) • **Autre(s) activité(s)** : Label, éditions

TRAFICOM MUSIK

✆ 01 43 33 99 61 • fax 01 47 88 46 70
contact@traficom-musik.com • **www.traficom-musik.com**
12 rue Molière • 92400 **COURBEVOIE**
Margaret LANCLOS (Gérante)
Activité(s) : Entrepreneur de spectacles • **Genre(s) musical(aux)** : Variétés, chanson • **Forme juridique** : SARL • **Rayonnement** : International • **Spectacles produits** : N. Croisille, Lucid Beausonge, Gilbert Laffaille, Jean-Claude Vannier • **Catalogue** : Gilbert Laffaille, Anne Peko, Thierry Fabry, Jean Claude Vannier • **Licence(s)** : 920048 (2) • **Autre(s) activité(s)** : Editions, productions phonographiques

TRÈFLE EN SOL PRODUCTIONS

✆ 05 17 24 40 92 / 06 23 76 65 37
treflensol@free.fr • **www.treflensol.com**
5 rue de la Font des Pentes • 17150 **MIRAMBEAU**
Emma COSSON (Chargée de production et diffusion)
Activité(s) : Producteur, diffuseur • **Genre(s) musical(aux)** : Jazz « festif » • **Forme juridique** : Asso. • **Rayonnement** : National • **Spectacles produits** : « Le kiosque en Goguette ballade son Bal Populaire » • **Catalogue** : « Sing and Swing-Julie Morillon », « Sweet Mama & Cocobay-Cajoune/Catherine Girard », Le bal Canapelli, Mathias Guerry Swing'tet, Pascal Faidy 4tet, Bobby Dirninger Band • **Licence(s)** : 139078 (2), 1029233 (3) • **Autre(s) activité(s)** : Location kiosque à musique itinérant (avec un technicien SSIAP)

La TRIPERIE

✆ 01 48 58 33 64
latriperie.lysika@gmail.com
28 rue Kleber • 93100 **MONTREUIL**
Lysika CLAPAUD (Tour manager)
Activité(s) : Tourneur • **Genre(s) musical(aux)** : Musiques actuelles : rock, chanson, hip hop • **Forme juridique** : Asso • **Rayonnement** : National • **Spectacles produits** : « Fantazio Gang », « Fantazio Solo » en dédoublement, « Fantazio duo Monnaie de Singe », « Fantazio sauve son âme (trio) », David Lafore : « Tu m'en diras tant », Sarah Olivier, L'O.N.Dgiz., Little BallRoom • **Catalogue** : Fantazio, Sarah Olivier, Little BallRoom, Dgiz, David Lafore • **Licence(s)** : 1020828 (2) • **Autre(s) activité(s)** : Label (Fantazio)

TROISQUATRE !

✆ **05 56 91 79 54** • fax 05 56 91 69 95
info@troisquatre.com • **www.troisquatre.com**
6 pl. Camille Pelletan • 33000 **BORDEAUX**

Rudy LANNOU (Directeur) • Alex COL (Président / Directeur artistique) • Elsa OURNIÉ (Administration) • Marie BARUSSAUD (Chargée de diffusion / Communication)

Activité(s) : Entrepreneur de spectacles, tourneur • **Genre(s) musical(aux)** : Musiques du monde & nouvelles musiques traditionelles, jeune public • **Forme juridique** : Asso. • **Rayonnement** : International • **Catalogue** : Bernardo Sandoval, Aziza Brahim, Chet Nuneta, Hum, Perrine Fifadji, Mascarimiri, Gamero - Barcelona, Haïdouti Orkestar, Oreka Tx, Simon Nwambeben, Doolin, Le Choeur de la Roquette, Acousteel Gang Kalakan, Nostoc, Kepa Junkera, Mercedes Peton, The Wackids, Sur la route des gitans, Pépé Bons Caillous de Crocassie, Pangea • **Licence(s)** : 1057820 (2), 1057821 (3) • **Autre(s) activité(s)** : Label

TROLL'S PRODUCTION

✆ **03 84 25 24 77**
info@trollsprod.fr • **www.trollsprod.fr**
ZA de la Fromagerie • 39130 **LE FRASNOIS**

Aurélien BOUVERET (Directeur) • Jenny CALINON (Chargée de diffusion) • Florian NEGRELLO (Chargé de production) • Amandine MAILLARBAUX (Chargée de diffusion)

Activité(s) : Tourneur, organisateur, promoteur local • **Genre(s) musical(aux)** : Rock, blues, jazz manouche, chanson, etc. • **Forme juridique** : Asso. • **Rayonnement** : National, international • **Spectacles produits** : Festival de la Paille, Rock'n Troll festival, Festival des Combes Derniers, Made in Jura, Festi'Cave d'Arbois • **Catalogue** : Ana Popovic, The Washing Machine Cie, Prowpuskovic, Nadamas, Pascal Mathieu, Catfish, Affaire jazzée, Monsieur Pink, Sub Grabbing • **Licence(s)** : 1015751 (2), 1015752 (3) • **Autre(s) activité(s)** : Label, distribution fanzine, management

TS3

✆ **01 42 12 26 26** • fax 01 42 12 26 27
tsprod@tsprod.com • **www.tsprod.com**
62-64 bd Pereire • 75017 **PARIS**

Thierry SUC (Producteur) • Pierre-Alexandre VERTADIER (Directeur général) • Emmanuel TALLIEU (Producteur exécutif) • Mickael PRADIGNAC (Responsable marketing) • Bertrand HODOT (Booking) • Virginie GROUSSARD (Booking)

Activité(s) : Entrepreneur de spectacles • **Genre(s) musical(aux)** : Tous • **Forme juridique** : SARL • **Rayonnement** : International • **Catalogue** : M. Farmer, Zazie, Etienne Daho, Calogero, Yannick Noah, Raphaël, Marianne Faithfull, Guillaume Grand, Cock Robin, Stanislas, Louis Chédid, Emmanuelle Seigner, etc. • **Licence(s)** : 1036186 (2), 1036187 (3)

TURN AGAIN MUSIC

✆ **04 76 42 60 54** • fax 04 76 42 60 54
info@turnagainmusic.com • **www.turnagainmusic.com**
3 ter Quai Stéphane Jay • 38100 **GRENOBLE**

Yassine GOURI (Responsable)

Activité(s) : Tourneur • **Genre(s) musical(aux)** : World, musiques actuelles • **Forme juridique** : Asso. • **Rayonnement** : France, international • **Catalogue** : Gnawa Diffusion, Kamel El Harrachi, Amazigh Kateb, Hoba Hoba Spirit, Malya Saadi, Arezki Amziane, La Fille d'en Bas, Ensemble National de Musique Arabe de Palestine, Malouma, Ramzi Aburedwan & l'Ensemble Dal'Ouna, Karim Nayt • **Licence(s)** : 146870 (2), 146871 (3) • **Autre(s) activité(s)** : Label

ULTRABOLIC

✆ **01 48 59 39 74**
info@ultrabolic.com • **www.ultrabolic.com**
15 rue Kléber • 93100 **MONTREUIL SOUS BOIS**

Charlène PRÉ • Audrey SAMB (Booking) • Hubert DUPONT (Booking)

Activité(s) : Producteur et organisateur • **Genre(s) musical(aux)** : Jazz, nouvelles musiques improvisées • **Forme juridique** : Asso. • **Rayonnement** : International • **Spectacles produits** : Kartet, Sawadu, Dupont T, Nigma-E, les Ultrabolic Nights, Hubert Dupont + Jasmim • **Catalogue** : Hubert Dupont, Kartet, Dupont T, Sawadu, Nigma-E, Cockpit • **Licence(s)** : 1016355 (2) • **Autre(s) activité(s)** : Production phonographique, en licence chez Ultrack

ULYSSE PRODUCTIONS

✆ **05 65 33 75 39** • fax 05 65 33 75 39
info@ulysseproductions.com • **www.ulysseproductions.com**
32 rue du Faubourg du Pin • 46100 **FIGEAC**

Kalagan (Directeur / booking) • TOM (Administration) • Sylvain (Booking) • Kora (Promotion)

Activité(s) : Tourneur, producteur, organisateur • **Genre(s) musical(aux)** : Tous • **Forme juridique** : SARL • **Rayonnement** : National • **Catalogue** : As De Trèfle, Barcella, le KKC Orchestra, Robert Le Magnifique, Your Happy End, Psykick Lyrikah, Olivier Mellano • **Licence(s)** : 1040251 (1), 1040252 (2) • **Autre(s) activité(s)** : Management

UNI-T

✆ **01 53 09 30 10** • fax 01 42 23 15 14
info@unit-production.com • **www.unit-production.com**
113 rue Saint Maur • 75011 **PARIS**

Thierry LANGLOIS (Gérant / Tourneur) • Thomas SABOT (Tourneur) • Cécile MOREAU (Tourneur) • Tommy ADDINGTON (Tourneur) • Grégory ROLLE (Chargé de production / régie) • Alma CREIXAMS (Assistante de production / régie) • Hélène ABINAL-ULLOA (Communication / Promotion) • Gaëlle POULAIN (Administratrice) • Virginie TOUZARD (Assistante Administration)

Activité(s) : Tourneur • **Genre(s) musical(aux)** : Tous • **Forme juridique** : EURL • **Rayonnement** : International • **Catalogue** : Yael Naim, Camille, The Dø, Revolver, Lykke Li, Sophie Hunger, Lianne La Havas, Erik Truffaz Quartet, Vitalic, Agoria, Mr Nô, Revolver, Rodrigo & Gabriela, Lilly Wood and The Prick, Apparat, Noah and The Whale, Fink, SKIP&DIE, Villagers, Angus and Julia Stone, Sébastien Tellier, Pierre Lapointe, Piers Faccini, Ben Howard, The Japanese Popstar, Nils Petter Molvaer, Santigold, The Heavy, Youngblodd Brass Band, etc. • **Licence(s)** : 1035789 (2)

URBAN MUSIC TOUR

✆ **09 81 11 23 29**
contact@urbanmusictour.com • **www.urbanmusictour.com**
12 rue Béranger • 72000 **LE MANS**

Michel BAMPÉLY (Label manager) • Virginie EUDES (Présidente) • Ruben BINDA (Directeur artistique)

Activité(s) : Production, tour • **Genre(s) musical(aux)** : Slam, rap, spoken word, chanson française, etc. • **Forme juridique** : Asso. • **Spectacles produits** : Les Trophées des légendes urbaines • **Catalogue** : Saint Michel, Amadeus, Mlle Eférie, HDW • **Licence(s)** : 1032199 (2) • **Autre(s) activité(s)** : Label, management, ateliers d'écriture

V.O. MUSIC

✆ **01 45 80 96 60** • fax 01 45 80 96 70
info@vo-music.com • **www.vo-music.com**
40 rue de la Folie Régnault • 75011 **PARIS**

Frédéric GLUZMAN (Gérant) • Sabine GIRBEAU (Booking) • Manuel ELIAS (Directeur de la production) • Janayna GLUZMAN (Administration Communication)

Version Originale Music • **Activité(s)** : Agent, tourneur, producteur • **Genre(s) musical(aux)** : Musiques du monde, jazz • **Forme juridique** : SARL • **Rayonnement** : National et international • **Catalogue** : 2013-2014 : Angélique Kidjo, Hugh Masekela, Joao Bosco, Eliane Elias, Vieux Farka Touré, Mory Kanté, Hamilton de Holanda, Yilian Canizares & Ochumare, Finlandia, Gianmaria Testa, Omer Avital, Deep Forest, Amsterdam Klezmer Band, Layori, Sixun ; et aussi : Vinicius Cantuaria, Monty Alexander, Esperanza Spalding, SpokFrevo Orquestra, Dizzy Gillespie Afro Cubans, Simphiwe Dana, Yemen Blues, Ladysmith Black Mambazo, Vusi Mahlasela, Zé Manoel, Sierra Leone's Refugee All Stars, The Mahotella Queens, The Toure Raichel Collective, The Skatalites, Thandiswa, Emeline Michel, Esperanza Spalding, Terri Lyne Carrington, A.C.S., Albare itd, etc. • **Licence(s)** : 1008156 (2), 1008157 (3)

VELVET COLISEUM

✆ **05 46 49 03 18** • fax 05 24 84 56 62
contact@velvetcoliseum.com • **www.velvetcoliseum.com**
26 rue Clavelaud • 17500 **ST SIMON DE BORDES**

Carl CECCARELLO (Booking) • Samuel VINCENT (Producteur / Administration) • Cédric CHAMOULAUD (Booking / Communication)

Activité(s) : Agent, entrepreneur de spectacles, tourneur • **Genre(s) musical(aux)** : Rock, R&B, funk, hip hop, pop, musiques électroniques, variété • **Forme juridique** : SAS • **Rayonnement** : National, international • **Catalogue** : Le Prince Miiaou, François & The Atlas Mountains, Myralee, Barik Arythm, Bengale • **Licence(s)** : 1041772 (2), 1041773 (3) • **Autre(s) activité(s)** : Création graphique, street communication

VÉRONE PRODUCTIONS

✆ **03 20 33 17 34** • fax 03 20 33 13 54
veroneproductions@nordnet.fr • **www.veroneproductions.com**
58 rue Brûle Maison • 59000 **LILLE**

Guy MARSEGUERRA (Gérant)

Activité(s) : Entrepreneur de spectacles, organisateur local • **Genre(s) musical(aux)** : Tous • **Forme juridique** : SARL • **Rayonnement** : National • **Spectacles produits** : J. Hallyday, Calogero, Tracy Chapman, A. Souchon, Diana Krall • **Catalogue** : Les Mauvaises Langues, BP Zoom • **Licence(s)** : 116908 (1), 116909 (2), 116910 (3) • **Autre(s) activité(s)** : Gestion de la salle du Splendid, management

VERYSHOW PRODUCTIONS

✆ **01 80 48 27 40** • fax 01 45 63 79 61
contact@veryshow.fr • **www.veryshow.fr**
12 rue Martel • 75010 **PARIS**

Romain TURGEL (Directeur général) • Rozenn JAQUIN (Directrice adjointe) • Lydia FREMAUX (Booking) • Amandine KHALILPOUR (Booking)

Activité(s) : Producteur, tourneur • **Genre(s) musical(aux)** : Rock, blues, jazz, pop, chanson • **Forme juridique** : SARL • **Rayonnement** : National • **Catalogue** : Al Di Meola, Alan Parsons Project, Albert Lee & The Hogans Heroes, Christopher Cross, Gov't Mule, Gregg Allman, Jerry Lee Lewis, Jethro Tull's Ian Anderson, Johnny Winter, Manfred Mann's Earth Band, Mike Sanchez, Moe., Molly Hatchet, Norbert "Nono" Krief, Ocean, Peter Frampton, Robert Gordon & Chris Spedding, Robin Trower, Soft Machine, Spin Doctors, Steve Winwood, The Undertones, Triggerfinger, Urge Overkill, Viza, Warren Haynes, 10 CC, 24-7 Spyz • **Licence(s)** : 1049950 (2), 1049960 (3) • **Autre(s) activité(s)** : Partenariats de marques & opérations RP, promotion, label, éditions

VGP

✆ **01 42 38 40 60** • fax 01 42 38 40 41
vgprod@wanadoo.fr
46 rue Bouret • 75019 **PARIS**

Gilles JUMAIRE (Directeur général) • Emmanuel POENAT (Contact)

Victor Gabriel Productions • **Activité(s)** : Entrepreneur de spectacles • **Genre(s) musical(aux)** : Rock • **Forme juridique** : SA • **Rayonnement** : National • **Catalogue** : Izia, J. Higelin • **Licence(s)** : 1025433 (2)

VICTORIE MUSIC

✆ **01 49 29 55 50** • fax 01 47 00 12 01
marie@victorie-music.com • **www.victorie-music.com**
4 rue de Braque • 75003 **PARIS**

Eric JIROUX (Directeur) • Isabelle MOISAN (Directrice artistique) • Valentine BERGEON (Booking) • Marie SANGLA (Développement) • Coline PÉNICHAUD (Développement) • Hervé PÉPION (Développement)

Activité(s) : Producteur, booking • **Genre(s) musical(aux)** : Jeune public • **Forme juridique** : SARL • **Rayonnement** : France et pays francophones • **Catalogue** : Steve Waring, Alain Schneider, Jacques Haurogné, Chanson Plus Bifluorée (« Y'a des animaux dans nos chansons »), Dominique Dimey, Robinson, Geneviève Laloy, Amipagaille, Hervé Suhubiette, Pierre Chêne, Les Zèbres en Pyjama • **Licence(s)** : 1043744 (2), 1035985 (3) • **Autre(s) activité(s)** : Production discographique

VICTORINE SCHOOL

✆ **01 44 93 88 50**
caroline@victorineschool.com • **www.victorineschool.com**
13-13bis pl. Aligre • 75012 **PARIS**

Caroline VOISIN (Gérante)

Activité(s) : Entrepreneur de spectacles, producteur, agent • **Genre(s) musical(aux)** : Tous • **Forme juridique** : SARL • **Rayonnement** : International • **Catalogue** : Air, Tomorrow's world, Yan Wagner, FM Laeti, Martin Rappeneau, Fred Pallem, etc. • **Licence(s)** : 1000942 (2), 1000943 (3)

VILGO

✆ **06 98 36 07 52**
contact@vilgo.org • **www.vilgo.org**
180 bis av. Jean Jaurès • 75019 **PARIS**

Dominique MOUYEAUX (Gérant)

Activité(s) : Agent, entrepreneur de spectacles • **Genre(s) musical(aux)** : Tous • **Forme juridique** : SARL • **Rayonnement** : National, international • **Catalogue** : Partenaire particulier, Rose Laurens, Raft, Vivien Savage, LVL Project, Christian Fougeron, Chikinki, George Kranz, Jorge, Humberto, Comeback 80 • **Licence(s)** : 1056494(2), 1056495(3)

VIRADA

✆ **04 42 80 37 41** • fax 09 57 24 33 64
tour@virada.fr • **www.virada.fr**
La Fontaine du Loup • 1 bd Jean Jaurès
13920 **ST MITRE LES REMPARTS**

Jérôme FOUGEROUSE (Gérant)

Activité(s) : Entrepreneur de spectacles, tourneur, manager • **Genre(s) musical(aux)** : Tous styles • **Forme juridique** : SARL • **Rayonnement** : National, international • **Spectacles produits** : Celtic Legend, Bagad de Lann Bihoué, Suzana Seivene, Tambours du Bronx, Jimmy Cliff, Asia, La Rue Ketanou, IAM, Psy 4 de la Rime, Macadam Bazar, Margaux, etc. • **Catalogue** : Macadam Bazar • **Licence(s)** : 133734 (2), 133735 (3) • **Autre(s) activité(s)** : Programmation événementielle, régie d'accueil, conseil, etc.

Les VISITEURS DU SOIR

✆ **01 44 93 02 02** • fax 01 44 93 04 40
info@visiteursdusoir.com • **www.visiteursdusoir.com**
40 rue de la Folie Regnault • 75011 **PARIS**

Olivier GLUZMAN (Directeur de management) • Joëlle BELMONTE (Directrice générale) • Elhmane TEBOUL (Administratrice / comptable) • David VALLA-DURY (Assistant de O. Gluzman) • Alice POURCHEL (Chargée de diffusion)

Activité(s) : Agent, entrepreneur de spectacles, tourneur, producteur, organisateur • **Genre(s) musical(aux)** : Classique, variétés, chansons, lectures • **Forme juridique** : SARL • **Rayonnement** : International • **Catalogue** : Patrice Chereau, Arthur H, Cabaret New Burlesque, Carole Bouquet, Charlotte Rampling, Isabella Rossellini, Fanny Ardant, Michel Hermon, Marianne Faithfull, Olivier Py, Jeremy Irons, Théodore, Paul et Gabriel, Ornette, Philippe Uminski, Lura • **Licence(s)** : 757798 (3), 757916 (2) • **Autre(s) activité(s)** : Manager, conseil, organisation de festivals

VISUEL

✆ **03 26 08 96 96** • fax 03 26 08 96 91
visuelorg@orange.fr • **www.visuelproductions.fr**
2A rue flin des Oliviers • 51100 **REIMS**

José CARVALHOSA (Gérant)

Activité(s) : Entrepreneur de spectacles, tourneur, organisateur, promoteur local • **Genre(s) musical(aux)** : Tous • **Forme juridique** : SARL • **Rayonnement** : International • **Catalogue** : David Koven, Orchestre Philharmonique de Prague, Celtic Dances, Country Show, Aquatic Show, Bagad de Lannbihoue • **Licence(s)** : 5100326 (3), 5100327 (6) • **Autre(s) activité(s)** : Label

VITAVIC

✆ **05 62 48 09 45** • fax 05 62 48 09 45
lilianduffaut@orange.fr • **www.vitavic.com**
Appt. 240 • 7 pl. du Fer à Cheval • 31300 **TOULOUSE**

Olivier FOURCADE (Administrateur Président)

Activité(s) : Entrepreneur de spectacles, tourneur, producteur • **Genre(s) musical(aux)** : Fanfare, jazz, reggae, rock, electro, jeune public • **Forme juridique** : Asso. • **Rayonnement** : International • **Catalogue** : Wab & The Funky Machine, Pistons Flingueurs, Mellino, Contreband, Ar & Gus, • **Licence(s)** : 1023654 (2), 1023655 (3)

VMA

✆ **01 43 17 37 00** • fax 01 45 55 77 80
info@vma.fr • **www.vma.fr**
20 av. Rapp • 75007 **PARIS**

Bertrand DE LABBEY (Gérant) • Rose LEANDRI (Agent)

Voyez Mon Agent • **Activité(s)** : Entrepreneur de spectacles, producteur, agent • **Genre(s) musical(aux)** : Variété française, rock • **Forme juridique** : SARL • **Rayonnement** : National et international • **Catalogue** : Jean-Louis Aubert, P. Bruel, Renaud, J. Clerc, A. Souchon, M. Le Forestier, F. Hardy, J. Dutronc, Carla Bruni, etc. • **Licence(s)** : 1035803 (2)

VOCAL 26

✆ **04 75 42 78 33**
vocal26@wanadoo.fr • **www.vocal26.com**
46 av. Sadi Carnot • 26000 **VALENCE**

Géraldine MAURIN (Communication)

Activité(s) : Producteur • **Genre(s) musical(aux)** : Chanson, voix, théâtre • **Forme juridique** : Asso. • **Rayonnement** : International • **Catalogue** : Evasion, Gérard Morel, Michèle Bernard, Luc Chareyron, Elsa Gelly, Romain Didier, Chtriky • **Licence(s)** : 146994 (2), 146995 (3) • **Autre(s) activité(s)** : Management

VOLUME

✆ **02 32 08 44 21**
info@volumeproduction.com • **www.volumeproduction.com**
37 rue de la Champmeslé • 76000 **ROUEN**

Olivier BOROWY (Chargé de production)

Activité(s) : Entrepreneur de spectacles, tourneur, promoteur local • **Genre(s) musical(aux)** : Tous • **Forme juridique** : EI • **Rayonnement** : International • **Catalogue** : CocoRosie, Peaches, Thee Silver Mt Zion, Laura Veirs, The Besnard Lakes, Kurt Vile, Shearwater, Okkervil River, Lower Dens, Destroyer, Godspeed you ! Black Emperor, Siskiyou, Pat Jordache, Ravens & Chimes • **Licence(s)** : 142899 (2), 142900 (3)

VOULEZ-VOUS DANSER

✆ **06 63 01 31 54 / 03 87 75 08 05**
contact@voulezvousdanser.com • **www.voulezvousdanser.com**
4 av. Jean XXIII • 57000 **METZ**

Arnaud DEWITTE (Gérant) • Brice REITER (Assistant)

Activité(s) : Booking • **Genre(s) musical(aux)** : Electro, pop • **Forme juridique** : SARL • **Rayonnement** : International • **Catalogue** : Anything Maria, AV, Black Devil Disco Club, Catalepsia, Club Bizarre, Ezypt, Franz Kirmann, Gangstape, Herr 2003, Hypnolove, Jackin With The Drums, Jolie Chérie, Kolombo, Korgbrain, Kumisolo, Léonard de Léonard, Macross, Maniitoba, Marie Madeleine, Meisterfackt, Moziimo, Mr Gonzo, Passarella Death Squad, Plaisir de France, Plateau Repas, Rhaft, Rubinskee, Slove, Sovnger, Stern, The Penelopes, Xeum, etc. • **Licence(s)** : 1029631 (2), 1029632 (3) • **Autre(s) activité(s)** : Editions, promotion, management, conseil, formations

W SPECTACLE

✆ **01 56 53 76 00** • fax 01 56 53 76 01
concerts@wspectacle.com • **www.wspectacle.com**
19 rue des Plantes • 75014 **PARIS**

Laurence CRENN (Directrice générale W Spectacle) • Simon NODET (Responsable booking) • Sylvaine FOUIX (Booking) • Adrien JAUBERT (Chargé de production)

Activité(s) : Producteur, booker • **Genre(s) musical(aux)** : Pop, rock, folk, chanson, electro, crossover • **Forme juridique** : SARL • **Rayonnement** : Pays francophones, Europe, monde • **Spectacles produits** : Rover, R.Wan, Zoufris Maracas • **Catalogue** : Rover, R.Wan, Zoufris Maracas, Winston McAnuff & Fixi, Maissiat, Tom Fire, Sophie Maurin, Lonely Drifter Karen, Natas Loves You, Sir Samuel, Jérôme Minière • **Licence(s)** : 1043558 (2), 1043557 (3)

W2 PRODUCTIONS

✆ **01 42 52 35 25**
contact@w2productions.net • **www.w2productions.net**
23 rue Boyer • 75020 **PARIS**

Fabrice PROUFF (Gérant) • Bénédicte BOUTHORS (Administratrice / Com) • Emilie PIJEAU (Booking)

Activité(s) : Tourneur, producteur • **Genre(s) musical(aux)** : Jeune public, chanson, rock • **Forme juridique** : EURL • **Rayonnement** : National • **Catalogue** : Abel, The Nino's, Brico Jardin, Le Petit Robot, Le Monde Diplodocus, Catherine Vaniscotte, Serena Fisseau • **Licence(s)** : 1041545 (2)

WANBLIPRODUCTION

✆ **06 32 37 21 21**
simon@wanbliprod.com • **www.wanbliprod.com**
20 la Hallopiere • 44690 **MONNIERES**

Fany THYUS (Responsable) • Simon BARREAU (Responsable)

Activité(s) : Secrétariat artistique, booking • **Genre(s) musical(aux)** : Jazz • **Forme juridique** : Asso. • **Rayonnement** : National • **Spectacles produits** : « Film Noir » avec Stephan Oliva et Philippe Truffault • **Catalogue** : Susanne Abbuehl (Quartet, duo avec S.Oliva), Sébastien Boisseau (Wood, Unit, etc.), Stephan Oliva (Solo, « Film Noir », « Little Némo » avec F. Raulin, etc.), Denis Badault (Quartet HB3), Matthieu Donarier (Wood, Kindergarten, Trio, etc.), Gabor Gado, Ahmed Fofana • **Licence(s)** : 1054255 (2)

WART

✆ **02 98 63 20 58**
tour@wartiste.com • **www.wartiste.com**
6 rue Haute • 29600 **MORLAIX**

Eddy PIERRES (Chargé de production) • Joran LE CORRE (Administrateur de tournée)

Activité(s) : Tourneur • **Genre(s) musical(aux)** : Electro, rock, hip hop • **Forme juridique** : Asso. • **Rayonnement** : National et international • **Catalogue** : Naïve New Beaters, Sexy Sushi, Rodolphe Burger, Mansfield Tya, Fortune, Popof, etc. • **Licence(s)** : 1032041 (2), 1032030 (3)

WHERE THE ACTION IS

✆ **09 81 61 50 95 / 06 60 65 05 41** • fax 09 81 61 50 95
olivier@wheretheactionis.fr • **www.wheretheactionis.fr**
36 rue Marcel Dassault • 93140 **BONDY**

Olivier COINTE

Activité(s) : Producteur, organisateur • **Genre(s) musical(aux)** : Punk, rock, hard, glam, metal • **Forme juridique** : Asso. • **Rayonnement** : Europe • **Spectacles produits** : Hardcore Superstar, Faster Pussycat, Enuff Z Nuff, XYZ, Tracy Gang Pussy, Crash Diet, etc • **Licence(s)** : 1045880 (2), 1046008 (3) • **Autre(s) activité(s)** : Location tour bus, management

WHY NOTES DIFFUSIONS

✆ **04 76 05 38 66 / 06 88 25 09 64**
samuel@whynotes.com • **www.whynotes.fr**
3 rue du Faton • 38500 **VOIRON**

Samuel LUZET (Gérant)

Activité(s) : Producteur, tourneur • **Genre(s) musical(aux)** : Chanson, jazz, jeune public • **Forme juridique** : EURL • **Rayonnement** : National • **Catalogue** : Anne Ducros, Les Papas Rigolos, Belle du Berry et David Lewis, Paris Combo, Véronique Rivière, Swann, Gagarine, Holden, Klô Polgag • **Licence(s)** : 145255 (2), 145256 (3)

WILLING PRODUCTIONS

✆ **05 61 53 85 06**
willingblue@wanadoo.fr • **www.willingprod.com**
9 rue Achille Viadieu • 31400 **TOULOUSE**

Bernard VILLENEUVE (Directeur)

Activité(s) : Entrepreneur de spectacles, tourneur • **Genre(s) musical(aux)** : Blues, chanson • **Forme juridique** : SARL • **Rayonnement** : International • **Spectacles produits** : Artistes du catalogue • **Catalogue** : Sherman Robertson and BluesMove, Bob Brozman, Mississippi Heat, Serge Lopez, Taloko, Busker & Keaton, Hassah, Connie Lush, Climax Blues Band, Mannish Boys, Johnny Madness, Dani Wilde, Dwayne Doopsie & the Zydeco Hellraisers, Christophe Lier, Khanh • **Licence(s)** : 1020028 (2) • **Autre(s) activité(s)** : Management, label, édition, production

WK PRODUCTIONS

✆ **01 34 14 62 19 / 06 07 24 25 22**
wkproductions@wkprod.fr • **www.wkproductions.fr**
4 rue Galvani • 75838 **PARIS CEDEX 17**

Karine FOURNIER (Gérante)

Activité(s) : Entrepreneur de spectacles, tourneur • **Genre(s) musical(aux)** : Blues et dérivés, chanson, country, rock • **Forme juridique** : SARL • **Rayonnement** : International • **Catalogue** : Patrick Verbeke, Steve Verbeke, Giroux & Mahjun, Chris Lancry, The Duo, Fredcasters, Marty and the Gang, Maison Klaus (Klaus Blasquiz), Phil Edwards, Danni Leigh, Dom Rider • **Licence(s)** : 1046225 (2), 1046226 (3) • **Autre(s) activité(s)** : Organisateur des Salons Country Western et Rock 'n' Boogie

WORLDSOULPROD

✆ **06 18 94 11 78**
herve.cocotier@gmail.com • **www.worldsoulprod.fr**
Bargraph/ Worldsoulprod • 2 rue Gué Briant • 75020 **PARIS**

Hervé COCOTIER (Directeur de production)

Activité(s) : Booking • **Genre(s) musical(aux)** : Jazz, blues, soul • **Forme juridique** : SARL • **Rayonnement** : France et international • **Catalogue** : Larry Crockett, les Pommes de ma Douche, Kaimaki, Catherine Russell, Raphaël Faÿs, Xavier Harry, Sundyata, Sidsel Storm, Christophe Mondoloni, Sultana, Claudio Capeo, Clara Oleg, Tita Nzebi, Rachel Claudio • **Licence(s)** : 1025544 (2)

X-RAY PRODUCTION

✆ **06 62 79 01 01 / 09 54 18 21 75 / 06 64 76 18 52**
xraycontact@hotmail.com • **www.bigaranx.com**
39 av. Ernest Reyer • 75014 **PARIS**

Alexandre VIZIOZ • Vincent CRON (Booking)

Activité(s) : Booking, tourneur • **Genre(s) musical(aux)** : Reggae, musiques électroniques, world • **Forme juridique** : SARL • **Rayonnement** : National • **Catalogue** : Elisa Do Brasil, General Levy, Mayra & Mr.Mow, Big Red, Aphrodite, concert « » Here I come », Biga*Ranx • **Licence(s)** : 1041427 (2), 1041428 (3) • **Autre(s) activité(s)** : Label, édition, soirées

YAPUCCA PRODUCTIONS

✆ **02 99 67 63 31** • fax 02 99 31 30 83
booking@yapucca.com • **www.yapucca.com**
10 rue Jean Guy • 35000 **RENNES**

Yann HAMON (Gérant) • Stéphanie HOUGET (Secrétaire)

Activité(s) : Agent, entrepreneur de spectacles, tourneur, promoteur local • **Genre(s) musical(aux)** : Tous • **Forme juridique** : SARL • **Rayonnement** : National, international • **Catalogue** : Déportivo, Dominic sonic, Florian Mona, Gaëtan Roussel, Emir Kusturica and The No Smoking Orchestra, Louise Attaque, Monsieur Roux, Poney Express, Vrelo, KO et Joséphine, Robi, Girls Girls, Galaxie, Alex Monday, Arnaud Samuel, Vince and the Frogs, The Octopus, First Lady, Jeff Lang, Simja Dujov, Propofol, The Rambling Wheels, Florian Mona, Busdriver, Astronautalis, Janice Graham Band • **Licence(s)** : 350690 (2), 350691 (3) • **Autre(s) activité(s)** : Editeur

YES HIGH TECH

✆ **04 77 33 73 69** • fax 04 77 33 77 44
yeshigh@cegetel.net • **www.yeshigh.fr**
20 rue St Joseph • 42000 **ST ETIENNE**

Gaël BONNEFOND (Gérant) • Gaëlle PREDONZAN (Chargée de promotion et de communication) • Vincent BONNEVIALLE (Chargé de communication web)

YHT • **Activité(s)** : Producteur, booking, organisateur • **Genre(s) musical(aux)** : Musiques urbaines • **Forme juridique** : SARL • **Rayonnement** : National • **Spectacles produits** : Brain Damage, Redbong, Fedayi Pacha, Dandy Freaks, Bomboro Kosso, Gaga Dilo, Yazid Bahri, Doni Doni, Le Petit Théâtre Vert, Fabrice Devesa, etc. • **Catalogue** : Redbong, Fedayi Pacha, Mystic Revelation of Rastafari, Dandy Freaks, Kaly Live Dub, Bomboro Kosso, Fake Oddity, Brain Damage • **Licence(s)** : 141167 (2), 119095 (3) • **Autre(s) activité(s)** : Sonorisation, production phonographique, gestion salaires, éclairage

YOUZ

✆ **03 85 38 01 38** • fax 03 85 38 65 10
info@assoyouz.com • **www.assoyouz.com**
119 rue Boullay • BP 108 • 71004 **MACON CEDEX**

David KEMPTON (Coordinateur gestion sonore) • Xavier ARBEZ (Chargé de production / Booking) • Lilian RISPAL (Booking)

Activité(s) : Producteur, tourneur • **Genre(s) musical(aux)** : Musiques actuelles • **Forme juridique** : Asso. • **Rayonnement** : National, International • **Catalogue** : Fills Monkey, The Buttshakers, Big Fox, Solids, The Sweet Vandals, Kandle, Gran Kino, etc. • **Licence(s)** : 139310 (2), 1013944 (3) • **Autre(s) activité(s)** : Accompagnement d'artistes, « Peace and Lobe » en région Bourgogne, label, actions culturelles, etc.

YUMA PRODUCTIONS

✆ **04 82 33 41 02** • fax 09 55 74 69 17
contact@yumaprod.com • **www.yumaprod.com**
3 rue Terme • 69001 **LYON**

Eric BELLAMY (Directeur) • Macha MOULINE (Administration) • Thomas CUBLIER (Tour manager) • Thibaud ROLLAND (Tour manager) • Thibaut BILLY (Administration)

Activité(s) : Tourneur, producteur • **Genre(s) musical(aux)** : Hip-Hop, Electro, Pop, Chanson • **Forme juridique** : SARL • **Rayonnement** : International • **Spectacles produits** : Youssoupha, Sexion d'Assaut, Sniper • **Catalogue** : 3010, Akua Naru, Blitz the Ambassador, Can I Kick it ?, Joke, L.E.C.K, La Canaille, Ladéa, Niro, Psy 4 de la rime, RAF Crew, Rewind, Scratch Bandits Crew, Scylla, Sexion d'Assaut, Taipan, Under Kontrol, Youssoupha, Zaho • **Licence(s)** : 1031263 (2), 1031264 (3) • **Autre(s) activité(s)** : Promotion, management

Z PRODUCTION

✆ **06 83 86 30 49**
pierrealexandre@zproduction.org • **novox.zproduction.org**
29 bis rue Molière • 42100 **ST ETIENNE**

Pierre-Alexandre GAUTHIER (Directeur)

Activité(s) : Organisateur, tourneur, label • **Genre(s) musical(aux)** : Tous dont jazz funk, acid jazz • **Forme juridique** : Asso. • **Rayonnement** : International • **Spectacles produits** : Patrick Pierre, Novox, Jade, Rubber Band, The Ligerians • **Catalogue** : Jade, Novox • **Licence(s)** : 143149 (2), 143150 (3)

Z-TRIBULATIONS

✆ **06 14 32 05 21**
Z_tribulations@yahoo.fr • **www.z-tribulations.com**
21 rue Clotilde Gaillard • 93100 **MONTREUIL**

Laura BENOUIS (Présidente)

Activité(s) : Booking, tourneur • **Genre(s) musical(aux)** : Hip hop • **Forme juridique** : Asso. • **Rayonnement** : National • **Catalogue** : Woshe, Flow Brothers, Mighty Jay, Dj Pee, Romento le Jazz, Mirk, Espion, Këlen • **Licence(s)** : 1037997 (2) • **Autre(s) activité(s)** : Expositions peinture, créations hip-hop, animation, formation d'artistes et d'intervenants

ZAÏNE MUSIC

booking@zainemusic.com • **www.zainemusic.com**
42 rue Raymond Losserand • 75014 **PARIS**

Alan LE GUERN (Gérant) • Benoît ROSSI (Responsable) • Stéphan LIPIANSKY (Responsable)

Activité(s) : Producteur, bookeur • **Genre(s) musical(aux)** : Musiques actuelles, musiques métissées • **Forme juridique** : SARL • **Rayonnement** : International • **Spectacles produits** : La Caravane Passe, Vrai-faux Mariage de La Caravane Passe, Livin'Soul, Malted Milk, Rona Hartner, Sur la route des Tziganes, Tawa Fusion, MileStone, Delbi, Electrod, Guya, La Bestiole, Mamienco, l'Hijâz'Car, Freylekh Trio, Princes Chameaux, Lisa Papineau, Electric Bazar, O'Djila, Virgile Allien, Mashiro, X Makeena, DJ Tagada, DJ Gaetano, etc. • **Catalogue** : Rona Hartner, New Pretoria, Reza, Princes Chameaux, Shaka Milo, Pockett, L'Hijâz'Car, La Caravane Passe, MileStone, Sur La Route des Tziganes • **Licence(s)** : 1030988 (2), 1030989 (3) • **Autre(s) activité(s)** : Éditions, secrétariat administratif, conseil

ZAMAN PRODUCTION

✆ **06 85 71 98 56 / 01 42 02 00 03** • fax 01 42 02 00 03
prod@zamanproduction.com • **www.zamanproduction.com**
14 rue de l'Atlas • 75019 **PARIS**

Jean-Hervé VIDAL (Directeur) • Alain WEBER (Directeur artistique) • Mounè HAMED (Attachée de production)

Activité(s) : Tourneur • **Genre(s) musical(aux)** : Musiques & danses traditionnelles du monde, tziganes & orientales, jazz manouche • **Forme juridique** : SARL • **Rayonnement** : International • **Spectacles produits** : Ballet Royal du Cambodge, Les Derniers Nomades du Rajasthan, Le Cham du Bhoutan, Lions et Tigres, Le Kalaripayat, Masques de Lune, La Nuit Soufie, Izlan, Sheikh Yacine Al Tuhami • **Catalogue** : Rodolphe Burger / Projet Ousbek, Le Nil Soufi, Kaushiki Chakrabarty, Wang Li, Asif Ali Khan, Nour Ensemble, Debapriya Adhykary, Tchavolo Schmitt, les Musiciens du Nil, Divna, Chota Divana, Monajât Yultchieva, Farida Muhammad, Cherifa, trio Druk-Yul, Sheikh Taha, Rays Saïd Outajajt, Darbar Morchang Party, etc. • **Licence(s)** : 146476 (2), 146477 (3) • **Autre(s) activité(s)** : Conseil artistique

ZAMORA PRODUCTIONS

✆ **01 43 72 42 42** • fax 01 43 72 42 00
bookingfrance@zamoraprod.com • **www.zamoraprod.com**
84 av. de la République • 75011 **PARIS**

Sébastien ZAMORA (Gérant) • Cédric CIMADOMO (Administrateur) • Frédéric MAZZOLINI (Booking) • Laurence GOUBET (Booking / communication)

Activité(s) : Entrepreneur de spectacles • **Genre(s) musical(aux)** : Tous • **Forme juridique** : SARL • **Rayonnement** : National, international • **Catalogue** : Christine Salem, Ciné-Georges Méliès, Le Trio Joubran, Jun Miyake, Aaron, Bastien Lallemant, L, Batlik, Les Blérots de R.A.V.E.L, Nadeah, Lisa Papineau, Lisa Portelli, Le Larron, Pony Pony Run Run, Clarika, Mon Coté Punk, Vincha, Gael Faure. • **Licence(s)** : 1043536 (2), 1030943 (3) • **Autre(s) activité(s)** : Co-éditions avec Chrysalis Music France, production exécutive soirées privées

ZAMZAMA PRODUCTIONS

✆ **01 44 63 00 34** • fax 01 42 46 22 94
info@zamzama.net • **www.zamzama.net**
9 Cité Paradis • 75010 **PARIS**

Sabine CHATEL (Gérante) • Robin COLOMBE (Booking)

Activité(s) : Tourneur • **Genre(s) musical(aux)** : Musiques du monde • **Forme juridique** : SARL • **Rayonnement** : International • **Spectacles produits** : Les Derviches Tourneurs de Damas, Via Kaboul • **Catalogue** : Goran Bregovic, Niyaz, Ensemble Al Kindi, Antonio Zambujo, Tengir-Too, Lord Mouse and the Kalypso Katz, Leïla Haddad, Tambour Quartet, Kiril Dzajkovski, Niyaz, etc. • **Licence(s)** : 1023084 (2), 1023085 (3) • **Autre(s) activité(s)** : Administration de compagnies, montage de production, management

ZLM PRODUCTIONS

✆ **05 53 87 71 40 / 05 53 47 93 12**
contact@zlm-productions.fr • **www.zlm-productions.fr**
Place de la Mairie • 47360 **PRAYSSAS**

Ilona BOSSANYI (Coprésidente) • Grégory MATHAUD (Coprésident) • Martine FARROW (Chargée de gestion) • Fred BORDES (Chargé de diffusion)

Activité(s) : Production • **Genre(s) musical(aux)** : Musiques actuelles, musiques du monde, arts de la rue, développement durable, jeune publics • **Forme juridique** : Asso • **Rayonnement** : Grand sud-ouest, France, international • **Catalogue** : Gil et les Gadgis, Hicksville, Kashkaval, Phylippa, Weend'O, Bhustrophaedon, Aston Martin, Cie Faï, Cie Maître-Trieur-Sauveteur, Laura Herts, Yurgen et Florette, Cie Bachibouzouk, etc. • **Licence(s)** : 1057846 (2), 1057847 (3) • **Autre(s) activité(s)** : Pôle de ressources dans le spectacle vivant (accompagnement, conseils artistes et organisateurs)

ZN PRODUCTION

✆ **09 65 19 86 00** • fax 01 74 50 38 95
contact@znproduction.fr • **www.znproduction.fr**
54 Rue Massue • Esc A 1 Etage • 94300 **VINCENNES**

Frédéric FARRIEU (Directeur booking) • Tina GROS (Booking)

Activité(s) : Production, diffusion • **Genre(s) musical(aux)** : Musiques actuelles, chanson française, fanfares, musique du monde, musique des balkans • **Forme juridique** : Asso. • **Rayonnement** : International • **Spectacles produits** : Taraf de Haïdoudks, Boban Markovic, La Caravane Passe (Bataclan, New Morning) • **Catalogue** : Boban Markovic, Kultur Shock, Ziveli Orkestar, Les Fils de Teuhpu, Dubioza Kolektiv, RotFront, Vojasa, Fishtank Ensemble, Besh O Drom, Lakay, Salisevic Orkestar, Rodinka, Zoreol, Les Fils de Buster, Les Fonkfarons, Les Bob's, Danguba, Robert Spline, Saied Shanbehzadeh, etc. • **Licence(s)** : 1035897 (2), 1035898 (3) • **Autre(s) activité(s)** : Portage administratif, suivi de production, fiche de paies

ZORBA PRODUCTIONS

✆ **06 15 38 04 63** • fax 02 97 53 54 05
zorbazik@myspace.com • **www.myspace.com/zorbazik**
16 rue des Montagnards • 56250 **SULNIAC**

Anne KERSALE (Responsable)

Activité(s) : Organisation, production déléguée • **Genre(s) musical(aux)** : World, rock, reggae, variété internationale • **Forme juridique** : Asso. • **Rayonnement** : National • **Spectacles produits** : Dan Ar Braz, Max Romeo, Yves Duteil, Manu Dibango, Tri Yann, Percubaba, Narayana, Merzhin, Les Caméléons, Anne Roumanoff, les Tambours du Bronx • **Licence(s)** : 1019013 (2) 1019014 (3) • **Autre(s) activité(s)** : Catering, accompagnement administratif

ZOUAVE

✆ **01 55 28 85 85** • fax 01 55 28 34 35
contact@zouave-spectacles.com • **www.zouave-spectacles.com**
c/o Tôt ou Tard • 113 rue St-Maur • 75011 **PARIS**

Sébastien PERNICE (Responsable du développement) • Emilie DAVAINE (Booking / Agent) • Olivier TOUATI (Booking) • Charles GODARD (Chargé de production)

Activité(s) : Entrepreneur de spectacles, agent • **Genre(s) musical(aux)** : Tous • **Forme juridique** : SASU • **Rayonnement** : France, Europe • **Spectacles produits** : Shaka Ponk, Tété, Albin de la Simone, BRNS, Cats On Trees, Lisa LeBlanc, etc. • **Catalogue** : Side Grinder, Albin de la Simone, Beta Frontiers, BRNS, Cats On Trees, Erika Spring, Grimes, French Films, La Shark, Lady Lamb The Beekeeper, Lisa LeBLanc, Paon, Phèdre, Polock, Sandra Kolstad, Shaka Ponk, She Keeps Bees, Soldout, Tété, The Brute Chorus, The Elwins, The Soft Hills, Wave Machines, We Are Knights, We Are Standard • **Licence(s)** : 1054917 (2)

ZUBIKOA MANAGEMENT

✆ **05 59 48 03 36** • fax 05 59 48 03 38
zubikoa@orange.fr • **www.zubikoa.com**
Bât. ORMA • ZA de Lizardia • 64310 **ST PEE SUR NIVELLE**

Philippe DUPONT (Tourneur / manager) • Jama LARREBOURE (Tourneur / manager)

Activité(s) : Entrepreneur de spectacles, tourneur, organisateur, promoteur local • **Genre(s) musical(aux)** : Tous • **Forme juridique** : SARL • **Rayonnement** : International • **Spectacles produits** : Sustraia, Bon Temps Rouler, Ska-P • **Catalogue** : Anje Duhalde, Celtas Cortos, Pantxoa Ta Peio, No Relax, Bringanthya, Naia, Obrint Pas, The Locos, Bongo Botrako, Canteca de Macao, Orxata Sound System, Betagarri, Vendetta, Alsina, Iñaki Dieguez • **Licence(s)** : 640308 (2), 640630 (3) • **Autre(s) activité(s)** : Management, services scène, régie, promotion, programmations

Les ZULUBERLUS

✆ **01 47 84 30 17** • fax 01 47 84 34 39
zuluberlus@wanadoo.fr • **www.zuluberlus.com**
3 rue St-Denis • 92700 **COLOMBES**

Fred JISKRA (Directeur / Programmateur)

Activité(s) : Agent, entrepreneur de spectacles, tourneur, organisateur • **Genre(s) musical(aux)** : Musiques actuelles • **Forme juridique** : Asso. • **Rayonnement** : International • **Spectacles produits** : Soirées 109 : Mei Tei Sho, Feloche, Tairo, Clinton Fearon, Parabellum, Twin Twin, Melissmell, Jamaica All Stars, Les rois de la Suède, Tu Shung Peng, Merlo • **Catalogue** : Azzedeen, Jamaïca All Star, Vex, Tess, The Shakers • **Licence(s)** : 1056678 (2), 1056677 (3) • **Autre(s) activité(s)** : Gestion de salle, formation

ZUTIQUE PRODUCTIONS

✆ **03 80 28 80 42** • fax 03 80 71 21 98
public@zutique.com • **www.tribufestival.com**
BP 27042 • 21070 **DIJON CEDEX**

Frédéric MENARD (Directeur / programmateur) • Maxime NOLOT (Tourneur) • Hélène PLANCKAERT (Chargée de communication) • Hélène PLANCKAERT (Communication / action culturelle)

Activité(s) : Entrepreneur de spectacles, tourneur, organisateur • **Genre(s) musical(aux)** : Jazz, musiques du monde, hip hop, afrobeat, funk • **Forme juridique** : Asso. • **Rayonnement** : National • **Spectacles produits** : Human Beatbox Festival, Tribu Festival, Repérages, Casbah Boutaric • **Catalogue** : Batida, A Riot called Nina, Eténèsh Wassié, Eténèsh Wassié & Mathieu Sourisseau, The Boxettes, Marc Egea & Dominique Regef, DJ Format, L'Opéra de la Lune, Stéphane Payen • **Licence(s)** : 136040 (2), 136041 (3) • **Autre(s) activité(s)** : Ateliers de pratiques musicales

ZYRYAB PRODUCTIONS

✆ **09 51 18 88 36 / 06 19 53 69 44**
zyryab@free.fr • **www.myspace.com/zyryabproductions**
BP 33028 • 54401 **LONGWY CEDEX**

Stéphanie MULLER (Manager) • Jean-Louis DAG PROD (Editeur /régie) • Michèle FERIAUD (Attachée de presse) • Cyril NANDY (Booking)

Activité(s) : Production • **Genre(s) musical(aux)** : Musiques du monde, jazz • **Forme juridique** : Asso. • **Rayonnement** : International • **Spectacles produits** : K. Fahem, José Reyes, Este Mundo, Zebson Pindy, Nadira • **Catalogue** : Fahem (du Solo au Quintet), Jose Reyes, Erika La Quica, Zebson Pindy, Arte Funk, Zilber Karevski, Rachid Bouamara, Ramuncho & les fils des Gypsy kings • **Licence(s)** : 540442 (2) 540443 (3) • **Autre(s) activité(s)** : Festival « Guitares sans frontières », conseils, évènements, informations, développement, management

ALSACE

BÊTES DE SCÈNE !

✆ **03 89 32 94 10** • fax 03 89 42 05 96
info@noumatrouff.fr • **www.noumatrouff.fr**
c/o Le Noumatrouff • 57 rue de la Mertzau • BP 3135
68063 **MULHOUSE CEDEX**

Mathieu SPIEGEL (Programmateur)

Genre(s) musical(aux) : Électro, world • **Période** : 27 au 29 juin 2013 • **Clôture de la programmation** : Fin avril • **Lieu(x)** : Mulhouse (68) • **Références** : Dilated People, The Shoes, Belleruche, Alela Diane, Monkopf, etc.

DÉCIBULLES

✆ **03 88 57 13 55** • fax 03 88 57 13 88
prog@decibulles.com • **www.decibulles.com**
Rue du Climont • 67220 **NEUVE EGLISE**

Jean-Paul HUMBERT (Président) • Pierre HIVERT (Programmateur)

Genre(s) musical(aux) : Musiques actuelles • **Période** : 12 au 14 juil. 2013 • **Clôture de la programmation** : Fin mars • **Lieu(x)** : Neuve-Eglise (près de Sélestat, 15 000 pl.) • **Références** : Gentleman, Thomas Fersen, Lee Scratch Perry & Max Romeo, les Hurlements d'Léo, Hilight Tribe, Kings Love Jack, Deus, Beat Torrent, Stupeflip, Lilly Wood & The Prick, Absynthe Minded, The Wolfgangs, DJ Shadows, John Butler Trio, Skip The Use, The Inspector Cluzo, Charles Pasi, Claudio Capéo

EPIDEMIC EXPERIENCE

✆ **03 88 92 02 05**
contact@zone51.net • **www.zone51.net**
11 rue St Léonard • 67600 **SELESTAT**

Laurent WENGER

Genre(s) musical(aux) : Techno, electro rock, houseDrum'n'Bass, hip hop, dub, rock, acid techno, hardcore, électro • **Période** : Mars • **Clôture de la programmation** : 5 à 6 mois avant la manifestation • **Lieu(x)** : Tanzmatten (Sélestat) • **Références** : Popof, Luke Slate, South Central, Pulpalicious, X-Makeena, Belzebass, etc.

FESTIVAL DE JAZZ DE COLMAR

✆ **03 89 20 68 45** • fax 03 89 20 67 53
festivaljazz@ville-colmar.fr • **www.ville-colmar.fr/**
c/o Mairie • 1 pl. de la Mairie • BP 50528 • 68021 **COLMAR CEDEX**

Jean-Michel SCHUPP (Programmateur) • Catherine HAUMANT (Contact)

Genre(s) musical(aux) : Tous les courants du jazz • **Période** : 9 au 14 sep. 2013 • **Clôture de la programmation** : Avr. • **Lieu(x)** : Colmar et environs • **Références** : Propositions Larry Coryell, China Roses, Raphaël Lemonier

FESTIVAL DES ARTEFACTS

✆ **03 88 23 72 37**
info@artefact.org • **www.artefact.org**
Quatre 4.0 • 13 rue du Hohwald • 67000 **STRASBOURG**

Patrick SCHNEIDER (Programmateur)

Genre(s) musical(aux) : Musiques actuelles • **Période** : Selon calendrier des festivals internationaux • **Lieu(x)** : Le Zénith, la Laiterie et divers sur Strasbourg + salle des fêtes de Schiltigheim • **Références** : Boys Noize, Vitalic, Woodkid, Lou Doillon, Asaf Avidan, Yan Wagner, Shannon Wright, la Femme, Cold War Kids

FOIRE AUX VINS DE COLMAR

✆ **03 90 50 50 50** • fax 03 89 41 25 50
foirecolmar@wanadoo.fr • **www.foire-colmar.com**
Parc Expos de Colmar • Av. de la Foire aux Vins • 68000 **COLMAR**

Claude LEBOURGEOIS (Directeur artistique)

Genre(s) musical(aux) : Rock, variété internationale • **Période** : 9 au 18 en 2013 • **Clôture de la programmation** : 8 mai • **Lieu(x)** : Théâtre de semi plein air du Parc Expos Colmar • **Références** : ZZ Top, Deep Purple, James Brown, Manu Chao, Compay Segundo, Iron Maiden, Marylin Manson, Massive Attack, Neil Young, Mika, etc.

L'HUMOUR DES NOTES

✆ **03 88 73 30 54**
relais.culturel@haguenau.fr • **www.humour-des-notes.com**
11 rue Meyer • BP 10249 • 67504 **HAGUENAU CEDEX**

Éric WOLFF (Directeur) • Vanessa SCHNEIDER (Communication / accueil compagnies) • Jérôme LAMBOUR (Directeur technique)

Genre(s) musical(aux) : Artistes déclinant humour, musique et fantaisie • **Période** : Mi mai • **Clôture de la programmation** : Déc. • **Lieu(x)** : Théâtre de Haguenau, rues et chapiteau • **Références** : Le Quatuor, la Framboise Frivole, les Sea Girls, Au Temps des Croisades, etc.

JAZZ FESTIVAL DE MUNSTER

✆ **03 89 77 04 04 / 06 85 16 43 73**
postmaster@jazz-festival-munster.eu • **www.jazz-festival-munster.eu**
Ass. Jazz Festival Munster • Mairie de Munster • 68140 **MUNSTER**

Yvan GAUTIER (Président) • Édith HUSSER (Secrétaire)

Genre(s) musical(aux) : Jazz, gospel • **Période** : 7 au 11 mai 2013 • **Clôture de la programmation** : Jan. • **Lieu(x)** : Munster (salle des fêtes, église protestante) • **Références** : Manu Dibango, Michel Hausser et la Van Family, les Doigts de l'Homme, Sophia Nelson, Anachronic Jazz Band, Drew Davies, Dorrey Lyles Lin, Pierre Christophe, Pauline Atlan, The Count Basie Orchestra

JAZZDOR

✆ **03 88 36 30 48** • fax 03 88 37 13 57
info@jazzdor.com • **www.jazzdor.com**
25 rue des Frères • 67000 **STRASBOURG**

Philippe OCHEM (Directeur) • Mathieu SCHOENAHL (Chargé de communication) • Anne MONTEILLET (Chargé de production)

Festival de jazz de Strasbourg • **Genre(s) musical(aux)** : Jazz • **Période** : Nov. (nov.) + « Jazzdor Strasbourg-Berlin » (début juin) • **Clôture de la programmation** : Mars • **Lieu(x)** : Pour Jazzdor plusieurs villes du Bas-Rhin : Strasbourg (Cité de la Musique et de la Danse, Pôle Sud, etc.), Illkirch-Graffenstaden, Schiltigheim, Bischwiller, Haguenau, Bischheim mais aussi en Allemagne (Offenburg) • **Références** : « Jazzdor » : Andy Emler MegaOctet et les Percussions de Strasbourg, Otis Taylor, Peter Brötzmann Chicago Tentet, Bojan Z & Nils Wogram, Imperial Quartet, Journal intime, Actuum, Bill Frisell, etc. - « Jazzdor Strasbourg-Berlin » (juin 2013) avec Vincent Peirani & Michel Portal, etc.

Festival MÉTÉO

✆ **03 89 45 36 67**
info@festival-meteo.fr • **www.festival-meteo.fr**
BP 1335 • 68056 **MULHOUSE CEDEX**

Fabien SIMON (Directeur) • Alexia TIRELLI (Assistante)

Mulhouse Music Festival • **Genre(s) musical(aux)** : Jazz et de musiques d'aujourd'hui innovantes • **Période** : du 27 au 31 août 2013 • **Clôture de la programmation** : Jan. • **Lieu(x)** : Mulhouse (La filature, Noumatrouff, Chapelle Saint-Jean, Friche DMC, Théâtre de la Sinne), Bâle en Suisse (Le Süd) • **Références** : + de 25 concerts avec Christine Abdelnour, Benat Achiary, Antoine, Berjeaut, John Butcher, Jozef Dumoulin, Isabelle Duthoit, Peter Evans, Sylvain Kassap, Mike Ladd, Urs Leimgruber, Gabriel lemaire, Phil Minton, Jérôme Noetinger, Edward Perraud, Didier Petit, John Russel, Damien Sabatier, Baptiste Sarat, Emmanuel Scarpa, Fabrizio Spera, John Tilbury, Valerio Tricoli, Fred Van Hove, etc.

Les NUITS EUROPÉENNES

✆ **03 88 36 15 76** • fax 03 88 36 15 77
arcane.17@wanadoo.fr • **www.lesnuits.eu**
10 rue du Hohwald • 67000 **STRASBOURG**

Francis ZANIBONI (Directeur) • Benoit VAN KOTE (Chargé de production)

Genre(s) musical(aux) : Musiques actuelles, du monde • **Période** : Oct. • **Clôture de la programmation** : Mai • **Lieu(x)** : Communauté urbaine de Strasbourg (lieux variables) • **Références** : Danyel Waro, Amparo Sanchez, Bibi Tanga & The Selenites, Lo Cor de la Plana, Fool's Gold, Gablé, Messer Chups, Izia, Jessie Evans, Iva Nova, Ben l'Oncle Soul, Fawzy Al-Aïedi, etc.

L'OSOSPHÈRE

✆ **03 88 23 72 37** • fax 03 88 23 72 30
info@artefact.org • **www.ososphere.org**
Quatre 4.0 • 13 rue du Hohwald • 67000 **STRASBOURG**

Thierry DANET (Directeur)

Genre(s) musical(aux) : Musiques électroniques • **Période** : Sep. 2013 • **Lieu(x)** : Ville de Strasbourg • **Références** : Breakbot, Kavinsky, Sebastian

La **PETITE PIERRE JAZZ**

✆ **03 88 70 42 30 / 06 71 20 22 34** • fax 03 88 70 41 08
g.hergott@free.fr • **www.jazzlapetitepierre.com**
Office du Tourisme • 2 rue du Château • 67290 **LA PETITE PIERRE**

Guy HERGOTT (Programmateur)

Au grès du jazz • **Genre(s) musical(aux)** : Musiques du monde, jazz, jazz manouche, afro-cubain, blues, etc. • **Période** : 8-19 août 2013 • **Lieu(x)** : Aire scénique sur les remparts du château • **Références** : Joshua Redman, Sandra Nkaké, Noëmi Waysfeld & Blik, Rokia Traoré, Giovanni Mirabassi Trio, Edouard Ferlet, Yorgui Loeffler Trio et Franck Wolf, Trio Joubran, Trilok Gurtu et Nils Petter Molvaer, Manu Katché, Vinicius Cantuaria, Ron Carter Trio, Omar Sosa, Ablaye Cissoko et Volker Goetze

Le **PRINTEMPS DES BRETELLES**

✆ **03 88 65 31 00** • fax 03 88 65 31 01
illiade@mairie-illkirch-graffenstaden.fr • **www.printempsdesbretelles.fr**
c/o l'Illiade • 11 allée François Mitterrand
67400 **ILLKIRCH GRAFFENSTADEN**

Jean-Louis KIRCHER (Directeur) • Catherine MOSSER (Directrice adjointe)

Genre(s) musical(aux) : Musiques pour l'accordéon • **Période** : 15 au 24 mars 2013 • **Lieu(x)** : Une vingtaine de lieux de la ville et des villes alentour • **Références** : Dançás Ocultas, Xavier Mortimer, Art Mengo, Les Tireux d'Roches, The New Rope String Band, Padam & Gullivan, Yoanna et Jasmine Vegas, Atomes Crochus, Bonbon, Zakouska, Laréosol, Nathan & The Zydeco Cha Chas, Place Klezmer, Paka Paka Corporation, Aldona, Claudio Capéo, Marinare, Gadjo Michto, Robert-Frank Jacobi, Foumagnac, etc.

STRASBOURG JAZZ FESTIVAL

✆ **03 88 15 29 29** • fax 03 88 24 03 16
hlorg@wanadoo.fr • **www.festival-strasbourg.com/jazz/**
Harry Lapp Organisation / Festival de Musique de Strasbourg
9 av. de la Liberté • 67000 **STRASBOURG**

Harry LAPP (Directeur artistique) • Dominique LEITERER (Assistant)

Genre(s) musical(aux) : Jazz • **Période** : Début juil. (du 2 au 10 en 2013) • **Lieu(x)** : Palais de la musique et des congrès • **Références** : Sonny Rollins, Youn Sun Nah, Jamie Cullum, The Rosenberg Trio, Emir Kusturica & The No Smoking Orchestra, Shemekia Copeland, Hugh Laurie alias Dr House)

AQUITAINE

Les **24 HEURES SWING DE MONSÉGUR**

✆ **05 56 31 82 91 / 09 67 10 71 79** • fax 05 56 71 90 41
festijazz@swing-monsegur.com • **www.swing-monsegur.com**
4 av. Jrean-Paul Glanet • 33580 **MONSEGUR**

Jean-Claude CASSIGNARD (Président) • Philippe VIGIER (Directeur artistique) • Anne-Laure BERTHORÉE (Coordinatrice)

Genre(s) musical(aux) : Jazz traditionnel • **Période** : Début juil. • **Lieu(x)** : Scène de la halle, pl. des tilleuls, plusieurs lieux dans Monségur • **Références** : Cecile Mc Lorin Salvant, Benny Golson & Pierre-Yves Sorin 5tet, Les Gosses de la rue invitent Romane, azz Chamber Orchestra, Evan Christopher's Jazz Tradition Project, Fonegna Copie, Jérôme Gatius New Orleans Big 4, Gizelle Smith

À VOIX HAUTE

✆ **06 72 73 88 40 / 05 56 74 31 15 / 06 72 81 31 35**
info@einsteinonthebeach.net • **www.einsteinonthebeach.net**
c/o Einstein on the Beach • 86 rue de la Rousselle • 33000 **BORDEAUX**

Yan BEIGBEDER (Programmateur)

Genre(s) musical(aux) : Chant (du chant traditionnel au jazz vocal) • **Période** : 16-18 août 2013 • **Clôture de la programmation** : Déc. • **Lieu(x)** : Bagnères de Bigorre • **Références** : Lo Cor de la Plana, Bibi Tanga et les Selenites, Karavane, etc.

Festival **ABRACADA'SONS**

✆ **05 53 83 05 02**
asso.staccato@orange.fr • **www.staccato-asso-47.blogspot.com/**
c/o Staccato • zone de la brisse • BP 62
47800 **MIRAMONT DE GUYENNE**

Frédéric POLETTO (Directeur)

Genre(s) musical(aux) : Électro, rock, chanson, world, hip hop, punk, flamenco, reggae, traditionnel, jazz, dub • **Période** : 19,20 juil. 2013 • **Clôture de la programmation** : Mi avril • **Lieu(x)** : Lac du Saut du Loup (Miramont de Guyenne) • **Références** : Raoul Petite, Burning Heads, Beat Torrent, Samarabalouf, Blake Worrell, Fumuj, Dj Vadim, Watcha Clan, Le Prince Miiaou, South Central, Laétitia Shériff, Orchestre National de Barbès, Pigalle, The Ex & Getatchew Mekutya, Mr Valaire, Les Touffes Krétiennes, Sexy Sushi, Busdriver, Titi Robin, Parabellum, Naïve New Beaters, Missill, Les Têtes Raides, Syd Matters, Ceux Qui Marchent Debout, André Minvielle, etc.

Festival **ARTE FLAMENCO**

✆ **05 58 46 54 55** • fax 05 58 05 41 48
culture@cg40.fr • **arteflamenco.landes.org**
c/o Conseil général des Landes • Rue Victor Hugo
40025 **MONT DE MARSAN CEDEX**

Sandrine CADEAC CARLESSO (Coordinatrice générale)

Genre(s) musical(aux) : Flamenco • **Période** : 1-6 juil. 2013 • **Clôture de la programmation** : Déc. • **Lieu(x)** : Mont-de-Marsan • **Références** : Cie Maria Pagés, Utopia, Diego del Morao, Fuensanta la Moneta, Cie Albadulake, Majaretas, Diego Amador & Dorantes, Mercedes Ruiz, Arcangel & Esperanza Fernandez, José Valencia & Pedro el Granaino, Tomatito, Michel Vuillermoz & Dorantes, Farruquito & Karime Amaya, Abolengo, etc.

BIG FESTIVAL

✆ **01 53 90 19 35** • fax 01 45 45 07 59
sebfarran@lickshot.com • **www.bigfest.fr**
c/o Lickshot Entertainment • 21 rue du Fbg St Antoine • 75011 **PARIS**

Sébastien FARRAN (Directeur) • Nadège WINTER (Directeur artistique) • Edouard ROSTAND (Programmateur) • Laurence FAVALELLI (Coordinatrice)

Genre(s) musical(aux) : Musique actuelle dont rock, rap, musiques électroniques • **Période** : 17 au 21 juil. 2013 • **Clôture de la programmation** : Mars - Avril • **Lieu(x)** : Divers dont l'Atabal (Biarritz), Halle D'iraty, Stage Aguilera • **Références** : Peter Doherty, De La Soul, The Rapture, Shaka Ponk, Sébastien Tellier, Izia etc.

BLACK AND BASQUE

jfblagunak@gmail.com • **www.blackandbasque.com**
Association JFB Lagunak • 60 rue Harispe • 64210 **GUETHARY**

Christian BORDE (Fondateur) • Christelle VESSOT

Genre(s) musical(aux) : Musiques du monde, jazz, hip hop, groove, etc. • **Période** : 6 au 8 sep. 2013 • **Lieu(x)** : Lla Poterne, au coeur des remparts de Bayonne • **Références** : Angélique Kidjo, Trombone Shorty & Orleans Avenue, Sandra N'Kaké, Nicolas Répac, Tony Allen, Gasteiz Big Band, Manu Dibango, Oreka TX, Chlorine Free, Iam

ERROBIKO FESTIBALA

✆ **06 33 72 55 53**
maiteachiary@gmail.com • **www.errobikofestibala.fr**
c/o Association Ezkandrai • 6 AV. du Dr Gaudeul • 64100 **BAYONNE**

Beñat ACHIARY (Directeur artistique) • Maité ACHIARY (Présidente)

Festival de la Nive • **Genre(s) musical(aux)** : Musiques du monde, musiques improvisées, chant, jazz • **Période** : 18 au 21 juil. 2013 • **Clôture de la programmation** : Mars • **Lieu(x)** : Itxassou (près de Bayonne), Pays Basque • **Références** : Louis Sclavis, André Minvielle, Lionel Suarez, Papanosh, Christine Salem, Oksit, Artichaut Orchestra, Jeanne Added, Larrosa Salbaiak Trio avec Benat Achiary

L'ÉTÉ À PAU

✆ **05 59 82 93 97**
elsa-acp@orange.fr • **www.leteapau.com**
Villa Charmoise Parc Lawrance • 125 bis bd Alsace Lorraine • 64000 **PAU**

Elsa PAYRI CHINANOU (Programmateur) • Fred LURDOS (Communication / billetterie)

Genre(s) musical(aux) : Musiques actuelles • **Période** : Juil.-août • **Clôture de la programmation** : Mars • **Lieu(x)** : Théâtre de verdure de Pau • **Références** : C2C, Catherine Ringer, Sandra Nkake

L'**ÉTÉ MUSICAL EN BERGERAC**

✆ **05 53 74 30 94 / 06 62 68 87 90**
festivalbergerac@wanadoo.fr • **festivalbergerac.blogspot.com**
42 rue St Jacques • 24540 **MONPAZIER**

Marc CHISSON (Directeur artistique)

Genre(s) musical(aux) : Classique, jazz, musiques du monde, ballets, ciné-concerts • **Période** : Juil.-août • **Clôture de la programmation** : Avril • **Lieu(x)** : Différents lieux, chateaux, églises du pays de Bergerac (Dordogne) : Bergerac, Bastide de Monpazier, Château de Biron, Abbaye de Cadouin, Abbaye de Saint-Avit-Sénieur, Château Saint-Germain, Collégiale de Capdrot • **Références** : Michel Portal & Bojan Z, Florin Niculescu Quartet, Thomas Dutronc, Dhoad Les Gitans du Rajasthan, Chants Sacrés Gitans en Provence, Ensemble vocal russe Konevets, Titi Robin Sextet, Emir Kusturica and the No Smoking Orchestra

Le **FESTIN**

✆ **06 07 71 68 58 / 05 56 30 65 59**
contact@lefestinmusik.com • **www.lefestinmusik.com**
MDL • Mairie, 50 Place de la Prévôté • 33670 **CREON**

Maxime SAJOUS (Directeur artistique / régisseur général) • Carlina CAVADORE (Agent administratif)

Festival de Cirque et de Musique • **Genre(s) musical(aux)** : Musiques actuelles, cirque, poésie, théâtre, projection de films et clips, etc. • **Période** : 3e sem. de mars • **Clôture de la programmation** : Sep. • **Lieu(x)** : Espace culturel de Créon • **Références** : « Itinéraires d'Orient » avec Rabih Abou-Khalil, Kolektif Istanbul, Pedram Khavarzamini& Michel Godard, Mohamed Abozekry & Heejaz

FESTIVAL DES HAUTS DE GARONNE

✆ 05 56 74 80 00 • fax 05 56 67 63 52
contact@lerocherdepalmer.fr • **lerocherdepalmer.fr**
c/o Musiques De Nuit - Rocher de Palmer • 1 rue Aristide Briand
33152 **CENON CEDEX**

Patrick DUVAL (Directeur) • Hervé CASTELLI (Directeur adjoint) • Sophie GUENEBAUT (Administratrice) • Patrick LABESSE (Responsable du Centre de Documentation) • Aurélie STUBER (Contact Jazz, musiques traditionnelles et du monde)

Genre(s) musical(aux) : Jazz, musiques traditionnelles et du monde, musiques actuelles • **Période** : 3-12 juil. 2013 • **Clôture de la programmation** : Mars • **Lieu(x)** : Lormont, Floirac, Cenon, Bassens • **Références** : Bachar Mar-Khalife, Cie Auguste-Bienvenue, Defunkt Neu Soul (Joseph Bowie), Shigeto, Ondatropica, Femi Kuti

FESTIVAL EHZ

✆ 05 59 70 20 08 • fax 05 59 70 20 08
prog@ehz-festibala.eu • **www.ehz-festibala.eu**
C/o Asso Euskal Herrria Zuzenean • Pl. du Fronton • Bât. ARY
64240 **HASPARREN**

Antton LANNES (Programmateur) • David RODRIGUES (Communication et technique)

Euskal Herrria Zuzenean • **Genre(s) musical(aux)** : Ts + Dj (reggae, rock, folk), spectacles de rue, fanfares, conférences, expos, village alternatif, etc. • **Période** : 29 et 30 juin • **Clôture de la programmation** : Mars • **Lieu(x)** : Mendionde (64240), Château Garro • **Références** : Public Enemy, Gojira, Youssoupha, Sepultura, The Bloody Beetroots, South Central, etc.

FUGUE EN PAYS JAZZ

✆ 05 58 72 10 09 / 09 75 31 65 48
06 80 00 78 87 / 05 58 72 70 74
christian.nogaro@orange.fr • **www.paysjazz.com**
Mairie de Capbreton • BP 25 • 40130 **CAPBRETON**

Christian NOGARO (Directeur artistique) • Parricia GAUTIER (Administratrice)

Anciennes Rencontres internationales de contrebasse • **Genre(s) musical(aux)** : Festival de jazz et classique • **Période** : Août • **Lieu(x)** : Parc Des Sports, Salle Paillou à Capbreton, La Mamisele - Centre Culturel De Saubrigues • **Références** : Daniel Humair, Enrico Rava, Angelo Debarre, Harold Lopez Nussa, Jacky Terrasson, Thomas Encho, Giovanni Mirabassi, Philippe Duchemin, etc. + Stages internationales de CO

GAROROCK

✆ 05 53 20 65 59
infos@garorock.com • **www.garorock.com**
c/o Mr Power • BP 120 • 47203 **MARMANDE CEDEX**

Ludovic LARBODIE (Directeur) • Bruno BOSNET (Administrateur) • Thibault FERNANDES (Partenariats, mécénats) • Émilie TISSERAND (Communication)

Genre(s) musical(aux) : Musiques actuelles • **Période** : 28 au 30 juin 2013 • **Clôture de la programmation** : Fév. • **Lieu(x)** : Marmande • **Références** : David Guetta, Deftones, Public Enemy, Bloody Beetroots, Laurent Garnier, Magnetic Man, Sepultura, Mika, Airbourne, Birdy Nam Nam, Metronomy, Dyonisos, etc.

Le GRAND SOUK

✆ 05 53 92 52 30 • fax 05 53 92 52 31
centreculturelderiberac@yahoo.fr • **www.legrandsouk.com**
Centre Culturel de Ribérac • 13 pl. Charles de Gaulle • 24600 **RIBERAC**

Pierre OUZEAU (Directeur) • Florence NENY (Administratrice générale) • Émilie DELEST (Chargé de communication)

Genre(s) musical(aux) : Musiques actuelles • **Période** : Mi juil. • **Clôture de la programmation** : Avril • **Lieu(x)** : Parc des Beauvières • **Références** : The Shoes, The Rapture, Eiffel, Camille, Odezenne, Orelsan, Digitalism, etc.

JAZZ 360

✆ 05 56 21 72 85
cenac.33.culture@wanadoo.fr • **festivaljazz360.fr**
Mairie de Cénac • Service culture • 33360 **CENAC**

Cathy COMMARMOND (Contact) • Richard RADUCANU (Responsable artistique) • Marie HUGUENIN-DEZOT (Relations presse)

Festival de jazz de Cénac en Entre-Deux-Mers • **Genre(s) musical(aux)** : Festival de jazz en milieu rural • **Période** : Du 7 au 9 juin en 2013 • **Lieu(x)** : Cénac • **Références** : 2013 : Anne Paceo Quintet, Jérôme Gatius New Orleans Big Four, Alain Brunet & Akpe Motion, Serge Balsamo Quartet, Djangophil, Les Metropolitains, Edmond Bilal Band, HCL trio, Marie Carrié duo, Hervé Saint-Guirons & Yann Penichou

JAZZ À OLORON

✆ 05 59 39 82 47
contact@jazzoloron.com • **www.jazzoloron.com**
10 rue Révol • 64400 **OLORON STE MARIE**

Serge DUMONT (Directeur artistique jazz) • Christian DUTURC (Président) • Gilbert CLAVERIE (Vice-président)

festival Des rives et des notes • **Genre(s) musical(aux)** : Jazz contemporain, création, musique du monde • **Période** : 1re semaine de juil. (du 29 juin au 7 juil. 2013) • **Clôture de la programmation** : Fin jan. • **Lieu(x)** : Salle Jeliotte • **Références** : Roberto Fonseca, Ablaye Cissoko & Volker Goetze, Anne Paceo, Lars Danielsson, Lakecia Benjamin, Dan Tepfer, Sandra Nkaké, Harold Lopez Nussa, Stefan Rusconi, Ibrahim Maalouf

JAZZ NATUREL D'ORTHEZ

✆ 05 59 69 76 83 • fax 05 59 69 76 87
j.canet@mairie-orthez.fr • **www.mairie-orthez.fr**

Jacques CANET (Programmateur) • Philippe CHUQUET (Régisseur général)

Genre(s) musical(aux) : Musiques actuelles et d'influence jazz • **Période** : Du 12 au 20 avril 2013 • **Clôture de la programmation** : juin • **Lieu(x)** : Orthez (Théâtre Francis-Planté, salle de la Moutète) • **Références** : Les Oignons, Le Voyage deCarabalas, Louis Winsberg « Marseille Marseille », Didier Lockwood, Carte blanche à Marcel Azzola, Electro Deluxe, Big Band Côte Sud, André Minvielle, Maurane, JJ Milteau, etc.

JAZZ POURPRE

✆ 05 53 73 12 24 / 05 56 08 22 58
jazzpourpre@orange.fr • **www.jazzpourpre.com**
Ratougnac • 24130 **GINESTET**

Jacques GOMMY (Président) • Bernard CROCE (Directeur artistique)

Le Jazz en Bergeracois Dordogne Périgord • **Genre(s) musical(aux)** : Jazz • **Période** : Mai (23 au 26 mai en 2013) • **Lieu(x)** : Divers lieux en Périgord : chapiteau place Gambetta, Centre culturel de Bergerac, Cloitre des Recollets ; Château Monbazillac, Château Tiregrand • **Références** : Renaud Garcia-Fons, F. Eulry & P.Y. Plat, China Moses, Paul Chéron, Nadia Cambours

MUSICALARUE

✆ 05 58 08 05 14 • fax 05 58 08 02 53
info@musicalarue.com • **www.musicalarue.com**
BP 2 • 40430 **LUXEY**

François GARRAIN (Président) • Amélie DURINGUES (Production) • Anna GARDELLE-BAH (Chargée de communication/mécénat/partenariat) • Bastien PEREZ (Régies/programmation)

Genre(s) musical(aux) : Musiques actuelles, chanson, arts de la rue • **Période** : 14-17 août 2013 • **Clôture de la programmation** : Mars • **Lieu(x)** : Luxey • **Références** : Camélia Jordana, Stromae, Zaz, Jaqee, Lilly Wood & The Prick, André Minvielle & Lionel Suarez, etc.

Festival MUSIK À PILE

✆ 05 56 91 73 95 • fax 05 56 91 73 95
contact@musikapile.fr • **www.musikapile.fr**
c/o MKP - Musik à Pile • Mairie • 33910 **ST DENIS DE PILE**

Bernard MERLET (Programmateur) • Florence LOULIER (Relations presse) • Christophe BOUDAULT (Programmateur) • Emmanuel BOUDAULT (Administrateur)

Saint Denis de Pile • **Genre(s) musical(aux)** : Musiques actuelles • **Période** : 31 mai-2 juin 2013 • **Clôture de la programmation** : Nov. • **Lieu(x)** : St-Denis de Pile (Plein air et chapiteau) • **Références** : Charlélie Couture, Hangar, la Ruda, Florent Marchet, le Caravanne Passe, CQMD, The Wackies, Maria Dolores, Kabolo Fanfare, Psyche Funky, les Batteurs Rient, Arthur H, Sinsemilia, etc.

Les NUITS ATYPIQUES DE LANGON

✆ 05 57 98 08 45
lesnuitsatypiques@orange.fr • **www.nuitsatypiques.org**
8 pl. des Carmes • 33210 **LANGON**

Patrick LAVAUD (Directeur) • Sylvain CAPELLI (Administrateur) • Valérie JACQUEMIN (Coordinatrice)

Genre(s) musical(aux) : World, musique traditionnelle • **Période** : 25 au 27 juil. 2013 • **Clôture de la programmation** : Fév. • **Lieu(x)** : Langon (Parc des Vergers) • **Références** : Rokia Traoré, Gnawa Diffusion, Angelo Debarre, Sergent Garcia, Agnès Jaoui, Las Hermanas Caronni, Du Bartàs, Lo Griyo, Chakaraka, Oksit Musik, Ravi Prasad, Antonio Rivas, Salvador Paterna & Pascal Delalée, Nolwenn Korbell & Soïg Siberil, Mascarimiri, Le Bal de l'Afrique enchantée, etc.

Les OCÉANIQUES

✆ 09 53 62 38 01
contact@loco-motive.fr • **www.oceaniques.fr**
1 allée de la Ferme • 40220 **TARNOS**

Daniel RODRIGUEZ (Directeur)

Genre(s) musical(aux) : Musiques actuelles • **Période** : 13 juil. 2013 • **Clôture de la programmation** : Mars • **Lieu(x)** : Parc de la nature (Tarnos) • **Références** : Maceo parker, Psy4 de la Rime, Ayo, John Butler Trio, Fémi Kuti, The Do, Yaël Naïm, etc.

OUVRE LA VOIX

05 56 33 66 01 • fax 05 56 33 66 11
olv@rockschool-barbey.com • **www.rockschool-barbey.com**
c/o Rockschool Barbey • 18 cours Barbey • 33800 **BORDEAUX**

Éric ROUX (Directeur) • Adeline SOURISSEAU (Communication « Ouvre la voix ») • Emmanuel RANCEZE (Communication / programmation)

Genre(s) musical(aux) : Chanson rock • **Période** : 2e WE de sept. • **Clôture de la programmation** : Mars • **Lieu(x)** : Piste cyclable Roger Hapebie, Voie Verte de l'Entre Deux Mers • **Références** : Amélie-les-Crayons, les Blérots de Ravel, Precious Sunday Club, Josem, etc.

REGGAE SUN SKA FESTIVAL

05 56 73 92 92 • fax 05 56 73 84 95
info@reggaesunska.com • **www.reggaesunska.com**
53 route des Gunes • 33250 **CISSAC MEDOC**

Fred LACHAIZE (Directeur) • Marie-Eve BEERENS (Directrice de la communication)

Genre(s) musical(aux) : Reggae, ska, rock steady, dub, electro, drum'n'bass, ragga • **Période** : 2-4 août 2013 • **Clôture de la programmation** : Fév. • **Lieu(x)** : Pauillac / Médoc • **Références** : Tryo, Ska-P, Dub Inc., Ky-Mani Marley, Steel Pulse, Busy Signal, Raggasonic, etc.

ROOTS DANS LA VALLÉE

02 99 64 33 10 • fax 02 99 64 33 10
ohlord@wanadoo.fr • **www.myspace.com/rootsdanslavallee**
c/o Oh Lord Productions • 3 rue du Champ Fleuri • 35310 **CHAVAGNE**

Franck GOUERI (Programmateur / directeur) • Fabien HOUGUET (Programmateur)

Genre(s) musical(aux) : Ts • **Période** : Avril • **Clôture de la programmation** : Déc. • **Lieu(x)** : Espace François Mitterand (Figeac, 46) • **Références** : K2R Riddim, Mister Gang, Tryo, Zebda, Sinsemilia, Prince Alla, Horace Andy, Black Uhuru, The Abyssinians, The Aggrolites, The Skatalites, Anthony B, Capleton, Anis, Brain Damage, Beat Assailant, Israël Vibration, The Gladiators, Black Huru, Zion Train, Fishbone, etc

SAINT-ÉMILION JAZZ FESTIVAL

04 93 71 89 24 / 06 76 08 54 30 / 05 57 50 48 86
info@saint-emilion-jazz-festival.com • **www.saint-emilion-jazz-festival.com**
« Mitrotes » • 33330 **ST LAURENT DES COMBES**

Dominique RENARD (Président) • Christophe DEGHELT (Directeur artistique) • Patricia TEYSSIER (Administratrice) • Émilie RENARD (Coordinatrice générale) • Bernard LEDOUX (Secrétaire)

Genre(s) musical(aux) : Jazz • **Période** : Du 18 au 21 juillet 2013 • **Lieu(x)** : Saint-Emilion (Les Douves du Palais Cardinal, salle des Dominicains, village du Festival) • **Références** : Gary Husband, Minino Garay & les Tambours du Sud, Ernesto Tito Puentes Big band, Baptiste Trotignon, Yaron Herman, Chick Corea & The Vigil, Fred Hersh, Joe Stilgoe, Monty Alexander, Edouard Ferlet, Electro Deluxe, Chic feat. Nile Rodgers

TRANSHUMANCES MUSICALES

05 59 66 53 90 • fax 05 59 66 14 90
cassalette@transhumances-musicales.com
www.transhumances-musicales.com
c/o Pyrénées ocean organisation • 2 rue St-Germain • 64190 **NAVARRENX**

Jacques PEDEHONTAA (Responsable)

Genre(s) musical(aux) : Traditionnel, polyphonie, musiques du monde, musiques celtiques • **Période** : WE de l'ascension • **Clôture de la programmation** : Déc. • **Lieu(x)** : Parc du château de Laas • **Références** : Liane Foly, Mickael Miro, Gérard De Palmas, Dan Ar Braz & Carlos Nuñez, etc.

UZESTE MUSICAL

05 56 25 38 46 / 05 56 25 38 46 • fax 05 56 25 36 12
uzeste.musical@uzeste.org • **www.cie-lubat.org**
18 rue Faza • 33730 **UZESTE**

Bernard LUBAT (Directeur artistique) • Martine BOIS (Coordinatrice et chargée de communication)

Hestejada de las arts d'Uzeste Musical • **Genre(s) musical(aux)** : « Manifestif » avec jazz, chanson, théâtre, poésie, arts plastiques • **Période** : 2e quinzaine d'août, mais « Uzeste de printemps » (avril) • **Clôture de la programmation** : Avril • **Lieu(x)** : Uzeste, sud Gironde, nord Landes • **Références** : Archie Shepp, Jean-Louis Chautemps, Louis Sclavis, François Corneloup, etc. - « Uzeste de printemps » : Michel Portal, André Minvielle, etc.

VIBRATIONS URBAINES

05 57 93 65 11 • fax 05 57 93 67 82
jeunesse@mairie-pessac.fr • **www.vibrations-urbaines.net**
Service jeunesse • Pl. de la Ve République • BP 40096
33604 **PESSAC CEDEX**

Frédéric ARNAUD (Coordinateur de la manifestation) • Olivier MORINEAU (Organisateur des activités « glisse »)

Genre(s) musical(aux) : Hip hop, électro, reggae, dub, punk rock, metal, skate core • **Période** : 18 au 30 oct. 2013 • **Clôture de la programmation** : Mars • **Lieu(x)** : Pessac • **Références** : High Tone, Jazz Jamaïca, Lab, Jamaïca All Stars, Busta Flex, la Phaze, DSL, Löbe Radiant Dub System, Chinese Man, Dub Pistols, etc.

AUVERGNE

Les AUTOMNALES

04 73 42 24 86 • fax 04 73 42 20 96
edith.liaboeuf@cg63.fr • **www.puydedome.fr**
Hôtel du Dép./Dir. Aménagement et Dvp • 24 rue Saint-Esprit
63033 **CLERMONT FERRAND CEDEX 1**

Édith LIABOEUF (Responsable / programmatrice) • Jean-Denis PARIS (Assistant)

Genre(s) musical(aux) : Tres jeune public • **Période** : Printemps • **Clôture de la programmation** : Fin juin • **Lieu(x)** : 11 communes du dép. (salles polyvalentes et salles des fêtes) • **Références** : La Rue Ketanou, Orange Blossom, Cie Léon Larchet, P. Bouffard, les Trapettistes

COUNTRY RENDEZ-VOUS

04 71 03 25 52 • fax 04 71 03 24 45
country.rendez-vous@orange.fr • **www.festivaldecraponne.com**
6 pl. Croix de Carle • 43500 **CRAPONNE SUR ARZON**

Blandine PELIN (Présidente) • Émilie CROUZET (Programmatrice artistique) • Marie-Pierre DEBARD (Secrétaire)

Genre(s) musical(aux) : Country, bluegrass, new country, cajun, old time, new country • **Période** : 26-27-28 juil. 2013 • **Clôture de la programmation** : Fin jan. • **Lieu(x)** : Craponne sur Arzon • **Références** : Erik Sitbon & The Ghost Band, Crooks & Straights, The Steeldrivers, The Turnpike Troubadours, Two Tons Of Steel, Hillbilly Rockers, Modern Earl, Amber Digby & Midnight Flyer, Kelly Willis & Bruce Robison, Whiskey Myers, Howlin' Fox, Ronnie Bowman, John Slaughter, Justin Haigh, Bayou Roux

DO MAIS EN CORPS

06 72 98 36 89 / 06 73 01 18 84
asso@domaisencorps.com • **www.festivaldedomaize.com**
C/o Mairie • 63520 **DOMAIZE**

Brice GRENIER (Permanent) • Julien (Programmateur)

Genre(s) musical(aux) : Musiques actuelles • **Période** : Août • **Clôture de la programmation** : Avril • **Lieu(x)** : Plein air • **Références** : Doctor Flake, Art District, Chinese Man, Puppet Mastaz, High Tone, etc.

EUROPAVOX

01 71 19 73 30 • fax 01 71 19 73 19
contact@europavox.com • **www.europavox.com**
15/17 rue du Pré la Reine • 63100 **CLERMONT FERRAND**

François MISSONNIER (Directeur) • Théva BABIN (Administration production)

Genre(s) musical(aux) : Musiques actuelles • **Période** : 23 au 25 mai 2013 • **Clôture de la programmation** : Jan. • **Lieu(x)** : Clermont-Ferrand, Auvergne • **Références** : Agoria, The Hives, Arthur H, Dionysos, Django Django, Woodkid, etc.

FESTIVAL CELTE EN GÉVAUDAN

04 71 77 71 38 / 06 64 31 13 48
lucie43@gmail.com • **www.festivalengevaudan.com**
c/o Michel Brun • La Vialle d'Estours • 43580 **MONISTROL D'ALLIER**

Nicolas ALIZERT (Président) • Michel BRUN (Chargé de la programmation et de la communication) • Lucie BRUN (Chargée de communication)

Genre(s) musical(aux) : Musique celtique • **Période** : 8 au 10 août 2013 • **Clôture de la programmation** : Mars • **Lieu(x)** : Saugues, Venteuges, La Beffeyre Saint Mary • **Références** : Manau et Avalon Celtic Dance

FESTIVAL DE DOMAIZE

06 72 98 36 89
asso@domaisencorps.com • **www.festivaldedomaize.com**
Le Bourg • 63520 **DOMAIZE**

Brice GRENIER (Chargé du développement)

Genre(s) musical(aux) : Hip hop, électro, jazz • **Période** : Déb. août • **Clôture de la programmation** : Fin avril • **Lieu(x)** : Domaize • **Références** : DJ Shadow, Puppet Mastaz, Chinese Man, High Tone, Wax Tailor, DJ Krush, etc.

FESTIVAL DU MONASTIER

04 71 03 94 17 • fax 04 71 03 95 00
lamusiquedescuivres@orange.fr • **www.festivaldumonastier.fr**
La Vicairie • Pl. du Couvent • 43150 **LE MONASTIER SUR GAZEILLE**

Gilles MERCIER (Directeur artistique)

La Musique des cuivres de Monastier • **Genre(s) musical(aux)** : Classique, jazz, baroque, groove • **Période** : Du 2 au 10 août 2013 • **Lieu(x)** : Église, château abbatial, rues, etc. • **Références** : Franck Tortillier, Bigrophonic, Le Haidouti Orkestar, David Guerrier, Tu Shung Peng, Paris Combo, etc.

HIBERNAROCK

✆ **04 71 43 42 90** • fax 04 71 43 42 91
contact@cantalmusiqueetdanse.fr • **www.hibernarock.fr**
Cantal Musique et Danse • 1 rue de l'Olmet • 15000 **AURILLAC**

Frédéric SERAGER (Chargé de mission)

Genre(s) musical(aux) : Musiques actuelles • **Période** : Fév.-mars • **Clôture de la programmation** : Oct. • **Lieu(x)** : Une quinz. de lieux sur le dép. • **Références** : Dominique A, Kent, Boogers, Son Of Dave, The Elderberries, Cocoon, Delano Orchestra, Daniel Dore, L, Ez3kiel

HIPPOCAMPUS FESTIVAL

antoine.jarzabek@gmail.com • **www.festival-hippocampus.com**
6 rue d'Amboise • 63000 **CLERMONT FERRAND**

Antoine JARZABEK

Genre(s) musical(aux) : Chanson française ss ttes ses formes • **Période** : Fin oct. • **Clôture de la programmation** : Déc. • **Lieu(x)** : Coopérative de Mai (Clermont Ferrand) • **Références** : Sergent Garcia, Ez3kiel, Omar Perry, Jim Murple Memorial, etc.

JAZZ DANS LE BOCAGE

✆ **04 70 47 15 77 / 06 63 93 11 20**
jean-paul-bardot@wanadoo.fr • **www.jazzdanslebocage.com**
Marie de Rocles • 03240 **ROCLES**

Jean-Paul BARDOT (Directeur artistique)

Genre(s) musical(aux) : Tous styles de jazz, blues, musiques actuelles • **Période** : du 4 au 11 mai 2013 • **Clôture de la programmation** : 31 déc. • **Lieu(x)** : Divers lieux en communauté de communes en Bocage sud (03) • **Références** : Norig, Nico Wayne Toussaint, Big Daddy Wilson, lesEtrangers Familiers, Las Hermanas Caronni, Karim Baggili, l'Orchestre Ducoin, etc.

JAZZ EN TÊTE

✆ **04 73 35 14 91** • fax 01 44 67 79 36 / 04 73 35 14 91
felgeyrolles@me.com • **www.jazzentete.com**
Maison des Associations • 2 bd Trudaine • 63000 **CLERMONT FERRAND**

Xavier FELGEYROLLES (Directeur artistique) • Sybille SOULIER (Chargée de communication)

Genre(s) musical(aux) : Jazz • **Période** : Oct. • **Clôture de la programmation** : Juil. • **Lieu(x)** : Maison de la culture, Musée d'Art Roger Quilliot • **Références** : Herbie Hancock, Bill Mobley dirige l'Orchestre d'Auvergne, Gregory Porter, Baptiste Herbin et Keith Brown Trio, Ambrose Akinmusire Quintet, Chris Daveand The Drumhedz, Tony Tixier Quartet avec Scott Tixier Éric Chapelle Quartet, Laïka rencontre Donald Brown et Logan Richardson

ON CONNAIT LA CHANSON

✆ **04 63 22 55 33 / 06 26 66 44 61**
contact@onconnaitlachanson.fr • **www.onconnaitlachanson.fr**
168 rue des Ecoles • 63112 **BLANZAT**

Jean-Paul PEUCH (Président)

Genre(s) musical(aux) : Chanson française • **Période** : Printemps • **Clôture de la programmation** : Déc. • **Lieu(x)** : Cantal, Haute Loire, Puy de Dôme • **Références** : Le Cirque des Mirages, Marc Perrone, Romain Dudek, les Wriggles, Loïc Lantoine, Jacques Bertin, Gérard Pierron

La PAMPARINA

✆ **04 73 80 88 80 / 06 32 23 53 47** • fax 04 73 80 88 73
evece@ville-thiers.fr • **www.pamparinalefestival.com**
Mairie • 1 rue François Mitterrand • BP 207 • 63304 **THIERS CEDEX**

Éric VECE (Programmateur) • Marie-Laure CHARRAULT (Coordinatrice) • Sarah SANCHEZ (Communication)

Genre(s) musical(aux) : Festival consacré chaque année à une couleur musicale (folk, pop, jazz, musique du monde, etc.) • **Période** : 5 au 7 juil. 2013 • **Clôture de la programmation** : Mars • **Lieu(x)** : Thiers : centre ville • **Références** : Adèle Coyo, Belle Roscoe, Haight-Ashbury, Aline, Snowy Owl, The Belfour, Blow up, Square, Adam Baker, Mix Dj Maurice Vs Le Marquis de Jonard, Adam Baker, etc.

BASSE-NORMANDIE

ART SONIC

✆ **02 33 66 71 43** • fax 02 33 65 44 45
contact@festival-artsonic.com • **www.festival-artsonic.com**
8 bis ch. du Vieux Moulin • 61220 **BRIOUZE**

Benoît LORET (Programmateur) • Arnaud LOUVEAU (Président) • Mickael CHANCEREL (Trésorier)

Genre(s) musical(aux) : Rock, punk-rock, électro, reggae, ska, chanson • **Période** : 19 et 20 juil. 2013 • **Clôture de la programmation** : Mi-mars • **Lieu(x)** : Briouze (61) • **Références** : Suicidal Tendencies, Toy Dolls, Groundation, Danakil, Carmen Maria Vega, Airnadette, The Toxic Avenger

Les ART'ZIMUTES

✆ **09 53 33 66 54**
organisation@lesartazimutes.com • **www.lesartzimutes.com**
C/o association Musiques en herbe • Hôtel de ville • BP 87
50110 **TOURLAVILLE**

Christophe QUEMENER • Nicolas PICOT

Genre(s) musical(aux) : Festival pluridisciplinaire (musique, arts de rue, cirque) • **Période** : Fin juin • **Clôture de la programmation** : Fév. • **Lieu(x)** : Espace loisir de Collignon • **Références** : Arthur H, Yael Naim, Caravan Palace, Katerine, Olivia Ruiz, la Ruda, Rue Kétanou, les Blérots de R.A.V.E.L., etc.

Festival BEAUREGARD

✆ **02 31 47 96 13** • fax 02 31 95 97 75
john@festivalbeauregard.com • **www.festivalbeauregard.com**
c/o Big Band Café • 1 av. du Haut Crepon
14200 **HEROUVILLE ST CLAIR**

Paul LANGEOIS (Directeur /programmateur) • Patrick SIMON (Communication)

Genre(s) musical(aux) : Pop, rock, folk • **Période** : 5 au 7 juil. 2013 • **Lieu(x)** : Château Beauregard, Hérouville St Clair • **Références** : Aaron, ZZ Top, Motorhead, Archive, Deus, Gaëtan Roussel, The Kooks, Morcheeba, The Kills, Franz Ferdinand

Les BORÉALES

✆ **02 31 15 36 40** • fax 02 31 15 36 37
info@crlbn.fr • **www.crlbn.fr**
Centre Régional des Lettres • 10 rue du Chateau d'eau • CS 75438
14054 **CAEN CEDEX 4**

Jérôme REMY (Directeur artistique) • Guillaume PATARD-LEGENDRE (Conseiller technique)

Genre(s) musical(aux) : Artistes des pays nordiques • **Période** : 15 au 30 nov. 2013 • **Clôture de la programmation** : Avril • **Lieu(x)** : Divers sur la région Basse Normandie • **Références** : Jan Garbarek & The Hilliard Ensemble, Joonas Haavisto Trio, Teppo Hauta-Aho et Pascal Marzan, Moddi / Thomas Dybdahl, Rebekka Karijord / Jay-Jay Johanson, 4 Guys From The Future, Alina Orlova, etc.

CHAUFFER DANS LA NOIRCEUR

✆ **02 33 07 91 91**
chaufferdanslanoirceur@gmail.com • **www.chaufferdanslanoirceur.org**
1 rue du Rey • 50590 **MONTMARTIN SUR MER**

Isiah MORICE (Programmateur) • Lucie HERVIEU (Chargée de communication)

Genre(s) musical(aux) : Musiques actuelles amplifiées • **Période** : 12 au 14 juil. 2013 • **Clôture de la programmation** : Fin mars • **Lieu(x)** : Chapiteau de 3000 pl., plage de Montmartin-sur-Mer, salle de 600 pl. • **Références** : Public Enemy, Balkan Beat Box, Moriarty, Arnaud Fleurent-Didier, la Rumeur, Rokia Traoré, High Tone, Shantel, Atari Teenage Riot, Elmer Food Beat, Hindi Zahra, etc.

Les CULTURES URBAINES

✆ **02 31 93 10 80** • fax 02 31 93 10 22
amvd@voila.fr • **www.amvd.fr**
c/o Centre d'animation AMVD • 60 pl. Champlain • 14000 **CAEN**

Parham AHOOR (Directeur) • Isabelle PETIPAS (Directrice adjointe)

Genre(s) musical(aux) : Hip hop, R&B • **Période** : 8 au 12 Juil. 2013 • **Clôture de la programmation** : Avril • **Lieu(x)** : Plusieurs salles de l'agglo caennaise et clôture du festival au Cargö • **Références** : Casey, Youssoupha, La Rumeur, Zaho, Kenza Farah, etc.

FOCUS JAZZ

✆ **02 50 08 62 44**
contact@cjbn.fr • **www.focusjazz.com**
Collectif Jazz de Basse-Normandie • 65 rue des Rosiers • 14000 **CAEN**

Pascal VIGIER (Chargé de production) • Céline BRICARD (Chargée de communication)

1 mois de jazz Basse-Normandie • **Genre(s) musical(aux)** : Jazz • **Période** : Mars (du 11 mars au 14 avril en 2013) • **Lieu(x)** : 30 structures programmatrices mises en réseau et associées dans toute la région (Alençon, Bayeux, Lisieux, Deauville, Caen, Louvigny, Mondeville, Avranches, Cherbourg, Coutances, Granville, Valognes, Falaise, etc.) • **Références** : Erik Truffaz, Flavio Boltro, John Scofield, Jean-Benoît Culot/Olivier Truchot, Daniel Givone, Sarah Lenka, Alice Russell, Bojan Z, Nicolas Leneneveu, Bibendum Jazz Orchestra, Issachar, The Herbalizer, etc.

Les HÉTÉROCLITES

✆ **02 33 05 03 26**
artplume@artplume.org • **www.artplume.org**
c/o Art Plume • 165 rue de Mesnilcroc • 50000 **ST LO**

Olivier LESOUEF • Lucie HERVIOU • Fabien LEGOUPIL

Genre(s) musical(aux) : Festival hétéroclite, métissage des arts (musique, danse, théâtre de rue, arts plastiques, etc.) • **Période** : 29 mai au 1 juin 2013 • **Clôture de la programmation** : Fin mars • **Lieu(x)** : Vallon de la Dollée (plein air), St Lo • **Références** : Hyphen Hyphen, Enneraka, Gordon Booze, Kim Novak

JAZZ EN BAIE

✆ **02 33 50 55 57 / 06 72 65 51 50**
contact@jazzenbaie.com • **www.jazzenbaie.com**
Ass. Les Fuites de jazz • 4 bis ch. des Pêcheurs • 50740 **CAROLLES**

Pierre BETTON (Responsable de la programmation) • Marie JOLLY (Administratrice)

Genre(s) musical(aux) : Jazz • **Période** : Août (du 9 au 18 en 2013) • **Clôture de la programmation** : Fin avril • **Lieu(x)** : Littoral de la baie du Mont Saint-Michel : Granville, Saint Pair sur Mer, Jullouville, Carolles, Champeaux, Saint Jean-le-Thomas, Dragey – Ronthon, Genêts • **Références** : Pee Wee Ellis & Jesse Davis, Olivier Louvel, China Moses & Raphael Lemonnier, Flavio Boltro Quintet avec Rosario Giuliani, Trilok Gurtu invite Nils Petter Molvaer, Manu Katché, Denise King & Olivier Hutman, Tania Maria, Kelly Lee Evans, Brady Winterstein, Linda Lee Hopkins, etc.

JAZZ SOUS LES POMMIERS

✆ **02 33 76 78 60** • fax 02 33 45 48 36
jslp@jazzsouslespommiers.com • **www.jazzsouslespommiers.com**
Les Unelles • BP 524 • 50205 **COUTANCES CEDEX**

Denis LE BAS (Directeur) • Stéphanie DAVENEL (Administratrice) • Edwige DUJARDIN (Chargée de production / programmation) • Julie MESNIL (Chargé de médiation) • Gérard COLLET (Membre du comité programmation) • Séverine HEDOUIN (Chargée de communication / relations presse)

Genre(s) musical(aux) : Jazz et musiques du monde • **Période** : 4 au 11 mai 2013 • **Clôture de la programmation** : Nov. • **Lieu(x)** : Théâtre (600 pl.), salle Marcel Hélie (1 500 pl.), Magic Mirrors (350 pl.), les Unelles • **Références** : Avishaï Cohen, Gary Burton, Jean-Marie Machado et André Minvielle, John Surman, Stefano Di Battista, Nils Landgren, Paco Sery & The Syndicate, Vijay Iyer, Fraser Fifield, Seun Kuti & Egypt 80 avec Soweto Kinch et David Neerman, Zé Luis, Nicolas Répac, Leila Martial, Ladysmith Black Mambazo, Madeleine Peyroux, The Touré-Raichel Collective, etc.

MUZIC AZIMUT

✆ **02 33 65 40 73** • fax 02 33 66 51 10
prog.muzic@gmail.com • **www.muzicazimut.com**
21 rue du Cdt Charcot • BP 156 • 61100 **FLERS**

Arnaud FOURNIERE (Programmateur) • Rani DAFRI (Communication)

Genre(s) musical(aux) : Ttes tendances musicales actuelles • **Période** : Fin oct. • **Clôture de la programmation** : Été • **Lieu(x)** : En salles (Forum de Flers) • **Références** : Zebda, Les Ogres de Barback, Dub Incorporation, Patrice, The Servant, Bumcello, Hocus Pocus, Mansfield Tya, Man, etc.

NÖRDIK IMPAKT

✆ **02 31 86 79 31** • fax 02 31 38 95 83
info@nordik.org • **www.nordik.org**
c/o Arts Attack • 9 cours Caffarelli • 14000 **CAEN**

Christophe MOULIN (Directeur) • Stéphane RAGEOT (Programmateur)

Genre(s) musical(aux) : Rencontre des cultures électroniques (vidéo, musique, arts plastiques, danse) • **Période** : Oct. • **Clôture de la programmation** : Eté • **Lieu(x)** : Caen • **Références** : Metronomy, Connan Mockasin, Mondkopf, Woodkid, Apparat, M83, Flux Pavilion, Noisia, Rone, Le Klub des Loosers, Grems, Para One, Scratch Bandits Crew, Dom Rimini, Agoria

NUIT DES MUSIQUES ET DES CULTURES

✆ **02 31 27 88 10**
contact@le-far.fr • **www.le-far.fr**
Le FAR Maison des Quatrans • 25 rue de Geôle • 14000 **CAEN**

Jean-Claude LEMENUEL (Directeur) • Xavier FONTAINE (Régisseur)

Genre(s) musical(aux) : Musiques traditionnelles et du monde • **Période** : Mai / Juin • **Clôture de la programmation** : Février • **Lieu(x)** : Foyers du Théâtre de Caen • **Références** : Manickam Yogeswaran et l'Ensemble Sangam (Sri Lanka), Satu Niiranen (Finlande), Ensemble Tambura Band Svita (Croatie), Shak Shakembo (Congo), Léonid Zélitchonok (Russie)

PAPILLONS DE NUIT

✆ **02 33 69 20 40** • fax 02 33 69 20 41
contact@papillonsdenuit.com • **www.papillonsdenuit.com**
Association Roc en Baie • 11 route de Cuves • 50670 **ST POIS**

Patrice HAMELIN (Président) • Pierre-Olivier MADELAINE (Administrateur) • Marie-Claire MAI (Communication)

Genre(s) musical(aux) : Musiques actuelles • **Période** : 17, 18, 19 mai 2013 • **Clôture de la programmation** : Mars • **Lieu(x)** : St-Laurent de Cuves • **Références** : Julien Clerc, Nolwenn Leroy, Thomas Dutronc, Goran Bregovic, Malted Milk, Hubert-Félix Thiéfaine, Peter Doherty, Catherine Ringer, Charlie Winston, Étienne De Crécy, General Elektriks, The Inspector Cluzo & The FB's Horns, Broussaï, Balthazar, The Minutes, Kim Novak

PRINTEMPS DE LA CHANSON

✆ **02 33 31 90 90** • fax 02 33 31 90 91
c.aubrat@odc-orne.com • **www.odc-orne.com**
c/o Palais d'Argentré • BP 64 • 61500 **SEES**

Claire AUBRAT (Directrice artistique)

Genre(s) musical(aux) : Chanson française, musiques du monde • **Période** : 9 au 31 mars 2013 • **Clôture de la programmation** : Mai • **Lieu(x)** : Une quinz. de villes de l'Orne • **Références** : Ben Mazué, Madjo, Grand Corps Malade, Tété, Brigitte, Arno, Chloe Lacan, Holden, Paris Combo

Les RENDEZ-VOUS SONIQUES

✆ **02 33 57 60 96** • fax 02 33 57 96 60
contact@lenormandy.net • **www.lesrendezvoussoniques.com**
BP 330 • 50010 **ST LO CEDEX**

Nicolas D'APRIGNY (Directeur / programmateur) • Antony HAMEL (Directeur technique) • Baptiste MIGNON (Assistant de communication et de production)

Genre(s) musical(aux) : Chanson d'aujourd'hui • **Période** : Nov. • **Clôture de la programmation** : Juil. • **Lieu(x)** : Le Normandy, CC Jean Lurçat, théâtre Roger Ferdinand, etc. • **Références** : B. Lavilliers, Zebda, Brigitte, Stromae, Danakil, The Do, etc.

Les VIREVOLTÉS

✆ **02 31 68 59 28**
lesvirevoltes@aol.com • **www.lesvirevoltes.org**
c/o Association les Virevoltés • Mairie de Vire • 14500 **VIRE**

Michaël GROULT (Président)

Genre(s) musical(aux) : Ts + arts de la rue • **Période** : Juil. • **Clôture de la programmation** : Dernier trimestre de l'année qui précède • **Lieu(x)** : Centre-ville et quartiers de Vire • **Références** : Raoul Petite, Les Tambours du Bronx, Didier Super, Electric Bazar Cie, Les Fils de Teuhpu, Joe Sature, Guns of Brixton, Percubaba, Los Tres Punto, Tarace Bulba, Babylon Circus, Marcel et son Orchestre, etc.

BOURGOGNE

CATALPA FESTIVAL

✆ **03 86 40 95 40** • fax 03 86 40 95 31
musiquesactuelles@citedesmusiques.org • **www.catalpafestival.fr**
c/o Le Silex - Cité des musiques • 7 rue de l'Île aux Plaisirs
89000 **AUXERRE**

Sylvain BRIAND (Directeur - Programmateur)

Genre(s) musical(aux) : Musiques actuelles et musiques du monde • **Période** : Fin juin-juil. • **Lieu(x)** : Parc de l'Arbre Sec à Auxerre • **Références** : Le Peuple de l'herbe, High Tone & Brain Damage, Les Hurlements d'Léo, Boulevard des Airs, Orchestre National de Barbès, Flavia Coelho, L'Effet Kartell, Les Gars dans L'Coin, Tribu Sound System, Kayan, Maltavern, Kèlè-kèlè, etc.

D'JAZZ NEVERS FESTIVAL

✆ **03 86 57 88 51**
nevers.djazz@wanadoo.fr • **www.neversdjazz.com**
3 bis pl. des Reines de Pologne • BP 824 • 58008 **NEVERS CEDEX**

Roger FONTANEL (Directeur) • Benoit ROUSSEL (Administrateur) • Geneviève HERBRETEAU (Coordinatrice générale) • Laure BARODY (Associée à l'information et à l'action culturelle) • Martine PALMÉ (Attachée de presse)

Genre(s) musical(aux) : Jazz, musiques improvisées, blues • **Période** : Du 9 au 16 nov. en 2013 • **Clôture de la programmation** : Mai • **Lieu(x)** : Nevers (Maison de la Culture, Pac des Ouches, Centre culturel Jean Jaurès) • **Références** : Orchestre Franck Tortiller, Youn Sun Nah, Imperial Quartet, Misja Fitzgerald Michel, Vincent Courtois, Daniel Erdmann et Robin Finckert « The Mediums » Trio, Marc Ducret Tower Bridge, Olivier Py, Ping Machine, Joachim Kühn, Vincent Peirani, La Grande Campagnie des musiques à ouïr, Vijay Iyer, Jean-Paul Célea, Ravi Coltrane, Dan Tepfer, Arfi, Sylvain Kassap, Aldo Romano, Roberto Fonseca

DEMIGNY ON THE ROCK

✆ **03 85 49 47 92**
contact@mjcdemigny.info • **www.mjcdemigny.info**
c/o MJC • 4 route de Saint Loup Géanges • Les Boutières • 71150 **DEMIGNY**

Marc CHAMBONNIER (Directeur / programmateur)

Genre(s) musical(aux) : Rock • **Période** : 17, 18 mai 2013 • **Clôture de la programmation** : Fin déc. • **Lieu(x)** : Salle Jacques Copeau (1 000 pl.), scène ouverte en plein air • **Références** : Hiligh Tribe, Burning Heads, Youngblood BB, etc.

FESTIVAL DE LORMES

✆ **03 86 22 82 74**
festivaldelormes58@gmail.com • **I**
12 pl. François Mitterrand • 58140 **LORMES**

Olivier GEORGES (Président)

Genre(s) musical(aux) : Chanson française • **Période** : 20 et 21 juillet 2013 • **Clôture de la programmation** : Fév. • **Lieu(x)** : Chapiteau (500 pl.), guinguette (100 pl.), music-hall (150 pl.) • **Références** : Sanseverino, Arthur H, Sarah Olivier

FESTIVAL DES GIBOULÉES

yannberthin@yahoo.fr • **www.lesgiboulees.com**
Association Les Giboulées • 2 rue de Traversière • 71200 **LE CREUSOT**

Yann BERTHIN (Directeur artistique) • Romain PETIT (Chargé de production) • Frédéric MORIN (Attaché de presse) • Alexandre DESSIAGE (Administrateur)

Genre(s) musical(aux) : Musiques actuelles • **Période** : 3 au 6 avril 2013 • **Clôture de la programmation** : Oct. • **Lieu(x)** : Le Creusot • **Références** : Zebda, C2C, Kid Koala, 1995, Saul Williams, Le Peuple De L'herbe, Sanseverino, Dope D.O.D., Tambour Battant, Boulevard Des Airs, Le Pied De La Pompe

FRANCOS GOURMANDES

✆ **01 41 43 71 00**
contact@francosgourmandes.fr • **www.francosgourmandes.fr**
c/o Morgane Events • 3/5 bd Georges Seurat
92200 **NEUILLY SUR SEINE**

Marine PROT (Communication)

Genre(s) musical(aux) : Chanson, rock, etc. • **Période** : 7 au 9 juin 2013 • **Lieu(x)** : Tournus (71) • **Références** : Benabar, Yves Jamait, Charlie Winston, The Buttshakers, Carmen Maria Vega, Bastian Baker, Brigitte

HUMAN BEATBOX FESTIVAL

✆ **03 80 28 80 42 / 03 80 71 10 45** • fax 03 80 71 21 98
programmation@zutique.com • **www.tribufestival.com**
c/o Zutique Productions • BP 27042 • 21070 **DIJON CEDEX**

Frédéric MENARD (Directeur artistique / programmation)

Genre(s) musical(aux) : jazz, hip hop, musique du monde, funk, etc. • **Période** : Du 6 au 7 avril 2013 • **Clôture de la programmation** : Nov. • **Lieu(x)** : Dijon • **Références** : Adam Matta & Sxip Shirey, Collignon, L.O.S, Dr Larry, Fayabraz, Kid Lucky, Ezra, Fayabraz, Fatkab, Aymeric Hainaux, D'de Kabal, Kenny Muhammad, Sly Johnson, Napoleon Maddox

JAZZ À BEAUNE

jazzabeaune@orange.fr • **www.jazzabeaune.fr**
La Jazzerie • 19 rue Poterne • BP 40174 • 21205 **BEAUNE CEDEX**

Jean-Jacques HEGNER (Directeur)

Jazz et grands vins de Bourgogne • **Genre(s) musical(aux)** : Jazz • **Période** : Les Vendanges du Jazz (concerts off gratuits en plein air) les 14 et 15 sep - La Paulée (10-11-12 oct. 2103) • **Clôture de la programmation** : Fév. • **Lieu(x)** : Théâtre, Chapelle St Etienne, La lanterne magique • **Références** : « Les Vendanges du jazz » (sep.) + «La paulée du jazz » (du 18 au 20 oct.) avec Mulgrew Miller, Stefano, Di Battista, Joseph Lapchine, L'OJJB (Orchestre des Jeunes Jazzmen de Bourgogne, dirigé par Franck Tortiller)

JAZZ À COUCHES

✆ **03 85 49 66 29**
contact@jazzacouches.fr • **www.jazzacouches.fr**
Syndicat d'Initiative du Couchois • 3 grand rue • 71490 **COUCHES**

Stéphane DESVIGNES (Président) • Céline GUILLEMET (Coordinatrice)

Genre(s) musical(aux) : Jazz • **Période** : 1re sem. de juil. (3 au 6 en 2013) • **Clôture de la programmation** : Fev. • **Lieu(x)** : Couches, zone de loisirs, sous chapiteau (900 pl.), stade Henri Levitte (1 200 pl.), Prieuré st. Georges (200 pl.) • **Références** : OJJB (direction Mace Francis), Timothée Quost Sextet, Manu Katché, Orchestre Franck Tortiller «Janis the Pearl», Big Band Chalon Bourgogne, Phil Collins Big Band Orignals, Voice Messengers

JAZZ CAMPUS EN CLUNISOIS

✆ **03 85 59 79 50**
jazz.campus.clunisois@gmail.com • **www.jazzcampus.fr**
BP 16 • 71250 **CLUNY**

Didier LEVALLET (Directeur artistique) • Hélène JARRY (Relations presse)

Genre(s) musical(aux) : Jazz, musiques improvisées • **Période** : Du 17 au 24 août 2013 • **Clôture de la programmation** : Déc. • **Lieu(x)** : Cluny (Théâtre municipal, Abbaye en partenariat avec l'Ecole Nationale Supérieure des Arts et Métiers), Matour, en partenariat avec la Commune et la Maison des Patrimoines, Massilly, etc. • **Références** : Elise Caron/Edward Perraud, Claude Tchamichian « Ways Out » Trio, « Une petite histoire de l'Opéra » de Laurent Dehors, « Musique à 2 mains » de Cyril Hernandez, « SoloPourT(r)ois » de Guillaume Séguron, Sylvain Rifflet Quartet, Didier Levallet Quintette, Sylvaine Hélary/Noémi Boutin, Fanny Lasfargues

KILL YOUR POP

✆ **09 52 15 51 18**
killyourpop@gmail.com • **www.killyourpop.com**
c/o Sabotage • 420 rue Amiral Roussin • 21000 **DIJON**

Boris TERNOVSKY (Directeur / programmateur)

Genre(s) musical(aux) : Rock indé, pop, musiques électroniques • **Période** : 10 au 14 avril 2013 • **Clôture de la programmation** : mi-janvier • **Lieu(x)** : La Vapeur, le Consorium, la Péniche • **Références** : Zombie, Rone, The Soft Moon, Zombie Zombie, And Also The Trees, Ivan Smagghe, Deer Hunter, The Notwist

KONTACT SONORES

✆ **03 85 42 42 67**
contact@kontactsonores.com • **www.kontactsonores.com**
Travers de son • 45 grande rue • 71100 **CHALON SUR SAONE**

Simon DROUHIN (Contact)

Genre(s) musical(aux) : Musiques électroniques et électroacoustiques, électro jazz, musique traditionnelle • **Période** : 30 mars au 5 avril 2013 • **Lieu(x)** : Conservatoire, Colisée, Nicéphore Cité, La Péniche (Chalon-sur-Saône • **Références** : Francisco Meirino, Ultra Zook, Charlie Beat Box, Nakishima, Persona, Tim Hecker, Jean-Baptiste Cognet, etc.

NEVERS À VIF

✆ **03 86 59 32 75** • fax 03 86 59 32 75
maison-des-montots@wanadoo.fr • **www.nevers-a-vif.org**
Espace socioculturel Grand Ouest • 60 route de Marzy • 58000 **NEVERS**

Jean-Louis GARO (Directeur / coordinateur programmation)

Genre(s) musical(aux) : Rock • **Période** : Déb. nov. • **Clôture de la programmation** : Juin • **Lieu(x)** : Maison des Montots (chapiteau 1 000 pl.) + café Charbon 300 pl., chapiteau (1 000 pl.) • **Références** : Burning Heads, Miossec, WCarmen Maria Vega, Da Silva, Danakil, Highlight Tribe, Shannon Wright, etc.

NOVOSONIC

✆ **03 80 39 52 20** • fax 03 80 39 38 20
festival.novosonic@gmail.com • **www.novosonic.wix.com/novosonic9**
c/o Atheneum Campus Universitaire • BP 27877 • 21078 **DIJON CEDEX**

Béatrice HANIN (Directrice) • Cédric MOUSSELLE (Programmateur)

Genre(s) musical(aux) : Pop, rock, folk, electro • **Période** : Fin oct. • **Clôture de la programmation** : Fin juin • **Lieu(x)** : Atheneum, la Vapeur, le theatre Mansart, le Consortium (Dijon) • **Références** : Gonzales, Shannon Wright, Troy Von Balthazar, Grizzly Bear, Cocoon, Laëtitia Sheriff, Gravenhurst, Deus, Chokebore, Lotus Plaza

NUITS CAJUN & ZYDECO DE SAULIEU

✆ **06 08 53 88 75**
bayouprod@aol.com • **www.bayouprod.com**
c/o Bayou Productions • 7 imp. de la Plaine • 71190 **MESVRES**

Didier LONJARD (Directeur artistique)

Genre(s) musical(aux) : Musiques cajun et zydeco • **Période** : Déb. août • **Clôture de la programmation** : Déc. • **Lieu(x)** : Salle polyvalente et podiums extérieurs, 1 000 pl. Saulieu • **Références** : Steve Riley & the Mamou Playboys, Cajun Express, Pain d'maïs, River Zydeco Band, Colin & the Crawfish, Bal de Maison, Eric Martin & the Cajun Ramblers, Blue Bayou, Zarico Playboys, Nonc Hilaire, etc

NUITS PÉPLUM D'ALÉSIA

✆ **03 80 96 84 21** • fax 03 80 96 84 21
lesnuitspeplumdalesia@wanadoo.fr
www.lesnuitspeplumdalesia.com
c/o Association Alesia et Compagnies • 1 rue Parc des Sports
21150 **VENAREY LES LAUMES**

Fred MOUSSERON (Directeur artistique) • Ethlinn MONMONT (Communication / presse)

Genre(s) musical(aux) : Musiques actuelles • **Période** : 26 au 28 juil. 2013 • **Clôture de la programmation** : Fin fev. • **Lieu(x)** : Théâtre des Roches (théâtre de verdure) • **Références** : Têtes Raides, Alan Stivell, J. Higelin, S. Eicher, Arno, Juliette, Y. Jamait, etc.

RÉSONANCES

✆ **03 80 79 05 13**
octarineweb@gmail.com • **www.festival-resonances.fr**
BP 46711 • 21067 **DIJON CEDEX**

Jean-Baptiste MASSON (Directeur) • Alexandre CLAASS (Programmateur)

Genre(s) musical(aux) : Dubstep, drum'n'bass, breakbeat, techno, trip hop, etc. • **Période** : Oct.-nov. • **Lieu(x)** : Dijon, Châlon-sur-Saône, région Bourgogne • **Références** : Mr Oizo, Popof, Turnsteak, Agoria, Zombie Zombie, Ed Rush, etc.

TANGO SWING ET BRETELLES

03 85 67 78 10 • fax 03 85 67 78 19
lembarcadere@monteaulesmines.fr
www.embarcadere-montceau.fr
L'Embarcadère • Place des droits de l'homme • BP 179
71300 **MONTCEAU LES MINES**

Aurélie ROGUIN (Directrice)

Genre(s) musical(aux) : Déclinaison de l'accordéon • **Période** : 2 sem. 1/2 en oct. • **Clôture de la programmation** : Fin mai • **Lieu(x)** : Montceau-les-Mines et dans les villes de la communauté urbaine (St Vallier, etc.) • **Références** : Cali, Sergent Pépère, Les Lutins Réfractaires, Marc TEX'O, Bob et Hercule, BATpointG, Corentin Coko, les Barbeaux, Nadeah, la grande Sophie, Thomas Dutronc, Hubert-Félix Thiéfaine

TRIBU FESTIVAL

03 80 28 80 42 • fax 03 80 71 21 98
programmation@zutique.com • **www.tribufestival.com**
Zutique Productions • 2 rue Boutaric • BP 27042 • 21070 **DIJON CEDEX**

Frédéric MENARD (Directeur artistique / programmation) • Maxime NOLOT (Programmateur / production) • Hélène PLANCKAERT (Communication / chargée culturelle)

Genre(s) musical(aux) : Jazz, musique du monde, hip hop, afro beat • **Période** : Du 21 au 29 sept. 2013 • **Clôture de la programmation** : Fin mars • **Lieu(x)** : Dijon (salle de spectacle et lieux de patrimoine) et Bourgogne • **Références** : Seuni Kuti & Egypt 80, Lindigo, Shangaan Electro, ONJ Yvinec, Guillaume MIvoisin, MeTal-o-PHoNe, Elina Duni

BRETAGNE

ALGUES AU RYTHME

02 97 44 71 34 • fax 02 97 44 71 34
progalgo@free.fr • **www.alguesaurythme.com**
Le Phare • Parc Franco • 56610 **ARRADON**

Marc ABEL (Président)

Genre(s) musical(aux) : Musiques actuelles • **Période** : 9 au 11 mai 2013 • **Clôture de la programmation** : Jan. • **Lieu(x)** : Arradon • **Références** : Beat Torrent, HK & les Saltimbanks, The Bewitched Hands, Ladylike Lily, Brigitte, Winston Mc Anuff, Mon Côté Punk, Yann Tiersen, Manu Dibango, Anis, Jamait, Java, Mademoiselle K, Success, NNBS, etc.

ART ROCK

02 96 68 46 23 • fax 02 96 68 46 24
info@artrock.org • **www.artrock.org**
c/o Association Wild Rose • BP 4637 • 22046 **ST BRIEUC CEDEX 2**

Jean-Michel BOINET (Directeur) • Jérôme CHEVALIER (Administrateur) • Solène OUILLON (Responsable de la communication)

Genre(s) musical(aux) : Rock, jazz, musiques du monde, chanson, hip hop, musiques électroniques • **Période** : 17 au 19 mai 2013 • **Clôture de la programmation** : Déc. • **Lieu(x)** : La Passerelle, Place Poulain Corbion, Place de la Résistance, Musée de St Brieuc, etc. • **Références** : Lou Doillo, Benjamin Bilay, Woodkid, Kavinsky, Wax Taylor, Fefe, Emir Kusturica & The No Smoking Orchestra, Sexion d'Assaut, Michael Clark Company, etc.

ASTROPOLIS

02 98 43 37 74 • fax 02 98 80 70 60
gildas@astropolis.org • **www.astropolis.org**
26 rue Bugeaud • 29200 **BREST**

Gildas RIOUALEN (Président) • Matthieu GUERRE-BERTHELOT (Trésorier)

Genre(s) musical(aux) : Musiques électroniques • **Période** : 4 au 7 juillet 2013 • **Clôture de la programmation** : Fin mars • **Lieu(x)** : Manoir de Keroual, la Carène, le Cabaret Vauban, l'Astroclub (Brest) • **Références** : Richie Hawtin, Jeff Mills, Laurent Garnier, Thomas Bangalter, John Thomas, Éric Borgo, Technasia, Mad Professor, Manu Le Malin, etc.

ATLANTIQUE JAZZ FESTIVAL

02 29 00 40 01 / 02 29 00 40 02
contact@penn-ar-jazz.com • **www.penn-ar-jazz.com**
Penn Ar Jazz • 6 rue Guy Ropartz • 29200 **BREST**

Janick TILLY (Directrice) • Christophe MEVEL (Programmateur) • Pascale GROUX (Administratrice) • Anne YVEN (Chargé de communication)

Genre(s) musical(aux) : Jazz • **Période** : Oct. • **Clôture de la programmation** : Mai • **Lieu(x)** : Finistère avec Brest (Vauban, le Quartz, Faculté Victor Segalen, chapiteau Jardin Kennedy), Chateaulin (Run Ar Puns), Crozon (salle Ty Skol), Treffrin (l'Atelier), Langonnet (La Grande Boutique), Lannion (le Pixie), Plougastel Daoulas (Espace Avel Vor), Plougonvelin (Espace Keraudy), Ouessant (salle polyvalente), Douarnenez (Auditorium médiathèque) • **Références** : Orchestre National de Jazz, trio Etenesh Wassié, Mathieu Sourisseau et Hamid Drake, Elise Caron, Martial Solal Trio, Thot invite Mike Ladd et DJ Grasshoppa, etc. + «Atlantique Jazz Tour » avec Kouyaté/Neerman (Châteaulin), Elina Duni (Landerneau) et Omar Sosa (Guidel), etc.

AU PONT DU ROCK

02 97 73 76 91 • fax 02 97 72 29 03
com@aupontdurock.com • **www.aupontdurock.com**
c/o asso. Aux Arts etc. • 16 rue du Bois Pivet • 56140 **MALESTROIT**

Jacques BUSSON (Programmateur)

Genre(s) musical(aux) : Rock et musiques actuelles • **Période** : Fin juil. (26 et 27 en 2013) • **Clôture de la programmation** : Avril • **Lieu(x)** : Malestroit en plein-air • **Références** : Bad Religion, Archive, Izia, Gaëtan Roussel, les Têtes Raides, The Stranglers, Patrice, Tété, Tricky, Toydolls, Eiffel, Dyonisos, dEUS, Catherine Ringer, Chinese Man, The Do, Selah Sue, etc.

BARS EN TRANS

02 99 67 63 31 • fax 02 99 31 30 83
prog@barsentrans.com • **www.barsentrans.com**
10 rue Jean Guy • 35000 **RENNES**

Bruno VANTHOURNOUT (Programmateur) • Philippe LE BRETON (Programmateur) • Armel TALARMAIN (Attaché de presse)

Genre(s) musical(aux) : Ts • **Période** : 1re sem. de déc. • **Clôture de la programmation** : Aout • **Lieu(x)** : 15 bars de Rennes • **Références** : Feist, Girls in Hawaïi, Louise Attaque, Miossec, Mass Hysteria, M, Sergent Garcia, Mickey 3D, Percubaba, Marcel et son Orchestre, le Peuple de l'Herbe, Svinkels, Sanseverino, Stupeflip, Mademoiselle K, Anaïs, Adrienne Pauly, etc.

BOBITAL, L'ARMOR A SONS FESTIVAL

06 12 99 67 81
comm.bobital@gmail.com • **www.bobital-festival.fr**
C/o Association Bowidel • Parc du Louvre • 22100 **BOBITAL**

Jérôme HAMON (Programmateur) • Marie-Elise VASSE

Genre(s) musical(aux) : Musiques actuelles • **Période** : 5, 6 juil. 2013 • **Lieu(x)** : Bobital (plein air), Côtes d'armor (salle) • **Références** : Tryo, Etienne de Crécy, Cali, Sexy Sushi, 1995, Lili Wood and The Prick, etc.

CITÉ RAP

02 96 61 22 74
citerap@wanadoo.fr • **www.citerap.fr**
Association la Contre Marche • 18 rue Abbé Vallée • 22000 **ST BRIEUC**

Stéphane L'HER (Président) • Mathieu LEFORT (Directeur artistique)

Genre(s) musical(aux) : Rap, DJing, danse hip hop, slam, skate, bmx, graffiti, cinéma, expos • **Période** : Oct.-nov. • **Clôture de la programmation** : Juin • **Lieu(x)** : Salle de Robien, salle Bleu Pluriel, Espace Victor Hugo, Côtes d'Armor, St-Brieuc • **Références** : Medine, Scred Connexion, Sexion d'Assaut, Casey, Nouvel R, Keny Arkana, Oxmo Puccino, Youssoupha, Kery James, etc.

Festival le CORNOUAILLE

02 98 55 53 53
contact@festival-cornouaille.com • **www.festival-cornouaille.com**
association festival de Cornouaille • BP 71315 • 29103 **QUIMPER CEDEX**

Jean-Michel LE VIOL (Président)

Genre(s) musical(aux) : Ouvert à ts les artistes dans un esprit arts et traditions populaires • **Période** : 23-28 juil. 2013 • **Clôture de la programmation** : Déc. • **Lieu(x)** : Espace Gradlon (2 000 pl.), Jardin de l'Evêché (900 pl.), animations gratuites • **Références** : Carlos Núñez, Salif Keita, Steve Hackett, Dan Ar Braz & le Bagad Kemper, Murray Head, Gaby Kerdoncuff / Jean Le Floc'h / Yves-Marie Berthou, Barzaz, Melin'art orchestra (Bagad de Vannes), Fabien Robbe Trio, Cécile Corbel, Kelt Keltiek Gwened, Ensemble des Bruyères, Giz' Kalon, Danserien ar vro Pourlet, Ar vro vigoudenn, Quic en groigne, New Celeste, Vincendeau-Felder Quartet, « Breizharock » de Cédric Le Bozec, Lùnasa, etc.

DOOINIT FESTIVAL

07 50 49 64 15
info@dooinit-festival.com • **www.dooinit-festival.com**
110 rue de la Poterie • 35200 **RENNES**

Charles SONGUE (Directeur)

Genre(s) musical(aux) : Groove, hip hop, soul • **Période** : 1/7 avril 2013 • **Lieu(x)** : Ubu, Antipode, MJC Bréquigny (Rennes) • **Références** : Ali Shaheed, Masta Ace, Onra, etc.

ELECTRONI(K)

02 99 59 55 50
www.electroni-k.org
C/o Université Rennes 2 • 3 rue de Lorraine • 35000 **RENNES**

Gaétan NAËL (Président / direction artistique) • Cyril GUILLORY (Coordination)

Genre(s) musical(aux) : Musiques électroniques, musique contemporaine • **Période** : 15 - 20 oct. 2013 • **Clôture de la programmation** : Mars • **Lieu(x)** : Tambour, Ubu, Antipode, Parlement de Bretagne, le Diapason, le Bon Accueil, la MIR, Delkographik Studio, Antipode MJC, le Grand Cordel MJC, la MJC Bréquigny, etc. • **Références** : Justice, Para One, AGF, Murcof, Midaircondo, Nôze, Mira Calix, Cobra Killer, Fog, Fennez, Modelselektor, Vive la Fête, Surkin, Danger, Leon G. Rivales, Danton Eeprom, Doscodéine, Radioclit, Fulgeance, Nil, Djedjotronic, Noob, Detruit, Kap Bambino, Tim Hecker, l'Orchestre de Bretagne, Bertùf, Superpitcher, Logo, Dye, AntiVS, Matias Aguayo, Arandel, Pur Form, Herman Kolyen, etc.

Les EMBELLIES

✆ **02 99 78 53 16**
patchrock@wanadoo.fr • **www.festival-lesembellies.com**
c/o Association Patchrock • 30B rue Louis Guilloux • 35000 **RENNES**

Stéphanie CADEAU (Programmatrice)

Genre(s) musical(aux) : Pop, rock, chanson • **Période** : 20 au 23 mars 2013 • **Clôture de la programmation** : Oct. • **Lieu(x)** : La Cité (1 100 pl.), l'Antipode (500 pl.), Ubu (350 pl.), café concerts le Sablier, l'Artiste Assoiffé, l'Etage • **Références** : Andrew Bird, Syd Matters, Montgomery, Katerine, Ladylike Lily, Cascadeur, An Pierlé, Lhasa, Tender Forever, Piers Faccini

FESTIVAL DES VIEILLES CHARRUES

✆ **02 98 99 25 45** • fax 02 98 99 25 46
info@vieillescharrues.asso.fr • **www.vieillescharrues.asso.fr**
Aux Dépendances de Persivien • BP 204 • 29834 **CARHAIX CEDEX**

Jérôme TREHOREL (Directeur) • Jean-Jacques TOUX (Programmateur) • Jeanne RUCET (Programmatrice)

Genre(s) musical(aux) : Rock, pop, reggae, chanson française, traditionnel, électro, hip hop, arts de rue • **Période** : 18 au 21 juil. 2013 • **Clôture de la programmation** : Avril • **Lieu(x)** : Kerampuil (Carhaix) • **Références** : Neil Young, Rammstein, Jamiroquai, Jacques Dutronc, REM, Muse, Noir Désir, Ben Harper, Manu Chao, Patti Smith, M, Massive Attack, Franz Ferdinand, Johnny Hallyday, Madness, Placebo, Pixies, Raphaël, Tracy Chapman, Jamel Debbouze, Cali, Diam's, Julien Clerc, Yann Tiersen, dEUS, Dionysos, Têtes Raides, 2 Many DJ's, 113, Bruce Springsteen, Lenny Kravitz, etc.

FESTIVAL DU BOUT DU MONDE

✆ **02 98 44 93 15** • fax 02 98 44 93 21
contact@quai-ouest.net • **www.festivalduboutdumonde.com**
Quai-Ouest Musiques • Bât. du Grand Large • Port de Commerce • 29200 **BREST**

Jacques GUERIN (Organisateur / programmateur) • Marie CLAVIER (Communication) • Marc JOUON (Coordinateur) • Ronan GUIHENEUF (Administration / production)

Genre(s) musical(aux) : Musiques métissées • **Période** : 2 au 4 août 2013 • **Clôture de la programmation** : Mars • **Lieu(x)** : Presqu'île de Crozon, prairie de Landaoudec, Finistère • **Références** : Joe Cocker, Yasmin Levy, Jacques Higelin, Ray Lema & l'Orchestre Symphonique Universitaire de Brest, Cali, Niyaz, 77 Bombay Streets, Taj Mahal, Boulevars des Airs, La Rue Ketanou, Ebo Taylor, Amparo Sánchez, Taj Mahal, Manu Dibango & Soul Makossa Gang ft. Cheick Tidiane Seck, Kool and the Gang, Israël Vibration, Criolo, Sandra Nkaké, Shantel & Bucovina Club Orkestar, Ska-P, Mélissa Laveaux, Ontratrópica, Boulevard des Airs, Terakaft, Shibusa Shirazu Orchestra, Gaël Faye, Haris Pilton & the Gypsy Sound System, Watcha Clan, Lyannaj, etc.

FESTIVAL DU SCHMOUL

info@schmoulbrouk.com • **www.schmoulbrouk.com**
c/o Productions Schmoulbrouk • Villechiens • 35470 **BAIN DE BRETAGNE**

Patrice CAILLIBOT (Contact)

Genre(s) musical(aux) : Rock, electro, chanson, beat boxing • **Période** : 27, 28 jan. • **Lieu(x)** : Bain de Bretagne • **Références** : Deportivo, Housse de Racket, La Phaze, Mathieu Boogaerts, La Casa, Corleone, etc.

FESTIVAL POLYROCK

✆ **02 98 30 30 15** • fax 02 98 30 30 16
regie-scene@wanadoo.fr • **www.regie-scene.com**
Sentier Du Morbic • 29800 **LA ROCHE MAURICE**

Joël BERNARD (Programmateur) • Carol CONSOLA (Communication / coordination)

Genre(s) musical(aux) : Techno, big beat, jungle, pop, punk, rock, etc. • **Période** : Déc. • **Clôture de la programmation** : Juin • **Lieu(x)** : Landernau • **Références** : Therapy, les Wampas, Lofofora, No One Is Innoncent, DJ Cam, Junkie XL, Dolly, Matmatah, Mass Hysteria, The Guilt, Tryo, Senser, Placebo, Pleymo, Watcha, etc.

FÊTE DU BRUIT DANS LANDERNEAU

✆ **02 98 30 30 15** • fax 02 98 30 30 16
contact@regie-scene.com • **www.festival-fetedubruit.com**
c/o Régie Scène • Sentier du Morbic • 29800 **LA ROCHE MAURICE**

Joël BERNARD (Programmateur) • Carol CONSOLA (Production / communication)

Genre(s) musical(aux) : Variété, pop, rock, chanson, électro • **Période** : 10 et 11 août • **Clôture de la programmation** : Avril/mai • **Lieu(x)** : Landerneau • **Références** : Moby, Simple Minds, Placebo, 2 Many DJ's, Ridan, Wax Tailor, BB Brunes, David Guetta, Agoria, The Stranglers

La GALLESIE EN FÊTE

✆ **06 48 08 28 10 / 02 90 30 30 08**
contact@galleise-monterfil.org • **gallesie-monterfil.org**
c/o Asso. Au Carrefour de la Gallésie • Maison du Patis
35160 **MONTERFIL**

Marie ORAIN (Présidente / Contact presse) • Ludovic HACQUIN (Programmateur) • Job DEFERNEZ (Trophée du Bois des Anches + concours Biniou bombarde) • Pierrick LEMOU (Concours musicaux, programmation) • Kathy LE FOLGOC (Exposants)

Association Au Carrefour de la Gallésie • **Genre(s) musical(aux)** : Musiques traditionnelles de Haute-Bretagne et d'ailleurs • **Période** : 29 et 23 juin 2013 • **Clôture de la programmation** : Fin fév. • **Lieu(x)** : Monterfil chapiteau (1 200 pl.), site extérieur • **Références** : Barzaz, Le Mal coiffé, Kendrvi, Hop Op Ops, La Batte d'Avant Deux, Les Manglos, l'Auberge Bretonne, etc.

Le GRAND SOUFFLET

✆ **02 99 41 33 71** • fax 02 99 77 13 21
info@legrandsoufflet.fr • **accordeon-festival.com**
Pôle Sud • BP 37604 • 35176 **CHARTRES DE BRETAGNE CEDEX**

Etienne GRANDJEAN (Directeur artistique) • Caroline BOCHU (Coordinatrice) • Armel TALARMAIN (Attaché de presse)

Genre(s) musical(aux) : Toutes musiques et expressions artistiques autour de l'ACC : théâtre, danse contemporaine, cinéma, cirque, chanson, performances • **Période** : 10 au 19 oct. 2013 • **Clôture de la programmation** : 30 mars • **Lieu(x)** : Chapiteau de Rennes, 40 lieux et 30 communes du département d'Ille-et-Vilaine • **Références** : C.J. Chenier & the Red Hot Louisiana Band, Steve Riley, Gabriel & Marie de Malicorne, Bonga, Riccardo Tesi & Banditaliana, Gypsy Sound System, The Magnolia Sisters, Whiskey & Women, Didier Squiban et Alain Trévarin, Du Bartàs, The Urban Voodoo Machine, El Hijo de la Cumbia, D'Tinto, Duo Cavez / Montanaro, Duo Pesaturo / Azaiez, Mama Rosin, etc.

HIP HOP NEW SCHOOL

✆ **06 18 44 34 60**
contact@hiphopnewschool.com • **www.hiphopnewschool.com**
53 imp. de l'Odet • 29000 **QUIMPER**

Ali AHAMED (Coordinateur de projet) • Marlène NICOLAS (Présidente)

Genre(s) musical(aux) : Rap, graf, danse • **Période** : Tte l'année • **Clôture de la programmation** : Juil. • **Lieu(x)** : Sud Finistère • **Références** : La Rumeur, le Cercle, Massive Monkees, Yudate, Vicelow, Wadi, etc.

Les HIVERNAUTES

✆ **02 98 53 14 55**
contact@hivernautes.com • **www.hivernautes.com**
C/o les Polarités • 27 rue du Chapeau Rouge • 29000 **QUIMPER**

Christophe DAGORNE (Directeur)

Genre(s) musical(aux) : Chanson, électrojazz, hip hop, pop, rock, metal, etc. • **Période** : Fév. à mars • **Clôture de la programmation** : Fin nov. • **Lieu(x)** : Chapeau Rouge (800 pl.), théâtre Max Jacob, clubs • **Références** : Nils Petter Molvear, Bauchklang, Gojira, No One is Innocent, M83, Fishbone, Queen Adreena, Leila, Rubin Steiner, Dope D.O.D, Loudblast, Missil, Stuck In The Sound

Les INDISCIPLINÉES

✆ **02 97 21 32 21** • fax 02 97 64 22 30
info@mapl.biz • **www.lesindisciplinees.com**
c/o MAPL • 2 rue Jean Le Coutaller • 56100 **LORIENT**

Anne BURLOT-THOMAS (Directrice) • Gérard DANO (Directeur technique) • Thierry HOUAL (Directeur artistique)

Genre(s) musical(aux) : Rock, pop, electro, etc. • **Période** : Nov. • **Clôture de la programmation** : Juin • **Lieu(x)** : Espace Cosmao-Dumanoir (Lorient) • **Références** : Two Door Cinéma Club, Alt J-Woodle, Lambchop

INSOLENT FESTIVAL

✆ **02 98 30 30 15** • fax 02 98 30 30 16
regie-scene@wanadoo.fr • **www.regie-scene.com**
Sentier du Morbic • 29800 **LA ROCHE MAURICE**

Joël BERNARD (Programmateur) • Carol CONSOLA (Production / Communication)

Genre(s) musical(aux) : Musiques actuelles • **Période** : Avr. et oct. • **Lieu(x)** : Le Pavillon (Quimper) • **Références** : Gaëtan Roussel, Dub Inc, Patrice, Tété, Féfé, etc.

INTERCELTIQUE DE LORIENT

✆ **02 97 21 24 29** • fax 02 97 64 34 13
festival@festival-interceltique.com • **www.festival-interceltique.com**
11 Espace Nayel • 56100 **LORIENT**

Noël COUEDEL (Président) • Lisardo LOMBARDIA (Directeur général)

Genre(s) musical(aux) : Pluridisciplinaire • **Période** : 2 au 11 août 2013 • **Clôture de la programmation** : Début jan. • **Lieu(x)** : 14 lieux dans la ville de Lorient • **Références** : 9Bach, Aire, Anxo Lorenzo, Arz Nevez; Bagadou de Lann Bihoué, de Lorient, de Ploemeur; Bollyboley Pipe Band, Banda de Gaïta Llacín; Capercaillie, Clannad, Dalla, Djiboudjep, Duo Ebrel Marchand, Frères Guichen, Hamon Martin Quintet, I Muvrini, Imelda May, Jamie Smith's Mabon, Krismenn, Landat Moisson Quintet, Le Bozec / Sibéril, Llan de Cubel, Loened Fall, Nolwenn Leroy, Plantec, Ronan Le Bars, Samurai, Sinead O'Connor, Skolvan, Spontus, Startijenn El TaQa, Termajik, Titi Robin, Yann-Fañch Kemener, etc.

JAZZ À L'ÉTAGE

✆ **06 75 98 87 54**
caroline@jazz35.com • **www.jazz35.com**
Association Jazz 35 • 13 rue Gustve Flaubert • 35000 **RENNES**

Yann MARTIN (Directeur artistique) • Caroline RODOR (Présidente)

Genre(s) musical(aux) : Jazz • **Période** : Mars (du 13 au 17 en 2013) • **Lieu(x)** : L'Etage, le Liberté, 19 88 Jazz Club (Rennes), Carré Sévigné (Cesson), Théâtre Chateaubriand (Saint-Malo) • **Références** : Biréli Lagrene, Sylvain Luc, Kellylee Evans, Rémi Panossian, Mina Agossi, Malo Mazurié, Pierrick Pedron, Jean-Pierre Como et Francesco Bearzatti, etc.

JAZZ À L'OUEST

✆ **02 99 86 95 95** • fax 02 99 86 95 90
musique@mjcbrequigny.com • **www.jazzalouest.com**
MJC Brequigny • 15 av. George Graff • 35200 **RENNES**

Valérie LEROUX (Directrice) • Olivier NESTELHUT (Chargé de programmation)

Genre(s) musical(aux) : Jazz, musique du monde • **Période** : Nov. • **Clôture de la programmation** : Juin • **Lieu(x)** : Rennes et environs : concerts organisés par la MJC Brequigny, le Noroît (Cercle Paul Bert), Le Diapason, La Péniche Spectacle, MJC Le Ponant (Pacé), les Champs Libres en partenariat avec l'association Planète Jazz • **Références** : Madeleine Peyroux, Paco Sery, Will Vinson, Butch Warren, Jean-Michel Pilc, David Houal, Gaël Horellou, Grzegorz Karnas, Laura Perrudin Quartet, Flat Iron, Chlorine Free, Julia Chesnin, etc.

JAZZ À VANNES

✆ **02 97 01 62 20** • fax 02 97 01 62 21
dce@mairie-vannes.fr • **www.jazzavannes.fr**
Direction de la communication et de l'événementiel • Hôtel de Ville Place Maurice Marchais • BP 509 • 56019 **VANNES CEDEX**

Annaïg LIMPLAIRE (Direction de la Communication et de l'Evénementiel - Service Evénementiel) • François THEBERGE (Directeur artistique) • Gaëlle LE GOURRIEREC (Responsable Service Communication)

Genre(s) musical(aux) : Jazz & blues • **Période** : Fin juil. (du 22au 27en 2013) • **Clôture de la programmation** : Jan. • **Lieu(x)** : Jardin de Limur (1 500 pl.), auditorium (concerts à 17h30) • **Références** : Hugh Masekela, Ingrid Jensen, Christine Jensen Big Band, Jean-Philippe Scali Group, Dan Tepfer & Ben Wendel, Glenn Ferris, Alan Jones Portland Oregon Band, Trio Sébastien Boisseau/Alban Darche/Jozef Dumoulin, Itiberê Zwarg Grupo,

Les JEUDIS DU PORT

✆ **02 98 00 88 52** • fax 02 98 00 81 08
culture-animation@mairie-brest.fr
brest.fr/culture/tous-les-ans-a-brest/les-jeudis-du-port.html
Ville de Brest • BP 92206 • 29222 **BREST CEDEX 2**

Jean-Pascal REUX (Directeur culture animation) • Jacques GUERIN (Programmateur concert scène)

Genre(s) musical(aux) : Chanson, rock, musiques du monde, électro • **Période** : Jeudis en juil. et août • **Clôture de la programmation** : Fév./début mars • **Lieu(x)** : Port de commerce de Brest, quai de la douane, douves du château, jardin de l'académie (plein air, gratuit) • **Références** : Les Hurlements d'Léo, Robin Foster, Éric le Lann Quintet, Sanseverino, Karpatt, Pigalle, No Pilot, la Boîte à ooti

MARS M'ENCHANTE

✆ **02 97 76 01 47**
espace.jeanvilar@ville-lanester.fr • **www.lanester.com**
Espace Jean Vilar • Pl. Delaune • 56600 **LANESTER**

Yves KERNO (Directeur / programmateur)

Genre(s) musical(aux) : Chansons francophones et d'ailleurs • **Période** : Mars • **Clôture de la programmation** : Mai • **Lieu(x)** : Salles du pays de Lorient • **Références** : Barcella, Melismell, Bertrand Bellin, Arlt

MOTOCULTOR FESTIVAL

contact@motocultor-festival.com • **www.motocultor-festival.com**

Genre(s) musical(aux) : Metal • **Période** : 16 au 18 août 2013 • **Lieu(x)** : St-Nolff (56) • **Références** : Therion, Exodus, Enslaved, The Exploited, Crucified Barbara, Vader, etc.

MYTHOS

✆ **02 99 79 00 05** • fax 02 99 79 26 07
info@festival-mythos.com • **www.festival-mythos.com**
c/o Paroles Traverses • 57 quai de la Prévalaye • 35000 **RENNES**

Mael LE GOFF (Directeur artistique) • Émilie AUDREN (Directrice de la production) • Kevin DOUVILLEZ (Conseiller artistique musique)

Genre(s) musical(aux) : Chanson française, slam, récit, poésie, conte, etc. • **Période** : 16 au 21 avr. 2013 • **Clôture de la programmation** : Fin déc./début jan. • **Lieu(x)** : Rennes métropole • **Références** : Giedré, Christophe, Hindi Zahra, Dominique A, Lou Doillon, J. Higelin, etc.

Festival NO BORDER

✆ **02 98 33 70 70 / 02 98 33 95 00** • fax 02 98 33 95 01
contact@festivalnoborder.com • **www.festivalnoborder.com**
Le Quartz • 60, rue du château • 29200 **BREST**

Mathieu BANVILLET (Directeur) • Anne MILLOUR (Programmatrice)

Genre(s) musical(aux) : Musiques populaires du Monde • **Période** : 13-15 déc. • **Lieu(x)** : Le Quartz, Le Vauban • **Références** : Yann-Fañch Kemener, Erik Marchand, Hasna El Becharia, Angélique Ionatos, Kazut de Tyr, Ensemble Al-Kindi & les Derviches Tourneurs D'Alep, Erol Josué, Valentin Clastrier, Forabandit, Lunny-Barou-Rynne, Lina Bellard, Serendou, Yonnbi, Blue Flamingo, Charles Kely, Le Bour-Bodros, René Lacaille, Brou Hamon Quimbert, Warsaw Village Band

NUITS SONIQUES

✆ **02 97 56 21 81**
jeanjacques@garatoi.org • **www.lesnuitssoniques.com**
19 Rue G. Le Poder • 56400 **AURAY**

Jean-Jacques VINET (Programmateur)

Genre(s) musical(aux) : Musiques actuelles au sens très large • **Période** : Mai et nov. • **Clôture de la programmation** : 2 mois avant • **Lieu(x)** : Petit Théâtre (300 pl.) et Centre Culturel Athéna (800 pl.) • **Références** : La Femme, Syd Matters, Molécule, French Cowboy, Cocoon, Pony Pony Run Run, la Phaze, etc.

PANORAMAS

✆ **02 98 63 20 58**
contact@wartiste.com • **www.festivalpanoramas.com**
6 rue Haute • 29600 **MORLAIX**

Eddy PIERRES

Genre(s) musical(aux) : Musiques actuelles • **Période** : Avril • **Clôture de la programmation** : Déc. • **Lieu(x)** : Grand Hall, club Sésame, club Coatelan, chapiteau, etc. • **Références** : Justice, Vitalic, De Crécy, Public Enemy, Laurent Garnier, Katerine, 2 Many Dj's, etc.

PETITES CLARINETTES

✆ **02 96 29 69 26**
programmation@clarinette-populaire.org • **www.clarinette-populaire.org**
Paotred an Dreujenn-Gaol • 1 rue de Rostrenen • 22110 **GLOMEL**

Jacques TITLEY (Président) • Virginie LE LARGE (Coordination Paotred an Dreujenn-Gaol)

Genre(s) musical(aux) : Musique traditionnelle, musique du monde, jazz, etc • **Période** : WE de l'Ascension (10 au 11 mai 2013) • **Clôture de la programmation** : Dec. • **Lieu(x)** : Glomel • **Références** : Kirika, Farmers Market, Michel Aumont, Ivo Papasov, David Krakauer Klezmer Madnes, etc.

QUARTIERS D'ÉTÉ

✆ **02 99 31 57 67** • fax 02 99 30 39 51
philippe@crij-bretagne.com • **www.crij-bretagne.com**
CRIJ Bretagne • 4 bis cours des Alliés • 35000 **RENNES**

Philippe ROUTEAU (Programmateur) • Aurélie MACEDO (Coordinatrice)

Genre(s) musical(aux) : 1 soirée musiques du monde énergique et 1 soirée 100 % hip-hop • **Période** : Mi juil. • **Clôture de la programmation** : Avril • **Lieu(x)** : Parc des Gayeulles, Rennes (plein-air), divers • **Références** : Sniper, Zebda, Mackassy, Alée, Bukatribe, Zara Moussa, Zalem

Les RENCONTRES TRANSMUSICALES

✆ **02 99 31 12 10** • fax 02 99 30 79 27
info@lestrans.com • **www.lestrans.com**
10-12 rue Jean Guy • CS 73912 • 35039 **RENNES CEDEX**

Béatrice MACÉ (Codirectrice) • Jean-Louis BROSSARD (Codirecteur / programmateur)

Genre(s) musical(aux) : Musiques actuelles • **Période** : 5 au 7 déc. 2013 • **Clôture de la programmation** : Fin août • **Lieu(x)** : Ubu, La Cité, Liberté, Parc des Expositions, etc. • **Références** : Royksop, Terranova, Danyel Waro, etc.

ROCK'N SOLEX

✆ **02 23 23 84 12** • fax 02 23 23 86 12
info@rocknsolex.fr • **www.rocknsolex.fr**
20 av. des Buttes de Coesmes • CS 70 839 • 35708 **RENNES CEDEX 7**

Genre(s) musical(aux) : Electro, rock, reggae, world • **Période** : 8 au 12 mai 2013 • **Clôture de la programmation** : Mars • **Lieu(x)** : Sur le campus de Beaulieu (Rennes) sous chapiteau • **Références** : Archive, Blur, Gladiators, Asian Dub Foundation, Saïan Supa Crew, Têtes Raides, Dionysos, Toots and the Maytals, Caravan Palace, The Herbaliser, etc.

La ROUTE DU ROCK - COLLECTION ÉTÉ

✆ **02 99 54 01 11 / 02 23 46 20 45** • fax 02 99 54 22 46
info@laroutedurock.com • **www.laroutedurock.com**
Rock Tympans • 4 mail François Mitterrand • 35000 **RENNES**

François FLORET (Directeur / coprogrammateur) • Alban COUTOUX (Programmateur communication) • François TEMPLÉ (Technique)

Genre(s) musical(aux) : Pop, rock, musiques électroniques, electronica, hip hop • **Période** : 15 au 17 août 2013 • **Clôture de la programmation** : Fin avril • **Lieu(x)** : Fort de St-Père (scène principale), La Nouvelle Vague, L'Escalier, Plage St-Malo (mixes downtempo l'après-midi), plage « Bon secours » • **Références** : My Bloody Valentine, The National, Rapture, Liars, Hope Sandoval, The Cure, The XX, etc.

La ROUTE DU ROCK - COLLECTION HIVER

✆ **02 99 54 01 11 / 02 23 46 20 45** • fax 02 99 54 22 46
info@laroutedurock.com • **www.laroutedurock.com**
Rock Tympans • 4 mail François Mitterrand • 35000 **RENNES**

François FLORET (Directeur / coprogrammateur) • Alban COUTOUX (Programmateur communication) • François TEMPLÉ (Technique)

Genre(s) musical(aux) : Pop, rock, musiques électroniques, electronica, hip hop • **Période** : 13 au 17 fév. 2013 • **Clôture de la programmation** : Fin sep. • **Lieu(x)** : La Nouvelle Vague, Chapelle St-Sauveur, discothèque l'Escalier, centre Allende, Chapelle Conservatoire de Rennes, Antipode (Rennes) • **Références** : Local Natives, Beach House, The Horrors, Lou Doillon, John Cale, etc.

Les TOMBÉES DE LA NUIT

✆ **02 99 32 56 56** • fax 02 99 32 56 63
infos@lestombeesdelanuit.com • **www.lestombeesdelanuit.com**
13 square Lucien Rose • 35000 **RENNES**

Claude GUINARD (Directeur) • Lénaïc JAGUIN (Responsable de la communication) • Philippe KAUFFMANN (Conseiller artistique)

Festival d'été de Rennes • **Genre(s) musical(aux)** : Arts sonores, musiques du monde, pop, jazz, arts de la rue, etc • **Période** : 3 premiers WE de juillet 2013 • **Lieu(x)** : Ville de Rennes • **Références** : Danyel Waro, Melingo, Marcel Kanche interprète Léo Ferré, Dominique A, la Banda de Holguín, Pedro Soler et Gaspar Claus

URBAINES

✆ **02 99 67 32 12** • fax 02 99 67 33 04
programmation@antipode-mjc.com • **www.antipode-mjc.com**
Antipode MJC Rennes • 2 rue André Trasbot • 35000 **RENNES**

Thierry MENAGER (Directeur) • Amélia MICHEL (Responsable de la communication)

Genre(s) musical(aux) : Musiques électroniques, hip hop, etc. • **Période** : 4 au 17 mars 2013 • **Clôture de la programmation** : Déc. • **Lieu(x)** : Antipode MJC, CinéTNB, espace public • **Références** : 1995, Naughty By Nature, Don Rimini, Feadz, Legowelt, Casey, Programme, Grems, etc.

VOIX DES PAYS

✆ **02 99 94 83 65** • fax 02 99 94 40 22
direction@culture-oc.fr • **office-culturel-fougeres.fr**
office culturel • Rue du Gué Maheu • BP 40145
35301 **FOUGERES CEDEX**

Genre(s) musical(aux) : Traditionnel et world music • **Période** : 4-6 juil. 2013 • **Clôture de la programmation** : Avril • **Lieu(x)** : Château médiéval de Fougères • **Références** : Cesaria Evora, Joan Baez, etc.

CENTRE

L'AIR DU TEMPS

✆ **02 48 60 19 11** • fax 02 48 60 19 78
theatre.bains.douches@wanadoo.fr • **www.bainsdouches-lignieres.fr**
Pl. Anne Sylvestre • 18160 **LIGNIERES**

Jean-Claude MARCHET (Directeur artistique) • Dominique POUBEAU (Administratrice) • Nathalie RAINAUD (Communication) • Sébastien BOIFFARD (Régisseur) • Jean-Francois SENÉE (Régisseur général) • Annie MARCHET (Accueil Logistique) • Michelle MULLER (Relations publiques)

Genre(s) musical(aux) : Chanson • **Période** : 8 au 11 mai 2013 • **Clôture de la programmation** : Jan. • **Lieu(x)** : Le Manège (400 pl.), théâtre des Bains Douches (350 pl.), Halle (300 pl.), cafés (60 à 150 pl.) • **Références** : Clarika, Têtes Raides, Kent, Arthur H, Lo'jo, Sanseverino, Robert Charlebois, Blankass, Pauline Croze, Charlélie Couture, etc.

AUCARD DE TOURS

✆ **02 47 51 11 33** • fax 02 47 51 10 99
aucard2tours@radiobeton.com • **www.radiobeton.com/aucard**
c/o Radio Béton • 90 av. Maginot • 37100 **TOURS**

Pascal REMY (Programmateur) • Enzo PETILLAULT (Programmateur)

Genre(s) musical(aux) : Musiques actuelles, amplifiées • **Période** : 1re sem. de juin • **Clôture de la programmation** : Fin fev. • **Lieu(x)** : Parc de la Gloriette et bars du centre ville à Tours • **Références** : Orelsan, Zebda, The Jon Spencer Blues Explosion, The Finkielkrauts, Toddi Wellman, Ali'n, Stupeflip, Pneu, Scorn, Groundation, Shaolin Temple Defenders, The Inspector Cluzo, Zone Libre Vs. Casey & B. James, Fumuj, Trap, etc.

AVOINE ZONE BLUES

✆ **02 47 98 11 15** • fax 02 47 98 11 12
zone.blues.avoine@wanadoo.fr • **www.avoine-zone-blues.com**
Rue Marcel Vignaud - Service culturel • 37420 **AVOINE**

Stéphanie BROCHAND (Directrice du service culturel) • Thierry GUIGNARD (Programmateur)

Genre(s) musical(aux) : Blues et dérivés (R&B, cajun, country, gospel) • **Période** : Du 4 au 7 juillet 2013 • **Clôture de la programmation** : Jan. • **Lieu(x)** : Sous chapiteau, Parc du centre Bourg • **Références** : Kool and the Gang, Zucchero, BB Brunes, Blankass, The stars from the Commitments, Hommage à Alan Jack, Vigon, etc.

COSMIC TRIP FESTIVAL

✆ **06 81 59 09 56**
cosmicolorenzo@hotmail.fr • **www.cosmictripfestival.fr**
c/o Roller Asso • 3 rue du Charrier • 18000 **BOURGES**

Laurent JACQUEMIN (Président / programmateur) • Katia CARITEZ (Régisseur général)

Genre(s) musical(aux) : Rock 60's, garage, surf, Rock and Roll • **Période** : 8 au 12 mai en 2013 • **Clôture de la programmation** : Oct. • **Lieu(x)** : Le palais d'Auron • **Références** : The Jim Jones Revue, The Experimental Tropic Blues Band, The Montesas, The Lords of altanoid, The Cynics, King Salami, Reverend Beatman, Los Tiki Phantoms, Big Boss Man etc.

Les COURANTS D'AMBOISE

✆ **02 47 30 43 05**
lescourants@voila.fr • **www.lescourants.com**
c/o Dynasso Prod • 41 quai Charles Guinot • 37400 **AMBOISE**

Genre(s) musical(aux) : Tous • **Période** : 28 juin au 7 juil. 2013 • **Lieu(x)** : Amboise (plein air), l'île d'or • **Références** : Le Peuple de l'Herbe, HK et les Saltimbank, Marcel et son Orchestre, Danakil, Le Pied de la Pompe, etc.

DÉFI'STIVAL

✆ **02 38 83 70 07** • fax 02 38 83 70 07
asso.defi@wanadoo.fr • **assodefi.hautetfort.com**
c/o Association Defi • 108 rue de Bourgogne • 45000 **ORLEANS**

Bérangère ALLIMONNIER (Régisseur général et programmation) • Hugo ALLIMONNIER (Programmateur)

Genre(s) musical(aux) : Ts • **Période** : WE de la Pentecôte • **Clôture de la programmation** : Jan. • **Lieu(x)** : Base de Loisirs (chapiteau, scène extérieure et village associatif), Chécy (45) • **Références** : Lyricson, HK & les Saltimbanks, Burning Heads, Miossec, La Tordue, Arno, Burning Heads, Les Tontons Flingueurs, Spook & the Guay, Nina Hagen, Tonton David, Tiken Jah Fakoly, Toots and The Maytals, etc. + découvertes et groupes locaux

DES LYRES D'ÉTÉ

✆ **02 54 44 51 86** • fax 02 54 78 49 62
herve.bourit@ville-blois.fr • **www.ville-blois.fr**
c/o Direction des affaires culturelles • Hôtel de Ville • 9 pl. St Louis
41012 **BLOIS**

Hervé BOURIT (Programmation)

Genre(s) musical(aux) : Jazz, salsa, rock, variétés, musique du monde, spectacles de rue, etc. • **Période** : Mi juil. à fin août • **Clôture de la programmation** : Fin mars • **Lieu(x)** : Centre ville de Blois (place Gaudet, pl. du Château, pl. Louis XII, pl. Ave Maria, etc.) • **Références** : Da Silva, Jim Murple Memorial, Lilly Wood & The Prick, Revolver, 49 Swimming Pools, Nine Below Zero

FESTICOLOR

✆ **02 38 44 29 91**
festicolormeung@gmail.com • **www.festicolor.com**
34 rue de Blois • 45130 **MEUNG SUR LOIRE**

Thierry QUATREHOMME (Programmateur)

Genre(s) musical(aux) : Ttes les musiques festives • **Période** : 31 mai et 1er juin 2013 • **Clôture de la programmation** : Sep. • **Lieu(x)** : Meung/Loire • **Références** : Sinsemilia, Mountain Men, Hangar, Debout sur le Zinc, les Fatals Picards, Biga Ranx, une touche d'optimisme, Zinnya

FESTIVAL COSMOPOLITE

✆ **02 47 65 05 43 / 06 74 41 66 06 / 06 74 89 62 93**
fax 02 47 65 05 43
festivalcosmopolite.prog@orange.fr • **www.festival-cosmopolite.com**
8 rue du Suvidemont • 37160 **LA CELLE ST AVANT**

Michel KUBIACZYK (Programmateur)

Genre(s) musical(aux) : Rock, chanson, musiques du monde, rap • **Période** : Mi août • **Clôture de la programmation** : Mi avril • **Lieu(x)** : Château de Bel-Air (Truyes) • **Références** : Mademoiselle K, Gentleman, la Phaze, Undergang, Nicolas, Burning Heads, Yodelice, le Bal des Enragés, etc.

FESTIVAL DE TRAVERS

✆ **02 38 54 45 77**
abcd45@wanadoo.fr • **www.abcd45.com**
c/o Association ABCD • 37 rue de la Tour Neuve • 45000 **ORLEANS**

Pierre PERRAULT (Président / programmation)

Genre(s) musical(aux) : Chanson française • **Période** : 5 oct. au 15 nov. 2013 • **Clôture de la programmation** : Fin mai • **Lieu(x)** : Divers sur l'agglo orléanaise • **Références** : Clarika, Emily Loizeau, Fred Radix, Arthur H, J.-L. Murat, Jeanne Chérhal, Florent Marchet, Juliette, Yves Jamait, Arthur H, Arno, Jean Guidoni, Mon Côté Punk, Alexis HK, etc.

FESTIVAL EMERGENCES

✆ **02 47 66 55 97** • fax 02 47 20 04 51
contact@jazzatours.com • **www.jazzatours.com**
Jazz à Tours • 8 rue Jules Simon • 37000 **TOURS**

Didier SALLÉ (Directeur - Jazz à Tours) • Renaud BAILLET (Programmateur - Petit Faucheux)

Genre(s) musical(aux) : Jazz, musiques improvisées • **Période** : Du 9 au 25 nov. • **Lieu(x)** : Divers lieux à Tours dont le Petit Faucheux, MagicMirror, • **Références** : Kenny Barron, Compagnie Lubat « Free Taxe Taxi », Groove Catchers, Marc Ducret « Tower Bridge », Erwann Jan (se) joue (de) Cédric Piromalli, carte blanche à la Compagnie du Coin, Joëlle Léandre/Jean-Luc Cappozzo, Quintet'sens, Trio Couturier/Méchali/Laizeau, Cache Cache, etc.

FESTIVAL GUITARE ISSOUDUN

✆ **02 54 03 08 18** • fax 02 54 21 38 16 / 02 54 03 01 87
programmation@issoudun-guitare.com • **www.issoudun-guitare.com**
Meli • Rue de Tous les Diables • 36100 **ISSOUDUN CEDEX**

Alex COSTANZO (Contact) • Laurent LEZE (Contact)

Genre(s) musical(aux) : Guitare dans tous ses états • **Période** : Déb. nov. • **Lieu(x)** : Centre de Congrès Les Champs Elysées, Centre Culturel Albert-Camus • **Références** : Larry Carlton, Gareth Pearson, Romane, Black Berry n' Mr Boo- Hoo, Christoph eRime, Toure Kunda, les frères Guisse, etc.

Le GRAND UNISSON

✆ **02 38 79 33 71 / 02 38 88 16 61**
culture@ville-saintjeandelaruelle.fr • **www.ville-saintjeandelaruelle.fr**
29 rue Bernard Million • 45140 **ST JEAN DE LA RUELLE**

Frederick SALLÉ (Directeur artistique) • Caroline DIAS (Coordinatrice)

Genre(s) musical(aux) : Ts • **Période** : 13 au 15 juin 2013 • **Clôture de la programmation** : Fin Jan. • **Lieu(x)** : Centre ville, église, salle de spectacle • **Références** : Eletro Deluxe, Boulevard des airs, FM Laeti, La Fanfare en petard

Festival Les INGRÉDIENTS

info@lesingredients.com • **www.lesingredients.com**
Alternative Nomade / Maison des associations • 46 ter rue Sainte Catherine
45000 **ORLEANS**

Alexandru MARGINEAN (Président) • Jonathan DOUCHET (Régisseur géné al)

Genre(s) musical(aux) : Rock, hip-hop, électro, chanson, world, etc. • **Période** : 1er we de juin • **Clôture de la programmation** : Mars • **Lieu(x)** : Parc Bel-Air (Ingré) • **Références** : Rona Hartner, Caravan Palace, Miss Li, Pigalle, Syrano, The Chap, Firewater, Chinese Man, Balkan Beat Box, Debademba, Axel Krygier, Peau, Ghostown, Skip The Use, Asian Dub Foundation, Lena Deluxe, R-Wan, etc.

JAZZ DE MARS

✆ **02 37 30 13 38**
contact@ocd28.org • **www.jazzdemars.com**
Jazz en Réseau • c/o FOL 28 • 10 av. de Bretagne
28302 **MAINVILLIERS CEDEX**

Gil LE STRAT (Président)

Festival de jazz en Eure-et-Loir • **Genre(s) musical(aux)** : Jazz, blues, gospel • **Période** : Du 1er mars au 6 avril 2013 • **Clôture de la programmation** : Juin • **Lieu(x)** : une vingtaine de lieux du département, de Vernouillet à Châteaudun, de Nogent-le-Rotrou à Auneau, de Saint-Lubin-des-Joncherets à Maintenon • **Références** : Sophie Alour, Baptiste Herbin, Diego Imbert & Michel Perez, Antoine Delaunay, Ella Rabeson, Max Gowland, Kellylle Evans, Guillaume de Chassy, Denise King & Olivier Hutman, Bill Deraime, etc.

JAZZ EN SCÈNES

✆ **02 40 48 08 85** • fax 09 55 21 77 28
contact@fedelima.org • **www.jazzenscenes.com**
La Fedelima • 11 rue des Olivettes • 44000 **NANTES**

Mélanie FOURMON (Chargée de production)

Genre(s) musical(aux) : Jazz et musiques improvisées • **Période** : Du 12 au 15 dec. 2013 • **Clôture de la programmation** : Mai • **Lieu(x)** : Nombreuses scènes appartenant à la Fedelima, mais aussi hors réseau. Chaque lieu est responsable de sa programmation • **Références** : 182 MU sur 28 scènes de l'Hexagone dont : Eym Trio, Michel Edelin, Bonobo Trio, Sidony Box, Kami Quintet, Lunatic Toys, Laurent Mignard, Frédéric Monino, Caratini Jaz Ensemble, Perrine Mansuy, Charlène Martin, Guillaume Séguron, Éric Seva, le Tigre des Platanes, Limousine, Kumquat, Antoine Hervé, Senem Diyici, etc ;

JAZZ EN TOURAINE

✆ **02 47 50 72 70** • fax 02 47 50 99 03
jazzentouraine@wanadoo.fr • **www.jazzentouraine.com**
Hôtel de ville • 37270 **MONTLOUIS SUR LOIRE**

Jean-Jacques FILLEUL (Président) • Camille POIRIER (Directrice)

Festival de jazz de Montlouis-sur-Loire • **Genre(s) musical(aux)** : Jazz, blues, salsa, electro, world • **Période** : du 13 au 20 sep. 2013 • **Clôture de la programmation** : Mars • **Lieu(x)** : Montlouis (Espace Ligeria, Magic Mirror) • **Références** : Gergory Porter, les Primitifs du Futur & invités (Juliette et Vincent Segal), André Manoukian, Champian Fulton, Eric Bibb & Habib Koïbé, Omar Sosa, Cécile McLorin Salvant, Raphael Gualazzi, The Lost Fingers

Rencontres internationales de LUTHIERS ET MAÎTRES SONNEURS

✆ **02 54 48 60 60** • fax 02 54 48 21 29
info@rencontresdeluthiers.org • **www.rencontresdeluthiers.org**
Comité George Sand • 7 av. George Sand • 36400 **LA CHATRE**

Françoise RAUNER (Chargée de production) • Amélie MASSONNEAU (Chargée de communication)

Genre(s) musical(aux) : Musiques traditionnelles • **Période** : 11 au 14 juil. 2013 • **Clôture de la programmation** : 15 Nov. • **Lieu(x)** : Château d'Ars (Lourouer St Laurent-Indre, près de La Châtre) • **Références** : La Breizhoucada, Lemoano, Electron Libre(s), Djal, Duo Mc Iver-Saunière, La Mal Coiffée, Création Europipes Trio, Cara, Duo Guerbigny-Breugnot, Astoura, Le Duo... Nyckel, Ballet De Sorcières, Hotel Palindrone, Kalakan, Création Didier Laloy, Hiks, Bouffée D'airs, La Mission Brunot, Malicorne, Feo, etc.

ORLÉANS' JAZZ FESTIVAL

✆ **02 38 79 23 77 / 02 38 79 22 71**
fax 02 38 79 20 30 / 02 38 79 20 54
orleansjazz@ville-orleans.fr • **www.orleansjazz.fr**
Ville d'Orléans - Direction de la culture et de l'événementiel
Place de l'Etape • 45000 **ORLEANS**

Stéphane KOCHOYAN (Directeur artistique) • Martin LEGRAND (Chef de projet)

Genre(s) musical(aux) : Jazz • **Période** : Du 19 au 29 juin 2013 • **Lieu(x)** : Campo Santo (4 800 pl.), le Jardin de l'Hôtel Groslot et la Place de la Loire • **Références** : Sandra Nkake, Chic feat. Nile Rodgers, Chick Corea, Paolo Fresu, Marcus Miller, Tricia Evy, Kassav, Matthieu Donarier & Poline Renou, Elise Caron & Edward Perraud, Baptiste Dubreuil, John Greaves, Agathe Iracema, HGuillaume Perret & The Electric Epic, Imperial Quartet, Lisa Cat-Berro, Nina Attal, Pierrick Pedron, Tony Texier, Toons, Moutin Reunion, Matteo Pastorino, etc.

PRINTEMPS DE BOURGES - CRÉDIT MUTUEL

✆ **01 42 38 40 40** • fax 01 42 38 40 41
pdbparis@printemps-bourges.com • **www.printemps-bourges.com**
46 rue Bouret • 75019 **PARIS**

Daniel COLLING (Directeur / directeur artistique) • Christophe DAVY (Directeur artistique) • Emmanuel POENAT (Responsable artistique) • Fernando LADEIRO-MARQUES (Directeur de la communication) • Tina POULIZAC (Relations publiques) • Aziliz BENECH (Coordinatrice production) • Eva NOUAILLE (Coordinatrice production)

Genre(s) musical(aux) : Musiques actuelles • **Période** : 23 au 28 avril 2013 • **Clôture de la programmation** : Fin déc. • **Lieu(x)** : 8 salles de Bourges, 4 scènes extérieures • **Références** : 1995, Orelsan, Shaka Ponk, Banabar, Brigitte, Sela Sue, Birdy Nam Nam, Camille, Dominique A, Yuksek, etc.

Les ROCKOMOTIVES

✆ **02 54 77 06 92**
richard@rockomotives.com • **www.rockomotives.com**
c/o Figures Libres • Rue Poterie/porte St-Georges • BP 25
41101 **VENDOME CEDEX**

Richard GAUVIN (Programmateur) • Jocelyn BORDE (Administrateur) • Cécile BOURSIER (Chargée de production)

Genre(s) musical(aux) : Pop, rock indé, folk, électro, hip hop • **Période** : 27 oct. au 2 nov. 2013 • **Clôture de la programmation** : Fin juil. • **Lieu(x)** : Chapelle St-Jacques, le Minotaure • **Références** : C2C, Youssoupha, DRNS, Club des Loosers

Les TERRES DU SON

✆ **02 18 88 50 70** • fax 02 18 88 50 79
contact@terresduson.com • **www.terresduson.com**
Ass. Spectacle Sport Organisation • 23 rue de la Morinerie
37700 **ST PIERRE DES CORPS**

Hugues BARBOTIN (Coordinateur) • Audrey LORIOU (Chargée de production) • Pauline RUBY (Chargée de communication)

Genre(s) musical(aux) : Musiques actuelles, électro, chanson, etc. • **Période** : 12 au 14 juil. 2013 • **Clôture de la programmation** : Fin fév. • **Lieu(x)** : Château de Candé à Monts (37) • **Références** : Catherine Ringer, Joeystarr, Nadéah, Karpatt, Charlie Winston, King Charles, Earth Wind and Fire, etc.

UN FESTIVAL EPIPAPU

✆ **02 54 48 08 23** • fax 02 54 48 40 07
epipapu-prog@live.fr
c/o Un Point C Tout/MJC • 5 rue de l'Abbaye • 36400 **LA CHATRE**

Bertrand BUTTE (Programmateur / régisseur général) • Jérôme LAMY (Coordination skateboard)

Genre(s) musical(aux) : Rock, punk, chanson, metal, electro, ska, dub, etc. • **Période** : 23 au 25 août 2013 • **Clôture de la programmation** : Mars • **Lieu(x)** : Centre-ville, bars, chapiteaux (La Chatre), etc. • **Références** : Beatorrent, Teenage bad girl, Toxic Avenger, Improvisators Dub, Uncommonmenfrommars, Tagada Jones, Les Hurlements d'Léo, Carving, Burning Heads, etc.

CHAMPAGNE-ARDENNE

Le CABARET VERT

✆ **03 24 36 12 68**
prog@cabaretvert.com • **www.cabaretvert.com**
58 bis rue Camille Pelletan • 08000 **CHARLEVILLE MEZIERES**

Julien SAUVAGE (Directeur) • Alberto FERNANDEZ (Directeur adjoint) • Gautier DELILLE (Coordinateur)

Genre(s) musical(aux) : Musiques actuelles et chansons • **Période** : 22 au 26 août 2013 • **Clôture de la programmation** : Fin avril • **Références** : Manu Chao, Franz Ferdinand, Skrillex, Public Enemy, Charlie Winston, Daniel Darc, Orelsan, Dionysos, etc.

DELIRIUM FEST

✆ **03 26 63 26 81**
dtprodmanagement@yahoo.fr • **www.lesitedtprod.com**
20 rue Jules Roussel • 51000 **CHALONS EN CHAMPAGNE**

Ludovic ANTOINE (Président)

Genre(s) musical(aux) : Metal • **Période** : 6 avr. 2013 • **Clôture de la programmation** : Déc. • **Lieu(x)** : Salle Le Contrepoint • **Références** : Hatesphere, The Arrs, Agressor, Supuration, Insane, etc.

L'EFFET PAPILLON

✆ **03 25 02 05 75 / 06 07 81 72 16** • fax 03 25 02 05 50
diffusion@artsvivants52.org • **www.artsvivants52.org**
c/o Arts Vivants 52 • 2 rue du 14 Juillet • 52000 **CHAUMONT**

Roland BOUCHON (Directeur)

Genre(s) musical(aux) : Itinéraire musical chorégraphieque et théâtral résolument tourné vers le XXIe siècle • **Période** : De mi mars à mi avril • **Clôture de la programmation** : Juil. • **Lieu(x)** : Diverses villes du dpt (Chaumont, St-Dizier, Langres, etc.) • **Références** : Éric Longsworth Trio, Richard Monsegu et Sébastien Tron, World Kora Trio, John Grape, etc.

ELEKTRICITY

✆ **03 26 36 72 40** • fax 03 26 36 72 41
info@elektricityfestival.fr • **www.elektricityfestival.fr**
C/o la Cartonnerie • 84 rue du Dr Lemoine • 51100 **REIMS**

Guilhem SIMBILLE (Coordinateur programmation festival Elektricity)

Genre(s) musical(aux) : Musiques électroniques • **Période** : 27 au 30 mars 2013 • **Lieu(x)** : La Cartonnerie, parvis de la cathédrale, Césaré, Centre Culturel St Exupéry, la Comédie, Grand Théâtre, etc. • **Références** : Laurent Garnier, Chloé Yuksek, Ivan Smaghhe, Justice, Birdy Nam Nam, Etienne de Crécy, The Shoes, Pierre Henry, Pan Sonic, Brodinski, Daedelus, Metronomy, The Shoes & Penny Loafers Orchestra, Etienne Jaumet, etc.

FESTIVAL EN OTHE ET EN ARMANCE

✆ **03 25 42 70 63** • fax 03 25 42 70 64
administration@festivalenothe.org • **www.festivalenothe.org**
195 rue des Croisettes • 10130 **AUXON**

Michel JOUBERT (Directeur) • Fabienne BARTHELEMY (Administratrice)

Genre(s) musical(aux) : Musiques actuelles • **Période** : Mi juil. • **Clôture de la programmation** : Mi-fév. • **Lieu(x)** : Chapiteau, salle des fêtes, plein air sur une trentaine de communes rurales de l'Aube et de l'Yonne • **Références** : Zebda, les Fatals Picards, Asaf Avidan, Bo Houss, Zoufris Maracas, Kareyce Fotso, « La nuit électro », etc.

FESTIVAL LE CHIEN À PLUMES ASSOCIATION

✆ **03 25 88 24 39**
chienaplumes@wanadoo.fr • **www.chienaplumes.fr**
Pl. des Halles • 52190 **MONTSAUGEON**

Éric MEUNEVELLE (Programmateur) • Delphine CUENIN (Administratrice)

Genre(s) musical(aux) : Rock, world, chanson, electro, etc. • **Période** : 9/10/11 août 2013 • **Clôture de la programmation** : Mars • **Lieu(x)** : Lac de Villegusien • **Références** : H.F. Thiéfaine, Orelsan, The Excitements, Zebda, La Fanfare en Pétard, Groudation, Aloborosie, Carmen Maria Vega, Le Peuple de l'Herbe, Le Pied de la Pompe, etc.

GUITARES DU MONDE

✆ **03 25 49 62 81** • fax 03 25 71 39 18
espace.gerardphilipe@wanadoo.fr • **www.espacegerardphilipe.fr.st**
c/o Espace Gérard Philipe • 22 av. de Mal Leclerc
10120 **ST ANDRE LES VERGERS**

Olvier BEDEL (Directeur)

Genre(s) musical(aux) : Guitare sous tous ses éclats jazz, world, blues, rock, etc. • **Période** : Mars • **Clôture de la programmation** : Mai • **Lieu(x)** : Espace Gérard Phillipe et la Grange • **Références** : Cyrille Aimée & Adrien Moignard, Juan de Lerida, Kader Fahem, Toninho Ramos & JoVurchio, Éric Bibb & Habib Koïté, etc.

Les MÉLOMANIES

✆ **03 25 39 59 90** • fax 03 25 39 59 91
melomanies@yahoo.fr • **mjcromilly.free.fr**
MJC Centre Social Jean Guillemin • 4 rue Julian Grimau
10100 **ROMILLY SUR SEINE**

Pierre SIMONEAU (Régisseur) • Marielle DANTIGNY (Directrice)

Genre(s) musical(aux) : Ts • **Période** : 1re sem. de juil. • **Clôture de la programmation** : Avril • **Lieu(x)** : Parc de la Béchère • **Références** : Les Clams, Mano Solo, les Garçons Bouchers, les Blankass, Skarface, Ramsès, la Familia, les Blérots de Ravel, Yogan, Gojira, Taxi Brousse, les Fatals Picards, les Fils de Teuhpu, Black Bomb A, les 3 Fromages, l'Homme paille, Les Rois de la Suède,

Les MOISSONS ROCK

✆ **06 78 11 03 22 / 03 26 65 30 45 / 03 26 66 15 71**
fax 03 26 66 15 71 / 03 26 70 62 93
progmoissonsrock@orange.fr • **www.moissonsrock.org**
1 pl. du manège • 51150 **JUVIGNY**

Laurent CHARNOT (Programmation)

Genre(s) musical(aux) : Rock • **Période** : 8 au 10 mai 2013 • **Clôture de la programmation** : Jan. • **Lieu(x)** : Salle polyvalente de Juvigny • **Références** : Daran, Shaka Ponk, INa Ich, Soma, Sinsemilia, Eiffel, Mouss & Hakim, Pep's, Archimède, Charlelie Couture, Luke, Fatal Picards, Puggy, As de Tréfle, etc.

MUSICAL'ÉTÉ

✆ **03 25 07 31 26** • fax 03 25 05 95 80
animation@mairie-saintdizier.fr • **www.ville-saintdizier.fr**
Dir. culture et animation • 9 av. de la République • 52100 **ST DIZIER**

Ilona PIETRZOK (Directrice Culturelle)

Genre(s) musical(aux) : Musiques actuelles • **Période** : Début juil. • **Clôture de la programmation** : Mars • **Lieu(x)** : Parc du Jard, plein air • **Références** : Lilly Wood & The Prick, AaRON, Bewitched Hands, Ben l'Oncle Soul, Keren Ann, Yael Naïm, etc.

F'Estival MUSIQUES D'ICI ET D'AILLEURS

✆ **03 26 68 47 27** • fax 03 26 68 47 27
musiques-ici-ailleurs@wanadoo.fr • **musiques-ici-ailleurs.com**
c/o Musiques sur la ville • 13 rue St-Dominique • BP 60294
51012 **CHALONS EN CHAMPAGNE CEDEX**

Patrick LEGOUIX (Directeur artistique) • Angélique LEGRAND (Chargée de production)

Genre(s) musical(aux) : Musiques du monde, jazz, blues, rock, chanson, musiques traditionnelles • **Période** : Du 6 juil. au 4 août 2013 • **Clôture de la programmation** : Avril • **Lieu(x)** : Pl. de la République, pl. de l'hôtel de ville, communes de l'agglomération et alentours, quartiers de Châlons en Champagne • **Références** : Scarecrow, Cadavreksi, Ceux qui marchent debout, Catfish, Lo'Jo, June & The Soul Robbers, Malagasy Orkestra, The Moddhunter, Akua Naru, Merlot, Alice Francis, Chet Nuneta, Paris Combo, etc.

Les NUITS DE CHAMPAGNE

✆ 03 25 72 11 65 • fax 03 25 80 29 71
administration@nuitsdechampagne.com • **www.nuitsdechampagne.com**
BP 60165 • 10003 **TROYES CEDEX**

Pierre-Marie BOCCARD (Délégué général) • Delphine RAUDIN (Administratrice) • Sandrine BELTRAMELLI (Responsable de la programmation)

Genre(s) musical(aux) : Chanson, jazz, blues, musique du monde, rock, reggae, jeune public, musique classique • **Période** : 20 au 26 oct. 2013 • **Clôture de la programmation** : Avril/mai • **Lieu(x)** : Espace Argence, Théâtre de Champagne, Théâtre de la Madeleine, le Cube, les bars du centre ville de Troyes

RABARDELS, SEINE DE PRINTEMPS

✆ 03 25 39 59 90 • fax 03 25 39 59 91
rabardels@yahoo.fr • **www.myspace.com/rabardels**
MJC Centre Social Jean Guillemin • 4 rue Julian Grimau
10100 **ROMILLY SUR SEINE**

Pierre SIMONEAU (Régisseur) • Marielle DANTIGNY (Directrice)

Genre(s) musical(aux) : Chanson française • **Période** : 29 et 30 mars 2013 • **Clôture de la programmation** : Déc. • **Lieu(x)** : Parc de la Béchère sous chapiteau • **Références** : Batlik, LW, les Hurlements d'Léo, Garage Rigaud, Paris Combo, Joël Favreau, Agnès Bihl, Marie Cherrier, Clarika, Alexis HK, Majid Cherfi, Amélie-les-Crayons, Dikès, Christophe Mali, Jules, Thomas Pitiot

REIMS JAZZ FESTIVAL

✆ 03 26 47 00 10
info@djaz51.com • **www.djaz51.com**
c/o [djaz]51 • 53 rue Vernouillet • Bureau 212 • 51100 **REIMS**

Francis LE BRAS (Directeur artistique) • Véronique LE BRAS (Coordinatrice) • Mathieu TOUBART (Administrateur et chargé de communication)

Genre(s) musical(aux) : Jazz • **Période** : Oct. (avant-première) et nov. • **Clôture de la programmation** : Mai • **Lieu(x)** : Centre Culturel Saint-Exupéry, Domaine Pommery, Opéra de Reims • **Références** : Hasse Poulsen, Vincent Courtois/Daniel Erdmann, Marc Ducret « Tower Bridge », Nicolas Folmer et Daniel Humair, Giovanni Mirabassi, Bojan Z, Billy Hart et Mark Turner, Manu Codjia, Matthieu Donarier, Mauro Gargano, Sarah Lenka

CORSE

CALVI JAZZ FESTIVAL

✆ 04 95 65 16 67 / 06 23 05 56 20
info@calvi-jazz-festival.com • **www.calvi-jazz-festival.com**
Résidence Calassa • Chemin de Donateo • 20260 **CALVI**

Patrice FAUJOUR (Président) • René CAUMER (Conseiller artistique)

Genre(s) musical(aux) : Jazz • **Période** : Mi juin (du 19 au 23 juin en 2013) • **Clôture de la programmation** : Jan. • **Lieu(x)** : Théâtre de verdure, amphithéâtre et nombreux cafés de la ville pour des bœufs jusqu'à l'aube • **Références** : Didier Lockwood Quartet Feat. Antonio Faraò, The Glenn Ambassadors Big Band, Angelo Debarre, République démocratique du Mambo, Jean Bardy, Mourad Benhammou, Olga Mitroshina, Rémy Crambes, etc.

CALVI ON THE ROCKS

✆ 01 40 26 75 33 • fax 01 40 26 13 73
organisation@calviontherocks.com • **www.calviontherocks.com**
c/o Uzik • 80 rue du Faubourg Saint-Denis • 75010 **PARIS**

Jean-Marie TASSY (Vice-président)

Genre(s) musical(aux) : Electro (DJ set), traditionnel (chanson, polyphonies), live (rock, pop) • **Période** : 5 au 10 juil. 2013 • **Clôture de la programmation** : Fév. • **Lieu(x)** : Calvi (citadelle, plage, port) • **Références** : Revolver, Carl Craig, Soulwax, Phoenix, Birdy Nam Nam, LCD Soundsystem, Pedro Winter, Feist, Peter Kruder, !!!, Herman Düne, Arthur H, Neneh Cherry, Cassius, etc.

ESTIVOCE

✆ 04 95 61 73 13 / 06 79 40 68 80 • fax 04 95 61 77 81
contact@ccvoce.org • **www.centreculturelvoce.org**
Piazza Ghjesgia • 20220 **PIGNA**

Toni CASALONGA (Directeur artistique) • Béatrice HABRARD-MALASPINA (Attaché de presse) • Juana MACARI (Chargée de mission pour le centre culturel Voce)

Genre(s) musical(aux) : Voix médiévales, baroques, traditionnelles et créations • **Période** : 9 au 11 juil. 2013 • **Clôture de la programmation** : Oct. • **Lieu(x)** : Auditorium Di Pigna, Eglise collégiale de Corbara (300 pl.), village de Pigna et environs • **Références** : Simone Sorini et Claudia Viviani, Clio Gaudenzi, Madrigalesca, Zamballarana, A Cumpagnia, A Brigà, Zampognorchestra, Puce Muse, etc.

Le FESTIVAL DU VENT

✆ 01 53 20 93 00 • fax 01 53 20 93 05
organisation@lefestivalduvent.com • **www.lefestivalduvent.com**
c/o Les Amis du Vent • La Petite Folie • Ch. de Grottazalda • 20260 **CALVI**

Carina ORRU (Directeur)

Festiventu in Calvi • **Genre(s) musical(aux)** : Festivités autour du vent, chansons et musiques du monde, cie de rue, spectacle pour enfants, etc. • **Période** : Fin oct., début nov. • **Clôture de la programmation** : Juin • **Lieu(x)** : Chapiteau (Calvi, Corse, 800 pl.) • **Références** : Didier Wampas, Bikini Machine, Bad Billy, Le Peuple de l'Herbe, Scarecrow, Christophe Alévêque, Zut, Femelle

Les MUSICALES DE BASTIA

✆ 04 95 32 75 91
musicales-de-bastia@wanadoo.fr • **www.musicales-de-bastia.com**
5 rue Notre Dame de Lourdes • 20200 **BASTIA**

Stéphane BIANCARELLI (Directeur)

Genre(s) musical(aux) : Chanson, musique du monde, jazz, blues, gospel, salsa, rock, rap, reggae, musique corse, musique baroque • **Période** : Déb. octobre • **Clôture de la programmation** : Fin mai • **Lieu(x)** : Théâtre municipal, théâtre de Poche, Fabrique de théâtre, etc. • **Références** : Melissmell, Cali, Barbara Carlotti, André Manoukian

NUITS DE LA GUITARE DE PATRIMONIO

✆ 04 95 37 12 15 • fax 04 95 37 12 21
secretaire@festival-guitare-patrimonio.com
www.festival-guitare-patrimonio.com
Hameau « Santa Maria » • BP 12 • 20253 **PATRIMONIO**

Jean-Bernard GILORMINI (Directeur artistique) • Jeannette MATRAGLIA (Secrétaire générale) • Sylvie DURAND (Communication)

Genre(s) musical(aux) : Guitare dans tous ses éclats (jazz, classique, folk, etc.) • **Période** : 19 au 26 juil. 2013 • **Clôture de la programmation** : Avr. • **Lieu(x)** : Théâtre de Verdure • **Références** : 2013 : Larry Coryell & Juan Carmona Quintet, Marcus Miller, « Kings of Strings » avec Tommy Emmanuel, Stochelo Rosenberg & Vlatko Stefanovski, M, Archive, Dallas Frasca, Patti Smith

PORTO LATINO

✆ 06 12 91 26 79 / 06 03 28 14 00
tonybaldrichi@hotmail.com • **www.porto-latino.com**
c/o Association Porto Latino • BP 620 • 20600 **FURIANI**

Tony BALDRICHI (Directeur artistique) • Bruno VELLUTINI (Directeur)

Festival des musiques latino et d'ailleurs • **Genre(s) musical(aux)** : World music • **Période** : Début août • **Lieu(x)** : Citadelle de Porto latino (Saint-Florent) • **Références** : I Am, Lily Wood & The Prick, Asaf Avidan, The Temptations

FRANCHE-COMTÉ

AZIMUT FESTIVAL

✆ 03 84 42 79 02 / 03 84 42 72 85
programmation@azimutfestival.com • **www.azimutfestival.com**
Union sportive • 39370 **LA PESSE**

Manou COMBY (Responsable artistique) • Claudine POCHET (Organisatrice) • Jean-Marc HENROTTE (Organisateur)

Genre(s) musical(aux) : Blues, world • **Période** : Début oct. • **Lieu(x)** : Pesse (Haut-Jura) sous chapiteau chauffé • **Références** : Slobodan Salijevic Orkestar, Jupiter et Okwess international, Cotton Belly's, Hawa, Lucky Peterson feat. Tamara Peterson, Malted Milk, etc.

Les EUROCKÉENNES DE BELFORT

✆ 03 84 22 46 58 • fax 03 84 28 15 12
festival@eurockeennes.fr • **www.eurockeennes.fr**
3, Rue Marcel Pangon • TECHN ' HOM 5 • 90300 **CRAVANCHE**

Jean-Paul ROLAND (Directeur général) • Nilou KAVEH (Administratrice) • Kem LALOT (Programmateur) • Herve CASTERAN (Responsable de la communication)

Genre(s) musical(aux) : Rock, variétés • **Période** : 4, 5, 6 et 7 juil. 2013 • **Clôture de la programmation** : Mi avril • **Lieu(x)** : Au pied du Ballon d'Alsace, site du Malsaucy (à 7 km de Belfort) • **Références** : The Cure, Cypress Hill, Jacky White, Justice, Lana Del Rey, H-F Thiéfaine, Orelsan, Amadou et Mariam, Mastodon, 1995, Refused, etc.

FESTIVAL DE LA PAILLE

✆ **03 84 25 24 77 / 06 88 49 10 00**
info@festivalpaille.fr • **www.festivalpaille.fr**
Collectif Organisation • BP 273 • 25304 **PONTARLIER CEDEX**

Guillaume PATOZ (Président) • Aurélien BOUVERET (Programmateur) • Florian NEGRELLO (Chargé de production)

Genre(s) musical(aux) : Ts • **Période** : 2, 3 août 2013 • **Clôture de la programmation** : Fin fév. • **Lieu(x)** : Métabief (plein air) • **Références** : Beat Torrent, Renan Luce, Thomas Fersen, Java, Yael Naim, Izia, Chinese Man, Briigitte, Lofofora, etc.

FESTIVAL JACQUES BREL

✆ **03 84 75 40 66** • fax 03 84 75 04 33
contact@theatre-edwige-feuillere.fr • **www.theatre-edwige-feuillere.fr**
c/o Théâtre Edwige Feuillère • Pl. Pierre Renet • 70000 **VESOUL**

Charlotte NESSI (Directrice)

Genre(s) musical(aux) : Chanson française, francophone • **Période** : 28 sep. au 12 oct. 2013 • **Clôture de la programmation** : Avril • **Lieu(x)** : Théâtre Edwige Feuillère (700 pl.) • **Références** : Camille, Arthur H, Loic Lantoine, Batlik, Ben Mazué, Ginkgoa, Evelyne Gallet, Billie

GÉNÉRIQ FESTIVAL

✆ **03 84 22 46 58** • fax 03 84 28 15 12
festival@eurockeennes.fr • **www.generiq-festival.com**
Les Eurockéennes • 3 Rue Marcel Pangon • Techn'Hom 5 • 90300 **CRAVANCHE**

Jean-Paul ROLAND (Directeur général) • Kem LALOT (Programmateur)

Genre(s) musical(aux) : Rock, Pop, Chanson, Electro, World du 18 au 24 novembre 2013 • **Période** : Nov. • **Clôture de la programmation** : Oct. • **Lieu(x)** : Différents lieux remarquables sur les villes de Belfort, Besançon, Mulhouse, Dijon, Epinal; organisé par la Vapeur, la Poudrière, les Eurockéennes, le Noumatrouff, Baume-Les-Dames, Saint-Louis, Le Moloco, Quétigny • **Références** : Justice, Laurent Garnier, The Do, Moriarty, Charlie Winston, The Bewitched Hands, Birdy Nam Nam, Orelsan, Yuksek, Just Jack, Cassius, Katerine, etc.

HIEROCKSOUNDS

✆ **06 22 48 04 98**
hierocksounds@gmail.com • **hierocksounds.com**
c/o Hiero Haute Saône • 29 rue du Creux Savoyard • 70200 **LURE**

Gilles DIRAND (Programmateur) • Nicolas GAGET (Communication)

Genre(s) musical(aux) : Rock, électro • **Période** : Dernier WE d'août • **Clôture de la programmation** : Avril • **Lieu(x)** : Base de loisirs de La Saline • **Références** : Hyphen Hyphen, Toxic Avenger, Missill, La Phaze, La Canaille, etc.

IMPETUS

✆ **03 84 58 11 77**
direction.france@impetusfestival.com • **www.impetusfestival.com**
7 av. du Général Sarrail • BP 60324 • 90006 **BELFORT CEDEX**

Sandrine DUPUY (Codirectrice) • David DEMANGE (Codirecteur) • Kem LALOT (Programmateur) • Perrine CARTIER (Communication) • Juliette TOMASETTI (Communication)

Genre(s) musical(aux) : Rock, metal, noise, post rock, indus, etc. • **Période** : Avril (17 au 23 en 2013) • **Clôture de la programmation** : Jan. • **Lieu(x)** : Aire urbaine de Belfort, Montbéliard, Héricourt, Jura Suisse • **Références** : Napalm Death, The Young Gods, Cancert Bats, Kruger, Necro Deathmort, Karkowski, Punish Yourself, Kylesa, Eye Hate God, Health, 65 Days of Static, Sludge feat. Oktopus, Kong, Agnostic Front, Behemoth, Cult of Luna, etc.

JAZZ ET MUSIQUE IMPROVISÉE EN FRANCHE-COMTÉ

✆ **03 81 48 95 39 / 06 81 91 29 25**
aspro.impro@gmail.com • **www.aspro-impro.fr**
c/o Aspro-Impro • 3 rue d'Alsace • 25000 **BESANCON**

Philippe ROMANONI (Président / directeur artistique) • Marie-France BEURET (Administratrice)

Genre(s) musical(aux) : Jazz contemporain, musiques improvisées, jeune création française • **Période** : Du 24 juin au 29 juin. en 2013 • **Clôture de la programmation** : Déc. • **Lieu(x)** : Besançon (Petit et Grand Kursaal, Théâtre Musical) • **Références** : Judith Kan & Kumi Iwase, Elise Caron & Edward Perraud, Soizic Lebrat, Lucia Recio & Didier Petit, Cathy Heyden & Olivier Bartisol, Eténèsh Wassié & Mathieu Sourisseau, Sophie Agnel, Stephan Oliva & Fraçois Raulin, Dalila Khatir & Maguelone Vidal, Violeta Ferrer & Raymond Boni

MUSIQUES LIBRES

✆ **03 81 48 95 39 / 06 81 91 29 25**
aspro.impro@gmail.com • **www.aspro-impro.fr**
Aspro-Impro • 3 rue d'Alsace • 25000 **BESANCON**

Philippe ROMANONI (Directeur artistique) • Marie-France BEURET (Administratrice)

Festival musique et essai • **Genre(s) musical(aux)** : Musiques nouvelles • **Période** : Déb. nov. • **Clôture de la programmation** : Mai • **Lieu(x)** : Kursaal (Besançon) • **Références** : Jean-François Pauvros, Jörg Müller & François Merville, Cécile Mont-Reynaud & Hélène Breschand, Natacha Muslera, Guillaume Malvoisin & Sébastien Bacquias, Patrice Cazelles & Emmanuel Mieville, Camille Escudero & Anthony Carcone, Isabelle Üski, Catherine Karako & Pascal Marzan, etc.

Les PLURALIES DE LUXEUIL LES BAINS

✆ **03 34 75 80 29 / 06 38 77 86 93** • fax 03 84 75 39 21
contact@pluralies.net • **www.pluralies.net**
Bureau du festival • 17 rue Victor Genoux • 70300 **LUXEUIL LES BAINS**

Jacky CASTANG (Directeur artistique) • Gilles FRANC (Codirecteur Organisation générale)

Genre(s) musical(aux) : Pluridisciplinaire • **Période** : 3-6 juil. 2013 • **Clôture de la programmation** : Fév. • **Lieu(x)** : Luxeuil-Les-Bains, cloître et extérieurs Abbaye Saint Colomban • **Références** : C. Maé, Syrano, Les Têtes Raides, Didier Super, Yves Jamait, etc.

RENCONTRES & RACINES

✆ **03 81 36 37 79** • fax 03 81 35 53 43
rencontresetracines@audincourt.fr
rencontres-et-racines.audincourt.com
Hôtel de Ville • BP 45 199 • 25405 **AUDINCOURT CEDEX**

Jean-Luc MORIN (Programmateur / Coordinateur)

Genre(s) musical(aux) : World music, reggae • **Période** : 21 au 23 juin 2013 • **Clôture de la programmation** : Fév., mars • **Lieu(x)** : Espace Japy et Centre d'éveil • **Références** : Moloco Sound System, Watcha Clan, Babylon Circus, Maniacx

ROLLING SAONE

✆ **03 84 65 35 56**
christophe.laurencot@orange.fr • **www.rolling-saone.com**
1 Av. François Devosges • 70100 **GRAY**

Christophe LAURENCOT (Président)

Genre(s) musical(aux) : Pop, rock, folk, ska-rock, chanson, électro • **Période** : 9 au 11 mai 2013 • **Clôture de la programmation** : Déc. • **Lieu(x)** : Halle Sauzay couverte aux bords de la Saône (4000 pl.) • **Références** : Superbus, Tom Frager, Mickael Jones, Archimede, Eiffel, Philippe Katerine, Shakaponk, Guillaume Grand, Sergent Garcia, Skip the use, Fatal Picard, Gérald De Palmas

SWIMMING POULE FESTIVAL

✆ **03 81 84 41 67** • fax 03 81 84 72 49
swimming-poule@hotmail.com • **www.swimming-poule.com**
Service culturel • 3 pl. de la République • 25110 **BAUME LES DAMES**

Arnaud MARTHEY (Responsable) • Marie-Eve PERRIN (Déléguée responsable)

Genre(s) musical(aux) : Pop rock, folk, reggae, chanson, electro • **Période** : 1er WE de sept. • **Clôture de la programmation** : Mai • **Lieu(x)** : Centre d'Affaires et de Rencontres, Baume-les-Dames • **Références** : Keziah Jones, Dionysos, Coldcut, Sinclair, Tom Frager, Deportivo, Brigitte, Pierpoljack, Kaolin, etc.

HAUTE-NORMANDIE

ARCHEO JAZZ FESTIVAL

✆ **02 35 34 24 82 / 01 42 88 95 29 / 06 13 17 12 77**
archeojazz@gmail.com • **www.archeojazz.com**
Mairie • 76116 **BLAINVILLE CREVON**

Jérôme BENET (Président) • Reine CAMARROQUE (Communication Paris) • Anouck JACQUEMART (Communication Province)

Genre(s) musical(aux) : Jazz, blues, musique du monde • **Période** : 26 au 29 juin en 2013 • **Clôture de la programmation** : Mars • **Lieu(x)** : Château de Blainville Crevon (chapiteau de 2300 pl.) • **Références** : Little Bob, Blues Brothers Band, Fatoumata Diawara, Oulou Sangare, Sylvia Fernandez Sextet, Cghick Corean Eliane Elias, Roberto Fonseca

BLUES DE TRAVERSE

✆ **02 35 81 25 25** • fax 02 35 81 34 71
latraverse.asso@orange.fr • **www.latraverse.org**
37 rue Luis Corvalan • 76410 **CLEON**

Marc BOURREAU (Directeur) • Paul MOULÈNES (Administrateur) • David LEMERCIER (Régisseur)

Genre(s) musical(aux) : Blues, rock, soul, gospel • **Période** : Nov. • **Clôture de la programmation** : Juin • **Lieu(x)** : Salle La Traverse • **Références** : Lucky Peterson feat. Tamara Peterson, Ian Siegal & The Mississippi Mudbloods feat. Luther and Cody Dickinson of the North, Candye Kane, Nina Attal, Sandra Nkake, Malted Milk + 10e Tremplin

BRUITS D'HIVER

✆ **02 35 68 48 91** • fax 02 35 68 52 38
www.theatre-charles-dullin.com
c/o Théâtre Charles Dullin • Allée des Arcades • 76120 **LE GRAND QUEVILLY**

Marie DUBUISSON (Directrice) • Céline GERVAIS (Administration) • Audrey VALENTIN (Communication)

Genre(s) musical(aux) : Chanson, jazz, etc. • **Période** : Fév. • **Lieu(x)** : Théâtre Charles Dullin • **Références** : Zaza Fournier, l'Orchestre Luter, la Cie 6e Dimension, Enzo Enzo

CHANTS D'ELLES

✆ **02 35 89 03 92**
festivalchantsdelles@gmail.com • **www.festivalchantsdelles.org**
c/o À travers Chants • 64 rue Annie de Pène • 76000 **ROUEN**

Corinne DELAHAIS (Présidente) • Philippe GIBAUX (Codirecteur) • Henry DUBOS (Codirecteur)

Festival de la chanson de femmes • **Genre(s) musical(aux)** : Voix de femmes, chanson et chants du monde • **Période** : 12 nov. - 1 déc. 2013 • **Clôture de la programmation** : Mai • **Lieu(x)** : 34 lieux de spectacles dans 18 villes du département de la Seine-Maritime (76) et 6 de l'Eure (27) • **Références** : Anne Sylvestre et Agnès Bihl, Sallie Ford & The Sound Outside, Carmen Maria Vega, Rachel, Leen A, Les Rotamagirls, Pauline Swann, Rachel, Sylvie Sivann, Candye Kane, Nina Attal, June Bug, Marthe Vassallo & Gilles Le Bigot Group, etc.

FESTIVAL DE GIVERNY

✆ **02 32 51 02 96 / 06 74 22 74 15** • fax 02 32 51 39 70
samuel@festivaldegiverny.org • **www.festivaldegiverny.org**
6 rue aux Juifs • 27620 **GIVERNY**

Éric CARRIERE (Programmateur)

Genre(s) musical(aux) : Chanson française (auteurs, compositeurs, interprètes) • **Période** : Mi sep. • **Clôture de la programmation** : Fin mai • **Lieu(x)** : Grande Île et Ferme de Grande Île (Giverny) • **Références** : Les Têtes Raides, Paco Volume, FM Laeti, Archimède, etc.

FESTIVAL DES CULTURES URBAINES

✆ **02 35 36 95 80** • fax 02 35 36 95 81
espace-culturel@ville-canteleu.fr • **www.ville-canteleu.fr**
c/o Espace culturel François Mitterrand • Parc Georges Pierre
76380 **CANTELEU**

Bertrand LANDAIS (Directeur de la programmation)

Genre(s) musical(aux) : Culture hip hop (danse, rap, graf', etc.) • **Période** : 9 au 29 avr. 2013 • **Lieu(x)** : Espace culturel • **Références** : Molecule, Kanka, Ben Mazué, Instinct, Puppetmastaz, 3P

La MARE À THON

✆ **02 35 28 40 49**
contact@artensort.com • **www.lamareathon.com**
c/o Association Art en Sort • Espace Jules Ferry • 17 rue des Galeries
76400 **FECAMP**

Grégory PRUVOT (Directeur) • Marion DUBUC (Programmatrice) • Véronique BIODORE (Communication)

Genre(s) musical(aux) : Musiques actuelles • **Période** : Fin août, début sep. • **Clôture de la programmation** : Avril • **Lieu(x)** : Port de Fécamp • **Références** : Marcel et son Orchestre, The Bewitched Hands, Ladylike Dragons, Concrete Knives, Brigitte, Rover, Les Rois de la Suède, etc.

Festival MOZ'AÏQUE

✆ **02 32 74 04 04**
catherine.bertrand@lehavre.fr • **lehavre.fr/event/festivals-dete**
Direction des Evènements Culturels • Mairie • Place de l'Hôtel de Ville
76600 **LE HAVRE**

Jérôme LE BAY (Directeur) • Yann LE BOULBA (Directeur artistique)

Genre(s) musical(aux) : Musiques des mondes, blues, jazz, etc. • **Période** : 17-21 Juil. 2013 • **Lieu(x)** : Jardins Suspendus • **Références** : Sandra Nkake, Flavia Coelho, Ebo Taylor, Canzioniere Grecanico Salentino, Watcha Clan, Black Voices, Dirty Dozen Brass Band, Mountain Men, Youn Sun Nah, Cumbia All Stars, Eduardo Vals, Septeto Nabori, Black Voice, etc.

Le MURMURE DU SON

✆ **02 35 86 29 09**
lemurmureduson@gmail.com • **www.murmureduson.com**
Quartier Morris • 76260 **EU**

Pierre (Président)

Genre(s) musical(aux) : Musiques actuelles • **Période** : 29/30 juin • **Lieu(x)** : Quartier Morris, Château d'Eu • **Références** : Arnaud Rebotini, Krikor, Spitzer, Korgbrain, Gordon Shumway, Le Sous-Marin All Star, Tiken Jah Fakoly, The Subways, Didier Wampas, Bikini Machine, Oh Là La, Rover

OUEST PARK FESTIVAL

✆ **02 35 19 00 38** • fax 02 35 21 07 09
ouestpark@papasprod.com • **www.ouestpark.com/**
Papa's Production, Fort de Tourneville • 55 rue du 329e R.I.
76620 **LE HAVRE**

Franck TESTAERT (Programmateur)

Genre(s) musical(aux) : Musiques actuelles • **Période** : Fin oct. • **Clôture de la programmation** : Fin mars, début avril • **Lieu(x)** : Fort de Tourneville (1 500 pl.) • **Références** : 2ManyDj's, Miossec, Emir Kusturica, Cheveu, Stuck in the Sound, Willo, Pony Pony Run Run, etc.

Le ROCK DANS TOUS SES ÉTATS

✆ **02 32 31 86 80** • fax 02 32 24 02 29
hedi@abordage.net • **www.lerock.org**
1 av. Aristide Briand • 27000 **EVREUX**

Fabien DESPLAN (Directeur administratif) • Hedi HASSOUNA (Directeur artistique)

Genre(s) musical(aux) : Musiques actuelles amplifiées • **Période** : 28, 29 juin 2013 • **Clôture de la programmation** : Mai • **Lieu(x)** : Hippodrome de Navarre (10 000 pl. et +) • **Références** : Manu Chao, The Rapture, Crystal Castles, Daniel Darc, Cypress Hill, Gold Panda, Stuck in the Sound, etc.

Les TERRASSES DU JEUDI

✆ **02 32 08 13 90** • fax 02 32 08 17 27
lesterrassesdujeudi@rouen.fr • **www.terrassesdujeudi.fr**
Direction du développement culturel • 27 rue Victor Hugo • 76000 **ROUEN**

Perrine FLIECX (Chargée de production)

Genre(s) musical(aux) : Musiques actuelles • **Période** : Ts les jeu. de juil. • **Clôture de la programmation** : 15 jan. • **Lieu(x)** : 20 à 30 concerts dans les rues et places de Rouen • **Références** : Blood Red Shoes, Hindi Zahra, Beat Torrent, Popof, la Maison Tellier, Radiosofa, etc. + groupes en voie de développement

ÎLE-DE-FRANCE

Festival AFRICOLOR

✆ **01 47 97 69 99** • fax 01 47 97 65 44
festival@africolor.com • **africolor.com**
5 rue Arthur Groussier • 75010 **PARIS**

Sébastien LAGRAVE (Directeur) • Philippe CONRATH (Président) • Anne-Ying BRACONNIER (Chargée de production) • Cécilia DOS SANTOS (Chargée de communication) • Éliane PETIT (Attachée de presse)

Genre(s) musical(aux) : Afrique, Océan Indien, Caraïbes et rencontres inédites • **Période** : Nov.-déc. • **Clôture de la programmation** : Mars • **Lieu(x)** : Achères, Aulnay-sous-Bois, Blanc-Mesnil, Bobigny, Bondy Bonneuil s/Marne, Clichy-sous-Bois, Epinay-sur-Seine, Le Bourget, Le Pré-Saint-Gervais, Montreuil, Pantin, Saint-Denis, Saint-Ouen, Sevran, Stains, Tremblay-en-France, Villepinte, Villetaneuse • **Références** : Aziz Sahmaoui, Lam Dialy avec Beñat Achiary, Ray Lema, Cabaret Crida, Oratorio Mandingue, Tyéri Abmon, Votia, Groove Lélé, La bande à pied « Follow Jah » de Pétion-ville, Andy Emler, Ballaké Sissoko, Guillaume Orti, Surnatural Orchestra, Erol Josué, Moriarty & Christine Salem, Ballaké Sissoko solo et avec Vincent Ségal, Koudédé, Adama Coulibaly, Sidikiba Coulibaly trio, Flamme Kapaya, Black Bazar, Kridmandaz, Association Moringue, Marjolaine Karlin, Fredy Massamba, Baloji, Balkouta-Ka, Erik, Abou Diarra & Kanazoé, Mah Damba, Zé Jam & Daniel Erdmann, etc.

L'AFRIQUE DANS TOUS LES SENS

✆ **01 48 59 36 11 / 06 64 10 17 13** • fax 09 55 08 59 06
safoul@safoul-productions.com • **www.lafriquedanstouslessens.com**
c/o Safoul Productions • 27 ter rue du Progrés
93107 **MONTREUIL CEDEX**

Assane NDOYE (Directeur) • Seydou GUEYE (Directeur artistique) • Zoé COGNET (Communication)

Genre(s) musical(aux) : Musiques africaines • **Période** : 17 mai - 2 juin 2013 • **Lieu(x)** : La Bellevilloise, le Petit Bain, Le Pavillon du Carré Baudouin, Comedy Club, Centre d'animation les Amandiers, Petit Bain + En banlieues : Le Cap (Aulnay-Sous-Bois - 93), Deux Pièces Cuisine (Blanc-Mesnil - 93), Le Radazik (Les Ulis - 91), Le Chinois (Montreuil - 93) • **Références** : Bassékou Kouyaté, Jupiter and Okwess International, Gasandji, Souleymane Faye, Sam Tshabalala, Sibongile Mbambo, Meta & Cornerstones, Lëk Sen, Mounira Mitchala, Blitz the Ambassador, etc.

ALL ACCESS

✆ **01 69 78 31 47**
info@saskwash.org • **www.festivalallaccess.fr**
Saskwash • Allée du Dr Bourgeois • Espace des Association
91150 **ETAMPES**

Bertrand BOUDIE

Genre(s) musical(aux) : Musiques urbaines (hip hop, électro, ragga-dancehall, grim, fusions, reggae) • **Période** : Juil. • **Clôture de la programmation** : Fév. • **Lieu(x)** : Étampes • **Références** : Dokhandeme, True Ingredients, Beat Assailant, Médine, Princess Anies, Tha Trickaz, Eklips, Daddy Nuttea, etc.

Festival AU FIL DES VOIX (PARIS)

✆ **01 47 53 04 37 / 01 47 53 68 68** • fax 01 47 53 68 69
contact@aufildesvoix.com • **aufildesvoix.com**
c/o Accords Croisés • 23 rue des Fontaines du Temple • 75003 **PARIS**

Saïd ASSADI (Directeur artistique) • Maud DE BALBY (Administration) • Marie-Laure LAKHDAR (Coordinatrice)

Genre(s) musical(aux) : Voix et musiques du monde • **Période** : 7 au 16 fev. 2013 • **Lieu(x)** : Alhambra Paris • **Références** : Silvia Pérez Cruz, Yasmin Levy, Amprora Sanchez, Antonio Zambujo, Carlton Rara, Cheick Tidiane Seck, Lo Cor de la Plana, Vinicio Capossela, Kamilya Jubran & Sarh Murcia, Neshtiman

AU SUD DU NORD

✆ **09 51 56 98 83**
ausuddunord@free.fr • **wwww.ausuddunord.fr**
8 rue des Vallées • 91590 **BOISSY LE CUTTE**

Philippe LACCARRIERE (Directeur artistique) • Charlotte JURIN (Administratrice)

Genre(s) musical(aux) : Jazz, musiques ensoleillées, performances musique/arts plastiques, rencontres inédites • **Période** : Du 6 au 29 sept 2013 • **Clôture de la programmation** : Fin oct. • **Lieu(x)** : Une vingtaine de communes de l'Essonne • **Références** : Bojan Z, Trio Esperança, François Corneloup, Aldo Romano, Louis Sclavis, Henri, Texier, MariO Canonge, Sophia Domancich, Emmanuel Bex, Simon Goubert, Claire Michaël, Francesco Bearzatti, Alain Debiossat, Elisabeth Caumont, Edouard Bineau, Francis Lockwood, Frank Tortiller, etc.

Les AVENTURIERS

✆ **01 49 74 79 10** • fax 01 49 74 79 11
lesaventuriers@fontenay-sous-bois.fr • **www.fontenayenscenes.fr**
c/o Fontenay en Scènes • 166 bd Galliéni • 94120 **FONTENAY SOUS BOIS**

Evelyne BIRIBIN (Directrice) • Assia BOUCHEBITA (Programmatrice responsable musique) • Bertrand TURQUETY (Directeur adjoint) • Clotilde CALIFANO (Administratrice)

Genre(s) musical(aux) : Musiques actuelles (rock, électro, pop) • **Période** : Déc. • **Clôture de la programmation** : Début juin • **Lieu(x)** : Salle Jacques Brel, Espace Gérard Philipe, Cinéma Kosmos, médiathèque, le Village, etc. • **Références** : Solange La Frange, Naïve New Beaters, Eiffel, The Ex, Battant, Second Sex

Les BAINS NUMÉRIQUES

✆ **01 30 10 85 59** • fax 01 30 10 88 99
accueilcda@cdarts.enghien95.fr • **www.cda95.fr**
c/o Centre des Arts • 12/16 rue de la Libération • 95880 **ENGHIEN LES BAINS**

Dominique ROLAND (Directeur) • Joëlle FOLCH (Administration) • Perrine VINCENT (Chargée de mission musique)

Genre(s) musical(aux) : Culture électronique • **Période** : Mi juin • **Lieu(x)** : Enghien-les-Bains (France)

BANLIEUES BLEUES

✆ **01 49 22 10 10 / 01 49 22 10 20**
bb@banlieuesbleues.org • **www.banlieuesbleues.org**
9 rue Gabrielle Josserand • 93500 **PANTIN**

Xavier LEMETTRE (Directeur) • Sandra MARSCHUTZ (Secrétaire générale) • Christophe DASSÉ (Administrateur) • Stéphanie TOURE (Responsable des actions musicales) • Cecile NIASSE (Directrice de la communication) • Hélène VIGNY (Chargée des relations publiques) • Marc CHONIER (Attaché de presse)

Jazz en Seine-Saint-Denis • **Genre(s) musical(aux)** : Jazz, musiques actuelles, blues, musique du monde • **Période** : Du 5 au 26 avril 2013 • **Clôture de la programmation** : Nov. • **Lieu(x)** : 14 villes de Seine-St-Denis • **Références** : Noël Akchoté, Egberto Gismonti, Orlando Julius, Surnatural Orchestra, Abraham Inc. feat David Krakauer, Fred Wesley & Socalled, Paolo Angeli. Vincent Peirani et Michel Portal, Sylvain Rifflet, Lizz Wright, Biréli Lagrene, Ballake Sissoko, Daniel Humair, etc.

BBMIX FESTIVAL

✆ **01 55 18 46 77** • fax 01 55 18 45 46
bbmix@mairie-boulogne-billancourt.fr • **www.myspace.com/bbmix**
C/o Carré Bellefeuille • 60 rue de la Bellefeuille
92100 **BOULOGNE BILLANCOURT**

Pascal BOUAZIZ (Chargé de mission)

Genre(s) musical(aux) : Rock, pop, électro • **Période** : Nov. • **Clôture de la programmation** : Mai • **Lieu(x)** : Carré Bellefeuille (Boulogne) • **Références** : Silver Apples, Zombi, Etienne Jaumet et Richard Pinhas, Monochrome Set, The Luyas, Bardo Pond, etc.

BITTER SWEET (PARADISE) FESTIVAL

✆ **01 83 87 94 87**
info@baladessonores.com • **www.baladessonores.com**
1 av. Trudaine • 75009 **PARIS**

Toma CHANGEUR (Président)

Genre(s) musical(aux) : Pop, rock, folk, electro • **Période** : Mi - Juillet • **Clôture de la programmation** : Avril • **Lieu(x)** : L'International, La Flèche d'Or, La plage du Glazart, bars parisiens, Divan du monde • **Références** : La Féline, Hold Your Horses !, Luxe, Robi, Andromakers, Le Reveil Des Tropiques, Angil, Kink Gong, etc.

BLUES SUR SEINE

✆ **01 34 78 43 80**
contact@blues-sur-seine.com • **www.blues-sur-seine.com**
c/o Pavillon des festivals • 28 rue de Lorraine • 78200 **MANTES LA JOLIE**

Arnaud BEL (Directeur) • Elsa CORROYER (Administration) • Raphaël PARES (Chargé de l'information et des relations publiques) • Philippe KERMARREC (Attaché de production)

Genre(s) musical(aux) : Blues • **Période** : 8 au 23 nov. 2013 • **Clôture de la programmation** : Avr. • **Lieu(x)** : La Colégiale (Mantes la Jolie), Théâtre de Poissy, Salle Jacques Brel (Mantes La Ville), Auditorium ENMDT (Mantes la Jolie), Le Chaplin (Mantes la Jolie), Centre Culturel Louis Jouvet (Bonnières sur Seine), Espace M. Béjart (Verneuil sur Seine), La Nacelle (Aubergenville), Le Sax (Archères), etc. • **Références** : 60 groupes dont Ayo, Abraham Inc. avec Fred Wesley, David Krakauer & Socalled !, Sanseverino, Big Daddy Wilson, Lurrie Bell, tremplin Blues sur Seine, etc.

CAN I KICK IT !

david@mpcprod.com • **www.mpcprod.com**

David COUQUE • Florent MUSET

Genre(s) musical(aux) : Rap • **Période** : Festival itinérant • **Lieu(x)** : Nancy, Paris, St-Nazaire, etc. • **Références** : Triptik, Flynt, Busta Flex, A2H, Jazzybazz, etc.

CHORUS DES HAUTS-DE-SEINE

✆ **01 47 29 30 48 / 01 47 29 34 53** • fax 01 47 29 32 53
festivalchorus@cg92.fr • **chorus.hauts-de-seine.net**
Conseil Général des Hauts-de-Seine • Direction de la culture
Bât. de l'Extension - 2/16 bd Soufflot • 92000 **NANTERRE**

David AMBIBARD (Programmateur)

Genre(s) musical(aux) : Musiques actuelles, jeune public • **Période** : 6 au 20 avr. 2013 • **Clôture de la programmation** : Début déc. • **Lieu(x)** : Une trentaine de lieux en Hauts-de-Seine, Magic Mirror (la Défense) • **Références** : Jacques Higelin, Mademoiselle K, Abd Al Malik, The Dø, Yael Naïm, Seun Kuti, les Ogres de Barback, Gérald De Palmas & Friends, Asian Dub Foundation, Aucan, etc.

CLAP YOUR HANDS

✆ **01 47 00 57 59** • fax 01 48 05 65 22
fred@cafedeladanse.com • **www.cafedeladanse.com**
5 passage Louis Philippe • 75011 **PARIS**

Loïc BARROUK (Gérant) • Nina BARROUK (Directrice) • Frédéric VOIRIN (Programmateur)

Genre(s) musical(aux) : Indie pop, folk • **Période** : 14 au 19 avr. 2013 • **Lieu(x)** : Café de la danse • **Références** : Jay Jay Johanson, Sarah Blasko, BRNS + Wave Machines, Gable + Jesus Christ Fashion Barbe, Daughter + Bear's Den

CORBEIL-ESSONNES JAZZ FESTIVAL

✆ **06 12 20 87 59**
festival@lescouleursdujazz.com • **corbeilessonnesjazzfestival.com/**
Service évènementiel • Hôtel de Ville • 2 place Galignani
91100 **CORBEIL ESSONNES**

Alain CRESSOT (Coordinateur programmateur) • Adeline HEBERT (Relations publiques)

Genre(s) musical(aux) : Jazz • **Période** : Du 21 juin au 7 juil. 2013 • **Clôture de la programmation** : Jan. • **Lieu(x)** : Théâtre, MJC Fernand-Leger et diverses places de la ville • **Références** : Manu Dibango, Liz Mc Comb, Manu Lanvin et The Devil Blues, Joey Morant, Maurey Richards, Dany Doriz, etc.

DANS LA SÉRIE DES INAPERÇUS

✆ **01 43 70 88 67**
pascal.renoult@laposte.net • **www.myspace.com/festivaldesinapercus**
44 rue Émile Lepeu • 75011 **PARIS**

Pascal RENOULT (Programmateur)

Genre(s) musical(aux) : Festival dédié exclusivement à des groupes pop, rock, électro qui ne sont pas encore signés • **Période** : Debut mars • **Clôture de la programmation** : Début oct. • **Lieu(x)** : divers lieux du 11e de Paris (La Loge, La Mécanique Ondulatoire, L'International, etc.) • **Références** : Ignatus, Tahiti 80, Superflu, Eiffel, Bubblies, Mickey 3D, Julien Ribot, Daisy Box, Prohom, Girls in Hawaii, Jack The Ripper, Vendetta, la Blanche, Deportivo, Hollywood Porn Stars, Rhesus, Spleen, Tchiki Boum, Asyl, Syd Matters, Soldout, Mell, Boule & Caillou, Diving with Andy, Nelson, Stuck in the Sound, Frustration, Koko Von Napoo, Cascadeur, Poster Moderne, Experience, Arnaud Fleurent-Didier, Mansfield.Tya, Craftmen Club, Perio, Gablé, ARLT, AV, Michel Cloup, Sidney Valette, etc.

DAYS OFF

✆ **01 44 84 44 84 / 01 42 56 13 13**
daysoff@cite-musique.fr • **www.daysoff.fr**
Cité de la musique • 221 av. Jean Jaurès • 75019 **PARIS**

Vincent ANGLADE (Programmateur) • Laure PAUTHE (Chargée de production) • Émilie QUENTIN (Attachée aux relations avec le public) • Hamid SI AMER (Attaché de presse)

Genre(s) musical(aux) : Pop, rock, folk • **Période** : 1 au 9 juil. 2013 • **Clôture de la programmation** : Mars • **Lieu(x)** : Cité de la musique (Paris) et la Salle Pleyel (252 rue du faubourg Saint-Honoré, 75008, Paris) • **Références** : Yann Tiersen, Anthony and the Johnsons, Steve Reich and Bang on a Can All-Stars, Damien Rice, Hot Chip

DÉSIN'VOLT

✆ **01 46 36 46 28** • fax 01 46 36 37 68
studios.smom@wanadoo.fr • **www.studios-smom.fr**
c/o Studios Smom • 10 rue Boyer • 75020 **PARIS**

Vincent COTTE (Directeur)

Genre(s) musical(aux) : Nouvelle scène parisienne • **Période** : Sep. à déc. • **Clôture de la programmation** : Fin mai (appel à candidature) • **Lieu(x)** : Salles parisiennes • **Références** : Anything Maria, Smoof, Erevan Tusk, Gush, Saycet, Tétard, Spleen, Moriarty, Flox, Eldia, Pilot, Jil is Lucky, Sourya, Namaste, etc.

Festival DJANGO REINHARDT

✆ fax 01 64 24 87 17
contact@festivaldjangoreinhardt.com • **www.festivaldjangoreinhardt.com**
Ass. du Festival Django Reinhardt • 5, rue Victor Chevin
77920 **SAMOIS SUR SEINE**

Jean-Pierre GUYARD (Président) • Patrick DUTHEIL (Vice-président) • Sébastien VIDAL (Directeur artistique) • Jonathan MILTAT (Producteur exécutif) • Anne LEPETIT (Coordinatrice) • Véronique SURGET (Coordinatrice adjointe) • Muriel VANDENBOSSCHE (Attachée de direction)

Genre(s) musical(aux) : Jazz et musique manouche • **Période** : 26 au 29 juin 2013 • **Clôture de la programmation** : Déc. • **Lieu(x)** : Ile-du-Berceau à Samois-sur-Seine, plein-air, tribune convertible • **Références** : Jerry Gonzalez & Nino Josele, Guillaume Perret & Electric Epic, Marcus Miller, Fiona Monbet, Jamie Cullum, Jon Batiste & The Stay Human Band, Ibrahim Maalouf, Angelo Debarre Gipsy Unity 6tet, Timbo Mehrstein Gypsy Jazz Ensemble, Adrien Moignard « Between Clouds », Wawau Adler Group, Cécile McLorin Salvant meets Stochelo Rosenberg, The Spok Frévo Orquestra, Kellylee Evans, John Pizzarelli, Omer Avital « Band Of The East », Les Doigts de l'Homme, etc.

ELDORADO MUSIC FESTIVAL

✆ **01 47 00 57 59** • fax 01 48 05 65 22
fred@cafedeladanse.com • **www.cafedeladanse.com**
5 passage Louis Philippe • 75011 **PARIS**

Loïc BARROUK (Directeur) • Frédéric VOIRIN (Programmateur)

Genre(s) musical(aux) : Rock indé, pop, folk, americana, etc. • **Période** : Mi sept. • **Lieu(x)** : Café de la Danse

ENGHIEN JAZZ FESTIVAL

✆ **01 39 34 10 80** • fax 01 39 34 10 74
bharmelin@lucienbarriere.com • **www.enghien-jazz-festival.com**
c/o Théâtre du Casino • 3 av. de la Ceinture • 95880 **ENGHIEN LES BAINS**

Blandine HARMELIN (Directrice) • Armelle COLLOMP (Responsable communication)

Genre(s) musical(aux) : Jazz • **Période** : Début juil. • **Clôture de la programmation** : Mars • **Lieu(x)** : Théâtre du casino + scènes en plein air dans la ville • **Références** : Melody Gardot, Sandra Nkaké, Chic feat. Nile Rodgers, Alice Francis, Raphael Gualazzi, Ivette Cepeda, Roberto Fonseca, Barbara Hendricks + OFF avec concerts gratuits et en plein air

L'ESTIVAL DE ST-GERMAIN-EN-LAYE

✆ **01 30 61 19 99**
l-estival@wanadoo.fr • **www.lestival.net**
4 rue Giraud Teulon • 78100 **ST GERMAIN EN LAYE**

Michel NERY (Président) • Marc PFEIFFER (Délégué général)

Genre(s) musical(aux) : Ts dont chanson, jazz, rock, rap, variétés • **Période** : 27 sep. au 12 oct. 2013 • **Clôture de la programmation** : Avr. • **Lieu(x)** : Divers de 50 à 1 000 pl. : Théâtre A. Dumas, Salle J. Tati, Manège Royal • **Références** : Camille, Thomas Dutronc, Dick Annegarn, Bashung, Benabar

Les FEMMES S'EN MÊLENT

✆ **01 43 07 53 08** • fax 01 43 07 53 08
communication@lfsm.net • **www.lfsm.net**
c/o Imperial • 12 rue Moreau • 75012 **PARIS**

Stéphane AMIEL (Directeur artistique)

Genre(s) musical(aux) : Scène musicale féminine indépendante • **Période** : 18 au 31 mars 2013 • **Clôture de la programmation** : Déc. • **Lieu(x)** : Paris, Toulouse, Bordeaux, Lyon, Grenoble, etc.

La FERME ÉLECTRIQUE

✆ **01 64 07 14 35**
www.la-ferme-electrique.fr
c/o Fortunella • 101 rue de Paris • 77220 **TOURNAN EN BRIE**

Genre(s) musical(aux) : Rock, pop, chanson • **Période** : 5, 6 juil. 2013 • **Lieu(x)** : La Ferme électrique • **Références** : Cheveu, June & Lula, Reveil des Tropiques, Tue-Loup, Joseph d'Anvers...

FESTI'VAL DE MARNE

✆ **01 45 15 07 07** • fax 01 45 15 07 00
festivaldemarne@festivaldemarne.org • **www.festivaldemarne.org**
79/81 av. Danielle Casanova porte D • 94200 **IVRY SUR SEINE**

Denis COLLINOT (Directeur) • José TAVARES (Programmateur) • Gilles AVISSE (Programmateur) • Nadine JEHL (Programmatrice)

Genre(s) musical(aux) : Chanson française, rock, reggae, rap, jeune public • **Période** : 5 au 21 oct. • **Clôture de la programmation** : Fin avril • **Lieu(x)** : Une vingtaine de villes du Val-de-Marne, théâtres, centres culturels • **Références** : Jacques Higelin, Jean-Louis Murat, William Sheller, Miossec, Arno, Jeanne Cherhal, Maurane, Clarika, Ami Karim, Fantazio, Loïc Lantoine, Fortune, Naïve New Beaters, Lilly Wood & The Prick, Hindi Zahra, la Caravane Passe, Zaz, Enzo-Enzo, Thibaud Couturier, George Sound, Ilene Barnes, Casey, la Rue Kétanou, etc.

FESTIVAL D'ÎLE DE FRANCE

✆ **01 58 71 01 01 / 01 58 71 01 10** • fax 01 58 71 01 11
www.festival-idf.fr
51 rue Ste-Anne • 75002 **PARIS**

Olivier DELSALLE (Directeur) • Fabien LHÉRISSON (Programmateur Factory) • Igor SZABASON (Responsable de la communication)

Genre(s) musical(aux) : Musiques du monde, jazz et électronique • **Période** : 7 sep. - 13 oct. 2013 • **Clôture de la programmation** : Fév. • **Lieu(x)** : Multiples à Paris et en Ile-de-France (Domaine de Villarceaux, Trianon, Bataclan, Cigale, Cirque d'Hiver Bouglione, Cabaret Sauvage, IMA, Abbaye des Vaux de Cernay, Pavillon Baltard, diverses églises, etc.) • **Références** : Thème 2013, « Alter Ego, Musiques en Partage » - Nuit des Griots avec Ballake Sissoko et invités ; Sylvain Kassap invite Carmen Maria Vega, Jacques Mahieux, D' de Kabal ; Fado(s) avec Joao Braga, Cristina Branco, Camane, Maria Da Fe, Katia Guerreiro, Ricardo Ribeiro, Carla Pires, Antonio Zambujo ; Jeff Mills, Concerto Soave, Alim & Fargana Qasimov, Ensemble Huelgas, Ibrahim Maalouf, Édith Canat de Chizy et les Solistes XXI, Sébastien Tellier, Yaron Herman invite Bertrand Chamayou, Valgeir Sigurosson, etc.

FESTIVAL DE L'IMAGINAIRE

✆ **01 45 44 72 30** • fax 01 45 44 76 60
info@maisondesculturesdumonde.org • **festivaldelimaginaire.com**
101 bd Raspail • 75006 **PARIS**

Chérif KHAZNADAR (Président) • Arwad ESBER (Directrice) • Cécile PELISSIER (Directrice adjointe) • Aimée POLLARD (Responsable de la communication, partenariats et relations publiques) • Barbara AUGIER (Relations presse)

Genre(s) musical(aux) : Festival centré sur la découverte d'expressions culturelles traditionnelles et contemporaines méconnues • **Période** : 20 mars au 29 juin 2013 • **Clôture de la programmation** : Sep. • **Lieu(x)** : Maison des Cultures du Monde, Institut du Monde Arabe, Théâtre du Soleil la Cartoucherie, Théâtre de la Ville, Auditorium du Louvre, Musée du Quai Branly, Théâtre équestre Zingaro, Amphithéâtre de l'Opéra Bastille, Opéra de Lille, Trident de Cherbourg, Théâtre de Vitré • **Références** : Wayang Kulit (Indonésie), Kagura (Japon), Polyphonies De Svanétie (Géorgie), Chants et Danses du Djem Alévi (Turquie), Muqam Dolan (Chine), Hamed al Saadi (Irak), Gagok avec Kim Young-gi (Corée), Kyôgen avec Shime Shigeyama (Japon), Grand fest-noz avec Loened Fall, Erik Marchand & Ifig Troadeg, Mathieu Hamon & Charles Quimbert, Hervieux père et fils (Bretagne), Danses Masquées des Dogon par l'Awa de Sangha (Mali), Cérémonie Soufie des Mevlevi Couvent de Silivrikapı (Turquie), etc.

FESTIVAL DE SAINT-DENIS

✆ 01 48 13 12 10 / 01 48 13 06 07 • fax 01 48 13 02 81
contact@festival-saint-denis.com • **www.festival-saint-denis.com**
16 rue de la Légion d'Honneur • 93200 **ST DENIS**

Monique PRIM (Présidente) • Nathalie RAPPAPORT (Directrice) • Katell CHEVILLER (Directrice adjointe) • Gaëlle LE DANTEC (Secrétaire générale / Relations presse) • Valentine GAUTIER (Responsable de la communication) • Benjamin DEMELEMESTER (Chargé de production) • Jane GRAY (Chargée de relations publiques) • Pauline MOUZAY (Chargée du développement) • Anne-Laure BOUAZZA (Chargée de coordination) • Isabelle MEYER (Billetterie)

Genre(s) musical(aux) : Classique, musique du monde, création, musiques actuelles • **Période** : 29 mai au 28 juin 2013 • **Clôture de la programmation** : Mi-jan. • **Lieu(x)** : Basilique cathédrale de Saint-Denis, Maison d'Education de la Légion d'Honneur • **Références** : Alexandre Tharaud, Marianne Grebassa, Baroque dans l'empire du soleil, Fazil Sey, Olivier Mellano, Gautier Capuçon & Gabriela Montero, Fauré, Qawwali Flamenco, Stravinsky, Adam Laloum & Fanny Clamagirand, etc.

FESTIVAL MINO

✆ 01 44 61 86 86 • fax 01 44 61 86 88
contact@festivalmino.fr • **www.festivalmino.fr**
Union nationale des JMF • 20 rue Geoffroy l'Asnier • 75004 **PARIS**

Vincent NIQUEUX (Directeur général JMF) • Anne TORRENT (Directrice artistique / JNF / Co-directrice artistique festival Mino) • Jacques HAUROGNE (Codirecteur artistique du festival Mino)

Genre(s) musical(aux) : Jeune public • **Période** : 4 au 9 déc. • **Clôture de la programmation** : 30 mai • **Lieu(x)** : Paris • **Références** : La Coterie (Têtes Raides et ses invités), Alain Schneider, Pascal Ayerbe & Cie, Charlotte, Orange Street, Nicolas Jules, Zic Zazou, Jean-Jacques Milteau, Steve Waring, les Bons Becs, Fatus, Barbatuques, Zut !, Robinson, les Ours du Scorff, Hervé Suhubiette, Henri Dès, Isabelle Desrochers, Buffo, Pandemonium Orchestra, etc.

FESTIVAL MONTEREAU CONFLUENCES

✆ 01 64 70 44 14
culture@ville-montereau77.fr • **www.festival-montereau.fr**
Mairie - Direction des affaires culturelles • 54 rue Jean Jaurès
77130 **MONTEREAU**

Marianne MOIGNARD (Directrice vie culturelle)

Genre(s) musical(aux) : Tous styles • **Période** : 10 et 11 juin • **Clôture de la programmation** : Fev. • **Lieu(x)** : Parc des Noues • **Références** : Jean-Louis Aubert, Zazie, Ben L'Oncle Soul, Alice Cooper, James brown, Calogero, Christophe Maé, Kool of the Gang, Emmanuel Moire, Fatal Bazooka, Julien Clerc, Raphaël, Kassav, etc.

FÊTE DE L'HUMANITÉ

✆ 01 49 22 72 72 • fax 01 49 22 72 46
fete.humanite.fr/
164 rue Ambroise Croizat • 93528 **ST DENIS CEDEX**

Silvère MAGNON (Directeur) • Séverine JACQUERAY (Secrétaire) • Joël LUMIEN (Programmateur scène Jazz'Hum'Ah)

Genre(s) musical(aux) : Chanson, rock, jazz, variétés, etc. • **Période** : 13 au 15 sep. 2013 • **Clôture de la programmation** : Mai • **Lieu(x)** : Parc paysager de La Courneuve, Zone Est, Aires des Vents • **Références** : M, Archive, Asaf Avidan, Zebda, Tryo, Féfé, Empire Dust, Sanseverino, Staff Benda Bilili, HK et les Saltimbanks, Demi-Mondaine, Roc, La Jarry, Erik Marchand, etc.

FIREWORKS

✆ 01 43 38 41 04 • fax 01 43 38 53 69
julien@supermonamour.com • **www.frwrks.fr**
51 rue de la Roquette • 75011 **PARIS**

Julien CATALA (Directeur artistique)

Genre(s) musical(aux) : Musiques électroniques, indie pop • **Période** : 13 au 24 fév. 2013 • **Lieu(x)** : Trabendo, Maroquinerie, Point Ephémère, Social Club, Nouveau Casino, etc. • **Références** : SBTRKT, Tune Yards, Fidlar, Indians, Darkstar, We Were Evergreen, etc.

FNAC LIVE FESTIVAL

✆ 01 56 33 47 80
www.facebook.com/fnaclive
PARIS

Nicolas PRESCHEY (Programmateur) • Benoit BRAYER (Responsable de l'action culturelle Fnac)

Genre(s) musical(aux) : Rock, pop, chanson, musiques électroniques, du monde, hip hop, groove, etc. • **Période** : 18 au 21 juillet 2013 • **Lieu(x)** : Parvis de l'Hôtel de Ville de Paris • **Références** : Zaza Fournier, Brigitte, Florent Marchet, etc.

GUITARES AU BEFFROI

✆ 01 46 12 74 59
jmproust@numericable.fr • **www.guitaresaubeffroi.com**
109 av. de la Réplique • 92120 **MONTROUGE**

Jean-Michel PROUST (Directeur artistique)

Festival international de guitares • **Genre(s) musical(aux)** : Jazz, blues • **Période** : du 29 au 31 mars 2013 • **Lieu(x)** : Le Beffroi à Montrouge • **Références** : Louis Winsberg, Romane, Didier Lockwood, Biréli Lagrène, Joe Louis Walker, Jean-Jacques Milteau, Manu Galvin

HIP HOP SUPRÉMASSY

✆ 06 48 62 26 83
contact@supremassy.com • **www.supremassy.com**
Espace Associatif • Centre omnisports Pierre de Coubertin • Av. du Noyer Lambert • 91300 **MASSY**

Tristan VITTON (Responsable de la programmation) • Gilles-Jean RABALLAND (Directeur artistique graffiti)

Genre(s) musical(aux) : Culture hip hop • **Période** : Juin • **Clôture de la programmation** : Fév. • **Lieu(x)** : Centre culturel Paul Bailliart et ville de Massy • **Références** : Antipop Consortium, Blitz the Ambassador, Youssoupha, DMV, Phase T, La preuve par 4, 9-1 PACT, DJ Ewone, etc.

HOPTIMUM

✆ 01 64 83 03 30 / 01 64 83 03 41 • fax 01 64 83 03 33
s.gauthier@actart77.com • **www.actart77.com**
Hôtel du Département • 77010 **MELUN CEDEX**

Sophie GAUTHIER (Coordinatrice)

Genre(s) musical(aux) : Dance hip hop • **Période** : 15 fev. au 15 sep. 2013 • **Clôture de la programmation** : 6 mois avt • **Lieu(x)** : 14 villes sur le dép. Seine-et-Marne • **Références** : Breaking show, Cie Sebastien Ramirez, Fantastic Armada

HUMANIST RECORDS FESTIVAL

contact@humanistrecords.com • **www.humanistrecords.com**
18 rue de Belzunce • 75010 **PARIS**

Alexis PAUL (Programmateur) • Romain LIMACHER (Programmateur)

Genre(s) musical(aux) : Post rock, indie pop, musiques électroniques, improvisées, avant garde, folk, drone, ambient • **Période** : Printemps, Mai à Juin • **Lieu(x)** : Point Ephémère, Espace B, Mécanique ondulatoire, etc. (Paris), Consortium Usine, Deep Inside Klub, etc. (Dijon) • **Références** : Carla Bozulich, Matt Elliott, Chelsea Wolfe, Marc Sens, l'Enfance Rouge, Julianna Barwich

Les INROCKS

✆ 01 42 44 16 16 • fax 01 42 44 16 00
inrocks@inrocks.com • **www.lesinrocks.com**
C/o les Inrocks • 24 rue Saint Sabin • 75011 **PARIS**

Jean-Daniel BEAUVALLET (Programmateur) • Dominique REVERT (Programmateur) • Claude FOURNIER (Régie générale) • Camille BERGER (Assistante de production) • Laurent GIRARDOT (Production) • Elisabeth LABORDE (Attachée de presse) • Baptiste VADON (Promotion partenariats)

Genre(s) musical(aux) : Rock indé, chanson et nouvelles musiques • **Période** : Début nov. • **Clôture de la programmation** : Fin août • **Lieu(x)** : Paris (Olympia, Cigale, Zenith), Lille, Nantes, Toulouse, Caen, Marseille, Lyon • **Références** : MGMT, Pulp, Franz Ferdinand, Alt-J, Metronomy, B. Biolay, Foals, Lambshop, etc.

JAZZ À LA VILLETTE

✆ 01 44 84 45 32 • fax 01 44 84 46 35
vanglade@cite-musique.fr • **www.jazzalavillette.com**
Cité de la Musique • 221-223 av. Jean Jaurès • 75019 **PARIS**

Vincent ANGLADE (Responsable de la programmation et administrateur de production) • Frank PIQUARD (Conseiller à la programmation) • Laure PAUTHE (Chargée de production) • Hamid SI AMER (Relations presse)

Genre(s) musical(aux) : Jazz, musiques improvisées, rock, electro • **Période** : Du 4 au 15 sep. en 2013 • **Lieu(x)** : Cité de la musique (salle et amphithéâtre), Grande Halle (Charlie Parker, Nef Nord), Atelier du Plateau, Cabaret Sauvage, Mk2 Quai de Seine et Quai de Loire • **Références** : Jamie Cullum, Chic feat. Nile Rodgers, Gregory Porter, Bryan Ferry, Fatoumata Diawara, John Zorn, Seun Kuti, Sylvain Luc & Stefano di Battista, Tigran Hamasyan, etc.

JAZZ À SAINT-GERMAIN-DES-PRÉS PARIS

✆ **01 56 24 35 50** • fax 01 56 24 34 35
festival@espritjazz.com • **www.festivaljazzsaintgermainparis.com/**
c/o Association L'esprit Jazz • Mairie - 78 rue Bonaparte • 75006 **PARIS**

Donatienne HANTIN (Directrice de production) • Frédéric CHARBAUT (Directeur artistique) • Véronique TRONCHOT (Responsable du développement) • Géraldine SANTIN (Responsable de la communication)

Genre(s) musical(aux) : Jazz, gospel, blues • **Période** : Du 19 mai au 3 juin en 2013 • **Clôture de la programmation** : 30 jan. • **Lieu(x)** : Divers espaces dans le VIe arr. de Paris (Théâtre de l'Odéon, Maison des Cultures du Monde, Hotel Lutetia, église St-Germain-des-Prés, église Saint-Sulpice), et alentours (Sorbonne, Sunset, Centre Culturel Irlandais, Orly) • **Références** : Monty Alexander, Manu Dibango& Le Soul Makossa Gangfeat. Cheick Tidiane Seck, Raphael Gualazzi, Thierry Maillard, Trilok Gurtu, Édouard Ferlet, Stéphane Huchard, l e Quatuor Ebène & Michel Portal, Paolo Fresu & Bebo Ferra, Mina Agossi, Collectif Selmer #607, Sidney Bechet Memory All Stars, etc.

JAZZ AU FIL DE L'OISE

✆ **06 37 24 90 34 / 01 34 48 45 03** • fax 01 34 48 45 03
charlotte.productions@wanadoo.fr • **www.jafo95.com**
c/o Isabelle Mechali • 26 rue de la montagne
60240 **FRESNEAUX MONTCHEVREUIL**

Isabelle MÉCHALI (Directrice artistique) • Elisabeth DUHAMEL (Présidente)

Genre(s) musical(aux) : Jazz • **Période** : Nov. & déc. • **Clôture de la programmation** : Fin Mars • **Lieu(x)** : 16 villes dans le Val d'Oise (la Scène nationale de Cergy-Pontoise, l'Observatoire de Cergy, Théâtre de Jouy, CRR de Cergy-Pontoise, Théâtre P. Fresnay Ermont, etc.) • **Références** : Emmanel Bex (artiste en résidence), Pierre de Bethmann, Jean-Michel Pilc, Roberto Fonseca, Minino Garay, Ibrahim Maalouf, Nguyên Lê, Youn Sun Nah, Vijay Iyer, Edouard Castaneda, Dan Tepfer, Thomas Enhco, Danilo Rea & Flavio Boltro « Opéra », Shai Maestro, Palatino, David Krakauer, Éric Legnini, Pierrick Pédron, Trio David Venitucci/Denis Leloup/Christophe Marguet, Angelo Debarre, Tremplin jazz, etc.,

JAZZ MUSETTE DES PUCES

s-malik@wanadoo.fr • **www.festivaldespuces.com**
Comité d'organisation du festival • 80 av. Gabriel Peri • 93400 **ST OUEN**

Nathalie MARC-HAPULAT (Directrice artistique) • Serge MALIK (Responsable artistique) • Didier LOCKWOOD (Conseiller artistique)

Genre(s) musical(aux) : Jazz manouche et swing musette • **Période** : Du 21 au 24 juin en 2013 • **Lieu(x)** : Les Puces de St-Ouen sur un Plateau Têtes D'affiches Cap et dans les 15 brasseries et les 5 marchés partenaires • **Références** : Chimène Badi, Nadéah, Richard Galliano, Didier Lockwood avec Paco Sery, Linley Marthe et jean-Marie Ecay, Stochelo Rosenberg invite Marcel Azzola, Ninine Garcia, Marcel Campion, Amandine Bourgeois, etc.

KIOSQUORAMA

proc@kiosquorama.org • **www.kiosquorama.org**

Franz STEINBACH (Organisateur) • David BARRIQUAULT (Organisateur) • Elodie MERMOZ (Programmatrice) • Marie BRITSCH (Relations presse)

L'éco-festival d'Ile-de-France • **Genre(s) musical(aux)** : Chanson, pop, rock, folk et world • **Période** : 2 sept.-5 oct. 2013 • **Lieu(x)** : Kiosques à musique des parcs et jardins d'Ile de France : 8 arrondissements parisiens (9e, 10e, 13e, 14e, 15e, 17e, 19e et 20e), 2 villes franciliennes (Pontoise, Villeneuve-Le-Roi) • **Références** : Piers Faccini, Narrow Terrence Elephant, Robi, Chris Combette, Marie Modiano, etc.

LA DÉFENSE JAZZ FESTIVAL

✆ **01 47 29 30 48 / 01 47 29 36 90** • fax 01 47 29 32 53
ladefensejazz@cg92.fr • **ladefensejazzfestival.hauts-de-seine.net**
CG 92 - Direction de la culture • Bâtiment de l'Extension - B. 247
2-16 bd Soufflot • 92015 **NANTERRE CEDEX**

David AMBIBARD (Programmateur) • Geneviève GILLAND (Attachée de presse)

Genre(s) musical(aux) : Jazz, blues, funk, musiques du monde • **Période** : 29 juin au 7 juil. 2013 • **Clôture de la programmation** : Avril • **Lieu(x)** : Parvis de la Défense (Fontaine Agam • **Références** : Ibrahim Maalouf, Chick Corea & The Vigil, Rusconi, Francesco Bearzatti, Birdy Nam Nam, Kellylee Evans, Otis Taylor, Salif Keita, Medeski, Martin & Wood, Shai Maestro, Vintage Trouble, The Soul Rebels, Gerry Lopez & Fro Trio, Birth of Joy, St Lô, The Heliocentrics, Concours national de jazz de la Défense

LOOP JAZZ SERIES

✆ **01 46 21 08 37** • fax 01 46 21 44 51
infos@looproductions.com • **www.looproductions.com**
c/o Loop Productions • 215 rue Jean-Jacques Rousseau
92136 **ISSY LES MOULINEAUX**

Jean-Noël GINIBRE (Directeur artistique) • Alexandre ARNOUX (Chargé de communication et partenariat) • Ronan PALUD (Chargé de production / Relation extérieur)

Genre(s) musical(aux) : Jazz, blues • **Période** : Oct. • **Clôture de la programmation** : Mars • **Lieu(x)** : Pleyel, Maroquinerie, Café de la danse • **Références** : Avishai Cohen Projet « Duende » (duo avec Nitai Hershkovits), Robin McKelle & The Flytones, Herbie Hancock solo

Festival MAAD IN 93

✆ **01 48 36 82 27**
coordination.maad93@gmail.com • **www.maad93.com**
c/o Le Triton • 11 bis rue du Coq Français • BP 13 • 93260 **LES LILAS**

Jean-Pierre VIVANTE (Président) • Alice ROGER (Coordinatrice) • Marinette GUINHUT (Animatrice de réseau)

Genre(s) musical(aux) : Musique actuelles, jazz, musique improvisée, world, etc. • **Période** : 20 sep. au 6 oct. en 2013 • **Clôture de la programmation** : Avril • **Lieu(x)** : 15 lieux de musiques actuelles de Seine-Saint-Denis : Le Cap (Aulnay-sous-bois), Les Instants Chavirés, la Pêche, la Maison Populaire, Montreuil), Mille Club (Le Bourget), Le Triton (Les Lilas), La Menuiserie (Pantin), Scène Jean-Roger Caussimon (Tremblay), Deux Pièces Cuisine (Le Blanc-Mesnil), Salle des Malassis (Bagnolet) • **Références** : 70 artistes dont Dgiz, Kuamen, Hilaire Penda, Cyril Atef, Loy Ehrlich, Didier Malherbe, Brakan, les Little Giants, Médéric Collignon, Guillaume Perret, Magic Malic, Franck Vaillant, Emmanuel Bex, Laurent de Wilde, Arnaud Riviere, Thierry Madiot, Brazuk, Tao Ravao, Sembadou, Rachid Santari, Samia Diar, 2spee Gonzales, etc

MARVELLOUS ISLAND

✆ **01 44 76 82 36** • fax 01 44 76 82 29
contact@vendome-evenements.com • **marvellous-island.fr**
33 rue des Jeuneurs • 75002 **PARIS**

Arthur LOUVET (Président) • Sophien ARRAR (Programmateur) • Noèlie BALEZ (Chef de projet)

Genre(s) musical(aux) : Musiques électroniques • **Période** : 7 au 11 mai 2013 • **Lieu(x)** : Chalet de la Porte Jaune - Bois de Boulogne (Paris)

Festival de MÉNILMONTANT

gilles@fairplaylist.org • **fairplaylist.org**
Asso. Fairplaylist • 8 rur du Gal Renault • 75011 **PARIS**

Gilles MORDANT (Directeur artistique) • Louise RIEFFEL (Chargée de communication) • Marc CHONIER (Attaché de presse)

Capitale de la musique équitable et écologique • **Genre(s) musical(aux)** : Musique équitable et écologique • **Période** : Nov. • **Clôture de la programmation** : Sep./oct. • **Lieu(x)** : Divers lieux et salles du XI°, X°, XX° (Menilmontant) • **Références** : Sanseverino, Mamani Keïta, Dupain, Mister Lear, Le Maigre Feu de la Nonne en Hiver, Mazalda, Les Cheval, Kabbalah, Goldenberg & Schmuyle, Gaspard LaNuit, Johnny Valentine, Du Bartàs, etc.

MO'FO

✆ **01 40 11 25 25** • fax 01 40 11 25 24
mofo@mainsdoeuvres.org • **www.festivalmofo.org**
c/o Mains d'Oeuvres • 1 rue Charles Garnier • 93400 **ST OUEN**

Camille DE WIL (Directrice) • Blandine PAPLORAY (Chargée de communication) • Gilles DAVANTURE (Régisseur) • Jean-Sébastien NICOLET (Programmateur festival) • Elsa BENDHIF (Coordinatrice musique)

Genre(s) musical(aux) : Indie pop, rock et folk • **Période** : Fin jan. • **Clôture de la programmation** : Oct. • **Lieu(x)** : Mains d'œuvres • **Références** : The Vaselines, Cheveu, Heavy Trash, Frustration, The Zombies, Howe Gelb, Stereo Total, The Datsuns

MOSAÏK AUX MUREAUX

✆ **01 30 91 24 30** • fax 01 30 91 36 29
chargeprogrammation@mairie-lesmureaux.fr
www.mosaikauxmureaux.com
Hôtel de Ville • Pl. de la Libération • 78130 **LES MUREAUX**

Olivia RABBIONE (Coordinatrice)

Genre(s) musical(aux) : Musique actuelle • **Période** : 12 au 20 oct. 2013 • **Clôture de la programmation** : Avr. • **Lieu(x)** : Les Mureaux • **Références** : Brigitte, Groundation, Irma, Sexion d'Assaut, Adamo, Danakil

Les MUZIK'ELLES

✆ **01 40 09 50 10** • fax 01 40 09 70 31
muzikelles@muzikelles.fr • **www.muzikelles.fr**
c/o Abacaba • 116 rue des Pyrénées • 75020 **PARIS**

Pierre CORBEL (Directeur du festival) • Danièle MOLKO (Programmatrice et productrice exécutive)

Genre(s) musical(aux) : Chanson, pop, rock • **Période** : Fin sep. • **Clôture de la programmation** : Avril • **Lieu(x)** : Meaux, scène Tauziet • **Références** : BB Brunes, Christophe Willem, Gaëtan Roussel, Renan Luce, Olivia Ruiz, Maurane, Hindi Zahra, Julien Doré, Zazie, Zaz, Thielaine, Nolwen Leroy

NIGHT YOURSELF ! LES NUITS CAPITALES

✆ **06 81 76 36 59**
charlottelafon@nuitvive.org • **nuitscapitales.com**
c/o Nuit Vive • 8 rue Boyer • 75020 **PARIS**

Vincent COTTE (Président) • Cyril BAHSIEF (Coordinateur) • Charlotte LAFON (Communication)

Période : Fin Mars • **Lieu(x)** : Divers lieux de diffusion de Paris et d'Ile de France

Les NUITS DE L'ALLIGATOR

✆ **01 40 33 35 05** • fax 01 40 33 35 06
infos@lamaroquinerie.fr • **www.nuitsdelalligator.com**
La Maroquinerie • 23 rue Boyer • 75020 **PARIS**

Xavier DECLEIRE (Programmateur) • Jean-Christophe APLINCOURT (Programmateur) • Stéphane DESCHAMPS (Programmateur)

Genre(s) musical(aux) : Festival itinerant d'« Alternative Blues » • **Période** : Du 4 au 25 fév. en 2013 • **Lieu(x)** : La Maroquinerie, Bataclan (Paris), La Coopérative de Mai (Clermont-Ferrand), L'Abordage (Evreux), l'Astrobale (Orléans), La Lune des Pirates (Amiens), L'Epicerie Modern (Feyzin), Stereolux (Nantes), Fuzz'Yon (La Roche sur Yon), Le Cargö (Caen), Le 6par4 (Laval), etc. • **Références** : The Heavy, Woven Hand, Gallon Drunk, The Heliocentrics, The Budos Band, The Skins, Don Cavali, The Computers, Hound Mouth Motorama, Mama Rosin, King Dude

Les NUITS DES MUSICIENS

✆ **01 48 59 89 61**
lesnuitsdesmusiciens@nerim.net • **www.lesnuitsdesmusiciens.com**
Score Productions • 17 rue de la Révolution • 93107 **MONTREUIL CEDEX**

Genre(s) musical(aux) : Chanson, jazz, world, classique • **Période** : Nov. • **Lieu(x)** : L'Espace Pierre Cardin (Paris) • **Références** : Médéric Collignon, la Péniche Opéra, Julien Doré

OH ! LES VOIX

✆ **01 69 46 72 09** • fax 01 69 46 72 11
collot@mairie-fleury-merogis.fr • **www.oh-les-voix.com**
11 rue Roger-Clavier • 91700 **FLEURY MEROGIS**

Claire COLLOT (Programmatrice)

Genre(s) musical(aux) : Chanson française • **Période** : 29, 30 nov. • **Clôture de la programmation** : Sep. • **Lieu(x)** : Salle André Malraux (Fleury-Mérogis) • **Références** : Quartet buccal, Nicolas Fraissinet, Courir les rues, Maison Tellier

OOHLALA FESTIVAL

✆ **07 86 82 21 66**
contact@oohlalafestival.com • **www.oohlalafestival.com**
51 rue Olivier Metra • 75020 **PARIS**

Marion CHAPDELAINE (Coordinatrice) • Sylvain TAILLET (Directeur / programmateur) • Anaïs AUZET (Sponsoring)

Genre(s) musical(aux) : Pop, rock, folk, musiques électroniques • **Période** : Mi oct. • **Clôture de la programmation** : Mai • **Lieu(x)** : Los Angeles (US) • **Références** : Gonzales, The Dø, Sébastien Tellier, Revolver, The Bewitched Hands, Jamaica, Tinariwen, The Shoes, Cocoon, Citizens, Mousse De Racket, Francais & The Atlas Mountain, Lescop, etc.

Les ORIENTALES

✆ **01 42 22 66 46**
contact@lesorientales.fr • **lesorientales.fr**
250 bd St-Germain • 75007 **PARIS**

Alain WEBER (Directeur artistique) • Patrick DELAMARRE (Directeur logistique) • Asds DAN (Administration / Communication / direction) • Christelle GUILLOTIN (Responsable presse régionale) • Édith NICOL (Chargée de production)

Genre(s) musical(aux) : Musique traditionnelle d'Orient (Maghreb, sous-continent Indien, Asie Centrale, Europe de l'Est) • **Période** : Fin juin-juil. • **Clôture de la programmation** : Déc./jan. • **Lieu(x)** : St-Florent Le Vieil : Abbatiale, Café oriental, Palais Briau, auditorium J. Gracq, ferme des coteaux • **Références** : Trio Joubran, Alain Weber et les musiciens du Nil, Sanam Marvi, Homayoun Sakhi, Ensemble Nour, Julien Breton, Sadhu Sengo et les Fakirs, Samba Diabaté, Wang Li & Wu Wei, Ensemble Tidziwani, Musiques tsiganes de Haute-Egypte, Mbira et musique spirituelle du peuple Shona, chants bhatiali des bateliers du Bengale, etc.

PARIS HIP HOP

✆ **01 42 52 35 25**
contact@paris-hiphop.com • **hiphopcitoyens.com/**
Hip-hop Citoyens • 23 rue Boyer • 75020 **PARIS**

Julien CHOLEWA (Programmateur) • Bruno LAFORESTRIE

Genre(s) musical(aux) : Hip hop, soul • **Période** : Juin-juil. • **Lieu(x)** : Divers sur Paris dont Palais de Tokyo, Point Ephemere, Zénith de Paris, Le 104, Parc de la Villette, Centre Barbara FGO, Casino de Paris, la Cigale, la Machine, Gaité Lyrique, • **Références** : Nas & Damian Marley, Casey, Erik Truffaz & Sly Johnson, Mic Pro, Sexion d'Assaut Part One, Sonic, The Roots

PARIS JAZZ FESTIVAL

✆ **01 48 76 83 01 / 06 26 30 60 73**
info@ccprod.com • **www.parisjazzfestival.paris.fr**
c/o CC Production • 53 Rue du Bois des Joncs Marins
94120 **FONTENAY SOUS BOIS**

Pierrette DEVINEAU (Directrice générale et artistique) • Sebastian DANCHIN (Directeur artistique) • Ingrid GOMIS (Chargée de production et partenariats)

Genre(s) musical(aux) : Jazz français & international • **Période** : Les sam. et dim. après-midi du 8 juin au 23 juil. 2013 • **Clôture de la programmation** : 15 fév. • **Lieu(x)** : Parc Floral de Paris, chapiteau le Delta • **Références** : Armel Dupas & Sofie Sörman, Stéphane Galland, Yom, Guillaume Perret & The Electric Epic, Céline Bonacina, Milteau/Galvin. Robinson/Smyth, Malted Milk, Big Daddy Wilson, Moutin Reunion, Patrice Héral, Kumquat, Manu Katché, Edmar Castañeda, etc.

PARIS QUARTIER D'ÉTÉ

✆ **01 44 94 98 00** • fax 01 44 94 98 01
paris@quartierdete.com • **www.quartierdete.com**
5 rue Boudreau • 75009 **PARIS**

Patrice MARTINET (Directeur) • Carole FIERZ (Codirectrice) • Peggy BARDOT (Administratrice)

Genre(s) musical(aux) : Musique, danse, théâtre • **Période** : Juil.-août • **Clôture de la programmation** : Fév. • **Lieu(x)** : Parcs et jardins de Paris, les Arènes de Montmartre et de Lutèce, Musée du Quai Branly, Maison de Pierre Henry, etc. Mais aussi concerts à Pantin (Dynamo), La Courneuve, Nanterre, Vitry, Saint-Denis etc. • **Références** : Juliette, Jupiter & Okwess international, Sallie Ford & the Sound Outside, Kitsou Dubois et Fantazio, Israel Galván, Sylvie Courvoisier & Mark Feldman, Va Fan Fahre, etc.

PITCHFORK MUSIC FESTIVAL PARIS

✆ **01 43 38 41 04** • fax 01 43 38 53 69
julien@supermonamour.com • **www.supermonamour.com**
c/o Super ! • 51 rue de la Roquette • 75011 **PARIS**

Julien CATALA (Directeur artistique)

Genre(s) musical(aux) : Indie pop, folk, rock, électro, etc. • **Période** : Déb. nov. • **Lieu(x)** : Grande Halle de La Villette (Paris) • **Références** : M83, Animal Collective, Grizzly Bear, etc.

Les PRIMEURS DE MASSY

✆ **01 69 75 12 80** • fax 01 69 20 82 08
contact@paul-b.fr • **paul-b.fr**
Centre culturel Paul Bailliart • 6 allée de Québec • 91300 **MASSY**

Christian MAUGEIN (Directeur / programmateur) • François BEAUDENON (Communication / programmation) • Isabelle BERANGER (Attachée de presse)

Genre(s) musical(aux) : Ts • **Période** : Oct., nov. • **Clôture de la programmation** : Juil. • **Lieu(x)** : Salle et club du centre culturel Paul Bailliart • **Références** : Cabadzi, Lescop, Monogrenade, Rover, King Charles, Guillaume Perret, etc.

RICARD S.A. LIVE MUSIC

✆ **01 44 43 99 41** • fax 01 44 43 99 60
info@ricardsa-livemusic.com • **www.ricardsa-livemusic.com**
c/o Direction des événements • 6 rue Newton • 75116 **PARIS**

Pascal CREUSOT (Responsable) • Adrien MARCHAND (Chef de projet musique)

Genre(s) musical(aux) : Rock • **Période** : Tout au long de l'année • **Clôture de la programmation** : Automne • **Lieu(x)** : Paris et principales villes de province (Marseille, Bordeaux, Amiens, Besançon, Grenoble, etc.) • **Références** : Julien Doré, Puggy, Namaste, Oasis, Jimmy Cliff, Jo Cocker, James Brown, Rita Mitsouko, scène Fair, BB Brunes, Twin Twin, Martin Solveig, Maroon 5

ROCK EN SEINE

✆ **01 71 19 73 30** • fax 01 71 19 73 19
contact@rockenseine.com • **www.rockenseine.com**
15 rue du Louvre • 75001 **PARIS**

François MISSONNIER (Directeur) • Sarah SCHMITT (Directrice de la production) • Théva BABIN (Responsable de l'administration)

Genre(s) musical(aux) : Rock, pop, électro, hip hop • **Période** : Dernier WE août • **Clôture de la programmation** : Mars • **Lieu(x)** : Domaine National de St-Cloud (92) • **Références** : Foo Fighters, Arctic Monkeys, The Kills, Interpol, Cocorosie, Deftones, Big Audio Dynamite, My Chemical Romance, Paul Kalkbrenner, Keren Ann, BB Brunes, Anna Calvi, Jamaica, etc.

SOLIDAYS

✆ **01 53 10 22 22** • fax 01 53 10 22 20
artistique@solidarite-sida.org • **www.solidays.com**
c/o Solidarité Sida • 16 bis av. Parmentier • 75011 **PARIS**

Hylda GBENOU (Programmatrice)

Genre(s) musical(aux) : Ts • **Période** : 28 au 30 juin 2013 • **Clôture de la programmation** : Début avril • **Lieu(x)** : Hippodrome de Longchamp • **Références** : C2C, Bloc Party, Wax Tailor, Asaf Avidan

SONISPHÈRE

✆ **01 48 24 12 20** • fax 01 40 22 03 93
infos@nousproductions.com • **www.nousproductions.com**
c/o Nous Productions • 33 rue d'Hauteville • 75010 **PARIS**

Genre(s) musical(aux) : Metal • **Période** : 8-9 juin 2013 • **Lieu(x)** : Snowhall Park (Amneville)

SONS D'HIVER

✆ **01 41 73 11 65** • fax 01 46 87 41 11
sonsdhiver@sonsdhiver.org • **www.sonsdhiver.org**
Domaine départemental Chérioux • 4 route de Fontainebleau
94407 **VITRY CEDEX**

Fabien BARONTINI (Directeur) • Léda LE QUERREC (Directrice adjointe) • Armelle BOULLIUNG (Responsable de la communication) • Nathalie BALLEE-FADILI (Administratrice) • Valérie MAUGE (Attachée de presse)

Genre(s) musical(aux) : Musiques improvisées, slam, world, etc. • **Période** : Du 1er au 23 fév. en 2013 • **Clôture de la programmation** : Juin-juil. • **Lieu(x)** : Théâtres et salles de spectacles du Val-de-Marne • **Références** : « Marteau Rouge » avec J.-F. Pauvros, J.-M. Foussat et Makoto Sato, Vernon Reid, Jamaaladeen Tacuma et G. Calvin Weston, Tony Hymas, Billy Martin, Dee Alexander, « Les 35e Rugissants » de la Cie Lubat, Archie Shepp, Patrice Caratini, Denis Colin et Ornette jouent « Univers Ferrer », Denis Fournier, Hamid Drake & Michel Portal, Hélène Labarrière, Mike Reed, Kidd Jordan, David Murray Big band, Saul Williams, Joëlle Léandre, etc.

TAPAROLE

✆ **01 48 40 56 53**
info@festivaltaparole.org • **www.festivaltaparole.org**
c/o La Menuiserie • 77 rue Jules Auffret • 93500 **PANTIN**

Roxane JOSEPH (Directrice) • Nicolas JOSEPH (Directeur artistique) • Carole CHICHIN (Communication programmation)

Genre(s) musical(aux) : Chanson, musiques actuelles • **Période** : Mi juin • **Clôture de la programmation** : Jan. • **Lieu(x)** : La Parole errante/La Maison de l'arbre, Montreuil (93) • **Références** : R.Wan, Batlik, Melissmell, Le Cirque des Mirages, La Machine, Rémo Gary, Nicolas Joseph et Yas & the Lightmotiv, Evelyne Gallet, Babel, Les Garçons Trottoirs, etc

TECHNO PARADE

✆ **01 53 36 04 19**
technoparade@technopol.net • **www.technoparade.fr**
c/o Technopol • 150 bd Montparnasse • 75114 **PARIS**

Tommy VAUDECRANE (Président) • Bruno ASSELIN (Directeur de la production) • Christophe VIX-GRAS (Chargé de mission)

Genre(s) musical(aux) : Musiques électroniques • **Période** : Mi sep. • **Clôture de la programmation** : Fin juin • **Lieu(x)** : Rues de Paris • **Références** : Ts les DJs participants (connus ou non)

TÉLÉRAMA DUB FESTIVAL

✆ **04 95 04 95 62** • fax 04 95 04 95 00
teleramadubfestival@bi-pole.org • **www.teleramadubfestival.fr**
c/o Bi-Pole • La Friche Belle de Mai • 41 rue Jobin • 13003 **MARSEILLE**

Frédéric PEGUILLAN (Fondateur) • Cyril TOMAS-CIMMINO (Directeur) • Julia CAPPELLE (Chargée de production) • Patrick BRECHET (Chargé de communication)

Genre(s) musical(aux) : Dub • **Période** : 30 nov. 2013 • **Clôture de la programmation** : Fin avril • **Lieu(x)** : Paris (104) et région • **Références** : Gorillaz, Sound System, Iration Steppas, Hollie Cook, Cenzile

VERSAILLES JAZZ FESTIVAL

✆ **06 78 60 50 19**
contact@versaillesjazzfestival.eu • **www.versaillesjazzfestival.eu**
Association VJF • 13 rue des réservoirs • 78000 **VERSAILLES**

Olivier SILHOL (Président) • Phiippe KARAMPOURNIS (Coordinateur) • Brigitte D'ANGLEJEAN (Chargée de communication)

Genre(s) musical(aux) : Jazz • **Période** : du 12 au 19 avril 2013 • **Clôture de la programmation** : Sep. • **Lieu(x)** : Le Théâtre Montansier, La Royale Factory, Trianon Palace • **Références** : Michel Portal/Bojan Z, Manuel Rocheman, Sylvain Beuf, les Voice Messengers, Thierry Maillard avec Debora et Yochk'o Seffer, Happy Voices, Franck Amsallem

Le VÉSINET JAZZ MÉTIS FESTIVAL

✆ **01 30 15 66 00**
info.theatre@vesinet.org • **www.vesinet.org**
ACAL - Théâtre du Vésinet • 59 bd Carnot • 78110 **LE VESINET**

Emmanuel PLASSARD (Directeur)

Genre(s) musical(aux) : Jazz • **Période** : Mai (du 21 au 25 en 2013) • **Lieu(x)** : Théâtre du Vesinet • **Références** : Olivier Temime Volunteered Slaves 6tet, Alfio Origlio Headhunters Tribute 6tet, Giovanni Mirabassi invitent Flavio Boltro et Glenn Ferris, Omar Sosa

VILLES DES MUSIQUES DU MONDE

✆ **01 48 36 34 02** • fax 01 43 11 25 01
info@villesdesmusiquesdumonde.com
www.villesdesmusiquesdumonde.com
4 av. Division Leclerc • 93300 **AUBERVILLIERS**

André FALCUCCI (Président) • Kamel DAFRI (Directeur) • Éric SCHIRMACHER (Coordinateur de projets) • Charlotte LE GALL (Communication) • Mathilde PANNET (Administratrice)

Genre(s) musical(aux) : Musique du monde • **Période** : Oct.-nov. • **Clôture de la programmation** : Juin/juil. • **Lieu(x)** : 19 villes de la Seine-Saint-Denis + Paris • **Références** : Sandra Nkaké, Mory Kante, Antibalas, Barbès Café, Samira Brahmia, Darko Rundek, Gibonni, Bibi Tanga, Natascha Rogers, Rumberos de Cuba, Rumbabierta, etc.

VILLETTE SONIQUE

✆ **01 40 03 75 00 / 01 40 03 74 71** • fax 01 40 03 74 19
contact@villettesonique.com • **www.villettesonique.com**
Dir. de la programmation des spectacles • 211 av. Jean Jaurès
75935 **PARIS CEDEX 19**

Frédéric MAZELLY (Directeur artistique) • Étienne BLANCHOT (Conseiller artistique / programmateur) • Anne SANOGO (Coordinatrice)

Genre(s) musical(aux) : Rock, musiques électroniques, pop, hip hop, etc. • **Période** : 22 au 26 mai 2013 • **Clôture de la programmation** : Fév. • **Lieu(x)** : Parc et Grande Halle de la Villette • **Références** : The Jesus Lizard, Liquid Liquid, Goblin, Diplo, Liars, Sunno))), Lightning Bolt, Ariel Pink, Black Lips, Ebony Bones, Dan Deacon, Deerhoof, Richie Hawtin, etc.

La VOIX EST LIBRE

✆ **09 60 50 98 20**
blaisemerlin@jazznomades.net • **www.jazznomades.net**
L'Onde & Cybèle • 2-6 rue Duc • 75018 **PARIS**

Blaise MERLIN (Directeur artistique) • Yasmina RAKOVSKY (Administratrice) • Alice MAGDELAINE (Communication)

Jazz Nomades aux Bouffes du Nord • **Genre(s) musical(aux)** : Jazz, musiques improvisées, slam, etc. • **Période** : les 28, 29 et 30 mai 2013 (Paris) • **Clôture de la programmation** : Jan. • **Lieu(x)** : Théâtre des Bouffes du Nord (Paris), Théâtre Garonne, Comédie de Béthune (CDN du Nord-Pas-de-Calais), Théâtre Garonne, Le channel (Calais), Bourlieu - scène nationale d'Annecy • **Références** : Arthur H & Nicolas Repac, Casey, Albert Marcoeur & le Quatuor Béla, Valère Novarina & Christian Paccoud, Patrick Chamoiseau, Erol Josué & David Murray, Kaori Ito, etc.

WE LOVE GREEN

✆ **01 71 19 90 70**
contact@welovegreen.fr • **www.welovegreen.fr**
173/175 rue Fbg Poissonniere • 75009 **PARIS**

Marie SABOT (Directrice associée) • Julie GANTER (Communication)

Genre(s) musical(aux) : Electro, Pop, indie rock, folk • **Période** : Mi sep. • **Lieu(x)** : Parc de Bagatelle, Paris • **Références** : Peter Doherty, Metronomy, Norah Jones, Selah Sue, Of Montreal, Beirut, James Blake, Kruder & Dorfmeister, Cody ChesnuTT, Of Montreal, Breakbot, La Femme, Herman Dune

WEATHER FESTIVAL

✆ 09 52 96 02 78
contact@surprize.fr • **www.surprize.fr**
3 rue Bellot • 75019 **PARIS**

Aurélien DUBOIS (Gérant) • Adrien BETRA • Brice COUDERT

Genre(s) musical(aux) : Musiques électroniques • **Période** : 17 au 19 mai 2013 • **Lieu(x)** : Machine du Moulin Rouge, Quai de la Rapée, Palais des Congrès de Montreuil, Electric (Porte de Versailles) • **Références** : 1050622 (2), 1050623 (3)

WIHMINI FESTIVAL

✆ 01 44 18 30 01
news@showcase.fr • **www.showcase.fr**
Sous le pont Alexandre III • Port des Champs Elysées • 75008 **PARIS**

Tibo POISSON (Directeur artistique) • Stéphane GLAUDIN (Directeur artistique)

Genre(s) musical(aux) : Musiques électroniques (house, techno) • **Période** : 30 mars, 30 avr. 2013 • **Lieu(x)** : Show Case Club (Paris)

WOLFI JAZZ

✆ 09 81 72 36 94 / 01 75 37 70 41
info@wolfijazz.com • **www.wolfijazz.com**
Ass. Jazz au pays • 13 rue Emile Eudes • 94140 **ALFORTVILLE**

Nicolas FOLMER (Programmateur) • Jean-Philippe OLLIVIER (Chargé de communication) • Pierrick AUNILLON (Directeur)

Genre(s) musical(aux) : Jazz • **Période** : Juin (du 27 au 30 juin 2013) • **Lieu(x)** : Fort Kléber de Wolfisheim • **Références** : 2013 : Marcus Miller, Ibrahim Maalouf, Pierre de Bethmann, Richard Galliano, Eric Legnini, Kellylee Evans, Pablo Gil & Stéphane Guillaume, etc.

LANGUEDOC-ROUSSILLON

L'AGGLO DU RYTHME DU JAZZ

✆ 09 54 77 33 56
stephane.kochoyan@free.fr • **www.nimes-agglo-jazz.fr**
c/o Jazz 70 • 7 bd Talabot • 30000 **NIMES**

Stéphane KOCHOYAN (Directeur artistique) • Quentin JAMES (Assistant de direction)

Genre(s) musical(aux) : Jazz, latin jazz • **Période** : Fin sep.-oct. • **Lieu(x)** : Nîmes (Théâtre) et entre 11 et 15 communes de l'agglomération nîmoise (Lédenon, Cabrières, Caveirac, Manduel, Rodilhan, Milhaud, Bezouce, Saint-Gervasy, Saint-Dionisy, Sernhac, Saint-Chaptes, La Calmette, etc.) • **Références** : Lucky Peterson, Eddy Louiss, Marcus Miller, China Moses, Roberto Fonseca, Alex Tassel quintet, Doodlin', Agathe Quartet, Richard Manetti, Thomas Enhco Trio, etc.

CHANSONS DE PAROLE

info@chansonsdeparole.com • **www.chansonsdeparole.com**
BP 26 • 30430 **BARJAC**

Anne-Marie HENIN (Directrice)

Genre(s) musical(aux) : Chansons • **Période** : Fin juil. • **Clôture de la programmation** : Déc. • **Lieu(x)** : Cour du château (600 pl.), Chapiteau (300 pl.) • **Références** : Juliette, Anne Sylvestre, Richard Desjardins, Romain Didier, Alain Leprest, Jofroi, Michelle Bernard, Rémo Gary, Bernard Joyet, Michel Buhler, Thomas Pitiot, Jeanne Chérhal, etc.

Les DÉFERLANTES D'ARGELÈS-SUR-MER

✆ 04 68 66 04 36 / 04 68 81 10 15
contact@lesdeferlantesdargelessurmer.com
www.lesdeferlantesdargelessurmer.com
La Frontera Production • 9 rue de la Courregade • Forum Ruscino
66240 **ST ESTEVE**

David GARCIA (Président / Programmateur) • Arnaud PINCHON (Régisseur) • Marie-Mélinée YERBEMIAN (Chargée de communication)

Genre(s) musical(aux) : Musiques actuelles • **Période** : 7, 8, 9 juil. 2013 • **Clôture de la programmation** : Fév. • **Lieu(x)** : Parc de Valmy • **Références** : Iggy Pop, Motorhead, Jamiroquai, Ben Harper, Madness, Saez, The Hives, etc.

Les ESTIVALES DE L'ARCHIPEL

✆ 04 68 62 62 01 / 04 68 62 62 00 / 04 68 51 51 72
fax 04 68 62 62 02
info@theatredelarchipel.org • **www.lesestivalesdelarchipel.org**
Av. du Gal Leclerc • BP 90327 • 66003 **PERPIGNAN CEDEX**

Domènec REIXACH (Directeur général) • Jackie SURJUS-COLLET (Directrice adjointe) • Damien GODET (Administrateur général) • Anne VIVIEN (Chargée de communication)

Genre(s) musical(aux) : Chanson, variétés, musiques du monde, etc. • **Période** : 25 juin au 6 juillet 2013 • **Lieu(x)** : Théâtre de l'Archipel • **Références** : Mélodie Gardot, Julien Clerc, Véronique Sanson, Iam, Louis Bertignac, Goran Bregovic

FESTIV'ALLIER

✆ 04 66 46 17 35
festivallier48@gmail.com • **www.festivallier48.fr**
C/o les Fadarelles • Pl. René Aurand • 48300 **LANGOGNE**

Olivier ALLE (Contact)

Genre(s) musical(aux) : Chanson, rock, pop • **Période** : 31 juil. au 3 août 2013 • **Clôture de la programmation** : Mi jan. • **Lieu(x)** : Place des Moines (Langogne) • **Références** : Oldelaf, Anis, Melissmell, Flow, Barcella, Karimouche, Les Fatals Picards, Syrano, KKC Orchestra, As De Trèfle, Chloe Lacan, Lisa Portelli, Les Hurlements D'Léo

FESTIVAL DE CARCASSONNE

✆ 04 68 77 74 66 • fax 04 68 77 70 73
festivaldecarcassonne@wanadoo.fr • **www.festivaldecarcassonne.com**
16 rue des trois couronnes • 11000 **CARCASSONNE**

Pascal DUPONT (Directeur)

Genre(s) musical(aux) : Ts les styles • **Période** : Juil. • **Clôture de la programmation** : Fév. • **Lieu(x)** : Grand Théâtre de la Cité de Carcassonne (Jean-Deschamps) et la Bastille • **Références** : Artic Monkeys, Elton John, David Guetta, Pascal Obispo, Sexion d'Assaut, Saez, Smashing Pumpinks, Iam, etc.

Le FESTIVAL DE L'ACCORDÉON

✆ 04 66 49 23 93
fdfr48@wanadoo.fr • **www.foyers-ruraux.com**
Fédération départementale des foyers ruraux de Lozère
10 quartier des Carmes • BP 113 • 48003 **MENDE CEDEX**

Marie HUGUET (Contact)

Genre(s) musical(aux) : Musiques traditionnelles et actuelles (ex-Printemps de l'Accordéon) • **Période** : 08 au 16 nov. 2013 • **Clôture de la programmation** : Juin • **Lieu(x)** : Festival itinérant dans tout le département de la Lozère • **Références** : Lucas Thébaut avec Marie Monnier, Les Orientales avec Christian Maes et Abdel Haleem al Khatib, Lo'jo, etc.

FESTIVAL DE LA MEUH FOLLE

✆ 06 76 05 51 60
meuhfolle@mines-ales.fr • **www.meuhfolle.com**
572 chem. du Viget • BAL H457 • 30100 **ALES**

Nicolas BARAN (Président du festival) • Joëlanne RMOPES (Communication) • Marilou FILLIOL

Genre(s) musical(aux) : Rock, reggae, ska, electro • **Période** : 5 et 6 avril 2013 • **Clôture de la programmation** : Debut nov. • **Lieu(x)** : Alès et Parc des Expositions (Méjannes-lès-Alès) • **Références** : Les Ogres de Barback, Dub Inc, Danakil, Les Fatals Picards, La Ruda, Debout sur le Zinc, Deportivo, High Tone, Le peuple de l'herbe, Babylon Circus

FESTIVAL DE NÎMES

✆ 04 67 92 23 53 • fax 04 67 58 53 37
juliette.fm@wanadoo.fr • **www.festivaldenimes.com**
c/o FM Productions • 1 rue de Baudin • 34000 **MONTPELLIER**

Stéphane METAYER (Programmateur) • Juliette LEROY-PICQ (Responsable de la promotion)

Genre(s) musical(aux) : Musiques actuelles • **Période** : 29 juin au 12 juil. 2013 • **Clôture de la programmation** : Fin fév. • **Lieu(x)** : Arènes de Nîmes • **Références** : Bob Dylan, Bjork, Elton John, Manu Chao la Venture, David Guetta, Justice, Blink 182, etc.

FESTIVAL DE RADIO FRANCE ET MONTPELLIER

✆ 04 67 61 66 81 • fax 04 67 61 66 82
contact@festivalradiofrancemontpellier.com
www.festivalradiofrancemontpellier.com
Allée Républicains espagnols • CS 799 12 • 34960 **MONTPELLIER CK2**

Jean-Pierre LE PAVEC (Directeur artistique) • Jany MACABY (Directeur adjoint) • Xavier PREVOST (Programmateur jazz) • Pascal MAURIN (Programmateur musiques électriques)

Genre(s) musical(aux) : Classique mais aussi jazz, musiques du monde, életroniques, reggae, lyrique, symphonique • **Période** : 11 au 25 Juil. 2013 • **Clôture de la programmation** : Mars • **Lieu(x)** : Le Corum, Place de l'Europe, Domaine d'O (Jazz), villes de l'agglomérations de Montpellier (musiques du monde), place Dionyos (musiques actuelles et électro), Opéra, villes de la région Languedoc Roussillon • **Références** : 2013 Jazz : « Bernstein Story » de Riccardo Del Fra avec Chloé Cailleton et le big band du CNSM Paris, Anachronic Jazz Band, « Massaliazz » avec Olivier Temime, Michel Zenino et Jean-Pierre Arnaud, Ronald Baker, Cédric Piromali, Sophia Domancich & Simon Goubert, Pierre de Bethmann, Didier Levallet, Zoll Fleischer Erice Séva, Joël Allouche, Laurent Coq, Samy Thiébault

FESTIVAL DE THAU

✆ **04 67 18 70 83** • fax 09 81 70 79 65
info@festivaldethau.com • **www.festivaldethau.com**
Association Jazzamèze • Château de Girard • BP 94 • 34140 **MEZE**

Monique TEYSSIER (Présidente / programmatrice) • Christine GOBY (Chargée de production) • Vanessa KEUSH (Chargé de communication)

Escales musicales • **Genre(s) musical(aux)** : Musiques du monde, musiques actuelles • **Période** : 16 au 21 juil. 2013 • **Clôture de la programmation** : Jan. • **Lieu(x)** : Communes du pourtour de l'étang de Thau (Villeveyrac, Mèze, Montbazin) • **Références** : Salif Keita, Malted Mik, Eric Legnini, Lightnin'3 (Rosemary Standley, N'Didio, Brisa Roché), Popa Chubby, The Dynamites, Charles Walker, etc.

FESTIVAL FLAMENCO DE NÎMES

✆ **04 66 36 65 00** • fax 04 66 36 65 05
contact@theatredenimes.com • **www.theatredenimes.com/**
Théâtre de Nîmes • 1 pl. de la Calade • Bp 1463 • 30017 **NIMES CEDEX 1**

Houria MARGUERITE (Relations presse) • Mélissa DURAND (Contact presse) • Patrick BELLITO (Conseiller artistique flamenco)

Genre(s) musical(aux) : Flamenco • **Période** : 7-19 jan. 2013 • **Lieu(x)** : Théâtre de Nîmes, l'Odéon, Institut Emmanuel d'Alzon, Paloma • **Références** : Carmen Linares, José Méndez, Rocío Márquez et Alfredo Lagos, Antonio Moya, Eva Yerbabuena, Compañía Javier Barón, Bobote, Tomasito, Marco Flores, Ana Pérez, Leonor Leal y El Choro, Chely La Torito, etc.

FIEST'A SÈTE

✆ **04 67 74 48 44** • fax 04 67 74 28 34
metisete@fiestasete.com • **www.fiestasete.com**
Espace Félix • 2 quai Gal Durand • 34200 **SETE**

José BEL (Directeur) • Leyla KOOB (Coordinatrice générale)

Genre(s) musical(aux) : Musique du monde • **Période** : 20 juil. au 8 août 2013 • **Clôture de la programmation** : Fin mars • **Lieu(x)** : Théâtre de la Mer (Sète), quartiers de la ville et villages alentours • **Références** : Nina Attal, Chic feat. Nile Rodgers, Maraca, Sergent Gercia, Bassekou Kouyate, Taj Mahal, Joe Bosco, Flavia Coelho, Trio Joubran, Rachid Taha, Goran Gregovic, Rodinka, Yacoub Afuni, Rokia Traore, etc.

GARANCE REGGAE FESTIVAL

✆ **01 55 07 06 16** • fax 01 55 07 06 11
antoine@garanceproductions.com • **www.garancereggaefestival.com**
c/o Garance Productions • 43 rue de Dunkerque • 75010 **PARIS**

Gérard MICHEL (Producteur) • Antoine JAMET (Directeur)

Genre(s) musical(aux) : Reggae • **Période** : Fin juil. • **Clôture de la programmation** : Mars • **Lieu(x)** : Bagnols-sur-Cèze (Gard) • **Références** : Beres Hammond, Rita Marley, Marcia Griffiths, Pam Hall, Johnny Osbourne, Morgan Heritage, Alpha Blondy, Groundation, etc.

I LOVE TECHNO

✆ **01 48 03 87 87** • fax 01 48 03 32 32
armel.campagna@livenation.fr • **www.ilovetechnofrance.fr**
c/o Live Nation France Festivals • 28 rue des Jardins • 59000 **LILLE**

Angelo GOPEE (Directeur général) • Armel CAMPAGNA (Directrice du festival)

Genre(s) musical(aux) : Musiques électroniques • **Période** : 14 déc. 2013 • **Clôture de la programmation** : 15 sep. • **Lieu(x)** : Parc des expositions, Montpellier • **Références** : Dave Clarke, Cassius, Busy P, Agoria, etc.

IDA Y VUELTA

✆ **04 68 62 17 22** • fax 04 68 62 18 22
contact@casamusicale.net • **www.casamusicale.net**
Arsenal • 1 rue Jean Vielledent • 66000 **PERPIGNAN**

Michel VALLET (Directeur / Programmateur)

Genre(s) musical(aux) : World music, rock, hip hop, soul, R'n'b, funk • **Période** : 5 au 8 juin 2013 • **Clôture de la programmation** : Mars • **Lieu(x)** : L'Arsenal, Espace des Cultures Populaires (1, rue Jean Vielledent, 66000 Perpignan) • **Références** : Féfé, Ben l'Oncle Soul, Hindi Zahra, Brooklyn Funk Essentials, Melissa Laveaux, Seb, Jean Racine, Rim'K, Reda Taliani, Dub Incorporation, Rumba del Vernet, Zikhéré, Selah Sue, Alice Russel, Battle international de danse hip-hop, etc.

Les INTERNATIONALES DE LA GUITARE

✆ **04 67 66 36 55** • fax 04 67 66 36 73
contact@les-ig.com • **www.les-ig.com**
Confluences • Hôtel de Magny • 3 rue Collot • 34000 **MONTPELLIER**

Talaat EL SINGABY (Directeur) • Fabrice FERNANDEZ (Intendant général) • David SALANÇON (Programmation) • Pauline LEPINAY (Chargée de production)

Genre(s) musical(aux) : Autour de la GT toutes les musiques actuelles et du monde, chanson, jazz, blues, etc. • **Période** : 28 sep. - 19 oct. 2013 • **Clôture de la programmation** : Mai • **Lieu(x)** : Région Languedoc-Roussillon (Montpellier et agglomération) • **Références** : Sanseverino, Tom Torel, Bumcello, Bjorn Berge, mes Doigts de l'Homme, Fraser Anderson, Claire Diterzi, Raul Midon, Interzone avec Serge Teyssot Gay & Khaled AlJaramani, Rachid Taha, Cristina Branco, Juan de Lerida, Mohamed Abozekry & Heejaz, etc.

JAZZ À JUNAS

✆ **04 66 93 01 59 / 04 66 80 30 27** • fax 04 66 93 01 59
jazz.junas@wanadoo.fr • **www.jazzajunas.asso.fr**
1 rue de la Mairie • 30250 **JUNAS**

Stéphane PESSINA-DASSONVILLE (Président) • Sébastien CABRIÉ (Directeur)

Genre(s) musical(aux) : Rencontre de jazz entre le Languedoc et l'étranger • **Période** : Du 13 au 20 juil. en 2013 • **Clôture de la programmation** : Nov. • **Lieu(x)** : Les Carrières de pierres antiques à Junas • **Références** : 2013 « 20 ans de rencontres » : Jan Garbarek Group feat. Trilok Gurtu, John Taylor & Stéphane Kerecki, Philip Catherine 4tet, Steve Swallow 5tet feat. Carla Bley, Bojan Z & Paolo Fresu, Tigran Hamasyan 5tet, Daniel Humair 4tet, Jon Hassel & Paolo Fresu 5tet, Joël Allouche 5tet, Gabor Winand & Olah Kalman, Ernst Reijseger & Molla Sylla, Daniel Eskenasy Trio, etc.

JAZZ À SÈTE

✆ **04 67 51 18 11 / 06 10 82 47 14**
jazzasete.martinezlouis@sfr.fr • **www.jazzasete.com**
1 rue Conventionnel Barras • 34140 **LOUPIAN**

Louis MARTINEZ (Directeur artistique)

Genre(s) musical(aux) : Jazz, blues, soul, R&B • **Période** : 11 au 17 juil. en 2013 • **Clôture de la programmation** : Fin fév. • **Lieu(x)** : Théâtre de la Mer (1 500 pl.), pl. L. Blum, pl. A. Briand • **Références** : Jamie Cullum, Di Battista et Sylvain Luc Quartet, Gregory Porter, Trombone Shorty, Avishaï Cohen, Ibrahim Maalouf, Beth Hart, Lizz Wright

JAZZEBRE

✆ **04 68 35 37 46 / 04 68 51 13 14** • fax 04 68 34 45 80
info@jazzebre.com • **www.jazzebre.com**
c/o asso. Strass • Ex école de Château Roussillon
Chemin de Château Roussillon • 66000 **PERPIGNAN**

Yann CAUSSE (Directeur artistique) • Elodie DAVID (Administratrice) • Marie-Carmen HERNANDEZ (Chargée de communication)

Le rendez-vous jazz et musiques du monde en Roussillon • **Genre(s) musical(aux)** : Jazz contemporain européen, musiques du monde • **Période** : 27 sep. au 20 oct. en 2013 • **Clôture de la programmation** : Mars • **Lieu(x)** : Perpignan, Pyrénées Orientales, Aude, Prades, Ille sur Têt, CRR, Théâtre municipal, Théâtre de l'Archipel, etc. • **Références** : Grégory Porter, Michel Portal, Joachim Kühn, Erik,Truffaz, John Abercrombie, N'Guyên Lê, Vincent Courtois, Emile Parisoen, Vincent Peirani, Papanosh, Anthony Joseph, Hélène Labarrière, Marcel et Solange, Imperial Orphéon, Elodie Pasquier, Eve Risser, etc.

MONTPELLIER À 100 %

✆ **09 81 89 51 12**
prog@asso-mds.org • **www.festival100pour100.com**
BP 2172 • 34027 **MONTPELLIER CEDEX**

Yves BOMMENEL (Directeur)

Genre(s) musical(aux) : Musiques actuelles, formes musicales innovantes • **Période** : 2e quinz. de fév. • **Clôture de la programmation** : Fin juin • **Lieu(x)** : Ttes les salles de Montpellier (Victoire 2, Rockstore, Antirouille, Jam, Baloard, Maison des Chœurs, etc.) • **Références** : Black Strobe, Brigitte Fontaine, Yeti Lane, dDamage, Cheveu, etc.

Les NUITS COULEURS

✆ **07 32 51 10 25**
info@nuitscouleurs.fr • **nuitscouleurs.com**
Rue des écoles • 34150 **MONTPEYROUX**

Magali HOCHARD (Programmatrice) • Amélie FAURE (Programmatrice) • Laurence PHILIPPON (Communication)

Genre(s) musical(aux) : World, musiques actuelles • **Période** : Juin-juil. • **Clôture de la programmation** : Avril • **Lieu(x)** : Festival vagabond flânant de villes en villages à travers la Vallée de l'Hérault • **Références** : Ziskakan, Zoufris Maracas, Keith B. Brown, Hush, The Neighborhood, Bayou Brothers, Savignoni, Tempo Brasil, Don Diego, Haidouti Orkestar, Rose's Roads, Hawa, etc.

PRINTIVAL BOBY LAPOINTE

✆ **09 50 53 46 58** • fax 09 55 53 46 58
contact@printivalbobylapointe.com • **printivalbobylapointe.com**
1 pl. Gambetta • 34120 **PEZENAS**

Dany LAPOINTE (Directrice)

Genre(s) musical(aux) : Chansons francophones, artistes découvertes • **Période** : 24 au 27 avril 2013 • **Clôture de la programmation** : Août, sep. • **Lieu(x)** : Foyer des Campagnes, espace Gare du Nord, Illustre Théâtre (Pezenas) • **Références** : Aldebert, Karpatt, Laurent Malot, Yves Jamait, Les Ogres de Barback, Ours, Fatals Picards, etc.

QUAND JE PENSE A FERNANDE

✆ **04 67 74 70 55** • fax 04 67 74 70 33
culture@ville-sete.fr • **www.sete.fr**
Service des affaires culturelles • Hôtel de Ville • BP 373
34206 **SETE CEDEX**

Jean-Herve MIROUZE • Philippe MAURIZI (Programmateur)

Genre(s) musical(aux) : Chanson française • **Période** : 12 au 16 juin 2013 • **Clôture de la programmation** : Mars • **Lieu(x)** : Théâtre de la mer (Sète) • **Références** : Stephan Eicher, Axel Bauer, Benjamin Biolay, Lou Doillon, Arno, Olivia Ruiz, etc.

THIS IS NOT A LOVE SONG

✆ **04 11 94 00 10**
info@paloma-nimes.fr • **thisisnotalovesong.fr**
c/o Paloma • 250 ch. de l'Aérodrome • 30000 **NIMES**

Frédéric JUMEL (Directeur) • Jeanne-Lise THIENNOT (Chargée de production / Assistante de programmation)

Genre(s) musical(aux) : Indie pop, rock, musiques électronqiues • **Période** : 22 au 25 mai 2013 • **Références** : Amon Tobin, Dinosaur JR, Animal Collective

TILT FESTIVAL

✆ **04 68 62 62 01 / 04 68 62 62 00 / 04 68 51 51 72**
fax 04 68 62 62 02
info@theatredelarchipel.org • **www.tilt-festival.org**
Av. du Gal Leclerc • BP 90327 • 66003 **PERPIGNAN CEDEX**

Stéphane BERGER (Administrateur)

Genre(s) musical(aux) : Musiques électroniques • **Période** : 21 au 24 mars 2013 • **Clôture de la programmation** : Nov. • **Lieu(x)** : El Meditator, Théâtre de l'Archipel • **Références** : Don Rimini, Agoria, The Shoes, Popof, Etienne de Crécy, jack de Marseille, etc.

TOUT SIMPLEMENT HIP HOP

✆ **04 66 84 70 74**
dastormhh@gmail.com • **www.dastorm.fr**
Association Da Storm • 1 rue Ménard • 30000 **NIMES**

Ghislain NOUGUIER (Responsable) • Sebastien PATIN (Responsable technique / Chargé de communication)

Genre(s) musical(aux) : Rap, breakdance, slam, funk • **Période** : 21 oct. au 3 nov. • **Clôture de la programmation** : Juin • **Lieu(x)** : Nîmes et le département du Gard • **Références** : Triptik, Nemir, Deen Burbigo, jazzy Bazz, Busta Flex, Nakk Mendosa

Les TRANSES CÉVENOLES

✆ **04 67 81 57 90** • fax 04 67 81 57 90
contact@leselvis.org • **www.lestranses.org**
Le Vernet • 30440 **SUMENE**

Sébastien TOUREILLE (Coordinateur artistique) • Olivia LAGRÉE (Coordinatrice)

Genre(s) musical(aux) : Rock, electro, dub, chanson, musiques tsiganes, musiques métissées et arts de la rue • **Période** : 26 au 28 juil. 2013 • **Clôture de la programmation** : Déb. avril • **Lieu(x)** : Sumène, espace en plein air (3000 pl.) • **Références** : Balthazar, Hyphen Hyphen, Herbaliser, Giedré, La Rumeur, etc.

VOIX DE FEMMES

✆ **04 68 59 18 65** • fax 04 68 59 08 74
mauryprod@orange.fr • **www.voix-de-femmes.fr**
28 route de Cucugnan • 66460 **MAURY**

Marie CHIVILO

Genre(s) musical(aux) : Musiques actuelles, animations de rue • **Période** : 14-15 juin 2013 • **Clôture de la programmation** : Fév. • **Lieu(x)** : Plein-air • **Références** : Sallie Ford, Amadou & Mariam, Anaïs, Brigitte, Yaël Naïm, Moriarty, etc.

VOIX DE LA MÉDITERRANÉE

✆ **04 67 44 24 60** • fax 04 67 44 99 59
voixdelamediterranee@lodevoisetlarzac.fr
www.voixdelamediterranee.com
Communauté de communes Lodevois et Larzac • 9 pl. Alsace Lorraine • 34700 **LODEVE**

Frank LOYAT (Contact) • Amandine GENEVOIS • Émilie BARTHES

Genre(s) musical(aux) : Festival de poésie (une soixantaine de poètes invités de tout le bassin méditerranéen) avec programmation de musique méditerranéenne, traditionnelle ou contemporaine, chansons à texte, nombreuses rencontres poétiques et musicales originales, arts de la rue, ateliers, tables rondes, contes, expositions, etc. • **Période** : 16 au 21 juillet 2013 • **Clôture de la programmation** : Fin janv. • **Lieu(x)** : Ville de Lodève • **Références** : Misia, Burhan Olal & l'Ensemble oriental d'Istanbul, Natacha Atlas, Françoise Atlan et Moneim Adwam, Les Têtes raides, Cheba Zahouania

WORLDWIDE FESTIVAL

✆ **09 81 14 07 24** • fax 09 81 70 74 64
guisnapshot@gmail.com • **worldwidefestival.com**
Snapshot • 9 rue Chaptal • 34000 **MONTPELLIER**

Gilles PETERSON (Directeur artistique) • Guillaume SALANÇON (Producteur) • Ivan SEMERIA (Artistique, social) • Boris PICQ (Directeur de production)

Genre(s) musical(aux) : Hip hop, jazz, musiques électroniques • **Période** : 1 au 7 juil. 2013 • **Clôture de la programmation** : Mars (début déc. de l'année précédente pour les démos) • **Lieu(x)** : Théâtre de la Mer (1 400 pl.), le Phare, la plage de Sète, le Triangle de Villeroy • **Références** : Les Poly-Rythmo de Cotonou, Flying Lotus, Cut Chemist, FM Belfast, Josh Wink, Kod9, RJD2, Dr Octagon, Kool Keith, Giles Peterson, 4hero, Laurent Garnier, Madlib, Pascal Comelade, Diplo, Carl Craig, etc.

LIMOUSIN

BRIVE FESTIVAL

✆ **05 55 24 08 80**
brive-plage-festival@brive-tourisme.com • **www.brive-plage.com**
Office de Tourisme de Brive • Place du 14 juillet • 19100 **BRIVE LA GAILLARDE**

Stéphane CANARIAS (Directeur général) • Vanessa BRUNAUD (Directrice adjointe)

Genre(s) musical(aux) : Musiques actuelles • **Période** : Du 19 juil. au 3 août 2013 • **Clôture de la programmation** : Fév. • **Lieu(x)** : Brive La Gaillarde • **Références** : Charlie Winston, Irma, Berhoft, Julien Doré, Gérald de Palmas, Brigitte, Mani, Nadéah, Sly Johnson, et Corneille en 2012

ÉCLATS D'EMAIL - JAZZ ÉDITION

✆ **05 55 77 98 46 / 06 30 09 28 55**
eclatsdemail@orange.fr • **www.eclatsdemail.com**
Association Eclats D'Email • 1 rue Montaigne • 87000 **LIMOGES**

Jean-Michel LEYGONIE (Directeur artistique et du développement) • Philippe BONNETBLANC (Président) • François COUSSIÈRE (Assistant de communication et administration)

Genre(s) musical(aux) : Jazz, blues • **Période** : Nov. • **Lieu(x)** : Grand Théâtre de Limoges, CCM Jean Moulin, CCM John Lennon, CCM Jean Gagnant, salle de la Mutualité, Ester Technopole, Théâtre Traît d'Union, Théâtre Expression 7 et « scènes ouvertes » dans les bars de la ville de Limoges • **Références** : Jacques Schwarz-Bart, Robert Glasper, Roberto Fonseca, Young Blood Brass Band, les Gueules Sèches, Shai Maestro, Francesco Bearzatti, Roy Forbes & Brian Dee Quintet, Kami Quintet, Soweto Kinch, etc.

Le FESTIVAL AUX CHAMPS

✆ **05 55 27 95 81** • fax 05 55 27 90 22
associationtuberculture@wanadoo.fr • **www.tuberculture.fr**
c/o association Tuberculture • Mairie • 19330 **CHANTEIX**

Jean-François POUMIER (Président)

Genre(s) musical(aux) : Eclectique • **Période** : Août • **Clôture de la programmation** : Mars • **Lieu(x)** : Plein air, chapiteau, salle de spectacles à Chanteix • **Références** : Arno, Barcella, Tryo, etc.

FESTIVAL DE SÉDIÈRES

✆ **05 55 93 77 53** • fax 05 55 93 77 57
adiam@cg19.fr • **www.sedieres.fr**
Adiam 19/Hôtel du département • 9 rue René & Emile Farge • BP 199
19005 **TULLE CEDEX**

Thierry ROUHAUD (Directeur du festival) • Henri LEBOULLEUX (Directeur artistique) • Pierre COUEGNAS (Programmateur musiques actuelles) • Stephane ROIG (Directeur technique)

Genre(s) musical(aux) : Musiques actuelles, musiques du monde • **Période** : Fin juil. • **Clôture de la programmation** : Mars • **Lieu(x)** : Site de Sédières (Clergoux, 19), concerts dans une grange rénovée de 650 à 700 pl. • **Références** : Arthur H, Sallie Fird and the Sound Outside, Rachida Brakni, Orange Blossom, Tinariwen, etc.

Les FRANCOPHONIES EN LIMOUSIN

✆ **05 55 10 90 10** • fax 05 55 77 04 72
accueil@lesfrancophonies.com • **www.lesfrancophonies.com**
11 av. du Gal de Gaulle • 87000 **LIMOGES**

Marie-Agnès SEVESTRE (Directrice) • Guillaume TAILLEBOURG (Administrateur) • Véronique FRAMERY (Relations publiques) • Philippe LAURENT (Directeur technique)

Genre(s) musical(aux) : Musique, théâtre et danse de l'espace francophone • **Période** : Fin sep.-déb. oct. • **Clôture de la programmation** : Mai • **Lieu(x)** : Limoges (Le Zèbre, CCM Jean Gagnant, CCM Jean Moulin, Théâtre de l'Union) • **Références** : Hasna El Becharia Quartet & Kamel El Harachi, Jupiter & Okwes International, Zoufris Maracas, Djeli Moussa Condé, Mikea, Fanfare Eyo'nlé, etc.

Les NUITS DE NACRE

✆ **05 55 20 28 54** • fax 05 55 20 28 82
nuitsdenacre@free.fr • **nuitsdenacre.com**
La Cité de l'Accordéon • 8 rue du 9 juin 1944 • 19000 **TULLE**

Gérard GANNET (Président) • Sebastien FARGE (Programmateur)

Genre(s) musical(aux) : Centrés sur l'accordéon : jazz, rock, chanson, musique traditionnelle, musette, contemporain, etc. • **Période** : 12-15 sep. 2013 • **Clôture de la programmation** : Fin juin • **Lieu(x)** : Théâtre, Salle Latreille, bars et chapiteaux, etc. • **Références** : Thématique : « Invitations plurielles » : Didier Lockwood et le Waltz Club Quartet avec Marcel Azzola et Hiroko Ito, Yves Jamait avec Samuel Garcia, Rémi Sallard, la Trilogie Manoury (Roland, Philippe et Olivier), Juan José Mosalini, etc.

Ô LES CHOEURS

✆ **06 73 39 33 07** • fax 09 36 63 19 18
emd@altern.org • **www.elizabethmydear.org**
c/o Elizabeth My Dear • 2 rue de la Bride • 19000 **TULLE**

Jérôme MONTEIL (Président)

Genre(s) musical(aux) : Ts • **Période** : Oct./nov. • **Lieu(x)** : Une vingtaine de lieux sur Tulle et alentours • **Références** : Lee Scratch Perry, L, Chinese Man, Emily Loizeau, Gladiators, Zenzile, Birdy Nam Nam, Hocus Pocus, Radioactive, Poni Hoax, Swell, Revolver, Dominique A, etc.

PRINTEMPS DE DAVIGNAC

✆ **07 87 68 56 32**
foyerrural.davignac@laposte.net • **www.davignac.com**
Le Bourg • 19250 **DAVIGNAC**

Hélène LACASSAGNE (Présidente)

Genre(s) musical(aux) : Rock, musiques traditionnelles, reggae, chanson • **Période** : 3 au 13 avr., 3, 4 mai 2013 • **Clôture de la programmation** : Fin fév. • **Lieu(x)** : Cafés de Haute Corrèze • **Références** : Les Fatals Picards, As de Trèfle, Naive New Beaters, Wampas, Babylon Circus Experience, Lofofora, etc.

VEYRACOMUSIES

programmation@veyracomusies.com • **www.veyracomusies.com**
40 rue du Cheval Blanc • 87520 **VEYRAC**

Bertrand MOURIER (Programmateur)

Genre(s) musical(aux) : Chanson sous toutes ses formes • **Période** : WE de l'Ascension • **Clôture de la programmation** : Déc. • **Lieu(x)** : 2 salles 250, 400 pl. • **Références** : Toure Kunda, Les Ogres de Barback, La Grande Sophie, Da Silva, Fatals Picards, Pigalle, etc.

LORRAINE

DROP'N'ROCK

✆ **06 08 95 61 24**
dropman@dropnrock.com • **www.dropnrock.com**
395 chemin de la Cartonnerie • 88100 **STE MARGUERITE**

Jose LÉVICES (Président) • Jean-Frédéric MULLER (Trésorier)

Genre(s) musical(aux) : Musique festive et pop électro • **Période** : 15 nov. 2013 (tremplin du 9-13 juil.) • **Clôture de la programmation** : 15 mars • **Lieu(x)** : L'espace « Georges Sadoul » • **Références** : Mademoiselle K, Merlot, Flying Donuts, Pleymo, Les 3 Accords, Kana, Go Go Charlton, Paul Collins etc.

EPINAL BOUGE L'ÉTÉ

✆ **03 29 68 50 23**
isabelle.sartori@epinal.fr • **www.epinal.fr**
Mairie d'Epinal • BP 25 • 88026 **EPINAL CEDEX**

Isabelle SARTORI (Directrice)

Genre(s) musical(aux) : Spectacles pour enfants, musique festive, chanson, etc. • **Période** : 12 juil. au 30 août 2013 • **Clôture de la programmation** : Mars • **Lieu(x)** : Pl. des Vosges (Epinal), parc du Château • **Références** : Les Fatals Picards, Karpatt, Fred Chapellier, Mariana Ramos, Les Blérots de Ravel, etc.

FESTIVAL DES GRANGES

✆ **03 29 70 59 61**
contact@festivaldesgranges.com • **www.festivaldesgranges.com**
2 route de Bar-le-Duc • 55800 **LAIMONT**

Pascal LAHEURTE • Fanny LAHEURTE

Genre(s) musical(aux) : Autour des guitares acoustiques (rock, pop, folk, jazz, blues, world, etc.) • **Période** : 29 au 31 aout 2013 • **Lieu(x)** : Granges (Laimont) • **Références** : Mathew James, Fishtank, Sirius Plan, Vasken Solakian, Keith B. Brown, DouDouDiouf, Mountain Men, Mellino

FESTIVAL JDM

✆ **03 83 63 54 31**
info@jardin-du-michel.fr • **www.jardin-du-michel.fr**
c/o Turbul'lance • Route de Crézilles • 54113 **BULLIGNY**

Jérôme DAAB (Directeur artistique) • Dominique SIBILIA (Administratrice) • Marion PORTEVIN (Assistante de communication)

Au fond du jardin du Michel • **Genre(s) musical(aux)** : Tous • **Période** : 31 mai, 1 et 2 juin 2013 • **Clôture de la programmation** : Fév. • **Lieu(x)** : Bulligny en plein air • **Références** : Cypress Hill, C2C, Orelsan, Shaka Ponk, Stephen Marley, Yuksek

JAZZPOTE

✆ **03 82 53 02 56 / 06 82 17 21 26**
jazzpote@hotmail.com • **www.jazzpote.com**
13 rue des Buissons • Volkrange • 57100 **THIONVILLE**

Christian SCHOTT (Programmateur)

Festival de jazz de Thionville • **Genre(s) musical(aux)** : Jazz • **Période** : Du 20 juin au 7 juil. en 2013 • **Lieu(x)** : Casino, cinéma Scala (Thionville) • **Références** : Baptiste Trotignon Trio avec jeanne Added, Géraldine Laurent, Pascal Mohy, Greg Lamy, Das Kapital, Jean-Marie Machado & Andy Sheppard

LONGWY LA NUIT

✆ **03 82 44 81 76**
dacc@mairie-longwy.fr • **www.mairie-longwy.fr**
Pôle Animation, Culture et Communication
4 av. de la Gde Duchesse Charlotte • 54400 **LONGWY-BAS**

Thierry CORDIER (Contact)

Genre(s) musical(aux) : Toutes musiques depuis le classique jusqu'au rock • **Période** : 3 au 13 juil. 2013 • **Clôture de la programmation** : Mars • **Lieu(x)** : Parc des Récollets, Porte de France, Porte de Gouraincourt • **Références** : Karpatt, Mell, Brigitte, Axel Bauer, Christophe Aleveque, Chapelier Fou, etc.

MUSIQUE ACTION

✆ **03 83 56 15 00** • fax 03 83 53 21 85
ccam@centremalraux.com • **www.musiqueaction.com**
Centre culturel André Malraux • Rue de Parme • BP 90126
54504 **VANDOEUVRE CEDEX**

Dominique REPECAUD (Directeur) • Bruno FLEURENCE (Chargé de communication) • Aline AUMONT (Relations publiques) • Anne-Gaëlle SAMSON (Administration)

Festival international des musiques nouvelles • **Genre(s) musical(aux)** : Musiques nouvelles, contemporaines et improvisées • **Période** : Du 10 au 20 mai en 2013 • **Clôture de la programmation** : Oct. • **Lieu(x)** : Centre Culturel André Malraux, Salle des Fêtes • **Références** : Michel Doneda et Tatsuya Nakatani, Sophie Agnel et Olivier Benoit, Hélène Breschand et Jean-François Pauvros, Gabriel et Shin'ichi Isohata, Jean-Michel Albertucci et Alexandre Ambroziak, Aude Romary et Marco Marini, Jean-Sébastien Mariage et Natacha Muslera, Richard Barrett et Paul Obermayer, Brumassel, Guigou Chenevier, Zeitkratze, etc.

MUSIQUES HORS FORMAT

✆ **03 87 20 03 03** • fax 03 87 20 03 04
communication@lestrinitaires.com • **www.lestrinitaires.com**
c/o Les Trinitaires • 12 rue des Trinitaires • BP 24116 • 57000 **METZ**

Nicolas TOCHET (Délégué artistique)

Genre(s) musical(aux) : Musiques actuelles, musiques du monde • **Période** : 29 juin - 1er juil • **Lieu(x)** : Les Trinitaires et place de la République • **Références** : Amadou et Mariam, Les Fils de Teuhpu, Yom and the Wonder Rabbis, Mo'Kalamity, Irma, Bass Maker, Doudou Diouf, GaBLé, Voodoo Clan

MUSIQUES VOLANTES

✆ **03 87 37 19 78**
contact@musiques-volantes.org • **www.musiques-volantes.org**
10 rue des Trinitaires • 57000 **METZ**

Lise WALGENWITZ (Coordinatrice) • Patrick PERRIN (Programmateur)

Genre(s) musical(aux) : Musique électronique et expérimentale, rock, hip hop, pop • **Période** : 1re quinz. de nov. • **Clôture de la programmation** : Fin juin • **Lieu(x)** : Salles de concerts (100 à 500 pl.) • **Références** : Alela Diane, Alva Noto, Aphex Twin, Chapelier Fou, Chokebore, Clark, Deus, Electric Electric, Faust, Grizzly Bear, Kap Bambino, Spoek, Mathambo, Mahjonng, Mono, Oxbow, Pantha du Prince, John Parrish, Agaskodo Teliverek, Themselves, Zombie Zombie, ZZZ

NANCY JAZZ PULSATIONS

✆ **03 83 35 40 86** • fax 03 83 35 56 44
contact@nancyjazzpulsations.com • **www.nancyjazzpulsations.com**
106 Grande rue • BP 32338 • 54023 **NANCY CEDEX**

Patrick KADER (Directeur général / programmateur) • Claude-Jean ANTOINE (Président) • Marie-Anne BECOURT (Administratrice) • Stéphanie COLLARD (Responsable de la communication) • Justine LOUBETTE (Chargée de production) • Quentin VIALLET (Relations publiques et mécénat) • Keddy KHALDI (Concerts décentralisés)

Genre(s) musical(aux) : Jazz, world, rock, blues, chanson, electro • **Période** : 9 au 19 oct. 2013 • **Clôture de la programmation** : Mai • **Lieu(x)** : Chapiteau de la Pépinière (3 000 pl.), Magic Mirrors (400 pl.), Salle Poirel (900 pl.), Autre Canal, CDN-Théâtre de la Manufacture, Le Hublot • **Références** : Asaf Avida, Richard Bona, Kellylee Evans, Jose james, Joshua Eedman, Dirty Dozen Brass Band, Johnny Land, Terez Montcalm, Ibrahim Maalouf, kenny Garret, Avishai Cohen, Omer Klein, Texas, etc.

PLEIN AIR DE ROCK

✆ **03 82 33 27 20 / 03 82 33 04 57** • fax 03 82 33 32 25
servicejeunesse.jarny@orange.fr • **www.pleinairderockjarny.fr**
c/o Service jeunesse • BP 46 • 54802 **JARNY CEDEX**

Genre(s) musical(aux) : Rock, metal, pop, électro • **Période** : 25 mai 2013 • **Lieu(x)** : Domaine de Moncel, Jarny (54800) • **Références** : Mass Hysteria, Lofofora, Fatals Picards, Rois de la Suède, etc.

ROCK À L'USINE

✆ **03 87 96 82 91** • fax 03 87 96 99 59
eureka@rockalusine.fr • **www.rockalusine.fr**
Association Eureka/Halle Verrière • 57960 **MEISENTHAL**

Joseph MUNICH (Président) • Pascal KLEIN (Programmateur) • Sébastien DILLER (Régisseur général) • Delphine CHAMPAGNE (Administratrice)

Genre(s) musical(aux) : Musiques actuelles • **Période** : Oct. • **Lieu(x)** : Halle Verrière de Meisenthal (3 000 pl.) • **Références** : Pony Run Run, Sinsemilia, Dionysos, Mademoiselle K, Marcel et Son Orchestre, Jacques Higelin, Zebda, etc.

VACHE DE BLUES

✆ **06 09 82 49 08** • fax 03 82 53 17 17
festival@vachedeblues.com • **www.vachedeblues.com**
c/o Vache d'Assos • 4 rue du 8 mai • 54190 **TIERCELET**

Pierre ENNEN (Président) • Nicolas VALLONE (Programmateur)

Festival de Villerupt • **Genre(s) musical(aux)** : Blues et variantes • **Période** : 6 au 8 juil. 2013 • **Clôture de la programmation** : Fév. • **Lieu(x)** : LEP Henri Wallon à Villerupt.(54) • **Références** : Les Vecchi e Brutti, Bo Weavil, Flyin' Saucers Gumbo Special, Blues Power Band, etc.

ZIKAMETZ

contact@zikamine.com • **www.zikamine.com**
c/o Zikamine • 92 route de Lorry • 57050 **METZ**

Hugues CHAVAROCHE (Président) • Hélène CHAVAROCHE (Coordinatrice)

Genre(s) musical(aux) : Musiques actuelles • **Période** : Sep. • **Clôture de la programmation** : Avril • **Lieu(x)** : Les Trinitaires (Metz) • **Références** : Sporto Kants, Breton, Ghostpoet, Rainbow Arabia, La Rumeur, Sage Francis, La Caution, Madjo, 31 Knots

MIDI-PYRÉNÉES

¡ RIO LOCO ! GARONNE, LE FESTIVAL

✆ **05 61 32 77 28 / 05 61 25 96 93** • fax 05 61 25 99 15
rioloco@mairie-toulouse.fr • **www.rio-loco.org**
18 rue St-Rémésy • 31000 **TOULOUSE**

Hervé BORDIER (Directeur général) • Marie-Agnès STEUNOU (Communication - Partenariat - Média) • Pierre JAOUEN (Musique) • Santiago DIAZ (Musique, cinéma) • Marion CASALS-MIOLLAN (Programmatrice jeunes publics) • Frédérico DIAZ (Arts visuels)

Genre(s) musical(aux) : Musiques du monde + arts visuels • **Période** : 12-16 juin 2013 • **Clôture de la programmation** : Jan. • **Lieu(x)** : Prairie des Filtres, un parc du centre ville en bord de Garonne (Toulouse, 20 000 pl.) • **Références** : Jimmy Cliff, Kassav, Eddie Palmieri, Tabou Combo, Akiyo, Calypso Rose, Admiral T, Mario Canonge, The Bachata Legends, Mala in Cuba, Fimber Bravo, The Lions, Tego Calderon, Kobo Town, Jacques Schwartz-Bart, Ti-Coca & Wanga-Nègès, Orquesta El Macabeo, Julien Lourau, Marc Ribot y Los Cubanos Postizos, etc.

A440

✆ **06 07 79 16 31**
a440.revel@hotmail.fr • **www.a440.fr**
7 rue de Vaure • 31250 **REVEL**

Ton-Thy HO (Secrétaire) • Fabienne ROCCO (Secrétaire)

Genre(s) musical(aux) : Rock, pop, métal, punk, etc. • **Clôture de la programmation** : Mai • **Lieu(x)** : Lac de St Ferreol, Aérodrome Montagne Noire, Lac de Lenclas • **Références** : The Dodoz, Mad Sheen Khan, Bliss, The Red Lips

AFRICAJARC

✆ **05 65 40 29 86 / 06 82 48 55 47** • fax 05 65 40 29 86
festival@africajarc.com • **www.africajarc.com**
Mairie • Tour de Ville • 46160 **CAJARC**

Régine LACAN (Présidente / programmatrice) • Patricia HUGUET (Coprésidente) • Francine ERB-GONES (Coprésidente) • Didier REYNES (Coprésident) • Christophe PELAPRAT (Chargé de communication)

Genre(s) musical(aux) : Arts d'Afrique • **Période** : 25 au 28 juil. 2013 • **Clôture de la programmation** : Jan. • **Lieu(x)** : Plan d'eau de Cajarc • **Références** : Manu Dibango, Roland Tchakounté, les Tambours de Brazzaville, Fatoumata Diawara, Toumani Diabaté & Ballaké Sissoko, Pedro Kouyaté, Tende Disswat, etc.

ALORS CHANTE !

✆ **05 63 63 02 36 / 05 63 63 66 77** • fax 05 63 66 56 44
alors.chante@wanadoo.fr • **www.alorschante.com**
Association Chants Libres • 505 av. des Mourets • 82000 **MONTAUBAN**

Georges MASURE (Directeur)

Genre(s) musical(aux) : Chanson francophone, découvertes et jeune public • **Période** : WE de l'ascension (6 au 12 mai) • **Clôture de la programmation** : Fin dec. • **Lieu(x)** : Eurythmie (1 500 à 3 000 pl.), Magic Mirrors (700 pl.), Chapitô (500 pl.) • **Références** : Bénabar, Cali, Renan Luce, la Grande Sophie, Julien Clerc, Hubert-Felix Thiefaine, Camille, Zebda, Coeur de Pirate, Brigitte, etc.

ARTS EN SCÈNE

infos@12touch.fr • **www.12touch.fr**
c/o 12 Touch • Centre social • 12450 **LUC-LA-PRIMAUBE**

Genre(s) musical(aux) : Musiques actuelles • **Période** : Début oct. • **Lieu(x)** : Espace animation (Luc-la-Primaube) • **Références** : DJ Pone, 1995, Yves Jamait, Beat Assailant, Emily Loizeau, Izia, Mademoiselle K, Craftmen Club, etc.

CAHORS BLUES FESTIVAL

✆ **06 45 71 75 50**
cbfadmin@cahorsbluesfestival.com • **www.cahorsbluesfestival.com**
BP 181 • 46004 **CAHORS CEDEX 9**

Jean-Pierre LEMOZIT (Président) • Robert MAURIES (Vice-président)

Genre(s) musical(aux) : Blues, gospel, soul, funk • **Période** : Mi juil. • **Clôture de la programmation** : Jan. • **Lieu(x)** : Centre ville de Cahors • **Références** : Lucky Peterson, Dana Fuchs Band, Shemekia Copeland, The Royal Southern Brotherhood, Awek, Zucchero, Neal Black & Manu Lanvin, The Original Blues Brothers Band, Michel Jonasz, etc.

DÉTOURS DE CHANT !

✆ **05 62 89 48 45**
michele.rivayrol@sfr.fr • **www.detoursdechant.com**
8 rue Gramat • 31000 **TOULOUSE**

Michèle RIVAYROL (Présidente de l'association) • Hervé SUHUBIETTE (Codirecteur)

Genre(s) musical(aux) : Chanson • **Période** : 23 jan. au 2 fév. 2013 • **Lieu(x)** : 16 salles sur Toulouse et ses environs (le Bijou, Mazades, le Bikini, etc.) • **Références** : Juliette Greco, Olivia Ruiz, Sanseverino, Émilie Loizeau, Thomas Fersen, etc.

L'ECAUSSYSTEME

✆ **05 65 32 69 05** • fax 09 77 47 40 26
contact@ecaussysteme.com • **www.ecaussysteme.com**
Ecole 1er étage • Rue de la Vicomté • 46600 **GIGNAC**

Erick BUISSON (Président) • Benoit CHASTANET (Programmateur)

Genre(s) musical(aux) : Musiques actuelles • **Période** : 2 et 3 août 2013 • **Clôture de la programmation** : Fin mars • **Lieu(x)** : Gignac • **Références** : Groundation, Jimmy Cliff, C2C, Shaka Ponk, Zebda, etc.

ESTIVADA

✆ **05 65 78 10 74** • fax 05 65 68 33 84
contact@estivada-rodez.eu • **estivada-rodez.eu**
1 imp. Ladet • 12000 **RODEZ**

Patric ROUX (Directeur)

Genre(s) musical(aux) : Spectacle vivant occitan, musique traditionnelle et création expérimentale occitane • **Période** : 25 au 29 juil. • **Clôture de la programmation** : Fin fév. • **Lieu(x)** : Rodez : Val de Bourran, salle des fêtes, MJC, Chapelle Royale • **Références** : Zebda, Patric, Massilia Sound System, Moussu T e lei Jovents, La Mal Coiffée, Mascarimirì Gitanistan Orchestra, OK! Brigada Internacional, Fòrabandit, Goulamas'K, Trio Combi-Quenehen-Palis, Castanha é Vinovèl, Baudoin, La Péiro Douso, Feliu Ventura, La Clèda, Los D'a Roier, Grail'Oli, etc.

L'ÉTE DE VAOUR

✆ **05 63 56 36 87** • fax 05 63 56 34 94
edv@etedevaour.org • **www.etedevaour.org**
c/o Maison des Associations • 81140 **VAOUR**

Alain CHAUVIN (Président) • Jonathan RENARD (Chef de programmation theatre) • Sylvie DE SOUSA (Programmatrice musicale)

Genre(s) musical(aux) : Théâtre, cirque, humour, musique • **Période** : 6 au 11 août 2013 • **Clôture de la programmation** : Fin fév. • **Lieu(x)** : La Commanderie (180 pl.), place de l'Eglise (600 pl.), scène du pré, scène découverte, place du Coq, L'interieur cours • **Références** : Fanfare Petard, Les Yeux d'la Tête, Khalid-k, Du Bartas, Monstersplantes, Madeleine Besson, Barolosolo, Okidoc, Manu Galure, etc.

FESTIVAL COUNTRY MUSIC MIRANDE

✆ **05 62 66 69 56** • fax 05 62 66 82 02
info@country-musique.com • **www.country-musique.com**
Villa Bajon • 32300 **MIRANDE**

Pierre BONNET (Président) • Hélène RIBAUT (Directrice)

Genre(s) musical(aux) : Country music • **Période** : Juil. • **Clôture de la programmation** : Sep. • **Lieu(x)** : Stade municipal, pl. d'Astarac (Mirande) • **Références** : David Soul, Clarence Gilyard, Larry Hagman, Linda Gray, Patrick Duffy, Willy Deville, Robert Conrad, Steve Kanaly, Jerry Lee Lewis

FESTIVAL DE GUITARES D'AUCAMVILLE

✆ **05 62 75 94 94 / 05 61 58 10 26 / 05 61 70 94 44**
guitareaucamville@hotmail.fr • **guitare.festival.online.fr**
APG Sud • Mairie • 31140 **AUCAMVILLE**

Alicia MATHIS (Contact) • Gilbert VIENNE (Chargé de production)

Genre(s) musical(aux) : Ts les styles de GT • **Période** : Du 21 mars au 6 avril en 2013 • **Clôture de la programmation** : Nov./déc. • **Lieu(x)** : Salle Georges Brassens (Aucamville), Centre d'animation de Lalande (Toulouse), Salle Espace Garonne (Gagnac), salle des fêtes (Launaguet), salle Clairefontaine (Fonbeauzard) • **Références** : Gino, Steeve Laffont, Fiona Monbet, Cordcore, Joe Louis Walker, Jean-Jacques Milteau, Manu Galvin, Titi Robin, Jean-Luc Ribes, Bernardo Sandoval et Johnny Winter

FESTIVAL ÉLECTRO ALTERNATIV

contact@asso-regarts.com • **www.electro-alternativ.com**
78 av. des États-Unis • 31200 **TOULOUSE**

Karim GUERCH (Directeur) • Olivier OCHEM (Communication) • Hugot ZIGGY (Programmateur)

Genre(s) musical(aux) : Musiques électroniques • **Période** : 15 au 30 sep. • **Clôture de la programmation** : Fin mars • **Lieu(x)** : Toulouse • **Références** : Noisia, Foreign Beggars, Dirtyphonics, Zenzile, Para One, Japanese Popstars, Agoria, DJ Food, DJ Vadim, Interlope, Teenage Bad Girl, Buzy P, Alec Empire, SebastiAn, Ez3kiel, Antipop Consortium, Sexy Sushi, Tambour Battant, les Petits Pilous, DJ Ejotronic, The Proxy, Niveau Zéro, Scratch Perverts, dDamage, Toxtox, Ray Valentine

GAROSNOW

✆ **05 53 20 65 59**
infos@garorock.com • **garosnow.com**
c/o Mr Power • BP 120 • 47203 **MARMANDE CEDEX**

Ludovic LARBODIE (Directeur) • Émilie TISSERAND (Communication) • Thibault FERNANDES (Partenariats, mécénats)

Genre(s) musical(aux) : Dubstep, hoiuse, hip hop electro, drum'n'bass, etc. • **Période** : 23 au 25 fév. et 14 au 16 mars 2013 • **Lieu(x)** : Ax les Thermes, Les Angles (Ariège) • **Références** : Ebony Bones, Maniacx, Far Too Loud, Etienne de Crécy, Missill, etc.

INOX ELECTRONIC FESTIVAL

✆ **05 62 75 11 75** • fax 05 61 70 09 58
ladunetoulouse@orange.fr • **www.inox-festival.com**
Discothèque La Dune • Parc de Sesquières • Complexe KL
31200 **TOULOUSE**

Genre(s) musical(aux) : Electro, house, techno • **Période** : 10 au 12 mai 2013 (Toulouse), 7 sept. 2013 (Paris) • **Clôture de la programmation** : Mars • **Lieu(x)** : La Dune (Toulouse), Parc de Chatou (Paris) • **Références** : David Guetta, Carl Cox, Richie Hawtin, Martin Solveig, Miss Kittin, Felix Krocher, Joachim Garraud, etc.

JAZZ À FOIX

jazzfoix@gmail.com • **www.jazzfoix.com**
c/o asso. Art'riège • 14 Allées de Villote • 09000 **FOIX**

Éric BAUDEIGNE (Président) • Alain DUPUY-RAUFASTE (Programmateur)

Genre(s) musical(aux) : Jazz • **Période** : Du 22 au 28 juil. 2013 • **Clôture de la programmation** : Jan. • **Lieu(x)** : Ecole Goron-Carol à Foix • **Références** : Cedar Walton, Hip Jazz Trio avec Abdu Salim, Akim Bournane & Christian TonTon Salut, Dorado Schmitt Familia, carte blanche à Alain Jean Marie, Orlando Poleo, Cyrus Chestnut et Dmitry Baevsky

JAZZ À LUZ

✆ **05 62 92 38 30** • fax 05 62 92 38 39
festival@jazzaluz.com • **www.jazzaluz.com**
Association Jazz Pyr' • Maison de la Vallée • Place St Clément
65120 **LUZ ST SAUVEUR**

Jean-Pierre LAYRAC (Programmateur) • Karine PEIGNAUD (Responsable administrative) • François DINTRANS (Chargé de production)

Festival d'altitude en Hautes Pyrénées • **Genre(s) musical(aux)** : Jazz contemporain, musique improvisée, musique d'avant-garde, etc. • **Période** : Juil. (12 au 15 2013) • **Clôture de la programmation** : Déc. • **Lieu(x)** : Chapiteau, verger, salle M. Vallée, plein air • **Références** : Craig Taborn, David Chiesa, Mathieu Werchowski, Cactus Truck & Jean-Yves Evrard, BeylerBey, Tiziana Bertoncini et Martine Altenburger, Sophie Agnel, John Edwards, Steve Noble, Heddy Boubaker, etc.

JAZZ À MONTAUBAN

✆ **05 63 63 56 56 / 05 63 20 46 72** • fax 05 63 20 48 68
synergie.club@orange.fr • **www.jazzmontauban.com**
c/o Synergie Club • 500 ch. de Rouges • 82000 **MONTAUBAN**

Jean-Charles BORDARIES (Président) • Anna AUREL (Coordinatrice)

Genre(s) musical(aux) : Jazz, blues, gospel, variété • **Période** : Du 2 au 10 juil. 2013 pour le festival et dans d'autres villes du Tarn et Garonne jusqu'à début août • **Clôture de la programmation** : Fin fév. • **Lieu(x)** : Jardin des Plantes, Parc Montauriol à Montauban et environs (Esatalens, Beaumont de Lomagne, Lavit de Lomagne, Verdun sur Garonne, etc.) • **Références** : Dany Doriz invite Manu Dibango, Rémi Toulon, Liz McComb, Nadeah, Raphaël Gualazzi, Jive Aces, Ibrahim Maalouf, Melody Gardot, Jean-Marc Montaut, Jim Murple Memorial, Madness + Concours International d'Orchestres de Jazz de Montauban (3e édition) - Hors Montauban : Jean-Michel Proust, Ronad Baker, Sweet Screaming Jones, etc.

JAZZ EN COMMINGES

✆ **06 08 49 37 81**
contact@jazzencomminges.com • **www.jazzencomminges.com**
Association Clap • 16 rue de l'Indépendance • Le Régent
31800 **ST GAUDENS**

Pierre JAMMES (Organisateur et programmateur) • Françoise COMET (Régie des concerts)

Les Rencontres du saxophone • **Genre(s) musical(aux)** : Jazz, musiques du monde • **Période** : du 9 au 12 mai 2013 (week-end de l'Ascension) • **Lieu(x)** : St Gaudens : Parc des Expositions, Théâtre municipal Marmignon (pour le IN) • **Références** : James Morrison, Jacky Terrasson, Michel Portal, Stéphane Belmondo, Dena DeRose & The Great Danes, Hiromi The Trio Project, « The Guitar Conference Band » avec Ulf Wakenius, Philip Catherine, Larry Coryell et Mark Whitfield, Avishaï Cohen, Michel Reis Trio

JAZZ IN MARCIAC

✆ **05 62 09 31 98 / 0892 690 277** • fax 05 62 09 38 67
info@jazzinmarciac.com • **www.jazzinmarciac.com**
19 pl. de l'Hôtel de Ville • BP 23 • 32230 **MARCIAC**

Jean-Louis GUILHAUMON (Président direction artistique) • Marie LASSERRE CHA (Contact presse)

Genre(s) musical(aux) : Jazz, blues, gospel • **Période** : 1re et 2e semaine d'août • **Clôture de la programmation** : Jan. • **Lieu(x)** : Chapiteau de 5 000 pl., l'Astrada, arènes, festival bis sur la place de Marciac, bord du lac • **Références** : Diana Krall, Joe Cocker, Paco de Lucia, Raynald Colom & Rosario La Tremendita, Wayne Shorter, Ravi Coltrane avec Geri Allen, Esperanza Spalding et Terri Lyne Carrington, Jacky Terrasson, Kenny Barron Platinium Band, Wynton Marsalis, Ahmad Jamal, Richard Galliano, Marcus Miller, Robert Cray, George Benson, Virginie Techeyné, Chucho Valdès, Shai Maestro, Curtis Stigers, Gilberto Gil, Roberto Fonseca, Al Jarreau, Éric Bibb, Taj Mahal, David Sanborn, etc.

JAZZ SUR SON 31

✆ 05 34 45 05 92 • fax 05 34 45 58 32
philippe.leoge@cg31.fr • **www.jazz31.com**
c/o Adda 31 • 7 rue Jules Chalande • 31000 **TOULOUSE**

Michel DOYARD (Directeur de l'Adda) • Philippe LÉOGÉ (Directeur artistique) • Gilbert VIENNE (Chargé de production)

Festival de jazz en Haute-Garonne • **Genre(s) musical(aux)** : Jazz, blues • **Période** : du 11 au 26 oct. 2013 • **Clôture de la programmation** : Fin mars • **Lieu(x)** : Éclaté dans plusieurs lieux à Toulouse (chapiteau l'Automne Club, Mandala, Bikini, salle Nougaro, etc.) et Haute-Garonne (Plaisance-du-Touch, Aucamville, Blagnac, Ramonville, etc.) • **Références** : Anne Paceo, Carla Bley, Billy Cobham, Céline Bonacina, Cyrille Aimée, Dave Douglas, Dave Holland, Dianne Reeves, Gerald Cayton, Isabelle Olivier, Eliane Elias, Edouard Bineau, Joëlle Léandre, Jorge Pardo, Laika, Magic Malik, Regina Carter, Martial Solal, Marilyn Mazur, Ping Machine, Sophie Alour, Géraldine Laurent/Manu Codjia/Christophe Marguet, Omer Klein, Médéric Collignon, etc.

MILLAU JAZZ FESTIVAL

✆ 05 65 60 82 47
millau.jazz@wanadoo.fr • **www.millauenjazz.org**
16 A bd de l'Ayrolle • 12100 **MILLAU**

Philippe FAYRET (Administrateur) • Gérard TANGUY (co-président) • Gilbert SABATIE (co-président)

Genre(s) musical(aux) : Jazz et world • **Période** : 13 au 20 juillet 2013 • **Clôture de la programmation** : Fév. • **Lieu(x)** : Centre de rencontre d'échange et d'animation (Créa) + 4 villages autour de Millau • **Références** : Yom, Lars Danielson, Trio Barolo, Nicolas Gardel 6tet, Michel Marre 5tet, Francesco Bearzatti & Tinissima 4tet, Laurent de Wilde trio invite Géraldine Laurent , Ngueweul Rythme & Contreband, etc. - Programmation régulière au cours de la saison culturelle : Koyaté & Neerma, Malted Milk, Trio Joubran, La Grande Campagnie des Musiques à ouïr, Fatoumata Diawra, etc.

ORIGINES CONTROLÉES

✆ 05 34 40 80 70 • fax 05 34 40 86 40
tactik@tactikollectif.org • **www.tactikollectif.org**
20bis rue Michel de Montaigne • 31200 **TOULOUSE**

Salah AMOKRANE (Coordinateur général) • Tayeb CHERFI (Responsable de la programmation) • Audrey SÉVELLEC (Assistante de projet)

Genre(s) musical(aux) : Patrimoines culturels de l'immigration, débats, hip hop, théâtre, danse, projections, chansons, etc. • **Période** : Nov. • **Lieu(x)** : Toulouse • **Références** : Casey, Rocé, Les Ogres de Barback, Zebda

PAUSE GUITARE

✆ 05 63 60 55 90 • fax 05 63 38 23 28
contact@arpegesettremolos.net • **www.pauseguitare.net**
C/o Arpèges et Trémolos • 28 rue Rochegude • 81000 **ALBI**

Alain NAVARRO (Directeur artistique)

Genre(s) musical(aux) : Chanson francophone, rock, musiques actuelles • **Période** : 4 au 9 juil. 2013 • **Clôture de la programmation** : Dec. • **Lieu(x)** : Albi en plein air et intérieur • **Références** : Yves Jamait, Nicolas Jules, Hannah, Iggy Pop & The Stooge, BB Brunes, Deluxe, Crosby, Stills And Nash, Tete, Colline Hill , BATpointG, Benjamin Biolay, Oxmo Puccino, Patrick Bruel, Sexion d'Assaut, Raphaël, etc.

RENCONTRES TOUCOULEURS

✆ 05 61 76 58 48 / 06 20 43 52 64 • fax 05 61 43 00 61
dell.arte@laposte.net • **www.dellarte.fr**
8 rue Mireille Sorgue • 31000 **TOULOUSE**

Nicky TREMBLAY (Directrice) • Karim DJELASSI (Programmateur) • Laura BASTIER (Communication)

Genre(s) musical(aux) : Cultures métisses (musiques du monde et urbaines) • **Période** : D'avril à nov. • **Clôture de la programmation** : Mars • **Lieu(x)** : Festival itinérant : Toulouse, Lafourguette, etc ; • **Références** : Yelena, Sia Tolno, Gnawas DiffusionSouleyman & the Yalah Crew, etc.

ROCK IN OPPOSITION

✆ 05 63 38 27 45 / 05 63 77 32 18
info@rocktime.org • **www.rocktime.org**
1 bis rue Thiers • 81400 **CARMAUX**

Henri FABRIES (Président) • Michel BESSET (Programmateur) • Roger TRIGAUX (Programmateur) • Marie-José GONZALES (Administratrice) • Gaël PECHO (Communication)

Genre(s) musical(aux) : Musiques progressives • **Période** : 20 au 22 sep. 2013 • **Clôture de la programmation** : Fin fév. • **Lieu(x)** : Maison de la musique/Cap Découverte (15 km d'Albi) • **Références** : Arno, Christian Vander, Univers Zero, Present, Aranis, « Once Upon a Time in Belgium », Alamaailman Vasarat, Vialka, Yugen, Gargantua, Panzerballett, Jack Dupon, Grumpf Quartet

Les SIESTES ÉLECTRONIQUES

info@les-siestes-electroniques.com • **www.les-siestes-electroniques.com**
c/o Rotation • 27 rue de l'Armagnac • 31500 **TOULOUSE**

Samuel AUBERT (Directeur artistique) • Nicolas POZMANOFF (Coordinateur / Administrateur) • Jeanne-Sophie FORT (Communication / Partenariats)

Genre(s) musical(aux) : Musiques aventureuses • **Période** : 28 juin au 1er juil. • **Lieu(x)** : Prairie des Filtres, Quai Branly (Paris) et autres • **Références** : Hudson Mohawke, Apparat, Jan Jelinek, Modeselektor, Fujiya & Miyagi, Pantha du Prince, Mondkopf, Mount Kimbie, Plapla Pinky, etc.

SOUILLAC EN JAZZ

✆ 05 65 27 18 94 / 06 67 93 63 72
robert.peyrillou@souillacenjazz.net • **www.souillacenjazz.fr**
La Borie • 46200 **LANZAC**

Robert PEYRILLOU (Directeur artistique / in) • Gilles GAUJARENGUES (Responsable animations de rues / off)

Festival de jazz Sim-Copans de Souillac • **Genre(s) musical(aux)** : Jazz • **Période** : Du 15 au 21 juil. en 2013 • **Clôture de la programmation** : Déc. • **Lieu(x)** : Pl. Pierre Betz, jazz club, grottes de Lacave • **Références** : oberto Fonseca, Michel Portal, Daniel Humair, Renaud Garcia-Fons, Emile Parisien, Vincent Peirani, Jérôme Regard, Le Trio d'en bas, Abdu Salim

TEMPO LATINO

✆ 05 62 06 56 66 / 05 62 06 40 40
tempo-latino@orange.fr • **www.tempo-latino.com**
3 rue du Gal Delor • BP 25 • 32190 **VIC FEZENSAC**

Éric DUFFAU (Président) • Jean-François PORTAU (Assistant)

Genre(s) musical(aux) : Festival afro-cubain (musique latine, salsa, latin-jazz, etc.) • **Période** : 25 au 28 juil. 2013 • **Clôture de la programmation** : Mai • **Lieu(x)** : Arènes (4500 pl.), Barrio Latino, Conga • **Références** : Yuri Buenaventura, Gitanitos y Moreno, Orlando "Maraca" Valle, nojazz, Ricardo Lemvo, Bio Ritmo, La 33, Onda Tropica

TERRE DE COULEURS

✆ 09 75 23 66 29
infos@terredecouleurs.asso.fr • **terredecouleurs.asso.fr**
c/o Asso. Terre de Couleurs • Pl. du Dôme • 09350 **DAUMAZAN SUR ARIZE**

Didier BOCENO (Président) • Thomas BONNIN (Programmateur / presse)

Genre(s) musical(aux) : Musiques du monde, musiques actuelles, spectacle de rue • **Période** : 19 au 21 juil. 2013 • **Clôture de la programmation** : Fév. • **Lieu(x)** : Daumazan sur Arize • **Références** : Jupiter, Scarecrow, Cie Occus, Bibi Tanga and The Selenites, Dj Click and Hamadcha, Les Kag, Manu Nashville, etc.

TOULOUSE METAL FEST

✆ 05 57 59 11 70 • fax 05 57 59 11 72
infos@base-productions.com • **www.myspace.com/toulousemetalfest**
c/o Base Productions • 74 rue Georges Bonnac • Tour 6 - 2e étage
33000 **BORDEAUX**

Philippe GENESTE • Laurent LEFEBVRE

Genre(s) musical(aux) : Metal • **Période** : Oct. • **Clôture de la programmation** : Fin juin • **Lieu(x)** : Le Phare, Tournefeuille (Toulouse) • **Références** : Soulfly, Paradise Lost, Loudblast, Cynic, etc.

WINTER FESTIVAL

✆ 05 63 38 27 45 / 05 63 77 32 18
info@rocktime.org • **www.rocktime.org**
1 bis rue Thiers • 81400 **CARMAUX**

Henri FABRIES (Président) • Michel BESSET (Programmateur) • Marie-José GONZALES (Administratrice) • Gaël PECHO (Communication)

Genre(s) musical(aux) : Musiques actuelles • **Période** : Déc. • **Lieu(x)** : Maison de la Musique/Cap Découverte, le Garric (81) • **Références** : High Tone, No One Is Innocent, Tagada Jones, Gojira, Watcha, Cirque Électrique, Smith & Mighty, London Electricity, Mass Hysteria, Univers Zéro, etc.

NORD - PAS-DE-CALAIS

6ÈME SON

✆ 03 21 44 85 15 • fax 03 21 44 77 25
info@arcenciel-lievin.fr • **www.arcenciel-lievin.fr**
Pl. Gambetta • BP 2 • 62801 **LIEVIN CEDEX**

Hassan AMRANI (Directeur programmateur) • David SIX (Chargé de production)

Genre(s) musical(aux) : Chanson • **Période** : Oct. • **Lieu(x)** : Arc-en-Ciel (Liévin) • **Références** : Gaëtan Roussel, Brigitte, Jamait, les Wampas, Alexis HK, Zaza Fournier, Dominique A, Jacques Higelin, etc.

BETIZ FEST

✆ **03 27 78 29 79**
organisation@betizfest.org • **www.betizfest.info**
c/o Cambrai Concerts • 10 pl. de la Porte de Paris • 59400 **CAMBRAI**

Yannick PRANGERE (Programmateur)

Genre(s) musical(aux) : Musique alternative, rock, metal, hip hop • **Période** : 15-16 mars 2013 • **Clôture de la programmation** : Début de l'année • **Lieu(x)** : Palais des Grottes • **Références** : Scratch Bandits Crtew, Wampas, Punish Yourself, Boulevard des Airs Tagada jones, Papier Tigre, etc.

Les ENCHANTEURS

✆ **03 21 49 21 21**
contact@droitdecite.com • **droitdecite.com**
c/o Association Droit de Cité • Terrasse du Métaphone - Chemin du Tordoir 62590 **OIGNIES**

Laurent BRIDOUX (Directeur) • Azzedine MERABTI (Programmateur)

Genre(s) musical(aux) : Chanson, rock, musiques métisses • **Période** : Mars, avr. • **Lieu(x)** : 24 communes du Pas-de-Calais • **Références** : Miossec, Zebda, Délinquante, Lofofora, Tagada Jones, Pierpoljak, No One is Innocent, Arthur H, Enzo Enzo, Orchestre National de Barbès, Akli D, Le Grand Ensemble de la Méditerranée, Place Klezmer, etc.

FAITES DE LA CHANSON

✆ **06 80 15 39 44 / 07 86 85 11 09**
jj.damore@free.fr • **www.didouda.net**
c/o Di Dou Da • Office Culturel • 61, Gd Place • 62000 **ARRAS**

Joël LEGAGNEUR (Programmateur) • Marie DELABRE (Programmatrice découvertes, cabarets)

Genre(s) musical(aux) : Chanson • **Période** : 15 au 24 juin • **Clôture de la programmation** : Fin fév. • **Lieu(x)** : Théâtre et casino d'Arras, Hôtel de Guînes, médiathèque, cinémovida • **Références** : Louis Chedid, Juliette, Allain Leprest, Carmen Maria Véga, Gotainer, Sarcloret, Loïc Lantoine, Gaëlle Vignaux, Alexis HK, Jamet, Chanson Plus Bifluorée, Clarika, etc.

FESTIVAL ANTRA'ZIK

✆ **03 20 96 43 33** • fax 03 20 96 43 86
culture@univ-lille2.fr • **www.myspace.com/festivalantrazik**
c/o Service culturel Université Lille 2 • 42 rue Paul Duez • 59000 **LILLE**

Jean-Albert DUCREU (Délégué à la culture) • Maxime DEMOUVEAUX (Programmateur) • Thomas ROUSSEAU (Régisseur)

Genre(s) musical(aux) : Chanson • **Période** : 1re sem. de fév. • **Clôture de la programmation** : Oct. • **Lieu(x)** : L'Antre-2 (Lille) • **Références** : Batlik, Imbert Imbert, Ben Mazué, Koumekian, Barcella, Manu Galure, Flow, Buridane, La Goutte, Presque Oui, etc.

FESTIVAL DE LA CÔTE D'OPALE

✆ **03 21 30 40 33** • fax 03 21 30 55 84
festopale@wanadoo.fr • **www.festival-cotedopale.fr**
105 bd Eurvin • Bât. A – N°6 • 62200 **BOULOGNE SUR MER**

Patrick DREHAN (Directeur)

Genre(s) musical(aux) : Rock, jazz, variétés • **Période** : Juil. (du 2 au 10 juil. 2013) • **Clôture de la programmation** : Fév. • **Lieu(x)** : Côte d'Opale (Boulogne, Desnes, Hardelot, le Portel) • **Références** :BB Brunes, Rose, Axelle Red, Berry, Jamait, Ibrahim Maalouf, Lilly Wood & the Prick, Melissmell, Eric Leginini/Hugh Coltman/Mamani Keita 5tet, Alcie Francis, Roberto Fonseca, Marcus Miller, Didier Lockwood, Otis Taylor, Lightnin'3 (Rosemary Standley, N'Didio, Brisa Roché), etc.

Les FOLIES DE MAUBEUGE

✆ **03 27 65 15 00 / 03 27 65 65 40** • fax 03 27 65 93 80
billeterie@lemanege.com • **festivallesfolies.com**
Théâtre du Manège • Rue de la Croix • BP 105
59602 **MAUBEUGE CEDEX**

Didier FUSILLIER (Directeur) • Corinne SOLINI (Directrice de la communication)

Genre(s) musical(aux) : Inattendu, pluridisciplinaire, arts de la rue, cirque, etc. • **Période** : 5 au 9 juin 2013 • **Lieu(x)** : Maubeuge • **Références** : Tryo, Olivia Ruiz, Lescop, Dub Inc, etc.

FROG AND ROLL FESTIVAL

✆ **03 21 64 07 65**
abattoirlillers@yahoo.fr • **www.abattoirlillers.fr**
66 rue du Faubourg d'Aval • 62190 **LILLERS**

Christian LEGAY (Programmateur)

Genre(s) musical(aux) : Rock, blues, rythm'n'blues, chanson • **Période** : Automne • **Lieu(x)** : Lillers, Le Palace (Isère) • **Références** : Bérurier Noir, Punish Yourself, Hadouk Trio, Marcel et Son Orchestre, La Souris Déglinguée, Merzhin, Sttellla, Jim Mc Carthy, Troggs, Pretty Things, Wilko Johnson, Van Morrison, Stiff Little Fingers, Shoulders, Pigalle, Lone Sharks, etc.

GROUND ZERO

✆ **03 28 04 56 66** • fax 03 28 04 56 60
contact@agauchedelalune.com • **www.groundzerofestival.fr**
c/o À Gauche de la Lune • 9 rue du Rempart • 59800 **LILLE**

Florent DECROIX (Responsable) • Anne-Sophie GADREY (Responsable) • Perrine CHEVALON (Communication)

Genre(s) musical(aux) : Rock, electro, pop, etc. • **Période** : Mi oct./mi nov. • **Lieu(x)** : L'Aéronef, le Splendid, la Malterie, le Grand Mix, la Gare Saint-Sauveur et divers autres lieux à Lille • **Références** : Crystal Castles, Foals, Chapelier Fou, Wax Tailor, Air, Jimmy Little, Homelife, DJ Food, Oxmo Puccino, Tambour Battant, Beat Torrent, Poney Poney Run Run, etc.

HIP HOP DAYZ

✆ **03 20 91 19 11** • fax 03 20 38 54 02
rania@call911.fr • **www.call911.fr**
72 rue Gutenberg • 59800 **LILLE**

Rania HARRAR (Médiateur culturel programmatrice) • Isabelle VIDOVIC (Administratrice) • Belkacem AMAROUCHE (Médiateur culturel) • François NIVAULT (Chargé de programmation danse)

Genre(s) musical(aux) : Hip hop • **Période** : Nov. • **Clôture de la programmation** : Avr. • **Lieu(x)** : Région Nord-Pas-de-Calais • **Références** : Pete Rock, Dj Doowop, Razhel, PMD, Dj Honda, 45 Scientific, Storm, C2C, Zoxea, Mobb Deep, Kwal, Rocé, Jeru The Damaja, Medine, Flynt, Time Bomb, Youssoupha, Grems, Bang On, etc.

JAZZ EN NORD FESTIVAL

✆ **03 28 04 77 68** • fax 03 20 04 77 72
jazzenord@free.fr • **www.jazzenord.com**
72 rue Nationale • 59700 **MARCQ EN BAROEUL**

Dominique DESMONS (Directeur) • Camille VARET (Chargée de communication)

Genre(s) musical(aux) : Jazz, blues • **Période** : D'oct. à mai • **Clôture de la programmation** : Avril • **Lieu(x)** : Plus de 15 communes en région Nord-Pas-de-Calais et Belgique • **Références** : Randy Weston, Kenny Wayne, Gueorgui Kornazov, Sal La Rocca/ Jacques Schwarz-Bart 5tet, Hervé Gouerdikian, John McLaughlin, Mino Garay, Manu Hermia, Marc Ducret, LarrynCoryell/juan Carmona, Antoine Hervé, Ernest Langlin, Bettye LaVette, Antonio Farao, Sophie Agnel, Guillaume Perret, Giavanni Mirabassi, Uri Caine, Henri Texier, Pierre Christophe/Daniel Huck, Etienne MBappé, Moutin Reunion, etc.

MAIN SQUARE FESTIVAL

✆ **01 48 03 87 87** • fax 01 48 03 32 32
information@livenation.fr • **www.mainsquarefestival.fr**
c/o Live Nation France festivals • 28 rue des Jardins • 59000 **LILLE**

Armel CAMPAGNA (Directeur du festival) • Angelo GOPEE (Directeur général)

Genre(s) musical(aux) : Rock, metal, pop, musiques électroniques • **Période** : 5 au 7 jui. 2013 • **Lieu(x)** : Citadelle d'Arras • **Références** : Pearl Jam, The Mars Volta, Justice, The XX, Sting, Indochine, Green Day, The Prodigy, 30 Seconds to Mars

Festival des MONDES PLURIELS

✆ **03 28 62 77 41** • fax 03 28 62 77 49
a.godefroid@ville-grande-synthe.fr • **www.ville-grande-synthe.fr**
Mairie de Grande-Synthe • Place F-Mitterrand • 59760 **GRANDE SYNTHE**

Jean-Louis MAIRE (Directeur artistique) • Agnès GODEFROID (Chargée de communication) • Ali DURU (Responsable du service développement culturel)

Genre(s) musical(aux) : Musiques du monde • **Période** : 10 au 12 mai 2013 • **Lieu(x)** : Palais du Littoral, rue Garnier, 59 760 Grande-Synthe • **Références** : Afro Celt Sound System, Ray Lema, Afrocubism, Tiken Jah Fakoly, Mehdi Haddab, Susheela Raman, Amparo Sanchez, Emel Mathlouthi

Le NAME FESTIVAL

✆ **03 20 36 72 10** • fax 03 20 36 56 60
art-point-m@nordnet.fr • **www.lenamefestival.com**
c/o Art Point M • 60 rue de l'Alouette • 59100 **ROUBAIX**

Fanny BOUYAGUI (Directrice artistique) • Sabine DUTHOIT (Contact)

Nord Art Musique Électronique • **Genre(s) musical(aux)** : Musiques électroniques, expo multimédia, etc. • **Période** : 14, 20 et 21 sept. 2013 • **Lieu(x)** : Kursaal (Dunkerque), La Tossée (Tourcoing) • **Références** : Laurent Garnier, Uffie Live, Boyz Noize, Busy P, Luciano, Superpritcher, The Rapture, etc.

Les NUITS SECRÈTES
✆ **03 27 53 63 87**
lesnuitssecretes@gmail.com • **www.lesnuitssecretes.com**
Centre administratif • Pl. du Doctor Guersant
59620 **AULNOYE AYMERIES**

Sébastien COUPEZ (Responsable)

Genre(s) musical(aux) : Rock, pop, reggae, musiques électroniques, hip hop • **Période** : 2 au 4 août 2013 • **Clôture de la programmation** : Mai • **Lieu(x)** : Aulnoye-Aymeries • **Références** : Vitalic, Breakbot, Don Cavali, U Roy, Steel Pulse, Mr Oizo, etc.

Les PARADIS ARTIFICIELS
✆ **03 28 04 56 66** • fax 03 28 04 56 60
contact@agauchedelalune.com • **www.lesparadisartificiels.fr**
À Gauche de la Lune • 9 rue du Rempart • 59800 **LILLE**

Florent DECROIX (Responsable) • Anne-Sophie GADREY (Responsable) • Perrine CHEVALON (Communication)

Genre(s) musical(aux) : Musiques actuelles (électro, pop, rock, hip hop, etc.) • **Période** : 16-25 avril • **Clôture de la programmation** : Fin fév. • **Lieu(x)** : Divers lieux de diffusion de la métropole lilloise (Zenith, le Grand Mix, le Splendid, l'Aéronef, Théâtre Sébastopol, Maison Folie Moulins) • **Références** : Chinese Man, Le Peuple de l'Herbe, Method Man, Nneka, Ky-Mani Marley, Hollie Cook, Mathieu Boogaerts, Da Silva, Alan Corbel, Simple Plan, Pony Pony Run Run, Stuck In The Sound, Kid Bombardos, We The Kings, etc.

Le POULPAPHONE
✆ **03 21 10 36 36** • fax 03 21 10 37 63
poulpaphone@agglo-boulonnais.fr
www.agglo-boulonnais.fr/poulpaphone/
Communauté d'agglomération du Boulonnais • 1 quai du Bassin Napoléon • BP 755 • 62321 **BOULOGNE/MER CEDEX**

Lisa TORRES (Programmatrice)

Genre(s) musical(aux) : Rock, électro, hip hop, reggae • **Période** : Fin sep. • **Clôture de la programmation** : Juin • **Lieu(x)** : Communauté d'agglomération du Boulonnais • **Références** : Skip the use, Birdy Nam Nam, Moriarty

RAISMEFEST
✆ **03 27 14 94 27** • fax 03 27 14 94 99
organisation@raismesfest.fr • **www.raismesfest.fr**
Centre cuturel Louis Aragon • Hôtel de Ville • 59590 **RAISMES**

Rémy KOSTRZEWA (Organisation) • Philippe DELORY (Programmateur)

Genre(s) musical(aux) : Metal • **Période** : 2e WE de sep. • **Clôture de la programmation** : Avril • **Lieu(x)** : Château de la Princesse, sur la base de loisirs • **Références** : Krokus, Pretty Maids, Dead N Crazy, The Long Escape, Fluxious, The Murder Of My Sweet, Girlschool, Voodoo Six, etc.

ROCK EN STOCK FESTIVAL
✆ **03 21 84 22 13 / 06 48 71 38 79**
rockenstock.asso@yahoo.fr • **www.rockenstock.org**
60 av. du Vieux Moulin • 62630 **ETAPLES**

Samuel WACOGNE (Contact) • Thierry MALFOY (Président)

Genre(s) musical(aux) : Rock • **Période** : Dernier weekend de juillet 2013 • **Clôture de la programmation** : Janv. • **Lieu(x)** : Parc du Valigot (Etaples) • **Références** : Trust, Jacques Higelin, Superbus, Gojira, Tryo, Danakill

TOURCOING JAZZ FESTIVAL-PLANÈTES
✆ **03 59 63 43 63** • fax 03 59 63 43 51
tourcoingjazzfestival@ville-tourcoing.fr • **www.tourcoing-jazz-festival.com**
Association Culturelle Tourquennoise • Hospice d'Havré
100 rue de Tournai • 59200 **TOURCOING**

Yann SUBTS (Directeur) • Patrick DREHAN (Directeur artistique) • Reno DI MATTEO (Conseiller artistique) • Sébastien BELLOIR (Relations presse)

Genre(s) musical(aux) : Jazz et musiques du monde, blues • **Période** : Du 12 au 19 oct. 2013 • **Clôture de la programmation** : Fin avr. • **Lieu(x)** : Tourcoing (Théâtre municipal, le Grand Mix, Magic Mirrors, divers lieux dans toute la ville), Lille, Roubaix • **Références** : Herbie Hancock en solo, Marcus Miller, John McLaughlin, Melody Gardot, Roberto Fonseca, Sandra Nkaké, Bernhoft, Blitz The Ambassador, Electro Deluxe, Misja Fitzgerald Michel, Renaud Garcia Fons, Vincent Peirani, Franck Agulhon, Pierre de Bethmann, etc.

WAZEMMES L'ACCORDÉON
✆ **03 20 22 12 59** • fax 03 20 13 99 50
communication@flonflons.eu • **www.flonflons.eu**
Culture et Flonflons Flandres • 22 rue de l'Abbé Aerts • 59000 **LILLE**

Claude VADASZ (Directeur)

Genre(s) musical(aux) : Autour de l'accordéon • **Période** : Entre la pentecôte et l'Ascension (du 7 au 9 mai 2013) • **Clôture de la programmation** : Déc. • **Lieu(x)** : Lille • **Références** : Salif Keita, Toure Kunda, Wasis Diop, Tschirikly, Nuances, Duo Mack & Bornauw, Combat de Bals Compagnie du Tire-Laine, Zora, La Direction Générale, « Grand Bal » avec Toninho Almeida, Abass Abass, Azalai, etc.

WE WILL FOLK YOU
✆ **03 28 63 82 40**
communication@4ecluses.com • **www.4ecluses.com**
C/o Arts Scéniques Rocks • Ilôt des 4Ecluses • BP 93128
59377 **DUNKERQUE CEDEX 1**

François JOLIVET (Directeur) • Thomas BLANQUART (Programmateur)

Genre(s) musical(aux) : Folk • **Période** : 28 au 30 mars 2013 • **Lieu(x)** : 4 Ecluses • **Références** : Oh Tiger Mountain, Troy Von Balthazar, Bony King of Nowhere, Tiny Ruins, Flying Horseman, etc.

PAYS DE LA LOIRE

Les 3 ÉLÉPHANTS
✆ **02 43 59 77 80** • fax 02 43 59 76 11
info@les3elephants.com • **www.les3elephants.com**
177 rue du Vieux St-Louis • 53000 **LAVAL**

Jean-François FOULON (Programmateur) • Elodie ESNAULT (Administratrice) • Elsa GICQUIAUD (Chargée de communication)

Genre(s) musical(aux) : Musiques actuelles • **Période** : 24 au 26 mai 2013 • **Clôture de la programmation** : Fin fév. • **Lieu(x)** : Plein air, chapiteau • **Références** : Charlotte Gainsbourg, Connan Mockasin, The Ting Tings, Dionysos - The Rapture, 1995, Cloud Nothings, Baxter Dury, C2c, Ghostpoet, Mirel Wagner, Mansfield. Tya, Bass Drum Of Death, Kandle, Grimes, Michel Cloup, Mina Tindle, Lindigo, Gravenhurst, Half Moon Run, etc.

La 7ÈME VAGUE
✆ **02 51 33 16 12 / 02 51 33 16 12**
infos@7vague.com • **www.7vague.com**
Bretignolles - Animations • 18 rue de la fîte
85470 **BRETIGNOLLES SUR MER**

Sébastien CHERRIER (Programmateur) • Françoise FIGUREAU (Contact association)

Genre(s) musical(aux) : Éclectiques • **Période** : WE de l'Ascension ou de la Pentecôte • **Clôture de la programmation** : Fév. • **Lieu(x)** : Bretignolles sur Mer (85) • **Références** : Shantel & the Bucovina Club Orkestar, Caravan Palace, Birdy Nam Nam, The Skatalites, Hilight Tribe, Stuck In The Sound, Agoria, Sharon Jones & The Dap-Kings, Stephen Marley, C2C, Etienne de Crécy, François & The Atlas Mountains, Hollie Cook, Blitz The Ambassador, Electro Punk, etc.

ATELIERS JAZZ DE MESLAY-GREZ
✆ **02 43 64 37 45 / 06 81 03 79 74 / 02 43 64 37 42**
fax 02 43 98 75 52
jf.landeau@wanadoo.fr • **www.festivaljazz-meslay.com**
Communauté de communes • 1 voie Guiternière • BP 6
53170 **MESLAY DU MAINE**

Claude MARTEAU (Président) • Jean-François LANDEAU (Programmateur) • Julie SEGUIN (Assistante)

Genre(s) musical(aux) : Jazz • **Période** : WE de l'Ascension (du 07 au 11 mai 2013) • **Lieu(x)** : Salle socioculturelle, cafés, plein air • **Références** : China Moses et Raphaël Lemonnier, Titi Robin Trio, Ulf Wakenius « Vagabond » French Trio, The Soul Rebels Brand Band, Guillaume Perret & The Electric Epic, Shaï Maestro, Pierricl Lefranc Organ Trio

AU FOIN DE LA RUE
✆ **02 43 08 84 48** • fax 02 43 58 00 48
contact@aufoindelarue.com • **www.aufoindelarue.com**
IMPASSE DE l'HARMONIE • 53500 **ST DENIS DE GASTINES**

Maxime LEDUC (Programmateur / chargé de production) • Jeremy FRÈRE (Administrateur) • Muriel JACQUEMIN (Communication)

Genre(s) musical(aux) : Ts • **Période** : 5/6 juil. 2013 • **Clôture de la programmation** : Fin mars • **Lieu(x)** : Plein air rue de Bretagne • **Références** : JoeyStarr, Stephen Marley, Ayo, Nasser, Hollie Cook, Kultur Shock, Chico Trujillo, Miossec, Alborosie, Turnsteak, Moriarty, Roce, etc.

BEBOP FESTIVAL

✆ **02 43 78 16 03 / 02 43 78 92 30** • fax 02 43 75 19 09
www.bebop-festival.com
28 av. Jean-Jaurès • 72100 **LE MANS**

Bruno LE ROY (Président programmateur) • Yves BARRE (Administrateur) • Charlène MAZE (Communication)

Genre(s) musical(aux) : Musiques actuelles • **Période** : 6-10 Nov. • **Clôture de la programmation** : Fin juin • **Lieu(x)** : L'Oasis (1 500 pl.), Henri Salvador-Coulaines (800 pl.), Jean Carmet-Allonnes (600 pl.), Saulnières-le Mans (800 pl.), la Péniche-Allonnes (100 pl.) • **Références** : Babylon Circus, Tinariwen, Steel Pulse, Sayag Jazz Machine, Girls in Hawaï, Daniel Darc, Denez Prigent, Dr Israël et Seven, Kamilya, Mangu, Camille, Cocoon, Suicidal Tendencies, etc.

CELTOMANIA

✆ **02 40 54 20 18**
www.celtomania.fr
51 rue Alphonse Daudet • 44700 **ORVAULT**

Christophe LELU (Président)

Genre(s) musical(aux) : Toutes les expressions artistiques nées de la celtitude • **Période** : 29 sept. au 28 oct. • **Clôture de la programmation** : Fin avr. • **Lieu(x)** : Nantes, Orvault, St-Herblain, Treillières, La Chapelle-Launay, Lavau-sur-Loire, Le Temple de Bretagne, Sautron, Saint-Etienne de Montluc, Pornic, etc. • **Références** : Louis Capart, Gwennyn, Rozenn Talec & Lina Bellard, The Brian Mc Combe Band, Allah's Kanan, Marc Perrone Marie-Olide Chantran, Guilwenn Ar Martolod, Trio Ewen-Delahaye-Favennec, Les Bagadou de Loire-Atlantique, etc.

Le CHAINON MANQUANT/FNTAV

✆ **02 43 49 85 11** • fax 02 43 49 47 85
festival@fntav.com • **www.fntav.com**
Directions des Affaires Culturelles • Musée Ecole de la Perrine
10 allée Adrien Bruneau • 53000 **LAVAL**

Mathieu SIORAT (Programmation) • Evelyne RIVET (Administratrice) • Stephanie ALAUX (Productrice)

Genre(s) musical(aux) : Ts (rock, jazz, chanson, blues, musiques du monde, etc.) + théâtre, arts de rue, conte, danse, jeune public, nouveau cirque, marionnette, etc. • **Période** : 3e sem. de sep. • **Clôture de la programmation** : Avril • **Lieu(x)** : Laval (53) • **Références** : Zebda, Jeanne Cherhal, Dominique A, Lo'jo, Rokia Traoré, Samarabalouf, High Tone, Meï Tei Sho, Lo Cor de la Plana, Pequena Orchestra, Scan X, etc.

Le CHANT DE FOIRE

lechantdefoire@gmail.com • **www.myspace.com/lechantdefoire**
14 pl. des Trois Canons • 85480 **BOURNEZEAU**

Damien BUSSONNIERE (Programmateur)

Genre(s) musical(aux) : Ts • **Période** : 20 juil. 2013 • **Clôture de la programmation** : Avril • **Lieu(x)** : Prairie des Papillons (Bournezeau, 3 000 pl.) • **Références** : Israel Vibration, Blitz The Ambassador, Camélia Jordana, Rona Hartner, Groundation, SOJA, Eiffel, Misteur Valaire, Chinese Man, Jaqee, Beast, Danakil, Têtes Raides, Lo Jo, etc.

CHANT'APPART

✆ **02 51 33 74 30**
asso.chantssons@gmail.com • **www.chantappart.fr**
23 rue Georges Clémenceau • 85150 **VAIRE**

Christian GERVAIS (Président)

Genre(s) musical(aux) : Chanson • **Période** : 1 fév. au 7 avril 2013 • **Clôture de la programmation** : Fin Juin • **Lieu(x)** : Région Pays de la Loire • **Références** : Babel Quartet, Batlik, Bénouzz, Chloé Lacan, Les DElfes, Gérald Genty, Mélissmell, Momo, Le Pied de la Pompe, Sarah Olivier, Flow, Nevchehirhian, La Casa, BATpointG

La DÉFERLANTE

✆ **06 28 90 84 15**
contact@ladeferlante.com • **www.ladeferlante.com**
Mairie • BP 49 • 85270 **ST HILAIRE DE RIEZ**

Yvan COQUIN (Coordinateur) • David MICHAUD (Contact Notre Dame de Monts) • Véronique GUILBAUD (Contact St Gilles Croix de Vie) • Nicole GUIHARD (Contact St Brevin les Pins) • Jean-Christophe LHEUILLIER (Contact Les Sables d'Olonne) • Sébastien BROCHOIRE (Contact Les Sables d'Olonne) • Marie-Jo PICHAUD (Contact St Jean de Monts) • Adeline RAITHIÈRE (Contact Barbâtre) • Emmanuelle SINDRAYE (Contact Saint Hilaire de Riez) • Pierre-Yves DREILLARD (Contact La Tranche sur Mer) • Muriel GRELET (Contact Pornic) • Jérôme LEDUC (Contact Noirmoutier)

Genre(s) musical(aux) : Arts de la rue, musiques actuelles • **Période** : Printemps (WE de l'Ascension) et été • **Clôture de la programmation** : Jan. et mi-mars • **Lieu(x)** : 10 stations balnéaires du littoral Atlantique (Saint Brevin les Pins, Barbâtre, Notre Dame de Monts, Saint Jean de Monts, Saint Hilaire de Riez, Saint Gilles Croix de Vie, les Sables d'Olonne, la Tranche sur Mer, Pornic, Noimoutier en Lile) • **Références** : Mouss et Akim, Ben l'Oncle Soul, Caplypso Rose, Gong Gong, la Caravane Passe, la Ruda, les Ogres de Barback, No Water Please, Renan Luce, Beat Assailant, Akli D, Moriarty, ONB, Caravan Palace, General Electrics, etc.

Les ENCHANTÉS

✆ **02 40 80 86 05**
culture@saintsebastien.fr • **www.lesenchantes.fr**
Service Culture • Hôtel de ville • Place Marcellin Verbe
44230 **ST SEBASTIEN SUR LOIRE**

Genre(s) musical(aux) : Jazz, blues, musique bretonne, rock • **Période** : 22-24 juin • **Lieu(x)** : Saint Sébastien/Loire (Magic Mirror, Grande Scène - Île Forget, etc.) • **Références** : Nolwenn Leroy, Têtes Raides, Biréli Lagrène & Didier Lockwood, etc.

Les ESCALES DE ST-NAZAIRE

✆ **02 51 10 00 00** • fax 02 51 10 00 01
contact@les-escales.com • **www.les-escales.com**
24 rue d'Anjou • BP 161 • 44613 **ST NAZAIRE CEDEX**

Patrice BULTING (Directeur) • Samuel DE BOUARD (Communication)

Genre(s) musical(aux) : Musiques du monde • **Période** : 2-3 août 2013 • **Clôture de la programmation** : Mars • **Lieu(x)** : Port de St-Nazaire : 5 scènes • **Références** : Earth Wind & Fire, Oxmo Puccino, Amadou & Mariam, Goran Bregovic, Steel Pulse, Asaf Avidan, Roberto Fonseca, Mulatu Astatke, Amparo Sánchez, Juan Carmona, SKIP&DIE, Criolo, Chicha Libre, Brian Lopez, Gabriel Sullivan, Tom Walbank, Mariachi « Luz De Luna », Chicha Dust, etc.

ESTIVAL DE TRÉLAZÉ

✆ **02 41 33 74 74 / 02 41 33 74 85**
service.culturel@mairie-trelaze.fr • **www.trelaze.fr**
c/o Mairie de Trélazé • Hôtel de Ville • BP 40027 • 49801 **TRELAZE CEDEX**

Claude-Henri SELLES (Directeur artistique) • Rédoine MASKAR (Moniteur de Projet)

Genre(s) musical(aux) : Chanson, world, jazz, classique, etc. • **Période** : Fin juin/fin août • **Clôture de la programmation** : Déc./Janvier • **Lieu(x)** : Arena Loire, Parc du Vissoir, Eglise St Pierre • **Références** : Barbara Hendriks, Marcus Miller, Manu Katché, Earth Wind and Fire Experience Featuring Al Mckay, Roger Hodgson, Merwan Rim, Robert Charlebois

ÉTÉ CIGALE

✆ **02 72 77 23 65**
gfoussier@agglo-choletais.fr • **www.ville-cholet.fr/etecigale**
Dir. du spectacle vivant • 5 rue Tournerit • 49300 **CHOLET**

Gilles FOUSSIER (Responsable)

Genre(s) musical(aux) : Musiques actuelles • **Période** : 2e quinzaine d'août • **Clôture de la programmation** : Mi-avr. • **Lieu(x)** : Théâtre de Verdure (Ribou) • **Références** : Carmen Maria Vega, Féfé, Danakil, Irma, etc.

EUROFONIK

✆ **02 51 88 20 00**
info@lenouveaupavillon.com • **www.eurofonik.fr**
La Cité • Centre des congrès de Nantes • 44000 **NANTES**

Sylvain GIRAULT (Directeur artistique)

Genre(s) musical(aux) : Musiques du monde, nouvelles musiques traditionnelles • **Période** : 5 & 6 avr. 2013 • **Clôture de la programmation** : Oct. • **Lieu(x)** : La Cité - Centre des congrès de Nantes • **Références** : Sharon Shannon, André Minvielle, Lo Còr de la Plana, Érik Marchand & le Taraf de Caransebes, Akosh S., Christine Salem, Mercedes Peón, etc.

EUROPAJAZZ

✆ **02 43 23 78 99** • fax 02 43 23 44 43
contact@europajazz.fr • **www.europajazz.fr**
9 rue des Frères Gréban • BP 25010 • 72005 **LE MANS CEDEX 1**

Armand MEIGNAN (Directeur) • Charlotte RIVIERE (Responsable de la communication et chargée de production) • Antoine SAIVE (Administrateur)

Genre(s) musical(aux) : Jazz, électrojazz, musiques improvisées, blues, salsa • **Période** : Du 12 mars au 12 mai en 2013 • **Lieu(x)** : Palais des congrés, Abbaye de l'Epau, collégiale St-Pierre la Cour, etc. • **Références** : Didier Malherbe/Éric Lohrer, les Voice messengers, Pascal Contet, Daniel Mille, Papanosh, Magma, Daniel Givone. Marcel et Solange, Frasques Orchestra, Régis Huby, Moutin Reunion, etc. - « Regional Tour » : Sylvain Luc, Bojan Z

FACE ET SI

✆ **02 51 31 10 50** • fax 02 51 38 05 44
contact@festival-faceetsi.com • **www.festival-faceetsi.com**
Mairie • Rue de la Gillonnière • 85000 **MOUILLERON LE CAPTIF**

Jean-François JOGUET (Coordinateur / programmateur) • Elizabeth DANIEAU (Communication) • Mathilde CUNAUD (Communication)

Les Émotions Musicales • **Genre(s) musical(aux)** : Jazz, variété, traditionnel, classique, musiques du monde, jeune public, arts de rue • **Période** : 2e WE de sep. • **Clôture de la programmation** : Début juin • **Lieu(x)** : Autour des étangs de Mouilleron (plein air sous chapiteaux) • **Références** : Roger Hodgson, Benabar, Pierre Perret, Mes Souliers Sont Rouges, Nadeah, Les Tisrics, FM Laeti, Bouskidou, etc.

FARNIENTE FESTIVAL

✆ **06 17 98 05 11**
helene.lesaux@wanadoo.fr • **www.farniente-festival.org**
60 rue Marx Dormoy • 75018 **PARIS**

Hélène LE SAUX (Présidente)

Genre(s) musical(aux) : Musiques improvisées, expériences sonores • **Période** : 20 juil. 2013 • **Clôture de la programmation** : Fév. • **Lieu(x)** : Plage de Mr Hulot (St Nazaire) • **Références** : Nosfell, «Blurt» avec Ted Milton, Steve Eagles et David Aylward, Lionel Malric, Futura Experience (direction artistique Gérard Terronès et Jean-François Pauvros) avec Sophia Domancich, Claude Bernard, Rasul Siddik, etc.

FESTI'ROC

✆ **06 83 43 14 63**
contact@festiroc.com • **www.festiroc.com**
44D rue Moulin de Béré • 44110 **CHATEAUBRIANT**

Thiéry TRELLU (Président)

Genre(s) musical(aux) : Chanson rock et festive • **Période** : 13 juil. 2013 • **Clôture de la programmation** : Déb. mars • **Lieu(x)** : Saint-Aubin-des-Châteaux, site de St Gilles • **Références** : Deportivo, Les Rois de la Suède, Hilight Tribe, Babylon Circus, etc.

FESTIVAL COUVRE FEU

✆ **09 77 59 00 30 / 02 28 53 08 01**
info@couvrefeu.com • **www.couvrefeu.com**
11 rue de St Michel • 44560 **CORSEPT**

Vincent MAHE (Programmateur) • Emmanuel CAILLAUD (Président)

Genre(s) musical(aux) : Musiques actuelles • **Période** : Fin août • **Clôture de la programmation** : Mars • **Lieu(x)** : 7 chapiteaux (prairie de Corsept) • **Références** : Suicidal Tendencies, Emir Kusturica, Alpha Blondy, Beat Assailant, Le Peuple de l'Herbe, The Black Seeds, etc.

FESTIVAL CULTURE BAR-BARS

✆ **02 85 52 60 22**
nicolas@bar-bars.com • **www.bar-bars.com**
6 rue Saint Domingue • 44200 **NANTES**

Denis TALLEDEC (Directeur) • Nicolas CRUSSON (Coordinateur festival)

Genre(s) musical(aux) : Rock, chanson, reggae, musiques électroniques, hip hop, metal, fédération national des cafés-cultures, etc. • **Période** : 21, 22 et 23 nov. 2013 • **Clôture de la programmation** : 10 sep. • **Lieu(x)** : Cafés culture sur toute la France (Nantes, Angers, Bordeaux, Toulouse, Lille, Paris, Lyon, etc.), Cafés concerts

FESTIVAL DE POUPET

✆ **02 51 57 32 14** • fax 02 51 57 34 96
contact@festival-poupet.com • **www.festival-poupet.com**
1 rue des Vendéens • 85590 **ST MALO DU BOIS**

Philippe MAINDRON (Président)

Genre(s) musical(aux) : Ts • **Période** : Juil. 2013 • **Clôture de la programmation** : Mars • **Lieu(x)** : Base de plein air Poupet (St Malo du Bois, 2800 pl.) • **Références** : Charles Aznavour, David Guetta, Elton John, Leny Kravitz, Sting, Ben Harper, Manu Chao

HELLFEST

✆ **02 41 58 71 61** • fax 02 41 58 71 96
info@hellfest.fr • **www.hellfest.fr**
La Petite Fosse à l'Âne • 49270 **LE FUILET**

Benjamin BARBAUD (Directeur / programmateur) • Yoann LE NEVE (Directeur de la communication / promotion)

Genre(s) musical(aux) : Metal • **Période** : 21, 22 et 23 juin 2013 • **Clôture de la programmation** : Mars • **Lieu(x)** : Clisson • **Références** : Kiss, Marylin Manson, Mötley Crue, Gojira, Motörhead, Dead Kennedys, Soulfly, Alice in Chains, Ozzy, Gun's n Roses, Machinehead

HIP OPSESSION

✆ **02 40 35 28 44**
contact@pickup-prod.com • **www.hiphopsession.com**
c/o Pick up Production • 11 rue des Olivettes • 44000 **NANTES**

Nicolas REVERDITO (Médiateur culturel)

Genre(s) musical(aux) : Culture hip hop • **Période** : 7 fev. au 2 mars 2013 • **Clôture de la programmation** : déc. • **Lieu(x)** : Le Lieu Unique et son bar, Barakason, Onyx, la Carrière, Stereolux, Pannonica, Pol'n, etc. • **Références** : EPMD, Jedi Mind Tricks, La Rumeur, Rocé, 1995, Dilated People, Pharoah, One Up, Bloo, ASM, MOP, Casey, Demi Portion, Das EFX, Gangrene, etc.

La MARMITE FESTIVAL

✆ **02 43 88 93 64** • fax 02 43 88 93 64
info@tousceschaps.org • **www.tousceschaps.org**
ZI la Bodinière • 72210 **ROEZE SUR SARTHE**

Fabrice GERVAISE (Responsable technique et artistique)

Genre(s) musical(aux) : Musiques actuelles • **Période** : Fin mai • **Lieu(x)** : Roëzé sur Sarthe et divers lieux • **Références** : Alexis HK, Success, Cheveu, Sporto Kantes, WDC, Naive New Beaters, etc.

Les NUITS SALINES

✆ **02 40 23 92 25 / 02 40 23 99 96** • fax 02 40 23 87 93
sandra.olivaux@wanadoo.fr • **nuitssalines.free.fr**
BP 23 • 44740 **BATZ SUR MER**

Sandra OLIVAUX (Présidente) • Pierrick MOUILLERON (Directeur) • Joël LAUNAY (Régisseur)

Genre(s) musical(aux) : Musiques traditionnelles et actuelles d'Europe et scène bretonne • **Période** : Mi juil. • **Clôture de la programmation** : Fév. • **Lieu(x)** : Batz-sur-Mer (44) • **Références** : Le Bagad de Vannes, Merzhin, Jeu à la nantaise, Carlos Nuñez, etc.

RENC'ARTS A PORNICHET

✆ **02 28 55 99 45** • fax 02 28 55 99 49
quaidesarts@mairie-pornichet.fr • **www.rencarts.fr**
Quai des Arts • BP 8 • 44380 **PORNICHET**

Gérard BOUCARD (Directeur artistique) • David FOUCHER (Administrateur)

Genre(s) musical(aux) : Musique du monde et arts de la rue • **Période** : 16 juil. au 15 août 2013 • **Clôture de la programmation** : Fév. • **Lieu(x)** : Espaces publics, rues, places, plein air • **Références** : Kevin Kelly, La Belle Bleue, Karamba Jeu à la Nantaise, Asaf Avidan

Les RENDEZ-VOUS DE L'ERDRE

✆ **02 51 82 37 70** • fax 02 51 82 37 73
contact@rendezvouserdre.com • **www.rendezvouserdre.com**
Association culturelle de l'été • 27 rue de Strasbourg • 44000 **NANTES**

Loïc BRETEAU (Directeur) • Armand MEIGNAN (Directeur artistique) • Estelle BEAUVINEAU (Directeur artistique électrojazz) • Philippe AUDIC (Président) • Stéphane ROGER (Partenariats) • Anaïs HUBERT (Relations presse)

Festival de jazz et Belle Plaisance • **Genre(s) musical(aux)** : Jazz, electrojazz, vocal, tous styles, blues (festival gratuit) • **Période** : 29 août au 1er sep. 2013 • **Clôture de la programmation** : Mars • **Lieu(x)** : Plusieurs scènes gratuites à Nantes (Ile de Versailles, quais Barbusse, Versailles, Ceineray, Motte-Rouge) et la Chapelle/Erdre, Sucé/Erdre, Nort/Erdre, Carquefou + actions culturelles dans les quartiers nantais au CHU at au centre de détention • **Références** : Michel Portal Unit, Aldo Romano, Sandra Nkaké, Paul Rogers, Céline Bonacina, Anne Paceo, Nicolas Folmer/Daniel Humair, Big Daddy Wilson, The Lazy Bones, Irakli & Louis Ambassadors, Cyril Trochu Project, etc.

ROCK ICI MÔMES

✆ **02 43 62 22 20** • fax 02 43 62 22 21
contact@lentracte-sable.fr • **www.lentracte-sable.fr**
c/o Entracte • 16 rue St-Denis • BP 177 • 72305 **SABLE SUR SARTHE**

Alice ORANGE (Directrice) • François LE DOEUFF (Programmateur)

Genre(s) musical(aux) : Rock pour enfants • **Période** : Juil. • **Clôture de la programmation** : Fin fév. • **Lieu(x)** : Parc du Château de Sablé • **Références** : Zut, Alain Schneider, Aldebert, Bouskidou, Chel, etc.

SAVEURS JAZZ FESTIVAL

✆ **09 81 72 36 94 / 01 75 37 70 41**
info@saveursjazzfestival.com • **www.saveursjazzfestival.com**

Nicolas FOLMER (Programmateur) • Pierrick AUNILLON (Directeur) • Jean-Philippe OLLIVIER (Chargé de communication)

Festival de jazz de Segré • **Genre(s) musical(aux)** : Jazz • **Période** : 17 au 21 juil. 2013 • **Clôture de la programmation** : Avril • **Lieu(x)** : Place du Moulin sous la Tour et Parc des Expositions à Segré (49) • **Références** : Organic Five, Les Oignons, Fanfare de la Touffe (fanfare participative), Papanosh, David Patrois, World Funky Musette Orchestra, « Petit Bal De Luxe » avec Louis Winsberg, Régis Gizavo, Marc Berthoumieux & Stéphane Huchard, José Caparros, Avishaï Cohen, Éric Legnini feat. Hugh Coltman & Mamani Keita, Antoine Hervier, etc.

SCOPITONE

✆ **02 51 80 60 80** • fax 02 40 58 05 57
cedric.huchet@stereolux.org • **www.scopitone.org**
c/o Stereolux/Songo • 4 bd Léon Bureau • 44200 **NANTES**

Éric BOISTARD (Directeur) • Jean-Michel DUPAS (Programmateur musique) • Cédric HUCHET (Programmateur art numérique) • Marieke RABOUIN (Chargée de communication) • Yéliz OZEN (Assistante programmation) • Pauline SCHOPPHOVEN (Assistante de production)

Genre(s) musical(aux) : Cultures électroniques et arts numériques (concerts, DJ, performances, ciné-concerts, expositions, projections, etc.) • **Période** : Mi sep. • **Clôture de la programmation** : Avril • **Lieu(x)** : 11 sites sur Nantes dont Stereolux, les Nefs, Cinémas, la Château, le Théâtre Universitaire, le Pôle Etudiant Piscine, etc. • **Références** : Murcof & AntiVJ, Ryochi Kurokawa, Mondkopf, Alva Noto, Brodinski, BDATA, DJ Feadz, DJ Kentaro, Fredo Viola, Housemeister, Incite, Laurent Garnier, Marc Morvan & Ben Jarry, etc.

SOLEILS BLEUS

✆ **02 28 25 25 00**
billetterie@onyx-culturel.org • **www.onyx-culturel.org**
Onyx- La Carrière • 1 place Océane – zone Atlantis • BP 30224
44815 **ST HERBLAIN CEDEX**

Paul MORIZEAU (Directeur) • Gaëlle LECAREUX (Directrice artistique adjointe) • Jérôme BINET (Responsable programmation musique)

Musiques de jazz et d'ailleurs • **Genre(s) musical(aux)** : Jazz, electro-jazz, musiques du monde, etc. • **Période** : Du 27 au 30 juin en 2013 • **Clôture de la programmation** : Mars • **Lieu(x)** : St-Herblain, parc de la Bégraisière • **Références** : Dadjla & the London Kings of Swing, Raphael Gualazzi, Blitz the Ambassador, Andreya Triana, Kyrie Kristmanson, le Grand Pianoramax, Sidony Box avec Hasse Poulsen, Elodie Rama et le Big Band de la Maison des Arts, Rigolus

TEMPO RIVES

✆ **02 41 05 41 48 / 02 41 05 40 00 / 02 41 23 50 00**
fax 02 41 05 39 47
manuelle.huet@ville.angers.fr • **www.temporives.fr**
Hôtel de ville, Action culturelle • Bd de la Résistance et de la Déportation • BP 3527 • 49035 **ANGERS CEDEX 1**

Didier GRANET (Directeur artistique) • Manuelle HUET (Coordinatrice)

Genre(s) musical(aux) : Musiques du monde, chanson, rock, jazz, électro • **Période** : 13 juil. au 20 août 2013 • **Clôture de la programmation** : Fin déc. • **Lieu(x)** : Cale de la Savatte, Angers • **Références** : Juan Rozoff, Slow Joe & the Ginger Accident, Birth of Joy, Warsaw Village Band, Les Barbarins Fourchus, Criolo, Shibusa Shirazu Orchestra, Firewater, Baloji (Quartier Monplaisir), Fuel Fandango, Mazalda - Turbo Clap Station

TERIAKI

✆ **06 03 11 35 00 / 06 88 92 82 77**
teriaki.prod@yahoo.fr • **www.teriaki.fr**
40 rue du Quatre Septembre • 72000 **LE MANS**

Stephane HERISSON (Président) • Emanuel CHAPUT (Vice-président / programmateur) • Ronan VIRONDAUD (Vice-président) • Julien VALIENNE (Programmateur)

Genre(s) musical(aux) : Musiques amplifiées et scénographie • **Période** : Dernier WE d'août • **Clôture de la programmation** : Avril/mai • **Lieu(x)** : Péniche Excelsior (Allones), salle Jean Carmet (Allones), les Subsistances (Le Mans), MJC Prévert, les Cinéastes (Le Mans) • **Références** : Kap Bambino, Electric Electric, GaBLé, dDamage, EZ3kiel, Bleubird, Olivier Mellano, Papier Tigre, Ego Twister, Sole, NLF3, Gablé, Marvin, etc.

TISSÉ MÉTISSE

✆ **02 51 84 25 80** • fax 02 51 84 25 86
organisation@tisse-metisse.org • **www.tisse-metisse.org**
15 D bd Jean Moulin • CS 30511 • 44105 **NANTES CEDEX 04**

Marie-Helene NIVOLLET (Déléguée générale) • Cyrille PREVAUD (Adjointe de direction)

Genre(s) musical(aux) : Raï, rap, rock, reggae, chanson française, jeune public • **Période** : Mi déc. • **Clôture de la programmation** : Juil. • **Lieu(x)** : Cité des Congrès (Nantes, 7500 pl.) • **Références** : Zebda, Grand Corps Malade, Gypsy Sound System, Malted Milk, Emel Mathlouthi

VAGUE DE JAZZ

✆ **01 53 82 05 10 / 02 51 33 37 67 / 06 79 93 48 04**
jac85@vaguedejazz.com • **www.vaguedejazz.com**
Mairie • 85560 **LONGEVILLE SUR MER**

Jacques-Henri BECHIEAU (Directeur) • Florence HERAULT (Présidente)

Festival de jazz de la Côte Sud-Vendée • **Genre(s) musical(aux)** : Jazz actuel, musiques improvisées • **Période** : 26 juil. au 2 août 2013 • **Lieu(x)** : Les Sables d'Olonne : Théâtre de Verdure - Longeville sur Mer : lieu-dit La Chaine, La Maison du Marais, Espace culturel du Clouzy • **Références** : Jeane Added, Guillaume Perret & The Electric Epic avec Médéric Collignon, Eve Risser, Benjamin Duboc & Edward Perraud Trio, Trio Ceccaldi, Raymond Boni, Vincent Peirani, Emile Parisien, Elise Dabrowski, Synaesthetitic Trip, Elise Caron & Joelle Léandre, etc.

Les **Z'ECLECTIQUES**

contact@leszeclectiques.com • **www.leszeclectiques.com**
Collectif Les Z'Eclectiques • 1 ch. de l'Espérance • 49120 **CHEMILLE**

Thierry BIDET (Programmateur) • Ingrid THURMEL-BIDET (Administratrice)

Genre(s) musical(aux) : Musiques actuelles • **Période** : Hiver (mi-fév.), printemps (déb. avr.), automne (mi-nov.) • **Clôture de la programmation** : Périodique • **Lieu(x)** : Le Jardin de verre (400 pl.), le Foirial (7000 pl.), Le Bar'ouf (250 pl.) • **Références** : High Tone, Philippe Katerine, Alain Bashung, Alpha Blondy, Arno, Tiken Jah Fakoly, Catherine Ringer, Selah Sue, Chinese Man, Brigitte, etc.

PICARDIE

1 001 FACETTES

✆ **06 79 21 09 27**
prog.boulaf@gmail.com • **www.laboulaf.com**
c/o La Boule à Facettes-Fabienne Ink • 13 rue de Panleu • 02200 **SOISSONS**

Magalie BATTAGLIA (Programmatrice théâtre, danse, arts de la rue) • Laurent DROUX (Chargé de communication) • Baptiste FOURRIER (Directeur technique) • Aurelie ROCHER (Ateliers initiation artistique)

Genre(s) musical(aux) : Musiques actuelles • **Période** : Biennal (Année impaire) • **Clôture de la programmation** : Fin mai • **Lieu(x)** : Communes du Soissonnais (02) • **Références** : Roken Is Dodelijk, The Delano Orchestra, Lena Deluxe, Janaloka, Sims, Tichot, Barcella, Trobogoï, Microfilm, Boogie Balagan, Georges Rogers, Alb, Bettuner, etc.

BLUES AUTOUR DU ZINC

✆ **03 44 15 30 30 / 03 44 45 43 76 / 06 89 36 65 02**
laurent@comptoir-magique.com • **www.zincblues.com**
Ass. Comptoir Magique • 29 rue de Calais • 60000 **BEAUVAIS**

Laurent MACIMBA (Directeur artistique) • Corinne MABON (Attachée de production)

Genre(s) musical(aux) : Blues, jazz, rhythm'n blues, soul, gospel • **Période** : Mars (du 12 au 17 en 2013) • **Clôture de la programmation** : Mi Nov. • **Lieu(x)** : Divers lieux à Beauvais : Théâtre de Beauvaisis, l'Ouvre-Boite, Maladrerie Saint-Lazare, nombreux bars de la ville (centre) • **Références** : Beth Hart, Grainne Duffy, Nostalgia 77, Gizelle Smith, The Delta Saints, Thorbjorn Risager, Jake Calypso & his Red Hot, Fred Chapellier, The Blues Power Band, etc.

FESTIVAL D'AMIENS - MUSIQUES DE JAZZ ET D'AILLEURS

✆ **03 22 91 04 86 / 03 22 92 15 48** • fax 03 22 80 16 90
tdj@nnx.com • **www.amiensjazzfestival.com**
c/o Le Temps du jazz • Place Léon Gonthier • BP 0631
80006 **AMIENS CEDEX 1**

Pierre WALFISZ (Directeur artistique) • Paul RENAUD (Administrateur)

Genre(s) musical(aux) : Musiques du monde, jazz, electrojazz, blues, etc. • **Période** : Mi sept. • **Lieu(x)** : Concerts en lieux de vie, en appartements et en soirée au Cloître Dewailly et à la Lune des Pirates • **Références** : Focus : la scène marocaine, du jazz au métal en passant par les gnawas, avec notamment une carte blanche à Majid Bekass, la création Mix up Maroc (Nasser, Maalem Hassan Boussou, Komi), la découverte slam Mehdi K-libre

FESTIVAL PIC'ARTS

✆ **03 23 23 48 49** • fax 03 23 23 12 13
fpa@festival-picarts.com • **www.festival-picarts.com**
21 rue de la Chaussée Romaine • 02000 **MONAMPTEUIL**

Dominique LETOFFE (Directeur)

Genre(s) musical(aux) : Ts sauf métal • **Période** : Fin juin debut juil. • **Clôture de la programmation** : Mars • **Lieu(x)** : Parc du Château de Septmonts (5000 pl.) • **Références** : Zaz, Gaëtan Roussel, Shaka Ponk, Katerine, Gaetan Roussel, Tryo, Benabar, Thomas Dutronc, Imany, la Rue Kétanou

JAZZ'TITUDES

✆ **03 23 20 67 81 / 06 30 91 46 88 / 06 13 18 57 71**
fax 03 23 20 67 81
contact@jazztitudes.org • **www.jazztitudes.org**
c/o Association Crescendo • 5 rue de la Herse • 02000 **LAON**

Christian DHAP (Président) • Dominique CAPELLE (Vice-président programmateur jazz) • Pascal COURTET (Programmateur blues)

Genre(s) musical(aux) : Jazz, blues, gospel • **Période** : Du 8 au 29 mars en 2013 • **Clôture de la programmation** : Oct. • **Lieu(x)** : Maison des arts et loisirs, cathédrale, conservatoire • **Références** : Beltuner, Journal intime, Boney Fields, Daniel Huck, Tom McLung, Jean-Jacques Elangué, Ursus Minor, Sébastien Texier Trio invite Henri Texier, le Big Band de Laon invite Denis Leloup et Claude Egéa

MIX UP FESTIVAL

✆ **09 81 36 69 34**
info@mixupfestival.com • **www.mixupfestival.com**
c/o Argos Productions • 11 rue des Hironvalles • BP 76 • 60100 **CREIL**

Maxime CADEE (Administrateur) • Lucas BLAYA (Programmateur)

Genre(s) musical(aux) : Rock, punk, hip hop, electro, ragga, reggae, soundsystems, etc. • **Période** : Déb. juin • **Clôture de la programmation** : Fin fév. • **Lieu(x)** : Creil : île St-Maurice ; Nogent-sur-Oise (60) : Château des Rochers • **Références** : Manu Chao, La Ventura, Groundation, Alpha Blondy & The Solar System, Les Ogres de Barback, Max Roméo, Skream, Manu Le Malin, Radioclit, Beat Assailant, The Ex, Millencolin, Iration Steppas, Ez3kiel, etc.

Les NUITS DU BLUES D'ABBEVILLE

✆ **03 22 20 26 80 / 03 22 20 26 83** • fax 03 22 20 26 85
xavier.letocart@wanadoo.fr • **www.ville-abbeville.fr**
c/o Espace culturel St-André • Rue du Moulin Quignon
80100 **ABBEVILLE**

Xavier LETOCART (Programmateur)

Genre(s) musical(aux) : Blues • **Période** : du 14 au 24 mars 2013 • **Lieu(x)** : Espace culturel St-André, théâtre municipal, concerts dans les bars et restaurants • **Références** : Mud Morganfield, Shar Baby, Johnny Madness, Azzedeen, Francesco Piu, Neal Black, Heritage Blues Orchestra, etc.

PICARDIE MOUV'

✆ **03 22 97 26 37**
com@spectaclevivantenpicardie.fr • **www.picardiemouv.com**
Région Picardie • 11 mail Albert 1er • BP 2616 • 80020 **AMIENS CEDEX 1**

Liliane MARISSAL (Directrice générale) • Zohra GUELFAT (Chargée de mission)

Festival des musiques actuelles • **Genre(s) musical(aux)** : Musiques actuelles • **Période** : Nov. • **Clôture de la programmation** : Avril • **Lieu(x)** : Divers lieux sur la Picardie (l'Elispace à Beauvais, le Cirque d'Amiens, la Faïencerie et l'Ouvre Boite à Creil, etc.) • **Références** : Metronomy, Kills, The Do, Skip The Use, Dionysos, Kavinsky, Wax Tailor & The Dusty Rainbow Experience, Caravan Palace, Raggasonic, General Electriks, Oxmo Puccino, Fishbone

POITOU-CHARENTES

AU FIL DU SON

✆ **06 89 89 47 67**
programmation.aufilduson@gmail.com • **www.lachmiseverte.com**
Mairie • 86400 **CIVRAY**

Grégoire (Programmateur) • Olivier (Programmateur)

Genre(s) musical(aux) : Rock, reggae, hip hop, electro, chanson • **Période** : 26, 27 juil. 2013 • **Lieu(x)** : Civray (86) • **Références** : Stupeflip, Hilight Tribe, Olivia Ruiz, As de Trèfle, etc.

COGNAC BLUES PASSIONS

✆ **05 45 36 11 81** • fax 05 45 36 12 74
info@bluespassions.com • **www.bluespassions.com**
Blues Passions • 1 rue du port • 16100 **COGNAC**

Michel ROLLAND (Directeur) • Julien CHOLLET (Administrateur) • Gwenaëlle TRANCHANT (Chargée de communication) • Samuel VINCENT (Directeur technique)

Genre(s) musical(aux) : Blues, soul, gospel, R&B, funk, etc. • **Période** : 2 au 7 juil. 2013 • **Clôture de la programmation** : Début mars • **Lieu(x)** : Théâtre de la Nature à Cognac (7 000 pl.), scènes annexes, 1 concert à Jarnac • **Références** : Lucky Peterson, Ben Harper & Charlie Musselwhite, Jimmy & Syl Johnson Sinead O'Connor, Beth Hart, Asaf Avida & Band, The Lightnin 3, Alice Francis, Champoin Fulton, etc.

DE BOUCHE À OREILLE

✆ **05 49 94 90 70** • fax 05 49 94 90 71
deboucheaoreille@metive.org • **deboucheaoreille.org**
Maison des cultures de Pays • 1 rue de la Vau St-Jacques
79000 **PARTHENAY**

Romain CHERE (Commission de programmation)

Festival des nouvelles musiques traditionnelles • **Genre(s) musical(aux)** : Musiques traditionnelles et métissées • **Période** : 22 au 27 juil. 2013 • **Clôture de la programmation** : Déc. • **Lieu(x)** : Parthenay (plein-air, salles de 250 à 800 pl.), communes rurales de Gatine (salles de 250 à 400 pl. et plein-air 600 pl.), Orgelet, Clairvaux • **Références** : L'Occidentale de Fanfare, Sébastien Bertrand, Duo Brotto-Lopez, Lau, Trio Guerbigny, Krenijenn, Duo Branthome-Quimbert, Duo Hamon-Martin, La Rouzine, Kat Ça-i, La Talvera & Silvério Pessoa Quartet, etc.

FESTIV'ETE

✆ **05 49 74 24 88**
festiv@free.fr • **www.festiv-ete.fr**
Le comité des fêtes - Mairie • 13 rue de la Mairie
79320 **MOUTIERS SOUS CHANTEMERLE**

Thierry GUILBARD

Genre(s) musical(aux) : Tous • **Période** : 28-29 Juin 2013 • **Clôture de la programmation** : Fév. • **Lieu(x)** : Théâtre (1 000 pl.), Collégiale (400 pl.), plein-air (10 000 pl.) • **Références** : Breakfast, Foreign Beggars, Cali, Lilly Wood ande the Prick, Féfé, Les Ogres de Barbak, Broussaï, Puggy, Asaf Avidan, Carbon Airways, etc.

Les FRANCOFOLIES

✆ **05 46 28 28 28** • fax 05 46 28 28 29
francofolies@francofolies.fr • **www.francofolies.fr**
6 rue La Désirée • BP 53018 • 17030 **LA ROCHELLE CEDEX 1**

Gérard PONT (Président directeur artistique) • Stéphane TEILLET (Directeur général) • Maryz BESSAGUET (Directrice de la communication et médias) • Florence JEUX (Programmatrice) • Clarisse FIEURGANT (Responsable des créations)

Genre(s) musical(aux) : Chanson et musiques actuelles • **Période** : 12 au 16 juil. 2013 • **Clôture de la programmation** : Fév. • **Lieu(x)** : Grande scène St-Jean d'Acre, Grand Théâtre, salle Bleue (Francos juniors), théâtre Verdière, Le Diane's, La Chapelle Fromentin, etc. • **Références** : Imany, Julien Doré, Brigitte, Coeur de Pirate, Bénabar, Arthur H, Dionysos, etc.

FREE MUSIC FESTIVAL

✆ **05 46 49 03 18** • fax 05 46 86 12 49
contact@freemusic-festival.com • **www.freemusic-festival.com**
c/o A Donf • 5 rue de la Garenne • Appt 5 • 17130 **MONTENDRE**

Samuel VINCENT (Directeur / programmateur) • Carl CECCARELLO (Directeur de la production) • Cédric CHAMOULAUD (Communication)

Genre(s) musical(aux) : Tous • **Période** : 7, 8 juin 2013 • **Clôture de la programmation** : Mars • **Lieu(x)** : Lac de Montendre • **Références** : Snoop Dogg, Public Enemy, U-Roy, Gojira, Babyshambles, Shakaponk, Emir Kusturica, Wu Tang Clan, Gotan Project, The Do, etc.

JAZZ AU PHARE

✆ **06 08 06 11 51 / 06 12 84 15 68**
jazzauphare@gmail.com • **www.jazzauphare.com**
14 rue Amélie • 92600 **ASNIERES SUR SEINE**

Jean CHAVINIER (Coordinateur) • Jean-Michel PROUST (Programmateur)

Genre(s) musical(aux) : Jazz, blues • **Période** : Du 18 au 21 août 2013 • **Clôture de la programmation** : Déc. • **Lieu(x)** : Phare des Baleines, au nord de l'île de Ré et restaurants sur le site • **Références** : Le Trio Rosenberg invite Sanseverino, Manu Katche, Maraca's Salsa & Latin Jazz, Patricia Bonner, Xavier Richardeau, Paris Cuban Project, Sylvia Howard

JAZZELLERAULT

✆ **05 49 93 03 08** • fax 05 49 85 95 13
theatre-accord@wanadoo.fr • **www.jazzellerault.com**
Nouveau Théâtre Accord • 21 rue Chanoine de Villeneuve • BP 245
86102 **CHATELLERAULT CEDEX**

Patrick FOURNIER (Directeur) • Nathalie JUTAND (Communication) • Cécile ALLAERT (Administratrice)

Genre(s) musical(aux) : Jazz, blues • **Période** : Du 31 mai au 8 juin en 2013 • **Clôture de la programmation** : Jan. • **Lieu(x)** : Grande scène, scène départementale, centre ville, etc. • **Références** : Orlando Poleo, Manu Katché, Stfeano Di Bassista, Éric Legnini et Kyle Eastwood All Stars, Monty Alexandrer, Ibrahim Maalouf, Dominique Fillon, etc.

MUSIQUES MÉTISSES

✆ **05 45 95 43 42** • fax 05 45 95 63 87
festival@musiques-metisses.com • **musiques-metisses.com**
6 rue du Point du Jour • BP 60244 • 16007 **ANGOULEME CEDEX**

Olivier CAZENAVE (Président) • Véronique APPEL-DAKUYO (Directrice) • Christian MOUSSET (Conseiller artistique programmateur) • Julie RHÉAUME (Attachée de presse) • Ariane ELOY (Chargée de communication) • Éric SURMELY (Coordinateur résidences d'artistes)

Genre(s) musical(aux) : Musiques urbaines du monde • **Période** : 17 au 19 mai 2013 • **Clôture de la programmation** : Déc. • **Lieu(x)** : Ile de Bourgine Angoulême • **Références** : Goran Bregovic, Alpha Blondy, Bassekou Kouyaté, Jupiter & Okwess International, Black Bazar, etc.

NOUVELLES SCÈNES

✆ **09 72 39 27 01**
contact@nouvelles-scenes.com • **www.nouvelles-scenes.com**
7 rue du Maréchal Leclerc • 79000 **NIORT**

Sébastien CHEVRIER (Directeur artistique)

Genre(s) musical(aux) : Musique indépendante • **Période** : 18 au 23 mars 2013 • **Lieu(x)** : Festival itinérant / Divers sur Niort • **Références** : La Femme, La Gale, Von Pariahs, Mzermonte, Darko, La Fine Equipe, etc.

ROCHEFORT EN ACCORDS

✆ **05 46 82 91 95 / 05 46 99 08 60**
jean-luc.parouty@ville-rochefort.fr • **www.rochefort-en-accords.fr**
Direction des affaires culturelles • 119 rue Pierre Loti • BP 60030
17300 **ROCHEFORT**

Jean-Luc PAROUTY (Directeur) • Pascale GRAHAM (Directrice artistique) • Benoit LIENARD (Responsable bénévoles)

Genre(s) musical(aux) : Festival de rencontres musicales acoustiques rock, folk, blues et swing • **Période** : 29 au 31 août 2013 • **Clôture de la programmation** : Mars • **Lieu(x)** : Concerts imprévisibles et inattendus dans différents lieux patrimoniaux de la ville • **Références** : Benoit Moerlen, Sébastien Llado, Serge Teyssot-Gay, Éric Longsworth, etc.

Les SARABANDES

✆ **05 45 96 80 38** • fax 05 45 96 47 82
asso.lapalene@wanadoo.fr • **www.lapalene.fr**
c/o la Palène • Bd d'Encamp • 16170 **ROUILLAC**

Joël BRETON (Directeur) • Nanou DOMAIN (Communication)

Association pour le développement culturel du Rouillacais • **Genre(s) musical(aux)** : Musique, arts de rue, arts plastiques • **Période** : 28/30 juin 2013 • **Clôture de la programmation** : Fév. • **Lieu(x)** : Lignières, Sonneville (16) • **Références** : Sinsémilia, Mademoiselle K, Prisca, Djaämi, Red Cardell

PROVENCE - ALPES - CÔTE D'AZUR

AIRES LIBRES

contact@aires-libres.com • **www.aires-libres.com**
Association R2 • 34 rue de la Joliette • 13002 **MARSEILLE**

Sébastien MANYA (Directeur)

Genre(s) musical(aux) : Musiques électroniques, musiques actuelles • **Période** : Juin et sep. • **Clôture de la programmation** : Mars • **Lieu(x)** : Marseille, Hautes-Alpes, Paca • **Références** : Padded Cell, Etienne Jaumet, Mondkopf, Dirty Sound System, Rone, Nina Kraviz, Tim Sweeney, etc.

ALTITUDE JAZZ FESTIVAL

✆ **07 60 84 22 01**
festival@altitudejazz.com • **www.altitudejazz.com**
Ass. les Décablés • 3A Chemin de l'Emparre • 05100 **BRIANCON**

Genre(s) musical(aux) : Jazz • **Période** : Fin jan. à mi fév. • **Lieu(x)** : Briançon, Serre Chevalier Vallée Montgenèvre, • **Références** : 2013 : Flavio Boltro, Perrine Mansuy, Yuval Amihai Trio, Don Billiez, EYM Trio, Sonido del Monte, Das Kapital, etc.

AVEC LE TEMPS

✆ **06 08 65 53 73**
contact@festival-avecletemps.com • **www.festival-avecletemps.com**
46 rue Sainte Victoire • BP 30073 • 13006 **MARSEILLE CEDEX 20**

Denis LAROUSSINIE (Directeur artistique)

Genre(s) musical(aux) : Chanson française • **Période** : 16 au 27 mars 2013 • **Clôture de la programmation** : Oct. • **Lieu(x)** : Docks des Suds, Espace Julien, L'Éolienne, le Cri du Port, la Machine à Coudre, Théâtre de la Lenche, le Parvis des Arts, Théâtre des 3 Act, Nomade Café, Le Lounge, le Molotov • **Références** : Arno, Bernard Lavilliers, Charlélie, Ab Al Malik, Art Mengo, Ben l'Oncle Soul, Zaz, Souad Massi, les Hurlements d'Léo, Pigalle, etc. + artistes locaux et développement de carrière

CHARLIE JAZZ FESTIVAL

✆ **04 42 79 63 60** • fax 04 42 79 63 60
admin@charliefree.com • **charliejazzfestival.com**
c/o Charlie Free • Domaine de Fontblanche • 13127 **VITROLLES**

Claude GRAVIER (Président) • Aurélien PITAVY (Directeur)

Genre(s) musical(aux) : Jazz • **Période** : Début juil. (5, 6 et 7 en 2013 • **Clôture de la programmation** : Nov. • **Lieu(x)** : Domaine de Fontblanche à Vitrolles • **Références** : Ibrahim Maalouf, Roy Hargrove, Kellylee Evans, le Mediterranean Charlie Orchestra, Les Oignons, Marcel et Solange, Antonello Salis et Fabrizio Bosso, Papanosh, etc.

CLUB RIVIERA FESTIVAL

✆ **01 42 46 00 34**
contact@clubrivierafestival.com • **www.clubrivierafestival.com**
c/o Savoir Faire • 69 rue d'Hauteville • 75010 **PARIS**

Antoine « KRAFT » CAUDRON (Directeur artistique)

Genre(s) musical(aux) : Musiques électroniques • **Période** : 12, 19/20, 26 juil. 2013 • **Lieu(x)** : Théâtre de la Mer (Juan), Hôtel Dieu (Carpentras) • **Références** : Richie Hawtin, Brodinski, Fritz et Paul Kalkbrenner, Popof, Rone, etc.

CRAZY WEEK

✆ **04 97 25 62 75**
crazyweek@ivoiremusic.fr • **www.crazyweek.fr**
c/o Ivoire Music • 16 av. Edouard Grinda • Bat. 2 • 06200 **NICE**

Patrice BOUCHON (Directeur / programmateur) • Fabrice LAUGIER (Coordinateur) • Joanna LIVOTI (Chargée de production) • Corinne ASSYAG (Responsable de la communication)

Genre(s) musical(aux) : Musiques actuelles • **Période** : 16 au 20 juil. 2013 • **Clôture de la programmation** : Fev. • **Lieu(x)** : Théâtre de verdure (Nice) • **Références** : IAM, Superbus, Tété, Tom Frager, Trust, BB Brunes, Fiction Plane, etc.

Festival CROSSOVER

✆ **04 93 97 03 49**
ben_geli@yahoo.com • **www.festival-crossover.com**
c/o Panda 06 Production • 99/101 route de Canta Galet • 06000 **NICE**

Benoît GELI (Directeur) • Giovanni MEREGAGLIA (Chargé de production)

Genre(s) musical(aux) : Musiques électroniques, hip hop, rock • **Période** : 25 mai au 6 juin 2013 • **Références** : Metronomy, Cypress Hill, Charlotte Gainsbourg, Paul Kalkbrenner, Cassius, Major Lazer, etc.

Les ENFANTS DU JAZZ

✆ **04 92 81 04 71**
info@barcelonnette.com • **www.barcelonnette.com**
c/o Office de Tourisme • Place Frédéric Mistral
04400 **BARCELONNETTE**

Stéphane KOCHOYAN (Directeur artistique) • Alexis AUBESPIN (Directeur administratif) • Florence DONNADIEU (Relations presse) • Guillaume NATUREL (Directeur pédagogique)

Stage festival de Barcelonette et en Ubaye • **Genre(s) musical(aux)** : Jazz sous forme de stage-festival • **Période** : Fin juil. (du 15 au 28 en 2013) • **Clôture de la programmation** : Fév. • **Lieu(x)** : Parc la Sapinière et Pl. Manuel (Barcelonnette) • **Références** : Melody Gardot, Roberto Fonseca, Marcus Miller

Les ESCALES DU CARGO

✆ **04 90 49 55 99** • fax 04 90 18 96 19
info@cargodenuit.com • **www.cargodenuit.com**
c/o Asso. Andromède • 7-9 av. Sadi Carnot • 13200 **ARLES**

Jean-Marc PAILHOLE (Directeur artistique) • Julien PAULETTO (Programmateur) • Morgane ROBCIS (Responsable de la communication)

Genre(s) musical(aux) : Musiques actuelles • **Période** : 17 au 19 juil. 2013 • **Clôture de la programmation** : Mars • **Lieu(x)** : Théâtre antique d'Arles • **Références** : Lou Doillon, Lilly Wood and the Prick, Hugh Laurie, Team Ghost, Archive

FAVEURS DE PRINTEMPS

info@tandem83.com • **www.tandem83.com**
c/o Tandem • 19 rue Paul Lendrin • BP 715 • 83052 **TOULON CEDEX**

Sylvain BESSE (Directeur) • Virginie BAUDINO (Administratrice) • Cyrielle MESNIER (Chargée de communication)

Genre(s) musical(aux) : Rock, folk rock, chanson • **Période** : Mi avril • **Clôture de la programmation** : Jan. • **Lieu(x)** : Théâtre Denis et Eglise Anglicane (Hyères) • **Références** : El Botcho, Arlt, Hannah, Isaya, Julien Ribot, Monogrenade, Matt Elliot, Erevan Tusk, Ewert and the Two Dragons, etc.

FESTIVAL DE LA CHANSON FRANCAISE DU PAYS D'AIX

✆ **06 82 78 11 65 / 06 63 16 99 59**
fcf.aix@wanadoo.fr • **www.festival-chanson-francaise.com**
Le Patio • 1 pl. Victor Schoelcher • 13100 **AIX EN PROVENCE**

Patricia PELISSIE (Déléguée générale)

Genre(s) musical(aux) : Chanson française • **Période** : Fin Sep. début Oct. • **Clôture de la programmation** : Mars • **Lieu(x)** : Salle du Bois de l'Aune, l'Aiguille • **Références** : Almereyda, Fabien Sacco, Olivier Beranger, Yves Jamait, Croch & Tryolé

FESTIVAL DES ALPILLES

✆ **04 90 54 85 65 / 06 24 62 02 65**
festivaldesalpilles@gmail.com • **festivaldesalpilles.eklablog.com**
Association chant du sol • Mas du Soleil - Grand Draille • 13990 **FONTVIEILLE**

Vincent BERTOMEU (Directeur) • Sandrine MARSEILLE (Comptable)

Genre(s) musical(aux) : Blues, country, musiques du monde • **Période** : du 29 juin au 22 août 2013 • **Clôture de la programmation** : Oct. • **Lieu(x)** : Communes des Alpilles de Provence : Lamanon, Saint-Andiol, Tarascon, Les Baux • **Références** : Republica democratica del Mambo (Fiesta de Cuba), Nina Van Horn (Iam du blues), Bella ciao (italianissimo), Geoffrey Oryema (Afrique en rythmes), Derry Lyam (Irish music and dance), etc.

FESTIVAL INTER. DE PIANO DE LA ROQUE D'ANTHÉRON

✆ **04 42 50 51 15** • fax 04 42 50 46 95
info@festival-piano.com • **www.festival-piano.com**
Parc du Château de Florans • 13640 **LA ROQUE D'ANTHERON**

Jean Pierre ONORATINI (Président) • René MARTIN (Directeur artistique)

Genre(s) musical(aux) : Autour du piano classique, jazz • **Période** : Mi juil. à mi août • **Clôture de la programmation** : Avr. • **Lieu(x)** : Carrières de Rognes, Temple de Lourmarin, Abbaye de Silvacane, Etang des Aulnes, Parc du Château de Florans, Théâtre des Terrasses à Cordes, Château Bas à Mimet, etc. • **Références** : 2013 Jazz : Aufgang, Thomas Enhco, Stefano Bellani, 2 « Nuits du jazz » avec Roberto Fonseca, Jorge Chicoy et Shibusa Shirazu Orchestra (direction Daisuke Fuwa) + Yaron Yerman, Emile Parisien, Jacky Terresson, Cecile McLorin Salvant, Michel Portal et Stéphane Belmondo

FIESTA DES SUDS

✆ **04 91 99 00 00** • fax 04 91 91 73 85
fiesta.des.suds@orange.fr • **www.dock-des-suds.org**
c/o Latinissimo/Dock des Suds • BP 30025 • 13568 **MARSEILLE CEDEX 02**

Bernard AUBERT (Directeur artistique) • Jean HUBERT (Directeur) • Florence CHASTANIER (Déléguée générale) • Lucie TAURINES (Responsable de la communication) • Séverine MATTEI (Chargée de production artistique) • Olivier REY (Attaché de presse)

Musiques et arts du monde • **Genre(s) musical(aux)** : World (musiques vivantes des suds), musiques actuelles • **Période** : Oct. • **Clôture de la programmation** : Juil. • **Lieu(x)** : Dock des Suds (Marseille) • **Références** : Goran Bregovic, Imothep, Shurik'n, Deluxe, Deschannel, Banda Du Dock, DJ Rebel & DJ Djel, Dionysos, Zebda, El Gusto, Nevchehirlian, Gari Greu, DJ Bobzilla, Raggasonic, Roberto Fonseca, Antibalas, etc.

JAZZ À JUAN

✆ **04 97 23 11 11** • fax 04 97 23 11 12
jazzajuan@antibesjuanlespins.com • **www.jazzajuan.fr**
Office du Tourisme et des Congrès • Direction artistique 11 pl. de Gaulle
BP 37 • 06601 **ANTIBES CEDEX**

Philippe BAUTE (Directeur de l'Office du tourisme et des congrès) • Jean-René PALACIO (Directeur artistique) • Audoin RAMBAUD (Adjoint à l'événementiel)

Festival international de jazz de Juan Les Pins • **Genre(s) musical(aux)** : Jazz, blues, gospel, salsa • **Période** : 12 au 21 juil. 2013 • **Clôture de la programmation** : Avr. • **Lieu(x)** : Antibes, Juan les Pins (Pinède Gould), scène ouverte sur la mer • **Références** : Diana Krall, Melody Gardot, Sting, Wayne Shorter, Wynton Marsalis, Marcus Miller, Tower of Power, The Temptations, Avishai Cohen, Roberto Fonseca, Hiromi Uehara, Ibrahim Maalouf, Melanie Scholtz (lauréate 2012 « Révélations Jazz à Juan »)

JAZZ À PORQUEROLLES

✆ **01 53 14 32 28** • fax 01 53 14 32 28
jazzaporquerolles@live.fr • **www.jazzaporquerolles.org**
Rue de la Douane • 83400 **PORQUEROLLES**

Frank CASSENTI (Président) • Samuel THIEBAUT (Directeur) • Émilie ZOULIKIAN (Administratrice) • Tiphaine SAMSON (Chargée de communication et partenariat) • Maïa NOIROT (Chargée des actions culturelles et des relations avec les publics)

Genre(s) musical(aux) : Jazz • **Période** : Du 9 au 13 juillet 2013 • **Lieu(x)** : Fort de Sainte Agathe (Porquerolles) • **Références** : Diego Imbert & Michel Perez, Magic Malik & Vincent Segal, Vitto Meirelles, Carlos Maza, Aldo Romano, Ballaké Sissoko, etc.

JAZZ À RAMATUELLE

✆ **04 94 79 10 29 / 06 81 36 41 30 / 06 76 47 20 97**
fax 04 94 79 10 29
jazzarama@wanadoo.fr • **www.jazzaramatuelle.com**
3 av. G. Clémenceau • 83350 **RAMATUELLE**

Denis ANTOINE (Président) • Dario OBERTO (Contact)

Genre(s) musical(aux) : Jazz • **Période** : 16 au 20 août 2013 • **Clôture de la programmation** : Mars • **Lieu(x)** : Théâtre de Verdure (1 000 pl.) • **Références** : Giovanni Mirabassi Trio avec Glenn Ferris & Flavio Boltro, Stefano Bollani Danish Trio avec Enrico Rava, Rosario Bonaccorso Travel Notes Tour Quartet avec Stefano Di Battista, Pierrick Pedron « Kubic's Monk » Trio, Yaron Herman Alter Ego Quintet

JAZZ À TOULON

✆ **04 94 09 71 00** • fax 04 94 09 72 24
cofs.toulon@wanadoo.fr • **www.jazzatoulon.com**
c/o Comité Officiel des Fêtes • Pl. Raimu - Imm. Renaissance
83000 **TOULON**

Daniel MICHEL (Directeur artistique)

Genre(s) musical(aux) : Jazz • **Période** : Du 18 juil. au 9 août en 2013 • **Clôture de la programmation** : Jan. • **Lieu(x)** : Plages du Mourillon, quai du Parti et différentes places de quartier • **Références** : Raphael Gualazzi, Éric Légnini, Manu Katché, Greg Zlap, Electro DeLuxe, Florin Niculescu, les Voice Messengers, etc.

JAZZ DES CINQ CONTINENTS

✆ **04 95 09 32 57** • fax 04 95 09 32 59
contact@ffj5c.com • **www.fj5c.com**
1 ue de la République • 13002 **MARSEILLE**

Régis GUERBOIS (Président) • Bernard SOUROQUE (Directeur artistique) • Claudine BICCHI (Secrétaire) • Hugues KIEFFER (Régisseur général) • Alexandre LERDA (Administrateur)

Festival • **Genre(s) musical(aux)** : Jazz, world • **Période** : Juil. (du 17 au 27 en 2013) • **Clôture de la programmation** : Jan. • **Lieu(x)** : Marseille : Jardins du Palais Longchamp, cours d'Estienne d'Orve, le Silo • **Références** : Diana Krall, Meshell Ndegeocello, George Benson, Hiromi Trio Project, Youn Sun Nah, Hugh Masekela, Archie Shepp, Eddy Louiss 7tet, Biréli Lagrène, Wayne Shorter, ACS (Allen- Carrington- Spalding), Gilberto Gil, Chic feat. Nile Rodgers, etc.

JAZZ FORT NAPOLÉON

✆ **04 94 87 83 43 / 04 94 06 96 60 / 04 94 06 84 00**
fax 04 94 30 63 65
laseyne-culture@voila.fr • **www.la-seyne.fr**
Direction Culture et Patrimoine • Place Martel Esprit
83500 **LA SEYNE SUR MER**

Robert BONACCORSI (Directeur artistique) • Jean-Christophe VILA (Responsable adjoint culture)

Genre(s) musical(aux) : Jazz, musiques improvisées • **Période** : Dernière semaine de juil. • **Clôture de la programmation** : Mars • **Lieu(x)** : Fort Napoléon (chemin Marc Sangnier, 83500 La Seyne/Mer, tél. : 04 94 87 83 43, fax : 04 94 30 63 65) • **Références** : Cyrus Chestnut Trio et Piero Odorici, Cedar Walton Trio, Vincent Peirani/Emile Parisien, Géraldine Laurent/Manu Codjia/ Christophe Marguet « Looking for Parker »

JOUTES MUSICALES DE PRINTEMPS

✆ **04 94 59 56 49** • fax 04 94 59 99 70
le-chantier@le-chantier.com • **www.le-chantier.com**
c/o Le Chantier • Fort Gibron • BP 24 • 83570 **CORRENS**

Françoise DASTREVIGNE (Directrice artistique) • Laurent SONDAG (Chargé de communication)

Genre(s) musical(aux) : Musiques traditionnelles et du monde • **Période** : Pentecôte (17 au 19 mai 2013) • **Clôture de la programmation** : Nov. • **Lieu(x)** : Correns : Théâtre de Verdure, salle la Fraternelle, Eglise, Parc de la Roquette, Place du village • **Références** : Lo Còr de la Plana, Mélonious Quartet, Zé Luis, Mascarimirí et Gitanistan Orkestra, Isabelle Bazin Quartet, Sébastien Bertrand « Grand'Danse Connection Club », etc.

LUBERON JAZZ FESTIVAL

✆ **04 90 74 55 98**
contact@luberonjazz.net • **www.luberonjazz.net**
c/o Association Kiosque • BP 30014 • 84401 **APT CEDEX**

Charlotte RIVIERE (Directrice) • Pascal JOUVAL (Chargé de communication) • Laure MELIA (Chargé de production)

Genre(s) musical(aux) : Jazz, musiques improvisées • **Période** : Du 4 au 9 juin 2013 pour le festival - Nov. 2013 pour le « Rural Detour » • **Clôture de la programmation** : Nov. • **Lieu(x)** : Apt, Communauté de communes de Pont Julien et du pays d'Apt. • **Références** : Sandra Nkaké, Didier et Francis Lockwood, Louis Sclavis, Céline Bonacina, Marcel et Solange, Vincent Peirani, Airelle Besson/Nelson Véras, Mille orchestra, Levin Norwood, fanfare Electriquélectrique, etc.

MARSATAC

✆ **04 91 84 74 63** • fax 04 91 84 35 71
marsatac@marsatac.com • **www.marsatac.com**
c/o Orane • 70 rue Consolat • BP 20038 • 13001 **MARSEILLE**

Béatrice DESGRANGES (Directrice) • Dro KILNDJIAN (Programmateur) • Laurence CHANSIGAUD (Chargé de communication)

Genre(s) musical(aux) : Musiques électroniques, hip hop, drum'n'bass, afrobeat, rock, etc. • **Période** : 19 au 29 sep. 2013 • **Clôture de la programmation** : Juin • **Lieu(x)** : Marseille (Docks des Suds), Nîmes (Paloma) • **Références** : X-Zibit, Applause, Anthony Joseph, Pigeon John, Theophilus London, Death In Vegas, Yuksek, Chinese Man, Brodinski, The Do, The Shoes, etc.

MARSEILLE ROCK ISLAND

contact@marseille-rockisland.fr • **www.marseille-rockisland.fr**
Viktoria • BP 80922 • 13567 **MARSEILLE CEDEX 02**

Ludivine HESSMANN (Responsable logistique et production) • Charles BARTHÉLÉMY (Responsable artistique)

Genre(s) musical(aux) : Pop, musiques électroniques • **Période** : 27, 28, 29 juin 2013 • **Lieu(x)** : Fort Entrecasteaux, Marseille • **Références** : Breakbot, Kavinski, Rone, Mermonte, Kiko, Joris Delacroix, etc.

MAS EN CONCERT

✆ **04 94 81 56 83 / 06 13 05 40 95** • fax 04 94 55 51 84
info@lemas-concert.com • **www.lemas-concert.com**
Le Mas • 514 ch. de Saint-Tropez • 83480 **PUGET SUR ARGENS**

Sébastien COSTAMAGNA (Responsable du festival)

Genre(s) musical(aux) : Chanson, pop, folk, musiques du monde, jazz • **Période** : De juin à août • **Clôture de la programmation** : 31 mars • **Lieu(x)** : Mas des Escarvatiers (plein air) • **Références** : The Shoes, Izia, 1995, Groundation, Revolver, Le Peuple de l'Herbe, Olivia Ruiz, Paris Combo, etc.

MIDEM FESTIVAL

✆ **01 79 71 90 00** • fax 01 79 71 90 60
info@midem.com • **www.midemfestival.com**
27 quai Alphonse Le Gallo • CS 10026
92513 **BOULOGNE BILLANCOURT CEDEX**

Paul ZILK (PDG) • Delphine GROSPIRON (Live Music Director)

Genre(s) musical(aux) : Ts • **Période** : 26 au 29 jan. 2013 • **Lieu(x)** : Chapiteau sur la Croisette + Off divers lieux sur la ville, Palais du Festival (Nice) • **Références** : Shaka Ponk, Orelsan, The Ting Tings, Stuck in the Sound, Brigitte, Selah Sue, etc.

MIDI FESTIVAL

✆ **09 53 01 55 04**
contact@midi-festival.com • **www.midi-festival.com**
21 rue Mirabeau • 83000 **TOULON**

Frédéric LANDINI (Directeur artistique) • Béatrice MINICONI (Production) • Mélissa (Relations presse) • Nathalie ENAMORADO (Communication et partenariat)

Genre(s) musical(aux) : Rock, folk, pop, musiques électroniques, expérimentales • **Période** : 26 au 28 juil. 2013 • **Clôture de la programmation** : Avril • **Lieu(x)** : Plage de l'Almanarre, Hippodrome de la plage (juil)., Opera, Le Crepe Délice, Bar A Thym (Toulon) (déc.), Villa Noailles • **Références** : Sbtrkt, Bon Iver, Disclosure, Willy Moon, Nite Jewel, Palma Violets

Festival **MIMI**

✆ **04 95 04 95 50** • fax 04 95 04 95 55
contact@amicentre.biz • **www.amicentre.biz**
c/o AMI, Friche La Belle de Mai • 41 rue Jobin • 13003 **MARSEILLE**

Ferdinand RICHARD (Directeur / Programmateur) • Elodie LE BREUT (Conseillère artistique) • Nathalie PAPPALARDO (Responsable du pôle Production) • Julien VALNET (Chargé de communication)

Genre(s) musical(aux) : Festival de musiques innovatrices • **Période** : Déb. juil. • **Clôture de la programmation** : Dec. • **Lieu(x)** : Hôpital Caroline sur les Iles du Frioul à Marseille • **Références** : Rayes Bek, Frank Dimech/Catherine Jauniaux/eRkm, Noël Achoté, Serge Kakudji, Iraka, Roolphe Burger, etc.

MUSIKS À MANOSQUE

✆ **04 92 70 34 19** • fax 04 92 70 34 24
alaffiche@live.fr • **www.adcalaffiche.fr**
39 rue Grande • 04100 **MANOSQUE**

Philippe PARZY (Chargé de communication programmateur) • Marie-Thérèse HUPONT (Président)

Genre(s) musical(aux) : Chanson, musiques du monde, rock, blues • **Période** : Juil. • **Clôture de la programmation** : déc./jan. • **Lieu(x)** : Parc de Drouille Manosque • **Références** : Jimmy Cliff, Zebda, HK & les Saltinbanks, Caravan Palace, Izia, Revolver, Corneille, Puggy, etc.

NICE JAZZ FESTIVAL

✆ **04 97 13 40 42 / 04 97 13 37 55**
info@nicejazzfestival.fr • **www.nicejazzfestival.fr**
Direction de la communication et de l'événementiel • Mairie de Nice
5 rue de l'Hôtel de Ville • 06364 **NICE CEDEX 4**

Dimitri TRIADAFILLIDIS (Directeur de l'Evénementiel) • Sébastien VIDAL (Directeur artistique) • Frédérica RANDRIANOME-KARSENTY (Responsable presse & production artistes) • Jennifer MOREAU (Attachée de presse)

Genre(s) musical(aux) : Jazz, blues, etc. • **Période** : 8 au 12 juil. 2013 • **Clôture de la programmation** : Mars • **Lieu(x)** : Jardin Albert 1er (Masséna) et Théâtre de Verdure • **Références** : André Ceccarelli, Guillaume Perret, Christian Scott, Earth Wind & Fire, Éric Legnini, Stéphane Belmondo, Ben Harper & Charlie Musselwhite, Robert Glasper, Kellylee Evans, Manu Katché, Stéphane Chausse & Bertrand Lajudie, José James, Youn Sun Nah, Gerald Clayton, Maceo Parker, Chick Corea, Tigran, Etienne M'Bappé, Shai Maestro, Esperaza Splalding, George Benson, Pedrito Martinez, Omer Avital, etc.

Les **NUITS CARRÉES**

✆ **06 10 24 10 42**
contact@nuitscarrees.com • **www.nuitscarrees.com**
BP 152 • 06603 **ANTIBES CEDEX**

Sébastien HAMARD (Directeur) • Mathieu FRANCO (Directeur technique) • Virginie BERNAD (Chargée de communication)

Genre(s) musical(aux) : Pop, jazz, electro, Black Music • **Période** : Dernier week end de juin • **Lieu(x)** : Amphithéâtre du Fort Carré d'Antibes • **Références** : Peter Von Poehl, Peter Watson, Pete Rock, Dafunks, Bumcello, Jazz Liberatorz, Akua naru, Erevan Tusk, Hugo Kant, Martin Key

Les **NUITS D'ISTRES**

✆ **06 31 50 46 41 / 04 42 55 52 28** • fax 04 42 55 58 46
resnault@istres.fr • **www.istres.fr**
27 avenue Adam de Craponne • 13800 **ISTRES**

Rémi ESNAULT (Directeur)

Genre(s) musical(aux) : Chanson, jazz, world, etc. • **Période** : De 2 au 9 juil. en 2013 • **Lieu(x)** : Pavillon de Grignan à Istres • **Références** : Iam, Salif Keita, Mika, Pierre Henry

Les **NUITS DU SUD**

✆ **04 93 58 40 17** • fax 04 93 58 03 69
nuitsdusud@ville-vence.fr • **www.nuitsdusud.com**
Pl. du Grand Jardin • 06140 **VENCE**

Téo SAAVEDRA (Directeur artistique) • Marie GAUD (Assistant de direction) • Cécile BRONNER (Chargée de communication) • Gwendoline GOZZOLINO (Régisseur du festival)

Genre(s) musical(aux) : World, salsa, musique latino-américaine, afro music, latin jazz, etc. • **Période** : 12 juil. au 10 août 2013 • **Clôture de la programmation** : Jan. • **Lieu(x)** : Vence (pl. du Grand Jardin) • **Références** : Zucchero, Patti Smith, Chic feat. Nile Rodgers, Cali, La Grande Sophie, Amadou & Mariam, Salif Keïta, Rocio Marquez, Liz Wright, Taj Maha, Goran Bregovic, Malavoi, Criolo, Rachid Taha, La Grande Sophie, Gianmaria Testa, La 33, Popa Chubby, Lo Griyo, Flavia Coelho, Warsaw Village Band, Amparo Sanchez, Nina Attal, Groundation, etc.

NUITS MÉTIS

✆ **04 90 58 98 09** • fax 04 90 58 96 72
nuitsmetis@yahoo.fr • **www.nuits-metis.org**
c/o MJC Miramas • 11 bis bd A. Briand • 13140 **MIRAMAS**

Marc AMBROGIANI (Directeur de la production) • Chloé MARCHAND (Administratrice)

Genre(s) musical(aux) : Musiques d'Afrique de l'Ouest, actuelles, arts de la rue, création • **Période** : Juin • **Clôture de la programmation** : Jan. • **Lieu(x)** : Miramas • **Références** : Massilia Sound System, Danakil, Flavia, HK & Les Saltimbanks, Mascarimiri, Temenik Electric, Kabbalah, etc.

PANTIERO

✆ **04 92 99 33 83** • fax 04 92 99 33 84
programmation@palaisdesfestivals.com • **www.festivalpantiero.com**
SEMEC • Palais des Festivals et des Congrès, la Croisette • CS 30051
06414 **CANNES CEDEX**

Jean-Marie SEVAIN (Directeur artistique) • Sophie DUPONT (Directrice adjointe) • Eurielle DESEVEDAVY (Coordinatrice générale)

Genre(s) musical(aux) : Électro, dub, hip hop, electro jazz, world, électro-clash, techno, rock indé • **Période** : Mi août • **Clôture de la programmation** : Mars • **Lieu(x)** : Terrasse, Palais des Festivals, Cannes • **Références** : Midnight Juggernauts, Yuksek, Sébastien Tellier, Antipod, Ratatat, Garfield, The Invisible, Poney Poney, Justice, etc. Paul Kaklbrenner, Trentmoller, Dj Shadow, 2many dj's, etc.

PLAGE DE ROCK

✆ **04 94 79 09 09**
prairies@riviera-villages.com • **www.myspace.com/plagederock**
Quartier Saint Pons • Les Prairies de la Mer • 83310 **GRIMAUD**

David LUFTMAN (Directeur) • Habib ACHOUR (Programmateur) • Gwenola LE BRIS

Genre(s) musical(aux) : Rock • **Période** : Pas d'edition 2013 ni 2014 • **Lieu(x)** : Prairies de la Mer (Golf de St-Tropez) • **Références** : Blood Red Shoes, Bang Bang, P. Watson & The Wooden Arms, General Electriks, Dondolo, Dum Dum Girls, Dandy Warhols, Pigeon John, Anna Calvi, Cold War Kids, etc.

Les **PLAGES ELECTRONIQUES**

✆ **06 18 07 06 90**
contact@panda-events.com • **www.plages-electroniques.com**
c/o PANDA EVENTS • 99 - 101 route de Canta Gallet • 06200 **NICE**

Gaby DE VILLOUTREYS (Directeur artistique) • Matthieu COROSINE (Responsable partenariats) • Benoît GELI (Organisateur) • Giovanni MEREGAGLIA (Administrateur) • Yan DEGORCS-DUMAS (Responsable de la communication)

Genre(s) musical(aux) : Musiques électroniques • **Période** : Mercredis 10, 17, 24, 31 juil. + 18 août 2013 • **Clôture de la programmation** : Fév. • **Lieu(x)** : Plages du Palais des Festivals, Cannes • **Références** : Busy P, C2C, Krazy Baldhead, Dorian Craft, Surkin, etc.

Les **POLYMUSICALES DE BOLLÈNE**

✆ **04 90 40 51 34** • fax 04 90 40 51 32
bibliotheque@ville-bollene.fr • **www.bollene.com**
Service animations/spectacles • BP 207 • 84505 **BOLLENE CEDEX**

Evelyne SAMSON

Genre(s) musical(aux) : Variétés, jazz • **Période** : Juil.-août • **Clôture de la programmation** : Oct. • **Lieu(x)** : Collégiale (250 pl.), pl. de la Mairie • **Références** : G. Montagné, H. Léonard, etc.

PROG'SUD FESTIVAL

✆ **04 91 63 16 43**
progsud@numericable.fr • **www.progsudfestival.fr**
Prog'Sud Organisation • 1 plateau de l'église • 13014 **MARSEILLE**

Eliane ARMANSA (Présidente)

Genre(s) musical(aux) : Rock progressif • **Période** : 8 au 11 mai 2013 • **Clôture de la programmation** : Déc. • **Lieu(x)** : Salle Jas'Rod, les Pennes-Mirabeau • **Références** : Tony Levin, Lazuli, Eclat, Soft Machine, Caravan, Ange, Jerry Marotta, etc.

SECONDE NATURE

✆ **04 42 64 61 01**
contact@secondenature.org • **www.secondenature.org**
27 bis rue du 11 novembre • 13100 **AIX EN PROVENCE**

Raphaël SAGE (Directeur) • Aurélie OUANG (Administratrice) • Mathieu VABRE (Directeur artistique) • Jérôme FLAYAC (Communication)

Genre(s) musical(aux) : Arts numériques et musiques électroniques • **Période** : • **Clôture de la programmation** : Fin fév. • **Lieu(x)** : Cité du Livre • **Références** : Fujiya & Miyagi, Moderat (Modeselektor, Apparat & Pfadfinderei), Danton Eeprom, Ivan Smagghe, Andrew Weatherall, The Chap, Tim Exile, Metronomy, The Emperor Machine, Mathew Jonson, Chloé, Vincent Elka, Théâtre du Centaure, Adelin Scheitzer, etc.

Les SUDS À ARLES

✆ **04 90 96 06 27** • fax 04 90 96 79 48
contact@suds-arles.com • **suds-arles.com**
66 rue du 4 septembre • 13200 **ARLES**

Marie-José JUSTAMOND (Directrice artistique) • Stéphane KRASNIEWSKI (Administrateur) • Florence ROUMY (Chargée de communication) • Guillaume DUBOIS (Régisseur général) • Margaux VIDAL (Chargée de production) • Loic BASTOS (Chargé du développement de projet)

Genre(s) musical(aux) : Musiques du monde • **Période** : 8 au 14 juil. 2013 • **Clôture de la programmation** : Fév. • **Lieu(x)** : Théâtre Antique (2500 pl.), Cour de l'Archevêché (400 pl.), Atelier des forges (2000 pl.), musées départementaux, rues et pl. de la ville d'Arles, Salin-de-Giraud • **Références** : Rokia Traore, Baloji, Jadayel, Fanfarai, Goran Bregovic, Sam Lee, Melody Gardot, Didier Awadi, Dj Uzun, Urna, Lindigo, Remy Kolpa Kopoul (Dj RKK), En Chordais, Alela Diane, Miguel Poveda, Big Buddha, Moussu T e Lei Jovent, Acoustic Africa, Ballake Sissoko & Vincent Segal, Chicuelo II, En Chordais, Jean Pierre Lafitte, La Horde, Lo Cor de da Plana, Magic Malik, Mathias Duplessy, Reno Daniaud, etc.

TREMPLIN JAZZ D'AVIGNON

✆ **04 90 82 95 51**
trempjazz@wanadoo.fr • **trempjazz.com**
c/o Association Tremplin Jazz • 15 rue Paul Mérindol • 84000 **AVIGNON**

Robert QUAGLIERINI (Président) • Jean-Michel AMBROSINO (Coprésident) • Jeff GAFFET (Coordinateur) • Michel EYMENIER (Conseiller artistique)

Genre(s) musical(aux) : Jazz • **Période** : Début août • **Clôture de la programmation** : Déc. • **Lieu(x)** : Cloître des Carmes • **Références** : Ibrahim Maalouf, Pierrick Pedron, Yussef Dhafer, Elisabeth Kontomanou, candidats du Tremplin jazz

Les VOIX DU GAOU

✆ **04 91 80 10 89** • fax 04 91 80 11 84
sudconcerts@sudconcerts.net • **www.voixdugaou.fr**
Sud Concerts • 255 av. du Prado • Bât. C • 13008 **MARSEILLE**

Rabah HOUIA (Directeur) • Erika ENAULT (Administration et finance) • Fréderique MARROC (Responsable de la programmation) • Albert PEIRAT (Directeur technique) • Marine BENSALMA (Relations presse) • Camille SOLER (Responsable de l'écocitoyenneté) • Stéphanie NOGUES (Communication) • Marine BERNARD-HERVÉ (Chargée des partenariats) • Emmanuelle ROBERT (Relations publiques)

Genre(s) musical(aux) : Éclectiques • **Période** : Juil. • **Clôture de la programmation** : Fév./mars • **Lieu(x)** : Île du Gaou • **Références** : Ben Harper, Sting, Gossip, Band of Skulls, Mina May, Anaïs, Arthur H, Andromakers, Hannah, Alborosie & Shengen clan, Macka B & Roots Ragga Band, Lee Perry & The Robotiks, etc.

YEAH !

contact@festivalyeah.fr • **festivalyeah.fr**
Ch. de Vitas • 84160 **LOURMARIN**

Laurent GARNIER (Programmateur) • Nicolas GALINA (Programmateur) • Arthur DURIGON (Programmateur) • Nicolas GRASSET (Communication)

Genre(s) musical(aux) : Musiques électroniques, rock, pop • **Période** : 7 au 9 juin 2013 • **Lieu(x)** : Château, village, temple de Lourmarin • **Références** : Hushpuppies, Laurent Garnier, Lescop, Narrow Terence, Zombie Zombie, Allah-Las, etc.

RHÔNE-ALPES

Les 24 HEURES DE L'INSA DE LYON

✆ **04 72 43 70 00** • fax 04 72 43 87 37
concerts@24heures.org • **www.24heures.org**
C/o Campus LyonTech/la Doua • 20 av. Albert Einstein • Bât D
69621 **VILLEURBANNE CEDEX**

Genre(s) musical(aux) : Rock, reggae, funk, pop, électro, hip hop, etc. • **Période** : 17 au 19 mai 2013 • **Clôture de la programmation** : Mi-mars • **Lieu(x)** : Campus de la Doua (Villeurbanne) • **Références** : ShakaPonk, Skip the use, Kiemsa, Nasser, Delorentos, The Surgeries, Playme, K-Le Son, Aaren Reale, Destronics, Virgin Radio Dj's, The Elderberries, The Dodoz, Madame Olga, Loo & Placido Elektrocube, Glasgow, Housse de racket

Festival 6E CONTINENT

✆ **04 37 28 98 71 / 06 73 10 19 74**
sixiemecontinent@wanadoo.fr • **www.sixiemecontinent.net**
51 rue St-Michel • 69007 **LYON**

Mohamed SIDRINE (Directeur)

Genre(s) musical(aux) : Musiques du monde, musiques électroniques • **Période** : 30 mai - 2 juin 2013 • **Clôture de la programmation** : Déc. • **Lieu(x)** : Parc de Gerland, Lyon et agglomération • **Références** : Balkan Beat Box, OBF Feat Shanti D, Captain Cumbia Feat El Piru, Dj Driss, Mazal, Kumpania Beats, Harage Mc, Sons Libres, Gadjo Loco, etc.

A VAULX JAZZ

✆ **04 78 79 52 35** • fax 04 78 79 52 36 / 04 78 79 52 34
thierry.serrano@vaulx.sitiv.fr • **www.avaulxjazz.com**
c/o Service culturel • 55 rue de la République • 69120 **VAULX EN VELIN**

Thierry SERRANO (Directeur) • Charlène MERCIER (Hors les murs) • Myriam LAGATI (Assistante)

Genre(s) musical(aux) : Jazz, blues • **Période** : Mars (du 14 au 23 en 2013) • **Clôture de la programmation** : Nov. • **Lieu(x)** : Centre culturel Charlie Chaplin • **Références** : Dianne Reeves, Cécile McLorin, Gregory Porter, le Amazing Keystone Big Band, Youn Sun Nah, Paolo Fresu Brass Bang, Francesco Bearzatti, Jean Marie Machado et André Minvielle, Emile Parisien et Vincent Peirani, Imperial Quartet, Das Kapital, Chromb !, JJ Milteau, Malted Milk, Richard Galliano « Nino Rota »

ARDÈCHE ALUNA FESTIVAL

✆ **06 24 08 92 83**
contact@aluna-festival.fr • **www.ardeche-festivaluna.com**
Asso Festiv'Aluna Ruoms • Route de Lagorce • 07120 **RUOMS**

Jean BOUCHER (Organisateur)

Genre(s) musical(aux) : Musiques actuelles (chanson, world, jazz, gospel, etc.) • **Période** : 13 au 15 juin 2013 • **Lieu(x)** : Ruoms (Ardèche) • **Références** : Danakil, Dub Inc., Mikey Roots, Patrice, AaRON, Joe Cocker, Louis Bertignac, Yaël Naïm, Ginkgoa, Imany, Jenifer, Karimouche, Louis Chedid, Yannick Noah, Johnny Hallyday, The Cranberries, Dionysos, Thomas Dutronc, etc.

ATTENTION LES FEUILLES

✆ **04 50 22 39 97 / 04 50 24 49 10** • fax 04 50 22 39 58
rabelais@agglo-annecy.fr • **www.rabelais-spectacles.com**
c/o Le Rabelais • 21 route de Frangy • 74960 **MEYTHET**

Laurent BOISSERY (Directeur)

Genre(s) musical(aux) : Chanson • **Période** : Oct. • **Clôture de la programmation** : Fév. • **Lieu(x)** : une trentaine dans l'agglo d'Annecy • **Références** : Barbara Carlotti, La Mordue, Lili Cros, Marcel Kanche, Ours, Emily Loizeau, Gérard Morel, etc.

Les AUTHENTIKS

✆ **04 74 53 08 59** • fax 04 74 31 78 59
prodloco@orange.fr • **www.locomysic.com**
4 rue Joseph Martin • 38200 **VIENNE**

Régis GARNON (Directeur) • Éric PRENOT (Chargé de production)

Genre(s) musical(aux) : Musiques actuelles • **Période** : 19 juil. 2013 • **Clôture de la programmation** : Mars • **Lieu(x)** : Théâtre Antique de Vienne + 2 scènes en centre-ville • **Références** : H-F. Thiéfaine, Izia, Groundation, Klub des Loosers, Foreign Beggars, etc.

AVATARIUM

contact@avataria.org • **www.avataria.org**
BP 237 • 42006 **ST ETIENNE**

Dominique BERTHET (Directeur)

Genre(s) musical(aux) : Rock, électro, minimal, indus, dub • **Période** : Fin mars • **Clôture de la programmation** : Fév. • **Lieu(x)** : Musée de la Mine de Saint-Etienne (500 pl.) • **Références** : Burning Heads, Stink Sisters, Chain Reaction, US Maple, High Tone, Aba Shanti, Twilight, Le Tigre, Pole, Spectre, Techno Animal, DJ Rupture, Lydia Lunch, Label Anticon, etc.

CABARET FRAPPÉ

✆ **04 76 00 76 85** • fax 04 76 00 76 70
contact@cabaret-frappe.com • **www.cabaret-frappe.com**
Hôtel de Ville • 11 bd Jean-Pain • BP 1066 • 38021 **GRENOBLE CEDEX**

Loran STAHL (Directeur / programmateur) • Vincent BROCKER (Directeur adjoint) • Julie BLANC (Chargée de communication)

Genre(s) musical(aux) : Musiques actuelles • **Période** : 22 au 27 juil. 2013 • **Clôture de la programmation** : Fin mars • **Lieu(x)** : Jardin de ville de Grenoble • **Références** : The Shoes, Tony Allen's « Black Series » Feat Amp Fiddler & Ty, The Excitements, Ewert & The Two Dragons, Emel Mathlouthi, Shaolin Temple Defenders, Pad Brapad, Modern Folks, etc.

CHANGEZ D'AIR

✆ **04 78 57 05 55** • fax 04 78 44 67 23
changezdair@gmail.com • **changezdair.blogspot.com**
3 rue Piccandet • 69290 **ST GENIS LES OLLIERES**

Yannick ROCHE (Administrateur) • Francis RICHERT (Programmateur)

Genre(s) musical(aux) : Musiques actuelles • **Période** : 23 au 25 Mai 2013 • **Clôture de la programmation** : Déc. • **Lieu(x)** : L'Escale (St-Genis) • **Références** : Sanseverino, Luke, Renan Luce, Anis, Sliimy, Karimouche, Carmen Maria Vega, Zaza Fournier, etc.

Les CHANTS DE MARS

✆ **04 78 42 48 71** • fax 04 78 92 81 38
info@leschantsdemars.com • **www.leschantsdemars.com**
MJC du Vieux Lyon • 5 pl. St Jean • 69005 **LYON**

Eve DENEUCHE (Chargée de communication) • Gaelle BARBIER (Chargée de communication) • Christine AZOULAY (Chargée de communication)

Genre(s) musical(aux) : Chanson • **Période** : Mars • **Clôture de la programmation** : Fin juin • **Lieu(x)** : Salle des Rancy, Salle Leo Ferré, Marché Gare, Ninkasi Kao, Salle Paul Garcin, l'Epicerie Moderne, De l'autre coté du pont, Maison des associations du 4e • **Références** : Alexis HK, David Suissa, Mathieu Boogaerts, Denis Rivet, Michele Bernard, Jeanne Garraud, Bernard Adamus, Loïc Lantoine, Frederic Bobin, Lenine Renaud, etc.

Les CONCERTS DU PALAIS IDÉAL

✆ **04 75 68 81 19 / 04 75 68 74 96**
marie-jose.georges@facteurcheval.com • **www.facteurcheval.com**
Palais idéal du Facteur Cheval • 8 rue du Palais • 26390 **HAUTERIVES**

Marie-José GEORGES (Directrice)

Jazz au Palais et Musicales du Palais • **Genre(s) musical(aux)** : Chanson, Jazz • **Période** : Fin juin & 3 sam. en juil. • **Clôture de la programmation** : Fin nov. • **Lieu(x)** : Palais idéal du Facteur Cheval • **Références** : « Jazz au Palais » (juin) avec Hugh Coltman, ElliottnMurphy, Jean-Luc et Clara Ponty + «Les Musicales du Palais (juil.) avec Alela Diane, Jacques Higelin, Benjamin Biolay

COSMO JAZZ FESTIVAL

✆ **04 50 53 00 24 / 06 70 88 54 28**
info@cosmojazzfestival.com • **www.cosmojazzfestival.com**
Office du tourisme de Chamonix • 85 Place du Triangle de l'Amitié 74400 **CHAMONIX MONT BLANC**

André MANOUKIAN (Directeur artistique) • Carine ZUBER (Programmatrice) • Laure CHATELARD (Relations presse)

Genre(s) musical(aux) : Jazz • **Période** : Fin juil (du 25 au 29 en 2013) • **Lieu(x)** : Chamonix dans divers lieux, mais aussi le Belvédère Planpraz-Brévent, le Plan de l'Aiguille du Midi, etc. • **Références** : 2013 : Malcolm Braff, Vinx, Erik Truffaz, Jacques Schwarz-Bart, Moonlight Benjamin & Sonny Troupé, Youn Sun Nah & Ulf Wakenius, Julian Sartoius, Bojan Z, Shaï Maestro, Mohamed Abozekry Heejaz, Trilok Gurtu

CREST JAZZ VOCAL

✆ **04 26 60 38 43** • fax 04 75 76 76 38
contact@crestjazzvocal.com • **www.crestjazzvocal.com**
Cours Joubernon • BP 524 • 26402 **CREST CEDEX**

Alain BELLON (Président) • Denise DERONZIER (Présidente d'honneur) • Corinne SIMION (Coordinatrice)

Festival jazz en Drôme • **Genre(s) musical(aux)** : Jazz, musiques actuelles • **Période** : 1re sem. d'août • **Clôture de la programmation** : Fév. • **Lieu(x)** : Espace Soubeyran (3 000 pl.) • **Références** : Deluxe, Papanosh, Leyan & Skobb Le Roi, Trio Reis/Demuth/Wiltgen, Richard Galliano, Olivier Ker Ourio, Renaud Garcia-Fons, Francesco Bearzatti, Celine Bonacina, Nina Attal, Malted Milk, lauréat du concours de Jazz Vocal

Les DÉTOURS DE BABEL

✆ **04 76 89 07 16**
contact@detoursdebabel.fr • **www.detoursdebabel.fr**
Centre inter. des musiques nomades • 17 rue Bayard • 38000 **GRENOBLE**

Benoît THIEBERGIEN (Directeur artistique) • Jacques PANISSET (Conseiller artistique) • Joséphine GROLLEMUND (Administratrice) • Olivia LABAT (Administratrice de production) • Lorrreine PETTERS (Chargée de communication)

Festival des musiques du monde contemporain • **Genre(s) musical(aux)** : Nouvelles musiques : musique contemporaine, électroacoustique, musiques écrites et improvisées, spectacles multimédias, théâtre musical, installations sonores, Projets Musicaux transculturels • **Période** : 4 - 20 avr. 2013 • **Lieu(x)** : Une vingtaine de lieux sur Grenoble, l'agglomération grenobloise et le dpt de l'Isère • **Références** : Driss el Maloumi & Debashish Bhattacharya, Renaud Garcia Fons & l'Ensemble Razbar, Bintang Tiga & Musicatreize, Yom, Erol Josué, Campbell Brothers, Charles Lloyd & Maria Farantouri, collectif Hadra, etc.

Les ESTIVALES DU CHÂTEAU

✆ **04 79 70 63 50 / 04 79 70 63 55** • fax 04 79 70 63 01
marilyne.shulze@cg73.fr • **www.estivalesduchateau.com**
Conseil général de Savoie • c/o Direction Culture et Patrimoine • BP 1802 73018 **CHAMBERY CEDEX**

Philippe VEYRINAS (Directeur artistique)

Genre(s) musical(aux) : Jazz, world, chanson • **Période** : Fin juin à mi-juil. • **Clôture de la programmation** : Fev. • **Lieu(x)** : Cour d'honneur du château des ducs de Savoie (Chambéry) • **Références** : Raul Paz, Trio Rosenberg, etc.

FESTIVAL D'ÉTÉ DE VALENCE

✆ **04 75 79 23 50**
pierre.tabardel@mairie-valence.fr • **ville-valence.fr**
Direction de la culture • Théâtre de la ville • BP 2119
26021 **VALENCE CEDEX**

Pierre TABARDEL (Programmateur)

Genre(s) musical(aux) : Musique du monde, danse, electro, rock • **Période** : 4 au 30 juil. 2013 • **Clôture de la programmation** : Mars • **Lieu(x)** : Parcs Jouvet (3 000 pl. assises), différents parcs de la ville jusqu'à 15 000 pl., théâtre (380 pl.), rues • **Références** : Dionysos, Emily Loizeau, Yvan Bolloc'h et ma guitare, Salvatore Adamo, Slonovski Bal, Zoufris Maracas, Taksim Trio, Yalta Club, Arnaud Robotini, etc.

FESTIVAL DE JAZZ DU CHÂTEAU DE CLERMONT-EN-GENEVOIS

✆ **04 50 23 75 74** • fax 04 50 09 82 44
jazzclubannecy@aol.fr • **www.jazzclubannecy.com**
c/o Jazz Club d'Annecy/Hôtel Novel • 69 av. de France • 74000 **ANNECY**

Jean-François GOJON (Directeur)

Genre(s) musical(aux) : Jazz • **Période** : Dernier WE d'août (30-31 et 1er sept. en 2013) • **Clôture de la programmation** : Fév. • **Lieu(x)** : Château de Clermont-en-Genevois • **Références** : Benny Golson, Till Bronner, Santos Chillemi, Antonio Farao, Troc avec André Ceccarelli et Alex Ligertwood, Otis Grant, etc.

FESTIVAL DU COL DES 1 000

✆ **06 72 01 56 51 / 06 70 86 52 94**
info.coldes1000@gmail.com • **www.anamounto.com**
C/o Association Anamounto • Maison des associations • 2 pl. Stalingrad • 38500 **VOIRON**

Adrien HALUT (Chargé de production)

Genre(s) musical(aux) : Reggae, électro, hip-hop, dub, chanson, etc. • **Période** : 5, 6 juil. 2013 • **Clôture de la programmation** : Mars • **Lieu(x)** : Col des 1 000 Martyrs, Miribel les Échelles • **Références** : Biga Ranx, Hilight Tribe, Puppetmastaz, Radikal Guru, Channel One Sound System, etc.

FÊTES ESCALES À VENISSIEUX

✆ **04 72 50 69 04** • fax 04 72 21 44 77
mjacques@ville-venissieux.fr • **www.ville-venissieux.fr**
Hôtel de Ville • 5 av. Marcel Houël • BP 24 • 69631 **VENISSIEUX CEDEX**

Michel JACQUES (Directeur) • Audrey BERTRAND (Administratrice)

Genre(s) musical(aux) : Chanson française, world, musique improvisée, blues, rap, folk, etc. • **Période** : 11 au 14 juil. 2013 • **Clôture de la programmation** : Jan. • **Lieu(x)** : Parc Louis Dupic (Vénissieux) • **Références** : Miossec, Zebda, Cumbia Ya, Ray Lema, The Waggons, Under Kontrol, Ginkgoa, R.Wan, etc.

FOREZTIVAL

✆ **04 77 24 13 02**
foreztival.apij@laposte.net • **www.foreztival.com**
c/o Apij • Rue Jules Ferry • 42130 **BOEN**

Damien (Programmateur)

Genre(s) musical(aux) : Musiques actuelles • **Période** : 16 -17 aout 2013 • **Lieu(x)** : Site du Mortier (plein air) à Trelins • **Références** : Chinese Man, The Toy Dolls, Sergent Garcia, Dyonisos

FORT EN JAZZ

✆ **04 72 16 35 80** • fax 04 72 32 93 17
vbrujas@mairie-francheville69.fr • **www.mairie-francheville69.fr**
Direction des affaires culturelles • 1 rue Robert • 69340 **FRANCHEVILLE**

Valérie BRUJAS (Directrice)

Festival de jazz de Francheville • **Genre(s) musical(aux)** : Jazz • **Période** : 1re quinzaine de juin • **Clôture de la programmation** : Fin jan. • **Lieu(x)** : IRIS (Francheville) • **Références** : Bojan Z, Éric Legnini & The Afro Jazz Beat, Bumcello, Omar Sosa et Paolo Fresu, Kellylee Evans, etc.

GRESIBLUES FESTIVAL

✆ 06 07 27 21 02 / 06 89 44 66 23
gresiblues@gresiblues.com • **www.gresiblues.com**
Mairie • 700 Grande Rue • 38660 **LE TOUVET**

Brigitte NAKACHDJIAN (Présidente) • Paul PICO (Vice-président) • Gérard BIOTEAU (Programmateur)

Genre(s) musical(aux) : Blues • **Période** : Du 30 juin au 5 juill. en 2013 • **Clôture de la programmation** : Déc. • **Lieu(x)** : Festival itinérant entre Grenoble et Chambéry • **Références** : Thierry Anquetil, Véronica Sbergia, Cincinnati Slim, Rachelle Plas, Howlin' Blues Trio, Chapel Hill, Alain Giroux & jean-Marc Hénaux, Alexx & Moonshiners, Candye Kane, etc.

GUITARE EN SCÈNE

✆ 04 50 38 52 51 • fax 04 50 95 38 26
info@guitare-en-scene.com • **www.guitare-en-scene.com**
3 routes Vignes • BP 496 • 74164 **ST JULIEN EN GENEVOIS CEDEX**

Jacques FALDA (Président - directeur artistique)

Genre(s) musical(aux) : GT rock, blues, etc. • **Période** : 19-22 juil. 2013 • **Lieu(x)** : Saint-Julien en Genevois • **Références** : Popa Chubby, Biréli Lagrène, Betty LaVett, e Johnny Gallagher, Mark Herman, Brian May, Robert Cray, Shakra, Mark Knopfler

GUITARES

✆ 04 78 93 11 38 • fax 04 78 93 41 92
jcballet@wanadoo.fr • **www.netleoville.org**
c/o Espace Tonkin • 1 rue Salvador Allende • 69100 **VILLEURBANNE**

Patrick SILLANS (Président) • Jean-Claude BALLET (Directeur artistique) • Thierry GASSMANN (Régisseur)

Festival international de guitare • **Genre(s) musical(aux)** : Traditionnel, rock, jazz, classique • **Période** : Nov.-déc. • **Clôture de la programmation** : 15 avr. • **Lieu(x)** : 13 villes et 16 structures comme Espace Tonkin (Villeurbanne), la Tannerie (Bourg-en-Bresse), Théâtre l'Atrium (Tassin), Le Polaris (Corbas) • **Références** : Jack Bon, The Steady Rollin'men, Dawn Tyler & Paul Deslauriers, Trio Joubran, Juan Carmona, etc.

HADRA TRANCE FESTIVAL

✆ 04 38 49 29 44
hadra@hadra.net • **www.hadratrancefestival.net**
c/o Association Hadra • 51 bd Gambetta • 38000 **GRENOBLE**

Benoit ALLIROL

Genre(s) musical(aux) : Psytrance, progressive (scène principale), ambient, downtempo ; dub, dubstep, world (scène alternative) • **Période** : 22 août au 25 août 2013 • **Clôture de la programmation** : Fév. • **Lieu(x)** : Stade de Neige de Lans-en-Vercors • **Références** : Programmation en cours

Les INVITES DE VILLEURBANNE

✆ 04 72 68 90 16 • fax 04 72 34 19 25
direction@ateliers-frappaz.com • **invites.villeurbanne.fr**
c/o Ateliers Frappaz • 14-16 rue du Docteur Frappaz • 69100 **VILLEURBANNE**

Patrice PAPELARD (Directeur artistique Conception) • Guillaume BOURREAU (Programmateur musical associé) • Thibaut GIULIANI (Chargé de communication) • Cathy SERRA (Attachée de presse)

Genre(s) musical(aux) : Pluridisciplinaire, musiques actuelles, musiques du monde, arts de la rue • **Période** : 19 au 22 juin 2013 • **Clôture de la programmation** : Fin mars • **Lieu(x)** : Village du Centre, Square de la Doua, Centre-ville, Gratte-Ciel et quartiers de Villeurbanne (15 lieux) • **Références** : Brigitte Fontaine, General Elektriks, Hell's Kitchen, Rocé, Saul Williams, Sizarr, Success, Kokondo Zaz & Sahab Koando, etc.

JAZZ À MONTBRISON

✆ 04 77 96 39 16 / 04 77 96 39 12 • fax 04 77 96 39 48
culture@ville-montbrison.fr • **www.theatredespenitents.fr**
Théâtre des Pénitents • 4 bis pl. des Pénitents • 42600 **MONTBRISON**

Dominique CAMARD (Directeur) • Nathalie VIALARON (Chargée des relations publiques)

Genre(s) musical(aux) : Jazz • **Période** : Mars (du 12 au 29 en 2013) • **Clôture de la programmation** : Juin • **Lieu(x)** : Théâtre des Pénitents • **Références** : Jean-François Baëz, Jean-Charles Richard/Éric Prost, Kellylee Evans, Anne Paceo, Éric Teruel, Baptiste Trotignon, The Amazing Keystone Jazz Band, JJ Milteau, Joe Louis Walker, Stéphane Belmondo

JAZZ À VIENNE

✆ 04 74 78 87 87 • fax 04 74 78 87 88
contact@jazzavienne.com • **www.jazzavienne.com**
21 rue des Célestes • 38200 **VIENNE**

Christian TROUILLET (Président de l'EPIC Jazz à Vienne) • Stéphane KOCHOYAN (Directeur EPIC Jazz à Vienne) • Jean-Paul BOUTELLIER (Conseiller Fondateur) • Jean-Pierre VIGNOLA (Programmateur) • Reza ACKBARALY (Programmateur) • Jo PICCOLO (Administratrice) • Aurélie DUBOIS (Directrice de la communication) • Florie CHARNAY (Attachée de presse) • Benjamin TANGUY (Chargé de production programmateur)

Genre(s) musical(aux) : Jazz, blues, soul, Brésil, etc. • **Période** : Fin juin à mi-juil. + «Jazz à Vienne in Paris » (avril) + «Jazz à Vienne in Lyon session » (mai) à Lyon (Peririscope, Hot Club, Amphiopéra, etc) et Villeurbanne (Transbo) • **Clôture de la programmation** : Fév. • **Lieu(x)** : Théâtre antique (7 000 pl.), Club de Minuit (300 pl.), et 2 scènes extérieures - « Jazz à Vienne in Paris » (avril) : Jazz Club Etoile, Sunset, New Morning, Duc des Lombards • **Références** : Sonny Rollins, Chick Corea, George Benson, Erik Truffaz, Dee Dee Bridgewater/Ramsey Lewis, Charles Lloyd, Youn Sun Nah, etc.

JAZZCONTREBAND

✆ +41 22 307 10 40 / 06 61 97 48 26
karine@jazzcontreband.com • **www.jazzcontreband.com**
Le Chat noir • Rue Vautier • 1227 **CAROUGE (SUISSE)**

Roland LE BLEVENNEC (Directeur) • Karine RABUFFETTI (Coordinatrice) • Jean-Jacques TORDJMAN (Relations presse)

Festival transfrontalier Franco-Suisse • **Genre(s) musical(aux)** : Jazz et musiques du monde • **Période** : Oct. • **Clôture de la programmation** : Fin mai • **Lieu(x)** : France : Château Rouge (Annemasse), Brise Glace (Annecy), le Café de la maison du peuple - D'jazz au Bistro (St Claude), MAL (Thonon), e Centre culturel de Sallanches, la Comédie de Ferney, l'Esplnade du lac (Divonnes) - Suisse : Chat noir, Théâtre du Crochetan, AMR (Genève), Théâtre Forum Meyrin, etc. • **Références** : 45 concerts, 23 lieux avec Pat Martino, Robin McKelle & The Flytones, Bill Carrothers, Linda Jozefowski, Marcus Miller, Bojan Z, Vincent Ruiz Four, Soraya Berent Quintet, Yaron Herman, Gamblin Jazze-De Wilde Sextete, Marc Ducret Quintet « Real Thing #1 », No Square, Matthieu Miche/ Jean-Christophe Cholet, Bruno Tocanne, Marcel Kanche & I. Overdrive Trio interprètent Léo Ferré, Florin Niculescu, etc.

JUST ROCK

✆ 04 78 27 93 99 / 06 72 94 02 94 • fax 04 78 27 93 99
jerome@mediatone.net • **www.justrock.fr**
c/o Mediatone • 29 rue des Capucins • 69001 **LYON**

Jérôme LAUPIES (Coordinateur) • Éric FILLION (Chargé de communication) • Stéphane BEDJIDIAN (Chargé de production)

Genre(s) musical(aux) : Rock, pop, indie, folk, etc. • **Période** : Oct. 2013 • **Lieu(x)** : Transbordeur, CCO (Lyon, Villeurbanne), Sirius, parcours folk (lieux atypiques), Nimkasi Kao • **Références** : Ghinzu, The Dodoz, PM's Better, H. Burns, Sébastien Schuller, Eiffel, Anthony Joseph, Andrew Bird, Sliimy, BB Brunes, Syd Matters, Nina Hagen, Izia, Deus, etc.

MAGIC BUS

✆ 04 76 85 47 52
info@dynamusic.net • **www.dynamusic.net**
51 bd Gambetta • 38000 **GRENOBLE**

Benoît PERRIER (Directeur)

Genre(s) musical(aux) : Musiques actuelles et autres arts • **Clôture de la programmation** : Jan. • **Lieu(x)** : Grenoble, plein-air • **Références** : Inna De Yard, Bush Chemists, Kalakuta Orchestra, Scotty Le Kansabou, Roots Collective, General Elektriks, Emzel Cafe, Lull, Roots Collective

MENS ALORS !

✆ 04 76 34 99 63 / 06 12 34 12 80
contact@mensalors.com • **mensalors.canalblog.com**
c/o Café des Sports • Rue Breuil • 38710 **MENS**

Raphaël QUENEHEN (Directeur artistique) • Denis POLERE (Directeur)

Festival d'échange et de création • **Genre(s) musical(aux)** : Musiques de création, iimprovisées, traditionnelles • **Période** : du 5 au 11 août 2013 • **Clôture de la programmation** : Nov. • **Lieu(x)** : Sur le plateau du Trièves, entre Vercors et Dévoluy • **Références** : Philippe Torret et Edward Perraud « Hommage à Allain Leprest », Erik Marchand, le groupe rock OK, Fred Nevchehirlian, Monica Passos, etc.

MONTJOUX FESTIVAL

✆ 04 50 71 04 41 • fax 04 50 71 39 47
miguel@mal-thonon.org • **www.montjouxfestival.com**
Maison des arts Thonon-Evian Théâtre Maurice Novarina
4 bis av. d'Evian • 74200 **THONON LES BAINS**

Thierry MACIA (Directeur) • Alain SAILLET (Responsable de la communication / RP) • Michel RODRIGUEZ (Conseiller musiques actuelles)

Genre(s) musical(aux) : Chanson, musiques du monde, jazz, rock, musiques actuelles • **Période** : 4 au 6 juil. 2013 • **Clôture de la programmation** : Fév./mars • **Lieu(x)** : Domaine de Montjoux (Thonon) • **Références** : Yannick Noah, H.F. Thiefaine, Zebda, Alpha Blondy, Arthur H, Dimoné, Suarez, Green Valley Vibes, Madvig, Pososhok, Najavibes, Firehead, etc.

MUSILAC

✆ **04 79 88 68 10 / 04 76 87 50 80** • fax 04 76 47 48 23
perrier.remi@wanadoo.fr • **www.musilac.com**
4 pl. Bir-Hakeim • 38000 **GRENOBLE**

Rémi PERRIER • Roland ZENNARO

Genre(s) musical(aux) : Musiques actuelles, pop-rock • **Période** : 12 au 14 juil. 2013 • **Clôture de la programmation** : Avril • **Lieu(x)** : Esplanade du Lac du Bourget (Aix-les-Bains) • **Références** : Olivia Ruiz, The Hives, Blondie, Phoenix, C2C, Jamiroquai, etc.

MUSIQUES EN STOCK

✆ **04 50 98 97 60** • fax 04 50 98 97 51
evenementiel@cluses.fr • **www.musiques-en-stock.com**
L'Atelier Mairie de Cluse • 1 pl. Charles de Gaulle • 74300 **CLUSES**

Bruno GAZZI (Directeur) • Karine LACROIX (Programmatrice) • Christian LACROIX (Programmateur) • Nicolas PAPES (Coordinateur « l'Atelier »)

Genre(s) musical(aux) : Musiques actuelles • **Période** : 3 au 6 juil. 2013 • **Clôture de la programmation** : Déc. / Mars • **Lieu(x)** : Cluses, centre ville, plein air • **Références** : Le peuple de l'herbe, Asian Dub Foundation, Miossec, The Hyene, Arno

Les NUITS DE FOURVIÈRE

✆ **04 72 57 15 40 / 04 72 32 00 00** • fax 04 72 57 15 49
contact@nuitsdefourviere.fr • **www.nuitsdefourviere.fr**
1 rue Cléberg • 69005 **LYON**

Dominique DELORME (Directeur) • Cyril PUIG (Administrateur) • Géraldine MERCIER (Secrétaire générale) • Richard ROBERT (Assistant à la programmation musicale) • Sophie DE BAECQUE (Responsable partenariats)

Genre(s) musical(aux) : Pluridisciplinaire • **Période** : 4 juin au 31 juil. 2013 • **Clôture de la programmation** : 1er fév. • **Lieu(x)** : Théâtres romains de Fourvière • **Références** : M, Raphaël avec Christophe, Archie Shepp Big Band, Anna (Serge Gainsbourg), Madness, Barbara Carlotti, Claire Diterzi, Jacques Higelin, Crosby, Stills & Nash, George Clinton & Parliament Funkadelic, Melody Garbot, Iam, Salif Keita, Nick Cave, etc.

Les NUITS SONORES

✆ **04 78 27 86 04** • fax 04 72 41 97 66
info@nuits-sonores.com • **www.nuits-sonores.com**
6 quai Jules Courmont • 69002 **LYON**

Vincent CARRY (Coordinateur général) • Violaine DIDIER (Programmatrice) • Pierre-Marie OULLIONS (Chargé de production) • Frédérique JOLY (Administration) • Chloé KREMPF (Attachée de presse) • Mathieu LECAN (Chargé des partenariats)

Genre(s) musical(aux) : Musiques électroniques et indie • **Période** : Mi mai • **Clôture de la programmation** : Déc. • **Lieu(x)** : 40 à 50 lieux • **Références** : Laurent Garnier, The Fall, Ricardo Villalobos, Jeff Mills, Agoria, Carl Craig, Alec Empire, Herman Düne, Tiefschwarz, Little Louie Vega, FM Einheit, Violent Femmes, Nathan Fake, ESG, Ellen Allien, etc.

Les OREILLES EN POINTE

✆ **04 77 10 19 80** • fax 04 77 10 19 89
contact@oreillesenpointe.com • **www.oreillesenpointe.com**
c/o Syndicat de la Vallée de l'Ondaine • 44 rue de la tour de Varan
42700 **FIRMINY**

TIBERT (Directeur artistique) • Alain PATOUILLARD (Administrateur)

Genre(s) musical(aux) : Chanson • **Période** : 3 1res sem. de nov. • **Clôture de la programmation** : Avril • **Lieu(x)** : Salles de 200 à 1 500 pl. • **Références** : Sanseverino, Gotan Project, Rachid Taha, Alan Stivell, G. Yacoub, Tibert, Gildas Arzel, Bernard Lavilliers, Kent, Clarika, D. Annegarn, T. Fersen, Arno, S. Eicher, etc.

L'ORIGINAL

loriginal@loriginal-festival.com • **www.loriginal-festival.com**
115 av. Lacassagne • 69003 **LYON**

Jean-Marc MOUGEOT (Directeur) • Pierrick VIALLY (Producteur)

Genre(s) musical(aux) : Rap, dancehall, soul, R&B, + danse, graff, DJ, beat boxing • **Période** : 17 au 21 avr. 2014 • **Clôture de la programmation** : Nov. • **Lieu(x)** : Transbordeur, Double Mixte, salle du Kao, Marché Gare, Marquise, Life Club, etc. (Lyon) • **Références** : Oxmo Puccino, Cody Chesnutt, Orelsan & Sefyu, Youssoupha, 1995, Dog Pound, The Procussions, etc.

PAROLES DE CHANTEURS !

✆ **04 76 42 01 50**
theatrediden@wanadoo.fr
Théâtre Ste-Marie-d'en-Bas • 38 rue Très-Cloîtres • 38000 **GRENOBLE**

Diden BERRAMDANE (Directeur) • Marie-Ange PERLI (Chargée de communication)

Genre(s) musical(aux) : Chanson • **Période** : Fin jan. • **Lieu(x)** : Théâtre Ste-Marie-d'en-Bas • **Références** : Alex Beaupain, Joseph d'Anvers, L, Loïc Lantoine, Roamin Didier, etc.

PAROLES ET MUSIQUES

✆ **04 77 25 01 13** • fax 04 77 41 32 34
contact@paroles-et-musiques.net • **www.paroles-et-musiques.net**
16 rue Jean-Claude Tissot • 42000 **ST ETIENNE**

Marc JAVELLE (Directeur) • Simon JAVELLE (Programmateur) • Marie ZAMBARDI (Chargée de communication)

Genre(s) musical(aux) : Chanson, hip hop, rock, etc. • **Période** : 28 mai au 1er juin 2013 • **Clôture de la programmation** : Déc. • **Lieu(x)** : Le Palais des Spectacles, Le Fil, Le Magic Mirrors, Le Zénith • **Références** : M, Olivia Ruiz, Jeane Cherhal, Soprano, Sexio, Camelia Jordana, n d'Assaut, Têtes Raides, Stupeflip, La Phaze, Alexis HK, BB Brune, etc.

La PLEINE LUNE

✆ **04 75 39 99 73 / 04 75 39 99 61**
seb@lapleinelune.com • **www.lapleinelune.com**
Association l'Art Scène • Pas à Brés • 07230 **PAYZAC**

Sébastien VIGOUROUX (Programmateur) • Lisa LEANDRI (Communication)

Genre(s) musical(aux) : Rock, electro, chanson, reggae, folk • **Période** : Juil. • **Clôture de la programmation** : Avr. • **Lieu(x)** : Payzac (plein air 2 500 pl.), Saint-André Lachamp, Valgorge, Montselgues, Joyeuse • **Références** : The Shoes, Raggasonic, 1995, LKJ, Susheela Raman, Le Peuple de l'herbe, etc.

Les POLY'SONS DE MONTBRISON

✆ **04 77 96 39 16 / 04 77 96 39 12** • fax 04 77 96 39 48
culture@ville-montbrison.fr • **www.theatredespenitents.fr**
Théâtre des Pénitents • 4 bis pl. des Pénitents • 42600 **MONTBRISON**

Dominique CAMARD (Directeur) • Nathalie VIALARON (Chargée des relations publiques)

Genre(s) musical(aux) : Chanson • **Période** : Mi-jan./mi-fév. • **Clôture de la programmation** : Juin • **Lieu(x)** : Théâtre des Pénitents • **Références** : Gérad Morel, Sanseverino, Barbara Carlotti, Daphné, L, Manu Galure, etc.

Le PRINTEMPS DE PEROUGES

✆ **08 26 30 24 68**
marie@festival-perouges.org • **www.festival-perouges.org**
Mairie • rue Rondes • 01800 **PEROUGES**

Marie RIGAUD BERNOLLIN (Directrice) • Elsa CHARIER (Relations publiques)

Genre(s) musical(aux) : Variétés françaises et internationales, slam, gospel, jazz, blues, etc. • **Période** : Printemps (15 avr. au 6 juil. 2013) • **Clôture de la programmation** : Déc. • **Lieu(x)** : La Sucrière, Caro de Lyon, Salle Molière, (Lyon), Spurgin – Parc Industriel de l'Ain, Centre International de Saint-Vulbas, Ferme de Rapan, Amphi 3000, Église Forteresse de Pérouges, Parc des Oiseaux • **Références** : Chimene Badi « Soul and Gospel Tour », Éric Toulis, Awek, Julien Clerc, Christophe, Nolwenn Leroy, Maurane « Fais moi un swing », Les Ogres de Barback, Emily Loizeau

RENCONTRES BREL

✆ **04 76 88 65 06**
contact@rencontresbrel.com • **www.rencontresbrel.fr**
Asso l'Éphémère • Pl. de la Mairie • 38380 **ST PIERRE DE CHARTREUSE**

Guy BECLE-BERLAND (Président) • Alexis PETIT (Directeur) • Julie MAGGUILI (Chargée de communication et partenariats privés) • Benoit BILLET (Chargé du développement et gestion)

Genre(s) musical(aux) : Chanson française, musiques amplifiées, rock • **Période** : 16 au 20 juil. 2013 • **Clôture de la programmation** : Fin déc. (Chapiteau), fin jan. (scène découverte) • **Lieu(x)** : Chapiteau, Scène découverte, église, musée Grande Chartreuse • **Références** : Les Wampas, Chanson Plus Bifluorée, Hugues Aufray, Tri Yann, Shaka Ponk, etc.

RENCONTRES ENTRE LES MONDES

✆ **09 52 08 62 77**
deviation.chab.26@gmail.com • **www.rencontresentrelesmondes.fr**
Association Deviation • c/o MJC • rue du 19 mars 1962
26120 **CHABEUIL**

Nicolas LOPEZ (Directeur artistique)

Genre(s) musical(aux) : Chanson, world, jazz, blues • **Période** : du 3 au 9 mars 2013 • **Lieu(x)** : Centre culturel de Chabeuil, châpiteau et alentours • **Références** : Pulcinella, Orchestre Ducoin, Thee Gravemen, Bottlenext, The Crippled Frogs, Mazalda, Le mahla Raï Band, etc.

Festival REPERKUSOUND

✆ **04 78 27 93 99 / 06 72 94 02 94** • fax 04 78 27 93 99
jerome@mediatone.net • **www.reperkusound.com**
c/o Mediatone • 29 rue des capucins • 69001 **LYON**

Jérôme LAUPIES (Coordinateur) • Éric FILLION (Chargé de communication)

Genre(s) musical(aux) : Musiques électroniques et urbaines • **Période** : 29 au 31 avril. 2013 • **Clôture de la programmation** : Déc. • **Lieu(x)** : Sirius (Lyon), Double Mixte (Villeurbanne) • **Références** : The Bloody Beetroots, C2C, Pendulum, Skip The Use, Shaka Ponk, Chinese Man, Bus Driver, Maniacx, Jonaz, Hilight Tribe, Dirtyphonics, Daisy aka Mandragore, Paral.Lel, XLR Project, DJ AADN, Sexi Sushi, etc.

RHINO JAZZ(S) FESTIVAL

✆ **04 77 19 59 15** • fax 04 77 19 59 16
festival@rhinojazz.com • **www.rhinojazz.com**
Château du Jarez • 11 rue Benoît Oriol • 42400 **ST CHAMOND**

Jean-Paul CHAZALON (Président) • Ludovic CHAZALON (Chargé de production et programmation) • Rémy JACQUET (Chargé de projets - assistant à la programmation) • Tamara PELARDY (Chargée de communication)

Genre(s) musical(aux) : Jazz, musiques improvisées, blues, gospel, etc. • **Période** : Du 2 au 26 oct. en 2013 • **Clôture de la programmation** : Mai • **Lieu(x)** : Saint-Etienne Métropole, Lyon, St Chamond (plus de 50 concerts sur 35 villes) • **Références** : Laurent de Wilde, Dirty Dozen Brass Band, Fatoumata Diawara, John McLaughlin, Ablaye Cissoko & Volker Goetze, James Blood Ulmer, Juan De Lerida, Yom & Wang Li, Imperial Quartet, Antonin Tri-Hoang, Smoky Jo Combo, Alfie Ryner, Kevin Seddiki & Bijan Chemerani, Bigre !, Toubifri Orchestra, orTie, etc.

RIDDIM COLLISION

✆ **04 78 30 50 29** • fax 04 78 27 23 96
contact@riddimcollision.org • **www.facebook.com/activedisorder**
c/o Active Disorder • 9 quai Claude Bernard • 69007 **LYON**

Jonathan MONCADA (Programmateur / régisseur)

Genre(s) musical(aux) : Musiques électroniques, dub, experience, hip hop, indie rock • **Période** : 7-10 nov. 2013 • **Clôture de la programmation** : Juin • **Lieu(x)** : Lyon (Le Transbordeur, Marché Gare, Clacson, Sonic, etc.) • **Références** : Amon Tobin, N-Type, Jazzsteppa, Dub Addict, Kelpe, l'Œuf Raide, Brain Damage, Niveau 0, Paral-Lel, Basement, K-The-I???, R;Zatz, Poutre, Rature, Metastaz, Neat vs Opti, Rektal Show, Ohmwerk vs Major Klemt, Jubilé, Gameboy Physical Destruction, Ukandanz, Dupek, Lunatic Toys, Svindrön, Webcam Hi-Fi, Soufgarde, Pink Ponk, etc.

ROCK'N POCHE FESTIVAL

scene1@rocknpoche.com • **www.rocknpoche.com**
c/o Office du tourisme • BP 14 • 74420 **HABERE POCHE**

Ludivine DUCROT (Coordinatrice) • Laurent VERA (Responsable de la communication)

Genre(s) musical(aux) : Folk, rock, pop, chanson française, raï, reggae • **Période** : Fin juil. • **Clôture de la programmation** : Mi-mars • **Lieu(x)** : Plein air, Habère-Poche (5 000 pl.) • **Références** : Chinese Man, Didier Wampas & the bikini machine, Groundation, Music is not fun, Sporto Kantes, Emir Kusturica and the no smoking orchestra, etc.

ROCKTAMBULE

✆ **04 76 43 27 30 / 06 64 99 10 38**
arg38@orange.fr • **www.rocktambule.com**
c/o Pôle musical d'innovation • 51 bd Gambetta • 38000 **GRENOBLE**

Grégory SIGNORET (Coordinateur)

Genre(s) musical(aux) : Rock, musiques électroniques, chanson, rap, etc. • **Période** : Automne • **Clôture de la programmation** : Juin • **Lieu(x)** : Sous chapiteau • **Références** : IAM, Vitalic, Chinese man, The DO, Groundation, le peuple de l'herbe, Dub Inc, Syd Matters, les Ogres de Barback, Hih Tone, Archive, etc.

SALAISE BLUES FESTIVAL

✆ **04 74 29 00 80 / 04 74 29 45 26** • fax 04 74 86 52 02
bourgogne.evelyne@mairie-salaise-sur-sanne.fr • **salaisebluesfestival.fr**
c/o Commission culturelle, Mairie • BP 18 • 38150 **SALAISE SUR SANNE**

Jackie CROUAIL (Maire) • Evelyne CROUAIL-BOURGOGNE (Collaboratrice)

Genre(s) musical(aux) : Blues, gospel • **Période** : Déb. avril • **Clôture de la programmation** : Déc. • **Lieu(x)** : Foyer communal Laurent Bouvier (Salaise-sur-Sanne) • **Références** : Candye Kane, Ana Popovic, Tail Dragger Band feat. Rockin' Johnny, Thorbjorn Risager, Rachelle Plas, Tomek Dziano Band + « Blues à Salaise » (oct.) avec Ten Years After, Nina Attal

SAVOIE D'JAZZ FESTIVAL

✆ **04 79 71 76 40** • fax 04 79 71 76 49
descotes.bernard@neuf.fr • **www.savoiejazzfestival.fr**
c/o APEJS • Jardin du Verney • Cité des Arts • 73000 **CHAMBERY**

Bernard DESCOTES (Directeur artistique)

Genre(s) musical(aux) : Jazz, musiques actuelles • **Période** : Oct. • **Clôture de la programmation** : Mai • **Lieu(x)** : Cité des arts de Chambéry, Espace culturel Jean Blanc à la Ravoire, Jazz Club de Savoie et dans les pays de Savoie (Yenne, Bassens, La Chambre, Jacob Bellecombette, La Rochette, St-Pierre de Curtille, La Motte-Servolex) • **Références** : Musica Nuda, Alfio Origlio Headhunters Tribute, Francesco Bearzatti Quartet, orTie, Trio (Fons, Edouard et Winsberg), Gunkanjima, Charlie and the Soap Opera, Les Crublions Sonores, etc.

Les TEMPS CHAUDS

✆ **04 74 21 06 94** • fax 04 74 32 27 04
lestempschauds@wanadoo.fr • **lestempschauds.org**
c/o Asso. L'Estuaire • 17 bd Voltaire • 01000 **BOURG EN BRESSE**

Françoise CARTADE (Directrice artistique) • Elise MANJOT (Assistante de production)

Genre(s) musical(aux) : Musiques du monde, musiques métissées • **Période** : 5 au 27 juil. 2013 • **Clôture de la programmation** : Mars • **Lieu(x)** : Bourg en Bresse, Chatillon s/ Chalaronne, Musée de la Bresse, Domaine des Planons, St Cyr sur Menthon • **Références** : Staff Bongwana International (ex-Staff Benda Bilili), Le bal de l'Afrique Enchantée, Christine Salem, Ló cor de la plana & Assurd, Agnès Jaoui, Eyo'nle (Fanfare du Bénin), Caceres, TrioMc Donnell, Altan, Chet Nuneta, Trio Esperança, "Soundjata, l'enfant lion", MoZuluArt, etc.

Les VOCALES DE THÔNES

✆ **04 50 02 18 05**
cpmt@free.fr • **www.vocales.fr**
Centre de pratique musicale de Thônes • Rue du Fier • 74230 **THONES**

Martial RENARD (Directeur artistique)

Genre(s) musical(aux) : La voix dans tous ses éclats (du jazz au world) • **Période** : Mai (du 25 mai au 1er juin en 2013) • **Lieu(x)** : Thônes • **Références** : Mayra Andrade, Thomas Fersen, he Peacemakers - Karl Jenkins, Les Franglaises, Têtes de chien, etc.

WOODSTOWER

✆ **04 78 58 64 27**
contact@woodstower.com • **www.woodstower.com**
Association Woodstower • 14 rue Basse Combalot • 69007 **LYON**

Thomas PRIAN (Programmateur) • Hélène MEIZEL (Administratrice) • Camille QUATORZE (Chargée de communication)

Genre(s) musical(aux) : Musiques actuelles, théâtre de rue • **Période** : 24-25 août 2013 • **Clôture de la programmation** : Avril • **Lieu(x)** : Grand Parc Miribel Jonage • **Références** : Kavinsky, Joey Starr, Shantel, Alpha Blondy, Birdy Nam Nam

OUTRE-MER

Guadeloupe

FESTIVAL GWOKA DE SAINTE-ANNE

✆ **05 90 82 91 06** • fax 05 90 82 90 98
felix.cotellon@wanadoo.fr
c/o CASC • 26 rue de la République • 97110 **POINTE A PITRE**

Didier BERALD-CATELO (Président) • Felix COTELLON (Vice-président)

Genre(s) musical(aux) : Musiques et danses traditionnelles • **Période** : 9 -15 juil. • **Clôture de la programmation** : Fin mars • **Lieu(x)** : Plage des Galbas • **Références** : Thème « Gwoka ka boula Gwadloup » (Le gwoka rythme la Guadeloupe) - Kan'nida, Ka Fusion et Alfred Bemel, Simenkontra, K'assemblée, Tradition Ka, Sé nou menm ki la, Cie Trilogie de Léna Blou, Akadémiduka, association Djok, Cie Sakitaw, école du Cefrim, Nouvel jénérasyon Ka, Marcel Lolla, Jodla, Sobo, Mas Ka klé, Kréyativ-Ka, Kaban'n, Kozeika, indestwaska, Rasin Gwada, Roson Mozan et Kosyé

GWALOUP FESTIVAL

✆ **05 90 80 40 40 / 06 90 54 70 04** • fax 05 90 81 34 19
m.moutou@cr-guadeloupe.fr
Conseil régional • DCFA/Service spectacle vivant • Av. Paul Lacavé - Petit Paris • 97100 **BASSE TERRE**

Pierre-Edouard DECIMUS (Directeur artistique) • Manuella MOUTOU (Chef de service du spectacle vivant au Conseil Régional) • Eddy COMPPER (Coordinateur général)

Scènes de musiques caribéeennes • **Genre(s) musical(aux)** : Musiquee caribéenne, jazz, blues, musiques actuelles, etc. • **Période** : Nov. • **Lieu(x)** : Jarry-Moudong, Pointe-à-Pitre (festival IN); Baie-Mahault, Moule, Deshaies, St-Claude et autres communes de Guadeloupe (festival OFF) • **Références** : Khyla, Mister Vegas, Desta Garcia, Calysorose, Michel Nerplat, Le Grand Mechant Zouk, Jean-Philippe Fanfant, David Fackeure, Karukera Steel Band, etc.

ILÔJAZZ

✆ **05 90 68 92 79 / 06 90 26 46 30 / 06 90 68 59 99**
mission.culturelle@orange.fr • **www.capexcellence.net**
Cap Excellence • DGADI - 5e étage • 18 boulevard Legitimus
97110 **POINTE A PITRE**

Jocelyne DARIL (Programmation artistique & organisation générale) • Gérard POUMAROUX (Programmation artistique & organisation générale)

Carrefour des musiques créoles • **Genre(s) musical(aux)** : Jazz et musiques créoles • **Période** : Du 9 au 15 déc. 2013 (fin 1re quinzaine de déc.) • **Lieu(x)** : Pointe à Pitre et Abymes • **Références** : Tanya Saint Val, Billy Cobham, Cheik Tidiane Seck, Rèspè Pou Ayiti, Yann Negrit, Alain Jean-Marie, Jocelyn Menard, Tysmé & Maqflah, Akua Naru & Digflo

TERRE DE BLUES

✆ **05 90 97 56 51 / 06 90 61 43 21** • fax 05 90 97 56 54
boney.williamh@wanadoo.fr • **terredeblues.com**
Office du tourisme de Marie-Galante • Rue du Fort • BP 15
97112 **GRAND BOURG**

François BONNET (Coordinateur général)

Festival de Marie-Galante • **Genre(s) musical(aux)** : Musique antillaise, world, blues, salsa, jazz, etc. • **Période** : 17 au 20 mai 2013 • **Lieu(x)** : Grand-Bourg : Château Murat, Village • **Références** : Chic feat. Nile Rodgers, Omar Pené, Kassav', Mizik O'Péyi Big Band, Damian Jr Gong Marley, Raul Paz, etc.

Guyane

KAYENN JAZZ FESTIVAL

✆ **05 94 35 20 51 / 05 94 39 70 46**
culture@ville-cayenne.fr • **www.ville-cayenne.fr**
Service culturel de Cayenne • 07 bis rue Pichevin
97300 **CAYENNE**

Joey BARHELÉMY (Directeur du Service culturel)

Genre(s) musical(aux) : Jazz • **Période** : 7 au 13 octobre 2013 • **Clôture de la programmation** : Avril • **Lieu(x)** : Jardin Botanique (Cayenne) • **Références** : Marcus Mille, China Moses, Ibrahim Maalouf, Eddie Palmier, Chucho Valdès, Ronald Hinkson, Incognito, Christian Scott, Raj Mohan

Martinique

BIGUINE JAZZ

✆ **05 96 77 40 68 / 06 76 45 62 52** • fax 05 96 58 99 13
tainoprod@gmail.com • **www.biguinejazz.fr**
c/o Les Agences Associées • Immeuble CERP Quartier Acajou
97232 **LE LAMENTIN**

Christian BOUTANT (Président)

Carrefour des musiques créoles • **Genre(s) musical(aux)** : Biguine jazz • **Période** : 2e semaine d'août • **Lieu(x)** : Plusieurs lieux en Martinique : l'hôtel La Batelière à Schoelcher, La Pagerie aux Trois Ilets, le Parc Culturel Aimé Césaire à Fort de France et le CDST à Saint Pierre • **Références** : Zanzolaj, Guy-Marc Vadeleux, Bwakoré, le nouveau projet très ka-jazz de Dédé Saint-Prix, Jean-Rémy Guédon et Christian Laviso, Alex Bernard, Dominique Bérose et Dominique Bougrainville accompagnent Jocelyne Béroard, Fred Deshaies, Orlane, Sonia Bérose, Jean-Luc Guanel, Joëlle Vielet, etc.

LAMENTIN JAZZ PROJECT

✆ **05 96 50 82 71 / 06 96 73 83 97** • fax 05 96 42 87 05
laureatccbg@orange.fr • **www.lamentin-jazz-project.com**
Office Culturel du Lamentin • Ex -Hôtel de Ville - Rue Schoelcher
97232 **LE LAMENTIN**

Lucette MAIROT (Directrice de l'Office de la Culture) • Michel LAUREAT (Responsable artistique) • Georges-Louis LEBON (Responsable artistique)

Genre(s) musical(aux) : Jazz, latin jazz, jazz caribéen, etc. • **Période** : du 15 au 19 mai en 2013 • **Lieu(x)** : Lamentin, Hippodrome de Carrère-Lamentin • **Références** : After Eight, Obad Quartet, Guy Marc Vadeleux Septet, Jean Claude Montredon Quintet, Frantz Laurac Sextet, Harold Lopez Nussa Trio

MARTINIQUE JAZZ FESTIVAL

✆ **05 96 70 79 29** • fax 05 96 63 52 07
communication@cmac.asso.fr • **www.cmac.asso.fr**
c/o CMAC • 6 rue Jacques Cazotte • BP 899
97245 **FORT DE FRANCE**

Georges-Louis LEBON (Président) • Frédéric THALY (Chargé de communication et consultant Martinique Jazz Festival)

Genre(s) musical(aux) : Jazz, blues • **Période** : Fin nov. - début déc. • **Clôture de la programmation** : Juin • **Lieu(x)** : Salle Aimé Césaire de l'Atrium (Fort de France) • **Références** : Winston Berkeley, Janysett McPherson, Emosion Bèlè, Chengetai, Carlton Rara, Stéphane Belmondo, Véronique Hermann Sambin, Lucky Peterson, Kely. J et le Jouanacaëa Mass Choir

MARTIZIK

✆ **04 93 97 03 49**
ben_geli@yahoo.com • **www.panda06production.org**
27 bd du Parc Impérial • 06000 **NICE**

Benoît GELI (Directeur artistique) • Giovanni MEREGAGLIA (Chargé de production) • Yann DEGORCE-DUMAS (Responsable de la communication)

Genre(s) musical(aux) : Hip hop, électro, ragga, R&B, musiques du monde, etc. • **Période** : 5 au 7 avr. 2013 • **Lieu(x)** : Martinique

Nouvelle-Calédonie

FEMMES FUNK FAMILY

✆ **+687 27 51 15** • fax +687 27 51 15
towanda@lagoon.nc • **www.festivalfemmesfunk.com**
Towanda Prod • BP 10508 • 98805 **NOUMEA**

Marie-France AUGUET (Présidente)

Genre(s) musical(aux) : Musiques actuelles • **Période** : Déb. oct. • **Clôture de la programmation** : Juin • **Lieu(x)** : Centres culturels de Nouvelle-Calédonie • **Références** : Anaïs, Raggalendo, Prem Sé, Ngaiire, Saraluna, Faby, Sky vola, Jason, Lax Kl Bos, Mélyssa, Cimeries, etc.

GYPSY JAZZ FESTIVAL

✆ **(687) 95 55 05**
gypsyjazzfnea@genius.nc • **gypsyjazzfestival.fr**
21 rue des Freres Leca Magenta • BP 16000 • 98800 **NOUMEA**

Michel TRABELSI (Directeur artistique)

Genre(s) musical(aux) : Jazz manouche, Musique d'Europe de l'Est, Electro Balkans • **Période** : Du 13 au 16 nov. 2013 • **Lieu(x)** : Nouvelle Calédonie : Koumac, Koné, Paita, Lifou, Ouvéa, Maré, Nouméa • **Références** : Lollo Meier 4te feat. Tcha Lindberger, Tango Django Project, Kiril Djaikovski, Rona Hartner

Réunion

KALOO BANG

✆ **02 62 52 38 94**
info@kaloobang.re • **www.kaloobang.re**
3 rue Des Écoliers • 97490 **SAINTE CLOTILDE**

Philippe CAPPONI (Directeur artistique)

Genre(s) musical(aux) : Musiques du monde, de l'Océan indien, reggae, ragga, rap • **Période** : 27-29 sept. 2013 • **Clôture de la programmation** : Avril • **Lieu(x)** : Parc des Expositions et des Congrès de Saint-Denis • **Références** : Sexion d'Assaut, Solillaquists of Sound, Yaniss Odua, Systema Solar, D'Gary, Ousanousava, Terrakota, Sandra Nkaké, Israel Vibration, Lo Griyo, etc.

SAKIFO MUSIK FESTIVAL

✆ **02 62 32 11 29** • fax 02 62 27 04 67
sakifo@sakifo.com • **www.sakifo.com**
18 rue Maurice Janicot • 97410 **ST PIERRE**

Jérôme GALABERT (Directeur artistique) • Stéphane BAUD (Directeur d'exploitation) • Marion MATIGOT (Administratrice) • Jean-Baptiste MOREAU (Chargé de communication) • Myriam CHIARAMONTI (Chargée de production)

Genre(s) musical(aux) : Musiques du monde, hip hop, rock, électro, chanson, blues, reggae, etc. • **Période** : 7 au 9 juin 2013 • **Clôture de la programmation** : Fev. • **Lieu(x)** : Saint-Pierre • **Références** : Calypso Rose, Catherine Ringer, Christine, Dubmarine, Earth Wind & Fire exp. (Feat Al Mckay), General Elektriks, Julien Doré, Karl Hungus, Ker Faya Sound System, L'improbable Mix, Lorkes Tapok, Radiozako, Salangane, Seb The Player, Sia Tolno, Stuck in The Sound, Sully & les Chamanes, Thermoboy, Tyeri Abmon, Bèf Séga, Bernard Ollivier, etc.

TOTAL JAZZ

✆ **02 62 41 93 25**
direction@theatreunion.re • **www.theatreunion.re**
Théâtres départementaux de La Réunion • 2 rue du Théâtre • CS 10507 • 97495 **SAINTE-CLOTILDE CEDEX**

Pascal MONTROUGE (Directeur) • Bernard FAILLE (Directeur adjoint)

Genre(s) musical(aux) : Jazz, électrojazz • **Période** : du 19 au 28 avril 2013 • **Lieu(x)** : Saint-Gilles : TEAT Plein Air, place Julius Bénard, débarcadère de Saint-Paul • **Références** : Enesto Tito Puentes Big Band, Wonderbrass 974, Manu Katché, Éric Lignini & The Afro Jazz Beat feat. Hugh Coltman, Gwendoline Absalon, Michel Portal, Zwaz

HORS FRANCE

MONTE-CARLO JAZZ FESTIVAL

✆ **(377) 98 06 71 01 / (377) 98 06 20 08**
resort@sbm.mc • **www.montecarloresort.com**
c/o SBM • Pl. du Casino • 98000 **MONACO**

Jean-René PALACIO (Programmateur Directeur Artistique de la Société des Bains de Mer (SBM)

Genre(s) musical(aux) : Jazz • **Période** : Fin nov. • **Lieu(x)** : Moods, salle Garnier (Hôtel de Paris), Casino Café de Paris, Casino de Monte-Carlo, Sun Casino • **Références** : Piano Dianele, China Moses, Diana Krall, Chick Corea Trio, Marcus Miller, Ibrahim Maalouf, Manu Katché.

ALSACE

SALLES DE PLUS DE 1200 PLACES

Bas-Rhin

STRASBOURG ÉVÉNEMENTS

✆ **03 88 37 67 67** • fax 03 88 35 38 17
info@strasbourg-events.com • **www.strasbourg-events.com**
Pl. de Bordeaux-Wacken • 67082 **STRASBOURG CEDEX**

Cathy SPIELMANN (Directrice commerciale) • Catherine JENNY (Responsable du département spectacles)

Genre(s) musical(aux) : Jazz, variétés, concerts classiques et danse • **Capacité** : Salle Erasme (2 000 pl.), Salle Schweitzer (900 pl.) • **Références** : Charles Aznavour, Francis Cabrel, Orchestre Philharmonique de Strasbourg + humour, théâtre, etc.

ZENITH-STRASBOURG

✆ **03 88 10 50 50** • fax 03 88 10 50 51
info@zenith-strasbourg.fr • **www.zenith-strasbourg.fr**
1 allée du Zénith • BP 84097 • 67034 **STRASBOURG CEDEX 2**

Sylvie CHAUCHOY (Directrice) • Vincent MURÉ (Régisseur) • Eric GAUTREAU (Administrateur)

Genre(s) musical(aux) : Variétés, variétés internationales, rock, etc. • **Capacité** : 12 000 pl. • **Références** : Coldplay, Scorpion, Manu Chao, Tokyo Hotel, Lady Gaga, Ramstein, Johnny Hallyday, Muse, Radiohead, Mylène Farmer

SALLES DE 400 À 1200 PLACES

Bas-Rhin

ESPACE CULTUREL DE VENDENHEIM

✆ **03 88 69 40 20**
espace.culturel@vendenheim.fr
www.vendenheim.fr/site/culture/espace-culturel.html
14 rue Jean Holweg • 67550 **VENDENHEIM**

Stéphane LITOLFF (Contact)

Genre(s) musical(aux) : Chanson, jazz, musiques du monde, etc. • **Capacité** : 500 pl. • **Références** : Musica Nuda, Eric Bibb et Habib Koité, Les Doigts de l'Homme, Daphné, Chloé Lacan, Térez Montcalm, Gianmaria Testa, Arhur H, Pura Fé, Marc-André Leger, Amsterdam Klezmer Band, Dick Annegarn, etc.

L'ILLIADE

✆ **03 88 65 31 00** • fax 03 88 65 31 01
illiade@mairie-illkirch-graffenstaden.fr • **www.illiade.com**
11 allée François Mitterrand • 67400 **ILLKIRCH GRAFFENSTADEN**

Jean-Louis KIRCHER (Directeur)

Genre(s) musical(aux) : Tous styles • **Capacité** : 528 pl. assises, 800 pl. debout + 1 salle de 144 pl. assises • **Références** : Ange, Alain Chamfort, Abd Al Malik, Marcel Loeffler invite William Sabatier et l'Orchestre de Chambre de Toscane, Art Mengo, Nathan & The Zydeco Cha Chas, Padam, etc.

La **LAITERIE-ARTEFACT PRL**

✆ **03 88 23 72 37** • fax 03 88 23 72 30
info@artefact.org • **www.artefact.org**
13 rue du Hohwald • 67000 **STRASBOURG**

Nathalie FRITZ (Directrice administrative) • Christian WALLIOR (Directeur technique) • Patrick SCHNEIDER (Directeur artistique / programmateur) • Thierry DANET (Président)

Genre(s) musical(aux) : Ts • **Capacité** : Salle (900 pl.) + club (300 pl.) • **Références** : Sebastien Tellier, Ben Howard, Charlotte Gainsbourg, Django Django, Colt Silvers, 1984

Le **MAILLON-THÉÂTRE DE STRASBOURG**

✆ **03 88 27 61 71** • fax 03 88 27 61 82
info@maillon.eu • **www.maillon.eu**
MAILLON, THEATRE DE STRASBOURG • 7 pl. Adrien Zeller • CS 50035 67033 **STRASBOURG CEDEX**

Bernard FLEURY (Directeur)

Genre(s) musical(aux) : Musiques traditionnelles, world, jazz • **Capacité** : 360 à 592 pl. modulables • **Références** : Claire Diterzi, Sidsel Endresen (festival Jazzdor), Carles Santos, Chiaria Guidi

Le **MOULIN 9**

✆ **03 88 80 37 66** • fax 03 88 80 38 03
niederbronn-culture@wanadoo.fr • **www.niederbronn-culture.com**
Relais culturel • 42 av. Foch • 67110 **NIEDERBRONN-LES-BAINS**

Pascal PREVOST-BOURE (Directeur)

Relais culturel - Moulin 9 • **Genre(s) musical(aux)** : Chanson, jazz, etc. • **Capacité** : 480 pl. • **Références** : Yves Lecoq, Soldat Loui, Liane Foly

RELAIS CULTUREL DE HAGUENAU

✆ **03 88 73 30 54**
relais.culturel@haguenau.fr • **www.relais-culturel-haguenau.com**
11 rue Meyer • BP 10249 • 67504 **HAGUENAU CEDEX**

Eric WOLFF (Communication) • Vanessa SCHNEIDER (Communication / accueil compagnies) • Jérôme LAMBOUR (Régisseur général)

Genre(s) musical(aux) : Groupes vocaux, jazz, chanson, world • **Capacité** : 460 pl. • **Références** : La Grande Sophie, Tale of Voices, Laïka, Cali, Compay Segundo, festuval Humour et notes

Les **TANZMATTEN**

✆ **03 88 58 45 45** • fax 03 88 82 83 34
tanzmatten@ville-selestat.fr • **www.tanzmatten.fr**
c/o Mairie de Sélestat • Quai de l'Ill • BP 40188 • 67604 **SELESTAT CEDEX**

Jean-Paul HUMBERT (Directeur) • Astrid MAINEULT (Communication / médiation culturelle) • Carmen KAUFFMAN (Administration)

Genre(s) musical(aux) : Chanson, jazz, musiques actuelles • **Capacité** : 450 à 850 pl. • **Références** : Ronald Baker Quintet Feat. Michele Hendricks, Accroche Note & Musica, Anthony B & Red Eyes Band, Orchestre National de Barbès, Malted Milk, Fatoumata Diawara, Albert Lee and Hogan's Heroes, La Grande Sophie, Michel Jonasz

Haut-Rhin

La **FILATURE**

✆ **03 89 36 28 28** • fax 03 89 36 28 00
info@lafilature.org • **www.lafilature.org**
20 allée Nathan Katz • 68090 **MULHOUSE CEDEX**

Monica GUILLOUËT-GELYS (Directrice) • Virginie FROSSARD (Administratrice) • Henri-François MONNIER (Directeur technique) • Serge KOLSKI (Administrateur)

Scène nationale de Mulhouse • **Genre(s) musical(aux)** : Jazz, musiques actuelles, musiques du monde • **Capacité** : Grande salle (1 200 pl.), salle modulable (360 pl.) • **Références** : Madeleine Peyroux, Denis Colin, Thierry Balasse, Manu Katché, Rodolphe Burger, Olivier Py, Vincent Delerm, Juan José Mosalini, « Orient mon amour » avec avec Bratsch, Trio Yashaa !, Iurie Morar, Arayik Bakhtikyan, Kamilya Jubran, Youssef Hbeisch, Jasser Haj Youssef, Noureddine Aliane, Rachid Brahim Djelloul, Sandra Bessis, et le poète Salah Al Hamdani

NOUMATROUFF

✆ **03 89 32 94 10** • fax 03 89 42 05 96
info@noumatrouff.fr • **www.noumatrouff.fr**
c/o Fédération Hiero • BP 3135 • 68063 **MULHOUSE CEDEX**

Olivier DIETERLEN (Directeur) • Matthieu SPIEGEL (Programmateur) • Pascal THOMAS (Régisseur)

Genre(s) musical(aux) : Ts • **Capacité** : Café-musiques (300 pl.), salle (600 pl.) • **Références** : Moriarty, Ginzhu, Wire, DJ Premier, Morsheeba, Amon Tobin, Chinese Man, DJ Cam, Omar Perry, etc.

THÉÂTRE LA COUPOLE

✆ **03 89 70 03 13**
www.lacoupole.fr
2 Croisée des Lys • 68300 **ST LOUIS**

Julie FRIEDRICHS (Directrice artistique)

Genre(s) musical(aux) : Chanson, jazz, musique du monde • **Capacité** : 504 pl. • **Références** : Carla Pirès, Danù, Sirba Octet, Soul Gospel Academy - Festival « Musique Fusion » (dernière quinzaine de nov.)

SALLES DE MOINS DE 400 PLACES

Bas-Rhin

AU CAMIONNEUR
✆ **03 88 32 12 60** • fax 03 88 22 18 58
au-camionneur@wanadoo.fr • **www.au-camionneur.fr**
14 rue Wodli • 67000 **STRASBOURG**
Serge OTTO (Directeur)
Genre(s) musical(aux) : Musiques du monde, blues, musique afro-cubaine, jazz chanson • **Capacité** : 130 pl. • **Références** : Keith B. Brown, Yakhouba Sissokho/Jean-Jacques Avenel, Lydie et la Commission Funky, Power Winds, Baden Powell, Aynsley Lister, Sinnerboy, Carl Wyatt, Eric Steckel, Kingking, John Campbelljohn, The Healers, etc.

KOBUS CLUB
✆ **03 88 87 77 58 / 06 74 31 95 97** • fax 03 88 87 77 58
club-kobus@free.fr • **www.kobus.fr**
2 rue du Kronthal • 67520 **MARLENHEIM**
Marcel ANSTETT (Directeur / Programmateur)
Genre(s) musical(aux) : Latino, rock, musique du monde, blues, etc. • **Capacité** : 140 pl. • **Références** : Mahjun/Giroux, Old Papy and the Janice Lee, Mystery Blue, Bireli Lagrène, Dm3, Wonderfools, Blue Fever, Backsliders, Baby Porcrlan, Marcel Loeffler, etc.

PÔLE SUD-THÉATRE DE STRASBOURG
✆ **03 88 39 23 40** • fax 03 88 40 04 27
infos@pole-sud.fr • **www.pole-sud.fr**
1 rue de Bourgogne • BP 30065 • 67024 **STRASBOURG CEDEX 1**
Joëlle SMADJA (Directrice) • Philippe OCHEM (Programmateur jazz) • Patricia JACOPIN (Relations presse relations publiques)
Scène conventionnée pour la danse et la musique • **Genre(s) musical(aux)** : Jazz, musiques du monde, danse contemporaine • **Capacité** : 330 pl. • **Références** : Ellery Eskelin, Antoine Berjeaut Wasteland feat. Mike Ladd, Vincent Peirani, Nils Wogram/Bojan Z, Journal Intime, Donkey Monkey, Antonello Salis, Rubatong, Big Nowhere, Big Four, Alexandra Grimal, Dave Douglas/Uri Caine, etc.

Haut-Rhin

Le **GRILLEN**
✆ **03 89 21 61 80** • fax 03 89 21 61 81
grillen@calixo.net • **www.grillen.fr**
19 rue des Jardins • 68000 **COLMAR**
Philippe WENDLING (Directeur) • Pascal GUTH (Régisseur communication) • Philippe UHL (Régisseur)
Genre(s) musical(aux) : Ts • **Capacité** : 350 pl., 180 pl. • **Références** : Evergrey, Rootz Underground, Kickback, Endwell, Les Jancee Pornick Casino, Dominique A, les Wampas, Mass Hysteria, Urban Dance Squad, Jesus Lezard, Skatalites, The Comets

LES DOMINICAINS DE HAUTE-ALSACE
✆ **03 89 62 21 81** • fax 03 89 74 19 92
info@les-dominicains.com • **www.les-dominicains.com**
34 rue des Dominicains • CS 50083 • 68502 **GUEBWILLER CEDEX**
Philippe DOLFUS (Directeur) • Elisa BEARDMORE (Relations presse) • Olivier DE LA BLANCHARDIERE (Secrétaire général)
Scène conventionnée pour la musique • **Genre(s) musical(aux)** : Jazz, musiques du monde, cabaret, musiques actuelles • **Capacité** : Caveau (110 pl.), nef (650 pl.), cœur supérieur (200 pl.), réfectoire d'été (200 pl.) • **Références** : Cécile Corbel, Rocío Márquez, Eric Leginni Lyambico, Wolfgang Haffner, Alex Tassel, Anne Paceo, Viviane de Farias, Nuevo Tangran Mamasyan, etc.

Le **TRIANGLE**
✆ **03 89 89 98 20** • fax 03 89 89 69 74
letriangle@ville-huningue.fr • **www.ville-huningue.fr/fr/le-triangle**
3 rue de St-Louis • BP 350 • 68333 **HUNINGUE CEDEX**
Jacques LAMY-CHAPPUIS (Directeur)
Genre(s) musical(aux) : Jazz, rock, musique du monde, chanson française, musique festive, etc. • **Capacité** : 2 salles : l'Odéon (154 pl.) et l'Atrium (350 pl. avec un gradin modulable) • **Références** : Jeanne Cherhal, Oshen, P. Rondat, Tchavolo Schmitt, Pierre Schirrer, ValiumValse, Chum's, Waap, etc.

AQUITAINE

SALLES DE PLUS DE 1 200 PLACES

Gironde

La **COUPOLE**
✆ **05 56 68 67 06 / 06 07 37 42 05** • fax 05 56 68 67 01
www.lacoupole.org
Mairie • BP 56 • 33450 **ST LOUBES**
Elizabeth BERREBI (Directrice)
Genre(s) musical(aux) : Variété, opérette, spectacle, disco + théâtre • **Capacité** : 800 pl. (assis), 2400 pl. (debout), 3 salles modulables • **Références** : Amel Bent, Hugues Auffray, Tri Yann, Frank Michael, Calogéro, Raphaël, Bernard Lavilliers, Liane Foly, Michel Boujenah, etc.

ESPACE MEDOQUINE
✆ **05 57 57 07 20** • fax 05 57 57 07 27
info@medoquine.com • **www.medoquine.com**
224/226 cours Mal Galliéni • 33400 **TALENCE**
Pascale AUJAY (Directrice) • Valérie SERGENT (Attachée commerciale)
Genre(s) musical(aux) : Ts • **Capacité** : 300 à 3000 pl. • **Références** : IAM, M, Bénabar, Corneille, Raphaël, Têtes Raides, Robert Plant

Le **PIN GALANT**
✆ **05 56 97 00 51 / 05 56 97 82 82**
fax 05 56 97 63 96 / 05 56 47 45 11
administration@lepingalant.com • **www.lepingalant.com**
34 av. Mal de Lattre de Tassigny • BP 30244 • 33698 **MERIGNAC CEDEX**
Jean-Paul BURLE (Directeur) • Marie-Laure CAILLER (Administratrice)
Genre(s) musical(aux) : Tous dont jazz, musiques du monde, chanson • **Capacité** : Le Pin Galant (1 390 pl), l'Entrepôt du Haillan (460 pl.) • **Références** : Jenifer, Sylvie Vartan, Thomas Dutronc, Julien Doré, Isabelle Boulay, Cali, David Reinhardt, Opéra de Pékin etc.

Landes

Les **BOURDAINES**
✆ **05 58 43 17 78**
info@bourdaines.com • **www.bourdaines.com**
Av. des Arènes • 40510 **SEIGNOSSE**
Robin DUPISRE (Directeur) • Laurence WAGON (Communication)
Genre(s) musical(aux) : Chanson, rap, rock, reggae, etc. • **Capacité** : 2000 places • **Références** : Nina Hagen, Maceo Parker, Ibrahim Maalouf

Le **MOULIN DE BAGAT**
✆ **05 58 57 58 88**
evenements@bagatorganisation.com • **www.moulindebagat.com**
Route de Peyrehorade • 40300 **ST LON LES MINES**
Nadine RASCHETTI-DUFFAUT (Location)
Genre(s) musical(aux) : Variétés, variétés internationales • **Capacité** : Petit Bagat (1 000 pl. debout, 500 assis), Grand Bagat (2500 debout, 1 250 assis) • **Références** : Gérard Lenorman, Le Cabaret des Filles de Joie

Pyrénées-Atlantiques

La **GARE DU MIDI**
✆ **05 59 22 37 05** • fax 05 59 22 41 99
spectacles@biarritz.fr • **congres.biarritz.fr**
23 av. Mal Foch • 64200 **BIARRITZ**
Frédérique WALDURA (Directrice commerciale) • Charles CAPDEPON (Directeur commercial)
Genre(s) musical(aux) : Variétés françaises et internationales • **Capacité** : 1400 pl., auditorium de 230 pl. • **Références** : P. Fiori, L. Voulzy, J. Clerc, etc.

ZENITH-PAU
✆ **05 59 80 77 50** • fax 05 59 80 77 53
contact@zenith-pau.fr • **www.zenith-pau.fr**
Seme Pau-Culture • Bd du Cami Salié • 64000 **PAU**
Marie-Anne LECAL (Directrice)
Genre(s) musical(aux) : Ts • **Capacité** : 650 à 4500 pl. (assis), jusqu'à 7500 pl. (assis/debout) • **Références** : Patrick Fiori, Jenifer, Soprano, Ben l'Oncle Soul, Cali, Christophe Maé, Jean-Louis Aubert, François Morel, La Fouine, Grégoire, Charles Aznavour, Yannick Noah, Julien Clerc, M, Eddy Mitchell, Michel Sardou, Johnny Hallyday, etc.

SALLES DE 400 À 1200 PLACES

Dordogne

CENTRE CULTUREL DE SARLAT
✆ **05 53 31 09 49** • fax 05 53 31 09 50
sarlat.culturel@wanadoo.fr • **www.sarlat.fr**
Le Colombier • Rue Gaubert • 24200 **SARLAT LA CANEDA**
Georges PATAKY (Directeur) • Laurence ETCHEVERRY (Administratrice) • Isabelle CHAUVEL (Chargée de communication)
Genre(s) musical(aux) : Ts + théâtre, cirque, etc. • **Capacité** : Salle Paul Eluard : 590 pl. (assis), 1 000 pl. (debout) • **Références** : Maurane, les Haricots rouges, Arielle Dombasle « Diva Latina », Urs Karpatz, The Rabeats, Rue de la Muette

CENTRE CULTUREL LA FABRIQUE
✆ **05 53 02 41 99**
contact@lafabrique.info • **www.lafabrique.info**
Rue Amiral Courbet • BP 39 • 24110 **ST ASTIER**
Agnès GARCENOT (Directrice)
Genre(s) musical(aux) : Chanson • **Capacité** : 800 pl. • **Références** : Allain Leprest, Wally, Alain Sourigues, Les Frères Brothers

CENTRE CULTUREL MICHEL MANET
✆ **05 53 57 71 51** • fax 05 53 61 30 01
centre-culturel@ville-bergerac.fr • **www.ville-bergerac.com**
Direction de l'action culturelle • Pl. Gambetta • 24100 **BERGERAC**
Sylvie DEVIER (Directrice artistique)
Genre(s) musical(aux) : Chanson française, musique classique, jazz, théâtre, danse • **Capacité** : 740 pl. + auditorium de 248 pl. • **Références** : Ilka Schöbein, Brigitte, Black Blanc Beur, festival Jazz Pourpre (mai) avec Renaud Garcia-Fons, F. Eulry & P.Y. Plat, China Moses, Paul Chéron, Nadia Cambours, Arno, etc.

L'**ODYSSÉE - THÉÂTRE DE PERIGUEUX**
✆ **05 53 53 18 71** • fax 05 53 35 08 57
chantal.achilli@odyssee.perigueux.fr • **www.odyssee-perigueux.fr**
Esplanade du Théâtre • 24000 **PERIGUEUX**
Chantal ACHILLI (Directrice) • Ludovic BECKER (Administrateur)
Genre(s) musical(aux) : Jazz, chanson, musiques du monde, etc. • **Capacité** : 850 pl. • **Références** : Ibrahim Maalouf, Jean-Marie Machado, Patrice Caratini Jazz Ensemble

ROCKSANE
✆ **05 53 63 03 70** • fax 05 53 57 64 31
overlook@wanadoo.fr • **www.rocksane.com**
14 bis rue Pozzi • 24100 **BERGERAC**
Patrick VACHIA (Directeur programmateur)
Genre(s) musical(aux) : Musiques actuelles, amplifiées • **Capacité** : 500 pl. • **Références** : Angle, Peuple de l'Herbe, Gojira, Skatalites, etc.

Le **SANS RÉSERVE**
✆ **05 53 06 12 73** • fax 05 53 06 11 37
info@sans-reserve.org • **www.sans-reserve.org**
192 route d'Angoulême • 24000 **PERIGUEUX**
Guy GARCIA (Directeur programmateur) • LAPS (Régisseur) • Nathalie HARDMAN (Chargée de communication et de l'action culturelle)
Genre(s) musical(aux) : Rock, reggae, musiques électroniques, rap • **Capacité** : 500 pl. (debout) • **Références** : Ez3kiel, Fishbone, Napalm Death, The Bellrays, Gojira, High Tone, The Congos, Birdy Nam Nam, Unsane, The Young Gods, Neg'Marrons, Loo & Placido, Chinese Man, Shannon Wright, Dub Trio, Debmaster, dDamage

Gironde

L'**ACCORDEUR / METS LA PRISE**
✆ **06 62 40 78 36 / 06 71 58 96 73** • fax 05 24 08 43 45
contact@metslaprise.org • **www.laccordeurlasalle.com**
15 route de Paris • 33910 **ST DENIS DE PILE**
Frédéric FENECH (Régisseur / Directeur technique) • Katy FENECH (Programmatrice / Administratrice)
Genre(s) musical(aux) : Musiques actuelles • **Capacité** : 500 pl. • **Références** : Les Hurlements de Léo, Les Blairots de Ravel, Les Hyènes, Merzhin, Eiffel

BT 59
✆ **09 79 16 98 71 / 06 76 81 06 48**
contact@bt59.com • **www.bt59.com**
Site de Terres Neuves • BP 25 • 33320 **BEGLES**
Paul SALLELES (Responsable de la communication)
Genre(s) musical(aux) : Electro, techno, jazz, rock, reggae, break beats, trip hop, drum'n bass, etc. • **Capacité** : 630 pl. (debout) • **Références** : Violett, Holly Burris, Hocus Pocus, Zenzile, Jacky Terrasson, Roberto Fonseca, Souleyman Diamanka, Miro, Shannon Wright, Puzzle, etc.

Le **CARRÉ - LES COLONNES**
✆ **05 56 95 49 02**
a.rousseau@lecarre-lescolonnes.fr • **www.lecarre-lescolonnes.fr**
BP 90009 • 33165 **SAINT MEDARD EN JALLES CEDEX**
Sylvie VIOLAN (Directrice) • Amélie ROUSSEAU (Assistante de direction) • Hélène PETITPREZ
Genre(s) musical(aux) : Chanson, jazz, hip hop • **Capacité** : 2 salles : 264 et 750 places • **Références** : Triologies' avec André Minvielle, Denis Charolles et Didier Petit, Fred Nevchehirlian invite L, Chilly Gonzales, l'Orchestre d'Hommes-Orchestres, Serena Fisseau

L'**ENTREPÔT DU HAILLAN**
✆ **05 56 97 00 51 / 05 56 97 82 82**
fax 05 56 97 63 96 / 05 56 47 45 11
administration@lepingalant.com • **www.lentrepotduhaillan.com**
c/o Le Pin Galant • 34 av. Mal de Lattre de Tassigny • BP 244
33698 **MERIGNAC CEDEX**
Jean-Paul BURLE (Directeur) • Marie-Laure CAILLER (Administratrice)
Genre(s) musical(aux) : Tous dont jazz, chanson • **Capacité** : 462 pl. • **Références** : David Reinhardt, Maria Marone et le Neapolis Ensemble, Julie Zenatti

ESPACE CULTUREL DE CRÉON
✆ **05 56 30 65 59 / 06 88 73 89 20**
carlina@larural.fr • **www.larural.fr**
c/o Ass. Larural • 10 av. Suzanne Salvet • 33670 **CREON**
Carlina CAVADORE (Responsable) • Etienne JASOUS (Président)
Genre(s) musical(aux) : Tous types de musique • **Capacité** : 500 pl. • **Références** : Titi Robin, Nicolas Jules, MAP, Tania Maria, Les Têtes Raides, La Tordue, Dominique A, Palatas Singers - « Les jeudis du jazz » avec Lo Jay, Francis Bourrec, Joseph Ganter, Serge Moulinier, Alain Coyral, Jazz Chamber Orchestra, etc. - Festival « Le Festin 14 » (Du 19 au 23 mars 2013) avec Rabih Abou Khalil, Kolektif Istanbul, La Collectore, Mohammed Abozekry & Heejaz, etc.

I.BOAT
✆ **05 56 10 48 23**
communication@iboat.eu • **www.iboat.eu**
Bassin à Flot N° 1 quai Armand Lalande • 33300 **BORDEAUX**
Olivier GUET (Directeur) • Benoît GUERINAULT (Programmateur)
Genre(s) musical(aux) : Musiques électroniques, rock, pop • **Capacité** : 300 pl. • **Références** : Baxter Dury, Glass Candy, Ellen Alien, Superpitcher, Shit Robot, Rone, The Marble Players, Atom Tm, Bonaparte, Housse de Racket, The Glitch Mob, Austra, Bonnie Prince Billy, Toxic, etc.

Le **KRAKATOA**
✆ **05 56 24 34 29** • fax 05 56 99 18 05
transrock@krakatoa.org • **www.krakatoa.org**
c/o Transrock • 3 av. Victor Hugo • 33700 **MERIGNAC**
Didier ESTÈBE (Directeur) • David LESPES (Programmateur) • Alice DUBOÉ (Communication) • Guillaume MANGIER (Accompagnement)
Genre(s) musical(aux) : Rock, reggae, blues, salsa, trip hop, rap, soul • **Capacité** : 5 jauges (1 200, 750, 500, 450 pl. et le club : 250 pl.) • **Références** : Noir Désir, Nick Cave, The Gun Club, Ting Tings, Ben Harper, Renan Luce, Katerine, The Tallest Man on Earth, Animal Collective, Wax Tailor, Kyuss, Izia, etc.

Le **ROCHER DE PALMER**
✆ **05 56 74 80 00** • fax 05 56 67 63 52
contact@lerocherdepalmer.fr • **lerocherdepalmer.fr**
1 rue Aristide Briand • 33152 **CENON CEDEX**
Patrick DUVAL (Directeur artistique) • Hervé CASTELLI (Directeur adjoint) • Aurélie STUBER (Attachée de presse) • Sophie GUENEBAUT (Administratrice) • Patrick LABESSE (Responsable du Centre de Ressource)
Pôle de ressource jazz et musiques du monde en Aquitaine • **Genre(s) musical(aux)** : Musiques du monde, jazz, musiques électroniques, hip hop, etc. • **Capacité** : 1 200 et 650 pl. (salle de spectacle), 250 pl. (club) • **Références** : New York Salsa All Stars, Dionysos, Theo Bleckmann, Les Frères Brothers, Solillaquists of Sound, CaboSanRoque, Bernard Lubat, Richard Bona, Lo Cor de la Plana, Andy McKee's Guitar Masters, Johnnny Winter, Marcus Miller, Lo'Jo, C2C, Orchestre Arabo-Andalou d'Oujda, Sébastien Tellier, Raul Midon, John McLaughlin, GiedRé, etc.

ROCK SCHOOL BARBEY
✆ **05 56 33 66 00** • fax 05 56 33 66 11
manu.ranceze@rockschool-barbey.com • **www.rockschool-barbey.com**
18 cours Barbey • 33800 **BORDEAUX**
Éric ROUX (Directeur) • ACHRAF (Médiateur des pratiques culturelles urbaines) • Emmanuel RANCEZE (Programmateur) • Nicolas COBOS (Accompagnement scène locale)
Genre(s) musical(aux) : Rock, pop, électro, jazz, hip hop, etc. • **Capacité** : 700 pl. salle, 250 pl. club • **Références** : Damned, Buzzcocks, Ramones, Mano Negra, Béruriers Noirs, Fugazi, White Stripes, Katerine, Louise Attaque, Diam's, IAM, M, Camille Noir Désir, Placebo, Cali, Anais, Sanseverino, Miossec, Arctic Monkeys, Klaxons, Razorlight, The Rapture, The Dø, etc.

THÉÂTRE DES 4 SAISONS

✆ **05 56 89 03 23 / 05 56 89 98 23** • fax 05 56 75 52 95
communication@t4saisons.com • **www.t4saisons.com**
Parc de Mandavit • 33170 **GRADIGNAN**

Marie-Michèle DELPRAT (Directrice)

Genre(s) musical(aux) : Jazz, gospel, world, musique classique, théâtre, danse, jeune public • **Capacité** : 404 pl. • **Références** : Jean-François Zygel, François Salque et Vincent Peirani, Kamilya Jubran « Diabolus in musica »

THÉÂTRE FEMINA

✆ **05 56 52 45 19** • fax 05 56 48 21 40
maxime.femina@gmail.com • **www.theatrefemina.fr**
10 rue Grassi • 33000 **BORDEAUX**

Michel GOUDARD (Directeur) • Bérénice GOUDARD (Responsable de la communication internet) • Maxime LAVILLE (Assistant de production)

Genre(s) musical(aux) : Variété, chanson, jazz • **Capacité** : Espace modulable de 150 à 1 125 pl. • **Références** : Madeleine Peyroux, Pat Metheny, El Lebrijano, The Rabeats, Imani, etc.

THÉÂTRE OLYMPIA

✆ **05 56 22 01 17** • fax 05 57 52 21 70
administration.olympia@arcachon.com • **www.arcachon.com**
Arcachon Culture • 21 av. du Général de Gaulle • 33120 **ARCACHON**

Benoit DISSAUX (Directeur)

Genre(s) musical(aux) : Chanson, variétés, jazz • **Capacité** : 750 à 1 000 pl. + Espace Arlequin (350 pl.) • **Références** : Alain Souchon, The Glory Gospel Singers, Julien Clerc, Bénabar, Richard Galliano + « Les Jeudis Jazz » à l'Espace Arlequin : Mario Canonge, Denise King et Olivier Hutman, Caratini Jazz Ensemble, La Pompe, Trio Broken Wings, Fabien Mary, Dany Doriz

Landes

Le CAFÉMUSIC'

✆ **05 58 85 92 92** • fax 05 58 85 99 77
lecafemusic@wanadoo.fr • **www.lecafemusic.com**
4 cale de la Marine • 40000 **MONT DE MARSAN**

Didier VALDES (Directeur) • Karine BOEKLAGE (Programmatrice) • Dominique DUSSANS (Régisseur)

Genre(s) musical(aux) : Rock, pop, reggae, techno, musiques du monde, chanson, ska, etc. • **Capacité** : 500 pl. • **Références** : Arthur H, Les Hurlements d'Léo, La Rumeur, Gojira, Poppa Chubby, Lee Perry, Hugh Coltman, Yodelice, Toots and The Maytals, Fishbone, Le Peuple de l'herbe

Lot-et-Garonne

Le FLORIDA

✆ **05 53 47 59 54**
accueil@le-florida.org • **www.le-florida.org**
95 bd Carnot • BP 30167 • 47005 **AGEN CEDEX**

Florent BENETEAU (Directeur artistique) • Gabrielle ROSSI (Directrice administrative)

Musiques amplifiées & arts numériques • **Genre(s) musical(aux)** : Rock, jazz, rap, reggae, chansons, musiques imaginaires du monde, musiques électroniques • **Capacité** : 180 pl. (assis) sur 750 • **Références** : Ez3kiel, Wax Tailor, Heymoonshaker, Eths, Portico Quartet, Ibrahim Maalouf, Sefuy, groupes locaux

La MANOQUE

✆ **05 53 79 83 15** • fax 05 53 79 83 01
l.freschie@marie-tonneins.fr • **www.mairie-tonneins.fr**
c/o Mairie • Place Zappola • 47400 **TONNEINS**

Laurent FRESCHI

Genre(s) musical(aux) : Musique, théâtre, danse, humour, cirque • **Capacité** : 300 à 806 pl. (assis), 1 200 (debout) • **Références** : Phil Barnay, Julie Pietri, Sloane, JJ Lafon, Les Ogres de Barback, Tribute a Glenne Miller, Les Rubettes

THÉÂTRE GEORGES-LEYGUES

✆ **05 53 70 37 24 / 05 53 41 53 85** • fax 05 53 40 07 88
secreatariat.tgl@mairie-villeneuvesurlot.frve.fr • **www.ville-villeneuve-sur-lot.fr**
Bd. de la République • 47300 **VILLENEUVE SUR LOT**

Serge BORRAS (Directeur) • Lucie SANCHEZ (Administratrice)

Genre(s) musical(aux) : Ts styles • **Capacité** : 750 pl. • **Références** : Jacques Gamblin & Laurent de Wilde, Surnatural Orchestra, The New Rope String Band, Ana Moura, Paco Ibáñez, ONJ Yvinec « Around Robert Wyatt », etc.

THÉÂTRE MUNICIPAL DUCOURNEAU

✆ **05 53 66 26 60 / 05 53 69 47 24** • fax 05 53 48 02 19
theatre@agen.fr • **www.agen.fr/theatre**
Place Dr Esquirol • 47916 **AGEN CEDEX 9**

Bruno RAPIN (Directeur) • Marlène JÂQUES (Chargée de communication)

Genre(s) musical(aux) : Tous • **Capacité** : 655 pl. • **Références** : Natacha Ezdra chante Jean Ferrat, EZ3kiel Extended, Claire Diterzi, Thomas Fersen, Michel Delpech, Robert Charlebois, Juliette, Clarika, The Jellyfish Brothers, Just Friends Quintet, Roger Biwandu Trio, etc.

Pyrénées-Atlantiques

L'ATABAL

✆ **05 59 41 73 20** • fax 05 59 23 38 31
francois.atabal@orange.fr • **www.atabal-biarritz.fr**
37 allée du Moura • 64200 **BIARRITZ**

François MATON (Directeur programmateur) • Mathieu GARCIA (Régisseur) • Evelyne RENARD (Administratrice)

Genre(s) musical(aux) : Musiques actuelles • **Capacité** : 700 pl. debout, également formule café concerts • **Références** : Gojira, Dionysos, Rachid Taha, Bertignac, Groundation, Tiken Jah Fakoly, Lofofora, Amadou & Mariam, Asian Dub Foundation, Caravan Palace, Macéo Parker, Sepultura

SCÈNE NATIONALE BAYONNE - SUD-AQUITAIN

✆ **05 59 55 85 05** • fax 05 59 55 21 70
scenenationale@snbsa.fr • **www.snbsa.fr**
1 rue Edouard-Ducéré • 64100 **BAYONNE**

Dominique BURUCOA (Directeur artistique) • Roger GOYHENECHE (Administrateur) • Richard FANO (Directeur technique) • Carine CHAZELLE (Chargée de mission Médiation Culturelle et Programmation jeune public)

Genre(s) musical(aux) : Jazz, blues, variétés, gospel, classique, contemporain • **Capacité** : 2 salles gérées par la scène nationale : Théâtre de Bayonne (580 pl.), salle Paul Vaillant Couturier à Boucau (750 pl.) et plusieurs salles à utiliser ponctuellement (de 80 à 1 200 pl.) • **Références** : Aurélie Tropez et Philippe Milanta « Duaurélantâ », Joey DeFrancesco, Chicago Blues Festival, Hervé « RV » Salters alias General Elektriks, Elsa Harris & The Victory Gospel Singers, Anachronic Jazz Band par Philippe Baudoin et Marc Richard, Broken Wings Trio, Tricia Evy, Paris Wahboard, Patrice Caratini Jazz Ensemble

SALLES DE MOINS DE 400 PLACES

Gironde

ANDRO MAC

✆ **05 56 80 78 28**
service.culturel@crous-bordeaux.fr • **www.facebook.com/lamacducrous**
Mac, Domaine Universitaire • 4 rue Lucie Aubrac • 33608 **PESSAC CEDEX**

Nico CABOS (Président) • Joséphine LOUBET (Bénévole) • Guillaume DUFY (Vice-président) • Jean-Brice LACOMBE (Trésorier)

Genre(s) musical(aux) : Hardcore, punk, hip hop, reggae, dub, raï, musiques africaines, électro, garage rock • **Capacité** : 220 pl. • **Références** : Vibronics, Burning Heads, La Réplik, High Tone, Western Special, Neurosystem, Soul Jazz records, Tantrum, l'Inconscient, Wonkee Monkeys, Löbe Radiant Dub System, Shaolin Temple Defenders, Kanka, etc.

L'ANTIROUILLE

✆ **05 57 35 32 32**
manu@rocketchanson.com
www.myspace.com/lantirouillerocketchanson
181 rue François Boucher • 33400 **TALENCE**

Emmanuel ROMANI (Régisseur général)

Rock & chanson • **Genre(s) musical(aux)** : Ts • **Capacité** : 180 pl. • **Références** : The Wackies, 0800, Nicolas Jules, Charlie Plane

Le CARRÉ-LES COLONNES

✆ **05 56 95 49 00** • fax 05 56 95 49 02
info@lecarre-lescolonnes.fr • **www.lecarre-lescolonnes.fr**
4 rue du Dr. Castéra • 33290 **BLANQUEFORT**

Sylvie VIOLAN (Directrice) • Xavier QUERON (Chargé de communication) • Yvon TRÉBOUT (Directeur technique)

Scène conventionnée • **Genre(s) musical(aux)** : Ts mais scène conventionnée jeune public • **Capacité** : 87, 270, 400 et 700 pl. • **Références** : Chilly Gonzales, André Minvielle/Denis Charolles/Didier Petit, Fred Nevchehirlian invite L, L'Orchestre d'hommes-orchestres joue Tom Wats, Serena Fisseau

CENTRE SIMONE SIGNORET

✆ **05 56 89 38 93** • fax 05 56 75 24 69
signoret@canejan.fr • **www.signoret-canejan.fr**
Ch. de Cassiot • BP 90031 • 33611 **CANEJAN CEDEX**

Sophie CASTEIGNAU (Directrice)

Genre(s) musical(aux) : Chanson, musiques du monde • **Capacité** : 392 pl. • **Références** : Enzo Enzo, Thomas Fersen, Taraf de Haïdouks, Latcho Drom, Maxime Le Forestier, Nilda Fernandez, Marcio Faraco, Sanseverino, Art Mengo, Fabulous Trobadors

Le COMPTOIR DU JAZZ

✆ **05 56 49 15 55 / 06 16 81 75 21** • fax 05 56 49 29 12
portdelalune@wanadoo.fr • **www.leportdelalune.com**
SAS Le Port de la Lune • 58/59 Quai de Paludate • 1, Rue du Commerce 33000 **BORDEAUX**

Malek MENEKBI (Chargé de communication et programmation jazz) • Christelle TONIN (Contact)

Genre(s) musical(aux) : Jazz, blues, soul, funk, world, pop, folk, etc. • **Capacité** : 210 pl. • **Références** : Martha High, Golino-Bleckhorn 4Tet, Sweet Dixie, Leila Martial Group, Lily Mae Quintet, Oya Express, Fred Borey, Alexis Evans, Monique Thomas Gospel 4Tet, etc.

ESPACE CULTUREL GEORGES BRASSENS

✆ **05 57 96 01 30 / 05 57 96 01 38** • fax 05 57 96 01 31
direction-ecgb@mairie-leognan.fr • **www.mairie-leognan.fr**
rue du 19 Mars 1962 • BP 32 • 33850 **LEOGNAN**

Elisabeth MARIAS (Directrice) • Claudine ESTEVAN (Administration) • David IACONO (Régisseur général)

Genre(s) musical(aux) : Tous • **Capacité** : 347 pl. • **Références** : F. Fourcade, P. Centauri, M. Boujenah, A. Leprest, O. Dupont, Chick Willis, Shake on shake, le Cool Jazz Sextet, Eric Braccini, John Mayall

HERETIC CLUB

✆ **05 56 92 79 90** • fax 05 56 92 79 90
prog@hereticclub.com • **www.hereticclub.com**
58 rue du Mirail • 33000 **BORDEAUX**

Mathieu ALOUSQUE (Administration / communication) • Dimitri DUMONT (Programmateur) • Cyril DIEULAFAIT (Communication)

Genre(s) musical(aux) : Hardcore, metal, punk, rock, électro • **Capacité** : 237 pl. • **Références** : Uncommonmenfrommars, Dirty Fonzy, Cheveu, Aerôflôt, No Turning Back, Aguirre, Cancer Bats, Manu Le Malin, Vulgaires Machins, Robots in Disguise, Karma to burn, etc.

MOLIÈRE - SCÈNE D'AQUITAINE

✆ **05 56 01 45 67 / 05 56 01 45 66**
oara@oara.aquitaine.fr • **www.oara.fr**
c/o Oara • 33 rue du Temple • BP 163 • 33036 **BORDEAUX CEDEX**

Joël BROUCH (Directeur) • Stéphanie PANOUZE (Communication)

Genre(s) musical(aux) : Pluridisciplinaire (théâtre, danse, musique dont chanson, jazz, jeune public) • **Capacité** : 166 pl. • **Références** : La Cie Lubat (résidence oct. 2012), Post Image (résidence jan. 2010), Benat Achiary/Didier Lasserre (résidence avril 2010)

Landes

Le PH'ART JAZZ CLUB

✆ **09 75 31 65 48 / 06 80 00 78 87**
christian.nogaro@orange.fr
c/o Jazz Partner's • 33 allée des Passereaux • 40130 **CAPBRETON**

Christian NOGARO (Directeur)

Genre(s) musical(aux) : Jazz, blues • **Capacité** : Salles municipales, aux allées Marines à Capbreton • **Références** : Philippe Catherie, Hein Van de Geyn, Enrico Pieranunzi, Julien Brunetaud avec Nicole Rochelle, Baptiste Trotignon, Renaud Garcia-Fons, Bernard Lubat, Manuel Rocheman, Pierre Boussaguet, Pierre Christophe, Michel Portal, Aldo Romano, Giovanni Mirabassi, Daniel Humair, etc.

Lot-et-Garonne

PAVILLON 108

✆ **05 53 36 02 83 / 06 17 59 71 31**
captaineab@gmail.com • **www.myspace.com/pavillon108**
108 rue Léon Jouhaux • 47500 **FUMEL**

Laurence VASSEUR (Présidente / programmation) • Christophe CARMEILLE (Programmateur) • Fabien DA COSTA LIMA (Communication)

Genre(s) musical(aux) : Ts • **Capacité** : 300 pl. • **Références** : Parabellum, Rageous Gratoons, Burning Heads, Electric Electric, Microfilm, Unco, Chokebore, Hard-Ons, The Toasters, etc.

La TANNERIE (AGEN)

✆ **05 53 68 04 04**
latannerie@sallelatannerie.com • **www.sallelatannerie.com**
20 rue Cajarc • 47000 **AGEN**

Patrice POINGT (Responsable)

Genre(s) musical(aux) : Chanson, jazz, blues, swing, musiques traditionnelles, world, théâtre • **Capacité** : Une centaine de pl. • **Références** : Rolin Acker, Mina Van Morn, Jeanne Plante, Tildon Krautz, Cie Mora Arts, Cyril Dubilé Jazz, César Swing, Char Baby, Marie Sigal, Boudu les cop's, Julien Bruneteaud, Bertrand Betsch, Loula B, Dulce Armengo tango, Tonton Georges trio, Dominique Fillon, Route 66, Road again, Fossilus orchestra, Dyade, la voix du cèdre, etc.

Pyrénées-Atlantiques

AMPLI ASSOCIATION

✆ **05 59 32 93 49**
contact@ampli.asso.fr • **www.ampli.asso.fr**
Les Abattoirs • 51 Allée Montesquieu • 64140 **BILLERE**

Olivier PETERS (Directeur) • Bertrand PERES (Programmateur)

Genre(s) musical(aux) : Musiques actuelles • **Capacité** : 400 pl. • **Références** : General Elektriks, Sexy Sushi, Debout sur le Zinc, Dodoz, Bikini Machine, Staff Benda, Bilili, Daguerre, Magnetix

La CENTRIFUGEUSE

✆ **05 59 40 72 93** • fax 05 59 40 72 94
mediation.centrifugeuse@univ-pau.fr • **www.la-centrifugeuse.com**
Service culturel UPPA • Maison de l'Étudiant • BP 576 • 64012 **PAU CEDEX**

Vanessa CAQUE (Direction artistique) • Marion CIRON (Médiatrice communication) • Enzo RODERO (Régisseur général) • Denis PALASSIO (Accueil / administration) • Françoise MAGRE (Accueil / administration)

Genre(s) musical(aux) : Rock, pop, folk, électro, musique du monde, contemporaine, etc. • **Capacité** : 187 pl. (assis), 400 pl. (debout)

ÉCURIES DE BAROJA

✆ **06 11 78 38 24**
c.roux@anglet.fr • **www.anglet.fr**
19 rue des Quatre Cantons • 64600 **ANGLET**

Cédric ROUX (Programmateur)

Genre(s) musical(aux) : Musiques actuelles • **Capacité** : 120 pl.

La LUNA NEGRA

✆ **05 59 25 78 05** • fax 05 59 25 78 05
contact@lunanegra.fr • **www.lunanegra.fr**
7 Rue des Augustins • 64100 **BAYONNE**

Jean-Michel DUPONT-GARCIA (Responsable)

Genre(s) musical(aux) : One man show, jazz, blues, swing, chanson, salsa, musiques du monde, pop, folk, rock • **Capacité** : 100 pl. + concerts organisés au Caveau des Augustins (bar à tapas) et autres peits lieux de Bayonne • **Références** : Mr Tchang & The Texas Sluts, Duende, Okabe, Sinofar, Nico Wayne Toussaint, JB Boogie Quintet, Macoura Traoré, Rémy Boiron, Romain Bouteille, Garland Jeffrey, etc.

Café-Concert SHOW CASE TIME

✆ **05 59 06 94 62**
contact@showcasetime.fr • **www.showcasetime.fr**
8-10 rue Arribes • 64000 **PAU**

Eric DELAMARE (Directeur)

Genre(s) musical(aux) : Musiques actuelles, blues, jazz, salsa, chanson, etc. • **Capacité** : 140 assis / debout • **Références** : Francis Lassus, Malted Milk, The Popes, Svensson, Mystere Trio, Bob Brozman, Turner Cody, La Zikabilo, Bernadette Soucrest, Seacrest, Pony Pony Run Run, Smooth, Slobodan Salijevic, Nadara, Vojasa, Fishtank ensemble, Dominic Sonic, Octopus, Vandaveer, Nico Wayne Toussaint, etc.

AUVERGNE

SALLES DE PLUS DE 1200 PLACES

Allier

ATHANOR

✆ **04 70 08 14 40 / 04 70 08 14 47** • fax 04 70 03 47 00
culturel@centreathanor.com • **www.centreathanor.com**
Rue Pablo Picasso • CS 81144 • 03103 **MONTLUCON CEDEX**

Evelyne TAUTOU (Présidente) • Brigitte PAULET (Directrice) • Chantal LEMOINE (Responsable secteur culturel) • Jean-Paul CHANAL (Directeur technique) • Georges CALLEN (Régisseur général)

Genre(s) musical(aux) : Pop, rock, jazz, world, classique, lyrique, chanson, musiques traditionnelles, humour musical • **Capacité** : Salle Oméga (400 à 4 250 pl.) • **Références** : Zaz, Zebda, P. Bruel, Superbus, M. Lavoine, Orchestre d'Auvergne, Voca People, Cie Käfig, Les Seagirls, Michelle Torr, Calogero, Pierre Perret, Eddy Michell, etc.

Cantal

Le PRISME

✆ **04 71 46 86 50** • fax 04 71 64 22 50
aurillac.congres@wanadoo.fr • **www.aurillaccongres.com**
Centre de congrès • 1 bis pl. des Carmes • 15000 **AURILLAC**
Sophie CLOCHARD (Directrice)

Genre(s) musical(aux) : Variétés, musiques actuelles • **Capacité** : 2 000 à 4 000 pl. • **Références** : E. Mitchell, J.-L. Aubert, Y. Noah, L. Gerra, Zazie, Il Était Une Fois Joe Dassin, Bernard Lavilliers, Lorie, J. Clerc, BB Brunes, P. Bruel, H. Ségara, Age tendre et tête de bois, Vocapeople, La Flute Enchantée, Elie Semoun, Tryo

Puy-de-Dôme

La COOPERATIVE DE MAI

✆ **04 73 14 48 52** • fax 04 73 14 48 09
ecrire@lacoope.org • **www.lacoope.org**
Rue Serge Gainsbourg • 63100 **CLERMONT FERRAND**
Didier VEILLAULT (Directeur programmateur) • Pascal CHEVEREAU (Directeur des ressources humaines)

Genre(s) musical(aux) : Musiques actuelles • **Capacité** : 1 500 et 460 pl. • **Références** : Beach House, Foals, Black Angels, Brigitte Fontaine, Witch Hands, Kyle Eastwood, M, Dominique A, Oxmo Puccino, Caravan Palace, Sanseverino, Diam's, les Rootz Underground, Ghinzu, The Virgins, Little Bob, Omar perry, Lou Reed, Patti Smith, Charlie Winston, etc.

ZENITH D'AUVERGNE

✆ **04 73 77 24 24** • fax 04 73 77 24 25
zenith@grandehalle-auvergne.com • **www.zenith-auvergne.com**
Plaine de Sarliève • CS 60080 • 63808 **COURNON D'AUVERGNE CEDEX**
Edouard LEPERLIER (Directeur) • Anne CHERFILS (Assistante de programmation) • Dominique GRAS (Régisseur)

Capacité : 1 300 pl. (min), 8 500 pl. (max), etc. • **Références** : Michel Polnareff, Michel Sardou, Eddy Mitchell, Hélène Ségara, Eric Clapton, Johnny Hallyday, Ben Harper, Obispo, Renaud, Laurent Voulzy, Patrick Bruel, Yannick Noah, etc.

SALLES DE 400 À 1200 PLACES

Allier

CENTRE CULTUREL VALERY LARBAUD

✆ **04 70 32 15 33** • fax 04 70 32 99 50
centreculturel@ville-vichy.fr • **www.ville-vichy.fr**
15 rue Mal Foch • BP2677 • 03200 **VICHY**
Karim BOULHAYA (Directeur) • Lionel CLAIRET (Régisseur) • Veronique ROTH (Communication) • Marlène BERTHOMIER (Comptable)

Genre(s) musical(aux) : Ts, jeune public • **Capacité** : 477 pl. • **Références** : Jean-Louis Aubert, Stéphane Eicher, Grace, Dionysos, Soul Mafia Click, Maceo Parker, Arthur H, Lucky Peterson, Zaho, Jacques Higelin, Vincent Delerm, Grand Corps Malade, Cali, Audrey Lamy, Brigitte, Mickael Miro, Sanseverino, Julien Doré + festival jeune public (1 sem. à la fin nov./début déc.) avec théâtre, marionnette, danse, etc.

MJC DE MONTLUCON

✆ **04 70 08 35 65** • fax 04 70 08 35 66
18 av. de Fontbouillant • 03100 **MONTLUCON**
Corine MERCERET (Formation accompagnement) • Régis WITTERKERTH (Régisseur)

Genre(s) musical(aux) : Rock, reggae, ragga, rap, raï, ska • **Capacité** : 618 pl. (debout), 133 pl. (assis) • **Références** : Mass Hysteria, Zita Swoon, Neg' Marrons, Ras Michael, Yellowman, Sawt El Atlas, Faudel, Lofofora, Spicy Box, Zebda, La Ruda, Marcel et son Orchestre, Gnawa Diffusion, Guem, Les Tambours du Bronx, Ska P, BB Brunes, Psy4 de la Rime, Têtes Raides, Orgres de Barback, Milo, Ultravomit, Pigalle, etc.

THÉÂTRE MUNICIPAL DE MOULINS

✆ **04 70 48 01 02 / 04 70 48 01 00** • fax 04 70 48 01 09
theatre@ville-moulins.fr • **www.ville-moulins.fr/Theatre-municipal.html**
Mairie de Moulins • 1, Place de l'Hôtel de Ville • BP 1629
03016 **MOULINS CEDEX**
Dominique VOIGNIER (Responsable) • Bernadette RONDEPIERRE (Programmatrice)

Genre(s) musical(aux) : Variété, jazz, théâtre, humour, etc. • **Capacité** : 684 pl. • **Références** : Têtes Raides, Grand Corps Malade, Thomas Dutronc, Richard Galliano, Kenny Garrett, Renaud, Bernard Lavilliers, Arno, Jacques Higelin, Michel Fugain, Alain Chamfort, Maxime Le Forestier

YZEURESPACE

✆ **04 70 48 53 80 / 04 70 48 53 85** • fax 04 70 48 53 90
n.duffault@ville-yzeure.com • **www.ville-yzeure.com**
Service culturel • BP 29 • 03401 **YZEURE CEDEX**
Karine GOUGNOT (Directeur) • Nathalie DUFFAULT (Programmatrice)

Théâtre Silvia Monfort • **Genre(s) musical(aux)** : Ts • **Capacité** : Théâtre S. Monfort (443 pl.), Carré (600 pl.) • **Références** : Stacey Kent, Juliette, ONB, Jean-Jacques Vanier, Jean-Louis Murat, Zebda, Ibrahim Maalouf

Cantal

THÉÂTRE D'AURILLAC

✆ **04 71 45 46 05** • fax 04 71 45 46 44
theatre@mairie-aurillac.fr • **www.ville-aurillac.fr**
Saison culturelle • 4 rue de la Coste • 15000 **AURILLAC**
Jean-Paul PEUCH (Directeur) • Christelle CORNUEJOLS (Chargée de communication) • Dominique GUILLOT (Régisseur général)

Genre(s) musical(aux) : Chanson, jazz, world, théâtre • **Capacité** : 357 pl. • **Références** : Emily Loizeau (festival Hibernarock), « Ca jazz en ville » (mars) avec en 2013 carte blanche à Jean-Marc Padovani, etc.

Puy-de-Dôme

L'ARLEQUIN

✆ **04 73 33 71 76**
contact@ville-mozac.fr • **www.mairie-mozac.fr**
Rue Louis Dalmas • 63200 **MOZAC**
Natercia BRANDAO (Chargée de la programmation)

Genre(s) musical(aux) : Ts styles • **Capacité** : 250 à 500 pl. en configuration assise • **Références** : As de Trèfle, Kafka, The Kissinmas, Enzo-Enzo, Orchestre d'Auvergne, Orchestre des Dômes, Piano à Riom, Angel Ramos Sanchez, Yvan Marc, « 12h34 » de Marc Jolivet, Sellig, Oskar et Viktor, Guidoni, Albert Meslay, etc.

Salle CLAUDE NOUGARO

animatis@wanadoo.fr • **www.issoire.fr**
Rue Marcel Béraud • 63500 **ISSOIRE**
Didier BARRIO (Directeur) • Martine GOUTTE (jeune public) • Jean-Michel SCHANDENÉ (Régisseur général)

Espace animation • **Genre(s) musical(aux)** : Chanson, rock, world, trad fusion, pop, jazz, classique • **Capacité** : 622 pl. (assis), 957 pl. (debout) • **Références** : Sanseverino, Benjamin Paulin, Loïc Lantoine, Sophie Charaï, Da Silva, Emily Loizeau, Brigitte Fontaine, J.-L. Aubert, Thomas Dutronc, la Grande Sophie, Arthur H, Mickey 3D, Anaïs, etc.

Le SEMAPHORE

✆ **04 73 87 43 43 / 04 73 87 43 41 / 04 73 87 43 45**
06 74 90 03 79 • fax 04 73 87 43 44
semaphore-direction@cebazat.fr • **www.cebazat.fr**
c/o Mairie • Rue d'Aubiat • 63118 **CEBAZAT**
Jacques MADEBENE (Directeur)

Genre(s) musical(aux) : Musiques du monde, chanson, jazz • **Capacité** : 300 à 600 pl. • **Références** : Ballaké Sissoko & Vincent Segal, festival « Sémaphore en chanson » (nov.) avec Gaële, Cyril Mokaiesh, Ben Ricour, Zebda et Chanson Plus Bifluorée, Juliette, Alina Orlova, etc.

Le TREMPLIN (BEAUMONT)

✆ **04 73 88 18 88** • fax 04 73 88 18 89
tremplin@beaumont63.fr • **www.beaumont63.fr**
4 esplanade de Russi • 63110 **BEAUMONT**
Frédéric ROZ (Directeur / Chef de projet Musique) • Sophie CHANGEUX (Administration / Chargée de communication) • Samuel GUILBERT (Régisseur général)

Genre(s) musical(aux) : Musiques actuelles • **Capacité** : De 260 à 500 pl.

SALLES DE MOINS DE 400 PLACES

Allier

Le GUINGOIS

✆ **04 70 05 88 18**
programmation@guingois.com • **www.guingois.com**
109 Rue Ernest Montuses • 03100 **MONTLUCON**
Pascal FAVIER (Directeur et programmateur)

Genre(s) musical(aux) : Jazz, chanson, musiques du monde, etc. • **Capacité** : 150 pl. • **Références** : Nina Attal, Youn Sun Nah, Jean-Michel Pilc/François Moutin/Ari Hoenig, Charlène Martin, Jools on Wheels, Rue de la Muette, Gaby Moreno, Akalé Wubé « Jawa Jawa », Hell's Kitchen, es Chemineaux de la Lune, etc.

Le **PIANOCKTAIL**

✆ **04 70 09 97 99 / 04 70 05 83 55 / 06 12 44 81 12**
josette.simonet@orange.fr • **amisjazzmontlucon.free.fr**
c/o Espace Boris Vian • 27 Rue Faucheroux • 03100 **MONTLUCON**

Josette SIMONET (Présidente des « Amis du Jazz ») • Roland LESPINGAL (Programmateur)

Genre(s) musical(aux) : Jazz • **Capacité** : 120 pl. • **Références** : Géraldine Laurent, Cox and Cow et Norfolk, Anne Pacéo, Hot Antic Jazz Band, La Filoche Trio, Trio Murmurando, Youn Sun Nah (en partenariat avec le Guingois et l' Athanor)

La **SANGRIA**

✆ **04 70 45 42 26**
lasangria@lasangria.net • **www.lasangria.net**
14 fbg National • 03500 **ST POURCAIN SUR SIOULE**

Coco (Programmateur)

Genre(s) musical(aux) : Rock, reggae, pop, R&B, trash musette, etc. • **Capacité** : 200 pl. • **Références** : Les Ejectés, Zenzila, Kanjar'Oc, Ramsès, Faubourg de Boignard, La Familia, Mix Up, Virago, Natalia M King, Namas pamos, Double Nelson, La Ruda, Lab°, Fou, Toma Sidibé, etc.

Haute-Loire

CENTRE CULTUREL DE LANGEAC

✆ **04 71 77 18 34 / 04 71 77 28 06** • fax 04 71 77 71 11
culture.communication@ville-langeac.com • **www.ville-langeac.fr**
Rue Léo Lagrange • 43300 **LANGEAC**

Stéphane ALDON (Responsable technique) • Isabelle PHILIPPON (Programmatrice)

Genre(s) musical(aux) : Chanson, jeune public • **Capacité** : 300 pl. • **Références** : Nilda Fernàndez, J.-L. Murat, Shaolin, Kandid, Evoé, S. Lama, M. Delpech, Sanseverino, Melino, etc.

La **COUVEUSE**

✆ **04 71 05 55 68**
contact@lacouveuse.fr • **www.lacouveuse.fr**
MPT • Cours de la Liberté • 43770 **CHADRAC**

Vincent PRADIER (Directeur) • Stéphane LAURENT (Régisseur) • Olivier QUENAT (Régisseur)

Genre(s) musical(aux) : Musiques actuelles • **Capacité** : 250 pl. • **Références** : Les Fils de Teuhpu, No Mad Band, Wally, Iznayen, The Kissinmas, Sabaly, Domb, The Lost Communist, Les Blaireaux, Alain Leprest, Pigalle, etc.

MJC DE MONISTROL-SUR-LOIRE

✆ **04 71 66 53 52** • fax 04 71 61 62 82
mjcmonistrol.asso.fr
25 rue du Stade • BP 11 • 43120 **MONISTROL SUR LOIRE**

Philippe HANSEN (Directeur)

Genre(s) musical(aux) : Ts • **Capacité** : 200 pl.

Puy-de-Dôme

L'**ART SCÈNE - LA FABRIK**

✆ **04 73 55 58 51 / 06 74 27 20 10** • fax 04 73 55 22 73
mc@randombias.com • **www.issoire.fr**
Ch. de la Fraternité • 63500 **ISSOIRE**

Marc CHALOSSE (Responsable / coordinateur pédagogique)

Genre(s) musical(aux) : Musiques actuelles • **Capacité** : 250 pl. • **Références** : The Eldeberries, The Kissinmas, Bruxelles, Axis, Kafka, The Delamo orchestra, The Hype

La **BAIE DES SINGES**

✆ **04 73 77 12 12**
baie-des-singes@wanadoo.fr • **www.baiedessinges.com**
6 av. de la République • 63800 **COURNON**

Franz RICHARD-PARGUE (Programmateur)

Genre(s) musical(aux) : Humour, chanson française, musiques du monde, jazz, théâtre • **Capacité** : 230 pl. • **Références** : Volo, Bob Brozman, G. Allwright, Mountain Men, Wriggles, A. Minvielle, etc.

CLUB 22

✆ **06 26 39 44 21**
richou_club22@yahoo.fr • **www.club22.fr**
53 av du Dr Presle • 63960 **VEYRE MONTON**

Richard POUDEROUX (Programmateur) • Maxime JACQUET (Président)

Genre(s) musical(aux) : Musiques actuelles • **Capacité** : 120 pl. • **Références** : Vitelloni, Muffled Sounds, Charlie Bill Nelson, Hill Valley, Mancora, Masternova, Mauresca Fracas Dub, Les Garagnas, Yakusa, Ifa, Le Dernier Singe, H-L, 7 Days Before, Detorn, Moa, Wurst, AlphaZ, Ground Selector, Nos Zigues, Métodik, Kaïfa, Boris Shot Kewitz, Tweed, Manygances, etc.

COMEDIA

✆ **04 73 31 57 03** • fax 04 73 31 59 99
m.moussie@corumsaintjean.fr • **www.corumsaintjean.fr**
Corum St-Jean • 17 rue Gaultier de Biauzat • 63000 **CLERMONT FERRAND**

Dominique MOUSSIÈRE (Chargée du développement)

Genre(s) musical(aux) : Musiques acoustiques, improvisées et traditionnelles, jazz, chanson, théâtre • **Capacité** : 187 pl. • **Références** : Sabayo, La Rue Râle, Alexis HK, Comédie de Clermont

La **JASSERIE DU COQ NOIR**

✆ **04 73 82 28 08**
surlestracesducoqnoir@orange.fr • **www.coq-noir.fr**
c/o Anthony Planat • 10 rue des Allées • 63600 **AMBERT**

Estela FULLA (Contact) • Annaïg PEINSEC

Genre(s) musical(aux) : Ts styles • **Capacité** : 80 pl. • **Références** : Julos Beaucarne, Flying Tractors, Cisko, Ottilie, groupes locaux

MEDIATHEQUE INTERCOMMUNALE DE ST-ELOY-LES-MINES

✆ **04 73 85 05 05**
mediatheque.spectacle@laposte.net • **www.mediatheque-sainteloy-lesmines.org**
Rue du Puits du Manoir • 63700 **ST ELOY LES MINES**

Jean-Pierre MICHY (Programmateur)

Genre(s) musical(aux) : Musiques acoustiques (chanson, jazz, musiques du monde) • **Capacité** : 132 pl. assises, 180 maxi • **Références** : Graeme Allwright, Cécile Corbel, Serge Utgé-Royo, La Bergère, Michel Hindenoch, Christian Décamps, Gabriel Yacouh, Subway, Gullivan, etc.

Le **MÉTRO**

✆ **04 73 80 63 03**
espace@ville-thiers.fr • **www.ville-thiers.fr**
2 av. des Etats-Unis • 63300 **THIERS**

Alain LE FORESTIER (Directeur) • Abdel TEBBOUB (Programmateur)

Genre(s) musical(aux) : Musiques actuelles • **Capacité** : 150 pl. • **Références** : No more Babylon, Dakanazion, Burning Heads, etc.

Le **PETIT VÉLO - POCOLOCO**

✆ **04 73 36 36 36** • fax 04 73 36 62 58
petit-velo@wanadoo.fr • **www.lepetitvelo.fr**
10 rue Fontgiève • 63000 **CLERMONT FERRAND**

Philippe GRAND (Directeur artistique)

Genre(s) musical(aux) : Jazz, musiques électroniques • **Capacité** : 250 pl. (debout) • **Références** : Jazz au Poco (www.jazzaupoco.com) : Moutin Reunion, Etienne MBappé, Mokhtar Samba, Gregory Porter, Chlorine Free, Soweto Kinch, Géraldine Laurent, les Doigts de l'Homme, « La Nuit du blues » avec Jean-Jacques Milteau, Manu Galvin & Joe Louis Walker (mars - avec Arvern Blues Concerts)

La **PETITE GAILLARDE**

✆ **04 73 36 05 36** • fax 04 73 36 38 36
peupleetculture@yahoo.fr
c/o Peuple et Culture Puy-de-Dôme • 3 rue Gaultier de Biauzat • 63000 **CLERMONT FERRAND**

Jean-François PERRIER (Directeur)

Genre(s) musical(aux) : Musiques traditionnelles, chanson, jazz, blues, etc. • **Capacité** : 130 pl.

La **PUCE A L'OREILLE**

✆ **04 73 38 75 82** • fax 04 73 38 75 82
admin@lapucealoreille63.fr • **lapucealoreille63.fr**
16 rue Chapsal • 63200 **RIOM**

Jean GORDOLON (Responsable / programmation) • Marie BOSSARD (Administratrice) • Laure CANISTRO (Chargée de communication)

Genre(s) musical(aux) : Chanson francaise, rock, jazz, musique du monde, théâtre de petite forme, jeune public • **Capacité** : 386 pl. dont 150 assises • **Références** : Kebous, Les Hurlements de Léo, Les blérots de Ravel, Piers Faccini, Les Hyenes, Les Barbarins Fourchus, Karpatt, Geraud, Les Vendeurs d'Enclumes, Gianmaria Testa, Tram des Balkan, etc.

BASSE-NORMANDIE

SALLES DE PLUS DE 1200 PLACES

Calvados

La **FONDERIE**

✆ **02 31 47 96 13** • fax 02 31 95 97 75
contact@bigbandcafe.com • **www.bigbandcafe.com**
c/o Big Band Café • 1 av. du Haut Crépon • 14200 **HEROUVILLE ST CLAIR**

Paul LANGEOIS (Responsable)

Genre(s) musical(aux) : Ts styles • **Capacité** : 1300 pl. • **Références** : Dominiqe A, Tété, Lou Doillon, Archive, Patrice, Renan Luce, Anaïs, Les Cowboys Fringants

ZENITH-CAEN NORMANDIE

✆ **02 31 29 14 14** • fax 02 31 29 14 15
contact@zenith-caen.fr • **www.zenith-caen.fr**
6 rue Joseph Philippon • BP 76069 • 14062 **CAEN CEDEX 4**

Serge LANGEOIS (Directeur) • Sylvie DUCHESNE (Adjointe) • Elisabeth ALLEAUME (Communication)

Genre(s) musical(aux) : Ts • **Capacité** : 7000 pl. (assis/debout), 4500 pl. (assis) • **Références** : L. de Wilde, H. Salvador, Lenny Kravitz, Superbus, « Nuit du Blues », W. Sheller, Elton John, Tracy Chapman, F. Cabrel, Pink Martini, Ben Harper, Trust, Alain Souchon, Eddy Mitchell, etc.

Orne

Le CARRÉ DU PERCHE

✆ **02 33 85 23 00 / 02 33 85 23 06** • fax 02 33 85 23 01
direction@lecarreduperche.com • **lecarreduperche.com**
23 rue Ferdinand de Boyères • 61400 **MORTAGNE AU PERCHE**

Adèle GAUTIER-LAMIROTÉ (Animatrice)

Genre(s) musical(aux) : Divers • **Capacité** : 200 à 900 pl. (assis), 2000 (debout), salle entierement modulable • **Références** : Jerome Savary, Les Sea Girls, Didier Lockwood, Anne Roumanoff, etc.

SALLES DE 400 À 1200 PLACES

Calvados

BIG BAND CAFÉ

✆ **02 31 47 96 13** • fax 02 31 95 97 75
com@bigbandcafe.com • **www.bigbandcafe.com**
1 av. du Haut Crépon • 14200 **HEROUVILLE ST CLAIR**

Paul LANGEOIS (Directeur / programmateur) • Gilles GERARD (Directeur technique) • Frédérique GENDRE (Communication)

Genre(s) musical(aux) : Chanson, jazz, blues, reggae, électro, hardcore, pop rock, techno • **Capacité** : 600 pl. • **Références** : Joe Jackson, Manu Katché avec Nils Peter Molvaer, Paul Personne, soirées « BBC Blues Club » avec Amar Sundy, Lou Doillon, S. Tellier, Dominique A

Le CARGÖ

✆ **02 31 86 79 31** • fax 02 31 38 95 83
contact@lecargo.fr • **www.lecargo.fr**
c/o Arts Attack ! • 9 cours Caffarelli • 14000 **CAEN**

Christophe MOULIN (Directeur) • Benoît RUGEL (Administrateur) • Stéphane RAGEOT (Coordinateur / programmation)

Genre(s) musical(aux) : Musiques actuelles • **Capacité** : Le Club (100 pl. assis ou 420 debout) et grande salle (938 pl.) • **Références** : Method Man, Gojira, Beat Assailant, Groundation, Steel Pulse, Ninja Hagen, Arno, Skip The Use, Wax Tailor, The Sonics, Orelsan

ESPACE JEAN VILAR (IFS)

✆ **02 31 82 72 72** • fax 02 31 83 98 98
contact@espace-jean-vilar.com • **www.espace-jean-vilar.com**
Square Niederwerrn • 14123 **IFS**

Brigitte BERTRAND (Directrice) • Fabienne GAUTIER (Assistante)

Capacité : 429 pl. (assis), 600 pl. (debout) • **Références** : Lhassa, Bratsch, Dikès, Musafir, Titi Robin, Les Elles, La Baronne, Princesse Erika, Idir

GRAND AUDITORIUM DE CAEN

✆ **02 31 30 46 86 / 02 31 30 46 70** • fax 02 31 30 46 87
saimu@agglo-caen.fr • **www.orchestredecaen.fr**
Orchestre de Caen • 1 rue du Carel • 14050 **CAEN CEDEX 4**

Stéphane BECHY (Directeur) • Samuel LOVITON (Administrateur)

Genre(s) musical(aux) : Jazz, classique, contemporain • **Capacité** : 870 pl., Auditorium Jean-Pierre Dautel • **Références** : « les Mardis en musique » (Jazz/Musiques improvisées) : « Claudia Quintet » dirigé par John Hollenbeck, « Open Losse » avec Mark Helias, Tony Malaby et Tom Rainey, [EM] avec Michaël Wollny

La LOCO

✆ **02 31 42 64 64 / 06 13 17 18 81**
contact@laloco.fr • **www.laloco.fr**
Rue de la Futaie • 14270 **MEZIDON CANON**

François AUBEY (Maire) • Patrice GUIBERT (Président)

Genre(s) musical(aux) : Ts • **Capacité** : 428 à 700 pl. (assis), 1500 pl. debout • **Références** : Joyce Jonathan, Wisbone Ash, Dar-K, TBK, The Lanskies, ZAZ, Mes Souliers sont Rouges, Maurane, Manu Dibango, Daby Touré, Norbert Krief + scène locale : Les Hommes à Tout Faire, etc.

Le PRÉAU

✆ **02 31 66 16 00** • fax 02 31 66 16 09
theatre@lepreaucdr.fr • **www.lepreaucdr.fr**
Pl. Castel • BP 90104 • 14503 **VIRE CEDEX**

Pauline SALES (Codirectrice) • Vincent GARANGER (Codirecteur) • Magali FASULA (Administratrice)

Centre dramatique régional • **Genre(s) musical(aux)** : Variés • **Capacité** : 618 pl. • **Références** : L, Claire Diterzi, Babx, Emel Mathlouthi, etc.

La RENAISSANCE

✆ **02 31 35 65 90 / 02 31 34 65 94** • fax 02 31 35 65 99
administration@larenaissance-mondeville.fr
www.larenaissance-mondeville.fr
Rue de l'hôtellerie • 14120 **MONDEVILLE**

Stéphanie BULTEAU (Directrice) • Laurent COULOMBIER (Régisseur général) • Florence LUBREZ (Communication et Relations Publiques)

Structure de diffusion et d'aide à la création en Basse-Normandie • **Genre(s) musical(aux)** : Tous dont chanson, jazz, musiques du monde, jeune public • **Capacité** : 400 pl. • **Références** : Arthur H, Mayra Andrade, Youn Sun Nah, Gianmaria Testa, Laurent de Wilde, Davy Sicard, Angélique Ionatos, etc.

THÉÂTRE DE CAEN

✆ **02 31 30 48 00** • fax 02 31 30 48 20
theatre@caen.fr • **www.theatre.caen.fr**
135 bd du Mal Leclerc • BP 71 • 14007 **CAEN CEDEX 1**

Patrick FOLL (Directeur) • Ludwig CHENAY (Administrateur) • Nathalie COLLEVILLE (Responsable de la communication) • Michel DUBOURG (Programmateur jazz) • Jean-Claude LEMENUEL (Programmateur musiques du monde)

Genre(s) musical(aux) : Opéra, jazz, musiques traditionnelles • **Capacité** : 1100 pl., 500 pl. (foyer), 120 pl. (café) • **Références** : Les arts florissants (intégrale de Monteverdi), Handel bad boys, Le paradis et La Péri (Schumann), Watteau et sa musique, Rochestre régional de Basse-Normandie, Pierre et le loup insolite, etc.

Manche

Le NORMANDY

✆ **02 33 57 60 96** • fax 02 33 57 96 60
contact@lenormandy.net • **www.lenormandy.net**
Ecran sonique • BP 330 • 50010 **ST LO CEDEX**

Nicolas D'APRIGNY (Directeur / programmateur) • Antony HAMEL (Régisseur général) • Hugues MARECHAL (Administration) • Baptiste MIGNON (Assistant de communication et de production)

Genre(s) musical(aux) : Musiques actuelles • **Capacité** : 400 à 900 pl. • **Références** : Raul Midon, Mountain Men, Revolver, Dominique A, Julian Marley, Air, Ben L'Oncle Soul, Gaëtan Roussel, The Kooks, Izia, Israel Vibration, Lilly Wood & The Prick, Philippe Katerine, « Les Rendez-vous Soniques »

THÉÂTRE MUNICIPAL DE COUTANCES

✆ **02 33 76 78 60** • fax 02 33 45 48 36
jslp@jazzsouslespommiers.com • **www.jazzsouslespommiers.com**
Les Unelles • BP 524 • 50205 **COUTANCES CEDEX**

Denis LE BAS (Directeur) • Jean-Paul LECOUTOUR (Directeur adjoint) • Stéphanie DAVENEL (Administratrice) • Séverine HEDOUIN (Chargée de communication et relations presse)

Genre(s) musical(aux) : Tous • **Capacité** : 600 pl. • **Références** : Sandra Nkake, Thomas de Pourquery/Eric Légnini, Camille, Carmen Maria Vega, Gamblin jazze, de Wilde sextete, Michel Edelin trio « Kuntu », Ragnhild Furebotten/Mairtin O'Connor Band, Chilly Gonzales Solo Piano II, festival « Jazz sous les pommiers » (32e édition- WE de l'ascension)

Le TRIDENT

✆ **02 33 88 55 50 / 02 33 88 55 55** • fax 02 33 88 55 59
laboite@trident-sn.com • **www.trident-scenenationale.com**
Pl. Gal de Gaulle • BP 807 • 50108 **CHERBOURG-OCTEVILLE**

Mona GUICHARD (Directrice) • Elodie GALLIER (Administratrice)

Scène nationale de Cherbourg-Octeville • **Genre(s) musical(aux)** : Jazz, variétés, chanson, musique du monde, musique classique • **Capacité** : Théâtre à l'italienne (700 pl.), Théâtre de la Butte (400 pl.), le Vox (240 pl.) • **Références** : Hubert-Félix Thiéfaine, Verona & Tore Johansen, Neapolis Ensemble, Ilene Barnes, L, Paco El Lobo, Altan, etc.

Orne

La LUCIOLE

✆ **02 33 32 83 33** • fax 02 33 32 84 34
infos@laluciole.org • **www.laluciole.org**
171 route de Bretagne • 61000 **ALENCON**

Loic LECOMTE (Directeur / programmateur) • André STIEVENARD (Administrateur) • Marion VANNIER (Responsable de la communication)

Genre(s) musical(aux) : Musiques actuelles et du monde, jazz, blues • **Capacité** : 696 pl. + club (300 pl.) • **Références** : Ballaké Sissoko & Vincent Segal, Candye Kane, Tony Joe WhiteL, Louis Chedid, Marianne Faithfull, Arno, Katerine, Manu Katché, Hugh Coltman, Fink, etc.

QUAI DES ARTS (ARGENTAN)
✆ **02 33 39 69 00** • fax 02 33 36 20 32
contact@quaidesarts.fr • **www.quaidesarts.fr**
Rue de la Feuille • 61200 **ARGENTAN**

Katell BIDON (Directrice culture et communication) • Emeline TECHER (Attachée à l'action culturelle)

Genre(s) musical(aux) : Chanson, jazz, musiques du monde • **Capacité** : 600 à 900 pl. • **Références** : Perrine Mansuy, Ibrahim Maalouf, Géraldine Laurent/Laurent de Wilde, William Sheller, Renan Luce, Le jazz fait son cirque, Cherkezi Orchestra, etc.

SCÈNE NATIONALE 61
✆ **02 33 29 02 29 / 02 33 29 16 96 / 02 33 64 21 21**
02 33 85 49 60 • fax 02 33 29 69 13 / 02 33 96 12 98
sn.61@scenenationale61.fr • **www.scenenationale61.com**
2 av. de Basingstoke • 61000 **ALENCON**

Régine MONTOYA (Directrice) • Isabelle BOIVIN (Administratrice) • Jean-Pierre LEGROS (Directeur technique) • Amandine LAIK (Responsable de la communication)

Scène nationale d'Alençon-Flers-Mortagne en Perche • **Genre(s) musical(aux)** : Chanson, jeune public, musique du monde, classique, jazz • **Capacité** : Théâtre d'Alençon (400 pl.), Forum de Flers (630 pl.), Carré de Mortagne au Perche(de 280 pl. à 950 pl.) • **Références** : Misia, Emily Loiseau, Carton Park, Tata Milouda, etc.

SALLES DE MOINS DE 400 PLACES

Calvados

L'ALHAMBRA
✆ **02 31 86 26 29** • fax 02 31 86 26 29
cbc.caen@wanadoo.fr
18 quai Vendeuvre • 14000 **CAEN**

Richard BRETTEVILLE (Gérant)

Genre(s) musical(aux) : Généraliste et latino • **Capacité** : 50 pl. (assis), 150 pl. (debout) • **Références** : Fred Buckanon, Lorenzo Calderone, etc.

CAMION JAZZ
✆ **06 03 10 89 81 / 02 31 97 03 21**
camionjazz@camionjazz.com • **www.camionjazz.com**
Association Jazz à roulettes • route de la rivière • 14111 **LOUVIGNY**

Guillaume MARTHOURET (Responsable) • Frédéric ODDOU (Responsable) • Xavier DORE (Responsable) • Elise JAMET (Contact scène)

« Le jazz club qui tient la route » • **Genre(s) musical(aux)** : Jazz • **Capacité** : 50 pl. en club fermé, 300 pl. en scène ouverte • **Références** : Gaël Horellou, Butch Warren, Sangoma Everett/Jean Toussaint Quartet, Frank Amsallem, Stan Laferrière, Joe Magnarelli, Patrick Artero, André Villeger, François Biensan, Gilles Naturel, Peter King, Dmitry Baevsky, Yves Brouqui, Ricky Ford, Louis Winsberg, Jerry Bergonzi, Fabien Mary, etc.

La DOUBLE CROCHE
✆ **02 31 62 02 08**
ladoublecroche@orange.fr • **www.myspace.com/ladoublecroche**
63 rue du Général Leclerc • 14100 **LISIEUX**

Sylvain LEGENDRE

Genre(s) musical(aux) : Blues, rock, jazz, funk, électro, metal • **Capacité** : 150 pl. • **Références** : Craig Erickson, Big Ed Sullivan, Nina Van Horn, Neal Black, Fred Chapelier, Ana, Triple FX, Mörglbl, Bandini, La Tchoucrav', Mary, Pat the White, Bow'Low, Tom Principato, etc.

ESPACE PUZZLE
✆ **02 31 38 28 28**
e.puzzle@free.fr • **www.espace-puzzle.fr**
28 rue de Bretagne • 14000 **CAEN**

François THEAUIT (Programmateur) • Marc LEBRUN (Régisseur)

Genre(s) musical(aux) : Chanson, musiques électroniques, jazz, musiques traditionnelles, blues, soul, reggae, ska • **Capacité** : 100 à 200 pl. (suivant configuration)

La FABRIQUE
✆ **02 31 36 03 87**
lafabriquelion.antoine@orange.fr • **lafabrique-lion.com**
2 bd du Calvados • 14780 **LION SUR MER**

Jean-Christophe DEBELLE (Directeur) • Antoine LEMERCIER (Responsable musiques actuelles)

Genre(s) musical(aux) : Ts dont jazz, rock, folk • **Capacité** : 110 pl. • **Références** : David Sauzay, J-B Culot, Florent Gac et Gaël Horellou Trio, Camion Jazz, Ana Kap avec Petrov Alksandar, la Swing Family

Le FORUM DE FALAISE
✆ **02 31 41 66 80** • fax 02 31 90 25 55
nicolas.leboutеiller@falaise.fr • **www.falaise.fr**
c/o OMAC • Hôtel de Ville • Place Guillaume le Conquérant • 14700 **FALAISE**

Nicolas LEBOUTEILLER (Programmateur) • Brigitte RUL (Présidente)

Genre(s) musical(aux) : Saison de spectacles pluridisciplinaires • **Capacité** : 398 pl. • **Références** : Jean Benoît Culot « Love Songs Quintet », Alexis HK, La Grande Sophie, Karimouche, Theatre de la Tentative, Maryse Delente

JAZZ DANS LES FOYERS - JAZZ CAFÉ
✆ **02 31 30 48 20** • fax 02 31 30 48 29
theatre@ville-caen.fr • **www.theatre.caen.fr**
Théâtre de Caen • 135 bd du Mal Leclerc • 14000 **CAEN**

Patrick FOLL (Directeur) • Michel DUBOURG (Programmateur (Radio France Normandie))

Genre(s) musical(aux) : Jazz • **Capacité** : 600 pl. dans les Foyers du Théâtre de Caen, 80 pl. café Côté cour • **Références** : « Jazz dans les foyers » : Sophie Alour, Jonas Kullhammer 4tet, Trio Berg-Jeanne-Surmenian, Trio Louis Winsberg, Renaud Garcia-Fons et Prabhu Edouard, DPZ, Yves Rousseau, Bibendum jazz Orchestra - « Jazz Café » : Cédric Granelle, Vérona Quartet, Mathieu Marthouret, Gaël Horellou, Mad Dog,

Le SOUBOCK
✆ **06 11 69 53 46**
contact@soubock.com • **www.soubock.com**
Route de Saint Lambert • 14770 **CAUVILLE**

Marc LOISON (Programmateur) • Fabrice GOBG (Gérant)

Genre(s) musical(aux) : Musique sactuelles • **Capacité** : 250 pl. • **Références** : Shanna Waterstown, Jesus Volt, Elliott Murphy, les Frères Nardan, Marc Lafferière, Peter Nathanson, Tom Principato, Edith Rayboulet, Nina Van Horn, Spoonful, The Hoodoomen, Rit, O.C. Blues, Soul Men, Cesar Swing, Palinka, Angie Palmer, etc.

Manche

ART PLUME
✆ **02 33 05 03 26**
artplume@club-internet.fr • **www.artplume.org**
165 rue du Mesnilcroc • 50000 **ST LO**

Olivier LESOUEF (Administrateur / Coordinateur) • Anne-Sophie BERARD (Coordinatrice / Programmatrice) • Maryse SAVARY (Présidente association)

Genre(s) musical(aux) : Chanson, rap, slam, musiques électroniques, jazz, funk, disco, rock, musique classique • **Capacité** : 399 pl. • **Références** : Last Barons, Concrete Knives, Fun Carmen, Bohême Express, La Caravane Electro, Hocus Pocus, MAP, Sayag Jazz Machine, Norman B, Connecticut, Silencio de Metem, X-Filles, les Doigts dans l'Fût, Les Noces Gitanes, etc.

Le QG
✆ **02 33 57 74 01**
o.marguerie@voila.fr • **www.le-qg.com**
Place de la Gare • 50000 **ST LO**

Mathieu JOHANN (Gérant) • Olivier MARGUERIE (Programmateur)

Genre(s) musical(aux) : Chanson, rock, jazz, etc. • **Capacité** : 180 pl. • **Références** : Mellino, Levy Tchoos, Philippe Menard, Objective Vision, An las, Belone, Miro, The Lanskies, Explicit Silence, Michael Jones, La MJC Clandestine, Murray Head, Little Bob, etc.

Orne

Le CARNET DE ROUTES
✆ **02 33 27 06 23**
lecarnetderoutes@free.fr
6 rue Marcel Palmier • 61000 **ALENCON**

Dominique DESTOMBES (Gérant)

Genre(s) musical(aux) : Jazz, blues, chanson et soul • **Capacité** : 90 pl. (50 assises et 40 debout) • **Références** : Sylvain Cathala, Doctor Pickup Blues Band, David Sauzay, Xavier Doré, Yoann Loustalot, Le Jaseur de Bohême, etc.

Le RÉVEILLON JAZZ CAFÉ
✆ **02 33 25 04 67 / 06 66 22 22 55**
bob@lereveillonjazzcafe.com • **www.lereveillonjazzcafe.com**
Le Bourg • 61400 **REVEILLON**

Bob TINKER (Programmateur)

Genre(s) musical(aux) : Jazz, blues • **Capacité** : 60 • **Références** : Céline Bonacina, David Garcia, Santos Chillimi, Rhoda Scott, Gaël Horellou, René Urtreger, Jean-Benoît Culot, Diana Hamilton, Naima Collective, etc.

BOURGOGNE

SALLES DE PLUS DE 1200 PLACES

Côte-d'Or

ZENITH-DIJON
✆ **03 80 72 21 21** • fax 03 80 73 34 84
info@zenith-dijon.fr • **www.zenith-dijon.fr**
SNC Zénith de Dijon • Rue de Colchide • 21000 **DIJON**
Mylène HUARD (Directrice) • Muriel RENAULT (Responsable communication et développement) • Gauthier LEON (Régisseur général)
Capacité : 1 600 à 7 800 pl. • **Références** : Mylène Farmer, Johnny Hallyday, Deep Purple, Lenny Kravitz, Lara Fabian, Alain Souchon, Olivia Ruiz, André Rieu, Michelle Torr, Indochine, Muse, Superbus, Danny Brillant, etc.

Yonne

AUXERRE CONGREXPO
✆ **03 86 42 06 00** • fax 03 86 52 50 84
contact@auxerrexpo.fr • **www.auxerrexpo.fr**
Les plaines de l'Yonne • BP 342 • 89006 **AUXERRE**
François CONTET (Directeur) • Marie-Cécile BROYON (Responsable commerciale) • Angélique FAVIER (Commerciale réceptif)
Genre(s) musical(aux) : Ts • **Capacité** : 500 à 5 000 pl. • **Références** : P. Obispo, E. Mitchell, Y. Noah, Indochine, Kyo, J. Clerc, Lorie, Manau, F. Pagny, Tri Yann, P. Bruel, A. Souchon

SALLES DE 400 À 1200 PLACES

Côte-d'Or

THÉÂTRE DES FEUILLANTS
✆ **03 80 76 80 80** • fax 03 80 76 80 89
www.dijon.fr
9 rue Condorcet • 21000 **DIJON**
Christian ZILIANI (Coordinateur technique)
Genre(s) musical(aux) : Jazz, rock, chanson, jeune public • **Capacité** : 496 pl. (assis) • **Références** : Brad Mehldau, Christophe Mali, les Percussions de Treffort, Saxo Scène, Musique Club Zanzibar, David Krakauer, Juliette Greco, Legrini Trio, J.M. Pilc, Jacques Gamblin, ABC, etc.

La **VAPEUR**
✆ **03 80 48 86 00 / 03 80 48 86 12** • fax 03 80 60 96 11
info@lavapeur.com • **www.lavapeur.com**
42 av. de Stalingrad • 21000 **DIJON**
Yann RIVOAL (Directeur) • Marc REMY (Programmation)
Genre(s) musical(aux) : Ts • **Capacité** : 743 pl. (debout), 331 pl. (assis) + club de 200 pl. (debout), 110 pl. (assis) • **Références** : The Dø, Antipop Consortium, Justice, Vitalic, Luke, Buck 65, Sinik, Festival GéNéRiQ

Saône-et-Loire

L'**ARC**
✆ **03 85 55 37 28** • fax 03 85 55 48 94
larc-scene-nationale@wanadoo.fr • **www.larcscenenationale.fr**
Esplanade F. Mitterrand • BP 5 • 71201 **LE CREUSOT CEDEX**
Célia DELIAU (Directrice) • Laurent AUBAGUE (Administrateur) • Alexandra MERCIER (Responsable des relations publics et relations internationales)
Scène nationale Le Creusot • **Genre(s) musical(aux)** : Variétés, jazz, classique, pop rock • **Capacité** : 231 et 940 pl. • **Références** : Fred Pallem et Le Sacre du Tympan, Arno, Aldona, Caroline Casadesus/Dimitri Naïditch, ONB, Renaud Garcia-Fons, Les Musiques à ouïr, Jacques Gamblin/Laurent de Wilde

La **CAVE À MUSIQUE**
✆ **03 85 21 96 69**
cavazik@cavazik.org • **www.cavazik.org**
119 rue Boullay • BP 7 • 71001 **MACON CEDEX**
Didier GOIFFON (Directeur) • Franck BOYAT (Directeur adjoint) • Nathalie CRISANTEMO (Programmatrice) • Elisabeth DOS SANTOS (Chargée de communication)
Genre(s) musical(aux) : Ts styles • **Capacité** : 400 pl. • **Références** : Raoul Petite, The Ex, No Means No, Young Blood Brass Band, Jeffrey Lewis, Vic Chesnutt, Furia, Semtazone, Dupek, etc.

L'EMBARCADÈRE (MONTCEAU-LES-MINES)
✆ **03 85 67 78 10** • fax 03 85 67 78 19
lembarcadere@montceaulesmines.fr • **www.embarcadere-montceau.fr**
Place des Droits de l'Homme • BP 179 • 71300 **MONTCEAU LES MINES**
Aurélie ROGUIN (Directrice)
Genre(s) musical(aux) : Chanson, musiques du monde, etc. • **Capacité** : 950 pl. • **Références** : Louis Bertignac, Brigitte Fontaine, Stephan Eicher- festival « Tango, Swing et Bretelles » (oct.)

ESPACE DES ARTS (CHALON-SUR-SAÔNE)
✆ **03 85 42 52 00** • fax 03 85 42 52 22
info@espace-des-arts.com • **www.espace-des-arts.com**
5 bis av. Nicéphore Niepce • 71100 **CHALON SUR SAONE**
Philippe BUQUET (Directeur) • Géraud MALARD (Secrétaire général) • Patrick TARDY (Directeur technique) • Nathalie WAGNER (Administratrice) • Pascale GIROUX (Chargée des relations avec le public)
Scène nationale de Chalon-sur-Saône • **Genre(s) musical(aux)** : Tous • **Capacité** : 3 salles (960, 285 et 250 pl.) • **Références** : Kenny Garrett, Cuarteto Cedrón, Big-Band Chalon Bourgogne

SCÈNE NATIONALE DE MACON
✆ **03 85 22 82 80** • fax 03 85 39 21 63
info@theatre-macon.com • **www.theatre-macon.com**
1511 av. Charles de Gaulle • 71000 **MACON**
Laurence TERK (Directrice) • Pierre LIMOUZIN (Administrateur) • Isabelle SENEGRE (Directrice technique)
Genre(s) musical(aux) : Pluridisciplinaire • **Capacité** : 250 et 860 pl. • **Références** : Thierry Balasse/Cie Inouïe « Musique des Pink Floyd », Camille, soirée « Why Note », etc.

Yonne

Le **SILEX**
✆ **03 86 40 95 40**
contact@silex.fr • **www.lesilex.fr**
Cité des musiques • 7 rue de l'Île aux Plaisirs • BP 292 • 89000 **AUXERRE**
Sylvain BRIAND (Directeur programmateur)
Genre(s) musical(aux) : Musiques actuelles (pop, rock, hip hop, électro, metal, jazz, reggae, etc.) • **Capacité** : 500 pl. (400 debout et 100 assises) • **Références** : Robin Mc Kelle and The Flytones, Eiffel, Lafayette, Rom Garneur, Les Fatals Picards, Carmen Maria Vega, Zenzile, La Ruda, Pigalle, Popa Chubby, Les Ogres de Barback, Mad Professor, High Tone, Miossec

Le **THÉÂTRE D'AUXERRE**
✆ **03 86 72 24 24 / 03 86 72 24 20** • fax 03 86 72 24 25
direction@auxerreletheatre.com • **www.auxerreletheatre.com**
54 rue Joubert • 89000 **AUXERRE**
Pierre KECHKEGUIAN (Directeur) • Claire CLÉMENT (Secrétaire générale) • Maud TISSIER-DUSSAULT (Responsable administrative)
Genre(s) musical(aux) : Chanson, musiques du monde, classique • **Capacité** : 2 salles de 560 et 120 pl. (studio) • **Références** : Anne Syvestre, Dick Annegarn Folk Tour, Tambours de Taïwan, Jean-François Zygel

SALLES DE MOINS DE 400 PLACES

Côte-d'Or

ATHENEUM
✆ **03 80 39 52 20** • fax 03 80 39 38 20
atheneum.ub@gmail.com • **atheneum.u-bourgogne.fr**
Esplanade Erasme • BP 27877 • 21078 **DIJON CEDEX**
Béatrice HANIN (Directrice) • Fabrice BLAISE (Directeur technique) • Cédric MOUSSELLE (Chargé musique) • Peggy CAMUS (Chargée de la danse et des relations publiques)
Centre culturel de l'Université de Bourgogne • **Genre(s) musical(aux)** : Musiques actuelles, contemporaines, jazz • **Capacité** : 190 pl. (assis), 250 pl. (debout) • **Références** : Gonzales, Deus, Liars, Grizzly Bear, Chokebore, Lotus Plaza, Syd Matters, Gravenhurst, Shannon Wright, Troy Von Balthazar, Cocoon, Laetitia Sheriff, Mermonte, Ariel Pink

Le **BISTROT DE LA SCÈNE**
✆ **03 80 67 87 39**
bdelascene@hotmail.com • **www.bistrotdelascene.fr**
203 rue d'Auxonne • 21000 **DIJON**
François MERILLEAU (Directeur artistique) • Tiziana MELIS (Administratrice) • Francois BARNOUD (Programmateur de « Jazz At The Bistro(t) »)
Genre(s) musical(aux) : Jazz, chanson, variété, reggae • **Capacité** : 150 pl. • **Références** : « Jazz At The Bitro(t) » : Lionel Belmondo, Baptiste Herbin, Laurent Courthaliac, « Tribute to Miles Davis » avec Alain Brunet et Olivier Temime, Boulou et Elios Ferré, Ronnie Lynn Patterson, Philip Catherine, Dominique Fillon, Jean Loup Longnon Big Band

La PÉNICHE CANCALE

✆ **03 80 43 15 72**
contact@penichecancale.com • **www.penichecancale.com**
c/o L'Autre Bout du Monde • 14 av. Jean Jaurès • 21000 **DIJON**

Benjamin MAGNEN (Directeur)

Genre(s) musical(aux) : Chanson, jazz, world, blues, rock, pop, folk, reggae, hip hop, funk, electro • **Capacité** : 99 pl. • **Références** : The Coup, Kobo Town, Ivan Smagghe, Hugo Mendes, Afrodizz, The Chap, Yves Jamait, The Toasters, TY, Akale Wube, Shackleton, Dj Format, Stranded Horse, The Dynamics, etc.

Les TANNERIES

concert@malokadistro.com • **www.malokadistro.com**
BP 41436 • 21014 **DIJON CEDEX**

Genre(s) musical(aux) : Punk, rock, noise, ska, metal, doom, crust, etc.

Nièvre

CAFÉ CHARBON

✆ **03 86 61 23 52** • fax 03 86 23 00 70
cafecharbon@aucharbon.org • **www.aucharbon.org**
10 rue Melle Bourgeois • 58000 **NEVERS**

Ludovic RENAUX (Directeur / programmateur) • Françoise DEGLAVE (Administration) • Manu GROUHEL (Communication) • Greg CORDINA (Responsable technique)

Genre(s) musical(aux) : Musiques actuelles • **Capacité** : 300 pl. • **Références** : Laetitia Sheriff, Washington Dead Cats, 17 Hippies, Boost, Day One, Maczde Carpate, Eliot Murphy, Kaophonic Tribu, Comeback Kid, Punish Yourself, Burning Heads, Orange Street, Parabellum

Le CHAT MUSIQUES

lechat.musiques@wanadoo.fr • **www.lechatmusiques.com**
14 rue Ste-Anne • 58400 **LA CHARITE SUR LOIRE**

Jean-Louis BEDIN (Programmateur) • Elisabeth LEVANNIER (Présidente)

Genre(s) musical(aux) : Jazz, blues, musique du monde, chanson française • **Capacité** : Le Cellier des Moines (120 pl.) • **Références** : Roland Tchakounté, Mississippi Heat, Big Ed Sullivan, Patrick Saussois, Ronald Baker, Trio N'Co, Angela Brown, Festival « Blues en Loire » (fin août)

Saône-et-Loire

L'ARROSOIR

✆ **03 85 48 86 88 / 03 85 93 31 73**
arrosoir.jc@wanadoo.fr • **www.larrosoirjazz.com**
52 quai St-Cosme • 71100 **CHALON SUR SAONE**

Stéphane WARNET (Président)

Jazz club de chalon-sur-Saône • **Genre(s) musical(aux)** : Jazz, musiques improvisées, electro-Jazz, musiques traditionnelles tous pays • **Capacité** : 120 pl. • **Références** : Bruno Ruder, Jeanne Added et Vincent Le Quang, Joëlle Léandre et Serge Teyssot-Gay , Denis Badault, Hradcany, Actuum, «Tribute to Coltrane» avec Sébastien Bacquias, Philippe Gleizes, Aymeric Descharrières et Mickaël Sévrain, Frédéric Nardin, Jef Sicard, Ping Machine, etc.

Le CRESCENT JAZZ CLUB

✆ **03 85 39 08 45**
crescentjazz@free.fr • **www.crescent-jazz.net**
1 rue du Doyenné • 71000 **MACON**

Antoine BARTAU (Directeur) • Leslie TRANCHANT (Chargée de communication) • Elsa LEAL-RIBERO (Secrétaire Comptable)

Genre(s) musical(aux) : Jazz et musiques improvisées • **Capacité** : 50 pl. (2 caves voûtées situées 83 rue Rambuteau à Mâcon) • **Références** : Carole Rakotovelo, Roberto Négro, Kristian Martinsson K.Trio, Limbus, Florent Nisse Quintet, Kenny Jeanney et Matteo Carola « Sayin'Something Quintet », etc. + festival de jazz en juil.

ESPACE CULTUREL DU BRIONNAIS

✆ **03 85 26 44 22** • fax 03 85 26 17 80
ecb5@wanadoo.fr • **www.chauffailles.fr**
2 ter rue Gambetta • 71170 **CHAUFFAILLES**

Jocelyn PENVERNE (Directeur)

Genre(s) musical(aux) : Spectacles pluridisciplinaires • **Capacité** : 358 pl. • **Références** : François Arnold, Manu Codjia, Inception Trio, Eric Bijon Quintet, Les Voix liées chantent Nougaro à cappella, Michel Delpech

ESPACE CULTUREL LOUIS ARAGON

✆ **03 85 67 78 22** • fax 03 85 67 78 21
eclastvallier@wanadoo.fr • **www.mairie-saintvallier.fr**
22 rue Victor Hugo • 71230 **ST VALLIER**

Gilles GALERA (Responsable du service)

Genre(s) musical(aux) : Chanson, jazz, musiques du monde • **Capacité** : 250 pl. assises, 400 pl. debout • **Références** : Mystère Trio, Les Doigts de l'homme, Entre 2 Caisses; participation au festival autour de l'ACC « Tango Swing et Bretelles », « Festivallier », festival des musiques d'Europe (juil.)

LAPÉNICHE

✆ **03 85 94 05 78** • fax 03 85 94 19 07
lapeniche@chalonsursaone.com • **www.lapeniche.org**
52 quai St-Cosme « L'Abattoir » • 71100 **CHALON SUR SAONE**

Bruno ALVERGNAT (Directeur) • Léo MOULUN (Administrateur) • Sophie BELLAMY (Programmatrice centre de ressources) • Jean-Baptiste DROUHARD (Communication / logistique)

Genre(s) musical(aux) : Rock, reggae, chanson, musiques électroniques, etc. • **Capacité** : 300 pl. • **Références** : High Tone, The Ex, No Means No, Napalm Death, Rodolphe Burger, les Ogres de Barback, Dominic Sonic, Fumuj, etc.

Yonne

L'ESCALE MIGENNES

✆ **09 83 01 65 16**
contact@cabaret-escale.fr • **www.cabaret-escale.fr**
Agem Migennes • Place Eugène Laporte • 89400 **MIGENNES**

Guillaume DIJOUX (Directeur) • Dominique TASSIN (Régisseur)

Genre(s) musical(aux) : Musiques actuelles : chanson, jazz, rock, musiques du monde • **Capacité** : 200 pl. assises, 390 debout • **Références** : Carole Hémard One-tet, Benoit Dorémus, Tanger, Louis Ville, les Blaireaux, Karimouche, Camel Arioui, la Rasbaïa, Ludo Pin, Jamait, J.-C. Cholet Diagonal, Les Grandes Gueules, François Hadji-Lazaro, Nilda Fernandez, Elisabeth Caumont, Jasmine Vegas, Nat Jones Quartet, Isabelle Aubret, Charles Dumont, La Blanche, Jamait, La Tropa, etc.

JAZZ CLUB D'AUXERRE

✆ **03 86 40 95 40** • fax 03 86 40 95 31
contact@lesilex.fr • **www.jazzclubdauxerre.com**
Cité des Musiques • 7 rue de l'Ile aux plaisirs • 89000 **AUXERRE**

Sylvain BRIAND (Directeur et programmateur)

Genre(s) musical(aux) : Jazz tous styles • **Capacité** : Amphi du conservatoire (90 pl.), le club du Silex, la grande salle du Silex • **Références** : Erik Truffaz, Benjamin Moussay, « Tribute to Coltrane » avec Sébastien Bacquias, Philippe Gleizes, Aymeric Descharrières et Mickaël Sévrain, Robin Mc Kelle and The Flytones, Inception Trio, La Nuit du Big Band avec le 20 Gus, Frédéric Monino 4tet, etc.

THÉÂTRE MUNICIPAL DE SENS

✆ **03 86 83 81 00** • fax 03 86 83 81 04
theatremunicipal@mairie-sens.fr • **www.ville-sens.fr**
Bd Garibaldi • 89100 **SENS**

Didier WEILL (Directeur des affaires culturelles)

Genre(s) musical(aux) : Tous dont jazz • **Capacité** : 400 pl. • **Références** : 5 Baker Street, les Yeux noirs, Ten Drum Art Percussion Group (Tambours de Taiwan), Daniel Casarès, La Maison Tellier + «Festival de jazz » (jan.) avec Doüo avec Bertrand Renaudin et Olivier Cahours, Moutin Réunion Quartet, Gregory Porter

BRETAGNE

SALLES DE PLUS DE 1200 PLACES

Finistère

CENTRE DES ARTS (CONCARNEAU)

✆ **02 98 50 36 43**
centre-des-arts@concarneau.fr • **culture.concarneau.fr/**
10 bd Bougainville • 29900 **CONCARNEAU**

Cléa DUPORT (Directrice programmation) • Jean-Luc BEAUMONT (Régisseur général programmation)

Genre(s) musical(aux) : Musiques actuelles • **Capacité** : 1 200 pl. (debout), 900 p.l (assis), balcon fixe de 265 pl. • **Références** : « Nuit du jazz » avec Anne Ducros, Denise King et Olivier Hutman, Johnny Clegg, Maceo Parker, Imany, Raggasonic, etc.

PENFELD PARC DES EXPOSITIONS

✆ **02 98 47 88 00** • fax 02 98 03 31 27
contact@penfeld.com • **www.penfeld.com**
BP 91039 • 29210 **BREST CEDEX**

David SALIOU (Directeur) • Monique LE GOUEZ (Assistante d'exploitation) • Hervé NICOLAY (Responsable technique) • Jean-Luc JOUSSEAUME (Régisseur)

Genre(s) musical(aux) : Rock, classique, variétés, humour • **Capacité** : 800 à 10 000 pl. • **Références** : Age Tendre, F. Foresti, Pink Floyd Show, Y. Noah, E. Mitchell, J.-L. Aubert, L. Gerra, J. Debbouze

Le QUARTZ

✆ **02 98 33 70 70 / 02 98 33 95 00** • fax 02 98 33 95 01
lequartz@lequartz.com • **www.lequartz.com**
Square Beethoven • 60 rue du Château • BP 91039 • 29210 **BREST CEDEX 1**

Mathieu BANVILLET (Directeur) • Anne MILLOUR (Conseillère musique) • Jean-Yves CROCHEMORE (Directeur des relations extérieures et de la communication) • Anne LE QUANG (Administratrice) • Michèle MARTIN (Assistante de direction)

Scène nationale de Brest • **Genre(s) musical(aux)** : Chanson, trad., jazz, musiques du monde, etc. • **Capacité** : Petit théâtre (300 pl.) et Grande Scène (1 500 pl.) • **Références** : Ensemble Kuraia de Bilbao, Ballaké Sissoko et Vincent Segal, Martial Solal, Thomas Dutronc, Luz Casal, Thiery Balasse « The Dark Side of the Moon », Angélique Ionatos, etc.

Ille-et-Vilaine

Le CARRÉ SÉVIGNÉ

✆ **02 99 83 52 00** • fax 02 99 83 52 23
centre-culturel@ville-cesson-sevigne.fr • **www.ville-cesson-sevigne.fr**
Centre culturel • Parc de Bourgchevreuil • 35510 **CESSON SEVIGNE**

Carole LARDOUX (Directrice de l'Action Culturelle) • Vincent BOURDARAUD (Régisseur technique)

Le centre culturel de Cesson-Sévigné • **Genre(s) musical(aux)** : Concerts, théâtre, expo, congrès, etc. • **Capacité** : 1 300 pl. (debout), 680 pl. (assis) • **Références** : Riccardo Tesi & Banditaliana (le Grand Soufflet), Madeleine Peyroux (Festival Jazz à l'Ouest), Calexico, Imany, Camille, Nadéah, Kellylee Evans (Festival Jazz à l'Etage), Mariza, « Cuba y Breizh » avec le Bagad de Cesson-Sévigné et des musiciens cubains

Le LIBERTÉ

✆ **02 99 85 84 84** • fax 02 99 85 84 11
billetterie@leliberte.fr • **www.leliberte.fr**
Esplanade du Gal de Gaulle • 35000 **RENNES**

Stéphane WEHRLÉ (Directeur) • Pierre COLIN (Administrateur de la grande salle) • Damien LE CUNFF (Administrateur de l'Etage)

Genre(s) musical(aux) : Ts • **Capacité** : 2 000 à 3 500 pl. (assis), 5 200 pl. (assis/debout) • **Références** : Jean-Louis Aubert, Gossip, Amon Tobin, M, C2C, Véronique Sanson, Patrick Fiori, Status Quo, Zazie, Grégoire, Alice Cooper, Hubert-Felix Thiefaine, M Pokora, Ben l'Oncle Soul, Charles Aznavour, Eddy Mitchell, Katie Melua, Mama Mia

Le MUSIKHALL

✆ **02 99 85 84 84** • fax 02 99 85 84 11
billetterie@leliberte.fr • **www.lemusikhall.fr**
Parc Expo Rennes Aéroport • La Haie Gautrais • 35170 **BRUZ**

Stéphane WEHRLÉ (Directeur) • Pierre COLIN (Administrateur)

Genre(s) musical(aux) : Ts • **Capacité** : 7 000 pl. (assis/debout) • **Références** : Yannick Noah, Âge Tendre et Têtes de Bois, Christophe Maé, Mozart l'Opéra Rock, les Etoiles du Cirque de Pékin, Dracula, etc.

Morbihan

Les ARCS

✆ **02 97 05 01 07** • fax 02 97 05 14 29
les-arcs.queven@wanadoo.fr • **www.queven.com**
9 rue de la Gare • 56530 **QUEVEN**

Thierry CAPPOEN (Directeur)

Genre(s) musical(aux) : Chanson, blues, breton, musiques du monde • **Capacité** : 850 pl. (assis), 1 300 pl. (assis + debout), 1 500 pl. (debout) • **Références** : Caravan Palace, Alain Souchon, Johnny Wirker, Saez, Skipe the use, Steve Waring, Camille, Gabriel et Marie de malicorne, Orchestre national de Barbés, Mélissmell, Bat Point G, Pierre Perret, Alexis HK, Lisa Portelli

CHORUS - PARC DES EXPOSITIONS

✆ **02 97 46 41 41** • fax 02 97 46 06 85
info@lechorus.com • **www.lechorus.com**
Parc du Golfe • 56000 **VANNES**

Josiane PERRON (Directrice générale) • Philippe BLANCHO (Directeur technique) • Sylvie MASSE (Chargée Spectacle)

Genre(s) musical(aux) : Variété, rock + spectacle, théâtre • **Capacité** : Hall A (3 500 pl. assis, 6 500 pl. debout), Hall B (2 000 pl. debout) • **Références** : M, J.-L. Aubert, J. Clerc, Calogero, Renaud, J. Hallyday, E. Mitchell, Starmania, A. Souchon, P. Bruel, F. Pagny, Toto, Les 10 Commandements, Renaud, Louise Attaque, Yannick Noah, Elie Sémoun, Jamel, Gad Elmaleh, Bigard, etc.

OCEANIS

✆ **02 97 86 41 05 / 02 97 86 41 00** • fax 02 97 86 41 01
glucas@ploemeur.net • **www.ploemeur.com**
Bd François Mitterrand • 56270 **PLOEMEUR**

Guy LUCAS (Directeur artistique)

Centre culturel et de loisirs • **Genre(s) musical(aux)** : Tous • **Capacité** : 400 à 1 200 pl. (debout) • **Références** : Renan Luce, Louis Bertignac, Daniel Prévost, Grégoire

SALLES DE 400 À 1200 PLACES

Côtes-d'Armor

Le BACARDI

✆ **06 59 15 18 32**
ludo@lebacardi.com • **www.lebacardi.com**
Zac Kerguiniou • 22160 **CALLAC**

Yvon LE GRAND (Président association) • Ludovic THORAVAL (Programmateur) • Gildas BLANCHARD (Directeur)

Genre(s) musical(aux) : Blues, rock, électro, techno, chanson, punk, etc. • **Capacité** : 620 pl., 90 pl. (pub) • **Références** : Frderika Stahl, Enki, Dave Herrero, William Schotte, Prohom, Nine Below Zero, Eddie & The Hot Rods, The London Guns, Dr. Feelgood, Katel, La Souris Déglingués, etc.

BLEU PLURIEL

✆ **02 96 71 33 15** • fax 02 83 71 33 70
bleupluriel@ville-tregueux.fr • **www.bleu-pluriel.com**
23 rue Marcel Rault • BP 27 • 22950 **TREGUEUX**

Jean-Noël RACINET (Directeur) • Nathalie LE DEAN (Administratrice) • Karine ROUGER (Communication) • Jacques REYNES (Régisseur général) • Matthieu PROVOST (Régisseur)

Genre(s) musical(aux) : Chanson, cirque, théâtre, danse • **Capacité** : 550 pl. (assis) à 1 200 pl. (debout) • **Références** : Aldebert, Cie Myriam Naisy, Les Voices messangers, Barcella, Jeanne Cheral, Chet Nuneta, Ben Mazué, Le Boustrophédon, Juliette, Cie Ubi, etc.

CARRÉ MAGIQUE LANNION TRÉGOR

✆ **02 96 37 19 20**
accueil@carre-magique.com • **www.carre-magique.com**
Parvis des Droits de l'Homme • 22300 **LANNION**

Philippe LE GAL (Directeur) • Marianne GAUTHIER-DESTABLE (Responsable de la communication)

Pôle national des Arts du Cirque en Bretagne • **Genre(s) musical(aux)** : Ts, axe fort cirque contemporain • **Capacité** : 840 pl. • **Références** : Malia, Vincent Delerm, Omar Sosa, Arthur H et Nicolas Repac, Éric Legnini invite Pierrick Pédron

La CITROUILLE

✆ **02 96 01 51 40** • fax 02 96 01 51 41
direction.citrouille@orange.fr • **www.lacitrouille.org**
Pl. Nina Simone • 22000 **ST BRIEUC**

Marylise LE GAC (Directrice) • Elisabeth JONCOUR (Directrice adjointe)

Genre(s) musical(aux) : Rock, ragga, world, fusion, etc. • **Capacité** : 420 pl. (debout) • **Références** : Didier Wampas, The Popopopops, Hyphen Hyphen, Raggasonic, Radio Moscow, Masser Chups, Charlelie, Miossec, Arno, Rona Hartner & Dj Tagada, Lilly Wood and The Prick, Mass Hysteria, Le Bal des enragés, The Datsuns, Punish Yourself, Wraygunn, Napalm Death, Tagada Jones, Bill Deraime, The Fleshtones, The Toasters, Rafale, La Ruda, The Wackids, Emel Mathlouthi

Le GRAND PRÉ

✆ **02 96 52 60 60** • fax 02 96 33 01 55
legrandpre@mairie-langueux.fr • **www.legrandpre.info**
26 rue de la Roche Durand • BP 2 • 22360 **LANGUEUX**

Eric MEUROU (Directeur) • Yasmina BAKROU (Chargée de communication et médiation culturelle)

Genre(s) musical(aux) : Chanson, musique du monde, jazz, jeune public, cirque actuel, cirque, etc. • **Capacité** : Espace culturel composé de 4 salles (Prévert, Côté Jardin, Grand Large et Ondine) dont une salle de spectacle modulable (400 à 500 pl. assises ou 900 debout) • **Références** : Amañ Octet dirigé par eff Alluin, Carmen Maria Vega, Boubacar Traoré, André Charlier/Benoît Sourisse, Mariana Ramos, Urts Karpatz, Bacissoko, les Ogres de Barback, Javier Cerezo, Thomas Fersen

GRANDE SALLE DE ROBIEN

✆ **02 96 94 24 15 / 02 96 62 54 43** • fax 02 96 61 34 28
c/o DASP - Mairie • Pl. O. Brilleaud • 22000 **ST BRIEUC**

Genre(s) musical(aux) : Ts • **Capacité** : 1 000 pl.

La PASSERELLE (ST-BRIEUC)

✆ **02 96 68 18 40** • fax 02 96 68 18 41
www.lapasserelle.info
Pl. de la Résistance • BP 4133 • 22041 **ST BRIEUC CEDEX**

Alex BROUTARD (Directeur) • Marie LOSTYS (Directrice de la communication) • Cécile BERTIN (Relations publiques)

Scène nationale de St-Brieuc • **Genre(s) musical(aux)** : Chanson, jazz, rock, musiques traditionnelles, jeune public • **Capacité** : Grand Théâtre (1 000 pl.), Petit Théâtre (300 pl.) • **Références** : Bonga, Erwan Keravec & Beñat Achiary + Krismenn, Gregory Porter, Francesco Tristano, Yom and The Wonder Rabbis, Nguyên Lê, Mounira Mitchala, Roberto Fonseca, Florent Marchet, etc.

QUAI DES RÊVES

✆ **02 96 50 94 80**
contact@quaidesreves.com • **www.quaidesreves.com**
Espace des Olympiades • BP 90242 • 22402 **LAMBALLE CEDEX**

Pierre-Yves HENRY (Directeur) • Dominique MORICE (Administratrice) • Jean FOUCHER (Directeur technique)

Centre culturel de Lamballe • **Genre(s) musical(aux)** : Chanson, jazz, rock, danse, etc. • **Capacité** : De 420 à 900 pl. • **Références** : Cali, Amélie les crayons, Émily Loizeau, François Budet, Babilotte chante Serge Reggiani, Tri Yann

Finistère

L'ARCHIPEL

✆ **02 98 51 20 24** • fax 02 98 51 20 22
contact.archipel@ville-fouesnant.fr • **www.archipel-fouesnant.fr**
1 rue des Îles • 29170 **FOUESNANT**

Frédéric PINARD (Directeur)

Pôle d'action culturelle • **Genre(s) musical(aux)** : Ts • **Capacité** : 415 pl. • **Références** : Patricia Barber, Mina Agossi, Jean-Louis Murat, Trio Joubran, Dan Ar Braz & le Bagad Kemper, Ilene Barnes, Alexis HK, Le Grand Orchestre Armorigène (Michel Aumont Septet), Yom and the wonder rabbis, etc.

Espace AVEL VOR

✆ **02 98 37 57 30** • fax 02 98 04 29 41
ericdigaire@mairie.plougastel.fr • **www.espace-avelvor.fr/**
rue de la Fontaine Blanche • 29470 **PLOUGASTEL DAOULAS**

Eric DIGAIRE (Directeur)

Centre socio-culturel de Plougastel Daoulas • **Genre(s) musical(aux)** : Tous • **Capacité** : de 99 places à 1 000 places assisies (2 000 debout) • **Références** : Hubert-Félix Thiefaine, William Sheller, Robert Charlebois, Olivia Ruiz, Roland Dyens, Charlie Winston, Robin Foster, Phamie Gow, Ballaké Sissoko, Camel Zekri, Workshop de Lyon

La CARÈNE

✆ **02 98 46 66 00** • fax 02 98 80 12 21
contact@lacarene.fr • **www.lacarene.fr**
30 rue Jean-Marie Le Bris • 29200 **BREST**

Philippe BACCHETTA (Directeur) • Yannick MARTIN (Programmateur) • Michel LE HIR (Directeur technique) • Karine PICHON-BONNO (Communication relations presse)

Genre(s) musical(aux) : Musiques actuelles • **Capacité** : Jusqu'à 1 300 pl. avec un espace « club » de 300 pl. et un toit terrasse de 500 pl. • **Références** : Air, Indochine, Laurent Garnier, Assassin, Rohff, Heavy Trash, Têtes Raides, Lee Scratch Perry, Bloody Beetroots, Katerine, Tunng, Denez Prigent, Moriarty, Marvin, Peter Hook, Joe Jackson, Mogwai, Ghostface Killah, Jeff Mills, Poppa Chubby, Lydia Lunch, Napalm Death, Ayo, Vitalic, Tindersticks, etc.

ESPACE GLENMOR

✆ **02 98 99 37 50** • fax 02 98 99 37 52
contact@glenmor.fr • **www.glenmor.fr**
Kerampuilh • 29270 **CARHAIX PLOUGUER**

Pierre SIBERIL (Direction) • Armen LE GOAZIOU (Administration) • Jean-Marc LE MINOUX (Responsable technique)

Genre(s) musical(aux) : Musiques bretonnes, du monde et actuelles, chanson, théâtre, jeune public • **Capacité** : 550 pl. assises • **Références** : Jacques Higelin, Pierre Richard, Staff Benda Bilili, Rakia Traoré, ONJ, Titi Robin, Thomas Fersen

L'ETINCELLE

✆ **02 98 59 80 42**
etincelle.info@orange.fr • **www.centreculturelrosporden.fr**
17 rue Alsace Lorraine • 29140 **ROSPORDEN**

Raphaële BRANELLEC (Directrice)

Centre culturel et association • **Genre(s) musical(aux)** : Musiques actuelles, chanson, jazz, musiques du monde • **Capacité** : 450 pl. (assis), 700 pl. (debout) • **Références** : Brigitte Fontaine, Steve Coleman, Sanseverino, Jacky Terrasson, Thomas Fersen, Bojan Z, Kent, Herman Düne, Arthur H

Le MALAMOK

✆ **02 98 58 22 65** • fax 02 98 58 32 82
clc.gv@orange.fr • **lemalamok.fr**
rue Mejou Bihan • 29730 **LE GUILVINEC**

Robert SEGUIN (Directeur)

Genre(s) musical(aux) : Chanson, jazz, musiques du monde • **Capacité** : 280 pl. (assis), 600 pl. (debout) • **Références** : Erik Marchand, Motion Trio, Orchestre de jazz de Bretagne, Julien Grignon, Angélique Ionatos & Katerina Fotinaki

Le STERENN

✆ **02 98 50 26 31 / 02 98 50 95 93** • fax 02 98 50 27 65
mjctreg1@free.fr • **www.mjctregunc.fr**
MJC Tregunc • Le Sterenn • 29910 **TREGUNC**

Catherine LEGRAND (Directrice) • Philippe REVERT (Programmateur)

Genre(s) musical(aux) : Ts • **Capacité** : 650 pl. • **Références** : David Murray, Mairtin O'Connor; Jean Corti & Yann-Fanch Perroches, Jean-Jacques Milteau, Juan Carmona, Hadouk Trio; participation à « Atlantique Jazz Festival » (nov.) et au festival « Le Jazz est là » (mai); J.F. Lalanne, Danar Bras, Gildas Arzel, John Renbourn, Stefan Grossman

THÉÂTRE DE CORNOUAILLE

✆ **02 98 55 98 55 / 02 98 55 98 98** • fax 02 98 55 98 99
contact@theatre-cornouaille.fr • **www.theatre-cornouaille.fr**
1 esplanade François Mitterrand • 29337 **QUIMPER CEDEX**

Franck BECKER (Directeur) • Etienne TISON (Secrétaire général)

Scène nationale de Quimper • **Genre(s) musical(aux)** : Tous styles dont jazz et musiques du monde • **Capacité** : Théâtre de Cornouaille (690 pl.) • **Références** : Camille, Liz Grren, Dorsaf Hamdani, Laurent de Wilde trio « Over the clouds », Chano Dominguez, Erik Truffaz, Renaud Garcia-Fons « Les Mille et une voix de la contrebasse », la Kreiz Breizh Akademi, Pierre Henry « L'Art de la fugue odyssée / 666», «Vox » avec Erwan Keravec & Nu Piping #2

Le TRISKELL

✆ **02 98 66 00 40** • fax 02 98 87 16 73
programmation@letriskell.com • **www.letriskell.com**
Service culturel • Square de l'Europe • BP 23081
29123 **PONT-L ABBE CEDEX**

Mathieu DORVAL (Programmateur) • Uwe POENSGEN (Régisseur)

Genre(s) musical(aux) : Jazz, blues, folk, chanson, théâtre, danse, spectacles jeune public, cirque • **Capacité** : Théâtre (600 pl. fixes), salle polyvalente (900 pl. debout) • **Références** : Lo'Jo, ONJ, Vhilly Gonzales, Flop, Claire Ducreux, Portico Quartet, etc.

Ille-et-Vilaine

ANTIPODE

✆ **02 99 67 32 12** • fax 02 99 67 33 04
prog@mjc-antipode.com • **www.antipode-mjc.com**
Antipode MJC Rennes • 2 rue André Trasbot • 35000 **RENNES**

Thierry MENAGER (Directeur) • Gaëtan NAËL (Programmateur / coordinateur) • Amélia MICHEL (Responsable de la communication)

Genre(s) musical(aux) : Musiques actuelles • **Capacité** : 500 pl. • **Références** : Metronomy, Interpol, 1995, Orelsan, Katerine, Yann Tiersen, Aufgang, Ty Segall, Sexy Sushi, Rone, James Blake, etc.

Le CANAL

✆ **02 23 10 10 80 / 02 99 71 09 50**
theatre.ccpr@cc-pays-redon.fr • **www.cc-pays-redon.fr**
Place du parlement • BP 70519 • 35605 **REDON CEDEX**

Albert GUIHARD (Directeur et programmateur)

Théâtre intercommunal du pays de Redon • **Genre(s) musical(aux)** : Chanson, world, jazz • **Références** : Geoffrey Oryema, Yves jamait, Jacques Bertin, Manu Galure, Bertrand Hellin, Bayati, Erwan Hamon et Jannick Martin, Jean-Marie Machado et l'orchestre Danzas

CENTRE CULTUREL JACQUES DUHAMEL

✆ **02 99 75 02 25** • fax 02 99 74 54 26
programmation-theatre@mairie-vitre.fr • **www.vitrecommunaute.org**
LE THEATRE - Centre Culturel J. Duhamel • 2 rue de Strasbourg
35500 **VITRE**

Anne COLLONNIER (Directrice)

Genre(s) musical(aux) : Jazz, chanson classiques, musiques de monde • **Capacité** : Auditorium (240 pl.), salle Louis Jouvet (450 à 900 pl. assis, 1 200 pl. debout), théâtre (850 pl.) • **Références** : Kan Tri Men (Patrick Ewen, Gérard Delahaye, Melaine Favennec), Choeur Riho de Svanétie (polyphonies vocales georgiennes), Michel Delpech + festival « Jazz à Vitré » (mars) avec Moutin Réunion Quartet, Christian Escoudé, Elina Duni, Cherry Swing (vocal jazz ladies), Claude Tissendier Orchestra

La CITÉ

✆ **02 23 62 21 07** • fax 02 23 62 21 15
dpalm@ville-rennes.fr • **www.ville-rennes.fr**
Direction générale culture • Hôtel de Ville • BP 3126
35031 **RENNES CEDEX**

Dominique PALM (Coordinatrice)

Genre(s) musical(aux) : Musiques actuelles • **Capacité** : 1 015 pl. (debout), 415 pl. (assis) • **Références** : Katerine, Miossec, Olivia Ruiz, Nosfell, Titi Robin, Pascal, Picard, Etienne Daho, Keziah Jones, Trust, etc.

L'ÉTAGE

✆ **02 99 85 84 84** • fax 02 99 85 84 11
billetterie@leliberte.fr • **www.leliberte.fr**
Esplanade du Gal de Gaulle • 35000 **RENNES**

Damien LE CUNFF (Administrateur) • Youri LECLERCQ (Régisseur / Eclairagiste)

Genre(s) musical(aux) : Rock, chanson, rap, musiques du monde, jazz • **Capacité** : De 400 pl. (assis) à 900 pl. (debout) • **Références** : C2C, Arno, Skip The Use, S.Tellier, The Stranglers, Izia, Orelsan, Brigitte, Chinese Man, Alela Diane, ASA

La NOUVELLE VAGUE

✆ **02 99 19 00 20** • fax 02 99 19 00 26
info@lanouvellevague.org • **lanouvellevague.org**
Rue des Acadiens • 35400 **ST MALO**

François FLORET (Directeur général) • Aude MORDA (Directrice de la salle/programmatrice) • Ronan MATTHEYSES (Régisseur général) • Jean-Yves BONHOMME (Directeur technique)

Genre(s) musical(aux) : Tous styles musiques actuelles • **Capacité** : 990 pl. • **Références** : Renan Luce, La Ruda, Mickey 3D, Bazbaz, Tiken Jah Fakoly, Brigitte Fontaine, Jacques Higelin, Zenzile, Svinkels, Jean-Louis Aubert, Manu Dibango, Bénabar, Arthur H, Manu Chao, Bashung, les Wampas

OFFICE CULTUREL DE FOUGÈRES

✆ **02 99 94 41 39 / 02 99 94 83 65**
contact@culture-oc.fr • **www.office-culturel-fougeres.fr**
Rue du Gué-Maheu • BP 40145 • 35301 **FOUGERES CEDEX**

Sophie THORELLE (Directrice) • France TAILLANDIER (Directrice technique) • Nadège HAMON (Communication)

Centre Culturel Juliette Drouet & Théâtre Victor Hugo • **Genre(s) musical(aux)** : Divers • **Capacité** : Centre culturel Juliette Drouet (860 et 290 pl.) • **Références** : Daphné, Lo'Jo Trio, Eric Ildefonse, Bukatribe, Alee et Rocé, Pierre Perret, Suarez/Minvielle (dans le cadre du Grand Soufflet), etc. - Organisation en juil des « Voix des Pays », festival des voix et musiques du monde

Le THÉÂTRE DE LA VILLE DE SAINT-MALO

✆ **02 99 81 62 61** • fax 02 99 81 42 26
reservation@theatresaintmalo.com • **www.theatresaintmalo.com**
6 pl. Bouvet • BP 30 • 35413 **ST MALO CEDEX**

Loïc FREMONT (Directeur) • Isabelle PIROT (Directrice artistique) • Yannie CARIGUEL-JANVIER (Administratrice) • Blanca MORENO (Secrétaire générale)

Genre(s) musical(aux) : Jazz, variétés • **Capacité** : 801 pl. / 300 pl. (2 salles de spectacles) • **Références** : Lynda Lemay, China Moses, Tom Mc Clung & Jean-Jacques Elangué

THÉÂTRE DU PAYS DE REDON

✆ **02 99 71 09 50** • fax 02 99 72 47 19
theatre.ccpr@cc-pays-redon.fr • **www.cc-pays-redon.fr**
Pl. du parlement • 35605 **REDON CEDEX**

Frédérique BERTINEAU (Directrice)

Genre(s) musical(aux) : Chanson, jazz, musiques traditionnelles, etc. • **Capacité** : 466 pl. • **Références** : Mama Rosin, Oktopus Kafé, Volo, Quatuor Ludwig, Camel Zekri « Diwan de Biskra », Amélie les Crayons, Bertrand Belin, etc.

UBU

✆ **02 99 31 12 10** • fax 02 99 30 79 27
contact@ubu-rennes.com • **www.ubu-rennes.com**
c/o ATM • 10/12 rue Jean Guy • CS 73912 • 35039 **RENNES CEDEX**

Jean-Louis BROSSARD (Codirecteur / programmateur) • Béatrice MACÉ (Codirectrice) • Erwan GOUADEC (Projet culturel) • Delphine DIARD (Communication) • Emilie LACROIX (Directrice communication ATM)

Genre(s) musical(aux) : Laboratoire de musiques actuelles • **Capacité** : 500 pl. • **Références** : Electric Guest, The Coup, Sophie Hunger, Colin Stetson, Trust, Optimo, Baltazar, Erik Truffaz, Cody Chesnutt, Birth Of Joy, Skip & Die, etc.

Morbihan

CENTRE CULTUREL DE MAURON

✆ **06 17 90 20 56 / 02 97 22 76 95** • fax 02 97 22 98 37
mairie-mauron@wanadoo.fr • **www.cc-mauron-broceliande.com**
Allée de New Market • 56430 **MAURON**

Maurice CHOMAUD (Régisseur)

Genre(s) musical(aux) : Ts • **Capacité** : 1 200 pl. (debout), 800 pl. (assis) • **Références** : Les Arrosés, Lorient Big Band, Soldat Louis, Tri Yann, Jean-Jacques Goldman, Renaud, Adamo, Arno, S. Reggiani, P. Perret, Y. Duteil

Le DOME

✆ **02 97 44 44 66** • fax 02 97 44 58 91
ledome@saint-ave.fr • **www.saint-ave.fr**
Rue des Droits de l'Homme • 56890 **ST AVE**

Anna LORCY (Directrice programmation)

Genre(s) musical(aux) : Ts styles • **Capacité** : 400 à 1 000 pl. • **Références** : Souad Massi et Eric Fernandez, Amari Famili, Amélie les Crayons, La Pompe, Eric Legnini « The Vox », Ariane Moffatt, Thomas Fersen

L'ECHONOVA

✆ **02 97 62 20 40** • fax 02 97 62 20 49
infos@lechonova.com • **www.lechonova.com**
1 rue Léon Griffon • BP 70206 • 56890 **ST AVE**

Pierre PAULY (Directeur) • Maïte MAGNIER (Communication médiation culturelle) • Arnaud PESLIN (Régisseur général et technique) • Aurélie RIOUAL (Administratrice) • Aurélien MOULLÉ (Ressources) • Thomas RISTROPH (Studio, accompagnement) • Benjamin BRUNEAU (Son)

Genre(s) musical(aux) : Musiques actuelles • **Capacité** : 600 pl., jauge club à 300 pl. • **Références** : The Do, Wax Tailor, Bonobo, Groundation, Gojira

GRAND THÉÂTRE DE LORIENT

✆ **02 97 02 22 78** • fax 02 97 02 23 82
grandtheatre@letheatredelorient.fr • **www.letheatredelorient.fr**
Pl. de l'Hôtel de Ville • BP 30010 • 56315 **LORIENT CEDEX**

Eric VIGNER (Directeur artistique) • Jacques PEIGNÉ (Secrétaire général)

Genre(s) musical(aux) : Musiques du monde, jazz, musique classique, théâtre, opéra, danse • **Capacité** : 1038 pl. • **Références** : Rokia Troaré, Lambchop/Daniel Darc, ONJ Yvinec, Meredith Monk & vocal ensemble The soul's Messenger

Le MANÈGE (LORIENT)

✆ **02 97 21 32 21** • fax 02 97 64 22 30
info@mapl.biz • **www.mapl.biz**
c/o MAPL • 10 rue Colbert Cité Allende • 56100 **LORIENT**

Anne BURLOT-THOMAS (Directrice) • Thierry HOUAL (Directeur artistique) • Gérard DANO (Directeur intérimaire et technique)

Genre(s) musical(aux) : Musiques actuelles • **Capacité** : 350 pl. (debout) • **Références** : Breton, Tralier Trash Tracys, Who made who, Trigger Finger, Slow Joe, La Femme, Pneu, Electric Electric, Motorama, Casey, Melody's Echo Chamber, H- Burns

THÉÂTRE ANNE DE BRETAGNE (PALAIS DES ARTS)

✆ **02 97 01 62 00** • fax 02 97 01 62 01
theatre.annedebretagne@mairie-vannes.fr • **www.mairie-vannes.fr**
Pl. de Bretagne • BP 509 • 56000 **VANNES**

Gildas LE BOTERF (Directeur de programmation) • Béatrice DESROCHE (Chargée de production) • Olivier CLAIR (Administrateur) • Jean-Yves LOTODE (Directeur technique)

Genre(s) musical(aux) : Musiques du monde, jazz, variétés, jeune public • **Capacité** : 800 pl., 300 pl. (Petit théâtre) • **Références** : Raul Paz, Marc Coppey et les Solistes de Zagreb, Jordi Savall, Tango Ostinato, Bojan Z. et Michel Portal, Henri Texier Quartet, Chants sacrés gitans en Provence, « Fly ! » avec Laurent de Wilde et Otisto 23 (Hivernales du Jazz)

SALLES DE MOINS DE 400 PLACES

Côtes-d'Armor

CAFÉ-CONCERT TOUCOULEUR

✆ **02 96 23 46 26**
livannoz@free.fr • **livannoz.free.fr**
Asso. Liv An Noz • 118 rue Poul Palud • 22730 **TREGASTEL**

Yvette BELLET (Responsable)

Genre(s) musical(aux) : Blues, musiques métissées, traditionnelles ; Duo/Trio max. • **Capacité** : 80 pl. • **Références** : Véronica Sbergia Trio, Ellioth Murphy, Pierre Bensusan, Churchfitters, Graeme Allwright, Gilles Servat, Faolan, Le Bars, Quemener, Philippe Menard, Liz Caroll & John Doyle, Soïg Siberil & Nolwenn Korbell, etc.

Finistère

CABARET VAUBAN

✆ **02 98 46 06 88** • fax 02 98 44 87 54
resa@espacevauban.com • **www.espacevauban.com**
17 av. Clémenceau • 29200 **BREST**

Charles MUZY (Directeur)

Genre(s) musical(aux) : Rock, musiques électroniques, indie pop, chanson, jazz, etc. • **Capacité** : De 250 (formule cabaret) à 500 pl. • **Références** : Yuksek, Suzanne Vega, Mass Hysteria, Gong, Breton, Manu le Malin, accueille l'Atlantique Jazz Festival (oct.), etc.

COATELAN CLUB

✆ **02 98 63 20 58**
contact@wartiste.com • **www.myspace.com/clubcoatelan**
6 rue Haute • 29600 **MORLAIX**

Eddy PIERRES (Chargé de production) • Joran LE CORRE (Programmateur)

Genre(s) musical(aux) : Rock, chanson, hip hop, électro, etc. • **Capacité** : 350 pl. • **Références** : Minimal Compact, Herman Düne, Troy Von Balthazar, X Makeena, High Tone, Ez3kiel, Serge Teyssot-Gay, etc.

FERME DE GWERNANDOUR

✆ **02 98 81 42 49 / 06 07 82 72 57**
rockaf@wanadoo.fr • **www.ferme-gwernandour.fr**
La Ferme Gwernandour • Gwernandour • 29190 **BRASPARTS**

Jean-Yves KERDEVEZ (Directeur)

Salle Ty Forn • **Genre(s) musical(aux)** : Ts • **Capacité** : 400 pl. • **Références** : Graeme Allwright, Zenzile, Hilightribe, Pablo Moses, Ramoneurs de Menhirs, etc.

MJC DE DOUARNENEZ - ESPACE MUSIQUES AMPLIFIÉES

✆ **02 98 92 10 07** • fax 02 98 92 45 55
contact@mjc-dz.org
11 bd Camille Réaud • BP 421 • 29174 **DOUARNENEZ CEDEX**

Eric DOINEL (Directeur) • Johan LOSQ (Animateur musiques amplifiées)

Genre(s) musical(aux) : Ts • **Capacité** : 300 pl. (debout) • **Références** : Fleshtones, Ez3kiel, Izia, Zenzile, Miossec, Sanseverino, Lo'Jo, François Hadji Lazaro, French Cowboy, groupes locaux, etc.

MPT DE PENHARS

✆ **02 98 55 20 61 / 06 01 84 24 01** • fax 02 98 55 31 71
yann.guillemot@mptpenhars.com • **www.mptpenhars.com**
39 bd de Bretagne • 29000 **QUIMPER**

Patrick CLERMONT (Directeur) • Yann GUILLEMOT (Programmateur)

Genre(s) musical(aux) : Musique du monde, hip hop, jazz, arts du cirque • **Capacité** : 500 pl. (debout), 277 pl. (assis) • **Références** : Sexion d'Assaut, Emmanuel Bex, Kaddy Diarra, Mouss & Hakim, Davy Sicard, Sacekripa, Cie Les Colporteurs, etc.

RUN AR PUNS

✆ **02 98 86 27 95 / 09 62 03 44 00**
jakez@runarpuns.com • **www.runarpuns.com**
Route de Pleyben • 29150 **CHATEAULIN**

Jakez L'HARIDON (Coprésident) • Antoine DE BRUYN (Coordinateur) • Arnaud LEROUX (Programmateur) • Lucie POIRON (Administratrice)

Genre(s) musical(aux) : Originalement chaud depuis 1978 ; musiques actuelles et amplifiées • **Capacité** : 150 pl. (assis), 320 pl. (debout) • **Références** : Yves Robert/Bruno Chevillon/Cyril Atef, NoJazz, Rita Mitsouko, Calvin Russell, Percubaba, Venus, Nitin Sawhney, The Silencers, Hilight Tribe, Lo'Jo, Miossec, participation à « Atlantique Jazz Festival » (nov.), etc.

Ille-et-Vilaine

Le 19/88

✆ **07 86 15 09 89 / 06 75 98 87 54**
yann@plusloin.net • **www.1988jazzclub.com**
Le Pym's • 27 pl. du Colombier • 35000 **RENNES**

Sébastien BÉTIN (Gérant) • Yann MARTIN (Programmateur)

Genre(s) musical(aux) : Jazz • **Capacité** : 150 pl. • **Références** : Géraldine Laurent, Sophie Alour, Ricky Ford, Pierrick Pédron, Shaï Maestro, Eric Le Lann, Nelson Veras, Alain-Jean Marie, Gildas Boclé, Otis Taylor, Giovanni Mirabassi, Mélanie Dahan, Manu Le Prince, David Sauzay, etc.

Le 47 AVENUE

✆ **02 99 30 86 86 / 06 75 98 87 54**
contact@le47avenue.fr • **www.le47avenue.fr/**
4 av. Janvier • 35000 **RENNES**

Sébastien BÉTIN (Gérant) • Yann MARTIN (Programmateur)

Genre(s) musical(aux) : Jazz • **Capacité** : 200 pl. • **Références** : Tricia Evy, Patrick Cabon, Sara Lazarus et Alain Jean-Marie, Dominique Carré, Marcel Loeffler, Thierry Maillard, Khaled Al Jaramani, Dexter Goldberg

Le 4BIS

✆ **02 99 31 47 48** • fax 02 99 30 39 51
crij@crij-bretagne.com • **www.crij-bretagne.com**
CRIJ Bretagne • 4bis cours des Alliés • 35000 **RENNES**

Philippe ROUTEAU (Responsable) • Antonin LEFORESTIER (Régisseur technique)

Salle André-Georges Hamon • **Genre(s) musical(aux)** : Musique actuelles (plutôt rennaise et bretonne) • **Capacité** : 70 pl. (assis), 230 pl. (debout) • **Références** : Kenyon, Alee, Mirconologie, Bocal Records, Tremplin Motocultor, The Wall Factory, Vortex, Unité Maü Maü, Zalen

L'AIRE LIBRE

✆ **02 99 30 70 70** • fax 02 99 31 39 84
accueil@theatre-airelibre.fr • **www.theatre-airelibre.fr**
2 pl. Jules Vallès • 35136 **ST JACQUES DE LA LANDE**

Mael LE GOSS (Directeur) • Angela DE VICENZO (Administratrice)

Genre(s) musical(aux) : Pop, rock, conte essentiellement • **Capacité** : 260 à 290 pl. • **Références** : Stromae, Gaëtan Roussel, Orka, Miossec, Santa Cruz, Yann Tiersen, Shannon Wright, Girls in Hawaïi, Nits, Ignatus, Loïc Lantoine, Pascal Lamour, Julien Jacob, Kohann, Jean-Louis Murat, Dahlia, Lambchop, Venus, Les Hurleurs, Mathieu Boogaerts, Eiffel, Sharko, Philippe Katerine, Red Condell, Peter Von Poelh, Tunng, etc.

Le COQUELICOT

✆ **02 99 99 84 52** • fax 02 99 99 82 11
jazzetjava@gmail.com • **le-coquelicot.fr**
Ass. Le Jazz et la Java • 18 rue de Vitré • 35300 **FOUGERES**

Patrick DIARD (Gérant)

Genre(s) musical(aux) : Jazz, jazz-rock, chanson, café théâtre, humour, etc. • **Capacité** : 60 pl. (assis), 80 pl. (debout) • **Références** : David Lafor, Awek, Anais, Alexis HK, MAP, Nosfel, Renan Luce, Sabine Drabowitch, festival « Jazz in Fougères » (avril) avec 2013 Limousine, La Campagnie des musiques à ouïr, Jim Murple Memorial, etc.

DEJAZEY CAFÉ SPECTACLE

✆ **02 99 38 70 72 / 06 08 03 56 99**
54 rue de St-Malo • 35000 **RENNES**

Jean-Noël RIO (Gérant) • Jean-Paul ALLAIN (Gérant)

Genre(s) musical(aux) : Jazz, salsa, funk, musiques du monde, chanson • **Capacité** : 120 pl. • **Références** : Santa Cruz, Luke, Superflu, Jim Murple, Los de Azular

FERME DE LA HARPE

✆ **02 99 59 45 38** • fax 02 99 54 43 27
laharpe@wanadoo.fr • **www.laharpe.net**
Centre Léo Lagrange • Av. Charles Tillon • 35000 **RENNES**

Emile RIMASSON (Responsable de la Ferme) • Maxime ROHAN (Animateur Jazz Club)

Genre(s) musical(aux) : Jazz • **Capacité** : 150 à 300 pl. • **Références** : Laurent Genty, Mayra Curado Andrade, Henri Texier, Pierrick Pedron, Pascal Salmon, Roy Hargrove, festival « La Harpe en Jazz » (fin mai)

Le GOODGIES

✆ **02 99 68 24 07 / 06 12 02 17 92**
legoodgies.fr
1 rue de Romillé • 35850 **LANGAN**

Philippe GOUGEON

Genre(s) musical(aux) : Rock, blues, chanson, folk • **Capacité** : 250 pl.

Le GRAND LOGIS

✆ **02 99 05 30 62** • fax 02 99 05 30 64
grandlogis@ville-bruz.fr • **www.legrandlogis.net**
10 av. du Gal De Gaulle • BP 17157 • 35171 **BRUZ CEDEX**

Jean-Louis BEAUVIEUX (Directeur) • Marie-Laure SEITE (Communication) • Cécile LE CLAIRE (Relations publiques)

Genre(s) musical(aux) : Chanson, rock, jazz, théâtre, cirque • **Capacité** : 400 pl. (assis) • **Références** : Omar Sosa et Hervé Duponcel « Percussive Rituals », Elina Duni, Aman Octet, Babx, Dominique A, Renaud Garcia-Fons, Syd Matters, Laëtitia Shériff

MJC BRÉQUIGNY

✆ **02 99 86 95 95** • fax 02 99 86 95 90
musique@mjcbrequigny.com • **www.mjcbrequigny.com**
15 av. Georges Graff • 35200 **RENNES**

Valérie LEROUX (Directrice) • Olivier NESTELHUT (Programmateur)

Genre(s) musical(aux) : Jazz et musique du monde • **Capacité** : 270 pl. assises • **Références** : festival « Le Grand Soufflet » (oct.), festival « Jazz à l'Ouest » (nov), en partenariat avec la Ferme de la Harpe

MONDO BIZARRO

✆ **02 99 87 22 00** • fax 02 99 27 28 33
rocketprod@free.fr • **mondobizarro.free.fr**
264 rue du Général Patton • 35700 **RENNES**

Bruno (Programmateur)

Genre(s) musical(aux) : Rock, punk, ska, garage, blues, métal, pop, hard-core, reggae, dub • **Capacité** : 112 pl. • **Références** : Uk Subs, Fishbone, Elliott Murphy, Supersuckers, Dr Feelgood, GBH, Seeds, Nashville Pussy, Naufrages, Lo'Jo, Lydia Lunch, Hard-Ons, Little Bob, Dogs, Red Cardell

La PÉNICHE SPECTACLE

✆ **02 99 59 35 38**
www.penichespectacle.com
30 quai St-Cyr • 35000 **RENNES**

Annie DESMOULIN (Directrice)

Genre(s) musical(aux) : Jazz, chanson, musiques métissées, traditionnel • **Capacité** : 60 à 80 pl. • **Références** : Pura Fé, Elbasan Trio, Chet Nuneta, Mor Karbasi, René Lacaille, Trio Annie Ebrel, Nolùen Le Buhé et Marthe Vassalo, Les Yeux Noirs, Kiko Ruiz, Sandra Rumolino, Renata Rosa ; participation au festival « Jazz à l'Ouest » (nov.)

Le PÔLE SUD

✆ **02 99 77 13 20** • fax 02 99 77 13 21
polesud@ville-chartresdebretagne.fr • **www.ville-chartresdebretagne.fr**
1 rue de la Conterie • BP 37604 • 35176 **CHARTRES DE BRETAGNE CEDEX**

Dominique GRELIER (Directeur) • Frédéric GOURDAIS (Régisseur)

Genre(s) musical(aux) : Chanson française, musiques du monde • **Capacité** : 312 pl. • **Références** : Lola Lafon, Marie Kiss La Joue, Gerardo Jerez Le Cam, Barcella, Lili Cros & Thierry Chazelle, etc.

Morbihan

L'ESTRAN

✆ **02 97 02 97 40** • fax 02 97 02 99 84
accueil@lestran.net • **www.lestran.net**
Allée de kerprat • 56520 **GUIDEL**

Xavier LE JEUNE (Directeur & programmateur) • Jean-Michel COURANT (Régisseur général) • Marie EVENNOU (Administratrice)

Genre(s) musical(aux) : Jazz et musiques improvisées • **Capacité** : 356 pl. • **Références** : Guillaume Séguron, Susanne Abbuehl et Stéphan Oliva, Champian Fulton, Leïla Martial, orTie, Quinteto Historias de Tango, Yilian Cañizares, Bonadventure Pencroff, Le Maxiphone de Fred Pouget et Guillaume Schmidt « Nino Nioui » (création), Issam Krimi, Youn Sun Nah, Enhco Brothers, etc.

Le THY'ROIR

✆ **02 97 74 05 21** • fax 02 97 74 02 97
jp17140@hotmail.fr • **www.myspace.com/lethyroir**
19 rue de la Gare • 56800 **PLOERMEL**

Jean-Pierre RICHOMME (Gérant)

Genre(s) musical(aux) : Ts sauf punk et hardcore • **Capacité** : 180 pl. • **Références** : Virginia Island, Soul Finger, Koft, Fat Boy Blues, Rosemary's Baby, Gaël Horrelou, Tété, Silencers, Eliott Murphy, Red Cardell, Aqmé, Les Craftmen Club, etc.

CENTRE

SALLES DE PLUS DE 1200 PLACES

Indre

MACH 36

✆ **02 54 36 36 36** • fax 02 54 35 05 11
www.mach36.fr
CAC • 24 rue Bourdillon • BP 547 • 36018 **CHATEAUROUX CEDEX**

Frédérique PLUYAUD (Responsable)

Genre(s) musical(aux) : Chanson, rock, variétés, etc. • **Capacité** : 700 à 5000 pl. (modulable) • **Références** : Y. Noah, Calogero, Christophe Mae, Marc Lavoine, Michel Sardou, Eddy Mitchell, Michael Grégorio, Florence Foresti, Laurent Gerra, etc.

Indre-et-Loire

GRAND HALL - PARC DES EXPOSITIONS DE TOURS

✆ **02 47 32 37 10** • fax 02 47 63 03 81
info@parc-expositions.com • **www.tours-expo.com**
CS 84311 • 37043 **TOURS CEDEX 1**

Denis SCHWOK (Directeur)

Genre(s) musical(aux) : Ts • **Capacité** : 3 000 à 12 000 pl.

Loiret

ZENITH-ORLÉANS

✆ **02 38 25 05 05** • fax 02 38 25 05 06
zenith@orleans-spectacles.fr • **www.zenith-orleans.fr**
1 rue du Pdt Shuman • 45100 **ORLEANS**

Gérard THENOT (PDG)

Genre(s) musical(aux) : Ts • **Capacité** : 600 (assis) à 6900 pl. (assis/debout)

SALLES DE 400 À 1200 PLACES

Cher

MAISON DE LA CULTURE DE BOURGES

✆ **02 48 67 74 74** • fax 02 48 67 74 61
o.atlan@mcbourges.com • **www.mcbourges.com**
Pl. André Malraux • BP 257 • 18005 **BOURGES CEDEX**

Olivier ATLAN (Directeur) • Andrey MATEL (Directrice de la communication)

Scène nationale de Bourges • **Genre(s) musical(aux)** : Ts dont jazz, world • **Capacité** : En travaux « Hors les murs » (231 à 431 pl.) • **Références** : Éric Legnini, Térez Montcalm, Quatuor Béla et Moriba Koïta

THÉATRE MAC NAB

✆ **02 48 53 02 60** • fax 02 48 71 72 91
mac-nab@ville-vierzon.fr • **www.ville-vierzon.fr**
37 av. de la République • 18100 **VIERZON**

Gilles MAGREAU (Directeur) • Véronique BRUNAUD (Gestion)

Genre(s) musical(aux) : Jazz, chanson, théâtre, danse • **Capacité** : 490 pl. • **Références** : Marc Laferrière, Caroline Casadesus & Didier Lockwood « Le jazz et la Diva - Opus 2 », Juliette, Ridan, Stacey Kent, Vincent Delerm, « Double jeux » avec Florin Niculescu et Laurent Korcia, Jean-Marie Machado

Eure-et-Loir

L'ATELIER À SPECTACLE

✆ **02 37 42 60 18** • fax 02 37 64 44 21
infos@latelier-a-spectacle.com • **www.latelier-a-spectacle.com**
51 A rue de Torçay • 28500 **VERNOUILLET**

Philippe VIARD (Directeur) • Perrine PIERSON (Administratrice) • Catherine ROBINET (Chargée des actions culturelles) • Stéphanie HAMONET (Chargée de communication) • Jean-Francois DETAMANTI (Régisseur général)

Scène conventionnée de Dreux agglomeration • **Genre(s) musical(aux)** : Chanson, jazz, musiques du monde, rock, etc. • **Capacité** : L'Atelier (950 pl.), le Séchoir (185 pl. assises, 350 pl. debout) • **Références** : Benabar, Julien Clerc, Charles-Baptiste, Melismenn, jean Guiooni, Duo Kayan, François Espargilière, etc.

ESPACE ANDRÉ MALRAUX (CHÂTEAUDUN)

✆ **02 37 45 29 12 / 02 37 45 98 40** • fax 02 37 45 54 46
alain.rambert@mairie-chateaudun.fr • **www.ville-chateaudun.com**
79 rue Varize • 28200 **CHATEAUDUN CEDEX**

Alain RAMBERT (Directeur des affaires culturelles)

Genre(s) musical(aux) : Tous • **Capacité** : 400, 600, 900, 1200 pl. • **Références** : Alain Souchon, Sidney Bechet Memory All Stars, Histoire du tango d'Astor Piazzolla, Raul Paz (dans le cadre de « Jazz de mars »), Benjamin Biolay, Jacques Higelin, Maceo Parker, Thomas Dutronc

THÉÂTRE DE CHARTRES

✆ **02 37 23 42 50** • fax 02 37 23 42 51
contact@theatredechartres.fr • **www.theatredechartres.fr**
Association Entracte • Pl. de Ravenne • 28000 **CHARTRES**

Jérôme COSTEPLANE (Directeur) • Vincent-Louis GRE (Directeur technique)

Scène conventionnée pour la danse et le jeune public • **Genre(s) musical(aux)** : Tous • **Capacité** : 500 pl. • **Références** : Alain Chamfort, Padam Padam, Michel Delpech, Isabelle Boulay, Antoine Delaunay Trio (création soutenue par le TDC)

Indre

CENTRE CULTUREL ALBERT CAMUS

✆ **02 54 21 66 13** • fax 02 54 03 17 38
albert-camus@issoudun.fr • **www.issoudun.fr**
Av. de Bel-Air • 36100 **ISSOUDUN**

Sophie CAZÉ (Directrice) • Cécile GILET (Administratrice) • Eric MICHOT (Régisseur)

Genre(s) musical(aux) : Jazz, variétés, classique • **Capacité** : CCAC (750 pl.), Boîte à Musique (400 pl.) • **Références** : Thomas N'Gijol, Antoine Hervé, William Sabateir et Marcel Loeffler, Christophe Heyrstéphane Daniel, Jean-Jacques Milteau, festival de guitare (oct.), etc.

EQUINOXE

✆ **02 54 08 34 34 / 02 54 08 35 82** • fax 02 54 08 35 90
info@equinoxe-lagrandescene.com • **www.equinoxe-lagrandescene.com**
BP 306 • 36006 **CHATEAUROUX CEDEX**

François CLAUDE (Directeur) • Marc DIVRY (Administrateur) • Eric DEFAIX (Secrétaire général) • Vincent HAMAIN (Directeur technique)

Scène nationale de Châteauroux • **Genre(s) musical(aux)** : Jazz, chanson, musiques du monde, danse, théâtre, musique classique, arts de la piste • **Capacité** : 750 pl. (parterre), 388 pl. (balcon) • **Références** : Henri Texier, Julien Clerc, Camille, Orchestre National de Jazz « Piazzolla ! », Resistencia ! « Les chants de la liberté », Oneira, Abililus, etc.

Indre-et-Loire

Le NOUVEL ATRIUM

✆ **02 42 48 48 33** • fax 02 47 27 76 75
programmation@ville-saint-avertin.fr • **www.ville-saint-avertin.fr**
Mairie de Saint-Avertin-Service Culturel • 21 rue Rochepinard
37550 **ST AVERTIN**
Joao GONCALVES (Programmateur)

Genre(s) musical(aux) : Musiques actuelles, Musiques du monde • **Capacité** : 383 pl. (assis) et 600 pl. (debout) + Domaine de Cangé et Théâtre de l'Éphémère • **Références** : Barbara Hendricks, Miossec, Manu Dibango, Amadou et Mariam, Juliette Gréco, Susheela Raman, Dominique A, Sliimy, etc.

OESIA

✆ **02 47 41 34 57 / 02 47 41 30 08** • fax 02 47 49 22 00
communication@ndoe.fr • **www.oesia.fr**
Service communication • Pl. du 8 mai 1945 • 37390 **NOTRE DAME D'OE**
Laure PETIOT (Chargée de communication) • Colin FLEURIER (Régisseur général)

Genre(s) musical(aux) : Ts • **Capacité** : 1 100 pl. (debout), 550 pl. (assis) • **Références** : Olivia Ruiz, Cœur de Pirates, Jeanne Cherhal, Pauline Croze, Claude Nougaro, Fabienne Thibault, Anthony B., Dezoriental, Mes Souliers Sont Rouges, Julos Beaucarne, Louis Chédid, Soldat Louis, Gilles Vigneault, etc.

Le TEMPS MACHINE

✆ **02 47 48 90 60**
contact@letempsmachine.com • **letempsmachine.com**
Parvis Miles Davis • BP 134 • 37301 **JOUE LES TOURS CEDEX**
Vincent LAUNAY (Directeur) • Loïc MATHIVET (Directeur administratif) • Fred LANDIER (Programmateur) • Nicolas ROTENBERG (Chargé de production)

Genre(s) musical(aux) : Musiques actuelles • **Capacité** : Grande salle (600 pl.), club (200 pl.) • **Références** : Zombie Zombie, We are Enfant Terrible, Akron/Family, Joe Lally, etc.

Loir-et-Cher

ALL THAT JAZZ - LES LOBIS

✆ **02 54 44 41 80**
contact@allthatjazz.fr • **www.allthatjazz.fr**
12 av. du Mal Manoury • 41000 **BLOIS**
Didier BERGEN (Programmateur) • Didier BOULANGER (Directeur)

Genre(s) musical(aux) : Jazz • **Capacité** : 400 pl. • **Références** : David Linx, Malted Milk, Terez Montcalm, Frederika Stahl, Youn Sun Nah, Grace, Gretchen Paralto, Eric Sardinas, JJ Milteau, etc

Le CHATO'DO

✆ **02 54 45 50 00** • fax 02 54 45 50 09
communication@chatodo.com • **www.chatodo.com**
c/o Association Mars • 113 av. de Vendôme • 41000 **BLOIS**
Rémi BRETON (Directeur) • Frédéric MANDARD (Programmateur) • Fabrice LEMAITRE (Régisseur général) • Antoine THIBAULT (Administration) • Anne-Cécile CANON (Ressource, Accompagnement et projet Electrophone) • Benjamin LELIARD (Attaché culturel et repetitions)

Genre(s) musical(aux) : Ts • **Capacité** : 600 pl. (debout) + club de 150 pl. • **Références** : Abd Al Malik, Gojira, Skip The Use, Divine Paiste, Chill Bump, Hyphen Hyphen, Giédré, Rover, Didier Wampas, Pigeon John, Shiko Shiko, Dominique A, Odezenne, Jean Louis Murat, Zone Libre, Syd Matters, Revolver, Moriarty, Naïve New Beaters

La HALLE AUX GRAINS

✆ **02 54 90 44 00** • fax 02 54 90 44 01
catherine@halleauxgrains.com • **www.halleauxgrains.com**
2 pl. Jean Jaurès • 41000 **BLOIS**
Catherine BIZOUARN (Directrice)

Scène nationale de Blois • **Genre(s) musical(aux)** : Tous • **Capacité** : 2 salles de 630 pl. (hémicycle) et 1 700 pl. (halle) • **Références** : Rokia Traoré, « Gypsie Planet » avec Christian Escoudé, David Reinhardt, Marcel Azzola et Florin Niculescu, les Maître Tambour du Burundi, etc.

L'HECTARE

✆ **02 54 89 44 20** • fax 02 54 89 44 21
contact@lhectare.fr • **www.lhectare.fr**
BP 80113 • 41106 **VENDOME CEDEX**
Frédéric MAURIN (Directeur) • Mathilde CHANTEUR (Administratrice)

Scène conventionnée pour le théâtre d'objet et la marionnette • **Genre(s) musical(aux)** : Musiques du monde, jazz, théâtre, danse, chanson • **Capacité** : Le Minotaure (769 pl.) • **Références** : Orchestre National de Jazz, Carmen Souza, Alan Stivell, Pulcinella, L'Occidentale de fanfare & Maxiphone, Amadou et Mariam, etc.

PYRAMIDE ESPACE FRANCOIS 1ER

✆ **02 54 94 42 20 / 06 82 01 95 70** • fax 02 54 76 94 36
pyramide@romorantin.fr • **www.romorantin.fr**
Les Grands Près • Av. de Paris • 41200 **ROMORANTIN LANTHENAY**
Isabelle MOUSSY (Directrice) • Nicolas DESROCHES (Régisseur)

Genre(s) musical(aux) : Opéra, théâtre, danse, jazz, rock, variétés • **Capacité** : 600 à 700 pl. • **Références** : Isabelle Aubret, Bernard Allison, M Lenoir « Blues de Loire », Guy Bedos, Le bourgeois gentilhomme avec F. Morel, Revolver, Amaury Vassili, etc.

Loiret

L'ASTROLABE

✆ **02 38 54 20 06** • fax 02 38 53 90 27
info@lastrolabe.org • **www.lastrolabe.org**
c/o Association l'Antirouille • 1 rue Alexandre Avisse • 45000 **ORLEANS**
Frédéric ROBBE (Directeur) • Matthieu DUFFAUD (Programmateur) • Alexandre BRECHET (Administrateur) • Sylvain PECKER (Régisseur technique) • Leïla BERNARD (Chargée d'actions culturelles)

Genre(s) musical(aux) : Rock, pop, reggae, musiques du monde, jazz, techno, chanson, blues • **Capacité** : 550 pl. + club de 200 pl. • **Références** : Joey Starr, Black Box Revelation, !!!, The Bewitched Hands, Archive, Mogwai, The Abyssinians, Cold War Kids, Wax Taylor, Oxmo Puccino

THÉÂTRE GÉRARD PHILIPE

✆ **02 38 68 44 61** • fax 02 38 68 44 68
theatre-gerard-philipe@ville-orleans.fr • **www.orleans.fr**
7 Pl. Sainte Beuve • 45100 **ORLEANS LA SOURCE**
Véronique JUBIN (Administratrice)

Genre(s) musical(aux) : Théatre, jeune public • **Capacité** : 542 pl. (assis) (dont 12 pour les fauteuils roulants) • **Références** : Wriggles, Gad Elmaleh, Joroi Bertrao, Steve Waring, Têtes Raides, Mes Souliers Sont Rouges, Pigalle, Pascal Parisot, Vincent Malone

SALLES DE MOINS DE 400 PLACES

Cher

Les BAINS DOUCHES

✆ **02 48 60 19 11** • fax 02 48 60 19 78
theatre.bains.douches@wanadoo.fr • **www.bainsdouches-lignieres.fr**
c/o Les Bains Douches • Pl. Anne Sylvestre • 18160 **LIGNIERES**
Jean-Claude MARCHET (Directeur) • Dominique POUBEAU (Administratrice / Comptable) • Nathalie RAINAUD (Communication) • Sébastien BOIFFARD (Régisseur) • Michelle MULLER (Relations publiques) • Annie MARCHET (Producteur)

Genre(s) musical(aux) : Chanson, musique, humour, théâtre, danse • **Capacité** : 209 pl. (assis), 350 pl. (assis-debout) • **Références** : Nancy Huston avec J.-P. Viret Trio, Brigitte Fontaine, Thomas Fersen, Dick Annegarn, Romain Didier, Gianmaria Testa, Vincent Delerm, Alexis HK, Katerine, Mathieu Boogaerts, Enzo Enzo, Rokia Traoré, Fred Radix, Olivia Ruiz, Piers Faccini, Emily Loiseau, Jean Louis Murat, Renan Luce, Aldebert, Pierre Lapointe, Claire Denamur, L, Cyril Mokaiesh, Moriarty, Barbara Carlotti, Magyd Cherfi, JP Nataf, Joseph d'Anvers, Babx, Florent Marchet, Bertrand Belin, Daphné

Eure-et-Loir

L'ARSENAL

✆ **02 37 53 40 56**
larsenal28@gmail.com • **www.arsenal28.fr**
8 pl. Sully • 28400 **NOGENT LE ROTROU**
Gilles CORDIER (Médiateur culturel)

Genre(s) musical(aux) : Musiques amplifiées • **Capacité** : 200 pl. • **Références** : Les Caméléons, Orange Blossom, Kaophonic Tribu, EZ-3kiel, Prajna, Outrage

Le PARVIS JAZZ CLUB

✆ **02 37 21 12 12**
contact@lamaisondelacathedrale.fr
www.le-parvis-chartres.fr/fr/soirees-jazz/
13 place de la Cathédrale • 28000 **CHARTRES**
Guillaume CHADORGE (Directeur) • Jean-Jacques RUHLMANN (Programmateur)

Références : Denise King/Olivier Hutman, Pierre de Bethmann/David El Malek, Frédéric Favarel, Trio Patrois/Richard/Isenman, André Villéger/Michel Perez Quartet, Trio Georgui Kornazov, Jean Bardy « Fat Tuesday » Trio, Elisabeth Caumont, Roberto Negro, Jean-Philippe Watremez, Céline Bonacina, Jean-Christophe Cholet, ec.

Indre

La BOITE À MUSIQUE

✆ 02 54 21 66 13 • fax 02 54 21 42 24
bam@issoudun.fr • **www.issoudun.fr**
Rue Georges Brassens • 36100 **ISSOUDUN**

Sophie CAZÉ (Directrice) • Cécile GILET (Programmatrice) • Bruno ROBIN (Régisseur)

Genre(s) musical(aux) : Musiques actuelles, musiques du monde, jazz, musiques jeune public • **Capacité** : 400 pl. • **Références** : Sinsemilia, Hadji-Lazaro, Jorane, Bonga, Baobab, Aldebert, P18, Minino Garay, Parabellum, etc.

CAFÉ-CONCERT LE QUAI

✆ 02 54 34 18 14 • fax 02 54 07 50 84
mlcbelleisle@wanadoo.fr • **www.mlcbelleisle.com**
7 av. Daniel Bernardet • 36000 **CHATEAUROUX**

Michel RAZA (Directeur)

Genre(s) musical(aux) : Ts • **Capacité** : 100 pl. • **Références** : Les Ejectés, Ritmo Caliente, Dine & Déon, Pull it Jah, etc.

Indre-et-Loire

Les 3 ORFÈVRES

✆ 02 47 64 02 73 • fax 02 47 64 94 83
prog3orfevres@gmail.com • **www.3orfevres.com**
6 rue des Orfèvres • 37000 **TOURS CEDEX**

Isabelle THEBAULT (Programmatrice)

Genre(s) musical(aux) : Rock, blues, reggae, world music • **Capacité** : 200 pl.

Le PETIT FAUCHEUX

✆ 02 47 38 29 34 / 02 47 38 91 20 / 02 47 38 91 92
fax 02 47 37 15 77
renaudbaillet@petitfaucheux.fr • **www.petitfaucheux.fr**
12 rue Léonard de Vinci • 37000 **TOURS**

Françoise DUPAS (Directrice) • Renaud BAILLET (Programmateur) • Charly AUDUREAU (Administrateur) • Florence PRIOUX (Chargée de communication) • Isabelle BOULANGER (Chargée du développement culturel) • Aurélie ROUSSAT (Ressources- documentation)

Genre(s) musical(aux) : Jazz et musiques improvisées • **Capacité** : Salle (192 pl.) • **Références** : Cie Frasques, Pascal Maupeu, la Marmite infernale, Das Kapital, Imperial Quartet, Denis Badault, Balkan Brass Band, Niels Praestholm, collecif Capsul, Lunatic Toys, Michel Edelin (« jazz en scènes »), etc. - Festivals : « Total Meeting », « Loches en jazz », « Chinon en jazz », « Emergences » en collaboration avec Jazz à Tour

La PLÉIADE

✆ 02 47 38 31 30
apleiade@ville-lariche.fr • **www.ville-lariche.fr**
c/o Service Culturel • BP 102 • 37521 **LA RICHE CEDEX**

Ada WUJEK (Directrice)

Genre(s) musical(aux) : Ts types (musique, théâtre, jeune public, danse, marionnettes, etc.) • **Capacité** : 300 pl. • **Références** : Diagonal & Jean-Christophe Cholet « Nights in Tunisia », Les Blérots de Ravel, Les Maîtres Chanteurs SOS, Ti'Boon « Wékinala », Ben Mazué, Festival « Bruissements d'Elles » (mars) avec Salomé Leclerc & Ginkgoa

Loir-et-Cher

CLUB DE LA CHESNAIE

✆ 02 54 79 42 82 • fax 02 54 79 40 57
club@chesnaie.com • **www.club-de-la-chesnaie.fr**
La Chesnaie • 41120 **CHAILLES**

Aurélien VILDART (Président) • Estelle DANGERARD (Secrétaire technique) • Martial GADIN (Chargé de production)

Genre(s) musical(aux) : Jazz, chanson, world music • **Capacité** : 180 pl. • **Références** : Mônica Passos, R Wan, Fred, Hadouk Trio, Giovanni Mirabassi/Flavio Boltre, Ronald Baker, Randy Weston, Pifarély/Couturier, Frédéric Chiu, AllWright, Scamitt, Thierry Robin, Magic Malik, Loïc Lantoine, Les gitans Dhoad du Rajasthan, Manolo, Tchavolo Smith, Anna Popovic, André Minvielle, etc.

La MAISON DE BEGON

✆ 02 54 43 35 36 • fax 02 54 43 72 35
m-begon@wanadoo.fr • **www.maisondebegon.com**
Rue Pierre et Marie Curie • 41000 **BLOIS**

Guillaume LEMOINE (Directeur) • Hassan MIRGHANI (Programmateur)

Genre(s) musical(aux) : Pluridisciplinaires • **Capacité** : 300 pl. • **Références** : Iltika, Mango Gadzi, Cie Maboul Distorsion, Zao, Patson, Sophia Aram, Sandra Nkake, Davy Sicard, So Kalmery, El Galfa, Cie Melting Pot, Cie Kossina, etc.

Loiret

Le MOULIN DE LA VAPEUR / MJC D'OLIVET

✆ 02 38 63 66 60 • fax 02 38 25 97 73
prog@mjcmoulin-olivet.org • **www.mjcmoulin-olivet.org**
127 rue Marcel Belot • 45160 **OLIVET**

Estelle BAILLY (Directrice) • Marta TAMVERK (Assistante culturelle)

Genre(s) musical(aux) : Jazz, chanson, musiques du monde • **Capacité** : 84 pl. • **Références** : Marcel et Solange, Nilda Fernandez, Dany Sicard, Barbara Luna, Bob Bonastre, Ronan/Ronan, Yom, les Elles, Balkan Brass Band, Benoît Lavollée trio

La PASSERELLE (FLEURY LES AUBRAIS)

✆ 02 38 83 09 51 / 02 38 83 29 63
centre.culturel@ville-fleurylesaubrais.fr • **www.fleurylesaubrais.fr**
Centre culturel • 57 bd de Lamballe • 45400 **FLEURY LES AUBRAIS**

François PARENT (Directeur)

Genre(s) musical(aux) : Tous • **Capacité** : Auditorium Boris Vian (160 pl.), Salle Jean Cocteau (490 pl.) • **Références** : Yun Sun Nah, Luce, La Grande Sophie, Mountain Men, Inna Modja

CHAMPAGNE-ARDENNE

SALLES DE PLUS DE 1 200 PLACES

Ardennes

PARC DES EXPOSITIONS DE CHARLEVILLE-MEZIERES

✆ 03 24 32 87 87 • fax 03 24 32 87 88
parcexpo-cm08@wanadoo.fr
Route de Prix • 08000 **CHARLEVILLE MEZIERES**

M. PEROTIN (Gestionnaire)

Genre(s) musical(aux) : Ts • **Capacité** : 1 600 pl. (assis), 3 000 pl. (debout) • **Références** : A. Souchon, MC Solaar, Paul Personne, Eddy Mitchell, Jenifer, Renaud, Indochine, etc.

Aube

TROYES EXPO CUBE

✆ 03 25 82 65 82 • fax 03 25 82 65 99
amandine.consigny@troyes-expo.com • **www.troyes-expo.com**
20 rue des Gayettes • 10000 **TROYES**

Pierre-Yves PROTAIS (Directeur) • Amandine CONSIGNY (Communication) • Marek AYACHE (Location)

Genre(s) musical(aux) : Variétés, rock, etc. • **Capacité** : 4 680 (assis/debout) • **Références** : Indochine, Aznavour, Christophe Maé, Laurent Gerra, Deep Purple, etc.

Marne

Le CAPITOLE EN CHAMPAGNE

✆ 03 26 65 50 00 • fax 03 26 26 94 83
info@sepec.fr • **www.lecapitole-en-champagne.fr**
68 av. du Président Roosevelt • 51000 **CHALONS EN CHAMPAGNE**

Vincent DOURLET (Directeur général)

Genre(s) musical(aux) : Variété, rock, pop • **Capacité** : 2 700 assis, 3 900 assis/debout • **Références** : Lord of the Dance, Laurent Gerra, Salut les Copains, Voca People, Cirque de Pékin, etc.

Le MILLESIUM

✆ 03 26 56 95 00 • fax 03 26 56 95 09
contact@lemillesium.com • **www.lemillesium.com**
Av. du Général Margueritte • BP 80175 • 51205 **EPERNAY CEDEX**

Vincent DOURLET (Directeur délégué)

Genre(s) musical(aux) : Variété, rock, pop • **Capacité** : 4 700 assis, 8 000 assis/debout • **Références** : Johnny Hallyday, ZZ Top, Joe Cocker, Indochine, M, etc.

PALAIS DES FÊTES D'EPERNAY

✆ 03 26 59 57 90 • fax 03 26 59 57 99
michel.gelin@ville-epernay.fr
Rue Dom Pérignon • Parc Roger Menu • 51200 **EPERNAY**

Michel GELIN (Régisseur responsable) • Martine GLORIEUX (Administratrice)

Genre(s) musical(aux) : Ts • **Capacité** : 1 800 pl. (debout), 989 pl. (assis) parterre, 250 pl. (assis) balcon • **Références** : John Mayall, A. Souchon, M. Jonasz, Zebda, etc.

REIMS ÉVÉNEMENTS

✆ **03 26 77 44 66 / 03 26 77 44 44**
commercial@reims-evenements.fr • **www.reims-evenements.fr**
12 bd du Général Leclerc • 51722 **REIMS CEDEX**

Guillaume MECHIN (Directeur) • Christelle THEVIN (Chargée d'affaires)

Genre(s) musical(aux) : Ts • **Capacité** : 4000 ou 2000 pl. (assis) et 6500 pl. (debout) • **Références** : P. Bruel, L. Gerra, J.-M. Bigard, D. Briant, Lenny Kravitz, J. Dutronc, Holiday on Ice, J. Hallyday, M. Sardou, F. Cabrel, C. Aznavour, A. Souchon, F. Pagny, J.-J. Goldman, Tryo

SALLES DE 400 À 1200 PLACES

Ardennes

Le FORUM

✆ **03 24 32 44 40**
forum-cm@orange.fr • **www.charleville-mezieres.fr**
18 av. Jean Jaurès • 08000 **CHARLEVILLE MEZIERES**

Sylvain DESPLANQUES (Attaché culturel)

Genre(s) musical(aux) : Musiques actuelles et autres • **Capacité** : 499 pl. (debout), 191 pl. (assis)

THÉÂTRE DE CHARLEVILLE-MEZIERES

✆ **03 24 32 44 51** • fax 03 24 32 44 49
theatre@mairie-charlevillemezieres.fr
www.mairie-charlevillemezieres.fr
Pl. du Théâtre • 08000 **CHARLEVILLE MEZIERES**

Ikbal BEN KHALFALLAH (Directeur)

Genre(s) musical(aux) : Jazz, chanson, variété, théâtre, comédie • **Capacité** : 650 pl. • **Références** : Patti Smith, Marquito Velez, Texas Sidestep Country Show, Liz Mc Comb, Daphné + Carla Bley, Jean-Marie Machado et André Minvielle « La Fête à Boby » (en copruction avec Charleville Action Jazz)

Aube

THÉÂTRE DE CHAMPAGNE

✆ **03 25 76 27 61** • fax 03 25 80 89 63
sandrine@maisonduboulanger.com • **www.maisonduboulanger.com**
c/o Maison du Boulanger • 42 Rue Paillot de Montabert • 10000 **TROYES**

Emmanuel SAINT MARS (Directeur général Maison du Boulanger) • Sandrine BELTRAMELLI (Chargée de la programmation)

Genre(s) musical(aux) : Ts • **Capacité** : 1000 pl. • **Références** : Emily Loiseau, Grand Corps Malade, Rachid Taha, Etienne Daho, Zazie, Jacques Higelin, Abd Al Malik, Grégoire, Zaz, Les Têtes Raides, Voca People, M. Pokora, Shym, Michel Sardou, Age tendre et tête de Bois, etc.

Marne

La CARTONNERIE

✆ **03 26 36 72 40 / 03 26 36 72 49** • fax 03 26 36 72 41
info@cartonnerie.fr • **www.cartonnerie.fr**
84 rue du Dr Lemoine • 51100 **REIMS**

Gérald CHABAUD (Directeur) • Rodolphe ROUCHAUSSE (Programmateur)

Genre(s) musical(aux) : Musiques actuelles • **Capacité** : 400 et 1200 pl. • **Références** : Jon Spence Blues Explosion, Nneka, Orelsan, Katerine, Herman Dune, Justice, Selah Sue, General Elektriks, The Subways, Shaka Ponk

La COMÈTE

✆ **03 26 69 50 99 / 03 26 69 50 80** • fax 03 26 69 50 81
adm@la-comete.fr • **www.la-comete.fr**
Espace Pierre Dac • 5 rue des Fripiers • BP 233
51010 **CHALONS EN CHAMPAGNE CEDEX**

Philippe BACHMAN (Directeur) • Pascale CHAUMET (Directrice adjointe) • Jean-Michel TALVA (Secrétaire général) • Gérard CLAUDEL (Directeur technique)

Scène nationale de Châlons-en-Champagne • **Genre(s) musical(aux)** : Jazz, musique du monde, danse, classique, contemporain • **Capacité** : Grand Théâtre (616 pl.), Petit Théâtre transformé en salle de cinéma • **Références** : Staff Benda Bilili, Lucky Peterson, Uri Caine, Claire Diterzi, Portico Quartet, Michael Nyman « Le Cuirassé Potemkine » (ciné-concert), Brad Mehldau, Kenny Garrett, Ensemble Delgocha, etc.

Le K

✆ **03 26 04 11 11**
roland.karl@le-k-reims.com • **www.le-k-reims.com**
18 rue Nicolas Appert • 51430 **TINQUEUX**

Karl ROLAND (Directeur artistique) • David HARDIT (Programmateur)

Genre(s) musical(aux) : Rock, chanson, variétés, etc. • **Capacité** : 800 pl. assises, 1200 debout • **Références** : Louis Bertignac, Cali, Mauranne, Jonasz, Bbbrunes

L'ORANGE BLEUE (VITRY-LE-FRANÇOIS)

✆ **03 26 41 00 10 / 03 26 41 25 90 / 03 26 41 25 89**
03 26 41 25 88 / 03 26 41 00 10 • fax 03 26 41 00 11
info@obvitry.com • **www.obvitry.com**
Quartiers des bords de Marne • 51300 **VITRY LE FRANCOIS**

Robert JARASI (Directeur) • Brigitte GUYOT (Administratrice) • Elodie DUFOUR (Chargé de communication) • Emmanuel VINOT (Régisseur général)

Genre(s) musical(aux) : Rock, blues, chanson, raggae, Hip-Hop, musiques du monde • **Capacité** : 520 pl. • **Références** : Java, Pierpoljak, Omar Perry, Fatals Picards, Revolver, Luke, Shaka Ponk, High Tone, etc.

Le SALMANAZAR

✆ **03 26 51 15 80** • fax 03 26 54 83 59
contact@lesalmanazar.fr • **www.lesalmanazar.fr**
8 rue de Reims • 51200 **EPERNAY**

Christian DUFOUR (Directeur) • Monique COGNARD (Administratrice)

Scène de création et de diffusion d'Epernay • **Genre(s) musical(aux)** : Classique, jazz, musiques du monde, chanson • **Capacité** : 500 pl. • **Références** : Dhafer Youssef, Katia Guerreiro, Quatuor Ebène, Paul Meyer/Pascal Contet

Haute-Marne

SALLE DES FÊTES DE CHAUMONT

✆ **03 25 30 59 98 / 03 25 01 68 83 / 03 25 30 59 61**
fax 03 25 30 59 52
culture@ville-chaumont.fr • **www.ville-chaumont.fr**
c/o Mairie • 10 rue de Lorraine • 52000 **CHAUMONT**

Mike VIGNACQ (Coordinateur et régisseur général de l'événementiel)

Genre(s) musical(aux) : Ts • **Capacité** : 800 pl. (assis), 1000 pl. (debout) • **Références** : Têtes Raides, L'Homme Parle, La Grande Sophie, Yves Jamait, High Tone, Zenzile, AS Dragon, Sanseverino, etc.

SALLES DE MOINS DE 400 PLACES

Ardennes

MJC CALONNE

✆ **03 24 27 09 75** • fax 03 24 26 85 07
m.j.c.calonne@wanadoo.fr • **www.mjc-calonne.com**
Pl. Calonne • 08200 **SEDAN**

Laurent BISTON (Directeur) • David MANCEAUX (Programmateur) • Julien COLINET (Animateur)

Genre(s) musical(aux) : Musiques amplifiées, chanson, musiques du monde • **Capacité** : 400 pl. • **Références** : Raul Barboza et Alfonso Pacin, etc.

SALLE JEAN VILAR (REVIN)

✆ **03 24 40 08 46 / 03 24 42 74 30 / 03 24 40 28 99**
sallejeanvilar@wanadoo.fr • **www.ville-revin.fr**
c/o Mairie de Revin • 56 rue Victor Hugo • 08500 **REVIN**

Fabrice STELLA (Directeur / programmateur)

Genre(s) musical(aux) : Chanson • **Capacité** : 402 pl. • **Références** : Barcella, Alain Chamfort, Anne Vanderlove, Thierry Romanens, etc.

Aube

ESPACE GÉRARD PHILIPE

✆ **03 25 49 62 81** • fax 03 25 71 39 18
espace.gerardphilipe@wanadoo.fr • **www.espacegerardphilipe.fr.st/**
22 av. du Mal Leclerc • 10120 **ST ANDRE LES VERGERS**

Olivier BEDEL (Directeur)

Genre(s) musical(aux) : Concert, théâtre, musiques du monde, jazz, danse • **Capacité** : 301 pl. + la Grange (100 pl.) • **Références** : Soweto Entsha, + programmation musiques improvivsées par le Collectif Alka à la Grange + 17e Festival « Guitares du Monde » (mars), etc.

Marne

La SALAMANDRE

✆ **03 26 72 85 50** • fax 03 26 74 49 34
info@scenelasalamandre.fr • **www.scenelasalamandre.fr**
Salle Simone Signoret • Quai des Bords de Marne, Quai St Germain
BP 60207 • 51308 **VITRY LE FRANCOIS CEDEX**

Jacques BOURA (Directeur) • Laurent BRIFAULT (Directeur technique) • Jean-François GARRÉ (Communication / relations publiques) • Lauriane MORIN (Coordinatrice jeune public)

Genre(s) musical(aux) : Musiques du monde, chanson, jazz, jeune public • **Capacité** : 378 pl. (assis) • **Références** : Renagades Steel Orchestra, « Les Etrangers familiers » par la Campagnie des musiques à ouïr, Motion Trio, « Interzone », etc.

Haute-Marne

L'EPICERIE

✆ **03 25 87 40 98 / 06 42 87 91 42**
philippe.chanclu@wanadoo.fr • **www.ville-langres.fr**
c/o Ass. Mélanges improbables • 19 rue du Chanoine Defay
52200 **LANGRES**
Philippe CHANCLU (Président des Mélanges improbables)

Genre(s) musical(aux) : Jazz, blues, chanson, folk, musiques du monde • **Capacité** : 85 pl. pour l'Epicerie (adresse : 20 rue Cardinal Morlot, Langres), mais aussi Salle Jean Favre (580 pl.) ou Théâtre (240 pl.) pour concerts exceptionnels (Archie Shepp) • **Références** : Béréli Lagrène et Sylvain Luc, Begaprova, Eleazar, Dorothée Daniel, Marc Ducret, Louis Winsberg/Alain Debiossat, Archie Shepp, Philippe Berecq, Juan De Lerida, Schyzodrom, Diego Imbert, Trio Esposito, Paolo Fresu et Omar sosa

La NICHE

✆ **03 25 88 24 39**
laniche@orange.fr • **www.chienaplumes.fr**
Ecluse n° 13 • 52190 **DOMMARIEN**
Jean-Philippe LECOQ (Programmateur) • Delphine CUENIN (Administratrice)

Genre(s) musical(aux) : Ts • **Capacité** : 400 pl. • **Références** : Fishbone, La Ruda, Barcella, Inspector Cluzo

Le NOUVEAU RELAX

✆ **03 25 01 68 80** • fax 03 25 01 68 78
accueil.theatre@ville-chaumont.fr
www.ville-chaumont.fr/lenouveaurelax
15 bis rue Levy-Alphandery • 52000 **CHAUMONT**
Philippe CUMER (Directeur) • Mike VIGNACQ (Assistant programmation musique) • Adeline RENARD (Responsable relations publiques et communication)

Scène conventionnée de Chaumont • **Genre(s) musical(aux)** : Jazz, chanson • **Capacité** : 229 pl. • **Références** : Eric Legnini, Daniel Darc, Emily Loizeau, « Salt Peanuts - Jazz Be Bop sur les récits de la Beat Generation » par Mimi Lorenzini et Jean-Luc Debattice, « Le Cabinet du Docteur Caligari » selon Musiseine, participation (avr.) au Festival « L'Effet papillon », etc.

Les SILOS

✆ **03 25 03 86 91** • fax 03 25 03 86 98
smaigniez@ville-chaumont.fr • **www.ville-chaumont.fr**
Maison du livre et de l'affiche • 7/9 av. Foch • 52000 **CHAUMONT**
Sandrine MAIGNIEZ (Programmatrice)

Genre(s) musical(aux) : Eclectique dont jazz, rock, trad, reggae, rap • **Capacité** : 150 pl.

THÉÂTRE DE LANGRES

✆ **03 25 87 60 34** • fax 03 25 88 99 07
spectacles.associations@langres.fr • **www.langres.fr**
Service spectacles de la Ville de Langres • Maison du Pays de Langres • BP 132 • 52206 **LANGRES CEDEX**
Chantal ANDRIOT (Directrice du Service culturel)

Genre(s) musical(aux) : Ttes disciplines • **Capacité** : 256 pl. (rue Diderot) • **Références** : Idir, Alain Chamfort, Pierre Boespflug, Bernard Lubat « Vive l'Amusique », Michel Delpech, Medine

CORSE

SALLES DE 400 À 1200 PLACES

Haute-Corse

THÉÂTRE MUNICIPAL DE BASTIA

✆ **04 95 34 98 00** • fax 04 95 34 98 11
f.flori@ville-bastia.fr • **www.bastia.fr**
Rue Favalelli • 20200 **BASTIA**
Frederique FLORI (Directrice)

Genre(s) musical(aux) : Ts • **Capacité** : 800 pl. (assis) • **Références** : Surnatural Orchestra (ciné-concert), « Les Musicales » (oct.) avec André Manoukian, Cali, Barbara Carlotti, « Les Rencontres Musicales de Méditerranée », « Jazz Equinoxe » (avr.) avec Trio of Oz, Reggie Washington et Médéric Collignon, Théâtre Jeune Public de la FALEP et du centre culturel « Una Volta »

SALLES DE MOINS DE 400 PLACES

Corse-du-Sud

AGHJA

✆ **04 95 20 41 15** • fax 04 95 20 42 92
aghja@orange.fr • **www.aghja.com**
6 ch. de Biancarello • 20090 **AJACCIO**
Francis AÏQUI (Directeur) • Christophe LAMPERIERE (Administrateur)

Genre(s) musical(aux) : Ttes musiques d'aujourd'hui (jazz, musiques traditionnelles, etc.) • **Capacité** : Théâtre (100 pl.), Musique (280 pl.) • **Références** : Baptiste Trotignon, Bojan Z/julien Lourau, Oslo Swan, Victor Démé, Eric Legnini Trio avec Séphane Belmondo, Hocus Pocus, « Jazz in Aghja » (avr.) avec Paul Mancini

FRANCHE-COMTÉ

SALLES DE PLUS DE 1200 PLACES

Doubs

L'AXONE

✆ **03 81 93 89 86** • fax 03 81 93 90 48
info@axone-montbeliard.fr • **www.axone-montbeliard.fr**
6 rue du Commandant Pierre Rossel • 25200 **MONTBELIARD**
Florent MASSON (Directeur)

Genre(s) musical(aux) : Chanson, rock, variétés, reggae, etc. • **Capacité** : 1 600 à 6 400 pl. • **Références** : Patrick Bruel, Scorpions, Jacques Dutronc, Florent Pagny, Johnny Hallyday, etc.

MICROPOLIS

✆ **03 81 41 08 09** • fax 03 81 52 18 36
spectacles@micropolis.net • **www.micropolis.net**
3 bd Ouest • BP 2019 • 25050 **BESANCON CEDEX**
Didier SIKKINK (Directeur) • Olivier CURIE (Directeur) • Peggy STEMMER (Responsable location)

Genre(s) musical(aux) : Variété, classique • **Capacité** : 2 156 pl. (assis) ou 2 356 pl. (debout) ou 1 424 pl. (assis) + 2 000 pl. (debout) ou 1 068 pl. (assis) + 3 400 (debout) ou 6 500 pl. (debout) • **Références** : E. Mitchell, Y. Noah, J.-L. Aubert, J. Mayall, P. Kaas, Zebda, Sting, V. Sanson, G. Bedos, M. Robin, Simple Minds, Placebo, Sardou

SALLES DE 400 À 1200 PLACES

Doubs

Le KURSAAL

✆ **03 81 87 83 00** • fax 03 81 87 83 03
kursaal@besancon.fr • **www.besancon.fr**
Pl. du Théâtre • 25000 **BESANCON**
Jean-Claude GUENOT (Responsable) • Chantal BARTHELET (Responsable adjoint) • Florent SANTINA

Genre(s) musical(aux) : Ts + théâtre, conférence, danse, etc. • **Capacité** : Grand Kursall (environ 800 pl.), Petit Kursall (360 pl.) • **Références** : Frank Michael, Michael Grégorio, Raspigaous, Astonvilla, Festival RJC, Jazz en Franche-Comté, orchestre de scene nationale, etc.

La MALS DE SOCHAUX

✆ **03 81 94 16 62** • fax 03 81 94 78 72
theatre@la-mals.fr • **www.la-mals.fr**
4 rue de l'Hôtel de Ville • BP 51031 • 25601 **SOCHAUX CEDEX**
Monique SCOL (Directrice)

Genre(s) musical(aux) : Musiques, danse, théâtre • **Capacité** : 1 000 pl. • **Références** : Jane Birkin, Julien Clerc, l'orchestre El Gusto, The Fats Waller Musical Show « Harlem Swing », Luz Casal, Ensayo Flamenco, Georges Chelon, Ute Lemper

Le MOLOCO

✆ **03 81 30 78 30**
contact@lemoloco.com • **www.lemoloco.com**
21 rue Seloncourt • 25400 **AUDINCOURT**
David DEMANGE (Directeur / programmateur) • Dominique AUJOUANNET (Administratrice) • Thierry JUNGLUBT (Directeur technique) • Juliette TOMASETTI (Chargée de communication) • Anne-Sophie ROUX (Billetterie / comptabilité) • Guillaume DAMPENON (Accompagnement et ressource) • Philippe MEGNIN (Bar)

Espace musiques actuelles du Pays de Montbéliard • **Genre(s) musical(aux)** : Rock, rap, metal, reggae, électro, pop, blues, funk • **Capacité** : 600 pl. debout (grande salle), 100 pl. debout (petite salle) • **Références** : Poppa Chubby, Youssoupha, Youngblood Brass Band, Future of the Left, Syd Matters, Jessie Evans, Thomas VDB, Bomba Estereo, Maceo Parker, Napalm Death, Herman Dune, Zombie Zombie, etc.

La RODIA

✆ **03 81 87 86 00** • fax 03 81 87 86 14
contact@larodia.com • **www.larodia.fr**
4 av. de Chardonnet • 25000 **BESANCON**

Manou COMBY (Directeur général) • Mario LONTANANZA (Directeur technique) • Jean-Pierre COTE-COLISSON (Programmateur) • Simon NICOLAS (Communication) • Anne-Marie LEBESLE (Administration)

Genre(s) musical(aux) : Rock, reggae, pop, jazz, chanson, hip hop, électro, musiques du monde, etc. • **Capacité** : 900 et 320 pl. debout • **Références** : Ibrahim Maalouf, Yaël Naïm, Hindi Zahra, Charlélie Couture, Arno, David Krakauer, Lee Perry, Lilly Wood, Eric Truffaz, DJ Premier, Moriarty, etc.

SCÈNE NATIONALE DE BESANÇON

✆ **03 81 51 03 12** • fax 03 81 41 00 61
baptiste.jacquemin@scenenationaledebesancon.fr
www.scenenationaledebesancon.fr
Pl. de l'Europe • BP 2033 • 25050 **BESANCON CEDEX**

Anne TANGUY (Directrice) • Marie-Hélène CREQUY (Directrice adjointe à l'artistique) • Baptiste JACQUEMIN (Communication et relations avec la presse)

Capacité : L'Espace (200 pl., 80 pl.), le Théâtre, le Kursaal • **Références** : Erwan Keravec, la Grande Campagnie des musiques à ouïr, Bojan Z, Surnatural Orchestra - « Cabinets des curiosités » (programmation Aspro Impro) : Ève Risser et Antonin Tri-Hoang, Dominique Fonfrede et Françoise Toullec

Jura

La COMMANDERIE

✆ **03 84 69 07 52 / 03 84 79 79 48**
lacommanderie@dole.org • **www.doledujura.fr**
2 rue d'Azans • 39100 **DOLE**

Genre(s) musical(aux) : Tous dont chanson, world, jazz • **Capacité** : De 500 à 2 000 pl. • **Références** : Marc Lavoine, Raphaël, Rokia Traoré, The Rabeats, 113, Sexion d'Assaut

MOULIN DE BRAINANS

✆ **03 84 37 50 40** • fax 03 84 37 53 53
admin@moulindebrainans.com • **www.moulindebrainans.com**
Association Promodégel • BP 30045 • 39801 **POLIGNY CEDEX 1**

Claire FRIDEZ (Administratrice) • Pauline CRINQUAND (Programmateur) • Laurent « Gravroch » DAVIER (Programmateur)

Genre(s) musical(aux) : Ts styles • **Capacité** : 600 pl. - 250 pl. • **Références** : Aldebert, Catfish, Aucan, Akale Wube, Affaire Jazzée, Hippocampe Fou, La Belle Rebelle, Marc Perrone, Prowpuskovic, Nadamas, Valerio Big Band, etc.

Haute-Saône

THÉÂTRE EDWIGE FEUILLERE

✆ **03 84 75 40 66** • fax 03 84 76 89 28
contact@theatre-edwige-feuillere.fr
www.theatre-edwige-feuillere.fr
Pl. Pierre Renet • 70000 **VESOUL**

Charlotte NESSI (Directrice) • James GAMET (Chargé de communication)

Genre(s) musical(aux) : Chanson, jazz, musique du monde • **Capacité** : 700 pl. • **Références** : Jan Vaclav Vanek & le Ciel Orchestra, Trio Kornazov/Tamisier/Codjia (en partenariat avec l'EMM de Vesoul), Noëmi Waysfeld & Blik Kalyma, Vincent Delerm, Accordzéâm, Samarabalouf, Giora Feidman Trio, l'Orchestre municipal d'harmonie de Vesoul et SNCF invite Michel Godard + «Festival Jacques Brel » (oct.) avec Arthur H, Camile, etc.

Territoire de Belfort

Le GRANIT

✆ **03 84 58 67 67 / 03 84 58 67 50** • fax 03 84 57 01 74
contact@legranit.org • **www.legranit.org**
1 fbg de Montbéliard • CS 20117 • 90002 **BELFORT CEDEX**

Thierry VAUTHEROT (Directeur) • Nathalie CRAVE (Administratrice) • Elise RUYSSCHAERT (Secrétaire générale) • Jérôme ARAUJO (Directeur des relations publiques)

Scène nationale de Belfort • **Genre(s) musical(aux)** : Jazz, musiques du monde, chanson • **Capacité** : Grande salle (532 pl.), petite salle (50 pl.), Maison du peuple (889 pl.) et la coopérative (199 pl.) • **Références** : Tomás Gubitsch Quintet, Pat Martino Trio, Richard Manetti Quartet, Orchestre National de Jazz « Piazzolla ! », Patricia Barber, Serge Teyssot-Gay, Ibrahim Maalouf, Brussels Jazz Orchestra avec David Linx et Maria Joao, Nguyên Lê, Benjamin Biolay, Mariana Ramos

SALLES DE MOINS DE 400 PLACES

Doubs

ATELIER DES MÔLES

✆ **03 81 97 14 32 / 06 61 22 25 76**
atelierdesmoles@voila.fr • **www.atelier-des-moles.com**
BP 444 • 25211 **MONTBELIARD CEDEX**

Sabino D'AMBRA (Programmateur) • Virginie BIASUTTI (Présidente)

Genre(s) musical(aux) : Musiques actuelles, rock, metal, punk rawk, ska, reggae • **Capacité** : 300 pl. • **Références** : Aqme, Wampas, Lofofora, Stranglers, Calvin Russel, Selecter

CAFÉ DU THÉÂTRE

✆ **03 81 46 45 71**
www.myspace.com/huberttheatre
5 rue de la Halle • 25300 **PONTARLIER**

Hubert JACQUES

Genre(s) musical(aux) : Rock, punk, Metal, Hardcore, Electro, Techno • **Capacité** : 100 pl. • **Références** : Second Rate, Hellbats, Kryptonix, Hawaii Samuraï, Lust, Ran, Rythm'n'bled, etc.

FJT LES OISEAUX

✆ **03 81 40 32 00** • fax 03 81 40 32 01
accueil@fjtlesoiseaux.fr • **www.fjtlesoiseaux.fr**
48 rue des Cras • 25000 **BESANCON**

Philippe ROMANONI (Programmateur) • Olivier BRENET

Genre(s) musical(aux) : Jazz, rock, chanson, blues • **Capacité** : 200 pl. • **Références** : Les Grenouilles de Salem, Hippolyte, etc. + dans le cadre de « Petites formes des musiques libres et inventives » (1 concert/mois en collaboration avec Aspro Impro) : Pascal Battus

MA

✆ **03 81 91 37 11 / 08 05 71 07 00** • fax 03 81 91 10 25
ymarzin@lallan.fr • **www.mascenenationale.com**
Hôtel de Sponeck • 54 rue Clémenceau • BP 236
25204 **MONTBELIARD CEDEX**

Yannick MARZIN (Directeur) • Michelle HEIDELBERGER (Administratrice)

Scène nationale-Pays de Montbéliard • **Genre(s) musical(aux)** : Jazz, chanson, musiques du monde, musiques numériques, théâtre, danse • **Capacité** : Théâtre (400 pl.) à Montbélliard, l'Arche à Bethoncourt et [ars]numerica • **Références** : festival Ars Numerica (nov.) etc.

Les PASSAGERS DU ZINC

✆ **03 81 81 54 70**
vincbooking@gmail.com • **www.facebook.com/lespassagersduzinc**
5 Rue de Vignier • 25000 **BESANCON**

Vincent TOMULIC (Programmateur)

Genre(s) musical(aux) : Musiques actuelles • **Capacité** : 99 pl. (debout), 50 pl. (assis) • **Références** : Aqme, Black Bomb A, Dub Trio, Karma To Burn, The Memorials, etc.

PINKY BAR

pinkybar@rocketmail.com • **www.myspace.com/pinkybar**
61 Grande Rue • 25600 **NOMMAY**

Virginie REMOND (Directrice)

Genre(s) musical(aux) : Blues, rock, punk, metal, hardcore, ska, reggae, psychobilly • **Capacité** : 115 pl. • **Références** : Sleepers, Seven Hate, Godless Wicked Creeps, MU330

Jura

D'JAZZ AU BISTRO-CAFÉ DE LA MAISON DU PEUPLE

✆ **03 84 45 42 26** • fax 03 84 45 77 30
musiques@maisondupeuple.fr • **www.maisondupeuple.fr**
c/o La Fraternelle • 12 rue La Poyat • 39200 **ST CLAUDE**

Alain BRUSTEL (Directeur artistique) • Laetitia MERIGOT (Chargée de communication) • Sylvie GENESTE (Secretaire général)

Genre(s) musical(aux) : Jazz, musiques improvisées • **Capacité** : 180 pl. • **Références** : Senem Diyici Mavi Yol Quartet, Workshop de Lyon, Fabrice Caravaca, Chromb !, Alex Stuart, Amarillis et Louis Sclavis, Edward Perraud/Elise Caron, Pérrine Mansuy « Vertigo Songs », Lunatic Toys, etc.

MJC BARBEROUSSE

✆ **03 84 82 00 35** • fax 03 84 82 02 15
mjc.dole@wanadoo.fr • **www.mjcdole.com**
21 pl. Barberousse • 39100 **DOLE**

Philippe DOYEN (Directeur)

Genre(s) musical(aux) : Chanson, traditionnel, blues, jazz • **Capacité** : Studio MJC, Théâtre de Dole, La Commanderie • **Références** : Youn Sun Nah, Anne Paceo, Richard Galliano, Roberto Fonseca

Haute-Saône

L'AUDITORIUM (LURE)
✆ **03 84 30 33 42** • fax 03 84 30 54 33
auditorium@mairie-lure.fr • **www.lure.fr**
29 rue Albert Mathiez • 70200 **LURE**

Eric NEDELEC (Directeur) • Renaud REMOND (Directeur adjoint) • Olivier MICHEL (Régisseur)

Centre culturel François Mitterrand • **Genre(s) musical(aux)** : Musiques actuelles et du monde, jeune public, théâtre, conte • **Capacité** : 199 pl. (assis) • **Références** : Djivilli Quartet, Lena, Avaar, Poum Tchack, Arthur H, etc.

CATERING CAFÉ MUSIC
✆ **03 84 56 85 43**
alterna.diff@wanadoo.fr • **alternadiff.canalblog.com**
31 rue des Prés • 70400 **HERICOURT**

Coline PARAVY (Programmatrice) • Christian GAUTHERET (Président) • Philippe DELGRANGE (Régie générale)

Genre(s) musical(aux) : Ts • **Capacité** : 350 pl. • **Références** : Young Gods, Dominic Sonic, Serge Teyssot-Gay, Les Bombes 2 Bal, Parabellum, Elderberries, Oberkampf, etc.

Territoire de Belfort

JAZZ AU CAVEAU DE DELLE
✆ **03 84 36 88 96** • fax 03 84 56 23 30
delle.animation@wanadoo.fr • **www.delle-animation.com**
c/o Delle Animation • 1 rue Jules Joachim • 90100 **DELLE**

Djamel BENISID (Permanent) • Serge ROMAIN (Président)

Genre(s) musical(aux) : Jazz • **Capacité** : 80 pl. • **Références** : « Jazz au Caveau des remparts » : Fabien Mary, Dmitry Baevsky, Jean-Baptiste Aubert, Patrice Thomas, Geoffroy Gesser Quintet, David Patrois : Dream Pop trio », T'es qui la salsa

MPT DE BEAUCOURT
✆ **03 84 56 96 94** • fax 03 84 56 96 94
contact@mptbeaucourt.fr • **mptbeaucourt.fr**
Foyer Georges Brassens • Pl. Salengro • 90500 **BEAUCOURT**

Luc RENAUD (Président) • Aude GIRARDOT (Administratrice) • Laetitia JOLY (Coordinatrice artistique)

Genre(s) musical(aux) : Chanson francophone, musique du monde, jeune public • **Capacité** : 350 pl. • **Références** : G. Servat, La Tordue, Têtes Raides, Y. Tiersen, D. Annegarn, T. Fersen, A. Leprest, La Rue Ketanou, Les Wriggles, Bénabar, Y. Duteil, G. Allwright, Renan Luce, Richard Bona, festival jeune public biannuel (année paire)

La POUDRIÈRE (BELFORT)
✆ **03 84 58 11 77**
contact@poudriere.com • **www.poudriere.com**
7 av. Sarrail • BP 60324 • 90006 **BELFORT CEDEX**

Sandrine DUPUY (Directrice /chargée de programmation) • Perrine CARTIER (Chargée de communication action culturelle) • Vincent ILHE (Administrateur) • Pierre MICHALSKI (Régisseur)

Scène de musiques actuelles • **Genre(s) musical(aux)** : Rock, pop, folk, chanson, metal, musiques électroniques, punk-rock, électro-jazz, hip hop • **Capacité** : 235 pl. (debout) • **Références** : Deerhoof, Cedric Henriot & Terri Lyne Carrington, The Melvins, An Albatros, Napalm Death, The Procussions, David Krakauer, Laurent Garnier, Gojira, The Dø, Antipop Consortium, Jake Bugg, Sallie Ford, The New Master Sounds, Charlie Hunter, Alela Diane, Andrew Bird

HAUTE-NORMANDIE

SALLES DE PLUS DE 1200 PLACES

Seine-Maritime

Les DOCKS OCEANE
✆ **02 32 92 52 52** • fax 02 32 92 52 50
info@dockslehavre.com • **www.dockslehavre.com**
Hangars 36/37 • Quai de la Réunion • 76600 **LE HAVRE**

Béatrice PAUL (Directrice)

Genre(s) musical(aux) : Variétés • **Capacité** : Plusieurs espaces de 500 à 4 762 pl. • **Références** : Eddy Mitchell, Yannick Noah, Ben l'Oncle Soul, Julien Clerc, Jamel Debbouze

ZENITH-ROUEN
✆ **02 32 91 92 92** • fax 02 32 91 92 91
info@zenith-de-rouen.com • **www.zenith-de-rouen.com**
Agglopôle • 44 av. des Canadiens • 76120 **LE GRAND QUEVILLY**

Christophe CHABRIER (Contact) • Christine BILLARD (Contact)

Genre(s) musical(aux) : Ts • **Capacité** : Salle modulable de 150 à 7 550 pl. • **Références** : J. Hallyday, Mylène Farmer, Michel Polnareff, Mozart, Cranberries, Festival Allez Les Jeunes, Eddy Mitchell, Indochine, etc.

SALLES DE 400 À 1200 PLACES

Eure

Le CADRAN
✆ **02 32 29 63 00** • fax 02 32 29 63 33
direction.generale@lecadran.com • **www.lecadran.com**
Bd de Normandie • CS 80784 • 27007 **EVREUX CEDEX**

Palais des Congrès du Grand Evreux • **Genre(s) musical(aux)** : Chanson, variété, jazz • **Capacité** : Grande salle (900 pl.), auditorium (200 pl.) • **Références** : Benabar, Julien Clerc, Anggun, Louis Bertignac, etc.

LE SILO
✆ **02 32 32 36 23** • fax 02 32 60 27 20
silo@mjcverneuil.fr • **www.mjcverneuil.fr**
MJC • BP 606 • 27137 **VERNEUIL SUR AVRE CEDEX**

Sylvie TROUBOUL (Directrice) • Alban LEGRAND (Programmateur)

Genre(s) musical(aux) : Musiques actuelles • **Capacité** : 400 pl. • **Références** : ZAZ, Brigitte, Headcharger, Bukowski, Los Tres Puntos, Bjorn Berge, Inna Modja, Zenzile, Fatoumata Diawara, Romane, R.wan, aQme, Punish Yourself, 1.2.3 Zut, Dr Ring Ding, Les Yeux d'la tête

THÉÂTRE D'EVREUX
✆ **02 32 78 85 20 / 02 32 78 85 25 / 02 32 25 23 89**
fax 02 32 78 85 29
theatre@sn-el.fr • **www.scene-nationale-evreux-louviers.fr**
pl. Charles de Gaulle • 27000 **EVREUX**

Philippe DEREUDER (Directeur / programmateur) • Laurène BLANC-KAERT (Secrétaire générale) • Sylvain MALÉZIEUX (Conseiller artistique à la programmation pour le festival jazz)

Scène nationale Evreux Louviers • **Genre(s) musical(aux)** : Musiques nouvelles et actuelles, musiques du monde • **Capacité** : Théâtre d'Evreux (hors les murs) et Théâtre du Grand Forum à Louviers (468 pl.) • **Références** : Javid Afsari (musique persane), Kinan Azmeh, (Syrie), Quatuor Habanera, Sanseverino, Journal intime, Les Blérots de R.A.V.E.L, erc ;

THÉATRE DES CHALANDS
✆ **02 32 59 44 24**
chalands@wanadoo.fr • **theatredeschalands.pagesperso-orange.fr/**
70 grande rue • 27100 **VAL DE REUIL**

Albert AMSALLEM (Directeur)

Genre(s) musical(aux) : Ts styles • **Capacité** : 600 pl. • **Références** : Alain Souchon, Mbb Crew et Curtis Johnson Band, Thomas Fersen, Sanseverino, Voca People, Bratsch, Brigitte, Tri Yann, festival « Les soirées du caméléon » (mai) avec Emily loizeau, les Enfants d'Solo, etc.

Seine-Maritime

Le 106
✆ **02 32 10 88 60**
info@le106.com • **www.le106.com**
Quai Jean de Béthencourt • 76100 **ROUEN**

Jean-Christophe APLINCOURT (Directeur) • Thomas BIBERON (Communication) • Nathalie CORDIER (Chargée d'actions culturelles) • Marc TACONNET (Administrateur) • Nicolas NACRY (Directeur technique) • Julien LENORMAND (Responsable accompagnement)

Genre(s) musical(aux) : Musiques actuelles • **Capacité** : 318 pl. (club), 1 148 pl. (salle) • **Références** : Oxmo Puccino, Irma, Lionel Loueke (coproduit avec Rouen Jazz Action), Young Blood Brass Band, Emily Loizeau, Charles Walker & the Dynamites, Raul Midon, Mathieu Boogaerts, Patti Smith, etc.

ARCADE
✆ **02 32 84 47 20** • fax 02 32 84 47 27
musiques@arcade-gravenchon.com • **www.arcade-gravenchon.com**
3 rue Jean Maridor • 76330 **NOTRE DAME DE GRAVENCHON**

Franck DHOTEL (Régisseur)

Genre(s) musical(aux) : Musiques actuelles • **Capacité** : Jusqu'à 420 pl. (debout) • **Références** : Ez3kiel, Gojira, Hocus Pocus, Eiffel, Marcel et son Orchestre, The Congos, DJ Vadim, Hugh Coltman, Vader, Jil is Lucky, Camille Bazbaz, Max Roméo, Debout sur le Zinc, Nosfell, Jean-Louis Murat, Youssoupha, Tagada Jones, Ili Niño, Kery James, Stuck in the Sound, etc.

ESPACE CULTUREL BEAUMARCHAIS

✆ 02 35 74 05 32 • fax 02 32 82 07 38
service.culturel@ville-maromme.fr • **www.espacebeaumarchais.fr**
13 rue de la République • BP 1093 • 76150 **MAROMME CEDEX**

Bruno TIGNOL (Directeur) • Eugénie DUBOELLE (Administration)

Genre(s) musical(aux) : Tous dont chanson, jazz, etc. • **Capacité** : 450 pl. assises • **Références** : Julien Doré, Adrien Marbek, Celine Bonacina, Davy Sicard, Guillaume Payen, Ilene Barnes, les Blaireaux, Mickey 3D, Ndidi'o, Sanseverino, Tigran Hamasayan, Sophia Charaï

ESPACE CULTUREL DE LA POINTE-DE-CAUX

✆ 02 35 13 16 24 / 02 35 13 16 54 • fax 02 35 13 16 47
cedric.lavisse@gonfreville-l-orcher.fr • **www.gonfreville-l-orcher.fr**
Mairie • rue Pierre Glenisson • BP 95 • 76700 **GONFREVILLE L'ORCHER**

Vanessa GIFFARD (Directrice du service culturel) • Chantal JOUEN (Responsable administratif) • Cédric LAVISSE (Programmateur) • Thierry SEBBAR (Régisseur général)

Genre(s) musical(aux) : Jazz, rock, rap, etc. • **Capacité** : 650 pl. (debout), 380 pl. (assis) • **Références** : Hubert-Felix Thiéfaine, Cie Moi et mon Cheveu, etc.

ESPACE LES VIKINGS YVETOT

✆ 02 35 95 15 46 • fax 02 35 56 44 46
gilles.camuset@yvetot.fr • **www.lesvikings-yvetot.fr**
Rue Pierre de Coubertin • 76190 **YVETOT**

Gilles CAMUSET (Régisseur général) • Anne-Edith POCHON (Chargée de la programmation mairie)

Genre(s) musical(aux) : Musiques actuelles, spectacles vivants • **Capacité** : 900 pl. (assis), 1 200 pl. (debout) • **Références** : Marcel Amont, Celtics Legend, L'Opéra de Rouen, Festival des Chandelles, Philippe Carment, Forty's Swing, Iguaçu, Paname Trio, Eric Prud'homme, Anne Roumanoff

HANGAR 23

✆ 02 32 18 28 28 / 02 32 18 28 10 • fax 02 35 62 21 66
hangar23@rouen.fr • **www.hangar23.fr**
BP 1033 • 76171 **ROUEN CEDEX 1**

Sébastien LAB (Directeur) • Jérome LANDRY (Administrateur) • Pierre STRUILLOU (Directeur technique) • Tiphaine LE MAOUT (Responsable des publics et de la communication)

Genre(s) musical(aux) : Musiques du monde, chanson, jazz, musiques actuelles, danse contemporaine, danse hip hop • **Capacité** : 500 pl. • **Références** : Dave Douglas, Anouar Brahem Trio, Tony Allen feat. Amp Fiddler, Médéric Collignon, Antonio Zambujo, Cuca Roseta, Portico Quartet, Malia, Francois Corneloup, Louis Moutin, Henri Texier et Sébastien Texier Quartet, Interzone (Serge Teyssot-Gay, Khaled Aljaramani, Chemirani Keyvan, Ibrahim Maalouf, Carol Robinson), Groove Control, Eric Bibb & Habib Koité, Kenny Garrett Quartet, Quarteto Gardel, Collectif Arfi, Compagnie Étantdonné

JULIOBONA

✆ 02 35 38 51 88 • fax 02 35 38 57 00
juliobona@ville-lillebonne.fr • **www.juliobona.fr**
Pl. de Coubertin • 76170 **LILLEBONNE**

Denis DAVID (Directeur)

Genre(s) musical(aux) : Tous dont jazz et musiques du monde • **Capacité** : De 200 pl. (Café Juliobona) à 540 pl. (le Théâtre Juliobona) • **Références** : Mathias Duplessy et Mukhtiyar Ali, Orlando, La leçon de jazz d'Antoine Hervé, Anais, Vincent Delerm, Daphné, Nina Attal, Bjørn Berge, Andy Emler MegaOctet, Kamilya Jubran & Werner Hasler, Paul Personne, etc.

Le RIVE-GAUCHE

✆ 02 32 91 94 90 • fax 02 32 91 94 99
lerivegauche@ser76.com • **www.lerivegauche76.fr**
c/o Centre culturel • 20 av. Val l'Abbé
76800 **ST ETIENNE DU ROUVRAY**

Béatrice HANIN (Directrice)

Scène conventionnée pour la danse • **Genre(s) musical(aux)** : Tous sauf rap et rock • **Capacité** : 611 pl. • **Références** : Ibrahim Maalouf, Kellylee Evans, Zita swoon Group « Wait for me », Thomas Fersen, Romain Didier et l'orchestre du conservatoire de Saint-Étienne-du-Rouvray, etc.

Le TÉTRIS

✆ 02 35 19 00 38 • fax 02 35 21 07 09
courrier@papasprod.com • **www.letetris.fr**
Fort de Tourneville • 33 rue du 329e RI • 76620 **LE HAVRE**

Franck TESTAERT (Directeur) • Johanne GRAZIANI (Administratrice) • Baptiste LECROQ (Coordinateur technique) • Caroline MOREAU (Chargée de communication) • Johann SCHULTZ (Chargé de programmation)

Genre(s) musical(aux) : Rock, chanson, pop, musiques électroniques, hip hop, reggae, etc. • **Capacité** : 815 pl. /193 pl.

THÉÂTRE CHARLES DULLIN

✆ 02 35 68 48 91 • fax 02 35 68 52 38
dullin@expansionartistique.fr • **www.theatre-charles-dullin.com**
Allée des Arcades • 76120 **LE GRAND QUEVILLY**

Marie DUBUISSON (Directrice) • Céline GERVAIS (Administration) • Audrey VALENTIN (Communication)

L'Expansion Artistique • **Genre(s) musical(aux)** : Ts (chanson, jazz, etc.) • **Capacité** : 666 à 725 pl. • **Références** : Youn Sun Nah, L'Orchestre Luter, Enzo Enzo, Zaza Fournier, Ours, etc. + festival Bruits d'Hiver (fév.)

THÉÂTRE MONTDORY

✆ 02 32 94 90 23 / 06 83 59 97 15 • fax 02 32 92 33 47
culture@ville-barentin.fr • **www.ville-barentin.fr**
Mairie • Service culturel • 76360 **BARENTIN**

Christian PEDRON (Directeur) • Martine DAVY (Secrétaire)

Genre(s) musical(aux) : Ts • **Capacité** : 410 pl. • **Références** : Louis Chédid, Sanseverino, Cali, La Grande Sophie, Olivia Ruiz, Da Silva, Pep's, J.-L. Murat, Jil is Lucky, Féfé

La TRAVERSE

✆ 02 35 81 25 25 • fax 02 35 81 34 71
latraverse.asso@wanadoo.fr • **www.latraverse.org**
37 rue Luis Corvalan • 76410 **CLEON**

Marc BOURREAU (Directeur) • Paul MOULÈNES (Administrateur) • David LEMERCIER (Régisseur)

Genre(s) musical(aux) : Blues, jazz, R&B, soul, gospel, rap, etc. • **Capacité** : 300 à 650 pl. (modulable) • **Références** : Alan Stivell, Eric Saldinas & Big Motor, Lucky Peterson, Ian Segal & The Missisppi Mudbloods, Candye Kane, Nina Attal, Kenza Farah, Dallas Frasca, JL Walker - JJ Milteau - M Galvin, Beth Hart, La Fouine

Le VOLCAN MARITIME

✆ 02 35 19 10 20 • fax 02 35 19 10 10
s.legleut@levolcan.com • **www.levolcan.com**
av. Lucien Corbeaux • BP 1106 • 76063 **LE HAVRE CEDEX**

Jean-François DRIANT (Directeur) • Rodolphe DI SABATINO (Administrateur général) • Sylvie LE GLEUT (Relations presse) • Olivier LEFEBVRE (Responsable des relations publiques)

Scène nationale du Havre • **Genre(s) musical(aux)** : World music, jazz, variétés, danse, cirque, marionnettes • **Capacité** : 548 pl. (France), 242 (Normandy) • **Références** : Rokia Traoré, EZ3kiel Extended, Ibrahim-Maalouf, Sonia Wieder-Atherton, Jean-Pierre Drouet Fred Frith et Louis Sclavis, Manu Katché, Thierry Balasse- Cie Inouïe « Musique de Pink Floyd », etc.

SALLES DE MOINS DE 400 PLACES

Eure

L'ABORDAGE

✆ 02 32 31 86 80 • fax 02 32 24 02 29
info@abordage.net • **www.abordage.net**
1 av. Aristide Briand • 27000 **EVREUX**

Fabien DESPLAN (Directeur administratif) • Hedi HASSOUNA (Directeur artistique) • Aurélien CLAUSTRE (Chargé de communication)

Genre(s) musical(aux) : Musiques actuelles • **Capacité** : 350 (l'Abordage) et 120 pl. (club) • **Références** : Alt-J, Seth gueko, Les Fields, Hushpuppies, Didier Super, The Subways, The Inspector Cluzo, Baxter Dury, Kylesa

La GARE AUX MUSIQUES

✆ 02 32 25 78 00 • fax 02 32 25 78 03
gareauxmusiques@wanadoo.fr • **www.gareauxmusiques.fr**
Pl. des Anciens d'Indochine • BP 621 • 27406 **LOUVIERS CEDEX**

Bruno LEMOINE (Responsable) • Bertrand LEBOURGEOIS (Régisseur) • Guillaume POIGNARD (Chargé de communication et programmation)

Genre(s) musical(aux) : Ts types • **Capacité** : 70 à 100 pl. (debout) • **Références** : Robotobibok, Véronique Lortal, Celtica, Dawnhill, Tokyo Overtones, Wak, Uz Jsme Doma, Campagnie des Musiques à Ouïr, Yé-Yé, Mr Lab !, Prajna

Seine-Maritime

L'AVANT SCENE DE GRAND-COURONNE

✆ 02 32 11 53 55 / 02 35 67 73 96 • fax 02 32 11 53 52
service.culturel@ville-grandcouronne.fr • **www.ville-grandcouronne.fr**
Mairie de Grand-Couronne • Service culturel • rue George Clémenceau
76530 **GRAND COURONNE**

Bénédicte LERAT (Responsable du service et programmation) • Xavier LEVREUX (Régisseur)

Genre(s) musical(aux) : Ts • **Capacité** : 300 pl. • **Références** : « Les 12 heures de la musique : 12 heures – 12 groupes – 12 concerts gratuits », « Festival Chants d'Elles » (nov.) avec Musica Nuda,

Le CHAT VERT

✆ **09 81 95 11 58**
programme@echatvert.net • **www.lechatvert.net**
20rue de l'ancienne prison • 76000 **ROUEN**

Bruno DELECROIX (Directeur)

Genre(s) musical(aux) : Jazz • **Capacité** : 50 pl. assises • **Références** : Fred Wesley, Alain Debiossat, Pierre Perchaud, Matthieu Boré, Alain Jean-Marie, Fabien Mary, Jean-Marie Ecay, Favio Boltro, Florent Gac, Franck Enouf, Jérémy Bruger, Yves Morel, David Sauzay, etc.

TRIANON TRANSATLANTIQUE

✆ **02 35 73 65 99 / 02 35 73 95 15** • fax 02 35 73 18 29
regis.senecal@trianontransatlantique.com • **www.trianontransatlantique.com**
114 av. du 14 Juillet • 76300 **SOTTEVILLE LES ROUEN**

Régis SENECAL (Directeur) • Stéphanie L'HUISSIER (Communication / relations publiques) • Brigitte GRANDJEAN (Administratrice) • Christophe BAUDIN (Régisseur)

Scène conventionnée chanson francophone et résidences d'artistes • **Genre(s) musical(aux)** : Chanson, rock, rap, pop, musiques du monde, jazz • **Capacité** : 280 pl. (assis), 400 pl. (debout) • **Références** : Brigitte, Irma, L, Syd Matters, Rover, Aldebert, Barbara Carlotti, Lescop, etc.

ÎLE-DE-FRANCE

SALLES DE PLUS DE 1200 PLACES

Ville de Paris

Le BATACLAN

✆ **01 43 14 00 30** • fax 01 48 06 28 12
aba.bataclan@wanadoo.fr • **www.bataclan.fr**
50 bd Voltaire • 75011 **PARIS**

Olivier POUBELLE (Gérant) • Jules FRUTOS (Gérant) • Chloé WEETS (Administratrice) • Jeff LE POUL (Directeur technique)

Genre(s) musical(aux) : Rock, variétés, musiques électroniques, spectacles • **Capacité** : 1 498 pl. (assis/debout), 1 104 pl. (assis) • **Références** : Têtes Raides, High Tone, The Kills, Maceo Parker, Follivores, Arthur H, Cali, David Hallyday, George Clinton, Eels, Sinsémilia, etc.

CASINO DE PARIS

✆ **01 49 95 22 22 / 08 92 69 89 26** • fax 01 49 95 22 25
fjerome@casinodeparis.fr • **www.casinodeparis.fr**
16 rue de Clichy • 75009 **PARIS**

Frédéric JEROME (Directeur général) • Joëlle GOMEZ (Assistante) • Magali FAURE (Privatisations)

Genre(s) musical(aux) : Music hall, variété • **Capacité** : 1 500 pl. assises, 2 100 pl. debouts • **Références** : Taps Dog, Pink Martini, Jacques Dutronc, J.-L. Aubert, Sylvie Vartan, Eddy Mitchell, Maxime Le Forestier, A. Souchon, L. Voulzy, J. Clerc, Renaud, Ben Harper, etc.

Le CHÂTELET

✆ **01 40 28 28 28 / 01 40 28 28 00**
relations-publiques@chatelet-theatre.com • **www.chatelet-theatre.com**
2 rue Edouard Colonne • 75001 **PARIS**

Jean-Luc CHOPLIN (Directeur général) • Thomas LAURIOT DIT PREVOST (Directeur administratif et financier) • Jean-François BREGY (Secrétaire général) • Laurence MARCHAND (Directrice de la production & de la coordination artistique) • Anne MARRET (Responsable du service presse) • François LACHARME (Conseiller pour la programmation jazz)

Théâtre musical de Paris • **Genre(s) musical(aux)** : Opéra, musique symphonique, ballet, comédie musicale, jazz • **Capacité** : Théâtre (1 800 à 2016 pl.) + Grand Foyer • **Références** : Bernard Lavilliers Quartier Latins, André Ceccarelli Ultimo, Henri Texier Equanimity Meeting, Youn Sun Nah et ses invités, etc.

La CIGALE

✆ **01 49 25 81 75 / 01 49 25 89 99** • fax 01 42 23 67 04
accueil@lacigale.fr • **www.lacigale.fr**
120 bd Rochechouart • 75018 **PARIS**

Jean-Louis MÉNANTEAU (Directeur général) • Corinne MIMRAM (Directrice artistique)

Genre(s) musical(aux) : Ts • **Capacité** : 1389 pl. • **Références** : Metric, Angélique Kidjo, Lila Downs, Ibrahim Maalouf, Gaetan Roussel, Sophie Hunger, Cypress Hill, Supergrass, Charlotte Gainsbourg, Michael Franks, Daniel Lanois, Joe Satriani, Souad Massi, etc.

Le CIRQUE D'HIVER BOUGLIONE

✆ **01 47 00 90 07** • fax 01 47 00 16 75
evenements@cirquedhiver.com • **www.cirquedhiver.com**
110 rue Amelot • 75011 **PARIS**

Francesco BOUGLIONE (Directeur)

Genre(s) musical(aux) : Ts • **Capacité** : 1 600 pl. assises • **Références** : Mika, Olivia Ruiz, Camille, C. Aznavour, Santana, Bob Dylan, Louise Attaque, M. Fugain, Zazie, Tri Yann, J. Higelin, Mano Solo, F. Pagny, P. Kaas, Quartz Musiques Electroniques, concerts symphoniques, etc.

La MACHINE DU MOULIN ROUGE

✆ **01 53 41 88 89** • fax 01 53 41 88 90
administration@lamachinedumoulinrouge.com
www.lamachinedumoulinrouge.com
90 bd de Clichy • 75018 **PARIS**

Stéphane VATINEL (Directeur) • Julien DELCEY (Responsable d'exploitation)

Genre(s) musical(aux) : Electro, pop, rock • **Capacité** : 1 250 pl. • **Références** : Vitalic, Autechre, Dinosaur Jr, Ez3kiel, Chromeo, Ratatat, Sébastien Schuller, Etienne de Crecy, Gilles Peterson, Kid Koala, etc.

L'OLYMPIA BRUNO COQUATRIX

✆ **01 55 27 10 00 / 08 92 68 33 68** • fax 01 55 27 10 10
f.goygou@olympia.fr • **www.olympiahall.com**
28 bd des Capucines • 75009 **PARIS**

Pascal NEGRE (Président) • Arnaud DELBARRE (PDG)

Genre(s) musical(aux) : Ts • **Capacité** : 2 000 (assis) et 2 574 pl. (debout) • **Références** : Rolling Stones, David Bowie, Keith Jarrett, Red Hot Chili Peppers, E. Mitchell, L. Fabian, I. Boulay, M. Lavoine, L. Voulzy, A. Red, E. John, Coldplay, etc.

PALAIS DES SPORTS DE PARIS

✆ **01 48 28 40 10** • fax 01 48 28 89 89
www.palaisdessports.com
1 pl. de la Porte de Versailles • 75015 **PARIS**

Estelle SIMONNOT (Directrice commerciale)

Genre(s) musical(aux) : Spectacles pluridicsiplinaires • **Capacité** : 2 000 et 4 200 pl. • **Références** : Les Dix Commandements, Roi Soleil, Johnny Hallyday, Eddy Mitchell, Peter Gabriel, Julien Clerc, Diana Ross, Christophe Maé, Mozart, etc.

PALAIS OMNISPORTS DE PARIS BERCY

✆ **01 40 02 60 60** • fax 01 40 02 60 29
dgpopb@bercy.fr • **www.bercy.fr**
8 bd de Bercy • 75012 **PARIS**

Philippe VENTADOUR (Directeur général du directoire) • Julien COLLETTE (Secrétaire général) • Stéphane LARCIN (Responsable de la programmation)

Genre(s) musical(aux) : Ts • **Capacité** : 500 à 17 000 pl. • **Références** : Usher, Justin Bieber, Roger Waters, Shakira, Iron Maiden

PARC DES PRINCES

✆ **01 47 43 72 54**
alescuyer@psg.fr • **www.leparcdesprinces.fr**
24 rue du Cdt Guilbaud • 75016 **PARIS**

Arnaud LESCUYER (Responsable de la programmation)

Genre(s) musical(aux) : Ts • **Capacité** : 50 000 pl. • **Références** : Mika, Tokyo Hotel, Robbie Williams, Muse, Johnny hallyday, Genesis, Red Hot Chili Peppers, Coldplay, Green Day, Metallica, etc.

SALLE PLEYEL

✆ **01 42 56 13 13**
contact@sallepleyel.fr • **www.sallepleyel.fr**
252 rue du fbg St-Honoré • 75008 **PARIS**

Laurent BAYLE (Président) • Thibaud DE CAMAS (Directeur) • Hugues DE SAINT SIMON (Secrétaire général) • Emmanuel HONDRÉ (Directeur de la production)

Genre(s) musical(aux) : Musique classique, jazz, musiques du monde, chanson • **Capacité** : 1 934 pl • **Références** : Diann Reeves, Brad Mehldau & Kevin Hays, Wayne Shorter, Chick Corea, John Zorn « The Song Project », Avishai Cohen, Ibrahim Maalouf, Tinariwen, Staff Benda Bilili, Oumou Sangaré, Tony Allen, Salif Keita, CocoRosie, Jane Birkin, etc.

SHOWCASE CLUB

✆ **01 44 18 30 01**
news@showcase.fr • **www.showcase.fr**
Sous le pont Alexandre III • Port des Champs Elysées • 75008 **PARIS**

Tibo POISSON (Directeur artistique) • Stéphane GLAUDIN (Directeur artistique)

Genre(s) musical(aux) : Musiques électroniques • **Capacité** : 1 395 pl. • **Références** : Gui Boratto, Digitalism, 2ManyDJs, Sven Vath, etc.

THÉATRE DE LA MUTUALITÉ

✆ **01 83 92 24 00**
contact@maisondelamutualite.com • **www.maisondelamutualite.com**
24 rue St-Victor • 75005 **PARIS**

Alexandre FOUGEROLE (Directeur) • Patrick LEMÉE (Responsable d'exploitation) • Didier GRAVELAT (Chef de projet)

Genre(s) musical(aux) : Divers • **Capacité** : 1 728 pl. (assis), 2 500 (fosse + balcon assis)

THÉATRE MOGADOR

✆ **01 53 32 32 32 / 08 20 88 87 86** • fax 01 48 78 90 99
contact@stage-entertaitainement.fr • **www.mogador.net**
25 rue de Mogador • 75009 **PARIS**

Eric LOUSTEAU-CARRERE (Producteur exécutif) • Arnaud CAZET (Directeur du marketing commercial)

Genre(s) musical(aux) : Comédie musicale • **Capacité** : 1 600 pl. • **Références** : Mamma Mia !, Le Roi Lion, Sister Act, etc.

Le TRIANON

✆ **01 44 92 78 00** • fax 01 44 92 78 02
contact@letrianon.fr • **www.letrianon.fr**
80 bd Rochechouart • 75018 **PARIS**

Abel NAHMIAS (Codirecteur) • Julien LABROUSSE (Codirecteur) • Cristelle GIOANNI (Administratrice) • Raphaël BERTRAND (Communication et responsable privatisation) • Claire MINEO (Evénements (hors concert))

Genre(s) musical(aux) : Rock, pop, chanson, électro, folk, musiques du monde, jazz, funk, etc. • **Capacité** : 1 500 assis/debout, 1 100 assis • **Références** : Eddy Louisss, Bréli Lagrene, Patricia Kass, Yaron Herman, Esperanza Spalding, Eiffel, KimWilde, Rover, Izia, Mathieu Boogaerts, Ed Sheeran, Joss Stone, Earth Wind & Fire

VIPARIS/ESPACE GRANDE ARCHE

✆ **01 40 68 25 07**
spectacles.viparis@viparis.com • **www.viparis.com**
2 pl. de la Porte Maillot • 75853 **PARIS CEDEX 17**

Caroline LECUYER (Directrice commercial spectacles)

Genre(s) musical(aux) : Ts • **Capacité** : Salle Eiffel : 2 500 pl. (assis), 2 900 pl. (assis/debout) • **Références** : Festival Chorus, The Vamps, etc.

VIPARIS/PALAIS DES CONGRÈS DE PARIS

✆ **08 92 05 00 50 / 01 40 68 25 07**
spectacles.viparis@viparis.com • **www.viparis.com**
2 pl. de la Porte Maillot • 75853 **PARIS CEDEX 17**

Caroline LECUYER (Directrice commercial spectacles)

Genre(s) musical(aux) : Ts • **Capacité** : 1 813 à 3 723 pl. (grand amphithéâtre) et 650 pl. (amphithéâtre Bordeaux) • **Références** : Charles Aznavour, Notre Dame de Paris, Roméo et Juliette, Paolo Conte, James Brown, Ray Charles, Diana Krall, Riverdance, les Choristes, Norah Jones, etc. (grand amphithéâtre) ; Didier Gustin, Pierre Palmade, Maurice André, la Vie des Anges, Chantal Goya, I Do I Do, Africa Humoja, etc. (amphithéâtre Bordeaux)

ZENITH-PARIS

✆ **01 44 52 54 56**
info@le-zenith.com • **www.zenith-paris.com**
Parc de la Villette • 211 av. Jean Jaurès • 75019 **PARIS**

Daniel COLLING (Directeur) • Lily FISHER-GAUCHET (Directrice adjointe) • Philippe VERDRAGER (Directeur technique) • Sandra LOGASSI (Programmatrice)

Genre(s) musical(aux) : Ts • **Capacité** : 2 500 à 6 000 pl. • **Références** : Carmina Burana, Katy Perry, James Blunt, Enrique Iglesias, Ben l'Oncle Soul, Babyshambles, Amy Whinehouse, The Hives, Interpol, James Blunt, Alicia Keys, White Stripes, Bénabar, Arcade Fire, Chemical Brothers, Shaka Ponk, Archive, Bruno Mars, Snoop Dogg, The Strokes, etc.

Yvelines

MILLENAIRE PRESSE

✆ **06 08 06 64 03 / 01 39 28 92 52** • fax 01 39 75 14 35
sam_scene@hotmail.com • **www.lascene78.fr**
ZA - La Grosse Pierre • 6 ch. du Bout du Large • 78540 **VERNOUILLET**

Samuel DUBOIS (Directeur) • Arno PATCHANKA (Programmateur)

Genre(s) musical(aux) : Musiques amplifiées modernes • **Capacité** : 1 400 pl. (debout), 500 pl. (assis) • **Références** : Marc Lavoine, Calogero, Amel Bent, Véronique Sanson, Jean-Louis Aubert, Stanislas, Trust, Matmatah, Magma, etc.

Essonne

Les ARÈNES DE L'AGORA

✆ **01 69 02 72 72** • fax 01 69 43 65 66
marc.forest@agglo-evry.fr • **www.agglo-evry.fr/lesarenes**
3 allée Jean Ferrat • 91130 **RIS ORANGIS**

Marc FOREST (Administrateur)

Genre(s) musical(aux) : Ts • **Capacité** : 800 à 2 150 pl. (assis), 2 800 pl. (assis/debout) • **Références** : Tango Passion, Christophe Mae, Youssou N'Dour, Soprano, Patrick Bruel, M Pokora, Julien Clerc Symphonique, Marc Lavoine, Jean Louis Aubert, Jacques Dutronc, etc.

Seine-Saint-Denis

ESPACE LUMIÈRE

✆ **01 42 35 44 96**
patrick.leborgne@epinay-sur-seine.fr • **www.epinay-sur-seine.fr**
6 av. de Lattre de Tassigny • 93800 **EPINAY SUR SEINE**

Pierre-Patrick LEBORGNE (Directeur)

Genre(s) musical(aux) : Ts • **Capacité** : 900 pl. (gradins + chaises), 1 500 pl. (debout) • **Références** : Juliette Greco, Julien Clerc, Dani Brillant, Serge Lama, Edy Mitchell

STADE DE FRANCE

✆ **01 58 59 38 54** • fax 01 55 93 12 55
t.fruges@sfle.fr • **www.stadefrance.fr**
Stade France Live Events • 3 rue Jessy Owens • 93200 **ST DENIS**

Thalie FRUGES (Directrice artistique)

Genre(s) musical(aux) : Ts • **Capacité** : 78 000 pl. • **Références** : Prince, Black Eyed Peas, Johnny Hallyday, Nuit Africaine (Sékouba Bambino, Alpha Blondy, Patience Dabany, etc.)

SALLES DE 400 À 1 200 PLACES

Ville de Paris

ALHAMBRA

✆ **01 40 20 40 25 / 01 40 20 42 00** • fax 01 40 20 40 26
contact@alhambra-paris.com • **www.alhambra-paris.com**
21 rue Yves Toudic • 75010 **PARIS**

Jean-Claude AUCLAIR (Directeur) • Maria CHARIT (Administratrice) • Julien ARNAUDET (Billetterie) • Simon LANDRY (Communication) • Derek BLESSING (Régisseur général)

Genre(s) musical(aux) : Ts genres : metal, rock, rap, hip hop, rnb, electro, soul, funk, jazz, variété international et Française, cabaret, one man/woman slow, show-cases, événementiel, jeune public etc. • **Capacité** : 600 pl. (assis), 800 pl. (assis/debout) + 476 pl. (salle cabaret) • **Références** : Robbie William, Lady Gaga, BB Brunes, Yves Jamait, Brigitte, Oldelaf, Ne-Yo, Zebra, Rover, Lofofora, Karpatt, Kataklysm, Doro, La Grande Sophie, Brigitte, Pam Ann, Le Comte de Bouderbala, Melodie Gardot, Sacre du Tympan, Duke Ellington Is Alive, Youn Sun Nah, etc.

La BELLEVILLOISE

✆ **01 53 27 35 77 / 01 46 36 07 07** • fax 01 53 27 35 70
infos@labellevilloise.com • **www.labellevilloise.com**
19/21 rue Boyer • 75020 **PARIS**

Renaud BARILLET (Codirecteur) • Fabrice MARTINEZ (Codirecteur) • Philippe JUPIN (Codirecteur et programmateur) • Charlotte LAFON (Relations medias et partenariats) • Mathieu ARDAILLON (Responsable d'exploitation déléguée) • Julie MUSA (Chargée de projets musiques et spectacles)

Genre(s) musical(aux) : Concerts, cabaret, spectacles, expositions, conférences, pléniaires, soirées • **Capacité** : 200 à 1 499 pl., 5 espaces sur 3 niveaux (La Halle aux Oliviers, le Café Forum, le Club, la Terrasse ou le Loft) • **Références** : Hindi Zara, François and the Atlas Mountai, n, Gilles Peterson, Puppetmastazz, Burning Heads, DJ Spinna, Bonobo, DJ Vadim, Femi Kuti, Soul Jazz Orchestra, Pablo Moses, U Roy, Chali 2 Na, Rocé, Mulatu Astatké, Keren Ann, Martha High, Gizelle Smith, La Caravane Passe, The Beat Junkies, Lonnie Liston Smith, Danyel Waro

BIZZ'ART

✆ **01 40 34 70 00** • fax 01 40 34 64 70
thierry@bizzartclub.com • **www.bizzartclub.com**
167 quai de Valmy • 75010 **PARIS**

Philippe DE FIGUEIREDO MORAIS (Gérant) • Thierry BONNEFONT (Privatisations / événementiel) • Manuelle STEFANUTO (Programmatrice / Communication) • Monique PICARD (Manager)

Genre(s) musical(aux) : Funk, soul • **Capacité** : 150 pl. (assises), 350 pl. (debout) • **Références** : London Soul'z feat. Verna Francis

BOBINO

✆ **01 43 27 24 24** • fax 01 43 20 40 34
event@bobino.fr • **www.bobino.fr**
14-20 rue de la Gaité • 75014 **PARIS**

Jean-Marc DUMONTET (PDG) • Alexis TRIAS (Directeur) • Aurélie VANZEE (Responsable événement)

Genre(s) musical(aux) : Concert, one man show, danse, humour, théâtre, événements privés • **Capacité** : 900 pl. (assis), 800 pl. (debout) • **Références** : Vocapeople, Rickie Lee Jones, La Clique, Paris Fait sa Comédie (P. Timsit, etc.), Duffy, Calogero, etc.

CABARET SAUVAGE

✆ **01 42 09 03 09** • fax 01 42 09 11 17
cabaret@cabaretsauvage.com • **www.cabaretsauvage.com**
Parc de la Villette, Espace au bord du Canal • 59 bd. MacDonald • 75019 **PARIS**

Méziane AZAICHE (Directeur) • Claire COLLET (Responsable de la communication) • Christopher SERVAJEAN (Administrateur) • Marie LE CAM (Assistante administrative) • Stephane GHERBI (Régisseur) • Giulia DEVECCHI (Chargée de production)

Genre(s) musical(aux) : Ts styles • **Capacité** : 600 pl. (assis), 1 200 pl. (debout) • **Références** : Linton Kwesi Johnson, Clinton Fearon, Mountain Men, Biga*Ranx, Darko Rundek & Gibonni, Yom, Goran Bregovic, la Rue Kétanou, Bratsch, Lo'Jo, Gnawa Diffusion, l'Orchestre National de Barbès, Samira Brahmia, Akli D, « Barbes Café », etc. ; Festival Sin Fronteras (5-31 juillet 2013) : Chunkar Gypsy Brass Band, Secret Vibes, Manolito Y Su Trabuco, Maykel Blanco, Daniel Sidney Bechet Quartet, Maykel Fontes, Patricia La Peruana, Alex Salserito, Lucky Date, etc.

CAFÉ DE LA DANSE

✆ **01 47 00 57 59** • fax 01 48 05 65 22
fred@cafedeladanse.com • **www.cafedeladanse.com**
5 passage Louis Philippe • 75011 **PARIS**

Loïc BARROUK (Gérant) • Jérémie RICHARD (Administration) • Frédéric VOIRIN (Programmateur)

Genre(s) musical(aux) : Tous • **Capacité** : 499 pl. dont 264 pl. (assis) • **Références** : Ane Brun, Albin de la Simone, Bill Callahan, Ibrahim Maalouf, Matmos, 1973, Why?, Gush, Hindi, Zahra, Emily Loizeau, Chris Garneau, festival Désin'VOLT, Eldorado Music Festival, Route du rock sessions, etc.

Le DIVAN DU MONDE

✆ **01 40 05 06 99** • fax 01 40 05 08 10
direction@divandumonde.com • **www.divandumonde.com**
75 rue des Martyrs • 75018 **PARIS**

Fabrice LAFFON (Directeur) • Sébastien LARERE (Administrateur) • Emmanuelle BOUSSEAU (Chargée de production)

Genre(s) musical(aux) : Tous • **Capacité** : 490 pl. (debout), 150 pl. (assis) • **Références** : MAMA Festival, Airnadette, Les femmes s'en melent, Herman Dune, Rocé, Setshop

La FLECHE D'OR

✆ **01 44 64 01 02 / 01 44 64 01 05**
programmation@flechedor.fr • **www.flechedor.fr**
102 bis rue de Bagnolet • 75020 **PARIS**

Stéphane LE SCIELLOUR (Programmation) • Chloé WEETS (Administration / Production) • Marc MALLIA (Régisseur général)

Genre(s) musical(aux) : Rock, pop, electro, folk, musiques électroniques, etc. • **Capacité** : 500 pl. • **Références** : Lilly Wood & The Prick, Bertrand Belin, La Femme, Wavves, New York Dolls, Deportivo, Radio Dept, Black Mountain, Deus, Gilles Peterson, Other Lives, Tom Fire, The Vaccines, Steve Earl, Loney Dear, Twin Twin, etc.

GAÎTE LYRIQUE

✆ **01 53 01 51 51 / 01 53 01 52 00** • fax 01 53 01 51 75
programmation@gaite-lyrique.net • **www.gaite-lyrique.net**
3 bis rue Papin • 75003 **PARIS**

Jérôme DELORMAS (Directeur) • Vincent CARRY (Conseiller artistique) • Benoît ROUSSEAU (Conseiller artistique) • Jos AUZENDE (Conseiller artistique) • Virginie CHOQUART (Directrice de la communication)

Genre(s) musical(aux) : Musiques actuelles et contemporaines, jazz • **Capacité** : 308 pl. (assis), 750 pl. (debout), 500 pl. (mixte) • **Références** : ONJ Yvinec « Piazzolla ! », Dan Tepfer, Chilly Gonzales, Lescop, « Winter Camp Festival » (déc.) avec Owen Pallett, Santigold, Dinosaur Jr, Katerine, Thurston Moore, M83, Boys Noize

Le GIBUS CLUB PARIS

✆ **01 47 00 78 88** • fax 01 47 00 36 21
stephane.taeib@gibus.fr • **www.gibus.fr**
18 rue du fbg du Temple • 75011 **PARIS**

Stéphane TAIEB (Directeur) • José (Responsable de la location)

Genre(s) musical(aux) : Rock, pop, indie, généraliste • **Capacité** : 600 pl. (concert), 800 pl. (discothèque)

GLAZ'ART

✆ **01 40 36 55 65** • fax 01 40 36 09 50
hello@glazart.com • **www.glazart.com**
7/15 av. de la Porte de la Villette • 75019 **PARIS**

Laurent MALVADI (Président) • Arnaud PERRINE (Directeur) • Michaël NOWAK (Administrateur) • Matthieu MEYER (Programmateur) • Benjamin DIERSTEIN (Responsable de la communication)

Genre(s) musical(aux) : Ts • **Capacité** : 570 pl. • **Références** : The Melvins, Mondkoff, Dope D.O.D, Max Cooper, Mad Sin, Stimming, Murs & Fashawn, Dub Trio, Red Fang, Karma To Burn, etc.

La MAROQUINERIE

✆ **01 40 33 35 05** • fax 01 40 33 35 06
infos@lamaroquinerie.fr • **www.lamaroquinerie.fr**
23 rue Boyer • 75020 **PARIS**

Olivier POUBELLE (Gérant) • Xavier DECLEIRE (Programmateur) • Lucile RICHARD (Administratrice)

Genre(s) musical(aux) : Chanson, rock, musiques du monde, électro, jazz • **Capacité** : 500 pl. debout • **Références** : The Bellrays, Buck 65, Herman Düne, The Rapture, M83, PJ Harvey, MGMT, Ez3kiel, Ghinzu, Archive, Baxter Dury, Woven Hand, Quantic Soul Orchestra, Heavy Trash, etc.

NEW MORNING

✆ **01 45 23 56 39 / 01 45 23 51 41** • fax 01 42 46 24 38
newmorning@orange.fr • **www.newmorning.com**
7/9 rue des Petites Ecuries • 75010 **PARIS**

Christine BADIER (Programmatrice) • Muriel VANDENBOSSCHE (Attachée de presse)

Genre(s) musical(aux) : Jazz, world music, funk, salsa, etc. • **Capacité** : 450 pl. • **Références** : Tous les grands noms du jazz, blues, salsa, etc. Festival All Stars (juil.)

Le PALACE

✆ **01 40 22 60 00**
info@theatrelepalace.fr • **www.theatrelepalace.fr**
8 rue du fbg Montmartre • 75009 **PARIS**

Hazis VARDAR (Direction générale) • Alil VARDAR (Direction artistique)

Genre(s) musical(aux) : Ts • **Capacité** : 962 pl. (assis) • **Références** : Brigitte Fontaine, Calogéro, Charlotte Gainsbourg, Jane Birkin, Florence Foresti, Pietragalla, Liane Foly, Valérie Lemercier, Pierre Palmade et Michele Laroque, Roland Magdane, etc.

PAN PIPER

✆ **01 40 09 41 30**
antoine.francheteau@pan-piper.com
2-4 impasse Lamier • 75011 **PARIS**

Antoine FRANCHETEAU (Directeur technique) • Sophie BARBIER (Responsable du développement culturel)

Genre(s) musical(aux) : Chanson, rock, jazz, musiques électroniques, musiques du monde, etc. • **Capacité** : 580 pl. (debout), 230 (assis)

La PENA FESTAYRE

✆ **06 50 18 51 86**
penafestayre@yahoo.fr • **www.myspace.com/lapenafestayre**
Parvis de la Cité des Sciences • Au niveau du 32 av. Corentin Cariou • 75019 **PARIS**

Sébastien ALIBERT (Responsable)

Genre(s) musical(aux) : Bodega, groove, rock, chanson, ska, alternatif • **Capacité** : 300 à 1 020 pl. sur 2 étages • **Références** : Scarface, Chantal Goya, etc.

Le PETIT BAIN

✆ **01 43 49 67 12 / 01 43 49 69 88** • fax 01 43 49 68 79
info@petitbain.org • **www.petitbain.org**
7 port de la Gare • 75013 **PARIS**

Ricardo ESTEBAN (Directeur / directeur artistique / programmateur) • Julien RUHL (Régisseur) • Aurélie WALFISZ (Administratrice) • Delphine ZEHNDER (Communication / RP) • Annabelle BOISSY (Action culturelle et Médiation) • Sarah DUBOIS (Responsable partenariats privatisation)

Genre(s) musical(aux) : Musiques actuelles, musiques du monde • **Capacité** : 450 pl. • **Références** : Roda do Cavaco, DJ Click, Eboni Bones, Senior Coconut, Dissis The Monster, Axel Krygier, Collectif Istanbul, Congopunq, The Fleshtones, Elysian Fields, Future Islands, Birdy Hunt, Vieux Farka Touré, Toukouleur Orchestra, Temporary Lab, Tony Allen, Kiala, etc.

QUEEN

✆ **01 53 89 08 90** • fax 01 45 61 28 21
reservation@queen.fr • **www.queen.fr**
102 av. des Champs-Elysées • 75008 **PARIS**

Frédéric HENRY (Directeur artistique) • Véronique GASSENBACH (Location) • Grégory PEREIRA (Communication / relation presse & web)

Genre(s) musical(aux) : Disco, house, world, électo • **Capacité** : 700 pl. • **Références** : Armin Van Buuren, Tiesto, David Vendetta, Carl Cox, Roger Sanchez, David Guetta, Deep Dish, Junior Vasquez, Bob Sinclar, Justice, Offer Nissim, Above & Beyond, Antoine Clamaran, etc.

Le REX CLUB

✆ **01 42 36 10 96** • fax 01 42 36 55 72
infos@rexclub.com • **www.rexclub.com**
5 bd Poissonnière • 75002 **PARIS**

Fabrice GADEAU (Directeur) • Emeline GINESTET (Communication) • Remy BAIGET (Production)

Genre(s) musical(aux) : Techno, house, minimal • **Capacité** : 600 pl. • **Références** : Laurent Garnier, Jeff Mills, Carl Cox, Richie Hawtin

SOCIAL CLUB

✆ **01 42 46 07 00**
info@parissocialclub.com • **www.parissocialclub.com**
142 rue Montmartre • 75002 **PARIS**

Manu BARRON (Programmateur) • Antoine « KRAFT » CAUDRON (Programmateur) • Elise SAUVINET (Communication)

Genre(s) musical(aux) : Electro, rock, hip hop • **Capacité** : 400 pl. • **Références** : Carl Craig, Felix Da Housecat, Two Many DJ's, Etienne de Crécy, Laurent Garnier, DJ Hell, Erol Alkan, Ivan Smagghe, The Hacker, Troublemakers, Scratch Perverts, Craze, DJ Food, Birdy Nam Nam, Crystal Castle, etc.

THÉATRE DE LA VILLE

✆ **01 48 87 54 42** • fax 01 48 87 81 15
contact@theatredelaville.com • **www.theatredelaville-paris.com**
16 quai de Gesvres • 75180 **PARIS CEDEX 4**

Emmanuel DEMARCY-MOTA (Directeur) • Michael CHASE (Administrateur) • Jacques ERWAN (Conseiller musique du monde) • Soudabeh KIA (Conseiller musiques du monde) • Georges GARA (Conseiller musique) • Jacqueline MAGNIER (Relations presse / publicité / documentation)

Genre(s) musical(aux) : Musiques du monde, chanson, théâtre, danse • **Capacité** : 1 000 pl. (Théâtre de la Ville), 400 pl. (Théâtre des Abbesses) • **Références** : Mozart Piano Quartet, Europa Galante, Ensemble Tzigane Cifra, Homayoun Shadjarian et Sohrab Pournazeri, La Troba Kung Fu, Carminho, Amsterdam Klezmer Band, etc.

THÉÂTRE DEJAZET

✆ **01 48 87 52 55 / 01 48 87 97 34** • fax 01 48 87 10 21
theatredejazet@yahoo.fr • **www.dejazet.com**
41 bd du Temple • 75003 **PARIS**

Jean BOUQUIN (Directeur)

Genre(s) musical(aux) : Chanson, jazz, comédies musicales + danse • **Capacité** : 700 pl. • **Références** : Véronique Sanson, Isabelle Boulay, Pierre Perret, Thomas Dutronc, M, Gréco, Moustaki, Richard Desjardin, Colette Renart, Maurane, Catherine Lara, Spectacle « Brassens », etc.

THÉÂTRE DES ABBESSES

✆ **01 48 87 54 42** • fax 01 48 87 81 15
contact@theatredelaville.com • **theatredelaville-paris.com**
31 rue des Abbesses • 75018 **PARIS**

Emmanuel DEMARCY-MOTA (Directeur) • Michael CHASE (Administrateur)

Genre(s) musical(aux) : Musiques du monde, chanson, jazz • **Capacité** : 400 pl. • **Références** : Noma Omran (Syrie), Saucèjas (Lettonie), Debapriya Adhykary (Inde du nord), Quatuor Zaïde, etc.

THÉÂTRE DES VARIÉTÉS

✆ **01 42 33 11 41**
regie@theatre-des-varietes.fr • **www.theatre-des-varietes.fr**
7 bd Montmartre • 75002 **PARIS**

Jean-Manuel BAJEN (Directeur général) • Lenaïc LEBRUN (Directeur exécutif) • Julien LAMBERT (Régisseur général)

Genre(s) musical(aux) : Chanson, variétés, jazz, rock, comédie musicale • **Capacité** : 900 pl. assises • **Références** : Arthur H, Vincent Delerm

Le TRABENDO

✆ **01 42 06 05 52**
infos@letrabendo.net • **www.letrabendo.net**
Le Trabendo - Electric Dreams Inc • 211 av Jean Jaurès • 75019 **PARIS**

Julien CATALA (Directeur) • Alexis BERNIER (Directeur) • Walter (Producteur) • Clemence VAZARD (Administration) • Julie BATHELLIER (Communication) • Rémi PIEGAY (Régisseur)

Genre(s) musical(aux) : Musiques actuelles • **Capacité** : 700 pl. (debout) • **Références** : Hot Chip, Metallica, Laurent Garnier, Black Lips, Rolling Stones, Dan Deacon, Justice, Brodinsky, Sonic Boom, Atlas Sound

VIPARIS/PALAIS DES CONGRÈS D'ISSY

✆ **01 46 42 70 91 / 01 40 68 25 07** • fax 01 46 62 66 74
spectacles.viparis@viparis.com • **www.viparis.com**
2 pl. de la Porte Maillot • 75853 **PARIS CEDEX 17**

Caroline LECUYER (Directrice commercial spectacles)

Genre(s) musical(aux) : Ts • **Capacité** : 874 à 946 pl. (amphithéâtre Berlioz) • **Références** : Marc Lavoine, Fame, Calogero, Raphaël, cie Antonio Gades, Cali, Alain Souchon etc.

Seine-et-Marne

CENTRE CULTUREL JACQUES PREVERT

✆ **01 64 67 59 60** • fax 01 64 67 59 67
centre-culturel-jacques-prevert@wanadoo.fr • **www.ccjp.fr/**
Pl. Pietrasanta • BP 239 • 77272 **VILLEPARISIS CEDEX**

Mohamed ZOUBIR (Directeur) • Maryline DAUGE (Jeune public)

Genre(s) musical(aux) : Jazz, chanson, rock, etc. • **Capacité** : 650 pl. (assis) • **Références** : Hélèhne Ségara, Superbus, A. Souchon, Grand Corps Malade, etc.

L'EMPREINTE

✆ **01 64 41 70 25** • fax 01 64 10 73 50
empreinte@savigny-le-temple.fr • **www.lempreinte.net**
301 av. de l'Europe • 77507 **SAVIGNY-LE-TEMPLE CEDEX**

Stéphane LABAS (Directeur / programmateur) • Sophie MASSIT (Directrice adjointe / communication / scène locale) • Jacques NOGUEIRA (Régisseur général)

Genre(s) musical(aux) : Musiques actuelles • **Capacité** : 400 pl. • **Références** : Magma, Miossec, Les Fatals Picards, ZAZ, Devil Driver, Astonvilla, Ben l'Oncle Soul, Shakaponk, Nashville Pussy, L.A Guns, Gage, Soprano, Deportivo, etc.

ESPACE LINO VENTURA

✆ **01 60 37 37 60 / 01 60 37 37 61** • fax 01 60 37 37 36
www.ville-torcy.fr
Pl. de l'Appel du 18 Juin 1940 • 77200 **TORCY**

Nadine TANKOVIC (Responsable unité culture) • Nathalie RUINAUD (Responsable développement culturel) • Ludovic GINDRE (Régisseur général)

Théâtre des Arts et Cultures de Torcy • **Genre(s) musical(aux)** : Ts • **Capacité** : 450 pl. (assis), 700 pl. (debout) • **Références** : Mariana Ramos, Arthur H, Arno, Ricky Ford, Juliette, etc.

La FERME DU BUISSON

✆ **01 64 62 77 00 / 01 64 62 77 77** • fax 01 64 62 77 99
contact@lafermedubuisson.com • **www.lafermedubuisson.com**
Scène nationale de Marne-la-Vallée • Allée de la Ferme • Noisiel
77448 **MARNE LA VALLEE CEDEX 2**

Vincent ECHES (Directeur) • Laetitia CONORT (Chargée de communication) • Samuel HEBERT (Programmateur)

Genre(s) musical(aux) : Théâtre, danse, cirque, cinéma, art contemporain, musiques actuelles, Nuit Curieuse, WE à la ferme, festivals pluridisciplinaires • **Capacité** : Grand théâtre (800 pl.), Abreuvoir à MusiqueS (400 pl.), Grand Halle (modulable 300 à 800 pl.), Petit Théâtre (120 pl.) + espaces de plein-air (chapiteau) • **Références** : Son Palenque et Kan'nida, Daby Touré, SoCalled & Arat Kilo, Piers Faccini, l'Ensemble Le Cabaret Contemporain « Tierkreis Revisited », C.I.E.L (Concert à Impact écologique limité), ONJ Yvinec « Piazzolla ! », Amadou et Mariam

FILE 7

✆ **01 60 43 66 12** • fax 01 60 43 54 63
infos@file7.com • **www.file7.com**
4 rue des Labours • 77700 **MAGNY LE HONGRE**

Bénédicte BRIANT-FROIDURE (Directrice) • Grégoire BRIANCON (Administrateur) • Clément BELQUIN (Régisseur général) • Angélique DECOCK (Chargée de communication)

Café musiques du Val d'Europe • **Genre(s) musical(aux)** : Musiques actuelles et jeune public • **Capacité** : 650 pl. + café culture • **Références** : Eiffel, Barcela, Carmen Maria Vega, Fred Wesley, C2C, Daniel Darc, Orelsan, Rover, Puppetmastaz, Popof, Lilly Wood & The Prick

THÉÂTRE DE CHELLES

✆ **01 64 21 20 36 / 01 64 21 02 10** • fax 01 60 08 09 72
infos@theatredechelles.asso.fr • **theatre.chelles.fr**
Pl. des Martyrs de Châteaubriand • BP 79 • 77504 **CHELLES CEDEX**

Marc LE GLATIN (Directeur) • Pierre FITOU (Directeur de l'action culturelle territoriale)

Genre(s) musical(aux) : Chanson, jazz, traditionnel, variété • **Capacité** : 700 pl. • **Références** : Arthur H, Thomas Fersen, Jazz en Chantereine, Angelo Debarre Quintet « Gipsy Unity »

THÉÂTRE DE FONTAINEBLEAU

✆ **01 64 22 26 91 / 01 64 22 81 04** • fax 01 64 22 51 81
theatre.direction@fontainebleau.fr • **www.fontainebleau.fr**
Théâtre municipal • 6 rue Denecourt • 77300 **FONTAINEBLEAU**

Pierre-Marie CUNY (Directeur)

Genre(s) musical(aux) : Chanson, jazz, variétés, lyrique + danse, théâtre • **Capacité** : 475 pl. • **Références** : Orchestre géant de 100 musiciens pour le Centenaire du théâtre sous la direction d'Andy Emler, Padam Padam, William Sheller et le Quatuor Stevens

THÉÂTRE LUXEMBOURG DE MEAUX

✆ **01 64 36 40 10 / 01 64 36 40 00** • fax 01 64 34 90 51
contact@theatre-meaux.fr • **www.theatre-meaux.fr**
4 rue Cornillon • 77100 **MEAUX**

Pierre CORBEL (Directeur) • Virginie PIRROT (Chargée de diffusion, de promotion et de communication)

Genre(s) musical(aux) : Variété, musiques actuelles, jazz club • **Capacité** : Théâtre (600 pl.), le Manège (107 pl.), la Caravelle (200 pl. assises ou 300 debout) • **Références** : Julien Clerc, The Rabeats, Trio Casadesus-Enhco, ONB, Bratsch, Samarabalouf, Daniel Lavoie, Ariane Moffatt - Jazz Club à la Caravelle : Mélanie Dahan, Andy Emler MegaOctet, Moutin Reunion

Yvelines

L'ABRI-BLUES

✆ **01 34 60 06 08 / 01 34 60 06 08** • fax 01 34 60 06 10
abriblues@orange.fr • **www.myspace.com/abriblues**
14 rue du Parc • 78390 **BOIS D'ARCY**

Mouloud IOULAIN (Directeur) • Thomas PERON (Programmateur)

Genre(s) musical(aux) : Musiques actuelles • **Capacité** : 432 pl. • **Références** : Richard Gotainer, Deportivo, As de Trêfle, Archimède, Les Yeux Noirs, Big Mama, Jim Murple Memorial, Mes Souliers Sont Rouges, Soldat Louis, Jimmy Oihid, Bénabar, Sanseverino, Fred Blondin, K2R Riddim, Baobab, Messugah, Idir, Azucar, Deportivo, Ours, Black Bomb A, etc.

La BARBACANE

✆ **01 34 91 06 58** • fax 01 34 89 99 22
administration@labarbacane.fr • **www.labarbacane.fr**
Pl. du 8 Mai 1945 • 78650 **BEYNES**

Jean FEUGERE (Directeur) • Johanna RICOVARD (Administratrice) • Renaud TOMOLLI (Régisseur général)

Genre(s) musical(aux) : Musiques actuelles, musiques du monde, jazz • **Capacité** : De 300 à 420 pl. • **Références** : Sixun, Les Joyeux urbains, Clarika, Loïc Lantoine, Bertrand Belin, Charlélie Couture, Beat Assailant, Les Wriggles, Winston McAnuff

La BATTERIE

✆ **01 39 30 45 90** • fax 01 39 30 45 98
labatterie@ville-guyancourt.fr • **www.labatteriedeguyancourt.fr**
1 rue de la Redoute • 78280 **GUYANCOURT**

Jean-Pierre PIAT (Directeur) • Murielle BUCHON (Administratrice) • Stéphane RIDARD (Programmateur) • Melissa HERVE (Communication)

Pôle musiques de Guyancourt • **Genre(s) musical(aux)** : Musiques actuelles variées et métissées (rock, chanson, jazz, metal, hip hop, world, etc.) • **Capacité** : 450 à 600 pl. • **Références** : Robin McKelle, Florent Marchet, Paul Personne, Anis, Asa, Alan Stivell, Ben l'Oncle Soul, Bertignac, Charlélie Couture, Erik Truffaz, Hocus Pocus, Hindi Zahra, Ibrahim Maalouf, Jean-Jacques Milteau, JP Nataf, Jeanne Cherhal, Rose, Lilly Wood & the Prick, Oldelaf, GiedRé, Bireli Lagrène & Sylvain Luc, l'ONB, Daniel Darc, Susheela Raman, Sergent Garcia, etc.

La CLEF

✆ **01 39 21 54 90** • fax 01 39 73 29 21
pierre.malgoire@laclef.asso.fr • **www.laclef.asso.fr**
46 rue de Mareil • 78100 **ST GERMAIN EN LAYE**

Vincent RULOT (Directeur) • Pierre MALGOIRE (Programmateur) • Grégory MARQUOIS (Communication / information) • Romain AUMONT (Régisseur général)

Genre(s) musical(aux) : Ts • **Capacité** : 534 pl. • **Références** : Femi Kuti, Hocus Pocus, Moriarty, Elisabeth Caumont, Sayag Jazz Machine, We Insist, Groundation, Boubacar Traoré, Socalled, M, Yann Tiersen, Tokyo Ska Orchestra, Punish Yourself, Nosfell, Têtes Raides, Svinkels, Kabu Ki Buddah, Bénabar, Mano Negra, Happy Apple, La Rumeur, etc.

La FERME DE BEL ÉBAT

✆ **01 30 48 33 44**
lafermedebelebat@ville-guyancourt.fr • **www.lafermedebelebat.fr**
1 pl. Bel Ebat • 78280 **GUYANCOURT**

Yoann LAVABRE (Directeur)

Genre(s) musical(aux) : Chanson, mus. classique, opéra, jeune public • **Capacité** : 300 à 900 pl. • **Références** : How Sweet The Sound, Josef Nadj/Akosh S., Isabelle Olivier,

La NACELLE

✆ **01 30 95 37 76** • fax 01 30 95 51 01
lanacelle.tdm@wanadoo.fr • **www.lanacelle.org**
Rue de Montgardé • BP 60064 • 78413 **AUBERGENVILLE CEDEX**

Eudes LABRUSSE (Directeur) • Delphine AVRILLON (Administratrice) • Ludovic TOURDOT (Relations publiques) • Laure RICOUARD (Chargée de communication et de relations public) • Christelle CHAMPAGNE (Responsable de la billetterie)

Capacité : 400 places • **Références** : Juliette, Tinariwen, Dick Annegarn, Thomas Fersen, Misia

L'ONDE

✆ **01 34 58 03 35** • fax 01 34 58 03 39
londe@londe.fr • **www.londe.fr**
8 bis av. Louis Broguet • 78140 **VELIZY VILLACOUBLAY**

Lionel MASSETAT (Directeur) • Elisabeth PELON (Secrétaire générale) • Sandrine GALTIER (Communication / jeune public)

Genre(s) musical(aux) : Jazz, chanson, musiques du monde, musiques électroniques, danse, cirque, etc. • **Capacité** : Auditorium : 132 pl. ; théâtre : 667 pl. • **Références** : Ibrahim Maalouf, Sophia Domancich, China Moses, Eric Legnini, Perine Mansuy, Isabelle Olivier, Avishaï Cohen, Himiko Paganotti, Emma Milán, le Choeur Basiani, Sandra Nkaké, Amadou et Mariam, Alain Souchon, la Grande Sophie

Le PRISME - CENTRE DE DÉVELOPPEMENT ARTISTIQUE DE ST-QUENTIN-EN-YVELINES

✆ **01 30 51 46 06** • fax 01 30 51 75 41
prisme@agglo-sqy.fr • **www.leprisme.sqy.fr**
Quartier des Sept Mares • 78990 **ELANCOURT**

Sabine COSSIN (Directrice) • Simon COSTE (Directeur technique) • Eric LEITE (Chargé de communication) • Benedicte GRAILLE (Secrétaire générale)

Genre(s) musical(aux) : Chanson, jazz, jeune public, musiques du monde, danse, théâtre • **Capacité** : Petite salle : 150 pl., grande salle : 300 pl. (assis), 999 pl. (debout) • **Références** : Camile, Juliette Greco, Caravan Palace, Sandra NKaké, Kyle Eastwood, Antoine hervé « Les Leçons de jazz », ONJ « Piazzolla ! », Richard galliano « Nino Rota », Ibrahim Maalouf, etc.- Formule « Jazz Club » (programmation « jazz club » : Jean-Michel Proust) : Sébastien Llado, Baptiste Herbin, etc.

Le SAX

✆ **01 39 11 86 21** • fax 01 39 11 64 10
www.lesax-acheres78.fr • **www.lesax-acheres78.fr/**
Espace musical • 2 rue des Champs • 78260 **ACHERES**

Jérôme VANNIER (Directeur) • Marc BOUCHET (Programmateur musiques actuelles) • Frédéric LAMANDE (Jeune public) • Charlotte LEFEUVRE (Chargée de communication et relations publiques)

Genre(s) musical(aux) : Ts • **Capacité** : 500 pl. • **Références** : Kamouche, Tank, le Sacre du Tympan, Big Dez, Dominique Magloire, Ommm, Bratsch, Jules, Carmen Maria Vega, Trio Journal intime & Rodolphe Burger, Youssoupha, Michel Jonasz

Le SCARABEE

✆ **01 30 13 87 40**
scarabeelv@yahoo.fr • **www.le-scarabee.com**
7bis av. du Gal Leclerc • 78320 **LA VERRIERE**

Samuel DENIS (Directeur programmateur) • Camilla BAILBE (Développement culturel)

Genre(s) musical(aux) : Chanson française essentiellement • **Capacité** : 600 pl. (debout), 270 pl. (assis) • **Références** : ONB, Ridan, A. Leprest, Tiken Jah Fakoli, Jeanne Cherhal, Les Blérots de Ravel, Arno, Matmatah, Magma, Ange, les Fatals Picards, Miossec, Pigalle

THÉÂTRE ALEXANDRE DUMAS

✆ **01 30 87 07 07 / 01 30 87 03 03** • fax 01 30 87 20 97
contact_tad@saintgermainenlaye.fr • **www.tad-saintgermainenlaye.fr**
Jardin des Arts • Pl. André Malraux • BP 60855
78108 **SAINT-GERMAIN EN LAYE CEDEX**

Geneviève DICHAMP (Directrice artistique) • Sophie BAUER (Administratrice générale)

Genre(s) musical(aux) : Jazz, classique, opéra, variétés, comédie musicale • **Capacité** : Jauge (701 pl.) • **Références** : Coverqueen, Pagagnini, Lo Speziale, « Voulez-vous danser Gainsbourg ? », Swinging Life, Le Junior Ballet du conservatoire national de Musique et de danse de Paris, Nabucco, L'ensemble orchestre de Basse-Normandie, Redis le me

THÉÂTRE DE POISSY

✆ **01 39 22 55 92 / 01 39 22 56 36**
omorancais@ville-poissy.fr • **www.theatre-poissy.fr**
Hôtel de ville • Place de la République • 78300 **POISSY**

Olivier MORANCAIS (Directeur)

Genre(s) musical(aux) : Tous dont jazz, chanson, world, jeune public, opéra, théâtre, danse • **Capacité** : 980 pl. • **Références** : Shemekia Copeland (dans le cadre de Blues sur Seine), J.J. Milteau, Maurane, Patrick Fiori, Cie Les productions du sillon, etc.

THÉÂTRE DE SARTROUVILLE

✆ **01 30 86 77 77** • fax 01 39 14 87 91
infos@theatre-sartrouville.com • **www.theatre-sartrouville.com**
Pl. Jacques Brel • BP 93 • 78505 **SARTROUVILLE CEDEX**

Laurent FRÉCHURET (Directeur) • Slimane MOUHOUB (Directeur adjoint) • Dominique BERODY (Programmateur jeunesse)

Genre(s) musical(aux) : Tous • **Capacité** : 2 salles de 850 et 290 pl. • **Références** : Gregory Porter, Arthur HRokia Troaré, « Noche Tango » avec juan Jose Mosalini, Erik Truffaz, Youn Sun Nah, Elise Caron, Vincent Segal/Ballake Sissoko, Richard Galliano, Sandra Nkaké, Avishai Cohen,

THÉÂTRE DE ST-QUENTIN-EN-YVELINES

✆ **01 30 96 99 30** • fax 01 30 96 99 29
accueil@tsqy.org • **www.theatresqy.org**
Pl. Georges Pompidou • BP 80317
78054 **ST QUENTIN EN YVELINES CEDEX**

Jacques PORNON (Directeur) • Philippe BERTRAND (Chargé de relations publiques)

Scène nationale de St-Quentin-en-Yvelines • **Genre(s) musical(aux)** : Tous dont jazz, musiques du monde, chanson • **Capacité** : Grand théâtre (1 040 pl.), Petit théâtre (300 pl.) • **Références** : Enrico Rava, Vincent Courtois et Ze Jam Afane « Le Roi pêcheur », Caratini jazz Ensemble, Abd al Malik,

THÉÂTRE DU VESINET

✆ **01 30 15 66 00** • fax 01 39 76 16 51
info.theatre@vesinet.org • **www.vesinet.org**
ACAL • 59 bd Carnot • BP 76 • 78115 **LE VESINET CEDEX**

Emmanuel PLASSARD (Directeur) • Cécile GEFFROY (Assistant)

Théâtre Alain Jonemann • **Genre(s) musical(aux)** : Tous dont chanson, jazz • **Capacité** : 700 pl. • **Références** : Gregory Porter, Soan, Zedrus, Moutain Men et Malted Milk (en partenariat avec le Festival Blues sur Seine), Eleven Hundred Springs, Mavra Andrade, « Le Vésinet Jazz Métis Festival » (3e édition en mai) avec Olivier Temime Volunteered Slaves 6tet, Alfio Origlio Headhunters Tribute 6tet, Giovanni Mirabassi invitent Flavio Boltro et Glenn Ferris, Omar Sosa

THÉÂTRE GERARD PHILIPE

✆ **01 30 14 82 95** • fax 01 30 23 09 91
boutiqueculturelle@saintcyr78.fr
www.saintcyr78.fr/theatre_gerard_philipe.html
La Boutique culturelle • 11 ter av. Jean Jaurès • 78210 **ST CYR L'ECOLE**

Fabrice LUTERNAUER (Directeur)

Genre(s) musical(aux) : Jazz, chanson, musiques du monde, soul • **Capacité** : 515 pl. assises, 800 pl. debout • **Références** : Inna Modja, « Les lundis du jazz » avec José Fallot, Georges Beckerich, Carlos « Kutimba » Esposito,

THÉÂTRE SIMONE SIGNORET

✆ **01 39 72 57 19 / 01 34 90 90 90** • fax 01 39 72 61 77
theatre.signoret@wanadoo.fr • **www.theatresimonesignoret.fr**
12 pl. Auguste Romagné • 78700 **CONFLANS STE HONORINE**

Dominique SAUTOT (Directeur) • Leïla BENHABYLES (Directrice adjointe)

Genre(s) musical(aux) : Chanson, jazz, musiques du monde • **Capacité** : 830 pl. (assis), 1 050 pl. (debout) • **Références** : Fatals Picards, Julien Clerc, Nolwenn Leroy, Patricia Kaas, Jane Birkin, Earth Wind & Fire, Larry Coryell & Philip Catherine, Juan Carmana, Bettye LaVelle, Alain Souchon, Mina Agossi, Salif Keita, Otis Taylor, Sanseverino, Stéphan Eicher, Ernesto « Tito » Puentes Big Band, Titi Robin, Youn Sun Nah, etc.

Essonne

ESPACE CULTUREL BORIS VIAN

✆ **01 69 29 34 90 / 01 69 29 34 91** • fax 01 69 29 34 92
espaceculturel@lesulis.fr • **www.lesulis.fr**
Rue de Morvan • BP 43 • 91940 **LES ULIS**

Dominique PAQUET (Directeur artistique) • Patrick SIMON (Directeur artistique)

Genre(s) musical(aux) : Jazz, musique du monde, chanson française, jeune public, danse • **Capacité** : De 400 à 800 pl. • **Références** : Le Cirque des Mirages, Les Yeux Noirs, Les Bons Becs, Hip Tap Project, Mâ Ravan, Naturally 7, Brocante Sonore, les Joyeux Urbains

ESPACE MARCEL CARNE

✆ **01 69 04 98 33** • fax 01 69 46 30 80
espacemarcelcarne@wanadoo.fr • **www.espacemarcelcarne.fr**
Pl. Marcel Carné • 91240 **ST MICHEL SUR ORGE**

Marie-France CONTESSE (Directrice générale) • Eric GOUEDARD (Programmateur jeune public)

Genre(s) musical(aux) : Chanson, jazz, world music, etc. • **Capacité** : 530 pl. • **Références** : Chet Nuneta, Altan,

MJC CYRANO - SALLE DE LA TERRASSE

✆ **01 69 07 55 02** • fax 01 69 07 67 04
dboireau.mjccyrano@wanadoo.fr • **www.mjc-cyrano.fr**
160 av. du Gal Leclerc • 91190 **GIF SUR YVETTE**

David BOIREAU (Directeur / programmateur)

Genre(s) musical(aux) : Ska, rock, pop, metal, reggae, chanson, world • **Capacité** : 459 pl. (assis), 470 pl. (debout) • **Références** : Les Tambours du Bronx, Debout sur le Zinc, Les Fatals Picards, Hilight Tribe, Rasta Bigoud, As de Trêfle, Daby Touré, etc.

OPERA DE MASSY

✆ **01 60 13 14 14 / 01 60 13 13 13** • fax 01 60 13 14 05
infos@opera-massy.com • **www.opera-massy.com**
1 pl. de France • 91300 **MASSY**

Jack-Henri SOUMERE (Directeur général et Artistique) • Philippe BELLOT (Administrateur général) • Xavier ADENOT (Directeur technique) • Jacques BENYETA (Directeur technique)

Genre(s) musical(aux) : Opéra, musique classique, récital • **Capacité** : Amphitéâtre 799 pl. / Auditorium 130 pl. • **Références** : Nathalie Dessay, Carmen, Madame Butterfly, Nabucco

PAUL B - CENTRE CULTUREL PAUL BAILLIART

✆ **01 69 75 12 80** • fax 01 69 20 82 08
contact@paul-b.fr • **www.paul-b.fr**
6 allée de Québec • 91300 **MASSY**

Christian MAUGEIN (Directeur et programmation) • François HURÉ (Directeur technique) • François BEAUDENON (Communication et programmation) • Patricia MONTEL (Responsable jeune public)

Genre(s) musical(aux) : Jazz, musique du monde, blues, chanson, jeune public, musiques actuelles • **Capacité** : Salle (550 pl.), club (350 pl.) • **Références** : Black Rooster Orchestra, Dominique A, Canned Heat, Otis Taylor, Es3kiel Extended, Tinariwen, Arthur H, Kery James, Ibrahim Maalouf, Stephan Eicher, Calexico, Moutain Men, Yom, Sandra Nkake, Youssoupha, Milteau, Galvin & Walker, Staff Benda Bilili, Eric Bibb & Habib Koité, Denis Colin, Nevchehirlian, Cedric Watson & Bijou Créole, Arno, etc.

Le PLAN

✆ **01 69 43 03 03 / 01 69 02 09 19** • fax 01 69 43 19 19
infos@leplan.com • **www.leplan.com**
1 rue Rory Gallagher • 91130 **RIS ORANGIS**

Stephane LOUBET (Secrétaire général) • Emeline LABOURASSE (Production, administration)

Genre(s) musical(aux) : Rock, pop, reggae, électro, blues, rap, soul, funk • **Capacité** : 599 pl. (debout) • **Références** : Louise Attaque, Gojira, Bonobo, Dionysos, Alain Bashung, The Abyssinians, Renaud, Eels, Motörhead, Solillaquists of Sound, Oxmo Puccino, Noir Désir, Raul Midon, Infectious Grooves, La Rumeur, M, Ben l'Oncle Soul, Maceo Parker, Charlie Winston, Tété, Camille, Menahan Street Band, Raekwon, Les Wampas, Orelsan, etc.

Le SILO

✆ **01 69 89 88 00 / 01 69 89 88 21**
sil@senart-essonne.com • **www.senart-essonne.com**
San de Sénart en Essonne • 1 rue de la Mare à Tissier • BP 95
91280 **SAINT-PIERRE-DU- PERRAY**

Luc VERRICHON (Programmateur) • Olivier BESSAS (Gestion administrative et technique) • Eric COQUELIN (Chargé de communication)

Salle intercommunale de loisirs de Sénart en Essonne • **Genre(s) musical(aux)** : Blues, jazz, rock, chanson, musique du monde • **Capacité** : Plus de 400 pl. • **Références** : Sixun, Charles Pasi, Susheela Raman, festival de Blues de Sénart en Essonne (mai)

Le THÉÂTRE CORBEIL-ESSONNES

✆ **01 69 22 55 80 / 0 810 400 478** • fax 01 69 22 56 10
mahfoud.sadi@agglo-seine-essonne.fr • **www.theatre-corbeil-essonnes.fr**
20/22 rue Félicien-Rops • 91100 **CORBEIL ESSONNES**

Mahfoud SADI (Directeur) • Katia HOLSNYDER (Collaboratrice artistique)

Genre(s) musical(aux) : Chanson, jazz, musiques du monde • **Capacité** : 525 pl. • **Références** : Idir, HK et les Saltimbanques, Ommm, Tomás Gubitsch, Tri Yann, etc.

THÉÂTRE DE L'AGORA

✆ **01 60 91 65 60 / 01 60 91 65 65** • fax 01 60 91 65 75
administration@theatreagora.com • **www.theatreagora.com**
Pl. de l'Agora • BP 46 • 91002 **EVRY CEDEX**

Christophe BLANDIN-ESTOURNET (Directeur)

Scène nationale d'Evry et de l'Essonne • **Genre(s) musical(aux)** : Jazz, musique du monde et contemporaine, arts numériques • **Capacité** : 650 pl. ou 250 pl. • **Références** : ArthurH, Denis Colin & Ornette « Univers Nino », Cie Les Musiques à ouïr de Denis Charolles « Duke et Thelonious », la Fanfare Ciocărlia, Souad Massi et Eric Fernandez, etc.

THÉÂTRE DE LONGJUMEAU

✆ **01 69 09 05 05 / 01 69 09 09 09** • fax 01 69 10 00 65
contact@theatre-longjumeau.com • **www.theatre-longjumeau.com**
20 av. du Général de Gaulle • 91160 **LONGJUMEAU**

Jack-Jenri SOUMERE (Directeur artistique) • Philippe BELLOT (Directeur) • Fabien DE BEURMANN (Administrateur) • William MACÉ (Directeur technique)

Genre(s) musical(aux) : Variétés, jazz, classique, opérette • **Capacité** : Amphitéâtre 954 pl. / Auditorium 330 pl. • **Références** : Serge Lama, M Pokora, Didier Lockwood, Shym, Marc Lavoine

Hauts-de-Seine

Les 3 PIERROTS

✆ **01 46 02 74 44 / 01 41 12 81 21** • fax 01 47 71 04 00
3pierrots@saintcloud.fr • **www.3pierrots.fr**
6 rue du Mont Valérien • 92210 **ST CLOUD**

Pierre JACQUEMONT (Directeur)

Centre culturel de la Ville de Saint-Cloud • **Genre(s) musical(aux)** : Tous dont chanson, jazz • **Capacité** : Salle Lino Ventura (439 fauteuils), salle le studio (140 pl.) • **Références** : You Sun Nah, Manuel Rocheman, Franck Filosa, Kenny Garrett, Longnon Big Band, les Franglaise, Festval Träce-Rover, Dominique A, « Quand Buster keaton rencontre le jazz » (Guilhem Flouzat, direction artistique)

L'AVANT-SEINE / THÉÂTRE DE COLOMBES

✆ **01 56 05 00 76 / 01 56 05 86 46** • fax 01 56 05 86 41
contact@lavant-seine.com • **www.lavant-seine.com**
Parvis des droits de l'homme • 88 rue Saint Denis • 92700 **COLOMBES**

Grégoire LEFEVBRE (Directeur) • Samia DOUKALI (Secrétaire générale) • Coline ARNAUD (Médiatrice culturelle / RP)

Genre(s) musical(aux) : Ts • **Capacité** : 980 pl. • **Références** : Camille, Francesco Tristano, Amadou et Mariam, Magic Malik, Anouar Brahem, etc.

Le CARRÉ BELLE FEUILLE

✆ **01 55 18 54 00**
carrebellefeuille@mairie-boulogne-billancourt.fr
www.boulognebillancourt.com
60 rue de la Belle feuille • 92100 **BOULOGNE BILLANCOURT**

Jean-Pierre ROUILLE (Directeur) • Chantal DE CHARMOY (Directrice adjointe Responsable de la programmation) • Youenn GUERRAND (Directeur technique)

Genre(s) musical(aux) : Jazz, chanson, musique du monde, danse, théâtre musical, jeune public • **Capacité** : Le Grand Carré (606 pl.), le Carré Club (86 pl. assises mais modulable en salle pour concert debout) • **Références** : Gregory Porter, Laurence Equilbey, Madeleine Peyroux, Laurent Mignard Duke Orchestra, Lucilla Galeazzi, Shaï Maestro, Raphaëlle Delaunay, Revolver, Alain Souchon, Emel Mathlouthi, Pura Fe, Kocani Orkestar, Benjamin Biolay, Ibrahim Maalouf, Françoise Atlan ; jeune public : Pascal Ayerbe « Morceaux en sucre », Cie minute papillon « Grat' moi la puce que j'ai dans le do », H. Sahabiette « La grande évasion », Th. de l'ombrelle « Lian et le lotus », Cie Vertigo « 2 cendrilon », Armika « Les yeux du loup », David Sire « Filopat »

CENTRE D'ART ET DE CULTURE

✆ **01 49 66 68 90** • fax 01 49 66 68 85
centre.art@mairie-meudon.fr • **www.meudon.fr**
15 bd des Nations Unies • 92190 **MEUDON**

Françoise POINTARD (Directrice artistique) • Nadine CHAVAGNAC (Administratrice) • Sophie SEJOURNE (Administratrice) • Béatrice CHANONIER-HAMEL (Relations publiques et communication)

Genre(s) musical(aux) : Théâtre, musique classique, danse, variété, humour, musique du monde, humour musical, jazz, jeune public, expos, cinéma • **Capacité** : 495 pl. • **Références** : Vincent Delerm, Dominique A, Ibrahim Maalouf, Grégory Porter, Melothesia Æthiopica - Ensemble Baroque Nomade, Françoise Atlan, etc.

ESPACE CARPEAUX

✆ **01 46 67 70 00 / 01 46 67 14 98** • fax 01 47 68 51 91
p.lignier@sortiracourbevoie.com • **www.sortiracourbevoie.com**
15 bd Aristide Briand • BP 81 • 92405 **COURBEVOIE CEDEX**

Philippe LIGNIER (Directeur / Directeur artistique) • Carole CERRITO (Administratrice) • Agathe DE LOUVIGNY (Directrice de la communication) • Daniel JAYLET (Directeur technique) • Christophe LE JEHAN (Régisseur général)

Genre(s) musical(aux) : Jazz, chanson, world music, classique, théâtre, danse • **Capacité** : 476 pl. + formule 120 pl. « Cabaret Jazz Club » (20 concerts/an, ts les lun.) • **Références** : Alain Souchon, Trio Esperança, Juliette Gréco, Julien Clerc, Michel Jonasz, Madeleine Peyroux, Ibrahim Maalouf, Gregory Porter, Robin McKelle, Youn Sun Nah, festival Chorus - Cabaret Jazz Club : Marcel Zanini, Lionel Belmondo, Christian Escoudé, Eric Luter & Charles Prevost Washboard Group, etc.

Les GÉMEAUX

✆ **01 46 60 05 64** • fax 01 46 61 54 55
contact@lesgemeaux.com • **www.lesgemeaux.com**
49 av. Georges Clémenceau • 92330 **SCEAUX**

Françoise LETELLIER (Directrice et programmatrice)

Scène nationale de Sceaux • **Genre(s) musical(aux)** : Jazz, chanson, musiques actuelles • **Capacité** : Grand théâtre (510 pl.), petit théâtre (180 pl.), Sceaux What (150 pl. assis, 300 pl. debout) • **Références** : Roza Metal Ceniza, Wanderer Septet (création d'Yves Rousseau), Eric Legnini, Baptiste Trotignon, JJ Milteau, Aldo Romano, etc.

MAISON DE LA MUSIQUE NANTERRE

✆ **01 41 37 94 20 / 01 41 37 94 21** • fax 01 41 37 06 45
billetterie@mairie-nanterre.fr • **www.nanterre.fr**
8 rue des Anciennes-Mairies • 92000 **NANTERRE**

Isabelle D'ARPIANY (Administratrice) • Dominique LAULANNÉ (Directeur artistique) • Pascal BARBIER (Régisseur général) • Lisbeth GAUDECHOUX (Relations publiques) • Claire LEXTRAY (Attachée de presse)

Genre(s) musical(aux) : Musique du monde, jazz, chanson, danse, jeune public, musique classique et contemporaine, musiques actuelles • **Capacité** : 486 pl. • **Références** : « Algérie je t'aime » avec Rachid Taha, Camel Zekri, Fadela, Boutaïba S'ghir, Ali Amran, Abdelkader Chaou - rock/chanson : Dominique A, Rodolphe Burger, Adb-Al-Malik, Yves Robert, Loïc Lantoine - Jazz : Youn Sun Nah, Antoine Hervé, Mikhaïl Rudy, Moutin Réunion Quartet, etc.

SALLE DES FÊTES DE GENNEVILLIERS

✆ **01 40 85 64 55 / 06 60 65 64 51** • fax 01 41 47 96 92
geraldine.salle@ville-gennevilliers.fr • **www.ville-gennevilliers.fr**
c/o Service spectacles - Mairie • Centre administratif Waldeck l'Huiller
177 av. Gabriel Peri • 92230 **GENNEVILLIERS**

Géraldine SALLE (Chargée de programmation) • André BOHIN (Responsable technique)

Genre(s) musical(aux) : Variété, jazz, rock, rap, etc. • **Capacité** : 750 à 1 450 pl. • **Références** : Thomas Dutronc, Julien Clerc, Marc Lavoine, Misia, Sanseverino, etc.

THÉÂTRE 71

✆ **01 55 48 91 00** • fax 01 55 48 91 09
administration@theatre71.com • **www.theatre71.com**
3 pl. 11 Novembre • 92240 **MALAKOFF**

Pierre-François ROUSSILLON (Directeur / programmateur) • Ghyslaine SCHUELLER (Directrice administrative)

Scène nationale de Malakoff • **Genre(s) musical(aux)** : Chanson, jazz • **Capacité** : 513 et 120 pl. • **Références** : Art Mengo, Yves Rousseau « Poète... Vos Papiers ! » Sextet - Partenariat avec la Fabrica'son pour « JazzaMalak ! » (ts les 15 jours le dim. au foyer-bar du Théâtre)

THÉÂTRE ANDRÉ MALRAUX

✆ **01 41 39 07 74** • fax 01 47 08 24 47
secretariat@tam.fr • **www.tam.fr**
Pl. des Arts • BP 135 • 92504 **RUEIL MALMAISON CEDEX**

Pascale ANTOONS (Directrice) • Francis LE BRIS (Directeur relations publiques)

Genre(s) musical(aux) : Chanson, humour, jazz • **Capacité** : Grande salle (854 pl.) + salle cabaret Ariel Centre-Ville • **Références** : Patricia Kaas, Nolwen leroy, Alain Souchon, Natalie Dessay/Michel Legrand, Serge lama, Benabar, Julien Clerc, Alan Stivell + Soirées « Cabaret jazz » avec Zool Fleischer/Denis Leloup, Swinging Life, Mauro Gargano, Luigi Grasso, Laura Littardi « Inner Dance » avec Carine Bonnefoy, Tam de Villiers, etc. (Programmation jazz : Alexis Avakian - alexisavakian@yahoo.fr)

THÉÂTRE DE SURESNES JEAN VILAR

✆ **01 41 18 85 85** • fax 01 45 06 30 80
theatre@theatre-suresnes.fr • **www.theatre-suresnes.fr**
16 pl. Stalingrad • 92150 **SURESNES**

Olivier MEYER (Directeur programmateur) • Anne-Sophie DUPOUX (Administratrice)

Genre(s) musical(aux) : Variétés, chanson, jazz, musiques traditionnelles, danses hip hop, cirque, théâtre • **Capacité** : Aéroplane (230 pl., assis) et Théâtre (700 pl.) • **Références** : Abd Al Malik, « Nas zdarovié ! » avec Anne Baquet et Damien Nédoncelle, « Delicatissimo » avec Peter Hens et Bart van Caenegem, Florin Niculescu joue Stéphane Grappelli, Antoine Hervé « La Leçon de Jazz » (Dave Brubeck, Ella Fitzgerald, Chick Corea, Herbie Hancock, Wayne Shorter & Oscar Peterson)

THÉÂTRE DES HAUTS-DE-SEINE

✆ **01 46 25 07 15 / 01 46 92 95 41** • fax 01 49 01 93 67
info@mairie-puteaux.fr • **www.culture.puteaux.fr**
5 rue Henri Martin • 92800 **PUTEAUX**

Marine LAFFARGUE (Responsable de la programmation)

Genre(s) musical(aux) : Variété, jazz, musique classique • **Capacité** : 700 pl. • **Références** : « Le Jazz fait son cinéma » (fév.) avec David et Thomas Enhco, Arthur H, Calogero, Stéphane Rousseau, le Roi Se Meurt, la Vie Devant Soi, le Quatuor, Bourvil et Fernandel, Grand Corps Malde, etc.

THÉÂTRE FIRMIN GEMIER/LA PISCINE

✆ **01 41 87 20 87 / 01 41 87 20 84** • fax 01 41 87 20 86
contact@tfg-lp.com
254 av. de la division Leclerc • 92290 **CHATENAY MALABRY**

Marc JEANCOURT (Directeur)

Genre(s) musical(aux) : Chanson, jazz, musiques du monde, jeune public + théâtre, cirque (scène conventionnée), danse • **Capacité** : Théâtre Firmin Gémier (434 pl.), La Piscine (706 à 801 pl.), le Pédiluve (86 pl. assises, 120 debout) • **Références** : Salif Keita, Idir, Philippe Katerine, Kady Diarra, Rona Hartner, Imany, etc.

THÉÂTRE JEAN ARP

✆ **01 41 90 17 00 / 01 41 90 17 02** • fax 01 41 90 17 09
fbentaieb.theatrearp@clamart.fr • **www.theatrearp.com**
22 rue Paul Vaillant-Couturier • 92140 **CLAMART**

Farid BENTAIEB (Directeur) • Antoine PITEL (Administrateur) • Séverine BOUISSET (Secrétaire générale)

Genre(s) musical(aux) : Jazz, chanson, musiques du monde, théâtre • **Capacité** : 636 pl. • **Références** : Paris jazz Big Band, dirigé par Pierre Bertrand et Nicolas Folmer (dans le cadre du festival « Jazz à Clamart ») Tigran Hamasyan, Thomas Fersen

THÉÂTRE RUTEBEUF

✆ **01 47 15 98 50 / 01 47 15 98 51** • fax 01 47 15 31 58
reservation.rutebeuf@ville-clichy.fr • **www.ville-clichy.fr**
16-18 allées Léon Gambetta • 92110 **CLICHY**

Emmanuelle OKBI (Directrice)

Genre(s) musical(aux) : Chanson française et internationale, jeune public, musique du monde, one man show, théâtre, etc. • **Capacité** : Théâtre (500 pl.) • **Références** : Grand Corps Malade, Juliette, Jane Birkin, Etienne Daho, The Last Morning Soundtrack, Richard Galliano

THÉÂTRE VICTOR HUGO

✆ **01 46 63 10 54 / 01 41 17 48 12** • fax 01 46 64 13 28
www.bagneux92.fr
14 av. Victor Hugo • 92220 **BAGNEUX**

Marie-Lise FAYET (Directrice du théâtre) • Patricia PESCA (Musique et danse) • Alain BRIAND (Directeur technique)

Genre(s) musical(aux) : Ts • **Capacité** : 440 pl. • **Références** : Marcel Azzola et le Quatuor Inédits, Renaud Garcia Fons, Térez Montcalm, Sandra Nkaké, Anthony Joseph, Fawzy Al-Aiedy, Thomas de Pourquery

Seine-Saint-Denis

CENTRE CULTUREL JEAN HOUDREMONT

✆ **01 49 92 61 61** • fax 01 49 92 61 06
kenan.ozturk@ville-la-courneuve.fr • **www.ville-la-courneuve.fr**
11 av. du Gal Leclerc • 93120 **LA COURNEUVE**

Armelle VERNIER (Directrice) • Kenan ÖZTURK (Programmateur musiques du monde)

Genre(s) musical(aux) : Musiques traditionnelles, jazz • **Capacité** : 150pl. (assis), 600 pl. (debout) • **Références** : Nassima, Ny Malagasy Orkestra, António Zambujo, Bal Tamoul, Wang Li et Yom, Seydina insa Wade, Kareyce Fotso ; Orchestre National de Barbès, Duo Nolwenn Korbell et Soig Siberil, Mehmet Erenler, Mahmut Demir chante pour Bedrettin, Ensemble Thomas Bellorni/Telamuré, etc.

ESPACE DES ARTS - SALLE PHILIPPE NOIRET

✆ **01 41 55 12 80** • fax 01 48 02 15 30
espacedesarts@wanadoo.fr • **www.cecas.net**
Pl. Charles de Gaulle • 144 av. Jean-Jaurès • 93320 **PAVILLONS SOUS BOIS**

Catherine LECONTE (Présidente) • Séverine HOUY (Chargée de production)

Genre(s) musical(aux) : Ts + théâtre, one man show, etc. • **Capacité** : 375/850 pl. (assis) à 1 400 (debout) • **Références** : The Glenn Miller Memorial Orchestra, Alain Souchon, Julien Clerc, « Hommage à Michel Petrucciani » avec Franck Avitabile, « Pavillons Jazz Festival » (fin mai)

ESPACE JACQUES PREVERT - THÉÂTRE D'AULNAY

✆ **01 48 68 08 18** • fax 01 48 69 35 22
administration@ejp93.com • **www.aulnay-sous-bois.com**
134 rue Anatole France • 93600 **AULNAY SOUS BOIS**

Christophe UBELMANN (Directeur)

Genre(s) musical(aux) : Ts • **Capacité** : 184 à 720 pl. • **Références** : Gospel pour 100 voix, Laurent Voulzy, Kamel El Harrachi, The Rabeats, « Aulnay All Blues » (nov.) avec Russell Batiste & Friends avec Jason Neville, Cyril Neville, Donald Harrison et Jonathan Batiste

ESPACE MICHEL SIMON

✆ **01 49 31 02 02** • fax 01 49 31 02 69
service.culturel@ville-noisylegrand.fr • **www.espacemichelsimon.fr**
36 rue de la République • 93160 **NOISY LE GRAND**

Max SERVEAU (Directeur) • Daniel LEMONIIER (Chargé de programmation théâtre) • Véronique LECLUSE (Chargée de programmation danse et jeune public, actions culturelles) • Elise LOPÈS (Chargée de programmation variété et humour)

Genre(s) musical(aux) : Jazz, chanson, musiques actuelles, classique, danse • **Capacité** : Salle Arletty (700 pl.), Café des arts (200 pl.) • **Références** : Camille, Hubert-Félix Thiéfaine, Dick Rivers- « Petite scène jazz » : Gilda Solve/Patrice Galas, Laurent Epstein, Swing Feeling, Veronika & Pikey, Cyrille Aimée et Adrien Moignard Trio, Tony Chasseur et Xavier Richardeau « Calyps Jazz Affair », Philippe Laudet

Le FORUM DU BLANC-MESNIL

✆ **01 48 14 22 00** • fax 01 48 14 22 29
initialeprenom.nom@leforumbm.fr • **www.leforumbm.fr**
1/5 pl. de la Libération • 93150 **LE BLANC MESNIL**

Xavier CROCI (Directeur) • Jean-Christophe BOISSONNADE (Administrateur)

Genre(s) musical(aux) : Tous • **Capacité** : Grande salle (350 pl.), Auditorium (130 pl.) modulables • **Références** : Orchestre des siècles, Africolor, Jeff Scharel, Selelamneshi, Le bruit du <Sign>, Mélaku Belay, Zenash, Tsegaye. Banlieues Bleues : Anthony Coleman, Gilles Apap, Quatuor Béla

MAINS D'OEUVRES

✆ **01 40 11 25 25** • fax 01 40 11 25 24
info@mainsdoeuvres.org • **www.festivalmofo.org**
1 rue Charles Garnier • 93400 **ST OUEN**

Fazette BORDAGE (Présidente) • Camille DE WIL (Directeur) • Blandine PAPLORAY (Chargée de communication) • Elsa BENDHIF (Coordinatrice musique) • Gilles DAVANTURE (Régisseur)

Genre(s) musical(aux) : Rock, musiques improvisées, musiques du monde, hip hop, musiques électroniques, musiques experimentales • **Capacité** : 100 à 2000 pl. pour 1 à plusieurs salles • **Références** : « Nuits sans frontière », « Nuit Sale et sauvage », Lydia Lunch, The Coup, The Monsters, Magnetix, Zombie Zombie, Cheveu

THÉÂTRE DES BERGERIES

✆ **01 49 42 67 17 / 01 41 83 15 20** • fax 01 48 46 10 70
billetterie.theatre@noisylesec.fr • **www.letheatredesbergeries.fr**
5 rue Jean Jaurès • 93130 **NOISY LE SEC**

Monique BERGER (Directrice) • Clément FRANÇOIS (Assistant programmation) • Elise HENNION (Communication)

Genre(s) musical(aux) : Chanson, blues, jazz, musiques du monde, jeune public • **Capacité** : 500 et 150 pl. • **Références** : Pink Turtle, Dominique A, Otis Taylor, Christian Escoudé, Marcel Azzola et David Reinhardt « Gypsie Planet », Eric Toulis, Ray Lema (Africolor), Catherine Vaniscotte, etc.

Val-de-Marne

MAISON DES ARTS CRETEIL

✆ **01 45 13 19 19** • fax 01 43 99 48 08
gilles.bouckaert@maccreteil.com • **www.maccreteil.com**
Pl. Salvador Allende • 94000 **CRETEIL**

Didier FUSILLIER (Directeur) • Gilles BOUCKAERT (Coordinateur des projets artistiques) • Mathilde COCQ (Administratrice) • Patrick WETZEL (Directeur technique) • Mireille BARUCCO (Secrétaire générale)

Scène nationale de Créteil et du Val-de-Marne • **Genre(s) musical(aux)** : Théâtre, danse, musique, jeune public • **Capacité** : 1 040 pl., 300 pl. et 100 pl. • **Références** : Imany, Kery James, participation au festival « Sons d'Hiver » (fév.) avec Jeff Lee Johnson Trio et Tortoise, La Muse en circuit « festival Extension », Ernesto Tito Puentes Big Band

La SCÈNE WATTEAU-PAVILLON BALTARD

✆ **01 43 24 76 76** • fax 01 43 24 76 79
scenewatteau@wanadoo.fr • **www.scenewatteau.fr**
1 pl. du Théâtre • 94736 **NOGENT SUR MARNE CEDEX**

Benoît STRUBBE (Directeur de la Régie Personnalisée) • Nicolas LIAUTARD (Directeur artistique) • Monique CROSES (Directrice du Pavillon Baltard)

Genre(s) musical(aux) : Ts • **Capacité** : 490 pl. (scène Watteau), 2 500 pl. (Pavillon Baltard) • **Références** : Rachelle des Bois, Mounira Mitchala, « Nuit du Mali », Yordan, Gianna M., Marie Busato

THÉÂTRE ANDRÉ MALRAUX DE CHEVILLY-LARUE

✆ **01 41 80 69 69** • fax 01 41 80 69 61
www.theatrechevillylarue.fr
102 av. du Gal de Gaulle • 94550 **CHEVILLY LARUE**

Michel JOLIVET (Directeur)

Genre(s) musical(aux) : Chanson, jazz, musiques du monde • **Capacité** : 400 pl. • **Références** : Lionel Belmondo « Hymnea u soleil », Bohringer, Yael Naim, « La fête à Boby » avec Jean-Marie Machado & André Minvielle, Laurent Mignard Duke Orchestra (en coréalisation avec le Conservatoire de Musique et Jazz à Chevilly)

THÉÂTRE CLAUDE DEBUSSY

✆ **01 41 79 17 20** • fax 01 43 96 12 14
theatredebussy@theatredemaisons-alfort.com
www.theatredemaisons-alfort.org
116 av. du Gal de Gaulle • BP 147 • 94702 **MAISONS ALFORT CEDEX**

Gilles MACHTO (Directeur) • Christian DUCRAY (Directeur artistique) • Jean-Marc WALTER (Directeur technique) • Martine CARLIER (Chargée de communication et progammation jeune public) • Véronique GELY (Relations publiques)

Genre(s) musical(aux) : Tous • **Capacité** : 670 pl. • **Références** : Arthur H, Alain Souchon, Swinging life, Corneille, Keith B. Brown, Benjamin Biolay, Liz Mc Comb

THÉÂTRE DE RUNGIS

✆ **01 45 60 79 00** • fax 01 46 86 17 93
administration@theatre-rungis.fr • **www.theatre-rungis.fr**
1 pl. du Gal de Gaulle • 94150 **RUNGIS**

Bruno COCHET

Genre(s) musical(aux) : Variété, jazz, musiques du monde • **Capacité** : 407 pl. • **Références** : L, Michele Bernard, les Blérots de Ravel

THÉÂTRE DE ST-MAUR

✆ **01 48 89 22 11**
administration@theatresaintmaur.com • **www.theatresaintmaur.com**
Atelier Théâtre de la Cité • 20 rue de la Liberté • 94100 **ST MAUR DES FOSSES**

Florence CAMOIN (Directrice artistique)

Genre(s) musical(aux) : Ts • **Capacité** : 674 et 106 pl. • **Références** : Luis de la Carrasca et José-Luis Dominguez, Alain Souchon, Thomas Fersen, Jazz en boucle (sep.) avec Sylvain Luc, Stochelo Rosenberg et Romane, etc.

THÉÂTRE JEAN VILAR (VITRY-SUR-SEINE)

✆ **01 55 53 10 70 / 01 55 53 10 60** • fax 01 55 53 10 66
contactpros@theatrejeanvilar.com • **www.theatrejeanvilar.com**
1 pl. Jean Vilar • 94400 **VITRY SUR SEINE**

Gérard ASTOR (Directeur) • Marlène AMIOT (Administratrice)

Genre(s) musical(aux) : Ts dont chanson, jazz et musique contemporaine, musique baroque, opéra • **Capacité** : Modulable de 0 à 1 000 pl. • **Références** : Goran Brégovic, participation au festival « Sons d'Hiver » avec Burnt Sugar, Céline-Cavanna, Hudry, Gilbert, Ferrari/Ars Nova (dans le cadre du Festival Extension, de la Muse en Circuit)

THÉÂTRE ROMAIN ROLLAND

✆ **01 49 58 17 01 / 01 49 58 17 19**
alkrief@trr.fr • **www.trr.fr**
18 rue Eugène Varlin • 94800 **VILLEJUIF**

Alexandre KRIEF (Directeur) • Régis FERRON (Administrateur)

Genre(s) musical(aux) : Ts • **Capacité** : 777 pl. (scène Lecoq), 130 pl. (scène Églantine) • **Références** : Yaron Herman, Julien Doré (Festi'Val de Marne), « Hommage à Dark Side of the Moon » (Sons d'Hiver), Patrice Cararini « Short Songs », Camille, Amadou et Mariam, Wally

Val-d'Oise

L'APOSTROPHE

✆ **01 34 20 14 25** • fax 01 34 20 14 20
lapostrophe@lapostrophe.net • **www.lapostrophe.net**
Pl. des Arts • BP 60307 • 95027 **CERGY CEDEX**

Jean-Joël LE CHAPELAIN (Directeur) • Maryvonne BOS (Administratrice) • Serge GUEZENNEC (Directeur technique) • Elisabeth BOS (Secrétaire générale)

Scène nationale de Cergy-Pontoise et du Val d'Oise • **Genre(s) musical(aux)** : Jazz, chanson, musique du monde, danse, théâtre, conte, expositions • **Capacité** : Théâtres des Arts (200 pl.), Théâtre des Louvrais (550 pl.) • **Références** : Guilermo Calderon, 5e Nuit du Jazz (nov.) avec Shaï Maestro et Ibrahim Maalouf, etc.

CENTRE CULTUREL DE JOUY-LE-MOUTIER

✆ **01 34 43 38 00** • fax 01 30 38 41 05
billetterie@jouylemoutier.fr • **www.jouylemoutier.fr**
96 av. des Bruzacques • 95280 **JOUY LE MOUTIER**

Bernadette CHARLES (Programmateur)

Genre(s) musical(aux) : Musiques actuelles, jazz, world • **Capacité** : Salle polyvalente 344 pl., Nautilus : 100 pl. • **Références** : Babylone by Bus, Jules, Jacky Terrasson, Sylvain Rifflet, les Ogres de Barback, La Grande Sophie

Le CENTRE DES ARTS D'ENGHIEN-LES-BAINS

✆ **01 30 10 85 59** • fax 01 30 10 88 99
accueilcda@cdarts.enghien95.fr • **www.cda95.fr**
12/16 rue de la Libération • 95880 **ENGHIEN LES BAINS**

Dominique ROLAND (Directeur) • Joëlle FOLCH (Administration) • Sophie GARNIER (Chargée de développement des publics)

Genre(s) musical(aux) : Tous • **Capacité** : 383 pl. • **Références** : Création en 2012 d'« Akasha », suite audio-vidéo pour quartette, écrite par Yves Rouseau et mise en image par Patrick Volve, festival « Bains numériques »

EMB / ESPACE MICHEL BERGER

✆ **01 39 80 01 39** • fax 01 39 80 01 39
com@emb.sannois.org • **www.emb-sannois.org**
2 rue Georges Pompidou • 95110 **SANNOIS**

Pascal STIRN (Codirecteur programmateur) • Arnaud MONNIER (Codirecteur) • Guillaume BOURGEAIS (Chargé de production) • ZOUKI (Régisseur général) • Sophie PAGNANO (Chargée de communication) • Benoit GERVAIS (Administration)

Genre(s) musical(aux) : Musiques actuelles • **Capacité** : 500 pl. (debout), 200 pl. (assis) • **Références** : Melisa Laveaux (résidence), Guillaume Perret, Syd Matters, Mina Tindle, La Femme, Beat Torrent, Sebastien Tellier, Sandra N Kake, Imany, Cocoon, Izia, Sly Johnson, Ben l'Oncle Soul, Ayo, Camille, Moriarty, Mademoiselle K, I'M From Barcelona, Irma, Abd Al Malik, Orelsan, Sanseverino, Catherine Ringer, Selah Sue, Nneka, Sum41, Miossec, Daniel Darc, Robin McKelle, etc.

ESPACE LINO VENTURA

✆ **01 34 53 31 00** • fax 01 34 53 31 01
gonzaleza@villedegarges.com • **www.garges.net**
Av. du Gal De Gaulle • BP 2 • 95141 **GARGES LES GONESSE CEDEX**

Anne GONZALES (Assistante de direction) • Cathérine GRAU (Expositions) • Cyril GUITARD (Régisseur général) • Véronique FALLETA (Chargée de communication) • Fatima SEDDAK (Billetterie) • Laurent FOSSE (Directeur)

Genre(s) musical(aux) : Tous • **Capacité** : 600 pl. (assises) à 1 000 pl. (debout) • **Références** : Corneille, La Fouine, Michel Galabru, Michel Delpech, Amadou & Mariam, Kevin Razy, etc.

ESPACE MARCEL PAGNOL

✆ **01 34 04 13 20** • fax 01 34 04 13 30
culture@ville-villiers-le-bel.fr • **www.ville-villiers-le-bel.fr**
Service culturel • 73 rue de la republique • 95400 **VILLIERS LE BEL**

Delphine DOUBLET (Directrice) • Lise AMIOT (Directeur adjoint)

Genre(s) musical(aux) : Jazz, musiques actuelles et du monde, hip hop, slam, etc. • **Capacité** : 500 pl. assis • **Références** : Grand Corps Malade, OqueStrada, Black Barbie, Emmanuel Bex Open Gate Trio, Mario Canonge et Mino Cinelu, A Filetta + festival « World of Words » avec l'ass. La Ruche (oct.)

ESPACE SAINT-EXUPERY

✆ **01 39 32 66 05** • fax 01 39 32 67 97
espacesaintexupery@ville-franconville.fr • **www.ville-franconville.fr**
32 bis rue de la Station • BP 90043 • 95132 **FRANCONVILLE CEDEX**

Marie-France MONTANT (Directrice des affaires culturelles)

Genre(s) musical(aux) : Chanson, jazz, musiques du monde, jeune public, danse • **Capacité** : 423 pl. • **Références** : Claire Denamur, Aurélie Cabrel, FM Laeti, Karimouche, David Linx, Le Trio Joubran

Le FORUM

✆ **01 34 24 71 71** • fax 01 34 46 97 09
leforum@mairie-vaureal.fr • **www.leforum-vaureal.fr**
Bd de l'Oise • 95490 **VAUREAL**

Hervé PEQUIGNET (Responsable de la programmation musicale) • Aurélie VANDEN BORN (Chargée de communication)

Genre(s) musical(aux) : Musiques actuelles, blues • **Capacité** : 500 pl. (debout), 150 pl. (assis) • **Références** : Fatals Picards, Killer Komanski, Israel Vibration, Great White, Pierre de Bethmann (dans le cadre de jazz au fil de l'Oise), Magnum, Nina Attal, Anathema, Jim Murple Memorial, Nashville Pussy, les Ramoneurs des mehnirs, Marcel et son orchestre, etc.

L'OBSERVATOIRE

✆ **01 34 33 43 57** • fax 01 34 33 43 63
lobservatoire@ville-cergy.fr • **www.facebook.com/lobservatoire.cergy**
3 pl. de l'Hôtel de ville • BP 48000 • 95001 **CERGY CEDEX**

Bruno SABINI (Directeur / programmateur)

Genre(s) musical(aux) : Chanson, jazz, reggae, rock, hip hop, funk, musique du monde, metal, ska, blues, etc. • **Capacité** : 250 pl. (assis), 500 pl. (debout) • **Références** : Groundation, Ben l'Oncle Soul, Nneka, Staff Benda Bilili, Zaz, Raggasonic, Youssoupha, Sly Johnson, Maceo Parker, Debout sur le Zinc, Shantel, Boubacar Traoré, Ismaël Lo, Anaïs, etc.

THÉÂTRE DU CASINO D'ENGHIEN

✆ **01 39 34 10 80** • fax 01 39 34 10 74
acollomp@lucienbarriere.com • **www.theatreducasino-enghien.com**
3 av. de la Ceinture • 95880 **ENGHIEN LES BAINS**

Blandine HARMELIN (Directrice) • Armelle COLLOMP (Relations publiques) • Norma LE GUILLERM (Collectivités)

Genre(s) musical(aux) : Chanson, jazz, variété, opéra comique, comédie • **Capacité** : 670 pl. • **Références** : London Community Gospel Choir, Liane Foly, Christophe, Calogero, Benjamin Biolay, Enghien Jazz Festival (juil.)

THÉÂTRE DU CORMIER

✆ **01 39 78 68 04 / 01 34 50 47 65**
culture@ville-cormeilles95.fr • **www.ville-cormeilles95.fr**
Direction des affaires culturelles • Hôtel de ville • 3 av. Maurice Berteaux • 95240 **CORMEILLES EN PARISIS**

Céline MAEDER (Directrice) • Mathilde FAVIER (Administration)

Genre(s) musical(aux) : Chanson, world, jazz, etc. • **Capacité** : 307 à 399 pl. • **Références** : Gregory Porter, Sanseverino, Bratsch, American Gospel Team, Caravan Palace, Bernard Allison, Daphné, Susheela Raman, Robin McKelle, Grupo Compay Segundo,

THÉÂTRE ROGER BARAT D'HERBLAY

✆ **01 39 97 40 30** • fax 01 39 97 86 60
trbh@herblay.fr • **www.herblay.fr**
Pl. de la Halle • 95220 **HERBLAY**

Vincent LASSERRE (Directeur programmateur)

Genre(s) musical(aux) : Jazz, chanson, rock, variétés, etc. • **Capacité** : Salle Debussy (502 pl.) Espace André Malraux (116 pl. assises) • **Références** : Liane Foly, Bevinda, Antoine Hervé/Michel Portal, Captain Mercier, Olivia Ruiz, Tremplin des nouvelles scènes (oct.)

TPE - THÉÂTRE PAUL ELUARD BEZONS

✆ **01 34 10 20 20** • fax 01 34 10 01 63
tpebezons@orange.fr • **www.tpebezons.fr**
162 rue Maurice Berteaux • 95870 **BEZONS**

Monique PLOUCHARD (Directrice) • David SAUVAGE (Administrateur) • Eric JOBERT (Directeur technique) • Caroline DRUELLE (Relations publiques et conseillère musique) • Gilles PETIT (Responsable jeune public)

Scène conventionnée pour la danse • **Genre(s) musical(aux)** : Tous dont world, hip hop, jazz, chanson et surtout danse • **Capacité** : 500 pl. • **Références** : Electro Deluxe, Ballaké Sissoko & Vincent Segal, Jean Guidoni, Bouskidou

SALLES DE MOINS DE 400 PLACES

Ville de Paris

114

audrey@le-114.fr • **www.facebook.com/centquatorze**
114 rue Oberkampf • 75011 **PARIS**

Les 3 ARTS

✆ **01 43 49 36 27** • fax 01 43 49 63 95
les3arts@free.fr • **les3arts.free.fr**
21 rue des Rigoles • 75020 **PARIS**

Rémy CANTIN (Directeur programmateur musiques traditionnelles) • Gérard DUTERQUE (Programmateur jazz et musiques de l'Est)

Genre(s) musical(aux) : Musiques traditionnelles, musiques du monde, jazz, rock, chanson • **Capacité** : 100 Pers. • **Références** : Sylvain Beuf Octissimo, Jef Sicard, Diégo Imbert et Michel Perez, Sharon et les Garçons, Patrick Chenais, Stéphane Guery, Joccubata, Marc Perrone, Odessa Klezmer Orchesta, le groupe Tizhde'i, Mélusine de Pas & Olivia Gutherz, les Mentsh, Loca Tangata, la Caravane pasee, etc.

ABRACADABAR

progabra@gmail.com • **www.abracadabar.fr**
123 av. Jean Jaurès • 75019 **PARIS**

Genre(s) musical(aux) : Rock, funk, chanson, soirée poésie urbaine, théâtre, soirée multiartistique • **Capacité** : 150 pl.

L'ALCAZAR

✆ **01 53 10 19 99** • fax 01 53 10 23 23
contact@alcazar.fr • **www.alcazar.fr**
62 rue Mazarine • 75006 **PARIS**

Capucine SANZ (Directrice commerciale)

Genre(s) musical(aux) : Musique éclectique et festive • **Capacité** : Restaurant : 360 pl. (assis), 600 pl. (debout) • **Références** : Michael Canitrot, Dom District, King Sabbah

L'ALIMENTATION GÉNÉRALE

✆ **01 43 55 42 50 / 06 06 56 39 16**
prod@alimentation-generale.net • **www.alimentation-generale.net**
64 rue Jean-Pierre Timbaud • 75011 **PARIS**

Cécile FUNKE (Programmatrice) • Saïd MESSOUS (Gérant) • Michael SALLIT (Communication) • Clémentine DECRAENE (Administration des spectacles)

Genre(s) musical(aux) : Pop, rock indé, chanson, musiques du monde, electro, hip hop, djing, jazz, etc. • **Capacité** : 276 pl.

ATELIER CHARONNE

✆ **01 40 21 83 35**
www.ateliercharonne.com
21 rue Charonne • 75011 **PARIS**

Romain GUÉNOT (Gérant)

Genre(s) musical(aux) : Jazz manouche, jazz • **Références** : Rodolphe Raffalli, Christian Escoudé, Ninine Garcia, Costel Nitescu, Angelo Debarre, Romane Adrien Moignard, David Reinhardt, Boulou Ferré et Elios Ferré, Tchavolo Schmitt, Rocky gresset, Raphael Faÿs, Ben Toury, Moreno Quartet, Noé Reinhardt, etc.

L'ATELIER DU PLATEAU

atelierduplateau@free.fr • **www.atelierduplateau.org**
5 rue du Plateau • 75019 **PARIS**

Matthieu MALGRANGE (Directeur artistique) • Laetitia ZAEPFFEL (Directrice artistique) • Claire MORROW (Chargée de communication)

Genre(s) musical(aux) : Jazz, musiques improvisées, contemporaine et du monde • **Capacité** : 80 pl. • **Références** : Edward Perraud, Bruno Chevillon, Eric Groleau, Philipe Lemoine et Olivier Lété, Alexandra Grimal, Vincent Courtois, Mujô Quaret, Ensemble Cairn, etc. + Festival « L'Atelier du Plateau fait son cirque » avec Jeanne Added, Théo Ceccaldi, François Merville, Jocelyn Mienniel, Sylvain Rifflet, Hélène Labarrière, etc.

AUTOUR DE MIDI

✆ **01 55 79 16 48** • fax 01 42 54 68 37
autour-de-midi@wanadoo.fr • **www.autourdemidi.fr**
11 rue Lepic • 75018 **PARIS**

Yves FAUCHER (Directeur / programmateur) • Jean-Louis GRANGE (Directeur associé / chef de cuisine)

Genre(s) musical(aux) : Jazz • **Capacité** : (60 pl.) • **Références** : Certains l'aiment chaud, Jean-Loup Longnon, Baptiste Herbin, Rémi Toulon, Orphéon Cesta, Manu Le Prince, Olivier Temime, Claude Tissendier, Lionel et Stéphane Belmondo, etc.

AUX PETITS JOUEURS

✆ **01 42 41 23 80** • fax 01 42 41 50 34
contact@auxpetitsjoueurs.com • **www.auxpetitsjoueurs.com**
59 rue Mouzaïa • 75019 **PARIS**

David OLIVIER (Gérant)

Genre(s) musical(aux) : Jazz, rock, world • **Références** : Tony Rabeson, Jimi Drouillard, Thierry Eliez, Mezcla, Laurent Larcher, Boney Fields, Amsiwel, Angelo Debarre, Romane, Rocky Gresset, Noé et David Reinhardt, Adrien Moignard, Sébastien Giniaux, Norig, Christian Michard, Eric Larsen Blues, Laurent David et le label des musiques invendables, Le Paris Funk Orchestra

BACKSTAGE AT O'SULLIVANS BY THE MILL

✆ **09 72 22 11 53**
info@emodays.com • **www.osullivans-pubs.com**
92 bd de Clichy • 75018 **PARIS**

Anthony CHAMBON (Progammation et location)

Genre(s) musical(aux) : tous • **Capacité** : 300 pl. • **Références** : MXPX, Mest, UMFM, The Ataris, Burning Heads, Blackbomb A, Koritni, Bukowski, The Sticky Boys, Elderberries, Sidilarsen, soirées Rock my thirsday, soirées OuiFM, etc.

Le BAISER SALÉ

✆ **01 42 33 37 71 / 06 16 54 36 87** • fax 01 42 36 24 40
programmation@lebaisersale.com • **www.lebaisersale.com**
58 rue des Lombards • 75001 **PARIS**

Maria RODRIGUEZ (Directrice) • Sophie MASSIEAU (Responsable de la communication)

Genre(s) musical(aux) : Jazz, fusion (latin jazz/afro-jazz), chanson, musiques du monde • **Capacité** : 70 pl. • **Références** : Festival Jam's Estival, Paris Africans, Mario Canonge, F. Constantin, L. Winsberg, J.-M. Ecay, Cap'tain, Richard Bona, Rido Bayonne, Xalam, Festival afro-jazz « Quand l'Afrique nous tient », Festival « Les Caribéennes de mai »

BATEAU EL ALAMEIN

✆ **06 88 99 20 58**
bateauelalamein@yahoo.fr • **elalamein.free.fr**
Quai François Mauriac • 75013 **PARIS**

Marine PEQUIGNOT (Directrice artistique / programmatrice)

Genre(s) musical(aux) : Rock, nouvelle scène française • **Capacité** : 150 pl. • **Références** : Les Blérots de Ravel, Oldelaf et Mr D, La Crevette d'Acier, Mon Côté Punk, De Rien, les Fatals Picards, Florent Vintrigner, Les Petites Bourrettes, Le Chien d'en Face, Reno, Ben Mazué, Florent Novel, etc.

Le BATOFAR

✆ **01 45 21 06 78** • fax 01 53 14 76 58
promo@batofar.org • **www.batofar.org**
Face au 11 quai François Mauriac • 75013 **PARIS**

Éric MOREAU (Directeur) • Samuel CERDAN (Directeur d'exploitation) • Julie HARDOUIN (Programmatrice / administratrice) • Rihab HDIDOU (Communication / Partenariat / Presse)

Genre(s) musical(aux) : Electro, minimal, acid, soul, house, funk, hip hop, rock, metal, indus, punk, ragga, reggae, dub, drum'n'bass, jazz, etc. • **Capacité** : 300 à 350 pl. • **Références** : Pierre Henry, Venetian Snares, M.O.P, BirdPen, Gus Gus, The Damned, Dopplereffekt, Doctor L, Buju Banton, etc.

La BOULE NOIRE

✆ **01 49 25 81 75** • fax 01 42 23 67 04
info@laboule-noire.fr • **www.laboule-noire.fr**
120 bd de Rochechouart • 75018 **PARIS**

Nathalia OLLIVIER

Genre(s) musical(aux) : Ts • **Capacité** : 200 pl. • **Références** : Metallica, Amadou et Mariam, Interpol, The Libertines, Manu Chao, Justice, Selah Sue, TV on the Radio, Franz Ferdinand, Jamie Cullum, Yaël Naim, etc.

Le BUS PALLADIUM

✆ **01 45 26 80 35**
contact@lebuspalladium.com • **www.lebuspalladium.com**
6 rue Fontaine • 75009 **PARIS**

Cyril BODIN (Directeur artistique)

Genre(s) musical(aux) : Rock, pop, folk, etc. • **Capacité** : 300 à 400 pl.

CAVEAU DE LA HUCHETTE

✆ **01 43 26 65 05 / 01 43 29 52 37 / 06 80 04 97 77**
fax 01 40 51 71 70
huchette@aol.com • **www.caveaudelahuchette.fr**
5 rue de la Huchette • 75005 **PARIS**

Dany DORIZ (Directeur)

Genre(s) musical(aux) : Jazz • **Références** : Duffy Jackson, W.Vaché, Hal Singer, Marc Laferrière, Marcel Zanini, Dany Doriz, Olivier Franc, Patrick Saussois, Claude Bolling, Christian Morin, Rhoda Scott, Joey Morant, Scott Hamilton

CAVEAU DES OUBLIETTES

✆ **01 46 34 23 09 / 01 46 34 23 09**
caveaudesoubliettes@noos.fr • **www.caveaudesoubliettes.fr**
52 rue Galande • 75005 **PARIS**

Michel GUERCHE (Gérant)

Genre(s) musical(aux) : Jazz, blues, rhythm and blues • **Capacité** : 80 pl. • **Références** : François Faure, Sylvain Del Campo, Moreno Quartet, Hervé Meschinet, Philippe Combelle, Stephan Patry, etc.

CENTRE D'ANIMATION CURIAL

✆ **01 40 34 91 69**
cacurial@laligue.org • **www.laligue.org**
16 rue Colette Magny • 75019 **PARIS**

Sadia DIAWARA (Directeur) • Mariama KABA (Directrice adjointe)

Genre(s) musical(aux) : Ts les styles • **Capacité** : 150 pl. (assis) • **Références** : Rosa Nocturna, Ismael Wonder Mansour, Marina Céleste, Tom Diakité, Sefyu, BB Kandia Kouyaté, etc.

La CHAPELLE DES LOMBARDS

✆ **01 43 57 24 24** • fax 01 43 57 24 24
la.chapelle.des.lombards@gmail.com • **www.la-chapelle-des-lombards.com**
19 rue de Lappe • 75011 **PARIS**

Jimmy BLANCHE (Directeur) • Rachel DEE (Responsable)

Genre(s) musical(aux) : Salsa, zouk, reggae, jazz, Afrique • **Capacité** : 350 pl. • **Références** : Ray Barreto, Femi, Tippa Irie et Toure Kunda, Patotos Valdez

Les COMBUSTIBLES

✆ **01 58 51 16 30**
programmation@lescombustibles.net • **www.lescombustibles.net**
14 rue Abel • 75012 **PARIS**

David KUTCHUKIAN (Gérant)

Genre(s) musical(aux) : Rock, garage, fanfare, chanson, jeune public, soirées « Punk club » et électro, folk, blues, etc. • **Capacité** : 130 pl. • **Références** : Mei Tei Sho, Les Pan Pan, Signal, Charlie'O, Marc Minelli, The Mat Firehair Revue, Tav Falco, Tai-Luc, David Hillyard, etc.

Le COMEDY CLUB

✆ **08 11 94 09 40**
info@lecomedyclub.fr • **www.lecomedyclub.fr**
42 bd Bonne Nouvelle • 75010 **PARIS**

Karim DEBBOUZE (Gérant) • Jean-Michel JOYEAU (Directeur)

Genre(s) musical(aux) : Chanson, rap, R&B, musiques du monde, Djing, etc. • **Capacité** : 120 pl. assises • **Références** : 50 Cent, Clémentine Célarié, Mika, Jam Session avec Kool Shen, Rachid Taha et Ben l'Oncle Soul, Black Eyes Peas, Stevie Wonder, Manu Dibango & Maceo Parker, Brigitte Fontaine, Hocus Pocus, Soha, Neg'Marrons, etc.

La DAME DE CANTON

✆ **01 53 61 08 49 / 01 45 84 41 71**
public@damedecanton.com • **www.damedecanton.com**
Port de la Gare au pied de la BNF • En contrebas du Quai François Mauriac • 75013 **PARIS**

Philippe HOLVOET (Gérant) • Laetitia DI MACCIO (Administratrice) • Elodie MERMOZ (Programmatrice)

Genre(s) musical(aux) : Musiques actuelles, clubbing • **Capacité** : 150 pl. • **Références** : La Mathilde, Les Szgaboonistes, Mo'Kalamity, Soan, Laetitia Sheriff, Oldelaf, We were Evergreen, etc.

Les DÉCHARGEURS

✆ **01 42 36 00 02 / 01 42 36 00 50** • fax 01 42 36 36 19
infos@lesdechargeurs.fr • **www.lesdechargeurs.fr**
3 rue des Déchargeurs • 75001 **PARIS**

Ludovic MICHEL (Gérant) • Lee-Fou MESSICA (Directrice artistique) • Nelly PESNAULT (Assistante administrative) • Sergine ROBERT (Attachée de presse) • Marion SALLABERRY (Chargée du développement) • Virginie AGUGGIARO • Nathalie DEVARENNE (Chargée des relations publiques)

Genre(s) musical(aux) : Musiques du monde, jazz, chanson française, théâtre contemporain, poésie • **Capacité** : Salle Vicky Messica (80 pl.), La Bohème (20 pl.) • **Références** : Vincent Delerm, Marc Perrone, Diastème, Emily Loizeau, Pierre Notte, Olivier Py

Les DISQUAIRES

✆ **01 40 21 94 60 / 06 75 72 24 58**
philippe@lesdisquaires.com • **www.lesdisquaires.com**
6 rue des Taillandiers • 75011 **PARIS**

Philippe HYAFIL (Programmateur)

Genre(s) musical(aux) : Jazz, Soul Funk Hip-Hop • **Capacité** : 100 pl. • **Références** : Jonathan Orland, Robin Nicaise, Tam de Villiers, Benoît Berthe, Lukmil Perez, Sergio Gruz, Leila Olivesi, Sandro Zerafa, Djamorkestar, les Pikolo, Ziveli, le Gros Tube, etc.

Le DUC DES LOMBARDS

✆ **01 42 33 22 88** • fax 01 40 28 98 52
contact@ducdeslombards.com • **www.ducdeslombards.com**
42 rue des Lombards • 75001 **PARIS**

Thierry HELLIN (Gérant) • Sébastien VIDAL (Direction artistique / TSF Jazz) • Caroline FONTANIEU (Chargée de communication) • Thomas BOUET (Responsable marketing et ventes) • Yona SALEK (Responsable de l'administration et restauration) • Noémi FLAMEN (Chargée de production)

Genre(s) musical(aux) : Jazz • **Capacité** : 140 pl. • **Références** : Jason Moran, Charlie Watts, Youn Sun Nah, Chris Potter, Tom Harrell, Michel Portal, Sheila Jordan, Ahmad Jamal, Diane Schuur, Melody Gardot, Martial Solal, Aldo Romano, jam session tous les ven. et sam. à partir de minuit, etc.

L'ENTREPOT

✆ **01 47 40 07 50**
musique@lentrepot.fr • **www.lentrepot.fr**
7-9 rue Francis de Pressensé • 75014 **PARIS**

Philippe BRIZON (Président) • Chantal DELABY (Directrice de la communication) • Sarah PELTIER (Programmatrice)

Genre(s) musical(aux) : Musiques du monde, jazz, chanson, musique classique • **Capacité** : 250 pl. • **Références** : Sylvain Cathala, Samy Daussat, L'Alter Quintet invite Raul Barboza, Frank Black, Renaud, Tété, Klezmer Kaos, Anis, Raul Paz, Tcheky Karyo, Batlik, Ocho Y Média, Barbara Luna, Diana Hamilton, Samarabalouf

ESPACE B

✆ **01 40 37 30 29**
programmation@espaceb.net • **www.espaceb.net**
16 rue Barbanègre • 75019 **PARIS**

Nicolas (Programmateur privatisation)

Genre(s) musical(aux) : Indie pop, metal, rock, folk, electro, etc. • **Capacité** : 200 pl.

ESPACE CHRISTIAN DENTE

✆ **01 43 58 19 94** • fax 01 79 75 87 19
acp@manufacturechanson.org • **www.manufacturechanson.org**
124 av. de la République • 75011 **PARIS**

Stéphane RIVA (Directeur) • Henna MAY (Responsable de l'administration) • Marie TOUILLEZ (Chargée de communication)

Genre(s) musical(aux) : Chanson • **Capacité** : 50 pl. • **Références** : Le petit Dernier, Naturalibus, T-ka, Nicolas Fraissinet, JB Manis, Matthieu Bouchet, Katrin Waldteufel, Julie Darnal, Lena Ka, Caroine Ferry, Eric Guilleton, etc.

L'ETAGE

✆ **01 44 84 07 86 / 06 63 17 91 18**
music@letage.fr • **www.letage.fr**
77 rue du faubourg du Temple • 75010 **PARIS**

Faouzi MESSAADI (Programmateur)

Genre(s) musical(aux) : Funk, soul, jazz, afro-beat, électro-jazz, latin, world, pop, etc. • **Capacité** : 300 pl. • **Références** : Flavio Boltro, Tony Allen, Frédéric Jeanne, Osel Tutu, Evys, Shäy Mané, Collectif Doobie-Zarbi, Stanley, Zola, Sonora Brasilis, Chorus, Annna, Ping Machine, etc.

L'EUROPEEN

✆ **01 43 87 29 89** • fax 01 43 87 67 80
europeen.staccato@wanadoo.fr • **www.leuropeen.info**
5 rue Biot • 75017 **PARIS**

Rodolphe GAUTIER (Directeur) • Sandrine VELLARD (Assistante)

Genre(s) musical(aux) : Chanson, rock, musiques du monde, jazz + humour • **Capacité** : 350 pl. (assis), 400 pl. (assis/debout) • **Références** : Gonzales, Ilene Barnes, Le Cirque des Mirages, Samarabalouf, Fantazio, David Lafore, J.-L. Murat, Jean-Jacques Vanier, Fred Pellerin, etc.

Centre musical FLEURY GOUTTE D'OR - BARBARA

✆ **01 53 09 30 70** • fax 01 53 09 30 80
contact@fgo-barbara.fr • **www.fgo-barbara.fr**
1 rue Fleury • 75018 **PARIS**

Gilles CHRISTOPHE (Directeur) • Danièle GAMBINO (Responsable de la programmation) • Karim KANAL (Responsable Accompagnement) • Johanne AZOUS (Responsable de la communication)

Genre(s) musical(aux) : Musiques actuelles • **Capacité** : 300 pl. (debout), 120 pl. (assis) • **Références** : Susheela Raman, Chet Nuneta, Minivan, John Merrick Experiment, Naïve New Beaters, Fantazio, Moriarty, Lippie, La Scred Connexion, The Latitudz, Mélissa Laveaux, etc.

Le HALL

✆ **01 53 72 43 00**
webmaster@lehall.com • **www.lehall.com**
Parc de la Villette - Pavillon du Charolais • 211 av. Jean Jaurès 75019 **PARIS**

Serge HUREAU (Directeur) • Françoise SIMON (Administratrice)

Centre national du patrimoine de la chanson, des variétés et des musiques actuelles • **Genre(s) musical(aux)** : Chanson • **Capacité** : 150 pl.

L'INTERNATIONAL

✆ **01 49 29 76 45**
contact@linternational.fr • **www.linternational.fr**
5/7 rue Moret • 75011 **PARIS**

Arnaud MIRABEL (Administration) • Jérémie CAUËT (Administration, coordination) • Perrine DELTEIL (Programmatrice) • Gaelle RAUX (Communication) • Thomas GARRIOT (Exploitation) • Martin GOLZIO (Technicien)

Genre(s) musical(aux) : Musiques électroniques, rock, folk, chanson, musiques du monde, groove, hip hop • **Capacité** : 170 pl. • **Références** : Anoraak, Baden Baden, La Scaña del Domingo, La Féline, Mélanie Pain, Barbara Carlotti, The Rodeo, Pamela Hute, Mareva Galanter, CongopunQ, Appletop, Ludo Pin, Toy Fight, Joseph Léon, etc.

La JAVA

✆ **01 42 02 20 52**
production@la-java.fr • **www.la-java.fr**
105 rue du Fbg du Temple • 75010 **PARIS**

Christine PICON (Directrice) • MANI (Programmateur) • Mathilde VASSEUR (Responsable de production)

Genre(s) musical(aux) : Musiques actuelles, musique improvisée, jazz, etc. • **Capacité** : 300 pl. • **Références** : Ixo, Mathieu Boogaerts, Jeanlouis, Cosmo Vitelli, Mona, Aalmi Dili, Bleepen, Sarah Murcia, Dispo, Raphael Fays, Les chevals, Igorrr, « Jazz à la Java » (programmation mensuelle par Gérard terronés) et « Son libre » (par l'ass. du meme nom)

JAZZ CAFÉ CHEZ PAPA

✆ **01 42 86 99 63**
cedricdassault@wanadoo.fr • **papajazzclub.fr**
3 rue St-Benoît • 75006 **PARIS**

Cédric DASSAULT (Directeur - programmateur)

Genre(s) musical(aux) : Jazz • **Capacité** : 80 pl. • **Références** : Giovanni Mirabassi, Hiroshi Murayama, Mario Canonge, Xavier Richardeau, Pierre Boussaguet, Vincent Bourgeyx, Ludovic de Preissac, Alain Jean-Marie, Marc Thomas, Laurent Courthaliac, Philippe Petit, Pierre Christophe, etc.

JAZZ CLUB ÉTOILE

✆ **01 40 68 30 42** • fax 01 40 68 30 94
jazzclub.etoile@lemeridien.com • **www.jazzclub-paris.com**
Hôtel Méridien Etoile • 81 bd Gouvion St-Cyr • 75017 **PARIS**

Didier TRICARD (Programmateur) • Jean-Pierre VIGNOLA (Programmateur) • Marie CAZAUX (Directrice des Relations Publiques)

Genre(s) musical(aux) : Jazz, blues, soul, autres • **Capacité** : 300 pl. • **Références** : Rhoda Scott, Paris Swing Orchestra avec André Villéger, Tony Chasseur & Mizikopéyi Big Band, Pink Turtle, Wendell Brunious French All Stars, Kenny Neal, Magic Slimn candye kanen Chicago Blues Festival, etc.

KIRON ESPACE / KIRON SCÈNE

✆ **01 44 64 11 50 / 01 44 64 11 66** • fax 01 43 73 55 10
scene@kiron-espace.com • **www.kiron-espace.com**
10 rue La Vacquerie • 75011 **PARIS**

Daniela MARSAULT (Administratrice) • Georges BERNET (Régisseur)

Genre(s) musical(aux) : Chanson, jazz, musiques du monde, jeune public, théâtre, danse • **Capacité** : 120 pl. • **Références** : Jofroi, Fawzy Al-Aiedy, Claire Elzière, Daniel Mille, Rudi Mara, Angel Para, Michèle Bernard, Ariane Dubillard, René Urtreger & Jean-Pierre Cassel, Brigitte Fontaine, etc.

Le KLUB

✆ **01 42 71 49 30**
lioklub@yahoo.fr • **www.myspace.com/leklub**
12/14 rue St Denis • 75001 **PARIS**

Chloé GOODBODY (Chargée programmation, location)

Genre(s) musical(aux) : Rock, pop, folk, chanson, metal, noise, punk, garage, gothique, electro, etc. • **Capacité** : 2 niveaux (130 et 120 pl.) • **Références** : Kid Congo, Savage Republic, For Against, Legendary Pink Dots, etc.

La LIBERTE

✆ fax 01 43 72 74 85
196 rue du Fbg St-Antoine • 75012 **PARIS**

Hadi LAHCENE (Contact)

Genre(s) musical(aux) : Acoustique, rock, chanson + théâtre • **Capacité** : 50 pl. (assis) • **Références** : La Grande Sophie, Les Têtes Raides, Pusse, Micky Finn, Akli et les Rebeuhs des Bois, Chris Kenna, Loïc Lantoine, Allain Leprest, Pauline Croze, Maximum Couette, Stephane Melino, etc.

Le LIMONAIRE

✆ **01 45 23 33 33**
limonaire@free.fr • **limonaire.free.fr**
18 cité Bergère • 75009 **PARIS**

Noëlle TARTIER (Programmatrice) • Emilie PICOT (Programmatrice)

Genre(s) musical(aux) : Chanson française, musiques populaires • **Capacité** : 50 pl. • **Références** : Jur, Loïc Lantoine, David Sire, Vincent Absil, Allain Leprest, Francesca Solleville, Sapho, Le Grand Klezmer, Dominique Cravic, Bernard Joyer, David Lafore, Fantazio, Les Fouteurs de Joie, Cirque des Mirages, etc.

La LOGE

✆ **01 40 09 70 40** • fax 01 40 09 13 11
laloge.info@gmail.com • **www.lalogeparis.fr/**
77 rue de Charonne • 75011 **PARIS**

Alice VIVIER (Codirectrice programmation) • Lucas BONNIFAIT (Codirecteur programmation) • Alice VERSIEUX (Régisseur général, coordinatrice) • Laura GUILLOT (Administration, relations publiues) • Nadia AHMANE (Attachée de presse, communication) • Marc ARMAND (Graphiste)

Genre(s) musical(aux) : Chanson, folk, pop, rock, musique électronique • **Capacité** : 80 pl. • **Références** : Owlle, Mina Tindle, Christine & the Queens, Mesparrow, Rover, Vincent Moon

MAISON DE LA CULTURE DU JAPON A PARIS

✆ **01 44 37 95 95 / 01 44 37 95 01** • fax 01 44 37 95 69
spectaclesetcinema@mcjp.asso.fr • **www.mcjp.fr**
101 bis quai Branly • 75740 **PARIS CEDEX 15**

Sawako TAKEUCHI (Présidente) • Junji GOMAKUBO (Secrétaire général) • Yasuhiro KOBAYASHI (Directeur adjoint de la programmation) • Hazuki SATO (Chargé du spectacle vivant) • Aya SOEJIMA (Consultante spectacle-attachée de presse)

Genre(s) musical(aux) : Musiques contemporaines, traditionnelles, jazz • **Capacité** : 300 pl. • **Références** : Lisa Ono, Toshiko Akiyoshi/Lew Tabackin, Festival « Jazz In Japan », participation au festival « jazzycolors » (nov.)

La MECANIQUE ONDULATOIRE

✆ **01 43 55 16 74**
lamecanique.ondulatoire@gmail.com • **www.myspace.com/lamecanique**
8, passage Thiéré • 75011 **PARIS**

Xavier SIMON (Gérant) • Antoine GICQUEL (Programmateur)

Genre(s) musical(aux) : Rock, indie, garage, electro, soul, funk, jazz. etc. • **Capacité** : 100 et 130 pl.

MPAA

✆ **01 46 34 68 58 / 01 46 34 94 90** • fax 01 46 34 68 71
contact@mpaa.fr • **www.mpaa.fr**
Auditorium St Germain • 4 rue Félibien • 75006 **PARIS**

Guillaume DESCAMPS (Directeur) • Véronique COUSIN (Directrice adjointe) • Sylvie COHEN-SOLAL (Chargée des projets musique et responsable du centre ressources)

Maison des pratiques artistiques amateurs • **Genre(s) musical(aux)** : Lieu dédié à la pratique artistique amateur des arts de la scène (musique, théâtre, danse) • **Capacité** : 320 pl. • **Références** : Slow Joe & The Ginger Accident, Sons 9, Les leçons de jazz d'Antoine Hervé, Tomas Gubitsch Trio, Festival Escapades, etc.

NIX NOX

✆ **01 44 24 09 00 / 06 99 28 09 00** • fax 01 44 24 09 00
contact@nixnox.fr
Port de la Gare • 75013 **PARIS**

Jean-Pierre ANCELIN (Président) • Francoise VARAGNAC (Directrice) • Marion AUBERT (Communication commercialisation)

Genre(s) musical(aux) : Ts • **Capacité** : 250 pl.

NOUVEAU CASINO

✆ **01 43 57 57 40** • fax 01 43 57 57 41
info@nouveaucasino.net • **www.nouveaucasino.net**
109 rue Oberkampf • 75011 **PARIS**

Laurent SABATIER (Directeur) • Benoît MAUME (Programmateur) • Amael LENOIR (Communication) • Melody ADAMS (Production)

Genre(s) musical(aux) : Rock, pop indé, hip hop underground, musique électronique expérimentale, clubbing • **Capacité** : 380 pl. • **Références** : Patti Smith, Franz Ferdinand, Pedro Winter, Gossip, Wax Tailor, Arcade Fire, Joakim, Sant Gold, Arrested Developpement, Saul Williams, Apparat, Nature, Vampire Weekend, Cut Killer, Sepultura, A-Track, The Drums, Miossec, Peaches, Glitch Mob, Assassins, etc.

La NOUVELLE EVE

contact@lanouvelleeveparis.com • **www.lanouvelleeveparis.com**
25 rue Fontaine • 75009 **PARIS**

Denis MOZET (Evénementiel)

Genre(s) musical(aux) : Ts • **Capacité** : 300 pl. (debout)

OPA-PARIS

✆ **01 46 28 12 90 / 06 22 78 24 15**
opa_paris@yahoo.fr • **www.opa-paris.com**
9 rue Biscornet • 75012 **PARIS**

Marie POUBENNEC (Programmatrice) • Thierry DAMBRINE (Directeur technique)

Genre(s) musical(aux) : Musiques électroniques, rock, pop, folk, jazz, nujazz, groove, funk • **Capacité** : 200 pl. • **Références** : Emily Loiseau, Mademoiselle K, Citizen Kain, Sporto Kantès, djs : Soulist, RKK, Nick V

PÉNICHE L'IMPROVISTE

✆ **06 86 46 60 89**
contact@improviste.fr • **improviste.fr**
Face au 39 Quai de l'Oise • 75019 **PARIS**

Jean-Luc DURBAN (Directeur) • Stéphane NINEUIL (Chargé de communication)

Genre(s) musical(aux) : Jazz • **Références** : Andy Emler, David Venitucci, Claude Barthélémy, Claudia Solal, Or Solomon, Rémy Decormeille, Marcel Azzola, Sébastien Texier, Christophe Marguet, Elisabeth Caumont, Manu Codjia, Leila Martial, Pierre Perchaud, Alain-Jean Marie, Jeanne Added, etc.

Le PETIT JOURNAL MONTPARNASSE

✆ **01 43 21 56 70** • fax 01 43 21 58 89
infos@petitjournalmontparnasse.com
www.petitjournalmontparnasse.com
13 rue du Cdt Mouchotte • 75014 **PARIS**

André ROBERT (Président) • Mélanie ROCHE (Responsable programmation) • Jean-Bernard CHAUVIN (Responsable commercial)

Genre(s) musical(aux) : Jazz, Soul, Rhythm'n'Blues • **Capacité** : 300 pl. • **Références** : L'Orchestre d'Ivan Jullien, Claude Bolling Big Band, Michel Leeb Big Band, Laurent Gerra Big Band, Manu Le Prince, René Urtreger, Anne Ducros, Richard Galliano, Manu Dibango, etc.

POINT ÉPHÉMÈRE

✆ **01 40 34 02 48** • fax 01 40 34 02 58
info@pointephemere.org • **www.pointephemere.org**
200 quai de Valmy • 75010 **PARIS**

Frédérique MAGAL (Codirectrice) • Christophe PASQUET (Codirecteur) • Jean-Sébastien NICOLET (Programmateur) • Alexis SAUTEREAU (Régisseur général) • Pauline BARETTE (Communication)

Genre(s) musical(aux) : Musiques électroniques, pop, folk, indie, rock, noise, musiques improvisées, etc. • **Capacité** : 300 pl. • **Références** : Wavves, Herman Düne, Lee Ranaldo, Louis Sclavis & Paul Brousseau, Kolkhöze Printanium, Lightning Bolt, Mike Ladd, An Albatross, Why?, Sufjan Stevens, The Ex, Blackstrobe, etc.

La REINE BLANCHE

✆ **01 42 05 47 31** • fax 01 40 05 09 92
reineblanche@free.fr • **www.reineblanche.com**
2bis passage Ruelle • 75018 **PARIS**

Nicolas HERVIAIS (Directeur associé) • Nathalie MARTINEZ (Directrice associée) • Véronique BATHILY (Programmatrice) • Boris GASIOROWSKI (Programmateur) • Cédric DIVERCHY (Administrateur) • Adrien PECHARD (Chargé de communication)

Genre(s) musical(aux) : Chanson française, musique du monde, soul, pop, rock • **Capacité** : 193 pl. • **Références** : Conte Défait, Les Chorix, Jean Guidoni, Guest Sessions, Robert, Oumar Thiam, Patika

Les RENDEZ-VOUS D'AILLEURS

✆ **01 40 09 15 57 / 06 86 68 47 27**
contact@lesrendezvousdailleurs.com • **www.lesrendezvousdailleurs.com**
109 rue des Haies • 75020 **PARIS**

Philippe BOHÉE (Directeur artistique et chargé des relations publiques)

Genre(s) musical(aux) : Chanson, jazz, classique, etc. • **Capacité** : 50 • **Références** : Guillume de Chassy/Geneviève Boulestreau, Charles Bénichou chante Léo Ferré, Christophe Del Sasso Big Band, Marie Christine Maillard « Hommage à Henri Salvador », YEP ! Dixtuor Vocal Jazz, etc.

Le RÉSERVOIR
✆ **01 43 56 39 60** • fax 01 43 56 31 73
lereservoir@wanadoo.fr • **www.reservoirclub.com**
16 rue de la Forge Royale • 75011 **PARIS**

Mary DE VIVO (Directrice artistique et gérante)

Genre(s) musical(aux) : Funk, jazz, rock, soul, salsa, afro-cubain, musiques électroniques, slam session, chanson française, pop, etc. • **Capacité** : 400 pl., 150 pl. (assis) • **Références** : Zucchero, L. Bertignac, Alain Souchon, Axelle Red, Patrick Fiori, Ben Harper, Radiohead, Goldman, Corneille, Renaud, Yannick Noah, Olivia Ruiz, Tété, Superbus, Faudel, Laurent Voulzy, Raphaël, Ayo, etc.

La ROTONDE
✆ **01 80 48 33 40**
romain@larotonde.com • **www.larotonde.com**
6-8 pl. de la Bataille de Stalingrad • 75019 **PARIS**

Romain VIENNOIS (Directeur général) • Aurélie COURTOIS (Directrice marketing et commercial) • Marie SEGUIN (Programmatrice communication)

Genre(s) musical(aux) : Eclectique • **Capacité** : 100

La SCÈNE BASTILLE
✆ **01 48 06 50 70** • fax 01 48 06 57 07
contact@scenebastille.com • **www.scenebastille.com**
2 bis rue des Taillandiers • 75011 **PARIS**

Xavier DUC DODON (Directeur production, événementiel, clubbing) • Gilda PETER (Programmatrice / administration) • Bruno BEHR (Responsable technique)

Genre(s) musical(aux) : Ts • **Capacité** : 350 pl. • **Références** : Sexion d'Assaut, Emergenza, Manau, Young Guns, etc.

La SCÈNE DU CANAL / ESPACE JEMMAPES
✆ **01 48 03 33 22** • fax 01 48 03 04 63
reservation-je@crl10.net • **www.crl10.net**
116 quai de Jemmapes • 75010 **PARIS**

Mustapha AICHOUCHE (Programmateur) • Frantz GUEHL (Communication)

Genre(s) musical(aux) : Chanson, musiques du monde, jeune public, hip hop • **Capacité** : 150 pl. • **Références** : Lilicub, L, Perrine en morceaux, Courir les rues, Sarcloret, Sarah Olivier

Le SCOP'CLUB
✆ **06 14 53 69 26** • fax 01 42 60 64 45
mat@lescopclub.com • **www.lescopclub.com**
5 av. de l'Opéra • 75001 **PARIS**

Mme NASRI • M. MAT

Genre(s) musical(aux) : Rock, pop, indie, électro • **Capacité** : 250 pl. • **Références** : The Kooks, The Antlers, Das Pop, MGMT, Poney Poney Run Run, etc.

Le SENTIER DES HALLES
✆ **01 42 61 89 95 / 01 42 61 89 90**
sentierdeshalles@wanadoo.fr • **www.lesentierdeshalles.fr**
50 rue d'Aboukir • 75002 **PARIS**

Isabel JIMENEZ SIMONI (Administration / information) • Laurent DESIDERI (Programmateur)

Genre(s) musical(aux) : Chanson, pop/rock, world, humour • **Capacité** : 100 pl. (assis), 130 (debout) • **Références** : Zaz, FM Laeti, GiedRé, Imany, La Fayette, Skip the Use, François Bernheim, Frederic Zeitoun "Toutes les chansons ont une histoire", etc.

STUDIO DE L'ERMITAGE
✆ **01 44 62 02 86**
studioermitage@free.fr • **www.studio-ermitage.com**
8 rue de l'Ermitage • 75020 **PARIS**

Chadly BENGANA (Directeur) • Yamilé BENGANA (Administration / Programmation) • Sophia LAIZEAU (Communication)

Genre(s) musical(aux) : Jazz, musiques improvisée et du monde • **Capacité** : 250 pl. • **Références** : 220 concerts/an dont André Minvielle, Lionel Suarez, Yvan Robilliard, Antoine Hervé, Elise Caron, Thomas de Pourquery, Surnatural Orchestra, Radiation 10, Ping Machine, Forabandit, las Hermanas Caronni, Mario Lucio, Akalé Wubé, Djeli Moussa Condé, Monica Passos, etc.

SUNSET & SUNSIDE
✆ **01 40 26 46 60 / 01 40 26 21 25 / 01 40 26 84 41**
sunset@sunset-sunside.com • **www.sunset-sunside.com**
60 rue des Lombards • 75001 **PARIS**

Stéphane PORTET (Directeur / programmateur) • Marylène (Administratrice) • Emilie (Promotion)

Genre(s) musical(aux) : Jazz électrique, électro, folk, chanson & world music pour le Sunset, jazz acoustique pour le Sunside • **Capacité** : 100 pl. chacune • **Références** : Tous les « noms » du jazz d'aujourd'hui + Soirées découvertes « nouvelle génération jazz » ts les mar. - « American Jazz Festiv'Halles » (22e édition en juil./août 2013) au Sunset & Sunside - Concerts ponctuels "Sunset hors les murs" : Théatre du Chatelet, New Morning, le Trianon : Mina Agossi, Archie Shepp, China Moses & Raphael Lemonnier, Brian Blade, etc. - Programmation : « Jazz à Roland Garros » (ts les mois)

THÉÂTRE 13/JARDIN
✆ **01 45 88 62 22 / 0145 88 16 30** • fax 01 45 89 42 41
fabianchappuis@theatre13.com • **www.theatre13.com**
103 A bd Auguste Blanqui • 75013 **PARIS**

Colette NUCCI (Directrice) • Fabian CHAPPUIS (Programmateur musical & administrateur) • Yann BOUTIGNY-LIZZERAND (Régisseur général) • Yselle BAZIN (Relations publiques)

Genre(s) musical(aux) : Jazz, blues, world • **Capacité** : 263 pl. • **Références** : Dans la série « Escale musicale » : « Blues au 13 » avec Kenny « Blues Boss » Wayne, Lisa Doby et Len Sek, David Wax Museum, Blackberry & Mr Boo Hoo, Sarah Carlier et Gaelle Buswel, etc.

THÉÂTRE CLAVEL
✆ **01 42 38 22 58** • fax 01 42 38 11 35
theatre.clavel@gmail.com • **www.theatre-clavel.com**
3 rue Clavel • 75019 **PARIS**

Pascal MARTINET (Directeur) • Sébastien PIMONT (Directeur technique)

Genre(s) musical(aux) : Chanson française, jeune public • **Capacité** : 110 pl. en gradins • **Références** : Les Lascars Gays, Serge Utge-Royo, La Nuit des Rois, Richard Ruben, Roberto Strizzi, etc.

THÉÂTRE DE DIX HEURES JUSTE POUR RIRE
✆ **01 40 82 79 79** • fax 01 42 62 00 94
contact@dix-heures.net • **www.dix-heures.net**
36 bd de Clichy • 75018 **PARIS**

Marie-Laurence BERTHON (Gérante) • Fanny JOURDAN (Directrice)

Genre(s) musical(aux) : Humour • **Capacité** : 140 pl. • **Références** : Kheiron, Shirley Souagnon, Yacine

THÉÂTRE DU PETIT SAINT-MARTIN
✆ **01 42 02 73 96**
theatrepsm@orange.fr • **petitsaintmartin.com**
17 rue René Boulanger • 75010 **PARIS**

Bernard DESTORS (Directeur)

Genre(s) musical(aux) : Chanson, cabaret + théâtre (90 %) • **Capacité** : 195 pl. (coques et chaises) • **Références** : One Musical Show de Julie Victor, le Cirque des Mirages

THÉÂTRE ESSAION
✆ **01 42 78 46 42 / 01 42 78 61 73**
administration@essaion.com • **www.essaion-theatre.com**
6 rue Pierre au Lard • 75004 **PARIS**

Michel LALIBERTÉ (Directeur) • Marie-José TYAN (Programmatrice)

Genre(s) musical(aux) : Chanson, jazz • **Capacité** : 100 pl. avec strapontins (théâtre), 70 pl. (cabaret) • **Références** : Pierre Bensusan, Alain Dion, Valérie Mischler, etc.

Les TROIS BAUDETS
✆ **01 42 62 33 33**
info@lestroisbaudets.com • **www.lestroisbaudets.com**
64 bd de Clichy • 75018 **PARIS**

Olivier POUBELLE (Directeur) • Alice VIVIER (Directrice adjointe) • Renaud BARRILLET (Codirecteur /developpement) • Raphaël LARDON • Hélène-Sophie SIMON (Assistante administration) • Sabrina BENREHAB (Communication) • Amélie JUSTE (Production) • Fanny PAGÈS (Production) • Pierre LENORMAND (Régie générale et son)

3 Ânes Prod • **Genre(s) musical(aux)** : Chanson francophone, pop, jazz • **Capacité** : 166 places assises - 200 places assis/debout • **Références** : Imber Imbert, Arlt, Perrine en morceaux, Maud Lubeck, Claire Denamur, Nicolas Jules, Serge Gainsbourg Experience, Twin Twin, etc.

UTOPIA CAFÉ CONCERT
✆ **01 43 22 79 66** • fax 01 76 00 36 63
contact@utopia-cafeconcert.fr • **www.utopia-cafeconcert.fr**
79 rue de l'Ouest • 75014 **PARIS**

Jacques FICHELLE (Responsable)

Genre(s) musical(aux) : Blues, R&B, country, soul • **Capacité** : 90 pl. • **Références** : J.-J. Milteau, A Giroux, J.-L. Mahjun, L. Bertin, C. Lancry, N. Van Horn, etc.

WIP VILLETTE
✆ **01 40 03 75 33** • fax 01 40 03 74 19
n.fezzani@villette.com • **www.wip-villette.com**
Parc et Grande Halle de la Villette • 211 av. Jean Jaurès
75935 **PARIS CEDEX 19**

Rebecca BOUILLOU (Chef de projet) • Najla FEZZANI • Marianne BOASSON (Administratrice de production)

Genre(s) musical(aux) : Tous • **Capacité** : 130 pl. (assis), 400 pl. (debout)

Le ZEBRE
✆ **01 43 55 55 55** • fax 01 43 55 55 90
lezebre.paris@wanadoo.fr • **www.lezebre.com**
63 bd de Belleville • 75011 **PARIS**

Francis SCHOELLER (Directeur) • Arthur SCHOELLER (Directeur technique) • Florent HAIRET (Régisseur de production)

Genre(s) musical(aux) : Ts • **Capacité** : 199 pl. • **Références** : N'Relax, Raul Barboza, Marc Perrone, le Quartet Bucal, Pauline Croze, Jehro, Rose, etc.

Seine-et-Marne

Les 18 MARCHES
✆ **01 64 88 86 05**
18marches@ville-moissycramayel.fr • **www.myspace.com/18marches**
Pl. du Souvenir • 77550 **MOISSY CRAMAYEL**
Philippe VANDERSTICHELE (Directeur) • Quentin GRAPPERON (Responsable communication / programmation)
Genre(s) musical(aux) : Rock, musiques électroniques, chansons, metal, punk • **Capacité** : 80 pl. • **Références** : Mickey 3D, Tété, Serge Teyssot-Gay, Aston Villa, Eiffel, Elista, JMPZ, Live Dragon, Bumcello, Luke, La Grande Sophie, Bikini Machine

AUDITORIUM JEAN COCTEAU
✆ **01 60 37 73 75 / 01 60 37 73 72** • fax 01 60 37 73 35
culture@mairie-noisiel.fr • **www.ville-noisiel.fr**
Mairie - Service culturel • 26 pl.Emile Menier • 77186 **NOISIEL**
Hervé ARTZET (Programmateur) • Michel PICHENET (Régisseur de la salle)
Genre(s) musical(aux) : Chanson française, jazz vocal, jeune public • **Capacité** : 353 pl. (assises) • **Références** : Michel Delpech, Grand Corps Malade, Brel "de Bruxelles aux Marquises" (Jacques Pessis), Voyage en Percussions, Miss Loulou Katastrophes, « Le Printemps du jazz » (mars), Forgotten Dreams, Les Sea Girls, Fatals Picards, Les Gigolos, etc.

BOITE DE CONCERTS
✆ **01 60 28 84 39 / 01 60 28 62 40**
musique.mjc@free.fr
14 rue de Bellevue • BP 20 • 77341 **PONTAULT COMBAULT CEDEX**
Sandrine COURTIAL (Coordinatrice musique)
Genre(s) musical(aux) : Musiques actuelles • **Capacité** : 120 pl. • **Références** : L'esprit du Clan, Venyce, Nelson Palacios, T.A.N.K, Ed-Ane, All Angels Gone, High Tone, Tripod, Eths, Arkan, Dolores Riposte, Fundé, Smokin' Fuzz, Lima Djari, Bawdi Festival, Enz, etc.

La CARAVELLE
✆ **01 64 36 40 10 / 01 60 09 74 60**
contact@theatre-meaux.fr • **www.theatre-meaux.fr**
4 rue Cornillon • 77100 **MEAUX**
Pierre CORBEL (Directeur)
Genre(s) musical(aux) : Musiques actuelles, jazz club • **Capacité** : 200 pl. (assis), 300 pl. (debout) • **Références** : Daniel Lavoie, ONB, Samarabalouf, Bratsch, Ariane Moffztt Jazz club avec Melanie Dahan, Andy Emler MegaOctet, Moutin Reunion

Le CHAUDRON
✆ **01 64 10 24 54** • fax 01 64 10 24 59
prog@lechaudron.org • **www.lechaudron.org**
Espace Cordier - MJC • 361 av. du Vercors • 77350 **LE MEE SUR SEINE**
Steve LAURENÇO (Responsable)
Genre(s) musical(aux) : Musiques actuelles dont pop, rock, metal, rap, ska, reggae, jazz, funk, électro, chanson, jeune public, etc. • **Capacité** : 240 pl. (debout), 80 pl. (assis) • **Références** : KAMS, Gérard Baste, Brokencandys, Lire le Temps + festival Metal Fest en fév. (Betraying The Martyrs, Como Muertos, etc.), Arsenic, Malik de Danakill

La CITROUILLE
✆ **01 60 63 32 93** • fax 01 64 10 73 76
lacitrouille@mlchouillon.com • **mlchouillon.com**
35 rue Janisset Soeber • 77240 **CESSON**
Ludovic SIEBER (Directeur) • Sébastien SARIAN (Programmateur) • Catherine LUSSIEZ (Chargée de communication)
Genre(s) musical(aux) : Musiques actuelles et amplifiées, world, flamenco, jazz, blues, classique • **Capacité** : 200 pl. (debout), 150 pl. (assis) • **Références** : Kent, Guillaume Farley, Marina, Ramironaka, Joël Dayde, Ti-Slate, etc.

Les CUIZINES
✆ **01 60 93 04 70**
lescuizines@chelles.fr • **www.lescuizines.fr**
38 rue de la Haute Borne • 77500 **CHELLES**
Sylvain COLAS (Directeur) • Elodie GUITOT (Programmatrice) • Romain HINET (Régisseur général)
Genre(s) musical(aux) : Ts • **Capacité** : 300 pl. • **Références** : Erik Truffaz, Mathieu Boogaerts, Raul Midon, A Place to Bury Strangeers, Pneu, China Moses, Oldelaf

L'ECOUTILLE
✆ **06 10 83 87 51 / 01 60 08 38 48**
lecoutille@lecoutille.com • **www.lecoutille.com**
97 rue Charles van Wyngene • 77181 **COURTRY**
Oivier LEHRER (Directeur artistique) • Claire VANDER (Président) • Christian HUSSON (Régisseur)
Genre(s) musical(aux) : Jazz et musiques du monde • **Capacité** : 100 pl. • **Références** : Cécile Rigazio, Samy Thiebault, Clotilde Rullaud, Vincent Jourde et Joffrey Drahonnet, etc. - Co-organisateur du festival « jazz en Chantereine » avec Renaud Garcia-Fons et Yaron Herman, etc.

ESPACE CHARLES VANEL
✆ **01 64 12 47 50**
direction-culturelles@lagny-sur-marne.fr • **www.espacecharlesvanel.com**
22 bd du Maréchal Galliéni • 77400 **LAGNY SUR MARNE**
Anna ACERBIS (Directrice et programmatrice) • Marie MATTEI (Chargée de communication et des relations publiques) • Guy WEYER (Programmateur des « Mardis du Jazz ») • Fred MENU (Programmateur des « Mardis du Jazz »)
Genre(s) musical(aux) : Divers dont jazz • **Capacité** : 200 à 756 pl. • **Références** : Festival « jazz à Lagny » (oct.) avec Big Daddy Wilson, Layla Zoe, Olivier Louvel, Kristin Asbjornsen, Shai Maestro & Stefano di Battista + «Les mardis du jazz » (3/an) : Sylvain Beuf, Emmanuel Bex, Jacques Schwarz-Bart

ESPACE PREVERT - SCÈNE DU MONDE
✆ **01 64 10 55 10** • fax 01 64 10 55 19
secretariat@scenedumonde.fr • **www.scenedumonde.fr**
4 pl. du Miroir d'Eau • 77176 **SAVIGNY LE TEMPLE**
Jean-Marc GALTIER (Directeur programmateur) • Sonia BEVALOT (Jeune Public) • Mathieu ROSATI (Responsable pôle musiques du monde)
Genre(s) musical(aux) : Musiques du monde, musiques et danses traditionnelles • **Capacité** : Caf'Conc' (100 pl.), Espace Scène (300 pl.) • **Références** : Tomas Gubitsch Trio (Argentine), Klapa Iskon' (Croatie), Boubacar Traore (Mali), Roby Lakatos Ensemble (Hongrie), Carla Pires (Portugal), Soweto Entsha (Afrique Du Sud), Percossa (Pays-Bas), Altan (Irlande), The Popes -Ex Pogues- (Irlande), Pagagnini (Espagne), Orlando Poleo y su Chaworo (Venezuela), Le Bal de L'Afrique Enchantée, Mory Kante (Guinée), Haïdouti Orkesta + Zakouska (Balkans), Victor O (Martinique), Festival les Enfants Du Folk, etc.

La FERME CORSANGE
✆ **01 64 63 71 41** • fax 01 60 42 68 64
www.bailly-romainvilliers.fr
2A rue aux Maigres • 77700 **BAILLY ROMAINVILLIERS**
Agnès CAUVY RÉVILLE (Directrice)
Genre(s) musical(aux) : Chanson, jazz, world, jeune public, etc. • **Capacité** : 235 pl. • **Références** : Ibrahim Maalouf, Sanseverino, André Manoukian, Yvan Le Bolloc'h, Didier Lockwood, Antoine, Zaza Fournier, Mariana Ramos, festival de danse hip hop Hoptimum,

MJC L'OREILLE CASSÉE
✆ **01 60 60 76 98** • fax 01 64 88 78 36
oreillekc@live.fr • **www.mjcloreillecassee.com**
1 pl. Père André Jarlan • 77380 **COMBS LA VILLE**
Stéphane GRENE (Directeur) • Aurélien LOILLON (Programmateur)
Genre(s) musical(aux) : Ts • **Capacité** : 110 pl. • **Références** : Chémempa, Bawdy Festival

Le MOUSTIER
✆ **01 60 07 89 65** • fax 01 64 02 83 50
direction.moustier@thorigny.fr • **www.thorigny.fr**
1 ter rue du Moustier • BP 7 • 77400 **THORIGNY SUR MARNE**
Marion GEOFFROY (Directrice artistique) • Bernadette DEWAELLE (Directrice administrative)
Genre(s) musical(aux) : Chanson, jazz, world, etc. • **Capacité** : 321 pl. (assis) • **Références** : Norbert Lucarain, Toucas Quartet, Cristine, Cyril Romoli, Robin Notte « Panam Panic », Benoît Dorémus, Compagnie La Réserve Wally, Damadakà, etc.

Le POTOMAK
✆ **01 64 05 03 53** • fax 01 60 62 64 12
lristerucci@briecomterobert.fr • **www.briecomterobert.fr**
Pl. Moutier • 77170 **BRIE COMTE ROBERT**
Luc RISTERUCCI (Programmateur) • Isabelle LERICHE (Directrice du Service Culturel) • Jérémie MAITRE (Régisseur)
Genre(s) musical(aux) : Musiques actuelles • **Capacité** : 100 pl. • **Références** : Flying Donuts, Ladylike Dragons, Ed-Äke, Ina-ich, etc.

Le PUB ADK
✆ **06 13 81 26 07**
lepub@adkprod.com • **www.lepubadk.com**
C/o ADKprod • 36 rue de Paris • 77420 **CHAMPS SUR MARNE**
Genre(s) musical(aux) : Chanson, rock, métal, punk, ska, reggae, blues, jazz, soul, hip-hop, soirée électro, musiques du monde • **Capacité** : 220 pl. • **Références** : Ceux Qui Marchent Debout, la Caravane Passe, les Touffes Kretiennes, les Joyeux Urbains, Syrano, Los Tres Puntos, la Scana del Domingo, Jabul Gorba, Chemempa, BabelOued Sound, l'Esprit du Clan, Black Bomb A, X-Syndicate, Tagada Jones, etc.

La TETE DES TRAINS
✆ **01 64 24 76 37**
contact@latetedestrains.com • **www.latetedestrains.com**
c/o Foyer rural • Pl. de l'Eglise • 77123 **TOUSSON**
Pierre BELTANTE (Président) • Steve VINH-SAN (Coordinateur)
Genre(s) musical(aux) : Musiques actuelles, chanson, jazz, blues, world, café théâtre • **Capacité** : 80 à 100 pl. • **Références** : Akalé Wubé, Les Wriggles, G. Leroux, D. Annegarn, La Tordue, De Preissac, Gaspard laNuit, Raskar Kappak, Smokin Fuzz, Servat, Bénabar, Aldebert

Yvelines

CAC GEORGES BRASSENS
✆ **01 30 63 03 30** • fax 01 30 63 04 75
accueil@cacgeorgesbrassens.com • **www.cacgeorgesbrassens.com**
18 rue de Gassicourt • 78200 **MANTES LA JOLIE**

Joël LE CROSNIER (Directeur) • Eric GUILLAMAUD (Directeur) • Thomas TOUTAIN (Programmateur)

Genre(s) musical(aux) : Ts • **Capacité** : 230 pl. (grande salle), 180 pl. (café-concert), 120 pl. (Zébra) • **Références** : Blues sur Seine, Jabul Gorba, 100 Raisons, Les Blérots de Ravel, etc.

CAFÉ DE LA PLAGE
✆ **01 30 50 90 40 / 01 30 50 95 02** • fax 01 30 50 95 05
cafeplage@maurepas.net • **cafe.maurepas.fr**
Service jeunesse • Pl. d'Auxois • 78310 **MAUREPAS**

Christophe MAFFAIT (Directeur) • Jean-Pierre LAUTIE (Programmateur)

Genre(s) musical(aux) : Musiques actuelles • **Capacité** : 250 pl. • **Références** : Nosfell, la Caravane Passe, Les Blérots de Ravel, Hocus Pocus, Gojira, Pauline Croze, Kaophonic Tribu, Java, Laurent de Wilde, Maczde de Carpate, Headcharger, Zaz, Klone, Florent Vintrigner, etc.

CENTRE CULTUREL LOUIS JOUVET
✆ **01 30 93 25 55** • fax 01 30 93 26 86
centre.louis.jouvet@orange.fr • **www.cclj.fr**
45 rue Georges Herrewyn • 78270 **BONNIERES SUR SEINE**

Gilles BONNEAU (Directeur programmateur)

Genre(s) musical(aux) : Musiques variées (jazz, chanson, rock, musique celtique, etc.) • **Capacité** : 500 pl. (debout), 300 pl. (assises) • **Références** : Chicago Blues Festival (nov.), Suprêmes Dindes, Dmitry Baevsky Quartet, Dorian Pérotin Trio, Orphéon Célesta, Julien Brunetaud, René Urtreger Trio, Nicolas Folmer Quartet

La CLÉ DES CHAMPS
✆ **01 30 07 60 60** • fax 01 30 07 60 62
cledeschamps@ville-plaisir.fr • **www.ville-plaisir.fr**
13 rue Romain Rolland • 78370 **PLAISIR**

Thierrry CLAIRON (Directeur des affaires culturelles) • Stéphanie LEBER (Administratrice)

Genre(s) musical(aux) : Ts • **Capacité** : 100 pl. (assis), 300 pl. (debout) • **Références** : Madjo, Maxxo, Beoga, la Maison Tellier, Mademoiselle Sane, LVL, Hangar, Trema, Brigitte, Bagdad Rodeo, Trio Adrian Clark, etc.

La CLEF
✆ **01 39 21 54 90** • fax 01 39 73 29 21
denis.leboubennec@laclef.asso.fr • **www.laclef.asso.fr**
46 rue de Mareil • 78100 **ST GERMAIN EN LAYE**

Vincent RULOT (Directeur) • Pierre MALGOIRE (Programmateur) • Grégory MARQUOIS (Communication / information) • Romain AUMONT (Régisseur général)

Genre(s) musical(aux) : Ts • **Capacité** : 220 pl. • **Références** : Fred Pallem & le Sacre du Tympan « Neil Young Never Sleeps », Anthony Joseph & The Spasm Band, Sandra Nkaké, Absybthz Minded, es Ogres de Barback, Déportivo, Moriarty, Sayag Jazz Machine, We Insist, etc.

Le COLOMBIER
✆ **01 30 92 70 33** • fax 01 30 92 87 28
ommaseclecolombier@wanadoo.fr • **www.ommasec.com**
Ommasec • Rue de la Ferme • 78200 **MAGNANVILLE**

Bruno COUVREUR (Directeur)

Genre(s) musical(aux) : Chanson, jeune public, humour musical, théâtre • **Capacité** : 165 pl. • **Références** : Les Blérots de Ravel, Nicolas Jules, Les Désaxés, Les Frères Brothers, The Nino's, Fabien ruiz, etc.

ESPACE PHILIPPE NOIRET
✆ **01 30 79 38 96** • fax 01 30 79 38 95
affairesculturelles@lesclayessousbois.fr • **www.lesclayessousbois.fr**
Pl. Charles De Gaulle • 78340 **LES CLAYES SOUS BOIS**

Grégory PAGANO (Directeur) • Kamal NAFIS (Régisseur) • Isabelle FARIA (Coordinatrice administrative)

Genre(s) musical(aux) : Pluridisciplinaire • **Capacité** : 3 salles : 247 pl., 350 pl. (assis/debout) et 80 pl. (assis) • **Références** : Joyeux Urbains, La Grande Sophie, etc.

L'ESTAMINET
✆ **01 30 23 44 28** • fax 01 30 47 10 09
estaminet@magny-les-hameaux.fr • **www.magny-les-hameaux.fr**
Hôtel de Ville • Pl. Bérégovoy • 78114 **MAGNY LES HAMEAUX**

Jérôme TRYSTRAM (Directeur des affaires culturelles) • Emilie DUBUC (Programmatrice) • Alain ROBIN (Régisseur général)

Genre(s) musical(aux) : Ts • **Capacité** : 360 pl. (debout), 120 pl. (assis) + maison de l'environnement des sciences et du développement durable (250 pl.) • **Références** : Tania Maria, Ocho y Media, Mosquito Salsa Club, Jasper, ONJ Tortiller, Erika, Rubin Steiner, Magma, Compagnie Lubat, Bill Deraime, Mugar, Thôt, Rod Taylor, Jean-Marie Machado, festival « Jazz & Polar dans la ville » (fév.) avec Playtime jazz Quartet, etc.

La GRANGE DE LA TREMBLAYE
✆ **01 30 07 11 80**
lagrangedelatremblaye@boisdarcy.fr • **www.boisdarcy.fr**
Rue Du Parc • 78390 **BOIS D'ARCY**

Eric FAUVEAU (Programmateur)

Genre(s) musical(aux) : Variété, pop folk, musique du monde, chanson, jeune public, jazz • **Capacité** : 376 pl., club de 100 pl. dédié au jazz • **Références** : Sylvain Beuf « Electricexcentric », Charles Berling, Aldebert, Murray Head, Alain Chamfort, Trio Esperança, China Moses, Orchestre Ducoin

MJC DE LA CELLE SAINT-CLOUD
✆ **01 39 18 92 12** • fax 01 30 82 01 03
prog-mjc@live.fr • **www.mjclesc.fr**
70 bis av. des Etangs • 78170 **LA CELLE ST CLOUD**

Catherine SERGENT (Directrice) • Benjamin COHEN (Programmateur et communication)

Genre(s) musical(aux) : Ts, chanson, jazz, etc. • **Capacité** : 350 pl. (debout), 150 pl. (assis) • **Références** : Sergent Garcia, Debout sur le Zinc, La Rue Kétanou, Charlotte, Les Blérots de Ravel, Saïan Supa Crew, Oldelaf et Monsieur D, Stuckin the Sound, Albin de la Simone, Loïc Lantoine, etc.

MJC-MPT LES TERRASSES
✆ **01 39 19 20 09** • fax 01 39 19 25 54
contact@mjcconflans.org • **www.mjcconflans.org**
Av. du Pont • 78700 **CONFLANS STE HONORINE**

Claude PELLAT (Directeur) • François ROUMENGOU (Directeur adjoint)

Genre(s) musical(aux) : Musiques amplifiées • **Capacité** : 50 à 100 pl.

Le NICKEL
✆ **01 34 94 82 77**
alexandra.bic@rambouillet.fr • **www.rambouillet.fr**
50 rue Muguet • 78120 **RAMBOUILLET**

Virginie DELIAIRE (Directrice) • Alexandra BIC (Chargée de communication Action culturelle, programmation danse et jeune public) • Perrise SENECHAL (Chargée de communication Développement des publics)

Théâtre de la ville de Rambouillet • **Genre(s) musical(aux)** : Tous dont jazz et chanson • **Capacité** : 278 pl. • **Références** : Terez Montcalm (jazz vocal), Norig (musique tzigane), Mukhtiyar Ali et Mathias Duplessy (musique indienne), Lo'Jo, etc.

La PETITE ENTREPRISE
✆ **01 39 16 30 56** • fax 01 39 16 03 55
espacejeunesmarly@gmail.com • **www.lapetiteentreprise.net**
16 av. Jean Béranger • 78160 **MARLY LE ROI**

Michelle FOUICH (Animatrice pôle artistique)

Genre(s) musical(aux) : Tous • **Capacité** : 250 pl. (debout), 100 pl. (assis) • **Références** : Amanda Woodward, Noisy Fate, Papa Tank, Frères 200, Tarace Boulba, Los Tres Puntos, etc.

La ROYALE FACTORY
✆ **09 51 74 78 83**
contact@royalefactory.fr • **www.royalefactory.fr**
2 rue Jean Houdon • 78000 **VERSAILLES**

Christophe GRAFFEUIL (Gérant) • Marie-Laure BOUCHER (Cogérante)

Genre(s) musical(aux) : Jazz, blues, classique, musique acoustique sans distinction de genre • **Capacité** : 150 pl. • **Références** : Mike Stern (master class), Jazz for ever (9 MU), Sylvain Cathala, Claudia Solal et Benjamin Moussay, Aghate jazz Quartet, Yves Brouqui, Santos Chillemi, etc.

THÉATRE DE FONTENAY LE FLEURY
✆ **01 30 07 10 52 / 01 39 20 16 16** • fax 01 30 45 42 52
bienvenue@theatredefontenay.com • **www.theatredefontenay.com**
Pl. du 8 mai 1945 • 78330 **FONTENAY LE FLEURY**

Jean-Daniel LAVAL (Directeur du Théâtre) • Frédéric GUILLON (Administrateur) • Cécile ADAM (Chargée de communication)

Genre(s) musical(aux) : Chanson, jazz, musiques du monde, classique • **Capacité** : Théâtre de Fontenay-le-Fleury (382 pl.), foyer du Théâtre de Fontenay-Le-Fleury pour « Lundis du jazz » (50 pl.) • **Références** : Participation au Versailles Jazz Festival (mai) - « Lundis du jazz » (8 RDV à la crêperie du Théatre) : Santos Chillemi, Olivier Giraudo, José Fallot, etc.

L'USINE À CHAPEAUX
✆ **01 30 88 89 05** • fax 01 30 88 89 03
progra@mjc-rambouillet.asso.fr • **www.usineachapeaux.com**
MJC/CS Rambouillet • 32 rue Gambetta • 78120 **RAMBOUILLET**

Lionel BOBEL (Directeur) • Virginie ANNETTA (Responsable pôle musiques actuelles et programmation) • Olivier LEGRAND (Régisseur) • Florence HÉNAUT (Responsable résidence et action culturelle)

Genre(s) musical(aux) : Musiques actuelles • **Capacité** : 250 pl. (debout) • **Références** : Mister Gang, Déportivo, Jim Murple, Nosfell, Gojira, Eths, etc.

Essonne

MJC BOBY LAPOINTE

✆ **01 80 85 58 20** • fax 01 60 10 48 04
info@mjcvillebon.org • **www.mjcvillebon.org**
8 rue des Maraîchers • 91140 **VILLEBON SUR YVETTE**

Marco CARPENTIER (Directeur) • Julien SAINTLOUIS (Animateur musiques actuelles)

Genre(s) musical(aux) : Tous • **Capacité** : 150 pl. (assis), 300 pl. (debout) • **Références** : Festival autour de la chanson, Rock mensuels, festival hip hop, cabaret jazz, boeuf jazz mensuel

MJC DE CYRANO

✆ **01 69 07 55 02** • fax 01 69 07 67 04
dboireau.mjccyrano@wanadoo.fr • **www.mjc-cyrano.fr**
160 av. du Gal Leclerc • 91190 **GIF SUR YVETTE**

David BOIREAU (Directeur / programmateur)

Genre(s) musical(aux) : Chanson, rock, ska, metal, reggae • **Capacité** : 250 pl. (debout), 150 pl. (assis), 100 pl. (cabaret) • **Références** : Positive Radical Sound, La Rue Ketanou, NZH, Les Caméléons, Kana, Leto, Grave de Grave, Les Rois du Pétrole, Lion Steppers, Pincemin

MJC JACQUES TATI

✆ **01 69 28 83 16** • fax 09 70 80 91 13
spectacles@mjctati.org • **www.mjctati.fr**
c/o Maison des Asso. • 7 av. du Maréchal Foch • 91400 **ORSAY**

Guy MAGEN (Directeur) • Etienne CHARRON (Directeur artistique)

Genre(s) musical(aux) : Musiques actuelles, jazz, classique, chanson • **Capacité** : 360 pl. (debout), 257 pl. (assis) • **Références** : Bratsch, Les Blérots de Ravel, Les churchfitters, Sylvain beuf, JJ Milteau, Bevinda, Tom Poisson, Zut, Vincent Malone, Abel, Alain schneider, etc.

MJC-THÉÂTRE DES 3 VALLÉES

✆ **01 60 14 29 32** • fax 01 60 10 69 16
administration@mjcpalaiseau.com • **www.mjcpalaiseau.com**
Parc de l'Hôtel de Ville • BP 25 • 91125 **PALAISEAU CEDEX**

Alexandre BEDU (Directeur)

Genre(s) musical(aux) : Ts • **Capacité** : 190 et 100 pl. • **Références** : « Le bal des utopistes » (festival chanson/rock, 6e éd. en fév.), Brune, « Voix au féminin » (mars), Marie M, Valéry Boston, Kristo Numpuby

Centre culturel des **PORTES DE L'ESSONNE**

✆ **01 69 57 81 10** • fax 01 69 57 81 11
centreculturel@portesessonne.fr • **www.centreculturelportesessonne.fr**
3 rue Lefèvre-Utile • BP 300 • 91205 **ATHIS-MONS CEDEX**

Bruno BOSSARD (Directeur) • Isabelle ALAIS (Directrice adjointe) • Laure DORHMANE (Action culturelle et communication) • Natacha DEBONNAIRE (Communication relations publiques)

Genre(s) musical(aux) : Jazz, musiques du monde, musique classique, chanson • **Capacité** : Salle Lino Ventura (372 pl.) à Athis Mons, salle Agnès Varda (157 pl.) espace Jean Lurçat (500 pl.) et théâtre Jean Dasté (84 pl.) à Juvisy-sur-Orge • **Références** : Alain Souchon, Les Blérots de R.A.V.E.L, Luz Casal, Laurent Mignard « Duke Orchestra »

Le **RACK'AM**

✆ **01 60 85 10 37** • fax 01 60 85 10 60
lerackam@mairie-bretigny91.fr • **www.lerackam.com**
12 rue Louis Armand • 91220 **BRETIGNY SUR ORGE**

Bérengère SALLES (Directrice / programmatrice) • Marine RICHARD (Communication) • Eric JOSSE (Régisseur)

Genre(s) musical(aux) : Ts • **Capacité** : 270 pl. • **Références** : Camille, Deportivo, Anaïs, Fishbone, Anis, Moriarty, Abd Al Malik, Emily Loizeau, Pony Pony Run Run, Hindi Zahra, Revolver, Ben l'Oncle Soul, Shakaponk, etc.

Le **RADAZIK**

✆ **01 69 29 34 49** • fax 01 69 29 34 65
radazik@lesulis.fr • **www.mairie-des-ulis.fr**
Esplanade de la République • Rue du Morvan • 91940 **LES ULIS**

Jean-Christophe BECHADE (Directeur / programmateur) • Céline ROUGERON (Communication / administratif)

Genre(s) musical(aux) : Ts dont musiques actuelles • **Capacité** : 150 pl. • **Références** : Pierpoljak, Hadouk Trio, Electro Deluxe, Sandra Nkaké, André Manoukian Trio, No One Is Innocent, Deportivo, les Wriggles, etc.

Hauts-de-Seine

L'AVANT SCÈNE RUEIL-MALMAISON

✆ **01 47 14 09 24** • fax 01 47 08 64 89
avantscenepe@free.fr
6 pl. du 8 Mai 1945 • 92500 **RUEIL MALMAISON**

Philippe SIMON (Directeur) • Philippe ESCLAPEZ (Programmateur)

Genre(s) musical(aux) : Ts • **Capacité** : 200 pl. (debout), 120 pl. (assis) • **Références** : Patrick Verbecke, J.-J. Milteau, Debout sur le Zinc, Mon Côté Punk, No One is Innocent, Les Blérots de R.A.V.E.L, etc.

CAF'MUZ

✆ **01 46 49 05 54 / 01 47 60 80 00** • fax 01 47 60 43 13
caf-muz@mairie-colombes.fr
31 rue Jules Michelet • 92700 **COLOMBES**

Karim BENBELAID (Directeur)

Genre(s) musical(aux) : Musiques actuelles • **Capacité** : 180 pl.

RIVER CAFÉ

✆ **01 40 93 50 20 / 06 81 84 22 78** • fax 01 41 46 19 45
suzanne-georges@wanadoo.fr • **www.rivercafe.fr**
146 quai de Stalingrad • 92130 **ISSY LES MOULINEAUX**

Mathieu BUCHER (Directeur) • Suzanne GEORGES (Programmatrice)

Genre(s) musical(aux) : Jazz • **Capacité** : 120 pl. • **Références** : China Moses, Anne Ducros, Géraldine Laurent, Rhoda Scott, Manda Djinn, Michele Hendricks, Manu Le Prince, Christian Escoudé, Pierre Christophe, Antoine Hervier, Wendy Lee Tayor, Philippe Duchemin, Ludovic de Preissac, Nicolas Montier, Nicolas Dary, Michel Pastre, etc.

SALLE DANIEL FERY

✆ **01 41 37 60 90 / 06 23 18 38 48 / 01 41 37 39 29**
fax 01 47 21 73 82
sandrine.deguilhem@mairie-nanterre.fr • **www.nanterre.fr**
10/14 bd Jules Mansard • 92000 **NANTERRE**

Sandra DUQUENOY (Responsable du secteur culturel et artistique) • Sandrine DEGUILHEM (Programmatrice / Responsable communication) • Romuald NARDELLO (Régisseur)

Genre(s) musical(aux) : Hip hop, reggae, ragga, rock, world, chanson + théâtre, danse, etc. • **Capacité** : 320 pl. (debout), 120 pl. (assis) • **Références** : Zaz, Ben l'Oncle Soul, Gush, Scratch Bandit Crew, Camélia Jordana, etc.

SCEAUX WHAT

✆ **01 46 60 05 64** • fax 01 46 61 54 55
contact@lesgemeaux.com • **www.lesgemeaux.com**
c/o Les Gémeaux, Scène nationale • 49 av. George Clemenceau • 92330 **SCEAUX**

Françoise LETELLIER (Directrice / programmatrice)

Genre(s) musical(aux) : Jazz, musiques actuelles (en coproduction avec l'Animathèque MJC) • **Capacité** : Sceaux what (150 pl.) • **Références** : Giovanni Mirabassi, Jean-Jacques Milteau et Palata Singers, Renaud Garcia-Fons et Louis Winsberg Trio, Thierry Maillard, lauréat du concours de jazz de La Défense

Le **TAMANOIR**

✆ **01 47 98 03 63 / 01 47 94 15 45**
contact@letamanoir.com • **www.letamanoir.com**
27 av. Lucette Mazalaigue • 92230 **GENNEVILLIERS**

Johann MANDROUX (Directeur) • Eléonore OKPISZ (Communication)

Genre(s) musical(aux) : Musiques actuelles, jeune public • **Capacité** : 240 pl. • **Références** : Mina Agossi, Ba Cisoko, Kedaj Tchave, Socalled, La Casa, Busta Flex, Imbert Imbert, Kill The Young, ONYX, Uncommonmen From Mars, etc.

THÉÂTRE DE VANVES

✆ **01 41 33 92 91** • fax 01 41 33 92 74
theatre@ville-vanves.fr • **www.theatre-vanves.fr**
12 rue Sadi Carnot • 92170 **VANVES**

José ALFARROBA (Directeur programmation) • Anouckka CHARBEY (Directrice adjointe) • Marion COLLETIER (Administrateur)

Genre(s) musical(aux) : Jazz, rock, world, chanson, danse • **Capacité** : 182 pl. • **Références** : l'Orchestre d'hommes-orchestres « joue Tom Waits », festival « Tuburlence(s) - Jazz à Vanves » (3e édition en juin) avec mattro Bortone, Aka Moon, les Niou Badophone, Züber, Alexandre Herer, Caravaggio

Seine-Saint-Denis

CANAL 93

✆ **01 49 91 10 50** • fax 01 49 91 10 98
canalcommunication@canal93.net • **www.canal93.net**
63 av. Jean Jaurès • 93000 **BOBIGNY**

Mark GORE (Directeur) • Marie KERAUDRAN (Administratrice) • Alex MONVILLE (Programmateur) • Gilla EBELLE (Chargée de communication)

Genre(s) musical(aux) : Ts • **Capacité** : 212 à 396 pl. • **Références** : Ben l'Oncle Soul, ONB, Fred Wesley, Enhancer, La Rumeur, Indian Sonic, Cheba Zahouania, Grasscut, Sir Joe Quaterman, Ziggi Recado, Merlot, Bertrand Betsch, Andreya Triana, Batlik, Souljazz Orchestra, Zone Libre, Casey, etc.

Le CAP

✆ **01 48 66 40 38 / 01 48 66 94 60** • fax 01 48 66 31 46
lecap@aulnay-sous-bois.com • **www.lecap-aulnaysousbois.com**
56 rue Auguste Renoir • 93600 **AULNAY SOUS BOIS**

Stéphane MOQUET (Directeur) • Heussine HELLOU (Directeur technique) • Omar CHAÏB (Responsable Pôle Ressources Musicales)

Genre(s) musical(aux) : Musiques actuelles, musiques du monde, jazz, rock, ragga, rap, chanson, musiques électroniques • **Capacité** : 360 pl. (debout), 159 pl. (assis) • **Références** : Pura Fé, Macéo Parker, David Lafore, Tao Ravao, Souad Massi, Mellino, Dgiz, Thomas Pitiot, Orlando Poleo, Titi Robin, Toma Sidibé, Sally Nyolo, Festival « Africolor », « Aulnay All Blues » (nov.)

Le CHINOIS

lechinoisdemontreuil@gmail.com
www.facebook.com/lechinoisdemontreuil
6 pl. du Marché • 93100 **MONTREUIL**

Malcolm CRESPIN (Programmateur)

Genre(s) musical(aux) : Rock, garage, musiques du monde • **Capacité** : 300

DEUX PIECES CUISINE

✆ **01 48 69 79 43** • fax 01 48 79 10 16
public@deuxpiecescuisine.net • **www.deuxpiecescuisine.net**
42 av. Paul Vaillant-Couturier • 93150 **BLANC MESNIL**

Éric PARIS (Directeur programmation) • Fabrice LEBRETON (Régisseur salle de concerts) • Dimitri DELESTRE (Chargé de production, communication) • Valérie PSZCZOLOKOWSKI (Chargée des relations extérieures / billetterie) • Marie-Thérèse PEIL (Administration)

Genre(s) musical(aux) : Musiques amplifiées, rock, world, etc. • **Capacité** : 394 pl. (336 debout, 58 assises balcon) • **Références** : ONJ, Mamady Keita, Lofofora, Origines Controlées, Kabal, Bjorne Berge, etc.

La DYNAMO DE BANLIEUES BLEUES

✆ **01 49 22 10 10 / 01 49 22 10 20**
bb@banlieuesbleues.org • **www.banlieuesbleues.org**
Banlieues Bleues • 9 rue Gabrielle Josserand • 93500 **PANTIN**

Xavier LEMETTRE (Directeur) • Marc CHONIER (Attaché de presse) • Hélène VIGNY (Chargée des relations publiques) • Cecile NIASSE (Directrice de la communication) • Stéphanie TOURE (Responsable des actions musicales)

Genre(s) musical(aux) : Jazz et musiques improvisées, musiques du monde • **Capacité** : 200 à 450 pl. • **Références** : Andy Emler MegaOctet, Jeanne Added, Yom, Etenesh Wassié & Mathieu Sourisseau invite Hamid Drake, Journal Intime invite Marc Ducret, Irène, Lucia Recio (résidence), Trio Denis Charolles/Maggie Nicols/David Chevallier, Francesco Bearzatti « Monk » n Roll, lauréats Jazz Migration 2013, etc.

Les INSTANTS CHAVIRÉS

✆ **01 42 87 25 91**
infos@instantschavires.com • **www.instantschavires.com**
7 rue Richard Lenoir • 93100 **MONTREUIL**

Thierry SCHAEFFER (Directeur) • Jean-François PICHARD (Programmateur /presse) • Florence POILBLAN (Administratrice) • Guillaume CONSTANTIN (Responsable arts visuels)

Genre(s) musical(aux) : Musiques improvisées, musiques électroniques, rock expérimental, noise • **Capacité** : 150 pl. • **Références** : « L'Audible Festival » : concerts, projections, rencontre de musique électroacoustique organisés par les Instants Chavirés à L'Échangeur à Bagnolet - Mais aussi Fred Frith, L'Audible Festival, Jason Lescaleett, Non Horse, Erikm, Jérome Noetingers, Tanzprocecz, Les Potagers Natures, Evan Parker, etc.

LIGNE 13

✆ **01 83 72 20 90** • fax 01 55 87 27 11
salah.khemissi@ville-saint-denis.fr
Maison de la jeunesse • 12 pl. de la Résistance • 93200 **ST DENIS**

Salah KHEMISSI (Responsable) • Nacer BELKHADRA (Programmateur) • Rémy NITUSGAU (Régisseur) •

Genre(s) musical(aux) : Rap, reggae, musiques du monde, rock, jazz • **Capacité** : 300 pl. • **Références** : Wampas, Oxmo Puccino, La Brigade, Souad Massi, Sniper, IV My People, Salif Keita, Louise Attaque, Dub Factory, Lofofora, Laurent de Wilde, Sanseverino, etc.

La MENUISERIE

✆ **01 48 40 56 53**
info@lamenuiserie.org • **www.lamenuiserie.org**
77 rue Jules Auffret • 93500 **PANTIN**

Roxane JOSEPH (Directrice) • Nicolas JOSEPH (Directeur artistique) • Carole CHICHIN (Communication programmation)

Genre(s) musical(aux) : Chanson et musique du monde (1/mois) • **Capacité** : 60 places assises • **Références** : Duoud, Batlik, Jacques Bertin, Marie Tout Court, Marc Perrone, Thomas Pitiot, Nicolas Reggiani, etc.

La PÊCHE

✆ **01 48 70 84 08** • fax 01 42 87 32 62
florent.jaunot@montreuil.fr • **www.lapechecafe.com**
16 rue Pépin • 93100 **MONTREUIL**

Nicolas GUERIN (Directeur) • Philippe CADIOT (Programmateur) • Olivia GERMAIN (Régisseur)

Genre(s) musical(aux) : Musiques actuelles • **Capacité** : 150 pl. • **Références** : La Campagnie des Musiques à Ouïr, Massilia Sound System, Burning Heads, Gnawa, Wampas, M, Magic Malik, La Ruda, Yann Tiersen, Pierpoljak, Daby Touré, La Rumeur, Hilight Tribe

SAINT-DENIS JAZZ

✆ **09 53 51 04 23 / 06 08 31 85 49**
saint-denisjazz@sfr.fr • **www.theatregerardphilipe.com/tgp-cdn/musique/saint-denis-jazz-club**
EO2 • 2 rue Denfert Rochereau • 93200 **ST DENIS**

Sophie BEX (Responsable) • Emmanuel BEX (Responsable) • Vincent MAHEY (Responsable) • Arlette ADADO-DOSSA (Chargé de communication)

Capacité : 140 pl. • **Références** : Bernard Lubat, Sophia Domancich, Emmanuel Bex Open Gate Quartet, Andy Emler, Kellylee Evans, Marc Ducret, festival « Jazz à la ligne » (15 & 16 juin) avec Tania Maria, etc.

SCÈNE JEAN-ROGER CAUSSIMON

✆ **01 49 63 42 90** • fax 01 48 60 10 24
odeon.caussimon@wanadoo.fr
www.scene-jean-roger-caussimon.com
L'Odéon • 1 pl. du Bicentenaire de la Révolution
93290 **TREMBLAY EN FRANCE**

Clément PROBS (Coordinateur programmation, communication, actions culturelles) • Anne-Lise KIEFFER (Administration) • Michel REMOND (Programmateur blues)

Genre(s) musical(aux) : Blues, jazz, chanson française, musiques du monde, classique, contemporain, jeune public • **Capacité** : 178 assis, 300 debout • **Références** : Zoufris Maracas, Julien Ribot, Biréli Lagrene, Nuit du Swing Manouche, Rover, Thibaud Couturier, Justin Vali, etc. - Saison blues : Candye Kane, Bad Mules, Roy Thomson & the Mellow Kings, Ghost Highway, Thorbjorn Risager, Shaggy Gogs, Philippe Ménard, Jack Bon, Dietra Farr, Nico Wayne Toussaint, etc.

THÉATRE DU GARDE-CHASSE

✆ **01 43 60 41 89** • fax 01 43 60 43 59
brigittelepage@leslilas.fr • **www.theatredugardechasse.fr**
181 bis rue de Paris • 93260 **LES LILAS**

Brigitte LEPAGE (Directrice) • Stephanie MACHART (Relations presse)

Genre(s) musical(aux) : Jazz, chanson, musiques du monde, hip hop • **Capacité** : 308 pl. • **Références** : Eric Bibb & Habib Koité, Angélique Ionatos & Katerina Fotinaki, Caratini Jazz Ensemble et Alain-Jean Marie Chofé « Biguine La », Katia Guerreiro, Courir les rues, Omri Mor Trio (dans le cadre du festival d'île de France)

Le TRITON

✆ **01 49 72 83 13** • fax 01 49 72 83 11
contact@letriton.com • **www.letriton.com**
11 bis rue du Coq Français • 93260 **LES LILAS**

Jean-Pierre VIVANTE (Directeur) • Jacques VIVANTE (Directeur technique) • Angeline CHAPELIN (Administratrice) • Jimmy VIVANTE (Chargé de communication)

Genre(s) musical(aux) : Jazz, musiques progressives, blues, musiques du monde, rock, chanson • **Capacité** : 180 pl. dont 140 pl. (assis) • **Références** : Joëlle Léandre, Benjamin Moussay, Marc Ducret, Nelson Veras, Henri Texier, Emmanuel Bex, Pierre Bensusan, Denis Charolles, etc - Festivals « Pianos croisés », « Les Enchanteuses », « Festival des Voix de Femmes du Monde », « Unis-Sons 93 », « Les Tritonales - Le Festival des musiques progressives », « Lilas Blues Festival », « Tango Lilas Festival », « Bleu Triton Jazz Festival », etc.

Val-de-Marne

CENTRE CULTUREL ARAGON-TRIOLET

✆ **01 48 90 24 24**
contact@centre-culturel-orly.fr • **www.centre-culturel-orly.fr**
1 pl. du Fer à Cheval • 94310 **ORLY**

Jean-Claude MARTIN (Directeur)

Genre(s) musical(aux) : Tous (du jazz au hip hop) • **Capacité** : 386 pl. • **Références** : Orchestre national de Barbès, Soul Gospel, Jacaues Haurogné chanté Anne Sylvestre, Ensemble orchestyral Stringendo, etc.

ESPACE CULTUREL GÉRARD PHILIPE

✆ **01 49 74 79 10** • fax 01 49 74 79 11
culture@fontenay-sous-bois.fr • **www.fontenayenscenes.fr**
Service culturel • 166 bd Galliéni • 94120 **FONTENAY SOUS BOIS**

Evelyne BIRIBIN (Responsable) • Paul WEYLAND (Directeur espace culturel) • Assia BOUCHEBITA (Programmatrice)

Genre(s) musical(aux) : Musiques actuelles, musiques du monde, jazz, chanson, théâtre • **Capacité** : 103 pl. (assis), 200 pl. (debout)

ESPACE DANIEL-SORANO

✆ **01 43 74 73 74 / 01 43 74 46 88** • fax 01 43 74 75 75
info@espacesorano.com • **www.espacesorano.com**
16 rue Charles Pathé • 94300 **VINCENNES**

Patricia MONCEAUX (Directrice) • Christian DAL PONT (Administrateur) • Theo BONIN (Chargé de communication) • Denis OUSTINOV (Assistant de production)

Genre(s) musical(aux) : Jazz, chanson • **Capacité** : 200 pl. • **Références** : « Sorano Jazz » (programmation Vincent Bessières) : Elisabeth Kontomanou, Tony Tixier quartet, Laurent de Wilde Trio « Over the Clouds », Pierrick Pedron Trio « Kubic's Monk », Bojan Z « Soul Shelter », Stéphane Belmondo & Jacky Terrasson, Miguel Zenon & Laurent Coq, « Tempo Jazz » (du 24 au 26 mai) avec Anne Paceo, Christophe Dal Sasso Big Band, Lew Tabackin rencontre Vincent Bourgeyx Trio, Jean-Philippe Scali « Jazz 4 kids » (jeune public)

ESPACE LANGEVIN

✆ **01 48 52 63 49** • fax 01 48 52 63 89
choisywebmaster@ville-choisy-le-roi.fr • **www.choisyleroi.fr**
31-33 rue Albert 1er • 94600 **CHOISY LE ROI**

Saïd BAROUCHE (Directeur)

Genre(s) musical(aux) : Eclectique • **Capacité** : 150 pl. (assis), 170 pl. (debout) • **Références** : Jim Morton, Lisa Portelli, Camille, Kerap, Namassa Dioubate, Dry, etc.

FORUM LÉO FERRÉ

✆ **01 46 72 64 68**
forum.leo.ferre@orange.fr • **www.forumleoferre.com**
11 rue Barbès • 94200 **IVRY SUR SEINE**

Isabelle GORDIEN (Présidente)

Genre(s) musical(aux) : Chanson • **Capacité** : 100 pl. • **Références** : Yvan Dautin, Xavier Lacouture, Gilbert Laffaille, Gérard Morel & la Guitare Qui l'Accompagne, Claire Elzière, Graeme Allwright, Francesca Solleville, Marc Ogeret, Jacques Bertin, Michel Bühler, Philippe Forcioli, Vincent Absil, Bernard Joyet, etc.

GRANGE DIMIERE

✆ **01 49 84 56 91**
laure.gasson@fresnes94.fr • **grangedimiere.fresnes94.fr**
Hôtel de Ville • BP 104 • 94267 **FRESNES CEDEX**

Laure GASSON (Directrice) • Patricia BODY (Administratrice) • Eric BRULE (Régisseur) • Agnès LE MAOÛT (Chargée de communication)

Genre(s) musical(aux) : Chanson, jazz classique, acoustique • **Capacité** : 70 pl. (café concert), 160 pl. (assis), 240 pl. (debout) • **Références** : Création de Presque Oui, David Lafore, Sarcloret, From & Ziel, Claire Lise, Loïc Lantoine, les Vendeurs d'enclume, La Cie des musiques à ouïr

Le HANGAR (IVRY)

✆ **01 72 04 64 25**
hangar@ivry94.fr • **www.lehangar94.fr**
3/5 rue Raspail • 94200 **IVRY SUR SEINE**

Bruno VALLÉE (Directeur) • François BRISSOIT (Programmateur) • Virginie SAVOYEN (Administratrice) • Fabien BONNASSIEUX (Chargé de communication) • Ryad HANNI (Responsable technique)

Genre(s) musical(aux) : Ts + stand-up • **Capacité** : 300 pl. • **Références** : Origines Contrôlées, No One Is Inocent, Parabellum, Lofofora, Pigalle, Lucky Peterson, Popa Chubby, The Gladiators, The Congos, The Last Poets, Tumi & the Volume, Beat Assailant, Moriarty, Bonga, Orchestra Baobab, Cheikh Tidiane Seck, Victor Démé, Féfé, Sixxun, etc.

Salle LOUISE MICHEL

✆ **01 46 68 71 62** • fax 01 46 68 44 47
gaellecheron.mjc@free.fr • **mjcfresnes.org**
2 av. du Parc des Sports • 94260 **FRESNES**

Gaëlle CHÉRON (Directrice) • Emmanuel FONTAINE (Régisseur) • Rémy PELLISSIER (Musiques actuelles)

Genre(s) musical(aux) : Musiques actuelles, théâtre, danse, cinéma • **Capacité** : 350 pl. • **Références** : Piers Faccini, Deportivo, Hangar, La Rue Kétanou, Naive New Beaters, Tryo

Les PARASOLS - MAISON POUR TOUS

✆ **01 46 86 64 84**
lesparasols-rungis@orange.fr • **www.lesparasols-rungis.fr**
1 pl. du Gal de Gaulle • 94150 **RUNGIS**

Denis BRALERET (Président) • Marie ZLATOFF (Directrice)

Genre(s) musical(aux) : Ts • **Capacité** : 80 et 220 pl. • **Références** : MeliSsmelL, Party Gang, Imbert Imbert, Narrow Terence, Shaï No Shaï, Johannes Hopfner, Mypollux, etc.

PÔLE CULTUREL D'ALFORTVILLE

✆ **01 58 73 29 17**
ngontharet@pole-culturel.fr • **www.pole-culturel.fr**
Parvis des arts • 94140 **ALFORTVILLE**

Nora GONTHARET (Directrice)

Genre(s) musical(aux) : Tous • **Capacité** : 400 pl. • **Références** : Julien Clerc, Louis Bertignac, Tri Yann, Patrice Caratini « Nica's Dream », festival « Jazz For Ville » (mai) avec André Manoukian, Yaron Herman, Klezmer Nova, Rabih Abou-Khalil, Electro Deluxe

QUAI DES VOIX

✆ **06 52 27 04 25**
contact@quaidesvoix.org • **quaidesvoix.org**
107 rue Molière • 94200 **IVRY SUR SEINE**

Anna ALEXANDRE (Présidente) • Chloé BOURGUIGNON (Administratrice)

Genre(s) musical(aux) : Traditions vocales et création contemporaine • **Capacité** : 157 debout, 110 assis • **Références** : Mhana (Jean-Yves Pénafiel, Emmanuelle Gabarra, Louisa Baileche, Serena Fisseau, Arnaud Vernet), Voix persanes (Ali Reza Ghorbani, Ali Gamsari), Pierre de Bethmann, Claire Zalamansky, Pandit Santanu Bandyopadhyay, Koffi Koko, Laura Sheleen, Nouveaux caractères etc.

Le SUB

✆ **01 46 82 81 56**
nicolas.primet@mairie-vitry94.fr • **www.mairie-vitry94.fr**
Mairie • 2 av. Youri Gagarine • 94400 **VITRY SUR SEINE**

Nicolas PRIMET (Coresponsable) • Ludger TCHICAYA (Coresponsable)

Pôle municipal de musiques actuelles • **Genre(s) musical(aux)** : Musiques actuelles dont chanson, rap, reggae, rock, funk, musiques du monde • **Capacité** : 120 pl. • **Références** : Freeman, Les ramoneurs de Menhirs, Sixcoups MC

THÉÂTRE D'IVRY-ANTOINE VITEZ

✆ **01 77 67 03 00 / 01 46 70 21 55** • fax 01 46 70 22 23
theatredivryantoinevitez.ivry94.fr
1 rue Simon Dereure • 94200 **IVRY SUR SEINE**

Leïla CUKIERMAN (Directrice et programmation) • Hugues AUBIN (Directeur technique) • Romain RATSIMBA (Régisseur général) • Christine MANGILI (Communication service de presse) • Annick BAYARD (Relations publiques) • Marie PLAISANT (Relations publiques)

Genre(s) musical(aux) : Chanson, jeune public • **Capacité** : 112 et 241 pl. • **Références** : Sapho, Emily Loizeau, Barbara Carlotti, Claire Diterzi, Paco Ibanez, Nilda Fernandez, Patrice Caratini Trio et Antoine Berjeaut Quintet (dans le cadre de Sons d'Hiver)

Val-d'Oise

La CAVE DIMIERE

✆ **01 34 23 58 00 / 01 34 23 58 00** • fax 01 34 23 58 29
daniel.marty@ville-argenteuil.fr • **www.argenteuil.fr**
c/o Direction de l'Action culturelle • 12/14 bd Léon Feix
95100 **ARGENTEUIL**

Daniel MARTY (Directeur du Spectacle vivant) • Nicolas TAUPIN (Programmateur jazz)

Genre(s) musical(aux) : Jazz, musiques improvisées, musique contemporaine, musiques actuelles • **Capacité** : La Cave dîmière (80 pl.) et un auditorium (145 pl. assises et 300 pl. pour les concerts debout) • **Références** : « Jazz et contes frivoles » avec Vincent Courtois, Louis Sclavis et Ze Jam Afane, Adel Salameh « Awda », Charlène Martin « My Favorite Songs », Bjurström Quartet, Ibis Lawrence & Kassah, etc.

ESPACE GERMINAL

✆ **01 34 72 88 80** • fax 01 34 72 26 24
contact@espacegerminal.fr • **www.espacegerminal.fr**
Av. du Mesnil • BP 60025 • 95471 **FOSSES CEDEX**

Jacob ANTONELLA (Directeur)

Genre(s) musical(aux) : Chanson • **Capacité** : 250 pl. (assis) à 400 pl. (debout) • **Références** : Jacques Higelin & Mahut, Mademoiselle K, les Wriggles, Fred Radix, Doremos, URS Karpatz, Sharrie Williams, Syrano, etc.

LANGUEDOC-ROUSSILLON

SALLES DE PLUS DE 1200 PLACES

Gard

PALOMA

✆ **04 11 94 00 10**
info@paloma-nimes.fr • **www.paloma-nimes.fr**
250 ch. de l'Aérodrome • 30000 **NIMES**

Frédéric JUMEL (Directeur) • Flavie VAN COLEN (Directrice adjointe) • Olivier BOUDON (Directeur technique) • Jeanne-Lise THIENNOT (Chargée de production / Assistante de programmation) • Céline ROUSSEAU (Relations publiques / Communication)

Genre(s) musical(aux) : Rock, chanson, hip hop, musiques électroniques, musiques du monde, jazz, etc. • **Capacité** : 1 350 pl. assis/debout ou 600 pl. assis, club-concerts 370 debout, 95 assis • **Références** : Olivia Ruiz, Lou Doillon, Dyonisos, Jon Spencer Blues Explosion, Cali, Mono, Pete Doherty, Keny Arkana, Tinariwen, Band Of Gypsies, Bionic Orchestra, Ebo Taylor

Hérault

L'ARENA

✆ **04 67 17 69 69** • fax 04 67 17 69 68
ps-arena@enjoy-montpellier.com • **www.ps-arena.com**
Rue de la Foire • 34470 **PEROLS**

Bertrand ROUANET (Directeur) • Martine VICERIAT (Programmatrice)

Genre(s) musical(aux) : Rock, variété, R&B, etc. • **Capacité** : Jusqu'à 12 900 • **Références** : Shakira, Britney Spears, Lenny Kravitz

ZENITH SUD MONTPELLIER

✆ **04 67 64 68 83** • fax 04 67 65 38 18
zenith@enjoy-montpellier.com • **www.enjoy-montpellier.com**
Domaine de Grammont • 2733 av. Albert Einstein
34000 **MONTPELLIER**

Martine VICERIAT (Directrice) • Olivier GLEIZES (Régisseur général)

Genre(s) musical(aux) : Ts • **Capacité** : 1 910 à 4 430 pl. (assis), 2 500 à 6 300 pl. (debout) • **Références** : Ben l'Oncle Soul, Michel Sardou, Bernard Lavilliers, Marc Lavoine, M, Renan Luce, Jean-Michel Jarre, John Butler Trio, Saez, Gérald De Palmas, Mozart l'Opéra Rock, Charlie Winston, Dany Brillant, etc.

ZINGA ZANGA

✆ **04 67 36 44 45** • fax 04 67 36 44 53
zingazanga@ville-beziers.fr
Traverse de Colombiers-Montfloures • 34500 **BEZIERS**

Christophe BURTE (Directeur salle et programmation) • Lucas VANDERSPELDEN (Régisseur général)

Genre(s) musical(aux) : Variété, humour, danse • **Capacité** : 1 220 personnes en salle plénière, 2 300 en concert • **Références** : Véronique Sanson, Sexion d'Assaut, Mathieu Chedid, Zucchero, Celtic Legend, La Fouine, Rohff, Zazie, Joan Baez, Marie-Claude Pietragalla, Grégoire, Marc Lavoine, Soprano, Yodelice, etc.

Pyrénées-Orientales

PARC DES EXPOSITIONS DE PERPIGNAN

congrexpo@congres-perpignan.com • **www.congres-perpignan.com**
BP 80 112 • 66001 **PERPIGNAN CEDEX**

Patrick CASGHA (Directeur général) • Alain RECHE (Régisseur général du palais des congrès)

Genre(s) musical(aux) : Ts • **Capacité** : Modulable : Salle Grande Halle : 4 000 (assis) et 8 000 pl. (debout); salle Satellite : 1 500 (assis) et 3 000 pl. (debout) • **Références** : Les Têtes Raides, P. Obispo, Lorie, Renaud, Etoile de la Glace, Indochine, Fishbones, Y. Noah, Deep Purple, Calogero, J. Higelin, RFM Années 80, Age Tendre et Tête de Bois, Linda Lemay, etc.

SALLES DE 400 À 1 200 PLACES

Aude

Le THÉÂTRE

✆ **04 68 90 90 00 / 04 68 90 90 20** • fax 04 68 90 90 09
letheatre@letheatre-narbonne.com • **www.letheatre-narbonne.com**
2 av. Maître Hubert Mouly • BP 60404 • 11104 **NARBONNE CEDEX**

Dominique MASSADAU (Directeur) • Pascal PARIS (Responsable) • Philippe PROUST (Régisseur général) • Denis ROUGE (Chargé de l'information)

Scène nationale de Narbonne • **Genre(s) musical(aux)** : Danse, théâtre, musique, lyrique • **Capacité** : 2 salles (276 pl., 900 pl.) • **Références** : Youn Sun Nah, Du Bartàs, Stéphanie Marc, Le Trio Joubran Asfar, Michel Portal & Bojan Z, Compagnie(s) Thierry Gomar

Gard

Le CRATÈRE

✆ **04 66 52 90 00** • fax 04 66 52 76 80
programmation@lecratere.fr • **www.lecratere.fr**
Square Pablo Neruda • BP216 • 30104 **ALES**

Denis LAFAURIE (Directeur)

Scène nationale d'Alès • **Genre(s) musical(aux)** : Classique, contemporain, jazz, musiques du monde • **Capacité** : Deux salles 200 pl. et 900 pl. • **Références** : Carmen Souz, Terez Montcalm, Julien Doré, Anaïs, Baptiste Trotignon et David E lMalek, L'Imperial Orpheon, Palatino Quartet, Denis Badault HB3 Trio, Oskar & Viktor

L'ODÉON - THÉÂTRE DE NÎMES

✆ **04 66 36 65 00** • fax 04 66 36 65 05
contact@theatredenimes.com • **www.theatredenimes.com/**
7 rue Pierre Semard • BP 1463 • 30017 **NIMES CEDEX 1**

François NOEL (Directeur) • Elian PLANES (Diffusion) • Houria MARGUERITE (Responsable relations presse)

Genre(s) musical(aux) : Ts • **Capacité** : Odéon (240 à 500 pl.), Théâtre (791 pl.) • **Références** : participation au festival l'Agglo au rythme du jazz (oct), Roberto Fonseca, Stéphanie Marc, Festival Flamenco

Le PRIVÉ

✆ **04 90 25 90 99**
detective@leprive.tv • **leprive.tv**
Route de Tavel • 30133 **LES ANGLES**

Fabrice GUARDASCIONE (Gérant) • Jérémy TASSAN (Community Manager)

Genre(s) musical(aux) : Musiques électroniques, clubbing, house • **Capacité** : 1 000 (int/ext), dancefloor 400 pers. • **Références** : Carl cox, Boys Noize, Vitalic, Teki Latex, Orgasmic, Pone & Need, Laidback Luke, David Guetta, Breakbot, Teenage Bad Girl, Monika Kruse, Parra Sound System, The Starving Burgers, Josh Wink, Popof, Calvin Harris, Alan Braxe, Copyright, Joachim Garraud, Feadz, Make the Girl Dance, Stephane Pompougnac, Benedetto & Farina, Surkin, Das Glow, etc.

Hérault

La CIGALIERE

✆ **04 67 32 63 26** • fax 04 67 37 03 83
jp.decaudin@ville-serignan.fr • **www.lacigaliere.fr**
Rayonnant • Parc de La Cigalière • BP1 • 34410 **SERIGNAN**

Jean-Pierre DECAUDIN (Directeur) • Magalie BERENGUER (Communication) • Franck LOMBARD (Régisseur général)

Genre(s) musical(aux) : Chanson, musiques du monde, jazz, etc. • **Capacité** : 400 à 1 000 pl. • **Références** : Carmen Maria Vega, Thomas Fersen, Otis (BRBB Béziers Rythm and Blues Band), Camélia Jordana, American Gospel Connection, JFX, Les Duponts, Chez Jeanne, Ian Kelly & North Gospel Quartet, Fame, Enzo Enzo, Vis à Vies, Sanseverino, Blues in Wonderland, etc.

Le SONAMBULE

✆ **04 67 56 10 32**
contact@oc-gignac.fr • **www.oc-gignac.fr**
2 av. du Mas Salat • 34150 **GIGNAC**

Gregory JURADO (Codirecteur) • Estelle RIVOIRE (Codirectrice) • Stéphane APPOURCHAUX (Chargé de production)

Genre(s) musical(aux) : Musiques actuelles • **Capacité** : 254 pl. (assis), 700 pl. (debout) • **Références** : Grand Ensemble KOA, Beybey Prince Bissongo, Skeleton Band, Barcella, Huong Thanh, Dick Annegarn, Nosfell, Phil Minton, Sandra Nkabé, etc.

THÉÂTRE SORTIEOUEST

✆ **04 67 28 37 32** • fax 04 67 28 97 54
administration@sortieouest.fr • **www.sortieouest.fr**
Route de Vendres • Domaine de Bayssan le Haut • 34500 **BEZIERS**

Jean VARELA (Directeur) • Véronique DO BELOUED (Administratrice - secrétaire générale) • Iisabelle SENEGAS (Attachée de presse) • Philippe MAURIZI (Programmateur musical)

Domaine départemental d'art et culture • **Genre(s) musical(aux)** : Chanson, jazz, musiques du monde • **Capacité** : Théâtre de toile et de bois circulaire de 300 à 750 pl. • **Références** : Angélique Ionatos et Katerina Fotinaki, Pierrick Pédron « Cheerleaders », Shai Maestro, Portico Quartet, Fatoumata Diawara, Bojan Z, festival « les Nuits de la Tertasse et Del Catet » à Murviel-les-Béziers (juil.) avec Maledeine Peyroux, Giovanni Mirabassi et Taraf de Haïdouks + soirées « Jazz club au Rest'O » organisées en partenariat avec Culture Jazz (www.domainesdujazz.com) avec Will Vinson, Craig Handy, les Oignons, etc.

THÉÂTRES DE BEZIERS

✆ **04 67 26 82 82 / 04 67 31 76 76** • fax 04 67 28 41 29
dircult@ville-beziers.fr • **www.ville-beziers.fr**
Allées Paul Riquet • 34500 **BEZIERS**

Bruno DESCHAMPS (Directeur)

Genre(s) musical(aux) : Ts • **Capacité** : Théâtre des Franciscains & théâtre municipal (497 pl.), Zinga Zanga, théâtre des loisirsassociatifs • **Références** : Alain Souchon, Julien Clerc, Pink Martini, les Brit Floyd, Zazie, Sylvie Vartan, Cali, Michel Fugain, etc.

VICTOIRE 2

✆ **04 67 47 91 00** • fax 04 67 42 93 90
programmation@victoire2.com • **www.victoire2.com**
Domaine du Mas de Grille • Rue T. Renaudot • 34430 **ST JEAN DE VEDAS**

Isabelle PETIT (Directrice / programmatrice) • Pascale GOURY (Administratrice) • Hubert RABILLON (Régisseur) • Hélène AUDIBERT (Promotion)

Genre(s) musical(aux) : Musiques actuelles • **Capacité** : 660 pl. (debout) • **Références** : Tinariwen, Wax Tailor, High Tone, Asa, General Elektriks, Bumcello, Fink, Beat Assailant, Moriarty, Bat For Lashes, Stuck in the Sound, Zone Libre, Cocoon, Alela Diane, etc.

Pyrénées-Orientales

THÉÂTRE DE L'ARCHIPEL

✆ **04 68 62 62 01 / 04 68 62 62 00 / 04 68 51 51 72**
fax 04 68 62 62 02
info@theatredelarchipel.org • **www.theatredelarchipel.org**
Av. du Gal Leclerc • BP 90327 • 66003 **PERPIGNAN CEDEX**

Domènec REIXACH (Directeur général) • Jackie SURJUS-COLLET (Directrice adjointe) • Damien GODET (Administrateur général) • Stéphane BERGER (Secrétaire général) • Anne VIVIEN (Chargée de communication) • Adeline MONTES (Chargée de communication)

Scène nationale de Perpignan • **Genre(s) musical(aux)** : Opéra, théâtre, danse, cirque, musiques classiques et contemporaines, musiques actuelles • **Capacité** : Le Grenat (600 à 1 100 pl.), El Mediator (600 pl.) et le Carré (400 pl.) • **Références** : Rokia Traoré, Jane Birkin, ONJ Yvinec, Hubert Felix Thiéphaine, Gianmaria Testa, Chilly Gonzales, William Sheller + participation à « Jazzebre » (Joe Lovano, etc.), Elmediator : grande salle : 885 / club : 250 places

THÉÂTRE DE L'ARCHIPEL - ELMEDIATOR

✆ **04 68 62 62 01 / 04 68 62 62 00 / 04 68 51 51 72**
fax 04 68 62 62 02
info@elmediator.org • **www.elmediator.org**
Av. du Gal Leclerc • BP 90327 • 66003 **PERPIGNAN CEDEX**

Domènec REIXACH (Directeur général) • Jackie SURJUS-COLLET (Directrice adjointe) • Anne VIVIEN (Chargée de communication) • Julien BIEULES (Chargé de production) • Stéphane BERGER (Secrétaire général / Administrateur de production)

Genre(s) musical(aux) : Musiques actuelles et arts croisés • **Capacité** : 800 pl. • **Références** : Sandra Nkaké, ONJ Yvinec, H.-F. Thiéfaine, Revolver, Rover, La Ruda, Chilly Gonzales, William Scheller, Wax Taylor, Gianmaria Testa, etc.

SALLES DE MOINS DE 400 PLACES

Aude

Salle Le CHAPEAU ROUGE

✆ **04 30 34 47 93 / 06 32 99 75 73**
contact@11bouge.com • **www.11bouge.com**
Association 11 Bouge • 18 rue des Chasseurs • 11000 **CARCASSONNE**

Franck TANNEAU (Directeur)

Genre(s) musical(aux) : Musiques actuelles • **Capacité** : 250 pl. • **Références** : Ceux Qui Marchent Debout, Idir, Punish Yourself, Orchestre National de Barbès, Kaophonic Tribu, HK & les Saltimbanks, Didier Super, Opium du Peuple, etc.

Gard

CSCS VALDEGOUR

✆ **04 66 68 94 50** • fax 04 66 68 94 52
patrice.lebon@ville-nimes.fr • **www.ville-nimes.fr**
4 pl. Pythagore • 30900 **NIMES**

Patrice LEBON (Régisseur)

Centre Social, Culturel et Sportif • **Genre(s) musical(aux)** : Ts • **Capacité** : 300 pl. (concert) ou 180 pl. assise (théâtre) • **Références** : 22 Pistepirkko, Brain Damage, Habstrakt, Kings Hi Fi, Twits, Otomo Yoshihide, Les Boukakes, Raoul Petite + théâtre

Hérault

L'ANTIROUILLE

✆ **04 67 06 51 68**
nico.antirouille@free.fr • **www.facebook.com/antirouille.montpellier**
12 rue Anatole France • 34000 **MONTPELLIER**

Nicolas DELAUNAY (Responsable de la programmation) • Florence HUBERT (Responsable administration, gestion, communication)

Genre(s) musical(aux) : Chanson, world music, rock, reggae, hip hop, théâtre, etc. • **Capacité** : 200 pl. (debout) • **Références** : Les Caméléons, Karpatt, D. Super, Fils de Teuhpu, Alexis HK, Bazbaz, Stanley Beckford, etc.

Le JAM

✆ **04 67 58 30 30** • fax 04 67 58 48 88
jam@lejam.com • **www.lejam.com**
100 rue Ferdinand de Lesseps • 34070 **MONTPELLIER**

Nathalie LAJARA (Directrice) • David URBACH (Régisseur Plateau)

Genre(s) musical(aux) : Jazz, musiques du monde • **Capacité** : Salle Michel Petrucciani (350 pl.) • **Références** : Stanley Jordan, Bill Evans, Guillaume Perret, Youn Sun Nah, Malted Milk, Remi Panossian, Pulcinella, Mike Stern, Randy Brecker, Steve Coleman & Five Elements, Larry Carlton, Quest, Ravi Coltrane, Tigran Hamsayan, Marcio Faraco, etc.

SECRET PLACE

✆ **09 50 23 37 81 / 06 12 58 37 81 / 04 67 68 80 58**
tafeur@gmail.com • **www.toutafond.com**
Parc de la Lauze • 25 rue St Exupery • 34430 **ST JEAN DE VEDAS**

FYFY (Programmateur) • Yoann KERAUDRAN (Régisseur)

Genre(s) musical(aux) : Rock & roll, punk rock, hardcore, surf, blues, musique électronique, psyko • **Capacité** : 290 pl. • **Références** : Obituary, Reverend Horton Heat, Toasters, Agnostic Front, The Meteors, Lords of Altamont, Fleshtones, SwornEnemy, A Place to Bury Strangers, Dying Fetus, Mad Sin, Lightning Bolt, etc.

THÉÂTRE JEAN VILAR (MONTPELLIER)

✆ **04 67 40 41 39**
jean.francois.guiret@ville-montpellier.fr • **theatrejeanvilar.montpellier.fr**
155 rue de Bologne • 34000 **MONTPELLIER**

Luc BRAEMER (Directeur) • Jean-Francois GUIRET (Programmateur musique)

Genre(s) musical(aux) : Chanson, musiques du monde, slam • **Capacité** : 377 pl. assises • **Références** : Dominique A, M. Boogaerts, Dimoné, Alexis HK, Emily Loiseau, etc.

Pyrénées-Orientales

Le CROCK'MORE

✆ fax 04 68 85 53 27
lecrockmore@yahoo.fr • **crockmore.free.fr**
Z.I La Vigneronne • Av. du Dr Torreilles • 66000 **PERPIGNAN**

Béatrice NICOLAU (Responsable / programmatrice)

Café concert since 1999 • **Genre(s) musical(aux)** : Rock, metal, gothique, ska, reggae, électro, etc. • **Capacité** : 200 pl. • **Références** : Detroit7, Andréas & Nicolas, Punish Yourself, The BlackStarliners, Lords of Altamont, L'Esprit du Clan, soirées avec de nombreux DJs hip hop et techno, etc.

LIMOUSIN

SALLES DE PLUS DE 1200 PLACES

Haute-Vienne

OPERA THÉÂTRE DE LIMOGES

✆ **05 55 45 95 00** • fax 05 55 45 95 96
opera_theatre@ville-limoges.fr • **www.operalimoges.fr**
48 rue Jean Jaurès • 87000 **LIMOGES**

Alain MERCIER (Directeur) • Nicolas FAYE (Administrateur)

Genre(s) musical(aux) : Opéras, operette, danse, balais, variétés • **Capacité** : Salle modulable, de 900 à 1 500 pl. • **Références** : Festival des francophonies en Limousin, Festival de jazz Eclats d'Email (nov.)

ZENITH-LIMOGES

✆ **05 55 69 55 55** • fax 05 55 42 62 42
info@zenithlimoges.com • **www.zenithlimoges.com**
16 av. Jean Monnet • 87100 **LIMOGES**

Bruno LANDRIEU (Directeur) • Aurore GARNIER (Assistante de direction) • Jean MAGISTRER (Régisseur) • Adrien VANDENBERGHE (Responsable technique) • Pascale DELGA (Assistante administrative)

Genre(s) musical(aux) : Ts • **Capacité** : 1 020 pl. (assis) à 6 851 pl. (assis-debout), salle modulable (10 jauges possibles) • **Références** : Muse, Lenny Kravitz, Jamiroquai, J.Hallyday, Deep Purple, Michel Sardou, Eddy Mitchell, Calogéro, Le Roi Soleil, Mozart l'Opéra Rock, divers humoristes, André Rieu, Manu Tchao, etc.

SALLES DE 400 À 1200 PLACES

Corrèze

La BOITE EN ZINC

✆ **05 55 27 95 81** • fax 05 55 27 90 22
associationtuberculture@wanadoo.fr • **www.tuberculture.fr**
Association Tuberculture-Mairie • 19330 **CHANTEIX**

Jean-François POUMIER (Président)

Genre(s) musical(aux) : Eclectique • **Capacité** : 475 pl. • **Références** : Mickey 3D, la Grande Sophie, Massilia Sound System, Cécile Hercule, Bazbaz, Didier Porte, Brune, etc.

DES LENDEMAINS QUI CHANTENT

✆ **05 55 26 09 50** • fax 09 74 44 72 12
info@deslendemainsquichantent.org
www.deslendemainsquichantent.org
Av. du Lt Colonel Faro L'Auzelou • 19000 **TULLE**

Damien MORISOT (Directeur) • Yohann PALTRIER (Régisseur général) • Enora MAHÉ (Chargée de communication) • Noémie BRIOT (Programmatrice / ressource) • Ana LEYLAVERGNE (Administratrice)

Genre(s) musical(aux) : Musiques actuelles • **Capacité** : 450 pl. (debout) • **Références** : Busdriver, René Lacaille Trio, The Young Gods, Danakil, Moriarty, Izia, Maniacx, Domb Hilight Tribe, Tchavolo Schmitt, X. Makeena, Zone Libre Vs Casey & B. James, Kid Congo, Parabellum, Tagada Jones, Emily Jane White, etc.

Creuse

CENTRE CULTUREL YVES FURET-ESPACE DE L'ECLUSE

✆ **05 55 63 46 46** • fax 05 55 63 46 47
info-ccyf@orange.fr • **www.ccyf.fr**
Av. de la liberté • 23300 **LA SOUTERRAINE**

Romain JANVIER (Directeur) • Sylvain TUDO (Communication) • Jean-Marc SAMMARTANO (Régisseur) • Samuel BOURDEIX (Régisseur) • Patricia DUMONTEIL (Accueil / administration)

Genre(s) musical(aux) : Musiques actuelles, jazz, chanson, théâtre, arts de la piste, danse, jeune public • **Capacité** : 466 pl. (assis), 670 pl. (debout) • **Références** : Bernard Lavillier, Chimaira, Lofofora, Ez3kiel, Java, Les Têtes Raides, Jacques Higelin, Hatebreed, Renan Luce, etc.

Haute-Vienne

CCM JOHN LENNON

✆ **05 55 06 24 83** • fax 05 55 06 15 14
lennon_regieprod@ville-limoges.fr • **www.centres-culturels-limoges.fr/**
41 ter route de Feytiat • 87000 **LIMOGES**

Christophe GUILLOT (Responsable)

Centre culturel et musical • **Genre(s) musical(aux)** : Rock, jazz, blues, rap, chanson, reggae • **Capacité** : 700 pl. (debout), 150 pl. (assis) • **Références** : MadBall, La Grande Sophie, Le Peule del'herbe, Revolver, Yael Naim, etc.

CENTRE CULTUREL MUNICIPAL JEAN MOULIN

✆ **05 55 35 04 10** • fax 05 55 35 98 26
eric_picat@ville-limoges.fr • **www.centres-culturels-limoges.fr**
76 rue des Sagnes • 87280 **LIMOGES**

Eric PICAT (Chargé de la coordination) • Patricia FARGE (Programmatrice tout public) • Sylvie NOEL (Programmatrice jeune public)

Genre(s) musical(aux) : Musiques actuelles • **Capacité** : 750 pl. (assis), 1 200 pl. (debout) + 1 salle de 200 pl. • **Références** : Liz Mc Comb, Rokia Traoré « Roots », Anaïs, Les Yeux noirs, Guy Marchand, Thomas Dutronc, Nilda Fernandez, le jazz fait son cirque

ESPACE CONFLUENCES

✆ **05 55 30 88 60** • fax 05 55 06 07 84
contact@condat-confluences.com • **www.condat-confluences.com**
Rue de la République • 87920 **CONDAT SUR VIENNE**

David VINCENT (Responsable)

Genre(s) musical(aux) : Ts dont blues, chanson, rock, etc. • **Capacité** : 110 à 250 pl. (assis), 300 à 1 000 pl. (debout) • **Références** : Irish Times & Pog Mo Thoin, Philippe Ménard, Arno, Michaël Jones, Calvin Russell, Festival « Les Harmonicales - autour de l'harmonica »

SALLES DE MOINS DE 400 PLACES

Corrèze

Les SEPT COLLINES

✆ **05 55 26 89 60 / 05 55 26 99 10** • fax 05 55 26 88 74
contact@septcollines.com • **www.septcollines.com**
Imp. Latreille • 19000 **TULLE**

Solange CHARLOT (Directrice) • Cécile BOURBON (Administratrice) • Nathalie BESANCON (Secrétaire générale) • François SOULAGNAT (Directeur technique)

Genre(s) musical(aux) : Tous • **Capacité** : 386 pl. • **Références** : Collectif Le Maxiphone, Paco Ibanez, Barbara Carlotti, Kady Diarra et Electro Bamako, Jean-Marie Machado (résidence), Sophia Domancich & Simon Goubert - Festival « Du bleu en hiver, jazz(s) en tête ! » (jan.) avec Jean-Marie Machado et l'Orchestre Danzas, E-Bop Quartet, Yom and the Wonder Rabbis, No Mad?, Vincent Peirani, The Red Light - Thôt invite Mike Ladd et DJ Grazzhoppa

Creuse

ATELIER 23

✆ **05 55 64 52 22 / 05 55 64 57 37**
emile@latelier23.com • **latelier23.free.fr**
23460 **ROYERE DE VASSIVIERE**

Genre(s) musical(aux) : Rock, chanson, jazz, musiques du monde, etc.

La FABRIQUE

✆ **05 55 52 96 35** • fax 05 55 52 78 54
espace.fayolle@ville-gueret.fr • **www.ville-gueret.fr**
Espace Fayolle, Centre Culturel • 6 av. Fayolle • 23000 **GUERET**

Filip FORGEAU (Directeur artistique) • Hervé HERPE (Directeur artistique adjoint) • Magali MARCICAUD (Médiatrice culturelle)

Scène conventionnée • **Genre(s) musical(aux)** : Pluridisciplinaire • **Capacité** : 290 pl. (assis) • **Références** : Orchestre national de Barbès, Christophe, Arhur H, Daniel Darc, « Festival Urban Culture » (avril)

THÉÂTRE JEAN LURÇAT

✆ **05 55 83 09 09 / 05 55 83 09 10** • fax 05 55 83 09 18
infos@ccajl.com • **www.ccajl.com**
Av. des Lissiers • BP 11 • 23200 **AUBUSSON**

Gérard BONO (Directeur) • Marie-Pierre JEAN (Administratrice) • Emilie GIANRE (Responsable de la communication et relations publiques)

Scène nationale d'Aubusson • **Genre(s) musical(aux)** : Théâtre, danse, musique dt jazz • **Capacité** : 260 à 400 pl. • **Références** : Ibrahim Maalouf et l' Orchestre de Limoges et du Limousin, le Maxiphone, la Cie des Musiques à Ouïr

Haute-Vienne

CENTRE CULTUREL MUNICIPAL JEAN GAGNANT

✆ **05 55 45 94 00** • fax 05 55 45 94 14
centres_culturels@ville-limoges.fr • **www.centres-culturels-limoges.fr**
Direction des Centres Culturels Municipaux • 7 av. Jean Gagnant
87000 **LIMOGES**

Michel CAESSTEKER (Directeur des centres culturels de Limoges) • Catherine MEYRAUD (Programmatrice)

Genre(s) musical(aux) : Ts • **Capacité** : 380 pl. • **Références** : René Lacaille èk Marmaille, Olivier Franc, Pierre Christophe, Victory Gospel Singers & Elsa Harris, El Tanbura, Q + Akosh S. Duo, Le Grand Barouf, Jean Delaite trio + Participation au festival « Eclats d'Email - Jazz Edition » (nov.)

La FOURMI

✆ **05 55 34 54 13**
lafourmi87@gmail.com • **lafourmi87.free.fr**
3 rue de la Font Pinot • 87000 **LIMOGES**

Marc DANIEL (Directeur)

Genre(s) musical(aux) : Ts styles • **Capacité** : 300 pl. • **Références** : Rahzel, Ultra Vomit, Syd Matters, Kaolin, Foreign Beggars, Sick of it All, The Black Box Revelation, Les Plasticines, Eiffel, Napalm Death, La Ruda, Peter Von Poehl, Busdriver, Puppetmastaz, The Adolescents, Ndidi O, Pony Pony Run Run, etc.

Le VERTIGO

✆ **05 55 79 31 38**
contact@vertigo-limoges.com • **www.vertigo-limoges.com**
32 rue François Mitterrand • 87000 **LIMOGES**

Hervé NANEIX (Directeur)

Genre(s) musical(aux) : Jazz, pop, variétés • **Capacité** : 100 pl. (assis)

LORRAINE

SALLES DE PLUS DE 1200 PLACES

Meurthe-et-Moselle

ZENITH DE NANCY

✆ **03 83 93 27 00** • fax 03 83 97 09 26
info@zenith-de-nancy.com • **www.zenith-de-nancy.com**
Rue du Zénith • 54320 **MAXEVILLE**

Nicolas MARSICANO (Directeur) • Thierry BISKUP (Directeur d'exploitation) • Olivier PRIGNON (Responsable technique) • Séverine MEYRAT (Responsable communication et développement commercial) • Laetitia DIDERICH (Assistante de direction) • Florent PERRETON (Assistant technique)

Genre(s) musical(aux) : Ts • **Capacité** : Salle intérieure (4 300 pl. assises) ou amphithéâtre de plein-air (25 000 pl. dt 5 883 assises), Hall 1 500 pl. • **Références** : Johnny Hallyday, Charles Aznavour, Christophe Maé, Ben l'Oncle Soul, Michel Sardou, Jean-Louis Aubert, Charlie Winston, Florent Pagny, Gérald De Palmas, Renan Luce, M, Eddy Mitchell, Scorpions, Lenny Kravitz, Shym, + humour, etc.

Moselle

ARENES DE METZ
✆ **03 87 63 37 68**
info@arenes-de-metz.com • **www.arenes-de-metz.com**
5 rue Louis le Débonnaire • 57000 **METZ**
Viviane OFFREDI-SEIVERT (Directrice d'exploitation)
Genre(s) musical(aux) : Rock, variétés, chanson • **Capacité** : 4000 pl. en gradins

GALAXIE
✆ **03 87 70 20 57** • fax 03 87 71 32 11
caroler@le-galaxie.fr • **www.le-galaxie.fr**
c/o Sem Amneville Galaxie • BP 20069 • 57362 **AMNEVILLE**
Carole REVEL (Présidente du directoire)
Genre(s) musical(aux) : Ts • **Capacité** : 800 à 13000 pl. • **Références** : Johnny Haliday, jennifer Lopez, Elton John & Ray Cooper, Mylène Farmer, Seal, Madeleine Peyroux, Michel Polnareff, Michel Delpech, Pascal Obispo, Renaud, Patrick Bruel, Simple Minds, Linkin Park, etc.

HALLE VERRIÈRE
✆ **03 87 96 82 91** • fax 03 87 96 99 59
eureka@rockalusine.fr • **www.rockalusine.fr**
c/o Association Eureka • 57960 **MEISENTHAL**
Pascal KLEIN (Programmateur) • Sébastien DILLER (Régisseur général)
Genre(s) musical(aux) : Ts • **Capacité** : 100 à 3000 pl. • **Références** : Pony Pony Run Run, Luke, No One Is Innocent, Zebda, Stray Cats, Sinsemilia, The Stranglers, Mickey 3D, La Ruda, Mass Hysteria, Dionysos, Marcel et Son Orchestre, Jacques Higelin, Mademoiselle K, festival Rock à l'Usine, Asian Dub Foundation, etc.

SALLES DE 400 À 1200 PLACES

Meurthe-et-Moselle

L'AUTRE CANAL
✆ **03 83 38 44 88** • fax 03 83 38 44 99
info@lautrecanalnancy.fr • **www.lautrecanalnancy.fr**
45 bd d'Austrasie • 54000 **NANCY**
Alain BROHARD (Chargé de programmation) • Hélène CORRE (Directrice technique) • Arnaud CHAPON (Chargé de communication) • Mathieu LAMBLIN (Directeur administratif)
Genre(s) musical(aux) : Musiques actuelles • **Capacité** : Petite salle (350 pl.), bar (400 pl.), grande salle modulable (400 à 1300 pl.) • **Références** : Ben l'Oncle Soul, Fatals Picards, Mauvaise Herbe, Puggy, NLF3, Danakil, Zaz, Cocoon, The Love Me Nots, Syd Matters, La Fouine, The Dø, Yodelice, Grand Corps Malade, Akhenaton & Faf Larage, Chapelier Fou

CENTRE CULTUREL ANDRÉ MALRAUX
✆ **03 83 56 15 00** • fax 03 83 53 21 85
ccam@centremalraux.com • **www.centremalraux.com**
Rue de Parme • BP 90126 • 54504 **VANDOEUVRE CEDEX**
Dominique REPECAUD (Directeur) • Anne-Gaëlle SAMSON (Administration) • Marie RICHARDOT (Directrice développement) • François DIETZ (Directeur technique) • Aline AUMONT (Relations publiques) • Isabelle HIBLOT (Relations publiques) • Bruno FLEURENCE (Chargé de communication)
Scène nationale de Vandoeuvre • **Genre(s) musical(aux)** : Musiques nouvelles, créations contemporaines, musiques du monde, danse • **Capacité** : 250 pl. • **Références** : Kamel Zekri, Thomas Lhem, Tenko, Eugène Chadbourme, Alem Qasimov, Les Tambours du Burundi, Fred Fith, Georges Aperghis, Festival Musique Action (mai)

CENTRE CULTUREL JEAN L'HOTE
✆ **03 83 47 59 57** • fax 03 83 47 40 52
ccjlhote@wanadoo.fr • **www.neuves-maisons.fr**
Pl. Poirson • 54230 **NEUVES MAISONS**
Jean-Luc MAUFFREY (Directeur)
Genre(s) musical(aux) : Tt public, jeune public • **Capacité** : 650 pl., 900 pl. (assis/debout) • **Références** : Juliette, Thomas Dutronc, Maurane, Thomas Fersen, Bernard Lavilliers, Aldebert, Christophe, Jeanne Cherhal, Jacques Higelin, Dominique A, Kent, Miossec, etc.

PAULETTE PUB ROCK
✆ **03 83 43 11 20** • fax 03 83 43 44 00
paulettepubrock@wanadoo.fr • **paulettepubrock.com**
343 rue Régina Kricq • 54200 **PAGNEY DERRIERE BARINE**
Claudine SMET- MARCHAL (Gérante)
Genre(s) musical(aux) : Rock, blues, ska, reggae, hard, metal • **Capacité** : 500 pl. • **Références** : Ange, Calvin Russel, Lucky Peterson, Les Ogres de Barback, Bill Deraime, Ange, Ten Years After, Molly Hatchet, Blaze Bayley, etc.

SALLE DES FÊTES DE VANDOEUVRE
✆ **03 83 51 80 53** • fax 03 83 51 80 01
van_relpub@vandoeuvre.fr • **www.vandoeuvre.fr**
Service Relations Publiques - Hôtel de Ville • 7 rue de Parme • BP 110
54500 **VANDOEUVRE LES NANCY**
Gérard GEORGEL (Responsable des relations publiques)
Genre(s) musical(aux) : Rock, variété, musiques du monde • **Capacité** : 700 pl. (assis), 1000 pl. (debout) • **Références** : Jacques Higelin, Thomas Dutronc, Trust, Birelli Lagrène, Arno, Christophe, etc.

SALLE POIREL
✆ **03 83 32 90 69** • fax 03 83 32 90 25
ensemblepoirel@mairie-nancy.fr • **www.poirel.nancy.fr**
3 rue Victor Poirel • 54000 **NANCY**
René PEILLOUX (Directeur) • Stéphane SCHMITT (Communication) • Emmanuelle GIRAUD (Médiatrice)
Genre(s) musical(aux) : Musique classique, musiques actuelles, théâtre, jeune public • **Capacité** : 883 pl. dont 430 à l'orchestre et 453 au balcon • **Références** : Nancy Jazz Pulsations, Sophie Hunger, Henri Texier, Alexis HK, Renan Luce, William Sheller, Salzburg Chamber Soloists, Emerson Quartet, Solistes du Ballet de l'Opera National de Paris, Bruno Putzulu, La Comédie Française, Kev'Adams, etc.

Meuse

ACTION CULTURELLE DU BARROIS
✆ **03 29 79 42 78** • fax 03 29 45 60 27
jeandeloche@wanadoo.fr • **www.acbscene.com**
20 rue Theuriet • 55000 **BAR LE DUC**
Jean DELOCHE (Directeur) • Catherine TAGUEL (Administratrice)
Scène nationale de Bar-le-Duc • **Genre(s) musical(aux)** : Chanson, théâtre • **Capacité** : 400 pl. • **Références** : Ebony 5tet avec Louis Sclavis, Louis Chedid, Carmen Maria Vega, etc.

Moselle

Le 112
✆ **03 82 88 79 90**
valerie.kintzinger@terville.fr • **www.le-112.fr**
Mairie de Terville • Route de Verdun • 57180 **TERVILLE**
Patrick LUXEMBOURGER (Maire)
Genre(s) musical(aux) : Chanson, rock, pop, reggae, etc. • **Capacité** : 450 pl. assises à 800 pl. modulables • **Références** : Gaëtan Roussel, BB Brunes, Louis Bertignac, Simple Minds, Lofofora, Mass Hysteria, Luke, Mademoiselle K, Fiction Plane, etc.

L'AMPHY
✆ **03 82 56 14 15** • fax 03 82 56 00 22
lamphy@wanadoo.fr • **www.lamphy.com**
126 rue de la République • 57970 **YUTZ**
Jean-Marc WEITEN (Directeur)
Genre(s) musical(aux) : Ts + théâtre, humour, etc. • **Capacité** : 699 pl. (assis), 830 pl. (debout) • **Références** : Patrick Fiori, Natasha St-Pier, Marc Lavoine, Axelle Red, Catherine Lara, Michèle Laroque, Les Frère Talloche, Pacal Légitimus et Mathilda May (Plus si Affinités), Patrick Sébastien (Le Kangourou), Marthe Villalonga et Bruno Madinier (Le Mal de Mère), Yannick Noah, Zazie, Grand Corps Malade, Chimene Badi, Kev Adams

ARSENAL
✆ **03 87 39 92 00** • fax 03 87 75 21 52
ars@metzenscenes.fr • **www.arsenal-metz.fr**
3 av. Ney • 57000 **METZ**
Jean-François RAMON (Directeur) • Michèle PARADON (Directrice artistique) • Frédérique BOUTIGNY (Chargée de communication)
Genre(s) musical(aux) : Musiques nouvelles, jazz, musiques du monde, musique classique, danse contemporaine • **Capacité** : Grande salle (1350 pl.), salle Esplanade (350 pl.) • **Références** : La Leçon de Jazz d'Antoine Hervé, Manu Katché, Dhafer Youssef, Titi Robin, Antonio Zambujo, etc.

Le CARREAU
✆ **03 87 84 64 30** • fax 03 87 84 64 31
info@carreau-forbach.com • **www.carreau-forbach.com**
Av. St-Rémy • BP 40190 • 57603 **FORBACH**
Frédéric SIMON (Directeur)
Scène nationale de Forbach et de l'Est Mosellan • **Genre(s) musical(aux)** : Danse et théâtre contemporain, spectacle jeune public, musique classique, musiques du monde, chanson • **Capacité** : 730 et 100 pl. • **Références** : Festival des Batailles de Rue (mai), Tramontane Cie, Joel Pommerat

ESPACE CULTUREL DE ROMBAS

✆ **03 87 67 92 25 / 03 87 67 86 30** • fax 03 87 67 92 37
espace-culturel@rombas.com • **www.espace-culturel-rombas.com**
Pl. de l'Hôtel de Ville • 57120 **ROMBAS**

Olivier GORSZCZYK (Programmateur) • Aurore MARTY (Médiatrice culturelle) • Hadj BOUGHARI (Régisseur)

Genre(s) musical(aux) : Variétés, chanson française, musique du monde, jeune public, humour, pop/rock • **Capacité** : 500 pl. assises (dont 200 au balcon) ou 700 pl. (500 debout + 200 assises au balcon) • **Références** : J.-L. Murat, Stephan Eicher, Tetes Raides, Brigitte Fontaine, etc.

ESPACE RENE CASSIN

✆ **03 87 96 12 54** • fax 03 87 06 16 42
espace.cassin@wanadoo.fr • **assoc-cassin-bitche.over-blog.com**
Rue du Gal Stuhl • 57230 **BITCHE**

Sophie SPIELMANN (Animatrice culturelle)

Genre(s) musical(aux) : Musiques du monde, variété, jazz, classique • **Capacité** : 850 pl. (assis), 1 000 pl. (debout) • **Références** : Tété, Anggun, G. Moustaki, I Muvrini, Indochine, Maxime Le Forestier

MAISON DES CULTURES FRONTIÈRES

✆ **03 87 00 23 42** • fax 03 87 00 23 43
resa-fm@orange.fr • **www.freyming-merlebach.fr**
21 rue de la Croix • 57800 **FREYMING MERLEBACH**

André PEROTIN (Directeur) • Isabelle CARODICI (Responsable de la communication et administratrice)

Genre(s) musical(aux) : Rock, blues, jazz, classique • **Capacité** : 500 pl. • **Références** : Charlotte Martin, « Blues Night » (nov.) avec Fred Chapellier & Cisco Herzhaft, Grégoire Pépin Tribu, La Jeanne, Alex Toucourt, etc.

La PASSERELLE (FLORANGE)

✆ **03 82 59 17 99**
lapasserelle@mairie-florange.fr • **www.lapasserelle-florange.fr**
50 av. de Lorraine • 57190 **FLORANGE**

Pascal JASKULA (Directeur)

Genre(s) musical(aux) : Tous • **Capacité** : 440 pl. (assis), 1 000 (debout) • **Références** : Têtes Raides, Bernard Lavilliers, Cali, DDM, Marie-Paule Belle, Eric Toulis, Julien Doré, Louis Chedid, Melissa Nkonda, F. Thiéfaine, etc.

SALLE PAUL LAMM

✆ **03 87 71 53 67 / 03 87 71 50 10**
fax 03 87 71 06 14 / 03 87 72 18 36
salledesfetes.hagondange@wanadoo.fr • **www.hagondange.fr**
Mairie - Service culturel • pl. Jean Burger • 57300 **HAGONDANGE**

Nora KHEDIM (Responsable service culturel) • Christian LEBLANC (Régisseur)

Genre(s) musical(aux) : Ts • **Capacité** : 700 pl., 250pl. au balcon • **Références** : Glenn Miller Mémorial Orchestra, Marcel Azzola, Richard Galliano, Vincent Delerm, Bireli Lagrène, Murray Head, Michel Fugain, etc.

THÉÂTRE DE THIONVILLE

✆ **03 82 82 01 24**
info@theatre-thionville.fr • **www.theatre-thionville.fr**
bd Foch • 57100 **THIONVILLE**

Evelyne HETHENER (Directrice)

Genre(s) musical(aux) : Chanson française • **Capacité** : 1 100 pl. • **Références** : Thomas Dutronc, Camille, Weepers Circus, Laurent Voulzy, Julien Clerc, Benabar, Benjamin Biolay, etc.

Vosges

ESPACE GEORGES SADOUL

✆ **03 29 56 14 09** • fax 03 29 55 12 28
billeterie@ville-saintdie.fr • **www.ville-saintdie.fr**
26/28 Quai Sadi Carnot • 88100 **ST DIE DES VOSGES**

Véronique MARCILLAT (Directrice)

Genre(s) musical(aux) : Ts • **Capacité** : 470 pl. - 750 assis/debout • **Références** : Carmen Maria Vega, Bernard Bruel chante Jacques Brel, Aldebert, la Grande Sophie, Michel Jonasz, Jane Birkin, etc.

SALLES DE MOINS DE 400 PLACES

Meurthe-et-Moselle

AZIMUT 854

✆ **03 83 96 54 11** • fax 03 83 96 60 78
direction@mjc-hdl.com • **www.mjc-hdl.com/**
MJC Haut du Lièvre • 854 av. Raymond Pinchard • 54000 **NANCY**

Sylvain MARIETTE (Directeur) • Hamid ATOUCHA (Animateur culturel)

Genre(s) musical(aux) : Electro, dub, hip hop, reggae, rock, pop, musique du monde, chanson • **Capacité** : 300 pl. (debout), 100 pl. (assis) • **Références** : Messer Chups, Secret Chiefs 3, Alpha 5.20, La Fanfare en Pétard, Marcel Loeffler, Dokhandémé, Orange Blossom, etc.

CENTRE CULTUREL PABLO PICASSO

✆ **03 82 22 27 12** • fax 03 82 22 80 60
ccpicasso@wanadoo.fr • **ccpicasso.free.fr**
Place Leclerc • BP 70048 • 54311 **HOMECOURT CEDEX**

Fabienne LORONG (Directrice) • Didier BOURGIN (Directeur technique)

Genre(s) musical(aux) : Ts • **Capacité** : 380 pl. • **Références** : Richard Galliano, Les Brutes Abattues & Serge Adam (dans le cadre du festival musique en mouvement)

ESPACE GERARD PHILIPE (JARNY)

✆ **03 82 33 53 38** • fax 03 82 33 69 09
egp.ccj@orange.fr • **www.cc-dujarnisy.fr**
c/o Service culturel • 5 rue Clément Humbert • BP 92 • 54800 **JARNY**

Genre(s) musical(aux) : Jazz, musiques du monde, chanson française, théâtre • **Capacité** : 260 pl. • **Références** : festival « Musique en mouvement », Yves Jamait, Aldebert

Le HUBLOT

✆ **03 83 91 89 01 / 06 71 50 69 61**
hublot.nancy@gmail.com • **www.facebook.com/le.hublot**
138 av. de la Libération • 54000 **NANCY**

Stéphane AGAZZINI (Programmateur) • Vincent DHYERE (Programmateur)

Genre(s) musical(aux) : Rock, chanson, electro, etc. • **Capacité** : 300 pl.

MJC PICHON

✆ **03 83 37 62 91** • fax 03 83 37 61 28
spectacle@mjcpichon.com • **www.mjcpichon.com**
7 BD Recteur Senn • 54000 **NANCY**

Benoit TAVENEAUX (Directeur) • Paul BALLEREAU (Programmateur) • Fabien CRUZILLE (Régisseur)

Genre(s) musical(aux) : Jazz, chanson francaise, classique, musiques du monde, blues, jeune public • **Capacité** : 170 pl. • **Références** : Kader Fahem, Lisa Louize Vs Eric Mie, Bémer invite Roberdam

L'OSTRA

✆ **06 32 65 85 89**
ostracontact@gmail.com • **www.myspace.com/lostranancy**
34 bd d'Austrasie • 54000 **NANCY**

Elise BALDINI (Programmatrice) • BALDO (Programmateur)

Genre(s) musical(aux) : Chanson, jazz, blues, pop, etc. • **Capacité** : 298 pl.

Meuse

Le GRENIER-THÉÂTRE

✆ **03 29 84 44 04** • fax 03 29 84 44 43
contact@legreniertheatre.com • **www.legreniertheatre.com**
37 rue du Fort de Vaux • 55100 **VERDUN**

Francis JACQUERAY (Directeur) • Laurence JACQUERAY-CHARON (Président)

Genre(s) musical(aux) : Jazz, musiques du monde, chanson • **Capacité** : 80 pl. • **Références** : Régis Gizavo, Justin Vali, Tao Ravao, Daniel Mille, Henri Texier, Jean-Jacques Milteau, Alain Jean-Marie, Bojan Z, Francois Mechali, Manu Codjia

MJC DU VERDUNOIS / LA PASSERELLE

✆ **03 29 84 43 47** • fax 03 29 84 52 47
coordination@mjcduverdunois.fr • **www.mjcduverdunois.fr**
2 pl. André Maginot • 55430 **BELLEVILLE SUR MEUSE**

Joëlle BARTELMANN (Directrice) • Arnaud DI VIRGILIO (Coordinateur programmateur) • Mathilde BANON (Accompagnement)

Genre(s) musical(aux) : Musiques actuelles • **Capacité** : 150 pl. assises, 300 pl. debout • **Références** : James Chance, Feeling of Love, Louis Ville, La Rumeur, Cascadeur, Chapelier Fou, etc.

Moselle

Les TRINITAIRES / EPCC METZ EN SCÈNES

✆ **03 87 20 03 03** • fax 03 87 20 03 04
communication@lestrinitaires.com • **www.lestrinitaires.com**
12 rue des Trinitaires • BP 24116 • 57000 **METZ**

Jean-François RAMON (Directeur de Metz en scène) • Nicolas TOCHET (Coordinateur) • Pauline HUSSER (Chargée de communication) • Patrick PERRIN (Programmateur) • Laurent VERGNEAU (Responsable Pôle musiques actuelles, administrateur délégué)

Genre(s) musical(aux) : Electro, pop, rock, jazz • **Capacité** : 98 à 350 pl. • **Références** : Rova Savophone Quartet, Michel Doneda, Aki Onda, Gert Jan Prins, Sophie Agnel, Xavier Saiki (concerts organisé par l'ass. Fragment), Gablé, Zombie Zombie, Dead Meadow, Anna Calvi, Deerhof, Selah Sue, DJ Premier, etc.

Vosges

L'ARTISTE

✆ **03 29 31 93 54**
contact@complexe-lartiste.com • **www.complexe-lartiste.com**
56 rue de Lorraine • 88190 **GOLBEY**
Joël RONARY (Régisseur)
Genre(s) musical(aux) : Musiques actuelles, blues, jeune public, etc. • **Capacité** : 199 pl. • **Références** : Tony Coleman, Ange, Bernard Allison, Francis Lalanne, Pratick Rondat, etc.

CHEZ NARCISSE

✆ **03 29 66 53 59** • fax 03 29 66 53 59
grosjeanvictor@gmail.com • **www.cheznarcisse.com**
c/o association Rock Live • 9 rue du Dévau • 88340 **VAL D'AJOL**
Victor GROSJEAN (Gérant / Programmateur)
Genre(s) musical(aux) : Rock, trash, raggamuffin, reggae, ska, hard-core, fusion, etc. • **Capacité** : 300 pl. • **Références** : Double Nelson, Burning Heads, Wampas, Pigalle, La Ruda, Marcel et son Orchestre, Aston Villa, Lofofora, Baobab, Tagada Jones, Matmatah, La Grande Sophie, Gojira, Mass Hysteria, Le Bal des Enragés, etc.

Le LAVOIR-THÉÂTRE GEORGES BRASSENS

✆ **03 29 31 04 85**
isabelle.sartori@epinal.fr
Association Lavoir Entendu • Rue des Petites Boucheries • 88000 **EPINAL**
Isabelle SARTORI (Présidente de l'asso. Lavoir Entendu)
Genre(s) musical(aux) : Jazz, musique improvisée, chanson • **Capacité** : Lavoir théâtre (70 pl.), • **Références** : Frédéric Monino, Eric Legnini, Tigran Hamasyan, Pierrick Pedron, Umberto Pagnini, Bobby Rangell, Mico Morelli, Pierre Boespflug/René Dagognet, Gaïa Cuatro invite Paolo Fresu, Louis Winsberg, Olivier Ker Ourio, etc.

SARL LE GRATTOIR

✆ **03 29 63 02 53**
jopatni@orange.fr • **legrattoir.free.fr**
11 bd Kelsch • 88400 **GERARDMER**
Joe (Programmateur) • Pascal (Programmateur)
Genre(s) musical(aux) : Ts • **Capacité** : 100 pl. max. • **Références** : Trunks (avec Laetitia Sheriff), Birelli Lagrène, 31Knots, Cheer Accident, Nadj, Lonely Drifter Karen, HeyMoonShaker, Suzanne'Silver

MIDI-PYRÉNÉES

SALLES DE PLUS DE 1200 PLACES

Haute-Garonne

Le BIKINI

✆ **05 62 24 09 50** • fax 05 62 24 09 51
contact@lebikini.com • **www.lebikini.com**
Rue Théodore Monod • Parc technologique du Canal
31520 **RAMONVILLE ST AGNE**
Hervé SANSONETTO (Directeur) • Fabrice SANSONETTO (Programmateur et régisseur) • Gilles JUMAIRE (Producteur) • Anne CARLIER BOATO (Administratrice) • Clémentine SANSONETTO (Billetterie) • Antoine FANTUZ (Communication et contrats)
Genre(s) musical(aux) : Rock, reggae, pop, hard core, techno • **Capacité** : 1 499 pl. • **Références** : Keziah Jones, Tricky, Cocoon, The Dø, dEUs, Tindersticks, Rodrigo Y Grabriela, Thomas Fersen, Circus, Grace et Zaza Fournier, La Rue Kétanou, Sinsemilia, « Les Curiosités du Bikini »

Le PHARE

✆ **05 34 25 71 70**
premiere.pression@wanadoo.fr • **www.premiere-pression.com**
C/o Premiere Pression • 32 route de Tarbes • 31170 **TOURNEFEUILLE**
Ludovic LARBODIE (Directeur artistique) • Emilie TISSERAND (Communication)
Genre(s) musical(aux) : Musiques actuelles • **Capacité** : 700 à 3 495 pl. • **Références** : John Butler Trio, Nnoka, Patrice, Vitalic, Massive Attack, Birdy Nam Nam, NoFX, Stray Cats, Groundation, I Am, De la Soul, Justice, Jamie Lindell, Apocalyptica

ZENITH-TOULOUSE

✆ **05 62 74 49 44** • fax 05 62 74 49 00
zenith@zenith-toulouse.fr
11 av. Raymond Badiou • 31300 **TOULOUSE**
Alain DUBOUT (Directeur) • Isabelle GRIMAL (Responsable des opérations) • Patrick PILATI (Directeur technique / responsable de la sécurité)
Genre(s) musical(aux) : Tous • **Capacité** : 6 600 pl. (assis), 9 000 pl. (debout) • **Références** : Johnny Hallyday, Eddy Mitchell, Holyday on Ice, Le Cirque du Soleil, Disney sur glace, Lenny Kravitz, Muse, Yannick Noah, Michel Sardou, Trial Indoor, etc.

Tarn

SCENITH D'ALBI

✆ **05 63 49 28 40** • fax 05 63 49 28 41
commercial@albiexpos.fr • **www.albiexpos.fr**
Parc des expositions • 81990 **ALBI LE SEQUESTRE**
Anne CANTRE (Relations clientèle)
Genre(s) musical(aux) : Variété, classique, danse, grands chœurs, opéra, R&B, rap, hip hop • **Capacité** : Jusqu'à 2 600 pl. assises et 4 000 pl. debout • **Références** : E. Mitchell, Glenn Miller, Linda Lemay, Lord of the Dance, Stéphane Rousseau, P. Bruel, P. Obispo, Renaud, Nougaro, J. Clerc, A. Souchon, B. Lavilliers, F. Cabrel, V. Sanson, Orchestre National du Capitole, etc.

Tarn-et-Garonne

EURYTHMIE

✆ **05 63 91 03 61** • fax 05 63 91 03 64
achetritt@ville-montauban.fr • **www.ville-montauban.fr**
Rue Salvador Allende • 82000 **MONTAUBAN**
Audrey BEAUCHART (Directrice) • Alain CHETRITT (Régisseur général)
Genre(s) musical(aux) : Ts (surtout rock, chanson et variétés) • **Capacité** : 3 300 pl. (debout), 1 800 pl. (assis) • **Références** : Alain Souchon, Placebo, Patrick Bruel, Tryo, Têtes Raides, Michel Jonasz, Hélène Ségara, Fesival Alors chante, Massilia Sound System, Arno, Sanseverino, Grand Corps Malade, Linda Lemay, J. Clerc, Bénabar, Cali, Y. Jamait, etc.

SALLES DE 400 À 1200 PLACES

Ariège

L'ESTIVE

✆ **05 61 05 05 50** • fax 05 61 02 94 33
lestive@lestive.com • **www.lestive.com**
20 av. du Gal de Gaulle • BP 30095 • 09007 **FOIX CEDEX**
Michel PINTENET (Directeur)
Scène nationale de Foix et de l'Ariège • **Genre(s) musical(aux)** : Théâtre, cinéma, musique, danse, cirque, etc. • **Capacité** : Théâtre 1 : 600 pl. assises, théâtre 2 : 180 pl. assises, salle de concert : 600 pl. debout • **Références** : Amadou et Mariam, Vieux Farka Touré, « DAG » avec Sophia Domancich, Paolo Fresu et Ralph Tower, Yael Naïm, Popa Chubby, Ghalia Benali, David Murray Cuban Ensemble, etc.

Haute-Garonne

ALTIGONE

✆ **05 61 39 17 39** • fax 05 62 24 39 20
altigone@mairie-saint-orens.fr • **www.altigone.fr**
Pl. Jean Bellières • 31650 **ST ORENS**
Jean-Paul ROUILLE (Directeur)
Genre(s) musical(aux) : Jazz, musiques du monde, danse, cirque • **Capacité** : 561 pl. • **Références** : Anouar Barhem, Killer Queen, Chanson Plus Bifluorée, Dhoad Gitans du Rajasthan, Ali Alaoui, etc ;

CONNEXION LIVE

✆ **09 77 08 59 64**
matthieu@connexionlive.fr • **www.connexion-cafe.com**
8 rue Gabriel Péri • 31000 **TOULOUSE**
Bernard BENTAYOU (Directeur) • Matthieu NARBONNE (Programmateur)
Genre(s) musical(aux) : Musiques électroniques, rock, indie pop, etc. • **Capacité** : 500

La DUNE / INOX CLUB

✆ **05 62 75 11 75** • fax 05 61 37 09 58
ladunetoulouse@orange.fr • **www.ladune.com**
Allée des Foulques • Parc de Sesquières • 31000 **TOULOUSE**
Nicolas PEREZ
Genre(s) musical(aux) : Dune : généraliste, Inox : électronique • **Capacité** : Principale (3 000 pl.), Electronic Club (1 500 pl.)

L'ESCALE

✆ **05 62 13 21 52** • fax 05 62 13 21 61
serviceculturelatmairie-tournefeuille.fr • **www.mairie-tournefeuille.fr**
Service culturel • Mairie • 31170 **TOURNEFEUILLE**
David DUCHEIN (Directeur)
Genre(s) musical(aux) : Chanson, jazz, musique du monde, danse • **Capacité** : 491 pl. • **Références** : Participation aux festivals Jazz sur son 31 (Paolo Fresu et Omar Sosa), Cuba Hoy !, Piano aux Jacobins (Thomas Enhco), etc.

ESPACE PALUMBO

✆ **05 61 37 63 28 / 05 61 37 74 06**
culture@mairie-saintjean.fr • **www.mairie-saintjean.fr**
Mairie - Service Culture • 33 ter route d'Albi • 31240 **ST JEAN**

Genre(s) musical(aux) : Variétés, classique, world, jazz, etc., théâtre, danse, projection cinématographique, jeune public • **Capacité** : 250 assis, 600 debout

Gers

L'ASTRADA

✆ **05 62 09 31 98 / 0892 690 277** • fax 05 62 09 38 67
info@jazzinmarciac.com • **www.jazzinmarciac.com**
Jazz in Marciac • 19 pl. de l'Hôtel de Ville • BP 23 • 32230 **MARCIAC**

Jean-Louis GUILHAUMON (Président direction artistique) • Chantal ATLANI (Directrice) • Marie LASSERRE CHA (Attachée de presse)

Genre(s) musical(aux) : Jazz, blues, gospel, etc. • **Capacité** : 500 pl. • **Références** : Julien Clerc, Charles Berling, Benjamin Biolay, Oxmo Puccino, Eric Lareine, Bernardo Sandoval, Christian Escoudé, Steeve Laffont et Marcel Loeffler, Scott Hamilton, Roberto Fonseca, The Victory Gospel Singers, Tigran Hamasyan, Harold Lopez Nussa, The Macket, Kenny Werner, Bobby Watson, The New York Saxophone Band, etc.

Lot

Les DOCKS

✆ **05 65 22 36 38** • fax 05 65 23 89 13
lesdocks2@wanadoo.fr • **www.myspace.com/lesdocks**
430 allées des Soupirs • 46000 **CAHORS**

Stéphane DELPECH (Programmateur)

Genre(s) musical(aux) : Musiques actuelles • **Capacité** : 600 pl. • **Références** : Zebda, Asian Dub Foundation, Arthur H, Izia, High Damage, etc.

SERVICES CULTURELS FIGEAC-COMMUNAUTÉ

✆ **05 65 34 24 78** • fax 05 65 34 00 48
servicesculturels@figeac-communaute.fr
www.culture-figeac-communaute.fr
2 bd Pasteur • 46100 **FIGEAC**

Damien CATCEL (Directeur) • Eric THIMJO (Directeur adjoint responsable des spectacles)

Genre(s) musical(aux) : Ts • **Capacité** : Espace François Miterrand (jusqu'à 1 000 pl.) + 2 cinémas pouvant accueillir des concerts (309 et 220 pl.) • **Références** : Dee Dee Bridgewater, Loïc Lantoine, Arno, Abd al Malik, Manu Galure, Celine Villalta, Stephan Eicher, Mard Perrone, Louis Bertignac, Têtes Raides, Matmatah, Juliette, etc.

Hautes-Pyrénées

L'ALAMZIC

✆ **05 652 95 38 82**
communication@haute-bigorre.fr • **www.ville-bagneresdebigorre.fr**
Esplanade Eugène Toujas • 65200 **BAGNERES-DE-BIGORRE**

Jean-Bernard SEMPASTOUS (Adjoint au Maire chargé de la culture) • Gaëlle BLESLU (Chargée de communication)

Genre(s) musical(aux) : Rock, chanson, reggae, etc. • **Capacité** : 480 pl.

La GESPE

✆ **05 62 51 32 98** • fax 05 62 93 61 29
contact@lagespe.com • **www.lagespe.com**
23 rue Cézanne • 65000 **TARBES**

Pierre DOMENGES (Directeur)

Genre(s) musical(aux) : Musiques actuelles • **Capacité** : 80 pl. (debout), 200 pl. (assis) • **Références** : U-Roy, Izia, Jean-Luc Amestoy/Didier Dulieux, Nina Hagen, Paul Personne, Zebda, The Hyènes, etc.

Le PARVIS

✆ **05 62 90 08 55 / 05 62 90 06 03** • fax 05 62 90 60 20
secretariat@parvis.net • **www.parvis.net**
Centre Méridien • Route de Pau • BP 20 • 65421 **IBOS CEDEX**

Marie-Claire RIOU (Directrice) • Emmanuel GERARD (Conseiller musique) • Béatrice DAUPAGNE (Secrétaire générale danse)

Scène nationale Tarbes-Pyrénées • **Genre(s) musical(aux)** : Jazz, musiques du monde, chanson, danse, classique, etc. • **Capacité** : Salle (750 pl), Théâtre municipal des Nouveautés (450 pl.) • **Références** : Denis Badault Quartet H3B, Malia, Antoine Hervé « La Leçon de jazz », Napoleon Maddox, The Boxettes, Sophia Domancich, Ibrahim Maalouf, Omar Sosa, Emel Mathlouthi, Le prince Miiaou, Cascadeur, Dominique A, Barbara Carlotti, Carmen Maria Vega

Tarn

CAP'DECOUVERTE

✆ **05 63 80 29 01** • fax 05 63 80 29 08
contact@capdecouverte.com • **www.smad-capdecouverte.com**
Smad • Maison de la Musique • 81450 **LE GARRIC**

Jean-Philippe HAURAY • Jean-Louis ROUSSET (Régisseur général)

Genre(s) musical(aux) : Rock, chanson, jazz, musiques électroniques • **Capacité** : 630 pl. (assis), 1 250 pl. (debout) • **Références** : Ghinzu, Steel Pulse, Magma, Interlope, Orchestre du Capitole, CCN Belfort

LO BOLEGASON

✆ **05 63 62 15 61** • fax 05 63 62 15 60
lo.bolegason@bolegason.org • **www.bolegason.org**
Passage Claude Nougaro • BP 30143 • 81103 **CASTRES CEDEX**

Olivier NICAISE (Directeur) • Patrice CORBIERE (Administrateur) • Thierry BRIXI (Attaché de production) • Mélanie SAUVAGE (Communication) • Virginie BERGIER (Accompagnement)

Genre(s) musical(aux) : Musiques actuelles, etc. • **Capacité** : 525 pl. • **Références** : Lofofra, No One is Innocent, Catherine Ringer, ONB, Skip the Use, Oldelaf, etc.

SCÈNE NATIONALE D'ALBI

✆ **05 63 38 55 56 / 05 63 38 55 55** • fax 05 63 38 55 65
sn-albi@sn-albi.fr • **www.sn-albi.fr**
Place de l'amitié entre les peuples • 81000 **ALBI**

Pascal PARIS (Directeur) • Frédéric ESQUERRE (Coordinateur général) • Nicolas DUPAS (Administrateur)

Genre(s) musical(aux) : Ts dont world, jazz • **Capacité** : La salle de l'Athanor, Le Théâtre Municipal d'Albi, Hall de la Verrerie (Carmaux), salle des fêtes (Gaillac), salle d'Albaret (St Juéry), Grand théâtre d'Albi (900 pl, ouverture en mars 2014) • **Références** : Richard Galliano « Nino Rotta », Les Derviches Tourneurs de Damas, Tambour Quartet avec Ravi Prasad et Carlo Rizzo, Fanfare Ciocarla

THÉÂTRE MUNICIPAL D'ALBI

✆ **05 63 54 00 25 / 05 63 38 94 95 / 05 63 49 11 78**
fax 01 63 49 14 46
culture@mairie-albi.fr • **www.mairie-albi.fr**
Service culturel • 16 rue de l'Hôtel de Ville • 81023 **ALBI CEDEX 9**

Genre(s) musical(aux) : Tous • **Capacité** : 500 pl. • **Références** : Les rencontres « Albi Flamenca » (ass. Flamenco), Richard galliano, Dee Dee Bridgewater, Natacha Atlas, Souad Massi, Olivia Ruiz, Black Voices, etc.

Tarn-et-Garonne

MOISSAC-CULTURE

✆ **05 63 05 08 08** • fax 05 63 05 08 06
direction.ccm@moissac.fr • **www.moissac-culture.fr**
24 rue de la Solidarité • 82200 **MOISSAC**

Jean-Marc FUENTES (Directeur)

Genre(s) musical(aux) : Rock, musiques du monde, théâtre, spectacles jeune public, chanson, danse • **Capacité** : 200 à 1 500 pl. • **Références** : Saxomania (Claude Tissendier), Festival Les Vibrations de Moissac, Geoffrey Oryema, Vocal Sampling, Charlélie Couture, etc.

Le RIO GRANDE

✆ **05 63 91 19 19** • fax 05 63 91 19 00
rio.grande@rio-grande.fr • **www.lerio.fr**
Asso. Le Rio • 3 rue Ferdinand Buisson • 82000 **MONTAUBAN**

Patrick COMBALBERT (Directeur / programmateur) • Vincent HALGRAIN (Administrateur) • Corinne MONTERDE (Communication / régie accueil / bar) • Cédric ARBEAU (Responsable technique)

Genre(s) musical(aux) : Musiques actuelles • **Capacité** : 700 pl. • **Références** : Mass Hysteria, Youssoupha, Revolver, Pony Pony Run Run, Eiffel, etc.

SALLES DE MOINS DE 400 PLACES

Ariège

ART'CADE

✆ **05 61 04 69 27** • fax 05 61 04 69 27
infos@art-cade.com • **www.art-cade.com**
Pl. Communale • 09230 **STE CROIX VOLVESTRE**

Mickaël FENEUX (Programmateur) • Pierre GAU (Administrateur)

Genre(s) musical(aux) : Ts styles, jeunes public • **Capacité** : 120 pl. • **Références** : Les Fils de Teuhpu, Syrano, High Tone, Kaophonic Tribu, Ilene Barnes, Pauline Croze, Interlope, Jim Murple Memorial

Aveyron

MJC DE RODEZ

✆ **05 65 67 01 13** • fax 05 65 67 51 51
accueil@mjcrodez.com • **www.mjcrodez.com**
1 rue St-Cyrice • 12000 **RODEZ**

Bruno HOULES (Directeur) • Jean-François CHIRAC (Régisseur) • Etienne JULIEN (Régisseur)

Genre(s) musical(aux) : Chansons, théâtre, danse • **Capacité** : 100 pl. (petite salle), 300 pl. (théâtre) • **Références** : Carmen Maria Vega, Nicolas Jules, Da Silva, Gablé, Paamath, Chloé Lacan, etc.

Haute-Garonne

Le BIJOU

✆ **05 61 42 95 07**
le.bijou@wanadoo.fr • **www.le-bijou.net**
123 av. de Muret • 31300 **TOULOUSE**

Pascal CHAUVET (Directeur) • Emma CHAUVET (Directrice)

Genre(s) musical(aux) : Chanson, musiques du monde • **Capacité** : 89 pl. • **Références** : Nosfell, Cali, Têtes Raides, Anaïs, Jeanne Cherhal, Anis, Bénabar, Les Malpolis, Manu Galure, Emily Loizeau, Karimouche, Carmen Maria Vega, etc.

Le CRI DE LA MOUETTE

✆ **05 62 30 05 28**
contact@lecridelamouette.com • **www.lecridelamouette.com**
Péniche • 78 allée de Barcelone • BP 31220
31012 **TOULOUSE CEDEX 6**

Erich SPERLING (Gérant)

Genre(s) musical(aux) : Pop, funk, rock, electro, chanson festive, soul, reggae, etc. • **Capacité** : 140 pl. deb. • **Références** : Trump'n'Bass, Agora Fidelio, La Rue des Pavots, Code Cyclic, The Dodoz, Is What?!, The Dø, etc.

La DYNAMO

ladynamo.toulouse@gmail.com • **www.ladynamo-toulouse.com**
6 rue Amélie • 31000 **TOULOUSE**

Yannick CORBERES (Gérant)

Genre(s) musical(aux) : Ts • **Capacité** : 200 pl. debout • **Références** : Shannon Wright, Jill Is Lucky, The Ex, etc.

ESPACE BONNEFOY

✆ **05 67 73 83 60** • fax 05 67 73 83 22
claire.zwilling@mairie-toulouse.fr • **www.bonnefoy.toulouse.fr**
4 rue du Fbg Bonnefoy • 31500 **TOULOUSE**

Claire ZWILLING (Responsable culturelle)

Genre(s) musical(aux) : Musiques actuelles, rock, électro, formes hybrides • **Capacité** : 250 pl. • **Références** : Bubblies, Ain't No Dub, Eric Nemo, KKC Orchestra, Electric Baz

ESPACE JOB

✆ **05 61 21 12 25**
info@music-halle.com • **www.music-halle.com**
Music'Halle • 105 route de Blagnac • Quartier des sept deniers
31200 **TOULOUSE**

Philippe METZ (Directeur) • Camille MEDUS (Chargée de communication)

Genre(s) musical(aux) : Musique acutelle, jazz • **Capacité** : 250 pl. • **Références** : Jean-Michel Pilc, Initiative H invite Emile Parisien, Myra Melford et Ben Goldberg (en partenariat avec un Pavé dans le Jazz), Zed Quartet

ESPACE YVES MONTAND

✆ **05 62 75 09 52** • fax 05 61 70 16 17
stalban-culture@wanadoo.fr • **www.saint-alban31.fr**
2 rue Salgareda • 31140 **ST ALBAN**

Franck RUEFF (Directeur)

Genre(s) musical(aux) : Chanson, musiques du monde, etc. + spectacles vivants • **Capacité** : 120 pl. • **Références** : Le Duo Parieur, Cie Le Bestiaire à Pampilles, Chorda (swing manouche), Jordi Bertrand, Didier Labbé Quartet, Fred Radix, Trio vocal les Grandes Bouches, Trio Equidad Barés, Serge Lopez, etc.

FOLLES SAISONS

✆ **05 61 40 82 14**
folles.saisons@laposte.net • **www.follessaisons.org**
197 route de St Simon • 31100 **TOULOUSE**

Anne AGUILERA (Présidente)

Genre(s) musical(aux) : Ts • **Capacité** : 75 pl. • **Références** : Nadine Rossello, Véronique Pestel, Marianne Aya Omac, Didier Dulieu, etc.

Le MANDALA

✆ **05 61 21 10 05**
communication@lemandala.com • **www.lemandala.com**
23 rue des Amidonniers • 31000 **TOULOUSE**

Anaïs ANDRET-CARTINI (Programmatrice) • Karen TOUYA (Administratrice) • Anne-Claire DASTIGUE (Communication relations publiques)

Genre(s) musical(aux) : Jazz, musiques métisses et improvisées • **Capacité** : 140 pl. • **Références** : Andy Moor, Laurent de Wilde, Olivier Sens, Collectif COax, ARFI, G. Orti, Tigre des Platakes, Etenesh Wassie & Mathieu Sourriseau, Sylvain Cathala, S. Quezada, Danyel Waro

MARINS D'EAU DOUCE

✆ **05 61 73 16 15**
marins@marins-eau-douce.fr • **www.marins-eau-douce.fr**
Parc Technologique du Canal • Pl. du Canal • 31520 **RAMONVILLE ST AGNE**

Eugenio VALERA (Directeur)

Genre(s) musical(aux) : World music, chanson et variétés, musiques, jazz, théatre & humour • **Capacité** : 300 pl. • **Références** : Monk'O Marok, Java, The White Stripes, Tom Parish, Axe Swing

PLUG'IN

✆ **05 62 00 28 43** • fax 05 62 00 28 35
amj@stgo.fr • **www.culturecomminges.com**
VILLE DE SAINT GAUDENS • 7 rue Lavoisier • 31800 **ST GAUDENS**

Anthony GARCIA (Responsable musiques actuelles)

Genre(s) musical(aux) : Rock, reggae, electro, metal, world, etc. • **Capacité** : 260 pl. • **Références** : Burning Heads, The Adolescents, Batignolles, Che Sudaka, etc.

SALLE BLEUE - ESPACE CROIX-BARAGNON

✆ **05 62 27 60 60** • fax 05 62 27 67 32
espace.croix.baragnon@mairie-toulouse.fr • **www.toulouse.fr**
24 rue Croix-Baragnon • 31000 **TOULOUSE**

Alain LACROIX (Administrateur et programmateur)

Genre(s) musical(aux) : Jazz, musique du monde, musique de chambre, cabaret, lectures • **Capacité** : 178 pl. • **Références** : « Blue Jazz » : Wrak'Trio, Wen Quartet, Curcuma, Paul Lay Trio, Barbacana, Stabat Akish, Blink and the Mediums, etc.

Salle SALLE NOUGARO

✆ **05 61 93 79 40** • fax 05 61 18 70 27
carole.talavan@ceairbus.com • **www.sallenougaro.com**
316 route de Bayonne • BP 83172 • 31027 **TOULOUSE CEDEX 3**

Michel LAPEYRADE (Président) • Carole TALAVAN (Programmatrice) • Eléonore BONFILS (Programmatrice et coordinatrice)

Genre(s) musical(aux) : Jazz, chanson, musiques du monde, jeune public • **Capacité** : 389 pl. • **Références** : Chano Dominguez, David Linx et Diederik Wissels, Porico Quartet, Rémi Panossian, The Bad Plus, Robin McKelle, Les doigts de l'homme, Eric Bibb & Habib Koité, Lo'Jo, Amsterdam Klezmer Band, Bombino, Mieko Miyazaki & Guo Gan, etc.

Gers

La FENIÈRE

✆ **05 62 05 27 02 / 06 81 05 24 74**
levertenlair@wanadoo.fr • **www.domainedebesmaux.com**
Domaine de Besmaux • 32550 **PAVIE**

Guy DE SEZE (Programmateur)

Genre(s) musical(aux) : Rock, blues, R&B, soul, reggae, jazz ethnique, etc. • **Capacité** : 180 à 200 pl. • **Références** : Samy Thiebault, Didier Malherbe, Little Bob, Naufragés, Fly Tox, City Kid, Dogs, Flamin' Groovies, Fleshtones

IMAJ'/CRI'ART

✆ **05 62 60 28 28 / 05 62 60 28 17** • fax 05 62 60 28 20
criart@imaj32.fr • **www.imaj32.fr**
16 bis rue Rouget de Lisle • 32000 **AUCH**

Sofi LATASTE (Directrice) • Hakim BELAAMECHE (Programmateur) • Fabien ROUCOLLE (Communication)

Genre(s) musical(aux) : Musiques actuelles • **Capacité** : 400 pl. • **Références** : Watcha, Saian Supa Crew, Dionysos, Macaco, Nawfel, Sergent Garcia, Fred, Enhancer, Burning Heads, Arthur H, Andy J. Forest, Mei Tei Sho, Mirtzkov

Hautes-Pyrénées

Le CELTIC PUB

✆ **06 28 72 37 90**
celticpubisnotapub@gmail.com • **www.celtic-pub.fr**
1 rue de l'Harmonie • 65000 **TARBES**

Jean-Louis ABADIE (Responsable)

Genre(s) musical(aux) : Eclectique : rock, pop, punk, chanson, hip hop, blues, jazz, free jazz, etc. • **Références** : Aghast, Chausse-Trappe, Monsieur Tristan, les Headcases, Hippie Diktat, Kouma (jazz), les No Wake, Zed, etc.

Tarn

CAFÉ PLUM
✆ **05 63 70 83 30**
lautrec.plum@gmail.com • **www.cafeplum.org**
12 rue de Lengouzy • 81440 **LAUTREC**
Stéphane SOUCLIER (Gérant / Chargé de communication / Régie) • Maiwenn AUBRY (Chargée du développement) • Kathy THIAM (Administratrice / programmatrice Asso. Ma Case)
Genre(s) musical(aux) : Dominante musiques du monde, mais programmation ouverte sur la chanson, le slam, le théâtre, la marionnette, les rencontres littéraires, etc. • **Capacité** : 50 en intérieur / 120 en extérieur • **Références** : Trio Zira, Régional de la casa de Choro, Guillaume Barraband trio, Duo parleur, Cenfadage, le conteur voyageur, Djolibeat, etc.

CAP'DECOUVERTE
✆ **05 63 80 29 01** • fax 05 63 80 29 08
contact@capdecouverte.com • **www.smad-capdecouverte.com**
S.M.A.D • Maison de la Musique • 81450 **LE GARRIC**
Jean-Philippe HAURAY (Chargé de projets) • Jean-Louis ROUSSET (Régisseur général)
Genre(s) musical(aux) : Rock, jazz, chanson, musiques électroniques • **Capacité** : 177 pl. • **Références** : Hyperclean, Geko Palace, Rhesus, Dj Missil, etc.

Le NOCTAMBULE
✆ **05 63 54 20 67** • fax 05 63 54 61 55
mjcalbi@wanadoo.fr • **www.mjcalbi.fr**
c/o MJC d'Albi • 13 rue de la République • 81000 **ALBI**
Marie PEYRILLE (Directrice)
Genre(s) musical(aux) : Jazz, blues, musique du monde, rock, metal, etc. • **Capacité** : 100 pl. • **Références** : Joëlle Léandre, Serge Lopez, Latcho Drom, Didier Labbé, Frédéric le Juner, Mina Agossi, Abercram, Tyler, Pasc, Houria Aïchi, Yona, Simon Nwambeben, etc.

Tarn-et-Garonne

Le PUITS DE JOUR
✆ **05 63 94 70 59 / 05 63 95 70 32**
puitsdejour@free.fr • **www.myspace.com/lepuitsdejour**
pl. des Cornières • 82110 **LAUZERTE**
Matthieu BUCHHOLTZ (Gérant / programmateur)
Genre(s) musical(aux) : Ts (rock, blues, jazz, etc.) • **Capacité** : 150 pl. (debout) • **Références** : Laurent Larcher Trio, La Marmaille, Boudu les Cops, Bogart and the Addictives, Zarbo, Mange-moi, etc.

NORD - PAS-DE-CALAIS

SALLES DE PLUS DE 1 200 PLACES

Nord

L'AERONEF
✆ **03 20 13 50 00** • fax 03 20 13 31 54
nathalie.robert@aeronef-spectacles.com • **www.aeronef-spectacles.com**
Av. Willy Brandt • 168 Centre Commercial • 59777 **EURALILLE**
Benoît OLLA (Directeur) • Alexandre MELIS (Secrétaire général) • Patrice BUDZINSKI (Programmateur)
Genre(s) musical(aux) : Ts • **Capacité** : 1 300 à 2 000 pl., également club de 350 pl. • **Références** : The Black Angels, Mogwai, Joanna Newsom, Sharon Jones, Angus and Julia Stone, festival des Inrocks, etc.

Le COLISÉE-ROUBAIX
✆ **03 20 24 46 56 / 03 20 24 07 07** • fax 03 20 24 19 18
colisee-roubaix@wanadoo.fr • **www.coliseeroubaix.com**
31 rue de l'Epeule • BP 4 • 59051 **ROUBAIX CEDEX 1**
Bertrand MILLET (Directeur) • Claire SÉITÉ (Administratrice) • Brigitte LEMAN (Secrétaire générale) • Bernard VANALDERWELT (Directeur technique)
Genre(s) musical(aux) : Variétés • **Capacité** : 600, 1 200 et 1 800 pl. • **Références** : Randy Weston (production Jazz en Nord), Lynda Lemay, Laurent Voulzy, John McLaughlin & The 4th Dimension (coproduction Tourcoing Jazz Festival/Jazz en Nord), Mika, Thomas Ferzen, Julien Clerc, Ray Lema et le Saka Saka Orchestra, etc.

DUNKERQUE KURSAAL
✆ **03 28 65 81 81** • fax 03 28 66 16 54
info@dunkerquekursaal.com • **www.dunkerquekursaal.com**
Pl. du Casino • CS 80087 • 59942 **DUNKERQUE CEDEX 2**
Patrick LECAILLIEZ (Directeur)
Genre(s) musical(aux) : Ts (chanson, blues, etc.) • **Capacité** : 100 à 6000 pl. • **Références** : J.-L. Aubert, Grégoire, Frank Michael, Liane Foly, F. Dubosc, A. Souchon, F. Foresti, T. Dutronc, Holiday on Ice, etc.

GAYANT EXPO
✆ **03 27 93 19 31** • fax 03 27 93 25 50
contact@gayantexpo.com • **www.gayantexpoconcerts.com**
Parc des expositions de Douai • Route de Tournai • BP 60093
59502 **DOUAI CEDEX**
Alexandre DEKERLE (Directeur) • François LUSSON (Chargé de projets)
Genre(s) musical(aux) : Ts • **Capacité** : 2 500 à 11 500 pl. • **Références** : Grégoire, Goran Bregovic, Mylène Farmer, Calogéro, Bernard Lavilliers, Yannick Noah, Eddy Mitchell, etc.

PALAIS DU LITTORAL
✆ **03 28 21 66 00** • fax 03 28 24 49 24
h.balny@ville-grande-synthe.fr • **www.ville-grande-synthe.fr**
Maison communale / Service culturel • Pl. François Miterrand • BP149
59792 **GRANDE SYNTHE CEDEX**
Ali DURU (Directeur) • Hélène BALNY (Chargé de programmation)
Genre(s) musical(aux) : Ts • **Capacité** : Palais (3 000 pl. debout, 1 200 pl. assis), théâtre (449 pl.) • **Références** : Bernard Lavilliers, Grand Corps Malade, Anouskha Sankar, Jean-Felix Lalanne, Festival des musiques pluriels (mai), Bar-Car Blues Festival (nov.)

THÉÂTRE SEBASTOPOL
✆ **03 20 54 44 50** • fax 03 20 39 44 76
secretariat.sebastopol@nordnet.fr • **www.theatre-sebastopol.fr**
Pl. Sébastopol • 59000 **LILLE**
Guy MARSEGUERRA (Directeur) • François MARSEGUERRA (Administrateur) • Angèle MAGALETTI (Contact)
Genre(s) musical(aux) : Ts • **Capacité** : 1 350 pl. • **Références** : Yannick Noah, Camille, Lounis Aït Menguellet, Laurent Voulzy, De Palmas, etc.

ZENITH-ARENA
✆ **03 20 14 15 16 / 03 20 14 14 04** • fax 03 20 14 14 14
contact@zenithdelille.com • **www.zenithdelille.com**
1 bd Cités Unies • 59777 **EURALILLE**
Aurélien BINDER (Directeur général) • Marie-Amelie AMMEUX (Responsable programmation) • Tiphaine MILLECAMPS (Chargée de communication, évenementiel) • Régis WACHNIK (Régisseur général)
Genre(s) musical(aux) : Ts • **Capacité** : 7 000 pl. (modulable) • **Références** : The Voice, Smashing Pumpkins, Léonard Cohen, Cirque du Soleil, Black Keys, etc.

Pas-de-Calais

ARENA STADE COUVERT
✆ **03 21 44 02 44** • fax 03 21 44 85 73
contact@arena-stade-couvert-lievin.com
www.arena-stade-couvert-lievin.com
Chem. des Manufactures • 62800 **LIEVIN**
Christophe VITOUX (Directeur)
Genre(s) musical(aux) : Ts (rock, variétés, classique, etc.) • **Capacité** : 1 500 à 13 500 pl. • **Références** : Muse, Depeche Mode, Celtic Legends, Scorpion, etc.

SALLES DE 400 À 1 200 PLACES

Nord

Le BATEAU FEU
✆ **03 28 51 40 30** • fax 03 28 51 40 31
programmation@lebateaufeu.com • **www.lebateaufeu.com**
Pl. du Gal de Gaulle • BP 2064 • 59376 **DUNKERQUE CEDEX 01**
Hélène CANCEL (Directrice) • Christophe POTIER (Directeur adjoint)
Scène nationale Dunkerque • **Genre(s) musical(aux)** : Jazz, musique du monde, chanson, danse hip hop, musique contemporaine, théatre musical • **Capacité** : 760 pl. (grande salle) et 150 pl. (petite salle) • **Références** : Mederic Colignon, Megaoctet Andy Emler

La CONDITION PUBLIQUE
✆ **03 28 33 57 57** • fax 03 20 45 16 59
info@laconditionpublique.com • **www.laconditionpublique.com**
14 pl. Faidherbe • BP 90211 • 59054 **ROUBAIX CEDEX 1**
Anne-Isabelle VIGNAUD (Directrice) • Marc LELOU (Directeur technique) • Giulia FRANCHINO (Chargée de communication)
Genre(s) musical(aux) : Musiques nouvelles • **Capacité** : 450 pl. (assis), 1 200 pl. (debout) + 2e salle 170 pl. debout (l'Alimentation) • **Références** : The Buttshakers, NLF3, La Familya, Bertrand Belin, HK, Les Saltimbanks, Alpha Blondie, Roken Is Dodelijk, Laetitia Shériff, Sheetah & Les Weissmuller, Troy Von Balthazar, etc.

Le GRAND MIX

✆ **03 20 70 10 00** • fax 03 20 70 07 00
info@legrandmix.com • **www.legrandmix.com**
5 pl. Notre Dame • 59200 **TOURCOING**

Boris COLIN (Directeur) • Julien GUILLAUME (Programmateur) • Vincent NOCREKUL (Chargé de communication) • Juliette CALLOT (Action culturelle) • Mathieu DAUCHY (Relations publiques)

Genre(s) musical(aux) : Ttes musiques actuelles • **Capacité** : 690 pl. • **Références** : Selah Sue, Agnes Obel, Joseph Arthur, Lilly Wood & the Prick, Zone Libre, Jay Jay Johanson, Heavy Trash, etc.

L'HIPPODROME

✆ **03 27 99 66 60 / 03 27 99 66 66** • fax 03 27 99 66 61
secretariat@hippodromedouai.com • **www.hippodromedouai.com**
Pl. du Barlet • BP 10079 • 59502 **DOUAI CEDEX**

Gilbert LANGLOIS (Directeur) • Pierre LALY (Directeur adjoint)

Scène nationale de Douai • **Genre(s) musical(aux)** : Musiques du monde, jazz, chanson • **Capacité** : Salle Malraux (600 pl.), Salle Obey (140 pl.) • **Références** : Yaël Naïm, Arthur H, Ars Nova ensemble instrumental, Rokia Traoré, Mory Kanté, Ensemble Cairn

Le MANÈGE (MAUBEUGE-MONS)

✆ **03 27 65 15 00 / 03 27 65 65 40** • fax 03 27 65 93 80
infos@lemanege.com • **www.lemanege.com**
Rue de la Croix • CS 10105 • 59602 **MAUBEUGE CEDEX**

Didier FUSILLIER (Directeur) • Frédéric PLATTEAU (Directeur technique) • Corinne SOLINI (Coordinatrice)

Scène nationale de Maubeuge-Mons - Jeumont-Aulnoye-Feignies • **Genre(s) musical(aux)** : Ts • **Capacité** : Le Manège (550 pl.), La Luna (Maubeuge, 1 050 pl. assises et 2 000 pl. deb), Centre culturel André Malraux (Jeumont, 700 pl. assises), Espace Gérard Philipe (Feignies, 310 pl.), Théâtre Léo Ferré (Aulnoye-Aymeries, 550 pl.), Centre culturel transfrontalier de Mons (700 pl.) • **Références** : Brigitte, Mina Tindle, Montevideo, Julien Clerc, Ibrahim Maalouf, Jali, la Grande Sophie, etc.

La ROSE DES VENTS

✆ **03 20 61 96 90 / 03 20 61 96 96** • fax 03 20 61 96 91
larosedesvents@larose.fr • **www.larose.fr**
Bd Van Gogh • BP 10153 • 59653 **VILLENEUVE D'ASCQ CEDEX**

Didier THIBAUT (Directeur) • Cécile LE BOMIN (Administratrice) • Muriel BESSIERE (Directrice de la communication et de la presse) • Didier TORZ (Directeur technique) • Hélène DEBACKER (Secrétaire générale)

Scène nationale de Lille Métropole -Villeneuve-d'Ascq • **Genre(s) musical(aux)** : Musique, jeune public, etc. • **Capacité** : 100 et 400 pl. • **Références** : Booty Looting, The Wackids, Wabla, Happy House, etc.

Le SPLENDID

✆ **03 20 33 17 34** • fax 03 20 33 13 54
veroneproductions@nordnet.fr • **www.le-splendid.com**
1 pl. du Mont de Terre • 59800 **LILLE**

Guy MARSEGUERRA (Directeur) • Chadia BEN ABBAS (Programmatrice) • Arno GEENENS (Régisseur)

Genre(s) musical(aux) : Ts • **Capacité** : 600 pl. (assis), 900 pl. (assis/debout) • **Références** : Joyce Jonathan, Asa [Asha], Stromae, Naughty By Nature, Jena Lee, Epica, Puggy + découvertes, Constance, etc.

THÉÂTRE DU CASINO

✆ **03 28 14 47 77** • fax 03 28 14 47 99
mfritz@lucienbarriere.com • **www.lucienbarriere.com**
777 pont de Flandre • 59777 **LILLE**

Margot RENARD (Responsable artistique) • Constance WATTEZ (Assistante) • Martial FRITZ (Directeur artistique et communication)

Genre(s) musical(aux) : Chanson, variété, jazz • **Capacité** : 1 200 pl. • **Références** : Véronique Sanson, Tri Yann, La Fabuleuse Histoire de Bollywood, etc.

Le VIVAT

✆ **03 20 77 18 77**
contact@levivat.net • **www.levivat.net**
Pl. Saint-Vaast • 59280 **ARMENTIERES**

Eliane DHEYGERE (Directrice) • Melanie HANSCOTTE (Administratrice) • Céline LUC (Attachée aux relations publiques) • Pascal CEBULSKI (Responsable de la communication)

Genre(s) musical(aux) : Tous • **Capacité** : 600 pl. • **Références** : Manu Katché, Trio Casadesus Enhco, Orchestre national de Barbès, etc.

Pas-de-Calais

CENTRE CULTUREL GÉRARD PHILIPE

✆ **03 21 46 90 00** • fax 03 21 46 90 09
ccgp-calais@mairie-calais.fr • **www.calais.fr/-le-centre-culturel-gerard-philipe-**
450 rue Auguste Rodin • 62100 **CALAIS**

Dominique FLOCH (Directeur)

Genre(s) musical(aux) : Musiques actuelles, blues • **Capacité** : 492 pl. • **Références** : Eiffel, Peuple de l'herbe, Lofofora, Loudblast, The Hyènes, Biga Ranx, Sandra Nkake, Sly Johnson, An Pierlé, Tambours du Bronx

Le CHANNEL

✆ **03 21 46 77 10** • fax 03 21 46 77 20
lechannel@lechannel.org • **www.lechannel.org**
173 bd Gambetta • CS 70077 • 62102 **CALAIS CEDEX**

Francis PEDUZZI (Directeur) • Jean-Jacques MANSARD (Directeur technique) • Lena PASQUALINI (Secrétaire générale)

Scène nationale de Calais • **Genre(s) musical(aux)** : Ts • **Capacité** : Salle du Passager (290 pl.), Grande Halle (2 000 pl.) • **Références** : Chet Nuneta, « Leçon de jazz » d'Antoine Hervé sur Ella Fitzgerald et Louis Armstrong, Vincent Delerm, René Aubry, etc ;

GRAND THEÂTRE DE CALAIS

✆ **03 21 36 58 65**
www.calais.fr/-Le-Theatre-de-Calais-
Place Albert 1er • 62100 **CALAIS**

Philippe GODEFROID (Directeur)

Genre(s) musical(aux) : Chanson, jazz, etc. • **Capacité** : 1 200 • **Références** : Géraldine Laurent, Youn Sun Nah, Carmen Maria Vega, Bea Tristan, etc.

Le MÉTAPHONE

✆ **03 21 79 72 26**
9-9bis@agglo-henincarvin.fr • **www.9-9bis.com**
Fosse 9-9bis • Ch. du Tordoir • 62590 **OIGNIES**

Olivier GALAN (Directeur) • José TAVARES (Programmateur) • Mathieu LAMBLIN (Directeur administratif) • Stéphane MATUSZAK (Directeur technique) • Justine FLAHAUT (Responsable communication) • Valéry DESMARETS (Coordinateur musique)• Yann PERRIN (Coordinateur musiques actuelles et populaires)

Genre(s) musical(aux) : Musiques actuelles et du monde • **Capacité** : De 500 à 1 000 pl. • **Références** : Ouverture en sep. 2013

Le PHAROS

✆ **03 21 16 89 00**
pharos@ville-arras.fr • **www.facebook.com/lepharos**
6 rue Charles Péguy • 62000 **ARRAS**

Genre(s) musical(aux) : Musiques actuelles • **Capacité** : 450 pl.

THÉATRE DE BETHUNE

✆ **03 21 64 37 37 / 03 21 64 37 64** • fax 03 21 56 71 56
theatre@ville-bethune.fr • **www.theatre-bethune.fr**
Bd Victor Hugo • 62400 **BETHUNE**

Xavier DUCHATELLE (Directeur) • Laurent RYBARCZYK (Directeur adjoint)

Genre(s) musical(aux) : Chanson, humour, etc. • **Capacité** : 921 pl. • **Références** : Youn Sun Nah, Noa, Laurent Voulzy, Camille, Emily Loizeau, Claire Diterzi, Benabar, Cali

SALLES DE MOINS DE 400 PLACES

Nord

Les 4 ECLUSES

✆ **03 28 63 82 40**
communication@4ecluses.com • **www.4ecluses.com**
C/o Arts Scéniques Rocks • Ilôt des 4Ecluses • BP 93128
59377 **DUNKERQUE CEDEX 1**

François JOLIVET (Directeur) • Jacqueline POIGNANT (Administratrice) • Thomas BLANQUART (Programmateur) • Virginie SCHERRENS (Action culturelle)

Genre(s) musical(aux) : Musiques actuelles • **Capacité** : 300 pl. debout • **Références** : Médine, Mad Professor, Gablé, Le Prince Miiaou, The Aggrolites, Oldelaf, As de Trèfle, etc.

Les ARCADES

✆ **03 20 62 96 96**
edupont@ville-fachesthumesnil.fr • **www.ville-fachesthumesnil.fr**
Mairie de Faches Thumesnil • 16 rue Kléber • 59155 **FACHES THUMESNIL**

Eric DUPONT (Directeur de la culture - programmation musicale) • Valérie DEMARQUE (Responsable de la programmation jeune public)

Genre(s) musical(aux) : Jazz, musiques du monde et traditionnelles • **Capacité** : 169 pl. • **Références** : Erol Josué, Afro Wild Zombies, DPZ, Trio Casadesus Enhco, Renaud Garcia-Fons, « Hommage à Michel Graillier » avec Emmanuel Bex, Stéphane Belmondo, etc.

Le BIPLAN

✆ **03 20 12 91 11 / 03 20 42 02 27** • fax 03 20 42 02 27
musique@lebiplan.org • **www.lebiplan.org**
Asso. Biplan - Vol de Nuit • 19 rue Colbert • 59000 **LILLE**

Erwann BROUDIC (Président) • Catherine BOUCHER (Administratrice) • Virh NGUYEN (Administrateur) • Hugo LAGORSE (développement) • David BOISSEAU (Programmateur et régie)

Genre(s) musical(aux) : Chanson, folk, blues, rock, reggae, ska, métal, souder • **Capacité** : Petit Théâtre (70 pl.), cave voûtée (100 pl.) • **Références** : Richard Bona, Les Ogres de Barback, Carl Dawkins, Howard and the White Boys, Rude Boy System, 100g de tête, Les Mauvaises Langues, Bénabar, Weeper Circus, Les Acrobates, Les Malpolis, etc.

La BOITE À MUSIQUES

✆ **03 20 02 24 71** • fax 03 20 02 24 71
boiteamusiques@ville-wattrelos.fr
www.facebook.com/boiteamusiques.wattrelos
Rue Amédée Prouvost • 59150 **WATTRELOS**

Rachid MAMERI (Responsable)

Genre(s) musical(aux) : Chanson, blues, rock, jeune public, etc. • **Capacité** : 200 pl. environ • **Références** : Renan Luce, Jeanne Cherhal, La Grande Sophie, Alexis HK, UK Subs, The New Christs, Dr Feelgoods, The Unfeen, The Experimental Tropic Blues Band, etc.

La CAVE AUX POETES

✆ **03 20 27 70 10** • fax 03 20 27 70 20
info@caveauxpoetes.com • **www.caveauxpoetes.com**
10 rue du Grand Chemin • 59100 **ROUBAIX**

Nicolas LEFEVRE (Directeur) • Aude BOURSIN (Administrateur) • Magali LLIMOUS (Action culturelle) • Héloïse AUCLERT (Production) • Hakima LOUNAS (Communication)

Genre(s) musical(aux) : Chanson-folk, musiques électroniques, rock, hip-hop • **Capacité** : 220 pl. (debout) • **Références** : Ratatat, Erol Alkan, Burning Heads, Syd Matters, Troy Von Balthazar, etc.

MAISON FOLIE DE LILLE-MOULINS

✆ **03 20 95 08 82** • fax 03 20 95 92 00
accueilmfm@mairie-lille.fr • **www.mairie-lille.fr**
47/49 rue d'Arras • 59000 **LILLE**

Caroline PERRET (Directrice) • Manuela LOUE (Chargée de communication) • Raksmy CHEA (Action culturelle, programmation) • Naima CUNAT (Chargée de production)

Genre(s) musical(aux) : Ts, spécificité découverte • **Capacité** : 10 espaces de travail de 20 à 150 m2 en intérieur (public max. 240) + 2 cours extérieures (public max. 400 par cour) • **Références** : Kanka, Systema Solar, Erevan Tusk, Jazzsteppa, L'Enfance Rouge, Blitz The Ambassador, etc.

La MALTERIE

✆ **03 20 15 13 21**
contact@lamalterie.com • **www.lamalterie.com**
42 rue Kuhlmann • 59000 **LILLE**

Stéphane POUPINOT (Président) • Philippe SAINTOBERT (Régisseur / Coordinateur musique) • Aurélien DELBECQ (Chargé de communication)

Genre(s) musical(aux) : Musiques actuelles, musiques experimentales, rock, pop, jazz • **Capacité** : 130 pl. • **Références** : Eugene Chadbourne, Joe Lally, Viva and the Diva, Pneu, Discodoom, Botibol, DD/MM/YYYY, Optronic, La Pieuvre, Zëro, Sylvie Courvoisier, etc.

Le NAUTILYS

✆ **03 20 74 37 40** • fax 03 20 14 58 57
musique@ville-comines.fr • **www.ville-comines.fr**
Rue Kléber Loquet • 59560 **COMINES**

Laurent BOSTVIRONNOIS (Responsable)

Genre(s) musical(aux) : Ts les styles dont rock, chanson, reggae, dub, métal, electro • **Capacité** : 300 pl. (debout) • **Références** : Kaly Live Dub, Abd Al Malik, Troy Von Balthazar, Joakin, Gravenhurst, Red, Poni Hoax, Zion Train, Winston Mc Anuff, Magic Malik, Chap, etc.

La PÉNICHE

✆ **03 20 57 14 40 / 03 28 04 56 66**
contact@lapeniche-lille.com • **www.lapeniche-lille.com**
Av. Cuvier • 59000 **LILLE**

Anne-Sophie GADREY (Gérante) • Yann HAUVET (Responsable)

Genre(s) musical(aux) : Pop, folk, rock, électro, DJ sets + one man show • **Capacité** : 100 pl. • **Références** : Born Ruffians, Chapelier Fou, Daniel Darc, Brisa Roché, Lilly Wood & the Prick, Cascadeurs, Bob Log, Themselves, etc.

Le ZEPPELIN

✆ **03 62 65 82 01** • fax 03 62 65 82 99
accueil@lezeppelin.fr • **www.lezeppelin.fr**
c/o Les Voyageurs • 23 rue Alsace-Lorraine • 59350 **ST ANDRE LEZ LILLE**

Julia DEFAIT (Administratrice) • Béatrice DOYEN (Programmatrice)

Espace d'art & de culture • **Genre(s) musical(aux)** : Pluridiciplinaire (théâtre, danse, musique, cirque, expositions, etc.) • **Capacité** : 200 pl. (debout), 110 pl. (assis), 120 pl. (assis/debout) • **Références** : Janski Beeeats, Gérald Kurdian, Thomas Lebrun, Farid Berki, Le Prato, François Boucq, Théâtre de l'Ephémère, Nathalie Cornille, etc.

Pas-de-Calais

L'ABATTOIR

✆ **03 21 64 07 65** • fax 03 21 64 86 07
abattoirlillers@yahoo.fr • **www.abattoirlillers.fr**
66 rue du Bourg d'Aval • 62190 **LILLERS**

Christian LEGAY (Directeur) • Patrick POUCHAIN (Président)

Genre(s) musical(aux) : Ts • **Capacité** : 100 pl. • **Références** : Julos Beaucarne, Loïc Lantoine, Allain Leprest, Dr. Feelgood, Toasters, Punish Yourself, The Animals, Pierre Vassiliu, The Yardbirds, Bérurier Noir, etc.

Le BALADIN

✆ **03 21 90 62 51** • fax 03 21 06 42 72
contact@lebaladin.fr • **www.lebaladin.fr**
62 rue Principale • 62310 **TORCY**

Herve CATRICE (Programmateur)

Genre(s) musical(aux) : Rock, blues, folk, country • **Capacité** : 70 pl. • **Références** : Sandrine Vahié, Djeja, Cisko Herzatf's Quartet, Nhiila, Libertrio, Blues Eaters, Jazz Club Hardelot, The GB's, etc.

CENTRE ARC-EN-CIEL

✆ **03 21 44 85 15** • fax 03 21 44 77 25
info@arcenciel-lievin.fr • **www.arcenciel-lievin.fr**
Pl. Gambetta • BP 2 • 62801 **LIEVIN CEDEX**

Hassan AMRANI (Directeur et programmateur) • David SIX (Chargé de production)

Genre(s) musical(aux) : Ts • **Capacité** : 500 pl. (debout) • **Références** : « 6e Son, Festival Chanson », Katerine, Les Ogres de Barback, Les Têtes Raides, Arthur H, Karimouche, Carmen Maria Vega, etc.

L'ESCAPADE

✆ **03 21 20 06 48** • fax 03 21 76 79 30
escapade@nordnet.fr • **www.escapade-spectacle.com**
263 rue de l'Abbaye • BP 27 • 62251 **HENIN BEAUMONT CEDEX**

Bernard BONES (Directeur) • Edwin GIEZEK (Responsable du pôle musique)

Genre(s) musical(aux) : Rock, metal, reggae, dub, blues, electrojazz, chanson, hip hop, jeune public • **Capacité** : 285 pl. (assis), 500 pl. (debout) • **Références** : Roland Tchakounté & Khor Ambado, A. Souchon, L. Voulzy, Rubin Steiner, Lofofora, Bénabar, Sanseverino, Naab, Orange Blossom, Hadouk Trio, Born From Pain, etc. + Henin Jazz Festival (avril)

Le POCHE

✆ **03 21 64 37 37** • fax 03 21 56 71 56
theatre-xavier@ville-bethune.fr • **www.lepoche.fr**
Rue Fernand Bar • 62400 **BETHUNE**

Xavier DUCHATELLE (Directeur) • Laurent RYBARCZYK (Directeur adjoint)

Genre(s) musical(aux) : Musiques actuelles, jeunes talents • **Capacité** : 100 (assis), 200 (debout) • **Références** : Les Têtes raides, Cali, Thomas Fersen, Sanseverino, Miossec, Arthur H, Padam, Kent, Zaza Fournier, Karimouche, Sonia Rekis et William Schotte

THÉÂTRE D'ARRAS

✆ **03 21 71 76 30 / 03 21 71 66 16** • fax 03 21 51 68 40
contact@theatredarras.com • **www.theatredarras.com**
7 place du Théâtre • 62000 **ARRAS**

Gilbert LANGLOIS (Directeur) • Ludwig GUESNE (Administration) • Amandine HAEGELIN (Programmatrice musiques actuelles)

Scène conventionnée Musique et Théatre • **Genre(s) musical(aux)** : Ts • **Capacité** : Théâtre (350 pl.), salle de concerts (320 pl. dont 234 parterre), salle André Reybaz (87 pl. assises, 180 pl. debout), casino (1 100 pl.) • **Références** : Moriarty, Dominique A, Camille, Zoufris Maracas, Sandra Nkaké, etc.

PAYS DE LA LOIRE

SALLES DE PLUS DE 1200 PLACES

Loire-Atlantique

CITE INTERNATIONALE DES CONGRES DE NANTES

✆ **02 51 88 20 00 / 02 51 88 20 56** • fax 02 51 88 20 20
contact@lacite-nantes.fr • **www.lacite-nantes.fr**
5 rue de Valmy • BP 24102 • 44041 **NANTES CEDEX 1**

Paul BILLAUDEAU (Directeur général) • Corinne DENUET (Directrice commerciale et marketing) • Francois CHARRIER (Directeur d'exploitation) • Marie-Christine LARCHER (Directrice des ressources humaines) • Jean-Francois PILET (Directeur administratif et financier)

Genre(s) musical(aux) : Variété, classique, theâtre, opéra, cirque • **Capacité** : Auditorium (450, 800 ou 2000 pl.) • **Références** : Veronique Sanson, Dee Dee Bridgewater, Pat Metheny, Melody Garbot, Sylvie Vartan, Benjamin Biolay, Natasha St Pier, Jacques Higelin, Garou, Carlos Nuñez, « Nuit du jazz » avec Côté Ouest Music (nov.), Liane Foly, Théâtre des Deux Anes, Dany Boon, Elisabeth Buffet, Pietragalla, etc.

ESPACE CULTUREL CHAMPILAMBART

✆ **02 40 36 42 81** • fax 02 40 36 45 49
champilambart@vallet.fr • **www.champilambart.fr**
Le Champilambart • 13 Route des Dorices • 44330 **VALLET**

Isabelle DRIGUEZ (Programmatrice)

Genre(s) musical(aux) : Ts • **Capacité** : 400 à 950 pl. (assis), 1500 pl. (debout) • **Références** : Les Têtes Raides, A. Souchon, Y. Jaulin, Mes Souliers sont Rouges, Sanseverino, Carlos Nunez, François Morel, découvertes, etc.

HALLE DE BERE

✆ **02 40 81 02 32 / 02 40 81 57 39** • fax 02 40 28 16 04
halle.de.bere@wanadoo.fr • **www.mairie-chateaubriant.fr**
Mairie • BP 189 • 44146 **CHATEAUBRIANT CEDEX**

François LOPARD (Directeur du service sports, animations et loisirs) • Stéphane HALAIS (Responsable)

Genre(s) musical(aux) : Ts styles • **Capacité** : 2 400 pl. • **Références** : Tri Yann, Michelle Torr, Dany Briant, Celtic Legends, Nicoleta

ONYX - LA CARRIERE

✆ **02 28 25 25 00** • fax 02 40 92 18 77
billetterie@onyx-culturel.org • **www.onyx-culturel.org**
Pôle Atlantis • 1 pl. Océane • BP 30224 • 44815 **ST HERBLAIN CEDEX**

Stéphane LECA (Directeur) • Gaëlle LECAREUX (Directrice artistique adjointe) • Jérôme BINET (Programmateur musique)

Genre(s) musical(aux) : Variété, rock, jazz, musiques traditionnelles, musiques du monde, chanson, danse-théâtre • **Capacité** : 574 pl. (assis), 1 200 (debout) • **Références** : Marcus Miller, Tinariwen, Thomas Dutronc, Napoleon Maddox, David Krakauer « Abraham Inc. », Youn Sun Nah, « Animal Z » avec Enki Bilal et Eric Truffaz + en juil. le festival « Soleils bleus » (biennal - année impaire - du 27 au 30 juin en 2013)

STEREOLUX

✆ **02 51 80 60 80** • fax 02 40 58 05 57
info@stereolux.org • **www.stereolux.org**
4 bd Léon Bureau • 44200 **NANTES**

Eric BOISTARD (Directeur) • Céline POUX (Assistante de direction)

Genre(s) musical(aux) : Musiques amplifiées et arts numériques • **Capacité** : 400 pl. et 1 350 pl. • **Références** : Soirée « No Format ! » avec Mélissa Laveaux, Nicolas Repac & Misja Fitzgerald Michel, Charlotte Gainsbourg, Paradise Lost, Of Montreal, etc.

La TROCARDIERE

✆ **02 51 70 30 40** • fax 02 51 70 02 47
halle-trocardiere@nge-nantes.fr • **www.nge-nantes.fr**
103 rue de la Trocardière • BP 28 • 44401 **REZE CEDEX**

Olivier FLOCH (Directeur)

Genre(s) musical(aux) : Ts • **Capacité** : 4 000 (debout) et 2 500 pl. (assis) • **Références** : Iggy Pop, Jane Birkin, Texas, J. Clegg, Renaud, MC Solaar, Calogero, Obispo, Cali, etc.

ZENITH-NANTES METROPOLE

✆ **02 40 92 99 50** • fax 02 40 94 54 35
info@zenith-nm.com • **www.zenith-nantesmetropole.com**
Bd du Zenith • ZAC Ar Mor • 44800 **ST HERBLAIN**

Daniel COLLING (Président) • Denis TURMEL (Directeur) • Fannie TRECAN (Assistante commerciale) • Christophe HUET (Directeur technique) • Sébastien CROANES-OSMANI (Régisseur général)

Genre(s) musical(aux) : Ts • **Capacité** : 1 800 à 8 500 places • **Références** : Michel Sardou, Bernard Lavilliers, Katie Melua, Eddy Mitchell, Cali, Jean-Louis Aubert, Sexion d'Assaut, Calogéro, Within Temptation, Yannick Noah, Ben l'Oncle Soul, Charles Aznavour, Julien Clerc, etc.

Maine-et-Loire

CENTRE DE CONGRÈS D'ANGERS

✆ **02 41 96 32 32** • fax 02 41 96 32 33
info@angers-expo-congres.com • **www.angers-expo-congres.com**

Christian GROLL (Directeur)

Genre(s) musical(aux) : Ts • **Capacité** : 1 215 pl. assises • **Références** : Linda Lemay, Grand Corps Malade, etc.

Sarthe

ANTARES

✆ **02 43 40 70 00** • fax 02 43 40 70 10
info@antareslemans.com • **www.antareslemans.com**
2 av. d'Antares • 72100 **LE MANS**

Sylvain CHARBONNIER (Directeur) • Martine MALHOEUVRE (Directrice d'exploitation)

Genre(s) musical(aux) : Ts • **Capacité** : 1 200 à 8 000 pl. • **Références** : Mozart l'Opéra Rock, J. Hallyday, Cléopâtre, M, Manu Chao, Indochine, Age Tendre et Têtes de Bois

L'OASIS

✆ **02 43 78 92 30**
promo@bebop-music.com • **www.oasislemans.com**
Av. Félix Geneslay • 72100 **LE MANS**

Bruno LE ROY (Programmateur) • Yves BARRE (Administrateur) • Charlène MAZE (Communication)

Genre(s) musical(aux) : Musiques actuelles • **Capacité** : 500 à 1 200 pl. • **Références** : Volo, Saez, Mass Hysteria, Raggasonic, Olivia Ruiz, Magma, Izia, etc.

PALAIS DES CONGRÈS ET DE LA CULTURE DU MANS

✆ **02 43 43 59 59** • fax 02 43 43 59 69
evenements@lemans-congres.com • **www.lemans-congres.com**
Cité Cenomane • Rue d'Arcole • 72000 **LE MANS**

Bruno RAY (Directeur) • Charlotte BOUCHERON (Administratrice)

Genre(s) musical(aux) : Ts • **Capacité** : 250, 740, 1 400 pl. • **Références** : La Grande Sophie, Thomas Dutronc, Lynda Lemay, Gospel

Vendée

ESPACE CULTUREL RENÉ CASSIN

✆ **02 51 00 05 00** • fax 02 51 00 05 01
ecc.r.cassin@ville-fontenaylecomte.fr • **www.ville-fontenaylecomte.fr**
Av. de la gare • 85200 **FONTENAY LE COMTE**

Célia MARAIS (Programmation / responsable administratif) • Johanne VERON (Location salle / secrétariat) • Aurélie DEVANNE (Communication) • Félicien COUILLET (Responsable technique)

Genre(s) musical(aux) : Ts styles • **Capacité** : Modulable, Grande halle (de 1 000 pl. assis à 5 000 pl. debout), Salle 518 (de 518 pl. assis à 1 000 pl. assis/debout) • **Références** : Bernard Lavilliers, Manu Dibango, Arno, Indochine, Gerald de Palmas, Ange, Roch Voisine, Jacques Higelin, Jeanne Cherhal, Yannick Noah, Philippe Katerine, Salvatore Adamo, etc.

VENDÉSPACE

✆ **02 51 44 79 79**
vendespace@vendee.fr • **vendespace.vendee.fr**
Parc de Beaupuy • CS 508 • Mouilleron le Captif
85021 **LA ROCHE SUR YON CEDEX**

Genre(s) musical(aux) : Variétés, variétés internationales • **Capacité** : De 2 000 à 4 900 pl. • **Références** : Nolwenn Leroy, Michel Sardou, Julien Clerc, etc.

SALLES DE 400 À 1200 PLACES

Loire-Atlantique

La BARAKASON

✆ **02 51 70 75 70** • fax 02 51 70 75 69
barakason@mairie-reze.fr • **www.barakason.com**
1 Allée du Dauphiné • 44400 **REZE**

Sandrine BLIN (Directrice) • Olivier DUMAS (Programmateur)

Genre(s) musical(aux) : Rock, pop, world, électro, dub, metal, jazz, acoustique, etc. • **Capacité** : 411 pl. debout (grande salle) et 150 pl. debout (salle club) • **Références** : Jean Louis, Lo'Jo, les Fatals Picards, Mass Hysteria, Joy, la Famille Patchounharouf, Loïc Lantoine, Imbert Imbert, etc.

CARRÉ D'ARGENT

✆ **02 40 01 61 63 / 02 40 01 61 01** • fax 02 51 73 70 48
culture@pontchateau.fr
www.pontchateau.fr/carre_dargent_pontchateau.asp
rue du Port-du-Four • BP 72 • 44160 **PONTCHATEAU**

Christine DUBEAU (Directrice programmatrice) • Linda RICOLLEAU (Relations publiques)

Genre(s) musical(aux) : Tous • **Capacité** : 400 (assis) - 700 (debout/assis) • **Références** : Le Tatiphone en vacances (7 MU + 1 vidéaste), Bajka, Ibrahim Maalouf, Gerardo Jerez Le Cam Quartet, Arthur H, Erik Truffaz, Staff Benda Bilili, Philippe Foch, Evan Parker et Matt Wright Festival « Les voix singulières » (mai)

ESPACE CULTUREL CAPELLIA

✆ **02 40 72 09 01 / 02 40 72 97 58** • fax 02 40 72 96 18
capellia@lachapellesurerdre.fr • **www.capellia.fr**
Ch. de Roche-Blanche • 44240 **LA CHAPELLE SUR ERDRE**

Michel PINARD (Directeur artistique) • Yann VASLIN (Directeur technique)

Genre(s) musical(aux) : Chanson, musique, théâtre, danse, marionnetes • **Capacité** : 500 à 1 000 pl. • **Références** : Thomas Dutronc, Rover, Bagad de Lann-Bihoué, Le Grand Orchestre Armorigène, Emel Mathlouthi, FM Laeti, Carmen Maria Vega

Le PIANO'CKTAIL

✆ **02 40 65 05 25** • fax 02 40 65 09 24
pianocktail@ville-bouguenais.fr • **www.pianocktail.fr**
Rue Ginsheim Gustavsburg • BP 4109 • 44341 **BOUGUENAIS CEDEX**

Sandrine RAUCK (Directrice) • Olivier REDUREAU (Régisseur) • Rachel GUERIN (Chargée de communication)

Centre culturel de Bouguenais • **Genre(s) musical(aux)** : Cirque, opéra, musique classique, chanson, jazz, danse, etc • **Capacité** : 400 à 800 pl. • **Références** : Bjørn Berge, Claire Diterzi, Rodolphe Burger, Yael Naim, Chicago Blues avec Billy Boy Arnold, John Primer, Billy Branch et Lurrie Bell, Daphné, Chet Nuneta, Axelle Red, Abs AL Malik, jeune public

QUAI DES ARTS (PORNICHET)

✆ **02 28 55 99 45** • fax 02 28 55 99 49
quaidesarts@mairie-pornichet.fr • **www.quaidesarts-pornichet.fr**
BP8 • 44380 **PORNICHET**

Gérard BOUCARD (Directeur artistique) • David FOUCHER (Administrateur)

Genre(s) musical(aux) : Chanson, théâtre, musiques, jeune public, danse • **Capacité** : 452 pl. à 1 000 pl. (debout) modulables • **Références** : Découvertes

Le QUATRAIN

✆ **02 40 80 66 03 / 02 40 80 25 50 / 02 40 54 87 35**
fax 02 40 80 25 51
info@lequatrain.fr • **www.lequatrain.fr**
c/o Régie par la Communauté de Commune Sèvre, Maine et Goulaine • 1 rue du Fief de l'Isle • 44690 **LA HAYE FOUASSIERE**

Aurore CHEVALIER (Directrice) • Cindy ROQUET (Chargée de billeterie) • Gwenn David (Régisseur général)

Genre(s) musical(aux) : Musiques actuelles • **Capacité** : 370 pl. (assis) 1 300 pl. (debout) • **Références** : Da Silva, Le Gros Cube, Agnès Bihl, Cherif Mbaw, Delphine Coutant, etc.

SALLE PAUL FORT

✆ **02 40 20 31 17 / 02 40 41 94 55** • fax 02 40 12 42 57
administration@labouchedair.com • **www.labouchedair.com**
9 rue Basse Porte • 44000 **NANTES**

Eric VISSUZAINE (Directeur technique) • Michel TALPIN (Régisseur général)

Genre(s) musical(aux) : Ts sauf rock dur • **Capacité** : 503 pl. (assis) • **Références** : La Grande Sophie, Charlène Martin, André Minvielle, Loïc Lantoine, Patrick Verbeke, Urs Karpaz, Raul Paz, Gilles Vigneaux, Titi Robin & Danyel Waro, Jamait, etc.

THÉÂTRE DE LA FLEURIAYE

✆ **02 28 22 24 24** • fax 02 28 22 24 32
theatre@mairie-carquefou.fr • **www.carquefou.fr**
30 bd Ampère • 44470 **CARQUEFOU**

Michel NADAL (Directeur) • Véronique MABILAIS (Communication) • Chrystelle BODINEAU (Administration)

Genre(s) musical(aux) : Théatre, jazz, arts du cirque, jeune public • **Capacité** : 814 pl. (assis) • **Références** : Madeleine Peyroux, Robin McKelle, Gregory Porter, Rebels of Rythm, Soweto Entsha, Kellylee Evans, le Syndrome du Chat

THÉÂTRE DE VERRE

✆ **02 40 81 16 19** • fax 02 40 81 17 80
tdv.administration@wanadoo.fr • **www.mairie-chateaubriant.fr/tdv/**
27 place Charles de Gaulle • 44110 **CHÂTEAUBRIANT**

Frédéric PITHOIS (Directeur / programmateur) • Marie-Bernadette POURIAS (Administratrice)

Genre(s) musical(aux) : Chanson, pop rock, musiques du monde • **Capacité** : 496 pl. dont 4 fauteuils handicapés • **Références** : Thomas Dutronc, Ours, Ben Ricour, Ruda, BB Brunes, Sanseverino, Dionysos, Olivia Ruiz, Jeanne Cherhal, Da Silva, Les Ogres De Barback, Cali, Arthur H, Yodelice, Alexis H.K., Tété, Luke, Hindi Zahra, etc.

THÉÂTRE QUARTIER LIBRE

✆ **02 51 14 17 14**
theatre.ancenis@wanadoo.fr • **www.theatre-ancenis.com**
Place Rohan • 44150 **ANCENIS**

Dominique DAHERON (Directeur)

Genre(s) musical(aux) : Chanson, jazz, danse, jeune public • **Références** : Carmen Souza, Yves Jamait, Riti Robin, Romain Didier, Liz Cherhal, Manu Galure, Cabadzi, Ibrahim Maalouf

Le VIP

✆ **02 51 10 00 00** • fax 02 51 10 00 01
contact@les-escales.com • **www.les-escales.com**
Les Escales • 24 rue d'Anjou • BP 161 • 44613 **ST NAZAIRE CEDEX**

Stéphane HEUVELIN (Programmateur) • Jean-Marie MIAULT (Responsable studios répétitions)

Genre(s) musical(aux) : Musiques actuelles et amplifiées • **Capacité** : 550 pl. • **Références** : Malted Milk, Don Vito, Jamaica All Stars, Wake The Town Sound, Ultra Vomit, Western Trio, High Tone, Rod Ayers, etc.

Maine-et-Loire

Le CHABADA

✆ **02 41 96 13 40** • fax 02 41 96 13 49
lechabada@lechabada.com • **www.lechabada.com**
c/o L'association ADRAMA-Chabada • 56 bd du Doyenné • 49000 **ANGERS**

François DELAUNAY (Codirecteur) • François JONQUET (Codirecteur) • Stéphane MARTIN (Programmateur)

Genre(s) musical(aux) : Chanson, rock, pop, rap, électro, electrojazz, world, métal, soul, etc. • **Capacité** : 900 pl., 300 pl. (club) • **Références** : Orelsan, Sally Ford, Jaqee, Hollie Cook, Loudblast, Herman Dune, Miossec, Pony Pony Run Run, Mustang, etc.

GRAND THÉÂTRE D'ANGERS

✆ **02 41 24 16 40**
mairie.angers@ville.angers.fr • **www.angers.fr**
Place du Ralliement • 49000 **ANGERS**

Genre(s) musical(aux) : Théâtre, jazz • **Capacité** : 730 pl. • **Références** : Jazz : Mandy Gaines et le Nicolas Sabato Quartet, Paris Washboard, Claude Tissendier Tentet, Trocadero Sextet and The Gospel Sisters, Costel Nitescu et le Trio de Steeve Laffont, Mas Bajo (programmation en partenariat avec Jazz pour Tous - www.jazzpourtous.com)

Le QUAI ANGERS

✆ **02 44 01 22 22 / 02 44 01 22 66 /**
02 44 01 22 44 / 02 44 01 22 37
communication@lequai-angers.eu • **www.lequai-angers.eu**
17 rue de la Tannerie • BP 30114 • 49101 **ANGERS CEDEX 2**

Christian MOUSSEAU-FERNANDEZ (Directeur de l'EPCC Le Quai) • Robert SWINSTON (Directeur CNDC) • Frédéric BELIER-GARCIA (Directeur du NTA)

Forum des arts vivants • **Genre(s) musical(aux)** : Chanson, jazz, world, danse, opéra, théâtre, cirque, arts plastiques, etc. • **Capacité** : Salle de 970 pl. et 400 pl. (modulable) • **Références** : Emel Mathlouthi, Ibrahim Maalouf, Portico Quartet, Sohpie Hunger, Big Dady Wilson, Eric Bibb & habib Koité, la Ruda, Nahas Project Grand Ensemble

THÉÂTRE DE L'AVANT SCÈNE (TRELAZE)

✆ **02 41 33 74 74 / 02 41 33 74 85**
service.culturel@mairie-trelaze.fr • **www.trelaze.fr**
c/o Mairie de Trélazé • Place Olivier Thuau • BP 80027
49801 **TRELAZE CEDEX**

Claude-Henri SELLES (Directeur des Affaires culturelles) • Isabel GILG (Responsable administrative)

Genre(s) musical(aux) : Ts genres dont jazz • **Capacité** : 139 pl. (dont 4 places pers. à mobilité réduite) • **Références** : Saison « Jazz in Trélazé » (nov. à avril) : Gaetan Nicot et Xavier Lugué, Trio Enchantier, Christophe Laborde, Franck Vaillant rio « Thisisatrio » avec Pierre de Bethmann et Bruno Chevillon, Bojan Z, Lionel Belmondo, Ray Lema + festival « Estival de Trelazé » (été)

Mayenne

Les ANGENOISES

✆ **02 43 91 45 10** • fax 02 43 91 45 13
angenoises.bonchamp53@wanadoo.fr • **www.lesangenoises.fr**
55 rue du Maine • 53960 **BONCHAMP LES LAVAL**

Jean-Pierre TEULADE (Responsable) • Manuela CHOISNET (Chargé de communication) • Emmanuel MARCHAND (Régisseur adjoint)

Genre(s) musical(aux) : Ts dont jazz, chanson, rock, musiques du monde + théâtre • **Capacité** : 750 pl. (salle Océane), 100 pl. (salle du Maine) • **Références** : Thomas Fersen, The Rabeats, Maurane, Magic Malik + théâtre de boulevard, Jonasz

Les ONDINES - ESPACE CULTUREL

✆ **02 43 53 34 42** • fax 02 43 49 23 24
direction@lesondines.org • **www.lesondines.org**
Pl. Christian d'Elva • 53810 **CHANGE**

Sylvain LAIGLE (Directeur)

Genre(s) musical(aux) : Musiques traditionnelles, jazz, musiques du monde, rock et variété, musiques actuelles, théâtre • **Capacité** : 700 pl. (assis), 1 200 pl. (debout) • **Références** : Marcio Faraco, World Kora Trio, Mounira Mitchala, Dick Annegarn, Nola's Mood, Afro Breizh, Chloé Lacan, Morro, Les doigts de l'homme, Canned Heat, les Violons barbares, Dan Ar Braz

Sarthe

COPPELIA

✆ **02 43 94 08 99** • fax 02 43 45 88 39
accueil@carroi.org • **www.lecarroi.org**
Le Carroi Espace Montréal • BP 40028 • 72200 **LA FLECHE**

Jean-Remi ABELARD (Directeur artistique)

Genre(s) musical(aux) : Ts • **Capacité** : 700 pl. • **Références** : Têtes Raides, Renan Luce, Yves Jamait, Pierre Perret, Bernard Lavilliers, Lo'Jo, Renaud, M. Le Forestier, Tri Yann, Debout sur le Zinc

L'ENTRACTE - SCÈNE CONVENTIONÉE

✆ **02 43 62 22 20** • fax 02 43 62 22 21
contact@lentracte-sable.fr • **www.lentracte-sable.fr**
c/o Entracte • 16 rue Saint-Denis • BP 177 • 72305 **SABLE SUR SARTHE**

Alice ORANGE (Directrice) • François LE DOEUFF (Administrateur / Programmateur musiques actuelles)

Scène conventionnée de Sablé-sur-Sarthe • **Genre(s) musical(aux)** : Ts dont chanson, jazz, world • **Capacité** : 655 pl. • **Références** : Alain Souchon, António Zambujo, Nancy Vieira, Jean-Louis Aubert, Staff Benda Bilili, Cali, Salif Keïta, Aldebert, Arno

Vendée

L'ECHIQUIER

✆ **02 51 61 46 10**
echiquier@paysdepouzauges.fr • **www.paysdepouzauges.fr/echiquier/**
La Fournière • 85700 **POUZAUGES**

Vivianne GUEGAN-QUAGLIA (Directrice)

Genre(s) musical(aux) : Chanson, jazz, etc. • **Capacité** : 500 pl. • **Références** : Chet Nuneta, Renaud Garcia-Fons & David Venitucci, Eric Longsworth 4tet, Amadou et Mariam, Les Yeux noirs, Daniel Mille, Alan Stivell, Maurane

Le GRAND R (LA ROCHE-SUR-YON)

✆ **02 51 47 83 80 / 02 51 47 83 83** • fax 02 51 47 83 89
contact@legrandr.com • **www.legrandr.com**
Esplanade Jeannie Mazurelle • Rue Pierre Bérégovoy • BP 681
85017 **LA ROCHE SUR YON CEDEX**

Sonia SOULAS (Directrice adjointe) • Serge AUTOGUE (Directeur technique)

Scène nationale de La Roche-sur-Yon • **Genre(s) musical(aux)** : Ts • **Capacité** : 350 pl. (le théâtre), 840 pl. (le Manège) • **Références** : Camille, « Les 10 ans de Vague de Jazz », avec Joëlle Léandre, Hélène Labarrière, Henri Texier, Claude Tchamitchian, Edward Perraud et Andy Emler, Cie Sébastien Bertrand, Terez Montcalm, etc.

SALLES DE MOINS DE 400 PLACES

Loire-Atlantique

ATHANOR (GUÉRANDE)

✆ **02 40 24 73 73** • fax 02 40 62 04 01
athanor@ville-guerande.fr • **www.ville-guerande.fr**
2 av. Anne de Bretagne • BP 85219 • 44352 **GUERANDE CEDEX**

Christelle FERNANDES (Chargée de communication / programmatrice) • Anne-Gaëlle ORGEBIN (Transversalité / programmation)

Genre(s) musical(aux) : Théâtre, chanson, danse, jazz • **Capacité** : 250 pl. (assis), 500 pl. (debout) • **Références** : Jean-Marie Machado et Dave Liebman, Poline Renou et Matthieu Donarier (dans le cadre de Jazz Tempo), Trio Emler/Tchamitchian/Echampard, Loïc Lantoine, Douki Art Project

Le FERAILLEUR

✆ **02 51 82 86 41**
leferrailleur@free.fr • **www.leferrailleur.fr**
Hangar à Bananes • 21 quai des Antilles • 44200 **NANTES**

Genre(s) musical(aux) : Rock, metal, pop, reggae, etc. • **Capacité** : 200 pl.

Le JAM

✆ **02 51 81 87 23**
lejam@lachapellesurerdre.fr • **www.lejam.fr**
Direction de l'animation • 15 rue Jean Jaures • 44240 **LA CHAPELLE SUR ERDRE**

Gweltaz TELLIER (Responsable studios/Coordinateur pedagogique)

Genre(s) musical(aux) : Ts • **Capacité** : 200 pl. maxi • **Références** : Nervous Cabaret, Fantazio, Mademoiselle K, Hey Hey My My, SoulJazz Orchestra, Breakestra, R-wan, Framix, The Dodoz, Fanga, Gush, Cocoon, Féloche, Pony Pony Run Run

Le NOUVEAU PAVILLON

✆ **02 40 02 35 16**
info@lenouveaupavillon.com • **www.lenouveaupavillon.com**
Centre Baptiste Marcet • 2 rue Célestin Freinet • 44340 **BOUGUENAIS**

Sylvain GIRAULT (Directeur) • Anne SALMON (Assistante de direction) • Audrey ALLIOT (Chargée de communication)

Musiques traditionnelles d'Europe et du monde • **Genre(s) musical(aux)** : Musiques traditionnelles • **Capacité** : 160 pl. • **Références** : Titi Robin, Steve Riley, Mood, Gabriel & Marie de Malicorne, Anne-Gaëlle Normand & André Drumel + Jean-François Vrod Trio, Collectif à l'envers, Mathieu Hamon, Diafonik + Krismenn, Duo Prosopée + Magda duo + Les mots dits, Gaby Kerdoncuff, Antonio Placer & Elena Ledda, Elena Ledda Quinteto, Dónal Lunny / Sylvain Barou / Pádraig Rynne, Paco El Lobo, Ronan Robert, Gabriel Yacoub, etc.

PANNONICA

✆ **02 40 48 74 74 / 02 51 72 10 10**
billeterie@pannonica.com • **www.pannonica.com**
c/o Nantes Jazz Action • 3 cour de la Brocante • 44000 **NANTES**

Cyrille GOHAUD (Directeur) • Denis DELOFFRE (Administrateur) • Alexandra CHARRIER (Responsable de l'action culturelle) • Benoît BOULANGIER (Chargé de communication / relation presse)

Genre(s) musical(aux) : Jazz, musiques improvisées • **Capacité** : 140 pl. + salle Paul Fort (500 pl.) et Palais des Congrès • **Références** : Elisabeth Kontomanou, Imperial Quartet, Kami Quintet, Marc Ducret, Sylvaine Hilary, Sonia Cat-Berro, Alban Darche, Emile Parisien, Grzegorz Karnas, Dave Golitin, Jacques Mahieux, Guillaume Seguron, etc. - Mais aussi Marcus Miller & Napoleon Maddox « A Riot called Nina » dans le cadre de « jazz en phase, (((echo)))) des yeux et des oreilles » (mars à juin)

La SCÈNE MICHELET

contact@scenemichelet.com • **www.scenemichelet.com**
Association Tonalité 4 • 1 bd Henry Orrion • 44000 **NANTES**

Olivier PIARD (Directeur programmateur) • Romuald ROCHELLE (Chargé de production / Administration / Communication)

Genre(s) musical(aux) : Rock, metal, hardcore, punk-rock, garage, reggae, dub, électro • **Capacité** : 150 pl. debout

THÉÂTRE BORIS VIAN

✆ **02 40 38 58 80 / 02 40 38 51 20** • fax 02 40 38 58 86
culture@mairie-coueron.fr • **www.ville-coueron.fr**
Hôtel de Ville • 6 pl. Charles de Gaulle • 44220 **COUERON**

Céline MONIAUX (Directrice pôle culture et patrimoine) • Muriel DAGORNE (Responsable spectacle vivant) • Jean HOUSSAIS (Régisseur général)

Genre(s) musical(aux) : Chanson, musiques du monde • **Capacité** : 240 pl. (assis) • **Références** : David Sire, Les Blaireaux, Fred Radix, Les Bons Becs, Orient Express Moving Shnorers, Arz Nevez, La Bottine Souriante, Louis Chédid, Les Mouettes

Le TNT / DESIR DES ARTS

✆ **02 40 12 12 28**
contact@tntheatre.com • **www.tntheatre.com**
11 allée de la Maison rouge • 44000 **NANTES**

Sophie BOURIEL (Directrice) • Jean CLERGEAU (Programmateur)

Genre(s) musical(aux) : Chanson, blues, jazz, swing, hip hop • **Capacité** : 49 pl. assises • **Références** : Am Lil, Alima et Lone Kent, « OP ! Quartet » avec Peggy Buard, Florian Chaigne, Victor Narat et Olivier Prou, Jaouen et les Rouflakets : En Solo à Deux

Le VIOLON DINGUE

vdingue@yahoo.fr • **violondingue.free.fr/**
1 rue Lebrun • 44000 **NANTES**

Genre(s) musical(aux) : Jazz-rock, nouvelles musiques jazz, musiques du monde et acoustiques • **Capacité** : 100 pl. • **Références** : Le Cube d'Alban Darche, 1NAME4ACREW invite Thibault Florentt, Alexis Evans Trio, Roberto Negro Quartet, etc.

Maine-et-Loire

Le BAR'OUF (CHOLET)

✆ **09 66 91 31 71**
lebaroufcholet@orange.fr • **www.lebarouf-cholet.com**
Pl. de St-Pierre • 49300 **CHOLET**

Genre(s) musical(aux) : Ts • **Capacité** : 250 pl. • **Références** : Coccon, Washington Dead Cats, June & Lula, Ericson, Les Fils de Teuphu, Brain Damage, Dj Zebra, Mon Coté Punk, Noast, les Supremes de Dindes, Nouvel'R, Zenzile

Le JARDIN DE VERRE

✆ **02 41 65 13 58** • fax 02 41 65 76 00
francois.gabory@jardindeverre.fr • **www.jardindeverre.fr**
13 bd Gustave Richard • 49300 **CHOLET**

François GABORY (Directeur)

Genre(s) musical(aux) : Ts styles • **Capacité** : 350 pl. • **Références** : Bojan Z, Odelaf, Mon Côté Punk, Arthgur H, Médéric Collignon, Wincha, Paris Combo, Bonobo Trio, etc.

THV

✆ **02 41 96 12 81 / 02 41 96 14 90** • fax 02 41 93 92 75
billetterie@thv.fr • **www.thv.fr**
Mairie • 33 pl. Jean XXIII • CS 40009
49180 **ST BARTHELEMY D'ANJOU CEDEX**

Brigitte LIVENAIS (Directrice) • Yannick LECHEVALIER (Administrateur)

Théâtre de l'Hôtel de Ville • **Genre(s) musical(aux)** : Ts • **Capacité** : 354 pl. • **Références** : Claire Denamur, Saba Sounds, Camille Kerdellant et Henri Jégou, Murray Head, Idir & Lo'Jo, Zel, Youn Sun Nah

Mayenne

6PAR4

✆ **02 43 59 77 80** • fax 02 43 59 76 11
info@6par4.com • **www.6par4.com**
177 rue du Vieux Saint Louis • 53000 **LAVAL**

Jean-François FOULON (Programmateur) • Cyril COUPE (Directeur administratif) • Sébastien HUAULME (Régisseur) • Elsa GICQUIAUD (Chargée de communication) • Eric FAGNOT (Action Culturelle) • Elodie ESNAULT (Administratrice)

Genre(s) musical(aux) : Musiques amplifiées • **Capacité** : 330 pl. • **Références** : Dominique A, Emilie Simon, Ez3kiel, Tété, Puppetmastaz, Assassin, Les Ogres de Barback, Tony Allen, Oxmo Puccino, Alela Diane, Emily Jane White, Clues, The Heavy, 31 Knots, Peter Von Poehl, Hocus Pocus, etc.

Sarthe

L'ALAMBIK !

✆ **02 43 72 52 22** • fax 02 43 72 63 27
info@mjc-ronceray.org • **www.lalambik.org**
MJC Ronceray • Bd de la Fresnellerie • 72100 **LE MANS**

Yann FREMEAUX (Directeur) • Anne-Marie LE QUEMENT (Jeune public) • Adeline ROUSSEAU (Action culturelle)

Genre(s) musical(aux) : Pluridisciplinaire et ts styles • **Capacité** : 300 pl. • **Références** : Stone Cold Dead, Alex Balduzzi, Elephanz, John Doe's, Bajka, groupes locaux, etc.

Le BAR'OUF (LE MANS)

✆ **02 43 24 19 01**
sam@lebarouf.com • **www.lebarouf.blogspot.com**
8 rue Victor Bonhommet • 72000 **LE MANS**

Genre(s) musical(aux) : Musiques actuelles • **Capacité** : 100 pl. • **Références** : Minimal Orchestra, Mestizo, Dj Ordœuvre, Dj Flore, Fulgeance, Angil & The Hiddentracks, Fat Kid Wednesday, Don Vito Boogers, Grosso Gadgeto, Sputter Shower, etc.

L'EXCELSIOR

✆ **02 43 83 42 25 / 02 43 83 42 47**
culture@ville-allonnes.fr • **www.lexcelsior.fr**
30 rue charles Gounod • BP 15 • 72700 **ALLONNES**

Thomas CHATEAU (Directeur) • Marie-Anne DURAND (Programmatrice)

Genre(s) musical(aux) : Musiques actuelles + salle modulable de 200 à 800 pl. • **Capacité** : 100 pl. • **Références** : Pascal Contet invite Nosfell (Europa Jazz) Dominique A, Yann Tiersen, Loïc Lantoine, Chokebore, Kap Bambino, etc.

PASSEPORT DU COCHON VERT

✆ **02 43 28 47 56**
postef@gmail.com • **ensarthe.com**
25 pl. d'Alger • 72000 **LE MANS**

Stéphane GAUTUN (Gérant)

Genre(s) musical(aux) : Ts • **Capacité** : 200 pl. • **Références** : JMPZ, Faya Dub, Preskovic, Utopium Theatre, Soirées Tango, etc.

Vendée

FUZZ'YON

✆ **02 51 06 97 70** • fax 02 51 24 09 55
info@fuzzyon.com • **www.fuzzyon.com**
18 rue Sadi Carnot • BP 183 • 85005 **LA ROCHE SUR YON CEDEX**

Benoit BENAZZET (Directeur programmateur) • Mathieu ROUET (Régisseur général)

Genre(s) musical(aux) : Musiques actuelles • **Capacité** : 300 pl. • **Références** : Wax Tailor, Mei Tei Sho, The Dirtbombs, Kid Koala, Rubin Steiner, Ez3kiel, Françoiz Breut, The Dø, Hocus Pocus, Abd al Malik, Sharon Jone & The Dap Kings, Katerine, NOmeansno, Birdy Nam Nam, Dionysos, Alice Russell, etc.

PICARDIE

SALLES DE PLUS DE 1200 PLACES

Aisne

Le SPLENDID

✆ **03 23 06 93 51**
culture@ville-saint-quentin.fr • **www.ville-saintquentin.fr**
c/o Direction de la culture • Service spectacles vivants
Espace St Jacques 14 rue la Sellerie • 02100 **ST QUENTIN**

Bernard VISSE (Directeur) • Lydia JOSSE (Responsable action culturelle)

Genre(s) musical(aux) : Variétés, rock, etc. • **Capacité** : 1 300 pl. • **Références** : Louis Bertignac, Fishbone, Oxmo Puccino, H-F. Thiéfaine, Carmen Maria Vega, Bénabar, etc.

Oise

ELISPACE

✆ **03 44 10 01 01** • fax 03 44 10 17 50
elispace@beauvais.fr • **www.beauvais.fr**
3 av. Paul-Henri Spaak • 60000 **BEAUVAIS**

Hervé MARTIN (Responsable)

Genre(s) musical(aux) : Ts • **Capacité** : 4 000 pl. (assis/debout) • **Références** : Calogéro, Yannick Noah, Jean-Louis Aubert, Grégoire, Frédéric François, Joe Dassin (comédie musicale), etc.

Somme

THÉATRE DU JEU DE PAUME

✆ **03 22 74 38 00 / 03 22 74 37 00** • fax 03 22 74 37 02
m.corlon@mairie-albert.fr • **www.ville-albert.fr**
Pl. Emile Leturcq • 80300 **ALBERT**

Marianne COULON (Programmatrice service culturel) • Jean NOIRET (Directeur technique)

Genre(s) musical(aux) : Ts • **Capacité** : 547 et 1 200 pl. (assis), 1 500 pl. (debout) • **Références** : J-L Aubert, Christophe Willem, Roch Voisine, Calogero, etc.

ZENITH-AMIENS MÉTROPÔLE

✆ **03 22 48 01 75**
info@zenith-amiens.fr • **www.zenith-amiens.fr**
Av. Hippodrome • 80000 **AMIENS**

Luc LINOSSIER (Directeur général)

Genre(s) musical(aux) : Ts • **Capacité** : 4 000 à 6 000 pl. • **Références** : Symphonie Équestre, Chantal Goya, Dub inc., Raggasonic, Michel Sardou, Les Chœurs de France chantent Charles Aznavour, Soprano, Ben l'Oncle Soul, The Rabeats, Zaz, Grégoire, Charles Aznavour, etc.

SALLES DE 400 À 1200 PLACES

Aisne

CENTRE CULTUREL MUNICIPAL DE TERGNIER

✆ **03 23 40 24 40** • fax 03 23 40 24 41
centre.culturel@ville-tergnier.fr • **www.ville-tergnier.fr**
7 rue Marceau • 02700 **TERGNIER**

Serge BOULOC (Directeur / programmateur)

Genre(s) musical(aux) : Ts • **Capacité** : 400 pl. • **Références** : Audrey Lamy, Debout sur le Zinc, Richard Bohringer, Sansévérino, Tata Milouda, la Mordue, Bénureau

Le FORUM

✆ **03 23 52 23 52** • fax 03 23 39 62 60
forum.chauny@wanadoo.fr • **www.ville-chauny.fr**
Centre culturel • Pl. Yves Brinon • 02300 **CHAUNY**

Jérôme DECRESSIN (Directeur)

Genre(s) musical(aux) : Ts styles • **Capacité** : 668 pl. • **Références** : William Sheller, Jenifer, Natasha St Pier, Big Band de l'Armée de l'Air, Occidentale de fanfare, Lauren Faure, Patrick Piori, Calogero

Le MAIL - SCÈNE CULTURELLE DE SOISSONS

✆ **03 23 76 77 70** • fax 03 23 76 77 78
lemail@ville-soissons.fr • **lemail.ville-soissons.fr**
7 rue Jean de Dormans • 02200 **SOISSONS**

Jean-Marie CHEVALLIER (Responsable de la programmation et du projet artistique) • Marie ABRIC LAUTONE (Administratrice)

Genre(s) musical(aux) : Jazz, classique, Concert de Poche, Chanson, Nouvelle Scène • **Capacité** : 580 pl. + hors les murs : l'Arsenal-Abbaye Saint-Jean des Vignes • **Références** : Denis Colin « Univers Nino », « Pierre et le Loup - Version Jazz », spectacle de The Amazing Keystone Big Band, Katia Guerreiro, Florent Marchet, etc.

MAISON DES ARTS ET LOISIRS DE LAON

✆ **03 23 22 86 86 / 03 23 22 86 50** • fax 03 23 22 86 55
mal@ville-laon.fr • **www.ville-laon.fr**
Pl. Aubry • 02000 **LAON**

Genre(s) musical(aux) : Ts • **Capacité** : Grand théâtre (540 pl.) + 4PMR • **Références** : Jane Birkin, Hugues Aufray, Thomas Fersen, Orchestre de Picardie

MCL DE GAUCHY

✆ **03 23 40 20 02** • fax 03 23 40 20 01
mclgauchy@wanadoo.fr • **www.ville-gauchy.fr**
Rue Gabriel Péri • 02430 **GAUCHY**

Jean-Paul DAVION (Directeur et programmateur) • Fatima BENDIF (Chargée relations publiques) • Frédéric CIARELLI (Responsable technique)

Maison de la culture et des loisirs • **Genre(s) musical(aux)** : Chanson française, musique traditionnelle et contemporaine, jazz, jeune public • **Capacité** : 250-450 pl. (assis), 600 pl. (debout), salle modulable • **Références** : Gong, Violons Barbares, André Minvielle « L'abcd'erre de la vocalchimie », Babx - Dans le cadre du « Festival des voix d'hiver » (fév.) : Arthur H, Melissmell, les Dénicheurs, les Blérots de r.a.v.e.l., la Caravane passe

Le SPLENDID

✆ **03 23 06 93 51**
jeanpierre.roux@ville-saint-quentin.fr • **www.ville-saint-quentin.fr**
c/o Direction de la culture • Service spectacles vivants • Espace St jacques 14 rue la Sellerie • 02100 **ST QUENTIN**

Bernard VISSE (Directeur) • Lydia JOSSE (Responsable action culturelle)

Genre(s) musical(aux) : Ts • **Capacité** : 1 131 pl. (assis), 1 350 pl. (assis/debout) • **Références** : Grand Corps Malade, De Palmas, Anaïs, Renan Luce, La Grande Sophie, Calogero, Raphaël, etc.

THÉÂTRE JEAN VILAR (ST-QUENTIN)

✆ **03 23 06 93 51**
culture@ville-saint-quentin.fr • **www.ville-saintquentin.fr**
c/o Direction de la culture • Service spectacles vivants
Espace St Jacques 14 rue la Sellerie • 02100 **ST QUENTIN**

Bernard VISSE (Directeur de la culture) • Lydia JOSSE (Responsable action culturelle)

Genre(s) musical(aux) : Théâtre, musique (classique, actuelle, du monde, jazz), danse, humour • **Capacité** : 450 pl. • **Références** : Claude Bolling, Louis Bertignac, Carmen Maria Vega, Yannick Noah, Zazie, Celtic Dances, Yael Nim, Julien Doré

Oise

ASCA - OUVRE BOÎTE

✆ **03 44 10 30 80** • fax 03 44 10 30 88
ouvreboite@asca-asso.com • **www.asca-asso.com**
8 av. de Bourgogne • 60000 **BEAUVAIS**

Philippe CHERENCE (Programmateur)

Genre(s) musical(aux) : Musiques actuelles • **Capacité** : 1 salle de 600 pl. (debout), 1 club de 100 pl. (debout), 1 salle de 200 pl. (assis) • **Références** : Sandra Nkaké, Melka Amany, Mickey[3d], Eiffel, Jamait, Krazy Baldhead, Mario Canonge, Aronas, Bjorn Berge, William Baldé, les Blérots de R.A.V.E.L, Barbara Carlotti, Makali, Berry, The Mansfields, etc.

ESPACE JEAN LEGENDRE

✆ **03 44 92 76 83** • fax 03 44 20 33 62
direction@espacejeanlegendre.com • **www.espacejeanlegendre.com**
Pl. Briet Daubigny • 60200 **COMPIEGNE**

Eric ROUCHAUD (Directeur) • Anne-Laure SAILLARD (Administratrice)

Théâtre de Compiègne, scène nationale en préfiguration • **Genre(s) musical(aux)** : Chanson, jazz, blues, gospel, etc. • **Capacité** : Salle Ravel (878 pl.), salle Molière (200 pl.) • **Références** : Paolo Fresu, Thomas Ferzen, Eric Legnini trio invite Krystle Warren, Jeanne Cherhal, Maurane, Eric Le Lann

La FAÏENCERIE THÉÂTRE

✆ **03 44 24 47 30** • fax 03 44 24 95 71
communication@faiencerie-theatre.com • **www.faiencerie-theatre.com**
Allée Nelson • BP 50012 • 60104 **CREIL CEDEX**

Gregoire HAREL (Directeur) • Julien VIGUIER (Administrateur) • Jean-Jacques BURELLIER (Secrétaire général)

Théâtre de Creil • **Genre(s) musical(aux)** : Pluridisciplinaire • **Capacité** : 750 pl. assises (théâtre), 1 500 pl. debout (la Manufacture) • **Références** : Thierry Balasse « la face cachée de la lune », Rover, Sanam Marvi, l'Ensemble Shanbehzadeh, Jacques Gamblin et Laurent De Wilde, etc.

THÉÂTRE DU BEAUVAISIS

✆ **03 44 06 08 20 / 03 44 06 08 24** • fax 03 44 06 08 29
contact@theatredubeauvais.com • **www.theatredubeauvaisis.com**
Pl. Georges Brassens • 60000 **BEAUVAIS**

Martin LEGRAND (Directrice)

Genre(s) musical(aux) : Jazz, blues, chanson, musique du monde • **Capacité** : Grand théâtre (736 pl.), Petit théâtre (130 pl.) • **Références** : Souad Massi, Ibrahim Maalouf, les Grandes Gueules, « Blues autour du zinc » (mars)

THÉÂTRE DU CHEVALET

✆ **03 44 93 28 38**
assist-dac@noyon.fr • **www.ville-noyon.fr**
Direction des affaires culturelles • Place Aristide Briand • 60400 **NOYON**

Anne LEVY (Directrice)

Genre(s) musical(aux) : Ts • **Capacité** : 440 pl. assises (6 pl. handicapés) • **Références** : Emily Loizeau, Arnold, Orchestre National de Barbès, Yves Jamait, Vian v'la Boris et le quintette Swing Ladies, Guillaume de Chassy

ZIQUODROME

✆ **03 44 40 10 18 / 03 44 23 34 46**
notes.bleues@wanadoo.fr • **www.ziquodrome.fr**
rue Jacques Daguerre • 60200 **COMPIEGNE**

Ludovic PAURON (Responsable du Ziquodrome) • Eric WINNEBROOT (Programmateur « les Notes Bleues »)

Genre(s) musical(aux) : Jazz, blues, world, pop, rock, gospel, etc. • **Capacité** : 700 pl. (debout) • **Références** : Billy Cohbam, Beverly Jo Scott, Carl Palmetr Band, Elmer Food Beat, Killer Komanski, Gerry Joe Weise, Shakura S'Aida, Encore Floy'd, « Festival Automne Blues »

Somme

MAISON DE LA CULTURE D'AMIENS

✆ **03 22 97 79 79 / 03 22 97 79 77** • fax 03 22 97 79 90
accueil@mca-amiens.com • **www.maisondelaculture-amiens.com**
Pl. Léon Gontier • BP 0631 • 80006 **AMIENS CEDEX 1**

Gilbert FILLINGER (Directeur) • Brigitte PERIN (Administratrice) • Aude CLÉMENT (Directrice de la production)

Genre(s) musical(aux) : Jazz, musiques du monde, chanson, théâtre, danse, musique classique, lyrique, cirque et cinema art et essai • **Capacité** : Grand théâtre (1 068 pl.), Petit théâtre (301 pl.), studio Orson Welles (175 pl.), Salle New dreams (100 pl.assises, 300 debout) • **Références** : Het Brabants Orkest, Joshua Redman, Kery James, Richard Manetti Quartet & Guest, etc.

SALLES DE MOINS DE 400 PLACES

Aisne

La BISCUITERIE

✆ **09 52 84 04 10**
contact@labiscuiterie.com • **www.labiscuiterie.com**
53 rue Paul Doucet • 02400 **CHATEAU THIERRY**

David RASE (Président) • Clément AUBEY (Administrateur)

Genre(s) musical(aux) : Musiques actuelles • **Capacité** : 200 et 80 pl. • **Références** : 100 grammes de tête, No Named Family, Jesus Christ Fashion Babe, Electric Electric, Papier Tigre, Mr Roux, Gablé, etc.

MANUFACTURE (ST-QUENTIN)

✆ **03 23 06 93 61 / 03 23 65 04 90** • fax 03 23 61 22 49
eva.dostuni@ville-saint-quentin.fr • **www.myspace.com/la_manufacture**
Direction de la culture • Service Action Culturelle
Espace St Jacques 14 rue la Sellerie • 02100 **ST QUENTIN**

Lydia JOSSE (Responsable de l'action culturelle)

Genre(s) musical(aux) : Chanson, rock, jazz, etc. • **Capacité** : 140 pl. • **Références** : Madjo, Diving with Andy, Khalid K, J. Jams, Little Sun, La nuit du blues, Reggae Aisne Splash, Pulcinella, Poum Tchak, Wladimir Anselme

Oise

La GRANGE À MUSIQUE

✆ **03 44 72 21 40**
gam@mairie-creil.fr • **facebook.com/grangeamusique**
16 bd Salvador Allende • 60100 **CREIL**

Lucas BLAYA (Directeur / programmateur) • Cédric LABBE (Régisseur) • Thomas HENNEBICQUE (Chargé de communication)

Genre(s) musical(aux) : Tous • **Capacité** : 340 pl. • **Références** : Tony Allen, Horace Andy, Beat Assaillant, Youssoupha, Rahzel, Kid Koala, Lofofora, Young Gods, U-Roy, Le Peuple de l'Herbe, The Gladiators, etc.

La MANEKINE

✆ **03 44 72 03 38** • fax 03 44 72 69 86
lamanekine@ccpoh.fr • **www.ccpoh.fr**
4 allée des Loisirs • 60700 **PONT STE MAXENCE**
Elisabeth COUTAREL (Directrice programmatrice)

Genre(s) musical(aux) : Musiques actuelles + théâtre + danse • **Capacité** : 280 pl. • **Références** : Daphné, Twin Sister, Féloche, Les Blaireaux, Mathieu Boogaerts, Zaza Fournier, Ludo Pin, Orchestre National de Barbès, etc.

Le PALACE

✆ **03 44 24 69 97 / 06 15 11 76 86** • fax 03 44 25 45 29
lepalace@mairie-montataire.fr • **www.mairie-montataire.fr**
c/o Service culture • BP 50209 • 60762 **MONTATAIRE CEDEX**

Claire HUMBERT (Coordinatrice culturelle) • Philippe MANESSE (Régisseur)

Genre(s) musical(aux) : Chanson, jazz, jeune public, musiques du monde • **Capacité** : 300 pl. • **Références** : Les Blérots de R.A.V.E.L, Dick Annegarn & Wladimir Anselme, Titi Robin, Quartet Alezane, Chloé Lacan, Festival danses et musiques du monde (mai)

Somme

La LUNE DES PIRATES

✆ **03 22 97 88 01** • fax 03 22 97 88 11
kom@lalune.net • **www.lalune.net**
5/1 passage Bélu • 80000 **AMIENS**

Frédéric CARRÉ (Directeur / programmateur) • Nicolas GRAS (Régisseur général) • Claire DEFARCY (Communication et relations publiques) • Antoine AGRICOLA (Médiateur culturel) • Marie BOISTEAU (Chargée de production)

La petite planète des musiques actuelles • **Genre(s) musical(aux)** : Ts • **Capacité** : 250 pl. • **Références** : Albin de la Simone, Joy, The Pack A.D., The Big Crunch Theory, Musiques de Ru, The CNK, Kernaoth, Moonwrath, Syd Matters, Nathaniel Isaac Smog, etc.

SCENES D'ABBEVILLE - ESPACE CULTUREL SAINT ANDRÉ

✆ **03 22 20 26 80**
frederic.sannier@ville-abbeville.fr • **www.ville-abbeville.fr**
Rue du Moulin Quignon • 80100 **ABBEVILLE**

Frédéric SANNIER (Directeur des affaires culturelles) • Xavier LETOCART (Responsable évenementiel) • Martine NEGRI (Communication) • Benoit MART (Referent Musiques Actuelles)

Genre(s) musical(aux) : Musiques actuelles, blues, jazz • **Capacité** : 299 pl. (debout), 216 pl. (assis), théâtre municipal (650 pl. assis, 999 debout) • **Références** : Guilaume Grand, CoverCast, Larry Graham, Raghunat Manet, Abd Al Malik, Ballaké Sissoké/Vincent Segal, « Nuits du blues » (mars), etc.

POITOU-CHARENTES

SALLES DE PLUS DE 1 200 PLACES

Charente

L'ESPACE CARAT

✆ **05 45 38 50 60** • fax 05 45 38 50 55
info@espace-carat.fr • **www.espace-carat.fr**
Semapex/Espace Carat • 54 av. Jean Mermoz • BP 900 • 16340 **L'ISLE D'ESPAGNAC**

Françoise MICHEL (Directrice) • Ligui CHAUVEAU (Directeur technique) • Thierry FAURY (Régisseur général)

Parc des expositions et des Congrés du Grand Angoulême • **Genre(s) musical(aux)** : Ts • **Capacité** : 7 500 pl. (assis et debout), 5 170 pl. (assis) • **Références** : Johnny Haliday, Eddy Mitchell, Dutronc, Christophe Maé, Mathieu Chedid, Indochine, Michel Sardou, etc.

Deux-Sèvres

L'ACCLAMEUR

✆ **05 49 75 13 44**
www.lacclameur.net/
50 rue Charles Darwin • 79000 **NIORT**

Genre(s) musical(aux) : Chanson, variétés, rock, etc.

SALLES DE 400 À 1200 PLACES

Charente

L'AVANT-SCÈNE COGNAC

✆ **05 45 82 17 24 / 05 45 82 32 78** • fax 05 45 36 12 84
accueil@avantscene.com • **www.avantscene.com**
1 pl. Robert Schuman • BP 60024 • 16101 **COGNAC CEDEX**

Jacques PATAROZZI (Directeur) • Aurelia GERON (Secrétaire générale)

Genre(s) musical(aux) : Ts • **Capacité** : 728 pl. et 186 pl. • **Références** : The Tiger Lililes, festival des arts de la rue « Coup de chauffe » (sep.), Arno, Camille, Céline Castano

La NEF

✆ **05 45 25 97 00** • fax 05 45 25 97 10
info@lanef-musiques.com • **www.lanef-musiques.com**
Rue Louis Pergaud • 16000 **ANGOULEME**

Moktar BAHNAS (Directeur)

Genre(s) musical(aux) : Ts • **Capacité** : 700 pl. (debout), 300 pl. (assis) • **Références** : Zenzile, James Hunter, Miossec, Yann Tiersen, Le Peuple de L'Herbe, Unsane, Louise Attaque, Meï Teï Shô, etc.

SCÈNE NATIONALE D'ANGOULÊME

✆ **05 45 38 61 61** • fax 05 45 38 61 51
infos@theatre-angouleme.org • **www.theatre-angouleme.org**
Av. des Maréchaux • BP 287 • 16007 **ANGOULEME CEDEX**

Gérard LEFEVRE (Directeur) • Marie-Christine LEGER (Secrétaire générale) • Yann POIGNANT (Administrateur)

Genre(s) musical(aux) : Jazz, musique du monde, chanson • **Capacité** : De 70 pl. à 730 pl. • **Références** : I brahim Maalouf, Baptiste Trotignon, Antone Hervé « la leçon de jazz », Youn Sun Nah, etc.

WEST ROCK - MIR 16

✆ **05 45 82 48 06**
programmation@westrock.org • **www.westrock.org**
14 rue Louise de Savoie • 16100 **COGNAC**

Gaëtan BROCHARD (Responsable programmateur) • Clément MARCHAL (Communication) • Nicolas MORIN (Accueil / régisseur son / plateforme MIR)

Genre(s) musical(aux) : Musiques amplifiées • **Capacité** : 510 pl. • **Références** : Asa, Sinik, Lofofora, La Ruda, Agnostic Front, Micky Green, Kill The Young, Soulfly, Demented Are Go, Moriarty, etc.

Charente-Maritime

La COURSIVE

✆ **05 46 51 54 00** • fax 05 46 51 54 01
theatre@la-coursive.com • **www.la-coursive.com**
4 rue St-Jean-du-Pérot • 17025 **LA ROCHELLE CEDEX**

Jackie MARCHAND (Directeur) • Florence SIMONET (Directrice adjointe)

Scène nationale de La Rochelle • **Genre(s) musical(aux)** : Tous • **Capacité** : 1 003 pl. (Grand Théâtre) et 400 pl. (Theâtre Verdière) • **Références** : David El Malek, Jacques Gamblin & Laurent de Wilde, Claire Diterzi, JJ Milteau, Titi Robin, Dmitry Baevsky, Géraldine Laurent, Malia, Chilly Gonzales, Dave Holland & Pepe Habichuela, Avishaï Cohen, les Tambours du Burundi

La SIRÈNE

✆ **05 46 56 46 62** • fax 05 46 42 31 34
infos@la-sirene.fr • **www.la-sirene.fr**
c/o XLR • 111 bd Emile Delmas • BP 72095 • 17010 **LA ROCHELLE CEDEX**

David FOURRIER (Directeur / Programmateur) • Gilles BAYET (Directeur adjoint) • Christian PARROT (Directeur technique) • Cécile MOURLAQUE (Chargée de communication)

Genre(s) musical(aux) : Musiques actuelles • **Capacité** : Salle (1 200 pl.) et club (400 pl.) • **Références** : Otis Taylor, Ibrahim Maalouf, Miossec, Meshell Ndegeocello, Tryo, Charlotte Gainsbourg, Ayo, Pony Pony Run Run, Maceo Parker, BellRays, New York Ska Jazz Ensemble, etc.

THÉÂTRE DE LA COUPE D'OR

✆ **05 46 82 15 15 / 05 46 82 15 10** • fax 05 46 99 27 00
secretariat@theatre-coupedor.com • **www.theatre-coupedor.com**
101 rue de la République • 17300 **ROCHEFORT**

Vincent LEANDRI (Directeur) • Cécile FLEURY (Secrétaire générale)

Scène conventionnée de Rochefort • **Genre(s) musical(aux)** : Ts • **Capacité** : 350 pl. • **Références** : Hilario Duran Trio, Wanja Slavin Trio, Michel Delage Band et Marcel Azzola, ildmimi, Rémi Sciuto invite Fred Pallem etl e trio Journal Intime, Kicca & Intrigo, Alexandre Poulin, Surnatural Orchestra, Bertrand Belin, Marcel Kanche et I. Overdrive Trio, festival Résonances (juil.)

Deux-Sèvres

Le MOULIN DU ROC

✆ **05 49 77 32 30** • fax 05 49 77 32 31
moulinduroc@moulinduroc.asso.fr • **www.moulinduroc.asso.fr**
9 bd Main • BP 405 • 79000 **NIORT**

Bernard BONNET (Directeur) • Jacques MOREL (Programmateur musique) • Jacques PITEROIS (Programmateur)

Scène nationale de Niort • **Genre(s) musical(aux)** : Tous • **Capacité** : Grande salle (940 pl.), Petite salle (250 pl.) • **Références** : Roberto Fonseca, Ibrahim Maalouf, Jean-Marie Machado & l'Orchestre Danzas invitent André Minvielle, Claire Denamur, Berry, Mina Tindle, Moriarty & Christine Salem, Red Cardell & le Bagad Kemper, Dominique A

Vienne

ACCORD

✆ **05 49 93 03 08** • fax 05 49 85 95 13
theatre-accord@wanadoo.fr • **www.nouveautheatre-accord.com**
21 rue Chanoine de Villeneuve • BP 245 • 86102 **CHATELLERAULT CEDEX**

Patrick FOURNIER (Directeur) • Cécile ALLAERT (Programmation jeune public) • Nathalie JUTANT (Communication)

Nouveau théâtre de Chatellerault • **Genre(s) musical(aux)** : Chanson, jazz, cirque, jeune public, théâtre • **Capacité** : 470 pl. • **Références** : Bec de chat Trio avec Hervé Gourdikia, Juan De Larida, JJ Milteau, Romain Didier + Festival « Jazzellerault » (début juin)

La BLAISERIE

✆ **05 49 58 05 52** • fax 05 49 58 96 77
culture@csclablaiserie-csc86.org • **www.csclablaiserie-csc86.org**
Rue des Frères Montgolfier • 86000 **POITIERS**

Dominique DURAND (Directeur) • Anne GOBIN (Responsable de l'action culturelle)

Genre(s) musical(aux) : Musiques actuelles • **Capacité** : 440 pl. (assis), 880 pl. (debout) • **Références** : Disiz Peter Punk, Camélia Jordana, Têtes Raides, Sanseverino, Bazbaz, Catherine Ringer, Alela Diane, Cali, etc.

Le CONFORT MODERNE / L'OREILLE EST HARDIE

✆ **05 49 46 08 08** • fax 05 49 61 30 34
box@confort-moderne.fr • **www.confort-moderne.fr**
185 Fbg du Pont-Neuf • 86000 **POITIERS**

Rachel CORDIER (Directrice) • Laurent PHILIPPE (Programmateur) • Sébastien LOGEAIS (Suivi de production)

Genre(s) musical(aux) : Musiques actuelles • **Capacité** : 700 ou 450 pl. (debout) • **Références** : Hacride, Aloe Blacc, Gregaldur, Electric Wizard, True Live, Cascadeur, DJ Premier, The Subs, Cheveu, Misteur Valaire, 69db, The Dø, etc.

La PASSERELLE (86)

✆ **09 60 10 25 24**
passerelle@cc-villedieu-du-clain.fr • **www.passerelle86.fr**
1 rue du Stade • 86340 **NOUAILLE MAUPERTUIS**

Sandrine CHADEAU (Communication / médiation) • Julien LEMAÇON (Régisseur)

Genre(s) musical(aux) : Chanson, contes, musiques du monde, spectacles pluridisciplinaires, danse, théâtre, jeune public, concerts, ciné-concerts, humour • **Capacité** : 398 pl. ou 500 pl. (sans gradins) • **Références** : Nicolas Jules, chanson Plus Bifluorée, Enzo Enzo, Philippe Val, La Grande Sophie, Dick Annegarn, Steve Waring, etc.

La ROTATIVE

✆ **05 49 01 05 89** • fax 05 49 47 16 37
culture@maisondesprojets-csc86.org • **www.maisondesprojets-csc86.org**
Maison des projets • 48 Av. de la Liberté • 86180 **BUXEROLLES**

Nina DALIKOU (Programmatrice)

Salle de spectacle de la Maison des Projets • **Genre(s) musical(aux)** : Ts styles • **Capacité** : 255 pl. assises ou 600 pl. debout • **Références** : Zaz, Orange Blossom, DJ Moule, Marcel et son Orchestre, Merzhin

Le TAP- THÉÂTRE & AUDITORIUM DE POITIERS

✆ **05 49 39 40 00** • fax 05 49 55 16 91
contact@tap-poitiers.com • **www.tap-poitiers.com**
1 bd de Verdun • 86000 **POITIERS**

Jérôme LECARDEUR (Directeur) • Christophe POTET (Directeur des projets artistiques) • Bernard MOUCHON (Programmateur)

Scène Nationale • **Genre(s) musical(aux)** : Tous dont jazz, chanson, musique traditionnelle • **Capacité** : 1 auditorium de 1021 pl., 1 théâtre de 722 pl. et 3 salles de répétition en gestion directe • **Références** : Juliette Gréco, Aram Bajakian trio, Gregory Porter, Les Musiques à Ouïr, « Duke & Thelonious », Fanfare Ciocarlia, Les Niou Bardophones, Malik, Dominique A, Midget, Lescop, Arlt (Éloïse Decazes et Sing Sin), Clara Moto, Florent Marchet, etc.

SALLES DE MOINS DE 400 PLACES

Charente-Maritime

CREA - SALLE BLEUE

✆ **05 46 06 87 98** • fax 05 46 06 64 74
crea@crea-sgd.org • **www.crea-sgd.org**
Relais de la Côte de Beauté • 136 bd de la Côte de Beauté
17110 **ST GEORGES DE DIDONNE**

Didier TRAMBOUZE (Directeur) • Sonia PATAUX (Communication / Partenariats) • Carole FALGADE (Communication / Billetterie) • Frédéric GRELET (Régisseur général) • Julie BEDOURET (Chargée d'actions culturelles Jeune Public / Communication)

Genre(s) musical(aux) : Variété, musiques actuelles, jazz, blues, reggae, jeune public, etc. • **Capacité** : 276 pl. • **Références** : Karpatt, Bill Deraime, Soweto Entsha, Candye Kane, Hubert Félix Thiéfaine, Paris Paname, Jean-Jacques Milteau, Susheela Raman, Yves Jamait, Broussaï

La MALINE

✆ **05 46 29 93 53** • fax 05 46 29 63 09
ardc@wanadoo.fr • **www.lamaline.net**
Le Mail • BP 45 • 17670 **LA COUARDE SUR MER**

Catherine WOJCIK (Directrice) • Sébastien DALLET (Administrateur)

Genre(s) musical(aux) : Ts • **Capacité** : 275 pl. (assis), 600 pl. (debout) • **Références** : Pink Turtle, Imbert Imbert, Les Ogres de Barback, Sergent Garcia, Marianne James, Tryo, Tri Yann, Jacques Higelin, Miossec, etc.

La POUDRIÈRE

✆ **05 46 82 67 77** • fax 05 46 82 67 61
lapoudriere@ville-rochefort.fr • **www.lapoudriere-rochefort.net**
c/o Service culture / Mairie • 119 rue Pierre Loti • 17300 **ROCHEFORT**

Christophe PINEAU (Directeur programmation) • Aymeril BEAUFILS (Responsable technique)

Genre(s) musical(aux) : Musiques actuelles • **Capacité** : 200 pl. • **Références** : Tony Allen feat. Amp Fiddler, Pleymo, Enhancer, Skarface, BBA, Tagada Jones, Overhead, Venus

Deux-Sèvres

Le CAFÉ DU BOULEVARD

✆ **05 49 27 01 28**
contact@lecafeduboulevard.com • **www.lecafeduboulevard.com**
2 pl. René Groussard • 79500 **MELLE**

Sylvain GRIFAULT (Responsable salle)

Genre(s) musical(aux) : Jazz, chanson, musique actuelle • **Capacité** : 70 pl. • **Références** : Graeme Allwright, Daniel Givone, Sophie Alour, Sylvain Kassap, François Corneloup, Nicolas Jules, Anaïs, etc. + festival « Boulevard du jazz » (du 18 au 20 juil. en 2013) avec Jacky Mollard, Edward Perraud et Elise Caron, Hélène Labarrière, etc.

Le CAMJI

✆ **05 49 17 50 45** • fax 05 49 17 50 50
contact@camji.com • **www.camji.com**
Espace Michelet • 3 rue de l'Ancien Musée • 79000 **NIORT**

Lionel ROGEON (Directeur) • Théo RICHARD (Programmateur)

Genre(s) musical(aux) : Musiques actuelles • **Capacité** : 300 pl. debout • **Références** : Soirée « No Format ! » avec Nicolas Repac& Misja Fitzgerald Michel, Ange, Anything Maria, Lili Brandt, Pura Fé, McMuffin Family, Oxmo Puccino, Gojira, Lo'Jo, Moriarty, Mass Hysteria, Pony Pony Run Run, etc.

DIFF'ART

✆ **05 49 94 48 10** • fax 05 49 94 48 10
contact@trastaroots.com • **www.sallediffart.com**
15 rue Salvador Allende • 79200 **PARTHENAY**

David SAUVIGNON (Programmateur)

Genre(s) musical(aux) : Rock, reggae, chanson, rap, musiques électroniques, etc. • **Capacité** : 450 pl., également formule cabaret (150 pl.) • **Références** : Burning Heads, DJ Vadim, Wax Tailor, No One Is Innocent, Missil, Saï Saï, etc.

LE THÉÂTRE

✆ **05 49 80 61 55**
theatre@ville-bressuire.fr • **www.letheatre.ville-bressuire.fr**
Pl. jules Ferry • 79300 **BRESSUIRE**

Alain CRENDAL (Directeur) • Christine GUILLOTEAU (Assistante) • Gaelle ROUSIERE (Médiatrice culturelle) • Aurélien CHARTIER (Régisseur général) • Naoil CHEKRAOUI (Relations publiques)

Genre(s) musical(aux) : Vocal, musiques du monde, chanson, danse et théâtre • **Capacité** : 350 pl. • **Références** : Urs Karpatz, Soweto Entsha, Emel Mathlouthi, Liz Cherhal, Barbara Furtuna

La MAISON DES CULTURES DE PAYS

✆ **05 49 94 90 70** • fax 05 49 94 90 71
accueil@metive.org • **metive.org**
1 rue de la Vau St Jacques • 79200 **PARTHENAY**

Jean-François MINIOT (Président) • Josette RENAUD (Directrice de l'UPCP Métive)

Genre(s) musical(aux) : Musiques et danses traditionnelles • **Capacité** : 150 pl. (Debout), 80-100 pl. (assises) • **Références** : Kristof Hiriart & Didier Ithursarry, Virginie Basset & Gabriel Lenoir (violon et danse), Bal d'hiver, etc.

THÉÂTRE DE THOUARS

✆ **05 49 66 24 24 / 05 49 66 39 32**
silvousplait@theatre-thouars.com • **www.theatre-thouars.com**
Association S'il vous plait • 5 bd Pierre Curie • BP 75
79102 **THOUARS CEDEX**

Frédéric BRANCHU (Directeur) • Stéphanie GERMAIN (Relations publiques / communication) • Domingos MOURAO (Régisseur général)

Genre(s) musical(aux) : Ts • **Capacité** : 324 pl. • **Références** : Vieux Farka Touré, Clarika, Violons Barbares, Boubacar Traoré, Nilda Fernandez, etc.

Vienne

CARRE BLEU - JAZZ À POITIERS

✆ **05 49 47 31 48** • fax 05 49 30 09 29
jazzapoitiers@wanadoo.fr • **www.jazzapoitiers.org**
c/o La Maison du Coin • 2 pl. Aristide Briand • 86000 **POITIERS**

Matthieu PERINAUD (Directeur artistique)

Genre(s) musical(aux) : Jazz et musiques improvisées • **Capacité** : 160 pl. • **Références** : Duo Pateras/Fox, Mats Gustafsson, Agusti Fernandez, Guillaume Roy, Keiji Haino, Fred Frith, Daunik Lazro, Peter Brotzman, Jean-Luc Cappozzo, Eric Brochard, Jean-Luc Guionnet, Joëlle Léandre, etc.

MAISON DES 3 QUARTIERS

✆ **05 49 41 40 33** • fax 05 49 41 88 00
info@m3q.org • **www.m3q.org**
23/25 rue du Général Sarrail • 86000 **POITIERS**

Sylvie FICHELSON (Directrice)

Genre(s) musical(aux) : Chanson française • **Capacité** : 164 pl. • **Références** : Mon Côté Punk, Jeanne Cherhal, David Lafore, Cali, Vincent Delerm, etc.

MJC CLAUDE NOUGARO

✆ **05 49 91 04 88** • fax 05 49 91 33 82
contact@mjcmontmorillon.fr • **www.mjcmontmorillon.fr**
16 rue des Récollets • BP 48 • 86501 **MONTMORILLON CEDEX**

Daniel VALLERIE (Directeur) • Jean-Charles FUMOLEAU (Régisseur)

Genre(s) musical(aux) : Chanson, jazz, musiques actuelles • **Capacité** : MJC (100), CAR (600) • **Références** : Jacky Molard quartet, Charlène Martin, Emmanuel Bex Trio, Lo'jo, Pauline Croze, François Raulin, Paris Jazz Big Band, Géraldine Laurent, Kora Jazz Trio

MJCAA-CARRÉ BLEU

✆ **05 49 44 12 48** • fax 05 49 44 53 53
direction@mjcaa-poitiers.fr • **www.mjcaa-poitiers.fr**
37 rue Pierre de Coubertin • BP 453 • 86011 **POITIERS CEDEX**

Denis VERCELLINO (Directeur MJC AA) • Stéphane DUFOUR (Programmateur des Nuits Blanches) • Rodolphe GAUDIN (Régisseur)

Genre(s) musical(aux) : Jazz, blues, rock, chanson • **Capacité** : Carré Bleu (200 pl.) • **Références** : « Jazz à Poitiers » (35 concerts/saison), « Nuits Blanches » (8 soirées/saison)

PROVENCE - ALPES - CÔTE D'AZUR

SALLES DE PLUS DE 1200 PLACES

Alpes-de-Haute-Provence

PALAIS DES CONGRÈS DE DIGNE

✆ **04 92 31 15 21 / 04 92 30 56 35** • fax 04 92 30 52 14
bernard.teyssier@mairie-dignelesbains.fr • **www.mairie-dignelesbains.fr**
Mairie • Pl. De Gaulle • 04000 **DIGNE**

Bernard TEYSSIER (Adjoint référent) • Josée FERRER (Secrétaire)

Genre(s) musical(aux) : Ts • **Capacité** : 2200 pl. (assis), 3200 pl. (debout) • **Références** : Grégoire, Enrico Macias, etc.

Hautes-Alpes

Le QUATTRO

✆ **04 92 53 25 04**
quattro@ville-gap.fr • **www.lequattro.fr**
56 av. Emile Didier • 05000 **GAP**

Armand VACHE (Administrateur) • Alain CONTE (Directeur technique)

Genre(s) musical(aux) : Musiques actuelles • **Capacité** : 1082 pl. assises, 1802 pl. debout et 2068 pl. debout/assis • **Références** : Dub Inc, Bernard Lavilliers, Les Ogres de Barback, Soprano, Zazie, etc.

Alpes-Maritimes

ACROPOLIS AUDITORIUM APOLLON

✆ fax 04 93 92 83 48
mandre@nice-acropolis.com • **www.nice-acropolis.com**
1 esplanade J-F. Kennedy • BP 4083 • 06302 **NICE CEDEX 4**

Marie RUSSO-ANDRE (Responsable spectacles)

Genre(s) musical(aux) : Chanson, variété, musique savante • **Capacité** : De 1600 à 2544 pl. assises • **Références** : C. Dion, C. Aznavour, F. Cabrel, Henri Dès, Joe Cocker, Axelle Red, Linda Lemay, L. Voulzy, Cathy Melua, M. Le Forestier, A. Souchon, Diana Kroll, etc.

GRAND AUDITORIUM DU PALAIS DES FESTIVALS

✆ **04 92 99 33 83** • fax 04 92 99 33 84
programmation@palaisdesfestivals.com • **www.palaisdesfestivals.com**
SEMEC • La Croisette • CS 30510641 • 06403 **CANNES CEDEX**

Martine GIULIANI (Directrice générale) • Sophie DUPONT (Directrice de l'événementiel)

Genre(s) musical(aux) : Ts • **Capacité** : 2325 pl. (assis) et 1066 pl. (Théâtre Debussy) • **Références** : Pete Doherty, Iggy Pop, Goran Bregovic, Nilda Fernandes, Nina Hagen, Christophe, Marianne Faithfull, etc.

PALAIS NIKAÏA

✆ **04 92 29 31 29** • fax 04 92 29 31 27
info@nikaia.fr • **www.nikaia.fr**
163 route de Grenoble • 06200 **NICE**

Gilbert MELKONIAN (Directeur)

Genre(s) musical(aux) : Ts • **Capacité** : Grande salle (1500 à 9000 pl.), Nikaia Live (600 pl. debout, 320 pl. assis), portes monumentales ouvrant sur le stade (56000 pl.) • **Références** : « Nuit du gospel » (déc), avec Craig Adams & the Voices of New Orleans, Enrique Iglesias, Michel Sardou, Jean-Louis Aubert, Charles Aznavour, Johnny Hallyday, Shakira, Beyoncé, Madonna, etc.

La PALESTRE

✆ **04 93 46 48 88** • fax 04 93 46 26 44
bienvenue@lapalestre.com • **www.lapalestre.com**
730 av. Georges Pompidou • 06110 **LE CANNET**

Alain CHERQUI (Directeur) • Didier DECALONNE (Régisseur général)

Genre(s) musical(aux) : Tous • **Capacité** : 800 à 4500 pl. • **Références** : Florent Pagny, Lara Fabian, Eddy Mitchell, Eric Clapton, Michel Jonasz, Isabelle Boulay, Jean-Louis Aubert, Nolwenn Leroy, M. Pokora, Stephane Rousseau, Nicolas Canteloup, etc.

Bouches-du-Rhône

DOCK DES SUDS

✆ **04 91 99 00 00** • fax 04 91 91 73 85
contact@dock-des-suds.org • **www.dock-des-suds.org**
12 rue Urbain V • BP 30025 • 13568 **MARSEILLE CEDEX 2**

Jean HUBERT (Directeur) • Bernard AUBERT (Directeur artistique) • Frederique COHEN (Chargée de développement)

Genre(s) musical(aux) : Musiques actuelles, musiques du monde • **Capacité** : 2600 pl. (concerts), 800 pl. (cabaret/discothèque) • **Références** : Cocoon, Ben l'Oncle Soul, Cali, Thomas Dutronc, Anais, John Mayall, Iam, Cesaria Evora, Carl Cox, Ismaël Lo, Caravan Palace, etc.

Le DOME

✆ **04 91 12 21 21** • fax 04 91 12 21 10
ledome@mairie-marseille.fr • **www.le-dome.com**
48 av. de St-Just • 13004 **MARSEILLE**

Claude ARGY (Directeur) • Jacques VALENTE (Directeur technique) • Valérie MIGLIORE (Responsable de la communication)

Genre(s) musical(aux) : Musiques actuelles, spectacles de danses classiques et moderne, théâtre • **Capacité** : 8500 pl. (debout), 6000 pl. (assis) • **Références** : Yannick Noah, Michel Sardou, Katie Melua, Eddy Mitchell, Cathie Renaud, Beyonce, Johnny Hallyday, etc.

GRAND THÉÂTRE DE PROVENCE

✆ **04 42 91 69 70** • fax 04 42 91 69 71
info@legrandtheatre.net • **www.lestheatres.net**
EURL Mirabeau • 380 av. Max Juvenal • 13100 **AIX-EN-PROVENCE**

Dominique BLUZET (Directeur du Gymnase, Jeu de Paume & Grand Théâtre de Provence) • Claire DESMAZIÈRES (Responsable des relations avec les publics) • Françoise JAN (Conseillère musicale)

Genre(s) musical(aux) : Lyrique, danse mais aussi jazz, chanson, musiques du monde • **Capacité** : Modulable selon les spectacles : 1350 pl., dont 950 en parterre • **Références** : Andy Emler MegaOctet, Ahmad Jamal, Yasmin Levy, Richard Galliano, Antoine Hervé Sextet + «Leçon de jazz », Baptiste Trotignon, Robin McKelle, carte blanche à Raphaël Imbert (« Mozart Ellington », « Jazz & Blues Masters », etc.

Le MOULIN

✆ **04 91 06 33 94** • fax 04 91 66 57 39
info@lemoulin.org • **www.lemoulin.org**
47 bd Perrin • 13013 **MARSEILLE**

Nicolas CHRISTIN (Directeur /Programmateur) • Thomas CHRISTIN (Administrateur) • Sébastien POULAIN (Chef de projet) • Vincent SALIN (Communication)

Genre(s) musical(aux) : Ts • **Capacité** : 1500 pl., club de 300 pl. • **Références** : Thomas Dutronc, Imany, Oxmo Puccino, Keny Arkana, Izia, Massilia Soud System, Iam, etc.

Le SILO

✆ **04 91 90 00 00** • fax 04 91 45 28 40
info@silo-marseille.fr • **www.silo-marseille.fr**
35 quai du Lazaret • 13002 **MARSEILLE**

Thierry BISKUP (Directeur d'exploitation Vega) • Séverine OLLIVIER (Responsable de l'exploitation) • Alexis BENOIT (Directeur technique)

Genre(s) musical(aux) : Ts • **Capacité** : 1652 pl. (assis), 2050 pl. (assis/debout) • **Références** : Mélody Gardot, Georges Michael, Grand Corps Malade, Véronique Sanson, Bernard Lavilliers, Isabelle Boulay, Mika, Y. Noah, etc.

Var

ZENITH-OMEGA

✆ **04 94 22 66 77** • fax 04 94 22 66 88
zenith.omega@wanadoo.fr • **www.zenith-omega-toulon.com**
bd Cdt Nicolas • 83000 **TOULON**

Annette CAMUS (Directrice) • Christian OLHARAN (Directeur technique)

Genre(s) musical(aux) : Tous • **Capacité** : 800 à 8800 pl. • **Références** : T. Turner, M. Farmer, Janet Jackson, J. Hallyday, I Muvrini, Noir Désir, C. Maé, Polnareff, Georges Mickael, etc.

SALLES DE 400 À 1200 PLACES

Alpes-de-Haute-Provence

THÉÂTRE DURANCE

✆ **04 92 64 27 34** • fax 04 92 62 60 67
programmation@theatredurance.fr • **www.theatredurance.fr**
Les Lauzières • 04160 **CHATEAU ARNOUX ST AUBAN**

Robert PASQUIER (Directeur) • Cécile BOISSET (Administratrice)

Genre(s) musical(aux) : Tous dont jazz et chanson • **Capacité** : Théâtre Durance (de 323 pl. assises à 900 debout), Ferme de Font-Robert (de 1350 pl.) • **Références** : Gregory Porter, Andy Sheppard/Michel Benita/ Sebastian Rochford Trio, Terez Montcalm, Kevin Seddiki Trio, La Cie Nine Spirit dirigée par Raphaël Imbert « Mozart Ellington », Patricia Barber

Hautes-Alpes

CMCL DE GAP
✆ **04 92 51 55 28** • fax 04 92 52 77 04
cmcl@ville-gap.fr • **www.ville-gap.fr**
24 bd Pierre et Marie Curie • 05000 **GAP**

Michèle BAUDOIN (Directrice) • Frédérique BOUSSARD (Programmatrice)

Centre municipal culture et loisirs • **Genre(s) musical(aux)** : Musiques actuelles • **Capacité** : 300 pl. (assis), 500 pl. (debout) • **Références** : Miss White and the Drunken Piano, Cabadzi + Nuit Celtique, Festival de danse traditionnelle, spectacle jeune public, Rendez-vous Conte, Bals folks

THÉÂTRE LA PASSERELLE
✆ **04 92 52 52 52** • fax 04 92 52 52 42
info@theatre-la-passerelle.com • **www.theatre-la-passerelle.eu**
137 bd Georges Pompidou • 05000 **GAP**

Philippe ARIAGNO (Directeur) • Evelyne NICOLAS (Administratrice)

Scène Nationale de Gap et des Alpes du Sud • **Genre(s) musical(aux)** : Classique, world music, chanson, jazz • **Capacité** : 850 pl. • **Références** : Melingo, Pulcinella, Olivier Maurel, « The Dark Side of The Moon » des Pink Floyd (direction musicale et artistique Thierry Balasse)

Alpes-Maritimes

THÉÂTRE DE GRASSE
✆ **04 93 40 53 03 / 04 93 40 53 07 / 04 93 40 53 00**
fax 04 93 40 53 04
info@theatredegrasse.com • **www.theatredegrasse.com**
2 av. Maximin Isnard • 06130 **GRASSE**

Jean FLORES (Directeur) • Emmanuelle BOURRET (Directrice administrative et financière) • Emmanuel PUGLIA (Directeur technique) • Martine BIGUENET (Directrice de la communication)

Genre(s) musical(aux) : Ts + théâtre, danse, nouveau cirque • **Capacité** : 508 pl. (assis) • **Références** : Jean-Louis Trintignant et Daniel Mille, Jacques Gamblin et Laurent de Wilde, Arthur H, « Rencontres de Musiques Sacrées du Monde » (mars)

THÉÂTRE LINO VENTURA
✆ **04 97 00 10 73** • fax 04 97 00 10 71
romain.vigna@ville-nice.fr • **www.tlv-nice.org**
168 bd de l'Ariane • 06300 **NICE**

Romain VIGNA (Directeur / programmateur) • Alain SALLABERRY (Régisseur général)

Genre(s) musical(aux) : Musiques actuelles • **Capacité** : 700 pl. • **Références** : Quantic et Alice Russell, Of Montreal, Arthur H, Staff Benda Bilili, Philippe Katerine, Ben l'Oncle Soul, Zaz, Idir, Moriarty, Horace Andy

Bouches-du-Rhône

CABARET ALÉATOIRE
✆ **04 95 04 95 09** • fax 04 95 04 95 00
infos@cabaret-aleatoire.com • **www.cabaret-aleatoire.com**
c/o Friche La Belle de Mai • 41 rue Jobin • 13003 **MARSEILLE**

Pierre-Alain ETCHEGARAY (Directeur / programmateur) • Benjamin GAUTHIER (Chargé de communication) • Gaël LE LOURARN (Responsable de production & logistique)

Genre(s) musical(aux) : Musiques actuelles, rock, musiques électroniques, funk, soul, abstract hip hop, etc. • **Capacité** : Modulable de 300 à 900 pl. • **Références** : Souljazz Orchestra, Fanga, Yodelice, Black Strobe, Gonzales, Magic Malik, Rodolphe Burger, Luis Francesco Arena, « Nuit de l'Alligator », Poni Hoax, The Subs, Aloe Black, Tricky, Ebony Bones

ESPACE JULIEN
✆ **04 91 24 34 10** • fax 04 91 42 67 82
contact@espace-julien.com • **www.espace-julien.com**
39 cours Julien • 13006 **MARSEILLE CEDEX**

Patrice ANGOSTO (Directeur) • Christian ARCAMONE (Administrateur) • Sonia KURDIAN (Chargée de communication) • Olivier CARPANETO (Régisseur)

Genre(s) musical(aux) : Tous • **Capacité** : 1 000 pl., également Café Julien (150 pl.) • **Références** : Mike Stern & Didier Lockwood, Sébastien Tellier, Arno, Eiffel, Beaupain, Brigitte, Cali, Miossec, Kami Quintet, etc.

JAS'ROD
✆ **04 42 09 37 80 / 04 91 51 87 46**
sallejasrod@gmail.com • **www.jasrod.fr**
1506 av. Paul Brutus • Les Cadeneaux • 13170 **LES PENNES MIRABEAU**

Christian MAGRO (Directeur)

Genre(s) musical(aux) : Tous styles dont rock, pop, metal, blues, funk, Rhythm'n'Blues, etc. • **Capacité** : 600 pl. • **Références** : Tony Levin, Pura Fe, Richie Kotzen, Sylvain Luc, Cristophe Godin, T.m stevens, Ange, Caravan, Stuart Hamm, Frank Gambale, Louis Winsberg, Angelo Debarre, Kenza Farah, Dudley Ross, Soft Machine, Mats Morgan Band, Mike Terrana, Nono, Erick Truffaz, Symphony X, Nightwish, etc.

Le THÉÂTRE COMOEDIA
✆ **04 42 18 19 88** • fax 04 42 18 18 64
comoedia@aubagne.fr • **www.aubagne.fr**
cours Maréchal Foch • 13400 **AUBAGNE**

Jacques LEBEAU (Directeur) • Paule SERRE (Administratrice)

Genre(s) musical(aux) : Tous • **Capacité** : 500 pl. • **Références** : Juan Carmona, Carmen Maria Vega, Michel Portal, Angélique Ionatos, etc ;

THÉÂTRE DES SALINS
✆ **04 42 49 02 01** • fax 04 42 49 02 09
administration@theatre-des-salins.fr • **www.theatre-des-salins.fr**
19 quai Paul Doumer • BP 60075 • 13692 **MARTIGUES CEDEX**

Gilles BOUCKAERT (Directeur) • Eric GIALIS (Administrateur) • Yves GALLET (Directeur technique) • Caroline SALLENAVE (Secrétaire générale) • Murielle LLUCH (Responsable des relations publiques) • Serge MAURIN (Régisseur général)

Scène nationale de Martigues • **Genre(s) musical(aux)** : Musiques, danse, théâtre, opéra, cirque, spectacles jeune public • **Capacité** : 600 pl., petite salle « Bout de la nuit » (100 pl.) • **Références** : Rover, Ottilie, Casey, Martin Mey, Terez Montcalm, Jane Birkin, « Interzone Extended » avec Serge Teyssot Gay, Khaled Aljaramani, Ibrahim Maalouf, Keyvan Chemirani et Carol Robinson

THÉÂTRE DU GYMNASE
✆ **04 42 91 69 70**
www.lestheatres.net
GIE ACTE • 44, La Canebière • 13001 **MARSEILLE**

Dominique BLUZET (Directeur des Théâtres du Gymnase, Jeu de Paume & Grand Théâtre de Provence) • Lionel DAHAN (Directeur de la communication & secrétaire général du Gymnase)

Théâtre de la Ville de Marseille • **Genre(s) musical(aux)** : Chanson, Jazz, musique du monde • **Capacité** : 695 pl. • **Références** : Yasmin Lévy, Andy Emler MegaOctet, Robin McKelle, Raphaël Imbert « Mozart Ellington », Archie Shepp, Jane Birkin, Antoine Hervé « La Leçon de jazz », Charles Berling

THÉÂTRE LA COLONNE
✆ **04 90 50 05 26 / 04 90 58 37 86**
mlrobert@scenesetcines.fr • **www.scenesetcines.fr**
Scènes et Cinés Ouest Provence • Av. Marcel Paul • 13140 **MIRAMAS**

Marie-Line ROBERT (Directrice administrative) • Denis LAROUSSINIE (Adjoint de programmation/communication) • Géraldine BLANCHET (Chargée développement jeune public)

Genre(s) musical(aux) : Divers (jazz, musique classique, opéra, chanson jeune public) • **Capacité** : De 300 à 700 pl. • **Références** : Manu Katché, Dyonisos, « Jazz club au Comoedia » (Miramas) avec Dmitry Baevsky, Fabien Mary, Charlier et Sourisse, Sarah Lenka, Sophie Alour, Eric Legnini, Louis Winsberg Gaël Horellou

THÉÂTRE TOURSKY
✆ **04 91 02 58 35 / 08 20 30 00 33 / 06 18 58 94 18**
fax 04 91 64 15 17 / 04 91 67 12 98
contact@toursky.org • **www.toursky.org**
16 passage Léo Ferré • 13003 **MARSEILLE**

Richard MARTIN (Directeur) • Françoise DELVALEE (Directrice de la communication / administratrice)

Genre(s) musical(aux) : Ts • **Capacité** : 750 pl. • **Références** : Line Renaud, Georges Chelon, Michel Hermon, Hommage à Chopin, Christina Rosmini, Jo Corbeau, festival Mai-diterranée (avec notamment Chante Plume), Guy Bedos, Macha Méril, Michel Jonasz, Pierre Ardity, Audrey Tautou, etc.

L'USINE
✆ **04 42 56 02 21** • fax 04 42 11 88 21
malacarne@scenesetcines.fr • **www.scenesetcines.fr**
Route nationale 569 • Route de Fos • 13800 **ISTRES**

Jean-Marc PAILHOLE (Directeur artistique) • Dorothée GAILLARD (Directrice administrative)

Scènes et Cinés Ouest Provence • **Genre(s) musical(aux)** : Musiques actuelles, jazz, world • **Capacité** : Grande salle (650 à 1 400 pl.), petite (400 pl.) • **Références** : Electro Deluxe, Charlie Winston, Grace, les Tambours du Bronx, Richard Bona, Popa Chubby, Maceo Parker, Buena Vista Social Club, Marcus Miller, Joe Zawinul, Louis Winsberg « Jaleo », etc.

Var

Le CARRÉ STE-MAXIME
✆ **04 94 56 77 77 / 04 94 56 77 65 / 04 94 56 77 54**
carre-communication@ste-maxime.fr • **www.carreleongaumont.com**
107 route du Plan de la Tour • 83120 **STE MAXIME**

Valérie BORONAD (Directrice) • Elodie CONTOUX (Chargée de communication)

Genre(s) musical(aux) : Jazz, chanson, musiques du monde, jeune public • **Capacité** : 485 pl. • **Références** : Jean-Jacques Milteau et les Palata Singers, Queens of Venus/Madday, « Mozart Ellington » par Raphaël Imbert et Nine Spirit Cie, etc.

CNCDC - CHATEAUVALLON

04 94 22 74 00 / 04 94 22 02 02 • fax 04 94 22 74 19
tamet.dir@chateauvallon.com • **www.chateauvallon.com**
BP 118 • 83192 **OLLIOULES CEDEX**

Jean-Luc DELAUNAY (Président) • Christian TAMET (Directeur) • Nathalie ANTON (Directrice adjointe)

Centre national de création et diffusion culitrelles • **Genre(s) musical(aux)** : Tous + Danse contemporaine • **Capacité** : Théâtre couvert (407 pl.), amphithéâtre extérieur (1 170 pl.) • **Références** : Gregory Porter, Emile Parisien et Vincent Peirani, Otis Taylor, Gamblin Jazze De Wide Sextette, Syl Johnson, « Nuits flamenca » (juil.) avec Makarines

ESPACE CULTUREL ANDRÉ MALRAUX

04 94 74 77 79 / 04 94 34 51 97 • fax 04 94 98 00 44
service.culture@mairie-six-fours.fr • **www.espace-malraux.fr**
100 av De Lattre Tassigny • 83140 **SIX FOURS LES PLAGES**

Genre(s) musical(aux) : Musiques actuelles, blues, jazz • **Capacité** : De 200 à 1 300 pl. • **Références** : Orelsan, Camille, Anthony B, Lucky Peterson, Luz Casal, Julien Doré, Revolver, Brad Mehldau, etc.

OMEGA LIVE

04 94 22 66 77 • fax 04 94 22 66 88
zenith.omega@wanadoo.fr • **www.zenith-omega-toulon.com**
Bd Cdt Nicolas • 83000 **TOULON**

Annette CAMUS (Directrice) • Christian OLHARAN (Régisseur)

Genre(s) musical(aux) : Musiques actuelles • **Capacité** : 300 pl. (assis), 680 pl. (debout) • **Références** : Guillaume Perret & The Electric Epic, Charlélie Couture, Sayag Jazz Machine, Erik Truffaz, Silmarils, Squeegee, R. Taha, Cut Killer, Raoul Petite, M'Source, Bénabar, Les Grosses Papilles

THÉÂTRE GEORGES GALLI

04 94 88 53 90 • fax 04 94 88 53 99
accueil.theatre@sanarysurmer.com • **www.sanarysurmer.com**
Rue Raoul Henry • 83110 **SANARY**

Claudine D'ARCO (Administratrice) • Edouard LEPERLIER (Programmateur)

Genre(s) musical(aux) : Jazz, variété, chanson, etc. • **Capacité** : 975 pl. • **Références** : Alain Souchon, Laurent Voulzy, Middle jazz Orchestra « Hommage à Nougaro », Michel Jonasz, Patrice Fiori, « La Leçon de jazz » d'Antoine Hervé, Julien Clerc, « The Night of the Guitars » avec Uli Jon Roth & Stan Skibby, etc. etc. - « Soirée jazz au Petit Galli » (mensuelle) organisée par le Jazz Club de Sanary (responsable : Yves Froment - 06 10 28 89 27) avec Eric Luter, Jazz à Bichon et Daniel Huck, etc.

THÉÂTRE JULES VERNE

04 94 29 12 74 • fax 04 98 03 60 31
julesverne@bandol.org • **www.bandol.fr**
11 rue des écoles • 83150 **BANDOL**

Hugues CORBIERE (Direction)

Genre(s) musical(aux) : Tous dont chanson • **Capacité** : 500 pl. • **Références** : Yannick Noah, Dave, Dany Brillant, Camélia Jordana, Zazie, Grand Corps Malade, Julien Clerc

THÉÂTRES EN DRACÉNIE

04 94 50 59 50
administrations@theatresendracenie.com • **www.theatresendracenie.com**
Bd Georges Clemenceau • 83300 **DRAGUIGNAN**

Odile THIERIOT (Directrice)

Genre(s) musical(aux) : Danse, théâtre et musiques (chanson, jazz), cirque, jeune public, cirque • **Capacité** : 735 pl. • **Références** : Barbara Carlotti, Imany, Youn Sun Nah, Interzone Extended (direction artistique Serge Teyssot Gay), Lo Còr de la Plana + Festival des Musiques Insolentes (oct.) avec Giovanna Marini, Mural, Eric Chenaux et Das Simple, Festival de jazz de Draguignan (déc.) avec Jean-Philippe Scali, David Patrois, Antonio Hart, Awek, Vasti Jackson & McMannus BBB

Vaucluse

AKWABA

04 90 22 55 54
contact@akwaba.coop • **www.akwaba.coop**
500 ch. des Matouses • 84470 **CHATEAUNEUF DE GADAGNE**

Claire GUERIN (Gérante / Programmatrice) • Cécile CHALLAMEL (Communication) • Angelo NIZARD (Régisseur) • Marion DESPLAS (Chargée Action culturelle et jeunesse)

Genre(s) musical(aux) : Musiques actuelles • **Capacité** : 430 pl. (debout), 120 pl. (assis) • **Références** : Svinkels, Hocus Pocus, Susheela Raman, Hugh Coltman, DJ Vadim, U Brown, Punish Yourself, Lofofora, Tété, Antipop Consortium

AUDITORIUM DE VAUCLUSE JEAN MOULIN

04 90 33 97 32 / 04 90 33 96 80 • fax 04 90 33 74 82
info@auditoriumdevaucluse.com • **auditoriumdevaucluse.com**
971 Ch. des Estourans • BP 14 • 84250 **LE THOR**

Raymond DUFFAUT (Directeur général) • Marc MENUGE (Administrateur)

Scène départementale • **Genre(s) musical(aux)** : Pop, rock, blues, classique, etc. • **Capacité** : 635 pl. • **Références** : Ciné-Concert Arfi, Trio Joubran « AsFâr », Paul Personne, Angelo Debarre, Quatuor Caliente, Thomas Dutronc, Charles Pasi, Bill Deraime, etc.

OPERA-THEÂTRE D'AVIGNON ET DES PAYS DE VAUCLUSE

04 90 82 42 42 • fax 04 90 82 81 42
www.operatheatredavignon.fr
1 rue Racine • BP 111 • 84007 **AVIGNON CEDEX 01**

Gérard FACQ (Directeur) • Raymond DUFFAUT (Conseiller artistique)

Genre(s) musical(aux) : Opéra, classique, jazz, variétés • **Capacité** : 1 131 • **Références** : Calogero, Johnny Clegg, Sidney Bechet Memory All Stars, Glenn Miller Memorial Orchestra

THÉATRE DE CAVAILLON

04 90 78 64 60 • fax 04 90 76 22 67
contact@theatredecavaillon.com • **www.theatredecavaillon.com**
Rue du Langedoc • BP 10205 • 84306 **CAVAILLON CEDEX**

Jean-Michel GREMILLET (Directeur) • Magali RICHARD (Administratrice) • Jean-Claude HERBETTE (Responsable de l'information) • David CHAUVET (Secrétaire général)

Scène Nationale de Cavaillon • **Genre(s) musical(aux)** : Théâtre, danse, musiques actuelles, spectacles nomades, musiques du monde • **Capacité** : 500 à 1 000 pl. • **Références** : Tinariwen « Tassili », Kery James, Abd Al Malik, Serge Teyssot-Gay & Khaled Aljaramani, Rodolphe Burger

SALLES DE MOINS DE 400 PLACES

Alpes-de-Haute-Provence

MJC DE MANOSQUE - LE CAFÉ PROVISOIRE

04 92 72 19 70 / 04 92 72 43 08 • fax 04 92 72 65 22
mjc-lecafeprovisoire@wanadoo.fr • **www.mjc-manosque.com**
1 allée de Provence • 04100 **MANOSQUE**

Sébastien TANARI (Responsable / programmateur) • Alice JEAN (Coordinatrice jeunesse) • Jérôme ROUQUETTE (Technicien)

Genre(s) musical(aux) : Musiques actuelles • **Capacité** : 350 pl. (debout) • **Références** : Les Robertes, The Arrs, 9-1pact, Ottilie B, Nell Sin, Melissmell, S'ija, Pockemon Crew, Ministère de la Jeunesse et de la Magouille, Mainomenos, Gojira, Lofofora, Ez3kiel, High Tone, Dominic A, Arthur H, Psy4 de la Rime, Didier Super, la Ruda, Dature, Ultravomit, Nevchehirlian, etc.

Hautes-Alpes

THÉÂTRE DU BRIONÇONNAIS

04 92 25 52 42 • fax 04 92 25 52 44
direction@theatre-du-brianconnais.eu
www.theatre-du-brianconnais.eu
45 av. de la République • 05100 **BRIANCON**

Frank-Eric RETIÈRE (Directeur) • Pascal ESSEAU (Administrateur)

Genre(s) musical(aux) : Musiques du monde, jazz, chanson française, jeune public • **Capacité** : 364 pl. • **Références** : Fantasia Orchestra, Simone Fassari et Camilla Pessi, les Joyeux urbains, Chloé Lacan, Perrine Mansuy, Das Kapital, Boubacar Traoré, Las Hermanas Caronni, Evelyne Girardon

Alpes-Maritimes

MJC PICAUD - LA TANGENTE

04 93 06 29 90 • fax 04 93 99 27 85
programmationmjcpicaud@gmail.com • **www.mjcpicaud.com**
23 av. du Dr Picaud • 06400 **CANNES**

Jean-Luc ABITBOL (Directeur) • Antoine GRILLON (Programmateur)

Genre(s) musical(aux) : Musiques actuelles • **Capacité** : 200 pl. (assis), 350 pl. (deb.) • **Références** : Le Peuple de l'Herbe, Jean-Marc Baccarini, Maniacx, Alain Bédard, Hocus Pocus, Washing Majazzz, Dissonant Nation, Quadricolor, Marion Rampal, Pierre-Jean Gaucher, The Cactus Rodeo, Alexis HK, Neil Cowley, Tribeqa, José Caparros et Jean-Michel Proust, etc.

SALLE STÉPHANE GRAPPELLI

✆ 04 93 53 89 61 / 04 93 53 89 66
pierre.demaria@ville-nice.fr • **www.salle-grappelli-nice.org**
CEDAC de Cimiez • 49 av. de Marne • 06100 **NICE**

Pierre DEMARIA (Directeur artistique)

Genre(s) musical(aux) : Jazz, blues, world • **Capacité** : 300 pl. • **Références** : Joe Lovano, Hidden Orchestra, Viktoria Tostoï, Bill Evans, Mike Mainieri, Robert Glasper, Patrick Rondat, Ravi Coltrane, Jérôme Vinson, etc.

Bouches-du-Rhône

L'AFFRANCHI

✆ 04 91 35 09 19 • fax 04 91 89 44 83
directionmat@gmail.com • **www.l-affranchi.com**
212 bd St Marcel • 13011 **MARSEILLE**

Miloud ARAB-TANI (Directeur) • Fabrice FENECH (Régisseur) • Antonia MADRID (Communication)

Genre(s) musical(aux) : Hip hop, musiques actuelles • **Capacité** : 271 pl. (debout), 130 pl. (assis) • **Références** : IAM, Guru, La Rumeur, Bernard Allison, Salif, Chinese Man, Oxmo Puccino, Abd Al Malik, 3° Oeil, La Caution, Scred Connexion, Medine, Casey, Dub Station, Watcha Clan, Akhenaton & Faf Larage, Aziz Sahmaoui, Alonzo

CARGO DE NUIT

✆ 04 90 49 55 99 • fax 04 90 18 96 19
info@cargodenuit.com • **www.cargodenuit.com**
Association Andromède • 7 av. Sadi Carnot • 13200 **ARLES**

Julien PAULETTO (Programmateur)

Genre(s) musical(aux) : Musiques actuelles • **Capacité** : 350 pl. (debout) • **Références** : Louis Winsberg, Bernard Allison, Electric Empire, Tom McRae, Mike Stern, Didier Lockwood et Alain Caron, Dafuniks, Absynthe Minded, Zoufris Maracas, Naive New Beaters, etc.

CHARLIE FREE - LE MOULIN À JAZZ

✆ 04 42 79 63 60 • fax 04 42 79 63 60
admin@charliefree.com • **www.charliefree.com**
c/o Charlie Free • Domaine de Fontblanche • 13127 **VITROLLES**

Claude GRAVIER (Président) • Aurélien PITAVY (Directeur)

Genre(s) musical(aux) : Jazz, blues • **Capacité** : 90 pl. • **Références** : journal intime + Marc Ducret, Sébastien Llado, Denis Colin & la Société des arpenteurs, « Thisisatrio » avec Pierre de Bethmann, Bruno Chevilon et Franck Vaillant, Quartet Novo, etc. + «Charlie Jazz Festival » (16e édition en juil. 2013)

CITÉ DE LA MUSIQUE (MARSEILLE)

✆ 04 91 39 28 28 • fax 04 91 39 28 39
production@citemusique-marseille.com
www.citemusique-marseille.com
4 rue Bernard du Bois • 13211 **MARSEILLE CEDEX 1**

Eric MICHEL (Directeur) • Michel DUFETEL (Directeur adjoint) • Sylvie YVANEZ (Chargée de communication)

Genre(s) musical(aux) : Jazz, musiques actuelles, musiques traditionnelles et du monde, musique classique et contemporaine • **Capacité** : 210 pl. (Auditorium) • **Références** : La Y Ka, Cheikh Zein Mahmoud, Marén Berg, Cie Montanaro, Marylène Olivier, Fouad Didi, Georges Rocco Sedano, Mezdj, Shelta, World Kora Trio, Paris-Odessa, Aksak, Aline de Lima, Duo Luzi Nascimento, etc.

L'EMBOBINEUSE

✆ 09 50 09 23 62
info@lembobineuse.biz
11 bd Boués • 13003 **MARSEILLE**

Blandine VOINEAU

Genre(s) musical(aux) : Jazz, rock, musiques électroniques, rap, chanson, etc. • **Capacité** : 200 pl.

L'ESCALE - MJC DU PAYS D'AUBAGNE

✆ 04 42 18 17 17 • fax 04 42 18 17 18
yohan.otokpa@mjcaubagne.fr • **www.mjcaubagne.fr**
Les Aires St-Michel • 13400 **AUBAGNE**

Yohan OKTOPA (Directeur) • Nadia ADJEMOUT (Directrice) • Thierry NOYGUES (Directeur artistique)

Genre(s) musical(aux) : Musiques actuelles • **Capacité** : 180 pl. (assis), 300 pl. (debout) • **Références** : Daby Touré avec Sibongile Mbambo, Kabbalah, Sayag Jazz Machine, Max Roméo, Alton Ellis, La Rumeur, KRS One, Tony Touch, Astonvilla, Dupain, Jim Murple Memorial, Jeanne Cherhal, Little Bob, Beverly Jo Scott, Thomas Fersen, etc.

FORUM DES JEUNES ET DE LA CULTURE

✆ 04 42 10 23 60 • fax 04 42 85 03 75
accueil@forumdeberre.com • **www.forumdeberre.com**
Rue Fernand Léger • 13130 **BERRE L'ETANG**

Patrick VEYRON (Programmateur) • Emmanuel BOYER (Régisseur général)

Genre(s) musical(aux) : Ts dont jazz, chanson, musiques du monde, blues • **Capacité** : 140 pl. • **Références** : Big Daddy Wilson, Fatoumata Diawara, World Kora Trio, Renaud Garcia-Fons, Chloé Lacan, Violons Barbares

L'INTERMEDIAIRE

✆ 04 91 47 01 25 / 06 20 72 86 24
contact.intermediaire.live@gmail.com • **www.myspace.com/intermediaire**
63 pl. Jean Jaurès • 13006 **MARSEILLE**

Genre(s) musical(aux) : Reggae, ska, dub, rock, musiques électroniques, chanson, pop, musiques tziganes et occitanes, latino • **Capacité** : 150 pl. (debout), 80 pl. (assis)

JAZZ CONVERGENCES

✆ 04 42 71 81 25 • fax 04 42 08 93 05
jazzconvergences@hotmail.com • **www.jazzconvergences.com**
Maison Des Musiques • Av. Roumanille • Route De Ceyreste
13600 **LA CIOTAT**

Raymond SANIEZ (Président) • Yann LE DISEZ (Trésorier) • Isabelle DAUMAS (Secrétaire)

Genre(s) musical(aux) : Jazz, musiques actuelles (blues, latino américain, brésilien, cajun, country) • **Capacité** : 100 pl. • **Références** : Céline Bonacina, Philippe Petrucciani, Paul Pioli, J.-P. Martinez Trio, Marc Bellion Trio, Manu Aké, Improbable Orchestra, Sérendipity, Kaem Blues Band

Le KORIGAN

✆ 06 50 77 51 77
lekorigan@hotmail.com • **www.lekorigan.com**
2422 av. Fortune Ferini • 13080 **LUYNES**

Ludivine PEREIRA (Responsable)

Genre(s) musical(aux) : Rock, metal, jazz, salsa, hip hop • **Capacité** : 200 pl. • **Références** : Municipal Waste, K2F, Mr Luz, Big Band Jazz, Vomitory

La MACHINE A COUDRE

✆ 04 91 55 62 65 • fax 04 91 55 62 65
machine-a-coudre@club-internet.fr • **www.lamachineacoudre.com**
6 rue Jean Roque • 13001 **MARSEILLE**

Claire PITTE (Responsable)

Genre(s) musical(aux) : Rock, garage, musiques du monde, électro, etc. • **Capacité** : 60 pl. (assis), 120 pl. (debout)

NOMAD'CAFÉ

✆ 04 91 62 49 77 / 06 67 39 83 54 • fax 04 91 62 49 77
info@lenomad.com • **www.lenomad.com**
11 bd de Briançon • 13003 **MARSEILLE**

Medhi HADDJERI (Directeur de la programmation) • Barded HADDJERI (Régisseur)

Genre(s) musical(aux) : Musiques actuelles • **Capacité** : 150 pl. (assises), 300 pl. (debout) • **Références** : Rocé, Batlik, Le mur du son, Daby Touré et Sibongile Mbambo, Bibi Tanga and The Selenites, etc.

Le PARVIS DES ARTS

✆ 04 91 64 06 37
contact@parvisdesarts.com • **parvisdesarts.over-blog.com**
8 rue du Pasteur Heuzé • 13003 **MARSEILLE**

Olivier ARNERA (Coordinateur artistique) • Agnès BERTIN (Directrice administrative) • Benjamin TAVARON (Chargé de communication) • Marie BONNIN (Médiation auprès des publics) • Fabien MASSARD (Régisseur)

Genre(s) musical(aux) : Chanson française • **Capacité** : 88 pl. • **Références** : Chris Gonzalez, Black & White, Gospel Singers, les Palata Singers, Philippe Gareil, Boris & les Quinquaillers, etc.

Le PORTAIL COUCOU

✆ 04 90 56 27 99 • fax 04 90 56 23 12
portail.coucou@free.fr • **www.portail-coucou.com**
160 bd Lamartine • 13300 **SALON DE PROVENCE**

William BALBI (Directeur artistique)

Genre(s) musical(aux) : Musiques actuelles • **Capacité** : 1re salle : 120 pl. (assis), 400 pl. (debout) ; 2e salle café-concert : 60 pl. (assis), 120 pl. (debout) • **Références** : Keny Arkana, Aqme, Mossu T, Hushpuppies, No One Is Innocent, etc.

Le POSTE A GALENE

✆ 04 91 47 57 99 / 09 52 11 12 02 / 04 91 08 44 09
fax 04 91 08 44 09
lionel@leposteagalene.com • **www.leposteagalene.com**
103 rue Ferrari • 13005 **MARSEILLE**

Djamel BETROUNI (Directeur) • Lionel SPIGA (Programmateur)

Genre(s) musical(aux) : Musiques actuelles • **Capacité** : 297 pl. • **Références** : Deportivo, Seth Gueko, Brigitte, Joseph Arthur, James Vincent Mc Morrow, Melissmel, The Jon Spencer Blues Explosion, etc.

SALON DE MUSIQUE

✆ 04 90 53 12 52 • fax 04 90 53 42 36
salondemusique@imfp.fr • **www.imfp.fr**
95 av. Raoul Francou • 13300 **SALON DE PROVENCE**

Gilles LABOUREY (Directeur et programmateur) • Véronique LE MARCHAND (Directrice administrative et financière) • Isabelle TALLET (Communication)

Genre(s) musical(aux) : Jazz • **Capacité** : 150 pl. • **Références** : Olivier Ker Ourio, David Linx, Bob Mintzer, Mario Canonge, Mike Stern, Didier Lockwood, Jonathan Kreisberg, Will Vinson, Gilad Hekselman, etc.

Var

CREP FABRIC'ART

✆ **04 94 24 72 81** • fax 04 94 24 72 97
crepe-fol83@laligue.org • **www.fol83.laligue.org**
68 av. Victor Agostini • 83000 **TOULON**

Mickaël RIOUALEN (Programmateur) • Marc SCUSSEL (Président) • Arnaud SAUVAGEOT (Chargé de communication)

Centre régional d'éducation populaire • **Genre(s) musical(aux)** : Ts • **Capacité** : 120 pl. (assis), 300 pl. (debout) • **Références** : Miossec, Alabina, Cheb Mami, Mysantrope, Faudel, Fabulous Trobadors, Têtes Raides, Mass Hysteria, Les Grosses Papilles, Les Voix Nomades, No More Babylone, Khundalini, César Swing, Raspigaous, Mystik Motorcycles, Rhesus, Tremplin pour groupes emergents

THÉÂTRE DU ROCHER

✆ **04 94 08 99 34** • fax 04 94 08 99 09
le-rocher@ville-lagarde.fr • **www.ville-lagarde.fr**
Service culturel • 8 place de la république • 83130 **LA GARDE**

Cyril HAUTCOEUR (Programmateur jeune public) • Nadine AGIN (Chef de service / programmatrice tout public)

Genre(s) musical(aux) : Chanson, musiques du monde, pop, rock, blues • **Capacité** : 150 pl. • **Références** : Cheikh Zein Mahmoud et l'Ensemble Al Masri, Keith B. Brown, Marc Perrone, Gaby Moréno, N'Relax, forum des musiques actuelles (nov.), Marcel Boungou etc.

Vaucluse

AJMI

✆ **04 90 86 08 61**
info@jazzalajmi.com • **www.jazzalajmi.com**
La Manutention • 4 rue des Escaliers Ste-Anne • 84000 **AVIGNON**

Jean-Paul RICARD (Président) • Pierre VILLERET (Directeur artistique) • Aurore DUPREY (Chargée de l'information)

Association pour le jazz et les musiques improvisées • **Genre(s) musical(aux)** : Jazz contemporain, musiques improvisées • **Capacité** : 150 pl. • **Références** : Sylvia Versini, Sylvain Cathala, Raphaël Imbert, Jérôme Sabbagh/Ben Monder/Daniel Humair, Louis Sclavis, Vincent Mondy, MeTaL-O-PHoNe, François Corneloup, Claude Tchamitchian, etc. + en juil. 2013 « Têtes de jazz ! : le Rendez-vous jazz d'Avignon » (concerts, ciné-concerts, rencontres et débats)

La GARE

✆ **04 90 76 84 38** • fax 04 90 76 77 99
prog@aveclagare.org • **www.aveclagare.org**
C/o Association Avec • 105 quai des entreprises Coustellet
84660 **MAUBEC**

Stéphane SOLER (Directeur) • Bertrand BIENNIER (Programmateur)

Genre(s) musical(aux) : Musiques actuelles • **Capacité** : 120 pl. (assis), 280 pl. (debout) • **Références** : The Ex, Fantazio, Nosfell, Dgiz, Bams, Salem tradition, Loïc Lantoine, David Lafore, Pusse, Double Nelson, Dupain, Mell, « festival » (dernier WE de juin)

Les PASSAGERS DU ZINC

✆ **04 90 89 45 49** • fax 04 90 89 30 77
info@passagersduzinc.com • **www.passagersduzinc.com**
c/o Des Deux Mains • 23 route de Montfavet • 84000 **AVIGNON**

Pierrot CHAIX (Codirecteur / programmateur) • Gilles SINGEOT (Codirecteur) • Gael MAITREHEU (Chargé de production communication) • Jean BECKERICH (Chargé de diffusion)

Genre(s) musical(aux) : Musiques actuelles • **Capacité** : 350 pl. • **Références** : Rodrigo y Gabriela, Dj Krush, Sanseverino, Zone Libre vs Casey & B. James, Israël Vibration, CQMD, La Ruda, La Rue Kétanou, Revolver, Cali, Aqme, Aaron, Yaël Naim, Birdy Nam Nam...

RHÔNE-ALPES

SALLES DE PLUS DE 1200 PLACES

Ardèche

ESPACE MONTGOLFIER

✆ **04 75 33 12 12** • fax 04 75 34 16 43
programmation@cocoba.fr • **millepattes.cocoba.fr**
327 rue des Patureaux • 07430 **DAVEZIEUX**

Claude FALLIGAN (Directeur) • Lise DEVAUD (Administration)

Genre(s) musical(aux) : Chanson, musique du monde, jeune public, danse, théâtre • **Capacité** : 600 pl. • **Références** : Movin' Melvin Brown, Dick Anngard, Renata Rosa 5et, Emily Loizeau, Sanseverino, Big Band(s), Didier Lockwood « Le jazz et la Diva Opus II », Mayra Andrade

Isère

MC2- MAISON DE LA CULTURE DE GRENOBLE

✆ **04 76 00 79 00 / 04 76 00 79 79** • fax 04 76 00 01 01
geraldine.garin@mc2grenoble.fr • **www.mc2grenoble.fr**
4 rue Paul Claudel • B.P. 2448 • 38034 **GRENOBLE CEDEX 2**

Jean-Paul ANGOT (Directeur) • Aurelie REGUILLON (Secrétaire de direction) • Marie-Anne ROSSET (Administratrice générale) • Jean-Luc TORANT (Directeur technique) • Sylvie LATAT (Communication) • Géraldine GARIN (Secrétaire générale)

Genre(s) musical(aux) : Jazz, world, musique électronique contemporaine et classique • **Capacité** : Auditorium (998 pl.), grande salle (1 050 pl.) petite salle de (250 pl.) • **Références** : Kenny Werner Quintet - Featuring Randy Brecker & Benjamin Koppel, El Gusto, Jane Birkin, Joshua Redman, Izia, Térez Montcalm, Antoine Hervé Leçon de jazz (Dave Brubeck, Chick Corea), Arhur H, Henri Texier « Nord-Sud Quintet », Bojan Z, Oxmo Puccino, Laurent Dehors « Une petite histoire de l'opéra », Vincent Delerm, « Les Détours de Babel » (avril) avec Pierre Henry, Charles Lloyd & Maria Farantouri

Le SUMMUM

✆ **04 76 39 66 00** • fax 04 76 09 36 48
info@alpexpo.com • **www.alpexpo.com**
Alpexpo • 1 av. d'Innsbrück • BP 2408 • 38034 **GRENOBLE CEDEX 2**

Catherine CALMEZ (Directrice générale / mandataire social) • Christine GARCIA (Coordinatrice logistique)

Genre(s) musical(aux) : Ts + humour, spectacles pour enfants, etc. • **Capacité** : 1000, 2000 ou 3000 pl. (assis), 2300, 3600 ou 5000 pl. (assis/debout) • **Références** : Jacques Dutronc, Christophe Maé, Calogéro, Rodrigo Y Gabriela, Eddy Michell, Ben l'Oncle Soul, Joan Baez, Soprano, Cali, Jean-Louis Aubert, Charles Aznavour, Zaz

Loire

ZENITH ST ETIENNE

✆ **04 77 20 07 07** • fax 04 77 20 07 08
adm@zenith-ste.com • **www.zenith-saint-etienne.fr**
46 rue des Acières • BP 40704 • 42950 **ST ETIENNE CEDEX 1**

Lydie PRADAL (Gérante) • Sylvie LIOGIER (Directrice)

Genre(s) musical(aux) : Ts • **Capacité** : Jusqu'à 7200 pl. (assis/debout) • **Références** : Charles Aznavour, Grégoire, Soprano, Sexion d'Assaut, Stromae, BB Brunes, Aaron, Daphné, Zaz, Thomas Fersen, Bernard Lavilliers, Jean-Louis Aubert, Dub Inc., Jean-Michel Jarre, Y. Noah, Roberto Alagna, Michel Sardou, Chantal Goya, etc.

Rhône

AUDITORIUM DE LYON

✆ **04 78 95 95 00** • fax 04 78 60 13 08
onl@mairie-lyon.fr • **www.auditorium-lyon.com**
84 rue de Bonnel • 69431 **LYON CEDEX 3**

Jean-Marc BADOR (Directeur général) • Leonard JLATKIN (Directeur de la musique) • Gilbert BLANC (Administration) • Marie-Marc BONNEVIALE (Attachée de presse)

Genre(s) musical(aux) : Tous • **Capacité** : 1295 à 2090 pl. • **Références** : Jazz (en partenariat avec Jazz à Vienne : « Remember shakti » avec John McLaughlin et Zakir Hussain, « Pierre et le Loup... et le jazz » de The Amazing Keystone Big Band, « Shadow Theater » de Tigran Hamasyan avec Erik Truffaz et Elby de Fowatile, Brad Mehldau Trio, « I got rhythm » (pièces de John Adams, George Gershwin et Béla Bartók), Wayne Shorter Quartet

HALLE TONY GARNIER

✆ **04 72 76 85 85** • fax 04 78 72 37 07
htg@halle-tony-garnier.com • **www.halle-tony-garnier.fr**
20 pl. Docteurs Charles et Christophe Mérieux • 69363 **LYON CEDEX 7**

Thierry TEODORI (Directeur général)

Genre(s) musical(aux) : Ts • **Capacité** : 17000 pl. (différentes possibilités) • **Références** : Shakira, Lady Gaga, Gossip, Arcade Fire, Bharati, M, Mozart l'Opera Rock, Laurent Gerra, Yannick Noah, Jamiroquaï, Indochine, Rihanna, Milene Farmer, C2C, etc.

Le TRANSBORDEUR

✆ **04 78 93 08 33** • fax 04 78 93 01 92
infos@transbordeur.fr • **www.transbordeur.fr**
c/o Transmission • 3 bd de la Bataille de Stalingrad
69100 **VILLEURBANNE**

Cyrille BONIN (Directeur) • David FONTAINE (Adjoint de direction) • Stephan ROCHER (Directeur technique) • François ARQUILLÈRE (Directeur de la communication) • Céline MONTANGERAND (Administration)

Genre(s) musical(aux) : Ts • **Capacité** : 1799 pl. debout (différentes formules possibles dont tout assis) • **Références** : Patti Smith, MGMT, Agoria, La Fouine, The Kills, Wu-Tang Clan, Aloe Blacc, Massilia sound system, Gaëtan Roussel, Booba, Mogwai, 30 seconds to Mars, etc.

Savoie

Le PHARE

✆ **04 79 60 13 13** • fax 04 79 28 71 79
info@le-phare.fr • **www.le-phare-chambery-metropole.fr**
800 av. du Grand Ariétaz • 73000 **CHAMBERY**
Karim RAMRANI (Directeur)

Genre(s) musical(aux) : Variétés, rock, humour, etc. • **Capacité** : 1 500 à 6 000 pl. • **Références** : Yannick Noah, Michel Sardou, Bernard Lavilliers, Eddy Mitchell, M, Jean-Louis Aubert, Florence Foresti, Julien Clerc, Indochine, Scorpions, Lac des Cygnes, etc.

SALLES DE 400 À 1 200 PLACES

Ain

L'ALLEGRO

✆ **04 78 55 80 20** • fax 04 78 55 62 54
allegro@free.fr • **allegro.free.fr**
c/o Office culturel de Miribel • Pl. de la République • 01700 **MIRIBEL**
Stéphanie LEDJAM (Directrice artistique)

Genre(s) musical(aux) : Chanson, musiques du monde, jeune public, théâtre, danse • **Capacité** : 272 et 700 pl. assises • **Références** : Marianne Faithfull, Sophia Charaï, Alina Orlova, Eric Bibb, Juliette, Souad Massi

ANIMATION JEUNESSE ET CULTURE DE THOISSEY

✆ **04 74 04 02 57** • fax 04 74 69 78 94
culture.ajc@orange.fr • **www.mjc-thoissey.fr**
Secteur culture • 2 rue de la Grande Mademoiselle • 01140 **THOISSEY**
Martine PHILIPPON (Responsable secteur culture)

Genre(s) musical(aux) : Jazz, theatre et spectacles enfants • **Capacité** : 1 200 pl. + 200 pl. (assis)

L'ESPLANADE DU LAC

✆ **04 50 99 17 70** • fax 04 50 99 17 71
infos.esplanade@divonne.fr • **www.esplanadedulac.fr**
181 av. de la Plage • 01220 **DIVONNE LES BAINS**
Dominique CHENILLOT (Directrice)

Genre(s) musical(aux) : Tous dont jazz, chanson • **Capacité** : 498 pl. assises, 1 000 pl. debout et 100 pl. en petite forme • **Références** : 201-13 : Le trio Jourban (dans le cadre du festival Jazzcontreband) + en sep. « Monts Jura Jazz Festival » avec Didier Lockwood, Charlier-Sourisse, David Reinhard, Swing de Fou, Doodlin'

L'INTEGRAL

✆ **04 79 42 31 88** • fax 04 79 42 31 80
lintegral@belley.fr • **www.lintegral.belley.fr**
422 av. Hoff • 01300 **BELLEY**
Daniel PONCY (Directeur)

Genre(s) musical(aux) : Chanson, variété, jazz, théâtre, danse, jeune public, humour, musique classique • **Capacité** : 720 pl. assises • **Références** : J.-L. Aubert, Raphaël, Les Ogres de Barback, Grand Corps Malade, Michaël Gregorio, Isabelle Boulay, Jane Birkin

La TANNERIE

✆ **04 74 21 04 55 / 04 74 21 99 22** • fax 04 74 21 97 86
progtannerie@la-tannerie.com • **www.la-tannerie.com**
c/o La Truffe et les Oreilles • 123 pl. de la Vinaigrerie
01000 **BOURG EN BRESSE**
Gilles GARRIGOS (Directeur) • Ann HUITON (Programmatrice) • David PILLON (Régisseur général)

Genre(s) musical(aux) : Musiques actuelles • **Capacité** : 550 pl. ou 200 pl. (assis) • **Références** : The Datsun's, Brain Damage, Lo'Jo, Zero Absolu, Tasmaniac, Koumakiam, etc.

THÉÂTRE DE BOURG-EN-BRESSE

✆ **04 74 50 40 00 / 04 74 50 40 07** • fax 04 74 22 49 66
info@theatre-bourg.com • **www.theatre-bourg.com**
11 pl. de la Grennette • BP 146 • 01004 **BOURG EN BRESSE**
Wilfrid CHARLES (Directeur / programmateur) • Eric CHEVALLIER (Programmateur chanson, cirque, humour) • Marie-Line LACHASSAGNE (Programmatrice Jeune Public)

Genre(s) musical(aux) : Ts • **Capacité** : Théâtre (599 pl.), petite salle (140 pl.) • **Références** : Baptiste Trotignon, Sophie Alour, Pierrejean Gaucher « Melody Makers », Pierre de Bethmann, Miossec, Les Frères Guissét, Patrick Bebey, Daphné, Alina Orlova, Beautiful Djazaïr, etc.

Ardèche

THÉÂTRE DE PRIVAS

✆ **04 75 64 62 00 / 04 75 64 93 39** • fax 04 75 64 35 10
theatredeprivas@theatredeprivas.com • **www.theatredeprivas.com**
Pl. André Malraux • BP 623 • 07006 **PRIVAS CEDEX**
Dominique LARDENOIS (Directeur) • Françoise RIDET (Directrice adjointe) • Laurent DUMONT (Directeur technique)

Genre(s) musical(aux) : Ts • **Capacité** : 802 pl. • **Références** : Rokia Traore, Emily Loizeau, « De l'Afrique au Blues » avec Boubacar Traoré, Maurice John Vaughn et les Chicago Blues Ambassadors, Amélie-les-crayons, Cali, Corneille, Jacques Higelin, Juliette, William Sheller, etc.

Drôme

AUDITORIUM MICHEL PETRUCCIANI

✆ **04 75 54 35 82**
dac@mairie-montelimar.fr • **www.montelimar-sesame.com**
Direction de l'animation culurelle • Maison des services publics
1 av. Saint Martin • 26200 **MONTELIMAR**
Laure AYEL (Directrice)

Genre(s) musical(aux) : Chanson, jazz, world, etc. • **Capacité** : 450 pl. • **Références** : Gregory Porter, Soweto Spiritual Singers, André Manoukian, Angélique Ionatos, etc.

Le TRAIN THÉÂTRE

✆ **04 75 57 14 55 / 04 75 57 85 42** • fax 04 75 57 14 50
direction@train-theatre.fr • **www.train-theatre.fr**
1 rue Aragon • BP 47 • 26800 **PORTES LES VALENCE**
Luc SOTIRAS (Directeur) • Boris GOBY (Administrateur) • Isabelle BLACHON (Communication) • Francoise CHRISTOPHE (Régisseur)

Genre(s) musical(aux) : Musiques actuelles, blues, jazz, chanson, musiques du monde, cirque contemporain • **Capacité** : Théâtre (445 pl.), club (110 pl.) • **Références** : Barbar Carlotti, Miossec, Amélieles Crayons, Tcheka, Marchel Kanche, la Grande Sophie, Barcella, Lisa Portelli, Raul Paz, Dominique A, Emily Loizeau, Carmen Maria Vega, etc.

Isère

Les ABATTOIRS

✆ **04 74 19 14 20** • fax 04 74 18 08 30
contact(@)lesabattoirs.fr • **www.lesabattoirs.fr**
18 route de l'Isle d'Abeau • 38300 **BOURGOIN JALLIEU**
José MOLINA (Directeur) • Francis DEBARRE (Administrateur) • Arthur LORELLA (Communication) • Thierry BICHASCLE (Régisseur général) • Clément LAVITOLA (Chargé de diffusion / assistant de communication) • Marion PETEY (Accueil) • Fabien SALZI (Régisseur des studios) • Dorine DZYCZKO (Chargée de production et de l'action culturelle)

Genre(s) musical(aux) : Ttes les musiques actuelles et Festival Electrochoc • **Capacité** : 550 pl. + Art-Battoir Kfé (apéros-concerts, expos, scène slam, etc.) • **Références** : Eiffel, Dr Feelgood, La Rumeur, Zebda, Infesticon, The Bellrays, Didier Wampas, Magma, Tinariwen, etc.

Le GRAND ANGLE

✆ **04 76 65 64 64** • fax 04 76 67 00 26
grand.angle.voiron@ville-voiron.fr • **www.le-grand-angle.fr**
Rue du Moulinet • BP 268 • 38507 **VOIRON CEDEX**
Janine GOUBET (Directrice) • Denis PRUD'HOMME (Régisseur général)

Scène Rhône-Alpes/Voiron • **Genre(s) musical(aux)** : Tous • **Capacité** : de 300 à 2 400 pl. • **Références** : Denis Charolles et la Cie des Musiques à Ouïr « Duke et Thelonious », Irish Celtic, etc.

L'HEURE BLEUE

✆ **04 76 54 21 58** • fax 04 76 44 17 72
agnes.villard@ville-st-martin-dheres.fr • **www.smh-heurebleue.fr**
Service spectacle vivant • 33 av. Ambroise Croizat • 38400 **ST MARTIN D'HERES**
Charles QUENARD (Directeur) • Vincent VILLENAVE (Directeur artistique) • Hakim KHELIFI (Administrateur) • Agnès VILLARD (Relations publiques et communication)

Genre(s) musical(aux) : Chanson, jazz, musiques du monde, jeune public • **Capacité** : 566 à 1 400 pl. • **Références** : Slonovski bal Mazalda Turbo Clap Station, Emily Loizeau, Juan de Lerida, Carina Salvado, Morabeza Project, Daby Touré, Erol Josué

HEXAGONE SCÈNE

✆ **04 76 90 00 45 / 04 76 90 09 80** • fax 04 76 41 04 49
prog@theatre-hexagone.eu • **www.theatre-hexagone.eu**
24 rue des Aiguinards • 38240 **MEYLAN**
Antoine CONJARD (Directeur) • Thomas VASSEUR (Administrateur) • Eliane SAUSSE (Secrétaire générale) • Cécile GUIGNARD (Directrice RP et communication) • Thomas LE DOARÉ (Directeur technique)

Scène nationale de Meylan • **Genre(s) musical(aux)** : Chanson, musiques du monde, jazz • **Capacité** : 520 pl. • **Références** : Michel Portal/ Bernard Lubat, Sylvain Luc, Emel Mathlouthi, Médéric Collignon, Norvegian Soul Connection Set Acoustique, etc.

MIXLAB
✆ **09 54 35 86 45**
contact@mixlab-grenoble.com
12 rue Léon Sestier • 38000 **GRENOBLE**
Alban SAUCE (Administrateur) • Olivier DAHLER (Programmateur) • Pascal AUCLAIR (Conseiller technique) • Frédéric LAPIERRE (Responsable administratif) • William OSTORERO VINCI (Conseiller technique)
Genre(s) musical(aux) : Rock, chanson, hip hop, musiques électroniques, etc. • **Capacité** : 900 pl.

La RAMPE-LA PONATIÈRE
✆ **04 76 40 83 00** • fax 04 76 40 42 84
larampe@ville-echirolles.fr • **www.larampe-echirolles.fr**
15 av. du 8 mai 1945 • BP 287 • 38434 **ECHIROLLES CEDEX**
Jacky ROCHER (Directeur)
Genre(s) musical(aux) : Chanson, musiques du monde, jazz • **Capacité** : 2 salles (La Ponatière : 170 pl.) • **Références** : Richard Galliano « Hommage à Nino Rota », Rodolphe Burger « Le Cantique des cantiques & Hommage à Mahmoud Darwich », Staff Benda Bilili-La, La Marmite Infernale/ARFI, Carmen Maria Vega, etc.

La SOURCE
✆ **04 76 28 76 76** • fax 04 57 38 50 21
lasource@ville-fontaine.fr • **www.lasource-fontaine.eu**
38 av. Lénine • 38600 **FONTAINE**
Jean-François BRAUN (Directeur) • Jean-Philippe SÉCHAUD (Administrateur)
Genre(s) musical(aux) : Musiques amplifiées, chanson, jazz et musiques du monde • **Capacité** : 110 pl. (Auditorium), 230 pl. (Ampli), 400 à 600 pl. (Grande salle) • **Références** : Guillaume Perret & the Electric Epic, Eric Legnini, Lunatic Toys, BodyBeat, The Tin Men, Yom, Zozophonic Orchestra, Dominique A, Lo'Jo, Johnny Winter, Tété, Renato Rosa, Tambours du Burundi, Hugh Coltman, The Hyènes, etc.

Loire

Le FIL
✆ **04 77 34 46 40** • fax 04 77 01 05 41
contact@le-fil.com • **www.le-fil.com**
Olivier COLIN (Directeur) • Nicolas HOSTE (Directeur technique) • Thierry PILAT (Programmateur) • Sandrine BRUNETON (Chargée de communication) • Julie MAURICE (Coresponsable administration) • Lucie BERLIER (Coresponsable administration)
Genre(s) musical(aux) : Musiques actuelles • **Capacité** : 400 à 1 200 pl. modulables, club de 250 pl. • **Références** : HF Tiefaine, C2C, General Elektriks etc

L'OPÉRA THÉÂTRE DE SAINT-ÉTIENNE
✆ **04 77 47 83 40 / 04 77 47 83 47** • fax 04 77 47 83 69
operatheatre@saint-etienne.fr • **www.operatheatredesaintetienne.fr**
Jardin des Plantes • BP 237 • 42013 **ST ETIENNE CEDEX 2**
Vincent BERGEOT (Directeur)
Genre(s) musical(aux) : Orchestre symphonique, musique de chambre, opéra, jeune public, danse • **Capacité** : 1 210 pl. (Grand Théâtre Massenet), 330 pl. (Théâtre Copeau)

SALLE DU GRAND MARAIS
✆ **04 77 72 53 74**
www.riorges.fr
439 av. Galliéni • 42153 **RIORGES**

SALLE JEANNE D'ARC
✆ **04 77 25 01 13** • fax 04 77 41 32 34
marc@paroles-et-musiques.net • **www.paroles-et-musiques.net**
16 rue Jean-Claude Tissot • 42000 **ST ETIENNE**
Marc JAVELLE (Directeur)
Genre(s) musical(aux) : Divers • **Capacité** : 650 pl. • **Références** : Têtes Raides, Bénabar, La Tordue, Mano Solo, Allain Leprest, Dionysos, Paris Combo, Richard Desjardins, Philippe Forcioli, Fabulous Trobadors, Wriggles, Dezoriental, Mickey 3D, Hurlements d'Léo, Festival « Paroles et Musiques »

THÉÂTRE DES PÉNITENTS
✆ **04 77 96 39 16 / 04 77 96 39 12** • fax 04 77 96 39 48
culture@ville-montbrison.fr • **www.theatredespenitents.fr**
Pl. des Pénitents • 42600 **MONTBRISON**
Dominique CAMARD (Directeur) • Nathalie VIALARON (Chargée des relations publiques)
Genre(s) musical(aux) : Chanson, jazz, world, théâtre, jeune public • **Capacité** : 230 pl. (assis) • **Références** : Marcel Kanche & I.Overdrive trio interprètent Léo Ferré, Hubert Mounier et Jérome Van Den Hole, festival « Les Poly'sons de Montbrison » (fev.), « Jazz à Montbrison » (mars)

Rhône

AMPHITHÉÂTRE CULTUREL
✆ **04 78 77 23 10** • fax 04 78 77 24 27
culture@univ-lyon2.fr • **www.univ-lyon2.fr**
c/o Université Lumière Lyon 2 • 5 av. Pierre Mendès-France
69676 **BRON CEDEX**
Patrice CHARAVEL (Directeur du service culturel)
Genre(s) musical(aux) : Tous • **Capacité** : 430 pl. • **Références** : Ensemble Orchestral Contemporain, Orchestre National de Lyon, Flying Spoons, High Tone, Evil Flowers, Equinoxe trio

L'AQUEDUC
✆ **04 78 35 98 03**
aqueduc@mairie-dardilly.fr • **www.mairie-dardilly.fr**
1 ch. de la Liasse • 69570 **DARDILLY**
Yannick ROCHE (Directeur) • Emilie MAURENCE (Communication)
Genre(s) musical(aux) : Chanson, jazz, pop, musiques du monde • **Capacité** : 600 pl. debout, 310 pl. assis • **Références** : Barcella, L, Luce, Pokemon Crew, Alex Lutz, etc.

CCO
✆ **04 78 93 41 44** • fax 04 78 93 49 11
cco@cco-villeurbanne.org • **www.cco-villeurbanne.org**
39 rue Georges Courteline • 69100 **VILLEURBANNE**
Fernanda LEITE (Directrice) • David CHEVALLIER (Président)
Genre(s) musical(aux) : Ts + théâtre, etc. • **Capacité** : 600 pl. (debout), 200 pl. (assis) • **Références** : La Ruda, Mine de Rien, Reperkusoun#6 Warm Up, The Abyssinians, The Congos, The Mighty Lions, Le Bal des Enragés, Mononc Serge, Anonymus, Loudblast, Cnk, Destinity, Stoneburst, 314 Poject, Le Hurlements d'Leo, Emzel Café, Serenity, Burning Heads, Ta Gueule, Deicide, Belphegor, Hour of Penance, The Amenta, etc.

CENTRE CULTUREL CHARLIE CHAPLIN
✆ **04 72 64 81 18 / 04 72 04 81 19** • fax 04 72 04 37 03
chaplin@centrecharliechaplin.com • **www.centrecharliechaplin.com**
Pl. de la Nation • 69120 **VAULX EN VELIN**
Marc MASSON (Directeur) • Bernard FONTAINE (Chargé de communication) • Gérard TEILHOL (Directeur technique)
Genre(s) musical(aux) : Jazz, variété, théâtre, danse • **Références** : Charly Chanteur, F. le Gaucher, Dominique A, Claire Diterzi, Karimouche, Mazalda, « A Vaulx Jazz » (mars) avec Youn Sun Nah, Richard Galliano, etc.

L'EPICERIE MODERNE
✆ **04 72 89 98 70**
contact@epiceriemoderne.com • **www.epiceriemoderne.com**
Centre Léonard de Vinci • Pl. René Lescot • 69320 **FEYZIN**
Sophie BROYER (Directrice programmatrice) • Karine FAGE (Relation avec les publics, action culturelle) • Amélie CHABANIS (Communication) • Damien DEBARD (Administrateur programmateur) • Pauline PASQUIER (Accueil / production / accompagnement)
Genre(s) musical(aux) : Voix, jazz, chanson, pop, rock, soul, hip hop, musiques du monde • **Capacité** : 450 pl. assises, 750 pl. debout • **Références** : Tindersticks, Calexico, Shellac, Notwist, DJ Krush, Dominique A, The Melvins, Wu Lyf, Bonnie Prince Billy, etc.

ESPACE ALBERT CAMUS
✆ **04 72 14 63 40** • fax 04 78 41 07 99
info@albertcamus-bron.fr • **www.albertcamus-bron.fr**
1 rue Maryse Bastié • 69500 **BRON**
Martine CHEVALIER (Directrice) • Yorgös TAMBAKTIS (Directeur technique)
Genre(s) musical(aux) : Jazz, variété, world, jeune public, classique • **Capacité** : 500 pl. • **Références** : Yasmin Levy, Cáceres, Grand Corps Malade, Renan Luce, Susheela Raman, Quatuor Debussy, Camerata du Rhône, etc.

NINKASI - SALLE DU KAO
✆ **04 72 76 52 35** • fax 04 72 76 89 01
fabien.hyvernaud@ninkasi.fr • **www.ninkasi.fr**
267 rue Marcel Merieux • 69007 **LYON**
Fabien HYVERNAUD (Attaché de production) • Jérôme BESSE (Directeur technique)
Genre(s) musical(aux) : Ts styles • **Capacité** : 600 pl. • **Références** : MGMT, Adam Beyer, James Holder, Xzibit, The Horrors, Bernhoft

Le POLARIS
✆ **04 72 51 45 55** • fax 04 72 50 84 82
lepolaris@lepolaris.org • **www.lepolaris.org**
5 av. de Corbetta • 69960 **CORBAS**
Odile GROSLON (Directrice) • Luc SCHMITT (Régisseur général) • Dominique VALENTIN (Administratrice)
Genre(s) musical(aux) : Variété, jazz, classique, musiques du monde • **Capacité** : 240 à 450 pl. • **Références** : Karimouche, Piers Faccini, Tram des Balkans, Florent Marchet, Thomas Fersen, Synaxis, Jean-Louis Murat, Bénabar, Samarabalouf

Le **RADIANT- ESPACE CULTUREL BERLIOZ**
✆ **04 72 27 45 20 / 04 78 23 84 02** • fax 04 72 27 45 21
administration@leradiant.com • **www.leradiant.com**
1 rue Jean Moulin • BP 45 • 69642 **CALUIRE CEDEX**

Alain GUIPONT (Directeur) • Alain DURET (Administrateur Secteur des musiques actuelles) • André VANNI (Directeur technique)

Genre(s) musical(aux) : Jazz, musiques du monde, chanson française • **Capacité** : De 400 à 1 100 pl., et une salle de 100 pl. • **Références** : Céline Bonacina, Youn Sun Nah, Bob Brozman, Gillie Mc Pherson, Wally, Michel Hermon, Claudine Lebègue, Jeanne Garraud, Cyril Romoli, Chanson plus bifluorée

RHÔNE ALPES STUDIOS
✆ **04 72 98 08 98** • fax 04 72 98 08 99
s.tachon@rhone-alpes-studios.fr • **www.rhone-alpes-studios.fr**
24 rue Emile Decorps • 69100 **VILLEURBANNE**

Serge TACHON (Directeur)

Genre(s) musical(aux) : Jazz, musiques actuelles • **Capacité** : 400 à 600 pl. • **Références** : Belmondo « Hymne au soleil », Larry Coryell, E.S.T. Trio, NoJazz, Medeski, Martin & Wood, etc.

Le **SUCRE**
contact@culture-next.com • **www.le-sucre.eu**
Toit panoramique de la Sucrière • 50 quai Rambaud • 69002 **LYON**

Vincent CARRY (Directeur artistique) • Cédrick DUJARDIN (Directeur) • Matthieu GALLET (Contenus et communication)

Genre(s) musical(aux) : Musiques électroniques, pop, rock, hip hop • **Capacité** : 800 pl.

THÉÂTRE DE L'ATRIUM
✆ **04 78 34 70 07** • fax 04 78 34 73 70
atrium@villetassinlademilune.fr • **www.tassinlademilune.fr**
Mairie • Pl. Péragut • 69160 **TASSIN LA DEMI LUNE**

Amélie CHARVIER (Responsable) • Sylvaine BOISSON (Chargée des relations publiques)

Genre(s) musical(aux) : Chanson, jazz, musiques traditionnelles, classique et contemporaine + théâtre • **Capacité** : Amphithéâtre (139 pl.), grande salle (245 à 500 pl.) • **Références** : Juan Carmona, Trio de Bubar, etc.

THÉÂTRE DE VENISSIEUX
✆ **04 72 90 86 60 / 04 72 90 86 68** • fax 04 72 90 86 69
contact@theatre-venissieux.fr • **www.theatre-venissieux.fr**
8 bd Laurent Gérin • BP 209 • 69631 **VENISSIEUX CEDEX**

Françoise POUZACHE (Directrice) • Sébastien DUENAS (Administration)

Scène régionale Rhône-Alpes • **Genre(s) musical(aux)** : Tous • **Capacité** : 580 pl. • **Références** : Rodolphe Burger avec « Cantique et des cantiques », Olivier Ker Ourio avec « Magic Tree », l'Ensemble OpCit avec « Concert en situation irrégulière », Emilie Loizeau « Mothers and tygers », Arno « Future vintage », etc.

THÉÂTRE DE VILLEFRANCHE
✆ **04 74 65 15 40 / 04 74 68 02 89** • fax 04 74 60 04 38
theatre@theatredevillefranche.asso.fr
www.theatredevillefranche.asso.fr
Pl. des Arts • CS 90301 • 69665 **VILLEFRANCHE SUR SAONE CEDEX**

Alain MOREAU (Directeur programmateur) • Juliette LASSARD (Directrice de la communication et relations publiques) • Claire CATTA (Administratrice)

Genre(s) musical(aux) : Jazz, musiques du monde, musique classique, musique contemporaine, chanson • **Capacité** : 700 pl. • **Références** : Thiefaine, Cali, Sanseverino, Vincent Delerm, Yaron Herman, Nouvelles Voix en Beaujolais (nov.), Jane Birkin, Grand Corps Malade, Laïka Fatien, Pierre Lapointe

Théâtre **THÉO ARGENCE**
✆ **04 78 20 02 50** • fax 04 78 20 90 31
acourel@mairie-saint-priest.fr
www.theatretheoargence-saint-priest.fr
Pl. Ferdinand Buisson • 69800 **ST PRIEST**

Anne COUREL (Directrice) • Brigitte KLÉPAL MOREL (Responsable de la communication)

Genre(s) musical(aux) : Chanson, musiques du monde, etc. • **Capacité** : 670 pl. + petite salle (- de 100 pl.) pour le théâtre et les jeunes artistes • **Références** : Trio Joubran, J. Garraud, L. Cherhal et B. Paulin, Kery James, La Grande Sophie, Zèbre à trois, Samuel Gallet « Erold et No Mad ? »

Le **TOBOGGAN**
✆ **04 72 93 30 00 / 04 72 33 30 07** • fax 04 72 93 30 01
letoboggan@letoboggan.com • **www.letoboggan.com**
14 av. Jean Macé • BP 274 • 69150 **DECINES CHARPIEU**

Jean-Paul BOUVET (Directeur artistique) • Valérie CHASSIGNOL (Administratrice) • Catherine QUIBLIER (Chargée de communication)

Genre(s) musical(aux) : Musiques traditionnelles, musique du monde, chanson • **Capacité** : 652 pl. sur gradins, 1 000pl. assis/debout, 1 500 pl. debout • **Références** : Christian Esoudé joue Brassens, Irma, Les Sea Girls, Izia, Caravan Palace, Mariana Ramos, Karim Baggili et Les Doigts de l'Homme, Susheela Raman, etc.

Savoie

Le **DOME THÉÂTRE**
✆ **04 79 10 44 88** • fax 04 79 10 44 89
administration@dometheatre.com • **www.dometheatre.com**
135 pl. de l'Europe • BP 181 • 73276 **ALBERTVILLE CEDEX**

Didier LE CORRE (Directeur) • Dominique BERNARD (Directeur technique)

Genre(s) musical(aux) : Jazz, variété, musiques du monde, danse hip hop, contemporaine • **Capacité** : 800 pl. (dont galeries 150 pl.) • **Références** : Sylvain Beuf « Joy » Sextet, imidiwen, Emily Loizeau, Eric Legnini, Nömadak Tx live, Juan Carmona, West Side Quartet « Gershwin - Bernstein »

ESPACE CULTUREL JEAN BLANC
✆ **04 79 71 07 45 / 04 79 72 73 71** • fax 04 79 72 74 84
affaires-culturelles@laravoire.com • **www.laravoire.com**
c/o Service culturel • Mairie • 73490 **LA RAVOIRE**

Marc CHAUVIN (Service culturel)

Genre(s) musical(aux) : Chanson, rock, jazz, théâtre, danse, humour • **Capacité** : De 320 pl. (assis) à 600 pl. (debout) • **Références** : Janice de Rosa, Pascale Picard Band, les Nuits de la roulotte (flamenco), tremplin de la chanson française, etc ;

ESPACE FRANÇOIS MITTERRAND
✆ **04 79 84 42 23 / 04 79 84 07 31** • fax 04 79 84 08 20
mairie@montmelian.com • **www.montmelian.com**
Ville de Montmélian • BP 1 • 73801 **MONTMELIAN CEDEX**

Jacques DUC (Programmateur)

Capacité : Amphithéâtre Pierre Cot (766 pl.) • **Références** : Mountain Men, Soleya (festival Savoie d'Jazz), « Nuit du jazz » (mars) avec Mystere Trio et Swallow, Arno, Thomas Fersen, I Muvrini, etc.

ESPACE MALRAUX (CHAMBÉRY)
✆ **04 79 85 55 43 / 04 79 58 83 30** • fax 04 79 85 26 29
contact@espacemalraux-chambery.fr
www.espacemalraux-chambery.fr/
67 pl. François Mitterrand • BP 147 • 73001 **CHAMBERY CEDEX**

Marie-Pia BUREAU (Directrice) • Martine MAURICE (Directeur adjoint) • Vincent SCHMITT (Administrateur)

Scène nationale de Chambéry et de la Savoie • **Genre(s) musical(aux)** : Jazz, musiques du monde, chanson, classique • **Capacité** : 947 pl. • **Références** : Francesco Bearzatti « X, Suite for Malcom », Erik Truffaz Quartet, « Les Enfants du Rock à Chambéry », Pierrick Pedron « Cheerleaders », Brozhers, Gérard Morel, etc.

Le **SCARABÉE**
✆ **04 79 68 58 29 / 04 79 85 22 78**
lescarabee.chambery@wanadoo.fr • **www.mairie-chambery.fr**
c/o Le Cristal • 1 pl. du Forum • 73000 **CHAMBERY**

Jean-Michel LASORAK (Médiateur culturel)

Genre(s) musical(aux) : Divers • **Capacité** : 495 pl. (assis), 1 000 pl. (debout) • **Références** : Arno, Matmatah, Manau, Têtes Raides, Cut Killer, Louise Attaque, Mano Solo, Sinsémilia, Mister Gang, Nawfel, Josette Baïz, Laurent Pelly, W. Znorko

Haute-Savoie

Le **BOIS AUX DAMES**
✆ **04 50 89 71 18 / 06 73 31 34 00** • fax 04 50 89 73 63
info@leboisauxdames.fr • **www.mairiedesamoens.fr**
Mairie de Samoëns • Place des Dents Blanches • 74340 **SAMOENS**

Patrice BERRA (Directeur général des Equipements sportifs et culturels) • Vincent TADRIST (Directeur artistique) • Ivanne PÉROT (Régisseur technique)

Genre(s) musical(aux) : Ts + jeune public, théâtre, danse, humour, etc. • **Capacité** : 426 pl. (assis), 1 100 pl. (debout) • **Références** : The Gladiators, The Congos, Wishbone Ash, Ana Popovic, Original Wailers, Rhoda Scott, Jean-Christophe Cholet, Anne Roumanoff, Les Frères Taloche, Pierpoljak, Yvan Le Bolloc'h, Izia, Puggy, Madjo, Karimouche, Yoanna, BaliMurphy, etc.

Le **BRISE GLACE**
✆ **04 50 33 65 10** • fax 04 50 33 65 11
info@le-brise-glace.com • **www.le-brise-glace.com**
54 bis rue des Marquisats • 74000 **ANNECY**

Bertrand FURIC (Directeur programmateur) • Sophie DAUMOINX (Administratrice) • Dominique JACQUEMOUD (Directeur technique) • Pierrick RINAUDO (Chargé de communication)

Genre(s) musical(aux) : Musiques actuelles, scènes régionales, découvertes • **Capacité** : Club (120 pl.), salle (483 pl.) • **Références** : Bjorn Berge, Camille, Dionysos, Les Têtes Raides, Anais, Mathieu Boogaerts, Olivia Ruiz, Rubin Steiner, Bumcello, The Ex, Badault/Bex/Emler, Gojira, The EX, Tony Allen, Coming Soon, etc.

CHÂTEAU ROUGE

✆ **04 50 43 24 25** • fax 04 50 43 24 26
guillaume.anger@chateau-rouge.net • **www.chateau-rouge.net**
1 route de Bonneville • CS 20293 • 74112 **ANNEMASSE CEDEX**

Frédéric TOVANY (Directeur) • Guillaume ANGER (Chargé de mission Musique)

Genre(s) musical(aux) : Musiques actuelles • **Capacité** : 1 500 pl. • **Références** : Camille, Hubert-Felix Thiéfaine, Trio Damiano/Sarzier/Rizzo, Revolver, Marcus Miller, La Caravane passe, Johnnny Winter, Geek Culture, les Ogres de Barback, Telerama Dub Festival, etc.

MAISON DES ARTS DE THONON-EVIAN / THEATRE MAURICE NOVARINA

✆ **04 50 71 04 41** • fax 04 50 71 39 47
evelyne@mal-thonon.org • **www.mal-thonon.org**
Espace Maurice Novarina • 4 bis av. d'Evian • 74200 **THONON LES BAINS**

Thierry MACIA (Directeur) • Stéphan TREGUIER (Administrateur) • Alain SAILLET (Responsable RP/Communication) • Evelyne BOURNIER (Secrétaire)

Genre(s) musical(aux) : Jazz, rock, blues, musiques du monde, théâtre, humour, danse contemporaine, opéra, musique classique, cirque, jeune public • **Capacité** : Espace Maurice Novarina (580 pl.), Grange au Lac d'Evian (1 200 pl.), Théâtre du Casino d'Evian (260 pl.) • **Références** : Ibrahim Maalouf, Juliette, Robin McKelle, Les voix du soufisme d'Istanbul, David Krakauer, Gamblin Jazze, de Wilde Sextete, etc.

SALLES DE MOINS DE 400 PLACES

Ain

La FERME À JAZZ

✆ **06 10 89 44 29 / 06 15 09 42 86**
fermajazz@free.fr • **www.fermeajazz.com**
c/o Ferme des Carronnieres • Av. de Badkreuznach
01000 **BOURG EN BRESSE**

Jean-Louis TISSOT (Président) • Yves CABANON (Vice-président)

Jazz Club de Bourg-en-Bresse • **Genre(s) musical(aux)** : Jazz • **Capacité** : 200 pl. • **Références** : Philippe Lejeune Trio, Céline Presle & Michel Samoïlikoff Trio, Lorenzo Minguzzi « New Organ Trio », Peter Nathanson Trio Blues, Denis Croisonnier « Electric Jazz Quartet », Sinti Swing Trio

MJC DE BOURG-EN-BRESSE

✆ **04 74 23 27 44** • fax 04 74 24 69 71
mjc.bourg.01@free.fr • **www.mjcbourg.fr**
21 A allée de Challes • 01000 **BOURG EN BRESSE**

Claude MÉNARD (Directeur) • Chantal VEUILLET (Programmatrice)

Genre(s) musical(aux) : Tous • **Capacité** : 250 pl. (assis), 300 pl. (debout)

Ardèche

CAVAJAZZ/SMAC 07

✆ **04 75 90 17 84**
contact@cavajazz.fr • **www.cavajazz.fr**
Av. Mendes France • 07220 **VIVIERS**

Régis MAGNARD (Président) • Pierre SIGAUD (Vice-président) • Sébastien ETIENNE (Directeur) • Amaury RULLIERE (Coordinateur)

Scène de jazz et de musiques improvisées • **Genre(s) musical(aux)** : Jazz et musiques improvisées • **Capacité** : Petit théâtre (150 pl. assises et 250 pl. debout) situé pl. de la Roubine, Viviers (07) • **Références** : Alfio Origlio « Headhunters Tribute », Orchestre National de Barbès, Bojan Z, Ben Wendel, Eric Séva, les Doigts de l'homme, Karl Jannuska, Guillaume Peret & The Electric Epic, Louis Winsburg 4tet, Lionel Suarez Trio, The Excitements, etc.

CINÉ-THÉÂTRE

✆ **04 75 08 04 17** • fax 04 75 08 10 11
cinetheatre.tournon@free.fr • **cinetheatre.tournon.free.fr**
1 pl. Rampon • 07300 **TOURNON SUR RHÔNE**

Laurent SAUSSET (Directeur / directeur artistique) • Patrick LONDON (Régisseur)

Genre(s) musical(aux) : Divers sauf rock • **Capacité** : 384 pl.

La PRESQU'ILE

✆ **04 75 33 15 54**
contact@lapresquile.fr • **www.lapresquile.fr**
Quartier Fontanes • 07100 **ANNONAY**

Sébastien ETIENNE (Direction et programmation) • Joëlle GIRAUD (Productrice communication, relations avec les publics) • Vincent EPAL (Régisseur général et technique)

Genre(s) musical(aux) : Musiques actuelles • **Capacité** : 200 pl. • **Références** : Alfio Origlio, Bjorn Berge, Bojan Z, Dominique A, Titi Robin, Slow Joe & The Ginger Accident, Egyptian Project, Transgunner, Lionel Suarez

SALLE LE BOURNOT

✆ **04 75 89 02 02**
accueil.serviceculturel@mairie-aubenas.fr • **www.aubenas.fr**
4 Bd Gambetta • BP 207 • 07204 **AUBENAS CEDEX**

Jean-Yves MEYER (Maire adjoint) • Hervé CARAZ (Directeur des affaires culturelles) • Mathieu HERAULT (Programmateur musiques actuelles/Action culturelle)

Genre(s) musical(aux) : Chanson, jazz, world, rock • **Capacité** : 130 pl. assises ou 330 debout • **Références** : Médéric Collignon et Jus de Bocse, Archimède, Sylvain Luc et Trio Chemirani, Rodolphe Burger, Brigitte, L, Skip The Use, Naive Nu Beaters, Hindi Zahra, Richard Borhinger

Drôme

La CIGALE DE NYONS

✆ **04 75 26 03 60**
accueil@la-cigale.com • **www.la-cigale.com**
23 rue Pasteur • 26110 **NYONS**

Delphine JAY (Directeur communication) • Julie BAUDY (Administratrice)

lieu de musiques actuelles • **Genre(s) musical(aux)** : Ts genres (sauf jazz et variétés) • **Capacité** : 230 pl. debout • **Références** : Rwan, The Banyans, Jim Murple Memorial, Monogrenade, The Hyenes, Erevan Tusk, etc.

MJC ROBERT MARTIN

✆ **04 75 71 26 00** • fax 04 75 05 21 58
mjc.robert.martin@wanadoo.fr • **www.mjc-robert-martin.com**
87 av. A. Figuet • BP 55 • 26102 **ROMANS CEDEX**

Jean-Louis ROSSI (Directeur) • Laurent LACOSTE

Genre(s) musical(aux) : Jazz, pop, rock, musique du monde • **Capacité** : Bar MJC (cabaret 70 pl.) • **Références** : Charlier/Sourisse, Trio Barolo, Deborah Charles, David Patrois, etc.

Le MOULIN DE LA PIPE

✆ **04 75 76 42 05** • fax 04 75 76 42 60
association.7emeciel@gmail.com • **www.moulindelapipe.com**
26400 **OMBLEZE**

Franck LAFOREST (Directeur) • Tristan ASSANT

Genre(s) musical(aux) : Tous dont blues • **Capacité** : 150 pl. (intérieur) à + de 1 000 pl. (extérieur) • **Références** : Hobbo Blues, les Doigts de l'homme, Marc-André Léger, MB Brass Band, Cisco Herzhaft, Sfonx, No Mad?, Jean Chartron, Shaï No Shaï, G. Conté, Raoul Petite, Nuit du Blues (juil.)

Isère

L'AMPÉRAGE

✆ **04 76 96 55 88**
coordination@amperage.fr • **www.amperage.fr**
163 cours Berriat • 38000 **GRENOBLE**

Laurence TADJINE (Directrice) • Sandrine RIVOLTA (Programmatrice communication)

Genre(s) musical(aux) : Rock, hip hop, pop, metal, électro, jazz, etc. • **Capacité** : 150 et 300 pl.

La BOBINE

✆ **04 76 70 37 58**
contact@labobine.net • **www.labobine.net**
42 bd Clémenceau • 38000 **GRENOBLE**

Eric GHENASSIA (Directeur) • Lucile RUEL (Programmation)

Capacité : 300 pl. • **Références** : Wovenhand, TheEx, ZoneLibre vs Casey, Matt Elliott, Allain Leprest, Yom, L'Enfance Rouge, Timber Timbre

CAFÉ DES ARTS (GRENOBLE)

✆ **04 76 54 65 31** • fax 04 76 63 13 21
cafe-des-arts@wanadoo.fr • **www.lecafedesarts38.fr**
36 rue St-Laurent • 38000 **GRENOBLE**

Joëlle POYET (Directrice) • François MASSON (Programmateur) • Eveline CAUSSE (Programmatrice)

Genre(s) musical(aux) : Jazz, musiques traditionnelles, chanson française, théâtre, musique du monde • **Capacité** : 80 pl. • **Références** : S. Milchtein, S. Damiano, A. Placer, Zakouska, Torivaki, To Bix or not to Bix, Nuages de Swing (jazz manouche), Quatuor Caravan, Flip Side, Trio A. Wentzo, Itinérance R. Caldéron, Ceol, W. Garcin, etc.

CAFÉ-CONCERT ATMOSPHÈRE

✆ **04 76 65 90 83** • fax 04 76 65 84 88
mjc-com@wanadoo.fr • **www.mjc-voiron.org**
c/o MJC Mosaïque • 93 av. Jean Jaurès • 38500 **VOIRON**

Yvette BASTARD (Programmatrice)

Genre(s) musical(aux) : Rock, blues, folk, chanson • **Capacité** : 80 pl. • **Références** : Courir les rues, La jongle des Javas, Remi Gaudillat, Trio Enchant(i)er, Hervé Lapalud

La CHAUFFERIE - RÉGIE 2C

✆ **04 76 46 48 44**
laregie2c@regie2c.com • **www.regie2c.fr**
6 chemin de Gordes • 38100 **GRENOBLE**

Laurent SIMON (Directeur de la Régie 2C) • Catherine BOURDIN (Responsable La Chaufferie) • Frédéric ROSSI (Administrateur Régie 2C) • Agnés VIDAL (Chargée d'actions culturelles)

Genre(s) musical(aux) : Musiques actuelles • **Capacité** : 250 pl. • **Références** : Miss Goulash, Mandino Reinhart, Ramiro Musotto, Loulou Djine, Sphèresn Magnolia, SZ, Oblio, Mountain Men, etc.

ESPACE 600

✆ **04 76 29 42 82** • fax 04 76 29 43 69
contact@espace600.fr • **www.espace600.fr**
97 Galerie de l'Arlequin • 38100 **GRENOBLE**

Lucie DURIEZ (Directrice) • Sibylle SORREL (Communication)

Genre(s) musical(aux) : Jeune public • **Capacité** : 300 pl. • **Références** : « Les veilleurs » Cie theatrale

La FAÏENCERIE

✆ **04 76 63 77 49** • fax 04 76 63 77 39
contact@la-faiencerie.fr • **www.la-faiencerie.fr**
74 Grande Rue • 38700 **LA TRONCHE**

Elisabeth MATHIEU (Directeur) • Amélie BLANC (Administratrice)

Genre(s) musical(aux) : Chanson, Jazz, jeune public • **Capacité** : 300 • **Références** : Diane Tell, Youn Sun Nah, Fidji Phœnix Sisters, The Pumcliks

JAZZ À PRESLES

✆ **06 72 47 20 62 / 04 76 36 04 75**
info@auberge-presles.com • **www.auberge-presles.com**
Auberge de Presles • Le Village • 38680 **PRESLES**

Ezio (Responsable)

Genre(s) musical(aux) : Jazz • **Capacité** : Entre 35 et 45 personnes • **Références** : Malo Mazurié, Jérome Nicolas, Jean Pierre Almy, Gildas Etévenard, Trio Sphere, Alfio Origlio/Eric Prost, Charlier/Sourisse, David Bressat, Michel Fernandez, etc. - Festival « Jazz à Presles » (5e édition, ts les sam. de début juin à début oct. 2013) avec Vincent Perier, etc.

Le LABORATOIRE

✆ **04 74 53 08 59** • fax 04 74 31 78 59
laboratoire@locomysic.com • **www.locomysic.com**
4 rue Joseph Martin • 38200 **VIENNE**

Régis GARNON (Directeur) • Alain COSTE (Régisseur)

Genre(s) musical(aux) : Musiques actuelles (petite formation en show cases) • **Capacité** : 80 pl. • **Références** : Malted Milk, Dirty Fonzy, R-Wan, Elderberries, Craftmen Club, H-Burns, La Blanche, Karlit & Kabok, etc.

MAISON DE LA MUSIQUE

✆ **04 76 18 54 00** • fax 04 76 18 54 09
maison-musique@meylan.fr • **www.maison-musique.fr**
4 av. du Granier • 38240 **MEYLAN**

Olivier DAHLER (Programmateur)

Genre(s) musical(aux) : Rock, jazz, musiques du monde, etc. • **Capacité** : 124 pl. assises, 386pl. debout • **Références** : The Bewitched Hands, Keren Ann, Dominique A, Hocus Pocus, Sly Johnson, Beat Assailant, etc.

MJC DE VIENNE

✆ **04 74 53 21 99 / 04 74 53 21 96** • fax 04 74 31 98 93
mjcvienne@wanadoo.fr • **mjc-vienne.org**
11 quai Riondet • 38200 **VIENNE**

Guy GIRARD (Directeur)

Genre(s) musical(aux) : Rock, jazz, chanson, électro acoustique • **Capacité** : Salle du quai (120 pl.) • **Références** : Mathieu Boogaerts, Marc Minelli, Manu Prat, Arco Iris, Chris Bailey, Balbino, Burning Head

La RÉGIE 2C

✆ **04 38 37 40 20**
leciel@regie2c.com • **www.regie2c.fr**
98 rue Léon Jouhoux • 38100 **GRENOBLE**

Laurent SIMON (Directeur) • Frédéric ROSSI (Administrateur) • Soria ZEDDOUN (Chargée de communication) • Laurie LUNEAU (Chargée d'actions culturelles)

Genre(s) musical(aux) : Ts styles • **Capacité** : 180 pl. (assis) • **Références** : Cat Power, Elysian Field, Programme, Emilie Simon, Nervous Cabaret, Shivaree, Alec Empire, Feist, etc.

La SOUPE AUX CHOUX

✆ **04 76 87 05 67** • fax 04 76 87 05 67
lasoupeauchoux@wanadoo.fr • **www.jazzalasoupe.fr**
7 route de Lyon • 38000 **GRENOBLE**

Jacques PEREZ (Directeur)

Jazz club de Grenoble • **Genre(s) musical(aux)** : Jazz, Blues et Musiques improvisées • **Capacité** : 50 pl. • **Références** : Luc Plouton invite Didier del Aguila, Philippe Martel invite Scott Hamilton, Pierrejean Gaucher, Alfio Origlio, Eric Prost, Tony Petrucciani, André Ceccarelli, Elisabeth Gaumont, Louis Winsberg, Glenn Ferris, Bobby Rangell, Marcia Maria, Giroux-Majhun, Eric Le Lann, Daniel Huck, etc.

THÉÂTRE JEAN VILAR SCÈNE RHONE ALPES

✆ **04 74 28 05 73** • fax 04 74 93 19 25
theatre@bourgoinjallieu.fr • **www.bourgoinjallieu.fr**
12 rue de la République • 38300 **BOURGOIN JALLIEU**

Raphaël POTRAT (Administrateur) • Ludivine CECCACCI (Relations publiques)

Hors les murs • **Genre(s) musical(aux)** : Chanson, classique, musiques amplifiées, jazz • **Capacité** : Variable • **Références** : Christophe, Murray Head, Brigitte Fontaine, Louis Chedid, Stephan Eicher, etc.

THÉÂTRE SAINTE-MARIE-D'EN-BAS

✆ **04 76 42 01 50**
theatrediden@wanadoo.fr
38 rue Très-Cloîtres • 38000 **GRENOBLE**

Diden BERRAMDANE (Directeur artistique)

Genre(s) musical(aux) : Jazz, chanson, world • **Capacité** : 166 pl. • **Références** : Micromégas Brass Band avec Louis Sclavis, Alfio Origlio, Nicolas Folmer & Daniel Humair Project, « Festival Piano » (déc)

Loire

CENTRE CULTUREL LE SOU

✆ **04 77 53 03 37** • fax 04 77 53 82 07
lesou@latalaudiere.fr • **www.latalaudiere.fr**
19 rue Romain Rolland • • 42350 **LA TALAUDIERE**

Sonia COTE (Programmatrice spectacles)

Genre(s) musical(aux) : Tous dont jazz, musiques du monde, chanson, etc. • **Capacité** : 280 pl. • **Références** : Julien Lourau, Thierry Robin, Christian Escoudé, Aligot Eléments, Omar Sosa, Lio Chante Prévert, Lo'Jo, Rokia Traoré, Ilène Barnes, Stanley Beckford, Jim Murple Memorial, Anis, Eric Triton, etc.

L'IMPRIMERIE

✆ **04 77 83 46 35** • fax 04 77 83 46 35
imprimerie.theatre@orange.fr • **limprimerie.org**
22 rue Claude Drivon • 42800 **RIVE DE GIER**

Roland COMTE (Directeur)

Théâtre de Rive de Gier • **Genre(s) musical(aux)** : Chanson française + théâtre, humour • **Capacité** : 60 et 78 pl. • **Références** : Marc Fillon, Le Baron de Vezeline, Raphaël Lacour, Dussauze, Réda Chéraitia, Perrine Vasque, Serge Moulin, Frédéric Bobin, Charlotte Normand, Swann Ménigot, Laross, Neringa, Domi, Evelyne Gallet, Lady Elles, Nico, Labolduc, etc.

SATELLIT CAFÉ ROANNE VILLEREST

✆ **04 77 78 29 14 / 06 31 30 51 27**
philippe.gueugnon@gmail.com • **www.satellit-cafe-roanne-villerest.fr**
.172 Route de Villemontais • 42300 **VILLEREST**

Philippe GUEUGNON (Responsable artistique)

Genre(s) musical(aux) : Jazz, jazz manouche, world, afro beat, salsa, rock, etc. • **Capacité** : 400 pl. • **Références** : Minino Garay, Les Doigts de l'Homme, Alfio Origlio, Sawadu, High Voltage, Mystere Trio, Akalé Wube, etc.

Rhône

À THOU BOUT D'CHANT

✆ **04 72 07 63 81**
marc@athouboutdchant.com • **www.athouboutdchant.com**
12 rue Pouteau • 69001 **LYON**

Marc DAVID (Administrateur) • Frédérique GAGNOL (Responsable de la communication)

Genre(s) musical(aux) : Chanson française • **Capacité** : 80 pl. (assis) • **Références** : Amélie les Crayons, Carmen Maria Vega, Kouménkiam, Frédéric, Bobin, Evelyne Gallet

AMPHIOPERA

✆ **04 72 00 45 00** • fax 04 72 00 45 01
fpostaire@opera-lyon.com • **www.opera-lyon.com**
Pl. de la Comédie • 69001 **LYON**

Serge DORNY (Directeur général) • Mathieu JOUVIN (Directeur administratif) • François POSTAIRE (Directeur de l'amphithéâtre)

Opéra de Lyon • **Genre(s) musical(aux)** : Jazz, musique traditionnelle, contemporaine, danse, cabaret, cinéma, etc. • **Capacité** : Amphithéâtre (200 pl.), Péristyle Café (semi plein air 150 places) • **Références** : « Amphijazz » : ONJ, Michel Godard, Vincent Segal, Joelle Léandre, Céline Bonacina, Jean-Marie Machado, Yves Rousseau « Ladies in jazz » (mars) avec Claudia Solal, Maria Pia de Vito, Laïka - Amphi monde : Monica Passos, Extrano Norte, Dorvon, Berkh (chant diphonique), Cie Ana Perez et Cie Karine Gonzalès/Flamenco, etc.- Festival du Peristyle : café-concerts en terrasse de formations jazz de Rhône-Alpes, du 13 juin au 7 sept. 2013 : Sébastien François Trio et Michel Perez, Gaby Schenke European Trio, Sandrine Marchetti, Robinson Khoury Group, Jaal, Old machine, EYM trio, Minor Sing, M'Bisha trio, Syrinx, GMT trio, etc.

Le BRISCOPE

✆ **04 78 05 31 13** • fax 04 78 05 62 40
prog.loaec@mairie-brignais.fr • **www.brignais.com**
Office culturel • Parc de l'Hôtel de Ville • 69530 **BRIGNAIS**

Yvan LOAEC (Directeur)

Genre(s) musical(aux) : Classique, jazz, rock, traditionnel, jeune public • **Capacité** : 380 pl.

La CASA MUSICALE

✆ **04 78 83 40 82 / 06 14 02 81 40**
casamusicale69@orange.fr • **www.facebook.com/casamusicale**
1 ch. de Fontenay • 69450 **ST CYR AU MONT D'OR**

Eric MARTIN (Programmateur) • Lyne TATEOSSIAN (Chargée de production)

Genre(s) musical(aux) : Jazz, chanson, électro, musiques du monde, pop-rock • **Capacité** : 60 pl. (assis), 80 pl. (debout) • **Références** : Emynona, Amélie les Crayons, Le Baratin de la Joie, Oldelaf, Mango Gadzi, Fat Bastard Gang Band, Laisy Daisy, Voyage de Noz, etc.

Le CITRON

✆ **04 78 37 63 97**
sc.prog.citron@gmail.com
20 rue St-Georges • 69005 **LYON**

Fred • François

Genre(s) musical(aux) : Rock, pop • **Références** : Los Chicros, Naast, The Parisians, Déjà Vus, Nelson, Hawaï Samouraï, etc.

Le CLACSON

✆ **04 72 39 74 93** • fax 04 78 51 60 02
contact@clacson.fr • **www.clacson.fr**
10 rue Orsel • BP 120 • 69923 **OULLINS CEDEX**

Pascale BAZIN (Direction) • Marion BORNAZ (Coordinatrice / programmation)

MJC Oullins • **Genre(s) musical(aux)** : Rock, électro-live, etc. • **Capacité** : 350 pl. • **Références** : Jim Jones Revue, Burning Heads, Thee Oh Sees, Hushpuppies, Chevreuil, Battles, Zita Swoon, Programme, etc.

La CLEF DE VOUTE

✆ **04 78 28 51 95**
jalibert@laclefdevoute.fr • **www.laclefdevoute.fr**
1 pl. Chardonnet • 69001 **LYON**

Julien ALIBERT (Président)

Genre(s) musical(aux) : Swing, Be Bop, Hard Bop, Moderne Jazz, Big Band, Electro Jazz, Jazz Manouche. • **Capacité** : Cave voûtée de 80 pl. • **Références** : Léon Parker, Marc Thomas, David Sauzay, Sébastien Félix, Thomas Enhco, Eric Teruel, Stéphane Vincenza, Patrick Marandan, Cédric Perrot, Wilhelm Coppey, Michel Buatois, Jon Bouteillier, Frédéric Nardin, The Amazing Keystone Jazz Big Band

DÔLE D'ÉQUIPAGE - THÉÂTRE DE GIVORS

✆ **04 72 24 25 50**
theatredegivors@orange.fr • **www.theatredegivors.fr**
2 rue du Puits Ollier • BP 87 • 69702 **GIVORS CEDEX**

Yves NEFF (Directeur) • Régine CYTRONA (Administratrice) • François-Xavier LABORDE (Coordinateur projets)

Genre(s) musical(aux) : Chanson, théâtre, danse, clown, cirque • **Capacité** : 184 pl. • **Références** : Le jazz fait son cirque, Fawzy Al-Aiedy, etc.

DV1

✆ **04 72 07 72 62**
dv1club@gmail.com • **www.dv1-club.com**
6 rue Roger Violi • 69001 **LYON**

Hervé NICOD (Programmateur)

Genre(s) musical(aux) : Musiques électroniques • **Capacité** : 300 pl.

ESPACE TONKIN

✆ **04 78 93 11 38** • fax 04 78 93 41 92
jcballet@wanadoo.fr • **www.netleoville.org**
1 rue Salvador Allende • 69100 **VILLEURBANNE**

Jean-Claude BALLET (Programmateur)

Genre(s) musical(aux) : Jazz, musiques traditionnelles (actuelles), chanson • **Capacité** : 350 pl. • **Références** : Participation à « Un doua de jazz », festival « Guitares » (en nov.), etc.

La FÉE VERTE

✆ **04 78 28 32 35**
johanna.serfaty@gmail.com
4 rue Pizay • 69001 **LYON**

Johanna SERFATY (Programmatrice)

Genre(s) musical(aux) : Rock, soirées musiques électroniques, rap, dJing • **Capacité** : 70 pl.

HOT CLUB DE LYON

✆ **06 70 07 30 86 / 04 78 39 54 74**
proghotclub@gmail.com • **www.hotclubdelyon.org**
26 rue Lanterne • 69001 **LYON**

Gérard VIDON (Président)

Genre(s) musical(aux) : Tous les styles de jazz • **Capacité** : 90 pl. (cave voûtée) • **Références** : Ron Carter, Mulgrew Miller, Olivier Truchot, Joël Sicard, Marc Thomas Quartet, Joel Harrison Quartet, Jazz en Ville, BIND Quartet, CHK Trio, Djivilli Quartet, David Bressat Trio, Cédric Perrot Trio invite Jean-Charles Demichel, Les Frères Fau, etc.

MAISON DU LIVRE DE L'IMAGE ET DU SON FRANCOIS MITTERRAND

✆ **04 78 68 04 04** • fax 04 78 68 30 39
eric.selle@mairie-villeurbanne.fr • **mediatheques.villeurbanne.fr**
247 cours Emile Zola • BP 5044 • 69601 **VILLEURBANNE CEDEX**

Éric SELLE (Programmateur)

Genre(s) musical(aux) : Musiques actuelles, jazz, ethno, contemporain • **Capacité** : 100 pl. (Auditorium) • **Références** : Yves Robert, Sophie Agnel, Stefan Oliva, Bruno Chevillon, Yolk, La Tribu Hérisson, Didier Petit, Denis Colin, Louis Sclavis, Fred Frith, Bernard Lubat, Thierry Madiot, Noël Akchoté, Arfi, etc.

Le MARCHÉ GARE

✆ **04 72 40 97 13** • fax 04 78 38 49 68
com@marchegare.fr • **www.marchegare.fr**
MJC Perrache/Presqu'Île • 34 rue Casimir Perrier • 69002 **LYON**

Pierre BOBINEAU (Directeur) • Benjamin PETIT (Programmateur) • Gaelle BARBIER (Administration) • Jean-Khayam JAADI (Régisseur)

Genre(s) musical(aux) : Musiques actuelles • **Capacité** : 300 pl. • **Références** : John & Jehn, French Cowboy, Brain Damage, Zenzile, The Big Pink, Firecrackers, The Bishops, Piers Faccini, Narrow Terrence, Prohom, Beat Assailant, Eiffel, Justin Nozuka, Gérard Baste & Dr Vince, La Canaille, Soom T, Chezikek, Rodolphe Burger, Hawskley Workman, Signal Electrique, etc.

La MARQUISE

✆ **04 72 61 92 92** • fax 04 78 95 02 09
clubmarquise@hotmail.com • **www.marquise.net**
20 quai Augagneur • 69003 **LYON**

Jun MATSUOKA (Programmateur)

Genre(s) musical(aux) : Musiques actuelles • **Capacité** : 100 pl.

MJC O TOTEM

✆ **04 78 88 94 88**
info@mjcrillieux.com • **www.mjcrillieux.com**
9bis av. Leclerc • 69140 **RILLIEUX LA PAPE**

David NEUQUELMAN (Contact)

Genre(s) musical(aux) : Rap, rock, metal, reggae, slam • **Capacité** : 150 pl. (assis) à 400 pl. (debout) • **Références** : Gladiators, Zep, Rois de la Suède, No One is Innocent, Lagwagon, HK et les Saltimbanks

NINKASI - SCÈNE DU KAFÉ

✆ **04 72 76 89 00** • fax 04 72 76 89 01
fabien.hyvernaud@ninkasi.fr • **www.ninkasi.fr**
Ninkasi - Scène du Kafé • 267 rue Marcel Merieux • 69007 **LYON**

Fabien HYVERNAUD (Programmateur)

Genre(s) musical(aux) : Musiques actuelles • **Capacité** : 350 pl.

Le PÉRISCOPE

✆ **04 78 38 89 29**
periscope.lyon@gmail.com • **www.periscope-lyon.com**
c/o Réseau • 13 rue Delandine • 69002 **LYON**

Alexis PAWLAK (Régisseur) • Victoria DÉFORGES (Chargée de communication)

Genre(s) musical(aux) : Musiques actuelles, jazz, musiques improvisées • **Capacité** : 96 pl. • **Références** : Umlaut, Marc Ducret, Antonin Rayon, Prohom, Kumquat, RYR, Julien Bertrand Quintet, David Bressat Trio, Trismus, Lunatic Toys, Sfonx, Quartet K, Polycarpe Ensemble, Loopzilla

SALLE DES RANCY

✆ **04 78 60 64 01** • fax 04 72 61 08 58
maisonpourtous@salledesrancy.com • **www.salledesrancy.com**
249 rue Vendôme • 69003 **LYON**

Jacques RAYNAUD (Directeur) • Christine AZOULAY (Programmation)

Maison pour tous • **Genre(s) musical(aux)** : Chanson, jeune public • **Capacité** : 100 pl. • **Références** : Barcella, Didier Super, Jofroi, Jehan, Thomas Pitiot, etc.

SALLE GENTON

✆ **04 37 90 55 90** • fax 04 37 90 55 99
mediation@mjclaennecmermoz.fr
21 rue Genton • 69008 **LYON**

Guy LIBERCIER (Directeur) • Géraldine LOPEZ (Médiatrice culturelle)

Genre(s) musical(aux) : Tout genre • **Capacité** : 144 pl. (assis), 300 pl. (debout)

Le SEMAPHORE- THÉATRE D'IRIGNY

✆ **04 72 30 47 90** • fax 04 72 30 47 63
c.c.champvillard@irigny.fr • **www.irigny.fr**
Route de Boutan • 69540 **IRIGNY**

Noël ROZENAC (Directeur)

Genre(s) musical(aux) : Tous dont chanson, jazz, musique du monde, classique • **Capacité** : 367 • **Références** : 2001-12 : Anne Ducros, Alain Chamfort, les Yeux Noirs, René Lacaille, CharlElie Couture

Le SIRIUS

✆ **04 78 71 78 71**
prog@lesirius.com • **www.lesirius.com**
Face au 4 quai Augagneur • 69003 **LYON**

Olivier SAUZE (Programmateur) • Frédéric CARDON (Gérant) • Yves ABENSOUR (Gérant) • Christophe MARTY (Gérant)

Genre(s) musical(aux) : Musiques du monde, chanson, jazz, rock • **Capacité** : 200 pl. • **Références** : Elsa Chapman, Meï Teï Sho, Tété, Java, Mendelson, MMM Groove, Mell Mix City, Pascal Parisot, Les Pêcheurs de Perles, Keziah Jones, BB Brunes, etc.

Le SONIC

✆ **04 78 38 27 40**
sonic.lyon@gmail.com • **sonic-lyon.blogspot.fr**
Face au 4 • Quai des Etroits • 69005 **LYON**

Genre(s) musical(aux) : Musiques underground • **Capacité** : 200 pl. • **Références** : Infinito 2017, Thaione Davis, Cosmo Galactus, Monofocus, Kellies, etc. + Middlegender Love Festival avec Scream Club & Electrosexual, Hard Ton, Mz Sunday Luv

Savoie

Le BRIN DE ZINC

✆ **04 79 68 91 15**
brindeprod@yahoo.com • **lebrindezinc.com**
3 ZA de la Peysse • 73000 **BARBERAZ**

Genre(s) musical(aux) : Rock, metal, pop, reggae

ESPACE CULTUREL LE SAVOIE

✆ **09 53 06 66 83**
cinesavoie@free.fr • **cinesavoie.blogspot.com**
16 av. de la République • 73140 **ST MICHEL DE MAURIENNE**

Matthieu KROELY (Directeur) • Fanny FLAVEN (Programmatrice)

Genre(s) musical(aux) : Chanson, humour musical, jeune public • **Capacité** : 188 pl. • **Références** : Carmen Maria Vega, Toufo, Soleya, etc.

MJC TOTEM EN SCÈNE

✆ **04 79 85 05 84** • fax 04 79 33 64 59
accueil@mjc-chambery.com • **www.mjc-chambery.com**
311 fbg Montmelian • 73000 **CHAMBERY**

Anne-Gaëlle LASSAUT (Présidente) • Yves LA BARBERA (Directeur) • Jean-Yves DRIEU (Directeur) • Philippe PAILLASSON (Programmateur) • Christophe THIVILLON (Régisseur)

Genre(s) musical(aux) : Chanson française, world, musiques actuellles • **Capacité** : 280 pl. • **Références** : Arno, Melissmell, L, Moriarty, Têtes Raides, Les Hurlements d'Léo, Miss White & The Drunken Piano, L'Imperial Kikiristan, GaBLé, etc.

La SOUTE

✆ **04 79 71 76 40** • fax 04 79 71 76 49
accueil@apejs.org • **www.lasoute.fr**
Apejs • Jardin du Verney - Cité des Arts • 73000 **CHAMBERY**

Genre(s) musical(aux) : Musiques actuelles, jazz, rock, rap, chanson, world, etc. • **Capacité** : 199 pl. debout • **Références** : Art Deko, Demi Portion, Franck Comtet, Ignatus, Jolari Players, Jordan Officer, Kinetograve, Sugarcraft, Music is not fun, Mörglbl, Transgunner, Watine, Zoka Fonktion

Haute-Savoie

L'ATELIER

✆ **04 50 98 97 60** • fax 04 50 98 97 61
l_atelier@cluses.fr • **www.atelier-cluses.fr**
Mairie de Cluses / L'Atelier • Place Charles de Gaulle • BP 99
74302 **CLUSES CEDEX**

Nicolas PAPES (Directeur) • Lauriane LAMBERT (Administratrice) • Sébastien MORVAN (Régisseur général)

Genre(s) musical(aux) : Musiques amplifiées • **Capacité** : 400 pl. debout • **Références** : Skatalites, Boogaerts, Ridan, Touré Kunda, Eiffel, etc.

MJC CHAMONIX - LA COUPOLE

✆ **04 50 53 12 24**
lacoupole.chx@orange.fr • **www.mjchamonix.org**
94 promenade du Fori • 74400 **CHAMONIX MONT BLANC**

Michel BLAVIT (Directeur) • Perrine DUMAS (Responsable secteur culturel)

Genre(s) musical(aux) : Rock, jazz, world, etc. • **Capacité** : Debout : 150 pl. et assis : 100 pl. • **Références** : Mina Agossi, Exultet Trio, Toss, « Snowball Festival » (déc), Sidilarsen, Inaya, OrKestra Percussion et Danyel Waro dans le cadre du festival off du Printemps musical de Chamonix (mars)

Le POULPE

✆ **04 50 43 40 29** • fax 04 50 43 77 54
info@lepoulpe.fr • **www.lepoulpe.fr**
2484 route de L'Eculaz • 74800 **REIGNIER**

Greg PIROËLLE (Programmateur)

Genre(s) musical(aux) : Rock, punk, chanson, électro, reggae, etc. • **Capacité** : 100 pl.

La SOIERIE - ESPACE SOCIAL ET CULTUREL

✆ **04 50 44 53 45**
lasoierie@free.fr • **www.lasoierie.com**
Route d'Albertville • 74210 **FAVERGES**

Philippe BURGUET (Directeur)

Genre(s) musical(aux) : World, jazz, chanson, etc. • **Références** : Guarracino, les Oignons, The Tin Men & Zozophonic Orchestra, Tram de Balkans, Flavia Coelho, Guillaume Perret & The Electric Epc, « Metalalpes Festival » (avr.) avec Métalpes Alliance Prod

OUTRE-MER

SALLES DE PLUS DE 1200 PLACES

Réunion

HALLE DES MANIFESTATIONS

✆ **02 62 42 73 73** • fax 02 62 42 73 00
la-halle.marketing@orange.fr • **www.la-halle.com**
Sem Gem'Port des Mascareignes • 3 bd des Mascareignes • BP 127 • 97823 **LE PORT CEDEX**

Alain SERAPHINE (PDG)

Genre(s) musical(aux) : Ts • **Capacité** : Jusqu'à 6800 pl. debout • **Références** : Danse World 2, Platters, Ragga Dance Party, J.-J. Goldman, MC Solaar, Bernard Lavilliers, Gilberto Gil, Platters, Césaria Evora, La Nouvelle Star, etc.

La RAVINE

✆ **02 62 34 80 03 / 02 62 34 31 38** • fax 02 62 39 95 27
lesechoir@lesechoir.com • **www.lesechoir.com**
Mairie/Service Culture et Animation • 97436 **ST LEU**

Thomas NEYHOUSSER (Administrateur) • Jean CABARET (Secrétaire général)

Genre(s) musical(aux) : Ts • **Capacité** : 6000 pl. debout (config. grande capacité), 1400 pl. debout (petite scène), 400 à 530 pl. assises (config. plateau) • **Références** : Alpha Blondy, Burning Spear, Tété, Wax Tailor, Danyel Waro, Arnaud Rebotini

SALLES DE 400 À 1200 PLACES

Guadeloupe

L'ARTCHIPEL

✆ **05 90 99 29 13** • fax 05 90 99 29 20
lartchipel@wanadoo.fr • **www.lartchipel.com**
Bd du Gouverneur Général Felix Eboué • BP 280 • 97105 **BASSE TERRE**

José PLIYA (Directeur) • Muriel FIFI (Administratrice)

Scène nationale de la Guadeloupe • **Genre(s) musical(aux)** : Contemporain, classique, traditionnel • **Capacité** : 500 pl. • **Références** : Stevy Mahy, Lyn Udino, Omar Sosa, Salif Keïta, Life is not a picnic, création « Chofé Biguine la » par le Caratini Jazz Ensemble et Biguine Reflections d'Alain Jean-Marie, Boukan Ginen, Pierre Akendengue, etc.

Martinique

CMAC

✆ **05 96 70 79 29** • fax 05 96 63 52 07
info@cmac.asso.fr • **www.cmac.asso.fr**
Centre martiniquais d'Action culturelle • 6 rue Jacques Cazotte • BP 899
97245 **FORT DE FRANCE**

Georges-Louis LEBON (Président) • Frédéric THALY (Communication) • Dominique DOUGE (Directeur technique) • Andrée MÉDEC (Secrétaire générale)

Scène nationale de Martinique • **Genre(s) musical(aux)** : Musique populaire, jazz • **Capacité** : 2 salles : Aimé Césaire (890 pl.), Frantz Fanon (276 pl.) • **Références** : Sixun, Danyel Waro, Orlando Poleo, Marcus Miller, Minimo Garay, « Rencontre musicale autour de la francophonie », « Martinique jazz Festival » (déc.)

GRAND CARBET

✆ **05 96 60 07 91 / 05 96 71 66 25** • fax 05 96 71 90 14
mairie-de-fort-de-france@voila.fr • **www.fortdefrance.fr**
Parc culturel Aimé Césaire • Pl. José Marti • 97200 **FORT DE FRANCE**

Lydie BETIS (Directrice)

Genre(s) musical(aux) : Ts dont zouk, salsa, jazz, musiques du monde • **Capacité** : 872 pl. • **Références** : Al Jarreau, Native, LKJ, Oscar de Leon, Ruben Blades

Réunion

BATO FOU

contact@batofou.org • **www.batofou.org**
Rue des Grands Kiosques - PK 27 • Bourg-Murat
97418 **LA PLAINE DES CAFRES**

Nicolas LAURENT (Directeur) • Prisca CERNEAUX (Chargée d'actions culturelles) • Loïc CADET (Développement territorial)

Genre(s) musical(aux) : Tous • **Références** : Ousanousava, karl hungus & dj natty, Bernard Brancard trio, Bann laope, etc.

KABARDOCK

✆ **02 62 54 05 40** • fax 02 62 54 05 22
artistique@kabardock.com • **www.kabardock.com**
60 rue Mahé de Labourdonnais • 97420 **LE PORT**

Stéphane ROCHECOUSTE (Directeur) • Jimmy BODAR (Responsable technique) • Nathalie QUIPANDEDIÉ (Programmatrice) • Catherine SELLES (Responsable de la communication) • Julien VABOIS (Production et action culturelle) • Béatrice MAREUX (Assistante de direction) • Anaïs GUILLEMINOT (Administratrice)

Agema • **Genre(s) musical(aux)** : Tous • **Capacité** : 800 pl. (debout), 300 pl. (assis), café concert 150 pl., auditorium 140 pl. • **Références** : La Grande Sophie, Seun Kuti & Egypte 80, Gren Seme, Clinton Fearon / The Abyssinians, etc.

TEAT CHAMP FLEURI - TEAT PLEIN AIR

✆ **02 62 41 93 25** • fax 02 62 41 55 71
communication@theatreunion.re • **www.theatreunion.re**
Théâtres départementaux de La Réunion • 2 rue du Théâtre • CS 10507 •
97495 **SAINTE-CLOTILDE CEDEX**

Pascal MONTROUGE (Directeur général) • Bernard FAILLE (Directeur adjoint)

Genre(s) musical(aux) : Ts • **Capacité** : 4 salles de 100, 220, 900 et 1 000 places • **Références** : Festival jeune public Toto Total, Festival Total Jazz, Festival Total Danse, Akram Khan Company, Ballet Preljocaj, Robin Orlyn, Aurélien Bory, Davy Sicard, Ziskakan, Danyel Waro, Anne Queffélec, Ibrahim Maalouf, Manu Katché, Ernesto Tito Puentes

THÉÂTRE DE PLEIN-AIR DE ST-GILLES

✆ **02 62 41 93 25 / 02 62 24 93 25**
fax 02 62 41 55 71 / 02 62 24 38 22
pmontrouge@theatreunion.re • **www.theatreunion.re/**
2 rue du Théâtre • CS 10507 • 97495 **SAINTE-CLOTILDE CEDEX**

Pascal MONTROUGE (Directeur général) • Bernard FAILLE (Directeur adjoint)

Théâtres départementaux de la Réunion • **Genre(s) musical(aux)** : Tous • **Capacité** : 1 000 pl. • **Références** : Ziskakan, Meddy Gerville, Gramoun Sello, Y. Noah, L. Voulzy, Billy Cobham, Oscar D'Léon, Louis Bertignac, etc. - « Les Déboussolés », festival Jazz et Electro

THÉÂTRE LUC DONAT

✆ **02 62 27 24 36 / 02 62 57 15 97** • fax 02 62 57 17 57
direction@tld.re • **www.tld.re**
20 rue Victor le Vigoureux • 97430 **TAMPON**

Roger-Claude NIOBE (Directeur) • Eric JURET (Directeur adjoint) • Dany MOULANT (Régisseur général)

Genre(s) musical(aux) : Jazz, variétés, chanson, world, classique, rock, etc. • **Capacité** : 600 pl., théâtre couvert • **Références** : J.J Goldman, Yannick Noah, Sinclair, Goran Bregovic, Ben l'oncle soul, Thiefaine, Incognito, Steve Lukather, La Nuit des Virtuoses, Billy Cobham, Spyro Gyra, Pony Pony Run Run, Louis Bertignac, Jean-Louis Aubert, Thomas Fersen

Polynésie française

TE FARE TAUHITI NUI - MAISON DE LA CULTURE

✆ **(689) 54 45 44** • fax (689) 42 85 69
tauhiti@mail.pf • **www.maisondelaculture.pf**
BP 1709 • 98713 **PAPEETE TAHITI**

Heremoana MAAMAATUAIAHUTAPU (Directeur)

Genre(s) musical(aux) : Tous genres • **Capacité** : 800 pl. (assis) • **Références** : Sergio Lopez (Non Solum), Les Poubelles Boys, Laurent Gerra, Gérald Dahan, Licedei, Liane Foly, Michel Jonaz, etc.

Nouvelle-Calédonie

CENTRE CULTUREL TJIBAOU - SALLE SISIA

✆ **(687) 41 45 45** • fax (687) 41 45 56
adck@adck.nc • **www.adck.nc**
Baie de Tina • Rue des accords de Matignon • BP 378
98845 **NOUMEA CEDEX**

Guillaume SOULARD (Directeur artistique et culturel) • Thomas SEIVERT (Régisseur général) • Emmanuel TJIBAOU (Directeur)

Genre(s) musical(aux) : Tous, dont musiques traditionnelles et du monde • **Capacité** : Salle Sisia (402 pl. assises, 390 pl. avec régie en salle); espace Kâmi-Yo (4 500 places en extérieur); espace Ape Vila (1 000 places en extérieur) • **Références** : Edou, The Black Seeds, « Gypsy Jazz Festival », « Les Flèches de la Musique »; Festival des arts Mélanésiens; et aussi : Agnés Jaoui, Titi Robin, Jero, Ilene Barnes, Cie Atamira dance, Cie Black Grace, Jacques Higelin, etc.

Le MOUV'

✆ **06 87 41 15 18 / 06 87 44 92 08**
contact@lemouv.nc • **www.lemouv.nc**
Parc de la Rivière Salée • BP 6332 • 98806 **NOUMEA**

Christophe VENTOUME (Directeur) • Hélène DIOPOUE (Assistante)

Association pour la promotion des musiques amplifiées • **Genre(s) musical(aux)** : Musiques actuelles (Kanéka, reggae, world music, rock, etc.) • **Capacité** : 400 places • **Références** : Edou, Wadema, Skabias, Pascal Allaigre, Jeanne Hue, Triban Klan, Fédyz, festival Akawan, Vamaley, Oriatal, Antal, etc.

SALLES DE MOINS DE 400 PLACES

Guadeloupe

CENTRE CULTUREL SONIS

✆ **05 90 48 19 29 / 05 90 48 19 31 / 05 90 48 19 42**
fax 05 90 48 19 30
sonisculture@wanadoo.fr
Rond-Point Ignace • 97139 **ABYMES**

Gérard POUMAROUX (Directeur)

Le Bwa Fouyé (Scène de musiques actuelles) • **Genre(s) musical(aux)** : Musiques actuelles (ragga, hip hop, jazz, variétés, chansons créoles, musiques traditionnelles) • **Capacité** : 250 pl. • **Références** : Festival Illojazz (déc.)

Réunion

Le SÉCHOIR

✆ **02 62 34 31 38** • fax 02 62 34 95 27
lesechoir@lesechoir.com • **www.lesechoir.com**
209 rue du Général Lambert • 97436 **SAINT LEU**

Claude LERMENÉ (Directeur) • Thomas NEYHOUSSER (Administrateur) • Jean CABARET (Secrétaire général)

Genre(s) musical(aux) : Ts • **Capacité** : 198 pl. • **Références** : Lo Griyo, Laurent de Wilde, Tribeqa avec Magic Malik, D' de Kabal, Jako Maron, Tété, Wax Tailor, Ousanousava, Jozefinn et Alain Chan Quartet, Éric Legnini, Ziskakan, etc.

ALSACE

Bas-Rhin

Association **ABSURDE**

✆ **09 50 53 52 77**
info@absurde.com • **www.absurde.com**
17 pl. d'Austerlitz • 67000 **STRASBOURG**

Armelle KLETHI (Présidente) • Alexandre RACHEZ (Coordinateur)

Genre(s) musical(aux) : Musiques électroniques et vidéo • **Période** : Tte l'année • **Régularité** : 6/an • **Lieu(x)** : Salles municipales Strasbourg • **Références** : Festival Pixels

ARCANE 17

✆ **03 88 36 15 76** • fax 03 88 36 15 77
arcane.17@wanadoo.fr • **www.lesnuits.eu**
10 rue du Hohwald • 67000 **STRASBOURG**

Francis ZANIBONI (Directeur)

Genre(s) musical(aux) : Musiques actuelles • **Période** : Tte l'année + oct. (festival les Nuits Européennes) • **Lieu(x)** : Salle des Fêtes de Schiltigheim, Le Pré-o, Espace Culturel Django Reinhardt • **Références** : Festival les Nuits Européennes

DIRTYPROD

jeff@dirtyprod.com • **www.dirtyprod.com**
4 rue du Mont Blanc • 67000 **STRASBOURG**

Geoffrey RAHIER (Président)

Genre(s) musical(aux) : Musiques nouvelles • **Période** : Tte l'année • **Régularité** : 3/mois • **Lieu(x)** : Alsace • **Références** : Nombreuses soirées (« Solaris », « Kor-Tex », « Mid-Way »)

SCHILTIGHEIM CULTURE

✆ **03 88 83 84 61/62** • fax 03 88 83 07 90
culture@ville-schiltigheim.fr • **www.ville-schiltigheim.fr**
27 rue d'Adelshoffen • 67300 **SCHILTIGHEIM**

Anne-Laurence BING (Directrice du service / programmation) • Guy HERGOTT (Programmateur jazz) • Suzanne SEYLER (Administratrice) • Jöelle DIJOUX (Communication) • Martine ARBOGAST (Régisseur général)

L'échappée belle • **Genre(s) musical(aux)** : Chanson, jazz, musiques du monde, conte, cabaret, jeune public (récré-théâtre), théâtre • **Période** : Oct. à mai • **Régularité** : 15 à 20 concerts/mois • **Lieu(x)** : Théâtre du Cheval Blanc (173 pl.), salle des fêtes (300 à 1 000 pl.) • **Références** : Sanseverino, Pierrick Pédron, Rhoda Scott, Patricia Barber, Shai Maestro, Kenny Garrett, Kouyaté/Neerman, Gregory Porter, Jacky Terrasson, Palatino Quartet, Mike Mainieri, John McLaughlin and the 4th Dimension Tour, la Cie Tartine Reverdy, les Weepers Circus - Avec Jazzdor : Aka Moon, Ron Carter, The New John Abercombie - Avec Arcane17 pour Les Nuits Européennes : Taraf de Haidouk et le Kocani Orkestar, Flavia Coehlo, El Hijo de la Cumbia, etc.

ZONE 51

✆ **03 88 92 02 05 / 06 84 68 87 52**
contact@zone51.net • **www.zone51.net**
11 rue St Léonard • 67600 **SELESTAT**

Laurent WENGER (Président)

Genre(s) musical(aux) : Musiques Actuelles • **Période** : Tte l'année • **Régularité** : 1/mois • **Lieu(x)** : Les Tanzmatten (Sélestat), Le Grillen (Colmar) • **Références** : Festivals Epidemic Experience (électro), Lez'art Scéniques (musiques actuelles), Superbowl, Tremplin, Rockeurs ont du cœur, etc.

Haut-Rhin

CREA

✆ **03 89 57 30 57** • fax 03 89 57 44 41
info@momix.org • **www.crea-kingersheim.com**
27 rue de Hirschau • BP 30060 • 68260 **KINGERSHEIM**

Philippe SCHLIENGER (Directeur)

Centre de rencontre, d'échange et d'animation • **Genre(s) musical(aux)** : Jeune public/musique • **Période** : Oct. à juin • **Régularité** : 4/an, 1/mois (jeune public) • **Lieu(x)** : Créa (100 pl.), Espace Tival (300 pl.) • **Références** : Olivia Ruiz, Katerine, Les Wampas, Brigitte, Camille, Francoise Breut, etc.

FÉDÉRATION HIERO COLMAR

✆ **03 89 41 19 16**
contact@hiero.fr • **www.hiero.fr**
7 rue de la Lauch • 68000 **COLMAR**

Fabien ROTH (Programmateur régie, administration)

Genre(s) musical(aux) : Rock, pop, hip hop, électro • **Période** : Sep. à juin • **Régularité** : 35/an • **Lieu(x)** : Le Grillen, Parc du Natala, Cinéma Le Colisée, Musée du Jouet, Galerie Le Lézard, etc. (Colmar) • **Références** : Yo La Tengo, Tom Cora, Dub Narcotic, Jesus Lizard, Stereolab, Dominique A, 17 Hippies, Radioinactive, Etienne Charry, etc.

LIVE !

contact@livecolmar.com • **www.livecolmar.com**
19 rue des Jardins • 68000 **COLMAR**

Genre(s) musical(aux) : Musiques actuelles • **Période** : Tte l'année • **Régularité** : 30 à 40/an • **Lieu(x)** : Le Grillen • **Références** : Dider Super, Mass Hysteria, Manu, Pep's, Caravan Palace, Sworn Ennemy, Senser, Gates of Jericho, scènes découvertes locales

AQUITAINE

Dordogne

AGORA

✆ **05 53 35 59 65** • fax 05 53 35 59 66
cc.agora@ville-boulazac.fr • **www.agora-boulazac.fr**
Espace Agora • Hôtel de Ville • 24750 **BOULAZAC**

Frédéric DURNERIN (Directeur) • Pascale RICHARD (Assistante)

Pôle National des Arts du Cirque • **Genre(s) musical(aux)** : Ts • **Période** : Saison culturelle • **Régularité** : 2/mois • **Lieu(x)** : Auditorium (500 pl.) • **Références** : Richard Galliano, Antoine Hervé « la Leçon de jazz », Ballaké Sissoko & Vincent Segal, collectif Le Maxiphone, Arthur H, Tigran Hamasyan, Avishai Cohen

JAZZOGENE

✆ **05 53 06 99 98 / 06 07 23 94 16**
jazzogene@orange.fr • **jazzogene.blogspirit.com**
Le Bourg • 24640 **LA BOISSIERE D'ANS**

Hans KUIJPER (Président) • Michel FAVARD (Trésorier) • Michel LABUSSIERE (Secrétaire)

Genre(s) musical(aux) : Jazz • **Période** : Tte l'année • **Régularité** : Variable • **Lieu(x)** : Jazz Club au Paradis (Perigueux) • **Références** : Kami Quintet, Kenza 3°, Duo Lutz-Altier, Nostoc, François Faure, Kouyate-Neerman, Julien Lourau, le Tigre des Platanes (dans le cadre de « Jazz en scènes »), Matthieu Donarier, Benjamin Moussay/Claudia Solal, Goergui Kornazov, Alex Tassel, Sylvain Beuf, Pierre de Bethmann, Didier Labbé, Emile Parisien, etc.

MEGASTAFF

✆ **05 53 35 46 52** • fax 05 53 35 46 52
demotheque@aol.com • **www.myspace.com/lademotheque**
c/o La Démothèque • 8 av. Daumesnil • 24000 **PERIGUEUX**

Bernard DELGOULET (Programmateur)

Genre(s) musical(aux) : Rock, hardcore, reggae, punk, techno • **Période** : Tte l'année • **Régularité** : Aléatoire • **Lieu(x)** : Le Sans Réserve • **Références** : Magnetix, Lady Calling, New Christ, Kinky, etc.

SOME PRODUKT

✆ **05 53 46 69 98 / 06 85 10 68 11**
someprodukt@wanadoo.fr • **facebook.com/groups/someprodukt**
29 ch. de Beauchaud • 24750 **BOULAZAC**

Marc ROUMAGNE (Programmateur) • Virginie ROUMAGNE (Programmatrice)

Genre(s) musical(aux) : Rock, punk rock, pop rock, hardcore, noise, stoner, folk rock, garage • **Période** : Sep. à mai • **Régularité** : 2 à 3/mois • **Lieu(x)** : Le Sans Réserve (salle), l'Ecume des Jours (café-concert), les Toqués (café-concert) • **Références** : Penthouse, Red Sparowes, The Drones, Unsane, The Ex, New Christs, James Leg, Karma to Burn, Cooper, etc.

TIN TAM ART

✆ **05 53 54 78 30**
tintamart@wanadoo.fr • **tintamart.free.fr**
Le Bout du monde • 24750 **TRELISSAC**

Michel CAPARROS (Président) • Nathalie LAVIALLE (Coordinatrice)

Genre(s) musical(aux) : Les percussions dans les musiques actuelles ou traditionnelles, les musiques de communautés et du monde (africaines, brésiliennes, afrocubaines, etc.) • **Période** : Printemps, hiver • **Régularité** : 2 à 3/an • **Lieu(x)** : Le Sans Réserve (Périgueux), Centre Culturel de l'Agora (Boulazac), foyer socioculturel de Trélissac • **Références** : Les Tambours du Bronx, Minino Garay et les Tambours du Sud, La Ruda, Mamadi Keita, Kaophonic Tribu, Watcha Clan, Trilok Gurtu, Orlando Poleo, Sergent Garcia, Yelemba d'Abidjan, Weird Attractors, Danyel Waro et Titi Robin, Hilight Tribe

Gironde

ALLEZ LES FILLES / ADMAA

✆ **05 56 52 31 69**
com@allezlesfilles.com • **www.allezlesfilles.net**
9 rue Teulère • 33000 **BORDEAUX**

Francis VIDAL (Programmateur) • Stéphanie LEBOUTIN (Administration) • Maxime MORCELET (Communication développement) • Chiara NATAL (Communication programmation)

Genre(s) musical(aux) : Indé international (rock'n'roll, blues, soul, dub, noise) • **Période** : Tte l'année • **Régularité** : 1 à 10/mois • **Lieu(x)** : L'Heretic, Saint-Ex, Salle du Vigean (Eysines), Le Rocher Palmer, Comptoir du Jazz, l'Irem, etc. + plein air • **Références** : White Stripes, Mano Solo, High Tone, Interpol, Heavy Trash, Sharon Jones, Bloodshoot Bill, No Means No, Jessie Evans, etc.

Le COMPLEXE

✆ **06 71 31 10 31 / 05 56 04 90 22**
info@lecomplexe.fr • **www.lecomplexe.fr**
24 rue de la Faïencerie • BP 70104 • 33041 **BORDEAUX CEDEX**

Euloge MOUYÉKÉ (Programmateur)

Genre(s) musical(aux) : Afro, reggae, jungle, ragga, hip hop, latino, blues, déambulatoire, variétés, etc. • **Période** : Sept. à sept. • **Régularité** : 3 à 4/sem. • **Lieu(x)** : C.A.T., Rock school Barbey • **Références** : Kenza Farah, Zaho, King Yellowman, Youssou N' Dour, Meddy Gerville, Booba, Tanis Odua, Daddy Mory, Corneille, Desmond Decker, Yelloman, Misty in Roots, Baster, Régis Gizavo, Negmarrons, Baster, Kamnouze, etc.

IDDAC

✆ **05 56 17 36 36** • fax 05 56 17 36 31
accueil@iddac.net • **www.iddac.net**
59 av. d'Eysines • BP 155 • 33492 **LE BOUSCAT CEDEX**

François POUTHIER (Directeur) • Myriam BRUN-CAVANIÉ (Directrice adjointe)

Agence culturelle de la Gironde • **Genre(s) musical(aux)** : Chanson, musiques du monde, jazz, musiques contemporaines • **Période** : Saison culturelle • **Lieu(x)** : Près de 50 scènes girondines

MUSIQUES DE NUIT DIFFUSION

✆ **05 56 74 80 00** • fax 05 56 67 63 52
contact@lerocherdepalmer.fr • **lerocherdepalmer.fr**
1 rue Aristide Briand • 33152 **CENON CEDEX**

Patrick DUVAL (Directeur) • Hervé CASTELLI (Directeur adjoint) • Aurélie STUBER (Chargée de communication) • Zoé DE LA TAILLE (Médiatrice culturelle)

Pôle de ressource jazz et musiques du monde en Aquitaine • **Genre(s) musical(aux)** : Jazz, musiques du monde, chanson, etc. • **Période** : Tte l'année • **Lieu(x)** : Le Rocher de Palmer, etc. • **Références** : Musiques du Monde : Antonio Zambujo, L'ensemble National de Musiques Arabes de Palestine, Taraf de Haïdouks & Kocani Orkestar, Noa, Natacha Atlas, Mayra Andrade, Katia Guerreiro, Boban I Marko Markovic Orkestar, Melingo, etc. Jazz : Eric Legnini, Michel Portal, Ron Carter, Brad Mehldau Trio, Post Image & John Greaves, Build An Ark, Chick Corea & Gary Burton, Chano Dominguez, Musica Nuda, Youn Sun Nah Quartet, etc. Autres : Nostalgia 77+Jono Mccleery, Sefyu, Active Child+Megafaun, Sniper, Dark Dark Dark+Mirel Wagner, Dj Krush, Ewert And The Two Dragons, etc.

ORGAN'PHANTOM

✆ **06 76 07 45 18**
organphantom@gmail.com • **www.organphantom.org**
Appt. 13 • 97 quai des Chartrons • 33300 **BORDEAUX**

Marie-Josée LAVERDA (Présidente)

Genre(s) musical(aux) : Indie • **Lieu(x)** : Bordeaux • **Références** : Ninja Tune, Warp Records, Anticon, Tigerbeat6, Mush Records, Alien Transistor, K Records, Versatile, Tigersuchi, Big Dada, Born Bad Records, Domino, Loaf Recordings, Asmathic Kitty Records, etc.

SERVICE CULTUREL DE ST-LOUBÈS

✆ **05 56 68 67 06** • fax 05 56 68 67 01
elizabethberrebi@yahoo.fr • **www.lacoupole.org**
Mairie de St Loubès • Service culturel • BP 56 • 33450 **ST LOUBES**

Elizabeth BERREBI (Directrice générale de la coupole et des services culturels)

Genre(s) musical(aux) : Jazz, variétés, humour, théâtre, danse classique, expositions • **Période** : Sep. à mai • **Régularité** : Oct. à juin • **Lieu(x)** : La Coupole (700 pl. assis, 2400 debout) • **Références** : Tri Yann, Dany Brillant, Hugues Auffray, Julien Doré, Michel Jonasz, Calagero

TRANSROCK / KRAKATOA

✆ **05 56 24 34 29** • fax 05 56 99 18 05
transrock@krakatoa.org • **www.krakatoa.org**
c/o Krakatoa • 3 av. Victor Hugo • 33700 **MERIGNAC**

Didier ESTÈBE (Directeur / programmateur) • Nathalie FLORANCEAU (Administratrice) • Alice DUBOÉ (Communication) • David LESPES (Communication / programmation) • Guillaume MANGIER (Pépinière / centre infos ressources)

Genre(s) musical(aux) : Musiques actuelles • **Période** : Sep. à juin • **Régularité** : 4 à 5/mois • **Lieu(x)** : Le Krakatoa (1200 pl., Mérignac) • **Références** : Noir Désir, Nick Cave, The Gun Club, Ting Tings, Ben Harper, Renan Luce, Katerine, The Tallest Man on Earth, Animal Collective, Wax Tailor, etc.

VICIOUS SOUL

manu@vicious-soul.com • **www.vicious-soul.com**
12 rue de Strasbourg • 33000 **BORDEAUX**

Manu CIER (Président) • Clément BUEE (Vice-président) • Alban GARROS (Trésorier) • Gaetan PERRIÈRE (Secrétaire) • Guillaume EL KHOURI

Genre(s) musical(aux) : Soul, ska, rock sixties, yéyé, garage, rhythm and blues • **Période** : Tte l'année • **Régularité** : 1/mois • **Lieu(x)** : UFO Bar, Houla Oups, mécanique ondulatoire, Rotonde Stalingrad (Paris). Heretic club, El Chicho, la Grange, Saint-Ex (Bordeaux, Vicious Soul Festival juin) • **Références** : DJ David Ghetto, Sir Emmanuel, DJ Dj Greffier, Dj Libano, DJ Gaet CJames, Los Infierno, Jack Of Heart, Royal Premiers, J.-C. Satàn, Catholic Spray, Les Spadassins, Shiva and the Deadmen, The Fonxionaires, Yussuf Jerusalem, The Kitschenette's, The Buttshakers, Teenage Moonlight Borderliners, Hoodlum, X.OR.

Landes

CRABB

✆ **05 58 78 82 82** • fax 05 58 78 82 82
crabb@orange.fr • **crabb.free.fr**
231 av. Montbron • 40600 **BISCARROSSE**

Jean-Marc HELIES (Directeur) • Agnès CLAUDEL (Assistant)

Genre(s) musical(aux) : Rock, jazz, classique, chanson, musique du monde • **Période** : Oct à juin • **Régularité** : 1/mois • **Lieu(x)** : Espace municipal (300 pl.) • **Références** : Pulcinella, Samarabalouf, Mayra Andrade, Les Doigts de l'Homme, Art Mengo, Domnique A, Carmen Maria Vega

LANDES MUSIQUES AMPLIFIÉES

✆ **05 58 35 40 90 / 06 73 67 55 58 / 06 76 82 40 59**
catherine@lma-info.com • **www.lma-info.com**
204 av. de la Résistance • 40990 **ST PAUL LES DAX**

Stéphane GRECO (Directeur) • Catherine GUERNION (Administratrice) • Olivier MATHIOS (Coordinateur artistique et pédagogique)

Genre(s) musical(aux) : Ts • **Période** : Tte l'année • **Régularité** : 20 concerts/an • **Lieu(x)** : Ttes structures sur l'ensemble du dép. des Landes • **Références** : Moriarty, Dominique A, Souad Massi, Jeanne Cherhal, etc.

La LOCOMOTIVE

✆ **09 53 62 38 01**
contact@loco-motive.fr • **www.loco-motive.fr**
1 allée de la Ferme • 40220 **TARNOS**

Daniel RODRIGUEZ (Directeur) • Bruno AZCARATE (Animateur)

Genre(s) musical(aux) : Musiques amplifiées et actuelles • **Période** : Tte l'année • **Régularité** : Irrégulière, trimestrielle au min. • **Lieu(x)** : Plein air, salle de 100, 500 ou 1000 pl. • **Références** : Gojira, Emir Kusturica, Skatalites, Richard Bohringer, Babylon Circus, Sergent Garcia, Patrice, Ayo, Rubin Steiner, The Young Gods, Pauline Croze, Ridan, Jehro, NoJazz, Java, Caravan Palace, The John Butler Trio, etc.

Lot-et-Garonne

ABC- BLUES STATION CONCERTS

✆ **05 53 40 72 14** • fax 05 53 40 72 14
blues.station@wanadoo.fr • **www.bluesstation.fr**
Le Bourg Anthé • 47370 **TOURNON D'AGENAIS**

Christian BONCOUR (Responsable artistique)

Aventure Blues Complice • **Genre(s) musical(aux)** : Blues, boogie • **Régularité** : Ts les 2 mois • **Lieu(x)** : Ancienne chapelle à Tournon d'Agenais (plus de 500 pl.) • **Références** : Rod Piazza & the Mighty Flyers, Guitar Crusher, Joe Moss Band, RoseBud Blue Sauce R.J. Mischo, Wes Mackey, « Nuit du Blues » (nov.) avec Sean Costello Band, etc.

FUMEL COMMUNAUTE

✆ **05 53 40 46 76** • fax 05 53 71 35 16
resaculture@cc-dufumelois.fr • **www.cc-dufumelois.fr**
Pôle Culture et Patrimoine • Pl. Georges Escande • 47500 **FUMEL**

Anne-Lise VINCIGUERRA (Chargé de programmation et d'action culturelle) • Sylvie MAS (Adjointe d'administration culturelle)

Communauté de communes du Fumelois-Lemance • **Genre(s) musical(aux)** : Chanson, jeune public, danse et théâtre • **Période** : Oct. à juin • **Régularité** : 2/mois • **Lieu(x)** : Centre culturel (1 000, 600 et 200 pl.) • **Références** : JP Bruttmann, Bratsch, CharlElie Couture, Claire Denamur, Guillo, Sylvain Reverte

ROUTES DU ROCK

✆ **05 53 66 13 61** • fax 05 53 68 70 34
routedurock@countryfr.com • **countryfr.com/RoutesduRock.shtml**
658 av. Joseph Amouroux • 47000 **AGEN**

Gérard DESMÉROUX (Président)

Genre(s) musical(aux) : Blues, country music, rock'n'roll • **Période** : Tte l'année • **Lieu(x)** : Du bar au festival • **Références** : Charlie Mc Coy, Calvin Russell, J-J. Milteau, Benoit Blue Boy, Canned Heat, Pow Wow

STACCATO

✆ **05 53 83 05 02**
asso.staccato@orange.fr • **staccato-asso-47.blogspot.fr**
22 bd Jules Ferry • BP 62 • 47800 **MIRAMONT DE GUYENNE**

Frédéric POLETTO (Programmateur) • Elodie PRIVAT (Assistante de production) • Michel RANNOU (Responsable technique)

Genre(s) musical(aux) : Rock, electro, chanson, world, reggae, dub, arts de la rue, jeune public • **Période** : Tte l'année • **Régularité** : 3 à 4/mois • **Lieu(x)** : Salles polyvalentes, cafés, châteaux, plein air, chapiteau, salles des fêtes • **Références** : Improvisators Dub, les Ogres de Barback, Zita Swoon, Dionysos, Svinkels, Double Nelson, etc.

VOIX DU SUD

✆ **05 53 67 16 52** • fax 05 53 67 05 51
info@voixdusud.com • **www.voixdusud.com**
1 rue du Plapier • 47220 **ASTAFFORT**

Pascal BAGNARA (Directeur) • Jean-François LAFFITTE (Directeur adjoint)

Centre des écritures de la chanson • **Genre(s) musical(aux)** : Chanson • **Régularité** : Irrégulière • **Références** : Chanson Plus Bifluorée, Zazie, J-J. Milteau, M. Le Forestier, Axelle Red, L. Chédid, De Palmas, Axel Bauer, Idir, Calogero, etc.

Pyrénées-Atlantiques

ACP

✆ **05 59 82 93 97**
acp-billetterie@wanadoo.fr • **www.acp-concerts.com**
Villa Charmoise Parc Lawrance • 125 bis bd Alsace Lorraine • 64000 **PAU**

Elsa PAYRI CHINANOU (Administration / Programmation) • Fred LURDOS (Communication / billetterie)

Amis de la chanson populaire • **Genre(s) musical(aux)** : Rock, variétés, café-théâtre • **Période** : Selon opportunités • **Régularité** : 20/an • **Lieu(x)** : Théâtre St Louis (Pau), Zénith, Palais Beaumont • **Références** : Programmation culturelle annuelle : musiques actuelles + spectacles vivants (danse, théâtre, etc.) : Gotan Project, Gallotta, Jamel, Katerine, Aubert, Pamela Hute, etc.; programmation estival « l'été à Pau » (18 concerts gratuits); programmation « Emergences du St Louis »; 4 concerts sur 4 mois dans 1 lieu, le théâtre St Louis (40 € en abonnement, soit 10 € le spectacle)

AMPLI ASSOCIATION

✆ **05 59 32 93 49**
programmation@ampli.asso.fr • **www.ampli.asso.fr**
Les Abattoirs • 51 Allée Montesquieu • 64140 **BILLERE**

Olivier PETERS (Directeur) • Bertrand PERES (Programmateur)

Genre(s) musical(aux) : Ts • **Période** : Annuelle • **Régularité** : 2 à 3/mois • **Lieu(x)** : La Route du Son • **Références** : General Elektriks, Randy Mandys, Naomi Shelton, Magnetix, Bikini Machine, etc.

LANETIK EGINA

✆ **05 59 48 14 14 / 06 84 22 60 82** • fax 05 59 48 14 14
lanetikegina@free.fr • **www.lanetikegina.org**
75 route de Behobie • 64700 **HENDAYE**

Niko CHAUMONT (Chargé de diffusion)

Genre(s) musical(aux) : Musiques actuelles • **Période** : Annuelle • **Régularité** : 1/mois • **Lieu(x)** : Divers • **Références** : Tripod, Hertz & Silence, Watcha, King Mafundi, Aistrika, De la Daube, Dementzsia Skunk, Bon Temps Roulé, Buju Banton, Empalot, Gojira, Pleymo, Lareplik, les Mal Polis, Mak, Afrika

AUVERGNE

Allier

ISLEA SAISON CULTURELLE

✆ **04 70 34 23 65** • fax 04 70 20 17 96
islea.saisonculturelle@orange.fr • **mairie-avermes.planet-allier.com**
Mairie • 03000 **AVERMES**

Sandra BESSERVE (Programmation / régie générale) • William MORIN (Régisseur son) • Jean-Marc ROY (Régisseur lumière)

Genre(s) musical(aux) : Musiques actuelles (rock, blues, chanson française, jazz) • **Période** : Sep. à juin • **Régularité** : 1 à 2/mois • **Lieu(x)** : Salle Isléa (de 342 pl. assises à 600 pl. debout) • **Références** : Frédérika Sthal, Daniel Darc, Dick Annegarn, Yves Jamait, les Fatals Picards, Nuit des Musiques traditionnelles, La Grande Sophie, Ange, Aston Villa, Les Ogres de Barbaques, Rodolphe Burger, Anaïs, Charlélie Couture, Versus

MUSIQUES VIVANTES

✆ **04 70 31 15 00**
contact@musiquesvivantes.com • **www.musiquesvivantes.com**
56 av. Victoria • 03200 **VICHY**

Michele DEPLAT (Présidente) • Sophie SCHMID (Chargée de mission culturelle) • Laure BOYER (Chargée de communication) • Sophie TARASCHINI (Musicienne intervenante)

Genre(s) musical(aux) : Jeune public, musique classique, musique contemporaine • **Période** : Tte l'année • **Régularité** : 50 à 60/an • **Lieu(x)** : Divers et variés en Auvergne • **Références** : Festival « Tintamarre », Festival Les Nuits « Osez le classique »

Cantal

LMT

✆ **04 71 64 14 99**
lovemitendeur@free.fr • **www.myspace.com/lovemitendeur**
Parc de la Fraternité • Rue Jean Moulin • 15000 **AURILLAC**

Josy PUECHBROUSSOU (Administrateur)

Asso. Love Mi Tendeur • **Genre(s) musical(aux)** : Musiques amplifiées • **Période** : Oct. à juin • **Régularité** : 3 à 4/an • **Lieu(x)** : Halle de Lescudilliers (500 pl.) • **Références** : Groupes régionaux ou locaux

La PASSERELLE

✆ **04 71 60 75 00** • fax 04 71 60 75 01
passerelle.stflour@free.fr • **www.saint-flour.com**
17 bis pl. d'Armes • 15100 **ST FLOUR**

Daisy DELPIROU (Administration) • Hervé BLANCO (Technique)

Centre culturel et d'animation de St Flour • **Genre(s) musical(aux)** : Tous dont jazz, rock, blues • **Période** : Tte l'année • **Régularité** : 2/mois • **Lieu(x)** : Salle des Jacobins (200 pl.), Le Rex (176 pl.) • **Références** : Paris Combo, Kafka, Les Fatals Picards, etc.

Haute-Loire

THÉÂTRE LE PUY EN VELAY

✆ **04 71 09 03 45** • fax 04 71 09 84 78
letheatre@mairie-le-puy-en-velay.fr • **www.lepuyenvelay.fr**
pl. du Breuil • 43000 **LE PUY EN VELAY**

Thierry CLAUDE (Directeur technique)

Genre(s) musical(aux) : Ts spectacles (musique, danse, théâtre, nouvelles formes, jeune public) • **Période** : Sept. à juin • **Régularité** : 5/saison • **Références** : Robert Charlebois, Jacques Higelin, Juliette, Calogéro, Patrick Bruel, Thomas Ductronc, etc.

Puy-de-Dôme

La COMTE AU CLAIR DE LUNE

✆ **04 73 69 02 12** • fax 04 73 69 12 60
frederic.pierre@mairie-vic-le-comte.fr • **www.vic-le-compte.fr**
Service culturel Mairie • BP 28 • 63270 **VIC LE COMTE**

Frédéric PIERRE (Programmateur)

Genre(s) musical(aux) : Chanson, rock, world, etc. • **Période** : Juil. • **Régularité** : 3 ven. en juil. • **Lieu(x)** : Plein air • **Références** : Pep's, Kaolin, Riké, Da Silva, Subway, Olivia Ruiz, Blankass, Magyd Cherfi, Oaïstar, la Kinky Beat, etc.

La GRATTE À 2 PATTES

✆ **06 63 16 68 68**
akiladesbois@hotmail.com • **www.lagrattea2pattes.blogspot.fr**
12 rue Alexandre Dumas • 63300 **THIERS**

Sebastien BORDEL (Programmateur)

Genre(s) musical(aux) : Rock, hip hop, metal, reggae, électro • **Période** : Tte l'année. Festival rural le 2e WE de mai, off le 2e WE de juil. • **Régularité** : 2/mois • **Lieu(x)** : Espace Scène live (ex Balthazar), Ecole de Joub, La Ces du Palais, Festival Off à la Pamparina, Chateldon • **Références** : Washington Dead Cats, Choléra, Le Régiment, Dawamesk, etc.

HAPPY BOP

✆ **04 73 38 18 22**
mikaelian.stephane@neuf.fr • **www.jazzaupoco.com**
20 av. Thermale • 63400 **CHAMALIERES**

Stéphane MICKAËLIAN (Conseiller artistique) • Annick CASAS

Jazz au Poco • **Genre(s) musical(aux)** : Jazz • **Période** : Saison culturelle • **Régularité** : 10 concerts par an • **Lieu(x)** : Petit Vélo - PocoLoco à Clermont-Ferrand (lepetitvelo.ovh.org/) • **Références** : Jazz au Poco Moutin Reunion, Etienne MBappé, Mokhtar Samba, Gregory Porter, Chlorine Free, Soweto Kinch, Géraldine Laurent, etc.

ON CONNAIT LA CHANSON

✆ **04 63 22 55 33 / 06 26 66 44 61**
contact@onconnaitlachanson.fr • **www.onconnaitlachanson.fr**
168 rue des Ecoles • 63112 **BLANZAT**

Jean-Paul PEUCH (Président)

Genre(s) musical(aux) : Chanson française • **Période** : Tte l'année • **Régularité** : Annuelle • **Lieu(x)** : Ts lieux en Auvergne • **Références** : J. Bertin, Le Cirque des Mirages, Les Frères Brothers, S. Utgé Royo, P. Forcioli, L. Lantoine, Imbert Imbert, G. Pierron, Wriggles, Volo, M. Bernard, J. Guidoni, etc.

SAISON CULTURELLE D'ISSOIRE

✆ **04 73 89 71 52** • fax 04 73 89 41 05
culture@issoire.fr • **www.issoire.fr**
Mairie • 2 rue Eugène Gauttier • 63500 **ISSOIRE**

Didier BARRIO (Directeur de la vie culturelle)

Genre(s) musical(aux) : Chanson, rock, pop rock, jazz, musique du monde, classique • **Période** : Sep. à mai • **Régularité** : 2 à 3/mois • **Lieu(x)** : Salle Animatis (625 pl. assises, 955 pl. debout) • **Références** : Thomas Fersen, Buika, Ibrahim Maalouf, Anaïs, Abd Al Malik, Idir, Arthur H, Mickey 3D, Ilène Barnes

BASSE-NORMANDIE

Calvados

ACTION CULTURELLE DE BAYEUX

✆ **02 31 92 03 30** • fax 02 31 92 85 89
actionculturelle@mairie-bayeux.fr • **www.mairie-bayeux.fr**
11 rue Lambert Leforestier • BP 21215 • 14402 **BAYEUX CEDEX**

Adeline FLAMBARD (Directrice) • Stéphanie GUÉRIN (Adjointe) • David MOULIN (Adjoint pour les musiques actuelles)

Genre(s) musical(aux) : Jazz, rock, chanson, musiques du monde, classique, âthétre, jeune public, conte, danse • **Période** : Programmation annuelle • **Lieu(x)** : Halle aux Grains, Auditorium et ferme de Sully, médiathèque • **Références** : Les Wampas, Yves Duteil, The Ex, Doodlin', Yuri Buenaventura, Murray Head, Rose, Dan ar Braz, Solorazaf, etc.

ADMH

✆ **02 31 47 96 13** • fax 02 31 95 97 75
contact@bigbandcafe.com • **www.bigbandcafe.com**
av. du Haut Crepon • 14200 **HEROUVILLE ST CLAIR**

Paul LANGEOIS (Directeur) • Gilles GERARD (Directeur technique) • Frédérique GENDRE (Communication)

Association pour le développement musical d'Hérouville • **Genre(s) musical(aux)** : Musiques actuelles • **Période** : Sep. à juin • **Régularité** : 2/sem. • **Lieu(x)** : Big Band Café (600 pl.), Théâtre d'Hérouville (700 pl.), La Fonderie (1 300 pl.) • **Références** : Canned Heat, Tom McRae, Carmen Maria Vega, Paul Personne, Manu Katché feat. Nils Petter Molvaer, General Elektriks, etc.

ARTS ATTACK !

✆ **02 31 38 79 31** • fax 02 31 38 95 83
contact@artsattack.org • **www.artsattack.org**
9 cours Caffarelli • 14000 **CAEN**

Jérémy GEORGET (Président) • Christophe MOULIN (Directeur) • Benoît RUGEL (Administrateur)

Cultivateurs de talents • **Genre(s) musical(aux)** : Musiques électroniques et musiques actuelles • **Période** : Tte l'année • **Lieu(x)** : Le Cargö, Zénith, Parc des Expositions, Théâtre des Cordes, etc. • **Références** : Techno Parade 99, Cosmic Vibes, Be Cosmic, festivals Technovision, Nördik Impakt et Supersonic, etc.

BACKSTAGE

✆ **02 31 80 23 66**
backstagecaen@wanadoo.fr • **backstagecaen.free.fr**
9 rue de l'Ecole • 14250 **FONTENAY LE PESNEL**

Jacques PICARD (Président)

Genre(s) musical(aux) : Blues • **Période** : Tte l'année • **Régularité** : 2/an • **Lieu(x)** : Zénith, BBC, etc. • **Références** : Mick Taylor, Lucky Peterson, Melvin Taylor, Joe Louis Walker, John Mayall, « Nuit du blues de Caen » (ts les 2 ans), Nuit du Blues (ts les ans, avril 2013)

CHANSON À CAEN

✆ fax 02 31 29 14 16
elisabeth.chansonacaen@orange.fr
BP 86061 • 14062 **CAEN CEDEX 4**

Christine GUILLOUET-DRAPENSKI (Présidente) • Elisabeth ALLEAUME

Genre(s) musical(aux) : Variétés, chanson, blues, musiques actuelles • **Période** : Tte l'année • **Lieu(x)** : Zénith (4 500 pl.) et autres salles de l'agglomération • **Références** : Eddy Mitchell, Nuits du Blues, M. Delpech, Art Mengo, Pink Martini, etc.

COLLECTIF JAZZ DE BASSE-NORMANDIE

✆ **02 50 08 62 44**
contact@cjbn.fr • **www.cjbn.fr**
65 rue des Rosiers • 14000 **CAEN**

Pascal VIGIER (Chargé de production) • Céline BRICARD (Chargée de communication) • Samuel LOVITON (Président)

Genre(s) musical(aux) : Jazz • **Période** : Sep.à mai • **Références** : « Focus jazz » (mars - dans plusieurs lieux dans toute la région), « Minifest » (oct. - en coprod. avec El Camino), « Jazz en scènes » (déc.), « Rencontres de l'Instant » (fév. - Blainville/Orne), « Interstice » (mai - Caen), « Varembert Music Festival » (sep. - la Ferme Culturelle du Bessin) avec « Varembert Music Festival » (sep.) - Organisation des concerts mensuel « Jazz Dudim »

Le FAR

✆ **02 31 27 88 10** • fax 02 31 27 88 11
contact@le-far.fr • **www.le-far.fr**
Le FAR Maison des Quatrans • 25 rue de Geôle • 14000 **CAEN**

Jean-Claude LEMENUEL (Directeur) • Xavier FONTAINE (Médiateur régisseur)

Agence Musicale Régionale • **Genre(s) musical(aux)** : Musiques traditionnelles et du monde • **Période** : Toute l'année • **Régularité** : Saison annuelle d'octobre à juin • **Lieu(x)** : Théâtre de Caen, la Renaissance (Mondeville), Théâtre le Trident (Cherbourg), Théâtre de Lisieux, Saison culturelle de Falaise, La Loco (Mézidon-Canon), Maison de l'étudiant (Caen), etc. • **Références** : Musiques du monde dans les foyers Théâtre de Caen : Nawal (Comores), Ishango opus 3 (mus. pygmées Aka), Serkan Uyar (Turquie), Bombino (mus. touareg), Les frères Makouaya (Congo), JB Marino (flamenco), Carla Pirès (fado), Slonovski Bal (Balkans), Le Diwan de Biskra (Algérie), Kilkash (Irlande), Souad Kherifi (Algérie); Médiathèque de Colombelles : Lingling Yu (Chine), Yom; La Renaissance : Deolinda (Portugal); La Loco : Burkina Foly, Shak Shakembo

FERME CULTURELLE DU BESSIN

✆ **02 31 21 05 62** • fax 02 31 21 05 62
fcb.varembert@orange.fr • **www.fcb.varembert.com**
39 Chemin de Varembert • Commune de St-Gabriel Brécy
14400 **ESQUAY SUR SEULLES**

Elsa RIGNAULT (Responsable artistique) • Maëva AMAR (Chargée du développement culturel)

Genre(s) musical(aux) : Jazz, chanson, slam, world, etc. • **Période** : Toule l'année • **Régularité** : Ts les ven. quelques sam. • **Lieu(x)** : 1 salle de spectacles de 205 pl. + 1 salle de cabaret de 70 pl. • **Références** : Didier Lockwood, Benoit Sourisse, Shaman Box, Verona Quartet Jazz, soirée « Focus jazz », Magnetic Quartet, Sonochrome Vert, André Villeger, Violon profond, etc.

MUSICOS PLURIEL

✆ **06 81 28 93 33 / 02 31 23 48 74** • fax 02 31 83 92 40
musicospluriel@gmail.com • **facebook.com/musicos.pluriel/about**
144 Grande rue • 14880 **HERMANVILLE SUR MER**

Julien BLANCHET (Trésorier) • Ludovic CAHAGNIER (Président)

Genre(s) musical(aux) : Musiques actuelles • **Période** : Toute l'année • **Régularité** : 4/an • **Lieu(x)** : Smacs (Cargö, BBC), plein air, salles des fêtes, etc. • **Références** : Dj Lowkey & Kardinal, Digital Juice, Flor, DJ Leven, I Population

S.M.H.

✆ **02 50 50 98 51** • fax 02 31 53 67 09
saisonmusicale@yahoo.fr • **www.saisonmusicale.fr**
1006 quartier du bois • 14200 **HEROUVILLE ST CLAIR**

Guy DUFOUR (Président) • Norbert GENVRIN (Directeur) • Frédéric FOURNIER (Régisseur / chargé de communication)

Saison Musicale d'Hérouville • **Genre(s) musical(aux)** : Soutien aux artistes régionaux, création de spectacle avec l'orchestre d'Hérouville • **Période** : Oct. à juin • **Régularité** : Mensuelle • **Lieu(x)** : Théâtre municipal d'Hérouville Saint-Clair • **Références** : Orchestre d'Hérouville, orchestre régional de BN, etc.

SERVICE CULTUREL DE LA VILLE DE DEAUVILLE

✆ **02 31 14 02 14**
p.normand@deauville.fr • **www.deauville.fr**
Mairie de Deauville • 22 rue Robert Fossorier • BP 31600
14801 **DEAUVILLE CEDEX**

Philippe NORMAND (Responsable du Service culturel) • Marie-Dominique LEPRINCE (Assistante)

Genre(s) musical(aux) : Chanson, jazz, danse, etc. • **Période** : Saison culturelle • **Lieu(x)** : Théâtre du Casino de Deauville (380 pl. théâtre à l'italienne) • **Références** : Baptiste Trotignon avec David El Malek, Isabelle Mayrerau, les Klezmatics, Camelia Jordana, Catherine Major, etc.

Manche

BREHAL ANIMATION MUNICIPALE

✆ **02 33 91 96 33** • fax 02 33 61 35 36
brehal.animation@ville-brehal.fr • **www.ville-brehal.fr**
Mairie • BP 4 • 50290 **BREHAL**

Patrice DESBLEUMORTIERS

Genre(s) musical(aux) : Tous (spécialité découverte) • **Période** : Tte l'année • **Régularité** : 1/mois, 3/sem. durant l'été • **Lieu(x)** : Halle de Bréhal, Salle de St-Martin de Bréhal • **Références** : La Tordue, Bénabar, Delerm, Jeanne Cherhal, Alexis HK, K2R, Rasta Bigoud, Caméléons, Paris Combo, Rokia Traoré, Loïc Lantoine

Orne

ODC 61

✆ **02 33 31 90 90** • fax 02 33 31 90 91
m.gasnier@odc-orne.com • **www.odc-orne.com**
Palais d'Argentré • BP 64 • 61500 **SEES**

Martine GASNIER (Directrice) • Claire AUBRAT (Chargé de mission à la programmation)

Office départemental de la culture de l'Orne • **Genre(s) musical(aux)** : Chanson, jazz, classique • **Période** : Tte l'année • **Régularité** : Ttes les sem. • **Lieu(x)** : Salles équipées et non équipées dans l'Orne • **Références** : Laurent de Wilde et Géraldine Laurent, Ibrahim Maalouf, Perrine Mansuy, les Soeurs Tartellini, Festivals « Jazz en Ouche » (nov.), etc.

BOURGOGNE

Côte-d'Or

ABC DIJON

✆ **03 80 30 59 78** • fax 03 80 50 18 08
direction@abcdijon.org • **www.abcdijon.org**
4 passage Darcy • BP 42407 • 21024 **DIJON CEDEX**

Philippe PROST (Directeur)

Association Bourguignonne Culturelle • **Genre(s) musical(aux)** : Jazz, Musiques du Monde • **Période** : 15 sep. au 15 juin • **Régularité** : 2/sem. • **Lieu(x)** : Ttes les salles de Dijon (Théâtre des Feuillants, etc.) • **Références** : Marc Ducret « Tower Bridge », Soweto Spiritual Singers, Tigran Hamasyan, Ibrahim Maalouf, Brad Mehldau, Stacey Kent, Stefano Di Batista, Arthur H, Avishai Cohen, Motion Trio, Festival jeune public « A Pas Contés » (fév.), etc.

Le CONSORTIUM

✆ **03 80 68 45 55**
www.leconsortium.fr
37, rue de Longvic • 21000 **DIJON**

Xavier DOUROUX (Directeur) • Franck GAUTHEROT (Directeur) • Alexandre ROCUZZO (Chargé des actions pédagogiques et de médiation)

Centre d'art contemporain • **Genre(s) musical(aux)** : Musiques nouvelles, contemporaines, improvisées, pop/rock indépendant, musiques du monde, performances inclassables • **Période** : D'oct. à mai • **Lieu(x)** : Auditorium • **Références** : Silver Apples, Breton, Laurel Sprengelmeyer, alias Little Scream, Eleana Andreyev - Dans le cadre d'Ici l'onde - Why note festival : Famoudou Don Moye, Jean-Marc Montera, Olivier Dumont, Antoine Dumont (création), etc.

FESTIROCK ORGANISATION

✆ **06 10 80 03 59** • fax 03 80 41 02 12
contact@kioukan.com • **www.oxoproduction.com**
Pleuvey • 8 rue du Tilleul • 21200 **MEURSANGES**

Gaby GRAS (Présidente / programmatrice) • Céline GRAS (Chargée de production) • Alexia DOVILLAIRE (Communication) • Cécile VERAIN (Billetterie / Promotion) • Anne REGRAY (Comptable / Administration)

Genre(s) musical(aux) : Musiques actuelles • **Période** : Tte l'année • **Régularité** : 5 à 6/mois • **Lieu(x)** : La Vapeur, Zénith de Dijon (Dijon), Sembat (Chalon sur Saône), etc. • **Références** : Sinclair, Diam's, Mickey 3D, Luke, Biolay, Pony Pony Run Run, F. Ferdinand, Saez, Hocus Pocus, Asa, etc.

MEDIA MUSIC ASSOCIATION

✆ **03 80 59 10 32**
media.music@orange.fr • **www.mediamusic-dijon.fr**
c/o Maison des associations • 2 rue Corroyeurs • BP 22343
21023 **DIJON CEDEX**

Jacques PARIZE (Directeur et coordinateur)

D'Jazz Kabaret - D'jazz dans la ville - D'Jazz au jardin - D'jazz à la plage • **Genre(s) musical(aux)** : Jazz, musique du monde, musiques improvisées • **Période** : Tte l'année • **Lieu(x)** : 5 lieux sur Dijon dont la Vapeur • **Références** : Gestion et programmation de « D'jazz Kabaret » (jazz club de Dijon). Festivals « Jazz version XXL » (sept.), « Jazz dans la Ville » (mai) et « D'jazz au Jardin » (juil.), Action « D'jazz à la Plage » (août)

OCTARINE

✆ **03 80 79 05 13**
communication@octarine-productions.com
www.octarine-productions.com
BP 46711 • 21067 **DIJON CEDEX**

Jean-Baptiste MASSON (Directeur) • Alexandre CLAASS (Programmateur)

Genre(s) musical(aux) : Musiques actuelles • **Période** : Tte l'année • **Régularité** : 2/mois • **Lieu(x)** : La Vapeur, Les Tanneries, La Péniche Cancale • **Références** : Eric Prydz, Para One, Danger, Renaissance Man, Dub Trio, Mad Professor, Gojira, Septic Flesh, etc.

Nièvre

MAISON DE LA CULTURE DE NEVERS ET DE LA NIEVRE

✆ **03 86 93 09 09 / 03 86 93 09 00** • fax 03 86 93 09 01
direction@mcnn.fr • **www.mcnn.fr**
2 bd Pierre de Coubertin • BP 416 • 58004 **NEVERS CEDEX**

Olivier PEYRONNAUD (Directeur) • Céline DESOGOS (Secrétaire générale) • Philippe JEANJEAN (Régisseur général)

Centre de création et de production • **Genre(s) musical(aux)** : Jazz, rock, chanson, variété • **Période** : Sep. à juin • **Régularité** : 2 à 3/sem. • **Lieu(x)** : 2 salles (978 et 140 pl.) et décentralisation • **Références** : Marc Lavoine, Camélia Jordana, Ben l'Oncle Soul, Thomas Fersen, Alain Souchon, Julien Doré, Raphaël, les Wriggles, Yuri Buenaventura, Hugh Coltman, Renan Luce, Calogero, Benjamin Biolay

MLAC CLAMECY

✆ **03 86 27 06 31**
aclmlac@wanadoo.fr • **www.mlac.e-monsite.com**
La Ferme Blanche • 58500 **CLAMECY**

Sébastien CLAMENT (Directeur)

Genre(s) musical(aux) : Ts dont jazz, electrojazz, blues, musiques et danses traditionnelles, musiques actuelles • **Période** : Oct. à août • **Régularité** : 1/mois • **Lieu(x)** : Mlac (100 pl.), salle polyvalente (500 à 1 200 pl.) • **Références** : MeTaL-O-PHoNe, Pierrejean Gaucher « Melody Makers », Trump'Bass, Mathieu Donarier, Ronald Baker, Collectif Slang, Les Doigts de l'Homme, Jesus Volt

Saône-et-Loire

SERVICE CULTUREL VILLE DU CREUSOT

✆ **03 85 77 58 61** • fax 03 85 77 59 99
olivier.berthier@ville-lecreusot.fr • **www.le-creusot.fr**
L'alto • 2 av. François Mitterand • BP 91 • 71200 **LE CREUSOT**

Olivier BERTHIER (Directeur des affaires culturelles) • Jean-Francois GALLET (Adjoint)

Genre(s) musical(aux) : Tt spectacle vivant • **Période** : Annuelle • **Régularité** : 3 à 4/an • **Lieu(x)** : 1 000 et 200 pl. + extérieur • **Références** : Patrick Barbenoire, Ortie, DJ Tagada, Jérôme Pietri, Barzingault, Fanfares, Tako'solo, Urban drum'bass

BRETAGNE

Côtes-d'Armor

OFFICE MUNICIPAL CULTUREL - LOUDÉAC
✆ 02 96 28 11 26 • fax 02 96 28 94 05
omc.loudeac@orange.fr • **www.omc-loudeac.com**
Bd des Priteaux • BP 242 • 22602 **LOUDEAC CEDEX**
Pascal BLEVIN (Directeur programmation)
Genre(s) musical(aux) : Chanson, musique du monde • **Période** : Sep. à juin • **Régularité** : 1/2 sem. • **Lieu(x)** : Palais des Congrès et de la Culture (800 pl. assis, 1 400 pl. debout) • **Références** : L, Trio Erwen/ Delahaye/Favennec, le Grand Orchestre Armorigène, etc.

Le **PIXIE**
✆ 02 96 37 65 32 • fax 02 96 37 02 06
lepixie22@yahoo.fr • **www.lepixie.info**
Porche du 73e Territorial • 22300 **LANNION**
Julien GEFFROY (Animateur culturel)
Genre(s) musical(aux) : Ts styles • **Période** : Tte l'année • **Régularité** : Plusieurs/mois • **Lieu(x)** : Le Pixie • **Références** : Tempo Jazz, Western Trio (Jazz en scène), Héléne Labarrière 4tet, Louise Mitchels, Cannibales et Vahinés, La Seconde Méthode, Ballake Simoke et Yann Tambour, Nimbus Orchestra & Magic Malik, etc.

SERVICE CULTUREL DE PERROS-GUIREC
✆ 02 96 49 02 45 • fax 02 96 49 02 33
animation@perros-guirec.com • **www.perros-guirec.com**
58 Bd Thalassa • BP 147 • 22700 **PERROS GUIREC**
Erwan HENRY (Responsable service culturel) • Dominique LE FLOC'H (Programmateur jazz, jeune public, théâtre)
Genre(s) musical(aux) : Blues, traditionnel, jazz, classique, rock • **Période** : Tte l'année • **Régularité** : 5 à 6/an • **Lieu(x)** : Palais des Congrès (400 pl.) • **Références** : Didier Lockwood, Sonia Wieder-Atherton, Trio Wanderer, Le Cercle, Tri Yann, Richard Galliano, Laurent Korcia, Marc Coppey, Michel Delpech, Kyle Eastwood

THÉÂTRE DES JACOBINS
✆ 02 96 87 14 27 / 02 96 87 03 11 • fax 02 96 87 52 71
communication@cc-codi.fr • **www.codi.fr**
Communauté de communes de Dinan - Service culturel
24 rue Bertrand Robidou • BP 56357 • 22106 **DINAN CEDEX**
Elodie BALLOUD (Directrice culturelle) • Sonia LETANOUX (Chargée de communication) • Vanessa LUCAS (Administration)
Saison culturelle intercommunale de Dinan • **Genre(s) musical(aux)** : Musique du monde, chanson, jazz, classique etc. • **Période** : Début oct. à mi-juin • **Régularité** : 2 à 4/mois • **Lieu(x)** : Théâtre des Jacobins (528 pl.) et territoire de la Codi • **Références** : Miossec, Luz Casal, ornette, Alain Souchon, Benjamin Boilay, Kouban, Le Paris Brass Band, etc.

Finistère

4 ASS'ET PLUS
✆ 02 98 50 95 93 • fax 02 98 50 27 65
quatreassetplus@orange.fr • **quatreassetplus.fr**
c/o MJC Trégunc • Le Sterenn • 29910 **TREGUNC**
Julie BRELIVET (Coordinatrice du réseau)
Réseau culturel en Sud Finistère • **Genre(s) musical(aux)** : Chanson, jazz, musiques du monde, musiques actuelles • **Période** : Sep. à juin • **Régularité** : 100 à 120/an • **Lieu(x)** : Réseau culturel regroupant 7 structures culturelles travaillant sur la création et la diffusion du spectacle vivant en Finistère : « MJC Le Sterenn » (Trégunc), « l'Étincelle » (Rosporden), « MJC La Marelle » (Scaër), service culturel de la commune de Concarneau, service culturel de la commune de Quimperlé, centre socio culturel « l'Ellipse » (Moëlan sur Mer), le Manoir de Kernault - EPCC Chemins du patrimoine en Finistère - (Mellac) • **Références** : Electro Deluxe, Maceo Parker, Didier Labbé, Get The Blessing, Secretos de Cuba, Pierre Perret

APREM'JAZZ
✆ 06 32 40 09 73
aprem-jazz@orange.fr • **www.apremjazz.com**
9 rue du Chanoine Moreau • 29000 **QUIMPER**
Guy POTTIER (Président) • Nathalie RICARD (Programmatrice)
Genre(s) musical(aux) : Jazz • **Période** : Tte l'année le dim. après-midi (sauf l'été) • **Régularité** : 2 concerts/mois • **Lieu(x)** : Salle du Terrain Blanc de Penhars et Ceili Pub (Quimper), le Triskell (Pont l'Abbé) • **Références** : ONJ Yvinec, Alex Tassel, Combo invite Pierrick Menuau, Olivier Temime, Gregory Porter, Portico Quaret, Sophie Alour, Gueorgui Kornazov, Patricia Barber

COLLECTIF JAZZ BETAGNE
contact@collectifjazzbretagne.eu • **www.collectifjazzbretagne.eu**
8 bis rue de Ty Coat • 29510 **LANDREVARZEC**
Fernand TANGUY (Président) • Gilles CARRIÈRE (Vice-président) • Nelly MENEZ (Coordinatrice)
Genre(s) musical(aux) : Jazz en Bretagne et Loire-Atlantique • **Période** : Toute l'année • **Régularité** : « Nuit du jazz » 2 fois/an (déc. et mai) • **Lieu(x)** : Concarneau et autres lieux en Cornouaille (le Triskell à Pont-l'Abbé, etc.) • **Références** : Joel Forrester, Renaud García-Fons, Erik Truffaz, Gregory Porter - « Nuit du jazz » (Centre des Arts à Concarneau) avec en mai Eric Le Lann et en déc. Eric Legnini

PENN AR JAZZ
✆ 02 29 00 40 01 / 02 29 00 40 02
contact@penn-ar-jazz.com • **www.penn-ar-jazz.com**
6 rue Guy Ropartz • 29200 **BREST**
Janick TILLY (Directrice) • Christophe MEVEL (Programmateur) • Pascale GROUX (Administratrice) • Anne YVEN (Chargé de communication)
Genre(s) musical(aux) : Jazz et musiques improvisées • **Période** : Oct. à juin • **Régularité** : 3/mois • **Lieu(x)** : Brest : Cabaret Vauban (300 pl.), salle le Mac Orlan, la Carène, auditorium du conservatoire • **Références** : Jean-Michel Pilc, Benoît Delbecq, Matana Roberts, Elise Caron, Steve Coleman, Geoffroy de Masure, Christophe Marguet, Charles Gayle, Jacques Pellen, Ari Hoenig, François Corneloup, Tony Malaby, Michael Formanek, Dave Douglas, Akchoté/Turner/Foussat, « Jazz en scènes » (déc.),

Les **POLARITÉS**
✆ 02 98 53 14 55
contact@polarites.org • **www.polarites.org**
27 rue du Chapeau Rouge • 29000 **QUIMPER**
Christophe DAGORNE (Directeur programmation)
Genre(s) musical(aux) : Musiques actuelles • **Période** : Tte l'année • **Régularité** : 3/an (festival les Hivernautes, Fête de la Musique) • **Lieu(x)** : Chapeau Rouge (800 pl.) et salles en dehors de Quimper • **Références** : Nils Petter Molvaer, Bauchklang, Gojira, Overhead, Hanin Helias, Sayag Jazz Machine, M83, Fishbone, Queen Adreena etc.

Ille-et-Vilaine

3 P'TIT TOUR
✆ 02 99 67 63 31 • fax 02 99 31 30 83
prog@barsentrans.com • **www.barsentrans.com**
10/12 rue Jean Guy • 35000 **RENNES**
Yann HAMON (Président) • Martin PERRAULT (Administrateur) • Bruno VANTHOURNOUT (Producteur) • Gautier BASYN (Producteur)
Genre(s) musical(aux) : Tous • **Période** : Déc. : Bars en Trans

ACROROCK
✆ 06 67 96 77 61
acrorock.contact@gmail.com • **www.acrorock.com**
La Passerelle • 35770 **VERN SUR SEICHE**
Gilian GARDIN (Président)
Genre(s) musical(aux) : Tous styles • **Période** : Sep. à juin • **Régularité** : 4/an • **Lieu(x)** : La Passerelle (150 pl.), salle des fêtes (650 pl.) • **Références** : Aïwa, Fannytastic, Les Jambons, Debout sur le Zinc, Ministère Magouille, Yfonkdufonk, K2R Riddim, Percubaba, Tryo, Calljah Crew, Washaki, M'Panada, Underground Society, Tagada Jones, Gwenfol, Terminal Buzz Bomb, Festival Le Feu au Lac

ANTIPODE
✆ 02 99 67 32 12 • fax 02 99 67 33 04
programmation@antipode-mjc.com • **www.antipode-mjc.com**
Antipode MJC Rennes • 2 rue André Trasbot • 35000 **RENNES**
Thierry MENAGER (Directeur) • Gaëtan NAËL (Programmateur) • Amélia MICHEL (Responsable de la communication)
Genre(s) musical(aux) : Musiques actuelles • **Période** : Sep. à juin • **Régularité** : 60/saison • **Lieu(x)** : Antipode (500 pl.), La Cité (1 000 pl.), action Hors les Murs • **Références** : Metronomy, Interpol, 1995, Orelsan, Katerine, Yann Tiersen, Aufgang, Ty Segall, Sexy Sushi, Rone, James Blake, etc.

BARS IN BREIZH
phil@barsinbreizh.com • **www.barsinbreizh.com**
10 rue Jean Guy • 35000 **RENNES**
Philippe LE BRETON (Coordinateur) • Bruno VANTHOURNOUT (Coordinateur)
Genre(s) musical(aux) : Rock, pop, électro, reggae, metal, etc. • **Période** : Sep. à juin • **Lieu(x)** : Divers cafés-concerts en Bretagne

Le DIAPASON

✆ **02 23 23 55 68 / 02 23 23 55 69**
guillaume.julien@univ-rennes1.fr • **culture.univ-rennes1.fr**
263 av. du Général Leclerc • CS74205 • 35042 **RENNES CEDEX**

Marie-Aude LEFEUVRE (Responsable du service culturel) • Guillaume JULIEN (Chargé de communication et programmation)

Service culturel de l'université de Rennes 1 • **Genre(s) musical(aux)** : Rock, pop, jazz, chanson • **Période** : Année universitaire • **Lieu(x)** : Salle de spectacles (500 pl. en configuration assise, 720 pl. debout) • **Références** : Le Chapelier Fou, Whiskey and Women, Paco Seri, Black Byrds, Melting'Notes Orchestra, Marion Thomas Quartet, etc.

INTERZONES

✆ **02 99 59 13 85**
interzones@wanadoo.fr • **interzones.free.fr**
5 square René Coty • 35000 **RENNES**

Genre(s) musical(aux) : Association pour la découverte, la promotion et la création dans le domaine des musiques expérimentales, improvisées et avant-gardistes • **Régularité** : Une dizaine/an • **Lieu(x)** : Differentes salles à Rennes dont le Mondo Bizarro, le Jardin Moderne, Le Bon Accueil • **Références** : Bérangère Mximin, Ergo Phizmiz/David Fenech, Elliot Sharp/Franck Vigroux, Guigou Chenevier/Nick Didkovsky, Ellery Eskelin, Andrea Parkins, Jim Black, Jean-François Pauvros et Marteau Rouge, Volapuk, etc.

MASS PRODUCTIONS

✆ **02 23 40 26 45**
massprod@massprod.com • **www.massprod.com**
c/o Le Jardin Moderne • 11 rue du Manoir de Sévigné • 35000 **RENNES**

Fabien VAUTRIN (Management/concerts) • Vincent BRIDE (Label / tournée)

Genre(s) musical(aux) : Rock, punk, hardcore • **Période** : Tte l'année • **Régularité** : Festivals + programmation régulière • **Lieu(x)** : Mondo Bizarro, Jardin Moderne (Rennes), Le Bacardi (Callac), Le Manège (Lorient), etc.

MUSIQUES ERRANCES

✆ **02 99 16 30 58 / 02 99 16 00 00 / 06 75 57 37 87**
contact@musiqueserrances.com • **www.musiqueserrances.com**
Ass. Musiques Errances • Parc de Port Breton • 35800 **DINARD**

Sylvie MALLET (Présidente) • Nicolas DE RYCKE (Responsable artistique) • Fanette AYRAULT (Responsable culturelle Mairie de Dinan)

Genre(s) musical(aux) : Jazz, musiques du monde • **Période** : Sep. à mai • **Régularité** : 1 concert/mois • **Lieu(x)** : Auditorium Stéphan Bouttet (Dinard) • **Références** : Sylvain Luc et les frères Chemiran, Moutin Réunion, Aldo Romano, Bojan Z et Julien Lourau, Ambrose Akinmusire, Géraldine Laurent, Vincent Peirani, Céline Boncina, Diego Imbert, Roberto Fonseca, David Linx & Rhoda Scott, etc.

PATCHROCK

✆ **02 99 78 53 16** • fax 02 99 78 53 16
patchrock@wanadoo.fr • **www.festival-lesembellies.com**
30B rue Louis Guilloux • 35000 **RENNES**

Stéphanie CADEAU (Programmatrice)

Genre(s) musical(aux) : Chanson, pop, rock • **Période** : Oct. à mai • **Régularité** : 1/semestre + festival Les Embellies en mars • **Lieu(x)** : L'Ubu, l'Antipode, la Cité, le Liberté • **Références** : Mansfield Tya, Montgomery, The Last Morning Soundtrack, The Delano Orchestra, etc.

ROCK TYMPANS

✆ **02 99 54 01 11** • fax 02 99 14 01 07 / 02 99 54 22 46
info@laroutedurock.com • **www.laroutedurock.com**
4 mail François Mitterrand • 35000 **RENNES**

François FLORET (Directeur / co-programmateur) • Alban COUTOUX (Programmateur communication) • Pierre TEMPLÉ (Art booking / tour) • François TEMPLÉ (Technique)

Genre(s) musical(aux) : Pop/rock, musiques électroniques, hip hop, electronica • **Période** : Tte l'année avec 2 points forts, La Route du Rock collection été (mi-août) et La Route du Rock collection hiver (mi-fév.) • **Lieu(x)** : St-Malo (Fort St-Père, Nouvelle Vague, Escalier, chapelle Saint Sauveur, plage du Bon Secours), salles rennaises (La Cité, etc.) • **Références** : The Cure, Sonic Youth, Dj Shadow, Portishead, Placebo, PJ Harvey, Interpol, Prefuse 73, Grandaddy, Air, My Bloody Valentine, Flaming Lips, Massive Attack, Liars, Foals, Rapture, etc.

THÉÂTRE NATIONAL DE BRETAGNE

✆ **02 99 31 12 31 / 02 99 31 55 33** • fax 02 99 67 66 19
tnb@theatre-national-bretagne.fr • **www.t-n-b.fr**
1 rue St-Hélier • CS 54007 • 35040 **RENNES CEDEX**

François LE PILLOUER (Directeur) • Laurent PARIGOT (Directeur délégué)

Genre(s) musical(aux) : Jazz, musiques du monde • **Période** : Sep. à juin • **Régularité** : Tte l'année • **Lieu(x)** : Salle Jean Vilar (924 pl.), Cinéma (460 +100 pl.), Salle Jean-Marie Serreau (264 pl.) • **Références** : Gregory Porter, Mounira Mitchala, Terez Montcalm, Enico Rava/Gianluca Petrella, James Carter, « Chansons d'orgueil » avec Manu Lann-Huel, Eric Le Lann et Didier Squiban

Association TRANS MUSICALES

✆ **02 99 31 12 10** • fax 02 99 30 79 27
contact@ubu-rennes.com • **www.lestrans.com**
10/12 rue Jean Guy • CS 73912 • 35039 **RENNES CEDEX**

Béatrice MACÉ (Directrice de projet / production) • Jean-Louis BROSSARD (Directeur artistique / programmateur)

Genre(s) musical(aux) : Musiques ts azimuts • **Période** : Sep. à juin • **Régularité** : Plusieurs/sem. • **Lieu(x)** : Ubu (450 pl.), le Parc Expo (12 000 pl.), l'Etage (900 pl.) • **Références** : Rencontres Trans Musicales, la saison Ubu, etc.

Morbihan

GARATOI

✆ **02 97 56 21 81**
jeanjacques@garatoi.org • **www.lesnuitssoniques.com**
19 Rue G. Le Poder • 56400 **AURAY**

Jean-Jacques VINET (Programmateur) • Etienne LEGENDRE (Programmateur)

Genre(s) musical(aux) : Musiques actuelles • **Régularité** : 4 à 5/an • **Lieu(x)** : Salle Athéna (900 à 1 000 pl.), Petit Théâtre (250 pl.) • **Références** : Zenzile, la Phaze, Red, Mansfield Tya, Laetitia Sherif, Cocoon, Bikini Machine, Syd Matters, French Cowboy, Pony Pony Run Run, Absynthe Minded, Corner Shop, etc.

SERVICE CULTUREL DE MUZILLAC

✆ **02 97 45 64 22** • fax 02 97 45 64 22
centre-culturelmuzillac@wanadoo.fr • **www.muzillac.fr**
Mairie • 56190 **MUZILLAC**

Thierry MONFORT (Animateur)

Genre(s) musical(aux) : Musique du monde, jeune public, traditionnel, chanson, classique • **Période** : Oct. à juin (en salle) et les jeu. en juil. et août (à l'extérieur) • **Régularité** : 8/an tout public, 6 à 8/an jeune public en saison et 8 concerts en été • **Lieu(x)** : Salle du Vieux Couvent (500 pl. assis, 700 pl. debout) • **Références** : Souad Massi, Didier Porte, Orchestre de Bretagne, Boubacar Traoré, Sapho, Dimitri, Kemener, Squiban, Iléne Barnes, Amélie-les-Crayons, Titi Robin

CENTRE

Cher

EMMETROP

✆ **02 48 50 38 61**
emmetrop@orange.fr • **emmetrop.pagesperso-orange.fr**
26 route de la Chapelle • BP 6003 • 18024 **BOURGES CEDEX**

Frédérique MARCINIAK (Directrice artistique) • Erik NOULETTE

Genre(s) musical(aux) : Rock, rap, dub, musique improvisée et expérimentale, world music, techno, ethno, pop • **Période** : Sep. à juil. • **Régularité** : 1 à 2/mois • **Lieu(x)** : Salle le Nadir (Friche L'Antre-Peaux, 400 pl.) • **Références** : Pigalle, Punish Yourself, Têtes Raides, High Tone, Wampas, Fantazio, Idem, Burning Heads, etc.

FAUT QU'ÇA BOURGES

fautqucabourges@gmail.com • **www.fautqucabourges.fr**

Genre(s) musical(aux) : Reggae, dub, ragga, chanson, hip hop • **Lieu(x)** : 3 P'tit Cochons, 22 d'Auron, Nadir, etc.

Indre-et-Loire

Le PETIT FAUCHEUX

✆ **02 47 38 29 34 / 02 47 38 91 20 / 02 47 38 91 92**
fax 02 47 37 15 77
renaudbaillet@petitfaucheux.fr • **www.petitfaucheux.fr**
12 rue Léonard de Vinci • 37000 **TOURS**

Françoise DUPAS (Directrice) • Renaud BAILLET (Programmateur) • Isabelle BOULANGER (Chargée du développement culturel) • Florence PRIOUX (Chargée de communication) • Charly AUDUREAU (Administrateur) • Aurélie ROUSSAT (Ressources documentation)

Genre(s) musical(aux) : Jazz • **Période** : Tte l'année • **Régularité** : Hebdo. • **Lieu(x)** : Salle du Petit Faucheux, mais aussi manifestations organisées à Chinon, etc. • **Références** : Outre la programmation du Petit Faucheux, les festivals : « Total Meeting » (10e en nov. 2013), « Festival Croisements » en collboration avec l'association Assonances (6e en mars 2013), « Chinon en jazz » (13e en juin 2013), « Emergences » en collaboration avec Jazz à Tours (11e en nov. 2013)

SERVICE CULTUREL DE CHINON

✆ 02 47 93 04 92
arts@ville-chinon.com • **www.ville-chinon.com**
Maison du Patrimoine • 43 rue Jean-Jacques Rousseau • 37500 **CHINON**

Frank DEVANT (Programmateur)

Genre(s) musical(aux) : Ts • **Période** : 1er WE de fév., dernier WE de juin • **Régularité** : 1 à 2/mois • **Lieu(x)** : Espace Rabelais (200 à 400 pl.), spectacles plein air • **Références** : « Chinon en Jazz » (13e édition en juin 2013 avec la collaboration du Petit Faucheux)

SERVICE CULTUREL UNIVERSITÉ FRANÇOIS-RABELAIS

✆ 02 47 36 64 15 / 02 47 36 65 64 / 02 47 36 65 05
fax 02 47 36 68 47
culture@univ-tours.fr
www.univ-tours.fr/culture/service-culturel-116833.kjsp
3 rue des Tanneurs • BP 4103 • 37041 **TOURS CEDEX**

Martine PELLETIER (Directrice) • Béatrice BOILLOT (Responsable du Service culturel)

Genre(s) musical(aux) : Musiques actuelles, jazz • **Période** : Saison culturelle • **Lieu(x)** : Salle Thélème (Université de Tours) • **Références** : Bernard Lubat « Chansons enjazzées », Boogers, Bernardo Montet & Andy Emler MegaOctet, Clinic Orgasm Society, Thomas Lebrun, Arfi, Cridacompany, etc.

Loir-et-Cher

Les COPAINS D'ABORD

✆ 02 54 97 24 24 • fax 02 54 97 25 20
les.cop.dab@wanadoo.fr • **www.lescopainsdabordasalbris.c.la**
52 av. d'Orléans • 41300 **SALBRIS**

Manu BENOIST (Programmateur)

Genre(s) musical(aux) : Jazz, jazz manouche, chanson francophone : spectacles enfants, cabarets, concerts tous publics, expo • **Période** : Tte l'année • **Régularité** : Plus de 100 concerts/an • **Lieu(x)** : Salle de 90 pl. • **Références** : Mystère Trio, Raphaël Fays, festival « Swing 41 », Les Joyeux Urbains, La Crevette d'Acier, Bénabar, Les Escrocs, Volo, Karpatt, etc

FIGURES LIBRES

✆ 02 54 89 42 00
richard@figureslibres.org • **www.figureslibres.org**
Porte St-Georges • Rue Poterie • BP 25 • 41101 **VENDOME CEDEX**

Richard GAUVIN (Programmateur) • Jocelyn BORDE (Administrateur) • Cécile BOURSIER (Chargée de production)

Genre(s) musical(aux) : Musiques actuelles • **Période** : Jan. à juin, juil. à août (les Rendez-vous de l'été) et oct. (les Rockomotives) • **Régularité** : 1/mois et festival Rockomotives fin oct. • **Lieu(x)** : Chapelle St-Jacques, le Minotaure • **Références** : Joy, Miles Pride, Chapelier Fou, Françoise Breut, Archwoodmann, les Femmes s'en Mêlent, etc.

Loiret

DÉFI

✆ 02 38 83 70 07 • fax 02 38 83 70 07
asso.defi@wanadoo.fr • **assodefi.hautetfort.com**
108 rue de Bourgogne • 45000 **ORLEANS**

Bérangère ALLIMONNIER (Directrice) • Hugo ALLIMONNIER (Programmateur)

Genre(s) musical(aux) : Ts • **Période** : Tte l'année • **Régularité** : Irrégulier + 1 festival • **Lieu(x)** : Plein air, le 108 - Maison Bourgogne • **Références** : Casey, Karimouche, Lyricson, HK

DIRECTION DU DEVELOPPEMENT CULTUREL DE ST-JEAN DE LA RUELLE

✆ 02 38 79 58 54
culture@ville-saintjeandelaruelle.fr • **www.ville-saintjeandelaruelle.fr**
33 rue Bernard Million • 45140 **ST JEAN DE LA RUELLE**

Frédéric SALLÉ (Directeur)

Genre(s) musical(aux) : Chanson, musiques et chants du monde, jazz • **Période** : Oct. à mai • **Régularité** : 2 à 3/mois • **Lieu(x)** : Salle des Fêtes et Salle de spectacles de St Jean de la Ruelle • **Références** : Karimouche, Angélique Ionatos et Katerina Fotinaki, Têtes Raides, J.-J. Milteau, Casse Pipe, Juliette, Les Pires, M. Le Forestier, Bratsch, La Tordue, Arthur H, Thierry Titi Robin, Dominique A, Sapho, Romain Didier, Barbara Luna, Vincent Delerm, M. Boogaerts, etc.

Ô JAZZ

✆ 06 14 93 80 96 / 06 99 48 65 13
contact.ojazz@gmail.com • **www.ojazz.fr**
282 rue du Faubourg Saint-Vincent • 45000 **ORLEANS**

Jean-Louis DERENNE (Responsable) • Pierre RICHARD (Responsable)

Genre(s) musical(aux) : Promotion et diffusion du jazz et des musiques voisines du jazz auprès de tous les publics à Orléans et dans sa région • **Période** : Entre sep. et mai • **Régularité** : 1 samedi AM/mois à 17h • **Lieu(x)** : Grand hall du Théâtre - Scène nationale d'Orléans • **Références** : « Les Samedis du jazz » : « Au fil de l'histoire du jazz » avec Mazurier-Taïb Quintet, Dixie & d'ailleurs, Swing 45, Marcel et Solange, etc.

PP&M-POWER POULPE AND MUSIC

✆ 06 86 72 65 77
info@ppandm.com • **www.ppandm.com**
c/o Boris A. • 22 rue Louise Labé • 45000 **ORLEANS**

Benjamin ALCANIZ (Président) • Boris ADAMCZYK (Secrétaire)

Genre(s) musical(aux) : Punk rock, noise, post-rock, hardcore, power pop, pop, etc. • **Période** : Année scolaire • **Régularité** : 1 à 6/an • **Lieu(x)** : Astrolabe, 108-Maison Bourgogne, bars d'Orléans • **Références** : Papier Tigre, Electric Electric, Marvin, Ventura, Pneu, Mutiny On The Bounty, It's Not Not, Nine Eleven, Down to Earth, Ravi, Burning Heads, Adolescents, The Germs, Fordamage, Sincabeza, Doppler, Gravity Slaves, Warehouse, Exsonvaldes, Seven Hate, Second Rate, Flying Donuts, Vulgaires Machins, Maria Blonde, Sexypop, Bumblebees, All Systems Go, Dead Pop Club, Chevreuil, Vulgaires Machins, Room 204, Il Fulgurante, Chewbacca All Stars

THÉÂTRE D'ORLÉANS

✆ 02 38 62 45 68 • fax 02 38 62 47 30
contact@theatredorleans.fr • **www.theatredorleans.fr**
BP 21269 • 45002 **ORLEANS CEDEX 1**

François-Xavier HAUVILLE (Directeur) • Emeline GUÉMENÉ (Médiatrice culturelle)

Scène nationale d'Orléans • **Genre(s) musical(aux)** : Musique baroque, contemporain, classique, jazz, musiques du monde • **Période** : Sep. à juin • **Lieu(x)** : Salle Pierre-Aimé Touchard (906 pl.), salle Jean-Louis Barrault (604 pl.), salle Antoine Vitez (213 pl.), grand hall du théâtre (« Les samedis du jazz » 1 sam./mois) • **Références** : les sœurs Mahsa et Marjan Vahdat, EZ3kiel Extented, Rémo Gary, Claire Diterzi, ONJ Yvinec « Piazzolla ! », La Edad de Oro, L'Ensemble Cairn invite John Hollenbeck, Staff Benda Bilili, Erwan Keravec - « Les samedis du jazz » (programmation par Ô Jazz) : « Au fil de l'histoire du jazz » avec Mazurier-Taïb Quintet, Dixie & d'ailleurs, Swing 45, Marcel et Solange, etc.

CHAMPAGNE-ARDENNE

Ardennes

CHARLEVILLE ACTION JAZZ

✆ 03 24 32 78 22
charlevilleactionjazz@wanadoo.fr • **www.charlevilleactionjazz.com**
7 rue Villé • 08000 **CHARLEVILLE MEZIERES**

Patrice BOYER (Président) • Philippe HOQUET (Secrétaire) • Dominique BRIOUX (Trésorier)

Genre(s) musical(aux) : Jazz • **Période** : Sep. à juin • **Régularité** : 8/an • **Lieu(x)** : Auditorium du CRD (160 pl.), théâtre municipal (650 pl.) à Charleville-Mézières, amphithéâtre Pierre Mendes-France à Sedan • **Références** : « BD-Concert » avec Emmanuel Pedon, Mats Öberg et Morgan Agren, Dhafer Youssef, le Big band du CRD dirigé par Fabrice Martinez invite Thomas de Pourquery, Fabrice Alleman, etc.

CHORUS

✆ 03 24 27 33 71 / 06 10 37 54 08
jameschorus@aol.com • **www.chorusblues.com**
16 av. du Gal de Gaulle • 08200 **SEDAN**

James COUCHOT (Président)

Genre(s) musical(aux) : Blues, blues rock • **Période** : De sep. à juin • **Régularité** : 4/an • **Lieu(x)** : Salle des Fêtes de Douzy • **Références** : Jimson Weed, Eddie C Campbell, Carl Wyatt & the Delta Voodoo Kings, The Twisters, Ze Bluetones, Lynnwod Slim, John Vaughn, Canned Heat, Dr Feelgood, Bryan Lee, Smokey Wilson, Louisiana Red, etc.

FLAP

✆ 03 24 36 12 68
info@cabaretvert.com • **www.associationflap.com**
58 bis rue Camille Pelletan • 08000 **CHARLEVILLE MEZIERES**

Jean PERRISSIN (Directeur) • Gautier DELILLE (Coordinateur)

Genre(s) musical(aux) : Musiques actuelles et chanson • **Période** : Oct. - Mai • **Régularité** : Ts les 2 mois • **Lieu(x)** : Divers dans les Ardennes • **Références** : Miossec, BRNS, The Jim Jones Revue, Youssoupha, Dissonant Nation, Oxmo Puccino, Pigalle, Nosfel

POURQUOI PAS ?

✆ 03 24 38 38 92 • fax 03 24 72 87 76
festival.vouziers@orange.fr • **festivaldevouziers.pagesperso-orange.fr**
72 bis rue Sommevue • 08360 **CHATEAU PORCIEN**

William VOLUER (Président)

Genre(s) musical(aux) : Rock, hard • **Période** : Tte l'année • **Régularité** : Variable • **Lieu(x)** : Salle des Fêtes de Vouziers (700 pl.) et de Rethel (1 000 pl.) • **Références** : Trust, Lofofora, No One Is Innocent, Loudblast, Oneyed Jack, Hoax

SAPRISTI !!

✆ 06 75 00 14 26 • fax 03 24 26 85 07
asso.sapristi@gmail.com • **www.facebook.com/sapristi.sedan**
c/o MJC Calonne • Pl. Calonne • 08200 **SEDAN**

David MANCEAUX (Régisseur / programmateur) • Maxime JACQUEMIN (Chargé de production / communication)

Genre(s) musical(aux) : Musiques actuelles • **Période** : Tte l'année • **Régularité** : 6/an • **Lieu(x)** : MJC Calonne (400 pl.) • **Références** : Wax Tailor, le Peuple de l'Herbe, Barcella, les Fatals Picards, MAP, Miossec, General Elektricks, ASM, Cali, Izia, Skip The Use, Zenzile, Clinton Fearon

Aube

AUBE MUSIQUES ACTUELLES

✆ 03 25 71 01 75
aubemusiquesactuelles@wanadoo.fr
Maison des Associations • 63 av. Pasteur • 10000 **TROYES**

Rémi DUFAUT (Président) • José NINO (Coordinateur)

Genre(s) musical(aux) : Jazz et musiques improvisées • **Période** : Tte l'année • **Régularité** : 1 mois. • **Lieu(x)** : Théâtre de la Madeleine, Théâtre de Champagne (Troyes.) Centre Culturel Didier Bienaimé (La Chapelle Saint Luc) • **Références** : Ravi Coltrane, Thomas Enhco, Kellylee Evans, Tony Tixier, The Bad Plus, Donny McCaslin, etc.

La MAISON DU BOULANGER

✆ 03 25 43 55 00 • fax 03 25 73 91 26
patricia.quintana@maisonduboulanger.com
www.maisonduboulanger.com
Centre culturel • 42 rue Paillot de Montabert • 10000 **TROYES**

Emmanuel SAINT-MARS (Directeur général) • Patricia QUINTANA (Chargée des musiques actuelles)

Genre(s) musical(aux) : Musiques actuelles, chanson • **Lieu(x)** : Plein air, Théâtre de la Madeleine, Théâtre de Champagne, Espace Argence

Marne

DJAZ 51

✆ 03 26 47 00 10
info@djaz51.com • **www.djaz51.com**
53 rue Vernouillet • Bureau 212 • 51100 **REIMS**

Francis LE BRAS (Directeur) • Véronique LE BRAS (Coordinatrice) • Mathieu TOUBART (Administrateur et chargé de communication)

Association pour le développement du jazz et des musiques improvisées en Champagne-Ardenne • **Genre(s) musical(aux)** : Jazz et musiques improvisées • **Période** : Tte l'année • **Lieu(x)** : Divers lieux à Reims (Le Stalingrad, Opéra de Reilms, le Cochon à plumes, la Villa Douce.) • **Références** : Trio Greaves Domancich & Courtois, Claudia Solal, etc. - Mais aussi : « [djaz] à l'Opéra » - « Reims Jazz Festival » (nov.) - « Place(s) au jazz » (juil. à sept.)

JAZZUS

✆ 03 26 47 54 34
contact@jazzus.fr • **www.jazzus.fr**
12 rue du Barbâtre • 51100 **REIMS**

Gilles GAUTIER (Président) • Jean DELESTRADE (Secrétaire)

Genre(s) musical(aux) : « Jazz et musiques connexes » • **Lieu(x)** : Maison commune du Chemin vert à Reims, etc. • **Références** : Médéric Collignon Trio, Boulou et Elios Ferré, « C'est du jazz mais c'est pas grave », opération proposée avec le Conseil général de la Marne : Wild Mimi Antigroove, Yaron Herman, Sébastien Texier/Claude Tchamitchian (dans le cadre du festival Itinéraire), - « jazzus Session » - « Ina jazz Collector »

MUSIQUES SUR LA VILLE

✆ 03 26 68 47 27 • fax 03 26 68 47 27
musiques.sur.la.ville@wanadoo.fr • **www.musiquessurlaville.com**
13 rue St-Dominique • BP 60294
51012 **CHALONS EN CHAMPAGNE CEDEX**

Patrick LEGOUIX (Directeur) • Angélique LEGRAND (Chargée de production)

Genre(s) musical(aux) : Musiques actuelles, traditionnelles et du monde • **Période** : Tte l'année • **Régularité** : 3 à 4 /trimestre • **Lieu(x)** : Centre-ville de Châlons-en-Champagne, quartiers, communes alentours • **Références** : Melissa, Pura Fé, Mélissa Laveaux, Izia, Beat Assailant, Richard Bona, etc.

MUSISEINE

✆ 03 26 80 04 56 / 06 83 68 53 30 • fax 09 62 15 47 96
musiseine@wanadoo.fr • **www.musiseine.com**
26 bis allée des Tilleuls • 51260 **MARCILLY SUR SEINE**

Mimi LORENZINI (Responsable musical) • Ann BALLESTER (Responsable musicale) • Françoise TOULLEC (Responsable musicale)

Genre(s) musical(aux) : Jazz, musiques nouvelles et improvisées, projets pluridisciplinaires • **Période** : Tte l'année • **Régularité** : 1/an • **Lieu(x)** : Salle du Foyer SNCF/Gare de Romilly sur Seine, Marcilly/Seine, théâtre de Nogent/Seine, etc. • **Références** : Festival « Les Manif'Estives » (sep.) « Jazz O Foyer » (tout au long de l'année), etc.

OXAL'ART

✆ 03 26 79 67 34
oxalart@free.fr • **www.oxalart.com**
La Fileuse • 26 rue Dr Schweitzer • 51100 **REIMS**

Agnes POITTEVIN (Chargée de production) • Sylvain DUBOIS (Président)

Genre(s) musical(aux) : Rock, folk, musiques improvisées, expérimentales • **Période** : Sep. à juin • **Régularité** : 10/an • **Lieu(x)** : Crous, Ludoval, La Cartonnerie, Appart Café • **Références** : Hoquets, Botibol, Raymonde Howard, Shannon Wright

CORSE

Haute-Corse

Association CULTURE ET LOISIRS BIGUGLIAIS

✆ 04 95 33 89 22 • fax 04 95 33 89 22
xavier.olivieri@wanadoo.fr
Villa Magnolia For Ever • Lot. Communal • 20620 **BIGUGLIA**

Xavier OLIVIERI (Président)

Genre(s) musical(aux) : Variétés française et internationale, humour • **Période** : Tte l'année • **Régularité** : 5 ou 6/an • **Lieu(x)** : Salle St-Sébastien (Biguglia), Hippodrome, salle des Fêtes • **Références** : N. Croisille, S. Lama, V. Sanson, P. Kaas, R. Voisine, Umberto Tozzi, Hélène Ségara, David Hallyday, etc.

FRANCHE-COMTÉ

Doubs

ASPRO-IMPRO

✆ 03 81 48 95 39 / 06 81 91 29 25
aspro.impro@gmail.com • **www.aspro-impro.fr**
3 rue d'Alsace • 25000 **BESANCON**

Marie-France BEURET (Administratrice) • Philippe ROMANONI (Directeur artistique)

Association pour la promotion des musiques nouvelles et improvisées • **Genre(s) musical(aux)** : Jazz contemporain, musiques improvisées • **Régularité** : Toute l'année • **Lieu(x)** : Divers lieux en Franche-Comté • **Références** : « Musiques libres », festival « Jazz et Musique Improvisée en Franche-Comté »

Le CITRON VERT

✆ 09 51 31 02 21 / 06 30 36 04 30
contact@lecitronvert.org • **www.lecitronvert.org**
13 rue Buet • 25000 **BESANCON**

Emmanuel BULLE

Genre(s) musical(aux) : Musiques électroniques • **Période** : Toute l'année • **Régularité** : 2/mois • **Lieu(x)** : Moulin de Brainans, La Rodia, Cross Club, le Cousty, etc. • **Références** : High Tone, The Hacker, Big Red, Bass Vegas Parano, Saber, Kostik, Vicarious Bliss, Brainfuzz, Solilaquist Of Sound, State Of Mind, Dj Pseudonym, Scratch Bandit Crew, Niveau Zero, Ed Cox, dDamage, Kelpe, Signal Electrique, etc.

MIGHTY WORM

✆ 06 72 94 28 37
mightyworms@gmail.com • **www.mightyworm.fr**
24 rue de la Préfecture • 25000 **BESANCON**

Benjamin ROGEZ (Chargé de projets) • Eric HEUBERGER (Programmateur)

Genre(s) musical(aux) : Rock'n'roll, punk rock, surf, stoner, hardcore • **Période** : Tte l'année • **Régularité** : 2/mois • **Lieu(x)** : Le Cylindre, la Rodia, le Moloco, la Poudrière, Atelier des Môles, le Cousty, Pinky Bar, les Arcades, divers cafés concerts en Franche Comté • **Références** : Burning Heads, Uncommonmenfrommars, SNFU, Mad Caddies, Guerilla Poubelle, Dead Pop Club, Flying Donuts, Bombshell Rocks, The Datsuns, The Aggrolights, Snuff, Youth Brigade

Les PRODUCTIONS DE L'IMPOSSIBLE

✆ 06 60 89 96 00
productionsimpossible@gmail.com • **www.productions-impossible.com**
10 rue des Arbues • 25600 **VIEUX CHARMONT**

LE CHEF (Permanent)

Genre(s) musical(aux) : Punk rock, psycho, surf, ska, rock'n'roll, 60's, garage, soul, sound system, les nuits de l'impossible • **Période** : Sep. à juin • **Régularité** : 1 à 2/mois • **Lieu(x)** : Atelier des Môles (Montbéliard), Pinky Bar (Nommay), Poudrière (Belfort), etc. • **Références** : UK Subs, Nekromantix, Wangs, 8°6 Crew, Hawaii Samurai, Hellbats, Kryptonix, Two Tone Club, The Immediates, Metal Urbain, The Toasters, Victore Rice, Banane Metalik, etc.

Association UPPERTONE

✆ 06 27 44 06 35
uppertone25@yahoo.fr • **www.asso-uppertone.blogspot.fr**
c/o Martin Schiffmann • 17 rue de la Rotonde • 25000 **BESANCON**

Romain ALLEMANDET (Président) • Martin SCHIFFMANN (Trésorier)

Genre(s) musical(aux) : Musiques jamïcaines (ragga, reggae, dance hall, etc.), sound systems • **Période** : Tte l'année • **Régularité** : 5 à 10 /an • **Lieu(x)** : Différents lieux à Besançon (salles et café-concerts) et en Franche-Comté • **Références** : Artistes locaux, nationaux, internationaux, groupes, sound systems, etc.

Jura

PROMODEGEL

✆ 03 84 37 50 40 • fax 03 84 37 53 53
admin@moulindebrainans.com • **www.moulindebrainans.com**
BP 30045 • 39801 **POLIGNY CEDEX 1**

Claire FRIDEZ (Administratrice) • Pauline CRINQUAND (Communication / relations publiques)

Genre(s) musical(aux) : Tous • **Période** : Annuelle • **Régularité** : Hebdo. • **Lieu(x)** : Le Moulin de Brainans • **Références** : Birdy Nam Nam, Lofofora, Madball, La Rue Kétanou, Le Peuple de l'Herbe, Tambour du Bronx, Zong, Hilight Tribe, Svinkels, Kaly Live, Dub, Têtes raides, Aldebert, Horace Andy, Lucky Peterson, Mamani Keïta, etc.

SCÈNES DU JURA

✆ 03 84 86 03 03 • fax 03 84 24 10 45
secretariat@scenesdujura.com • **www.scenesdujura.com**
Théâtre • 4 rue Jean Jaurès • 39000 **LONS LE SAUNIER**

Virginie BOCCARD (Directrice) • Cédric FASSENET (Directeur adjoint)

Genre(s) musical(aux) : Tous dont théâtre, chanson, jazz, etc. • **Période** : Saison culturelle • **Lieu(x)** : Théâtre de Lons-Saunier, Théâtre de Dole, La Commanderie de Dole, L'Oppidum-Salle des Fêtes de Champagnole, La Fabrique à Dole, Poligny, Salins-les-Bains, Morez, Saint-Amour • **Références** : David Krakauer & Klezmer Madness, André Minvielle, Orchestre Franck Tortiller, Ibrahim Maalouf Wind Quintet, Maurane, Arthur H, Souad Massi, Staff Benda Bilili

Haute-Saône

ADDIM 70

✆ 03 84 75 36 37 • fax 03 84 75 02 97
contact@addim-haute-saone.fr • **www.addim-haute-saone.fr**
Maison de la musique • 23 rue La Fayette • 70000 **VESOUL**

Fabrice CREUX (Directeur) • Laurence JOURDY (Administratrice) • Karine BEAUDOIN (Chargé de l'information des publics)

Association départementale pour le développement et l'initiative de la musique et de la danse • **Genre(s) musical(aux)** : Jazz, chanson, voix, musiques et danses traditionnelles, musique contemporaine, musiques improvisées, musiques actuelles, danse • **Période** : Tte l'année • **Régularité** : Tte l'année • **Lieu(x)** : La Bulle, scène gonflable itinérante en Haute-Saône www.labulle-haute-saone.com • **Références** : Kotokan, Catherine Faure, Maria-Grazia, Abatantuono, Polo, etc.

ALTERNA.DIFF

✆ 03 84 56 85 43
alterna.diff@wanadoo.fr • **alternadiff.canalblog.com**
31 rue des Prés • 70400 **HERICOURT**

Christian GAUTHERET (Président) • Philippe DELGRANGE (Vice-président) • Rémi WINTREBERT (Trésorier)

Genre(s) musical(aux) : Musiques amplifiées, musiques dumonde • **Période** : Sep. à juin • **Lieu(x)** : Catering Café Music (350 pl.) • **Références** : Serge Teyssot-Gay, Ajjaramani, Feren, Cécil'No, SLT, DJ Steph, Obe kampf, Scott Taylor, Pusse, Sheer K, etc.

AU COIN DE L'OREILLE

✆ 03 84 75 80 29
contact@aucoindeloreille.org • **www.aucoindeloreille.org**
13 rue Roger Salengro • 70000 **VESOUL**

Anne-Cécile CHAZAL (Coordinatrice) • Mathilde DAROSEZ (Chargée de production)

Genre(s) musical(aux) : Musiques actuelles • **Période** : Tte l'année + Les Estivales de Saône • **Régularité** : 1/sem. • **Lieu(x)** : Divers sur le Pays de Vesoul • **Références** : Batlik, True Live, Jim Murple Memorial, Shakaponk, Melissmell, Lofofora, La Rumeur, Punish Yourself, Karpatt, High Tone

FEDERATION HIERO HAUTE-SAÔNE

✆ 03 84 30 11 69 / 06 22 48 04 98
hiero70@gmail.com
29 rue du Creux Savoyard • 70200 **LURE**

Gilles DIRAND (Programmateur) • Ahmed AKHARNAZ (Vice-président)

Genre(s) musical(aux) : Rock et ttes musiques amplifiées • **Période** : Tte l'année (sauf juil. et août) • **Régularité** : 2/mois • **Lieu(x)** : Divers sur la région • **Références** : La Canaille, Psykick Lyrikah Wise, La Curiosité Tua le Chat, etc.

HAUTE-NORMANDIE

Seine-Maritime

ASSO6SONS

✆ 02 35 31 55 78
contact@asso6sons.com • **www.asso6sons.com**
126 route de Mirville • Esplanade • 76210 **BOLBEC**

Barbara PINCELOUP (Coordinatrice) • Marina QUAISSE (Chargée de projets numériques) • Sylvain BARBARAY (Régisseur studio)

Genre(s) musical(aux) : Musiques actuelles • **Période** : Sep. à juin • **Régularité** : 2/mois (ven.) + découverte • **Lieu(x)** : Esplanade, salle Maupassant (Bolbec) • **Références** : Pigalle, Burning Heads, Rubin Steiner, Cliff Moore, etc.

DSN

✆ 02 35 82 04 43 • fax 02 32 90 00 34
directeur@dsn.asso.fr • **www.dsn.asso.fr**
1 Quai Bérigny • 76374 **DIEPPE CEDEX**

Philippe COGNEY (Directeur)

Scène nationale de Dieppe • **Genre(s) musical(aux)** : Chanson, musiques du monde, jazz • **Période** : Oct. à juin • **Régularité** : 8 à 10/an • **Lieu(x)** : DSN • **Références** : Thomas Fersen, Arthur H, ONB, Dominique A, Raul Barboza, Big Daddy Wilson

ROUEN JAZZ ACTION

✆ 02 35 98 15 91 • fax 02 35 98 15 91
rja@mageos.com • **www.rouenjazzaction.asso.fr**
87 rue Beauvoisine • 76000 **ROUEN**

Michel JULES (Programmateur)

Genre(s) musical(aux) : Jazz • **Période** : Saison culturelle • **Régularité** : 8 à 10/an • **Lieu(x)** : Les salles de l'agglomération rouennaise : Hangar 23 (ex Théâtre Duchamp-Villon), le 106, le Chat Vert à Rouen, Espace culturel Beaumarchais à Maromme, le Rive Gauche à Saint-Etienne du Rouvray • **Références** : Quarteto Gardel, Ibrahim Maalouf, Kenny Garrett, Kellylee Evans, Henri Texier Hope Quartet, Scott Colley, Vijay Iyer, Lionel Loueke, Dave Douglas & Joe Lovano

SERVICE CULTUREL DE MONTIVILLIERS

✆ 02 35 30 96 58 • fax 02 35 30 96 59
patrick.denise@ville-montivilliers.fr • **www.ville-montivilliers.fr**
Cour St-Philibert • 76290 **MONTIVILLIERS**

Jean-Claude BRUBION (Directeur) • Patrick DENISE (Programmateur)

Genre(s) musical(aux) : Rock, jazz, chanson • **Période** : Tte l'année • **Régularité** : 8/an • **Lieu(x)** : Salle des fêtes (300 pl.), Abbatiale (700 pl.), Gymnase Gand (1 400 pl.), Salle Matisse (200 pl.) • **Références** : A. Bashung, Zebda, J.-L. Murat, S. Eicher, Mickey 3D, Paco Ibanez, Autour de Lucie, etc.

ÎLE-DE-FRANCE

Ville de Paris

Collectif ARTISTES MOB

✆ 01 42 52 72 55
collectif-artistes-mob@gmx.com
47 bis rue Boinod • 75018 **PARIS**

Monique BAUER (Assistante de production)

Genre(s) musical(aux) : Jazz, jazz oriental • **Période** : Tte l'année • **Régularité** : 1/mois • **Lieu(x)** : International • **Références** : Sezam Project, Nicolas Bauer quintet

Le CENTQUATRE

✆ **01 53 35 50 00** • fax 01 53 35 50 01
contact@104.fr • **www.104.fr**
5 rue de Curial • 75019 **PARIS**

José-Manuel GONÇALVES (Directeur) • Marie-Pierre AUGER (Directrice adjointe) • Naïa SORE (Responsable du département communication) • Lucile SAGNET (Responsable du département ressources humaines) • Samuel HEBERT (Responsable musiques actuelles) • Johann LE BIHAN (Chargé de mission musiques actuelles)

Genre(s) musical(aux) : Chanson, jpop rock, jazz, musique du monde, musique électronique et contemporaine, hip hop, etc. • **Période** : Tte l'année • **Lieu(x)** : 2 salles modulables (200 et 400 pl.) • **Références** : Iswhat?!, Lansiné Kouyaté et David Neerman, Amadou & Mariam, Gamblin jazze de Wilde sextete, Bonga, Festival « Temps d'images » (oct.) avec Paulo Furtado, aka The Legendary Tigerman, The Tiger Lillies et Mark Holthusen & EZ3kiel extended, Bumcello, Télérama Dub Festival, Ballaké Sissoko (dans le cadre d'Africolor), Alban de la Simone, David Krakauer Abraham Inc. (dans le cadre de Banlieues Bleues), The Bad Plus

CITÉ DE LA MUSIQUE

✆ **01 44 84 47 38** • fax 01 44 84 46 01
production@cite-musique.fr • **www.citedelamusique.fr**
221 av. Jean Jaurès • 75019 **PARIS**

Laurent BAYLE (Directeur général) • Emmanuel HONDRÉ (Directeur production et planning des salles) • Alain WEBER (Conseiller artistique musiques du monde) • Vincent ANGLADE (Conseiller à la programmation jazz et musiques actuelles) • Maryse FRANCK (Conseillère à la programmation jeune public) • Hugues DE SAINT SIMON (Secrétaire général) • Hamid SI AMER (Attaché de presse) • Clara WAGNER (Directrice adjointe de la communication et du partenariat) • Philippe PROVENSAL (Attaché de presse)

Genre(s) musical(aux) : Musique classique, contemporaine, traditionnelle, jazz, world, chanson, etc. • **Période** : Tte l'année • **Lieu(x)** : Salle de concert modulable (jusqu'à 1 100 pl.), amphithéâtre du musée (230 pl.), Salle Pleyel par l'intermédiaire de sa filiale Cité-Pleyel (1 920 pl.) • **Références** : 2013-14 sur le thème de « Nature et artifices » : « Jazz à la Villette » (sep.), « Europopunk » avec public Image Limited, Frustration, Buzzcocks, Kap Bambino, etc.

COLLEGE DES BERNARDINS

✆ **01 53 10 74 44**
communication@collegedesbernardins.fr • **www.collegedesbernardins.fr**
20 rue de Poissy • 75005 **PARIS**

Hervé DE VAUBLANC (Directeur de la programmation musicale) • Zoé NOEL (chef de projet culture) • Véronique DE BOISSESON (Programmatrice) • Elise BESNARD (Chargée de communication)

Genre(s) musical(aux) : Pluridisciplinaire • **Lieu(x)** : Grande Nef (400 pl.), Grand Auditorium (240 pl.), Petit Auditorium (110 pl.)

HOME SESSIONS CLUB

apichevin@thehome-paris.com • **www.homesessionsclub.com**
39 bd Diderot • 75012 **PARIS**

Aymeric PICHEVIN (Gérant)

Genre(s) musical(aux) : Tous • **Lieu(x)** : Chez des particuliers • **Références** : Woodkid, Rover, Camelia Jordana, Revolver, Trio Joubran, Disiz, Cali, Emilie Simon, Tete, Naive New Beaters, Margot Avril, Barbara Carlotti, Zaz, etc.

INSTITUT DU MONDE ARABE

✆ **01 40 51 38 38 / 01 40 51 38 31 / 01 40 51 39 10**
imarabe.org
1 rue des Fossés St-Bernard • Place Mohamed V • 75236 **PARIS CEDEX 5**

Jack LANG (Président de l'IMA) • Mona KHAZINDAR (Directrice générale) • Mohamed METALSI (Directeur des actions culturels) • Dorothée ENGEL (Chargée de programmation et de production) • Rabah MEZOUANE (Chargé de programmation et de production) • Philippe CARDINAL (Directeur de la communication) • Aïcha IDIR-OUAGOUNI (Chargée de communication) • Meriam KETTANI (Communication, presse et partenariats médias) • Salwa AL NEIMI (Chargée de presse arabe) • Saïda FELLACHE (Assistante de production) • Malika MSAHEL (Assistante de direction)

Genre(s) musical(aux) : Musiques du monde arabe et musulman, théâtre, danse, etc. • **Période** : Oct. à juin • **Régularité** : Hebdomadaire, cycles de programmations thématiques, festivals • **Lieu(x)** : Auditorium (420 pl.) • **Références** : Les Musicales de l'IMA : Ashwaq Abdulla Kulaib et Al-esh, Zad Moultaka, Abdellatif Laâbi / Naziha Meftah /Driss El Maloumi, Qusaï et DJ Ayzee, Fayçal Salhi Quartet, Rabih Abou-Khalil Quintet, Houria Aïchi, Mohammed Abdennour, Smaïl Benhouhou, etc.

JMF

✆ **01 44 61 86 86** • fax 01 44 61 86 88
info@lesjmf.org • **www.lesjmf.org**
Union nationale des JMF • 20 rue Geoffroy l'Asnier • 75004 **PARIS**

Vincent NIQUEUX (Directeur) • Delphine LECLERC (Secrétaire générale) • Anne TORRENT (Directrice artistique) • Benoit VUILLON (Coordinateur réseau)

Jeunesses Musicales de France • **Genre(s) musical(aux)** : Musiques traditionnelles et du monde, actuelles, classiques et contemporaines, jazz • **Régularité** : Tte l'année • **Lieu(x)** : 320 délégations en France • **Références** : Organisation de 2000 concerts/an, à Paris et en régions en direction du jeune public sur le temps scolaire

KIDIBUZZ

✆ **01 43 55 20 03** • fax 09 58 75 66 64
contact@kidibuzz.fr • **www.kidibuzz.fr**
15 passage Thiéré • 75011 **PARIS**

Nominoë MASSOT (Président / Programmateur)

Genre(s) musical(aux) : Chanson, rock • **Période** : Toute l'année • **Lieu(x)** : Alimentation Générale, Bateau El Alamein, Dame de Canton, La Java, Studio de l'Ermitage, Mains d'Oeuvres, etc. • **Références** : Alee, BAT-pointG, Blasting Box, HK & les Saltimbanks, Jean-François Lessard, etc.

Le LABORATOIRE DE LA CRÉATION

contact@laboratoiredelacreation.org • **www.laboratoiredelacreation.org**
111 rue Saint Honoré • 75001 **PARIS**

Julien CAUMER (Président fondateur)

Genre(s) musical(aux) : Jazz • **Période** : Sep. à juil. • **Régularité** : Le dernier vendredi de chaque mois • **Lieu(x)** : Salle de bal de la mairie du 4e arrondissement de Paris • **Références** : « J4ZZ » : Géraldine Laurent/ Laurent de Wilde, Edouard Ferlet, Jean-Pierre Como, Thomas Enhco, Stéphane Belmondo, Riccardo Del Dra/Daniel Humair, etc.

MAISON DES CULTURES DU MONDE

✆ **01 45 44 72 30** • fax 01 45 44 76 60
info@maisondesculturesdumonde.org • **maisondesculturesdumonde.org**
101 bd Raspail • 75006 **PARIS**

Chérif KHAZNADAR (Président) • Arwad ESBER (Directrice) • Cécile PELISSIER (Directrice adjointe) • Pierre BOIS (Programmateur musique et collection inédit) • Aimée POLLARD (Responsable de la communication et des partenariats) • Barbara AUGIER (Relations presse)

Genre(s) musical(aux) : Musique, danse et théâtre du monde, festival de l'imaginaire (mars-juin) • **Régularité** : Ts les j. pdt le festival • **Lieu(x)** : Théâtre de l'Alliance (380 pl.) et autres lieux • **Références** : Festival de l'Imaginaire, Los Quilas, Entre Voces ; avec le Centre culturel bulgare : Quatuor Balkanes ; avec le Centre culturel taïwanais : You Li-yu, Lee Tzyy-Sheng, etc.

La MAISON DES METALLOS

✆ **01 48 05 88 27 / 01 47 00 25 20** • fax 01 48 05 88 21
info@maisondesmetallos.org • **www.maisondesmetallos.org**
94 rue Jean-Pierre Timbaud • 75011 **PARIS**

Philippe MOURRAT (Directeur) • Christine CHALAS (Directrice adjointe) • Laure CARLES (Directrice administrative et financière) • Christian WELTI (Directeur technique) • Thomas KOPP (Responsable de la communication) • Ophélie DESCHAMPS (Chargée de production et de médiation) • Anne-Marie MORENO (Administratrice) • Vincent GOUEREC (Régisseur général)

Genre(s) musical(aux) : programmation pluridisciplinaire • **Lieu(x)** : 2 salles de spectacles, exposition, rencontres publiques, concerts (100 à 500 places) et salles pour petites formes artistiques. Etablissements culturels de la ville de Paris

Centre MANDAPA

✆ **01 45 89 01 60 / 06 03 34 78 65 / 01 45 89 99 00**
centremandapa@yahoo.fr • **www.centre-mandapa.fr**
6 rue Wurtz • 75013 **PARIS**

Milena SALVINI (Responsable) • Isabelle ANNA (Assistante de direction) • Anaïs CAILLEAU (Communication) • Charline HARRE (Responsable jeune public)

Genre(s) musical(aux) : Arts du spectacle traditionnels et contemporains • **Période** : Année scolaire • **Lieu(x)** : Centre Mandapa • **Références** : Musique et danse de l'Inde (Bharata Natyam, Bauls du Bengale, chant Dhrupad, musique du Rajasthan, danse Kathak), de Iakoutie (Spiridon Chichiguine), d'Egypte (Samir Tahar), etc.

PARC ET GRANDE HALLE DE LA VILLETTE

✆ **01 40 03 74 71 / 01 40 03 75 75** • fax 01 40 03 74 19
www.villette.com
Dir. de la programmation des spectacles • 211 av. Jean Jaurès
75935 **PARIS CEDEX 19**

Jacques MARTIAL (Président) • Florence BERTHOUT (Directrice générale) • Frédéric MAZELLY (Directeur de la programmation des spectacles) • Delphine JEAMMET (Directrice de la communication et des publics) • Bertrand NOGENT (Responsable du service de presse) • José RUBIO (Directeur technique)

Etablissement public du Parc et de la Grande Halle de la Villette • **Genre(s) musical(aux)** : Tous (musique, théâtre, etc.) • **Période** : Tte l'année • **Lieu(x)** : Grande Halle de la Villette (modulable selon les événements), Pavillon Paul Delouvrier, Maison de la Villette, Salle Boris Vian, espaces en plein-air, Espace Chapiteaux • **Références** : Eté à la Villette, Jazz à la Villette (sep.), Rencontres, cirque, cinéma en plein air, etc.

Les SOIRÉES NOMADES DE LA FONDATION CARTIER

✆ **01 42 18 56 50**
anne-laure.belloc@fondation.cartier.com • **www.fondation.cartier.com**
261 bd Raspail • 75014 **PARIS**

Anne-Laure BELLOC (Responsable des Soirées nomades) • Matthieu SIMONNET (Attaché de presse)

Genre(s) musical(aux) : Ts les genres musicaux (de la chanson au rock, hip hop, jazz, etc.) • **Régularité** : 1 lun./mois • **Lieu(x)** : Fondation Cartier • **Références** : « Les Soirées Nomades » : Jean Pierre Drouet & friends (Louis Sclavis, etc.), Archie Shepp/Joachim Kühn, No Age, etc.

SONOTOWN

julien@sonotownweb.com • **www.sntwn.fr**
25/27 bd Arago • 75013 **PARIS**

Genre(s) musical(aux) : Musiques électroniques • **Période** : Toute l'année • **Régularité** : 1 à 2/mois • **Lieu(x)** : La Machine du Moulin Rouge, Point Ephémère, Batofar, etc.

STAGE OF THE ART

info@stageoftheart.net • **www.stageoftheart.net**
19 rue Hégésippe Moreau • 75018 **PARIS**

Laurence ALVART (Gérante et directrice artistique)

Genre(s) musical(aux) : Ts • **Période** : Annuelle • **Régularité** : De 1 à 12 concerts et événements par an • **Lieu(x)** : Centres d'art • **Références** : Collaboration musicale au Palais de Tokyo et à l'Institute of Contemporary Arts de Londres (ICA)

Seine-et-Marne

ACTION CULTURELLE DE MELUN

✆ **01 60 68 53 54** • fax 01 60 56 07 22
culture@ville-melun.fr • **www.action-culturelle-melun.fr**
39 rue du Gal de Gaulle • 77000 **MELUN**

Francine BRIDIER (Responsable) • Claire LE PALAIRE (Programmation théâtre et musique) • Audrey MONTOYA (Programmatrice jeune public) • Nelly FIN (Communication)

Genre(s) musical(aux) : Jazz, variété, chanson, musiques du monde, jeune public, théâtre • **Période** : Saison culturelle (sep. à août) • **Régularité** : 30/an • **Lieu(x)** : Espace St-Jean, amphithéâtre de la Reine Blanche, salle des fêtes (Melun), églises

BEAT4BATTLE

✆ **06 45 76 74 02**
wheel_up@hotmail.com • **www.beat4battle.org**
29 bis rue M. Rignault • 77650 **LONGUEVILLE**

Jérémy MUSELET (Responsable)

Genre(s) musical(aux) : Scratch, turntablism, break beat, down tempo, hip hop, trip hop, drum'n'bass, glitch, électro, dub step, neuro funk • **Régularité** : 10/an • **Lieu(x)** : Divan du Monde, Batofar, etc. • **Références** : Beat4Battle Cup n° 1 (fév. 2007), Beat4Battle Cup n° 2 (juil. 2009), plateau sound system Reggae + plateau DJ Hip Hop pour la fête de la musique de la ville de Provins 77160 (depuis 2001), etc.

SCÈNE NATIONALE DE SÉNART

✆ **01 60 34 53 70 / 01 60 34 53 60** • fax 01 60 34 53 64
administration@scenenationale-senart.com
www.scenenationale-senart.com
Rue Jean-François Millet • BP 107 • 77385 **COMBS LA VILLE CEDEX**

Jean-Michel PUIFFE (Directeur) • Caroline SIMPSON-SMITH (Secrétaire générale) • Alexandra FEUILLIE (Administratrice)

Genre(s) musical(aux) : Jazz, chanson, musiques du monde, classique • **Période** : Saison culturelle • **Régularité** : 12/an • **Lieu(x)** : La Rotonde (360 pl.), le Théâtre (300 pl.), l'Arène (250 à 700 pl.) • **Références** : Popa Chubby, Jehro, Ibrahim Maalouf, Altan, Aldo Romano, Mina Tindle, etc.

SCÈNES RURALES

✆ **01 64 83 03 30 / 01 64 83 03 41** • fax 01 64 83 03 33
n.passeron@actart77.com • **www.actart77.com**
Act'Art 77 • Hôtel du Département • 1 pl. de la Préfecture
77010 **MELUN CEDEX**

Hervé BISEUIL (Directeur) • Anne-Cécile HUE (Responsable de projets Scènes Rurales) • Rémi SABRAN (Responsable de projets Scènes Rurales) • Jean-Christophe SCHMITT (Responsable de projets Scènes Rurales) • Edith FAUCOUIT (Responsable de la communication)

Action artistique en Seine-et-Marne • **Genre(s) musical(aux)** : Saison artistique itinérante en milieu rural (world, jazz, hip hop, etc.) • **Période** : De l'automne au printemps • **Régularité** : 6/mois • **Lieu(x)** : 13 scènes rurales en Seine-et-Marne, réunissant 80 communes • **Références** : Yom-Duos, festival Hoptimum, etc.

Yvelines

DOCKERS DES ANGES

michel@dockersdesanges.com • **www.dockersdesanges.com**
16A rue de Guhermont • 78730 **ST ARNOULT EN YVELINES**

Michel BOCAGE-MARCHAND (Responsable) • Philippe DEVILLERS (Chargé de communication)

Porteurs de rêve • **Genre(s) musical(aux)** : Chanson, pop, rock, blues • **Période** : Nov./fév./mai • **Régularité** : 3 concerts/an • **Lieu(x)** : Espace Jean Racine de Saint-Rémy-lès-Chevreuse • **Références** : « Autour du blues » : Marcus Malone, Jason Ricci, Sean Costello et Ash Grunwald, Gianmaria Testa, Hamilton Loomis, Nuno Mindelis, Hokie Joint, etc.

La GRAINETERIE

✆ **01 39 15 92 10** • fax 01 30 86 33 61
service.culturel@ville-houilles.fr • **www.ville-houilles.fr**
c/o Service culturel • 7 rue Gambetta • BP 120 • 78800 **HOUILLES**

Gilles DRESSE (Directeur) • Sandrine MORAZZONI (Programmatrice)

Pôle culturel municipal • **Genre(s) musical(aux)** : Tous styles • **Période** : Ponctuellement • **Régularité** : D'oct. à juin • **Lieu(x)** : Salle Cassin, Parc Ch. de Gaulle, la Graineterie, espace Ostermayer • **Références** : Arthur H, Kev Adam, Bleu Teckel, les Chevals, etc.

LA MERISE

✆ **01 30 16 47 30 / 01 30 13 98 51** • fax 01 30 13 98 45
e.bertaud@la-merise.fr • **www.lamerise.com**
La Merise • Pl. des Merisiers • 78190 **TRAPPES**

Claude DROBINSKI (Directeur) • Ingrid LUKOWSKI (Relations publiques / Action culturelle) • Eugénie BERTAUD (Communication)

Association culturelle de Trappes • **Genre(s) musical(aux)** : Musiques actuelles • **Période** : Saison culturelle • **Régularité** : 30/an • **Lieu(x)** : La Merise (400 à 1200 pl., assis / debout) et le Grenier à Sel (200 pl. assis) • **Références** : Idir, The Bal'ouf, CharlElie Couture, la Fanfarerie nationale, Carmen Maria Vega, etc.

SAISON CULTURELLE DE MAISONS-LAFFITTE

✆ **01 34 93 12 81** • fax 01 34 93 13 00
jm.boure@maisonslaffitte.fr • **www.maisonslaffitte.fr**
Direction des Affaires culturelles • Service Culturel • 39 av. Longueil
78600 **MAISONS LAFFITTE**

Jean-Marc BOURE (Directeur des affaires culturelles) • Nicole BIKOFF (Directrice artistique du festival « Jazz à Maison Laffitte »)

Genre(s) musical(aux) : Jazz, classique • **Lieu(x)** : Divers lieux dont la Salle Malesherbes (423 places) • **Références** : « Les Nuits Musicales de Maisons-Laffitte » : Bratsch, etc.

Essonne

CMT ILE-DE-FRANCE - MJC DE RIS ORANGIS

✆ **01 69 02 13 20** • fax 01 69 02 13 21
mjcris@mjcris.org • **www.mjcris.org**
10 pl. Jacques Brel • 91130 **RIS ORANGIS**

Max LEGUEM (Directeur MJC)

Centre des musiques et danses traditionnelles en Ile-de-France • **Genre(s) musical(aux)** : Musiques et danses traditionnelles du monde • **Période** : Sep. à juin • **Régularité** : 1/sem. • **Lieu(x)** : Salle MJC-CMT (220 pl. assises) • **Références** : Bal Milonga, festival les Irlandays (16 au 24 mars), festival dans'Art Capoeira (19 au 21 avril), etc.

DEPARTEMENT DE LA CULTURE (ETAMPES)

✆ **01 69 92 69 07**
service.culturel@communaute-communes-etampois.fr • **www.mairie-etampes.fr, www.etampois-sudessonne.fr**
c/o Hôtel Anne de Pisseleu • Pl. de l'Hôtel de Ville • BP 109
91152 **ETAMPES CEDEX**

Jean-Luc PICARD BACHELERIE (Responsable des Programmations) • Aurore LABBE (Programmatrice jeune public)

Genre(s) musical(aux) : Musique classique, actuelle, du monde, variété et opéra d'enfants • **Période** : Sep. à avr. • **Lieu(x)** : Théâtre d'Etampes (220 pl.), salle des fêtes (500 à 800 pl.), Espace Jean Carmet (200 pl.) • **Références** : Marie-Claude Pietragalla, Les Sea Girls, « Printemps musical des orgues d'Etampes » (mai), résidences d'artistes, etc.

MELANINE MOBILE VIBE

✆ **06 66 66 25 57**
melanine3@yahoo.fr • **www.melaninemobilevibe.com**
MPT des Amonts • Av. de Saintonge • 91940 **LES ULIS**

Pascale QUATELA (Responsable artistique)

Genre(s) musical(aux) : Jazz, musiques du monde • **Régularité** : Toute l'année • **Références** : Organisation : « Jazz au jardin », « Week-End Jazz à Orsay » avec le service culturel d'Orsay (01 60 92 80 36 - culture@mairie-orsay.fr) - Programmation : « Jazz au Gramophone », restaurant à Orsay, etc.

SERVICE CULTUREL D'ORSAY

✆ **01 60 92 80 23 / 01 60 92 80 36**
diffusionculture@mairie-orsay.fr • **www.mairie-orsay.fr**
Mairie d'Orsay • 2 place du général Leclerc • BP 47
91401 **ORSAY CEDEX**

Christelle NEVERS (Responsable du Service culturel) • Elodie CHÉDEMAIL (Chargée de diffusion)

Genre(s) musical(aux) : Tous dont jazz, chanson • **Période** : Saison culturelle • **Lieu(x)** : Espace culturel Jacques Tati, CRD d'Orsay • **Références** : « Les RDV Jazz du Vendredi » (direction artistique Franck Tortiller), Tommy Sands and his Irish Band, Jean-Jacques Milteau, « Week-end Jazz à Orsay » (6e édition en avril 2013) avec Jason Palmer

SERVICE DE L'ACTION CULTURELLE DE PALAISEAU

✆ **01 69 31 56 20** • fax 01 60 14 27 29
carole.benoist@mairie-palaiseau.fr • **www.ville-palaiseau.fr**
CS 95315 • 91 rue de Paris • CS 95315 • 91125 **PALAISEAU CEDEX**

Carole BENOIST (Directrice de l'action culturelle) • Delphine BELOT (Chargée de communication, arts plastiques) • Elise FERRAUT (Chargée de mission, organisation et relations publiques) • Arthur MAYADOUX (Chargé du développement culturel)

Genre(s) musical(aux) : Ts • **Période** : Saison culturelle • **Lieu(x)** : Salle des fêtes, Théâtre des 3 Vallées, Théâtre la Mare au Diable • **Références** : Les Vinyls, Mary-Lou, Art Mengo, Brice & The Cookers, Juan Rozoff, « Le bal des utopistes » (chanson/rock, en fév.), « Voix au féminin » (mars)

ZONES D'ARTS

✆ **01 60 14 45 85** • fax 01 72 48 93 78
zonesdarts@neuf.fr • **www.zonesdarts.com**
14 rue Pasteur • 91120 **PALAISEAU**

Régis OZENFANT (Coordinateur / administrateur)

Genre(s) musical(aux) : Reggae, rock, musiques du monde, etc. • **Période** : Tte l'année • **Régularité** : 2/mois • **Lieu(x)** : Salle des fêtes de Palaiseau, Centre culturel Paul Baillart de Massy + autres salles de banlieue sud • **Références** : La Rue Kétanou, No One Is Innocent, New York Ska Jazz Ensemble, etc.

Hauts-de-Seine

La FABRICA'SON

✆ **01 55 48 06 36**
programmation@fabrica-son.com • **www.fabrica-son.com**
Maison de la vie associative • 28 rue Victor Hugo • 92240 **MALAKOFF**

Marc NOYER (Président) • Juliette LIOT (Coordinatrice)

Genre(s) musical(aux) : Jazz et musiques improvisées • **Période** : Saison culturelle • **Régularité** : 10 à 20/an • **Lieu(x)** : Malakoff : au Théâtre 71, dans le cadre du partenariat Jazzmalak ! • **Références** : Yes is a pleasant country, Das Kaff, Laurent Dehors/Matthew Bourne, etc. + festival (avril)

La SALAMANDRE

✆ **01 47 50 23 93** • fax 01 47 50 34 84
lasalamandre@mjcdelavallee.fr • **www.lasalamandre-chaville.fr**
47 rue de Stalingrad • 92370 **CHAVILLE**

Remy ARDAILLON (Programmateur)

MJC de la Vallée • **Genre(s) musical(aux)** : Tous • **Période** : Sep. à juin • **Régularité** : 1/sem. • **Lieu(x)** : La Salamandre (450 pl.)

SERVICE CULTUREL DE BAGNEUX

✆ **01 42 31 60 50** • fax 01 42 31 68 99
jacelasri@mairie-bagneux.fr • **www.bagneux92.fr**
Hôtel de Ville • 57 av. Henri Ravera • 92220 **BAGNEUX**

Jacques ELASRI (Directeur) • Patricia PESCA (Directrice adjointe Maison de la Musique et de la Danse / Programmatrice) • Jean-Claude CHAUNAC (Programmateur fêtes de plein air)

Genre(s) musical(aux) : Chanson, musique du monde, blues, jazz • **Période** : Sep. à juin • **Régularité** : 10/an • **Lieu(x)** : Espace Leo Ferré (1 000 pl.), théâtre Victor Hugo (440 pl.), Maison de la musique et de la danse • **Références** : Marcel Azzola et le Quatuor Inédits, Renaud Garcia Fons, etc.

SOIRÉES 109

✆ **01 47 84 30 17** • fax 01 47 84 34 39
zuluberlus@wanadoo.fr • **www.zuluberlus.com**
c/o Les Zuluberlus • 3 rue St-Denis • 92700 **COLOMBES**

Fred JISKRA (Directeur)

Genre(s) musical(aux) : Musiques actuelles • **Période** : Sep. à juin • **Régularité** : 10/an • **Lieu(x)** : Le Tapis Rouge • **Références** : Mei Tei Sho, Feloche, Tairo, Clinton Fearon, Parabellum, Twin Twin, Melissmell, Jamaica All Stars, Les rois de la Suède, Tu Shung Peng, Merlot

Seine-Saint-Denis

CCAS EDF-GDF

✆ **01 48 18 61 64** • fax 01 48 18 60 38
www.ccas-aspic.fr
Culture Activités Physique, Sportives et Loisirs • 8 rue de Rosny • BP 629
93104 **MONTREUIL CEDEX**

Pascal LOMBARDO (Programmateur musiques et danse) • Marion ROUSSEAU (Programmatrice jeune public, humour, arts de rue et de la piste)

Caisse centrale d'activités sociales du personnel EDF-GDF • **Genre(s) musical(aux)** : Jazz, chanson, musiques traditionnelles, jeune public, etc. • **Période** : Eté (sur 350 lieux de vacances) • **Régularité** : Plus de 1 000 représentations/an • **Lieu(x)** : Organisation de tournées pour le personnel EDF-GDF • **Références** : Tournée musique été 2013 : Auprès de ma blonde, Gantzi Gang, Jérôme Etcheberry, Matilde Politi, etc.

CENTRE CULTUREL CINEMA YVES MONTAND

✆ **01 43 83 66 76** • fax 01 49 36 94 31
cinema.yves-montand@ville-de-livry-gargan.fr • **www.livry-gargan.fr**
36 rue Eugéne Massé • 93190 **LIVRY GARGAN**

Pierre DAUGE (Directeur) • Fabrice OLIVIÉRO (Programmateur spectacles vivants et cinéma) • Stéphane GUÉRIN (Programmateur cinéma)

Genre(s) musical(aux) : Concert, cinéma, spectacles, théâtre • **Période** : Sep. à juin • **Régularité** : 2/mois • **Lieu(x)** : Centre culturel • **Références** : « Livry All Jazz'n'Blues » (avril 2013) avec Awek et Philippe Ménard, Nina Attal, Malted Milk, Keith B.Brown, etc., Art Mengo, Didier Lockwood, Jean-Louis Aubert, Sanseverino, Stephan Eicher, Michel Jonasz, etc.

DIRECTION DES AFFAIRES CULTURELLES DE SEVRAN

✆ **01 49 36 51 75** • fax 01 49 10 20 85
bzappini@sevran.fr • **www.sevran.fr**
6 av Robert Ballenger • 93270 **SEVRAN**

Bruno ZAPPINI (Directeur des affaires culturelles) • Sidonie DRESSE (Communication / Relations presse) • Evelyne MASSOUTRE (Programmation jeune public)

Genre(s) musical(aux) : Chanson, musiques du monde, spectacles jeune public, Theatre à domicile • **Période** : Sep. à juin • **Régularité** : 3/mois • **Lieu(x)** : Salle des Fêtes, espace François Mauriac, bibliothèque • **Références** : Mouss & Hakim, Allain Leprest, Petit Minou, soirée Ferrat, après-midi Brassens (chanson), Christina Rosmini, Lalo Zanelli, Tram des Balkans, Titi Robin, Bulerindia (musique du monde) + cultures urbaines, théâtre, humour, cinéma, danse, festivals, etc.

DIRECTION DU DÉVELOPPEMENT CULTUREL (PANTIN)

✆ **01 49 15 41 70** • fax 01 49 15 73 85
culture@ville-pantin.fr • **www.ville-pantin.fr**
Pôle spectacle vivant • 84/88 av. du Gal Leclerc • 93500 **PANTIN**

Genre(s) musical(aux) : Chanson, world, jazz, etc. • **Période** : Saison culturelle • **Lieu(x)** : Salle Jacques Brel • **Références** : Brigitte, Yan et Truelive, Florent marchet, Louis Sclavis, Yael Naïm, Eric Lareine, Rodilophe Burger, Orchestre Divertimento, Quauor Ludwig, Festival Danse « Hip Hop Tanz »

DIRECTION DU DÉVELOPPEMENT CULTUREL DE BAGNOLET

✆ **01 49 93 60 87 / 01 49 93 61 41 / 01 49 93 60 81**
fabienne.duranddrouhin@ville-bagnolet.fr • **www.ville-bagnolet.fr**
c/o Mediatheque • 18 rue Adelaide Lahaye • 93170 **BAGNOLET**

Julien BASSOULS (Directeur du developpement culturel) • Fabienne DURAND-DROUHIN (Chef du service du développement de l'action culturelle / programmatrice)

Genre(s) musical(aux) : Chanson, jazz, musiques du monde, jeune public • **Période** : Sep. à juin • **Régularité** : 1/sem. • **Lieu(x)** : Cin'Hoche, Théâtre Le Samovar, l'Echangeur, Salle des Malassis, etc. • **Références** : Rayess Bek Orchestra, Philippe Chasseloup, les Doigts de l'homme, Origines contrôlées, Andy Emler MegaOctet, Assurd, Carmen Maria Vega, etc. + accueil des festivals « Villes des musiques du monde » et « Africolor », Pigalle, Madame Raymonde, Les Seagirls

MAISON POPULAIRE

✆ **01 42 87 08 68** • fax 01 42 87 64 66
yan.arondel-boye@maisonpop.fr • **www.maisonpop.fr**
9 bis rue Dombasle • 93100 **MONTREUIL**

Annie AGOPIAN (Directrice) • Thierry ROUGIÉ (Coordinateur du secteur Danses & Théâtre) • Yann ARONDEL-BOYE (Coordinateur des actions en musique et danse) • Laura BAQUÉ (Communication)

Genre(s) musical(aux) : Musiques du monde, chanson, jazz • **Période** : Oct. à juin • **Régularité** : 1/mois • **Lieu(x)** : L'Argo'notes (150 pl.) • **Références** : Yas and the Lightmotiv, La Tipica Sanata, Nocif Sound System, Fowatile, DJ Pulla, Viva and The Diva, Eol Trio, Léo Tardin « Grand Pianoramax », le Collectif Coax « chante Noël », etc.

SERVICE CULTUREL DE BOBIGNY

✆ **01 48 96 25 75** • fax 01 48 96 25 83
jose.teixeira@ville-bobigny.fr • **www.culture.bobigny.fr**
Hôtel de Ville • 31 av. du Président Salvador Allende
93009 **BOBIGNY CEDEX**

Catherine ROCCARD (Responsable) • José TEIXEIRA (Relations publiques)

Genre(s) musical(aux) : Soirées cabaret, chanson française, jazz, blues, musique du monde, rock • **Période** : Sep. à juin • **Régularité** : 15/an • **Lieu(x)** : Salle Pablo Neruda (400 pl.), Salle Max Jacob (300 pl.), Eglise St-André (250 pl.) • **Références** : Sista Rosta, WRK, Patko, Asna & Davman, Orchestra, Deportivo, Boogers- Participation à Banlieues Bleues + « Jazz au Sénateur » (rendez-vous de jazz à Brasserie Le Sénateur avec les musiciens du conservatoire le 2e mar. de chaque mois), etc.

Val-de-Marne

CENTRE DES BORDS DE MARNE

✆ **01 43 24 54 28**
accueil@cdbm.org • **www.cdbm.org**
2 rue de la Prairie • 94170 **LE PERREUX SUR MARNE**

Michel LEFEIVRE (Directeur) • Jean-Marie MACHADO (Conseiller artistique)

Jazz au Perreux • **Genre(s) musical(aux)** : Principalement jazz • **Période** : Saison culturelle • **Régularité** : 8 concerts de jazz en formations réduites au sein de l'Auditorium et 2 soirées en grands formats sur son grand plateau • **Lieu(x)** : 2 salles de spectacles (500 et 100 pl.) • **Références** : Guillaume de Chassy, Gaël Horellou Quartet, LeBocal, Voice Messengers, Jean-François Baëz, Trio Winsberg, etc.

DIRECTION DE LA CULTURE DE CHAMPIGNY/MARNE

✆ **01 41 77 10 30** • fax 01 41 77 10 38
direct.culture@mairie-champigny94.fr • **www.champigny94.fr**
51 rue Louis Talamoni • 94500 **CHAMPIGNY SUR MARNE**

Stéphanie SCANSETTI (Administratrice) • Nathalie BOUTIER (Responsable jeune public)

Genre(s) musical(aux) : Théâtre, marionettes, conte, chanson, arts plastiques • **Période** : Saison culturelle • **Lieu(x)** : Centre Jean Vilar (250 pl.), Maisons pour tous Youri Gargarine et du Bois-l'Abbé • **Références** : Juliette (festival de Marne), Mana, Koto 2 Evans, Florent Marchet

FONTENAY EN SCÈNES

✆ **01 49 74 79 10** • fax 01 49 74 79 11
culture@fontenay-sous-bois.fr • **www.fontenayenscenes.fr**
166 bd Galliéni • 94120 **FONTENAY SOUS BOIS**

Evelyne BIRIBIN (Directrice) • Bertrand TURQUETY (Directeur adjoint) • Pascal RUFFIN (Responsable de la communication) • Assia BOUCHEBITA (Programmatrice & coordinatrice musique) • Véronique BOUGEARD (Programmatrice jeune public et relations publiques)

Genre(s) musical(aux) : Musiques actuelles, musique du monde • **Période** : Sep. à juin • **Régularité** : 1/sem. • **Lieu(x)** : Salle Jacques Brel (460 pl. assises, 1200 pl. debout), espace culturel Gérard Philipe (100 pl. assises, 200 pl. debout) • **Références** : Patrice Caratini « Nica's Dream : Les musiciens de jazz et leurs trois voeux » (création), Barbara Carlotti, Mulatu Astatke, Bonga, Guillaume Perret and The Electric Epic, « Les aventuriers », festival rock electro pop, (déc.), Festi'Val de Marne, festival « Sons d'hiver » (fév.)

HORCA

horcabox@gmail.com • **www.horcashows.com**
17 rue Florentin Lareyre • 94110 **ARCUEIL**

Isabelle MOYA (Programmatrice)

Genre(s) musical(aux) : Punk, hardcore, DIY • **Période** : Toute l'année • **Régularité** : Variable • **Lieu(x)** : La Pêche (Montreuil) et divers lieux sur Paris et petite couronne • **Références** : Propagandhi, Burning Heads, No Use For a Name, etc.

MUSIQUES AU COMPTOIR

✆ **01 48 75 64 31 / 06 71 26 00 95**
contactprogrammation@musiquesaucomptoir.fr
www.musiquesaucomptoir.fr
50 rue des Mocards • 94120 **FONTENAY SOUS BOIS**

Sophie GASTINE-FISCHER (Programmatrice) • Pierre FISCHER (Programmateur)

Genre(s) musical(aux) : Jazz, chanson, musiques du monde, classique et contemporain • **Régularité** : 5 à 10 concerts/mois • **Lieu(x)** : Le Comptoir (95 rue Roublot 94120 Fontenay-sous-Bois) • **Références** : Trio Emler, Tchamitchian & Echampard, Hubert Dupont, Stéphane Tsapis, Ichiro Oone, Alexandra Grimal, Bojan Z, Thé Girard, Samy Daussat, Denis Colin, Anne Paceo, Camel Zekri, Hradcany Trio, Rick Margitza, Franck Amsallem, Benjamin Moussay, David El Malek, etc.

RECREACTION

✆ **01 48 77 43 28 / 02 97 66 43 95 / 01 39 83 12 34**
01 49 44 01 25 / 01 48 58 40 23 / 01 43 00 31 70
lemoing.yves@free.fr • **www.myspace.com/recreation94120**
c/o Espace Gérard Philipe • 26 rue Gérard Philipe
94120 **FONTENAY SOUS BOIS**

Emmanuel RONSEAUX (Président / programmateur) • Guy SAMSON (Communication) • Pierre DEBAILLEUL (Trésorier) • Yves LE-MOING (Secrétaire)

Genre(s) musical(aux) : Chanson, musique du monde • **Période** : Tte l'année • **Régularité** : Ponctuelle • **Lieu(x)** : Fontenay sous Bois : Orangerie de la Maison du Citoyen, Espace Gérard Philipe ; Paris : le Magic, le Kibélé • **Références** : Marianne Masson, Marc Havet, Philippe Hardy, Thierry Raulet, Sandrine Cabadi, Joanne Calice, Hirip, Ferchaud, Marie Volta, Monsieur William, Martine Sarri, Louis Capart, Marc Ogeret, etc.

Val-d'Oise

DIRECTION DE L'ACTION CULTURELLE (ARGENTEUIL)

✆ **01 34 23 58 00 / 01 34 23 44 70** • fax 01 34 23 58 18
culture@ville-argenteuil.fr • **www.argenteuil.fr**
Hôtel de Ville • 12/14 bd Léon Feix • 95100 **ARGENTEUIL**

Christine CADOURS (Directrice) • Daniel MARTY (Directeur du spectacle vivant) • Nicolas TAUPIN (Programmateur musiques actuelles) • Julie POSPIECH (Relations publiques) • Danielle CARBONNET (Chargée de communication)

Pôle Musique • **Genre(s) musical(aux)** : Ts • **Régularité** : Variable suivant les salles • **Lieu(x)** : 5 salles (de 100 à 1500 pl.) dont Centre culturel Le Figuier blanc, Salle Jean Vilar, la salle Maurice Sochon + Cave Dimière • **Références** : « Jazz et contes frivoles » avec Vincent Courtois, Louis Sclavis et Ze Jam Afane, Biréli Lagrène et Sylvain Luc, Adel Salameh « Awda », Hubert-Félix Thiéfaine, Charlène Martin « My Favorite Songs », Bjurström Quartet, Ibis Lawrence & Kassah, etc.

ERMONT SUR SCÈNES

✆ **01 34 44 03 75** • fax 01 34 44 03 89
ermont-sur-scenes@ville-ermont.fr • **www.ville-ermont.fr**
Théâtre Pierre Fresnay • 3 rue Saint Flaive Prolongée • 95120 **ERMONT**

Jean-Christophe TAILLIEZ (Directeur) • Jean-Pierre CLIQUET (Directeur de l'action culturelle / programmateur)

Genre(s) musical(aux) : Tous dont jazz, hip hop, slam, etc. • **Lieu(x)** : Théâtre Pierre Fresnay et Théâtre de l'Aventure • **Références** : Carmen Maria Vega, Dan Tepfer & Pilc-Moutin-Hoenig (Jazz au fil de l'Oise), Ariane Moffatt, Palatino, Renaud García Fons, Giovanni Mirabassi

PREMIER DRAGON

✆ **09 54 26 05 85**
contact@premier-dragon.com • **www.premier-dragon.com**
12 allée des Petits Pains • 95800 **CERGY ST CHRISTOPHE**

Sébastien CAMPOS (Responsable)

Genre(s) musical(aux) : Ts styles • **Période** : Tte l'année • **Régularité** : 6/an • **Lieu(x)** : Sous chapiteaux dans l'agglomération de Cergy Pontoise (95) • **Références** : Festivals « Liaisons sonores », « Aux urnes etc. », « Un Air de Voyage », « Cergy Soit ! », « B-Side reggae festival », K2R, Orange Street, Idir, Les Joyeux Urbains, Karpatt, Debout sur le Zinc, Mon Côté Punk, Odyssée Jamaïque, Les Ogres de Barback, Origines Contrôlées, Liquid Wicked, Romane, Keziah Jones, Julian Marley, Femi kuti, etc.

LANGUEDOC-ROUSSILLON

Aude

MUSIC'AL SOL

✆ **04 68 72 11 03**
claire.musicalsol@orange.fr • **www.musicalsol.fr**
4 rue du Pays Bas • 11600 **VILLEGLY**

Claire PUJOL (Programmatrice)

Genre(s) musical(aux) : Musiques actuelles • **Période** : Tte l'année • **Régularité** : 1 à 2/an • **Lieu(x)** : Diverses salles que nous aménageons en milieu rural audois (pays Carcassonnais & Minervois Corbières) et ou Espace Culturel des Corbières (Ferrals) • **Références** : Massilia, Les Hurlements d'Léo, la Phaze, Babylon Circus, les Ogres de Barback, les Fils de Teuhpu, Watcha Clan, etc.

Gard

COME ON PEOPLE

comeonp@gmail.com • **www.comeonpeople.fr**
4 bd Amiral Courbet • 30000 **NIMES**

Géraldine JEANNON-SEZNEC

Genre(s) musical(aux) : Musiques indépendantes

Les ELVIS PLATINÉS

✆ **04 67 81 57 90** • fax 04 67 81 57 90
contact@leselvis.org • **www.leselvis.org**
Le Vernet • 30440 **SUMENE**

Sébastien TOUREILLE (Coordinateur artistique) • Olivia LAGRÉE (Coordinatrice)

Genre(s) musical(aux) : Rock, chanson, électro, rap, musiques du monde, etc. • **Période** : Tte l'année • **Régularité** : 1/mois • **Lieu(x)** : Entre 50 et 500 pl. et plein air • **Références** : Shaolin Temple Defenders, Monofocus, Scred Connexion, Kevin K, Gablé, Maniacx, King Khan, Hadji-Lazaro, Origines Contrôlées, la Caravane Passe, etc.

JAZZ 70

✆ **09 54 77 33 56 / 04 66 76 08 21 / 06 16 23 56 12**
jazz-70@hotmail.fr • **www.jazz70.fr**
Bureaux • 69 rue Roussy • 30000 **NIMES**

Laurent DUPORT (Président) • Stéphane KOCHOYAN (Directeur artistique) • Quentin JAMES (Chargé de production)

Genre(s) musical(aux) : Jazz • **Période** : Sep. à mai • **Régularité** : 1 à 3 concerts/mois • **Lieu(x)** : La Milonga Del Angel, Jazzpanazz (Nîmes) • **Références** : 2013 : Daniel Mille Sextet invite Jean Louis Trintignant, Céline Bonacina, Mario Stantchev/Thomas Bramerie/Alain Couffignal Trio, etc.

LABORY JAZZ PRODUCTION

✆ **04 66 27 29 96 / 06 47 11 53 58**
jazznomade@hotmail.fr • **www.laboryjazzproduction.fr**
c/o Jean-Claude François • Le Quercy • 524 rue Robert Schuman
30000 **NIMES**

Eric GADET (Président) • Jean-Claude FRANCOIS (Délégué à la production)

Genre(s) musical(aux) : Jazz • **Période** : tte l'année • **Régularité** : 2/mois • **Lieu(x)** : Divers lieux à Nimes, Atria, Liger, et dans toute la France • **Références** : Scott Hamilton, Lavelle, Dany Doriz invite Bob Wilder, Benjamin Legrand, Byrd Lancaster, Big Band de Vauvers, etc.

SAISON JAZZ À JUNAS

✆ **04 66 93 01 59 / 04 66 80 30 27** • fax 04 66 93 01 59
jazz.junas@wanadoo.fr • **www.jazzajunas.asso.fr**
Jazz à Junas • 1 rue de la Mairie • 30250 **JUNAS**

Stéphane PESSINA-DASSONVILLE (Président) • Sébastien CABRIÉ (Directeur)

Genre(s) musical(aux) : Jazz • **Période** : Saison culturelle (14e éd. en 2014 • **Régularité** : 8-12/an • **Lieu(x)** : Le territoire de la communauté du pays de Sommières et des villages environnants • **Références** : Ping Machine, Anne Paceo, Eric Legnini, Imperial Quartet, Trio Zephir et Pierre Diaz, Fethi Tabet, Denis Fournier, jean-Pierre Jullian, etc.

Hérault

CONTINUUM

✆ **06 26 05 68 51** • fax 09 54 29 10 96
assocontinuum@yahoo.ca • **www.assocontinuum.com**
34 rue de la Méditerranée • 34000 **MONTPELLIER**

Thibault DESOMBRE (Président) • Alain PYPE (Administrateur)

Genre(s) musical(aux) : Jazz, musiques improvisées • **Période** : D'oct. à juil. • **Régularité** : Ts les mois • **Lieu(x)** : Jam 17 rue Ferdinand Fabre 34000 Montpellier • **Références** : Maria Pia de Vito, Laurent Cugny, Michel Godard, Jean-Marie Padovani, David Linx, Manu Codjia, Stephane Guillaume, Pierre de Bethmann, Louis Winsberg, Monica Passos, Nelson Veras etc.

Les JEUDIS EN MUSIQUE

✆ **04 67 14 24 81 / 04 67 14 23 78**
scac@univ-montp3.fr • **culture.upv.univ-montp3.fr/**
SCAC - bât H. bureau 105-106 • Université Paul Valéry - Montpellier III Route de Mende • 34199 **MONTPELLIER CEDEX 5**

Philippe NAVARRO (Responsable - chargé de programmation) • Aldjia BERROUBACHE (Assistante culturelle)

Service Commun d'Action Culturelle • **Genre(s) musical(aux)** : Jazz, musiques actuelles • **Période** : Saison universitaire (d'oct. en mai) • **Régularité** : 20 concerts ts les jeu. (hors vacances universitaire) d'oct. à mai • **Lieu(x)** : Maison des étudiants, salle Jean Moulin (Université Paul Valéry - Montpellier III) • **Références** : Journal intime + Marc Ducret « Extension des Feux » (création), Nir Felder 4tet, Ben Wendel 4tet, Eric Barret & Jacques Pellen, Hubert Dupont, Gérard Pansanel & Antonello Salis, etc.

LOLA PRODUCT

✆ **04 67 15 55 23**
lolaproduct@free.fr • **www.lolaproduct.com**
4 rue du Gal Riu • 34000 **MONTPELLIER**

Marc HACQUET (Président) • Sylvie MARTIN (Responsable programmation)

Genre(s) musical(aux) : Rock garage, punk, etc. • **Période** : Tte l'année • **Régularité** : 4/an • **Lieu(x)** : Subsonic (Montpellier)

SCÈNE NATIONALE DE SÈTE ET DU BASSIN DE THAU

✆ **04 67 74 32 52** • fax 04 67 74 05 72
courrier@theatredesete.com • **www.scenenationale-sete-bassin-dethau.com**
Théâtre Molière • Av. Victor Hugo • 34200 **SETE**

Yvon TRANCHANT (Directeur) • Florence MARGUERIE (Responsable de production / fabrique) • Pierre BLANCHER (Directeur technique) • Antje DIEUL (Chargée de production) • Isabelle PICARD (Chargée de diffusion / La Fabrique)

Genre(s) musical(aux) : Pluridisciplinaire dont « cabaret jazz » • **Période** : Oct. à juin • **Régularité** : 1 à 2 /mois • **Lieu(x)** : Théâtre Molière (850 pl.), La Passerelle (200 pl.), Cabaret du Chai (400 pl.), Chai Skalli (410pl.) • **Références** : Impérial Quartet avec Ibrahima Diabaté, Guillaume Seguron, Claire Diterzi, Surnatural Orchestra, etc.

STAND'ART

✆ **04 67 47 91 00** • fax 04 67 42 93 90
victoire.2@wanadoo.fr • **www.victoire2.com**
BP 5558 • 34072 **MONTPELLIER CEDEX 3**

Isabelle PETIT (Directrice de la programmation musicale) • Pascale GOURY (Administratrice) • Hubert RABILLON (Régisseur) • Hélène AUDIBERT (Promotion)

Genre(s) musical(aux) : Musiques actuelles • **Période** : Sep. à juin • **Régularité** : 2 à 3/sem. • **Lieu(x)** : Salle Victoire 2 • **Références** : Tinariwen, Wax Tailor, High Tone, Asa, General Elektriks, Bumcello, Fink, Beat Assailant, Moriarty, Bat For Lashes, Stuck In the Sound, etc.

TAF PRODUCTION

✆ **09 50 23 37 81 / 06 12 58 37 81 / 04 67 68 80 58**
tafeur@gmail.com • **www.toutafond.com**
48 cours Gambetta • 34000 **MONTPELLIER**

FYFY (Président) • Yoann KERAUDRAN (Communication)

Tout à fond • **Genre(s) musical(aux)** : Rock, metal, hard core, punk, psyko, surf, etc. • **Période** : Sep. à juil. • **Régularité** : 15/mois • **Lieu(x)** : Rockstore, Antirouille, Secret Place (Montpellier) • **Références** : Sick of it All, No Means No, Meteors, The Ex, Hard Ons, Napal Death, Toy Dolls, Black Bomb A, Reverend Horton Heat, Cult Of Luna, etc.

UNI'SONS

✆ **04 67 10 06 79**
contact@unisons.fr • **www.unisons.fr**
475 av. du Comté de Nice • 34000 **MONTPELLIER**

Habib DECHRAOUI (Directeur)

Genre(s) musical(aux) : Hip hop, musiques du monde arabe, musiques actuelles • **Période** : Toute l'année, festival Arabesques (mai) • **Régularité** : 1/mois • **Lieu(x)** : Domaine d'O, Montpellier • **Références** : Souad Massi, Natacha Atlas, Fellag, Idir, Khaled, Orchestre National de Barbès, Rachid Taha, Sefyu, Kery James, La Rumeur, Tunisiano, etc.

Lozère

SCÈNES CROISÉES DE LOZÈRE

✆ **04 66 65 75 75** • fax 04 66 65 75 76
contact@scenescroisees.fr • **www.scenescroisees.fr**
13 bd de Britexte • BP 95 • 48003 **MENDE CEDEX**

Nicolas BLANC (Directeur) • Pierre-Louis SEGUIN (Administrateur) • Jean-Pierre KIRCHER (Secrétaire général Responsable service éducatif) • Davina LESBENNES (Chargée de mission Attachée à la communication) • Franck VIGROUX (Artiste associé, Cie d'Autres Cordes) • Pascale PAROUTY (Responsable de la communication et des relations publiques) • Valérie RENAUD (Médiatrice culturelle jeune public)

Scène conventionnée • **Genre(s) musical(aux)** : Spectacle vivant • **Période** : Tte l'année • **Régularité** : 2 à 3/mois • **Lieu(x)** : Pas de lieu fixe, scène nomade travaillant avec les associations locales • **Références** : Ensemble Cronexos, Les Hurlements d'Léo, laross, Sleaze Art/D'autres cordes, Opéra et Orchestre National de Montpellier/LR, Cie Glossophonie, Ana Compagnie, Müller Machines

Pyrénées-Orientales

La SAISON JAZZÈBRE

✆ **04 68 35 37 46 / 04 68 51 13 14** • fax 04 68 34 45 80
info@jazzebre.com • **www.jazzebre.com**
Strass • Ex école de Château Roussillon • Chemin de Château Roussillon
66000 **PERPIGNAN**

Yann CAUSSE (Directeur artistique) • Elodie DAVID (Administratrice) • Marie-Carmen HERNANDEZ (Chargée de communication)

Genre(s) musical(aux) : Saison et festival de jazz contemporain et musiques du monde • **Période** : De dec. à juin, festival en oct. • **Régularité** : 1 à 2/mois • **Lieu(x)** : Diverses salles de Perpignan et d'autres villes de la région : Narbonne, Ille-sur-Têt • **Références** : Louis Sclavis, Gérard Pansanel, Guillaume Séguron, Alexandra Grimal, Julien Desprez, Paul Davies et Peter Perfido, etc.

LIMOUSIN

Corrèze

AU BOUT DE LA SCÈNE

✆ **05 55 26 42 12** • fax 05 55 26 82 61
auboutdelascene@fal19.fr • **www.fal19.fr**
4 Imp. Pièce St Avid • BP 123 • 19004 **TULLE CEDEX**

Jean-Marc VAREILLE (Responsable)

Ligue de l'enseignement - FAL 19 • **Genre(s) musical(aux)** : Ts • **Période** : Sep. à juin • **Régularité** : 1/mois • **Lieu(x)** : Limousin • **Références** : Le Tigre des Platanes, Etenesh Wassié, Pierre Barouh, Nicolas Cante, Matthieu Metzger, Rizzotomes, Voodoo Skank, etc.

SERVICE INFORMATION JEUNESSE DE BRIVE

✆ **05 55 23 43 80** • fax 05 55 23 43 80
sij.brive@wanadoo.fr
Mairie • 12 pl. Jean-Marie Dauzier • 19100 **BRIVE**

Isabelle DENIS (Responsable)

Genre(s) musical(aux) : Rock, pop, blues, humour • **Période** : Sep. à juin • **Régularité** : 2 à 5/an • **Lieu(x)** : Espace des 3 Provinces • **Références** : T. Dutronc, Iggy Pop, Jimmy Cliff, Eddy Mitchell, Kyo, Indochine, Calogero, Nicolas Canteloup, Olivia Ruiz, BB Brunes, etc.

Les TREIZE ARCHES

✆ **05 55 24 11 13** • fax 05 55 24 03 13
contact@lestreizearches.com • **www.lestreizearches.com**
Pl. Aristide Briand • BP 70013 • 19101 **BRIVE CEDEX**

Jean-Paul DUMAS (Directeur) • Jocelyn PERROUAULT (Programmateur musiques actuelles)

Scène conventionnée de Brive • **Genre(s) musical(aux)** : Ts dont chanson, jazz, etc. • **Période** : Sep. à juin • **Régularité** : 4 à 5/an • **Lieu(x)** : Auditorium Francis Poulenc, Espace des 3 Provinces, Théâtre de Brive • **Références** : Rokia Traoré, Shaï Maestro, Chilly Gonzales, Sandra Nkaké, collectif le Maxiphone

Creuse

GANG 23

✆ **05 55 81 71 71**
gang@orange.fr • **www.gang23.org**
1 av. Charles de Gaulle • 23000 **GUERET**

Frederic BOUCHET (Président) • Thibaut BLOND

Groupement associatif des nuits guéretoises • **Genre(s) musical(aux)** : Musiques actuelles • **Période** : de sep. à juil. • **Régularité** : 1/mois • **Lieu(x)** : chapelle de la sénatorerie, scène extérieure, bars de la ville • **Références** : Burning Heads, Nasser, Punish Yourself, 7weeks, Turnsteak, etc.

Haute-Vienne

DO IT YOURSELF

✆ **05 55 34 24 40**
asso.diy@free.fr • **www.limogespunx.com**
BP 135 • 87004 **LIMOGES CEDEX 1**

Murielle DUPUY (Présidente)

Genre(s) musical(aux) : Punk rock, hard-core, ska • **Période** : Tte l'année, scène indépendante • **Régularité** : Occasionnel • **Lieu(x)** : CCM J. Lennon, la Fourmi, Zic Zinc • **Références** : Raw Power, Inner Terrestrials, MDC, Varukers, Defiance, Lower Class Brats, etc.

FÉDÉRATION HIERO LIMOGES

✆ **05 55 10 00 84 / 09 61 30 99 10**
www.hierolimoges.com
8 rue Vochave • BP 861 • 87016 **LIMOGES CEDEX**

Françoise VERLHAC (Directrice / programmation) • Jérémy GALLIOT (Chargé du développement de projet)

Genre(s) musical(aux) : Musiques actuelles • **Période** : Sept. à mai • **Régularité** : 30/saison • **Lieu(x)** : CCM J. Lennon, la Fourmi, CCM J. Gagnant • **Références** : Battant, Wax Tailor, Little Barrie, Kap Bambino, Groundation, The Do, Puppetmastaz, Atari Teenage Riot, etc.

FONDATION LA BORIE-EN-LIMOUSIN

✆ **05 55 31 84 84**
info@fondationlaborie.com • **www.fondationlaborie.com**
Domaine de La Borie • 87110 **SOLIGNAC**

Isabelle DEPRET BIXIO (Directrice) • Jean-Michel LEYGONIE (Programmateur Jazz et musiques actuelles) • Marie BONNETBLANC (Secrétaire générale) • François COUSSIÈRE (Assistant de production Jazz) • Emilie BOUILLAGUET (Chargée de communication)

Centre culturel de rencontre La Borie • **Genre(s) musical(aux)** : Jazz & blues • **Période** : De sep à juin • **Régularité** : Environ 10 en 2013 • **Lieu(x)** : Domaine de la Borie • **Références** : Jazz : Paul Lay, Jean-Pierre Como, Murat Öztürk, Shaï Maestro, Daniel Humair, Vincent Mondy, Emile Parisien, Sébastien Cicolella, Pierre Durand « Roots » Quartet, Metal-O-Phone, Denis Colin et la Société des Arpenteurs, Diederik Wissels invite Sofia Ribeiro

HORIZONS CROISÉS

✆ **06 87 63 75 17 / 06 99 50 20 05**
horizonscroises@yahoo.fr • **www.horizonscroises.fr**
11 av. du Gal de Gaulle • 87000 **LIMOGES**

Amadou GUEYE (Président) • Mélusine GLANET (Secrétaire)

Genre(s) musical(aux) : Éclectique • **Période** : Tte l'année • **Régularité** : 20/an • **Lieu(x)** : CCM John Lennon, La Fourmi, Centre culturel Jean Moulin (Limoges), la Boîte à musique, Centre Culturel Albert Camus (Issoudun), Espace Clouzy • **Références** : Les Têtes Raides, Pigalle, Hindi Zahra, Sefyu, Macéo Parker, Tété, Casey, Alpha Blondy, The Skatalites, Meï Teï Sho, etc.

MEGABLAST PRODUCTION

megablastproduction@wanadoo.fr
40 rue Charles Silvestre • BP 2011 • 87070 **LIMOGES CEDEX**

Frédéric TRICAUD (Programmateur)

Genre(s) musical(aux) : Musiques actuelles • **Période** : Sep. à juin • **Régularité** : 1/mois • **Lieu(x)** : CCM Jean Gagnant, CCM John Lennon, la Fourmi, le Woodstock Boogie Bar • **Références** : Klezmatics, Toumast, Zone Libre, Thomas VDB, Thee Silver mt Zion, Julien Jacob, Merz, Cibelle

LORRAINE

Meurthe-et-Moselle

Les BALADINS

✆ **03 83 25 87 16**
contact@lesbaladins.fr • **www.lesbaladins.fr**
34 rue du Mont • 54710 **LUDRES**

Serge JOSEPH (Président) • Antoine CALOM (Trésorier) • Francois GUASP (Secrétaire)

Genre(s) musical(aux) : Chanson française • **Période** : Sep. à mai • **Régularité** : 4 à 5/an • **Lieu(x)** : Diverses salles de l'agglomération • **Références** : Jehan, Rémo Gary, Bruno Brel, Jofroi, Serge Utgé-Royo, Frédéric Bobin

CARTE BLANCHE PROD.

✆ **06 61 69 69 29**
manuchaman@gmail.com • **www.carteblancheprod.fr**
15 sentier Henri Bazin • 54000 **NANCY**

Marc HENRY (Président) • Manu CHAMAN (Vice-président)

Genre(s) musical(aux) : Musiques électroniques • **Période** : Tte l'année • **Régularité** : 1/mois • **Lieu(x)** : Autre Canal, Quai Son, Totem, Java, etc. • **Références** : Jeff Mills, Dave Clarke, The Hacker, N'to, Traumer, Mars T, Miss Torn, etc.

EUROPOP

✆ **06 03 43 00 63**
contact@europop.fr • **www.europop.fr**
1 Allée Pierre de Coubertin • 54420 **SAULXURES LES NANCY**

Rémi STAHL (Contact)

Genre(s) musical(aux) : Pop indé • **Période** : Sep. à juin • **Régularité** : 4/saison • **Lieu(x)** : L'Autre Canal, L'Ostra (Nancy) • **Références** : Hushpuppies, The Dø, Moriarty, Chris Garneau, Emily Jane White, Andrew Bird, Liff, Variety Lab, Cascadeur, Orwell, Tahiti 80, Get Well Soon, etc.

SCÈNES ET TERRITOIRES EN LORRAINE

✆ **03 83 96 31 37** • fax 03 83 96 31 67
contact@scenes-territoires.fr • **www.scenes-territoires.fr**
Le Grand Sauvoy • 17 route de Metz • 54320 **MAXEVILLE**

Alexandre BIRKER (Directeur) • Alexandra REBRE (Coordinatrice)

Genre(s) musical(aux) : Développement culturel en milieu rural lorrain • **Période** : Tte l'année • **Lieu(x)** : Divers lieux en Lorraine • **Références** : Festival « Convergences », Festival « Musiques en mai »; Cie Acidu, Compagnie A Petit Pas, Batlik, Compagnie Ecart, La Quincaille (fanfare théâtralisée), etc.

SERVICE CULTUREL DE LONGWY

✆ **03 82 44 81 76**
dacc@mairie-longwy.fr • **www.mairie-longwy.fr**
Hôtel de Ville • 4 av. de la Grande Duchesse Charlotte • 54400 **LONGWY**

Thierry CORDIER (Responsable)

Genre(s) musical(aux) : Ttes musiques : jazz, blues, rock, country, chanson française, etc. • **Période** : Tte l'année • **Régularité** : 1 à 2/mois, une quinzaine durant le festival Longwy La Nuit • **Lieu(x)** : Plein air • **Références** : Festival « Guitares sans frontières » (nov.)

Moselle

FRAGMENT

✆ **06 72 08 17 13**
info@fragment-asso.com • **www.fragment-asso.com**
5 rue de Bouteiller • 57000 **METZ**

Fabrice SCHMITT (Responsable)

Genre(s) musical(aux) : Musiques improvisées et nouvelles • **Période** : Saison culturelle • **Régularité** : 1 à 2 concerts/mois • **Lieu(x)** : Les Trinitaires, l'Arsenal, Théâtre du Saulcy, librairie Géronimo, Université de Lorraine (Metz), Centre culturel André Malraux (Vandoeuvre), etc. • **Références** : Trio Portal/Chevillon/Humair, Isabelle Duthoit & Franz Hautzinger, Trio Lazro/Keller/Bondonneau, Aki Onda, Gert Jan Prins, Sophie Agnel, Xavier Saiki, David Watson, Michel Doneda/Jonas Kocher/Christian Wolfarth, Rova Saxophone Quartet, Xavier Charles/Jérôme Noetinger/Thomas Lehn, Jim Denley/Dale Gorfinkel/Mike Majkowski, Franck Vigroux, Philippe Lauzier/Pierre-Yves Martel/Martin Tétreault, Pascal Marzan/John Russel

GROUPE SANS GAIN

✆ 06 87 21 03 74
jean-paul@groupesansgain.org • **www.groupesansgain.org**
12 rue Pavillon Champ • 57070 **METZ**

Jean-Paul MILION (Président / correspondant)

Genre(s) musical(aux) : Musiques et danses traditionnelles • **Régularité** : 1-2 spectacles/an • **Lieu(x)** : Salle Europa à Montigny les Metz (600 pl.), centre de l'Adeppa à Vigy (200 pl.), les Arènes de Metz (3000 pl.) • **Références** : Tri Yann, Orion, Sonerien Du, Pennec, Siberil, Ar Re Yaouank, Dédale, Carré Manchot, Carlos Nuñez, Gilles Servat, etc.

MUSIQUES VOLANTES

✆ 03 87 37 19 78
contact@musiques-volantes.org • **www.musiques-volantes.org**
10 rue des Trinitaires • 57000 **METZ**

Lise WALGENWITZ (Coordinatrice) • Patrick PERRIN (Programmateur)

Genre(s) musical(aux) : Musiques actuelles • **Période** : Tte l'année • **Régularité** : 30/an (programmation déléguée pour les Trinitaires) • **Lieu(x)** : Les Trinitaires et autres • **Références** : Sky Child, Fennesz, Alva Noto, Grizzly Bear, John Parish, Busdriver, Why?, etc.

Association PAVE

✆ 03 82 85 17 44 / 07 61 14 14 69
asso.pave@bbox.fr • **www.association-pave.com**
BP 50065 • 57702 **HAYANGE CEDEX**

Mauro ALBANESE (Coordinateur) • Thomas DOS SANTOS (Attaché de production ressource & accompagnement)

Scène de musiques actuelles en Val de Fensch • **Genre(s) musical(aux)** : Musiques actuelles avec une spécificité pour la chanson nouvelle, le jazz, es musiques du monde et les esthétiques métissées • **Période** : Sep. à juin • **Régularité** : 20 à 25 concerts/an • **Lieu(x)** : Diffusion en itinérance sur les 10 villes de la vallée de la Fensch : Le Gueulard (Nilvange), Salle Lucien Pérera (Ranguevaux), Le Palace (Hayange) • **Références** : Sligo, Morik, Baye Gallo, La Manutention, Sahra Chet Noeuss, festival Jazz & Blues (mars), Festival Musiques du monde (mai), Festival Rock'n'Fer (juin)

SERVICE CULTUREL DE SARREGUEMINES

✆ 03 87 98 93 58 • fax 03 87 98 93 04
culture@mairie-sarreguemines.fr • **www.sarreguemines.fr**
Hôtel de Ville • 2 rue du Maire Massing • BP 51109
57216 **SARREGUEMINES CEDEX**

Hervé ATAMANIUK (Directeur du service) • Alexandra DUBUISSON (Adjointe)

Genre(s) musical(aux) : Chanson, jazz, Theatre, Musique du monde, Musique classique, jeune public • **Période** : Oct. à juin • **Régularité** : 25 à 30/an • **Lieu(x)** : Auditorium du Casino (280 pl.), scène de l'Hôtel de Ville (490 pl.) • **Références** : Louis Chédid, Ours, Grand Corps Malade, Louis Sclavis

SERVICE MUSIQUE DE THIONVILLE

✆ 03 82 88 26 87 • fax 03 82 82 25 88
musique@mairie-thionville.fr
www.thionville.fr/article/91-La_Salle_Adagio
Direction de l'Action Culturelle • BP 30 352 • 57125 **THIONVILLE CEDEX**

Boris KUFFLER (Programmateur)

Genre(s) musical(aux) : Jazz, blues, chanson, musiques du monde, Jeune Public, Classique, etc. • **Période** : De sep. à juin • **Régularité** : 4 à 5/mois • **Lieu(x)** : L'Adagio (salle de 150 pl. - adagio@mairie-thionville.fr) • **Références** : Dmitry Baevsky, Alex Tassel, Laurent Korcia, Jean-Guihen Queyras, Violons barbares, Roger Muraro, Quatuor Talich, etc.

Vosges

LAVOIR ENTENDU

✆ 03 29 31 04 85
isabelle.sartori@epinal.fr
c/o Isabelle Sartori • 7 ruelle de Laufromont • 88000 **EPINAL**

Isabelle SARTORI (Présidente)

Genre(s) musical(aux) : Jazz, chanson • **Période** : Sep. à avr. • **Régularité** : 12 à 13/saison • **Lieu(x)** : Lavoir-théâtre G. Brassens (70 pl.), théâtre municipal (360 pl.) • **Références** : « Café Chanson » : La Mauvaise Réputation, Tichot, Matthieu Bouchet - « Café jazz » : Frédéric Monino « Around Jaco » Quartet, Eric Legnini, Tigran Hamasyan, Bobby Rangell, Pierre Boespflug/René Dagognet, Mico Morelli, Umberto Pagnini, Pierrick Pedron, Gaïa Cuatro invite Paolo Fresu, Louis Winsberg, etc.

MCL DE GERARDMER

✆ 03 29 63 11 96 • fax 03 29 63 65 00
zitactmcl@yahoo.fr • **mclgerardmer.free.fr**
1 bd de St-Dié • 88400 **GERARDMER**

Stéphane LEPOIL (Directeur) • Marc GENATIO (Programmateur musiques actuelles)

Maison de la culture et des loisirs • **Genre(s) musical(aux)** : Musiques actuelles, world • **Période** : Oct. à mai • **Régularité** : 1/mois • **Lieu(x)** : Caf'conc' (100 pl.), salles de 200 et 700 pl. (Cac) • **Références** : Lonely Drifter Karen, Aissate, Morik, Karpatt, Beltuner, Post Image, Manu Dibango, etc.

SCENES VOSGES

✆ 03 29 65 98 58
www.scenes-vosges.com
15 rue de la Comédie • 88000 **EPINAL**

Jacky CASTANG (Directeur) • Aurore MONTI (Directrice des relations publiques)

Genre(s) musical(aux) : Chanson, jeune public • **Période** : Sept. à juin • **Régularité** : 1/mois • **Lieu(x)** : Théâtre de la Rotonde, Auditorium de la Louvière, Théâtre municipal • **Références** : Les Ogres de Barback, Juliette Greco, Syrano, Blérots de Ravel, Sanseverino, Clarika, Alexis HK, etc.

MIDI-PYRÉNÉES

Ariège

LAVELANET CULTURE

✆ 05 61 01 81 41 • fax 05 61 01 10 55
lavelanet.culture@orange.fr • **www.lavelanet-culture.com**
Le Casino • 2 Rue René Cassin • 09300 **LAVELANET**

Nadine CUBILIE (Directrice)

Genre(s) musical(aux) : Danse, théâtre, musique • **Période** : Oct. à juin • **Régularité** : 2/mois • **Lieu(x)** : Marché couvert, théâtre de l'Ourdissoir, le Casino • **Références** : « Jazz'Velanet » (mai) avec Trio Barolo, Les P'tits Loups du Jazz, Renaud Garcia-Fons, Pierrick Pédron

Aveyron

FEP-ATELIERS DE LA FONTAINE

✆ 05 65 81 16 13
contact@ateliersdelafontaine.fr • **www.ateliersdelafontaine.fr/**
27 rue Bories • 12200 **VILLEFRANCHE DE ROUERGUE**

Camille BRIANCON (Directeur)

Foyer d'éducation populaire • **Genre(s) musical(aux)** : Rock, blues, jazz, reggae, funk, world music • **Période** : Tte l'année • **Régularité** : 3/an • **Lieu(x)** : Salle des fêtes, théâtre, plein-air • **Références** : C. Couture, J. Higelin, B. Deraime, B. Sandoval, Spook and The Guay, Raoul Petite, La Ruda

POLY SONS

✆ 06 80 732 732
polysons@gmail.com • **poly-sons.com**
La Maurelle • 12400 **ST AFFRIQUE**

Olivier COURCIER (Président)

Genre(s) musical(aux) : Tous • **Période** : Tte l'année • **Régularité** : 6/an • **Lieu(x)** : Caveau, salle des fêtes, cour du château de St Izaire • **Références** : Alif Sound System, Cosmik Connection, Tripod, Boost, Black Bomb A, Rezerv', Zablok, Pistons Flingueurs, Matica, Zawase, 100 Grammes de Tête, Stevo's Steen, Rude Boy System, Les Boukakes, Ramsès, Namas Pamos, etc.

Haute-Garonne

La CHATTE À LA VOISINE

info@lachattealavoisine.net • **www.lachattealavoisine.net**
61 av. de la Garonnette • 31000 **TOULOUSE**

Genre(s) musical(aux) : Rock, pop, folk, indé • **Période** : Toute l'année • **Régularité** : 1 à 2/mois • **Lieu(x)** : Tous types • **Références** : Why?, Angil, Herman Düne, Julie Doiron, Bonnie Prince Billy, Lou Barlow, Calc, The Wedding Present, The High Lamas, etc.

Association CULTURE REGGAE

✆ 05 61 88 97 55
sophie.beros@orange.fr • **assocultureregae.blogspot.fr**
Peyregude • 31160 **IZAUT DE L'HOTEL**

Sophie BEROS (Présidente) • Joseph ZEBULON (Ingénieur du son) • Serge CORTèS (Trésorier)

Genre(s) musical(aux) : Reggae et musiques dérivées • **Période** : Tte l'année • **Références** : Reggae Night for freedom, Reggae Night for Unity, One Love festival, etc.

DELL'ARTE

✆ 05 61 76 58 48 / 06 20 43 52 64 • fax 05 61 43 00 61
dell.arte@laposte.net • **www.dellarte.fr**
8 rue Mireille Sorgue • 31000 **TOULOUSE**

Nicky TREMBLAY (Directrice) • Karim DJELASSI (Programmateur) • Laura BASTIER (Communication)

Genre(s) musical(aux) : Cultures métisses (musiques du monde et urbaines) • **Période** : Tte l'année • **Régularité** : 10/an • **Lieu(x)** : Régio Midi Pyrénées • **Références** : Ifrigian's, Les Boukakes

DIRECTION DES AFFAIRES CULTURELLES DE LA VILLE DE COLOMIERS

✆ 05 61 15 23 74 / 05 61 15 23 82 • fax 05 61 15 23 89
culture@mairie-colomiers.fr • **www.ville-colomiers.fr**
1 pl. Alex Raymond • BP 30 330 • 31776 **COLOMIERS CEDEX**

David PONCET (Directeur des affaires culturelles) • Beatrix BORDES (Directrice adjointe)

Genre(s) musical(aux) : Flamenco, jazz, tango, chanson, jeune public • **Régularité** : 10/saison • **Lieu(x)** : Hall Comminges (1 200 pl.), Auditorium Jean Cayrou (120 pl.) • **Références** : « Biennale des Musiques Ibériques »

MULTIMUSIQUE

✆ 05 62 79 23 93
multimusique2@wanadoo.fr • **www.multimusique.net**
1 quai de la Garonne • 31330 **GRENADE**

Eric ANGLAS (Directeur)

Genre(s) musical(aux) : Musiques actuelles • **Période** : Tte l'année • **Régularité** : 6/an • **Lieu(x)** : Plein Air, foyer rural (Grenade), salle des fêtes (Grenade) • **Références** : K2R Riddim, Tagada Jones, PuppetMastaz

ODYSSUD

✆ 05 61 71 75 15 • fax 05 61 71 75 45
direction@odyssud.com • **www.odyssud.com**
4 av. du Parc • 31706 **BLAGNAC**

Emmanuel GAILLARD (Directeur) • Pascal CAILA (Responsable de la communication) • Daniel ALAYRAC (Directeur technique) • Joëlle DANTIER (Responsable administration) • Michel SAVIGNAC (Responsable relation avec les publics) • Francoise LABORDE (Adjointe au Maire déléguée à la culture)

Genre(s) musical(aux) : Tous • **Période** : Saison culturelle • **Régularité** : 90/an • **Lieu(x)** : Grande salle (950 pl.), Auditorium (100 pl.) et Petit Théâtre St-Exupère (189 pl.) • **Références** : Thierry Balasse « La face cachée de la lune », Stacey Kent, Kellylee Evans, Ali Baba et le 40 batteurs, Michel Legrand, Carmen maria Vega, les Grandes Bouches

PÔLE CULTURE DE CUGNAUX

✆ 05 61 76 88 94 / 05 61 76 88 99
programmation@mairie-cugnaux.fr • **www.mairie-cugnaux.fr**
Mairie de Cugnaux • 5, place de l'église • 31270 **CUGNAUX**

Christine MARTIAL (Directrice du Pôle culture) • Emmanuelle HAMON (Directrice adjointe du Pôle culture) • Jean-Damien RICAUT (Responsable de la programmation) • Yan BEIGBEDER (Programmateur de la Semaine Jazz)

Genre(s) musical(aux) : Chanson, Jazz, world • **Période** : Saison culturelle • **Lieu(x)** : Espace Paul Eluard • **Références** : Vicente Pradal, Cie Amapola, l'ARFI, Camille Simeray et Sam Burguière « Barbara, du bout des lèvres », Las Hermanas Caronni + Semaine jazz « La Dolce Vita » (du 20 au 24 nov.) avec Louis Sclavis et Michele Rabbia, Christine Wodrascka et Ramon Lopez, Raymond Boni, Cie La Friture Moderne, « les Variations Goldberg » par G. Foccroulle, Edouard Bineau et Sébastien Texier (programmation : Yan Beigbeder, Einstein on the beach - yan@einsteinonthebeach.net)

REG@RTS

✆ 05 82 74 50 14 / 06 24 31 07 36
contact@asso-regarts.com • **www.asso-regarts.com**
78 av. des États-Unis • 31200 **TOULOUSE**

Olivier OCHEM (Chargé de production) • Karim GUERCH (Directeur relations publiques) • Hugot ZIGGY (Booking)

Genre(s) musical(aux) : Musiques électroniques, musiques du monde, etc. • **Période** : Tte l'année • **Lieu(x)** : Le Bikini (Tlse), salle le Confluent (Portet-sur-Garonne), lac de Sesquières (31), salle Cap Découverte (Blaye-les-Mines), salle de la Halle (Rabastens) • **Références** : Noisia, Foreign Berggars, Dirtyphonics, Zenzile, Para One, Reso, Bare Noize, Vitalic, Sebastian, Yelle, Alec Empire, Sexy Sushi, Teenage Bad Girl, Djedjotronic, The Proxy, Agoria, Jennifer Cardini, DJ Hype, TRaumschmiere, DJ Vadim, Antipop Consortium, TTC, The Herbaliser, Kaly Live Dub, DJ Kentaro, Manu le Malin, Radio Bomb, Hyper Frequencies, Scorn, etc.

SERVICE CULTUREL DE LA MAIRIE DE BEAUZELLE

✆ 06 10 23 42 02
ssabatier@mairie-beauzelle.fr • **www.mairie-beauzelle.fr**
Mairie de Beauzelle • Pl. de la Mairie • 31700 **BEAUZELLE**

Stéphane SABATIER (Coordinateur culturel)

Genre(s) musical(aux) : Ts • **Période** : Sep. à juin • **Régularité** : 1/mois • **Lieu(x)** : Centre culturel « Pigeonnier des Arts » (150 pl.), salle Garossos (1 200 pl. debout) • **Références** : Pistons Flingueurs, Les Troubl'amour, Malinaé, Beautés Vulgaires, Saxidromus, Serge Lopez, Curcuma, Les Madeleines, Rue Rouge, concert irlandais, la Varda, La Marquise, Bandas défilé Carnaval, Doolin', The Gartloney Rats, No Mad Band, Les P'tit t'hommes, etc.

Gers

CIRCA

✆ 05 62 61 65 02
info@circa.auch.fr • **www.circa.auch.fr**
Centre Cuzin • rue Guynemer • 32000 **AUCH**

Marc FOUILLAND (Directeur) • Laurent SOLIGNAC (Directeur adjoint) • Laure BAQUE (Secrétaire générale)

Pôle national des arts du cirque • **Genre(s) musical(aux)** : Chanson, musiques du monde, jazz, etc. • **Période** : Saison culturelle • **Lieu(x)** : Théâtre d'Auch, Dôme de Gascogne ou sous chapiteau • **Références** : Jur, Emel Mathlouthi, Hervé Suhubiette et Pulcinella, Le Brassens de Christian Escoudé, Christian Vieussens, Vojasa, etc.

Hautes-Pyrénées

MDA - MAISON DES ASSOCIATIONS DE TARBES

✆ 05 62 93 56 19
mdaadour@orange.fr • **www.tarbes.fr**
4 bis quai de l'Adour • 65000 **TARBES**

Joseph BONNET (Responsable)

Genre(s) musical(aux) : Musique du monde, jazz, musique électronique • **Période** : Sep. à juin • **Régularité** : 1 à 2/mois, 1er ven. du mois pour les concerts « Jazz MDA » (jazz.mda@gmail.com - jazzmda.perso.sfr.fr) • **Lieu(x)** : 1 salle de 105 pl. • **Références** : Megaterium, Buru, Octopus, Troubl'Amour, Lelia Martial Group, Guillaume de Chassy et Pierre Dayraud, Franck Avitabile, Jean-Marc Padovani, Sylvin Marc, etc.

Tarn

POLLUX ASSOCIATION

✆ 05 63 54 52 70
polluxasso@gmail.com • **www.polluxasso.com**
6 rue Jules Roland • 81000 **ALBI**

David PAPAIX (Directeur) • Benjamin BASTIER (Président)

Genre(s) musical(aux) : Musiques actuelles • **Période** : Tte l'année • **Régularité** : 10/an • **Lieu(x)** : Salle de Pratgraussels, Cap'Découverte • **Références** : Burning Heads, High Tone, La Phaze, New Bomb Turks, The Bellrays, The Craftmen Club, Xtreme Fest, Electrolyse Fest

ROCK TIME / TRANSPARENCE

✆ 05 63 38 27 45 / 05 63 77 32 18
info@rocktime.org • **www.rocktime.org**
1 bis rue Thiers • 81400 **CARMAUX**

Henri FABRIES (Président) • Marie-José GONZALES (Administratrice) • Michel BESSET (Programmateur) • Gaël PECHO (Chargé de communication)

Genre(s) musical(aux) : Rock, blues, fusion, hardcore, musiques actuelles • **Période** : Annuelle • **Régularité** : 1/mois + 3 festivals/an • **Lieu(x)** : Albi, Carmaux et plein air • **Références** : Young Gods, Noir Désir, Buzzcocks, Treponem Pal, Skippies, Negu Gorriak, Lofofora, Burning Heads, Human Spirit, LKJ, Zebda, FFF, Asian Dub, Saian Supa Crew, Muse, Eiffel, Kerplunk, La Ruda, No One is Innocent, Eths, Fishbone, etc.

SERVICE CULTUREL DE CASTRES

✆ 05 63 71 59 95 • fax 05 63 71 59 88
spectacle.vivant@ville-castres.fr • **www.ville-castres.fr**
Théatre de la Ville • BP 10406 • 81108 **CASTRES CEDEX**

Latifa SABRI (Chargée de programmation)

Genre(s) musical(aux) : Programmation pluridisciplinaire (danse, musique, variété, théâtre, humour, jeune public) • **Période** : Sep. à juin, festival de danse en juil., festival Couleurs du monde en août • **Régularité** : 60/an • **Lieu(x)** : Théâtre municipal (520 pl.), salle Gérard Philipe (1 080 pl.) • **Références** : Julien Clerc, BB Brunes, Raphaël, Didier Lockwood, H-F. Thiéfaine, Alain Souchon, etc.

NORD - PAS-DE-CALAIS

Nord

La BIC

✆ 03 20 38 36 81
coordination@lamarmite-npcd.com • **www.myspace.com/labic**
c/o La Malterie • 42 rue Kuhlmann • Bureau n° 1 • 59000 **LILLE**

Hervé LETENEUR (Coordination / communication) • Kenneth QUIGUER (Trésorier) • Laurence DESCHAMPS (Présidente)

Brigade d'intervention culturelle • **Genre(s) musical(aux)** : Musiques actuelles • **Période** : Tte l'année • **Lieu(x)** : Différents chaque année • **Références** : Ne concerne que les artistes du Nord-Pas-de-Calais

BOUGEZ ROCK

✆ **03 27 58 73 77**
bougezrock@gmail.com • **www.myspace.com/bougezrock**
La Luna • Av. Jean jaures • 59600 **MAUBEUGE**

Sébastien DECASTIAUX (Coordinateur de projets) • Philippe DAVID (Gestion locaux de répétitions)

Genre(s) musical(aux) : Ts styles • **Période** : Sep. à juin • **Régularité** : 1/mois • **Lieu(x)** : Café musique (100-150 pl.), salles de spectacle (500 pl.), Maison Folie (Maubeuge) • **Références** : Tété, Jim Murple Memorial, Alamo Race Track, Nervous Cabaret, Piano Club, Flexa Lyndo, Lolito, Louis Aguilar

CALL 911

✆ **03 20 91 19 11** • fax 03 20 38 54 02
rania@call911.fr • **www.call911.fr**
72 rue Gutenberg • 59800 **LILLE**

Rania HARRAR (Directrice / programmatrice) • Isabelle VIDOVIC (Administratrice) • Belkacem AMAROUCHE (Chargé d'actions culturelles) • François NIVAULT (Chargé de programmation danse)

Genre(s) musical(aux) : Hip hop • **Période** : Sep. à juil. • **Régularité** : Tte l'année • **Lieu(x)** : Salles de la région • **Références** : Hip hop dayz Festival, Hip hop high school, Urbaines Connexions, Buzz Booster, Beat Maker Contest

CENTRE CULTUREL ANDRÉ MALRAUX

✆ **03 28 49 52 88** • fax 03 28 41 05 41
info@centreandremalraux.com • **www.centreandremalraux.com**
Espace Flandre • Rue du Milieu • BP 30194
59524 **HAZEBROUCK CEDEX**

Grégory VANDAELE (Directeur)

Genre(s) musical(aux) : Chanson, pop, rock, jeune public • **Période** : Sep. à juin • **Lieu(x)** : Espace Flandre (Hazebrouck), salle de spectacle du Réseau de développement culturel en milieu rural • **Références** : Cali, les Wampas, Zut, Manu Katché, Naïve New Beaters, Renan Luce, Robinson, Aldebert, BB Brunes, etc.

JAZZ CLUB DE DUNKERQUE

✆ **03 28 63 51 00 / 06 85 58 00 80** • fax 03 28 51 14 79
jazzdunkerque@wanadoo.fr • **www.jazzdunkerque.fr**
c/o Association Jazz Dunkerque • Pôle Marine, rue des Fusiliers Marins
BP 60032 • 59941 **DUNKERQUE CEDEX 2**

Pascal ANQUETIL (Président) • Françoise DEVIENNE (Directrice)

Genre(s) musical(aux) : Jazz majoritairement français et européen • **Période** : Saison culturelle • **Régularité** : 1/mois pour 3 concerts consécutifs, + mus. ou groupes régionaux (du Nord ou de la Belgique) + concerts isolés (mus. en tournée) • **Lieu(x)** : Le Pôle marine (190 pl.) situé rue des Fusiliers Marins à Dunkerque • **Références** : festival « Spitit of jazz » avec Paolo Fresu, Nguyên Lê, Mino Cinelu, Céline Boncina, etc. (oct.) , Etienne M'Bappé, Louis Winberg, Bex/Ferris/Goubert Trio, Francesco Bearzatti, Anne Paceo, Alfio Origlio, Franck Tortiller, Sébastien Texier

JAZZ EN NORD

✆ **03 28 04 77 68** • fax 03 20 04 77 72
jazzenord@free.fr • **www.jazzenord.com**
72 rue Nationale • 59700 **MARCQ EN BAROEUL**

Dominique DESMONS (Directeur) • Claude COLPAERT (Président)

Genre(s) musical(aux) : Jazz, blues • **Période** : Oct. à mai • **Lieu(x)** : Près d'une cinquantaine de lieux en Nord-Pas-de-Calais • **Références** : « Jazz en Nord festival » (d'oct. à mai) - Mais aussi « Lille Piano(s) Festival » (juin) pour la programmation jazz « Roncq Nuit bleue » (3e édition en mai 2013)

MOHAMED DALI

✆ **03 20 15 13 21 / 06 99 92 86 98**
dali.mohamed@gmail.com • **mohamed.dali.free.fr**
173 rue d'Iéna • 59000 **LILLE**

Eric FERLA

Genre(s) musical(aux) : Jazz, musiques actuelles, musique savante, musique expérimentale, pop, rock • **Période** : Tte l'année • **Régularité** : 1 à 4/mois • **Lieu(x)** : La Malterie (Lille) • **Références** : Ruins, L'Enfance Rouge, Lazzi, Milgram, Herman Düne, Jeffrey Lewis, Gomm, Chevreuil, Red, Trans Am, Don Caballero, The Present, Dead Moon, Usane, Cercueil, Trumans Water, El Guapo, etc.

MUZZIX

✆ **03 28 82 07 93 / 06 63 27 73 11 / 09 50 91 01 72**
contact@muzzix.info • **www.muzzix.com**
Muzzix • 51 rue Marcel Hernaux • 59000 **LILLE**

Peter ORINS (Directeur artistique) • Yanik MIOSSEC (Directeur artistique) • Celine LIAGRE (Administratrice) • Lise CAZE (Chargée de communication)

Genre(s) musical(aux) : Musiques improvisées, jazz • **Lieu(x)** : La Malterie • **Références** : Cri-Crum, rendez-vous mensuel durant lequel Muzzix met à l'honneur un groupe du collectif, concerts à la Malterie

Le PHÉNIX

✆ **03 27 32 32 32 / 03 27 32 32 00** • fax 03 27 32 32 01
contact@lephenix.fr • **www.lephenix.fr**
Bd Harpignies • BP 39 • 59301 **VALENCIENNES**

Romaric DAURIER (Directeur) • Hermann LUGAN (Administrateur) • Patricia GORKA (Secrétaire général) • Hugo DEWASMES (Directeur communication)

Scène nationale de Valenciennes • **Genre(s) musical(aux)** : Ts genres • **Période** : Sep. à juin • **Régularité** : 2/mois • **Lieu(x)** : 3 salles (100, 192 et 760 pl.) • **Références** : China Moses, Christophe Hocké, Ibrahim Maalouf, Laurent de Wilde/Gamblin, Brussels Jazz Orchestra avec David Linx et Maria Joao, Barbara Carlotti - « Jazz à l'Avant-Scène » : Karl jannuska, Eouard Bineau, Sébastien Jarousse, Manaswing, Mathieu Marthouret, Perrine Mansuy, Baptiste Dubreuil, etc.

PROJECTIL'

www.madfest-projectil.fr
c/o Centre Eliane Andris • 11 rue Camille Guérin • 59500 **DOUAI**

Laura BOURZG (Vice-présidente)

Genre(s) musical(aux) : Rock, electro, chanson française, pop, musiques innovantes • **Période** : Sep. à juin • **Régularité** : 6/an • **Lieu(x)** : Salle municipale (Douai), café-concert (Lille et Douai), MJC Douai • **Références** : Lawrence Wasser, Gomm, Didier Super, le Dead Projet, Octobre Rouge, Burning Heads, Cocoon, groupes locaux

RIF

✆ **03 28 52 33 96** • fax 03 20 54 68 42
rif@rif-asso.fr • **www.rif-asso.fr**
79 rue Gantois • BP 80272 • 59019 **LILLE CEDEX**

Benoît GARET (Directeur)

Rock in Faches • **Genre(s) musical(aux)** : Musiques électroniques, musique du monde, hip hop, reggae, rock, chanson, etc. • **Période** : Tte l'année • **Lieu(x)** : Divers sur la région • **Références** : The Soul Jazz Orchestra, NovaLima, MAP, DJ Click, Zuco 103, F. Galliano, Tony Allen, Jim Murple Memorial, Abd Al Malik, Hocus Pocus, The Procussions, Bibi Tanga et le Professeur Inlassable, Marcel et Son Orchestre, etc.

SCÈNES MITOYENNES

✆ **03 27 70 09 60** • fax 03 27 70 09 61
scenes.mitoyennes@wanadoo.fr • **www.scenes-mitoyennes.fr**
Place du Général de Gaulle • BP 20076 • 59542 **CAUDRY CEDEX**

Benoît BETCHEN (Directeur de Théâtre de Caudry) • Alain DESSAIGNE (Directeur du Théâtre de Cambrai)

Des villes et un territoire s'associent • **Genre(s) musical(aux)** : Chanson, jazz, world, etc. • **Période** : Saison culturelle • **Lieu(x)** : Théâtre de Cambrai et Théâtre de Caudry • **Références** : Zaz, Malted Milk, 4e festival international de Boogie Woogie (jan), Cali, Katia Guerreiro, Marianne Aya Omac, Charles Pasi, North Gospel Quartet

TOURCOING JAZZ CLUB

✆ **03 59 63 43 63** • fax 03 59 63 43 51
tourcoingjazzfestival@ville-tourcoing.fr • **www.tourcoing-jazz-festival.com**
Association Culturelle Tourquennoise • Hospice d'Havré
100 rue de Tournai • 59338 **TOURCOING**

Yann SUBTS (Programmateur)

Genre(s) musical(aux) : Jazz • **Période** : Saison culturelle (de sept. à mai) • **Régularité** : 1 concert/mois • **Lieu(x)** : Hospice d'Havré (100 pl.) • **Références** : Stuart Seide & Jean-Marc Padovani, Grégory Privat Quintet featuring Stéphane Belmondo, Didier Malherbe & Eric Lohrer, Giovanni Mirabassi, Michel Godard, Eric Séva & Jean-Philippe Viret (création), Chris Potter, Vincent Artaud invite Erik Truffaz, etc.

PAYS DE LA LOIRE

Loire-Atlantique

La 52°

✆ **07 70 05 40 93 / 06 18 62 87 65**
sebastien@la52eme.com • **www.la52eme.fr/**
30 allée Gabriel Fauré • 44230 **ST SEBASTIEN SUR LOIRE**

Sébastien BERTHO (Responsable artistique) • Sabine GIRARD (Administratrice) • Serge MICHEL (Programmateur)

Genre(s) musical(aux) : Jazz • **Période** : Variable • **Lieu(x)** : Théâtre de la Fleuriaye, l'Embarcadère à Saint-Sébastien-sur-Loire et divers lieux de Nantes : le Pannonica, l'Opéra Graslin, le Lieu Unique, le Melocotton, la Salle Paul Fort, etc. • **Références** : Benny Golson, Mourad Benhamou, Robin McKelle, Gregory Porter, Nicolas Gauthier, Karl Jannuska, Harold Lopez Nussa, François Ripoche et Alain Jean-Marie, Baptiste Herbin, Alain Debiossat, Giovanni Mirabassi, Malcom Braff, Guillaume Hazebrouck - Festival ECM « son et silence » (en mars et en partenariat avec le Lieu Unique) avec François Couturier Tarkovsky Quartet feat Andrei A. Tarkovsky

L'ARC (REZÉ)

✆ **02 51 70 78 00 / 02 51 70 78 01** • fax 02 51 70 78 09
info@larcareze.fr • **www.larcareze.fr**
Centre musical de la Balinière • 24 rue de la Balinière • 44400 **REZE**

Maurice COSSON (Directeur) • Eric AUDUSSEAU (Secrétaire général) • André BOUDAUD (Directeur technique)

Scène conventionnée Voix Rezé • **Genre(s) musical(aux)** : Musiques du monde, chanson, jazz, jeune public et voix • **Période** : Sep. à juin • **Régularité** : 45/saison • **Lieu(x)** : Théâtre de Rezé (460 pl.), Espace Diderot (150 pl.), Centre musical de La Balinière (Rezé), églises de Rezé • **Références** : Lo'Jo, Thomas Fersen, Marcus Miller, Erik Truffaz & Enki Bilal, etc.

La BOUCHE D'AIR

✆ **02 40 73 40 20 / 02 40 69 69 46** • fax 02 40 69 12 10
administration@labouchedair.com • **www.labouchedair.com**
33 rue de Strasbourg • 44000 **NANTES**

André HISSE (Directeur)

Genre(s) musical(aux) : Chanson, musiques du monde, blues • **Période** : Sep. à juin • **Régularité** : 50/saison • **Lieu(x)** : Paul Fort (503 pl.), Club Pannonica (140 pl.) • **Références** : La Grande Sophie, Loïc Lantoine, Angélique Ionatos, Patrick Verbeke, Diane Reeves, Jean-Louis Murat, « Titi » Robin & Danyel Waro, Arno, Thomas Fersen, etc.

COUVRE FEU

✆ **02 28 53 08 01**
infos.couvrefeu@wanadoo.fr • **www.couvrefeu.fr**
11 rue de St Michel • 44560 **CORSEPT**

Vincent MAHE (Programmateur) • Titi HERAIN (Régisseur technique / locations) • Yann BRAMOULE (Partenariats et production)

Genre(s) musical(aux) : Musiques actuelles • **Période** : Tte l'année • **Régularité** : Ts les mois • **Lieu(x)** : Salle du Pasquiaud (200 pl.), Salle Socio-culturelle de Corsept (500 pl.), La Carrière (1 900 pl.), La Trocardière (3 000 pl.), L'Etoile de Jade (1 800 pl.) + plein air • **Références** : Manu Chao, Les Ogres de Barback, La Phaze, Mano Solo, Eiffel, Ez3kiel, Missil, etc.

CRDJ

✆ **02 40 48 74 74** • fax 02 40 48 28 18
www.crdj.org
3 cour de la Brocante • 44000 **NANTES**

François GABORY (Président) • Cyrille GOHAUD (Membre du CA) • Armand MEIGNAN (Membre du CA) • Jacques-Henri BECHIEAU (Membre du CA) • Sylvain LAIGLE (Membre du CA)

Collectif régional de diffusion du jazz en Pays de la Loire • **Genre(s) musical(aux)** : Jazz • **Lieu(x)** : 31 structures de la région Pays de la Loire : Pannonica, le Grand T (Nantes), Europa Jazz Festival du Mans, Le Fanal (St-Nazaire), le Jardin de Verre (Cholet), Le Grand R (La Roche/Yon), Athanor (Guérande, les Ondines (Changé), etc. • **Références** : Festival éclaté « Jazz Tempo - Temps fort du Jazz en Pays de la Loire » (nov.)

Les DESCENTES DE LA LOIRE EN CHANSONS

✆ **02 40 29 06 72 / 06 80 71 46 55**
helene.salmon@free.fr • **loirenchanson.com**
c/o Ile de Ville • Péniche Lola - Quai Henri Barbusse • 44000 **NANTES**

Hélène SALMON (Responsable) • Jean-François SALMON (Responsable)

Genre(s) musical(aux) : Spectacle itinérant sur l'eau • **Période** : Mai à juin • **Régularité** : 1/an (n'aura pas lieu en 2013) • **Lieu(x)** : Péniche itinérante le long de la Loire (Saumur, St-CLément des Levées, La Ménitré, Le Thoureil, Les Ponts de Cé, La Possonière, Chalonnes, Montjean, St-Florent le Vieil, Ancenis, Carquefou, Nantes), St Mathurin (Loire), Varades (49), La Bohalle (49) • **Références** : Hélène et Jean-François Salmon, Gilles Servat, Serge Crampon, Lucien Gourong, Los Gringos (Andes), etc.

Le FANAL

✆ **02 40 22 39 38 / 02 40 22 91 36** • fax 02 40 22 91 44
direction@letheatre-saintnazaire.fr • **www.lefanal.fr**
33 bd Victor Hugo • BP 150 • 44603 **ST NAZAIRE CEDEX**

Nadine VAROUTSIKOS-PEREZ (Directrice) • Luc CHAVY (Administrateur)

Scène nationale de St-Nazaire • **Genre(s) musical(aux)** : Jazz, chanson, musiques du monde • **Période** : Sep. à juin • **Régularité** : 10/mois • **Lieu(x)** : Théâtre Jean Bart (266 pl.), salle Jacques Tati (150 pl.) et autres • **Références** : Nahas Project, Fouad Ouamane, Francesco Bearzatti Tinissima Quartet, BoNobo-trio, Julien Clerc, Renaud Garcia-Fons, Gamblin Jazze de Wilde sextete, Arno, Pierrick Pédron, etc.

Le GRAND T

✆ **02 28 24 28 24 / 02 51 88 25 25** • fax 02 28 24 28 35
contact@legrandT.fr • **www.legrandT.fr**
68 rue du Général Buat • BP 30111 • 44000 **NANTES**

Catherine BLONDEAU (Directrice) • Alain ANGLARET (Administrateur)

Scène conventionnée de Loire-Atlantique • **Genre(s) musical(aux)** : Tous • **Lieu(x)** : Le Grand T • **Références** : Jane Birkin, Enki Bilal & Érik Truffaz, Marc Ducret Tower Bridge, Marcus Miller, Stefano Bollani Danish Trio (dans le cadre de jazz en phase)

Le LIEU UNIQUE

✆ **02 51 82 15 00 / 02 40 12 14 34** • fax 02 40 20 20 12
cyril.jollard@lelieuunique.com • **www.lelieuunique.com**
Association CRDC • 2 rue de la Biscuiterie • BP 21304
44013 **NANTES CEDEX 1**

Cyril JOLLARD (Programmateur musique) • Frédéric SOURICE (Chargé de la musique et DJ) • Aurélie DENIS (Assistante communication) • Emilie HOUDMONT (Relations publiques) • Christelle MASURE (Communication)

Scène nationale de Nantes • **Genre(s) musical(aux)** : Musiques actuelles, électroniques, contemporaines et traditionnelles • **Période** : Sep. à juin • **Régularité** : Plusieurs/mois • **Lieu(x)** : Grand atelier (250 à 1 500 pl.), salon de musique (20 pl.), ateliers n° 1 (150 pl.) et n° 2 (200 pl.), la Cour (1 500 pl.) • **Références** : Stephen O'Malley, Aluk Todolo, Katerine & Francis et Ses Peintres, Mederith Monk, Confréries soufies du Sénégal, Godspeed You ! Black Emperor (festival Soy)

MUS'AZIK

✆ **06 78 79 51 20**
musazik@free.fr • **www.musazik.fr**
C/O ACB 44 • 24 quai de la fosse • 44000 **NANTES**

Hélène FOURRAGE (Coordinatrice) • Nicolas CRUSSON (Chargé du développement et de diffusion)

Genre(s) musical(aux) : Musiques actuelles • **Références** : Peace and Lobe Pays de la Loire, Volleyeurs, Pedagong, etc.

PICK UP PRODUCTION

✆ **02 40 35 28 44**
contact@pickup-prod.com • **www.hiphopsession.com**
11 rue des Olivettes • 44000 **NANTES**

Nicolas REVERDITO (Médiateur culturel)

Genre(s) musical(aux) : Hip hop • **Période** : Tte l'année • **Lieu(x)** : Différents lieux de l'agglo Nantaise • **Références** : Festival Hip Opsession, concerts live Opsession (scène Michelet), livre de graff, expo hip hop, l'agenda secret d'une révolution culturelle

ROCK'N DAL

✆ **06 80 98 42 78**
rockndal@orange.fr • **www.rockndal.fr**
13 rue Due Breil • 44680 **CHEMERE**

Yannick JEANNIN (Président) • Gaël BRÉMAUD (Programmateur)

Genre(s) musical(aux) : Musiques actuelles, jazz • **Période** : Oct. à mai • **Régularité** : 4 à 5/an • **Lieu(x)** : Théâtre de Chéméré, Espace Coeur de scène à Rouans, Pornic, St Hilaire de Chaléons, Machecoul et St Philbert de Gd Lieu • **Références** : « Jazz à Rouans » avec Guillaume Perret & The Electric Epic, Jack In My Head + Geoffroy Tamisier invitent Jean-Patrick Cossé - Mais aussi Hasse Poulsen, Red, Limousine, etc.

SERVICE CULTUREL DE ST-SEBASTIEN-SUR-LOIRE

✆ **02 40 80 85 85 / 02 40 80 86 05** • fax 02 40 80 86 46
culture@saintsebastien.fr • **www.saintsebastien.fr**
Hôtel de ville • Pl. Marcellin Verbe • BP 63329
44233 **ST SEBASTIEN SUR LOIRE CEDEX**

Pascal FRASLIN (Programmateur)

Genre(s) musical(aux) : Chanson française, musique classique, jazz, théâtre, danse, humour • **Période** : Tte l'année • **Régularité** : 2/mois • **Lieu(x)** : L'Embarcadère (460 pl. assises), plein-air et petits lieux dans la ville • **Références** : Yannick Noah, Abd al Malik, Ibrahim Maalouf invite Sylvain Luc, Didier Lockwood, Nolwenn, Têtes Raides, Festival « Les Enchantés » (juin)

Collectif SPECTACLES EN RETZ

✆ **02 40 31 73 67**
collectif.ser@wanadoo.fr • **spectacles-en-retz.com**
2 bis allée des Châtaigniers • 44680 **ST HILAIRE DE CHALEONS**

Alain GUILBAUD (Animateur)

Genre(s) musical(aux) : Musiques métissées, arts de la rue • **Période** : Festival musiques at arts de rue Les Zendimanchés (juil.), festival jeune public Croq'la Scène (oct.) • **Lieu(x)** : Plein air (Les Zendimanchés), salle • **Références** : Les Fils de Teuhpu, Sergent Pèpère, l'Attirail, N'Java, Julien Jacob, Rageous Gratoons, Electric Bazar, La Belle Image, etc.

Maine-et-Loire

JAZZ POUR TOUS

✆ **09 80 83 15 29 / 06 65 20 89 39**
contact@jazzpourtous.com • **www.jazzpourtous.com**
6 rue Auber • 49100 **ANGERS**

Jean AMY (Président) • Maryvonne BIRD-GALLET (Trésorière) • Alain BRYER (Secrétaire) • Claude NOEL (Vice-président)

Genre(s) musical(aux) : Jazz • **Période** : Tte l'année • **Régularité** : 25/an • **Lieu(x)** : Grand Théâtre d'Angers, Maison de quartier St Serge, Centre culturel Georges Brassens d'Avrillé, « Jazzambar » en off du festival Angers l'Eté, Jazzbulles à Saumur • **Références** : Philippe Duchemin, Mandy Gaines et Nicolas Sabato Quartet, Paris Washboard, etc.

SCÈNES DE PAYS DANS LES MAUGES

✆ **02 41 71 77 00**
scenesdepays@paysdesmauges.fr • **www.scenes.paysdesmauges.fr**
Maison de Pays • BP 50048 • 49602 **BEAUPREAU CEDEX**

Marie-Annick MAINGUY (Programmatrice)

Genre(s) musical(aux) : Pluridisciplinaire (chanson, musiques du monde, jazz) • **Période** : Sep. à juin • **Régularité** : 30/an • **Lieu(x)** : Sur tout le territoire des Mauges • **Références** : Chanson Plus Bifluorée, Sirba Octet, le Bal de Bouskidou, Angélique Ionatos et Katerina Fotinaki, Xavier Merlet, Le Choeur Gospel de Paris, e sextet Oneira, Jeanne Cherhal, Philippe Katerine, Rhoda Scott et Dany Doriz Big Band,

Mayenne

AU FOIN DE LA RUE

✆ **02 43 08 84 48** • fax 02 43 58 00 48
contact@aufoindelarue.com • **www.aufoindelarue.com**
IMPASSE DE l'HARMONIE • 53500 **ST DENIS DE GASTINES**

Maxime LEDUC (Programmateur / chargé de production) • Jeremy FRÈRE (Administrateur) • Muriel JACQUEMIN (Communication) • Julie AUBRY (Action culturelle)

Genre(s) musical(aux) : Ts • **Période** : Tte l'année (2 festivals et coproductions ponctuelles) • **Régularité** : 3 à 6/an • **Lieu(x)** : Centres culturels du département (salle Lucie Aubrac, etc.) • **Références** : DJ Shadow, Goran Bregovic, House of Pain, HK & les Saltimbanks, Yael Naïm, Kaly Live Dub, Los Tres Puntos, les Fils de Teuhpu, Karpatt, Emzel Café, Deus Ex Machina, Joey Starr, Kiril Djaikovski, Dope DOD, etc.

Le CARRÉ

✆ **02 43 09 21 50** • fax 02 43 09 21 51
contact@le-carre.org • **www.le-carre.org**
4 bis rue Horeau • BP 10 357 • 53203 **CHATEAU GONTIER CEDEX**

Babette MASSON (Directeur)

Scène nationale de Château Gontier • **Genre(s) musical(aux)** : Tous • **Période** : Oct. à juin • **Régularité** : 5/6 concerts • **Lieu(x)** : Le Rex (217 pl.), Théâtre des Ursulines (500 pl.), Halle du Haut Anjou • **Références** : Babel, Richard Galliano Sextet « Bach to Piazzolla »

Le KIOSQUE

✆ **02 43 30 10 16** • fax 02 43 00 96 44
kiosque@kiosque-mayenne.org • **www.kiosque-mayenne.org**
Centre d'Action Culturelle du Pays de Mayenne • 7 pl. de Juhel • BP 433
53104 **MAYENNE CEDEX**

Valentin LEMÉE (Codirecteur administrateur) • Bruno FLECHARD (Codirecteur artistique, communication)

Genre(s) musical(aux) : Chanson, variété, musiques actuelles, musiques du monde • **Période** : Sep. à juin • **Régularité** : 30/an • **Lieu(x)** : Salle polyvalente (400 à 2 000 pl.), théâtre (250 pl.)

Le THÉÂTRE

✆ **02 43 49 19 55** • fax 02 43 49 46 25
letheatre@laval.fr • **www.letheatre.laval.fr**
34 rue de la Paix • CS 71327 • 53013 **LAVAL CEDEX**

Pierre JAMET (Directeur) • Maxime THOMAS (Communication) • Liliane JOUET (Médiatrice culturelle)

Scène conventionnée de Laval • **Genre(s) musical(aux)** : Jazz, rock, variétés, classique + théâtre, opéra, humour, danse • **Période** : Sep. à juin • **Régularité** : 2 à 5/mois • **Lieu(x)** : Théâtre de Laval • **Références** : Robert Fonseca, Camille, Trio Joubran, Staff Benda Bilili, Moriarty

Sarthe

Le CARROI

✆ **02 43 94 08 99**
accueil@carroi.org • **www.lecarroi.org**
Espace Montréal • BP 40028 • 72200 **LA FLECHE**

Jean-Remi ABELARD (Directeur culturel) • Sklaerenn HUET (Organisation)

Genre(s) musical(aux) : Jazz, chanson, jeune public • **Période** : Tte l'année • **Régularité** : Régulière • **Lieu(x)** : Salle Coppélia (600 pl.), théâtre de la Halle au Blé (135 pl.) • **Références** : Cloé Lacan, Thomas Fersen, Bojan Z (Europa jazz Festival), Xavier Merlet, Renan Luce, etc.

L'EXCELSIOR

✆ **02 43 83 42 25** • fax 02 43 83 42 47
culture@ville-allonnes.fr • **www.lexcelsior.fr**
Hôtel de Ville • BP 15 • 72703 **ALLONNES CEDEX**

Thomas CHATEAU (Directeur) • Marie-Anne DURAND (Programmatrice)

Genre(s) musical(aux) : Musiques actuelles • **Période** : Sep. à juin • **Régularité** : 2/sem. • **Lieu(x)** : Salle Jean Carmet (800 places)+ Péniche Excelsior (99 places) • **Références** : Dominique A, Yann Tiersen, Loïc Lantoine, Chokebore, Kap Bambino, etc.

IRIE ITES INTERNATIONAL

✆ **09 54 15 29 54**
iicommunication@hotmail.fr • **www.irieites.net**
344 av. Nationale • 72230 **ARNAGE**

Jérôme BACCAR (Management, promo, booking) • Manuel MALHOEUVRE (Distribution / label)

Genre(s) musical(aux) : Reggae, dancehall • **Période** : Toute l'année

SAISON CULTURELLE INTERCOMMUNALE (MAMERS)

✆ **02 43 33 77 90**
www.cc-saosnois.fr
Communauté de Communes du Saosnois • 3 rue Ernest Renan
72600 **MAMERS**

Loïc PRÉVILLE (Attaché culturel Directeur de l'Espace Saugonna) • Jocelyne GRENECHE (Administratrice)

Genre(s) musical(aux) : Pluridisciplinaire (théâtre, chanson, humour, danse, etc.) • **Période** : Sept. à juin • **Lieu(x)** : Espace Saugonna à Mamers (500 pl.), Théâtre municipal (330 pl.), Complexe culturel Atlantis à St-Cosme-en-Vairais (192 pl.) • **Références** : Sanseverino

SERVICE CULTUREL DU MANS

✆ **02 43 14 55 15** • fax 02 43 14 55 25
dominique.quetel@ville-lemans.fr • **www.les-saulnieres.com**
c/o MLC les Saulnières • 239 av. Rhin et Danube • 72000 **LE MANS**

Dominique QUETEL (Programmateur)

Genre(s) musical(aux) : Musiques actuelles • **Période** : Sep. à juin • **Régularité** : 4/mois • **Lieu(x)** : Salle Les Saulnières (600 pl.), L'Oasis (1 500 pl.) • **Références** : Titi Robin, Caravan Palace, Jamait, Izia, Brigitte, Sallie Ford, etc.

TERIAKI

✆ **06 03 11 35 00 / 06 88 92 82 77**
teriaki.prod@yahoo.fr • **www.teriaki.fr**
40 rue du Quatre Septembre • 72000 **LE MANS**

Ronan VIRONDAUD (Président) • Emanuel CHAPUT (Vice-président / programmateur) • Julien VALIENNE (Programmateur)

Genre(s) musical(aux) : Musiques urbaines, hip hop, rock, électro • **Période** : Tte l'année • **Régularité** : 1/mois • **Lieu(x)** : Péniche Excelsior (Allones), Salle Jean Carmet (Allones), Les Subsistances (Le Mans), MJC Prévert (Le Mans) • **Références** : Kap Bambino, Electric Electric, GaBLé, dDamage, EZ3kiel, Bleubird, Thavius Beck, Olivier Mellano, Papier Tigre, Ego Twister, etc.

Vendée

TURBULENCES

✆ **06 64 99 07 42 / 06 77 05 64 86**
touraine-damier@orange.fr
45 rue de Clisson • 85500 **LES HERBIERS**

Damien TOURAINE (Président / programmateur) • Mickaël GIRAUD (Vice-président / co programmateur)

Genre(s) musical(aux) : Rock (sous toutes ses formes) et grand public • **Période** : Sep. à juin • **Régularité** : 2 à 3/an • **Lieu(x)** : Espace Herbauges, Salle des Nymphéas • **Références** : J.-L. Aubert, Indochine, Blankass, Tri Yann, Les Wampas, Burning Heads, Zazie, Les Ramoneurs de Menhirs, Superbus, Condkoï, Le Bal des Enragés, Renan Luce, Calogero, Elmer Food Beat, Opium du Peuple, etc.

PICARDIE

Oise

Les NOTES BLEUES

✆ **03 44 38 10 18 / 06 33 40 09 21**
notes.bleues@wanadoo.fr • **www.lesnotesbleues.fr**
17 rue des Lombards • 60200 **COMPIEGNE**

Eric WINNEBROOT (Programmateur « les Notes Bleues »)

Genre(s) musical(aux) : Jazz, blues, rock, métal • **Régularité** : 6 à 8/an • **Lieu(x)** : Ziquodrone (Compiègne) • **Références** : Michel Jonasz, John Mayall, Gerry Joe Weise, Shakura S'Aida, The Ukulele Orchestra Of Great Britain, Popa Chubby, Ten Years After, Aldo Romano, Biréli Lagrène, John Lee Hooker Jr.

Somme

CITÉ CARTER

✆ **03 22 52 00 97** • fax 03 22 52 00 97
citecarter@hotmail.com • **www.citecarter.com**
Rue Georges Guynemer • BP 40 084 • 80083 **AMIENS CEDEX 2**

Georges SANTOS (Responsable)

Genre(s) musical(aux) : Reggae, ragga, hip hop, funk, rock, raï, metal, jazz, etc. • **Période** : Tte l'année • **Régularité** : 6/an • **Lieu(x)** : Salle de 250 pl. + en extérieur • **Références** : Gnawa Diffusion, Baby G, BBC Sound System, Touré Kunda, Push-Up, Junior Kelly

POITOU-CHARENTES

Charente

HOMECOOKED RECORDS

✆ **05 45 23 22 75**
mick@homecookedrecords.com • **www.homecookedrecords.com**
La Madrinie • 16310 **MONTEMBOEUF**

Mick SMITH (Président) • Bruno VALLADE (Trésorier)

Genre(s) musical(aux) : Pop, rock indépendant • **Période** : Tte l'année • **Régularité** : Ts les sam. + jeu. (sep. à avril) • **Lieu(x)** : Le Kennedy (Angoulême) • **Références** : La scène charentaise

La PALENE

✆ **05 45 96 80 38** • fax 05 45 96 47 82
asso.lapalene@wanadoo.fr • **www.lapalene.fr**
Bd d'Encamp • 16170 **ROUILLAC**

Joël BRETON (Directeur) • Nanou DOMAIN (Communication)

Association pour le développement culturel du Rouillacais • **Genre(s) musical(aux)** : Chanson, blues, reggae, musique traditionnelle, musique du monde, jeune public, théâtre, danse etc. • **Période** : Saison culturelle • **Régularité** : D'oct. à juin, 40 spectacles • **Lieu(x)** : Salle polyvalente de 900 pl. (assises) et 1 499 pl. (debout), Auditorium (320 pl.), 10 salles (100 à 250 pl.) • **Références** : Palata Singers, Sanseverino, Les Ogres de Barback, Alain Souchon, Axelle Red, Susheela Raman, Hubert-Félix Thiefaine, Thomas Fersen, Murray Head, Miossec, Moriarty, etc.

Charente-Maritime

GALLIA-THÉÂTRE

✆ **05 46 92 10 20** • fax 05 46 92 20 25
administration@galliatheatre.fr • **www.galliatheatre.fr**
67 ter Cours National • BP 90122 • 17104 **SAINTES CEDEX**

Michel ROUDIER (Directeur) • Dominique CHARTIER (Président)

Scène conventionnée • **Genre(s) musical(aux)** : Ts dont jazz, chanson, classique, musique traditionnelle • **Période** : Saison culturelle • **Régularité** : 1 à 2/sem. • **Lieu(x)** : Gallia-Théâtre • **Références** : Urs Karpatz, Eric Legnini, Eric Séva, Gamblin jazzE/de Wilde sextetE, Voice Messengers, Barber Shop Quartet, etc.

JAZZ CLUB DU THOU

✆ **06 87 96 08 60 / 05 46 35 54 61**
bc.doublet@orange.fr • **musiquealacampagne.over-blog.com**
Musique à la campagne • 31 rue de la justice • 17290 **THOU**

Christian DOUBLET (Président)

Genre(s) musical(aux) : Jazz • **Période** : Saison culturelle • **Régularité** : 1/mois • **Lieu(x)** : Salle des fêtes du Thou • **Références** : Giovanni Mirabassi, Philip Catherine, Airelle Besson et Riccardo del Fra « Tribute to Chet », Yaron Herman, André Minvielle et Lionel Suarez, Jacky Terrasson, Carl Schlosser, Patrick Artero, Bernard Lubat, Thomas Enhco, Matthieu Chazarenc, Martial Solal/Eric Le Lann

Deux-Sèvres

BOC'HALL

✆ **06 29 45 07 16 / 09 51 99 33 25**
contact@boc-hall.org • **www.facebook.com/salle.emeraude**
c/o Maison des asso. • 11 pl. de l'Hôtel de Ville • 79300 **BRESSUIRE**

Mathieu MILLET (Permanent)

Genre(s) musical(aux) : Musiques actuelles • **Période** : Sep. à juin • **Régularité** : 1/mois • **Lieu(x)** : Salle Emeraude • **Références** : Misstrip, Yosh, Klaktonclown, Microfilm, Klone, Idem, MC Circulaire

Association S'IL VOUS PLAIT

✆ **05 49 66 24 24 / 05 49 66 39 32**
silvousplait@theatre-thouars.com • **www.theatre-thouars.com**
5 bd Pierre Curie • BP 75 • 79102 **THOUARS CEDEX**

Frédéric BRANCHU (Directeur) • Stéphanie GERMAIN (Chargée de communication) • Domingos MOURAO (Régisseur général) • Mélanie ARRIVÉE (Médiatrice culturelle)

Genre(s) musical(aux) : Musiques du monde, chanson, musique classique et contemporaine, théâtre, danse contemporaine • **Lieu(x)** : Théâtre de Thouars, festival Atout Arts • **Références** : Alexis HK, staff Benda bilili, Davy Sicard, Rufus, Jean-Louis Foulquier, Jean-Jacques Vanier, etc.

SCENES NOMADES

✆ **05 49 27 57 95** • fax 05 49 27 91 87
programmation@scenesnomades.fr • **www.scenesnomades.fr**
18 Place du champ de foire • 79170 **BRIOUX SUR BOUTONNE**

Christophe FREREBEAU (Directeur)

Comité d'animation du pays mellois • **Genre(s) musical(aux)** : Jazz, chanson, rock, etc. • **Période** : Oct. à mai • **Régularité** : 2 à 3/mois ; festival au Village (juil.), festival des Vendanges (oct.), jeune public (sur année scolaire) • **Lieu(x)** : Une dizaine de salles dans tout le sud des Deux-Sèvres (100 à 350 pl.) • **Références** : Cie Avis de Tempête, Gerrard Petit, Cie Okidok, Xavier Lacouture, Julos Beaucarne, etc.

UPCP-METIVE

✆ **05 49 94 90 70** • fax 05 49 94 90 71
deboucheaoreille@metive.org • **www.metive.org**
Maison des cultures de Pays • 1 rue de la Vau St-Jacques
79000 **PARTHENAY**

Josette RENAUD (Directrice)

Genre(s) musical(aux) : Musiques traditionnelles, contes, danses • **Période** : Oct. à juin • **Régularité** : 1/mois • **Lieu(x)** : Parthenay (Palais, MCP, Salle D'ff'art), Cherves (Ferme culturelle) • **Références** : Christian Pacher, Orchestre National de Salilhes, Dominique Bourdin, Cie François Godard, Fanfare Gonzo, Grand Orchestre Poitiers Musette 86, etc.

Vienne

JAZZ À POITIERS

✆ **05 49 47 31 48** • fax 05 49 30 09 29
jazzapoitiers@wanadoo.fr • **www.jazzapoitiers.org**
c/o La Maison du Coin • 2 pl. Aristide Briand • 86000 **POITIERS**

Matthieu PERINAUD (Directeur - programamteur) • Mathilde COUPEAU (Administratrice)

Genre(s) musical(aux) : Jazz et musiques improvisées • **Période** : D'oct. à juin • **Régularité** : 1/sem. • **Lieu(x)** : Carré Bleu (150 pl.), Planétarium de l'Espace Mendès France, Confort Moderne, Théâre Auditorium de Poitiers, Lieu Multiple • **Références** : Jean Louis, Deuxième Etage, Duo Blondy/Hug, Pancake, Piano Marteau, Lydia Lunch, Colin Stetson, Vigroux/Vainio, Montera/Paccoud, Miettes et Plaine, etc.

MJC 21

✆ **05 49 48 39 27 / 06 16 95 43 06** • fax 05 49 48 29 30
accueil@mjclussac.org • **www.mjclussac.org**
21 route de Montmorillon • BP 21 • 86320 **LUSSAC LES CHATEAUX**

Isabelle CLERMIDI (Directrice) • Emmanuel BROUILLAUD (Programmateur)

Centre social • **Genre(s) musical(aux)** : Concerts, danse, musique classique, théâtre, conte, arts de la rue • **Période** : Saisonnière • **Lieu(x)** : Salle polyvalente, MJC et salle des fêtes de Lussac, plein air • **Références** : Jacques Higelin, Yannick Jaulin, Quartet Buccal, les Victor Racoin, Hurlements d'Léo, les Tit'Nassel, les Croquants, Carnage Production, Joe Sature et ses Joyeux Osselets, Dirk & Fien, etc.

PROVENCE - ALPES - CÔTE D'AZUR

Alpes-de-Haute-Provence

À L'AFFICHE

✆ **04 92 70 34 19** • fax 04 92 70 34 24
alaffiche@live.fr • **www.adcalaffiche.fr**
39 rue Grande • 04100 **MANOSQUE**

Delphine HONDE (Administratrice) • Philippe PARZY (Chargé de communication programmateur)

Genre(s) musical(aux) : Danse, théâtre, humour, arts du cirque • **Période** : Oct. à mai • **Régularité** : 22/an • **Lieu(x)** : Théâtre Jean Le Bleu, Manosque, Moulin de St André, Vinon sur Verdon • **Références** : Imany, Ben l'Oncle Soul, Nina Attal, Bill Deraime, Salsa Ilegal, Yumuri, Emzel Café, Touré Kunda, Cklm, Sinsemilia, Rod Taylor, Magic System, Brune, Elodie Frégé, Soul Gospel, Bobby Dirninger, La Caravane Passe, Vocapeople, Pagagnini, Les Doigts de l'Homme, Nino et ses Copo's, Mystère Trio + humour, théâtre, danse, boulevard, etc.

SERVICE CULTUREL DE DIGNE

✆ 04 92 30 87 10 • fax 04 92 31 18 41
culture@dignelesbains.fr • **www.centreculturelrenechar.fr**
Centre Culturel René-Char • 45 av. du 8 mai 1945
04000 **DIGNE LES BAINS**

Muriel YVAN (Directrice)

Centre culturel René Char • **Genre(s) musical(aux)** : Chanson, jazz, blues, jeune public, musiques actuelles, du monde, classique et contemporaine • **Période** : Tte l'année • **Régularité** : 3 à 4/mois • **Lieu(x)** : Centre Culturel René Char (264 pl. assis), Palais des Congrès • **Références** : Marc-André Léger, François Moïse Bamba, Presque Oui, Trio Lalisse/Soler/Chabasse, Fatoumata Diawara, « Week-end jazz » (mars) avec Youn Sun Nah et Carine Bonnefoy Quintet

Alpes-Maritimes

DIRECTION DE L'ÉVÉNEMENTIEL DE LA VILLE DE CANNES

✆ 04 92 99 33 83 • fax 04 92 99 33 84
programmation@palaisdesfestivals.com
www.palaisdesfestivals.com
Palais des Festivals et des Congrès • Direction de l'Evénementiel
CS 30051 • 06414 **CANNES CEDEX**

Sophie DUPONT (Directrice de l'événementiel)

Genre(s) musical(aux) : Tous dont chanson, jazz, musiques du monde • **Régularité** : + de 20 concerts sur les saisons d'hiver (sep.-avr.) et d'été (juin-août) • **Lieu(x)** : Grand Auditorium du Palais, Théâtre de la Licorne (La Bocca), Palais Stéphanie • **Références** : Bireli Lagrène, Mariza, Arthur H, Salif Keita, Cesaria Evoria, Charles Aznavour, The Stooges, Bregovic, Festival Pantiero, Daho, Archive, Babyshambles, etc.

DIRECTION DE LA COMMUNICATION, DE LA PRESSE ET DE L'EVENEMENTIEL (NICE)

✆ 04 97 13 51 03 / 04 97 13 24 76 / 04 97 00 10 73 / 04 93 53 89 61
info@nicemusiclive.fr • **www.nicemusiclive.fr**
Direction de la Communication et de l'Evénementiel • Mairie de Nice
5 rue de l'Hôtel-de-Ville • 06364 **NICE CEDEX 4**

Dimitri TRIADAFILLIDIS (Directeur de l'Evenementiel) • Elodie LACROIX (Directrice adjointe) • Pierre DEMARIA (Directeur artistique Salle Grappelli) • Romain VIGNA (Programmateur Théâtre Lino Ventura) • Frédérica RANDRIANOME KARSENTY (Promotion et Relations Presse)

Genre(s) musical(aux) : Jazz, blues, musiques du monde, musiques actuelles • **Période** : Oct. à juin • **Régularité** : 2 à 5/mois • **Lieu(x)** : Salle Grappelli au Cedac de Cimiez, Forum Nice Nord (300 pl.), Théâtre Lino Ventura, festival Voucalia, Château Nice • **Références** : Billy Cobham, Nguyên Lê, Otis Taylor, Omar Sosa, Patricia Barber, Youn Sun Nah, Tigran Hamasyan, Raul Midon, Robin McKelle, Kenny Garrett, Eric Legnini, Brigitte, Miossec, Lucky Peterson, Magma, les Tambours du Bronx, Grand Corps Malade, Of Montreal, Band of Gypsies

Bouches-du-Rhône

AIX'QUI ?

✆ 04 42 27 08 75 • fax 04 42 27 16 64
contact@aixqui.fr • **www.aixqui.fr**
Les Arcades • Ch. du Coton Rouge • 13100 **AIX EN PROVENCE**

Claire JOURDAN (Directrice) • Benoit LAISNEY (Administrateur) • Frédéric ANDRE (Chargé de projets)

Genre(s) musical(aux) : Rock, jazz, jazz fusion, reggae, hip hop, trash, jungle, techno, pop, hardcore, ragga, etc. • **Période** : Tte l'année • **Régularité** : Ponctuelle • **Lieu(x)** : Smac, salles privées, plein air, cafés musique • **Références** : Sinsemilia, Jo Corbeau, Saian Supa Crew, Camille Bazbaz, Zebda, Kanjar'Oc, Mix Up, Superbus, Watcha, Lofofora, Gojira, Têtes Raides, etc. - Festival « Tour du Pays d'Aix » (nov) avec Erik Truffaz, Guillaume Perret & The Electric Epic, Fishbone, Tony Allen, Hugo Kant, etc.

AMI

✆ 04 95 04 95 50 • fax 04 95 04 95 55
contact@amicentre.biz • **www.amicentre.biz**
c/o Friche La Belle de Mai • 41 rue Jobin • 13003 **MARSEILLE**

Ferdinand RICHARD (Directeur) • Elodie LE BREUT (Directrice adjointe)

Aide aux musiques innovatrices • **Genre(s) musical(aux)** : Musiques actuelles • **Période** : Sep. à juil. • **Régularité** : Programmation durant l'année + festival en juil. • **Lieu(x)** : Pour MIMI Îles du Frioul à Marseille • **Références** : Danyel Waro, Matmos, Lydia Lunch Philippe Petit, Jean-Claude Bourelly, Faust, Labyala Nosfell, Double Nelson, Addictive TV

CITÉ DE LA MUSIQUE (MARSEILLE)

✆ 04 91 39 28 28 • fax 04 91 39 28 39
ecoles@citemusique-marseille.com
www.citemusique-marseille.com
4 rue Bernard du Bois • 13211 **MARSEILLE CEDEX 1**

Eric MICHEL (Directeur) • Michel DUFETEL (Directeur adjoint) • Sylvie YVANEZ (Responsable de la communication)

Genre(s) musical(aux) : Jazz, musique classique, musique contemporaine, musiques du monde, musique baroque, musiques actuelles • **Période** : Oct. à juil. • **Régularité** : 1 à 4/sem. • **Lieu(x)** : L'Auditorium (210 pl.), La Cave (100 pl.), Bastide de la Magalone et autres lieux dans la ville • **Références** : Raphaël Imbert, Vincent Strazzieri (dans le cadre de Jazz sur la ville), Eric Montbel, Perrine Mansuy, Louis Winsberg, Fouad Didi, Ahmed Compaoré, Miqueu Montanaro, Manuchello Septet, Cheik Zein Mahmoud, Djangology, Ahmet Gülbay « Paris Cuban Project Quintet »,

CLUB HARD ROCK DE MARSEILLE

✆ 04 42 89 04 96 / 06 11 52 12 25
clubhard@rock.com
13 rue du portalet • 13127 **VITROLLES**

Cyril RESTOUIN (Président) • Cécile DE MOLON (Responsable de la communication)

Genre(s) musical(aux) : Hard rock, heavy metal • **Période** : Sep. à juin • **Lieu(x)** : Jas Rod (Les Pennes-Mirabeau), Le Moulin, Espace Julien, Le Dôme (Marseille) • **Références** : Moonspell, Symphony x, Angra, Slayer, Hammerfall, Septic Flesh, Sadist, Morbid Angel, Nightwish, Samaël, Dagoba

CRAC

✆ 04 91 37 76 58
contact@festival-avecletemps.com • **www.festival-avecletemps.com**
BP 30073 • 13484 **MARSEILLE CEDEX 20**

Pierre-Georges FARRUGIA (Directeur) • Denis LAROUSSINIE (Programmateur et relations publiques)

Centre rencontre animation chanson • **Genre(s) musical(aux)** : Chanson française • **Régularité** : 10 à 30/an + festival (mars) • **Lieu(x)** : Dock des Suds, Espace Julien, Cité de la musique • **Références** : Paris Combo, Nicolas Reggiani, P. Forcioli, Michèle Bernard, Allain Leprest, 5 avenues, Anaïs, Misères et cordes, Hurlements d'Léo, Ours, Emily Loiseau, Volo, Agnès Bihl, etc.

Le CRI DU PORT

✆ 04 91 50 51 41
com.criduport@orange.fr • **www.criduport.fr**
8 rue du Pasteur Heuzé • 13003 **MARSEILLE**

Michel ANTONELLI (Directeur) • Armel BOUR (Chargé de communication)

Genre(s) musical(aux) : Jazz • **Période** : Oct. à juil. • **Régularité** : 1/sem. • **Lieu(x)** : Le Cri du Port et autres lieux ponctuellement sur Marseille (la Cité de la musique, la Méson, etc. - En partenariat avec le Cri du Port, programmation « jazz club » un ven./mois, au Théâtre de La Criée • **Références** : John Abercrombie, Jacques Schwarz-Bart, Miana Agossi, Mauro Ottolini 4tet, Puglia Jazz Factory, etc. - Participation à « Jazz sur ville » (nov.) avec Hadouk, Daniel Zamir, etc.

GMEM

✆ 04 96 20 60 10 • fax 04 96 20 60 19
gmem@gmem.org • **www.gmem.org**
15 rue de Cassis • 13008 **MARSEILLE**

Christian SEBILLE (Directeur)

Centre national de création musicale • **Genre(s) musical(aux)** : Musiques électroacoustiques, improvisées et nouvelles, création contemporaine • **Lieu(x)** : L'Atelier/Studio du GMEM (Marseille) • **Références** : « Les Musiques - festival des musiques d'aujourd'hui Marseille » (mai), cycle de concert de nov. à fév.

GRIM

✆ 04 91 04 69 59 • fax 04 91 04 69 79
info@grim-marseille.com • **www.grim-marseille.com**
3 imp. Montévideo • 13006 **MARSEILLE**

Jean-Marc MONTERA (Directeur artistique) • Camille VALENCON (Administratrice)

Groupe de recherche et d'improvisation musicales • **Genre(s) musical(aux)** : Musiques improvisées, musiques expérimentales • **Période** : Oct. à juin • **Régularité** : 3 festivals/an : Nuit d'Hiver (déc.), Electronicittà (juin), De l'écrit sur l'improvisé (mars) • **Lieu(x)** : Studio Musique Montévideo, Musées de Marseille, Théâtre des Bernardines, Machine à Coudre, etc. • **Références** : Elli Medeiros, Volcano The Bear, David Grubbs, Maguelone Vidal/Christine Wodrascka, Hélène Breschand, Barre Phillips, Thierry Madiot, Daunik Lazro, festival « Nuit d'Hiver » (déc.)

JAZZ CLUB AU COMOEDIA (MIRAMAS)

✆ **04 90 50 05 26**
www.scenesetcines.fr
Théâtre La Colonne • Rue Marcel Paul • 13140 **MIRAMAS**

Denis LAROUSSINIE (Programmateur du jazz club)

Genre(s) musical(aux) : Jazz • **Période** : Saison culturelle • **Régularité** : 6/an (le jeu.) • **Lieu(x)** : Le Comoedia (Miramas) • **Références** : Ompa Bompa, Fred Borey 4tet, Ronald Baker 5tet, Jean-Jacques Taïeb, Yves Brouqui, etc.

Association LATINISSIMO

✆ **04 91 99 00 00 / 08 25 83 38 33** • fax 04 91 91 73 85
fiesta.des.suds@orange.fr • **www.dock-des-suds.org**

Florence CHASTANIER (Déléguée générale) • Bernard AUBERT (Directeur artistique)

Genre(s) musical(aux) : Musiques actuelles, world music • **Période** : Tte l'année • **Régularité** : 8 à 10/mois • **Lieu(x)** : Dock des Suds (5000 pl.) • **Références** : Organisateur de la Fiesta des Suds et de Babel Med Music, Asian Dub Foundation, Ibrahim Maalouf, Rokia Traoré, Goran Bregovic, Dyonisos, El Gusto

SCÈNES & CINÉS OUEST-PROVENCE

✆ **04 42 56 31 88** • fax 04 42 56 55 35
www.scenesetcines.fr
5-9 pl. des Carmes • 13800 **ISTRES**

Dorothée GAILLARD (Directrice de l'Usine) • Jean-Marc PAILHOLE (Directeur artistique musiques actuelles)

Régie culturelle Ouest Provence • **Genre(s) musical(aux)** : Musiques actuelles • **Période** : Sep. à juin • **Régularité** : 10/mois • **Lieu(x)** : Café Musique l'Usine, salle l'Usine, Théâtre de l'Olivier (Istres), Espace Robert Hossein (Grans), Théâtre la Colonne (Miramas), Espace Gérard Philipe (Port Saint-Louis), Théâtre du Centre Culturel Marcel Pagnol (Fos-sur-Mer), Jazz club au Comoedia (Miramas) • **Références** : Youn Sun Nah, Electro Deluxe, Les Tambours du Bronx, Manuel Rocheman, Charlie Winston, Camélia Jordana et L, Mademoiselle K, Malik Benthala, les Ogres de Barback et Macadam Bazar, Marc Lavoine, Syd Matters et Ours, tremplins découverte chanson et rock, etc.

SECONDE NATURE

✆ **04 42 64 61 01**
contact@secondenature.org • **www.secondenature.org**
27 bis rue du 11 novembre • 13100 **AIX EN PROVENCE**

Raphaël SAGE (Directeur) • Mathieu VABRE (Directeur artistique) • Aurélie OUANG (Administratrice) • Jérôme FLAYAC (Communication)

Cultures Numériques et Musiques Electroniques • **Genre(s) musical(aux)** : Musiques électroniques et arts multimédia • **Période** : Tte l'année • **Régularité** : 4/mois • **Lieu(x)** : Scène num. (200 pl.) • **Références** : Miss Kittin, L. Garnier, Flying Lotus, Murcof, Chloé, Chromatics, Clark, France KD, Alva Notto, Jean-Michel Bruyère, Granular Synthesis, Metronomy, Moderat, Miguel Chevalier, Edmond Couchot et Michel Bret, etc.

Var

AGGLOSCÈNES FRÉJUS SAINT-RAPHAËL

✆ **04 94 95 55 55**
communication@theatre-le-forum.fr • **www.aggloscenes.com**
Théâtre Le Forum • 83 boulevard de la mer • 83600 **FREJUS**

Michel PERRAULT (Directeur du Forum) • Anne-Marie FRANON (Directrice des Affaires Culturelles de St-Raphaël)

Genre(s) musical(aux) : Ts dont chanson, world, jazz, etc. • **Période** : Saison culturelle • **Lieu(x)** : Aggloscènes est la saison culturelle partagé par Le Forum (851 pl. et 150 pl.), Théâtre de l'Agglomération de Fréjus Saint-Raphaël, et les scènes raphaëlloises : Palais des Congrès (350 pl.), Centre Culturel (144 pl.) et Salle Félix Martin (208 pl.) • **Références** : Assurd, Enza Pagliara et Lo cor de la Plana [création], Luz Casal, Soweto Spiritual Singers, Alain Souchon, les Etrangers familiers, Musique sacrée par l'Ensemble Gilles Binchois, Melingo

JAZZ AU THÉÂTRE DENIS

✆ **01 53 14 32 28** • fax 01 53 14 32 28
jazzaporquerolles@live.fr • **www.jazzaporquerolles.org**
Ass. Jazz à Porquerolles • Rue de la Douane • 83400 **PORQUEROLLES**

Samuel THIEBAUT (Directeur) • Emilie ZOULIKIAN (Administratrice) • Tiphaine SAMSON (Chargée de communication) • Maïa NOIROT (Chargée des actions culturelles et des relations avec les publics)

Les quatre saisons de Jazz à Porquerolles • **Genre(s) musical(aux)** : Jazz • **Période** : Saison culturelle • **Régularité** : 1 concert/mois • **Lieu(x)** : Théâtre Denis : 12, Cours de Strasbourg, 83400 Hyères (256 pl.) • **Références** : Bernard Lubat, Journal intime, Pierrick Pedron, Monica Passos, Archie Shepp « Attica Blues Big Band », Jean-Michel Pilc, Joachim Kühn, Stephan Oliva, Omar Sosa, Laurent de Wilde, Marc Copland + Finale tremplin Jazz à Porquerolles (mai)

SERVICE CULTUREL DE SIX-FOURS-LES-PLAGES

✆ **04 94 34 51 97** • fax 04 94 98 00 44
service.culture@mairie-six-fours.fr • **www.espace-malraux.fr**
Espace culturel André Malraux • Av. de Lattre de Tassigny
83140 **SIX FOURS LES PLAGES**

Genre(s) musical(aux) : Musiques actuelles • **Période** : Mars à juin et oct. à déc. • **Régularité** : 10/semestre • **Lieu(x)** : Espace Malraux (1300 pl.), salle Daudet (200 pl.) • **Références** : Brad Mehldau, Lucky Peterson, Julien Doré, Anthony B, Revolver, Camille, Tété, Danakil, Mademoiselle K, Kyle Eastwood, Cœur de Pirate, Lisa Ekdahl, Mariee Sioux, Avishai Cohen, etc.

TANDEM

info@tandem83.com • **www.tandem83.com**
19 rue Paul Lendrin • BP 715 • 83052 **TOULON CEDEX**

Marc BAUDINO (Directeur) • Sylvain BESSE (Directeur) • Grégoire HERGIBO (Médiateur culturel) • Virginie BAUDINO (Administratrice)

Scène de musiques actuelles de Toulon • **Genre(s) musical(aux)** : Musiques actuelles • **Période** : Jan. à juin et oct. à déc. • **Régularité** : 1/sem. • **Lieu(x)** : Omega Live (Toulon), théâtre Denis (Hyères) et autres • **Références** : Joseph Arthur, Danko Jones, Oxmo Puccino, Popa Chubby, Hyphen Hyphen, Pigalle, Les Nuits de l'Alligator, Kitchen Men, Crucified Barbara, Nina Attal, Jamaica Airlines, Zoo Electro

Vaucluse

FREESSON

✆ **06 63 80 03 80 / 06 29 76 01 85**
contact@freesson.com • **www.freesson.com**
1 ch. de la gare • 84140 **MONTFAVET**

Clémentine MAILLOL (Directrice) • Francois POIRIER (Label, booking, management « Chateau Bruyant ») • Romain FROC (Booking et programmation)

Genre(s) musical(aux) : Musiques électroniques et arts numériques • **Période** : Tte l'année • **Régularité** : 6 à 8/an • **Lieu(x)** : Vaucluse et territoire national + international (label) • **Références** : Tambour Battant, Niveau Zéro, The Unik, Comic Strip, MC2, Jauhenpopp, Andromakers

JAZZ DANS LES VIGNES

✆ **06 22 08 07 28**
jean-pierre-blanchard16@Jazzdanslesvignes.com
www.jazzdanslesvignes.com
444 rue Henri Noguères • 84100 **ORANGE**

Jean-Pierre BLANCHARD (Président et programmateur) • Didier DEL AGUILA (Programmateur)

Genre(s) musical(aux) : Jazz et vin • **Période** : Festival « Jazz dans les vignes » : début août - Programmation « Jazz au Domaine » : de mai à nov. • **Régularité** : 12 concerts/an • **Lieu(x)** : Concerts organisés dans de domaines viticoles du Côte du Rhone : Cairanne, Sainte-Cécile, Seguret, Sablet, Villedieu, etc. • **Références** : 2013 : Christophe Lampidecchia, Pierre Christophe, Noé Reinhardt, Fred Monino, Emile Parisien, Jean-Michel Proust, laVelle, Jacques Helmus, Florence Fourcade, etc.

RHÔNE-ALPES

Ain

AIN PRO JAZZ

✆ **04 74 38 24 15** • fax 04 74 38 27 45
ainprojazz@orange.fr • **www.ainprojazz.fr**
MJC • Pl. Jules Ferry • BP 427 • 01500 **AMBERIEU EN BUGEY**

Jean-François BLANCHON (Responsable) • J.-N. DIET (Responsable)

Association Départementale pour la promotion du jazz des musiques assimilées dans l'Ain • **Genre(s) musical(aux)** : Jazz • **Lieu(x)** : Département de l'Ain • **Références** : Ts les 2 ans tremplin « Allum'jazz » (9e édition en 2013), ouvert aux formations de 2 à 7 mus. - finale en avril (allumjazz.musicblog.fr - allumjazz@musicblog.fr) - Organisation de « Jazz ensemble(s) - 1res Rencontres de Big Bands Juniors de l'Ain » en mai 2013

Ardèche

L'ART SCÈNE

✆ **04 75 39 99 73 / 04 75 39 99 61**
seb@lapleinelune.com • **www.lapleinelune.com**
Quartier sous l'église • Bréo • 07230 **PAYZAC**

Sébastien VIGOUROUX (Programmateur) • Lisa LEANDRI (Chargé de communication et production)

Genre(s) musical(aux) : Rock, chanson, musiques du monde, électro, électrojazz, reggae, etc • **Période** : Sep. à juin • **Régularité** : 1 à 2/mois • **Lieu(x)** : 150 à 600 pl. • **Références** : Les Doigts de l'Homme, Moriarty, Emily Loizeau, Iam, Chinese Man, Les Ogres de Barbacks, Gablé, Gaëtan Roussel, etc.

ZIGOTO PRODUCTIONS

✆ **06 72 70 18 78**
programmation@zigotoprod.com • **zigotoprod.com**
La Garde • 07250 **ROMPON**

Eric PRENOT (Programmateur)

Genre(s) musical(aux) : Musiques actuelles • **Période** : Saison scolaire + festival Les Authentiks • **Régularité** : 1/mois • **Lieu(x)** : Théâtre le Rhône à Bourg-lès-Valence (26), le Zénith (Montpellier), Centre culturel (Viviers), etc. • **Références** : Le Peuple de l'Herbe, les Tambours du Bronx, Renan Luce, Asian Dub Foundation, les Fils de Teuhpu, Dub Inc., Groundation, Ange, John Mayall, Miossec, Katerine, Kaly Live Dub, Les Ogres de Barback, Keziah Jones, Zebda, Massilia Sound System, etc.

Drôme

La CORDONNERIE - PÔLE DE MUSIQUE ACTUELLES -

✆ **04 75 71 00 15**
la-cordonnerie@orange.fr • **lacordonnerie.blogspirit.com**
cap 26 • 13 rue du clair vivre • BP 29 • 26101 **ROMANS CEDEX**

Amar SOUALMI (Chargée de communication) • Marie-Laure CROS (Chargée de communication) • Alexandre MARTIN (accompagnant musical)

Genre(s) musical(aux) : Musiques actuelles (chanson, blues, jazz, hip-hop, musique du monde, métal, électro) • **Période** : Oct. à juin • **Lieu(x)** : Salle des Cordeliers, Salle Jean Vilar, futur Cité de la Musique • **Références** : Sophie Hunger, Mickey 3D, Angélique Ionatos, Ez3kiel, Carmen Maria Vega, Imbert Imbert, Martin Harley, JJ Miteau, Renaud Garcia Fons, Rocé, Djazia Satour, Boban Markovic Orchestra, les Tambours du Bronx

DIRECTION DES AFFAIRES CULTRELLES (MONTELIMAR)

✆ **04 75 54 35 82**
dac@mairie-montelimar.fr • **www.montelimar-sesame.com**
Maison des services publics • 1 av. St Martin • 26200 **MONTELIMAR**

Laure AYEL (Directrice) • Laurent LANFRAY (Directeur adjoint) • Sylvie MARECHAL (Chef de service)

Genre(s) musical(aux) : Chanson, jazz, world, etc. • **Période** : Saison culturelle • **Régularité** : Une dizaine de concerts de musique/an • **Lieu(x)** : Théâtre municipal (250 pl.), Auditorium Michel Petrucciani (430 pl.), Espace Mistral (1 000 pl.) • **Références** : Gregory Porter, Soweto Spiritual Singers, André Manoukian, Angélique Ionatos, etc.

JAZZ ACTION VALENCE

✆ **09 71 36 80 92** • fax 04 75 78 50 87
jazzaction.valence@wanadoo.fr • **www.jazzactionvalence.com**
32 av. Georges Clemenceau • 26000 **VALENCE**

Daniel DESPAGNE (Directeur) • Sophie DESPAGNE (Communication) • Sabrina MOISE (Administration)

Genre(s) musical(aux) : Jazz et musiques actuelles • **Période** : Sep. à juin • **Régularité** : 2/mois • **Lieu(x)** : Auditorium de la Maison de la Musique et de la Danse, Théâtre de la Ville (Valence), Train-Théâtre (Portes-Lès-Valence) • **Références** : Jean-François Baëz, Nguyên Lê, Louis Winsberg, les Doigts de l'homme, Leila Martial, Pierre De Tregomain, Céline Bonacina invite Nguyên Lê, « Nuit des Jazz(s) » (mai au Train-Théâtre), etc.

Isère

CENTRE INTERNATIONAL DES MUSIQUES NOMADES

✆ **04 76 89 07 16**
contact@detoursdebabel.fr • **www.detoursdebabel.fr**
Centre international des musiques nomades • 17 rue Bayard
38000 **GRENOBLE**

Benoît THIEBERGIEN (Directeur) • Joséphine GROLLEMUND (Administratrice) • Olivia LABAT (Administratrice de production) • Lorrreine PETTERS (Communication) • Vincent TOURNOUD (Action culturelle)

Genre(s) musical(aux) : Nouvelles musiques : musique contemporaine, électroacoustique, musiques écrites et improvisées, spectacles multimédias, théâtre musical, installations sonores, Projets Musicaux transculturels • **Période** : Tte l'année • **Lieu(x)** : Grenoble et Isère

DYNAMUSIC

✆ **04 76 85 47 52**
info@dynamusic.net • **www.dynamusic.net**
51 bd Gambetta • 38000 **GRENOBLE**

Benoît PERRIER (Directeur)

Genre(s) musical(aux) : Musiques actuelles • **Période** : Tte l'année • **Régularité** : 45/an • **Lieu(x)** : Salles de diffusion de Grenoble et son agglomération • **Références** : Max Roméo, Winston Mc Anuff, Beat Torrent, Mad Porfessor, Zensile, La Rue Kétanou, The Hacker, Mouss & Hakim, Daddy Mory, Svinkels, scène locale, etc.

HADRA

✆ **04 38 49 29 44** • fax 04 38 49 29 44
hadra@hadra.net • **www.hadra.net**
51 bd Gambetta • 38000 **GRENOBLE**

Benoit ALLIROL (Responsable) • Julien BARRAY (Administrateur)

Genre(s) musical(aux) : Musiques électroniques (spé : trance-psychédélique) • **Période** : Tte l'année dont festival en été • **Régularité** : 6 à 9/an + festival • **Lieu(x)** : Salle de spectacles, plein air • **Références** : Twisted, Chemical Forest, Human Engineering, Downtown Dreamers, Dantesk, Hadra Trance Festival

LOCOMYSIC

✆ **04 74 53 08 59** • fax 04 74 31 78 59
locomysic@wanadoo.fr • **www.locomysic.com**
4 rue Joseph Martin • 38200 **VIENNE**

Régis GARNON (Directeur)

Genre(s) musical(aux) : Musiques actuelles, musiques du monde, chanson • **Période** : Tte l'année • **Régularité** : 6 à 8/an • **Lieu(x)** : Divers sur Vienne • **Références** : No One Is Innocent, Balbin Medellin, The Briefs Craftmen Club, Dirty Fonzy, Karlit & Kabok, Uncommonmrnfrommars, Origines Contrôlées, etc.

SERVICE CULTUREL DE VIZILLE

✆ **04 76 78 86 34**
culture@ville-vizille.fr • **www.sortiravizille.com**
Mairie • Pl. Stalingrad • 38220 **VIZILLE**

Stéphan AUBRY (Programmateur)

Genre(s) musical(aux) : Musiques actuelles, humour, théâtre • **Période** : Sep. à juin • **Régularité** : 2/mois • **Lieu(x)** : Jeu de Paume (300 à 900 pl.), la P'tite Salle (60 pl. max.) • **Références** : Bourrées de Complexes, les Tartignolles, Claude VInet, David Salles, Gnawas de Marrakech, Fred Galliano, etc.

Loire

AVATARIA

contact@avataria.org • **www.avataria.org**
BP 237 • 42006 **ST ETIENNE 01**

Agnès CREPET (Présidente) • Dominique BERTHET (Trésorier)

Genre(s) musical(aux) : Musiques électroniques, électriques, dub • **Période** : Variable • **Régularité** : Variable • **Lieu(x)** : Divers • **Références** : Dub Syndicate, Adrian Sherwood, High Tone, Charge, Dubhead Tour, Double Nelson, Ruins, Chokebone, etc.

CANAL JAZZ

✆ **04 77 72 65 13 / 04 77 62 01 55**
canaljazz@wanadoo.fr • **www.canaljazz.com**
Maison de la Musique • 133 bd Baron du Marais • 42300 **ROANNE**

Blandine SALLANSONNET (Administratrice) • Jérémie VANGLABEKE (Président) • François FORESTIER (Vice-président)

Genre(s) musical(aux) : Jazz • **Régularité** : 5/an • **Lieu(x)** : Théâtre municipal de Roanne, salle Pierre Hénon (Mably) • **Références** : Sébastien Texier, Marcel Loeffler, European Jazz Trumpets, Eric Loeffler, Jean-François Baëz, Nicolas Folmer & Daniel Humair Project invitent Rosario Giuliani, Michel Benita Ethics (co-organisation avec le Pavillon bleu), etc.

GAGA JAZZ

✆ **04 77 32 52 12 / 06 99 09 26 33 / 06 03 82 69 71 / 06 27 49 10 99**
contact@gagajazz.com • **www.gagajazz.com**
22 rue des Armuriers • 42100 **ST ETIENNE**

Ludo MURAT (Président) • Thomas FRESNEAU (Secrétaire) • Stéphanie GIBERT (Chargée de production)

Association pour la promotion et la diffusion du Jazz à Saint-Etienne • **Genre(s) musical(aux)** : Jazz • **Période** : Oct. à juin • **Régularité** : 1/mois (jeu.) • **Lieu(x)** : Le Fil (Smac), Le Pax (100 pl.) et diverses salles de la ville de Saint-Etienne selon la programmation • **Références** : 20 Gus Bigband invite Guillaume Orti, Nicolas Folmer et Daniel Humair, Sébastien Paindestre, Ping Machine, Boris Pokora, Denis Guivarc'h, Eric Prost, Charlier/Sourisse, Médéric Collignon, « Les Jazzeries d'Hiver » (3e éd. en jan. 2013) avec Laurent de Wilde, Joel Forrester, etc.

HALL BLUES CLUB

✆ **06 28 28 53 64 / 04 74 87 70 86 / 04 77 20 91 45**
hallbluesclub@orange.fr • **hallbluesclub.blogspot.fr/**
Jardin de la Passerelle • Rue de la Tour - Virieu • 42410 **PELUSSIN**

Hervé COUET (Président) • Michel BONNAVION (Vice-président)

Jazz Club de Pélussin • **Genre(s) musical(aux)** : Jazz, blues • **Régularité** : Ts les ven. (sauf été) • **Lieu(x)** : Hall Blues Club • **Références** : 2013 : Mike Greene, Sophie Kay, Claire Ledan (JazzDuet), Toronzo Cannon, Shar Baby, Sophie Malbec Blues Band, Florence Tissier - Jean-Marc Henaux (dans le cadre d'un partenariat avec Salaise Blues Festival), Captain Flapscat, Jack Bon, Roger Morand Cajun Band, Philippe Ménard, Manouswing

Le PAPILLON BLEU

le.papillon.bleu@wanadoo.fr • **www.associationlepapillonbleu.com**
Maison du Port • 74 quai du Cdt Lherminier • 42300 **ROANNE**

Alain LACHMANN (Président)

Genre(s) musical(aux) : Jazz, musiques du monde, blues, folk • **Période** : Sep. à mai • **Régularité** : 5 concerts/an • **Lieu(x)** : Théâtre de Roanne (500 pl.) • **Références** : Bonga, Eric Bibb/Habib Koïté, Malted Milk, Ulf Wakenius Trio, O'Questrada

POTOS CARRÉS

potoscarres@hotmail.com • **www.potoscarres.com**
4 rue Buisson • 42000 **ST ETIENNE**

Mathieu OLIVIER (Coordinateur) • Cécile MOUNIER

Genre(s) musical(aux) : Hip hop • **Période** : Toute l'année • **Lieu(x)** : Le Fil et divers sur St-Etienne • **Références** : Afrika Bambaataa, Cut Killer, Oxmo Puccino, Disiz, Rocca, Busta Flex, Youssoupha, Sefyu, Scred Connexion, Scylla, Freestyle, Eklips, Apollo Brown, Oddisee, Chip-Fu, Dj Atom, Yarah Bravo, DJ Vadim, DJ Format, El Da Sensei, Looptroop, la Melodia, Dee Nasty, Casey, DJ Gero, DJ Fab, DJ Kozi, Flynt, Bost&Bim, Pow Pow, Supersonic Sound, Noble Society, etc.

SERVICE CULTURE DE LA VILLE DE FIRMINY

✆ **04 77 10 07 77** • fax 04 77 56 47 37
c.montchamp@ville-firminy.fr • **www.ville-firminy.fr**
BP 40 • 42702 **FIRMINY CEDEX**

Marie-Agnès BLANCHARD (Responsable) • Stéphane BEL (Directeur technique)

Genre(s) musical(aux) : Classique, chanson française, variété, jazz, jeune public • **Période** : Tte l'année • **Régularité** : 40/an • **Lieu(x)** : Le Majestic (698 pl.), Maison de la culture Le Corbusier (200 pl.), Firmament (3 000 pl. debout, 1 200 pl. assises) • **Références** : Cali, Juliette, Paul Personne, Gypsy Connection

SERVICE CULTUREL DE RIVE DE GIER

✆ **04 77 83 07 93**
culture@ville-rivedegier.fr • **www.guitarevallee.fr**
Rue de l'Hôtel de Ville • 42800 **RIVE DE GIER**

Genre(s) musical(aux) : Ts les styles • **Période** : Saison • **Lieu(x)** : Salle Jean Dasté, Espace Ephémère • **Références** : Abd Al Malik, Sanseverino, Lynda Lemay, La Baronne, No Logic, les Doigts de l'homme, les Arcandiers, etc - festival « Guitare Vallée » (jan.), Magma, Ibrahim Maalouf, Mickaël Miro, Anthony Kavanagh

Rhône

AGAPES

✆ **04 78 38 89 29 / 06 09 28 11 45**
contact@agapes-jazz.fr • **www.agapes-jazz.fr**
42, rue Ravat • 69002 **LYON**

Vincent BOUVAIS (Secrétaire général)

Scène de jazz et musiques innovantes • **Genre(s) musical(aux)** : Jazz et musiques innovantes • **Période** : Oct à juin • **Régularité** : 1 ou 2/mois, 20/an • **Lieu(x)** : Péricospe (13, rue Delandine, Lyon 2e - www.periscope-lyon.com) • **Références** : Impérial Quartet, Actuum, Kartet, Hasse Poulsen, Bruno Chevillon, Melc, Sophie Alour, Singe, Hank Roberts, etc.

Association LEROCKEPAMORT - KRASPEK MYZIK

✆ **04 69 60 49 29**
administration@lerockepamort.org • **www.kraspek-myzik.com**
20 montée St-Sébastien • 69001 **LYON**

Delphine GUILLOT (Administratrice) • Léa CHAPILLON (Programmatrice)

Genre(s) musical(aux) : Ts styles • **Période** : Mi-sep à mi-juin • **Régularité** : 2/sem. • **Lieu(x)** : Kraspek Myzik • **Références** : DarkDarkDark, She keeps bees, Angelo Spencer

Savoie

JAZZ CLUB DE SAVOIE

✆ **04 79 33 43 85 / 06 87 05 24 98 / 06 03 26 36 74**
contact@jazzclubdesavoie.fr • **www.jazzclubdesavoie.fr**
210 rue François Guise • Z.A. du Grand Verger • 73000 **CHAMBERY**

J.-J. BOTTELIN (Président) • Yves GUYON (Vice-président / Programmateur) • Patricia COULIÉ (Trésorière) • Y. CURTOUD (Contact musiciens et programmation)

Genre(s) musical(aux) : Jazz • **Période** : Saison scolaire • **Régularité** : Ven. • **Lieu(x)** : 160 pl. • **Références** : Daniel Zimmerman, Malcom Potter, Alfio Origlio invite trio Marc Thomas, Julien Bertrand & Joël Holmes, Mourad Benhammou, Les Oignons, Guergui Kornazov, David Patrois, Fabien Mary, Sourisse/Charlier, Mandino Reinhardt, Mystere Trio, Manuel Rocheman, Sourisse/Charlier, Eric Seva, etc.

SERVICE CULTURE

✆ **04 79 65 17 78** • fax 04 79 65 04 54
culture@mairie-lamotteservolex.fr • **mairie-lamotteservolex.fr**
BP 43 • 73292 **LA MOTTE SERVOLEX**

Eve POINSARD (Programmatrice) • Annie VASLON (Assistante)

Genre(s) musical(aux) : Musiques du monde, danse contemporaine, cirque • **Période** : Oct. à mai • **Régularité** : 1 à 2/mois • **Lieu(x)** : Salle St-Jean (212 pl.) • **Références** : Geoffrey Oryema, Yann Tiersen, Corou de Berra, Trio Esperença, Souad Massi, Romain Bouteille, Cie Philippe Genty, Mell, Ethnopaire, Ilyes, Les Wriggles, Jean Jacques Milteau, Yasmin Lévy, Idir, Abed Azrié, Mimi Barthélémy, Pépito Matéo, cie Salia Ni Saydou, El Hadj N'Diaye, Ilène Barnes, etc.

Haute-Savoie

La BARKETT'

✆ **06 62 89 65 86**
facebook.com/asso.labarkett
12 rue André Gide • 74000 **ANNECY**

Christophe BELMONTE (Administrateur)

Genre(s) musical(aux) : Hip Hop, Soul, Funk • **Période** : Toute l'année • **Régularité** : Bimestriel • **Lieu(x)** : Brise-glace, Château-Rouge, Salle Renoir • **Références** : La Caution, The Procussions, Hocus Pocus, Hamid Ben Mahi, Speech Debelle, Chinese man, Dj Dee-Nasty, Casey, etc.

MACADAM ASSOCIATION CLUSES

✆ **04 50 98 00 48** • fax 04 50 98 23 34
christian@lacroix-g.fr
270 route du Coteau • 74300 **THYEZ**

Christian LACROIX (Programmateur)

Genre(s) musical(aux) : Rock, blues, folk, pop • **Période** : Tte l'année • **Régularité** : 2 à 3/an + oganisation du festival Musiques en Stock • **Lieu(x)** : Parvis des Esserts (3 500 pl.) • **Références** : Eiffel, Elliot Murphy, Spencer Bohen, The Hyènes, Chris Whitley, John Hammond, Alice Texas, Stephan Eicher, Canned Heat, Donovan, Daniel Darc, programmation du festival « Musiques en stock » à Cluses, etc.

OFFICE DE TOURISME DES HOUCHES, SERVOZ

✆ **04 50 55 50 62 / 04 50 55 53 78 / 04 50 54 73 85**
fax 04 50 55 53 16
animation@leshouches.com • **www.leshouches.com**
Service animation • BP 9 • 74310 **LES HOUCHES**

Olivier CAROUGE (Directeur artistique)

Espace Olca • **Genre(s) musical(aux)** : Musique amplifiées, actuelles • **Période** : Déc. à avril + été • **Régularité** : 1 à 2/mois • **Lieu(x)** : Espace Olca (400 à 1 200 pl.) • **Références** : Orlando Cachaita Lopez, Laurel Aïtken, Les 100 Grammes de Têtes, Charlélie Couture, The Skatalites, Marcel et son Orchestre, Sergent Garcia, Babylon Circus, Paul Personne, Femi Kuti, Orchestra Baobab, Tony Allen, Zebda, Daï Pivo, P18, Desmond Dekker, Têtes Raides, Dub Inc., etc.

OUTRE-MER

Guyane

COLLECTIF JAZZ ET MUSIQUE POPULAIRE

✆ **06 94 21 67 74**
roland.loemie@gmail.com
5 rue Justin Catayée • 97300 **CAYENNE**

Roland LOE-MIE (Directeur artistique)

Genre(s) musical(aux) : Jazz et autres musiques populaires et traditionnelles telles que le gospel, le reggae, la salsa, le « kasékò », la bossa nova, la biguine, le « gwo ka », le « béliya », etc. • **Lieu(x)** : Divers lieux de Cayenne : Hall de l'Encre, etc. • **Références** : Organisation de concerts ponctuels (Stanley Jordan, Richard Bona, Dee Dee Brigewater, Paco Sery, etc.)

Association SAS PROD

✆ **05 94 31 25 95 / 06 94 43 17 77** • fax 05 94 31 25 95
contact@sasprod.net • **www.sasprod.net**
Appt 4 - Bât. Thomas • Lotissement Gritte - Ch. Source de Baduel
BP 226 • 97325 **CAYENNE CEDEX**

Jérémie GRAC (Médiateur) • Nathaniel ALEXIS (Président) • Chloe BEBRONNE (Trésorière)

South American Soldiers Production • **Genre(s) musical(aux)** : Reggae, Dancehall, rap, slam, fusion traditionnelle, musiques actuelles, etc. • **Période** : Sur demande • **Régularité** : Sur demande • **Lieu(x)** : L'île de Cayenne : salle et podiums • **Références** : Summer dance battle (2012), Grand corps malade (2012), One Love festival (2011), Cayenne Podium Vacances (2011, 2010), Biennale du Marronage (2010), Fêtes de la Musique (depuis 2009), etc.

ALSACE

IMPUL'SONS DNA

✆ **03 88 21 55 00 / 03 88 21 57 48** • fax 03 88 21 82 12
webmaster.impulsons@dna.fr • **impulsons.dna.fr**
c/o Les Dernières nouvelles d'Alsace • 17/21 rue de la Nuée Bleue
67001 **STRASBOURG CEDEX**

Genre(s) musical(aux) : Tous, des musiques traditionnelles au classique en passant par le metal, le rap, le jazz ou la chanson • **Rayonnement** : Régional

AQUITAINE

CADETS D'ARGENT

✆ **05 53 93 95 47**
jmw47@free.fr • **www.assosarbacane.org**
Tucols • 47250 **GREZET CAVAGNAN**

Jean-Marie WALTER (Président)

Genre(s) musical(aux) : Chanson • **Rayonnement** : National et francophone • **Période** : Jan. à mai • **Lieu(x)** : Casteljaloux • **Date limite de candidature** : Mars à mai

MOZAIC ROCK CHALLENGE

✆ **05 56 33 66 16** • fax 05 56 33 66 11
mediation-artistique@rockschool-barbey.com
www.rockschool-barbey.com
18 cours Barbey • 33800 **BORDEAUX**

Éric ROUX (Directeur) • Nico CABOS (Accompagnement scène locale)

Genre(s) musical(aux) : Musiques actuelles • **Rayonnement** : Régional • **Période** : Avril • **Lieu(x)** : Gironde, Lot et Garonne, Landes • **Date limite de candidature** : Fév. • **Conditions d'inscription** : Page de présentation et un CD 3 titres du groupe + fiche d'inscription à télécharger

MUSIQUES DE RU

✆ **05 56 80 78 28 / 06 85 73 64 62**
service.culturel@crous-bordeaux.fr • **www.crous-bordeaux.fr**
Domaine Universitaire - Maison des activités culturelles • Village 3
33608 **PESSAC CEDEX**

Julien SAINZ • David HORGUES (Animateur culturel) • Maëlle BACLE

Genre(s) musical(aux) : Musiques actuelles • **Rayonnement** : National (26 Crous) • **Période** : Limite des dépôts des candidatures (jan.), finale (mai) • **Lieu(x)** : Sur toute la France puis finale à Bordeaux • **Date limite de candidature** : Jan. • **Conditions d'inscription** : Moitié d'étudiants membres du groupe

PRIX CENTRE DES ÉCRITURES CHANSON

✆ **05 53 67 16 52** • fax 05 53 67 05 51
info@voixdusud.com • **www.voixdusud.com**
1 rue du Plapier • 47220 **ASTAFFORT**

Pascal BAGNARA (Directeur) • Jean-François LAFFITTE (Directeur adjoint) • Dominique BLANCHECOTTE (Déléguée générale de la Fondation La Poste)

Centre des écritures de la chanson • **Genre(s) musical(aux)** : Chanson • **Rayonnement** : National • **Période** : Fév./mars • **Lieu(x)** : Itinérant

PRIX MUSIQUES DE L'OCÉAN INDIEN

✆ **06 82 55 64 12 / + 262 (0) 693 33 42 66**
prixoi@free.fr • **prixmusiquesoceanindien.com**
c/o Presque Bleu • 34 rue de Ruat • 33000 **BORDEAUX**

Brigitte DABADIE (Coordinatrice) • Serge TROUILLET (Coordinateur)

Genre(s) musical(aux) : Musiques actuelles • **Rayonnement** : Océan Indien : Comores, La Réunion, Madagascar, Maurice, Mayotte, Rodrigue, Seychelles • **Période** : 2013-14 • **Lieu(x)** : Finale itinérante • **Date limite de candidature** : 1 Fév. 2013 au 15 mai 2013 • **Conditions d'inscription** : Habiter la zone, groupes composés de 6 artistes max., etc.

PYRENE OCEAN ORGANISATION

✆ **05 59 66 53 90** • fax 05 59 66 14 90
cassalette@transhumances-musicales.com
www.transhumances-musicales.com
2 rue St-Germain • 64190 **NAVARENX**

Jacques PEDEHONTAA (Responsable)

Genre(s) musical(aux) : Chant polyphonique • **Rayonnement** : International • **Période** : 8 au 12 mai • **Lieu(x)** : Parc du Château de Laás • **Date limite de candidature** : 23 Fév. • **Conditions d'inscription** : Présélection sur CD ou fichier audio

BRETAGNE

L'AMPLI OUEST-FRANCE

www.ouest-france.fr/lampli/
Ouest France, service promotion • 10 rue du Breil • 35051 **RENNES CEDEX 9**

Dominique QUEFFELEC (Responsable de projet)

Genre(s) musical(aux) : Musiques actuelles • **Rayonnement** : Pays de la Loire, Bretagne, Normandie • **Période** : 21 juin - fin déc. • **Date limite de candidature** : 30 sept.

La BOGUE D'OR

✆ **02 99 71 45 40** • fax 02 99 71 45 51
gcbpv@wanadoo.fr • **www.gcbpv.org/**
c/o Asso. GCBPV • 6 rue des Écoles • 35600 **REDON**

Tudual HERVIEUX (Président) • Fabienne MABON (Coordinatrice)

Groupement Culturel Breton des Pays de Vilaine • **Genre(s) musical(aux)** : Grand concours amateurs de chants, contes et musiques traditionnels de Haute-Bretagne • **Rayonnement** : Régional • **Période** : 4e WE. d'oct. • **Lieu(x)** : Quartier du Port Redon • **Date limite de candidature** : 12 oct.

Les JEUNES CHARRUES EN CONCERT

✆ **02 98 99 25 45** • fax 02 98 99 25 46
johann@vieillescharrues.asso.fr • **www.vieillescharrues.asso.fr/jc**
Aux Dépendances de Persivien • BP 204 • 29834 **CARHAIX CEDEX**

Johann LAGADEC

Genre(s) musical(aux) : Tous styles • **Rayonnement** : Régional • **Période** : Fév. à juil. • **Lieu(x)** : Grand ouest (10 tremplins programmation des 10 finalistes en juil. pendant le festival des Vieilles Charrues) • **Date limite de candidature** : Dépend des différents tremplins mais compter de jan. à mi-mars • **Conditions d'inscription** : Seuls peuvent s'inscire les mus. non signés sur un label d'une maison de disques d'envergure nationale

TREMPLIN NATIONAL JAZZ À VANNES

✆ **02 97 01 62 30** • fax 02 97 01 62 31
dce@mairie-vannes.fr
www.jazzavannes.fr/index.php/tremplins-nantionaux
Festival de Jazz - DCE • Service événementiel • Place Maurice Marchais
56000 **VANNES**

Gaëlle LE GOURRIEREC (Coordinatrice)

Genre(s) musical(aux) : 3 catégories : groupes blues, groupes jazz amateurs/professionnels, groupes jeunes de moins de 25 ans • **Rayonnement** : National • **Période** : du 24 au 26 juil. 2013 • **Lieu(x)** : Esplanade du Port • **Date limite de candidature** : Avant le 14 mai en 2013 • **Conditions d'inscription** : Le comité de choix, après écoute des CD, retient 4 groupes blues, 5 groupes jazz amateurs/professionnels, 4 groupes pour les moins de 25 ans - Le tremplin est ouvert aux groupes de 2 à 10 mus. au maxi

CHAMPAGNE-ARDENNE

La TRAMP

laniche@orange.fr • **www.chienaplumes.fr**
c/o Le Chien à Plumes • Pl. des Halles • 52190 **MONTSAUGEON**

Jean-Philippe LECOQ (Programmateur)

Genre(s) musical(aux) : Musiques actuelles • **Rayonnement** : Régional et transfrontalier • **Période** : Toute l'année • **Lieu(x)** : La Niche • **Date limite de candidature** : Mi avril • **Conditions d'inscription** : Sur Myspace

ÎLE-DE-FRANCE

BEAT4BATTLE
✆ 06 45 76 74 02
wheel_up@hotmail.com • **www.beat4battle.org**
29 bis rue M. Rignault • 77650 **LONGUEVILLE**
Jérémy MUSELET
Genre(s) musical(aux) : Turntablisme, skratch • **Rayonnement** : International • **Période** : final national : Automne, sélection printemps et été • **Lieu(x)** : des lendemains qui chantent, etc. • **Conditions d'inscription** : Être turntablist ou skratcheur

BEATMAKER CONTEST
beatmakercontest@hotmail.fr • **www.beatmakercontest.fr**
ENOCK (Coordinateur)
Genre(s) musical(aux) : Hip hop • **Rayonnement** : National • **Période** : Jan. à sep. (finale en oct.) • **Lieu(x)** : Espace des 4 Chemins (92), Hip Hop Days (Lille), Hip Opsession (Nantes), la Cave aux Poètes (Roubaix), le Tapis Rouge (92) • **Date limite de candidature** : Voir site internet • **Conditions d'inscription** : Sur présélection; compétition dédiée aux compositeurs hip hop; sélection de 8 beatmakers qui s'affrontent devant un public en 3 étapes à élimination directe sur des samples imposés et des compositions personnelles, le jury déterminant à chaque étape quel est le compositeur vainqueur

CHAMPIONNATS DE FRANCE D'AIR GUITAR
hello@airguitarfrance.com • **airguitarfrance.com**
c/o Disco-Babel • 24 av. du Château • 94300 **VINCENNES**
Olivier MOULIN (Booking) • Mathieu GUERINEAU (Animateur) • Jeremy GILBERT (Régisseur)
Genre(s) musical(aux) : Hard rock, heavy metal, folk barbu • **Rayonnement** : National • **Période** : Tte l'année • **Lieu(x)** : Salles de concerts, centre d'art, structures en plein air • **Date limite de candidature** : Sur le site www.airguitarfrance.com • **Conditions d'inscription** : Mimer un jeu de guitare, sans guitare ! Et être le plus rock possible !

CONCOURS DE PIANO JAZZ MARTIAL SOLAL
✆ 01 40 33 45 38
info.solal@civp.com • **www.civp.com**
c/o ACDA • Usine Springcourt • 5 passage Piver • 75011 **PARIS**
Claude SAMUEL (Président) • Éric DE GELIS (Directeur technique)
Genre(s) musical(aux) : Piano jazz • **Rayonnement** : International • **Période** : Prochain concours en 2014 • **Lieu(x)** : Paris : CNR (1res épreuves), finale (Alhambra) • **Date limite de candidature** : 10 juin • **Conditions d'inscription** : Ouvert aux pianistes de jazz de haut niveau et de toutes nationalités; âge limite : 33 ans; les candidats doivent envoyer un dossier complet (exécution musicale enregistrée, bulletin d'inscription, photocopie du passeport, CV, photo, etc.)

CONCOURS NATIONAL DE JAZZ DE LA DEFENSE
✆ 01 47 29 30 48 / 01 47 29 36 90 • fax 01 47 29 32 53
ladefensejazz@cg92.fr • **ladefensejazzfestival.hauts-de-seine.net**
CG 92 - Direction de la culture • Bâtiment de l'Extension - B. 247
2-16 bd Soufflot • 92015 **NANTERRE CEDEX**
David AMBIBARD (Coordinateur) • Geneviève GILLAND (Attachée de presse)
Genre(s) musical(aux) : Jazz • **Rayonnement** : National et international • **Période** : 6 juil. en 2013 • **Lieu(x)** : Parvis de La Défense • **Date limite de candidature** : Fin mai en 2013 • **Conditions d'inscription** : Envoi d'un enregistrement sur CD (3 titres) et du dossier complété, ouvert à tout mus. et/ou « groupe mixte » (français et étranger - 6 groupes sélectionnés pour la finale à partir de 2013)

CONCOURS PIANO JAZZ « PIANO FORTÉ »
✆ 01 45 07 02 49 / 06 24 23 86 00
sergio@ellaprod.com • **www.jazzavian.fr**
CRD de Ville d'Avray • 10 rue de Marnes • 92410 **VILLE D'AVRAY**
Pascale FORTÉ (Organisatrice) • Serge FORTÉ (Programmateur)
Genre(s) musical(aux) : Pianiste jazz • **Rayonnement** : International • **Période** : Nov. • **Date limite de candidature** : 1er nov. • **Conditions d'inscription** : Tout pianiste jazz, sans distinction d'âge ni de style

EMERGENZA FESTIVAL
✆ 01 40 40 25 20 • fax 01 42 40 08 38
paris@emergenza.net • **www.emergenza.net**
3 rue de l'Encheval • 75019 **PARIS**
Julien DELPY (Directeur) • Laetitia ZITO (Administratrice)
Genre(s) musical(aux) : Ts • **Rayonnement** : International • **Période** : Oct. à juin • **Lieu(x)** : Gibus, New Morning, Alhambra, scène Bastille, Trianon, Bataclan, Backstage, Flèche d'Or • **Date limite de candidature** : Fin déc.

END OF THE WEAK FRANCE
✆ 06 24 31 64 71
dj.keri@gmail.com • **facebook.com/endoftheweakfrance**
DJ KERI (Coordinateur)
Genre(s) musical(aux) : Rap • **Rayonnement** : National • **Période** : Sept. à juil. • **Lieu(x)** : Partout en France • **Date limite de candidature** : 15 jours avant les open mics • **Conditions d'inscription** : 25 places dispo, 1er arrivé, 1er servi via facebook de l'EOW France

FALLENFEST
✆ 08 99 15 99 00
contact@fallenfest.com • **www.fallenfest.com**
73 bis rue Lamarck • 75018 **PARIS**
Gauthier ROLLAND (Régie / programmation) • Lucie MONROCQ (Direction) • Jonathan GEPNER (Technique)
Genre(s) musical(aux) : Tous • **Rayonnement** : Île-de-France • **Période** : Toute l'année • **Lieu(x)** : Le Batofar, Le Petit Bain, La Boule Noire, Le Trabendo, Le Divan du Monde, La Cigale, Le Glazart • **Date limite de candidature** : Toute l'année • **Conditions d'inscription** : Être Francilien, jouer un répertoire original et live

FRANCE Ô FOLIES
✆ 01 55 22 71 00 • fax 01 55 22 74 46
www.facebook.com/franceofolies
c/o France Ô • 35/37 rue Danton • 92240 **MALAKOFF**
Genre(s) musical(aux) : Musiques actuelles • **Rayonnement** : National • **Période** : De jan. à juin • **Lieu(x)** : Plusieurs villes en France

GÉNÉRATION RÉSERVOIR
✆ 01 43 56 39 60 • fax 01 43 56 31 73
lereservoir@wanadoo.fr • **www.generationreservoir.com**
16 rue de la Forge Royale • 75011 **PARIS**
Mary DE VIVO (Directrice)
Genre(s) musical(aux) : Chanson, rock, pop, etc. • **Rayonnement** : National • **Période** : Eté + jan. + avril • **Lieu(x)** : Le Reservoir, Olympia (finale) • **Date limite de candidature** : 30 juin • **Conditions d'inscription** : Ne pas être signé

GRAND SLAM NATIONAL ET INTERNATIONAL
✆ 01 42 06 92 08 • fax 01 42 06 92 08
bureau@ffdsp.com • **www.ffdsp.com**
6 rue Frédérick Lemaître • 75020 **PARIS**
Catherine DUVAL (Présidente)
Genre(s) musical(aux) : Tournoi national de slam poésie « Grand Slam National » • **Rayonnement** : International • **Période** : Juin • **Lieu(x)** : Ville de Paris • **Date limite de candidature** : Fév. • **Conditions d'inscription** : Participer à une scène de slam poésie régulière et se qualifier lors des sélections

Les INOUÏS DU PRINTEMPS DE BOURGES
✆ 01 42 38 40 50 • fax 01 42 38 40 41
contact@reseau-printemps.com • **www.reseau-printemps.com**
Réseau Printemps • 46 rue Bouret • 75019 **PARIS**
Daniel COLLING (Président) • Marcelle GALINARI (Directrice) • Rita SA REGO (Administratrice)
Genre(s) musical(aux) : Musiques actuelles • **Rayonnement** : National • **Période** : Sélections à partir de sep. • **Lieu(x)** : Dans toute la France • **Date limite de candidature** : Sep. • **Conditions d'inscription** : Sont exclues toutes les productions discographiques issues des majors ou de leurs labels

Les INROCKS LAB
✆ 01 42 44 18 09 / 01 42 44 16 07
abigail.ainouz@inrocks.com • **www.lesinrocks.com/lesinrockslab**
C/o les Inrockuptibles • 24 rue Saint Sabin • 75011 **PARIS**
Jean-Daniel BEAUVALLET (Directeur artistique / rédacteur en chef) • Baptiste VADON (Partenariats)
Genre(s) musical(aux) : Musiques actuelles (pop, rock, folk, indie, etc.) • **Rayonnement** : National • **Période** : Jan. à sep. • **Lieu(x)** : Site Internet + Soirée en régions (10 villes) • **Date limite de candidature** : Fin jan. (Nord Ouest), fin fev. (Nord Est), fin mars (Sud Ouest), fin avril (Sud Est), fin mai (IDF) • **Conditions d'inscription** : Être mus. amateur ou non signé sur une major

JEUNES TALENTS CAISSE D'ÉPARGNE
✆ fax 01 58 40 41 42
www.espritmusique.fr
c/o BPCE - Caisse d'Epargne • Service Sponsoring
50 av. Pierre Mendès France • 75201 **PARIS CEDEX 13**
Cédric MIGNON (Directeur de la communication image et sponsoring) • Guillaume CADE (Directeur Mécénat-Sponsoring)
Genre(s) musical(aux) : Ts • **Rayonnement** : National • **Période** : Sep. à mars • **Date limite de candidature** : Déc. • **Conditions d'inscription** : Avoir été sélectionné par un Directeur de Scènes en Régions ou inscription gratuite sur espritmusique.fr

PARIS JEUNES TALENTS

✆ **01 53 17 34 75** • fax 01 71 18 75 47
www.jeunes.paris.fr
c/o Mairie de Paris, Dir. Jeunesse et Sports • 25 bd Bourdon
Paris Jeunes Talents • 75004 **PARIS**

Véronique CALVAT (Chef de bureau) • Martine JEUNESSE (Prix Paris Jeunes Talents) • Audrey LEYS (Aides Paris Jeunes Talents)

Genre(s) musical(aux) : Ts • **Rayonnement** : Local • **Période** : 1er trimestre • **Date limite de candidature** : 1er fév. (Prix Paris Jeunes Talents), tout au long de l'année (Aides Paris Jeunes Talents) • **Conditions d'inscription** : 13-30 ans, justifier d'un domicile ou d'un lieu d'enseignement, de formation ou de travail à Paris

La PEPINIERE

✆ **01 60 93 03 15**
scenelocale@pinceoreilles.fr • **www.pinceoreilles.fr**
Maison de Quartier de la Ferme du Buisson • 8 passage de Lorgre
77186 **NOISIEL**

Elodie BREHERET

Genre(s) musical(aux) : Musiques actuelles • **Rayonnement** : Départemental • **Période** : Jan. • **Date limite de candidature** : Fin fév. • **Conditions d'inscription** : Artistes ayant un ancrage en Seine-et-Marne et un minimum d'expérience scénique, possédant un enregistrement, jouant dans une esthétique appartenant aux musiques actuelles, proposant des compositions originales, ayant un projet artistique tourné vers la scène et le spectacle vivant et ne figurant pas sur une des éditions précédentes de La Pépinière ou n'ayant pas bénéficié d'un des dispositifs d'accompagnement des réseaux départementaux musiques actuelles franciliens

PRIX ADAMI DEEZER DE TALENTS

✆ **01 44 63 10 00** • fax 01 44 63 10 10
contact@deezerdetalents.eu • **www.deezerdetalents.eu**
14-16-18 rue Ballu • 75311 **PARIS CEDEX 09**

Mathilde CARMET (Coordinatrice)

Société civile pour l'administration des droits des artistes et musiciens-interprètes • **Genre(s) musical(aux)** : Tous les genres musicaux • **Rayonnement** : International • **Période** : Jan. à nov. 2013 • **Date limite de candidature** : 3 fév. 2013 • **Conditions d'inscription** : Ne pas être signé en major, s'être déjà produit sur scène, être résident français

PRIX CHORUS DES HAUTS-DE-SEINE

✆ **01 47 29 30 48 / 01 47 29 34 53** • fax 01 47 29 32 53
festivalchorus@cg92.fr • **chorus.hauts-de-seine.net**
Conseil Général des Hauts-de-Seine • Direction de la culture
Bât. de l'Extension - 2/16 bd Soufflot • 92000 **NANTERRE**

David AMBIBARD (Programmateur)

Genre(s) musical(aux) : Rock, pop, folk, hip hop, chanson • **Rayonnement** : National • **Période** : Avr. • **Date limite de candidature** : déc. 2013 • **Conditions d'inscription** : Présenter un répertoire de compositions originales dont la durée d'interprétation sur scène est d'au moins 30 min, ne pas être engagé contractuellement avec une major, avoir entre 13 et 35 ans (pour au moins la moitié des membres s'il s'agit d'un groupe), être muni d'une autorisation parentale pour les mineurs non émancipés et être inscrit ou en cours d'inscription à la Sacem pour les auteurs-compositeurs au sein des groupes candidats

PRIX GEORGES MOUSTAKI

www.facebook.com/pages/Prix-Georges-Moustaki/179497225403111
service Culturel de l'Université Paris-Sorbonne • 1 rue Victor Cousin
75004 **PARIS**

Thierry CADET (Coordinateur) • Matthias VINCENOT (Coordinateur)

Genre(s) musical(aux) : Chanson • **Rayonnement** : National • **Période** : Fév. 2013 • **Lieu(x)** : Salle Jean Dame • **Date limite de candidature** : Déc. • **Conditions d'inscription** : Être un artiste/groupe autoproduit

Le PRIX TALENT TOUT NEUF DE LA MUSIQUE

✆ **01 46 43 18 61**
info@leprixtalenttout9.com • **www.leprixtalenttout9.com**
9 bis rue du Commandant Pilot • 92200 **NEUILLY SUR SEINE**

Aymeric PICHEVIN (Organisateur) • Éric NEWTON (Organisateur) • Marc-Antoine RIOU (Chef de projet)

Genre(s) musical(aux) : Musiques actuelles • **Rayonnement** : National • **Période** : 18 avr. 2013 • **Conditions d'inscription** : Entre un et trois albums commercialisés, le dernier album doit avoir été produit par un producteur phonographique ayant son siège social en France (contrat d'artiste), et faire l'objet d'une distribution nationale physique, ne pas avoir obtenu 2 albums « disque d'or », album paru entre le 1er janvier 2012 et le 18 mars 2013 ou tournée de plus de 20 dates (salle de plus de 200 personnes), organisée par un tourneur dans 3 départements différents au minimum entre le 1er janvier 2012 et le 18 mars 2013

ROCK INTER RÉGIONS

✆ **01 47 00 78 88**
legibus.jose@gmail.com
c/o Gibus Tours • 22 rue du fbg du Temple • 75011 **PARIS**

José (Directeur)

Genre(s) musical(aux) : Rock • **Rayonnement** : National • **Lieu(x)** : Dans 12 villes « étudiantes » de France + Paris (finale au Gibus) • **Conditions d'inscription** : Groupes de rock

ROCK THE GIBUS

✆ **01 47 00 78 88** • fax 01 47 00 36 21
legibus.fanny@gmail.com • **facebook.com/rockthegibus**
18 rue du fbg du Temple • 75011 **PARIS**

Genre(s) musical(aux) : Rock • **Rayonnement** : National • **Période** : Avr. à juin • **Lieu(x)** : Gibus + finale • **Conditions d'inscription** : Sur sélection live de 20 mn puis demi-finales et finale

SFR JEUNES TALENTS

✆ **01 71 07 07 07** • fax 01 71 07 65 59
www.sfrjeunestalents.fr
Tour Sequoia, la Défense 6 • 1 pl. Carpeaux • 92915 **PARIS LA DEFENSE**

Audrey SIMIANA (Responsable)

Genre(s) musical(aux) : Musiques actuelles • **Rayonnement** : National • **Période** : Printemps de Bourges (avr.), Francofolies (juil.), Eurockéennes (juil.), Rock en Seine (août), Nuits Sonores (juin), Bars en Trans (déc., Rennes), Garorock (juin), etc. • **Lieu(x)** : France entière • **Date limite de candidature** : Selon chaque tremplin • **Conditions d'inscription** : Avoir un groupe avec une expérience de scène, un projet mature à vocation professionnelle

Les TALENTS ACOUSTIC

✆ **01 44 18 55 55** • fax 01 44 18 55 10
contact@tv5monde.com • **www.tv5monde.com/talents**
c/o TV5 Monde • 131 av. de Wagram • 75805 **PARIS CEDEX 17**

Philippe VANNIER (Responsable musique et chargé des programmes variétés) • Yves BIGOT (Directeur général)

Genre(s) musical(aux) : Ts • **Rayonnement** : International • **Période** : 2e semestre • **Lieu(x)** : Paris + studio Guillaume Tell (Suresnes) • **Date limite de candidature** : Oct. • **Conditions d'inscription** : Chanter en français, ne jamais avoir été signé par un label, inscription sur www.tv5monde.org/talents (en juin chaque année)

TALENTS EUROPE 1

✆ **01 44 31 90 00** • fax 01 47 23 19 00
thierry.lecamp@europe1.fr • **lecamp.europe1.fr**
c/o Europe 1 • 26 bis rue François Ier • 75008 **PARIS**

Thierry LECAMP (Responsable musique)

Genre(s) musical(aux) : Toutes musiques actuelles • **Rayonnement** : National

TALENTS MUSIQUE JEUNE PUBLIC ADAMI

✆ **01 44 63 10 00** • fax 01 44 63 10 54
3a@adami.fr • **www.adami.fr**
c/o Association artistique de l'Adami • 14-16 rue Ballu
75311 **PARIS CEDEX 09**

Tina CHARLON (de l'Association artistique de l'Adami) • Danielle MO-RAINVILLE (Chargée de production) • Marie REBAUD (Chargée de production) • Yo BRACONNIER (Assistante de production)

Genre(s) musical(aux) : Jeune public

TREMPLIN JEUNES TALENTS L'ESPRIT JAZZ

✆ **01 56 24 35 50** • fax 01 56 24 34 35
fcharbaut@espritjazz.com • **www.festivaljazzsaintgermainparis.com/**
c/o Association L'esprit Jazz • 19 rue des Frigos • 75013 **PARIS**

Frédéric CHARBAUT (Directeur artistique)

Festival Jazz à Saint-Germain-des-Prés • **Genre(s) musical(aux)** : Jazz • **Rayonnement** : National • **Période** : Mai • **Lieu(x)** : Paris VIe • **Date limite de candidature** : Envoi cd + bio avant le 1er mars • **Conditions d'inscription** : Réservé aux formations ayant au maximum un album commercialisé et avec un répertoire constitué de compositions propres

TREMPLIN NATIONAL DE DÉCOUVERTES BLUES

✆ **01 34 78 62 38**
contact@blues-sur-seine.com • **www.blues-sur-seine.com/accompagnement-dartiste/le-tremplin.html**
c/o Pavillon des festivals • 28 rue de Lorraine • 78200 **MANTES LA JOLIE**

Mike LÉCUYER (Responsable Tremplin Blues sur Seine) • Arnaud BEL (Directeur) • Philippe KERMARREC (Attaché de production)

Genre(s) musical(aux) : Blues • **Rayonnement** : National • **Période** : Nov. • **Lieu(x)** : CAC G. Brassens (Mantes-la-Jolie) • **Date limite de candidature** : 31 juil. • **Conditions d'inscription** : Concours réservé aux artistes et aux groupes de blues de France métropolitaine n'étant pas distribués pas une major ou un label associé

Les TROPHÉES DU SUNSIDE

✆ **01 40 26 84 41** • fax 01 40 26 84 31
sunset@sunset-sunside.com • **www.sunset-sunside.com**
Sunside • 60 rue des Lombards • 75001 **PARIS**

Stéphane PORTET (Programmateur)

Genre(s) musical(aux) : Jazz • **Période** : Début sep. • **Lieu(x)** : Sunside • **Conditions d'inscription** : Tremplin réservé aux jeunes espoirs du jazz (présélection lors des soirées découvertes)

VIVE LA REPRISE

✆ **01 42 72 28 99**
info@centredelachanson.com • **www.centredelachanson.com**
c/o Centre de la chanson • 24 rue Geoffroy l'Asnier • 75004 **PARIS**

Roxane JOSEPH (Directrice)

Genre(s) musical(aux) : Chanson • **Rayonnement** : National • **Période** : Octobre • **Lieu(x)** : Variables • **Date limite de candidature** : 09/09/2013 • **Conditions d'inscription** : Adhésion

LANGUEDOC-ROUSSILLON

BATTLE OF THE YEAR

✆ **04 67 60 43 89** • fax 04 67 60 41 13
thomasraymond@attitudeasso.com • **www.botyfrance.com**
c/o Association Attitude • 15 rue St-Ursule • 34000 **MONTPELLIER**

Thomas RAYMOND (Organisateur)

Genre(s) musical(aux) : Danse hip hop • **Rayonnement** : International • **Période** : 9 juin (finale française) et nov. (finale internationale) • **Lieu(x)** : Languedoc-Roussillon (Arènes de Nîmes pour la finale française et Aréna de Montpellier pour la finale internationale) • **Date limite de candidature** : Différents selon les régions et pays

La ROSE D'OR

✆ **04 67 28 18 66** • fax 04 67 36 52 36
la.rosedor@wanadoo.fr • **www.rose-dor.fr**
44 bis allée Paul Riquet • 34500 **BEZIERS**

Jean-Paul JORGE (Directeur) • Nathalie BARBRY (Responsable d'organisation)

Genre(s) musical(aux) : Chanson française, variétés • **Rayonnement** : National • **Période** : Début 2014 • **Lieu(x)** : Béziers • **Date limite de candidature** : 17 déc. 2013 • **Conditions d'inscription** : Nouveaux talents de 18 à 37 ans interprétant une chanson française originale, ttes tendances musicales

LORRAINE

Tremplin de la CHANSON FRANCAISE DE NANCY

✆ **03 83 37 62 91** • fax 03 83 37 61 28
mjcpichon.secretaire@free.fr • **www.mjcpichon.com**
7 bd du Recteur Senn • 54000 **NANCY**

Benoit TAVENEAUX (Directeur) • Paul BALLEREAU

Genre(s) musical(aux) : Tous, paroles en français et compositions • **Rayonnement** : Régional • **Période** : Mars • **Lieu(x)** : MJC Pichon (Nancy) • **Date limite de candidature** : 7 jan. 2013

Festival MUSIC-ADO

✆ **06 85 95 89 32 / 03 29 50 35 66**
houvion.jean-paul@wanadoo.fr • **www.lesjmf.org**
5 rue de l'Erimont • 88230 **FRAIZE**

Jean-Paul HOUVION (Président)

Genre(s) musical(aux) : Tous • **Rayonnement** : Régional • **Période** : 19 avr. 2013 • **Lieu(x)** : Auditorium, rue de la Louvière à Epinal • **Date limite de candidature** : 15 avril 2013 • **Conditions d'inscription** : Être âgé de 11 à 21 ans

TREMPLIN NATIONAL DES MUSIQUES TRADITIONNELLES JMF LORRAINE

✆ **06 35 95 89 32**
info@jmf.com • **www.lesjmf.org**
Association Régionale des Jeunesses Musicales de France
5 rue de l'Erimont • 88230 **FRAIZE**

Jean-Paul HOUVION (Président)

Genre(s) musical(aux) : Musiques traditionnelles • **Rayonnement** : International • **Période** : 1er juin 2014 • **Lieu(x)** : Mirecourt • **Date limite de candidature** : mars 2014 • **Conditions d'inscription** : Limite d'âge 40 ans

MIDI-PYRÉNÉES

Les BRAVOS D'ALORS CHANTE !

✆ **05 63 63 02 36 / 05 63 63 66 77** • fax 05 63 66 56 44
alors.chante@wanadoo.fr • **www.alorschante.com**
Association Chants Libres • 505 av. des Mourets • 82000 **MONTAUBAN**

Georges MASURE (Directeur)

Genre(s) musical(aux) : Chanson francophone • **Rayonnement** : National • **Période** : Mai • **Lieu(x)** : Montauban • **Date limite de candidature** : début déc. • **Conditions d'inscription** : Envoyer un cd de sep. à nov.

Le PIC D'OR

✆ **05 62 36 42 88 / 06 98 17 94 35**
festivalpicdor@gmail.com • **www.picdor.net**
11 rue de la Chaudronnerie • 65000 **TARBES**

Corinne LABAT (Présidente)

Genre(s) musical(aux) : Concours chanson et musiques actuelles • **Rayonnement** : International • **Période** : 24 au 25 mai 2013 • **Lieu(x)** : Théâtre des Nouveautés • **Date limite de candidature** : 31 mars • **Conditions d'inscription** : 15 €

ROCK'N'TARN

✆ **05 63 77 32 18** • fax 05 63 47 96 61
michel.besset@adda81.com • **www.adda81.com**
Adda du Tarn • c/o Conseil général • 81013 **ALBI CEDEX 9**

Thierry MORLET (Directeur) • Michel BESSET (Chargé de mission)

Genre(s) musical(aux) : Rock, rap, R&B, hardcore, punk, reggae, techno • **Rayonnement** : Départemental • **Période** : Mars/avril + finale en juin • **Lieu(x)** : Villes du dép : Albi, Carmaux, Labruguière, Gaillac, Saint-Amans-Soult, Bournazel, Castres (finale) • **Date limite de candidature** : Mi-jan. • **Conditions d'inscription** : Groupes amateurs du dép.

TARN ET GAROCK

✆ **05 63 91 83 96**
adda82@wanadoo.fr • **www.adda.cg82.fr**
c/o Adda 82 • Hôtel du département • BP 783
82013 **MONTAUBAN CEDEX**

Jean-Luc GARCIA (Chargé de mission)

Genre(s) musical(aux) : Rock, pop, metal, dub, etc. • **Rayonnement** : Régional • **Période** : Fév. (3 concerts) à avril (finale) • **Lieu(x)** : Salles du département, festival Tarn et Garock • **Date limite de candidature** : Nov. • **Conditions d'inscription** : Réservé aux groupes du 82

TROPHÉE MATMUT - CONCOURS INTER. D'ORCHESTRE DE JAZZ

✆ **05 63 63 56 56 / 05 63 20 46 72** • fax 05 63 20 48 68
elise.synergie@orange.fr • **www.jazzmontauban.com**
c/o Synergie Club • 500 ch. de Rouges • 82000 **MONTAUBAN**

Jean-Charles BORDARIES (Délégué général)

Genre(s) musical(aux) : Jazz • **Période** : Le 8 juil. en 2013 • **Lieu(x)** : La scène du Jardin des Plantes • **Date limite de candidature** : 31 mars 2013 • **Conditions d'inscription** : Ouvert à tout orchestre de jazz composé d'un maximum de 5 MU et/ou chanteur(se) ainsi qu'aux solistes - Trois finalistes sont choisis par une commission de présélection

NORD - PAS-DE-CALAIS

GOLDEN JAZZ TROPHY

✆ **03 28 04 77 68** • fax 03 28 04 77 72
goldenjazztrophy@gmail.com • **www.goldenjazztrophy.com**
Office culturel • Association Arras en jazz • 61 Grand Place
62000 **ARRAS**

Hanne BOESPFLUG (Chargé de mission)

Genre(s) musical(aux) : Jazz • **Période** : 11 mai 2013 • **Lieu(x)** : Théâtre d'Arras • **Date limite de candidature** : 15 fév. • **Conditions d'inscription** : Tremplin ouvert à tous les mus. de France ou de l'Union européenne « dont la notoriété ne serait pas déjà avérée ». La présélection de 4 groupes finalistes est faite par une commission d'écoute sur dossier

La MARMITE

✆ **06 41 89 16 86**
coordination@lamarmite-npcd.com • **www.myspace.com/labic**
c/o La Malterie • 42 rue Kuhlmann • Bureau n° 1 • 59000 **LILLE**

Hervé LETENEUR (Coordination et communication)

Genre(s) musical(aux) : Musiques actuelles • **Rayonnement** : Du Nord-Pas-de-Calais vers la France et l'Europe • **Période** : Toute l'année • **Lieu(x)** : Différents chaque année • **Date limite de candidature** : Pas de candidature • **Conditions d'inscription** : Faire du buzz

PAYS DE LA LOIRE

LE MANS CITE CHANSON

✆ **02 43 87 67 34**
contact@lemanscitechanson.com • **www.lemanscitechanson.com**
30 rue Huchepie • 72100 **LE MANS**

Pierre-Michel ROBINEAU (Président)

Genre(s) musical(aux) : Chanson, rock, rap, musiques amplifiées, slam, spoken word • **Rayonnement** : National et européen • **Période** : Du 12/12/12 au 31/03/2013 • **Lieu(x)** : Le Mans et Pays de Loire • **Date limite de candidature** : 10 jan. 2013 • **Conditions d'inscription** : 10 € par tremplin

TKO

✆ **02 40 35 28 44**
contact@pickup-prod.com • **www.hiphopsession.com**
c/o Pick Up Productions • 11 rue des Olivettes • 44000 **NANTES**

Laure TONNELLE (Organisatrice)

Turntable knock out • **Genre(s) musical(aux)** : Turntabilism, DJ (battle), beatbox, beatmaking • **Rayonnement** : National • **Période** : Fév. • **Lieu(x)** : Fabrique Stereolux (Nantes) • **Date limite de candidature** : Jan. • **Conditions d'inscription** : Démo audio ou vidéo

TREMPLIN BLUES DES RENDEZ-VOUS DE L'ERDRE

✆ **02 51 82 37 70** • fax 02 51 82 37 73
tremplinblues@rendezvouserdre.com • **www.rendezvouserdre.com**
Festival des Rendez-vous de l'Erdre • 27 rue de Strasbourg
44000 **NANTES**

Estelle BEAUVINEAU (Coordinatrice)

Genre(s) musical(aux) : Blues • **Période** : Fin août • **Lieu(x)** : Nantes • **Date limite de candidature** : 25 avril 2013 • **Conditions d'inscription** : Démo (4 titres max.), présentation du groupe et attestation d'adh. au règlement (cf. site web)

PROVENCE - ALPES - CÔTE D'AZUR

CLASS'EUROCK

✆ **04 42 27 08 75** • fax 04 42 27 16 64
contact@aixqui.fr • **www.aixqui.fr**
Aix'Qui ? - Les Arcades • Ancien ch. du Coton Rouge
13100 **AIX EN PROVENCE**

Claire JOURDAN (Directrice administrative) • Barbara IANNONE (Chargée de communication)

Le tremplin musical des bahuts • **Genre(s) musical(aux)** : Musiques actuelles • **Rayonnement** : Région Paca + Europe (It, All, Esp, Pol, Rép. Tch) • **Période** : Fév. (sélection), mai-juin (finale) • **Lieu(x)** : Tte la région Paca • **Date limite de candidature** : Déc. • **Conditions d'inscription** : - de 23 ans, pas de reprises, au moins un collégien/lycéen ou apprenti dans le groupe

COMPETITION INTER. DE JAZZ NEW-ORLEANS DE ST-RAPHAËL

✆ **04 94 19 88 40 / 04 98 11 89 00**
am.franon@ville-saintraphael.fr • **www.ville-saintraphael.fr**
Mairie - Direction des affaires culturelles • Place Sadi Carnot • BP 80160
83701 **ST RAPHAEL CEDEX 1**

Anne-Marie FRANON (Directrice) • Bernard KALOUDOFF (Adjoint à la culture)

Genre(s) musical(aux) : Jazz New Orleans • **Rayonnement** : International • **Période** : Juil. • **Lieu(x)** : Dans la ville et au Palais des Congrès le dim. soir pour la grande finale • **Date limite de candidature** : 31 déc. • **Conditions d'inscription** : Jouer du New Orleans (groupes amateurs)

CONCOURS INTER. DE SOLISTES DE JAZZ (MONACO)

✆ **(377) 93 15 28 91 / (377) 93 15 28 96**
fax (377) 93 15 28 92
cvaudano@libello.com
c/o Académie de Musique Rainier III • 1 bd Albert 1er • 98000 **MONACO**

Christine ZANCHI (Coordinatrice) • Charles VAUDANO (Directeur artistique) • Christian TOURNIAIRE (Directeur)

Genre(s) musical(aux) : Solistes de jazz • **Rayonnement** : International • **Période** : Nov. pour la finale • **Lieu(x)** : Académie de Musique, 1 bd Albert 1er 98000 Monaco finale : salle du Ponant Monte Carlo • **Date limite de candidature** : 31 août • **Conditions d'inscription** : Les 3 candidats sélectionnés pour la finale devront interpréter 3 standards de leur choix, parmi une liste de 20 thèmes de jazz ; une rythmique accompagnera les candidats lors de cette soirée

CONCOURS PHONURGIA NOVA / PRIX PIERRE SCHAEFFER

✆ **04 90 93 79 79**
concours@phonurgia.org • **www.phonurgia.org**
39 rue Genive • 13200 **ARLES**

Genre(s) musical(aux) : Autour de la création sonore (art radiophonique et nouveaux médias) • **Rayonnement** : International • **Période** : Oct. et déc. • **Lieu(x)** : Gaité Lyrioque (Paris)

NICE IS JAZZ

✆ **04 97 25 62 75**
niceisjazz@ivoiremusic.fr • **www.nicejazzfestival.fr**
c/o Association Ivoire Music • Studios de la Victorine
16 av. Édouard Grinda • 06200 **NICE**

Patrice BOUCHON (Coordinateur)

Genre(s) musical(aux) : Jazz • **Rayonnement** : Régional • **Période** : 9 groupes se produiront gracieusement du 5 au 7 juillet • **Lieu(x)** : Nice • **Date limite de candidature** : 10 mai • **Conditions d'inscription** : un trio/quartet/quintet jazz composé de musiciens amateurs ou professionnels - Au moins 3 musiciens composant le groupe doivent résider à Nice - Le répertoire dot se composer d'au minimum 75 % de titres originaux

ROCKAVALAIRE

✆ **04 94 64 00 96** • fax 04 94 24 57 34
office.culturel@cavalaire.fr • **www.myspace.com/rockavalaire**
Résidences GLEIZES • 52 Allée Paulin LEONELLI
83240 **CAVALAIRE SUR MER**

Jean-Paul DAROUX (Directeur de l'école de musique)

Genre(s) musical(aux) : Pop, rock, musiques actuelles • **Rayonnement** : Régional • **Période** : Avr./mai • **Lieu(x)** : Salle des fêtes de Cavalaire • **Date limite de candidature** : 15 avril • **Conditions d'inscription** : Avoir moins de 23 ans et fournir une démo 2 titres (inscription gratuite)

TREMPLIN JAZZ A PORQUEROLLES

✆ **06 31 79 81 90 / 06 48 60 77 92**
emilie@jazzaporquerolles.org • **www.jazzaporquerolles.org**
Jazz à Porquerolles • Théâtre Denis • 12 Cours de Strasbourg
83400 **PORQUEROLLES**

Samuel THIEBAUT (Conseiller artistique) • Émilie ZOULIKIAN (Administratrice) • Tiphaine SAMSON (Chargée de communication)

Les Découvertes de Jazz à Porquerolles • **Genre(s) musical(aux)** : Jazz • **Période** : Mai 2014 • **Lieu(x)** : Théâtre Denis (Hyères) • **Date limite de candidature** : Dossiers de candidatures seront à télécharger à compter de fév. 2014 • **Conditions d'inscription** : Tremplin ouvert aux formations de Provence-Alpes-Côte d'Azur et du Languedoc-Roussillon, du duo au sextet maximum

TREMPLIN JAZZ D'AVIGNON

✆ **04 90 82 95 51**
trempjazz@wanadoo.fr • **trempjazz.com**
c/o Association Tremplin Jazz • 15 rue Paul Mérindol • 84000 **AVIGNON**

Robert QUAGLIERINI (Président) • Jean-Michel AMBROSINO (Coprésident) • Jeff GAFFET (Coordinateur) • Michel EYMENIER (Conseiller artistique)

Genre(s) musical(aux) : Jazz, impro • **Rayonnement** : National et européen • **Période** : 31 juil. et 1er août en 2013 • **Lieu(x)** : Cloître des Carmes (Avignon) • **Date limite de candidature** : Fin avr. • **Conditions d'inscription** : Du duo au quintet

TREMPLIN JAZZ MARSEILLE DÉCOUVERTE

✆ **04 91 50 51 41**
com.criduport@orange.fr • **www.criduport.fr**
c/o Le Cri du port • 8 rue du Pasteur Heuzé • 13003 **MARSEILLE**

Armel BOUR (Responsable)

Genre(s) musical(aux) : Jazz • **Rayonnement** : Régional • **Période** : Mai • **Lieu(x)** : Le Cri du port (Marseille) • **Date limite de candidature** : 30 avril • **Conditions d'inscription** : Musiciens ou groupes issus de la région PACA et Languedoc-Roussillon

RHÔNE-ALPES

BUZZ BOOSTER

✆ **06 26 80 71 00**
loriginal@loriginal-festival.com • **www.loriginal-festival.com**
c/o Collectif L'Original • 69140 **RILLEUX LA PAPE**

Jean-Marc MOUGEOT (Coordinateur national et Rhones-Alpes) • Rania HARRAR (Coordinatrice Nord-Pas-de-Calais) • SHANKY SHEWBA.K (Coordinateur Pays de la Loire) • Mourad SAADI (Coordinateur Languedoc-Roussillon) • Thomas RAYMOND (Coordinateur Languedoc-Roussillon) • Mathieu LEFORT (Coordinateur Bretagne) • Miloud ARAB-TANI (Coordinateur Provence-Alpes-Côte d'Azur) • Julien CHOLEWA (Coordinateur Ile-de-France) • Myriama IDIR (Coordinatrice Lorraine)

Genre(s) musical(aux) : Rap, abstract, soul, funk, RnB, reggae, ragga • **Rayonnement** : National • **Période** : Finale en avr. • **Lieu(x)** : Plusieurs lieux en France, finale à l'Espace Julien (2013)

CONCOURS DE JAZZ VOCAL DE CREST

✆ **04 26 60 38 43** • fax 04 75 76 76 38
contact@crestjazzvocal.com • **www.crestjazzvocal.com**
c/o Crest Jazz Vocal • Cours Joubernon • BP 524 • 26402 **CREST CEDEX**

Alain BELLON (Président) • Daniel KIRCHNER (Responsable concours) • Corinne SIMION (Coordinatrice)

Genre(s) musical(aux) : Jazz vocal • **Rayonnement** : International • **Période** : 1re semaine d'août • **Lieu(x)** : Pl. du Gal de Gaulle, Crest (500 pl.) dans le cadre du festival Crest Jazz Vocal (concerts gratuits) • **Date limite de candidature** : 19 mai 2013 • **Conditions d'inscription** : Sélection de 8 groupes sur CD et web

DÉJEUNER EN HERBE

administration1@tullinsfestival.com • **www.tullinsfestival.com**
BGB Spectacles • 10 Rue du Gal De Gaulle • 38210 **TULLINS**

François LOUWAGIE (Directeur général et artistique) • Yann SEBYLEAU (Président) • Michel DUBOUCHER (Trésorier) • Florence CAVAGNAT (Secrétaire)

Genre(s) musical(aux) : Blues, country, cajun, celtique, bluegrass, chanson francophone • **Rayonnement** : National • **Période** : Juin • **Lieu(x)** : Rhône-Alpes • **Date limite de candidature** : Annuel • **Conditions d'inscription** : Groupe en développement, compos, musique acoustique, electro acoustique tous styles

Le REZZO FOCAL JAZZ À VIENNE

✆ **04 74 78 87 87** • fax 04 74 78 87 88
benjamin.tanguy@jazzavienne.com • **www.jazzavienne.com**
Jazz à Vienne • 21 rue des Célestes • 38200 **VIENNE**

Benjamin TANGUY (Chargé de production)

Dispositif « Jeunes talents jazz » • **Genre(s) musical(aux)** : Jazz • **Rayonnement** : National • **Période** : Première quinzaine de juil. • **Lieu(x)** : Vienne • **Date limite de candidature** : 14 mars 2013 • **Conditions d'inscription** : Chaque région a son antenne pour proposer un groupe candidat - Les participants au tremplin doivent constituer une formation jazz (duo à sextet maximum), ne pas être rattachés contractuellement à un label et/ou à une maison de disques et présenter des compositions originales lors de sa prestation

TREMPLIN JAZZ(S) RA

✆ **04 72 73 77 61** • fax 04 72 73 77 61
administration@jazzsra.fr • **www.jazzsra.fr**
c/o Jazz(s) Ra • Le Village Sutter • 10 rue de Vauzelle • 69001 **LYON**

Pascal BUENSOZ (Coordinateur)

Tremplin jazz Rhône-Alpes • **Genre(s) musical(aux)** : 6 formations de jazz de Rhône-Alpes • **Rayonnement** : Régional (relais pour la sélection au tremplin national le Rezzo (Jazz à Vienne)) • **Période** : Avril • **Lieu(x)** : Les 15 & 16 nov. 2013 salle Jean Marion à Chasse-sur-Rhône dans le cadre de la saison du festival Jazz à Vienne 2013/ 2014 • **Date limite de candidature** : Dossier à retourner par courrier avant le 15 juil. 2013 (le cachet de la poste faisant foi) • **Conditions d'inscription** : Concours ouvert aux formations Jazz & Musiques Improvisées de la région Rhône-Alpes - Envoi d'extraits sonores et dossiers de candidatures (dossier d'inscription téléchargeable sur le site)

OUTRE-MER

Nouvelle-Calédonie

Les FLECHES DE LA MUSIQUE

✆ **00 687 28 20 74**
poemart@canl.nc • **www.lesflechesdelamusique.com**
c/o Poemart • 27 bd de Sébastopol • 98800 **NOUMEA**

Chris TATEOSSIAN (Directeur) • Lena QUILLIER (Assistante de direction)

Genre(s) musical(aux) : Tous • **Rayonnement** : Nouvelle Calédonie • **Période** : Décembre • **Lieu(x)** : Centre Culturel Tjibaou • **Conditions d'inscription** : Artistes et groupes locaux, sociétaires de la SACENC, qui ont sortis (en édition ou en autoproduction) un ou plusieurs CD (single, maxi ou album) entre le 1er octobre de l'année précédente et le 1er octobre de l'année en cours

Réunion

La NOUVELLE CLAMEUR

✆ **02 62 50 38 63** • fax 02 62 50 45 61
theatre@lesbambous.com • **www.lesbambous.com**
Théâtre Les Bambous • 2 rue Jean Moulin • 97470 **SAINT BENOIT**

Jean-Rémy MOULOUMA (Chargé de communication)

Genre(s) musical(aux) : Ts • **Rayonnement** : Régional • **Période** : 5 fév., 21 mai, 3 sep., 3 déc. • **Lieu(x)** : Théâtre Les Bambous • **Date limite de candidature** : 15 j. avant chaque rdv • **Conditions d'inscription** : Aucune (pas de sélection)

ALSACE

Le GRILLEN
✆ **03 89 21 61 80** • fax 03 89 21 61 81
grillen@calixo.net • **www.grillen.fr**
19 rue des Jardins • 68000 **COLMAR**
Philippe UHL (Régisseur) • Pascal GUTH (Régisseur)
Espace(s) : 4 x 35 m2

NOUMATROUFF
✆ **03 89 32 94 11** • fax 03 89 42 05 96
brice@noumatrouff.fr • **www.noumatrouff.fr**
c/o Fédération Hiero • BP 3135 • 68063 **MULHOUSE CEDEX**
Brice KNOLL (Régisseur)
Espace(s) : 7 (de 15 à 50 m2)

AQUITAINE

ADEM/FLORIDA
✆ **05 53 47 59 54**
regietechnique@le-florida.org • **www.le-florida.org**
95 bd Carnot • BP 30167 • 47005 **AGEN CEDEX**
Jérôme BARATIE (Directeur technique)
Espace(s) : 5 (1 x 70 m2, 4 x 35 m2 dont 1 équipé MAO)

AMPLI ASSOCIATION
✆ **05 59 32 93 49**
repetition@ampli.asso.fr • **www.ampli.asso.fr**
Les Abattoirs • 51 Allée Montesquieu • 64140 **BILLERE**
Frédéric BALEIX VIGNAU (Régisseur) • Benjamin ROUYER (Régisseur)
Espace(s) : 3 (de 25 à 30 m2)

CABINET MUSICAL DU DR LARSENE
✆ **05 56 85 25 01** • fax 05 56 85 31 69
dr.larsene@free.fr • **dr.larsene.free.fr**
Bât. 35 • Rue des Terres Neuves • 33130 **BEGLES**
Mathieu BAILLOU (Régisseur groupe)
La Centrale des musiques électriques • **Espace(s)** : 8 (20 à 47 m2)

Le KRAKATOA - RÉSIDENCES
✆ **05 56 24 34 29** • fax 05 56 99 18 05
technique@krakatoa.org • **www.krakatoa.org**
c/o Transrock • 3 av. Victor Hugo • 33700 **MERIGNAC**
Marc DUVIGNAU (Régisseur technique)
Espace(s) : Répétition sur scène du Krakatoa (120 m2)

La LOCOMOTIVE
✆ **09 53 62 38 01**
contact@loco-motive.fr • **www.loco-motive.fr**
1 allée de la Ferme • 40220 **TARNOS**
Daniel RODRIGUEZ (Directeur) • Bruno AZCARATE (Animateur)
Espace(s) : 3 x 17 m2

ROCK SCHOOL BARBEY
✆ **05 56 33 66 15** • fax 05 56 33 66 11
repet@rockschool-barbey.com • **www.rockschool-barbey.com**
18 cours Barbey • 33800 **BORDEAUX**
Frédérik DORGANS
Espace(s) : 6 (1 x 16 m2, 3 x 22 m2 et 2 x 28 m2)

AUVERGNE

Le CHAUDRON
✆ **04 71 64 14 99**
lovemitendeur@free.fr • **www.myspace.com/lovemitendeur**
Parc de la Fraternité • Rue Jean Moulin • 15000 **AURILLAC**
Jean PUECHBROUSSOU (Responsable) • Josy PUECHBROUSSOU (Permanent)
Asso. Love Mi Tendeur • **Espace(s)** : 2 (30 et 50 m2)

La COUVEUSE
✆ **04 71 05 55 68**
contact@lacouveuse.fr • **www.lacouveuse.fr**
MPT • Cours de la Liberté • 43770 **CHADRAC**
Stéphane LAURENT (Responsable secteur) • Olivier QUENAT (Régisseur)
Espace(s) : 2 (39 et 52 m2)

La GRATTE À 2 PATTES
✆ **06 89 85 24 70 / 06 86 72 50 58**
akiladesbois@hotmail.com • **www.lagrattea2pattes.blogspot.fr**
12 rue Alexandre Dumas • 63300 **THIERS**
Gaëtan PLANCHON (Responsable matériels et son)
Espace(s) : 1 (80 m2)

BASSE-NORMANDIE

BIG BAND CAFÉ
✆ **02 31 47 96 13** • fax 02 31 95 97 75
contact@bigbandcafe.com • **www.bigbandcafe.com**
1 av. du Haut Crépon • 14200 **HEROUVILLE ST CLAIR**
Pierre GOUBARD (Responsable)
Espace(s) : 5 dont 4 loués au mois et non équipés (40, 30, 20 et 11 m2) et 2 studios équipés loués à l'heure (40 m2)

Le CARGÖ
✆ **02 31 27 97 29**
brusco@lecargo.fr • **www.lecargo.fr**
9 cours Caffarelli • 14000 **CAEN**
Stéphane BRUSCOLINI (Responsable)
Espace(s) : 3 équipés répétitions/enregistrement, 2 non équipés (louable au mois) + 1 studio équipé MAO

Le NORMANDY
✆ **02 33 57 60 96** • fax 02 33 57 96 60
contact@lenormandy.net • **www.lenormandy.net**
BP 330 • 50010 **ST LO CEDEX**
Marvin MELLON (Responsable)
Espace(s) : 1 salle de répétition (20 m2) + résidence possible au Normandy

RENCONTRES DU TAPIS VERT
✆ **06 75 65 93 55**
tapis.vert@wanadoo.fr • **perso.wanadoo.fr/tapis.vert**
Le Tapis Vert • 61320 **LA LACELLE**
Jean GALODE (Programmateur)
Espace(s) : 2 studios (100 m2, 60 m2)

Le TUNNEL
tunnelgdd@free.fr • **www.myspace.com/letunnel**
46 av. Père Charles de Foucauld • BP 16133 • 14064 **CAEN CEDEX 4**
Mohamed BELAIDI (Responsable)
Espace(s) : 2 (10 & 40 m2)

BOURGOGNE

La CAVE À MUSIQUE
✆ **03 85 21 96 69 / 03 85 21 96 64**
cavazik@cavazik.org • **www.cavazik.org**
119 rue Boullay • BP 7 • 71001 **MACON CEDEX**
Rémi VELOTTI (Coordinateur)
Espace(s) : 2 locaux équipés sono + backline, 1 local résidence avec sonorisation

La VAPEUR
✆ **03 80 48 86 23** • fax 03 80 71 57 87
studios@lavapeur.com • **www.lavapeur.com**
42 av. de Stalingrad • 21000 **DIJON**
Samuel OFFREDI (Contact)
Espace(s) : 5 (de 25 à 30 m2 dont 1 local techno avec PLA, ECO)

BRETAGNE

ANTIPODE
✆ **02 99 67 32 12** • fax 02 99 67 33 04
communication@antipode-mjc.com • **www.antipode-mjc.com**
Antipode MJC Rennes • 2 rue André Trasbot • 35000 **RENNES**
Thierry MENAGER (Directeur) • Jacques SICHLER (Développement artistique et projet spécifique)
Espace(s) : 2, 1 régie technique

AR GRANC'H
✆ **02 97 65 09 42 / 06 81 56 77 17**
argranch@gite-bretagne.info • **ar.granch.free.fr**
Le Clech • 56520 **GUIDEL**
Brigitte LESCOAT (Responsable accueil) • Thierry LESCOAT (Contact)
Espace(s) : 55 m2 (accès handicapé)

BALLOON FARM STUDIO
✆ **02 99 32 11 11** • fax 02 23 30 37 50
info@balloonfarm.fr • **www.balloonfarm.fr**
19 rue du Noyer • 35000 **RENNES**
Vincent LECOUPLIER (Responsable)
Espace(s) : 3 (2 x 40 m2 et 1 x 30 m2)

La CARÈNE
✆ **02 98 46 61 00** • fax 02 98 80 12 21
david.schrub@lacarene.fr • **www.lacarene.fr**
30 rue Jean-Marie Le Bris • 29200 **BREST**
David SCHRUB (Régisseur / accompagnateur) • Jean-Bernard GUILLET (Régisseur / accompagnateur)
Espace(s) : 6 (de 25 à 50 m2 + 1 studio MAO/enregistrement)

CENTRE DE CREATION DE MUSIQUES POPULAIRES
✆ **02 97 23 83 83 / 06 86 11 28 56**
lagrandeboutique@wanadoo.fr • **www.leplancher.com**
3 rue des Milad • 56630 **LANGONNET**
Bertrand DUPONT (Directeur) • Perrine LAGRUE (Coordinatrice) • Manon FOUQUET (Chargée de production) • Yvain LEMATTRE (Administrateur)
Espace(s) : 170 m2

La CITROUILLE
✆ **02 96 01 51 40** • fax 02 96 01 51 41
studios.citrouille@orange.fr • **www.lacitrouille.org**
Pl. Nina Simone • 22000 **ST BRIEUC**
Yann TRONET (Régisseur studios)
Espace(s) : 3 (12, 20 et 30 m2 insonorisés) + espace scénique

L'ECHONOVA
✆ **02 97 62 20 40** • fax 02 97 62 20 49
studio@lechonova.com • **www.lechonova.com**
1 rue Léon Griffon • BP 70206 • 56890 **ST AVE**
Thomas RISTROPH (Répétitions, accompagnement)
Espace(s) : 2 x 15 m2, 2 x 30 m2, 1 x 50 m2

Le JARDIN MODERNE
✆ **02 99 14 04 68**
info@jardinmoderne.org • **www.jardinmoderne.org**
11 rue du Manoir de Servigné • ZI Lorient • 35000 **RENNES**
Gaëtan LE BOURSICAUD (Coordinateur service bar/répétition)
Espace(s) : 3 x 25 m2 (live), 3 x 30 m2

Le LABO
✆ **02 96 39 47 80**
lelabo@cc-codi.fr • **www.codi.fr/lelabodukiosque**
Rue Victor Schoelcher • 22100 **DINAN**
Franck ZIMMERMANN (Responsable) • Guillaume TROMBETTA (Régisseur technique)
Espace musiques actuelles du Kiosque • **Espace(s)** : 2 x 26 m2, 1 x 16 m2, 1 salle de travail scénique de 200 pl.

Les POLARITÉS
✆ **02 98 90 28 42**
regie@polarites.org • **www.polarites.org**
27 rue du Chapeau Rouge • 29000 **QUIMPER**
Yvan LEBERRE (Responsable répétition)
Espace(s) : 3 de 80, 25 et 15 m2

Les STUDIOS - MAPL
✆ **02 97 21 32 21** • fax 02 97 64 22 30
info@mapl.biz • **www.mapl.biz**
2 rue Jean Le Coutaller • 56100 **LORIENT**
Anne BURLOT-THOMAS (Directrice) • Solen AUFFRET (Secrétariat / communication)
Espace(s) : 5 (20 m2 à 50 m2)

CENTRE

PÔLE NORD
✆ **02 54 42 05 93**
repetition@chatodo.com • **studiopolenord.com**
2 rue Jean-Baptiste Charcot • 41000 **BLOIS**
Benjamin LELIARD (Chargé d'action culturelle, répétition)
Asso. Mars • **Espace(s)** : 2 x 30 m2 + 1 x 30 m2 au Chato'do

POLYSONIK
✆ **02 38 77 99 93**
contact@polysonik.fr • **polysonik.tumblr.com**
108 rue de Bourgogne • 45000 **ORLEANS**
Gwen DEBRAUWERE (Régisseur principal) • Benjamin ALCANIZ (Directeur) • Philippe DENNI (Encadrant répétition MAO) • Younes BEKRAOUI (encadrant répétition)
Espace(s) : 4

Le TEMPS MACHINE
✆ **02 47 63 46 65**
contact@letempsmachine.com • **letempsmachine.com**
Parvis Miles Davis • BP 134 • 37301 **JOUE LES TOURS CEDEX**
David EUGENE (Accompagnement technique)
Espace(s) : 3

USINASON
✆ **02 48 50 38 61**
usinason@gmail.com • **emmetrop.pagesperso-orange.fr**
c/o Friche l'Antre-Peaux • 26 route de la Chapelle • BP 6003 • 18024 **BOURGES**
Vincent TOMAS (Régisseur) • Julien HELIN (Responsable studio) • Nicolas MOREAU (Accueil, technique, accompagnement)
Espace(s) : 3 (2 x 25 m2, 40 m2)

CHAMPAGNE-ARDENNE

La CARTONNERIE
✆ **03 26 36 72 40 / 03 26 36 72 49** • fax 03 26 36 72 41
studios@cartonnerie.fr • **www.cartonnerie.fr**
84 rue du Dr Lemoine • 51100 **REIMS**
Fadel GHRIB (Régisseur studios de répétition et d'enregistrement) • Quentin MOREIRA (Régisseur studios de répétition)
Espace(s) : 7 (15 à 50 m2)

CORSE

La POUDRIÈRE
✆ **04 95 20 69 03**
Route du Vittulo • 20000 **AJACCIO**
Anthony ROBAGLIA (Responsable)
Espace(s) : 2 x 200 m2

FRANCHE-COMTÉ

ATELIER DES MÔLES
✆ **03 81 97 14 32 / 06 61 22 25 76**
atelierdesmoles@voila.fr • **www.atelier-des-moles.com**
BP 444 • 25211 **MONTBELIARD CEDEX**
Virginie BIASUTTI (Présidente) • Sabino D'AMBRA (Programmateur)
Espace(s) : Scène (25 m2)

Le BASTION
✆ **03 81 81 31 12** • fax 03 81 81 31 12
contact@lebastion.org • **www.lebastion.org**
16 av. Gaulard • 25000 **BESANCON**
David DEMESMAY (Président) • Florian DANTAN (Administrateur) • Sébastien DASSE (Correspondant CIR / gestion) • Jordan DAVERIO (Régisseur / Coordinateur accompagnement) • Anouk CLERC (Chargée de communication) • Thomas BITSCHENE (Chargé d'accueil / responsable informatique)
Espace(s) : 5 locaux fixes et 7 locaux tournants, local DJ et local formation MAO

Le MOLOCO
✆ **03 81 30 78 35**
studios@lemoloco.com • **www.lemoloco.com**
21 rue Seloncourt • 25400 **AUDINCOURT**
Pierre-André PERNIN (Régisseur principal des studios) • Jonathan LAFAY (Régisseur des studios)
Espace musiques actuelles du Pays de Montbéliard • **Espace(s)** : 4 (2 x 30 m2, 1 x 40 m2, 1 studio MAO)

ROCKHATRY
✆ 03 84 22 51 28 / 03 84 58 11 77
rockhatry@pmabelfort.com • **www.poudriere.com**
Esplanade du Fort Hatry • BP 324 • 90006 **BELFORT CEDEX**
Christophe SCHUSTER (Animateur) • Guillaume DAMPENON (Chargé accompagnement ressources)
Pôle de musiques actuelles • **Espace(s)** : 5 x 30 m2

HAUTE-NORMANDIE

Le 106
✆ 02 32 10 88 60
info@le106.com • **www.le106.com**
Quai Jean de Béthencourt • 76100 **ROUEN**
Julien LENORMAND (Responsable accompagnement)
Espace(s) : 5 de 26 à 40 m2 dont 1 studio MAO

La GARE AUX MUSIQUES
✆ 02 32 25 78 00 • fax 02 32 25 78 03
gareauxmusiques@wanadoo.fr • **www.gareauxmusiques.fr**
Pl. des Anciens d'Indochine • BP 621 • 27406 **LOUVIERS CEDEX**
Bruno LEMOINE (Responsable) • Bertrand LEBOURGEOIS (Régisseur)
Espace(s) : 2 (20 et 27 m2)

Le KALIF
✆ 02 35 98 35 66
contact@lekalif.com • **www.lekalif.com**
33 route de Darnétal • 76000 **ROUEN**
Yves LABBÉ (Responsable pédagogique de l'école de musique)
Espace(s) : 5 (20 à 35 m2)

Le LOC'
✆ 02 35 28 40 49
contact@artensort.com • **www.artensort.com**
c/o Asso Art en Sort • Espace Jules Ferry • 17 rue des Galeries • 76400 **FECAMP**
Matthieu ROUSSEL (Accueil)
Espace(s) : 2 (30 et 40 m2)

Le SONIC
✆ 02 35 22 70 65 • fax 02 35 43 17 55
contact@le-cem.com • **www.le-cem.com**
Fort de Tourneville • 76600 **LE HAVRE**
Brice TESSIER (Régisseur)
Espace(s) : 8 studios + scène résidence/pédagogie

TRIANON TRANSATLANTIQUE
✆ 02 35 73 65 99 • fax 02 35 73 18 29
cfrau-actionculturelle-trianon@orange.fr • **www.trianontransatlantique.com**
114 av. du 14 juillet • 76300 **SOTTEVILLE LES ROUEN**
Christophe FRAU (Responsable)
Scène conventionnée chanson francophone et résidences d'artistes • **Espace(s)** : 2 (15 et 25 m2)

ÎLE-DE-FRANCE

ACP - LA MANUFACTURE CHANSON
✆ 01 43 58 19 94 • fax 01 79 75 87 19
acp@manufacturechanson.org • **www.manufacturechanson.org**
124 av. de la République • 75011 **PARIS**
Stéphane RIVA (Directeur) • Olenka WITJAS (Directrice pédagogique) • Henna MAY (Administrateur) • Marie TOUILLEZ (Chargée de communication)
Espace(s) : 8 salles (12 à 65 m2)

AUDITORIUM DE ST-OUEN
✆ 01 40 12 11 17 / 06 85 67 89 07
auditorium@free.fr • **www.lauditorium.fr**
37/39 rue Pasteur • 93400 **ST OUEN**
Ilan SBERRO (Gérant)
Espace(s) : 3 (2 x 50 m2 + 1 en lock-out)

BASEMENT PRODUCTIONS
✆ 01 44 53 06 39
basement.prod@wanadoo.fr • **www.basementprod.com**
38 rue Rochechouart • 75009 **PARIS**
Oliver FURTER (Directeur technique) • Nick BUXTON (Directeur artistique)
Espace(s) : 6 studios + salle de danse

Studios BLUE ROY
✆ 06 86 67 41 11
roodoolphe@gmail.com • **www.studiobleu.com**
17 rue du Chemin de Fer • 93500 **PANTIN**
Rodolphe DARDALHON (Gérant)
Espace(s) : 19 salles de 18 à 35 m2

BOPCITY
✆ 01 48 46 45 05 / 06 11 55 98 10
mail@bopcity.fr • **www.bopcity.fr**
9 rue de Stalingrad • 93310 **LE PRE ST GERVAIS**
Max JESION (Gérant)
Espace(s) : 3 x 18 m2

CANAL 93
✆ 01 49 91 10 63
regiestudio@canal93.net • **www.canal93.net**
63 av. Jean Jaurès • 93000 **BOBIGNY**
Patrick LALLEMENT (Contact)
Espace(s) : 5 dont 1 studio danse hip hop et 1 studio d'enregistrement

Le CHAUDRON
✆ 01 64 10 24 54 • fax 01 64 10 24 59
repet@lechaudron.org • **www.lechaudron.org**
Espace Cordier - MJC • 361 av. du Vercors • 77350 **LE MEE SUR SEINE**
Steve LAURENÇO (Régisseur)
Espace(s) : 30, 40 m2 + 1 studio cultures urbaines

La CLEF
✆ 01 39 21 54 90 • fax 01 39 73 29 21
bruno.boulben@laclef.asso.fr • **www.laclef.asso.fr**
46 rue de Mareil • 78100 **ST GERMAIN EN LAYE**
Bruno BOULBEN (Régisseur)
Espace(s) : 3 (25, 39 et 40 m2)

COVENT GARDEN STUDIOS
✆ 06 64 08 49 41 / 01 30 36 52 91
studios@coventgarden.fr • **www.coventgarden.fr**
Parc d'activités de la Danne • 95610 **ERAGNY**
Angel NGUYEN VAN HO (Gérant) • Bertrand DARRIBEHAUDE (Relations artistiques et Communication)
Espace(s) : 2 studios (54 m2), 1 studio (45 m2), 1 studio d'enregistrement MAO (mix et vidéo), 1 salle de concert (100 m2 - 200 pers.) avec scène surélevée (25 m2)

CROSSOVER STUDIO
✆ 01 30 36 58 55
staff@crossover-studio.com • **www.crossover-studio.com**
Parc d'activité de Danne • Rue du Bouvreuil • 95610 **ERAGNY-SUR-OISE**
Gregory GARN (Gérant)
Espace(s) : 6 (10 à 70 m2)

Les CUIZINES
✆ 01 60 93 04 70
lescuizines@chelles.fr • **www.lescuizines.fr**
38 rue de la Haute Borne • 77500 **CHELLES**
Romain HINET (Régisseur général) • Lionel OLIVO (Chargé de l'accompagnement de la scène locale)
Espace(s) : 3 (19, 28 et 46 m2)

DEUX PIÈCES CUISINE
✆ 01 48 69 79 43 • fax 01 48 79 10 16
studios.2pc@gmail.com • **www.deuxpiecescuisine.net**
42 av. Paul Vaillant-Couturier • 93150 **BLANC MESNIL**
Juan BARBOSA (Régisseur studios)
Espace(s) : 4 studios : 3 avec backline (34 et 2 x 38 m2) et 1 playback sans backline (22 m2)

DGD MUSIC STUDIO
✆ 01 48 45 65 68
contact@dgd-studio.com • **www.dgd-studio.com**
36 rue Delizy • 93500 **PANTIN**
Didier DE GRAEVE (Directeur)
Espace(s) : 5 (30 à 50 m2)

EMB / ESPACE MICHEL BERGER
✆ 01 39 80 01 39 • fax 01 39 80 01 39
com@emb.sannois.org • **www.emb-sannois.org**
2 rue Georges Pompidou • 95110 **SANNOIS**
ZOUKI (Régisseur général)
Espace(s) : 54 m2

L'EMPREINTE
✆ 01 64 41 70 25 • fax 01 64 10 73 50
studios.empreinte@savigny-le-temple.fr • **www.lempreinte.net**
301 av. de l'Europe • 77507 **SAVIGNY-LE-TEMPLE CEDEX**
Joël YVON (Régisseur studio) • Julien ROUSSET (Régisseur studio)
Espace(s) : 3 (20, 30 et 90 m2)

FILE 7
✆ **01 60 43 54 64** • fax 01 60 43 54 63
sregie-studios@file7.com • **www.file7.com**
4 rue des Labours • 77700 **MAGNY LE HONGRE**
Jonathan DJAOUI (Régisseur studio)
Café musiques du Val d'Europe • **Espace(s)** : 2 (27 et 32 m2)

Centre musical **FLEURY GOUTTE D'OR - BARBARA**
✆ **01 53 09 30 70** • fax 01 53 09 30 80
contact@fgo-barbara.fr • **www.fgo-barbara.fr**
1 rue Fleury • 75018 **PARIS**
Karim MAIMOUN (Responsable Accueil studio) • Guillaume ETIENNE (Accueil studio) • Nicolas KOPEC (Accueil studio) • Gérald FERIAUX (Accueil studio)
Espace(s) : 7 (9 à 52 m2)

GAÎTE LYRIQUE
✆ **01 53 01 51 51 / 01 53 01 52 00** • fax 01 53 01 51 75
programmation@gaite-lyrique.net • **www.gaite-lyrique.net**
3 bis rue Papin • 75003 **PARIS**
Jean-Michel VANSON (Directeur technique)
Espace(s) : 1 studio de répétition (ou tournage), 1 studio d'enregistrement et 3 studios multimédia (montage vidéo, son et création graphique) / réservés aux résidences d'artistes et aux workshops

Studio **GÉODE**
✆ **01 40 34 01 01**
contact@studiogeode.com • **studiogeode.com**
25/27 av. Corentin Cariou • 75019 **PARIS**
Hubert BREBION
Espace(s) : 7 équipés (dont 1 de 50 m2)

HOCCO STUDIO
✆ **01 43 91 15 02 / 06 95 72 05 95** • fax 01 43 91 15 00
studio@hocco.fr • **www.hocco.fr**
13 rue Camille Groult • 94400 **VITRY SUR SEINE**
Martine FORESTIER (Gérante)
Espace(s) : 6 (de 15 m2 à 170 m2)

IACP STUDIO BLEU
✆ **01 45 23 16 03** • fax 01 45 23 15 79
info@studiobleu.com • **www.studiobleu.com**
32 rue du Capitaine Marchal • 75020 **PARIS**
Philippe TRICAUD
Institut art culture perception • **Espace(s)** : 44 studios (de 8 à 120 m2)

JAM STUDIO
✆ **01 45 21 45 07 / 06 12 98 33 03**
jamstudio@wanadoo.fr • **jamstudio.fr**
7/9 rue Pasteur • 94200 **IVRY SUR SEINE**
Valérie TERZAGHI (Manager)
Espace(s) : 13 (de 16 m2 à 70 m2)

LIBERTY ROCK STUDIO
✆ **01 43 70 93 44 / 01 43 70 54 14**
liberty.rock.studio@free.fr • **libertyrockstudio.com**
8 rue des Rasselins • 75020 **PARIS**
Dominique BONHOMME (Gérant) • Vincent BRILLANTE (Gérant)
Espace(s) : 11 (dont 1 pour BT)

LIVE FACTORY
✆ **09 66 89 08 13**
contact@livefactory.fr • **www.livefactory.fr**
441 av. Marguerite Perey • 77127 **LIEUSAINT**
Jonathan GLAROS (Président) • Aurélien PATRICE-MARTIN (Directeur général) • Arnaud JOFFROY (Directeur technique)
Espace(s) : 5 (24 à 33 m2), studio scène (110 m2)

LUNA ROSSA
✆ **01 45 85 91 23 / 01 45 82 20 82 / 01 53 61 02 75**
lunarossa@wanadoo.fr • **www.studiolunarossa.com**
24 rue Primo Lévi • 75013 **PARIS**
Vincent (Responsable) • Guillaume (Responsable) • Pascal (Responsable)
Espace(s) : 28 salles (12 à 80 m2)

Studios **MAINS D'ŒUVRES**
✆ **01 40 11 08 07**
studios@mainsdoeuvres.org • **www.festivalmofo.org**
1 rue Charles Garnier • 93400 **ST OUEN**
Norbert MONOD (Responsable) • John SAINT-DRENAN (Régisseur) • Aurélien PITAVAL (Régisseur) • Florian PONÇON (Régisseur)
Espace(s) : 20 (25 à 50 m2)

MUSIC LIVE PRODUCTION
✆ **01 40 84 97 97** • fax 01 40 84 06 35
contact@musiclive.fr • **www.musiclive.fr**
3 rue Arthur Auger • 92120 **MONTROUGE**
Serge THANASI (Gérant)
Espace(s) : 9 (de 25 à 160 m2)

MUSIQUE POUR TOUS
✆ **01 47 29 03 84** • fax 01 47 25 52 66
contact@musiquepourtous.com • **www.musiquepourtous.com**
8 rue Anatole France • 92000 **NANTERRE**
Gilles ROZEC (Responsable des studios)
Espace(s) : 7 studios

OSCILLO SYSTÈME
✆ **01 41 71 08 06 / 06 22 14 24 75**
oscillostudio@free.fr • **www.oscillostudio.com**
55 rue Cartier Bresson • 93500 **PANTIN**
Rémy ETOURNEAU (Responsable technique)
Espace(s) : 5 (36 m2 & 3 x 50 m2 + plateau scène 250 m2)

PAUL B - CENTRE CULTUREL PAUL BAILLIART
✆ **01 69 75 12 80** • fax 01 69 20 82 08
contact@paul-b.fr • **www.paul-b.fr**
6 allée de Québec • 91300 **MASSY**
François HURÉ (Directrice technique) • Leonard LIEGEOIS (Technicien studio)
Espace(s) : 2 (11, 12 m2 équipés), scène résidence

POINT ÉPHÉMÈRE
✆ **01 40 11 08 07**
info@pointephemere.org • **www.pointephemere.org**
200 quai de Valmy • 75010 **PARIS**
Norbert MONOD (Location des studios)
Espace(s) : 5 studios de musique en résidence (22 à 35 m2)

SMOM
✆ **01 46 36 46 28** • fax 01 46 36 37 68
studios.smom@wanadoo.fr • **www.studios-smom.fr**
c/o Studios Smom • 10 rue Boyer • 75020 **PARIS**
Vincent COTTE (Gérant) • Nadia TOUHAMI (Administratrice)
Espace(s) : 8 (25 à 80 m2)

STUDIO BLEU
✆ **01 45 23 16 03** • fax 01 45 23 15 79
info@studiobleu.com • **www.studiobleu.com**
7-9 rue des Petites Écuries • 75010 **PARIS**
Philippe TRICAUD (Gérant) • Alexandre ROUX (Responsable) • Tristan FARGE (Responsable)
Espace(s) : 60 (de 12 à 120 m2)

Les **STUDIOS CAMPUS**
✆ **01 43 55 44 03** • fax 01 43 55 44 09
terraindentente@free.fr • **terraindentente.free.fr**
c/o Asso. Terrain d'entente • 12 bis rue Froment • 75011 **PARIS**
Jean-François PAUVROS (Président) • Thierry DE LAVAU (Directeur)
Espace(s) : 10 (25 m2 à 90 m2 + grand studio avec régie retours complète)

STUDIOS HBS
✆ **01 48 24 13 80** • fax 01 45 23 15 94
contact@studiohbs.com • **www.studiohbs.com**
29 rue des Petites Écuries • 75010 **PARIS**
Hubert BREBION (Gérant) • Frédéric CORMIER (Ingénieur du son)
Espace(s) : 8 (de 10 à 50 m2)

STUDIOS PLUS
✆ **01 43 38 43 19** • fax 01 43 38 04 72
studioplus@cegetel.net • **studiosplus.fr**
18 av. Jean Aicard • 75011 **PARIS**
Michel BATAILLE (Gérant)
Espace(s) : 5 x 35 m2

STUDIOS RAVEL
✆ **01 47 15 76 58 / 01 47 15 76 57**
osevellec@ville-levallois.fr • **www.levallois-culture.com**
33 rue Gabriel Péri • 92300 **LEVALLOIS PERRET**
Hédi KHELIFA (Régisseur)
Espace(s) : 8 locaux de répétition, 1 cabine d'enregistrement

Le **TAMANOIR**
✆ **01 47 98 03 63 / 01 47 94 15 45**
contact@letamanoir.com • **www.letamanoir.com**
27 av. Lucette Mazalaigue • 92230 **GENNEVILLIERS**
Sabri BARCH (Accueil studio)
Espace(s) : 2 (20 m2), 1 studio d'enregistrement (10 m2)

Le TREMPLIN

✆ **01 46 72 39 74 / 01 49 60 25 35** • fax 01 49 60 25 45
letremplin@ivry94.fr • **tremplin.ivry94.fr**
3/5 rue Raspail • 94200 **IVRY SUR SEINE**
Patrick FONTAINE (Coordinateur)
Espace(s) : 4 (3x15, 100 m2)

TRIANON HALL

✆ **01 48 93 27 02** • fax 01 49 77 97 08
trianonhall@wanadoo.fr • **www.trianon-hall.com**
1 rue des Camélias • 94140 **ALFORTVILLE**
Claude MEYER (Gérant)
Espace(s) : 2 (70 & 200 m2)

UMJ

✆ **01 45 83 22 71**
lesstudios@umj-asso.com • **www.umj-asso.com**
19 rue des Frigos • 75013 **PARIS**
Marie ROBERT (Régisseur) • Oscar GONÇALVES (Régisseur) • Stéphane ASSAYAG
Union des musiciens de jazz • **Espace(s)** : 3 (25, 40 et 90 m2)

L'USINE À CHAPEAUX

✆ **01 30 88 89 07** • fax 01 30 88 89 03
studio@mjc-rambouillet.asso.fr • **www.usineachapeaux.com**
MJC/CS Rambouillet • 32 rue Gambetta • 78120 **RAMBOUILLET**
Maximilien CAPèLE (Régisseur)
Espace(s) : 2 (30 et 40 m2)

La VERRIÈRE

✆ **01 42 46 22 00** • fax 01 42 46 13 03
la.verriere@accentus.fr • **www.studiolaverriere.com**
51 rue de Chabrol • 75010 **PARIS**
Laëtitia AUPHAN (Gérante) • Flora HADDAG
Espace(s) : 2 (25 et 100 m2)

LANGUEDOC-ROUSSILLON

La CASA MUSICALE

✆ **04 68 62 17 22** • fax 04 68 62 18 22
contact@casamusicale.net • **www.casamusicale.net**
Arsenal • 1 rue Jean Vielledent • 66000 **PERPIGNAN**
Hervé PARENT (Responsable activités) • NASTY (Responsable hip-hop)
Espace(s) : 5

PALOMA

✆ **04 11 94 00 10**
info@paloma-nimes.fr • **www.paloma-nimes.fr**
250 ch. de l'Aérodrome • 30000 **NIMES**
Clotilde BERNIER (Responsable de l'accompagnement) • Julien FRANCIOLI (Régisseur studio) • Denis LAVIE (Régisseur studio)
Espace(s) : 7 (de 20 à 70 m2)

VICTOIRE 2

✆ **04 67 20 13 62**
studios@victoire2.com • **www.victoire2.com**
Domaine du Mas de Grille • 34430 **ST JEAN DE VEDAS**
Christophe BAUMES (Responsable) • Fred MUFFET (Responsable)
Espace(s) : 6 (15 m2, 40 m2 avec cabine attenante 15 m2, 2 x 30 m2 et 2 x 25 m2)

LORRAINE

L'AUTRE CANAL

✆ **03 83 38 44 92** • fax 03 83 38 44 99
studio@lautrecanalnancy.fr • **www.lautrecanalnancy.fr**
45 bd d'Austrasie • 54000 **NANCY**
Thierry BENTZ (Studios de répétition)
Espace(s) : 3 (35 m2), 1 (60 m2)

MIDI-PYRÉNÉES

CESAME

✆ **05 62 30 07 62**
cesameadmin@free.fr • **www.studiocesame.com**
88 bis bd de la Marquette • 31000 **TOULOUSE**
Eric ARMANET (Responsable)
Espace(s) : 6 (18 à 90 m2)

Le PHARE

✆ **05 34 30 17 48 / 05 61 06 35 07** • fax 05 34 25 71 70
studiosphare@mairie-tournefeuille.fr • **www.premiere-pression.com**
c/o Premiere Pression • 32 route de Tarbes • 31170 **TOURNEFEUILLE**
Sébastien DENYS (Responsable studios)
Espace(s) : 3 (36, 40 & 46 m2)

STUDIOS EXPÉRIENCES

✆ **05 62 72 54 17**
contact@studio-experiences.com • **www.studio-experiences.com**
145 av. des États-Unis • Accès ch. du Boulodrome • 31200 **TOULOUSE**
Olivier PERIES (Gérant)
Espace(s) : 6 (de 18 à 37 m2)

VARIOUS ARTISTS STUDIOS

✆ **05 34 43 39 16**
various.artists@hotmail.fr
4 rue Clément Ader • 31140 **AUCAMVILLE**
Charles PILOT (Gérant) • Enzo GELATO
Espace(s) : 9 studios de 25 à 65 m2, un espace concert/exposition

NORD - PAS-DE-CALAIS

CMA

✆ **03 59 95 70 56** • fax 03 59 95 70 57
infos@cma-valenciennes.fr • **www.cma-valenciennes.fr**
65 Av. Désandrouin • 59300 **VALENCIENNES**
Arnaud ADAM (Directeur)
Campus des musiques actuelles • **Espace(s)** : 12 (16 à 70 m2)

PAYS DE LA LOIRE

La CERCLERE

✆ **02 41 34 93 87**
cerclere@lechabada.com • **www.lechabada.com**
c/o Adrama • Ch. Cerclère - Route de Briollay • 49100 **ANGERS**
Yann RADZIKOWSKI (Chargé de mission) • Jerôme SIMONNEAU (Chargé de mission)
Espace(s) : 10 (de 18 à 35 m2)

FUZZ'YON

✆ **02 51 06 97 70** • fax 02 51 24 09 55
studio@fuzzyon.com • **www.fuzzyon.com**
18 rue Sadi Carnot • BP 183 • 85005 **LA ROCHE SUR YON CEDEX**
Brice TERRIE (Responsable) • Pascal TREMBLAY (Responsable)
Espace(s) : 4 x 30 m2, 3 studios équipés/1 studio non équipé

Le SILO

✆ **02 43 72 96 86**
assolesilo@wanadoo.fr • **www.myspace.com/lesilo**
Zone industrielle sud • 27 rue François Monnier • 72000 **LE MANS**
Julien MARTINEAU (Régisseur studio)
Espace(s) : 10 (35 à 40 m2)

Les STUDIOS DE RÉPÉTITIONS DU VIP

✆ **02 40 22 66 90**
studiorepevip@club.fr • **www.les-escales.com**
Les Escales • 24 rue d'Anjou • BP 161 • 44613 **ST NAZAIRE CEDEX**
Jean-Marie MIAULT (Responsable)
Espace(s) : 3 (2 x 31 m2, 45 m2)

TREMPOLINO

✆ **02 40 46 66 33** • fax 02 40 46 67 57
studios@trempo.com • **www.trempo.com**
La Fabrique, laboratoire(s) artistique(s) • 6 Bd Léon Bureau
44200 **NANTES**
Sébastien VARRIERAS (Responsable)
Espace(s) : 16 (6 studios « hebdo » / 3 studios « resident » / 3 studios « collectif artistique » / 1 studio « pré-prod » / 1 studio d'enregistrement + régie / 4 studios de formation)

PICARDIE

ASCA - OUVRE BOÎTE

✆ **03 44 10 30 80** • fax 03 44 10 30 88
ouvreboite@asca-asso.com • **www.asca-asso.com**
8 av. de Bourgogne • 60000 **BEAUVAIS**
Farid OUSSOUAS (Accueil)
Espace(s) : 3 (16 et 2 x 25 m2)

Les CAVES À MUSIQUE (TERGNIER)
✆ **03 23 57 40 24**
cavesamusique@orange.fr • **www.cavesamusique.fr**
6 pl. Carnegie-Fargniers • BP 32 • 02700 **TERGNIER**
Nadine BECRET (Responsable)
Espace(s) : 1 (20 m2)

CITÉ CARTER
✆ **03 22 52 00 97** • fax 03 22 52 00 97
citecarter@hotmail.com • **www.citecarter.com**
Rue Georges Guynemer • BP 40 084 • 80083 **AMIENS CEDEX 2**
Georges SANTOS (Responsable)
Espace(s) : 4 (12 m2 et 3 x 60 m2 dont 1 studio MAO)

MÉLODIE EN SOUS-SOL
✆ **03 22 43 85 22**
melodieensoussol@wanadoo.fr
44 rue Léo Lagrange • 80080 **AMIENS**
Najib MOKKADEM (Directeur)
Espace(s) : 4 (70, 25 et 2 x 10 m2)

POITOU-CHARENTES

Le CAMJI
✆ **05 49 17 50 45** • fax 05 49 17 50 50
studios@camji.com • **www.camji.com**
Espace Michelet • 3 rue de l'Ancien Musée • 79000 **NIORT**
Julie RUSSEIL (Responsable)
Espace(s) : 2 (35 et 45 m2)

Le CONFORT MODERNE / L'OREILLE EST HARDIE
✆ **05 49 46 08 08** • fax 05 49 61 30 34
pierre@confort-moderne.fr • **www.confort-moderne.fr**
185 Fbg du Pont-Neuf • 86000 **POITIERS**
Pierre ALBERICI (Responsable répétition et accompagnement)
Espace(s) : 6

La SIRÈNE
✆ **05 46 56 46 62** • fax 05 46 42 31 34
studio@la-sirene.fr • **www.la-sirene.fr**
c/o XLR • 111 bd Emile Delmas • BP 72095 • 17010 **LA ROCHELLE CEDEX**
Benoît ZUBRYSKI (Coordinateur) • Thibaud CARTER (Régisseur) • Dimitri CHAILLOU (Régisseur) • Steve PERREUX (Régisseur)
Espace(s) : 5 (26 à 46 m2)

STUDIOS DE VIRECOURT
✆ **05 49 54 21 00**
contact@studiosdevirecourt.com • **www.studiosdevirecourt.com**
Domaine de Virecourt • 86470 **BENASSAY**
Marc-Antoine LAMOUCHE (Contact)
Espace(s) : 1 x 200 m2, scène (70 m2), 1 studio d'enregistrement (30 m2 + cabine de 20 m2)

PROVENCE - ALPES - CÔTE D'AZUR

Les Studios A54
✆ **06 86 76 08 23**
sossasson@wanadoo.fr • **www.studioa54.fr**
Mas de Poscros • Route de Salon • 13310 **ST MARTIN DE CRAU**
Jean-Pierre SALAFIA (Responsable général / Trésorier)
Espace(s) : 20, 77, 120 m2

AMI
✆ **04 95 04 95 50** • fax 04 95 04 95 55
contact@amicentre.biz • **www.amicentre.biz**
c/o Friche La Belle de Mai • 41 rue Jobin • 13003 **MARSEILLE**
Nathalie PAPPALARDO (Responsable production) • Julien VALNET (Communication médiation)
Centre national de développement pour les musiques actuelles • **Espace(s)** : 6 dont 5 x 50 m2 + 1 show case (210 pl.)

ESPACE BABYLONE
✆ **04 92 21 25 76 / 04 92 21 09 32** • fax 04 92 21 01 66
mjc.babylone@wanadoo.fr • **www.mjc-brianconnais.fr**
MJC du Briançonnais • 35 rue Pasteur • 05100 **BRIANCON**
Tatiana FRICOT (Chargée du développement)
Espace(s) : 1 (120 m2, avec scène)

MJC PRÉVERT
✆ **04 42 93 00 85** • fax 04 42 93 07 96
ema.mjcprevert@yahoo.fr • **www.mjc-aixenprovence.fr**
Espace des musiques actuelles • 24 bd de la République
13100 **AIX EN PROVENCE**
Fabien PLAETTNER (Responsable) • Sandrine GIRIER (Responsable) • Bertille VENASSON (Animatrice)
Espace(s) : 3 (2 x 25 et 96 m2)

Le PORTAIL COUCOU
✆ **06 63 40 59 76**
action.music.salon@free.fr • **www.portail-coucou.com**
Place Porte Coucou • 160 bd Lamartine • 13300 **SALON DE PROVENCE**
Nabil CHERIET (Responsable)
Espace(s) : 4 (2 x 40 m2, 8 et 12 m2 + salle de spectacle)

RHÔNE-ALPES

Les ABATTOIRS
✆ **04 74 19 14 20** • fax 04 74 19 08 30
studio@lesabattoirs.fr • **www.lesabattoirs.fr**
18 route de l'Isle d'Abeau • 38300 **BOURGOIN JALLIEU**
Fabien SALZI (Responsable studio)
Espace(s) : 2 (30 et 40 m2)

Le BRISE GLACE
✆ **04 50 33 65 94** • fax 04 50 33 65 11
info@le-brise-glace.com • **www.le-brise-glace.com**
54 bis rue des Marquisats • 74000 **ANNECY**
Stéphane OLER (Régisseur principal des studios)
Espace(s) : 7 (12 à 95 m2)

CFPM
✆ **09 72 23 36 72** • fax 09 56 79 05 19
contact@cfpmfrance.com • **www.cfpmfrance.com**
425 cours Emile Zola • 69100 **VILLEURBANNE**
Emilie CAMOREYT (Responsable de l'administration)
Centre de formation professionnelle de la musique • **Espace(s)** : 10

La CHAUFFERIE - RÉGIE 2C
✆ **04 76 46 48 44**
lachaufferie@regie2c.com • **www.regie2c.fr**
6 chemin de Gordes • 38100 **GRENOBLE**
Tayeb ESSOUSSI (Régisseur) • Frédéric DIJOUX (Régisseur) • Laurie LUNEAU (Chargée d'actions culturelles) • Jean-Sébastien DESSAINT (Régisseur) • Paul SIAUD (Régisseur)
Espace(s) : 5 (dont 1 studio MAO) (21 m2 à 30 m2)

Le CULBUTO
✆ **06 99 89 63 38 / 06 67 70 10 20**
contacts@culbuto.fr • **culbuto.fr**
15 rue Louis Adam • 69100 **VILLEURBANNE**
Stéphane WATREMEZ
Espace(s) : Plateau de résidence de 120 m2, 7 boxes

Le FIL
✆ **04 77 34 46 49**
studios@le-fil.com • **www.le-fil.com**
Gregory ALIOT (Responsable)
Espace(s) : 3 (20, 30 & 70 m2)

Le LABORATOIRE
✆ **06 70 06 56 79** • fax 04 74 31 78 59
laboratoire@locomysic.com • **www.locomysic.com**
4 rue Joseph Martin • 38200 **VIENNE**
Alain COSTE (Régisseur)
Espace(s) : 3 (33, 41 et 42 m2)

La SOURCE
✆ **04 76 28 76 86**
lasource@ville-fontaine.fr • **www.lasource-fontaine.eu**
38 av. Lénine • 38600 **FONTAINE**
Hamed BENSEDIKK (Régisseur)
Espace(s) : 2

La TANNERIE
✆ **04 74 21 04 55** • fax 04 74 21 97 86
repetitions@la-tannerie.com • **www.la-tannerie.com**
123 pl. de la Vinaigrerie • 01000 **BOURG EN BRESSE**
Julien GALLIOT (Médiateur culturel) • Maxime BOISSE (Permanent répétitions)
Espace(s) : 4 (19 à 30 m2)

RICARD S.A LIVE MUSIC
Depuis plus de 20 ans, le Ricard S.A Live Music, c'est une tournée incontournable de concerts, un soutien inconditionnel au fair et à l'émergence des jeunes talents. Rendez-vous dès maintenant sur notre site www.ricardsa-livemusic.com
BOOSTEZ VOTRE CARRIERE
GAGNEZ VOTRE LIVE SUR LES PLUS BELLES SCENES
FAITES DECOUVRIR VOTRE MUSIQUE
RENCONTREZ D'AUTRES MUSICIENS
TENEZ VOUS AU COURANT DES DERNIERES ACTUS
GAGNEZ DES PLACES VIP
GAGNEZ DES INSTRUMENTS YAMAHA
INSCRIVEZ-VOUS AUX JAM SESSIONS
DECOUVREZ ECOUTEZ SOUTENEZ
WWW.RICARDSA-LIVEMUSIC.COM

CONCEPTION, FABRICATION, IMPRESSION

DØT TECHNOLOGIE

✆ **01 48 67 06 22** • fax 01 48 65 49 59
info@dottech.com • **www.dottech.com**
Centre d'affaires Paris-Nord • Le Continental • BP 352
93153 **LE BLANC-MESNIL CEDEX**

Jean BOTCAZO (Directeur du marketing)

Prestations proposées : Systèmes informatiques de billetterie, billets sécurisés, billetterie de stock, imprimantes thermiques & RFID • **Rayonnement** : National et international • **Références** : Carnaval de Nice, festival d'Avignon, de Montjoux, Jardin d'Acclimatation, théâtre RuteBeuf, théâtre Alexandre Dumas, Festival Mythos, Office de tourisme d'Arras, etc.

HERMIEU H.I.S.

✆ **01 41 79 44 33** • fax 01 41 79 44 34
hermieu@wanadoo.fr • **www.hermieu.com**
62 Quai des Carrières • 94220 **CHARENTON LE PONT**

Pascal HERMIEU (Gérant) • Jacques HERMIEU (Responsable produits)

Hermieu Impressions et Services • **Prestations proposées** : Impression, gestion des stocks de billetterie standard ou personnalisée • **Rayonnement** : National • **Références** : 400 salles de spectacles, 45 millions de billets édités

MAPLACE

✆ **05 57 25 64 79** • fax 05 57 25 03 63
info@maplace.fr • **www.maplace.fr**
10 pl. du Mal de Lattre de Tassigny • 33500 **LIBOURNE**

Santiago FERNANDEZ (Gérant) • Eric BERNARD (Commercial) • Mélissa LOUMEAU (Assistante de direction)

Prestations proposées : Vente en ligne, contrôle d'accès, print @ home, mise en place logiciel de billetterie (SimpleCLIC) et matériel, formation, assistance, périphériques • **Rayonnement** : Europe • **Références** : CE Airbus, festival de Confolens, Amadeus Song, festival Musicalarue, Bataille de Castillon, Cirque Arlette Gruss, établissement Calicéo, Conseils régionaux, généraux, centres culturels, etc.

OSCAR PRODUCTIONS

✆ **02 40 89 12 00** • fax 02 40 89 37 02
bal@oscar.tm.fr • **www.oscar.tm.fr**
9 rue des Olivettes • BP 41306 • 44013 **NANTES CEDEX 1**

Jeff PIFETEAU (Commercial) • Jérôme JEAN (Commercial) • Julie FAILLER (Communication et partenariats)

Prestations proposées : Impression de billetterie sécurisée et réglementaire, délais rapides, systèmes infalsifiables (hologrammes, encre fluo, codes-barres, QR Codes, gestion placée...) / Billetterie dématérialisée : mise en ligne assurée par Oscar / Accessoires de gestion d'accès pour tout type d'événement : bracelets d'identification (PVC, tissu, Tyvek®), tickets/jetons bar et vestiaire, badges tissu autocollants, cartes PVC et bristol, lacets porte-carte et porte-gobelet, etc. • **Rayonnement** : International • **Références** : Festivals, événements sportifs, salles de concerts, producteurs, tourneurs, associations, collectivités locales, etc.

RAPID-PUB

✆ **09 81 85 13 45** • fax 09 81 86 13 45
contact@rapid-pub.com • **www.rapid-pub.com**
471 rue de Quesnoy • 59118 **WAMBRECHIES**

Prestations proposées : Impression de billetterie, places de concert, tickets d'entrée, flyers, affiches, duplicatas, triplicatas, cartes de visites, stickers • **Rayonnement** : France métropolitaine, DOM-TOM, Benelux, Europe

STROBBE

✆ **+32 51 33 32 44**
tickets@strobbe.be • **www.strobbeticket.com**
Kasteelstraat 1 • 8870 **IZEGEM (BELGIQUE)**

Debby DECRU (Ticket Manager) • Marianne DESIMPEL (Ticket Manager)

Prestations proposées : Impression de ticket sécurité (bande fluorescente, hologramme) et personnalisé ; fourniture de billets thermiques • **Rayonnement** : Belgique

LOGICIELS DE BILLETTERIE

APARTÉ

✆ **01 55 69 16 30 / 01 55 69 16 20** • fax 09 79 94 75 63
team@kyro-concept.com • **www.kyro-concept.net**
c/o Kyro Concept • 87 av. François Arago • 92000 **NANTERRE**

Type de logiciel : Gestion de billetterie et des publics • **Contenu** : Gestion des plans de salles, vente en ligne, e-billets, statistiques dont Google Analytics, compatible Microsoft Office, Sarbacane, etc. • **Éditeur** : Kyro Concept

DSP EVENT

✆ **01 46 94 89 90** • fax 01 46 21 90 50
contact@dspmail.fr • **www.dspweb.fr**
63 bis rue de Sèvres • 92100 **BOULOGNE BILLANCOURT**

James DUMET (Développement commercial)

Type de logiciel : Solutions de billetterie en ligne et gestion des publics • **Contenu** : Gestion de la billetterie physique et e-tickets, gestion des publics, communication e-mail, interface de vente en ligne en 3D • **Éditeur** : DSP

E-EVENEMENT

✆ **06 75 79 28 48 / 02 30 96 06 49**
contact@libre-informatique.fr • **www.libre-informatique.fr**
c/o Libre Informatique • 6 bis route de Brest • 29000 **QUIMPER**

Baptiste SIMON (Directeur)

Type de logiciel : Gestion de billetterie, des événements et des publics • **Contenu** : Bases de données de contacts (publics et professionnels), e-mailings, impression d'étiquettes, des événements (exploitation, exports, gestion des espaces) rattachée au service billetterie : bon de commande, réservations/annulations, vente en partenariats, comptabilité, livres de ventes/caisse, statistiques (tableurs/graphiques), vente en ligne, billetterie dématérialisée, gestion des codes-barre et RFID, gestion des groupes, possibilité de modules complémentaires • **Éditeur** : Libre informatique

GLOBALPOS

✆ **04 99 52 25 28** • fax 04 99 52 25 29
asl@globalpos.fr • **www.globalpos.fr**
Parc de Bellegarde • 1 ch. de Borie • 34170 **CASTELNAU LE LEZ**

Anne-Sophie LITZLER (Commerciale) • Stéphane DJIANE (Commercial)

Type de logiciel : Gestion de billetterie et des publics • **Contenu** : Encaissement et impression de billets d'entrées numérotés, souche gérée informatiquement, gestion multi tarifs, de la jauge, possibilité de réservation sur internet avec gestion des billets au format électronique, gestion de plan de salle avec jauge, borne de commande connectable • **Éditeur** : Globalsoft

INANNA - GUICHETNET

✆ **05 57 25 73 96** • fax 09 57 97 61 76
commercial@enkiea-solutions.net • **www.guichetnet.fr**
c/o Enkiea-Solutions • 43 ch. de Terrefort • 33133 **GALGON**

Angel FERNANDEZ (Attaché commercial) • Francisco FERNANDEZ (Responsable du développement) • Jocelin EYQUEM (Maintenance)

Type de logiciel : Progiciel de gestion de billetterie/boutique et des publics accompagné de la passerelle de vente en ligne GuichetNet • **Contenu** : Vente de places d'événements, gestion d'une boutique, réintégration des clients et commandes internet, personnalisation de l'interface de vente en ligne, plans de salles, paiement en ligne sécurisé (PayBox, Athos, CMCIC, etc.), édition de billets dématérialisés ou envoi de billet • **Éditeur** : EnkiEa Solutions

L@ BILLETTERIE SPECTACLE

✆ **01 30 58 18 00** • fax 01 34 60 13 45
info@ressources-si.fr • **www.ressources-si.fr**
c/o Ressources SI • Le Campus • 6 rue JP Timbaud
78182 **ST QUENTIN EN YVELINES CEDEX**

Pete DUNSMOIR (Responsable commercial) • Patrick BRUILLOT (Directeur du Pôle Suivi Client)

Type de logiciel : Gestion de billetterie et de relations publiques • **Contenu** : Configuration de salles, ventes, réservations, options, tous les formats de billets, les cartes d'abonnement (fermés, libres et semi-libres) et d'adhésion, gestion des contingents, servitudes et interdits, e-billet et contrôle d'accès en salle • **Éditeur** : Ressources SI

MOXITY

✆ **01 75 77 87 24**
contact@moxity.com • **www.moxity.pro**
27 rue du chemin vert • 75011 **PARIS**
Sébastien ARNOULT (Directeur général)
Type de logiciel : Solution de billetterie en ligne • **Contenu** : Création gratuite de billetterie, vente des tickets sur son propre site ou sur sa page Facebook, logiciel iPad couplé à des imprimantes thermiques, lecteurs de code barres tout billets • **Éditeur** : Moxity

ONVAOU

✆ **09 81 43 21 78 / 09 81 42 21 78** • fax 09 81 40 42 21
contact@onvaou.com • **www.onvaou.com**
c/o R.P.E • 16 av. de St Antoine • BP 70 • 13015 **MARSEILLE**
José MORETO (Directeur général)
Type de logiciel : Billetterie en ligne et gestion des publics • **Contenu** : Réservation en ligne, édition des billets cartonnés sur place, suivie des ventes, comptabilité, statistiques, plan de salle, e-mailing, contrôle d'accès, matériel de billetterie • **Éditeur** : R.P.E

PLACE MINUTE

✆ **01 77 17 90 57**
contact@placeminute.com • **www.placeminute.com**
8 rue Lemercier • 75017 **PARIS**
Guillaume GONDOIN (Directeur de la publication)
Type de logiciel : Solution web de gestion de billetterie, agenda d'événements • **Contenu** : Exportable en Iframe ou bouton HTML, avec mini-sites personnalisables et/ou agenda, virement de la recette sous 48h, propose des sous-billetteries associées, contrôle par smartphone ou douchette sur papier ou smartphone, création de billetterie physique possible • **Éditeur** : Soonweb

RODRIGUE

✆ **01 39 95 02 32** • fax 01 39 95 15 09
commercial@rodrigue.fr • **www.rodrigue-solutions.com**
c/o Rodrigue SA • 2 rue des Tartres • 95110 **SANNOIS**
Alain VERGNON (PDG / Directeur commercial) • Hélène GOMES (Directrice générale déléguée) • Eric TALLON (Directeur de l'innovation) • Dominique COURTOISIER (Directeur technique) • Thi-Suzanne NGUYEN (DAF)
Type de logiciel : Gestion de billetterie et des publics dans le milieu du spectacle, loisirs et sports • **Contenu** : Billetterie, internet, bornes, CRM, contrôle d'accès

SATORI 3È ACTE

✆ **01 77 62 32 10** • fax 02 51 83 59 21
infos@satori.fr • **www.satori.fr**
40 quai Emile Paraf • BP 21 • 44220 **COUERON**
Jérôme VERMOREL (Directeur général)
Type de logiciel : Gestion de billetterie et des publics • **Contenu** : Plans de salle assistés, grilles tarifaires, abonnements/adhésions (requêtes, étiquettes, mailing, e-mailing, comptes clients, newsletter, historiques, etc.), module intégré de vente exportée, passerelle Fnac, billetterie en ligne • **Éditeur** : Satori Billetterie

SECUTIX 360°

✆ **01 72 71 25 91** • fax 01 72 71 25 99
info@secutix.com • **www.secutix.com**
SecuTix SA • 15 rue Taitbout • 75009 **PARIS**
Christian BINELLI (Directeur des opérations)
Type de logiciel : Solution intégrée de billetterie, CRM et Infocentre, modulaire, multi-filière et multi institutions offerte en service web • **Contenu** : Élargir l'offre et l'audiences, industrialiser la personnalisation des offres, accroître l'efficacité opérationnelle • **Éditeur** : SecuTix

SIMPLECLIC

✆ **05 57 25 64 79** • fax 05 57 25 03 63
info@maplace.fr • **www.maplace.fr**
c/o MaPlace • 10 pl. du Mal de Lattre de Tassigny • 33500 **LIBOURNE**
Santiago FERNANDEZ (Gérant) • Eric BERNARD (Commercial) • Mélissa LOUMEAU (Assistante de direction)
Type de logiciel : Gestion de billetterie et des publics • **Contenu** : Gestion des espaces, publics, comptabilité, statistiques, CRM, boutique, parking, partenariats entre clients de MaPlace, 2 interfaces (souris, tactile), interface Fnac, vente en ligne • **Éditeur** : MaPlace

SIRIUS

✆ **01 39 73 33 00** • fax 01 39 73 76 36
alcion@forumsirius.fr • **www.alcion.net**
c/o Alcion • 1 av. Carnot • 78100 **ST GERMAIN EN LAYE**
Henri TRUPHEME (Gérant)
Type de logiciel : Gestion de billetterie et des publics • **Contenu** : Gestion calendrier, bon de commande, « trousse d'utilisation », plan de salle, fichier clients, journal des ventes, e-mailing, vente et abonnements en ligne, billetterie dématérialisée et contrôle d'accès • **Éditeur** : Alcion

TICKBOSS

✆ **04 84 25 35 69** • fax 04 90 86 80 68
info@ticboss.com • **www.ticboss.com**
c/o Arttick • 16 rue du Puits de la Tarasque • 84000 **AVIGNON**
Danièle VANTAGGIOLI (Gérante)
Type de logiciel : Billetterie informatisée • **Contenu** : Edition de billets, états des ventes, statistiques, gestion des réservations, fichier spectateurs, etc. • **Éditeur** : ARTTICK

TICKETLIB

✆ **07 61 64 00 11 / 07 61 65 00 11**
etienne@ticketlib.com • **www.ticketlib.com**
Moneylib SARL • 54 av. d'italie • 75013 **PARIS**
Francois ETIENNE (Co-fondateur) • Jérémie FREUND (Commercial)
Type de logiciel : Solution en ligne de gestion de billetterie et des publics • **Contenu** : Création de billetterie, vente en ligne, exports de la billetterie sur site web, impression e-ticket contrôlable avec smartphone, statistiques & graphiques, sondages, import des contacts, e-mailing • **Éditeur** : Moneylib SARL

WEEZEVENT

✆ **01 84 16 55 67**
contact@weezevent.com • **www.weezevent.com**
110 rue des Poissonniers • 48 voie Cl 18 • 75899 **PARIS CEDEX 18**
Pierre-Henri DEBALLON (Directeur de la publication) • Sébastien TONGLET (Directeur commercial)
Type de logiciel : Solution web de gestion de billetterie • **Contenu** : Création de billetterie en ligne pour vente sur un site Internet, une page Facebook et/ou un mini-site Weezevent, édition de billets à vendre sur place ou via un guichet, contrôle d'accès multi-opérateur (FranceBillet, Digitick, Ticketnet) pour la vente en réseaux • **Éditeur** : Weezevent SAS

VENTE DE BILLETS, RÉSERVATIONS EN LIGNE, BILLETTERIE DÉMATÉRIALISÉE

1ER RANG

✆ **02 31 50 37 21** • fax 02 31 23 28 16
billetterie@premier-rang.com • **www.premier-rang.com**
BP 198 • 14011 **CAEN CEDEX**
Magali ROSSIGNOL-COLLING (Gérante) • Stéphanie LECLER (Chargée de production)
Prestations proposées : Billetterie • **Rayonnement** : National • **Références** : Orléans Jazz, Papillons de Nuit, Festival de Beauregard, etc.

À VOS BILLETS

✆ **01 48 24 13 16** • fax 01 40 22 03 93
contact@avosbillets.com • **www.avosbillets.com**
33 rue d'Hauteville • 75010 **PARIS**
Etienne BREARD (Directeur) • Apolline BORDELOT (Responsable billetterie)
Prestations proposées : Vente de billets en ligne, vente aux collectivités, commercialisation spectacles et tournées, conseil, organisation logistique billetterie pour festivals, salons, etc. • **Rayonnement** : Europe • **Références** : Metallica, Portishead, Sigur Ros, Bjork, Slava, Festival Sonisphère, Francos Gourmandes, Tokyo Crazy Kawaii, etc.

BILLETNET

✆ **09 52 52 19 92**
infos@billetnet.fr • **www.billetnet.fr**
41 rue de Maubeuge • 75009 **PARIS**
Dominique TONELLI (Responsable de la publication) • Jack LEINAD (Responsable de la communication / presse) • Bernard LISON (Service envoi) • Gaëlle MARTIN (Service world Billetnet)
L'officiel du spectacle et des loisirs sur Internet • **Prestations proposées** : Offres commerciales (billetterie spectacles, loisirs, soirées, spectacles enfants, concerts, festivals, sports, etc.) aux tarifs promotionnels, réductions en pré-réservations (réservations avec paiement sur place le j. de l'événement), ventes directes • **Rayonnement** : France, Europe, Canada, Suisse

BILLETREDUC.COM

✆ **08 92 43 00 05** • fax 01 80 83 50 21
service@billetreduc.com • **www.billetreduc.com**
100 rue la Fayette • 75010 **PARIS**
Fabienne RÉTIF (Directrice)
Prestations proposées : Tarifs préférentiels, large choix de spectacles Paris & régions : théâtres, one man shows, concerts, ballets, événements sportifs, etc. • **Rayonnement** : National • **Références** : 900 salles de spectacles

BROWN PAPER TICKETS

✆ **08 00 91 48 38 / +1 800 838 3006**
support@brownpapertickets.com • **www.brownpapertickets.com**
220 Nickerson Street • 98109 **SEATTLE WA (USA)**

Caroline PLANQUE (Développement communautaire francophone) • Erika HARDER (Service client)

Prestations proposées : Services de billetterie événementielle en libre-service en ligne et par téléphone 24h/24, 7j/7 en français, anglais et espagnol ; gratuits pour les organisateurs d'événements : référencement d'événements, intégration aux medias sociaux, promotion événementielle, plans de salle, pages événementielles personnalisées et vente de billets (physiques, sur mobile, impression à domicile, retrait au guichet) • **Rayonnement** : Mondial • **Références** : All Tommorrow' s Parties, 100 000 événements en 2011

C'KEL PROD ?

✆ **04 77 20 04 86** • fax 04 77 20 04 87
billetterie@ckelprod.com • **ckelprod.com**
Passage Jean-Baptiste Galley • 42100 **ST ETIENNE**

Simon JAVELLE • Marie ZAMBARDI

Prestations proposées : Dépôt billetterie pour spectacles Zénith, le Fil, salle Jeanne d'Arc, etc. à St Etienne • **Rayonnement** : Régional • **Références** : M. Pokora, Bruel, Bénabar, Muriel Robin, Sexion D'Assaut, Eric Antoine, Johnny Hallyday, etc.

CITY LIVE

✆ **08 91 67 00 17** • fax 02 31 73 14 70
citylivecaen@wanadoo.fr • **www.citylive.fr**
18 longue vue des Architectes • 14111 **LOUVIGNY**

Patrice GODFROY (Gérant)

Prestations proposées : Vente de billets • **Rayonnement** : Paris et Normandie • **Références** : Zénith de Caen, Zénith Rouen, Antares Le Mans, Docks Océane Le Havre

DIGITICK

✆ **08 92 70 08 40 / 04 91 05 15 57** • fax 04 91 68 79 85
info@digitick.com • **www.digitick.com**
Le Silo • 35 quai du Lazaret • 13002 **MARSEILLE**

Simon GILLHAM (Président) • Christian CÉRÉ-ANNICHINI (Directeur général) • Quentin SCHAEPELYNCK (Directeur général délégué) • Jérôme VERMOREL (Directeur B2B / Plateformes) • Romain MUCELLI (Directeur commercial) • Nicolas ZEITOUN (Responsable commercial et marketing)

Prestations proposées : Réseau de billetterie dématérialisée, solutions de billetterie sur place, commercialisation de spectacles • **Rayonnement** : France (Outre-mer inclus), Europe • **Références** : Francofolies de La Rochelle, Jazz à St-Germain-des-Prés, Vieilles Charrues, Furia Sound Festival, Télérama Dub Festival, Scopitone, Rock En Seine, Hellfest, Mainsquare festival, Centre Pompidou, RMN, Compagnies des Alpes, Olympique de Marseille, S.E.T.E (Société d'Exploitation de la Tour Eiffel)

EUTERPE PROMOTIONS / BOX OFFICE

✆ **05 56 48 26 26** • fax 05 56 52 88 64
boxbordeaux@boxoffice.fr • **www.boxoffice.fr**
24 Galerie Bordelaise • 33000 **BORDEAUX**

Michel GOUDARD (Directeur / Promoteur local) • Nathalie BARRIERE (Attachée de presse)

Prestations proposées : Billetterie, point de vente, accueil, gestion • **Rayonnement** : Grand Sud-Ouest : Limoges jusqu'à Pau • **Références** : Bernard Lavilliers, Zazie, Johnny Hallyday, Chistophe Maé, Les Amants de la Bastille, Macklemore, etc.

FRANCE BILLET

✆ **01 55 21 58 73** • fax 01 55 21 59 73
www.fnac.com
Le Flavia • 9 rue des Bâteaux Lavoirs • 94768 **IVRY CEDEX**

Elodie PERTHUISOT (Directrice) • Karine MOLTER (Région Rhône-Alpes) • Sylvie CARAFA (Région Est) • Brigitte MARCAINI (Région Sud-Est) • Dorothée LEBON (Région Ouest) • Laetitia FAUCHER (Région Sud Ouest) • Sophie MARTINS FIDALGO (Billetterie)

Prestations proposées : Distribution de billetterie en France, Suisse et Belgique (réseau de 350 points de vente physiques, téléphone et internet), prestations de gestion complète de la billetterie • **Rayonnement** : France et Europe • **Références** : 48 000 événements

MESBILLETS.COM

✆ **09 54 54 96 69** • fax 01 53 01 07 53
support@mesbillets.com • **www.mesbillets.com**
1 Domaine St-Charles • 60590 **ERAGNY SUR EPTE**

Michel TONNELLI (Directeur de la publication) • Eddy VALORI (Relations annonceurs pro) • Julia BERNIER (Communication) • Ingrid HARDOUIN (Rédaction et partenariat)

Prestations proposées : Réservations de spectacles, concerts et loisirs en ligne • **Rayonnement** : France et Belgique, Suisse, Luxembourg

MYTICKET

✆ **01 58 05 35 25** • fax 01 40 55 09 55
contact@myticket.fr • **www.myticket.fr**
29 rue de Lisbonne • 75008 **PARIS**

Dinh-Thien NGO (Président) • Hermine PELISSIE DU RAUSAS (Déléguée au développement) • Géraldine GOMIS (Chargée de billetterie) • Olivier POUPET (Chargée et relation publiques)

Prestations proposées : Vente de billetterie en ligne : e-tickets et billets, gestion de billetterie pour les producteurs d'événements • **Rayonnement** : National

TICKET ONLINE

✆ **01 53 32 32 23** • fax 09 56 32 33 23
contact@ticketonline.fr • **www.ticketonline.fr**
c/o Top Ticket France • 23 rue de Mogador • 75009 **PARIS**

Bernard DENYS (Directeur délégué général)

Prestations proposées : Distribution et commercialisation de billetterie • **Rayonnement** : Producteurs, distributeurs, salles, Europe • **Références** : Jazz à Juan, Stage Entertainement (Le Roi Lion Zorro Mamma Mia Cabaret), Mediatone, Image Publique, Nuits d'Artistes, Holiday-on-Ice, PMI, Conseil Général 92 et 26, Théâtre Annonay, Cluses, etc.

TICKETAC.COM

contact@ticketac.com • **www.ticketac.com**
336 rue St Honoré • 75001 **PARIS**

Marc AMBRUS (Directeur de la publication / Fondateur) • Eric LAMY (Fondateur)

Prestations proposées : Vente de bietterie dématérialisée • **Rayonnement** : Paris, Lyon, Marseille, Lille, Avignon, Mulhouse, Toulon, Nice, Clermont-Ferrand, Chalon sur Saone, Besançon, Dijon, Nancy, Metz, Brives, Bayonne

TICKETNET

✆ **01 49 97 52 00** • fax 01 49 97 52 01
contact@ticketnet.fr • **www.ticketnet.com**
Challenge 92 • 101 av. François Arago • 92017 **NANTERRE CEDEX**

François THOMINET (Président)

Prestations proposées : Spécialisé dans l'équipement de logiciels de billetterie pour les salles, la commercialisation de billetterie d'événements, de salles de spectacles et la vente de billets par internet, plateau téléphonique, points de ventes physiques • **Rayonnement** : National et étranger • **Références** : Virgin Megastore, Auchan, Leclerc, Galeries Lafayette, Cultura, Cora, etc.

TICKETSUD

✆ **04 67 92 17 34** • fax 04 67 58 53 37
contact@ticketsud.com • **www.ticketsud.com**
1 rue Baudin • 34000 **MONTPELLIER**

Robert FRANCES (Directeur)

VANTAGE EVENT

✆ **01 58 05 35 25**
billetterie@vantage-event.com • **www.vantage-event.com**
29 rue de Lisbonne • 75008 **PARIS**

Dinh-Thien NGO (Président) • Hermine PELISSIE DU RAUSAS (Déléguée au développement) • Anne VALADIER (Responsable billetterie)

Service billetterie • **Prestations proposées** : Gestion de billetterie pour les producteurs d'événements, définition des tarifs et politique de vente, configuration des salles, paramétrage de la manifestation, vente auprès des distributeurs, suivi et clôture des ventes • **Rayonnement** : National • **Références** : Tournées : Shy'm, Christophe Maé, Adam & Eve, Tal, Anggun

YESGOLIVE

✆ **04 91 05 65 93**
contact@yesgolive.com • **www.yesgolive.com**
54 rue Étienne Marcel • 75002 **PARIS**

Sophie MASSA (Chargée de projets)

Prestations proposées : Plateforme de self billetterie en ligne : création de page de billetterie personnalisée, partage sur les réseaux sociaux, suivi des ventes en temps réel, lecture/scan des tickets avec l'application gratuite YesGoScan disponible sur iPhone et Android • **Rayonnement** : Europe • **Références** : Festival Sonic Protest, Midi Festival, Festival Kill Your Pop, Paris Dauphine, Euromed management, L'Embobineuse, BIM Festival, etc.

ZEPASS.COM

✆ **04 78 30 63 52** • fax 09 72 12 25 22
serviceclients@zepass.com • **www.zepass.com**
c/o Le Silo • 35 quai du Lazaret • 13002 **MARSEILLE**

Quentin SCHAEPELYNCK (Président) • Louis DE VAUMAS (Responsable marketing et projets)

Prestations proposées : Billetterie secondaire, plateforme tiers de confiance de revente légale et contrôlée de billets de concerts et de spectacles, bourse aux billets officielle en marque blanche pour les organisateurs • **Rayonnement** : National • **Références** : Solidays, Vieilles Charrues, Hellfest, Francofolies, Opéra national de Paris, les Enfoirés, etc.

1 PETIT COIN DE PARADIS

✆ 06 62 13 85 38 / 06 98 67 00 17
contact@1petitcoindeparadis.fr • **www.1petitcoindeparadis.fr**
12 rue des 4 chevaliers • 17180 **PERIGNY**

Gautier JEANNEROD • Yann BONAMI

Prestations proposées : Location de toilettes sèches avec ou sans maintenance y compris pour pers. en situation de handicap • **Rayonnement** : Ouest, sud-ouest de la France • **Références** : Garorock, Reggae Sun Ska, le marathon de La Rochelle, etc.

35 TOUR

✆ 02 99 59 53 85 • fax 02 99 59 60 34
contact@35tour.fr • **www.35tour.fr**
ZA de Bellevue • 7 rue Louis Blériot • 35235 **THORIGNE FOUILLARD**

Olivier GIAZZI (Directeur) • Lionel ALBERT (Directeur associé)

Prestations proposées : Location de minibus backline pour les tournées d'artistes • **Rayonnement** : National, international • **Références** : Neonovo, Dans la Boîte, Bleu Citron, Radical Production, Yapucca Productions, etc.

A COM

✆ 06 61 70 26 33 • fax 01 48 93 40 07
contact@motorhomevip.com • **www.motorhomevip.com**
chemin de Mikelategia • 64310 **ST PEE SUR NIVELLE**

Sassan AYARI (Gérant)

Prestations proposées : Location d'un motor-home VIP avec chauffeur composé d'un bus 2 étages aménagés en salon, bar, salle de repos, finition de haut standing, avec terrasse et possibilité de déplier de 65 m2 à 190 m2 d'auvents autour du bus • **Rayonnement** : National, Europe • **Références** : M6, Playstation, Pescarolo Sport

ACOUFUN

acoufun@gmail.com • **www.acoufun.com**
12 rue La Bruyère • 75009 **PARIS**

Agathe DE SACY (Directrice)

Prestations proposées : Sensibiliser aux risques auditifs liés à la musique amplifiée sur les lieux de diffusion de musique, vente sur place de protections auditives

ACTISTREAM

✆ 08 11 95 17 35 • fax 08 25 74 13 63
info@actistream.com • **www.actistream.com**
21 rue de la Morinerie • 37700 **ST PIERRE DES CORPS**

Johan PEERBOLTE (Responsable technique) • Armel CHARGÉ (Responsable opérationnel)

Prestations proposées : Transmission en direct par station satellite et SDSL de contenu audiovisuel au format Flash, MPG, SilverLight • **Références** : Canal Street, Arte Live Web, Deezer

Groupe-Ads ADS

✆ 05 58 71 83 63
contact@ads-boisson.fr • **www.ads-boisson.fr**
Rte de Duhort • 40800 **AIRE SUR L'ADOUR**

Yves GROS FERRARY (Contact)

Prestations proposées : Bière et boissons en contenants 100% recyclable : fûts, bib, bouteilles. Livraison, installation, récupération, recyclage. • **Rayonnement** : France

ALTERNATIBA

✆ 05 59 93 34 68 / 06 82 87 99 37 / 06 32 49 90 72
contact@alternatiba.org • **www.alternatiba.org**
Av. de la Gare • 64250 **CAMBO LES BAINS**

Gilles BARNEBOUGLE (Président)

Prestations proposées : Systèmes de gobelets recyclables consignés « Baso Berri »

ALTERNATIVE LOC

✆ 06 08 99 02 77 / 05 56 49 63 78 • fax 09 59 28 39 00
alternative.loc8@free.fr • **www.alternativeloc.com**
67 rue Charles Gounod • 33130 **BEGLES**

Stéphane GIRAUD (Gérant) • Eric DUCLOS (Responsable parc)

Prestations proposées : Location de minibus backline confort avec ou sans chauffeur, livraison à domicile, parking inclus Paris Centre, transport décors & backline, navette aéroport, etc. • **Rayonnement** : CEE • **Références** : High-Tone, Mouss & Hakim, Gojira, Ez3kiel, Magyd Cherfi, etc.

AMS

aml@wanadoo.fr • **www.aml-music.com**
47 A rue Louis Jost • BP 25 • 57175 **GANDRANGE**

Chantal LADENBURGER (Responsable)

Acoustique musique scène, • **Prestations proposées** : Equipement musical, praticables, mobilier musical, acoustique • **Rayonnement** : Europe • **Références** : Ecoles de musique, orchestres, chorales, salles de spectacles, studios, opéras, théâtres

L'ANNEXE

✆ 04 73 27 03 37 • fax 04 73 28 04 37
lannexe@orange.fr • **www.lannexe63.com**
1 rue Denis Papin • 63540 **ROMAGNAT**

Laurent POIRIER (Gérant) • Isabelle SERRE (Assistante de direction)

Prestations proposées : Location de backline et mobilier, agencement de loges, location rideaux de scène, régie d'événements, location et vente de flight cases • **Rayonnement** : National • **Références** : Opéra de Vichy, Coopé de Mai, le Sémaphore, Animatis

AREMACS

✆ 04 26 00 55 22 • fax 04 72 14 79 45
contact@aremacs.com • **www.aremacs.com**
71 rue Bellecombe • 69006 **LYON**

Julien PERRIER (Responsable développement activité) • Arthur GAGNEUX (Responsable opérationnel) • Julien ABIVEN (Responsable Pays de Loire) • Arnould PERRIER (Responsable région PACA) • Mathieu CAPELLE (Responsable Midi pyrénées)

Prestations proposées : Service clé en main de gestion de déchets en sélectif, gobelets consignés, gestion de projets spécifiques • **Rayonnement** : Rhône-Alpes, PACA, Pays de la Loire • **Références** : Quiksilver, Région Paca, Région Rhône-Alpes, Grand Lyon, Ville de Lyon, Ademe

ARKA SÉCURITÉ SARL

✆ 02 99 22 63 60 / 06 89 30 50 04 • fax 02 99 22 63 61
infos@arkasecurite.com • **www.arkasecurite.com**
22 rue Louis Delourmel • 35230 **CHATILLON SUR SEICHE**

Faya FADLI • Yannick LEGAVRE

Prestations proposées : Sécurité, événementiel, gardiennage • **Rayonnement** : National • **Références** : Vieilles Charrues, Transmusicales, Route du Rock, Le Lido de Paris, etc.

ARTSTOCK

✆ 06 18 04 08 82 / 06 82 61 29 41
artstock@gmx.fr • **www.artstock.fr**
87 bd Baille • 13006 **MARSEILLE**

Vincent Grangé (Administration) • Julien Pillet (Coordinateur) • Blasco RUIZ (Directeur technique)

Prestations proposées : Récupérer, transformer, valoriser les décors et les outils

ARTY'S LOCATION

✆ 01 60 11 73 30 • fax 01 60 11 73 61
contact.paris@artys.net • **www.artys.net**
ZAC de Montavas • 10 rue Colbert • 91320 **WISSOUS**

Alain BEFORT (Gérant)

Prestations proposées : Location de véhicules avc ou ss chauffeur, logistique du spectacle vivant, du théâtre et de l'événementiel • **Rayonnement** : National, international • **Références** : Benabar, Mathieu Chedid, Vanessa Paradis, Alpha Blondy, Zucherro, Solidays, les Victoires de la musique, Nrj Music Award, Eurockéennes

Les ATELIERS IOLAND

✆ 06 76 63 61 63
contact@lesateliersioland.com • **www.lesateliersioland.com**
67 rue Charles Gounod • 33130 **BEGLES**

Frédéric ROLLAND (Gérant) • Pierre VONNET (Responsable logistique)

Prestations proposées : Service de location de toilettes sèches avec ou sans gestion et avec ou sans spectacle, etc. • **Rayonnement** : Sud-ouest • **Références** : Les Nuits atypiques de Langon, Les rdv de Terres Neuves, Championnat de France de BMX, Agora, etc.

AUDIOTECHNIQUES

✆ **02 41 73 84 46** • fax 02 41 73 85 92
audiotechniques@wanadoo.fr • **www.audiotechniques.fr**
6 route de Soucelles • 49125 **BRIOLLAY**

Pierre-Albert RIVOL (Directeur général)

Prestations proposées : Mise en œuvre de dispositif de Show Control basés sur l'audio. Mise en espace sonore, applications scéniques, muséographiques interatives ou non et événementielles. Mise en onde et réalisation d'émissions de radio en direct extérieur «tous terrains». Machinerie scénique et structures • **Rayonnement** : National • **Références** : TFC Chemillé, Stade des Alpes, La Luciole, Le VIP, Le Life, La Fabrique, etc.

AUTEM ECO MATERIAUX

✆ **02 38 81 73 57 / 06 13 21 21 10** • fax 02 38 74 03 56
contact@autem.fr • **www.autem.fr**
76 rue de Vaucouleurs • 45100 **ORLEANS**

Charlotte PALISSON (Responsable)

Prestations proposées : Gobelets biodégradables, tasses à café écologiques, vaisselle jetable biodégradable, supports de communication et de publicité • **Rayonnement** : France, Europe • **Références** : Festival « Terre du Son », « Vers Solidaires », collaboration avec les collectivités pour l'organisation de concerts

AZUR SCENIC

✆ **04 92 12 04 00** • fax 04 92 12 00 40
contact@azur-scenic.com • **www.azur-scenic.com**
ZI Le Fongeri • 265 route de la Baronne • 06640 **ST JEANNET**

Prestations proposées : Equipement de textiles scénographiques pour les salles de spectacles, etc.

B-STREAM

✆ **09 88 77 55 80** • fax 09 88 77 55 81
contact@b-stream.com • **www.b-stream.com**
Les Juncasses • 31590 **VERFEIL**

Julien ROCH (Directeur technique)

Prestations proposées : Diffusion de concerts et d'autres événements musicaux en direct sur Internet (audio, vidéo), vente de billets pour voir les concerts en direct sur Internet ou en différé, vente d'objets ou de créations graphiques de créateurs indépendants, téléchargements musicaux gratuits ou payants

La **BELLE AU BOIS**

✆ **03 21 62 35 66**
contact@belleaubois-catering.com • **www.belleaubois-catering.com**
367 rue René Wallard • 62700 **BRUAY LA BUISSIERE**

Gael DECROIX (Directeur) • Anne-Sophie GADREY (Directrice)

Prestations proposées : Catering, restauration événementielle • **Rayonnement** : National

BLS LOCATION

✆ **05 55 37 37 44** • fax 05 55 38 41 04
contact@bls-location.fr • **www.bls-location.fr**
ZI • 17 rue Gilles de Roberval • 87020 **LIMOGES CEDEX**

Nicolas ENON (Commercial)

Prestations proposées : Location de groupes électrogènes, matériel de levage • **Rayonnement** : Régional • **Références** : Carnaval, Never Stop The Party

CÂBLES & CIE

✆ **04 50 02 06 63** • fax 04 50 02 07 79
info@cablesetcompagnie.fr • **www.cablesetcompagnie.fr**
257 rue de la Verrerie • 74290 **ALEX**

Stéphane Blampey (Gérant / Responsable technique)

Prestations proposées : Spécialiste de la distribution électrique pour le spectacle et l'événementiel

CHEZ PABON

✆ **03 86 32 30 62 / 06 86 56 67 84**
cantine.mobile@chez-pabon.com • **www.chez-pabon.com**
9 Gde Rue • 89450 **FONTENAY PRES VEZELAY**

Mathieu LEYGONIE (Responsable)

Prestations proposées : Cantine mobile • **Rayonnement** : Europe • **Références** : Latchodrom, Châlon dans la Rue, Banlieues Bleues, La Ferme du Buisson, Renaissance, etc.

Les **CONNEXIONS**

✆ **04 75 49 00 53**
contact@lesconnexions.org • **www.lesconnexions.org**
ZA du Buis d'Aps • 07400 **ALBA LA ROMAINE**

Nicolas DAHAN (Directeur) • Marianne GUYON (Communication) • Jean-Marie GUIGUENO (Coordinateur Grand-Ouest)

Prestations proposées : Moyens humains, fourniture, montage, démontage du matériel, location-vente de poubelles de tri, sensibilisation massive aux éco-gestes • **Rayonnement** : France et pays limitrophes • **Références** : PdB, Rock en Seine, Eurockéennes, Solidays, tour de France, Marathon, etc.

DOUCE CUISINE

✆ **06 89 86 05 90 / 01 48 31 43 65** • fax 01 48 31 43 65
franck@doucecuisine.com • **www.doucecuisine.com**
127/129 rue de la République • 93230 **ROMAINVILLE**

Franck CIMMARRUSTI (Gérant)

Prestations proposées : Catering and Food services, cocktail • **Rayonnement** : National • **Références** : M, V. Paradis, Prince, Phoenix, Higelin, C. Winston, Y.Naim, Camille, RYG, Izia, etc.

ÉCO-TOILETTE ®

✆ **06 72 29 50 59 / 09 82 25 55 26** • fax 04 78 47 55 26
contact@eco-toilettes.fr • **www.eco-toilettes.fr**
SARL Grand Besoin • 12 av. du Plateau / La Duchère • 69009 **LYON**

Raphaël REVIRON • Morgan VANDROZ • Régine VANDROZ

Prestations proposées : Location de toilettes, dépôt IdF, Rhône-Alpes, Bouches-du-Rhône, Landes, installations de systèmes fixes sans eau à vidange annuelle • **Rayonnement** : National

ECOCUP DISTRIBUTION

✆ **04 30 65 00 60** • fax 04 30 65 01 89
ecocup@orange.fr • **www.ecocup.eu**
Allée du Château d'Aubiry • 66400 **CERET**

Emmanuel TORRENT (Associé) • Flavien CASELLAS (Associé) • Brice BUSCATO (Associé)

Prestations proposées : Gobelets réutilisables • **Rayonnement** : National • **Références** : Eurockéennes de Belfort, Solidays, Rock en Seine, Paléo, PdB, 24h du Mans

ECOLETTE

✆ **04 68 74 02 16**
contact@ecolette.org • **www.ecolette.net**
2 av. de la Gare • 11260 **ESPERAZA**

Mark HOWIE (Responsable)

Prestations proposées : Location de toilettes sèches et urinoirs, service d'entretien, stand et sensibilisation sur l'assainissement écologique • **Rayonnement** : 500 km autour d'Esperaza, tout le sud de la France, Nord de l'Espagne

ECOLUTIS

✆ **05 17 26 10 25**
info@ecolutis.com • **www.ecolutis.com**
1 bis Perspective de l'Océan • 17000 **LA ROCHELLE**

Régis LIPPINOIS (Cogérant fondateur) • Olivier DEMAEDGT (Cogérant associé / chargé du service de coivoiturage)

Prestations proposées : Service de covoiturage • **Rayonnement** : National • **Références** : Société Générale, ville de La Rochelle, Conseil général de Charente, Tryo, Les Francofolies

EGG CETERA

✆ **01 40 86 18 65**
info@eggcetera.fr • **www.eggcetera.fr**
16 bd Gallieni • 92230 **GENNEVILLIERS**

Franck ANSALDI (Président)

Prestations proposées : Catering • **Rayonnement** : Europe • **Références** : Tournées (Y. Noah, M. Sardou, J.-L. Aubert), Triller Zenith Paris, B. Lavilliers, Yodelice, ZAZ, Ben l'Oncle Soul, Zazie, etc.

ÉKO ÉGO L'ASSO

✆ **05 46 49 94 34**
ekoetgo@asso16.com • **ekoetgo.asso16.com**
2 rue du bois • 17520 **ST MARTIAL SUR NE**

Laurent THOUARD (Coordinateur / Formateur)

Prestations proposées : Prévention et gestion des déchets avec formation, location de toilettes sèches avec ou sans service, intervention développement durable dans les manifestations, poubelle tri, événementiel avec éclairage (système photovoltaïque), gobelets et vaisselle réutilisables • **Rayonnement** : Régional et régions limitrophes

ELKARTON-CTN

✆ **01 41 73 12 40** • fax 01 41 73 12 50
a.marguier@ctn.fr • **www.elkarton.com**
2 rue du puits Dixme • Sénia 604 • 94667 **ORLY CEDEX**

Franck BERNARD (Responsable)

Prestations proposées : Fourniture de panneaux en carton alvéolaire classés M1, pour la réalisation de stands, founiture de mobiliers (vente uniquement) • **Rayonnement** : National

ELSTAR PRÉVENTION

✆ **01 42 56 89 45 / 01 42 56 89 47** • fax 01 42 89 58 97
info@elstarprevention.com • **www.elstarprevention.com**
Bat. D2 • 99/101 av. Louis Roche • 92230 **GENNEVILLIERS**

Frédéric NAHON (Directeur) • Anne DUBAN (Directrice commerciale) • Aby VERMEIL (Responsable ADV) • Ludovic MASSON (Service Technique)

Prestations proposées : Conception et fabrication de bouchons auditifs sur-mesure • **Rayonnement** : National et international

ESCARBOUCLE

✆ **05 45 61 02 75** • fax 05 45 64 08 99
contactbio@escarboucle.com • **www.escarboucle.com**
Rue Mamain • 16250 **AUBEVILLE**

Jerome ANGEVIN (Gérant)

Prestations proposées : Vaisselle biodégradable, gobelet lavable, réutilisable, recyclé, textile bio, objet publicitaire écologique et conventionnel • **Rayonnement** : Europe, Nord Afrique, Canada • **Références** : UPCP Métive, Garden Nef Party, Centre Musical Barbara

ESI

✆ **04 67 69 25 01** • fax 04 67 69 38 83
www.esi-securite.fr
Groupe ESI relations commerciales • 51/55 rue Hoche
94200 **IVRY SUR SEINE**

Europe sécurité industrie • **Prestations proposées** : Toute la sécurité (gardiennage, surveillance, maître-chien) • **Rayonnement** : National

ETHYLO

✆ **03 25 45 33 90** • fax 03 25 45 33 94
contact@ethylo.com • **www.ethylo.com**
Technopôle de l'Aube en Champagne • 2 rue Gustave Eiffel
10430 **ROSIERES PRES TROYES**

Prestations proposées : Fabrication et distribution d'éthylotests et d'« Alcoborne »

EURO BACKLINE

✆ **01 46 82 00 00** • fax 01 46 82 14 00
eurobackline@mac.com • **www.eurobackline.com**
Bât. C1 • 158 rue Julian Grimault • 94400 **VITRY/SEINE**

Stéphane COUBRAY (Contact) • Thierry ROUET (Contact)

Prestations proposées : Location d'instruments de musique et location de sonorisation • **Rayonnement** : France, Europe

FLAVOUR FAB'S

✆ **06 65 35 79 73 / 06 17 91 46 30 / 09 50 76 09 49**
fabien@spessotto.com
33 rue des tulipes • 87000 **LIMOGES**

Fabien SEMANAUD (Cogérant) • Fabien SPESSOTTO (Cogérant)

Prestations proposées : Restauration • **Rayonnement** : Régional • **Références** : Zénith de Limoges, CCM John Lennon, festival Catalacum

Les FOURMIS

✆ **06 20 18 22 91** • fax 02 96 80 27 74
contact@lesfourmis.net • **www.lesfourmis.net**
Les Villes Joies • 22130 **ST LORMEL**

Thomas SCHMITT (Directeur) • Didier PORTE (Programmateur)

Prestations proposées : Catering, traiteur, gestion des buvettes et de la restauration public, mise en place d'agenda 21 sur des manifestations, gestion globale des déchets, promotion d'artistes et d'événements : affichage, street marketing • **Rayonnement** : National

Les GANDOUSIERS

✆ **06 22 23 25 74 / 06 27 74 49 76**
gandousiers@gmail.com • **www.gandousiers.com**
Le Village • 26310 **ST DIZIER EN DIOIS**

Philippe GARIN-MICHAUD (Responsable Paris) • Emmanuelle CHRISTMANN (Administration)

Prestations proposées : Service de location de toilettes sèches, maintenance, sensibilisation du public • **Rayonnement** : Europe • **Références** : Rock en Seine, Garance Festival

GINGER

✆ **03 22 89 20 00 / 03 22 89 01 02** • fax 03 22 89 70 00
ginger@ginger.fr • **www.ginger.fr**
33 bis rue Blasset • 80000 **AMIENS**

Philippe TASSART (Gérant)

Prestations proposées : Road, affichage et tractage, location de scène, crash barrières, régie générale, régie de production de spectacle • **Rayonnement** : National • **Références** : Thiéfaine, Berck Country Festival, J.M Jarre, Deep Purple, Status Quo, Lords Of the Danse, Calogero, Yannick Noah, etc.

GREENART

✆ **06 22 34 63 06**
francois.arnoux@stack-cup.com • **www.stack-cup.com**
26 bd de Strasbourg • 94130 **NOGENT SUR MARNE**

François ARNOUX (Gérant) • Pierre RABADAN (Directeur commercial)

Prestations proposées : Distribution de globelets recyclables et emboitables Stack-Cup ™

Association HUMUS 44

✆ **02 28 03 64 42** • fax 02 44 84 21 28
humus44@free.fr • **www.humus44.org**
18 quai Pdt Wilson • 44200 **NANTES**

Gérard BUJEAU (Président) • Séverine CAILLEAUD (Coordinatrice)

Prestations proposées : Sensibilisation du grand public aux gestes quotidiens qui peuvent aider la planète. Location de toilettes sèches (transport, installation, mise en place, animation et suivi sur demande. 40 cabines de toilettes sèches dont 5 accessibles aux PMR) • **Rayonnement** : Départemental

KEOL

✆ **04 50 33 02 32** • fax 04 50 33 11 24
info@keol.fr • **www.keol.fr**
Parc Altaïs - Chavanod • 69 rue Cassiopée • BP 9025
74990 **ANNECY CEDEX 9**

Sacha KOSANOVIC (Directeur général)

Prestations proposées : Fabrication et personnalisation de cendriers de poche écologiques • **Rayonnement** : International • **Références** : Eurockéennes de Belfort, Ville d'Evry, Chamonix, Mont Blanc, etc.

L'ETANG MONDERNE

✆ **02 97 43 51 33**
octave.cat@wanadoo.fr • **www.letangmoderne.com**
10 rue de l'Etang • 56220 **ROCHEFORT EN TERRE**

Catherine TARDIF (Gérante)

Prestations proposées : Affichage, catering, manutention, promotion locale (presse, radio, dépôt de billetterie), programmation, location de salle, résidence d'artistes • **Rayonnement** : Régional • **Références** : Les Transmusicales, festival de St-Nolff, Jazz à Vannes, les Vieilles Charrues, Méliscène

LABEL VERTE

✆ **06 28 22 03 77 / 02 52 35 01 40** • fax 02 52 35 01 33
contact@labelverte.org • **www.labelverte.org**
2 bis rue du Pont du Rateau • 49250 **ST MATHURIN SUR LOIRE**

Nathalie LABARRE (Chargée de communication)

Prestations proposées : Location de toilettes sèches, vente, installation phyto-épuration, conférences, formations • **Rayonnement** : Bretagne, Pays-de-la-Loire • **Références** : Tour de scènes, Accroche-Cœurs

Roland LECOMPTE

✆ fax 03 20 83 16 17
contact@ame-audiophile.com • **www.ame-audiophile.com**
223 rue de Beaumont • 59510 **HEM**

Roland LECOMPTE (Inventeur)

Prestations proposées : Essais de matériels issus de brevets ; enceinte acoustique, tête artificielle d'enregistrement, panneaux spéciaux acoustiques

LOCABEST

✆ **01 48 31 77 05** • fax 01 48 31 38 87
locabest@wanadoo.fr • **www.locabest.fr**
47 av. Marceau • 93700 **DRANCY**

Patrick BENAYOUN (Contact)

Prestations proposées : Transport, location de véhicule (minibus First Class 9 pl., coffre 6 m3 pour backline) ; Twingo à Espace rallongé et tous types d'utilitaires & industriels de 2 à 55 m3 (avec ou sans chauffeur), double-cabine 7 pl. & cabine-couchette • **Rayonnement** : Europe

LOXAM

✆ **05 55 37 29 30** • fax 05 55 38 21 40
limoges_nord@loxam.fr • **www.loxam.com**
25 rue Nicolas Appert • 87280 **LIMOGES**

Jean-Pierre BILLONNET (Responsable)

Prestations proposées : Location de groupes électrogènes, matériel de levage • **Rayonnement** : National

LYNX ASSISTANCE

✆ **02 40 13 26 78** • fax 02 40 13 26 79
contact@lynx-assistance.fr • **www.lynx-assistance.com**
CC Les Châtelets • 1 rue Esnoult des Châtelets • 44200 **NANTES**

Diaby ZAKARIA (Gérant)

Prestations proposées : Sécurité, gardiennage, agent, maître-chien, SSIAP 1, 2, 3 • **Rayonnement** : National • **Références** : Le Voyage à Nantes, Les Rendez-vous de l'Erdre, Le VIP-Les Escales, Les Machines de l'Ile, HipOpsession

MADLOC / MADMASTER

✆ **01 44 63 05 50** • fax 01 44 63 05 51
madloc@bbox.fr • **www.madloc.fr**
7 rue Fromentin • 75009 **PARIS**

Hugues DEFRANCE (Gérant) • Sophie DEFRANCE (Comptable) • Laurent BOUTIGUE (Responsable location)

Prestations proposées : Location de matériel, instruments vintage, matériel d'enregistrements, sonorisation. Régie mastering et transfert de bandes (Manley, Studer, Joe Meek, De Maria, TC Electronic, Lexicon, etc.) • **Rayonnement** : National • **Références** : Polygram, Barclay, Sony Music, XIII Bis records, TF1, Canal +, MCM, Night & Day, Wagram

Le MARMITON

✆ **06 80 45 70 89** • fax 04 73 53 65 90
lemarmiton@aliceadsl.fr
Gourdet • 63920 **PESCHADOIRES**

Vincent BAYLE (Responsable Catering)

Prestations proposées : Catering • **Rayonnement** : National • **Références** : Festivals : la Pamparina, Hippocampus ; tournée Candeloro 2008, tournée des Idoles, Plus Grande Guinguette du Monde, etc.

MEDIC'AIR INTERNATIONAL

✆ **01 41 72 14 14** • fax 01 48 57 10 10
operations@medic-air.com • **www.medic-air.com**
35 rue Jules Ferry • 93170 **BAGNOLET**

Hervé RAFFIN (Responsable couverture médicale)

Prestations proposées : Médicalisation d'événements, VIP medical escort, rapatriement sanitaire • **Rayonnement** : International • **Références** : Événements culturels ou sportifs, cascades, tournages, etc.

MÉDICALE ASSISTANCE

✆ **04 66 23 38 71** • fax 04 66 27 61 72
info@medicale-assistance.fr • **www.medicale-assistance.fr**
Rue des Goélands - Imp. des Méridiennes • Bat. 8 • 30900 **NIMES**

Benoit BUTTET (Directeur médical)

Prestations proposées : Sécurité médicale de manifestations et gds rassemblements, formation • **Rayonnement** : National, international • **Références** : Festival Rio Loco, Carnaval de Nice, festival Chapiteuf

MIP - MÉDECINS D'ÉVÉNEMENTS

✆ **01 56 53 69 69** • fax 01 56 53 69 65
contact@mipfr.com • **www.regie-medicale.com**
Hall 19 • 3 pl. de la Porte de Vanves • 75014 **PARIS**

Eric OZANNE (Directeur)

Medical International Presence • **Prestations proposées** : Médicalisation d'événements, sécurité médicale, régie médicale, secours • **Rayonnement** : International • **Références** : Jean-Michel Jarre, AC/DC, Man Ray, Johnny Hallyday, Viparis, Sting, Placebo, Europacorp, etc.

Le MONDE DES BARONS PERCHÉS

✆ **06 63 56 83 00**
lemondedesbarons@gmail.com
www.lemondedesbaronsperches.com
24 rue de l'Hôtel de Ville • 44310 **ST PHILBERT DE GRAND LIEU**

Laurent RADIGUE (Administrateur)

Prestations proposées : Yourte de spectacle, bar itinérant, toilettes sèches, constructions, scénographie • **Rayonnement** : National

MY EVENT

✆ **06 27 11 78 21**
contact@my-event.com • **www.my-event.com**
43 rue Oberkampf • 75011 **PARIS**

Nicolas GAZZOLA (Directeur de la publication)

Prestations proposées : Identifiez les lieux de spectacles, consultez leurs disponibilités, effectuer des demandes d'options en ligne, téléchargez des photos et des plans, louer en ligne

NEWLOC STRASBOURG

✆ **03 88 30 68 50 / 06 20 61 27 63** • fax 03 88 30 79 49
newlocstrasbourg@newloc.net • **www.newloc.net**
Z.A du Mittelfeld • 15 rue A Kastler • 67300 **SCHILTIGHEIM**

Didier HOFFMANN (Responsable booking, logistique)

Prestations proposées : Location d'instruments de musique, backline, prestations techniques • **Rayonnement** : Grand Est, Luxembourg, Allemagne, Suisse • **Références** : Eurockéennes, Jazzdor festival

NEWLOC TOULOUSE

✆ **05 62 57 00 42 / 06 07 52 98 13** • fax 05 62 57 00 43
info@newloctoulouse.fr • **www.newloctoulouse.fr**
ZI Dremil Lafage • 21 av. de la Mouyssaguese • 31280 **DREMIL LAFAGE**

Gilles GUIRAUD (Gérant) • Valérie CONROUX (Assistante administrative et commerciale)

Prestations proposées : Backline et backliners pour scènes, festivals et studio, matériel, câblage, spécialiste Hammond, transport de matériel, SAV backline & Audio Pro • **Rayonnement** : International • **Références** : Jazz in Marciac, festival de Carcassonne, etc.

NICOLAS LOCATION

✆ **02 96 21 78 45 / 02 96 21 72 97 / 02 96 21 98 36 / 06 80 68 80 84**
voyages.nicolas@wanadoo.fr • **www.location-minibus-tournee.com**
Mezennes • 22200 **POMMERIT LE VICOMTE**

Michel NICOLAS (Directeur)

Prestations proposées : Location de véhicules pour le monde du spectacle • **Rayonnement** : National

NO LIMITES

✆ **06 22 66 35 41**
voyages-no-limites@wanadoo.fr • **www.no-limites.fr**
3 Le Pin • 49600 **LE PUISET DORE**

Willy POILANE (Responsable)

Prestations proposées : Location de tour bus, remorque avec chauffeur • **Rayonnement** : Europe • **Références** : J.-L. Aubert, M, Cali, P. Bruel, S. Vartan, Luke, Dionysos, Juliette, Abd al Malik, BazBaz

NOVO.TRAVEL

✆ **08 99 18 00 18**
thierry@voyagenbus.com • **www.novo.travel**
306 rue de L'industrie • 40320 **TARNOS**

Thierry LOUIS (Directeur)

Prestations proposées : Prestation de voyages vers les plus grands événements euopéens. Location minibus, bus couchette, bus tour, bus VIP également spécialiste du billet avion pas cher, mise en place de tournée en Russie et projet culturel sur l'Europe de l'Est & la Russie • **Rayonnement** : Europe & Russie • **Références** : 22 ans d'expérience

PARTIRENLIVE.COM

✆ **04 38 02 16 60**
info@mail-partir.fr • **www.partirenlive.com**
26 rue Émile Gueymard • 38000 **GRENOBLE**

Antoine FAYARD (Chef de produit)

Prestations proposées : Prestataire transport (autocar, train, avion, etc.) pour tous les grands événements, gestion camping et site sur des manifestations du type festival • **Rayonnement** : France, Europe et Maghreb • **Références** : Eurockéennes, Vieilles Charrues, Sziget Festival, festival Jamaïcain, Sensation White, Francofolies, Lady Gaga, etc.

PIANOS HANLET

✆ **01 43 87 22 38** • fax 01 42 98 81 44
serviceconcert@pianoshanlet.fr • **www.pianoshanlet.fr**
12 rue de Lisbonne • 75008 **PARIS**

Céline REGAZZONI (Co-responsable de service) • Liliana GOMES

Prestations proposées : Livraison, mise à disposition, préparation technique, accord, réglages de PI à queue de concert (parc de 23 PI à queue, Steinway & Sons, 1 PI droit Steinway & Sons, PI à queue Boston et Yamaha) ; entretien à domicile des PI acoustiques (accord, réglages, expertise) • **Rayonnement** : IDF • **Références** : Opéra de Paris, Radio France, Théâtre Châtelet, Théâtre des Champs-Elysées

PREMIÈRE LOGE

✆ **01 83 64 16 41** • fax 01 83 64 16 49
contact@premiere-loge.com • **www.premiere-loge.com**
4 rue Lavoisier • 75008 **PARIS**

Pierre BORRIS (Gérant) • Manuel PATOZ (Chargé d'affaires) • Emilie GAILLARD (Chargé d'affaires spectacles)

Prestations proposées : Réservation chambres, appartements, résidences hotelières, salons, hotels • **Rayonnement** : France, Europe, monde

RÉGIE PIANOS

✆ **01 48 85 88 10 / 06 07 02 70 01** • fax 01 48 85 36 37
pianos@regiepianos.com • **www.regiepianos.com**
5 bd de Creteil • 94100 **ST MAUR**

Pascal GUERBOIS (Responsable)

Prestations proposées : Accords, réparations et locations de pianos de concert, tous types, toutes marques. Transports de pianos • **Rayonnement** : National • **Références** : Aznavour, Ahmad Jamal, Francofolies, PdB, Jazz in Marciac, etc.

RHONERUNNER

✆ **06 98 17 62 76 / 04 72 21 68 81** • fax 09 81 38 97 62
info@rhonerunner.com • **www.rhonerunner.com**
141 av. Berthelot • 69007 **LYON**

Xavier THERET (Gérant) • Mathieu MOULIN (Gérant)

Prestations proposées : Location minibus aménagés 6 à 9 pl., runs/transferts • **Rayonnement** : Europe • **Références** : Laurent Garnier, Nasser, Chineseman, Slow Joe, Esperanza Spalding

SCRELEC/BATRIBOX

✆ **01 41 33 08 50** • fax 01 41 33 08 45
berangere.delsart@screlec.fr • **www.screlec.fr - www.batribox.fr**
8 rue Edouard Naud • 92130 **ISSY LES MOULINEAUX**

Bérangère DELSART (Responsable réseaux de collecte et collectivités locales)

Prestations proposées : Collecte, tri, transit, regroupement, traitement et valorisation des piles et batteriesauprès de réseaux publics et privés • **Rayonnement** : France

SIX TROIS CATERING & SERVICES

✆ **04 73 14 48 03** • fax 04 73 14 48 04
sixtrois@lacoope.com • **www.lacoope.org**
Rue Serge Gainsbourg • 63100 **CLERMONT FERRAND**

Joëlle BOURASSEAU-VEILLAULT (Directrice)

Prestations proposées : Catering, accueil artiste • **Rayonnement** : Régional • **Références** : Coopérative de Mai, les Enfoirés, Zénith d'Auvergne, Festival Europanox, Comédie de Clermont

STARTRUCK TOURVAN

✆ **06 08 94 10 71** • fax 03 84 37 18 48
startruck@wanadoo.fr • **www.startruck-tourvan.com**
28 rue du Bois de la Remise • 91480 **VARENNES JARCY**

Nicolas PARMENTIER (Gérant) • Éric DELAGE (Gérant)

Prestations proposées : Location de minibus 8/9 places avec 3,5 à 7 m3 de soute backline. Possibilité de livraison, chauffeur, tour management, merchandising, etc. • **Rayonnement** : Paris, province, Europe

STEAK HACHÉ BANANE

✆ **06 80 23 26 86**
shb.catering@orange.fr • **www.steakhachebanane.com**
Lauve Blanc • 07800 **ST LAURENT DU PAPE**

Pascale GIRARD (Gérante) • Odile AUDFRAY (Comptable)

Prestations proposées : Catering et accueil d'artistes • **Rayonnement** : National • **Références** : Le Train Théâtre, Le Transbordeur, La Halle Tony Garnier, Les Ogres de Barback, Les Derniers Couchés

TEAM TECHNOLOGIES

✆ **01 64 25 10 10** • fax 01 64 25 38 20
infos@teamtech.fr • **www.teamtech.fr**
ZI Ampère • 14 imp. St Eloi • 77220 **GRETZ ARMAINVILLIERS**

Thibaut CHOUMITZKY (PDG)

Prestations proposées : Prestations techniques, laser, écrans d'eau, images géantes, prestations son et lumière, location de matériel • **Rayonnement** : International

Stef TOM

✆ **06 84 00 08 74**
contact@steftom.com • **www.steftom.com**
8 rue Pifosset • 56490 **LA TRINITE PORHOET**

Stéphane THOMAS (Décorateur)

Prestations proposées : Construction, conception, installation de décors pour spectacles, théâtres et muséographie, mise en lumières de scènes et de sites, illuminations d'exception • **Rayonnement** : National • **Références** : Constructions décors : Claire Diterzi (Rosa), Lucide (Marigny), TV Rennes (Colombia) ; Illuminations : Lumières de Laval, festival Astropolis

TOURBUS ET REGISSEURS ASSOCIÉS

✆ **09 50 91 19 90 / 06 64 13 18 09 / 06 87 42 60 77**
contact@tourbus.fr • **www.tourbus.fr**
7 rue Saint Esprit • 06600 **ANTIBES**

Jim BESSON (Gérant) • Nicolas BARLET (Gérant)

Prestations proposées : Transport d'artistes (camion ultra-long 9 pl. + 7 m3 «sprinter backline » avec ou sans chauffeur) et régie générale • **Rayonnement** : National • **Références** : EWF, Georges Clinton, Brooklyn Funk Essentials, Guru, Family Stone, Martha High

TRADICOOK

✆ **02 40 65 24 70 / 06 09 04 50 83** • fax 02 40 65 24 70
tradicook@hotmail.fr • **www.tradicook.com**
52 rue du Moulin • 44340 **BOUGUENAIS**

Bernard GUIMARON (Responsable)

Prestations proposées : Catering • **Rayonnement** : National • **Références** : L'Olympic et Auguri Productions, Radical Productions, festival Consonnances, Trempolino, Les Vieilles Charrues, Les 3 Continents, festival Chaînon manquant, festival Musiques Metisses d'Angoulême, Tournage long et court métrage, etc.

TRUCKS AT WORK

✆ **01 71 11 35 35 / 01 81 93 10 10** • fax 01 71 11 35 36
exploitation@trucksatwork.fr • **www.trucksatwork.fr**
18 bis rue Emile Duclaux • 92150 **SURESNES**

Cécile GUERIAUX (Directrice) • Sophie CAYLA (Directrice logistique)

Prestations proposées : Conseils et prestations en logistique, régie technique, commissionnaire, transport de marchandises et de personnes • **Rayonnement** : National et international • **Références** : Alain Buffard Cie Pies, Cie Kafig, Olivier Dubois, Cie COD, Handspring Pupett Company, Cie Vlovajob Pru

TURBO TOUR-VAN LOCATION

✆ **06 73 51 81 02 / 02 31 96 70 36**
stephane.lemazier@wanadoo.fr • **www.turbotourvanlocation.com**
6 rue Maurice Dutacq • 14000 **CAEN**

Stéphane LEMAZIER (Gérant)

Prestations proposées : Location de minibus 9 pl. + couchette et utilitaires 6 pl. + backline (AMP GT, AMP BA, BT) • **Rayonnement** : France, Europe • **Références** : The Bellrays, Rob Younger & Bad Music, The Restavrant, Headcharger, Dead Pop Club, The Kitschenette's, Ravi, The Repeaters, Concrete Knives, Guttercatts, Les Elles, Hits, Granville, Hell Burns Away, Ashtones, Burn in Hell, Hits, etc.

UNIVERSAL SECURITY

✆ **02 35 65 30 30** • fax 02 35 65 23 03
universal.security@wanadoo.fr
2 rue Antoine Condorcet • 76300 **SOTTEVILLE LES ROUEN**

Jean-Sébastien CERDAN (Gérant) • Laurence JAZE (Communication) • Corinne LEFRANÇOIS (Gérante)

Prestations proposées : Conseil et sécurité d'événements • **Rayonnement** : IDF, Nord-Ouest • **Références** : Zéniths Caen et Rouen, Armada de Rouen, Santana

VANTAGE EVENT

✆ **01 58 05 35 25**
s.gomis@vantage-event.com • **www.vantage-event.com**
29 rue de Lisbonne • 75008 **PARIS**

Sylvestrine GOMIS (Responsable événementiels et logistique)

Prestations proposées : Prestations relations publiques/ VIP sur les concerts, accompagnement technique et artistique sur plateau TV, Pack VIP • **Rayonnement** : National • **Références** : Clients : Decaux, RTL, Vivendi, M6, Universal, NRJ, Warner, Samsung, etc. / Concerts : Black Eyed Peas, George Michael, Prince, Lady Gaga, Coldplay etc.

VIP SÉCURITÉ

✆ **01 46 04 04 85** • fax 01 46 05 75 46
fabrice@vipsecurite.com • **www.vipsecurite.com**
94 av. Victor Hugo • 92100 **BOULOGNE BILLANCOURT**

Fabrice HERBET (Président) • Jacques BECDELIÈVRE (Responsable événements) • Marlène MARIE (Responsable commerciale)

Prestations proposées : Congrès, salons, spectacles, concerts, manifestations sportives • **Rayonnement** : IdF • **Références** : Solidays, Vivendy trophy, open GDF Suez

VOYAGER 9

✆ **03 20 12 04 05 / 03 20 12 04 06** • fax 03 20 12 00 05
info@voyager9.fr • **www.voyager9.fr**
5 rue Crespel Tilloy • 59000 **LILLE**

Jean-Pierre BECQUART (Directeur) • Francine BECQUART (Assistante de direction) • Frédéric STRHAUSS (Responsable commercial) • Karine STRHAUSS (Assistante commerciale)

Prestations proposées : Location minibus, double-cabine et grands monospaces de 5 à 9 pl. avec coffres et soutes de 1 à 11 m3 et location de véhicules utilitaires aménagés de 5 à 23 m3 + rampe flight, location de grand break de luxe (Mercedes Vito, Sprinter, Vino et Classe E - Fiat Scudo et Ducato-Iveco Daily) • **Rayonnement** : Européen

WHERE THE ACTION IS

✆ **09 81 61 50 95 / 06 60 65 05 41** • fax 09 81 61 50 95
resa@wheretheactionis.fr • **www.wheretheactionis.fr**
36 rue Marcel Dassault • 93140 **BONDY**

Olivier COINTE

Prestations proposées : Location de minibus et utilitaires • **Rayonnement** : Europe • **Références** : Puppetmastaz, Birdy Nam Nam, Les Fatals Picards, Tahiti 80, Maison Tellier, Souad Massi, Volo, D. Brillant, K. Jones

ACTIOM SPECTACLE

✆ **06 60 52 90 87** • fax 05 56 20 70 67
actiom.spectacle@voila.fr
Bât 16 - rue des Terres Neuves • 33130 **BEGLES**

François CAILLAUD (Régisseur)

Prestations proposées : Régie de spectacles et d'évènementiels, roading spécialisé • **Rayonnement** : Régional, grand Sud Ouest • **Références** : AC/DC, Carmina Burana, Cirque de Pékin, Yannick Noah, Joe Cocker, ZZ, Top, Wanadoo/Orange, Festival Alors chante, Festival Rock'n'roller, etc.

ARCANE

✆ **03 20 26 45 66** • fax 03 20 27 40 97
arcane.tg@aol.fr
226 bd Descat • 59200 **TOURCOING**

Patrick DALLONGEVILLE (Directeur) • Frédéric MAHIEUX (Régisseur)

Prestations proposées : Régie générale, son, lumière, gradins, montage, démontage • **Rayonnement** : Régional

AUDIO CONCEPT

✆ **05 63 20 54 32**
audioconcept@nordnet.fr • **www.audioconcept.fr**
1299 ch. de Begue • 82000 **MONTAUBAN**

Dominique MAUREL (Directeur)

Prestations proposées : Régie de spectacles, équipement de salles, prestation son et lumière • **Rayonnement** : National • **Références** : Paul Personne, Miossec, Louis Chedid, Robert Charlebois, B.B King, Francis Cabrel

BOULOU CLOATRE

✆ **02 98 04 38 93**
cloatre@bigfoot.com
Runacost • 29830 **PLOURIN**

Alain CLOATRE (Régisseur général)

Prestations proposées : Régie générale, conseil en organisation, régie de scène, tour management • **Rayonnement** : International • **Références** : Régies festival Elixir, gde scène de l'Humanité, Daho, etc.

CROSSROADS

✆ **01 41 62 70 70** • fax 01 49 46 07 06
contact@crossroads.fr • **www.crossroads.fr**
8/10 rue des Blés • 93210 **LA PLAINE ST DENIS**

Bruno TANZILLI (Gérant) • Hocine GHERBI (Service commercial) • Minh TRAN LONG (Service communication)

Prestations proposées : Régie générale technique, maîtrise d'œuvre d'événement, gestion personnels intermittents, production d'événements, location d'écrans géants plein jour, projection d'images monumentales • **Rayonnement** : National et international • **Références** : Plus de 1 500 événements/an, 19 ans d'existence

Laurent D'ASFELD

✆ **06 08 45 19 64**
laurent.d.asfeld@wanadoo.fr
74 rue Didot • 75014 **PARIS**

Prestations proposées : Direction de production, direction technique, tour management • **Rayonnement** : International • **Références** : Orchestre National de jazz, festival « Mimi », Futurs Composés, Festival de violoncelles de Beauvais, Charlie Free, Festival du Film de Cannes, etc.

DBDC

✆ **06 08 37 81 44**
dbdcprod@gmail.com • **www.desbruitsdecasseroles.fr**
Maison Eclusière N° 4 • 54850 **MESSEIN**

Alexandre QUENTIN (Président)

Des bruits de casseroles • **Prestations proposées** : Régie générale son et lumière • **Rayonnement** : Régionale • **Références** : Festiv été, East Summer Fest, Estivales de Lunéville, Festival des Casseroles, etc.

Les FOURMIS

✆ **06 62 30 26 40** • fax 02 96 80 27 74
contact@lesfourmis.net • **www.lesfourmis.net**
Les Villes Joies • 22130 **ST LORMEL**

Thomas SCHMITT (Directeur) • Didier PORTE (Gérant)

Prestations proposées : Organisation, régie tournée, promotion d'événements, location tout type de matériel • **Rayonnement** : National • **Références** : Festival Les Fennecs, Energies, Equitexpo

IMAGE PUBLIQUE

✆ **04 93 19 37 40** • fax 04 93 19 37 41
info@imagepublique.com
306 route des Vespins • 06700 **ST LAURENT DU VAR**

Michel SAJN (Gérant) • Gabriel BASSO (Directeur de la production) • Evelyne PAMPINI (Communication / Presse)

Prestations proposées : Régie générale : installation site ; éclairage : classique, automatique, laser ; audiovisuel : diffusion, tournages ; catering, sécurité • **Rayonnement** : Régional • **Références** : Production d'événements chorégraphiques et musicaux : Genesis, Dire Straits

IMÉDIA

✆ **02 54 34 49 24 / 06 62 61 49 24** • fax 02 54 08 09 66
imediapresta@wanadoo.fr • **www.imediapresta.com**
93 rue Ampère • 36000 **CHATEAUROUX**

Laurence ROLLAND (Gérant) • Yves DOUCEAU (Régisseur)

Prestations proposées : Sonorisation, éclairage, structure, vidéo, laser, scène mobile couverte • **Rayonnement** : National • **Références** : Festival Darc, Epipapu, Listz Tomanias, M comme Music, PdB

IOLAND

✆ **06 76 63 61 63**
contact@ioland.org • **www.ioland.org**
67 rue Charles Gounod • 33130 **BEGLES**

Frédéric ROLLAND (Gérant / Régisseur) • Jean-Henry ORTET (Régisseur plateau)

Prestations proposées : Régie générale, régie plateau, scénographie, régie sanitaire • **Rayonnement** : Régional, grand sud-ouest • **Références** : Festival Chahuts, Festival les Rdv de Terres Neuves, festival des Confluences, Shaka Ponk, Axel Red, les Wampas, Chinese Man, Imany, Lyre le Temps

JOSTONE TRAFFIC

✆ **02 38 56 28 76** • fax 02 38 56 28 76
jostone@wanadoo.fr • **www.jostonetraffic.com**
56 av. du Capitaine Jean • 45800 **ST JEAN DE BRAYE**

Jean-Luc JOUSSE

Prestations proposées : Régie de tournées, son façade et retours • **Rayonnement** : International (Europe, Japon, USA, etc.) • **Références** : Love & Arthur Lee, The President of The United States of America, etc.

KOULISS

✆ **02 23 27 11 75 / 06 76 63 13 13** • fax 09 58 40 61 10
matthieu.delaunay@kouliss.fr • **www.kouliss.fr**
4 La Guerdière • 50240 **ST AUBIN DE TERREGATTE**

Matthieu DELAUNAY (Gérant) • Nicolas LEMARCHAND (Gérant)

Prestations proposées : Régie générale, régie plateau, régie de tournée, accueil technique de production • **Rayonnement** : National • **Références** : Papillons de Nuit, Muzic Azimut, Hétéroclites, Les Rendez vous Soniques, Ecoute s'il Pleut, etc. Régie : Théâtre des Jacobins de Dinan, Espace Le Conquérant de Saint James. Gestion média et communication : Trans Musicales. Régie de tournée : Porcelain, Benoit Morel. Régie plateau : Quartiers d'été (35), Rocklang (56), Briouze (61), etc.

LABEL I-D

✆ **04 30 16 74 02**
label.id@orange.fr • **www.labelid.org**
4 rue de la Paix • 11100 **MONTREDON DES CORBIERES**

Doumé (Régisseur) • Estelle RIVOIRE (Coordinatrice)

Prestations proposées : Régie générale • **Rayonnement** : National • **Références** : Fête de l'Huma (Montpellier), Hace Calor, festival Ska International (Narbonne), festival de la Bastide (Carcassonne), Commando Sudiste, festival de Porte-Voix (Narbonne), etc.

Julien LAMBERT

✆ **06 14 31 79 90**
ju.lambert@gmx.com • **julienlambert.wifeo.com**
21 rue Servan • 75011 **PARIS**

Prestations proposées : Régie générale de plateau, technicien son & lumière, direction technique, ERP1, licence des lieux d'exploitation du spectacle, équipier de 1re intervention incendie, créateur lumière • **Rayonnement** : Paris, Grand Ouest • **Références** : Positive Vibration, Puerto Arena, le Dix Heures, le Comédie Bastille, les Variétés, divers concerts, LKJ, Lee Scratch Perry, Alice Dona, Wampas, etc.

Marc-Antoine LAMOUCHE

✆ **06 86 94 19 01** • fax 05 49 54 21 01
marcantoine@studiosdevirecourt.com
c/o Studio de Virecourt • Domaine de Virecourt • 86470 **BENASSAY**

Prestations proposées : Régie générale, régie artistique • **Rayonnement** : National • **Références** : Printemps de Bourges, fête des vendanges (Montmatre), ADCEP fête de la Musique, festival de Oiron

Thierry LESCOAT

✆ **02 97 65 09 42 / 06 07 79 09 06**
lescoat@wanadoo.fr
Le Clech • 56520 **GUIDEL**

Prestations proposées : Régie générale et plateau, location de praticables à roulettes pour changement de scène facile, (plateaux à 15 cm de haut 2 m x 1 m x 8 unités) + 20 cadres à roulettes pour recevoir praticables réglables • **Rayonnement** : Bretagne • **Références** : Transmusicales de Rennes, Vieilles Charrues

Jipe LUCAS

✆ **02 96 62 53 47** • fax 02 96 62 56 52
jplucas@mairie-saint-brieuc.fr • **www.myspace.com/lesnocturnes**
Mairie de Saint-Brieuc - direction des affaires culturelles • 15 rue Vicairie • 22000 **ST BRIEUC**

Jean-Pierre LUCAS (Régisseur / Programmateur)

Prestations proposées : Régie / programmation Ville de St-Brieuc • **Références** : Art-Rock (St-Brieuc), Royal de Luxe, Fura Del Baus, Eddy Mitchell, régisseur de l'Asso St. Brieuc Animation, fête de la musique, Les Nocturnes, Animations de Noël

LYS SARL

✆ **02 35 96 25 06 / 06 09 03 75 94** • fax 02 35 56 28 38
contact@lys-sonorisation.com • **www.lys-sonorisation.com**
ZA • 47 bis rue de la République • 76490 **CAUDEBEC EN CAUX**

Céline LEROY (Gérante) • Erick HINFRAY (Responsable technique)

Leroy Yves Sonorisation • **Prestations proposées** : Régie générale (spectacles, festivals, événementiels) • **Rayonnement** : International • **Références** : No One is Innocent, Festival du rire de Montreux, d'Octobre en Normandie, le Rock dans tous ses Etats, Archeo Jazz Blainville Crevon, Celtic Legend, etc.

MIRA SERVICES

✆ **03 87 57 87 87** • fax 03 87 57 87 00
contact@mira-services.com • **www.mira-services.com**
29 bd St Symphorien • 57050 **LONGEVILLE LES METZ**

Alexandre MENSUELLE (Gérant) • Thomas IANNUCCI (Gérant)

Prestations proposées : Direction de production, régie générale, maîtrise d'œuvre, administration, gestion et coordination d'événements • **Rayonnement** : National et international • **Références** : Johnny Hallyday, Simply Red, Phil Collins, Nancy Jazz Pulsations, Nicolas Canteloup, Patrick Bruel, Martin Solveig, etc.

MPA INTERNATIONAL

✆ **04 78 29 30 57 / 06 07 31 57 64**
info@musicprodart.com • **www.musicprodart.com**
11 rue du Bon Pasteur • 69001 **LYON**

Philippe DA SILVA (Directeur)

Music Production Artistic International • **Prestations proposées** : Direction technique, régie générale, équipes techniques • **Rayonnement** : International

RCP

✆ **02 62 98 90 00** • fax 02 62 98 90 94
rcprod@wanadoo.fr
107 bis rue Montseigneur Langavant-La Bretagne
97490 **SAINTE CLOTILDE (REUNION)**

Stéphane LESAULT (Directeur)

Régie, conseil, production • **Prestations proposées** : Régie générale et direction de production • **Rayonnement** : Zone océan Indien • **Références** : La majorité des artistes venant dans l'océan Indien

RÉGISSEURS

✆ **02 97 43 47 87 / 06 08 09 85 69**
fguyonnet@wanadoo.fr
La Maison Blanche • 56220 **ROCHEFORT EN TERRE**

François GUYONNET (Régisseur)

Prestations proposées : Régie générale et régie plateau (événements, festivals, concerts), conseil en sécurité pour préparation des commissions de sécurité, conseil pour aménagements salle et site • **Rayonnement** : Bretagne et France • **Références** : Route du Rock, Musiques Métisses, Rendez Vous Erdre, Face et Si, Pont du Rock

TRANSROCK / KRAKATOA

✆ **05 56 24 34 29** • fax 05 56 99 18 05
transrock@krakatoa.org • **www.krakatoa.org**
c/o Krakatoa • 3 av. Victor Hugo • 33700 **MERIGNAC**

Marc DUVIGNEAU (Régisseur général)

Prestations proposées : Toutes prestations techniques de la régie générale au road • **Rayonnement** : Régional • **Références** : Nick Cave, The Gun Club, Ting Tings, Ben Harper, Renan Luce, Katerine, The Tallest Man on Earth, Animal Collective, Wax Tailor, etc.

TRIPHASE

triphase.diane@orange.fr • **www.triphase.pro**
15 av. Galois • 92340 **BOURG LA REINE**

Diane DELEHAYE (Gérante)

Prestations proposées : Régie générale, direction de production, administration de tournée et d'événements, conseil en aménagement de salles, défilés de mode • **Rayonnement** : International • **Références** : J-J.Goldman, les Enfoirés, les Dix Commandements, Indochine, les Inrockuptibles, Les Eurockéennes, Rock en Seine, Carmen & Verdi au Stade de France, William Sheller, 1789, Global food security forum-Rabat, New York forum Africa - 2012/2013, Festival du vent, Doha goals 2012

Fred VIENOT

✆ **06 83 41 77 21**
spectacle@fred-vienot.com • **www.fred-vienot.com**
10 imp. Gambetta • 84000 **AVIGNON**

Frédéric VIENOT

Prestations proposées : Régie son, régie générale, direction technique, régie tournée, sonorisation, créations sonore, musiques originales, installations électro acoustiques et scénographiques • **Rayonnement** : France et étranger • **Références** : Mademoiselle Julie (Frédéric Fisbach), Requiem 3 (Vicent Macaigne), Mon képi blanc, Le livre d'or de Jan, Ko-lik, Stop, Zone Education Prioritaire (Hubert Colas), théâtre du Gymnase (Marseille), Cour d'Honneur du Palais des Papes, Carré d'art (Nîmes), Actoral Marseille, les Cracheurs de Soleils, Marc Vella, Poum Tchak, Cadillac Moon, Robin McKelle, Dee Dee Bridgewater, Alva Noto, etc.

Arnaud WEIL

✆ **06 87 02 24 25**
arno.weil@orange.fr • **arno.weil.free.fr**
93500 **PANTIN**

Prestations proposées : Production, tour manager, régie générale • **Rayonnement** : France et international • **Références** : DuNose Productions, Ibrahim Maalouf, Yom, Ferran Savall, etc.

ALCOR ÉQUIPEMENTS

✆ **02 41 72 15 30** • fax 02 41 72 15 38
contact@alcor-equipements.fr • **www.alcor-equipements.fr**
Zone Actiparc Anjou Atlantique • Rue des Crètes
49123 **CHAMPTOCE SUR LOIRE**

Eric LEPORT (PDG) • Sébastien ATGER (Directeur général)

Prestations proposées : Location et vente de matériel scénique (tribunes démontables, tribunes mobiles, scènes et podiums, ponts/tours/échafaudages, barrières/clôtures) • **Rayonnement** : International • **Références** : Festival d'Anjou, Cadre Noir de Saumur, Royal de Luxe, Olympiades Universitaires de Palma, Roland Garros, Francofolies de La Rochelle, Festival d'Avignon, Vieilles Charrues, etc.

ALPHASTAGE

✆ **03 88 48 77 88** • fax 03 88 48 77 71
info@alphastage.com • **www.alphastage.com**
Zone Artisanale • Rue Gutenberg • BP 12 • 67190 **GRESSWILLER**

Jean BIRGEL

Prestations proposées : Podiums et gradins mobiles • **Rayonnement** : National, international • **Références** : Festival des Vieilles Charrues, de la Roque, Opéra Céleste, etc.

ATS

✆ **03 26 50 04 04** • fax 03 26 47 49 99
contact@scenium-group.com • **www.scenium-group.com**
ZA du Monte de Sillery • Route de Ste Menehould • RD 931 • 51360 **PRUNAY**

Michel HERRY (Responsable)

Arts et techniques de scènes • **Prestations proposées** : Régie technique et logistique générale, études techniques, bureau d'étude CAO/DAO avec ingénieur structure. Location de matériel (scènes, praticables, structures scéniques couvertes, grills techniques, ponts, levage : palans électriques et manuels/automatisés et asservis, commandes, rigging, échafaudages : plateaux, tours techniques, etc.), vente de matériel scénique • **Rayonnement** : National • **Références** : Tournées, festivals, spectacles, événements, congrès, conventions, lancement de produits, équipements de lieux

AUDIO PHIL

✆ **05 53 73 33 48 / 06 81 17 71 68** • fax 05 53 73 33 48
audiophil.sonorisation@orange.fr
Le Bourg • 24150 **LANQUAIS**

Philippe GUALCO (Gérant)

Prestations proposées : Location grill technique 12x10 m en structure 400 carrée, 2 traverses 300, couverture homologuée toit + 3 côtés, blanche ext, noire int, portique 4,5x8 m (2), et 5,5x13,5 m (3), 10 totems 2 ou 4 m, couverture de scène 9x7 m, scène 12x9,6 m, ht 1/1,5 m • **Rayonnement** : National

AVEC

✆ **05 87 21 30 50** • fax 05 55 33 29 03
l-lacorre@avec-limousin.fr • **www.culture-en-limousin.fr**
19 bd de la Corderie • 87000 **LIMOGES**

Laurence LACORRE (Responsable parc du matériel scénique) • Olivier DEHAUDT (Technicien d'équipe) • Jean PERRENET (Technicien) • Franck MAZALEIGUE (Technicien)

Agence de valorisation économique et culturelle du Limousin • **Prestations proposées** : Éclairage (500 kW), backline, 2 pianos de concert, matériel scénique et d'exposition • **Rayonnement** : Régional

BLACKOUT

✆ **01 40 11 50 50** • fax 01 49 48 16 24
blackoutfrance@wanadoo.fr • **www.blackout.fr**
[illegible] rue Jean Martin • 93582 **ST OUEN CEDEX**

Dominic PEISSEL • Damian SLANEY (Technico-commercial) • Hugues EONAMY (Technico-commercial)

Prestations proposées : Spécialisé dans la confection, la location et la vente de rideaux de scène et dans les machineries annexes • **Rayonnement** : International • **Références** : BBC TV, MTV Europe, Royal Albert Hall, Pink Floyd, Rolling Stones, E. Mitchell, V. Sanson, Lido, VH-1, M6, France 3, Le Public Système, PCI, Jack Morton Worldwide, Lionel Ritchie, Airbus, V. Paradis, H. Salvador, TS3, Camus, Disneyland Paris

La BOITE NOIRE

✆ **03 23 74 50 27** • fax 03 23 74 50 28
contact@laboitenoire.fr • **www.laboitenoire.fr**
ZI des Verriers • Rue des bûcherons • 02600 **VILLERS COTTERETS**

Hugues FRACHON (Gérant) • Philippe MOUILLARD

Prestations proposées : Location, vente et installation de rideaux, de scène, écrans, tapis de danse, praticables, patiences et machineries • **Rayonnement** : National • **Références** : Printemps de Bourges, Festival de Marseille, Cité de la Musique, Olympia, Palais des Congrès, etc.

CALIGRAM' ORGANISATION D'ÉVÉNEMENTS

✆ **02 41 39 74 74 / 06 17 62 72 88**
info@caligram.fr • **www.caligram.fr**
16 rue de la Lilberté • 49070 **ST JEAN DE LINIERES**

Jean-Yves CLOCHARD (Gérant)

Prestations proposées : Chapiteau, podiums, tentes de réception, scènes, gradins, éclairage, sonorisation, couverture de scène, piste de danse, conception stands et décoration • **Rayonnement** : National • **Références** : Festivals, collectivités locales, etc.

CHAPITEAUX L'OGRÉTOILÉ

✆ **06 78 03 19 28 / 06 88 30 24 88 / 06 84 42 19 50**
logretoile@gmail.com • **www.logretoile.fr**
378 Route de sainte-Luce • 44300 **NANTES**

Xavier LE FUR (Responsable technique)

Les • **Prestations proposées** : Chapiteaux de cirque de 100 à 3800 pl., prestations complètes (son, lumière et structure). Licences : 1052031 (1), 1052032 (2), 1052033 (3) • **Rayonnement** : National • **Références** : Festivals Cergy Soit, Furia, Jour de Fête

COULISSES PSE

✆ **02 48 27 40 50** • fax 02 48 27 40 51
coulisses.pse@coulisses.fr • **www.coulisses.fr**
ZI les Danjons • 22 allée Evariste Galois • 18000 **BOURGES**

Patrick PONCHON (Directeur d'exploitation) • Lilian RAIMUNDO (Directeur adjoint d'exploitation) • Dominique PRIEUR (Administration) • Denis DUBOIS (Régisseur général)

Prestations proposées : Tribune, matériel scénique, matériel de chauffage, sécurité, communication, éclairage, barriérage, etc. • **Rayonnement** : National • **Références** : Renaud, Tous sur le pont (Blois), Festival de Saint Chartier, Cap Scène, Centre des Congrès de Vichy, Bourges en Scène, les Mots, etc.

CSE TECHNOLOGY

✆ **03 20 18 03 80** • fax 03 20 18 03 81
contact@cse-tec.com • **www.cse-tec.com**
ZA du Bois • 59840 **PERENCHIES**

Alexis DEVILLERS (Gérant) • Bruno BRIZULIER (Directeur technique) • Guy FAVIEZ (Directeur commercial)

Ciné service équipement • **Prestations proposées** : Scènes Europodium Alpha Stage, Stage Car IV, praticables, crash, palans, tour et plateau Layher, Stage Car 2000, loges mobiles, etc. • **Rayonnement** : France, Benelux

La compagnie DE BALS

✆ **05 61 67 55 50 / 06 18 00 44 80**
tombraider09@gmail.com
Route de Toulouse • 09130 **PAILHES**

Raïssa VIGNER (Directrice)

Prestations proposées : Chapiteau de type cirque, décoration, animation, régies • **Rayonnement** : National

DELTA SERVICE LOCATION LPL SA

✆ **02 47 45 29 74** • fax 02 47 45 92 43
agence.tours@dsl.fr • **www.dsl.fr**
3 rue Alfred Kastler • 37510 **BALLAN MIRE**

Michel DENIS (PDG) • Sophie EUSTACHE (Assistante de direction)

Prestations proposées : Location de groupes électrogènes et pompes, cuves à combustibles, transports, transfos, câbles, maintenances, etc. • **Rayonnement** : National • **Références** : EDF/GDF, centrales nucléaires, industries, son et lumière

DIPROFA - AMÉNAGEMENTS SCÉNIQUES

✆ **01 46 27 72 52** • fax 01 42 26 12 09
info@diprofa.fr • **www.diprofa.fr**
15 rue des Tennis • 75018 **PARIS**

Julien KLEEFELD (Gérant)

Prestations proposées : Praticables de scène, podiums, gradins, tribunes télescopiques, planchers d'expos, pistes de danse, grill technique • **Rayonnement** : International • **Références** : Amphithéâtre de la Sorbonne, Opéra Bastille, Cité de la Musique, Opéra de Marseille, Zénith de Paris

ETS LAHILLE SARL

✆ **05 61 24 72 12 / 05 61 24 10 79** • fax 05 61 24 72 16
contact@lahille.com • **www.lahille.com**
ZI Cassé 2 • 10 rue Jean Monnet • 31240 **ST JEAN**

Lionel REYNET (Gérant)

Prestations proposées : Location de chapiteaux, planchers, podiums, éclairage, chauffage, tables, fauteuils, chaises • **Rayonnement** : Régional

Les **FOURMIS**

✆ **02 96 80 27 74 / 06 62 30 26 40** • fax 02 96 80 27 74
contact@lesfourmis.net • **www.lesfourmis.net**
Les Villes Joies • 22130 **ST LORMEL**

Thomas SCHMITT (Programmateur) • Didier PORTE (Gérant)

Prestations proposées : Location tout type de matériel de festivité dont tentes et chapiteaux • **Rayonnement** : National • **Références** : Les Fennecs, Equitexpo, Les Energies (Soulac)

GAY LOCATION GROUPES

✆ **03 26 68 08 73** • fax 03 26 65 47 55
celine-toulon@gay-electricite.com • **www.gay-electricite.com**
5 av. Ampère • 51008 **CHALONS EN CHAMPAGNE CEDEX**

Stéphane KOBA (Responsable locations)

Prestations proposées : Location/vente de groupes électrogènes de 15 à 2 500 kW (insonorisés), transfos, citernes, câbles, transport et déchargement, vente et maintenance, électricité industrielle • **Rayonnement** : International

HERTZ ENERGIE SERVICES

✆ **01 39 72 69 16** • fax 01 39 72 61 95
pgerard@hertz.com
7 rue de l'Activité • 78700 **CONFLANS STE HONORINE**

Patrick GERARD (Chargé d'affaires)

Prestations proposées : Location de groupes électrogènes de 13 à 2 000 KVA, insonorisés et super insonorisés, intervention technique 24h/24, distribution électrique, armoires cablages • **Rayonnement** : National, Europe • **Références** : Festivals, concerts, collectivités locales et territoriales, etc.

HONDA FRANCE S.A

✆ **01 60 37 30 00** • fax 01 60 37 30 99
espaceclient@honda-eu.com • **www.honda-equipement.fr**
Parc d'activité Parisest • Allée du 1er mai, Croissy Beaubourg • BP 46
77312 **MARNE LA VALLEE CEDEX 2**

Marc SENE (Responsable communication / marketing)

Prestations proposées : Groupes électrogènes jusqu'à 12 kW essence, supports, motoculture, etc. • **Rayonnement** : International

JAULIN SA

✆ **01 69 79 20 20** • fax 01 69 79 00 00
commercial@jaulin.com • **www.jaulin.com**
ZA de la Butte aux Bergers • 10 rue Lindbergh • 91380 **CHILLY MAZARIN**

Nadine JAULIN (Directrice commerciale)

Prestations proposées : Location de structures, tentes, podiums, gradins, scènes couvertes, climatisation, chauffage, éclairage, son, lumière, sanitaires, mobilier, loges, barrières ; atelier de décoration : menuiserie, ferronerie, tapisserie, peinture, etc. • **Rayonnement** : International • **Références** : Rolling Stones, festival de St-Denis, les Trois Ténors, C. Dion, J. Hallyday, Star Academy, Jazz in Marciac, Rock en Seine, etc.

LAVAL FANNI ORGANISATION

✆ **01 64 05 93 48** • fax 01 60 62 70 33
contact@laval-fanni.com • **www.laval-fanni.com**
5 rue Réaumur • 75003 **PARIS**

Jean-Michel CAROL (Directeur d'exploitation) • Sylvie DEMAURY (Assistante commerciale)

Prestations proposées : Location de chapiteaux, tentes, structures, podiums, gradins, conception et réalisation de décors • **Rayonnement** : Europe • **Références** : Festivals, manifestations publiques, conventions

LAYHER SAS

✆ **01 64 76 84 00** • fax 01 64 76 89 89
eric.limasset@layher.fr • **www.layher.fr**
Parc du Bel air • 17 av. Joseph Paxton • 77164 **FERRIERES**

Éric LIMASSET (Président)

Prestations proposées : Vente, location, ingénierie d'échafaudages, podiums, tours régies, lumière, son • **Rayonnement** : National • **Références** : Johnny Hallyday, Grand Stade, Piste de ski, Euro Disney, Maison de la radio, etc.

LOCA FÊTE SERVICES

✆ **03 22 78 81 69** • fax 03 22 78 89 99
loca.fetes@wanadoo.fr • **www.locafetes.com**
49 rue de l'Eglise • 80500 **GATRIBUS**

Hervé CAFFIER (Gérant)

Prestations proposées : Location, fabrication, vente de chapiteaux, tout matériel de réception, chauffage, tentes de réception homologuée, parquet, location de matériel de sonorisation, etc. • **Rayonnement** : Picardie et IDF • **Références** : Jazz à Amiens, Zénith (Amiens)

LOCAREST

✆ **03 88 39 84 84 / 06 15 79 35 44 / 03 88 39 28 14**
fax 03 88 39 66 04
locarest@locarest.com • **www.locarest.com**
33 rue du Maréchal Lefebvre • BP 50094
67024 **STRASBOURG CEDEX 1**

Olivier PFEIFFER (Responsable technique)

Prestations proposées : Location de groupes électrogènes de 4 à 365 kW (80 dB à 1 m) • **Rayonnement** : Régions Est et IDF

LUMEX

✆ **01 46 30 13 26** • fax 01 46 32 85 30
lumex.safari@wanadoo.fr • **www.lumexcinema.fr**
Route du Plessis Piquet • 92290 **CHATENAY MALABRY**

Gilles ROUSSEAU (Président / Directeur technique) • Philippe LAPEYRE (Directeur commercial)

Prestations proposées : Location de groupes électrogènes, éclairage scénique • **Rayonnement** : International • **Références** : Euro Disney, France Télévisions, TF1, GP de France, Tour de France, NRJ Music Award, Fête de la Musique (France 2), Nouvelle Star (M6)

MAGIC MIRRORS

✆ **00 32 14 63 52 07** • fax 00 32 14 63 48 82
info@magicmirrors.com • **www.magicmirrors.com**
Grotenhoutlaan 9 • 2300 **TURNHOUT (BELGIQUE)**

Alex MEDER (Directeur) • Daniela DUMITRU (Assistante)

Prestations proposées : Locations de chapiteaux type Magic Mirrors, de 16 à 32 m de diamètre, 50 à 1 000 pl. • **Rayonnement** : International • **Références** : PdB, Sziget, Eurosonic, Midem, ville d'Aubervilliers, etc.

MAGIC MIRRORS VAN ROSMALEN

✆ **06 87 69 86 46 / +31 345 633 336** • fax +31 345 633 334
info@vanrosmalen.com • **www.vanrosmalen.com**
87120 **EYMOUTIERS**

Mélanie PLAZANET (Responsable France)

Prestations proposées : Location de Magic Mirrors, courte ou longue durée, forfait comprenant le montage, démontage, assurances, etc. • **Rayonnement** : International • **Références** : Etonnant Voyageur, Francophonies, Francofolies, BD à Angoulème, JO de Londres, PdB

MAGNUM

✆ **01 30 11 60 90** • fax 01 30 11 60 91
info@magnum.fr • **www.magnum.fr**
ZI de la Grande Couture • 99 rue de Paris • 95500 **GONESSE**

Stanislas SURUN (Directeur des Ressouces Humaines) • Jérôme CHUPIN (PDG) • Didier BELZEAUX (Directeur commercial)

Prestations proposées : Ponts, moteurs, hi-tower, lest, embases, solutions de levage, énergie électrique provisoire, armoires et coffrets électriques de 16 à 2 400 A, raccordement sur groupe électrogène ou source EDF, onduleurs sur semi-remorques, éclairage d'ambiance et de sécurité, distribution électrique de stands, salons, festivals, etc.

MILLS

✆ **01 48 35 65 65** • fax 01 48 37 20 52
info@mills.fr • **www.mills.fr**
82 rue Edouard Vaillant • BP 119 • 93351 **LE BOURGET CEDEX**

Fabrice FAY (PDG) • Jean-Marc FELTENS (Chef d'agence adjoint) • Lionel ETOUBLEAU (Responsable commercial)

Prestations proposées : Conception, fabrication, études, location, vente et mise en œuvre d'étaiements, d'échafaudages et de coffrages dans le BTP, l'industrie et l'événementiel • **Références** : Philex (Mondial du Timbre), Le Jardin Planétaire, 14 juil. 2003 à l'Assemblée Nationale, Le Téléthon, Zénith de Limoges, ampithéâtre de l'UFR d'Angers, déconstruction du terminal 2E à Roissy, Galeries Lafayette, etc.

PARC RÉGIONAL DE MATÉRIEL SCÉNIQUE DE L'ORCCA

✆ **03 26 70 46 43** • fax 03 26 70 18 38
parc@orcca.fr • **www.orcca.fr**
Espace d'activités de la Chaussée du Port • 33 rue de la Chaussée du Port
51000 **CHALONS EN CHAMPAGNE**

Daniel DOLLINGER (Responsable) • Pascal LEGOUIX (Régisseur / secrétariat administratif)

Office régional culturel Champagne-Ardenne • **Prestations proposées** : Mise à disposition de matériel audiovisuel, éclairage et sonorisation, matériel scénique et d'exposition pour manifestations culturelles sur la région. Formations techniques • **Rayonnement** : Régional

Le **PHALANSTERE**

✆ **06 08 95 38 03**
lephalanstere@yahoo.fr
3 venelle du Four du Mur • 29600 **MORLAIX**

Annaïck BERRET

Prestations proposées : Location d'un chapiteau de 28 m de diamètre et 615 m2 • **Références** : Festival du Film Insulaire à Groix

RAÏMA & MENESTRA

✆ **04 66 71 08 27 / 06 86 08 86 88**
contacteurl@raima-menestra.org • **www.raima-menestra.org**
8 ZA de Corata • 30250 **SOMMIERES**

Didier COLLIN (Gérant)

Prestations proposées : Catering, location de tentes, matériel événementiel (aménagement loge, décoration de salle, etc), stand restauration public, barnum, tentes caïdales et du monde • **Rayonnement** : National • **Références** : Garance Reggae festival, Eurockéennes, festival de Thau, le Domaine d'Ô, la Cie Malabar, Festival Font'Arts, Festival RenaissanceS, Mondial de l'Eau de Marseille, etc.

RÉGIE CULTURELLE RÉGIONALE

✆ **04 42 94 92 00** • fax 04 42 94 92 01 / 04 42 94 95 73
contact@laregie-paca.com • **www.laregie-paca.com**
Carrefour de La malle • CD 60D • 13320 **BOUC BEL AIR**

Jacky SABATIER (Directeur) • Véronique PRÉ (Responsable action culturelle)

Prestations proposées : Podiums, son, lumière, cinéma, bancs de montage A.V, salle de projection 16/35, parc de matériel son et lumière • **Rayonnement** : Régional

S.M.L

✆ **04 67 85 02 21** • fax 04 67 85 49 67
contact@sml-evenementiel.com • **www.sml-evenementiel.com**
Ch. du four à chaux • 34660 **COURNONTERRAL**

Hervé DOUMAYROU (Responsable) • Déborah LEGER (Assistante)

Spectacle Méditerranée Location • **Prestations proposées** : Location, montage de scènes, tribunes, chapiteaux, etc. • **Rayonnement** : National • **Références** : Féria, Fise, Intervilles, concerts et festivals, Parc expo, fête du vin, etc.

SAMIA DEVIANNE

✆ **04 67 94 52 52** • fax 04 67 50 53 66
samiadevianne@altrad.com • **www.altrad.com**
125 Rue du Mas de Carbonnier • 34000 **MONTPELLIER**

Bernard RUBIO (Directeur commercial) • Christian BOUCHENOIRE (PDG)

Prestations proposées : Podiums, échaffaudages, barrières, équipements de salles de spectacles, théâtres, zéniths et salles de grande capacité • **Rayonnement** : International

SARL STAGECO FRANCE

✆ **04 90 20 90 90 / 06 84 44 60 02** • fax 04 90 20 90 31
thierry.nataf@stageco.com • **www.stageco.com**
58 le Petit Palais • 84800 **L'ISLE SUR LA SORGUE**

Hedwig DE MEYER (Gérant) • Tom BILSEN (Responsable logistique) • Thierry NATAF (Responsable de projets) • Nathalie CLAVEYROLLE (Administratrice)

Prestations proposées : Structure scénique • **Rayonnement** : International • **Références** : Yannick Noah, Festival de Carcassonne, Taratata, Tournée M. Farmer, Stade de France, JO de Vancouver, Depeche Mode

SCÉNIQUE ASSISTANCE

✆ **02 31 78 77 52** • fax 02 31 78 77 44
contact-tmi@laposte.net
La rivière • 14220 **TOURNEBU**

Prestations proposées : Vérification périodique des infrastructures, machineries scéniques • **Rayonnement** : Régional et national • **Références** : Théâtre des Ursulines, le Cargö, la Renaissance, Puzzle, le Panta théâtre, le Quai des Arts, le BBC, etc.

SIDE-UP CONCEPT

✆ **04 66 77 15 94** • fax 04 66 77 15 93
suconcept@wanadoo.fr
4 route Impériale • 30610 **SAUVE**

Patrick CLODY (Gérant)

Prestations proposées : Conception, fabrication, vente & location de matériel scénique, structure, scène & machinerie • **Rayonnement** : International

SMTC

✆ **05 61 89 69 33** • fax 05 61 89 47 88
s.m.tc@orange.fr • **www.smtc31.fr**
Le Village • 31800 **ST IGNAN**

Sébastien CORNEIL (Gérant)

Prestations proposées : Scènes couvertes, podiums fixes ou mobiles, grills pour accroches, crash barrières, etc. • **Rayonnement** : National • **Références** : Festival Skabazac, Garorock, etc.

SOCIÉTÉ MÉRIDIONALE DE MATÉRIELS

✆ **04 42 18 99 33** • fax 04 42 18 99 55
contact@smm-events.com • **www.smm-events.com**
95 rue du Plantier - PA de Napollon • 13400 **AUBAGNE**

Frédéric MOSCHETTI (Directeur)

Prestations proposées : Barrières, chapiteaux, groupes électrogènes, podiums, sanitaires, couvertures de scène, scènes, gradins, loges, bungalows, tours, patinoires • **Rayonnement** : International • **Références** : Printemps des Lycéens, RoleyCup St Tropez, Harley Davidson à Port Grimaud, foire de Monaco, fête des Parcs, Fiesta des Suds, festival Jazz Cinq Continents

STACCO-FASCEN CONCEPT SPECTACLES

✆ **03 88 87 44 22** • fax 03 88 87 43 85
info@stacco.com • **www.stacco.com**
Parc d'activité économique Les Pins • 67310 **WASSELONNE CEDEX**

Raymond SCHWEITZER (PDG)

Prestations proposées : Vente et location d'équipements scéniques du type scènes couvertes, podiums, grills techniques, tours de levages, motorisation, passages de câbles, barrières anti-panique. Possibilités d'études spécifiques sur demande • **Rayonnement** : International • **Références** : Festival des Art Nègres (Dakar), Y. Noah, Calogero, P. Kaas, M. Sardou, Renaud, J. Hallyday, PdB, Francofolies, Adam & Eve, Dracula

STAGE OI

✆ **06 92 77 46 34** • fax 02 62 44 40 87
stageoi@orange.fr • **www.stageoi.com**
111 rue Marius et Ary Leblond • appt 1
97410 **ST PIERRE, REUNION (REUNION)**

Ian HENDERSON (Gérant)

Prestations proposées : Vente et location d'équipement scénique, prestation son, lumière, vidéo et structure • **Rayonnement** : Océan indien • **Références** : Garou, Shah Rhu Khan, Lorie, Sakifo Music Festival

SUNDGAU CAR PODIUM INTERNATIONAL

✆ **06 42 80 56 67**
contact@scpi-podiums-mobiles.com
www.scpi-podiums-mobiles.com
1 rue de Oltingue • 68220 **LIEBENSWILLER**

Fabien ENDERLIN (Gérant)

Prestations proposées : Location de podiums mobiles de 48 à 200 m2 • **Références** : SFR Live Concerts, Jamaica Party, etc.

SWEATLODGE

✆ **06 64 32 60 20 / 06 80 82 96 65 / 09 81 63 57 49**
martin@sweatlodge.fr • **www.sweatlodge.fr**
378 Route de Sainte Luce • 44300 **NANTES**

Anaïs DEL CAMPO (Coordinatrice / Chargée de diffusion et de communication)

Prestations proposées : Location de 2 Chapiteaux de Cirque (15x20 m, 500 pers. debout ou 300 en gradins ou chaises / 13 m rond, 300 personnes debout), prestations son, lumière, vidéo, ameublement (scène, bar, plancher), régie technique, etc. • **Rayonnement** : National • **Références** : Festival à tout vent, Hiphop Session, Festiroc, La Deferlante, Sos Racisme, Les Irreductibles Fest, Camp Climat, Musentroc, Handiclap Fest, Archiculture Fest, Centre Accoord, Salle Jean Carmet, Aballo Fest, Itiniraire Bis, Megalitik Fest, Quai Des Chaps Fest, Aballo Fest, Trait d'Union, etc.

TOUS CES CHAPS

✆ **02 43 88 93 64** • fax 02 43 88 93 64
info@tousceschaps.org • **www.tousceschaps.org**
ZI la Bodinière • 72210 **ROEZE SUR SARTHE**

Fabrice GERVAISE (Responsable technique et artistique)

Prestations proposées : Location chapiteaux (15x20 m, surface 250 m2 & 24 m rond, surface 480 m2), matériel technique, décoration • **Rayonnement** : National

TRANSPALUX

✆ **01 47 99 03 33** • fax 01 47 98 59 53
transpalux@transpalux.com • **www.transpalux.com**
3/5 rue de l'Industrie • 92230 **GENEVILLIERS**

Didier DIAZ (PDG) • Dominique RIGAUX (Directeur administratif) • Richard SARFATI (Commercial) • François CHENIVESSE (Commercial)

Prestations proposées : Location de groupes électrogènes insonorisés de 2 à 800 kW et de matériel d'éclairage (audiovisuel, événementiel, etc.) • **Rayonnement** : France, Europe

VO CONCEPT

✆ **01 41 83 23 00** • fax 01 41 83 23 01
f.gouy@voconcept.com • **www.voconcept.com**
ZI du Parc • 10 rue Ravel • 93135 **NOISY LE SEC CEDEX**

François GOUY (Ingénieur commercial) • Olivier OREFICE (Service commercial)

Prestations proposées : Décoration en textile extensible, couverture imperméable sur mesure, décoration de rues, écrans géants, signalétique d'exposition • **Rayonnement** : International • **Références** : Jazz in Marciac, Trophée Lalique, parc de Marne-la-vallée, Stade de France, etc.

YES HIGH TECH

✆ **04 77 33 73 69** • fax 04 77 33 77 44
yeshigh@cegetel.net • **www.yeshigh.fr**
20 rue St Joseph • 42000 **ST ETIENNE**

YHT • **Prestations proposées** : Montage de scène ouverte découverte, montage de pieds de levage, ponts et structures, high-tower, praticables. Installation et mise en œuvre électriques : armoires électriques (32A, 63A, 125A, monophasées, triphasées) • **Rayonnement** : National, régional • **Références** : Illumination de la ville de Firminy, festival du rempart, fête de la musique, avatarium, etc.

APG FRANCE

✆ **01 30 18 92 70** • fax 01 30 18 92 71
contact@apg.tm.fr • **www.apg.tm.fr**
Site Valnor - ZI Haute • 19 bis rue des Ecoles • 95500 **LE THILLAY**

Philippe FRARIER (Gérant) • Grégory DAPSANCE (Directeur général) • Philippe PELMELLE (Chargé d'affaires) • Mathieu DELQUIGNIES (Ingénieur support, chargé de clientèle)

Type(s) d'activité(s) : Distributeur et fabricant de système de sonorisation professionnel • **Matériel(s) fabriqué(s)** : Enceintes acoustiques et processeurs électroniques

ATC

✆ **01 47 86 96 00** • fax 01 46 49 07 33
atc@atc-fr.com • **www.atc-fr.com**
ZA du Petit Nanterre • 37 rue des Peupliers • 92752 **NANTERRE CEDEX**

Pascale FOUGEROLLE (Directrice) • Didier BOURGEOIS (Responsable département acoustique)

Matériel(s) distribué(s) : Limiteurs de niveau sonore et sonomètres de marque Cesva

AUDIO SUD

✆ **04 67 27 43 05** • fax 04 25 87 85 64
audiosud@audiosud.com • **www.audiosud.com**
Route de Laverune • Montée du Terral • 34430 **ST JEAN DE VEDAS**

Francis LA SPINA (Gérant) • Nadine CARPENTIER (Assistante commerciale)

Matériel(s) distribué(s) : MC Cauley (haut-parleurs), Altair (AMP, filtres, égaliseurs), Eurocable (câbles audio/vidéo, digitaux, coaxiaux), Amphenol (connecteurs audio), Link (connecteurs et access. de câblage), Stabren (structures anti-vibratoires), Chiayo (MIC vhf-uhf), Omnya et Creator (système de conférence), MRC Audio (limiteurs), CONS. Socapex (connecteurs audio et lumière), Wavenet (unité de reportage et liaison longue distance), RAM (AMP), Hortus Audio (enceintes), Eclipse (projecteurs à LED), pupitres • **Matériel(s) fabriqué(s)** : TAG (systèmes acoustiques, portables et autonomes), Hortus Audio (enceintes)

AUDIO-TECHNICA

✆ **01 43 72 82 82** • fax 01 43 72 60 70
info@audio-technica.fr • **www.eu.audio-technica.com/fr**
11 rue des Pyramides • 75001 **PARIS**

Richard GARRIDO (PDG) • Evangéline PIROT (Responsable marketing) • Marie TROFF (Responsable des ventes France)

Type(s) d'activité(s) : Fabricant de MIC, casques audio, systèmes sans fil, etc. ; distributeur D&M Pro

AVAB TRANSTECHNIK FRANCE

✆ **01 42 43 35 35** • fax 01 42 43 08 05
info@avab.fr • **www.avab.fr**
62/64 rue Danielle Casanova • 93200 **ST DENIS**

Jean-Louis PERNETTE (Directeur commercial)

Type(s) d'activité(s) : Importation, distrib., revente et installations de matériels d'éclairages scéniques et architecturaux, assistance à la programmation, conception de projets d'éclairages, maintenance, formation • **Matériel(s) distribué(s)** : Pupitres, projecteurs à LED & accessoires, Logiciels de modélisation d'éclairages, gradateurs, communication DMX HF, changeurs de couleurs Dichroïques S4

AVLS

✆ **01 44 73 07 07** • fax 01 44 73 97 90
avls@avls.fr • **www.avls.fr**
2 bd de la Bastille • 75012 **PARIS**

Jean-François AUGIER (Responsable) • Pascal HUSSON

Audio vidéo light services • **Matériel(s) distribué(s)** : Sonorisation : Behringer, Soundcraft, Pioneer, Ecler, etc. ; éclairage : Starway, etc. ; enceintes, connectique, flight-cases, etc.

BOSE FRANCE

✆ **09 69 32 05 46**
bertrand_nobilet@bose.com • **www.bose.fr**
12 rue Témara • 78100 **ST GERMAIN EN LAYE**

Patrick PERRIN (Directeur) • Dominique MARPHAY (Directeur technique) • Bertrand NOBILET (Attaché de presse) • Nathalie AYACHE (Attachée de presse)

Matériel(s) distribué(s) : Cloud, Marantz • **Matériel(s) fabriqué(s)** : Bose

La BOUTIQUE DU SPECTACLE

✆ **01 45 81 68 00** • fax 01 45 81 67 00
contact@la-bs.com • **la-bs.com**
17 rue Vergniaud • 75013 **PARIS**

Aurélien MEIGNAT (Responsable des ventes)

Type(s) d'activité(s) : Vente de matériel technique et de documentation sur le spectacle, vidéos, photo, outillage, maintenance, maquillage, effets spéciaux • **Matériel(s) distribué(s)** : Lumière, audio, vidéo, structure aluminium, matériel de levage et d'accroche, distribution électrique accessoires de scènes & consommables ; importateur de Doughty, K&M, Rosco, etc.

C17 SFX

✆ **01 49 60 11 11** • fax 01 49 60 09 09
info@c17sfx.com • **www.c17sfx.com**
5 Rue des Marronniers • 94240 **L'HAY LES ROSES**

Christian QUENIART (Directeur de projet) • Didier CHAMBROUX (Directeur de projet) • Loraine RAYMOND (Chargée de projets)

Matériel(s) distribué(s) : FX spéciaux scéniques : Look (machines à fumée, liquides), Safex (pyrotechnie, liquides), Light Emotions (flûtes lumineuses) ; location de canons à confettis, à serpentins, à neige, machines à vent, jets de Co2, machines à bulle, à fumée, à fumée lourde, à brouillard, flammes, flogo, etc.

CLAY PAKY FRANCE

✆ **01 69 02 74 60** • fax 01 69 02 74 61
claypaky@claypaky.fr • **www.claypaky.fr**
ZI des Radars • 11 rue de l'Abbé Grégoire • 91350 **GRIGNY**

Olivier BORDINI (Directeur) • Anne-Marie OUVRARD (Assistante commerciale) • Remi DERRUAU (Responsable technique)

Matériel(s) distribué(s) : Tte la gamme Clay Paky

CP FRANCE

✆ **04 66 61 03 03** • fax 04 66 61 03 04
contact@cpfrance.com • **www.cpfrance.com**
1775 route de Nimes • 30560 **ST HILAIRE DE BRETHMAS**

Denis LOUBIER (Responsable)

Matériel(s) distribué(s) : Racks et valises SKB, valises Pelicases, acc. flight-cases Penn Fab

DIGILIGHT

✆ **03 81 91 13 99** • fax 03 81 94 95 08
contact@digilight.fr • **www.digilight.fr**
29 rue des Roses • 25630 **STE SUZANNE**

Patrick DUPONT (Directeur)

Matériel(s) distribué(s) : NSI, Leprecon, Teatronics, Weststar, Electronic Diversified, Jands, Theatrelight (jeux d'orgue) • **Matériel(s) fabriqué(s)** : Digilight, blocs de puissance

DIMATEC SAS

✆ **01 69 02 10 21** • fax 01 69 02 10 51
info@dimatec.net • **www.dimatec.net**
ZI des Radars • 11 rue de l'Abbé Grégoire • 91350 **GRIGNY**

Olivier BORDINI (Directeur commercial) • Anne-Marie OUVRARD (Assistante commerciale) • Stephane SAMAMA (Commercial) • Sebastien CAPLOT (Assistant commercial)

Matériel(s) distribué(s) : Projecteurs d'éclairage de prises de vues, projecteurs à LEDs, de spectacles et d'architecture. CONS de jeux d'orgues et gradateurs, structures et pieds, filtres, gobos standards et sur mesures, lampes et autres consommables, proj. asservi. Clay Paky, Rosco, Sixtema, Smoke Factory, Teclumen, Eurofilter, Indu Elec, Lemark, Lowel, Milos, Avenger / Manfrotto, Avolites, Cosmolight, Desisti

DV2

✆ **03 87 30 00 00** • fax 03 87 32 83 25
dv2@dv2.fr • **www.dv2.fr**
2 rue de la Gillière • 57140 **NORROY LE VENEUR**

Guy VIGNET (Directeur) • Didier DAL FITTO (Directeur technique) • Denis GUICHARD (Commercial) • Patrick LEGARD (Commercial)

Matériel(s) distribué(s) : Systèmes de sonorisation Adamson, AMP Lab Gruppen, XTA & Lake processeurs num, hauts parleurs Tannoy

ÉLECTRONIQUES AUDIO

✆ **04 75 47 45 20** • fax 04 75 47 45 20
mediastech@wanadoo.fr • **pagesperso-orange.fr/ea**
Les Réveilles • 26420 **LA CHAPELLE EN VERCORS**

Benoit GEORGE (Technicien)

Type(s) d'activité(s) : Station technique de SAV audio

ESL SA

✆ **04 99 13 28 28** • fax 04 99 13 28 29
esl@esl-france.com • **www.esl-france.com**
982 av. des Platanes • Boirargues • 34970 **LATTES**

Alain CORNEVAUX (Directeur technique) • René PUJALTE (Directeur général)

Matériel(s) distribué(s) : Jands, Doughty, Artistic Licence, Wysiwyg, Rosco, Leprecon, Look, Chroma-Q, DTS, Socapex, Selecon, Enttec, Quicktruss, Milos, Jandsvista, PCE, Tema, Donati, Link, Elation, Acclaim, Manfrotto • **Matériel(s) fabriqué(s)** : Fabication de rideaux de scène, câblage audio et éclairage

EUROPSONIC

✆ **04 77 71 71 06** • fax 04 77 70 33 40
info@europsonic.fr • **www.europsonic.fr**
7-9 rue Cuvier • 42302 **ROANNE CEDEX**

Sébastien MAITREJEAN (Responsable)

Matériel(s) distribué(s) : Importateur : Europsonic, ERS, Technylight, Technysound, AV-Leader

FENDER FRANCE

✆ **08 25 00 23 39** • fax 01 47 30 32 43
frenchmarketing@fender.com • **www.fender.fr**
Espace Clichy • 34 rue Mozart • 92587 **CLICHY**

Patrick JACQUART (Directeur général) • Lionel GIRARDON (Directeur du marketing)

Matériel(s) distribué(s) : Fender, Squier, Jackson, Gretsch, SWR, Tacoma, Olympia, Orpheum, Guild, Benedetto, Charvel, EVH

FERRIER E.U.R.L.

✆ **06 92 67 28 07** • fax 02 62 29 10 48
ferrier@wanadoo.fr
37 rue Adolphe Ramassamy • 97490 **STE CLOTILDE (REUNION)**

Johnny FERRIER (Gérant)

Matériel(s) distribué(s) : Turbosound, Mach, Martin MAC, QSC, DAS, RVE • **Matériel(s) fabriqué(s)** : Flights-cases, installations

GEMAR LUMITEC

✆ **03 88 96 80 90** • fax 03 88 96 48 46
info@gemarlumitec.fr • **www.gemarlumitec.fr**
ZI • 13 rue Alfred Kastler • 67850 **HERRLISHEIM**

Thomas CHRISTMANN (Directeur) • Pierre FRITZ (Service technique)

Matériel(s) distribué(s) : Global Truss, Sirus (hauts-parleurs, TBX, lecteur CD, casque), Varytec, Fenix (pieds de levage), GLP, Gemar Deco

GLOBAL TRADING SERVICES

✆ **01 34 59 36 45** • fax 09 70 60 25 39
info@beyma.fr • **www.globaltradingservices.eu**
Imp. des Broderies • 78310 **COIGNIERES**

Carlos GOMES (Directeur) • José MATURANA (Responsable de l'export)

Matériel(s) distribué(s) : HP (Beyma), matériel scénique (Guil), son (V-/&DB)

IMS DISTRIBUTION

✆ **02 32 53 14 45 / 06 08 28 38 61** • fax 02 32 69 48 78
contact@ims-distribution.com • **www.ims-distribution.com**
ZAC des champs chouette • 27600 **ST AUBIN SUR GAILLON**

Jacky BOISSEL (Gérant)

Matériel(s) distribué(s) : GT : cordes du bas, ORG liturgiques (Viscount), AMP électroacoustiques, enceintes actives et passives, MIC Rode

IPE MUSIC

✆ **02 51 32 20 35** • fax 02 51 21 14 46
renseignement@ipemusic.com • **www.prodipe.com**
Z.A des Gloriets • 20 rue Clément Ader • 85340 **OLONNE SUR MER**

Jean-Luc MASSON (Gérant) • Marie-Laure MASSON (Directrice de la communication)

Prodipe • **Matériel(s) distribué(s)** : Informatique musicale : Prodipe, MakeMusic!, Arobas, PG Music, etc. • **Matériel(s) fabriqué(s)** : Enceintes de monitoring, MIC, casques, claviers arrangeurs, interfaces

ISCHELL MICROPHONE SYSTEMS

✆ **02 40 85 18 45 / 06 62 09 54 91**
info@ischell.com • **www.ischell.com**
119 imp. de la Gare • 44800 **ST HERBLAIN**

Gérard MICHELET (Gérant)

Type(s) d'activité(s) : Fabrication de syst. de MIC pour instrus acoustiques • **Matériel(s) distribué(s)** : Inside C, inside Box+CPJ, MK One+CPJ, MSK2+ACPJ, etc.

JEAN-CHARLES JULIAT

✆ **03 44 26 51 89** • fax 03 44 26 90 79
info@robertjuliat.fr • **www.robertjuliat.com**
32 rue de Beaumont • 60530 **FRESNOY EN THELLE**

Jean-Charles JULIAT (Président) • François JULIAT (Directeur général) • Séverine ZUCCHIATTI (Responsable de la communication)

Matériel(s) distribué(s) : Robert Juliat • **Matériel(s) fabriqué(s)** : Eclairage scénique

L-ACOUSTICS

✆ **01 69 63 69 63** • fax 01 69 63 69 64
info@l-acoustics.com • **www.l-acoustics.com**
13 rue Levacher Cintrat • Parc de la Fontaine de Jouvence • 91462 **MARCOUSSIS CEDEX**

Christian HEIL (PDG) • Stéphane ECALLE (Directeur du marketing) • Sandrine PIGNON (Assistante marketing)

Matériel(s) distribué(s) : L-Acoustics • **Matériel(s) fabriqué(s)** : ECO, ACC, AMP

LINEAR TECHNOLOGIE

✆ **04 77 81 49 49** • fax 04 77 81 49 40
emilie@lineartech.fr • **www.lineartech.fr**
11 rue du Puits Rochefort • 42100 **ST ETIENNE**

Philippe SERVANT (Directeur technique & commercial) • Cindy FISCHER (Responsable commerciale) • Emilie THIVARD

Matériel(s) distribué(s) : Matériel de sonorisation, éclairage, structure • **Matériel(s) fabriqué(s)** : Eclairage, Gradateurs, distribution électrique, systèmes de sonorisation, systèmes d'intercom, structures

M.H. DIFFUSION

✆ **01 69 92 67 50** • fax 01 69 92 67 77
info@mhdiffusion.fr • **www.mhdiffusion.fr**
Z.A Les Marsandes • 9 rue Camille Flammarion • 91630 **AVRAINVILLE**

Fabrice STAVROPOULOS (Directeur) • Richard LEREUIL (Directeur des ventes) • Claire JOVET (Responsable de la communication et du marketing) • Sylvain DUFOUR (Responsable SAV)

Matériel(s) distribué(s) : Importateur/distributeur : Antari, Behringer, Britek, Coef, Deck Saver, F.A.L, Fane, Ghost, Glorious Dj, Jaytech, JB Systems, Mac Mah, MHD, Orphée, Phonic, Precision Device, Reloop, Selenium, Sinn7, Synq, Vestax, Zensation

MAJOR AUDIO

✆ **01 48 37 65 01** • fax 01 48 37 36 89
infos@major-audio.com • **www.major-audio.com**
12/14 rue Hélène Boucher • 93350 **LE BOURGET**

Bruno THIERRY (Directeur général) • Alexandre ORTIZ-DIEZ (Responsable Produit)

Matériel(s) distribué(s) : Major Audio : Apex (casques), ART (traitement de son, préAMP à lampes, égaliseurs, mixeurs), B&C (HP, moteurs et pavillons), Ki-Audio (connectique, multipaires, casques), KRK (monitors de studio), Mipro (combinés/enceintes/lecteurs CD et MIC HF), Stanton (matériel professionnel pour DJs), Yorkville (enceintes, Public-Adress, syst. de diff passifs et actifs), FBT (enceinte bois et PVC, système de diffusion passifs et actifs avec processeur DSP, Line Array), HPA Electronics (AMP, CONS mixage, public adress, etc.), Kempton (accessoires)

MISTER ARTUR

✆ **01 80 82 52 10** • fax 01 80 82 52 11
contact@mister-arthur.com • **www.mister-arthur.com**
8 rue de l'Orme • 66400 **OMS**

Patrick GERICAULT (Responsable)

Type(s) d'activité(s) : Vente matériel d'occasion • **Matériel(s) distribué(s)** : Tous matériels audio, light, structure d'occasion ou de démo, etc.

NEXO SA

✆ **03 44 99 00 70** • fax 03 44 99 00 30
info@nexo.fr • **www.nexo.fr**
ZAC du Pré de la Dame Jeanne • BP 5 • 60128 **PLAILLY**

Jean-Jacques VIAS (Responsable commercial) • Paul MASSIANI (Directeur France (Projets & Grands comptes)) • Stéphanie ALONSO (Responsable des ventes et du marketing)

Matériel(s) fabriqué(s) : PS R2, LS600, LS400, PSTD-V3, RS15, RS18, ALPHA, ALPHA E, NX242, NX242ES4, GEOS8, GEOS12, GEOD10, GEOT, CD12, CD18, NXAMP4X1, NXAMP4X4, 45N12

PERFORMAS

✆ **03 87 69 02 60** • fax 03 87 69 02 61
info@performas.fr • **www.performas.fr**
41/43 rue de Jouy • 57160 **MOULINS LES METZ**

Philippe MARCONI (Gérant)

Matériel(s) fabriqué(s) : Limiteurs acoustiques Debea (conformes à la réglementation : décret 98/1143), afficheurs de niveau sonore (KELSON, SENSIBEL)

PICTO

✆ **01 41 16 39 39** • fax 01 41 16 39 35
sylvainh@picto.fr • **www.picto.fr**
40 rue du Moulin des Bruyères • 92400 **COURBEVOIE**

Philippe GASSMANN (Directeur général et commercial) • Michel VAISSAUD (Directeur production et R&D)

Matériel(s) distribué(s) : Impression num. sur bâche, tissus, voilages, papiers plastifiés, systèmes de visuels grands formats autoportants

PIONEER

✆ **01 39 96 60 00 / 09 69 36 80 50 / 08 10 81 02 05**
fax 01 39 96 60 06
entertainment@pioneer.fr • **www.pioneer.fr**
6 av. du Marais • 95816 **ARGENTEUIL**

RAMI

✆ **01 64 66 20 20** • fax 01 64 66 20 30
rami@ramiaudio.com • **www.ramiaudio.com**
7 rue Raoul Follereau • 77600 **BUSSY ST GEORGES**

Rémi MARTIN (Ingénieur / Commercial)

Matériel(s) distribué(s) : Rami, Amix • **Matériel(s) fabriqué(s)** : Audio, CONS. de radiodiffusion, insert téléphonique, AMP casque, monitoring, station de travail USB, pupitre commentateur

ROBOLIGHT

✆ **01 43 76 00 30 / 06 09 12 25 36** • fax 01 48 93 81 83
robolight@free.fr • **robolight@free.fr**
22 av. des Peupliers • 94000 **CRETEIL**

Jean-Pierre FRANJOU (Directeur)

Type(s) d'activité(s) : Eclairage, conception lumières, fabrication sur-mesure • **Matériel(s) distribué(s)** : Distributeur Optikinetics

ROLLERBOX FRANCE

✆ **04 78 54 21 21** • fax 04 72 33 01 09
contact@rollerbox.com • **www.rollerbox.com**
ZI La Rize • 22 rue Francine Fromont • 69120 **VAULX EN VELIN**

Denis LOUBIER (Directeur général) • Bruno FUCHY (Responsable commercial)

Matériel(s) distribué(s) : Flight-cases, bagages industriels, pelicases, transport-cases

RYTHMES & SONS SARL

✆ **03 88 65 06 15** • fax 03 88 67 09 34
contact@r-sons.com • **www.r-sons.com**
18 rue Cor de Chasse • 67400 **ILLKIRCH GRAFFENSTADEN**

Claude WALTER (Gérant) • Catherine WALTER (Responsable adlinistrative et commerciale) • Marc BAUMSTIMER (Commercial flight-cases / Responsable du bureau d'étude) • Chloé WALTER (Assistante commerciale) • Stéphane THIEBAUT (Assistant commercial)

Type(s) d'activité(s) : Conception, fabrication et distribution de flight-cases, de mobilier, d'orchestre • **Matériel(s) distribué(s)** : Mobilier d'orchestre : pupitres & éclairages de pupitres, podiums, réflecteurs et écrans acoustiques, etc. ; flight cases : malles, valises & bacs, bacs à câbles, flight cases pour l'éclairage, l'audio, la vidéo, l'orchestre, pour levage & structure, etc. • **Matériel(s) fabriqué(s)** : Flight-cases standards et sur mesures pour le rangement, le rackage 19'', le son, l'éclairage, la vidéo, le levage, les instruments, les costumes ; podiums de direction, pupitres, éclairages de pupitres, chaises de mus., réflecteurs acoustiques, etc.

SCV AUDIO

✆ **01 48 63 22 11** • fax 01 48 63 22 92
scv-audio@scv.fr • **www.scv.fr**
78 allée des Erables • BP 55056 Villepinte • 95947 **ROISSY CDG CEDEX**

Arnaud LESCHEMELLE (Responsable PDG) • Christophe MASSON (Marketing & Communication) • Thierry LAMOTTE (Responsable marché Musique)

Matériel(s) distribué(s) : AKG, BSS, Crown, DBX, JBL Professional, Lexicon, Soundcraft, Fast Line, Flux, Joeco, NTI Audio, K&M, Littlite

SENNHEISER FRANCE

✆ **01 49 87 03 00** • fax 01 49 87 03 24
accueil@sennheiser.fr • **www.sennheiser.fr**
128 bis av. Jean Jaurès • 94851 **IVRY SUR SEINE CEDEX**

Didier CHAGNON (Gérant) • Alain RICHER (Directeur pôle professionnel) • Yvan BOILEAU (Directeur de la communication) • Michael GRANDON-CLOUET (Chef des ventes Pôle Grand Public) • Nicolas BERNARD (Chef des ventes pro) • Christophe MATERNE (Directeur des ventes pro)

Matériel(s) distribué(s) : Neumann (MIC), Fostex (home studio num.), Ortofon (cellules de lecture), QSC audio (AMP pro), Koenig & Meyer (pieds de MIC), Tascam, Drawmer, etc. • **Matériel(s) fabriqué(s)** : MIC, casques HF, systèmes transmission HF

SUD RÉGIE

✆ **04 91 02 05 29 / 06 22 94 75 57 / 06 22 94 75 42**
fax 04 91 02 05 54
sudregie@wanadoo.fr • **www.sudregie.com**
160 ch. de la Madrague Ville • 13015 **MARSEILLE**

Claude VANDEVOORDE (Gérant)

Matériel(s) distribué(s) : Distributeur Europodium. Structures acier et aluminium, pont de scène, scènes traditionnelles et couvertes, praticables, podiums et gradins mobiles

TRM

✆ **01 41 18 90 03** • fax 01 41 18 79 65
gestion@trm.fr • **www.trm.fr**
55 rue Carnot • 92100 **BOULOGNE BILLANCOURT**

Henri-Dominique SAUMON (PDG) • Frédéric GAMAS (Directeur commercial) • Jérôme LOUNNACI (Administration des ventes)

Type(s) d'activité(s) : Importateurs et distributeurs d'équipements, consommables & matériel audio-vidéo • **Matériel(s) distribué(s)** : Éclairage, sonorisation, vidéo, accessoires, supports d'enregistrement tournage, photo, etc.

U.H.F

✆ **02 23 30 00 37** • fax 08 26 38 28 50
u.h.f@wanadoo.fr • **www.uhf.fr**
11 bis rue de la Frébardière • 35510 **CESSON SEVIGNE**

Damien JAN (Gérant)

Matériel(s) distribué(s) : Location et prestation de matériels de transmissions HF : Sennheiser, Shure, Motorola, Radiocom, Bosch Integrus

VARIA FRANCE

✆ **01 42 09 53 96** • fax 01 42 05 75 18
contact@varia.fr • **www.varia.fr**
8 rue Jean Cottin • 75018 **PARIS**

Natalie du PAVILLON (Responsable)

Type(s) d'activité(s) : Tous les services scéniques et scénographiques • **Matériel(s) fabriqué(s)** : Tissus non-feu M1, de 1 à 12 m de large sans couture d'assemblage, confection, écran, ignifugation, miroirs super légers, toiles incrustées, rideaux à fils jusqu'à 20 m de haut, M1 imprimable, tulles 17 x 50 m, velours, feuillage, VariAirdisplay, etc.

ALGAM SAS

✆ **02 40 18 37 00** • fax 02 40 18 37 15
mcirichelli@algam.net • **www.laboitenoiredumusicien.com**
Parc d'Activités des Petites Landes • 2 rue de Milan • 44470 **THOUARE SUR LOIRE**

Gérard GARNIER (Président) • Jean-Luc DUBOIS (Directeur général) • Martine CIRICHELLI (Responsable de la communication) • Didier DESORMEAU (Directeur commercial division Camac) • Patrick MAILLARD (Directeur commercial division GAFFAREL) • Jean-Marc DETIENNE (Directeur commercial division Audia)

Instruments, matériels distribués : Cordes (Elixir, Adamas, Augustine, Rotosound, D'Addario, Dean Markley, GHS, Martin, Savarez, Argentine, Royal Classics, Skull), accessoires (J.C Dugain, Dunlop, Tobago, Planet Waves, Yellow Cable, Matrix, Shadow, EMG, RTX, Vandoren, Herald, Gator, Monster Cable, Shure), GT (Diapason, Santos y Mayor, Lag, G & L, Johnson, Alesis, BC Rich, ESP, Hagstrom, Jim Harley, Montana, PRS), AMP-EFF (Hughes & Kettner, Carlsbro, Morley, Mesa Boogie, Dunlop, MXR, Akaï, Blackstar / Fatman, Hartke, Marshall, Vox), PE (Pearl, Sabian, Vic Firth, Evans, Century, Alesis, Gibraltar, HQ, Latin Percussion, Solar, Toca, Wincent, Zildjian), CLA (Akaï, Alesis, Korg, Nord, Palatino), Dj (Numark, Arkaos), Sono (BBE, Apex, Crest, Eminence, Euromet, HK Audio, K2M, Martin Audio, Powerworks, Samson, Shure, TL Audio, Wharfedale Pro)

ALTO MUSIQUE

✆ **01 53 38 63 43** • fax 01 53 72 91 27
altomusique@wanadoo.fr • **www.altomusique.fr**
20 rue Clavel • 75019 **PARIS**

Bruno BLONDEL (Directeur général) • Martine DEVOILHES (Directrice générale)

Instruments, matériels distribués : FL, PE, bagagerie pour instrument, tous les instruments à vent sauf HAU et BAS

ARBITER FRANCE

✆ **02 40 11 05 05** • fax 02 40 11 05 07
info@arbiterfrance.com • **www.arbiterfrance.com**
ZI de Brais-Pédras • 25 av. Jacques Daguerre • 44600 **ST NAZAIRE**

Régis MONNERIE (Directeur) • Laurent BIDAULT (Directeur commercial) • Luc CHATELAIN (Responsable produits)

Instruments, matériels distribués : Novation, GT Washburn, MIC Samson, EFF Tonebone, SE (Electronics), Washburn, Blackstar, Tonebone, Radial, Cordial, Primacoustic, Guitar Pro

AVID TECHNOLOGY

✆ **01 41 49 40 00** • fax 01 47 57 56 24
sales-fr@digidesign.com • **www.digidesign.com**
44 av. Georges Pompidou • 92300 **LEVALLOIS PERRET**

Aurélien PICHOT (Responsable marketing) • David FILLEUR (Spécialiste produits) • Jean-Gabriel GRANDOUILLER (Responsable commercial France)

Instruments, matériels distribués : Pro Tools, Venue, System 5, MBox

BACKLINE & PIANOS

✆ **04 37 90 25 25** • fax 04 37 90 25 20
info@backline-pianos.com • **www.backline-pianos.com**
13 bd Edmond Michelet • 69008 **LYON**

Jean-Jacques WILLIG (Contact)

Instruments, matériels distribués : PI, CL, GT, BA, BT, AMP, Steinway, Feurich, Yamaha, Pleyel, Samick, Clavinova, Roland, Korg • **Autre(s) activité(s)** : Vente, location, VPC d'instrument de musique, réparation, accord, réglage, 500 m2 d'expo

BAHIA STEEL

✆ **04 75 87 56 94** • fax 04 75 87 56 95
bahiasteel@bahiasteel.com • **www.bahiasteel.com**
Voie St-Jean Quartier • Lansas • 07170 **VILLENEUVE DE BERG**

Philippe WOEHLING

Instruments, matériels distribués : Instruments et distribution de PEs brésiliennes et du monde, marques Schlagwerk, Hokema, Hugh Tracey, Afroton, Garrahand • **Autre(s) activité(s)** : Projets éducatifs de sensibilisation aux PE, organisation de projets événementiels

BROC'N ROLL - AMIENS

✆ **03 22 33 13 69** • fax 03 22 33 13 72
brocamiens@wanadoo.fr • **www.brocamiens.com**
2 rue Flatters • 80000 **AMIENS**

Greg CHEVALIER (Responsable)

Autre(s) activité(s) : Centre de réparation, librairie musicale, location/vente, location backline

BROC'N ROLL - LILLE

✆ **03 20 57 98 24**
contact@brocnroll.fr • **www.brocnroll.fr**
102 rue du Port • 59000 **LILLE**

Rodolphe REISCH (Gérant)

Instruments, matériels distribués : Location, vente, maintenance AMP, backline, instruments (GT, BT, BA, PE), lutherie, home studio, etc. • **Autre(s) activité(s)** : Cours de musique

DENON FRANCE SA

✆ **01 41 38 32 30** • fax 01 41 38 01 10
info@denon.fr • **www.denon.fr**
4 av. Laurent Cély • 92600 **ASNIERES SUR SEINE**

Instruments, matériels distribués : Produits Denon (Audio/Vidéo, Hi-Fi, chaîne mini et micro), solutions professionnelles notamment pour Dj (double lecteur CD, lecteur CD à plat, lecteur enregistreur MD, TBX)

EDINOTE

✆ **01 69 21 87 44** • fax 01 69 38 04 68
edinote@edinote.com • **www.edinote.com**
54 av. de l'Aqueduc • 91170 **VIRY CHATILLON**

Joël BASSELIN (Gérant)

Instruments, matériels distribués : Logiciel d'édition musicale Finale version française, Interfaces Midi USB Mac/Windows Midiman, Cubase, arrangeur de PG Music « Band In a Box », CL maitre, MIC, etc. • **Autre(s) activité(s)** : Formation à l'utilisation du logiciel pour professeurs de conservatoire, intermittents et professionnels du spectacle (prise en charge Afdas), enseignement en CNR, support technique gratuit

EMD

✆ **01 48 50 40 70** • fax 01 48 50 40 79
info@emdmusic.com • **www.emdmusic.com**
Bd Gal Wahis 16A • 1030 **BRUXELLES (BELGIQUE)**

Laurent DEROEUX (Directeur commercial)

Express musique distribution • **Instruments, matériels distribués** : Matériel et accessoires multiples pour BT, PE, GT, BA, instruments folkloriques, connectique, etc. Principales marques représentées : Angel Lopez, Augustine, B-Band, James Neligan, GHS, Martin Strings, Remo, Stagg

L'ESPACE PERCUSSIONS

✆ **01 53 38 63 43** • fax 01 53 72 91 27
altomusique@wanadoo.fr • **www.espace-percussion.fr**
c/o Alto musique • 20 rue Clavel • 75019 **PARIS**

Bruno BLONDEL (Directeur)

Instruments, matériels distribués : Instrus à PE classiques Majestic, Jupiter et Asaret

FRED'S GUITAR PARTS

✆ **05 61 26 88 22 / 05 34 30 01 61** • fax 05 61 26 46 68
fred@fredguitar.com • **www.fredguitar.com**
12 bis av. de Lyon • 31500 **TOULOUSE**

Fred GARCIA (Gérant) • Yann BOQUEHO (Responsable commercial)

Instruments, matériels distribués : Toutes pièces détachées pour GT, BA, BJ, MAN et Resophonic guitars • **Autre(s) activité(s)** : Distribution de GT, BA, EFF, haut-parleur

GCI TECHNOLOGIES S.A.R.L.

✆ **01 69 79 97 70** • fax 01 69 79 97 80
info.france@gci-technologies.com • **www.gci-technologies.com**
Z.A. Les Glaises • 2 bis rue Léon Blum • 91120 **PALAISEAU**

Xavier MOGUEROU (Directeur commercial)

Instruments, matériels distribués : Matériel audio distribués sous différentes marques : Gemini, Cortex, Ikey Audio, importateur exclusif des CONS de mixage Rodec pour la France

HIGH-TECH DISTRIBUTION

✆ **01 69 02 01 01** • fax 01 69 02 02 68
pro@htd.fr • **www.htd.fr**
ZAC les Radars • 10/12 rue de l'Abbé Grégoire • 91350 **GRIGNY**

Patrice VIGIER (Directeur) • Jean-Paul PASTORE (Directeur des achats) • Manuel DJERIBI (Chef de produit) • Jack PAULIN (Chef de produit) • Christophe-Florian LARDON (Assistant commercial)

Instruments, matériels distribués : Dimarzio (MIC pour GT, acces, cables), Ernie Ball (Cordes, pédales), Levy's (courroies), Musicman (GT, BA), NS Design (CO, VI et VIC électriques), Rapco (cables), Traveler (GT), Vigier (GT, BA), Dava (mediators), LR Baggs (MIC), Orange (AMP GT BA, câbles), Rocktron (EFF), Schecter (GT, BA, AMP), ENO (accordeurs), • **Autre(s) activité(s)** : Vente de GT Vigier (atelier de High-Tech Distribution)

HOHNER SA

✆ **03 80 97 33 00** • fax 03 80 97 25 95
hohner@hohner.fr • **www.hohner.fr**
ZI • 21140 **SEMUR EN AUXOIS**

Jacqueline VALETTE (Présidente du directoire) • Arnaud VASSET (Directeur général) • Jacques BOURBASQUET (Directeur commercial)

Instruments, matériels distribués : HA + ACC (Hohner), GT (Hohner), BT + PE (Sonor, Hohner), PI acoustiques et num. (Kawaï), AMP et sonorisation (Hohner)

IMS DISTRIBUTION

✆ **02 32 53 14 45 / 06 08 28 38 61** • fax 02 32 69 48 78
contact@ims-distribution.com • **www.ims-distribution.com**
ZAC des champs chouette • 27600 **ST AUBIN SUR GAILLON**

Jacky BOISSEL (Gérant)

Instruments, matériels distribués : GT (Cole Clark, Godin, Scagull, La Patrie, Richemont, Cordoba, Simon & Patrick), cordes du bas GT, ORG liturgiques (Viscount), AMP électroacoustiques, enceintes actives et passives, retours (Schertler, Phil Jones), MIC (Rode), capteurs MIC (Schertler) PI num. (Orla)

JBK MARKETING

✆ **02 33 59 51 75** • fax 02 33 59 54 62
philippe@jbkaudio.com • **www.jbkaudio.com**
10 village Piel • 50400 **ST PLANCHERS**

Philippe SADOUGHI (Gérant)

Instruments, matériels distribués : Bryston, Sound Advance, Sound Devices, Symetrix, Torrus Power

JUKE BOX LTD

✆ **01 55 93 11 11** • fax 01 55 93 11 18
stephjukebox@gmail.com • **www.jukeboxltd.com**
ZAC de la Montjoie • 2 rue des Blés • 93210 **LA PLAINE ST DENIS**

Jean-Baptiste LIERRE (Directeur) • Frédéric PERRIN (Directeur commercial) • Lucas HOURDIN (Commercial) • Stéphane REICHARDT (Commercial) • Cédric MARION (Directeur technique)

Instruments, matériels distribués : Alairex, Chandler Ltd., Cloud Microphones, Countryman Associates, Echo Digital Audio, Empirical Labs, Eventide, Grace Design, JoeMeek, Kush Audio, Manley Labs, Microtech Gefell, Mojave Audio, Prism Sound, Royer Labs, Rupert Neve Designs, Solid State Logic, SPL, Studio Projects, Toft Audio Designs, Tonelux, Trident Audio, Ultrasone, Universal Audio

KARAOKÉ PARIS MUSIQUE - KPM

✆ **01 48 44 06 06** • fax 01 48 44 06 10
info@karaoke-kpm.fr • **www.karaoke-kpm.fr**
BP 20053 • 93261 **LES LILAS CEDEX**

Jean-Michel PEFFER (Directeur commercial)

Instruments, matériels distribués : MIC (Prodipe), distributeur exclusif Madboy Karaoké

MAGIX ENTERTAINMENT FRANCE

✆ **01 44 50 11 34** • fax 01 44 50 11 29
fthiant@magix.net • **www.magix.com/fr**
Centre Regus • 88ter av. du Général Leclerc
92100 **BOULOGNE BILLANCOURT**

Frédéric THIANT (Directeur commercial France)

Instruments, matériels distribués : Music Maker, Samplitude Music Studio, Pro X, Sequoia (MAO), Video Deluxe Classic, Plus & Premium (montage video), Photos sur CD et DVD Classic & Deluxe, Xtreme Photo & Graphic Designer, Photo Manager, Premium (retouche et traitement photo), SOS Video & Vinyles & K7 Audio (restauration sources analogiques)

MAJOR AUDIO

✆ **01 48 37 65 01** • fax 01 48 37 36 89
infos@major-audio.com • **www.major-audio.com**
12/14 rue Hélène Boucher • 93350 **LE BOURGET**

Bruno THIERRY (Directeur général) • Alexandre ORTIZ-DIEZ (Responsable Produit)

Instruments, matériels distribués : Apex (MIC de scène, studio), ART, B&C, Ki-Audio, Mipro (syst. de MIC sans fil, MIC sans fil sur BT), P-Audio, Stanton (matériel professionnel pour Dj), Yorkville, Kempton (pieds MIC, accessoires), HPA Electronics (AMP), KRK, FBT

MARIGAUX

✆ **01 42 08 40 79** • fax 01 42 08 99 40
contact@marigaux.com • **www.marigaux.com**
144 bd de la Villette • 75019 **PARIS**

Renaud PATALOWSKI (PDG)

Instruments, matériels distribués : HAU

MIDI MUSIC

✆ **05 62 87 17 87** • fax 05 61 72 50 50
midi@midimusic.fr • **www.midimusic.fr**

Jacques AUZEL (Directeur)

Instruments, matériels distribués : + de 4000 réf. (vente en ligne), GT, BA, AMP, CL, vents, cordes, MAO, home studio

MUSIC LEADER INTERNATIONAL

✆ **04 76 97 69 62** • fax 04 76 71 93 76
mliphp@yahoo.com • **www.music-leader-international.com**
1088 av. F. Champollion • 38530 **PONTCHARRA**

Philippe PERRIN (Responsable)

Instruments, matériels distribués : GT, BT, CL, PI, caisses claires, accessoires (pupitres, supports GT, etc.)

Armel PALATUIK

✆ **04 91 96 16 17**
armelpalatuik@free.fr • **www.frequence13.com**
168 ch. des Bourrelly • BP 61 • 13240 **SEPTEMES LES VALLONS**

Armel PALATUIK (Gérant)

FRÉQUENCE 13 • **Instruments, matériels distribués** : Toutes marques et types d'instruments, audio professionnel et informatique musicale • **Autre(s) activité(s)** : Pressage CD

PAOLIN MUSIQUE SARL

✆ **05 53 57 27 38** • fax 05 53 57 91 85
paolin.musique@wanadoo.fr • **www.themusicshop.fr**
12 rue José Maria de Héredia • 24100 **BERGERAC**

Philippe CROSNIER (PDG)

Instruments, matériels distribués : Loca, vente GIT (Fender, Ibanez, Jackson), BA (Cort, Fender), PI (Yamaha, Roland, Schaefer, Kawai, Samcik), BAT (Roland, Prodipe) • **Autre(s) activité(s)** : PI neufs et d'occasion, gros et détails, toutes marques

PIANOS HANLET

✆ **01 34 65 75 75** • fax 01 34 65 90 59
bienvenue@pianoshanlet.fr • **www.pianoshanlet.fr**
4 rue Grange Dame Rose • 78140 **VELIZY VILLACOUBLAY**

Dominique CORNU (Directeur commercial) • Arnaud DUCHEMIN (Attaché commercial)

Instruments, matériels distribués : PI acoustiques

ROLAND CENTRAL EUROPE FRANCE

✆ **01 60 07 35 00** • fax 01 60 07 35 08
info@rolandce.com • **www.rolandce.com**
Parc de l'Esplanade • 4 rue Paul-Henri Spaak
77462 **ST THIBAULT/LAGNY CEDEX**

Vic KEERSMAEKERS (Président) • Anthony REIG (Directeur commercial) • Vincent RIVIALE (Responsable marketing)

Instruments, matériels distribués : Rodgers (ORG), Roland (instruments de musique électronique), Boss (EFF, acces), Edirol (MAO), Cakewalk (logiciels)

RYTHMES & SONS SARL

✆ **03 88 65 06 15** • fax 03 88 67 09 34
contact@r-sons.com • **www.r-sons.com**
18 rue Cor de Chasse • 67400 **ILLKIRCH GRAFFENSTADEN**

Claude WALTER (Gérant) • Catherine WALTER (Responsable de l'administration et commercial) • Marc BAUMSTIMER (Commercial flight-cases / Responsable du bureau d'étude) • Chloé WALTER (Assistante commerciale) • Stéphane THIEBAUT (Assistant commercial)

Instruments, matériels distribués : Marimbas, xylophones, vibraphones, cloches-tubes, timbales, grosses caisses de concert, glockenspiels, celestas, etc. • **Autre(s) activité(s)** : Fabrication, vente & distribution de flight cases de mobilier d'orchestre et réparation de percussions symphoniques

SAICO

✆ **03 89 20 33 00** • fax 03 89 23 36 38
musicien@saico.fr • **www.saico.fr**
213 route de Rouffach • BP 586 • 68008 **COLMAR CEDEX**

Serge ABRAHAM (Président du directoire)

Instruments, matériels distribués : Mapex, Meinl, Ludwig, Vater, Aquarian, Regal Tip, Hardcase, Linko, Nino, Akg, Ritter, Hercules, Dr, Philippe Bosset, Skull Strings, Rico, Joyo, T-Rex, Aer Amps, Gallien-Krueger, Laney, Walden, Cort, Esteve, Admira, Kurzweil, C. Bechstein, Petrof, Sauter, Young Chang, Physis Pianos, Hoffmann, Colmann

SENNHEISER FRANCE

✆ **01 49 87 03 00** • fax 01 49 87 03 24
accueil@sennheiser.fr • **www.sennheiser.fr**
128 bis av. Jean Jaurès • 94851 **IVRY SUR SEINE CEDEX**

Didier CHAGNON (Gérant pôle grand public) • Alain RICHER (Directeur pôle professionnel) • Yvan BOILEAU (Directeur de la communication) • Michael GRANDON-CLOUET (Directeur pôle grand public) • Nicolas BERNARD (Chef des ventes pro) • Christophe MATERNE (Directeur des ventes pro)

Instruments, matériels distribués : Sennheiser (MIC, casques HF, systèmes transmission HF), Neumann (MIC), Fostex (home studio num.), Ortofon (cellules de lecture), QSC audio (AMP pro), Koenig & Meyer (pieds de MIC), Tascam, Drawmer, etc.

SOLFEGGIO

✆ **01 48 78 04 00** • fax 01 45 26 98 26
info@solfeggio.fr • **www.solfeggio.fr**
4 cité Chaptal • 75009 **PARIS**

Noël JOUTARD (Directeur)

Instruments, matériels distribués : Pl droits et Q, acoustiques et num. (Schimmel, Yamaha, Petrof, Seiler, Pleyel) • **Autre(s) activité(s)** : Location, accord

STEINBERG FRANCE

✆ **01 46 77 42 40 / 01 46 77 42 49** • fax 01 46 77 42 41
info@steinberg.fr • **www.steinberg.fr**
17 rue Curie • 94270 **LE KREMLIN BICETRE**

Jean-Marc THIEBAUD (Directeur)

Instruments, matériels distribués : Cubase, Wavelab, etc. VSTi & plugin Halion, Hypersonic, Virtual Guitarist, etc. • **Autre(s) activité(s)** : Autres marques distribuées (Hi-Tech France) : éditeur de partitions pro Sibelius, cartes audionum. Lynx, moniteurs de studio Emes, MIC de studio Sontronics

STRINGS MUSIC IMPORT

✆ **04 78 43 23 23** • fax 04 78 43 27 60
commercial@stringsmusic.fr • **www.stringsmusic.fr**
Parc d'affaires • 6 route du Pérollier • 69570 **DARDILLY**

Daniel NEYRET (PDG) • Frank DANA (Directeur)

Instruments, matériels distribués : GT, acces. GT : ABM, Dean Markley, Grover, Martin, etc.

TSC

✆ **03 88 75 04 29 / 06 03 40 25 32** • fax 03 88 75 07 08
info@tscaudio.fr • **www.tscaudio.fr**
7A rue des Mineurs • 67000 **STRASBOURG**

Instruments, matériels distribués : Serato (partie plug-ins), AAS, Antelope, Audio Ease, Brace, Brainworx, GRM Tools, Modartt, Neyrinck, Overloud, Sterling Modular, Sonic Studio, Unitonic, Tac System, Vovox

UNIVERS MUSIQUE DISTRIBUTION

✆ **01 48 05 83 71** • fax 01 43 38 84 06
info@umdistribution.com • **www.umdistribution.com**
159 rue Amelot • 75011 **PARIS**

Christophe HEITZMANN (Directeur commercial) • Nicolas MARTIN (Chef de produit)

Instruments, matériels distribués : Produits Mark of the Unicorn Interfaces : Motu (24IO, 2408MK3, 896MK3 hybrid, 828MK3 hybrid, Traveler MK3, Ultra Lite hybrid MK3, Audio Express, V4HD, ME128, Micro Lite, HDX-SDI) ; logiciels : Motu (Digital Performer, MachFive 3) ; instruments virtuels marques : UVI (Plug Sound pro, Ircam Instrument, UVI. Sound Cards), Motu (B.P.M., Ethno 2, Symphonic Instrument, Electric keys, MX4) ; MIC, casques et accessoires : CAD Audio (E100S, E300, E70, Trion, M179, GXL, 25A, TSM411, U2, DH100, MH310, NB1) ; plug-ins : iZotope, Ozone 5, RX 2, Stutter Edit, Alloy 2, Nectar, Spectron, Trash, supports enceintes : Isoacoustics (L8R130, L8R155, L8R200)

WAVES SYSTEM

✆ **02 40 78 22 44** • fax 02 40 78 00 36
info@wsystem.com • **www.wsystem.com**
La Ville en Bois • 44830 **BOUAYE**

Instruments, matériels distribués : Importation et distribution de cartes son, logiciels audio : EMU, ID-AL, Sony Software • **Autre(s) activité(s)** : Fabrication de lecteurs audio et video de diffusion

YAMAHA MUSIC EUROPE

✆ **01 64 61 40 00** • fax 01 64 61 40 97
www.yamaha.fr
BP 70 • 77312 **MARNE LA VALLEE CEDEX 2**

Jean MULLOR (Directeur général) • Vincent SULTANA (Directeur Division Classique) • Thomas HEMERY (Directeur Division professionnelle) • Christian CROLLE (Directeur Division Audio Video)

Instruments, matériels distribués : Toute la gamme Yamaha Pl, CL, GT, BA, BT, instrus d'orchestre, AMP, audio-pro, audio-vidéo, informatique musicale, accessoires, etc. • **Autre(s) activité(s)** : Ecole de musique

ALSACE

ALPHA SONO & SERVICES

✆ **03 90 29 60 00** • fax 03 90 29 60 09
info@alpha-sono.fr • **www.alpha-sono.fr**
Z.A. Vogelau • 13 rue du Chateau d'Angleterre • 67300 **SCHILTIGHEIM**
Christian TRAPON (Gérant)
Entreprise de sonorisation • **Matériel disponible** : KMT, Yamaha, Shure, Pioneer, Technics, etc. • **Système son** : Lem, KMT, JBL, Behringer, Tascam, Shure, Yamaha, etc. • **Puissance** : 100 kW
Entreprise d'éclairage • **Matériel disponible** : Projecteurs fixes, EFF & scans pour soirées de 20 à 2000 pers. • **Puissance** : 2000 kW

L'ATELIER

✆ **03 89 26 86 39** • fax 03 89 26 86 39
contact@lateliersarl.com • **www.lateliersarl.com**
4 rue de l'Église • 68440 **SCHLIERBACH**
Natalino SABLONE (Responsable technique) • Cédric MULLER (Responsable commercial)
Entreprise de sonorisation • **Matériel disponible** : CONS Yamaha 02R, 01v, LS9 Yamaha + Mackie numérique, HP Mackie, The Box, Zeck, LS9 (Yamaha), L-Acoustics, Sub NEXO, Line Array LD systems, LDV4 + sub (4,2 kW) • **Système son** : Satellites Mackie SRM450 biamplifiés, 4 x 450 W RMS, Subwoofer Mackie BWA1800 2 x 900 W RMS amplifié, 4 x HP amplifiés 400 W RMS, 2 retours LDV12 (500 W) • **Puissance** : 3,6 kW RMS + 6 retours de scène amplifés
Entreprise d'éclairage • **Matériel disponible** : PAR56 + EFF, système DMX 512 avec CONS 24 canaux, 2 vidéoproj., PAR64, 10 Lyre 250 MSD, CX4 Martin, Sunlite, etc.

MOLÉCULE

✆ **03 67 10 07 90** • fax 03 88 82 57 26
info@molecule-france.com • **www.molecule-france.com**
BP 30143 • 67603 **SELESTAT CEDEX**
Jean LEHMANN (Directeur)
Entreprise de sonorisation • **Matériel disponible** : Régie façade & retour complète, EFF & inserts usuels, kit de MIC statiques & dynamiques usuels • **Système son** : Turbosound, Electro-Voice • **Puissance** : 80 kW Lab Gruppen + XTA
Entreprise d'éclairage • **Matériel disponible** : PAR 64, ACL, découpes, pupitres de trad & automatiques (hog 3), blocs de puissance, éclairages à leds, etc. • **Puissance** : 150 kW

AQUITAINE

ACE

✆ **05 59 43 95 77** • fax 05 59 43 99 02
contact@ace-event-spectacle.com • **www.ace-event.com**
Zone de Maignon • 18 rue Maryse Bastié • 64600 **ANGLET**
Christophe BERTHIERE (Responsable)
Event Meeting • *Entreprise de sonorisation* • **Matériel disponible** : CONS Soundcraft Série 5, MH4, Mackie, Yamaha, Digico D5 Live ; façade Martin : Line Array W8LC/W8LM, H3, F15, F10 ; façade Nexo : Alpha • **Système son** : Nexo • **Puissance** : 50 kW
Entreprise d'éclairage • **Matériel disponible** : Proj. : Robert Juliat, ADB, Martin PR, Elite ; CONS MA Lighting • **Puissance** : 300 kW

ATELIERS LUMIÈRE / SUD-OUEST SON

✆ **05 56 43 10 10** • fax 05 56 39 64 07
ateliers@ateliers-lumiere.com • **www.ateliers-lumiere.com**
Domaine de Pelus • 15 rue Archimède • 33700 **MERIGNAC**
Thierry PERCEVAL (Directeur)
Entreprise de sonorisation • **Matériel disponible** : Sonorisation • **Système son** : Meyer Sound, L-Acoustics, Aphex, Crest Audio • **Puissance** : 200 kW
Entreprise d'éclairage • **Matériel disponible** : Éclairage, images géantes, EFF spéciaux, sonorisation, distribution électrique, structure, scènes et scènes couvertes

AUDIO PHIL

✆ **05 53 73 33 48 / 06 81 17 71 68** • fax 05 53 73 33 48
audiophil.sonorisation@orange.fr
Le Bourg • 24150 **LANQUAIS**
Philippe GUALCO (Gérant)
Entreprise de sonorisation • **Matériel disponible** : CONS face & retour 40/32 CREST, MIC, périph., 12 retours 500 W, D515 APG • **Système son** : Line Array Modus FBT, MMX Silver acoustic • **Puissance** : 14 kW
Entreprise d'éclairage • **Matériel disponible** : Par 56, 64, PC • **Puissance** : 150 kW

AUDIO PRO

✆ **05 57 92 94 00** • fax 05 56 47 83 66
info@audiopro.fr • **www.audiopro.fr**
ZI Le Phare • 13 av. Gustave Eiffel • 33700 **MERIGNAC**
Fabrice VELLA (Gérant) • Christophe D'ORLAN DE POLIGNAC (Gérant) • Pierre COMBESCOT (Gérant)
Entreprise de sonorisation • **Matériel disponible** : CONS Midas PRO6, XL 3, Heritage, DigiDesign Profile, Innovason SY40, SY80, Yamaha M7CL, Midas Verona Venice, périph. multiples, parc MIC, équalisation Klark Teknik, BSS, Drawmer DBX, AMP LA8, LA4, Lab Gruppen, EV, QSC, etc. • **Système son** : L-Acoustic (VDOSC, DVDOSC, ARCS, 115FM, MTD 115, 8XT, LA8, LA4), Electro-Voice Line Array (XLC, XLD, MT2, T252), retours (LE400, LE1200, PM15), Yamaha PM5D, Midas H3000 • **Puissance** : 200 kW
Entreprise d'éclairage • **Matériel disponible** : 60 x MAC550, 600 & 700, 60 x Ledmatrix, 24 Par Leds, 12 x Fresnel 2 kW, 150 kW PAR, 8 x series ACL, 50 x PC 1 kW Juliat, 10 x PC 2 kW Juliat, 20 barres de 6 PAR64, 12 DEC 614, 12 DEC 613SX, 8 x DEC 714, 8.713SX, 20 ACP1001, 30 HPIT400, 12 x FL 1300, 8 blinders, 20 T10, 16 x Diafora CC 1 000 Nova, 8 versatile Coemar, 18 Citycolor, CONS MA Lighting : GrandMa, scan commander, light commander, Avolite, Jands, distribution électrique A400-315-250-125-63-32A, 14 VLX, 16 EXT410 Martin, 8 Mac Aura, 8 Mac350 • **Puissance** : 600 kW

CARAT SARL

✆ **05 56 49 41 11** • fax 05 56 49 21 28
studio.carat@free.fr • **www.studiocarat.fr**
16 rue des Terres Neuves • 33130 **BEGLES**
Franck MORENO (Régisseur général) • François PRUD'HOMME (Régisseur) • Hervé MOISON (Gérant)
Entreprise de sonorisation • **Matériel disponible** : Soundcraft, Amcron, DDA, Yamaha, AT33, Klark Teknic, PCM, Drawmer, Crest • **Système son** : KS Audio • **Puissance** : 16 kW
Entreprise d'éclairage • **Matériel disponible** : Puissance ADB, Stacco (structures), Par 64, DEC, PC, etc. • **Puissance** : 300 kW

JMSON SAS

jmson@jmson.fr • **www.jmson.fr**
Av Georges Guignard • ZI Agen Boe • 47550 **BOE**
Sébastien MENASPA (Président) • Marie MENASPA (Attaché de direction) • Julien MENASPA (Ingénieur du son) • Marine MENASPA (Secrétaire)
Entreprise de sonorisation • **Matériel disponible** : Sonorisation, éclairage scénique, structure scénique, vidéoproj. • **Système son** : Système L-Acoustics (k1, Kudo, Kara), Yamaha

LIMELIGHT

✆ **05 56 39 40 40** • fax 05 56 39 10 83
info@limelight.fr • **www.limelight.fr**
200 cours Balguerie Stuttenberg • 33300 **BORDEAUX**
Nicole SENEDIAK (Gérante) • Jean MICHEL (Responsable location) • Annie BARGIACCHI (Assistante de direction) • Almoustaph DIARRA (Comptable)
Entreprise d'éclairage • **Matériel disponible** : Lumières scéniques, matériel diapo, structure d'accroche, vidéoproj.

MUSIK OLHA SARL

✆ **05 59 29 70 00 / 06 08 64 99 78** • fax 05 59 29 22 95
contact@musikolha.com • **musikolha.com**
Quartier de la Place • 64250 **ITXASSOU**
Jean-Bernard BARRENQUY
Entreprise de sonorisation • **Matériel disponible** : Line Array EV, Systeme ARCS L.A, MTD115, MTD115 FM, LE400 Martin, Plasma EV, KARA, SB18, etc. • **Système son** : Console MIDAS H3000, PRO6, XL250, Siena, Verona, Venice, DIGIDESIGN SC48, YAMAHA M7CL • **Puissance** : 60 kW

REGIE SUD

✆ **05 59 67 12 60 / 06 03 45 52 37** • fax 05 59 71 68 92
regie.sud@wanadoo.fr • **www.regiesud.fr**
ZI Les Saligues • 64300 **ORTHEZ**
Didier MARQUESTAUT (Gérant)
Entreprise de sonorisation • **Matériel disponible** : CONS YAMAHA M7 CL.LS9.01V96 • **Système son** : L Acoustics ARCS.sub sb 118 .mtd 115. NEXO PS 15.adamson 10 mx • **Puissance** : 20 kW
Entreprise d'éclairage • **Matériel disponible** : 80 kW PAR 64, ACL, FL 1300, pc 1 kW, découpes ADB, t10 dmx, structure mobiltruss, pieds de levage ASD • **Puissance** : 80 kW

Le **SCENOPOLE**

✆ **05 53 07 00 03 / 06 08 91 64 79** • fax 05 53 07 00 03
franck.scenopole@wanadoo.fr • **www.scenopole.com**
Le Roumegier • 24330 **MILHAC D'AUBEROCHE**
Franck MARTIAL (Responsable prestation-location)
Entreprise de sonorisation • **Matériel disponible** : ADB, Eurotruss, MA Lighting, Martin, MDG, Martin Audio, Soundcraft, Heil bss shure akg • **Système son** : EAW, MARTIN AUDIO, Heil Acoustics

VIRTUAL STUDIO

✆ **06 13 44 64 64**
direction@vstudio-fr.com • **vstudio-fr.com**
9 ch. des Rousseaux • 33390 **CARTELEGUE**
Gérard MURILLO (Directeur)
Entreprise de sonorisation • **Matériel disponible** : Midas, Soundcraft, Yamaha • **Système son** : DAS, Nexo, Electro-Voice • **Puissance** : 400 W à 20 kW
Entreprise d'éclairage • **Matériel disponible** : Projecteurs traditionnels & asservis • **Puissance** : 150 kW

Z PROFESSIONNEL

✆ **05 57 77 53 00 / 06 63 27 18 53** • fax 05 57 77 53 03
angel.zambrano@zprofessionnel.com • **www.zprofessionnel.com**
ZI la Mouline • 44 rue des Frères Lumière • BP 30036 • 33564 **CARBON BLANC CEDEX**
Angel ZAMBRANO (Gérant)
Entreprise de sonorisation • **Matériel disponible** : Diffusion systèmes, Nexo PS 8, PS 10, PS 15, Géos, alpha-e, Geo D • **Système son** : Nexo • **Puissance** : 100 kW
Entreprise d'éclairage • **Matériel disponible** : PAR 64, DEC (1 kW, 2 kW), PC (1 kW, 2 kW et 650 W), poursuites 400 W et HMI 1 200 W, fresnels (2 kW), pupitres (GrandMA Light, Lightco 12/24, 24/48, 48/96), puissance (24 x 3 kW, 12 x 3 kW, 6 x 3 kW, etc.), gradateurs 24 x 3 kW RVE num. type HDL, projecteurs (MAC 700) • **Puissance** : 7 000 kW de projecteurs, 350 kW de gradateurs

AUVERGNE

AG MUSIC

✆ **04 71 43 35 32 / 06 81 36 02 34 / 06 81 97 41 70**
agmusic15@yahoo.fr • **www.ag-music-15.com**
38 rue du 11 novembre • 15000 **AURILLAC**
Benoit PECHAUD (Responsable)
Entreprise d'éclairage • **Matériel disponible** : PAR, découpes, PC, structures, treuils, CONS Jands, bloc de puissance • **Puissance** : 100 kW

Studio **BLATIN**

✆ **04 73 34 12 30 / 06 09 73 46 53** • fax 04 73 34 96 20
contact@studioblatin.fr • **www.studioblatin.fr**
69 rue Blatin • 63000 **CLERMONT FERRAND**
Entreprise de sonorisation • **Matériel disponible** : CONs numérique Midas, Yamaha, Roland; CONs analog. Soundcraft, Allen & Heath, Crest, mackie, Yamaha, tout traitement Klark, BSS, DBX • **Système son** : Line array Martin Audio, retours Martin Audio, Meyer EAW, CONS PM5 Yamaha M7CL, M7CL ES, TM 2000, DM 1000, Soundcraft Vienna • **Puissance** : 4 à 32 kW
Entreprise d'éclairage • **Matériel disponible** : Trad : Sources 1, 2 ou 5 kW, découpes, PAR, Molfay, Boite Ambre, Auto : Wash, Spot 250, 575, 1200, CONS trad et asservis, MA Lighthing, etc. • **Puissance** : 40 kW

EAS

✆ **04 73 92 22 49 / 06 64 28 31 25**
easaudio@hotmail.fr
34 rue Claude Guichard • 63000 **CLERMONT FERRAND**
Emmanuel VAURE (Gérant / technicien)
Emman Audio System • *Entreprise de sonorisation* • **Matériel disponible** : Régie complète : CONS façade, retours, traitements, EFFs, etc. • **Système son** : Electro-Voice Delta Max, Apogee FH4 • **Puissance** : 1 à 11 kW avec SUB

LOC'DIRECT

✆ **04 73 38 17 99** • fax 04 73 63 13 85
jfm63@club-internet.fr
ZA de Mozac • 62 rue Jean Zay • 63200 **MOZAC**
Bertrand RAISON (Directeur technique)
Entreprise de sonorisation • **Matériel disponible** : L-Acoustics, CONS Yamaha (numérique), Midas (Analog.) • **Système son** : Parc complet L Acoustics syst. Line Array
Entreprise d'éclairage • **Matériel disponible** : Proj. traditionels, asservis, led, CONS MA Lighting • **Puissance** : 5 blocs 6 x 2 kW, 4 blocs 24 x 3 kW, etc.

NOVA SCÈNE

✆ **06 17 44 17 62** • fax 04 73 84 95 66
novascene@wanadoo.fr
7 rue Lino Ventura • 63118 **CEBAZAT**
David VEDRINE (Gérant)
Entreprise de sonorisation • **Matériel disponible** : CONS Yamaha PM5D, Midas XL3, Yamaha M7CL, etc.; périph. BSS, DBX, Drawmer, Avalon, Lexicon, Yamaha, TC Electronic; parc MIC Shure, AKG, DPA, Sennheiser • **Système son** : Nexo GeoS12, Nexo GeoS8, Nexo GeoD, Nexo PS15, Martin Audio F15, Yorkville E15 • **Puissance** : + de 90 kW
Entreprise d'éclairage • **Matériel disponible** : Proj. LED, proj. asservies Robe Martin, bloc de puissance RVE, pupitre Ma Lighting SGM, machine à brouillard, Pendrillons, structure et levage, etc. • **Puissance** : + 200 kW

SCÈNE & STUDIO SARL

✆ **04 70 98 30 06 / 06 07 27 08 39** • fax 09 59 53 89 29
info@scene-studio.com • **www.scene-studio.com**
47 av. Doumer • 03200 **VICHY**
Gérard FAYET (Gérant)
Entreprise de sonorisation • **Système son** : Diffusion : Adamson Spek-Trix, Metrix, Nexo, PS10, PS8, Electro-Voice SX300, Wedges M15, CONS : Yamaha M7CL48, PM 5D Digico SD8, Mackie Digital 8 bus • **Puissance** : 40 kW
Entreprise d'éclairage • **Matériel disponible** : PAR, PC, découpes, CONS MA lighting 48 Presto, bloc RVE, Tourkolor, Lyres à Led • **Puissance** : 200 kW

Sarl **STS**

✆ **06 15 22 44 93 / 04 73 27 75 00** • fax 04 73 27 67 76
direction@sts-prestation.com • **www.sts-prestation.com**
19 rue Bernard Palissy • 63110 **BEAUMONT**
Jean-Paul HADDOU (Responsable) • Éric POTTE (Gérant)
Société de traitement du son • *Entreprise de sonorisation* • **Matériel disponible** : CONs Yamaha, Midas, Ramsa, Soundcraft, Digidesign; EFF Yamaha, Lexicon, etc.; traitement Klark, BSS, DBX, TC Electronic, etc. • **Système son** : L-Acoustics Kiva, Kara, 115XTHIG, CONS PM5DRH, etc. • **Puissance** : 16 kW + retours

STUDIO BLATIN

✆ **04 73 34 12 30** • fax 04 73 34 96 20
studioblatin@wanadoo.fr • **www.studioblatin.fr**
69 rue Blatin • 63000 **CLERMONT FERRAND**
Paul DUMAS (Gérant) • Vincent VERDIER (Responsable technique)
Entreprise de sonorisation • **Matériel disponible** : Scène mobile 50 m2, régie complète son et lumière : Soundcraft Vienna 2 (32 voies), M7CL48 Yamaha, PM5D Yamaha, LS9-16+LS9-32 Yamaha, DM2000 Yamaha, FX Drawmer, Yamaha, Lexicon, DBX, MIC (Shure, AKG, Beyer, Sennheiser), lumière ADB, studio mobile 48 pistes • **Système son** : EAW, APG et Martin Audio, Meyer • **Puissance** : 18 kW

TOPSCREEN

✆ **04 73 36 05 05**
contact@topscreen.fr • **www.topscreen.fr**
20/22 bd Lavoisier • 63000 **CLERMONT FERRAND**
Francis VAURE (Gérant)
Entreprise de sonorisation • **Matériel disponible** : Partenaire pro Bose • **Système son** : Line Array Adamson • **Puissance** : 25 kW
Entreprise d'éclairage • **Matériel disponible** : Blocs de puissance, CONS trad automatique, poursuite 1200 & 575, PAR 64, projecteur Fresnel, PAR 56, découpe ACL, Luxor 2 000 W à décharge, Kolorstream 2500 trichromiques, structure, pieds, treuils, automatiques (scans, lyres, changeurs de couleurs MSD 250 à 2500 HMI), MA à EFF (neige, bulles, fumée, brouillard), journal lumineux, sky flower 1200, 2500, 6 kW, laser 5 W Yag, video proj. 1500, 3000, 5000 & 10000, proj. de gobos IP, proj. d'images 4 kW & 7 kW, Tracer ext. 7 kW, tour 3 x 3, Intercom • **Puissance** : 70 kW

BASSE-NORMANDIE

ATECH

✆ **02 31 71 10 32** • fax 02 31 71 10 31
info@atech-atl.com • **www.atech-atl.com**
Didier PLAUD (Gérant) • Isabelle LUBIN (Secrétaire) • Hugo DELAHAYE (Technicien maintenance matériel audio)
Entreprise de sonorisation • **Matériel disponible** : CONS Yamaha PM3500 & PM5D-RH, Midas, Nexo P510 & P515, HF Shure • **Système son** : Nexo GeoD & GeoS, Alpha, P515 • **Puissance** : 40 kW
Entreprise d'éclairage • **Matériel disponible** : Projecteurs traditionnels, gradateurs, pupitres, structure alu, grill couverts • **Puissance** : Variable

AUDIOTECH

✆ **02 31 08 26 00** • fax 02 31 08 27 00
mail@audiotech.fr • **www.audiotech.fr**
36 rue de Québec • ZA de l'Odon • 14000 **CAEN**
Marc WEYANT (Gérant) • Clémence DURIEUX (Technicienne)
Entreprise de sonorisation • **Matériel disponible** : Acoustics MTD 115, 01V96, AMP Powersoft/Lab Gruppen, M7CL48, CL5 Yamaha, X015 Kyu systems, R015 Kyu Systems • **Système son** : Adamson Y-10, L-Acoustics ARCS, MTD115, Kyu Systems Kryter12, Kryter10, Yamaha PM4000, PM3500, M7CL48, Ramsa 840, PM 3500 Monitor

BIG WALTER

✆ **06 84 81 74 45**
gael@bigwalter.com • **www.bigwalter.com**
Maison Flora Tristan • 33 rue de Bougainville • 50130 **CHERBOURG-OCTEVILLE**
Entreprise de sonorisation • **Matériel disponible** : Façade L-Acoustics, ARC (6), SB28 (2), AMP LA8 (2), CONS • **Système son** : HK • **Puissance** : 10 kW

POWER SOUND

✆ **02 31 87 08 10** • fax 02 31 87 25 10
flefevre@powersound.fr • **www.powersound.fr**
ZA 13 Rue des Grives • 14640 **VILLERS SUR MER**
Francois LEFEVRE
Entreprise de sonorisation • **Matériel disponible** : Systèmes de diffusion Martin Audio F2, C. Heil MTD 115, MTD 118, retours de scène Martin Audio LE 400, AMP Crest Audio, périph. BSS, Klark Teknik, EFF Lexicon, Yamaha, CONS audio Soundcraft, Yamaha PM 3500, CONS audionum, Yamaha 01V, M7CL 48
Entreprise d'éclairage • **Matériel disponible** : Grills & ponts aluminium Stacco section 300 & 500 suspendus ou autoportants, moteurs de levage Verlinde 1 t + télécommandes, projecteurs pour éclairage scénique traditionnel (PAR, PC, DEC, ACL, ACP etc.), projecteurs asservis de type Lyre Martin (MAC 500, MAC 600), projecteurs de poursuite HMI 1 200, CONS pour traditionnel & asservis (Cantor, Lightcommander, Scancommander etc.), blocs de puissance gradateurs, Ma Lighting GrandMA, ADB 12 x 3 & 6 x 3

SCENIC 14

✆ **02 31 72 44 75 / 06 72 70 75 69** • fax 02 31 52 92 57
scenic14@free.fr
125 bd Lyautey • 14000 **CAEN**
Jean-Jacques FRANÇOISE (Directeur commercial)
Entreprise de sonorisation • **Matériel disponible** : Diffus. C. Heil, Yamaha M3000, DM 2000, PLA Technics MKII • **Système son** : L-Acoustics ARC & MTD 218 • **Puissance** : 30 kW
Entreprise d'éclairage • **Matériel disponible** : Pont Stacco + moteurs, PC, PAR 64, découpes 2 kW & 1 kW, Fresnel 5 kW, changeur de couleur, poursuites HMI 1200, CONS Cello 90 circuits, Compulite Spark • **Puissance** : 300 kW

BOURGOGNE

ARTDAM

✆ **03 80 67 22 06** • fax 03 80 66 52 95
location@artdam.asso.fr • **www.artdam.asso.fr**
7 rue du Pr. Louis Neel • 21600 **LONGVIC**
Philippe VEUILLET (Directeur) • Philippe MAILLET (Régisseur)
Agence culturelle et technique • *Entreprise de sonorisation* • **Matériel disponible** : CONS de 8 à 32 entrées • **Système son** : Nexo PS8, PS10, PS15, Alpha, D8B, série Q • **Puissance** : 200 W à 20 kW
Entreprise d'éclairage • **Matériel disponible** : PC 1 & 2 kW, Fresnel 5 kW, 2 kW et 1 kW, PAR Svoboda, découpes 613 SX, 614, 713 SX, 714, TBT, Cycliode, gradateur num., CONS à mémoire, poursuite HMI 1 200, pendrillons, ponts, changeur de couleur, etc. • **Puissance** : 80 kW et plus à la demande

AUDIO PRESTA SERVICE

✆ **03 80 65 38 06 / 06 80 84 14 27** • fax 03 80 67 72 75
apsdijon@wanadoo.fr • **apsdijon.free.fr**
47 rue des Tamaris • 21600 **LONGVIC**
Thierry GUIDON (Gérant)
Entreprise de sonorisation • **Matériel disponible** : CONs Soundcraft (VI, SI, MH3), Midas (Heritage 1000, Venice240), Yamaha numériques (M7CL, 01V96), Spirit (E6, Folio SX); Amplis Chevin, Crown It, L.Acoustics, D&B, Line Array, Martin Audio; Micros Audix, AKG, Beyer, Electrovoice, Neumann, Sennheiser, Shure, etc. • **Système son** : Array JBL • **Puissance** : 16 kW

AUDIO PRO DIFFUSION

✆ **03 86 40 66 83** • fax 03 86 40 70 13
direction@audioprodiffusion.fr • **www.audioprodiffusion.fr**
4 rue de Rome • 89470 **MONETEAU**
Jean-Sébastien GUT (Gérant)
Entreprise de sonorisation • **Puissance** : 50 kW d&b Audiotechnik
Entreprise d'éclairage • **Puissance** : 120 kW

COMPELEC

✆ **03 85 34 43 06**
compelec71@free.fr • **compelec.net**
La Coupée • 9 Grande Rue • 71850 **CHARNAY LES MACON**
Olivier WACKENHEIM (Directeur commercial) • Thierry GOURBEYRE (Gérant)
Entreprise de sonorisation • **Matériel disponible** : Vente & location de matériel : MIC (Shure, Sennheiser, AKG, Electro Voice), AMP (Crest, Crown, QSC, Audiophony), casques, cellules et diamants pour PLA VY, EFF (Samson, DBX, Lexicon), TBX (Numark, Ecler, JCB, Korg, Behringer, Yamaha, Phonic, Alesis, Soundcraft) • **Système son** : Aktor HK • **Puissance** : 6400 W

DIFFRACT

✆ **03 86 61 18 42 / 06 70 72 21 62** • fax 03 86 61 18 42
diffract@wanadoo.fr • **www.diffract.fr**
5 rue des Chaumottes • 58660 **COULANGES LES NEVERS**
Claude VEYRAT (Gérant)
Entreprise de sonorisation • **Matériel disponible** : Système EAW, DAS LINEARAY, QSC K10, CONS Yamaha, Soundcraft, AMP Crest Audio périph., petit système sono pour discothèque & conférence, événement • **Puissance** : 30 kW
Entreprise d'éclairage • **Matériel disponible** : Projecteurs à Led, structure Prolyte-Stacco 300 & 500, totem embare lourde, PAR 64, DEC Juliat, PC ADB, Fresnel 5 kW, CONS MA Lighting 12/24/48, DMX 512, blocs RVE, Svoboda, ST 24, changeurs de couleurs Diafora, Sky Rose, MDG brouillard, armoire 380v 125a/250a, etc. • **Puissance** : 600 kW

ÉQUIP'SON

✆ **03 80 54 99 21** • fax 03 80 54 08 41
equip-son@wanadoo.fr • **www.discoanimation.com**
c/o Disco Animation • 587 rue Dardelain • 21160 **MARSANNAY LA COTE**
Gilles DURUPT (Responsable)
Entreprise d'éclairage • **Matériel disponible** : LED, Laser, décoration, jeux de lumière • **Puissance** : Toutes puissances

IRELEM

✆ **03 85 46 42 17** • fax 03 85 46 31 90
info@irelem.com • **www.irelem.com**
3 rue des Varennes - Zone Verte • 71880 **CHATENOY LE ROYAL**
Hervé JOFFRE (Gérant)
Entreprise de sonorisation • **Matériel disponible** : Matériel audio & vidéo pro, vidéoconférence • **Système son** : RCF, Bose, Sonos, JBL, Yamaha • **Puissance** : 60 kW

MEGAHERTZ

✆ **03 86 40 57 57** • fax 03 86 40 57 58
loic@mega-hertz.com • **www.mega-hertz.com**
Parc d'Activité des Terres du Canada • 12 rue des Isles • 89470 **MONETEAU**
Daniel BREDENFELDT (Technico-commercial) • Loïc SANDRAL (Commercial)
Entreprise de sonorisation • **Matériel disponible** : Parc complet • **Puissance** : 120 kW
Entreprise d'éclairage • **Matériel disponible** : Éclairage scénique, architecturale, int. et ext., animation, Led et traditionnel • **Puissance** : Toutes puissances

BRETAGNE

AUDIOLITE

✆ **02 98 30 31 71** • fax 02 98 30 31 75
audiolite@audiolite-sonorisation.com • **audiolite-sonorisation.com**
140 rue Maréchal Leclerc • 29800 **LANDERNEAU**
Thierry TANGUY (Directeur)
Entreprise de sonorisation • **Matériel disponible** : Diffusion Adamson, SC48 Digidesign, SD8 Digico, PM5 DRH • **Puissance** : 300 kW
Entreprise d'éclairage • **Matériel disponible** : Proj. auto., Mac 250, 600, 700 et 2000 Martin. Poutre triangul. série 290, série 300, série 500, Quattro

ENTREPRISE PATRIK GEFFRAY

✆ **02 96 35 13 62 / 06 08 83 52 95 / 06 87 02 07 37**
fax 02 96 35 18 57
patrik.geffray@orange.fr • **patrik-geffray.over-blog.com**
Poul ar Mer • 22420 **LANVELLEC**
Patrik GEFFRAY (Responsable) • Gwenola GEFFRAY (Commerciale)
Entreprise de sonorisation • **Matériel disponible** : CONS Soundcraft S5 40 & 48 voies face, SM20, CONS num. Soundcraft V16 64 voies, SI2 40 voies, PM5D-RH 48 voies • **Puissance** : EAW KF 750, 80 kW line array EAW KF 761, line array EAW KF 730
Entreprise d'éclairage • **Puissance** : 400 kW

EUROLIVE - RENNES

✆ **02 23 20 08 53 / 06 08 89 82 73 / 06 08 89 82 72**
fax 02 99 36 58 80
eurolive35@wanadoo.fr • **www.eurolive.fr**
17 rue du noyer • 35000 **RENNES**
Michel CAOUS (Gérant) • Bob LELOUARNE (Gérant)
Entreprise de sonorisation • **Système son** : D&B : Line Array séries J-Q-V, Standard séries C4 et C7, Monitor M4 et MAX • **Puissance** : 80 kW

EXCEL AUDIO

✆ **02 96 29 16 60** • fax 02 96 29 16 74
excel.audio@orange.fr • **excel-audio.fr**
ZA Goperen - Glomel • 22110 **ROSTRENEN**
Claude GOSSON (Responsable)
Entreprise d'éclairage • **Matériel disponible** : Parc complet traditionnel et automatique, Martin MAC700 • **Puissance** : 80 kW

Le GAC STRATÉGIE SCÈNE

✆ **02 98 90 12 08** • fax 02 98 90 67 70
24 rue Aristide Briand • BP 1146 • 29101 **QUIMPER CEDEX**
Denis LE GAC (Directeur)
Entreprise de sonorisation • **Matériel disponible** : Compacts Montarbo, mediums ; aigües et caissons de BA Dynacord EV, CONS Dynacord, Montarbo ; EFF Lexicon, Montarbo, Dynacor ; AMP Dynacord, Montarbo, noise gates, compresseur-limiteurs, MIC (Beyer, Shure), VHF système Samson-Beyer • **Système son** : Dynacord EV, Montarbo • **Puissance** : 20 kW
Entreprise d'éclairage • **Matériel disponible** : Pulsar et Clay Paky, PAR 64, projecteurs Horizons, régie Control Desks et Rock Desks, dimmers pack, POU HMI Clay Paki • **Puissance** : 60 kW

SIWA

✆ **02 98 54 85 62** • fax 02 98 54 68 86
contact@siwa.fr • **www.siwa.fr**
11 rue Hent Kamm • 29000 **QUIMPER**
Olivier CHASSIOT (Président) • Yves GUEGAN (Secrétaire) • Cédric HUET (Directeur technique) • Jeanne FOUREL (Secrétaire de direction)
Entreprise de sonorisation • **Matériel disponible** : Arcs, DV, MTD 115, 112, 115XT, Arcs, DVDOSC • **Système son** : L-Acoustics, XT, DV DOSC, L-Acoustics • **Puissance** : Ttes puissances
Entreprise d'éclairage • **Matériel disponible** : ALL, PAR, 614SX, 71HS, Fresnel, type d'éclairage traditionnel + Funstrip, MAC Aura, MAC 350, M1 Martin, etc. • **Puissance** : 150 kW

VBS

✆ **06 16 13 23 70** • fax 02 97 53 54 05
vbssonorisation@aol.com • **www.vbs-france.com**
Zone de l'Hermitage • 35780 **LA RICHARDAIS**
Anne KERSALE (Contact prestations)
Entreprise de sonorisation • **Matériel disponible** : Line-Array VBS, AMP Lab Gruppen 20000Q, multis standard Dispatch, CONS. Soundcraft SI3 • **Système son** : 150 kW
Entreprise d'éclairage • **Matériel disponible** : Mac Martin, Juliat, RVE, Cons. Avolites, parc trad. et automatiques, etc. • **Puissance** : 200 kW

WEST ÉVÉNEMENT

✆ **02 99 23 16 00** • fax 02 99 23 16 01
westevenement@wanadoo.fr • **www.westevenement.com**
Écoparc • 16 rue Édison • 35760 **RENNES MONTGERMONT**
Christophe BROSSAULT (Responsable) • Vincent TANGUY
Entreprise de sonorisation • **Système son** : Diffusion D&B, Turbosound, L-Acoustics, régie Midas Heritage, XL 250, A&H ML 4000, ML 5000, Soundcraft, DDA, DN 2000, Hk Audio • **Puissance** : 150 kW
Entreprise d'éclairage • **Matériel disponible** : Régie (MA lighting, GrandMA, Scan Co) • **Puissance** : 400 kW (Juliat, ADB), automatique (MAC 2000, MAC 600, MAC 250, MAC 300, MAC 700, cyberlights), Lyres à LED

CENTRE

ALISS ORLÉANS

✆ **02 38 42 13 10** • fax 02 38 42 13 11
aliss@aliss.fr • **www.aliss.fr**
12 rue du Côteau • 45380 **LA CHAPELLE ST MESMIN**
Emmanuel HUET (Gérant)
Entreprise de sonorisation • **Matériel disponible** : CONS 8 à 48 voies, façade & retour, rack d'EFF, parc MIC complet, MIC UHF Shure • **Système son** : Martin Audio, EAW, line array D&B • **Puissance** : 10 kW, 30 kW
Entreprise d'éclairage • **Matériel disponible** : Projecteur PAR 64, découpes (1 kW, 2 kW), PC (1 kW, 2 kW), Fresnel (5 kW), cycliodes, ACL, structure (PL 200, PL 500), moteurs 1T, blocs de puissance, pupitres, HMI 1200 • **Puissance** : 300 kW

IMÉDIA

✆ **02 54 34 49 24 / 06 62 61 49 24** • fax 02 54 08 09 66
imediapresta@wanadoo.fr • **www.imediapresta.com**
93 rue Ampère • 36000 **CHATEAUROUX**
Laurence ROLLAND (Gérant) • Yves DOUCEAU (Régisseur)
Entreprise de sonorisation • **Matériel disponible** : Yamaha PHSD-M7CL/ L-ACOUSTICS/ MARTIN • **Système son** : Vi4 • **Puissance** : 20 kW
Entreprise d'éclairage • **Matériel disponible** : GMA/ LightCo/ City color/ MAC/ LED • **Puissance** : 100 kW

MULTI SCENI

✆ **02 47 88 92 92** • fax 02 47 88 92 90
multisceni@orange.fr • **www.multisceni.com**
163 rue des Douets • 37100 **TOURS**
Julien LAVERGNE (Gérant) • Jean-Louis CLODONG (Directeur)
Entreprise d'éclairage • **Matériel disponible** : Eclairage, sonorisation

SCÈNE DE NUIT

✆ **02 47 73 36 36** • fax 02 47 73 36 39
jfj@scenedenuit.com • **www.scenedenuit.com**
Zone Industrielle n° 2 • 2 rue Nicolas Appert • 37300 **JOUE LES TOURS**
Sébastien BARGUE (Directeur technique) • Jean-François JACQUEMIN (Directeur commercial)
Entreprise de sonorisation • **Matériel disponible** : Éclairage (Juliat, Martin) : puissance 300 kW • **Système son** : Meyer, Outline, D&B • **Puissance** : 100 W à 60 kW

CHAMPAGNE-ARDENNE

MEGA HERTZ

✆ **03 26 91 17 50** • fax 03 26 91 17 51
joel@mega-hertz.com • **www.mega-hertz.com**
1 rue Anatole France • 51430 **TINQUEUX**
Eric MOUILLEFERT (Gérant) • Joël LALLEMENT (Chargé d'affaires)
Entreprise de sonorisation • **Matériel disponible** : CONS, AMP, matériels DJ, ect. • **Système son** : Midas, Dynacor, Mackie, etc. • **Puissance** : 10 000 W

FRANCHE-COMTÉ

DELTA LIVE SARL

✆ **03 84 26 99 60** • fax 03 84 26 99 61
belfort@deltalive.fr • **www.deltalive.fr**
ZAC de la Baroche • 2 rue Sous Vaux • 90160 **DENNEY**
Alain BEFORT (Gérant) • Jean-Nicolas SKORY (Chef de projet) • Henri GRILLE (Chef de projet / Vente) • Raymond SCHMITTLEIN (Chef de projet lumière)
Entreprise de sonorisation • **Matériel disponible** : Location et vente de matériels : PM 5D RH, DM 2000, PCM 70, M7CL • **Système son** : C. Heil, dv-Dosc, Clair Brothers 12 AM, 112, 108, Kudo, Kiva, KARA, 115 HiQ • **Puissance** : 200 kW
Entreprise d'éclairage • **Matériel disponible** : L-Acoustics - Clair Brothers - Yamaha - Martin - MA Lighting - Jands - Stacco - Liftket, etc.

L&S PRODUCTION SARL

✆ **03 84 79 00 96 / 06 14 35 62 14** • fax 03 84 79 00 96
ls-production@orange.fr • **www.ls-production.fr**
80 bd Wilson • 39100 **DOLE**
Jean-Michel LECHENET (Gérant)
Entreprise de sonorisation • **Système son** : Martin Audio • **Puissance** : 40 kW
Entreprise d'éclairage • **Matériel disponible** : Traditionnel : PAR, PC, DEC Aircraft, bloc & pupitres RVE, structure Prolyte, pupitres MA Lighting GrandMA - automatiques Robe • **Puissance** : 150 kW

M-2-S

✆ **03 84 56 39 38 / 06 74 58 63 56** • fax 03 84 56 39 38
m2s.sonorisation@wanadoo.fr • **www.m-2-s.net**
11 rue St-Nicolas • 90100 **DELLE**
Serge GODEY
Entreprise de sonorisation • **Matériel disponible** : 8 Martin Audio LE 12100, LAB C 08.4, 8 EQ DBX, CONS Yamaha M2005 24/14 et M7CL48, 32/8/2, 1 Yamaha 01V, 4 gates DBX, 8 comp. DBX, 1 SPX 2000, 1 delay Roland SDE 1000, 1 EQ façade KT, DN 360, pars MIC, PCM 70 Lexicon, TC Electronic, Line Array • **Système son** : DAS Aero 12A • **Puissance** : 8 kW

MASTER AUDIO LIGHT

✆ **03 84 22 56 36** • fax 03 84 57 07 22
master.audio.light@free.fr • **www.master-audio-light.com**
11 rue des Regrets • 90000 **BELFORT**
Pierre MONNIER (Responsable)
Entreprise d'éclairage • **Matériel disponible** : Proj., bloc d epuissance, Lyre, stroboscope, EFF lumière traditionnelle, etc. • **Puissance** : Toutes puissances

HAUTE-NORMANDIE

AUDIO SYNERGIE

✆ **02 35 86 77 30** • fax 02 35 86 68 17
audiosynergie@hotmail.com • **www.audiosynergie.com**
72 rue Charles Morin • 76260 **EU**
Philippe DUCROT (Gérant)
Entreprise d'éclairage • **Matériel disponible** : Eclairage traditionnels (ADB, Robert Juliat, Strand Lighting, etc) et robotisés (Elite, Martin Light, Mad Lighting, etc), contrôleurs lumières, blocs de puissances, machines à effets, vidéo

AUDIO SYSTEM

✆ **02 32 51 86 88** • fax 02 32 21 21 79
contact@audiosystem.fr • **www.audiosystem.fr**
Normandie Parc • 27120 **DOUAINS**
Christophe MACÉ (Gérant) • Mickaël ALIX (Commercial)
Entreprise de sonorisation • **Matériel disponible** : Electro-Voice, Yamaha, Klark Teknik, Bose, Sennheiser, Shure, RCF, Wgarefadake, Behringer, Denon, Pioneer, Numark, Audiophony, Alesis, korg, Akaï, Contest, Korg, etc. • **Système son** : Electro-Voice, Midas • **Puissance** : 50 kW
Entreprise d'éclairage • **Matériel disponible** : Martin, Coemar, Senelux, projecteurs asservis et lyres, laser (7 W), Dune, Tascam, Nicols, IMG, Gote, Antari, Gemar Lumitec, Stage Line, Showtec, Optiled, Expelec, etc. • **Puissance** : 100 kW

DÉCIBEL SERVICES

✆ **02 35 53 57 00 / 06 09 10 08 52**
decibel-services@wanadoo.fr • **www.decibel-services.fr**
66 rue Dumont d'Urville • 76600 **LE HAVRE**
Cédric GUILLAUME (Responsable)
Entreprise de sonorisation • **Matériel disponible** : Toute la gamme D&B • **Système son** : Line Array JBL Vertec • **Puissance** : 40 kW
Entreprise d'éclairage • **Matériel disponible** : Automatique MAC 700, MAC 600, Scan Co, armoire elec 250A-125A, Grandma, Robin Led 600, Grandma Full size • **Puissance** : 150 kW

LYS SARL

✆ **02 35 96 25 06 / 06 09 03 75 94** • fax 02 35 56 28 38
contact@lys-sonorisation.com • **www.lys-sonorisation.com**
ZA • 47 bis rue de la République • 76490 **CAUDEBEC EN CAUX**
Céline LEROY (Gérante) • Erick HINFRAY (Responsable technique)
Leroy Yves Sonorisation • *Entreprise de sonorisation* • **Matériel disponible** : CONS, enceintes, EFF, traitements, MIC, câblages, AMP • **Système son** : D&B

VISUEL SARL

✆ **02 32 45 03 77 / 06 09 91 89 32** • fax 02 32 45 41 32
visuel27@wanadoo.fr • **www.visuel27.com**
Espace Economique • 27800 **BRIONNE**
Jean-Marc BAUDRY (Gérant) • Régis LETHUILIER (Directeur technique)
Entreprise de sonorisation • **Matériel disponible** : Meyer Sound, Midas, Yamaha, Avalon, APG, Lexicon • **Système son** : LineArray Millo, MSL4, UPA, Meyer Sound, Mélodie • **Puissance** : 120 kW
Entreprise d'éclairage • **Matériel disponible** : PAR 64, DEC (1 kW / 2 kW), projecteurs Fresnel (5 kW), Avolites, HMI, Trust 400, 500, Stacco • **Puissance** : 200 kW

ÎLE-DE-FRANCE

ALENTOUR PRODUCTION SARL

✆ **01 73 79 34 63** • fax 01 73 79 08 55
hugo@alentourprod.fr • **www.alentourprod.fr**
15 rue Léopold Pillot • 91360 **EPINAY SUR ORGE**
Hugo HUDON
Entreprise de sonorisation • **Matériel disponible** : Régies num. et analog., liaisons HF, scènes fixes et mobiles, line-array, syst. 20 paires, diffusions et retours de scène, etc. • **Système son** : L-Acoustics, Funktion-one, D&B, etc.

ATKIS TECHNIQUES AUDIOVISUELLES

✆ **01 48 73 83 90** • fax 01 43 94 02 61
atkis@orange.fr • **www.atkis.fr**
2 av. Jean Moulin • 94120 **FONTENAY SOUS BOIS**
Joël FAUCHET (Directeur technique) • Adrien NIKOLIC (Responsable)
Entreprise d'éclairage • **Matériel disponible** : Toutes marques (lumière, son, vidéo)

AUDIO SCÈNE

✆ **01 30 79 17 17** • fax 01 30 79 17 18
audioscene@audioscene.fr • **www.audioscene.fr**
Le petit Aulnay • Rue de Davron • 78450 **CHAVENAY**
Vincent COGNARD (Gérant) • Guillaume DEVIRAS (Directeur technique)
Entreprise de sonorisation • **Matériel disponible** : Tout type de sonorisation professionnelle • **Puissance** : 120 kW
Entreprise d'éclairage • **Matériel disponible** : Tous types de matériels • **Puissance** : 1 000 kW

AUDIOLIVE

✆ **01 49 84 04 05** • fax 01 49 84 04 44
audiolive@free.fr
Cerisaie 110 • 11 rue de Chevilly • 94262 **FRESNES CEDEX**
Olivier CHRISTIANS (Responsable)
Entreprise de sonorisation • **Matériel disponible** : Yamaha, Soundcraft, Midas, EFF Lexicon, TC Electronic, Yamaha, traitements BSS Drawmer TLA, MIC ttes marques • **Système son** : L-Acoustics, DV-Dosc, Kudo, KIVA, KARA • **Puissance** : 200 kW

BEL AIR AUDIO

✆ **01 34 70 97 23 / 06 12 71 55 86** • fax 01 34 70 91 35
belairaudio@cegetel.net
18 rue du Bel Air • 95340 **PERSAN**
Hervé PHILIPPEAU (Gérant) • Pascal JAFFREZOU (Directeur technique)
Entreprise de sonorisation • **Matériel disponible** : Son & lumière (tout matériel, toute marque) • **Puissance** : Illimité, à la demande

DUSHOW

✆ **01 34 38 25 25** • fax 01 34 38 25 00
marco@dushow.com • **www.dushow.com**
ZAC du Moulin • 18 rue du Meuniers • 95700 **ROISSY EN FRANCE**
Eric ALVERGNAT (PDG) • Gérard TREVIGNON (Directeur commercial) • Marc DE FOUQUIERES (Directeur technique)
Entreprise de sonorisation • **Matériel disponible** : Tout type de matériel de sonorisation professionnelle • **Système son** : Meyer Sound, Udosc Network • **Puissance** : Jusqu'à 500 kW

MAGNUM

✆ **01 30 11 60 90** • fax 01 30 11 60 91
info@magnum.fr • **www.magnum.fr**
ZI de la Grande Couture • 99 rue de Paris • 95500 **GONESSE**
Stanislas SURUN (Directeur des Ressouces Humaines) • Jérôme CHUPIN (PDG) • Didier BELZEAUX (Directeur commercial)
Entreprise de sonorisation • **Matériel disponible** : Enceintes amplifiées toutes puissances, TBX, régies, MIC (HF, instrus, voix), etc. • **Système son** : Nexo, L-Acoustics, etc.
Entreprise d'éclairage • **Matériel disponible** : Installations lumières et vidéos HD

MELPOMEN PARIS

✆ **01 34 07 88 20** • fax 01 34 07 88 19
accueil.p@melpomen.net • **www.melpomen.net**
Parc de la Calarde • 45 rue d'Aulnay • bât. 24 • 95500 **GONESSE**
Thierry TRANCHANT (Gérant) • Nicolas BRUMENT (Responsable location)
Entreprise de sonorisation • **Matériel disponible** : Sonorisation, enregistrement, live, HF • **Système son** : Nexo Alpha, Alpha-E, Geo.S, Geo.T, PS 8, PS 10 • **Puissance** : 200 kW

NORD SCÉNIQUE PRESTATION

✆ **01 48 66 14 12**
commercial@nordscenique.fr • **www.nordscenique.fr**
1 rue Maryse Bastié • Parc Tech de la Croix St. Marc • 93600 **AULNAY SOUS BOIS**
Didier MOREAUX (Directeur technique)
Entreprise de sonorisation • **Matériel disponible** : Line Array Nexo Geo, enceintes Nexo PS 15 et PS 10 et subs, Turbosound, JBL, Bose, BPS/Ciare, Mackie, AMP QSC, Crest, Ashly, CONS. Yamaha, Allen&Heath • **Puissance** : 100 kW
Entreprise d'éclairage • **Matériel disponible** : Proj. automatiques Coemar, Martin, Clay, Paky, Lyres robotisées, CONS. GrandMa, Elektralite CP20, Light-Jockey PC, Juliat, Scancommander, blocs & armoires de puissance, projecteurs PAR 64, 1 kW, 2 kW, sonorisation : matériel NEXO PS15, PS10, Line array GEO NEXO, AMP (Crest, CONS. Yamaha 01V, 03D) • **Puissance** : 300 kW

ON-OFF

✆ **01 60 08 56 56** • fax 01 60 08 56 57
onoff@onoffaudio.fr • **www.onoff-audio.com**
ZAC des Tuileries • 19-21 rue de Valengelier • 77645 **CHELLES CEDEX**
José TUDELA (Gérant) • Guy VERGNON (Directeur commercial) • Gilles GAUTROIS (Responsable technique)
Entreprise de sonorisation • **Système son** : D&B • **Puissance** : Jusqu'à 100 kW

OVERDUB INTERACTIVE

✆ **06 10 05 25 66**
pierre@overdubinteractive.com • **www.overdubinteractive.com**
12 rue Caulaincourt • 75018 **PARIS**
Benjamin MORIN (Gérant) • Pierre QUIQUERÉ (Directeur technique)
Entreprise de sonorisation • **Matériel disponible** : D&B Audiotechnik, Yamaha, Atelier 33, etc.
Entreprise d'éclairage • **Matériel disponible** : Robe, MA Lighting, etc.

POTAR HURLANT

✆ **01 69 41 84 84** • fax 01 69 41 14 05
potar@potar-hurlant.com • **www.potar-hurlant.com**
25 route de Jouy • 91570 **BIEVRES**
José PEREZ (Gérant) • Mourad MALKI (Directeur commercial) • Madje MALKI (Directeur technique)
Entreprise de sonorisation • **Matériel disponible** : CONS 1600p., compression : 400p., 250p. de Noise Gate, 125 Reverb, Delay, 850 MIC, DI • **Système son** : L-Acoutics, K1, VDOSC, DVDOSC, KARA, KUDO, HIQ, etc. • **Puissance** : 450 kW façcade, 150 kW retours (1500 HP)

PROXIMA SES

✆ **01 34 22 22 22** • fax 01 34 22 22 20
118@proxima-ses.fr • **www.proxima-ses.fr**
18 Grande Rue • 95650 **PUISEUX PONTOISE**

Lucille TROUILLET (Directrice administrative) • Thomas TROUILLET (Directeur technique)

Entreprise de sonorisation • **Matériel disponible** : Matériel pro • **Système son** : D&B Audiotecknik, D&B serieV, D&B serie Q, Martin Audio (F10/F12), Midas PRO2, etc. • **Puissance** : 50 kW

Entreprise d'éclairage • **Puissance** : 80 automatisés, 300 kW trads

REVOLUSON

✆ **06 77 45 71 26**
contact@revoluson.fr • **www.revoluson.fr**
60 bis rue de l'Hermitage • 95300 **PONTOISE**

Yoann BORRAS

Entreprise de sonorisation • **Matériel disponible** : 1 façade, 6 retours, 1 backline, 1 set DJ, 1 CONS num., parcs MIC et accessoires, 1 camion • **Système son** : Enceintes JBL pro 4745A et 4755A, AMP QSC RMX • **Puissance** : 6000 W

SILENCE ! - STARK LIGHT SARL

✆ **01 55 87 69 00** • fax 01 55 87 69 01
sacha@silence.fr • **www.silence.fr**
105 rue Charles Michel • 93200 **ST DENIS**

Sacha STARK (Directeur commercial) • Gilles HUGO (Gérant)

Entreprise de sonorisation • **Matériel disponible** : L-Acoustics, DBX, Yamaha, Sennheiser, Shure, Sony • **Système son** : L-Acoustics, Opaz, D&B, Adamson • **Puissance** : 20 kW

Entreprise d'éclairage • **Matériel disponible** : L.Acoustics, Clay Paky, Sennheiser, Thomas, Panasonic, Sanyo, MA Lighting, Pulse France

SOFT EVENTS - IEC EVENTS

✆ **01 71 03 02 61** • fax 01 71 03 02 62
pjulien@softevents.eu • **www.softevents.eu**
100 Av Verdun • 92390 **VILLENEUVE LA GARENNE**

Pascal JULIEN (Directeur) • Claude SORET (Commercial)

Entreprise d'éclairage • **Matériel disponible** : Éclairage traditionnel, structure, distribution éléctrique vidéo et son, multimédia • **Puissance** : 300 kW et +

STUDIO SEXTAN

✆ **01 46 54 33 20** • fax 01 46 54 00 23
studiosextan@studiosextan.fr • **www.studiosextan.fr**
10 rue Eugène Varlin • 92240 **MALAKOFF**

Vincent MAHEY (Gérant / Ingénieur du son) • Hervé MARTIN (Administrateur / Ingénieur du son) • Axel PFIRRMANN (Régisseur général / Ingénieur du son) • Nicolas SERVANT (Directeur technique / Ingénieur du son) • François YVERNAT (Technicien) • Michel DELORME (Directeur commercial)

Entreprise de sonorisation • **Matériel disponible** : Innovason SY48, APG, EAW, TC Electronics, Yamaha, Lexicon, XTA • **Système son** : Line-Array Uniline APG, DX12 et DX15 APG, SMX15 APG, MTD112 L-Acoustics, JF100 EAW • **Puissance** : 50 kW

Entreprise d'éclairage • **Matériel disponible** : Parc lumières traditionnel, automatiques et leds

URBS AUDIO

✆ **01 69 31 23 44**
contact@urbsaudio.fr • **urbsaudio.fr**
74 bis rue du Capitaine Cocart • 91120 **PALAISEAU**

Jacques LAVILLE (Directeur)

Entreprise de sonorisation • **Matériel disponible** : 40 enceintes Heil Accustic, CONS (DDA, Innovason SY48, AH Ilive T112), EFF BSS, TC électronique et Yamaha • **Système son** : L. Acoustics • **Puissance** : 20 kW

LA WASH !

✆ **01 49 77 50 47** • fax 01 49 77 02 95
contact@lawash.fr • **www.lawash.fr**
Parc d'activité Mure • 26, rue Robert Witchitz-ilot 8.6 • 94200 **IVRY SUR SEINE**

Laurent PORTIER (Cogérant / commercial) • Laurent MIQUELIS (Cogérant / commercial) • Sébastien FROUDIÈRE (Responsable technique)

Entreprise d'éclairage • **Matériel disponible** : Gamme complète d'éclairage traditionnel, projecteurs asservis, led, structure scénique, distribution électrique • **Puissance** : 16 A mono à 600 A tri

LANGUEDOC-ROUSSILLON

ACS

✆ **04 67 24 84 82** • fax 04 67 24 84 81
acs@acs-spectacles.com • **www.acs-spectacles.com**
17 Zone Artisanale • 34320 **ROUJAN**

Marie-Josée VALLET (Gérante / Lumière) • Roger CORTES (Responsable son)

Entreprise de sonorisation • **Matériel disponible** : PM5DRH, M7CL, DM1000 & 2000, MH440, VI1 SOundcraft, 108P, 12XT, LA4, LA8, 115XT L-Acoustic, etc. • **Système son** : DV Dosc, Arcs, MTD, 112 P, KIVA, SB28, SB118, LA4, LA8, etc. • **Puissance** : 3 à 10 kW

Entreprise d'éclairage • **Matériel disponible** : Structures alu, pieds levages, PC, CONS, MA Lightcommander 48/96, PC500W, 1 kW, 2 kW RJ, 5 kW ADB, 6135X, 6145X, 7135X, etc. • **Puissance** : 200 kW

AZ MUSIC

✆ **04 67 92 98 92** • fax 04 67 92 17 57
info@azmusic.fr • **www.azmusic.fr**
Espace commercial Frejorgues Ouest • 1475 rue Hélène Boucher • 34130 **MAUGUIO**

Georges SEBA (Gérant) • Julien SEBA (Directeur magasin)

Entreprise d'éclairage • **Matériel disponible** : Éclairages (vente & installation)

BGM RÉALISATIONS

✆ **04 66 84 39 34** • fax 04 66 04 18 06
bgm4@wanadoo.fr • **www.bgm-france.com**
866 av. du Mal Juin • 30900 **NIMES**

Fabrice BILLOTTA (Responsable)

Entreprise de sonorisation • **Matériel disponible** : Soundcraft (24, 40), ret. LE400, périph., système Line Array Martin Audio, barres à Led RGA, CONS Midas pro 6, écran de jour Led • **Système son** : Martin Audio • **Puissance** : 25 kW

DB LIGHT

✆ **04 68 63 90 35** • fax 04 68 57 26 16
db-light@club-internet.fr • **www.dblight.fr**
Ch. de l'Etang Long • 8 imp. des Chênes • 66380 **PIA**

Patrick ROCAFALDAS (Responsable)

Entreprise de sonorisation • **Matériel disponible** : Midas, Soundcraft, Shure, etc. • **Système son** : D&B, Midas • **Puissance** : 20 kW

Entreprise d'éclairage • **Matériel disponible** : Par, PC, découpés, automatiques • **Puissance** : 80 kW

EXPÉRIENCES

✆ **04 68 28 59 01** • fax 04 68 28 59 74
contact@xp-audio.fr • **www.xp-audio.fr**
6 rue George Sand • 66440 **TORREILLES**

Jean-Pierre CHABBAL (Directeur technique) • Sandrine CHABBAL (Comptable)

Entreprise de sonorisation • **Matériel disponible** : CONS façade et retour analog. et num. de 12 à 40 voies Soundcraft, Yamaha, Allen & Health, Midas; Système son Adamson série 100 et 200, M15 P8, MDC 3, Electrovoices Xld 281, DB technologie T4, Martin Audio LE 400 • **Système son** : Traitement du signal : BSS, Lexicon, Eventide, TC Electronic, Yamaha, Dolby Lake, XTA ; Microphones filaires : Shure, AKG, Neuman, Sennheiser, Rhôde, Beyerdynamics ; Microphones HF : Sennheiser G3 mains et pocket, Shure UR4 ; Ear moniteur : Sennheiser G3 et Shure ; amplification : Lab Gruppen, Crest, Qsc, Chevin Research • **Puissance** : 250 kW

Entreprise d'éclairage • **Matériel disponible** : Éclairage traditionnel & motorisé : PAR, découpes 1 kW et 2 kW, PC (lentilles martelée ou fresnel), BT, 5 kW fresnel, poursuites, Lyres 575,700, Scans 575, robe, GrandMA, Robert Juliat, RVE, ADB, distributions électriques par led, sunstrips, focus arc, effet discsunstrips active, focus arcs, effet disco, poursuites 400 W et 1 200 W hmi, lyres spot, wash, beam de 200 W 5r a 700 msd, pupitre grand MA, zero 88, avab. Blocs de puissance Robert Julia et RVE, distribution électrique de 32 à 400 A • **Puissance** : 700 kW

HERAUDIO

✆ **04 67 24 79 29** • fax 09 56 26 73 78
heraudio@free.fr • **www.heraudio.net**
2 av. de Cassan • 34320 **ROUJAN**

François COURMONT (Manager)

Entreprise de sonorisation • **Matériel disponible** : CONS Mackie SR40, DFX 6 et 12, Yamaha M7CL, Soundcraft MH3, 12 retours, AMP QSC, MIC, EFF, etc. • **Système son** : Electrovoice (Deltamax, XI Array, XLC12, DVX) • **Puissance** : 40 kW

MATOS

✆ **04 67 70 01 21**
jeanpaul@matos34.fr • **www.matos34.fr**
ZA du Mas Saint Jean • 108 rue des Artisans • 34130 **LANSARGUES**

Jean-Paul DUMAS (Gérant) • Agnain MARTIN (Directeur technique) • William JAMES (Comptable)

Entreprise de sonorisation • **Matériel disponible** : C. Heil, Martin, Granit line, SR 6 000 Tac, CONS : MH4 (44/20), MH3 (44/12), Lexicon, Kpark Teknik, L59 Yamaha (32), Soundcraft, Eventide, Beyer, AKG, Shure, Sennheiser • **Système son** : C.Heil, Martin, Granit line • **Puissance** : 60 kW

Entreprise d'éclairage • **Matériel disponible** : PAR, DEC, PC, poursuit., scan 3, MA lightning, CONS Jands 416, lyres 575 spot & wash • **Puissance** : 300 kW

PATCH WORK PRODUCTION

✆ **06 76 20 49 33** • fax 09 55 35 72 56
patchworkprod@gmail.com • **www.patchworkproduction.fr**
35 av. du Gal de Gaulle • 30290 **LAUDUN**

Arnold METROT (Gérant) • Cyrille ANNIBALE (Chargé de production)

Entreprise de sonorisation • **Matériel disponible** : Num. et analog., son, lumière • **Système son** : Line Array - syst. actif (DB) • **Puissance** : 30 kW

PSYCHO-LIGHTS

✆ **04 67 73 46 31 / 06 16 57 95 51**
bernd.koch@orange.fr • **www.psycho-lights.com**
Le Mejanel • 34380 **PEGAIROLLES DE BUEGES**
Bernd KOCH (Responsable)
Entreprise d'éclairage • **Matériel disponible** : 15 projecteurs, images spatiales, caleidoscopes, effets psychédéliques, liquid lights, 4 écrans ronds 5m de diamètre, autres écrans (tissus élastiques translucides) • **Puissance** : 6 kW

SOUND & LIGHT SYSTEMS

✆ **04 66 34 59 33**
accueil@sls-france.com • **www.sls-france.com**
291 av. Jean Chaptal • 30340 **MEJANNES LES ALES**
Alexandre COULET (Gérant)
Entreprise de sonorisation • **Matériel disponible** : Tous matériel : CONS façades et retours, diffusion de 100 W à 20 kW, microphonie studio et live, EFF, enceintes retours, etc. • **Système son** : L-Acoustics • **Puissance** : Toutes
Entreprise d'éclairage • **Matériel disponible** : Tout matériel lumière pour la prestation scène • **Puissance** : Toutes puissances

SSL PROD

✆ **06 81 41 24 95 / 04 67 71 45 75**
contact@sslprod.com • **www.sslprod.com**
ZA Le Triadou • 3 pl. des Jurandes • 34590 **MARSILLARGUES**
Anne MARTOS (Gérante)
Entreprise de sonorisation • **Matériel disponible** : Midas Venice, 02R96 Yamaha, Allen & Heath GL2800 • **Système son** : Line array EV XLD281, Xi Array1152 EV, Xsub EV, SX 300, ZX4 • **Puissance** : 20 kW
Entreprise d'éclairage • **Matériel disponible** : Scan Clay Paky 1200HMI, Lyres Movitech 575MSR, changeurs couleur Wash 1200 MSR, PAR64, PC, Blinder Flash, ACL, vidéo

LIMOUSIN

AUDIO CONCEPT

✆ **05 55 31 35 76 / 06 12 45 52 04** • fax 05 55 30 69 09
audio.concept@orange.fr • **www.audio-concept87.fr**
11 rue Ernest Mallard • 87000 **LIMOGES**
Hervé DESVEAUX (Responsable)
Entreprise de sonorisation • **Matériel disponible** : L-Acoustic, APG, CONS Soundcraft, Midas, Yamaha, Allen & Heat, MIC. Shure, Akg, Sennheiser, K&M • **Système son** : L-Acoustic
Entreprise d'éclairage • **Matériel disponible** : Structure alu, pieds, proj PC, PAR, Découpe, lyres à effet, lyres wash, proj LED, CONS MA LIGHTING, machine à brouillard MDG

CORREZE AUDIO DIFFUSION

✆ **05 55 21 63 69 / 06 09 33 39 51**
correzeaudio@aol.com • **www.correze-audio-diffusion.com**
Lavergne de Vitrac • 19800 **VITRAC SUR MONTANE**
Serge STOPYRA (Directeur)
Entreprise de sonorisation • **Matériel disponible** : CONS Allen & Heath et Soundcraft, périphérie Yamaha, Lexicon, DBX, BSS, AMP D&B D12, D6 • **Système son** : Outline et D&B audio MAX 15, MAX 12 • **Puissance** : 3 à 20 kW
Entreprise d'éclairage • **Matériel disponible** : CONS 24/48, poursuite, pont Stacco, 60 Par 64, PC ADB C 101 / C 103, 6 découpe Strand, projection robotisée, pont Stacco 500 et 300, 10 découpes, CONS Grandma Ultra-light, structure SC300-300 Prolyte • **Puissance** : 100 kW

GRAAL SONORISATION

✆ **05 55 10 17 37 / 06 09 71 05 53** • fax 05 55 10 17 37
philipponpierre@aol.com • **graalsonorisation.com**
32 rue Galliéni • 87100 **LIMOGES**
Pierre PHILIPPON (Technicien)
Entreprise de sonorisation • **Matériel disponible** : Tout matériel nécessaire à la sonorisation : MIC, CONS, traitement, AMP, diffusion • **Système son** : L-Acoustics MTD, ARCS, dV-Dosc • **Puissance** : 10 kW

RÉGI-SON SONORISATION

✆ **05 55 06 20 20 / 06 75 47 28 21** • fax 05 55 06 20 20
gioux-serge@wanadoo.fr
36 rue des Portes Ferrées • 87000 **LIMOGES**
Serge GIOUX (Responsable)
Entreprise de sonorisation • **Matériel disponible** : Mixage analog. & num. de 8 à 56 voies, EFF : DBX, Lexicon, Avalon, Klark, Yamaha, Roland, TC, Drawmer, BSS, XTA, etc., MIC : Fils & HF (mains, casque, lunette, cravatte) Shure, AKG, Beyer, Neuman, Electro-Voice, Sennheiser, Rode, ADK, etc. • **Système son** : W8 Martin, F15, Turbo, JBL, Amadeus, AMP (Crown, Crest, QSC), etc. • **Puissance** : 20 kW en façade & 12 kW en retours

SOCIÉTÉ REGARDS

✆ **05 55 30 87 87** • fax 05 55 30 83 84
regards@regards-france.com
18 rue du Capitaine Viguier • 87000 **LIMOGES**
Thierry ALADAVID (Gérant) • Wilfried ALADAVID (Régisseur son)
Regards Design Audiovisuel • *Entreprise de sonorisation* • **Matériel disponible** : Enceinte, AMP, divers sources, TBX Midas Légende 3000, Yamaha M7CL 48 (num.) • **Système son** : Outline, Ch. Heil, Bss Lexicon, Xta • **Puissance** : 60 kW
Entreprise d'éclairage • **Matériel disponible** : Traditionnel, automatique, Case Pro II Martin, Maxxyz Martin • **Puissance** : 150 kW en traditionnel et 70 MA automatiques (MAC 2000, MAC 600, MAC 700)

LORRAINE

DSE (DEVICE STAGE ENGINEERING)

✆ **03 83 56 45 70** • fax 03 83 51 34 66
contact@dsefrance.com • **www.dsefrance.com**
8 allée des Prunus • 54180 **HOUDEMONT**
Sébastien ROGOZA (Directeur)
Entreprise de sonorisation • **Système son** : L-Acoustics KUDO, MTD • **Puissance** : 100 kW
Entreprise d'éclairage • **Matériel disponible** : Matériel traditionel, automatique, ADB, Martin

HP SON

✆ **03 83 28 78 02 / 06 81 83 63 86**
parizoo@free.fr
66 bd Emile Zola • 54520 **LAXOU**
Hubert PARISOT (Technicien)
Entreprise de sonorisation • **Matériel disponible** : Régie num. Yamaha DM2000 24/12/8/2, rack FX : M2000, Dtwo, préAMP comp, etc. • **Système son** : Nexo PS 15 sub LS1200, 8 retours • **Puissance** : Dès 5 kW

MÉDIA SONIC

✆ **03 83 27 70 70** • fax 03 83 27 10 21
el@mediasonic.fr • **www.mediasonic.fr**
115 rue Gabriel Mouilleron • 54000 **NANCY**
Éric LACRESSE (Gérant) • Pascal HAUDBERT (Technico-commercial) • Arsène LOISY (Technicien SAV) • Cyril FRADET (Technicien audio visuel) • Alexandre HELLENTHALER
Entreprise de sonorisation • **Matériel disponible** : Son, structure, vidéo, sonorisation Electro-Voice, TBX Yamaha • **Système son** : Electro-Voice MT2, MT1, SX, XI, XSUB • **Puissance** : 20 kW
Entreprise d'éclairage • **Matériel disponible** : Structure, éclairages traditionnels, automatiques, EFF spéciaux

MPM AUDIOLIGHT

✆ **03 87 34 32 32** • fax 03 87 34 32 30
info@mpmaudio.fr • **www.mpmaudio.fr**
ZA St-Vincent • BP 70721 • 57147 **WOIPPY CEDEX**
Marc MOROSINI (Directeur location) • Jean-Luc SUD (Directeur commercial) • Barbara CSESZLYAR (Assistante de direction)
Entreprise de sonorisation • **Matériel disponible** : CONS Midas XL4 Heritage, Digico SD7, SD8, D5-D1, Yamaha PM5DRH, Digidesign D Show Profile, Soundcraft VI6, SD9, SD10, VI1, VI4, SC48 • **Système son** : Diffusion Adamson Y18-Y, Spektrix, Metrix, Nexo Serie PS, 300 enceintes line-array, Adamson E15
Entreprise d'éclairage • **Matériel disponible** : Pupitres (ADB, Juliat, Wholehog, etc.), sources (ADB, Juliat, Thomas), 1 MW Varilite (VL3500, 3000, 2500, 1000, 500, Varilite VLX), Martin (2000, 600, 250, 400 machines), LED Martin LC panel (200 m2), Martin EC10 - EC20; Mac Aura, Mac 101, ADB ALC 4, Thomas Pixel Range, Clay Parky-Sharpy

SYSTÈME SON

✆ **03 29 81 18 11** • fax 03 29 81 18 10
contact@systeme-son.com • **www.systeme-son.com**
70 quai de Dogneville • 88000 **EPINAL**
Patrick AUBERT (Gérant)
Entreprise de sonorisation • **Matériel disponible** : Distributeur D&B Audiotechnik • **Système son** : Systèmes D&B : Q1, Q7, Q10, B2; diffusion Line Array J : 30 AMP D12; mixages (Midas PM5DRH) • **Puissance** : 60 kW
Entreprise d'éclairage • **Matériel disponible** : Structure Eurotruss, scène couverte 200 m2; lumière : GrandMA 2, VL 3000, MAC 250, MAC 700, Tracer Trichromie 4 kW xénon, parc traditionnel : PC 1 kW/2 kW/5 kW, découpes 1 & 2 kW, 400 projecteurs • **Puissance** : 400 kW

TEKSAS

✆ **03 87 32 56 19** • fax 03 87 31 21 58
teksas@wanadoo.fr
8 rue des Couteliers • Actiopole • 57070 **METZ**
Axel BECHLER (Responsable)
Entreprise de sonorisation • **Matériel disponible** : CONS face/retours 32/32, 16, 8, parc MIC, EFF Lexicon, Yamaha, TC, DBX • **Système son** : Nexo Alpha E • **Puissance** : 15 kW
Entreprise d'éclairage • **Matériel disponible** : PAR 64, 56, 36, ACL, PC ADB 1 kW

MIDI-PYRÉNÉES

AGENCE RAMDAM
✆ **05 61 13 38 93 / 06 03 45 88 35**
agenceramdam@free.fr • **www.ramdam-classique.com**
47 rue André Vasseur • 31200 **TOULOUSE**
Patrick FAUBERT (Coordinateur)
Entreprise de sonorisation • **Matériel disponible** : Sono complète, façade, retours • **Système son** : MTD 115, MTD 112, sub (C. Heil), syst. Acoustic Fly (Atelier 33) • **Puissance** : 4 kW

ATL SPECTACLES
✆ **05 63 64 49 29 / 06 11 48 34 06** • fax 05 63 64 49 29
www.studioatl.com
52 rue des Ecoles • 82600 **VERDUN SUR GARONNE**
Entreprise de sonorisation • **Matériel disponible** : Régies complètes 16, 24, 32v • **Système son** : Nexo, Martin Audio • **Puissance** : 10 kW
Entreprise d'éclairage • **Matériel disponible** : Ponts alus, projecteurs motorisés • **Puissance** : 60 kW

AUDIO CONCEPT
✆ **05 63 20 54 32**
audioconcept@nordnet.fr • **www.audioconcept.fr**
1299 ch. de Begue • 82000 **MONTAUBAN**
Dominique MAUREL (Directeur)
Entreprise de sonorisation • **Matériel disponible** : Régie de 16 à 48 entrées, CONS : Midas et Innovason, wedges Clair Brothers, Traffic Lexicon, Yamaha, Drawmer, BSS, etc. • **Système son** : Clair Brothers & Martin W8LC • **Puissance** : Jusqu'à 30 kW

AUDIO LUM
✆ **05 61 83 82 36** • fax 05 61 83 76 28
audio-lum@wanadoo.fr • **www.audio-lum.fr**
Zone artisanale • 32 av. de la Mouyssaguèse • 31280 **DREMIL LAFAGE**
Jean-Luc PETIT (Responsable)
Entreprise de sonorisation • **Matériel disponible** : 14 CONS. • **Système son** : D&B line array, Electro-Voice, éclairage et scène, grill bâché • **Puissance** : Son 50 kW

CONCEPT TOULOUSE
✆ **05 61 92 14 14** • fax 05 61 92 18 18
contact@concept-toulouse.com • **www.concept-toulouse.com**
Centre de Gros Larrieu • 10 rue Gaston Evrard
31094 **TOULOUSE CEDEX 1**
Laurent CHABAUD (Gérant) • Éric BRUEL (Responsable location) • Danièle DUPONT (Responsable de l'administration)
Entreprise de sonorisation • **Matériel disponible** : Nexo, L-acoustics • **Puissance** : 60 kW
Entreprise d'éclairage • **Matériel disponible** : FD33, Prolight H3020, E20D, ST40, X30D • **Puissance** : 800 kW

CRISTAL AUDIO
✆ **05 63 38 37 86 / 07 86 53 88 62** • fax 05 63 47 19 65
contact@cristal-audio-pro.com • **www.cristal-audio-pro.com**
20 rue Philippe Lebon • 81000 **ALBI**
Alex IPHAINE (Directeur) • Olivier GRALL
Entreprise de sonorisation • **Puissance** : 40 kW
Entreprise d'éclairage • **Puissance** : Son : 40 kW régie complète face et retour, lumière : 250 kW (RVE Light Commander)

DEALIGHT
✆ **05 61 24 94 55 / 06 10 63 47 92 / 06 11 91 11 48**
fax 05 61 24 94 38
info@dealight.com • **www.dealight.com**
8 rue des Frères Peugeot • 31130 **BALMA**
Philippe NOZERAN (Responsable) • Jany VALLERIN (Responsable)
Entreprise de sonorisation • **Matériel disponible** : Nexo Alpha, Nexo Alpha E, Nexo PS 15, Electro-Voice, CONS Soundcraft - Traffic Yamaha, Lexicon, BSS, DBX, régies Dj Pioneer, CONS midas 32 Venice, Pioneer CDJ 2000, DJM 1000, DJM 800 • **Système son** : Nexo • **Puissance** : 80 kW
Entreprise d'éclairage • **Matériel disponible** : Parc Martin : MAC 2000, MAC 600 NT, MAC 250, MAC Krypton, PC Juliat, découpes Juliat, Clay Paky, structures alu Eurotruss, projecteurs PAR 56 & PAR 64

JLC ACOUSTIQUE
✆ **05 61 81 10 23** • fax 05 61 81 19 62
jlc@jlc-acoustique.fr • **www.jlc-acoustique.fr**
ZI Laval Prioul • 31450 **AYGUESVIVES**
Jean-Jacques LASSUS (Directeur) • Jean-Luc MAURY (Location)
Entreprise de sonorisation • **Matériel disponible** : Adamson Line Array • **Système son** : Martin Audio, Renkus-Heinz, Bose, Midas, Ramsa, DLA, BSS, Crest, Klark-Teknik • **Puissance** : 100 kW
Entreprise d'éclairage • **Matériel disponible** : Proj. traditionnels automatisés Martin • **Puissance** : Jusqu'à 600 kW

LUMISON
✆ **06 07 61 08 07**
boisset.didier@orange.fr
552 Quai de Regourd • 46000 **CAHORS**
Didier BOISSET (Responsable)
Entreprise de sonorisation • **Système son** : Bose, JBL, HK, Martin • **Puissance** : 100 W à 8000 W
Entreprise d'éclairage • **Matériel disponible** : Projecteurs PAR 36, PAR 56, PAR 64, asservis, Lyres • **Puissance** : Ttes puissances

NOVELTY EUROSON
✆ **05 62 75 23 56** • fax 05 61 37 13 11
novelty.toulouse@novelty.fr • **www.novelty.fr**
38 ch. des Graves • 31780 **CASTELGINEST**
Frederic MOURET (Gérant)
Entreprise de sonorisation • **Matériel disponible** : Son, lumière, structure, distr. électrique

SARL SPOTCO
✆ **05 61 24 62 46** • fax 05 61 24 64 46
info@spotco.fr • **www.spotco.fr**
ZI du terroir • 3 imp. Jean Mermoz • 31140 **ST ALBAN**
Christophe DIGNE (Responsable agence) • Magali LOMBARD (Assistante de direction) • Patrick BALLAND (Directeur)
Entreprise d'éclairage • **Matériel disponible** : Son, lumière, structure, scène

NORD - PAS-DE-CALAIS

CSE TECHNOLOGY
✆ **03 20 18 03 80** • fax 03 20 18 03 81
contact@cse-tec.com • **www.cse-tec.com**
ZA du Bois • 191 rue des 5 voies • 59200 **TOURCOING**
Alexis DEVILLERS (Gérant) • Bruno BRIZULIER (Directeur technique) • Guy FAVIEZ (Directeur commercial)
Ciné service équipement • *Entreprise de sonorisation* • **Matériel disponible** : CONS Midas, Yamaha (PM5D, DM2000, O2R, etc.), Sony DMX R100, Allen & Heath, Crest, M7CL, M6000, etc. • **Système son** : Nexo (Alpha), Adamson (Y10), Géo S • **Puissance** : Nexo, Camco, Adamson, Lab Gruppen, etc.
Entreprise d'éclairage • **Matériel disponible** : Proj. (Juliat, Kupo, etc.), proj. asservis (Clay Paky, High End Cyberlight, etc.), gradateurs (Juliat, RVE), jeux d'orgue AVAB, etc.

CSF SONORISATION
✆ **03 20 73 03 39 / 06 12 71 54 36** • fax 03 20 73 71 34
infos@csfsonorisation.com • **www.csf-sonorisation.fr**
26 rue de Maufait • 59100 **ROUBAIX**
Camille LEMAIRE (Responsable) • Christophe LEMAIRE (Responsable)
Entreprise de sonorisation • **Matériel disponible** : Son, lumière, vidéo et scénique • **Puissance** : Toutes puissances
Entreprise d'éclairage • **Matériel disponible** : Lumière asservie, lyre, sean, changer color PC PAR • **Puissance** : Master audio

FEELING MUSIC
contact@feelingmusic.fr • **www.feelingmusic.fr**
1 av. de Rotterdam • 59910 **BONDUES**
Philip DESREUX (Responsable commercial) • Fanny DESREUX (Administration) • Baptiste MOUCHON (Location)
Entreprise de sonorisation • **Matériel disponible** : Son, lumière • **Système son** : HK Audio, JBL, Electrovice, CONS Yamaha et Midas, D-Line Ref • **Puissance** : 12 kW à 32 kW

SL SONORISATION
✆ **06 74 72 02 64**
contact@sl-sonorisation.com • **www.sl-sonorisation.com**
72 rue de Mouvaux • 59200 **TOURCOING**
Rémy GHYS (Gérant)
Entreprise de sonorisation • **Matériel disponible** : Système Line Array; RCF, D-Line, CONS analog. et num. Yamaha, L59, 01V96, CLS, M7CL, Midas : Pro2 & Venice F32, enceinte HK Audio, Shure, Senheiser, DBX, BSS, Soundcraft • **Système son** : Line array D&B, HK Audio • **Puissance** : 30 kW
Entreprise d'éclairage • **Matériel disponible** : 250 proj. traditionnels et asservis (Martin, GLP, Studio Due, JB Systems, Briteq), 50 proj. à led, CONS DMX OXO, GLP, SGM, Road hog, full board, 700 m de structures ASD série sz290fc, praticables, MA à fumée, brouillard et à bulles, vidéo-proj. de 1800 à 6 000 lumens, 80 projecteurs à LED (LGR, projecteur, etc.) • **Puissance** : 200 kW

PAYS DE LA LOIRE

AMS ÉVÉNEMENTS

✆ **02 40 14 54 23 / 02 99 65 05 05** • fax 02 40 59 90 27
nantes@ams-evenements.com • **www.ams-evenements.com**
70 bd Marcel Paul • 44800 **ST HERBLAIN**
Nicolas GARRY (Directeur)
Entreprise de sonorisation • **Matériel disponible** : Système son C. Heil, APG, Electro-Voice, APG, CONS analog. Midas, Soundcraft MFX8 & CB2R, MFX8 CONS num. VI6, M7CL, 01V96 & DM 2000 (Yamaha), EQ, parc MIC, parc HF (serre-tête, cravate, main), etc. • **Système son** : D&B Q1
Entreprise d'éclairage • **Matériel disponible** : Automatique (MAC 250, 500, 600, 700, scan, city color), traditionnel (PAR, Multipar, découpes, PC, etc.), CONS (MA lighting, scan co, GrandMA), bloc puissance, structure polyte, vidéoproj., Vari Lite spot 3500, VL3500

DBAM

✆ **02 51 11 02 45** • fax 02 51 11 02 57
contact@dbam.fr • **www.dbam.fr**
4 rue des Clairières • ZA le Taillis 3 • 44840 **LES SORINIERES**
Jacques DUPAS (Gérant) • Pierrick MADIOT (Responsable commercial)
Entreprise de sonorisation • **Matériel disponible** : Soundcraft Vi6/Vi4/Vi1, Venice 160-320, Adamson SX18 et Spek-trix, D&B C7/Q1/Q7, MAX et CI90, Nexo PS10, etc. • **Puissance** : 60 kW

DIAZZO

✆ **02 40 28 98 93** • fax 02 40 28 98 93
diazzo@orange.fr • **www.diazzo.fr**
Lieu dit La Haute Noë • 44590 **SION LES MINES**
Philippe GAUTHIER (Cogérant / directeur technique) • Agnès TALIBON (Cogérante / directrice artistique)
Entreprise d'éclairage • **Matériel disponible** : Projecteurs d'images géantes, vidéoproj.

GROUPE LEBLANC

✆ **02 43 61 43 61** • fax 02 43 86 60 20
contact@groupe-leblanc.com • **www.groupe.leblanc.com**
ZI Sud • 6/8 rue Michaël Faraday • 72027 **LE MANS CEDEX 2**
Patrick JEANNOT (Directeur) • Alexandra LEHALLI (Responsable qualité) • Rose-Marie FIAT (Assistante de direction)
Entreprise d'éclairage • **Matériel disponible** : Éclairage architectural, balisage, éclairage intérieur, enseigne & décoration, modules & lampes

MELPOMEN NANTES

✆ **02 40 50 30 36** • fax 02 40 93 91 76
accueil.n@melpomen.net • **www.melpomen.net**
ZI La Belle Etoile • 6 allée des Sapins • BP 50218
44472 **CARQUEFOU CEDEX**
Thierry TRANCHANT (PDG)
Entreprise de sonorisation • **Matériel disponible** : Sonorisation, éclairage, vidéo • **Système son** : Nexo Alpha, Alpha-E, PS-15, PS 10, Géo, Géo T • **Puissance** : 200 kW

MES

✆ **02 51 13 49 49** • fax 02 40 93 91 76
contact@mes-eclairages.com • **www.mes-eclairages.com**
ZI La Belle étoile • 6 allée des Sapins • 44472 **CARQUEFOU CEDEX**
Thierry TRANCHANT (Président)
Minet éclairages scéniques • *Entreprise d'éclairage* • **Matériel disponible** : PC 650, 1000, 2000, PAR 64, découpes 650, 1000, 2000, ACL, structures extérieures, rideaux, matériel expo & vidéo, LED • **Puissance** : 1600 kW

PRODUCTION 44

✆ **02 40 52 07 07** • fax 02 40 52 02 56
production.44@wanadoo.fr • **www.production44.com**
9 rue de Bruxelles • BP 23743 • 44337 **NANTES CEDEX 3**
Bruno ALAIN (Directeur) • Mathieu SIMON (Responsable atelier)
Entreprise de sonorisation • **Matériel disponible** : L-Acoustics, Martin Audio, Bose, Yamaha, Midas, BSS, Pioneer, Avalon, TC Electronic • **Système son** : Martin Audio W8, W8c, W8s, W3, Apogee, L-Acoustics Kiva, Kilo, SB118, SB28, MTD112 & MTD115 • **Puissance** : 200 kW
Entreprise d'éclairage • **Matériel disponible** : ADB, Martin, RVE, MA Lighting, Robe, Showtec, MDG, Robert Juliat, Varilite • **Puissance** : 400 kW

SMHE

✆ **02 51 22 70 10** • fax 02 51 22 71 51
jtesson@wanadoo.fr • **www.smhe.fr**
64 av. des Sables • 85150 **ST MATHURIN**
Jacques TESSON (Gérant)
Entreprise de sonorisation • **Puissance** : 30 kW

PICARDIE

ACPA SONORISATION

✆ **09 75 88 86 44**
acpasono@wanadoo.fr • **acpasono.fr**
BP.19 • 60190 **ESTREES ST DENIS**
Michel GORGET
Aide à la communication et à la prestation artistique • *Entreprise de sonorisation* • **Matériel disponible** : PM5D Yamaha, M7CL, LS9 Yamaha • **Système son** : d&b • **Puissance** : 4 à 20 kW

CAPRICORN PRODUCTION

✆ **03 23 62 02 02** • fax 03 23 62 77 14
capricornproduction@gmail.com • **www.capricornproduction.com**
ZI Gérard Philipe • Rue de Picardie • 02430 **GAUCHY**
David WRYK (Responsable) • Nicolas WRYK (Administratif)
Entreprise de sonorisation • **Matériel disponible** : CONS Midas, Robe, Martin, CONS num. Yamaha MP-5D, structure, scène couverte Prolyte • **Système son** : L-Acoustics K1, KARA, KIVA, EAW KF 850, JBL Vertec 4889 • **Puissance** : 80 kW

CESAM INTERNATIONAL

✆ **03 22 09 09 09** • fax 03 22 09 09 00
contact@cesam-international.com • **www.cesam-international.com**
72 rue des Jacobins • 80000 **AMIENS**
Raymond-Alexandre VERNIER (Directeur général) • Calixte VERNIER (Directeur de la communication) • Romain VERNIER (Directeur du marketing)
Entreprise de sonorisation • **Matériel disponible** : JMB, John Meyer, Soundcraft • **Puissance** : 20 kW
Entreprise d'éclairage • **Matériel disponible** : Ts types lights • **Puissance** : 200 kW

CYNERGIE

✆ **03 22 41 06 26 / 03 22 41 09 47 / 03 22 41 59 00**
fax 03 22 41 53 73
tanguy.brunel@cynergie.fr • **cynergie-sonorisation.e-monsite.com**
27/29 rue Sadi Carnot • 80250 **AILLY SUR NOYE**
Tanguy BRUNEL (Gérant)
Entreprise de sonorisation • **Matériel disponible** : Parc complet : enceinte (D&B Q1, Q7, Q10, Q Sub Subwoofer, E8 enceinte D&B, Max), Turbosound (TDX 12M BK), APG (MC2), Electro-Voice (SX300), AMP D&B D12, Crown IT, CONS Digidesign SC48 et Mix Track, Soundcraft MH3, Yamaha 01V96, Midas Venice 16, etc., MIC (Sennheiser, Shure, etc), ear monitor, périph. • **Système son** : D&B • **Puissance** : 30 kW
Entreprise d'éclairage • **Matériel disponible** : Proj. asservis MA Lighting, Leds, EFF (Mac 250, Sunstrip, Dune, Nightcolor), prj. traditionnels (Par 64, PC ADB A56C, C101, C201, etc), découpe Robert Julia 613, 614, 714, gradateurs (ADB 6, 12 et 24 circuits 3 kW), pupitres ADB et MA Lighting, DMX, câblage éléctrique, etc.

Bernard DACHE SA

✆ **03 44 55 52 32**
bernard.dache-sa@wanadoo.fr • **dache-bernard.fr**
38 rue Henri Pauquet • 60100 **CREIL**
Daniel PARMENTIER (Responsable)
Entreprise de sonorisation • **Matériel disponible** : DENON, PIONEER, TECHNICS, SENNHEISER, GEMINI, MIPRO, SHURE, AKG, STARWAY, MARTIN

EURO TOURING SYSTEMS

✆ **03 23 83 60 20 / 06 07 67 52 32** • fax 09 70 62 39 79
eurotouringsystems2@wanadoo.fr • **www.euro-touring-systems.com**
20 rue de la Prairie • 02400 **ETAMPES SUR MARNE**
Bruno FOURNIER (Directeur) • Gilles DIDIER (Associé)
Entreprise de sonorisation • **Matériel disponible** : CONS : Yamaha N7CL, PN5DRH, Midas Legend 3000/48, Sirenis 40/16, Sony num. DMX R100, Crest 40, 24 voies, Soundcraft SM 16, ; EFF Yamaha, Lexicon, Processeur de son BSS, DBX, LA ; système MIC HF Shure UHF (gestion informatisée) ; système car monitor Shure ; equaliseur BSS, Apex • **Système son** : KF 850 TAD, SB 850, AMP Crest, Line Array EAW KF 730 • **Puissance** : 100 kW
Entreprise d'éclairage • **Puissance** : 1 000 kW

LEADER LIGHT SONORISATION

✆ **03 23 36 41 29 / 06 80 17 86 23** • fax 09 70 62 72 27
info@leaderlight.fr • **www.leaderlight.fr**
3 rue de l'Eglise • 80700 **LIANCOURT FOSSE**
Yannick LUCAS (Responsable)
Entreprise de sonorisation • **Matériel disponible** : Syst. DAS (20 kW), CONS num. Allen & Heath, périph. syst HF AKG 50, Sennheiser, etc. • **Système son** : DAS, K&H • **Puissance** : 20 kW
Entreprise d'éclairage • **Matériel disponible** : Traditionnel (PC, Par, découpes, cycliodes) et automatique (Martin, Robe), Led, éclairage architectural, etc. • **Puissance** : 70 kW

SARL ULTRASON
✆ **03 23 67 72 00 / 06 08 64 36 62** • fax 03 23 67 72 00
ultrason02@wanadoo.fr • **www.ultra-son.fr**
7 bis bd Richelieu • 02100 **ST QUENTIN**
Patrice POLAK • Maxime POLAK
Entreprise de sonorisation • **Matériel disponible** : Meyer Sound, L. Acoustics, QSC, Robe, Grand MA, etc. • **Système son** : Meyer Sound • **Puissance** : 50 kW

POITOU-CHARENTES

DJE PRODUCTION
✆ **06 10 36 01 36**
dje.production@gmail.com • **www.djeproduction.fr**
Djeproduction • 1 rue du Québec • 17000 **LA ROCHELLE**
Jérémie GUILLEMAUT (Régisseur général / régisseur son & plateau)
Entreprise de sonorisation • **Matériel disponible** : Klark, Midas, Meyer Sound, Heil, etc. • **Système son** : Meyer Sound, Djeproduction, Heil • **Puissance** : Jusqu'à 40 kW

DSL
✆ **05 45 39 48 18** • fax 05 45 90 55 73
contact@dsl16.com • **www.dsl16.com**
93 bd Besson-Bey • 16000 **ANGOULEME**
Fabrice SIMONET (Gérant)
Entreprise de sonorisation • **Matériel disponible** : Matériel de concert, son et éclairage, tournées • **Système son** : TurboSound • **Puissance** : 6 à 30 kW
Entreprise d'éclairage • **Puissance** : 60 kW

GESTE SCENIQUE SARL
✆ **05 49 05 83 51** • fax 05 49 05 96 26
christelle@gestescenique.com • **www.gestescenique.com**
Centre Routier • 79260 **LA CRECHE**
Christian DESAIVRES (Gérant) • Anne JANSSENS (Secrétaire / Comptable)
Entreprise de sonorisation • **Matériel disponible** : L-Acoustics, Martin, AMP, mixage num. de 12 à 48 entrées, périph., MIC, retours L-Acoustics • **Système son** : ARC, dV Dosc L-Acoustics • **Puissance** : 0,5 à 30 kW
Entreprise d'éclairage • **Matériel disponible** : Pupitres pour traditionnel et automatiques, gradateurs num., armoires électriques, projecteurs PAR, PC, découpes, BT, automatiques, leds, poursuites, structures alu, scènes, scènes couvertes, etc. • **Puissance** : 0,1 à 500 kW

Le PARC
✆ **05 49 27 93 59** • fax 05 49 27 57 95
leparc@scenesnomades.fr • **www.scenesnomades.fr**
18 pl. du Champ de Foire • 79170 **BRIOUX SUR BOUTONNE**
José FREIRE (Directeur technique)
Comité d'animation en Pays mellois et Haut Val de Sèvre • *Entreprise de sonorisation* • **Matériel disponible** : M7CL, PM5D, CL5, PM2000, etc. • **Système son** : C. Heil HiQ 115, Arcs, Kara • **Puissance** : 40 kW (retours 10 kW)
Entreprise d'éclairage • **Matériel disponible** : PAR 64, découpes, PC 1 kW, structures, jeu ORG, Martin 918, Pro 400, etc. • **Puissance** : 300 kW

PROVENCE - ALPES - CÔTE D'AZUR

ACE SYNERGY ÉVÉNEMENT
✆ **06 58 19 03 08**
contact@lifevents.fr • **www.synergy-event.com**
ZI Carros • 1re av. 11e rue • 06516 **CARROS CEDEX 1**
Barbara SCHMIDT (Responsable)
Entreprise de sonorisation • **Matériel disponible** : TBX (Midas XL3, Yamaha, Soundcraft), AMP Crest & QSC, périph. traitements (Klark Teknik BSS Drawder), MIC (Sennheiser, Samson, Shure, AKG, Neumann), FX (réverb, compresseurs, gates) • **Système son** : EAW, L-Acoustics, Bose, APG, Sound-projects
Entreprise d'éclairage • **Matériel disponible** : Projecteurs Juliat, PAR 64, PC, projecteurs robotisés, changeurs de couleur CC 5000, poursuites S75/1200/25 kW • **Puissance** : 180 kW

L'ARÈNE
✆ **04 93 96 46 69 / 06 21 80 14 10**
loicb@larene-studio.fr • **www.larene-location.fr**
422 bd de la Madeleine • 06000 **NICE**
Loïc BOISGIRARD (Directeur)
Entreprise de sonorisation • **Matériel disponible** : Adamson, EAW, Martin, Midas, Nexo, Ramsa, Yamaha, etc. • **Système son** : Adamson, D&B, EAW • **Puissance** : Toutes puissances

ARPÈGE SON ET LUMIÈRE
✆ **04 92 12 45 45** • fax 04 92 12 45 46
patricia-ferrer@dushow.fr • **www.arpege-son-lumiere.com**
ZAC de St-Estève • Route de la Baronne • 06640 **ST JEANNET**
Christian LORENZI (PDG) • Philippe BARGUIRDJIAN (Directeur technique)
Entreprise d'éclairage • **Matériel disponible** : PAR, POUR, DEC, PC, MB, banc technique, ACL, PR.AS • **Puissance** : Jusqu'à 1 500 kW

L'ART SCÈNE OBJECTIF PLUS
✆ **04 91 02 27 16 / 06 14 20 25 25** • fax 04 91 02 27 07
yromette@objectifplus.eu • **www.objectifplus.eu**
19 av. Claude Monet • 13014 **MARSEILLE**
Gilles ZENI (Gérant) • Denis EHINGER (Régisseur son) • Yann ROMETTE (Responsable commercial)
Entreprise de sonorisation • **Matériel disponible** : 24 systèmes Line Array XLC Electro-Voice, CONS (Venice, Siena, Heritage, Pro6), point pilote : (Electro-Voice, Klark Teknik, Midas) • **Système son** : XLC DVX, XLD, X array • **Puissance** : 60 kW
Entreprise d'éclairage • **Matériel disponible** : Projecteurs traditionnels et asservis, Vidéo, Mur LED, distributeur Electrovoice, Midas, Structure scénique, électricité, etc. • **Puissance** : 200 kW

BLUE SQUARES FRANCE
✆ fax 04 42 65 73 10
info@blue-square.be • **www.blue-square.be**
ZI Avon • 404 av. des Chasséens • 13120 **GARDANNE**
Fabienne PEREZ (Directrice)
Entreprise de sonorisation • **Matériel disponible** : Tout matériel • **Système son** : L-Acoustics, Meyer, Phone Audio • **Puissance** : 90 kW
Entreprise d'éclairage • **Matériel disponible** : Martin, ADB, Clay Paky ETC, MA Lighting • **Puissance** : 200 kW

CENTRE DE RESSOURCES DES HAUTS PAYS ALPINS
✆ **04 92 57 24 02** • fax 09 72 11 98 37
cdralpin@centre-de-ressources.fr • **www.centre-de-ressources.fr**
3 rue Anatole France • 05400 **VEYNES**
Olivier GUIDI (Responsable technique)
Entreprise de sonorisation • **Matériel disponible** : AMP et enceintes, sonorisation de rue et de véhicule, TBX DJ et Live 8/16/24 voies, TBX numérique LS9, platine CD, K7, vinyle, micros (Shure, AKG, Sennheiser...) et MIC HF main, serre-tête et cravate, Sennheiser, DI, divers effets (reverb, comp, etc.), AMP et casques intercom • **Système son** : Peavey, Yamaha, QSC Audio, DAS, L-Acoustics • **Puissance** : 2 x 70 W, 2 x 100 W, 4 x 250 W, 2 x 400 W, 1 000 W
Entreprise d'éclairage • **Matériel disponible** : Modulateur de lumière, graduateurs 4/6 et 12 voies 0/10 V et DMX, pupitres MaLighting, Zero88, projecteurs halogène PC 1 000 W et 650 W, PAR 16 et 64, poursuites, découpes, 613 et 614, projecteurs LED, effet lumineux MA, machine à fumée, armoire électrique 32A et 63A, pieds ALT400 et ALT 600, structure carré 290

DÉCIBEL
✆ **04 93 33 35 68** • fax 04 93 74 38 30
decibel06@free.fr • **www.decibel06.com**
Imp. Beauvert • ch. Beauvert • 06600 **ANTIBES**
Gilles BERTHO (Directeur) • Mireille BERTHO (Directrice administrative) • Erwan BERTHO (Directeur technique)
Entreprise de sonorisation • **Matériel disponible** : Heil Acoustic, Adamson, Nexo, Midas, Yamaha, Soundcraft, Allen & Heath, Chevin, Crest, Granit, Mackie, Ramsa, JBL, Yamaha, Bose, Sennheiser, TC Electronic, Ashly, DBX, EV, Shure, AKG, Milab, Technics, Sony, Denon, XTA, Tram, Tec pro, Funktion One, LAB Gruppen, etc. • **Système son** : Adamson Spektrix, ARCS de Heil Acoustic, AMP Camco (32 kW), Nexo, AMP Crest (10 kW), Bose (8 kW), retours : Soundcraft, M7CL, VS 15, Chevin, etc. • **Puissance** : 200 W à 40 kW
Entreprise d'éclairage • **Matériel disponible** : RVE, Strand, Martin, Robe, Juliat, Zero 88, Coemar, LTM, Stacco, Prolyte, Diafora, Sunligth, MA Lighting, etc. • **Puissance** : 150 kW

JMP SONORISATION
✆ **04 42 54 82 02** • fax 04 42 54 82 05
jmpsono@wanadoo.fr • **www.jmpsono.com**
6 rue des Piboules • 13770 **VENELLES**
Jean-Michel PEAU (Gérant)
Entreprise de sonorisation • **Matériel disponible** : MIC, FX, AMP, etc. • **Système son** : Line Array, D&B systeme Q, E V XI 1122, 1152 • **Puissance** : 30 kW
Entreprise d'éclairage • **Matériel disponible** : Éclairage complet, distribution électrique, LC

MEGAWATT SONO
✆ **04 93 58 16 49** • fax 04 93 65 73 13
contact@megawatt-sono.com • **www.megawatt-sono.com**
610 route de la Mer • 06410 **BIOT**
Christian ELLENA (Directeur)
Entreprise de sonorisation • **Système son** : Martin Audio DAS audio • **Puissance** : De 0,2 à 60 kW

MIXAGE

✆ **04 93 99 24 61 / 06 10 01 28 54** • fax 04 93 38 59 27
info@mixage-music.com • **www.mixage-music.com**
11 rue Haddad Simon • 06400 **CANNES**
Jean-Charles HUGUES (Gérant)
Entreprise de sonorisation • **Matériel disponible** : Son, lumières, structures, home studio, matériel DJ • **Système son** : Line Array HK • **Puissance** : 30 kW

PATRICK SARRAN SON ET LUMIÈRES

✆ **04 90 76 75 21** • fax 04 90 76 74 39
spson@wanadoo.fr
Ch. des Gautières Coustellet • 84660 **MAUBEC**
Patrick SARRAN (Responsable)
Entreprise de sonorisation • **Matériel disponible** : Tri-AMP, CONS 28 voies, retours 6/8 x 400 W, CONS 32 retours, parc de 40 MIC, 10 sonos 2 x 100 W ou 2 x 400 W • **Système son** : Epson • **Puissance** : 20 kW
Entreprise d'éclairage • **Matériel disponible** : Tout matériel d'éclairage habituel

SCÉNIC FRANCE RÉALISATION

✆ **04 90 88 93 93** • fax 04 90 88 37 02
scenicfrance@wanadoo.fr • **www.scenicfrance.com**
ZI de Fontcouverte • 10 av. de l'Étang • 84000 **AVIGNON**
Alain HEDDE (Gérant)
Entreprise d'éclairage • **Matériel disponible** : ADB, Juliet, Hog • **Puissance** : 500 kW

SOUND SYSTEM

✆ **04 90 86 80 16** • fax 04 90 86 68 46
contact@sound-system.com • **www.sound-system.com**
29 av Charles de Gaulle • 84130 **LE PONTET**
Cédric BENOIT (Gérant) • Étienne SERVA (Directeur)
Entreprise de sonorisation • **Matériel disponible** : Syst. triphonique HK Audio, PLA VY, CD et DAT, minidisc, TBX 8 à 32 voies, studio • **Système son** : HK Audio, Mackie, RCF, etc. • **Puissance** : 15 kW
Entreprise d'éclairage • **Matériel disponible** : Stroboscope, FX robotisés, MA à fumée, Skytracer, Black Sun

SUD RÉGIE

✆ **04 91 02 05 29 / 06 22 94 75 57 / 06 22 94 75 42**
fax 04 91 02 05 54
sudregie@wanadoo.fr • **www.sudregie.com**
160 ch. de la Madrague Ville • 13015 **MARSEILLE**
Claude VANDEVOORDE (Gérant)
Entreprise de sonorisation • **Système son** : System L- Acoustics • **Puissance** : 40 kW façade
Entreprise d'éclairage • **Matériel disponible** : Projecteurs PAR 64, PC 1000 & 2000 W, découpes 1 kW & 2 kW • **Puissance** : 300 kW

RHÔNE-ALPES

A+ EVENTS

✆ **04 50 03 34 11** • fax 04 50 03 37 74
contact@aplusevents.fr • **www.aplusevents.fr**
287 Rue des gentianes • 74800 **LA ROCHE SUR FORON**
Julien TERRIER (Commercial / directeur de site)
Entreprise de sonorisation • **Matériel disponible** : Système de diffusion D&B, Electro-Voice X-Array Xi, MT2, Delta Max, SX300, Dynacord Little Max LM 10 et LM 08, Martin Audio LE400, TBX num. (Yamaha DM2000), O2R, Promix 01, 03D • **Système son** : Electro-Voice • **Puissance** : 80 kW
Entreprise d'éclairage • **Matériel disponible** : Projecteurs optiques, faisceaux, d'ambiance et basse tension, pupitres lumière, changeurs de couleurs et projecteurs à LED

AGLCA AUDIOVISUEL

✆ **04 74 22 23 06** • fax 04 74 23 65 26
technique@aglca-audiovisuel.fr • **www.aglca-audiovisuel.fr**
2 bd Irène Joliot-Curie • 01006 **BOURG EN BRESSE**
Hervé FRACHET (Directeur technique) • Romain RAFFINI (Régisseur) • Frédéric GONOD (Technicien)
Entreprise de sonorisation • **Matériel disponible** : Yamaha PM3500-48, M7CL48-ES, LS9-16, etc. • **Système son** : Nexo Geo-S12, Alpha-e, PS15, PS10, Bose 802, subs RS15 • **Puissance** : 20 kW

ALIS PRO

✆ **04 76 23 45 67 / 06 14 98 21 12 / 06 18 03 61 72**
fax 04 76 23 45 10
alispro@alispro.com • **www.alispro.com**
133 av. de la République • 38320 **BRESSON**
Christophe AULIAC (Gérant / Responsable vente et prestation) • Frédéric LACOMBE (Responsable maintenance, fabrication et installation) • Bertrand FLUTET (Interlocuteur Alpes du Sud)
Entreprise de sonorisation • **Matériel disponible** : Sono concerts, conférences, événements, matériel complémentaire (podiums, light, structures, rideaux, décor, distri. électrique) • **Système son** : APG, D&B
Entreprise d'éclairage • **Matériel disponible** : Podium couvert, éclairage traditionnel & asservi (Clay Paky & Martin), rideaux de scène et textiles de décoration, distribution électrique 3 x 400A, décors • **Puissance** : 100 kW

ARTSCENIUM PRODUCTION

✆ **04 76 37 16 35 / 06 81 34 63 82**
contact@artscenium.fr • **www.artscenium.fr**
23 rue Genevoise • 38500 **VOIRON**
Xavier CLAIR (Gérant / Ingénieur du son)
Entreprise de sonorisation • **Matériel disponible** : CONS Yamaha num., boites APG, EV • **Système son** : APG (DS), EV (SX/300) • **Puissance** : 15 kW
Entreprise d'éclairage • **Matériel disponible** : Lights traditionnels, robotisés, projection, projection de gobo-logo

CONCERT SYSTÈMES

✆ **04 74 56 43 73 / 06 16 92 38 36** • fax 04 74 56 38 50
info@concert-systemes.com • **www.concert-systemes.com**
431 ZA de Varambon • 38370 **ST CLAIR DU RHONE**
Vivien MALFERIOL (Responsable département son) • Jean-Michel MALFERIOL (Ingénieur AES) • Florent MALFERIOL (Responsable département éclairage) • Dominique LUCIDI (Chargé d'affaires)
Entreprise de sonorisation • **Matériel disponible** : Régies complètes de 16 à 60 voies en num. (Yamaha, Digico) et de 8 à 48 voies en analog. (Yamaha, Midas, Siena et Legend 3000, Mackie, etc.), périph. BSS, Draumer, DBX, XTA, EFF Yamaha, Lexicon, Roland, système Ligne Source • **Système son** : Yaxis 10, Spektrix, Metrix Adamson, systèmes moyennes & fortes puissances Adamson série SX & 200, Enceintes polyvalentes face/retour : Nexo PS8, L-Acoustics 12 XT & 115 XT, Adamson M15 (point 8 & 12) ; renfort de grave Nexo 4, L-Acoustics SB 118 • **Puissance** : 100 kW, 40 kW
Entreprise d'éclairage • **Matériel disponible** : CONS traditionnelles et mixtes 12 à 96 circuits (MA Lighting), CONS pour asservis, GrandMA light & GrandMa2 fullsize, Scan Commander, blocs de puissance 3 x 5 kW, 6 x 2 kW, 12 x 3 kW, 24 x 3 kW, 48 x 3 kW, projecteurs traditionnels (ADB, Desisti, etc.) et asservis (Varilite, Martin, Studio Due, Diafora), projecteurs à LED, structures & systèmes de levage (Eurotruss, ASD, Genie, Verlinde) • **Puissance** : 350 kW d'éclairage traditionnel et 50 kW d'éclairage asservi

DMS SONO

✆ **04 77 71 03 72 / 06 85 22 04 99** • fax 04 77 71 03 72
www.dms-sono.com
163 rue de Charlieu • 42300 **ROANNE**
D SAUTET (Gérante)
Entreprise de sonorisation • **Système son** : petits systèmes • **Puissance** : jusqu'à 24 kW

FA MUSIQUE - LUMINANCE

✆ **04 78 79 03 98** • fax 04 78 79 25 92
fa@famusique.com • **www.famusique.com**
5 imp. Pascal • 69680 **CHASSIEU**
Julien CHAPELAND (Responsable commercial son) • Arnaud DOUCHET (Responsable commercial lumière) • Pierre MATILLAT (Responsable des ventes et des équipements) • Frédéric KERDEKACHIAN (Directeur commercial)
Entreprise de sonorisation • **Matériel disponible** : CONS (Midas, Yamaha PM 5D, XL8, PRO6, Heritages, etc.) • **Système son** : D&B • **Puissance** : 150 kW
Entreprise d'éclairage • **Matériel disponible** : PAR 64, PC (1 kW & 2 kW), DEC (1 kW & 2 kW), Fresnel 5 kW, ACL, Horiziodes, Cycliodes, CONS (Jands, Celco), blocs de puissance RVE, Lyres asservies, Martin MAC 700, Giottospot 400, pupitre GrandMA light, barre led ELP 30 • **Puissance** : 200 kW

G. L. EVENTS AUDIOVISUEL

✆ **04 72 31 54 07** • fax 04 72 31 54 98
cathy.barjon@gl-events.com • **www.gl-events.com**
ZI Nord • Route d'Irigny • BP 40 • 69530 **BRIGNAIS**
Lionel BARRIERE (Responsable division) • Xavier MOULIN (Président) • Cathy BARJON (Assistante commerciale) • Matthieu AUFORT (Responsable exploitation)
Entreprise d'éclairage • **Matériel disponible** : Projecteurs motorisés (Studio Color High End 575 HMI, Cyberlight High End HMI, Martin PRO 400, Martin MAC 500, CC 1000 & CC 5000), projecteurs trad. (PAR, Fresnel, PC Fresnel, découpes 575, 1000, 2000, 1200 HMI, poursuites, projecteurs ambiance, basse tension, etc.), CONS (Scan Commander MA Lighting, MLC 24 compulight, MLC 48, compulight, pupitre à mémoires échelons, chroma 16, etc.), structures scéniques (tri 500, 300, 200, etc.)

MUSIC PLUS GRENOBLE

✆ **04 76 62 72 72** • fax 04 76 24 69 66
contact@musicplusgrenoble.fr • **www.musicplusgrenoble.fr**
ZAC du Vercors • 16 rue du Grand Veymont • 38320 **EYBENS**
Olivier HERNICOT (Responsable)
Entreprise de sonorisation • **Matériel disponible** : MIC (Neumann, AKG, Shure, Sennheiser, DPA), CONS (Soundcraft, Yamaha, Midas), périph. (Klark Tecnic, Yamaha, Lexicon, BSS, Avalon, Amek, TC, Drawmer), AMP (Lab Grupen), retours, MTD 112, 115, 108 & 155 HIQ • **Système son** : L-Acoustics, dV Dosc & Kudo, D&B

NOZ'ART EVENTS

✆ **04 69 96 86 79**
nozart-events@live.fr • **www.nozart-events.fr**
Allée du relais • 69720 **ST BONNET DE MURE**
Mickael DROUHARD (Gérant)
Entreprise de sonorisation • **Matériel disponible** : Sonorisation moyenne et longue portée, sonorisation multi-diffusion • **Système son** : Line Array, D&B, Martin Audio, Mackie, L-Acoustics, Peavey, Nexo, Adamson, Meyer • **Puissance** : Jusqu'à 30 kW

ROBELPHONE

✆ **04 78 02 41 44** • fax 04 78 02 10 00
info@robelphone.com • **www.robelphone.com**
ZI du Pontet • 23 rue Jules Ferry • 69360 **ST SYMPHORIEN D'OZON**
François SAINT LOUP (Gérant)
Entreprise de sonorisation • **Matériel disponible** : Adamson Spektrix line source, L-Acoustics MTD 115, Nexo PS15/PS10, JBL Eon 15G2, 10G2, CONS Yamaha M7CL 48 voies num., PM3500 48 voies, PM5D-RH, M7CL-48, LS9-16, LS9-32, régie Pioneer, Midas Venice 32 voies & Venice 16 voies, syst. UHF, + périph. • **Système son** : Adamson Spektrix, Adamson Sub MDC3, Nexo PS 15/PS 10, L-Acoustics • **Puissance** : 90 kW
Entreprise d'éclairage • **Matériel disponible** : Asservis Martin Mac III, Mac Aura, Mac 101, 401, 2000 W, 700, 250 krypton, proj traditionnels et à Led, changeur de couleur, CONS, Skytracer 2500 W HMI, Skytracer mono faisceau (4000 W), MA à brouillard, fumée, roadies, glaciator (fumée lourde, MA à neige) - mousse (Pro 500, 350 Universal effects), 8 showguns High end, Ecran vidéo à Led (Alpha 25)

SCENETEC

✆ **04 72 50 22 44** • fax 04 72 50 79 86
commercial@scenetec.fr • **www.scenetec.fr**
5 av. Pierre Sémard • 69200 **VENISSIEUX**
Michel WISS (PDG / Directeur technique) • Patrice CHAUMET (Directeur général)
Entreprise d'éclairage • **Matériel disponible** : Pour théâtre, cinéma, expositions, salons, conventions, etc.

SECO SARL

✆ **04 75 42 11 30** • fax 04 75 55 27 80
secovalence@free.fr
75 rue Léon Gaumont • 26000 **VALENCE**
Sarkis DJEVAHIRDJIAN (Gérant)
Entreprise de sonorisation • **Matériel disponible** : Mixages : Yamaha PM5DRH, PM3500, PM300M, M7CL, DM1000; Midas320; périph. : Avalon 747, DPR BSS, Drawmer, DBX, Lexicon, TC, Yamaha • **Système son** : D&B Audiotechnik Systemes J8-12-Subs, C3, C4, Q1, Q7, Max12-15

SEI CONCEPT

✆ **06 59 66 27 40**
contact@seiconcept.com • **www.seiconcept.com**
32 rue Jean Cocteau • 38400 **ST MARTIN D'HERES**
Abdel RIFFI (Gérant)
Entreprise de sonorisation • **Matériel disponible** : CONS de mixage, enceintes façade/retour, MIC Hf, micros filaire, traitement du son, AMP, etc. • **Système son** : Syst. de son APG (façade et retour), LAB gruppen • **Puissance** : 15 kW
Entreprise d'éclairage • **Matériel disponible** : Proj. trad. (par16, par36, par56, par64 spot et leds), lyres, roboscan, machine à fumée, bloc de puissance, etc. • **Puissance** : 30 kW en traditionnel

SARL SMS

✆ **04 76 21 14 51**
contact@smsonorisation.com • **www.smsonorisation.com**
50 rue des Allobroges • 38180 **SEYSSINS**
Frank BARBARA (Responsable) • Laurent HEBERT (Chargé d'affaires) • Nicolas MORIN (Vidéo et responsable de parc)
Spectacle Musique Sonorisation • *Entreprise de sonorisation* • **Matériel disponible** : Shure, AKG, Neuman, Seinnheiser, K&T, Yamaha, Innovason, Systeme Nexo Geo S12, Ps15r, Rs 15, Yamaha DSR amplifier, Martin LE400, Electro-voice X-line • **Puissance** : 20 kW
Entreprise d'éclairage • **Matériel disponible** : R&J, ADB, MA Lighting, Robe, Starway, Zero 88, Oxo

SPE

✆ **04 76 65 72 18 / 06 80 68 65 95** • fax 04 76 67 48 53
info@spe-evenement.fr • **www.spe-evenement.fr**
981 rue de la Barlière • 38960 **ST ETIENNE DE CROSSEY**
Johanny CARRON (Gérant)
Entreprise de sonorisation • **Matériel disponible** : CONS DDA, Yamaha, Midas, retour MTD 115, Sx 300, E.V/AMP, E.V/P1200, P 2000, P 3000 filtre DX 38 E.V, EFF SPX, PCM, Pro 3, comp & gate, Drawmer D 3 x, EQ KT, DN 360, Altair, MIC Neuman KM 184 SE 300, 535 EB AKG, MD 421, Shure SM 58 & SM 57, Beta 91, 87, 58, DI active Klark Teknik, CONS DDA Arena, EQ KTDN 370, MIC RE20, Yamaha DM1000, M7CL 32 & 48, ARCS SB 28, MTD115, Shure UR4D, Midas Pro2 • **Système son** : Electro-Voice, Line-Array XLC DVX • **Puissance** : 100 kW
Entreprise d'éclairage • **Matériel disponible** : CONS MA Lighting 48/96, MA Scan Commander, Jands 24148, bloc Galatec, armoire 400 A, 250 A, 125 A, projecteur/PC 1000 W, PC 2000 W, PAR 16, 56, 64 ACL 250 W, Black Gun 400 W, Poursuite 1200, 2500 HMI, Clay Paky Stage Profile 1200SV, Flying Pig Road HOG, Led Bar 36 x 1 W, Led Washer 36 x 1 W, découpe 613SX, 614SX, 714SX, Grandma 2 light, Martin MAC 700, MAC AURA, Starway 5R, Tourkolor, Fullkolor, Pixkolor, MDG Max 3000 • **Puissance** : 300 kW

YES HIGH TECH

✆ **04 77 33 73 69** • fax 04 77 33 77 44
yeshigh@cegetel.net • **www.yeshigh.fr**
20 rue St Joseph • 42000 **ST ETIENNE**
Gaël BONNEFOND (Gérant)
YHT • *Entreprise de sonorisation* • **Matériel disponible** : Régie façade et retour (CONS analog. et num. : Midas, Soundcraft, Yamaha, Innovason, etc.), syst. de diffusion et enceintes retours (L-Acoustics, D&B, Nexo, Electro-Voice, Apogee, Amptec, JBL, etc.), AMP (Amcron, Camco, Chevin, Crown, Amptec, etc.), MIC et DI (Shure, Sennheiser, AKG, Rode, MBHO, EV, Neumann, BSS, etc.), MIC sans fil (Hf) ou filaires, périph. (Klark Teknik, BSS, DBX, Lexicon, TC Electronic, enregistrements spectacles (Alesis HD24, Sony, Pro Tools), alimentations électroniques (armoire triphasée, monophasée 125A, 63A, 32A, etc.) et câblage son (XLR, Jack, Speakon, etc.) • **Système son** : CONS (Soundcraft, Yamaha, Midas), systèmes de diffusion (Bose, L-Acoustics, Apogee, Nexo, EV), enceintes (Bose, L-Acoustics, Apogee, Nexo, EV), retours (JBL, L-Acoustics, EV), AMP (Carver, Amcron, PSL, etc.), MIC (Shure, Rode, Neumann, etc.), DI, périph. (DBX, Lexicon, Yamaha, etc.)
Entreprise d'éclairage • **Matériel disponible** : Projecteurs trad. (PAR, PC, découpes poursuites, cycliodes, ACL, etc.) projecteurs à Led (RVB, Full RVB, éclairage scénique et architectural), projecteurs robotisés (MAC 500, 750, 2000, Pro 400, changeurs de couleurs, Scan), consoles lumières trad et robots (ADB, Leprecon, MA Lighting, etc.), gradateurs (RVE, Julia, etc.), armoires électriques (monophasées et triphasées, 125A, 63A, 32A, etc), machine à fumée et machine à brouillard, câblage électrique (monophasé et triphasé) et câblage DMX), pieds de levage (pied parapluie, wind up, Zénith, VMB TE074) Palan de levage manuel et électrique, structure (pont triangle, pont carré, etc.)

OUTRE-MER

Martinique

JTM SONORISATION

✆ **05 96 61 52 64 / 05 96 61 52 64 / 06 96 45 81 06**
jtmsonorisation@gmail.com
41 rue Gommiers • 97224 **DUCOS**
Michel MALLE (Responsable)
Entreprise de sonorisation • **Matériel disponible** : Regie son : système de diffusion Line Array Adamson Y18, T21, CONS numérique Yamaha M7CL, processeur XTA DP 424, Avallon VT737/VT747, Monitors EAW SM500/SM400, amplification Lab Gruppen PRX635/618XLF/615. Régie Intercom Altem. Regie lumière : CONS M1 Martin, Mac Aura 101/550/600/700w/700 Spot, Atomic 3000, Suntrip Active, Barre a Led 12x3 WRGB, Molfay 5,2 kW/2,6 kW/1,3 kW, MDG 3000/5000. Structure FD34, Totem etc. • **Système son** : 4 voies JBL, filtrage BSS, AMP Amcron • **Puissance** : 30 kW

Réunion

FERRIER E.U.R.L.

✆ **06 92 67 28 07** • fax 02 62 29 10 48
ferrier@wanadoo.fr
37 rue Adolphe Ramassamy • 97490 **STE CLOTILDE**
Johnny FERRIER (Gérant)
Entreprise d'éclairage • **Matériel disponible** : AMP Powerlight Q.S.C, processeurs XTA & DAS, 8 séries de 2 ACL motorisés DMX 512, faisceaux très serrés

LP VIDEO

✆ **06 92 85 95 59 / 02 62 35 51 70** • fax 02 62 39 30 95
lp.video@wanadoo.fr • **www.lpvideosono.fr**
49 rue du Dr Schweitzer • 97421 **LA RIVIERE ST LOUIS**
Lilian PAYET (Gérant)
Entreprise de sonorisation • **Matériel disponible** : Éclairage, sonorisation, vidéo • **Système son** : Système Line Array XLC, L-Acoustics V-Dosc, CONS mixage, Dynacord - Cobra 2 • **Puissance** : 150 kW

médias

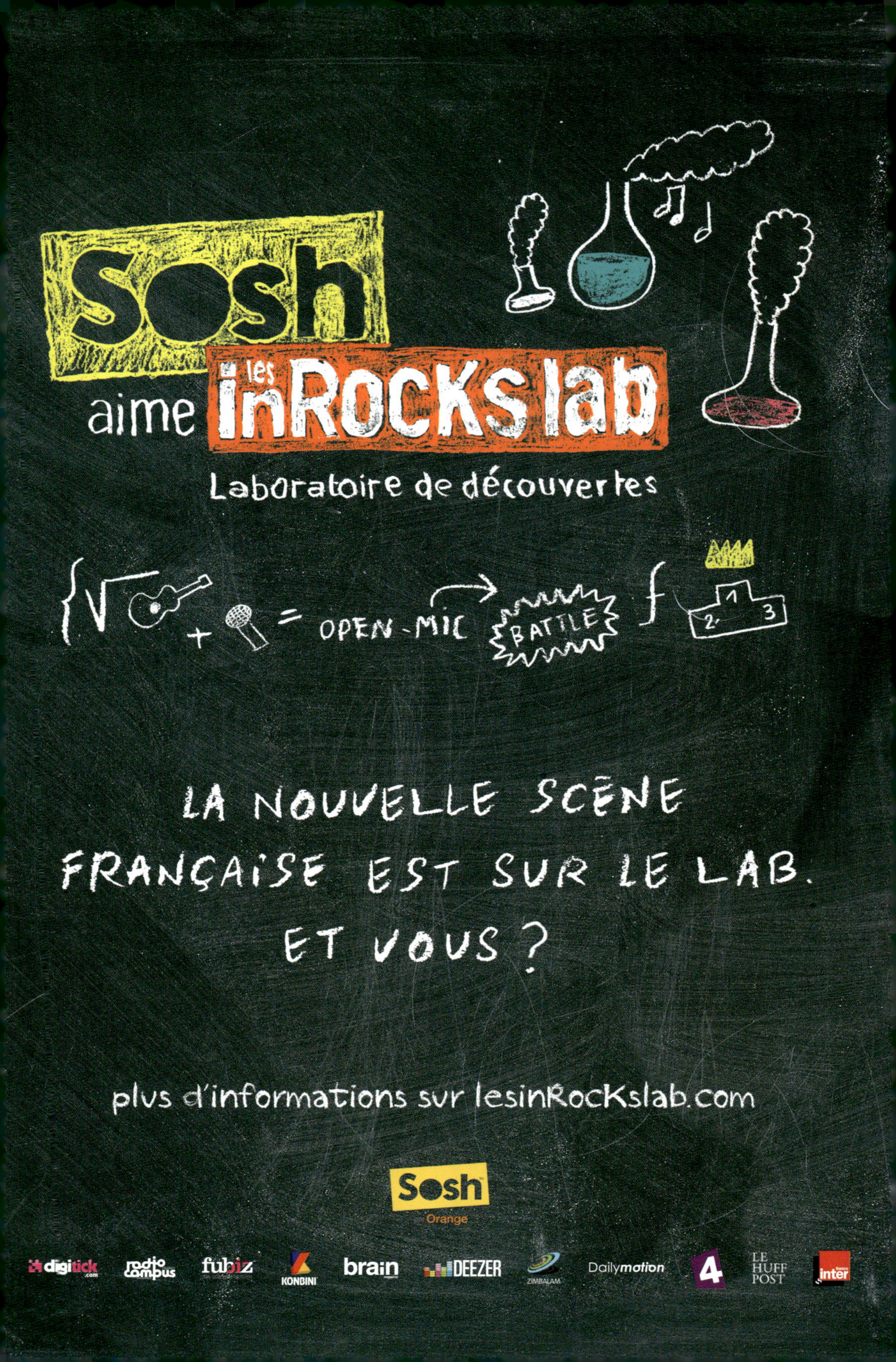
Sosh
aime les inRocKs lab
Laboratoire de découvertes
+ = OPEN-MIC
BATTLE
1 2 3
LA NOUVELLE SCÈNE FRANÇAISE EST SUR LE LAB. ET VOUS ?
plus d'informations sur lesinRocKslab.com
Sosh
Orange
digitick
radio campus
fubiz
KONBINI
brain
DEEZER
ZIMBALAM
Dailymotion
4
LE HUFF POST
inter

AFP
✆ **01 40 41 46 19 / 01 40 41 46 46** • fax 01 40 41 45 50
benedicte.rey@afp.com • **www.afp.com**
11-15 pl. de la Bourse • 75002 **PARIS**
Bénédicte REY (Responsable musiques actuelles)
Agence France Presse • **Type d'agence** : Presse, photographie et audiovisuel • **Genre** : Agence d'informations générales

ASSOCIATED PRESS
✆ **01 43 59 12 01** • fax 01 40 74 00 45
redactionfrance@ap.org
162 rue du fbg St-Honoré • 75008 **PARIS**
Angela CHARLTON (Responsable de bureau)
Type d'agence : Agence de presse • **Genre** : Généraliste

FASTIMAGE
✆ **01 46 59 13 62** • fax 01 43 79 00 23
paulfrati@fastimage.fr • **www.fastimage.fr**
21 rue de Fécamp • 75012 **PARIS**
Paul FRATI (Directeur)
Type d'agence : Photographies et informations spécialisées • **Genre** : Photos musiques et cinéma et ventes d'interviews exclusives

IMAZ PRESS REUNION
✆ **02 62 20 05 65 / 06 92 33 22 33** • fax 02 62 20 05 49
ipr@ipreunion.com • **www.ipreunion.com**
12 rue Mac Auliffe • 97400 **SAINT DENIS (REUNION)**
Richard BOUHET (Photographe) • Mahdia BENHAMLA (Rédactrice)
Type d'agence : Photographies, articles • **Genre** : Actualité, mag, reportage

MEDIA SUD NEWS
✆ **04 95 50 10 00** • fax 04 95 51 14 02
mediasudnews@gmail.com
Z.I du Vazzio • 20000 **AJACCIO**
Clara GANNAC (Directrice) • Antoine MARTIN (Chef d'édition)
Type d'agence : Presse écrite • **Genre** : Généraliste

MONACRÉATIONS - PHARO
✆ **01 42 01 23 35 / 06 11 99 15 77**
eventminarad@gmail.com
2 rue du Plateau • 75019 **PARIS**
Mina RAD (Directrice /Journaliste audiovisuel)
Type d'agence : Echange d'informations, bureau de conseil, organisation des rencontres, découverte et promotion de nouveaux talents (web et presse) • **Genre** : Musiques du monde, danse contemporaine

NEWS TANK CULTURE
romain.berrod@newstank.fr • **www.newstank.fr**
48 rue de la Bienfaisance • 75008 **PARIS**
Marc GUIRAUD (Directeur) • Stephan PARIS (Directeur associé) • Sylvain CHANTAL (Directeur associé) • Romain BERROD (Responsable Musique) • Calixte DE PROCÉ (Musique) • Benjamin POLLE (Musique) • Anne-Florence DULISCOUËT (Spectacle vivant) • Marie GALLIC (Musée / Patrimoine)
Type d'agence : Agence d'information • **Genre** : Culture (musique ; spectacle vivant ; musées, monuments, patrimoine, parcs)

PIX PLANETE
✆ **01 78 76 72 78** • fax 01 79 73 55 94
info@pixplanete.com • **www.pixplanete.com**
60 avenue de la bourdonnais • 75007 **PARIS**
Jean-S. BASCHET (Directeur)
Type d'agence : Photographique et d'information • **Genre** : Agence généraliste

PLURIMEDIA
✆ **01 41 34 96 00**
musique@plurimedia.fr • **www.plurimedia.fr**
Bât. Oméga A • 9 pl. Marie-Jeanne Bassot • 92300 **LEVALLOIS PERRET**
Michel MAUREL (Rédacteur en chef) • Emmanuelle DREYFUS (Chef de service) • Marc JOYEUX (Journaliste) • Audrey BIZOUERNE (Journaliste)
Type d'agence : Presse culturelle • **Genre** : Actu culturelle et de loisirs

RELAXNEWS
✆ **01 53 19 89 50**
infos@relaxnews.com • **www.relaxnews.com**
34 quai de la Loire • 75019 **PARIS**
Jérôme DONCIEUX (Co-Président) • Pierre DONCIEUX (Co-Président)
Genre : Fil mondial d'information sur les loisirs, en commun avec l'AFP

ABS MAGAZINE

✆ **04 73 78 05 27**
absmag@wanadoo.fr • **www.absmag.fr**
Avern' Blues Society • La Maison Blanche • 33 route de Pompignat • 63119 **CHATEAUGAY**

Marcel BENEDIT (Rédacteur en chef)

Arvern'blues society • **Périodicité** : Trimestrielle (fév., mai, sept., déc.) • **Genre** : Blues, Rhythm'n'blues, soul, gospel • **Bouclage** : 3 sem. av.

ABUS DANGEREUX

✆ **05 57 59 14 13** • fax 05 57 59 14 18
redaction@abusdangereux.net • **www.abusdangereux.net**
BP 70015 • 33023 **BORDEAUX CEDEX**

Laurent CASTAGNÉ (Rédacteur en chef) • Cathy VIALE (Rédactrice Paris) • Thomas GRANDJEAN (Responsable communication)

Périodicité : Bimestrielle • **Genre** : Rock, hardcore, pop, punk, électronique, dub • **Tirage** : 2 000 • **Bouclage** : 1 mois av.

ACCORDÉON & ACCORDÉONISTES

✆ **09 82 50 37 24**
info@accordeoniste.com • **www.accordeoniste.com**
Rédaction • 89 rue Championnet • BP10292 • 75867 **PARIS CEDEX 18**

Marc ROUVE (Directeur de la publication) • Philippe KRÜMM (Rédacteur en chef) • François GUIBERT (Secrétaire de rédaction)

Périodicité : Mensuelle • **Genre** : La seule revue consacrée à l'accordéon • **Tirage** : 22 500 • **Bouclage** : 1 du mois précédent

AFIAVI MAGAZINE

✆ **05 56 36 73 13**
afiavimag@gmail.com • **afiavimag.com**
BP 10017 • 33023 **BORDEAUX CEDEX**

Augustin D'ALMEIDA (Directeur de la publication) • Germaine-Koumaléo ANATE (Directrice de la rédaction) • Eugenia XAVIER (Chargée de zone lusophone) • Farid NAJAH (Rédacteur Maghreb) • Elvire ADJAMONSSI (Correspondante zone Afrique) • Germaine KOUAMEALO (Correspondante zone Afrique) • Étienne DAMONE (Chef de rubrique musique & littérature) • Patrice CORRÉA (Journaliste) • Mouhamed HAMED (Journaliste) • Paul MOFFEN (Journaliste)

Périodicité : Trimestrielle • **Genre** : Magazine sur les Cultures du Sud et Cultures du Monde : Afrique, Caraïbes, Antilles, Océan indien, Pacifique • **Tirage** : 20 000 • **Bouclage** : 15 du mois

AFRICULTURES

✆ **04 75 27 74 80**
redac@africultures.com • **www.africultures.com**
Rédaction décentralisée • Les Pilles • 26110 **NYONS**

Olivier BARLET (Directeur de la publication) • Gérald ARNAUD (Responsable rubrique musique) • Soro SOLO (Journaliste musique) • Virginie ANDRIAMIRADO (Présidente) • Maxime NICOLAS (Responsable site internet)

Périodicité : 4 n° par an • **Genre** : Revue d'information sur les cultures africaines contemporaines • **Tirage** : 3 000 • **Bouclage** : 10 du mois précédent

Revue **AUDIMAT**

✆ **06 14 24 01 47**
info@les-siestes-electroniques.com • **www.les-siestes-electroniques.com/Revue**
c/o Rotation • 27 rue de l'Armagnac • 31500 **TOULOUSE**

Étienne MENU (Rédacteur en chef) • Guillaume HEUGUET (Rédacteur en chef Revue Audimat)

Périodicité : 1/an • **Genre** : Musiques électroniques, hip hop • **Tirage** : 1 000 • **Bouclage** : Fév.

BASSISTE MAGAZINE

✆ **01 40 59 80 08** • fax 01 40 59 80 07
direction@bassistemagazine.com • **www.bassistemagazine.com**
c/o B.G.O. • 15 rue de l'Église • 75015 **PARIS**

Estelle GIRARDIN-BRIAND (Directrice des rédactions) • Paolo COCCINA (Chef de service rédaction) • Alain VERSINI (Directeur de la communication, publicité et marketing) • Hans-J. KULLOCK (Directeur pédagogique) • Christophe TESSIER (Directeur artistique)

Périodicité : Bimestrielle • **Genre** : Instruments, mus., pédagogies, etc. : variétés, rock, blues, funk, country, soul, world, etc. • **Tirage** : 20 000 • **Bouclage** : 5 du mois

BATTERIE MAGAZINE

✆ **01 40 59 80 08** • fax 01 40 59 80 07
direction@batteriemagazine.com • **www.batteriemagazine.com**
c/o B.G.O. • 15 rue de l'Église • 75015 **PARIS**

Estelle GIRARDIN-BRIAND (Directrice des rédactions) • Alain VERSINI (Directeur de la communication, publicité et marketing) • Ludovic EGRAZ (Rédacteur en chef) • Christophe TESSIER (Directeur artistique) • Sébastien BENOITS (Rédacteur)

Periodicité : Mensuelle • **Genre** : Instruments, mus., pédagogie : variété, rock, pop, metal, jazz, classique, blues, funk, country, soul, world, etc. • **Tirage** : 20 000 • **Bouclage** : 5 du mois

BATTEUR MAGAZINE

✆ **01 42 58 69 61** • fax 01 42 58 69 61
redac@batteurmag.com • **www.batteurmag.com**
MVM Éditions • BP 10292 • 75867 **PARIS CEDEX 18**

Marc ROUVE (Directeur de la publication /Rédacteur en chef) • Véronique BULTEAU (Directrice artistique) • Laurent BATAILLE (Journaliste musique) • Christophe ROSSI (Journaliste musique) • Laurent BENDAHAN (Journaliste musique)

Periodicité : Mensuelle • **Genre** : Actualité musicale, bancs d'essai matériels, partitions, poster • **Tirage** : 20 000 • **Bouclage** : 10 du mois précédent la parution

BLAST

✆ **01 42 71 52 38**
info@theparisoffice.com • **www.blast.fr**
The Paris Office • 11 rue Ste-Anastase • 75003 **PARIS**

Raphaël CROS (Éditeur délégué) • Rémi FERRANTE (Directeur artistique)

Périodicité : Trimestrielle • **Genre** : Cross over culturel • **Tirage** : 80 000 • **Bouclage** : 3 sem. av.

BLUES MAGAZINE

✆ **06 07 43 17 89 / 06 16 39 73 55 / 01 39 59 35 23 / 01 34 17 46 62**
bluesmag@bluesmagazine.net • **www.bluesmagazine.net**
Rés. Mermoz • 1 allée Maryse Bastié • 95150 **TAVERNY**

Christian LE MORVAN (Directeur de la publication) • Claude JANDIN (Rédacteur en chef et webmaster) • Michel ENFERT (Trésorier Comptable) • Bernard MONNOT (Représentant abonnements et webmaster)

Périodicité : Trimestrielle • **Genre** : Blues • **Tirage** : 10 000 • **Bouclage** : 20/02, 20/05, 20/08, 20/11

BULLETIN DU HOT CLUB DE FRANCE

✆ **01 43 54 02 03**
hcf@noos.fr • **www.hot-club.asso.fr**
5 bis rue Joseph Bara • 75006 **PARIS**

Dominique BRIGAUD (Rédacteur en chef) • François DESBROSSES (Directeur de la publication) • André VASSET (Membre du comité de rédaction)

Périodicité : Mensuelle • **Genre** : La revue du jazz authentique • **Tirage** : 2 000

LONGUEUR D'ONDES

sur la même

LE DÉTONATEUR MUSICAL

Les CAHIERS DU JAZZ

✆ **01 47 07 06 21** • fax 01 47 07 06 45
outremesure@wanadoo.fr • **www.outre-mesure.net**
c/o Outre Mesure • 36 rue Pascal • 75013 **PARIS**

Lucien MALSON (Directeur Fondateur et Directeur de la publication) • Jean-Louis CHAUTEMPS (Directeur Rédacteur en chef)

Périodicité : Annuelle • **Genre** : Revue musicale jazz • **Tirage** : 1 000 • **Bouclage** : 4 mois av.

CAMPUS MAG CULTURE

✆ **01 41 63 29 80** • fax 01 55 58 13 49
g.courchay@campusmag.fr • **www.planetecampus.com**
20 rue Voltaire • 93100 **MONTREUIL**

Johanna NAON (Directrice de la publication) • Guillaume COURCHAY (Éditeur délégué)

Périodicité : Trimestrielle • **Genre** : Magazine pour 25/35 ans, urbains, cultivés • **Tirage** : 100 000

CARREFOUR SAVOIRS

✆ **01 44 17 34 34**
mduplessier@agence-ipanema.fr • **www.agence-ipanema.fr**
c/o Agence Ipanema • 10 rue Pergolèse • 75016 **PARIS**

Michel DUPLESSIER (Directeur de la publication et président associé) • David KUHN (Directeur éditorial) • Ingrid BERGHER (Responsable marketing) • Kathleen AUBERT (Journaliste musique)

Périodicité : Mensuelle • **Genre** : Magazine loisirs culturels • **Tirage** : 500 000 • **Bouclage** : Bouclage le 15, parution le 1er

CLASSICA-REPERTOIRE

✆ **01 75 55 10 00**
www.groupe-exp.com/classica

Bertrand DERMONCOURT (Directeur de la rédaction) • Jérémie ROUSSEAU (Rédacteur en chef) • Jean-Pierre JACKSON (Chroniqueur jazz)

Un regard neuf sur le classique • **Périodicité** : Mensuelle • **Genre** : Principalement classique mais avec chronique CD jazz • **Tirage** : 60 000 • **Bouclage** : 25 de chaque mois

COULEURS JAZZ

✆ **09 81 30 39 13**
jacques.pauper@couleursjazz.fr • **www.couleursjazz.fr**
6 ter rue Rouget de l'Isle • 92400 **COURBEVOIE**

Jacques PAUPER (Directeur) • Marion PAOLI (Rédactrice en chef) • Perrine BONAFOS (Directrice artistique) • Frédéric CHARBAUT (Conseiller auprès de la rédaction)

le Jazz comme vous ne l'avez jamais lu • **Périodicité** : Trimestrielle (4 n°/an) • **Genre** : Magazine de jazz conçu pour l'iPad : sujets d'actualité, portraits, portfolio, vidéos exclusives, sélection des albums de la rédaction « Dans les bacs », agenda des concerts et événements divers, etc.

COUNTRY MUSIC MEMORIAL

✆ **01 64 63 69 53** • fax 01 64 63 69 53
countrymusicmemorial@orange.fr • **countrymusicmemorial.com**
BP 31 • 77580 **CRECY-LA-CHAPELLE**

Gilbert ROUIT (Directeur artistique)

Périodicité : Trimestrielle • **Genre** : Country, western, rockabilly

CRASH

✆ **01 43 45 74 61**
redaction@crash.fr • **www.crash.fr**
257 rue St Honoré • 75001 **PARIS**

Franck PERRIN (Directeur de la rédaction) • Armelle LETURCQ (Rédactrice en chef)

Périodicité : Trimestrielle • **Genre** : Mode, cinéma • **Tirage** : 80 000 • **Bouclage** : 1 sem. av.

CULTURA MAGAZINE

✆ **01 44 17 34 34**
mduplessier@agence-ipanema.fr • **www.agence-ipanema.fr**
c/o Agence Ipanema • 10 rue Pergolèse • 75016 **PARIS**

Michel DUPLESSIER (Directeur de la publication et président associé) • David KUHN (Directeur éditorial) • Kathleen AUBERT (Journaliste musique)

Périodicité : Bimestriel • **Genre** : Magazine culturel

DA VIBE MAG

redaction@davibemag.com • **www.davibemag.com**
12 rue Auguste Blanche • 92800 **PUTEAUX**

Alexandre SCANDER DEMANGE (Rédacteur en chef) • Sonia TANNOLI • Chrystèle ANGAND (Chargée des partenariats et marketing)

Périodicité : Trimestrielle • **Genre** : Urbain sur la culture hip-hop, r'n'b' et les tendances mode • **Tirage** : 20 000 • **Bouclage** : 16, ts les 2 mois

DIAPASON

✆ **01 41 33 50 00** • fax 01 41 33 57 18
diapason.redac@mondadori.fr • **www.diapasonmag.fr**
8 rue François Ory • 92543 **MONTROUGE CEDEX**

Jean-Pierre ADEJES (Éditeur) • Gilles CARDON (Directeur de la publicité) • Emmanuel DUPUY (Rédacteur en chef) • Christine AUBRY (Assistante pub) • Nicolas BARON (Chef de rubrique actu, spectacles) • Pierre-Etienne NAGEOTTE (Concerts, festivals) • Paul CHEVALIER (Assistant de rédaction) • Gaëtan NAULLEAU (Chef de rubrique disques) • Celma MARTINET (Directrice artistique)

Périodicité : Mensuelle • **Genre** : Classique • **Tirage** : 55 000 • **Bouclage** : 3 sem. av.

DREAM'UP

✆ **01 77 19 24 97**
contact@dreamupmag.fr • **facebook.com/DreamupMag**
16 rue Godot de Mauroy • 75009 **PARIS**

Bruno GALAN (Directeur de la publication) • Géraldine LE FEVRE (Rédactrice en chef)

Périodicité : Bimestrielle • **Genre** : Presse jeune 12-19 ans • **Tirage** : 180 000 • **Bouclage** : 1 sem. av.

ELEGY

✆ **01 83 62 30 55**
sven@elegy.fr • **www.elegy.fr**
c/o Export Press • 36 rue des petits champs • 75002 **PARIS**

Jessica BOUCHER-RETIF (Responsable musique et de culture) • Sven LETOURNEUR (Rédacteur en chef hard rock magazine) • Véronique MOUTEAU (Responsable publicité)

Périodicité : Bimestrielle • **Genre** : Rock, dark musique, gothic, underground • **Tirage** : 28 000

ENDEMIX

✆ **00 687 28 20 74**
poemart@canl.nc • **www.endemix.org/**
c/o Poemart • 27 bd de Sébastopol
98800 **NOUMEA (NOUVELLE CALEDONIE)**

Chris TATEOSSIAN (Directeur) • Lena QUILLIER (Assistante de direction) • Anne-Aymone JIAKO (Secrétaire)

Périodicité : Trimestrielle • **Genre** : Magazine d'information consacré à la musique calédonienne • **Tirage** : 20 000

ESPACES LATINOS

✆ **04 78 29 82 00**
revue@espaces-latinos.org • **www.espaces-latinos.org**
4 rue Diderot • 69001 **LYON**

Januario ESPINOSA (Directeur de la publication et de la rédaction et président de l'association de) • Olga BARRY (Éditorialiste)

Périodicité : Bimestriel • **Genre** : Revue sur l'actualité et culture franco-latino-américaine • **Tirage** : 2 000 • **Bouclage** : 1 mois av.

ETUDES TSIGANES

✆ **01 40 35 12 17 / 01 40 35 00 04** • fax 01 40 35 12 40
revue@fnasat.asso.fr • **www.fnasat.asso.fr**
Fnasat-Gens du voyage • 59 rue de l'Ourcq • 75019 **PARIS**

Stéphane LÉVEQUE (Rédacteur en chef) • Nacera KACIMI (Chargée de communication) • Jacqueline CHARLEMAGNE (Directrice de la publication) • Alain REYNIERS (Directeur Scientifique)

Périodicité : Trimestrielle • **Genre** : Culture tsigane • **Tirage** : 1 000

FOLKLORE DE FRANCE

ffolklor@club-internet.fr
92 chemin Savit • 31100 **TOULOUSE**

Claude SARRAIL (Rédacteur en chef)

Périodicité : Quadrimestrielle • **Genre** : Revue officielle de la Confédération des Groupes Folkloriques Français • **Tirage** : 5 000 • **Bouclage** : Avr., août, déc.

FRANCOFANS LE BIMESTRIEL

✆ **06 37 77 06 59**
contact@francofans.fr • **www.francofans.fr**
BP 27 • 16170 **ROUILLAC**

Christian CHAGOT (Directeur de la publication) • Benjamin VALENTIE (Rédacteur en chef) • Stéphanie BERREBI (Correspondante Paris)

Périodicité : Bimestrielle (sortie les 30 des mois impairs) • **Genre** : Magazine indépendant de la scène francophone actuelle • **Tirage** : 16000 • **Bouclage** : 3 s. av.

FUNK-U MAGAZINE

funkumagazine@yahoo.fr • **www.funku.fr**
1 av. Walwein • 93100 **MONTREUIL**

Christophe GEUDIN (Journaliste)

Périodicité : Semestrielle • **Genre** : P-Funk, soul, funk, rythm'n'blues • **Tirage** : 3000

GONZAÏ

✆ **06 62 44 99 24 / 01 55 79 91 35**
dieu@gonzai.com • **www.gonzai.com**
9 villa de Guelma • 75018 **PARIS**

Thomas DUCRES (Rédacteur en chef) • Charles AURAMBAULT (Rédacteur en chef adjoint) • Thomas FLORIN (Rédacteur en chef adjoint) • Stéphanie BUARD (Directrice artistique) • Sylvia HANSCHENCKENBUHL (Secrétaire générale de la rédaction)

Périodicité : Bimestrielle • **Genre** : Magazine culturel : rock, pop, littérature, art et ses différents mouvements • **Tirage** : 1 500 ex. (CPI 23 bis rue Danjon - 92517 Boulogne-Billancourt Cedex) • **Bouclage** : 15j. av.

GUITARE SECHE LE MAG

✆ **01 40 59 80 08** • fax 01 40 59 80 07
beurks@gmail.com • **guitaresechelemag.com**
c/o B.G.O. • 15 rue de l'Église • 75015 **PARIS**

Alain VERSINI (Directeur de la communication, publicité et marketing) • Estelle GIRARDIN-BRIAND (Directrice des rédactions) • Christophe TESSIER (Directeur artistique) • Julien BITOUN (Chef de rédaction) • Erwan MHEHO (Graphiste)

Périodicité : Bimestrielle • **Genre** : Matériel musical, pédagogie, guitaristes • **Tirage** : 35000 • **Bouclage** : 15 du mois

GUITARE XTREME

✆ **01 40 59 80 08** • fax 01 40 59 80 07
direction@guitarextrememag.com • **www.guitarextrememag.com**
c/o B.G.O. • 15 rue de l'Église • 75015 **PARIS**

Estelle GIRARDIN-BRIAND (Directrice des rédactions) • Ludovic EGRAZ (Rédacteur en chef) • Alain VERSINI (Directeur de la communication, publicité et marketing) • Sébastien BENOITS (Rédacteur) • Christophe TESSIER (Directeur artistique)

Périodicité : Bimestrielle • **Genre** : Matériel, guitaristes, pédagogie, etc. : variété, rock, pop, métal, jazz, classique, blues, funk, country, soul, world, etc. • **Tirage** : 26000 • **Bouclage** : 5 du mois

GUITARES & BATTERIE

✆ **01 45 66 09 49**
jean.bachelerie@wanadoo.fr • **www.guitaresetbatteries.com/**
Rock & jazz Association • 45 bd Garibaldi • 75015 **PARIS**

Jean BACHELERIE (Responsable de la publication)

Périodicité : 5 numéros/an • **Genre** : Jazz et rock • **Tirage** : 300 • **Bouclage** : Début de mois

GUITARIST & BASS MAGAZINE

✆ **01 41 58 61 35**
melanie@editions-dv.com • **guitaristmag.fr**
9 rue Francisco Ferrer • 93100 **MONTREUIL**

Jean-Jacques VOISIN (Directeur de la publication) • Olivia CLAIN (Secrétaire de rédaction) • Mélanie HOLÉ (Rédactrice en chef) • Romain DECORET (Journaliste interview) • Patrick DIETSCH (Responsable matériel) • Olivier BRIDE (Journaliste interview) • Jocelyne ERKER (Chef de publicité)

Périodicité : Mensuelle • **Genre** : Tout sur la guitare, et les guitaristes • **Tirage** : 50000 • **Bouclage** : Le 20 de chaque mois

GUITARIST ACOUSTIC

✆ **01 41 58 61 35**
acoustic@editions-dv.com • **guitaristmag.fr**
9 rue Francisco Ferrer • 93100 **MONTREUIL**

Jean-Jacques VOISIN (Directeur de la publication) • Valérie DUCHATEAU (Rédacteur en chef) • Marc ROBIN (Rédacteur en chef adjoint) • Romain DECORET (Journaliste) • Pascal FOURNIER (Journaliste) • Jocelyne ERKER (Chef de publicité)

Périodicité : Trimestrielle • **Genre** : Guitare acoustique (jazz, jazz manouche, blue, folk, etc.) + CD audio et vidéo • **Tirage** : 45000 • **Bouclage** : le 10, ts les 3 mois

HARD ROCK MAGAZINE

✆ **01 83 62 30 55** • fax 01 46 21 76 67
sven@hardrockmag.fr • **www.hardrockmag.fr**
c/o Divarius • 47 rue Marcel Dassault
92100 **BOULOGNE BILLANCOURT**

Ahmad RAHGOSHAY (Directeur de la publication) • Sven LETOURNEUR (Rédacteur en chef) • Véronique MOUTEAU (Responsable publicité)

Périodicité : Bimestrielle • **Genre** : Hard rock, metal • **Tirage** : 30000 • **Bouclage** : 20 du mois précédent

IMPROJAZZ

✆ **02 54 43 14 80 / 06 85 08 38 69** • fax 02 54 43 14 80
improjazz@wanadoo.fr • **sites.google.com/site/improjazzmag/home**
14 allée des Myosotis • 41000 **BLOIS**

Philippe RENAUD (Directeur de la publication / Président)

Périodicité : Mensuelle (10 n°/an) • **Genre** : Jazz, musiques improvisées et nouvelles • **Tirage** : 500 • **Bouclage** : Le 10 du mois précédent

INTERNATIONAL HIP-HOP

✆ **06 57 67 12 55**
redaction@ihh.cc • **www.ihh.cc**
116 av. du Général Leclerc • 75014 **PARIS**

Yann CHERRUAULT (Rédacteur en chef) • Pierre HUCHET (Chef de rubrique) • Mathias HUDBERT • Helios FIGUEROLA (Graphiste) • Malik COCHEREL (Rédacteur) • Max BONIFACE (Rédacteur) • Noelle DUPUY (Journaliste) • Boris WILENSKY (Photographe) • François GOEMERE • Steve LEJEUNE • Laurent MEMMI

Périodicité : Bimestrielle • **Genre** : Magazine hip-hop avec DVD • **Tirage** : 50000 • **Bouclage** : 15 j. av.

JAZZ MAGAZINE - JAZZMAN

✆ **01 56 88 17 73 / 01 56 88 17 76**
redaction@jazzmagazine.com • **www.jazzmagazine.com**
NEMM • 15 rue Duphot • 75001 **PARIS**

Sarah TENOT (Directrice de la publication) • Roger LAJUS (Délégué général de NEMM) • Frédéric GOATY (Directeur de la rédaction) • Franck BERGEROT (Rédacteur en chef) • François LACHARME (Responsable de la publicité)

Périodicité : Mensuelle • **Genre** : Jazz • **Tirage** : 37000 • **Bouclage** : Début de mois

JAZZ NEWS

✆ **06 85 75 83 11 / 06 08 49 56 41**
thomas.boudrant@orange.fr • **www.jazznewsmagazine.com**
Velvet Sarl • 165 rue Jean-Pierre Timbaud • 92400 **COURBEVOIE**

Thomas BOUDRANT (Directeur de la publication) • Romain GROSMAN (Rédacteur en chef) • Jacques DENIS (Secrétaire de rédaction)

Périodicité : Mensuel (le 15 de chaque mois et 10 numéros/an) - 1er numero : 15 avril 2011 • **Genre** : Toute l'actualité du jazz et blues, discographique, scénique (clubs, festivals), interview, reportage, chroniques • **Tirage** : 22000 • **Bouclage** : Le 28 de chaque mois

JUKE BOX MAGAZINE

✆ **01 55 07 81 07** • fax 01 55 07 81 28
jukeboxmagazine@wanadoo.fr • **www.jukeboxmag.com**
54 rue St-Lazare • 75009 **PARIS**

Michel VALETTE (Directeur de la publication) • Jacques LEBLANC (Directeur de la publication / Rédacteur en chef) • Pierre LAYANI (Secrétaire de rédaction / Journaliste) • Jean-William THOURY (Chef de rubrique information / Journaliste)

Périodicité : Mensuelle • **Genre** : Musique et passion : biographie musicale artistes et groupes, français et étrangers, interviews, argus des disques, chroniques, actualités • **Tirage** : 15000 • **Bouclage** : 3 sem. av.

KARMA
redaction.karma@gmail.com • **magazine-karma.fr**

Ugo SCHMIZZI (Rédacteur en chef)

Périodicité : Trimestriel • **Genre** : Magazine autour des cultures « rock » et actualité sur la Lorraine et le Luxembourg

KIBLIND
✆ 04 78 27 69 82
j.tourette@kiblind.com • **www.kiblind.com**
c/o Kiblind Corp. • 27 rue Bouteille • 69001 **LYON**

Jérémie MARTINEZ (Directeur de la publication / rédacteur en chef) • Gabriel VIRY (Directeur de la communication) • Maxime GUEUGNEAU (Journaliste musique)

Périodicité : Bimestrielle • **Genre** : Magazine culturel pluri-disciplinaire • **Tirage** : 30 000 • **Bouclage** : Fin de l'avant dernière semaine des mois impairs

KR HOME-STUDIO
✆ 01 75 55 10 00
tdemougin@groupe-exp.com • **www.keyboardsrecording.fr**
Groupe Express Roularta • 29 rue de Châteaudun
75308 **PARIS CEDEX 9**

Thierry DEMOUGIN (Rédacteur en chef) • Hind BENBIRAHIM (Directrice de clientèle)

Périodicité : Mensuelle • **Genre** : Claviers, informatique musicale, musique, home-studio, djing, banc d'essai, autoproduction • **Tirage** : 40 000 • **Bouclage** : 10 de chaque mois

LEROCK
✆ 01 48 59 31 52
christophe.lerock@gmail.com • **lerocklemag.wordpress.com**
c/o PressPlay Médias • 51 rue Olivier Metra • 75020 **PARIS**

Christophe GEUDIN (Rédacteur en chef)

Périodicité : Bimestrielle • **Genre** : Pop, rock, métal • **Tirage** : 30 000

MAGAZINE DE LA DISCOTHÈQUE
✆ 05 46 39 22 22 • fax 05 46 39 93 90
magazinedeladiscotheque@wanadoo.fr • **www.magazinediscotheque.com**
1 rue du Pas de Roquille • 17640 **VAUX SUR MER**

Phil BORGOGNO (Directeur de la publication)

Le • **Périodicité** : Mensuelle • **Genre** : Actualité musicale dance, toutes les nouveautés • **Tirage** : 3 000 • **Bouclage** : 20 du mois précédent

MAGIC
✆ 01 73 03 42 37 • fax 01 73 03 42 84
franck@magicrpm.com • **www.magicrpm.com**
c/o Bonne Nouvelle Éditions • 15-17 rue Vivienne • 75002 **PARIS**

Franck VERGEADE (Rédacteur en chef) • Jean-François LE PUIL (Rédacteur en chef) • Miriem CHIBIKH (Chef de publicité et des partenariats)

Revue Pop Moderne • **Périodicité** : Mensuelle • **Genre** : Revue musicale « pop moderne » • **Tirage** : 20 000 • **Bouclage** : 15 j. av.

MEDECINE DES ARTS
✆ 05 63 20 08 09 • fax 05 63 91 28 11
mda@medecine-des-arts.com • **www.medecine-des-arts.com**
715 ch. du Quart • 82000 **MONTAUBAN**

André-François ARCIER (Directeur de la publication)

Périodicité : Trimestrielle • **Genre** : Revue spécialisée dans l'approche médico-scientifique des pratiques artistiques

METALLIAN MAGAZINE
headoffice@metallian.net • **www.metallian.net**
BP 41 • 38242 **MEYLAN CEDEX**

Yves CAMPION (Directeur de la publication et de la rédaction) • Florent BECOGNEE (Rédacteur en chef) • Fabrice CASSARO (Journaliste) • Maxime BOURDIER (Journaliste) • Laurent BENDAHAN (Journaliste) • Arnaud VANSTEENKISTE (Journaliste) • Mickael MOUCHET (Journaliste) • Dimitri GROULT (Journaliste) • Laurent LIGNON (Journaliste) • Johan BOVER • Isabelle LE MAGUET • Vincent ZASIADCZYK • Franck SEGARD

Périodicité : Bimestriel • **Genre** : Metal • **Tirage** : 33 000 • **Bouclage** : 30 j. av.

MODZIK
✆ 01 42 78 82 10 • fax 09 50 30 24 89
anatole@modzik.com • **www.modzik.com**
6/8 Passage des Recollets • 75010 **PARIS**

Anatole AMAVI (Directeur de la publication et rédacteur en chef) • Delphine CARREDA (Responsable publicité)

Périodicité : Bimestrielle • **Genre** : Musique et mode • **Tirage** : 70 000

MONDOMIX
✆ 01 56 03 90 85
info@mondomix.com • **www.mondomix.com**
144/146 rue des Poissonniers • Rédaction • 75018 **PARIS**

Marc BENAICHE (Président / Directeur de la publication) • Benjamin MINIMUM (Rédacteur en chef) • François MAUGER (Directeur adjoint) • Antoine GIRARD (Chef de publicité)

Périodicité : Bimestrielle • **Genre** : Arts, cultures et sociétés • **Tirage** : 50 000 • **Bouclage** : 10 du mois précédent

MUSIC
contact@lemagmusic.com • **lemagmusic.com**
82 av. de la République • 75011 **PARIS**

Caroline SOLÉ (Directrice de la publication) • Benoît MERLIN (Rédacteur en chef) • Stéphane MERLIN (Responsable marketing et communication)

Le bande son des sociétés • **Périodicité** : Bimestrielle • **Genre** : Musique et société • **Tirage** : 30 000 • **Bouclage** : Le 10 du mois tous les 2 mois

MUSIC KEYS
✆ 01 79 30 49 63
redaction@musickeys.fr • **www.musickeys.fr**
BP 161 • 92805 **PUTEAUX CEDEX**

Périodicité : Mensuel • **Genre** : Découverte de la musique pour les enfants

MUSIQUE BRETONNE
✆ 02 99 30 91 00
musique.bretonne@dastum.net • **www.dastum.net**
c/o Dastum • 16 rue de la Santé • 35000 **RENNES**

Gaëtan CRESPEL (Directeur de la rédaction) • Ronan GUÉBLEZ (Directeur de la publication) • Caroline LE MARQUER (Rédactrice en chef)

Périodicité : Trimestrielle (sorties en janv., avril, juill. et oct.) • **Genre** : Actualité de la musique traditionnelle bretonne • **Tirage** : 1 000 • **Bouclage** : 15 du mois pair

MUSIQUES ET CULTURES DIGITALES
✆ 01 83 89 13 73
info@digitalmcd.com • **www.digitalmcd.com**
8 rue du Général Renault • 75011 **PARIS**

Anne-Cécile WORMS (Directeur de la redaction) • Laurent DIOUF (Rédacteur en chef)

MCD • **Périodicité** : Trimestrielle (+ hors série) • **Genre** : Musiques électroniques, arts numériques, mutimédia

NIGHTLIFE MAGAZINE
redaction@nightlife-mag.net • **www.nightlife-mag.net**
22 av. de Vorges • 94300 **VINCENNES**

Pierre THOMAS (Gérant) • Nicolas GEORGE (Rédacteur en chef) • Nadira RIYAHI (Responsable commerciale)

Périodicité : 8/an • **Genre** : Sorties et tendances (Culture, musique, ciné, voyages...) • **Tirage** : 50 000 en France, 105 000 sur 4 pays (Suisse, Belgique, Luxembourg, France) • **Bouclage** : Le 15 de chaque mois

NOISE
olivier.drago@noisemag.net • **www.noisemag.net**
8/10 rue Elisa Borey • 75020 **PARIS**

Olivier DRAGO (Rédacteur en chef, responsable communication et publicité)

Périodicité : Bimestrielle • **Genre** : Rock culture • **Tirage** : 35 000 • **Bouclage** : Le 15 du mois de parution

OPENMAG
✆ 01 42 78 82 10 / 09 50 30 24 89
simon@openmag.fr • **www.openmag.fr**
6 pass. des Recollets • 75010 **PARIS**

Anatole AMAVI (Directeur de la publication et de la rédaction) • Simon CLAIR (Rédacteur en chef) • Joss DANJEAN (Rédacteur en chef et électro) • Bruno PFEIFFER (Journaliste jazz) • Delphine CARREDA (Responsable publicité)

Périodicité : 10/an • **Genre** : Actualité culturelle • **Tirage** : 140 000 • **Bouclage** : 15 du mois

PAPLAR

✆ **06 74 45 57 96**
journalpaplar@gmail.com • **www.paplar.com**
2 rue du Rocher d'Enfer • 44300 **NANTES**

Jerome TAUDON (Rédacteur en chef) • Sylvain CHANTAL (Rédacteur en chef)

Périodicité : Ponctuelle (en fonction des festivals) • **Genre** : Actus sur le festival partenaire • **Tirage** : 5000 à 10000 (en fct du festival) • **Bouclage** : 3 jours av.

PLATINE MAGAZINE

✆ **01 46 21 99 74**
redaction@platine-mag.com • **www.platine-mag.com**
8 rue Traversière • 92100 **BOULOGNE BILLANCOURT**

Jean-Pierre PASQUALINI (Directeur de la publication / Rédacteur en chef) • Eric CHEMOUNY (Rédacteur en chef adjoint)

Périodicité : Mensuelle • **Genre** : Chanson française et variété internationale • **Tirage** : 30000 • **Bouclage** : Le 20 du mois

PLUGGED

Périodicité : Bimestriel • **Genre** : Rock, pop, etc.

RAP R&B

✆ **01 48 59 31 52** • fax 01 47 11 20 97
yforgues@gmail.com • **raprnb.com**
c/o PressPlay Médias • 51 rue Olivier Metra • 75020 **PARIS**

Yann FORGUES (Rédacteur en chef)

Rimes Anticonformistes Positives • **Périodicité** : Mensuelle • **Genre** : Rap, R&B, soul, ragga • **Tirage** : 30000 • **Bouclage** : 20 du mois

REALISASON

✆ **02 99 46 95 01 / 06 29 79 85 69**
gclark@realisason.com • **www.realisason.com**
12 bd Villebois Mareuil • 35400 **ST MALO**

Gisèle CLARK (Rédactrice en chef) • Terry NELSON (Rédacteur en chef adjoint) • Tany DEBONS (Chef de publicité)

Périodicité : Bimestrielle • **Genre** : Son/audiovisuel • **Bouclage** : 3 sem.

REGGAE VIBES

✆ **01 52 57 83 30**
gilbert.pytel@gmail.com • **www.reggaevibesmag.fr**
c/o Le Trabendo / Detroit Media • 211 av. Jean Jaurès • 75019 **PARIS**

Gilbert PYTEL (Rédacteur en chef) • Thierry BLONS (Chef de publicité)

Périodicité : Bimestrielle • **Genre** : Reggae, dancehall, roots, dub, ska, rocksteady... avec CD • **Tirage** : 23000 • **Bouclage** : Le 5 des mois impairs

REVUE CASSANDRE / HORSCHAMP

✆ **01 40 35 00 98**
cassandre@horschamp.org • **www.horschamp.org**
16 rue Girardon • 75018 **PARIS**

Nicolas ROMÉAS (Directeur) • Valérie DE SAINT-DO (Rédactrice en chef)

Périodicité : Trimestrielle • **Genre** : Art, culture et société • **Tirage** : 3000 • **Bouclage** : 15 mars, 1er juin, 15 sep., 15 dec.

La REVUE DU SPECTACLE

✆ **06 07 51 35 36**
redaction@larevueduspectacle.com • **www.larevueduspectacle.fr**
BP 126 • 94208 **IVRY SUR SEINE CEDEX**

Gil CHAUVEAU (Journaliste Théâtre, chanson française, festivals) • Dominique DEBEAUVAIS (Correspondant Bretagne) • Gilbert CASTELLANE (Secrétaire de rédaction /Correspondante) • Sheila LOUINET (Responsable publicité) • Gérard BIARD (Responsable Rubrique cinéma) • Isabelle LAURIOU (Théâtre, Humour) • Jean GRAPIN (Journaliste Théâtre) • Clément RASTOUL (Journaliste Jazz, Rock, Variétés) • Gilbert JOUIN (Journaliste Théâtre, humour, variétés) • Christine DUCQ (Responsable rubrique « Concerts et Lyrique »)

Périodicité : Bimestrielle • **Genre** : Culturel, théâtre, cinéma, chanson, cirque, humour, spectacles • **Tirage** : 15000 • **Bouclage** : Le 5 du mois

REVUE ET CORRIGEE

✆ **04 76 65 27 73 / 04 76 49 32 00** • fax 04 76 84 03 82
contact@revue-et-corrigee.net • **www.revue-et-corrigee.net**
c/o Nota Benne • Sievoz-le-Haut • 38350 **SIEVOZ**

Jérôme NOETINGER (Rédacteur en chef) • Albert DURAND (Rédacteur en chef)

Périodicité : Trimestrielle • **Genre** : Musique expérimentale • **Tirage** : 1000 • **Bouclage** : 20 fév., 20 mai, 20 août, 20 nov.

ROCK & FOLK

✆ **01 41 40 32 99** • fax 01 41 40 34 71
rock&folk@editions-lariviere.fr • **www.rocknfolk.com**
Espace Clichy • 12 rue Mozart • 92587 **CLICHY CEDEX**

Patrick CASASNOVAS (Directeur de la publication) • Philippe MANOEUVRE (Rédacteur en chef) • Philippe BUDILLON (Éditeur) • Yasmine AOUDI (Chef des infos) • Thierry SOLAL (Directeur de la publicité)

Périodicité : Mensuelle • **Genre** : Rock, folk, blues, jazz, rap, musiques actuelles • **Tirage** : 80000 • **Bouclage** : 1re sem. du mois

ROCK FIRST

rockfirstmagazine@gmail.com

Périodicité : Mensuel • **Genre** : Rock, pop, etc.

ROCK HARD

✆ **01 40 28 43 41** • fax 01 40 43 02 98
redaction@rockhard.fr • **www.rockhard.fr**
60 rue Brancion • 75015 **PARIS**

Marc VILLALONGA (Directeur de la publication - photographe) • Philippe LAGEAT (Rédacteur en chef) • Morgan RIVALIN (Journaliste) • François BLANC (Rédacteur en chef adjoint) • Vanessa GIRTH (Responsable publicité)

Périodicité : Mensuelle • **Genre** : Metal • **Tirage** : 50000 • **Bouclage** : 15 j. av.

ROLLING STONE

✆ **01 44 39 78 20** • fax 01 44 39 78 28
alain.gouvrion@rollingstonemag.fr • **www.rollingstone.fr**
73 rue Claude Bernard • 75005 **PARIS**

Michel BIRNBAUM (Directeur de la publication) • Alain GOUVRION (Rédacteur en chef) • Xavier BONNET (Rédacteur en chef)

Périodicité : Mensuelle • **Genre** : Culture rock • **Tirage** : 50000 • **Bouclage** : 10 du mois

La SALIDA

✆ **01 46 55 22 20 / 06 83 95 79 89 / 06 83 91 34 54**
contact@lasalida.info • **www.lasalida.info**
5 rue du Moulin vert • 75014 **PARIS**

Jean-Luc THOMAS (Rédacteur en chef) • Francine PIGET (Responsable publicité) • France GARCIA-FICHEUX (Directrice de la publication adjointe)

Périodicité : Bimestrielle • **Genre** : Tango argentin • **Tirage** : 2000 • **Bouclage** : 3 sem. av.

SONO MAG

✆ **01 44 84 84 84** • fax 01 44 84 84 67
redaction@sonomag.com • **www.sonomag.com**
3 boulevard Ney • 75018 **PARIS**

Patrick VERCHER (Directeur de la publication) • Eric MOUTOT (Journaliste audio/Rédacteur en chef) • Alain-Marc MALGA (Journaliste discothèque) • Patrick TUCHAIS (Journaliste) • Luc MARIN-DUBUARD (Directeur de la publicité) • Franck ERNOULD (Journaliste concerts) • Jean-Jacques CHUTEAUX (Maquettiste)

Périodicité : Mensuelle • **Genre** : Magazine consacré aux techniques de sonorisation, d'éclairage et de l'animation en club • **Tirage** : 36000 • **Bouclage** : Le 20 du mois

SOUL BAG

✆ **01 82 64 87 94**
soulbagmag@club-internet.fr • **www.soulbag.fr**
Soul Bag/Clarb • 11 rue Castérès • 92110 **CLICHY**

Nicolas TEURNIER (Rédacteur en chef) • Jacques PÉRIN (Directeur de la publication) • Gérard HERZHAFT (Journaliste) • Sebastian DANCHIN (Journaliste)

Périodicité : Trimestrielle • **Genre** : Blues, R&B, soul, gospel, funk, zydeco • **Tirage** : 20000 • **Bouclage** : fins fév., mai, août, nov.

STAR WAX

✆ **06 99 43 87 54**
redaction@starwaxmag.com • **www.starwaxmag.com**
33/35 rue du General De Gaulle • 35410 **CHATEAUGIRON**

Juan Marcos AUBERT (Directeur de la publication /Partenariats) • Julien DOUEK (Directeur artistique) • Julien VUILLET (Rédacteur en chef)

Périodicité : Trimestriel (déc., mars, juin, sep.) • **Genre** : Hip hop, musiques électroniques, Djing, MAO et Diggin' • **Tirage** : 25000 • **Bouclage** : 1 mois avant parution

ROOTS DANCEHALL & JAMAIQUE
REGGAE VIBES
noise
TSUGi
ALBOROSIE
JELLO BIAFRA
SOUND PELLEGRINO
LES INDESTRUCTIBLES
L'EXPLOSION REGGAE ROOTS EN JAMAIQUE
HANNI EL KHATIB
Human Rock
MORGAN HERITAGE
TOMAHAWK
JAMES BLAKE
IS BEAUTIFUL
CULTURÉGIE
RÉGIE HORS-MÉDIA
Tel:01.42.47.83.30

STARFAN

✆ **01 46 10 21 21** • fax 01 46 10 21 22
redaction@lafontpresse.fr • **www.lafontpresse.fr**
Lafont Presse • 53 rue du Chemin Vert • 92100 **BOULOGNE BILLANCOURT**

Henri MARIN (Rédacteur en chef)

Périodicité : Trimestrielle • **Genre** : Variétés • **Tirage** : 40000

START UP

✆ **01 75 55 43 44** • fax 01 75 55 41 11
frajon@lexpress.fr • **startupmagazine.fr**
c/o Groupe Express Expansion • 29 rue de Châteaudun
75308 **PARIS CEDEX 9**

Rik DE NOLF (Directeur de la publication) • Tristan THOMAS (Chef de publicité) • Florence RAJON (Rédactrice en chef)

Périodicité : Mensuelle • **Genre** : Actualité du disque et DVD • **Tirage** : 65000 • **Bouclage** : Autour du 18

SUR LA MÊME LONGUEUR D'ONDES

✆ **09 52 46 83 77**
info@longueurdondes.com • **www.longueurdondes.com**
22 Ch. de Sarcignan • 33140 **VILLENAVE D'ORNON**

Serge BEYER (Rédacteur en chef) • Cédric MANUSSET (Rédacteur en chef adjoint / maquette) • Vincent MICHAUD (Journaliste) • Béatrice CORCEIRO (Journaliste) • Bastien BRUN (Journaliste) • Mélodie OXALIA (Journaliste) • Aena LEO (Journaliste chanson) • Damien BAUMAL (Journaliste) • Camille LARBEY (Journaliste) • Sylvain DÉPÉE (Journaliste) • Elsa SONGIS (Journaliste) • Julien DEVERRE (Journaliste) • Patrick AUFFRET (Journaliste) • Samuel DEGASNE (Journaliste) • Jessica BOUCHER-RETIF (Journaliste) • Nicolas MESSYASZ (Photographe) • Raphaël LUGASSY (Photographe Paris) • Pierre WETZEL (Photographe Bordeaux) • Roch ARMANDO (Photographe) • Alain DODELER (Photographe) • Yves TRADOFF (Photographe)

Périodicité : 5 n°/an • **Genre** : Magazine spécialisé dans les musiques amplifiées de l'espace francophone • **Tirage** : 100000 • **Bouclage** : 20 j. av.

TOUT TANGO

✆ **04 67 45 38 62**
redaction@toutango.com • **www.toutango.com**
c/o LPEdition SARL • 90 rue Celleneuve St Hilaire • 34070 **MONTPELLIER**

Pierre DOUSSOT (Directeur de la publication) • Lalie MARION (Directrice de la rédaction)

Périodicité : Trimestrielle • **Genre** : Actualité, analyse, histoire du tango et de la culture argentine • **Bouclage** : le 10 du mois précédant parution

TRAD MAGAZINE / MVM EDITIONS

✆ **01 42 58 69 61** • fax 01 60 83 21 46
info@tradmag.fr • **www.tradmagazine.com**
89 rue Championnet • BP10292 • 75867 **PARIS CEDEX 18**

Marc ROUVE (Directeur de la publication) • Philippe KRÜMM (Rédacteur en chef)

Périodicité : Bimestrielle • **Genre** : Musiques et danses traditionnelles, folk et ethniques • **Tirage** : 8000 • **Bouclage** : Début du mois

TRAX

✆ **01 43 14 31 39**
edouard@magazinetrax.com • **www.magazinetrax.com**
Passage du Cheval Blanc • 2 rue de la Roquette • 75011 **PARIS**

Edouard ROSTAND (Rédacteur en chef) • Yangzom TSERING (Responsable partenariats) • Smael BOUAICI (Secrétaire de rédaction) • Stéphanie BUISSERET (Directrice artistique) • Arnaud ROLLET (Rédacteur en chef adjoint)

Périodicité : Mensuelle • **Genre** : Electro • **Tirage** : 40000 • **Bouclage** : 20 du mois

TSUGI

✆ **01 42 47 18 25**
tsugi@tsugi.fr • **www.tsugi.fr**
Detroit Media c/o Le Trabendo • 211 av. Jean Jaurès • 75019 **PARIS**

Alexis BERNIER (Directeur de la publication) • Patrice BARDOT (Rédacteur en chef) • Benoît CARRETIER (Rédacteur en chef adjoint) • Thierry BLONS (Chef de publicité) • François BLANC (Rédacteur) • Mathis RIQUIER (Rédacteur web) • Arnaud AMIARD (Publicité hors captive)

Périodicité : Mensuelle • **Genre** : Musiques électroniques et musiques actuelles • **Tirage** : 30000 • **Bouclage** : 15 j. av.

VIBRATION CLANDESTINE

✆ **06 03 31 79 42** • fax 04 11 84 00 45
edition@vibrationclandestine.com • **www.vibrationclandestine.com**

Jean-Michel COMTE (Coordinateur) • Leonor GUIMIER (Présidente)

Périodicité : Bimestriel • **Genre** : Tous • **Tirage** : 30000 ex • **Bouclage** : 3 sem. avant parution

VICE

✆ **01 71 19 92 23** • fax 01 71 19 92 22
info@viceland.com • **www.vice.com**
c/o ABC Liv • 21 pl. de la République • 75003 **PARIS**

Andrew CREIGHTON (Président) • Julien MOREL (Rédacteur en chef) • Benjamin LASSALE (Éditeur) • Caroline DUMOUCEL (Editrice Online) • Guillaume FASQUELLE (Publicité - marketing - ventes) • Julien SORRENTI (Publicité - marketing - opérations spéciales - évènements)

Périodicité : Mensuelle • **Genre** : Musique, mode • **Tirage** : 80000 ex. • **Bouclage** : 20 du mois precedent la publication

WEST COAST RENDEZ-VOUS

westcoastrendezvous@gmail.com • **noted.blogs.com**
Bât. C • 35 rue Dalou • 94400 **VITRY SUR SEINE**

Jean-Luc RAYMOND (Directeur de la publication) • Arnaud LEGER (Journaliste) • Jean-Philippe REJOU (Journaliste)

Périodicité : Trimestrielle • **Genre** : Rock californien et west coast • **Tirage** : 1200

2KMUSIC.COM
✆ **01 70 95 82 14** • fax 01 70 95 82 18
redaction@2kmusic.org • **www.2kmusic.com**
Aina Média • 21 bd Haussmann • 75009 **PARIS**

Genre(s) musical(aux) : Portail communautaire autour des musiques actuelles : pop, rock, électro, r&b, rap et folk • **Contenu** : News, sorties d'albums, forums, blogs

90BPM.COM
donerz@90bpm.com • **www.90bpm.com**
c/o Éric Le Scoul • 21 pl. de la République • 75003 **PARIS**

Lucas BLAYA (Rédacteur en chef) • Éric LE SCOUL

Genre(s) musical(aux) : Magazine référence des nouvelles tendances urbaines musicales et artistiques (hip hop, rock, électro, street-art, design, dubstep, graffiti, turntablism, photo, world, dub, soul, funk) • **Contenu** : Actualités quotidiennes ; extraits d'albums en exclusivité ; clips vidéos ; mix en écoute ; chroniques, interviews, gros plans ; street-art (galeries photos, expos, interviews, vidéos, photo du jour) ; agenda actualisé quotidiennement (bons plans, soirées, concerts, expos) ; concours ; communauté (18000 membres) - 46000 inscrits contacts opt-in

À DECOUVRIR ABSOLUMENT
geralddeoliveira@aol.com • **www.adecouvrirabsolument.com**
2 rue du Bois • 60800 **ORMOY VILLERS**

Gerald DE OLIVEIRA (Rédacteur en chef) • Peggy DE OLIVEIRA (Rédactrice) • Nhusoo TRUONG (Webmaster) • Philippe DENANCE (Graphiste)

Genre(s) musical(aux) : Webzine sur l'actualité indépendante • **Contenu** : Coups de pouce à AP, édition de COM ts les trimestres en téléchargement gratuit et légal, interview, concours, forum, édition de compilations en téléchargement libre et légal, édition de relectures d'album mythique de la scène indé

ABCDRDUSON
nico@abcdrduson.com • **www.abcdrduson.com**

Nico (Rédacteur)

Genre(s) musical(aux) : Rap • **Contenu** : Chroniques, news, interviews, blog, écoutes mixes

Les ACTEURS DE L'OMBRE
marie@lesacteursdelombre.com • **www.lesacteursdelombre.com**
c/o Gabriel Souchard - Appt 11 • 6 rue D'Oran • 75018 **PARIS**

Marie MOLINA • Rémi DEPERNET

Genre(s) musical(aux) : Metal, dark, etc. • **Contenu** : Chroniques disques et concerts, annonces concerts et festivals, news, liens, forum

AKHABA.COM
✆ **09 54 18 42 50** • fax 09 59 18 42 50
contact@akhaba.com • **www.akhaba.com**
105 rue Charles Michels • 93200 **ST DENIS**

Yvon AMBROSI (Directeur) • Bouziane DAOUDI (Directeur de la rédaction)

Genre(s) musical(aux) : Musiques du monde • **Contenu** : Site d'information et de vente (CD, vinyle, livre, dvd en dépôt-vente). Les œuvres mises en vente sont chroniquées, accompagnées de reportages, d'interviews, de thèmes, de portraits réalisés et signés par des journalistes

ALBUMROCK
communication@albumrock.net • **www.albumrock.net**
65 rue d'Aboukir • 75002 **PARIS**

Maxime WATIER (Rédacteur en chef) • Matthieu MARCÉ

Genre(s) musical(aux) : Rock et dérivés, chanson • **Contenu** : Chroniques de disques et de concerts, vidéos, dossiers photos et podcasts à venir, promotion d'artistes sur le web via interviews, etc.

AMB FRANCE MUSIC
✆ **08 20 20 88 22** • fax 08 20 20 27 94
prod@ambproduction.fr • **www.ambfrance.com**
BP 42 • 77422 **MARNE LA VALLEE CEDEX 02**

Jean-Marc FRAISSE (Directeur de la publication)

Genre(s) musical(aux) : Site musical généraliste • **Contenu** : Article, interview, contenu, studio

AN TOUR TAN
✆ **02 98 64 45 59** • fax 02 53 59 60 88
contact@webmedia.antourtan.com • **www.antourtan.org**
66 Av. de Kéradennec • 29000 **QUIMPER**

Nicolas GONIDEC (Président / Réalisateur vidéo)

Genre(s) musical(aux) : Musique bretonne • **Contenu** : Actualités culturelles bretonnes, couverture d'événementiels, cyber fest-noz, annuaire des Bretons, radio en breton, émissions de web-tv, liens et adresses

AUDIOFANZINE
✆ **01 43 22 39 26**
mail@audiofanzine.com • **www.audiofanzine.com**
56 rue du Moulin Vert • 75014 **PARIS**

Philippe RAYNAUD (Gérant) • Arnaud CUEFF (Spécificateur) • Florence LEITE (Chargée de communication)

Genre(s) musical(aux) : News sur le monde de la musique, tutoriels, tests de logiciels et matériels informatiques pour la musique, annonces, critiques de matériels

AUTRES DIRECTIONS
info@autresdirections.net • **www.autresdirections.net**
155 rue de la Mariette • 72000 **LE MANS**

Denis FRELAT (Secrétaire)

Genre(s) musical(aux) : Pop, post-rock, electronica, expé, etc.

Le BANANIER BLEU
✆ **06 90 36 38 87 / 07 61 62 67 20**
webmaster@bananierbleu.com • **www.bananierbleu.com**

Christophe JENNY (Webmaster / Rédacteur / Gérant) • Hélène MER (Rédactrice)

Genre(s) musical(aux) : Jazz caribéen, afro-jazz, jazz, world music • **Contenu** : Toute l'actualité du jazz en Guadeloupe et Martinique, biographies, discographies des mus., programmes des concerts et des festivals de jazz, interviews, reportages, etc.

BANDESSONORES.COM
sophierosemont@gmail.com • **www.bandessonores.com**

Sophie ROSEMONT (Journaliste) • Philippe MAZZONI (Photographe)

Genre(s) musical(aux) : Rock, pop, etc. • **Contenu** : Interviews, présentation d'artistes, photos, etc.

BEAT A L'AIR
contact@beatalair.com • **www.beatalair.com**

Thibault JOUANDET (Directeur) • Mathis KRLNR (Directeur artistique) • Jonathan LALBAT (Rédacteur Electro, minimal, deephouse) • Adrien BOUTEILLE (Rédacteur Hip hop) • Alice COE (Rédactrice Musique, mode)

Genre(s) musical(aux) : Musiques électroniques, hip hop • **Contenu** : Party, musique, culture, mode, etc.

BEYEAH
hello@beyeah.net • **www.beyeah.net**
13 rue du Progrès • 69100 **VILLEURBANNE**

Théo NOVEL (Fondateur)

Genre(s) musical(aux) : Musiques électroniques • **Contenu** : Musique et street culture : actualités, découvertes, street art, mode, lifestyle

BF2D
contact@bf2d.net • **www.bf2d.net**

Bertrand FONTANA (Rédacteur en chef) • Arnaud SIMIDOFF (Rédacteur) • Estelle COURVOISIER-CLÉMENT (Responsable des partenariats)

Beat The Fuckin'Day Dream • **Genre(s) musical(aux)** : Musiques électroniques, hip hop, soul, pop, rock • **Contenu** : Actualité, chroniques, download, intw, agenda, podcasts

BOOSKA P
la-redac@booska-p.com • **www.booska-p.com**

Genre(s) musical(aux) : Rap • **Contenu** : Interviews, chroniques, agenda concerts, clips, biographies d'artistes, forum

BOUNCE2DIS
b2d@bounce2dis.com • **www.bounce2dis.com**

Genre(s) musical(aux) : Rap, djing, etc. • **Contenu** : Interviews, chroniques, annonces de sorties, pages de liens, agenda concerts et soirées, exclus en écoute, etc.

BRAIN MAGAZINE
✆ **09 50 93 41 99**
redaction@brain-magazine.com • **www.brain-magazine.fr**
8 rue Alexandre Dumas • 75011 **PARIS**
Anaïs CARAYON (Fondatrice /rédactrice en chef) • Josselin BORDAT (Rédacteur en chef adjoint)
Genre(s) musical(aux) : Electro, rock, rap, etc. • **Contenu** : Chroniques, photos, vidéos, agenda, web-radio

Le CARGO
cargoteam@lecargo.org • **www.lecargo.org**
24 rue de l'Evangile • 75018 **PARIS**
Mickaël ADAMADORASSY • Renaud DE FOVILLE
Genre(s) musical(aux) : Rock, chanson, pop, etc. • **Contenu** : Chroniques concerts, disques, interviews, vidéos, etc.

CHANSONS QUE TOUT CELA
✆ **01 47 97 20 36**
daniel@pantchenko.fr • **chansonsquetoutcela.over-blog.com/**
11 rue du Pressoir • 75020 **PARIS**
Daniel PANTCHENKO
Genre(s) musical(aux) : Chanson • **Contenu** : Au cœur et autour de la chanson francophone

Le CHOIX
eddie@lechoix.fr • **www.lechoix.fr**
Le Choix • 68 bd Jean-Baptiste Lebas • 59000 **LILLE**
Eddie WILLIAMSON (Rédactrice en chef)
Genre(s) musical(aux) : Tous • **Contenu** : Critiques, vidéos, playlists, interviews, concours

CHURCH OF NOWHERE
✆ **06 34 31 33 02**
info@churchofnowhere.com • **churchofnowhere.com**
1 rue Nicolas d'Angennes • 78120 **RAMBOUILLET**
Philippe SMYCZYNSKI (Gérant)
Genre(s) musical(aux) : Metal, rock, progressif, hard • **Contenu** : News, chroniques, forums, vidéos, etc.

CINEZIK
✆ **06 21 01 04 19**
contact@cinezik.org • **www.cinezik.fr**
257 rue du fbg St-Martin • 75010 **PARIS**
Benoit BASIRICO (Rédacteur en chef)
Genre(s) musical(aux) : Musique de film • **Contenu** : Interviews de compositeurs, de réalisateurs, chroniques de disques, sorties de films, etc.

CITIZEN JAZZ
redaction@citizenjazz.com • **www.citizenjazz.com**
18 rue Dupetit-Thouars • 75003 **PARIS**
Matthieu JOUAN (Directeur de la publication / Partenariats) • Hélène COLLON (Rédactrice en chef)
Genre(s) musical(aux) : Jazz et musiques voisines • **Contenu** : Nouvelles quotidiennes du monde du jazz et des musiques improvisées, citations, galerie photo. Hebdo : chroniques de disques chaque sem. et coups de projecteurs sur l'actualité. Mag : interviews en profondeur, sujets de réflexion, revue de presse, agenda jazz

CLUBBINGHOUSE.COM
promo@clubbinghouse.com • **www.clubbinghouse.com**
24 rue de la Devise • 33000 **BORDEAUX**
Olivier BRILLEAU (Rédacteur en chef)
Genre(s) musical(aux) : House, clubbing, techno • **Contenu** : Actualité, agenda, répertoire artistes/lieux, musiques

CONCERTLIVE.FR
✆ **01 43 57 92 88**
agenda@concertlive.fr • **www.concertlive.fr**
25 bd de Belleville • 75011 **PARIS**
Nathalie PAUL (Directrice de la rédaction) • Jean-Lionel PAROT (Pigiste / Photographe / Publicité)
Genre(s) musical(aux) : Tous • **Contenu** : 1er magazine online des concerts, festivals et artistes live

CONCERTS.FR
✆ **04 95 04 52 63** • fax 04 95 04 33 81
redaction@concerts.fr • **www.concerts.fr**
c/o Cityvox • 37 rue Guibal • CS 20065 • 13356 **MARSEILLE CEDEX 3**
Thomas FOSSATI (Responsable éditorial / Journaliste) • David ROMANO (Rédacteur)
Genre(s) musical(aux) : Tous • **Contenu** : Agenda national, article, itw, brève, dépêches, chroniques, clips, disques, réservation de billet, téléchargement de musique via plate-forme légale, sélection de la rédaction

COSMIC HIP HOP
✆ **01 83 64 64 36**
cosmichiphop@gmail.com • **www.cosmichiphop.com**
Laurent PERRIN (Rédacteur en chef)
Genre(s) musical(aux) : Hip hop (rap, danse, graffiti, street-art, deejaying), groove, reggae • **Contenu** : Actualités, chroniques, interviews, reportages, clips, sons, mixtapes, concours, agenda, forum, annuaire du hip-hop, bons plans...

CRISS CROSS JAZZ
✆ **06 81 10 13 11**
crisscrossblog@gmail.com • **www.crisscross-jazz.com**
Appt. 8 • 32 rue Simart • 75018 **PARIS**
Matthieu DURAND (Rédacteur en chef) • Emilie QUENTIN (Relations publiques) • Nikola CINDRIC (Graphiste)
Genre(s) musical(aux) : Jazz • **Contenu** : News décalés, rencontres exclusives, concerts, chroniques de CD, vidéos, coulisses, etc.

DECIBELS STORM
decibelsstorm@free.fr • **www.decibels-storm.com**
25 rue Sainte Genevieve • 69006 **LYON**
Alexis KIEFFER (Journaliste indus) • Christophe NOGUES (Journaliste black) • Patrick ETUY (Rédacteur en chef)
Genre(s) musical(aux) : Généraliste metal • **Contenu** : Interview, news, dates de concerts, chroniques (CDs, Démos, concerts, bootlegs, DVD, etc.), jeux, articles, archives et photos exclusives

Les DERNIÈRES NOUVELLES DU JAZZ
✆ **06 84 22 43 61**
jmgelin@free.fr • **www.lesdnj.com**
91 rue Villiers de l'Isle Adam • 75020 **PARIS**
Jean-Marc GELIN (Journaliste jazz)
Genre(s) musical(aux) : « L'actualité du jazz sous toutes ses formes » • **Contenu** : Chroniques CD, livres, portrais, interviews, etc.

DES OREILLES DANS BABYLONE
✆ **09 80 57 12 61**
juliendeverre@desoreillesdansbabylone.com • **www.desoreillesdansbabylone.com**
12 rue Moret • 75011 **PARIS**
Julien DEVERRE (Cofondateur) • David KOULICHE (Cofondateur)
Genre(s) musical(aux) : Indie pop, rock, folk, électro, hip hop, etc • **Contenu** : Chroniques de disques, comptes rendus de concert, interviews, news, etc

DISCORDANCE
info@discordance.fr • **www.discordance.fr**
c/o Pascal Thuet • 26 av. de la Liberté • 68000 **COLMAR**
Pascal THUET (Fondateur)
Genre(s) musical(aux) : Rock, indie, électro • **Contenu** : Interviews, chroniques, live reports

La DISSONANTE
communication@ladissonante.fr • **www.ladissonante.fr**
4 bis rue des Arènes • 49100 **ANGERS**
Alice SAMSON (Présidente) • Marion BODINEAU (Trésorière) • Enora MAHÉ (Secrétaire)
Genre(s) musical(aux) : Tous • **Contenu** : Informations musicales et culturelles

DJANGO STATION
cristof@djangostation.com • **www.djangostation.com**
7 bd Desgranges • 92330 **SCEAUX**
Cristof PILOT (Rédacteur)
Genre(s) musical(aux) : Jazz manouche • **Contenu** : Actualité

DMUTE
contact@dmute.net • **www.dmute.net**
TEHANOR (Responsable électro) • Jérôme ORSONI (Responsable rock) • LEBOWSKI (Responsable hip-hop) • MATHIAS (Responsable jazz, musiques improvisées)
Contenu : Scène actuelle

Le DOIGT DANS L'OEIL
contact@ledoigtdansloeil.com • **www.ledoigtdansloeil.com**
14 passage Lebreton • 93170 **BAGNOLET**
Valérie BOUR (Rédactrice en chef) • Norbert GABRIEL (Rédacteur en chef adjoint) • Didier BOYAUD (Webmaster)
Genre(s) musical(aux) : Chanson, musique, scène vivante • **Contenu** : Chroniques CD/spectacle, itv vidéo et/ou scriptée, reportages

DOWN TEMPO
✆ **06 98 45 72 87**
erik@down-tempo.net • **www.down-tempo.net**
5 ch. des Baroutières • 03100 **MONTLUCON**
Erik STEFANINI (Rédaction) • Frankie CLANCHE (Chroniqueur / interviewer)
Genre(s) musical(aux) : Electronica, ambient, trickette • **Contenu** : Chroniques, interviews, forum, dossiers

DRUM-BASS
✆ **06 60 42 56 49**
danydan@drum-bass.net • **www.drum-bass.net**
25 place des HALLES, Le Consul • 67000 **STRASBOURG**
Dan BERNIER (Rédacteur en chef)
Genre(s) musical(aux) : Musiques broken beat/future jazz, hip hop, electro-groove et drum'n'bass • **Contenu** : Articles de musique, chroniques de disque, agenda, découverte de liens, création de vidéos originales (live de musique), news et jeu concours

DUMDUM.FR
✆ **01 43 05 65 96**
contact@dumdum.fr • **dumdum.fr**
45 bis rue Pouchet • 75017 **PARIS**
Anthony MANSUY (Directeur de la rédaction)
Genre(s) musical(aux) : Pop, rock, musiques électronqiues, hip hop • **Contenu** : Chroniques et itw, regard décalé sur l'actualité musicale, flux de clips et de nouveaux morceaux

EASYZIC
✆ **06 34 04 12 63**
easyzik@free.fr • **www.easyzic.com**
3 allée du Roi Pécheur • 56520 **GUIDEL**
Frédéric LINOT (Webmaster)
Contenu : Annonces contact, et achat/vente, avis et test de matériels, MP3 gratuits à télécharger, dossiers sur la musique, le son, la MAO etc., 100 000 partitions gratuites à consulter et télécharger, agenda de concerts et evènement musicaux, annuaire des sites web musicaux, annuaires des professionnels de la musique, forums & t'chat

ETHNOTEMPOS
www.rythmes-croises.org/ethnotempos
c/o Asso Rythmes Croisés • 16 av. d'Alforville • 94600 **CHOISY LE ROI**
Stéphane FOUGERE (Directeur de la publication) • Sylvie HAMON (Rédactrice / webmaster)
Genre(s) musical(aux) : Actualité des musiques à caractère ethnique • **Contenu** : Articles, chroniques, news, photos, annonces de concerts, liens, forum discussions, petites annonces

La FEUILLE DE L'AGENCE
✆ **04 73 64 60 00** • fax 04 73 64 60 09
contact@amta.fr • **www.amta.fr**
1 route d'Ennezat • BP 169 • 63204 **RIOM CEDEX**
André RICROS (Directeur) • José DUBREUIL (Patrimoine, sensibilisation et communication) • Julien SAGNE (Responsable multimédia) • David DE ABREU (Directeur adjoint) • Laurence MAZATAUD (Correspondante)
Genre(s) musical(aux) : Musiques traditionnelles en Auvergne • **Contenu** : Articles de fonds, interviews, actualité de musiques traditionnelles en Auvergne

FONKADELICA
✆ **06 75 54 23 11**
bogibass49@gmail.com • **www.fonkadelica.com**
31 rue Hector • 49125 **TIERCE**
Arnaud BRAILLY (Chroniqueur disques) • Julien FAINETEAU (Spécialiste funk français) • Alexandre CAPELIER (Interviews, concerts)
Genre(s) musical(aux) : Soul, funk, jazz-funk, acid jazz, afro beat, latin funk, brazil sound, électro grooves, early&funky hiphop • **Contenu** : News, chroniques de disques, Interviews. Emission de radio hebdomadaire « Fonkadelica »

FOUTRAQUE
info@foutraque.com • **www.foutraque.com**
5 lotissement la Côte Rouge • 63122 **ST GENES CHAMPANELLE**
Pierre ANDRIEU (Responsable éditorial) • Jérôme CREPIEUX (Webmaster / Partenariat)
Genre(s) musical(aux) : Pop, rock, musiques électro, jazz • **Contenu** : Chroniques de disques et performances live, interviews, news, etc.

FREEZEEC
contact@freezeec.com • **www.freezeec.com**
3A rue du Ried • 67410 **ROHRWILLER**
Tharcisse WENGER (Créateur)
Genre(s) musical(aux) : Trip-hop, hip-hop, folk, musiques urbaines, électroniques • **Contenu** : Interviews, chroniques de CD, concours, BD, livres audio, COM à télécharger

FRENCH-METAL.COM
Petebull@french-metal.com • **www.french-metal.com**
PETEBULL (Rédacteur en chef)
Genre(s) musical(aux) : Metal • **Contenu** : Annuaire, chroniques, interviews, sons & images

FRESHZIK
✆ **06 59 62 17 81**
frshzik@gmail.com • **www.freshzik.fr**
76 rue du Plateau du Moulin • 78700 **CONFLANS STE HONORINE**
Valentin GUILLERON (Administrateur / Rédacteur) • David BENOLOL (Administrateur / Rédacteur)
Genre(s) musical(aux) : Hip hop, rap, nu soul, R&B, expérimental, ambient, électro • **Contenu** : Actualité musicale, itw, playlists, download

FROGGYDELIGHT.COM
info@froggydelight.com • **www.froggydelight.com**
3 rue du docteur Goujon • 75012 **PARIS**
David DIDIER (Rédacteur en chef)
Genre(s) musical(aux) : Pop, rock, indé, jazz, world, post rock, chanson, etc. • **Contenu** : Interviews, chroniques disques, spectacles, etc.

GASFACE
✆ **06 71 04 51 56**
redaction@gasface.net • **www.gasface.net**
43 rue René Leynaud • 69001 **LYON**
Nicolas VENANCIO (Rédacteur en chef) • Mathieu ROCHET (Directeur de la publication)
Genre(s) musical(aux) : Hip hop • **Contenu** : Interviews, chroniques, vidéo, téléchargement, etc.

La GAZETTE DES BAYOUS
✆ **06 08 53 88 75**
bayouprod@aol.com • **www.bayouprod.com**
7 imp. de la Plaine • 71190 **MESVRES**
Didier LONJARD (Contact)
Genre(s) musical(aux) : Actualité des musiques cajun et zydeco • **Contenu** : News, chroniques de disques, interviews d'artistes, récits de voyages, etc.

GONZAÏ
✆ **06 62 44 99 24 / 01 55 79 91 35**
dieu@gonzai.com • **www.gonzai.com**
9 villa de Guelma • 75018 **PARIS**
Thomas DUCRES (Rédacteur en chef) • Charles AURAMBAULT (Rédacteur en chef adjoint) • Thomas FLORIN (Rédacteur en chef adjoint) • Stéphanie BUARD (Directrice artistique) • Sylvia HANSCHENCKENBUHL (Secrétaire générale de la rédaction)
Genre(s) musical(aux) : Rock, indé, psyché, electronique • **Contenu** : Subjectif, gonzo, défricheur prescipteur français & international

GOURU
contact@gouru.fr • **www.gouru.fr**
34 rue de saussure • 75017 **PARIS**
Benjamin ALLIGUIE (Rédacteur en chef)
Genre(s) musical(aux) : Musiques électroniques • **Contenu** : Articles, vidéos, agenda, podcast, label

HARTZINE
redac@hartzine.com • **www.hartzine.com**
5 rue de la Rotonde • 25000 **BESANCON**
Benoit BIEHLER (Rédacteur en chef)
Genre(s) musical(aux) : Musiques indépendantes • **Contenu** : Chroniques, itw, reportages, photos & vidéos

HIGHWAYFM.COM
✆ **09 74 50 51 81** • fax 01 45 65 16 53
jagostini@highwayfm.com • **www.highwayfm.com**
10 rue kuss • 75013 **PARIS**
Jean AGOSTINI (Directeur)
Genre(s) musical(aux) : Pop rock folk, west coast, classic rock, rock FM, blues • **Contenu** : Reportages photos/interviews, streaming audio et vidéo

INDIEPOPROCK.NET
contact@indiepoprock.net • **www.indiepoprock.net**
Christophe BARRIERE (Président) • Mathieu GANDIN (Rédacteur en chef) • Cécile DESCREUX (Rédactrice en chef) • Tristan PALERM (Trésorier) • Benjamin (Partenariats)
Genre(s) musical(aux) : Rock indé • **Contenu** : Chroniques, interviews, concours, actualités

INF RADIO
✆ **09 50 66 10 13**
jm.sauvage@infradio.com • **www.infradio.com**
18 allée des Biches • 78680 **EPONE**
Jean-Michel SAUVAGE (Directeur de la publication) • Olivier FIASCHI (Directeur rédacteur en chef) • Guy LHUISSIER (Rédacteur en chef) • Michel GADY (Chef de l'information) • Céline ROCHER (Responsable de la communication)
Contenu : Actualité de la radio et des médias de proximité, forums, petites annonces, player (200 radios en live), news, etc.

INFOS JEUNES
✆ **01 74 30 96 65 / 06 42 19 25 06**
slarue@infosjeunes.com • **www.infosjeunes.com**
12 bd Kellermann • 75013 **PARIS**
Stéphane LARUE (Contact)
Contenu : Presse jeune, texte, audio, vidéo

JAZZ-RHONE-ALPES.COM
✆ **06 72 07 72 10** • fax 04 26 23 65 18
webmaster@jazz-rhone-alpes.com • **www.jazz-rhone-alpes.com**
32 ch. de Laval • 69230 **ST GENIS LAVAL**
Pascal DERATHÉ (Webmaster)
L'info du jazz vivant • **Genre(s) musical(aux)** : Jazz vivant • **Contenu** : Actualités, agenda et comptes rendu des concerts et festivals de Rhône-Alpes, etc.

JEKYLL & HYDE
contact@jekyllethyde.fr • **www.jekyllethyde.fr**
Genre(s) musical(aux) : Techno, house • **Contenu** : Actu, focus, reports, podcasts, etc.

LAGUITARE.COM
✆ **01 44 67 02 49**
jacques@audioprint.fr • **www.laguitare.com**
4 ter rue Victor Chevreuil • 75012 **PARIS**
Jacques CARBONNEAUX (Rédacteur en chef)
Genre(s) musical(aux) : Tous • **Contenu** : Annuaire web guitare, annuaire de luthiers français et internationaux, promotion de la lutherie artisanale française, reportages rédactionnels, vidéos, guitaristes, matériel, chroniques CD et concerts, couvertures festivals et salons internationaux

LESINROCKS.COM
✆ **01 42 44 16 16** • fax 01 42 44 16 00
baptiste.vadon@inrocks.com • **www.lesinrocks.com**
24 rue St Sabin • 75011 **PARIS**
Pierre SIANKOWSKI (Rédacteur en chef) • Claire POMARES (Editrice Web) • Thomas BURGEL (Rédacteur musique)
Genre(s) musical(aux) : Actualité musicale + sorties culturelles à Paris • **Contenu** : Critiques de disques, news, agenda concerts et sorties, playlists, forums, petites annonces, annuaire des artistes, clips, albums et mixes en écoute, podcast (orienté indéautoproduits)

METAL CHRONIQUES
contact@metalchroniques.fr • **www.metalchroniques.fr**
205 rue de Lille • appt. 6 • 59100 **ROUBAIX**
Hamster (Rédacteur en chef)
Genre(s) musical(aux) : Tous les styles de metal • **Contenu** : Interviews, chroniques, live reports, photos, vidéos

METALORGIE.COM
bacteries@metalorgie.com • **www.metalorgie.com**
6 cours Sully • Appt. 77 • 44000 **NANTES**
Éric CAMBRAY (Président et Webmaster)
Genre(s) musical(aux) : Metal, punk, hardcore, emocore, indus, skatecore, black metal, rock, etc. • **Contenu** : Actualité, chroniques, interviews, dossiers, downloads, agenda concerts, petites annonces, boutique, etc.

MILLEFEUILLE
lecteurs@mille-feuille.fr • **http://www.mille-feuille.fr**
Genre(s) musical(aux) : Indie pop, rock, électro, folk • **Contenu** : Chroniques, compte-rendus live, interviews, répertoire d'artisyes, news

MONDOMIX
✆ **01 56 03 90 85**
info@mondomix.com • **www.mondomix.com**
144/146 rue des Poissonniers • Rédaction • 75018 **PARIS**
Marc BENAICHE (Président) • François MAUGER (Directeur adjoint) • Antoine GIRARD (Chef de publicité) • Rémi CREPEAU (Responsable vidéo)
Genre(s) musical(aux) : Tous • **Contenu** : Musiques et cultures dans le monde, artistes, reportages, festivals, podcasts, videos, mp3, actualité, cinéma, littérature, culture, etc.

MOWNO.COM

✆ **06 81 23 03 14**
weloveyou@mowno.com • **www.mowno.com**
43 rue Doux Delcupe • 93100 **MONTREUIL**
Matthieu CHOQUET (Rédacteur en chef)
Genre(s) musical(aux) : Rock, hip hop, électro, world • **Contenu** : News, chroniques, interviews, articles, annonces de concerts

MUSIC STORY

✆ **09 75 39 15 73**
contact@music-story.com • **www.music-story.com**
Parc de la Cimaise • 14 rue du Carrousel • 59650 **VILLENEUVE D'ASCQ**
Jean-Luc BIAULET (Dirigeant) • Loïc PICAUD (Rédacteur en chef)
Genre(s) musical(aux) : Tous • **Contenu** : Actualités, chroniques, biographies, recommandations

MUSICACTU.COM

✆ **0825 957 957 / 01 55 25 50 80** • fax 01 48 91 46 77
musicactu@musicactu.com • **www.musicactu.com**
c/o Médias Actu • 10 rue Nicolas Appert • 75011 **PARIS**
Fabien LACOSTE (Rédacteur en chef et directeur de la publication)
Genre(s) musical(aux) : Musiques actuelles • **Contenu** : News quotidiennes, chroniques CD et DVD, interviews, gros plans, sélections de concerts, jeux

MUSICTRAD

musictrad@musictrad.org • **www.musictrad.org**
44 bois du Chemin de la Colombe Arcisse • 38890 **ST CHEF EN DAUPHINE**
Adrien ETIEVANT (Président) • Edith BORNE (Vice-présidente) • Annaig BORNE (Secrétaire) • Pierre HENRY (Administrateur)
Genre(s) musical(aux) : Musiques traditionnelles • **Contenu** : Annuaire de groupes et associations, calendriers d'événements

MUZZART

webmaster@muzzart.com • **www.muzzart.fr**
C/o M. NGALASSO • 33 rue Gabriel Léglise Bat 2 Appt 36
33200 **BORDEAUX**
Zyx NGALASSO (Fondateur & webmaster du site)
Genre(s) musical(aux) : Rock, folk, pop, chanson • **Contenu** : Itw, chroniques, news, agenda concert

MYGMUSIQUE

✆ **06 77 07 49 87**
infos@mygmusique.com • **www.mygmusique.com**
3 rue Alexandre Cabanel • 31000 **TOULOUSE**
Mathieu ARTAUD (Rédacteur en chef rock, chanson, metal, électro) • Patrick LENOIR (Rédacteur chanson) • Guillaume PATIES (Rédacteur chanson, rock) • Mélissa RIVET (Rédactrice rock, metal, folk) • Stéphanie JACQUET (Rédactrice rock, pop, chanson) • Fabien DURAND (Rédacteur chanson, rock) • Julien OLIBA (Rédacteur folk, pop, rock) • Thomas SEROPIAN (Rédacteur électro, rock, metal) • Céline LAFFEZ (Rédactrice chanson, folk, électro, pop, rock, metal, reggae)
Genre(s) musical(aux) : Presse spécialisée musique • **Contenu** : Chronique, article, interview, news, live report, concours, partenariat, etc.

NAWAK POSSE

✆ **06 18 46 20 35**
toto@nawakposse.com • **www.nawakposse.com**
c/o Anthony Foucard • 43 av. de la République • 06300 **NICE**
Anthony FOUCARD (Webmaster)
Genre(s) musical(aux) : Webzine de metal HxC Fusion sur la scène française • **Contenu** : Chroniques, interviews, live report, agenda, mp3, vidéos

NOVAPLANET

✆ **01 53 33 33 00**
contact@novaplanet.com • **www.novaplanet.com**
127 av. Ledru Rollin • 75011 **PARIS**
Marc H'LIMI (Directeur d'antenne) • Christian NZONTA (Webmaster)
Genre(s) musical(aux) : World, Reggae, Electro, hip-hop • **Contenu** : Musique, contre-culture, radionova, télénova

NOVORAMA

antoine@novorama.com • **www.novorama.com**
Genre(s) musical(aux) : Musiques indépendantes (plutôt électro, pop, rock indé, etc.) • **Contenu** : Chroniques, news, déclinaisons radio et TV

OBSKÜRE

redac@obskuremag.net • **www.obskure.com**
24 rue Pierre Sémard • 87000 **LIMOGES**
NIKO (Rédacteur en chef)
Genre(s) musical(aux) : Dark music (gothique, emo, etc.) • **Contenu** : Annonces concerts et soirées, interviews, chroniques, écoutes, forum, etc.

L'OREILLE À L'ENVERS

✆ **06 25 65 02 27**
loreillealenvers@gmail.com • **www.loreillealenvers.fr**
44 rue Delsaux • 59300 **VALENCIENNES**
Hervé COLLET (Rédacteur en chef)
Genre(s) musical(aux) : Tous styles • **Contenu** : Interviews, chroniques, news, concours, agenda

PASTEL

✆ **05 34 51 28 38**
contact@conservatoire-occitan.org • **www.pastel-revue-musique.org**
5 rue du Pont de Tounis • 31000 **TOULOUSE**
Maïlis BONNECASE (Directrice de la publication) • Carole SARASA (Chargée de communication et de médiation culturelle)
Centre occitan des musiques et danses traditionnelles Toulouse Midi-Pyrénées • **Genre(s) musical(aux)** : Musiques traditionnelles d'Occitanie • **Contenu** : Recherche (cant, facture instrumentale, archives sonores et audiovisuelles), Pratiques (création, diffusion, formation), Itinéraires (de luènh d'aici, ailleurs, transversales), Langages, Vu - écouté - lu

PIANOBLEU.COM

✆ **06 71 76 94 55**
pianobleu@orange.fr • **www.pianobleu.com**
5 rue des Algues • 29900 **CONCARNEAU**
Agnes JOURDAIN (Webmaster)
Genre(s) musical(aux) : Piano, classique et jazz, piano/voix • **Contenu** : Interviews, chroniques disques, DVD et livres, actualités

PINKUSHION

redaction@pinkushion.com • **www.pinkushion.com**
52 rue du faubourg du Temple • BP 41 • 75011 **PARIS**
Franck COLOMBANI (Rédacteur en chef)
Genre(s) musical(aux) : Rock indépendant, pop, folk, électro, jazz, etc. • **Contenu** : Chroniques d'album, entretiens, news, reportages concerts, etc.

PLAYLIST VIP

footeuz@gmail.com • **www.playlistvip.com**
11 rue Zoé Dumonteil • 18000 **BOURGES**
Stéphanie MICHEL (Rédactrice)
Genre(s) musical(aux) : Rock, pop, chanson française, folk • **Contenu** : Itw d'artistes qui commentent une playlist de leurs 10 chansons favorites

POPINGAYS

contact@popingays.com • **www.popingays.com**
C/o Philippe Colomb • 76 cours de Vincennes • 75012 **PARIS**
Dorothée VILLEMAUX (Responsable) • Mélanie GARCON (Webmaster)
Genre(s) musical(aux) : Pop, rock, électro • **Contenu** : Chroniques, interviews, compte-rendus de concerts, playlist, etc.

POPNEWS

www.popnews.com
53 rue Pouchet • 75017 **PARIS**
Gildas LE PALLEC (Rédacteur)
Genre(s) musical(aux) : Pop indé • **Contenu** : Chroniques, interviews, news

POSITIVE RAGE

positiverage@hotmail.com • **www.positiverage.com**
51 rue Paul Vaillant Couturier • 92240 **MALAKOFF**
Mathieu GELEZEAU (Responsable)
Genre(s) musical(aux) : Musiques indépendantes et passionnées (noise, punk, pop, emocore, hardcore, électro, postrock, etc.), art, littérature et politique • **Contenu** : Interviews, infos, expos, galerie photos, liens, bidouillages, chroniques

POUSSE LE SON

pousseleson@paris.fr • **blogs.paris.fr/pousseleson**
Mairie de Paris • Dicom/b.137 • 4 rue Lobau • 75004 **PARIS**
Genre(s) musical(aux) : Découvertes musicales parisiennes (chanson, rap, pop, folk, électro, etc.) • **Contenu** : Interviews, vidéos, chaîne dailymotion, compte-rendu de concerts ou d'événements liés aux musiques actuelles, etc.

PREMONITION

premo2012@premonition.fr • **www.premonition.fr**
5 Villa du Clos de Malevart • 75011 **PARIS**
Christophe LABUSSIERE (Responsable)
Genre(s) musical(aux) : Musiques indés, électroniques, indus, gothiques, pop, etc. • **Contenu** : Articles, agenda, chroniques de disques, actu

PRÉSENT CONTINU

✆ **01 77 32 23 19**
hello@presentcontinu.com • **www.presentcontinu.com**
c/o Futurs Composés • 51 rue de Chabrol • 75010 **PARIS**

Benoît THIEBERGIEN (Directeur de la publication) • Alice GABBAÏ (Chargée de communication)

Genre(s) musical(aux) : Tous • **Contenu** : Brèves, articles de fond

PTITBLOG

contact@ptitblog.net • **www.ptitblog.net**
12 rue du Mail • 30900 **NIMES**

Julien PIRAUD (Rédacteur en chef et webmaster) • Julien DEJARDIN (Rédacteur) • Laure PETIT (Rédactrice) • Aurélien SAUNIER (Rédacteur)

Genre(s) musical(aux) : Pop, variété, indé, rap, r&b, jazz, métal, techno • **Contenu** : Actualités, chroniques, interviews, concerts, session live, concours, clips

RAMDAM.COM

info@ramdam.com • **www.ramdam.com**
1 ch. du Canal • 31320 **PECHABOU**

Frederic SEFF

Genre(s) musical(aux) : Tous • **Contenu** : Actualités sur la musique, biographies, chroniques de disques, agenda des concerts, interviews d'artistes

RAP ACTUALITÉ

rapactualite@gmail.com • **www.rap-actualite.com**
21000 **DIJON**

Benoît PIRES (Créateur / Webmaster) • Quentin BRULÉ (Rédacteur en chef) • Martin MALENSUA (Rédacteur / Communication) • Othman AQRI (Rédacteur)

Genre(s) musical(aux) : Rap US & FR • **Contenu** : Articles, Chroniques, Promotion de projets

RAP MAG

✆ **01 56 03 50 34** • fax 01 47 70 51 79
rapmagredac@buzzerpress.fr • **twitter.com/RapMagTV**
6-10 Quai de Seine • 93200 **ST DENIS**

Genre(s) musical(aux) : Actualité, culture hip hop

RAP2FRANCE

clement@rap2france.com • **www.rap2france.com**

Clément BAILLEUL (Responsable)

Genre(s) musical(aux) : Rap • **Contenu** : Chroniques, interviews, biographies, boutique, clips en ligne, sons, annonces concerts, etc.

RAPGENIUS FRANCE

clement@rapgenius.com • **rapgeniusfrance.com**

Genre(s) musical(aux) : Rap • **Contenu** : Interviews, chroniques, extraits audio, vidéo, etc.

REGGAE FRANCE

✆ **09 83 01 40 69**
redaction@reggaefrance.com • **www.reggaefrance.com**
5 passage des Petites Ecuries • 75010 **PARIS**

Benoît COLLIN (Responsable) • Sébastien JOBART (Rédacteur en chef) • Philippe HAURY (Publicité)

Genre(s) musical(aux) : Reggae, ragga, dub, dancehall • **Contenu** : Interviews d'artistes jamaïcains, chroniques d'albums, titres, mixs, agenda des concerts, annuaire des boutiques et émissions de radios, forum, chat, etc.

REGGAE-EST.FR

✆ **06 71 75 10 71**
contact@reggae-est.fr • **reggae-est.fr**
13 rue de Salins • 25270 **LEVIER**

Nicolas GOUJON (Président Webmaster)

Genre(s) musical(aux) : Reggae, ragga, dancehall, dub • **Contenu** : Chroniques concerts, albums, agenda, news, ressources sur l'histoire des musiques jamaïcaines, etc.

REGGAE.FR

✆ **06 84 79 32 70**
redaction@reggae.fr • **www.reggae.fr**
PARIS

Genre(s) musical(aux) : Reggae, dub, ska, ragga, dancehall • **Contenu** : Vidéos, clips, reportages, chroniques, radio, TV, etc.

RFI MUSIQUE

✆ **01 84 22 85 76**
info.musique@rfi.fr • **www.rfi.fr/bqpr/fr/pages/001/accueil.aspx**
80 rue Camille Desmoulins • 92130 **ISSY LES MOULINEAUX**

Christophe CAMPIN (Adjoint du directeur des Nouveaux médias) • Valerie PASSELEGUE (Coordinatrice éditoriale)

Radio France Internationale • **Genre(s) musical(aux)** : Musique francophone • **Contenu** : Actualité des musiques actuelles de l'espace francophone, biographies, discographies, actualité musicale, dossiers thématiques, reportages, itw, annuaire d'auteurs, compositeurs, DJ's, chanteurs et chanteuses francophones du monde entier,

ROCK MADE IN FRANCE

herve.devallan@gmail.com • **www.rockmadeinfrance.com/**
1 bis bvd Gambetta • 94130 **NOGENT SUR MARNE**

Hervé DEVALLAN

Genre(s) musical(aux) : Rock • **Contenu** : Biographie et discographie des groupes de rock français ayant sorti au moins un album, de 1960 à aujourd'hui, blog

ROOTS AND CULTURE

✆ **09 52 51 78 72**
yogi@rootsandculture.fr • **rootsandculture.net**
La Moulinière • 82300 **CAUSSADE**

Joachim GUILLAUME (Rédacteur en chef) • Julien MARS (Reporter) • Aïcha FERRAND (Journaliste)

Genre(s) musical(aux) : Reggae, roots, new roots, reggae africain, dub, world music, soul • **Contenu** : Chroniques d'albums, de livres, DVD, festivals ; actualité de la culture reggae international et francophone, art, label, artistes ; interviews et reportages ; projet traduction sur l'église orthodoxe Éthiopienne ; son et vidéos ; boutique en ligne ; agenda concert, étude du mouvement Rastafari, boutique en ligne

La SCÈNE BOURGUIGNONE

✆ **06 86 79 77 75**
scenebourguignonne@hotmail.fr • **www.lascenebourguignonne.com**
c/o Association LSB • 1 grande rue • 71100 **CHALON SUR SAONE**

Sophie HEBERT (Présidente / Photographe) • Quentin BALOIZET (Vice-président / Redac Chef) • Simon ABRIAL (Responsable Candidatures / Reporter)

Genre(s) musical(aux) : Pop rock, rock, métal, folk, chanson, ska, reggae (musiques actuelles amplifiées) • **Contenu** : Chroniques disque, chroniques concerts, interviews, photos de concerts, videos, COM gratuites a télécharger, concours, avant premières de CD, etc. des groupes locaux

SEEKSICKSOUND

contact@seeksicksound.com • **seeksicksound.com**

Genre(s) musical(aux) : Musiques électroniques • **Contenu** : Chroniques, annonces, promotion, podcasts

SEFRONIA

redaction@sefronia.com • **www.sefronia.com**
14 rue Charles Testoud • 38000 **GRENOBLE**

François BRANCHON (Rédacteur en chef)

Genre(s) musical(aux) : Tous • **Contenu** : Critiques CD, DVD, livres et BD

SEIGNEURS DU METAL

contact@seigneursdumetal.fr • **www.seigneursdumetal.fr**
8 rue des Curatiers • 13200 **ARLES**

Lionel REYGNER

Genre(s) musical(aux) : Metal, rock mélodique • **Contenu** : Chroniques de disques, live report, interviews, actualité, photos

SHOOT ME AGAIN

erik@shootmeagain.com • **www.shootmeagain.com**

Genre(s) musical(aux) : Rock, stoner, metal, garage, etc. • **Contenu** : Interviews, chroniques, vidéos, reportages photos, etc.

SKEUDS

✆ **01 53 26 65 65** • fax 01 53 26 65 68
redaction@20minutes.fr • **skeuds.blogspirit.com**
50/52 bd Haussmann • CS 10300 • 75427 **PARIS CEDEX 09**

Genre(s) musical(aux) : Rap, R&B, soul, groove • **Contenu** : Interviews, news, playlists, etc.

SNATCH

vincent@snatch-mag.com • **snatch-mag.com**
5 rue Ordener • 75018 **PARIS**

Vincent DESAILLY (Rédacteur en chef / Directeur de la publication)

Contenu : Articles, clip du jour, jeu-concours, portraits, vidéos, making of du magazine

SOIT DIT EN PASSANT

✆ **06 10 84 88 20**
pierre@sdep.com • **www.sdep.com**
9 rue Croix Baragnon • 31000 **TOULOUSE**

Pierre PRIOT (Rédacteur en chef) • Vincent GRANIER (Rédacteur) • Quentin DEVE (Rédacteur)

Genre(s) musical(aux) : Musiques actuelles indépendante : rock, pop, folk, électro, techno, etc. • **Contenu** : Chroniques, interviews, playlist, photos, vidéos, MP3, remix, reportage, news, podcast

SONOTOWN

julien@sonotownweb.com • **www.sntwn.fr**
25/27 bd Arago • 75013 **PARIS**

Genre(s) musical(aux) : Musiques électroniques • **Contenu** : Chroniques, podcasts

SOUND OF VIOLENCE

contact@soundofviolence.net • **www.soundofviolence.net**
220 bis rue Marcadet • 75018 **PARIS**

Fabien DESHOMMES (Rédacteur en chef)

Genre(s) musical(aux) : Rock britannique • **Contenu** : News, agenda, chroniques d'albums, reviews de concerts, photos, interviews, concours

SOURDOREILLE

✆ **06 82 83 77 35 / 06 67 25 21 17**
contact@sourdoreille.net • **www.sourdoreille.net**
c/o Mains d'Oeuvres • 1 rue Charles Garnier • 93400 **ST OUEN**

Ronan LE BORGNE (Rédacteur) • Sami BATTIKH (Rédacteur) • Mario RAULIN (Chargé Partenariats)

Genre(s) musical(aux) : Musiques amplifiées • **Contenu** : Web TV de festivals et concerts accompagnés de contenus rédactionnels

STNT

info@stnt.org • **www.stnt.org**
21 av. des Pyrénées • 44400 **REZE**

Genre(s) musical(aux) : Noise, hardcore, impro, electronica, no wave, emo, post rock, etc. • **Contenu** : Chroniques, dossiers, interviews, etc.

STREET TEASE

com@street-tease.com • **www.street-tease.com**
38 av. Daumesnil • 75012 **PARIS**

Françoise CHEVALIER (Rédactrice en chef)

Genre(s) musical(aux) : Pop, hip hop, rock, musiques électroniques, etc. • **Contenu** : Interviews, chroniques, playlists, etc.

SWQW

contact@swqw.fr • **www.swqw.fr**

Silent Weapons for Quiet Wars • **Genre(s) musical(aux)** : Electronica, house, techno, expérimentale • **Contenu** : Chroniques, compte-rendus concerts, vidéos, etc.

THE DRONE

✆ **09 50 54 92 73**
everybody@the-drone.com • **www.the-drone.com**
40 rue d'Aboukir • 75002 **PARIS**

David PAIS (Directeur de la rédaction) • Clément MATHON (Rédacteur en chef) • Olivier LAMM (Rédacteur en chef adjoint)

Genre(s) musical(aux) : Musiques actuelles • **Contenu** : Blog, interviews, vidéos

THRASHOCORE

contact@thrashocore.com • **www.thrashocore.com**
10 rue Marie-Madeleine Fourcade • 69007 **LYON**

Christophe LEBRUN (Président) • Nicolas MOTELEY (Trésorier) • Nicolas POIRIER (Vice-président / Webmaster)

Genre(s) musical(aux) : Metal, death metal, black metal, thrash metal • **Contenu** : Chroniques, itw, comptes-rendus de concerts, actualités, photos, jeux-concours

TREXSOUND.COM

news@trexsound.com • **www.trexsound.com**
6 lot. du moulin • 55000 **LONGEVILLE EN BARROIS**

Cyril BEAUDAUX (Gérant)

Genre(s) musical(aux) : Hardcore, metal • **Contenu** : Tout sur la scène hardcore et metal mondiale, nationale ou underground : news, interviews, concerts, chroniques, radios, forums, sites officiels

TRIP-HOP.NET

✆ **02 56 51 05 29**
news@trip-hop.net • **www.trip-hop.net**
6 allée de Brno • 35700 **RENNES**

Erwan AMIRI (Rédacteur) • Thibaut VACHER (Webmaster)

Genre(s) musical(aux) : Trip-hop, électro, downtempo, lounge, deep house, dub, drum'n bass • **Contenu** : Présentation des nouveautés, des événements (concerts, soirées, festivals, etc.), forum, annuaires des diffuseurs

UNION STREET

erwan@unionstreet.fr • **unionstreet.fr**

Erwan O'GARA (Rédacteur en chef) • Hellmut COMPTON (Communication)

Genre(s) musical(aux) : Musiques électroniques, pop, rock indé, hip hop... • **Contenu** : Chroniques, entretiens, vidéos, etc.

UNITED REGGAE

contact@unitedreggae.com • **www.unitedreggae.fr**
40 chemin de Graffinel • 05000 **GAP**

Camille MONCHICOURT (Directeur) • Maral AMIRI (Rédactrice en chef)

Genre(s) musical(aux) : Reggae, dub, ska, dancehall • **Contenu** : Actu, articles, itw, chroniques, films, communauté, base de donnée d'artistes, articles, livres, etc.

VACARM

✆ **06 07 37 42 74**
erwan.lenagard@gmail.com • **www.vacarm.net**
34 rue du Fbg Poissonnière • 75010 **PARIS**

Erwan LE NAGARD (Rédacteur en chef / partenariats) • Julien PESCHAUX (Rédacteur Metal) • Colin BIELINSKI (Rédacteur Electro)

Genre(s) musical(aux) : Musiques actuelles • **Contenu** : Chroniques, interviews, nouvelles, concours, radio, MP3, portraits d'artistes, liens, live report, dossiers, etc.

VIBRATIONS MUSIC

✆ **00 41 213 117 722** • fax 00 41 213 117 717
contact@vibrations.ch • **vibrationsmusic.com**
Consart SA • 9 av. de Beaulieu • 1004 **LAUSANNE (SUISSE)**

Pierre-Jean CRITTIN (Rédacteur en chef)

Contenu : Actualités musicales, agendas, comptes-rendus de concerts, sélections de sons et d'images, downloads, playlists d'artistes, podcasts

VICELAND

✆ **01 71 19 92 23** • fax 01 71 19 92 22
info@viceland.com • **www.vice.com**
c/o ABC Liv • 21 pl. de la République • 75003 **PARIS**

Julien MOREL (Edition coordinator)

Genre(s) musical(aux) : Electro, rock, rap, etc. • **Contenu** : Chroniques, photos, déclinaison TV

La VOIX DU HIP HOP

✆ **06 12 38 46 65**
info@hiphopsurvivors.net • **www.lavoixduhiphop.net**
Hip hop survivors • 95/11 rue de Wazmmes • 59000 **LILLE**

Ivy IFONGE (Rédaction) • Patrick IFONGE (Edition) • Xavier CAPELLA (Photographe infographiste)

Genre(s) musical(aux) : Hip hop • **Contenu** : Actualités régionales, interviews, débats, portraits, chroniques, etc.

VS-WEBZINE

vsgreg@vs-webzine.com • **www.vs-webzine.com**

Genre(s) musical(aux) : Metal • **Contenu** : Chroniques de concerts, disques, interviews, MP3 en écoute, forum, etc.

WATM

amau@wearethemascotte.com • **wearethemascotte.fr**

Amaury-Martin B. (Rédacteur en chef)

Genre(s) musical(aux) : Pop, rock indé, musiques électroniques, etc. • **Contenu** : Chroniques, actus

ZICAZIC.COM

freddelforge@zicazic.com • **www.zicazic.com**
36 rue Alphonse Durand • 78200 **MANTES LA JOLIE**

Fred DELFORGE (Rédacteur)

Genre(s) musical(aux) : Tous • **Contenu** : News people et indé, chroniques CD's, interviews, compte-rendus de concerts et dossiers musicaux complets, annuaire, agenda concerts, petites annonces, jeux concours et divers services de promotion

le ROCK
est là
pour
CHANGER
votre vie.
Ouifm.fr
OÜI
FM
PLUS libre
+ROCK
OÜI FM dans toute la France. Retrouvez les fréquences sur ouifm.fr et l'application sur votre mobile

Nadia **ACI**
✆ **06 28 25 50 21**
nadiaaci@gmail.com • **www.myspace.com/orfeina**
14 Av Aubert • 94300 **VINCENNES**
Genre ou spécialité : Musique du monde • **Presse écrite et en ligne** : Mondomix • **Autre(s) activité(s)** : Technicienne son, chargée de projets culturels à EthnoArt

Anatole **AMAVI**
✆ **09 50 30 24 89** • fax 09 55 30 24 89
anatole@openmag.fr • **openmag.fr/**
c/o Open Mag • 6 pass. des Recollets • 75010 **PARIS**
Genre ou spécialité : Cultures urbaines, rock, pop, word, jazz, mode et tendance • **Presse écrite et en ligne** : Open Mag, Modzik

Pascal **ANQUETIL**
✆ **01 43 15 11 14** • fax 01 43 15 11 10
panquetil@irma.asso.fr
c/o Centre d'Information du Jazz • 22 rue Soleillet • 75980 **PARIS CEDEX 20**
Genre ou spécialité : Jazz • **Presse écrite et en ligne** : Collaborateur de Jazz Magazine- Jazzman, la revue Tempo (CRJ de Bourgogne), journal de la Cité de la musique, etc. • **Autre(s) activité(s)** : Responsable du Cij à l'Irma- Publication : « Jazz de France », guide-annuaire du jazz en France (7e édition en 2013) - Livre : « Portraits légendaires du jazz » (Tana Editions, 2011)

Yasmine **AOUDI**
✆ **01 41 40 32 94**
rock&folk@editions-lariviere.fr
c/o Rock & Folk • 12 rue Mozart • 92587 **CLICHY**
Genre ou spécialité : Rock • **Presse écrite et en ligne** : Rock & Folk

Gérald **ARNAUD**
✆ **01 44 78 01 03 / 06 82 88 59 97 / 04 75 27 79 01/ 04 75 27 74 80**
gerald.arnaud@noos.fr
9 rue Eugène Manuel • 75016 **PARIS**
Genre ou spécialité : Jazz, musiques du monde • **Presse écrite et en ligne** : Collabore au Nouvel Observateur (supplément « Télé Paris Obs »), Africultures, Africa International, Cité Musiques, Afriscope • **Télévision** : Auteur de portraits pour la série Jazz collection pour Arte et collaborateur à « Trafic Music » (France 2) • **Autre(s) activité(s)** : Livre : « Youssou N'Dour, Le Griot planétaire » (Demi-Lune, 2008), « Musiques de toutes les Afriques » en collaboration avec Henri Lecomte (Fayard, 2006). Internet : africultures.com, afriscope.com, sudplanete.net

Philippe **ASTOR**
✆ **09 53 67 33 85**
philippeastor@free.fr
24 rue Molière • 31240 **ST JEAN**
Presse écrite et en ligne : Musique Info (Ecran Total), Electron Libre • **Autre(s) activité(s)** : Blogueur (notamment sur www.electronlibre.info/-So-cult-)

Kathleen **AUBERT**
✆ **06 11 26 57 70**
kathaubert@gmail.com
46 rue Fessart • 75019 **PARIS**
Genre ou spécialité : Musique et culture • **Presse écrite et en ligne** : Carrefour Savoirs • **Autre(s) activité(s)** : Traductrice Universal anglais/français et français/anglais, enseignante d'anglais

Arnaud **BABION-COLOMB**
✆ **06 60 11 36 09** • fax 09 59 78 78 60
abece@abece.fr • **www.abece.fr**
5 rue de la Poste • 78720 **CERNAY LA VILLE**
Abécé • **Presse écrite et en ligne** : LaVraieMusique.com • **Télévision** : BeeFree Production • **Autre(s) activité(s)** : Biographe (Dorothée, M.Pokora, F.Pagny, Madonna, Shakira, Genesis...), Parolier (Nicolas Loconte, Stephan Orcière)

Gérard **BAR-DAVID**
✆ **01 47 97 62 25 / 06 08 37 57 05**
bardavid@noos.fr
142 bis rue Pelleport • 75020 **PARIS**
Presse écrite et en ligne : Journaliste free lance • **Radio** : Animateur, réalisateur freelance • **Télévision** : Journaliste, réalisateur free-lance • **Autre(s) activité(s)** : Web

Patrice **BARDOT**
✆ **01 42 47 18 25**
pb@tsugi.fr • **www.tsugi.fr/**
c/o Detroit Media • 6 rue Desargues • 75011 **PARIS**
Genre ou spécialité : Musique • **Presse écrite et en ligne** : Tsugi, Serge

Timothée **BARRIERE**
✆ **06 19 79 41 34**
tbarriere@nouvelobs.com
c/o Le Nouvel Observateur • 10/12 pl. de la bourse • 75002 **PARIS**
Genre ou spécialité : Pop-rock, électro, chanson, hip-hop • **Presse écrite et en ligne** : Nouvel Observateur, Musique Info

Solange **BAZELY**
✆ **05 61 26 23 02**
solange.bazely@free.fr • **bandoneonsansfrontiere.blogspot.com**
2 rue Béteille • 31500 **TOULOUSE**
Genre ou spécialité : Musiques et cultures argentines • **Presse écrite et en ligne** : Revue Trimestrielle Tout Tango et www.toutango.com • **Autre(s) activité(s)** : Conférences : « Si le tango m'était conté » sur le bandonéon, le tango au cinéma

Jean-Daniel **BEAUVALLET**
jean-daniel.beauvallet@inrocks.com
Genre ou spécialité : Rock, nouvelle scène anglaise • **Presse écrite et en ligne** : Les Inrockuptibles • **Autre(s) activité(s)** : Compilations Inrocks, programmation festivals, DJ, DA des Inrocklabs

Florent **BECOGNEE**
florent.redac@metallian.net
c/o Metallian Magazine • BP 41 • 38242 **MEYLAN CEDEX**
Genre ou spécialité : Rock, hard rock, metal • **Presse écrite et en ligne** : Metallian magazine

Sébastien **BENOITS**
✆ **06 17 38 39 40**
sebastienbenoits@gmail.com
c/o BGO • 15 rue de l'église • 75015 **PARIS**
Genre ou spécialité : Metal, rock, pop, soul, funk • **Presse écrite et en ligne** : Batterie Magazine, Guitare Xtreme, Bassiste Magazine

François **BENSIGNOR**
✆ **01 45 42 81 19**
sansvisa@noos.fr
31 rue de la Sablière • 75014 **PARIS**
Genre ou spécialité : Musiques du monde (Afrique, Méditerranée, Outre-mer, etc.), contemporaines et traditionnelles, musique et société • **Presse écrite et en ligne** : Hommes & Migrations, Mondomix • **Télévision** : Documentaires musicaux sur Arte, Paris Première, France 3 • **Autre(s) activité(s)** : Sites Internet : Mondomix (www.mondomix.org) magazine en ligne consacré aux musiques du monde; responsable du CIMT à l'Irma et de son site Internet www.irma.asso.fr/-CIMT-

Franck **BERGEROT**
✆ **01 56 88 17 73**
franckbergerot@jazzmagazine.com
Esc. B appt 174 • 18 rue Jules Parent • 92800 **RUEIL MALMAISON**
Genre ou spécialité : Jazz, musiques traditionnelles, accordéon, musette • **Presse écrite et en ligne** : Rédacteur en chef de Jazz Magazine-Jazzman • **Autre(s) activité(s)** : Livres : « Miles de A à Z » (Castor Astral, 2012), « We want Miles » (Editions Textuel/Cité de la Musique, 2009), « Miles Davis, introduction à l'écoute du jazz moderne » (Editions du Seuil, 1996), « Le jazz dans tous ses états : histoire, stylles, foyers, grandes figures » (Larousse, 2006- réédition en 2011), co-auteur avec Arnaud Merlin de « L'épopée du jazz » en 2 volumes (Collec. Découvertes/Gallimard) - Paris Musette (anthologie La Lichère)

Stéphanie **BERRERI**

✆ **06 63 78 43 34**
stephanie@francofans.fr

Genre ou spécialité : Chanson française, variété internationale, scène indépendante • **Presse écrite et en ligne** : Francofans • **Radio** : RFI, Radio Neo

Romain **BERROD**

✆ **06 13 11 27 82**
romain.berrod@newstank.fr • **culture.newstank.fr**
c/o News Tank Culture • 48, rue de la Bienfaisance • 75008 **PARIS**

Genre ou spécialité : Presse professionnelle • **Presse écrite et en ligne** : News Tank Culture

Yves **BLANC**

✆ **06 11 78 28 70 / 04 76 34 06 77**
yves.blanc@laplanetebleue.com • **www.laplanetebleue.com**
8 les Dourches • 38650 **SINARD**

Genre ou spécialité : Musiques expérimentales, musiques des mondes et des ailleurs • **Presse écrite et en ligne** : Sciences et Avenir • **Radio** : Émission « La Planète Bleue » sur Couleur 3 (Suisse Romande) • **Autre(s) activité(s)** : Directeur de la collection de disques « La Planète Bleue » (7 volumes parus), RTS / disques office, distribution en France : Moduloz

Coralie **BONNEFOY**

✆ **04 91 84 45 45** • fax 04 78 89 59 48
cbonnefoy@laprovence-presse.fr
c/o La provence • 248 av. Roger Salengro • 13015 **MARSEILLE**

Genre ou spécialité : Musiques actuelles • **Presse écrite et en ligne** : La Provence

Phil **BORGOGNO**

✆ **05 46 39 22 22** • fax 05 46 39 93 90
magazinedeladiscotheque@wanadoo.fr
c/o Dj Service • 11 rue du Pas de Roquille • 17640 **VAUX SUR MER**

Genre ou spécialité : Electro • **Presse écrite et en ligne** : Dj Service

Rémi **BOUTON**

✆ **09 50 64 40 78** • fax 09 55 64 40 78
rbouton@gmail.com • **blogs.lexpress.fr/la-guerre-du-bouton/**
14 av. du Gal Leclerc • 75014 **PARIS**

Genre ou spécialité : Industrie musicale, disque, spectacle vivant, export, médias, économie numérique, réseaux sociaux, innovation • **Presse écrite et en ligne** : L'Express/blog, La Scène • **Autre(s) activité(s)** : Enseignant, formateur, conseil, modérateur et intervenants pour de nombreuses conférences professionnelles

Frédérique **BRIARD**

✆ **01 53 72 29 57** • fax 01 53 72 29 72
f.briard@journal-marianne.com
c/o Marianne • 32 rue René Boulanger • 75484 **PARIS CEDEX 10**

Genre ou spécialité : Musiques du monde, Afrique • **Presse écrite et en ligne** : Marianne

Eric **BUREAU**

ebureau@leparisien.fr • **rocknroll.blog.leparisien.fr**
c/o Le Parisien • 25 av. Michelet • 93408 **ST OUEN CEDEX**

Genre ou spécialité : Rock, musiques électriques • **Presse écrite et en ligne** : Le Parisien, rocknroll.blog.leparisien.fr

Marc **CAILLAUD**

✆ **04 67 18 35 35**
mcaillaud@midilibre.com
c/o Midi Libre • 8 rue du Gal de Gaulle • 34200 **SETE**

Genre ou spécialité : Rock, rock-pop anglo-saxon • **Presse écrite et en ligne** : Midi Libre

Yves **CAMPION**

✆ **04 76 90 01 38 / 06 18 45 11 07**
headoffice@metallian.net
c/o Metallian Magazine • BP 41 • 38242 **MEYLAN CEDEX**

Genre ou spécialité : Metal • **Presse écrite et en ligne** : Metallian Magazine

Benoît **CARRETIER**

✆ **01 42 47 18 25**
bc@tsugi.fr
c/o Tsugi/Detroit Media Le Trabendo • 211 avenue Jean Jaures
75019 **PARIS**

Genre ou spécialité : Electro • **Presse écrite et en ligne** : Tsugi

Hugo **CASSAVETTI**

cassavetti.h@telerama.fr
c/o Télérama • 8 rue Jean-Antoine de Baïf • 75212 **PARIS CEDEX 13**

Genre ou spécialité : Rock • **Presse écrite et en ligne** : Télérama

Christian **CHAGOT**

✆ **06 74 46 54 80**
christian@francofans.fr

Genre ou spécialité : Chanson française • **Presse écrite et en ligne** : Francofans

Jean-Yves **CHAPERON**

✆ **01 40 70 41 67**
jychaperon@hotmail.fr • **www.rtl.fr/emission/l-heure-du-jazz/bienvenue**
RTL • 22 rue Bayard • 75008 **PARIS**

Genre ou spécialité : Jazz • **Radio** : RTL : « L'Heure du jazz » (dim. 23h/00h) • **Autre(s) activité(s)** : Roman « Swing » (Anne Carrière, 2006)

Anne **CHÉPEAU**

✆ **01 56 40 21 31**
anne.chepeau@radiofrance.com
www.franceinfo.fr/Tendance-jazz-Anne-Chepeau
c/o France Info • 116 av. du Pdt Kennedy • 75220 **PARIS CEDEX 16**

Genre ou spécialité : Jazz • **Radio** : Chronique « Tendance Jazz » sur France Info. Chaque dimanche : 5h45, 7h25, 10h55, 15h55, 18h55, 22h25, 0h25

Michel **CONTAT**

✆ **01 43 29 83 63**
Michel.contat@ens.fr
68bis av. des Gobelins • 75013 **PARIS**

Genre ou spécialité : Jazz • **Presse écrite et en ligne** : Télérama (chroniques disques, annonces concerts dans « Sortir », supplément parisien de Télérama)

Christophe **CONTE**

christophe.conte@inrocks.com
c/o Les Inrockuptibles • 24 rue St Sabin • 75011 **PARIS**

Genre ou spécialité : Ts genres • **Presse écrite et en ligne** : Les Inrockuptibles • **Radio** : France Musique • **Autre(s) activité(s)** : Biographies (Etienne Daho, Nino Ferrer...)

Béatrice **CORCEIRO**

beacorceiro@yahoo.fr
c/o Longueur d'Ondes • 22 chemin de Sarcignan
33140 **VILLENAVE D'ORNON**

Genre ou spécialité : Rock, folk, noise, hardcore, punk, pop • **Presse écrite et en ligne** : Longueur d'Ondes

Anne **COURTEL**

✆ **03 28 59 10 00**
acourtel@lavoixdunord.fr
c/o La Voix du Nord • 8 pl. du Gal de Gaulle • BP 549 • 59023 **LILLE**

Genre ou spécialité : Chanson française • **Presse écrite et en ligne** : La Voix du Nord

Patrick **COURTY**

✆ **01 48 06 57 17**
pcourty@tribumove.com
c/o Tribumove • 79 rue du chemin vert • 75011 **PARIS**

Genre ou spécialité : Tt genre • **Presse écrite et en ligne** : Tribumove

Renaud **CZARNES**

✆ **01 42 75 52 75**
renaud.czarnes@orange.fr • **www.renaudczarnes.com**
51 rue Blanche • 75009 **PARIS**

Genre ou spécialité : Jazz, blues, rock, chanson • **Presse écrite et en ligne** : Les Échos • **Autre(s) activité(s)** : Photographe - Romancier : « Un passant ordinaire » (Editions Léo Scheer, 2011)

Augustin **D'ALMEIDA**

afiavimag@gmail.com
c/o Afiavi Magazine • BP 10017 • 33023 **BORDEAUX CEDEX**

Genre ou spécialité : Musiques traditionnelles, musiques Sud • **Presse écrite et en ligne** : Afiavi Magazine

Sebastian **DANCHIN**

✆ **06 08 90 74 07**
sdanchin@gmail.com
8 B rue Notre Dame • 76790 **ETRETAT**

Genre ou spécialité : Blues, soul, musiques noires et de l'Amérique • **Presse écrite et en ligne** : Soul Bag ; Jazz News • **Autre(s) activité(s)** : Ouvrages : « Muscle Shoals : Capitale secrète du rock et de la soul » (Le Cahiers du rock- Autour du Livre, 2008), « L'Encyclopédie du rhythm and blues et de la soul » (Fayard, 2002), etc. - Directeur artistique du Paris Jazz Festival

Bouziane DAOUDI
✆ 09 54 18 42 50 • fax 09 59 18 42 50
daoudi@akhaba.com • **akhaba.com**
c/o Akhabacom • 105 rue Charles Michels • 93200 **ST DENIS**
Genre ou spécialité : World music • **Presse écrite et en ligne** : Libération, Akhaba.com • **Télévision** : Documentaires (Arte, BBC, MCM) • **Autre(s) activité(s)** : Site Internet akhaba.com

Stéphane DAVET
s.davet@lemonde.fr
c/o Le Monde • 80 bd Auguste-Blanqui • 75707 **PARIS**
Genre ou spécialité : Musiques populaires • **Presse écrite et en ligne** : Le Monde • **Télévision** : Reportages, documentaires réguliers pour divers diffuseurs

Laurent DECOTTE
ldecotte@lavoixdunord.fr
c/o La Voix du Nord • 8 pl. du Gal de Gaulle • BP 549 • 59023 **LILLE**
Genre ou spécialité : Rock • **Presse écrite et en ligne** : La Voix du Nord

Françoise DEGEORGES
✆ 01 56 40 28 12
francoise.degeorges@radiofrance.com
France Musique - Pièce 1319 • 116 av. du Pdt Kennedy • 75016 **PARIS**
Genre ou spécialité : Musiques traditionnelles et du monde • **Radio** : Productrice/animatrice de « Couleurs du Monde » sur France Musique (mer. 22h30-minuit) • **Autre(s) activité(s)** : Documentaires musicaux

Thierry DEMOUGIN
✆ 01 75 55 41 42
tdemougin@groupe-exp.com • **www.keyboardsrecording.fr**
c/o KR Home Studio • 23 rue de Châteaudun • 75308 **PARIS CEDEX 9**
Presse écrite et en ligne : KR Home Studio

Jacques DENIS
✆ 01 43 49 39 36
lenad@club-internet.fr
16 rue Gasnier-Guy • 75020 **PARIS**
Genre ou spécialité : Jazz, world et toutes les musiques • **Presse écrite et en ligne** : Secrétaire de rédaction de Jazz News - Collaborateur dans de nombreuses revues : Le Monde Diplomatique, Mondomix, La Terrasse, Libération, • **Radio** : RFI Musique • **Autre(s) activité(s)** : Cofondateur de The Players (supervision musicale pour longs métrages de fiction), conseil stratégique sur les nouveaux médias (appli, tablette, smartphone...), édition de contenus numériques

Isabelle DHORDAIN
✆ 01 56 40 35 26 • fax 01 56 40 45 26
isabelle.dhordain@radiofrance.com
c/o Radio France / France Inter • 116 av. du Pdt Kennedy • 75016 **PARIS**
Genre ou spécialité : Chanson, jazz, musiques du monde, rap • **Radio** : Productrice de l'émission « Sur le pont des artistes »

Bertrand DICALE
bdicale@orange.fr
PARIS
Genre ou spécialité : Chanson, rock, jazz, musiques traditionnelles • **Presse écrite et en ligne** : Chorus, Musique Info, Serge • **Autre(s) activité(s)** : Blog : http://www.pasplushautquelebord.blogspot.com/

Jean-Philippe DUPUY
jpdupuy@nicematin.fr
c/o Nice Matin • 214 route de Grenoble • 06290 **NICE CEDEX 3**
Genre ou spécialité : Musiques actuelles • **Presse écrite et en ligne** : Nice Matin

Alex DUTILH
✆ 06 07 35 43 35
dutilh@aol.com • **sites.radiofrance.fr/francemusique/blog/alexdutilh/**
17 bd Victor Hugo • 92200 **NEUILLY SUR SEINE**
Genre ou spécialité : Jazz • **Radio** : France Musique • **Télévision** : Auteur d'émissions pour Arte

Ludovic EGRAZ
✆ 06 60 20 57 01
ludovic.egraz@gmail.com • **www.myspace.com/ludoguitar**
Genre ou spécialité : Musique (rock, metal, variété...), pédagogie musicale, technologie des instruments • **Presse écrite et en ligne** : Batterie Magazine, Guitare Xtreme, Bassiste Magazine, Guitare Sèche : le mag

Yann FORGUES
✆ 06 62 15 95 19 • fax 01 47 11 20 97
yforgues@gmail.com • **raprnbleblog.wordpress.com**
c/o PressPlay Medias • 51 rue Olivier Metra • 75020 **PARIS**
Geoffrey DELAMARRE (Rédacteur) • Elga GNALY (Publicité)
Genre ou spécialité : Musiques urbaines, culture (cinéma, livres, jeux-vidéos, high-tech), sport, politique • **Presse écrite et en ligne** : R.A.P. R&B

Xavier FRÈRE
✆ 06 08 90 70 82
xavier.frere@ebra.fr • **www.estrepublicain.fr**
L'Est Républicain • 6 rue Ventadour • 75001 **PARIS**
Genre ou spécialité : Musiques (pop, rock, electro, chanson, jazz, world) • **Presse écrite et en ligne** : Groupe EBRA Presse (L'Est Républicain, Le Républicain lorrain, DNA, l'Alsace, le Progrès, le Bien Public, le Journal de Saône et Loire, le Dauphiné libéré)

François FROMONT
ffromont@letudiant.fr
c/o L'Etudiant • 23 rue de Châteaudun • 75009 **PARIS**
Genre ou spécialité : Ciné, DVD, musique, théâtre • **Presse écrite et en ligne** : L'Etudiant

Jean-Marc GELIN
✆ 06 84 22 43 61
jmgelin@free.fr • **www.lesdnj.com**
91 rue Villiers de l'Isle Adam • 75020 **PARIS**
Genre ou spécialité : Jazz • **Presse écrite et en ligne** : Les Dernières Nouvelles du Jazz, Jazzmag-Jazzman • **Radio** : Collaboration Jazzbox

Paola GENONE
✆ 01 75 55 14 06
pgenone@lexpress.fr
communaute.lexpress.fr/journaliste/paola-genone/articles
c/o L'Express • 29 rue de Chateaudun • 75308 **PARIS CEDEX 9**
Genre ou spécialité : Grand reporter, jazz, blues, soul, rock • **Presse écrite et en ligne** : L'Express

Nicolas GEORGE
✆ 06 19 19 41 44
n.george@nightlife-mag.net
c/o Nightlife Magazine • 22 av. de Vorges • 94300 **VINCENNES**
Genre ou spécialité : Ts genres • **Presse écrite et en ligne** : Nightlife Magazine • **Autre(s) activité(s)** : RTL : reporter (infos géné.), « LeRoutard.com »

Christophe GEUDIN
✆ 06 63 39 49 28
funkumagazine@yahoo.fr • **www.funku.fr**
c/o Funk-U Magazine • 1 av. Walwein • 93100 **MONTREUIL**
Genre ou spécialité : Pop, rock, soul, funk, rééditions et musiques de films • **Presse écrite et en ligne** : Funk-U Magazine, LeRock, Muziq, Jazz Magazine, Vibrations Hors-séries

Frédéric GOATY
✆ 01 56 88 17 76
fredericgoaty@jazzmagazine.com • **www.jazzmagazine.com**
c/o Jazz Magazine - Jazzman • 15 rue Duphot • 75001 **PARIS**
Genre ou spécialité : Jazz, musiques tangentielles • **Presse écrite et en ligne** : Directeur de la rédaction de Jazz Magazine - Jazzman

Philippe GONNET
✆ 04 76 88 73 44 • fax 04 76 88 73 39
philippe.gonnet@ledauphine.com
c/o Le Dauphiné Libéré • 40 av. Alsace-Lorraine • BP 10 • 38000 **GRENOBLE**
Genre ou spécialité : Culture, politique • **Presse écrite et en ligne** : Le Dauphiné Libéré

Maxime GUEUGNEAU
✆ 04 78 27 69 82
m.gueugneau@kiblind.com • **kiblind.com**
c/o Kiblind Magazine • 27 rue Bouteille • 69001 **LYON**
Genre ou spécialité : Arts graphiques, culture, lifestyle • **Presse écrite et en ligne** : Kiblind (30000 ex.)

Hélène HAZERA
chansonboum@radiofrance.com
c/o France Culture, Radio France • 116 av. du Pdt Kennedy • 75016 **PARIS**
Genre ou spécialité : Productrice, journaliste radio spécialisée dans la chanson francophone et langues minoritaires de France • **Radio** : Productrice de Chanson Boum (sam. à 23h) sur France Culture

Fred **HIDALGO**
sicavouschante.blog@orange.fr • **sicavouschante.over-blog.com**
Herville • 28270 **CHATAINCOURT**
Genre ou spécialité : Chansons et musiques de l'espace francophone • **Presse écrite et en ligne** : Blog : Si ça vous chante • **Autre(s) activité(s)** : Fondateur du magazine « Paroles et Musique », de la revue « Chorus-Les Cahiers de la chanson », Directeur du « Département chanson » chez Fayard.

Daniel **ICHBIAH**
danielichbiah-music@yahoo.fr • **www.ichbiah.com**
Genre ou spécialité : Musique, jeu vidéo, multimédia • **Autre(s) activité(s)** : Ecriture de livres : biographies musicales (« Et Dieu créa les Beatles », Madonna, Rolling Stones), méthodes de musique, livres sur le multimédia, etc.

Joël **ISSELE**
✆ **03 88 21 82 97**
joel.issele@dna.fr
c/o Les Dernières Nouvelles d'Alsace • 17/21 rue de la Nuée Bleue
67001 **STRASBOURG CEDEX**
Genre ou spécialité : Musiques actuelles (rock, pop, jazz, chanson, hip-hop, musiques du monde, musiques électroniques, impro, etc.)
Reflets, supplément hebdo culture-sorties des « Dernières Nouvelles d'Alsace » • **Presse écrite et en ligne** : Les Dernières Nouvelles d'Alsace

Jean-Pierre **JACKSON**
✆ **06 08 91 66 09**
philojack@wanadoo.fr
59 rue Joseph Roumanille • 13670 **ST ANDIOL**
Genre ou spécialité : Jazz • **Presse écrite et en ligne** : Chroniques CDs jazz dans « Classica-Répertoire », « Pianiste » (bimensuel) • **Autre(s) activité(s)** : Collection Classica d'Actes-Sud : « Oscar Peterson » (2012), « Benny Goodman » (2010), « Miles Davis » (2007), « Charlie Parker » (2005)

Frédéric **JAMBON**
✆ **02 98 62 75 69** • fax 02 98 62 75 49
f.jambon@letelegramme.fr • **www.letelegramme.com**
Le Telegramme • BP 67243 • 29672 **MORLAIX CEDEX**
Genre ou spécialité : Spectacle vivant, musique • **Presse écrite et en ligne** : Le Telegramme

Stéphane **KOECHLIN**
✆ **09 66 93 27 92**
skoechlin@orange.fr
16 rue de Siam • 75015 **PARIS**
Genre ou spécialité : Jazz, rock • **Presse écrite et en ligne** : A nous Paris (revue de la RATP), Valeurs actuelles • **Autre(s) activité(s)** : Livres : « Brian Jones » (Castor Astral, 98), « Le blues, portraits au hasard des routes » (Librio, 2000), « Jazz Ladies » (Hors Collection, 2000), « John Lee Hooker » (Librio, 2001), « Bob Dylan, Epitaphes 11 » (Flamamarion, 2004), « Ben Harper » (Castor AstraL, 2006), « James Brown » (Gallimard, 2007), « Le Vent pleure Marie » (Fayard, 2012), « Blues vinyls » (Stephane Bachès, 2012), « 1000 chansons, de 1926 à nos jours » (sous la direction de Christian-Louis Eclimont)

Philippe **KRÜMM**
✆ **09 82 50 37 24** • fax 01 42 58 69 61
pkrumm@wanadoo.fr • **www.accordeoniste.com**
c/o Accordéon et Accordéonistes • 89 rue Championnet • BP 10292 • 75867 **PARIS CEDEX 18**
Accordéon & Accordéonistes • **Genre ou spécialité** : Ttes musiques à l'accordéon • **Presse écrite et en ligne** : Rédacteur en chef d'Accordéon et accordéonistes (www.accordeoniste.com)

Patrick **LABESSE**
✆ **06 62 00 37 38**
labesse@lemonde.fr
5 rue Cail • 75010 **PARIS**
Genre ou spécialité : Musiques du monde • **Presse écrite et en ligne** : Le Monde, Mondomix, Jeune Afrique, etc. • **Autre(s) activité(s)** : Internet : rfimusique.com

Philippe **LACOCHE**
✆ **03 22 82 60 00** • fax 03 88 24 93 09
p.lacoche@courrier-picard.fr • **www.courrier-picard.com**
c/o Le Courrier Picard • 29 rue de la République
80010 **AMIENS CEDEX 1**
Genre ou spécialité : Tt genre • **Presse écrite et en ligne** : Le Courrier Picard • **Autre(s) activité(s)** : Critique littéraire

Philippe **LAGEAT**
✆ **01 40 28 43 41**
phil@rockhard.fr
c/o Rock Hard • 60 rue Brancion • 75015 **PARIS**
Genre ou spécialité : Rock, hard rock • **Presse écrite et en ligne** : Rock Hard

Laurent **LAVIGE**
laurent.lavige@radiofrance.com
Maison de Radio France • 116 av. du Pdt Kennedy
75220 **PARIS CEDEX 16**
Radio : France Inter • **Autre(s) activité(s)** : Livres (« Tendance Rasta » 2003...)

Marysha **LE HÉNAFF**
✆ **01 39 64 20 49 / 01 34 12 12 22 / 06 31 97 94 33**
fax 01 34 12 95 55
marysha.idfm@gmail.com • **www.idfm98.fr**
26 bis rue Mora • 95880 **ENGHIEN LES BAINS**
Genre ou spécialité : Musiques et cultures urbaines • **Radio** : Id Fm Radio Enghien

Jacques **LEBLANC**
✆ **01 55 07 81 07**
c/o Juke Box Magazine • 54 rue St-Lazare • 75009 **PARIS**
Presse écrite et en ligne : Juke Box Magazine

Thierry **LECAMP**
✆ **01 47 23 16 93 / 01 47 23 14 93**
thierry.lecamp@europe1.fr • **lecamp.europe1.fr**
c/o Europe 1 • 26 bis rue Francois 1er • 75008 **PARIS**
Genre ou spécialité : Pop-rock, variétés française et internationale • **Radio** : Europe 1 • **Autre(s) activité(s)** : Biographie de Nicole Croisille « Je n'ai pas vu passer le temps » (editions Le Cherche Midi, 2006)

Gildas **LEFEUVRE**
✆ **01 75 50 76 99 / 06 60 26 03 03**
gildas.lefeuvre@hotmail.fr • **www.reseauglconnection.com**
75 rue de Charonne • 75011 **PARIS**
Genre ou spécialité : Filière musicale • **Presse écrite et en ligne** : GI Connection : lettre d'infos B to B par mél (13000 abonnés) • **Autre(s) activité(s)** : Formation, conseil, coaching de projets, coaching d'artistes, études, management, organisation et animation d'événements professionnels

Jean-Yves **LELOUP**
jyleloup@orange.fr • **globaltechno.wordpress.com**
16 rue Martel • 75010 **PARIS**
Genre ou spécialité : Musique électronique, pop, expérimentale • **Presse écrite et en ligne** : Tsugi magazine, Culture Mobile, Le Collectif, MCD • **Autre(s) activité(s)** : Auteur de livres sur la musique électronique (« Global Techno », « Digital Magma », « Les Basiques : La musique électronique »)

Jean-Louis **LEMARCHAND**
✆ **06 12 31 14 44**
jll0354@yahoo.fr
228, rue de la Convention • 75015 **PARIS**
Genre ou spécialité : Jazz • **Presse écrite et en ligne** : DNJ, La Tribune, VSD, Place Publique • **Autre(s) activité(s)** : Livre : « Ce jour-là sur la planète jazz... » (Editions Alter Ego, 2013)

Sven **LETOURNEUR**
✆ **01 46 20 50 03** • fax 01 46 21 76 67
sven@hardrockmag.fr • **www.hardrockmag.fr**
c/o Divarius Publishing, Hard Rock Mag • 92100 **BOULOGNE BILLANCOURT**
Genre ou spécialité : Metal tout styles • **Presse écrite et en ligne** : Hard Rock Mag, Elegy

Bernard **LOUPIAS**
✆ **01 44 88 35 52**
bloupias@nouvelobs.com
10 12 Place de la bourse • 75002 **PARIS**
Genre ou spécialité : Jazz, rap, musiques métisses, etc. • **Presse écrite et en ligne** : Le Nouvel Observateur

Philippe **MANŒUVRE**
rock&folk@editions-lariviere.fr
c/o Rock & Folk • 12 rue Mozart • 92587 **CLICHY**
Genre ou spécialité : Rock • **Presse écrite et en ligne** : Rock & Folk • **Radio** : Ouï FM, RTL • **Télévision** : M6, Arte, Canal + • **Autre(s) activité(s)** : Biographies, traductions

Nicolas **MARC**
nmarc@lascene.com • **facebook.com/magazinelascene**
c/o La Scène • 11 rue des olivettes • BP 41805
44018 **NANTES CEDEX 1**
Genre ou spécialité : Ts genres • **Presse écrite et en ligne** : La Scène, CultureMedias, Le Jurisculture, La Lettre du Spectacle • **Autre(s) activité(s)** : Directeur « Biennales internationales du spectacle (Bis) », Directeur « Act » (formation)

Francis **MARMANDE**

francis.marmande@noos.fr
86 bd de Belleville • 75020 **PARIS**

Genre ou spécialité : Jazz • **Presse écrite et en ligne** : Le Monde

Emmanuel **MAROLLE**

emarolle@leparisien.fr • **zik-zag.blog.leparisien.fr**
c/o Le Parisien • 25 av. Michelet • 93408 **ST OUEN CEDEX**

Genre ou spécialité : Musiques actuelles • **Presse écrite et en ligne** : Le Parisien, zik-zag.blog.leparisien.fr

Gilles **MÉDIONI**

✆ **01 75 55 14 07 / 01 75 55 12 98**
gmedioni@lexpress.fr • **www.lexpress.fr**
c/o L'Express • 29 rue Chateaudun • 75009 **PARIS**

Genre ou spécialité : Chanson, pop • **Presse écrite et en ligne** : Presse écrite et en ligne l'Express • **Autre(s) activité(s)** : blog Allaccess sur lexpress.fr

Benoît **MERLIN**

ben@lemagmusic.com

Genre ou spécialité : Rock, chanson, etc. • **Presse écrite et en ligne** : Le Mag Music

Philippe **MEYER**

philippe.meyer@radiofrance.com
Maison de Radio France • 116 av. du Pdt Kennedy
75220 **PARIS CEDEX 16**

Radio : France Inter • **Autre(s) activité(s)** : Animateur des débats de « L'esprit public » (France Culture, dim. 11h), acteur

Vincent **MICHAUD**

✆ **05 56 91 37 24 / 06 23 19 08 70**
vincentmichaud@cegetel.net
23 rue beyssac • 33800 **BORDEAUX**

Genre ou spécialité : Rock indé, electro, jazz, afro • **Presse écrite et en ligne** : Longueur d'ondes, Cubeek

Véronique **MORTAIGNE**

✆ **01 57 28 20 00**
mortaigne@lemonde.fr • **www.lemonde.fr**
c/o Le Monde • 80 bd Auguste Blanqui • 75707 **PARIS CEDEX 13**

Genre ou spécialité : Responsable musiques actuelles • **Presse écrite et en ligne** : Le Monde

Olivier **NUC**

✆ **01 57 08 61 89**
onuc@lefigaro.fr
c/o Le Figaro • 14 bd Haussman • 75009 **PARIS**

Genre ou spécialité : Ts genres • **Presse écrite et en ligne** : Le Figaro • **Autre(s) activité(s)** : Biographie, conférence, compositeur

Stéphane **PAJOT**

✆ **02 40 44 24 00** • fax 02 40 44 24 40
stephane.pajot@presse-ocean.com
c/o Presse Ocean • 8 rue Santeuil • 44000 **NANTES**

Genre ou spécialité : Ts styles • **Presse écrite et en ligne** : Presse-Ocean

Aymeric **PICHEVIN**

apichevin@netscape.net • **www.billboard.biz**
c/o Man Media • 39 bd Diderot • 75012 **PARIS**

Genre ou spécialité : Correspondant France de Billboard. magazine international de l'industrie de la musique

Laurence **PIERRE**

laurence.pierre@radiofrance.com
www.facebook.com/addictionsinter
Maison de Radio France • 116 av. du Pdt Kennedy
75220 **PARIS CEDEX 16**

Genre ou spécialité : Electro, hip-hop, indie pop, rock, etc. • **Radio** : France Inter

Théophile **PILLAULT**

✆ **06 64 65 25 77**
theo.pillault@gmail.com • **www.theopillault.com**
28 rue du morier • 37000 **TOURS**

Genre ou spécialité : Hip hop, musiques actuelles • **Presse écrite et en ligne** : Les Inrocks rub « Médias », www.gonzai.com, www.fluctuat.net, Blast, Amusement

Yann **PLOUGASTEL**

✆ **01 57 28 35 10** • fax 01 57 28 20 01
plougastel@lemonde.fr
c/o M, le Magazine du Monde • 80 bd Auguste Blanqui • 75013 **PARIS**

Genre ou spécialité : Jazz, world music, rock, variétés • **Presse écrite et en ligne** : M, le Magazine du Monde (supplément W.-E.) • **Autre(s) activité(s)** : Directeur d'ouvrages aux éditions Larousse (2 dictionnaires parus : chanson mondiale en 96, rock en oct 98), « Encyclopédie de la chanson française » en 99, biographie « Hardy - Dutronc » (Editions Flamarion)

Serge **POEZEVARA**

✆ **01 56 40 35 14**
serge.poezevara@radiofrance.com
France Bleu • 116 av. du Pdt Kennedy • 75220 **PARIS CEDEX 16**

Genre ou spécialité : Directeur de l'antenne naionale de France Bleue

Grégoire **POUSSIELGUE**

gpoussielgue@lesechos.fr

Genre ou spécialité : Culture et audiovisuel

Jean-Michel **PROUST**

✆ **06 12 84 15 68**
jmproust@numericable.fr • **www.myspace.com/jeanmichelproust**
27 rue Paul Vaillant Couturier • 92140 **CLAMART**

Genre ou spécialité : Jazz • **Presse écrite et en ligne** : Rédacteur en chef de Paris Jazz Club Agenda (mensuel gratuit), éditorialiste pour le site Qobuz (jm.proust@qobuz.com) • **Radio** : Ancien directeur d'antenne de la radio jazz TSF 89. 9 • **Autre(s) activité(s)** : Directeur artistique du festival « Jazz Au Phare » (Ile de Ré), du festival « Guitares Au Beffroi » (Montrouge) et du festival « Jazz à Courchevel » - Président de l'association « Paris Jazz Club »

Dominique **QUEILLÉ**

✆ **01 42 76 17 49** • fax 01 42 76 16 28
queille@liberation.fr
c/o Libération • 11 rue Béranger • 75154 **PARIS CEDEX 03**

Genre ou spécialité : Jazz • **Presse écrite et en ligne** : Libération (agenda et papier jazz)

Sacha **REINS**

sachareins@aol.com
1 rue de la Tournelle • 92100 **BOULOGNE**

Genre ou spécialité : Variété, chanson, jazz • **Presse écrite et en ligne** : Le Point

Gilles **RENAULT**

✆ **01 42 76 11 24**
renault@liberation.fr
c/o Libération • 11 rue Béranger • 75003 **PARIS**

Genre ou spécialité : Pop-rock, chanson, variété internationale • **Presse écrite et en ligne** : Libération

Bénédicte **REY**

✆ **01 40 41 46 19**
benedicte.rey@afp.com • **www.afp.com**
c/o AFP • 13 pl. de la Bourse • 75002 **PARIS**

Genre ou spécialité : Toutes les musiques, sauf le classique • **Presse écrite et en ligne** : Responsable musiques actuelles de l'AFP, (Agence France Presse)

Philippe **RICHARD**

✆ **02 99 32 60 00** • fax 02 99 32 60 25
philippe.richard@ouest-france.fr • **alouestduson.blogs.ouest-france.fr**
c/o Ouest France • ZI Rennes Sud-Est • 35051 **RENNES CEDEX 9**

Genre ou spécialité : Rock, électro, jazz • **Presse écrite et en ligne** : Ouest France • **Autre(s) activité(s)** : Magic Place Publique Rennes

Valérie **ROBERT**

✆ **01 41 34 91 67**
valerie.robert@lagardere-active.com
c/o Version Femina • 149 rue Anatole France
92538 **LEVALLOIS-PERRET**

Genre ou spécialité : Ts genres • **Presse écrite et en ligne** : Version Femina

ROBEX

✆ **06 87 80 93 57**
plato-radio@orange.fr • **www.plato-radio.com**
Association Plato-Radio • 58 cours Franklin Roosevelt
13005 **MARSEILLE**
Robert HOMEROWSKI (Journaliste)

Genre ou spécialité : Musiques actuelles (informations musicales et institutionnelles) • **Radio** : Association Plato-radio.com, Radio Grenouille (88.8, Marseille), Radio Maison d'Arrêt des Baumettes à Marseille, Radios Ephemères (FM Aires Aubagne 13), Agglos FM (Port de bouc 13) • **Autre(s) activité(s)** : Plateaux Radios Accueil Presse Festival et manifestations, Ateliers et formations Radiophoniques

Nicolas **ROMEAS**

✆ **04 40 35 00 98** • fax 01 40 35 00 31
cassandre@horschamps.org • **horschamp.org**
16 rue Girardon • 75018 **PARIS**

Genre ou spécialité : Culture, société, politique • **Presse écrite et en ligne** : Horschamp/Cassandre

Sophie **ROSEMONT**

sophierosemont@gmail.com

Genre ou spécialité : Culture (musique, art, livres), mode • **Presse écrite et en ligne** : Rolling Stone, Music Story, Vibrations, Dedicate, Le Bonbon, Nonfiction, Mojo, Tsugi (littérature), bandessonores.com, etc.

Edouard **ROSTAND**

✆ **06 26 28 59 99 / 01 43 14 31 39**
edouard@magazinetrax.com
71 rue Youri Gagarine • 92700 **COLOMBES**

Genre ou spécialité : Electronique, pop, open • **Presse écrite et en ligne** : Trax Magazine

Marc **ROUVE**

✆ **01 42 58 69 61** • fax 01 42 58 69 61
redac@batteurmag.com • **batteurmag.com**
MVM Editions • BP 10292 • 75867 **PARIS CEDEX 18**

Genre ou spécialité : Batterie, percussions • **Presse écrite et en ligne** : Batteur Magazine

Yannis **RUEL**

yannisruel@hotmail.com
70 rue Belgrand • 75020 **PARIS**

Genre ou spécialité : Musiques du monde, Amérique latine • **Presse écrite et en ligne** : Mondomix, Vibrations, So Jazz, Les Inrocks

Claudy **SIAR**

✆ **01 56 40 14 75 / 06 23 95 98 91** • fax 01 40 50 15 46
claudy.siar@rfi.fr
116 av. du Pt Kennedy • 75016 **PARIS**

Genre ou spécialité : Production et animation de programmes radio et TV • **Radio** : RFI • **Télévision** : Canal + Horizon ; France Ô

Sylvain **SICLIER**

✆ **01 57 28 25 08** • fax 01 52 28 21 06
siclier@lemonde.fr
c/o Le Monde - Service culture • 80 bd Auguste Blanqui
75707 **PARIS CEDEX 13**

Genre ou spécialité : Jazz, rock, chanson • **Presse écrite et en ligne** : Le Monde

Elsa **SONGIS**

✆ **01 60 26 20 46 / 06 72 64 32 04**
elsa.songis@orange.fr • **elsasong.blogspot.com**
27 rue du Moncel • 77410 **ANNET SUR MARNE**

Genre ou spécialité : Rock fr, chanson, pop fr, musiques électroniques, reggae, dub, rap, hip hop, musiques du monde • **Presse écrite et en ligne** : Le Transistor, Longueur d'Ondes • **Autre(s) activité(s)** : Professeur des écoles

SQUAALY BABA

squaaly@wanadoo.fr
68 rue Thiers • 13001 **MARSEILLE**
Baba SQUAALY (Journaliste)

Genre ou spécialité : Des musiques du monde aux élucubrations électroniques • **Presse écrite et en ligne** : Mondomix, supplément Sortir Marseille Télérama • **Radio** : Correspondant marseillais pour radio Nova • **Autre(s) activité(s)** : internet : rfimusique.com

Éric **TANDY**

✆ **01 42 62 62 93**
etandy@orange.fr
BL1-31 • 66 rue des Couronnes • 75020 **PARIS**

Genre ou spécialité : Jazz, rock, chanson • **Presse écrite et en ligne** : Chroniques de jazz, rock et chanson dans La Vie (hebdo), Politis (hebdo), Rolling Stone (mensuel)

Patrick **THEVENIN**

✆ **06 60 95 06 33**
patrick.thevenin@free.fr
132 rue du fbg Poissonnière • 75010 **PARIS**

Genre ou spécialité : Electro, pop, r'n'b • **Presse écrite et en ligne** : Têtu, Grazia, Technikart, Inrockuptibles, Brain • **Radio** : Radio Nova • **Autre(s) activité(s)** : Red Bull Music Academy

Emmanuel **TORREGANO**

emmanuel@electronlibre.info
c/o Electron Libre • 5 rue Cochin • 75005 **PARIS**

Genre ou spécialité : Business, industrie, nouvelles technologies • **Presse écrite et en ligne** : Musique Info (Ecran Total), Electron Libre

Benjamin **VALENTIE**

✆ **06 37 77 06 59**
benjamin@francofans.fr
c/o Francofans • BP 27 • 16170 **ROUILLAC**

Genre ou spécialité : Chanson française • **Presse écrite et en ligne** : Francofans

VALLI

valli@radiofrance.com • **franceinter.fr**
c/o France Inter - Les Notes • 116 av. du Pdt Kennedy
75220 **PARIS CEDEX 16**

Genre ou spécialité : Actualité phonographique, musique pop • **Radio** : France Inter

Didier **VARROD**

electronlibre@radiofrance.com
c/o France Inter • 116 av. du Pdt Kennedy • 75016 **PARIS**

Genre ou spécialité : Chanson française, électro, rock, pop, etc. • **Presse écrite et en ligne** : Serge • **Radio** : France Inter • **Télévision** : France Télévisions • **Autre(s) activité(s)** : Livres (portraits, entretiens), direction artistique Fnac live

Franck **VERGEADE**

✆ **01 73 03 42 37**
franck@magicrpm.com • **www.magicrpm.com**
c/o Magic • 15-17 rue Vivienne • 75002 **PARIS**

Genre ou spécialité : Pop, électro, rock, chanson hip hop • **Presse écrite et en ligne** : Magic (Revue Pop Moderne)

Arnaud **VERNET**

arnaud.vernet@centrefrance.com
c/o La Montagne • 45 rue du Clos-Four • 63000 **CLERMONT FERRAND**

Genre ou spécialité : Rock • **Presse écrite et en ligne** : La Montagne

Cathy **VIALE**

✆ **06 71 22 03 68**
ktimini@orange.fr • **www.myspace.com/cathimini**
6 rue des Lilas • 75019 **PARIS**

Genre ou spécialité : Rock, pop, folk, americana (scène anglo-saxonne de pref.) • **Presse écrite et en ligne** : Abus Dangereux • **Autre(s) activité(s)** : Biographies, photographie

Sébastien **VIDAL**

✆ **01 53 33 22 80**
sebastien.vidal@tsfjazz.com • **www.tsfjazz.com**
TSFJAZZ • 127 av. Ledru-Rollin • 75011 **PARIS**

Genre ou spécialité : Jazz • **Radio** : TSFJAZZ (directeur Directeur de l'Antenne et des Programmes) • **Télévision** : Présentateur des « Victoires du jazz » (Prance 3) • **Autre(s) activité(s)** : Directeur artistique du Nice Jazz Festival (à partir de 2013) et du festival Django Reinhardt de Samois et du uc des Lombards- Membre de l'Académie du Jazz

Rose **VIGNAT**

rose@hardrockmag.fr • **www.hardrockmag.fr**
c/o Divarius • 50 rue d'Anjou • 92100 **BOULOGNE BILLANCOURT**

Genre ou spécialité : Metal (death, doom, stoner, glam) • **Presse écrite et en ligne** : Hard Rock Mag • **Autre(s) activité(s)** : Attachée presse du label « Season of Mist »

Anne-Cécile **WORMS**

✆ **01 48 05 88 27** • fax 01 56 77 04 09
nc@digitalmcd.com • **digitalmcd.com**
8 rue du Général Renault • 75011 **PARIS**

Genre ou spécialité : Musiques électroniques et arts numériques et culture digitale • **Presse écrite et en ligne** : Presse écrite et en ligne, MCD, Musiques & Cultures Digitales

Francis **ZEGUT**

francis.zegut@rtl2.fr • **zegut.blogspot.com**
c/o RTL 2 • 22 rue Bayard • 75008 **PARIS**

Genre ou spécialité : Pop-rock • **Radio** : RTL 2

L'ARTISTE MUSICIEN

✆ **01 42 81 30 38** • fax 01 42 81 17 20
samup@samup.org • **www.samup.org**
21 bis rue Victor Massé • 75009 **PARIS**

Richard WITCZAK (Directeur de la publication) • Maud GERDIL (Rédactrice en chef)

Périodicité : Trimestrielle • **Objet** : Revue syndicale • **Tirage** : 4 500 • **Abonnement** : 15 € (3,50 €/n°) • **Régie publicitaire** : Non

AS

✆ **02 40 48 64 24** • fax 02 40 48 64 32
redaction@as-editions.fr • **www.as-editions.fr**
14 rue Crucy • 44000 **NANTES**

Michel GLADYREWSKY (Directeur de la publication et de la rédaction) • Lydie PIOU GONI (Responsable de la librairie) • Natalia GLADYREWSKY (Directrice du marketing)

Périodicité : Bimestrielle • **Objet** : Actualité de la scénographie : revue professionnelle des techniques du spectacle vivant • **Tirage** : 4 500 • **Abonnement** : 78 €, 61 € étudiant, 16 € au n° • **Bouclage** : 10 du mois av. parution • **Régie publicitaire** : Interne

BILLBOARD

apichevin@thehome-paris.com • **www.billboard.com**
c/o H.O.ME. • 39 bd Diderot • 75012 **PARIS**

Aymeric PICHEVIN (Correspondant en France)

Périodicité : Hebdomadaire + info sur site • **Objet** : Magazine international des professionnels de la musique (classements, etc.)

CULTUREMEDIAS

✆ **02 40 20 60 20** • fax 02 40 20 60 30
infos@culturemedias.com • **www.lascene.com**
11 rue des Olivettes • CS 41805 • 44018 **NANTES CEDEX 1**

Nicolas MARC (Directeur des publications) • Eric DEGUIN (Directeur artistique)

Périodicité : Trimestrielle • **Objet** : Fichier professionnel des journalistes culturels • **Tirage** : 2 000 • **Abonnement** : 32 € • **Bouclage** : Mars, juin, sep., déc.

ECHO BRUIT

✆ **01 47 64 64 62** • fax 01 47 64 64 63
bouin@cidb.org • **www.bruit.fr**
c/o CIDB • 12/14 rue Jules Bourdais • 75017 **PARIS**

Alice DEBONNET-LAMBERT (Directeur) • Sylvie BOUIN-ZAKOWIC (Rédactrice en chef)

Périodicité : Trimestrielle • **Objet** : Le magazine de l'environnement sonore, revue d'information sur l'actualité dans les domaines du bruit • **Tirage** : 10 000 • **Abonnement** : Adh. 110 €/an

ECRAN TOTAL / MUSIQUE INFO

✆ **01 41 40 34 80** • fax 01 41 40 34 10
florence.bonvoisin@editions-lariviere.fr • **www.ecran-total.fr**
6 allée Jean Prouvé • 92587 **CLICHY**

Florence BONVOISIN (Directrice des rédactions) • Serge SIRITZKY (Conseiller éditorial) • Sylviane ACHARD (Directrice de la publicité) • Emmanuel TORREGANO (Journaliste) • Philippe ASTOR (Journaliste)

Périodicité : Hebdomadaire • **Objet** : L'actualité des professionnels de l'audiovisuel et rubrique Musique Info (+ lettre d'info quotidienne E.T. par courriel) • **Tirage** : 10 000 • **Abonnement** : 369 € / 1 an (France) + guide + newsletter « Le tableau de bord de l'exploitant » • **Bouclage** : Le lun.

IQ MAGAZINE

✆ **+44 (0)20 3204 1195** • fax +44 (0)20 3204 1191
info@iq-mag.net • **www.ilmc.com/iq_magazine**
1-0 Gloucester Avenue • NW1 8JA **LONDRES (GRANDE BRETAGNE)**

Périodicité : Bimestrielle • **Objet** : Magazine international de l'industrie de la musique live (en langue anglaise) • **Tirage** : 3 500 • **Abonnement** : 50 £ • **Régie publicitaire** : Interne

Le JOURNAL ACOP

✆ **06 84 88 50 97**
hervesimonjewel@ymail.com
1 rue Janssen • 75019 **PARIS**

Hervé Simon JEWELL (Directeur de la publication) • A.M. MOUKOURY (Secrétaire de rédaction)

Pour la défense des auteurs, compositeurs, artistes-interprètes et producteurs • **Périodicité** : Variable, dépend de l'actualité • **Objet** : Infos culturelles sur les droits moraux et patrimoniaux des artistes • **Tirage** : 300 à 500 • **Abonnement** : Diffusion gratuite vers les institutions et artistes • **Régie publicitaire** : Pas de publicité

Le JURISCULTURE

✆ **02 40 20 60 20** • fax 02 40 20 60 30
redaction@lejurisculture.com • **www.lejurisculture.com**
11 rue des Olivettes • CS 41805 • 44018 **NANTES CEDEX 1**

Nicolas MARC (Directeur de la publication) • Agnès GARNIER (Rédactrice en chef)

Mieux gérer l'entreprise culturelle • **Périodicité** : Mensuelle • **Objet** : Information juridique, sociale et fiscale du spectacle vivant • **Tirage** : 2 200 • **Abonnement** : 40 €/an (11 n°) • **Bouclage** : Début du mois • **Régie publicitaire** : Interne

La LETTRE DE L'AUDIOVISUEL

✆ **01 44 24 02 80** • fax 01 44 24 02 70
lettre.audio@noos.fr • **www.lettreaudiovisuel.com**
ABSM • 64 rue Regnault • 75013 **PARIS**

Sandra MULLER (Directrice de la publication et rédactrice en chef) • Julien BOUISSET (Journaliste)

Périodicité : Quotidienne • **Objet** : Actualité de l'audiovisuel et du multimédia • **Abonnement** : 1 700 € / an • **Bouclage** : 21h

La LETTRE DU MUSICIEN

✆ **01 56 77 04 00** • fax 01 56 77 04 09
info@lalettredumusicien.fr • **www.lalettredumusicien.fr**
14 rue Violet • 75015 **PARIS**

Michèle WORMS (Directrice / Directrice de la rédaction) • Valérie LAHANQUE (Directrice de la publicité et administration) • Antoine PECQUEUR (Chef de rubrique) • Laurence BRESSET (Jeune public, solfège)

Périodicité : 15/an • **Objet** : Nouvelles de la musique classique et contemporaine • **Tirage** : 7 500 • **Abonnement** : 1 an (55 €), 5 €-9 €/n° • **Bouclage** : 4 sem. avant (début et milieu de mois) • **Régie publicitaire** : Interne

La LETTRE DU SPECTACLE

✆ **02 40 20 60 20** • fax 02 40 20 60 30
redaction@lalettreduspectacle.com • **www.lalettreduspectacle.com**
11 rue des Olivettes • CS 41805 • 44018 **NANTES CEDEX 1**

Nicolas MARC (Directeur de la publication) • Yves PERENNOU (Rédacteur en chef)

Périodicité : Bimensuelle • **Objet** : L'information des professionnels du spectacle vivant • **Tirage** : 2 500 • **Abonnement** : 22n°/an, 276 € • **Bouclage** : 1 mar./2, parution 1 ven./2 • **Régie publicitaire** : Pas de pub (sauf offres d'emploi et avis professionnels - DSP, etc.)

MAGAZINE DE LA DISCOTHÈQUE

✆ **05 46 39 22 22** • fax 05 46 39 93 90
magazinedeladiscotheque@wanadoo.fr
www.magazinediscotheque.com
11 rue du Pas de Roquille • 17640 **VAUX SUR MER**

Phil BORGOGNO (Directeur de la publication)

Périodicité : Mensuelle • **Objet** : Toute l'actualité de la discothèque et des bars de nuit • **Tirage** : 4 000 • **Abonnement** : 55 € • **Bouclage** : 15 chaque mois • **Régie publicitaire** : Interne

MULTIMÉDIA À LA UNE

✆ **01 48 25 11 33** • fax 01 48 25 47 48
echoukroun@multimedialaune.com • **www.multimedialaune.com**
45 rue de l'Est • 92100 **BOULOGNE BILLANCOURT**

Eric CHOUKROUN (Directeur de la publication) • Philippe SOUPLET (Rédacteur en chef) • Eric FONTET (Journaliste DVD et musique)

Périodicité : Mensuelle • **Objet** : Magazine professionnel de la distribution multimédia : vidéo, jeu vidéos/CD-Rom, DVD, micro-informatique, téléphonie, EGP • **Tirage** : 10 000 • **Abonnement** : 1 an, 11 n° (77 €) • **Bouclage** : Début de mois • **Régie publicitaire** : Interne

MUSIC & COPYRIGHT

✆ **(44) (0)20 7017 4994** • fax (44) (0)20 7017 4783
marketing.enquiries@informa.com • **musicandcopyright.com**
Informa Media Group • Mortimer House • 37-41 Mortimer Street
W1T 3JH **LONDON (GRANDE BRETAGNE)**

Simon DYSON (Editeur)

Périodicité : Bimensuelle • **Objet** : Lettre sur le marché mondial de la musique, en anglais

MUSIQUE & TECHNIQUE

✆ **02 43 39 39 00** • fax 02 43 39 39 39
contact@itemm.fr • **www.itemm.fr**
co/ Itemm • 71 av. Olivier Messiaen • 72000 **LE MANS**

Franck FUMOLEAU (Directeur de la publication) • Vincent DOUTAUT (Rédacteur en chef)

Périodicité : Annuelle • **Objet** : Revue professionnelle de la facture instrumentale • **Tirage** : 2 000 • **Bouclage** : Fin d'année/sortie

PLATEAUX

✆ **01 53 25 09 09** • fax 01 53 25 09 01
plateaux@sfa-cgt.fr • **www.sfa-cgt.fr**
1 rue Janssen • 75019 **PARIS**

Henri UZUREAU (Directeur de la publication) • Joëlle BROVER (Rédactrice en chef)

Périodicité : Trimestrielle • **Objet** : La revue du Syndicat Français des Artistes-Interprètes (SFA) • **Tirage** : 3 000 • **Abonnement** : 1 an (26 €), étranger (32 €) • **Bouclage** : 1 mois avant la fin du trimestre

POLICULTURES

✆ **03 44 08 66 80**
policultures@orange.fr • **www.policultures.fr**
SPC sarl • 7 rue de l'Eglise • 60790 **MONTHERLANT**

Philippe PUJAS (Directeur de la publication / Rédacteur en chef)

Périodicité : Mensuelle • **Objet** : Information et réflexion sur les politiques culturelles et artistiques • **Tirage** : 1 000 • **Abonnement** : 1 an (119 € lettre papier + site internet) • **Bouclage** : 15 • **Régie publicitaire** : Interne

PROFESSION SPECTACLE

✆ **01 30 61 99 36** • fax 09 72 11 96 30
laure@profession-spectacle.com • **www.profession-spectacle.com**
Pressac • 1 rue du Prieuré • 78100 **ST GERMAIN EN LAYE**

Serge PLENIER (Rédacteur en chef) • Eric DUMONT (Rédacteur en chef) • Laure JOLY (Insertion publicitaire)

Périodicité : Bimestrielle • **Objet** : Journal des métiers du spectacle vivant, de l'audiovisuel et du cinéma • **Tirage** : 12 500 ex disponibles dans 150 points de distribution • **Abonnement** : 1 € • **Régie publicitaire** : Interne

La SCÈNE

✆ **02 40 20 60 20** • fax 02 40 20 60 30
redaction@lascene.com • **www.lascene.com**
11 rue des Olivettes • CS 41805 • 44018 **NANTES CEDEX 1**

Nicolas MARC (Directeur de la publication) • Cyrille PLANSON (Rédacteur en chef) • Eric DEGUIN (Directeur artistique) • Fabiola DROUET (Communication et publicité)

Périodicité : Trimestrielle • **Objet** : Magazine pratique pour les professionnels du spectacle vivant (ttes les musiques, arts de la rue, danse, etc.) • **Tirage** : 10 000 • **Abonnement** : 38 €/an, 9,50 € le n° • **Bouclage** : 1 mois avant (fév., mai, août, déc.) • **Régie publicitaire** : Interne

SONOVISION BROADCAST

✆ **01 44 65 80 80** • fax 01 44 65 80 69
info@sonovision.com • **www.sonovision.com**
Transocéanic • 3 bd Ney • 75018 **PARIS**

Lionel OLLIER (Rédacteur en chef) • Sébastien BRULIER (Directeur clientèle)

Périodicité : Mensuelle • **Objet** : La revue des technologies professionnelles de l'audiovisuel • **Tirage** : 19 000 • **Bouclage** : 10 j. avant • **Régie publicitaire** : interne

STRADDA

✆ **01 55 28 10 10** • fax 01 55 28 10 11
info@stradda.fr • **www.stradda.fr**
68 rue de la Folie Mericourt • 75011 **PARIS**

Jean DIGNE (Directeur de la publication / Redacteur en chef) • Julien ROSEMBERG (Rédacteur en chef) • Isabelle DRUBIGNY (Responsable des éditions) • Violette BERNAD (Responsable de la communication et de diffusion) • Julie BORDENAVE (Responsable rubrique spectacle)

Périodicité : Trimestrielle • **Objet** : Magazine de la création hors les murs (Arts de la rue, cirque, danse, photographie, urbanisme, architecture) • **Tirage** : 2 700 • **Abonnement** : 28 € 4 N° pour la France / 34 € pour l'étranger • **Bouclage** : 5 sem. av. • **Régie publicitaire** : Violette Bernard (violette-bernard@horslesmurs.fr)

7DIGITAL

✆ **+44 207 099 7777** • fax +44 207 504 8020
press@7digital.com • **blogs.7digital.com**
Unit 1G - Zetland House • 5-25 Scrutton Street
EC2A 4HJ **LONDON (GRANDE BRETAGNE)**

Raoul CHATTERJEE (Vice-président musique)

Thèmes abordés : Industrie phonographique : consommation, labels, technologie, etc.

Le BLOG DE FORMATIONS-MUSIQUE.COM

✆ **02 99 19 01 50**
msai@msai.fr • **blog.formations-musique.com**
3 cours de l'astrolabe • 35430 **ST JOUANT DES GUERETS**

Gilles RETTEL (Rédacteur)

Thèmes abordés : Articulation entre innovations technologiques et les usages, la création dans les musiques, musiques en bibliothèque, aspects historiques de la technologie, etc. • **Contenus** : Articles, diaporamas, sélections d'albums, etc. • **Autre(s) activité(s) des auteurs** : Formateur, enseignant, consultant

C/BLOG CULTURE.FR

contact.cblog@culture.fr • **cblog.culture.fr**
Min. de la Culture et de la Communication • Département des programmes numériques • 182 rue St-Honoré • 75033 **PARIS CEDEX 01**

Thèmes abordés : Arts numériques, culture et patrimoine, données publiques, économie numérique, industries culturelles, innovations et technologies, médias, nouveaux usages, numérisation, patrimoine immatériel, propriété intellectuelle • **Contenus** : Articles, entretiens, dépêches

ÇA VA JAZZER

✆ **01 42 76 17 89** • fax 01 42 76 16 43
pfeiffer.bruno@gmail.com • **www.liberation.fr**
c/o Libération • 11 rue Béranger • 75003 **PARIS**

Bruno PFEIFFER (Journaliste)

Blues, swing & cool • **Thèmes abordés** : jazz • **Contenus** : événements, actu, édition autour du jazz • **Autre(s) activité(s) des auteurs** : journaliste, pigiste au Canard enchaîné et au Point, rubriques Jazz à Marianne, Télérama, Jazzman, Dernières Nouvelles du Jazz. Collaboration à Blues Again. Membre du jury des Victoires du jazz

CORDES ET ÂMES

✆ **09 54 01 22 15**
communication@cordesetames.com • **www.cordesetames.com**
2 rue du Printemps • 75017 **PARIS**

Thèmes abordés : Recherche musicale, musicologique, pédagogique et technologique. • **Contenus** : Articles de fond (blog participatif) • **Autre(s) activité(s) des auteurs** : E-label Cordes et Âmes : 1er label numérique dédié à la musique

CULTURAL ENGINEERING GROUP WEBLOG

ceg-postmaster@orange.fr • **www.cultural-engineering.com**

Philippe GIMET (Fondateur du Cultural Engineering Group et du réseau Linkedin)

Thèmes abordés : Mise en commun de veilles d'information, d'expériences et d'expertises, mie en avant de la valeur ajoutée de l'ingénierie culturelle dans les projets, les politiques et les stratégies de l'économie publique/privée

CULTURE ET NOUVEAUX MÉDIAS

contact@culture-conseil.com • **www.culture-conseil.com**
c/o Médiasphères Group • 25 pl. Guillaume Benoit Houdet
77100 **MEAUX**

Nicolas BARITEAU (Rédacteur)

Thèmes abordés : Média et réseaux sociaux (Facebook, Twitter), Internet, moteurs de recherche, musique, cinéma, édition, musées, patrimoine • **Contenus** : Actualité, tendances, bonnes pratiques, tutoriels, études • **Autre(s) activité(s) des auteurs** : Consultant en stratégie internet, média sociaux, web marketing culturel

DON'T BELIEVE THE HYPE

✆ **01 83 89 19 95**
vberger@dbth.fr • **www.virginieberger.com**
7 rue Gay Lussac • 75005 **PARIS**

Virginie BERGER (Marketing musical et stratégie numérique)

Thèmes abordés : La musique et les stratégies numériques (stratégies, business models, marketing et promotion), informations sur les industries musicales • **Contenus** : Stratégie musicale et mise en place opérationnelle (marketing, promotion, monétisation et mobilité), conseils d'experts du métier, cas pratiques • **Autre(s) activité(s) des auteurs** : Agence en stratégie musicale, auteur, professeur et manager

DONNE TA MUSIQUE

✆ **+1 514 708 5409**
malaporte@donnetamusique.com • **www.donnetamusique.com**
5202 des Érables • H2H 2E7 **MONTREAL (CANADA)**

Marc-André LAPORTE (Auteur / Concepteur / Créatif)

Thèmes abordés : Marketing, stratégies musicales et motivation • **Contenus** : Textes hebdomadaires, livres numériques gratuits et livre physique

ELECTRON LIBRE

✆ **06 74 59 13 72**
presse@electronlibre.info • **www.electronlibre.info**
5 rue Cochin • 75005 **PARIS**

Emmanuel TORREGANO (Rédacteur en chef)

Thèmes abordés : Actualité médias et num. • **Contenus** : TV, radio, presse, publicité, internet, musique, cinéma, jeux vidéos, IT, nouvelles tendances

FINE TUNING

www.fine-tuning.fr

Nicolas KARLEN (Editeur)

Thèmes abordés : Musique numérique • **Contenus** : Actualités de la musique numérique et des réseaux sociaux, outils web pour artistes et professionnels de l'industrie musicale

GL CONNECTION

✆ **01 75 50 76 99**
gildas.lefeuvre@hotmail.fr • **www.reseauglconnection.com**
75 rue de Charonne • 75011 **PARIS**

Gildas LEFEUVRE (Directeur de la rédaction)

Thèmes abordés : Economie et marché, débats, événements professionnels, droits, publishing, distribution, spectacle vivant, entreprises, formation, musique en ligne, aides et financement, tremplins et distinctions, législation, organismes, juridique, politiques culturelles, technologies, initiatives, international, etc. • **Autre(s) activité(s) des auteurs** : http://gildaslefeuvre.overblog.com/

HORS SILLON - TREMPOLINO

✆ **02 40 46 66 33 / 02 40 46 66 99 / 02 40 46 66 55**
fax 02 40 46 67 57
chloe@trempo.com • **www.trempo.com/hors-sillon**
La Fabrique, laboratoire(s) artistique(s) • 6 bd Léon Bureau • 44200 **NANTES**

Chloé NATAF (Chargée du développement plateforme, accompagnement)

Thèmes abordés : Numérique, musiques enregistrées, économie sociale, actualités régionales, nationales et internationales sur la consommation culturelle, les politiques culturelles, numérique et économique, les initiatives collaboratives, les avancées technologiques, les chiffres de vente, etc. • **Contenus** : Actu nat. et internat., émission TV mensuelle, émission radio (Tohu Bohu sur les ondes)

INAGLOBAL

✆ **01 49 83 20 00**
contact@inaglobal.fr • **www.inaglobal.fr**
c/o Institut national de l'audiovisuel • 4 av. de l'Europe
94366 **BRY SUR MARNE CEDEX**

Mathieu GALLET (PDG Directeur de publication) • François QUINTON (Coordinateur Contenus InaGlobal) • Claire HEMERY (Secrétaire de rédaction coordinatrice)

La revue des industries créatives et des médias • **Thèmes abordés** : Recherche et analyse des médias : TV, radio, cinéma, musique, édition, presse, numérique, jeu vidéo • **Contenus** : Articles, synthèses, dossiers, stat. (par thématique) • **Autre(s) activité(s) des auteurs** : Le site rassemble une communauté d'experts et de chercheurs

INGENIEURDUSON.COM

redaction@ingenieurduson.com • **www.ingenieurduson.com**

Pierre-Olivier CLÉMENT-MANTION (Chef opérateur son)

Portail de l'audiovisuel et du spectacle vivant • **Thèmes abordés** : Veille économique, technique autour de l'ingénierie du son • **Contenus** : Actus, librairie, offres d'emploi, petites annonces, dépôt de CV

IRMA

✆ **01 43 15 11 11** • fax 01 43 15 11 10
info@irma.asso.fr • **www.irma.asso.fr**
22 rue Soleillet • 75980 **PARIS CEDEX 20**

Gilles CASTAGNAC (Directeur - directeur de publication) • Romain BIGAY (Responsable éditorial) • Mathias MILLIARD (Chargé information/ressources - rédacteur) • Florence DE CONINCK (Chargée de la documentation - rédactrice) • Denis CHRISTINE (Webmaster)

Centre d'information et de ressources pour les musiques actuelles • **Thèmes abordés** : Musiques actuelles : économie, politiques culturelles, numérique, droit d'auteur, médias, technique, sociologie, etc. • **Contenus** : Fil d'actus pros de la filière musicale

Patrice LAZAREFF

✆ **06 82 81 37 08**
patrice@lazareff.com • **www.lazareff.com**

Thèmes abordés : Problèmes économiques, techniques et juridiques de la diffusion d'œuvres de l'esprit sur internet • **Contenus** : Articles • **Autre(s) activité(s) des auteurs** : Ingénieur du son, développeur web, juriste

LEGRAND NETWORK

✆ **+44 7855 369 945**
ecalegrand@googlemail.com • **legrandnetwork.blogspot.com**
47 Lamb's Conduit St, Flat 2
WC1N 3NG **LONDON (GRANDE BRETAGNE)**

Emmanuel LEGRAND (Rédacteur)

Thèmes abordés : Economie et developpement des industries de la création dans un univers numérique • **Contenus** : Points de vues, interviews, reportages, analyses

MIDEM BLOG

✆ **01 79 71 90 00** • fax 01 79 71 90 60
info@midem.com • **www.reedmidem.com**
27 quai Alphonse Le Gallo • CS 10026
92513 **BOULOGNE BILLANCOURT CEDEX**

James MARTIN (Community manager)

Thèmes abordés : Industrie musicale • **Contenus** : Conférences et débats à travers des itw, comptes-rendus de conf., etc.

MUSIC INDUSTRY BLOG

mark@midiaconsulting.com
GRANDE BRETAGNE

Mark MULLIGAN (Co-fondateur de Midia Consulting)

Thèmes abordés : Analyses de l'industrie de la musique • **Contenus** : Série de rapports sur les tendances et questions soulevées par la musique en ligne

MUSIQUE DE PUB

webmasta@musiquedepub.tv • **blog.musiquedepub.tv**

Yann SAVARY (Webmaster)

Thèmes abordés : Les musiques de publicités à la TV • **Contenus** : Articles et interviews

RADIOPUB.FR

✆ **06 76 15 04 05 / +41 22 809 94 01**
michelcolin@mediatic.ch • **www.radiopub.fr**
c/o Mediatic Conseils • 35 rue des Bains • Case postale 5615
1211 **GENEVE 11 (SUISSE)**

Michel COLIN (Directeur)

Thèmes abordés : Publicité à la radio sur internet • **Contenus** : Articles, idées, études • **Autre(s) activité(s) des auteurs** : Formations commerciales, conférences

RÉVOLUTION DE JAZZMIN

✆ **09 52 33 26 88 / 06 15 40 59 06**
contact@laurentcoq.com • **revolution-de-jazzmin.blogspot.fr**
c/o Laurent Coq • 78 rue Quincampoix • 75003 **PARIS**

Laurent COQ (Rédacteur)

Thèmes abordés : Blog conçu comme un cahier de doléances qui s'adresse à la communauté des acteurs du jazz • **Contenus** : Articles, points de vue, analyses • **Autre(s) activité(s) des auteurs** : Musicien et compositeur

LE SKEUD

contact@leskeud.com • **leskeud.com**

Joris BALDOUREAUX (Rédacteur / Co-fondateur) • Clément VIGNES (Rédacteur / Co-fondateur) • Mohamed SQALLI (Rédacteur en chef / Co-fondateur)

Thèmes abordés : Musique, industrie du disque, modes de consommation • **Contenus** : Brèves, articles, entrevues filmées, podcasts, playlists

TEAMS

✆ **09 67 15 85 12**
gabhalle@gmail.com • **tea-ms.com**
5 rue de Beauce • 75003 **PARIS**

Gabriel HALLÉ (Fondateur)

The Ethereal Avenue, Music Service • **Thèmes abordés** : Musique digitale, web marketing, conseils pour les artistes, music business • **Autre(s) activité(s) des auteurs** : Responsable du bureau français de FUGA

TOC-ARTS.ORG

✆ **05 62 64 52 73**
lilious@toc-arts.org • **toc-arts.org/blog**
Lapierre • 32360 **LAVARDENS**

Lilian RICAUD (Consultant web)

Thèmes abordés : Musique, arts, web, médias sociaux, outils collaboratifs, vendre sa musique, industrie de la musique, astuces • **Contenus** : Des idées et des conseils pour les artistes, les organisateurs de spectacles, les associations et les fans et des réflexions sur les nouveaux modèles économiques à l'heure du web collaboratif • **Autre(s) activité(s) des auteurs** : Promotion d'artistes et d'événements

VIALET'S BLOG

vialet.org/blog

Guillaume VIALET (Responsable éditorial)

Le blog de Guillaume Vialet • **Thèmes abordés** : Marché de la musique numérique : acteurs, startups • **Contenus** : Revues de presse, articles, banc d'essai de nouveaux services de musique en ligne • **Autre(s) activité(s) des auteurs** : Chef de projet web, consultant

VIVA MUSICA

✆ **06 61 19 35 24**
fredericneff@gmail.com • **viva-musica.blogspot.com**

Frédéric NEFF (Rédacteur)

Thèmes abordés : Business digital, distribution, production • **Contenus** : Articles, interviews, reportages • **Autre(s) activité(s) des auteurs** : Consultant

ZDAR.NET

contact@zdar.net • **www.zdar.net**
19 rue Paul Bert • 75011 **PARIS**

Benoît DARCY (Editeur)

Thèmes abordés : Nouveaux talents, concerts, music-business, technologies, innovation • **Contenus** : Articles, photos, etc. • **Autre(s) activité(s) des auteurs** : Journaliste, Directeur marketing (Universal Music France)

ACTOBA

✆ **01 44 01 52 51** • fax 01 42 00 22 11
info@actoba.com • **www.actoba.com**
42 rue des Jeuneurs • 75002 **PARIS**

Maxence ABDELLI (Directeur de la publication) • Marc FERAUD (Directeur de la communication)

Périodicité : Bimensuelle • **Abonnement** : 399 € TTC/an (avec accès à d'autres services Actoba)

AFRATAPEM - ÉCOLE D'ART THÉRAPIE

✆ **02 47 51 86 20** • fax 02 47 51 76 23
afratapem@wanadoo.fr • **www.art-therapie-tours.net**
3 rue Calmette • 37540 **ST CYR SUR LOIRE**

Nathalie BERTHOMIER (Directrice) • Richard FORESTIER (Directeur d'enseignement)

Association française de recherche et applications des techniques artistiques en pédagogie et médecine • **Périodicité** : Annuelle • **Abonnement** : Réservé aux adhérents • **Bouclage** : Fév.

AMI LETTRE

✆ **04 95 04 95 50** • fax 04 95 04 95 55
contact@amicentre.biz • **www.amicentre.biz**
c/o AMI - Centre de développement pour les musiques actuelles • 41 rue Jobin • 13003 **MARSEILLE**

Ferdinand RICHARD (Directeur) • Elodie LE BREUT (Responsable de la communication et conseillère artistique) • Julien VALNET (Chargé de communication / médiation / ateliers)

Aide aux musiques innovatrices • **Périodicité** : Mensuelle • **Tirage** : 3 000 • **Abonnement** : Par courriel

ARTS VIVANTS

✆ **04 78 39 47 17**
contact@synavi.org • **www.synavi.org**
C/O Synavi, Maison Kourouma • 36 cours Giraud • 69001 **LYON**

Cyril TOURNIER (Président) • Violaine FENESTRE (Directrice exécutive)

Périodicité : Mensuelle

Le BULLETIN DE L'UNAC

✆ **01 30 56 51 40**
contact@unac-auteurs-compositeurs.org
www.unac-auteurs-compositeurs.org
c/o UNAC • 2 rue du Gal Lanrezac • 92528 **NEUILLY SUR SEINE CEDEX**

Dominique PANKRATOFF (Président) • Michel PELAY (Rédacteur en chef)

Périodicité : Semestrielle • **Tirage** : 1 000 • **Bouclage** : 15 j. avant

Le BULLETIN DES AUTEURS

✆ **01 48 74 96 30**
snac.fr@wanadoo.fr • **www.snac.fr**
SNAC • 80 rue Taitbout • 75009 **PARIS**

Emmanuel DE RENGERVE (Délégué général)

Périodicité : Trimestrielle • **Abonnement** : Gratuit pour les adhérents au SNAC

COMPLEMENT D'OBJET

✆ **01 40 15 78 94** • fax 01 40 15 78 09
raphael.loison@culture.gouv.fr • **culturecommunication.gouv.fr**
SCPCI • 182 rue St-Honoré • 75033 **PARIS CEDEX 01**

Raphaël LOISON (Rédacteur)

Periodicité : Bimensuelle • **Tirage** : 3 000 • **Abonnement** : Sur inscription (demande par mail)

COMPRO

✆ **01 49 29 52 10** • fax 01 49 29 52 24
paris@french-music.org • **www.french-music.org**
c/o Bureau Export • 2 rue de la Roquette • Passage du Cheval Blanc - esc. Avril • 75011 **PARIS**

Gaëlle HEURTEBIS (Chargée de communication)

Périodicité : Mensuelle

CULTURE COMMUNICATION

✆ **01 40 15 83 65** • fax 01 40 15 81 72
paul-henri.doro@culture.gouv.fr • **culturecommunication.gouv.fr**
c/o DIC • 3 rue de Valois • 75033 **PARIS CEDEX 01**

Paul-Henri DORO (Rédacteur en chef)

Périodicité : Trimestrielle • **Tirage** : 25 000 • **Abonnement** : Sur demande écrite • **Bouclage** : 15 j. avant

E.T. QUOTIDIEN

✆ **01 41 40 34 80** • fax 01 41 40 34 10
redactionet@ecran-total.fr • **www.ecran-total.fr**
c/o Ecran Total • 9 allée Jean Prouvé • 92587 **CLICHY**

Florence BONVOISIN (Directrice des rédactions) • Serge SIRITZKY (Conseiller éditorial)

Ecran Total Quotidien • **Périodicité** : Quotidienne (lun. au ven.) • **Abonnement** : 1 548,82 € / an (+ newsletter « Le tableau de bord de l'exploitant »)

FNCOF

✆ **05 62 72 90 90** • fax 05 62 72 90 95
relation@fncof.com • **www.fncof.com**
1 bd Bonrepos • 31000 **TOULOUSE**

Arnaud THENOZ (Président) • Cédric GRENET (Directeur)

Fédération Nationale des Comités & Organisations de Festivités • **Périodicité** : 5 n°/an • **Tirage** : 3 500

GL CONNECTION

✆ **01 75 50 76 99**
gildas.lefeuvre@hotmail.fr • **www.reseauglconnection.com**
75 rue de Charonne • 75011 **PARIS**

Gildas LEFEUVRE (Directeur de la rédaction)

Périodicité : Irrégulomadaire • **Tirage** : 13 000 destinataires • **Bouclage** : En continu

IMPALA ONLINE

✆ **+32 2 503 3138** • fax +32 2 503 2391
info@impalamusic.org • **www.impalamusic.org**
Rue Coudenberg 70 • 1 000 **BRUXELLES (BELGIQUE)**

Helen SMITH (Secrétaire général)

Périodicité : Irrégulière • **Abonnement** : Inscription en ligne

IRMACTU

✆ **01 43 15 11 11** • fax 01 43 15 11 10
irmactu@irma.asso.fr • **newsletter.irma.asso.fr/irmactu.php**
22 rue Soleillet • 75980 **PARIS CEDEX 20**

Gilles CASTAGNAC (Directeur) • Romain BIGAY (Responsable Ressources) • Mathias MILLIARD (Chargé Information/Ressources) • Florence DE CONINCK (Chargée de la documentation)

Périodicité : Tous les 1ers mer. du mois • **Abonnement** : Inscription sur le site de l'Irma • **Bouclage** : Le 25 du mois

JAZZ MAILOUT

✆ **+49 30 885 902 14** • fax +49 30 885 902 11
berlin@french-music.org • **www.french-music.org**
Institut Français - Bureau Export • Kurfürstendamm 211
D-10719 **BERLIN (ALLEMAGNE)**

Ben LING (Live & digital) • Alex BERTHOU

Périodicité : 1/an

Le JOURNAL DU MANAGEMENT JURIDIQUE ET RÉGLEMENTAIRE

✆ **01 49 10 38 73**
legiteam@free.fr • **www.lawinfrance.com**
Legiteam • 17 rue de Seine • 92100 **BOULOGNE BILLANCOURT**

Laurine TAVITIAN (Rédactrice) • Pierre MARKHOFF (Editeur de presse juridique)

Périodicité : 5/an • **Tirage** : 5 000 + 15 000 téléchargements • **Abonnement** : 50 € • **Bouclage** : 15 de chaque mois

LAW CENTER MAGAZINE

✆ **01 55 74 06 00** • fax 01 45 25 79 55
gerald@bigle.net • **www.bigle.fr**
c/o Bigle Law Firm • 118 av. Mozart • 75016 **PARIS**

Gérald BIGLE (Avocat)

Périodicité : Annuelle

La LETTRE D'ÉCHANGES DE LA FNCC

✆ **04 77 41 78 71 / 06 07 85 50 84** • fax 04 77 38 20 48
contact@fncc.fr • **www.fncc.fr**
15 rue Léon la Mézière • 42000 **ST ETIENNE**

Philippe LAURENT (Directeur de la publication) • Deborah MÜNZER (Rédactrice en chef) • Jean-François BURGOS (Rédacteur en chef) • Vincent ROUILLON (Rédacteur) • Nicole DAZY (Secrétaire)

Fédération nationale des collectivités territoriales pour la culture • **Périodicité** : Bimensuelle • **Bouclage** : Bimensuel

LETTRE D'INFORMATION DU RÉSEAU CULTURE

✆ **04 76 93 12 32**
aurelie.niemaz@territorial.fr • **www.lettreducadre.fr**
SAS Territorial • BP 215 • 38506 **VOIRON CEDEX**

Périodicité : Hebdomadaire

La LETTRE DE L'ADAMI

✆ **01 44 63 10 00** • fax 01 44 63 10 10
cdeschenes@adami.fr • **www.adami.fr**
14-16-18 rue Ballu • 75311 **PARIS CEDEX 09**

Bruno BOUTLEUX (Directeur de la publication) • Carine DESCHENES (Coordinatrice)

Périodicité : Tri-annuelle • **Tirage** : 23 000

La LETTRE DE L'ENTREPRISE CULTURELLE

✆ **02 40 48 22 23** • fax 02 40 35 87 35
promotion@cagec.fr • **www.cagec.fr**
Cagec • 12 allée Duguay-Trouin • BP 42206 • 44022 **NANTES CEDEX 1**

Gaëlle AUDEON (Directrice de la publication) • Anne BOISORIEUX (Rédactrice en chef)

Périodicité : Mensuelle • **Tirage** : 2 000 • **Abonnement** : 99 € ou 130 € - 11 n° • **Bouclage** : 10 du mois

La LETTRE DE NODULA

✆ **01 42 60 30 79**
info@nodula.com • **www.nodula.com**
30 rue Feydeau • 75002 **PARIS**

Roland LIENHARDT (Rédacteur en chef) • Caroline ULMANN (Secrétaire de rédaction)

Périodicité : Mensuelle • **Abonnement** : 170 € • **Bouclage** : 25 du mois

La LETTRE DU FCM

✆ **01 41 92 00 00** • fax 01 41 92 52 82
info@lefcm.org • **www.lefcm.org**
35 rue du Pont • 92200 **NEUILLY SUR SEINE**

François CHESNAIS (Directeur) • Raphaelle AUGEARD (Assistante de direction)

Fonds pour la création musicale • **Périodicité** : Semestrielle • **Abonnement** : En ligne

La LETTRE INFO DU CNV

✆ **01 56 69 11 30** • fax 01 53 75 42 61
info@cnv.fr • **www.cnv.fr**
9 bd des Batignolles • 75008 **PARIS**

Corinne BRET (Chargée de communication)

Périodicité : Trimestrielle • **Tirage** : 3 500 • **Abonnement** : Sur demande

La LETTRE PRO DE LA CITÉ DE LA MUSIQUE

✆ **01 44 84 47 38** • fax 01 44 84 46 43
sim@cite-musique.fr • **mediatheque.citedelamusique.fr**
221 av. Jean Jaurès • 75019 **PARIS**

Pierre CLERTANT (Documentaliste (Cité de la musique/Département pédagogie et Médiathèque))

Périodicité : Bimestrielle • **Tirage** : 8 500 abonnés • **Bouclage** : 15 j. avant la date d'envoi

La LETTRE PRO DE LA RADIO ET DU SON

✆ **05 55 18 03 61** • fax 05 55 18 27 97
redaction@lalettre.pro • **www.lalettre.pro**
c/o Éditions HF • 30 rue du Pontel • 19240 **ST VIANCE**

Philippe CHAPOT (Directeur de la publication)

Périodicité : Bimensuelle • **Tirage** : 2 000 ex. • **Abonnement** : 1 an : 23 num. = 586,04 € TTC (soit 48,80 €/mois) • **Bouclage** : 7 j. av.

Le MAGAZINE DES AUTEURS

✆ **01 40 23 44 55 / 01 40 23 45 46** • fax 01 40 23 46 64
infosacd@sacd.fr • **www.sacd.fr**
9 rue Ballu • 75442 **PARIS CEDEX 09**

Pascal ROGARD (Directeur de la publication) • Catherine VINCENT (Rédactrice en chef) • Caroline COLLARD (Coordinatrice éditoriale)

Périodicité : Trimestrielle • **Tirage** : 33 000 + 8 000 envois en PDF • **Bouclage** : 3 sem. avant parution

MAGSACEM

✆ **01 47 15 47 15** • fax 01 47 15 48 02
eric.de.bondy@sacem.fr • **www.sacem.fr**
c/o Sacem Délégation à la communication • 225 av. Charles de Gaulle • 92528 **NEUILLY SUR SEINE CEDEX**

Catherine BOISSIERE (Directrice) • Eric DE BONDY (Délégué aux relations interprofessionnelles) • Céline GARCIA (Département relations professionnelles et communication)

Périodicité : Trimestrielle • **Tirage** : 50 000

MÉCÈNES

✆ **01 42 55 20 01** • fax 01 42 55 71 32
contact@admical.org • **www.admical.org**
6 bd Saint-Denis • 75010 **PARIS**

Bénédicte MENANTEAU (Déléguée générale) • Sarah DIGONNET (Responsable des publications et études)

Périodicité : Trimestrielle • **Tirage** : 1 500 • **Abonnement** : 110 €/an pour entreprises, collectivités, fondations, 70 €/an pour associations, ONG, institutions • **Bouclage** : 2 mois avant parution

L'OBSERVATOIRE

✆ **04 76 44 33 26** • fax 04 76 44 95 00
contact@observatoire-culture.net • **www.observatoire-culture.net**
1 rue du Vieux Temple • 38000 **GRENOBLE**

Jean-Pierre SAEZ (Directeur) • Lisa PIGNOT (Rédactrice en chef) • Jean-Pascal QUILES (Directeur adjoint)

Revue éditée par l'Observatoire des politiques culturelles • **Périodicité** : 2/an • **Tirage** : 2000 • **Abonnement** : 40 € pour 1 an • **Bouclage** : Déc. / juil.

Le PETIT FORMAT

✆ **01 42 72 28 99**
info@centredelachanson.com • **www.centredelachanson.com**
24 rue Geoffroy l'Asnier • 75004 **PARIS**

Gérard MOREL (Président) • Roxane JOSEPH (Directrice)

Centre de la chanson d'expression française • **Périodicité** : Bimestrielle • **Tirage** : 1 200 • **Abonnement** : Gratuit (adh.), 15 €/an (non adh.). Adh. au centre 25 € • **Bouclage** : 20 fév., 20 avril, 20 juin, 20 août, 20 oct., 15 déc.

Le PICCOLO

✆ **02 40 20 60 20** • fax 02 40 20 60 30
redaction@lascene.com • **www.lascene.com**
c/o Millenaire Presse • 11 rue des Olivettes • BP 41805
44018 **NANTES CEDEX 1**

Cyrille PLANSON (Rédacteur en chef) • Tiphaine LE ROY (Journaliste)

Périodicité : Mensuelle • **Abonnement** : 60 €

PREMIER'ACTE

✆ **05 49 88 07 20** • fax 05 49 88 12 60
1acte@1acte.fr • **www.1acte.fr**
60 bd du Grand Cerf • 86000 **POITIERS**

Jean-Louis PATHEIRON (Directeur adjoint)

Conseil Etudes Audits Formation • **Périodicité** : Mensuelle • **Abonnement** : Adh. 100 €/an • **Bouclage** : La 2e sem. du mois précédant la parution

PROFESSION MUSIQUE

✆ **01 77 32 11 02**
csfi@wanadoo.fr • **www.csfimusique.com**
c/o CSFI • 2 rue Henri Chevreau • 75020 **PARIS**

Patrick SELMER (Directeur de la publication) • Anna POUZOULLIC (Déléguée générale de la C.S.F.I)

Périodicité : Annuelle • **Tirage** : 5 000

RELAIS

✆ 01 53 40 95 10 • fax 01 53 40 95 19
info@relais-culture-europe.org • **www.relais-culture-europe.org**
132 rue du Fbg St-Denis • 75010 **PARIS**

Pascal BRUNET (Directeur de la publication)

Périodicité : 1/mois + alertes • **Tirage** : 6000

SPECTACLE, CULTURE ET COMMUNICATION

✆ 01 48 03 87 60 • fax 01 42 40 90 20
cgtspectacle@fnsac-cgt.com • **www.fnsac-cgt.com**
14-16 rue des Lilas • 75019 **PARIS**

Jean VOIRIN (Directeur de la publication / Secrétaire général de la CGT Spectacle)

Périodicité : Bimestrielle • **Tirage** : 10000 • **Abonnement** : Annuel 15 €

TOUS POUR LA MUSIQUE

✆ 01 48 74 09 29 / 01 47 38 04 04
www.touspourlamusique.org
C/o Snep • 14 bd du Général Leclerc • 92290 **NEUILLY**

Bruno LION (Président) • Patricia SARRANT (Communication) • Philippe ASTOR (Rédacteur du site)

Périodicité : Hebdomadaire • **Abonnement** : Inscription en ligne

La VIGIE

✆ 02 99 37 34 58 • fax 02 99 37 37 62
contact@svbretagne.fr • **www.spectacle-vivant-bretagne.fr**
107 av. Henri Fréville • BP 60219 • 35202 **RENNES CEDEX 2**

Flora EVEN (Responsable information, communication, e-ressources documentaires)

Actualité des ressources documentaires pour le spectacle vivant • **Périodicité** : Bimensuelle • **Abonnement** : En ligne, gratuit

VOLUME !

editions@seteun.net • **www.seteun.net**
L'Esturmel • 44390 **SAFFRE**

Emmanuel PARENT (Co-responsable et secrétaire de rédaction) • Jedediah SKLOWER (Co-responsable de la rédaction) • Matthieu SALADIN (Co-responsable de la rédaction) • Béatrice RATREMA (Secrétaire de rédaction)

La revue des musiques populaires • **Périodicité** : Semestrielle • **Tirage** : 500 • **Abonnement** : 30 € particuliers, 50 € associations, 80 € institutionnel, 100 € étranger

QUOTIDIENS

L'ACTU

✆ **01 53 01 23 60** • fax 01 53 01 23 99
accueil@playbac.fr • **www.playbac.fr**
14 bis rue des Minimes • 75140 **PARIS CEDEX 03**

Jérôme SALTET (Directeur de la publication) • Francois DUFOUR (Rédacteur en chef) • Olivier GASSELIN (Rédacteur en chef adjoint) • Audrey NAIT-CHALLAL (Journaliste musique) • Renaud VEDRENNE (Journaliste agenda) • Wolfgang LUND (Contact) • Jérémie LARRIVOIRE (Journaliste page Monde) • Stéphanie LELONG (Pages événement)

Tirage : 32 000 • **Bouclage** : 2 j. avant

AUJOURD'HUI EN FRANCE

✆ **01 40 10 33 28 / 01 40 10 30 30** • fax 01 40 10 35 24
pnom@leparisien.presse.fr
25 av. Michelet • 93408 **ST OUEN CEDEX**

Eric HERTELOUP (Directeur général marketing & vente) • Maguelone BONNAUD (Service culture)

Tirage : 156 097

La CROIX

✆ **01 74 31 60 60 / 01 74 31 67 74** • fax 01 74 31 66 01 / 01 74 31 60 14
genevieve.darmon@bayard-presse.com • **www.la-croix.com**
Bayard Presse • 18 rue Barbès • 92128 **MONTROUGE CEDEX**

Dominique QUINIO (Directrice de la rédaction) • Jean-Claude RASPIENGEAS (Responsable du service culture) • Geneviève DARMON (Assistante service culture) • Emmanuelle GIULIANI (Adjointe service culture / journaliste médias + musique classique et art lyrique) • Jean-Yves DANA (Adjoint à la culture / Journaliste musique du monde/jazz) • Yann MENS (Pigiste jazz blues gospel)

Tirage : 100 000 (Diffusion OJD 2003) • **Bouclage** : 18h

Les ECHOS

✆ **01 49 53 65 65** • fax 01 45 61 48 92
redassist@lesechos.fr • **www.lesechos.fr**
16 rue du Quatre Septembre • 75112 **PARIS CEDEX 2**

Bérénice LAJOUANIE (Editrice) • Nicolas BARRÉ (Directeur de la rédaction) • Dominique SEUX (Directeur délégué de la rédaction) • François VIDAL (Directeur délégué de la rédaction) • Grégoire POUSSIELGUE (Journaliste médias, musique) • Clémence DUNAND (Journaliste High tech-communication) • Martine ROBERT (Journaliste culture) • Frédéric FILLOUX (Directeur des activités numériques)

Tirage : 126 601 ex.

Le FIGARO - LE FIGAROSCOPE

✆ **01 57 08 50 00**
onuc@lefigaro.fr • **www.lefigaro.fr**
14 bd Haussman • 75009 **PARIS**

Alexis BREZET (Directeur de la rédaction) • Sébastien LE FOL (Directeur adjoint de la rédaction, culture, TV et Figaroscope) • Anne-Charlotte DE LANGHE (Rédacteur en chef Figaroscope) • Jean-Luc WACHTHAUSEN (Responsable rubrique culture, arts, spectacle) • Olivier NUC (Journaliste musique) • Pierre BOISHUE (Journaliste musique)

Tirage : 450 000 • **Bouclage** : Ven. précédent la parution

L'HUMANITÉ

✆ **01 49 22 72 72** • fax 01 49 22 74 00 / 01 49 22 73 37
culture@humanite.fr • **www.humanite.fr**
5 rue Pleyel • 93200 **ST DENIS**

Patrick LE HYARIC (Président du directoire) • Patrick APEL MULLER (Directeur de la rédaction) • Marie-José SIRACH (Chef de rubrique culture) • Victor HACHE (Journaliste musique) • Claude LACAZEDIEU (Responsable publicité) • Jean-Marc BOUVET (Directeur de la communication et presse) • Jean ROY (Critique cinéma)

Tirage : 82 300

LIBÉRATION

✆ **01 42 76 17 89** • fax 01 42 76 16 43
vallaeys@liberation.fr • **www.liberation.fr**
11 rue Béranger • 75003 **PARIS**

Nicolas DEMORAND (PDG et directeur de la rédaction) • Philippe NICOLAS (Coprésident du Directoire) • Gérard LEFORT (Rédacteur en chef adjoint culture) • Valérie VALLAEYS (Rédactrice en chef culture) • Sylvie ROZENKER (Responsable publicité musique) • Gilles RENAULT (Responsable service musique) • Bruno BAYON (Responsable Adjoint service musique) • Dominique QUEILLÉ (Journaliste guide/agenda (jazz)) • Francois-Xavier GOMEZ (Journaliste musiques latines) • Florent LATRIVE (Journaliste responsable de Libélabo.fr) • Sophian FANEN (Journaliste musique)

Tirage : 240 000

Le MONDE

✆ **01 57 28 20 00** • fax 01 57 28 20 01
herzberg@lemonde.fr • **www.lemonde.fr**
80 bd Auguste Blanqui • 75707 **PARIS CEDEX 13**

Natalie NOUGAYRÈDE (Directrice) • Nathaniel HERZBERG (Rédacteur en chef adjoint (culture)) • Auréliano TONET (Chef de service culture) • Véronique MORTAIGNE (Chef de service musiques actuelles) • Stéphane DAVET (Journaliste rock, hip hop) • Patrick LABESSE (Journaliste musique) • Francis MARMANDE (Journaliste jazz) • Sylvain SICLIER (Journaliste jazz, rock, chanson)

Tirage : 540 000 • **Bouclage** : Matin

HEBDOMADAIRES

CHALLENGES

✆ **01 58 65 03 03** • fax 01 58 65 03 04
redaction@challenges.fr • **www.challenges.fr**

Vincent BEAUFILS (Directeur de la rédaction) • Bertrand FRAYSSE (Services) • Jérome LEFILLIATRE (High-tech) • Marc BAUDRILLER (Médias)

Tirage : 300 000 • **Bouclage** : Mars

CHARLIE HEBDO

✆ **01 76 21 53 01** • fax 01 44 61 96 11
redaction@charliehebdo.fr • **www.charliehebdo.fr**
26 rue Serpollet • 75020 **PARIS**

CAVANNA (Fondateur) • CHARB (Directeur de la publication) • RISS (Directeur de la rédaction) • LUZ (Dessinateur et Musique)

Tirage : 120 000 • **Bouclage** : Lun. soir

ELLE

✆ **01 41 34 60 00** • fax 01 41 34 74 92
prenom.nom@lagardere-active.com • **www.elle.fr**
149 rue Anatole France • 92534 **LEVALLOIS PERRET CEDEX**

Valérie TORANIAN (Directrice de la rédaction) • Marion RUGGIERI (Chef de rubrique culture) • Patrick WILLIAMS (Journaliste musique)

Tirage : 422 000 • **Bouclage** : 3 sem. avant parution

L'EXPRESS

✆ **01 75 55 10 00**
pnom@groupe-exp.com • **www.lexpress.fr**
29 rue de Châteaudun • 75308 **PARIS CEDEX 9**

Christophe BARBIER (Directeur de la rédaction) • Renaud REVEL (Rédacteur en chef médias) • Eric LIBIOT (Rédacteur en chef arts et spectacles) • Gilles MEDIONI (Grand reporter) • Christophe CARRIERE (Grand reporter) • Bertrand DERMONCOURT (Journaliste musique) • Julien BORDIER (Journaliste arts et spectacles) • Paola GENONE (Journaliste culture / jazz, world)

Tirage : 550 000 • **Bouclage** : Lun.

FEMME ACTUELLE

✆ **01 73 05 45 45**
femmeactuelle@prisma-presse.com • **www.femmeactuelle.fr**
13 rue Henri Barbusse • 92024 **GENEVILLIERS CEDEX**

Isabelle CATELAN (Rédactrice en chef) • Caroline TANCRÈDE (Rédactrice en chef déléguée) • Cécile ABDESSELAM (Rédactrice en chef adjointe) • Charles ROUAH (Chef de service culture) • Sabrina NADJAR (Chef de service actualités)

Tirage : 1 650 000 • **Bouclage** : 10 jours avt. Actualités, 3 semaines avt. pages pratiques

Le FIGARO MAGAZINE

✆ **01 57 08 50 00**
vprat@lefigaro.fr • **www.lefigaro.fr**
14 bd Haussman • 75009 **PARIS**

Véronique PRAT (Rédactrice en chef culture) • Olivier NUC (Responsable musique) • Antoine DACCORD (Responsable web, culture)

Bouclage : Mer.

La GAZETTE DES COMMUNES ET DES DEPARTEMENTS

✆ **01 40 13 34 25 / 01 40 13 31 11** • fax 01 40 13 51 06
redaction@lagazettedescommunes.com
www.lagazettedescommunes.com
Groupe Moniteur • 17 rue d'Uzès • 75108 **PARIS CEDEX 02**

Véronique BILLAUD (Editrice) • Hélène GIRARD (Chef de rubrique culture et social)

Tirage : 30 000 • **Bouclage** : Jeu.

Les INROCKUPTIBLES

✆ **01 42 44 16 16** • fax 01 42 44 16 00
prenom.nom@inrocks.com • **www.lesinrocks.com**
24 rue St Sabin • 75011 **PARIS**

Frédéric ROBLOT (Directeur général) • Frédéric BONNAUD (Directeur éditorial) • Fabienne MARTIN (Directrice en charge du développement) • Jean-Marc LALANNE (Rédacteur en chef culture) • Jean-Daniel BEAUVALLET (Rédacteur en chef musique) • Ondine BENETIER (Coordinatrice rubrique musique) • Christophe CONTE (Journaliste musique) • Johanna SEBAN (Journaliste musique) • Thomas BURGEL (Rédacteur rock, electro, rap) • Francis DORDOR (Reporter musisques du monde) • Jean-Marie DURAND (Journaliste société, idées, médias) • Baptiste VADON (Marketing, promotion) • Cécile REVENU (Directrice Publicité culturelle spé musiques) • Laurent CANTIN (Directeur Régie Commerciale)

Tirage : 100 000 • **Bouclage** : Jeu.

Le JOURNAL DU DIMANCHE

✆ **01 41 34 60 00** • fax 01 41 34 70 76
prenom.nom@lagardere-active.com • **www.lejdd.fr**
149 rue Mendès-France • 92534 **LEVALLOIS PERRET CEDEX**

Jérôme BELLAY (Directeur de la rédaction) • Patrice TRAPIER (Directeur adjoint) • Danielle ATTALI (Rédactrice en chef culture)

Tirage : 328 000 • **Bouclage** : Sam.

M LE MAGAZINE DU MONDE

✆ **01 57 28 20 00** • fax 01 57 28 20 01
pougastel@lemonde.fr • **www.lemonde.fr**
80 bd Auguste Blanqui • 75707 **PARIS CEDEX 13**

Marie-Pierre LANNELONGUE (Rédactrice en chef)

Le NOUVEAU MARIANNE

✆ **01 53 72 29 00** • fax 01 53 72 29 72
m.perfetti@journal-marianne.com • **www.marianne.net**
32 rue René Boulanger • 75010 **PARIS**

Maurice SZAFRAN (Directeur de la publication) • Laurent NEUMANN (Directeur de la rédaction) • Eric CONAN (Directeur délégué) • Frédérique BRIARD (Journaliste musiques du monde) • Myriam PERFETTI (Journaliste musiques (jazz, etc.)

Tirage : 377 700 • **Bouclage** : Mer.

Le NOUVEL OBSERVATEUR

✆ **01 44 88 34 34** • fax 01 44 88 35 93
initiale prenom+nom@nouvelobs.com • **www.nouvelobs.com**
10/12 pl. de la Bourse • 75081 **PARIS CEDEX 2**

Michel LABRO (Directeur de la rédaction) • Jerôme GARCIN (Directeur délégué à la culture) • Bernard GENIES (Responsable du guide) • Bernard LOUPIAS (Responsable guide musiques du monde) • Jacques DRILLON (Rubriques littéraire et classique) • Cédric COUSSEAU (Webreporter) • Timothée BARRIÈRE (Rock, pop)

Tirage : 600 000 • **Bouclage** : 2 j. avant parution

Le POINT

✆ **01 44 10 10 10** • fax 01 44 10 10 76
bparrino@lepoint.fr • **www.lepoint.fr**
74 av. du Maine • 75014 **PARIS**

Franz-Olivier GIESBERT (Directeur de la publication) • Christophe ONO-DIT-BIOT (Rédacteur en chef Service culture) • Brigitte HERNANDEZ (Rédactrice en chef adjointe culture / loisirs / agenda) • Albert SEBAG (Chef de service culture) • Sacha REINS (Rédacteur / Critique musiques actuelles) • Marion COCQUET (Journaliste musiques actuelles)

Tirage : 456 000 (avec l'export) • **Bouclage** : 3 sem. avant la manifestation

POLITIS

✆ **01 55 25 86 86** • fax 01 43 48 04 00
culture@politis.fr • **www.politis.fr**
2 imp. Delaunay • 75011 **PARIS**

Denis SIEFFERT (Directeur de la publication) • Christophe KANTCHEFF (Responsable culture) • Denis-Constant MARTIN (Journaliste world music) • Jacques VINCENT (Journaliste rock) • Lorraine SOLIMAN (Journaliste jazz)

Tirage : 30 000 • **Bouclage** : Lun.

TÉLÉRAMA

✆ **01 55 30 55 30** • fax 01 45 22 08 26
nom.p@telerama.fr • **www.telerama.fr**
8 rue Jean-Antoine de Baïf • 75212 **PARIS CEDEX 13**

Fabienne PASCAUD (Directrice de la rédaction) • Emmanuel TELLIER (Rédacteur en chef web) • Hugo CASSAVETTI (Chef de service Musiques) • Michel CONTAT (Journaliste jazz) • Anne BERTHOD (Journaliste musiques du monde) • Odile DE PLAS (Chef d'édition web) • Valérie LEHOUX (Journaliste Chanson) • Sophie CACHON (Reporter arts spectacles musique) • François GORIN (Chroniqueur musique livre cinéma) • Caroline GOUIN (Directrice Action culturelle, communication) • Frédéric PEGUILLAN (Rédacteur en chef délégué (supp Sortir))

Tirage : 800 000 • **Bouclage** : 15 j. avant parution

VSD

✆ **01 73 05 45 45**
lecteurs@vsd.fr • **www.vsd.fr**
13 rue Henri Barbusse • 92230 **GENNEVILLIERS**

François JULIEN (Chef de service culture) • Julie GARDETT (Pigiste)

Tirage : 410 000 • **Bouclage** : 3 sem. avant, 1 sem. avant pour actualité chaude

MENSUELS ET AUTRES PÉRIODICITÉS

AFRISCOPE

✆ **01 40 40 14 65**
contact@afriscope.fr • **www.afriscope.fr**
23 rue Bisson • 75020 **PARIS**

Anne BOCANDE (Rédactrice en chef) • Mélanie COURNOT (Chargée de développement) • Caroline TROUILLET (Chargée de projets)

Tirage : 40 000 • **Bouclage** : 2 mois av. parution

AIR LE MAG

✆ **01 53 21 21 00** • fax 01 53 21 21 53
cecile.rousselet@textuel-lamine.com • **www.lamine.com**
146 rue du Fbg Poissonnière • 75009 **PARIS**

Cécile ROUSSELET (Rédactrice en chef) • Olivier GUICHARD (Secrétaire de rédaction)

Tirage : 320 000

AM

✆ **01 53 84 41 98** • fax 01 53 84 41 93
jmdenis@afriquemagazine.com • **www.afriquemagazine.com**
31 rue Poussin • 75016 **PARIS**

Zyad LIMAM (Directeur) • Emmanuelle PONTIE (Rédactrice en chef) • Jean-Michel DENIS (Chef de rubrique musique)

Afrique Magazine • **Tirage** : 70 000

BRETONS

✆ **02 97 47 22 30**
redaction@bretons-mag.com • **www.bretons-mag.com**
2 pl. de la République • 56000 **VANNES**

Didier LE CORRE (Rédacteur en chef)

Tirage : 30 000 • **Bouclage** : Le 15

CAMPUS MAG

✆ **01 41 63 29 80** • fax 01 55 58 13 49
g.courchay@campusmag.fr • **www.planetecampus.com**
20 rue Voltaire • 93100 **MONTREUIL**

Johanna NAON (Directeur de la publication) • Guillaume COURCHAY (Chef de rubrique culture et musique)

Tirage : 150 000 OJD • **Bouclage** : 15 j. av.

CAUSETTE

✆ **09 81 44 35 69** • fax 09 81 40 82 82
redaction@causette.fr • **www.causette.fr**
121 rue de Charonne • 75011 **PARIS**

Gilles BONJOUR (Editeur / Administrateur général) • Grégory LASSUS-DEBAT (Directeur de la publication) • Liliane ROUDIERE (Rédactrice en chef) • Johanna LUYSSEN (Rédactrice en chef adjointe) • Delphine HENRY (Directrice artistique)

Tirage : 130 000 • **Bouclage** : Le 19

CHRO

✆ **01 40 29 83 30**
info@chronicart.com • **www.chronicart.com**
19 rue Béranger • 75003 **PARIS**

Cyril DE GRAEVE (Directeur de la publication et de la rédaction) • Audrey ELBAZ (Rédactrice en chef) • Mathias KUSNIERZ (Responsable musique) • Fabrice RÉGY (Chef de publicité)

Tirage : 50000 • **Bouclage** : 15/mois impair

ENTREVUE

✆ **01 44 17 05 80**
entrevue@scpe.fr • **www.entrevue.fr**
4 rue de traktir • 75116 **PARIS**

Antoine AGLETINER (Rédacteur en chef)

Tirage : 600000 • **Bouclage** : 12 j. avant

L'ETUDIANT

✆ **01 75 55 40 40** • fax 01 75 55 42 47
redaction@letudiant.fr • **www.letudiant.fr**
23 rue de Chateaudun • 75308 **PARIS CEDEX 9**

Jean WEISS (Directeur général) • Emmanuel DAVIDENKOFF (Rédacteur Site web rubrique « petites annonces ») • Philippe MANDRY (Rédacteur en chef mensuel) • François FROMONT (Journaliste Rubrique musique) • Ludivine COSTE (Pigiste)

Tirage : 120000 • **Bouclage** : 1 mois et demi av.

L'ÉVÉNEMENTIEL

✆ **01 58 47 86 15** • fax 01 58 47 86 10
www.evenementiel.fr
31-32 quai de Dion Bouton • 92800 **PUTEAUX**

Serge NEDJAR (Gérant / Directeur de Publication)

Tirage : 6000 • **Bouclage** : Le 15

JALOUSE

✆ **01 53 01 10 30** • fax 01 53 01 11 93
p.nom@editionsjalou.com • **www.jalougallery.com**
10 rue du Plâtre • 75004 **PARIS**

Marie-José SUSSKIND-JALOU (Gérante) • Delphine VALLOIRE (Rédactrice en chef) • Baptiste PIEGAY (Rédacteur musique Optimum) • Olivier JUNGERS (Directeur général de la publicité et du marketing)

Tirage : 150000 • **Bouclage** : 6 sem. av.

MOUVEMENT

✆ **01 43 14 73 75** • fax 01 43 14 69 39
redaction@mouvement.net • **www.mouvement.net**
c/o Les Editions du Mouvement • 6 rue Desargues • 75011 **PARIS**

Jean-Marc ADOLPHE (Directeur de la publication) • Alix GASSO (Responsable publicité et partenariats) • Pascaline VALLÉE (Rédactrice en chef adjointe) • Jérôme PROVENÇAL (Coordinateur Musique)

Tirage : 28000 • **Bouclage** : 1 mois avant

NEON MAGAZINE

✆ **01 73 05 48 19**
contact@neonmag.fr • **www.neonmag.fr**
13 rue Henri-Barbusse • 92624 **GENNEVILLIERS CEDEX**

Olivier CARPENTIER (Rédacteur en chef) • Hugo LINDENBERG (Chef de rubrique) • Héloïse DE MONTETY (Rédactrice) • Andy DAVID (Rédacteur) • Dominique GELIS-BELLANGER (Directrice de la publicité)

Tirage : 80000 ex (Impression : Maury Imprimeur SA - 45330 Malesherbes) • **Bouclage** : Environ 15j. av.

NUMERO

✆ **01 56 88 98 00** • fax 01 56 88 98 38
jwingfield@numero-magazine.com • **www.numero-magazine.com**
53 av. Victor Hugo • 75116 **PARIS**

Babeth DJIAN (Directrice de la rédaction) • Gonzague DUPLEIX (Journaliste musique)

Tirage : 80000

L'OPTIMUM

✆ **01 53 01 10 30** • fax 01 53 01 10 35
10 rue du Plâtre • 75004 **PARIS**

Emmanuel RUBIN (Directeur de la rédaction) • Florent MAZZOLENI (Pigiste Musique) • Thomas ERBER (Pigiste Musique) • Baptiste PIEGAY (Rédacteur en chef)

Tirage : 80000 • **Bouclage** : Fin du mois précédent

PHOSPHORE

✆ **01 74 31 60 60 / 01 74 31 66 43 / 01 74 31 62 16**
fax 01 74 31 60 86
prenom.nom@bayard-presse.com • **www.phosphore.com**
18 rue Barbès • 92128 **MONTROUGE**

Thierry DE TENEUILLE (Directeur) • Georges SANEROT (Directeur de la publication) • David GROISON (Rédacteur en chef) • Gwenaëlle BOULET (Chef de service « Actualité ») • Aziliz CLAQUIN (Chef de service « Société-psychologie »)

Tirage : 99000 • **Bouclage** : 1 mois avant

RESPECT MAG

✆ **01 56 63 94 52 / 06 64 95 13 81**
redac@respectmag.com • **www.respectmag.com**
80 rue de Paris • 93100 **MONTREUIL**

Maral AMIRI (Journaliste)

Tirage : 40000

SNATCH

vincent@snatch-mag.com • **snatch-mag.com**
5 rue Ordener • 75018 **PARIS**

Vincent DESAILLY (Rédacteur en chef / Directeur de la publication)

SPRAY

deborah@brotherhood.fr • **www.spray-magazine.com**
25-27 rue de la Folie Méricourt • 75011 **PARIS**

Estelle SURBRANCHE (Conseillère à la redaction) • Déborah MALET (Secrétaire de rédaction / responsable service culture) • Yves CLEMOT (Secrétaire de rédaction)

Tirage : 60000

STUDYRAMAG

✆ **01 41 06 59 00** • fax 01 41 06 59 09
redaction@studyrama.com • **www.studyrama.com**
34/38 rue Camille Pelletan • 92309 **LEVALLOIS PERRET CEDEX**

Julie MLECZKO (Rédactrice en chef) • Dominique MESMIN (Chef de rubrique musique) • Stéphanie MARPINARD (Responsable agenda)

Tirage : 200000 • **Bouclage** : 15 j. av. le début du mois précédent

TECHNIKART

✆ **01 43 14 33 44** • fax 01 43 14 33 39 / 01 43 14 33 40
promotion@technikart.com • **www.technikart.com**
Passage du Cheval Blanc • 2 rue de la Roquette • 75011 **PARIS**

Fabrice DE ROHAN-CHABOT (Directeur de la publication) • Raphaël TURCAT (Rédacteur en chef) • Benoit SABATIER (Chef de rubrique musique) • Nicolas SANTOLARIA (Chef de rubrique web & média) • Charles BARACHON (Journaliste culture)

Tirage : 70000 • **Bouclage** : 30 j. av.

TÊTU

✆ **01 56 80 20 80** • fax 01 56 80 20 65
redaction@tetu.com • **www.tetu.com**
c/o CPPD • 6 bis rue Campagne Première • 75014 **PARIS**

Hugues CHARBONNEAU (Directeur de la publication) • Gilles WULLUS (Directeur de la rédaction) • Stéphane MORAN (Rédacteur en chef adjoint) • Sylvain ZIMMERMANN (Chef de rubrique Culture) • Patrick THEVENIN (Journaliste house/techno) • Romain BUREL (Journaliste Musique) • Bertrand REGNAUD (Assistant accueil)

Tirage : 91000 • **Bouclage** : Du 28 au 5 av. parution

TRANSFAC

✆ **01 75 55 40 40**
tavennec@transfac.fr
23 rue de Chateaudun • 75308 **PARIS CEDEX 9**

Séverine TAVENNEC (Rédactrice en chef)

Tirage : 180000 • **Bouclage** : 1 mois 1/2 av. parution

TRIBUMOVE

pcourty@tribumove.com • **www.tribumove.com**
79 rue du Chemin Vert • 75011 **PARIS**

Patrick COURTY (Directeur de la publication / journaliste musique & DVD) • Thierry CALMONT (Rédacteur en chef) • Patrick DECLEIN (Chef de publicité /partenariats)

Tirage : 75000 • **Bouclage** : Le 10

WAD

info@wadmag.com • **www.wadmag.com**

Brice COMPAGNON (Directeur de la publication) • Pierre-Henri CAMY (Rédacteur en chef)

We Are Different • **Tirage** : 200000 • **Bouclage** : Mars, juin, sep., déc. (15 j. av. publication)

ÉCRANS.FR

✆ **01 42 76 17 89** • fax 01 42 76 16 43
www.ecrans.fr
11 rue Béranger • 75003 **PARIS**
Erwan CARIO (Rédacteur en chef) • Sophian FANEN (Journaliste) • Camille GÉVAUDAN (Rédactrice)
Contenu : Internet, audiovisuel, culture

FLUCTUAT.NET

✆ **01 41 34 99 00** • fax 01 55 63 95 68
julien.mareau@lagardere-active.com • **fluctuat.premiere.fr**
9 pl. Marie Jeanne Bassot • 92300 **LEVALLOIS PERRET**
Daniel DE ALMEIDA (Rédacteur en chef) • Julien MAREAU (Responsable musique)
Contenu : Cinéma, musique, livres, arts, scènes, jeux vidéos

FRAGIL

✆ **02 40 86 37 03**
redaction@fragil.org • **www.fragil.org**
La Fabrique Dervallières • 19 rue Jean-Marc Nattier • 44100 **NANTES**
Pascal COUFFIN (Rédacteur) • Romain LEDROIT (Coordinateur)
Contenu : Interview, photos, revue culture et sociétés, inclusion vidéo + gazette événementielle 3 000 ex.

FRANCE NET INFOS

✆ **02 22 81 06 78** • fax 08 25 74 28 92
contact@francenetinfos.fr • **www.francenetinfos.com**
10 bd de l'Arguenon • 22380 **ST CAST LE GUILDO**
Mikaël BUFFARD (Directeur de la publication) • Maxime LAMOTTE (Chroniqueur musique) • Venet CORINNE (Chroniqueuse) • Julie TAUZIÈDE (Chroniqueuse) • Ronan BRETEL (Chroniqueur) • Anthony BLANCHARD (Chroniqueur musique) • Claudine RISQUO (Chroniqueuse musique)
Abonnement : Gratuit • **Contenu** : Chroniques, interviews, festivals, promo albums, jeux

MAILMOVEMENT.COM

✆ **01 74 30 33 78**
contact@mailmovement.com • **www.mailmovement.com**
167 rue de Bagnolet • 75020 **PARIS**
Angela FONGANG (Directrice de la rédaction et de la publication)
Contenu : Média, tendances marketing, mode, musique, événements, arts, concerts, clubbing, etc.

MARIANNE2.FR

✆ **01 53 72 29 00** • fax 01 53 72 29 72
p.cohen@gmail.com • **www.marianne.net**
32 rue René Boulanger • 75010 **PARIS**
Philippe COHEN (Rédacteur en chef)
Contenu : Généraliste avec une rubrique Culture et médias

MEDIAPART

✆ **01 44 68 99 08**
prenom.nom@mediapart.fr • **www.mediapart.fr**
8 passage Brulon • 75012 **PARIS**
Edwy PLENEL (Président et directeur de la publication) • François BONNET (Directeur éditorial) • Joseph CONFAVROUX (Responsable culture) • Antoine PERRAUD (Responsable culture) • Marie-Hélène SMIÉJAN (Responsable de l'administration)
Abonnement : 90 € / an • **Contenu** : Généraliste (dont une rubrique culture)

NUMERAMA

www.numerama.com
Guillaume CHAMPEAU (Responsable)
Contenu : Industries culturelles, nouvelles technologies, société, etc.

OWNI

contact@owni.fr • **www.owni.fr**
50 ter rue de Malte • 75011 **PARIS**
Didier ADÈS (Président) • Guillaume DASQUIÉ (Directeur de la publication)
Contenu : Société, pouvoies et cultures numériques

PC INPACT

www.pcinpact.com
Christophe NEAU (Gérant / Fondateur) • Marc REES (Rédacteur en chef / Journaliste Droit et Internet) • Nil SANYAS (Chef de rubrique Economie)
Contenu : Actualités, tests, forum, blog

Le PLUS.NOUVELOBS.COM

✆ **01 44 88 34 34** • fax 01 44 88 35 93
abaron@nouvelobs.com • **leplus.nouvelobs.com**
c/o Le nouvel Observateur • 10/12 pl. de la Bourse
75081 **PARIS CEDEX 2**
Aude BARON (Rédactrice en chef)
Contenu : Politique, médias, société et culture

POLITIS.FR

✆ **01 55 25 86 86** • fax 01 43 48 04 00
culture@politis.fr • **www.politis.fr**
2 imp. Delaunay • 75011 **PARIS**
Denis SIEFFERT (Directeur de la publication) • Christophe KANTCHEFF (Responsable culture) • Jacques VINCENT (Journaliste rock) • Lorraine SOLIMAN (Journaliste jazz)
Contenu : Généraliste avec une rubrique culture

RADIOACTU

✆ **01 40 21 58 68** • fax 09 58 95 96 06
radioactu@radioactu.com • **www.radioactu.com**
c/o Médias Actu • 10 rue Nicolas Appert • 75011 **PARIS**
Thibault LEROI (Rédacteur en chef)
Contenu : Actualité professionnelle indépendante sur la radio

RUE89

✆ **01 71 18 20 00**
contact@rue89.com • **www.rue89.com**
24 rue de l'Est • 75020 **PARIS**
Pierre HASKI (Fondateur / Président) • Pascal RICHÉ (Rédacteur en chef) • Laurent MAURIAC (Directeur général) • Aurélie CHAMPAGNE (Journaliste culture) • Nathalie KRAFFT (Journaliste)
Contenu : Généraliste avec rubriques culture et musique (articles, pas d'agenda), et mur (payant) pour annonce de concerts ou festivals

SLATE.FR

✆ **01 44 50 32 80**
infos@slate.fr • **www.slate.fr**
E2J2 • 73 rue Sainte-Anne • 75002 **PARIS**
Jean-Marie COLOMBANI (Directeur de la publication) • Christine TURK (Directrice commerciale éditeur et partenariat)

ZDNET

www.zdnet.fr
CBS interactive France
Olivier CHICHEPORTICHE (Rédacteur en chef) • Christophe AUFFRAY (Journaliste) • Antoine DUVAUCHELLE (Journaliste / Community manager) • Thierry NOISETTE (Journaliste)
Contenu : Business et technologies

ALSACE

20 MINUTES (STRASBOURG)

✆ **03 88 23 96 36** • fax 03 88 52 26 42
strasbourg@20minutes.fr • **www.20min.fr/strasbourg**
2 rue du Saumon • 67000 **STRASBOURG**

Laurence KINTZ (Directrice de clientèle) • Sophie DONAT (Chef de publicité)

Périodicité : Quotidienne • **Tirage** : 27 625/j

L'ALSACE

✆ **03 89 32 70 00** • fax 03 89 32 11 26
olivier.bregeard@alsace.fr • **www.lalsace.fr**
18 rue de Thann • 68945 **MULHOUSE CEDEX 9**

Olivier BREGÉARD

Périodicité : Quotidienne • **Rayonnement** : Alsace • **Tirage** : 116 900

Les DERNIERES NOUVELLES D'ALSACE (STRASBOURG)

✆ **03 88 21 55 00 / 03 88 21 57 48** • fax 03 88 21 82 12
redaction@dna.fr • **www.dna.fr**
17/21 rue de la Nuée Bleue • 67001 **STRASBOURG CEDEX**

Joël ISSELE (Journaliste musique) • Dominique JUNG (Rédacteur en chef) • Serge HARTMANN (Responsable service culture)

Périodicité : Quotidienne • **Rayonnement** : Alsace • **Tirage** : 194 000 • **Bouclage** : 10 j. av. pour Reflets

JOURNAL DES SPECTACLES

✆ **03 89 33 42 40** • fax 03 89 33 42 49
info@jds.fr • **www.jds.fr**
4 rue Daniel Schoen • 68200 **MULHOUSE**

Jean-Marc HENNI (Directeur de la publication)

Périodicité : Mensuelle • **Rayonnement** : Haut-Rhin • **Tirage** : 60 000 • **Bouclage** : Le 15 du mois précédent

POLY

✆ **03 90 22 93 30** • fax 03 90 22 93 37
redaction@poly.fr • **www.poly.fr**
16 rue E. Teutsch • 67000 **STRASBOURG**

Julien CHICK (Directeur de la publication) • Hervé LÉVY (Rédacteur en chef) • Emmanuel DOSDA (Journaliste musique)

Périodicité : Mensuelle • **Rayonnement** : Alsace, Belfort, Lorraine et Luxembourg • **Tirage** : 20 000 • **Bouclage** : 1 Sem. av.

STATION SERVICE

✆ **06 17 90 52 43**
station.service@wanadoo.fr
9A rue de Genève • 67000 **STRASBOURG**

Patrick PEIFFER (Journaliste)

Périodicité : Mensuelle • **Rayonnement** : Strasbourg, etc.

AQUITAINE

CULTZINE

✆ **05 59 47 29 26** • fax 05 59 47 38 69
info@cultzine.com • **www.cultzine.com**
Immeuble Alliance • ZA jorlis • 64600 **ANGLET**

Marie-Christine ALEXANDRE (Directrice de la publication)

Périodicité : Bi-annuel • **Rayonnement** : Dpts 64, 40 et 65 et site • **Tirage** : 20 000 (ojd) • **Bouclage** : Fin octbre / fin mai

DIRECT MATIN BORDEAUX 7

✆ **05 35 31 21 75**
info@bordeaux7.com • **www.bordeaux7.com**
23 quai de Queyries • 33100 **BORDEAUX**

Sophie LEMAIRE (Rédactrice en chef) • Sébastien LE JEUNE (Journaliste culture/loisirs/sorties) • Olivier SAINT FAUSTIN (Journaliste) • Éric LACOSTE (Publicité) • Nadège STÉVENARD (Assistante de rédaction)

Périodicité : Du lun. au ven. • **Rayonnement** : Bordeaux et la communauté urbaine • **Tirage** : 30 000

La DORDOGNE LIBRE

✆ **05 53 35 59 00** • fax 05 53 09 49 18
redactiondl@dordogne.com • **www.dordogne.com**
4 allée d'aquitaine • BP 4076 • 24003 **PERIGUEUX CEDEX**

Marie BERTHOUMIEU (Directrice Rédactrice)

Périodicité : Quotidienne • **Rayonnement** : Dordogne • **Tirage** : 7 500

L'ECHO DORDOGNE

✆ **05 53 53 14 44** • fax 05 53 53 02 30
dordogne@l-echo.fr • **l-echo.info**
17 rue Antoine Gadaud • BP 3035 • 24003 **PERIGUEUX CEDEX**

Ewen COUSIN (Journaliste) • Isabelle VITTÉ (Journaliste) • Philippe JALIVET (Journaliste)

Edition de l'Echo du Centre • **Périodicité** : Quotidienne • **Rayonnement** : Dordogne • **Tirage** : 6 000 • **Bouclage** : La veille

L'ECLAIR PYRENEES PRESSE

✆ **05 59 82 20 20** • fax 05 59 27 79 31
redaction-pp@pyrenees.com
6/8 rue Despourrins • BP 129 • 64040 **PAU CEDEX**

Jean MARZIOU (Rédacteur en chef) • Hubert BRUYERE (Rédacteur en chef adjoint)

Périodicité : Quotidienne • **Rayonnement** : Pyrénées-Atlantiques • **Tirage** : 10 000 • **Bouclage** : Début mois précédent

Le PETIT BLEU DE LOT-ET-GARONNE

✆ **05 53 77 06 87**
redaction@petit-bleu.fr • **ladepeche.fr**
9 rue Pontarique • 47000 **AGEN**

Sébastien DUBOS (Rédacteur en chef) • Corine DALLAVEREDE (Journaliste musique)

Périodicité : Quotidienne • **Rayonnement** : Lot-et-Garonne • **Tirage** : 15 000

La REPUBLIQUE DES PYRENEES

✆ **05 59 82 20 00** • fax 05 59 27 79 31
redaction-pp@pyrenees.com • **www.larepubliquedespyrenees.fr**
6/8 rue Despourrins • 64000 **PAU**

Karine ROBY (Journaliste musique) • Hubert BRUYERE (Adjoint à la rédaction)

Périodicité : Quotidienne • **Rayonnement** : Pyrénées-Atlantiques • **Tirage** : 40 000

SPIRIT

✆ **05 24 07 80 41**
redac.chef@spiritonline.fr • **www.spiritonline.fr**
9 rue André Darbon • 33000 **BORDEAUX**

Clémence BLOCHET (Rédactrice en chef) • Vincent FILET (Directeur de la publication)

Une publication Médiaculture • **Périodicité** : Mensuelle • **Rayonnement** : Bordeaux & agglomération, Libourne, Lesparre, Langon, Arcachon • **Tirage** : 30 000 • **Bouclage** : 20 du mois en cours

SUD OUEST

✆ **05 35 31 31 31**
culture@sudouest.fr • **www.sudouest.fr**
23 quai de Queyries • 33094 **BORDEAUX CEDEX**

Patrick VENRIES (Directeur de l'information) • Stéphane JONATHAN (Chef de service culture) • Patrick SCARZELLO (Journaliste rock) • Antoine DE BAECKE (Responsable des pages « Sortir en Gironde ») • Guillaume ARTRU (Responsable commercial)

Périodicité : Quotidienne • **Rayonnement** : Sud ouest • **Tirage** : 310000 • **Bouclage** : 21h

AUVERGNE

L'AGENDA PUYDOMOIS

✆ **04 73 25 94 89**
lagenda63@wanadoo.fr • **www.lagenda.net**
c/o SARL Atome Media • 55 allée des Côtes de Chanturgue
63100 **CLERMONT FERRAND**

LÊ Sébastien (Directeur de la publication) • Marco CIRIC (Responsable de la rédaction)

Périodicité : Bi-mensuelle (22 n°/an.) • **Rayonnement** : 63 • **Tirage** : 10000 • **Bouclage** : 1 sem. av. parution

L'EVEIL DE LA HAUTE-LOIRE

✆ **04 71 09 32 14** • fax 04 71 02 94 08
redaction@leveil.fr • **www.leveil.fr**
9 pl. Michelet • BP 50024 • 43001 **LE PUY EN VELAY CEDEX**

Jean-Luc BROC (Rédacteur en chef adjoint) • Pierre-Yves REVOL (Rédacteur en chef) • Roland EYNER (Directeur général adjoint) • Max BARRE (Directeur technique)

Périodicité : Quotidienne • **Rayonnement** : Haute-Loire • **Tirage** : 16500

La GALIPOTE

✆ **04 73 68 08 83**
acap-lagalipote@laposte.net • **www.galipote.jimdo.com**
Rue du Commerce • 63910 **VERTAIZON**

Marc GACHON (Rédacteur en chef) • Franck DHUMES (Directeur de la publication)

Periodicité : Trimestrielle • **Rayonnement** : Auvergne • **Tirage** : 6000 • **Bouclage** : 15 j. av.

INFO - AUVERGNE

marc.francois@infomagazine.com • **www.infomagazine.com**
7 pl. de Jaude • 63000 **CLERMONT FERRAND**

Marc FRANÇOIS (Rédacteur en chef) • Jean-Paul BOITHIAS (Journaliste) • Emmanuel THEROND (Journaliste)

Périodicité : Hebdomadaire • **Rayonnement** : Puy-de-Dôme, Allier, Haute-Vienne • **Tirage** : 460000 • **Bouclage** : Mer.

La MONTAGNE

✆ **04 73 17 17 17**
christian.suc@centrefrance.com • **www.centrefrance.com**
45 rue du Clos-Four • 63000 **CLERMONT FERRAND**

Jacques TESTUD (Rédacteur de l'édition du Puy-de-Dôme) • Arnaud VERNET (Journaliste rock) • Christian SUC (Journaliste musiques traditionnelles) • Jack LAMIABLE (Journaliste Rock et Chanson)

Périodicité : Quotidienne • **Rayonnement** : Auvergne, Limousin • **Tirage** : 230000

La RUCHE

✆ **04 71 50 80 42 / 04 71 50 02 97** • fax 04 71 50 23 23
laruche@laruche.fr • **www.laruche.fr**
50 bd Vercingétorix • 43100 **BRIOUDE**

Anne GOUINCHARD (Chef de rubrique musique/Responsable de la publication)

Périodicité : Hebdomadaire (jeu.) • **Rayonnement** : Haute-Loire • **Tirage** : 1 300 • **Bouclage** : Mer. 12h

Le SEMEUR HEBDO

✆ **04 73 98 46 00** • fax 04 73 98 46 09
redaction@semeur.com
37 rue Montlosier • 63058 **CLERMONT FERRAND CEDEX 1**

Williams CAPTIER (Directeur de la publication) • Patrick RAGON (Secrétaire de rédaction) • Mohamed AFIRI (Responsable des informations générales) • Jean-Baptiste BOTELLA (Journaliste) • Jean-Philippe MONJOT (Journaliste)

Périodicité : Hebdomadaire • **Rayonnement** : Puy-de-Dôme • **Tirage** : 10000 • **Bouclage** : Lun. à 12h pour le ven.

ZAP

✆ **04 73 28 38 37**
contact@myzap.fr • **www.myzap.fr**
Place de Jaude • 3 rue Alluard • 63000 **CLERMONT FERRAND**

Franck DUMAS (Directeur de la publication)

Périodicité : Mensuelle • **Rayonnement** : Puy-de-Dôme, bassin de Vichy • **Tirage** : 18000 • **Bouclage** : Le 25

BASSE-NORMANDIE

AUX ARTS

✆ **02 31 50 17 37**
info@auxarts.com • **auxarts.fr**
c/o Mixmédia • BP 2018 • 14089 **CAEN CEDEX 6**

Catherine MARIE (Directrice de la publication) • Maria SEVE (Rédaction)

Périodicité : Mensuelle • **Rayonnement** : Normandie, Ille-et-Vilaine, Mayenne, Sarthe • **Tirage** : 28000 (+ hs d'été 90000) • **Bouclage** : Le 15

La GAZETTE DE LA MANCHE

✆ **02 33 79 30 80** • fax 02 33 49 26 54
info@gazette-manche.fr
route de St James • BP 108 • 50600 **ST HILAIRE DU HARCOUET**

Christian BOUZOLS (Editeur) • Pascale BRASSINNE (Rédactrice en chef)

Périodicité : Hebdomadaire • **Rayonnement** : Arrondissement sud Manche, Fougères, Mayenne • **Tirage** : 12000 • **Bouclage** : Mar. matin

LIBERTE DE NORMANDIE

✆ **02 31 86 03 32** • fax 02 31 39 09 61
liberte@publihebdos.fr • **www.libertebonhomme.fr**
17 rue commodore hallet • BP 85 341 • 14053 **CAEN CEDEX 4**

Françoise THERIN (Rédactrice en chef) • Arnaud HEROULT (Loisirs, musique, culture)

Périodicité : Hebdomadaire • **Rayonnement** : Caen et agglo • **Tirage** : 21000 • **Bouclage** : Mer.

La MANCHE LIBRE

✆ **02 33 05 10 00** • fax 02 33 05 86 86
redaction@lamanchelibre.com • **www.lamanchelibre.fr**
Rue de Coutances • 50950 **ST LO CEDEX 9**

Benoît LECLERC (Directeur de la publication) • Noëlle DE SONIS (Rédactrice en chef)

Périodicité : Hebdomadaire • **Rayonnement** : Calvados, Manche • **Tirage** : 78839 • **Bouclage** : Lun.

NORMANDIE MAGAZINE

✆ **02 33 77 32 70** • fax 02 33 56 17 39
pao@normandie-magazine.fr • **www.normandie-magazine.fr**
330 rue Valvire • BP 414 • 50004 **ST LO CEDEX**

Catherine FORESTIER (Directrice de la rédaction) • Régine QUEVILLON (Chef de rubrique culture)

Périodicité : 8 n°/an + 1 n° spécial • **Rayonnement** : Haute et Basse-Normandie, sud Angleterre • **Tirage** : 20000 • **Bouclage** : 3 sem. av.

L'ORNE HEBDO

✆ **02 33 82 15 15** • fax 02 33 32 06 15
orne.hebdo@publihebdos.fr • **www.orne-hebdo.fr**
9 pl. Poulet Malassis • BP 208 • 61006 **ALENCON CEDEX**

Jean-Marie FOUBERT (Rédacteur en chef et chef de rubrique)

Périodicité : Hebdomadaire (mar.) • **Rayonnement** : Local • **Tirage** : 13200 • **Bouclage** : Ven. 16h

OUEST FRANCE (ARGENTAN)

✆ **02 33 12 21 90** • fax 02 33 12 21 98
redaction.argentan@ouest-france.fr
13 pl. Henri IV • 61200 **ARGENTAN**

François BOSCHER (Chef d'agence)

Périodicité : Quotidienne • **Rayonnement** : Orne • **Tirage** : 22 000

OUEST FRANCE (CAEN)

✆ **02 31 38 32 32** • fax 02 31 38 32 00
redaction.caen@ouest-france.fr • **www.ouest-france.fr**
14 pl. Pierre Bouchard • BP 174 • 14010 **CAEN CEDEX**

Aurélie LEMAITRE

Périodicité : Quotidienne • **Rayonnement** : Calvados • **Tirage** : 52 000

OUEST FRANCE (SAINT-LÔ)

✆ **02 33 77 31 31** • fax 02 33 77 31 10
redaction.saint-lo@ouest-france.fr • **www.ouest-france.fr**
10 rue Barque • 50000 **ST LO**

Christian LEROSIER (Directeur départemental) • Nicolas DENOYELLE (Chef de rédaction) • Ludovic RENOULT (Secrétaire d'édition) • Yann HALOPEAU (Journaliste culture) • Nathalie LECORNU-BAERT (Attaché chef de rédaction)

Périodicité : Quotidienne • **Rayonnement** : Manche • **Tirage** : 33 000

La PRESSE DE LA MANCHE

✆ **02 33 97 16 16** • fax 02 33 97 16 18
redaction.locale@lapressedelamanche.fr
9 rue Gambetta • BP 408 • 50104 **CHERBOURG CEDEX**

Marcel CLAIRET (PDG) • Albert BODIN (Directeur délégué) • Philippe LE-BARILLER (Rédacteur en chef adjoint/journaliste)

Périodicité : Quotidienne • **Rayonnement** : Manche • **Tirage** : 28 000 • **Bouclage** : 0h30

La RENAISSANCE LE BESSIN

✆ **02 31 51 10 10** • fax 02 31 92 61 37
renaissance.bayeux@publihebdos.fr
27 rue St-Malo • 14402 **BAYEUX CEDEX**

Francoise DAJONLAMARE (Editrice) • Vanessa THIERRÉE (Rédactrice en chef) • Patrice BOSSE (Journaliste)

Périodicité : Bi-hebdomadaire (mar. et ven.) • **Rayonnement** : Bessin • **Tirage** : 10 000

BOURGOGNE

Le BIEN PUBLIC

✆ **03 80 42 42 42 / 03 80 42 42 23** • fax 03 80 42 42 10
ldlpbredaction@lebienpublic.fr • **www.bienpublic.com**
7 bd Chanoine Kir • BP 21550 • 21015 **DIJON CEDEX**

Michel MEKKI (Rédacteur en chef) • Mayalen GAUTHIER (Responsable loisirs-culture)

Periodicité : Quotidienne • **Rayonnement** : Côte d'Or • **Tirage** : 70 000 • **Bouclage** : 4 j. av.

L'INDÉPENDANT DU LOUHANNAIS ET DU JURA

✆ **03 85 75 00 78** • fax 03 85 75 34 49 / 03 85 75 54 45
redactionlouhans@hebdoest.fr • **www.lindependantdulouhannais.fr**
3 rue des Dôdanes • 71500 **LOUHANS**

Lionel JUILLARD (Rédacteur en chef) • Romain LAMBERT (Responsable commercial) • Ghislaine CHARTON (Responsable culture)

Periodicité : Bi-hebdomadaire (mar., ven.) • **Rayonnement** : Bresse, Revermont, Val-de-Saône • **Tirage** : 5 000 • **Bouclage** : Lun., jeu. 17h

Le JOURNAL DE SAÔNE-ET-LOIRE

✆ **03 85 90 68 00** • fax 03 85 90 68 79
toute-edition@lejsl.fr • **www.lejsl.com**
9 rue des Tonneliers • BP 30134 • 71104 **CHALON SUR SAONE CEDEX**

Michel MEKKI (Rédacteur en chef) • Meriem SOUISSI (Chef de service loisirs) • Frédéric BOUVIER (Rédacteur en chef adjoint) • Frédérique FAVRE (Secrétaire général de la rédaction) • Emmanuelle BOULAND (Responsable Reportage)

Periodicité : Quotidienne • **Rayonnement** : 71 • **Tirage** : 90 000 • **Bouclage** : 48h avant

Le JOURNAL DU CENTRE

✆ **03 86 71 45 00 / 03 86 71 45 08** • fax 03 86 71 45 20
redaction.jdc@centrefrance.com • **www.lejdc.fr**
3 rue du Ch. de Fer • BP 106 • 58001 **NEVERS CEDEX**

Jean-Yves VIF (Directeur et Redacteur en chef) • Philippe DEPALLE (Chef de rédaction)

Periodicité : Quotidienne • **Rayonnement** : Nièvre et alentours • **Tirage** : 35 000

TEMPO

✆ **03 86 57 88 51**
tempo@crjbourgogne.org • **www.crjbourgogne.org**
Centre régional du jazz/Bourgogne • 3 bis pl. des Reines de Pologne • BP 824 • 58008 **NEVERS CEDEX**

Roger FONTANEL (Directeur) • Hoël GERMAIN (Secrétaire de rédaction)

L'actualité du jazz en Bourgogne • **Periodicité** : Trimestrielle • **Rayonnement** : Bourgogne • **Tirage** : 5 200 • **Bouclage** : 1 mois av. la sortie (agenda)

L'YONNE REPUBLICAINE

✆ **03 86 49 52 00** • fax 03 86 46 99 90
yonnemag.yr@centrefrance.com • **www.lyonne-republicaine.fr**
8/12 av. Jean Moulin • 89000 **AUXERRE**

Didier LAGEDAMON (Rédacteur en chef) • Vincent ROUSSOT (Responsable « Yonne Mag »)

Periodicité : Quotidienne • **Rayonnement** : 89, 77, 58 • **Tirage** : 45 000 • **Bouclage** : 1 sem. avant

BRETAGNE

20 MINUTES (RENNES)

✆ **02 99 29 69 65**
redaction.20minutes@apei-actu.com • **www.20minutes.fr/rennes**
APEI Actu • 40 rue du Pré-Botté • 35000 **RENNES**

Sébastien VEILLEROBE (Commercial)

Periodicité : Quotidienne • **Rayonnement** : Départemental

OUEST FRANCE (BRETAGNE)

✆ **02 99 32 60 00** • fax 02 99 32 60 25
redaction.rennes@ouest-france.fr • **www.ouest-france.fr**
10 rue du Breil • Z.I Rennes Sud -est • 35051 **RENNES CEDEX 9**

François-Régis HUTIN (Président) • Francois CHRÉTIEN (Directeur d'information régionale et locale - Redacteur en chef) • Michel TROADEC (Chef de service culture) • Pascale VERGEREAU (Journaliste culture)

Periodicité : Quotidienne • **Rayonnement** : Grand Ouest (12 dpts) • **Tirage** : 783 000

Le PETIT BLEU DES CÔTES-D'ARMOR

✆ **02 96 39 85 90** • fax 02 96 39 58 48
le.petit.bleu@publihebdos.fr
206 rue Kitchener • 22100 **DINAN**

Pierre-Yves GAUDART (Responsable d'agence) • Pascal CAYEUX (Journaliste) • Bernadette RAMEL (Journaliste culturelle)

Periodicité : Hebdomadaire • **Rayonnement** : Pays de Dinan • **Tirage** : 7 500 • **Bouclage** : Mar. 14h, parution le jeu.

SORTIR ICI

✆ **02 97 84 47 84** • fax 02 97 84 47 80
contact@sortirici.com • **www.sortirici.com**
60 bis rue de Larmor • 56100 **LORIENT**

Jacques DELANOE (Directeur de la publication)

Periodicité : Mensuelle (Lorient), bimestrielle (Vannes, Quimper et Brest) • **Rayonnement** : Morbihan, Finistère, Loire-Atlantique • **Tirage** : 15 000/ed. • **Bouclage** : Le 15

Le TÉLÉGRAMME

✆ **02 98 62 75 69** • fax 02 98 62 75 49
magazine@letelegramme.fr • **www.letelegramme.com**
BP 67243 • 29672 **MORLAIX CEDEX**

Frédéric JAMBON (Journaliste) • Catherine RICHARD (Journaliste musique) • Corinne ABJEAN (Chef de service)

Periodicité : Quotidienne • **Rayonnement** : Côtes-d'Armor, Morbihan, Finistère, Rennes • **Tirage** : 220 000 • **Bouclage** : 10 j. avant

ZAP RENNES

✆ **02 99 31 57 67** • fax 02 99 30 39 51
zap@crij-bretagne.com • **www.zaprennes.org**
c/o CRIJ Bretagne • Le 4 bis • 4 bis Cours des Alliés • 35000 **RENNES**

Maryline REGENT (Animatrice /Médiatrice jeunesse)

Périodicité : Bimestrielle • **Rayonnement** : Rennes • **Tirage** : 5 000 • **Bouclage** : 1 mois avant

CENTRE

Le BERRY RÉPUBLICAIN

✆ **02 48 27 63 63** • fax 02 48 48 17 19
redaction.berry@centrefrance.com • **www.leberry.fr**
1 rue du Général Ferrié • 18023 **BOURGES CEDEX**

David ANGEVIN (Journaliste culture) • François LESBRE (Journaliste musique)

Périodicité : Quotidienne • **Rayonnement** : Cher • **Tirage** : 33 150 • **Bouclage** : 15 j. avant

L'ECHO REPUBLICAIN

✆ **02 37 88 88 88** • fax 02 37 91 17 42
chartres@centrefrance.com • **www.lechorepublicain.fr**
21 rue Vincent Chevard • BP 50189 • 28000 **CHARTRES**

Eric MOINE (Rédacteur en chef) • Rémi BONNET (Journaliste musique, culture, actu)

Périodicité : Quotidienne • **Rayonnement** : Eure-et-Loir et Yvelines • **Tirage** : 30 000

L'ÉPICENTRE DE VOTRE ACTUALITÉ

✆ **02 54 56 87 88** • fax 02 54 56 87 89
adm.epicentre@wanadoo.fr • **www.lepicentre.fr**
16 rue de la Vallée Maillard • 41018 **BLOIS CEDEX**

Jean-Pierre TERRIEN (Directeur de la publication)

Périodicité : Mensuelle • **Rayonnement** : Régional • **Tirage** : 35 000 • **Bouclage** : 20 du mois précédent

La NOUVELLE REPUBLIQUE DU CENTRE OUEST (TOURS)

✆ **02 47 31 71 00** • fax 02 47 31 71 33
nr.redactionenchef@nrco.fr • **www.lanouvellerepublique.fr**
232 av. de Grammont • 37048 **TOURS CEDEX 1**

Bruno BECARD (Rédacteur en chef) • Delphine COUTIER (Journaliste musique)

Périodicité : Quotidienne • **Rayonnement** : Indre-et-Loire

PARALLÈLE(S)

✆ **06 60 18 67 15** • fax 09 72 15 21 06
hello@parallelesmag.com • **www.parallelesmag.com**
65 rue jacob Bunel • 37000 **TOURS**

Marie LANSADE (Rédactrice en chef)

Périodicité : Bimestrielle • **Rayonnement** : Tours et agglo. • **Tirage** : 10 000 ex.

La REPUBLIQUE DU CENTRE

✆ **02 38 78 79 80** • fax 02 38 78 79 79
orleans@centrefrance.com • **www.larep.com**
Rue de la Halte • BP 93035 • 45403 **FLEURY-LES-AUBRAIS CEDEX**

Katia BEAUPETIT (Responsable agenda/Journaliste culture) • Julie POULET (Journaliste culture)

Périodicité : Quotidienne • **Rayonnement** : Centre • **Tirage** : 55 000

CHAMPAGNE-ARDENNE

L'EST ECLAIR

✆ **03 25 71 75 75** • fax 03 25 79 58 54
redaction@lest-eclair.fr • **www.lest-eclair.fr**
71 rue du Mal Leclerc • 10120 **ST ANDRE LES VERGERS**

Jean-Michel VAN HOUTTE (Journaliste culture)

Périodicité : Quotidienne • **Rayonnement** : Aube • **Tirage** : 35 000 • **Bouclage** : 00 h

L'UNION

✆ **03 26 50 50 50** • fax 03 26 50 50 29
redac-reims@journal-lunion.fr • **www.lunion.presse.fr**
Rue Edouard Mignot • 51100 **REIMS**

Didier LOUIS (Rédacteur en chef)

Périodicité : Quotidienne • **Rayonnement** : Ardennes, Aisne, Marne, Aube • **Tirage** : 100 000 • **Bouclage** : 21h

L'UNION-L'ARDENNAIS

✆ **03 24 33 78 73** • fax 03 24 33 78 79
charleville@journal-lunion.fr • **www.lunion.presse.fr**
38-40 cours Aristide Briand • 08013 **CHARLEVILLE MEZIERES CEDEX**

Jean-Claude ROUSSEL (Directeur Départemental)

Périodicité : Quotidienne • **Rayonnement** : Ardennes • **Tirage** : 30 000 • **Bouclage** : 21h

La VOIX DE LA HAUTE-MARNE

✆ **03 25 87 08 65** • fax 03 25 88 80 79
redaction@voixdelahautemarne.fr • **www.voixdelahautemarne.fr**
2 rue Claude Gillot • 52200 **LANGRES**

Pierre SCHMIDT (Rédacteur en chef et directeur délégué)

Périodicité : Hebdomadaire • **Rayonnement** : Haute-Marne • **Tirage** : 3 500/4 000 • **Bouclage** : Mer. midi

ZIC BOOM

✆ **03 26 88 35 82** • fax 09 72 28 95 80
communication@polca.fr • **www.polca.fr**
c/o Polca • 84 rue du Dr Lemoine • 51100 **REIMS**

Gérald CHABAUD (Directeur de la publication) • Grégory BLANCHON (Rédacteur en chef)

Périodicité : 3 parutions / an (février, juin, octobre) • **Rayonnement** : Champagne-Ardenne et France • **Tirage** : 7 000 • **Bouclage** : 3 sem. avant parution

CORSE

CORSICA MAGAZINE

✆ **04 95 32 77 31 / 04 95 32 33 96** • fax 04 95 32 21 51
media.info@club-corsica.com • **www.corsica-info.com**
1 rue Conventionnel Salicetti • 20200 **BASTIA**

Frédéric POLETTI (Directeur de la publication) • Joseph-Guy POLETTI (Directeur de la rédaction) • Constant SBRAGGIA (Rédacteur en chef) • Gilles MILLET (Journaliste)

Périodicité : Mensuelle • **Rayonnement** : National • **Tirage** : 20 000 • **Bouclage** : 1 sem. av.

FRANCHE-COMTÉ

Les DEPECHES - LE PROGRES

✆ **03 84 86 07 20 / 03 84 86 07 48** • fax 03 84 24 06 85
lprlons@leprogres.fr • **www.leprogres.fr**
59 rue Jean Jaurès • 39000 **LONS LE SAUNIER**

Eric THIELLAND (Chef de l'information) • Stéphane CLEAU (Chef de l'information) • Francoise FUMEY (Responsable agenda) • Roland DURUDET (Correspondant)

Périodicité : Quotidienne • **Rayonnement** : Jura • **Tirage** : 30 000 • **Bouclage** : 23h

VOIX DU JURA

✆ **03 84 82 28 95** • fax 03 84 82 91 43
contact@voixdujura.fr • **www.voixdujura.fr**
24 Grande Rue • 39100 **DOLE**

Alain BUZON (Rédacteur en chef adjoint / chronique musique) • Céline TROSSAT (Journaliste Pages weekend)

Périodicité : Hebdomadaire • **Rayonnement** : Jura • **Tirage** : 15 000

HAUTE-NORMANDIE

BAZART MAG'

✆ **02 35 43 62 79** • fax 02 35 22 64 38
info@normandie-web.com • **www.normandie-web.com**
16 rue Louis Blanc • 76620 **LE HAVRE**

Chantal LEGRAND (Directrice de la publication)

Périodicité : Trimestrielle • **Rayonnement** : Normandie • **Tirage** : 80 000 • **Bouclage** : Le 20

CÔTÉ ROUEN

✆ **02 35 89 26 60**
thierry.chion@publihebdos.fr • **www.coterouen.com**
4bis av. Georges Metayer • 76000 **ROUEN**

Thierry CHION (Journaliste)

Périodicité : Hebdomadaire • **Rayonnement** : Agglo. Rouen • **Tirage** : 45000 • **Bouclage** : Mar. (10j avant parution)

La DEPECHE

✆ **02 32 39 85 55** • fax 02 32 62 58 38
redaction.evreux@publihebdos.fr • **www.publihebdos.com**
3 rue Jean Jaurès • BP 416 • 27001 **EVREUX CEDEX**

Pierre DIDIER (Adjoint) • David CHAPELLE (Journaliste culture) • Bruno SIMON (Rédacteur en chef)

Périodicité : Hebdomadaire (ven.) • **Rayonnement** : Eure • **Tirage** : 25400 • **Bouclage** : Mer.

HAVRE LIBRE / LE HAVRE PRESSE

✆ **02 35 19 17 17** • fax 02 35 42 00 43
redaction.havre@presse-normande.com
113 bd de Strasbourg • 76600 **LE HAVRE**

Thierry RABILLER (Rédacteur en chef) • Maryse BUNEL (Journaliste musique)

Périodicité : Quotidienne • **Rayonnement** : Le Havre et ses environs • **Tirage** : 14000 • **Bouclage** : 22h

PARIS-NORMANDIE

✆ **02 35 14 56 41** • fax 02 35 70 47 30
c.heurtault@presse-normande.com • **www.presse-normande.com**
33 Rue des Grosses Pierres • 76250 **DEVILLE LES ROUEN**

Thierry RABILLER (Rédacteur en chef) • Caroline HEURTAULT (Journaliste)

Périodicité : Quotidienne • **Rayonnement** : Hte-Normandie (Eure, Seine-Maritime) • **Tirage** : 110000 • **Bouclage** : 22h

ÎLE-DE-FRANCE

20 MINUTES

✆ **01 53 26 65 65** • fax 01 53 26 65 68
redaction@20minutes.fr • **www.20min.fr**
50/52 bd Haussmann • CS 10300 • 75427 **PARIS CEDEX 09**

Olivier BONSART (Président de la publication) • Acacio PEREIRA (Directeur de la rédaction) • Anne KERLOCH (Chef de rubrique culture) • Stéphane LEBLANC (Rédacteur rubrique culture) • Benjamin CHAPON (Rédacteur jazz et musiques du monde)

Périodicité : Quotidienne • **Rayonnement** : Région parisienne (existe également à Lille, Lyon, Marseille, Bordeaux, Nantes, Strasbourg, Toulouse, Nice) • **Tirage** : 870000 • **Bouclage** : 23h

À NOUS PARIS

✆ **01 75 55 10 28**
redaction@anous.fr • **www.anous.fr**
23 rue de Châteaudun • 75009 **PARIS**

Carine CHENAUX (Rédactrice en chef) • Mathieu PROUX (Chef de publicité culture) • Thomas SERON (Rédacteur musique) • stéphane KOECHLIN (Rédacteur jazz) • Sandrine GEFFROY (Directrice commerciale)

Le news urbain • **Périodicité** : Hebdomadaire • **Rayonnement** : Paris (existe également à Lyon, Marseille et Lille) • **Tirage** : 350000 • **Bouclage** : Le jeu.

CAMPUS MAG LYCEE

✆ **01 41 63 29 80** • fax 01 55 58 13 49
g.courchay@campusmag.fr • **www.planetecampus.com**
20 rue Voltaire • 93100 **MONTREUIL**

Johanna NAON (Directeur de la publication) • Guillaume COURCHAY (Chef de rubrique culture et musique)

Périodicité : Trimestrielle • **Rayonnement** : Île-de-France (cible 15-18 ans, lycéens) • **Tirage** : 100000 • **Bouclage** : 10 j. avant parution

Le COURRIER DES YVELINES

✆ **01 39 10 51 00** • fax 01 34 51 92 01
jerome.dupouy@publihebdos.fr
20 Quater rue Schnapper • 78100 **ST GERMAIN EN LAYE**

Francis GAUNAND (Directeur de la publication) • Michel SEIMANDO (Journaliste) • Stéphane GAUTHIER (Rédacteur en chef) • Jérôme DUPOUY (Journaliste culture)

Périodicité : Hebdomadaire (mer.) • **Rayonnement** : Yvelines • **Tirage** : 7500 • **Bouclage** : Lun.

DIRECT MATIN

✆ **01 46 96 31 00**
redaction@aixplus.com • **directmatinplus.net**
31-32 quai de Dion Bouton • 92800 **PUTEAUX**

Christian STUDER (Directeur général) • Serge NEDJAR (Directeur de la publication Rédacteur en chef) • Ludovic POMPIGNOLI (Rédacteur en chef adjoint) • Thomas LIARD (Rédacteur en chef adjoint) • Xavier FORNEROD (Responsable culture-loisirs)

Périodicité : Quotidienne • **Rayonnement** : Paris, IdF (également Aix, Avignon, Bordeaux, Grenoble, Lille, Lyon, Marseille, Montpellier, Nantes, Nice, Rennes, Roubaix, St Etienne, Toulouse) • **Tirage** : 450000

La MARNE

✆ **01 60 23 35 00**
ig@journal-lamarne.fr
8 pl. Henri IV • 77334 **MEAUX CEDEX**

Pascal PIOPPI (Chef de rubrique loisirs et sport) • Karine BABEC (Rédactrice en chef) • Bénédicte DE CHIVRÉ (Editrice) • Dominique BONNEU (PAO)

Périodicité : Hebdomadaire (mar.) • **Rayonnement** : Seine-et-Marne • **Tirage** : 13000 • **Bouclage** : 12h lun.

MEGALOPOLIS

redaction@megalopolismag.com • **www.megalopolismag.com**
25 rue Fernand Forest • 92150 **SURESNES**

Marina BELLOT (Directrice de la publication) • Jérôme LEFILIÂTRE (Rédacteur en chef) • Olivier MONOD (Secrétaire général de la rédaction) • Baptiste ETCHEGARAY (Journaliste culturel)

Périodicité : Trimestrielle • **Rayonnement** : Grand Paris • **Tirage** : 20000

METRO

✆ **01 55 34 45 00** • fax 01 55 34 45 03
prenom.nom@publications-metro.fr • **www.metronews.fr**
35 rue Greneta • 75002 **PARIS**

Sophie SACHNINE (Directrice générale) • Jérôme VERMELIN (Rédacteur en chef adjoint culture) • Ulla MAJOUBE (Rédactrice en chef adjointe pages thématiques et suppléments) • Christophe JOLY (Rédacteur en chef) • Christophe DUFRENE (Directeur commercial) • Alexis PICARD (Rédacteur en chef adjoint en régions) • Boris TAMPIGNY (Journaliste musique, cinéma) • Jennifer LESIEUR (Journaliste culture) • Eric MIGUET (Reporter Marseille) • Mathieu PAGURA (Reporter Lille) • Philippe FONT (Reporter Toulouse) • Sylvie VOISIN (Régie publicitaire)

Périodicité : Quotidienne (lun. au ven.) • **Rayonnement** : Région parisienne • **Tirage** : 400000 • **Bouclage** : 48h av.

L'OFFICIEL DES SPECTACLES

✆ **01 45 62 15 86** • fax 01 45 61 04 00
contact@offiweb.fr • **www.offi.fr**
17 rue du Colisée • 75008 **PARIS**

Christophe RICHEMOND (Directeur de la publication) • Jean-Baptiste AUTIXIER (Directeur de la publicité) • Claire GAROUX (Directrice de l'information)

Périodicité : Hebdomadaire • **Rayonnement** : France • **Tirage** : 130000 • **Bouclage** : 1 sem. avant pour la publicité, 2 sem. avant pour la rédaction

ON VOUS AURA PREVENU

✆ **06 60 76 15 33**
onvousauraprevenu@yahoo.fr • **www.ovap.fr**
c/o Tonton Patch • BP 61057 • 78131 **LES MUREAUX CEDEX**

Arno PATCHANKA (Rédacteur en chef)

OVAP.FR • **Périodicité** : Mensuelle • **Rayonnement** : Val d'Oise et Yvelines • **Tirage** : 25000 • **Bouclage** : 15 du mois précédent

PARIS CAPITALE

✆ **01 44 20 08 90**
jean-christophe.mary@club-internet.fr • **www.pariscapitale.com**
33, rue Galilée • 75016 **PARIS**

David SLAMA (Directeur général) • David RICHARD (Rédacteur en chef) • Michel DOUSSOT (Journaliste classique, jazz) • Jean-Christophe MARY (Journaliste rock, pop, électro, chanson, groove, world)

Périodicité : Mensuelle (10/an) • **Rayonnement** : National • **Tirage** : 65000 • **Bouclage** : Le 20 du mois

PARIS MÔMES

✆ **01 49 29 01 21** • fax 01 49 29 70 89
parismomes_mag@yahoo.fr • **www.parismomes.fr**
5 rue de Charonne • 75011 **PARIS**

Chantal HERRMANN (Directrice de la publication /Rédactrice en chef) • Maïa BOUTEILLET (Journaliste) • Orianne CHARPENTIER (Journaliste) • Aïcha DJARIR (Journaliste /Rédactrice en chef adjointe)

Périodicité : Bimestrielle • **Rayonnement** : Paris IDF • **Tirage** : 150000 • **Bouclage** : 3 sem.

PARISCOPE

✆ **01 41 34 73 83**
prenom.nom@lagardere-active.com
Imm. Omega • 9 rue Marie-Jeanne Bassot • 92300 **LEVALLOIS PERRET**

Nathalie PEJICIC (Directrice)

Périodicité : Hebdomadaire (mer.) • **Rayonnement** : Paris, Île-de-France • **Tirage** : 90000 • **Bouclage** : 3 sem. av.

PARISIANISME

✆ **01 44 88 27 34**
contact@parisianisme-magazine.com
www.parisianisme-magazine.com
33 rue de Grenelle • 75007 **PARIS**

Julien GARREC (Directeur de la rédaction) • Jaufré SIMONOT (Rédacteur en chef Art / Culture)

Périodicité : Bimestriel • **Rayonnement** : Paris (cible 25-50 ans) • **Tirage** : 20 000 ex.

Le PARISIEN (PARIS)

✆ **01 40 10 33 46** • fax 01 40 10 34 28
edition75@leparisien.presse.fr • **www.leparisien.fr**
25 av. Michelet • 93408 **ST OUEN CEDEX**

Maguelone BONNAUD (Service culture) • Eric LE MITOUARD (Chef adjoint de l'édition)

Périodicité : Quotidienne • **Rayonnement** : Paris

Le PAYS BRIARD

✆ **01 64 75 38 00** • fax 01 64 65 12 48
lepaysbriard@lepaysbriard.com • **lepaysbriard.fr**
18 rue Abel Prouharam • 77120 **COULOMMIERS**

Jean-Michel ROCHET (Rédacteur en chef) • Gérard ROGER (Journaliste)

Périodicité : Bi-hebdomadaire (mar. ven.) • **Rayonnement** : Centre de la Seine-et-Marne • **Tirage** : 12000 • **Bouclage** : 12h (lun. jeu.)

SPECTAMATIC-SPECTATEURS SERVICE

✆ **01 55 46 10 80** • fax 01 55 46 10 81
contact@spectateurs.fr • **www.spectateurs.fr**
5 rue Madame de Sanzillon • 92110 **CLICHY**

Vincent DE TOLEDO (Chef de rubrique) • Daniel COMBE (Directeur de la publication)

Périodicité : 1/an • **Rayonnement** : National • **Tirage** : 3000 • **Bouclage** : Fin juin

TÉLÉRAMA - SORTIR

✆ **01 55 30 55 30** • fax 01 45 22 08 26
nom.p@telerama.fr • **www.telerama.fr**
8 rue Jean-Antoine de Baïf • 75212 **PARIS CEDEX 13**

Frédéric PEGUILLAN (Rédacteur en chef délégué) • Erwan PERRON (Journaliste) • Anne BERTHOD (Journaliste musiques du monde) • Michel CONTAT (Journaliste jazz)

Périodicité : Hebdomadaire • **Rayonnement** : Ile-de-France • **Tirage** : 600000 • **Bouclage** : Oui

La TERRASSE

✆ **01 53 02 06 60** • fax 01 43 44 07 08
la.terrasse@wanadoo.fr • **www.journal-laterrasse.fr**
c/o Eliaz Éditions • 4 av. de Corbéra • 75012 **PARIS**

Dan ABITBOL (Directeur de la publication) • Jean-Luc CARADEC (Responsable Jazz et musiques du monde) • Jacques DENIS (Journaliste musique) • Vanessa FARA (Journaliste Jazz, musique du monde) • Matthieu DURAND (Journaliste)

Périodicité : Mensuelle • **Rayonnement** : Ile-de-France • **Tirage** : 80000

LANGUEDOC-ROUSSILLON

20 MINUTES (MONTPELLIER)

✆ **06 88 18 88 49**
montpellier@20minutes.fr • **www.20min.fr/montpellier**
BP 20 001 • 34570 **PIGNAN**

Jérome DIESNIS (Chef d'agence)

Périodicité : Quotidienne • **Rayonnement** : Montpellier et sa région • **Tirage** 23000 exemplaires

DIRECT MONTPELLIER

✆ **04 99 74 34 38**
www.bordeaux7.com
222 place Ernest-Granier, Bt A • Arche Jacques Coeur
34000 **MONTPELLIER**

Joël CANIS (Président directoire) • Alain PLOMBAT (Directeur de la publication) • Xavier DAVY GOUNEL (Journaliste)

Périodicité : Quotidienne • **Tirage** : 27568

La GAZETTE

✆ **04 67 06 77 77** • fax 04 67 58 79 37
laredaction@gazettedemontpellier.fr • **lagazette.fr**
13 pl. de la Comédie • CS 39530 • 34960 **MONTPELLIER CEDEX 2**

Valérie HERNANDEZ (Responsable de la culture) • Ghislaine ARBA-LAFFONT (Responsable agenda) • Lucile PINAULT (Journaliste musique)

Périodicité : Hebdomadaire (jeu.) • **Rayonnement** : Hérault • **Tirage** : 25000 • **Bouclage** : Lun.

L'HÉRAULT DU JOUR - LA MARSEILLAISE

✆ **04 67 06 88 70** • fax 04 67 92 56 56
lerayanne@lamarseillaise.fr • **journal-lamarseillaise.com**
4 rue de la République • 34000 **MONTPELLIER**

Jean-Marie DINH (Journaliste)

Périodicité : Quotidienne • **Rayonnement** : Hérault • **Tirage** : 78900

L'INDÉPENDANT (ÉDITION CATALAN)

✆ **04 68 64 88 88** • fax 04 68 64 88 38
redaction.ig@lindependant.com • **www.lindependant.com**
2 bd Pyrénées • 66607 **PERPIGNAN CEDEX**

Myriam GALY (Contact)

Périodicité : Quotidienne • **Rayonnement** : Pyrénées-Orientales, Aude • **Tirage** : 78920 • **Bouclage** : 14 j. avant

LET'S MOTIV MONTPELLIER

✆ **09 53 02 46 96**
redaction.med@letsmotiv.com • **www.letsmotiv.com**
BP 2172 • 34027 **MONTPELLIER CEDEX 1**

Laurent ROY (Directeur de la publication) • Ludovic DELEU (Responsable éditorial et rédacteur en chef) • Céline CAUVI (Agenda)

Périodicité : Mensuel • **Rayonnement** : Languedoc-Roussillon + Bouches du Rhone • **Tirage** : 20000 • **Bouclage** : Le 20

MAGAZINE OLÉ !

✆ **04 67 49 22 83** • fax 04 67 49 30 41
ole.mag@wanadoo.fr • **www.ole.com.fr**
31 rue Diderot • 34500 **BEZIERS**

Jean POUGNET (Journaliste)

Périodicité : Bimensuelle • **Rayonnement** : De Carcassonne (11) au Cap d'Agde (34) • **Tirage** : 20000 • **Bouclage** : Mar.

MIDI LIBRE

✆ **04 67 07 67 07** • fax 04 99 74 34 30
redac.chef@midilibre.com • **www.midilibre.com**
Le Mas de Grille • 34438 **ST JEAN DE VEDAS**

Jean-Marie GAVALDA (Chef de rubrique culture) • Eric DELHAYE (Journaliste service culture/Magazine) • Marc CAILLAUD (Journaliste rock) • Jean-François BOURGEOT (Journaliste service culture/magazine) • Jean-Claude POIZAT (Directeur de la publicité)

Périodicité : Quotidienne • **Rayonnement** : Languedoc-Roussillon, Aveyron • **Tirage** : 170000 • **Bouclage** : 19h (agence), 22h (siège)

MONTPELLIER PLUS

✆ **04 99 74 34 42** • fax 04 99 74 34 39
redaction@montpellier-plus.com
Arche Jacques Coeur • 222 pl. Ernest-Granier • bât. A • 34923 **MONTPELLIER CEDEX 09**

Alain PLOMBAT (Directeur de la publication) • Christine GINEL (Secrétaire de rédaction) • Sébastien HOEBRECHTS (Journaliste actualités)

Périodicité : Quotidienne • **Rayonnement** : Montpellier et agglomération • **Tirage** : 31000 • **Bouclage** : 20h

LIMOUSIN

L'ECHO
✆ **05 55 04 49 99** • fax 05 55 04 49 78
culture@l-echo.fr • **l-echo-info**
29 rue Claude Henri Gorceix • BP 1582 • 87022 **LIMOGES CEDEX 9**

Annie DEVAUX (Secrétaire de rédaction Supplément loisirs-culture)

Périodicité : Quotidienne (et supplément loisirs-culture hebdo) • **Rayonnement** : Creuse, Corrèze, Haute-Vienne, Dordogne, Indre • **Tirage** : 45769 • **Bouclage** : 1 sem. avant

INFO - LIMOUSIN
✆ **05 55 79 67 91** • fax 05 55 77 57 20
gerard.jean@infomagazine.com • **www.infomagazine.com**
8 cours Gay Lussac • 87000 **LIMOGES**

Marc FRANÇOIS (Rédacteur en chef à Clermont-Ferrand) • Gérard JEAN (Responsable de la rédaction à Limoges)

Périodicité : Hebdomadaire • **Rayonnement** : Haute-Vienne, Allier, Puy-de-Dôme • **Tirage** : 541 500 • **Bouclage** : 10 j. avant

Le POPULAIRE DU CENTRE
✆ **05 55 58 59 60** • fax 05 55 58 58 79
lepopulaire@centrefrance.com • **www.lepopulaire.fr**
Rue du Gal Catroux • BP 541 • 87011 **LIMOGES CEDEX 1**

Chris DUSSUCHAUD (Chef de service) • J.Francois JULIEN (Journaliste) • Stéphane MARMAIN (Journaliste) • Marie-Noëlle ROBERT (Journaliste)

Périodicité : Quotidienne • **Rayonnement** : Haute-Vienne, Creuse, Corrèze, Côte Atlantique (été seulement) • **Tirage** : 60000 • **Bouclage** : 1 j. avant

LORRAINE

L'EST REPUBLICAIN
✆ **03 83 59 80 54 / 03 83 59 80 26** • fax 03 83 59 80 13
remi.godeau@estrepublicain.fr • **www.estrepublicain.fr**
Houdémont • Rue Théophraste Renaudot
54185 **HEILLECOURT CEDEX**

Alain DUSSART (Rédacteur) • Philippe MARCACCI (Rédacteur en chef adjoint)

Périodicité : Quotidienne • **Rayonnement** : Meurthe-et-Moselle, Meuse, Haute-Saône, Vosges, Belfort, Doubs • **Tirage** : 199000

L'EST REPUBLICAIN (BAR LE DUC)
✆ **03 29 79 40 36** • fax 03 29 45 13 11
lerredacbar@estrepublicain.fr • **estrepublicain.fr**
31 pl. Reggio • 55000 **BAR LE DUC**

Pascal NAJEAN (Journaliste culture)

Périodicité : Quotidienne • **Rayonnement** : Meuse • **Bouclage** : 4 j. avant

Le REPUBLICAIN LORRAIN
✆ **03 87 34 17 89** • fax 03 87 34 17 90
LRLMaGaZINe@republicain-lorrain.fr • **www.republicain-lorrain.fr**
3 av. des 2 Fontaines • 57777 **METZ CEDEX 9**

Pierre WICKER (Directeur de la publication et de la rédaction) • Jean-Marc LAUER (Rédacteur en chef) • Michel BITZER (Chef de service magazine) • Paul-Marie PERNET (Rédacteur spectacles)

Périodicité : Quotidienne • **Rayonnement** : Moselle / Meurthe et Moselle nord • **Tirage** : 140000

SPECTACLES PUBLICATIONS
✆ **03 83 92 42 42** • fax 03 83 94 02 87
mep@spectaclespublications.com • **www.spectaclespublications.com**
22 rue François de Neufchâteau • BP 43722 • 54098 **NANCY CEDEX**

Marie-Elisabeth POUGET (Rédactrice en chef)

Périodicité : Mensuelle • **Rayonnement** : Nancy, Metz, Strasbourg, Dijon • **Tirage** : 120000 • **Bouclage** : Le 12

VOSGES MATIN
✆ **03 29 82 98 00** • fax 03 29 82 99 29
redaction@vosgesmatin.fr • **www.vosgesmatin.fr**

Catherine DAUDENHAN (Directrice départementale) • Adeline ASPER (Journaliste culture)

Périodicité : Quotidienne • **Rayonnement** : Vosges • **Tirage** : 50000 • **Bouclage** : La veille

MIDI-PYRÉNÉES

20 MINUTES (TOULOUSE)
✆ **05 34 30 93 00** • fax 05 34 30 93 09
toulouse@20minutes.fr • **www.20min.fr/toulouse**
6 rue de la Pomme • 31000 **TOULOUSE**

Lucie CAPDORDY (Directrice de Clientèle) • Catherine ROGEAU (Directrice de Clientèle) • Béatrice COLIN (Rédactrice) • Hélène MENAL (Rédactrice)

Périodicité : Quotidienne • **Tirage** : 37906/j

La DEPECHE DU MIDI
✆ **05 62 11 33 00** • fax 05 62 11 37 62
redaction31@ladepeche.fr • **www.ladepeche.fr**
Av. Jean Baylet • 31095 **TOULOUSE CEDEX 9**

Jean-Claude SOULERY (Rédacteur en chef et éditorialiste) • Pierre MATHIEU (Journaliste pages spéciales) • Jean-Marc LE SCOUARNEC (Journaliste et pages spectacles) • Christine ROTH-POYO (Journaliste culture) • Sophie VIGROUX (Journaliste culture)

Périodicité : Quotidienne • **Rayonnement** : 12 dpts • **Tirage** : 250000 • **Bouclage** : 1 mois avt

La DEPECHE DU MIDI (ALBI)
✆ **05 63 49 45 65** • fax 05 81 82 57 62
redaction81@ladepeche.fr • **www.ladepeche.fr**
2 rue de l'Hôtel de Ville • 81000 **ALBI**

Eric BERGER (Rédacteur départemental) • Alain-Marc DELBOUYS (Adjoint)

Périodicité : Quotidienne • **Rayonnement** : Tarn • **Tirage** : 27137 • **Bouclage** : 00 h

La DEPECHE DU MIDI (CAHORS)
✆ **05 65 36 09 40**
redaction46@ladepeche.fr • **www.ladepeche.fr**
31 bd Gambetta • 46000 **CAHORS**

Laurent BENAYOUN (Rédacteur en chef et journaliste)

Périodicité : Quotidienne • **Rayonnement** : Lot

La DEPECHE DU MIDI (FOIX)
✆ **05 61 05 45 00** • fax 05 61 05 45 01
redaction09@ladepeche.fr • **www.ladepeche.fr**
1 pl. du Champ de Mars • BP 40038 • 09002 **FOIX CEDEX**

Arnaud PAUL (Responsable) • Laurent GAUTHEY (Responsable adjoint)

Périodicité : Quotidienne • **Rayonnement** : Ariège • **Tirage** : 17000

La DEPECHE DU MIDI (RODEZ)
✆ **05 65 68 15 71** • fax 05 65 68 70 08
redaction12@ladepeche.fr • **www.ladepeche.fr**
6 rue Louis Blanc • BP 325 • 12000 **RODEZ**

Evelyne CABRIT (Journaliste musique) • Denis SLAGMULDER (Journaliste musique) • Hervé BOUCLEINVILLE (Chef d'agence)

Périodicité : Quotidienne • **Rayonnement** : Aveyron

FLASH LE MENSUEL LA CULTURE ET SON ENVIRONNEMENT
✆ **05 61 43 80 14** • fax 05 61 44 22 37
flashebdo@wanadoo.fr • **www.flashebdo.com**
6/8 rue de Bagnolet • BP 32334 • 31023 **TOULOUSE CEDEX 1**

Françoise BOUYER (Rédactrice en chef) • Stéphane HENRIQUES (Musique) • Nadine TUDELA (Secrétaire de rédaction)

Périodicité : Mensuel • **Rayonnement** : Grand Toulouse • **Tirage** : 10000 (36 pages A4) • **Bouclage** : 1 mois avt

INTRAMUROS MENSUEL
✆ **05 61 59 98 01** • fax 05 61 59 00 65
contact@intratoulouse.com • **www.intratoulouse.com**
c/o OMG Productions-Editions • BP 93120 • 31026 **TOULOUSE CEDEX**

Frédérica BOURGEOIS (Responsable publicité) • Eric ROMERA (Responsable rédaction) • Michel CASTRO (Journaliste rock)

Périodicité : Mensuelle • **Rayonnement** : Local • **Tirage** : 30000 • **Bouclage** : 2 sem. av.

METRO TOULOUSE
✆ **05 34 44 13 02**
prenom.nom@publications-metro.fr • **www.metronews.fr**
12 rue Gabriel Perri • 31000 **TOULOUSE**

Philippe FONT (Reporter Toulouse)

Périodicité : Quotidienne

La NOUVELLE REPUBLIQUE DES PYRENEES

✆ **05 62 44 05 05** • fax 05 62 44 05 24
jean-louis.toulouze@nrpyrenees.com • **www.nrpyrenees.com**
54 av. Bertrand Barrère • BP 730 • 65007 **TARBES CEDEX**

Jean-Louis TOULOUZE (Rédacteur en chef) • Dimitri GERMAIN (Rubrique culture) • Eric BENTAHAR (« Trucs de ouf »)

Périodicité : Quotidienne • **Rayonnement** : Hautes-Pyrénées • **Tirage** : 13 000 • **Bouclage** : 20h

RAMDAM

✆ **05 34 31 26 31** • fax 05 34 31 26 30
info@ramdam-magazine.com • **www.ramdam-magazine.com**
51 rue des Paradoux • 31000 **TOULOUSE**

Pierre COMBES (Directeur de la rédaction) • Virginie PEYTAVI (Rédactrice en chef / journaliste chanson française, rock) • Jean SZUREWSKI (Pigiste cinema et musiques actuelles)

Périodicité : Bimestrielle • **Rayonnement** : Midi-Pyrénées • **Tirage** : 20 000 • **Bouclage** : 1 mois avant

SORTIR EN TARN-ET-GARONNE

✆ **05 63 91 83 96** • fax 05 63 66 78 38
contact@adda82.fr • **www.adda.cg82.fr**
c/o Adda 82 • Hôtel du département • BP 783
82013 **MONTAUBAN CEDEX**

Jean-Marc JOUANY (Chargé de communication)

Périodicité : Mensuelle • **Rayonnement** : Tarn-et-Garonne • **Tirage** : 5 000 de oct. à juin et 25 000 pour l'été • **Bouclage** : Le 10 du mois précédent

SUD OUEST (AUCH)

✆ **05 62 60 33 33** • fax 05 62 60 33 39
auch@sudouest.fr • **www.sudouest.fr**
55 rue de Lorraine • 32000 **AUCH**

Philippe ANDREOULIS (Directeur départemental) • Audrey DURAN (Responsable commerciale) • Jean-Charles GALIATY (Chef de rédaction adjoint)

Périodicité : Quotidienne • **Rayonnement** : Gers • **Bouclage** : 21h

SUR LES RAILS

✆ **05 65 23 00 74** • fax 05 65 35 69 33
redacslr@gmail.com • **www.magazine-slr.fr**
133 rue Brives • 46000 **CAHORS**

Laurent DE MUNCK (Directeur) • Magali LIARSOU (Rédacteur en chef) • Stéphane VANSTAEN (Rédacteur métal)

Periodicité : Mensuelle • **Rayonnement** : Midi-Pyrénées, et départements 24, 47, 19, 87, 64, 15, 11 • **Tirage** : 20 000 • **Bouclage** : Le 18

NORD - PAS-DE-CALAIS

20 MINUTES (LILLE)

lille@20minutes.fr • **www.20minutes.fr/lille**
2 rue du Priez • 59800 **LILLE**

Virginie FRANCOIS (Directrice clientèle) • Thibaut NOYER (Chef de publicité) • Gilles DURAND (Journaliste) • Antoine PECQUET (Pigiste)

Périodicité : Quotidienne • **Tirage** : 61 123/j

AUTREMENT DIT

✆ **03 28 38 18 88 / 03 20 13 18 81** • fax 03 20 15 26 36
jblanchet@autrementdit.com • **www.autrementdit.com**
130 rue Nationale • BP 1353 • 59015 **LILLE CEDEX**

Jean-Claude BRANQUART (Rédacteur en chef)

Périodicité : Mensuelle • **Rayonnement** : Picardie, Belgique, Nord-Pas-de-Calais, Kent (Angleterre) • **Tirage** : 17 000 • **Bouclage** : Mar. midi

COTONTIGE

✆ **03 28 04 56 64** • fax 03 28 04 56 60
annesc@agauchedelalune.com • **www.agauchedelalune.com**
9 rue du Rempart • 59000 **LILLE**

Anne-Sophie GADREY (Rédactrice en chef) • Perrine CHEVALON (Rédacteur en chef musique)

Périodicité : Trimestrielle • **Rayonnement** : Nord-Pas-de-Calais • **Tirage** : 25 000 ex., quadri • **Bouclage** : Début jan., mi-mars, mi-sep.

CROIX DU NORD

✆ **03 20 55 42 60** • fax 03 20 06 01 51
contact@croixdunord.com • **www.croixdunord.com**
33 rue Négrier • BP 29 • 59009 **LILLE CEDEX**

Thomas LEVIVIER (Rédacteur en chef)

Périodicité : Hebdomadaire • **Rayonnement** : Nord-Pas-de-Calais • **Tirage** : 12 000 • **Bouclage** : Mer. soir

DIRECT MATIN LILLE PLUS

✆ **03 20 44 80 00** • fax 03 20 44 33 55
contact@directlille.com • **www.bordeaux7.com**
29 rue Esquermoise • 59800 **LILLE**

Sébastien DUPREZ (Directeur opérationnel) • Adeline BOLDODUCK (Rédactrice en chef)

Périodicité : Quotidienne • **Tirage** : 56 870

LET'S MOTIV NORD

✆ **03 62 64 80 09** • fax 03 62 64 80 07
redaction.nord@letsmotiv.com • **www.letsmotiv.com**
114 rue Barthélémy Delespaul • 59000 **LILLE**

Nicolas PATTOU (Directeur et rédacteur en chef) • Thibaut ALLEMAND (Service de rédaction)

Périodicité : Mensuelle • **Rayonnement** : Lille Métropole, Nord-Pas-de-Calais, Belgique • **Tirage** : 35 000 • **Bouclage** : Le 10 du mois précédent

LIBERTE HEBDO

✆ **03 28 36 88 50** • fax 03 20 30 11 76
libertehebdo@nordnet.fr • **www.libertehebdo.com**
6bis rue Salengo Roger • BP 70004 • 59007 **LILLE CEDEX**

Bruno CADEZ (Rédacteur en chef)

Périodicité : Hebdomadaire (ven.) • **Rayonnement** : Nord • **Tirage** : 7 000 • **Bouclage** : 12h jeu.

METRO LILLE

✆ **03 20 74 66 67**
prenom.nom@publications-metro.fr • **www.metronews.fr**
11 rue Maurel • 59000 **LILLE**

Mathieu PAGURA (Reporter Lille)

Périodicité : Quotidienne

NORD ÉCLAIR

✆ **03 62 23 80 01** • fax 03 62 23 80 57
roubaix@nordeclair.fr • **www.nordeclair.fr**
65 rue de l'union • 59200 **TOURCOING**

Jean-François REBISCHUNG (Chef d'édition)

Périodicité : Quotidienne • **Rayonnement** : Lille, Roubaix, Tourcoing, Bassin minier (Lens) • **Tirage** : 40 000

NORD LITTORAL

✆ **03 21 19 12 12** • fax 03 21 19 12 10
courrier@nordlittoral.fr • **www.nord-littoral.fr**
91 bd Jacquard • BP 108 • 62102 **CALAIS CEDEX**

Henri DESVIGNES (Rédacteur en chef) • Philippe HENON (Rédacteur en chef adjoint / responsable cahier culture) • Marie-France HEMBERT (Journaliste culture)

Périodicité : Quotidienne • **Tirage** : 10 000 • **Bouclage** : 22h

PRESTO

✆ **03 20 17 06 91** • fax 03 20 17 06 92
presto@free.fr • **www.presto.presse.fr**
10 place Antoine Tacq • 59012 **LILLE CEDEX**

Patrick FELIX (Rédacteur en chef)

Périodicité : Mensuelle • **Tirage** : 25 000

La VOIX DU NORD

✆ **03 20 78 40 71** • fax 03 20 78 42 94
p.nom@lavoixdunord.fr • **www.lavoixdunord.fr**
8 pl. du Gal de Gaulle • BP 549 • 59023 **LILLE CEDEX**

Jean-Michel BRETONNIER (Rédacteur en chef) • Catherine PAINSET (Journaliste /Coordinatrice art et spectacle métropole lilloise) • Jean-Marc PETIT (Journaliste classique et world music) • Christian VINCENT (Journaliste jazz) • Anne COURTEL (Journaliste chanson française) • Laurent DECOTTE (Journaliste rock)

Périodicité : Quotidienne • **Rayonnement** : Nord-Pas-de-Calais, Aisne, Somme • **Tirage** : 380 000 • **Bouclage** : 10 j. avant

PAYS DE LA LOIRE

20 MINUTES (NANTES)

✆ **02 40 89 92 70** • fax 02 40 89 92 79
nantes@20minutes.fr • **www.20min.fr/nantes**
8 rue Elie-Delaunay • 44000 **NANTES**

David FUMERON (Chef de publicité) • Florent BASIN (Chef de publicité)

Périodicité : Quotidienne • **Tirage** : 30461/j

Le BIDUL

✆ **02 44 02 53 57**
lebidul@live.fr • **www.lebidul.com**
C/o les Arts Services • 13 route de Milon
72540 **AMNE EN CHAMPAGNE**

Catherine PILETTE (Responsable)

Périodicité : Mensuelle • **Rayonnement** : Sarthe et déps. limitrophes (Orne, Mayenne, Maine & Loire, Loir & Cher, Eure, Indre & Loire) • **Tirage** : 3000 • **Bouclage** : 24 de chaque mois

BOUGER EN MAYENNE

✆ **06 73 00 91 05**
info@bouger-en-mayenne.com • **www.bouger-en-mayenne.com**
6 rue Jean de la Fontaine • 53960 **BONCHAMP LES LAVAL**

Gauthier WLOCHOVSKI (Directeur de la publication)

Périodicité : Mensuelle • **Rayonnement** : Mayenne • **Tirage** : 15000 • **Bouclage** : 15 mois précédent

Le COURRIER DE L'OUEST

✆ **02 41 68 86 88** • fax 02 41 44 31 43
secretariat.redac-chef.angers@courrier-ouest.com
www.courrierdelouest.fr
4 bd Albert Blanchoin • BP 10728 • 49007 **ANGERS CEDEX 1**

Jean-Paul BRUNEL (Directeur de la rédaction Directeur général délégué)

Périodicité : Quotidienne • **Rayonnement** : Maine-et-Loire, Deux-Sèvres • **Tirage** : 120000 • **Bouclage** : 1 j. avant

Le COURRIER DE LA MAYENNE

✆ **02 43 59 10 40** • fax 02 43 49 03 91
redaction@courrierdelamayenne.com
www.lecourrierdelamayenne.fr
108 rue Victor Boissal • BP 529 • 53005 **LAVAL CEDEX**

Jean-Michel DESAUNAI (Rédacteur en chef) • Julien MOREAU (Responsable musique, culture)

Périodicité : Hebdomadaire • **Rayonnement** : Départemental • **Tirage** : 33000 • **Bouclage** : Mar. (12h)

HAUT PARLEUR

✆ **02 40 66 55 01 / 06 07 85 47 27**
contact@popamine.com • **www.lehautparleur.com**
10 passage Jean Jaurès • 44600 **ST NAZAIRE**

David DAUNIS (Directeur) • Betty LE MELLAY (Journaliste)

Périodicité : Mensuelle • **Rayonnement** : La métropole Nantes-Saint Nazaire • **Tirage** : Entre 12 et 15000 • **Bouclage** : Le 18 du mois précédent

KOSTAR

✆ **02 40 47 74 75** • fax 02 40 89 74 89
redaction@kostar.fr • **www.kostar.fr**
2 ter rue des Olivettes • cs33221 • 44032 **NANTES CEDEX 1**

Patrick THIBAULT (Directeur de la publication) • Arnaud BÉNUREAU (Responsable éditorial / journaliste musique) • Julien COUDREUSE (Rédacteur)

Périodicité : Bimestrielle • **Rayonnement** : Angers, Nantes, Rennes • **Tirage** : 30000 (été : 40000) • **Bouclage** : 15 j. av.

Le MOIS NANTAIS - IMPRIMEDIA

✆ **02 40 12 75 75** • fax 02 40 12 75 74
info@imprimedia.com • **www.imprimedia.com**
2 rue Crucy • BP 60515 • 44005 **NANTES CEDEX 1**

Laurent CHARLIOT (Rédacteur)

Périodicité : Mensuelle • **Rayonnement** : Agglomération nantaise • **Tirage** : 40000 ex. • **Bouclage** : Le 15

OUEST FRANCE (NANTES)

✆ **02 40 44 69 69** • fax 02 40 44 69 61
redaction.nantes@ouest-france.fr • **www.ouest-france.fr**
2 quai François Mitterrand • BP 80319 • 44203 **NANTES CEDEX 2**

Béatrice LIMON (Chef de rédaction) • Isabelle LABARRE (Journaliste culture) • Véronique ESCOLANO (Journaliste culture) • Daniel MORVAN (Journaliste culture) • Yves AUMONT (Journaliste multimédia) • Didier BLIN (Journaliste culture)

Périodicité : Quotidienne • **Rayonnement** : Loire-Atlantique • **Tirage** : 112000

PLANETE WEST

resaprod44@free.fr • **www.resaprod.fr**
35 bd Paul Perrin • 44600 **ST NAZAIRE**

Zack MOULLEC (Directeur de la publication) • Alex DELWEST (Rédacteur)

Périodicité : Mensuelle • **Rayonnement** : Ouest du dep. Loire-Atlantique et Sud-Morbihan (56) de Muzillac à Pornic en passant par St Nazaire, La Baule, Pornichet, Guérande, Pont-Chateau, Savenay, etc. • **Tirage** : 12000, (20000 l'été) • **Bouclage** : 10 j. av. parution

PRESSE OCEAN

✆ **02 40 44 24 00** • fax 02 40 44 24 40
redac.locale.nantes@presse-ocean.com • **www.presseocean.fr**
15 rue Deshoulières • 44000 **NANTES**

Stéphane PAJOT (Référant culture) • Philippe CORBOU (Rédacteur culture)

Périodicité : Quotidienne • **Rayonnement** : Nantes et Loire-Atlantique • **Tirage** : 35000

PULSOMATIC

✆ **02 40 35 31 31** • fax 02 40 35 29 59
info@pulsomatic.com • **www.pulsomatic.com**
14 rue de l'arche sèche • 44000 **NANTES**

Ellen BENCINA (Rédactrice en chef)

Périodicité : Mensuelle • **Rayonnement** : Régional • **Tirage** : 30000 • **Bouclage** : 3 semaines av.

Le SCÉNO

✆ **06 32 90 57 71 / 09 82 36 50 60**
info@sceno.fr • **www.sceno.fr**
3 rue Tharreau • 49100 **ANGERS**

Alexandre LE TARGAT (Responsable) • Suzie MACEL (Rédactrice)

Périodicité : Mensuellle • **Rayonnement** : Maine-et-Loire • **Tirage** : 20000 • **Bouclage** : Le 20

WIK (NANTES)

✆ **02 40 47 74 75** • fax 02 40 89 74 89
redacwik@mcomedia.fr • **www.wik-lesite.fr**
2 ter rue des Olivettes • CS 33221 • 44032 **NANTES CEDEX 01**

Patrick THIBAULT (Directeur de la publication) • Arnaud BÉNUREAU (Rédacteur en chef / journaliste)

Périodicité : Bi-mensuel (mer.) • **Rayonnement** : Loire-Atlantique • **Tirage** : 30000 • **Bouclage** : Jeu.

WIK (RENNES)

✆ **02 40 47 74 75** • fax 02 51 82 00 06
c/o MCO • 2 ter rue des Olivettes • cs33221 • 44032 **NANTES CEDEX 01**

Patrick THIBAULT (Directeur de la publicité) • Julien COUDREUSE (Rédacteur)

Périodicité : Bi-mensuel (mer.) • **Rayonnement** : Loire-Atlantique • **Tirage** : 20000 ex • **Bouclage** : Jeu.

Le YÉTY

✆ **02 41 96 13 40** • fax 02 41 96 13 49
jsimonneau@lechabada.com • **www.lechabada.com**
c/o L'association ADRAMA-Chabada • 56 bd du Doyenné • 49000 **ANGERS**

Jerôme SIMONNEAU (Responsable)

Périodicité : Trimestrielle • **Rayonnement** : Angers, Maine-et-Loire, envois en France • **Tirage** : 15000

PICARDIE

L'AISNE NOUVELLE

✆ **03 23 06 36 36** • fax 03 23 64 26 06
redactionstq@aisnenouvelle.fr • **www.aisnenouvelle.fr**
10 Bd Henri Martin • 02100 **ST QUENTIN**

Nasséra LOUNASSI (Rédaction locale)

Périodicité : Ts les lun., mar., jeu. et sam. • **Rayonnement** : Départemental • **Tirage** : 25850

Le COURRIER PICARD

✆ **03 22 82 60 00** • fax 03 22 82 60 11
a.prevot@courrier-picard.fr • **www.courrier-picard.fr**
29 rue de la République • CS 40 752 • 80010 **AMIENS CEDEX 1**

David GUEVART (Rédacteur en chef) • Claudine MARILLOT (Responsable du magazine) • Laetitia BERTRAND (Responsable de la communication et promotion) • Philippe LACOCHE (Journaliste musique)

Périodicité : Quotidienne • **Rayonnement** : Oise, Somme, Aisne • **Tirage** : 70000

Le PARISIEN - L'OISE MATIN

✆ **03 44 55 85 85** • fax 03 44 55 31 60
oisematin@leparisien.fr • **www.leparisien.fr**
29 av. Jules Uhry • 60100 **CREIL**

Frédéric NOURY (Reporter) • Nicolas SÉVAUX (Chef d'édition) • Nicolas MAVIEL (Adjoint) • Jean-Philippe GAILLARD (Adjoint)

Périodicité : Quotidienne • **Rayonnement** : Oise

POITOU-CHARENTES

AFFICHE HEBDO

✆ **05 49 60 21 60** • fax 05 49 60 83 50
affiche86@interpc.fr • **www.affichehebdo.fr**
2 ter rue des Transporteurs • BP 81165 • 86003 **POITIERS CEDEX 9**

Pascal DUPUIS (Coordinateur de la rédaction)

Périodicité : Mensuelle • **Rayonnement** : Vienne • **Tirage** : 15000 • **Bouclage** : Le 15 du mois précédent

CENTRE PRESSE

✆ **05 49 55 55 70** • fax 05 49 60 36 60
redaction@nr-cp.fr • **www.centre-presse.fr**
1 ter rue du moulin à vent • BP 119 • 86003 **POITIERS CEDEX**

Alain DEFAYE (Directeur départemental) • Delphine NOYON (Directrice départementale adjointe) • Marion LOUDIYI (Chef de rubrique culture)

Périodicité : Quotidienne • **Rayonnement** : Vienne (86) • **Tirage** : 22 500 • **Bouclage** : La veille

La CHARENTE LIBRE

✆ **05 45 94 16 00** • fax 05 45 94 17 19
ch.lasaires@charentelibre.fr • **www.charentelibre.com**
Z n° 3 • 16903 **ANGOULEME CEDEX 9**

Françoise DIGEL (Rédactrice) • Christelle LASAIRES (Journaliste) • Richard TALLET (Journaliste) • Florence HUORD (Administration)

Periodicité : Quotidienne • **Rayonnement** : Charente • **Tirage** : 42000 • **Bouclage** : 10 j. av.

La NOUVELLE REPUBLIQUE DU CENTRE OUEST (POITIERS)

✆ **05 49 60 36 36** • fax 05 49 60 36 60
nr.poitiers@nrco.fr • **www.lanouvellerépublique.fr**
1 ter rue du moulin à vent • BP 119 • 86003 **POITIERS CEDEX**

Alain DEFAYE (Directeur départemental) • Delphine NOYON (Directrice départementale adjoint) • Marion LOUDIYI (Chef de rubrique culture)

Périodicité : Quotidienne • **Rayonnement** : Vienne • **Tirage** : 32000

SORTIR LABEL CHARENTE

✆ **05 45 94 83 64 / 06 80 87 93 69**
contact@sortir16.net • **www.sortir16.net**
70 Pl de l'Eglise • 16430 **CHAMPNIERS**

Patricia FOURGEAUD (Rédactrice en chef) • Marc WEHRLE (Directeur de la publication)

Périodicité : Mensuelle • **Rayonnement** : Régional • **Tirage** : 28000 + 5000 l'été

PROVENCE - ALPES - CÔTE D'AZUR

20 MINUTES (MARSEILLE)

✆ **04 91 33 59 43** • fax 04 91 54 17 57
marseille@20minutes.fr • **www.20minutes.fr/marseille**
38 rue Breteuil • 13006 **MARSEILLE**

Romain CRABETT (Directeur clientèle) • Ketty MANZI (Chef de publicité) • Amandine RANCOULE (Journaliste) • Mickael PENVERNE (Journaliste) • Caroline DELABROY (Pigiste)

Périodicité : Quotidienne • **Tirage** : 54547/j

20 MINUTES (NICE - CANNES)

✆ **06 20 79 16 83**
agencenicepresse@gmail.com • **www.20min.fr/nice**
4 rue Sainte-Réparate • 06300 **NICE**

Jean-Christophe MAGNENET (Journaliste - Rédacteur)

Périodicité : Quotidienne • **Rayonnement** : Départemental

CESAR

✆ **04 90 18 87 70** • fax 04 90 96 57 11
redac@cesar.fr • **www.cesar.fr**
2 rue Réattu • 13200 **ARLES**

Marianne BARTOLI (Directrice de la publication) • Franck TENAILLE (Rédacteur en chef /responsable musiques)

Périodicité : Mensuelle + 2 HS/an. • **Rayonnement** : 13, 30, 34, 84, 83, 04, 05, 06, 20 • **Tirage** : 35000 • **Bouclage** : Dernière sem. de chq mois

Le COMTADIN L'HEBDO

✆ **04 90 80 66 33** • fax 04 90 82 20 10
a.bosc@riccobono.fr
4 rue de la République • BP 202 • 84009 **AVIGNON CEDEX 1**

Annie BOSC (Chef d'agence)

Périodicité : Hebdomadaire • **Rayonnement** : Vaucluse, Gard, Bouches-du-Rhône • **Tirage** : 10000 • **Bouclage** : Le mer.

DAUPHINE LIBERE - VAUCLUSE MATIN

✆ **04 90 16 78 00** • fax 04 90 16 78 40
centre.avignon@vauclusematin.com • **www.ledauphine.com**
23 rue de la République • 84000 **AVIGNON**

Alain ROUX (Directeur départemental) • Jean-Louis PRADELLE (Chef de centre)

Périodicité : Quotidienne • **Rayonnement** : Départemental • **Tirage** : 17000 • **Bouclage** : 22h30

DIRECT AIX PLUS

✆ **04 91 84 80 00** • fax 04 91 84 80 00
redaction@aixplus.com • **www.bordeaux7.com**
Direct Marseilleplus • 248 avenue Roger-Salengro
13902 **MARSEILLE CEDEX 20**

Guilhem RICAVY (Responsable de la rédaction Aix en Provence)

Périodicité : Quotidienne

IN SITU - AGENDA CULTUREL

✆ **04 96 11 04 60**
info@espaceculture.net • **www.espaceculture.net**
Espace Culture • 42 La Canebière • 13001 **MARSEILLE**

Jean-Jacques GILLIARD (Directeur) • Isabelle LESIEUR (Chargée de communication)

Agenda culturel • **Périodicité** : Mensuelle & h.s. été • **Rayonnement** : Marseille • **Tirage** : 17000 (« Eté à Marseille » : 25000) • **Bouclage** : Le 10

La MARSEILLAISE

✆ **04 91 57 75 00** • fax 04 91 57 75 99
apateffoz@lamarseillaise.fr • **www.lamarseillaise.fr**
17-19 cours d'Estienne d'Orves • BP 1862 • 13001 **MARSEILLE**

Antoine PATEFFOZ (Chef de service culture) • Cédric COPPOLA (Journaliste musiques actuelles) • Nathalie FREDON (Journaliste)

Périodicité : Quotidienne • **Rayonnement** : Vaucluse, Var, BDR, Alpes-de-Haute-Provence, Gard, Hérault • **Tirage** : 80000 • **Bouclage** : Avant minuit

METRO MARSEILLE

julien.dukmedjian@publications-metro.fr • **www.metronews.fr**
35 cours Pierre Puget • 13006 **MARSEILLE**

Eric MIGUET (Journaliste)

Périodicité : Quotidienne • **Tirage** : 65000

METRO NICE/CANNES

✆ **04 93 80 09 58**
prenom.nom@publications-metro.fr • **www.metrofrance.com**
30 avenue Jean Medecin • 06000 **NICE**

Périodicité : Quotidienne

NICE MATIN
✆ **04 93 18 28 38** • fax 04 93 18 28 28
magazine@nicematin.fr • **www.nicematin.fr**
214 route de Grenoble • 06290 **NICE CEDEX 3**

Olivier BISCAYE (Directeur de la rédaction du groupe Nice Matin) • Christelle LEFÈBVRE (Chef de service culture et loisirs) • Jean-Philippe DUPUY (Journaliste) • Roger ANTECH (Rédacteur en chef Corse Matin)

Périodicité : Quotidienne • **Rayonnement** : Régional • **Tirage** : 300000 • **Bouclage** : 23h30

Le PATRIOTE
✆ **04 97 00 09 05** • fax 04 97 00 09 01
redaction@le-patriote.info • **www.le-patriote.info**
3 passage Macari • 06300 **NICE**

Jacques-André CLOSSE (Gérant) • Lidice MOZES (Journaliste) • Julien CAMY (Rédacteur en chef) • Rafaël FARDOULIS (Journaliste)

Périodicité : Hebdomadaire • **Tirage** : 12000 • **Bouclage** : Le mer.

La STRADA
✆ **04 92 12 22 50** • fax 04 92 12 22 51
info@la-strada.net • **www.facebook.com/journal.lastrada**
306 route des Vespins • 06700 **ST LAURENT DU VAR**

Michel SAJN (Directeur de la publication /Rédacteur en chef) • Olivier GUENIFFEY (Secrétaire de rédaction)

Périodicité : Bimensuelle • **Rayonnement** : Alpes-Maritimes, Var et Monaco • **Tirage** : 35000 à l'année / 100000 l'été • **Bouclage** : 10 j. avt

VENTILO
✆ **06 14 94 68 95 / 04 91 58 16 84** • fax 04 91 58 07 43
ventiloredac@gmail.com • **www.journalventilo.fr**
Association Aspiro • 28 rue Arago • 13005 **MARSEILLE**

Cynthia CUCCHI (Rédactrice en chef) • Jordan SAISSET (Responsable musique) • Damien BOEUF (Directeur artistique) • Franklin ASSOULINE (Responsable de la communication) • Renaud TOURTET (Chargé de diffusion)

Périodicité : Bimensuelle • **Rayonnement** : Marseille-Provence • **Tirage** : 23000 • **Bouclage** : Lun. 12h

RHÔNE-ALPES

20 MINUTES (GRENOBLE)
20minutes-grenoble@pleinstitres.fr • **www.20min.fr/grenoble**
1 rue des Pins • 38000 **GRENOBLE**

Manuel PAVARD (Rédacteur)

Périodicité : Quotidienne • **Rayonnement** : Grenoble et sa région

20 MINUTES (LYON)
✆ **04 78 42 74 96** • fax 04 78 42 73 10
lyon@20minutes.fr • **www.20minutes.fr/lyon**
50/52 bd Haussmann • CS 10300 • 75427 **PARIS CEDEX 09**

Jérôme SOLEYMIEUX • Catherine MAHÉ

Périodicité : Quotidienne • **Tirage** : 75534/j

491
✆ **04 74 04 25 71 / 06 82 37 53 38 / 06 13 07 06 97**
491@wanadoo.fr • **www.491.fr**
210 rue de la voûte • 69910 **VILLIE MORGON**

Bruno PIN (Rédacteur en chef) • Anne HUGUET (Rédactrice musique)

Périodicité : Mensuelle • **Rayonnement** : Rhône-Alpes • **Tirage** : 35000 • **Bouclage** : Le 15 de chaque mois

BEAUX QUARTIERS
✆ **04 76 41 16 91**
beaux-quartiers@orange.fr • **www.beaux-quartiers.com**
2 rue d'Oran • 69001 **LYON**

Jacques BAILLEUX (Directeur de la publication) • Alice BAILLEUX (Directrice de la publication) • Vincent RAYMOND (Rédacteur en chef) • Elodie FROST (Chef de publicité)

Périodicité : Trimestriel • **Rayonnement** : Lyon, Grenoble • **Tirage** : 30000 ex.

Le DAUPHINÉ LIBÉRÉ
✆ **04 76 88 71 00** • fax 04 76 85 80 20
centre.veurey@ledauphine.com • **www.ledauphine.com**
Les Îles-Cordées • 38913 **VEUREY CEDEX**

Jean-Pierre SOUCHON (Rédacteur en chef)

Périodicité : Quotidienne • **Rayonnement** : Sud-est de la France • **Tirage** : 324492

DIRECT LYON PLUS
lypinfo@lyonplus.com • **www.lyonplus.com**
4 rue Paul Montrochet • 69002 **LYON**

Georges SERMET (Responsable de la rédaction) • Bruno COLAS (Responsable commercial) • Guillaume BERAUD (Journaliste culture, spectacle) • Christelle LALANNE (Journaliste) • Laurence CORDONIER (Publicité)

Périodicité : Quotidienne • **Tirage** : 75000

LYON CAPITALE
✆ **04 72 98 26 45** • fax 04 72 98 05 02
webredaction@lyoncapitale.fr • **www.lyoncapitale.fr**
113 av. Sidoine Apollinaire • 69009 **LYON**

Mathieu CHIÊU AN THAI (Directeur de la rédaction) • Raphaël RUFFIER-FOSSOUL (Rédacteur en chef) • Agnès VÉZIRIAN (Directrice de la communication)

Périodicité : Mensuelle • **Rayonnement** : Lyon et région • **Tirage** : 30000 • **Bouclage** : Le 20 du mois

Le MESSAGER
✆ **04 50 92 54 00 / 06 82 59 67 74** • fax 04 50 38 72 39
redactionannemasse@lemessager.fr • **www.lemessager.fr**
18 rue germain Sommeiller • 74100 **ANNEMASSE**

Steeve BLANC (Chef d'agence) • Yves GALLARD (Journaliste) • Philippe VACHEY (Journaliste)

Périodicité : Hebdomadaire (jeu.) • **Rayonnement** : Savoie, Haute-Savoie, Ain • **Tirage** : 25000 • **Bouclage** : 12h mar.

METRO LYON
✆ **04 72 77 01 92**
prenom.nom@publications-metro.fr • **www.metronews.fr**
25 rue Paul Chenavard • 69001 **LYON**

Pierre-Alexandre BEVAND (Chef d'agence Lyon)

Périodicité : Quotidienne • **Tirage** : 60000

Le PETIT BULLETIN GRENOBLE
✆ **04 76 84 44 60** • fax 04 76 21 25 11
grenoble@petit-bulletin.fr • **www.petit-bulletin.fr**
12 rue Ampère • 38000 **GRENOBLE**

Magali PALIARD-MORELLE (Directrice de la publication) • Aurelien MARTINEZ (Rédacteur en chef) • Laetitia GIRY (agenda)

Périodicité : Hebdomadaire • **Rayonnement** : Grenoble et + • **Tirage** : 45000 • **Bouclage** : Lun.

Le PETIT BULLETIN LYON
✆ **04 72 00 10 20** • fax 04 72 00 08 60
lyon@petit-bulletin.fr • **www.petit-bulletin.fr**
16 rue du Garet • BP 1130 • 69203 **LYON CEDEX**

Marc RENAU (Directeur de la publication) • Benjamin MIALOT (Rédacteur en chef)

Périodicité : Hebdomadaire • **Rayonnement** : Lyon et + • **Tirage** : 60000 ex. • **Bouclage** : Ven.

Le PROGRÈS
✆ **04 72 22 23 23**
lprtempslibre@leprogres.fr • **www.leprogres.fr**
4 rue Paul Montrochet • 69002 **LYON**

Francoise MONNET (Chef de rubrique culture)

Périodicité : Quotidienne • **Rayonnement** : Régional • **Tirage** : 270000

Le RÉVEIL DU VIVARAIS
✆ **04 75 69 25 80**
redaction@reveil-vivarais.fr • **www.reveil-vivarais.fr**
49 av. de l'Europe • BP 70 051 • 07100 **ANNONAY**

Jean-Pierre BOUAFFAR (Rédacteur en chef)

Périodicité : Hebdomadaire (jeu.) • **Rayonnement** : Ardèche, Drôme, Isère, Loire • **Tirage** : 15000 • **Bouclage** : Mer.

La TRIBUNE (MONTÉLIMAR)

✆ **04 75 00 84 00** • fax 04 75 53 00 10
ajl@latribune-montelimar.com • **www.e-tribune.fr**
33 av. de Gaulle • BP 29 • 26216 **MONTELIMAR CEDEX**

Marc LOUDIN (Rédacteur en chef adjoint) • Justine MINET (Journaliste culture) • Laure OSTWALT (Rédactrice en chef adjointe)

Périodicité : Hebdomadaire • **Rayonnement** : Drôme (sud), Ardèche (sud), Vaucluse (nord), Gard (nord) • **Tirage** : 25000 • **Bouclage** : Lun. soir

La TRIBUNE-LE PROGRES

✆ **04 77 91 47 47 / 04 77 91 47 11** • fax 04 77 91 48 98
danielle.cortial@leprogres.fr • **www.leprogres.fr**
24 rue de la Robotique • 42964 **ST ETIENNE CEDEX 9**

Véronique DECOT (Rédactrice en chef) • Frédéric BLANC (Rédacteur en chef) • Martine GOUBATIAN (Rédaction) • Danielle CORTIAL (Secrétaire)

Périodicité : Quotidienne • **Rayonnement** : Loire • **Bouclage** : 22h

ZYVA

contact@zyvamusic.com • **www.zyvamusic.com**
6 grande rue de St Clair • 69300 **CALUIRE ET CUIRE**

Grégory DAMON (Rédacteur en chef) • Hedi MEKKI (Directeur de la publication /responsable commercial) • Nicolas TOURANCHEAU (Chargé de communication et presse)

Périodicité : Bimestrielle • **Rayonnement** : Rhône-Alpes, festivals (national) • **Tirage** : 20000 • **Bouclage** : Le 15

OUTRE-MER

Martinique

FRANCE-ANTILLES

✆ **05 96 72 88 00** • fax 05 96 60 18 96
redaction.fa@media-antilles.fr • **www.franceantilles.fr**
Place François Mitterand • BP 577 • 97207 **FORT DE FRANCE CEDEX**

Rudy RABATHALY (Rédacteur en chef)

Périodicité : Quotidienne • **Tirage** : 34500 sem., 62000 WE

Mayotte

MAYOTTE HEBDO

✆ **02 69 61 20 04** • fax 02 69 60 35 90
mayotte.hebdo@wanadoo.fr • **www.mayottehebdo.com**
7 rue Salamani • BP 60 • 97600 **MAMOUDZOU**

Hassani M'madi Soilihi RAFIK (Rédacteur en chef)

Périodicité : Hebdomadaire • **Rayonnement** : Mayotte et Océan indien • **Tirage** : 2000 ex • **Bouclage** : Mer.

Réunion

JOURNAL DE L'ILE

✆ **02 62 48 66 00** • fax 02 62 90 46 01
culture@jir.fr • **www.clicanoo.re**
Centre d'affaires Gamma Cadgii • 62 bd du chaudron • BP 40019
97491 **STE CLOTILDE CEDEX**

Marine DUSIGNE (Chef de rubrique culture) • Jean-Baptiste MARIOTTI (Directeur de la publication) • Florent CORÉE (Secrétaire de rédaction) • Gabrielle BOYER (Journaliste musique)

Périodicité : Quotidienne • **Rayonnement** : La Réunion • **Tirage** : 31500 • **Bouclage** : 23h

QUOTIDIEN DE LA REUNION

✆ **02 62 92 15 15** • fax 02 62 28 25 28
culture@lequotidien.re • **www.lequotidien.re**
ZI du Chaudron • 1 rue Lislet Geoffroy
97719 **ST DENIS MESSAGE CEDEX 9**

Florence LABACHE (Responsable Rubrique culture)

Périodicité : Quotidienne • **Rayonnement** : La Réunion • **Tirage** : 36000

TÉMOIGNAGES

✆ **02 62 55 21 21** • fax 02 62 55 21 29 / 02 62 55 21 23
temoignages@wanadoo.fr • **www.temoignages.re**
6 rue du Général Emile Roland • BP 1016 • 97828 **LE PORT CEDEX**

Manuel MARCHAL (Rédacteur en chef) • Cynthia FONTAINE (Secrétaire de rédaction)

Périodicité : Quotidienne • **Rayonnement** : Ile de la Réunion • **Tirage** : 2500

VISU

✆ **02 62 90 20 60** • fax 02 62 90 20 61
philippe.peyre@visutele.com
13 allée Bonnier • 97712 **ST DENIS MESSAG CEDEX 9**

Benjamin JANSSENS (Responsable de la rédaction)

Périodicité : Hebdomadaire • **Rayonnement** : La Réunion • **Tirage** : 60000 • **Bouclage** : jeu.

HORS FRANCE

LE JEUDI

✆ **00 35 25 31 10 45 14** • fax 00 35 22 20 544
redaction@le-jeudi.lu • **www.le-jeudi.lu**
44 rue du Canal • 4050 **ESCH SUR ALZETTE (LUXEMBOURG)**

Christophe PREVOST (Contact en Lorraine) • Marie-Anne LORGE (Chef de département culture)

Périodicité : Hebdomadaire • **Rayonnement** : Luxembourg, Est Belgique, villes Nord Lorraine (cahier culture) • **Tirage** : 15000 • **Bouclage** : Mar.

La 1ERE

✆ **01 55 22 71 00** • fax 01 55 22 76 96
prenom.nom@francetv.fr • **www.la1ere.fr**
35-37 rue Danton • 92240 **MALAKOFF**

Walles KOTRA (Directeur régional de Nouvelle Calédonie 1ère) • Marie-José ALIE (Directrice déléguée aux programmes France Télévisions - Chargée de la diversité) • Michel KOPS (Directeur du réseau)

Format : Chaîne généraliste, multiculturelle française • **Émissions musicales** : « 10 min. pour le dire » • **Mode de diffusion** : TNT en IDF, câble et satellite en métropole

ARTE

✆ **03 88 14 22 22** • fax 03 88 14 22 00
presse@arte.tv • **www.arte.tv**
Arte G.E.I.E. • 4 quai du Chanoine Winterer • BP 20035
67080 **STRASBOURG CEDEX**

Véronique CAYLA (Présidente) • Alain LE DIBERDER (Directeur des programmes) • Jean WITTERSHEIM (Responsable de l'unité culture) • Claude-Anne SAVIN (Responsable service presse) • Barbara LOHR (Journaliste)

Format : Chaîne culturelle européenne diffusée simultanée en français et en allemand • **Émissions musicales** : « Metropolis », « Tracks », « Durch die Nacht », « Music Planet », « Maestro » - ARTE Live Web : Tous les mois : un live intégral d'un concert de jazz, en direct, puis en streaming (liveweb.arte.tv/fr/part/Jazz_Live/) • **Mode de diffusion** : Hertzien, satellite, câble, TNT, VOD (également site : liveweb.arte.tv pour vidéos de concerts)

BERBÈRE TÉLÉVISION

✆ **08 92 68 36 00 / 01 48 18 12 30** • fax 01 48 18 12 37
www.groupebrtv.com
1 ter rue du Marais • 93100 **MONTREUIL**

Mohamed SAADI (Président Fondteur) • Mustapha SAADI (Directeur général) • Miloud LASSAL (Responsable antenne et des programmes) • Hocine DIRI (Responsable de la communication et publicité) • Mohand KACIOUCI (Responsable rédaction)

GROUPE BRTV (Berbère Radio Télévision) • **Format** : Généraliste à thématique franco-berbère, tout public. Programmes en langues française et berbère. • **Genre(s) musical(aux) diffusés** : Berbère, français et international • **Émissions musicales** : « Spectacles vivants », clips musicaux • **Mode de diffusion** : Tous les réseaux ADSL et câblés de France, Satellite AB3 Atlantic Bird 3

BFM TV

✆ **01 71 19 13 60**
infobfmtv@bfmbusiness.fr • **www.bfmtv.fr**
Direction de la rédaction • 12 rue d'Oradour sur Glane • 75015 **PARIS**

Alain WEILL (Président) • Candice MAHOUT (Presentatrice) • Hervé BÉROUD (Directeur de la rédaction)

Format : Généraliste et économique • **Émissions musicales** : Showbiz Louise (actu musicale et culturelle) • **Mode de diffusion** : TNT gratuite et podcasts sur le site

CANAL +

✆ **01 71 35 35 35**
prenom.nom@canal-plus.com • **www.canalplus.fr**
1 pl. du Spectacle • 92863 **ISSY-LES-MOULINEAUX CEDEX 9**

Bertrant MEHEUT (PDG) • Rodolphe BELMER (Directeur général) • Laurence GALLOT (Directrice de la communication) • Clarisse FORT-HALLEREAU (Responsable de la communication pôle divertissement) • Stéphane SAUNIER (Responsable de la musique)

Format : Généraliste à péage • **Émissions musicales** : Rubrique musicale de Tania et Mouloud (Le Grand Journal), etc. • **Mode de diffusion** : Hertzien, satellite, câble, TNT

CANAL J

✆ **01 56 36 55 55** • fax 01 56 36 55 99
tachaine@canalj.tv • **www.canalj.net**
28 rue François 1er • 75008 **PARIS**

Gérald-Brice VIRET (Directeur général Pôle TV) • Caroline MESTIK (Directrice des programmes) • Julia TENRET (Responsable des acquisitions) • Emmanuelle BARIL (Directrice des acquisitions) • Véronique DUMON (Responsable du service presse) • Aline BRAY (Attachée de presse)

Format : Chaîne thématique pour les enfants de 4 à 14 ans • **Mode de diffusion** : Satellite, câble, TNT, ADSL

D17

✆ **01 71 35 35 35**
www.d17.tv
1 pl. du Spectacle • 92863 **ISSY-LES-MOULINEAUX CEDEX 9**

Nicole BANOUN (Communication) • Julien GUICHERD (Programmateur musical)

Format : Musical • **Émissions musicales** : Top Direct Star (ts les j.), concerts • **Mode de diffusion** : TNT

D8

✆ **01 71 35 35 35**
emissions@direct8.net • **www.direct8.fr**
1 pl. du Spectacle • 92863 **ISSY-LES-MOULINEAUX CEDEX 9**

Bertrant MEHEUT (PDG) • Yannick BOLLORÉ (Directeur général) • Yann LE PRADO (Directeur des acquisitions) • Virginie GRANDCLAUDE (Directrice de la communication) • Guy LAGACHE (Directeur des programmes) • Gabrielle ZIADÉ (Chargée de communication)

Format : Généraliste • **Mode de diffusion** : TNT, satellite

DEMAIN TV

✆ **01 45 36 89 00** • fax 01 45 36 89 01
contact@demain.fr • **www.demain.fr**
1 rue Patry • 92220 **BAGNEUX**

Jean-Luc NELLE (Président) • Emmanuel DES MOUTIS (Directeur général) • Jérôme JOINET (Rédacteur en chef) • Virginie SCHMIDT (Directrice de production) • Jérôme CALTRAN (Responsable partenariats)

Format : Chaîne thématique emploi, formation, développement, entreprise • **Émissions musicales** : Emissions sur les découvertes musicales : « Autoproduction pour que vive la musique » (Prod. Sacem), « Zikspotting », « L'Eléphant effervescent » (prod. Nova) • **Mode de diffusion** : En clair sur France Sat, basique de tous câblo-opérateurs, en VOD sur www.demain.fr et sur www.playtv.fr/television/show/47-demain-tv

DJAZZ.TV

✆ **+31 35 695 8444 / 06 21 17 92 53** • fax +31 35 695 8446
guyon@djazz.tv • **www.djazzfr.tv**
c/o Budde Music France • 5 rue Denis Poisson • 75017 **PARIS**

Guyon DA SILVA SOLIS (Directeur commercial) • Cecile HANNOUN (Rédaction)

Genre(s) musical(aux) diffusés : Jazz, blues, gospel, soul, funk, brazil, world • **Mode de diffusion** : Canal 91 sur CanalSat

EURONEWS

✆ **04 72 18 80 00** • fax 04 72 18 93 71
prenom.nom@euronews.com • **www.euronews.net**
60 ch. des Mouilles • 69130 **ECULLY**

Michael PETERS (Président du Directoire) • Lucian SARB (Directeur de la rédaction) • Peter BARABAS (Rédacteur en chef News) • Gardenia TREZZINI (Rédactrice en chef Magazines) • Olivier DE MONTCHENU (Directeur du marketing et commercial) • Lydie BONVALLET (Relations publiques) • David CIPEL (Directeur financier) • Walid ARFUSH (Responsable du développement de la région de la Communauté des Etats indépendant)

Format : Chaîne internationale d'infomation en 12 langues • **Mode de diffusion** : Satellite, câble, internet, téléphone, tablettes numériques

FRANCE 2

✆ **01 56 22 42 42**
www.francetelevisions.fr
7 esplanade Henri De France • 75907 **PARIS CEDEX 15**

Rémy PFLIMLIN (PDG) • Martin AJDARI (Secrétaire général / Directeur général délégué aux ressources) • Patrice PAPET (Directeur délégué à l'organisation) • Bruno PATINO (Directeur général déléguée aux programmes) • Thierry THUILLIER (Directeur général délégué à l'information) • Philippe VILAMITJANA (Directeur d'antenne et des programmes) • Nicolas AUBOYNEAU (Directeur artistique de l'unité Culture et Spectacles vivants) • Delphine JEANNE (Directrice de la communication) • François LENGLET (Rédacteur en chef du service France)

Format : Généraliste • **Émissions musicales** : « Alcaline » • **Mode de diffusion** : Hertzien, satellite, câble, TNT

FRANCE 24

✆ fax 01 73 01 24 56
www.france24.fr
5 rue des Nations Unies • 92130 **ISSY LES MOULINEAUX CEDEX**

Marc SAIKALI (Directeur de la chaine) • Benoit LAPORTE (Directeur adjoint de la chaine) • Marie-Christine SARAGOSSE (Directrice de la publication) • Nahida NAKAD (Directrice de la rédaction) • Françoise HOLLMAN (Directrice de la communication) • Ahmed EL KEIY (Directeur des Informations) • Frédéric BONNARD (Directeur des Nouveaux Media) • Sylvain ATTAL (Directeur adjoint en charge des Nouveaux Media) • Patrice BEGAY (Directeur de la Diversification Groupe et des Partenariats Monde) • Franck MELLOUL (Directeur de la stratégie et du développement international) • Bruno TEZENAS DU MONTCEL (Directeur Technique et des Systèmes d'Information)

Format : Chaîne d'info internationale 24h/24, 7j/7 (news, magazines, journal de la culture, etc.) sur 3 canaux : en français, anglais et arabe • **Mode de diffusion** : Câble, satellite, ADSL, Internet

FRANCE 3

✆ **01 56 22 30 30 / 01 56 22 75 04** • fax 01 56 22 73 29
www.france3.fr
7 esplanade Henri de France • 75907 **PARIS CEDEX 15**

Rémy PFLIMLIN (PDG) • Martin AJDARI (Secrétaire général / Directeur général délégué aux ressources) • Patrice PAPET (Directeur général délégué à l'organisation) • Bruno PATINO (Directeur général délégué aux programmes) • Thierry THUILLIER (Directeur général délégué à l'information) • François GUILBEAU (Directeur du réseau) • Frédéric OLIVENNES (Chargée de communication) • Thierry LANGLOIS (Directeur des programmes) • Muriel ROSE (Directrice unités magazines et documentaires) • Inès CHARPART (Chargée de communication culture/musique)

Direction unité culture et spectacle • **Format** : Généraliste • **Émissions musicales** : « Fa si la chanter » • **Mode de diffusion** : Hertzien, satellite, câble, TNT

FRANCE 4

✆ fax 01 56 22 68 73
info@france4.fr • **www.france4.fr**
7 esplanade Henri de France • 75907 **PARIS CEDEX 15**

Rémy PFLIMLIN (PDG) • Vincent BROUSSARD (Directeur d'antenne et des programmes) • Valérie DISSAUX (Directrice de la communication) • Cyril GIRAUDIT (Responsable de la programmation) • Yann RENOARD (Producteur spectacles) • Dounia TAHA (Chargé des Partenariats)

Format : Spectacles, musique et création française • **Émissions musicales** : « Monte le son ! » • **Mode de diffusion** : TNT, câble, satellite

FRANCE 5

✆ **01 56 22 91 91** • fax 01 56 22 95 95
prenom.nom@francetv.fr • **www.france5.fr**
2-4 rue Marceau • 92785 **ISSY LES MOULINEAUX CEDEX 9**

Rémy PFLIMLIN (PDG) • Bruno PATINO (Directeur général) • Pierre BLOCH DE FRIBERG (Directeur d'antenne) • Dominique FERRÉ (Directeur art et culture) • Patricia CORPHIE (Adjointe du pôle culture « Art de vivre et découvertes ») • Thierry CHIABRERO (Responsable magazine culturel) • Charles-Henry ROYER (Conseiller aux programmes « Ma vie d'artiste ») • Céline GANDNER (Conseillère programme « Docs du Dimanche ») • Sarah VALMONT (Conseillère de programmes magazine « pour un soir »)

Format : Chaîne de la connaissance et des découvertes • **Mode de diffusion** : Hertzien, satellite, câble, TNT, Pluzz

FRANCE Ô

✆ **01 55 22 71 00** • fax 01 55 22 76 96
prenom.nom@francetv.fr • **www.franceo.fr**
35/37 rue Danton • 92240

Rémy PFLIMLIN (PDG de France TV) • Michel KOPS (Directeur général de France Ô et Outre-mer 1ère) • Cécile LEFÈVRE (DRH de France Ô et Outre-mer 1ère) • Laurence ANSAY (Directrice de la communication externe) • Jean-Christophe HAUSSEMBERG (Directeur Financier outre-mer 1ère et France Ô) • Gérard MOULINET (Directeur des radios) • Gilles CAMOUILLY (Directeur d'antenne et des programmes de France Ô) • René SIACCI (Directeur chargé des organisations des rédaction TV de France Ô et Outremer 1ère) • Claude SCHIFFMAN (Directeur des moyens et du développement de France Ô et Outre-mer 1ère) • Hervé CAUCHY (Coordinateur documentaires et évenementiel)

Format : Chaîne généraliste, multiculturelle française • **Genre(s) musical(aux) diffusés** : Variété française et internationale, musique du monde • **Émissions musicales** : « Ô Spectacle », « Studio M », « Ô Rendez-vous », « Le Ring » • **Mode de diffusion** : TNT gratuite (24h/24)

I TÉLÉ

✆ **01 53 91 50 00** • fax 01 53 91 50 01
redaction@canal-plus.com • **www.itele.fr**
6 allée de la 2e DB • 75015 **PARIS**

Bertrant MEHEUT (Président) • Cécilia RAGUENEAU (Directrice générale) • Antoine BANET-RIVET (Directeur du marketing et de la communication) • Marc WALTER (Directeur d'antenne) • Olivier RAVANELLO (Rédacteur en chef pour l'international) • Olivier BENKEMONN (Journaliste culture) • Claudie JACQUIN (Responsable de la programmation) • Valérie CASANOVA (Culture) • Marie-Laure LANFRANCHI (Rédacteur en chef journaux Canal) • Jérôme LIEBESKIND (Editorialiste)

Format : Informations en continu • **Mode de diffusion** : Câble, satellite, TNT

LCI

✆ **01 41 41 23 45** • fax 01 41 41 41 47
pnom@lci.fr • **lci.tf1.fr**
1 quai du point du jour • 92656 **BOULOGNE**

Eric REVEL (Directeur général) • Laurent DREZNER (Directeur de la rédaction) • Virginie PERRE (Responsable de la communication) • Michel FIELD (Le 17/20)

La Chaîne Info • **Format** : Informations en continu • **Mode de diffusion** : Satellite, câble, ADSL

M6

✆ **01 41 92 66 66** • fax 01 41 92 66 10
www.m6.fr
89 av. Charles de Gaulle • 92575 **NEUILLY CEDEX**

Nicolas DE TAVERNOST (Président directoire) • Thomas VALENTIN (Vice-président du Directoire en charge des antennes et du contenu) • Emilie PIETRINI (Directrice de la communication) • Bibiane GODFROID (Directrice générale des programmes) • Jérôme BUREAU (Directeur de l'information et des magazines d'information) • Vincent REGNIER (Directeur adjoint de l'information) • Isabelle PRATLONG (Directrice de la musique) • François TROCHET (Responsable achat spectacles)

Métropole Télévision • **Format** : Chaîne généraliste à vocation musicale. Cœur de cible : 15-35 ans • **Émissions musicales** : « @ vos Clips », « Generation Hit Machine », « Generation Top 50 », « Hit talent » • **Mode de diffusion** : Hertzien, satellite, câble, TNT, M6 Replay

M6 MUSIC

✆ **01 41 92 66 66** • fax 01 41 92 65 89
www.m6music.com
89 av. Charles de Gaulle • 92575 **NEUILLY**

Thomas VALENTIN (Directeur général) • Isabelle PRATLONG (Directrice de la musique) • Alban DECHELLE (Programmateur musical)

Format : Musical (hits, clips), news • **Émissions musicales** : Miss Vip, Miss Vip on board, Dj de la semaine, Events, Vue sur, 3XPlus, Live • **Mode de diffusion** : Satellite, câble

M6 MUSIC BLACK

✆ **01 41 92 66 66** • fax 01 41 92 65 89
www.m6musicblack.com
89 av. Charles de Gaulle • 92575 **NEUILLY**

Thomas VALENTIN (Directeur général) • Isabelle PRATLONG (Directrice de la musique) • Alban DECHELLE (Programmateur musical)

Format : Musical, news • **Genre(s) musical(aux) diffusés** : Black gold, rap US, R&B, soul, rap français, reggae, ragga • **Émissions musicales** : Parlez-vous cefran ?, 3XPlus, Events • **Mode de diffusion** : Satellite, câble

M6 MUSIC CLUB

✆ **01 41 92 66 66** • fax 01 41 92 65 89
www.m6musicclub.com
89 av. Charles de Gaulle • 92575 **NEUILLY**

Thomas VALENTIN (Directeur général) • Isabelle PRATLONG (Directrice de la musique) • Alban DECHELLE (Programmateur musical)

Format : Musical • **Genre(s) musical(aux) diffusés** : Electro, clubbing • **Émissions musicales** : Mix by Kaio, Ma playlist by, M6 Music dans ton Club • **Mode de diffusion** : Satellite, câble

MCE TV

✆ **01 58 68 61 40** • fax 01 58 68 61 34
contact@mcetv.fr • **www.mcetv.fr**
1 rue Patry • 92220 **BAGNEUX**

Pierre AZOULAY (PDG) • Ludovic PLACE (Directeur général) • Marie PUCHEAULT (Directrice de la production) • Pierre CHENEVAT (Responsable de la programmation et de l'antenne) • Nicolas HUSTACHE (Directeur de la communication et marketing) • Christophe COHEN (Responsable site internet)

Ma chaîne étudiante (société Senti) • **Format** : Dédié à la vie étudiante (info, service, orientation, divertissement, magazines), émissions musicales, culturelles (Tendance culture, Nuits blanches), d'orientation (Orientation et parcours, C'est mon job) et de société (Fac aux jeunes, libre antenne, le sexe et moi, 25-30 le mag) • **Émissions musicales** : Electro choc • **Mode de diffusion** : Câble, ADSL, internet

MCM

✆ **01 56 36 53 00**
contact@mcm.fr • **www.mcm.fr**
28 rue François 1er • 75008 **PARIS**

Gérald-Brice VIRET (Directeur général Pôle TV) • Nicolas GICQUEL (Directeur des programmes) • Joey COUPÉ (Directeur éditorial de la musique du pôle TV) • Cédric MIGEON (Programmateur musique)

Format : Musical • **Émissions musicales** : « Sur le dancefloor », « Les Ultras », « Top 50 » • **Mode de diffusion** : Câble, satellite, ADSL

MEZZO

✆ **01 56 36 51 00**
prenom.nom@mezzo.fr • **www.mezzo.tv**
28 rue François 1er • 75008 **PARIS**

Christophe WINCKEL (Directeur) • Rose-Hélène DUCASSOU (Responsable des programmes) • Reza ACKBARALY (Responsable des programmes jazz et musique du monde) • Isabelle PAQUESOONE (Responsable partenariats et diversification) • Isabelle RODIER (Presse et communication jazz)

Mezzo & Mezzo Live HD • **Format** : La chaîne de la musique classique, de la danse et du jazz et world • **Émissions musicales** : Jazz Archives (le jeu. à 20h30), Jazz Legends (le jeu. à 21h30), Jazz Now (le sam. à 17h), Mondo Mezzo (le dim. à 22h30), Jazz Festival (le jeu. à 22h30), Jazz Live (le sam. à minuit), Open Jaz (le ven. à 19h), Jazz Club (le mar. à minuit) • **Mode de diffusion** : Satellite, câble (44 pays)

MTV - VIACOM INTERNATIONAL MEDIA NETWORKS

✆ **01 70 94 94 94**
reception.france@vimn.com • **www.mtv.fr**
22 rue Jacques Dulud • 92200 **NEUILLY SUR SEINE**

Thierry CAMMAS (Directeur général) • Nicolas BESNIER (Directeur du marketing promotion et communication) • Raphaël DA SILVA (Responsable de la programmation musicale) • Mathias ABIKER (Responsable promotion des chaînes MTV et Game One) • Matthieu CRUBEZY (Chargée des programmes) • Aurélie LAGARDE-SANSON (Responsable de la communication publicitaire & RP) • Angèle GAIGNARD (Chargée des relations presse)

Format : Générationnel (15/24 ans) • **Genre(s) musical(aux) diffusés** : Hip hop, pop-rock, hits & stars • **Émissions musicales** : MTV EMA, EN MODE • **Mode de diffusion** : Satellite, câble, ADSL, mobile, VOD : 8 M de foyers abonnés, Internet (vidéos, émissions musicales)

MTV BASE - VIACOM INTERNATIONAL MEDIA NETWORKS

✆ **01 70 94 94 94**
reception.france@vimn.com • **www.mtv.fr**
22 rue Jacques Dulud • 92200 **NEUILLY SUR SEINE**

Thierry CAMMAS (Directeur général) • Nicolas BESNIER (Directeur du marketing promotion et communication) • Raphaël DA SILVA (Responsable de la programmation musicale) • Matthieu CRUBEZY (Directeur des programmes) • Aurélie LAGARDE-SANSON (Responsable de la communication publicitaire & RP) • Angèle GAIGNARD (Chargée des relations presse)

Format : Musical • **Genre(s) musical(aux) diffusés** : Hip hop, R&B • **Émissions musicales** : « Bet hip hop Awards », « En Mode » • **Mode de diffusion** : Satellite, câble, ADSL, mobile, VOD

MTV IDOL - VIACOM INTERNATIONAL MEDIA NETWORKS

✆ **01 70 94 94 94**
reception.france@vimn.com • **www.mtv.fr**
22 rue Jacques Dulud • 92200 **NEUILLY SUR SEINE**

Thierry CAMMAS (Directeur général) • Nicolas BESNIER (Directeur du marketing promotion et communication) • Raphaël DA SILVA (Responsable de la programmation musicale) • Matthieu CRUBEZY (Directeur des programmes) • Aurélie LAGARDE-SANSON (Responsable de la communication publicitaire & RP) • Angèle GAIGNARD (Chargée des relations presse)

Format : Musical • **Genre(s) musical(aux) diffusés** : Hits & Stars • **Émissions musicales** : MTV Video Music Awards, En Mode • **Mode de diffusion** : Satellite, câble, ADSL, mobile, VOD : 5 M de foyers abonnés

MTV PULSE - VIACOM INTERNATIONAL MEDIA NETWORKS

✆ **01 70 94 94 94**
info@mtv.fr • **www.mtv.fr**
22 rue Jacques Dulud • 92200 **NEUILLY SUR SEINE**

Thierry CAMMAS (Directeur général) • Matthieu CRUBEZY (Directeur des programmes) • Nicolas BESNIER (Directeur du marketing promotion et communication) • Raphaël DA SILVA (Responsable de la programmation musicale) • David BOULAKIA (Responsable de la promotion) • Angèle GAIGNARD (Chargée des relations presse) • Aurélie LAGARDE-SANSON (Responsable de la communication publicitaire & RP)

Format : Musical • **Genre(s) musical(aux) diffusés** : Rock • **Mode de diffusion** : Satellite, câble, ADSL, mobile, VOD : 5 M de foyers abonnés

NRJ 12

✆ **01 44 71 39 29** • fax 01 40 71 34 92
pnom@nrj.fr • **www.nrj12.fr**
46-50 Avenue Théophile Gautier • 75016 **PARIS**

Christine LENTZ (Directrice déléguée Pôle TV) • Jérémy COURTYTERA (Responsable de la programmation musicale) • Delphine BOURDET (Responsable relation presse) • Françoise MARCHETTI (Secrétaire générale du pôle TV NRJ Group)

Format : Généraliste • **Mode de diffusion** : TNT, ADSL, câble, satellite

NRJ HITS

✆ **01 40 71 44 11** • fax 01 40 71 34 92
pnom@nrj.fr • **www.nrj12.fr**
46-50 av. Théophile Gautier • 75016 **PARIS**

Christine LENTZ (Directrice déléguée Pôle TV) • Jérémy COURTYTERA (Responsable de la programmation musicale)

Format : Musical • **Genre(s) musical(aux) diffusés** : 100 % musique (40 % musique francophone) (R&B, rock, pop, rap, dance, black, etc.) • **Mode de diffusion** : Câble, satellite, ADSL

PARIS PREMIÈRE

✆ **01 41 92 66 66** • fax 01 41 92 66 10
sophie.michard@paris-premiere.fr • **www.paris-premiere.fr**
89 av. Charles de Gaulle • 92575 **NEUILLY CEDEX**

Guillaume TURIN (Directeur de la communication) • Vanessa CHAHEN (Responsable des partenariats) • Sophie MICHARD (Relations presse) • François TROCHET (Responsable achat spectacles) • Delphine BLAZY (Attachée de presse)

Format : Spectacle, divertissement, événement, théâtre • **Genre(s) musical(aux) diffusés** : Généraliste • **Mode de diffusion** : Satellite, câble, Noos, TPS

PINK TV

presse@pinktv.fr • **www.pinktv.fr**
20 rue de Turenne • 75004 **PARIS**

Pascal HOUZELOT (Président) • Nicolas MAILLE (Chargé de communication & marketing) • Cyrille MARIE (Directeur d'antenne) • Aurélien DOUILLARD (Achat Pink TV)

Format : Chaîne thématique gay • **Émissions musicales** : Retransmission de concerts, séries documentaires (achetés à Séquence et Sombrero & co) • **Mode de diffusion** : Câble, Satellite, ADSL

TÉLÉ MELODY

✆ **03 28 37 04 04** • fax 03 28 37 04 00
telespectateur@melody.tv • **www.melody.tv**
101 bd Descat • BP 10291 • 59335 **TOURCOING CEDEX**

Bruno LECLUSE (PDG) • Guillaume ALSAC (Directeur des Opérations) • Olivier RAMOND (Directeur général /Administrateur) • Christian SAVIGNY (Directeur des programmes)

Format : Musical • **Genre(s) musical(aux) diffusés** : Clips des années 60-70-80 • **Mode de diffusion** : Satellite et câble, ADSL, mobile

TF1

✆ **01 41 41 12 34** • fax 01 41 41 28 40 / 01 41 41 11 38
www.groupe-tf1.fr
1 quai du Point du Jour • 92656 **BOULOGNE CEDEX**

Nonce PAOLINI (PDG) • Jean-Francois LANCELIER (Directeur général des antennes, des programmes et de la production du Groupe) • Catherine NAYL (Directrice générale adjointe à l'information du Groupe) • Frédéric IVERNEL (Directeur de la communication externe et du marketing du Groupe) • Philippe BALLAND (Directeur Délégué) • Santiago CASARIEGO (Directeur de la musique) • Mathieu VERGNE (Directeur des variétés, des jeux et divertissements)

Format : Généraliste • **Mode de diffusion** : Hertzien, satellite, câble, TNT et info en continu sur lci.tf1.fr

TIJI

✆ **01 56 36 55 55** • fax 01 56 36 55 99
tachaine@tiji.tv • **tiji.fr**
28 rue François 1er • 75008 **PARIS**

Gérald-Brice VIRET (Président du Pôle Jeunesse) • Caroline MESTIK (Directrice des programmes) • Emmanuelle BARIL (Responsable coproduction) • Julia TENRET (Directrice des acquisitions) • Véronique DUMON (Responsable du service presse) • Aline BRAY (Attachée de presse)

La télé des moins de 7 ans • **Format** : Chaîne thématique pour les enfants de moins de 7 ans • **Mode de diffusion** : Satellite et câble

TMC

✆ **01 41 41 44 44** • fax 01 41 41 31 80
presse@tmc.mc • **www.tmc.tv**
1 quai du Point du Jour • 92100 **BOULOGNE BILLANCOURT**

Caroline GOT (Directrice générale) • Vincent BROUSSARD (Directeur général adjoint Programmes, Programmation, Antennes) • Karine MARTIN LAPRADE (Directrice de la communication et du marketing) • Steve GROSSO (Responsable partenariats & médias) • Alexandra GOUSSU (Responsable de la communication) • Olivia ASSAS (Directrice des programmes de flux) • Alix BARREAU (Responsable des programmes de stock)

Télé Monte Carlo • **Mode de diffusion** : Hertzien (pour région sud), câble et Canal Satellite, TNT

TPS STAR

✆ **01 71 35 35 35**
www.tpsstar.fr
1 pl. du spectacle • 92863 **ISSY-LES-MOULINEAUX CEDEX**

Kristina ZIMMERMAN (Directeur) • Philippe MORLOT (Responsable de la programmation) • Régine BILLOT (Directrice de la communication programmes)

Mode de diffusion : Câble, satellite, TNT

TRACE TROPICAL

✆ **01 77 68 05 20** • fax 01 77 68 05 21
info@trace.tv • **www.trace.tv**
73 rue Henri Barbusse • 92110 **CLICHY**

Olivier LAOUCHEZ (PDG) • Antoine MICHEL (Directeur général adjoint) • Hanane TAZI (Directrice administration et finance) • Valérie GILLES-ALEXIA (Directrice du marketing et communication) • Barbara JEAN-ELIE (Directeur de la rédaction et des programmes) • Nicolas DUROY (Directeur d'antenne et de la stratégie musicale) • Nadeige TUBIANA (Directrice Afrique) • Rodolphe HURET (Directeur d'antenne) • Thimotée VIDAL (Distribution Manager) • Virginie KONÉ (Directrice de clientèle)

Format : Musical • **Genre(s) musical(aux) diffusés** : Musiques tropicales, latines, caribéennes et africaines • **Émissions musicales** : Clips • **Mode de diffusion** : ADSL (Antilles, Réunion, France) Satellite (Afrique francophone), Téléphonie mobile

TRACE TV

✆ **01 77 68 05 20** • fax 01 77 68 05 21
info@trace.tv • **www.trace.tv**
73 rue Henri Barbusse • 92110 **CLICHY**

Olivier LAOUCHEZ (PDG) • Antoine MICHEL (Directeur général adjoint) • Hanane TAZI (Directrice administration et finance) • Valérie GILLES-ALEXIA (Directrice du marketing communication et presse) • Julie DOBIECKI (Directrice) • Barbara JEAN-ELIE (Directrice de la rédaction et des programmes) • Nicolas DUROY (Directrice de la rédaction et de la stratégie musicale) • Nadeige TUBIANA (Directrice Afrique) • Rodolphe HURET (Directeur d'antenne) • Thimotée VIDAL (Distribution Manager) • Virginie KONÉ (Directrice de clientèle et régie pub)

Format : Dédiée aux cultures urbaines • **Genre(s) musical(aux) diffusés** : R&B, hip hop • **Mode de diffusion** : Câble, satellite, numérique

TV BREIZH

✆ **02 97 35 01 00** • fax 02 97 35 01 10
relationtelespectateur@tv-breizh.com • **www.tvbreizh.fr**
Quai du Péristyle • 56324 **LORIENT CEDEX**

Fabrice MOLLIER (Président) • Isabelle RAFFAULT (Secrétaire générale)

Format : Généraliste • **Mode de diffusion** : Cable, satellite, adsl, téléphonie mobile

TV5 MONDE

✆ **01 44 18 55 55** • fax 01 44 18 55 10
contact@tv5monde.com • **www.tv5monde.com/musique**
131 av. de Wagram • 75805 **PARIS CEDEX 17**

Alain DE POUZILHAC (Président du conseil d'administration) • Yves BIGOT (Directeur général) • Frédérick-Louis BOULAY (Directeur des programmes) • Alain MAZELLE (Directeur artistique) • Agnès BENAYER (Directrice de la communication) • Philippe VANNIER (Responsable musique) • André CRETTENAND (Directeur de l'information) • Nicolas RENARD (Directeur de la production)

1ère chaîne francophone généraliste mondiale • **Format** : Chaîne francophone diffusée sur les 5 continents • **Mode de diffusion** : Satellite, câble, ADSL

W9

✆ **01 41 92 66 66** • fax 01 41 92 66 10
www.w9.fr
89 av. Charles de Gaulle • 92575 **NEUILLY CEDEX**

Nicolas DE TAVERNOST (Président du directoire) • Thomas VALENTIN (Vice-président du Directoire en charge des antennes et du contenu) • Frédéric DE VINCELLES (Directeur général adjoint) • Guillaume TURIN (Directeur de la communication) • Marie LOISEL (Responsable de la programmation) • Pierre-Guillaume LEDAN (Responsable de la programmation flux) • Isabelle PRATLONG (Directrice de la musique) • Delphine RAISIN (Responsable de la programmation musicale) • Emmanuelle COHEN (Responsable de la communication) • François TROCHET (Responsable achat spectacles)

Format : Généraliste à tendance musicale • **Émissions musicales** : A vos clips, E-classement, Hit talent, Musicronik, etc. • **Mode de diffusion** : TNT Gratuite, satellite, câble, internet, mobile

ALSACE

ALSACE 20
✆ **03 88 52 81 23** • fax 03 88 25 04 97
www.alsace20.tv
15 rue Nuée Bleue • 67000 **STRASBOURG**

Olivier HAHN (Directeur) • Tanguy FLORES (Rédacteur en chef) • Lionel AUGIER (Directeur de la rédaction)

FRANCE 3 ALSACE
✆ **03 88 56 67 68** • fax 03 88 56 68 14
alsace.france3.fr
Pl. de Bordeaux • BP 428 • 67005 **STRASBOURG CEDEX**

Michel BARTHEN (Délégué régional) • Françoise ERB (Rédactrice en chef) • Marina ZIGGIOTTI (Administratrice) • Louis LEZZI (Responsable du site de production) • Thierry BECK (Responsable marketing et Communication)

AQUITAINE

FRANCE 3 AQUITAINE
✆ **05 56 01 38 38** • fax 05 56 51 19 57
emmanuelle.sorlier@francetv.fr • **aquitaine.france3.fr**
136 rue Ernest Renan • 33075 **BORDEAUX CEDEX**

Claire COMBES (Rédacteur en chef adjoint aux antennes d'Aquitaine) • Philippe CHOLLET (Rédacteur en chef) • Bernard TAVITIAN (Rédacteur en chef « Bordeaux métropole ») • Bernard BONNIN (Rédacteur en chef adjoint) • Franck OMER (Rédacteur en chef adjoint) • Nathalie WEIL (Assistante)

M6 BORDEAUX
✆ **01 41 92 40 32** • fax 05 56 48 24 21
m6bordeaux@m6.fr • **www.m6.fr**
11 rue Condillac • 33000 **BORDEAUX**

Christophe HUET (Responsable de la rédaction) • Xavier GEIGER (Journaliste) • Nathalie LAMBERT (Journaliste)

TV7
✆ **05 57 54 77 77** • fax 05 57 54 77 80
redaction@tv7.com • **www.tv7.com**
73 av. Thiers • 33100 **BORDEAUX**

Thierry GUILLEMOT (Directeur d'antenne et redacteur en chef) • Patrick LE GAC (Animateur) • Bastien LAUQUÉ (Chef d'édition)

AUVERGNE

FRANCE 3 AUVERGNE
✆ **04 73 43 73 43** • fax 04 73 43 73 59
redaction63@france3.fr • **auvergne.france3.fr**
137 av. de Royat • BP 80 • 63407 **CHAMALIERES**

Jean FORNERIS (Rédacteur en chef) • Cyrille GENET (Rédacteur en chef adjoint) • Jean-Luc ROUSSILHE (Rédacteur en chef adjoint) • Yannick KUSY (Rédacteur en chef adjoint) • Christian LAMORELLE (Journaliste) • Stéphane MOCCOZET (Journaliste) • Pierre-Olivier BELLE (Journaliste) • Laurent PASTURAL (Journaliste)

IC1
✆ **04 73 17 66 66** • fax 04 73 17 66 50
redaction@ic1.fr • **www.ic1.fr**
45 rue du Clos-Four • 63014 **CLERMONT FERRAND CEDEX 2**

Raphaël POUGHON (Directeur délégué) • Romain DUCHEZ (Responsable de la rédaction) • Juliette VERNADAT (Assistante du Directeur Délégué) • Cécile FUNUT (Adjointe au Responsable de Rédaction)

C'est ici & maintenant

BASSE-NORMANDIE

FRANCE 3 NORMANDIE (CAEN)
✆ **02 31 30 60 00** • fax 02 31 30 60 31
infodoc@france3.fr • **normandie.france3.fr**
41 rue Fred Scamaroni • CS 66000 • 14067 **CAEN CEDEX**

Jean-Yves GELEBART (Rédacteur en chef) • Arnaud SOLEAU (Rédacteur en chef adjoint) • Dominique DELHOUME (Délégué régional d'antenne) • Jacques PERROTTE (Emission « là où ça bouge »)

NORMANDIE TV
✆ **02 31 53 12 70** • fax 02 31 53 12 79
redaction@normandie-tv.fr • **www.normandie-tv.fr**
3 square du Théâtre • 14200 **HEROUVILLE ST CLAIR**

David DE STOPPELEIRE (Directeur général / Rédacteur en chef)

BOURGOGNE

FRANCE 3 BOURGOGNE
✆ **03 80 77 35 35 / 03 80 77 35 55** • fax 03 80 77 35 37
redaction-dijon@francetv.fr • **www.france3.fr**
6 av. de la Découverte • BP 60396 • 21003 **DIJON CEDEX**

Samuel PELETIER (Rédacteur en chef) • Marilyne BARATE (Journaliste) • Stéphanie BOUDRAS (Annonces évènements)

BRETAGNE

FRANCE 3 BRETAGNE
✆ **02 99 01 79 79** • fax 02 99 65 18 09
com.ouest@france3.fr • **ouest.france3.fr**
9 av. Janvier • CS 44015 • 35040 **RENNES CEDEX**

Jean-Michel LE GUENNEC (Directeur délégué à la coordination éditoriale) • Bertrand RAULT (Délégué régional Bretagne) • Alain ASTARITA (Délégué régional Pays de Loire) • Olivier MONTELS (Délégué régional Ile de France) • Marc MEIMON (Délégué régional Centre) • Stéphane GAILLARD (Délégué régional Haute Normandie) • Dominique DELHOUME (Délégué régional Basse Normandie)

TVR - RENNES 35
✆ **02 99 30 58 58** • fax 02 99 31 06 50
redaction@tvrennes35bretagne.fr • **www.tv-rennes.com**
19 rue de la Quintaine • 35000 **RENNES**

Dominique HANNEDOUCHE (Directeur général) • Aurélie ROUSSEAU (Responsable antenne) • Stéphane BESNIER (Directeur de l'information) • Le QUANG BUI (Directeur technique) • Olivier BARDOULT (Directeur administratif et comptable)

CENTRE

BIP TV
✆ **02 54 03 36 80** • fax 02 54 03 36 89
redaction@bip-tv.fr • **www.bip-tv.fr**
rue des Noués Chaudes • BP 60189 • 36105 **ISSOUDUN CEDEX**

Joël BUZAT (Responsable de l'information) • Philippe GRIAT (Réalisateur)

FRANCE 3 BERRY
✆ **02 48 70 41 46** • fax 02 48 70 51 39
redaction.bourges@francetv.fr • **www.france3.fr**
France Télévisions Pôle France 3 Berry • 2 pl. Planchat • 18000 **BOURGES**

Gérald TEISSIER (Rédacteur en chef) • Aline METAIS (Rédactrice) • Stéphane DOSNE (Journaliste) • Jean-Philippe PAZZINI (Journaliste)

FRANCE 3 CENTRE

✆ **02 38 69 56 00** • fax 02 38 69 56 41
www.france3.fr
Editions Régionales • 2 pl. Anatole France • 45060 **ORLEANS CEDEX 2**

Patrick VISONNEAU (Directeur pôle nord-ouest) • Yvan AVRIL (Directeur Régional antenne centre) • Patrick PINTO (Rédacteur en chef) • Didier FOYER (Rédacteur en chef adjoint) • Mélanie TRACHSLER (Journaliste culture) • Véronique BOREL (Responsable de la communication)

FRANCE 3 TOURAINE VAL DE LOIRE

✆ **02 47 38 53 23** • fax 02 47 38 51 96
redaction.tours@france3.fr • **www.france3.fr**
6 pl. Gaston Paillhou • CS 43201 • 37032 **TOURS CEDEX 1**

Jacqueline PUGET (Rédactrice en chef) • Patrick FERRET (Journaliste culture) • Luc PEROT (Journaliste culture)

TV TOURS

✆ fax 02 47 60 63 13
contact@tvtours.fr • **www.tvtours.fr**
232 av. Grammont • BP 59911 • 37000 **TOURS CEDEX 1**

Christophe HÉRIGAULP (Directeur délégué) • Jérôme DESRUY (Rédacteur en chef) • Jérôme ALLAIN (Journaliste) • Clémentine NICAISSE (Assistante de production) • Iseult BERGER (Assistante « Tout sur un plateau ») • Teddy LEBERT (Assistant « Tout sur un plateau ») • Emilie TARDIF (Présentatrice Tout sur un plateau)

CHAMPAGNE-ARDENNE

CANAL 32

f.schlosser@canal32.fr • **www.canal32.fr**
7 rue Raymond Aron • 10120 **ST ANDRE LES VERGERS**

Fabrice SCHLOSSER (Président et rédacteur en chef)

FRANCE 3 CHAMPAGNE-ARDENNE

✆ **03 26 48 38 28** • fax 03 26 48 38 50
france3.reims@france3.fr • **champagne-ardenne.france3.fr**
Rue Jankel Segal • BP 1037 • 51687 **REIMS CEDEX 2**

Yann GONON (Rédacteur en chef) • Lionel GONZALEZ (Journaliste) • Marine PEUREUX (Service communication)

REIMS TV

✆ **03 26 09 03 03**
contact@reimstv.fr • **www.reimstv.fr**
231 bd Charles Arnould • 51100 **REIMS**

CORSE

FRANCE 3 CORSE VIASTELLA

✆ **04 95 23 93 00** • fax 04 95 23 93 31
patricia-simonpoli@francetv.fr • **corse.france3.fr**
12 av. Noël Franchini • BP 30957 • 20700 **AJACCIO CEDEX 9**

Bernard JOYEUX (Directeur territorial) • Patricia SIMONPOLI (Responsable de la communication) • Jean-Emmanuel CASALTA (Directeur des antennes) • Paule HERADES (Coordinatrice à la direction des antennes) • Paul-François TORRE (Rédacteur en chef)

FRANCHE-COMTÉ

BESANÇON TV

✆ **09 51 52 24 16**
redaction@besancon.tv • **www.besancon.tv**
2 ch. des Aiguillettes • 25000 **BESANCON**

Emmanuel ANDRÉ

FRANCE 3 FRANCHE-COMTE

✆ **03 81 65 85 00** • fax 03 81 65 85 85
michel buzon@francetv.fr • **franche-comte.france3.fr**
Av. de la Gare d'Eau • 25000 **BESANCON**

Michel BUZON (Journaliste) • Laurent DUCROZET (Journaliste)

HAUTE-NORMANDIE

FRANCE 3 NORMANDIE (ROUEN)

✆ **02 35 58 80 00** • fax 02 35 63 45 64
sohie.demislle@francetv.fr • **normandie.france3.fr**
77 pl. des Cotonniers • 76173 **ROUEN CEDEX 1**

Dominique VERDURE (Responsable des programmes et de l'antenne) • Stéphane GAILLARD (Délégué régional) • Franck LEROY (Rédacteur en chef) • Philippe GOUDE (Rédacteur en chef adjoint) • Dominique HOORNAERT (Rédactrice en chef adjointe) • Fabienne BAHIN (Responsable de la communication)

LCN

✆ **02 35 15 43 15 / 02 76 51 90 13** • fax 02 35 70 36 71
redaction@lachainenormande.fr • **www.melody.tv**
2 rue Lezurier de la Martel • BP 10291 • 76000 **ROUEN**

La Chaîne Normande

ÎLE-DE-FRANDE

ARTE LIVE WEB

✆ **01 55 00 72 67** • fax 03 88 14 22 00
j-correia@artefrance.fr • **liveweb.arte.tv**
Arte France • 8 rue Marceau • 92785 **ISSY LES MOULINEAUX CEDEX 9**

José CORREIA (Responsable Arte Live Web)

CANAL STREET.TV

✆ **01 71 35 35 35**
canalstreet@canalstreet.tv • **canalstreet.canalplus.fr**
CANAL+ / Dir. des Nouveaux Contenus • 5-13 bd de la République • 92100 **BOULOGNE BILLANCOURT**

Gilles FREISSINIER (Responsable éditorial) • Youri CVIKLINSKI (Responsable éditorial adjoint)

CINAPS TV

✆ **01 69 01 31 79** • fax 01 83 62 35 85
contact@cinaps.tv.fr • **www.cinapstv.fr**
17 rue des Tiphoines • 91240 **ST MICHEL SUR ORGE**

Romain-Philippe POMEDIO (Président) • Paco MOLINA (Journaliste) • Djhaiz GIL (Journaliste comedies musicales/theatre) • Chloé POMEDIO (Responsable des programmes culturels)

DEMAIN TV ILE-DE-FRANCE

✆ **01 45 36 89 00** • fax 01 45 36 89 01
contact@demain.fr • **www.demain.fr**
1 rue Patry • 92220 **BAGNEUX**

Jean-Luc NELLE (Président) • Emmanuel DES MOUTIS (Directeur général) • Jérôme JOINET (Rédacteur en chef) • Jérôme CALTRAN (Responsable partenariats)

ÉNORME TV

✆ **01 70 38 64 00**
contact@enormetv.tv • **enorme.tv**
39 rue Lucien Sampaix • 75010 **PARIS**

Mohamed HADJI (Directeur communication & marketing) • Julie CANTIN (Responsable de la communication)

FRANCE 3 PARIS ILE-DE-FRANCE

✆ **01 41 09 33 33** • fax 01 41 09 33 05
infos-idf@francetv.fr • **www.france3.fr**
66 rue Jean Bleuzen • 92170 **VANVES**

Patrick VISONNEAU (Directeur pôle nord-ouest) • Olivier MONTELS (Directeur d'antenne) • Fabrice GOLL (Rédacteur en chef) • Jean-Claude DESJACQUES (Rédacteur en chef adjoint culture) • Véronique BOREL (Responsable de la communication)

IDF1

✆ **01 49 17 27 27** • fax 01 49 17 27 67
contact@idf1.fr • **www.idf1.fr**
7 rue des Bretons • 93210 **LA PLAINE ST DENIS**

Alexis JOUFFA (Secrétaire général) • Sido JOLIMAY (Relations presse)

JAZZLIVE

samuelthiebaut@oleofilms.fr • **www.oleofilms.fr**
Oleo Films • 43 rue de Chateaudun • 94200 **IVRY SUR SEINE**

Samuel THIEBAUT (Producteur) • Frank CASSENTI (Producteur)

KEYRIUM

✆ **01 46 38 31 10** • fax 01 75 43 49 73
contact@tvonzeweb.fr • **www.tvonzeweb.fr**
Péniche Monte Carlo • Face au 10 quai du 4 septembre
92100 **BOULOGNE BILLANCOURT**

Manuel DA SILVA (Gérant)

LA LOCALE

✆ **01 84 21 40 25** • fax 01 48 45 47 02
contact@lalocale.com • **www.lalocale.com**
13 rue Gambetta • 93500 **PANTIN**

Jacques-Elie CHABERT (Directeur d'antenne) • Jean-Michel LEMPEREUR (Directeur administratif et financier) • Victor GUERVILLE (Responsable technique) • Élodie MEURIS-SLATTERY (Assistante de production) • David SEYS (Programmateur antenne/Réalisateur)

NRJ PARIS

✆ **01 40 71 39 29**
pnom@nrj.fr • **nrjparis.tv**
46-50 av. Théophile Gauthier • 75016 **PARIS**

Christine LENTZ (Directrice déléguée Pôle TV)

OFF TV

✆ **01 44 41 91 91** • fax 01 44 41 91 10
antoine.benichou@umusic.com • **www.off.tv**
20/22 rue des Fossés St-Jacques • 75235 **PARIS CEDEX 5**

Thomas LEROY (Directeur des programmes) • Mathieu BAUMGARTNER (Relations agences médias & annonceurs) • Benoît DARCY (Stratège digital) • Antoine BÉNICHOU (Directeur d'image)

OUTRE-MER 1ERE

✆ **01 55 22 71 00** • fax 01 55 22 74 46
laurence.ansay@francetv.fr • **www.la1ere.fr**
35/37 rue Danton • 92240 **MALAKOFF**

Rémy PFLIMLIN (PDG de France TV) • René SIACCI (Directeur chargé des organisations des rédactions TV de France Ô et Outremer 1èr) • Gérard MOULINET (Directeur des radios) • Laurence ANSAY (Directrice de la communication externe) • Claude SCHIFFMAN (Directeur des moyens et du développement de France Ô et Outre-mer 1ère)

TÉLÉ BOCAL

✆ **01 43 48 02 08**
telebocal@wanadoo.fr • **www.telebocal.com**
12 Villa Ribérolle • 75020 **PARIS**

Richard SOVIED (Président)

TV FIL 78

✆ **01 30 48 98 40** • fax 01 30 64 76 73
tvfil78@tvfil78.com • **www.tvfil78.com**
Imm. Edison • 43 bd Vauban • 78280 **GUYANCOURT**

Thierry BARBEDETTE (Directeur) • Patrice CARMOUZE (Directeur de la rédaction) • Catherine ZULLATO (Rédactrice en chef)

LANGUEDOC-ROUSSILLON

FRANCE 3 PAYS CATALAN

✆ **04 68 56 85 00** • fax 04 68 54 01 41
payscatalan@france3.fr • **www.france3.fr**
2 av. Alfred Sauvy • 66000 **PERPIGNAN**

Olivier MEYER (Rédacteur en chef) • Nicolas ESTURGIE (Journaliste culture) • Danièle MUTEL (Responsable de la communication)

FRANCE 3 SUD (MONTPELLIER)

✆ **04 67 20 30 40** • fax 04 67 20 30 50
redaction.montpellier@france3.fr • **sud.france3.fr**

Laure CORNEJO (Rédactrice en chef) • Guy STICA (Journaliste) • Jean-Michel ESCAFFRE (Journaliste culture) • Valérie PEREZ (Assistante responsable antenne) • Sonia CONREAUX (Assistante de rédaction) • Nadine LETOUCEN (Assistante de rédaction)

TV SUD MONTPELLIER

✆ **04 67 41 88 00** • fax 04 67 41 88 38
cguijarro@tvsud.fr • **www.tvsud.fr**
753 av. de la Pompignane • 34170 **CASTELNAU LE LEZ**

Sophie CARLONI (Secrétaire de rédaction) • Thierry CROUZET (Réalisateur) • Jean BRUN (Rédacteur en chef) • Jean-Pierre CASTELLI (Directeur de l'information)

LIMOUSIN

7 A LIMOGES

✆ **05 55 45 65 16**
audiovisuel@ville-limoges.fr • **www.7alimoges.tv**
Mairie de Limoges - Dir. de la communication • 9 pl. Léon Betoulle
87031 **LIMOGES CEDEX**

Vincent SCHMITT (Directeur) • Alain DRUOT (Journaliste)

FRANCE 3 LIMOUSIN

✆ **05 55 04 33 33** • fax 05 55 04 33 96
redaction.limoges@france3.fr • **limousin-poitou-charentes.france3.fr**
1 av. Marconi • 87060 **LIMOGES CEDEX**

Gerard VALLES (Directeur régional du pôle Sud-Ouest) • Xavier RIBOULET (Rédacteur en chef) • Alexandra FILLIOT (Rédactrice et Présentatrice) • Angélique MARTINEZ (Rédactrice et Présentatrice)

LORRAINE

FRANCE 3 LORRAINE

✆ **03 83 50 40 30** • fax 03 83 50 40 86
lorraine.contact@francetv.fr • **lorraine-champagne-ardenne.france3.fr**
14 route de Mirecourt • CS 94233 • 54042 **NANCY CEDEX**

Emmanuel DEESHAYES (Rédacteur en chef) • Martine ALCAN (Journaliste culture) • Laurent PARISOT (Journaliste musique) • Mathieu MOREL (Journaliste musique - agenda culturel)

MIRABELLE TV

✆ **09 77 77 31 31** • fax 03 87 80 32 78
mirabelle@mirabelle.tv • **www.mirabelle.tv**
2 rue St-Vincent • 57140 **WOIPPY**

Didier BAILLEUX (Directeur) • Laurent SEIGNEUR (Rédacteur en chef) • Gaele THISSE (Journaliste reporter d'images) • Alicia HIBLOT (Journaliste « Culture pop ») • Annick LARGENTON (Assistante de direction)

NANCY WEBTV

✆ **03 83 63 65 45**
contact@nancy-webtv.com • **www.nancy-webtv.fr**
12 rue des Tilleuls • 54840 **GONDREVILLE**

Claude FOURCAULX (Président)

ROMBAS TÉLÉVISION

✆ **03 87 58 16 16** • fax 03 87 67 92 37
rtv@rombas-television.com • **www.rombas-television.com**
2 A Grand'rue • 57120 **ROMBAS**

Bernard LACOMBRE (Directeur) • Vincent NOEL (Responsable des programmes)

MIDI-PYRÉNÉES

FRANCE 3 SUD (TOULOUSE)

✆ **05 62 23 97 97** • fax 05 62 14 08 19
redaction.toulouse@france3.fr • **sud.france3.fr**
24 Ch. de la Cépière • 31081 **TOULOUSE CEDEX 01**

Carlos BELINCHON (Délégué régional) • Laurent MAZURIER (Rédacteur en chef) • Nicole ZIMMERMAN (Journaliste)

LIVEQUEST

✆ **09 50 11 87 61**
livequest@live.fr • **www.livequest.fr**
88 rue Riquet • 31000 **TOULOUSE**

Brice MIRAMONT (Directeur de la production) • Gwarr GREFF (Réalisateur)

TLT

✆ **08 26 30 32 34** • fax 05 62 30 30 31
franckdemay@teletoulouse.fr • **www.teletoulouse.com**
BP 15828 • 31505 **TOULOUSE CEDEX 5**

Franck DEMAY (Directeur général) • Greg LAMAZERES (Animateur culturel) • Stephane DELOFFRE (Responsable commercial)
Toulouse Télévision SA

NORD - PAS-DE-CALAIS

ASTV

✆ **03 28 62 77 77** • fax 03 28 62 77 60
contact@tele-astv.fr • **www.tele-astv.fr**
Pl. François Mitterand • BP 155 • 59792 **GRANDE SYNTHE CEDEX**

Philippe DELAUNE (Rédacteur en chef) • Laurence DEGORRE (Directrice de la structure)

Association synthoise pour la télévision locale

FRANCE 3 LILLE METROPOLE

✆ **03 20 13 23 23** • fax 03 20 13 22 34
jean-jacques.regibier@francetv.fr • **www.france3.fr**
36 bd de la Liberté • 59024 **LILLE CEDEX**

Jean-François KAPINCKI (Directeur d'antenne) • Malick BELLELI (Rédacteur en chef) • Jean-Jacques REGIBIER (Rédacteur)

FRANCE 3 NORD-PAS-DE-CALAIS

✆ **03 20 13 23 23** • fax 03 20 13 21 11
lille.standard@france3.fr • **nord-pas-de-calais-picardie.france3.fr**
36 bd de la Liberté • 59024 **LILLE CEDEX**

Malick BELILI (Rédacteur en chef) • Cyril CHATELAIN (Responsable de la programmation musicale) • Alain MERY (Journaliste)

GRAND LILLE TV

✆ **03 20 71 50 00** • fax 03 28 37 04 00
redaction@grandlille.tv • **www.grandlille.tv**
101 bd Descat • BP 10291 • 59335 **TOURCOING CEDEX**

Bruno LECLUSE (PDG) • Olivier RAMOND (Directeur administratif)

M6 LILLE

✆ **03 20 78 55 20**
m6lille@m6.fr • **www.m6.fr**
3 rue des canonniers • 59000 **LILLE**

Thierry MAURER (Responsable bureau) • Djamel MAZI (Journaliste) • Samuel DUHAMEL (Journaliste) • Emmanuel MICHEL (Journaliste)

WÉO

✆ **03 62 59 11 11** • fax 03 62 59 11 12
redaction@weo.fr • **www.weo.fr**
1ᵉʳ pl. Mendès France • 59000 **LILLE**

François TAVERNIEZ (Responsable de production) • Jean-Michel LOBRY (Responsable des programmes / Pdg) • Pierre-Jérôme MONTENOT (Rédacteur en chef) • Anouk WINBERG (Responsable culturelle) • Solange RAGAIN (Journaliste)

La TV Nord Pas-de-Calais

PAYS DE LA LOIRE

FRANCE 3 MAINE

✆ **02 43 39 15 15** • fax 02 43 39 15 10
maine@francetv.fr • **www.france3.fr**
2 Boulevard Alexandre Oyon • 72000 **LE MANS**

Pierre LAWLESS (Rédacteur en chef) • Yann LEDOS (Journaliste culture)

FRANCE 3 OUEST-ANGERS

✆ **02 41 87 35 36** • fax 02 41 87 10 93
angers@francetv.fr • **pays-de-la-loire.france3.fr**
7 pl. Mendès-France • 49100 **ANGERS**

Gwenaël RIHET (Journaliste) • Eric AUBRON (Journaliste)

FRANCE 3 PAYS-DE-LOIRE

✆ **02 40 99 44 44** • fax 02 40 99 44 55
xavier.cosse@france3.fr • **www.france3.fr**
BP 30109 • 44201 **NANTES CEDEX 2**

Jean-Yves FOUCAULT (Chef de centre) • Alain ASTARITA (Directeur d'antenne) • Xavier ROLLAND (Rédacteur en chef) • Christine VILVOISIN (Rédactrice en chef) • Karine LANGLAIS (Rédactrice en chef adjointe) • Lionel CORT (Rédacteur en chef adjoint) • Xavier COSSE (Rédacteur en chef adjoint) • Jérôme SOULARD (Rédacteur en chef adjoint) • Vincent CALCAGNI (Journaliste culture)

LM TV LE MANS

✆ **02 43 83 43 88** • fax 02 43 83 43 23
contact@lmtv.fr • **www.lmtv.fr**
21 rue Pasteur • 72000 **LE MANS**

Pascal BRULON (Directeur) • Gérard GIRAUDET (Directeur technique)

TELE NANTES

✆ **08 26 10 51 61 / 02 40 89 59 51** • fax 02 51 86 77 97
redaction@telenantes.com • **telenantes.com**
42 rue de la Tour d'Auvergne • 44000 **NANTES**

Éric VERIN (Président) • Elisabeth CLEMENT (Directrice générale) • Yannick LAINÉ (Rédacteur en chef)

TELEVISION LOCALE DU CHOLETAIS

✆ **02 41 62 16 66** • fax 02 41 62 16 75
tlcredaction@orange.fr • **www.canalcholet.com**
La Novathèque • 5 bd Pierre Lecoq • 49300 **CHOLET**

Régis REVEILLE (Directeur) • Jean-Baptiste VENNIN (Journaliste)

TV VENDEE

✆ **02 51 08 06 06** • fax 02 51 08 06 10
accueil@tvvendee.fr • **www.tvvendee.fr**
ZA Le séjour • 85170 **DOMPIERRE SUR YON**

Didier BARRON (Directeur) • Aurélien MARTIN (Rédacteur en chef) • Hervé LE ROCH (Directeur des programmes)

PICARDIE

CANAL NORD

✆ **03 22 71 14 40** • fax 03 22 91 68 32
contact@canalnord.org • **www.canalnord.org**
c/o Carmen • 19 rue St-Hubert • 80000 **AMIENS**

Vincent AGUANO (Responsable) • Lyacout HAICHEUR (Comptable et Communication) • Hervé HERMEL (Graphiste Monteur et diffusion)

FRANCE 3 PICARDIE

✆ **03 22 69 23 23** • fax 03 22 69 23 69
redaction-amiens@france3.fr • **nord-pas-de-calais-picardie.france3.fr**

Didier CAGNY (Rédacteur en chef) • Christophe LÉPINE (Journaliste culture)

POITOU-CHARENTES

FRANCE 3 POITOU-CHARENTES

✆ **05 49 38 03 03** • fax 05 49 38 55 33
redaction.poitiers@francetv.fr • **limousin-poitou-charentes.france3.fr**
9 rue du Fief des Hausses • 86000 **POITIERS**

Alain CHOLLON (Directeur délégué aux antennes) • Sébastien BOUWY (Rédacteur en chef) • Elodie GERARD (Journaliste culture) • Luc BARRE (Journaliste)

PROVENCE - ALPES - CÔTE D'AZUR

FRANCE 3 CÔTE D'AZUR

✆ **04 92 91 72 00** • fax 04 92 91 72 01
prenom.nom@francetv.fr • **www.france3.fr**
La Brague • 159 av. du Pylône • 06600 **ANTIBES**

Nabil AOUADI (Rédacteur en chef) • Bernard PEYRANO (Rédacteur en chef adjoint) • Magali ROUBAUD (Journaliste culture) • Bernard PERCIA (Journaliste)

FRANCE 3 MÉDITERRANÉE

✆ **04 91 23 45 00** • fax 04 91 23 47 56
provence.alpes@francetv.fr • **mediterranee.france3.fr**
2 allée Ray Grassi • 13271 **MARSEILLE CEDEX 8**

Bruno LE DREF (Directeur délégué régional aux antennes) • Joël BARCY (Rédacteur en chef) • Berenice BURY (Responsable de la communication) • Sylvie DEPIERRE (Journaliste) • Thierry BEZER (Journaliste)

LCM
✆ **04 88 66 51 00**
habiba@lcm.fr • **www.lcm.fr**
Pôle Media Belle de Mai • 37 rue Guibal • BP 20100
13303 **MARSEILLE CEDEX 3**

Christophe MUSSET (Président) • Alain ARMANI (Directeur général) • Alexandra GALDON (Responsable magazine) • Romain FIORUCCI (Responsable de l'information) • Habiba MEDEREGNAROU (Assistante de direction)

La chaîne marseille

M6 MARSEILLE
✆ **04 96 11 11 66** • fax 04 91 54 45 96
m6marseille@m6.fr • **www.m6.fr**
7 cours Jean Ballard • 13001 **MARSEILLE**

Bruno DE GAUDEMAR (Rédacteur en chef) • Bruno MARQUET (Journaliste) • Paul ROSSI (Journaliste) • Anthony DESPRES (Journaliste)

M6 NICE
✆ **04 97 25 81 18**
m6nice@m6.fr • **www.m6.fr**
16 av. Édouard Grinda • Riviera Studio, bât. 13 • 06200 **NICE**

Olivier LEVASSEUR (Correspondant Nice)

NICE TÉLÉVISION
✆ **04 97 25 81 70**
contact@nice-television.fr • **www.niceazurtv.fr**
16 av. Edouard Grinda • 06200 **NICE**

Hervé RAYNAUD (Directeur) • Michel GIULIANI (Chef de production) • Philippe CODET (Responsable des programmes) • Fabrice GIUSTO (Assistant de production / journaliste rédacteur info) • Nicolas GALUP (Journaliste rédacteur info) • Sébastien LYOTARD (Journaliste rédacteur info) • Émile BARBARA (Journaliste rédacteur info) • Lucie CAMIN (Journaliste) • Rachel TURPIN (Journaliste) • Olivier MARRO (Animateur) • Dorothée MARRO (Animatrice)

RHÔNE-ALPES

FRANCE 3 ALPES
✆ **04 76 01 40 00** • fax 04 76 01 40 94
redactiongrenoble@france3.fr • **alpes.france3.fr**
Av. du Grand Sablon • 38706 **LA TRONCHE**

Stéphane VAHRAMIAN (Chef de centre) • Jean-Claude POUILLE (Chef de centre adjoint) • Sylvain JEAGER (Rédacteur en chef) • Jean-Christophe PAIN (Journaliste culture) • Isabelle COLBRANT (Journaliste culture)

FRANCE 3 RHONE-ALPES
✆ **04 78 14 60 00** • fax 04 78 14 60 01
redactionlyon@france3.fr • **rhone-alpes-auvergne.france3.fr**
14 rue des Cuirassiers • BP 3092 • 69399 **LYON CEDEX**

Michel CHICHE (Délégué régional) • Franck GIROUD (Responsable magazine) • Dominique BOURGEOIS (Responsable de la communication) • Kathleen GARON (Communication) • Adrien GROU RADENEZ (Assistant magazine)

M6 LYON
✆ **04 78 92 68 42** • fax 04 78 92 82 85
m6lyon@m6.fr • **www.m6.fr**
110 av Jean Jaurés • 69007 **LYON**

Frédéric BADART (Rédacteur en chef) • Laurent GUISSET (Journaliste) • Eric HERVÉ (Journaliste) • Sandrine MONTARD (Journaliste)

TÉLÉ GRENOBLE
✆ **04 76 00 77 77** • fax 04 76 00 77 78
redaction@telegrenoble.net • **www.telegrenoble.net**
109 rue Hilaire de Chardonnet • 38100 **GRENOBLE**

Gérard BALTHAZARD (Président) • Thibault LEDUC (Rédacteur en chef)

TLM (TÉLÉ LYON MÉTROPOLE)
✆ **04 72 71 10 90** • fax 04 72 71 10 95
psavey@tlm.fr • **www.tlm.fr**
227 cours Lafayette • 69451 **LYON CEDEX 6**

Pascal VEILLEROT (Directeur de la publicité) • Bertrand FRACHON (Rédacteur en chef) • Leïla KASSI (Chef d'édition)

TV8 MONT BLANC
✆ **04 50 52 69 69**
contact@tv8montblanc.com • **www.tv8montblanc.fr**
Rte des Pontets • 74320 **SEVRIER**

Paul RIVIER (Président /Directeur général) • Pascale POULET (Directrice générale adjointe) • Patrice MALLET (Directeur de la rédaction) • Béatrice BARRA (Chargée de communication et Marketing)

OUTRE-MER

Guadeloupe

GUADELOUPE 1ERE
✆ **05 90 60 96 96 / 05 90 60 96 82**
prenom.nom@francetv.fr • **guadeloupe.la1ere.fr**
Destrellan • BP 180 • 97122 **BAIE MAHAULT**

Liliane FRANCIL (Directrice régionale) • François PERONET (Responsable technique) • Fred FIDELIS (Directeur des Antennes TV) • Yolaine POLETTI-DUFLO (Rédactrice en chef TV) • Margaret LAWRENCE (Responsable de la communication) • Patrick AUGUSTINE (Service communication interne et infographiste) • Catherine LE PELLETIER (Responsable internet)

Guyane

GUYANE 1ERE
✆ **05 94 25 67 00** • fax 05 94 30 26 49 / 05 94 25 67 26
prenom.nom@francetv.fr • **guyane.la1ere.fr**
Bd Edmard Lama • 97354 **REMIRE MONTJOLY**

Frédéric AYANGMA (Directeur régional) • Hervé DELANNON (Responsable de la communication) • Alexandre VAL GUEVARA (Administrateur régional) • Sylvie GENGOUL (Directrice d'antenne) • Patrick NEGRE (Rédacteur en chef) • Serge SULPICE (Responsable technique)

Martinique

ATV (ANTILLES GUYANE DIFFUSION)
✆ **05 96 75 44 44** • fax 05 96 75 55 65
rg@wipa972.com • **www.atv-mq.com**
28 av. des Arawaks • 97200 **FORT DE FRANCE**

Hermann ROSE-ELIE (Rédacteur en chef) • Éric SCHAUER (Responsable achat production)

MARTINIQUE 1ERE
✆ **05 96 59 52 00** • fax 05 96 63 29 88 / 05 96 59 52 26
:ghislaine.oliny@francetv.fr • **martinique.la1ere.fr**
La Clairière • CS 50662 • 97263 **FORT DE FRANCE**

Jean-Philippe PASCAL (Directeur régional) • Mirella NOCANDY (Administratrice régionale) • Valérie PATOLE (Directeur d'antenne TV) • Alain PETIT (Rédacteur en chef) • Ghislaine OLINY (Responsable de la communication) • Charles DIONY (Responsable technique)

Mayotte

MAYOTTE 1ERE
✆ **02 69 60 01 01** • fax 02 69 60 10 18
prenom.nom@francetv.fr • **mayotte.la1ere.fr**
1 rue du Jardin • BP 103 • 97615 **PAMANDZI MAYOTTE**

Gérald PRUFER (Directeur régional) • Gérard GUILLAUME (Directeur d'antenne TV) • Haloua AHMED (Coordinatrice d'antenne) • Alain PETIT (Rédacteur en chef) • Johnny GODET (Responsable technique)

Nouvelle-Calédonie

NOUVELLE-CALEDONIE 1ERE

✆ **(687) 23 99 99**
prenom.nom@francetv.fr • **nouvellecaledonie.la1ere.fr**
Mont Coffyn • 1 rue du Mal Leclerc • BP G3 • 98848 **NOUMEA**

Walles KOTRA (Directeur régional) • Bénédicte PIOT-GAMBEY (Directrice d'antenne) • Nathalie NOUZIERES (Rédactrice en chef) • Mariannick BABE (Responsable de la communication) • Raymond KODADAY (Responsable technique)

REUNION 1ERE

✆ **02 62 40 67 67 / 02 62 40 67 10**
fax 02 62 21 64 84 / 02 62 41 09 83
ttv@francetv.fr • **reunion.la1ere.fr**
12 rue René Demarne • 97716 **ST DENIS MESSAG CEDEX 09**

Philippe LEMEE (Directeur d'antenne) • Lison DAMBREVILLE (Responsable de la communication) • Christian HOARAU (Directeur délégué) • Patrick SMITH (Rédacteur en chef) • Daniel BERNARD (Rédacteur en chef) • François CASTELLON (Responsable technique)

Polynésie française

POLYNÉSIE 1ERE

✆ **00 (689) 86 16 16 / 00 (689) 86 16 00**
fax 00 (689) 86 16 21
prenom.nom@francetv.fr • **polynesie.la1ere.fr**
Centre Pamatai FAAA • BP 60125 • 98702 **PAPEETE**

Gilles COZANET (Directeur régional) • Olivier GELIN (Rédacteur en chef) • Heia PARAU (Responsable de la communication)

Saint-Pierre-et-Miquelon

ST-PIERRE-ET-MIQUELON 1ERE

✆ **05 08 41 11 11** • fax 05 08 41 22 19
prenom.nom@francetv.fr • **saintpierremiquelon.la1ere.fr**
14 rue Gloanec • BP 4227 • 97500 **ST PIERRE ET MIQUELON**

Gilles DEROUET (Directeur des antennes radio et tv) • Maryse LEBAILLY (Responsable de la communication) • Jean-Louis QUEDINET (Responsable technique)

Réunion

ANTENNE RÉUNION TÉLÉVISION

✆ **+262 262 48 28 28** • fax +262 262 48 28 26
www.antennereunion.fr
Technopole de La Réunion • BP 80001 • 97801 **SAINT-DENIS CEDEX 9**

Christophe DUCASSE (PDG) • Philippe ROUSSEL (Directeur général des Medias et des Contenus) • Karoll DUGAIN (Responsable de la programmation TV) • Lionel OLIVIER (Responsable de la communication de la programmation Radio) • Eric FONTAINE (Rédacteur en chef TV/Radio/Web) • Fabrice CHINJOIE (Directeur des Systèmes d'Information) • Nazira FORMET (Responsable de la communication en charge du développement) • Mayia LE TEXIER (Directrice des ressources humaines et des Affaires Juridiques)

Wallis-et-Futuna

WALLIS ET FUTUNA 1ERE

✆ **00 681 72 20 20** • fax 00 681 72 23 46
prenom.nom@francetv.fr • **wallisfutuna.la1ere.fr**
Pointe Matala • BP 102 • 98600 **MATA UTU**

Jean-Michel FONTAINE (Directeur régional) • Pascal TOMASINI (Administrateur régional) • Lusia KAVAKAVA (Directrice d'antenne) • Brigitte BRAULT (Rédactrice en chef)

RADIO FRANCE

RADIO FRANCE

✆ **01 56 40 22 22**
www.radio-france.fr
Maison de Radio France • 116 av. du Pdt Kennedy • 75220 **PARIS CEDEX 16**

Jean-Luc HEES (Président) • Hervé RIESEN (Directeur adjoint délégué aux affaires internationales) • Michel POLACCO (Directeur de l'information) • Christian CHARLES (Responsable documentation) • Catherine SUEUR (Directrice générale déléguée) • Francois-Xavier LABARRAQUE (Directeur général délégué à la stratégie et au développement) • Stéphanie MASSA (Adjointe Responsable Le Mouv') • Jöel RONEZ (Directeur des nouveaux medias) • Bernard CHÉRÈZE (Directeur artistique de la plateforme musique) • Jean-Pierre LE PAVEC (Directeur de la musique) • Daniel ALLARD (Responsable de la discothèque centrale) • Caroline WIEGANDT (Directrice adjointe) • Géraldine NENDZA (Responsable commerciale en charge des agences médias) • Marine BILLOIR (Responsable relations médias) • Virginie VINCIENNE (Responsable service achat) • Bérénice RAVACHE (Secrétaire générale) • Bertrand VANNIER (Conseiller éditorial) • Lucie MUNIESA (Directrice générale adjointe chargée des affaires économiques et financières) • Jean-Michel KANDIN (Directeur général adjoint chargé des techniques et technologies nouvelles) • Christian METTOT (Directeur général adjoint chargé du dialogue social et des ressources humaines) • Philippe VAL (Directeur de France Inter) • Anne BRUCY (Directrice du réseau France Bleu) • Olivier POIVRE D'ARVOR (Directeur de France Culture) • Olivier MOREL-MAROGER (Directeur de France Musique) • Jean-Marie CHRISTIN (Directeur de France Info) • Patrice BLANC-FRANCARD (Directeur du Mouv') • Philippe CHAFFANJON (Directeur de France Bleu)

Nombre d'auditeurs : 13,6 millions • **Régie publicitaire** : Radio France Publicité, Pascal Girodias

FIP

✆ **01 42 20 12 34** • fax 01 56 40 45 69
prenom.nom@radiofrance.com • **www.fipradio.fr**
Maison de Radio France • 116 av. du Pdt Kennedy • 75220 **PARIS CEDEX 16**

Julien DELLI FIORI (Directeur) • Florence BEHAR (Chargée des partenariats) • Jean-François DELETTREZ (Directeur des programmes) • Nadine DE SOUSA (Coordination des opérations des activités d'antennes) • Armand PIRRONE (Programmateur) • René HARDIAGON (Programmateur) • Alexandre DESURMONT (Programmateur) • Patrick DERLON (Programmateur) • Luc FRELON (Programmateur) • Fréderic CHARBAULT (Programmateur jazz) • Philippe ETHELDREDE (Programmateur jazz) • Thomas CURBILLON (Programmateur jazz) • Cédric DAVID (Programmateur jazz) • François LACHARME (Programmateur jazz) • Vincent PROVINI (Programmateur) • Elizabeth DUCERF (Assistante de programmation) • Virginie ERTZ (Assistante de direction chargée des relations presse)

Nombre de fréquences : 10 fréquences FM : Paris (105.1), Arcachon (96.5), Bordeaux (96.7), Marseille (90.9), Montpellier (99.7), Nantes (95.7), Rennes (101.2), St Nazaire (97.2), Strasbourg (92.3), Toulouse (103.5), cable, satellite, www.fipradio.fr • **Régie publicitaire** : Radio France • **Cible** : 25-50 ans • **Programmation musicale** : Jazz, classique, chanson francophone, musique du monde, pop et rock anglosaxons, bandes originales de films • **Podcast** : Oui

FRANCE BLEU

✆ **01 56 40 22 22**
prenom.nom@radiofrance.com • **www.francebleu.fr**
Maison de Radio France • 116 av. du Pdt Kennedy • 75220 **PARIS CEDEX 16**

Philippe CHAFFANJON (Directeur général adjoint en charge du réseau France Bleu) • Jean BEGHIN (Directeur adjoint du réseau en charge des programmes) • Claude BRUILLOT (Directeur adjoint du réseau, en charge de l'information) • Valérie SAJOT (Directrice adjointe du réseau, en charge de la communication) • Claude PERRIER (Directeur) • Nicolas GODEFROY (Rédacteur en chef antenne nationale) • Dominique BOURRON (Délégué à la musique) • Jean-Luc LERAY (Délégué aux événements musicaux) • Brigitte TAUZIN (Déléguée à la communication et aux partenariats musicaux) • Marjorie PREUX (Chargée des relation presse du réseau) • Stéphanie RENAULT (Directrice adjointe chargée des nouveaux médias)

Nombre de fréquences : 43 radios locales • **Nombre d'auditeurs** : 4 M/j. • **Régie publicitaire** : Radio France Publicité • **Cible** : Adulte (35 et +) • **Playlist** : 30 titres • **Programmation musicale** : 65 % variété française, 30 % variété internationale et présence de l'identité locale dans chacune des stations • **Podcast** : Oui

FRANCE CULTURE

✆ **01 56 40 22 22** • fax 01 56 40 41 19
prenom.nom@radiofrance.com • **www.franceculture.fr**
Maison de Radio France • 116 av. du Pdt Kennedy • 75220 **PARIS CEDEX 16**

Olivier POIVRE D'ARVOR (Directeur) • Danielle ABENSOUR (Administratrice) • Christian METTOT (Directeur des ressources humaines) • Jean-Marc FOUR (Directeur de la rédaction) • Cécile ASPE (Directrice adjointe de la redaction) • Nabila AMEL (Rédactrice en chef) • Véronique PELLERIN (Rédactrice en chef) • Jean-Marie GUINEBERT (Responsable de la communication) • Claude-Agnès MARCEL (Responsable presse) • Olivier HELLE (Responsable d'antenne) • Vincent LEMERRE (Conseiller aux programmes) • Gaëlle MICHEL (Chargée des partenariats) • Sylvia FAVRE (Assistante attachée de production)

Nombre d'auditeurs : 1 100 000 auditeurs/j. • **Cible** : Ts publics • **Podcast** : Oui

FRANCE INFO

✆ **01 56 40 22 22**
prenom.nom@radiofrance.com • **www.franceinfo.fr**
Maison de Radio France • 116 av. du Pdt Kennedy • 75220 **PARIS CEDEX 16**

Pierre-Marie CHRISTIN (Directeur) • Jean-Gérard ROBICHEZ (Directeur adjoint) • Matthieu BEAUVAL (Délégué Antenne) • Frédéric CARBONNE (Directeur adjoint, Directeur de la rédaction) • Eric KERVELLEC (Chef de l'information) • Frédéric WITTNER (Rédacteur en chef en charge du multimedia) • Claire BAUDEAN (Journaliste culture) • Anne CHÉPEAU (Journaliste Jazz) • Jean-Mathieu PERNIN (Journaliste Spectacles) • Sandrine ETOA-ENDEGUE (Journaliste Musique) • Romain BEIGNON (Délégué de la direction de la communication) • Peggy DREYER (Relations presse) • Gaël HAMAYON (Responsable partenariats)

Nombre d'auditeurs : 4 700 000 • **Régie publicitaire** : Interne, Pascal Girodias (tél. 01 56 40 22 99)

FRANCE INTER

✆ **01 56 40 22 22**
prenom.nom@radiofrance.com • **www.franceinter.com**
Maison de Radio France • 116 av. du Pdt Kennedy • 75220 **PARIS CEDEX 16**

Philippe VAL (Directeur) • Laurence BLOCH (Directrice adjointe responsable de l'antenne) • Patricia PIFFAULT (Déléguée aux ressources humaines et à la gestion de France Inter) • Matthieu ARON (Directeur de la rédaction) • Jacques MONIN (Directeur adjoint de la rédaction) • Frédéric BARREYRE (Secrétaire général de la rédaction) • Hélène JOUAN (Directrice des magazines d'informations) • Didier VARROD (Directeur de la musique) • Ilana MORYOUSSEF (Chef de service « Culture ») • Muriel ATTAL (Déléguée à la communication et à la presse) • Valérie GUEDOT (Chargée de communication) • Marion GLÉMET (Adjointe au service des relations avec les médias) • Clara DEVORET (Attachée de presse) • Jean-Michel MONTU (Programmateur) • Julien DEFLISQUES (Programmateur) • Thierry DUPIN (Programmateur) • Jean-Baptiste AUDIBERT (Programmateur) • Frédéric LODÉON (Producteur émission « Carrefour de Lodéon ») • Elsa BOUBLIL (Productrice emission « Sumertime ») • Pascale CLARK (Productrice emission « Comme on vous parle ») • Isabel PASQUIER (Journaliste culture) • VALLI (Animatrice « Système Disque ») • Stéphane CAPRON (Délégué aux nouveaux médias)

Nombre d'auditeurs : 6 M/j. • **Régie publicitaire** : Radio France Publicité • **Cible** : Tout public

FRANCE MUSIQUE

✆ **01 56 40 22 22** • fax 01 56 40 49 89
prenom.nom@radiofrance.com • **www.radio-france.fr**
Maison de Radio France • 116 av. du Pdt Kennedy • 75220 **PARIS CEDEX 16**

Olivier MOREL-MAROGER (Directeur) • Ariane CHANTELOUP-GOMBERT (Adjointe au directeur, chargée coordination des programmes et production) • Anne MOUILLE (Déléguée à la communication) • Marc CRÉPIN (Directeur de la rédaction) • Patricia LAFLEUR (Administratrice) • Mitsou CARRÉ (Directrice adjointe chargé des programmes et de l'antenne) • Delphine GAILLARD (Adjointe à la communication et aux partenariats) • Lucie MARCEAU (Attachée de presse)

Nombre de fréquences : 501 • **Nombre d'auditeurs** : Environ 750 000/j. • **Programmation musicale** : Classique, jazz, chanson française, musiques du monde, comédies musicales, etc. • **Podcast** : Oui

Le MOUV'

✆ **01 56 40 22 22**
prenom.nom@radiofrance.com • **www.lemouv.fr**
Radio France • 116 av. du Pdt Kennedy • 75220 **PARIS CEDEX 16**

Patrice BLANC-FRANCARD (Directeur) • Vanessa MEILLET (Administratrice) • Eric TRACOL (Directeur des programmes) • Philippe DANA (Conseiller aux programmes) • Cyril SAUVAGEOT (Rédacteur en chef) • Benoit BOUSCAREL (Rédacteur en chef adjoint) • Lionel SANCHEZ (Adjoint au Directeur des programmes) • Fahim BENCHOUK (Responsable d'antenne) • Emmanuelle CHUPIN (Coordinatrice d'antenne) • Yannick BODIN (Programmateur) • Bénédicte BOUREL (Programmatrice) • Jérôme BONNETIN (Programmateur) • Laurent PIRONTI (Responsable multimédia) • Guillaume LEDIT (Responsable adjoint multimédia - pôle éditorial) • Carole BOTTOLLIER (Responsable de la communication) • Stéphanie MASSA (Adjointe à la communication)

Nombre de fréquences : 31 (Aix-en-Provence, Ajaccio, Amiens, Angers, Annecy, Besançon, Bordeaux, Brest, Caen, Cannes, Carcassonne, Clermont-Ferrand, Dijon, Grenoble, Lille, Lorient, Limoges, Lyon, Marseille, Mende, Montpellier, Nantes, Nice, Paris, Reims, Rennes, Rouen, Saint-Etienne, Toulouse, Tours, Valence) • **Nombre d'auditeurs** : Couverture 19 M • **Régie publicitaire** : Radio France Publicité (Pascal Girodias, tél. 01 56 40 22 99) • **Cible** : 20-35 ans • **Playlist** : Nombre de titres : 100/ + haute rotation : 20 passages/sem. • **Programmation musicale** : Pop rock français, international, nouveaux talents francophones, électro, rap, reggae, groove • **Podcast** : Oui

RFI

✆ **01 84 22 84 84**
courrier.auditeur@rfi.fr • **www.rfi.fr**
80 rue Camille Desmoulin • 92130 **ISSY LES MOULINEAUX**

Marie-Christine SARAGOSSE (PDG) • Victor ROCARIES (Délégué général) • Françoise HOLLMAN (Directrice de la communication) • Anthony RAVERA (Attaché de presse) • Isabelle CHENU (Chef service culture) • John MCGUIRE (Directeur des affaires internationales) • Jean-Pierre CONSTANTIN (Médiateur)

Nombre de fréquences : Diffusion internationale 24h/24 en FM, en ondes courtes par satellite, sur internet et sur de nombreux câbles. En France à Paris sur 89 FM et sur le bouquet radio de Canal Satellite, TPS et Noos • **Nombre d'auditeurs** : 46 millions d'auditeurs dans le monde • **Régie publicitaire** : Interne, Jacques Le Meur • **Cible** : 15-50 ans • **Classements, airplays** : Musique Info Hebdo, Francophonie Diffusion • **Playlist** : 4 playlists thématiques 80 titres. Rotation max. d'1 titre : /j. (chaîne info) 3/j. (chaînes musicales) • **Programmation musicale** : Chanson, rock, et pop française • **Podcast** : Oui

RADIOS PÉRIPHÉRIQUES

EUROPE 1

✆ **01 44 31 90 00** • fax 01 47 23 19 00
servicepresse@europe1.fr • **www.europe1.fr**
26 bis rue François Ier • 75008 **PARIS**

Fabien NAMIAS (Directeur général) • Nicolas ESCOULAN (Directeur de la rédaction) • Bruno GASTON (Directeur délégué aux programmes auprès de Denis Olivennes) • Olivier BENEUF (Directeur adjoint aux programmes) • Jean-Philippe BALASSE (Directeur adjoint de la rédaction) • Xavier JOLLY (Responsable artistique / Programmation musicale) • Anne FAUCONNIER (Secrétaire générale) • Thierry GEFFROTIN (Chef de service culture) • Thierry LECAMP (Animateur musique) • Emmanuel PERROT (Directeur de la communication) • Marc GONNET (Directeur du marketing et du développement)

Nombre de fréquences : 256 • **Régie publicitaire** : Lagardère Publicité • **Cible** : 30-50 ans • **Classements, airplays** : Yacast

RTL

✆ **01 40 70 40 70** • fax 01 40 70 44 50
prenom.nom@rtl.fr • **www.rtl.fr**
22 rue Bayard • 75008 **PARIS**

Rémy SAUTTER (Président du conseil de surveillance) • Christopher BALDELLI (Président du Directoire) • Jean-Michel KERDRAON (Vice-président du directoire) • Jacques ESNOUS (Directeur de l'information et membre du directoire) • Jean-Yves HAUTEMULLE (Directeur d'antenne) • Pascal AMIAUD (Responsable de la programmation musicale) • Sophie DEROULEDE (Directrice de la communication) • Jean-Yves CHAPERON (Journaliste « L'heure du jazz ») • Yannick LEMAIRE (Directeur du service de presse et des partenariats médias) • Anthony MARTIN (Chef de service culture) • Charlotte LATOUR (Journaliste spécialiste musique classique) • Georges LANG (Animateur) • Jean-François JOHANN (Animateur) • Eric JEAN-JEAN (Animateur)

Nombre de fréquences : 273 • **Nombre d'auditeurs** : 6,4 M • **Régie publicitaire** : IP France, 16 cours albert 1er - 75008 Paris • **Cible** : Ts publics • **Playlist** : Rotation max. 1/j. • **Programmation musicale** : Chanson française (60 %) • **Podcast** : Oui

SUD RADIO

✆ **05 61 63 20 20 / 08 25 84 68 45** • fax 05 61 63 20 64
redaction@sudradio.fr • **www.sudradio.fr**
Les Allées du lac - Bât B • 93 rue du Lac • BP 48148 • 31681 **LABEGE CEDEX**

Jean-Éric VALLI (Président) • Mathieu QUETEL (Directeur général délégué de Sud Radio) • Laurent DUMAY (Directeur général délégué aux programmes) • Cécile VARIN (Rédactrice en chef) • Christine BOUILLOT (Journaliste Toulouse) • Cyril BRIOULET (Journaliste Toulouse) • Vincent PÉCHAIRE (Journaliste Toulouse) • Christophe BERNARD (Journaliste Bordeaux) • Lionel MAILLET (Journaliste Marseille)

Nombre de fréquences : 57 (Midi-Pyrénées, Aquitaine, Languedoc-Roussillon, Auvergne, Provence, Limousin), 99.9 (Paris) • **Régie publicitaire** : Sud radio médias • **Cible** : 25-59 ans • **Classements, airplays** : Air Play, Yacast • **Programmation musicale** : 5 à 7 % des programmes : rock, chanson française, jazz, variétés • **Podcast** : Oui

AUTOROUTE INFO

✆ **03 80 77 63 00** • fax 03 80 77 63 01
info@autorouteinfo.fr • **www.autorouteinfo.fr**
Société d'information radio autoroutière • 36 rue du Docteur Schmitt
21850 **ST APOLLINAIRE**

Jean-Paul RAULIN (Directeur général de l'antenne) • Marie DARSON (Directrice de l'information et conseillère aux programmes) • Elisabeth PIOZ (Directrice du pôle synergie et partenariats) • Philippe ARNAUD (Responsable développement)

Nombre de fréquences : 107.7 (Rhône-Alpes, VRU Grenoble, tunnel du Mont Blanc, tunnel de Fréjusse) • **Nombre d'auditeurs** : 177 millions/an • **Régie publicitaire** : Lagardère Publicité • **Playlist** : oui • **Programmation musicale** : Gold, standards, nouveautés • **Podcast** : Oui

BEUR FM

✆ **01 53 48 30 00 / 08 92 68 10 67** • fax 01 48 06 06 62
direction@beurfm.net • **www.beurfm.net**
BP 249 • 75524 **PARIS CEDEX 11**

Nacer KETTANE (Président) • Djima KETTANE (Directrice générale) • Maïa KET (Direction) • Nourredine MEZHOUD (Directeur d'antenne) • Mehdi AZIR (Programmateur musical) • Nabil BOUGOUSS (Communication, partenartiats, marketing)

Nombre de fréquences : 18 : Paris, Mantes la Jolie, Dreux, Valenciennes, Creil, Rouen, Troyes, Le Mans, Bourges/Vierzon, Saint-Etienne, Valance, Grenoble, Toulouse, Carcassonne, Nimes/ALes, Aix/Marseille, Toulon, Bastia • **Nombre d'auditeurs** : France, Europe & Maghreb • **Régie publicitaire** : Interne + TF1 régie • **Cible** : 15-49 ans • **Playlist** : 60 titres, rotation haute de 20 titres • **Programmation musicale** : 60 % musique du Maghreb, 40 % française, étrangère & divers • **Emissions musicales** : La Mehdina (Mehdi, lun. ven. 16h-18h), Café des artistes (Mourad, lun. ven. 22h-23h), Samedi vip (Tarik, sam. 21h-00h), Power Rai (Kim, dim. 22h-00h)

BFM BUSINESS

✆ **01 71 19 11 81 / 01 71 19 14 11**
redaction@radiobfm.com • **www.bfmradio.fr**
Direction de la rédaction • 12 rue d'Oradour sur Glane • 75015 **PARIS**

Alain WEILL (Président) • Guillaume DUBOIS (Vice-président / Directeur de l'information) • Emmanuel DUTEIL (Rédacteur en chef / Correspondant à New York) • Karine VERGNIOL (Rédactrice Reporter)

Nombre de fréquences : 31 • **Nombre d'auditeurs** : Etude 2008 : 154 000 auditeurs cadres actifs (lun. à ven. 5h/24h), 530 000 auditeurs cadres actifs/sem. (lun. à dim. 5h/24h) • **Régie publicitaire** : RMC Régie • **Cible** : Décideurs, cadres • **Podcast** : Oui

CHÉRIE FM

✆ **01 40 71 40 00** • fax 01 40 71 41 22
pnom@nrj.fr • **www.cheriefm.fr**
22 rue Boileau • 75203 **PARIS CEDEX 16**

Gwen BROT (Directeur d'antenne) • Claude-Eric ROY (Directeur adjoint) • Fabrice LEGRIER (Rédacteur en chef) • Elodie LALOUETTE (Responsable de la communication) • Guillaume DE LA BONNELIERE (Programmateur)

Nombre de fréquences : 150 en France, 6 en Belgique + 8 webradios thématiques (pop & soul, séducteurs, zen, golds, italia, love songs, frenchy, chérie by André Manoukian) • **Régie publicitaire** : NRJ Global • **Cible** : 25-49 ans, féminine • **Programmation musicale** : Variétés française et internationale • **Captation et diffusion de concerts** : Chérie FM live, Chérie Pour Elles

Radio CLASSIQUE

✆ **01 40 08 50 00** • fax 01 40 08 50 80
accueil-radioclassique@radioclassique.fr • **www.radioclassique.com**
12 bis pl. Henri Bergson • 75008 **PARIS**

Francis MOREL (Président) • Claire LENART-TURPIN (Directrice du pôle « arts et classique ») • Jean-Francis PECRESSE (Directeur de la rédaction) • Chloé SALMENA (Communication)

Nombre de fréquences : 83 • **Nombre d'auditeurs** : 1 M/j. • **Régie publicitaire** : DI Régie (tél. 01 44 88 42 36) • **Cible** : CSP + 35-49 ans • **Programmation musicale** : Musique classique, jazz, infos • **Emissions musicales** : Oui • **Captation et diffusion de concerts** : Oui • **Podcast** : Oui

FG

✆ **01 40 13 88 00** • fax 01 40 13 88 01
team@radiofg.com • **www.radiofg.com**
51 rue de Rivoli • 75001 **PARIS**

Antoine BADUEL (PDG) • Sylvain FEREY (Directeur technique)

Radio • **Nombre de fréquences** : 25 : Paris (98,2), Aix en Provence (93,4), Amiens (96,3), Annecy (96,3), Anvers (100,2), Bastia (94,9), Besançon (92), Bruxelles (106,5), Caen (98,7), Clermont Ferrand (88,8), Compiègne (98,2), Courchevel (107,2), Dijon (94,1), Epernay (90,3), Marseille (100,5), Melun (94,9), Meribel (107,2), Monaco (96,1), Orléans (103,4), Perpignan (100,8), Poitiers (103), Reims (94,6), Rennes (91,2), Strasbourg (98,1), Tarbes (96,8) ; diffusion Internet (webradios thématiques) et Canal sat, Numéricable, Free, SFR, Orange, RNT (Berlin, Lyon, Nantes) • **Régie publicitaire** : Agence FG (01 44 75 90 90) • **Cible** : 15-35 ans • **Programmation musicale** : House, électro, dub, R&B, groove, funk, etc. • **Emissions musicales** : « Happy Hour » par A. Baduel lun. vend. 17h-20h, « Starter FG » par Hakimakli lun. vend. 20h-23h • **Captation et diffusion de concerts** : Très rarement • **Podcast** : Oui

FUN RADIO

✆ **01 40 70 48 48** • fax 01 53 57 20 81
prenom.nom@funradio.fr • **www.funradio.fr**
20 rue Bayard • 75008 **PARIS**

Jérôme FOUQUERAY (Directeur général) • Claude SERTORIO (Directeur adjoint délégué) • Sébastien MOTEL (Directeur du réseau) • Sébastien JOSEPH (Directeur d'antenne) • Benoît FITOUSSI (Responsable opérations musicales et partenariats) • Noémie PALLARD (Responsable artistique et musique) • Farida GHEMMOUR (Coordinatrice d'antenne) • Damien CARREAU (Responsable de la rédaction) • Christophe BOCCARD (Directeur de la communication)

Nombre de fréquences : 230 (40 actifs, 190 par satellite) + site internet (radio à la demande, playlists) • **Régie publicitaire** : iP France, 16 cours Albert 1er, 75008 Paris, tél. 01 40 70 48 48 • **Cible** : 15-40 ans • **Programmation musicale** : Dancefloor • **Emissions musicales** : Le clash (Greg, lun. ven. 16h-19h), Funlist (Dario, lun. ven. 19h-21h), Dédifun (Lionel, sam. dim. 10h-13h) • **Podcast** : Party Fun et émission du soir

JAZZ RADIO

✆ **04 72 10 15 30** • fax 04 78 30 46 46
b.thuret@jazzradio.fr • **www.jazzradio.fr**
40 quai Rambaud • 69002 **LYON**

Christophe MAHÉ (PDG) • Benoît THURET (Directeur d'antenne) • Lionel HERRY (Programmateur Service commercial) • Yoann LAURENT (Rédacteur en chef) • Amélie OZIER (Service Communication)

Nombre de fréquences : 42 • **Régie publicitaire** : Les indépendants (national), régie interne (local) - Lionel Herry (l.herry@jazzradio.fr) • **Cible** : 25-55 ans • **Playlist** : Oui • **Programmation musicale** : Jazz & Soul • **Emissions musicales** : L'album repérage (J-F. Moran, lun. ven. 7h45, 11h30), Jazz culture (M. Bakour, lun. ven. 10h30), Zen attitude (C. Zennaro, lun. ven. 16h-20h), Jazz au Docks, les 2e et 4e mer. de chaque mois, en direct du Docks40 (Benoît Thuret), Made in China (China Moses), Jazz Club, Matin Jazz • **Captation et diffusion de concerts** : Jazz à Vienne, Festival les Cinq continents (Marseille) etc.

MFM RADIO

✆ **04 72 10 15 30** • fax 04 78 30 46 46
mfm@mfm.fr • **www.mfm.fr**
40 quai Rambaud • 69002 **LYON**

Christophe MAHÉ (Président) • Julien FREGONARA (Directeur pôle radio) • Margaux MULLER (Responsable de la communication et des partenariats) • Guillaume ROLLET (Programmateur)

Nombre de fréquences : 92 • **Nombre d'auditeurs** : 3,5 M • **Régie publicitaire** : TF1 Régie • **Cible** : Femmes 25-49 ans • **Emissions musicales** : La matinale en direct de 6h à 9h15

NOSTALGIE

✆ **01 40 71 40 00** • fax 01 40 71 40 40
pnom@nrj.fr • **www.nostalgie.fr**
22 rue Boileau • 75016 **PARIS**

Jean-François LATOUR (Directeur d'antenne) • Alexandre KOROSEC (Rédacteur en chef national) • Sébastien PREVOST (Responsable de la programmation musicale) • Arnaud GUERARD (Responsable des stations locales) • Odile VANOT (Responsable de la promotion et de la communication)

Nombre de fréquences : 237 fréquences + 22 filiales en province + réseau international + 7 webradios thématiques sur www.nostalgie.fr • **Nombre d'auditeurs** : 3 680 000 • **Régie publicitaire** : NRJ Global en national, NRJ Global Région en local/réseau • **Cible** : 35 ans et + • **Classements, airplays** : Médiamétrie • **Programmation musicale** : Tubes des années 60 et 70 • **Emissions musicales** : Morning (L. Fontaine P. Bataille, lun. ven. 6h-9h) • **Captation et diffusion de concerts** : Oui • **Podcast** : Oui

Radio **NOVA**

✆ **01 53 33 33 00**
radionova@radionova.com • **www.novaplanet.com**
127 av. Ledru Rollin • 75011 **PARIS**

Bruno DELPORT (Directeur général) • Marc H'LIMI (Directeur d'antenne) • Mathilde SERRELL (Directrice déléguée aux programmes et animatrice) • Max GUIGUET (Responsable de la programmation musicale) • Jaël AZOULAY (Directrice commerciale et responsable publicité) • Rémy KOLPAKOPOUL (Journaliste musique du monde) • Mélanie MALLET (Coordinatrice d'antenne) • Emilien AUMARD (Programmateur musical) • Bintou SIMPORE (Animatrice world music) • Nadine GRAVELLE (Responsable de la communication)

Nombre de fréquences : 23 + diffusion www.novaplanet.com • **Régie publicitaire** : Nova régie (Jaël Azoulay) • **Cible** : 20-35 ans • **Programmation musicale** : 100 % musiques actuelles • **Emissions musicales** : Néo-Géo (musiques du monde, par Bintou Simporé, Paris dim. 18h-20h), Grand Mix • **Captation et diffusion de concerts** : Oui • **Podcast** : Oui

NRJ

✆ **01 40 71 40 00** • fax 01 40 71 41 36
pnom@nrj.fr • **www.nrj.fr**
22 rue Boileau • 75203 **PARIS CEDEX 16**

Patrick SANCHEZ (Rédacteur en chef) • Aurélie BREVANT-MASSET (Directrice juridique) • Charles BENOIT (Directeur de la communication de la marque NRJ) • Alexandra DELETTRE-BOUCHOU (Programmatrice) • Alexandre PIPIERI (Programmateur)

Nombre de fréquences : 300 + webradios thématiques sur www.nrj.fr • **Régie publicitaire** : NRJ Régies • **Cible** : 13-34 ans • **Programmation musicale** : Format Hit • **Captation et diffusion de concerts** : Oui

RCF

✆ **04 72 38 20 22** • fax 04 72 38 20 57
rcf@rcf.fr • **www.rcf.fr**
7 pl. St-Irénée • 69321 **LYON CEDEX 5**

Emmanuel JOUSSE (Directeur général) • Martin FERON (Directeur de l'info/programmes/antenne) • Guillaume RÉQUÉDAT (Directeur du développement)

Radios Chrétiennes Francophones • **Nombre de fréquences** : 250 fréquences, 63 radios • **Nombre d'auditeurs** : 2 millions France & Belgique • **Cible** : Tout public • **Programmation musicale** : Variété, classique, jazz, gospel, country, world • **Emissions musicales** : « Mundo latino », « À Tire d'Aile », « Oh Happy Day », « Pour qui sonne le jazz », « L'échappée Belle », « La voix du petit chanteur », « L'Opéra aussi », « Concert imaginaire », « Inclassificablement votre », « La Play-List », « Quoi de neuf musique », « Souvenirs, souvenirs », « Soyez jazz », « Tubes, légendes et collectors », et « Cinq jours avec »

RFM

✆ **01 42 32 20 00**
prenom.nom@rfm.fr • **www.rfm.fr**
28 rue François 1er • 75008 **PARIS**

Richard LENORMAND (Directeur général du pôle des radios) • Jean-Philippe DENAC (Directeur des programmes et opérations musicales) • Sabine ROCHEREUIL (Directrice d'antenne) • Eric HALIMI (Rédacteur en chef) • Gilles MOREAU (Directeur de la programmation musicale) • Aurélie BEAULIEU (Attachée de presse)

Nombre de fréquences : 192 (dont 55 décrochages locaux) • **Nombre d'auditeurs** : 35 M • **Régie publicitaire** : Lagardère Active publicité • **Cible** : 35-49 ans • **Programmation musicale** : Variétés, variétés internationales et 75 % Gold dont 50 % Francophone • **Emissions musicales** : « Night Fever » par Pat Angeli (ven, sam, 22h/01h) • **Captation et diffusion de concerts** : Oui • **Podcast** : Oui

RIRE ET CHANSONS

✆ **01 40 71 40 00** • fax 01 40 71 41 29
www.rireetchansons.fr
22 rue Boileau • 75203 **PARIS CEDEX 16**

Nicolas RICHAUD (Directeur d'antenne) • Patrice SAULNIER (Directeur adjoint de l'antenne) • Gwenaelle CHESNAIS (Responsable de la promotion)

Nombre de fréquences : 95 fréquences, 4 webradios, podcasts • **Nombre d'auditeurs** : 1,8 M • **Régie publicitaire** : NRJ Global • **Cible** : Hommes 25-49 ans • **Programmation musicale** : Pop rock 70' à nos jours

RTL 2

✆ **01 40 70 40 00** • fax 01 53 57 25 22
prenom.nom@rtl2.fr • **www.rtl2.fr**
22 rue Bayard • 75008 **PARIS**

Jérôme FOUQUERAY (Directeur général) • Claude SERTORIO (Directeur général délégué) • Sébastien MOTEL (Directeur du réseau) • Christophe BOCCARD (Directeur de la communication) • Guillaume PIAU (Directeur d'antenne) • Noémie PALLARD (Responsable artistique et musique) • Benoît FITOUSSI (Responsable opérations musicales et partenariats)

Nombre de fréquences : 131 • **Nombre d'auditeurs** : 2 M/j. • **Régie publicitaire** : IP France (tél. 01 56 69 40 00 16, cours Albert 1er, 75008 Paris) • **Cible** : 25-49 ans • **Programmation musicale** : Pop, Rock • **Emissions musicales** : « Pop Rock Station » par Zegut (dim. de 22h à 0h) • **Captation et diffusion de concerts** : Oui • **Podcast** : Oui

SKYROCK

✆ **01 44 88 82 00** • fax 01 40 26 26 43
saccueil@skyrock.com • **www.skyrock.fm**
37 bis rue Greneta • 75002 **PARIS**

Pierre BELLANGER (PDG) • David MASSARD (Directeur général d'antenne) • Laurent BOUNEAU (Directeur général des programmes) • Florence DE PREVILLE (Directrice générale régie publicitaire) • Malek BOUTIH (Directeur des relations institutionnelles) • Frédéric MUSA (Animateur)

Nombre de fréquences : 222 • **Nombre d'auditeurs** : 4 M • **Régie publicitaire** : Skyrégie • **Cible** : 15-24 ans • **Playlist** : 40 titres • **Programmation musicale** : Rap (50 %), R&B (40 %) Rai (10 %) • **Captation et diffusion de concerts** : Non

TSFJAZZ

✆ **01 53 33 22 80** • fax 01 53 33 22 90
tsf@tsfjazz.com • **www.tsfjazz.com**
127 av. Ledru Rollin • 75011 **PARIS**

Bruno DELPORT (Directeur) • Sébastien VIDAL (Directeur d'antenne et des programmes) • Jaël AZOULAY (Directrice commerciale) • Amar ABDELKRIM (Rédacteur en chef des informations) • Laurent SAPIR (Journaliste) • David KOPERHANT (Programmateur) • Etienne DE VILLARS (Coordinateur d'antenne) • Caroline FONTANIEU (Chargée de communication - Partenariats Presse) • Laure ALBERNHE (Animatrice (Jazzfan)) • Aymeric NOURISSON (Publicité & Partenariat) • Maud PETIT (Partenariats cinéma) • Nathalie PIOLÉ (Les matins jazz) • Jean-Charles DOUKHAN (Jazz Live)

La seule radio 100 % jazz • **Nombre de fréquences** : 11 fréquences : Paris : 89,9 - Poitiers : 96,6 - Cannes : 98,1 - Orléans : 106,7 - Amiens : 99,8 - Nice : 98,1 - Laval : 97.7 - Chambéry : 91.4 - Valence : 89.5 - Bourg-en-Bresse : 98.5 - Nevers : 90.2 • **Nombre d'auditeurs** : 1 million • **Régie publicitaire** : Nova Régie (Jaël Azoulay) + les Parisiennes • **Emissions musicales** : Grille : Jazz & infos 24h sur 24 (12 journaux/j.), « Les Matins Jazz de TSF » avec Nathalie Piolé & Mathieu Beaudouh (6h à 9h), « Si bémol & Fadaises » de Pierre Bouteiller (9h à 10h), Laure Albernhe (10h à 14h), David Koperhant (14h à 17h), Sébastien Vidal (17h à 20h), « Le 20h de TSF » de S. Vidal, « Jazzlive » de Bob Garcia (jusqu'à minuit). Sam. : 19h à 20h « Bon Temps Rouler » par Jean-Jacques Milteau (redif mardi 23) - Dim : 19h à 20h « Jazzfan » de Laure Albernhe (redif jeudi 23h) • **Captation et diffusion de concerts** : 140/an • **Podcast** : Oui

Radio **VINCI AUTOROUTE OUEST SÈVRES**

✆ **01 46 90 70 15**
redaction.92@radio-vinci-autoroutes.com • **radiovinciautoroute.com**
8 rue Troyon • 92316 **SEVRES CEDEX**

Vanessa MONSENERGUE (Directrice générale) • Gilles RAVARINO (Directeur des programmes) • Hélène VALERO CHEVALIER (Responsable de la programmation musicale) • Christophe MIMEUR (Directeur technique) • Isabelle DAHAN (Coordinatrice d'antenne et chargée de la promotion et des partenariats) • Benoit SALLIOT (Rédacteur en chef de Sèvres)

Nombre de fréquences : 1. 107.7 sur le réseau COFIROUTE : (A10 Les Ulis-Poitiers, A11 Saint-Arnoult-en-Yvelines-Le Mans et Angers-Nantes, A28 Tours-Alençon, A71 Orléans-Bourges, A81 Le Mans-Rennes, A85 Angers-Tours-Vierzon), sur le réseau ASF : (A10 Poitiers-Bordeaux, A11 Le Mans-Angers) et sur le réseau ARCOUR : (A19 Artenay-Courtenay) • **Régie publicitaire** : RFE Media (Jean-Luc Venturino : 04 96 10 07 77) • **Cible** : Généraliste • **Playlist** : 90 titres • **Programmation musicale** : Variétés, pop, rock, hip hop, dance, electro, etc. • **Emissions musicales** : « Montez le son », « Pas si classique », « Sur la route avec… » • **Captation et diffusion de concerts** : Non

Radio **VINCI AUTOROUTES SUD MANDELIEU**

✆ **04 93 48 53 71**
redaction.06@radio-vinci-autoroutes.com
www.vinci-autoroutes.com
432 av. de Cannes • 06210 **MANDELIEU-LA-NAPOULE**

Vanessa MONSENERGUE (Directrice générale) • Gilles RAVARINO (Directeur des programmes) • Hélène VALERO CHEVALIER (Directrice de la programmation musicale) • Christophe MIMEUR (Directeur technique) • Isabelle DAHAN (Coordinatrice d'antenne et chargée de la promotion et des partenariats) • Stéphane FIAUX (Rédacteur en chef de Mandelieu)

Nombre de fréquences : 1. 107.7 sur le réseau ESCOTA : (A8 Aix-en-Provence-Frontière ita., A50/A52 Aix-en-Provence-Toulon, A51 Marseille-Gap, A57 Toulon-Le Cannet-des-Maures, A500, A501, A502) • **Cible** : Généraliste • **Playlist** : 90 titres • **Programmation musicale** : Variétés, pop, rock, hip hop, dance, electro, etc. • **Emissions musicales** : « Montez le son », « Pas si classique » • **Captation et diffusion de concerts** : Non

VIRGIN RADIO

✆ **01 47 23 10 00** • fax 01 47 23 10 71
p.nom@virginradio.fr • **www.virginradio.fr**
26 bis rue François Ier • 75008 **PARIS**

Richard LENORMAND (Directeur) • Frédéric PAU (Directeur des programmes et de l'antenne) • Stéphane ROUX (Directeur des programmes et de l'antenne) • Eric HALIMI (Rédacteur en chef) • Xavier DELOY (Responsable de la promotion) • Aurélia BEAULIEU (Attachée de presse)

Nombre de fréquences : 228 (dont 146 décrochages locaux) + webradios thémathiques sur www.virginradio.fr • **Nombre d'auditeurs** : 35 M • **Régie publicitaire** : Lagardère Active publicité • **Cible** : 15-40 ans • **Classements, airplays** : Un max de tubes • **Playlist** : 40 titres. Rotations max. 7/j. • **Programmation musicale** : Rock, variétés, variétés internationales, pop rock • **Emissions musicales** : Brèves, chroniques, suivi de l'actualité • **Podcast** : Oui

FERAROCK
FEDERATION DES RADIOS ASSOCIATIVES ROCK
99.9 - Arras PFM
104.5/97.5 - Auch / Tarbes COTEAUX
103.8 - Brest FREQUENCE MUTINE
99.1 - Caen 666
94.9 - Compiègne GRAF'HIT
101.8 - Esperaza BALLADE
99.0 - Lille RCV
89.0 - Limoges BEAUB FM
100.7 - Lyon SOL FM
98.4 - Marne-la-Vallée VALLEE FM
103.9 - Montbard COLORIAGE
88.5 - Montpellier EKO
92.4 - Reims LA PRIMITIVE
94.0 - Rennes CANAL B
101.9 - Saint-Brieuc ACTIV'
89.5 - Saint-Etienne RADIO DIO
90.7 - Strasbourg EN CONSTRUCTION
89.1 - Toulouse FMR
93.6 - Tours BETON
89.5 - Vienne C'ROCK
Bruxelles (B) PANIK - 105.4 / Namur (B) EQUINOXE - 106.0
Montréal (CA) CIBL - 101.5 / Ottawa (CA) CHUOFM - 89.1
RADIOS DE DÉCOUVERTES MUSICALES
RENDEZ-VOUS SUR
FERAROCK.ORG
FERAROCK
9-11 rue de Dinan
35000 Rennes
contact@ferarock.org
ACTUALITES, PARTENARIATS ET CLASSEMENTS

ALSACE

AZUR FM

✆ **03 88 92 05 05** • fax 03 88 92 15 15
contact@azur-fm.com • **www.azur-fm.com**
5 pl. de la Gare • 67600 **SELESTAT**

Raphael SIMLER (Président) • Franck JEHL (Directeur d'antenne) • Arnaud GONZALEZ (Responsable de la programmation) • Sabrina RONDEAU (Responsable de la promotion) • Benoit GEOFFROY (Animateur / reporter / information)

Fréquences : 93.3 (Sélestat), 89 (Colmar, Ste Marie-Aux-Mines), 91.9 (Munster), 104.8 (Schimeck) • **Cible** : 25-49 ans • **Classements, airplays** : Power 70 • **Programmation musicale** : Chanson, variétés, variétés internationales

Radio DREYECKLAND LIBRE

✆ **03 89 24 12 11**
rdl68@orange.fr • **www.rdl68.fr**
7 rue de l'abbé Lemire • 68000 **COLMAR**

Pascal FOERY (Président) • Rebecca GACEM (Directrice) • Sabine KRUMENACKER (Administratrice)

Fréquences : 103.5 (Colmar, moyenne Alsace) • **Cible** : Ts publics • **Programmation musicale** : Hip hop (5 %), électro (30 %), jazz (5 %), pop-rock (40 %) • **Podcast** : Oui

Radio ECN

✆ **03 89 32 08 18 / 03 89 42 70 77** • fax 03 89 42 70 77
ecn@radioecn.com • **www.radioecn.com**
25 rue Josué Hofer • 68100 **MULHOUSE**

Azzedine NESSAÏBIA

Fréquences : 98.1 (Mulhouse), 98.2 (Colmar) • **Cible** : 15-55 ans • **Programmation musicale** : House, électro, hip hop, R&B, raï, latino, salsa, afro

FRANCE BLEU ALSACE

✆ **03 88 76 20 00** • fax 03 88 35 11 13
redaction.bleualsace@radiofrance.com • **www.bleualsace.com**
4 rue Joseph Massol • 67000 **STRASBOURG**

Éric NAVARRO (Directeur) • Sebastien MEUNIER (Responsable des programmes) • Annick LE NY (Responsable culture / événementiel) • Alexandre TANDIN (Rédacteur en chef)

Fréquences : 101.4 (Bas-Rhin), 102.6 (Haut-Rhin) • **Cible** : 30-60 ans • **Programmation musicale** : Chanson française • **Podcast** : Oui

Radio PHARE FM HAGUENAU

✆ **03 88 93 94 95**
haguenau@pharefm.com • **www.pharefmhaguenau.fr**
11 rue du Moulin Neuf • 67500 **HAGUENAU**

André MUTHS (Président) • Mireille MUTHS (Productrice / Animatrice)

Fréquences : 92.5 (Wissembourg, Haguenau) • **Cible** : 6-11 ans, 40 ans et + • **Programmation musicale** : Musique chrétienne, variétés françaises et internationales, rock, gospel, country

RADIO EN CONSTRUCTION STRASBOURG

✆ **03 88 60 09 15** • fax 03 88 13 56 68
contact@radioenconstruction.com • **www.radioenconstruction.com**
BP 80124 • 67069 **STRASBOURG CEDEX 1**

Thierry DANET (Directeur et programmateur) • Frédéric CISNAL (Journaliste musique) • Stéphane BOLTZ (Programmateur général)

Fréquences : 90.7 (Strasbourg) • **Cible** : 15-35 ans • **Classements, airplays** : Campus, XXX de France, Féraliste • **Programmation musicale** : Jazz, chanson, rock, hip hop, musiques électroniques, musiques du monde, musiques traditionnelles, new age • **Podcast** : Oui

TOP MUSIC

✆ **03 88 25 16 16** • fax 03 88 25 14 15
topmusic@topmusic.fr • **www.topmusic.fr**
1 av. de la Paix • 67000 **STRASBOURG**

Jean-Louis WEYL (Directeur) • Jean-Michel KROELLER (Directeur) • Bruno THIEL (Responsable d'antenne)

Fréquences : 94.5 (Strasbourg), 91.1 (Haguenau), 95.8 (Saverne), 90.1 (Sélestat), 106.8 (Colmar) et en ligne, 106.7 (Mulhouse), 97.6 (schirmeck), 89.7 (Sainte Marie aux Mines), 98.9 (Sarrebourg) • **Cible** : 25-49 ans • **Programmation musicale** : Pop-rock • **Podcast** : Oui

TOP MUSIC SELESTAT

✆ **03 88 92 19 19** • fax 03 88 82 93 74
topmusic.selestat@topmusic.fr • **www.topmusic.fr**
2 rue de la paix • BP 40047 • 67601 **SELESTAT CEDEX**

Béatrice WEICHEL (Directrice) • Stéphane LENNE (Directeur d'antenne)

Fréquences : 90.1 (Sélestat) • **Cible** : 25-49 ans • **Programmation musicale** : Pop-rock

AQUITAINE

ARL FM

✆ **05 56 63 35 52** • fax 05 56 62 21 04
direction@arlfm.com • **www.arlfm.com**
8 pl. des Carmes • BP 40156 • 33211 **LANGON CEDEX**

Huguette MONZIE (Directrice générale) • Cathy JAMANN (Programmatrice) • Muriel CAPES (Secrétaire générale)

Fréquences : (Langon) 92.9, (Marmande) 90, (Nérac, Agen) 98.1, (Libourne) 95.9, (Bordeaux) 96.2 • **Cible** : 25-55 ans • **Classements, airplays** : Oui • **Programmation musicale** : Jazz, chanson, rock, variétés internationales, variétés, musique du monde

BERGERAC 95

✆ **05 53 57 76 22** • fax 05 53 63 16 13
bergerac@bergerac95.fr • **www.bergerac95.fr**
BP 518 - Centre Jules Ferry • 24100 **BERGERAC**

Jean-Pierre DRILHOL (Directeur d'antenne) • Philippe BASTIDE (Directeur de la programmation musicale) • Christophe BOUILHAC (Programmateur rock) • Martine POLO (Chef de publicité)

Fréquences : 95 Bergerac, Ste-Foy-la-Grande, Castillon. PAR 1 kW. Rayonnement : 50 km • **Cible** : 25 ans et + • **Programmation musicale** : Pourcentage de musique : 60 %. Couleur : variétés françaises (65 %), variétés internationales (30 %), autres (5 %). Starter : jeune chanson française. Gold : 60 %. Musique francophone : 65 %

CRISTAL RADIO

✆ **05 53 50 39 70** • fax 05 53 50 39 70
cristalcfm@hotmail.com • **cristalfm.org**
Pl. Yvon Delbos • BP 72 • 24122 **TERRASSON CEDEX**

Aziz N'SAR (Directeur) • Alain RASSAT (Rédacteur)

Fréquences : 106.7 (Brive, Sarlat, Terrasson) • **Cible** : Généraliste • **Programmation musicale** : Chanson française (40 %), pop-rock (20 %), variétés internationales (20 %), musiques électroniques (10 %), découverte (10 %)

FRANCE BLEU BEARN

✆ **05 59 98 30 30** • fax 05 59 83 70 98
redaction.bleubearn@radiofrance.com • **www.bleubearn.com**
2 rue O'Quin • BP 211 • 64002 **PAU CEDEX**

Joël BITOUN (Directeur) • Jean-Philippe GIRARD (Rédacteur en chef)

Fréquences : 102.5 (Pau), 93.2 (Oloron), 102.9 (Aspe), 96.4 (Ossau), 104.8 (Orthez), 105 (Arudy) • **Cible** : 30-60 ans • **Programmation musicale** : Chanson française • **Podcast** : Oui

FRANCE BLEU GASCOGNE

✆ **05 58 85 40 40 / 05 58 46 50 50** • fax 05 58 06 89 65
bleugascogne@radiofrance.com • **www.bleugascogne.com**
13 pl. Jean Jaurès • 40000 **MONT DE MARSAN**

Henri STASSINET (Directeur)

Fréquences : 103.4 (Mimizan), 98.8 (Mont-de-Marsan), 100.5 (Dax) • **Cible** : 30-60 ans • **Programmation musicale** : Chanson française • **Podcast** : Oui

FRANCE BLEU GIRONDE

✆ **05 57 81 20 20** • fax 05 56 51 56 18
redac.bleubordeaux@radiofrance.com • **www.bleugironde.com**
95 rue Judaïque • BP 585 • 33006 **BORDEAUX CEDEX**

Gabriel VALDISSERRI (Directeur) • Yves MAUGUE (Rédacteur en chef) • Véronique SAPET (Directrice des programmes)

Fréquences : 100.1 (Bordeaux), 101.8 (Arcachon), 101.4 (Lacanau), 99.3 (Marmande), 101.6 (Bazas) • **Cible** : 30-60 ans • **Programmation musicale** : Chanson française • **Podcast** : Oui

FRANCE BLEU PAYS-BASQUE

✆ **05 59 46 64 64** • fax 05 59 46 64 61
redac.bleubayonne@radiofrance.com • **www.bleupaysbasque.com**
46 allées Marines • 64116 **BAYONNE CEDEX**

Jean-Loup PHILIPPE (Directeur) • Yves TUSSUAUD (Rédacteur en chef) • Sonia BRUNET (Responsable des programmes /culture)

Fréquences : 101.3 (Bayonne), 102.4 (St-Jean-Pied-de-Port), 90.8 (Tardets), 90.4 (St-Palais) • **Cible** : 30-60 ans • **Programmation musicale** : Chanson française • **Podcast** : Oui

FRANCE BLEU PERIGORD

✆ **05 53 06 20 00 / 05 53 53 82 82 / 05 53 06 88 32**
fax 05 53 53 42 09
bleuperigord@radiofrance.com • **www.bleuperigord.com**
1 cours Saint Georges • BP 3033 • 24003 **PERIGUEUX CEDEX**

Jean-Dominique WARLOP (Directeur) • Vincent PILLET (Directeur des programmes) • Marie-Sylvie PRUD'HOMME (Rédactrice en chef)

Fréquences : 99.3 (Périgueux), 99.5 (Montignac), 99.4 (Agen), 99.0 (Bergerac), 104.4 (Mussidan) • **Cible** : 30-60 ans • **Programmation musicale** : Chanson française • **Podcast** : Oui

FRÉQUENCE GRANDS LACS

✆ **05 58 78 19 19** • fax 05 58 78 17 84
frequencegrandslacs@wanadoo.fr • **www.frequencegrandslacs.fr**
Studios Diane Tell • 163 rue Jules Ferry • BP 30
40601 **BISCAROSSE CEDEX**

Hervé DELRIEU (Directeur / rédacteur en chef) • Christelle DELRIEU (Responsable relations maisons de disques) • Remi BEZIAT (Responsable commercial) • Arnaud DASSIER (Animateur)

Fréquences : 89.3, 93.7 (St Eulalie en Born), 98.3 (Bassin d'Arcachon, Biscarosse), 91.1 (Mimizan-Littoral), 94.7 (Grand Dax) • **Cible** : 25-45 ans • **Programmation musicale** : Pop-rock, variétés française et internationale

GOLD FM

✆ **05 56 31 31 55** • fax 05 56 40 31 85
www.goldfm.fr
Rue Joliot Curie • CS 10033 • 33187 **LE HAILLAN**

Frédéric COURTINE (Directeur) • Gérard BABU (Directeur de la programmation musicale) • Alain BAUDERON (Rédacteur en chef) • Guillaume CARLES (Responsable de la communication) • Jean-Louis SIMONET (Directeur technique)

Fréquences : 103.3 (Bordeaux et Libourne) • **Cible** : 15-50 ans • **Programmation musicale** : Pop rock • **Podcast** : Oui

ISABELLE FM PÉRIGUEUX

✆ **05 53 03 42 44 / 05 53 03 41 43**
contact@isabellefm.com • **www.isabellefm.com**
La Tuilière • 24350 **TOCANE ST APRE**

Patrick LAPEYRONNIE (Président / directeur des programmes) • Valérie PORTAIS (Directrice de la programmation musicale)

Fréquences : 91.3 (Périgord et sud-Charentes), 102.9 (Périgueux), Dordogne • **Cible** : 15-35 ans • **Classements, airplays** : Only For DJ, Dj Buzz • **Programmation musicale** : Dance, variétés, techno, autres

Radio LIBERTÉ

✆ **08 92 69 90 68** • fax 08 99 25 00 30
radioliberte@free.fr • **www.radioliberte.fr**
BP 67 • 24600 **RIBERAC**

Marc VIDEAU (Président) • Jean-Luc BERNARD (Trésorier)

Fréquences : 96.1 • **Cible** : Tout public • **Classements, airplays** : Fréquence spé, Quota, Média control • **Programmation musicale** : Chanson française (60 %) • **Podcast** : Oui

Radio NOVA SAUVAGINE

✆ **05 56 00 87 00** • fax 05 56 90 07 57
info@nova-sauvagine.com • **www.nova-sauvagine.com**
15 rue Rode • 33000 **BORDEAUX**

Aino SCHLAEGEL (Directeur) • Nicolas PRADEAU (Responsable de la programmation) • CAPTAIN (Animateur)

Fréquences : Bordeaux et sa région (94.9), Agen (100.3) • **Cible** : 18-45 ans • **Programmation musicale** : Pop rock, électro, hip hop

O2 RADIO

✆ **05 56 74 76 85 / 06 75 79 20 31**
o2radio@hotmail.com • **www.o2radio.net**
DOMAINE DU LORET • RUE DU LORET • 33150 **CENON**

Abdellah AHABCHANE (Directeur) • Joël GUTTMANN (Directeur d'antenne)

Fréquences : 91.3 • **Cible** : Tout âge • **Programmation musicale** : Reggae, rock, hip hop, ska, ragga, musiques électroniques, dub, variétés, chanson, punk, blues, raï, classique

ORION

✆ **05 53 24 02 61 / 05 53 57 76 30** • fax 05 53 61 86 53
info@radio-orion.fr • **www.radio-orion.com**
114 rue Tounet • 24100 **BERGERAC**

Fréquences : 87.6 La voix de la vallée : (Gironde, Lot-et-Garonne, Dordogne, Lot), diffusion sur internet 24/24h en simultané • **Cible** : Tout public • **Programmation musicale** : Chanson, variétés, classique, jazz, rock, dance, groove/rap/funky, techno, world music, rétro, pop

Ràdio PAÍS

✆ **05 59 68 62 47**
contacte@radio-pais.com • **www.radio-pais.com**
2 carrèra Màger • ZA 117 • 64230 **PUEI DE LESCAR**

Myriam MONTHÉLIE (Présidente) • Clamenç PECH (Secrétaire trésorière) • Domenja LEKUONA (Productrice / coordinatrice) • Yves PEDEGERT (Journaliste) • Fanny LARTIGOT (Journaliste) • Emilie LAULHE (Journaliste) • Jordan TISNER (Animateur) • Luis-Miguel LEON (Technicien) • Serge GASTON (Technicien)

Fréquences : 89.8 (Béarn), 101.5 (Bigorre) • **Cible** : Dès 15 ans • **Programmation musicale** : Musiques traditionnelles, jazz, classique, chanson, rock, rap, musique occitane et dans les autres langues de France, 80 % d'émission en occitan • **Podcast** : Oui

RADIO CAMPUS BORDEAUX

✆ **05 57 12 21 81**
programmation@bordeaux.radio-campus.org
www.bordeaux.radio-campus.org
Univ. Michel de Montaigne Bordeaux 3 • Esplanade des Antilles Maison des arts • 33607 **PESSAC CEDEX**

Ghislain FERNAND (Directeur de la programmation musicale et co-responsable des programmes) • Nicolas LOUBERE (Responsable de la communication et co-responsable des programmes)

Fréquences : 88.1 (Bordeaux) • **Cible** : Tous • **Classements, airplays** : Campus • **Programmation musicale** : « Travels » le sam à 21h

RIG

✆ **05 56 35 31 31** • fax 05 56 95 10 92
riginfos@wanadoo.fr • **www.rigfm.fr**
BP 66 • 33292 **BLANQUEFORT CEDEX**

Geneviève TEYSSIER (Présidente) • Henri LARRIVET (Vice-président) • Pascal CORPART (Responsable de la programmation) • Maïka LARRIVET (Trésorière) • Jérôme VIGOUROUX (Animateur)

Radio Iguanodon Gironde • **Fréquences** : 90.7 • **Cible** : 30 et + • **Programmation musicale** : Généraliste, nouvelle scène

RVB RADIO VALLEE BERGERAC

✆ **05 53 58 12 60** • fax 05 53 58 10 27
contact@rvb-radio.com • **www.rvb-radio.com**
15 cours Victor Hugo • 24100 **BERGERAC**

Nicolas CHARRON (Président) • Linda MORRIS (Responsable d'antenne) • Gil DARGENSON (Responsable administratif) • Stéphanie BAREL-SANCHEZ (Responsable commerciale)

Fréquences : 96.3 (Périgueux, Marmande, Sarlat, Ste-Foy-la-Grande) • **Cible** : 25-seniors • **Programmation musicale** : Variétés française et internationale

WIT FM

✆ **05 56 24 70 00** • fax 05 57 81 50 50
redaction@witfm.fr • **www.witfm.fr**
bât. 51 • rue des terres neuves • 33030 **BEGLES**

Laeticia LANGELLA (Rédactrice en chef) • Julien VIGIER (Animateur, Programmation musicale)

Fréquences : 100.8 (Bordeaux), 101 (Arcachon), 99.1 (Lacanau), 90.9 (Lesparre), 96.6 (Périgueux) • **Cible** : 25-45 ans • **Classements, airplays** : Air play (Media control) • **Programmation musicale** : Variétés française et internationale

AUVERGNE

FRANCE BLEU PAYS D'AUVERGNE

✆ **04 73 34 63 63** • fax 04 73 34 63 66
bleupaysdauvergne@radiofrance.com
www.bleupaysdauvergne.com
80 bd François Mitterrand • 63000 **CLERMONT FERRAND**

Pierre-Jean FERRER (Directeur) • Lionel CHAMBON-LEPAGE (Responsable des programmes) • Serge BOUTET (Responsable technique) • Eric LE BIHAN (Rédacteur en chef)

Fréquences : 102.5 (Puy de Dôme), 102.0 (Clermont Sud), 102.5 (Clermont Ferrand), 96.7 (Montluçon), 100.2 (Aurillac, Roanne), 99.9 (Moulins), 92.3 (Issoire) • **Cible** : 30-60 ans • **Programmation musicale** : Chanson française • **Podcast** : Oui

FUSION FM

✆ **08 92 88 85 59 / 04 70 48 00 91**
contact@fusionfm.fr • **www.fusionfm.fr**
12 ch. de Bellevue • 03290 **DIOU**

Sylvain FICHOT (Directeur) • Sebastien LESERRE (Responsable des programmes)

Fréquences : 87.9 (Lapalisse), 89,8 (St Gervais d'Auvergne/Riom/Thiers), 91.3 (Dompierre-sur-Besbre), 94.2 (Vichy), 94.3 (Moulins), 95.9 (Digoin/Bourbon-Lancy), 99.4 (Montluçon) • **Cible** : 18-50 ans et + • **Programmation musicale** : Variétés, variétés internationales, rap, rock, musiques traditionnelles, etc. • **Podcast** : Sur le site

JORDANNE FM

✆ **04 71 64 32 26** • fax 04 71 64 32 37
jordannefm@wanadoo.fr • **www.jordannefm.fr**
3 cité Clairvivre • BP 407 • 15004 **AURILLAC**

Gérard LARAUFIE (Président) • Guillaume TILLY (Directeur des programmes) • Bernadette CLAVEL (Secrétaire) • Jacques BOUDOU (Attaché commercial)

Fréquences : 87.6 (Egletons), 91.1 (St-Céré), 91.5 (Mauriac), 95.1 (St-Flour), 95.4 (Polminhac), 97.2 (Aurillac), 106.8 (Maurs), 100.7 (Tulle) • **Cible** : 25-50 ans • **Classements, airplays** : Power 70, émissions spé dance • **Programmation musicale** : Variétés françaises et internationales, musiques traditionnelles, dance • **Podcast** : Oui

LOGOS FM

✆ **04 73 36 43 64**
yves.courthaliac@logosfm.com • **www.logosfm.com**
5 place Charles de Gaulle • 63400 **CHAMALIERES**

Yves COURTHALIAC (Directeur)

Fréquences : 93.8 (Vichy), 101.6 (Clermont-Ferrand), 92.1 (Moulins), 94.7 (Issoire) • **Cible** : 15-50 ans • **Programmation musicale** : Pop-rock, variétés • **Podcast** : Oui

RADIO ALTITUDE

✆ **04 73 91 14 61** • fax 04 73 90 65 51
radio.altitude@free.fr
38 rue Jeanne d'Arc • 63000 **CLERMONT FERRAND**

José-Luis PROENCA (Président) • José DOS SANTOS (Directeur) • Marie DE SOUSA (Programmatrice)

Fréquences : 97.0 • **Cible** : 15-50 ans

RADIO ARVERNE

✆ **04 73 23 28 28** • fax 04 88 04 94 71
radioarverne@wanadoo.fr • **www.radioarverne.com**
c/o Maison des Associations • 2 rue Léon Blum • 63360 **GERZAT**

Bernard ROUDAIRE (Président)

Fréquences : 100.2 (Clermont-Ferrand) • **Cible** : 25-50 ans • **Programmation musicale** : Pop rock

RADIO BOCAGE

✆ **04 70 46 85 27** • fax 04 70 46 85 29
radio.bocage@laligue03.org
42 rue du Progrès • BP 423 • 03004 **MOULINS CEDEX**

Didier BOUDONNAT (Président) • Maud BETIAUX (Animatrice)

Fréquences : 96.5 (Moulins) • **Cible** : Tout public

RADIO CAMPUS CLERMONT-FERRAND

✆ **06 03 21 19 64 / 04 73 14 01 58** • fax 04 73 90 28 77
clermont@radiocampus.org • **www.clermont.radiocampus.org**
16 rue Degeorges • 63000 **CLERMONT FERRAND**

Laetitia CHEVROT (Coordinatrice communication, partenariats) • Patricia PIPAUD (Animatrice / Journaliste) • Raphaël GROSSET (Coordinateur technique)

Fréquences : 93.3 (Clermont-Ferrand, Cournon) • **Cible** : 15-35 ans • **Classements, airplays** : Campus • **Programmation musicale** : Pop-Rock (20 %), hip hop (20 %), musiques électroniques (20 %), musiques du monde (10 %), jazz (10 %), chanson (10 %), black music-reggae (10 %) • **Podcast** : Oui

Radio SCOOP CL-FD

✆ **04 73 17 61 61**
clermont@radioscoop.com • **www.radioscoop.com**
20 bd Desaix • 63000 **CLERMONT FERRAND**

Philippe PEREZ (Directeur général) • Alain LIBERTY (Directeur général des programmes) • Catherine GUINATIER (Commerciale) • Jérôme ARNAULT (Chargé de promotion/Assistant commercial)

Fréquences : 98.8 (Clermont-Fd, Vichy), 104.0 (Le Puy en Velay) • **Cible** : 25-49 ans • **Classements, airplays** : Yacast • **Programmation musicale** : Variétés • **Podcast** : Oui

BASSE-NORMANDIE

666

✆ **02 31 94 66 66** • fax 02 31 95 82 25
radio666@radio666.com • **www.radio666.com**
BP 666 • 14203 **HEROUVILLE ST CLAIR CEDEX**

Claude BUOT (Président) • Philippe GOMONT (Directeur d'antenne / Gestion des émissions spécialisées) • Dominique MARIE (Programmateur) • Nicolas BAZIRE (Responsable opérations spéciales)

Fréquences : (Caen, rayonnement 50 km) 99.1 • **Cible** : 15-35 ans • **Classements, airplays** : Le XXX de France, Féraliste • **Programmation musicale** : Rock (55 %), chanson (5 %), variétés internationales (15 %), hip hop (5 %), musiques électroniques (15 %), musiques du monde et traditionnelles (5 %)

FRANCE BLEU BASSE-NORMANDIE

✆ **02 31 47 14 14** • fax 02 31 47 09 69
redac.bleucaen@radiofrance.com • **www.bleubassenormandie.com**
75 rue Basse • 14053 **CAEN CEDEX 4**

Alain CARRETERO (Directeur) • Francis GAUGAIN (Rédacteur en chef) • Anthony DUBAC (Responsable des programmes) • Michel DUBOURG (Programmateur jazz)

Fréquences : 102.6 (Caen), 101.8 (Alençon), 102.2 (Le Havre), 100.4 (Lisieux) • **Cible** : 20-70 ans • **Programmation musicale** : Chanson française • **Podcast** : Oui

FRANCE BLEU COTENTIN

✆ **02 33 88 50 50** • fax 02 33 88 19 52
bleucotentin@radiofrance.com • **www.bleucotentin.fr**
Hôtel Atlantique • Imp. Piedagniel • 50100 **CHERBOURG**

Claude JOLY (Directeur) • Jean-Pascal COSTE (Responsable des programmes) • Juliette LEMENIER (Rédactrice en chef)

Fréquences : Cherbourg (100.7), Coutances (97.5), St-Lô (98.6) • **Cible** : 30-60 ans • **Programmation musicale** : Chanson française • **Podcast** : Oui

NORMANDIE FM

✆ **02 33 80 42 42** • fax 02 33 29 01 00
administration@normandie-fm.fr • **www.normandie.fm**
99 av. Gal Leclerc • 61000 **ALENCON**

Benoît LECLERC (Directeur gérant) • Jean-Baptiste BANCAUD (Directeur délégué)

Fréquences : 94.4 (Argentan), 97.8 (Vimontiers), 98.1 (Domfront), 100.4 (Flers), 103.6 (L'Aigle), 92.3 (Montagne), 89.4 (Alençon), 103.3 (Ferté Macé) • **Cible** : 25-49 ans • **Classements, airplays** : Panel Plus Yacast • **Programmation musicale** : Jazz (1 %), chanson (2 %), rock (10 %), variétés (60 %), variétés internationales (20 %), hip hop (2 %), musiques électroniques (5 %) • **Podcast** : Oui

Radio **PHENIX**

guillaume_radiophenix@yahoo.fr • **radiophenix.fr**
cité de Lebisey • 114/116 rue de Lebisey • 14070 **CAEN CEDEX 5**

Guillaume COSTARD (Directeur antenne) • Adrien GUILLEMETTE (Rédacteur)

Radio campus Caen • **Fréquences** : 92.7 FM • **Cible** : 15-35 ans • **Programmation musicale** : Chanson, rock, hip hop, electro • **Podcast** : Oui

Radio **PULSE**

✆ **09 53 35 45 91 / 06 01 16 77 85**
tony@radiopulse.fr • **www.radiopulse.fr**
1 pl. à l'Avoine • 61000 **ALENCON**

Tony TOULLIER (Directeur d'antenne) • Jean (Animateur)

Fréquences : 90.0 • **Cible** : 15-35 ans • **Programmation musicale** : Musiques alternatives, émission hip hop ts les jeu. à 19h

TENDANCE OUEST

✆ **02 33 05 32 30** • fax 02 33 05 34 00
direction@tendanceouest.com • **www.tendanceouest.com**
12 quai Joseph Leclerc-Hardy • BP 801 • 50958 **ST LO CEDEX 9**

Benoît LECLERC (Directeur Gérant) • Jean-Baptiste BANCAUD (Directeur délégué / responsable d'antenne)

Fréquences : 101 (St-Lô), 100.2 (Caen), 106.1 (Bayeux), 93.4 (Cherbourg), 106.2 (Granville), 104.4 (Coutances), 90.5 (Avranches), 95.2 (Lessay), 96.9 (Villedieu) • **Cible** : 25-49 ans • **Classements, airplays** : Indépendant, yacast • **Programmation musicale** : Top 40

TSF 98

✆ **09 80 78 37 19** • fax 09 85 78 37 19
radiotsf98@gmail.com • **www.tsf98.com**
1105 Quartier des Belles Portes • 14200 **HEROUVILLE ST CLAIR CEDEX**

Christophe VAUDRY (Président) • Richard MÉLANIE (Rédacteur en chef) • Cyril JEANNE (Animateur)

Fréquences : 98 Caen + banlieues • **Cible** : 20-50 ans • **Classements, airplays** : Quota • **Programmation musicale** : Jazz (20 %), rock (30 %), chanson française (30 %), musiques du monde (20 %) • **Podcast** : Oui

VFM

✆ **02 31 66 27 20** • fax 02 31 67 31 01
vfmradio@orange.fr • **www.vfmradio.fr**
BP 40108 • 14503 **VIRE CEDEX**

Jacques ROULLEAUX (Président) • Régis PICOT (Directeur des programmes) • Michel SIMON (Animateur country) • Pascale AUGUET (Responsable commerciale)

Fréquences : Bayeux (97.8), Vire (107.3), Vassy (90.1), St-Sever (92.4) • **Cible** : 30-50 ans • **Classements, airplays** : Hit 60 • **Programmation musicale** : Pop-rock, variétés francaise et internationale

BOURGOGNE

BAC FM

✆ **03 86 59 36 36**
bacfm@free.fr • **www.bacfm.fr**
BP 812 • 58008 **NEVERS CEDEX**

Catherine TRIPIER (Directrice d'antenne)

Fréquences : 106.1 • **Cible** : 15-35 ans • **Programmation musicale** : Rock, pop, metal, ska-punk, alternatif

Radio **BRESSE**

✆ **03 85 75 28 92 / 03 85 75 33 33** • fax 03 85 75 17 77
info@radiobresse.com • **www.radiobresse.com**
20 pl. du 19 Mars • BP5 • 71500 **BRANGES**

Alain TRONTIN (Président) • Julien ESPANA (Vice-président) • Yannick BRIEZ (Directeur d'antenne) • Sébatien BOURGEOIS (Programmateur) • Daniel DUBOIS (Animateur blues, gospel, jazz) • Philippe DUCHATEL (Animateur pop-rock) • Nicolas GAUTHERON (Animateur rock) • Christophe ALMODOVAR (Animateur musiques de films)

Fréquences : 92.8 • **Cible** : + 35 ans • **Programmation musicale** : Variétés française et internationale

Radio **CACTUS**

✆ **03 85 25 02 01 / 03 85 25 18 77** • fax 03 85 25 43 18
radio-cactus@wanadoo.fr • **radio-cactus.com**
La Grande rue • 71110 **SEMUR EN BRIONNAIS**

René SIVIGNON (Président) • Franck LAURENT (Animateur / technicien) • Stéphanie LAFORET (Animatrice / redactrice info)

Fréquences : 92.2 (Charolles, Marcigny, Paray-Le-Monial), 94.7 (Geugnon) • **Cible** : Tous • **Programmation musicale** : Ts genres

FRANCE BLEU AUXERRE

✆ **03 86 72 34 56** • fax 03 86 72 39 45 / 03 86 72 39 46
bleuauxerre@radiofrance.com • **www.bleuauxerre.com**
12 place saint Amâtre • 89000 **AUXERRE**

Joël BITOUN (Directeur) • Jean-Jacques MONTAUDON (Rédacteur en chef) • Remy GEMBLE (Responsable technique) • Eric HABRARD (Responsable de la programmation)

Fréquences : 103.5 (Auxerre, Tonnerre), 101.3 (Yonne), 100.5 (Sens), 104, 101.1 • **Cible** : 30-60 ans • **Programmation musicale** : Chanson française

FRANCE BLEU BOURGOGNE

✆ **03 80 59 21 21** • fax 03 80 43 29 87
redac.bleudijon@radiofrance.com • **bleubourgogne.com**
29 rue Guillaume Tell • BP 11888 • 21018 **DIJON CEDEX**

Bernard PORTALES (Directeur) • Grégoire TIFFANNEAU (Responsable des programmes)

Fréquences : 103.7 (Dijon), 103.1 (Chalon-sur-Saône), 101.0 (Vitteaux) • **Cible** : 30-60 ans • **Programmation musicale** : Chanson française • **Podcast** : Oui

Radio **NEVERS**

✆ **03 86 57 83 00 / 03 86 59 47 46 / 03 86 36 58 58**
99@radionevers.fr • **radionevers.fr**
108 av. du 8 mai 1945 • BP 26 • 58660 **COULANGES LES NEVERS**

Olivier COIGNET (Président) • Fabien SAULIN (Secrétaire)

Fréquences : 99 (Nevers), 105.2 (Dornes) • **Programmation musicale** : Années 80 • **Podcast** : Oui

RADIO CAMPUS DIJON

✆ **03 80 67 68 69** • fax 03 80 63 91 70
info@dijon.radio-campus.org • **www.dijon.radio-campus.org**
Campus Universitaire-Atheneum • Esplanade Erasme • BP 95371 • 21053 **DIJON CEDEX**

Antoine GAUTHIER (Directeur d'antenne) • Nadège HUBERT (Administratrice) • Martial RATEL (Responsable de la rédaction) • Julien GRANDEMANGE (Programmateur) • Pierre-Olivier BOBO (Communication)

Fréquences : 92.2 (Dijon et agglo.) • **Cible** : 15-35 ans • **Classements, airplays** : Campus • **Programmation musicale** : Rock, rap, techno, jazz, musique du monde, musiques traditionnelles • **Podcast** : http://www.dijon.radio-campus.org/index.php?option=com_wrapper&view=wrapper&Itemid=187

RADIO COLORIAGE FM

✆ **03 58 02 80 00 / 03 58 02 80 01**
programmateur@coloriage.fr • **www.coloriage.fr**
9 rue Eugène Guillaume • 21500 **MONTBARD**

Denis PECHON (Directeur)

Fréquences : 103.9 (Semur-en-Auxois, Montbard, Avallon, Pouilly, Venarey-les-Laumes) • **Cible** : 20/40 ans • **Classements, airplays** : XXX France, Féraliste • **Programmation musicale** : Rock, pop, electro, hip hop

RADIO MORVAN

✆ **03 86 79 41 41 / 03 86 79 46 46** • fax 03 86 79 46 46
radio.morvan@wanadoo.fr • **www.radio-morvan.fr**
9 rue de Nevers • BP 46 • 58120 **CHATEAU CHINON**

Pascal DEJOUX (Directeur d'antenne) • Mary TABUTEAU (Animatrice) • Mélissa ROUSSELET (Animatrice) • Elise MARCEAU (Animatrice) • Cyril GROS (Journaliste)

Fréquences : 95.8 • **Cible** : Tout public • **Programmation musicale** : Chanson, variété, musiques traditionnelles

TRIAGE FM

✆ **03 86 80 44 65 / 03 86 80 30 30** • fax 03 86 80 44 69
info@triagefm.fr • **www.triagefm.fr**
Villa Chantoiseau • 2 av. Roger Salengro • BP 42 • 89400 **MIGENNES**

Bernard MORAINE (Directeur) • Frédéric JOLY (Responsable de la programmation)

Fréquences : 94.5 • **Cible** : Tous • **Classements, airplays** : Fréquence dance, Black Liste • **Programmation musicale** : Ts genres

BRETAGNE

Radio **ACTIV'**

✆ **02 96 52 26 03**
contact@radio-activ.com • **www.radio-activ.com**
2 rue de Brest • 22360 **LANGUEUX**

Pierre D'AVANCY (Programmateur)

CANAL B

✆ **02 99 52 77 66 / 09 65 15 32 82**
contact@canalb.fr • **www.canalb.fr**
3 rue Alexandre Lefas • BP 50106 • 35701 **RENNES CEDEX 7**

Patrick FLORENT (Directeur) • Yann BARBOTIN (Programmateur) • Pascal FARCY (Technicien) • Juliana FRECHIN (Animatrice) • Sandra VIROT (Administration)

Fréquences : 94 (Rennes), + 50 km • **Classements, airplays** : XXX de France, Féraliste • **Programmation musicale** : Rock, électro, hip hop, chanson, world • **Podcast** : Oui

Radio **CAROLINE**

✆ **02 99 38 99 11 / 02 99 38 26 26** • fax 02 99 38 80 88
redaction@radiocaroline.eu • **radiocaroline.eu**
17 av. Chardonnet • 35000 **RENNES**

Sylviane LE FUSTEC (Directrice d'antenne et des programmes) • Patrick OLIVIER (Directeur)

Fréquences : 88.2 (Pontivy), 90.8 (Rennes, Vitré), 96 (St-Malo), 97.9 (Fougères), 99.5 (Ploërmel & Vannes), 101.1 (Redon), 96 (Dinard & St-Malo) • **Cible** : 25-50 ans • **Programmation musicale** : Rock, pop, celtique • **Podcast** : Oui

Radio **ÉVASION**

✆ **02 99 09 56 44 / 02 99 79 05 30** • fax 02 99 09 54 54
radio.evasion@orange.fr
9 bis rue Révérend Père Janvier • 35290 **ST MEEN LE GRAND**

Philippe TRAINEAU (Président) • Loïc TURMEL (Journaliste)

Fréquences : 98.7 (St-Méen), 95.2 (Collinée) • **Cible** : 15-50 ans • **Classements, airplays** : Quota • **Programmation musicale** : Chanson, rock, variétés, variétés internationales, dance, musiques du monde, musiques traditionnelles, new age, accordéon

FRANCE BLEU ARMORIQUE

✆ **02 99 67 43 21** • fax 02 99 67 20 72
bleuarmorique@radiofrance.com • **www.bleuarmorique.com**
14 av. Janvier • 35031 **RENNES CEDEX**

Aline PINEAULT (Responsable des programmes) • Ronan MANUEL (Animateur)

Fréquences : 103.1 • **Cible** : 30-60 ans • **Programmation musicale** : Chanson française • **Podcast** : Oui

FRANCE BLEU BREIZH IZEL

✆ **02 98 55 29 29 / 02 98 53 65 65** • fax 02 98 53 76 75
frederick.colas@radiofrance.com • **www.bleubreizhizel.com**
12 esplanade François Mitterand • 29000 **QUIMPER**

Emmanuel YVON (Directeur) • Frédérick COLAS (Rédacteur en chef) • Ray BRUNEAU (Responsable des programmes) • Alain GAUTIER (Directeur technique)

Fréquences : 99.3 (Brest), 96.6 (Concarneau), 101.4 (Guingamp), 90.4 (Lorient), 104.1 (Perros-Guirec), 98.6 (Quimper) • **Cible** : 30-60 ans • **Programmation musicale** : Chanson française • **Podcast** : Oui

FRÉQUENCE MUTINE

✆ **02 98 05 09 11 / 02 98 05 07 96** • fax 02 98 49 84 44
contact@frequencemutine.net • **www.frequencemutine.net**
BP 13 125 • 29231 **BREST CEDEX 3**

Romuald GERVEZ (Président) • Claude MARTIN (Directeur de la programmation musicale) • Cédric FAUTREL (Chargé de communication)

Fréquences : 103.8 (Brest, + 30 km) • **Cible** : 15-77 ans • **Classements, airplays** : XXX de France, Féraliste • **Programmation musicale** : Rock (50 %), hip hop (10 %), électro (10 %), musiques traditionnelles (10 %), jazz (5 %), chanson (5 %), variétés (5 %), world (5 %) • **Podcast** : Oui

IROISE FM

✆ **02 98 26 10 05 / 02 98 27 27 27** • fax 02 98 26 10 05
iroise.fm@wanadoo.fr • **www.iroisefm.com**
28 rue Menhir • BP48 • 29160 **CROZON**

Gerard LOREAU (Responsable Diffusion) • Michel GUEVEL (Responsable de la diffusion)

Fréquences : 105.1 • **Cible** : 15-80 ans • **Programmation musicale** : Jazz (3 %), chanson (20 %), rock (8 %), variétés (2 %), variétés internationales (40 %), musiques électroniques (2 %), musiques du monde (5 %), musiques traditionnelles (10 %), new age (10 %)

Radio **KORRIGANS/RADIO MEGALITHE**

✆ **02 97 01 00 00**
radiokorrigans@orange.fr • **www.radiokorrigans.fr**
c/o Armoric Media • 13 rue de Larmor • 56100 **LORIENT**

Stéphane « Coyote » NICOLO (Responsable antenne)

Fréquences : 99.8 (Carnac, La Trinité-sur-Mer, côte des mégalithes), 94.8 (Sud Morbihan, Pays de Vannes) • **Cible** : 25-45 ans • **Programmation musicale** : Chanson française (70 %), variétés étrangères (30 %), musiques celtiques françaises ou étrangères (30 %)

Radio **LASER**

✆ **02 99 57 06 20** • fax 02 99 57 06 25
redaction@radiolaser.fr • **www.radiolaser.fr**
BP 58057 • 35580 **GUICHEN**

Sylvain DELFAU (Responsable des programmes / journaliste) • Laurent MONTOVERT (Chargé du développement culturel) • Antoine BARRAILLER (Animateur)

Fréquences : 95.9 (Rennes) • **Cible** : 15-45 ans • **Classements, airplays** : Ex-Urban Mix • **Programmation musicale** : Tous styles • **Podcast** : Oui

Radio **MELODY.FM**

✆ **02 98 68 36 30 / 02 98 68 07 39** • fax 02 98 68 33 55
melody29@wanadoo.fr • **melody.com**
19 bis rue Mangin • 29400 **LANDIVISIAU**

Elie MERRIEN (Président) • LUDO (Directeur de la programmation musicale)

Fréquences : 98.2, 103.0 • **Cible** : Adultes, seniors • **Programmation musicale** : Chanson française • **Podcast** : Oui

Radio **NEPTUNE**

✆ **02 98 44 01 95** • fax 02 98 44 76 90
contact@radio-neptune.net • **www.radio-neptune.net**
7 rue du Château • 29200 **BREST**

Jean LE CORVOISIER (Responsable)

Fréquences : 95 (Brest), 93.8 (Quimper), 94.1 (Concarneau) • **Cible** : 40 et + • **Podcast** : Oui

OCEANE FM

✆ **02 97 26 10 50** • fax 02 97 26 11 68
direction@oceanefm.com • **www.oceanefm.com**
ZC de Lenruit • 56230 **QUESTEMBERT**

Yann OGER (Directeur) • Dominique LEMONNIER (Programmateur) • Benoit DE MINIAC (Journaliste)

Fréquences : 100.3 (Morbihan-Est), 94.5 (Presqu'île guérandaise), 104.9 (pays de Redon), 102.7 (Ploermel - Guer) • **Cible** : 20-49 ans • **Programmation musicale** : Pop rock • **Podcast** : Oui

PLUM' FM

✆ **02 97 73 30 00** • fax 02 97 73 21 49
radio@plumfm.net • **www.plumfm.net**
Rue des Rosiers • 56460 **SERENT**

Jessica QUIRIN (Directrice) • Matthieu ROLLO (Animateur langues régionales) • Yvonnick LE BRIS (Technicien)

Fréquences : 102.1 • **Cible** : Tous • **Programmation musicale** : Musiques indépendantes, 45 % francophones • **Podcast** : Oui

RADIO BRO GWENED

✆ **02 97 25 14 00**
contact@radio-bro-gwened.com • **www.radiobreizh.net**
quai plessis • BP 186 • 56308 **PONTIVY CEDEX**

Michel FILLION (Président) • Cécile GOUALLE (Directrice) • Bernard CHASLOT (Programmateur musical) • Andrea LE GAL (Animatrice) • Claire PERES (Animatrice) • Yaelle LE MOUEL (Journaliste) • Olivier LE CLAINCHE (Journaliste) • Gwenaël KERE (Animateur) • Catherine PASCO (Animatrice)

Fréquences : 92.6 (Pontivy), 94.8 (Vannes), 101.7 (nord 56), 97.3 (sud 56), 97.3 (Lorient) • **Programmation musicale** : Musique bretonne et celtique, chanson française • **Podcast** : Oui

RADIO CAMPUS RENNES

✆ **02 99 14 19 61 / 02 99 33 90 00 / 02 99 14 19 62**
contact@radiocampusrennes.fr • **www.radiocampusrennes.fr**
Pl. du Recteur Henri Le Moal • 35043 **RENNES CEDEX**

Mathias DURAND (Responsable de la programmation) • Thomas GUEZOU (Coordinateur de rédaction)

Fréquences : 88.4 (Rennes) • **Cible** : Tout public • **Classements, airplays** : Tous les mois • **Programmation musicale** : Rock, musique du monde, musique traditionnelle, hip hop, jazz, chanson française, électro, funk, musique jamaïcaine, etc. • **Podcast** : Oui

RADIO U

✆ **02 98 47 73 84** • fax 02 98 47 73 84
contact@radio-u.org • **www.radio-u.org**
Cité Universitaire de Kergoat • 2 rue des Archives • 29200 **BREST**

Erwan PENNARUN (Président) • Gabrielle PICHON (Vice-présidente) • Jeremy KERVAN (Rédacteur en chef)

Fréquences : 101.1 • **Cible** : Etudiants, jeunes adultes, 18-35 ans • **Programmation musicale** : Généraliste • **Podcast** : Oui

Radio RENNES

✆ **02 99 79 23 23**
radio.rennes@wanadoo.fr • **radio.rennes.free.fr**
3 rue Beaumanoir • BP 90205 • 35102 **RENNES CEDEX 3**

Gabriel AUBERT (Président / Directeur de la programmation) • Loïc TURMEL (Programmateur musiques traditionnelles)

Fréquences : 100.8 (Rennes et bassin rennais) • **Cible** : 25-50 ans • **Classements, airplays** : Quota • **Programmation musicale** : Chanson et variétés (50 %), jazz (25 %), blues (10 %), musiques du monde et traditionnelles (8 %), rock (5 %)

RMN

✆ **02 97 23 41 51** • fax 02 97 23 49 50
rmn@rmnfm.com • **www.rmnfm.com**
c/o Espace Dr Paul-Lohéac • Rue Jacques Rodallec • BP29 • 56110 **GOURIN**

Erwan LEROUX (Directeur de la programmation musicale) • Jean-Paul LE ROLLAND (Responsable d'antenne) • Nadine MAO (Responsable publicité) • Morgane CASAUCAU (Communication)

Radio Montagnes Noires • **Fréquences** : 91.2 (Côtes-d'Armor), 100 (Pontivy), 105 (Baud Locmine), 94.5 (Fréquence générale) • **Cible** : 25-49 ans • **Classements, airplays** : Yacast • **Programmation musicale** : Golds 80 %, trad 20 % • **Podcast** : Oui

CENTRE

ARC EN CIEL

✆ **02 38 43 48 00** • fax 02 38 43 50 05
arcenciel.iota@gmail.com
266 Faubourg Bannier • BP 145 • 45409 **FLEURY LES AUBRAIS**

Jérôme CAMPOS (Président) • Hassan ABHARI (Secrétaire) • Jean-Pierre AUFORT (Directeur des programmes)

Fréquences : 96.2 • **Cible** : Tous publics • **Programmation musicale** : Musique française (40 %), rock, rap, musiques portugaise, espagnole, marocaine, laotienne, brésilienne

Radio CHÂLETTE

✆ **02 38 98 57 55** • fax 02 38 89 19 55
contact@radio-chalette.com • **www.radio-chalette.com**
15 rue Gambetta • BP 51 • 45120 **CHÂLETTE SUR LOING**

Patrice AVEZARD (Journaliste / animateur) • Didier ROQUET (Directeur d'antenne)

Fréquences : 89.3 • **Cible** : 20 ans et + • **Programmation musicale** : Pop rock • **Podcast** : Oui

FORUM

✆ **08 25 84 68 45** • fax 08 25 84 68 44
laurent@forum.fr • **www.forum.fr**
7 rue du Colombier • BP 1339 • 45000 **ORLEANS**

Laurent BOURDIN (Animateur, Programmateur) • Maude TANBELLINI (Journaliste (Vienne)) • Claire GUILLOUX (Journaliste)

Fréquences : Orléans (97.5), Blois (98.4), Châteauroux (92), Tours (95.6), Poitiers (91.7), Niort (92.1), La Rochelle (92.2), Limoges (106.8), Angoulême (94.1) • **Programmation musicale** : Variétés

FRANCE BLEU BERRY

✆ **02 54 60 60 60 / 02 54 27 36 36** • fax 02 54 34 42 67
redac.bleuberry@radiofrance.com • **www.bleuberry.fr**
10/ 2 rue de la République • BP 17 • 36001 **CHATEAUROUX CEDEX 1**

Roger BROCAS (Directeur) • Michel BENOIT (Rédacteur en chef) • Jérôme GUYON (Responsable de la programmation)

Fréquences : 93.5 (Châteauroux), 103.2 (Bourges) • **Cible** : 30-60 ans • **Programmation musicale** : Chanson française • **Podcast** : Oui

FRANCE BLEU ORLÉANS

✆ **02 38 71 45 45** • fax 02 38 53 20 30
bleuorleans@radiofrance.com • **www.bleuorleans.com**
5 pl. du Châtelet • 45057 **ORLEANS CEDEX 1**

Dominique ANTONI (Directeur) • Sébastien DOUCET (Information culturelle)

Fréquences : 93.9 (Blois), 106.8 (Montargis), 100.9 (Orléans), 103.6 (Gien) • **Cible** : 30-60 ans • **Programmation musicale** : Chanson française • **Podcast** : Oui

FRANCE BLEU TOURAINE

✆ **02 47 36 37 37** • fax 02 47 37 76 61
redac.bleutours@radiofrance.com • **www.bleutouraine.fr**
Les Halles • pl. Gaston Paillhou • BP 3231 • 37032 **TOURS CEDEX**

Jacques LANNEGRAND (Directeur) • Yohan NICOLAS (Rédacteur en chef) • Christophe BRAUD (Responsable des programmes)

Fréquences : 92.9 (Chinon), 98.7, 105 (Tours) • **Cible** : 30-60 ans • **Programmation musicale** : Chanson française • **Podcast** : Oui

Radio PLUS FM

✆ **02 54 58 20 00** • fax 02 54 78 84 88
redaction@plusfm.com • **www.plusfm.com**
5 rue du Père Brottier • BP 69 • 41004 **BLOIS CEDEX**

Pascal GAULTIER (Directeur de la programmation musicale / directeur d'antenne) • Dominique TURPIN (Responsable de la promotion / sponsor) • Nicolas TERRIEN (Journaliste / animateur) • Denis DESHAYES (Journaliste)

Fréquences : 89.4 (Blois), 96.7 (Romorantin), 99.3 (Montrichard), 97.4 (Vendôme) • **Cible** : 15-50 ans • **Classements, airplays** : Fréquence SPE • **Programmation musicale** : Variétés françaises (60 %), variétés internationales (40 %) • **Podcast** : Oui

RADIO BALISTIQ

balistiq@free.fr • **www.balistiq.fr**
93 rue Ampère • 36000 **CHATEAUROUX**

Nicolas GORRE (Programmateur rock) • Emiliano MOTTA (Programmateur) • Rémy LEGUILLON (Programmateur hip hop) • Jérome REIGNOUX (Programmateur jazz) • Benoît TISSIER (Programmateur world)

Fréquences : 103 • **Programmation musicale** : Rock, jazz, électro, hip hop, world, etc.

RADIO BÉTON

✆ **02 47 51 03 83** • fax 02 47 51 10 99
prog@radiobeton.com • **www.radiobeton.com**
90 av. Maginot • 37100 **TOURS**

Cédric GROUHAN (Président) • Violette ANGE (Directrice d'antenne)

Fréquences : 93.6 (Tours, rayonnement 50 km) et sur internet • **Cible** : 15-35 ans • **Classements, airplays** : XXX de France, Féraliste • **Programmation musicale** : Musiques amplifiées (chanson, hip hop, rock, pop, musiques électroniques, etc.) • **Podcast** : Oui

RADIO CAMPUS ORLÉANS

✆ **02 38 69 17 42**
prog@orleans.radiocampus.org • **www.orleans.radiocampus.org**
Le Cône • 4 rue de Tours • 45072 **ORLEANS CEDEX 02**

Dominique MESSINEO (Président) • Julien WEISS (Directeur d'antenne) • Viviane BERREUR (Responsable des programmes)

Fréquences : 88.3 • **Cible** : 15-35 ans • **Classements, airplays** : Campus • **Programmation musicale** : Musiques électroniques, rock, pop, rap, reggae, musique du monde, classique, chanson française, jazz, blues • **Podcast** : Oui (magazines, émissions thématiques)

RADIO CAMPUS TOURS

✆ **09 72 11 93 00 / 09 54 97 73 86**
musique@radiocampustours.com • **www.radiocampustours.com**
7 allée Guy Charff • 37200 **TOURS**

Solenne BERGER (Présidente) • Stéphane BERTON (Antenne) • Julien BRETON (Programmateur musical)

Fréquences : 99.5 • **Cible** : 15-35 ans • **Classements, airplays** : Playlist mensuelle 30 titres • **Programmation musicale** : Musiques électroniques - black music - Emissions hip hop « The Beat Blast », « Midnight Marauders » • **Podcast** : Oui

Radio RÉSONANCE

✆ **02 35 10 02 10** • fax 02 48 69 82 41
radioresonance@wanadoo.fr • **www.radio-resonance.org**
BP 3200 • 18027 **BOURGES CEDEX**

Stéphane CHAMBORD (Président / programmateur musiques actuelels) • Christian FEVE (Programmateur)

Fréquences : 96.9 (Bourges et tout le Cher) • **Cible** : 15 à + de 50 ans • **Classements, airplays** : Quota • **Programmation musicale** : 60 % de musique francophone

RFL 101

✆ **02 47 55 71 84**
contact@rfl101.com • **www.rfl101.com**
2 all. Aimé Richardeau • BP 24 • 37230 **LUYNES**

Bruno DELOR (Président et Directeur d'antenne) • Naji ABDELKADER (Programmateur musical)

Radio Fréquence Luynes 101 • **Fréquences** : Tours (101) • **Cible** : 25-55 ans • **Programmation musicale** : Jazz, chanson, blues, musiques du monde, rock

VIBRATION

✆ **08 25 84 68 45**
redacvibra@vibration.fr • **www.vibration.fr**
7 rue du Colombier • BP 1339 • 45003 **ORLEANS CEDEX 1**

Alex VAGNER (Chargé du développement commercial) • Francois FYON (Programmateur Opération extérieures) • Rodolphe KARMAZYN (Directeur général régie pub) • Paul DAVY (Coordinateur d'antenne)

Fréquences : Orléans (102), Blois (90.3), Bourges (98.6), Châteauroux (102.6), Le Mans (102.1) • **Cible** : 15-35 ans • **Classements, airplays** : BPM, Ipsos, Bulletin Top • **Programmation musicale** : Musique francophone (40 %), gold (20 %), autre (20 %)

CHAMPAGNE-ARDENNE

ACTIVE RADIO

direction@activeradio.fr • **www.activeradio.fr**
6 rue des Marmouzets • BP 33 • 52300 **JOINVILLE CEDEX**

Jérôme PETITJEAN (Directeur) • Frédéric MAHALIN (Directeur d'antenne)

Fréquences : 95.1 (Joinville), 100.6 (St Didier), 107.2 (Chaumont), 91.7 (Langres) • **Cible** : 25-55 ans • **Programmation musicale** : Tous styles

Radio BOUTON 90.6

✆ **03 24 54 62 63 / 03 24 54 01 91 / 06 09 60 72 85**
fax 03 24 54 58 63
radio-bouton@wanadoo.fr • **www.radio-bouton.org**
4 rue du Fourneau • 08160 **BOUTANCOURT**

Vincent BITTEL (Directeur) • Mireille MONTOUT (Directrice d'antenne) • Murielle LEGER (Animatrice pop rock / classique) • Joël BOUGEART (Animateur jeunes talents, nouvelle scène, artistes locaux) • Max ATTY (Animateur zouk) • Michael ROCLE (Animateur jazz, métal, scène découverte française) • Malika TEBBIB (Chroniqueuse « le conte ») • Fabien BEAUSSART (Information musiques actuelles) • Françoise VERNET (Animatrice « Spéciale country ») • Jean-Martial WERQUIN (Animateur « Chansons d'hier et musette ») • Patrick GUICHARD (Animateur « spéciale country »)

Fréquences : 90.6 (Charleville-Mézières, Sedan) • **Programmation musicale** : Variétés françaises, musiques régionales, jazz, soul, reggae, soukous, zouk, variétés internationales, chanson, dance, rock, rap, musique du monde, musiques traditionnelles, country

CHAMPAGNE FM

✆ **03 26 50 55 58** • fax 03 26 88 34 34
laurent@champagnefm.com • **www.champagnefm.com**
BP 500 • 51067 **REIMS CEDEX**

Dominique BERNARD (Gérant) • Laurent VILALTE (Directeur d'antenne) • Eric DEMONCEAUX (Programmateur) • Emmanuel POLI (Rédacteur en chef)

Fréquences : 102.1 (Reims), 87.7 (Chalons en Ch.), 101.4 (Epernay), 97.5 (Troyes, Château-Thierry), 91.7 (Romilly sur seine), 93.1 (Sedan), 102.2 (Fismes, Charleville Mézières), 101.4 (St Dizier), 101.5 (Vitry Le François), 96.5 (Sainte Menehoulde), 104,6 (Vouzier), 102,3 (Rethel) • **Cible** : 25-49 ans • **Classements, airplays** : Power 70, panel Yacast • **Programmation musicale** : Variétés

CIGALE FM CHAMPAGNE

✆ **03 26 83 80 20 / 06 10 27 88 14** • fax 03 25 75 63 06
cigalefm@aol.com • **www.cigalefm.net**
ZA Mont St-Pierre • 9 rue Marcel Dassault • BP 73
51432 **TINQUEUX CEDEX**

Jany BOUVOT (Président / directeur d'antenne) • Christelle IANZ-LEROY (Directrice de la programmation musicale) • Patricia METTENS (Secrétaire) • Mireille OLIVIER (Chargée des relations artistes/maisons de disques) • Myreil (Webmaster)

Fréquences : Reims (90.5) • **Cible** : 25-55 ans • **Classements, airplays** : Quota • **Programmation musicale** : Variété, rock, dance, nouveaux talents

FRANCE BLEU CHAMPAGNE

✆ **03 26 84 51 51** • fax 03 26 84 33 70
redac.bleureims@radiofrance.com • **www.bleuchampagne.com**
28 bd Mal Joffre • BP 1094 • 51054 **REIMS CEDEX**

Philippe DOUSSOT (Directeur) • Sylvie BASSAL (Rédactrice en chef) • Stéphane SAUVAL (Responsable des programmes)

Fréquences : 95.1 (Reims, Laon), 103.4 (Epernay), 94.8 (Châlons en Champagne), 93.6 (St-Dizier), 100.9 (Sedan), 100.9 (Troyes) • **Cible** : 30-60 ans • **Programmation musicale** : Chanson française • **Podcast** : Oui

Radio FUGI

✆ **03 24 41 87 77** • fax 03 24 41 77 49
radiofugi@wanadoo.fr • **www.fugifm.fr**
32 av. Jules Lartigue • 08600 **GIVET**

Jean-Claude JACQUEMART (Président) • Odile DE BARROS (Directrice) • Jean-Francois CECCHI (Commercial)

Fréquences : 90.3 (Givet), 99.3 (Hargnies), 102 (Haybes), 103.8 (Vireux) • **Programmation musicale** : Ts genres

Radio LATITUDE

✆ **09 81 92 89 38**
contact@radiolatitude.com • **www.radiolatitude.com**
BP 90010 • 10151 **PONT SAINTE MARIE CEDEX**

Sylvain JOURDAIN (Directeur) • Alexandra TRUBAT (Journaliste)

Fréquences : 95.8 (Aube, Sud Marne) • **Cible** : 15-49 ans • **Programmation musicale** : Groove (30 %), variété (30 %), dance (40 %) • **Podcast** : Oui

Radio MAU-NAU

✆ **03 26 21 32 36**
radio@radiomaunau.com • **www.radiomaunau.com**
45 bis av. du Gal De Gaulle • 51000 **CHALONS EN CHAMPAGNE**

Josianne GRIMAUD (Présidente) • Stephane CHISLOUP (Coordinateur technique / programmateur) • Sandrine GILLET (Journaliste)

Fréquences : 90.6 • **Cible** : Tout public • **Programmation musicale** : Pop, rock, rap, musiques électroniques, jazz, blues, variétés, musiques du monde

NRJ REIMS

✆ **03 26 79 89 89** • fax 03 26 07 79 08
aavril@nrj.fr • **nrjreims.fr**
3 rue Paul Vaillant-Couturier • 51100 **REIMS**

Alexandre AVRIL (Journaliste) • Gérémie LARUE (Animateur)

Fréquences : 100.6 (Reims) • **Cible** : 13-40 ans • **Programmation musicale** : Tous styles

NRJ TROYES

✆ fax 03 25 75 40 76
jsottas@nrj.fr
4 rue Raymond Poincaré • 10300 **STE SAVINE**

Jonathan SOTTAS

Fréquences : 100.2 (Troyes), 100.7 (Romilly/Seine), 102.2 (Bar/Aube), 99.4 (Vendœuvre) • **Cible** : 15-25 ans • **Programmation musicale** : Tous styles

Radio PRIMITIVE

✆ **03 26 02 33 76** • fax 03 26 02 68 30
radio.primitive@wanadoo.fr • **radioprimitive.fr**
13 rue Flodoard • BP 2169 • 51081 **REIMS CEDEX**

Romain MAGNUS (Président) • Eric JONVAL (Directeur)

Fréquences : 92.4 (Reims) • **Cible** : 15-50 ans • **Classements, airplays** : XXX de France, Féraliste • **Programmation musicale** : Pop-rock, chanson, musiques traditionnelles, musiques du monde, blues, country, rap, électro • **Podcast** : Oui

RADIO 8

✆ **03 24 27 45 46** • fax 03 24 29 01 71
contact@radio8fm.com • **www.radio8fm.com**
9 quai de la Régente • 08200 **SEDAN**

Fabrice JAUMOTTE (Directeur) • Albin BREDA (Directeur des programmes) • René AIT BRAHAM (Rédacteur en chef) • Emmanuelle MORELLE (Responsable commerciale)

Ardennes • **Fréquences** : 98.6 (Sedan), 91.2 (Charleville Mézières), 93.3 (Rethel), 91.6 (Vouziers) • **Cible** : 25-44 ans • **Classements, airplays** : Power 70, Yacast Panel Radio + • **Programmation musicale** : Variétés française et internationale

RADIO AUBE ET SEINE

✆ **03 25 21 47 47** • fax 03 25 46 86 82
radio.aubeetseine@orange.fr • **www.radioaubeetseine.fr**
2 rue Julian Grimau • BP 13 • 10101 **ROMILLY SUR SEINE CEDEX**

Robert MARVOYER (Président)

Fréquences : 98.2 (Romilly-sur-Seine) • **Cible** : Dès 15 ans • **Classements, airplays** : Fréquence Spé • **Programmation musicale** : 75 % variétés françaises, 25 % internationales

Radio **RJR**

✆ **03 26 36 11 11**
contact@rjrradio.fr • **www.rjrradio.fr**
88 rue Ponsardin • BP 244 • 51059 **REIMS CEDEX**

Bernard PROUVEZ (Président) • Patrice COLLIER (Directeur) • James JOUFFROY (Responsable d'antenne)

Radio Jeunes Reims • **Fréquences** : 106.1 (Reims) • **Cible** : 15-35 ans • **Programmation musicale** : Musiques actuelles

THÈME RADIO

✆ **03 25 75 30 30**
contact@themeradio.com • **www.themeradio.com**
2L rue de Chesterfield • BP 748 • 10006 **TROYES CEDEX**

Pascal AUBEL (Président) • Guy CAPET (Directeur) • Claude SZYMCZAK (Programmateur)

Fréquences : 90.3 (Troyes, Aube) • **Cible** : Dès 15 ans • **Classements, airplays** : Musiques infos • **Programmation musicale** : Chanson et variétés française

CORSE

ALTA FREQUENZA

✆ **04 95 50 44 51** • fax 04 95 50 44 51
direction@alta-frequenza.com • **www.alta-frequenza.com**
Imm. Les Genets • 15 bd Benielli • BP 823 • 20000 **AJACCIO**

France ANTONA (Directrice) • Maria LANSFRANCHI (Rédactrice en chef) • Frédéric BERTOCCHINI (Rédacteur en chef)

Fréquences : (Ajaccio) 103.2, (Bastia) 98.9, (Corte) 104, (Porto-Vecchio) 93.7, (Calvi) 87.9, (Bonifacio) 101.2, (Ghisonaccia) 107.4 • **Programmation musicale** : Variétés corse, française et internationale • **Podcast** : Oui

CHÉRIE FM CORSE

✆ **04 95 32 00 12 / 04 95 34 12 12** • fax 04 95 32 69 25
nrjcorse@nrj.fr • **cheriefm.fr**
3 rue chamoine Colombani • BP 157 • 20292 **BASTIA**

Bernard MOSCA (Directeur) • Philippe GAMMES (Programmateur musical)

Fréquences : Bastia (92.7), Cervione (104), Ghisonaccia (95.5), Calvi, Corte (92.6), Ilerousse (100) • **Cible** : 15-50 ans

FRANCE BLEU RADIO CORSE FREQUENZA MORA

✆ **04 95 51 61 61 / 04 95 32 95 32** • fax 04 95 51 02 24 / 04 95 31 10 14
prenom.nom@radiofrance.com • **www.bleurcfm.com**
4 rue Favalelli • BP 130 • 20289 **BASTIA CEDEX**

Hervé DE HARO (Directeur) • Michelle CASTELLINI (Rédactrice en chef) • Jean-Paul LUCIANI (Responsable des programmes)

Fréquences : 101.7 (Bastia), 100.5 (Ajaccio), 102.5 (Corte), 99.2 (Calvi), 10 .8 (Porto Vecchio), 98.2 (Bonifacio) • **Cible** : 30-60 ans • **Programmation musicale** : Chanson française • **Podcast** : Oui

NRJ CORSE

✆ **04 95 32 00 12** • fax 04 95 32 69 25
njrcorse@nrj.fr • **www.nrj.fr**
6 rue chanoine Colombani • BP 157 • 20292 **BASTIA**

Bernard MOSCA (Directeur)

Fréquences : 100.8 (Calvi, Bastia), 88.7 (Ghisonaccia), 88.3 (Ile-Rousse), 91.6 (Corte), 99.1 (Cervione), 91.9 (Porto-Vecchio), 105.1 (Bonifacio) • **Cible** : 15-50 ans

FRANCHE-COMTÉ

BIP

✆ **03 81 47 47 81**
radiobip@free.fr • **www.radiobip.fr**
14 rue de la Viotte • 25000 **BESANCON**

Claude MELZI (Président) • Christine RELANGE (Directrice d'antenne)

Bisontine Indépendante et Populaire • **Fréquences** : 96.9 (Besançon, Dole, Gray, Dijon, Chaussin) • **Cible** : 15-50 ans • **Classements, airplays** Quota • **Programmation musicale** : Chanson francophone (60 %), rock (15 %), musiques traditionnelles (10 %), jazz et blues (5 %), classique (5 %)

FRANCE BLEU BELFORT

✆ **03 84 57 90 90 / 03 84 22 82 82** • fax 03 84 22 18 70
redac.bleubelfort@radiofrance.com • **www.bleubelfort.fr**
10 rue des capucins • BP 439 • 90008 **BELFORT CEDEX**

Stéphane VALLÉE (Directeur) • Vivien VINCENT (Responsable des programmes)

Fréquences : 106.8 (Belfort), 94.6 (Montbéliard) • **Cible** : 30-60 ans • **Programmation musicale** : Chanson française • **Podcast** : Oui

FRANCE BLEU BESANÇON

✆ **03 81 21 25 25**
redac.bleubesancon@radiofrance.com • **www.bleubesancon.fr**
2 pl. Granvelle • BP 591 • 25027 **BESANCON CEDEX**

Bertrand LEFEBVRE (Directeur) • Sophie MARTIN (Responsable des programmes)

Fréquences : 102.8 (Besançon), 97.2 (Pontarlier), 99.4 (Vesoul) • **Cible** : 30-60 ans • **Programmation musicale** : Chanson française • **Podcast** : Oui

FRÉQUENCE PLUS

✆ **03 84 82 22 33 / 03 84 79 28 99** • fax 03 84 79 22 33
frequence.plus@worldonline.fr • **www.frequenceplusfm.com**

Anthony EUSTACHE (PDG) • Anthony PERRIN (Directeur d'antenne)

Fréquences : 92.6 (Dole), 95.2 (Poligny), 92.1 (Champagnol), 90.3 (Morez), 88.3 (St-Claude), 95.4 (Dijon), 95 (Lons le Saunier), 99.9 (Beaune), 94 (Chalon sur Saône), 104.2 (Cosnes-Cours-Sur-Loire) et sur le net • **Cible** : 15-49 ans • **Programmation musicale** : Chanson, rock, variétés, variétés internationales

RADIO CAMPUS BESANÇON

✆ **03 81 66 67 04 / 03 81 66 67 64 / 03 81 66 68 03**
campusbesancon@wanadoo.fr • **www.campusbesancon.fr**
36A av. de l'Observatoire • 25030 **BESANCON CEDEX**

Martial GREUILLET (Directeur programmation) • Claude GOUIN (Journaliste Actualité universitaire et culturelle) • Aurelien BERTINI (Journaliste)

Fréquences : 102.4 (Besançon) • **Cible** : 15-40 ans • **Classements, airplays** : Campus, futur mix, • **Programmation musicale** : Rock, électronique, hip hop, jazz • **Podcast** : Oui

Radio **SUD BESANÇON**

✆ **09 51 63 33 30**
radio.sud@free.fr • **www.radiosud.net**
2E ch. des Grands Bas • 25000 **BESANCON**

Hamid HAKKAR (Directeur /responsable) • Boban STANOJEVIC (Journaliste / chargé des relations partenaires)

Fréquences : 101.8 (Besançon, Cray, Vesoul, Dôle, Dijon, etc.) • **Cible** : 15-50 ans

VILLAGES FM

✆ **03 81 86 65 96** • fax 03 81 86 54 26
contact@villagesfm.com • **www.villagesfm.com**
2 rue de l'Eglise • 25330 **DESERVILLERS**

Alain BULLE (Directeur d'antenne) • Sophie GARNIER (Partenariat/Développement) • Marine GAREL (Journaliste)

Fréquences : 107.4 (Haut-Doubs), 105.1 (Vallée de la Loue), 99.8 (Grand Besançon) • **Cible** : 15-50 ans • **Programmation musicale** : Variétés (40 %), variétés internationales (38 %), rock (10 %), chanson (10 %), hip hop (2 %), musiques électroniques (2 %), musiques traditionnelles (2 %), new age (2 %)

HAUTE-NORMANDIE

Radio **CRISTAL**

✆ **02 32 23 53 90** • fax 02 32 23 53 85
promo@maradiocristal.com • **www.radio-cristal.fr**
260 rue Clément Ader • ZA des longs buissons • 27000 **EVREUX**

Yann OGER (Directeur) • Jérome BURNICHON (Responsable communication et développement) • Samuel GREE (Responsable antenne)

Fréquences : 11 • **Cible** : 20-40 ans • **Classements, airplays** : Hit 30 (samedi 10h à midi) • **Programmation musicale** : Top 40 • **Podcast** : Infos locales

FRANCE BLEU HAUTE-NORMANDIE

✆ **02 35 07 31 07 / 02 35 07 66 66** • fax 02 35 71 89 24
bleuhautenormandie@radiofrance.com
www.bleuhautenormandie.com
Hangar 1, Espace des Marégraphes • Quai de Boisguilbert
76000 **ROUEN**

Bruno LEROY (Directeur délégué régional) • Eric TURPIN (Rédacteur en chef adjoint) • Franck GERVAIS (Rédacteur en chef) • Pierre DESAINT (Responsable des programmes)

Fréquences : 100.1 (Rouen), 89.5 (Evreux), 91.5 (Le Havre), 106.2 (Etretat), 102.2 (Dieppe) • **Cible** : 30-60 ans • **Classements, airplays** : Ipsos Music • **Programmation musicale** : Chanson française • **Podcast** : Oui

HDR

✆ **02 35 12 00 92** • fax 02 35 60 15 77
nicoradiohdr@gmail.com • **www.radiohdr.com**
Place Alfred de Musset • BP 1159 • 76176 **ROUEN CEDEX**

Nicolas LEBORGNE (Technicien /programmation musicale)

Le mix des cultures • **Fréquences** : 99.1 • **Cible** : 16-40 ans • **Programmation musicale** : Groove, électro, rap, musiques du monde, jazz, rock

RADIO R2R

✆ **02 32 76 93 05 / 02 32 76 92 05** • fax 02 32 76 93 10
administration@radio-r2r.fr • **www.radio-r2r.fr**
Maison de l'Université • 2 Place Emile Blondel • BP 131 • 76130 **MONT ST AIGNAN**

Matthieu LEBORGNE (Président) • Daniel DE CARVALHO (Directeur d'antenne) • Laurent PAPINAUD (Trésorier) • Josselin LECART (Secrétaire) • Samuel GUERRIER (Journaliste / Animateur)

Fréquences : 101.3 • **Programmation musicale** : Ts genres

RC2

✆ **02 35 36 34 08** • fax 02 35 52 44 52
rc-2@wanadoo.fr • **www.radio-rc2.fr**
38 A Route de Sahurs • Bât. n°62 • 76380 **CANTELEU**

Vincent BACLE (Responsable de la station et programmateur) • Dominique CARLIER (Journaliste)

Fréquences : 94.4 • **Programmation musicale** : Musique tropicale, hip hop, r'n'b • **Podcast** : Oui

RÉSONANCE

✆ **02 35 10 02 10** • fax 02 35 29 24 88
resonance@resonance.com.fr • **www.resonance.com.fr**
ZA de Toussaint • 76400 **TOUSSAINT**

Francis DELAFOSSE (Directeur) • Gilles ANTHOINE (Rédacteur en chef) • Luc FOUBERT (Chef des ventes) • Franck BARBEAU (Chargé de promotion)

Fréquences : 105.1 (Fécamp & Dieppe), 101.3 (St-Valéry en Caux), 98.9 (Le Havre), 89.4 (Bolbec) • **Cible** : 15-50 ans • **Classements, airplays** : Panel, Yacast • **Programmation musicale** : Variétés internationales et française, dance, rock

ÎLE-DE-FRANCE

ADO FM

✆ **08 25 84 68 45** • fax 01 53 60 01 09
www.adofm.fr
167-169 rue du Chevaleret • 75013 **PARIS**

Jean-Éric VALLI (PDG) • Mathieu QUETEL (Directeur général) • Laurent DUMAY (Directeur des programmes) • Bertrand LOPPIN (Rédacteur en chef et coordinateur d'antenne) • Korben DALLAS (Programmateur musical) • Christophe DALENCE (Coordinateur d'antenne)

Fréquences : (Paris, Ile-de-France) 97.8, (Toulouse) 93,1 • **Cible** : 15-25 ans • **Programmation musicale** : R&B

AFRICA N°1

✆ **01 55 07 58 01** • fax 01 55 07 97 48
guy.kalenda@africa1.com • **www.africa1.com**
33 rue du fbg St Antoine • 75011 **PARIS**

Dominique GUIHOT (PDG) • Guy KALENDA (Coordinateur d'antenne) • Urmine GOUNONGBE (Commercial)

Fréquences : (Paris) 107.5, (Mantes-la-Jolie) 87.6, (Melun) 92.3 et Afrique (ondes courtes) • **Cible** : Tous • **Programmation musicale** : Rap, dance, jazz, reggae, chanson, variétés, variétés internationales, musiques du monde, musiques traditionnelles, musique africaine et francophone • **Podcast** : Le journal

ALIGRE FM 93.1

✆ **01 40 24 28 28 / 01 40 24 29 29** • fax 01 40 24 20 24
aligre@aligrefm.org • **www.aligrefm.org**
42 rue de Montreuil • 75011 **PARIS**

Philippe VANNINI (Président) • Agathe PATRY (Coordinatrice / administration) • Pascal PARETI (Secrétaire général) • Éric SAPIN (Trésorier / animateur) • Jacques THEVENET (Animateur jazz) • Pierre CUNY (Animateur musiques du monde) • Isabelle KONOPNICKI (Animatrice rock) • Denis PREVOT (Secrétaire général adjoint / responsable programmes soiree)

Fréquences : 93.1 • **Programmation musicale** : Jazz, chanson, rock, musiques du monde, reggae, blues, musiques expérimentales, pop, hip hop, musiques électroniques

ALTERNATIVE FM

✆ **01 34 70 47 47** • fax 01 30 34 34 32
alternativefm@wanadoo.fr • **www.alternativefm.fr**
80 av. Gaston Vermeire • BP 10034 • 95340 **PERSAN**

Jean-Claude GUILLOU (Directeur responsable publicité) • Philippe DUPUIS (Journaliste) • Marie-Gabrielle LOF (Programmatrice musicale) • Adeline BIHET (Journaliste)

Fréquences : (Région parisienne, sud de l'Oise) 106.5 et 96.7 • **Cible** : 15-50 ans • **Programmation musicale** : Rock, chanson française, world, jazz, blues, ska, reggae, punk, hip hop, soutien aux jeunes artistes • **Podcast** : Oui

CHANTE FRANCE

✆ **01 69 13 30 00** • fax 01 69 13 50 03
contact@chantefrance.com • **www.chantefrance.com**
BP 10079 • 91002 **EVRY CEDEX**

Hervé DU PLESSIX (PDG) • Christophe DE LAMOTTE (Directeur général) • Alexandre AMELLAL (Programmateur) • Frédéric RIGAL (Directeur du développement)

Fréquences : 90.9 (Paris, Ile-de-France) • **Cible** : 15-50 ans • **Programmation musicale** : Chanson française (100 % sans pub)

ÉVASION

✆ **01 69 13 30 00** • fax 01 69 13 30 03
contact@evasionfm.com • **www.evasionfm.com**
BP 10079 • 91002 **EVRY CEDEX**

Hervé DU PLESSIX (PDG) • Christophe DE LAMOTTE (Directeur général) • Alexandre AMELLAL (Programmateur) • Frédéric RIGAL (Directeur du développement)

Fréquences : 88.0 (Rambouillet, La Ferté-sous-Jouarre, Melun), 88.8 (Fontainebleau, Creil, Meaux), 92.5 (Dourdan-Etampes, Nemours), 95.5 (Provins), 99.3 (Evry-Corbeil), 99.2 (Dreux) • **Cible** : 15-49 ans • **Classements, airplays** : Yacast • **Programmation musicale** : Chanson, rock, variétés, variétés internationales, dance, groove, techno

FG

✆ **01 40 13 88 00** • fax 01 40 13 88 01
team@radiofg.com • **www.radiofg.com**
51 rue de Rivoli • 75001 **PARIS**

Antoine BADUEL (PDG) • Sylvain FEREY (Directeur technique) • Grégory SOUTY (Chef d'antenne / Programmateur) • Christophe HUBERT (Rédacteur en chef) • Alain PINIER (Animateur)

Radio • **Fréquences** : 98.2 (Paris), internet, Canal Sat • **Cible** : 15-35 ans • **Programmation musicale** : House, électro, dub, R&B, groove, funk, etc.

FRANCE BLEU 107.1

✆ **01 56 40 22 22**
prenom.nom@radiofrance.com • **www.bleuiledefrance.com**
Maison de Radio France • 116 av. du Pdt Kennedy
75220 **PARIS CEDEX 16**

Antoine DE GALZAIN (Directeur) • Nicolas BOULNOIS (Responsable de production)

Fréquences : 107.1 (Paris Ile-de-France) • **Cible** : Adulte • **Programmation musicale** : Chanson française, variétés internationales • **Podcast** : Oui

FRÉQUENCE PARIS PLURIELLE

✆ **01 40 05 06 10 / 01 40 05 03 70 / 01 40 05 06 01**
contact@rfpp.net • **www.rfpp.net**
1 rue de la solidarité • 75019 **PARIS**

Guy DARDEL (Conseil d'administration)

Fréquences : 106.3 (Paris, Ile-de-France) • **Cible** : Tout public • **Programmation musicale** : Musiques urbaines, opéra, hip-hop, artistes émergents • **Podcast** : Oui

GENERATIONS 88.2

✆ 01 53 92 04 04
promo@generationsfm.com • **www.generations.fr**
50 av. Daumesnil • 75012 **PARIS**

Laurent BEUVAIN (Directeur programmation) • Emmanuel ROYE (Directeur du marketing) • Mahassine EL MRISSI (Chargée de communication) • Aurélie LUMON (Journaliste)

Fréquences : Ile de France (88.2), Creil, Meaux (101.3) • **Cible** : 15-35 ans • **Classements, airplays** : Top 10 • **Programmation musicale** : Black music (soul, hip-hop, reggae) • **Podcast** : Oui

HANDI FM

✆ 01 64 09 87 87 • fax 01 64 38 15 60
daniel@handi-fm.com • **www.handi-fm.com**
Fondation Ellen Poidatz • Rue Ellen Poidatz
77310 **ST-FARGEAU-PONTHIERY**

Michel WATIER (Président) • Daniel PLOTEAU (Directeur)

Fréquences : 107.3 (Melun, St-Fargeau, Le Mée-sur-Seine, Nandy, Dammarie, Corbeil) • **Cible** : 15-35 ans • **Programmation musicale** : Généraliste. Informations régionales : ts les matins, thématiques : 18h-21h

IDFM-RADIO ENGHIEN

✆ 01 39 64 20 49 / 01 34 12 12 22 • fax 01 34 12 95 55
idfm@hotmail.com • **www.idfm98.fr**
46 av. de Ceinture • 95880 **ENGHIEN LES BAINS**

Jacques BERBERIDES (Président) • Luce BERBERIDES (Directrice des programmes) • Eugénie DUPAQUIER (Rédactrice en chef) • Christophe CARON (Programmateur musical)

Fréquences : 98.0 (Ile-de-France) • **Cible** : Tout public • **Programmation musicale** : 60 % (chanson française, classique), 40 % (variétés internationales, rock, jazz, country, dance)

Radio **LATINA**

✆ 08 25 84 68 45 • fax 01 53 60 01 09
www.latina.fr
167 rue Chevaleret • 75013 **PARIS**

Jean-Eric VALLEE (PDG) • Mathieu QUETEL (Directeur général) • Laurent DUMAY (Rédacteur en chef) • Christophe DALENCE (Coordinateur) • Bertrand LOPPIN (Rédacteur en chef) • Mario SCODINOU (Programmateur)

Fréquences : 99.0 (Paris), 103.1 (Limoges) • **Cible** : 25-35 ans • **Programmation musicale** : 100 % musiques latines • **Podcast** : Oui

Radio **LIBERTAIRE**

✆ 01 43 71 89 40 / 01 48 05 34 08
radio-libertaire@federation-anarchiste.org
www.federation-anarchiste.org/rl/
145 rue Amelot • 75011 **PARIS**

Norbert DEVERMELLE (Président) • Camille RAULIN (Trésorière) • Patrick APEL MULLER (Programmation)

Fréquences : 89.4 (Paris, Ile-de-France), internet • **Cible** : Tout âge, toute nationalité, libertaires et sympathisants, militant(e) s associatifs, syndicaux • **Programmation musicale** : Ts genres, prédominance chansons françaises

Radio **NÉO**

✆ 08 92 22 24 00 • fax 01 42 05 43 18
contact@radioneo.org • **www.radioneo.org**
3 rue Clairaut • 75017 **PARIS**

Eric BAPTISTE (Président) • Thierry VOYER (Directeur) • Sébastien LASCOUX (Responsable des antennes) • Sophie PORTEU (Communication) • Laura AUPIAIS (Journaliste) • Emmanuel DENISE (Journaliste (Bourges))

Fréquences : 95.2 (Paris, Ile-de-France), 94.8 (Toulouse), 100 (Bourges) • **Cible** : 15-55 ans • **Classements, airplays** : Yacast Panel Plus, Top Francofans • **Programmation musicale** : 100 % nouveaux talents • **Podcast** : Oui

Radio **ORIENT**

✆ 01 41 06 16 33 / 01 41 06 16 04
fax 01 41 06 16 20 / 01 41 06 16 19
asma@radioorient.com • **www.radioorient.com**
98 bd Victor Hugo • 92110 **CLICHY**

Jamil SHALAK (PDG) • Mazen KHALIL (Directeur de la production et des programmes) • Issa MAKHLOUF (Directeur de l'information)

Fréquences : Paris (94.3), Lyon (106.7), Bordeaux (106.4), Nantes (92.4) Annemasse (92.7), Beauvais (94.3), Besançon (96.2), Châlon-en-Champagne (90), Charleville Mézière (105.1), Limoges (91), Montargis (91.4), Saint-Dizier (107.9) Sedan (103.2), Evreux (106.5), Dreux (106.6), Nice (1350) Nîmes (1602), Vienne (97.7) • **Programmation musicale** : 50 % arabe, 50 % français

OUÏ FM

✆ 01 55 28 14 14 • fax 01 55 28 14 15
ouifm@ouifm.fr • **www.ouifm.fr**
Passage du Cheval Blanc • 2 rue de la Roquette • Cour de mai
75011 **PARIS**

Emmanuel RIALS (Directeur général) • Jean-Patrick LAURENT (Directeur de la musique) • Alann HERY (Directeur technique & nouveaux médias) • Audrey LEVY (Responsable de la promotion et communication) • Fabienne REALAN (Responsable des partenariats musicaux)

Fréquences : Alès (94.6), Auxerre (100.3), Bagnols, Bollène, Carpentras (90.1), Boulogne/mer (105), Brest (90.5), Châlon-en-Champagne, Epernay (102.8), Cherbourg (103.5), Colmar (92.9), Creil, Dunkerque (90.7), Fécamp (102.9), Granville (88.4), Laval, Le Mans (87.6), Lorient (92.7), Les Sables d'Olonne (106.3), Meun (102.1), Montélimar (97.1), Orange (90.1), Paris (102.3), Roanne (91.5), Senlis (90.7), Saint-lô (106.9), Thionville (88.4), Villefranche/saône (97.8) • **Cible** : 25-49 ans • **Programmation musicale** : 100 % rock, 35 % français

OXYGENE

✆ 01 60 96 23 16 • fax 01 69 91 42 13
prog@radiooxygene.fr • **www.radioxygene.fr**
8 rue de la Maison Garnier • 77130 **MONTEREAU CEDEX**

Christophe MERCIER (Directeur /responsable programmation musicale)

Fréquences : 99.6 (Provins), 106.6 (Fontainebleau, Montereau), 107.3 (Nemours) • **Cible** : 24-45 ans • **Programmation musicale** : Variété

RADIO ALFA

✆ 01 45 10 98 60 • fax 01 43 89 43 81
radio@radioalfa.net • **www.radioalfa.net**
1 rue Vasco de Gama • 94046 **CRETEIL CEDEX**

Fernand LOPES (Directeur général) • Arthur SILVA (Rédacteur en chef)

Fréquences : 98.6 (Paris, Ile-de-France), Canalsat • **Cible** : 15-85 ans • **Classements, airplays** : Alfa top • **Programmation musicale** : Musique portugaise et lusophone (60 %), musique française et internationale (40 %), fado, rap, dance

RADIO CAMPUS PARIS

✆ 01 49 96 65 45 • fax 01 49 96 65 43
contact@radiocampusparis.org • **www.radiocampusparis.org**
c/o Maison des initiatives étudiantes • 50 rue des tournelles • 75003 **PARIS**

Félix PATIÈS (Président) • Thibaud DALAVIGNE (Directeur du développement) • Corentin KERDRAON (Directeur d'antenne) • Florent TAILLANDIER (Programmateur) • Aymeric MARTIN (Programmateur) • Florine DELCOURT (Trésorière) • Hélène BOUBÉE (Communication et partenariats)

Fréquences : 93.9 (de 17h30 à 5h30) • **Cible** : Etudiants, jeunes actifs et 15-35 ans • **Programmation musicale** : Electro, pop rock, indie pop rock, hip hop, groove, jazz, world, reggae • **Podcast** : Oui

RGB 99,2 FM

✆ 01 30 38 25 25 • fax 01 30 38 98 80
rgb@radiorgb.net • **www.radiorgb.net**
BP 90074 • 95020 **CERGY CEDEX**

Damien MOREL (Président) • José GUERIN (Directeur / Rédacteur en chef) • Jérôme LHOTELLIER (Responsable de la programmation musicale) • Yonah PECNARD (Journaliste)

Radio Ginglet-la-Boucle • **Fréquences** : 99.2 (95, 78, 92, 60) • **Cible** : 13-60 ans • **Programmation musicale** : Généraliste

RVE 103.7

✆ 01 30 41 15 15 • fax 01 34 85 56 03
rve103.7@gmail.com • **www.radiorve.com**
Clos des alouettes • 78125 **VIEILLE EGLISE**

Jean-Pierre FERRER (Président) • Jean-Marc JOSSE (Directeur des programmes) • Lionel LEFRANCOIS (Vice-président) • Christian CARON (Trésorier)

Fréquences : 103.7 • **Cible** : Population locale • **Programmation musicale** : Ttes les musiques de 1960 à nos jours

SENSATIONS

✆ 01 34 52 71 72 / 01 34 52 71 73 / 08 21 03 22 22
fax 08 21 03 30 31
redaction.idf@radiosensations.fr • **www.radiosensations.fr**
BP 35 • 78041 **GUYANCOURT CEDEX**

Francis GUILLERAULT (Directeur) • Pascal VANNIER (Agenda loisirs/ chargé culturel) • Mickael ELMIDORO (Journaliste) • Nolwenn LE CALVÉ (Journaliste)

Fréquences : 98.4, ouest parisien (dépts 78, 94, 92, 95), 98.9 Etampes • **Cible** : 20-40 ans • **Programmation musicale** : Pop/rock électro

Radio SOLEIL

✆ **01 43 48 89 74 / 01 43 48 43 43** • fax 01 43 48 55 58
contactrs@radio-soleil.com • **www.radio-soleil.com**
57 rue d'Avron • 75020 **PARIS**

Abdelmajid DABOUSSI (Président) • El-Gour BOUBKER (Directeur d'antenne)

Programmation musicale : Communautés maghrébines, arabes, turques et yougoslaves

VALLÉE FM

✆ **01 64 11 91 90** • fax 01 64 11 91 89
contact@valleefm.fr • **www.valleefm.fr**
2 bis rue du Parc • 77185 **LOGNES**

Patrice LANDAIS (Président) • Christophe AVELLANEDA (Directeur) • Julien PEYNOT (Réalisateur technique) • Julien DEROCHE (Responsable technique)

Fréquences : 98.4 (départements 77, 94, 93) • **Cible** : 18-50 ans • **Classements, airplays** : Féraliste, XXX de France, Playlist Vallée fm • **Programmation musicale** : Musiques du monde, musiques urbaines, chanson française • **Podcast** : Oui

VEXIN VAL-DE-SEINE

✆ **01 34 92 82 40**
secretariat@rvvs.fr • **www.rvvs.fr**
Rue de la Croix Verte Prolongée • BP 1022
78131 **LES MUREAUX CEDEX**

Jean-François DENAGE (Président) • Nadia OUHADI (Programmation musicale)

Fréquences : 96.2 (Yvelines) • **Cible** : 7-77 ans • **Programmation musicale** : Variété, variété internationale, rock, hip hop, dance, jazz, techno, découvertes, musiques du monde • **Podcast** : Oui

VOLTAGE

✆ **08 25 84 68 45** • fax 01 53 60 01 09
www.voltage.fr
167 rue du Chevaleret • 75013 **PARIS**

Jean-Éric VALLI (Président) • Mathieu QUETEL (Directeur général) • Laurent DUMAY (Directeur des programmes) • Bertrand LOPPIN (Rédacteur en chef) • Florian ZYGER (Coordinateur musical) • Christophe DALENCE (Coordinateur d'antenne)

Fréquences : 96.9 (Paris, Île-de-France), CanalSat • **Cible** : 15-35 ans • **Programmation musicale** : Top 40

LANGUEDOC-ROUSSILLON

ARRELS

✆ **04 68 35 47 48**
radio@arrels.net • **www.arrels.net**
46 rue des Augustins • 66000 **PERPIGNAN**

Pierre MANZANARES (Responsable)

Fréquences : 95 (Perpignan), 88,2 (Céret), 95,5 (Prades), 93,1 (Cerdagne) • **Cible** : 18-77ans • **Programmation musicale** : Musique catalane (30 %), chanson, rock français (30 %), world music (30 %)

Radio CLAPAS

✆ **04 67 92 17 47 / 04 67 92 70 70**
contact@radioclapas.fr • **www.radioclapas.fr**
56 rue de l'Industrie • BP 81012 • 34070 **MONTPELLIER**

Claude FRIGARA (Président / chanson française)

Fréquences : 93.5 • **Programmation musicale** : Pluraliste, dominante jazz, playlist français : 35 albums (50 %), électro (10 %), chanson (20 %) • **Podcast** : Oui

DIVERGENCE FM

✆ **09 51 17 34 04** • fax 04 67 66 33 38
contact@divergence-fm.org • **divergence-fm.org**
24 bd Pasteur • 34000 **MONTPELLIER**

Florent ROBIN (Président) • Christian COSTE (Directeur) • Bruno BERTRAND (Coordinateur d'antennne) • Gilles GOUGET (Animateur - Redacteur web) • Simon MORIN (Contact labels)

Fréquences : 93.9 • **Cible** : 25-45 ans • **Programmation musicale** : Eclectique et culturelle • **Podcast** : Oui

L'EKO DES GARRIGUES

✆ **04 67 70 80 86**
info@ekodesgarrigues.com • **www.ekodesgarrigues.com**
BP 5555 • 34072 **MONTPELLIER CEDEX 03**

Laurent CHANIAC (Président) • Stéphane TOSI (Directeur des programmes)

Fréquences : 88.5 (Montpellier) • **Classements, airplays** : XXX de France, Féraliste • **Programmation musicale** : Rock, techno • **Podcast** : Oui

FRANCE BLEU GARD LOZERE

✆ **04 66 36 30 30** • fax 04 66 36 47 48
redac.bleunimes@radiofrance.com • **www.bleugardlozere.fr**
10 bd des Arènes • 30020 **NIMES CEDEX 1**

Antoine MAESTRACCI (Directeur) • Jacques PREVOST (Rédacteur en chef) • Jean-Marie GAUTIER (Responsable de la programmation)

Fréquences : 90.2 (Nîmes), 91.6 (Alès), 95.6 (Beaucaire), 103.8 (La Grande-Combe), 99.5 (Mende), 100.1 (Langogne) • **Cible** : 30-60 ans • **Programmation musicale** : Chanson française • **Podcast** : Oui

FRANCE BLEU HERAULT

✆ **04 67 06 65 65** • fax 04 67 58 21 09
redac.bleumontpellier@radiofrance.com • **www.bleuherault.fr**
474 allée Henri II de Montmorency • BP 51256 • 34000 **MONTPELLIER**

François MICHAUD (Directeur) • Pierre-Jean PLUVY (Rédacteur en chef) • Hervé CHABBAL (Responsable des programmes)

Fréquences : 100.6 (Montpellier), 103.7 (Béziers), 102.0 (Sète), 101.9 (Ganges) • **Cible** : 30-60 ans • **Programmation musicale** : Chanson française • **Podcast** : Oui

FRANCE BLEU ROUSSILLON

✆ **04 68 51 90 00** • fax 04 68 57 46 26
bleuroussillon@radiofrance.com • **www.bleuroussillon.com**
24-26 av. Gal Leclerc • Espace Méditerannée • 66000 **PERPIGNAN**

Pierre GALIBERT (Directeur) • Erick CALA (Responsable des programmes) • Elisabeth BADINIER (Rédactrice en chef)

Fréquences : 101.6 (Perpignan), 101.1 (Amélie-les-Bains), 106.7 (Les Angles), 106.5 (Turchan), 100.7 (Cerbère) • **Cible** : 30-60 ans • **Programmation musicale** : Chanson française • **Podcast** : Oui

LITTORAL FM

✆ **04 68 08 17 18 / 04 68 08 29 22**
gestion@littoralfm.com • **www.littoralfm.com**
La Colline des loisirs • avenue Guy Drut
66140 **CANET EN ROUSSILLON**

Stéphane TURIES (Directeur d'antenne)

Fréquences : 102.0 (Perpignan), 95.9 (Narbonne) • **Cible** : 24-49 • **Programmation musicale** : Variétés • **Podcast** : Oui

Radio MARGERIDE

✆ **04 66 31 65 65** • fax 04 66 31 66 90
studio@radiomargeride.com • **www.radiomargeride.com**
Fenestres • 48310 **TERMES**

Jacques VIALA (Président)

Fréquences : 91.2, 98.5, 102.9, 107.7 • **Programmation musicale** : Accordeon, chanson française

Radio PEINARD

✆ **04 67 28 18 66 / 04 67 36 43 59** • fax 04 67 36 52 36
festivalfm@wanadoo.fr • **peinard.fr**
44 bis allée Paul Riquet • 34500 **BEZIERS**

Jean-Paul JORGE (Gérant)

Fréquences : 100 • **Cible** : 20-45 ans • **Programmation musicale** : Pop français, électro, rock, R&B, variété française

PLEIN SUD / VIRGIN

✆ **04 68 65 07 31 / 04 68 65 06 64** • fax 04 68 65 81 55
mediasud2@wanadoo.fr • **pleinsud.virginradio.fr**
30 bd Gambetta • 11100 **NARBONNE**

Christophe LAPORTE (Président directeur) • Jean-Maxime PIGASSOU (Directeur d'antenne) • Marie-thérèse BORRAS (Responsable administrative)

Fréquences : Narbonne, Béziers (90.5), Carcassonne (96), rayonnement (60 km) • **Cible** : 15-45 ans • **Programmation musicale** : Pop / Rock • **Podcast** : Oui

RADIO 16

✆ **04 66 25 26 95** • fax 04 66 60 01 01
studio@radio16.net • **www.radio16.net**
Centre Paul Eyriac • rue Paul Vermale • 30160 **BESSEGES**

Alain ASBERT (Président) • Laurent BONNEFOY (Directeur d'antenne / programmation musicale) • Olivier LADET (Technicien / animateur)

Fréquences : 99.2 (Bessèges, Alès, Gard nord, Ardèche sud, Lozère sud) • **Cible** : Dès 15 ans • **Programmation musicale** : Jazz (10 %), chanson (50 %), variétés (20 %), musiques électroniques, hip hop, reggae, ragga, dub, rock, pop, musiques du monde, etc.

RADIO BALLADE

✆ **04 68 74 25 74 / 06 72 14 84 50** • fax 04 68 74 34 95
antenne@radioballade.com • **www.radioballade.com**
BP 57 • 11260 **ESPERAZA**

Dominique GUERREIRO (Directeur d'antenne) • Krystina LESTINOVA (Rédactrice)

Fréquences : 101.8 • **Cible** : 15-50 ans et + • **Classements, airplays** : XXX de France, Féraliste • **Programmation musicale** : Chanson, rock, metal, rap, musiques du monde, musiques électroniques, etc.

RADIO CAMPUS MONTPELLIER

✆ **04 67 52 78 41**
contact@radiocampusmontpellier.fr
www.radiocampusmontpellier.fr/joomla
c/o Maison Pour Tous Emma Calvé • Imp. des Acacias
34090 **MONTPELLIER CEDEX**

Gregory BIONDI (Coordinateur)

Fréquences : 102.2 FM

LIMOUSIN

BEAUB' FM 89

✆ **05 55 35 15 59 / 05 55 35 03 19**
beaubfm@gmail.com • **www.beaubfm.org**
beaub'Fm/ Medias Beaubreuil • 4 allée Fabre d'Églantine • BP 2031
87070 **LIMOGES CEDEX**

Pierre LAURENT (Président) • Laurent POINGT (Directeur) • Jérémy LEBESCONT (Journaliste info & culture) • Marianne TORTOSA (Animatrice) • Tiphaine DERAISON (Animatrice)

Association Média Beaubreuil • **Fréquences** : 89 (Limoges) • **Cible** : Dès 15 ans • **Classements, airplays** : XXX de France, Féraliste • **Programmation musicale** : Tout sauf variété (découverte, scène musique actuelle)

BRAM'FM

✆ **05 55 26 57 56**
info@bramfm.com • **www.bramfm.com**
25 quai Gabriel Péri • 19000 **TULLE**

Céline CHASTANET (Directrice d'antenne) • Fanny NOARO (Journaliste)

Fréquences : 98.3 • **Cible** : 25-45 ans • **Classements, airplays** : Les Associatives en Limousin • **Programmation musicale** : Pop, rock, world

FRANCE BLEU CREUSE

✆ **05 55 61 23 23** • fax 05 55 61 23 09
bleucreuse@radiofrance.com • **www.bleucreuse.com**
7 av de la République • BP 249 • 23005 **GUERET CEDEX**

Patrick DELECROY (Directeur) • Christophe POIRIER (Rédacteur en chef) • Thierry CATHERINE (Responsable des programmes) • Christian PETIT (Responsable technique)

Fréquences : 94.3 (Guéret), 92.4 (Aubusson), 94.5 (Auzances) • **Cible** : 30-60 ans • **Programmation musicale** : Chanson française • **Podcast** : Oui

FRANCE BLEU LIMOUSIN

✆ **05 55 11 38 11** • fax 05 55 32 55 75
bleulimousin@radiofrance.com • **www.bleulimousin.fr**
23 bd Gambetta • BP 3603 • 87036 **LIMOGES CEDEX 1**

Jean-Michel DESCROIX (Directeur) • Christophe BESSON (Responsable de la programmation) • Henrique VIEIRA CAMPOS (Rédacteur en chef)

Fréquences : 103.5 (Limoges), 101.6 (Argentat), 101.4 (Ussel), 103.2 (Cornil), 100.9 (Brive-la-Gaillarde), 101.1 (Tulle) • **Cible** : 30-60 ans • **Programmation musicale** : Chanson française • **Podcast** : Oui

KAOLIN FM

✆ **05 55 75 99 85**
lesassociatives@gmail.com • **www.kaolin-fm.com**
rue Pierre De l'Homme • BP 37 • 87500 **ST YRIEIX LA PERCHE**

Denis LESPIAUT (Président) • Julien RICHARD (Directeur d'antenne / programmateur)

Fréquences : 88.4 • **Cible** : 15-60 ans • **Programmation musicale** : Pop rock, nouveaux talents, electro

OPEN FM

✆ **06 81 32 38 10**
contact@radioopenfm.fr • **radioopenfm.fr**
27 rue de la Barre • 87240 **AMBAZAC**

Joaquim MIGUEZ

Fréquences : 97,9 • **Cible** : 30/50 ans • **Programmation musicale** : Pop rock

Radio PAC

✆ **05 55 73 38 48** • fax 05 55 73 62 24
studios@radiopac.fr • **www.radiopac.fr**
3 allée de la forêt • BP 28 • 19231 **ARNAC POMPADOUR CEDEX**

Olivier DUTHEIL (Président) • Marcel SUSSINGEAS (Vice-président) • Frédéric BOUCHER (Programmation) • Hubert BOUYSSE (Musique jazz) • René BOURBON (Musique régionale)

Pompadour air campagne • **Fréquences** : Sud Haute-Vienne, Dordogne et Corrèze (101.9) • **Cible** : 35-50 ans • **Classements, airplays** : Top 40 • **Programmation musicale** : Variété française et internationale • **Podcast** : Oui

RADIO VASSIVIÈRE

✆ **05 55 64 71 11** • fax 05 55 64 72 23
radio-vassiviere@orange.fr • **www.radiovassiviere.com**
Mairie • 23460 **ROYERE DE VASSIVIERE**

Vincent CAILLAUDAUD (Président) • Eloïse LEBOURG (Directrice d'antenne) • Didier LASSECHERE (Technique) • Nicolas JUTEAU (Journaliste)

Fréquences : 88.6 (Royère), 92.3 (Ussel) • **Cible** : Tous • **Programmation musicale** : Variétés françaises (60 %), variétés internationales (40 %)

Radio RGB

✆ **08 92 88 85 00** • fax 05 55 84 17 82
canalbleu@wanadoo.fr • **www.canalbleu.net**
6 rue Lavergne • 19130 **OBJAT**

Yann SOUQUIERES (Président) • Céline CHASTENET (Responsable d'antenne)

Radio Grand Brive - Association Canal Bleu • **Fréquences** : 94.3 • **Cible** : Jeunes adultes • **Classements, airplays** : BPM • **Programmation musicale** : Ts genres

RMJ

✆ **05 55 68 61 80** • fax 05 55 68 66 93
mathieu.rmj@orange.fr • **rmj.asso.fr**
9 rue du Pont du Gué • 87190 **MAGNAC LAVAL**

Serge LAURENT (Président) • Christophe GOURCEROL (Responsable d'antenne) • Mathieu CHOMET (Animateur / responsable technique)

La Radio des Meilleurs Jours • **Fréquences** : Nord Limousin, Sud Vienne, Est Charente (90.1) • **Cible** : 15-65 ans • **Programmation musicale** : Généraliste : 60 % française, 40 % internationale (variétés, pop, rock, rap, dance, accordéon)

RPG 96.5

✆ **05 55 81 71 71** • fax 05 55 52 33 03
rpg@radiopaysdegueret.fr • **radiopaysdegueret.fr**
1 av. Charles de Gaulle • 23000 **GUERET**

Thibaut BLOND (Directeur d'antenne / programmateur) • Anne-Laure LE JOLIFF (Animatrice Productrice)

Radio Pays de Guéret • **Fréquences** : 96.5 • **Cible** : 15-35 ans • **Programmation musicale** : Découvertes, artistes émergents, labels indépendants • **Podcast** : Oui

RTF 95.4

✆ **05 55 05 15 00 / 05 55 50 09 09** • fax 05 55 43 18 50
rtf@rtflimoges.com • **www.rtflimoges.com**

Yann BRISSON (Responsable de la programmation) • Yasmine KICHOU (Journaliste infos locales) • Sandrine CANOU (Animatrice Journaliste)

Radio Trouble Fête • **Fréquences** : 95.4 (Limoges) • **Cible** : 20/45 ans • **Programmation musicale** : Pop, rock, chanson française 24h/24

SWING FM

✆ **05 55 10 15 38 / 05 55 38 13 02**
courrier@swingfm.asso.fr • **www.swingfm.asso.fr**
Swing FM • 5 rue des Palmiers • 87000 **LIMOGES**

Jean-Marie MASSE (Animateur et président du Hot Club de Limoges) • Alain RÉJOU (Président) • Claude-Alain CHRISTOPHE (Secrétaire de Swing FM)

La seule radio 100 % jazz authentique • **Fréquences** : 101, 2 • **Programmation musicale** : 100 % jazz, blues et gospel

LORRAINE

Radio CARAIB NANCY

✆ **03 83 98 69 30**
caraib.nancy@rcn-radio.org • **www.rcn-radio.org**
Asso. Caraib Nancy • 1249 av. Raymond Pinchard • 54100 **NANCY**

Lucas CHINDAMO (Responsable de la programmation)

Fréquences : 90.7 • **Cible** : Intergénérationelle • **Classements, airplays** : Féraliste • **Programmation musicale** : Rock, chanson, musiques du monde, rap, R&B, metal, jazz, soul, funk, reggae • **Podcast** : Oui

COCKTAIL FM

✆ **03 29 63 24 24 / 06 81 45 84 98** • fax 03 29 63 24 30
contact@cocktailfm.com • **www.cocktailfm.com**
2A rue de la République • 88400 **GERARDMER**

Jean-Yves DIDIER (Président / directeur des programmes) • Ericka DIDIER (Responsable commerciale) • Diane CHARBONNEL (Responsable de la rédaction) • Stéphane CLAUDEL (Animateur)

Fréquences : Saintdié (91.4) ; Gérardmer, La Bresse, Le Tholy (88.9) • **Cible** : 13-50 ans • **Podcast** : Oui

Radio DÉCLIC

✆ **03 83 63 90 90** • fax 09 58 63 14 70
contact@radiodeclic.fr • **www.radiodeclic.fr**
1 pl. de l'Église • 54840 **VILLEY LE SEC**

Vincent BIRCKEL (Président de l'Association) • Simon ATTENOT (Journaliste) • Ogier VOINOT (Programmateur) • Anne-Laure RICCI (Communication) • Alice RENARD (Chargée de projets) • Jérôme ROISIN (Coordinateur)

Fréquences : 87.7 (Toulois), 89.6 (Saintois), 101.3 (Colombey) • **Cible** : Tous • **Programmation musicale** : Jazz, pop rock, variétés nationales et internationales, rap hip hop, musiques électroniques, musiques du monde, reggae, métal

DIRECT FM

✆ **03 87 66 20 20** • fax 03 87 56 14 29
redaction@radiodirect.net • **www.radiodirect.net**
3 allée st symphorien • 57000 **METZ**

Stéphane LEYDECKER (Président directeur général) • Jeremy KA (Programmateur musical) • Dorian KINTZIG (Journaliste)

Fréquences : 92.8 • **Cible** : 20-45 ans • **Classements, airplays** : Power 70, Yacast Plus • **Podcast** : Oui

Radio FAJET

✆ **03 83 37 56 09** • fax 09 58 04 74 78
contact@fajet.net • **www.fajet.net**
47 rue Charles III • 54000 **NANCY**

Bernard COYDON (Président) • Fabienne MARCHAL (Directrice) • Yves ANTOINE (Responsable de la programmation) • Jean-Luc CARL (Responsable technique)

Fréquence aumôneries des jeunes dans l'enseignement technique • **Fréquences** : 94.2 (Nancy) • **Cible** : 15-25 ans • **Programmation musicale** : Musiques électroniques (15 %), variétés internationales (40 %), variétés françaises (30 %), musiques du monde (5 %), hip hop (10 %)

FRANCE BLEU LORRAINE NORD

✆ **03 87 68 22 22** • fax 03 87 68 22 24
redac.bleumetz@radiofrance.com • **www.bleulorrainenord.com**
5 rue d'Austrasie • 57000 **METZ**

Thierry SABOURDY (Directeur) • Philippe RENAUD (Rédacteur en chef) • Danièle ALEMBIK (Responsable de la communication) • Laurent GENVO (Responsable de la programmation)

Fréquences : Metz (98.5), Forbach (98.8), Thionville (101.5), Sarguemine (104) • **Cible** : 35-60 ans • **Programmation musicale** : Chanson française • **Podcast** : Oui

FRANCE BLEU SUD LORRAINE

✆ **03 83 19 54 88** • fax 03 83 19 54 89
bleusudlorraine@radiofrance.com • **www.bleusudlorraine.fr**
21 rue du recteur Senn • CS 94206 • 54042 **NANCY CEDEX**

Marc SCHERRER (Directeur) • Franck WEIL RABAUD (Rédacteur en chef) • Frédéric BELOT (Responsable de la programmation)

Fréquences : 100.5 (Nancy), 100.0 (Epinal), 92.1 (St-Dié), 102.6 (Vittel), 91.5 (Bruyère), 103.0 (Neufchâteau) • **Cible** : 30-60 ans • **Programmation musicale** : Chanson française • **Podcast** : Oui

Radio GRAFFITI

✆ **03 83 96 61 62**
lien@radiograffiti.fr • **www.radiograffiti.fr**
BP 3624 • 54016 **NANCY CEDEX**

Christiane BLANC (Directrice d'antenne) • Michael COUSOT (Responsable de la programmation)

Fréquences : 101.5 (Nancy et alentours) • **Cible** : Tous âges • **Programmation musicale** : Jazz, chanson, rock, punk, électro, métal, hip hop, dub, artistes lorrains, etc.

Radio JERICO

✆ **03 87 75 91 11** • fax 03 87 75 91 19
redaction@radiojerico.com • **www.radiojerico.com**
4 av. Jean XXIII • 57000 **METZ**

Sophie HRASKO-SCHUTZ (Directrice) • Myriam PARISOT (Directrice d'antenne et Responsable des programmes)

Fréquences : 102 (Metz), 94 (Thionville), 101.3 (Forbach), 91 (Sarrebourg), 97.4 (Chateausalin) • **Cible** : + 25 ans • **Programmation musicale** : Chanson (70 %), religieux et classique (10 %), jazz (5 %), musique du monde (5 %)

LOR FM

✆ **03 82 21 04 04** • fax 03 82 21 89 06
lorfmpub@orange.fr • **www.lorfm.fr**
8 rue de la Grande Duchesse Charlotte • 57100 **THIONVILLE**

Alain VICCI (Directeur) • Christelle CARAMELLE (Directrice du marketing) • Bruno TERRILLON (Coordinateur d'antenne)

Fréquences : 97.2 (Briey), 95.2 (Thionville) • **Cible** : 20-50 ans • **Programmation musicale** : Généraliste, hits & gold • **Podcast** : Oui

MAGNUM LA RADIO

✆ **03 29 08 08 87** • fax 03 29 08 46 70
pub@magnumlaradio.com • **www.magnumlaradio.com**
123 rue Jean Moulin • BP 53 • 88142 **CONTREXEVILLE CEDEX**

Philippe GUYOT (PDG) • Raoul MEUGNIOT (Directeur d'antenne) • Benoit BOULANGER (Rédacteur en chef)

Fréquences : 92.2 (Neufchateau), 94,3 (Saint-Dié, Gerardmer), 94.4 (Langres), 94.6 (Epinal, Le Tholy), 99.1 (Vittel, Contrex), 99,2 (Nancy), 100.8 (Chaumont), 101.8 (Remiremont), 106,3 (Le Thillot) • **Cible** : 15-55 ans • **Classements, airplays** : Power 70 • **Programmation musicale** : Nouveautés - Gold 90/2000 • **Podcast** : Oui

Radio MÉLODIE (SARREGUEMINES)

✆ **03 87 95 63 63 / 03 87 98 29 29** • fax 03 87 95 79 89
contact@radiomelodie.com • **www.radiomelodie.com**
9 rue Allmend • 57200 **SARREGUEMINES**

Sébastien JUNG (Président) • Bernard LEY (Directeur) • Sébastien GLOCK (Commercial) • Guillaume PARISOT (Journaliste) • Maurice QUINTUS (Commercial)

Fréquences : 102.7 (Sarreguemines), 102.9 (Forbach) • **Cible** : 30-55 ans • **Classements, airplays** : Panel Plus FM, Yacast • **Programmation musicale** : Gold

RADIO ACTIVITÉS

✆ **03 83 81 38 38 / 03 83 81 41 25 / 06 63 16 79 27**
fax 03 83 82 21 13
radio.activites@wanadoo.fr • **www.radioactivites.com**
91 rue Pasteur • BP 31 • 54703 **PONT A MOUSSON CEDEX**

Gérard CHOL (Responsable antenne)

Fréquences : 96.5 (Pont-à-Mousson)

RADIO ARIA

✆ **03 82 25 80 80** • fax 03 82 23 96 01
radio-aria@wanadoo.fr • **www.radioarialongwy.com**
40 rue Aristide Briant • BP 19 • 54400 **LONGWY-HAUT**

Fabien TIELIN (Technicien -programmateur) • Élisabeth GEGOUT (Chargée de communication / marketing / administration)

Fréquences : 99.6 (Longwy, Villerupt, Longuyon), zone 3 frontières (Belgique, France, Luxembourg) • **Cible** : 15-50 ans et + • **Programmation musicale** : Musiques actuelles, jazz, rock, country, variétés françaises et musiques du monde. Créneaux spéciaux pour les découvertes musicales locales et régionales

RESONANCE FM

✆ **03 29 25 64 54**
resonance-fm@wanadoo.fr • **www.resonance-fm.com**
12 rue Mougel Bey • 88250 **LA BRESSE**

Dominique HUMBERT (Président) • Bertrand KIEFFER (Vice-président) • Eric PERRIN (Animateur)

Fréquences : 88.1 (La Bresse, Cornimont, Ventron, Saulxures, Le Thillot) • **Cible** : Tous âges • **Programmation musicale** : Chanson (50 %), musiques électroniques (5 %), pop rock (20 %), musiques du monde (10 %), jazz/accordéon/classique (3 %), hip hop (1 %), étranger (10 %)

RGM

✆ **03 29 62 40 40**
contact@radioguemozot.eu • **radioguemozot.eu**
8 pl. de l'Hôtel-de-Ville • 88200 **ST ETIENNE LES REMIREMONT**

Sophie MALANDRIN (Présidente) • Marc GUIZ (Responsable d'antenne)

Radio-Gué-Mozot • **Fréquences** : 107.0 (St-Étienne-les-Remiremont) • **Cible** : Dès 15 ans • **Programmation musicale** : Jazz (10 %), chanson (25 %), rock (25 %), variétés (5 %), variétés internationales (5 %), hip hop (10 %), musiques du monde (10 %), musiques traditionnelles (10 %)

MIDI-PYRÉNÉES

ALTITUDE FM

✆ **05 61 71 90 90 / 06 16 19 16 92**
radio.grandtoulouse@altitudefm.net • **www.altitudefm.net**
4 av. du Parc • BP 09 • 31701 **BLAGNAC CEDEX**

Martine LELEUX-DIGONNET (Directrice) • Michel LELEUX (Programmation musicale)

Fréquences : (Toulouse et grande périphérie) 93.5 • **Cible** : 25-45 ans • **Programmation musicale** : Variétés françaises et internationales, jazz, pop, rock, etc. • **Podcast** : Oui

ANTENNE D'OC

✆ **05 65 31 92 76 / 05 65 31 94 00** • fax 05 65 31 92 76
redaction@antenne-d-oc.fr • **www.antenne-d-oc.fr**
Asso. Multicom • Les Alimons • 46800 **LE BOULVE**

Jean-François CHAVAL (Directeur) • Saskia CHARVET (Animatrice)

Fréquences : (Puy-l'Evêque) 93.7, (Cahors) 88.1, (Cazals) 88.8, (Montcuq) 88.8, (Soucirac) 104.1, (Souillac) 100.3, (Gourdon) 105.3, (Cahors) 89, (Figeac) 88.1, (Bretenoux) 89.0 • **Cible** : Tout public • **Programmation musicale** : jazz, rock, chanson française, musiques alternatives

ATOMIC RADIO

✆ **05 62 99 30 37** • fax 05 62 99 30 39
radio@atomicfm.fr • **www.atomicfm.fr**
20 bis rue Nationale • 65370 **LOURES BAROUSSE**

Jean-Marc COURREGES-CENAC (Président et journaliste/programmation musicale) • Marie-Claude ROUSSEAU (Administration)

Fréquences : 93.2 (Riscle), 93.3 (Lannemezan), 100.4 (Pau, Tarbes, Lourdes), 101.3 (Saint-Lary-Soulan) • **Cible** : 25-50 ans • **Programmation musicale** : Musiques actuelles, format Top 40 (rock, dance, exclusivités et golds, années 80-90) • **Podcast** : Oui

CANAL SUD

✆ **05 61 25 95 43** • fax 05 61 25 95 43
canalsud31@wanadoo.fr • **www.canalsud.net**
40 rue Alfred Duméril • 31400 **TOULOUSE**

Jeff DEFEU (Président) • Thierry LOISEAU (Programmateur musical) • Sulivane MENEAU (Programmateur musical)

Fréquences : 92.2 (Toulouse + 50 km autour) • **Cible** : 15-65 ans • **Programmation musicale** : Jazz (10 %), chanson (20 %), rock (30 %), musiques traditionnelles (20 %), musiques électroniques (20 %)

CFM

✆ **05 63 93 00 20** • fax 05 63 26 04 45
secretariat@cfmradio.fr • **www.cfmradio.fr**
5 bd Garrisson • 82000 **MONTAUBAN**

Hugues DE VESINS (Président) • Rémy TORROELLA (Coordinateur d'antenne)

Fréquences : 90.7 (Castelsarrasin), 101.2 (Montauban), 100.1 (Septfonds), 98.1 (Réalville) • **Cible** : 20-50 ans • **Programmation musicale** : Rock pop • **Podcast** : Oui

CFM CAYLUS

✆ **05 63 67 03 57**
redaction.caylus@cfmradio.fr • **www.cfmradio.fr**
Av. du Père Huc • BP 16 • 82160 **CAYLUS**

Hugues DE VESINS (Président) • Joan PERICAS (Animateur / partenariats concerts)

Fréquences : 99.4 (Caylus, Puylaroque), 89.2 (St-Antonin-Laguépie), 105.4 (Caylus), 91,7 MHz (Laguépie), 90.4 (St-Antonin), 89.2 (Gorges de l'Aveyron) • **Cible** : 15-45 ans • **Programmation musicale** : Pop, rock

DÉCIBEL FM

✆ **05 65 10 13 65** • fax 05 65 10 13 65
decibel.radio@laposte.net • **www.decibelfm.fr**
6 rue Jean Lurçat • 46130 **BIARS SUR CERE**

Françoise MARTINET-CASTELLANE (Coprésidente) • Carole TESTA (Coprésidente) • Daniel FRIGARA (Trésorier)

Fréquences : 105.9 (Vallée Dordogne), 106.9 (Causse central) • **Cible** : 0-99 ans • **Podcast** : Oui

EURO INFOS PYRENÉES MÉTROPOLES

✆ **06 18 95 70 60**
eipm.radio@wanadoo.fr • **jazzenville.djpod.fr**
6 rue maréchal Foch • 64000 **PAU**

Michel VAUTHELIN (Président) • Véronique MESA (Directrice d'antenne) • Christian ARTIGAU (Animateur)

Fréquences : 96.6 Pau (64 Béarn) - 93.8 Hagetmau (40 Landes) - 88.8 Condom (32 Gers) • **Cible** : Population locale • **Programmation musicale** : Jazz, blues, salsa, blues, country, etc.

Radio FIL DE L'EAU

✆ **05 62 07 27 41 / 05 62 62 22 13**
contact@radiofildeleau.fr • **www.radiofildeleau.fr**
Pl. Compostelle • 32600 **L'ISLE JOURDAIN**

Laurent GUILLAUME (Responsable antenne) • Kevin CALDERON (Animateur et relation label)

Fréquences : 106.6 (L'Isle Jourdain), 100.9 (Fleurance) • **Programmation musicale** : Nouveautées, chansons françaises, gold français et international, musiques traditionnelles, urbaines, électro, rock, lounge

Radio GALAXIE

✆ **05 61 87 55 48** • fax 05 61 87 47 66
radiogalaxie@wanadoo.fr • **www.radiogalaxie.com**
Quartier du Marfaut • 31310 **RIEUX VOLVESTRE**

Michel AUDOUBERT (Président) • André SAMUEL (Chef d'antenne) • Francis BARO (Animateur) • Gilles LAFARGUE (Animateur)

Fréquences : 98.5 • **Cible** : 5-70 ans et + • **Programmation musicale** : Découvertes

Radio LACAUNE

✆ **05 63 37 24 10** • fax 05 63 71 74 91
radiolacaune@orange.fr • **www.radiolacaune.fr**
17 av. de Naurois • 81230 **LACAUNE**

Marlise BOUISSET (Directrice d'antenne) • Christophe VERGELY (Coprésident) • Bertrand THOMAS (Coprésident)

Fréquences : 89.2, 106.2 • **Programmation musicale** : Pop, rock • **Podcast** : Oui

Radio MENERGY

✆ **05 63 60 67 89 / 05 63 60 68 68 / 06 10 01 78 24**
fax 05 63 47 76 21
radio.menergy@free.fr • **www.radiomenergy.fr**
L'Hermet • 81380 **LESCURE D'ALBIGEOIS**

Gérald PICCIOLI (Président)

Fréquences : 90.3 (Albi), 94.3 (Carmaux), 89.5 (Gaillac), 93.9 (Aveyron), 107.5 (Villefranche de Rouergue), 93.6 (St-Affrique), 89.5 (Montfranc), 107.5 (Rodez), 91.0 (Millau) • **Cible** : 20-50 ans • **Classements, airplays** : Top 30 • **Programmation musicale** : Variétés françaises et internationales

Radio MON PAIS

✆ **05 62 27 23 23** • fax 05 61 23 89 23
redaction@radiomonpais.fr • **radiomonpais.fr**
19 pl. St-Sernin • 31070 **TOULOUSE CEDEX**

Michel FURIOS (Directeur de la programmation musicale) • Xavier DUCRET (Contact)

Fréquences : 90.1 (Toulouse) • **Cible** : 7-77 ans • **Programmation musicale** : Chanson française

Radio NOSTALGIE (BAGNÈRES LA MONGIE)

✆ **05 62 91 10 01** • fax 05 62 95 56 05
radio-blm@wanadoo.fr
21 rue Thermes • 65200 **BAGNERES DE BIGORRE**

Cathy SANJOU-MICHELY (Contact)

Fréquences : 96.2, 98, 90.8 • **Cible** : Adultes • **Programmation musicale** : Programme Nostalgie

Radio **OCCITANIA**

✆ 05 61 80 40 40 / 06 07 91 07 91 • fax 05 62 16 22 14
info@radio-occitania.com • **www.radio-occitania.com**
60 rue d'Assalit • 31500 **TOULOUSE**

Guy MIMART (Responsable de l'administration) • Jean-Bernard TOURNIÉ (Journaliste) • Cedric ROUSSEU (Journaliste coordinateur) • Guillaume GRATIOLET (Directeur des programmes)

Fréquences : 98.3 (agglomération toulousaine), 89.4, (St-Gaudens, Comminges), 106.1 (Lauragais, Ariège) • **Cible** : Tous publics • **Programmation musicale** : Tous styles

OXYGENE FM

✆ 05 61 60 08 09 / 05 61 60 50 50 • fax 05 61 67 62 00
info@oxygenefm.com • **www.oxygenefm.com**
Cours de Verdun • BP 54 • 09102 **PAMIERS CEDEX**

Guy DECOUPIGNY (Président) • Laure DELBOS (Directrice) • Stéphane MOURET (Responsable commercial) • Suzanne KETFI-CHARIF (Animatrice)

Fréquences : 170.0, 94.2 (Basse Ariège) • **Cible** : 20-60 ans • **Programmation musicale** : Pop-rock • **Podcast** : Oui

PIC FM

✆ 05 62 93 69 11 • fax 05 62 93 74 47
direction@picfm.com • **www.picfm.fr**
2 rue André FOURCADE • BP80122 • 65001 **TARBES CEDEX**

Daniel BAUDUIN (Président) • Eric BARBE (Directeur des programmes)

Fréquences : 88.7 • **Cible** : 25-50 ans • **Programmation musicale** : Jazz (1 %), variétés françaises (50 %), variétés internationales (30 %)

R D'AUTAN

✆ 05 63 58 26 00 • fax 05 63 58 28 72
rdautan@rdautan.fr • **www.rdautan.fr**
10 rue de la Mairie • 81500 **LAVAUR**

Maryse ACQUIER (Présidente) • Carla CALDEIRA (Responsable antenne) • René PAGES (Directeur de la programmation musicale)

Fréquences : 105.1 (Lavaur), 102.8 (Castres) • **Cible** : Tout public • **Programmation musicale** : Chanson française (60 %), musiques du monde, pop, jazz

RADIO ASSOCIATION

✆ 05 63 66 53 21
scariven@aol.com • **www.radioassociation.net**
91 rue 19 Mars 1962 • 82000 **MONTAUBAN**

Serge CARIVEN (Président / relations maisons de disques) • Henri CAZALES (Directeur d'antenne)

Fréquences : 100.7 • **Cible** : Toute population • **Classements, airplays** : Quota • **Programmation musicale** : Toutes couleurs avec prédominance chanson francophone à texte

RADIO CAMPUS TOULOUSE

✆ 09 53 83 76 09
info@campusfm.fr • **www.campusfm.fr**
15 rue des Lois • 31000 **TOULOUSE**

Marc LAZARO (Coordinateur des activités pédagogiques) • Thomas DELAFOSSE (Programmateur) • Francois BERCHENKO (Animateur technico réalisateur)

Fréquences : 94 (Toulouse et agglo) • **Cible** : 15-45 ans • **Classements, airplays** : Campus • **Programmation musicale** : Musiques actuelles

RADIO COTEAUX

✆ 05 62 66 92 25
radio.coteaux@orange.fr • **www.radiocoteaux.com**
Le Village • 32140 **ST BLANCARD**

Patrick MARTINEZ (Directeur d'antenne) • Michel SEZER (Animateur)

Fréquences : 104.5 et 97.7 (Gers, Haute-Garonne, Hautes-Pyrénées, Ariège) • **Cible** : Ts publics • **Classements, airplays** : XXX de France, Féraliste • **Programmation musicale** : Musiques actuelles

RADIO FMR

✆ 05 61 58 35 12 • fax 05 61 58 37 04
contact@radio-fmr.net • **www.radio-fmr.net**
9 bd des Minimes • 31200 **TOULOUSE**

Philippe FRÉZIÈRES (Président) • Suzanne TAFANI (Administratrice) • Philippe DISPART (Responsable contacts, labels) • Monique BLANQUET (Journaliste culture) • Philippe PITET (Administrateur / responsable des créations radiophoniques) • Vincent ROUSVAL (Animateur /musiques du monde/nouvelle chanson française)

Fréquences : 89.1 (Toulouse) • **Cible** : 16-40 ans • **Classements, airplays** : XXX de France, Féraliste • **Programmation musicale** : Rock, punk, ska, pop, metal, world, jazz, rap, soul, funk, reggae, ragga, drum'n'bass, hardtek, électro, expérimental, house • **Podcast** : Oui

RADIO RADIO

✆ 05 34 51 11 89
radio-radio@wanadoo.fr • **www.radio-radio.net**
43 rue de la republique • 31300 **TOULOUSE**

Luc MAGRINA (Président) • Thomas CUVELIER (Responsable de la programmation musicale) • Bastien ABRIOUX (Technicien son)

Fréquences : Toulouse (106.8) • **Cible** : Intergénérationnelle • **Programmation musicale** : Musiques rares et expérimentales • **Podcast** : Oui

Radio **ST-AFFRIQUE**

✆ 05 65 49 29 94 • fax 09 57 51 31 89
contact@radiosaintaffrique.com • **www.radiosaintaffrique.com**
7 pl. de l'Hôtel de Ville • 12400 **ST AFFRIQUE**

Philippe MADZIARZ (Responsable de la programmation) • Audrey BARAT (Journaliste)

Fréquences : 96.7 (St-Affrique), 100.6 (Millau), 99.9 (Belmont), 92.7 (Camares) • **Cible** : Tout public • **Programmation musicale** : Rock, pop, chanson française, world, groove/rap, jazz, musiques traditionnelles, blues, reggae/ska, métal, electro

TOTEM

✆ 05 65 71 33 30 / 05 65 71 33 33 / 05 65 71 33 35
fax 05 65 71 33 40 / 05 65 71 47 63
redaction@radiototem.net • **www.radiototem.net**
8 rue du Cros • 12450 **LA PRIMAUBE**

Philippe TERRAL (Président) • Stéphane SCUDIER (Directeur) • Jean-Charles VIRLOGEUX (Rédacteur en chef)

Fréquences : 37, Aveyron, Cantal, Lozère, Lot, Corrèze, Hérault, Haute-Loire, Tarn, Gard, Lozère, Tarn-et-Garonne, Haute-Vienne, Puy-de-Dôme, Creuse, Limousin • **Cible** : 25-50 ans • **Classements, airplays** : Yacast plus • **Programmation musicale** : 40 % de nouveautés, variétés, pop rock • **Podcast** : Oui

Radio **TRANSPARENCE**

✆ 05 61 02 66 11 / 05 61 65 50 00
prog.transparence@wanadoo.fr • **www.radio-transparence.org**
Espace Olivier Carol • 20 av. du Gal de Gaulle • 09000 **FOIX**

Hugues SCHAMBERGER (Journaliste / Coordinateur) • Tania HELBRINGER (Culture) • Cathy ROUDAUT (Administratrice développement) • Séverine GODISSART (Programmatrice et Animatrice)

Fréquences : 107 (Foix), 93.7 (Ariège, Haute-Garonne, Tarn, Aude), 95 (Pamiers), 93.6 (Ax-les-Thermes) • **Classements, airplays** : Quota • **Programmation musicale** : Multicolore, tendance artistes en développement, indépendants et créatifs • **Podcast** : Oui

NORD - PAS-DE-CALAIS

BANQUISE FM

✆ 03 21 64 36 36
banquise.fm@live.fr • **banquisefm.com**
rue Jean Macé • 62330 **ISBERGUES**

Michel COEUGNIET (Président) • Jean-Baptiste COTTREZ (Directeur des programmes)

Fréquences : 101.7 (St-Omer, Béthune, Hazebrouck) • **Cible** : Tous • **Programmation musicale** : Années 70 (matin), généraliste (après-midi), electro (17h)

Radio **BOOMERANG**

✆ 03 20 73 08 97
radio.boomerang@orange.fr • **www.radioboomerang.com**
20 rue de Lille • 59100 **ROUBAIX**

Jean BURIE (Président) • Marjolaine LABELLE (Journaliste)

Fréquences : 89.7 • **Programmation musicale** : Généraliste

CANAL FM

✆ 03 27 67 21 11 • fax 03 27 39 01 76
radio@canalfm.fr • **www.canalfm.fr**
10 rue Sadi Carnot • BP 20041 • 59620 **AULNOYE AYMERIES**

Dominique COLAS (Président) • Corine MAZZOLINI (Directrice administrative) • Patrice THIOLOY (Directeur) • Delphine HERNU (Rédactrice en chef / journaliste)

Fréquences : 89.8 (Valenciennes, Aulnoye), 102.8 (Jeumont, Maubeuge), 94.0 (Fourmies, Hirson) • **Cible** : Dès 35 ans • **Programmation musicale** : Variété française & internationale, jazz, etc.

DELTA FM

✆ **03 28 51 88 80** • fax 03 28 51 88 89
direction@deltafm.fr • **www.deltafm.fr**
Bd de l'Europe • BP 72 • 59820 **GRAVELINES**

Michel WIERRE (Directeur) • Gilles SENICOURT (Responsable des programmes / Directeur d'antenne) • Florence BIARD (Rédactrice en chef)

Fréquences : 100.7 sur 40 km • **Cible** : Jeunes adultes • **Programmation musicale** : Ts genres

ECHO FM

✆ **03 27 56 38 38** • fax 09 70 80 10 72
radioechofm@gmail.com • **www.echo-fm.com**
10 rue du Roi Albert 1er • 59186 **ANOR**

Didier CORNET (Directeur)

Fréquences : 104.5 (Hirson, Fourmies), 91.6 (Laon) • **Cible** : 25-45 ans • **Programmation musicale** : Hits des années 80 à nos jours

FRANCE BLEU NORD

✆ **03 20 13 59 62** • fax 03 20 78 09 54
redac.bleulille@radiofrance.com • **www.bleunord.com**
14 rue Léon Trulin • BP 204 • 59002 **LILLE CEDEX**

Philippe MAGNIER (Directeur) • Nicolas MEROU (Responsable des programmes) • Arnaud BOUSQUET (Rédacteur en chef) • Patrick MARLIÈRE (Responsable de la communication)

Fréquences : Région (94.7), Lille (87.8), Dunkerque (92.6), Mabeuge (88.1), Valenciennes (87.7), Boulogne-sur-Mer (95.5), Calais (106.2) • **Cible** : 30-55 ans • **Programmation musicale** : Chanson française • **Podcast** : Oui

FREQUENCE HORIZON

✆ **03 91 80 07 77** • fax 03 21 53 55 13
contact@frequencehorizon.com • **www.frequencehorizon.com**
c/o SARL Ch'Ti Broadcast • 743 rue Aristide Briand • BP 62 • 62150 **HOUDAIN**

Guillaume GUYOT (Gérant / directeur de la programmation) • Claude GUYOT (Directeur administratif) • Rémy HERBAUT (Programmateur musical)

Fréquences : Lens, Béthune, Douai, Lille, Hazebrouck (88), Arras, Cambrai, Bapaume (98.5) • **Cible** : 30 ans et + • **Programmation musicale** : Golds, variétés françaises et internationales, pop-rock

GALAXIE 95.3

✆ **03 20 83 57 57 / 09 50 24 56 03**
info@galaxiefm.com • **www.galaxiefm.com**
8 rue Denis Pollet • BP 21 • 59392 **WATTRELOS CEDEX**

Jean-Pierre VANASSE (Président) • Tony MACQUET (Vice-président) • Willy GDULSKI (Directeur) • Stéphane LAROCHE (Responsable d'antenne)

Radio • **Fréquences** : 95.3 (Wattrelos) • **Classements, airplays** : Flycase • **Programmation musicale** : Musiques électroniques

Radio METROPOLYS

✆ **03 20 73 71 71** • fax 03 20 73 35 16
wattinne@metropolys.com • **www.metropolys.com**
c/o SARL Ephata • BP 10291 • 59335 **TOURCOING CEDEX**

William LAMY (Directeur) • Bertrand DEVETTER (Directeur de la programmation) • Marc JALLOT (Rédacteur en chef)

Fréquences : 97.6 (Lille, Arras), 99.7 (St-Omer), 90 (Amiens, St-Quentin) • **Cible** : 25-49 ans • **Classements, airplays** : Oui • **Programmation musicale** : Hits, gold, dance généraliste

MONA FM

✆ **03 20 35 80 80** • fax 03 20 35 89 99
antenne@monafm.fr • **www.monafm.fr**
37 rue Colbert • 59280 **ARMENTIERES**

Rudy GRUSON (Directeur général / directeur des programmes) • Frédéric LAQUET (Responsable de la programmation et de l'antenne)

Fréquences : 99.8 (Lille), 90.3 (Arras), 101,9 (Lens) • **Cible** : 45-75 ans • **Programmation musicale** : Chansons populaires • **Podcast** : Oui

PFM

✆ **03 21 50 99 99** • fax 03 21 07 46 88
pfm@radiopfm.com • **www.radiopfm.com**
61 Grand Place • 62000 **ARRAS**

Guy LESNIEWSKI (Président) • Bernard LYOEN (Responsable des programmes) • Nicolas BUIGNET (Reporter) • Boris GUYOT (Journaliste)

Fréquences : 99.9 • **Cible** : Tous publics • **Classements, airplays** : Féraliste, XXX de France et Alternashnitz (électro jazz monde) • **Programmation musicale** : Rock indé, pop-folk, electro, musiques du monde, hip-hop, dub, reggae, dubstep, metal

Radio PLUS

✆ **09 52 22 22 07** • fax 09 57 22 22 07
contact@radioplus.fr • **www.radioplus.fr**
12 rue des Martyrs • 62138 **DOUVRIN**

Christophe PASQUIER (Président)

Fréquences : 104.3 • **Cible** : 18-60 ans • **Programmation musicale** : Pop-rock, variétés françaises, musique régionale • **Podcast** : Oui

RADIO 6

✆ **09 72 22 03 67**
redaction.calais@radio6.net • **www.radio6.fr**
62 bd Jacquard • 62100 **CALAIS**

Eric LANNOY (Directeur) • Olivier PIOCHON (Directeur général adjoint) • Pascal MUTEZ (Directeur de la programmation musicale) • Marie-Noëlle CUEVAS (Rédactrice en chef)

Fréquences : 100.4 (Calais), 92 (Boulogne-sur-Mer), 90.6 (Hesdin), 94.1 (Montreuil), 99 (Dunkerque) • **Cible** : 25-50 ans • **Classements, airplays** : Oui • **Programmation musicale** : Variétés française et internationale

RADIO CAMPUS LILLE

✆ **03 20 91 24 00 / 03 20 91 28 75 / 03 20 91 28 75**
fax 03 20 43 45 97
campus@campuslille.com • **www.campuslille.com**
USTL • Cité scientifique, Bât. M1 • 59655 **VILLENEUVE D'ASCQ CEDEX**

Pierre GLIBERT (Président) • René LAVERGNE (Chargé du développement) • David DIARRA (Responsable des programmes)

Fréquences : 106.6 (Lille, Roubaix, Tourcoing, Valenciennes, Douai, Lens, Béthune) • **Cible** : Tout public • **Programmation musicale** : Jazz, rock, chanson, pop, hip hop, metal, musiques électroniques, musiques traditionnelles, musiques du monde, classique

RBC PASTEL FM

✆ **03 20 73 30 54**
infos@pastelfm.com • **pastelfm.com**
211 rue Lannoy • BP 222 • 59054 **ROUBAIX CEDEX 1**

Slimane TIR (Président / rédacteur en chef) • Jérome VAILLANT (Responsable de la programmation) • Momo (Programmateur)

Fréquences : 99.4 • **Cible** : Très large • **Programmation musicale** : Tous genres

RCV

✆ **03 20 54 12 11** • fax 03 20 30 40 51
rcv.lille@wanadoo.fr • **www.rcv-lille.com**
41 bd Vauban • 59046 **LILLE CEDEX**

Olivier VERSTRAETE (Président) • Benoit VAHTAR (Programmateur responsable d'antenne) • SELECTOR D DAY (Animateur emission reggae « swing a ling ») • IVY (Animateur emission hiphop « la voix du hiphop »)

Radio Cité Vauban • **Fréquences** : 99 (Lille, Roubaix, Tourcoing, Sud Belgique) • **Cible** : 18-50 ans • **Classements, airplays** : XXX de France, Féraliste • **Programmation musicale** : Rock, jazz, blues, rap, funk, dub, reggae, pop, électro, break beat, drum'n'bass, tremplins et découvertes musicales

RPL 99 FM

✆ **03 20 55 58 52**
contact@rpl99fm.com • **www.rpl99fm.com**
86 av. de la Liberté • 59130 **LAMBERSART**

Jean-Marie CHALLOUATTE (Président) • Stéphane BARON (Vice-président) • Marion DUBOQUET (Journaliste) • Sylvain CATEAU (Animateur Responsable des programmes) • Valérie CARDON (Chargée de communication)

Radio Pacot Lambersart • **Fréquences** : 99, Lille, Roubaix, Tourcoing, rayonnement : 52 km • **Cible** : Dès 10 ans • **Programmation musicale** : Jazz 1 %, chanson 50 %, variétés 15 %, rock 15 %, musiques électroniques 10 %, musiques du monde 5 %, musiques traditionnelles 4 % • **Podcast** : Oui

Radio SCARPE SENSÉE

✆ **03 21 16 19 36 / 06 81 29 35 96 / 06 82 25 09 61**
hdujardin@radioscarpesensee.com • **www.radioscarpesensee.com**
Square Coluche • BP 21 • 62490 **VITRY EN ARTOIS**

Jean-Marie GUÉANT (Président) • Hervé DUJARDIN (Journaliste) • Jérôme BAILLY (Journaliste)

Fréquences : 94.1 • **Cible** : 30/55 ans • **Classements, airplays** : Non • **Programmation musicale** : Chanson française (95 %) • **Podcast** : Oui (magazines)

PAYS DE LA LOIRE

ALOUETTE

✆ **02 51 91 21 21** • fax 02 51 66 87 88
radio@alouette.fr • **www.alouette.fr**
Av. de la Maine • CS 502 19 • 85502 **LES HERBIERS CEDEX**

Bertrand DE VILLIERS (Président) • Sébastien LEBOIS (Directeur des programmes) • Denis LE BARS (Rédacteur en chef) • Maxime AIROLDI (Chargé du développement et de la promotion)

Fréquences : (Cognac) 94.9, (Laval) 95.9, (Vannes) 96.7, (Angoulême) 99.7, (Royan) 101.1, (St Nazaire) 106.5, (La Roche/Yon) 89.8, (Nantes) 89.5, (Angers) 99.1, (Niort) 91.6, (Poitiers) 98.3, (La Rochelle) 90.2, (Cholet) 92.8, (Saumur) 103.2, (Parthenay) 90, (Fontenay-le-Comte) 98, (Châteaubriant) 91.6, (Tours) 90.1, (Chinon) 102, (Châtellerault) 102.1, (Les Sables d'Olonne) 90 • **Cible** : 25-49 ans • **Classements, airplays** : Yacast • **Programmation musicale** : Top 40

ALTERNANTES FM

✆ **02 40 93 26 62 / 02 40 93 04 71 / 06 62 44 02 23**
radioalternantes@free.fr • **www.alternantesfm.net**
56 bd des Poilus • BP 31605 • 44316 **NANTES CEDEX 3**

Daniel RAPHALEN (Président administratif) • Emmanuel RAPHALEN (Directeur administratif) • Gaël GOURET (Directeur de la programmation musicale) • Michel SOURGET (Rédacteur en chef)

Fréquences : (Nantes) 98.1, (Campbon, Loire-Atlantique) 91 • **Classements, airplays** : Quota • **Programmation musicale** : Artistes indépendants, autoproduction

Radio CÔTE D'AMOUR

✆ **02 40 22 33 33** • fax 02 28 54 03 26
radio@cotedamour.fr • **www.cotedamour.fr**
18 avenue de la République • 44602 **ST NAZAIRE CEDEX**

Franck GERGAUD (Directeur / gérant)

Fréquences : 100.1 (St-Nazaire), 99.5 (Nantes) • **Cible** : 35 ans et + • **Programmation musicale** : Chansons, variétés françaises • **Podcast** : Oui

FRANCE BLEU LOIRE OCEAN

✆ **02 40 44 45 46** • fax 02 40 44 45 66
jacques.depont@radiofrance.com • **www.bleuloireocean.fr**
2 bis quai François Mitterand • 44200 **NANTES**

Bertrand LIOT (Directeur) • Jacques DEPONT (Relations maisons de disques/partenariats) • Wilfried GOBIN (Chef de publicité) • Bruno MARION (Responsable des programmes)

Fréquences : 101.8 (Nantes), 93.2 (La Roche/Yon), 98.6 (Châteaubriant), 99.9 (Les Sables-d'Olonne), 101.5 (Luçon), 88.1 (St-Nazaire) • **Cible** : 30-60 ans • **Classements, airplays** : Ipsos • **Programmation musicale** : Chanson française • **Podcast** : Oui

FRANCE BLEU MAINE

✆ **02 43 29 72 72**
bleumaine@radiofrance.com • **www.bleumaine.com**
17 rue Pierre Mendès France • 72000 **LE MANS**

Thierry STEINER (Directeur) • Fabienne BUREAU (Rédactrice en chef) • Valérie DERRER (Responsable des programmes) • Axel CESARE (Responsable technique)

Fréquences : 96.0 (Le Mans), 91.7 (La Flèche), 105.7 (Sablé-sur-Sarthe) • **Cible** : 30-60 ans • **Programmation musicale** : Chanson française, jazz (« Bleu Jazz » par Armand Meignan) • **Podcast** : Oui

FRANCE BLEU MAYENNE

✆ **02 43 49 50 50** • fax 02 43 67 12 12
redac.bleulaval@radiofrance.com • **www.bleumayenne.com**
41 av. Robert Buron • 53000 **LAVAL**

Alain MASSIOT (Directeur) • Thierry RUFFAT (Rédacteur en chef) • Vincent GRASSIN (Responsable des programmes)

Fréquences : 96.6, 93.3 (Laval), 99.8 (Château-Gontier) • **Cible** : 30-60 ans • **Programmation musicale** : Chanson francaise • **Podcast** : Oui

GRAFFITI URBAN RADIO

✆ **02 51 37 91 91** • fax 02 51 47 70 27
graffiti@urban-radio.com • **www.urban-radio.com**
Ch. Guy Bourrieau • 85000 **LA ROCHE SUR YON**

François OGER (Président) • Lyonel BERNARD (Directeur) • Hyacinthe VANDENHENDE (Animateur) • Sophie PIERRE (Administration)

Fréquences : 88.6 (La Roche/Yon) • **Cible** : 15-60 ans • **Programmation musicale** : Rock, pop-rock, électro, chanson, hip hop, world, alternatif, indé, artistes locaux, etc. • **Podcast** : Oui

JET FM

✆ **02 28 25 23 90** • fax 02 40 43 68 05
contact@jetfm.asso.fr • **www.jetfm.asso.fr**
11 rue de Dijon • 44800 **ST HERBLAIN**

Loïc CHUSSEAU (Directeur) • Pascal MASSIOT (Rédacteur en chef) • Henri LANDRÉ (Programmateur musical) • Anne-Laure LEJOSNE (Responsable technique & création radiophonique) • Magali GROLLIER (Journaliste) • Hélène BALASAKIS (Communication) • Gabriela AUBINEAU (Administratrice) • Damien FOURCOT (Technicien)

Fréquences : 91.2 (Nantes, rayon 50 km) • **Cible** : 15-45 ans • **Programmation musicale** : Jazz, chanson, rock, ragga, hip hop, musiques électroniques, musiques du monde

NEPTUNE FM

✆ **09 64 27 72 77** • fax 02 51 58 57 28
contact@neptunefm.com • **www.neptunefm.com**
Fort de Pierre-Levée (La Citadelle) • BP 114 • 85350 **L'ILE D'YEU**

Jacqueline TURBÉ (Présidente) • Laurent TARAUD (Directeur d'antenne / responsable communication) • Philippe TURBÉ (Responsable de la programmation)

Fréquences : 91.9 • **Cible** : 25-50 ans • **Programmation musicale** : Pop-rock, nouvelle scène • **Podcast** : Oui

NTI

✆ **08 20 34 84 34** • fax 02 40 78 82 33
contact@radionti.com • **www.radionti.com**
5 rue des Jardins • 44310 **ST PHILBERT DE GRAND LIEU**

Philippe JOSNIN (Directeur d'antenne) • Frédéric VALANCHON (Responsable de la communication) • Kévin MANTEAU (Animateur / Salarié)

Fréquences : Nantes, Pays de Retz, Nord Vendée, rayon 50 km (93.4 FM) • **Cible** : 13-34 ans • **Classements, airplays** : Hit clubbing NTI • **Programmation musicale** : Electro, Dance. Emissions spécialisées : « BPM Party » avec Thomas Franck ven. 19-21h • **Podcast** : Oui

Radio OXYGÈNE

✆ **02 41 92 88 00** • fax 02 41 61 08 15
contact@oxygeneradio.com • **www.oxygeneradio.com/site**
BP 50 112 • 49501 **SEGRE CEDEX**

Jean-Paul DESVERNE (Président) • Laurent RIVRON (Directeur) • Coralie JURET (Journaliste)

Fréquences : 103.3 (Segré), 90.1 (Laval) • **Cible** : 25-55 ans • **Programmation musicale** : Variétés française et internationale

PRUN' (NANTES)

✆ **02 40 12 09 06**
direction@prun.net • **www.prun.net**
23 rue Jeanne D'Arc • 44200 **NANTES**

Benjamin TEMPLE (Direction) • Karine PARQUET (Rédactrice en chef) • Bérangère VITO (Responsable de la communication et des partenariats) • David BESSELIEVRE (Responsable technique)

Fréquences : 92.0 • **Cible** : 15-40 ans • **Programmation musicale** : Musiques électroniques, rock, rap, world • **Podcast** : Oui

RADIO ALPA

✆ **02 43 23 32 41 / 02 43 24 81 12 / 02 43 24 37 37**
www.mjcprevert.com/radio-alpa
97 Grande Rue • 72000 **LE MANS**

Stéphane LEMESLE (Président) • Yoann PUECH (Directeur) • Jean-Yves BRETEAU (Responsable d'antenne et de rédaction) • Frédéric CHAUVAUD (Programmateur musical)

Fréquences : 107.3 • **Cible** : 18/40 ans • **Programmation musicale** : Musiques actuelles • **Podcast** : Oui

RADIO ALPES MANCELLES

✆ **02 43 33 24 56**
ram@ram72.net • **www.ram72.net**
1 rue Jane Gaulupeau • 72130 **FRESNAY SUR SARTHE**

Stéphane BOUDIER (Président) • Jean-Michel PENTIER (Responsable actualités musicales) • Valérie POULAIN (Animatrice) • Maxime BONHOMMET (Animateur) • Lydia MIGNON (Secrétaire)

Fréquences : (Le Mans, Alençon) 106.3 • **Cible** : Tous âges • **Programmation musicale** : Jazz (5 %), chanson (45 %), rock (20 %), variétés (10 %), variétés internationales (10 %), musiques du monde (5 %), musiques traditionnelles (5 %)

RADIO CAMPUS ANGERS

✆ **09 54 09 46 42**
programmation@radiocampusangers.com
www.radiocampusangers.com
1 place André Leroy • 49100 **ANGERS**

Lucie COTINEAU (Programmatrice / animatrice) • Matthieu AUDEBEAU (Directeur et développement) • Emilien ROUSSEAU (Chargé de communication et partenariat) • Antoine PHILIAS (Journaliste)

Fréquences : 103.0 • **Cible** : Jeunes, étudiants, travailleurs • **Programmation musicale** : Musiques actuelles • **Podcast** : Oui

RADIO G !

✆ **02 41 60 47 47 / 09 69 80 41 68**
prog@radio-g.fr • **www.radio-g.fr**
3 rue de la Rame • 49100 **ANGERS**

Cécile THOMAS (Directrice d'antenne) • Julien BEZIAT (Directeur technique) • Pauline COMPAGNON (Responsable de la communication)

Fréquences : 101.5 (Angers) • **Cible** : 18/34 ans • **Programmation musicale** : Pop-rock, hip-hop, électro • **Podcast** : www.radio-g.fr

SUN

✆ **02 40 13 32 13**
contact@lesonunique.com • **www.lesonunique.com**
19 rue Jeanne d'Arc • 44000 **NANTES**

Mathilde BANDERLY (Présidente) • François PICARD (Responsable technique) • Pierre LOUVRIER (Responsable partenariats) • Céline TIOLET (Rédaction) • Charles GUYARD (Rédaction) • Tristan IMBERT (Responsable de la communication) • Julien RIOU (Relais Frap - Journalisme)

Le Son Unique à Nantes • **Fréquences** : Nantes et agglo (93) + diffusion sur Free, SFR, RNT Nantes, St Nazaire (Canal 9A) • **Cible** : 25-45 ans • **Programmation musicale** : Rock, pop, new wave, funk, musique des années 70 à aujourd'hui, nouveaux talents • **Podcast** : Audio, vidéo (Dailymotion, Youtube)

SWEET FM

✆ **02 53 23 02 30**
contact@sweetfm.fr • **www.sweetfm.fr**
25 rue des Marais • 72000 **LE MANS**

Wilfrid TOCQUEVILLE (Directeur d'antenne) • Émilien BORDERIE (Rédacteur en chef)

Fréquences : Le Mans (94.8), Alençon, la Ferté-bernard (95.8), l'Aigle, Nogent-le-Rotrou, Saint-calais (98.6), Mamers (99.8), Sablé-sur-Sarthe ([illegible]9.4), Chateau-Gontier (102.7) • **Cible** : 18-50 ans • **Programmation musicale** : Variée • **Podcast** : Oui

PICARDIE

FRANCE BLEU PICARDIE

✆ **03 22 71 15 15** • fax 03 22 92 33 24
bleupicardie@radiofrance.com • **www.bleupicardie.fr**
Le St-Alban • Rue du Mal. de Lattre de Tassigny • 80000 **AMIENS**

Anne-Françoise LYASSE (Directrice) • Gregory LAGACHE (Animateur culturel)

Fréquences : 100.2 (Amiens), 100.6 (Abbeville), 103.3 (Gamaches), 102.8 (Peronne), 93.2 (Montdidier), 101.8 (Poix-de-Picardie) • **Cible** : 30-60 ans • **Programmation musicale** : Chanson française • **Podcast** : Oui

GALAXIE

✆ **03 22 84 65 70** • fax 03 22 84 65 69
radio-galaxie@wanadoo.fr • **www.radiogalaxie.com**
11 rue de l'Abbaye • BP 20221 • 80205 **PERONNE CEDEX**

Fréderic VELU (Président) • Delphine BERNARD (Assistante) • Angélique LEGAY

Fréquences : 103.4 (Perone), 97.7 (Amiens), 94.4 (Abbeville) • **Cible** : 25-50 ans • **Programmation musicale** : Variétés française et internationale • **Podcast** : Oui

GRAF'HIT

✆ **03 44 23 46 75 / 03 44 23 49 08 / 03 44 40 94 84**
antenne@grafhit.net • **www.grafhit.net**
Rue Roger Coutollenc • BP 60319 • 60200 **COMPIEGNE**

Léo MAGNIEN (Coordinateur Technique) • Bryan-Nicolas CALMELS (Programmateur / Coordinateur)

Fréquences : 94.9 (Compiègne) • **Cible** : Public curieux • **Classements, airplays** : XXX de France, Féraliste • **Programmation musicale** : Découverte musicale. Emission « Garage », « Culture prohibée » et classique • **Podcast** : Oui

Radio MERCURE

✆ **03 44 03 22 90** • fax 03 44 03 22 65
contact@radiomercure.com • **www.radiomercure.com**
20 rue de la place • 60134 **VILLERS ST SEPULCRE**

Mehdi RAHOUI (Président) • Sylvain KNIDLER (Directeur des programmes / Trésorier)

Fréquences : 93 (Villiers-St-Sepulcre, Beauvais) • **Cible** : 25-75 ans • **Programmation musicale** : Généraliste • **Podcast** : Oui

RADIO CAMPUS AMIENS

radiocampusamiens@gmail.com • **www.radiocampusamiens.com**
45 allée des Henson • 80000 **AMIENS**

Jessica VAILLANT

Fréquences : 87.7 • **Classements, airplays** : Non • **Programmation musicale** : Rock, hip-hop, chanson, electro, reggae

POITOU-CHARENTES

ATTITUDE FM

✆ **05 45 94 84 84** • fax 05 45 95 95 66
attitude@attitudefm.com • **www.attitudefm.com**
9 rue des Arceaux • BP 282 • 16007 **ANGOULEME CEDEX**

Stéphane VINCENT (Président) • Philippe COMDON (Trésorier) • Jérôme CROIZEMARIE (Coordinateur) • Marion DEBELLEY (Secrétaire)

Fréquences : 98.3 (Angoulême), 90.7 (Nord Charente) • **Cible** : 15-35 ans • **Classements, airplays** : Box 40 • **Podcast** : Oui

Radio CADENCE MUSIQUE

✆ **05 46 04 78 26 / 05 46 04 77 88** • fax 05 46 04 02 07
contact@rcm-fm.com • **www.rcmfm.fr**
Lieu dit « Picpot » • 17270 **CERCOUX**

Didier POULAIN (Président)

Fréquences : 99.2, 103 • **Cible** : Tout public • **Classements, airplays** : Fréquence dance, Hit 99 • **Programmation musicale** : Variétés, chanson, variétés internationales, dance, rock

COLLINES FM

✆ **05 49 80 12 01** • fax 05 49 80 09 08
contact@collines-laradio.fr • **www.collines-laradio.fr**
Espace Jacques Brel • 1 rue Saint-Michel • BP 10471
79144 **CERIZAY CEDEX**

Yves BAZIN (Président) • Jacqueline PINON (Directrice d'antenne) • Patrice BEMANANGY (Rédacteur en chef) • Fabien GAZEAU (Journaliste)

Fréquences : 107.5, 101.2, 92.4, 96, 104.2 • **Programmation musicale** : Variétés française et internationale • **Podcast** : Oui

D4B

✆ **05 49 29 08 18** • fax 05 49 29 13 67
admin@radiod4b.asso.fr • **www.radiod4b.asso.fr**
2 pl. René Groussard • BP 8 • 79500 **MELLE**

Nathalie BAURY (Directrice)

Fréquences : 90.4 (pays Mellois), 101.4 (Niort) • **Cible** : 15-50 ans • **Programmation musicale** : Variétés, chanson, hip hop, variétés internationales, musique du monde, musique traditionnelle

DEMOISELLE FM

✆ **05 46 88 77 44 / 05 46 88 77 55** • fax 05 46 88 77 00
demoisellefm@sfr.fr • **www.demoisellefm.com**
7 av. de la Libération • 17300 **ROCHEFORT**

Pascal DARMANDIEU (Directeur et responsable des programmes) • Arnaud DEVELDE (Rédacteur en chef) • Emmanuel BIDAUX (Journaliste)

Fréquences : 97.8 (Rochefort), 107.0 (Oléron), 102.2 (Royan), 97.8 (La Rochelle) • **Cible** : 25-49 ans • **Programmation musicale** : Chanson (20 %), variétés (30 %), variétés internationales (30 %), musiques du monde (10 %), musiques traditionnelles (10 %)

FRANCE BLEU LA ROCHELLE

✆ **05 46 35 17 17 / 05 46 50 67 68** • fax 05 46 35 24 18
bleularochelle@radiofrance.com • **www.bleularochelle.com**
5 av. Michel Crépeau • 17025 **LA ROCHELLE CEDEX 01**

Jean-Luc TROUSSEL (Directeur) • Stéphane POCHER (Rédacteur en chef) • Gilles BONBONNY (Responsable des programmes)

Fréquences : 98.2 (La Rochelle), 103.6 (Royan), 106.1 (Ile de Ré), 101.5 (Angoulême), 101.0 (Chalais), 105.2 (Ile d'Oléron) • **Cible** : 30-60 ans • **Programmation musicale** : Chanson française • **Podcast** : Oui

FRANCE BLEU POITOU

✆ **05 49 60 50 10** • fax 05 49 60 50 22
redac.bleupoitiers@radiofrance.com • **bleupoitou.fr**
27 bd Solférino • 86000 **POITIERS**

Pascal ROCHE (Rédacteur en chef) • Vincent HULIN (Rédacteur en chef adjoint) • !sabelle HUBY (Responsable de la programmation)

Fréquences : 87.6 (Poitiers), 101.1 (Niort), 103.3 (Châtellerault) • **Cible** : 30-60 ans • **Programmation musicale** : Chanson française • **Podcast** : Oui

Radio GATINE

✆ **05 49 64 40 49** • fax 05 49 71 22 39
radio-gatine@cc-parthenay.fr • **www.radiogatine.com**
22 blvd de la meilleraye • 79200 **PARTHENAY**

Samuel PACAULT (Journaliste /animateur)

Fréquences : 88.6 • **Cible** : 18-80 ans • **Programmation musicale** : Française (65 %), découvertes et artistes locaux

HÉLÈNE FM

✆ **05 46 07 13 51** • fax 05 46 07 01 15
redaction@helenefm.com • **www.helenefm.com**
5 rue Ronsard • 17700 **SURGERES**

Sébastien CORITON (Directeur) • Christophe CORITON (Rédacteur en chef) • Stéphane DANET (Animateur) • Stéphane COUZINET (Animateur) • Laurence GUIGNET (Responsable commerciale)

Fréquences : Surgères (89), St Jean d'Angély (102.9) • **Cible** : Tout public • **Programmation musicale** : Ts genres • **Podcast** : Oui

Radio PONS

✆ **05 46 94 04 09** • fax 05 46 91 61 13
cspons17@yahoo.fr • **www.radiopons97fm.com**
44 av. Gambetta • BP 51 • 17800 **PONS**

Bernard GIMARD (Président) • Nicole TEYSSIER (Directrice) • Josepha GIACOBBO (Journaliste) • Benoit MARC (Animateur)

Fréquences : 97.0 (Saintonge, Cognac) • **Classements, airplays** : XXX de France, Rock Alerte • **Programmation musicale** : Rock (50 %), polyvalente (50 %), artistes indés, découvertes

RADIO ACCORDS POITOU

✆ **05 49 60 63 63** • fax 05 49 60 63 77
programmation@radio-accords-poitou.com
www.radio-accords-poitou.com
10 rue de La Trinité • 86034 **POITIERS CEDEX**

Christian GENRE (Président) • Mickaël LAHCEN (Directeur)

Fréquences : 94.7 (Poitiers), 89.3 (Niort), 90.3 (Montdrillon), 94.4 (Parthenay), 99.2 (Châtellerault), 91.9 (Civray) • **Cible** : Tous • **Programmation musicale** : Jazz (20 %), chanson (20 %), classique (20 %), monde (20 %), musiques amplifiées (20 %) • **Podcast** : Oui

RADIO PULSAR

✆ **05 49 88 33 04**
info@radio-pulsar.org • **www.radio-pulsar.org**
Maison des étudiants - Bât. A6 • 1 rue Neuma Fechine Borges
86000 **POITIERS**

Danièle TISSERAND (Directrice) • Mathieu HAVEZIS (Coordinateur d'antenne) • Célia PROT (Journaliste)

Fréquences : 95.9 (Poitiers - Vienne) • **Cible** : 15-30 ans • **Classements, airplays** : Quota • **Programmation musicale** : Musiques électroniques (25 %), rock (40 %), chanson (5 %), world (5 %), black (25 %) • **Podcast** : Oui

RÉC

✆ **05 49 56 59 28 / 05 49 56 03 26**
secretariat@radiorec103-7.org • **www.radiorec103-7.org**
22 rue Faideau • BP 30 • 86300 **CHAUVIGNY**

David BONNIEC (Directeur d'antenne)

Radio l'Écho des Choucas • **Fréquences** : 103.7 (Vienne) • **Cible** : 20-50 ans • **Programmation musicale** : Jeunes talents (ts genres) • **Podcast** : Oui

SOLEIL DE RÉ

✆ **09 75 96 19 18** • fax 05 46 09 01 65
contact@soleildere.net • **www.soleildere.net**
66 rue Aristide Briand • 17580 **LE BOIS PLAGE EN RE**

Sylvie ADARIDI (Présidente) • Richard ADARIDI (Directeur d'antenne)

Fréquences : 104.1, internet • **Cible** : 25 - 59 ans • **Programmation musicale** : Ts genres

TERRE MARINE FM

✆ **05 46 84 57 25** • fax 05 46 84 22 17
radioterremarine@bbox.fr • **www.terremarinefm.com**
BP 22 • 17450 **FOURAS**

Jean-Luc RICHARD (Rédacteur en chef) • Stephan THIBAULT (Directeur d'antenne) • Danielle BIRON (Journaliste)

Fréquences : 94.8 (Rochefort, La Rochelle sud), 88.8 (Oléron, Royan), 103.4 (Saintes) • **Cible** : 25 ans et plus • **Classements, airplays** : Top 40 • **Programmation musicale** : Chansons françaises 60 %, Internationales 40 %, émissions spéciales : dance, blues, années 80-90

PROVENCE - ALPES - CÔTE D'AZUR

Radio 3DFM

✆ **04 90 54 12 05** • fax 04 90 96 42 86
radio3dfm@gmail.com • **www.radio3dfm.com**
23 rond point des Arènes • 13200 **ARLES**

Claude SERRE (Présidente) • Gérald MARTIN (Directeur des programmes) • Georges SAYD (Technicien)

Fréquences : 97.0 • **Cible** : 25 ans et + • **Programmation musicale** : Jazz, groove, soul, africain, pop, rock français • **Podcast** : Oui

AGORA COTE D'AZUR

✆ **04 93 36 84 85** • fax 04 93 36 01 32
redaction@agorafm.fr • **www.agoracotedazur.fr**
17 Rue Tracastel • 06130 **GRASSE**

Vicky BERARDI (Directrice d'antenne / Journaliste) • Philippe HENRY (Programmateur) • Géraldine MARTIN (Programmatrice « Jazzact ») • Fathia MERFOUD (Secrétaire et animatrice de l'antenne Menton-Monaco) • Gilbert D'ALTO (Animateur « la boite à jazz »)

Fréquences : Cannes, Grasse, Antibes - 94 ; Nice et Pays Niçois - 94.1 ; Menton - 88.9 • **Cible** : 20-75 ans • **Programmation musicale** : Variétés, jazz, chanson, rock, musiques du monde • **Podcast** : oui

ALPES 1

✆ **04 72 10 15 30** • fax 04 78 30 46 46
redaction.gap@alpes1.com • **www.alpes1.com**
c/o Radio des Hautes-Alpes • 7 rue Dr Ayasse • 05000 **GAP**

Thierry MASSELLIS (Directeur d'antenne) • Cyrielle MICHARD (Rédactrice en chef)

Fréquences : 13 dont Gap, (90.9), Grenoble (101.6) • **Cible** : 25 ans et + • **Classements, airplays** : Power 70 • **Programmation musicale** : Variété française et internationale (80 %) dont 70 % de gold • **Podcast** : Oui

FRANCE BLEU VAUCLUSE

✆ **04 90 14 13 12** • fax 04 90 85 68 79
bleuvaucluse@radiofrance.fr • **www.bleuvaucluse.com**
25 rue de la République • BP 320 • 84021 **AVIGNON CEDEX**

Jean THOMANN (Directeur) • Gérard ARTEAGA (Directeur technique) • Paul BIONDI (Rédacteur en chef) • Christine ARRIBAS (Responsable des programmes) • Philippe PAUPERT (Journaliste culture)

Fréquences : 100.4, 98.8 (Avignon) • **Cible** : 30-60 ans • **Programmation musicale** : Chanson française • **Podcast** : Oui

FRÉQUENCE K

✆ **04 93 29 00 15 / 06 16 37 52 82** • fax 04 93 08 70 96
radio-frequence-k@wanadoo.fr • **www.frequencek.com**
4 bd de la Colle Belle • 06510 **CARROS**

Jean BLONDIN (Directeur)

Fréquences : 103.4 (Nice, Antibes) • **Cible** : 20-50 ans • **Programmation musicale** : Soul, jazz, world music, rock, rap, gold français

Radio GALÈRE

✆ **04 91 08 28 15** • fax 04 91 08 28 13
radiogalere@hotmail.fr • **www.radiogalere.org**
Friche Belle de Mai • 41 rue Jobin • 13003 **MARSEILLE**

Aziz BENSADEK (Président) • Remi BRARD (Programmateur musical)

Fréquences : 88.4 (Marseille et environs) • **Cible** : 15-50 ans • **Programmation musicale** : Rock, variété française, musiques du monde, rap, reggae, ska, électro surtout musiques festives et locales

Radio GRENOUILLE MARSEILLE

✆ **04 95 04 95 15** • fax 04 95 04 95 00
radio@grenouille888.org • **radiogrenouille.com**
c/o Friche Belle de Mai • 41 rue Jobin • 13003 **MARSEILLE**

Stéphane GALLAND (Responsable de la programmation musicale) • Pauline GERVAIS (Chargée de communication) • Xavier THOMAS (Journaliste) • Marc VOIRY (Journaliste)

Fréquences : 88.8 (Marseille) • **Cible** : 18 et + • **Programmation musicale** : Jazz (5 %), chanson (10 %), rock (10 %), hip hop (20 %), musiques électroniques (20 %), musiques du monde (10 %), autres (soul, funk, salsa, reggae, 20 %) • **Podcast** : Oui

KISS FM

✆ **04 92 18 61 86** • fax 04 92 18 61 80
kissfm@kissfm.fr • **www.kissfm.fr**
L'Européen • 1390 av. du Campon • 06110 **LE CANNET**

Patrice SIDRAC (Directeur général) • Olivier CORDIER (Directeur d'antenne)

Fréquences : 89 (Isola 2000), 90.8 (Fréjus, St-Raphaël), 90.9 (Nice), 94.6 (Cannes, Grasse, Antibes), 96.1 (Auron), 97.8 (Draguignan) • **Cible** : 20-45 ans • **Classements, airplays** : CHR (Top 40) • **Programmation musicale** : Variétés française et internationale

Radio MARITIMA

✆ **04 42 41 36 00** • fax 04 42 41 36 13
contact@maritima.info • **www.maritima.info**
Rés. le Bateau Blanc • Av. du Cdt Lherminier • BP 10 158
13694 **MARTIGUES CEDEX**

Thierry DEBARD (Directeur) • Marc GALY (Directeur d'antenne) • Hervé RICO (Rédacteur en chef) • Patrick MONROE (Responsable de la programmation / responsable technique) • Jean-Michel DARRAS (Journaliste) • Daniel CISMONDO (Journaliste) • Florent MOUNIER (Animateur) • Gilles FENECH (Animateur) • Noria BOUCENNA (Secrétaire de rédaction)

Fréquences : 93.6, 87.9 (Martigues, Etang de Berre), 93.8 (Aix-en-Provence) • **Cible** : 25-49 ans • **Programmation musicale** : Généraliste • **Podcast** : Oui

RADIO ACTIVE

✆ **04 94 91 03 95 / 04 94 91 03 58**
bureau@radio-active.net • **www.radio-active.net**
343 av. du 11 Novembre • 83160 **LA VALETTE DU VAR**

Fred JALABERT (Président) • Gilles SUCHEY (Responsable de la programmation) • Hervé ALAPETITE (Programmateur pop, rock, électro) • Stéphane GUASTAVINO (Programmateur chanson française) • T-IRIE (Animateur reggae « mission impossible ») • BRAZE (Animateur hiphop « here come the lords ») • BEUZY (Animateur reggae « jah loves music »)

Fréquences : 100.0 • **Cible** : 15-50 ans • **Programmation musicale** : Chanson, rock, variété, hip hop, reggae • **Podcast** : Oui

RADIO ALPINE MEILLEURE

✆ **04 92 43 37 38** • fax 04 92 43 54 43
ram05@orange.fr • **www.ram05.fr**
La Manutention • Rue du Dr Isoard • 05200 **EMBRUN**

Bruno HONORE (Directeur) • Viviane GUERARD (Responsable culture) • Corinne CLIVIO (Responsable des programmes chanson française)

Fréquences : 100.2 (Embrun), 93.7 (Gap), 93.3 (Guillestre), 40 km • **Cible** : 15-50 ans • **Programmation musicale** : Chanson, rock, musique du monde, jazz, musiques traditionnelles, musette, blues

RADIO AS

✆ **04 93 46 69 10** • fax 04 93 46 54 84
radio.as@wanadoo.fr • **www.radioas.fr**
Villa Estelle • 94 bd Sadi Carnot • 06110 **LE CANNET**

Antoine LUCAS (Président) • Maxence VANRECHEM (Responsable des programmes) • Aurélien CARRE (Responsable technique / Producteur) • Léa SARGES (Animatrice / Chroniqueuse) • Marine ALLAMAN (Animatrice / Programmatrice) • Lora CHARDONNAY (Animatrice / Productrice) • Monique ROSSIGNOL (Responsable de la communication) • Valérie SAGNES (Responsable de la communication) • Claudine BOISSON (Secrétaire)

Fréquences : 89.6 (Cannes, Grasse, Antibes) • **Cible** : 13-45 ans

RAJE AVIGNON

✆ **04 86 34 81 00 / 06 62 32 49 85** • fax 04 90 88 94 71
musique@raje.fr • **www.raje.fr**
65 rue Lawrence Durell • Bât Newton BP 91264
84911 **AVIGNON CEDEX 9**

Linda CORREARD (Présidente) • Emmanuel MOSSON (Responsable des programmes) • Ugo MARTINEZ (Animateur) • Thierry ALLARD (Journaliste) • Julien MONTEIL (Responsable technique) • Catherine MONIN (Communication et Partenariats)

Radio associative des jeunes et des étudiants • **Fréquences** : Avignon (90.3), Nîmes (102.5) • **Cible** : 20-40 ans • **Programmation musicale** : Musique francophone • **Podcast** : Oui

SOLEIL FM (ST-MARTIN-DE-CRAUX)

✆ **04 90 47 08 04 / 04 90 47 15 26** • fax 04 90 47 30 44
contact@soleilfm.com • **www.soleilfm.com**
Pl. François Mitterrand • BP 40 016
13551 **ST MARTIN DE CRAU CEDEX**

Alain IBANEZ (Président) • Martine IBANEZ (Directrice d'antenne / responsable des programmes) • Hakim YCKACHE (Responsable de la programmation musicale/Journaliste)

Fréquences : Pays d'Arles (96.3) • **Cible** : 15-60 ans • **Classements, airplays** : Top veine • **Programmation musicale** : Variété française, jeunes talents

Radio VERDON

✆ **04 98 05 30 00 / 06 79 65 76 92** • fax 04 94 80 02 07
radio.verdon@orange.fr • **www.radio-verdon.com**
Hameau Les Rouvières • 349 Rue du Félibrige • BP 2
83560 **ST JULIEN LE MONTAGNIER**

Michel PARTAGE (Président) • Yann ARTIGUELONGUE (Directeur)

Fréquences : Rians, Manosque, Brignoles, Pertuis (96.5), Castellane (91 MHz) • **Cible** : Dès 15 ans • **Classements, airplays** : Quota (chanson française) • **Programmation musicale** : Jazz (5 %), chanson (9 %), rock (1 %), variété (40 %), variétés internationales (40 %), hip hop (1 %), musiques électroniques (1 %), musiques du monde (3 %)

VITAMINE

✆ **04 94 14 215 215** • fax 04 94 08 09 10
jc@radiovitamine.com • **www.radiovitamine.com**
Les Espaluns III • rue Berthelot • BP 10022 • 83041 **TOULON CEDEX 9**

Lazare GROUNE (Président) • Jean-Charles JULIEN (Directeur de la programmation musicale)

Fréquences : 107.2, 90.8, 88.3, 89.1, 93.8, 104.8 • **Cible** : Jeune/adulte • **Classements, airplays** : Hit 40 • **Programmation musicale** : Chanson, variété internationale, dance, R&B

Radio ZINZINE

✆ **04 92 73 10 56** • fax 04 92 73 16 15
info@radiozinzine.org • **www.radiozinzine.org**
Grange Neuve • 04300 **LIMANS**

Joëlle MEUNIER (Responsable de la programmation) • Nick BELL (Responsable des programmes musique du monde) • Jean DUFLOT (Directeur de la publication)

Fréquences : 88.1 (Aix-en-Provence), 101.4 (Briançon), 95.6 (Digne), 100.7 (Forcalquier-Pertuis), 106.3 (Gap), 87.9 (Guillestre-Embrun), 105 (Manosque), 103 (Sisteron) • **Programmation musicale** : Jazz, chanson, rock, rap, musiques du monde, musiques traditionnelles, tsigane, etc. • **Podcast** : Oui

Radio ZINZINE (AIX)

✆ **04 42 21 11 22**
aix-ensemble@wanadoo.fr • **www.radiozinzineaix.org**
8 rue de la Molle • 13100 **AIX EN PROVENCE**

Fabrice EBOLI (Permanent de la radio) • Wladimir CERDA (Président)

Fréquences : 88.1 (Aix), 92.7 (Apt) (Région Paca : 101.4, 95.6, 87.9, 105, 103, 100.7, 106.3), rayonnement : Hautes Alpes, Alpes de Haute Provence, Var, Bouches du Rhône et sur Internet • **Cible** : 15-50 ans et + • **Programmation musicale** : Jazz (5 %), chanson (20 %), rock (8 %), variétés (10 %), variétés internationales (18 %), hip hop (4 %), musiques du monde (22 %), ethno (13 %), reggae, électro • **Podcast** : www.radiozinzineaix.org

RHÔNE-ALPES

ACTIV RADIO

✆ **04 77 42 04 00** • fax 04 77 58 92 24
activradio@activradio.com • **www.activradio.com**
5 pl. Jean Plotton • 42000 **ST ETIENNE**

Romain MAZODIER (Président) • Maxence BERTHOLON (Cogérant) • Cyril MICHAUD (Journaliste actualité) • Anais SAINZ (Journaliste actualité)

Fréquences : (St-Etienne) 90.0, (Firminy) 98.9 • **Cible** : 20-30 ans • **Programmation musicale** : Chanson, rock (2 %), variétés (96 %), musiques électroniques (2 %)

C'ROCK RADIO

✆ **04 74 78 17 17 / 04 74 78 17 20** • fax 04 74 31 59 07
prog@crockradio.com • **www.crockradio.com**
2 rue Jean Moulin • 38200 **VIENNE**

Jean-Michel LEBREUX (Directeur des programmes) • Seb (Programmateur électro) • NASS (Programmateur hip hop)

Fréquences : 89.5 (dept 38, 69, 42, 07, 26) • **Cible** : 15-35 ans • **Classements, airplays** : Féraliste, XXX de France • **Programmation musicale** : Rock (80 %), musiques électroniques, hip hop, musiques du monde, jazz, musiques black

Radio CALADE

✆ **04 74 68 80 82** • fax 04 74 62 26 57
administration@radio-calade.fr • **www.radio-calade.fr**
60 rue de Belleville • BP 70076
69653 **VILLEFRANCHE SUR SAONE CEDEX**

Jacques BOULUD (Président) • Patrick GERVAIS (Directeur d'antenne) • Benoît ADAM (Responsable des programmes) • Sylvie GERVAIS (Journaliste) • Smahïn YAHYAOUI (Technicien et programmateur musical)

Fréquences : 100.9 (Villefranche-sur-Saône) • **Cible** : Tout âge • **Classements, airplays** : XXX de France, Quota, et Rock Alerte • **Programmation musicale** : Jazz (5 %), chanson (20 %), rock (30 %), variétés (13 %), variétés internationales (30 %), hip hop (12 %), musiques électroniques (2 %), musiques du monde (8 %), musiques traditionnelles (5 %), classique, raï (3 %), techno dance (2 %) • **Podcast** : Oui

Radio CANUT

✆ **04 78 29 26 00 / 04 78 39 18 15**
radio@radiocanut.org • **www.radiocanut.org**
24 rue Sergent Blandan • BP 1101 • 69201 **LYON CEDEX 01**

Mathieu PERRIN (Président)

Fréquences : 102.2 (Lyon) • **Cible** : Tout âge • **Programmation musicale** : Rock, musiques du monde, chanson, jazz, rap, reggae, musiques nouvelles

Radio CAPSAO

✆ **04 78 89 59 48 / 07 60 88 92 01** • fax 09 55 41 28 00
info@capsao.com • **www.capsao.com**
47 rue du Tonkin • 69100 **VILLEURBANNE**

Alfredo DA SILVA (Président) • Théo TURIAT (Partenariat, publicité) • Guillemette RENARD (Musique)

Fréquences : 99.3 (Lyon), 99.4 (Vienne), 89.9 (Oyonnax) • **Cible** : 25-45 ans • **Programmation musicale** : Luso latino, Latin urban (hip hop latin), Latins de jazz / Couleur tropicale (zouk, kizomba, kuduro) / Fiesta / Beleza Brasil / Latin vintage • **Podcast** : Rubrique et infos

CDCP RADIO MEGA

✆ **04 75 44 16 15**
contact@radio-mega.com • **www.radio-mega.com**
35 rue Prompsault • 26000 **VALENCE**

Gérard DABENE (Président) • Eric BARAL (Responsable des programmes) • Raphael TERRIBILE (Responsable de la programmation)

Centre pour le développement de la communication populaire • **Fréquences** : 99.2 • **Programmation musicale** : Chanson française, pop-rock, rock, soul, reggae

COULEURS FM

✆ **04 74 27 80 80 / 09 79 21 33 77**
contact@couleursfm.fr • **www.couleursfm.fr**
8 route de St-Jean de Bournay • 38300 **BOURGOIN JALLIEU**

Titane HOUBEN-GALER (Présidente) • Véronique BOULIEU (Directrice d'antenne / Journaliste)

Fréquences : 97.1 (L'Isle D'Abeau, Bourgoin-Jallieu, Villefontaine), 50 km • **Cible** : Tous • **Programmation musicale** : Scène française, pop, rock, roots (10 %), groove (10 %), chansons (10 %), world (10 %)

Radio ELLEBORE

✆ **04 79 85 31 34**
contact@radio-ellebore.com • **www.radio-ellebore.com**
Maison des Associations • 67 rue François de Sales • BP 413
73004 **CHAMBERY CEDEX**

Jean-Martial ANDRE (Président) • Eric BACHELARD (Responsable de la programmation)

Fréquences : 105.9 (Chambéry, Aix-Les-Bains) • **Cible** : Jeunes adultes • **Programmation musicale** : Ts genres

Radio FONTAINE

✆ **04 76 27 10 69** • fax 04 76 26 07 28
jlucky@numericable.fr • **www.radiofontaine.fr**
BP 51 • 38601 **FONTAINE CEDEX**

Louis JOSSA (Président)

Fréquences : Izère (88.6), Savoie (107.1) • **Cible** : 25-50 ans et + • **Programmation musicale** : Jazz (25 %), variétés (25 %)

FRANCE BLEU DRÔME-ARDÈCHE

✆ **04 75 81 33 33** • fax 04 75 44 02 40
bleudromeardeche@radiofrance.com • **www.bleudromeardeche.com**
7 rue Poncet • BP 519 • 26005 **VALENCE CEDEX**

Nicolas VARENNE (Directeur) • Florence BAUDET (Rédactrice en chef) • Fabien FONTAINE (Responsable des programmes) • Christian OPERON (Programmateur)

Fréquences : 87.9 (Valence), 100.9 (Montélimar), 89.5 (Royans), 101.2 (Vercors), 98.4 (Privas) • **Cible** : 30-60 ans • **Programmation musicale** : Chanson française, variétés • **Podcast** : Oui

FRANCE BLEU ISERE

✆ **04 76 50 38 38** • fax 04 76 50 50 22
bleuisere@radiofrance.com • **www.bleuisere.com**
27 av. Félix Viallet • 38000 **GRENOBLE**

Hervé LUTIN (Responsable des programmes) • Léopold STRAJNIC (Rédacteur en chef) • Didier VACHON (Directeur) • Pierre VENUAT (Responsable technique)

Fréquences : 102.8 (Grenoble), 100.6 (l'Alpe-d'Huez), 93.1 (Bourgoin Jailleu), 101.0 (St-Marcellin), 101.8 (Vienne), 101.0 (Voiron) • **Cible** : 30-60 ans • **Programmation musicale** : Chanson française • **Podcast** : Oui

FRANCE BLEU PAYS-DE-SAVOIE

✆ **04 79 70 73 74** • fax 04 79 26 53 80
bleupaysdesavoie@radiofrance.com • **www.bleupaysdesavoie.com**
256 rue de la République • 73000 **CHAMBERY**

Jean COLIN (Directeur) • David POUSSARD (Responsable des programmes) • Lionel GONY (Rédacteur) • Laurent PASCAL (Animateur)

Fréquences : 103.9 (Chambéry), 95.2 (Annecy) • **Cible** : 30-60 ans • **Programmation musicale** : Chanson française • **Podcast** : Oui

FRÉQUENCE 7

✆ **04 75 93 82 52** • fax 04 75 35 37 83
contact@frequence7.net • **www.frequence7.net**
14 pl. Bossuet • 07200 **AUBENAS**

Ludovic GREAUD (Président) • Laurent HULO (Responsable d'antenne) • Sylvain DUSAUTOIR (Technicien) • Anne-Laure ROUMENGOU (Animatrice)

Fréquences : 92 (Aubenas), 95.5 (Les Vans), 91.2 (Joyeuse), 93.5 (Sampzon) • **Cible** : 15-50 ans • **Programmation musicale** : Jazz (9 %), chanson (27 %), rock (25 %), variété (15 %), hip hop (3 %), musiques électroniques (8 %), musiques du monde (13 %)

Radio GRÉSIVAUDAN

✆ **04 76 08 91 91**
musique@radio-gresivaudan.org • **www.radio-gresivaudan.org**
94 rue du Brocey • 38920 **CROLLES**

Anne-Laurence MAZENQ (Présidente) • Éric LABAJ (Directeur / rédacteur en chef) • Colin THEVENIN (Programmateur) • Éloïse PLANTROU (Journaliste) • Jean-Noël VIALLE (Journaliste) • Malika UNG (Animatrice)

Fréquences : 89 (Grenoble), 87.8 (Grésivaudan), 92.4 (Allevard) • **Cible** : Tout âge • **Classements, airplays** : XXX de France, Rock Alerte, Féraliste • **Programmation musicale** : Rock, musiques traditionnelles, jazz, rap, musiques du monde, chanson, new age, reggae, électro, metal • **Podcast** : Oui

HOT RADIO

✆ 08 11 74 00 40
redaction@hotradio.fr • **www.hotradio.fr**
4 av. Gal de gaulle • 38800 **LE PONT DE CLAIX**

Bruno AMALOU (Directeur) • Sébastien STEFANI (Directeur commercial et communication) • Myriam DOYEN (Directrice de la communication et de la programmation/antenne)

Fréquences : 5 dont 102 (Grenoble), 96.3 (Chambéry), 103.5 (Pont-Charra) • **Cible** : 25-49 ans • **Programmation musicale** : Hits

IMPACT FM

✆ 04 72 10 91 00 • fax 04 78 29 27 24
administration@impactfm.fr • **www.impactfm.fr**
14 rue Pailleron • 69004 **LYON**

Bernard LENK (Directeur)

Fréquences : 106.3 (Lyon), 96.7 (Vienne) • **Cible** : + de 45 ans • **Programmation musicale** : Gold • **Podcast** : Oui

Radio ISA

✆ 04 74 83 28 00 • fax 04 74 83 66 01
alpages@wanadoo.fr • **www.radio-isa.com**
Bât. de Bellevue • ZI de Rochetoirin • 38110 **LA TOUR DU PIN**

Thierry LANFRAY (Responsable de la programmation musicale) • Alexandre PAGES (Directeur des programmes) • Tina SANCHEZ (Rédactrice en chef)

Fréquences : 100.4 (Lyon, Chambéry, Grenoble) • **Cible** : 15-35 ans • **Classements, airplays** : Power 70 • **Programmation musicale** : Hits, émissions spéciales jazz, country, house, musiques électroniques, techno, groove, reggae, hip hop

Radio KALEIDOSCOPE

✆ 04 76 09 80 45 • fax 04 76 40 29 23
kaleidoscope1@neuf.fr • **www.radio-kaleidoscope.net**
37 rue Aimé Pupin • BP 422 • 38018 **GRENOBLE CEDEX**

Vincent SOUSSI (Rédacteur en chef / Artistique) • Francisco MORENO (Directeur Socio-culturel)

RKS • **Fréquences** : 97 (Grenoble) • **Cible** : 25-65 ans • **Classements, airplays** : Quota, Amalgames, Kaleidojazz, Rootsinnadoub, Bluesy, Fais-moi une scène, Rock à la Casbah • **Programmation musicale** : Chanson francophone (35 %), musiques traditionnelles (15 %), classique, jazz, blues (10 %), musiques du monde (20 %), pop, rock, reggae, soul, blues, poésie, contes, nouvelles, etc.

MONTAGNE FM

✆ 04 79 59 90 90 • fax 04 79 59 96 44
radio@montagnefm.com • **www.montagnefm.com**
86 rue René Cassin • 73300 **ST JEAN DE MAURIENNE**

Pierre BELLEVILLE (Directeur) • Andrée BELLEVILLE (Responsable de la programmation) • Christophe BOIS (Responsable de la programmation)

Fréquences : 106.8 (Chambéry), 100.8 (Albertville), 103.2 (St-Jean de Maurienne), 97.0 (Moutiers) • **Cible** : Tout public • **Classements, airplays** : Power 70 • **Programmation musicale** : Chanson, variétés

NEWS FM

✆ 04 56 14 23 54 / 04 76 26 01 68 • fax 04 76 26 75 14
redaction@radio-newsfm.fr • **www.radionewsfm.fr**
BP 253 • 38433 **ECHIROLLES**

Abdessalam MAGID (Président) • Farid BOULACEL (Directeur radio et de la programmation musicale)

Fréquences : Grenoble et rayon de 40 km (101.2) • **Cible** : 15-40 ans • **Programmation musicale** : Hip-hop, funk, afro, reggae, R&B • **Podcast** : Oui

OXYGÈNE RADIO

✆ 04 76 97 68 22 • fax 04 76 97 76 99
contact@oxygeneradio.fr • **oxygeneradio.fr**
347 rue du Bréda • 38530 **PONTCHARRA**

Patrick LOPES (Directeur des programmes et Président) • Dorian LESPINASSE (Technicien et Animateur)

Fréquences : 93 (Pontcharra), 96.6 (Aubertville) • **Cible** : 25-45 ans • **Programmation musicale** : Golds (80's, 90's), chansons françaises, nouveautés

PASSION FM

✆ 04 74 73 81 32
pfm.radio@wanadoo.fr • **www.pfmradio.net**
2 bis rue du Bac • 01100 **BELLIGNAT**

Daniel BOURGET (Président) • Sandro BERTONI (Directeur d'antenne)

Fréquences : 105.9 • **Cible** : 15-50 ans • **Programmation musicale** : Pop, rock

Radio PERRINE FM

✆ 04 50 03 11 11 / 04 50 03 11 11 / 06 86 86 74 87
fax 04 50 03 29 20
info@perrinefm.com • **www.perrinefm.com**
10 pl. de l'Hôtel de Ville • 74800 **LA ROCHE SUR FORON**

Jacques MONTESSUIT (Directeur) • Jean-Paul BUATHIER (Directeur d'antenne)

Fréquences : La Roche/Foron (98) (98.4) • **Cible** : + de 30 ans • **Programmation musicale** : Chanson, rock, variétés françaises et internationales, musiques électroniques, musiques du monde • **Podcast** : Oui

PHARE FM GRENOBLE

✆ 04 76 22 02 23 • fax 04 76 70 48 50
grenoble@pharefm.com • **pharefm.com**
33 av. de Vizille • 38000 **GRENOBLE**

Denis COLPART (Président) • Christelle RIZZO (Directrice administrative) • Yoann MINIO (Directeur d'antenne)

Fréquences : 96.6 • **Cible** : 25-49 ans • **Programmation musicale** : Pop-rock, variétés française et internationale • **Podcast** : Oui

La radio PLUS

✆ 04 72 10 15 30 • fax 04 78 30 46 46
c.mahe@espacegroup.com • **www.laradioplus.com**
1 rue de l'Hôtel Dieu • 74200 **THONON LES BAINS**

Christophe MAHÉ (PDG) • Julien FREGONARA (Directeur pôle radio) • Cynthia PAT'O'GENICK (Responsable commerciale)

Fréquences : 20 fréquences (Haute-Savoie, Savoie, Est de l'Ain, une partie de la Suisse romande) • **Cible** : 25-45 ans • **Programmation musicale** : Pop, r&b

RADIO BLV

✆ 04 75 83 00 81 / 04 75 55 34 22
info@radioblv.com • **www.radioblv.com**
BP 311 • 26503 **BOURG LES VALENCE CEDEX**

Jean-Paul DEPINOY (Président) • Michel DUCHAMP (Directeur d'antenne) • Michel MOHAIR (Directeur des programmes / infos locales)

Fréquences : 93.6 (Valence et agglomération) • **Cible** : 15-70 ans • **Programmation musicale** : Variétés, variétés internationales, rock, blues, musiques électroniques, musiques du monde et traditionnelles

RADIO CAMPUS GRENOBLE

✆ 04 56 52 85 21 / 04 56 52 85 20
progra@campusgrenoble.org • **www.campusgrenoble.org**
Domaine universitaire, bât. Eve • 701 Av. Centrale • Cédex 1 • 38402 **ST MARTIN D'HERES CEDEX**

Pedro OLIVAS (Président) • Isabelle STRAGLIATI (Coordinatrice) • David CHAMLA (Trésorier et Responsable technique)

Fréquences : 90.8 • **Programmation musicale** : Pop, rock, electro

RADIO DIO 89.5

✆ 04 77 43 88 95 / 04 77 25 05 94
contact@radiodio.org • **www.radiodio.org**
20 rue Henri Dunant • BP 7001 • 42009 **ST ETIENNE CEDEX 2**

Dorothée ALCOBIA (Présidente) • Lionel FAYOLLE (Journaliste informations)

St-Etienne et Périphérie • **Fréquences** : 89.5 (St-Etienne) • **Classements, airplays** : XXX de France, Féraliste • **Programmation musicale** : Rock, electro, chanson, pop

RADIO ESPÉRANCE

✆ 04 77 49 59 69 • fax 04 77 49 59 68
courrier@radio-esperance.fr • **www.radio-esperance.fr**
9 av. Benoît Charvet • 42000 **ST ETIENNE**

Jean-Luc PERCHOT (Président)

Fréquences : 11 fréquences (St-Etienne, Chambéry, Gap, Limoges, Clermont-Ferrand, etc.) • **Programmation musicale** : Jazz, chanson, rock, variétés, musiques du monde, musiques traditionnelles, musique religieuse

RADIO M

✆ 04 75 01 36 60 / 04 75 46 03 65 • fax 04 75 01 36 60
radiomontelimar26@gmail.com • **www.radio-m.fr**
1 bis pl. du Mai • 26200 **MONTELIMAR**

Jean-Noël CHASSÉ (Président) • Martine DEBRAY (Journaliste) • Benjamin FOURNIOL (Technicien son)

Fréquences : Montélimar, moyenne vallée du Rhône (88.3), Nionce (95.1) • **Cible** : Tout âge • **Programmation musicale** : Jazz, chanson, rock, variétés internationales, rap, dance, musiques du monde, musiques traditionnelles, new age, musique classique, techno

RADIO PLURIEL

✆ 04 78 21 05 95
prog@radiopluriel.fr • **www.radiopluriel.fr**
Centre polyvalent Gustave Coste • 15 allée du Château
69800 **ST PRIEST**

Hervé LAURENT (Président) • Ludovic BLANC (Programmateur musical) • Jérémy AZIZA (Responsable jeux antenne) • Christophe SANMARTI (Publicité)

Fréquences : 91.5 (Vénissieux), Lyon et région • **Programmation musicale** : Variété, locale • **Podcast** : Oui

RADIOSEMNOZ

✆ 04 50 45 45 69
contact@radiosemnoz.com • **www.radiosemnoz.com**
BP 406 • 74013 **ANNECY CEDEX**

Fabrice HENRIOT (Directeur)

Fréquences : 91.5 (Annecy), 97,9 (Rumilly) • **Cible** : 35-50 ans et + • **Programmation musicale** : Jazz (10 %), variétés (10 %), variétés internationales (10 %), musiques du monde (5 %), musiques traditionnelles (5 %), musique classique (60 %)

Radio **SCOOP**

✆ 04 72 85 80 00 / 04 72 85 67 67
fax 04 72 85 67 50 / 04 72 53 01 37
aliberty@radioscoop.com • **www.radioscoop.com**
2 F rue des Draperies • 69450 **ST CYR AU MONT D'OR**

Philippe PEREZ (Directeur général) • Alain LIBERTY (Directeur général des programmes) • Laurent RIPOLL (Directeur artistique) • Céline BOUCHARLAT (Rédactrice en chef)

Fréquences : Lyon et agglomération (92), Bourg-en-Bresse (89.2), St-Etienne (91.3), Roanne (91.9), Clermont-Ferrand (98.8), Le Puy en Velay (104), Macon, Yssingeaux (88.2), Vichy (98.8) • **Cible** : 25-34 ans • **Classements, airplays** : Kantar Music • **Programmation musicale** : Musique contemporaine

SOL FM

✆ 04 78 51 16 85 • fax 04 78 51 24 01
solfm-antenne@wanadoo.fr • **sol-fm.fr**
53 rue Francisque Jomard • 69600 **OULLINS**

Marie RUDEAUX (Directrice d'antenne et de la programmation musicale) • Hélène BIGOT (Programmatrice) • Aurélie PANIER (Animatrice)

Fréquences : Agglomération lyonnaise (100.7) • **Cible** : 15-40 ans • **Classements, airplays** : XXX de France, Féraliste • **Programmation musicale** : Rock (70 %), jazz, blues, hip hop, musiques du monde (10 %), musiques électroniques (20 %)

SOLEIL FM (MONTELIMAR)

✆ 04 75 92 03 03 / 04 75 91 83 00 • fax 04 75 92 03 07
soleilfm@orange.fr • **radiosoleilfm.fr**
5 av. d'Espoulette • 26200 **MONTELIMAR**

Pauline CHAMBE (Présidente) • Alex FIRMAN (Trésorier Responsable publicitaire) • Jacques DAUBERTAIS (Secrétaire) • Gérard CHAMPEL (Président d'honneur)

Fréquences : Montélimar (89.3) • **Cible** : Jeunes adultes, adultes, seniors • **Programmation musicale** : Chansons françaises dont provencales (80 %), étrangères (20 %) • **Podcast** : Oui

SORGIA FM

✆ 04 50 56 01 48 • fax 04 50 48 38 36
sorgiafm.01@orange.fr • **sorgiafm.fr**
avenue Paul Langevin • 01200 **BELLEGARDE SUR VALSERINE**

Guy CATTELAN (Président) • Robert MEDINA (Responsable de la programmation) • Stéphanie VEERMERCH-GERMAIN (Secrétaire)

Fréquences : 91.0 & 102.5 • **Cible** : + 35 ans • **Programmation musicale** : Variété française, jazz

Radio **ST-FERRÉOL-VAL-DE-DRÔME**

✆ 04 75 40 62 49
antenne@radiosaintfe.com • **radiosaintfe.com**
Maison des Asso. • Pl. Charles de Gaulle • 26400 **CREST**

Catherine WLOSZCZOWSKI (Responsable des programmes) • Jordane SOUBEYRAND (Responsable de la communication) • Éric RELIER (Responsable pédagogique)

Fréquences : 94.2 (Crest-Loriol), Val de Drôme • **Cible** : Tous • **Programmation musicale** : Variétés, chanson, variétés internationales, rock, jazz, classique, hip hop, musiques électroniques, musiques du monde, musiques traditionnelles

TROPIQUES FM

✆ 04 74 23 65 79 / 04 74 23 72 29 / 06 89 42 69 06
fax 04 74 23 75 70
tropiquesfm@free.fr • **www.tropiquesfm.org**
18 rue Lazare Carnot • 01000 **BOURG EN BRESSE**

Charles VIEUDRIN (Président) • Georges RAVAT (Journaliste responsable des programmes) • Anthony LORIN (Technicien et Réalisateur) • Kary AL-LAGNAT (Secrétaire)

Fréquences : 90.0 (Bourg-en-Bresse, Macon, Amberien) • **Programmation musicale** : Chanson française, nouveaux talents, artistes locaux - Émission spécialisé Caraïbe : « Bouyon Kiltirèl », dimanche de 21h30 à 22h30, animée par Robert Coliné • **Podcast** : www.tropiquesfm.org

Radio **VAL DE REINS**

✆ 04 74 89 08 09
contact@rvrradio.fr • **www.rvrradio.fr**
45 rue Thimonnier • 69550 **AMPLEPLUIS**

Jean-Pierre DEROIRE (Responsable) • Blandine RENAUD (Journaliste)

Fréquences : 93.6, 101, 101.4, 107, 104.6 • **Cible** : Tout public • **Programmation musicale** : Chanson, variété française • **Podcast** : Oui

VIRAGE RADIO

✆ 04 72 10 15 30 • fax 04 78 30 46 46
sam@radioespace.com • **www.virageradio.com**
40 quai Rambaud • 69002 **LYON**

Christophe MAHÉ (PDG) • Julien FREGONARA (Directeur d'antenne) • Céline ETTOU (Chargée de promotion)

Fréquences : 4 fréquences (Lyon, Chambéry, Grenoble, Chamonix) • **Cible** : 15-35 ans • **Podcast** : Oui

Radio **ZIG ZAG**

✆ 04 75 44 29 73
contact@radiozigzag.com • **www.radiozigzag.com**
Z.I les serres • 26600 **LA ROCHE DE GLUN**

Annie PROTAIN (Présidente) • Roland FILZ (Directeur des programmes) • José DI LELIO (Directeur technique)

Fréquences : 102.4 (Drôme nord), 102 (vallée du rhône) • **Cible** : 18-50 ans et + • **Classements, airplays** : Oui • **Programmation musicale** : Pop Rock, Variétés

OUTRE-MER

Guadeloupe

GUADELOUPE 1ERE

✆ 05 90 60 96 96 / 05 90 60 96 82
prenom.nom@francetv.fr • **guadeloupe.la1ere.fr/radio**
Destrellan • BP 180 • 97122 **BAIE MAHAULT**

Liliane FRANCIL (Directrice régionale) • François PERONET (Responsable technique) • Steeve PRUDENT (Rédacteur en chef Radio) • Laurent SALCEDE (Rédacteur en chef de l'Antenne Radio) • Patrick AUGUSTINE (Service communication interne et infographiste) • Margaret LAWRENCE (Responsable de la communication) • Catherine LE PELLETIER (Responsable internet)

Fréquences : 88.9 (Pointe à pitre/Saint Martin / Baie-Mahault), 88.5 (Saint Barth), 88.8 (Vieux Habitants/Basse-Terre), 89.1 (Marie Galante), 92.3 (Vieux Fort/Les Saintes), 92.3 (Trois Rivières), 92.3 (Pointe Noire/ Morne à l'Eau), 96.9 (Sainte-Anne), 97.1 (Deshaies/Sainte-Rose)

Guyane

GUYANE 1ERE

✆ 05 94 25 67 00 • fax 05 94 30 26 49 / 05 94 25 67 26
prenom.nom@francetv.fr • **guyane.la1ere.fr/radio**
Boulevard Edmard Lama • 97354 **REMIRE MONTJOLY**

Frédéric AYANGMA (Directeur régional) • Alexandre VAL GUEVARA (Administrateur régional) • Marie-Claude THEBIA (Directrice d'antenne) • Nadine FELIX (Rédactrice en chef) • Hervé DELANNON (Responsable de la communication) • Serge SULPICE (Responsable technique)

Fréquences : Cayenne (92.0) ; Cacao (90.0) ; Régina (91.0) ; Kourou (94.0) ; Sinnamary (91.0) ; Iracoubo (92.0) ; Mana (94.0) ; Saint Laurent (91.0) ; Montagne de Kaw (94.0) ; Ouanary (90.0) ; Saint Georges (94.0) ; Apatou (94.0) ; Grand Santi (95.0) ; Papaïchton (95.0) ; Maripasoula (95.0) ; Camopi (95.0) ; Saül (95.0) • **Cible** : Tous publics • **Programmation musicale** : Oui • **Podcast** : Oui

Martinique

MARTINIQUE 1ERE

✆ **05 96 59 52 00** • fax 05 96 63 29 88 / 05 96 59 52 26
berthe.bonheur@francetv.fr • **martinique.la1ere.fr**
La Clairière • CS 50662 • 97263 **FORT DE FRANCE**

Jean-Philippe PASCAL (Directeur régional) • Mirella NOCANDY (Administratrice régionale) • Ghislaine OLINY (Responsable de la communication) • Charles DIONY (Responsable technique)

Fréquences : 92.0 (Fort-de-France / Centre), 94.5 (Fort-de-France / Centre), 100.9 (Nord Est), 93.0 (Sud), 93.2 (Sud) • **Programmation musicale** : Musique locale, variétés française et internationale

RCI (MARTINIQUE)

✆ **05 96 63 98 70 / 05 96 63 84 20** • fax 05 96 63 26 59 / 05 96 60 32 64
redaction-martinique@radiocaraibes.com • **www.rci.fm**
2 bd de la Marne • 97200 **FORT DE FRANCE**

Serge BATTET (Directeur d'antenne) • Jean-Philippe LUDON (Rédacteur en chef) • Hervé GISQUET (Programmateur musical)

Fréquences : Nord (104.6), Fort de France/Riviera (98.7), Nord atlantic/ Diament (91), Sud (103) • **Cible** : Tout public • **Programmation musicale** : Généraliste • **Podcast** : Oui

TRACE FM

✆ **05 96 72 86 88** • fax 05 96 60 19 54
djo@trace.fm • **www.trace.fm**
Pl. François Mitterrand • 97207 **FORT DE FRANCE**

Joël MIRANDE-NEY (Directeur régional des radios Martinique, Guadeloupe et de Guyane)

Fréquences : Martinique (97.1, 102.7, 90.6), Guadeloupe (92.1, 94.1) Guyane (104.3, 92.4, 106.2) • **Cible** : 15-35 ans • **Classements, airplays** : Oui • **Programmation musicale** : Zouk, Caraïbes, groove, international

Mayotte

MAYOTTE 1ERE

✆ **02 69 60 01 01** • fax 02 69 60 10 18
prenom.nom@francetv.fr • **mayotte.la1ere.fr**
rue du Jardin • BP 103 • 97615 **PAMANDZI MAYOTTE**

Gérald PRUFER (Directeur régional) • Fabrice JUSTE (Directeur d'antenne) • Ali CHAMSIDINE (Rédacteur en chef) • Johnny GODET (Responsable technique)

Fréquences : Petite Terre (91), Zone centre / cote ouest (92), Zone nord de Mayotte (103.2), Zone sud de Mayotte (101.3)

Nouvelle-Calédonie

NOUVELLE-CALEDONIE 1ERE

✆ **(687) 23 99 99**
prenom.nom@francetv.fr • **nouvellecaledonie.la1ere.fr/radio**
Mont Coffyn • 1 rue du Mal Leclerc • BP G3 • 98848 **NOUMEA**

Walles KOTRA (Directeur régional) • Gilles MARSAUCHE (Directeur d'antenne) • Ibrahim AAHMED MOHAMED (Rédacteur en chef) • Mariannick BABE (Responsable de la communication) • Raymond KODADAY (Responsable technique)

Fréquences : 88.0 (Ouaco / Thouo / Port-Boisé), 88.5 (Kouaoua / Maré), 89.0 (Nouméa / L'Iles des Pins), 89.5 (Ouvéa / L'Iles des Pins), 90.0 (Canala / Nouméa / Poum / Koné / Yaté), 90.5 (Lifou / Poya), 91.0 (Bourail / Houailou / Koumac), 91.0 (Mont-Dore / Plum / Thio) • **Cible** : Radio généraliste de proximité • **Podcast** : nouvellecaledonie.la1ere.fr

Polynésie française

POLYNÉSIE 1ERE

✆ **00 (689) 86 16 16 / 00 (689) 86 16 00**
fax 00 (689) 86 16 21
prenom.nom@francetv.fr • **polynesie.la1ere.fr/radio**
Centre Pamatai FAAA • BP 60125 • 98702 **PAPEETE**

Gilles COZANET (Directeur régional) • Christophe MARQUAND (Directeur d'antenne) • Noella TAU (Rédactrice en chef) • Manuel MATAHI (Responsable technique) • Hélène LEROYER (Responsable de la communication)

Fréquences : 89.0 (Papeete / Tahiti / Moorea), 91.8 (Papeete / Moorea), 95.2 (Papeete / Tahiti / Moorea), 94.0 (Raiatea / Huahine / Mangareva), 96.6 (Bora Bora), 94.4 (Manihi), 93.6 (Hao / Takaroa), 95.2 (Apataki)

Réunion

ARC-EN-CIEL (RÉUNION)

✆ **02 62 20 10 82** • fax 02 62 21 93 61
contact@radioarcenciel.re • **www.7afm.com**
18 bis rue de Montreuil • BP 382 • 97467 **ST DENIS CEDEX**

Laurent HOARAU (Président) • Jean-Denis FERRERE (Directeur d'antenne) • Vincent GRONDIN (Communication Responsable émissions culturelles, antenne) • Alix HOARAU (Animateur) • Garry ELISABETH (Animateur)

Fréquences : Nord (91.3, 103.4), Ouest (89.6, 95.6, 106.8), Sud (94.7, 89.3, 100.7), Est (105.2, 93.6, 105.7), St Joseph (88.3) • **Cible** : Tout public • **Programmation musicale** : Généraliste • **Podcast** : Oui

Radio FREE DOM

✆ **02 62 41 51 51** • fax 02 62 21 68 64
redaction@freedom.fr • **www.freedom.fr**
131 rue Jules Auber • BP 666 • 97473 **ST DENIS CEDEX**

Camille SUDRE (PDG) • Brigitte BARRET (Rédactrice en chef) • Rachel ULDERIC (Assistante de direction) • Franck ULDERIC (Assistant de rédaction)

Fréquences : St-Denis (97.4) • **Cible** : 15-80 ans • **Programmation musicale** : Variétés internationales, française, hip-hop, musiques traditionnelles

REUNION 1ERE

✆ **02 62 40 67 67**
laredac@francetv.fr • **reunion.la1ere.fr/radio**
12 rue René Demarne • 97490 **ST DENIS**

Gilles VAUBOURG (Directeur régional) • David PONCHELET (Rédacteur en chef) • Denise DAUBIN (Responsable de la communication) • François CASTELLON (Responsable technique)

Fréquences : 10 : 89.2 (St-Denis), 89.0 (St-Pierre), 87.9 (St-Benoit), 90.7 (Petite île), 92.6 (Le port), 92.6 (Saint Philippe), 89.4 (Saint Leu), 93.5 (Saint Louis), 90.7 (Saint Paul), 90.0 (Sainte Suzanne) • **Programmation musicale** : Musique locale, variétés française et internationale

Saint-Pierre-et-Miquelon

ST-PIERRE-ET-MIQUELON 1ERE

✆ **05 08 41 11 11** • fax 05 08 41 22 19
prenom.nom@francetv.fr • **saintpierremiquelon.la1ere.fr/radio**
14 rue Gloanec • BP 4227 • 97500 **ST PIERRE ET MIQUELON**

Yves RAMBEAU (Directeur régional) • Gilles DEROUET (Directeur des antennes radio et tv) • Jean-Michel ARROSSAMENA (Responsable programmation musicale) • Maryse LEBAILLY (Responsable de la communication) • Etienne GRISEL (Responsable technique)

Fréquences : 99.9 (St Pierre), 96.9 (Miquelon) • **Cible** : Tous publics • **Classements, airplays** : Staylist • **Programmation musicale** : 60 % dont 50 % de variété, 30 % de chanson et 20 % de rock

Wallis-et-Futuna

WALLIS ET FUTUNA 1ERE

✆ **00 681 72 20 20** • fax 00 681 72 23 46
prenom.nom@francetv.fr • **wallisfutuna.la1ere.fr/radio**
Pointe Matala • BP 102 • 98600 **MATA UTU**

Jean-Michel FONTAINE (Directeur régional) • Pascal TOMASINI (Administrateur régional) • Lusia KAVAKAVA (Directrice d'antenne) • Soané VAKALEPU (Rédactrice en chef) • Xavier SONNET (Responsable technique)

Fréquences : 101.0 (Hihifo), 100.0 (Mua / Hahake), 91.0 (Alo), 89.0 (Sigave), 90.0 (Sigave)

AIR PLAY RADIOS
contact@airplayradios.com • **www.airplayradios.com**

Jean-Michel DOUÉ (Directeur) • Rémy SAINT-JACQUES (Directeur artistique)

Genre(s) musical(aux) : 4 webradios : jazzy love, Maxximum, Manhattan show et radio spa ; 2 webradios partenaires • **Cible** : 20-50 ans • **Types de programmes** : 15 titres/h (base de 20000 titres)

ARTE RADIO
✆ **01 55 00 77 77** • fax 01 55 00 77 00
www.arteradio.com
8 rue Marceau • 92785 **ISSY LES MOULINEAUX CEDEX 9**

Sylvain GIRE (Responsable éditorial)

Genre(s) musical(aux) : Création sonore et radiophonique (itw artistes, reportage...) • **Cible** : Tous publics • **Podcast** : Oui

ARTOTAL STREAMLINE
artotal@artotal.com • **www.artotal.com/streamline/streamy.htm**
71 rue Saint Maur • 75011 **PARIS**

Genre(s) musical(aux) : Tous • **Types de programmes** : Multi-formats, diffusion 24/24 • **Captation et diffusion de concerts** : Captation et diffusion audio et vidéo

La BANDE SON
✆ **06 64 63 79 38**
xavier@attitude-net.com • **www.labandeson.fr**
71 rue Robespierre • 93100 **MONTREUIL**

Guillaume DUMONT (Programmateur) • Xavier CHEZLEPRETRE (Programmateur)

Genre(s) musical(aux) : Ts styles • **Types de programmes** : Indé généraliste

BANDEAPART.FM
✆ **(514) 597 5909**
bap@radio-canada.ca • **www.bandeapart.fm**
c/o Radio Canada • 1400 bd Levesque Est, 15e étape
H2L 2M2 **MONTREAL, QUEBEC (CANADA)**

Christiane LEBLANC (Directrice générale espace musique) • Michel CÉCYRE (Responsable de la programmation)

Genre(s) musical(aux) : Ska, punk, metal, hip hop, musiques électroniques, rock, etc. • **Cible** : « Obsédés musicaux » • **Types de programmes** : Musique en continu, portraits, critiques

BERBÈRE RADIO
✆ **08 92 68 36 00**
miloudlassal@brtvpro.tv • **www.brtv.fr**
1 ter rue du Marais • 93100 **MONTREUIL**

Lassal MILOUD (Directeur des programmes)

Genre(s) musical(aux) : Musiques berbères

CAPYTOL
✆ **08 92 70 02 31**
contact@capytol.com • **capytol.com**
Route de Bellegarde • 31530 **THIL**

Benoît HUTIN (Directeur des programmes) • Corinne HUTIN (Directrice commerciale)

Genre(s) musical(aux) : Hits • **Types de programmes** : Dédiée aux lieux sonorisés (ambiance de lieux commerciaux)

CLICK'N'ROCK
chris@clicknrock.fr • **www.clicknrock.fr**
19bis rue du Dr Charcot • 94500 **CHAMPIGNY SUR MARNE**

Christophe THIELMANN (Président) • Frédéric PIERRE (Directeur d'antenne) • Olivier COLLET (Responsable de la rédaction)

Genre(s) musical(aux) : Pop, rock, variété, musique auto-produite • **Cible** : 20-45 ans • **Types de programmes** : Musique, divertissement, information, émissions en direct, accueil d'invités, interactions avec les auditeurs • **Régie publicitaire** : Proxirégie • **Captation et diffusion de concerts** : Occasionnellement • **Podcast** : Oui

DOGMAZIC
contact@dogmazic.net • **www.dogmazic.net**
c/o Association Musique Libre • 3 rue Burdeau • 69001 **LYON**

Alain IMBAUD (Président) • Etienne ROUGE (Trésorier) • Simon CHANSON (Secrétaire)

Genre(s) musical(aux) : Généraliste • **Types de programmes** : Musique sous licence libre • **Podcast** : Non

ENJOY STATION
✆ **04 70 97 78 38 / 01 77 62 34 56** • fax 08 11 48 98 72
contact@enjoystation.net • **www.enjoystation.net**
3 rue Pasteur • 03300 **CUSSET**

Romain CHIECHIO (Directeur général)

Genre(s) musical(aux) : Rap/r'n'B, pop/rock, électro/dance • **Cible** : 16-45 ans • **Types de programmes** : Top hits, dédicaces, people

FG DJ RADIO
✆ **01 40 13 88 00** • fax 01 40 13 88 01
team@radiofg.com • **www.radiofg.com**
51 rue de Rivoli • 75001 **PARIS**

Antoine BADUEL (Directeur général) • Sylvain FEREY (Directeur technique) • Grégory SOUTY (Chef d'antenne) • Christophe HUBERT (Rédacteur en chef)

Genre(s) musical(aux) : Musiques électroniques, house, techno • **Cible** : 15 - 35 ans • **Régie publicitaire** : 01 44 75 90 90 • **Podcast** : Non

Radio FLEMME
✆ **01 53 79 28 25 / 06 62 09 87 16**
contact@radioflemme.com • **www.radioflemme.com**
c/o Union des Musiciens de Jazz • 19 rue des Frigos • 75013 **PARIS**

Guillaume RICHARDOT (Président) • Benoit DUMAS (Directeur technique) • Francois CHASSIGNEUX (Responsable Informatique et diffusion) • Bruno LORENZI (Programmateur)

Genre(s) musical(aux) : Soft, world, country, jazz, chanson • **Cible** : 25-50ans • **Types de programmes** : Music & news • **Captation et diffusion de concerts** : Oui

FRÉQUENCE 3
contact@frequence3.fr • **www.frequence3.fr**
15 rue des Ribains • 37300 **JOUE LES TOURS**

Alexandre MARTINAT (Président) • Ludovic LATAILLADE (Coordinateur antenne) • Cécile BARBOT (Responsable de la communication) • Olivier MOREL (Responsable technique)

Genre(s) musical(aux) : Hits, tubes actuels, Pop, rock, gold, top40, R&B • **Cible** : 15-35 ans • **Types de programmes** : Top 40, mix, show avec invités • **Régie publicitaire** : AdsWizz • **Captation et diffusion de concerts** : Retransmission de soirées en direct • **Podcast** : Oui

Radio FRTV
✆ **04 50 49 94 99 / 09 81 30 43 28**
contact@radiofrtv.com • **www.radiofrtv.com**
1673 Route de La Plagne • 74110 **MORZINE**

Eric FEIG (Président fondateur)

Genre(s) musical(aux) : Généraliste, dance, électro • **Cible** : Ts • **Podcast** : Ustream

GÉNÉRATION SOUL DISCO FUNK
webmaster@generationdiscofunk.com • **generationdiscofunk.com**

Philippe ESQUIROL (Vice-président Responsables des programmes, Community manager)

Genre(s) musical(aux) : Soul, disco, funk • **Cible** : 25/50 ans • **Types de programmes** : Playlists, mixs, lives, événements • **Régie publicitaire** : Proxirégie • **Captation et diffusion de concerts** : Oui

GOOM RADIO
✆ **01 41 14 53 53**
contact@goomradio.com • **www.goomradio.com**
6-8 rue Troyon • 92310 **SEVRES**

Roberto CIURLEO (Président) • Frédéric PAU (Responsable des programmes) • Kévin COLIN (Directeur de la communication)

Genre(s) musical(aux) : Tous genres • **Cible** : 12-77 ans • **Types de programmes** : Musique, news

La GRANDE RADIO.FR

✆ 06 77 93 30 09
lagranderadio@gmail.com • **www.lagranderadio.fr**
146 av. Gustave Eiffel • 33560 **STE EULALIE**

Frédéric DUSSARRAT

Genre(s) musical(aux) : Ts styles • **Types de programmes** : Webradio à la carte (Bordeaux / Gironde) • **Captation et diffusion de concerts** : Oui • **Podcast** : Oui

La GROSSE RADIO

✆ 01 83 62 74 11
mallis@lagrosseradio.com • **www.lagrosseradio.com**
383 Avenue des Sablons • 78370 **PLAISIR**

Franck MILCENT - MALLIS (Président)

Genre(s) musical(aux) : Rock, metal et reggae • **Cible** : Passionnés de rock, metal et reggae • **Régie publicitaire** : Proxirégie • **Captation et diffusion de concerts** : Non • **Podcast** : Oui

HOT MIX RADIO

✆ 01 41 12 01 01
contact@hotmixradio.fr • **hotmixradio.fr**

Olivier RIOU (Gérant) • Hervé COCTO (Animateur)

Genre(s) musical(aux) : 12 webradios : dance, hits, rock, nouveautés, 80's, 90's, funk, soleil, chanson française, metal, variété japonaise, soul • **Types de programmes** : Playlists, interviews • **Régie publicitaire** : Adionomy Régie • **Podcast** : Oui

HOTMIX RADIO

✆ 08 11 14 01 11
contact@hotmixradio.fr • **www.hotmixradio.fr**

Alexandre SABOUNDJIAN (Gérant) • Olivier RIOU (Directeur de la programmation musicale)

Genre(s) musical(aux) : 9 webradios : Dance, Hits, Rock, Années 80, Années 90, Funky, Frenchy, Métal, Japan • **Types de programmes** : Musique et talk show • **Régie publicitaire** : Proxi Régie • **Captation et diffusion de concerts** : Non

INFOCONCERT RADIO

✆ 04 72 10 15 36 • fax 04 78 30 46 46
festival@infoconcert.com • **www.infoconcert.com**
40 quai Rambaud • 69002 **LYON**

Thierry PRAS (Responsable site, contenu et éditorial) • Mélanie BRELOT (Responsable marketing et partenariats)

Genre(s) musical(aux) : Chanson française, pop/rock, variété internationale, musiques métissées, reggae, hip hop, jazz, humour, classique, spectacles musicaux, jeune public • **Types de programmes** : 4 flux radio live : Best of live, Franco live, Alternativ' live, Memory live • **Régie publicitaire** : Infoconcert.com • **Captation et diffusion de concerts** : Non

IONOSPHÈRE

✆ 03 68 68 53 19 • fax 09 57 28 56 78
info@ionosphere.fr • **www.ionosphere.fr**
4 rue de la Lisière • 67500 **HAGUENAU**

Alain MOITRY (Président)

Genre(s) musical(aux) : 12 chaines couvrant toutes les musiques actuelles • **Cible** : Tous les amateurs de musique • **Types de programmes** : Musique, interviews, chroniques • **Régie publicitaire** : Oui • **Captation et diffusion de concerts** : Oui • **Podcast** : Prévu prochainement

JAJACLUB

contact@jajaclub.net • **www.jajaclub.net**
13 rue Angélique Compoint • 75018 **PARIS**

François LE NOUENE (Coordinateur / Programmateur) • Philippe DIAS (Graphiste / Programmateur) • Joel FOULET (Rédacteur / Programmateur) • Simon RICO (Rédacteur / Programmateur)

Genre(s) musical(aux) : Hits, eclectics & more ! (jazz, funk, hip hop, reggae, world, électro, chanson, etc.) • **Types de programmes** : Mixs, créations sonores • **Captation et diffusion de concerts** : Oui • **Podcast** : https://itunes.apple.com/fr/podcast/jajaclub-podcast/id440646698

KIKOO RADIO

✆ 06 32 21 16 54
contact@kikooradio.fr • **www.kikooradio.fr**
72 rue de Gazonfier • 72000 **LE MANS**

Yann MASSART (Fondateur) • Antoine BLANC (Conseiller artistique) • Yann REYNAUD (Technicien réseau)

Genre(s) musical(aux) : Reggae, musiques du monde, chanson • **Cible** : 15-35 ans • **Types de programmes** : Musique 24h/24h, émissions spéciales, interviews • **Régie publicitaire** : Interne

LIVERADIO

✆ 01 57 36 12 84
www.liveradio.fr
c/o France Telecom • 48 rue Camille Desmoulins
92130 **ISSY LES MOULINEAUX**

Genre(s) musical(aux) : Tous • **Cible** : Tout public • **Types de programmes** : 20 000 radios et podcasts • **Régie publicitaire** : Orange

M2 GROUP

contact@loicmounier.com • **m2radio.fr**

Loïc MOUNIER (Fondateur / éditeur) • Alexandre MARTINAT (Programmateur) • Alexis THIEBAUT (Programmateur) • Bertrand BICHON (Programmateur) • Krystof KOLESKY (Programmateur) • Amy Alice MONKMAN (Programmatrice)

Genre(s) musical(aux) : 12 webradios : hits, eletro, fresh, rock, loundge, jazz, reggae, classique, variété, 90's, 80's, 70's • **Types de programmes** : Playlists

Radio MCD

✆ 01 56 77 04 00 • fax 01 56 77 04 09
info@digitalmcd.com • **www.digitalmcd.com**
c/o La Lettre du Musicien • 8 rue Général Renault • 75011 **PARIS**

Laurent DIOUF (Programmateur) • Erwan LEPORT (Chargé de communication internet)

Genre(s) musical(aux) : Electronique, Dub, Minimal techno • **Régie publicitaire** : info@digitalmcd.com • **Captation et diffusion de concerts** : Oui

Radio MEUH

contact@radiomeuh.com • **www.radiomeuh.com**
14 rue du Pré Paillard • PAE Les Glaisins • 74940 **ANNECY LE VIEUX**

Types de programmes : Musique

MFM RADIO

✆ 04 72 10 15 30 • fax 04 78 30 46 46
mfm@mfm.fr • **www.mfm.fr**
40 quai Rambaud • 69002 **LYON**

Guillaume ROLLET (Programmateur)

Types de programmes : 13 webradios thématiques • **Captation et diffusion de concerts** : MFM Radio Live

NOSTALGIE

✆ 01 40 71 40 00 • fax 01 40 71 40 40
www.nostalgie.fr/radio/radio_webradios.html
22 rue Boileau • 75016 **PARIS**

Fabrice KOST (Directeur)

Genre(s) musical(aux) : 13 webradios thématiques : Nostalgie Rock, Top 100, Soul, American legend, Best of 60's, Best of 70's, Best of 80's, British attitude, Chansons françaises, Disco, Slows de légende • **Cible** : 35 ans et + • **Types de programmes** : Flux musical • **Podcast** : Oui

NRJ

✆ 01 40 71 40 00 • fax 01 40 71 41 36
pnom@nrj.fr • **www.nrj.fr/radio-510/webradios-nrj-513/webradio**
22 rue Boileau • 75203 **PARIS CEDEX 16**

Genre(s) musical(aux) : 159 webradios • **Cible** : 15-34 ans • **Types de programmes** : Playlist

OMBILIKAL

info@ombilikal.org • **webradio.ombilikal.org**

Christophe DE GROEVE (Référent)

Genre(s) musical(aux) : Drum and bass, dubstep, breakbeat, électro, dub, etc. • **Cible** : Promotion d'artistes et labels indépendants. Aide à la création et au développement de projets artistiques numériques • **Types de programmes** : Emissions internationales (Russie, Roumanie, Angleterre, Italie, Mexique, Australie) • **Captation et diffusion de concerts** : Oui • **Podcast** : Oui

ONLY1

✆ 03 28 36 41 86
contact@only1.fr • **only1.fr**
17/3 rue Pasteur • 59560 **COMINES**

Jérémy KOVEN (Responsable de la programmation)

Types de programmes : Mixs et émissions

OTORADIO

✆ **01 57 21 29 80**
alexis@otoradio.com • **www.otoradio.com**
55 av. Laplace • 94110 **ARCUEIL**

Alexis RAPOSO (Président de l'association)

Radioweb Paris-Banlieue Sud • **Genre(s) musical(aux)** : Généraliste/ eclectique, axée sur les nouveaux et jeunes talents • **Cible** : Radio de proximité sur Paris-Banlieue sud • **Types de programmes** : Culturel, loisir, jeux, divertissement, voyage, ateliers radiophoniques • **Régie publicitaire** : Sans pub • **Captation et diffusion de concerts** : Oui occasionnellement (Concert à Bagneux, Cachan, Arcueil, L'Haÿ-Les-Roses) • **Podcast** : Possibilité d'écouter l'émission en ligne (avec et sans téléchargement possible)

OUIFM.FR

✆ **01 55 28 14 14** • fax 01 55 28 14 35
webmaster@ouifm.fr • **www.ouifm.fr**
Passage du Cheval Blanc • 2 rue de la Roquette • Cour de mai • 75011 **PARIS**

Emmanuel RIALS (Directeur général) • Alann HERY (Directeur technique & nouveaux médias) • Jean-Patrick LAURENT (Directeur de la musique) • Audrey LEVY (Responsable de la promotion et communication) • Marion CATHERIN (Assistante de programmation)

Genre(s) musical(aux) : 5 webradios thématiques : rock, alternatif, blues, indé, collector • **Cible** : 25-49 ans • **Types de programmes** : Playlists • **Régie publicitaire** : Proxyrégie • **Captation et diffusion de concerts** : Concerts + Clip • **Podcast** : Oui

Radio OUTRE-MER 1ÈRE

✆ **01 55 22 71 00** • fax 01 55 22 73 26
www.radioo.fr
35/37 rue Danton • 92240 **MALAKOFF**

Rémy PFLIMLIN (PDG de France TV) • Gérard MOULINET (Directeur des radios) • Laurence ANSAY (Directrice de la communication externe) • Claude SCHIFFMAN (Directeur des moyens et du développement de France Ô et Outre-mer 1ère)

Genre(s) musical(aux) : Musiques de l'Outre-mer • **Cible** : Grand public • **Types de programmes** : Musicaux et d'information • **Captation et diffusion de concerts** : Délocalisation du studio sur des événements

PARIS ONE

contact@paris-one.com • **paris-one.com**
119 av. Edouard Herriot • 92350 **LE PLESSIS ROBINSON**

Sébastien PETIT (Président) • Frédéric FOCHESATO (Vice-président)

Genre(s) musical(aux) : 6 webradios : Club, Reverse, Deeper, Trance, Dance, Eclectic • **Cible** : 15-35 ans • **Types de programmes** : Promotion des remixeurs et Dj's • **Régie publicitaire** : Microsoft Advertising

PLAY MISTY FOR ME

rjounin@streampower.biz • **playmisty4.me**

Rémy JOUNIN (Programmateur)

Genre(s) musical(aux) : Jazz, nu-jazz, love's rock, ragga • **Types de programmes** : Playlists

RADIO CUBANA

✆ **09 75 79 25 45 / 06 09 51 41 02**
hugheau@yahoo.fr • **www.radio-cubana.com**
Route des Cannes - Scaglione • 20166 **PORTICCIO**

Hughes EVRARD (Créateur Animateur)

Genre(s) musical(aux) : Musiques cubaines (tous les genres) • **Cible** : Tous publics • **Types de programmes** : 100 % Musica Cubana • **Régie publicitaire** : Radionomy

LA RADIO PARISIENNE

✆ **01 77 62 75 27**
contact@laradioparisienne.fr • **www.laradioparisienne.fr**
c/o Leparf Prod • 21 Av Jean Lolive • 93500 **PANTIN**

Rémy JOUNIN (Rédacteur en chef)

Genre(s) musical(aux) : Hits, Variétés française et internationale • **Cible** : Parisiens, expatriés français

RADIO TOP SIDE

✆ **04 93 97 86 52**
contactradiotopside@gmail.com • **radiotopside.com**
12/14 av des Acacias • 06500 **MENTON**

Jérôme BELLINI (Contact)

Genre(s) musical(aux) : House, disco, funk, electro, hip hop, soul • **Cible** : 25-50 ans • **Types de programmes** : Musique & talk show, live dj • **Régie publicitaire** : Non • **Captation et diffusion de concerts** : Live dj

RADIONOMY

✆ **0032 2 526 20 50** • fax 00 32 2 539 07 12
info@radionomy.com • **www.radionomy.com**
Bd International 55 • 1070 **BRUXELLES (BELGIQUE)**

Alexandre SABOUDJIAN (Fondateur / Directeur général / Directeur financier) • Thierry ASCAREZ (Directeur du marketing)

Genre(s) musical(aux) : Tous • **Régie publicitaire** : Adionomy

RDM RADIO

contact@rdmradio.fr • **www.rdmradio.fr**
10 rue Tristan Corbière • 35235 **THORIGNE FOUILLARD**

Pierre HESRY (Directeur) • Elodie YVON (Directrice de la musique)

Genre(s) musical(aux) : Pop, rock, nouveaux talents • **Cible** : 15-50 ans • **Types de programmes** : Musique, reportages et actualités • **Régie publicitaire** : Adionomy • **Podcast** : Oui

RFI MUSIQUE

✆ **01 84 22 79 95**
rfimusique@rfi.fr • **www.rfi.fr/bqpr/fr/pages/001/accueil.aspx**
80 rue Camille Desmoulins • 92130 **ISSY LES MOULINEAUX**

Christophe NICOLAIDIS (Responsable de production musicale) • Eric FRANÇAIX (Programmateur musical) • Jean-Baptiste VOILLEMIN (Programmateur Cultures Mix) • Pierre RENE WORMS (Responsable iconographie)

Radio France Internationale • **Genre(s) musical(aux)** : Pop, world music, jazz, chanson, musiques africaines • **Cible** : 25-49 ans • **Types de programmes** : Des playlists francophone, world Afrique, « Ils chantent Brassens », « Ils chantent Bécaud », « Planète Django », etc.

RFM

✆ **01 42 32 20 00**
mickael.bois@virginradio.fr • **www.rfm.fr/#/Webradios**
28 rue François 1er • 75008 **PARIS**

Gilles MOREAU (Directeur de la programmation musicale) • Aurélia BEAULIEU (Attachée de presse)

Genre(s) musical(aux) : 3 webradios thématiques : RFM Collector, Night Fever, New Wave 80 • **Cible** : 30-49 ans • **Types de programmes** : Playlists • **Régie publicitaire** : Lagardére Active Publicité

RIDER RADIO

✆ **07 85 51 40 52**
contact@rider-radio.com • **www.rider-radio.com**
RR Unlimited • 5 rue Davy • 75017 **PARIS**

Thomas ROUTIER (Directeur de la publication) • Viktor BAILLET (Directeur général)

Genre(s) musical(aux) : Hip hop, musiques électroniques, funk, soul, bass music, musique du monde • **Cible** : 15-45 • **Types de programmes** : Emissions, itw, itw interactives, sessions live, articles • **Captation et diffusion de concerts** : Oui

TOP FM GROUP

✆ **09 60 45 97 27 / 06 08 34 61 09**
radio@top-fm.com • **www.top-fm.com**
7 imp. de Ker Beautemps • 85350 **L'ILE D'YEU**

Stéphane GUINOT (Directeur de la publication)

Genre(s) musical(aux) : New age, celtic, pop • **Cible** : 3 webradios : live, ambient, variety • **Types de programmes** : Actualité musicale, concerts • **Régie publicitaire** : ATL consulting • **Captation et diffusion de concerts** : Oui

TRACE RADIO

✆ **01 77 68 05 20** • fax 01 77 68 05 21
nduroy@trace.tv • **www.goomradio.fr/radio/trace-radio**
73 rue Henri Barbusse • 92110 **CLICHY**

Nicolas DUROY (Directeur d'antenne et de la stratégie musicale)

Genre(s) musical(aux) : Musiques urbaines (rap, R&B, zouk, électro, dance, hip hop, ragga, rap, raï, etc.) • **Types de programmes** : Reportage, concerts, Itw d'artistes, albums, etc. • **Captation et diffusion de concerts** : Diffusion

VIRGIN WEBRADIOS

✆ **01 47 23 10 00** • fax 01 47 23 10 71
www.virginradio.fr/#/Webradios
26 bis rue François Ier • 75008 **PARIS**

Frédéric PAU (Directeur des programmes et de l'antenne) • Stéphane ROUX (Directeur des programmes et de l'antenne)

Genre(s) musical(aux) : 7 webradios thématiques : live, festivals, pop-rock, alternatif, new wave, scène française, 90's • **Cible** : 15-40 ans • **Podcast** : Oui

W3 BLUES RADIO

bluesradio@free.fr • **www.w3bluesradio.com**

Phil BONIN (Co-fondateur) • Mike LÉCUYER (Co-fondateur)

Genre(s) musical(aux) : Première webradio française 100 % blues • **Types de programmes** : « Blues Covers », « Bring your Ass », « Hot Time », « Blues Café », « Nina on the Rocks » • **Podcast** : www.podcast.bluesfr.net

La WEB RADIO DES ALLUMÉS DU JAZZ

✆ **02 43 28 31 30**
all.jazz@wanadoo.fr • **www.allumesdujazz.com**
c/o Les allumés du Jazz • 2 rue de la Galère • 72000 **LE MANS**

Valérie CRINIÈRE (Responsable de la communication et VPC) • Cécile SALLE (Comptable)

Genre(s) musical(aux) : Jazz et musiques improvisées • **Types de programmes** : Titres extraits du catalogue de CDs distribués par les Allumés du jazz et enchainées aléatoirement

WIDOOBIZ

✆ **01 43 15 48 33**
contact@widoobiz.com • **www.widoobiz.com**
14/16 rue Soleillet • 75020 **PARIS**

Julien NORONHA (Gérant)

Genre(s) musical(aux) : Business • **Cible** : Entrepreneurs/freelances, cadres, dirigeants • **Types de programmes** : Emissions et chronique dédiées à la création et au développement de l'entreprise • **Régie publicitaire** : publicite@widoobiz.com • **Podcast** : Oui

YASOUND

✆ **06 07 98 82 29**
info@yasound.com • **www.yasound.com**
144 rue des Poissonniers • 75018 **PARIS**

Sébastien MÉTROT (Directeur technique) • Astrid FRONTEAU (Responsable de la communication)

Genre(s) musical(aux) : Tous • **Régie publicitaire** : partenariat@yasound.com

ZE RADIO

✆ **06 88 45 06 09** • fax 09 56 18 01 01
contact@zeradio.net • **www.zeradio.net**
3 passage des Turbulents • 27100 **VAL DE REUIL**

David SLAMA (Resp. prog)

Genre(s) musical(aux) : 30 % nouveautés, variété rock-pop • **Types de programmes** : Emissions, contes, chroniques • **Captation et diffusion de concerts** : Oui • **Podcast** : Oui

ZE RADIO KIDS

✆ **06 88 45 06 09** • fax 09 56 18 01 01
contact@zeradio.net • **zeradio.net/kids**
3 passage des Turbulents • 27100 **VAL DE REUIL**

David SLAMA (Resp. prog)

Genre(s) musical(aux) : Musique de dessins animés pour enfants • **Cible** : 0-12 ans • **Types de programmes** : Emissions

Radio ZERO ZERO

✆ **01 49 23 51 00**
radiozerozero@gmail.com • **www.radiozerozero.com**
Bar zero zero • 89 rue Amelot • 75011 **PARIS**

Nicolas KEAT

Genre(s) musical(aux) : Ts genres • **Types de programmes** : Mix, megashuffle

A2PRL

✆ **05 67 20 68 50**
frederic.pimenta@a2prl.fr • **www.a2paudio.com**
9 rue Ritay • 31000 **TOULOUSE**
Frédéric PIMENTA (Directeur de la programmation musicale)

AFP Audio • **Nombre de références** : 200 radios abonnées • **Format** : FTP : flashs, journaux, chroniques, flashs sur mesures, etc. • **Cible** : Tt public • **Couleur de la programmation musicale** : Rock, variété nationale et internationale, nouveautés, format jeune et adulte • **Mode de diffusion** : Eutelsat, IP

FRANCOPHONIE EXPRESS

✆ **(+1) (514) 984 0622**
contact@francophonieexpress.com • **francophonieexpress.com**
3535 av. Papineau • Bur. 1014 • M2K 4J9 **MONTREAL (CANADA)**
Louis MOUBARAK (Directeur)

Nombre de références : 26 radios • **Format** : Programme Francophonie Express qui présente toutes les facettes de la chanson francophone à travers le monde • **Cible** : 15-60 • **Couleur de la programmation musicale** : Francophone • **Médias partenaires (diffuseurs)** : RFI, Coppelia, CAM • **Mode de diffusion** : Radio et webradio

GETTY IMAGES - PUMP AUDIO

✆ **08 05 11 14 13**
www.gettyimages.com
4 bd Poissonnière • 75009 **PARIS**
Simone MAZER (Directrice)

Nombre de références : Plus de 30000 au sein du service Pump Audio et du service Premium Playlist • **Format** : Son & image • **Cible** : Productions audiovisuelles & agences de publicité

MUSICMATIC

✆ **01 43 48 43 05 / 01 43 48 25 90** • fax 01 43 48 61 31
mmfrance@musicmatic.com • **www.musicmatic.com**
22 rue de la Paix • 75002 **PARIS**

Médias partenaires (diffuseurs) : 800 points de ventes dans 19 pays dans le monde

Association PORTE-VOIX / RADIO CINQ

✆ **03 80 74 30 88**
pvprodutions@free.fr • **pvprod.free.fr**
10 rue Heudelet • 21000 **DIJON**
Christian AYME (Président directeur d'antenne) • Michel LECANTE (Rédacteur en chef / directeur de la communication)

Nombre de références : 500 • **Format** : 60 et 15 mn • **Cible** : De 7 à 77 ans • **Couleur de la programmation musicale** : Musiques actuelles, musiques du monde, jazz, musiques expérimentales, etc. • **Médias partenaires (diffuseurs)** : Canal sud, Radio Aria, Radio Plaisance, Radio Pays d'Hérault, Radio Alpine Meilleure, Périgueux 103, Résonance, Visages, RVM, Saint-Affrique, Grésivaudan, Declic FM, Alternatives FM, Radio contact, Ornithorynque, Radio D4B, radio d'ici, radio Agora, radio Giffre, radio Samoëns • **Mode de diffusion** : Format MP3 à télécharger, fourniture gratuite des émissions

RFI MEDIAS PARTENAIRES PRODUCTION MUSICALE

✆ **01 84 22 79 95**
christophe.nicolaidis@rfi.fr • **www.rfimusique.com**
80 rue Camille Desmoulins • 92130 **ISSY LES MOULINEAUX**
Christophe NICOLAIDIS (Responsable Production musicale & Relationnel Label)

Radio France Internationale • **Nombre de références** : 84/an • **Format** : Programmes radiophoniques thématiques et en kit • **Cible** : Radios étrangères partenaires • **Couleur de la programmation musicale** : Tous styles • **Médias partenaires (diffuseurs)** : 500 dans le monde • **Mode de diffusion** : Internet et satellite

SOPHIA

✆ **01 56 40 19 27** • fax 01 56 40 19 67
eric.duval-valachs@radiofrance.com • **www.rfsophia.com**
Radio France • 116 av. du Pdt Kennedy • 75220 **PARIS CEDEX 16**
Éric DUVAL-VALACHS (Délégué) • Anne-Marie DESGARDIN (Assistante) • Guillaume TABEAU (Relations abonnés) • Jean-Yves BONNARDEL (Programmateur musical)

Banque de programmes de Radio France • **Nombre de références** : 60 abonnés, 120 fréquences • **Format** : Music & news, généraliste • **Cible** : 25 à 35 ans • **Couleur de la programmation musicale** : Chanson, variétés, variétés internationales, nouveaux talents • **Mode de diffusion** : FTP, Sophiabox

SOUNDEEZER

✆ **01 55 80 69 00** • fax 01 55 80 69 01
job@deezer.com • **www.deezer.com**
108 rue de Richelieu • 75002 **PARIS**
Axel DAUCHEZ (PDG)

Couleur de la programmation musicale : 10 playlists • **Médias partenaires (diffuseurs)** : 700 restaurants McDonald • **Mode de diffusion** : Boitiers hors connexion

FERALISTE

✆ **02 23 48 62 78** • fax 02 99 14 25 15
contact@ferarock.org • **www.ferarock.org**
9/11 rue de Dinan • 35000 **RENNES**

Dominique MARIE (Président) • Camille FROGER (Chargée des partenariats)

Description : Classement des albums et EP les plus diffusés sur les radios de la FERAROCK (100 titres) • **Système de compilation des résultats** : Compilation des airplays des radios FERAROCK • **Fréquence** : Mensuel • **Médias sondés** : Radios membres de la FERAROCK, ttes les infos sur www.ferarock.org • **Support de publication** : Inrockuptibles, Guitare Mag, fanzines divers, site internet FERAROCK

MEDIA FOREST

✆ **01 42 78 57 44 / 06 50 92 29 67**
contact@mediaforest-france.com • **www.mediaforest-france.com**
161 rue du Temple • 75003 **PARIS**

Eric JAOUI (Directeur général)

Description : Classement top 100 (Click&Track) ; classement des meilleures ventes en ligne de tickets de concerts en regroupant les résultats des plus grandes plateformes de vente en ligne (Click&Live) • **Système de compilation des résultats** : Temps réel • **Médias sondés** : 62 radios et 20 chaines de télévisons

NOOMIZ

✆ **01 42 51 25 77**
contact@noomiz.com • **www.noomiz.com**
7 rue André Messager • 75018 **PARIS**

Antoine EL IMAN (Président) • Thomas ARTIGUEBIEILLE (Directeur général)

Type de classement : Classement des artistes émergents inscrits sur la plateforme • **Mode de sondage** : Mesure l'adhésion des internautes à la musique, en s'appuyant sur une technologie de traitement de l'information baptisée NRank®. Cette technologie mesure de façon qualitative les audiences réalisées sur les blogs, réseaux sociaux, sites officiels, etc. • **Fréquence** : Mensuelle • **Support de publication** : Noomiz.com • **Particularités** : Mesure qualitative tenant compte du comportement de l'auditeur

Le PALMARÈS INTERNATIONAL DES MUSIQUES DE L'ESPACE FRANCOPHONE

✆ **01 53 36 77 77** • fax 01 53 36 77 78
prod@francodiff.org • **www.francodiff.org**
c/o Francophonie Diffusion • 1 rue Keller • 75011 **PARIS**

Marie-Christine BLOCH (Directrice) • Olivier JABOIN (Adjoint de direction)

Description : Palmarès mensuel et annuel établi à partir des playlist des radios partenaires de Francophonie Diffusion • **Mode de sondage** : Déclaratif • **Critères de sélection** : Partenariat • **Fréquence** : Mensuel et annuel • **Médias sondés** : 700 radios partenaires • **Support de publication** : Papier, mailing, site officiel et sites communautaires (Facebook, Twitter, MySpace, etc.)

Le PALMARÈS INTERNATIONAL DES TÉLÉCHARGEMENTS

✆ **01 53 36 77 77** • fax 01 53 36 77 78
francodiff@francodiff.org • **www.francodiff.org**
c/o Francophonie Diffusion • 1 rue Keller • 75011 **PARIS**

Marie-Christine BLOCH (Directrice) • Matthieu GUEGUEN (Webmaster) • Olivier JABOIN (Adjoint de direction)

Description : Palmarès des titres les plus téléchargés par les radios partenaires de Francophonie Diffusion • **Mode de sondage** : Déclaratif. Décompte • **Critères de sélection** : Partenariat • **Fréquence** : Bimensuel • **Médias sondés** : 700 radios partenaires • **Support de publication** : www.francodiff.org

QUOTA

✆ **02 99 79 23 23**
quota@wanadoo.fr • **www.radiorennes.fr/radio-rennes/quota**
c/o radio Rennes • 3 rue Beaumanoir • BP 90205
35102 **RENNES CEDEX 3**

Gabriel AUBERT (Président) • Christine MAUDET (Secrétaire)

Description : Classement de 35 artistes francophones reflétant la diffusion sur les antennes de 15 radios associatives, membres de l'association Quota • **Mode de sondage** : Déclaratif, playlist francophone des radios • **Critères de sélection** : Radios travaillant, entre autres, sur la chanson francophone • **Fréquence** : Mensuel • **Médias sondés** : Alternantes FM (Nantes), LNA Radio (radio web et temporaire), Radio Association (Montauban), Radio Campus Lille (Lille), Radio Club (Valenciennes), Radio Evasion (St-Méen-le-Grand), Radio FM 43 (Yssingeaux), Radio Kaléidoscope (Grenoble), Radio Mon Païs (Toulouse), Radio Pulsar (Poitiers), Radio Rennes (Rennes), Radio Résonance (Bourges), Radio Val de Reins (Amplepuis), Radio Zéma (St-Chély-d'Apcher), RFL 101 (Luynes) • **Support de publication** : Armor Magazine, Je Chante !

Le TRENTE DE FRANCE

✆ **02 23 48 62 78** • fax 02 99 14 25 15
contact@ferarock.org • **www.ferarock.org**
9/11 rue de Dinan • 35000 **RENNES**

Dominique MARIE (Président)

FERAROCK • **Description** : Classment des albums et EP d'artistes français et francophones les plus diffusés sur les radios de la FERAROCK • **Fréquence** : Mensuel • **Médias sondés** : Radios membres de la FERAROCK, ttes les infos sur www.ferarock.org • **Support de publication** : Francofans, CD1D, mailings

CSA

✆ **01 57 00 58 00**
info@csa.eu • **csa.eu**
Imm. Optoma - Bât. C • 10 rue Godefroy • 92800 **PUTEAUX**

Bernard SANANES (Président) • Etienne GIROS (Directeur Général) • Henri BOULAN (Vice-président) • Ketty DE FALCO (Global business manager) • Léda BONTOSOGLOU (Responsable de la communication)

Services fournis : Méthodologies qualitatives et quantitatives, études adhoc, recueil : face à face, téléphone, online, smartphone

GFK RETAIL AND TECHNOLOGY FRANCE

✆ **01 74 18 62 04** • fax 01 47 14 44 99
gfk@gfk.com • **www.gfk.com**
40 rue Pasteur • CS 30007 • 92156 **SURESNES CEDEX**

Laurent DONZEL (Directeur de clientèle biens culturels) • Marie-France RIGGI (Consumer Choices)

Services fournis : - Panels de distributeurs biens durables et Entertainment - Panels de consommateurs Entertainment • **Types de produits enquêtés** : Panel distributeurs CD audio portant sur l'exhaustivité des références vendues • **Fréquence des résultats** : Mensuelle et hebdomadaire

KANTAR MEDIA

✆ **01 30 74 80 80** • fax 01 30 74 80 29
prenom.nom@kantarmedia.com • **www.kantarmedia.com**
2 rue Francis Pédron • BP 3 • 78241 **CHAMBOURCY CEDEX**

Walter PATANELLA (Directeur général Europe) • Nadine SZYF-BELEY (Directrice internationale marketing & communication) • Nicolas LAUGIER (Directeur du pôle information) • Christine BITSCH (Directrice du pôle études media) • Sophie LE BARAZER (Directrice commerciale en charge du projet musique)

Institut d'études • **Services fournis** : Exploration des médias (presse, radio, TV, internet, cinéma, affichage extérieur, téléphonie mobile, média courrier, média tactique et de proximité) à l'échelle internationale, 24h/24, 7/7 ; outils et diagnostics : veille des investissements & des créations publicitaires, revue de presse & analyse des couvertures médiatiques, mesure d'impact & d'efficacité des actions de sponsoring ; études média-consommation • **Types de produits enquêtés** : Tous • **Références** : Prestataire du Snep pour la gestion et la commercialisation de sa base de données ; prestataire du CSA pour la mesure des quotas de diffusion de chansons françaises sur les stations de radio • **Fréquence des résultats** : Quotidienne, hebdomadaire, mensuelle

MEDIA FOREST

✆ **01 42 78 57 44 / 06 50 92 29 67**
contact@mediaforest-france.com • **www.mediaforest-france.com**
161 rue du Temple • 75003 **PARIS**

Eric JAOUI (Délégué général)

Services fournis : Spécialiste de la pige musicale, propose toute une série d'outils online destinés aux professionnels de la musique et aux artistes leur permettant d'obtenir des informations personnalisées et précises, en temps réel et à un moindre coût, sur leur diffusion musicale, classement top 100 (Click&Track) ; calcul en temps réel du montant des droits de diffusions des artistes basé sur le barème €/s de la Sacem (Click&Cash) ; classement des meilleures ventes en ligne de tickets de concerts en regroupant les résultats des plus grandes plateformes de vente en ligne (Click&Live) • **Types de produits enquêtés** : 62 radios et 20 chaines de télévisons • **Mode de sélection** : Tracking en temps réel • **Fréquence des résultats** : Temps réel

MÉDIAMÉTRIE

✆ **01 47 58 97 58** • fax 01 47 58 09 26
www.mediametrie.fr
Direction de la Communication • 70 rue Rivay
92532 **LEVALLOIS PERRET CEDEX**

Bruno CHETAILLE (PDG) • Jacques BRAUN (Directeur éxecutif eurodata TV Worlwide) • Benoît CASSAIGNE (Directeur exécutif & mesure d'Audience) • Laurent BATTAIS (Directeur exécutif / direction performances & cross média) • Charles JUSTER (Directeur de la communication) • Laure OSMANIAN MOLINERO (Relations presse) • Arnaud ANNEBICQUE (Radio)

Services fournis : Mesure d'audience de la radio, TV, cinéma, internet, multimédia et autres médias, Audience de la télévision (Médiamat, MédiaCabSat, etc.), internet (Médiamétrie/Netrating, Médiamétrie-eStat), Le Cinéma (75000 Cinémas, Cinépro avec Nidsen EDJ); études d'environnement (Media In Life, La Référence des Equipements Multimédia avec GFK, etc.); l'audience de la télévision dans plus de 80 pays avec Eurodata TV Worlwilde. L'étude Cross Médias • **Types de produits enquêtés** : 126 000 radios : mesure permanente de l'audience des dernières 24h de la radio en France, panel radio (connaître en profondeur le comportement d'écoute) ; Médialocales : mesure permanente de l'audience de la radio des 15 ans et +, sur 91 agglomérations, 58 départements et 20 régions • **Mode de sélection** : Mesure et description selon des critères sociodémographiques de consommation et de possession

TNS SOFRES

✆ **01 40 92 66 66** • fax 01 42 53 91 16
www.tns-sofres.com
138 av. Marx Dormoy • 92129 **MONTROUGE CEDEX**

Denis DELMAS (Président du directoire) • Valérie MORRISSON (Responsable dpt médias et technologies) • Wandrille RIBLIER (Responsable dpt sponsoring) • Danielle CANTAU (Responsable dpt grande consommation) • François BARADAT (Directeur du marketing) • Anne COURTOIS (Responsable de la communication) • Céline ROSSIGNOL (Chargée de communication)

Taylor Nelson Sofres • **Services fournis** : Études de mesure d'audience, de satisfaction des mesures d'impacts publicitaires pré et post tests de campagne ; mesures d'image institutionnelle (département sponsoring) ; analyses de retour image (département sémiométrie), etc.

YACAST FRANCE

✆ **01 56 28 59 00** • fax 01 56 28 59 01
ali.mouhoub@yacast.fr • **www.yacast.fr**
4 rue Paul Valéry • 75016 **PARIS**

Philippe CHERON (Président) • Jean-Michel GRAPIN (Directeur général) • Ali MOUHOUB (Directeur général adjoint, département musique) • Pierre MASSON (Chargé d'études) • Isabelle ORTOLANI (Chargée d'études)

Services fournis : Analyse des diffusions musicales en radio & TV, streaming radio, discothèque, vidéo musicale en ligne • **Types de produits enquêtés** : Muzicast, Muzicast Web (en partenariat avec Dailymotion), Muzicenter • **Mode de sélection** : Service B to B • **Fréquence des résultats** : Données en temps réel

PROMOTION

• WWW.CONFLIKTARTS.COM presents •
AMAZING!
★ CONFLIKTARTS® ★
Au Service Des Independants
BOUTIQUE EN LIGNE !
PRESSAGE VINYLE • PRESSAGE CD/DVD • IMPRIMERIE
SÉRIGRAPHIE T-SHIRTS, SACS, POSTERS, MUGS, ETC.
GRAPHISME • ROUTAGE • DOWNLOAD CARDS
CONTACTEZ-NOUS !
SERVICE CLIENT :
02 99 92 89 05
PARIS • RENNES • LONDRES
NEW !
TÉLÉCHARGEZ ET CONSULTEZ
NOTRE NOUVELLE GRILLE DE TARIFS
DIRECTEMENT DEPUIS
NOTRE PAGE FACEBOOK !!
facebook.com/confliktarts

2E BUREAU

✆ **01 42 33 93 18 / 01 42 33 93 05** • fax 01 40 26 43 53
mail@2e-bureau.com • **2e-bureau.com**
18 rue Portefoin • 75003 **PARIS**
Sylvie GRUMBACH (PDG) • Martial HOBENICHE (Attaché de presse culture)

Spécialité(s) : Attaché de presse, gestion de communication, relations publiques et presse • **Références** : Maurizio Galante, Festival international du photojournalisme Visa pour l'image, Jean-Paul Knott, Felipe Olivera Baptista, Le Centquatre, Art/C, Denim by Première Vision, festival de la Mode et de la Photographie d'Hyères, etc. • **Autre(s) activité(s)** : Conception & création d'images, conseil en communication

312 MUSIC

✆ **06 79 80 40 53**
info@312music.fr • **www.facebook.com/312music**
31 rue des Grands Champs • 75020 **PARIS**
Maxime VARLOTEAUX

Genres musicaux : Rock, metal, stoner, indie • **Spécialité(s)** : Promotion, communication et management • **Références** : AqME, Kells, Noswad, Yard Of Blondes, etc.

Dominique ABDESSELAM

✆ **01 43 74 71 89 / 06 88 74 92 74**
dominique.abdesselam@gmail.com
11 av. Gambetta • 94160 **ST MANDE**

Genres musicaux : Jazz • **Spécialité(s)** : Attachée de presse free lance • **Références** : Bruno Regnier X'TET et Ciné X'TET, Malcom Braff, Jean-Charles Richard, Jean-Marie Machado, Voice Messengers, Eric Lohrer, Antoine Hervé, Bruno Angelini, Claudia Solal, Jazzycolors, Sons d'Hiver, etc.

ACCENT

✆ **06 70 21 32 83 / 01 42 57 92 84**
simon@accent-presse.com • **www.accent-presse.com**
8 rue André Messager • 75018 **PARIS**
Simon VEYSSIÈRE (Gérant)

Spécialité(s) : Promotion, gestion de budgets marketing, placement de labels ou d'artistes étrangers • **Références** : Ibrahim Maalouf, Titi Robin, El Gusto, Dorsaf Hamdani, Thione Seck, Kekele, Africando, Ludovico Einaudi & Ballaké Sissoko, Pierre Akendengué, Zao, artistes de Syllart Production, Andy Palacio, Sara Tavares, Ibrahim Maalouf, K'Naan - Labels : Naïve, Cumbancha, World Connection, Wrasse, Stern's, Ponderosa, Festival au Fil des Voix, etc.

AIDEM COMMUNICATION

✆ **01 42 54 48 30** • fax 01 42 54 48 63
infos@aidem.fr • **www.aidem-communication.com**
40 rue d'Aboukir • 75002 **PARIS**
Stéphane LETELLIER (Directeur) • Jeremy MARQUE

Spécialité(s) : Agence de communication spécialisée • **Références** : Les Stentors, West Side Story Châtelet 2012, Avenue Q à Bobino, Katie Melua, Les Prêtres, Ego Productions, etc. • **Autre(s) activité(s)** : Communication Corporate et business : Cleor, Clio Blue

AK9 PROMOTION

✆ **06 79 67 90 62**
l.aknine@wanadoo.fr • **www.ak9promotion.com**
77 rue St Germain • 95240 **CORMEILLES EN PARISIS**
Lionel AKNINE (Attaché de presse)

Genres musicaux : Pop, rock, soul, jazz, variété française, folk etc. • **Spécialité(s)** : Attaché de presse et promotion • **Références** : Richie Lee Jones, Buffy Ste Marie, Tok Tok Tok, Skye, Eol Trio, Luis Rego, Astonvilla, Nouvelle Vague, Mick Taylor, Odeurs ; promo concerts + DVD Lou Reed, Crosby & Nash, De LA Soul, Craig Armstrong, Pétula Clark, Wilco, Jeanne Mas, Gerald Toto • **Autre(s) activité(s)** : Manager

AOURA

✆ **06 85 11 10 85**
patricia@aoura.com • **www.aoura.com**
Patricia TÉGLIA (Responsable) • Julie BATAILLE (Assistante)

Spécialité(s) : Attachée de presse indépendante • **Références** : Maissiat, Stroamae, Arthur H, Gaetan Roussel, J.-L. Murat, Ornette, Flip Grater, Aldebert, Clarika, Ours, Monogrenade, Deaf Rock Records, Festival Panoramas, Festival du Chant de Marins, Villages en Scène, etc. • **Autre(s) activité(s)** : Management Bikini Machine, Garbo

ARTUPMUSIC

✆ **01 47 72 30 82 / 06 12 45 48 86**
fabienne.nourbat@artupmusic.fr • **artupmusic.blogspot.com**
12 rue de Belfort • 92000 **NANTERRE**
Fabienne NOURBAT (Gérante)

Spécialité(s) : Promotion presse, radio, web, organisation de partenariat medias, rédaction CP/DP • **Références** : Celtic Festival 2013 au Zenith de Paris, Noël Russe, etc. • **Autre(s) activité(s)** : Coordination de projets culturels (accompagnement et organisation) : Spectacle « Ose », « Terra opéra rock lyric », Celtic Festival, etc., conseil

Myriam ASTRUC

✆ **01 53 20 06 63 / 06 87 80 45 97** • fax 01 44 91 96 59
myriamastruc@orange.fr • **www.myspace.com/myriamastruc**
21 rue d'Abbeville • 75009 **PARIS**

Spécialité(s) : Attachée de presse • **Références** : Main Square Festival, les autres prods' de la Sacem, Wax Tailor, Liz Mc Comb, Indochine, Fair, Rock en France, So Music, Universal Music Mobile, Les Grands Prix de la Sacem, Salon International du Livre Gourmand de Perigueux, The Low Budget Men, Les soirées Shuffle, etc.

AVD COMMUNICATION

✆ **06 61 10 56 25** • fax 01 43 55 65 91
vero@avd-com.com • **www.avd-com.com**
Véronique DAFFA (Attachée de presse) • Tilla MILANI (Assistante promotion) • Florent PERVERIE (Web)

Spécialité(s) : Communication et promotion (TV, radios, presse écrite, Internet), recherche des partenaires médias adaptés à l'actualité, lancement de disques • **Références** : The original Blues Brothers Band, Janice de Rosa, Gogol 1er, Sonya Heller, Paco de Lucia, Ojos de Brujo, Dick Annegarn, NTM, Jimmy Oihid, Pigalle, Jacques Higelin, Lizz Mc Comb, Label Royal River, Disques Forlane, Festival International Flamenco de Paris, etc. • **Autre(s) activité(s)** : Piges presse : Kaele magazine, Zurban, Métro, Les Routiers, Le Quotidien de la République, le Journal du polar, etc. Signature avec un distributeur physique/num., développement d'artistes tous styles confondus, spécialiste des sorties de disques : programmation radios, TV

BABYLONE PROMOTION

✆ **06 61 57 02 08**
juliendeverre@babylonepromotion.com • **www.babylonepromotion.com**
87 bd Philippe Auguste • 75011 **PARIS**
Julien DEVERRE (Directeur)

Genres musicaux : Pop, rock, folk, psyché, funk, garage, électro • **Spécialité(s)** : Promotion médias pour musiques actuelles amplifiées, promotion web pour sorties de disques, organisation de concerts • **Références** : Victory Hall, Patrick Wolf, Nada Surf, Pony Taylor, The So So Glos, Chis Joss, The Rebels of Tijuana, Crabne Angels, Sharitah Manush, Wool Recordings

Passiflore BALDASSARI

✆ **01 48 06 69 96** • fax 01 48 06 69 96
passiflore.b@free.fr
Bât. 24 • 5 passage du Chemin Vert • 75011 **PARIS**

Spécialité(s) : Attaché de presse, gestion de communication, production artistique, coach artistique • **Références** : Patrice Caratini Jazz Ensemble, Les Superstars, Opération J'Asie Jazz Japon d'aujourd'hui (presse, communication et coordination artistique), festival de jazz Django Reinhardt, etc.

Brigitte BATCAVE

✆ **06 21 04 56 58 / 01 44 53 03 00**
bbatcave@gmail.com
25 rue Henri Monnier • 75009 **PARIS**

Spécialité(s) : Relations presse (musique, livres, tournées) • **Références** : Manu Chao, Moriarty, Corneille, Pony Pony Run Run, Dj Cam, Bo, Blundetto, Imany, The shoes, Little dragon, Fill Monkey, Mai lan, Woodkid, Aline, Festivals Solidays, Marsatac, Les Francos Gourmandes, spectacles Joséphine Ose, Anne Roumanoff « Trilogie Münchausen » etc.

BATIDA AND CO

✆ **01 42 59 66 77** • fax 01 42 59 67 88
contact@batida-andco.com • **www.batida-andco.com**
35 rue du Poteau • 75018 **PARIS**
Michèle FERIAUD (Attachée de presse) • Véronique BOUETARD (Attachée de presse)

Genres musicaux : Jazz, chanson • **Spécialité(s)** : Attachée de presse • **Références** : Jean My Truong, Olivier Le Goas, Aurore Quartet, Festival « Jazz au Phare », Les DjangodOr (dps 2006), Laïka, Bireli Lagrène, John McLaughlin (Shakti), Jacques Vidal, Wete, Michel Delpech, Claire Diterzi, Spectacle « Rosa la Rouge »

Sébastien **BELLOIR**

✆ 06 86 63 07 48
belloir.sebastien@gmail.com
6 imp. des Chênes • 53940 **AHUILLE**

Genres musicaux : Jazz, classique, world • **Spécialité(s)** : Relations médias • **Références** : Carmen Souza, Eric Legnini, label Outnote (Jean-Paul Celea, Stéphane Kerecki, Jean-Pierre Mas, Stéphane Galland, Leïla Martial, etc.), label ACT (Youn Sun Nah, Pierrick Pédron, Yaron Herman, Céline Bonacina, Nils Landgren, etc.), révélations Classiques de l'Adami

Brigitte **BERTHELOT**

✆ 06 87 81 80 54 • fax 01 46 26 04 09
b-berthelot@wanadoo.fr • **www.brigitteberthelot.com**
4 villa des Grimettes • 92190 **MEUDON**

Spécialité(s) : Attachée de presse • **Références** : Victorie Music, Les Editions des Braques, CSFI, Encore Floyd, Henri Dès, Zic Zazou, Sophie Forte, Anne Baquet, Sapho, Les Nouveaux Nez, Mona Heftre, Evasion, Chorus des Hauts-de-Seine, Festi'Val-de-Marne, inaugurations Fnac, festival Paroles et Musiques; jeune public : Cité de la Musique, Orchestre à l'école, Universal Jeunesse, tralalere.com, Mino, Pestacles au Parc Floral, les JMF, etc. • **Autre(s) activité(s)** : Gestion de communication : musique, théâtre, jeune public, événements, création visuels et réalisation documents de communication (affiches, dossiers, sites internet, etc.), recherche de partenariats média, plans média

Martin **BERTHELOT**

✆ 06 29 17 48 26
martin.berthelot@gmail.com
12 rue Feydeau • 75002 **PARIS**

Spécialité(s) : Presse, radio, TV, tournées (tous médias confondus), web • **Références** : Axel Bauer, The Strockes, The Bewitched Hands, Soma, Birdy Nam Nam, The Aijiiu, etc.

Arielle **BERTHOUD**

✆ 06 09 70 72 18
arielle.berthoud@noos.fr

Genres musicaux : Jazz, musique du monde, folk, blues, BD, musique classique, festival • **Spécialité(s)** : Attachée de presse indépendante • **Références** : Elisabeth Kontomanou, Abed Azrié, Joan Baez, BDMUSIC, Plus Loin Music, Tigran Hamasyan, Laïka, Pierrick Pédron, Eric Le Lann, Khalil Chahine, Orléans Jazz Festival, l'Agglo au rythme du jazz (Nîmes)

BIP'S

✆ 01 49 88 90 44 / 06 08 60 14 17
sabelle.bips@orange.fr
22 Cité Industrielle • 75011 **PARIS**
Isabelle BERANGER (Responsable)

Spécialité(s) : Relations presse nationales et régionales, conseils en stratégie de communication • **Références** : Les Primeurs de Massy, Les Nuits de l'Alligator, Musilac, Les Voix du Gaou, Les Eurokéennes de Belfort, Massilia Sound System, Kassv', Johnny Clegg, Yves Jamais, Bombes 2 Bal, Claude Sicre, Nouveaux Nez, Cirque Plume, Transe Express, Oposito, Les Invités de Villeurbanne, Jaulin, Fellag • **Autre(s) activité(s)** : Intervient pour tout le spectacle vivant (cirque, théâtre, etc.)

BNK PROMOTION

✆ +49 157 3497 8668 / +49 157 3497 8668
contact@bnkpromotion.fr • **www.bnkpromotion.fr**
38 Grande Rue • 77135 **PONTCARRE**
Benjamin ANCEL (Attaché de presse)

Genres musicaux : Reggae, electro, musiques de monde, chanson • **Spécialité(s)** : Promotion d'artistes (sorties albums, tournées), de concerts, de festivals, relations F/Ger • **Références** : TD+, Maxxo, Kosh, MCB Mixtape, Datune, Dub Inc, les Printemps Hurlants en festival, Oulala festival, festival Woodstower, tournée Babylon Circus, The Fat Bastard Gang Bang, The Soul Sonics, etc. • **Autre(s) activité(s)** : Formation développement de projet musical, booking Ger

BODO

✆ 01 44 54 02 00
poulbodo@club-internet.fr
81 bd Brune • 75014 **PARIS**
Audrey BURETTE (Attachée de presse)

Spécialité(s) : Attachée de presse • **Références** : William Sheller, Giovanna Marini, Le Manège, Maison des arts de Créteil, festival Via, festival Exit, Lille 2004, Chalon dans la rue, Musée des Arts Forains, etc.

BOOGIE DRUGSTORE

✆ 09 81 75 17 99
justine@boogiedrugstore.net • **www.boogiedrugstore.net**
37 rue Pigalle • 75009 **PARIS**
Thomas ROUSSEAU (Responsable de la promotion Radios et Presse) • Justine DEBICKI (Responsable de la promotion TV et Radios) • Erwan JULÉ (Responsable de la promotion Web et Radios spé)

Spécialité(s) : Promotion musicale : radio, TV, presse, web; promotion locale; conseil stratégique pour artistes français et internationaux • **Références** : Grizzly Bear, Flying Lotus, Brian Eno, Jamie Lidell, The Asteroids Galaxy Tour, Brian Eno, Jamie Lidell, 4 Guys From The Future, Whomadewho, Festival Eurosonic Noorderslag, Spot Festival, Melissa Laveaux etc. • **Autre(s) activité(s)** : Management d'artistes

BRUNE ET LES ARTISTES

bruneetlesartistes@gmail.com • **www.bruneetlesartistes.com**
8 bis rue Clément Viénot • 94300 **VINCENNES**
Virginie BENIGNO (Attachée de presse free lance)

Spécialité(s) : Promotion album en radio, presse, TV, promotion Tour • **Références** : Louis-Ronan Choisy, Loane, Ben Sidran, Matthieu Boré, Gianmaria Testa, Boogers, Oldelaf & Monsieur D, Mini-Rock en Seine, Concrete Knives, Paolo Fresu, Nasser, James Vincent McMarrow, Festival Papillons de Nuit (50), Malted Milk, Tomá Gubitsch, Sophie Maurin, Izzy Lindqwister, Wax Tailor • **Autre(s) activité(s)** : Intervenante scénique formée au Studio des Variétés

BUZZ MÉDIATIK-BMK

✆ 06 88 76 67 13
marina@buzzmediatik.com • **www.myspace.com/buzzmediatik**
3 bd Joseph Bédier • 49000 **ANGERS**
Marina DAVIAUD (Attachée de presse)

Spécialité(s) : Relations presse • **Références** : Kiemsa, Dreed, Les Voleurs de Swing, Daria, Guerilla Fresca, Dub Orchestra, Andreas & Nicolas, Monsieur Melon, Sfonx, La ruda, adjoke, Dandy freaks, Les soeurs moustache, Outrage, Pascal Mathieu, Batpointg, Badjoke • **Autre(s) activité(s)** : Infographie, conseil en communication, community management

CANITROT & CO

✆ 01 64 07 07 07 • fax 01 64 07 32 32
jmcanitrot@aol.com • **www.canitrotandco.wordpress.com**
Jean-Michel CANITROT (Directeur général et promotion)

Genres musicaux : Soul • **Spécialité(s)** : Promotion radio, TV et presse • **Références** : Asa, Amy Winehouse, Axelle Red, Da Silva, Noel Gallagher, Johnny Clegg, Duffy, Noa, Toto, Hugues Aufray, Grand Corps Malade, Pep's, U2, James Morrison, La Grande Sophie, Keane, Snow Patrol, Chimène Badi, Taio Cruz, Scissor Sisters, Morcheeba, Florent Pagny, Chris de Burgh, Paul Personne, Boulevard des Airs etc.

La **CENTRIFUGEUSE COMMUNICATION**

✆ 05 67 52 24 48
communication@la-centrifugeuse.fr • **www.la-centrifugeuse.fr**
50 rue des Amidonniers • 31000 **TOULOUSE**
Nicolas FAVIER (Directeur)

Spécialité(s) : Promotion d'artistes indépendants • **Références** : Hello Bye Bye, Mayanob, Minors, The Dreamy Dogs, Novö, Travelling Music, Yeepee, Vincent Ferrand, Connexion Live, Le Mandala, Foutraque • **Autre(s) activité(s)** : Communication web 2.0 : réseaux sociaux, création de newsletter, administration de site

Marc **CHONIER**

✆ 01 47 97 52 86 / 06 63 87 52 86
marc.chonier@gmail.com
84 rue de Belleville • 75020 **PARIS**

Genres musicaux : Jazz, chanson, musiques du monde, pop • **Spécialité(s)** : Attaché de presse • **Références** : Labels : Cam Jazz (Pieranunzi, Solal, Ceccarelli, Galliano, etc.), ENJA, Yellow Bird (Marc RIbot, etc.), Label Bleu (Henri Texier), Moosicus (Larry Graham, Maceo Parker, Trilok Gurtu, etc), Label Carton (Linnake, Ok); Artistes : Ornette Coleman, Le Sacre du Tympan, Surnatural Orchestra, Zakarya, Zaragraf, Le Bruit du [Sign], La Fanfare du Belgistan, Sibiel, Claire Elzière, Festivals : Banlieues Bleues, La Dynamo, Festival Mens Alors !, Jazz Nomades-La Voix est Libre aux Bouffes du Nord, etc.

CLARISSEWORKS

✆ 01 42 57 09 04
clarisse@clarisseworks.com • **www.clarisseworks.com**
24 rue Lepic • 75018 **PARIS**
Clarisse NEUBRUNN (Directrice)

Spécialité(s) : Agence de communication culture et art de vivre • **Références** : Sony music, rencontres transmusicales de Rennes, Warner music, Festival d'Avignon, etc.

COM & CO

✆ 01 43 38 06 75
info@com-n-co.com • **www.com-n-co.com**
1 bis Cité des 3 Bornes • 75011 **PARIS**
Samira FERTAS (Directrice)

Spécialité(s) : Agence conseil en relations presse spécialisée musique numérique • **Références** : Digital Donwload Day (OD2), Printemps de Bourges, Musiwave, OD2, mp3.fr, Geste, multimédia mobile, etc.

COM'ADDICT

✆ 01 46 08 58 03
com@comaddict.net • **www.comaddict.net**
115 rue Thiers • 92100 **BOULOGNE BILLANCOURT**
Sandy LEGROS (Directrice associée) • Laura RENAUD (Directrice associée) • Laura COMBET (Responsable de la communication)

Spécialité(s) : Relations presse • **Références** : Carl Cox, Deep Dish, Digweed, Behrouz, Youssou Ndour au Grand Rex, La solidaire du chocolat, Le Palais-club Cannes, etc. • **Autre(s) activité(s)** : Agence de promotion, communication et événementiel

Le CRI DE LA MARMOTTE

✆ **04 97 25 81 35** • fax 04 97 25 81 37
contact@lecridelamarmotte.com • **www.lecridelamarmotte.com**
Studios de la Victorine • 16 av. Edouard Grinda • 06200 **NICE**
Corinne ASSYAG • Fabrice LAUGIER • Marion VIEUGE • Sonia BOUKLIOUA • Charlotte HENRY-MATARASSO
Spécialité(s) : Communication et relations presse • **Références** : Adam concerts, Sud Concerts, Gérard Drouot Productions, Kwet, Pl des Arts, San Nikaïa La Palestre (Le Cannet), Ivoire Music, Sud Est Productions, Mairie de Monaco, Nice Jazz Festival, festival des Nuits Guitares de Beaulieu, Monaco live festival, festival des Plages Electroniques à Cannes, Lafalestre, Gilbert Coullier, Herisson Production, Inter concerts etc. • **Autre(s) activité(s)** : Billeterie

D & M MUSIQUE MANAGEMENT

✆ **06 17 59 34 49**
contact@dm-musique-management.com
www.dm-musique-management.com
20 av. Jean Jaures • 91550 **PARAY VIEILLE POSTE**
Julien DUMONT (Chargé de communication / Organisateur d'événements) • Lucie MARMIESSE (Chargée de communication / Organisateur d'évenements)
Spécialité(s) : Radio, presse • **Autre(s) activité(s)** : Organisation de concert, distribution flyers, booking

DE CONCERT COMMUNICATION SARL

✆ **01 42 33 39 39** • fax 01 42 33 03 83
contact@deconcert.com • **www.deconcert.com**
60 rue d'Argout • 75002 **PARIS**
Herbert KOCH (Consultant)
Spécialité(s) : Agence en conseil de stratégie de communication et de relations presse et relations publiques : études qualitatives et quantitatives, communication visuelle, supports de communication, relations publiques, relations presse, événementiel, mécénat et sponsoring, formation • **Références** : Julien Brunetaud, Les Temps Chauds, Festival Arabesque, Les Concerts Pressés, A.R Rahmann, AlmaViva Ensemble, Les Rencontres de Belaye, Humeur Locale, Mélodie Marcq Aka Aphrodite

Claudette DE SAN ISIDORO

✆ **01 40 09 96 07 / 06 77 05 66 12**
c.sanisidoro@neuf.fr
93 bis rue de Montreuil • 75011 **PARIS**
Genres musicaux : Jazz • **Spécialité(s)** : Communication et relations presse • **Références** : Laurent Mignard Duke Orchestra, Maison du Duke, festival Jazz au fil de l'Oise, Pierre Blanchard, Jérôme Barde, Viviane Ginapé, Jazz à Montmartre, Val de Jazz, Jazz à Maison-Laffitte, le Duc des Lombards (de 1995 à avril 2007)

DECLIC

✆ **06 69 63 28 64**
cha@declicpromotion.com • **www.declicpromotion.com**
20 rue Yves Toudic • 75010 **PARIS**
Charlotte FEIJO (Attachée de presse)
Genres musicaux : Rock, pop, hip hop, soul, variétés française & étrangère, électro, jazz, etc. • **Spécialité(s)** : Relation publiques, promotion & relations presse, radio, TV, new média, labels, festivals, organisations d'événements • **Références** : Paris Hip Hop, Magic Pop Hotel, Lazare, Julien Daïan Quintet, Joko, Ryskee, Kicca & Intrigo, Buggin', Nahel, Clara Oleg, Rost, St Jeweller, Kalyss, Paris Vtwin Passion, Lafolie Records, Antho Records, Antipodes Music, Help Me Music!, Phenix Records, Colorblind, Hemlock Smith, etc. • **Autre(s) activité(s)** : Relations presse mode, joaillerie, photographie, arts graphiques

Sylvie DESNOUVEAUX

✆ **01 73 30 00 39 / 01 73 30 00 40 / 01 73 30 00 41**
sylvie@desnouveaux.com
c/o Image et Stratégie • 45 bd Victor Hugo
92110 **CLICHY-BATIGNOLLES**
Anne-Claire BARTHÉLÉMY (Attachée de presse)
Spécialité(s) : Attachée de presse, recherche de partenariats média • **Références** : Ricard Live Music (depuis 93), Midem (99 à 2002), Fair (depuis 2009), Fnac, grille de rentrée RFI, vitaminic.fr, Allociné Télévision, soirées « Seven 2 one », Urban Peace, Fête de la musique (dps 2005), Salon de la musique et du son, SIEL (dps 2004), Nice Jazz Festival (de 2005 à 2010), Jean-Michel Jarre (dps juin 2009), Gérard Drouot Productions : service de presse de nombreux spectacles dps 2007

Jean-Pierre DOMBOY

✆ **01 58 88 30 30** • fax 01 58 88 30 31
jpdomboy@online.fr
98 av. Jean Jaures • 92140 **CLAMART**
Spécialité(s) : Relations médias • **Références** : Eric Antoine, Richard Gotainer, Patrick Bosso, Caroline Vigneaux, Caroline Loeb, Ged Marlon, les Désaxés, etc.

DU BRUIT AU BALCON

✆ **04 37 92 04 07**
contact@dubruitaubalcon.com • **www.dubruitaubalcon-music.com**
6 rue Pizay • 69001 **LYON**
Sébastien SECHAUD (Attaché de presse)
Spécialité(s) : Conseil en communication, promotion, service de relations presse, promo locale, création graphique et développement web • **Références** : Carmen Maria vega, Fumuj, Chapel Hill, Marc-André-Léger, LéOparleur, Foxtrot (Pauline Croze, Têtes Raides, Thomas Fersen), NMB Brass Band, Brisa Roché, Jamie Lidell, la Mine de Rien, Triste Sire, N&SK, Arthur H, Revolver, Nosfell, Art Mengo, Saori Jo, Kady Diara, Nuit des Publivores, festival Désensablé, Salaise Blues festival, Festival Electrochoc, etc.

Sylvie DURAND

✆ **06 12 13 66 20 / 01 40 34 17 44**
durand.syl@orange.fr • **sdcommunication.fr**
SD Communication • 102 rue de l'Ourcq • 75019 **PARIS**
Genres musicaux : Jazz, world, blues, chanson, spectacle • **Spécialité(s)** : Relations presse, relations publiques pour des lancements de disques, concerts, festivals, etc. • **Références** : Monty Alexander, Mathieu Pesque, Just Wody, Chebli Msaidie, Robin Gibb, Chistopher Cross, Les Nuits de la Guitare de Patrimonio (dps 97), Charlotte Dipanda, Christophe Dal Sasso, Trio Esperanca etc. • **Autre(s) activité(s)** : Communication événementielle

EPHÉLIDE

✆ **01 75 00 05 10 / 06 12 17 08 95** • fax 01 75 00 05 19
promotour@ephelide.net • **www.ephelide.net**
18 rue St-Marc • 75002 **PARIS**
Nathalie RIDARD (Directrice / Radio & TV nationales) • Patrick GUARNIERI (Manager) • Catherine GAUD (Attachée de presse nationale) • Nina IRRMANN (Médias locaux, tournées) • Marion PACE (Médias web) • Anaïs ROUX (Assistante de direction / TV TNT câble)
Spécialité(s) : Relations de presse ts médias (radio, presse, TV, internet), promotion spécialisée (CD, DVD, concerts, événements, etc.) • **Références** : Eurockéennes, Rock en Seine, Festival d'Ile de France, Factory, Tattoo Art Fest, Europavoxx, Les Femmes s'en mêlent, Jazzycolors, Festival AÄÖ, Bar en Trans, etc., Trio, Phoenix, The Craftmen Club, Housse de Racket, Arielle Dombasle, Morrissey, Alanis Morissette, Ghinzu, Nada Surf, Fleet Foxes, The Wombats, Glasvegas, Cold War Kids, The Rapture, The Kills, The Cranberries, Alex Winston, Tinariwen, Two door Cinema Club, Concrete Knives, Marilyn Manson, etc. Sony, Universel, Wagram, Believe, Cinq7, etc. • **Autre(s) activité(s)** : Consulting, stratégie média

FABIEN LECOEUVRE ORGANISATION

✆ **01 45 74 20 40** • fax 01 45 74 20 61
info@lecoeuvrepresse.com • **www.lecoeuvrepresse.com**
44 av. des Ternes • 75017 **PARIS**
Fabien LECOEUVRE (Directeur artistique) • Laurent ABRIAL (Assistant promotion) • Martine GILLET (Secrétaire) • Judith TAN (Photothèque)
Spécialité(s) : Gestion de communication, promotion • **Références** : Popeck, Catalogues Claude François, Mike Brant, Tournée Age Tendre, Michèle Torr, Big Ali, Isabelle Aubret, Laurent Lyat, Stephane Bern, Sony, Chérie FM, Nostalgie, Warner, Universal, etc.

FHCOM

✆ **01 55 34 24 24** • fax 01 55 34 24 25
agence@fhcom.net • **www.fhcom.net**
Bât. A - 3e étage • 42 rue des Jeûneurs • 75002 **PARIS**
Frédéric HENRY (Manager) • Felipe CANTO-FOREST (Directeur de développement)
Spécialité(s) : Attaché de presse, gestion de communication • **Références** : Paramount, Devialet, Technopol

FIEURGANT SARL

clarisse@fieurgant.com
36 bd. Haussman • 75009 **PARIS**
Clarisse FIEURGANT (Gérante) • Sorya LUM (Promotion)
Spécialité(s) : Promotion indépendante, radio, presse et TV, secteur musique, théâtre, art

FONETIQ CONNEXIONS URBAINES

✆ **04 93 16 15 06 / 06 28 23 13 14**
presse@fonetiq.org • **www.fonetiq.org**
27 bd du Parc Imperial • 06000 **NICE**
Yan DEGORCE-DUMAS (Directeur de la communication) • Émilie DULAS (Attachée de presse)
Cultures émergentes • **Spécialité(s)** : Agence de communication, promotion, relations presse, promotion web • **Références** : Dee Nasty, General Elektriks, Aba Shanti I, Washing Majazzz, etc. • **Autre(s) activité(s)** : Les Plages Electroniques et Les pites électroniques (Cannes), festival United Kingz (Nice), Concerts Panda 06

Soizick **FONTENEAU**

✆ **06 15 92 57 72**
soizick@club-internet.fr • **www.soizickfonteneau.com**
113 rue Vieille du Temple • 75003 **PARIS**

Genres musicaux : Musique du monde, chanson, jazz • **Spécialité(s)** : Relations presse festivals, concerts, sorties d'album • **Références** : Soldat Louis, Chloé Lacan, André Minvielle & Lionel Suarez, Danzas et Jean-Marie Machado « La fête à Boby », Tram des Balkans, El Gafla, La Mal Coiffée, Antiquarks, Zaragraf, Bori, Mory Kante, label World Music Network, Trio Joubran, Montanaro, Olli & The Bollywood Orchestra, Kristin Asbjornsen, Akim El Sikameya, Carlos Nunez, collaborations sur les festivals Chorus & Nuits de Champagne, festival de Cornouaille, nuits de Nacre de Tulle • **Autre(s) activité(s)** : La fête aux Puces

FOO MANCHU

✆ **05 57 96 39 44 / 06 73 86 80 30**
infos@foo-manchu.com • **foo-manchu.com**
Bat 51 rue des Terres Neuves • 33130 **BEGLES**
Francis PUYDEBOIS

Spécialité(s) : Promotion locale (Grand Ouest), édition et management d'artistes • **Références** : Vincent Niclo, Stentors, Lorenzo, Caminotti, Christophe Maé, Florent Mothe, Johnny, Hallyday, Didier Barbelivien, Alex Hepburn, Lorie, Dany Brillant, Amaury Vassli, Pauline, Riké, Serge Lama, etc. • **Autre(s) activité(s)** : Co-branding, artistes et marques, street marketing

FRIMOUSSE PROD

✆ **06 61 88 44 55**
frimousse.prod@wanadoo.fr
116 rue Vieille du Temple • 75003 **PARIS**
Thierry CAPDEVILLE (Président)

Références : Lara Fabian, Laura Mayne, Chantal Goya, Nina Ferrer, Marc Fichel, Le Quatuor, Deux Voix, etc.

GAILLARD ORGANISATION / GAILLARD PROMOTION

✆ **01 44 90 02 42**
manuela@deejay.tv • **www.fabulouspromo.com**
60 bd Malesherbes • 75008 **PARIS**
Manuela GANZ (Directrice)

Spécialité(s) : Attaché de presse (club, radios, TV), relations publiques, promotion • **Références** : Eminem, Madonna, Bob Sinclar, Mariah Carrey, The Black Eyed Peas, Gwen Stephanie, Nelly Furtado, Lord Kossity, Lionel Ritchie, Katerine, Bigali, Kat Deluna, Michael Calfan, Alesso, Dada Life, etc.

Anne-Claire **GALESNE**

✆ **06 16 98 15 15**
anne-claire.galesne@wanadoo.fr
90 rue Bouchaud • 44100 **NANTES**

Genres musicaux : Pop, rock, variété, classique, etc. Français et anglais • **Spécialité(s)** : Médias nationaux et régionaux (presse écrite, radio et TV), sortie d'album, tournées, événementiel • **Références** : Les Rencontres d'Astaffort, Elmer Food Beat, Fréderic Lerner, Yules, Kesiena, Moran, Alexandre Poulin, Delphine Coutant, La Jeanne, etc. • **Autre(s) activité(s)** : Manageuse de Julien LOko et de Lucie Bernardoni, membre de la TeamZik

Valérie **GERARD**

✆ **01 46 27 38 48 / 06 03 22 44 14**
valerie.gerard@neuf.fr
24 bd Bessières • 75017 **PARIS**

Genres musicaux : Chanson, musiques du monde • **Spécialité(s)** : Attachée de presse, gestion de communication • **Références** : Les Victor Racoin, L'Orphéon, Urs Karpatz, Les Yiddishe Mamas et Papas, le Duo Laporte-Charmel, Antoine Tomé, Indigo, Claire Elziere, Zaragraf, Frédéric Truche, le maxi Monster Music show, Gil, Jehan etc.

GO BETWEEN

✆ **+352 92 95 52 / +352 691 200 777**
info@gobetween.us
Maison 22 • 9769 **RODER (LUXEMBOURG)**
Pascale COPPENS (Manager) • Romain MARIGNY (Booking / RP)

Spécialité(s) : Presse, promotion • **Références** : Noa, Mira Awad, Idan Raichel, L'Orchestre symphonique des 100 violons tziganes, Rock the Ballet, Insingizi, Omri Mor, Piaf, Une vie en rose et noir, Orchestre national de jazz du Luxembourg, Largo, Iris Stevenson & The Los Angeles, Gospel Choir • **Autre(s) activité(s)** : Booking, management

GOMMETTE COMMUNICATION & PRODUCTION

✆ **06 64 39 46 13 / 09 81 49 92 22**
virginie@gommette-production.com • **www.gommette-production.com**
1, rue de la Trinquette • 17000 **LA ROCHELLE**
Virginie RICHE

Spécialité(s) : Communication, promotion : relations médias, relations publiques, événementiel, partenariats, spectacles, concerts, festival, jeune public • **Références** : Drôle de Sire, Thierry Stremler, Le Roi des Papas, Festival de Jazz de St-Gervais, Festival de l'Humour de St Gervais, Cayenne Reggae festival, Festi'Val de Marne, Festival Paroles et Musiques, Festival des Arts Burlesques de Saint Etienne, Festival Alors Chante!, Ousman Danedjo, Baba Sissoko, etc. • **Autre(s) activité(s)** : Entrepreneur de spectacle, conseil et management, organisation d'événements « Gommette party », édition musicale « Gommette publishing », intervenante « Communication spectacle vivant » à l'Irma

HELICO PROMO

✆ **06 09 84 00 89 / 01 42 00 51 33** • fax 01 42 00 51 33
promotion@helicomusic.com • **www.helicomusic.com**
10 rue Muller • 75018 **PARIS**
Soraya CAMILLO (Promotion)

Genres musicaux : World music, spécialisé musique brésilienne en France, Cumbia Ya • **Spécialité(s)** : Promotion • **Références** : Lindigo, Marcio Faraco, Oneira, Catia Werneck, Roda do Cavaco, Orquestra do Fuba, Ramiro Musotto, Damily, Tekere, catalogue Biscoito Fino, catalogue Outro Brasil ; collaboration avec les labels : No Format, Tzigart, Harmonia Mundi, Terca-Feira Trio, Festival BresilMontant, concerts Mamani Keita, Mariana Aydar, etc., Collaboration avec les labels : Biscoito Fino, Outro Brasi, No Format, Tzigart, Harmonia Mundi, Universal Jazz, etc.

Nicole **HOLLINGTON**

✆ **01 45 79 01 62**
nicole.hollington@noos.fr
82 rue de Lourmel • 75015 **PARIS**

Spécialité(s) : Attachée de presse • **Références** : Sarcloret, Les Wriggles, Les Poubelle Boys, Romain Didier, Les Haricots Rouges, Joël Favreau, Padam, Entre 2 Caisses, Joyeux Urbains, Dimitri, Les Grandes Bouches, Noof

Nicolas **HUMBERTJEAN**

✆ **06 16 75 12 17**
promonico@yahoo.fr
18 bis rue Menotte • 95150 **TAVERNY**

Genres musicaux : Rock, folk, chanson, hip-hop, électro, etc. • **Spécialité(s)** : Promotion artistes (sorties albums, tournées, etc.) & événements • **Références** : Nosfell, Mansfield TYA, No One Is Innocent, Les Rita Mitsouko, Emily Loizeau, Manu Chao, Tryo, Revolver, Keny Arkana, Le Maison Tellier, La Phaze, La Grande Sophie, Revolver, Youssoupha, Wax Taillor, Le Cabaret Vert : festival indé rock, eco-festival

IMPACT FRANCE

✆ **06 41 67 75 30 / 01 83 96 73 28**
ines@impactfrance.com • **www.impactfrance.com**
69 rue de l'Assomption • 75016 **PARIS**
Ines AMARI (Attachée de presse)

Genres musicaux : Musiques électroniques, rap, rnb, rock (pop rock, punk rock, etc.), musiques du monde • **Spécialité(s)** : Attachée de presse radio, TV et promotion club • **Références** : Dizzee Rascal, Jimmy Somerville, Kid Massive, Les King Blues, Shèna, Fightstar, etc. • **Autre(s) activité(s)** : Promotion Web

IVOX

✆ **01 55 79 91 35**
info@ivox.fr • **www.ivox.fr**
9 Villa de Guelma • 75018 **PARIS**
Lara ORSAL (Fondatrice) • Thomas DUCRES (Cofondateur)

Genres musicaux : Rock, pop, électro, indie/alternative, chanson • **Spécialité(s)** : Management, développement et promotion • **Références** : Canal+, Anticraft, Discograph, EMI, Warner, Universal, Mercury, Wagram Publishing, Green United Music, Green Room Session, Pan European Recording, Naïve, Noomiz, Harmonia Mundi, Tôt ou Tard, etc. • **Autre(s) activité(s)** : Agence de création de contenus, d'éditoriaux

IWELCOM PROMOTION AGENCY

✆ **01 46 28 94 57** • fax 09 55 89 61 75
contact@iwelcom.tv • **www.iwelcom.tv**
245b rue de Charenton • 75012 **PARIS**
Maxime NORDEZ (PDG)

Genres musicaux : Tous • **Spécialité(s)** : Relations presse musicales tous médias • **Références** : Burning Spear, Guru, Sly & Robbie, Assassin, Rockin'Squat, Jazzmatazz, Horace Andy, Anthony B, Nneka, Danakil, Pablo Moses, Sebastian Sturm, Dub Inc, Liz McComb, Gentleman, Neg'Marrons, Milk Coffee & Sugar, Soul Square, Beat Torrent, Gwyn Ashton, Bonnie Raitt, Joan Baez, The Waterboys, etc.

JOKER PROMOTION

✆ **06 60 90 55 11 / 01 40 10 15 86**
cedric.naimi@free.fr • **jokerpromotion.fr**
Cédric NAIMI (Responsable) • Caroline MARTELL (Promotion) • Hadrien MORENO

Spécialité(s) : Presse écrite, radio, TV, Internet • **Références** : Doc Gyneco, Michel Delpech, Renaud, Dalida, Barbara, Disco, Tecktonic, Indochine, Lorie, Pierre Bachelet, Brigitte Bardot, Lorie, Hotel Woodstock, Graff Art, Prince, Led Zep', David Bowie, Queen, Neil Young, Jim Morrison, Zic Zazou, Billy Obam, Art Mengo, Julie Larousse etc. • **Autre(s) activité(s)** : Événementiel (dédicaces et show case), concert de WOODSTOCK, Pierre Bachelet a L' Alhambra, La légende de Montmartre l'Olympia, Les dassin D'Odessa, défilé de mode, lancement du film « Un marocain à Paris »

KIF MUSIC

✆ **06 73 86 80 11**
jpp@kifmusic.com
250 B allée de la Cralinette • 13760 **ST CANNAT**
Jean-Pierre PORTIER (Gérant)

Genres musicaux : Tous sauf jazz et classique • **Spécialité(s)** : Promotion tout média spécialisé en province • **Références** : Anggun, Inna Mod Ja, ZAZ, V. Sanson, Les Stentors, D. Barbelivien, etc. • **Autre(s) activité(s)** : Management, édition

LADYPOKA - VÂN

✆ **06 63 25 26 83** • fax 01 42 71 90 30
ladypoka@free.fr
22 rue du Bourg Tibourg • 75004 **PARIS**
Vân NGUYEN-SAUVAGE (Gérante)

Spécialité(s) : Promotion, communication • **Références** : Booba, Philémon, Zone Caraïbes (projet Manu Key et AP de 113), James Izmad, Kery James, COM « Au bonheur des Dames », Manu Key « Street collektor », Anthony Amadou, David Nathan, Tournée Kery James « Ma vérité tour »

LAURENT GUYOT & CO

✆ **06 25 45 10 83 / 01 77 37 19 19 / 01 77 37 19 19**
contact@laurentguyot.com • **www.laurentguyot.com**
10 rue Brantôme • 75003 **PARIS**
Laurent GUYOT (Président)

Spécialité(s) : Relations presse, relations publiques et lancement de produits • **Références** : VIP Room, David Guetta, Christian Augier, Radio FG, Bob Sinclar, etc.

LC COM

✆ **06 07 69 32 11**
laurencecanevet@gmail.com
62 bd Exelmars • 75016 **PARIS**
Laurence CANEVET (Attachée de presse)

Spécialité(s) : Promotion radio et TV • **Références** : Sony, WEA, My Major Company, Universal, Citizen Records, Record Makers, etc.

Claire LEXTRAY

www.claire-lextray.com
29 rue Jules Ferry • 93100 **MONTREUIL**

Spécialité(s) : Attachée de presse • **Références** : Chorus des Hauts-de-Seine, Jazz à La Défense, festival Django Reinhardt, festival Musiques vivantes, centre de culture chinoise « Les Temps du Corps », Nuits atypiques de Langon, Nuits de Champagne, créations Théatre d'Ivry, Jazz en Scènes, Planètes Musiques, Maison de la Musique de Nanterre, Daqui (CD Via Campesina), Sébastien Bertrand, Les têtes de chien, festival Eurofonik

Marie LLAMEDO

✆ **01 40 02 04 56 / 06 86 66 14 67**
marie.llamedo@free.fr
22 rue de Picpus • 75012 **PARIS**

Genres musicaux : Jazz, world, blues, folk • **Spécialité(s)** : Chargée de production, régie de tournée, attachée de presse freelance • **Références** : Mathis Haug « Distance », J.-J. Milteau (LPs et scène « Consideration » « Harmonicas », « Soul Conversation », « Live Hot n'Blue », « Fragile », « Blue 3rd », « Inspiration » (vol 1 & 2), « Memphis »), Renaud Garcia-Fons (LPs « Solo », « Méditerranées », « La linea del Sur »); 25 ans anniversaire du Sunset • **Autre(s) activité(s)** : Organisation et régie générale de tournées J.-J. Milteau Japon, Canada, Inde, Russie, Australie, Amérique centrale/Caraïbes, N.-Zélande, Chine/Taiwan, N.-Calédonie, etc.

Domenja LO NAU

✆ **05 59 83 13 44 / 06 88 73 83 93**
admin@lonau.eu • **joanfrancestisner.com**
3 rue d'Etigny • 64000 **PAU**
Domenja LEKUONA (Chargée de production) • Lionel LABORDE (Président)

Genres musicaux : Culture occitane • **Spécialité(s)** : Attaché de presse, gestion de communication • **Références** : Joan Francés Tisnèr, Batahòri, Sorrom Borrom, Verd e Blu, 12 recèptas de J. A. Lespatlut, Sorrom Borrom (Joan Francés Tisnèr) & Jòcs de dança (Verd e Blu) • **Autre(s) activité(s)** : Production discographique et de spectacles vivants

LOLLYPOP COMMUNICATION

✆ **01 48 44 23 67** • fax 01 48 44 59 89
info@lollypopcommunication.com • **www.lollypopcommunication.com**
1 rue des Carrières • 93230 **ROMAINVILLE**
Véronique BROYER (Responsable) • MARINO (Responsable relations presse)

Spécialité(s) : Communication indépendante, conseils et stratégie, relations presse (écrite, radio, TV), coordination graphique, web, événements culturels, artistes, lieux • **Références** : Rock en Cirque, D'une Rive à l'Autre, Festival Bancs Publics, Festival Le Cabaret Frappé, Les Muzik'elles, Festival Mosaïk, Ardeche Aluna Festival, La Machine du Moulin Rouge (mise en place et suivi), Les Trois Baudets (lancement et suivi), Paloma (Nice), les tournées de CharlElie, Kent, Art Mengo, Alexis HK, sortie d'album de Kent, De Calm, Alexis HK, Merlot, Yoanna, Zoé

Isabelle LOUIS

✆ **06 82 36 21 34 / 01 42 78 18 04** • fax 01 42 72 95 28
isabelle@isabellelouis.com • **www.isabellelouis.com**
76 rue du Château d'Eau • 75010 **PARIS**

Spécialité(s) : Relations presse • **Références** : Naïve, Eagle Rock Entertainement, festival Bains Numériques, Festival Nemo • **Autre(s) activité(s)** : Communication culturelle

Sophie LOUVET

✆ **06 84 40 61 51**
louvetso@wanadoo.fr • **sophielouvet.skyrock.com**
26 rue des Fraisettes • 91120 **PALAISEAU**

Genres musicaux : Jazz, world, blues, musiques actuelles • **Spécialité(s)** : Attachée de presse (promotion & communication) • **Références** : Magma, Yvan le Bolloc'h et ma guitare s'appelle reviens, Dixiefrog, EMI back catalog, Jun Miyake, Eric Bibb, Keb Mo, Popa Chobby, Pura Fé, Music Maker, Nancy Jazz Pulsations, Jazz à St Germain des Prés, festival Protoclip, festival Blues Autour du Zinc, Talents Detours & jazz Adami, Laika, Elliott Murphy, etc. • **Autre(s) activité(s)** : Promo designer eco emballage et designpack gallery, Diadeis, documentaire « Veilleur de Nuit »

MALAIKA

✆ **01 48 59 21 20 / 06 60 76 79 10**
sissi.kessai@orange.fr • **www.myspace.com/sissikessai**
11 bd Aristide Briand • 93100 **MONTREUIL**
Sissi KESSAI (Attachée de presse)

Spécialité(s) : Attachée de presse • **Références** : Xavier Merlet, Les étrangers familiers, Elliott Murphy, Loïc Lantoine, Lulu, Fantazio, Thomas Pitiot, Pusse, We insist, X syndicate, Papet-J. & Rit, Zikatatane, La goutte au nez, Karpatt, Babel quartet

MARTINGALE

✆ **01 42 93 48 85** • fax 01 42 93 48 85
jp@martingale-music.com • **www.martingale-music.com**
85/87 av. Simon Bolivar • 75019 **PARIS**
Jean-Philippe BÉRAUD (Responsable)

Spécialité(s) : Promo tout média • **Références** : Labels Ici d'Ailleurs, Volvox Music, Team4Action, etc. • **Autre(s) activité(s)** : Label, éditions (Alain Gibert)

MARYZ B

✆ **05 46 28 28 28 / 06 11 87 56 52** • fax 05 46 28 28 29
communication@francofolies.fr • **francofolies.fr**
18 rue de Gergovie • 75014 **PARIS**
Maryz BESSAGUET (Directrice de la communication & Relations Presse pour la société Francofolies)

Spécialité(s) : Communication et relations medias • **Références** : Le PdB (84 à 90), le Chaînon Manquant, Festival Mimos, l'Officiel de la Musique. Dps 92 : Francofolies SAS (le festival, Le Chantier des Francos, Les Enfants de la Zique, Francos Educ, etc.) et dps 2011 : Morgane Groupe

Mathieu MATHPROMO

✆ **06 77 07 49 87**
contact@mathpromo.com • **www.mathpromo.com**
6 rue Alexandre Cabanel • 31000 **TOULOUSE**
Mathieu ARTAUD (Attaché de presse Médias nationaux) • Julien OLIBA (Attaché de presse Médias régionaux, locaux, web, réseaux sociaux, tournées) • Louisa IKHELEF (Attachée de presse Médias Midi-Pyrénées, réseaux sociaux, tournées)

Genres musicaux : Rock, chanson, pop, électro, metal, hip hop, folk, reggae • **Spécialité(s)** : Attaché de presse • **Références** : Stupeflip, la Chanson du Dimanche, les Fatals Picards, Mass Hysteria, Manu, Exit Festival, Fête de l'huma, ElectroSnow, Prohom, les Hurlements de Léo, Sidilarsen, Scarecrow, etc.

Valérie MAUGE

✆ **06 15 09 18 48**
mauge.valerie@gmail.com
8 rue Eugène Renault • 94700 **MAISONS ALFORT**

Genres musicaux : Jazz, world • **Spécialité(s)** : Atttachée de presse freelance • **Références** : Festival Sonsd'hiver, Enja Records, Harmonia Mundi, Henri Texier, Patrice Caratini, Louis Winsberg, Sylvain Beuf, Diego Imbert, Toufic Farroukh, etc.

MEGA PROD / PROTEIN

✆ **03 81 98 46 14 / 01 44 09 04 87 / 06 63 71 73 21**
laurent@dissident.fr • **www.mega-prod.com**
c/o Dissident/ Mega Prod • 3 rue Galvani • 75017 **PARIS**
Grégory BARATA (Producteur) • Laurent BARBIER (Ventes spectacles) • Jean-François MANU (Promotion) • Christophe (Promotion Club)

Genres musicaux : Dancefloor, clubbing, populaire, house, électro • **Spécialité(s)** : Promotion clubs uniquement • **Autre(s) activité(s)** : Label, production de spectacles

MELISSA PROMOTION

✆ **06 22 04 12 63**
melissa@melissa-promotion.com • **www.melissa-promotion.com**
Mélissa PHULPIN (Attachée de presse)

Spécialité(s) : Promotion presse, radio et TV • **Références** : Orelsan, Sebastien Tellier, Dark Dark Dark, Granville, Mesparrow, Maissiat, Keaton Henson, BRNS, Fauve, Archipel, Saint Michel, Bengale, Tahiti Boy, Arman Melies, Toro Y Moi, Superpoze, Pegase

Stéphane MERLIN

✆ **06 72 96 05 39**
stephanemerlinparis@gmail.com
Roy Music • 225/227 rue St Denis • 75002 **PARIS**

Spécialité(s) : Attaché de presse (sorties album, concerts, événements, etc.) • **Références** : Public Enemy, The Doors, Michel Jonasz, No One is Innocent, Cocoon, La Rue Kétanou, Pigale, High Tone, Néry Belgistan, Kid Bombardos, Hey Hey My My, Maya Barsony, Jil is Lucky, Festival Bilbao BBK Live • **Autre(s) activité(s)** : Consulting, chef de projet Roy Music

LA MISSION

✆ **01 83 62 20 83**
conciergerie@la-mission.com • **www.la-mission.com**
13 rue de Bellefond • 75009 **PARIS**
Fabrice MARTIN (Gérant) • Isabelle RODIER (Gérante)

Spécialité(s) : Expertise, coordination de projets, marketing, promotion • **Références** : Bombino, Devandra Banhart, Marklion, Festival Europavox 2013, Joshua Redman, Brassens, échos d'aujourd'hui, Antoine Pesle, Bauchklang, Nataly Dawn, Tubular Bells for Two, Goran Bregovic, Tamara Goukassova, Matmos, V.O., Chinese Man, A.R. Kane, Ry Cooder, Marry Waterson & Oliver Knight, Pat Metheny, Charles-Baptiste, Brad Mehldau Trio, 22 Pistepirkko • **Autre(s) activité(s)** : Marketing (chef de projets, partenariats media, merchandising), conseil (expertise, stratégie, management)

MOKA INC.

✆ **06 89 48 43 50**
abir@mokain.com • **www.mokain.com**
c/o Garage Electrique • 42 rue Adam de Craponne • 34000 **MONTPELLIER**
Abir AJOUZ (Directeur)

Genres musicaux : Rock indépendant • **Spécialité(s)** : Agence de promotion • **Références** : Rockomotives Festival, Motocultor Festival, Blackstar Foundation Records, Cortez, HeartBeat Parade, Mnemotechnic, Slim Wild Boar, The Rebel Assholes, Monoski, The Decline, Green Vaughan, Year Of No Light, Sofy Major, Hathors, Sin

MONSIEUR LAURENT

✆ **06 79 80 99 14**
laurent.chailloux@gmail.com
Laurent CHAILLOUX (Attaché de presse)

Spécialité(s) : Service de presse, communication, presse, TV, radio, province • **Références** : Femmouzes T, Yann Tiersen, Sinclair, Tanger, Tito Paris, Mama Sissoko, Dick Annegarn, Béatrice Ardisson, Amadou & Mariam, Kent, Lola Lafont, Nicoletta, Nancy Jazz Pulsations, l'Autre Canal (Nancy), Nuit Electro Futuroscope, Nuits des Musiciens, Festival d'Ile de France, Name Festival, Festival Passe Ton Bac d'Abord (Toulouse), etc.

MRP

✆ **03 25 42 38 79 / 06 13 05 75 88 / 09 71 27 86 39**
d.marie-2@wanadoo.fr
1 rue Huon de Mery • 10000 **TROYES**
Dominique MARIE (Responsable)

Genres musicaux : Rock, chanson • **Références** : Gaspard Lanuit, Peau, Watine, Vendeurs d'enclumes, Dead, Sexy, Huck, Le Coq, Coming Soon, The Servant, etc. • **Autre(s) activité(s)** : Management Huck

MULTITEMPO

✆ **01 64 79 01 87** • fax 09 70 06 67 99
contact@multitempo.com • **www.multitempo.com**
ZA Les Uselles • 173 rue Robert Schuman • 77350 **LE MEE SUR SEINE**
Richard PRUDENT (Gérant) • Didier BOURASSE (Promotion club) • Angélique PLE (Secrétaire)

Spécialité(s) : Promotion d'artistes (clubs et radios) • **Références** : Antoine Clamaran, Ocean Drive, Benjamin Braxton, Kylian Mash, Rasmus Faber, Mico C, Hold Up, Tony Latino, Red Eye Crew, Willy Saul, Electro Clubbers

MUSIC MEDIA CONSULTING

✆ **01 53 16 15 15** • fax 01 53 16 15 16
cocto@musicmediaconsulting.net • **www.musicmediaconsulting.net**
4 cours St Pierre • 75017 **PARIS**
Hervé COCTO (Directeur) • Grégory THONON (Responsable promotion URBAN) • Franck PARSEGHIAN (Responsable promotion Clubs) • Mathieu SANDERS (Promotion dance & clubs) • Audrey MONTIS (Responsable administrative) • Emilie GERARD (Responsable presse) • Enzo PANCINO (Responsable web) • Sandrine LOMBARDO (Head of international) • Jennifer TORDERUR (Responsable tv) • Vincent MONNEY (Marketing) • Philippe MAGOT (Booking)

Genres musicaux : Tous • **Spécialité(s)** : Relations publiques et de promotion (radio, TV, presse, new media, clubs, discothèques) • **Références** : Gari Greu, Stéphane Pompougnac, Emmanuel S, Bang Gang, Servant, Shola Ama, Corneille, Jojo, the Servant, Mylo, Melissa, Armand Van Helden, Pauline Croze, Da Silva, Yael Naim, Sébastien Tellier, Aaron, Orlando Morais, Franz Ferdinand, Magic System, African Tonik, Jessy Matador, Galaxy Tour, Spidart.com, Wat Ze Fuck (Wa TV), Starzik.com, Joachimgarraud.com, Festival Génération Réservoir à l'Olympia, etc.

MY PROMO DESK

✆ **06 62 16 34 12**
chevanchecarine@gmail.com
13 rue des Epinettes • 94410 **ST MAURICE**
Carine CHEVANCHE (Attachée de presse)

Spécialité(s) : Promotion d'artistes, d'événements culturels • **Références** : Iggy Pop, Hanni El Khatib, Don Cavalli, Carmen Maria Vega, Buridane, Lafayette, The Amplifetes, Chat, We Were Evergreen, Alexandre Kinn, Merlot, Kap Bambino, Dick Rivers, The Hillbilly Moon Explosion, Milow, Nida Fernandez, etc.

MYT IMPULSION

✆ **05 90 21 31 07 / 06 90 40 48 06**
mahite.perrault@gmail.com • **www.kkfet.com**
224 bd du Gal De Gaulle • 97190 **LE GOSIER (GUADELOUPE)**
Mahité PERRAULT (Responsable)

Genres musicaux : Musiques créoles, caribéennes • **Spécialité(s)** : Médias, communication, relations presse • **Références** : Relations presse pour : Centre Répriz (2011), Podiums de la Route du Rhum (2010), Feskad (2008), Mofongo Latino (2008), Artistes d'Alizés Records, Guadloup festival (2011), Festival international du zouk, Festival du cinéma (2012) etc. • **Autre(s) activité(s)** : Booking, management, sponsoring

NETTA COMMUNICATION

✆ **06 76 83 35 62**
netta@nettacommunication.fr • **www.nettacommunication.fr**
12 Cité Dupetit-Thouars • 75003 **PARIS**
Netta MARGULIES

Genres musicaux : Hip hop, rap, électro, pop • **Spécialité(s)** : Relations presse tous médias, partenariats médias, conseil et gestion de communication pour des artistes et événements • **Références** : Chill Bump, Christine, Elephanz, Foreign Beggars, I Am Un Chien, Rachel Claudio, Rimcash, Set&Match, The Toxic Avenger, Vicelow ; événements : Allo Floride, Auguri, Club Riviera Festival par Savoir Faire et Nous Prod, Excuse My French, Snatch Party, I Love This Dance

NOTORIOUS COMMUNICATION

✆ **01 48 04 00 04** • fax 01 40 21 31 74
violaine@notoriouscommunication.com
www.notoriouscommunication.com
24 rue de Lappe • 75011 **PARIS**
Violaine OGER (Attachée de presse & responsable du pôle musique) • China MOSES (Relations publiques)

Genres musicaux : Hip hop, soul, Reggae, électro, musique du monde, jazz, blues, etc. • **Spécialité(s)** : Promotion, relations presse-radio-TV, relations publiques • **Références** : Susheela Raman, Akhenaton, Etienne De Crecy, Shurik'n, Raggasonic, Big Festival, Festival Elektricity, The Creators Project, Red Bull Music academy, MK2 (festival Mixing Clan), Spike Jones, Ziggy Marley, Simply Red, Sly Johnson, Django Reinhard, Wayne Beckford, Alex Gopher, YounGunz, Social Club, Only the Brave Block Party, Comedy Club (musique), Def Jam Rapstar, Canal Street, Noisey, Vice, Boiler Room & W Hotels, Brunch Bazar, Blaze the show, Quai 54, Sidaction, Rip Curl Pro, etc. • **Autre(s) activité(s)** : Organisation d'événements, showroom mode (Vans, etc.)

ONLY MUSIC

✆ **09 53 98 71 20**
cd@onlymusic.fr • **www.onlymusic.fr**
20 cour des Petites Ecuries • 75010 **PARIS**
Camille DAL'ZOVO (Attachée de presse / Gérante) • Jean MONCAUT (Gérant)

Genres musicaux : Jazz • **Spécialité(s)** : Agence de communication, attachées de presse • **Références** : Diego Imbert, Edwin Berg, Eric Legnini, Las Ondas Marteles, Abraham Inc., Pad Brapad, Carl Craig, Belmondo Quintet, Print & Friends, Django 100, Laurent Robin, Nicola Són, David Murray, Erika Lernot • **Autre(s) activité(s)** : Label, édition

OVERVIEW COMMUNICATION

✆ **06 31 97 94 33**
contact@overviewcommunication.com
www.overviewcommunication.com
Marie-Charlotte LE HÉNAFF (Attachée de presse)

Genres musicaux : Musiques actuelles & cultures urbaines • **Spécialité(s)** : Relations presse, relations publiques, communication • **Références** : Rastamytho, 1jection Verbale, Z.Electric • **Autre(s) activité(s)** : Animation radio, journalisme, événementiel

PAPA BÉ DISCOVERY

✆ **06 07 04 07 99**
papabediscovery@gmail.com • **www.jacquesmarieponthiaux.com**
56 rue Legendre • 75017 **PARIS**
Marie-José PROVOT (Gérante) • Jacques-Marie PONTHIAUX (Directeur-Associé / Stratégie & relations médias) • Marine PONTHIAUX (Assistante relations médias)

Genres musicaux : Pop-Rock, Rock, World, Country, Classique, Jazz • **Spécialité(s)** : Stratégie et Relations Médias (presse, on line, radio, télé), recherche de partenariats • **Références** : Multiples et diverses • **Autre(s) activité(s)** : Edition musicale

PAPERBOYS

hello@paperboys.fr • **www.paperboys.fr**
296 rue Duguesclin • 69003 **LYON**
Philippe DE ALBUQUERQUE (Gérant) • Sébastien COURBON (Commercial) • Thomas PESCI (Commercial)
Spécialité(s) : Diffuseur de créativité • **Références** : Nuits sonores, Jazz à Vienne, Nuits de Fourvière, Agence Native Communications, Ville de Villeurbanne, Grand Lyon, Maison de la Danse, festival Europavox • **Autre(s) activité(s)** : Production vidéo, événementiel, print

Eliane PETIT

✆ **09 81 28 59 61 / 06 64 15 51 80**
elianepetit27@gmail.com
12 allée Pernette du Guillet • 75019 **PARIS**
Spécialité(s) : Attachée de presse • **Références** : Catalogues : Lusafrica (Cesaria Evora, Bonga, Teofilo Chantre, Lura), Mañana (Caceres, Melingo, Di Gusto), Suave (Aït Menguelet, Baaziz, coffret Cheb Hasni, coffrets Cuba), CD : Danyel Waro, Christine Salem, Aziz Sahmaoui, Hasna El Becharia, Tcheka, Bethany Rufus, Dobet Gnahoré, Le Fil de l'Air; festivals : Voyage en Tziganie, Les Temps Chauds (Ain), Festival Fiest'a Sète, Festival Africolor, Festival Dakhla (Maroc), Festival Sun Art (Perthuis) • **Autre(s) activité(s)** : Chargée de production

PETITE CUISINE COMM

✆ **06 88 30 96 80 / 09 51 48 15 21**
petitecuisine@wanadoo.fr • **www.petite-cuisine.eu**
3 bis rue Pierre Larousse • 31400 **TOULOUSE**
Perrine CRUBILÉ (Attachée de presse)
Spécialité(s) : Attachée de presse • **Références** : Les Bulles Sonores, Ciné Latino Toulouse, Ensemble Baroque de Toulouse, Garorock, Skabazac, Les Méditerranéennes de Leucate, Carmen Maria Verga, Jill Is Lucky, Oldelaf et Monsieur D, Les Méditerranéennes de Leucate, Red Bul 3Style, Electric Bazar Cie, Rocé, Ba Cissoko, etc. • **Autre(s) activité(s)** : Evénements, structures culturelles (musique, cinéma, cirque)

PHILIPPART COMMUNICATION

✆ **01 45 22 02 50** • fax 01 45 22 08 16
philippartcom@orange.fr • **www.philippartcom.fr**
25 rue Henry Monnier • 75009 **PARIS**
Bruno PHILIPPART (Attaché de presse) • Marie-Soleil PIZIO (Attachée de presse)
Spécialité(s) : Attaché de presse, promotion TV et radio d'artistes • **Références** : Manu Chao, Katie Melua, Amadou & Mariam, Alela Diane, Rose, Zaz, Cali, etc.

PHUNK PROMOTION

✆ **01 53 09 26 74** • fax 01 53 09 26 71
phunk@phunkster.com • **www.phunkster.com**
8 rue André Messager • 75018 **PARIS**
Fabrice DESPREZ (Responsable)
Genres musicaux : Musiques électroniques, actuelles • **Spécialité(s)** : Attaché de presse, consulting artistes et événements, profilage et stratégie de développement artiste, gestion de communication • **Autre(s) activité(s)** : Événementiel, label Sister Phunk, illustrations sonores et habillages (Orange, Air France, etc.)

PING PONG PROMOTION

✆ **01 48 78 12 79** • fax 01 48 78 06 73
fred@pingpong.fr • **www.pingpong.fr**
21 rue Henry Monnier • 75009 **PARIS**
Frédéric ELALOUF (Directeur) • Julie DELEANT (Promotion presse, TV, radio) • Antoire PINATEL (Superviseur musical et marketing) • Romain MARTINIGRE (Graphiste / webmaster) • Guillaume DUGONET (Promotion Province)
Genres musicaux : Electro, hip hop, rock, pop, world, jazz, etc. • **Spécialité(s)** : Relations presse • **Références** : Ninja Tune, Big Dada, Decon, Gilles Peterson, Tahiti 80, Birdy Nam Nam, BBE, Amir, Fat Freddy's Drop, Fabric, Festival des 3 Eléphants, l'Etage, Wagram, Third Side Records, Freaksville Records, Brainfeeder, Counter Records • **Autre(s) activité(s)** : Organisation d'événements (Red Bull Academy), production exécutive (projet Cinémix), publishing/marketing, programmation artistique soirées et festivals « Solid water », « Solid Steel » et « Ping Pong Night », concerts des groupes pré-cités, représentant en France de Ninja Tune, Nuit Oof, Festival Ninja Tune XX ans, supervision & édition musicale, marketing culturel, représentation artistes plasticiens, création de contenus web

PROMONLINE

✆ **06 84 96 27 45**
promonline@kzfp.org • **www.myspace.com/promonline**
9 village Le Pégatine • 44690 **MAISDON SUR SEVRE**
Vincent BAZILLE (Promotion)
Spécialité(s) : Attaché de presse, chargé de promotion, web-marketing • **Références** : Zenzile, La Ruda, Nouvel R, Idem, Daria, Les Frères Casquette, Electric Bazar Cie, Vuneny, Kilo, GIG (Gong Idem Gong), Lucid Ann, X Makeena • **Autre(s) activité(s)** : Chargé de production

Bérengère RABIER

✆ **06 62 09 73 32 / 01 40 23 93 96**
contact@berengere-promotion.com • **berengere-promotion.com**
18 rue de Belzunce • 75010 **PARIS**
Spécialité(s) : Attachée de presse freelance, promotion musicale presse, radio, TV, internet • **Références** : Epitaph_Anti, One Little Indian Cooking Vinyl, Adam Kesker, Kemado, Vagrant, Memphis Industries, Nettwerk, Universal AZ, Angular Recording, Kaiser Chiefs Tour, Moshi Moshi, Labrador Records, Bad Taste Records, Distiller Records, Jessie Evans, United Cruiser, Zip Zip Usb, Herbert Bauer, Moshi Moshi Records, Roy Music, Fontana International, The Ritch Kids, Gaspard Royant

Agence RENARD

✆ **06 30 93 95 82**
contact@agencerenard.net • **www.agencerenard.net**
7 rue Bouchardon • 75010 **PARIS**
Albin RENARD
Genres musicaux : Pop, rock, hip hop, electro • **Spécialité(s)** : Relations médias (presse, radios, tv, web), sorties album, tournées, partenariats, campagnes publicitaires, opérations spéciales (jeux, concours, etc.) • **Autre(s) activité(s)** : Communication & création web, e-mailing, conseil

Flavie RODRIGUEZ

✆ **06 16 53 59 22**
flavie.rodriguez@gmail.com
41 rue Durantin • 75018 **PARIS**
Genres musicaux : Pop, rock, chanson • **Spécialité(s)** : Promotion presse et radio, sorties d'albums • **Références** : Jorane, Kent, Céline Ollivier, Ez3kiel, Rachel des Bois, Jean Fauque, Lizzy Ling, Stéphane Mondino, BaliMurphy, Damien Jourdan, Tristen, Girbig, Tous Buzy – Vive le Rock !, Claire Lise, « L'Odyssée Sonore – La Reine des Neiges », Riffx (Crédit Mutuel), etc.

SALAMMBÔ

✆ **01 46 58 11 04**
salammbo@wanadoo.fr
15 bis rue Jean-Jacques Rousseau • 94200 **IVRY SUR SEINE**
Isabelle LEMANN (Directrice)
Spécialité(s) : Attaché de presse, relations publiques, communication, promotion • **Références** : Fela Kuti, Callas Nikoff, Paulo Flores, Mc Malcriado, Yé, 100 Grammes de Têtes, Flamengo, Horn Dogz, Susana Baca 2011, Naby, Maxxo, Mountain Men, Echo Prod., "Another Night in the Free World" : Harry Belafonte, Pascal Mono, Nzela, "Abidja'taam" : Eliane de Latour, Bibi Den's, Peeda, Festival Africa Fête Marseille, Africaphonie, Jahill, Brahim, Chedizeck, Khalifa, Minino Garaÿ, Ken Boothe « Live in Paris », Bibi Tanga et le Professeur Inlassable, Nasio Fontaine, Label Luaka, Bop, Bebel Gilberto, Label Fania, Oï Va Voï, Hommage à Mamadou Konté, Ja'Sound, Festival du Désert, Dub Meetings, etc.

Marc SENECHAL

✆ **06 80 21 96 47**
letouquet57@free.fr
Genres musicaux : Tous sauf variétés • **Spécialité(s)** : Attaché de presse freelance • **Références** : Festival « Nous n'irons pas à NY » (Duc des Lombards), Journée nternationale du jazz (Unesco), Francis Dreyfus Music, « Les Fils Du Vent » (film doc. musical), « Touquet Raid Pas-De-Calais », « The Love Beatles » (The Best Beatles Cover Band), etc.

SEQUENZA

✆ **01 45 43 77 58** • fax 01 45 43 77 04
mgaussiat@sequenza-comprod.com • **www.sequenza-comprod.com**
10 av. Jean Moulin • 75014 **PARIS**
Marianne GAUSSIAT (Directrice) • Isabelle GILLOUARD (Codirectrice) • Julia GRANDFILS (Collaboratrice) • Charlotte GIRARDIN (Collaboratrice) • Morgane ANSELMI (Collaboratrice)
Genres musicaux : Classique • **Spécialité(s)** : Communication, promotion • **Références** : Festival de Vézère, Festival Flaneries Musicales de Reims, Festival de Saint-Riquier, Les Nuits du Chateau de la Moutte, Festival Pablo Casals de Prades, Musique à L'Emperi, Annecy Classic Festival, Festival des Inrocks de Pontoise, Anima Eterna Brugge, Idéale Audience, Les Paladins • **Autre(s) activité(s)** : Production événementielle : Musicora, Festival Classique au Vert

Virginie SIMMONEL

✆ **09 75 51 27 41**
virginie.simonnel@attacheedepresse.fr
35000 **RENNES**
Genres musicaux : Rock, pop • **Spécialité(s)** : Sortie album, événementiel, tour, national et régional, tout média (radio, presse, TV et web) • **Références** : Deportivo, Florian Mona, Dionysos, Dolly, AC/DC, POD, Experience, Kill the young, MC Solaar, Mano Solo, DeadHorseOne, Mashiro, Ez3kiel, David Gray, Standard, Michniak, Archive, Bang Gang, Soirées Sabotage, etc.

Nadine **SIMONI**

✆ **01 40 30 15 00**
nadinesimoni@wanadoo.fr
32 rue Pelleport • 75020 **PARIS**

Genres musicaux : Musiques actuelles • **Spécialité(s)** : Attachée de presse • **Références** : Le Rock dans tous ses Etats, les Nuits Secrètes, Festival Pigalle, La Mare à Thon, La Corderie Royale, Moustic the Audio Agency, le 106 à Rouen, La Sirène la Rochelle

SIN-ZEO MUSIC

✆ **06 07 16 90 39**
sin-zeo@sdv.fr • **www.myspace.com/sinzeomusic**
23 rue Jeanne d'Arc • 67000 **STRASBOURG**
Caroline VONFELT (Attachée de presse)

Spécialité(s) : Attachée de presse, gestion de communication • **Références** : Les Suprêmes Dindes, Weepers Circus, Les Escrocs, Ravid'Vour'Voir, Ange, Mell, Eddy (la) Gooyatsh, Coup d'Marron, Eric Toulis, Samarabalouf, Chapelier Fou, Tournée Générale, Alex Bianchi, Cats on Trees, Festival des Artefacts (1996), Festival Les Nuits Européennes (2009-10-11-12) • **Autre(s) activité(s)** : Correctrice « Noir Désir : Tout est là » par Sébastien Raizer, éditions Camion Blanc, 2004, « Weepers Circus à la Récré » livre-disque, éditions Eveil & découvertes, 2009

SMP PATRICK MELEO

✆ **06 95 40 51 68**
patrick@smp-rp.fr • **www.smp-rp.fr**
57 rue Charles de Gaulle • 77700 **CHESSY**
Patrick MELEO (Dirigeant)

Spécialité(s) : Conseil en communication et réseaux sociaux • **Références** : DVD Nuance Evénements

SOLANGE COLLERY COMMUNICATION

✆ **01 47 45 50 30** • fax 01 47 47 00 83
info@solangecollery.com • **www.sibylis.com**
15 rue Albert de Muns • 92600 **ASNIERES SUR SEINE**
Solange COLLERY (Responsable)

Spécialité(s) : Attachée de communication, relations presse/relations publiques, événementiel, conseil en communication • **Références** : Nuit de la St Patrick à Bercy, Festival Interceltique de Lorient, Institut pour la Ville en Mouvement, Nuit Celtique au Stade de France, « Celtica », Fondation Belem, Région Bretagne

STEPHANE CABANE COMMUNICATION

✆ **01 40 15 06 86**
stephane.cabane@sfr.fr
Stéphane CABANE (Gérant)

Spécialité(s) : Conseils et promotion Radio/TV • **Références** : Tarmac, Charlotte Rampling, Alain Chamfort, Les Wriggles, Ignatus, Michael Jones, Volo, Tom Poisson, Les Wampas, Kaolin, Padam, Solidays, Rock en Seine, MC Solaar, Prohom, Félipecha, Au P'tit Bonheur, Laura Cahen, Barbara Beghin

Eric **TALBOT**

✆ **02 35 88 87 82 / 06 07 45 90 37** • fax 02 35 88 87 82
talbotattachepresse@wanadoo.fr
Bureau de Presse • 39 rue du Grand Pont • 76000 **ROUEN**

Spécialité(s) : Attaché de presse indépendant • **Références** : L'Embarcadère (Fécamp), concerts du festival international de cerf-volant de Dieppe, centre chorégraphique National Le Havre, festival Pharenheit

TALENTS COMMUNICATION

✆ **06 61 90 25 98**
promo.talentscom@gmail.com • **www.talentscommunication.com**
42 bd Barbès • 75018 **PARIS**
Maka TRAORÉ (CEO)

Genres musicaux : Rap, RnB, soul, pop, rock, etc. • **Spécialité(s)** : Communication • **Références** : Les Voix Urbaines, festival Tour d'horizon au Féminin, Brasco et Dany Synthé, Mister B-Easy, K-Reen, Studio MRG, Festival Music Cannes • **Autre(s) activité(s)** : Portage de projets, gestion

TEZLA

✆ **06 16 47 41 52 / 06 77 14 07 72**
booking@tezla.net • **www.tezla.net**
Paul CAYERE (Président) • Arnaud LABARUSSINS (Trésorier) • Laurent RIOU (Secrétaire)

Spécialité(s) : Placement d'artistes, promotion • **Références** : Hugger Face, A Vanishing Self, Preacherz Of The Savage Truth, Fumulubudu, Spaghetti Overdrive, Les Fussoirs, Bim Bam Prod, Eazymeat

Agnès **THOMAS**

✆ **01 53 26 93 85 / 06 08 64 58 39**
agnes.thomas4@wanadoo.fr
ProMouVoir • 75 av. Simon Bolivar • 75019 **PARIS**

Genres musicaux : Jazz, électro jazz, world • **Spécialité(s)** : Attachée de presse freelance • **Références** : Brad Mehldau, Sonny Rollins, Jimmy Scott, Pat Méthény, Gilberto Gil, Joshua Redman, James Carter, Mark Turner, John Lewis, Laurent de Wilde, Le label Malpaso de Clint Eastwood, Sixun, I. Ferrer, Toumani Diabaté, Orchestra Baobab, Yaron Herman, Lenine Vao, Mayra Andrade, Ilene Barnes, Mina Agossi, Anne Pacéo, Emile Parisien, Oumou Sangare, Robin Mckelle, Fatoumata Diawara, NisPeter Molvear, Malia, Tcheka, Sally Nyolo, Vieux Farka Touré, Mayra Andrade, Niuver • **Autre(s) activité(s)** : Labels : Sony Music, World Circuit, Harmonia Mundi, Académie du jazz, Warner Jazz, Label bleu, tremplin Jazz d'Avignon, festival d'Amiens, festival d'Orléans, Paris Jazz Festival, 1er téléthon jazz, St Emilion jazz festival, etc.

UP TEMPO

✆ **06 89 49 91 75** • fax 09 57 74 81 85
geraldine.trehel@uptempo.fr • **www.uptempo.fr**
22 bis rue Pottier • 78150 **LE CHESNAY**
Géraldine TRÉHEL • Valérie ZIPPER

Spécialité(s) : Relations presse • **Références** : Katie Melua, Véronique Genest, Quentin Mosimann, Marie Paule Belle, Hélène Ségara • **Autre(s) activité(s)** : Prestataire en production exécutive

Muriel **VANDENBOSSCHE**

✆ **06 80 63 90 73**
muriel@muvdb.com • **www.muvdb.com**
40 rue Coriolis • 75012 **PARIS**

Spécialité(s) : Attachée de presse • **Références** : Festival Jazz Musette des Puces de St-Ouen, Festival Django Reinhardt, Festival Jazz à Vienne, New Morning, Guillaume Perret, etc.

VEEV COM

✆ **01 42 57 77 62 / 06 77 83 62 39**
severine@veevcom.com • **www.veevcom.com**
32 rue Stephenson • 75018 **PARIS**
Séverine BERGER (Directrice)

Genres musicaux : Soul, funk, hip hop, afro, reggae, world, jazz, électro jazz • **Spécialité(s)** : Relations presse, communication, marketing musical • **Références** : Nuttea, HF, Anofela, The Baker Brothers, The Strides, Kuku, Yuma Project, Lameck, Jean My Truong, artistes des labels Equal Music et Records Kicks, Deal'M, Këlem, Habib Faye, Lameck, Pierre Bensusan, ORUS Quartet, Radioacoustik, Laurent Zerat • **Autre(s) activité(s)** : Pige journalistique, traduction, interprétariat

VIAFRANCE

✆ **01 44 32 86 00** • fax 01 43 29 31 84
viafrance@viafrance.org • **www.viafrance.com**
60 rue de Seine • 75006 **PARIS**

Spécialité(s) : Recensement de tous les événements culturels et rediffusion dans les agendas de plus de 300 sites internet (France 2, France 3, Wanadoo, Les Pages jaunes, etc.)

VS COM

✆ **01 73 74 10 56**
vicken.sayrin@vscom.fr • **www.vscom.fr**
49 rue Orfila • 75020 **PARIS**
Vicken SAYRIN (Attaché de presse) • Laurie ELSEN (Attachée de presse)

Spécialité(s) : Relations presse tt médias, promotion albums, tournées, festivals, mise en place de partenariats médias • **Références** : Absynthe Minded, Oldelaf, Interzone (Serge Teyssot-Gay & Khaled AlJaramani), Duel, Cyril Mokaiesh, Zone Libre VS CAsey, Sly Johnson, NDIDI O, Rivière Noire, La Caravane Passe, Sarclo, La Mordue, Ladylike Dragons, Simon Dalmais, School is cool, Usthiax, Dunndotta, Les Hurlements d'Léo, Lisa Portelli, Elista, Eté 67, Jim Murple Memorial, Matthieu Bore, Rusconi, Bill Evans, Allain Leprest, Les Blérots de RAVEL, Mon Côté Punk, Les Fils de Teuhpu, Toma Sidibé, Thomas Pitiot, Eté 67, Alex Toucourt, Rusconi, Sarcloret etc.

ZAZA MEDIA CORP

✆ **06 23 97 33 44**
zaza@zazamediacorp.com • **www.zazamediacorp.com**
Elisabeth LAVARENNE (Gérante)

Spécialité(s) : Radios, presse, TV • **Références** : Promo radio : Domino Recordings (Hot Chip, Animal Collective, etc.) City Slang (Tindersticks, Junip, etc.), promo ts medias : Menphis Industries (Poliça, El Perro Del Mar, etc.), La Nuit SFR Live Concerts, SFR Jeunes Talents, etc.

CRÉATION DE SUPPORTS

BARILLA.DESIGN
✆ **01 49 58 25 07**
jlb@barilla-design.com • **barilla-design.com**
29 rue Auguste Delaune • 94800 **VILLEJUIF**
Jean-Luc BARILLA (Directeur artistique)
Activité(s) principale(s) : Design graphique • **Références** : Musique : William Sheller, Dee Dee Bridgewater, JJ Milteau, Jenifer, Marc Lavoine, Johnny Hallyday, Cristina Branco, Hadouk Trio... - Magazines : MONOP, Daniel Féau - Culture : Théâtre des Lilas, FNAC

COM'N.B - HENRY NEU
com-nb@com-nb.fr • **www.henryneu.com**
47 rue de Lyon • 75012 **PARIS**
Henry NEU (Contact)
Activité(s) principale(s) : Création de visuels et logotypes, typographies, identité visuelle, cartons d'invitation, flyers, argumentaires, catalogues, plaquettes, livres, affiches, annonces presse, pochettes de disques, packaging, collectors, objets, merchandising, PLV, présentoirs, décors, signalétique, illustrations, etc. • **Références** : Mylène Farmer, Alizée, Hélène Segara, TS3, Universal Music, TF1 Musique, etc. • **Autre(s) activité(s)** : Designer graphique

COMOSOL GROUP
✆ **01 42 87 02 08**
contact@comosol.com • **www.comoprint.com**
10 rue J-J Rousseau • 93100 **MONTREUIL**
Mickaël (Gérant) • Steve (Infographiste)
Activité(s) principale(s) : Impression • **Références** : Radio Nova, FIP, Sony, TSF

CRÉA TERRA DESIGN
✆ **06 74 52 16 73 / 04 90 36 15 71**
createrra@orange.fr • **www.createrra-design.com**
183 bd Joseph Vernet • 84200 **CARPENTRAS**
Guillaume BOIVIN (Directeur artistique)
Activité(s) principale(s) : Graphisme, illustration, photographie, vidéo, design, graff, sérigraphie, communication visuelle globale • **Références** : Lob, Burning Rods, Wakkan Tribu, Kiladikilé, Festijean, Urban Jam Session

DAMIEN LACHAS PHOTOGRAPHIE ET MULTIMÉDIA
✆ **06 63 86 16 51 / 04 26 00 62 52**
info@damienlachas.com • **www.damienlachas.com**
31 rue de Saint-Cyr • 69009 **LYON**
Damien LACHAS (Photographe)
Activité(s) principale(s) : Photographie reportage, architecture, visites virtuelles 360°- Installation vidéo - Dévellopeur multimédia • **Références** : PdB, Transmusicales, fanzine de l'Oreille, label M-Atome, B-cuts, Télerama, etc.

DANS TOUS LES SENS
✆ **01 42 74 65 02**
contact@danstouslessens.com • **danstouslessens.com**
9 rue Saint Sébastien • 75011 **PARIS**
Hadrien HOUDART
Activité(s) principale(s) : Print, photo, web, motion • **Références** : Clip interactif « Drugs » de No One Is Innocent, pochette album « Mike Ibrahim », « Pepper Island », « LPB Club », Lisa Cat-Berro, The Dukes, Nina Savary

DELUXE DESIGN GRAPHIQUE
✆ **01 48 03 19 40**
mat@deluxedesigngraphique.com • **www.deluxedesigngraphique.com**
17 rue de Lancry • 75010 **PARIS**
Franck NOSEDA (Graphiste associé) • Mathias JEANNIN (Graphiste associé (Musique et Labels))
Activité(s) principale(s) : Graphisme & web design • **Références** : Festival Blue Note, Festival jazz de Tourcoing, Live Nation, Universal, etc. • **Autre(s) activité(s)** : Conception, rédaction, film, scénographie, stand

DEVIL DELUXE MUSIC
✆ **06 07 89 32 62**
contact@devildeluxedesign.com • **www.devildeluxedesign.com**
4 rue Chassagnolle • 93260 **LES LILAS**
Mathias JEANNIN (Gérant)
Activité(s) principale(s) : Graphic & web design : pochette, affiches, programme, scénographie et stands, etc. • **Références** : Les Méditerranéennes, La caravane passe, Furax, etc. • **Autre(s) activité(s)** : Merchandising, presse, habillage musicale et négociation des droits

GRAPHIWORKS
✆ **05 47 50 01 25**
infos@graphiworks.com • **www.graphiworks.com**
Bât. 14 • Rue des Terres Neuves • 33130 **BEGLES**
Olivier SIMON (Commercial)
Activité(s) principale(s) : Agence digitale globale web & solutions print & web design, création visuelle, site web artistes, agence de communication, création pochettes CD, affiches, flyers, boutique de vente de CD en ligne, impression tout support • **Autre(s) activité(s)** : Conseil

J'AIME BEAUCOUP CE QUE VOUS FAITES
✆ **09 51 72 51 73**
contact@jaimebeaucoupcequevousfaites.com
www.jaimebeaucoupcequevousfaites.com
59 av. Pierre Berthelot • 14000 **CAEN**
Ludivine MABIRE • Antoine GIARD • Nicolas VILLEROY

RIOFLUO
✆ **09 51 02 82 76**
contact@riofluo.fr • **www.riofluo.com**
7 rue Jules Ferry • 93170 **BAGNOLET**
Nicolas SCAURI (Graphiste)
Activité(s) principale(s) : Print, web, identité graphique • **Références** : Jazz around midnight, Mr Gib, MTV France (Pimp my ride), Calderone Club, Chronic'art, Music cover

SANS BLANC
✆ **01 40 18 10 01**
ali.sansblanc@gmail.com • **www.sansblanc.com**
11 rue des solitaires • 75019 **PARIS**
Ali GUESSOUM (Directeur commercial)
Activité(s) principale(s) : Conception graphique print, web, spot TV • **Références** : Fnac, Universal, EMI, Sony, IMA

Agence TOMATE
✆ **02 38 68 29 80**
www.tomate.cc
8 rue Albert Laville • 45000 **ORLEANS**
Ludovic CLOUVET (Directeur)
Activité(s) principale(s) : Conseils, identité visuelle, charte graphique, développement et ingénierie, ergonomie, sites internet, animation et applications multimédia, logos, plaquettes, affiches, magazines, etc. • **Références** : PdB, MaMA, Le Brise Glace, FLUX::, Festival Cosmopolis, etc.

RÉALISATION DE SUPPORTS

CONFLIKT ARTS (SARL)
✆ **02 99 92 89 05**
contact@confliktarts.com • **www.confliktarts.com**
12C rue des Landelles • 35510 **CESSON SEVIGNE**
Emmanuel LEBARBIER (Gérant) • David BARBANCON (Responsable dpt. graphique) • Charlotte BENOIT (Marketing international)
Activité(s) principale(s) : Création de logos, charte graphique, pochettes CD, affiches, flyers • **Références** : Conflikt Arts, Right 4 Life, Bars en Trans, Master+, Tarmac Studio, Nevrotic Explosion, Taxi Brousse, Urban Attack, etc.

COOPERAROCK
✆ **05 63 54 35 52**
allo@cooperarock.org • **www.cooperarock.org**
28 av Francois Verdier • 81000 **ALBI**
Amaury ALBINET (Gérant) • Claire (Accueil)
Activité(s) principale(s) : Création et impression de flyers, affiches, stickers, plaquettes, cartes postales, promotion, etc. • **Références** : Jarring Effects, Zenzile, Garorock, Pause Guitare, etc.

DR.IMPRIM
✆ **02 98 52 23 92 / 06 17 06 54 15** • fax 02 98 52 23 92
dr.imprim@yahoo.fr
12 rue parc briec • 29730 **LE GUILVINEC**
Didier RONDELET
Activité(s) principale(s) : Affiches, flyers, stickers, tract, board, mailing, dépliants, brochures • **Références** : Nombreux labels

ENCRE NOUS

✆ **01 46 71 23 07** • fax 01 78 76 67 59
j.mounier@encre-nous.com • **www.encre-nous.com**
1 allée des Poètes • 94200 **IVRY SUR SEINE**
José MOUNIER (Gérant)
Activité(s) principale(s) : Print, routage, prépresse et création graphique, web design • **Références** : Festival mondial du cirque, Cirque Phenix

HAPPY GO NOGO

✆ **06 13 24 61 86**
contact@happygonogo.com • **www.happygonogo.com**
9 rue André Messager • 75018 **PARIS**
Jeff TUR (Gérant)
Activité(s) principale(s) : E-commerce, création de site internet, expertise open source, management de projet

KHILIM

✆ **05 61 23 45 10** • fax 05 61 76 17 07
autapis@khilim.com • **www.khilim.com**
229 route de Seysse • 31100 **TOULOUSE**
Antoine ROUX (Gérant) • Olivier DUTTER (Commercial) • Antoine BERTOUT (Commercial Paris)
Activité(s) principale(s) : Impression tous supports, spécialiste grand format (affiches, flyers, etc.), stockage-routage d'affiches, impression sur textile, signalétiques (baches, fonds de scènes, etc.), sérigraphie textile, objets promotionnels (briquets, badges, etc.), pochette d'album, clip, publicité • **Références** : Fnac, Universal, festivals (Hellfest, Furia, Main Square, Solidays, etc.), tourneurs (Bleu Citron, Gilbert Coullier, Radical, Azimuth, Asterios, etc.), PS3, etc.

MANGE DISQUES PRODUCTION

✆ **01 77 10 11 40**
contact@mangedisquesprod.com • **www.mangedisquesprod.com**
227 rue Saint-Denis • 75002 **PARIS**
Céline POLLET (Gérante /productrice)
Activité(s) principale(s) : Stratégie de communication online, création de sites web, réalisation, tournage et montage de vidéos • **Références** : Rockstone Poulet, Treize à table, Ukiyo-E, Jacques Air Volt • **Autre(s) activité(s)** : Edition et synchro

PRINT VALLÉE

✆ **01 41 05 17 30** • fax 01 41 05 17 31
contact@printvallee.com • **www.printvallee.com**
3 ter rue Jeanne D'Asnières • 92100 **CLICHY LAGARENNE**
Pascal BIENVENU (Directeur général) • Jean-François MORIN (Responsable de fabrication/print) • Jean-François COMMUNIER (Responsable département Pré presse) • Nicolas BESH (Responsable département multimédia)
Activité(s) principale(s) : Studio gravure : post production, retouche, sécurisation des fichiers, épreuvage, gestion des plan média, base de données. Studio d'exécution : création, mise en page, adaptation créative, déclinaison, exécution de tous supports. Studio photo : Packshot simple, composé et prise de vue de création. Studio Edition : impression traditionnelle (feuille à feuille, rotative, hélio), PLV ILV, marketing direct, projets complexes tous supports (catalogues, prospectus, leaflet, campagne presse). Studio Multimédia : Web design, maintenance de site, bannières flash, emailing, podcast, audiovisuel (production et post production) • **Références** : Sony France, Fnac, PSA, Coupe du Monde de Rugby (appel d'offre remporté), Pernod Ricard, Printemps de Bourges, SCA Hygiène (Tena, Nana), etc.

RL COMMUNICATION

✆ **01 40 01 06 85** • fax 01 40 01 06 86
rlcom@noos.fr
30 rue Gassendi • 75014 **PARIS**
Antoine ROUYRRE (Directeur)
Activité(s) principale(s) : Création, impression de support publicitaire, affiches, tracts, stickers, argumentaires • **Références** : Emi, Sony, Gérard Drouot Productions, Nous Productions, Corida, Alias Productions, etc.

SMALL STUDIO

✆ **06 12 27 12 71**
hello@smallstudio.fr • **www.smallstudio.fr**
16 rue de l'École • 25000 **BESANCON**
Vincent JACQUIN (Graphiste)
Activité(s) principale(s) : Design graphique • **Références** : Éditions Grain de Sel, Editions New Round, La Rodia, Ville de Besançon, Les Biennales de Lyon, Publicis Lyon, BBE Records, Eklektik Records, etc.

WORKING COMPANY SERVICES

✆ **06 96 72 42 00** • fax 05 96 68 42 70
wrkngcompany2@gmail.com • **www.workingcompanyservices.com**
6 rue des Oursins Anse à l'Ane • 97229 **LES TROIS ILETS (MARTINIQUE)**
Johann ETIFIER (Gérant) • Hamid ELATIFI (Commercial)
Genres musicaux : Reggae, new roots, dancehall • **Activité(s) principale(s)** : Services videos, internet, publicités & promotion • **Références** : Royal Warriors Muzik • **Autre(s) activité(s)** : Enregistrement, répétitions, booking, distribution num. via Believe

DIFFUSION DE SUPPORTS

AFFICH'PROMO SPECTACLES

✆ **05 61 41 50 91 / 06 62 66 07 60** • fax 05 61 41 50 91
contact@affiche-promo-spectacles.fr • **www.affiche-promo-spectacles.fr**
11 rue Buffon • 31100 **TOULOUSE**
Bernard BOLO
APS • **Activité(s) principale(s)** : Affichage, promotion d'artistes (réseaux de panneau (70x100) à Toulouse et périphérie) • **Références** : Bleu Citron, Bikini, Zénith de Toulouse, mairie de Carcassonne, Auch, etc.

AGIR PUBLICITÉ

✆ **01 43 38 95 02** • fax 01 43 38 27 94
mfrousseau@agirpub.fr • **www.agirpub.fr**
126 av. de la République • 75011 **PARIS**
Daniel KERAVEC (Gérant) • Anne LEFEBVRE (Directrice générale) • Axelle BACCONNIER (Chargée des budgets des producteurs et labels) • Marie-France ROUSSEAU (Chef de publicité)
Activité(s) principale(s) : Agence de publicité, conseil et achat d'espaces, spécialisée dans le domaine de la communication/spectacle • **Références** : Gérard Drouot Productions, Nous Productions, Auguri, Live Nation, Radical, Wagram, Because Music, etc.

ANOLIS

✆ **01 42 26 06 68** • fax 01 42 26 06 27
contact@anolis.fr • **www.anolis.fr**
25 rue Berzelius • 75017 **PARIS**
Julien BELLIARD (Gérant) • Sylvain DECAMPS (Gérant)
Activité(s) principale(s) : Marketing hors médias & promotion • **Références** : Inrockuptibles, Sony, Universal, EMI, Naïve, Warner, etc.

ANTISTATIC ÉVÈNEMENT ET PROMOTION

✆ **06 63 34 73 97**
contact@collectif-antistatic.com • **antistaticsm.wordpress.com**
6 rue Alexandre Cabanel • 31000 **TOULOUSE**
Boris MAZEL (Chargé de communication) • Mélissa DESEAN (Administration)
Activité(s) principale(s) : Street marketing, affichage, dépôt de flyers • **Autre(s) activité(s)** : Programmation, collectif artistique, etc.

ATLANTIC PROMOTION ET SERVICE (APS)

✆ **02 40 76 48 41** • fax 02 40 76 40 61
apsnantes@wanadoo.fr
1 rue des Chardonnerets • 44300 **NANTES**
Dominique HERBRETEAU (Gérant) • Yannick LUCAS (Gérant)
Activité(s) principale(s) : Affichage pour ttes structures Nantes et district • **Références** : Bouche d'Air, ARC, Les Vieilles Charrues, Capellia, Pianocktail, etc.

BALADES SONORES

✆ **01 83 87 94 87**
info@baladessonores.com • **www.baladessonores.com**
1 av. Trudaine • 75009 **PARIS**
Toma CHANGEUR (Président)
Genres musicaux : Rock, pop, folk, musique électronique, chanson française • **Activité(s) principale(s)** : Diffusion et communication ciblée pour les disques, événements (concerts, festivals, etc.), salles de concerts, labels et artistes autroduits • **Autre(s) activité(s)** : Label, booking, organisation d'événements

CAFÉ BLANC

✆ **06 67 32 41 95 / 09 82 45 99 69**
cafeblanc@wanadoo.fr
6 rue du Dauphiné • 17000 **LA ROCHELLE**
Laurence MOINARD (Responsable)
Activité(s) principale(s) : Affichage, tractage, relations presse • **Références** : Garance, Matoma Prod, Divan Du Monde, Cabaret Sauvage, New Bled Festival, Nuit des Suds, etc. • **Autre(s) activité(s)** : Organisation de spectacles, management

CART' COM / NON'STOP MEDIA

info@nonstopmedia.fr • **www.nonstopmedia.fr**
11 rue Rabelais • 93100 **MONTREUIL**
Philippe CASEN (PDG)
Activité(s) principale(s) : Exploitation de support publicitaires (Cart'Com), affichage 70/100 intérieur lumineux, sous verre, magazines (un magazine en propre + diffusion de titres de presse), ecard, street marketing, application facebook, plateforme mobile, digital • **Références** : Nouveau Casino, Olympia, Flèche d'Or, Divan du Monde, Cabaret Sauvage, etc.

COM'INVADER

contact@cominvader.net • **www.cominvader.net**
20 rue Gounod • 92210 **ST CLOUD**
Thomas PAPAVOINE (Cofondateur) • Gérald GRIFFIT (Cofondateur)
Activité(s) principale(s) : Distribution de flyers et échantillons, pochoirs et green tags, affichage board (boutique ou libre), dépôt, stand sur événements, habillage de véhicule en roadshow • **Références** : La Gaîté Lyrique, Le Centquatre, MTV, Garance Production, Les Eurokéennes, Les Nuits Capitales, etc. • **Autre(s) activité(s)** : Community management, application flyers pour smartphones

DANS TA FACE PROMOTION

✆ **03 80 57 19 52** • fax 06 60 20 51 50
concerts@danstafacepromotion.com
www.danstafacepromotion.com
2 rue des Corroyeures • Boîte LL12 • 21000 **DIJON**
Cédric TARTERET (Directeur général) • Damien ROUSSELET (Président / Responsable événementiel) • Andréa RICHARD (Responsable de la communication) • Xavier LEDIEU (Responsable audiovisuel) • Cynthia FORT (Communication et evènementiel)
Activité(s) principale(s) : Street marketing en province (affichage, flyage, etc.) • **Références** : La Rumeur, Sinik, Cumpaz, Bérurier Noir, Keny Arkana, Kenza Farah, I AM, Eurockéennes, PdB, etc. • **Autre(s) activité(s)** : Promotion et communication des cultures urbaines, organisation de manifestations (soirées, tour promotionnels radios, concerts, showcases) et centre de ressource cultures urbaines

EMODAYS PRODUCTION

✆ **09 72 22 11 53**
info@emodays.com • **www.emodays.com**
7 rue Justin Godart • 69004 **LYON**
Anthony CHAMBON (Directeur) • Maelle BAYLION (Chargée de production et de promotion)
Genres musicaux : Tous • **Activité(s) principale(s)** : Promotion (street, web, médias) pour des entreprises culturelles et artistiques • **Références** : Arachnée Concerts, Du Bruit Au Balcon, Les Derniers Couchés, Ckel Prod, etc. • **Autre(s) activité(s)** : Producteur, organisateur de spectacles, co-gestion de la programmation artistique du Backstage By The Mill à Paris et de l'Ayers Rock Boat à Lyon, organisation de tournées, management

L'IGLOO

✆ **02 41 80 08 43**
ligloo@wanadoo.fr • **www.ligloo.org**
BP 40044 • 49802 **TRELAZE CEDEX**
Aurélien BELLOUARD (Chargé de communication) • Franck LEGRAND (Directeur de la communication)
Activité(s) principale(s) : Diffusion, Street Marketing. Hors Média : affichages libre, réservé, promotion, street-marketing, boarding, affichages magasin, distribution de flyers • **Références** : Vieilles Charrues, Route du Rock, Art Rock, Transmusicales, etc.

Sarl IRIE ITES INTERNATIONAL

✆ **09 54 15 29 54**
iicommunication@hotmail.fr • **www.irieites.net**
344 av. Nationale • 72230 **ARNAGE**
Jérôme BACCAR (Gérant)
Genres musicaux : Hip hop • **Activité(s) principale(s)** : Promotion d'artistes et street marketing : collage d'affiches, distribution flyers, affichage réservé sur toute la Sarthe (450 points chez des commerçants), infographie, printing • **Références** : Salles : O. Antares, Oasis, Les Saulnières ; festivals dans la Sarthe • **Autre(s) activité(s)** : VPC, organisateur de concerts occasionnel

KERMON

✆ **01 43 38 95 02** • fax 01 43 38 27 94
axelle.hermon@agirpub.fr • **www.agirpub.fr**
126 av. de la République • 75011 **PARIS**
Daniel KERAVEC (Cogérant) • Alain MONTIER (Cogérant) • Axelle BACCONNIER (Responsable commerciale) • Charlotte ISSALY (Commerciale)
Activité(s) principale(s) : Agence mandataire du CNV pour la création, la gestion et la commercialisation de ses réseaux de promotion Paris/province

M COMMUNICATION

✆ **01 53 41 37 37** • fax 01 53 41 37 28
mcom@m-communication.fr • **www.m-communication.fr**
11 rue Danielle Casanova • 75001 **PARIS**
Chistophe MAROIS (Gérant) • Sebastien MAROIS (Cogérant)
Activité(s) principale(s) : Street marketing, tractage, affichage • **Autre(s) activité(s)** : Evénementiel, organisation de tournée au niveau national

MEDIATONE

✆ **04 78 27 93 99** • fax 04 78 27 93 99
info@mediatone.net • **www.mediatone.net**
29 rue des Capucins • 69001 **LYON**
Eric FILLION (Chargé de communication) • Jérôme LAUPIES (Coordinateur)
Activité(s) principale(s) : Promotion locale d'événements à un niveau régional (affichage, flyage, street marketing, médias, soirées écoute, etc.) • **Références** : La Mine de Rien, Fake Oddity, Dead, Les Eurockéennes, Le Jardin des Possibles, etc. • **Autre(s) activité(s)** : Promotion de groupes, organisation de concerts et tournées

NO ART NO COM

✆ **01 47 00 50 10**
info@nanc.fr • **www.noartnocom.com**
16/18 rue de la Folie Méricourt • 75011 **PARIS**
Philippe DEFOSSEZ
Activité(s) principale(s) : Street marketing, affichage boutique et public, distribution réseaux avec présentoirs • **Références** : Machine du Moulin Rouge, La Bellevilloise, Elegangz, Nous Production, Rock en Seine, Technopol, etc.

OBIWAN MGT

✆ **01 46 04 12 46**
obiwan.mgt@wanadoo.fr • **www.obiwanmgt.com**
92 av. du Général Leclerc • 92100 **BOULOGNE**
Claude MESQUIDA (Responsable) • Catherine BENARD (Responsable)
Obiwan Marketing Grand Terrain • **Activité(s) principale(s)** : Street marketing (affichage, tractage, véhicule pub), promo spéciale avec Manpub® • **Références** : Booba, Ayo, Matt, Olivia Ruiz, Stade de France, Zenith, Bercy, Elysée Montmartre, etc. • **Autre(s) activité(s)** : Management Sages Poètes de la Rue, Jimmy Jay Productions, Beat de Boul, Logilo Productions

STREET DISPATCH

✆ **09 53 17 20 24 / 06 46 12 46 50** • fax 01 42 51 15 49
david@streetdispatch.net • **www.streetdispatch.com**
c/o ABC Live • 2 bis rue Dupont de l'Eure • 75020 **PARIS**
David RENAULT (Directeur commercial) • Vicky BAZOMBANZA (Producteur)
Activité(s) principale(s) : Street marketing, affichage, impression, création graphique et internet • **Références** : Emily Loizeau, R-Wan, Birdy Nam Nam, Techno Parade, Sizget Festival, Rex Club, Stade de France, etc.

TAFFICHE

✆ **06 24 50 94 02** • fax 09 50 23 37 81
tafiche@gmail.com • **www.facebook.com/Taffiche**
1095 avenue du pere soulas • 34090 **MONTPELLIER CEDEX**
Benjamin MERELLE (Gérant)
Activité(s) principale(s) : Promotion d'événements, solutions de promotion (affichage, distribution de flyers en dépôt et directe, imprimeur, street marketing, street art) • **Références** : Victoire2, Enjoy Montpellier, Herisson Productions, Le Rockstore, Les Deferlantes, Montpellier 100 %, etc.

URBAN ACT

✆ **01 40 11 50 80** • fax 01 40 11 64 79
ua@urbanact.com • **www.urbanact.com**
9/11 av. Michelet • 93400 **ST OUEN**
Olivier BRANDON (Directeur) • Nacer AICH (Responsable commercial) • Mélanie BARROSO (Assistant commercial)
Activité(s) principale(s) : Agence hors médias spécialisée en street et guerilla marketing : affichage, diffusion et dépôts de flyers, stickage, animations outdoor, dispositifs ballons, habillage de véhicule, etc. • **Références** : Rohff, Diam's, Björk, M, MC Solaar, Neg Marron, Placebo, Nut, Sébastien Tellier, Solidays, etc.

VISIOSCENE

benjamin@visioscene.com • **www.visioscene.com**
Will Up • 5 pl. Stalingrad • 75010 **PARIS**
Benjamin ROLLAND
Activité(s) principale(s) : Production et diffusion de bandes annonces de spectacles et concerts • **Autre(s) activité(s)** : Promotion vidéo de spectacles et concerts via un réseau de partenaires web ainsi que un réseau d'affichage dynamique en région parisienne

WATT 4 YOU

✆ **06 18 78 44 60**
contact@watt4you.fr • **www.watt4you.fr**
14 Bd Fernand Durbec • 13013 **MARSEILLE**
Sigrid (Gérant)
Activité(s) principale(s) : Réseau de diffusion d'information culturelle sur le sud-est de la France, régie villages professionnels & salles presse sur événements, relation presse, réseaux d'affichage protégés • **Références** : Transmusicales, Fiesta des Suds, Sony Music, Le Moulin, Babel Med Music, L'Affranchi, L'escale St-Michel, agenda de sorties sur Marseille et sa région, etc.

WESTEAM PROD

✆ **02 40 43 50 12** • fax 09 79 94 63 51
www.westeam-prod.com
32 rue de Strasbourg • 44000 **NANTES**
Guillaume LUCAS (Promotion) • Axelle LUZET (Chargée d'affaires-communication)
Activité(s) principale(s) : Street marketing (affichage, magasin, board), distribution de flyers, dépôt, impression d'outils de promotion (flyers, affiches, stickers, etc.) • **Références** : Les 3 Eléphants, L'Eté Cigale, Magazine Sortir, etc.

ZIT.COM

✆ **06 18 84 48 60**
zit.com@hotmail.fr • **www.zitcom.fr**
109 rue Jules Guesde • 37000 **TOURS**
Olivier FRESNEAU (Gérant)
Activité(s) principale(s) : Affichages magasins, dépôt de flyers dans un réseau identifié, « Bornes culturelles numériques » (présentoir num.), affichage numérique sur Totem • **Références** : Conventionné avec le Petit Faucheux, Jazz à Tours, Espace Malraux, Tour de Scène, Cheyenne Production, Aucard de Tours, Terre du son

A-BLOK

✆ **01 45 86 96 80** • fax 01 42 40 02 02
contact@a-blok.com • **www.a-blok.com**
7 rue Sainte Hélène • 75013 **PARIS**
Guillaume DELLA SCHIAVA (Gérant)
Spécialité(s) : Prestataire artistique événementiel (DJs, VJs, live, artiste-peintre) • **Références** : BNP Paribas, Novabox, Prada, Microsoft, Holiday Inn, Signature Events, Publicis Events, etc. • **Autre(s) activité(s)** : Illustration sonore & visuelle, direction artistique, organisation de soirées

L'AGENCE MODERNE

✆ **01 74 64 06 73** • fax 01 44 82 54 92
contact@lagencemoderne.com • **www.lagencemoderne.com**
58 rue Tiquetonne • 75002 **PARIS**
Sarah GHOSN (Directrice) • Nathalie ROUL (Directrice du développement)
Spécialité(s) : Communication alternative et recherche de partenaires • **Autre(s) activité(s)** : Pitchfork Music Festival, Musilac, Les Deferlantes, Garorock, Beauregard, le Disquaire Day, etc.

AIR FRANCE MUSIC

✆ **01 56 41 39 68**
mail.music@airfrance.fr • **music.airfrance.com**
c/o BETC Music • 48 rue du Château d'Eau • 75010 **PARIS**
Spécialité(s) : Sonorisation des avions, opérations digitales événementielles • **Références** : Keren Ann, Charlotte Gainsbourg, Phoenix, etc.

ARGOS CULTURE

✆ **06 82 99 02 78**
c.robillard@argosculture.fr • **www.argosculture.fr**
44 av. de l'École d'Agriculture • 34000 **MONTPELLIER**
Charles ROBILLARD (Directeur)
Spécialité(s) : Recherche de financements privés • **Autre(s) activité(s)** : Études de faisabilité ; création, organisation d'événements culturels

BETC MUSIC

isabelle.tardieu@betc.com • **www.betcmusic.fr**
48 rue du Château d'Eau • 75010 **PARIS**
Fabrice BROVELLI (PDG) • Christophe CAURRET (Directeur général) • Isabelle TARDIEU (Planning stratégique musique)
Spécialité(s) : Conseil en marketing musical : événementiel, digital, brand content, opérations spéciales, supervision musicale • **Réf.** : Air France Music : Phoenix, Keren Ann, The Shoes ; Petit Bateau/Izia, Peugeot/Woodkid, soirées Panik et Kidnap • **Autre(s) activité(s)** : Management d'artistes, blog, webradio

CINE CULTURE

✆ **01 42 38 40 66**
vincent@cine-culture.com • **www.cine-culture.com**
46 rue Bouret • 75019 **PARIS**
Vincent DOERR (Directeur général)
Spécialité(s) : Organisation d'événements dans le secteur du cinéma et de la musique • **Références** : Naïve, Théâtre 13, Universal, Because music, Warner, Le Printemps de Bourges, Cannes Soundtrack pendant le Festival de Cannes, etc. • **Autre(s) activité(s)** : Création de contenu audiovisuel, réalisation d'applications smartphone

DJ BUZZ

✆ **06 63 83 22 00** • fax 01 44 90 02 42
djbuzz@djbuzz.com • **www.djbuzz.com**
60 bd Malesherbes • 75008 **PARIS**
Éric ANDRÉ (Responsable)
Spécialité(s) : Promo club • **Références** : 600 Djs pro et 80 radios partenaires • **Autre(s) activité(s)** : Hit des Clubs DJBuzz

EMI BRAND PARTNERSHIP

✆ **01 56 55 77 77** • fax 01 56 55 70 70
www.emisoundsgood.com
118 rue du Mont-Cenis • 75891 **PARIS CEDEX 18**
Pauline SARRADIN (Directrice) • Marine OUDINOT (Chef de projet) • Arnaud CARRIERE (Chef de projet)
Spécialité(s) : Stratégies offline : endorsement, placement de produits, licences artistes, sponsoring tournée, événements privés ; stratégies online : campagne ecrm, création de contenus, opérations spéciales • **Références** : Sony Mobile, Renault, Ice Watch, Banque Populaire, Smerep, Airwaves, LVMH, Air France, Teisseire, etc.

ESPRIT MUSIQUE

✆ fax 01 58 40 41 42
www.bpce.fr
c/o BPCE - Caisse d'Epargne • Service Sponsoring
50 av. Pierre Mendès France • 75201 **PARIS CEDEX 13**
Cédric MIGNON (Dir. communication image et sponsoring) • Guillaume CADE (Dir. mécénat-sponsoring)
Activité(s) principale(s) : Partenariats avec des salles de concerts de musiques actuelles

GASOIL PRODUCTIONS

✆ **06 03 59 08 64**
www.facebook.com/Gasoilproductions
19 rue Saint Just • 93100 **MONTREUIL**
Arnaud PFISTER
Spécialité(s) : Production vidéo et événementielle (film, infographie, fabrication de décors, régie événementielle, location d'ateliers, stockage) • **Références** : Posterscope, Eccla, etc.

GRANGE PRODUCTIONS

✆ **01 42 52 08 13**
grangeprod@gmail.com • **www.grangeprod.com**
34 rue Lamarck • 75018 **PARIS**
Virginie DE LA GRANGE (Gérante)
Spécialité(s) : Conception, organisation d'événements, concerts privés pour les marques. Partenariats marques et médias pour événements musicaux (festivals, concerts, tournées, salles de spectacle), promotion, recherche de partenaires, etc. • **Références** : Alias, La Flèche d'Or, le Bataclan, Musilac, Beauregard, Les Déferlantes, Les Inrocks, Festival de Nîmes, Festival des voix du Gaou, etc. • **Autre(s) activité(s)** : Privatisations de loges ou de salons privatifs, accès VIP, cocktail dînatoire haut-de-gamme pour des concerts d'exceptions

H.O.M.E

apichevin@thehome-paris.com • **www.thehome-paris.com**
39 bd Diderot • 75012 **PARIS**
Aymeric PICHEVIN (Associé fondateur) • Éric NEWTON (Associé fondateur)
HOuse of Music and Entertainment • **Spécialité(s)** : Conseil et études sectorielles, création de concept, production d'émissions de télévision et d'événements • **Références** : Talent Tout Neuf le Live (émission mensuelle sur W9), Home Sessions Club, Home Live Festival, collaboration avec de nombreuses marques (Club Med, Credit Mutuel, Krug, Sony, etc) • **Autre(s) activité(s)** : concertsprives.com

HALLOWEEN AGENCY

✆ **01 43 27 83 64**
info@halloween.fr • **www.halloween.fr**
1 rue Montbrun • 75014 **PARIS**
Marc POTTIER (Partenariats privés) • Marie ROBIN (Responsable Médias sociaux) • Grégory BIGOT
Spécialité(s) : Communication événementielle et résonance digitale • **Références** : Green Room Session

IDÉACTIF !

✆ **01 56 33 47 80**
aude.ammeux@ideactif.fr • **www.ideactif.fr**
6 bd Gal Leclerc • 92110 **CLICHY**
Arnaud PEYROLES (Président) • Anne-Sophie TOUTCHKOV (Directrice de clientèle) • Ronan CORLAY (Département Culture) • Amandine BAUDIN-MIROUX (Département Lifestyle)
Spécialité(s) : Agence conseil en communication événementielle, recherche de sponsors • **Références** : PDB (pour Kronembourg), Transmusicales (pour Sony et Coca-Cola), Rock en Seine (« Conserve Art Factory ») • **Autre(s) activité(s)** : Agence conseil en communication numérique

La LUNE ROUSSE

✆ **01 48 24 25 97** • fax 01 40 22 00 92
association-traverse@orange.fr • **www.lalunerousse.com**
6 rue Juliette Dodu • 75010 **PARIS**
Fabrice TERRIER (Gérant / Directeur artistique) • Denis LEGAT (Directeur commercial) • Stefff GOTKOVSKI (Directeur artistique) • Virginie FREMENT (Chargée de la privatisation des salles) • Christine CAMIO (Chargée de production) • Pierre-Yves BILLON (Chef de projet événementiel) • Marion TOCHE (Chef de projet événementiel)
Spécialité(s) : Coordination générale, maîtrise d'ouvrage de la production, inscriptions, communication • **Références** : Ministère de la Culture et de la Communication, Nuit Russe à Puteaux, Ubisoft, Meetic, PSA, France Télévisions, PMU, etc. • **Autre(s) activité(s)** : Entrepreneur de spectacles, communication visuelle et digitale

MAJE MEDIA

✆ **01 43 87 81 23**
contact@maje-media.com • **www.maje-media.com**
17 rue Martel • 75010 **PARIS**
Jérôme WAGNER (Gérant) • Barbara LACLERGERIE
Spécialité(s) : Association des marques au domaine de l'entertainement et des contenus. Montage d'opération de sponsoring media et hors media • **Références** : Francofolies de La Rochelle, Main Square Festival, Marsatac, Musilac, Juste Pour Rire, tournées Live Nation France

La MJC

✆ **01 42 01 09 62**
info@lamjc.com • **www.lamjc.com**
32 rue Beaurepaire • 75010 **PARIS**
Michaël DUPOUY (Dir. clientèle) • Thibault CHOAY (Dir. de la production)
Spécialité(s) : Evénementiel, consultant, conseil stratégique, buzz & lancement de produit, éditeur (All Gone Books) • **Références** : Nike, Louis Vuitton, Lacoste, Colette, Vans, Reebok, Puma, Sebago, New Balance • **Autre(s) activité(s)** : Agence de graphisme, mise en place de site web & e-shop, mise en relations marques avec influenceurs parisiens, booking DJ

MY LOVE AFFAIR

raphael.aflalo@my-loveaffair.com • **www.my-loveaffair.com**
Cathy GUETTA (Gérante) • Raphaël AFLALO • Hedia CHARNI (Chef de projet)
Activité(s) principale(s) : Conseil en brand entertainment content • **Références** : David Guetta/HP, Cathy Guetta/F*** Me I'm Famous

NEW TRACK COM

✆ **04 67 60 00 33 / 06 63 33 20 09**
contact@newtrackmusic.com • **www.newtrackprod.com**
3 rue Beau Séjour • 34000 **MONTPELLIER**
Stéphane RICCHIERO (Gérant)
Spécialité(s) : Développement marketing et promotion pour le disque et la musique enregistrée, la promotion concerts • **Références** : Uncommonmenfrommars, Zénith, Rockstore, Antirouille, Victoire 2 (Montpellier) Théâtre de la Mer (Sète), Maroquinerie, Bataclan, Trabendo, Nouveau Casino, etc. • **Autre(s) activité(s)** : Edition musicale, production de tournée

Agence OPENMINDED

contact@opnminded.com • **www.opnminded.com**
75000 **PARIS**
Laurent AMESLANT (Directeur associé) • Lydia D'AVANZO (Directrice associée)
Spécialité(s) : Communication et création : direction artistique, événementiel, communication (web, marketing, community management, print, PLV) ; expertise et développement web • **Références** : Grands magasins (Printemps de l'homme, etc.), Social Club et Green Room

POSTERSCOPE AGENCY

✆ **01 41 16 12 47**
pauljean.toulemonde@posterscope.com • **www.posterscope-agency.fr**
47 rue Louis Blanc • 92400 **COURBEVOIE**
Paul-Jean TOULEMONDE (Communication relation presse)
Spécialité(s) : Communication intégrée • **Références** : Pression Live, Green Room Session

RIDE(OFF)

✆ **06 82 19 55 98 / 02 41 39 10 46**
contact@rideoff.fr
1 rue Grandet • 49100 **ANGERS**
Sébastien HUAUMÉ
Spécialité(s) : Stratégie de communication, conseil en marketing alternatif événementiel street, corporate & relations publiques, interactivité urbaine, design d'espace • **Autre(s) activité(s)** : Management, booking, production, accompagnement de projets

ROCK'N'ROUGH

✆ **01 42 58 87 22 / 06 09 13 49 00**
andre@rocknrough.com
112 rue Caulaincourt • 75018 **PARIS**
André BRODZKI (Directeur)
Spécialité(s) : Endorsement (matériel, instruments), événementiel • **Références** : Mogar, Algam, Puma, HTD, EMD, Fender, Zenith de Paris

ROSBEEF

✆ **01 71 93 48 04** • fax 01 42 02 91 63
redbox@rosbeef.fr • **www.rosbeef.fr**
115 bd Richard Lenoir • 75011 **PARIS**
Jonathan GOURMEL (Directeur artistique) • Céline KAROUT (Chef de projet)
Spécialité(s) : Accompagner les marques dans l'analyse de leur cible et de leur positionnement • **Références** : Naive New Beaters, Guitar Hero (Activision), Rockband The Beatles (Electronic Art), soirées Club NME à Paris

SAVOIR FAIRE MARKETING

✆ **01 42 46 00 34**
agency@savoirfairecie.com • **www.savoirfairecie.com**
69 rue d'Hauteville • 75010 **PARIS**
Laurent LAFON (Directeur de l'agence AndBands / Privatisation)
Spécialité(s) : Branding • **Références** : The Bewitched Hands, Brodinski/Wyborowa, Birdy Nam Nam/SFR, Social Club/Puma, JC de Castelbajac/Clan Campbell, etc.

SO BUZZEE

✆ **01 83 62 58 85**
hello@sobuzzee.com • **www.sobuzzee.com**
59 rue du Fbg Saint Antoine • 75011 **PARIS**
Spécialité(s) : Propositions et mise en place de partenariats, dossiers de commercialisation, recherche de sponsors, mise en place de billetteries, création publicitaire print / web / vidéo, programmation d'artistes, direction artistique, coordination terrain • **Références** : Joachim Garraud, NRJ Music Awards (depuis 2009), Festival Inox Park, Big Festival, Francofolies de La Rochelle, Palais Club Cannes, Baoli, Virgin Radio, RFM, Activision, etc. • **Autre(s) activité(s)** : Communication en ligne

SOUCOUPE SONIQUE ÉVÉNEMENTS

✆ **01 41 12 89 90**
infos@soucoupesonique.com • **www.soucoupesonique.com**
49 rue de l'Avre • 92210 **ST CLOUD**
Luc VERTIGE (Directeur)
Spécialité(s) : Organisation d'événements externes et internes : conférence de presse, lancement, cérémonie/remise de prix, dédicace, convention, séminaire, etc. • **Références** : Lara Fabian, André Rieu, David Bowie, Mariah Carey, Aerosmith, Radiohead, Tina Turner, Sonic Youth, Pink, Universal Music, Sony BMG, Christophe Maé, Usher, Justin Timberlake, etc.

La SPHÈRE DES POSSIBLES

✆ **04 72 65 05 80** • fax 04 78 85 21 86
contact@laspheredp.com • **www.laspheredp.com**
58 rue Magenta • 69100 **VILLEURBANNE**
Dany MORSILLI (Directeur général)
Spécialité(s) : Conseil en communication, stratégie, relations publiques/presse ; conception, scénographie, régie générale, mise en scène, design sonore, design lumière, design graphique, conseil en restauration, organisation de séminaires • **Références** : Air France, Banque Populaire, CCI de Lyon, Le Grand Lyon, Louis Vuitton, Ville de Lyon, etc. • **Autre(s) activité(s)** : Lyon Scène Productions

THE HOURS / HAVAS

✆ **01 58 47 81 49** • fax 01 41 38 78 79
ana@the-hours.com • **www.the-hours.com**
31/32 quai Dion Bouton • 92800 **PUTEAUX**
Ana VOGRIC-MARTINEZ (Directrice) • Lionel DRAY (Directeur artistique) • Annabelle ROUSSEAU (Chargée de production)
Spécialité(s) : Association artistes/marques • **Références** : Les Galeries Lafayettes, Tommy Hilfiger/Ting Tings, Cartier/Air, Microsoft/Imagine Cup

THE MATCHING ROOM

✆ **06 09 38 27 66 / 09 54 59 54 08**
valerie.chollet@the-matching-room.com • **www.the-matching-room.com**
51 rue Jean Jaurès • 92300 **LEVALLOIS PERRET**
Valérie CHOLLET (Fondatrice / dirigeante)
Spécialité(s) : Développement de concept marketing musique sur mesure, campagne de co-branding artistes & marques, endorsement, etc. • **Références** : Négociation de l'artiste Rihanna en tant qu'ambrassadrice du lancement mondial de la nouvelle identité de marque de Swarovski

VENDÔME ÉVÉNEMENTS

✆ **01 44 76 82 36** • fax 01 44 76 82 29
info@vendome-evenements.com • **www.vendome-evenements.com**
33 rue des Jeuneurs • 75002 **PARIS**
Arthur LOUVET (Président) • Sophien ARRAR (Directeur artistique programmateur) • Laurent KEMLER (Chef de projet)
Spécialité(s) : Communication événementielle, production et organisation d'événements (spectacles, remise de prix, congrès, salon, lancement de produit, etc.), conception scénographique, animations • **Références** : Marvellous Island Festival, NRJ, Chanel, Fnac, DirectStar, free, Orange, etc.

VERYSHOW PRODUCTIONS

✆ **01 80 48 27 40** • fax 01 45 63 79 61
contact@veryshow.fr • **www.veryshow.fr**
12 rue Martel • 75010 **PARIS**
Emmanuelle BERTRE (Responsable Evénements) • Simon TURGEL (Président) • Romain TURGEL (Gérant)
Spécialité(s) : Organisation d'événements et de concerts privés pour les entreprises, partenariats sur les concerts produits par Veryshow Productions, organisation de soirées RP sur-mesure & services VIP à l'occasion des concerts produits par Veryshow Productions (Carré Or, rencontre artiste, cocktails, accueil dédié, etc.) • **Références** : Allianz, Parnasse/France Télécom, HD Diner, Lexmark, etc.

VICE MEDIA

✆ **01 71 19 92 23** • fax 09 58 26 78 02
partenariats@vice.com • **www.vice.com/fr**
21 pl. de la République • 75003 **PARIS**
Benjamin LASSALE (Publisher)
Spécialité(s) : Association de la marque avec le domaine de la musique, de l'art • **Références** : Partenaire de la plateforme multimédia consacrée à la musique Noisey, partenaire des événements Creators Project, partenaire de salles de spectacles (Le Scopitone, à Nantes), partenaire de concerts de musique éléctronique (Off the hook, In Paradisium meets Perc Trax, Dance Therapy, Belle de nuit, I'm a cliche on ice, 5 years birthday week - Furie, etc.), partenaire de festivals (Bordeaux Rock Festival, We love Green)

WLA EVENTS

✆ **01 71 19 90 70**
contact@weloveart.net • **www.weloveart.net**
173/175 rue Fbg Poissonniere • 75009 **PARIS**
Alexandre JAILLON (Directeur associé) • Marie SABOT (Directrice associée) • Joachim ROMAIN (Directeur de création) • Karim LEGER (Directeur de Clientèle) • Julie GANTER (Communication)
We Love Art • **Spécialité(s)** : Conseil, production et communication pour l'organisation d'événementiel • **Références** : Nuits Blanches 2009 et 2010, EMI, Universal, MTV, Les Inrockuptibles, Plastikman, Justice, Mr Oizo, Brodinski, Vitalic, etc. • **Autre(s) activité(s)** : Festival We Love Green, soirées We Love

1DCLIC

✆ **06 63 22 99 33 / 09 50 38 00 35** • fax 09 72 11 23 62
contact@1dclic.fr • **www.1dclic.fr**
10 rue du Vieux Moulin • 35220 **CHATEAUBOURG**

Thierry LEPRINCE (Communication / administration / développement)

Activité(s) principale(s) : Création de sites pour les artistes, groupes, organisateurs de concerts et prestataires de services musicaux, référencement, accompagnement, conseil, formations WEB

A31V

✆ **01 43 79 12 15**
contact@sowprog.com • **www.a31v.com**
15 rue Faidherbe • 75011 **PARIS**

Albin FREYCENON (Président) • Aly MICKI (Directeur technique associé)

Activité(s) principale(s) : Agence web au service de la culture, réalisation de sites web, développement d'applications mobiles culturelles sur iPhone et Android, intégration de pages agendas sur site existant (Sowprog) • **Références** : Théâtre des sablons, Glazart, Deux Pièces Cuisine

AF83 MÉDIA

✆ **01 40 27 83 83**
contact@digital-brotherhood.com • **www.digital-brotherhood.com**
15 rue Poissonnière • 75002 **PARIS**

David CÉZON (Directeur) • David HERY (Directeur éditorial) • Elodie KINIFFO (Directrice de clientel) • Shamir RAMJAN (Directeur social média)

Activité(s) principale(s) : Communication digitale • **Références** : SFR Music, SFR Jeunes Talents, Nokia Music, Intel, Suez

L'AGENCE DU BANANIER BLEU

✆ **06 90 36 38 87 / 07 61 62 67 20**
contact@lebananierbleu.com • **lagence.bananierbleu.com**
MusicMetis • 2 rue du Bout du Monde • 45600 **SULLY SUR LOIRE**

Christophe JENNY (Gérant) • Hélène MER (Associée)

Activité(s) principale(s) : Identité numérique des artistes de jazz caribéen (site web, pages réseaux sociaux, gestion de leurs informations concerts et news, rédaction et diffusion de newsletters) • **Autre(s) activité(s)** : Management d'artiste, production, webzine

ATTITUDE

✆ **06 64 63 79 38**
promotion@attitude-net.com • **www.attitude-net.com**
71 rue Robespierre • 93100 **MONTREUIL**

Guillaume DUMONT (Directeur général) • Xavier CHEZLEPRETRE (Communication)

Activité(s) principale(s) : Création et gestion de sites internet, webmastering, promotion online, marketing viral, création de buzz internet • **Références** : Angus Stone, Ben Harper, Melody Gardot, Sebastien Tellier, Stuck in the Sound, Justin Bieber, Vanessa Paradis, Amadou & Mariam, Thomas Dutronc, Pearl Jam, Tété

BARAKA WEB

✆ **09 65 15 15 71 / 06 07 73 36 64**
benoit@barakaweb.fr • **www.barakaweb.fr**
1 square Malherbe • 75016 **PARIS**

Benoit DE FLEURAC (Gérant)

Activité(s) principale(s) : Promotion internet d'artistes & événements • **Références** : C. Gainsbourg, Manu Chao, Catherine Ringer, Nathalie Dessay, Keziah Jones, Alain Bashung, Emily Loizeau, Prince, Renan Luce, Natalie Dessay, Nosfell ; L'internaute, Yahoo !, Orange, AOL, Deezer, Virgin Media, MySpace, DailyMotion, Free, Au Feminin, MSN

BELOOLA

contact@beloola.com • **www.beloola.com**
c/o EuraTechnologies - V-Cult • 165 av. de Bretagne • 59000 **LILLE**

Tom GAUTHIER (Fondateur)

Activité(s) principale(s) : Réseau social en 3D intégrant des solutions de promotion/distribution artists to fans, social gaming, etc.

BIG YOUTH

✆ **01 80 05 99 10** • fax 09 70 80 10 17
contact@bigyouth.fr • **www.bigyouth.fr**
126 rue Réaumur • 75002 **PARIS**

Activité(s) principale(s) : Communication num. : campagne globale intégrant web, téléphonie mobile et audiovisuel dynamique (conseil, conception/rédaction, ergonomie, design, animation, développement informatique, référencement naturel et marketing interactif) • **Références** : Universal Music Online/Société Générale (« So Music »), NRJ Banque Pop', NJR/Coca-Cola (« Open Happiness »), France Télévisions, AOL (« Just Electro »), Orange (« Alive08 »), Four West Records, Wagram Music (« Crabooyo »), Warner, Sony, Pias (« Nouvelle Vague »), etc.

BUZZ MÉDIATIK-BMK

✆ **06 88 76 67 13**
marina@buzzmediatik.com • **www.myspace.com/buzzmediatik**
3 bd Joseph Bédier • 49000 **ANGERS**

Marina DAVIAUD (Attachée de presse)

Activité(s) principale(s) : Relations presse • **Références** : Kiemsa, Dreed, Les Voleurs de Swing, Daria, Guerilla Fresca, Dub Orchestra, Andreas & Nicolas, Monsieur Melon, Sfonx, La ruda, Badjoke, Dandy freaks, Les soeurs moustache, Outrage, Catfish, Pascal Mathieu • **Autre(s) activité(s)** : Infographie, conseil en communication, relations publiques

BYA

✆ **01 41 60 04 30**
contact@bya.fr • **www.bya.fr**
43 rue du Commandant Rolland • 93350 **LE BOURGET**

Jerôme GAHERY (Directeur) • Saloua MOSLIH (Attaché de direction / contact, support, inscription) • Fabrice (Responsable du service de numérisation) • Sevan (Responsable du service de numérisation)

Activité(s) principale(s) : Coursier numérique livrant les nouveautés musicales des labels directement sur le poste informatique des professionnels des médias • **Références** : labels, radios

CAHRI

✆ **+262 262 45 85 55 / 09 70 44 70 64** • fax +262 262 49 99 95
info@cahri.com • **www.cahri.com**
52 route de Savannah • 97460 **SAINT PAUL (REUNION)**

Activité(s) principale(s) : Marketing web et mobile. Création d'applications pour smartphone • **Références** : Fubiz, Orange, Hocus Pocus, l'Azenda (guide gratuit des sorties à la Réunion), RunMuzik

CÉLINOUE C'EST CULTE

contact@celinouecestculte.com • **www.celinouecestculte.com**
10 allée Paul Tanguy • 59223 **RONCQ**

Céline GALANT

Activité(s) principale(s) : Communication et webmarketing : stratégie, buzz marketing, référencement, e-réputation via newsletters, réseaux sociaux, campagne d'e-mailings, etc. ; gestion de base contacts, communication visuelle • **Références** : Sostenuto, Association Comme Moi, Lili Road • **Autre(s) activité(s)** : Le site présente des chroniques, itw, playlists, vidéos d'artistes, etc.

CHAKALAKA

✆ **06 63 94 24 25**
contact@chakalaka.fr • **www.chakalaka.fr**
c/o Mila • 2 rue André Messager • 75018 **PARIS**

Louis FAVRE (Gérant)

Activité(s) principale(s) : Marketing, promotion nouveaux médias / conseil en stratégie et community management • **Références** : Rock en Seine, Europavox, Alexis HK, Florent archet, L, Cabadzi, Debout sur le Zinc, Rone, Sayem, CeU, Tamikrest, Dr Vince & Gérard Baste, La Canaille, La Gale, Vincha, Merzhin, The Chase, Joya Hope, Lou Marco, etc. • **Autre(s) activité(s)** : Conseil

CINOD

✆ **06 63 68 90 54** • fax 01 79 73 32 82
franck.richard@cinod.fr • **www.cinod.fr**
16 rue Joseph Fouriaux • 92160 **ANTONY**

Franck RICHARD (Gérant)

Activité(s) principale(s) : Site de mise en relation des professionnels du spectacle avec mise à disposition d'informations techniques dont photos 360° de salles de spectacles, de studios d'enregistrement et de répétition • **Références** : Plus de 200 salles en France dont la majorité se situe en IDF, 14 studios • **Autre(s) activité(s)** : Monplandescène, ingénieur du son

CREADITY

✆ **06 49 53 22 81**
music@creadity.com • **www.creadity.com**
76 ch. Savit • 31100 **TOULOUSE**

Maxime GUEDJ

Activité(s) principale(s) : Communication et promotion web • **Références** : Spotify, SFR Live concerts, Solidays, Bestival, Rhode, Parrot • **Autre(s) activité(s)** : Newsletter Mailtape

CURRENT PRODUCTIONS

mail@current.fr • **www.current.fr**
260 rue du fbg St-Martin • 75010 **PARIS**

Cyril ZAJAC (Producteur) • Catherine VERNON

Activité(s) principale(s) : Productions de solutions transmédias : A Place Two Beat, player de captations live multi-angles

DUZZZMEDIA

✆ **06 99 22 12 02**
david@duzzzmedia.fr • **www.duzzzmedia.fr**
86 rue Sadi Carnot • 92170 **VANVES**

David COUTURIER (Directeur)

Activité(s) principale(s) : Communication web, création de contenus audiovisuels web • **Références** : Dave Dario • **Autre(s) activité(s)** : Community management, réalisation de clips

EXPONENTIEL

✆ **06 84 48 13 79**
webmaster@exponentiel.org • **www.exponentiel.org**
104 rue de Ménilmontant • 75020 **PARIS**

Loic LEFEBVRE

Activité(s) principale(s) : Réseau professionnel des arts du spectacle et des arts visuels

FAN-REPORT

contact@fan-report.com • **www.fan-report.com**
1605 Routes des Alpes • 38260 **ST HILAIRE DE LA COTE**

Laurent BERTHET (Directeur) • Johann CARRIER (Directeur)

Activité(s) principale(s) : Plateforme de partages de contenus sur le live pour les fans et déclinaison du service sur le site web et/ou Facebook (application dédiée) d'artistes, de salles ou de festivals • **Références** : Tryo, Archimède, C2C, Skip The Use, Le Transporteur, Le Fil, Le Rack'am, Patinoire Meriadeck, Pyrprod, etc.

FANTASTEEC

contact@music-angels.mu • **www.music-angels.mu**
66 av. des Champs Elysées • 75008 **PARIS**

Activité(s) principale(s) : Community management, monétisation et gestion de fanclub sur abonnement avec Music Angels, My Best Fans • **Références** : Mercury Music Group, MJF Productions, Eskemo, etc.

FRANCOPHONIE DIFFUSION

✆ **01 53 36 77 77** • fax 01 53 36 77 78
francodiff@francodiff.org • **www.francodiff.org**
1 rue Keller • 75011 **PARIS**

Marie-Christine BLOCH (Directrice) • Olivier JABOIN (Adjoint de direction) • Matthieu GUEGUEN (Webmaster) • Sergio MARIGOMEZ (Relations avec les producteurs) • Adrien SIMONNET (Développement international)

Activité(s) principale(s) : Plateforme de promotion des œuvres francophones vers 1 000 médias internationaux et superviseurs musicaux • **Références** : Selah Sue, Jacques Higelin, Dionysos, Java, Charlélie Couture, Charlotte Gainsbourg, Khaled, M. Pokora, Dominique A, Abd Al Malik, Cesaria Evora, Stephan Eicher, Pigale, Deldongo, Air, Alain Bashung, Hindi Zahra, Alain Chamfort, Louis Chedid, Magic System, Bob Sinclar, C2C, Amadou et Mariam, Camille, Tryo, etc.

GLOWBL

✆ **04 82 53 97 17**
contact@glowbl.com • **www.glowbl.com**
273 cours Lafayette • 69006 **LYON**

Mathieu LABEY (Directeur général) • Pierre-Yves BONNIAU (Responsable des partenariats et des événements)

Activité(s) principale(s) : Plateforme sociale de communication et de promotion d'événementiel online en temps réel, synchronisation des médias sociaux, etc. • **Références** : Festival Crossover, Plages Electroniques, Festival Résonance, Rider Radio Live Session, etc.

GO ON ENTERTAINMENT

contact@goonentertainment.net • **www.goonentertainment.net**
25 av. des Pétrels • 44500 **LA BAULE**

Sébastien PHILIPPE (Cofondateur) • Julien BROCA (Cofondateur)

Activité(s) principale(s) : Webmarketing, community management, conseil, stratégie, promotion internet • **Références** : Universal Music, Polydor, Sony Music, Wagram, Arte, France 2, Virgin Megastore, Warner Chappell • **Autre(s) activité(s)** : Management de projets

GREENCOPPER

contact@greencopper.com • **www.greencopper.com**
149 av. du Maine • 75014 **PARIS**

Gwenaël LE BODIC (Président)

Activité(s) principale(s) : Stratégie internet mobile, développement et publications d'applications événementielles et culturelles pour smartphones (iPhone, Android et BlackBerry), formations • **Références** : Développement et publications de plus de 100 applications événementielles (PdB, Rock-en-Seine, Festival International de Jazz de Montréal, Fête de la musique 2012, etc.)

GRIS-METAL

✆ **01 44 62 00 10**
contact@gris-metal.com • **www.gris-metal.com**
24 rue des Amandiers • 75020 **PARIS**

Antoine RIOLLET (Directeur)

Activité(s) principale(s) : Création de sites web (vitrine et ecommerce), webmarketing, emailing et pages pro FaceBook

HI-MEDIA

✆ **01 73 03 89 00** • fax 01 73 03 89 84
contactpub@hi-media.com • **www.hi-media.com**
15/17 rue Vivienne • 75002 **PARIS**

Olivier GONZALES (Directeur commercial) • Eglantine DEVER (Chargée des études et du marketing)

Activité(s) principale(s) : Éditeur de sites internet grand public, régie publicitaire sur internet, en télévision interactive, marketing direct • **Références** : Magazine Magic, La Tribune

IBERNATUS

✆ **06 61 57 21 25**
dvidal@ibernatus.com • **www.ibernatus.com**
12 rue du Grand Launay • 49000 **ANGERS**

David VIDAL (Responsable de projet)

Activité(s) principale(s) : Studio de communication interactive dédié aux professionnels de la musique (sites internet, e-cards, jeux interactifs, publicités interactives, etc.), conception de widgets viraux nommés Blog Me Site • **Références** : Radiohead, Julien Doré, NTM, Zenzile, Rose, Rock en Seine, The Dø, etc.

IMAGES CREATIONS

✆ **02 40 50 77 66** • fax 02 40 50 77 75
info@imagescreations.fr • **www.imagescreations.fr**
Espace Performance - Technopole de la Fleuriaye • 3 rue Alessandro Volta
BP 10709 • 44481 **CARQUEFOU CEDEX**

Thomas GEORGELIN (Gérant)

Activité(s) principale(s) : Web design, digital marketing, hébergement web, développement d'applications Smartphone • **Autre(s) activité(s)** : Salle Pleyel, BIS Nantes 2012, Festival Petis et Grands, O'Spectacles, Zenith de Nantes, etc.

JUKE-BOX

✆ **02 35 08 87 00** • fax 02 35 08 69 80
jukebox@rouen.fr • **www.rouen.fr**
Ville de Rouen • Dir. Communication et Information • Pl. du Gal de Gaulle
76037 **ROUEN CEDEX**

David LECLERC (Webmaster éditorial)

Activité(s) principale(s) : Classement de 20 titres d'artistes locaux où les internautes votent pour leurs morceaux préférés (1/j.), rotation de 2 titres ts les 15 j. • **Références** : Artistes locaux

KISS KISS BANK BANK

✆ 01 45 23 94 66
contact@kisskissbankbank.com • **www.kisskissbankbank.com**
1 cité Paradis • 75010 **PARIS**

Vincent RICORDEAU (Président / co-fondateur)

Activité(s) principale(s) : Maison de créativité, plateforme internet de crowdfunding (financement participatif) dédiée aux secteurs de la culture, des arts et de l'entertainment • **Références** : Greenshape (Sober & Gentle), Astings (Z factory Records), General Bye Bye (Greed Recordings), My Ant (La Bise Fraiche), Social Square, Spark Shyver, SilverVince (Dialect Recordings), Rafale (Rise Recordings)

KOALITICK

✆ 06 26 69 41 22 • fax 01 42 71 81 95
info@koalitick.com • **www.koalitick.com**
147 rue St Martin • 75003 **PARIS**

Romain GUILLOT (Gérant) • Raphaël PIECHAUD (Responsable contenus & éditorial)

Activité(s) principale(s) : Financement participatif de concerts appuyé sur un système de billetterie en ligne. Pré-réservation des spectateurs dont le paiment ne devient effectif que si le projet de concert atteint un objectif de souscriptions fixé par l'organisateur • **Références** : Fatals Picards, François Staal, Cabaret Sauvage, Divan du Monde, Batofar, Ciné13 Théâtre, Only Talent Productions, etc. • **Autre(s) activité(s)** : Agence de communication live, production de concerts, etc.

MINUIT DOUZE

✆ 09 82 24 54 57
mfalaize@minuitdouze.com • **www.minuitdouze.com**
52 rue Notre Dame de Nazareth • 75003 **PARIS**

Morgane FALAIZE (Directrice) • Sophie D'ALMERAS (Codirectrice)

Activité(s) principale(s) : Agence de relations médias, gestion de communautés, stratégies médias sociaux, communication Web • **Références** : Universal Music, Orange RockCorps, Syndicat National des Jeux Vidéo, Electronic Arts, Orange, Prodiss, etc. • **Autre(s) activité(s)** : Relations presse

MOBILE DÉVELOPPEMENT

✆ 02 41 52 53 35 • fax 02 85 52 11 10
info@mobile-developpement.com • **www.mobile-developpement.com**
28 rue de Cholet • 49700 **DOUE LA FONTAINE**

Vincent AUGEREAU (Gérant)

Activité(s) principale(s) : Développement d'application radio sur smartphone • **Références** : Magnum, Ouest FM, Kernews, Espace FM, radio Monaco, Colline la radio

MOBILETAG

✆ 01 45 27 33 35 • fax 01 45 27 32 12
contact@mobiletag.com • **www.mobiletag.com**
c/o Mobile Tag SAS • 64 rue du Ranelagh • 75016 **PARIS**

Hagera SENDABAD (Assistante de direction)

Activité(s) principale(s) : Développement de solutions de lecture de codes-barres 2D et 1D sur mobile et de plateformes de management et de redirection d'informations (marketing mobile) • **Références** : Orange, SFR, Bouygues, Pages Jaunes, RATP, Viparis, Atos Worldline, etc.

MON PLAN DE SCÈNE

✆ 06 63 68 90 54 • fax 01 79 73 32 82
franck.richard@cinod.fr • **www.cinod.fr**
16 rue Joseph Fouriaux • 92160 **ANTONY**

Patrick RICHARD

Activité(s) principale(s) : Site de mise à disposition d'informations techniques concernant la scène : plans de scènes, de grills et light • **Autre(s) activité(s)** : Cinod.fr, ingénieur du son

MOOZAR

contact@moozar.com • **www.moozar.com**
23 rue d'Anjou • 75008 **PARIS**

Florian TORRES • Stanislas HINTZY

Activité(s) principale(s) : Services Direct to Fan dont le Reward Links permettant aux internautes de récompenser les artistes à partir de leur diffusion sur Internet (YouTube, SoundCloud, DailyMotion, etc.) • **Références** : Près de 2000 artistes ou labels (début 2013) dont Jennifer Batten, Razor & Tie Records, Hotfingers Records, Shannon Hurley, Ho Hum Records

MUPIZ.COM

✆ 06 76 39 82 57
com@mupiz.com • **www.mupiz.com**
46 rue d'Orsel • 75018 **PARIS**

Antonin NIVOCHE (Créateur / Développeur) • Antoine CIROU (Créateur / Communication)

Activité(s) principale(s) : Plateforme de mise de relation pour les musiciens

MUSIBOXLIVE

✆ 06 63 55 70 75
info@musiboxlive.com • **www.musiboxlive.com**
c/o Etudes & Performances • 31 bd de Valmy • 92700 **COLOMBES**

Thierry SAVIGNAC (Directeur)

Activité(s) principale(s) : Plateforme de téléchargement légal dédiée à l'envoi promotionnel des nouveautés clubs

MUSIC INVEST

✆ 02 28 10 87 62
contact@music-invest.com • **www.music-invest.com**
25 av. des Seringas • BP 102 • 85270 **ST HILAIRE DE RIEZ**

Gilbert CHATEAUBON (Gérant)

Activité(s) principale(s) : Plateforme internet d'aide au financement de projets musicaux

MUSICAL BELIEVERS

✆ 06 60 27 91 93
charlotte@musicalbelievers.com • **www.musicalbelievers.com**

Charlotte LE GAL (Community manager) • Marine LIVADIOTIS (Community manager)

Activité(s) principale(s) : Community management, conseil, promotion virale, design, relooking de réseaux sociaux, création de mini site, emailing, dossier de presse • **Références** : Universal Music, Emi Music, Sony Music, Sing My Song, K-Factory, Selyba, Endemol, etc.

MUZICENTER

✆ 01 56 28 59 23
muzicenter@yacast.fr • **muzicenter.yacast.fr**
Yacast • 4 rue Paul Valéry • 75016 **PARIS**

Ali MOUHOUB (Directeur général adjoint) • Julien MISZTAK (Chargé de clientèle Abonnement) • Pierre MASSON (Chargé de clientèle / Gestion du compte / Formation)

Activité(s) principale(s) : Coursier numérique à destination des médias pour les labels

MYBANDMARKET

✆ 06 18 14 72 67 / 09 80 48 15 30
ql@mybandmarket.com • **www.mybandmarket.com**
19 rue René Leynaud • 69001 **LYON**

Quentin LECHEMIA

Activité(s) principale(s) : Plateforme de booking musical en ligne, de cotation des artistes, groupes de musiques, Djs, plateforme d'actualités musicales (My Band News) • **Autre(s) activité(s)** : Réalisation et hébergement de sites web pour ts les acteurs de l'industrie musicale (artistes, producteurs, etc.)

MYFANGROUP

✆ 01 40 95 98 47
contact@myfangroup.com • **www.myfangroup.com**
45 bis route des Gardes • 92190 **MEUDON**

Gérard FOURNIER (Gérant)

Activité(s) principale(s) : Aider les entreprises à développer, grâce aux technologies Internet et mobile, une relation durable et privilégiée avec leurs clients • **Références** : Emi, Naïve, Blue Note, PM Records, etc.

MYTOURMANAGER

✆ 06 21 32 26 60
contact@mytourmanager.com • **www.mytourmanager.com**
8 rue Jean Poulmarch • 75010 **PARIS**

Laure DECAILLY (Directrice / Fondatrice)

Activité(s) principale(s) : Plateforme de mise en relation entre artistes et organisateurs d'événements musicaux, réseau français des scènes émergentes • **Références** : SFR Jeunes Talents, Cultural Behavior, Stand Out, CommOnEcoute, La Bellevilloise, Moxity, Ricard S.A. Live Music, Chronik Music etc. • **Autre(s) activité(s)** : Blog musical

NOOMIZ

✆ 01 42 51 25 77
contact@noomiz.com • **www.noomiz.com**
7 rue André Messager • 75018 **PARIS**

Antoine EL IMAN (Cofondateur) • Thomas ARTIGUEBIEILLE (Cofondateur)

Activité(s) principale(s) : Plateforme web de promotion d'artistes et de mise en relation entre artistes, public et professionnels de la musique, applications social marketing professionnelles (BandPlayer), social gaming artistes • **Références** : 25 000 artistes / 150 000 visiteurs uniques par mois

OOCTO

✆ **06 78 58 71 71**
h.amsellem@gmail.com • **www.oocto.com**
46 rue de Sibuet • 75012 **PARIS**

Hugo AMSELLEM (Cofondateur)

Activité(s) principale(s) : Plateforme web d'amorçage de projets musicaux entre artistes et professionnels pour des besoins financiers, de compétences, etc.

PLAYLIVE

✆ **08 72 30 57 70 / 06 67 07 73 87**
contact@playlive.fm • **www.playlive.fm**
133 bd de Ménilmontant • 75011 **PARIS**

Franz TOURNADOUR (Gérant) • Vincent PERLOT (Directeur artistique)

Activité(s) principale(s) : Solution web destinée à la promotion d'artistes et d'événements musicaux (festivals, concerts, etc.) via les Kpsules (widgets professionnels en forme de mini sites à embarquer) sur réseaux sociaux (Facebook, MySpace, etc.) et réseau partenaire de blogs influents sur la musique • **Références** : Gotan Project, Olle Nyman, Mélissa Laveaux, Takana Zion, Kid Bombardos, Juan Rozoff, Chinese Man, Java, Jazz Liberatorz, Djeuhdjoah, Pony Pony Run Run, Wax Tailor, Sandra Nkaké, Fink, etc.

REWIIND

nicolas.walkowski@rewiind.fr • **www.rewiind.fr**
Galaxy 128 • 6 bis rue de la Paroisse • 78000 **VERSAILLES**

Nicolas WALKOWSKI (Directeur de clientèle) • Dorothée DECOUX (Attachée de presse)

Activité(s) principale(s) : Agence de communication interactive (sites internet, emailing, communication virale, video online, etc.) spécialisée pour les 15-35 ans et le secteur du divertissement • **Références** : Rony, Agnès Paris, Charlotte Marin, Akim Amara (ex Crésus), etc.

RISE UP

✆ **06 75 02 59 79**
charles@agence-riseup.com • **www.agence-riseup.com**
89 rue de l'Amiral Roussin • 75015 **PARIS**

Charles CLÉMENT (Gérant)

Activité(s) principale(s) : Agence de communication web (marketing, promo, community management, etc.) • **Références** : Sinik, Merwan Rim, Rim'K, Big Ali, Helmut Fritz, Cutee B, Les Stentors, Jack & jenny's, Krys, etc.

SO BUZZEE

✆ **01 83 62 58 85**
hello@sobuzzee.com • **www.sobuzzee.com**
59 rue du Fbg Saint Antoine • 75011 **PARIS**

Activité(s) principale(s) : Stratégies de communication digitale, création et optimisation de comptes sur les RS, community management, développement d'appli smartphone / Facebook, organisation d'opérations RP web, emailing, achat d'espace • **Références** : David Guetta, Johnny Hallyday, Les Victoires de la Musique, TF1 (Danse avec les stars, The Voice, Secret Story), W9, Lagardère Active (Virgin Radio, RFM, Gulli), Palais Club Cannes, Queen Club Paris, Crédit Mutuel - Riffx, Festival Inox Park, Big Festival, etc. • **Autre(s) activité(s)** : Communication événementielle

SOCIALBAND

✆ **02 90 56 83 64**
contact@socialband.fr • **www.socialband.fr**
37 bis rue des Trente • 35000 **RENNES**

Anthony MOISSON (Community manager ind. / Attaché de presse)

Activité(s) principale(s) : Conseil en stratégie de développement de la communication sur les réseaux sociaux, création de contenus et de supports (blogs), promo et veille web (e-réputation et analyse de marché), gestion de campagne d'emailing et de newsletters communication, diffusion • **Références** : Add it up prod., Martyrs of Pop, Un Soir dans la Manche, Ra n' Bo Records, Sporeco.com, SOS mixage, Un soir dans la Manche, Scopytone, The Lanskies, Yummyyummy, MmMmM, Jay Sha B, etc.

SONGPOP

press@freshplanet.com • **www.freshplanet.com**
c/o FreshPlanet • 147/149 rue St Honoré • 75001 **PARIS**

Mathieu NOUZARETH (Gérant)

Activité(s) principale(s) : Social gaming

SOWPROG

✆ **01 43 79 12 15**
contact@sowprog.com • **www.sowprog.com**
A31V • 15 rue Faidherbe • 75011 **PARIS**

Albin FREYCENON (Président) • Aly MICKI (Directeur technique associé)

Activité(s) principale(s) : Plateforme de communication des événements pour une diffusion vers les agendas culturels et les médias : Paris La Nuit, Le Parisien, Concert And Co, 90 BPM, Paris Night Life, EasyZic, Concets Live, etc. • **Références** : La Manufacture Chanson, La Bellevilloise, Glazart, L'Alimentation Générale, OPA Bastille, La Loge, L'International, La Reine Blanche, La Java

SPOKA

✆ **01 82 28 59 10**
contact@spoka.net • **www.spoka.net**
3 rue Geoffroy Marie • 75009 **PARIS**

Sarah ICHI (Fondatrice) • Mathieu BOUILLON (Fondateur) • Clément BOUCHET (Directeur de clientèle) • Arnaud GAIDON (Community manager)

Activité(s) principale(s) : Agence de communication digitale : webmarketing culturel, marques, entertainment • **Références** : Femi Kuti, Vigon Bamy Jay, Aline, Hocus Pocus, Miossec, Patrice, Raul Paz, V.V Brown, Wax Tailor, Yodelice, etc. • **Autre(s) activité(s)** : Stratégie digitale globale : eRP, community management, campagne pub, site internet, déploiement et application Facebook

TEAMS

✆ **09 67 15 85 12**
gabhalle@gmail.com • **tea-ms.com**
5 rue de Beauce • 75003 **PARIS**

Gabriel HALLÉ (Fondateur)

The Ethereal Avenue, Music Service • **Activité(s) principale(s)** : Services et conseils en stratégie digitale pour les artistes indépendants : créations de sites web, recrutement de fans, distribution direct-to-fan, social network marketing • **Références** : Chilly Gonzales, Piers Faccini, Brisa Roché, Owlle, Born Bad Records

TOOLZIK

✆ **09 72 17 02 82** • fax 09 58 63 75 10
contact@toolzik.com • **www.toolzik.com**
Imprim' & Com' • Rue des Vignerons • 44220 **COUERON**

Emmanuel BREGEAU (Directeur)

Activité(s) principale(s) : Création et gestion simple de sites internet adaptés aux besoins des artistes, promotion, pressage, impressions tout support, e-mastering, enregistrements vidéo, création graphique, webradio, boutique, etc.

ULULE.COM

✆ **01 83 62 90 69**
mathieu@ulule.com • **fr.ulule.com**
24 rue de l'Est • 75020 **PARIS**

Mathieu MAIVE DU POSET (Directeur projets et communication)

Activité(s) principale(s) : Crowdfunding

UZIK

✆ **01 40 26 75 33** • fax 01 40 26 13 73
info@uzik.com • **www.uzik.com**
80 rue du Faubourg Saint Denis • 75010 **PARIS**

Jean-Marie TASSY (Gérant / Directeur de création) • Johan RAMANONJISOA (Responsable pôle évènementiel)

Activité(s) principale(s) : Promotion musicale, créations et conseils en graphisme, sites web, emailing, CD-Rom, DVD, agence de communication spécialisée dans la conception et la réalisation de dispositifs digitaux et événementiels • **Références** : Réalisation des sites de Warner Music, Naive, créations pour Madonna, Björk, Pascal Obispo, Hélène Ségara, Air, Ophelie Winter, Lorie, Daft punk, The Beatles etc. ; communication du Tryptique (Paris), Pierre-Jouêt, Russian Standard, Vidka, Le Coq Sportif, Nina Ricci, André, Look, etc. • **Autre(s) activité(s)** : Co-fondateur de Calvi on the Rocks et du MyProvence Festival

VIBZER

artistes@vibzer.com • **www.vibzer.com**
c/o K-Mediane • 2 bis rue Garnier • 92200 **NEUILLY SUR SEINE**

Christophe GUYOT (Président / Cofondateur) • Léovanie RAUD (Directrice artistique / Cofondatrice) • Frédérique GOBIN (Directrice technique / Associée) • Line ALLADOUM (Directrice administrative et financière)

Activité(s) principale(s) : Plateforme de promotion de nouveaux talents via des contenus audiovisuels (captation live, itw, etc.) • **Références** : Les Meltones, David Jean, BCBG, CinphoniQ, MiMüNiZ, Tom Arthus, Stefan Corbin, Manouch'K, Sandrine Mallick, Delphine Elbé, etc. • **Autre(s) activité(s)** : Films d'entreprises

Agence **WAAA**

www.waaa.fr
8 rue Edouard Robert • 75012 **PARIS**

Lisa WEIDER (Cogérante) • Sandrine AMADOUX (Cogérante) • Judith GIACOMETTI (Cogérante)

Activité(s) principale(s) : Communication spécialisée web : consulting, stratégies web, promotion ts médias, développement de projet, marketing, référencement, buzz • **Références** : EMI, Universal, Atmospheriques, Sony/Columbia, Jive Epic, Wagram, Discograph, Believe, Wagram/ Chapter Two, Sober & Gentle, Roy music, Underdog Records, M6 Music, A(t)home, Emergence, Huta Records, KusKus, Chandelle Production

WEB PROMO

✆ **06 72 82 25 06**
delphine.caurette@webpromo.fr • **www.webpromo.fr**
PARIS

Delphine CAURETTE (Gérante)

Activité(s) principale(s) : Agence de communication et de promotion culturelle sur le web • **Références** : Sony, Universal, EMI, Warner, TF1, Prix Constantin, Gemey Maybelline, Monster, Air France, etc.

WIDOOBIZ AGENCY

✆ **01 43 15 48 33**
contact@widoobiz-agency.fr • **www.widoobiz-agency.fr**
14/16 rue Soleillet • 75020 **PARIS**

Julien NORONHA (Gérant)

Activité(s) principale(s) : En plus de la radio d'entreprise, propose la création de contenus web : rédaction (web, blog, newsletter), vidéos professionnelles HD, community management RS

WISEBAND

✆ **02 51 57 03 02**
wiseband@wiseband.com • **www.wiseband.fr**
ZA de Beaupuy • 8 imp. Auvynet • 85000 **LA ROCHE SUR YON**

Henri-Pierre MOUSSET (Gérant) • Bruno LEMONNIER (Directeur du marketing) • Tanguy AUBRÉE (Responsable de la communication) • Cédric LIMOUSIN (Directeur opérationnel)

Activité(s) principale(s) : Création de e-boutiques pour sites internet, blogs, et sur Facebook ; outils de promotion virale (newsletters, players partageables, codes de téléchargement, liste de fans) • **Références** : Couvre Feu festival, Because Music, Yotanka, Les Vieilles Charrues, Piano Classics, Sakifo, etc. • **Autre(s) activité(s)** : Distribution physique et en ligne, pressage et duplication, merchandising et produits dérivés

YALA BACKSTAGE

✆ **06 71 20 10 80**
paris@yalamusic.com • **www.yalamusic.com**
128 rue de la Boétie • 75008 **PARIS**

Patrick CHASSANY (Directeur) • Khadija MEKOUAR (Responsable des contenus et des acquisitions) • Camille MOUSSARD (Relations publiques)

Activité(s) principale(s) : Plateforme de marketing direct-to-fan dédiée aux artistes désirant promouvoir, distribuer et monétiser leurs oeuvres au Moyen Orient et en Afrique du Nord

ZIKCARD

✆ **06 86 40 03 19 / 06 03 28 91 34**
contact@zikcard.com • **www.zikcard.com**
Association ZikCard • BP 123 • 29833 **CARHAIX-PLOUGUER CEDEX**

Patrick CARGNELUTTI (Président / Chargé de communication, relation avec les usagers) • Gwenaël QUEMENER (Trésorier) • Matteo CARGNELUTTI (Secrétaire / Développeur)

Activité(s) principale(s) : Propose aux acteurs de la musique la création d'une « carte d'identité » num. ou profil gratuitement et sans pub pour une diffusion internet et internet mobile • **Références** : 1 200 inscrits (mai 2012) : Im Takt, Dom DufF, IMG, Mazout, Collectif Tomahawk, In bed with Georges, Moon Diesel, Le Normandy, Festival des 2 rivières, Réseau Musiques 94 • **Autre(s) activité(s)** : Outil de gestion technique des tremplins musicaux et des dispositifs d'accompagnement de l'inscription à la sélection, sous réserve de convention avec l'association ZikCard

productions audiovisuelles, clips et captations vidéo

24 IMAGES

✆ **02 43 78 18 45** • fax 02 43 78 02 79
contact@24images.fr • **www.24images.fr**
5 place Lionel Lecouteux • 72000 **LE MANS**
Farid REZKALLAH (Producteur)
Activité : Programmes télévisuels, vidéomusiques, documentaires

71ID PRODUCTIONS

✆ **01 43 13 30 10**
prod@71id.com • **www.71id.com**
25 rue Henry Monnier • 75009 **PARIS**
Laurent LOTZ (Gérant)
Activité : Captations live, clips, EPK'S, films publicitaires, institutionnels et événementiels

ACT 4 PRODUCTIONS

✆ **01 58 17 02 70** • fax 01 58 17 02 79
act4produc@act4productions.fr • **www.act4productions.fr**
83 rue Michel Ange • 75016 **PARIS**
Jacques CLÉMENT (Directeur général) • Danielle ROUMEJON (Productrice) • Alexandra CLÉMENT (Productrice)
Activité : Reportages, documentaires, programmes télévisuels

ACTION MEDIA

✆ **01 47 38 19 60** • fax 09 70 62 48 78
sg@actionmediaprod.com • **www.actionmediaprod.com**
101 av. du Gal Leclerc • 75685 **PARIS CEDEX 14**
Antonio VELASCO (Gérant) • Stéphane GIRARD (Contact)
Activité : Production audiovisuelle et conseil marketing musical • **Genre(s)** : Musiques actuelles • **Autres activités** : Duplication de clés USB en concert et en direct

AIR PRODUCTIONS

✆ **01 49 17 84 00** • fax 01 49 17 84 01
info@airprod.com • **www.airprod.com**
Bât. 113 • 50 av. du Pdt Wilson • 93214 **LA PLAINE ST DENIS CEDEX**
NAGUI (Producteur) • Marie PRYCKO (Programmatrice artistique) • Alain-Yves DETROYES (Directeur général adjoint)
Activité : Programmes télévisuels, vidéomusiques

AKKA CREATIONS

✆ **06 22 06 91 34** • fax 09 54 09 39 13
contact@akkacreations.fr • **prod-consulting.fr**
9 Bd Sauveur Rambelli • 13001 **MARSEILLE**
Arnaud COUARD (Gérant /directeur de production)
Activité : Courts-métrage, vidéo-clips, documentaires, concerts, making-of, spectacles, publicités, films d'entreprise

ALLO FLORIDE

thomas@allofloride.com • **www.allofloride.com**
13 bd de Belleville • 75011 **PARIS**
Aslak LEFEVRE (Producteur musique et vidéo) • Guillaume BROUZES (Producteur musique et vidéos)
Activité : Production/réalisation vidéo-clips • **Autres activités** : Management, booking

L'ART EN BOÎTE

✆ **09 81 11 03 06**
contact@lartenboite.com • **www.lartenboite.com**
9 rue des Olivettes • 44000 **NANTES**
Jean-Christophe PETITEAU (Gérant / Réalisateur)
Activité : Production et réalisation vidéo spécialisée dans les arts plastiques et les arts du spectacle : captation multi-caméras, clip, teaser, EPK, reportage, bande-annonce, captation de spectacles, etc.

ARTE FRANCE

✆ **01 55 00 74 55** • fax 01 55 00 77 00
www.arte-tv.com
8 rue Marceau • 92785 **ISSY LES MOULINEAUX**
Angélique OUSSEDIK (Responsable de la délégation aux Actions Culturelles) • Frédérique CHAMPS (Coordinatrice Festival Temps d'Images) • Emelie DE JONG (Directrice unité Arts et Spectacles) • Caroline MATRAT (Unité Arts et Spectacle)
Activité : Créations d'événements, débats d'idées, labellisation de festivals

AVUTV

info@avutv.org • **www.avutv.org**
49 bis rue St-Vivien • 76000 **ROUEN**
Hervé MAZAURY
Activité : Production et réalisation audiovisuelles, reportages, documentaires • **Genre(s)** : Jazz, musiques du monde, classiques, pop rock

BANDITS PRODUCTIONS

✆ **01 41 38 14 14** • fax 01 41 38 14 13
bandits@banditsprod.com • **www.banditsproduction.com**
4 rue Jean Macé • 92150 **SURESNES**
Philippe DUPUIS-MENDEL (Producteur) • Helen GARDINER (DG. productrice)
Activité : Clips, publicités, documentaires, films. Pré-production et production et post-production

BAREJO PRODUCTIONS

✆ **01 41 90 10 90** • fax 01 58 88 00 31
contact@barejo.com • **www.barejo.com**
3 av. Jules Ferry • 92240 **MALAKOFF**
Dominique BARNIAUD (Réalisateur)
Activité : Vidéomusiques : pré-production, production, post-production. Spécialisé dans la publicité pour le disque

BETC MUSIC

isabelle.tardieu@betc.com • **www.betcmusic.fr**
48 rue du Château d'Eau • 75010 **PARIS**
Fabrice BROVELLI (PDG) • Christophe CAURRET (Directeur général) • Isabelle TARDIEU (Planning stratégique musique)
Activité : communication, design musical et identité sonore, brand content, partenariat artistes • **Autres activités** : Opérations spéciales musique/marque, community management, management, événementiel (soirées Panik et Kidnap)

BOBINE

✆ **01 48 87 03 23**
bobine@bobine.net • **www.bobine.net**
113 rue St Maur • 75011 **PARIS**
Alix TURRETTINI (Gérante)
Activité : Production audiovisuelle • **Genre(s)** : Documentaires musicaux, captation live, clips, EPK et webteasers • **Autres activités** : Management

BONNE PIOCHE

✆ **01 49 29 46 00** • fax 01 49 29 93 00
bonnepioche@bonnepioche.fr • **www.bonnepioche.fr**
188 rue de la Roquette • 75011 **PARIS**
Yves DARONDEAU (Producteur) • Christophe LIOUD (Producteur) • Emmanuel PRIOU (Producteur) • Philippe PUJO (Directeur général)
Activité : Production audiovisuelle, long-métrages, clips, documentaires, captations de spectacles

C4 PRODUCTIONS

✆ **01 42 21 04 51** • fax 01 42 21 04 64
jm@c4prod.com • **www.c4prod.com**
109 rue d'Aboukir • 75002 **PARIS**
Jean-Marie ANTONINI (Producteur) • Antonio LIZZIO (Producteur) • Julia ANTONINI (Productrice)
Activité : Long métrages, pubs, documentaires, vidéo-clips, captations

CLC PRODUCTIONS

✆ **01 55 38 01 01** • fax 01 55 60 00 27
contact@clc-productions.com • **www.clc-productions.fr**
101 av. Victor Hugo • 92100 **BOULOGNE BILLANCOURT**
Sabrina AZOULAY (Directrice générale)
Activité : Courts, moyens, documentaires, adaptations télévisuelles de spectacles • **Genre(s)** : Jazz, world music, chanson française, opéras, théâtre, danse

Attilio **COSSU**

✆ **06 82 37 28 57 / 09 51 70 16 55**
attilio.cossu@free.fr • **attilio.cossu.free.fr**
40 bis rue des Margottes • 93100 **MONTREUIL**
Activité : Réalisateur de documentaires, spectacles • **Autres activités** : Formations en communication

CRUNK

✆ **06 09 85 70 38**
laurentb@crunkprod.com • **www.crunkprod.com**
1 rue Ramey • 75018 **PARIS**
Laurent BENHAMOU
Activité : Production, réalisation de concerts, clips, publicité, etc.

DMS DEBAH FILMS

✆ **02 97 72 11 48**
yassine@lsdb.fr • **www.lsdb.fr**
86 av. Danielle Casanova • 94200 **IVRY SUR SEINE**
Hedi DEBAH (Gérant) • Yassine DEBAH (Directeur)
Activité : Vidéos clips, films institutionnels, publicité, reportages photos

ENDEMOL PRODUCTION

✆ **01 53 56 40 00** • fax 01 49 46 40 12
a.benhammo@endemolfrance.com • **www.endemolfrance.com**
10 rue Waldeck Rochet • Bat 521 • 93300 **AUBERVILLIERS**
Albert BENHAMMO (Directeur général)
Activité : Production audiovisuelle de jeux

L'ÉOLIENNE

✆ **01 40 26 10 00** • fax 01 40 26 10 05
info@leolienne.net • **www.leolienne.net**
55 rue des Petites Écuries • 75010 **PARIS**
Bruno SEVAISTRE (Réalisateur / producteur)
Activité : Documentaires, clips, captation • **Genre(s)** : Chanson

EX NIHILO

✆ **01 53 36 32 32** • fax 01 43 57 00 22
courrier@agatfilms.com • **www.agatfilms.com**
52 rue Jean-Pierre Timbaud • 75011 **PARIS**
Marie BALDUCCHI (Producteur) • Patrick SOBELMAN (Producteur)
Activité : Programmes télévisuels, documentaires, captations • **Genre(s)** : Jazz

FILMS DU RÉEL

✆ **06 75 00 35 82**
romain@lesfilmsdureel.com • **www.lesfilmsdureel.com**
12 rue Michael Faraday • 49070 **BEAUCOUZE**
Romain GUICHARD (Gérant) • Valentin ARRIVE (Réalisateur) • Maxime ARRIVE (Réalisateur) • Philly VIOUX (Réalisateur)
Activité : Captation de concerts et réalisation de Live report

G2 FILMS

✆ **01 47 23 64 20** • fax 01 47 20 35 41
guiter@g2films.fr • **www.g2films.fr**
45 av. de New-York • 75116 **PARIS CEDEX**
François GUITER (Gérant) • Jean-Claude GUITER (Responsable)
Activité : Programmes télévisuels, vidéomusiques, documentaires, 25 films de sports mécaniques dont deux sur Ayrton Senna et 10 films historiques de 52 min pour le Groupe AB

GRAND ANGLE PRODUCTIONS

✆ **05 56 90 49 04** • fax 05 56 90 49 05
info@grandangle.com • **www.grandangle.com**
BP 51 • Rue des Terres Neuves • 33130 **BEGLES**
Activité : Production de documentaires et d'émissions TV

Anne GREFFE

✆ **06 60 60 06 41**
annegreffe@orange.fr
24 rue Marcel Allégot • 92190 **MEUDON**
Activité : Réalisation vidéo • **Genre(s)** : Reportage, making-off, itw, portrait, documentaire, institutionnel • **Autres activités** : Rédactrice, production de contenus pour internet

H5

✆ **01 42 46 06 33** • fax 01 42 46 06 23
contact@h5.fr • **www.h5.fr**
25 rue du fbg Poissonnière • 75009 **PARIS**
Ludovic HOUPLAIN (Directeur de la création) • Rachel CAZADAMONT (Directrice artistique) • Matthieu LELIEVRE (Directeur artistique)
Activité : Graphisme, édition films

HAPPYFACTORYPARIS

✆ **01 44 93 86 86** • fax 01 44 93 49 49
contact@happyfactoryparis.com • **www.happyfactoryparis.com**
45 rue Sainte Anne • 75001 **PARIS**
Antonin BONNET (PDG)
Activité : Montage, post-production film, scénographie, événementiel, réalisation de supports de communication

HK CORP

✆ **06 14 01 61 63 / 01 42 54 74 45**
contact@hkcorp.com • **www.hkcorp.fr**
122 rue Championnet • 75018 **PARIS**
David GITLIS (PDG) • Noah KLEIN (Vice-président) • Charles LORPHELIN (Directeur associé)
Activité : Production clips & pub, longs métrages

La HUIT PRODUCTION

✆ **01 53 44 70 88** • fax 01 43 43 75 33
stephane.jourdain@lahuit.fr • **www.lahuit.com**
218 bis rue de Charenton • 75012 **PARIS**
Gilles LE MAO • Stephane JOURDAIN • Caroline HELBURG • Fred DUUEZ
Activité : Production, post-production, édition • **Genre(s)** : Spectacle vivant, documentaire, fiction • **Autres activités** : Ed. DVD, post-production (fotogram)

KAYCI IMAGE

✆ **06 23 55 88 87 / 01 69 26 92 04** • fax 01 48 11 13 34
hiphopvibes@hotmail.com
c/o Sound Effect Killer • 35 route Nationale • 91510 **LARDY**
LORD KILLER (Directeur général) • Kan J (Manager label) • LIXA (Directeur général)
Activité : Production audiovisuelle • **Genre(s)** : Kompas, rap, RnB, zouk • **Autres activités** : Label, booking

KEYRIUM

✆ **01 46 38 31 10** • fax 01 75 43 49 73
sabine@tvonzeweb.fr • **www.tvonzeweb.fr**
Péniche Monte Carlo • Face au 10 quai du 4 septembre
92100 **BOULOGNE BILLANCOURT**
Manuel DA SILVA (Responsable commercial) • Yannick GRONDIN (Responsable du service technique)
Activité : Production audiovisuelle (captation, EPK) & webTV • **Autres activités** : Consultant en communication, graphiste, designer. Spécialisé en diffusion de vidéo sur le net

KIDAM

✆ **01 46 28 53 17**
kidam@kidam.net • **www.kidam.net**
8 rue Édouard Robert • 75012 **PARIS**
Alexandre PERRIER (Producteur délégué, Gérant)
Activité : Clips, captation, documentaires, EPK

KM

✆ **01 73 03 10 00** • fax 01 73 03 10 10
accueil@kmprod.fr • **www.kmprod.fr**
23 rue Linois • 75015 **PARIS**
Renaud LE VANKIM (Producteur)
Activité : Productions de vidéomusiques, programmes télévisuels, documentaires, reportages

LA SEINE TV

✆ **01 45 20 99 70 / 06 67 42 50 00**
jpzirn@laseine.tv • **www.laseine.tv**
115 rue de l'Abbé Groult • 75015 **PARIS**
Jean-Pierre ZIRN (Réalisateur / producteur) • Anne-Sophie MARDOC (Assistante de production)
Activité : Production et réalisation de documentaires musicaux et captation de concerts en multicaméras HDV, à Paris et dans la France entière

Le LIEU MULTIPLE

✆ **05 49 50 33 00 / 05 49 30 15 00** • fax 05 49 41 38 56
lieumultiple@emf.ccsti.eu • **www.lieumultiple.org**
Espace M. France • 1 pl. de la cathédrale • BP 80964 • 86038 **POITIERS CEDEX**
Patrick TREGUER (Responsable) • Marika BOUTOU (Logistique / réalisation audiovisuelle / ateliers numériques) • Olivier NAUDIN (Régie technique / réalisation audiovisuelle / ateliers numériques) • Stéphane GAMET (Espace public numérique)
Activité : Reportages, films d'animation, documentaires, résidences et diffusion de créations numériques, diffusion de musiques électroniques, expérimentales et électroacoustiques dans le Planetarium de Poitiers (Diffusion Multi-Points)

LN PRODUCTIONS

lnprod@lnprod.com • **www.lnprod.com**
Bt 219 • 45 av Victor Hugo • 93300 **AUBERVILLIERS**
Nicole HANOUNA (Productrice)
Activité : Programmes musicaux (vidéos clips, documentaires, captations, programmes courts, etc.)

Le LOKAL

✆ **05 61 42 70 54** • fax 05 62 21 01 94
lelokalprod@gmail.com • **www.lelokalproduction.com**
Parc technologique du Canal • 14 av. de l'Europe • 31520 **RAMONVILLE ST AGNE**
Philippe AUSSEL (Gérant / Directeur de production) • Chantal TEYSSIER (Directrice de la production) • Cindy CORNIC (Chargée de production) • Sophie ZAOUI (Responsable de clientèle)
Activité : Production, post-production, captation • **Autres activités** : Communication

MAGNUM

✆ **01 30 11 60 90** • fax 01 30 11 60 91
info@magnum.fr • **www.magnum.fr**
ZI de la Grande Couture • 99 rue de Paris • 95500 **GONESSE**
Jérôme CHUPIN (PDG) • Didier BELZEAUX (Directeur commercial)
Activité : Vidéos spécialisés pour le spectacle vivant • **Autres activités** : Sonorisation, éclairage, infrastructures techniques

MANHATTAN STUDIO PRODUCTIONS

✆ **04 76 96 84 46**
contact@manhattan-studio.fr • **www.manhattan-studio.fr**
2 Les Vernes • 38420 **REVEL**
Olivier GARDE (Contact) • François GARDE (Contact)
Activité : Vidéo musiques, bruitages, voix off • **Genre(s)** : Classique, variétés, jazz

Les MARQUEURS

✆ **06 77 39 45 21**
contact@lesmarqueurs.com • **www.lesmarqueurs.com**
13 rue de la Montjoie • 93217 **ST DENIS LA PLAINE CEDEX**
Maxime RENAUD (Graphiste / Motion Designer) • Mathilde DEWOLF (Graphiste / Motion Designer) • Alexandre GAGNE (Chef de projet)
Activité : Réalisation de clips, de vidéos en tous genre • **Genre(s)** : Tous • **Autres activités** : Réalisation de sites web, d'affiches, etc.

MASTER IMAGE PROGRAMMES

✆ **01 41 44 79 90** • fax 01 41 44 12 94
contact@m-programmes.com • **www.m-programmes.com**
6 rue Louis Pasteur • 92100 **BOULOGNE BILLANCOURT**
Patrice MASINI (Président master image programmes producteur)
Activité : Films d'entreprises, spots publicitaires, documentaires TV, clips, programmes multimédia, prestations techniques évenementielles, buzz, viral, etc.

La METISSE

✆ **01 42 67 80 71**
lametisseprod@gmail.com • **www.la-metisse.com**
123 rue de Tocqueville • 75017 **PARIS**
Jean-Michel SOOPRAYEN (Directeur de la production) • Angelika CIANCIOLO (Chargée de production)
Activité : Vidéomusiques, documentaires • **Autres activités** : Accompagnement artistique

METRONOMIC

✆ **01 48 05 78 81** • fax 01 48 05 78 83
metronomic@online.fr • **www.metronomic.fr**
8 passage de la bonne graine • 75011 **PARIS**
Arthur DE PINS (Gérant) • Jérémy ROCHIGNEUX (Producteur) • Claire LECUYER (Assistante de production) • Nicolas TRABAUD (Directeur de la production)
Activité : Production de vidéo-clips, publicité, courts métrages, animation

MFP

✆ **01 56 22 25 00**
francis.margnoux@francetv.fr • **www.mfptv.fr**
26 rue d'Oradour sur Glane • 75015 **PARIS**
Martin AJDARI (PDG MFP) • Sylvie FAIDERBE (Directrice générale adjointe) • Laurence SCHWOB (Secrétaire générale) • Natacha POLOUDNENKO (Responsable de la direction des productions) • Francis MARGNOUX (Producteur artistique magazines et divertissements) • Maryse MARASCIA (Contact Ce soir (ou jamais !))
Multimédias France Productions • **Activité** : Production de magazines et émissions de divertissement TV

MIX & MOUSE

✆ **04 73 19 22 00** • fax 04 73 19 22 01
mix.et.mouse@wanadoo.fr • **www.mixetmouse.com**
11 rue de Serbie • 63000 **CLERMONT FERRAND**
Dominique AUGER (Producteur)
Activité : Post-production audionum. et création musicale, création et montage de bandes son pour l'audiovisuel et le multimédia, habillage sonore, création de génériques

MORGANE PRODUCTION

✆ **01 41 43 71 00** • fax 01 41 43 71 01
contact@morgane-groupe.fr • **www.morgane-groupe.fr**
3/5 bd Georges Seurat • 92200 **NEUILLY SUR SEINE**
Gérard PONT (Producteur) • Sylvain PLANTARD (Producteur) • Carlos PINSKI (Producteur) • Boris VEDEL (Producteur)
Activité : Production de films documentaires, d'animation, clip & captations de spectacles vivants

MSCOM

✆ **06 78 92 93 78**
mauricesalaun@gmail.com • **www.mauricesalaun.com**
La Trianon • 32 rue Philibert Guide • 71100 **CHALON SUR SAONE**
Maurice SALAÜN
Activité : Tournage, montage, habillage vidéo • **Genre(s)** : Jazz, musique classique • **Autres activités** : PAO, prise de son

MUNDIGO

✆ **09 50 73 67 42 / 06 60 86 14 96** • fax 09 57 73 67 42
mehdi@mundigo.com • **mundigo.com**
2B rue Jules Ferry • 93100 **MONTREUIL**
Mehdi KAHTANE (Directeur général) • Jonas VERGARA (Directeur adjoint) • Delphine HIDALGO (Responsable Nouvelles technologies)
Activité : Documentaires, clips • **Genre(s)** : Musiques traditionnelles, musiques du monde, musiques actuelles • **Autres activités** : Gestion webTV Geozik (musiques du monde, producteur de spectacles)

NEO RADAR PICTURES

✆ **06 98 57 13 26**
mister_justice@hotmail.com
c/o Action Image • 4 cité Jolie • 75011 **PARIS**
Bertrand MARLAT (Réalisateur cadreur) • Sofiane BELBACHIR (Réalisateur cadreur)
Activité : Captation et réalisation multicaméra de concerts et d'événements, réalisation de clips

NEPTULI

✆ **01 47 70 15 83**
info@neptuli.com • **www.neptuli.com**
18 rue Soleillet • BL 16 • 75020 **PARIS**
Cédric MENIER (Producteur / cofondateur) • Juliane LOUCQ (Directrice de la production / cofondatrice)
Activité : Créateur de contenus audiovisuels : 4 labels d'activité (Neptuli Prod TV, Neptuli Content pour ts les écrans, Neptuli Corporate, Neptuli Sales)

NOPROBLEMO

✆ **01 42 30 00 00** • fax 01 42 30 00 09
fmoullec@noproblemo.eu • **www.noproblemo.fr**
34 av. des Champs Elysées • 75008 **PARIS**
François MOULLEC (Responsable) • Éric PELLETIER (Producteur)
Activité : Conception de spots TV

NOVA PRODUCTIONS

✆ **01 53 33 33 00** • fax 01 53 33 33 71
radionova@radionova.com • **www.novaplanet.com**
127 avenue Ledru-Rollin • 75011 **PARIS**
Thibaut DE CORDAY
Activité : Programmes télévisuels, vidéomusiques, documentaires

OBATALA

✆ **05 62 90 36 35**
info@obatala.fr • **www.obatala.fr**
33 av. du Gal Leclerc • BP 336 • 65203 **BAGNERES DE BIGORRE CEDEX**
Eric DUFOUR (Producteur)
Activité : Communication audiovisuelle, conseil, conception, production et réalisation

OLEO FILMS

✆ **01 46 61 57 98 / 06 09 04 22 96**
frankcassenti@oleofilms.fr • **my-jazzlive.tv**
43 rue de Chateaudun • 94200 **IVRY SUR SEINE**
Samuel THIEBAUT (Producteur) • Frank CASSENTI (Réalisateur) • Mélanie GOLIN (Responsable postproduction) • Louise FAYOLLET (Administratrice)
Activité : Documentaires ou films sur le jazz • **Genre(s)** : Jazz • **Autres activités** : Télévision en ligne : « Jazzlive », série de captations live et documentées à travers un itinéraire de festivals innnovants, en partenariat avec Arte Live web (www.my-jazzlive.tv)

PARTIZAN

✆ **01 53 45 01 23** • fax 01 53 45 01 24
reception@midi-minuit.fr • **www.partizan.com**
10 rue Vivienne • 75002 **PARIS**
Georges BERMANN (PDG) • Frédéric GENEST (Responsable pub) • Jules DIENG (Producteur) • Perrine DUBOIS (Responsable animation) • Robin ACCARD (Digital) • Arthur CANTIN (Responsable clip)
Activité : Vidéomusiques, publicités

La PLAGE

✆ **01 42 01 40 35**
manu@laplagerecords.com • **www.laplagerecords.com**
50 rue Bichat • 75010 **PARIS**
Emmanuel LIPSZYC (Producteur /Compositeur, Gérant) • Sébastien LIPSZYC (Producteur)
Activité : Pub, BOF, habillage TV, musique, cinéma

PROGRAM 33

✆ **01 48 07 33 33** • fax 01 48 07 33 23
info@program33.com • **www.program33.com**
33 rue Trousseau • 75011 **PARIS**
Fabrice COAT (PDG) • Michel SPAVONE (Producteur) • Elizabeth RIVIÈRE (Tracks) • David COMBE (Rédacteur en chef) • Jean-Marc BARBIEUX (Rédacteur en chef)
Activité : Production de programmes télévisuels, documentaires, reportages, vidéomusiques

R&G PRODUCTIONS

✆ **01 41 31 03 33** • fax 01 41 31 04 05
www.retgproductions.fr
66 rue Escudier • 92100 **BOULOGNE BILLANCOURT**
Juliette BIETRY (Chef de projet Développement)
Activité : Production d'émissions TV • **Autres activités** : Organisation de soirées (R&G Events)

RIVIC SARL

✆ **02 62 28 02 52** • fax 02 62 29 82 48
rivic-info@orange.fr
48 rue des Caramboles • 97490 **STE CLOTILDE (REUNION)**
Véronique LEROY (Gérante) • Pierre SAYAGH (Directeur de la production)
Réunion Industrie Vidéo Création • **Activité** : Clips, reportages, fictions, documentaires, productions audiovisuelles

SEQUENCE SDP

✆ **04 37 26 21 89** • fax 04 72 00 80 19
info@sequence-sdp.com • **www.sequence-sdp.com**
35 quai Saint-Vincent • 69001 **LYON**
Carlo NATALONI (Gérant) • Patrice LE MOINE
Activité : Programmes télévisuels, documentaires, live

SHINE FRANCE

✆ **01 46 09 28 28**
www.shinefrance.fr
305 Av. le Jour Se Lève • 92100 **BOULOGNE BILLANCOURT**
Bouchra REJANI (Directrice générale) • Damien PROFFIT (Directeur des productions) • Lionel ABBO (Directeur du développement) • Priscilla SINEY (Directrice des ventes et des acquisitions) • Vincent PANOZZO (Directeur de l'Unité Divertissements) • Mathieu GRELIER (Producteur artistique au sein de l'Unité Divertissements)
Activité : Production audiovisuelle et digitale

SMELLY DOG FILMS

✆ **03 73 13 72 39**
contact@smelly-dog-films.com • **www.smelly-dog-films.com**
c/o Maison des asso. • 2 rue des Corroyeurs • Boîte HH10
21068 **DIJON CEDEX**
Jérôme HUGUENIN-VIRCHAUX (Directeur artistique) • Christophe GAUBERT (Président)
Activité : Production et diffusion de documentaires sur les musiques actuelles, réalisation d'EPK pour les artistes, etc. • **Autres activités** : Tournage en DLSR (Canon EOS 5D mark II & III)

STEREOLITHE

✆ **01 61 04 13 88**
contact@stereolithe.fr • **www.stereolithe.fr**
34 rue de la muette • 78600 **MAISONS LAFFITTE**
Philippe FALLIEX (Gérant)
Activité : Spécialisée dans la chaine audiovisuelle : émission, reportage, captation, habillage, mixage

STUDIO PAT

✆ **05 96 75 19 19** • fax 05 96 75 56 45
patrick.baucelin@wanadoo.fr • **www.studiopat.com**
Châteauboeuf • 28 av. des Arawaks • 97200 **FORT DE FRANCE (MARTINIQUE)**
Patrick BAUCELIN
Activité : Programmes télévisuels, vidéomusiques

TF1 PRODUCTION

✆ **01 41 41 43 34 / 01 41 41 33 82** • fax 01 41 41 43 26
gthouret@tf1.fr • **www.tf1production.fr**
1 quai de Point du Jour • 92656 **BOULOGNE CEDEX**
Laurence STORCH (Présidente)
Activité : Programmes télévisuels, vidéomusiques

TRACTOFILM

✆ **09 54 28 08 00**
contact@tractofilm.com • **www.tractofilm.com**
70 rue Sébastien Gryphe • 69007 **LYON**
Emmanuel PAMPURI (Gérant)
Activité : Captation de concerts, portraits, clips, courts-métrages ; spécialisé HD, cinéma numérique et 3D

TRANSAT PROJECTS

✆ **09 75 56 57 68**
tiphainegyon@transatprojects.org • **www.transatprojects.org**
23 rue Paul Doumer • BP 60310 • 14015 **CAEN CEDEX**
Luc BIROU (Régisseur technique)
Activité : Production audiovisuelle, organisation d'exposition-installation vidéo, photographie, animation audiovisuelle, diffusion d'arts visuels (projection, exposition) et soutien à la création

VERSAILLES STATION

✆ **01 39 53 54 10**
78versailles@gmail.com • **www.versailles-stationtv.com**
6 rue Mazière • 78000 **VERSAILLES**
Philippe BESOMBES (Gérant)
Activité : Production, réalisation, captation live • **Genre(s)** : Tournage et montage clip exotiques, dance, top 10, animation 3D • **Autres activités** : Tournage et montage lipdub, flashmob, concerts live, événementiels entreprise

VIDEOTRACK

✆ **06 80 15 28 95 / 09 72 29 96 07**
contact@videotrack.net • **www.videotrack.net**
3 rue Jean Jaurès • 86000 **POITIERS**
Vincent MORISSET (Communication) • Judicaël DACOSTA (Réalisateur / Monteur)
Activité : Réalisation et production audiovisuelle • **Genre(s)** : Clips, EPK, teaser, livereport, captations de concerts, magazines, films institutionnels • **Autres activités** : Réalisation Press Kit-Concours numérique des musiques actuelles en Poitou Charentes

VIVA PRODUCTIONS

✆ **01 45 79 05 05** • fax 01 45 79 71 13
accueil@viva-prod.fr • **www.viva-prod.fr**
66 rue Sebastien Mercier • 75015 **PARIS**
Philippe BERNARD (Gérant / fondateur) • Maryse COLINET (Comptable) • Sébastien DEUBEL (Directeur de la production)
Activité : Programmes télévisuels, vidéomusiques, documentaires, reportages, émissions musicales

VX-COM INTERNATIONAL

✆ **03 84 26 51 67**
patrick.vauclair@free.fr
17 rue Frisch • 90000 **BELFORT**
Patrick VAUCLAIR (Directeur / Réalisateur)
Activité : Emissions TV, vidéomusiques, couverture d'événements (concerts, etc.) • **Genre(s)** : Couverture vidéo multi-caméras HD, réalisation en live

WANDA PRODUCTIONS

✆ **01 49 46 63 63** • fax 01 49 46 63 64
wanda@wanda.fr • **www.wanda.fr**
Bât 122 • 50 av. du Pt Wilson • 93214 **SAINT-DENIS LA PLAINE**
Helene SEGOL (Productrice clip)
Activité : Vidéo music, film publicitaire, animation, design tv

Julien WIDMER

✆ **06 16 93 41 56**
contact@julienwidmer.com • **www.julienwidmer.com**
8 Bd de Ménilmontant • 75020 **PARIS**
Activité : Réalisation de clips, pub, digital ; design graphique, photographie ; tournage de films HD, 3D, animation, films en 360°, communication & identité visuelle, direction artistique & conseil • **Autres activités** : Compositeur de musique de films, pubs, beatmaking

YOCOT

✆ **06 15 41 99 44**
contact@yocot.com • **www.yocot.com**
Lieu dit chassière • 73800 **FRANCIN**
Yoann COTRON (Gestionnaire / directeur artistique)
Activité : Agence de communication audiovisuelle, film, captation, création visuelle, vidéo interactive • **Autres activités** : Webdesign pour artistes de scène (mus., danseurs, festival)

YOULIVE / LE PETIT COWBOY

✆ **06 67 08 70 09**
youlive.fr@gmail.com • **youlive.fr**
c/o asso. Le Petit Cowboy • 41 rue Caraman • 31000 **TOULOUSE**
Elizabeth GERMA (Réalisatrice)
Activité : Documentaire et captation vidéo de concerts

ZARADOC FILMS

✆ **01 47 97 24 28 / 01 48 59 08 62**
contact@zaradoc.com • **www.zaradoc.com**
63 rue Menilmontant • 75020 **PARIS**
Yves BILLON (Producteur) • Julien PHILIPPY (Business development) • Nathalie BOISSONNET (Marketing-communication)
Activité : Programmes télévisuels : documentaires, long & court métrages, documentaires de création • **Autres activités** : Distribution

ZYCOPOLIS PRODUCTIONS

✆ **04 72 73 05 77** • fax 04 72 73 12 86
info@zycopolis.com • **www.zycopolis.com**
24 rue Saint-Lazare • 69007 **LYON**
Patrick SAVEY (Réalisateur) • Vincent BERNET (Chargé de production)
Activité : Production audiovisuelle TV et DVD, captation de concerts et spectacles vivants, documentaires sur des thèmes musicaux

AKOUT

✆ **06 92 70 83 59**
contact@akout.com • **www.akout.com**
37 ch. Lautret • 97435 **ST GILLES LES HAUTS (REUNION)**
Patrick GABRIEL (Président) • Guillaume PEROUX (Directeur)
Genres musicaux : Musiques de l'Océan Indien : séga, maloya, jazz, rock, reggae, dance-hall, hip-hop, pop, soul, etc. • **Rayonnement** : International • **Contenus** : Concerts, sorties LPs, fiches artistes, vidéo, audio, discographies • **Services** : Fiches artistes, morceaux en écoute

BAZART

✆ **02 35 43 62 79** • fax 02 35 22 64 38
info@normandie-web.com • **www.normandie-web.com**
16 rue Louis Blanc • 76620 **LE HAVRE**
Chantal LEGRAND (Directrice de la publication)
Rayonnement : Normandie et site • **Contenus** : Agenda spectacle de la région (ts styles), chroniques de disques (ts styles)

BORDEAUXCONCERTS.COM

dima@bordeauxconcerts.com • **www.bordeauxconcerts.com**
Nicolas PULCRANO (Webmaster) • Damien AMROUCHE (Responsable de publication) • Aurélie FORME (Communication) • Emmanuel LATORRE (Publicité) • Guillaume GWARDEATH (Rédacteur)
Genres musicaux : Tous • **Rayonnement** : Régional • **Contenus** : Concerts, référencement lieux et organisateurs, jeux/concours, rédaction, galerie de fyers, etc.

BORNE CULTURELLE NUMÉRIQUE

✆ **06 18 84 48 60**
zit.com@hotmail.fr • **www.zitcom.fr**
c/o Zit.com • 109 rue Jules Guesdes • 37000 **TOURS**
Olivier FRESNEAU (Gérant)
Rayonnement : 200 points de diffusion à Tours et son agglomération • **Contenus** : Sorties culturelles sur un support num. actualisées ts les 15 j.

CIBUL

✆ **06 12 01 68 42 / 01 74 53 34 61**
romain.lange@cibul.net • **www.cibul.net**
c/o Kari Olafsson • 8 rue Alice • 92400 **COURBEVOIE**
Romain LANGE (Gérant)
Genres musicaux : Tous • **Services** : Programme téléchargeable, avec carte, calendrier et catégories, pour site et page Facebook ; abonnement et API permettant aux webmestres de récupérer automatiquement son contenu ; API smartphones

CONCERT AND CO - OTELIS

✆ **04 27 10 39 48**
contact@concertandco.com • **www.concertandco.com**
c/o Neolab production • Rue de l'Eglise • 43220 **DUNIERES**
Yannick SAUVIGNET (Gérant) • Cathy SOLVERY (Responsable Agenda)
Genres musicaux : Musiques actuelles • **Rayonnement** : France, Belgique, Suisse • **Contenus** : + de 7000 concerts, festivals • **Services** : Billetterie, critiques, réalisation de vidéos, retransmission

CONTACT HEBDO - RENNES

✆ **02 99 38 99 11** • fax 02 99 38 80 88
contact@guidinfo.com • **www.guidinfo.com**
17 bis av. Chardonnet • 35000 **RENNES**
Patrick OLLIVIER (Directeur de la publication)
Rayonnement : Rennes • **Services** : Agenda spectacles

EVENE.FR

✆ fax 01 57 08 51
info@evene.fr • **www.evene.fr**
14 bd Haussmann • 75009 **PARIS**
Frédéric BENAÏM (Publicité)
Genres musicaux : Tous • **Rayonnement** : National • **Contenus** : Concerts, tournées, festivals, cinéma, théâtre, expositions, etc. • **Services** : Boutique, articles, annuaire des lieux culturels, le Club, etc.

FANZ'YO

✆ **04 90 03 10 45**
contact@lucie-asso.com • **leyoyo.fr**
c/o Lucie Association • 144 all. de Beauport • 84270 **VEDENE**
Jérôme DERBES (Rédacteur en chef)
Rayonnement : Vaucluse, départements 13 & 30 • **Services** : Chroniques disques, autoproductions, labels indépendants, annonces concerts, etc.

IDEM

✆ **06 27 46 09 32**
patrick.conte3@wanadoo.fr • **www.idem-mag.com**
19 av. St-Exupéry • 34670 **BAILLARGUES**
Patrick CONTE (Rédacteur en chef)
Genres musicaux : Tous • **Rayonnement** : Régional • **Contenus** : Danse, théâtre, littérature, arts plastiques • **Services** : Interviews, chroniques, reportage, autoproduits

ILLEGAL PARTY

contact@illegalparty.com • **www.illegalparty.com**
95 rue Château-Payan • 13005 **MARSEILLE**
Genres musicaux : Musiques électroniques • **Rayonnement** : Grand Est, Grand Ouest, Paris et RP, Sud Est, Sud Ouest, International • **Contenus** : Concerts et festivals • **Services** : Actualités spectacles, musique, reportage photo, vidéos, webradios, boutique

INFOCONCERT

✆ **04 72 10 15 36** • fax 04 78 30 46 46
festival@infoconcert.com • **www.infoconcert.com**
40 quai Rambaud • 69002 **LYON**
Thierry PRAS (Responsable site, contenu éditorial) • Mélanie BRELOT (Responsable marketing et partenariat)
Genres musicaux : Tous • **Contenus** : 107000 artistes, 29000 lieux, 4500 festivals, environ 22000 concerts & spectacles en ligne quotidiennement • **Services** : Information sur le live (concert, artistes, salles, festivals, etc.), téléchargement musique, pages artistes (bio, dernier album paru), pages salles et festivals (liens sites, coordonnées, renseignements complémentaires)

KKFET

✆ **05 90 21 31 07 / 06 90 40 48 06**
kkfet@kkfet.com • **www.kkfet.com**
c/o MyT Impulsion • 224 bd du Gal De Gaulle • 97190 **LE GOSIER (GUADELOUPE)**
Mahité PERRAULT (Responsable)
KAY KA Fèt • **Genres musicaux** : Tous • **Rayonnement** : Guadeloupe • **Contenus** : Sorties en Guadeloupe (concerts, spectacles, lewoz, manifestations, festivals, swarés, expositions, etc.), news, petites annonces culturelles, annuaire, etc. • **Services** : Newsletter

LYON HIP HOP

contact@lyonhiphop.com • **www.lyonhiphop.com**
5 bd de la Croix Rousse • 69005 **LYON**
Cédric DARBORD (Créateur et photographe)
Agenda Hip Hop de Lyon et périphérie • **Genres musicaux** : Hip hop au sens large • **Rayonnement** : Rhône-Alpes • **Contenus** : Concerts, festivals, contests • **Services** : Photos

LYON POCHE

✆ **04 72 80 90 05**
studio-presse@wanadoo.fr • **www.lyonpoche.com**
16-18 Grande rue de Vaise • 69009 **LYON**
Etienne LABILLE (Responsable du studio)
Genres musicaux : Tous • **Rayonnement** : Rhône-Alpes, Lyon • **Contenus** : « Rock & Co », musique classique, variétés, jazz

MONDOMIX

✆ **01 56 03 90 85**
info@mondomix.com • **www.mondomix.com**
144/146 rue des Poissonniers • Rédaction • 75018 **PARIS**
François MAUGER (Directeur éditorial) • Benjamin MINIMUM (Rédacteur en chef)
Genres musicaux : Musiques du monde • **Rayonnement** : National • **Contenus** : Concerts, festivals, expositions, master class • **Services** : Articles, enquêtes, interviews, vidéos, mp3, webradios, etc.

MONPTIDOI

contact@monptidoi.com • **www.monptidoi.com**
15 rue Claudot • 54000 **NANCY**
Mirtil BERR (Gérant / Responsable développement)
Genres musicaux : Rock, hip hop, metal, électro, jazz, funk • **Rayonnement** : National • **Contenus** : Sorties, bonnes adresses • **Services** : Reportages, diffusion de programmation événementielle géolocalisée

MOXITY

✆ **01 75 77 87 24**
contact@moxity.com • **www.moxity.com**
27 rue du Chemin Vert • 75011 **PARIS**
Sébastien ARNOULT (Directeur général)
Genres musicaux : Tous • **Rayonnement** : Européen • **Contenus** : Toutes manifestations • **Services** : Billetterie en ligne, agenda personnel, résultats géolocalisés

MYCONCERTADVISOR
✆ **01 48 06 13 59** • fax 09 58 81 55 61
team@playapp.net • **www.myconcertadvisor.com**
28 rue du Chemin Vert • 75011 **PARIS**
Benjamin NAÏM
Contenus : Concerts, festivals • **Services** : Réseau social, géolocalisation, alertes

NOUVELLE VAGUE
✆ **04 93 58 51 51** • fax 09 59 42 53 96
contact@nouvelle-vague.com • **www.nouvelle-vague.com**
BP 62 • 06142 **VENCE CEDEX**
Philippe PERRET (Rédacteur en chef)
Rayonnement : Sud-est • **Contenus** : Itw, chroniques concerts, démos et disques, DVD • **Services** : N° spécial festivals à 50 000 ex.

OPENMAG LIVE
✆ **01 42 78 82 10 / 09 50 30 24 89**
simon@openmag.fr • **www.openmag.fr**
c/o Openmag • 6 passage des Recollets • 75010 **PARIS**
Anatole AMAVI (Directeur de la publication et de la rédaction) • Joss DANJEAN (Rédacteur en chef et électro) • Bruno PFEIFFER (Journaliste jazz)
Genres musicaux : Rock, electro • **Rayonnement** : National • **Contenus** : Festivals, concerts, grands spectacles, humour, théâtre, expos

PARIS JAZZ CLUB
✆ **01 83 06 61 01**
contact@parisjazzclub.net • **www.parisjazzclub.net**
39 rue des Lombards • 75001 **PARIS**
Lucie BUATHIER (Coordinatrice) • Jean-Michel PROUST (Président) • Maria RODRIGUEZ (Trésorière) • Stéphane PORTET (Secrétaire) • Sébastien VIDAL (Duc des Lombards)
L'Agenda jazz de Paris Ile-de-France • **Genres musicaux** : Jazz, blues, gospel • **Rayonnement** : Région parisienne • **Contenus** : Concerts • **Services** : Association Paris Jazz Club, newsletter, sélections CD & concerts, « Le club du mois », etc.

PARIS LA NUIT
✆ **06 81 72 26 12**
emmanuel@parislanuit.fr • **www.parislanuit.fr**
3 rue Eugénie Legrand • 75020 **PARIS**
Emmanuel FORLANI • Jessica MELCHER
Genres musicaux : Tous • **Rayonnement** : Paris, IdF • **Contenus** : Concerts, soirées, festivals, expositions • **Services** : News, concours, photos, vidéos, interviews, newsletter

PARISBOUGE
✆ **01 42 08 89 82**
www.parisbouge.com • **www.parisbouge.com**
18 rue Yves Toudic • 75010 **PARIS**
Julien BORNSTEIN (Gérant)
Genres musicaux : Tous • **Rayonnement** : Paris • **Contenus** : Concerts, expositions, spectacles • **Services** : Annuaires des restaurants, bars, clubs

Le PETIT AGENDA AUDE ET BÉZIERS
✆ **06 29 18 80 19**
contact11@lepetitagenda.com • **www.11.lepetitagenda.com**
Yoann BECERRA (Directeur de la publication) • Aline ZEZIMA (Gestion agenda et rédactionnel)
Genres musicaux : Tous • **Rayonnement** : Aude et Biterrois • **Contenus** : Spectacles, concerts, festivals

Le PETIT AGENDA PYRÉNÉES-ORIENTALES
✆ **04 68 51 37 81** • fax 04 68 57 79 28
contact66@lepetitagenda.com • **www.lepetitagenda.com**
64 rue de la lanterne • BP 70619 • 66000 **PERPIGNAN**
Jérôme VILACÈQUE (Editeur / régie publicitaire) • Leila JALLAGEAS (Administration / Logistique) • Sophie ARRONIZ (Rédactrice / P.O)
Rayonnement : Perpignan, Pyrénées Orientales, Gérone • **Contenus** : Spectacles, concerts, festivals

PLANCONCERT.COM
✆ **06 67 32 95 07**
contact@planconcert.com • **www.planconcert.com**
c/o Live Tour Management • 19 rue Lesdiguieres • 38000 **GRENOBLE**
Cyrille LANNEZ (Contact)
Genres musicaux : Tous • **Rayonnement** : National • **Contenus** : Concerts, festivals • **Services** : Mise en relation les organisateurs de concerts (festivals, salles, cafcons, etc.) avec les artistes, réseau social, flux RSS

QUEDULIVE
✆ **06 07 69 28 72**
contact@quedulive.com • **www.quedulive.com**
Le Pilou • Ancienne Traverse de Thuir • 66270 **LE SOLER**
Olivier SALLES (Responsable)
Genres musicaux : Tous • **Rayonnement** : National • **Contenus** : Evénements, classement artistes par styles et par régions, organisateurs classés par catégories et régions, news gérées par les artistes • **Services** : Fiche individuelle des artistes/groupes avec liens, vidéos, etc.

ROCKTROTTEUR
✆ **01 83 62 14 23** • fax 09 59 89 85 89
contact@rocktrotteur.com • **www.rocktrotteur.com**
27 rue Eugène Sue • 75018 **PARIS**
Laurent BELANDO
Genres musicaux : Tous • **Rayonnement** : National • **Contenus** : Concerts, festivals • **Services** : Reportages concerts, festivals, photographies de concerts, interviews d'artistes, chroniques disques & actualités musicales, newsletter

ROUTEDESFESTIVALS
✆ **04 72 10 15 36** • fax 04 78 30 46 46
festival@infoconcert.com • **www.routedesfestivals.com**
c/o Infoconcert • 40 quai Rambaud • 69002 **LYON**
Thierry PRAS (Responsable site, contenu éditorial) • Mélanie BRELOT (Responsable Publicité)
Genres musicaux : Tous • **Contenus** : 6 000 festivals français, européens • **Services** : Informations sur les festivals

SONGKICK
pr@songkick.com • **www.songkick.com**
12-18 Hoxton Street • Third floor • N1 6NG **LONDRES (GRANDE BRETAGNE)**
Ian HOGARTH (CEO) • Pete SMITH (COO) • Michelle YOU (Responsable de production) • David ANDERSON (Directeur des opérations)
Genres musicaux : Tous • **Rayonnement** : Mondial • **Contenus** : Concerts, programmation salles • **Services** : Synchronisation des dates avec des services en ligne (Facebook, Soundcloud, Bandcamp, etc.) avec TourBox, billetterie en ligne (vendeurs de tickets indexés), réseau social, synchronisation des artistes avec les bases iTunes, Facebook, Last.FM, Pandora, etc.

SORTIE MAGAZINE
✆ **03 26 36 50 13**
redac@lhebdoduvendredi.com • **www.lhebdoduvendredi.com**
195 rue du Barbatre • 51100 **REIMS**
Frédéric BECQUET (Directeur de la publication) • Philippe DUDEL (Responsable commercial) • Yoan RUIN (Responsable de la distribution)
Rayonnement : Reims, Châlons, Epernay • **Services** : Chroniques disques, interviews

SORTIR
✆ **03 28 38 18 88** • fax 02 40 89 78 12
contact@sortir.eu • **www.lille.sortir.eu**
130 rue Nationale • BP 1353 • 59015 **LILLE CEDEX**
Jean-Claude BRANQUART (Coordinateur rédaction Lille/Lyon) • Sophie LEIRE (Pub Lille) • Anne RIVIER (Rédactrice Nantes) • Olivier NESVADBA (Rédacteur en chef Marseille) • William DO NASCIMENTO (Rédacteur Bordeaux) • Paul MUSELET (Rédacteur en chef Toulouse) • Aurélie MAROIS (Rédactrice Lyon)
Genres musicaux : Tous • **Rayonnement** : Lille Eurorégion, Nantes Grand Ouest, Toulouse Midi-Pyrénées, Bordeaux Gironde, Marseille Provence, Lyon Rhône-Alpes, • **Contenus** : Concerts, festivals, cinéma, théâtre, etc. • **Services** : Annonces, billetterie, newsletter, articles, interviews

TICKET MÔMES
✆ **09 50 61 07 67**
contact@ticketsmomes.com • **www.ticketsmomes.com**
36 av. Mathurin Moreau • 75019 **PARIS**
David DOUKHAN (Directeur de la publication)
Rayonnement : IDF • **Contenus** : Spectacles, musée/expos, divertissements spécialisés jeune public

TIME OUT PARIS
contact@timeout.fr • **www.timeout.fr/paris**
Hanane AHMED-CHAOUCH (Responsable marketing)
Genres musicaux : Pop, rock, électro, hip-hop, etc. • **Contenus** : Concerts, festivals, expos, etc. • **Services** : Guide des sorties à Paris (restauration, hôtels, shopping, etc.). Chef de publicité : charliesokol@timeout.com, + 44 781 683 0465

TOUS LES FESTIVALS
✆ **06 89 12 69 22**
communication@touslesfestivals.com • **www.touslesfestivals.com**
12 rue Turgot • 21000 **DIJON**
Quentin THOMÉ (Directeur de la publication)
Rayonnement : National • **Contenus** : Actualités, agenda, concours

TY ZICOS
✆ **02 98 80 05 62** • fax 02 90 80 12 01
agenda@tyzicos.com • **www.tyzicos.com**
1 route de Sizun • 29450 **LE TREHOU**
Stéphane BOUGUENNEC (Responsable)
Genres musicaux : Tous • **Rayonnement** : Bretagne, Pays de la Loire • **Contenus** : Concerts, chronique CD/DVD • **Services** : Billetterie en ligne (E.Leclerc), annuaire, mur virtuel www.glaz.me

UP CONCERT
✆ **06 30 88 87 91**
upconcert@upconcert.fr • **www.upconcert.fr**
8 rue de Navarre • 75005 **PARIS**
Nicolas SOENEN (Président)
Genres musicaux : Ts • **Rayonnement** : France métropolitaine • **Contenus** : Site d'informations et de partages autour du concert • **Services** : Comparateur de billetteries, newsletter, alertes sur les artistes, alertes sur les rajouts de places. Espace communautaire (agenda, messagerie, co-voiturage, partage de photos, critiques, notes, etc.)

ACADÉMIE CHARLES CROS

✆ **03 23 82 88 03**
academie@charlescros.org • **www.charlescros.org**
Relations extérieures • L'Abbaye • 02570 **CHEZY SUR MARNE**
Alain FANTAPIE (Président) • Odile MARTIN (Secrétaire générale)

Objet : Valorisation des œuvres sonores et audiovisuelles par le biais notamment de l'enregistrement sonore et audiovisuel. Découverte, promotion, consécration d'auteurs, compositeurs, interprètes • **Genre(s) musical(aux)** : Toutes formes de musique, parole enregistrée et documents sonores, multimédia, livres sur la musique • **Date** : Grands Prix du disque et du dvd (nov.), coups de cœur musique contemporaine (mars), chanson (mai), musiques anciennes et baroques (mai), Parole enregistrée et documents sonores (juil.), musiques du monde (juil.), jazz et blues, disques pour enfants (dates à fixer) • **Édition** : 66e édition en 2013 • **Lieu de la cérémonie** : Grands Prix du disque et du DVD (Maison de Radio France, Paris), coups de cœur musique contemporaine (Le Living, Paris), chanson (Festival Alors chante, Montauban), musiques anciennes et baroques (Printemps des Arts de Nantes), Parole enregistrée et documents sonores (Marché de la poésie, Paris), musiques du monde (Festival les Suds à Arles) • **Composition du jury** : Jury permanent de 90 spécialistes, universitaires, musicologues, critiques, journalistes, organisateurs de festivals, programmateurs et producteurs radio, indépendants des éditeurs et répartis en commissions spécialisées • **Sélection** : Par le jury sur une base de 3000 disques commercialisés au cours des 12 mois précédents • **Palmarès** : En 2012, « In honorem » : Les Percussions de Strasbourg, Julos Beaucarne et Toots Thielemans - Jazz : Jean-Charles Richard "Traces", ex aequo avec Fred Hersh "Alive at the Vanguard" - Blues : Otis Taylor « Contraband » - Chanson : Barbara Carlotti « L'amour, l'argent, le vent » et Damien Saez « Messina » - Musique du monde : Le Vent du Nord « Tromper le temp » et Ballaké Sissoko « At peace » - Prix de la Francophonie : Arthur H « L'or noir, de Césaire à Glissant » - Grand Prix scène : Camille (pour sa tournée à l'occasion de la sortie de l'album « Ilo Veyou ») - Grand Prix Révélation scène : Dimone (pour sa tournée à l'occasion de la sortie de l'album « Madame Blanche »)

ACADÉMIE DU JAZZ

✆ **06 07 02 95 67**
francois.lacharme@wanadoo.fr • **www.academiedujazz.com**
9 av. de Gravelle • 94220 **CHARENTON LE PONT**
François LACHARME (Président) • Claude CARRIERE (Président d'honneur) • Pierre DE CHOCQUEUSE (Secrétaire général)

Objet : Distingue et récompense les meilleures prod. discographiques en jazz, blues et gospel en France et dans le monde, élit le meilleur mus. de jazz de l'année (Prix D. Reinhardt) • **Genre(s) musical(aux)** : Jazz, blues, gospel • **Période** : Année en cours • **Date** : 12 jan. • **Lieu de la cérémonie** : Théâtre du Châtelet • **Composition du jury** : Collège de 50 journalistes (Pdt d'honneur : Martial Solal et Claude Carrière) • **Sélection** : Tte la prod. discographique de l'année en cours distribuée en France • **Palmarès** : Palmarès 2012 : Prix Django Reinhardt (musicien français de l'année) : Emile Parisien - Grand Prix de l'Académie du Jazz (meilleur disque de l'année) : Brad Mehldau « Where do you start? » (Nonesuch/Warner) - Prix du Disque Français (meilleur disque enregistré par un mus. français) : Pierrick Pedron « Kubic's Monk » (Act/HM) - Prix du jazz classique : Aaron Diehl « Live at The Players » (CD Baby) - Prix du meilleur musicien européen : le saxophoniste espagnol Jorge Pardo - Prix de la meilleure réédition : Fresh Sound Records pour ses rééditions - Prix du jazz vocal : Catherine Russell « Strictly Romancin' » (World Village/HM) - Prix Blues : Lurie Bell « The Devil an't go no music » (Aria B.G./Socadisc) - Prix Soul : Bettyie Lavette « Thankful n'Thoughtful » (Anti/Pias) - Prix du Livre de Jazz : Alain Gerber « Petit Dictionnaire incomplet des incompris » (Editions Alter Ego)

BEST LIVE

✆ **04 72 10 15 36** • fax 04 78 30 46 46
festival@infoconcert.com • **www.infoconcert.com**
c/o Infoconcert • 40 quai Rambaud • 69002 **LYON**
Thierry PRAS (Responsable site, contenu éditorial)

Objet : Récompenser un groupe ou un artiste ayant proposé les meilleures prestations live de l'année • **Genre(s) musical(aux)** : Musiques actuelles • **Période** : Année écoulée • **Date** : Fév. • **Édition** : 2e en 2013 • **Composition du jury** : Programmateurs des salles labellisées Smac et/ou adhérentes à la Fédélima • **Sélection** : Choix des internautes sur une sélection par le jury de 5 groupes • **Palmarès** : C2C

EUROPEAN BORDER BREAKERS AWARDS

✆ **+31 (0)5 03 68 02 44** • fax +31 (0)5 03 68 02 46
info@noorderslag.nl • **www.europeanborderbreakersawards.eu**
P.O. Box 566 • 9700 **GRONINGEN (PAYS-BAS)**
Dago HOUBEN (Managing director) • Marije JANSEN (Marketing manager)

Objet : Récompenser des artistes en développement provenant de 10 pays européens • **Genre(s) musical(aux)** : Rock, pop, hip hop, musiques électroniques, etc. • **Période** : Ouverture d'Eurosonic (NL) • **Date** : 15 jan. 2014 • **Édition** : 11 • **Lieu de la cérémonie** : Groningen • **Palmarès** : En 2012, Afrojack (NL), Swedish Mouse Malic (SE), Agnes Obel (DK), Boy (DE), Anna Calvi (GB), ElectroGuzzi (AT), Ben L'Oncle Soul (FR), Alexandra Star (RO)

FIPA D'OR

✆ **01 44 89 99 99** • fax 01 44 89 99 60
info@fipa.tv • **www.fipa.tv**
14 rue Alexandre Parodi • 75010 **PARIS**
Didier DECOIN (Président) • François SAUVAGNARGUES (Délégué général / Directeur artistique)

Festival International de Programmes Audiovisuels - Musique et spectacle • **Objet** : Prix des meilleurs programmes audiovisuels dans la catégorie Musique et spectacle • **Genre(s) musical(aux)** : Tous • **Période** : Jan. • **Date** : 22-27 jan. 2013 • **Édition** : 26e en 2013 • **Lieu de la cérémonie** : Biarritz • **Composition du jury** : Bruno Monsaingeon, Bettina Ehrhardt, Anouar Brahem • **Palmarès** : « Bloody Daughter » (Stéphanie Argerich, Idéale Audience)

Les GRANDS PRIX DE L'UNAC

✆ **01 30 56 51 40**
contact@unac-auteurs-compositeurs.org
www.unac-auteurs-compositeurs.org
2 rue du Gal Lanrezac • 92528 **NEUILLY SUR SEINE CEDEX**
Dominique PANKRATOFF (Président) • Patrick LEMAITRE (Vice-président)

Objet : Depuis 1974, récompense l'auteur, le compositeur et l'interprète de 3 chansons françaises, exploitées dans le cadre de l'année passée ainsi qu'un artiste pour l'ensemble de sa carrière ; depuis 2009, décerne le « Prix de l'Autoproduction » en partenariat avec la Commission de l'Aide à l'Autoproduction Phonographique de la Sacem • **Genre(s) musical(aux)** : Variétés françaises • **Date** : Fév. • **Lieu de la cérémonie** : Auditorium Debussy/Ravel de la Sacem • **Composition du jury** : Lauréats des années précédentes et membres du CA de l'Unac • **Sélection** : Les membres de l'Académie désignent des œuvres remarquées par chacun d'entre eux ; 6 d'entre elles constituent l'ultime sélection • **Palmarès** : 2012, Inna-Ich (Prix de l'Autoproduction), Brigitte, Jean-Louis Aubert, Laurent Voulzy (Grands Prix de l'Unac), Eddy Mitchell (pour l'ensemble de sa carrière)

GRANDS PRIX SACEM

✆ **01 47 15 47 15** • fax 01 47 15 47 16
eric.de.bondy@sacem.fr • **www.sacem.fr**
225 av. Charles de Gaulle • 92528 **NEUILLY SUR SEINE CEDEX**
Catherine BOISSIERE (Directrice des relations professionnelles et de la communication) • Éric DE BONDY (Délégué aux relations interprofessionnelles)

Genre(s) musical(aux) : Grands Prix (jazz, édition musicale, humour, auteur chanson française, créateur-interprète chanson française, musique traditionnelle, etc.) • **Date** : Nov. • **Lieu de la cérémonie** : La Sacem • **Composition du jury** : Conseil d'administration • **Sélection** : Conseil d'administration • **Palmarès** : 2012, Prix Spécial : Catherine Ringer, Prix Francis Lemarque : Anaïs, Prix de l'édition musicale : Universal Music Publishing, Musiques du monde : Tiken Jah Fakoly, Export : Gipsy Kings, Musiques électroniques : Justice, Chanson : Camille, Jazz : Richard Bona, Prix Rolf Marbot de la chanson de l'année : Sexion d'Assaut

NRJ MUSIC AWARDS

✆ **01 40 71 40 00** • fax 01 40 71 41 36
nrjmusicawards.nrj.fr
22 rue Boileau • 75203 **PARIS CEDEX 16**

Période : Janvier • **Édition** : 14e en 2013 • **Lieu de la cérémonie** : Midem, Cannes • **Palmarès** : 2013, Artiste masculin français : M Pokora, Artiste féminine Shy'm, groupe et chanson francophone : Sexion d'Assaut, Révélation : Tal

PRIX DE LA CRÉATION MUSICALE

✆ **01 48 74 09 29**
csdem@csdem.org • **www.csdem.org**
c/o CSDEM • 74 rue de la Fédération • 75015 **PARIS**
Céline DESMAZES (Coordinatrice)

Chambre syndicale de l'édition musicale • **Objet** : Consacrer et mettre en lumière les auteurs et compositeurs ainsi que leurs éditeurs membres de la CSDEM qui ont marqué l'année écoulée • **Genre(s) musical(aux)** : Chanson, variétés, musiques électroniques, jazz, hip hop, etc. • **Date** : Début avr. • **Édition** : 3e en 2013 • **Composition du jury** : Présidé par Pierre Lescure avec Laurent Bouneau, Pascal Bittard, Cristophe Conte, Isabelle Dhordain, Vincent Nayrolles, Marie Prycko, Michel Troadec • **Palmarès** : 2012, Hommage : Alain Souchon et Laurent Voulzy, Chanson et diffusion numérique de l'année : « Elle me dit » Mika, Export : M83, Jeune Talent : Joseph d'Anvers, Auteur : Miossec, Synchronisation : Télépomusik, Musique à l'image : The Shoes, Musique de spectacle : Ibrahim Maalouf et Oxmo Puccino

PRIX DÉCOUVERTES RFI-FRANCE 24 MUSIQUES DU MONDE

prix.decouvertes@rfi.fr • **www.prixdecouvertes.com**
Audiovisuel Extérieur de la France • 80 rue Camille Desmoulins
92130 **ISSY LES MOULINEAUX**

Bela BOWE (Responsable des concours musicaux)

Objet : Favoriser la promotion des musiques d'Afrique, des îles, de l'Océan Indien et des Caraïbes • **Genre(s) musical(aux)** : Musiques du monde (Afrique, Océan Indien, Caraïbes) • **Période** : Sep. • **Lieu de la cérémonie** : Concert dans une grande ville de la zone Afrique caraïbes-océan indien-concert à Paris • **Composition du jury** : Jury international de professionnels • **Sélection** : Artistes ou groupes ayant réalisé entre 1 et 2 CD maxi comprenant chacun 10 titres, ou entre 2 et/ou 4 cassettes maxi comprenant chacune 6 titres, avec une commercialisation limitée à l'Afrique et/ou l'Océan Indien et/ou les Caraïbes et/ou l'Europe et/ou l'Amérique du nord • **Palmarès** : 2011, Sia Tolno, 2010, Maurice Kirya, 2009, Naby, 2008 Mikea, 2007, Mounira Mitchala, 2006, Bélo, 2005, Tcheka (Cap Vert)

PRIX DU LIVRE ROCK

prixdulivrerock@gmail.com
35 rue de Meaux • 75019 **PARIS**

Éric FOUQUET (Président) • Charles-Henri LAFRANQUE (Secrétaire)

Objet : Distinguer un album iconographique, une fiction littéraire, une biographie, des miscellanées ou un livre-objet portant sur le rock • **Genre(s) musical(aux)** : Rock • **Date** : Juin • **Édition** : 4e en 2012 • **Lieu de la cérémonie** : Le Môtel (Paris, 2009), La Mécanique ondulatoire (Paris, 2010), Le Gibus (Paris, 2011) • **Composition du jury** : Éric Fouquet (président), Charles-Henri Lafranque, Anne-Marie Lafleur, Philippe Barbot, Agnès Léglise, Jil Kaplan, Éric Rainaud, Jean-Michel Espitallier, Djavid Rawat • **Palmarès** : James Nice « La Factory », 2012. Patti Smith « Just kids », 2011, etc.

PRIX PREMIERES FRANCOS

✆ **01 44 63 10 00** • fax 01 44 63 10 10
communication@adami.fr • **www.adami.fr**
c/o Adami • 14-16 rue Ballu • 75311 **PARIS CEDEX 09**

Bruno BOUTLEUX (Directeur général / gérant) • Odile RENAUD (Directrice de l'action artistique)

Objet : Récompenser la prestation scénique de l'artiste et sa capacité à séduire, à capter et à émouvoir le public. Cet artiste ayant bénéficié du soutien du Chantier des Francos et participant aux Francofolies • **Genre(s) musical(aux)** : Musiques actuelles • **Date** : Juil. (Francofolies) • **Édition** : 4e en 2011 • **Lieu de la cérémonie** : Théâtre Verdière, La Rochelle • **Composition du jury** : Professionnels de la filière musicale • **Sélection** : Jury • **Palmarès** : Robin Leduc (2010), François & The Atlas Mountains (2011)

PRIX UCMF DE LA MUSIQUE POUR LE CINÉMA

✆ **06 26 82 25 26**
contact@ucmf.fr • **www.ucmf.fr**
Espace Altura • 46 rue Saint Antoine • 75004 **PARIS**

Bernard GRIMALDI (Président) • Katy BORIE (Déléguée)

Objet : Prix France Musique – UCMF au Festival de Cannes • **Genre(s) musical(aux)** : Musique pour le cinéma • **Période** : Mai • **Date** : 22 mai • **Lieu de la cérémonie** : Cannes • **Composition du jury** : Philippe Hersant (Président du Jury/compositeur), Philippe Hurel (compositeur), Sophie Loubière (journaliste), Paul Malinowski (mus. metteur en ondes), Sylvain Fanet (journaliste), Bruno Letort (compositeur), Gréco Casadesus (compositeur)

QWARTZ PRIX INTERNATIONAUX DES MUSIQUES NOUVELLES

contact@qwartz.org • **www.qwartz.fr**
53 rue de la Fontaine au roi • 75011 **PARIS**

Alexandre GRAUER (Coordinateur fondateur)

Objet : Prix des musiques nouvelles • **Genre(s) musical(aux)** : Toutes les musiques improvisées, électroniques, électroacoustiques indépendantes • **Période** : 1er jan. N à fin juin année N+1 (18 mois) • **Date** : 4 avril 2013 • **Édition** : 9e édition sous les présidences de Jean-François Zygel et Richard Pinhas • **Lieu de la cérémonie** : La Machine du Moulin Rouge, Paris • **Composition du jury** : Jury d'honneur 2013 :Jean-François Zygel - Président du Jury, Christophe Bourseiller - Ecrivain, acteur, producteur d'émissions radiophoniques (Radio France), Nicolas Dufourcq - Directeur Général de la Banque Publique d'Investissement, Bruno Letort - Compositeur, Directeur du label Signature, producteur d'émissions radiophoniques (Radio France), Atau Tanaka - Compositeur, chercheur et Professeur à la Goldsmiths University of London, Laurent Tran Van Lieu - Président de Studialis, Thomas Valentin - Vice-président, Directeur des antennes et des contenus du groupe M6. Jury Professionnel 2013 : Alix Clément - Compositeur -Ingénieur du son, Manon Deruytère - Artiste, Fabrice Fassnacht - Amateur éclairé, Kevin Ringeval - Conférencier / Médiateur culturel [Zebrock], Perrine Vincent – Chargée de mission – Musique et Multimédia – Centre des Arts d'Enghien-les-Bains. • **Sélection** : Envoi d'une œuvre éditée, Prénomination et nomination à l'aveugle par un jury et vote du public via les nouvelles technologies pour les catégories publiques • **Palmarès** : Précédente édition : Qwartz Album (Kilimanjaro de Superpitcher), Qwartz Expérimentation (18 pieces for the Midi harp de Elisabeth Valletti), Qwartz Titre (Dernière minute de Andy Moor et Anne-James Chaton), Qwartz Découverte (Life on Titan de John Heckle), Qwartz Dancefloor (Glass de Incite extrait de Dare to Dance), Qwartz Artwork/Packaging (Marc-Antoine Beaufils pour Semelles de fondation), Qwartz d'Honneur (Morton Subotnick), Qwartz Pierre Schaeffer (Francis Dhomont), Qwartz Max Matthews (Hopman Sound Transfer)

TRACE URBAN MUSIC AWARDS

✆ **01 77 68 05 20** • fax 01 77 68 05 21
info@trace.tv • **www.trace.tv**
Trace urban TV • 73 rue Henri Barbusse • 92110 **CLICHY**

Objet : Récompense les artistes rap et R&B de l'année classés en 10 catégories • **Genre(s) musical(aux)** : Rap, R&B • **Période** : Année précédent la cérémonie • **Date** : 14 mai 2013 • **Édition** : 1re en 2013 • **Lieu de la cérémonie** : Le Trianon (Paris)

Les VICTOIRES DE LA MUSIQUE

gilles.desangles@lesvictoires.com • **lesvictoires.com**
3 rue Clairaut • 75017 **PARIS**

Vincent FRÈREBEAU (Président) • Gilles DESANGLES (Directeur général) • Octavie DE TOURNEMIRE (Déléguée à l'organisation des cérémonies) • Virginie PETIT (Directrice artistique)

Objet : Récompense les meilleurs artistes français de l'année dans le monde des variétés • **Genre(s) musical(aux)** : Variétés, chanson, rock, musiques urbaines, électroniques, du monde • **Période** : Mars • **Date** : Fév. 2013 • **Édition** : 28e édition en 2013 • **Lieu de la cérémonie** : Palais des congrès de Paris • **Composition du jury** : 1226 personnalités et le public • **Sélection** : Vote établi par une académie de professionnels (membres de sociétés civiles, artistes, prod., organisateurs, disquaires, etc.) • **Palmarès** : Album musiques électroniques : C2C. Révélation scène : C2C. Album musiques du monde : Amadou & Mariam. Spectacle musical, Concert, tournée : Shaka Ponk. Album Pop-rock : Skip the Use. Album de musiques urbaines : Oxmo Puccino. Album de chanson : La Grande Sophie. Interprète féminine de l'année : Lou Doillon. Artiste interprète masculin et album : Dominique A. Artiste/groupe révélation du public : C2C

Les VICTOIRES DU JAZZ

✆ **01 53 06 20 61 / 06 20 98 81 42** • fax 01 53 06 20 70
jonathan.duclos@lesvictoires.com • **lesvictoires.com**
3 rue Clairaut • 75017 **PARIS**

Jean-Jacques MILTEAU (Président des Victoires du jazz) • Gilles DESANGLES (Délégué général des Victoires de la Musique) • Jonathan DUCLOS-ARKILOVITCH (Directeur artistique) • Octavie DE TOURNEMIRE (Déléguée à l'organisation des cérémonies)

Objet : Récompense les meilleurs artistes français et étrangers de jazz • **Genre(s) musical(aux)** : Jazz et blues • **Période** : Juin en 2013 • **Date** : 28 juin à Vienne • **Édition** : 11e en 2013 • **Lieu de la cérémonie** : Jazz à Vienne (2013) • **Composition du jury** : Une académie de 200 professionnels et amateurs de jazz • **Palmarès** : Artiste de l'année 2013 : Ibrahim Maalouf - Disque de l'année : Médéric Collignon «A la recherche du Roi Frippé» (Just Looking) - Révélation de l'année : Thomas Enhco

BABEL MED MUSIC

✆ **04 91 99 00 00** • fax 04 91 91 73 85
babelmedmusic@wanadoo.fr • **www.dock-des-suds.org**
12 rue Urbain V • BP 30025 • 13568 **MARSEILLE CEDEX 2**

Bernard AUBERT (Directeur artistique) • Florence CHASTANIER (Déléguée générale) • Sami SADAK (Directeur artistique) • Olivier REY (Attaché de presse) • Corinne LAURENT (Communication)

World music forum • **Édition** : 10e en 2014 • **Date** : 20-22 mars 2014 • **Objet** : Forum des musiques du monde • **Lieu(x)** : Dock des Suds, Marseille • **Fréquentation de la précédente édition** : 2013 : 16000 spectateurs, 2500 professionnels internationaux • **Tarifs** : 2012 : stand standard 320 €, stand petit modèle 210 €, 3 personnes même structure 210 €, individuel 110 €, personne additionelle 70 € • **Animations** : Conférences/débats, concerts, projections de films musicaux, prix

BIS

✆ **02 40 20 60 20** • fax 02 40 20 60 30
infos@bis2014.com • **www.bis2014.com**
11 rue des Olivettes • CS 41805 • 44018 **NANTES CEDEX 1**

Nicolas MARC (Directeur) • Cyrille PLANSON (Directeur adjoint) • Manu POULAIN (Commissaire général)

Biennales internationales du spectacle • **Édition** : 6e en 2014 • **Date** : 22-23 jan. 2014 • **Objet** : Rencontres internationales des professionnels du théâtre, musiques, arts de la rue, danse, cirque, jeune public, marionnettes • **Lieu(x)** : Cité des congrès de Nantes • **Fréquentation de la précédente édition** : 10600 participants, 52 pays représentés, 250 exposants • **Tarifs** : Gratuit • **Animations** : Débats, conférences, ateliers-projets, espace exposants, spectacles, concerts

DISCOM

✆ **01 44 39 85 00** • fax 01 45 44 30 40
discom@infoexpo.fr • **www.discom-expo.com**
Infopromotions • 15 rue de l'Abbé Grégoire • 75006 **PARIS**

Éric BOULO (Chef de projet)

Édition : 4e en 2013 coorganisée avec Mix Move • **Date** : 17-19 mars 2013 • **Objet** : Salons des professionnels de la nuit • **Lieu(x)** : Paris - Porte de Versailles • **Fréquentation de la précédente édition** : 15000 visiteurs (avec Mix Move) • **Tarifs** : Entrée libre sur inscription • **Animations** : Conférences, rencontres professionnelles, compétitions, performances

DISK'OVER

✆ **04 78 27 93 99** • fax 04 78 27 93 99
jerome@mediatone.net • **www.mediatone.net**
c/o Mediatone • 29 rue des Capucins • 69001 **LYON**

Jérôme LAUPIES (Coordinateur)

Édition : 6e en 2013 • **Date** : Juin 2013 • **Objet** : Aider les artistes en voie de professionnalisation, faire connaitre les filières culturelles, carrières existantes et formations autour des musiques actuelles, favoriser les rencontres et les débats interprofessionnels etc. • **Lieu(x)** : Le Tranbordeur, Villeurbanne • **Animations** : Showcases, tables-rondes, webTV

HEAVENT

✆ **01 55 74 64 64** • fax 01 55 74 40 30
info@heavent-expo.com • **www.heavent-expo.com**
Tour Ventose • 2 rue des Bourets • 92150 **SURESNES**

Romuald GADRAT (Directeur général) • Claire PORQUIER (Responsable de la communication et du marketing) • Grégory LEMON (Directeur du Salon)

Salon de tous les exceptionnels • **Édition** : 13e en 2013 • **Date** : 26 au 28 nov. 2013 • **Objet** : Salon des professionnels de l'événement, de l'exposition et des congrès • **Lieu(x)** : Porte de Versailles - Paris • **Fréquentation de la précédente édition** : 16000 visiteurs, 350 exposants en 2011 • **Animations** : 2 nocturnes, conférences, village des prestataires scéniques et du spectacle vivant sur l'innovation

IOMMA

✆ **02 62 32 11 29** • fax 02 62 27 04 67
info@iomma.net • **www.iomma.net**
18 rue Maurice Janicot • 97410 **ST PIERRE, REUNION (REUNION)**

Jérôme GALABERT (Directeur artistique) • Vanessa PYNDIAH (Promotion & Management)

Indian Ocean Music Market • **Édition** : 2e en 2012 • **Date** : printemps-été 2013 • **Objet** : Marché des musiques de l'Océan indien : rencontres et échanges entre artistes, programmateurs, producteurs et autres intervenants professionnels internationaux • **Lieu(x)** : Saint-Pierre • **Tarifs** : Gratuit avec le Pass Pro Sakifo, 60 € sans le pass • **Animations** : Rencontres pro, ateliers, conférences, concerts

La JIMI

✆ **01 45 15 07 10** • fax 01 45 15 07 00
jimi@festivaldemarne.org • **www.festivaldemarne.org**
c/o Festi'Val de Marne • 79/81 av. Danielle Casanova
94200 **IVRY SUR SEINE**

Charlotte BOZZA (Coordinatrice) • José TAVARES (Programmateur)

Journées des Initiatives Musicales Indépendantes • **Édition** : 7e en 2013 • **Date** : 12 oct. 2013 • **Objet** : Mise en valeur des initiatives indépendantes et alternatives de la filière des musiques actuelles • **Lieu(x)** : Val-de-Marne • **Fréquentation de la précédente édition** : 1500 • **Tarifs** : 10 € • **Animations** : Exposants, débats, conférences, espaces ressource, rendez-vous pro, concerts

La JIRAFE

✆ **01 46 36 28 94**
communication@reseau-map.fr • **www.reseau-map.fr/jirafe**
Réseau MAP • 8 rue Boyer • 75020 **PARIS**

Renaud BARILLET (Président) • Maguelone CATHALA (Coordinatrice) • Florence CASSIN (Chargée de communication et de la ressource)

Édition : 3e édition • **Date** : 19-20 sept.2013 • **Objet** : Journées de l'Information, de la Répétition, de l'Accompagnement, de la Formation et de l'Enseignement • **Lieu(x)** : Centre musical Fleury goutte d'or - Barbara • **Fréquentation de la précédente édition** : 150 visiteurs (conférences) • **Tarifs** : Gratuit (inscription sur le site internet)

JTSE

✆ **02 40 48 64 24** • fax 02 40 48 64 32
michel.g@as-editions.fr • **www.jtse.fr**
c/o Éditions AS • 14 rue Crucy • 44000 **NANTES**

Michel GLADYREWSKY (Commissaire général) • Natalia GLADYREWSKY (Directrice de la communication et du marketing) • Lydie PIOU GONI (Responsable logistique)

Journées techniques du spectacle et de l'événement • **Édition** : 17e en 2013 • **Date** : 26-27 nov. 2013 • **Objet** : Salon international des techniques du spectacle • **Lieu(x)** : Dock Pullman (Paris, Porte de la Chapelle) • **Fréquentation de la précédente édition** : 5212 visiteurs • **Tarifs** : Sur invitation, inscription sur le site • **Animations** : Tables rondes professionnelles, TSE audio live et JTSE lighting (3 lieux)

Le LABO EUROPÉEN DES FESTIVALS

✆ **04 78 27 86 04** • fax 04 72 41 97 66
kristin@arty-farty.eu • **labo.nuits-sonores.com**
c/o Asso Arty Farty • 6 quai Jules Courmont • 69002 **LYON**

Kristin MANGOLD (Coordinatrice) .• Charlotte TARDY (Coordinatrice) • Stéphane NOEL (Conseiller (Berlin)) • Pascal BERTIN (Conseiller (Paris))

Édition : 3è en 2013 • **Date** : 7 au 12 mai 2013 • **Objet** : Espace de réflexion pour décrypter les multiples enjeux de l'objet festival, pour partager idées, bonnes pratiques et expériences mais aussi pour réfléchir à son développement, ses fragilités et son avenir et ce à une échelle européenne • **Lieu(x)** : Lyon • **Fréquentation de la précédente édition** : 250 participants • **Animations** : Conférences, ateliers, networking

LEWEB

✆ **01 79 71 90 00** • fax 01 79 71 90 50
info@leweb.co • **www.leweb.co**
c/o Business Pace • 27 quai Alphonse Le Gallo • CS 10026
92513 **BOULOGNE BILLANCOURT CEDEX**

Franz CADUC (Managing Director)

Date : 10-12 déc. 2013 • **Objet** : Innovation et entreprenariat dans le secteur de l'Internet • **Lieu(x)** : Eurosites Les Docks (93) • **Fréquentation de la précédente édition** : 3500 • **Animations** : Conférences, start-up competition, networking

LO FESTENAL

✆ **05 62 19 06 06**
info@convivencia.eu • **www.convivencia.eu**
4 rue Claude Chappe • 31520 **RAMONVILLE ST AGNE**

Jean-Marie FRAYSSE (Directeur) • Céline VIDAL (Coordinatrice) • Cécile HERAUDEAU (Chargée de production) • Anne-Marie CASADEI (Chargée de communication)

Édition : 3e en 2014 • **Date** : juillet 2014 • **Objet** : Marché euro-régional des arts vivants • **Fréquentation de la précédente édition** : 350 professionnels, 6000 spectateurs • **Tarifs** : Stand : 350 €; accréditations : 40 €; spectacles : 5 €/spectacle pour le public; gratuits pour les professionnels et exposants accrédités • **Animations** : Débats, conférences, ateliers-projets, espace exposants, spectacles

MAMA

✆ **01 42 38 40 40** • fax 01 42 38 40 41
contact@mama-event.com • **www.mama-event.com**
46 rue Bouret • 75019 **PARIS**

Daniel COLLING (Gérant) • Fernando LADEIRO-MARQUES (Directeur) • Aziliz BENECH (Coordinatrice Rencontres professionnelles et conférences) • Ségolène FAVRE (Programmatrice) • Eva NOUAILLE (Coordinatrice production) • Delphine SEGUIN (Chargée de communication et partenariats)

Marché des musiques actuelles • **Édition** : 5e en 2013 • **Date** : 16, 17, 18 oct. 2013 • **Objet** : Rencontres professionnelles, conférences, ateliers, librairie, concerts • **Lieu(x)** : Village professionnel international : Trianon - Concerts : La Cigale, La Boule Noire, Les Trois Baudets, Divan du Monde, Centre Musical Fleury Goutte d'Or - Barbara, Le Trianon • **Fréquentation de la précédente édition** : 2 448 professionnels (dont 30 % internationaux de 39 pays) • **Tarifs** : 120 € • **Animations** : Conférences, ateliers, concerts, rencontres professionnelles

MIDEM

✆ **01 79 71 90 00** • fax 01 79 71 90 50
info.midem@reedmidem.com • **www.midem.com**
27 quai Alphonse Le Gallo • CS 10026
92513 **BOULOGNE BILLANCOURT CEDEX**

Jerôme DELHAYE (Directeur division Entertainment) • Bruno CROLOT (Directeur du Midem) • Anne-Manuèle HÉBERT (Directrice commerciale) • Stéphane GAMBETTA (Directeur du marketing) • Christophe CHIAPPA (Responsable commercial international) • Guillaume CRISAFULLI (Responsable commercial international) • Jane GARTON (Responsable presse) • Joanna KIRK (Attachée de presse) • Elsa FELLRATH (Responsable marketing) • France MAUREL (Coordinatrice Marketing)

Édition : 47e en 2014 • **Date** : 1er au 4 fév. 2013 • **Objet** : Marché international de la musique • **Lieu(x)** : Palais des Festivals, Cannes • **Fréquentation de la précédente édition** : 6400 participants (1 350 sociétés exposantes, 75 pays, 350 journalistes) • **Tarifs** : Stand à consulter, accréditation dès 525 € HT/pers. en fonction des dates de réservation, 495 € jeunes sociétés et 295 € pour les artistes et les étudiants • **Animations** : Conférences, débats, networking, concerts

MIP JUNIOR

✆ **01 79 71 90 00** • fax 01 79 71 90 50
christine.mendes@reedmidem.com • **www.mipcomjunior.com**
27 quai Alphonse Le Gallo • CS 10026
92513 **BOULOGNE BILLANCOURT CEDEX**

Jerôme DELHAYE (Directeur division Entertainment) • Laurine GARAUDE (Directrice division TV) • Frédéric VAULPRÉ (Directeur commercial) • Ted BARACOS (Directeur délégué exposants et sponsors) • Jane GARTON (Responsable presse) • Philippe LE GAL (Responsable presse division Entertainment)

Edition : 21è en 2013 • **Date** : 5-6 oct. 2013 • **Objet** : Visionnage de programmes jeunesse • **Lieu(x)** : Hôtel Carlton, Cannes • **Fréquentation de la précédente édition** : 1 200 participants, +700 entreprises, 1 000 programmes, 570 acheteurs, +60 pays • **Animations** : Conférences, marché, screenings, networking

MIPCOM

✆ **01 79 71 90 00** • fax 01 79 71 90 50
christine.mendes@reedmidem.com • **www.mipcom.com**
27 quai Alphonse Le Gallo • CS 10026
92513 **BOULOGNE BILLANCOURT CEDEX**

Paul ZILK (PDG) • Laurine GARAUDE (Directrice division TV) • Frédéric VAULPRÉ (Directeur commercial) • Ted BARACOS (Directeur délégué exposants et sponsors) • Jane GARTON (Responsable presse) • Philippe LE GAL (Responsable presse division Entertainment)

Édition : 29e en 2013 • **Date** : 7-10 oct. 2013 • **Objet** : Marché international des contenus audiovisuels • **Lieu(x)** : Palais des Festivals, Cannes • **Fréquentation de la précédente édition** : 13000 participants de +100 pays et 4400 acheteurs • **Animations** : Conférences, screenings, marché, pays à l'honneur, concours jeunes créateurs, networking

MIPDOC

✆ **01 79 71 90 00** • fax 01 79 71 90 50
christine.mendes@reedmidem.com • **www.mipdoc.com**
27 quai Alphonse Le Gallo • CS 10026
92513 **BOULOGNE BILLANCOURT CEDEX**

Jerôme DELHAYE (Directeur division Entertainment) • Laurine GARAUDE (Directrice division TV) • Frédéric VAULPRÉ (Directeur commercial) • Ted BARACOS (Directeur délégué exposants et sponsors) • Jane GARTON (Responsable presse division Entertainment) • Philippe LE GAL (Responsable presse division Entertainment)

Édition : 17e en 2014 • **Date** : 5-6 avril 2014 • **Objet** : Marché international des programmes documentaires • **Lieu(x)** : Hôtel Martinez, Cannes (sous réserve) • **Fréquentation de la précédente édition** : 780 participants, XX pays, 25440 visionnages, 1 325 programmes • **Animations** : Conférences, screenings, marché

MIPTV

✆ **01 79 71 90 00** • fax 01 79 71 90 50
christine.mendes@reedmidem.com • **www.miptv.com**
27 quai Alphonse Le Gallo • CS 10026 • 92513 **BOULOGNE BILLANCOURT CEDEX**

Paul ZILK (PDG) • Laurine GARAUDE (Directrice division TV) • Frédéric VAULPRÉ (Directeur commercial) • Ted BARACOS (Directeur délégué exposants et sponsors) • Jane GARTON (Directrice presse division Entertainment) • Philippe LE GAL (Responsable presse division Entertainment)

Édition : 51è en 2014 • **Date** : 7 – 10 avril 2014 • **Objet** : Marché international des contenus audiovisuels et numériques • **Lieu(x)** : Palais des festivals, Cannes • **Fréquentation de la précédente édition** : +11 000 professionnels, 100 pays, 4000 acheteurs • **Animations** : Conférences, concours jeunes créateurs, screenings, networking

MIXMOVE

✆ **01 44 39 85 00** • fax 01 45 44 30 40
discom@infoexpo.fr • **www.mixmove-expo.com**
15 rue de l'Abbé Grégoire • 75006 **PARIS**

Éric BOULO (Chef de projet)

Édition : 4e en 2013 coorganisée avec Discom • **Date** : 17-19 mars 2013 • **Objet** : Salon du Deejaying et club culture • **Lieu(x)** : Porte de Versailles, Paris • **Fréquentation de la précédente édition** : 15000 visiteurs (avec Discom) • **Tarifs** : Entrée libre sur inscription • **Animations** : Conférences, rencontres professionnelles, compétitions, performances, shows, ateliers, classrooms

MUSIC EXPO

✆ **06 68 14 20 09**
musicexpoparis@gmail.com • **www.music-expo.com**
c/o All in Dream • 64 ter av. Winston Churchill • 94370 **SUCY EN BRIE**

John CLOUTIER (Directeur général)

Édition : 3e en 2013 • **Date** : Edition 2013 • **Objet** : Salon-festival de la musique sous diverses formes : high-tech, arts, styles et shows. Concerts, expositions, animations, rencontres • **Lieu(x)** : Porte de Versailles, Paris dans le cadre du Paris Games Week • **Fréquentation de la précédente édition** : 212000 visiteurs (2012) • **Animations** : Stands, live, dédicaces, démonstrations, etc.

MUSICORA

✆ **01 45 43 94 29** • fax 01 45 43 89 00
mgaussiat@musicora.com • **www.musicora.com**
c/o Sequenza • 10 av. Jean Moulin • 75014 **PARIS**

Marianne GAUSSIAT (Directrice) • Isabelle GILLOUARD (Codirectrice) • Julia GRANDFILS (Chargée de communication et relations presse) • Charlotte GIRARDIN (Chargée de communication et relations presse)

Le rendez-vous de la musique classique • **Édition** : 28e en 2014 • **Date** : Prochaine édition : 21-25 mai 2014 • **Objet** : Promotion de la musique classique et acoustique (luthiers, importateurs d'instruments, éditeurs, labels, producteurs, enseignement, médias, etc.) • **Lieu(x)** : Palais Brogniart, Paris • **Tarifs** : Gratuit pour les moins de 12 ans, 6 € pour étudiants, groupes, 10 € • **Animations** : Journées professionnelles : conférences, ateliers, speed-meetings, concerts, avec le Pass Pro (95 €)

MUSIKMESSE

✆ **01 44 89 67 70** • fax 01 40 35 14 74
info@france.messefrankfurt.com • **www.musikmesse.com**
Messe Frankfurt • 72 rue Louis Blanc • 75010 **PARIS**

Michael SCHERPE (PDG)

Édition : 34e en 2013 • **Date** : 10-13 avril 2013 • **Objet** : Salon international des instruments de musique, logiciels musicaux, éditions musicales et accessoires, production • **Lieu(x)** : Francfort-sur-le-Main (Allemagne) • **Fréquentation de la précédente édition** : 1 512 exposants, près de 68587 visiteurs • **Tarifs** : Surface nue de 192 €/m2 à 225 €/m2 • **Animations** : Ateliers, démonstrations matériel, débats, concerts

PLACE DES TOURNÉES

✆ **02 40 20 60 20** • fax 02 40 20 60 30
infos@placedestournees.com
11 rue des Olivettes • BP 41805 • 44018 **NANTES CEDEX 1**

Nicolas MARC (Directeur)

Édition : 4e en 2014 • **Date** : 23-24 jan. 2014 • **Objet** : Dans le cadre des BIS, salon des producteurs et tourneurs de spectacles • **Lieu(x)** : Cité des congrès de Nantes • **Fréquentation de la précédente édition** : 10600 participants • **Tarifs** : Gratuit

Le RADIO !

✆ **05 55 18 03 61** • fax 05 55 18 27 97
info@le-radio.com • **www.le-radio.com**
c/o Éditions HF • 30 rue du Pontel • 19240 **ST VIANCE**

Philippe CHAPOT (Organisateur)

Édition : 11e en 2014 • **Date** : 8-12 février 2013 • **Objet** : Salon professionnel de la radio (création, production, stratégie, technique etc.) • **Lieu(x)** : Tapis Rouge, Paris • **Fréquentation de la précédente édition** : 2 500 • **Tarifs** : Gratuit pour les professionnels • **Animations** : Ateliers, conférences, formations, showrooms, 40 exposants. Matériaux, services, solutions pour le média radio et ses périph.

SALON LIVRES & MUSIQUES

✆ **02 31 14 02 14 / 02 31 14 69 39**
salondulivre@deauville.fr • **www.deauville.fr**
Mairie de Deauville • 20 rue Robert Fossorier • 14800 **DEAUVILLE**

Raphaelle RIVIÈRE (Responsable) • Loraine ADAM (Relations presse) • Delphine BARRÉ (Relations presse)

Édition : 11e en 2014 • **Date** : 18 au 20 avril 2014 • **Objet** : Salon d'échanges et de débats pour écrivains, libraires, éditeurs, amoureux du livre et de la musique (thématique 2014 : littérature et musique anglaise) • **Lieu(x)** : Centre International, Deauville • **Fréquentation de la précédente édition** : 12 000 (2013) • **Tarifs** : Gratuit • **Animations** : Rencontres, ateliers, lectures musicales, dédicaces, concerts, remises de prix

SATIS

✆ **01 47 56 50 00** • fax 01 47 56 65 32
satis@reedexpo.fr • **www.satis-expo.com**
Reed Expositions France • 52-54 quai de Dion Bouton • 92800 **PUTEAUX**

Laurent EYDIEU (Directeur) • Marion POIREL (Directrice des ventes) • Sophie NATHAN (Responsable marketing et communication) • Nicolas LEFRANC (Responsable commercial)

Édition : 31e en 2013 • **Date** : 19-21 nov. 2013 • **Objet** : L'évènement des professionnels de l'industrie des technologies audiovisuelles TV / Nouveaux Médias / Radio / Cinéma • **Lieu(x)** : Halle Freyssinet, Paris • **Fréquentation de la précédente édition** : 200 exposants, 15 582 professionnels (2012) • **Tarifs** : Entrée payante 30 € ou invitations • **Animations** : Conférences, tables rondes, ateliers

SIEL

✆ **01 47 56 52 25** • fax 01 47 56 24 64
siel@reedexpo.fr • **www.siel-expo.com**
Reed Expositions France • 52-54 quai de Dion Bouton • 92800 **PUTEAUX**

Antonio MORAIS (Directeur) • Mathilde GENDRON (Responsable marketing et communication) • Philippe PIOT (Directeur des ventes) • Isabelle DUCREAU (Responsable marketing et communication)

Édition : 30e en 2014 • **Date** : 10 au 12 fév. 2014 • **Objet** : Festival Professionnel des Techniques du Spectacle Vivant et de l'Evénement • **Lieu(x)** : Grande Halle de la Villette, Paris • **Fréquentation de la précédente édition** : 200 exposants, 10 000 visiteurs • **Tarifs** : Infos sur site • **Animations** : Conférences, tables rondes, animations live et démonstrations produits, équipements et services ; espaces thématiques

SPECTACLES EN RECOMMANDÉ

✆ **03 84 35 12 00** • fax 03 84 24 60 38
cotecour@wanadoo.fr • **www.laligue.org**
c/o Ligue de l'Enseignement • 3 rue Recamier • 75007 **PARIS**

Jean-Noël MATRAY

Édition : 17è en 2014 • **Date** : 20-25 jan. 2014 • **Objet** : Rencontre professionnelle spécialisée dans le spectacle vivant pour jeune public • **Lieu(x)** : Perpignan en 2014 • **Fréquentation de la précédente édition** : 150 • **Tarifs** : 320 €

SPECTACULAIRE

✆ **01 70 75 37 70** • fax 01 77 92 15 15
contact@spectaculaire.com • **www.spectaculaire.com**
226 rue St Denis • 75002 **PARIS**

Pauline GOUZENNE (Directrice générale) • Claire RUSZNIEWSKI (Chef de projet)

La fête des sorties culturelles • **Édition** : 6e en 2013 • **Date** : 21-22 septembre 2013 • **Objet** : Présentation de l'offre culturelle francilienne par 250 structures (théâtres, musées, salles de concerts etc.) • **Lieu(x)** : Quai de Loire, Paris 19 • **Fréquentation de la précédente édition** : 120 000 visiteurs, 250 exposants, 100 spectacles • **Tarifs** : Gratuit • **Animations** : Concerts, théâtres, lectures, danse, débats, etc. Journée professionnelle

TEMPO

✆ **04 42 17 97 11** • fax 04 42 17 97 11
empaix@yahoo.fr • **www.forum-tempo.fr**
« Le Ligourès » • pl. Romée de Villeneuve • 13090 **AIX EN PROVENCE**

Francoise EYNAC DE MOROGUES (Présidente) • Chantal DAVENNE (Chef de projet)

Ecole de Musique du Pays d'Aix • **Édition** : Prochaine édition en 2013 • **Date** : novembre 2013 (sous réserve) • **Objet** : Comment faire de sa passion un métier • **Lieu(x)** : Aix-en-Provence • **Fréquentation de la précédente édition** : 4 000 • **Tarifs** : Gratuit • **Animations** : Salon des métiers et des organismes d'aide à la création, tables rondes, expositions, spectacles tous les soirs (payants)

HORS FRANCE

AMSTERDAM DANCE EVENT

press@amsterdam-dance-event.nl • **www.amsterdam-dance-event.nl**
Felix Meritis • Keizersgracht 324 • 1016 EZ **AMSTERDAM (PAYS-BAS)**

Richard ZIJLMA (General Manager) • Remko GORTER (Communication / Marketing) • Nikki SCHUURS (Custumers Relations) • Karsten TER HOEVEN (Conference program coodinator / Production)

Édition : 18e en 2013 • **Date** : 16-20 oct. 2013 • **Objet** : Salon des musiques électroniques • **Lieu(x)** : Conférences : 75 lieux différents • **Fréquentation de la précédente édition** : 200 000 (festival), 4 000 (conférences) • **Tarifs** : 320 € (pass 5 j.), 250 € (pass 1 j.) • **Animations** : Conférences (2 500 orateurs), DJ sets (1 700 artistes)

BERLIN MUSIC WEEK

✆ **+49 (0)30 247 497 00**
t.nick@kulturprojekte-berlin.de • **www.berlin-music-week.de**
kulturprojekte Berlin GmbH • Klosterstr. 68 • 10179 **BERLIN (ALLEMAGNE)**

Bjorn DORING (Directeur de projet) • Tommy NICK (Communication)

Date : 4-8 sept. 2013 • **Objet** : Word on Sound : forum professionnel d'échanges et de développement. Concerts, films, arts, marketing numérique, etc. • **Lieu(x)** : Friedrichshain-Kreuzberg district et autres lieux. • **Tarifs** : 88 €

EUROSONIC NOORDERSLAG

✆ **+31 (0)5 03 68 02 44** • fax +31 (0)5 03 68 02 46
info@noorderslag.nl • **www.eurosonic-noorderslag.nl**
P.O. Box 566 • 9700 **GRONINGEN (PAYS-BAS)**

Dago HOUBEN (CEO) • Peter SMIDT (Creative director) • Peter SIKKEMA (Festival manager) • Marije JANSEN (Marketing manager) • Janke BRANDS (Manager Business manager & policy officer) • Hans JANSEN (Head of production)

Édition : 28e en 2014 • **Date** : 15 au 18 jan. 2013 • **Objet** : plateforme pour le secteur de la musique européenne, promotion d'artistes et de répertoire. 3 150 professionnels • **Lieu(x)** : Groningen • **Fréquentation de la précédente édition** : 35 000 • **Tarifs** : 235 € (av. 18 oct.), 275 € (av. 17 déc.), 295 € • **Animations** : Conférences, ateliers, meetings, festival (300 groupes) etc.

JAZZAHEAD !

✆ **+49 421 3505 298** • fax +49 421 3505 15460
info@jazzahead.de • **www.jazzahead.de**
Messe Bremen • WFB Wirtschaftsförderung Bremen GmbH • Findorffstraße 101 • D-28215 **BREMEN (ALLEMAGNE)**

Sybille KORNITSCHKY (Project Manager) • Maleni PIYASIRI (Project Assistant) • Julia MARZALLA (Showcases, Marketing & Press Relations, Organisation) • Ulrich BECKERHOFF (Artistic Director) • Peter SCHULZE (Artistic Consultant)

Édition : 9e en 2014 • **Date** : 24 - 27 avril 2014 • **Objet** : Salon, conférences, festival • **Lieu(x)** : Congress Centre (Brême/All.) • **Fréquentation de la précédente édition** : 2 000 pers., 276 exposants de + de 23 pays • **Tarifs** : 9 à 95 €/j.

MICS

✆ **377 93 50 60 11** • fax 377 93 50 60 12
info@mics.mc • **www.mics.mc**
Le Panorama • 57 rue Grimaldi • 98000 **MONACO (MONACO)**

Richard BORFIGA (Directeur général) • Caroline BORFIGA (Directrice artistique)

Monaco International Clubbing Show • **Date** : 6-8 nov. 2013 • **Objet** : Marché de l'événementiel nocturne • **Lieu(x)** : Forum Grimaldi (Monaco) • **Fréquentation de la précédente édition** : 10 000 professionnels par jour

Les RENCONTRES QUÉBÉCOISES DE L'INDUSTRIE DE LA MUSIQUE

✆ **+1 514 842 5147** • fax +1 514 842 7762
info@adisq.com • **www.adisq.com**
ADISQ • 6420 rue St-Denis • H2S2R7 **MONTREAL (CANADA)**

Solange DROUIN (Vice-présidente aux affaires publiques et directrice générale) • Claude LARIVÉE (Président) • Lyette BOUCHARD (Directrice générale adjointe) • Julie GARIEPY (Directrice de la communication) • Anne-Marie LANTHIER (Coordinatrice Membership & Admnistration)

Édition : 18e en 2013 • **Date** : avril 2013 • **Objet** : Rendez-vous annuel des professionnels du monde de l'enregistrement sonore, du spectacle et de la radio, au Québec • **Lieu(x)** : Montréal, Québec • **Tarifs** : 50 $ (visiteur) • **Animations** : Conférences, ateliers, Prix des Rencontres

SXSW

✆ **+353 504 26488**
luann@sxsw.com • **www.sxsw.com**
7 Ard na Croise • Co. Tipperary **THURLES (IRLANDE)**

Una JOHNSTON (Music UK & Ireland) • Phil TRIPP (Music Australia, New Zeland, Hawaii)

South by Southwest • **Édition** : 28e en 2014 • **Date** : 7-11 mars 2014 • **Objet** : Salon international sur l'industrie de la musique • **Lieu(x)** : Austin Convention Center (Texas) • **Fréquentation de la précédente édition** : 12 000 • **Tarifs** : Music badge : 750 $ • **Animations** : Conférences, expositions, showcases

WOMEX

✆ **+49 30 318 614 30** • fax +49 30 318 614 10
womex@womex.com • **www.womex.com**
Bergmannstr. 102 • 10961 **BERLIN (ALLEMAGNE)**

Christoph BORKOWSKY AKBAR (Président) • Alexander WALTER (Directeur de la Programmation Musicale) • Anna PÖTZSCH (Directrice Media & Communication) • Daniela TEUBER (Directrice de la production) • Hannah ASEN (Communication media)

Édition : 19e en 2013 • **Date** : 23-27 oct. 2013 • **Objet** : Marché professionnel international dédié aux musiques du monde • **Lieu(x)** : Cardiff, Royaume-Uni, Pays de Galles • **Fréquentation de la précédente édition** : 2 200 professionnels • **Tarifs** : Individuel : 255 € à 365 € ; société : 595 € à 860 € ; journaliste : 175 € à 255 € • **Animations** : Marché professionnel, networking, showcases, conférences, projection de films, Womex virtuel, Womex Radio, Awards

BADGES25MM.FR
✆ **02 85 52 13 33 / 09 55 81 80 81**
info@badges25mm.fr • **badges25mm.fr**
4 rue des Olivettes • 44000 **NANTES**
Matthieu ALLIOT (Gérant)
Prestations proposées : Fabrication de badges ronds personnalisés tous formats et dérivés (décapsuleurs, miroirs de poche, magnets, jetons) • **Références** : Hellfest, Eblastshop.com, Justine, Ultra Vomit, etc.

BEWOL
✆ **04 78 88 51 19** • fax 04 78 88 28 46
pro@bewol.com • **www.bewol.com**
13 rue Thomassin • 69002 **LYON**
Pierre VAN QUACKEBEKE (Gérant / responsable licensing) • Christina PLAZA (Associée / assistante des ventes)
Beautiful Electro Wear OnLine • **Prestations proposées** : Licensing, distribution et commercialisation de produits dérivés d'artistes, labels et graphistes de la culture électronique

La BOÎTE À FLYERS
✆ **03 84 29 33 36**
contact@laboiteaflyers.fr • **www.laboiteaflyers.com**
49 rue du Tilleul • 90150 **FONTAINE**
Cécile DI BETTA (Gérante)
Prestations proposées : Imprimerie (flyers, affiches, stickers, jaquettes CD, cartes postales, etc.), patches, badges, fonds de scène, drapeaux, mediators, casquettes, t-shirts, etc. • **Références** : L'Esprit du Clan, Osmose Productions, Drakkar Productions, Immortal, Marduck, etc.

La BOUTIQUE DES ARTISTES
✆ **06 73 71 10 56**
contact@laboutiquedesartistes.com • **www.laboutiquedesartistes.com**
c/o Alternativ' Promotion • 44 rue du Docteur Vaillant • 93160 **NOISY LE GRAND**
Gilbert REYD
Prestations proposées : T-shirts, sweat-shirts, bijoux, badges, stickers, livres, etc. Spécialiste reggae, ragga dancehall • **Références** : Pierpoljak, Sista Clarisse, Bazbaz, Admiral T, artistes reggae autoproduits, etc.

COMBOUTIQUE.COM
✆ **08 92 23 01 53**
service.client@comboutique.com • **www.comboutique.com**
SARL Elle M Production • 12 rue Mandar • 75002 **PARIS**
Baptiste CHARDEN (Directeur général)
Prestations proposées : Merchandising musical en ligne

CONFLIKT ARTS (SARL)
✆ **02 99 92 89 05**
contact@confliktarts.com • **www.confliktarts.com**
12C rue des Landelles • 35510 **CESSON SEVIGNE**
Emmanuel LEBARBIER (Gérant) • Fabien JUGUET (Directeur commercial)
Prestations proposées : Merchandising (T-shirts, sweat, sacs, flyers, affiches, stickers, badges, mugs, clés-usb, préservatifs, etc.), imprimerie (affiches, flyers, stickers, etc.), routage (stockage, gestion, envois) • **Références** : Selah Sue, Charlotte Gainsbourg, Birdy Nam Nam, Pitchfork Festival, etc.

COOPERAROCK
✆ **05 63 54 35 52**
allo@cooperarock.org • **www.cooperarock.org**
28 av Francois Verdier • 81000 **ALBI**
Amaury ALBINET (Gérant) • Claire (Accueil)
Prestations proposées : Imprimerie écoparticipative : papier 100 % recyclé, encres végétales, Agenda 21, labélisé Imprim'Vert, impression back drop, impression tous supports • **Références** : Yelen, Wagram, M10, Next Music, Tripsichord, Bleu Citron, 3C, Mediatone, Festival les Authentiks, etc.

ENCORE MERCI MERCHANDISING
✆ **01 45 42 24 24** • fax 01 45 42 90 32
info@merch.fr • **www.merch.fr**
24 rue du Champ de l'Alouette • 75013 **PARIS**
Juliette METZ (Directrice merchandising) • Alexia FORFAIT (Responsable merchandising) • Chloé ROLLINDE (Chargée merchandising)
Prestations proposées : Conception fabrication gamme de produits dérivés (textile, papier, objet, programme officiel) ; ventes sur les tournées ; création de site internet de vente en ligne dédiée et application Facebook • **Références** : Caravan Palace, Renaud, P. Kaas, J.-L. Aubert, Aaron, Solidarité Sida & Solidays, Les Déferlantes d'Argelès sur Mer, etc.

FC AUDIO
✆ **06 72 56 31 72**
fabricationcasqueaudio@gmail.com • **www.fabricationdecasque.com**
Zacharias NIDAM (Gérant)
Fabrication Casque Audio • **Prestations proposées** : Personnalisation de casque audio dés 50 ex., 25 000 casques audio disp. location • **Références** : Astropolis, Villette Enchantée, Café A, Wagram, etc.

GOÉLAND DISTRIBUTION
✆ **01 49 44 77 00 / 01 49 44 77 02** • fax 01 49 44 77 11
o.renard@goeland.fr • **www.goeland.fr**
ZI des Chanoux • 15/27 rue des Frères Lumière • 93330 **NEUILLY SUR MARNE**
Olivier RENARD (Gérant)
Prestations proposées : Impression textile et broderie, fabrication spéciale sur demande ; distribution merchandising, VPC, sérigraphie textile • **Références** : EMI, Because Music, Mass Hysteria, Têtes Raides, etc.

GRAFIK ROADY
contact@grafik-roady.com • **www.grafik-roady.com**
32 rue Philippe Auguste • appt 4 • 59100 **ROUBAIX**
Prestations proposées : Création graphique, fabrication et impression de produits dérivés pour les groupes, artistes, labels, promoteurs, t-shirts, bannières, stickers, sites web, visuels, packaging CD et VY, flyers, affiches, etc. • **Références** : Whoresnation, Unsu, Six days after, etc.

GW-STORE
✆ **05 47 50 01 25**
contact@gw-store.com • **www.gw-store.com**
Bât. 14 • Rue des Terres Neuves • 33130 **BEGLES**
Olivier SIMON (Commercial)
Prestations proposées : Impression print & textile, merchandising, clé usb, goodies • **Références** : Base Productions, Sony, Mairie de Bordeaux, Warner, XIII Bis, V2 Music, Ma Prod, Music Action, etc.

IMAGIN' ACTIVE
✆ **01 42 88 92 27** • fax 09 71 70 47 47
info@imagin-active.com • **www.imagin-active.com**
16 rue de Steinkerque • 75018 **PARIS**
Alexandre CHABOCHE (Gérant) • Lyliane DE FLORIVAL (Collaboratrice)
Prestations proposées : T-shirts, badges, pin's, wuppie, briquets, stylos, casquettes, clés USB, MP3, autocollants, polos, polaires, bracelets d'identification, Sillybandz • **Références** : Les Fatals Picards, Oldelaf, Lâām, etc.

IN2 AUDIO CLOTHING
✆ **01 44 41 95 29** • fax 01 44 41 91 10
contact@in2headphones.com • **www.in2headphones.com**
Universal Music France • 20/22 rue des Fossés St-Jacques
75235 **PARIS CEDEX 5**
Emmanuel DE SOLA (Chef des ventes) • Bertrand TOSTIVINT (Responsable de production)
Prestations proposées : Ligne de casques audio HD développés en collection propre et en partenariats sur mesure avec les marques (BtoC et BtoB)

JMB IMPRESSIONS
✆ **03 80 44 91 00** • fax 03 80 44 91 01
info@e-devis.com • **www.jmbimpressions.com**
2 rue Bochot • 21380 **MESSIGNY ET VANTOUX**
Jean-Marie BERNARD (Gérant)
Prestations proposées : Courtier en imprimerie : catalogue, magazine, affiche • **Références** : My Rock, Plugged

KAMARADE
✆ **06 01 92 30 20**
martial@kamarade.fr • **www.kamarade.fr**
9 rue Joseph Bouchayer • 38100 **GRENOBLE**
Martial GOUNON (Gérant)
Prestations proposées : Fabrication et impression de pochettes de disques CD, DVD, VY 7 pouces, en carton recyclé, retourné, cartes graphiques

KHILIM
✆ **05 61 23 45 10** • fax 05 61 76 17 07
autapis@khilim.com • **www.khilim.com**
229 route de Seysse • 31100 **TOULOUSE**
Antoine ROUX (Gérant) • Olivier DUTTER (Commercial) • Antoine BERTOUT (Commercial Paris) • Rémi ALIBERT (Logistique)
Prestations proposées : Impression tout support, stockage-routage d'affiches, impression sur textile, signalétiques (baches, fonds de scènes, etc.), sérigraphie textile, objets promotionnels, pochette d'album, clip, publicité • **Références** : Fnac, Universal, Warner, festivals, tourneurs

LOADING ZONE

✆ **05 61 69 34 69 / 06 78 88 14 96**
vanessa@loading-zone.org • **www.loading-zone.org**
2 av. du Gal Leclerc • 09100 **PAMIERS**
Cédric NOTIAS (Responsable imprimerie écologique) • Vanessa MALINE (Responsable sérigraphie textile et pressage, CD, DVD et vinyles)
Prestations proposées : Imprimerie écologique, graphisme, sérigraphie textile, cartes de visiste, plaquettes, dépliants, brochures, etc. ; T-shirts, sweatshirts, casquettes, tous supports, CD, DVD, Vinyles • **Références** : Discograph, Ici d'Ailleurs, Q-Huit, X-Phases, Arsenal Prod, etc.

MERCHANDISING PLAZA

✆ **+39 0881 025160**
info.fr@merchandisingplaza.com • **fr.merchandisingplaza.com**
Bookingshow • 71100 **FOGGIA (ITALIE)**
Piero PREZIUSI (Directeur) • Sofiane GASMI (Chargé de clientèle)
Prestations proposées : Tout type de merchandising • **Références** : Les Siestes Electroniques

MICA BADGES

✆ **04 67 66 21 08**
amica@wanadoo.fr
36 rue St-Guilhem • 34000 **MONTPELLIER**
Catherine JOURDAN
Prestations proposées : Badges, cartes, PAO

MODERN CITY RECORDS

✆ **04 78 96 80 40** • fax 04 78 96 80 48
info@moderncity.com • **www.moderncity.com**
270 rue de Crequi • 69007 **LYON**
Rémi CHAUMAT (Contact)
Prestations proposées : Fabrication de badges de différents formats et coloris • **Références** : Pias, Universal, Le Peuple de l'Herbe, Dickies Europe, etc.

MPP EMBALLAGES

✆ **01 64 02 64 22** • fax 01 64 02 74 08
info@mpp-emballages.com • **www.mpp-emballages.com**
3 allée de la Fontaine des Tournelles • BP 70050 St Mard
77231 **DAMMARLIN EN GROELE CEDEX**
Annick PINON (Directrice générale) • Jessica DERUELLE (Assistante commerciale)
Prestations proposées : Boites et sacs publicitaires (plastique, papier, sac à dos, bandoulière, etc.)

ORIGINAL MUSIC SHIRT

mlagarde@originalmusicshirt.com • **www.originalmusicconcept.com**
43 bis av. Simon Bolivar • 75019 **PARIS**
Matthieu LAGARDE (Gérant / commercial)
Prestations proposées : Fabrication et vente de t-shirt sérigraphiés à l'éfigie de groupes, labels, festivals, etc. • **Références** : Solidays, Techno Parade, Warp, Warner Chappell, Sony ATV, A nous Edition, etc.

OSCAR PRODUCTIONS

✆ **02 40 89 12 00** • fax 02 40 89 37 02
bal@oscar.tm.fr • **www.oscar.tm.fr**
9 rue des Olivettes • BP 41306 • 44013 **NANTES CEDEX 1**
Jeff PIFETEAU (Commercial) • Jérôme JEAN (Commercial) • Julie FAILLER (Communication et partenariats)
Prestations proposées : Billetterie manuelle et dématérialisée / Accessoires de gestion d'accès pour tout type d'événement : bracelets d'identification (PVC, tissu, Tyvek®), tickets/jetons bar et vestiaire, badges tissu autocollants, cartes PVC et bristol, lacets porte-carte et porte-gobelet, compteurs manuels de public, badges, pass parking, tampons, etc. • **Références** : Festivals, événements sportifs, salles de concerts, producteurs, tourneurs, associations, collectivités locales, etc.

Agence **PRO FESTIVALS**

✆ **03 20 97 68 87**
contact@leguidedesfestivals.com • **www.leguidedesfestivals.com**
49 rue de Douai • 59000 **LILLE**
Nicolas DUQUENOY (Responsable de l'agence)
Prestations proposées : Impression, merchandising, multimedia, etc. • **Références** : Nombreux festivals français et étrangers

PROFLYER.FR

✆ **01 43 62 79 45**
info@proflyer.fr • **www.proflyer.fr**
131 rue de Paris • 93260 **LES LILAS**
Olivier OTTAVI (Gérant)
Prestations proposées : Impression tout support (flyers, affiches, stickers, adhésifs imprimés, cartes de visites, dépliants, sérigraphie textile) • **Références** : Noumacore festival, Ziki.com, Djahkooloo, MAP, les Cuizines, etc.

RECORDMEMORY

✆ **01 40 88 03 04**
emmanuel@recordmemory.com • **www.recordmemory.com**
162 av. Charles De Gaulle • 92200 **NEUILLY SUR SEINE**
Laurent FLEURDEPINE (CEO) • Nicolas STRUGO (Gérant)
Prestations proposées : Clé USB sur mesure + software sous Mac et PC • **Références** : EMI, Apple, Capitol, Because, Cap Digital, Parlop)hone, etc.

REVERBERATION

✆ **05 81 34 77 85 / 06 65 67 93 80**
toulouse@reverberation.fr • **www.reverberation.fr**
7 rue des Puis Clos • 31000 **TOULOUSE**
Éric THÉLY (Directeur)
Prestations proposées : T-shirts, sweats, badges, décapsuleurs, porte-clefs, magnets, impression encre écologique

SERGENT PAPERS

✆ **05 62 17 72 49**
contact@sergentpapers.com • **www.sergentpapers.com**
68 av. de l'URSS • 31400 **TOULOUSE**
Vic BLANC (Directrice)
Prestations proposées : Travaux d'imprimerie divers (flyers, stickers, affiches, books), découpes personalisées, merchandising, textile, routage, etc. • **Références** : Spécialiste musique et spectacles

SOUS-BOCK.FR

✆ **06 80 72 82 15**
sousbocks@gmail.com • **www.sous-bock.fr**
Groupe Franklin 1 • Av. Amiral Ravel • 83100 **TOULON**
Mohamed MOKRANI (Chef de projet)
Prestations proposées : Création, fabrication et diffusion de sous-bocks • **Références** : Gorillaz, Kill The Young, Watcha, Matmatah, K2R Riddim, etc.

SPOOTNICK

✆ **06 11 02 24 39**
hari@spootnick.fr • **www.spootnick.fr**
8 rue de la Visitation • 35000 **RENNES**
Hari TIEN (Gérant)
Prestations proposées : Merchandising, impression sur textile, studio PAO collections certifiées : ethique, commerce équitable, coton bio • **Références** : Les Transmusicales, Route du rock, Les Escales de Saint Nazaire, etc.

TALENTS DISTRIBUTION

✆ **01 56 60 44 80** • fax 01 56 60 41 16
contact@talentsdistribution.com
29 av. Mac Mahon • 75017 **PARIS**
Martial ARDANT (Responsable marketing) • Cyrille LACROIX (Commercial)
Références : W.W.E, CID, Bioworld, Pyramid, Warner Brother, DC Comics, Zorro, Harry Potter, Fan Avenue, Addictive musique, etc.

UNIVERSAL MUSIC STORE - CHARMANDISING

✆ **01 44 41 91 91**
merchandising@umusic.com • **www.charmandising.com**
20/22 rue des Fossés St-Jacques • 75005 **PARIS**
Olivier DE BOSSON (Président) • Bertrand AUSTIN (Responsable e-commerce) • Damien BRADEL (Responsable de fabrication) • Bruno DARMON (Responsable Merchandising)
Prestations proposées : Conception/fabrication de tout produit merchandising. Tarifs sur devis. Ventes sur les lieux de concerts, tournées d'artistes, distrib. auprès des revendeurs spé./grde distribution, via internet • **Références** : Zazie, Lara Fabian, Johnny Hallyday, Mylène Farmer, Eddy Mitchell, etc.

WISEBAND

✆ **02 51 57 03 02**
wiseband@wiseband.com • **merch.wiseband.com**
ZA de Beaupuy • 8 imp. Auvynet • 85000 **LA ROCHE SUR YON**
Henri-Pierre MOUSSET (Gérant) • Bruno LEMONNIER (Directeur du marketing) • Tanguy AUBRÉE (Responsable de la communication) • Cédric LIMOUSIN (Directeur opérationnel)
Prestations proposées : Sérigraphie, T-Shirts, sweats, casquettes, etc. ; impression d'affiches, flyers, stickers • **Références** : Because Music (Metronomy), Yotanka (Zenzile, etc.), Keny Arkana, Lojo, etc.

WOLFPACK UNITED

✆ **06 86 61 73 24**
contact@wolfpack-united.com • **www.wolfpack-united.com**
c/o Mila • 2 rue André Messager • 75018 **PARIS**
Clément BAUMELOU (Gérant)
Prestations proposées : Impression, sérigraphie, offset, sérilaser de tous supports de communication : textile, objets publicitaires

XL IMPRESSION

✆ **05 57 95 86 44**
xlimpression@wanadoo.fr
20 rue du Mirail • 33800 **BORDEAUX**
Stéphane JOLY (Gérant)
Prestations proposées : Sérigraphie sur t-shirts, sweats, casquettes, bobs, badges, impression et transferts • **Références** : Nihil, Zombie Eaters, Improvisators Dub, EZ3kiel, Sleeppers, Soledad Brothers, etc.

disque

SONY MUSIC ENTERTAINMENT FRANCE

✆ **01 55 07 45 00** • fax 01 55 07 45 45
www.sonymusic.fr
52/54 rue Châteaudun • 75432 **PARIS CEDEX 9**

Stéphane LE TAVERNIER (PDG) • Clarisse NELLO (Assistante de direction générale) • Georges OUAGGINI (Directeur général Finance, Support Opérations) • Philippe LESOURD (Directeur Business affairs) • Stéphanie LOIZON (Secrétaire générale) • Laurent CHAPEAU (Directeur général Stratégie & Développement Commercial) • Michaël WIJNEN (Directeur de Columbia Group) • Laurent ROSSI (Directeur Jive Epic Group) • Vincent BIRBES (Directeur SMART) • Vincent BOIVIN (Directeur d'Arista Music) • Olivier COCHET (Directeur Classique) • Sébastien PERRIER (Directeur Département Relations Artistes/Marques) • Erick VIOLLET (Directeur des synchronisations) • Christian MENEZ (Directeur du marketing Services) • Natalie VABÉ (Responsable Evénementiel)

Catalogue national : Arista, Columbia, Epic, Jive, Legacy, RCA, Vogue • **Distribué par** : Sony Music Entertainment France

ARISTA

✆ **01 55 07 45 00** • fax 01 55 07 45 45
www.facebook.com/aristaFrance
c/o Sony Music • 52/54 rue Châteaudun • 75432 **PARIS CEDEX 9**

Vincent BOIVIN (Directeur) • Maxime PARNOTTE (Directeur artistique) • Fanny NÉMÉ (Promotion) • Antoine BISQUERRA (Responsable marketing)

Catalogue national : Château Marmont, Exotica, Griefjoy, Indochine, Mafia Zeutrei, Mustang, Peter Peter • **Catalogue international** : Laura Muvla, Robots Dont Sleep, Sizarr • **Labels représentés** : Chambre 404 • **Distribué par** : Sony Music

COLUMBIA

✆ **01 55 07 45 00** • fax 01 55 07 45 45
columbia.artistique@sonymusic.com
www.facebook.com/columbiafrance
52/54 rue Châteaudun • 75432 **PARIS CEDEX 9**

Michaël WIJNEN (Directeur) • Natacha KRANTZ (Directrice du marketing) • Delphine FERRE (Responsable marketing International & Digital) • Philippe GANDILHON (Directeur Création artistique) • Philippe RUSSO (Directeur artistique) • Lorianne DIMOSI (Directrice de la promotion)

Catalogue national : Arnaud Fleurent-Didier, Ben Mazué, Blackrain, Cesaria Evora, Christophe Mali, Elephant, Francis Cabrel, Fredrika Stahl, Hubert-Felix Thiefaine, I Muvrini, Idir, Jacques Dutronc, Jean-Jacques Goldman, Julien Doré, June & Lula, Laurent Lamarca, Laurent Voulzy, Luce, Mayra Andrade, Mohini Geisweiller, Patrick Bruel, Patrick Fiori, Philippe Lavil, Philippe Uminski, Rose, Saint Michel, Sanseverino, Siméo, Sixtine, Sylvie Vartan, Tale of Voices, The Dodoz, Tryo, Yannick Noah • **Catalogue international** : AC/DC, Aerosmith, Annie Lennox, Avril Lavigne, Band of Horses, Benga, Barbra Streisand, Beyoncé, Bob Dylan, Bruce Springsteen, Céline Dion, Christina Aguilera, Daughtry, Daft Punk, David Bowie, Dido, Depeche Mode, Eros Ramazzotti, Eurythmics, Foo Fighters, Foster The People, Glasvegas, Glee Cast, Gossip, Harry Connick Jr, Hoosiers, Helloween, How to Destroy Angels, Hurts, Il Divo, Jeff Buckley, John Meyer, John Legend, Johnny Cash, Julio Iglesias, Judas Priest, Kasabian, Kelly Rowland, Ke$ha, Kim Wilde, Kings of Leon, Kodaline, Lauryn Hill, Leona Lewis, Leonard Cohen, Lost Prophets, Lucy Rose, Madeon, MGMT, Ms Mr, Maxwell, Miles Kane, NAS, Passenger, Patti Smith, Peace, Primal Scream, etc. • **Distribué par** : Sony Music Entertainment France

COMMERCIAL MUSIC GROUP

✆ **01 55 07 45 00** • fax 01 55 07 45 45
www.facebook.com/sonymusicB2B
52/54 rue Châteaudun • 75432 **PARIS CEDEX 9**

Laurent CHAPEAU (Directeur général Stratégie et Développement Commercial) • Guillaume QUELET (Directeur Business développement digital) • Christophe LANGRIS (Directeur d'exploitation Catalogue) • Patrick BINARD (Commercial) • Daniel BAUMGARTEN (Responsable dpt Jazz/World)

Commercial Music Group / Digital Business / Catalogue Music Goup / Legacy / SB2B • **Catalogue national** : Jazz local : Sally Nyolo, L'Afrique Enchantée, Robin McKelle, • **Catalogue international** : Boulevard Des Airs, Sex Machine ; Réédition : Bob Dylan, Billy Joel, Jimi Hendrix, Johnny Cash, Patti Smith, Paradise Lost, Paul Simon, Pearl Jam, Peter Tosh, Phil Spector, Rory Gallagher, etc. ; Jazz international : Bebo Valdès, Casuarina, Eldar, Lyambiko, Laurent Mignard, Lila Downs, Love You Madly, Tcheka, etc. ; Jazz back catalogue : Billy Holiday, Dave Brubeck, Django Reinhardt, Duke Ellington, George Benson, Herbie Hancock, Lisa Ekdhal, Louis Armstrong, Miles Davis, Nina Simone, etc. • **Labels représentés** : ABDA, Alleluia, Atmosphériques, Bad Stone, Belleville Music, Bonus Track Records, Cristal Publishing, Disc'Ambiance, Domino, Europacorp – Les Productions du Trésor, Fifty Five, Francis Dreyfus Music, Freedonia Entertainment, FT Productions, Happy Music, L'R du Trésor, LMLR, Lusafrica, M6 Music Label, MBM Records, MJM (Michel Jonasz Musique), Neo/Membran, Metal Blade, P Box, PanEuropean Recording, Panorama, PEM Masq/Catalogue Sterne, Pomme Music, Red And Star, Restos du Coeur, Salut ô Productions, Saraswati, Société Nouvelle Editions Scorpio, SND, Sober & Gentle, Studio Lavabo, TF1 Entreprises, Teme, Zadig & Voltaire • **Distribué par** : Sony Music Entertainment France

JIVE EPIC

✆ **01 55 07 45 00** • fax 01 55 07 45 45
jiveepic.artistique@sonymusic.com
www.facebook.com/JiveepicFrance
52/54 rue Châteaudun • 75432 **PARIS CEDEX 9**

Laurent ROSSI (Directeur) • Ludovic GUINNEBERT (Directeur du marketing) • Vincent BLAVIEL (Directeur Création artistique) • Hervé LAUZANNE (Directeur artistique)

Catalogue national : Alizée, Amel Bent, Archimède, Babylon Circus, Barcella, Bénabar, Birdy Nam Nam, Camélia Jordana, Charlie Bell, Christophe Willem, Daniel Darc, Fababy, Flavel & Neto, Gael Faure, Jacques Higelin, Kanza Farah, Kyo, LFDV, La Fouine, L'Institut, Leeroy, Les Innocents, Lisa Ekdhal, Luke, M.A.S., Maître Gims, Maryvette Lair, NTM, Oceana, Owlle, Pascal Obispo, Roch Voisine, Rococo, Sexion d'Assaut, Still Fresh, Soan, Soma, Sultan, The Aikiu, The Bewitched Hands, The Shin Sekai, Thomas B., Ycare • **Catalogue international** : Alicia Keys, Alanis Morissette, Anthony Hamilton, Asaf Avidan, Asap Rocky, Backstreet Boys, Ben Folds, Bowling for Soup, Britney Spears, Brandy, Buddy Guy, Bullet For My Valentine, Calvin Harris, Carlos Santana, Ciara, Chris Brown, Cyndi Lauper, Daniel Merriweather, Dry The River, Elle King, Fiona Apple, Hot Chelle Rae, Incubus, Jamie Foxx, Jazmine Sullivan, Jennifer Lopez, Joe Cocker, Joe Satriani, Justin Timberlake, K's Choice, Karmin, Labrinth, Lisa Mitchell, Lenka, Lost Fingers, Madcon, Manic Street Preachers, Marc Ronson, Michael Jackson, Miguel, Mike Posner, Miss Platnum, Monica, Mudvayne, Nneka, etc. • **Labels représentés** : Banlieue Sale, Frenesik, S-Kal • **Distribué par** : Sony Music Entertainment France

SMART

✆ **01 55 07 45 00** • fax 01 55 07 45 45
vincent.birbes@sonymusic.com • **www.facebook.com/labelsmart**
52/54 rue Châteaudun • 75432 **PARIS CEDEX 9**

Vincent BIRBES (Directeur) • Yan FORT (Directeur du marketing)

Catalogue national : Alice Dona, Almazian Symphonic, Antoine Clamaran, Baptiste Giabiconi, Big Ali, Catherine Lara, Chico & les Gyspies, Chris Marques, Didier Barbelivien, Les Voix Basques, Michel Fugain, Michelle Torr, Noelle Perna (Vidéo), Umberto Tozzi ; Champs Elysées, Beyblade Compilations, Chérie FM COM : « Fun Radio Compilations », « NRJ Compilations », etc. ; BO : : « Cloclo », « La guerre est déclarée » • **Catalogue international** : Claydee, Cher Lloyd, Golden Crew, James Arthur, Kelly Clarkson, Little Mix, Melanie Amaro, Olly Murs, One Direction, Sammy Adams etc. • **Catalogue DVD musicaux** : « Les Zinzins de l'Espace », « Ratz » • **Distribué par** : Sony Music Entertainment France

SONY MUSIC ENTERTAINMENT CLASSIQUE

✆ **01 55 07 45 00** • fax 01 55 07 45 45
olivier.cochet@sonymusic.com
www.facebook.com/SonyMusicclassiqueJazz
52/54 rue Châteaudun • 75432 **PARIS CEDEX 9**

Olivier COCHET (Directeur Classique) • Gilles DELATRONCHETTE (Chef de projet Classique) • Muriel BOUJNAH (Chef de projet Classique)

Catalogue national : Christian Pierre La Marca, Jean Marc Luisada, Ménilmontant, Niuver, Thibaud Cauvin, etc. ; COM : « Je n'aime pas le classique mais ça j'aime bien ! » [et tous les dérivés « Je n'aime pas... »], « Notre Amour » ; Collections : « Collection Classique RTL », « Collection Metropolitan Opera Series » (MET) ; « Collection Vivarte », « Concert du Nouvel An », « Trésors », BO : « After Earth », « Batman », « Die Hard », « Happiness Therapy », « Hitchcock », « Lincoln », etc. • **Catalogue international** : 2 Cellos, Barofondo, Christian Gerharer, Daniel Gatti, David Zinman, Erwin Schrott, Giovanni Allevi, Fabio Luisi, Frank Peter Zimmerman, Igor Lewit, Jessye Norman, Jonas Kaufman, Joshua Bell, Kathia Buniatishvili Lang Lang, Leonidas Kavakos, Lief Owe Andsess, Mariss Jansons, Martin Stadtfeld, Midori, Murray Perahia, Nigel Kennedy, Nino Machaidze, Paavo Jarvi, etc. • **Labels en licence** : Ariola, Arista, Arte Nova, Bluebird, Buddah Records, Brightside Records, Cargo, Cheeky Records, Conifer, Deconstruction, Deutsche Harmonia Mundi, DDD, Dishi Ricordi, Eurodisc, God Seal, Hansa International, J Records, Jive, LaFace, Logic, Novus, Private Music, RCA, RCA Victor, Red Seal, Volcano, Windham Hill • **Distribué par** : Sony Music Entertainment France

UNIVERSAL MUSIC FRANCE

✆ **01 44 41 91 91** • fax 01 44 41 91 10
www.universalmusic.fr
20/22 rue des Fossés St-Jacques • 75235 **PARIS CEDEX 5**

Pascal NEGRE (Président Universal Music France SAS) • Jean-Luc LAVIGNETTE (Directeur commercial / Directeur général adjoint) • Michel PARENT (Secrétaire général / Directeur général adjoint) • Robert CHABANCE (Directeur financier / Directeur informatique) • Jean-Luc BRÈS (Directeur Universal Music & Brands) • Aymeric BECKMANN (Directeur SMP) • Patrick BOULOS (Directeur général Universal Music MENA) • Jean-Félix CHOUKROUN (Directeur de la stratégie digitale) • Jean-Sébastien SURRE (Directeur du développement digital) • Anne CARLIER (Responsable fabrication et publicité)

AZ

✆ **01 44 41 50 50** • fax 01 44 41 50 60
www.universalmusic.fr
20-22 rue des Fossés St-Jacques • 75235 **PARIS CEDEX 5**

Julien CREUZARD (Directeur général) • Laurent DIDELOT (Directeur financier) • Céline LARROUY (Directrice de la production) • Benjamin MARCIANO (Directeur artistique) • Karim ECH-CHOAYBY (Directeur artistique) • Philippe CHANIOT (Directeur artistique) • Eric BRUNET (Directeur artistique / Chef de projets) • Alexis PUTERFLAM (Directeur artistique / Chef de projets) • Carlyn BUTAUD (Chef de projet) • Ingrid LEROY (Chef de projet) • Sophie GOUREL (Chef de projet) • Delphine MARQUES (Directrice marketing) • Jean-Frédéric NORMANDIN (Responsable marketing digital) • Nicolas BIDEAU (Directeur de la promotion) • Emilie ESCALIE (Community manager) • Justine ROJAT (Attachée de presse) • Hélène VOGLIERI (Legal & business affairs) • Benedicte MAGDELEIN (Legal & business affairs)

Catalogue national : Chimène Badi, Florent Pagny, Booba, Kery James, Indila, Riff Cohen, Léa Castel, Juveniles, Carmen Maria Vega, Izia, Niro, Toma, Kaaris, Enrico Macias, Khaled, Grand Corps Malade, Jean Roch, Juliette Katz, Melissa NKonda, Toma, Bessa, Starliners, Margaux Avril, John Mamann, Absynthe Minded, Yohann Malory • **Catalogue international** : The Lumineers, Jennifer Lopez, Rod Stewart, Mohombi, Havana Brown, Nayer, Porcelain Black, Boy • **Distribué par** : Universal Music France

BARCLAY

✆ **01 44 41 95 95** • fax 01 44 41 95 74
www.universalmusic.fr
20 rue des Fossés St-Jacques • 75005 **PARIS**

Olivier CAILLART (Directeur général) • Hélène LE MOINE (Assistante de direction et promotion) • Sylvain TAILLET (Responsable service artistique) • Antoine DATHANAT (Directeur artistique) • Marie-José SARAZIN (Assistante artistique) • Olivier DESCROIX (Directeur du marketing) • Marie MOUNIER (Assistante marketing) • Valérie FORAY (Legal & business affairs) • Philippe SITBON (Business affairs) • Jocelyn PERROTIN (Responsable de la promotion) • Isabelle VERNASSIERE (Promotion presse) • Sophie KOURGANOFF (Promotion TV) • Florence BERGER (Promotion TV) • Céline FIACK (Assistante marketing) • Philippe LAUGIER (Chef de produit) • Jérôme MARROC-LATOUR (Chef de produit) • Arnaud LE GUILCHER (Chef de produit) • Alexandre KIRCHHOFF (Chef de projet) • Anthony AUDEBERT (Responsable marketing on line) • Emilie BUTEL (Community manager)

Catalogue national : Nouvelle Vague, Bob Sinclar, Gotan Project, Jackson, Emilie Simon, Yuksek, Stephan Eicher, Cœur de Pirate, Mathieu Chedid « M », Vanessa Paradis, Jeanne Cherhal, Philippe Katerine, Bernard Lavilliers, Le Soldat Rose, Cocoon, Gaëtan Roussel, Renan Luce, Alister, etc. • **Catalogue international** : White Lies, Mika, Björk, Jack Johnson, Portishead, Arcade Fire, Nelly, Stevie Wonder, Chamillionaire, Colbie Caillat, Akon, India Arie, Erykah Badu, Lil Wayne, Jay Sean, Drake, Nas & Damien Marley, Mary J Blige, Common, The Roots, etc. • **Labels en licence** : Sound of Barclay (SOB), BPM • **Labels représentés** : Motor, Def Jam, Motown, Def Soul, Modular • **Distribué par** : Universal Music France

DEF JAM FRANCE

✆ **01 44 41 91 91** • fax 01 44 41 91 10
www.universalmusic.fr
c/o Universal Music France • 20/22 rue des Fossés St-Jacques
75235 **PARIS CEDEX 5**

Benjamin CHULVANIJ (Directeur général) • Grégory DEBURE (Directeur du marketing) • Grégory LEBRETON (Chef de projet) • Julien EMERY (Responsable Marketing on-line) • Maeva RAHARISOA (Promotion) • Alexandra SMADJA (Coordination Promo/Marketing) • Oumar SAMAKE (Directeur artistique)

Catalogue national : IAM, Disiz, Joke, Psy 4 de la rime, Mister You, Joke, DJ Abdel, Djany, Alonzo • **Catalogue international** : Rihanna, Kanye West, Drake, Nicki, Frank Ocean, Angel Haze, Nicki Ninaj, Rick Ross • **Distribué par** : Universal Music France

MERCURY MUSIC GROUP

✆ **01 44 41 91 91**
www.universalmusic.fr
20/22 rue des Fossés St-Jacques • 75235 **PARIS CEDEX 5**

Olivier NUSSE (Directeur général) • Natacha KRANTZ (Directrice du marketing et de la promotion) • Quentin PESTRE (Directeur du marketing international) • Hélène VOGLIERI (Legal & business affairs) • Romain BILHARZ (Directeur artistique Motown France et Vertigo) • Dominique GAU (Directeur artistique Fontana) • Alain YAHNMI (Directeur artistique Mercury)

Regroupe les labels Mercury, ULM, Motown France, Vertigo, Fontana et Casablanca • **Catalogue national** : C2C, Ayo, Ben l'Oncle Soul, Nolwenn Leroy, Stromae, Garou ,Emmanuel Moire, Kavinsky, Calogero, Arielle Dombasle, David Hallyday, Jenifer, William Sheller, Thomas Dutronc, Hugh Coltman, Zazie, Yodelice, Michel Sardou, etc. • **Catalogue international** : Mariah Carey, Metallica, Pixie Lott, Miley Cyrus, Jonas Brothers, Noisettes, Rammstein, The Killers, Amy MacDonald, Justin Bieber, Kavinsky, etc. • **Distribué par** : Universal Music France

POLYDOR

✆ **01 44 41 93 93** • fax 01 44 41 93 92
www.universalmusic.fr
20 rue des Fossés St-Jacques • 75005 **PARIS**

Eric LELIEVRE (Directeur général) • Laure COTON LAURENT (Assistante de direction) • Jan GHAZI (Directeur artistique) • Jérôme LABORY (Directeur artistique) • Florian THOUZELLIER (Directeur artistique) • Nicolas CHUONG (Directeur Marketing local) • Guenaël GEAY (Directeur Marketing international) • Lionel GROSHENY (Directeur de production) • Catherine NOTON (Responsable Legal & business affairs) • Corinne PEREZ (Directrice de la promotion) • Jocelyn CHAPEL (Promotion TV) • Nathalie SCHOLTES (Promotion radio) • Tania SCEMAMA (Promotion Presse)

Catalogue national : Abd Al Malik, Adam Vadel, Anaïs, Arthur H, Ayo, Aysat, Babet, Birkc and Lace, Brigitte Fontaine, Carine Erseng, Chris Stills, Daphné, Deus, Didier Super, Eddy Mitchell, Emilie Loizeau, Emma Daumas, Esmée Denters, Féfé, Feist, François Morel, Henri Salvador, Iliona, Isabelle Boulay, Jean-Louis Murat, Juliette, Juliette Gréco, Katel, Keri Hilson, L.A. Roux, Lara Fabian, Louis Bertignac, Maurane, Maxime Le Forestier, Michel Polnareff, Micky Green, Mike Ibrahim, Milk Inc, Mylène Farmer, Nosfell, Olivia Ruiz, Orly Chap, Patrick Sébastien, Richie Havens, Salvatore Adamo, Saule, Stanislas, Tyssem, Wallen, Etienne Daho, 3010, 1995 • **Catalogue international** : 50 Cent, Asaf Avidan, Chester French, Cinema Bizarre, Dr. Dre, Eminem, Enrique Iglesias, Eric Clapton, Fergie, Flipsyde, Gwen Stefani, Junior Caldera, Jurassic 5, K'naan, Kenna, Killerpilze, Lady Gaga, la FAO, Marilyn Manson, Maroon 5, Nelly Furtado, Nicole Scherzinger, Nine Inch Nails, Nirvana, No Doubt, One Republic, Paul Van Dyk, Queen Of The Stone Age, etc. • **Labels en licence** : A&M, Dreamworks, Interscope, Geffen • **Distribué par** : Universal Music France

U THINK !

✆ **01 44 41 50 83** • fax 01 44 41 50 88
contacts.uthink@umusic.com • **www.universalmusic.fr**
14 rue Pierre et Marie Curie • 75005 **PARIS**

Thibault KUHLMANN (Directeur U Think & Merchandising) • Charlotte GUIGONIS (Responsable Partenariats) • Manuel GADAIS (Responsable Marketing Merchandising)

Point d'entrée des marques souhaitant associer leur communication et leur marketing aux artistes du catalogue d'Universal Music (endorsement, concerts privés, placement de produits, conseil musical, brand content, etc.)

UNIVERSAL MUSIC CLASSICS & JAZZ

✆ **01 44 41 93 00** • fax 01 44 41 93 01
www.universalmusic.fr
20/22 rue des Fossés St-Jacques • 75235 **PARIS CEDEX 5**

Yann OLLIVIER (Directeur général) • Nathalie FRANÇOIS (Assistante de direction / Chargée de production) • Anne GUBIAN (Directrice de la promotion) • Damien DE CLERCK (Chef de projet au dépt. jazz) • Pascal BOD (Marketing) • Claire BOURJAC (Marketing) • Nathalie CALONI (Responsable nouveaux médias) • Lucy BOCCADORO (Promotion) • Nathalie DU HALGOUET (Promotion) • François ARVEILLER (Promotion Jazz) • Alexandra BANNELIER (Crossover) • Magdalena HUEBNER (Responsable de l'export et Back-catalogue UC) • Emmanuelle BUFFARD (Promotion) • Sarah FOREST (Legal & business affairs) • Isabelle MARNIER (Directrice du marketing) • Emilie MANCHON (Promotion ECM)

Catalogue national : Biréli Lagrene, Jacky Terrrasson, Bojan Z, Mino Cinelu, Michel Portal, Salif Keita, Nawfel, Abbey Lincoln, Daniel Mille, Helen Merrill, Rhoda Scott, Jean-Jacques Milteau, Didier Lockwood, Kenny Barron, Richard Bona, Gonzales, Helena Noguerra, Paco Ibanez, Meshell Ndegeocello, Red, Ani di Franco, Les Primitifs du Futur • **Catalogue international** : Diana Krall, Herbie Hancock, Caetano Veloso, Roy Hargrove, Jamie Cullum, Madeleine Peyroux, Lizz Wright, Nathalie Cole, Chris Potter, etc. • **Labels représentés** : Blue Note, ECM, Impulse !, Verve, Chess, Blue Thumb, GRP, Emarcy, Gitanes Jazz Productions (collection «Jazz in Paris»), Owl, Jazzland • **Distribué par** : Universal Music France

UNIVERSAL STRATEGIC MARKETING

✆ **01 44 41 91 91** • fax 01 44 41 91 10
www.universalmusic.fr
20/22 rue des Fossés St-Jacques • 75235 **PARIS CEDEX 5**

Romain DELNAUD (Directeur USM) • Nicolas GAUTIER (Responsable des Catalogues) • Alexandre LECLERC (Directeur du marketing) • Patrick YAMINE (Chef de projet) • Pauline PARENT (Responsable marketing on-line) • Natacha DAMIEN (Chef de projet Kiosque) • Carole LARUE (Chef de projet Labels distribués) • Christophe BEAUDEQUIN (Chef de projet) • Bertrand BOUDAREL (Chef de projet) • Aurore SILLARD (Chef de projet Junior)

Catalogue national : Inna, Francky Vincent, Eric Carter, Chris Garcia, Mathieu Bouthier, Lucenzo, RLS, Be Wiz'U, Collectif Metissé, etc. • **Catalogue international** : Avicii, Benny Benassi, Steve Aoki, Sushy, etc. • **Catalogue DVD musicaux** : Michael Jackson - L'Archange de la Pop • **Labels représentés** : Airplay, Universal DJ, Serial, distrib. TF1 Musique, Happy Music, etc. • **Distribué par** : Universal Music France

WARNER MUSIC FRANCE

✆ **01 56 60 40 00** • fax 01 56 60 40 50
www.warnermusic.com
29 av. Mac-Mahon • 75809 **PARIS CEDEX 17**

Thierry CHASSAGNE (Président) • Paul BOUBLIL (Secrétaire général) • Elodie ROCCA (Directrice des ressources humaines) • Rose-Hélène CHASSAGNE (Directrice Warner) • Alain VEILLE (Directeur WEA) • Yann MIOSSEC (Secrétaire général Warner 360) • Stéphane ESPINOSA (Directeur général East West) • Marc WIBAUX (Directeur commercial digital et marketing) • Cyrille LACROIX (Directeur commercial physique et diversification) • Clémentine MERMET DES GRANGES (Directrice des opérations) • Jacques PROST (Directeur des systèmes d'information)

EAST WEST FRANCE

✆ **01 56 60 40 00** • fax 01 56 60 40 50
www.warnermusic.com
c/o Warner Music France • 29 av. Mac-Mahon • 75809 **PARIS CEDEX 17**

Stéphane ESPINOSA (Directeur général) • Alex NEBOUT (Directeur artistique)

Catalogue national : Granville, Seth Gueko, Rokia Traoré, Mesparrow, Rohff, Singtank, Canardo, HollySiz, Karim Ouellet, Y'akoto, Gérard Manset

Label WARNER

✆ **01 56 60 40 00** • fax 01 56 60 40 50
www.warnermusic.com
29 av. Mac-Mahon • 75809 **PARIS CEDEX 17**

Rose-Hélène CHASSAGNE (Directrice générale) • Sabine JAMAR-SAFOURCADE (Assistante de direction et artistique) • Antoine GOUIFFES-YAN (Directeur du marketing Warner) • Wladimir PANDOLFO (Directeur artistique) • Jef CAHOURS DE VIRGILE (Directeur artistique) • Katherine SAURAT (Responsable de la coordination artistique) • Agnes JOFFRE (Chef de produit) • Delphine CRESSIN (Chef de produit) • David SCANTAMBURLO (Chef de produit) • Sophie CHESSOUX (Chef de produit) • Candice DE LA RICHARDIERE (Directrice de la promotion) • Elisabeth BARRIOL (Responsable de la promotion TV) • Jérôme BRUCKER (Responsable Médias) • Sarah SCETBON (Attachée de presse)

Catalogue national : Christophe Maé, TAL, Johnny Hallyday, Shy'm, BB Brunes, Alex Hepburn, Inna Modja, Florent Mothe, Louisy Joseph, Véronique Sanson, Serge Lama, Lynda Lemay, Frank Michael, Aldebert, Amaury Vassili, Dany Brillant, Jehro, etc. • **Distribué par** : Warner Music France

WARNER 360°

✆ **01 56 60 40 00** • fax 01 56 60 40 50
www.warnermusic.com
29 av. Mac-Mahon • 75809 **PARIS CEDEX 17**

Yann MIOSSEC (Vice-président en charge de Warner 360°) • Martial ARDANT (Chef de projet) • Marion BEHAR (Chef de projet) • Maeva LEFEVRE (Chef de projet)

La Division Warner Music France 360° supervise les activités de licencing, merchandising, premiums, synchronisations, contenus vidéos, supports numériques et interactifs, spectacle vivant, sponsoring et partenariat avec les marques

WEA MUSIC

✆ **01 56 60 40 00** • fax 01 56 60 40 50
www.warnermusic.com
29 av. Mac-Mahon • 75017 **PARIS**

Alain VEILLE (Directeur général) • Jeanne HORY (Assistante de direction) • Christina LAMPROU (Coordinatrice promo & marketing) • Romain TASSINARI (Directeur du marketing) • Neeky KERGRAISSE (Chef de produit) • Tristan AUGER (Chef de produit) • Romain PASQUIER (Chef de produit) • Laurence DELBASTY (Directrice de la promotion) • Manon TERRIER (Chef de produit) • Amaël MARSAULT (Attaché de presse) • Carole PETIT (Attachée de presse) • Karine SANCHO (Attachée de presse) • David DUTREUIL (Directeur Back Catalogue) • Xabi MOGABURE (Chef de produit Back Catalogue) • Olivier LEBON (Chef de produit Classique & Jazz) • Elise POUGET (Directrice marketing compilation) • Laïla BOUDJENNAD (Contrôleuse de gestion) • Adrien MORIN (Responsable Export)

Catalogue national : Sheila • **Catalogue international** : Gym Class Heroes, Cobra Starship, Black Keys, Cody Simpson, Birdy, B.o.B, Marie-Mai, Theophilus London, Santigold, Marina and the Diamonds, Hugh Laurie, Ed Sheeran, Lenny Kravitz, Jill Scott, Skrillex, Machine Head, Korn, Slipknot, Megadeth, Seal, Eric Clapton, Bruno Mars, Wiz Khalifa, Phil Collins, Muse, Enya, REM, Michael Bublé, James Blunt, Neil Young, Linkin Park, My Chemical Romance, Green Day, Sean Paul, Damien Rice, Laura Pausini, Foals, Plan B, Lykke Li, Paramore, Jason Derulo, Jason Mraz, Estelle, Flo Rida, Janelle Monae, Cher, The Corrs, Red Hot Chilli Pepper, Deftones, Garbage, Tracy Chapman, Zero 7, Simple Plan, Rob Thomas, Faith Hill, Gilberto Gil, Laura Pausini, Ray Charles, Buck 65, Missy Elliott, Led Zeppelin, New Order, Cody Simpson, Lianne La Havas, etc. • **Labels représentés** : Reprise, Warner Bros, Sire, Rhino, Atlantic, Elektra, Roadrunner

2.7 RECORDS SARL

✆ **09 50 63 46 39** • fax 08 26 71 76 80
2.7records@free.fr • **2-7records.com**
12 allée des Acacias • 95000 **CERGY**

François FOURLIN (Label manager) • Elisabeth MAUGER (Administration)

Genre(s) musical(aux) : Tous • **Catalogue national** : Lenox, Flow, Mamzel Sheena, Rycko, David Carl, Kompa-Rezon • **Distribué par** : Universal Music, Wagram

3 LABEL

✆ **01 43 59 15 78** • fax 01 43 59 66 77
contact@chandelleprod.com • **www.3label.com**
61 rue de Ponthieu • 75008 **PARIS**

Charles TALAR (Gérant) • Fabienne TUKENMEZ (Label manager)

Genre(s) musical(aux) : Variétés françaises • **Catalogue national** : Le Manège Grimaçant, Ti'rom, Olivier Daguerre, Stéphane Mondino • **Distribué par** : Sony, Believe

33 REVPERMI

✆ **03 83 95 15 92** • fax 03 83 53 21 85
33revpermi.free.fr
35 rue Wilson • 54500 **VANDOEUVRE LES NANCY**

Dominique REPECAUD (Directeur) • Bruno FLEURENCE (Communication / Distribution)

Genre(s) musical(aux) : Musiques improvisées et nouvelles • **Catalogue national** : Soixante Etages, Etage 34, Complexe de la Viande, Idiome 1238, MNB, Jagger Naut, Direct Chamber, The Infusion, Ana Ban, Bob's Legs, Brussel • **Distribué par** : Metamkine, Improjazz

3ÈME BUREAU

✆ **01 76 74 93 80**
marketing@3emebureau.com • **www.facebook.com/3emebureau**
113 rue St Maur • 75011 **PARIS**

David BOSSAN (Directeur) • Victor MILCHBERG (Directeur artistique) • Anne-Sophie LAMBELL (Promotion Web) • François LE BERRE (Promotion TV & Radio) • Arnault CHAGNON (Responsable marketing) • Gabriel KORDA (Chef de projet)

Genre(s) musical(aux) : Rock, pop, électro, chanson, hip hop • **Catalogue national** : Pony Pony Run Run, Orelsan, Le Prince Miiaou, Brigitte, Mai Lan, Massiat, Natas love you • **Distribué par** : Wagram Music

442 EME RUE

✆ **03 86 64 61 28**
leo442rue@orange.fr • **www.la442rue.com**
64 bd Clémenceau • 89100 **SENS**

Lionel DEKANEL (Responsable)

Genre(s) musical(aux) : Punk, garage, surf, rock'n'roll, blues • **Catalogue national** : Chewbacca All Stars, Marteaux Pikettes, Sally Mage, The Dirteez, Johan Asherton, Happy Kolo, King Size, TV Men, Charly's Angels, Spermicide, The Froggies • **Catalogue international** : Nikki Sudden, Joey Skidmore, Royal Nonesuch, Hakuu, Adventures of Parley, Electric Frankenstein, Chuck Norris Experiment • **Labels en licence** : Mop Top Records (USA)

6AM PROD

✆ **06 13 42 30 36**
gio6am@gmail.com • **www.myspace.com/6amprod**
10 rue Waldeck Rousseau • 42800 **RIVE DE GIER**

Éric PETROTTO (Directeur)

Genre(s) musical(aux) : Pop, électronique, rock • **Catalogue national** : B R OAD WAY, The John Venture, Deschanel, Jerri • **Catalogue DVD musicaux** : B R OAD WAY • **Distribué par** : Believe, Differ-Ant, CD1D

7 PRODUCTIONS

laura@7-productions.com • **www.7-productions.com**
142 bd Schley • 06130 **GRASSE**

Laura BENICHOU (Gérante de productions)

Genre(s) musical(aux) : Classique, variété, traditionnel • **Catalogue national** : Dalila Cernatescu, les Chœurs de l'Armée Rouge, Los Machucambos, Maxence Larrieu, Daniel Colin, Henri Pélissier, Disco Factory, Generation Disco, Generation 80, Jazz Guitar Bach, Voices of the Ghetto • **Catalogue international** : Pedro Ibanez • **Catalogue DVD musicaux** : Rêvez le Monde, 31 groupes traditionnels du monde • **Labels en licence** : Chants et Musiques du Monde et de France • **Distribué par** : Rendez-Vous Digital, Wagram, Universal, Sony, Warner, EMI

À LA FOLIE MUSIC

✆ **04 91 49 44 70** • fax 04 91 49 44 70
laurechenieux@alafolie.biz • **www.alafolie.biz**
94 rue Jean Rameau • 13012 **MARSEILLE**

Laure CHÉNIEUX (Gérante)

ALF Music • **Genre(s) musical(aux)** : World, reggae, pop • **Catalogue national** : No More Babylon • **Catalogue international** : Ken Boothe, Earl 16 • **Labels représentés ou intégrés** : Tube Dub Sound, I Grow Records, Black House Music, Edeal Music • **Distribué par** : Socadisc (Fr), Dee 2 Records (Benelux), Ernie B (USA), Southern Records Distribution (UK), Dubwise Distribution (UK), Ventilador (Esp), Soulfire/Rough Trade (G.A.S)

A QUICK ONE RECORDS

✆ **06 78 35 33 37**
info@aquick1records.com • **www.aquick1records.com**
45 rue Max Dormoy • 75018 **PARIS**

Jérôme MAKLES (Label manager)

Genre(s) musical(aux) : Indé, pop, rock, alternative • **Catalogue national** : Sourya, Gaspard Royant, The Agency, Colo Colo, Everyman Has Your Voice, Le Mépris, Appletop, Franz Is Dead, Victor Pavy, GraamH • **Catalogue international** : Loading Data, The Electric Soft Parade • **Distribué par** : Modulor

A TANT RÊVER DU ROI RECORDS

✆ **06 09 99 70 09**
stephane@atrdr.net • **www.atrdr.net**
9 rue de Nogaro • 64000 **PAU**

Stéphane SAPANEL (Label manager)

Genre(s) musical(aux) : Indie rock, noise, alternative, pop, folk • **Catalogue national** : Calva, Vélooo, Adolina, Commodore, Tetsuo, Ed Wood Jr, X-OR, Treehorn, But the Planes are not, Kourgane, Ulan Bator, Heliogabale, Mr Protector, etc. • **Catalogue DVD musicaux** : « Tetsuo Big Band » • **Distribué par** : Autodistribution

ABACABA

✆ **01 40 09 50 26** • fax 01 40 09 70 31
assistante@abacaba.net • **www.abacaba.net**
116 rue des Pyrénées • 75020 **PARIS**

Danièle MOLKO (Gérante) • Nathalie ASHWELL (Directrice)

Genre(s) musical(aux) : Chanson, jazz • **Catalogue national** : Bratsch, Bertrand Soulier, Daniel Mille, Daniel Lavoie, Xavier Lacouture, Pinocchio Court Toujours, Ronchonchon et Cie, Catherine Major, Francois Raoult, Madelaine Besson, Marc Fichel • **Distribué par** : Universal, Rue Stendhal, Harmonia Mundi, XIII bis, L'Autre Distribution

ABALONE PRODUCTIONS

regis@abaloneproductions.com • **www.abaloneproductions.com**
24 av. du Château • 94300 **VINCENNES**

Régis HUBY (Gérant) • Leyla LENZI (Attachée de production)

Genre(s) musical(aux) : Musique improvisée, jazz • **Catalogue national** : Régis Huby, Maria Laura Baccarini, Quatuor IXI, Sound of Choice, Christophe Marguet, Claudia Solal, Bruno Angelini, Pierrick Hardy/Cédric Chatelain, Denis Badault, Marc Buronfosse, Jean-Charles Richard, Thisisatrio, Claude Tchamitichian • **Distribué par** : Musea, Wiseband

ABATJOUR RECORDS

✆ **06 61 17 73 02**
contact@abatjourrecords.com • **www.abatjourrecords.com**
25 rue Geoffroy-Saint-Hilaire • 75005 **PARIS**

Henrique FARES LEITE (Label manager) • Severin MÉRAD (Label manager)

Genre(s) musical(aux) : Alternative, pop, électronique • **Catalogue international** : Zemaria, Psilosamples • **Distribué par** : Pias, Believe

ABELYA PRODUCTION

✆ **05 34 27 13 01** • fax 05 34 27 53 02
contact@abelya.com • **www.abelya.com**
P.A du Cassé • 17 rue du Cassé • 31240 **ST JEAN**

Jean-Jacques BATTY

Genre(s) musical(aux) : Jazz, musiques du monde, chanson, rock, etc. • **Catalogue national** : Alyss, Bonbon, Boudu Les Cop's, Les Notaires, Mark Céan, Swing 39, Zarca • **Distribué par** : www.artement.com

ACCELERA SON

✆ **01 47 00 79 79**
absolutemanag@gmail.com

Anne CLAVERIE (Gérante) • Philippe « Zdar » CERBONESCHI (Label manager)

Catalogue national : Pauline Croze, Susan, Aline

ACCORDS CROISÉS

✆ **01 47 53 68 68** • fax 01 47 63 68 69
label@accords-croises.com • **www.accords-croises.com**
23 rue des Fontaines du Temple • 75003 **PARIS**

Saïd ASSADI (Directeur) • Jasmine SAEIDNIA (Chargée du développement du label)

Genre(s) musical(aux) : Musiques du monde • **Catalogue international** : Luzmila Carpio, Silva Graciana, Liu Fang, Ensemble Gaguik Mouradian, Ti-coca & Wanga Nègès, Titi Robin, Karim Ziad & Hamid El Kasri, Dorsaf Hamdani, Nishtiman (Ensemble Kurde), Kamilya Jubran, Sarah Murcia • **Catalogue DVD musicaux** : Coffrets 2CD + 1DVD : « Qawwali Flamenco », « Comme un Jardin la Nuit », « Les Aventures du Prince Rama » • **Distribué par** : Harmonia Mundi

ACTIVIST MUSIC

✆ **06 63 47 10 12**
nico@activist.fr • **www.activist.fr**
539 av. Jean Prouvé • 30900 **NIMES**

Nicolas LLORY (Directeur artistique)

Genre(s) musical(aux) : Musiques actuelles • **Catalogue national** : L'Homme Parle, Sola, Nico Llory • **Distribué par** : Ioda, Socadisc

ADÉLIE PROD

✆ **06 61 69 25 08**
contact@adelieprod.com • **www.adelieprod.com**
169 rue Pierre Curie • 07500 **GUILHERAND GRANGES**

Nathanaël BERGESE (Label manager / directeur artistique) • Carole VIALLE (Directrice artistique)

Genre(s) musical(aux) : Tous • **Catalogue national** : Miss White and Drunken Piano, Ana Dess, Nicolas Guay, No-mad ! • **Distribué par** : MVS-Anticraft, Musicast, CD1D, Believe

ADIPOCERE RECORDS

✆ **04 74 25 25 57**
adipocere.bourg@orange.fr • **adipocere.nexenservices.com**
11 pl. Edgar Quinet • 01000 **BOURG EN BRESSE**

Christian BIVEL (Directeur)

Genre(s) musical(aux) : Metal, thrash, death, black, gothic • **Catalogue national** : Benighted, Nehemah, Destiny, Himinbjorg • **Catalogue international** : Persefone, Mutilation, etc. • **Catalogue DVD musicaux** : Furia « La Source Noire » (Box avec CD/DVD + livre) • **Labels représentés ou intégrés** : Oaken Shield • **Distribué par** : VPC, magasins spécialisés

AFRICAN TAPE

africantape@africantape.com • **www.africantape.com**

Genre(s) musical(aux) : Indie Rock • **Catalogue national** : Marvin, Ned, Papier Tigre, Passe Montagne • **Catalogue international** : Alexis Gideon, Aucan, David Yow, Extra-Life, Honey For Petzi, Peter Kernel, Shelley Short, Shipping News • **Distribué par** : Orkhestra, Believe

AGORILA SARL

✆ **05 59 52 39 03** • fax 05 59 52 48 34
agorila@wanadoo.fr • **www.agorila.com**
13 rue Montalibet • 64100 **BAYONNE**

Jean MEYZENC (PDG) • Sylvie MEYZENC (Communication) • Dominique LOPEPE (Comptable)

Genre(s) musical(aux) : Musiques traditionnelles (Pays Basque, Béarn, Bigorre, Landes, etc.), taurine et religieuse, rock, musiques festives, etc. • **Catalogue national** : Nadau, Joseph Lafitte, Ricounes, Amai Riouspeyrus, Maialen Errotabéhere • **Catalogue international** : Mochicas, Tirso Duarte • **Catalogue DVD musicaux** : « Sustraia In Live », « Burrunka », Patxi eta Konpania « Zubia », Duo des Nom « Los de Nadau » • **Labels en licence** : Pasarela, Fonografica del Sur, Musique du Sud • **Distribué par** : Agorila

AIR 2 MUSIC

✆ **09 53 24 77 90**
www.air2music.fr
20 rue Richer • 75009 **PARIS**

Genre(s) musical(aux) : tous • **Catalogue national** : Lycosia, Sin • **Catalogue international** : Nostromo (réédition)

AIR RYTMO

✆ **01 71 18 16 78** • fax 01 43 72 42 00
info@airrytmo.com • **www.airrytmo.com**
18 bis rue Saint Fargeau • 75020 **PARIS**

Sébastien ZAMORA (Gérant) • Lena WISTINGHAUSEN (Label manager)

Genre(s) musical(aux) : Rock, folk, blues • **Catalogue national** : Moriarty, Mama Rosin • **Distribué par** : L'Autre Distribution, Believe

AJMISERIES

✆ **04 90 86 08 61**
direction@jazzalajmi.com • **www.jazzalajmi.com**
c/o Ajmi • La Manutention • 4 rue des Esc. Ste-Anne • 84000 **AVIGNON**

Jean-Paul RICARD (Président) • Pierre VILLERET (Directeur artistique)

Genre(s) musical(aux) : Jazz et musiques improvisées • **Catalogue national** : Kami Quintet, Christophe LeLoil, Philippe le Baraillec, Perrine Mansuy, Quartet Bernard Santacruz/Christine Wodroscka/Philippe Deschepper/Jean-Luc Cappozzo, Rémi Charmasson, Denis Fournier, Sylvia Versini Octet, Alex Grillo, Anthony Ortega, etc. • **Distribué par** : Les Allumés du Jazz, Absilone, Socadisc

AL SUR/NORD-SUD

✆ **05 35 00 53 47**
contact@alsur.fr • **www.alsur.fr**
Roussis • 87310 **COGNAC LA FORET**

Michel PAGIRAS (Responsable)

Genre(s) musical(aux) : Musiques traditionnelles, musiques du monde & jazz • **Catalogue national** : Laurent Derache, Moreno, Norberto Pedreira, Titi Demeter, Michel Marre, Gérard Pansanel, Latcho Dives, Michel Bismut, Pedro Soler et Renaud Garcia-Fons, La Fabrique, Pedro Soler, Alla, Eric Montbel, Marti, etc. • **Catalogue international** : Reprise du catalogue de Al Sur et Aïa • **Labels représentés ou intégrés** : Al Sur, Nordsud Music, Label 52e Rue Est • **Distribué par** : Codaex (France & international), Al Sur, Nordsud Music, Modulor 52e Rue Est

ALBA MUSICA

✆ **05 56 62 77 04**
albacarma@orange.fr • **www.albacarma.com**
24 rue Yquem • 33490 **ST MACAIRE**

Laurence BENNE (Directrice artistique)

Genre(s) musical(aux) : Musique traditionnelle, musique ancienne, musique contemporaine, jazz • **Catalogue national** : Tre Fontane, Pascal Lefeuvre, Zanzibar Cie, Viellistic Orchestra • **Labels représentés ou intégrés** : Carma Productions • **Distribué par** : L'Autre Distribution, Believe

ALBIDISC / AMA PRODUCTION-PROMOTION

✆ **01 42 77 18 37**
info@albidisc.com • **www.albidisc.com**
191 rue du Temple • 75003 **PARIS**

Albert AMAR (Directeur général)

Genre(s) musical(aux) : Rock, variété • **Catalogue national** : Albamar, Richard Aubert, Chris Alison, The Arkhonist, Heitor de Pedra Azul • **Catalogue international** : Albamar • **Distribué par** : Debercy Distribution, Fnac Indé. (Albamar)

ALIENOR RECORDS

✆ fax 05 57 59 14 18
fabienne@platinumrds.com • **www.platinumrds.com**
12 pl. de la Victoire • BP 90 • 33037 **BORDEAUX CEDEX**

Laurent LAFFARGUE (Responsable artistique)

Genre(s) musical(aux) : Pop, rock, chanson française • **Catalogue national** : Newell, Watermelon Club, Manson's Child, Lora, Burgess, Pull, Doubleman, The Delano Orchestra • **Catalogue international** : Iris (GB) • **Labels représentés ou intégrés** : Cornflakes Zoo, Platinum • **Distribué par** : Differ-ant

Association **ALJAMA DISC ÉDITIONS**

✆ **06 31 68 52 79**
jeanbernard.bassach@gmail.com • **aljamadiscs1.free.fr**
107 av. de la Libération • 66700 **ARGELES SUR MER**

Jean-Bernard BASSACH (Directeur artistique / Chargé de développement)

Genre(s) musical(aux) : Musiques actuelles, world, jazz, électro • **Catalogue national** : Ode, Nonalinians, Legotiste Sorel, Artificiel, Mirada, SoulSteppers

ALL IN MY MUSIC

✆ **06 80 13 11 84**
contact@allinmymusic.com • **www.allinmymusic.com**
120 route des Macarons • 06560 **VALBONNE**

Béatrice MARTINI-BENHAMOU (Gérante) • Dominique MARTINI (Directeur des opérations)

Genre(s) musical(aux) : Rock, pop, variété • **Catalogue national** : The Red Lips, Molow, Vahena Menras • **Distribué par** : 1D-Paca, Believe

ALL OTHER

✆ **06 86 16 79 00 / +44 79 69 79 58 89**
marc-antoine@all-other.com • **www.all-other.com**
c/o Studio Davout • 73 bd Davout • 75020 **PARIS**

Marc-Antoine MOREAU (Gérant) • Amélie ARCAMONE (Assistante de production)

Genre(s) musical(aux) : World • **Catalogue international** : Amadou & Mariam, Jupiter & Okwess International, Cherfi Mbaw, Mo Dj, Ba Cissoko, Electro Bamako, Hamadoun Tandina, Nuru Kane • **Catalogue DVD musicaux** : Amadou & Mariam « Paris Bamako » (2008), « Rendez-vous Bamako » (2009) • **Distribué par** : Because, Warner, Harmonia Mundi, Fnac (en exclusivité)

ALMOST MUSIQUE

contact@almost-musique.com • **www.almost-musique.com**
12 bd de la Chapelle • 75018 **PARIS**

Benjamin CASCHERA (Label manager) • Benjamin FAIN-ROBERT

Genre(s) musical(aux) : Indie rock • **Catalogue national** : Arlt • **Catalogue international** : Shimmering Stars, Mariee Sioux, The Daredevil Christopher Wright • **Distribué par** : Socadisc

ALPAGE RECORDS

emilioromaneli@gmail.com • **www.alpagerecords.com**
51100 **REIMS**

Emilio ROMANELI (Label manager)

Catalogue national : Antoine Pesle, Bruit Fantome, Cosmic Control, Dddxie, Marklion, Tamara Goukassova • **Distribué par** : Autodistribution

ALTER EGO MUSIC (ORIGINS ZEN MEDIA)

✆ **01 43 38 24 25** • fax 01 43 57 35 30
xn@alteregomusic.fr • **www.alteregomusic.fr**
16 rue de la Pierre Levée • 75011 **PARIS**

Xavier NICOD (Gérant)

Genre(s) musical(aux) : Zen, relaxation, new age, world, lounge, celtique, sons naturels • **Catalogue national** : Oxygène, Musiques d'Immersion, Nature Atmosphères, Les Plus Beaux Sons de la Terre, Planète Verte, Cocoon Attitude, la Maison du Feng Shui, Musiques des Disciplines de l'Âme, Au Fil des saisons, Autour du Bien-être, etc. • **Labels représentés ou intégrés** : Origins Zen Media

ALTER K

✆ **06 19 27 43 47 / 01 47 00 94 65**
info@alter-k.com • **www.alter-k.com**
76 rue de la Folie-Régnault • 75011 **PARIS**

Guillaume HEINTZMANN (Responsable) • Gilles LARDOUX (Responsable)

Genre(s) musical(aux) : Electronique, pop, rock, musiques de film • **Catalogue national** : Black Devil Disco Club, Mi And L'Au • **Catalogue international** : Vandaveer, Nazca Lines • **Labels représentés ou intégrés** : Lo Recordings • **Distribué par** : Modulor

ALVA

✆ **01 56 53 76 00** • fax 01 56 53 76 01
stand@wagram.fr • **www.wagram.fr**
Wagram Music • 19 rue des Plantes • 75014 **PARIS**

Juan TAMAYO (Directeur artistique)

AME

✆ **04 78 37 45 99** • fax 04 78 42 02 41
ame@chemin-neuf.org • **www.ame-boutique.com**
10 rue Henri IV • 69287 **LYON CEDEX 02**

Patrick BOSSUT

Audiovisuel Musique Evangélisation • **Genre(s) musical(aux)** : Chants religieux, rock, chanson • **Catalogue national** : 80 CD environ • **Distribué par** : Autodistribution

AN NAER PRODUKSION

✆ **02 96 22 28 39 / 06 81 01 64 74 / 06 81 59 91 61**
gwen@an-naer.com • **www.an-naer.com**
Toull Al Lann • 22740 **LEZARDRIEUX**

Henri PRIGENT (Responsable) • Gwenael HENRY (Responsable)

Genre(s) musical(aux) : Musique bretonne contemporaine, musiques nouvelles et improvisées • **Catalogue national** : BD Swing Orchestra, Bernez Tangi, Bugel Koar, Darhaou, Dibenn, Duo Veillon Riou, Hastañ, Kej, Kornog, Le Noan - Michel, Loened Fall, Michel Aumont, Spontus • **Distribué par** : Coop Breizh

ANGEL SWEET RECORDS

✆ **06 22 73 63 73**
info@angelsweetrecords.com • **www.angelsweetrecords.com**
1 rue Niépce • 75014 **PARIS**

Michel PIERRE (Gérant) • Jean-Luc PROSPERI (Directeur artistique) • Nicolas MEURY (Consultant)

Genre(s) musical(aux) : Electro-jazz, blues, world, house • **Catalogue national** : Cosimo Blues Band • **Catalogue international** : South froggies, Alf, Voodoo, Azaar N'G • **Catalogue DVD musicaux** : Jazz • **Labels en licence** : Dance app • **Distribué par** : Metronoe (UK), Quart de lune & So much (F), PBR (CH), Soundforge (GR), The musik family (G, AU, IT, ES, Europe du nord et de l'est), Sonic rendezvous DCM (Benelux)

ANIMAL FACTORY RECORDS & PUBLISHING

fred@animalfactory.fr • **www.animalfactory.fr**
7 rue Carpenter • 33800 **BORDEAUX**

Frédéric VOCANSON (Label manager)

Genre(s) musical(aux) : Pop, rock indie • **Catalogue national** : Crane Angels, Petit Fantôme • **Distribué par** : Differ-Ant, Believe

ANOTHER RECORD

infos@another-record.com • **www.another-record.com**
c/o Robin Adeline • 12 rue Marceau • 37000 **TOURS**

Adelyne ROBIN (Responsable / promotion) • Franck HUET (Responsable informatique) • Clément BATUT (Directeur artistique)

Genre(s) musical(aux) : Indie pop, alt-folk, post-rock, slo-core, expé

ANTIPODES MUSIC

✆ **09 83 73 07 76 / 07 62 88 12 05**
antipodesmusic@gmail.com • **www.antipodesmusic.com**
101 bd. de l'Hôpital • 75013 **PARIS**

Yacine BOUZIDI (Gérant) • Julien PHILIPPE (Chargé du développement) • Constance FALOURD • Florent GOULLARD

Genre(s) musical(aux) : Pop, Soul, World • **Catalogue national** : Joko, Caravan • **Distribué par** : Musicast, Believe

APARTÉ

✆ **01 48 31 24 50**
prod.apart@yahoo.fr • **www.littletribeca.com**
Little Tribeca • 1 rue Paul Bert • 93500 **PANTIN**

Nicolas BARTHOLOMEE (Directeur) • Florian BONIFAY (Label manager)

Genre(s) musical(aux) : Jazz, classique • **Catalogue national** : Alexandra Grimal avec Lee Konitz, Gary Peacock et Paul Motian • **Distribué par** : Harmonia Mundi

APHRODITE RECORDS

✆ **06 88 24 77 00 / 01 30 13 36 07** • fax 01 30 13 36 19
booking@aphrodite-records.com • **www.aphrodite-records.com**
21 rue de l'Etang • 78950 **GAMBAIS**

Jean-Jacques GRABOWSKI (Label manager) • Régis HAWARD (Juridique) • Phil BURON (Directeur artistique)

Genre(s) musical(aux) : Jazz, électro, funk, world • **Catalogue national** : Laurence Saltiel, Sébastien Jarrousse/Olivier Robin Quintet, Cédric Caillaud trio, Bruno Thieblemont Group, Ludovic de Preissac, Stéphane Morilla, Alex Terrier, Alula, William Chabbey, Sylvain Del Campo, Sergio Gruz, Alexis Tcholakian, Yaël Angel, The Head Shakers • **Catalogue DVD musicaux** : Alexis Tcholakian • **Distribué par** : Codaex, Disk Union, Believe

ARB MUSIC

✆ **01 42 60 36 63**
info@arbmusic.com • **www.arbmusic.com**
46 rue Ste-Anne • 75002 **PARIS**

Tania LE SACHE (Gérante)

Genre(s) musical(aux) : Chansons et contes musicaux populaires du monde pour les enfants • **Distribué par** : Rue Stendhal

ARBOUSE RECORDINGS

✆ **06 10 67 76 74**
info@arbouserecordings.com • **www.arbouserecordings.com**
MJC Onet le Château • BP 3425 • 12034 **RODEZ CEDEX 9**

Cyril CAUCAT (Responsable)

Genre(s) musical(aux) : Tous • **Catalogue national** : Acetate Zero, Akamatsu, Alc Levora, Arco5, Astrïd, Audioroom, Eglantine, Freedeal, Hopen, Inlandsis, Le coq, Melodium, Oldman, Olivier Lageyre, Sink, Thousand, Thousand&Bramier, VW.Lowman • **Catalogue international** : Hood, Rothko, Electric Birds, Chris Brokaw, Billy Mahonie, Designer, Kiln, Max Richter, Rachel's, Fennesz, Mira Calix, Greg Davis, etc. • **Distribué par** : Believe, CD1D

ARCHIEBALL

✆ **01 53 14 32 28**
laure@archieball.com • **www.archieball.com**
43 rue de Chateaudun • 94200 **IVRY SUR SEINE**

Monette BERTHOMIER (Directrice) • Samuel THIEBAUT (Conseiller artistique) • Laure LE VAVASSEUR (Administration production)

Genre(s) musical(aux) : Jazz, world • **Catalogue national** : Archie Shepp « Wo !Man », « Gemini », Mônica Passos « Lemniscate », Benjamin Sanz « Mutation Majeure » • **Catalogue DVD musicaux** : « Jazz Live ! » - Un panorama de la planète jazz en 10 documentaires (Oléo Films, 2012), « Je suis Jazz » (A. Shepp) • **Distribué par** : Harmonia Mundi

ARDISONG

✆ **01 42 66 05 91** • fax 01 42 66 96 76
contact@ardisong.com • **www.ardisong.com**
93 rue du Faubourg St-Honoré • 75008 **PARIS**

Béatrice ARDISSON (Gérante) • Laure BE BLAY (Assistante)

Genre(s) musical(aux) : Illustration musicale pour programmes audiovisuels, cinéma et publicité, entreprises, soirées événementielles, etc. • **Catalogue national** : COMs « Paris Dernière » (vol. 1 à 8), « Riomania », « Indomania », « CloCloMania », « Bowie Mania », « Classic Mania », « Dylan Mania », Fouquet's, Christian Lacroix « Patchwork », « Kong » (vol. 1 et 2), « Love From Jaïpour », « Beatles Mania », « Swing Mania » • **Distribué par** : Naïve

ARFI

✆ **04 72 98 22 00** • fax 04 72 98 22 09
arfi@arfi.org • **www.arfi.org**
16 rue Pizay • BP 1102 • 69202 **LYON CEDEX 01**

Pierre-Henri FRAPPAT (Administrateur) • Jérôme LOPEZ (Chargé de communication) • Renaud PAULET (Chargé de diffusion) • Marie DORÉ (Chargée de production)

Association à la recherche d'un folklore imaginaire • **Genre(s) musical(aux)** : Jazz, musiques improvisées • **Catalogue national** : COMs « Arfi, Maison fondée en 1977 », « Electro Merveilles », « Old, Blind and Deaf », Workshop de Lyon, Marmite Infernale, Baron Samedi Percussions, L'Effet Vapeur, La Bête à Bon Dos, Trio Apollo, Torero Loco, 32 Janvier, Villerd/Ayler Quartet, Dîtes 33, Kif Kif, Bomonstre, E. Guijecri, Les Embouteisseurs, Sing for freedom Lighting up, etc. • **Catalogue DVD musicaux** : « A la Vie La Mort - Tableau-concert d'après le Triomphe de la Mort de Pieter Bruegel l'Ancien » (2012), « Township Jazz », documentaire de Claude Pierre Chavanon (204), « Bobines Mélodies -L'Effet vapeur joue sur les films d'animation de Folimage » (2008) • **Distribué par** : Abeille, Allumés du Jazz

ARIA PROD

✆ **04 74 36 82 65** • fax 04 69 96 26 57
contact@aria-prod.fr • **www.aria-prod.fr**
15 rue du Four • 01640 **JUJURIEUX**
Claude JACQUEMARD (Gérant)
Genre(s) musical(aux) : Chanson, world • **Catalogue national** : AL, Amaterra, Anael Miller, Malhory Maret, Pierre Antoine • **Distribué par** : Rue Stendhal, Believe, CD1D, 1d-rhonealpes

ARION

✆ **01 45 19 72 64** • fax 01 45 19 73 35
info@arion-music.com • **www.arion-music.com**
3 bis rue Morice • 92110 **CLICHY**
Manuela OSTROLENK (PDG) • Stéphan PERREAU (Directeur de production classique) • André PIERRETTE (Export / comptabilité)
Genre(s) musical(aux) : Classique, traditionnel, musiques du monde • **Catalogue national** : Monica Passos, Gérard Poulet, Michel Lethiec, Michel Deverité, Adel Salameh, Issa, Los Calchakis, Soungalo Coulibaly, Ensemble Les Paladins, Erik Feller, Chœur Grégorien de Paris, etc. • **Catalogue DVD musicaux** : Soungalo Coulibaly « live » • **Labels représentés ou intégrés** : Flashback, Ethnomad, Pierre Verany, Zebuth • **Distribué par** : Socadisc

L'ARMADA PRODUCTIONS

✆ **02 99 54 32 02**
contact@armada-productions.com • **www.armada-productions.com**
11 rue du Manoir de Servigné • 35000 **RENNES**
Franck PICHOT (Directeur) • Justine LE JONCOUR (Chargée de production) • Laëtitia BARBIER (Coordinatrice) • Salima MALIK-RIVIERE (Chargée de production) • Julie BETSCH (Chargée de production) • Alice LEMONNIER (Chargée de production) • Marina FILOMAR (Chargée de production) • Clémence HUGO (Chargée de production) • Myrtille FURNON (Chargé de production)
Genre(s) musical(aux) : Musiques actuelles jeune et tout public • **Catalogue national** : « Le MJM », « Carton Park », « L'Odyssée de Rick le Cube », « Mami Chan », « TV Set », « Chapi Chapo », « Rotor Jambreks University », « Les escrogrifs », « Super Mosaï et Pas Mal Vincent », « Soul Béton »

ARSENIC ET CHAMPAGNE

✆ **04 94 65 82 68**
contact@arsenic-et-champagne.com
www.arsenic-et-champagne.com
Centre Olbia • 4 rue Soldat Bellon • 83400 **HYERES**
Jérôme DELEPINE (Responsable) • Hervé DEBONO (Booking) • Stéphanie PEFFREDO (Assistante de production) • Marion HARREGUY (Promotion) • Juliette MASSE (Infographiste / Vidéo)
Genre(s) musical(aux) : Musiques actuelles • **Catalogue national** : Raoul Petite, Didier Super, Jo Dahan, KitchenMen, Frandol, No More Babylon • **Distribué par** : Wagram

ART-DISTO

jcb@artdisto.com • **www.artdisto.com**
c/o La Piscine • 10 bd Tolstoi • 54510 **TOMBLAINE**
JC
Genre(s) musical(aux) : Rock, chanson française • **Catalogue national** : Ange, Tournée Générale, Triste Sire, Eddy (LA) Gooyatsh, Achil Komodo, Weepers Circus, King Automatic, Nordine le Nordec, Les Frères Ccuenne, Les Suprêmes Dindes, Aissate, Mell • **Catalogue DVD musicaux** : Ange « Escale à Ch'tiland » (2012), « Souffleur de Vers Tours » (2008), « Le Tour De La Question » (2006) • **Distribué par** : L'Autre Distribution, Rue Stendhal, Believe

ARTS ET SPECTACLES

✆ **01 42 59 73 23** • fax 01 42 59 67 88
contact@artsetspectacles.fr • **www.artsetspectacles.fr**
35 rue du Poteau • 75018 **PARIS**
Julie-Anna DALLAY SCHWARTZENBERG (Responsable)
Genre(s) musical(aux) : Jazz • **Catalogue national** : Michel El Malem, Aurore Quartet, David Patrois • **Distribué par** : MVS-Anticraft

ARTSIDE

music@artside.fr
c/o Mila • 2 rue André Messager • 75018 **PARIS**
Adel KADDAR (Gérant)
Genre(s) musical(aux) : Chanson, rap • **Catalogue national** : S Petit Nico, Sancho • **Catalogue international** : Canada : Oxmo Puccino, Orelsan, Alexis HK • **Distribué par** : L'Autre Distribution, Believe, DEP/ Universal (CA)

AS DE CŒUR PRODUCTIONS

✆ **01 47 97 78 60**
asdecoeur1@wanadoo.fr
7 Villa Hardy • 44 rue Stendhal • 75020 **PARIS**
Monique BENNET (Gérante)
Catalogue national : René Aubry, Etienne Schwarcz, Jean-Guy Coulange, Gilles Hekimian, Méditation de Tchenresi, Music For Dance (2 vol.), René Joly, Philippe Agou • **Distribué par** : Rue Stendhal

ASL

✆ **06 89 45 61 63**
ambroise.carriere@gmail.com • **www.aslabel.org**
11 rue du Verger • 50000 **ST GEORGES MONTCOCQ**
Ambroise CARRIERE (Producteur / Manager)
Annoying Success Label • **Genre(s) musical(aux)** : Rock, punk, hip-hop • **Catalogue national** : Born in Alaska, Clockwork of the Moon, The Fuck, B-Ass, Pink Fish • **Distribué par** : Zimbalam, Bandcamp, disquaires indés

Label AT(H)OME

✆ **01 57 42 18 90**
label-athome@label-athome.com • **www.label-athome.com**
17 rue du Chemin de Fer • Boite n° 7 • 93500 **PANTIN**
Stéphane LAICK (Direction générale / Administration / Artistique) • Olivier LAICK (Direction opérationnelle / Promotion / Fabrication)
Genre(s) musical(aux) : Rock ouvert indépendant • **Catalogue national** : Felipecha, Boogers, AqME, Lofofora, Les Tit'Nassels, Les Blaireaux, The Hyenes, Les Tambours du Bronx, Blankass, Black Bomb A, Clarika etc. • **Catalogue DVD musicaux** : AqME Lives(s), le Bal des enragés • **Distribué par** : Wagram

ATHOS PRODUCTIONS

✆ **04 72 37 92 93** • fax 04 72 37 14 15
js.esnault@athosbook.com • **www.athosbook.com**
9 rue Carnot • 69500 **BRON**
Robert CARO (Président) • Jean-Sébastien ESNAULT (Chargé de production) • Vincent BIGALLET (Chargé de production)
Genre(s) musical(aux) : Musiques traditionnelles & du monde, chanson • **Catalogue national** : Carina Salvado, Sahra Halgan, Balkanes, Shelta, Garlic Bread, Forro de Rebeca, Isabelle Bazin, Foxy Devil, Adel Salameh, Peter Solo, Reno Bistan • **Catalogue international** : Morena Son, Los Jubilanos, Erik Bistan • **Labels en licence** : Budamusique • **Distribué par** : MVS-Anticraft, L'Autre Distribution, Harmonia Mundi, Editions Ambronnay, etc.

Label ATMOSPHÉRIQUES

✆ **01 44 58 91 11** • fax 01 44 58 91 12
atmospheriques@atmospheriques.com • **www.atmospheriques.com**
44 rue du Louvre • 75001 **PARIS**
Marc THONON (Gérant / Directeur artistique) • Thierry PHILIPPON (Directeur du marketing) • Cécile LEGROS (Responsable de la promotion) • Mael ESNAULT (Promotion web) • Anne-Sophie JUAN (Chargée de projets) • Olivia BARBIER (Business affairs) • Marine CHÉTARD (Administration)
At Musiques / Atmo Prod. • **Genre(s) musical(aux)** : Artistes et nouvelles musiques • **Catalogue national** : Karimouche, Mélanie Laurent, Wax Tailor, Joseph d'Anvers, Louis Chedid, Le Sacre du Tympan, Les Wriggles, Musard, Patxi, Polo, Origines Contrôlées, Pepper Island, Medi, etc. • **Catalogue international** : Charlie Winston, The Nits, Madness • **Catalogue DVD musicaux** : Louis Chedid, Les Wriggles, Les Wampas • **Distribué par** : Sony Music

AUDIOGENIC

✆ **01 47 31 71 35** • fax 01 47 37 81 35
contact@audiogenic.fr • **www.audiogenic.fr**
25 rue Madame de Stael • 92110 **CLICHY**
Deborah HAZOTTE (Label manager) • Daniel TECOULT (Assistant de direction)
Genre(s) musical(aux) : Techno, hardcore, drum'n break • **Catalogue national** : Radium, Micropoint, Maissouille, Pattern J, Al Core, Psiko, Kabal, Hardcoholics, Joshua, etc. • **Catalogue international** : Hellfish, Producer, The Speed Freak, Randy, Lenny Dee, The Sickest Squad • **Catalogue DVD musicaux** : Radium • **Labels en licence** : Absurd Audio, Alternhate, Sweetpeak • **Labels représentés ou intégrés** : Psychik Genocide, Neurotoxic, Dead End, Arena • **Distribué par** : Rue Stendhal, Mad Dog, Toolbox

AUDIOTRAUMA

info@audiotrauma.org • **www.audiotrauma.org**
3 rue Thiergarten • 67000 **STRASBOURG**
Genre(s) musical(aux) : Noise, indus, electro • **Catalogue national** : Le Diktat, Chrysalide, Twinkle, Mind Necrosis Factor, etc.

AURASKY MUSIC

✆ **01 49 98 06 97**
contact@auraskymusic.com • **www.auraskymusic.com**
14 villa du Combat • 93800 **EPINAY SUR SEINE**
Frédéric PERROT (Gérant) • Vincent LIMOUZIN (Directeur artistique)
Genre(s) musical(aux) : Pop, jazz, world, electro, asian fusion • **Catalogue national** : Norazia, Jaster, Arjuna De Bromo, Guilhem André, Santa, Thomas Brother's, Jefferson Undergroung, Mila Auguste, Indhira • **Labels représentés ou intégrés** : Alexander Arts • **Distribué par** : Ioda, The Orchard

AVANT SCÈNE

✆ **01 42 59 73 23** • fax 01 42 59 67 88
contact@artsetspectacles.fr • **www.artsetspectacles.fr**
35 rue du Poteau • 75018 **PARIS**
Christine BRIANT (Gérante) • Martine DEGIOANNI (Chargée de production)
Genre(s) musical(aux) : Jazz, chansons, world, pop rock, hip hop • **Catalogue national** : Anonym, Eouz'Gang, Eric Szanto, A. Project, Peter Nathanson, Lune, Evidence, Georges Paczynski, Horizons Intérieurs, La Meute, Les Froggies, Lune, Mônica Passos, Trio NBB, Michel El Malem, David Patois, Aurore Quartet • **Catalogue DVD musicaux** : Georges Paczynski (Live 2009) • **Distribué par** : King Records, Le Souffle d'Or, Satellite Distribution, Dom, Musicast

AVELOUEST / COOP BREIZH

✆ **02 98 93 83 14** • fax 02 98 93 87 97
jylecorre@coop-breizh.fr • **www.coop-breizh.fr**
Kerangwenn • 29540 **SPEZET**

Jean-Yves LE CORRE (Responsable du disque) • Sophie BESCOND (Assistante)

Genre(s) musical(aux) : Chanson, jazz, musique classique, musiques électroniques, musiques actuelles de Bretagne, rock, rock celtique • **Catalogue national** : Pat O'May & P. Langlois, Hilight Tribe, Doo the Doo, Red Cardell, Guichen Quartet, Pascal Lamour, Basta, Roland Becker, Ministère Magouille, Eric Le Lann, Les Ramoneurs de Menhir, etc. • **Catalogue DVD musicaux** : « Nuits Interceltiques à Bercy » (2008) • **Distribué par** : Coop Breizh

AXOLOTL JAZZ RECORDS

✆ **01 40 88 07 96** • fax 01 40 88 07 96
jlw@axojazz.com • **www.axojazz.com**
2 rue du Centre • 92200 **NEUILLY SUR SEINE**

Jean-Louis WIART (Responsable)

Genre(s) musical(aux) : Jazz • **Catalogue national** : François Tusques, Cesarius Alvim, Guillaume de Chassy, Patrick Favre, Frédéric Jeanne, Daniel Yvinec • **Catalogue international** : Edwin Berg Trio avec Fred Jeanne et Eric Surmenian, Bonnie Lowdermilk with Fred Hersh Trio, Lee Konitz (duo avec Cesarius Alvim), Jeff Gardner • **Labels représentés ou intégrés** : Frémeaux & Associés • **Distribué par** : Socadisc, Naïve, Abeille Musique

AYLER RECORDS

✆ **06 63 95 41 90**
stephane@ayler.com • **www.ayler.com**
BP 90042 • 91470 **LIMOURS**

Stéphane BERLAND (Responsable artistique)

Genre(s) musical(aux) : Musique improvisée, free jazz • **Catalogue national** : Alexandra Grimal Quartet, Théo Ceccaldi Trio, Marc Ducret, Nuts (Benjamin Duboc/Rasul Siddik/Itaru Oki/Didier Lasserre/Makoto Sato), Free Unfold Trio (Jobic Le Masson/B. Dubo/D. Lasserre), Last Seen Headed (Joëlle Léandre/François Houle/Raymond Strid), Snus (Niklas Barnö/Joel Grip/D. Lasserre), Jean-Marc Foltz + Bill Carrothers & Matt Turner, Le Sens de la Marche (coprod.), Zed Trio (Heddy Boubaker/David Lataillade/Frédéric Vaudaux), The Fish (Jean-Luc Guionnet/B. Duboc/E. Perraud), Abdelhaï Bennani Trio (B. Duboc/Edward Perraud), Didier Lasserre Trio • **Catalogue international** : Luis Lopes' Humanization Quartet, Dennis González' Yells at Eels, François Carrier Trio + Bobo Stenson, Flow Trio (Joe Morris/Louie Belogenis/Charles Downs), Correction (Sebastian Bergström, Joacim Nyberg, Emil Åstrand-Melin), Eric Zinman & Laurence Cook, Mark O'Leary, Szilard Mezei, Exploding Customer, Jimmy Lyons, Albert Ayler, Henry Grimes Trio, William Parker, Assif Tsahar, Charles Gayle, Stephen Gauci, Fred Anderson & Harrison Bankhead, Arthur Rhames, Mongezi Feza, Jemeel Moondoc Trio & Tentet, Anders Gahnold Trio, Arthur Doyle & Sunny Murray, Noah Howard, Jacob William Quartet, Ken Hyder & Maggie Nicols, Luther Thomas & John Lindberg, Michael Thieke/Michael Griener/Christian Weber, The Electrics, Sonny Simmons, etc. • **Labels représentés ou intégrés** : Silkheart Records (Suède) • **Distribué par** : Orkhestra International, ImproJazz et via le site

AZTEC MUSIQUE

✆ **01 43 58 92 20 / 06 88 94 06 43** • fax 01 44 50 51 92
nathalie@aztecmusique.com • **www.aztecmusique.com**
23 rue du Buisson Saint-Louis • 75010 **PARIS**

Eric BASSET (Directeur) • Marc BUSQUETS (Directeur de production du Département jazz) • Malika JEAN-FRANÇOIS (Promotion Média) • Martine LE GOFF (Promotion Média) • Jean-Rosly MASSENAT (Chef de produit) • Florian CARO (Infographiste)

Genre(s) musical(aux) : Chanson française, world (Antilles, Maghreb), jazz • **Catalogue national** : Jacques Schwarz?Bart, Tri Yann, Plantec, Femmouzes T, Romain Didier, Gilbert Laffaille, Edith Lefel, Tanya St Val, Dédé Saint Prix, Malavoi, Soft, Leny Escudero, Soldat Louis, Carimi, Plantec, Carré Manchot, EV, Emsaverien, Victor O, K'Koustik, Bélo, Erick Cosaque, Jenny Alpha, Lounes Matoub, Omar Pene, etc. • **Catalogue DVD musicaux** : Edith Lefel, Soft, Malavoi • **Distribué par** : Rue Stendhal, Coop Breizh

B.A.BA MUSIC

✆ **02 51 66 92 26**
yvonnick@babamusic.fr • **www.babamusic.fr**
36 rue de l'Eglise • 85500 **LES HERBIERS**

Anthony BAIZE (Directeur artistique) • Yvonnick AGENEAU (Gestion)

Editions du Sillon • **Genre(s) musical(aux)** : Chanson française, ska, rock, etc. • **Catalogue national** : Strollad, Xavier Merlet • **Distribué par** : Coop-Breizh

B' SONGS

infovst@wanadoo.fr • **www.versailles-station.com**
6 rue Mazière • 78000 **VERSAILLES**

Philippe BESOMBES (Directeur artistique)

Genre(s) musical(aux) : Variété, enfants, ragga, reggaeton • **Catalogue national** : Rondinara, Boréalis, Dulcy • **Catalogue international** : Los Del Mar, Dezil', Papa AP, ZookFun • **Catalogue DVD musicaux** : Babynoo, comptine d'Anita • **Labels en licence** : Versailles Station (www.versailles-stationtv.com), Yamm Records • **Distribué par** : Sony Music, Believe

BACCHANALES PRODUCTIONS

✆ **09 53 09 79 54 / 06 72 92 79 55**
nicolas.bacchus@gmail.com • **www.bacchanales-prod.fr**
9 rue Solferino • Boite 38 • 93300 **AUBERVILLIERS**

Pascal LAUCOIN (Président) • Nicolas « Bacchus » BAGES (Gérant) • Michael MARINETTI (Webmaster)

Genre(s) musical(aux) : Chanson francophone • **Catalogue national** : Nicolas Bacchus, Lucas Rocher • **Labels en licence** : AP : Manu Lods, Guillaume Barraband, Frédéric Bobin, Claude Astier, COM « Rencontres de la Chanson Francophone », Marie Surgers, etc. • **Distribué par** : MVS-Anticraft, L'Autre Distribution, autodistribution physique, Believe

BACK TO BLUES

✆ **01 46 37 33 88 / 06 70 80 10 00**
gv@gve.fr • **www.lizmccomb.com**
17 bd Vital-Bouhot • 92200 **NEUILLY SUR SEINE**

Gérard VACHER (Gérant)

Genre(s) musical(aux) : Gospel, blues, R&B • **Catalogue national** : Liz Mc Comb, Big Joe Duskin, Live at Quai du Blues • **Catalogue international** : Liz Mc Comb

BACK TO MONO RECORDS

✆ **06 64 45 63 40**
chris@btmrecords.fr • **www.btmrecords.fr**
Château de Chabons • 6 rue du Portail de Ville • 38110 **LA TOUR DU PIN**

Christian HIERRO (Label manager)

Genre(s) musical(aux) : Rock, pop, groove vintage • **Catalogue national** : Tara King Th, A*Song, The Buttshakers, Tchop Dye, Peter Solo & Kakarako

BADDA DAN DEM

✆ **01 70 32 32 71 / 06 89 22 68 11**
bddprod@gmail.com • **www.control-tower.com**
113 rue de Paris • 93100 **MONTREUIL**

Roger SHANTY (Manager) • Marie SAINT PAUL (Chargée de communication)

Genre(s) musical(aux) : Chanson, reggae, afro, soul, etc. • **Catalogue national** : Control Tower, Blues Party, Roots & Discipline, etc. • **Labels représentés ou intégrés** : Control Tower

Label **BALADES SONORES**

✆ **01 83 87 94 87**
info@baladessonores.com • **www.baladessonores.com**
15 rue d'Orsel • 75018 **PARIS**

Toma CHANGEUR (Président)

Genre(s) musical(aux) : Rock, pop, folk, musique électronique • **Catalogue national** : La Féline, Thos Henley, Pokett, Thomas Mery, Suzanne The Man, This Is Hello Monster !, Chinese Army, De la Jolie Musique • **Distribué par** : Autodistribution, Socadisc, L'Ambianceur, Idol

BANZAÏ LAB

✆ **06 18 36 39 65**
banzai.lab@gmail.com • **www.banzailab.com**
18 rue des Argentiers • 33000 **BORDEAUX**

Matthieu PERREIN (Label manager) • Clément ROUAN (Communication / booking)

Genre(s) musical(aux) : Musiques électroniques et musiques actuelles • **Catalogue national** : United Fools, Smokey Joe & The Kid, Feldub, Senbeï, Al'Tarba, Monsieur Grandin, Dj Stanbul, Dirty Honkers, Art Melody, Esiom, Ital Ray Birth, DJ Cat's Eyes • **Catalogue international** : MC Youthstar (UK) • **Distribué par** : CD1D, Believe

BASAATA PRODUCTIONS

✆ **06 60 66 57 53**
basaata@wanadoo.fr • **www.facebook.com/sarah.hajlblum**
3 rue du Moulin Joly • 75011 **PARIS**

Sarah HAJLBLUM (Directrice)

Genre(s) musical(aux) : Hip hop, spoken words, chanson, world • **Catalogue national** : Sapho, Bouchazoreill'Slam, Black Jack, Harragas, Abdallah Oumbadougou, etc. • **Catalogue international** : Positive Black Soul, Born Jamericans, Haoussa • **Distribué par** : Musicast, Warner, MK2, Because, Frémeaux & associés, CD1D, l'Autre Distribution, etc.

BAX RECORDS

✆ **02 31 94 29 70**
contact@baxrecords.com • **www.baxrecords.com**
c/o AMC & Les Tontons Tourneurs • 1018 Maison polyvalente du Grand Parc • 14200 **HEROUVILLE ST CLAIR**

François LEVALET (Responsable)

Genre(s) musical(aux) : Rock, électro, hip hop • **Catalogue national** : Lilea Narrative, Wine, Jesus Christ Fashion Barbe • **Distribué par** : Naïve, Believe

BBOYKONSIAN

✆ **01 39 18 17 04 / 06 13 90 84 15**
akye@bboykonsian.com • **www.bboykonsian.com**
25 av. du Saut de Loup • 78170 **LA CELLE ST CLOUD**

Akye (Label manager)

Genre(s) musical(aux) : Rap, reggae • **Catalogue national** : La K-Bine, Skalpel, Eskicit, Première Ligne

BDMUSIC

✆ 06 75 34 76 91
bruno@bdmusic.fr • **www.bdmusic-egalerie.com**
12 rue Frédéric Clément • 92380 **GARCHES**
Bruno THEOL (Directeur)
Genre(s) musical(aux) : Jazz, BD, blues, rock, chanson française • **Catalogue national** : Collection de 150 BD originales + 2 CD consacrés à des mus. de jazz, blues, rock, chanson, etc. - Collection « Cabu Jazz Masters » (plus de 30 vol. de double CD anthologique) • **Distribué par** : Harmonia Mundi et via le site

BE-FAST LABEL DE LA TAF

✆ 09 50 23 37 81 / 06 12 58 37 81 / 06 88 88 79 86
tafeur@gmail.com • **www.myspace.com/befastlabel**
48 cours Gambetta • 34000 **MONTPELLIER**
FYFY (Producteur) • Yoann KERAUDRAN (Communication / Distribution)
Genre(s) musical(aux) : Punk rock, psyko, surf, R & R, hard core, metal, etc. • **Catalogue national** : Washington Dead Cats, Eyeless, Unfit, Palavas Surfers, One More Season, Super Beatnik, Le Cercle Macabre, Les Concubins de La Chanson, Evil Country Jack, Lazybones, Lord Fester Combo, Burning Heads, La Souris Déglinguée, Les Vierges • **Catalogue international** : Turbo AC's • **Distribué par** : Pias, Interpunk (USA), Gearhead (USA), Sonic Rendez-Vous (Benelux), Green Hell (All), Ebay, Myspace, disquaires indépendants

BEAST RECORDS

✆ 02 99 79 36 49
beast.records@hotmail.fr • **www.beast-records.com**
7 rue de la Motte Fablet • 35000 **RENNES**
Sébastien BLANCHAIS (Président) • Romain MICHON (Vice-président)
Genre(s) musical(aux) : Rock, blues, garage punk, country folk • **Catalogue national** : Burn in Hell, Slim Wild Boar, Bertie Page Clinic, etc. • **Distribué par** : Autodistribution

BEAUBURO

✆ 03 81 51 07 36
contact@beauburo.com • **www.beauburo.com**
c/o Studio 103 • 14 route de Levier • 25720 **BEURE**
Marc CHAPUIS (Gérant)
Genre(s) musical(aux) : Rock, électro, hip hop • **Catalogue national** : Germinal, Alter Odio, Li, Sfev, Velo, Aomar • **Distribué par** : CD1D, Zimbalam

BECAUSE MUSIC

✆ 01 53 21 53 21 • fax 01 53 20 02 60
reception@because.tv • **www.because.tv**
173/175 rue du fbg Poissonnière • Bât. B • 75009 **PARIS**
Emmanuel DE BURETEL (Président) • Tahar CHENDER (Directeur du marketing) • Marie GODICHEAU (Chef de projet) • Daniela SOARES (Promotion Presse) • Balthazar BECKER (Responsable marketing Pôle Urbain) • Benjamin VERMEIL (Coordination internationale des éditions) • Benjamin BENAMOU (Directeur de l'image)
Genre(s) musical(aux) : Musiques actuelles • **Catalogue national** : Patrice, Asyl, Tandem, La Phaze, Neg'Marrons, Serge Reggiani, Keny Arkana, Bless, Jeanne Moreau, Noyau Dur, Charlotte Gainsbourg, Manu Chao, Sefyu, Rita Mitsouko, Judith Godrèche, Pascal Comelade, Syd Matters, Justice, Mr Oizo, Uffie, Mc Tyer, Kap Bambino, Medine, Busy P, Breakbot, Krazy Baldhead, Antoine Leon Paul, COM « Toxic », BOF « Sheitan », « L'empire des loups », « L'un reste, l'autre part », etc. • **Catalogue international** : Amadou & Mariam, Keziah Jones, O Karaiva, Cheika Rimitti, Miss Platinum, Metronomy, Moby, Prince, John Butler Trio, Klaxons, Late of the Pier, Selah Sue, Smod, etc. • **Distribué par** : Warner

BEE JAZZ

✆ 01 49 26 97 74 / 06 64 14 49 09
contact@beejazz.com • **www.beejazz.com**
Abeille Musique Distribution • 249 rue de Crimée • 75019 **PARIS**
Alexandre LEFORESTIER (Directeur) • Mohamed GASTLI (Directeur artistique / Label manager) • Adèle BOY (Export manager) • Delhia IKHLEF (Assistante Label manager)
Genre(s) musical(aux) : Jazz • **Catalogue national** : André Minvielle, Nelson Veras, Eric Le Lann, Edwin Berg, Karen Lano, Jozef Dumoulin, Issam Krimi, Jean-Marie Machdo, Boulou & Elios Ferré, Guillaume de Chassy, ONJ Daniel Yvinec, Jean-Philippe Muvien, Gabriel Zufferey, Daniel Humair, François Jeanneau, Stéphane Spira, Manu Codjia, Jerôme Sabbagh, François Couturier/Daniel Humair/Jean-Paul Celea, Christophe Wallemme, LeBocal, Magic Malik, Jonathan Horland, Fred Hersh/Nico Gori, Jan Lungren, Manu Codjia/Géraldine Laurent/Christophe Marguet, Rusconi, etc. • **Catalogue international** : Guillaume de Chassy & Daniel Yvinec « Wonderful World » (licence USA : Sunnyside Records), Jerome Sabbagh (licence USA : Sunnyside Records), Nico Gori & Fred Hersch, Rusconi • **Distribué par** : Abeille Musique, téléchargement « Studio Masters » sur wwwww.qobuz.com

BEE RECORDS

label@beerecords.com • **www.beerecords.com**
Eric BLANCHE (Label manager) • Olivier CHARREL (Label manager)
Bucolic Eclectic Electronic • **Genre(s) musical(aux)** : Electro, electronica, IDM • **Catalogue national** : Paral-lel, Cosmos 70, Noone, SKNDR, Nth Synthesis, Pierce Warnecke, Miso Soup, Abstractreacle • **Distribué par** : Idol, CD1D, Openzic

BEGGARS GROUP FRANCE

✆ 01 55 07 00 00 • fax 01 55 07 55 89
contact@beggars.com • **www.beggars.com**
68 rue Condorcet • 75009 **PARIS**
Jean-Philippe ALINE (Label manager) • Simon WHEELER (Directeur du développement) • Gérald YOUNA (Chef de produit) • Caroline VERDEM (Promotion presse) • Esther LAREDO (Promotion radio/TV)
Genre(s) musical(aux) : Pop, musiques électroniques, rock • **Catalogue international** : Adele, Tylor The Creator, Vampire Weekend, Friendly Fires, The XX, Cat Power, White Stripes, Gary Numan, Laïka, Pixies, Blonde Redhead, TV on the Radio, The Raconteurs, Radiohead, Sonic Youth, Beck, Antony & The Johnson, Jack White, Alabama Shakes, Bobby Womack, etc. • **Catalogue DVD musicaux** : Dead can Dance, Love & Rockets, etc. • **Labels représentés ou intégrés** : 4AD, Matador, XL Recordings, Rough Trade • **Distribué par** : Naïve

BELIEVE RECORDINGS

✆ 08 25 62 47 62
contact@believedigital.com • **www.believerecordings.fr**
2 pl. du Colonel Fabien • 75019 **PARIS**
Denis LADEGAILLERIE (Président) • Arnaud CHIARAMONTI (Cofondateur) • Romain VIVIEN (Directeur général)
Catalogue national : James Vincent McMorrow, Youssoupha, Kery James, Buridane, Music is not fun, Mina Tindle, Wax Tailor, The Amplifetes, Sniper, Raggasonic • **Distribué par** : Pias

BELLEVILLE MUSIC

✆ 01 41 43 71 00 • fax 01 41 43 71 01
contact@morgane-groupe.fr • **www.morgane-groupe.fr**
c/o Morgane Groupe • 3/5 bd Georges Seurat
92200 **NEUILLY SUR SEINE**
Fabrice NATAF (Label manager)
Catalogue national : Theodore Paul & Gabriel, Bastian Baker

BELUGA / LABEL 109

✆ 01 42 84 13 54 • fax 01 42 84 13 54
www.belugaprod.com
204 bd St-Germain • 75007 **PARIS**
Eric DUFAURE (Gérant)
Genre(s) musical(aux) : Tous styles • **Catalogue national** : Martine City Queen, Iris, Lio, Blue Garden, Private Pepper, « Une Etoile et Moi » • **Catalogue international** : Tomuya • **Distribué par** : Absilone, Socadisc

BÉMOL PRODUCTIONS

✆ 03 28 25 19 58
contact@bemolproductions.com • **www.bemolproductions.com**
147 rue Gustave Delory • 59210 **COUDEKERQUE BRANCHE**
Dominique BOMMEL (Administrateur) • Marie-Josephe BOMMEL (Gérante)
Genre(s) musical(aux) : Jazz-musette, musiques traditionnelles, world music, chansons • **Catalogue national** : Duo Laudat Dubanton, Régis Huiban, Dame Cornelie, Rachel Bazoge, Shillelagh, Gabriel Lenoir • **Labels représentés ou intégrés** : Bemol • **Distribué par** : Autodistribution

BEN'S WORLD PRODUCTIONS

✆ 01 40 40 06 26 • fax 01 40 40 06 26
sales@europadubbing.com • **www.europadubbing.com**
3/5 rue Melingue • 75019 **PARIS**
Kader BENYAHIA (Directeur artistique) • Lila LOKMANE (Responsable du développement)
Genre(s) musical(aux) : Pop music, nouvelle scène française, new soul, électro, world music

BG PRODUCTIONS

✆ 01 46 06 88 35 • fax 01 42 64 28 47
10 rue Damrémont • 75018 **PARIS**
Bruno ORLANDO (PDG) • Antoine ANGELELLI (Directeur artistique) • Philippe TESSIER (Coordinateur promotion)
Genre(s) musical(aux) : Variété française • **Catalogue national** : Dalida • **Distribué par** : Universal

BI-POLE

✆ 04 95 04 95 62 • fax 04 95 04 95 00
editions@bi-pole.org • **www.bi-pole.org**
Friche Belle de Mai • 41 rue Jobin • 13003 **MARSEILLE**
Cyril TOMAS-CIMMINO (Directeur / Chef de Projet) • Julia CAPPELLE (Chargée de production) • Jean-Baptiste BOREL (Chargé de production)
Genre(s) musical(aux) : Musiques électroniques, rock • **Catalogue national** : Zong, Jako-Maron, Jaboticaba, etc. • **Catalogue international** : 340ML, Filewile • **Distribué par** : Rue Stendhal, Believe

BIENVENUE

✆ 01 47 41 47 41 • fax 01 47 95 03 03
2 rue du Marquis de Morès • 92380 **GARCHES**
Emmanuel PONS (Responsable)
Genre(s) musical(aux) : Chanson • **Catalogue national** : Guy Béart

BIG BONE

✆ 09 51 07 53 00
simonetta@gmail.com
17 bis rue de Montmorency • 95150 **TAVERNY**
Alexis BLANCHART (Producteur / Editeur)
Genre(s) musical(aux) : Jazz, world, rock, variété française et internationale • **Catalogue national** : So Human, David Linx & The Brussels Jazz Orchestra, Etienne MBappe, Catherine Antoine, Benjamin Moussay, Sarah Morrow, Flor de Luna, Mokhtar Samba, Hùrlak, Pedro Aznar, etc.

Le BISON

✆ 09 51 24 23 13
lebison@lebison.com • **www.lebison.com**
41/43 rue Bison • 75020 **PARIS**
Sébastien PAINDAVOINE (Directeur) • Héloïse FONTAINE (Chargée de production)
Genre(s) musical(aux) : Rock, garage, punk, electro-jazz • **Catalogue national** : Rikkha, Féline Prod, Patchol, Was Da World • **Distribué par** : Musicast

BLACK AND BLUE

✆ 04 68 97 06 42 / 05 56 24 62 02
jean-pierre.tahmazian123@orange.fr
30 bis rue du Bailly • 93210 **LA PLAINE ST DENIS**
Jean-Pierre TAHMAZIAN (Gérant) • Jean-Marie MONESTIER (Gérant)
Genre(s) musical(aux) : Jazz, blues • **Catalogue national** : Philippe Pilon, Philippe Duchemin, René Urtreger, Stéphane Grappelli, Les Haricots Rouges, Guy Laffite, Les Voice Messengers, Philippe Petit, Pierre Christophe, Les Gigolos, François Laudet Big Band, Paris Swing Orchestra, Paris Washboard, etc. • **Catalogue international** : Collection The Definitive Black & Blue Sessions, Blues Reference • **Labels représentés ou intégrés** : Swing Jazz in France • **Distribué par** : Socadisc

BLACK DRAGON / HIGH DRAGON RECORDS

✆ 01 42 93 67 43
31 rue de Constantinople • 75008 **PARIS**
Agnès DESGRANGES (Gérante)
Genre(s) musical(aux) : Heavy metal, hard rock • **Catalogue international** : Chastain, Peer Günt, Lars Eric Mattsson, St- Elmo's Fire, Candlemass, Excruciating Pain • **Distribué par** : Autodistribution

BLACKSTROBE RECORDS

✆ 06 62 72 95 78
contact@blackstroberecords.com • **www.blackstroberecords.com**
c/o Zend Avesta • Rue Bridaine • 75017 **PARIS**
Stéphane VIARD (Label manager)
Genre(s) musical(aux) : Electro, techno, disco • **Catalogue national** : Black Strobe, Arnaud Rebotini, Museum • **Distribué par** : !K7

BLENDED MUSIC

✆ 01 43 41 92 54 • fax 01 43 41 92 54
blendedmusic@aol.com • **www.blendedmusic.com**
1 passage du Chantier • 75012 **PARIS**
Sylvain GANDILHON (Label manager) • Christophe LESIEUR (Associé)
Genre(s) musical(aux) : Electronic, house, deep house, electro funk • **Catalogue national** : DJ Lul, Mr Claude • **Distribué par** : La Baleine

BLOG UP MUSIQUE / LABEL CLUB

jerome@blogupmusique.com • **blogupmusique.com**
277 cours Lafayette • 69006 **LYON**
Jérôme FRELING (Label manager)
Genre(s) musical(aux) : Musique indé • **Catalogue national** : Helluvah, Vale Poher, Lapin Machin, Pollyanna • **Catalogue international** : Faris Nourallah, My Awesome Mixtape • **Distribué par** : MVS-Anticraft, Idol

BNC PRODUCTIONS SARL

✆ 02 97 43 20 77 / 09 75 71 46 43 / 06 08 84 62 77
bnc@breizh.net • **www.bncproductions.com**
Kergoual • 56450 **THEIX**
Pascal LAMOUR (Directeur artistique)
Genre(s) musical(aux) : Electro-world from Brittany, musique du monde, kan-dub, techno breizh, trad folk • **Catalogue national** : Pascal Lamour, Arkan, Ert, Annissa et Mars Drive, Celtic Connexion, Fileuses de Nuit, Magali Zsigmond, Bretagne des Sonneurs, Magic Chaudron, Tri Pichon Noz, Sophie Le Hunsec, Trio Kermabon, Myrdhin, Louis Jacques, Swignard, Samuel Le Henanff, Dédé le Meut, Bagad Ronsed-Mor de Lokoal-Mendon, etc. • **Distribué par** : Muséa, Ethnéa France, Last Call/ Wagram, Avelouest, Harmonia Mundi, Coop Breizh, EMI, Keltia

BOBURST PRODUCTIONS

✆ 01 58 51 10 94
contact@boburst.com • **www.boburst.com**
132 rue Saint Maur • 75011 **PARIS**
Yohann ZVEIG (Directeur / Gérant) • Stéphanie TAIEB (Chargée de production) • Hélène OLIVIER (Chargé de production)
Genre(s) musical(aux) : Pop, rock, soul, RnB, jazz, acoustique, latin - musiques d'illustration • **Catalogue national** : Zveig • **Catalogue international** : El Diez, Fernando Girao, La Rosa Negra, Vincent Bidal, Boris Baraz, Youch • **Labels en licence** : Tikal Productions, 21 Caminos • **Distribué par** : Sony, Amazon, ITunes Monde, Fnac Music (Europe), Virgin Média (Europe)

BOLINGO ART PRODUCTION

✆ 05 49 80 89 14 / 06 68 65 81 94
bolingo-art.com
7 allée du Bois Joli • 79300 **BRESSUIRE**
Sébastien MESERAY (Contact Label)
Genre(s) musical(aux) : Afro-beat, musique traditionnelle africaine, reggae, afro-pop, world • **Catalogue national** : Nzela, Kadja Nsé, Seny Camara, Badou & Xalima, Roger Kom • **Catalogue international** : Ashley Maher, Keungui Musik, Les Griots du Burkina - Azza

BONES BRIGADE RECORDS

info@bonesbrigaderecords.com • **www.bonesbrigaderecords.com**
37 rue Lion d'Or • BP 31 • 62140 **HESDIN**
Genre(s) musical(aux) : Crust, death, grind, doom, gore, etc. • **Catalogue national** : Gronibar, Sylvester Staline, etc. • **Catalogue international** : Joe Pesci, Agoraphobic Nosebleed, Brutal Truth, Inhume, Total Fucking Destruction, etc. • **Distribué par** : Autodistribution

BONSAÏ MUSIC

✆ 01 44 08 05 55 • fax 01 47 07 02 01
pierre@bonsaimusic.fr • **www.bonsaimusic.fr**
c/o FGL • 25 bd Arago • 75013 **PARIS**
Pierre DARMON (Associé) • Bertrand COQUEUGNIOT (Associé) • Alain KASSIMATIS (Associé)
Genre(s) musical(aux) : Jazz, jazz vocal, nouvelle chanson française, rock, électroworld, folk • **Catalogue national** : Jazz national & International : Paolo Fresu, Paolo Fresu et Omar Sosa, Musica Nuda, Ben Sidran, Flavio Boltro, Melody Players, Nico Morelli, Matthieu Boré, Emmanuel Bex & Nico Morelli, Cecilia Bertolini, Julien Daïan & Dj Borz, Roberto Cipelli, Orange Blossom, Manu Galvin, Ben Sidran ; catalogue VF, world & électro : Orange Blossom, Nasser, The Electronic Conspiracy, La Mordue, Usthiax, etc. • **Labels représentés ou intégrés** : Washi Washa, Tuk Music • **Distribué par** : Harmonia Mundi (Bonsaï Music) - WEA (Washi Whasha)

BOOKMAKER RECORDS

contact@bookmakerrecords.com • **www.bookmakerrecords.com**
5/7 rue de Mont Louis • 75011 **PARIS**
Valentin FÉRON (Président) • Thomas JAMES (Secrétaire) • Clément CAHIERRE (Trésorier)
Genre(s) musical(aux) : Psych, folk, drone • **Catalogue national** : Appalache, Henryspenncer • **Catalogue international** : Among the Bones, Michael James Tapscott, Seabuckthorn • **Distribué par** : Autodistribution, disquaires indés, Sulatron Records, Kozmik Artifactz, Clearspot

BOOSTER LABEL

✆ 09 83 53 94 31
info@booster-label.com • **www.booster-label.com**
c/o WTPL Music • 49 rue de Valenciennes • 59000 **LILLE**
Xavier COLLIN (Label manager) • François DEFEVER (Label manager) • Florian HODBERT (Responsable marketing)
Genre(s) musical(aux) : Tous • **Catalogue national** : Dugs, Obdurate, Unswabbed, Kayans, Axiom, MAP, Loconte, Arnold Baker, Lezard Martien, Mad River, Arbon, Tétard, Vasithy, 10 Rue D'La Madeleine, Labo, Lole, Pigalle, etc. • **Catalogue international** : Mud Flow, Lole, Balimurphy, Bad News Brown, Micoe, Mutiny on the Bounty, Junes, Sebastien Peiry, Longue Distance • **Catalogue DVD musicaux** : « Le Cabinet du Docteur Caligari » Thierry Zaboitzeff • **Labels en licence** : Is Records, NLP, Upton Park, AZ, Phénix Records, Anorak Supersport • **Labels représentés ou intégrés** : Woof Trade Publishing Limited • **Distribué par** : Universal, Pias, Codaex, Sony, L'Autre Distribution

BORDERBLASTER INTERNATIONAL

www.border-blaster.com
66 av. des Champs Elysées • 75008 **PARIS**
Genre(s) musical(aux) : Rap, hip hop • **Catalogue national** : Claudia Mericado, Crossfire, Doshermanos, J-RO, Junior Natural, Lalcko, La Fouine, Lazee, Lena Costa, Looptroop Rockers, M. Pokora, Prominent, Shawty Lo • **Catalogue international** : Chords, Evelyne, Kocky, Mustodamus, Prominent, Parasto, Soul Supreme, Spotrunnaz, Harry G, Mamoney, Krotal, Manhitoo, J-Ro, P. Williams & B. Bell, Ren Hook, etc.

BORN BAD RECORDS

✆ 06 62 75 83 96
bornbadrecords@wanadoo.fr • **www.bornbadrecords.net**
28 rue Emile Zola • 93230 **ROMAINVILLE**
Jean-Baptiste GUILLOT (Label manager)
Genre(s) musical(aux) : Rock'n'roll • **Catalogue national** : Frustration, Cheveu, Magnetix, Les Cavaliers, Jack Of Heart, Yussuf Jerusalem, Tu Seras Terriblement Gentille, Feeling of Love, Crash Normal, Violence Conjugale, Francis Bebey, Catholic Spray • **Catalogue international** : Intelligence, Hunx and this Punx, A. Frames, Habibi • **Distribué par** : L'Autre Distribution, Believe

BOSS OF SCANDALZ STRATEGYZ

✆ 01 53 90 19 35 • fax 01 45 45 07 59
info@lickshot.com • **facebook.com/lickshot.entertainment**
21 rue du Fbg St Antoine • 75011 **PARIS**
Sébastien FARRAN (Directeur)
Genre(s) musical(aux) : Hip hop, R&B, ragga, chanson • **Catalogue national** : COM « Boss of Scandalz vol. 1 et 2 » (avec Mass, Lord Kossity, Fat Cap, Sniper, FDY, 2 Trepides, Guess Pop, Ironsy, Serum, Reptiles, Nefztéry), COM « Opus 3 », Fap Cap, Ironsy, Dj James, Dj Spank, Dj Naughty.J, Terror Seb, D.dy, JoeyStarr, Nathy • **Labels représentés ou intégrés** : Likshot (distribué par Wagram) • **Distribué par** : Sony

BOXON RECORDS

✆ **09 80 94 44 64**
ar@boxonrecords.com • **www.boxonrecords.com**
24 rue Minvielle • 33000 **BORDEAUX**
Julien MINET (Label manager)
Genre(s) musical(aux) : Electro • **Catalogue national** : Tom Deluxx, Dilemn, WAT (We Are Terrorists), Costello, Daroc, GRS Club, kiGma, DCFTD, Aert Prog • **Catalogue international** : Eclier, Gooseflesh, T. Raumschmiere, The Boomzers, Aerotronic, Pelussje • **Distribué par** : Topplers, Toolbox, Musicast, CD1D, La Baleine, Idol

BOYAMÉ MUSIK

bomayemusik@gmail.com
Genre(s) musical(aux) : Rap • **Catalogue national** : Youssoupha, Taipan, Ayna, Kosi

BRENNUS MUSIC

✆ **05 63 50 52 84**
manager@brennus-music.com • **www.brennus-music.com**
La Glacière de Bonnery • 81260 **CAMBOUNES**
Alain RICARD (Président) • Nathalie CHOTARD (Responsable de la promotion)
Genre(s) musical(aux) : Hard rock, rock, musique occitane, blues • **Catalogue national** : Yotangor, Furious Zoo, Qantice, GL Band, Natchez, Ares, Wildpath, Veloce Hystoria, Desillusion, Thorgen, Goulamas'k, Sonoloco, Brick A Drac, Mike Lecuyer, Eric Ter, Renaud Hantson, Satan Jokers, Heavy Duty, Black Bear Fury, T.A.N.K, Ares, DemonTool • **Catalogue international** : Myrath, Glow, Silver Dirt, Ticket To The Moon • **Catalogue DVD musicaux** : Dyslesia, Natchez, Furious Zoo, etc. • **Labels représentés ou intégrés** : Rebel Music, Symbol Muzik, Bluesiac, Adreit (OC), Lion Music (Fin), Krescendo (UK), Nightmare (USA), Karthago (D), Pure Steel (D), etc. • **Distribué par** : Socadisc, Soundworks

BRISEZ LA GLACE !

✆ **06 86 95 54 29**
brisezlaglace@orange.fr • **www.yorguiloeffler.com**
5 pl. St-Georges • 67600 **SELESTAT**
Yves SCHMITT (Producteur / Manager)
Genre(s) musical(aux) : Jazz manouche, musique tzigane • **Catalogue national** : Yorgui Loeffler • **Distribué par** : Chant du Monde/Harmonia Mundi

BROMANCE RECORDS

press@bromancerecords.com • **www.bromancerecords.com**
Louis ROGÉ (Label manager)
Catalogue national : Brodinski/Gesaffelstein, G.Vump & Pipes, Club Cheval/Brodinski, Gesaffelstein/Rise Of Depravity, Danny Brown/The Black Brad Pitt, Jacques Lu Cont/Monsieur Monsieur, Club Cheval/Decisions

BROWNTOUCH ENTERTAINMENT

✆ **01 49 17 22 43**
contact@browntouch.com • **www.browntouch.com**
Tour Pleyel 14e ét. • 153 bd Anatole France • 93200 **ST DENIS**
Quentin BROWN-ONDONDA (Label manager)
Genre(s) musical(aux) : Hip hop, afrobeat, musiques du monde • **Catalogue national** : Jessy Matador, Cocopy, Miss Tila, Quentin Brown, Bana C4, Fabregas, Tony Karino, RCFA, Ben J, Brasco, Alain de l'Ombre, Fally Ipupa, Kevin Mola, R-One, Celeo Scram, Barbara Kanam, Yakuza, Boské Family, Terry Jax, Amy, etc. • **Catalogue international** : Poserap, Papa Wemba, Koffi Olomide, Laurette La Perle, J3 Jules César, etc. • **Distribué par** : Believe

BRUIT BLANC

✆ **06 13 59 45 16** • fax 01 77 65 64 71
matthieu@bruitblanc.fr • **www.bruitblanc.fr**
6 rue du Pont de Lodi • 75006 **PARIS**
Matthieu CHABAUD (Directeur artistique)
Genre(s) musical(aux) : Pop, rock, alternatif, noise, psyché • **Catalogue national** : Butch McKoy, Cheval Blanc, I Love UFO, We don't care about music anyway, The History of Colour TV • **Distribué par** : Autodistribution, Believe

BUDA MUSIQUE

✆ **01 41 74 02 09** • fax 01 41 74 01 78
contact@budamusique.com • **www.budamusique.com**
37 rue des Vignerons • 94300 **VINCENNES**
Gilles FRUCHAUX (Directeur)
Genre(s) musical(aux) : Musiques traditionnelles du monde entier • **Catalogue national** : Yom, Denis Cuniot, Bruno Girard, Yann-Fanch Kemener, Costauds de la Lune, Michel Esbelin, Jean-François Dutertre, Corou De Berra, Anghjula Potentini, Barbara Furtuna, Sarocchi, Lo Còr De La Plana, Chin Na Na Poun • **Catalogue international** : Thiopiques, Ethiopiques, Ethiosonic, Zanzibara, Trésors de la Chanson judéo-arabe, 17 Hippies, Paco el Lobo • **Catalogue DVD musicaux** : Mahmoud Ahmed Either/Orchestra « Ethiopian Groove », Getatchew Mekurya The Ex « 11 Ethiopunk Songs » • **Distribué par** : Universal, Socadisc, Rue Stendhal, Believe Digital

La BUISSONNE

✆ **04 90 61 34 60** • fax 04 90 61 35 06
info@labuissonne.com • **www.labuissonne.com**
397 route de la Buissonne • 84210 **PERNES LES FONTAINES**
Gérard DE HARO (Ingénieur du son)
Genre(s) musical(aux) : Jazz-musique sans étiquette, musique du monde • **Catalogue national** : Caravaggio, Andy Emler MegaOctet, Stéphan Oliva, Bruno Chevillon, Jean-Jacques Avenel, Quatuor Opus 33, Pierre Diaz et Trio Zéphyr, Vincent Courtois, Cholet/Känzig/Papaux Trio, Elise Caron, Claude Tchamitchian, Jean-Pierre Jullian, Carlos Maza, Megaoctet Andy Emler, etc. • **Catalogue international** : Bill Carrothers, Carlos Maza, Steve Swallow, Ricardo Del Fra, Barre Phillips, Heiri kanzig • **Distribué par** : Harmonia Mundi, Les Allumés du Jazz

C DU LOURD

prod-ed@cdulourd.com • **www.labelcdulourd.com**
c/o C.D.L Prod.& Ed. • 9A bd de Strasbourg • 83000 **TOULON**
Sandrine AUBERTIN (Directeur artistique) • Laurent ZEDDA (Directeur technique)
Genre(s) musical(aux) : Tous • **Catalogue national** : Eric Miller, Atlantéa 2013, Tit'jean, Joffrey B • **Distribué par** : Believe

C'EST PAS DES MANIÈRES

✆ **04 78 94 84 12** • fax 09 81 40 21 41
www.cestpasdesmanieres.org
34 av. Roger Salengro • 69100 **VILLEURBANNE**
Christophe JACQUES (Directeur artistique) • Manon LENOIR (Chargée d'administration) • Émilie JEANNOT (Chargée de production) • Ségolène PATEL (Responsable technique) • Kolotiana RAMONJA (Chargée de diffusion) • Paul WIEL (Chargé du développement web)
Genre(s) musical(aux) : Chanson, folk, world music • **Catalogue national** : Trio Soulaÿrès, Vidala, Chems, Patricia Kalla • **Distribué par** : Musicast, CD1D

CARAVAGE

contact@caravage.fr • **www.caravage.fr**
64 rue Anatole France • 92300 **LEVALLOIS PERRET**
Sophie SMETS (Gérante)
Genre(s) musical(aux) : Musiques du monde • **Catalogue national** : Son Caribe, Aparecida, Marc Taynor, Harry Kalapana, Soazig, Enrique Santamaria, Chiquinho Timoteo, Alain Mion • **Labels représentés ou intégrés** : Axis, Context, Gravitude • **Distribué par** : Multiples labels

CAROTTE PRODUCTION

✆ **06 15 13 70 35 / 09 51 33 81 23**
contact@carotte.org • **www.carotte.org**
27 rue Elisée Reclus • 42000 **ST ETIENNE**
Etienne DELESSE (Label manager)
Genre(s) musical(aux) : Rock, dub, chanson, etc. • **Catalogue national** : TD+, Barrio Populo, Mac Abbé et le Zombi Orchestra • **Distribué par** : CD1D, Inouïe distribution (St Etienne)

CARTON RECORDS

✆ **06 63 43 11 92 / 04 72 86 94 59**
carton@cartoncartoncarton.com • **www.cartoncartoncarton.com**
18 rue de Bourgogne • 69009 **LYON**
Sébastien BRUN (Responsable artistique) • Wladimir KRAFT (Label manager) • Marion BOUVIER (Booking) • Agnès LÉTÉ (Administratrice)
Genre(s) musical(aux) : Rock, pop, folk, noise, jazz, etc. • **Catalogue national** : Jeanne Added, Linnake, Gilles Poizat, IRèNE, W.A.C., OK Lunatic Toys • **Distribué par** : VPC, Zebralution

CASA ÉDITIONS

✆ **04 95 61 76 57 / 04 95 61 77 31** • fax 04 95 61 74 28
infos@casa-editions.com • **www.casa-editions.com**
Pl. de l'Église • 20220 **PIGNA**
Jérôme CASALONGA (Directeur artistique) • Jean-Sebastien MAHR (Administrateur) • Raynold AMADEI (Commercial)
Genre(s) musical(aux) : World, jazz, musique sacrée, classique, baroque, traditionnelle • **Catalogue national** : En co-production avec le Cercle du triangle, la collection : « Nove Muse-Jazz » : Les Elégantes Machines, Francis Lassus/Sylvain Luc, Andy Emler, Louis Sclavis, Myriam Joly et Alphonse Anougna, etc.; « Nove Muse » : A Cumpagnia, Zamballarana, Elisabeth Joyé, Tao-By, I Fratelli Vincenti, Cunfraterna di a Serra, Madrigalesca, Ange Lanzalavi trio, A. Ciosi, I Canti Sparulati • **Distribué par** : Casa Editions (Corse uniquement), Abeille Musique (international)

CASCADE RECORDS

info@cascaderecords.fr • **www.cascaderecords.fr**
Genre(s) musical(aux) : Hip hop, musiques électroniques • **Catalogue national** : Ackryte, Al_PD, Amin Payne, Broke, Bugseed, Planet Soap, Prof.Logik, Repeat Pattern, Sport G

CBN PRODUCTIONS

✆ **04 78 96 98 25**
cbn-production@wanadoo.fr • **www.tom-nardone.com**
1 ch. de Mytalis • 69970 **CHAPONNAY**
Tom NARDONE
Genre(s) musical(aux) : Jeune public • **Catalogue national** : C. Guilbaud, T. Nardone, Marc Bernard • **Catalogue DVD musicaux** : « Chansons Colorées », « Ecolo-Sapiens » de Tom Nardone, « C' tout com » (LP/DVD) • **Distribué par** : Autodistribution, Hachette (Scolavox), Eveil & Jeux, Lirabelle, L'Arbre à Musique, « Prévention routière » (Sgl « Mets ta ceinture »), Musicast Distribution

CDM / FRENCH TRADE

✆ **01 47 35 46 05** • fax 01 47 35 46 88
info@cdm-music.com • **www.cdm-music.com**
2 rue Ledru Rollin • 92240 **MALAKOFF**

Patrick CASSAIGNE (Responsable) • Franck RIGAUD (Directeur général) • Philippe BIHAN (Répertoires) • Régis SADA (Copyright manager) • Célia WILLOCQ (Conseillère musique)

Genre(s) musical(aux) : Librairie musicale, illustration sonore • **Catalogue national** : Lyonel Bauchet, Christophe Jacquelin, Dominique Guiot • **Catalogue international** : Black Is Blonde, Your Tune, Twisted Jukebox, Spider Cues, Morning Music, Intervox, Flash Point, Digital Assassin, Clock Orange, Shock Files • **Labels en licence** : All Sorts Music, Atomica, AVF/Soundstage, BBX, Blue Dot, Brand X Music, Brickwall Audio, Burn, Catapult, Omni Music, PostHaste, Score Music, Sonic Symphony, Spice Vocal, The Funky Junkies • **Distribué par** : Autodistribution

CEGACI PRODUCTIONS

✆ **02 99 38 77 35 / 06 51 33 38 79** • fax 02 99 38 77 35
contact@cegaci.com • **cegaci.believeband.com**
27 rue Émile Bernard • 35700 **RENNES**

Marc GBALLOU (Directeur artistique fondateur)

Centre d'édition et de gestion des arts et culture interactifs • **Genre(s) musical(aux)** : Dancehall roots, R&B, reggae, raggamuffin (live & Dj style), musique africaine et afro latino : mapouka, zouglou, mbalax, faya moukou, gobelet, coupé décalé, compas, zouk • **Catalogue national** : Anidier, King Agoussi, Ramses de Kimon, Artisanal Soca, Sattas, Donache, Tony Offey, Kabako, Ivoir Sound System, Marc Lenoir, Asney, Flavy Bato, Barbara Akabla, Bicharme Takry • **Catalogue international** : Ivoir Sound System, Ramses De Kimon, Marc Lenoir & King Agoussi, Karaïb Sound Family, Tony Offrey • **Labels représentés ou intégrés** : Cegaci Music, Rok Music, Kafop Record • **Distribué par** : Autodistribution, Rok Musik

CELLULOID

✆ **01 40 05 03 73** • fax 01 40 05 19 77
gilbert.castro@ruestendhal.com
c/o Rue Stendhal • 9 bis rue de la Villette • 75019 **PARIS**

Gilbert CASTRO (Gérant) • Annie DELIGNE (Assistante)

Genre(s) musical(aux) : Généraliste, world music • **Catalogue national** : Sapho • **Catalogue international** : Diane Tell, Bevinda, Juan Carlos Caceres, Djeli Moussa Diawara, Kora Jazz Trio, Pierre Akendengué, Zao, Electro Bamako, Ousman Danedjo, Abozekry • **Distribué par** : Rue Stendhal

CERCLE ROUGE PRODUCTION

✆ **01 48 24 24 50** • fax 01 48 24 24 51
fanny-crepuscule@yahoo.fr
3 rue Paillet • 75005 **PARIS**

Fanny LAMOTHE (Responsable) • Mike KOURTZER (Gérant)

Genre(s) musical(aux) : Hip hop, RnB, musique de films et publicité • **Catalogue national** : COMs « Cercle Rouge », « Le Chant de l'Exile », Mystik, White & Spirit, Charlee, 50-50 (Dj Spirit & Cassidy), BOF « Mesrine », « Nou Pli Fô » • **Distribué par** : Idol

La CERVELLE

✆ **03 45 02 78 15**
eugene.lampion@free.fr • **www.myspace.com/lacervelle**
1 ruelle du Port • 89290 **ESCOLIVES STE CAMILLE**

Eugène LAMPION (Responsable)

Genre(s) musical(aux) : Chanson française, de l'électro à l'acoustique • **Catalogue national** : Les Oisillons Tombés du Nid, Primaire, Mr Claude, Les Oeufs en Neige, Les Brutes Epaisses, Machinchose, Maquerelle, l'Arrière-Cuisine • **Distribué par** : ZicMeUp, autodistribution

CEZAME MUSIC AGENCY

✆ **01 42 22 00 68** • fax 01 42 22 04 09
contact@cezame-fle.com • **www.cezame-fle.com**
11 rue de Sèvres • 75006 **PARIS**

Frédéric LEIBOVITZ (Gérant /direction artistique) • Françoise MARCHESSEAU (Directrice artistique) • Fabien BERMANT (Responsable marketing / Communication) • Gabrielle JARZYNSKI (Copyright) • Anaëlle CORMIER (Conseillère musique) • Benjamin ROY (Conseiller artistique)

Genre(s) musical(aux) : Musique à l'image, tout style • **Catalogue national** : Alain Kremski, André Charlier, Benoît Sourisse, Bernard Parmegiani, Bruno Letort, Cesarius Alvim, Christian Zanesi, Christofer Bjurström, Cyrille Aufort, Denis Levaillant, Didier Malherbe, Dominique Cravic, Frédéric Daverio, Gréco Casadesus, Jean-François Vrod, Jean-Jacques Milteau, Marc-Olivier Dupin, Marc Perrone, Philippe Hersant, Renaud Garcia-Fons, Steve Shehan, Pierre Adenot, Cyrille Aufort, Bernard Becker, Robert Benzrihem, Pajaro Canzani, Eric Daniel, Arnaud de Buchy, Daniel Diaz, Loy Ehrlich, Manuel Galvin, Michel Godard, Didier Goret, John Greaves, Teddy Lasry, Vincent Leibovitz, Bruno Letort, Frédéric Loth, Fay Lovsky, Guy Lukowski, Gilles Maugenest, Christian Mesmin, Silvano Michelino, Nicolas Mizrachi, Jean-François Morin, Piotr Moss, Selma Mutal, Claude Polikar, Arnaud Rebotini, Laurent Rochelle, Sébastien Roux, Olivier Samouillan, Pierre-Michel Sivadier, Elizabeth et Guy Skornik, Gérard Torikian, Jean-Michel Vallet, Silvain Vanot, etc. • **Labels représentés ou intégrés** : Cezame, Cezame Virtuel, Cezame Carte Blanche, IPM, Gum Collections, Signature Radio France, Ocora, CMT • **Distribué par** : Believe

CH+

✆ **01 47 22 08 23 / 06 81 23 42 96**
ch2chplus@wanadoo.fr
10 bis rue Berteaux Dumas • 92200 **NEUILLY SUR SEINE**

Christian HERRGOTT (Gérant)

Genre(s) musical(aux) : Variétés • **Catalogue national** : Sanseverino, Alec Mansion, Nadia Wasiuteka, June & Lula, Gatzby • **Catalogue DVD musicaux** : Sanseverino • **Labels en licence** : Congas • **Distribué par** : Sony

CHABINE PROD.

✆ **05 96 64 54 63 / 06 96 25 71 11** • fax 05 96 64 54 63
chabineprod@gmail.com • **www.chabineprod.com**
8 rés. Les Crotons • Route de Cluny
97200 **FORT DE FRANCE (MARTINIQUE)**

Claude CABIT (CEO)

Genre(s) musical(aux) : Zouk, world, musique traditionnelle, gospel • **Catalogue national** : Christiane Vallejo, Jean-Marie Ragald, Wesley Semé, Harry Diboula, Emile Naroyanin, Foyal Blues, etc. • **Catalogue DVD musicaux** : Akiyo, Kreyolistik, Christiane Vallejo • **Labels en licence** : La Perfecta, Harry Diboula, Eric Virgal, Kriyolio, etc. • **Labels représentés ou intégrés** : Shark entertainment • **Distribué par** : Autodistribution

CHAMBRE 404

matthieu.couturier@chambre404.com • **chambre404.com**
75 rue Lamarck • 75018 **PARIS**

Matthieu COUTURIER (Cogérant)

Genre(s) musical(aux) : Pop, indie, electro • **Catalogue national** : Chateau Marmont, Exotica, Glass Figure, Stella Le Page

CHANDELLE PRODUCTION

✆ **01 43 59 15 78** • fax 01 43 59 66 77
contact@chandelleprod.com • **www.pomme-music.fr**
61 rue de Ponthieu • 75008 **PARIS**

Charles TALAR (Gérant) • Fabienne TUKENMEZ (Label manager)

Genre(s) musical(aux) : Variété française • **Catalogue national** : F. Cabrel, Stéphane Mondino, Daguerre • **Catalogue DVD musicaux** : F. Cabrel • **Distribué par** : Sony

Le CHANT DU MONDE

✆ **04 90 49 90 49** • fax 04 90 49 58 33
cdm@lechantdumonde.com • **www.lechantdumonde.com**
Mas de Vert • BP 20150 • 13631 **ARLES CEDEX**

Alain RAEMACKERS (Responsable édition / production phonographique) • Hervé DESARBRE (Responsable éditorial) • Céline BREUGNON (Attachée de presse) • Frédérique DOMINGUES (Assistante de production)

Genre(s) musical(aux) : Jazz, musiques traditionnelles, variétés internationales, chanson française, jeune public • **Catalogue national** : Romain Dudek, Art Mengo, Léo Ferré, Gari Greù, Moussu T e lei Jovents, Eric Lareine, Julos Beaucarne, Magma, Elise Caron, Elisabeth Caumont, Annick Cisaruk, Marine Bercot, Céline Caussimon, Louise Vertigo, Isabelle Mayereau, Rouda, Joël Favreau, Marc Perrone, Steve Waring, Allain Leprest, François Lemonnier, Général Alcazar, Orchestre National de Barbès, Rue de la Muette ; catalogue jazz : Django Reinhardt, Raphaël Fays, Tchavolo Schmitt, Steeve Laffont, Yorgui Loeffler, Angelo Debarre, Sashird Lao, Yves Rousseau, Claudia Solal, Les Pommes de ma Douche, Ludovic Beier, Mandino Reinhardt, Patrice Caratini, Denis Colin, Rita Marcotulli, Costel Nitescu, Eric Séva, David Venitucci • **Catalogue international** : Gianmaria Testa, Marcio Faraco, Joe Barbieri, Peppe Voltarelli, Piero Sidoti, John Greaves, Vladimir Bozar 'n' The Sheraf Orkestar, Juan Carmona, Juan de Lerida, Cuarteto Cedron, Maria Teresa, Christina Rosmini, Katia Guerreiro, Guem, Ensemble Al-Kindi, Aïcha Redouane, Munir Bashir, Ostad Elahi, Elisa Vellia, Joana Amendoeira, Malecon Social Club, Atahualpa Yupanqui • **Distribué par** : Harmonia Mundi

CHAPTER TWO / WAGRAM

✆ **01 76 74 93 38**
nicolas@chaptertworecords.com
113 rue St Maur • 75011 **PARIS**

Romain GERMA (Directeur) • Nicolas MASLOWSKI (Directeur artistique) • Charlotte PICAS (Promotion)

Genre(s) musical(aux) : Reggae, dub, chanson française, world • **Catalogue national** : Tom Fire, R-Wan, Zoufris Maracas, Lek Sen, etc. • **Catalogue international** : Clinton Fearon, Winston Mcanuff, Les Espoirs de Coronthie • **Distribué par** : Wagram

CHÂTEAU BRUYANT RECORDS

✆ **06 63 80 03 80 / 06 29 76 01 85**
chateaubruyant@gmail.com • **www.chateaubruyant.com**
1 rue Palestro • 13003 **MARSEILLE**

Frederic GARCIA (Directeur artistique) • Nicolas BALOCHE (Directeur artistique) • Francois POIRIER (Label manager) • Julien DIAGO (Graphiste) • Adrien SAUVAGET (Ingénieur mastering)

Genre(s) musical(aux) : Electro, hip hop, bassmusic • **Catalogue national** : Aglory, Alphaat, Baxter Beez, Broad Ruch, Budlu, Comic Strip, Dj Skillz, Flore, MC2, Mectoob, Niveau Zero, Supernacho, Tambour Battant, The Unik • **Distribué par** : Believe

CHEZ.KITO.KAT RECORDS

✆ **06 75 87 13 37**
contact@chezkitokat.com • **www.chezkitokat.com**
47 rue de Bévange • 57270 **RICHEMONT**
Samuel RICCIUTI (Chargé de communication / Directeur artistique) • Salima BOUARAOUR (Présidente)
Genre(s) musical(aux) : Electronica, folk, pop, expérimental, ambient, downtempo • **Catalogue national** : The Skans, Dr Geo, Alexandre Martinez, Twin Pricks, Alone With King Kong, Dog Bless You, Komparce • **Catalogue international** : E1000, Sug(R)Cane, Mont Stealth, Synthesis, Artaban, In Circles, Daily Vacation • **Distribué par** : CD1D

CHIC FLOWERZ MUSIC

✆ **06 68 51 75 55 / 06 98 06 55 77**
tony@chicflowerz.com • **www.chicflowerz.com**
55 av. Marceau • 75116 **PARIS**
Choukry aka Tony CHAMSA (Label manager) • Nicolas MOLIO (Label manager)
Genre(s) musical(aux) : Dance, électro, latin music, chillout • **Catalogue international** : Pacha Ibiza, I Love Ibiza, Sidekick, Nicky Romero, Snoop Dog, Les plus Grands DJs de la Planète, Ibiza Loveland, Paris Fashion Music • **Catalogue DVD musicaux** : Pacha Ibiza, I Love Ibiza • **Distribué par** : Sony, EMI, Universal, Warner, Believe

CHIFF-CHAFF

✆ **09 52 34 03 42** • fax 09 52 34 03 42
infos@chiff-chaff.com • **www.chiff-chaff.com**
9 bd du Gal Ferrié • 94100 **ST MAUR DES FOSSES**
Hervé MILLANCOURT (Directeur des éditions)
Genre(s) musical(aux) : Sons de la nature, musique et contes pour enfants, relaxation • **Catalogue national** : Collection « Nature & Découvertes » • **Labels représentés ou intégrés** : Ample, Le Sablier • **Distribué par** : Chiff-Chaff

CHINESE MAN RECORDS

✆ **06 64 63 23 34**
records@chinesemanrecords.com • **www.chinesemanrecords.com**
79 rue Terrusse • 13005 **MARSEILLE**
Fred MAIGNE (Label manager) • Julien PICKERING (Booking) • Sébastien GRAU (Distribution Vinyls) • Ben BEFORT (Promotion)
Genre(s) musical(aux) : Hip hop, musiques électroniques • **Catalogue national** : Deluxe : EP « Daniel » (2013), EP « Polishing Peanuts » (2011), Collectif Chinese Man : « Remix With The Sun » (2012), « Miss Chang » (2011), « Racing with the Sun » (2011), LP « Groove Session Vol.2 » (2009), « Groove Session Vol.1 » (2007), « Groove Session » (2006), EPs « Small City Music » (2008), « Le Pudding » (2008), « Indi Groove » (2005), « The Pandi Groove » (2005), « The Bunni Groove » (2004), Taiwan Mc : EP « Heavy this Year » • **Catalogue DVD musicaux** : « Chinese Man Live à la Cigale » (2013), « The Groove Sessions DVD » (2010) • **Distribué par** : Differ-Ant, CD1D, autodistribution, Groove Attack (All.), Rough Trade (Bel.), Namskeio (CH)

CHRIS MUSIC

✆ **06 98 36 07 52**
contact@chrismusic.fr • **www.chrismusic.fr**
130 bis av. Jean Jaurès • 75019 **PARIS**
Dominique MOUYEAUX (Gérant) • Christine NORDHEIM-MOUYEAUX (Business affairs et copyright)
Genre(s) musical(aux) : Pop, rock • **Catalogue national** : Partenaire Particulier, Christian Fougeron, Yan Caillasse, Les Anges Gardiens, Tribu 9-, Barcelone, Dominique Py, Chrysalide, Honey, Quart d'Heure Américain, Alain Thomas, Christian Schwarz, Mahjun, LVL Project • **Catalogue international** : Jorge Humberto, Chikinki, George Kranz, Boytronic, Casanova, Errol Dunkley, Bismak, Knorkator • **Labels représentés ou intégrés** : Tyna Music, Opposition Records, DMR, Chris Records • **Distribué par** : Believe, Rue Stendhal

CHRISAL RECORDS

edprod@chrisalmusic.com • **chrisalmusic.com**
5 av. du Mal Juin • 92100 **BOULOGNE BILLANCOURT**
Alain RAVEL (Responsable)
Genre(s) musical(aux) : Tous • **Catalogue national** : Rave Combo, Emerald, Louis Ravel, Heartquake, 16.130, Amazonia, Jazz Fizz, Plook Machine, Darkplayer, Yaune, Junior JFK, Dj Bat, SnowRiders, Dj Marvel, Kastilla, Kohtek, Dj Rom007, Frédéric Bernachon, Delmo, Kool Bass, Philosong, Glitzerhaus, Dj Chris, TTM, Memrâ, String Ensemble, The Chubbys, Yzaak, Roman Schwartz, Manukeen, Seyiah, Cameron, Alone With Everyday, Arphy • **Labels représentés ou intégrés** : Bull Records, Tonic records, Jam-Records, Chrisal-Records, DDMD-06 (Délégation départementale à la musique et à la danse) • **Distribué par** : VirginMega, Fnac Music, Starzik, iTunes, MusicMe, eMusic, Napster, Nokia, Rhapsody, Spotify, Amazon, Myspace, Juno download, etc.

CINQ CINQ PRODUCTION

✆ **06 85 83 26 06**
contact@cinqcinq.com • **www.cinqcinq.com**
Le Charlès • Route de Fabas • 31220 **ST MICHEL**
Michaël FENEUX (Directeur chargé de production)
Genre(s) musical(aux) : Dub rock, électro, trip hop, jazz fusion, hip hop • **Catalogue national** : Afous Afous, Animal Organic, Apoken Shodan, Fragile Architecture • **Catalogue DVD musicaux** : Ina Cesco • **Distribué par** : Believe

CINQ PLANETES

✆ **02 47 50 79 79 / 06 30 55 16 63** • fax 02 47 50 79 80
autredistribution@autredistribution.fr
c/o L'Autre Planète • 9 rue Lavoisier • ZAC de Conneuil
37270 **MONTLOUIS SUR LOIRE**
Philippe KRÜMM (Directeur artistique)
Genre(s) musical(aux) : Musiques traditionnelles, instruments solo • **Catalogue national** : Spi et la Gaudriole, Patrice Conte, Dominique Paris, Luc-Charles Dominique, Jean-François Vrod, Patrick Molard, Eric Champion, Frédéric Sylvestre, Marcel Azzola, Frédéric Schlick, Philippe Mallard (Quartier libre), Marc Anthony, Jérôme Richard, Yan Cozian, Justin Vali, etc. • **Catalogue international** : Wang Li, Justin Vali, Phillip Peris, Anatol Stéphanet, Xu Chaoming, Ballaké Cissoko, Valério Cascaval, Khalid Rashid, Kamyar Izadi, Rajagopalan, Sarah Ghriallais, Les Haricots sont pas Salés, Josie Sheain Jack, Yé Lassina Coulibaly, Mahafay Gégé Morja, Androy Surji, etc. • **Labels représentés ou intégrés** : La Voce Records, Editions Tanzbär • **Distribué par** : L'Autre Distribution (France)

CINQ7

www.cinq7.com
c/o Wagram Music • 113 rue St-Maur • 75011 **PARIS**
Alan GAC (Directeur artistique) • Emmanuel PERROT (Responsable marketing et promotion) • Eric MARJAULT (Responsable de la promotion) • Julien TANGUY (Promotion) • Chet (Directeur artistique) • Guillaume LERMITE (Marketing)
Genre(s) musical(aux) : Tous • **Catalogue national** : Damien Saez, The Dø, Albin de la Simone, Les Vedettes, Dominique A, Naïve New Beaters, Guillaume Cantillon, AaRON, Kaolin (Coed. At(h)ome), Oxmo Puccino, Mélanie Pain, Pauline Croze, Lili Wood and The Prick, Gush, Bertrand Belin, Sevrin, Dissonant Nation • **Catalogue international** : Calvin Harris • **Distribué par** : Wagram Music

CIRCUM-DISC

✆ **03 28 82 07 93**
disc@circum-music.com • **www.circum-disc.com**
Muzzix • 51 rue Marcel Hernaux • 59000 **LILLE**
Peter ORINS (Directeur artistique) • Celine LIAGRE (Administratrice) • Lise CAZE (Chargée de communication)
Genre(s) musical(aux) : Jazz, musiques improvisées • **Catalogue national** : Olivier Benoit, Quartet Base, Flu(O), Stefan Orins, Circum Grand Orchestra, La Pieuvre, Happy House, la Grande Perezade, Mahieux « Family Life » Quartet • **Labels représentés ou intégrés** : Helix • **Distribué par** : Via le site, MVS-Anticraft, les Allumés du Jazz, Metamkine, CD Baby

CIRCUS COMPANY

✆ **06 61 11 63 77 / 01 44 59 69 18**
info@circuscompany.fr • **www.circuscompany.fr**
7 rue Bridaine • 75017 **PARIS**
Mathias DUCHEMIN (Label manager)
Genre(s) musical(aux) : Musiques électroniques • **Catalogue national** : Antislash, Ark, dOP, D'Julz, Franck Roger, Les Fils du Calvaire, Nôze, Sety, Seuil, Thomas Murphy • **Catalogue international** : Nicolas Jaar, Aquarium Heaven, Carsten Klemann, Dave Aju, Deetron, DJ Koze, Guillaume & The Coutu Dumonts, Homewreckers, John Shananigans, Marc Schneider & Aera, Mossa, MyMy, Oleg Poliakov, Patrick Russel, Robag Wruhme, Ryan Crosson, Samim, Seth Troxler, Stephen Beaupré, Wareika, Willie Graff & Tucillo

Le CITRON VERT

✆ **09 51 31 02 21 / 06 30 36 04 30**
contact@lecitronvert.org • **www.lecitronvert.org**
13 rue Buet • 25000 **BESANCON**
Emmanuel BULLE
Genre(s) musical(aux) : Presse-Agrumes (hardtechno, hardcore, tribe, drum), Limonade (techno, minimal, breakbeat), 7 Lakes (trip hop, dubstep, electronica, downtempo) • **Catalogue national** : Artistes franc-comtois uniquement : Não Live Band, Arure, Tetra Hydro K, Mula, Mydriaz, Pygz, Gre, Kev-1, Carbon Airways, Corbo, etc. • **Labels représentés ou intégrés** : Presse-Agrumes, Limonade, 7 Lakes • **Distribué par** : Believe, CD1D

CITY SLANG FRANCE

✆ **01 43 49 49 13**
aymeric@cityslang.com • **www.facebook.com/cityslangfrance**
75 rue des Martyrs • 75018 **PARIS**
Aymeric JOIN-DIETERLE (Responsable France)
Genre(s) musical(aux) : Rock indépendant, pop, folk • **Catalogue international** : Nada Surf, Calexico, Tindersticks, Get Well Soon, Caribou, Lambchop, Cocorosie • **Labels représentés ou intégrés** : Souterrain Ttransmissions (Zola Jesus, EMA, etc.) • **Distribué par** : Pias

CLAIR 2 LUNE

✆ **06 51 63 40 45**
contact@clair2lune.com • **www.clair2lune.com**
51 pl. Pétrarque • 67200 **STRASBOURG**
DEEZ NUTZ (Producteur) • Gabriel GRAMZ (Responsable marketing) • Malek REBANI (Label manager)
Genre(s) musical(aux) : Rap, RnB • **Catalogue national** : N.A.P, Lalsachien, Matteo Falkone, Mahooni, le C.A.M.P., « A Nos Morts », Ateo • **Labels en licence** : Mémoires Vives • **Distribué par** : XIII Bis, Sony

CLAPPING MUSIC

julien.rohel@ascorpus.com • **www.clappingmusic.com**
c/o ABC + - As Corpus • 118/130 av. Jean Jaurès • 75169 **PARIS CEDEX 19**
Julien ROHEL (Label manager)
Genre(s) musical(aux) : Rock indépendant, psyché pop, musiques électroniques • **Catalogue national** : Encre, Yeti Lane, My Jazzy Child, King Q4, Erich Zahn, Orval Carlos Sibelius, Ramona Cordova, François Virot, Centenaire, Lauter, Clara Clara, Karaocake • **Distribué par** : La Baleine

COAX RECORDS

✆ **06 70 77 98 84 / 06 87 84 50 50 / 06 13 01 02 70**
contact@collectifcoax.com • **www.collectifcoax.com**
MDA 20 - BOITE 20 • 1-3 rue Frédérick Lemaître • 75020 **PARIS**
Julien DESPREZ (Musicien) • Simon HENOCQ (Musicien) • Delphine JOUSSEIN (Chargée d'administration)
Genre(s) musical(aux) : Jazz • **Catalogue national** : Actuum, The A.A's Crisis Exit, Coax chante Noël, DDJ, Rétroviseur, Yann Joussein, Pipeline, Radiation 10, MeTaL-O-PHoNE, Helved Rüm, Hippie Diktat • **Distribué par** : Musea ou via le site du collectif Coax

COBRA RECORDS

✆ **06 03 00 91 91**
cobrarecordsfr@yahoo.fr • **www.cobra-records.com**
Res. Quai d'Azur Bât. C • Imp. du Cabestan • 34300 **LE CAP D'AGDE**
Laurent MILHAU (Responsable) • Julie TROUILLET (Agent)
Genre(s) musical(aux) : Tech-house, techno • **Catalogue international** : Killian's, Cave, Paco Osuna, Valentino Kanzyani, Paco Osuna, Boriqua Tribez, Markantonio, Martyn Hare, Dejan Milicevic, Veztax, Daniel D, Yamaoka, Pedro Delgardo, Marko Nastic, DJ3000, Raul Mezcolanza • **Distribué par** : Triple Vision Distribution

COMBAT ROCK

✆ **03 55 74 69 45**
capscombatrock@sfr.fr • **www.combatrock.com**
7 rue du Paquis • 57950 **MONTIGNY LES METZ**
CAPS (Responsable)
Genre(s) musical(aux) : Punk rock • **Catalogue national** : Charge 69, Trotskids, Paris Violence, Néophyte • **Catalogue international** : Red Alert, Major Accident, Outcasts, Lower Class Brats, Braindance, Vice Squad, UK Subs, Red Flag 77, Distorted Truth • **Distribué par** : Rue Stendhal

COMBIEN MILLE

combien.mille@facebook.com • **combienmille.wordpress.com**
14000 **CAEN**
Catalogue national : Superpoze, Samba la Muerte, Dalton Darko, Zerolex

Label COMET

✆ **09 52 05 82 72**
contact@cometrec.fr • **www.cometrec.fr**
c/o Mila • 2 rue André Messager • 75018 **PARIS**
Eric TROSSET (Label manager / directeur artistique)
Genre(s) musical(aux) : Afrobeat, afro rock • **Catalogue national** : Tony Allen, Donso, Doctor L, Afrobeat Maker • **Distribué par** : Believe, L'Autre Distribution

CONCRETE MUSIC

✆ **09 52 96 02 78**
contact@surprize.fr • **www.surprize.fr**
Surprize • 3 rue Bellot • 75019 **PARIS**
Brice COUDERT (Label manager)
Genre(s) musical(aux) : House, techno • **Catalogue national** : Ben Vedren, Molly, S3A, Copacabannark, Cabanne, Antigone, Francois X, Polar Inertia, Behzad et Amarou, Lowris • **Distribué par** : Rush Hour

COOP BREIZH MUSIQUE ET VIDÉO

✆ **02 98 93 83 14** • fax 02 98 93 87 97
jylecorre@coop-breizh.fr • **www.coop-breizh.fr**
Kerangwenn • 29540 **SPEZET**
Jean-Yves LE CORRE (Responsable du disque) • Yann ARTUR (Responsable commercial) • Sophie BESCOND (Secrétaire de production)
Genre(s) musical(aux) : Musique traditionnelle bretonne • **Catalogue national** : Ar Re Yaouank, Kemener, Squiban, Sonerien Du, Barzaz Gwerz, Frères Guichen, Zebra, Soldat Louis, Bagad de Lann Bihoué, Soïg Sibéril, Jean-Michel Veillon, Alain Genty, Jacques Pellen, Riccardo Del Fra, Annie Ebrel, Louise Ebrel, Bagad Lokoal Mendon, Kevrenn Alré, Pat O'May, Kristen Noguès, Les Frères Morvan, Bagad Kemperlé, Nolwenn Korbell, Kanerion Pleuigner, Gilles Servat, Soldat Louis, Tri Yann, etc. • **Labels représentés ou intégrés** : L'Oz Production, Avel Ouest, Dig Me Up, Envie de Bretagne, La Boueze, Dastum, etc. • **Distribué par** : Coop Breizh

CORDES ET ÂMES

✆ **09 54 01 22 15**
elabel@cordesetames.com • **www.cordesetames.com**
2 rue du Printemps • 75017 **PARIS**
Matthieu FONTANA (Label manager)
Genre(s) musical(aux) : Jazz, world, inclassable, classique • **Catalogue national** : Alexandra Grimal & Heliopolis « Dragons », Reconciliation « Note Forget the project », Philippe Canovas, Kapla Trio, Youkalis, rec. • **Distribué par** : Autodistribution, CD1D

CORNFLAKES ZOO

✆ fax 05 57 59 14 18
fabienne@platinumrds.com • **www.platinumrds.com**
c/o Alienor Records • 12 pl. de la Victoire • BP 90 • 33037 **BORDEAUX CEDEX**
Laurent LAFFARGUE (Responsable artistique)
Genre(s) musical(aux) : Pop, rock • **Catalogue international** : Motorpsycho, Power Solo, C.R. Avery, The Pack AD, Lars And The Hands Of Light • **Distribué par** : Differ-Ant

COSMOPOLITE RECORDS

✆ **06 76 34 76 79 / 06 83 04 87 83**
contact@cosmopoliterecords.com • **www.cosmopoliterecords.com**
12 rue du Muhlwasser • 67000 **STRASBOURG**
Bérangère DE GRAMDPRÉ (Gérante)
Genre(s) musical(aux) : Rock, folk, blues, pop, jazz, musiques du monde, etc. • **Catalogue national** : The Swamp, Chapel Hill, Saori Jo, etc. • **Distribué par** : La Baleine, The Orchard, IDL, VPC, vente en ligne

COUNTER RESET

✆ **06 25 43 65 50**
counterreset@gmail.com
184 rue de Belleville • 75020 **PARIS**
Régis MULLER (Label manager)
Genre(s) musical(aux) : Musiques électroniques (ambient, electronica, techno, électro, drum'n'bass, dub, etc.) • **Catalogue national** : Bxt, Nutcase, Dj Reg, Dj Bad Format • **Distribué par** : La Baleine, Urbanshadows.com

CRACKI RECORDS

✆ **06 74 99 14 37**
label@crackirecords.com • **www.crackirecords.com**
8 bis av. Anatole France • 92240 **MALAKOFF**
Antoine BIGOT (Coordinateur) • Donatien CRAS DE BELLEVAL (Chargé de production) • Alexandre PAPATHEODOROU (Chargé de production) • François KRAFT (Booking) • Sokunthear VONG (Booking)
Genre(s) musical(aux) : Techno, house, deep house, pop, électronique, funk, hip hop, folk, etc. • **Catalogue national** : Larcier, Renart, Isaac Delusion, L'Impératrice, Qosmomaut, Luca Eminenti, Pathetik HTTP • **Catalogue international** : Schultz & Forever (Danemark), Tula (Berlin/Stockolm), Bulbuloid (Varsovie), Dooks (Berlin) • **Distribué par** : Idol (digital), Frenck Kiss Label Group (USA & Canada, pysique & digital)

CRAMMED DISCS

✆ **01 53 28 25 62**
crammed.france@free.fr • **www.crammed.be**
8 rue Charles Nodier • 75018 **PARIS**
David BEAUGIER (Responsable France)
Genre(s) musical(aux) : Pop, musiques du monde, électroniques, etc. • **Catalogue national** : PM, Snooze, Hector Zazou • **Catalogue international** : Yasmine Hamdan, Maïa Vidal, Amatorski, Nynke, SKIP&DIE, Chicha Libre, Baloji, Staff Benda Bilili, Lonely Drifter Karen, Megafaun, Kasai Allstars, Tuxedomoon, Tartit, Balkan Beat Box, Konono n° 1, Bebel Gilberto, Taraf de Haïdouks, Zuco 103, Mahala Rai Banda, Cibelle, Electric Gypsyland, Bossa Cuca Nova, Kocani Orkestar, etc. • **Labels représentés ou intégrés** : SSR, Selector, Language, Cramworld, Ziriguiboom, Made to Measure, Cramboy, etc. • **Distribué par** : Wagram

CRASH DISQUES

✆ **01 43 72 71 60**
crashdisques@free.fr • **www.crashdisques.org**
21 ter rue Voltaire • 75011 **PARIS**
MARSU (Directeur artistique et administratif)
Genre(s) musical(aux) : Punk rock, hardcore, emo, fusion, ragga, rap, dub, noise, reggae, trad, rock indé, chanson punk • **Catalogue national** : Dolores Riposte, Euroshima, Les Cadavres, Edouard Nenez et les Princes de Bretagne, Guerilla Poubelle, Les Zetlaskars, Les Thugs, Junior Cony, Laréplik, Infraktion, Yo ! Pizza Jump, Portobello Bones, Shout, Cercle Fermé, Babylon Fighters, Dead Pop Club, La Fraction, Raymonde et les Blancs Becs, Les Gnomes, La Talvera, Brigada Flores Magon, 100 Grammes de Têtes, Condkoï, les Suprêmes Dindes, Justin(e), Servo, Skunk, Lab°, Warum Joe, Upset, Mokoka, Homeboys, COM « Mort aux Ludwig Von 88 », Houlala !, etc. • **Catalogue international** : Inner Terrestrials • **Catalogue DVD musicaux** : Les Suprêmes Dindes, Guerilla Poubelle, Les Thugs • **Labels en licence** : Justin(e) Asso., Care Cream, Hibakuswa, Bruits et Primeurs, Frenetic Dancing, Aladesh Prod., Buzz Off, Rastaquouere Prod., Malana Cream Records, Jaurès Productions, Les Escargots, Punch it Up, React Against, Spanish prod., Fric-Frak, Kebra prod., Les Jardiniers du Futur, Impact, Asso Bones, Machete productions, HB production, Proselyt, Skunk Diskak, Mille Milliards, Guerilla Asso., LRP Asso, Servical Prod. • **Distribué par** : Pias, CD1D

CREAM RECORDS

✆ **01 45 66 42 00** • fax 01 47 34 24 11
jms1@club-internet.fr • **www.jms-creamrecords.com**
12 rue Bouchut • 75015 **PARIS**
Jean-Marie SALHANI (PDG) • Damien JACOBS (Administrateur)
Genre(s) musical(aux) : Jazz, world music, funk • **Catalogue international** : Mike Stern, Joe Zawinul, Maceo Parker, Allan Holdsworth, Dennis Chambers, Alain Caron, Uzeb • **Catalogue DVD musicaux** : Joe Zawinul • **Distribué par** : Sphinx Distribution

CREPUSCULE FRANCE

✆ **01 48 24 24 50** • fax 01 48 24 24 51
fanny_crepuscule@yahoo.fr
3 rue Paillet • 75005 **PARIS**
Fanny LAMOTHE (Responsable)
Genre(s) musical(aux) : Hip hop, musiques de films, chanson, pop-rock, world • **Catalogue national** : Prodige Namor, 2 Bal, Jazz Passengers, « 11'30 contre les lois racistes », Mission Suicide, Jack, Julie Delpy, David Lafore, BOF « Musique de l'Amour » • **Catalogue international** : BOF « Le vent de la nuit » (John Cale) • **Labels représentés ou intégrés** : Les Disques du Crépuscule (Bel) • **Distribué par** : Idol

Le CRI DU CHARBON

✆ **04 77 19 94 34**
lecriducharbon@gmail.com • **www.lecriducharbon.fr**
23 rue des Hauts de Terrenoire • 42100 **ST ETIENNE**
Christophe VIAL (Label manager) • Cyril BALTHAZARD (Coordinateur)
Genre(s) musical(aux) : Musiques actuelles francophones • **Catalogue national** : Yvan-Marc, Altâm, Mirabo • **Distribué par** : Inouie distribution, MVS-Anticraft

CRISTAL MUSIQUE

✆ **05 57 52 40 34**
oiseaudelune@wanadoo.fr • **www.cristal-musique.com**
19 allée du Sable • 33470 **GUJAN MESTRAS**
Jacqueline THIBAULT (Directrice artistique) • Eric SARRADE (Directeur technique) • Benjamin ROWLSON (Management) • Marine THIBAULT (Communication)
Genre(s) musical(aux) : Tous y compris ethniques, chansons et instrumentaux, slam • **Catalogue national** : B612, Jacqueline Thibault, François Maurios, Afriquitains, Olivier Galinou, Slam ô Féminin, O-Mind, etc. • **Catalogue international** : Cat's Eyes, Laurence Vanay • **Labels représentés ou intégrés** : Carré d'As Mont de Marsan • **Distribué par** : CD1D, 1d-aquitaine.com

CRISTAL RECORDS

✆ **05 46 44 96 48** • fax 05 46 34 20 47
cristalrecords@cristalgroupe.com • **www.cristalrecords.com**
2 pl. de la Petite Sirène • BP 138 • 17005 **LA ROCHELLE CEDEX 1**
Eric DEBÈGUE (Directeur) • Frédéric MIGEON (Chef de projet) • Stéphane MOREAU (Promotion / Marketing / Export)
Genre(s) musical(aux) : Jazz, variété française, musiques du monde, musique africaine • **Catalogue national** : Mario Stantchev, Philippe Berrod, Jacques Vidal, Mico Nissim, Olivier Hutman, Pierre Bertrand, François Jeanneau, Eric Plandé, Marcel Kanche, Ailleur5, Fada, No Mad Band, Yvan Le Bolloch', Manu Dibango, Eol Trio, Hervé Sellin, André Ceccarelli, Sébastien Texier, Les Doigts de l'Homme, Jean-Christophe Chollet, Sophia Domancich, Zool Fleischer & Denis Leloup, Nico Morelli, Chris Joss, Paris Jazz Big Band, Ken Norris & Pierre Bertrand, Ronald Baker, Alfio Origlio, Umberto Pagnini, Nicolas Folmer, Marie-Christine Barrault, etc. • **Catalogue international** : David Reinhardt, Françoise Atlan, Mamady Keïta, Ba Cissoko, Baobab Circus, Senegal Acoustic, Antonio Farao, Kicca, Maria Tejada • **Labels représentés ou intégrés** : Tout le label RDC (Babik Reinhardt, Sylvain Beuf, Thierry Maillard, Doudou Gouirand, Hervé Meschinet, David Patrois, Océan, Riccardo Del Fra, Jean-Marc Jafet, Debora Seffer, Michel De Villers, Philippe Gaillot, Pierre Levy, Michel Fernandez, Eric Teruel, Marcel Loeffler, Manuel Rocheman, David Reinhardt, etc.) • **Distribué par** : Harmonia Mundi, Rue Stendhal, Sony

CRYPTOPHYTE

✆ **06 09 64 87 58**
contact@cryptophyte.org • **www.cryptophyte.org**
24 rue du Grand Charmont • 25000 **BESANCON**
Pierre THEURIET (Directeur artistique)
Genre(s) musical(aux) : Musiques électroniques, rock, noise • **Catalogue national** : Generic, Deni Shaïn, Feetwan, Binaire, Jack and The Seabed Fishermen • **Distribué par** : CD1D, Chapitre.com

CSB PRODUCTIONS

✆ **06 85 96 51 12**
contact@csbprod.com • **www.csbprod.com**
15 rue Salvador Allende • 92240 **MALAKOFF**
Ira WIZENBERG (Gérante / productrice) • Hocine BOUKELLA (Directeur artistique / éditeur)
Genre(s) musical(aux) : Musiques actuelles du Maghreb • **Catalogue national** : Cheikh Sidi Bémol, PaPi, Azenzar, Zerda • **Catalogue DVD musicaux** : Sortie d'usine (2007) • **Distribué par** : Rue Stendhal, Undergroone, DJP

CULTURAL PRODUCTION

✆ **06 46 00 29 68**
contact@cultural-production.com • **www.cultural-production.com**
22 rue du Fort • 90340 **CHEVREMONT**
Mickaël COUCHOT (Directeur)
Genre(s) musical(aux) : Reggae, dancehall, world music • **Catalogue national** : Sista Mussili, Cultural Sound • **Catalogue international** : Turbulous, Legal, Ras I-Maric, Daddy Sizzla, Toucha Gold, Tikaf, Frass Judgement, Ramaco, Bobo David, Joseph Sheperd, Karli Owli, Simon Splinta • **Distribué par** : Zojak Worldwide

CYBEARSONIC - UNLABEL

✆ **01 64 35 02 83**
label@cybearsonic.com • **www.cybearsonic.com**
565 av. du Prado • 13008 **MARSEILLE**
Didier-J. MARY (Tourneur)
Genre(s) musical(aux) : Musiques du monde, jazz, worldJazz, afroJazz • **Catalogue national** : Djeli Moussa Diawara (solo, trio Mandingue, trio Jazz), Assi-Ki • **Distribué par** : Autodistribution physique et num.

CYCLO MUSIC LTD

✆ **06 13 51 25 67**
cyclorecs@orange.fr • **www.myspace.com/cyclomusic**
c/o Philippe Marchal • 63 rue du fbg. Ste-Geneviève • 08210 **MOUZON**
Philippe MARCHAL (Label manager)
Genre(s) musical(aux) : Electro, pop, deep house • **Catalogue international** : Moto, Soldout, Reevox, Suntrust, BRS, Gemini, ADM Club • **Distribué par** : Believe, The Orchard

D. BAO

✆ **06 79 65 54 97**
louna.musique@wanadoo.fr
16 rue Gaspard Monge • 13200 **ARLES**
Roger GOUPIL (Gérant)
Catalogue national : Jean Mouchès, Véronique Merveille, Laurent Malot, Claude Vinci, Le Procédé Guimard Delaunay, Véronique Gain, Barcelona Paris Vénézia, Moya, Véronique Lortal • **Distribué par** : Universal

D'AUTRES CORDES - DAC RECORDS

✆ **06 49 24 92 17**
contact@dautrescordesrecords.com • **www.dautrescordesrecords.com**
Le Couderc • 48190 **ALLENC**
Carlos DUARTE (Gérant) • Franck VIGROUX (Directeur artistique)
Genre(s) musical(aux) : Musiques nouvelles, rock, électro, etc. • **Catalogue national** : Annabelle Playe, Bruno Chevillon, Elliott Sharp, Franck Vigroux, Hélène Breschand, Matthew Bourne, Michel Blanc, Samuel Sighicelli, Zeena Parkins, etc. • **Distribué par** : Les Allumés du jazz

DA ! HEARD IT RECORDS

✆ **06 19 57 03 91**
contact@daheardit-records.net • **www.daheardit-records.net**
34 rue des Gardes • 75018 **PARIS**
Johan MAILLERET (Label manager)
Genre(s) musical(aux) : Tous • **Catalogue national** : Astroboiler, Ben et Béné, Buskerdroid, Computer Truck, Debmaster, Eat Rabbit, Goto80, Jacques Cochise, Les Robots Musique, Marc de Blanchard, Mini Rock, Pocketmaster, Puyo Puyo, Sidatball, Sputnik Booster, Tom Woxom, Vicnet, Xerak, Guÿôm • **Distribué par** : Autodistribution sous licence Creative Commons (CC BY-NC-ND 2.0 FR)

DABIH-LIGHT

✆ **03 29 56 19 42** • fax 03 29 51 30 98
jlevices@mvs.fr • **www.mvsrecords.com**
c/o MVS Music • 395/397 ch. de la Cartonnerie • 88100 **STE MARGUERITE**
José LÉVICES (PDG)
Genre(s) musical(aux) : Rap, RnB • **Catalogue national** : Fossoyeur, Freeman, Larme Amer, Tango & Kash, Nakk Mendosa, Deal'M • **Catalogue international** : Darin • **Labels en licence** : Guerilla Prod, Underground Musik, On Times Recordz • **Labels représentés ou intégrés** : MVS records • **Distribué par** : MVS-Anticraft

DAPOPMUSIC / OUIMEDIA

frantz@dapopmusic.com • **www.dapopmusic.com**
87 bis rue Fondary • 75015 **PARIS**
Frantz STEINBACH (Président) • Alexandre IGNACZAK (Chef de projet) • Jérôme AZOULAY (Services aux labels, managers, artistes)
Genre(s) musical(aux) : Rock, pop, musique du monde • **Catalogue national** : Les Nouveaux Héros, Sojo Gliber, Ultrapops, Dj Wlad, Michaël Levinas • **Catalogue international** : Catalogue de musiques du monde (5 000 titres) • **Catalogue DVD musicaux** : Elvis Presley, Bob Marley • **Labels en licence** : Jackslams International, Jackslams • **Distribué par** : Intégral, Coop Breizh

DAQUI

✆ **05 57 98 08 45**
labeldaqui@gmail.com • **www.labeldaqui.com**
8 pl. des Carmes • 33210 **LANGON**
Patrick LAVAUD (Directeur)
Label des Nuits Atypiques de Langon • **Genre(s) musical(aux)** : Musiques du monde, musiques traditionnelles • **Catalogue national** : Mieko Miyazaki, Voce Ventu, Beñat Achiary, Chi Na Na Poun, Amestoy Trio, Pascual Gallo, René Lacaille, Michel Macias, l'Occidental de Fanfare, Perrine Fifadji, etc. • **Catalogue international** : Rufus Cappadocia (Can), Samir Joubran (Palestine), Sivan Perwer (Kurdistan turque), Romano Drom (Hon), Bauls du Bengale (Inde), Celso Machado (Brésil), Saaba (Burkina Faso), Mamar Kasey (Niger), Djiguiya (Burkina Faso), Feo Gasy (Madagascar), Guafa Trio (Colombie), Simon Nwambeben (Cameroun), Bethany et Rufus (NYC), etc. • **Distribué par** : Harmonia Mundi

DARK TREE RECORDS

✆ **06 83 49 29 41**
contact@darktree-records.com • **www.darktree-records.com**
6 rue Levert • 75020 **PARIS**
Bertrand GASTAUT (Responsable)
Genre(s) musical(aux) : Musique improvisée • **Catalogue national** : Daunik Lazro, Benjamin Duboc, Didier Lasserre, Eve Risser, Edward Perraud, Joëlle Léandre, Steve Dalachinsky • **Distribué par** : Autodistribution

DARLING DADA

✆ **06 51 10 32 68**
contact@darlingdada.com • **www.darlingdada.com**
7 square Bolivar • 75019 **PARIS**
Olivier GUILLERMINET (Président / Directeur artistique) • Mickael SALEMBIER (Vice-président / Directeur artistique) • Camille RICHARD (Communication / Presse)
Genre(s) musical(aux) : Electro, dancefloor, cheaptunes, IDM, pop, DIY • **Catalogue national** : Klaten, Le Leprechaune, Krib, Mr Kindhoover, Hassan K, Michel Bananes Jr., Jankenpopp • **Catalogue international** : Dino Felipe, Logosamphia • **Distribué par** : Autodistribution

DARUMA PRODUCTIONS

philyodox@yahoo.fr
9 rue du Gué • 92500 **RUEIL MALMAISON**
Jack Marcel (Label manager)
Genre(s) musical(aux) : Pop rock, chanson française, électro • **Catalogue national** : Obake, Gilliane Kim, Clyde, Karlex, Phileblan, Easydoor • **Catalogue DVD musicaux** : Obake • **Labels en licence** : Phenix Records • **Labels représentés ou intégrés** : Tools Records • **Distribué par** : MVS-Anticraft, Believe

DASTUM

✆ **02 99 30 91 00**
dastum@dastum.net • **www.dastum.net**
16 rue de la Santé • 35000 **RENNES**
Gaëtan CRESPEL (Directeur) • Caroline LE MARQUER (Chargé des éditions)
Centre de musique traditionnelle en région Bretagne • **Genre(s) musical(aux)** : Musiques bretonnes et chants traditionnels • **Catalogue national** : Collections thématiques : « Grands Interprètes de Bretagne », « La Bretagne des pays », « Société et tradition orale en Bretagne », etc. • **Distribué par** : VPC, Coop Breizh

DATAGLITCH

✆ **06 14 38 06 67**
contact@dataglitch.org • **www.dataglitch.org**
14 rue de Cotte • 75012 **PARIS**
Sylvain BUFFET (Président) • Arnaud VALENZA (Secrétaire) • Yann VAN DER CRUYSSEN (Trésorier)
Genre(s) musical(aux) : Musiques électroniques, circuit bending, chiptune, errances musicales • **Catalogue national** : 10konekt, Ulrick, Rachitik Data, Divag, Confipop, Bitcrusher, Morusque, Gakona, The Cheatcode, Dr. Von Pnok • **Distribué par** : Autodistribution

DBDC

✆ **06 08 37 81 44**
dbdcprod@gmail.com • **www.desbruitsdecasseroles.fr**
Maison Eclusière N° 4 • 54850 **MESSEIN**
Alexandre QUENTIN (Président)
Des bruits de casseroles • **Genre(s) musical(aux)** : Tous • **Catalogue national** : Dub in VO, 2TH, Iraeverscible, Frognstein, FLF, La Roulotte, Spiral Dogma, General Bizarre, Mystical Rising, etc. • **Catalogue international** : Dubmatix • **Distribué par** : CD1D, Finetunes, Believe

DE PLEIN VENT

✆ **04 75 94 63 55** • fax 04 75 37 63 66
contact@depleinventmusic.com • **www.depleinvent.com**
5 rue Jean Jaurès • 07600 **VALS LES BAINS**
Jean GIBAUD (Gérant)
Genre(s) musical(aux) : Classique, musique pour enfants • **Catalogue national** : Philippe Jouanneau, Guy Touvron, Catherine Dune, Marcel Zaragoza, Alain Prévost, Olivier Chassain, Ensemble Jehan de Channey, Xavier Cauhépé, Miguel, Quatuor Guitares de Versailles • **Catalogue international** : François Vercken, Marcel Landowski, Alain Daboncourt, Patricia Pagny, Thérèse Brenet, Franz Constant, Paul Challine, Duo Levy/Benattar, Philharmonia Sudecka, Alain Krotenberg « Shoah », etc. • **Distribué par** : Autodistribution, Fremeaux et associés, Abeille Musique

DEAD BEES RECORDS

infos@deadbees.com • **www.deadbees.com**
9 rue Croix Baragnon • 31000 **TOULOUSE**
Pierre PRIOT (Contact)
Genre(s) musical(aux) : Musique de jeunes à guitare • **Catalogue national** : The Rusty Bells, My Imaginary Loves, Junkyard Birds, Die ! Die ! My Darling !, Moloko Velocet, E Becomes I, Dan Alfresco, Recife, Sleep Talker, Alone In 1982, Call Me Loretta, etc. • **Catalogue international** : The Koolaid Electric Company, The Chemistry Set, Sky Parade, Brian Coatsie, Andrew Deadman, Brian Jonestown Massacre, Let's Go Sailling, The December Sound, Blitzen Trapper • **Catalogue DVD musicaux** : Play With Me (série documentaire) • **Labels représentés ou intégrés** : The Committee To Keep Music Evil • **Distribué par** : Believe, CD1D

DEADLIGHT ENTERTAINMENT

alex@deadlight.fr • **www.deadlight.fr**
6 voie Latérale • 09000 **ST PAUL DE JARRAT**
Alexandre MARTINEZ (Label manager)
Genre(s) musical(aux) : Rock, metal • **Catalogue national** : Los Disidentes Del Sucio Motel, Loading Data, Martyrs, V13, Primal Age, Undercover Slut • **Catalogue international** : Peter Dolving, New Rising Son, Freya, Synical • **Distribué par** : MVS-Anticraft (Fr)

DEADSUN RECORDS & KONKLAV RECORDS

✆ **04 75 42 79 44 / 06 23 17 04 44**
hurricanecds@free.fr
11 rue Pompery • 26500 **BOURG LES VALENCE**
Jean-François REY (Label manager)
Genre(s) musical(aux) : Death, thrash, black, grind • **Catalogue national** : Faceless God, Kemel, Vmbakrail, Agressor, Bereaved, Coalition • **Catalogue international** : Godless Faith, 7th Child, Menta, Aberration, Edicivs, Umbakrail, Disinter, Kemet, Scarecrown • **Distribué par** : Season of Mist

DEAF ROCK RECORDS

✆ **06 86 60 24 23 / 03 88 23 05 35**
julien@deafrockrecords.com • **www.deafrockstudio.com**
15 rue du Fbg de Saverne • 67000 **STRASBOURG**
Julien HOHL (Label manager) • Christophe PULON (Ingénieur du son) • Thibault DUTT (Administrateur)
Genre(s) musical(aux) : Pop, électro, rock • **Catalogue national** : Electric Suicide Club, Colt Silvers, Dr Norton, Plus Guest, 1984, La mort de Darius • **Labels en licence** : Snowhite (All.) • **Distribué par** : The Orchard, La Baleine, Rough Trade

DEBONTON

✆ **06 59 33 63 08**
maxime@debonton.fr • **www.debonton.fr**
1 rue des Blanchisseurs • 92800 **PUTEAUX**
Maxime GUENEGOU (Label manager)
Genre(s) musical(aux) : Synth pop, électronique • **Catalogue national** : Gobble Gobble, Sydney Valette, Wagner, RomanssonThieves Like Us, Valley, Rikslyd, Second Date, Upstation, Chevalier Avant-Garde, COM « Debonton Grab Bag » vol. 1 à 3 • **Distribué par** : La Baleine, Believe

Henri DEBS MUSIC

✆ **05 90 82 07 06** • fax 05 90 82 97 04
info@debs-music.com • **www.debs-music.com**
116 rue Frébault • 97110 **POINTE A PITRE (GUADELOUPE)**
Henri DEBS
Genre(s) musical(aux) : Musique antillaise • **Catalogue national** : Henri Debs, Expérience 7, Eric Brouta, Luc Léandry, David et Corine, Tatiana Miath, Tanya St Val, Les Aiglons, La Perfecta, etc. • **Labels représentés ou intégrés** : Disques Debs • **Distribué par** : Debs Music (Paris)

Label DELIVRANCE

✆ **06 63 65 76 20 / 06 09 53 41 28**
fabien@labeldelivrance.com
78 quai Pierre Scize • 69005 **LYON**
Fabien SALZI (Responsable) • Francis DEBARRE (Responsable artistique)
Genre(s) musical(aux) : Rock, chanson • **Catalogue national** : Yell, Les Gueules de Bois, Les Tit'nassels, Les Stereotypical Working Class, Les Triste Sire, La Bretzel • **Distribué par** : Wagram, Socadisc, Believe

DELPHINE PRODUCTIONS

✆ **01 58 61 28 28** • fax 01 58 61 28 29
mpmeyrignac@delphine.fr • **www.clayderman.co.uk**
9 rue de Teheran • 75008 **PARIS**
Paul DE SENNEVILLE (PDG) • Olivier TOUSSAINT (Directeur général) • Chantal DUVIQUET (Directrice financier) • Marie-Pierre MEYRIGNAC (Responsable des licences)
Genre(s) musical(aux) : Variété instrumentale • **Catalogue national** : Richard Clayderman, Nicolas De Angelis, Jean-Claude Borelly, Bruno Ribera, Diego Modena, Eric Coueffe, Fabrice Adams, etc. • **Distribué par** : Universal

DEPUIS LA CHAMBRE

✆ **06 68 56 17 17 / 03 23 61 31 68**
glen@depuislachambre.com • **www.depuislachambre.com**
6 rue d'Alsace • 02100 **ST QUENTIN**
Glen ROPARS (Directeur artistique)
Genre(s) musical(aux) : Nouvelles musiques, pop, chanson • **Catalogue national** : Laurent Barbin, C++, Martin Angor • **Distribué par** : Believe

DERAPAGE PRODUCTIONS

✆ **06 60 42 67 21**
production@derapageprod.fr • **www.derapageprod.fr**
126 rue Baudin • 93140 **BONDY**
Greg CONNAN (Label manager) • Grégoire BOUQUET (Label manager)
Genre(s) musical(aux) : World Music, Amérique Latine • **Catalogue national** : La Scana Del Domingo, la Gargote • **Catalogue international** : Al Jawala, Meïssa, Chico Trujillo, El Hijo de la Cumbia, Celso Piña, Terrakota, Juanafé, Panteras Negras, Makiza, Polka Madre • **Distribué par** : Socadisc, Wagram

DES MESURES PROD

✆ **01 41 34 21 07**
infos@des-mesures.com • **www.des-mesures.com**
40 rue Anatole France • 92300 **LEVALLOIS PERRET**

Thomas CHOUCHAN (Directeur) • Marie-Anne MASSUELLE (Directrice artistique / Promotion)

Genre(s) musical(aux) : Variété française, pop, jazz • **Catalogue national** : Thomas Verovski, D.Dreams • **Distribué par** : Socadisc, Believe

DESIRE

✆ **01 42 23 09 06** • fax 01 42 23 09 34
info@desirerecords.net • **desire-records.blogspot.com**
c/o Modulor • 322 rue des Pyrénées • 75020 **PARIS**

Jérôme MESTRE (Directeur)

Genre(s) musical(aux) : Rock indé • **Catalogue national** : Joie Noire, Sommet • **Catalogue international** : Crossover, Deathday, Project Komakino, Tense, Ike Yard, Demontre • **Distribué par** : Modulor

DESSOUS DE SCÈNE PRODUCTIONS

✆ **04 50 22 85 98**
contact@dessousdescene.com • **www.dessousdescene.com**
BP 90033 • 74001 **ANNECY CEDEX 1**

Jean-Luc ROUSSELET (Directeur)

Genre(s) musical(aux) : Pop, rock • **Catalogue national** : Kill the Young, Inga Liljestrom • **Catalogue international** : Murat, Les Ogres, etc.

DEZORDR RECORDS

✆ **06 75 07 93 26**
dezordr-records@hotmail.fr • **www.dezordr.com**
181 av. Jean Jaurès • 75019 **PARIS**

Cyril ZANNETTACCI (Directeur artistique) • Joris CHRETIEN (Directeur artistique) • Jean-Charles LOPY (Directeur artistique)

Genre(s) musical(aux) : Hip hop, trip hop, électro, rock, musique instrumentale • **Catalogue national** : Stekri, Dtracks, Shiyugosha, La main gauche • **Catalogue international** : Turtle Handz • **Labels représentés ou intégrés** : Bakemono Production • **Distribué par** : CD1D

DIALECT RECORDINGS

info@dialectrecordings.com • **www.dialectrecordings.com**
64 rue Oberkampf • 75011 **PARIS**

Simon LE ROY

Genre(s) musical(aux) : Musiques éclectiques • **Catalogue national** : Think Twice, Lanoiraude, Silvervince, Simon Says, E-Troneah Funk • **Catalogue international** : Chin Chin • **Labels représentés ou intégrés** : Battle • **Distribué par** : Believe

DIESE PRODUCTIONS

✆ **06 23 15 13 42**
yann@dieseproductions.com • **www.dieseproductions.com**
9 cité de Trévise • 75009 **PARIS**

Genre(s) musical(aux) : Chanson, pop, rock • **Catalogue national** : Joseph Leon, Dorval, Diving with Andy, Thierry Stremler, D'un siècle à l'autre, BOF «Tout ce qui brille», «Clara et moi», «Nos années pensions», etc.

DIESEL COMBUSTIBLE RECORDINGS

✆ **06 12 76 40 03**
contact@dieselcombustible.com • **www.dieselcombustible.com**
8 rue Guy Ropartz • 29200 **BREST**

Christophe MEVEL (Producteur) • Yannick MARTIN (Communication)

Genre(s) musical(aux) : Post-rock, post-pop, ambient, électro, dark jazz, improvisation, etc. • **Catalogue national** : Dale Cooper Quartet & the Dictaphones, Tank, Osaka, Kusak, Color und Climax, Kobe, T.F, HF 90, Pan & Me • **Catalogue international** : Mileva, Velvet First Floor, Propergol y Colargol • **Distribué par** : Flop (Asie), Cargo (UK)

Label **DIFU**

✆ **06 63 53 62 03**
laurent@difu.fr • **www.difu.fr**
c/o J. Terrasse • 21 Grande Rue Guillotière • 69007 **LYON**

Laurent CALIGARIS (Label manager) • Jacques TERRASSE (Label manager)

Genre(s) musical(aux) : Musiques électroniques • **Catalogue national** : Laurent Caligaris aka Mygenome, Patrick Vidal • **Catalogue international** : ScanX, Terence Parker, Elbee Boul, Qlons, Platform Reboot, Eedio • **Distribué par** : Topplers, CD1D, Whatpeopleplay, iTunes, Beatport, Juno

DIN RECORDS

remy.dinrecords@gmail.com • **www.facebook.com/dinrecords**
2 rue Buffon • 76600 **LE HAVRE**

Alassane KONATE (Directeur artistique / gérant) • Rémy CORDUANT (Manager / Booking)

Genre(s) musical(aux) : Rap, beatmaking • **Catalogue national** : Médine, Tiers-Monde, Brav, Koto, Aboubakr, Proof (beatmaker) • **Distribué par** : Because, Believe

DINAMYTE

✆ **06 07 59 98 85**
dinamyte@dinamyte.com • **www.dinamyte.com**
33 rue Marcadet • 75003 **PARIS**

Dinah DOUIEB (Directrice artistique) • Simon BENDAHAN (Gérant)

Genre(s) musical(aux) : Ethno soul, hip-jazz, électro-jazz, raw raï • **Catalogue national** : Bruknahm Project, Cheikharabia, Open Collections, Get Open, Joy, Chezere • **Labels représentés ou intégrés** : Overtime, Tiferet, Open Collections Vol. 1 & 2 • **Distribué par** : Yellow, Buda Musique

DIRTY

guillaumesorge@gmail.com • **www.d-i-r-t-y.com**

Guillaume SORGE (Label manager)

Catalogue national : Perez, Discodeine, Dirty Sound System, Tristesse Contemporaine

DIRTY 8

✆ **03 88 36 52 21 / 06 11 53 65 38** • fax 03 88 24 58 82
info@dirty8.com • **www.dirty8.com**
3 rue de Guebwiller • 67100 **STRASBOURG**

Julien PICARD (Label manager)

Genre(s) musical(aux) : Hardcore, fusion, metal • **Catalogue national** : Housebound, S-Core, X-Vision, Sikh • **Catalogue international** : Bumblefoot, Clawfinger, Superbutt • **Distribué par** : Season of Mist, Drakkar

DISCADANSE

✆ **04 67 20 26 36** • fax 04 67 20 18 71
discadanse34@orange.fr • **www.discadanse.fr**
Espace commercial Fréjorgues • 165 rue Roland Garros • 34130 **MAUGUIO**

Jean-Claude CALAZEL (Directeur)

Genre(s) musical(aux) : Flamenco, chants gitans, musiques d'ambiance, danse, musique trad. et régionales • **Catalogue national** : Manolo, Ricao, Nadine Amouroux, Thierry Bonnefous, Robert Bras, Sylvie Pulles, Jean-Claude Labouchet, Jean Vaissade • **Catalogue DVD musicaux** : Ricao (musique & tradition gipsy), choix de DVD accordéon, musette & folklore (Sylvie Pulles, Jean-Claude Labouchet, etc.)

DISCOBOLE-RECORDS

✆ **06 64 88 53 74**
contact@discobolerecords.fr • **www.discobolerecords.fr**

Théo GIRARD (Label manager)

Genre(s) musical(aux) : Musique improvisée, free, rock, garage • **Catalogue national** : « Dismiss » avec Stéphane Hoareau (GT) et Bertrand Lafarge (BT) (2012), Trio NHoG « Belle de nuit » (Discobole, 2010). Sibiel « La douceur » (Discobole, 2010) • **Distribué par** : Via le site

DISCOGRAPH

✆ **01 53 39 18 00**
disco@discograph.com • **www.discograph.com**
62/64 rue Pelleport • 75020 **PARIS**

Olivier LACOURT (Directeur) • Axel CLEMAN (Promotion Presse) • Jimmy GREMILLON (Chef de projet)

Genre(s) musical(aux) : Jazz, musiques actuelles • **Catalogue national** : Christophe Dal Sasso, Vincent Artaud, Eric Legnini & The Afro Jazz Beat, Lionel Belmondo, Julia Stone, Meaty Ogre, Stuck in the Sound, The Elderberries, Manjul, Kill the Young, PacoVolume, Angus & Julia Stone, Beat Assailant, General Elektriks, Ornette, Pendentif, etc. • **Catalogue international** : Mayer Hawthorne, Vanessa Da Mata, Pigeon John • **Distribué par** : Wagram

DISCORAMA

✆ **02 62 23 58 58** • fax 02 62 28 25 04
contact@discorama.fr • **www.discorama.fr**
Technopole • 9 ch. Grand Canal • 97490 **SAINTE CLOTILDE (REUNION)**

Jean-François NAULLEAU (Gérant)

Genre(s) musical(aux) : Séga, maloya, musiques du monde • **Catalogue national** : Environ 300 réf. (Atep, MLK, Monika Limba, El Diablo, Ziskakan, Pat'Jaune, Jacqueline Farreyrol, etc.) • **Distribué par** : Discorama Production

DISQUE PRIMEUR

matthieu.couturier@disqueprimeur.com • **www.disqueprimeur.com**
75 rue Lamarck • 75018 **PARIS**

Matthieu COUTURIER (Gérant)

Genre(s) musical(aux) : Hip hop, rock, musiques électroniques • **Catalogue national** : Adam Kesher, Fortune, Dabaaz, Team Ghost, Nadir Greany • **Distribué par** : Idol

DISQUES BIEN

✆ **01 44 75 95 21**
contact@lesdisquesbien.com • **www.lesdisquesbien.com**
34 rue de Picpus • 75012 **PARIS**

Christophe BÉGUIN (Président)

Genre(s) musical(aux) : Chanson française et autres • **Catalogue national** : Flóp, French, Eddy Godeberge, Tante Hortense, M-Jo, François Tarot, La Pompe Moderne, Monsieur Ma & Monsieur Go, Emmanuelle Parrenin, Jim Yamouridis, Blair et le peuple de gauche, Antoine Loyer, SuperBravo • **Distribué par** : Abeille Musique

DISQUES DOM

✆ **01 49 60 06 38** • fax 01 49 60 75 72
contact@domdisques.com • **www.domdisques.com**
14 rue Jules Vanzuppe • 94854 **IVRY SUR SEINE CEDEX**

Frédéric KHAVESSIAN (Label manager)

Genre(s) musical(aux) : Classique/lyrique, musiques du monde, jazz/blues, pop rock, ambiance, enfant, retro, relax • **Catalogue national** : Patrick Villannueva, William Chabbey, Quilapayun, Popeck, Laurent Stoutzer, Marino, El Kado, Esmerald'jazz, Yasmine Kyd, etc. • **Catalogue international** : Rez Abbasi, Eric Alexander, Paul Plishka, etc. • **Catalogue DVD musicaux** : Montserrat Caballé, Barbara Hendricks, Renata Tebaldi, Franco Corelli, etc. • **Labels représentés ou intégrés** : Forlane, Dom (label de production) • **Distribué par** : Disques Dom

DISQUES DREYFUS

✆ **01 53 21 07 67** • fax 01 53 21 05 81
info.dreyfus@bmg.com • **www.disquesdreyfus.com**
Dreyfus Music/BMG Music Rights Management • 5 rue de Castiglione 75001 **PARIS**

Stéphane BERLOW (Directeur général)

Genre(s) musical(aux) : Variétés, jazz, hip hop • **Catalogue national** : Jean-Michel Jarre, Alan Stivell, Christophe, Gérard Blanchard, Franck Avitabile, K Special, Guy Carlier etc. • **Catalogue international** : Tanger, Marcus Miller • **Catalogue DVD musicaux** : Georges Lautner • **Labels représentés ou intégrés** : Shuga • **Distribué par** : Sony

Les DISQUES DU 7EME CIEL

contact@7ciel.net • **www.7ciel.net**
62 rue Doudeauville • 75018 **PARIS**

Damien LORET (Label manager)

Genre(s) musical(aux) : Tous • **Catalogue national** : Frànçois & The Atlas Mountains, Kwoon, Les Fragments De La Nuit, Orouni, Chapi Chapo & Les Petites Musiques De Pluie, Ladybird, Luc, Dave Olliffe & Frédéric D. Oberland, Maud Lübeck, Lolito, Alexandre Varlet, Transbeauce, Jérôme Minière, Agathe, Maud Lübeck, Alexandre Varlet • **Catalogue international** : And Also The Trees, Birch Book, The Sleeping Years, Heligoland, Rozi Plain, Richard Lewis, Whalebone Polly, Michael Wookey, Diego Zavatarelli, In Gowan Ring, We Were Hunters, The Hand, Pete Astor, This is the Kit, Rozi Plain, Simon Huw Jones, And Alsothetrees, Birch Book, Theo Hakola • **Distribué par** : Autodistribution

Les DISQUES DU HANGAR 221

✆ **02 35 41 70 84**
dh221-label@hotmail.fr • **www.lesdisquesduhangar221.wordpress.com**
81 rue Clément Marical • 76600 **LE HAVRE**

Emmanuel LALLEMANT (Président) • Jérôme VALLIENNE (Secrétaire)

Genre(s) musical(aux) : Rock, noise, hardcore, expérimentale, post rock • **Catalogue national** : Tim, Grand Final, Poutre, Yelho, Pfandzaa, Aghostino, Kimmo, Draft, Héliogabale, Ultra Panda, You Freud Me Jane • **Catalogue international** : Scul Hazzards, Three in one Gentleman Suit • **Distribué par** : CD1D

Les DISQUES EN CHANTIER

✆ **02 40 17 01 47** • fax 02 40 17 01 46
lesdisquesenchantier@impmusique.fr • **www.lesmartinspecheurs.fr**
c/o Les Martins-Pêcheurs • 7 rue du lavoir • 44600 **ST NAZAIRE**

Muriel BOUSSEAU (Directrice)

Genre(s) musical(aux) : Ts styles • **Catalogue national** : Savel, Morro, Delphine Coutant, Jonathan Verleysen, Manon, Belles de Jour, Céline Mastrorelli, etc. • **Distribué par** : CD1D, autodistribution

DISQUES FUTURA ET MARGE

✆ **01 40 09 20 76**
futuramarge@free.fr • **futuramarge.free.fr**
127 rue Amelot • 75011 **PARIS**

Gérard TERRONES (Directeur) • Odile TERRONES (Directrice)

Genre(s) musical(aux) : Jazz, free-jazz et musiques improvisées • **Catalogue national** : Nouveautés : « Trio Passeurs » avec Véronique Magdelenat, Bernard Santacruz et Christian Rollet, Sophia Domancich/William Parker/Hamid Drake, Alexandra Grimal, James Spaulding, Barney Wilen, Roy Campbell, Arnaud Sacase, Claudine François, Simon Goubert, Eric Barret, Doug Hammond, Evan Parker/Barry Guy/Paul Tutton, Sébastien Llado, John Tchicai ; rééditions : Sonny Sharrock, Jaki Byard, Stu Martin, Michel Portal, Siegfried Kessler, Jacques Thollot, etc. • **Catalogue international** : « Tribute to Alvert Ayler » avec R. Campbell, J. McPhee, W. Parker et W. Smith, Richard Davis, Roger Raspail, etc. - Rééditions : Anthony Braxton, Archie Shepp, David Murray, Pepper Adams, Roy Haynes, Mal Waldron, Abbey Lincoln, Philly Jo Jones, Ted Curson, etc. • **Labels représentés ou intégrés** : Futura, Marge, Blue Marge, Hôte Marge, Impro, Jazz Unité • **Distribué par** : Autodistribution

DISQUES MEYS

✆ **01 42 60 85 05** • fax 01 49 27 95 69
meys.valerie@wanadoo.fr • **www.meys.com**
4 av. Albert De Mun • 75116 **PARIS**

Gérard MEYS (PDG) • Valérie GERARD (Attachée de presse)

Genre(s) musical(aux) : Chanson française • **Catalogue national** : Isabelle Aubret, Juliette Gréco, Anne Sylvestre, Romain Didier, Dave, Francis Lemarque, Marlène Jobert, Bruno Grimaldi, Allain Leprest, Felix Leclerc, Georges Chelon, Pia Colombo, Jean-Claude Darnal • **Distribué par** : Sony

DISQUES NATO

✆ **01 42 01 36 41**
disquesnato@natomusic.fr • **www.natomusic.fr**
5/7 bis rue de Lesseps • 75020 **PARIS**

Christelle RAFFAËLLI (Edition) • Jean ROCHARD (Producteur)

Genre(s) musical(aux) : Jazz, funk, rap, chanson • **Catalogue national** : Denis Colin, Jacques Thollot, Nathalie Richard, François Corneloup, Benoît Delbecq, Joëlle Léandre • **Catalogue international** : Ursus Minor, Tony Hymas, Jef Lee Johnson, Sam Rivers, Taj Mahal, Los Incontrolados, Fat Kid Wednesdays, Barney Bush, Gwen Matthews, The Melody Four, Kazuko Hohki, Boots Riley, Violeta Ferrer, Ill Chemistry, Lol Coxhill, Steve Beresford, Tony Coe • **Labels représentés ou intégrés** : Chabada, Nato, Hope Street, Wan+Wan, Cinénato • **Distribué par** : L'Autre Distribution

DIVISION ALÉATOIRE

✆ **04 95 04 95 09** • fax 04 95 04 95 00
contact@division-aleatoire.com • **www.division-aleatoire.com**
c/o La Friche La Belle de Mai • 41 rue Jobin • 13003 **MARSEILLE**

Pierre-Alain ETCHEGARAY (Directeur artistique) • Claire TOURETTE (Communication / Partenariats) • Benjamin GAUTHIER (Chargé de communication)

Genre(s) musical(aux) : Rock, électro • **Catalogue national** : Dondolo, Markovo, Splash Macadam, Gender Bender • **Distribué par** : MVS-Anticraft, Believe, 1D-PACA

DIVISION VIRTUEL RECORDS

contact@division-virtuel.com • **division-virtuel.com**

Yannick TRANCHANT (Label manager)

Genre(s) musical(aux) : Techno, house, electro • **Catalogue national** : Atix, Mozaic, Marco Fender, Alex Kork, 3Ky Lab, Mandala, La Sofff, Shin Matsura, Marcus Sur, Dolibox • **Distribué par** : Believe

DIXIEFROG

✆ **03 23 96 60 00** • fax 03 23 96 60 01
dixiefrog.pl@wanadoo.fr • **www.bluesweb.com**
9 rue de la Marquette • 02600 **RETHEUIL**

Philippe LANGLOIS (Gérant)

Genre(s) musical(aux) : Blues • **Catalogue national** : Bill Deraime, Nico Wayne Toussaint, Amar Sundy, Little Bob, J.J. Milteau, Fred Chapellier, Malted Milk, Blues power band, Alex and the Moon shiners • **Catalogue international** : Duke Robillard, Popa Chubby, Eric Bibb, Beverly Jo Scott, Music Maker, Bjorn Berge, Pura Fé, Ramon Goose & Diabel Cissokho, Caroline Chocolate Drop, Larry Garner, Magic Slim, Neal Black, Keith D. Brown • **Distribué par** : Harmonia Mundi

DJ CENTER RECORDS

info@djcenter.com • **www.djcenter.com**
2 bis rue Fallempin • 75015 **PARIS**

Stéphane SCHWEITZER (Label manager) • Maxime HENON (Licences internationales et bookings) • Bruno DECOLIN (Promotion) • Emmanuelle BELDENT (Business affairs & licensing manager)

Genre(s) musical(aux) : Musiques électroniques • **Catalogue national** : David Vendetta, Dim Chris, John Modena, Da Fresh, Superfunk, Golden Crew, Bel Air Deejayz, Sebastien Benett, Track Storn, etc. • **Catalogue international** : John Dahlbäck, Avicii, Bream, Mar-T, Run Carroll, etc. • **Labels représentés ou intégrés** : DJ Center Records, Paradise, Fusion Recordings, WoW ! Records, Clubbing Capital, ChiCity Music, Bora Bora Music, Laboratory records, Blend it records • **Distribué par** : Autodistribution, Believe

DOMINO RECORDS FRANCE

bonjour@dominorecordco.com • **www.dominorecordco.fr**
71/75 rue des Martyrs • 75018 **PARIS**

Matthieu BOURRIT (Responsable marketing)

Genre(s) musical(aux) : Pop, rock • **Catalogue national** : Frànçois & The Atlas Mountains, Anna Calvi, The Child of Lov, She & Him, Franz Ferdinand, Arctic Monkeys, Sebadoh, etc. • **Distribué par** : Sony, autodistribution digitale

DON'S MUSIC

✆ **05 96 63 31 33** • fax 05 96 63 31 22
info@donsmusic.com • **donsmusic.com**
Imm. Dillon Express 1er ét. p.12B • 4-5 rue Eugène Eucharis lot. Stade • 97200 **FORT DE FRANCE (MARTINIQUE)**

DON MIGUEL (Gérant)

Genre(s) musical(aux) : Reggae, dancehall, soca • **Catalogue national** : Methi's, Admiral T, Saïk, Paille, Dominik Coco, Mali, Lieutenant, Dominik Coco, Sael, etc. • **Catalogue DVD musicaux** : Sael and Friends « Concert Privé » • **Labels en licence** : Occasionnellement Rituals Ltd et Sonics Sound • **Distribué par** : Universal

DOTHELINK

✆ **06 08 84 56 11**
amonaury@yahoo.fr
c/o Mila • 2 rue André Messager • 75018 **PARIS**

Alexandra MONAURY (Associé)

Genre(s) musical(aux) : Pop, rap, r&b, humoristique • **Catalogue national** : Leck, Soraya, Laylow x Sir'klo • **Distribué par** : Licences M6/Believe, Barclay

DOUGLAS RECORDS

✆ **01 44 65 00 96 / 06 13 63 07 54**
mlemesre@club-internet.fr • **www.douglasrecords.com**
c/o Material • 45 bd Lefebvre • 75015 **PARIS**
Michaël LEMESRE (Label manager)
Genre(s) musical(aux) : Jazz, rock, world • **Catalogue international** : Douglas on Blue Note, Leduo (Perrine Mansuy & François Cordas), Jazzonia, Wildflowers, John McLaughlin, Dizzy Gillespie, MJQ, Bill Laswell, Jerry Garcia, Pharoah Sanders, Hariprasad, Chaurasia, New York city band with Luther Vandross, etc. • **Catalogue DVD musicaux** : DVD Gravity : Woodstock Diaries, BB King, Muddy Waters, John Lennon, James Brown, Georges Clinton, etc. • **Distribué par** : Socadisc

DREYFUS JAZZ

✆ **01 53 21 07 67** • fax 01 53 21 05 81
info.dreyfus@bmg.com • **www.disquesdreyfus.com**
Dreyfus Music/BMG Music Rights Management • 5 rue de Castiglione • 75001 **PARIS**
Genre(s) musical(aux) : Jazz • **Catalogue national** : Adrien Moignard et Rocky Gresset, Biréli Lagrène, Sara Lazarus, Anne Ducros, Aldo Romano, Géraldine Laurent, Olivier Ker Ourio, Michel Petrucciani, Jean-Michel Pilc, Martial Solal/Johnny Griffin, Eddy Louiss, Didier Lockwood, Richard Galliano, Michel Portal, Frank Avitabile, Trio Sud, André Ceccarelli, Sylvain Luc, Dorado Schmitt • **Catalogue international** : Joe Sample et Randy Crawford, Bert Joris, Luis Salinas, Olivier Temime, Ari Hoenig, Phillip Catherine, Steve Grossman, Marcus Miller, Roy Haynes, etc. • **Catalogue DVD musicaux** : Bireli Lagrène, Raghunath Manet, Richard Galliano, Ahmad Jamal, Gunsmoke blues • **Distribué par** : Sony

DRÔLE D'IDÉE

✆ **06 62 24 12 59**
contact@droledidee.com • **www.droledidee.com**
248 rue d'Entraigues • 37000 **TOURS**
Aurélie FRIED (Label manager)
Genre(s) musical(aux) : Chanson française, rock, musique du monde • **Catalogue national** : Le Chameau, Atkaz, Dine et Déon, Zlot • **Distribué par** : Socadisc, Absilone

DRUGSTORE MALONE

✆ **06 12 17 87 11**
drugstoremalone@gmail.com • **www.drugstoremalone.com**
51 rue du Pré Saint Gervais • 93500 **PANTIN**
Genre(s) musical(aux) : Musiques électroniques, musiques improvisées, musique contemporaine, hip hop • **Catalogue national** : Joce Mienniel, Sylvain Rifflet, Bombay Offshore • **Distribué par** : Via le site ou Musea

DRUNK DOG

✆ **06 75 74 32 84**
contact@drunkdog.com • **www.drunkdog.com**
38 rue Rochambeau • 94100 **ST MAUR DES FOSSES**
Xavier SIMON (Responsable)
Genre(s) musical(aux) : Rock indé, post-rock, électro, etc. • **Catalogue national** : Porcelain, Sz, HitchcockGoHome !, Cvantez, My Broken Frame • **Catalogue international** : Whopper • **Distribué par** : Autodistribution

DTC RECORDS

✆ **06 76 59 78 89** • fax 09 55 69 32 17
dtc@dtcrecords.org • **www.dtcrecords.org**
2 bis Dupont de l'Eure • 75020 **PARIS**
Michel FERRET (Label manager) • Dominique POUTET DUME (Production, manager) • Ben RIGHI (Webmaster)
Genre(s) musical(aux) : Jazz et musiques électroniques, break beat, dub, drum'n'bass, electrojazz, fusion, etc. • **Catalogue national** : NHX, Cosmik Connection, Gaël Horellou, Kpt'n Planet, Automat, Jahbass, Fred Mato, Rimshot, Dragongaz, Dual Snake, Otisto 23, Loan, Pushy ! • **Distribué par** : La Baleine, Toolbox, CD1D, Harmonia Mundi, Idol

DV'S RECORDS

dvsrecord@hotmail.com • **www.dvsrecords.org**
21 rue Frédéric Sévène • 33400 **TALENCE**
Nicolas CHOUKROUN (Président) • Nicolas ANDRE (Vice-président) • Stéphane LARRAZET (Trésorier)
Genre(s) musical(aux) : Rock, punk rock, hardcore, metal, emocore • **Catalogue national** : Sluggz, Season of Lies, Slideway, Spudgun, Martin & Dubois, Lost in Battle, Stellar Drive, Sweat Baby Sweat, Down To Earth, Hell In Town, Draft, Forget My Name • **Catalogue international** : Harris, Suffocate For Fuck Sake, South Street, Anarchic Hand, Sickle, Grizzly Twister, Faceoff, Wreckage, Auditory Aphasia, The Black Panthys Party • **Catalogue DVD musicaux** : DV's Fest Vol. 1 • **Distribué par** : Autodistribution, Total Heaven

E-MOTIVE RECORDS

✆ **06 20 76 10 10**
fr.peyratout@nemomusic.com • **www.nemomusic.com**
c/o Nemo • 31 rue de la Haute Musse • 44770 **PREFAILLES**
François PEYRATOUT (Gérant)
Genre(s) musical(aux) : Jazz métissé • **Catalogue national** : Lionel Suarez (Cocanha) André Minvielle/Lionel Suarez (Tandem), DPZ (Zimmermann/de Pourquery Quintet), Louis Winsberg « Douce France » & « Jaleo », Sarah Lenka (Hush, Am I Blue), David Linx, Diederik Wissels (One Heart Three Voices) Dierderik Wiseels (Together) • **Distribué par** : Orkhestra International, L'Autre Distribution

EBEN PRODUCTIONS

✆ **06 65 32 41 28**
robin@ebenprod.com • **www.ebenprod.com**
93 rue de la Roquette • 75011 **PARIS**
Robin VEYSSIERE (Chargé de projets Booker)
Genre(s) musical(aux) : Fanfares, musiques des Balkans, humour • **Catalogue national** : Flying Orkestar, Fanfare Couche-Tard, DJ Grounchoo, Farkenaz, Rec-Tom • **Distribué par** : Absilone

ECHO PRODUCTIONS

✆ **04 76 84 50 29** • fax 04 76 84 50 30
echoprod@echoprod.fr • **www.echoprod.fr**
Imm. Arc en Ciel • 1 rue des Pins • 38100 **GRENOBLE**
Jean D'INCA (Gérant)
Genre(s) musical(aux) : Tous • **Catalogue national** : Sinsemilia, Mountain Men, Emzel Café, Djemdi, Natty, Riké, Sax-O-Matic, Thomas Schoeffler Junior, Gael Buswel, etc. • **Distribué par** : Pias

ECHOPOLITE

✆ **06 18 86 65 04**
editions_fortin@club-internet.fr • **www.armiane.fr**
2 rue André Messager • 75011 **PARIS**
Hugo BON (PDG) • Pierre MOTTRON (Directeur artistique)
Genre(s) musical(aux) : Pop, experimental, jazz, neo classique • **Catalogue national** : Label physique : Luigi Grasso Quartet, Pierre Mottron - Label numérique : Lionel Marchetti, Christian Vasseur, Kasper Toeplitz • **Labels représentés ou intégrés** : Trente Oiseaux • **Distribué par** : AWAL, Nature Bliss, Echopolite

ED BANGER RECORDS

✆ **01 42 52 92 04** • fax 01 42 52 92 43
contact@edbangerrecords.com • **www.edbangerrecords.com**
10 rue Ramey • 75018 **PARIS**
Pedro WINTER (Gérant) • Amandine ROMERO (Label manager)
Genre(s) musical(aux) : Musiques électroniques, hip hop, etc. • **Catalogue national** : Justice, Sébastian, MR Flash, Krazy Baldhead, Breakbot, DSL, Boston Bun, etc. • **Distribué par** : Because en licence

EDEAL MUSIC

✆ **04 93 20 71 40 / 06 99 52 04 04**
edealmusic1@gmail.com • **www.edealmusic.org**
113 Promenade de la plage • 06800 **CAGNES SUR MER**
Philippe DELMAS (Gérant)
Looping Productions • **Genre(s) musical(aux)** : Soul, pop, reggae, folk, jazz, world • **Catalogue national** : Caligagan, No More Babylone, Celine Mastrorelli, Big Family, Phil Herisson, Balatman • **Catalogue international** : Kitto (Unlearn Your Generation, 2010) • **Labels représentés ou intégrés** : A La Folie, Black House Musik, Eva Labelle, Who's Jack Music • **Distribué par** : Socadisc (F), Pias, Believe (Europe), Ioda (international), Booster

ÉDITIONS PLURIEL

✆ **02 33 38 77 23** • fax 02 33 38 81 66
info@pluriel.com • **www.pluriel.com**
La Planchotière • BP 21 • 61350 **MANTILLY**
Jean FOUCHER (Directeur)
Genre(s) musical(aux) : Tous styles dont jazz, musique celtique, musique de films, bandes orchestre • **Catalogue national** : Philippe Duchemin, Bernard Benoît, Yvon Etienne, Marc Pinget, Swing Mômes, Francis Alfred Moerman, Tonnerre de Brest, Rémi Sabot, Long John Silver, Christophe Caron, Michel Corringe, José et René, Eric Bouvelle • **Labels représentés ou intégrés** : N°1, Terroir, Normandisc, Chombiero Music, Paroles et Musiques, Disker, Arc Music, SPI, Pluriel Enfant, Label'o'Deal, Carat Ok • **Distribué par** : Sony, Universal, Pluriel

EDITO MUSIQUES

✆ **01 43 52 20 40 / 06 12 25 52 85** • fax 01 48 34 52 78
edito.hudin@wanadoo.fr • **www.editomusiques.com**
33 av. Philippe-Auguste • 75011 **PARIS**
Cristine HUDIN • Ninon TOURNEL (Assistante)
Genre(s) musical(aux) : Chanson • **Catalogue national** : Jean Guidoni, Serge Utgé-Royo, Bernard Joyet, Vincent Absil, Michel Bühler, Francesca Solleville, Natacha Ezdra, François Gaillard, Jean-Pierre Réginal, Coline Malice, Henri Courseaux, Pierre Margot, etc. • **Distribué par** : Rue Stendhal, L'Autre Distribution, Believe

EGT - MASTERSUN

✆ **01 41 24 01 14 / 01 77 94 52 82** • fax 01 41 24 01 15
mastersun.music@wanadoo.fr • **www.mastersun.fr**
18/20 rue Pierre Marcel • 94250 **GENTILLY**
Gérard TEMPESTI (Directeur général) • Régis SIMARD (Directeur de production) • Franck TEMPESTI (Responsable département vidéo) • Patricia LE RIGOLEUR (Directrice artistique) • Fanny TEMPESTI (Marketing)
Genre(s) musical(aux) : Variété internationale, lounge, dance, dancefloor, variété française, ambiance, world • **Catalogue national** : Jim K Ressource, Sébastien El Chato, Fraquito, Bezu, Les Charlots, Alma Ritano, Franck Fernandel, Michel Pruvot, Gloria Lasso, Kimera, Citizen's, John Ozila, Christian Delagrange, Patricia Carli, Alice Dona, etc. • **Catalogue DVD musicaux** : Christian Delagrange • **Labels en licence** : Harp's, Mars, LPLC, MelFlogui, MTF • **Labels représentés ou intégrés** : Master, EGT, Mastersun • **Distribué par** : Wagram

EKLEKTIK REKORDS

✆ **06 80 14 89 23**
alexandre@eklektikrekords.com • **www.eklektikrecords.com**
48 rue de Bretagne • 92500 **RUEIL MALMAISON**
Antoine MARCHAND (Directeur) • Alexandre DALLANT (Label manager)
Genre(s) musical(aux) : Electro jazz, électro house, nu jazz, electro hip hop • **Catalogue national** : YoggyOne, Zo aka la Chauve-Souris, Padwriterz, Peter Digital Orchestra, Connecticut, Docteur Raphaël, Blast, Bazooka Crew, 2erolex • **Catalogue international** : Yosi Horikawa (Jap.), 1000 Names (Bul.), Kornelius Keyloid (It.), Makula (Aut.), Seb Marx (UK), Uku • **Distribué par** : Eklektik rekords

EKLER'O'SHOCK / EOS RECORDS

✆ **06 48 07 23 79**
ekleroshock@yahoo.fr • **www.ekleroshock.com**
15 rue des Filles du Calvaire • 75003 **PARIS**
Matthieu GAZIER (Président / label manager) • Cécile BACCOU (Responsable synchro et licence)
Genre(s) musical(aux) : Electro, pop, rock • **Catalogue national** : Limousine, Marie Madeleine, Danger, Data, Alexandre Chatelard, Paris, Maxence Cyrin, Benjamin Clementine • **Distribué par** : Idol, Differ-Ant

ELABETH

✆ **01 30 66 68 66 / 06 07 75 86 85** • fax 01 30 50 35 81
didier.drussant@elabeth.com • **www.elabeth.com**
12 rue du Petit Pont • 78310 **MAUREPAS**
Didier DRUSSANT (Directeur) • Alan TAXWELL (Promotion)
Genre(s) musical(aux) : Jazz • **Catalogue national** : Alain Jean-Marie, Lolo Bellonzi, Luigi Trussardi, Jimmy Gourley, Sean Gourley, Marc Hemmeler, Xavier Richardeau, Daniel Visani, Richard Raux, Yves Brouqui, Pierrick Pedron, Claude Garden, Christian Brun, Christian Escoudé, Christophe Brunard, Jean Bonal, Philippe Petit, Fabien Mary, Olivier Témime, René Urtreger & Isabelle Georges, Frédéric Viale, Yoann Loustalot • **Catalogue international** : Ray Brown, Ted Nash, Chris Joris, Sam Combes, Rob Chapman, Emanuele Cisi, Steve Williams, Hugo Lippi, Ted Cursow • **Distribué par** : Socadisc, Les Allumés du Jazz

ELECTRO MENAGER RECORDS

✆ **06 64 46 92 58**
electo.menager.records@gmail.com • **www.electro-menager-records.com**
34 av. Georges Mandel • 33000 **BORDEAUX**
Boris ALIVON (Label manager) • Fanny PASTRE
Genre(s) musical(aux) : Musiques électroniques • **Catalogue national** : Utok2me • **Distribué par** : Autodistribution

ELECTRON'Y'POP

✆ **06 09 03 33 53**
ze.tavares@wanadoo.fr
19 rue Bridaine • 75017 **PARIS**
José TAVARES (Label manager)
Catalogue national : Saycet, Jim Murple Memorial • **Distribué par** : MVS-Anticraft, CD1D

ELECTRONIC PLAYER RECORDS

✆ **03 69 81 91 15**
contact@electronic-player.com • **www.electronic-player.com**
78 av. des Vosges • 67000 **STRASBOURG**
Pascal WALTER (Label manager)
Genre(s) musical(aux) : House, électro, minimal, electronica, ambient, dubstep, trip hop, techno • **Catalogue national** : CZam, Blackdiscomental, Rokkafunk, John Stracker, Lino Sparkling, K Lu, Jayfee • **Distribué par** : Autodistribution (iTunes, Juno, Spotify, Deezer, etc.)

ELLA PRODUCTIONS

✆ **01 45 07 02 49 / 06 80 25 97 56**
pascale@ellaprod.com • **www.ellaprod.com**
109 rue de Ville d'Avray • 92310 **SEVRES**
Pascale FORTÉ (Directrice)
Genre(s) musical(aux) : Jazz • **Catalogue national** : Serge Forté • **Catalogue international** : Sheila Jordan • **Distribué par** : Autodistribution, CD Baby

ELLIOT MUSIC

✆ **01 42 26 16 15**
info@elliot-music.com • **www.elliot-music.com**
108 rue Damrémont • 75018 **PARIS**
Agnès LANGELLA (Gérante) • Gérard LANGELLA (Producteur)
Genre(s) musical(aux) : Musiques électroniques, lounge, pop, dance, jazz, rock, bossa • **Catalogue international** : Dead Man Suit, Mr Untel, Doc Gee, The Maggoos, Loving Paris, Velvet Work, Hanna.H • **Labels représentés ou intégrés** : Immense Music, blobprod.com

EMD PRODUCTION

jazz@labelemd.com • **www.labelemd.com**
92 rue Stanislas • 54000 **NANCY**
Véronique DIDOLOT (Présidente) • Bernadette MEYER (Consultante en production)
Etonnants Messieurs Durand • **Genre(s) musical(aux)** : Jazz, blues, jazz manouche, jazz contemporain • **Catalogue national** : Timbo Mehrstein Gypsy Jazz Ensemble (Geisela Reinhardt/Mario Santauzi/Popots Winterstein/Benji Winterstein/Jean-Gérard Loescher), Jean-Michel Albertucci duo (Alexandre Ambroziak), Jean-Marie Viguier, Diego Imbert, Briegel Bros Band (Nathanaël Briegel/Philippe Leclerc/Cyrille Briegel/Apollo Munyanshongore/Jean-Marc Robin), Pierre-Alain Goualch Trio, Abraham Yameogo Kilimandjaro, Valérie Graschaire/Pierre-Alain Goualch duo, Samson Schmitt Quintet, etc. • **Catalogue DVD musicaux** : Briegel Bros Band « Live NJP 2006 » • **Distribué par** : Abeille Musique, Qobuz

EMERGENCE

contact@emergence-music.com • **www.emergence-music.com**
14 rue Deguerry • 75011 **PARIS**
Laurent AGNOUX (Gérant)
Genre(s) musical(aux) : Pop, rock, électro, musiques actuelles • **Catalogue national** : The Rodeo, Oh ! Tiger Mountain, Eldia, Franz is Dead, Inga Liljeström, Mars Red Sky, Lartigo, Marklion • **Labels représentés ou intégrés** : Upcode Records • **Distribué par** : Discograph, Idol, Naïve, etc.

EMOLUTION RECORDS

✆ **06 75 44 91 76**
aurelien@emolution.net • **www.emolution.net**
1 bis rue du Curé St Etienne • 59000 **LILLE**
Aurélien DELBECQ (Contact label) • Christophe BAISEZ (Contact promo)
Genre(s) musical(aux) : Rock, émo, etc. • **Catalogue national** : Burn Hollywood Burn, Bumblebees, Tang • **Distribué par** : Autodistribution

EMOUVANCE

✆ **04 91 64 30 47**
label.emouvance@gmail.com • **www.emouvance.com**
60 rue Puvis de Chavannes • 13002 **MARSEILLE**
Claude TCHAMITCHIAN (Directeur artistique) • Françoise BASTIANELLI (Directrice de la production) • Lydia RAMOS (Chargée d'administration) • Carmen AVILA (Chargée de communication et chargée de diffusion)
Genre(s) musical(aux) : Musique improvisée, jazz et musiques ethniques • **Catalogue national** : Claude Tchamitchian, Eric Watson, Philippe Deschepper, Raymond Boni, Stephan Oliva, Gaguik Mouradian, J.P. Jullian, Daunik Lazro, François Merville, Barre Phillips, Joe McPhee, Trio Chemirani, Duo Wodrascka/Agnel, Jean-Pierre Jullian, etc • **Distribué par** : Absilone, Socadisc, Les Allumés du Jazz, CD1D

L'EMPREINTE DIGITALE

✆ **06 08 18 69 98 / 04 95 04 30 28**
empreinte.digitale.log@gmail.com • **www.empreintedigitale-label.fr**
63 rue Consolet • 13001 **MARSEILLE**
Catherine PEILLON (Directrice artistique)
Genre(s) musical(aux) : Musique contemporaine, musique ancienne, musiques traditionnelles et du monde • **Catalogue international** : Zad Moultaka, Dana Ciocarlie, Cristina Branco, Elena Frolova, Toros Can, Ensemble Naguila, Juan Carmona, Venance Fortunat, Concerto Soave, Roland Dyens, Ensemble Lucidarium, Ensemble William Byrd, Bijan Chemirani, Ensemble Morkos, Pino de Vittorio, Burhan Oçal, etc. • **Distribué par** : Abeille Musique

ENRAGÉ PRODUCTION

✆ **02 23 46 07 53** • fax 02 99 14 25 15
contact@enrageprod.com • **www.enrageprod.com**
9/11 rue de Dinan • 35000 **RENNES**
Séverine DELAHAYE (Responsable)
Genre(s) musical(aux) : Rock, punk, hardcore, metal, electro-rock • **Catalogue national** : Alec Empire, Anonymus, Dead Sexy Inc., Destruction Incorporated, Ghoulunatics, Mononc'Serge + Anonymus = Musique barbare, Nevrotic explosion, Opium du Peuple, Parabellum, Shane Cough, Tagada Jones • **Catalogue DVD musicaux** : Tagada Jones, Black Bomb A • **Distribué par** : Coop Breizh

ENTOUKAPROD

✆ **01 71 18 17 77** • fax 01 71 18 17 79
info@entoukaprod.com • **www.entoukaprod.com**
52 rue Richer • 75009 **PARIS**
Gael BRUSSELEERS (Gérant)
Entouka Editions • **Catalogue national** : Bart&Baker, « Jazz à la récré » (Didier Lockwood / Hal Singer) • **Distribué par** : Idol, Emi music

EPM

✆ **01 58 64 01 49** • fax 01 41 74 01 78
epm.poux@wanadoo.fr • **www.poetesetchansons.com**
37 rue des Vignerons • 94300 **VINCENNES**
Maryse POUX (Directrice)
Genre(s) musical(aux) : Variété française, poésie, rétro • **Catalogue national** : Anne Sylvestre, Graeme Allwright, Julos Beaucarne, Michèle Bernard, Georges Chelon, Francis Lemarque, Marc Ogeret, Sarclo, Anne Vanderlove, Chanson Plus Bifluorée, Hélène Martin, Jofroi, Francesca Solleville, Collection « Jazz Archives », « Master Pièces », « Blues Collection », « Poètes et chansons », « EPM Littérature » • **Distribué par** : Universal, Socadisc

EQUAL MUSIK

hfelix@equal-musik.com • **www.myspace.com/hfequal**
59 rue de Yame • 39360 **VAUX LES ST CLAUDE**
Hélène FELIX (Gérante)
Genre(s) musical(aux) : Musiques électroniques, soul, hip hop, funk • **Catalogue national** : Eggo, Ne Pas, David Anzalone, Thomas Toussaint, HF, Eyvind • **Distribué par** : MVS-Anticraft, La Baleine, Believe

EUROSTAR RECORDS

✆ **01 71 93 48 04**
saysomething@eurostarrecords.com • **www.eurostarrecords.com**
c/o Rosbeef • 115 bd Richard Lenoir • 75011 **PARIS**
Jonathan GOURMEL (Label manager)
Genre(s) musical(aux) : Rock indé, pop, hip hop, funk • **Catalogue international** : Plugs, Man Like Me, Velo • **Distribué par** : Wagram

EX-TENSION RECORDS

✆ **04 97 02 03 96**
extension06@gmail.com • **www.ex-tensionrecords.com**
Domaine des Templiers • 06790 **ASPREMONT**
Francis LINON (Producteur) • Stella VANDER (Directrice artistique)
Genre(s) musical(aux) : Jazz, rock, fusion • **Catalogue national** : Stella Vander, Simon Goubert, Elull Noomi, Laurent Fickelson, Pierre-Michel Sivadier, Sidony Box, Mickey Graillier • **Distribué par** : Harmonia Mundi

EXPRESSILLON

✆ **01 48 06 44 30 / 01 42 41 84 07**
info@expressillon.com • **www.expressillon.com**
21 rue de la Villette • 75019 **PARIS**
Renaud GAY (Responsable)
Genre(s) musical(aux) : Break beat, dub, techno, musiques électroniques • **Catalogue national** : Uzul prod, Signal Electrique, Bad Girlz, Fky, Niveau Zero, Maelstrom, Interlope, etc. • **Catalogue international** : Ixlndamix, 69db, Crystal Distortion, Mc Tabloïd, Wang Lei • **Catalogue DVD musicaux** : « 69db & Dr No » (Expressillon, 2004) • **Labels représentés ou intégrés** : Perce-Oreille, Passe-Muraille, Dub Technic, Chip Jockey

EXTRAORDINAIRE

✆ **05 61 71 15 40** • fax 05 61 71 15 40
contact@extraordinaire.fr • **www.extraordinaire.fr**
43 route de Grenade • 31700 **BLAGNAC**
Véronique SÉGO (Label manager)
Genre(s) musical(aux) : Pop rock, chansons françaises • **Catalogue national** : Véro Ségo, School of Rock, Les Duponts Electriques, Hanna Camille, Maddyson Myarade • **Distribué par** : Zebralution

FA DIÈSE CORSICA

✆ **04 95 25 46 40**
Rupione • 33 Castello Rosso • 20166 **PORTICCIO**
Louis RUTHERFORD (Gérant / ingénieur du son) • Christine STAGNARO (Secrétaire / Comptable)
Casa di Mare • **Genre(s) musical(aux)** : Musique & chants corses, jazz, musiques du monde, variétés • **Catalogue national** : L'Albinu, J.M. Ceccaldi, Sylvie Bonello, Laudato, X. Paoli, Polyphonies de Valle Voce, Tramuntana, Polyphonies Alte Voce, Guitares Sérénades, J. Gianelli, Jérôme Valinco, Lucien Bocognano, Malanga, Guy Rinieri, Guy Poni, J.A Ferrali, C. Vezzani, Micheletti, J. Luccioni, Scola in Giru, Synthologie, Les Pères Verts Peppers, etc. • **Distribué par** : Autodistribution

FACTEURS D'AMBIANCE

✆ **04 70 41 91 33**
facteurs_dambiance@yahoo.fr
6 route de Vichy • 03110 **ST REMY EN ROLLAT**
Alain ARNAUD (Label manager)
Genre(s) musical(aux) : Indépendant • **Catalogue national** : Martin Dupont, Begin Says, L'Enfance Eternelle, Résistance, La Nuit Venue, Flying Spoons, Good Evening Mister Waldheim

FACTOR WILL PRODUCTION

✆ **06 96 31 54 44**
factorwill@hotmail.fr
Zac Etang Abricot • Bat. Chibou C11 • 97200 **FORT DE FRANCE (MARTINIQUE)**
Harry VILDEUIL (Label manager)
Genre(s) musical(aux) : Dancehall • **Catalogue national** : Harry Vildeuil, Cédric Jean Baptiste Simone, Nicolas Exurville, Jean-Lous Charley, Kenji Marchety, Thierry Nicolas • **Distribué par** : Chabine Prod, Debs

FACTORY SET

label@factoryset.org • **www.factoryset.org**
Ch. a Montagne • 26450 **ROYNAC**
Justin COPELLI (Label manager)
Genre(s) musical(aux) : Musiques électroniques, groove, dub, world, pop, rock, reggae, rap • **Catalogue national** : Angstrom, Mr Duc/R-dug, Azaliah, San/Secret, Zeplin Soda, Live and Full Power, Arbaa, Inner Rose, Brother joe Pilgrim, Tupan, T.I.N.A • **Distribué par** : CD1D, Gammanecy, Dakar+

FAIT MAIN PRODUCTIONS

✆ **06 98 93 21 12**
contact@faitmainproductions.com • **www.faitmainproductions.com**
9 rue du Petit Marais • 80100 **ABBEVILLE**
Gaétan HYNAUX (Directeur) • Clément HYNAUX (Chargé de production)
Genre(s) musical(aux) : Musiques métissées • **Catalogue international** : Marshall Dixon, Chengetaï, Sevy Rol's, Anofela, Charlotte Dipanda, Saintrick • **Catalogue DVD musicaux** : Olivier Tshimanga Live (2010), Flavour, Fally Ipupa • **Distribué par** : Sonima Multimédia, Musicast, Bassoka Production, Akueson, Rue Stendhal, Afrikool

FAKE RECORDS

✆ **06 60 97 19 80 / 02 99 33 96 99**
contact@fakeproject.org • **www.fakeproject.org**
3 rue de Lorraine • 35000 **RENNES**
Ismaël LEFEUVRE
Genre(s) musical(aux) : Musiques électroniques, rock • **Catalogue national** : Manceau, Juveniles, The Wankin' Noodles, The Popopops, Theo Gravil, Darlin Nikki, Modul Club, Itrema, Ordoeuvre • **Catalogue international** : The Popopopops, Manceau, Juveniles • **Distribué par** : Topplers, La Baleine

FAMILY NAME RECORDS

✆ **03 20 36 72 10** • fax 03 20 36 56 60
info@familynamerecords.com • **www.familynamerecords.com**
60 rue de l'Alouette • 59100 **ROUBAIX**
Catalogue national : Anthony Collins, Chloé, Clément Meyer, Elagua, Electric Rescue, It's a Fine Line, Matt Walsh, Jennifer Cardini, Matthus Raman, Mlle Caro & Franck Garcia, Radio Slave, Remain, Sei A, Sierra Sam, UFO, Maetrik, Gran Cavaliere, Ben Vedren, People of Real

FANTOMATIK RECORDS

✆ **06 70 85 49 61**
mem_pamal@hotmail.com • **www.fantomatik.org**
32 fbg Rivotte • 25000 **BESANCON**
Bruno MARTHENOT (Label manager) • Simon ODIN (Régisseur)
Genre(s) musical(aux) : Techno, électro, indus, drum'n'bass, etc. • **Catalogue national** : Les Boucles Étranges, Mem Pamal, F. SA, Générale Hydrophonick, Dj Tall, The Phantom Machine, Keja (Mackitek), Maniak, Mik Izif, Dj X-Tortion, Fantomatik XP-rience, etc. • **Catalogue international** : Dj Pseudonyme (UK), Hyper Mood (Colombie) • **Labels représentés ou intégrés** : Fanto-Repress, Fantomatik Underground, Ghost In the Bass Records, Bouche à Oreille, Fanto Hors serie • **Distribué par** : Toolbox, Pias, Virgin, TNL

FARGO

✆ **01 48 05 49 52**
info@fargorecords.com • **www.fargorecords.com**
42 rue de la Folie Méricourt • 75011 **PARIS**
Michel PAMPELUNE (Directeur artistique)
Genre(s) musical(aux) : Rock, folk • **Catalogue international** : Jesse Sykes & The Sweet Hereafter, Neal Casal, Alina Orlova, Chris Garneau, The BellRays, Lords Of Altamont, J/B/M, Sallie Ford & The Sound Outside, Ume, Two Gallants, House Of Wolves • **Distribué par** : Naïve, Believe

FARIO

✆ **02 32 35 96 70**
www.feardrop.net
3 rue Grande • 27760 **LA FERRIERE SUR RISLE**
Denis BOYER (Label manager)
Genre(s) musical(aux) : Electronica, post-industriel, ambient, etc. • **Catalogue national** : Dither, Fragile, 99mg, Laurent Pernice, Désaccord Majeur, C. Renou • **Catalogue international** : Mick Harris, Origami, Mimetic, Delphium, Francisco Lopez, Steve Roden, Rapoon, Vromb, Telepherique, Troum, Nadja, Netherworld, Thomas Köner, Cisfinitum • **Distribué par** : Metamkine

FAVORITES RECORDINGS

✆ **01 43 21 60 27**
info@favoriterec.com • **www.favoriterec.com**
36 rue Keller • 75011 **PARIS**
Pascal RIOUX (Responsable)
Genre(s) musical(aux) : Soul, funk, jazz, hip hop, reggae • **Catalogue national** : Andre Solomko-Vinyl Jam, Buddy Sativa, Cléon & Jazzy Pidjay, Dwilt Sharp, Hawa, Human Egg, Joyzza, Lee McDonald, Lemy Leopard, Lorett Fleur, Lucas Arruda, Massak, Modo Solar, Mounam, Mr Day, Mr President, Onra, The Dynamics, The Funk League, The Real Fake MC, Trevor & Lisa, Walter Mecca aka Dal Gren, Yann Kesz • **Distribué par** : The Pusher Distribution

FEEL GOOD PRODUCTION

✆ **01 69 20 05 53** • fax 01 69 20 05 53
jeanfeelgood@noos.fr
6 allée d'Angoulême • 91300 **MASSY**
Jean AMSALLEM (Gérant)
Genre(s) musical(aux) : Dance, rap, RnB, house, techno, world, représentation de catalogues généralistes • **Catalogue national** : Jungle Style, Daddy Smash • **Catalogue international** : Samantha Fox, Snoop Dog, Mister Vegas, Dr Dre, General Levy, etc. • **Labels représentés ou intégrés** : Music of Life, Agang Music, Shift Music, etc. • **Distribué par** : Label en licence

La FEMME À BARBE
✆ fax 09 72 27 47 89
contact@lafemmeabarbe.fr • **www.lafemmeabarbe.fr**
130 route du Havre • 76000 **ROUEN**
Annabelle CAVALLIN (Directrice artistique) • Florent BARTHÉLÉMY-LEPOUTRE (Chargé de production)
Genre(s) musical(aux) : Rock, chanson, world, pop, folk • **Catalogue national** : Claire Jau, Battan l'Otto, Lady Arlette, Qu'en pense Gertrude ?, Béryl, Xav Feugray • **Distribué par** : CD1D

FGL PRODUCTIONS
✆ **08 92 35 03 20**
info@fglmusic.com • **www.fglmusic.com**
25 bd Arago • 75013 **PARIS**
Thierry WOLF (PDG) • Nathalie LALLEMENT (Directrice financière) • Céline PASTUREL (Responsable administrative) • Catherine-Diem TRAN (Relations publiques) • Florestan LEJEUNE (Chef de produit) • Amandine DUMESNIL
Genre(s) musical(aux) : Variété française et internationale, rock, musique de films, world, musiques électroniques, etc. • **Catalogue national** : Vincent Niclo, Guy Marchand, JJ Debout, Desireless, Jeanne Mas, Rolling Bidochons, Jacqueline Taïeb, Hervé Cristiani, Pierre Vassiliu, Sortilège, Têtes Raides, Lio, Oberkampf, Francis Lalanne, Desireless, Buzy, etc. • **Catalogue international** : Crazy Horse, Mazowsze, Aluminium Show, Iggy Pop, Nashville Pussy, Les Chœurs de l'Armée Rouge, John Cale, Cima Cima, Tito and Tarantula, etc. • **Catalogue DVD musicaux** : Petula Clarck, Les Chœurs de l'Armée Rouge, Iggy Pop, Nashville Pussy • **Labels en licence** : King Records Intl, Burdett, Soundworks, CRC, Netshare, Poly Prod, Silva Screen, etc. • **Labels représentés ou intégrés** : Play Time, Anthology's Revenge, Eva, Axe Killer, Mantra, Swingmania, Jurassic Punk, Kosmos, Remedy, Silva France • **Distribué par** : Kaze, EMI

FIFTY FIVE RECORDS
✆ **01 49 22 20 01**
jean-michel.fava@groupe-ab.fr • **www.abweb.com**
132 av. du Pdt Wilson • 93210 **LA PLAINE ST DENIS**
Jean-Michel FAVA (PDG) • Julie FAVA (Chef de produit)
Genre(s) musical(aux) : Variétés françaises, house, électro, zouk, ragga, latino, etc. • **Catalogue international** : Amnesia, Roof Terrace Vibe, Anne Etchegoyen • **Labels représentés ou intégrés** : Dj Center, Diamond's • **Distribué par** : Sony

FLECHE PRODUCTIONS
✆ **01 40 55 90 91** • fax 01 40 55 99 77
contact@flecheprod.com • **www.flecheproductions.com**
62 rue de Dunkerque • 75009 **PARIS**
Claude FRANCOIS JR (Gérant) • Anne-Claire LEVRON (Chargée de production) • Charlotte BINAUT (Chargée de projets)
Genre(s) musical(aux) : Musique, théâtre, humour • **Catalogue national** : Claude François (vidéo), Fill's Monkey, Occitania, etc.

FLYING COW PROD
✆ **06 71 65 09 38**
colin@flyingcowprod.com • **flyingcowprod.com**
25 rue d'Erstein • 67100 **STRASBOURG**
Colin SCHAUB (Label manager)
Genre(s) musical(aux) : Pop, rock • **Catalogue national** : Tis, The One Armed Man • **Distribué par** : Distribution lors des concerts

FODI
✆ **06 07 23 89 60**
yo.fodi@gmail.com • **fodilabel.wordpress.com**
55 cours Gambetta • 69003 **LYON**
Johan BORG (Manager) • Simon BLOT (Tour Booking)
Flying Oyster Digital Industries • **Genre(s) musical(aux)** : Noise, punk, hardcore, électro, experimental • **Catalogue national** : Gameboy Physical Destruction, Royal McBee Corporation, The Electric Roberts, Joe Vitterbo • **Distribué par** : CD1D, 1d-rhonealpes

FOLISTAR
✆ **01 77 16 53 49 / 06 09 67 35 26**
s.leforati@folistar.com • **www.folistar.com**
115 rue de l'Abbé Groult • 75015 **PARIS**
Sébastien LEFORATI (Manager)
Genre(s) musical(aux) : Électro • **Catalogue national** : Hitchild, Don Nola, Digikid84, Youthman, Mr. Gomzo • **Catalogue international** : Jamalski • **Catalogue DVD musicaux** : Home Studio • **Labels en licence** : Playerz • **Distribué par** : La Baleine, Topplers

FOOL HOUSE
contact@foolhouse.fr • **www.foolhouse.fr**
Guillaume HEUGUET (Responsable)
Genre(s) musical(aux) : Pop, musiques électroniques • **Catalogue national** : Mondkopf, Qoso, Somaticae • **Catalogue international** : 33Hz, Delorean, Taragana Pyjarama, Ricardo Tobar • **Labels représentés ou intégrés** : In Paradisum • **Distribué par** : N.E.W.S, Idol

FORECAST
✆ **06 32 32 86 37**
forecastbooking@gmail.com • **www.soundcloud.com/forecast-label**
2 av. des Chalets • 92210 **ST CLOUD**
Olivier BIZARD (Gérant / Directeur artistique) • Gautier BOROT (Réalisateur artistique) • Guillaume DE SEIGNEURENS (Chargé des RP)
Genre(s) musical(aux) : Electro, techno, minimal, deep-house, house • **Catalogue national** : Anima, Breitlitz, -REK-, Sir S'qui

FORM MUSIC
form@form-music.fr • **www.form-music.fr**
Alexandre RUBIO (Label manager)
Catalogue national : Popof, Noob, Julian Jeweil, Sebastien Leger, Max Bett, Sam Paganini, H2, Alessio Mereu, Joachim Pastor, N'to, Sam Ball, Jay Lumen, Leonardo Gonnelli, Sean Random, Astronivo, Timid Boy, Kernel Key, SQL, Andreas Henneberg, Soliman, etc.

FORMULE RECORDS
contact@formulerecords.fr • **formulerecords.fr**
75001 **PARIS**
Adam POLO (Label manager)
Genre(s) musical(aux) : Electro, nu-disco, house • **Catalogue national** : Adam Polo, Sovnger, Tail Spin, Elomak, The Edge, Blondinethemix, Corpus de Textes, Prosper • **Distribué par** : Believe

FRANCE TÉLÉVISIONS DISTRIBUTION
✆ **01 56 22 90 00** • fax 01 56 22 90 90
sophie.lefevre@francetv.fr • **www.francetv.com**
Le Barjac • 1 bd Victor • 75015 **PARIS**
Yann CHAPELLON (PDG) • Denis ROSTEIN (Directeur des éditions) • François FRITSCHER (Responsable des éditions musicales et spectacles) • Delphine DUCLOS (Responsable marketing) • Frédéric ELKABBACH (Coordinateur médias) • Sophie LEFEVRE (Chargée du service presse) • Serge PERRIN (Chargé des partenariats radio)
Genre(s) musical(aux) : Musiques dérivées des programmes de France 2, France 3, France 4, France 5 et France Ô • **Catalogue national** : BOF de TV et de cinéma, des musiques dérivées de programmes jeunesse (Minikeums, Schtroumpfs, Foot 2 Rue), de programmes musicaux (Pascal Sevran, Musiques au cœur), des musiques d'été, d'émissions emblématiques (Thalassa, Tout le Monde en Parle, Plus Belle la Vie) • **Catalogue international** : BOF Friends, B & Co • **Catalogue DVD musicaux** : Concert, comédies musicales • **Labels représentés ou intégrés** : France 2 Editions, France 3 Editions, France 4 Editions, France 5 Editions • **Distribué par** : Sony

FREE LANCE
✆ **06 30 35 27 03 / 06 09 82 61 62 / 01 43 29 28 18**
free.lance@wanadoo.fr
c/o JPR Productions • 26 av. de l'Opéra • 75001 **PARIS**
Jean-Paul RODRIGUE (Producteur) • Pierre-Henri CHAUVEAU (Producteur et gérant)
Genre(s) musical(aux) : Jazz • **Catalogue international** : Alexandra Grimal, Tony Malaby, Bonne-Nouvelle, Jo Maka, Bobby Few, Cheikh Tidiane Fall, Marion Brown, Roy Haynes, Mal Waldron, David Kikoski, Judy Niemack, Santi Debriano, Steve Lacy, Eric Watson, Cindy Blackman • **Distribué par** : Sphinx Distribution

FRÉMEAUX ET ASSOCIES
✆ **01 43 74 90 24** • fax 01 43 65 24 22
info@fremeaux.com • **www.fremeaux.com**
20 rue Robert Giraudineau • 94300 **VINCENNES**
Patrick FRÉMEAUX (PDG) • Claude COLOMBINI (Directrice général) • Augustin BONDOUX (Directeur de collection) • Alain GERBER (Responsable collection « Quintessence ») • Jean-Pierre MEUNIER (Directeur artistique du patrimoine créole) • Daniel NEVERS (Directeur Intégrales chronologiques en jazz) • Jean BUZELIN (Gospel) • Julie ROCHETTE (Assistante) • Benjamin GOLDENSTEIN (Conseiller éditorial)
Genre(s) musical(aux) : Patrimoine sonore et production : jazz, blues, gospel, cajun, musiques du monde, chanson française (réédition) • **Catalogue national** : Anthologie des Musiques Traditionnelles, Collection The Quintessence dirigée par Alain Gerber (Louis Armstrong, Fats Waller, Duke Ellington, etc.), intégrales Django Reinhardt, Louis Armstrong, Mireille, Maurice Chevalier, Marie Dubas, Jean Gabin, etc. • **Catalogue international** : Santos Chillemi, Baden-Powell, catalogue gospel (Festival de Gospel de Paris, Black & White Gospel Singers, Palata), Polya Jordan, catalogue Jazz et Cross Over de Claude Bolling, Marcel Zanini, etc. • **Labels en licence** : Radio France, Plainisphare (Archie Shepp, Dollar Brand, René Botlang, Mal Waldron), Evidence (Kassap, Levallet, Corneloup, Antony Ortega) • **Labels représentés ou intégrés** : La Lichère (Paris Musette, François Chassagnite, Boulou et Elios Ferré, Jean-Charles Capon, Benoit Blue Boy), Elephant (David Fackeure), Axolotl (De Chassy, Lee Konitz, Cesarius Alvim), Evidence (Didier Levallet, Sylvain Kassap), etc. • **Distribué par** : Socadisc, la Librairie Sonore

FRENCH FRIES PUBLISHING
✆ **01 44 53 06 39**
basement.prod@wanadoo.fr • **frenchfriespublishing.orange.fr**
38 rue Rochechouart • 75009 **PARIS**
Nick BUXTON (Directeur artistique) • Oliver FURTER (Promotion)
Genre(s) musical(aux) : Pop, folk, rock, électro, etc. • **Catalogue national** : Neon Campfire, Tchiki Boum, Nancy Landzo, Music For Grown Ups, The Virgin Marys, Jacks de l'Or, Mami Chan Band, Gleb Bones, Marteen Audreys, Louis Alphonso, PLMB, etc. • **Distribué par** : Believe

FRENCH MUSIC TOUCH

✆ 06 16 61 84 58
contact@frenchmusictouch.com • **www.frenchmusictouch.com**
13 rue de Jouy • 77710 **VILLEBEON**
Genre(s) musical(aux) : Americana, country rock, french fried country • **Catalogue national** : Steve & Heather • **Distribué par** : Socadisc, Believe, Vara Entertainment (USA)

FRESH POULP RECORDS

✆ 06 34 90 01 92
contact@fresh-poulp.net • **www.fresh-poulp.net**
19 rue Pierre Viala • 45000 **ORLEANS**
Geoffrey MARCHAND (Label manager)
Genre(s) musical(aux) : Électro dub, hip hop, breakcore, drum'n'bass, world • **Catalogue national** : Rafiralfiro, Pix, Pitbull The Sexydog, pieR/Hugo, Tsunami Wazahari, Roots Ista Posse, Duck, Guitoud, Silent Bells • **Catalogue international** : Andreia Dacal, Dubalizer, Dubzoic, Dubosmium • **Labels représentés ou intégrés** : Netaudio France • **Distribué par** : Believe

FRIKYIWA

✆ 06 72 70 13 34
frikyiwa@gmail.com • **www.frikyiwa.net**
215 av. Victor Hugo • 26000 **VALENCE**
Frédéric GALLIANO (Directeur artistique)
Genre(s) musical(aux) : Musiques d'Afrique subsaharienne (acoustique & électro) • **Catalogue international** : Hadja Kouyate, Ali Boulo Santo, Lipitone, Louis 2000, Diéfadima Kanté, N'Gou Bagayoko, Filifin, Trilok Gurtu, Kuduro Sound System

FROCHOT MUSIC CANTOS

✆ 01 42 23 18 47
contact@cantos.fr • **cantos.fr**
23 rue du Buisson Saint-Louis • 75010 **PARIS**
Clémence DE BODINAT (Gérante) • Laurie COTTEAUX (Chef de produit)
Genre(s) musical(aux) : Musiques du monde • **Catalogue international** : Salif Keïta & Kanté Manfila, Thione Seck, Kékélé, etc. • **Labels représentés ou intégrés** : Syllart Production, Bellot Records, Saregama, Section Zouk, Zaïko Langa Langa, Cyriaqua, Bassoka productions, Maghreb Music, Obouo Music, Wedoo music etc. • **Distribué par** : Pias, Ioda

FULL MOON RECORDS

✆ 06 03 62 68 76
fullmoonrecords@hotmail.fr • **www.fullmoonrecords.fr**
11 rue de Doué • 49400 **SAUMUR**
Malik CHATI (Directeur artistique)
Genre(s) musical(aux) : Rap, RnB, chanson française, éléctro house • **Catalogue national** : Sixième Sens, Wadi, Neïman, Makassy, Dj Smil, 2 Shuss • **Labels en licence** : Scorpio Music, Play on Music • **Labels représentés ou intégrés** : Sixième Sens, 2 Shuss, DJ Smil • **Distribué par** : Musicast, Wagram, MVS-Anticraft, Believe

Scic FULL RHIZOME

✆ 06 88 38 38 18 / 09 55 89 32 12
contact@fullrhizome.coop • **www.fullrhizome.coop**
8 rue du Sud et du Père Louis Thérobe • 13003 **MARSEILLE**
Jérémie MENSION (Directeur) • Julien BERLIOZ (Administrateur) • Aymeric GENTY (Responsable de production) • Marine LE ROUX (Communication)
Genre(s) musical(aux) : Musiques actuelles, musiques du monde, jazz, musiques improvisées, musiques électroniques, etc. • **Catalogue national** : Expedisound Séries, Under Kontrol, Emilie Lesbros, Redrails, Fl !, Sam Karpienia • **Catalogue international** : Forabandit, Altaï Khangaï • **Catalogue DVD musicaux** : Lookin4Galt (sur Dailymotion), Long Water (China Expedisound) • **Labels représentés ou intégrés** : DFragment Music, I.O.T Records, Expedisound • **Distribué par** : L'Autre Distribution, CD1D, licence Buda Musique

FURNE RECORDS

✆ 06 60 36 29 84
lopez.vincent@laposte.net • **www.furne-records.com**
36 rue Lautertal • 16200 **JARNAC**
Vincent LOPEZ (Label manager)
Genre(s) musical(aux) : Rock, hardcore • **Catalogue national** : Café Flesh, Mr Protector, Alaska Raving Mad, Miss Shapenfingers, MSL Jax, COM « Jarnac Attack » • **Distribué par** : Autodistribution

FUTUREPL@Y

✆ 01 46 99 62 62 • fax 01 46 99 62 64
sophie@futureplay.fr • **www.futureplay.fr**
39 rue de la Rochefoucauld • 92100 **BOULOGNE BILLANCOURT**
Rémy SAINT JACQUES (Directeur artistique) • Jean-Michel DOUÉ (Directeur commercial) • Sophie DELETTREZ (Promotion TV/presse) • Jerome MALH (Promotion radio) • Pascal CHIQUET (Promotion club)
Genre(s) musical(aux) : Electro, dance, house, ragga, détente • **Catalogue national** : El Marshall, The Dee, Martus Black Lovely, Dab & Sisse Soley Dancefloor, Disco Makers, Jeronimo • **Catalogue international** : Jus Jack, Dj Joss, Romeo Cooper, Desaparicidos, Bryce, Shaun Baker, Starting Rock • **Distribué par** : Believe

FVTVR RECORDS

quentin.futur@gmail.com • **www.futur-records.com**
35 av. Gambetta • 75020 **PARIS**
Quentin GAUVIN (Label manager) • Raphaël D'HERVEZ (Label manager)
Genre(s) musical(aux) : Pop, electro, hip hop, etc. • **Catalogue national** : Minitel Rose, College, Rhum For Pauline, Pegase, Disco Anti Napoléon (DAN) • **Distribué par** : La Baleine, News, Believe, EMI, K7 !

GAFAITI PRODUCTION MUSIC

✆ 09 52 46 59 45 / 06 18 97 15 66 • fax 01 41 37 32 93
gafaitiproductionmusic@hotmail.fr • **www.myspace.com/gafaitiproduction**
4 allée Alfred de Musset • 92000 **NANTERRE**
Nourredine GAFAITI (Label manager)
Genre(s) musical(aux) : Raï • **Catalogue international** : Kheïra, Sahraoui, Zahouania, Kadirou, Nasro, Anouar, El Hindi, Karima, Laazaz, Tarik, Ouahid, Benlemou, Marsaoui, Kamel Igmane, Karim Chaker, Asma, Rachida, Zinou, Hanini, Nadim • **Catalogue DVD musicaux** : Kheïra, Sahraoui, Rimiti, Zahouania, Nasro, Anouar, Zinou, Hanini • **Distribué par** : Wagram

GAYA MUSIC PRODUCTIONS

✆ 06 84 22 82 06 / 06 62 66 85 98
gayamusicprod@gmail.com
135 bd de Ménilmontant • 75011 **PARIS**
Samy THIEBAULT (Directeur artistique)
Genre(s) musical(aux) : Jazz • **Catalogue national** : Samy Thiébault « Upanishad Experiences », « Clear Fire », Grégory Privat, Laurent Fickelson, Jean Philippe Scali Sextet, Lisa Cat-Berro, Maxime Fougeres, Charlotte Wassy, Daniel Zimmerman • **Distribué par** : Abeille Musique

GEMINI RECORDS

✆ 06 50 24 57 12
heritagemusic@free.fr • **gemini.records.free.fr**
Heritage Music • 3 ch. des Egreffins • 91890 **VIDELLES**
André CHARLIER (Directeur artistique) • Benoît SOURISSE (Directeur artistique) • Chantal CHARLIER (Gérante)
Genre(s) musical(aux) : Jazz • **Catalogue national** : Stéphane Guillaume, Guy Marchand, Charlier/Sourisse, Pierre Perchaud, Raphaële Atlan, Olivier Louvel • **Distribué par** : Sphinx

GENS DE LORRAINE PRODUCTIONS

✆ 03 83 24 03 45
gensdelorraine@wanadoo.fr • **www.gensdelorraine.com**
2 pl. St-Martin • 54670 **MILLERY**
Claudie BERGEROT (Gérante)
Genre(s) musical(aux) : Musique pour enfants, musique trad., chanson française, musique mécanique • **Catalogue national** : Gens de Lorraine, Denis Bergerot • **Distribué par** : DJP

GEORGE V RECORDS

✆ 01 55 35 36 80 • fax 01 55 35 36 86
info@buddhabar.com • **www.buddhabar.com**
23 rue d'Anjou • 75008 **PARIS**
Tarja VISAN (Gérante) • Coralie MORICET (Responsable juridique) • Grégory DAUSSE (Attaché de presse)
Genre(s) musical(aux) : Musiques du monde, musiques actuelles, électrolounge • **Catalogue national** : COMs « Buddha Bar » (vol. 1 à 14), « Barrio Latino », « Buddhattitude », « Bound », « Barlotti », « Night at Buddha Bar Hotel » • **Catalogue international** : « Buddha Bar Ocean », « Buddha Bar Travel Impression » • **Catalogue DVD musicaux** : « Buddha Bar Nature » • **Distribué par** : Physique : Wagram ; digital : Wagram (Europe & Moyen-Orient), The Orchard

GIMINI MUSIC

✆ 02 96 16 52 05 / 06 13 79 88 96
gerard.lhomme22@orange.fr
1 la lande Muriot • 22610 **LANMODEZ**
Gérard LHOMME (PDG)
Genre(s) musical(aux) : Jazz, world, rock progressif, fusion, musiques métissées, musique classique • **Catalogue national** : Sophia Domancich, Didier Malherbe, Lydia Domancich, Pan à Paname, Andouma, Madomko, « Un Chant à Soi », Marthe Vassallo, Mario Hacquard • **Catalogue international** : Short Wave, Elton Dean, Pip Pyle, Paul Rogers • **Distribué par** : Allumés du Jazz

GIRAPHONE RECORDS

✆ 06 78 01 83 64 • fax 09 72 40 38 74
info@giraphone-records.com • **www.giraphone-records.com**
21 rue Jean Mermoz • 33150 **CENON**
Guillaume FLAMEN (Label manager)
Genre(s) musical(aux) : Deep-house, tech-house, house, techno, minimal, electronica, ambient, chill-out • **Catalogue national** : Flamen, Joe Demateis, Edoardo Spolaore, Leon Templaar, Zhenya K., Kryss Hypnowave (aka Christian Monobass, aka KHW), DIB, Ade, ANDRTOL, Highest and Joe, Reflecting Symmetry, Magosh, Guy Les Clercs, Corvum, Nic Quantin • **Distribué par** : Total Wipes

GIVMEALL RECORDS

✆ **06 59 31 70 00**
contact@givmeall.com • **www.givmeall.com**
26 av. Edouard Branly • 93420 **VILLEPINTE**
Junior MAKASI (Président)
Genre(s) musical(aux) : World, variété, électro • **Catalogue national** : Axel Tony, Layanah, Talina, Les Happy Hour

GM. MUSIPRO

✆ **01 45 63 90 37** • fax 01 45 63 76 24
contact@gmmusipro.com
41 rue de Plaisance • 75014 **PARIS**
Georges MARY (PDG)
Catalogue national : Elsa, Alexandra Winisky, Jean-Marie Senia, Roger Pierre, Goût de Luxe, Ceccarelli, Christian Gaubert, BO de films, Nayah, Jean Amadou et Maryse, Teca et Ricardo, Rellys et le Petit David, Philippe Hervé, Coco D'Isles, Peppermint 3, Abilene, Max'Him, Wella, Ursuline, Jack Edwards, Vincent Thoma, April Orchestra, Jean-Pierre Doering, Alain Marion • **Catalogue international** : VMB, Nanette Workman, Jeff Smallwood, Cantarella, Marianne, Judith Bérard, BOF, Synthésis, Eddie Johns, Last Exit, Shanghai Atraxion, Carole Fredericks • **Catalogue DVD musicaux** : Elsa : 1er Olympia, tournée 90/91 • **Distribué par** : Believe

GOLDEN EYE MUSIC

contact@goldeneyemusic.fr • **www.goldeneyemusic.fr**
2 rue des Charretiers • 95100 **ARGENTEUIL**
Oumar SAMAKE (Gérant) • Djamel ALIOUANE (Promotion / Marketing)
Genre(s) musical(aux) : Urbain • **Catalogue national** : Joke, Flaco, Jessie Wattson, Lygne 26, Blastar, Cannibal Smith, Richie Beats, Mohand & Jerem • **Distribué par** : Believe

GÔNE PRODUCTION

✆ **06 62 77 32 74** • fax 09 52 02 88 85
contact@goneprod.fr • **www.goneprod.fr**
193 route de St-Martin Longueau • 60700 **SACY LE GRAND**
Benjamin BOUFFAY (Label manager) • Pierre-Marie SANGOUARD (Administrateur de production) • Laurent BOILE (Chargé de diffusion)
Genre(s) musical(aux) : Pop, folk indie, chanson, jazz manouche • **Catalogue national** : Nilem, Dyne, Tomislav, Aron C, Jake Watt, On A Whit Jane, So Was the Sun, Jo And The Gasolines, Mo Ilo, Saturnin, Arcole • **Catalogue international** : Quixote, Nicole Hale

GORGONE PRODUCTIONS

✆ **03 28 36 23 62** • fax 03 28 36 23 63
contact@gorgone.fr • **www.gorgone.fr**
1 pl. aux Bleuets • 59800 **LILLE**
Eric GLEIZER (Directeur général) • Glikia DE JUAN CUEVAS (Responsable administratif et finances)
Genre(s) musical(aux) : Chanson, jazz • **Catalogue national** : Gorgone Productions : Philippe Léotard, Sapho, Les Steacks Bulgares, Out, Dani & the Stranglers, Dora Lou, Jungle Beanz, King Size, William Schotte & Cie, Alaska, Casilda Rodriguez, Hanuman Care Kit, etc. Gorgone Jazz : Manu Pekar, Ahmad Mansour, Martial Solal, Swing Gadjé • **Catalogue international** : One Million Bulgarians, Anna Lacazio

GOURMETS RECORDINGZ

✆ **06 73 83 06 95**
jc@gourmetsrec.com • **www.gourmetsrec.com**
31 quai St Vincent • 69007 **LYON**
Jean-Charles LAVEGIE (Label manager)
Genre(s) musical(aux) : Chanson, électro, pop rock • **Catalogue national** : Suissa, Billie, Souleymane, Salmon Fishers, Enlarge Your Monster, O.K presse • **Distribué par** : Idol

GREED RECORDINGS

info@greed-recordings.com • **greedrecordings.bandcamp.com**
12 rue de Massival • 60129 **BELLIVAL-GILOCOURT**
Genre(s) musical(aux) : Pop-rock • **Catalogue national** : Cornflakes Heroes, General Bye Bye, Guernica, Action Dead Mouse, Moonman and the Unlikely Orchestra, Dana Hilliot, Delphine Dora • **Distribué par** : MVS-Anticraft, Cod&s, CD1D, Abus Dangereux, Hongly (Hongrie), Linus Records (Jap.), SNCL (UK), Believe

GREENPISTE RECORDS

✆ **06 74 10 81 86**
christophe@greenpiste-records.com • **www.greenpiste-records.com**
Les Journettes • 43380 **VILLENEUVE D'ALLIER**
Christophe BARTHOMEUF (Communication / Administration) • Mathias CHAUMET (Chargé de production) • Simon KESSLER (Label manager)
Genre(s) musical(aux) : Hip hop, pop, world, rock, électro, chanson • **Catalogue national** : La Cafetera Roja, Les Barrés Bizard, La Maison Quitientchaud • **Catalogue international** : La Cafetera Roja • **Catalogue DVD musicaux** : La Cafetera Roja • **Distribué par** : L'Autre Distribution, WiseBand, Zimbalam

GROOVE OPTION

✆ **06 58 04 13 50**
label@grooveoption.com • **www.grooveoption.com**
10 imp. des Oliviers • 34070 **MONTPELLIER**
Mathias CAQUET (Gérant) • Laurent LUBAC (Directeur artistique) • Samuel ZAROUKIAN (Directeur artistique) • Rémi SABOUL (Directeur de la communication)
Genre(s) musical(aux) : Groove, RnB, pop, ambient, boucles, musique de films • **Catalogue national** : Lau Gabriel, Samuel Zaroukian, Jeannie Jeanne-Rose, Groove Matters • **Distribué par** : Autodistribution

GRRR

✆ **01 43 63 76 92** • fax 09 56 78 47 11
info@drame.org • **www.drame.org**
60 rue René Alazard • 93170 **BAGNOLET**
Jean-Jacques BIRGÉ (Musicien)
Genre(s) musical(aux) : Musique nouvelle et programmes interactifs • **Catalogue national** : 27 LPs et CDs avec « Un Drame Musical Instantané » : Urgent Meeting, Machiavel, Birgé-Vitet, Carton, Hélène Sage, Pied de Poule, Michel Houellebecq, etc. • **Catalogue DVD musicaux** : « Défense de » (Birgé Gorgé Shiroc) • **Distribué par** : Orkhestra International, Allumés du Jazz

GUERILLA PROD

fossoyeur92@hotmail.com • **guerillaprod.free.fr**
c/o Stéphane Themond • 16 rue de Dieppe • 92400 **COURBEVOIE**
Stéphane THEMOND (Président) • Constant KOFFI BI BOHUE (Vice-président) • Audrey VERNET (Secrétaire) • Océan ONIANGUE OTANDA (Trésorier)
Genre(s) musical(aux) : Hip hop • **Catalogue national** : Fossoyeur, BB Herst, Jav, Sincere, Big Staff, Ekekil, Guyle • **Labels représentés ou intégrés** : 106 Records, 50/50, Difsquad prod • **Distribué par** : Wagram Music, Keyzit, MVS-Anticraft

GULS RECORDS

✆ **09 51 36 81 75** • fax 09 56 36 81 75
contact@gulsproductions.com • **www.wix.com/gulsrec/label**
16 rue du Gal Henri Delaborde • 21000 **DIJON**
Johan MICHALCZAK (Chargé de production)
Genre(s) musical(aux) : Electro • **Catalogue national** : Shrink Orchestra, Distürb, Shrink V, Kaesis, Moonlift • **Distribué par** : MVS-Anticraft, Idol

GUM LABEL

✆ **01 42 58 41 90** • fax 01 42 58 41 91
reach_us@greenunitedmusic.com • **www.label-gum.com**
7D Villa du Lavoir • 70 rue René Boulanger • 75010 **PARIS**
Pierre LE NY (Label manager & A&R) • Julie POLITI (Chef de projet & Graphiste) • Louis ALDEBERT (Directeur administratif) • Stéphane BERTRAND (Directeur financier) • Fanny TARDY (Responsable juridique) • Clémentine COUDERC (Assistante promotion & label)
Genre(s) musical(aux) : Alternative, pop, rock, chanson, électro • **Catalogue national** : Woodkid, The Shoes, Part Company, Esser, Sporto Kantes, Rocky, Herman Dune, The Willowz • **Labels représentés ou intégrés** : Strange Moosic • **Distribué par** : Believe, Pias

HABITÉ RECORDS

✆ **06 72 40 60 86**
habite_records@hotmail.fr • **www.myspace.com/habiterecords**
15 rue Aizpurdi • 64700 **HENDAYE**
Nicolas QUANTIN (Label manager)
Genre(s) musical(aux) : Techno, tech house, minimal, electronica • **Catalogue national** : Kharacho, Nic Quantin, Flamen, Mr Hounck, Benthouz, Loic Lozano, Issamuze, Ben Blash, Ek'o, Greg Defronsack, Vincil from Ummo • **Catalogue international** : Polium, Shaunwarner, Alvar, Acum 23, El Mariachi, Jules Grasz, Microesfera • **Distribué par** : Juno Download

HACIENDA RECORDS

✆ **06 14 71 37 22**
jgamet@hacienda.fr • **www.hacienda.fr**
Lieu dit Bine • 69490 **LES OLMES**
Jean GAMET (Gérant)
Genre(s) musical(aux) : Variété française, pop rock, musique instrumentale, électro jazz • **Catalogue national** : Jean Gamet, Tryphon, Freddy Kroegher, Alain Baraige, Maurice Reverdy, Cap au Nord, Stéphane Winkler, Elisel, Dogs, Liquid, Paulo Mondano, Edgard Ravahatra, Raze City Plage, Sin-é, Raoul Petite, Land's end, Mok, The Fonkubics, Nicolas Nourrit, Reïsa, George, Steve Marsala, Elisel et Lui, Niko Gamet, etc. • **Catalogue international** : Level Eye • **Catalogue DVD musicaux** : Dogs • **Labels représentés ou intégrés** : Hacienda productions, Hacienda 2, Hacienda Musik • **Distribué par** : CD1D, Idol, Codaex, L'Autre Distribution

HADRA RECORDS

✆ **04 38 49 29 44**
hadra@hadra.net • **www.hadra.net**
51 bd Gambetta • 38000 **GRENOBLE**
Benoit ALLIROL
Genre(s) musical(aux) : Musiques électroniques (trance-psychédélique, trance progressive, ambient) • **Distribué par** : Arabesque Distribution, Openzic, CD1D, Believe

HAMMERBASS RECORDS & PROMOTION

✆ **06 08 61 51 93**
info@hammerbass.fr • **www.hammerbass.fr**
7 pl. du 11 Novembre 18 • 93000 **BOBIGNY**

Jean-Sébastien RZEMIEN (Label manager / gérant) • Christel LEFEBVRE (Conseillère artistique) • Marc NEVES (Conseiller artistique) • Patrice DESPHELIPPON (Conseiller artistique) • Véronique LESAINE (Conseillère artistique) • Daouya TOUIL (Booking)

Genre(s) musical(aux) : Dub (roots, electro), dubstep • **Catalogue national** : Dubphonic, Kanka, Baby G, Fedayi Pacha, Miniman, Alek6, Dub Action, Rasboras, Botom Botom, Djins, Primitive, Dub Wiser, Paris Yard • **Catalogue international** : The Rootsman, Manasseh, Daddy Freddy, Jah Warrior, Twilight Circus, Nucleus Roots, Improvisators Dub meets Iration Steppas, N.I.C, Vibronics • **Labels représentés ou intégrés** : Bangarang • **Distribué par** : Modulor, Believe, CD1D

HANDS AND ARMS

✆ **06 48 36 62 07**
contact@handsandarms.com • **www.handsandarms.com**
10 rue Jules Valles • 75011 **PARIS**

Yves PLOUHINEC (Gérant)

Genre(s) musical(aux) : Indie pop, pop sucrée, rockabilly, punk • **Catalogue national** : Parlor Snakes • **Catalogue international** : Batmobile, White Town • **Labels en licence** : Double Legs, Eyes Minded • **Labels représentés ou intégrés** : Alienor, Anorak, Italian Beach Babes, Jigsaw, Lejos Discos, Les Temps Modernes, Matinée Recordings, Night School, Parasol, Plastilina, Pop Boomerang, Pop the Balloon, Shelflife, Susy, Tryptic, Wee Pop, Yay, etc. • **Distribué par** : Modulor

HAPPY MUSIC

✆ **01 47 28 00 15** • fax 01 40 99 90 51
contact@happy-music.fr • **www.happy-music.fr**
36/38 rue Voltaire • 92800 **PUTEAUX**

Pierre FORGACS (Président) • Delphine GOSSET (Directrice des affaires financières) • Claude BERNATH (Business affairs) • Natalie REWUCKI (A&R) • Stanley HENRAS (Promotion web et TV) • Roland BONN (Chef de produit) • Véronique GRALL (Secrétaire)

Genre(s) musical(aux) : Dance, house, techno, électro, groove • **Catalogue national** : PH Electro, Remady, Michel Cleis, Guru Josh, Mike Candys, Jack Holiday, Kid Cudi, September, James Kakande, Freemasons, Eric Prydz, O-Zone, Klaas, Ian Carey, Rio, DJ Antoine, Dirty South, Deniz Koyu, Yolanda Be Cool, Bodybangers, Basto, Afrojack, Fedde Le Grand, DJ Antoine, Netsky, Fabo, Ben Pearce, Cascada, Example, Mania, Bingo Players, Alex Gaudino, Sander Van Doorn • **Catalogue international** : LJ, Evaa Pearl, Steve Watt, Shalya, Oryane, Zayabaya, Raycaze, Gypsy From Ibiza, Eha, Iku, Benji De La House, Soundshaferz, Oriska, Jack-E, Mitch Lj & Stephan Luke, Chasspleen • **Labels représentés ou intégrés** : On the Beat, Overdance, Feel the Rhythm, Absolute Sound, Step 2 House • **Distribué par** : Universal

HARP'S

✆ **01 41 24 01 41** • fax 01 41 24 01 15
patricia.lerigoleur@hotmail.fr • **www.mastersun.fr**
2[illegible] rue Lecourbe • 75015 **PARIS**

Patricia LE RIGOLEUR (Directrice) • Régis SIMARD (Réalisateur artistique)

Genre(s) musical(aux) : Variétés internationales, COM • **Catalogue national** : FBI, Falzone, André Blot, Michel Pollo, Nathalie Di Corra, Jean-Marc Torchy, etc. • **Catalogue international** : Lana Davis, FBI, Xana, Logann • **Distribué par** : Wagram, EMI

HCFC/LP.PROD

✆ **02 31 44 30 10**
lp.prod@hotmail.fr • **www.myspace.com/lpprod14**
7 ch. du Moulin • 14630 **FRENOUVILLE**

Christophe VANTYGHEM (Président) • Thomas DELANNET (Label manager)

Genre(s) musical(aux) : Rock, pop, chanson • **Catalogue national** : La Tchoucrav', Anne Flore, Riff Raff, Macadam Bumper's • **Distribué par** : Multicom City, Rue Stendhal, Believe, Season Of Mist

HDF MUSIC

✆ **06 62 13 72 65 / 09 83 31 00 58**
hdpmusic@hotmail.fr
56 rue Letort • 75018 **PARIS**

Hugo DIZAZZO (Manager) • Aurelio DIZAZZO (Gérant)

L'Heure de la promotion musicale • **Genre(s) musical(aux)** : Pop, rock, instrumental, techno, dance, rap • **Catalogue national** : Jenny Dassaud, Thierry Jeroboam, Philippe Di Mascio, Aldo Giras, Maria Castellano, Yes Papa, Free Style • **Catalogue international** : Maria Castellano • **Distribué par** : WildPalms Media

HEAD RECORDS

✆ **06 16 99 34 31**
abeluga@head-records.com • **www.head-records.com**
260 ch. de la Calade • 34560 **VILLEVEYRAC**

Abel GIBERT

Genre(s) musical(aux) : Rock, noise, hard core • **Catalogue national** : Pneu, Microfilm, Mudweiser, Verdom, Aéroflot, Morse • **Catalogue international** : Suma (Se), Pyramido (Se) • **Distribué par** : Season Of Mist, La Baleine, Believe

HEARTICAL

✆ **06 68 89 33 36**
info@heartical.net • **www.heartical.net**
53 rue Gallieni • 92100 **BOULOGNE BILLANCOURT**

Sergio MARIGOMEZ (Label manager)

Genre(s) musical(aux) : Reggae, ragga, roots, dub • **Catalogue national** : Uman, Little Dany, Difanga, Lady M, Tiwony, Guive, Prof.Liv'High • **Catalogue international** : Joseph Cotton, David Jahson, Hopeton James, Al Campbell, Luciano, Pinchers, Lone Ranger, Mykal Roze, Anthony Johnson, Alton Ellis (RIP), U Brown, Ranking Joe, Wayne Smith, Edi Fitzroy, Carlton Livingston, Chronicle, Sugar Minott (RIP), General Levy, Johnny Osbourne, Admiral Tibet, Rootsamala, Roberto Sanchez, Silvertones, Patrick Andy, Ernest Wilson, Mr Flash a.k.a Zareb, Papa Kojak, Glen Ricks, Lukie D, Queen Omega, Antonio, Carl Dawkins, Little Roy, Chuck Turner, Junior Cat, Robert Lee, Llloyd Parks, Dawn Penn, David « Steel Pulse » Hinds, Sylford Walker, Little Guerrier, Nello B, Colourred, Trevor Junior, Cornel Campbell, Patrick Andy, Badoo, Rankino Trevorlrip • **Distribué par** : Patate Records, Ernie B (US), Irieites, Giraffe (B), Soundquake (All.), Dubvendor (UK), Dubwise (UK), Dubstore (Jap)

HEAVENLY SWEETNESS

✆ **09 54 72 81 20**
heavenlysweetness@hotmail.fr • **www.heavenly-sweetness.com**
6 rue St Lazare • 75009 **PARIS**

Franck DESCOLLONGES (Label manager) • Antoine RAJON (Responsable artistique)

Genre(s) musical(aux) : Jazz • **Catalogue national** : Blundetto, Guts, The Rongetz Foundation • **Catalogue international** : Doug Hammond, Anthony Joseph & the Spasm band, Doug Carn, Don Cherry, Robert Aaron • **Distribué par** : Rue Stendhal (F), Broken Silence (Ger), Light in the Attic (USA), P vine (Jap), Proper (UK), Finetunes (digital)

HEBEN MUSIC

✆ **01 40 10 04 40** • fax 01 74 73 48 36
heben@hebenmusic.com • **www.hebenmusic.com**
126 rue du Landy • 93400 **ST OUEN**

Hervé BENHAMOU (Président) • Stéphane BENHAMOU (Directeur financier)

Genre(s) musical(aux) : Généraliste • **Catalogue national** : Lââm, Sarah Michelle, Kidtonik, French Avenue, La Harissa, Djamboy, Benjamin Braxton, Enhancer, etc. • **Catalogue international** : Anggun, Bébé Lilly • **Catalogue DVD musicaux** : Bébé Lilly, Kidtonik • **Distribué par** : Warner

HEIA SUN

✆ **01 45 79 37 28**
helloheiasun@gmail.com • **www.heiasun.com**
101 rue Saint-Charles • 75015 **PARIS**

Samuel TRIFOT (Label manager)

Catalogue national : Opale, Feu Machin, Kikiilimikilii, Water Sark, Charlene Darling, Eyes Behind, Xiuhcoatl, Lafidki • **Catalogue international** : Banana Pill, Orphan | Oliver, Headless Horse Head • **Distribué par** : Autodistribution

HELL VICE I VICIOUS RECORDS

✆ **06 52 54 73 05**
hello@hellviceivicious.com • **www.hellviceivicious.com**
Les Albans • 38112 **MEAUDRE**

Denis MOISON (Directeur exécutif) • Yann FOUR (Directeur artistique)

Genre(s) musical(aux) : Indie, post-punk • **Catalogue national** : Decibelles, EinZweiDreiVier !, Kaylz, The Squared Circle, PhyllisDietrichson, Monaco Monaco, Schwere Artillerie, Sly and the Gayz, LeHiL, Aphrodite's Baby, Grand Central • **Catalogue international** : Tonight We Dance !, Microwave with Marge • **Distribué par** : Believe, CD1D

HERZFELD

hrzfld@hotmail.com • **www.hrzfld.com**
La Maison des Associations • 1A Place des Orphelins
67000 **STRASBOURG**

Renaud WALTER (Président) • Sarah DINCKEL (Label manager)

Genre(s) musical(aux) : Electro-pop, folk, post-rock, heavy metal fm, etc. • **Catalogue national** : Thomas Joseph, Loyola, Lauter, Buggy, Drey, Little Red Lauter, Guisberg, Electric Electric, Original Folks, Herzfeld Orchestra, Solaris Great Confusion, A Second Of June, Crocodiles Inc, Einkaufen, Roméo & Sarah, Lispector, Philippe Poirier, Luneville, Unfair To Facts, Ventre • **Distribué par** : La Baleine, Believe, CD1D

HIBISCUS RECORDS

✆ **05 96 71 49 38** • fax 09 96 63 94 30
hibiscusrec@orange.fr • **www.hibiscusrecords.com**
12 rue de la Bonne Santé Clairière
97200 **FORT DE FRANCE (MARTINIQUE)**

Marilène MAURIELLO (Directrice)

Genre(s) musical(aux) : Musiques traditionnelles, compas, zouk, reggae, ragga, rap, africain • **Catalogue national** : Dédé Saint-Prix, Eugène Mona, Malavoi, Max Ransay, Guy Vadeleux, Palaviré, Eric Virgal, Ti-Emile, Kwak, Kali, Papa Tank, Karukera Sound System, MC Janik, Grammacks, 12 Salopards, Orlane, Eddy Marc, etc. • **Catalogue international** : Tabou Combo, New York Troubadours, Magnum Band, José Privat, Mahogany, Laraque, Phantoms, etc. • **Catalogue DVD musicaux** : « Biguine » (2005) • **Labels en licence** : Don's Music • **Distribué par** : Hibiscus Records (VPC)

HIBOU MUSIC LIBRARY

✆ **01 45 74 00 37** • fax 01 45 74 00 37
hibou.music@free.fr • **hibou-music.com**
43 rue St-Ferdinand • 75017 **PARIS**
Philippe BREJEAN (Gérant)
Genre(s) musical(aux) : Illustrations musicales, TV, radio, films publicité, audiovisuel

HIGHLIFE RECORDINGS

✆ **06 19 80 17 33**
editions@highliferecordings.com • **www.highliferecordings.com**
La Cartonnerie • 84 rue du Docteur Lemoine • 51100 **REIMS**
Etienne BOUZY (Label manager)
Genre(s) musical(aux) : Electronica, dubstep, chiff wave, musique à l'image • **Catalogue national** : Remo, Jadore, Agyo, Dream Koala, Hubwar, Mac manus, Chill Wave, Waan, etc. • **Distribué par** : Total Wipes Music Distribution

HIP HOP VIBES LABEL / SOUND EFFECT

✆ **06 16 50 74 26**
hiphopvibes@hotmail.com
c/o Sound Effect Killer • 35 route Nationale • 91510 **LARDY**
Marie-Odette PASSE (Gérante) • Alexis JUSTINE (Directeur artistique) • David MARVEAUX (Arrangeur / Remixeur)
Genre(s) musical(aux) : Hip hop, groove, zouk, compa • **Catalogue national** : 24 heures, Feat, Kut Effekt, La Faxion, Zone Franche, La Milice, Hip Hop Vibes, en exclusivité : Vendetta, Lord Killer, HSI • **Catalogue international** : Spart Mc, Mizik Mizik, B12, Hatian Trobador • **Labels en licence** : Lord Killer Mizik, Sound Effect Killer, Power D Production, DX Music, 1804 • **Labels représentés ou intégrés** : French Lessons, JSB Music, LK Mizik, Lixa Muzik • **Distribué par** : EMI, XIII Bis, Ness music, Sony, Socadisc

HIPHIPHIP

✆ **03 28 35 03 17** • fax 03 20 76 82 30
contact@hiphiphip-label.com • **www.hiphiphip-label.com**
c/o Ankama Music • 75 bd d'Armentières • BP 60403 • 59057 **ROUBAIX CEDEX 1**
Guillaume HOUZÉ (Directeur) • Xavier NORINDR (Contact Bishi Bishi)
Genre(s) musical(aux) : Indie, pop, folk • **Catalogue national** : Hiphiphip : Blackfish, Marvin Revolt, The Patriotic Sunday, Him, Pharaohs, Minnaars, General Lee, Botibol, Mermonte, Screaming Maldini - Bishi Bishi : Aural Vampire, YMCK, Trill Dan • **Labels représentés ou intégrés** : Hiphiphip, Bishi Bishi, Ankama (projet rock « Burowski ») • **Distribué par** : MVS-Anticraft, AKM

HIT FAKTOR

✆ **06 16 39 08 36 / 04 95 60 20 30**
serge.eymard@gmail.com • **www.facebook.com/hitfaktor**
4 quartier de la Gare • 20220 **L'ILE ROUSSE**
Serge EYMARD (Responsable)
Genre(s) musical(aux) : Pop, RnB • **Catalogue national** : Lila Kaïna, Maïly, Corsica, 20 Greatest Hits • **Distribué par** : Autodistribution, diverses Majors

HIT SOUND PROD

✆ **06 20 35 81 66 / 09 51 17 26 06 / 06 63 66 07 00**
fax 09 51 17 26 06
hitsoundpromo@gmail.com
285 av. des Maurettes • 06270 **VILLENEUVE LOUBET**
Jean-Michel PADILLA (Ingénieur / arrangeur)
Genre(s) musical(aux) : Electro, ragga, dance • **Catalogue national** : Shalya, Tribal King, Papa London, Douston, Big Joe • **Distribué par** : Multicom City M7R

HOLY RECORDS

✆ **01 60 22 36 22** • fax 01 60 22 36 46
management@holyrecords.com • **www.holyrecords.com**
BP 30059 • 77263 **LA FERTE SOUS JOUARRE CEDEX**
Philippe COURTOIS (Label manager) • Séverine FOUJANET (Label manager)
Genre(s) musical(aux) : Metal, gothic, folkloric, orchestral • **Catalogue national** : Misanthrope, Elend, Stille Volk, S.U.P., Division Alpha, Rajna, Am'Ganesha'n, Trepalium, Argile, Mistaken Element, Ufych Sormeer, Balrog, Hantaoma, Garwall, Hectic Patterns, Orakle • **Catalogue international** : Nightfall, Godsend, Septic Flesh, Serenity, Tristitia, On Thorns I Lay, Orphaned Land, Yearning, Legenda, Gloomy Grim, Exhumation, Natron, Soulgrind, Ominous, Chaostar, Frozen Shadows, Kadenzza, Inactive Messiah • **Catalogue DVD musicaux** : Holy party, S.U.P « To Live Alone », Misanthrope « Misanthrothérapie » • **Distribué par** : Autodistribution, Believe

HOPI MESA

✆ **01 45 57 26 36** • fax 01 45 57 80 03
hopimesa@hopimesa.com • **www.hopimesa.com**
93 av. Niel • 75017 **PARIS**
Jacques MARBEHANT (Directeur)
Genre(s) musical(aux) : Musiques instrumentales, musiques nouvelles • **Catalogue national** : René Aubry, Henry Torgue & Serge Houppin • **Distribué par** : Wagram

HORS DE PORTÉE

✆ **06 70 93 32 21**
contact@horsdeportee.com • **www.horsdeportee.com**
2 rue Salvador Dali • 24750 **CHAMPCEVINEL**
Yohan GRANGIER (Producteur)
Genre(s) musical(aux) : Musiques actuelles • **Catalogue national** : Aigzocet • **Distribué par** : Believe, Autodistribution

HOWLIN' BANANA RECORDS

howlinbanana@gmail.com • **www.howlinbananarecords.com**
38 av. Villemain • 75014 **PARIS**
Thomas PICTON (Président)
Genre(s) musical(aux) : Garage, punk, surf, psyché, 60's Pop • **Catalogue national** : Los Dos Hermanos, The Cavemen Five, The Norvins, Travel Check, 60 Second Swingers • **Distribué par** : Autodistribution

HUMANIST RECORDS

contact@humanistrecords.com • **www.humanistrecords.com**
65 rue des Ecoles • 01630 **ST GENIS POUILLY**
Alexis PAUL (Label manager) • Romain LIMACHER (Label manager)
Genre(s) musical(aux) : Pop, rock indé, post rock, musiques électroniques • **Catalogue national** : Belle Arché Lou, Bye Horus • **Catalogue international** : Chelsea Wolfe

HUSTLER PROD

✆ **06 20 51 13 29**
hustler.prod@neuf.fr • **www.myspace.com/hustlerproduction**
22 av. Henri Barbusse • 69100 **VILLEURBANNE**
JC (Compositeur)
Genre(s) musical(aux) : Beatmaking uniquement : RnB, hip hop, musique de films ou long métrage • **Catalogue national** : Okrika, Odoglee, Yace, Cassius Belly • **Catalogue international** : Shyne • **Distribué par** : Autodistribution

HUTA RECORDS

✆ **+1 438 995 8165**
td@hutamusic.com • **www.hutamusic.com**
3786 Kent Ave • H3S1N3 QC **MONTREAL (CANADA)**
Tanguy DAMOIS (Label manager)
Genre(s) musical(aux) : Ts • **Catalogue national** : Vanupié, Lenox, Bogotito, Clément DeWitt, Anatole Schoeffler, Baptiste Daleman • **Distribué par** : La Baleine, Believe

HYDROPHONICS

✆ **04 67 60 00 31** • fax 04 67 60 00 32
info@pressagedecd.com
3 rue Beau Séjour • 34000 **MONTPELLIER**
Pascal PORTUGUÈS (Gérant)
Genre(s) musical(aux) : Pop rock, musique électronique, chanson • **Catalogue national** : « S », Spayroll, Mauresca Fracas Dub, Absinthe, Rude Awakening, De Stijl, Roultaboul & Les Banaboo, Stevo's Teen, Lady Palavas, Rimbaud • **Catalogue international** : Murphy, Chamot(s), Néo, L'Effet Papillon, Zécarl • **Labels représentés ou intégrés** : Warm-Up • **Distribué par** : MVS-Anticraft

I'M A CLICHÉ

info@imacliche.com • **www.imacliche.com**
16/18 rue de la Folie Méricourt • 75011 **PARIS**
Cosmo VITELLI (Label manager)
Genre(s) musical(aux) : Musiques électroniques, rock indé, experimental • **Catalogue national** : Cosmo Vitelli, Bot'Ox, Azari & III, Runaway, Simian Mobile Disco, Yuksek, Uncle O, Entertainment, etc. • **Distribué par** : Topplers, Idol

IC MUSIC INC.

✆ **06 07 16 35 68**
achouchani@aol.com • **www.ic-music.com**
16 av. des Tilleuls • 45120 **CHALETTE SUR LOING**
Antoine CHOUCHANI (Gérant / Fondateur)
Catalogue national : Pierre Faa, Jérome Badini • **Catalogue international** : ilene Barnes, Peppermoon • **Catalogue DVD musicaux** : « Ilene Barnes Live à Fip » • **Labels en licence** : Peppermoon Music

ICI D'AILLEURS...

✆ **03 83 28 82 41** • fax 03 72 39 02 95
contact@icidailleurs.com • **www.icidailleurs.com**
3 rue Fabert • 54000 **NANCY**
Stéphane GRÉGOIRE (Label manager) • Anne BOISSEZ (Administratrice / Responsable booking) • Victor PETEL (Assistant / responsable VPC) • Richard FRANOUX (Comptable)
Genre(s) musical(aux) : Tous • **Catalogue national** : Yann Tiersen, Bästard, Dominique Petitgand, Bed, Amor Belhom Duo, The Married Monk, Madrid, Julien Ribot, Thomas Belhom, Programme, Headphone, Barth, The Shoppings, Arca, Nonstop, Oumupo (série de LP de remix accompagnés d'une BD), Zëro, Jean-Philippe Goude, Arnaud Michniak, Chapelier Fou, Deity Guns, Mein Sohn William, Chapelier fou, Gablé • **Catalogue international** : Matt Elliott, Orka, The Third Eye Foundation, This Immortal Coil, Winter Family, Numbers Not Names, Manyfingers • **Labels représentés ou intégrés** : 0101, Besides • **Distribué par** : Differ-ant, Rue Stendhal, CD1D

ICI LABEL
✆ 06 80 04 70 27
ici.label@gmail.com • **www.ici-label.com**
5 rue de la Maladrerie • 60190 **FRANCIERES**
Bertrand ALLAUME (Président)
Genre(s) musical(aux) : Jazz, musiques d'ailleurs (swing manouche, tango, latino, etc.), électro, musiques improvisées • **Catalogue national** : Escaramujo, Nomades Quintet, Beltuner, Dos Soles, Celticuivres, Mandala Quartet, Chupa Chuva, A'Brass, Follenzia, Jean-Michel Noirey, Elektriclab, Trio d'Vie, Arnold, Ultraïa Octet, Electric Gang • **Distribué par** : CD1D, iTunes, Believe

ICONAKI
✆ 02 99 00 49 86 / 06 60 71 60 49
iconaki@wanadoo.fr • **www.iconaki.org**
11 rue du Manoir de Servigné • 35000 **RENNES**
Frédéric PICARD (Président) • Philippe ROUTEAU (Vice-président) • Catherine ECOBICHON
Genre(s) musical(aux) : New wave, electro world • **Catalogue national** : Complot Bronswick, Paolo « c » Ucello, Nikolaï Ada • **Catalogue international** : Anissa & Mars Drive • **Distribué par** : Autodistribution, Believe

IDWET
info@idwet.com • **www.idwet.com**
20 rue de Lorgeril • 35000 **RENNES**
Nicolas DUHEM (Contact) • Arnaud DUROCHER (Contact)
Genre(s) musical(aux) : Electro, hip hop, rock, pop • **Catalogue national** : Robert le Magnifique, Tepr, Hamlet, Psykick Lyrikah, Mobiil, Del Cielo, 69, Laetitia Shériff • **Distribué par** : La Baleine, Idol

IGNATUB
✆ 01 42 03 20 97
ignatub@noos.fr • **www.ignatub.com**
13 rue du Dr Potain • 75019 **PARIS**
Jérôme ROUSSEAUX (Gérant)
Catalogue national : Ignatus, M. Chance, Jean-Luc Le Tenia, Fabienne Pralon, Jerem • **Distribué par** : Believe

Label IKOZ
contact@ikoz.fr • **www.ikoz.fr**
David MONET (Administrateur - manager)
Genre(s) musical(aux) : Electro, rock, hip hop, jazz, funk • **Catalogue national** : The Name, Funky Skunk, Motionless, John Makay, Panta Rei, Tungstene, Dracula Mi Amor • **Distribué par** : Autodistribution, Ponowai Flora Records, Modulor, Believe

ILD
✆ 01 46 03 40 68 • fax 01 48 25 29 41
ild@ild.tm.fr • **www.ild.tm.fr**
37 rue de la Belle Feuille • 92100 **BOULOGNE**
Eric FAGET (Directeur)
Inter loisirs disc • **Genre(s) musical(aux)** : Jazz, variété instrumentale, musiques du monde, orchestres musique de genres • **Catalogue national** : Caroline Faget, Robert Monédière, André Roques, Ray Ventura, Jean-Charles Ablitzer, Geneviève et Bernard Picavet, Jo Privat, Sarane Ferret, Chapel Hill, Maltosh, Renan Robert, Engé, Jimmy Bock, Jean-Christophe Keck, Christian Boissonnade, Claude Garden, The Hotvill's, Trio Raisner, Nicole Louvier, Colette Renard, Cora Vaucaire, Ghislaine Guy, Pia Colombo, Maurice André, Joséphine Baker, June Richmond, Jean-Marc Tennberg, Jean Chevrier, Stéphane Goldman, Denise Benoit, Les Chakachas, Pierre Sellin, Lucette Raillot, Pierre Louki • **Distribué par** : ILD

ILLUSTRA SON
✆ 04 90 27 16 28 • fax 04 90 27 16 28
info@illustrason.com • **www.illustrason.com**
2 rue Pente Rapide • 84000 **AVIGNON**
Régis DELAYE (Directeur)
Genre(s) musical(aux) : Illustration sonore tous styles • **Labels en licence** : Ré Music • **Distribué par** : Illustra-son

IMAGO RECORDS
✆ 04 92 04 57 71 / 06 11 30 96 91 • fax 09 59 26 15 91
david@imagoproduction.com • **www.imagoproduction.com**
36 rue Richelmi • 06300 **NICE**
David BENAROCHE
Genre(s) musical(aux) : Jazz, musiques actuelles et du monde • **Catalogue national** : Merakhaazan, Kim Cao, Nu K, Johanna Piraino, Yona Yacoub • **Catalogue international** : Sashird Lao, Paul Jeffrey, Vladimir Bozar'n'ze Sheraf Orkestär, 5am, Ryoko Nuruki, Jimi Brown Experience, 2y's • **Distribué par** : Believe, Harmonia Mundi, MVS-Anticraft

IMPURE MUZIK
✆ 06 08 26 12 27
impurejoss@orange.fr • **www.impuremuzik.fr**
65 rue Battant • 25000 **BESANCON**
Jérôme JOSSELIN (Président) • Floriane MINY (Secrétaire)
Genre(s) musical(aux) : Rock, hardcore, stoner, noise, post-rock, screamo • **Catalogue national** : Red Gloves, Jack and the bearded fishermen, Shoot The Singers, Black Code, Microfilm, Sofy Major, Membrane • **Catalogue international** : Tesa, Interlude • **Distribué par** : Autodistribution (concert, Bandcamp)

IMR - INSTANT MUSIC RECORDS
✆ 09 54 70 28 39 / 06 16 26 24 09
labelimr@free.fr • **www.instantmusics.com**
c/o imuZZic • Rue du Repos • 69640 **MONTMELAS ST SORLIN**
Bruno TOCANNE (Directeur artistique) • Alain BLESING (Codirecteur artistique)
Genre(s) musical(aux) : Jazz, musiques improvisées • **Catalogue national** : Bruno Tocanne, Alain Blesing, Mad Kluster, Imperial Quartet, Libre(s) Ensemble, Quinsin Nachoff, Senem Diyici • **Distribué par** : Musea

IN PARADISUM
contact@foolhouse.fr • **www.facebook.com/inparadisumrecords**
Guillaume HEUGUET (Responsable)
Genre(s) musical(aux) : Musiques électroniques • **Catalogue national** : Mondkopf, Qoso, Somaticae, Low Jack, Insiden • **Catalogue international** : Ricardo Tobar • **Distribué par** : La Baleine, Syncrophone, Idol

IN VITRO RECORDS
✆ 03 20 28 19 16 • fax 03 20 28 19 17
contact@invitrorecords.com • **www.invitrorecords.com**
c/o Beeware • 25 rue Corneille • 59100 **ROUBAIX**
Alexandre LAURENT (Label manager)
Genre(s) musical(aux) : Musiques électroniques • **Catalogue national** : Cosmipocket, Deework, Subjex, Faz-L, Minitronic, Tep, Krumble, Jean-Jacques Perrez • **Catalogue international** : Height Frozen Modules (USA), Himuro (Japon) • **Distribué par** : Toolbox, Switch, Timeless, Ad Noiseam, Suburbantrash (Ger), Addictech (USA)), Juno Records (UK), Towntone (Jap), etc.

IN/OFF
✆ 01 42 46 10 70 • fax 01 84 17 29 15
office@level75.net • **www.in-off.fr**
59 rue Eugène Carrière • 75018 **PARIS**
Benjamin SOURIAU (Label manager)
Genre(s) musical(aux) : Electronique, techno, house • **Catalogue national** : Popof, Djedjotronic, Noob, Lowkey, Julian Jeweil, Pulpalicious, Stereohereos • **Labels représentés ou intégrés** : Level 75, Form, Spicy Cut • **Distribué par** : Topplers, Intergroove

INDELIBLE RECORDS
✆ 07 61 33 25 08
loic@indelible-records.com • **www.indelible-records.com**
35 rue des Sorins • 93100 **MONTREUIL**
Loïc DE BENAZÉ (Directeur)
Genre(s) musical(aux) : Pop rock, brit rock, soul • **Catalogue national** : The Lanskies • **Distribué par** : Wagram via Alter-K

INDIES MUSIC PROD.
✆ 06 20 87 41 04 / 06 83 76 19 53
sandietrash@orange.fr • **www.myspace.com/sandietrash**
21/23 rue Limogeanne • 24000 **PERIGUEUX**
Vincent BAILLON (Directeur) • Dominique MAUD (Artistique)
Genre(s) musical(aux) : Pop, chanson française, électro, ambient • **Catalogue national** : Sandie Trash, Chöd

INEDIT
✆ 01 45 44 72 30 • fax 01 45 44 76 60
info@maisondesculturesdumonde.org • **www.label-inedit.com**
c/o Maison des Cultures du Monde • 101 bd Raspail • 75006 **PARIS**
Arwad ESBER (Directrice) • Pierre BOIS (Label manager)
Genre(s) musical(aux) : Musiques traditionnelles du monde • **Catalogue international** : Omar Bashir (luth arabe), Munir Bachir (luth arabe), Alim Qasimov, Sakine Ismaïlova (Azerbaidjan), Ida Widawati (Java sunda), Lotfi Bouchnak (Tunisie), John Dee Holeman (blues USA), Matar Muhamad (Liban), Yusuf Omar (Irak), Anthologie de la musique Al-Ala du Maroc, Anthologie du Malouf Tunisien, Mehr Ali et Sher Ali, Faiz Ali Faiz (Pakistan), Ensemble Riho (Géorgie), Musiques des Dogon (Mali), Koumpania Xalkias (Grèce), O.K. Subramaniam (Inde du Sud), Nidaa Abou Mrad (Liban), Yoshio Kurahashi (Japon), Nafer Duran (Colombie), Beihdja Rahal (Algérie), Ibrahim Keivo (Syrie), Aicha mint Chighaly (Mauritanie), Coumbane mint Ely Warakane (Mauritanie), Park Hyun-Sook, Kim Young-Gil, Lee Jae-Hwa (Corée), Curro Piñana (Espagne), etc. • **Distribué par** : Socadisc

INFINÉ
✆ 09 81 65 00 19
contact@infine-music.com • **www.infine-music.com**
c/o Mila • 1 rue André Messager • 75018 **PARIS**
Alexandre CAZAC (Directeur artistique) • Yannick MATRAY (Label manager) • Julien GAGNEBIEN (Responsable de la promotion et de la distribution internationale)
Genre(s) musical(aux) : Electro, pop, classique • **Catalogue national** : Agoria, Francesco Tristano, Rone, Aufgang, Clara Moto, Arandel, Cubenx, Fraction, Spitzer, Danton Eeprom • **Distribué par** : Idol, Differ-Ant

INFRASTITION

✆ **06 32 75 19 65**
info@infrastition.com • **www.infrastition.com**
2 sente des Godeurs • 78250 **HARDRICOURT**
Alexandre LOUIS (Label manager)
Genre(s) musical(aux) : 80's français et étranger, cold, wave, minimal, SY • **Catalogue national** : Clair Obscur, Norma Loy, Little Nemo, Martin Dupont, Dazibao • **Catalogue international** : Das Wesen, 48 Cameras • **Catalogue DVD musicaux** : RVB Transfert • **Labels représentés ou intégrés** : Cynfeirdd • **Distribué par** : Season Of Mist

INNACOR RECORDS

✆ **02 97 23 82 82**
contact@innacor.com • **www.innacor.com**
3 rue des Milad • 56630 **LANGONNET**
Bertrand DUPONT (Label manager) • Erik MARCHAND (Directeur artistique) • Jacky MOLARD (Directeur artistique) • Yannick JORY (Directeur artistique) • Manon FOUQUET (Assistante de direction / Chargée de production)
Genre(s) musical(aux) : Musiques du monde et de Bretagne d'aujourd'hui • **Catalogue national** : Hélène Labarrière Quartet, Trio Corneloup/Labarrière/Goubert, Erik Marchand Sextet, Erik Marchand « UKRONIA », Kreiz Breizh Akademi, Jacky Molard Quartet, Badume's Band, etc. - Collection Inna + : Erwan Keravec/Jean-Luc Cappozzo, Nicolas Guta, Mazad café, Hélène Labarrière, etc. • **Catalogue international** : Hasan Yarimdünia, Mamar Kassey, Badume's Band et Selamnesh Zemene, N'diale • **Catalogue DVD musicaux** : DVD Ethiopiques : « Badume's Band & Mahmoud Ahmed »/Alemayéhu Esthète • **Distribué par** : L'Autre Distribution

INTERNEXTERNE

✆ **04 96 17 57 26** • fax 09 62 35 26 43
contact.internexterne@gmail.com • **www.internexterne.org**
22 rue Robert • 13007 **MARSEILLE**
Olivier JACQUET (Directeur / Management) • Lucie LEBRUN (Chargée de diffusion/production) • Damien ROUX (Production) • Fabien KOUACHI (Communication) • Clément JAULIN (Chargé de diffusion) • Anaëlle STRAUCH (Secrétaire)
Genre(s) musical(aux) : Rock, slam, électro, chanson, folk, soul • **Catalogue national** : Nevchehirlian, Ottilie [B], The Red Rum Orchestra, Martin Mey • **Distribué par** : L'Autre Distribution

INTOXYGÈNE

✆ **01 43 48 51 51**
infos@intoxygene.com • **www.intoxygene.com**
c/o Jammes EURL • 27 rue Eugène Carrière • 75018 **PARIS**
Patrick JAMMES (Gérant)
Genre(s) musical(aux) : Musiques électroniques • **Catalogue national** : Virtuart, Y Front, Thierry Zaboitzeff/Missa Furiosa, Escal, [Ma-lak] • **Catalogue international** : En exclusivité Franz Treichler, Electrobolt, Peepington, Love Motel, Alex Carter, Djaimin • **Distribué par** : Intoxygene

IRFAN, LE LABEL

✆ **04 75 49 95 32** • fax 04 75 49 45 11
irfanlelabel@wanadoo.fr • **www.irfan.fr**
Quartier Aunas • 07400 **ALBA LA ROMAINE**
Yannick LEGRAIN (Label manager) • Julien GOURLAY (Responsable de la communication et des relations presse)
Genre(s) musical(aux) : Chanson, rock français, fanfare • **Catalogue national** : Les Barbarins Fourchus, Les Ogres de Barback, Les Fils de Teuhpu, Assoiffés, Electric Bazar Cie, La Ruda, Les Hurlements d'Léo, Monofocus, La Meute Rieuse, etc. • **Catalogue international** : La Fanfare du Belgistan • **Catalogue DVD musicaux** : « 10 ans d'Ogres et de Barback », « Fin de Chantier à l'Olympia », Claude Nougaro « Fables de ma fontaine » • **Labels en licence** : Du Goudron et des Plumes • **Distribué par** : Irfan, Le Label, Beleive, CD1D, Pias (Bel), Outside (Can), Disque Office (CH), New Music Distribution (All), Disk Union (Jap)

JAM BLOCK ENTERTAINMENT

✆ **01 42 46 00 74**
info@jamblockentertainment.com • **www.jamblockentertainment.com**
15 rue d'Hauteville • 75010 **PARIS**
Juris PRETTE (Gérant)
Genre(s) musical(aux) : House, hip hop, funk, pop, rock • **Catalogue national** : Bagatelle, Bratisla Boys, Les Connards, Alphonse Brown, Fatal Bazooka, etc. • **Catalogue international** : Tutto Matto, Chris Biggin, Red Birds, Lil' Chief, Headfuzz, Play mo'bitch etc. • **Distribué par** : Warner, Sony, Wagram

JARRING EFFECTS LABEL

✆ **04 78 30 50 29** • fax 04 78 27 23 96
monsieurmo@jarringeffects.net • **www.jarringeffects.net**
13 rue René Leynaud • 69001 **LYON**
David MOREL (Responsable) • Céline FREZZA (Ingénieur du son) • Guillaume JALLUT (Chargé de communication)
Genre(s) musical(aux) : Dub, électro, drum'n'bass, break beat, abstract hip hop • **Catalogue national** : Azian Z, Blurum 13, Brain Damage, B R OAD WAY, Busyman, Dokhandeme, EZ3kiel, Erotic Martket, Filastine, France Loisir, Fumuj, Grosso Gadgetto, High Tone, Hint, Idem, Interlope, Karlit&Kabok, Löbe Radian Dub System, Mat3r Dolorosa, Meï Teï Shô, Monsieur Orange, Ni., nAo, Oddateee, L'Oeuf Raide, La Phaze, Picore, Playdoe, Professor Psygrooves, R;ZatZ, Reverse Engineering, etc. • **Catalogue DVD musicaux** : Burn Babylon Burn, Wangtone, EZ3kiel DAAU « Versus Tour Live 2004 » (vs DAAU, notamment), « Naphtaline », « Collision Tour » (vs Hint) • **Labels en licence** : Black Dub • **Distribué par** : L'Autre Distribution

JASPIR PROD

✆ **04 74 79 51 67** • fax 04 74 79 51 67
benjamin@jaspir.com • **www.jaspir.com**
ZI du Pré de la Barre • 63 ch. du Reposu • 38440 **ST JEAN DE BOURNAY**
Cédric CREMADES (Producteur)
Genre(s) musical(aux) : Musiques actuelles • **Catalogue national** : La Mine de Rien, They Call Me Rico, Mac Abbe et le Zombi Orchestra, Bario Populo, Sonith, Zombie Circus Show, NMB Brass Band • **Distribué par** : MVS-Anticraft, Rue Stendhal, In Ouïe

JAZZ AUX REMPARTS

✆ **05 59 55 85 05** • fax 05 59 55 21 70
scenenationale@snbsa.fr • **www.jazzauxremparts.com**
Scène nationale Bayonne- Sud Aquitain • 1 rue Edouard-Ducéré • 64100 **BAYONNE**
Dominique BURUCOA (Directeur artistique) • Marie-Hélène DULAC (Relations label)
Genre(s) musical(aux) : Jazz • **Catalogue national** : Tuxedo Big Band, Michel Pastre Big Band, Stan Laferrière & le Vintage Orchestra, André Villéger, Philippe Milanta, Pierre Boussaguet, Jacky Terrasson, Captain Grisou, Alain Bouchet, François Biensan, Rido Bayonne, Béré Quintet avec Denis Leloup, Jeanot Rabeson, Bob Sellers, Hervé Sellin, Nicolas Montier, Patrick Artero, « Just Friends », Dominique Burucoa, & Arnaud Labastie, Anachronic Jazz Band, Tuxedo Big Band, etc. • **Catalogue international** : Shirley Scott, Spanky Wilson, Tom Harrell, Waren Vaché

JAZZ ODYSSEY RECORDS

✆ **04 71 60 24 04**
verdexp@wanadoo.fr
1 rue des Planchettes • 15100 **ST FLOUR**
Laurent VERDEAUX (Directeur)
Genre(s) musical(aux) : Jazz, jazz classique • **Catalogue national** : Kristin Marion &The Blue Seranders, Dumoustier Stompers, BO du film L'Aventure du Jazz, vol. 1 et 2, • **Catalogue international** : Rééditions : Jo Jones, Willie « The Lion » Smith, Milt Buckner, Billy Butler, Al Casey, Jackie Williams • **Distribué par** : Autodistribution

JAZZ VILLAGE

✆ **04 90 49 90 49**
pbussy@harmoniamundi.com • **www.jazzvillagemusic.com**
31/33 rue Vandrezanne • 75013 **PARIS**
Pascal BUSSY (Directeur artistique) • Christian GIRARDIN (Directeur de production) • Céline BREUGNON (Responsable de la communication et de la promotion) • Miles YZQUIERDO (Communication / promotion)
Genre(s) musical(aux) : Jazz • **Catalogue national** : ONJ Yvinec, Yom, Ahmad Jamal, Sandra Nkaké, Roberto Fonseca, Raynald Colom, Susie Arioli, Virginie Teychené, Philippe Petrucciani, Omar Sosa, Gilad Hekselman, Raphaël Imbert, Kyle Eastwood, Mulatu Astatke, Chucho Valdés, Stéphane Huchard, Harold Lopez Nussa, Chucho Valdés • **Distribué par** : Harmonia Mundi

JAZZBOOK RECORDS

✆ **04 88 14 63 35**
info@acm-productions.com • **www.acm-productions.com**
ACM Productions • 33 av. du Mal Koenig • 13090 **AIX EN PROVENCE**
Seydou BARRY (Producteur) • Catherine VALLON-BARRY (Productrice)
Genre(s) musical(aux) : American classical music • **Catalogue national** : Ahmad Jamal, Yusef Lateef, Philippe Petrucciani, Cassandra Wilson, Lucky Peterson • **Distribué par** : Harmonia Mundi

JAZZOSPHÈRE

✆ **06 82 19 46 36 / 06 89 33 60 02 / 09 64 07 23 17**
jazzosphere.mag@wanadoo.fr
pagesperso-orange.fr/jazzosphere/home.htm
1 allée Auguste Renoir • 95350 **ST BRICE SOUS FORET**
Sabine MOIG (Label manager) • Sébastien MOIG (Label manager)
Genre(s) musical(aux) : Jazz & musiques improvisées • **Catalogue international** : Ramon Lopez, Agusti Fernandez, Harri Sjöström, Éric Normand, Catherine Savard-Massicotte, etc. • **Distribué par** : Difpop

JIM A. MUSIQUES

✆ **06 17 96 07 91**
jimamusic@free.fr • **jimamusic.free.fr**
Jim ASSAN (Musicien)
Genre(s) musical(aux) : Jazz • **Catalogue national** : Co-production Francis Demange Quartet (« Living Standards », 2009), Contribution de Bertrand Auger et Francis Demange aux double CD « Les actualités » (Les Allumés du jazz, 2006), Bertrand Auger Quintet (« Métamorphosis », 2002), Christel Assan (« Nature Boy », 2003), Jim Assan (« Comme un Enfant », 2000), Claudia Peireira et Francis Demange (« Natural », 2011) • **Distribué par** : Allumés du jazz, Hybrid Music, Zimbalam

JLI PRODUCTION ET ÉDITION

✆ **09 66 43 19 11 / 06 72 68 17 21**
jliproduction@orange.fr • **www.jli-prod.fr**
Appt 162 • 10 av. Karl Marx • 93000 **BOBIGNY**
Jean-Louis IASONI (Responsable de production et de l'édition)
Jean-Louis Lasoni Édition • **Genre(s) musical(aux)** : Variétés françaises, italiennes, portugaises et accordéon • **Catalogue national** : Jean Marc Torchy, Frédéric Buch, Le punch du musette, Nelly Moraux, Christophe Lampidecchia, Louis Camblor, Thierry Etchegaray, Myriam Thiebaut, Michel Laroche, Massimo Sammarone, Le top de l'Italie, Solenna • **Distribué par** : CD Mail, Marianne Melodie

JMS

✆ **01 45 66 42 00** • fax 01 47 34 24 11
jms1@club-internet.fr • **www.jms-creamrecords.com**
12 rue Bouchut • 75015 **PARIS**
Jean-Marie SALHANI (PDG) • Damien JACOBS (Administrateur)
Catalogue national : Bolou Ferré, Jean-Pierre Mas, Django 100, Bozilo, Louis Sclavis, Didier Lockwood, Henri Texier, Humair/Jeanneau/Texier, Christian Escoudé, Les Mouettes, Henri Texier, Django Club, noJazz • **Catalogue international** : Les Mc Cann, Randy Brecker, Maceo Parker, Uzeb, Joe Zawinul, Bill Evans, Alain Caron, Michel Cusson, Allan Holdsworth, Dean Brown, Dennis Chambers, Mike Stern • **Catalogue DVD musicaux** : Joe Zawinul 75th, Henri Texier, Louis Sclavis, Django 100 • **Labels représentés ou intégrés** : Cream Records • **Distribué par** : Sphinx distribution

JO&CO

✆ **01 84 19 01 38**
sebastiensaussez@hotmail.fr • **www.facebook.com/jo.andco.12**
110 bd Jean Jaures • 92100 **BOULOGNE BILLANCOURT**
Sébastien SAUSSEZ (Gérant) • Sophie DESPREZ (Chef de projet)
Catalogue national : Sophie Maurin, Brice Conrad, Maxime-Henry, Amélie Piovoso, The ET's, Romain Ughetto, Smoking Smoking, Princess Sarah, Amalia Casado • **Distribué par** : Universal

JOHNNY WILLIAMS SON

✆ **01 48 43 31 25** • fax 01 48 43 25 71
morin.jws@gmail.com • **www.sun-records.fr**
32 rue des Pommiers • 93500 **PANTIN**
Harry WILLIAMS (PDG) • Matthieu MORIN (Directeur artistique)
Genre(s) musical(aux) : Variétés françaises • **Catalogue national** : Pierre Vassiliu, André Verchuren, Harry Williams, Yvette Horner, Alice Dona, Annie Cordy, John Williams, Cheb Tati, Danyel Gérard, Herbert Léonard, Eric Morena, Chico & The Gypsies, Carlos, Topaloff, Pierre Billon, Glasgow, Ricardo Kali • **Catalogue DVD musicaux** : Les Rois de l'Accordéon • **Labels en licence** : Must Records • **Labels représentés ou intégrés** : WH Records, Sun Records, JWS • **Distribué par** : Wagram

JOYS PRODUCTIONS

✆ **06 81 04 81 11**
contact@joysprod.com • **www.joysprod.com**
Les Terrasses de Lacanau • Rue Georges Seurat • 13700 **MARIGNANE**
Sabrina SABATINI (Label manager)
Genre(s) musical(aux) : Dance, électro, électro-house, électro-pop, house • **Labels représentés ou intégrés** : Superthanks, Joys Prod, Club Department, French Revenge • **Distribué par** : Believe

JPL ARTISTS

✆ **02 38 89 13 16**
jp@jplartists.com • **www.jplartists.com**
19 rue Dom Pèdre • 45200 **MONTARGIS**
Jean-Philippe LAJUS (Directeur artistique) • Isabelle LAJUS (Présidente / Administration & Coordination) • Camille LAJUS (Evénements privés)
Genre(s) musical(aux) : Tous • **Catalogue national** : Patrick Coutin, Marcel Azzola, William Saint Val, Dominique Preschez, Rashmi Kant • **Catalogue DVD musicaux** : Dominique Preschez • **Labels représentés ou intégrés** : Musique & Mouvement, Ames • **Distribué par** : DJP, Harmonia Mundi, Absilone

JUNGLE THERAPY

✆ **06 13 03 72 27 / 06 81 34 47 02**
setyx2000@yahoo.fr
8 imp. des Fruitiers • 79410 **CHERVEUX**
Stéphane RHAULT (Label manager) • Grégory ALLAIN (Gérant)
Genre(s) musical(aux) : Jungle, drum'n'bass • **Catalogue national** : Krumble, Candy, Noise Punishment • **Labels représentés ou intégrés** : Break Team, Chapaty Express, Planet Kick, Meditativ Beat, etc. • **Distribué par** : Break Team, Toolbox

JUST LOOKING PRODUCTIONS

✆ **06 10 01 87 02 / 01 43 44 03 03**
alex@justlookingproductions.com
www.justlookingproductions.com
5 passage Charles Dallery • 75011 **PARIS**
Alexandre LACOMBE (Producteur)
Genre(s) musical(aux) : Jazz • **Catalogue national** : Médéric Collignon, Baptiste Herbin, Fiona Monbet, David inx & Diederik Wissels • **Distribué par** : Harmonia Mundi

JUST WINNER

✆ **01 60 02 49 02**
contact@just-winner.com • **www.just-winner.com**
2 rue du Près des Aulnes • 77340 **PONTAULT COMBAULT**
Alain ZELATEUR (Directeur général) • Alix ZELATEUR (Directrice artistique / Responsable communication) • Majix (Directeur artistique / Responsable son)
Genre(s) musical(aux) : Dancefloor, rap, dancehall, socca, reggaeton • **Catalogue national** : Edalam, Kymaï, Olmyta, Singuila, X-Man, King Serenity, Christophe Fontana • **Distribué par** : Universal, Sony, Believe

JUSTE UNE TRACE

✆ **01 47 70 14 64** • fax 01 47 70 14 54
info@juste-une-trace.com • **www.juste-une-trace.com**
c/o Amoc • 3 rue Portefoin • 75003 **PARIS**
Paul BESSONE (Directeur) • Edith GAUDY (Responsable administrative) • Marie MOTSCH (Responsable de la coordination)
Genre(s) musical(aux) : Jazz, indé, chanson • **Catalogue national** : Matthieu Rosso Red Quartet, Treponem Pal, OXYD, Victoria Rummler, Laurent Mignard Pocket Quartet, Dominique Grange, Francesca Solleville, Laurent Mignard « Duke Orchestra », Rémo Gary, Guillaume de Chassy/Daniel Yvinec, Laurence Allison, Dominique Vernhes, Off 7, J.-J. Mouton, Gilles Coquard, Blues de Vache, Daniel Letisserand, Marie-Ange Martin, Paul Davies, Olivier Manoury, Christophe Devillers, Marcus Noë, Pascal Palamidessi, Pascal Diez, Jean-Pierre Derouard, Nema, Christophe Gauthier, No Water Please, Ozma, Ramon Fossati • **Distribué par** : Socadisc ou Sony

KA RECORDS

karecords.label@gmail.com • **www.karecords.com**
3 av. de Grande Bretagne • 69006 **LYON**
Guillaume DUPONT-BELLAGAMBA (Directeur) • Clément BONFILS (Directeur)
Genre(s) musical(aux) : Reggae • **Catalogue national** : The Soul Agitators, The Mighty Lions, Earl Wonder', George Cloonie, Joe Pilgrim, Likkle Johnson, The Maât Disciples, Woody Allan, The Children, The Diplomaâts • **Distribué par** : Roots Revelation, CD1D, 1D-Rhônealpes

KALY PRODUCTIONS

✆ **03 26 48 52 48**
kaly@ksm-vpc.com • **www.ksm-vpc.com**
k.S.M Agency • 5 rue de l'Église • 51140 **MONTIGNY SUR VESLE**
Dave MOREL (Responsable)
Genre(s) musical(aux) : Metal extrême (death, black, grind, doom, etc.) • **Catalogue national** : Asgard, Darken, Dementia, Sthygma, Depraved, Maleficentia, Circé, Shäaz, Visceral Dissection • **Catalogue international** : Enigmatik (CH) • **Distribué par** : Great Dane Records

KAOTOXIN RECORDS

info@kaotoxin.com • **www.kaotoxin.com**
Genre(s) musical(aux) : Avant-garde metal, death, grind, doom, etc. • **Catalogue national** : Gronibard, Unsu, Insain, Infected Society, Savage Annihilation, etc. • **Catalogue international** : Total Fucking Destruction, Dehuman, VxPxOxAxAxWxAxMxC, Eye Of Solitude, etc. • **Distribué par** : Season Of Mist

KARAT RECORDS / KATAPULT

✆ **06 29 65 37 91**
laetitia@karatrecords.com • **www.karatrecords.com**
c/o M&MS • 220 rue des Pyrénées • 75020 **PARIS**
Alexandre ROGER (Directeur artistique / Promo) • Laëtitia CREMADEILLS (Gérante)
Genre(s) musical(aux) : House • **Catalogue national** : Ark, Basic Rythmic, Dolibox, Philippe Cam, The Mole, Chloé, Krikor, Portable, Mikael Stavostrand, Le Chien Perdu, Do Bass, Eddie C, Sonja Moonear, Nôze, Mikael Weill, Les Cerveaux Lents, Laetitia, Alex, Mr Oizo, Shalark, Guillaume & The Coutu Dumont, Cabanne, Lex, Dinamo, Electromenager, Automat, Bulgur Brother, Jean Nipon, Davem, Antislash, Vita Feat Erika • **Labels représentés ou intégrés** : Katapult • **Distribué par** : La Baleine (CD), Synchrophone (VY), Believe

KARBAOUI RECORDS

✆ **01 45 26 80 63 / 06 21 37 76 50**
studiopigalle@hotmail.fr
c/o Studio Pigalle • 18 rue Pigalle • 75009 **PARIS**
Jérôme POULOUIN (Directeur artistique) • Morgane PAOLI (Gérante)
Genre(s) musical(aux) : Chanson française, rock, musiques urbaines, world • **Catalogue national** : Babx, L. • **Distribué par** : Warner, On Music, Sounds Pourl

KELTIA MUSIQUE

✆ **02 98 95 45 82** • fax 02 98 95 73 19
keltiamusique@wanadoo.fr • **www.keltiamusique.com**
1 pl. au Beurre • 29000 **QUIMPER**
Alain LE MEUR (Président) • Jean-Charles FEUNTEUN (Directeur commercial) • Hervé LE MEUR (Service commandes) • Solenn GANIVET (Responsable VPC)
Genre(s) musical(aux) : Musique celtique, bretonne, irlandaise, écossaise, galicienne, music folk • **Catalogue national** : Red Cardell, Dan ar Braz, Baron/Anneix, Skolvan, Gilles Servat, Michel Tonnerre, Bagad Kemper, Bagad Briec, Dominig Bouchaud, Ozan Trio, Gayane, Les Ours du Scorff, Pennec, Patrick Molard, Skeduz, Kornog, Louis Capart, Les Goristes, Gilles Le Bigot, Cécile Corbel, etc. • **Catalogue international** : Loreena McKennitt, Sinead O'Connor, Capercaillie, Altan, The Chieftains, Clannad, The Silencers, etc. • **Catalogue DVD musicaux** : « La Nuit des Etoiles Celtiques » (DVD/CD), « Les Légendes du Rock Irlandais » (DVD/CD) • **Labels représentés ou intégrés** : Compass, Celtic Collections, Gael Linn, Klub, Dolphin, Quinlan Road, etc. • **Distribué par** : Keltia Musique

KHOKHOT

✆ **03 29 87 38 26**
info@vudunoeuf.asso.fr • **www.vudunoeuf.asso.fr**
Association Vu d'un Oeuf • BP 10 • 55160 **FRESNES EN WOEVRE**
Emmanuelle PELLEGRINI (Directrice artistique)

Genre(s) musical(aux) : Musiques improvisées • **Catalogue national** : Duo Frédéric Le Junter/Dominique Répécaud, Xavier Charles, Jacques di Donato, Ludovic Fresse, Jéranium et Les Nitrates, Maelstroem (J.P. Gross, A. Paquotte, M. Oury), Agnès Palier, Emilie Borgo, Olivier Toulemonde • **Distribué par** : Metamkine

KICKING RECORDS

✆ **07 86 15 06 00**
contact@kickingrecords.com • **www.kickingrecords.com**
3 ter rue Lavastre • 30000 **NIMES**
Stéphane CUPILLARD (Label manager)

Genre(s) musical(aux) : Rock • **Catalogue national** : Teenage Mixtape, Charly Fiasco, Un Dolor, The Black Zombie Procession, Hellbats, Flying Donuts, Generic, The Last Brigade, Greedy Guts, Uncommonmenfrommars, X-TV, Teenage Renagade, Billy Gaz Station, The Hop La !, Black City Babies, Second Rate, Brainwash, Billy the Kill, Dead Pop Club, Sleech, Pegazio • **Catalogue international** : M Fallen, Mother Superior, Kevin K, Hateful Monday, Simon Chainsaw, Cooper, G.A.S. Drummers, Mastervoice, D.O.A • **Catalogue DVD musicaux** : David Basso • **Labels représentés ou intégrés** : Dog Days Records • **Distribué par** : MVS Distribution, Season of Mist, Sonic Rendez Vous, K-Industria, New Music Distribution, Believe, CD1D

KIDS' FACTORY MUSIC FRANCE

✆ **01 45 49 11 42**
info@taklit.net • **www.kidsfactorymusic.com**
22 rue de Fleurus • 75006 **PARIS**
Patricia JOHNSTON

Genre(s) musical(aux) : Enfants, éducatif, contes musicaux français, « Je donne ma langue au chant ! » (collection pour apprendre l'anglais) • **Catalogue national** : Oran Etkin Jazz pour les 2-10 ans « Wake Up Clarinet » • **Distribué par** : L'Autre Distribution

KILL THE DJ

✆ **01 48 01 03 18**
contact@killthedj.com • **www.killthedj.com**
2 rue Franche Comté • 75003 **PARIS**
Stéphanie FICHARD (Label manager) • Fany CORAL (Label manager)

Genre(s) musical(aux) : Musiques électroniques, rock, pop, folk • **Catalogue national** : George Issakidis, Clément Meyer, The Eyes in The Heat, Plein Soleil, Battant, Chloé, Jason Edwards, Ivan Smagghe, Jennifer Cardini, Krikor, Remote, Clement Daphonics, Optimo, Aswefall • **Distribué par** : Differ-Ant, Believe

KIOSK ECLECTIC

✆ **04 70 67 05 21**
kioskeclectic@gmail.com • **www.kiosk-eclectic.com**
La Chauvinière • 03160 **BOURBON L'ARCHAMBAULT**
Georges KIOSK (Responsable)

Genre(s) musical(aux) : Tous • **Catalogue national** : Pushy !, Cheravif, Krak In Dub, Hupsydown, Dj Absurd, Caterva, Shaman, Stayreo, Nko, Mc Lox, Dogboy, Niveau Zéro, Von D, Mahanee, Sa Bat' Machines, Dj Ritch, Moresound, Atomic Compressor • **Distribué par** : Toolbox, CD1D, Triple Vision

KITSUNÉ

✆ **01 42 62 90 33**
info@kitsune.fr • **www.kitsune.fr**
10 rue Chauchat • 75009 **PARIS**
Gildas LOAEC (Label manager) • Constance DE BOSREDON (Label manager) • Viviane BRES (Responsable de la promotion) • Audrey CASTEL (Responsable de l'administration) • Lionel MACOR

Genre(s) musical(aux) : Electro, rock, pop • **Catalogue national** : Delphic, Housse de Racket, Citizens ! • **Catalogue international** : Two Door Cinema Club, Is Tropical, Art Revolution • **Distribué par** : Differ-Ant

KODS

carole.gallaire@kods.fr • **www.kods.fr**
Carole GALLAIRE (Gérante)

Genre(s) musical(aux) : World, scène française, rock, soul • **Catalogue national** : Syl's, Gregory Desgarceaux, Pak's, If the Kids, NaoSol & Waxx, Aurélie et Verioca, Romane Tica, Tenor & Pak's, Tristan Diamon • **Catalogue international** : Roberto Iglesias • **Distribué par** : Rue Stendhal, CD1D, Musicast

KOMOD.O DRAGON

contact@kodproductions.com • **www.kodproductions.com**
58 bis av. Marcellin Albert • 66000 **PERPIGNAN**
Julien LARREDE (Président)

Genre(s) musical(aux) : Electro, dub, reggae, rock, trip hop, hardcore, speedcore, hardtechno, tribe, drum'n'bass, indus • **Labels en licence** : B2k (Born 2 Kick) records, Absolute Rhythm records, Komod.O Dragon records, Dust Of Sounds records, Out Of Control records • **Distribué par** : Toolbox, CD1D, Zimbalam, Label Worx (digital)

KÜTU FOLK RECORDS

✆ **06 64 90 44 45 / 04 73 91 92 64**
kutufolk@gmail.com • **www.kutufolk.com**
c/o La Pépinière de Mai • Pl. du 1er Mai • 63100 **CLERMONT FERRAND**
Alexandre ROCHON (Label manager)

Genre(s) musical(aux) : Folk, indie pop • **Catalogue national** : St Augustine, The Delano Orchestra, Zak Laughed, Garciaphone, Dempster Highway • **Catalogue international** : Soso (Can.), Evening Hymns (Can.), Hospital Ships (USA) • **Catalogue DVD musicaux** : « Now That You Are Free My Beloved Love » (The Delano Orchestra) • **Distribué par** : Differ-Ant, P*Dis (Jap), Idol (digital)

KWAIDAN

✆ **09 52 68 78 18** • fax 01 42 62 08 50
contact@kwaidanrecords.net • **www.kwaidanrecords.net**
5 rue André Messager • 75018 **PARIS**
Marc COLLIN (Gérant) • Anne-Laure MROZEK (Chef de produit)

Genre(s) musical(aux) : Electro, pop, rock, alternatif • **Catalogue national** : Nicolas Comment, Mélanie Pain, Maxence Cyrin, Pulsion Phantom, AnnaO, Marc Collin • **Catalogue international** : Nouvelle Vague, Phoebe Killdeer & the Short Straws, Yasmine Hamdan, Olga Kouklaki, Blackout Babies, Jenia Lubich, Karina Zeviani • **Distribué par** : Idol, Differ-Ant

Label KWAZIL

✆ **01 53 11 01 59**
adimaprod@wanadoo.fr • **www.adimaprod.com**
Adima Productions • 22 rue Bernard Dimey • 75018 **PARIS**
Didier ZILLIOX (Producteur)

Genre(s) musical(aux) : Blues, jazz, chanson française, etc. • **Catalogue national** : Fabrice Collette, EHA (dir. Philippe Coignet), Patrick Verbeke • **Distribué par** : Adima

KYTHIBONG

kythibong@poivron.org • **www.kythibong.org**
16 av. Jules Bécigneul • 44000 **NANTES**
Anthony CHASLERIE (Label manager) • Mric CHASLERIE (Label manager) • Marion JDANOFF (Label manager)

Genre(s) musical(aux) : Rock, noise, experimental, folk, etc. • **Catalogue national** : Fordamage, Electric Electric, Papaye, Chausse Trappe, Piano Chat, Mansfield.tya, Binidu, Room204, Seal Of Quality, Sieur et Dame, The Healthy Boy & the Badass Motherfuckers, etc. • **Catalogue international** : 31knots, Le Ton Mité • **Distribué par** : La Baleine

LA BALEINE

✆ **05 49 33 12 12** • fax 05 49 33 78 78
info@la-baleine.com • **www.la-baleine.com**
26 rue de Blaise Pascal • 79000 **NIORT**
Romuald HEUCHIN (Gérant / Promotion) • Moise DOUMERET (Responsable téléventes) • Yann BOUCAUD (Chef des ventes) • Christophe MAUBERQUE (Label manager) • Robert NYGREN (Label manager)

Genre(s) musical(aux) : Musiques électroniques, drum'n'bass, black music, rock indé, metal, soul funk, musiques du monde, techno • **Catalogue national** : Kitchenmen, UHT°, Sayag Jazz Machine, Cosmic Connection, Phospho, Orties, I'm Not Even a DJ, etc. • **Labels en licence** : LaSiDo, Indélebyl • **Distribué par** : La Baleine

LAB-SUS / DADA RECORDS

✆ **01 39 13 08 78**
lab-sus@orange.fr • **www.myspace.com/dadarecord**
9 rue de la Somme • 78800 **HOUILLES**
Patrick DAUMONT (Président)

Genre(s) musical(aux) : Electro, électrorock, dubstep, techno, électro clash, deep house • **Catalogue national** : Dingo Box, Dutyfreak, Dada, Flomeg, Folken, Will Savage, Pig, Samo, Kiss & Destroy, Flobox, Ma Public Therapy • **Distribué par** : Alien Prod

LABEL ADONE

✆ **09 81 80 53 74**
aurelie@label-adone.com • **www.label-adone.com**
8 rue Boyer • 75020 **PARIS**
Aurélie THUOT (Responsable)

Genre(s) musical(aux) : Humour musical, chanson, pop, rock • **Catalogue national** : Uniquement signés en tournée : Les Fatals Picards, Les Petites Bourrettes, Ivan (avec un i), Les Rois de la Suède, L'armée du love, F.M. • **Catalogue DVD musicaux** : Les Petites Bourrettes • **Labels en licence** : Verycords • **Distribué par** : Warner, L'Autre Distribution, Codaex

LABEL AMES

✆ **01 60 66 26 26 / 06 74 59 97 18**
ames@wanadoo.fr • **www.amesproduction.com**
131 rue de la Fontaine au Aspic • Vosves • 77190 **DAMMARIE LES LYS**
Didier LOCKWOOD (Responsable artistique & gérant) • Florence ASSOULINE-TELLIER (Coordinatrice) • Yves CHAMBERLAND (Label manager Label Ames)

Didier Lockwood Selection • **Genre(s) musical(aux)** : Jazz • **Catalogue national** : Didier Lockwood, Dominique Fillon, Laurence Allison, Francis Lockwood, Niels Lan Doky, Sébastien Charlier, Dimitri Naïditch, Hervé Krief, Tangora, Christophe Monniot, Emil Spanyi, Thomas Enhco, Take 3, Jean-My Truong, Tangora, Stephy Haik • **Distribué par** : Harmonia Mundi

LABEL BLEU

✆ **03 22 97 79 79** • fax 03 22 97 79 90
contact@label-bleu.com • **www.label-bleu.com**
Maison de la Culture d'Amiens • Pl. Léon Gontier • CS 60631
80006 **AMIENS CEDEX 1**

Gilbert FILINGER (Directeur) • Brigitte PERIN (Administratrice) • Fabienne OCTAU (Chargée de production)

Genre(s) musical(aux) : Jazz, musiques du monde, électro, rock indé • **Catalogue national** : Nouvelles productions : Thomas Enhco, Trio Romano/Sclavis/Texier, Henri Texier, Richard Manetti, Abraham Inc avec David Krakauer, Fred Wesley et Socalled - Fonds de catalogue Label Bleu : Eric Legnini, Julien Lourau, Vincent Segal, Michel Portal, Daniel Humair, Jean-Marc Padovani, Louis Sclavis, Daniel Goyone, Michel Benita, Celea/Couturier, Bojan Zulfikarpasic, Antoine Hervé, ONJ, Palatino, Magic Malik Orchestra, Olympic Gramofon, etc. ; Bleu Electric : Arnaud Methivier dit Nano General Electrics, Jeff Sharel, Strigall, Fred Poulet, etc. • **Catalogue DVD musicaux** : Abraham Inc feat. D. Krakauer, F. Wesley & SoCalled • **Distribué par** : Sphinx ou l'Autre Distribution

LABEL BOOZE SARL

✆ **06 24 61 49 84 / 06 76 59 00 69** • fax 09 51 25 17 95
labelbooze@gmail.com • **www.boozebrothers.info**
Malagne • 09230 **FABAS**

Bertrand YATES (Chargé de production) • Nicolas BERGES (Gérant)

Genre(s) musical(aux) : Traditionnel métissé, musiques actuelles • **Catalogue national** : Tara's Folk, Booze Brothers, Too-Kah • **Catalogue international** : Booze Brothers • **Catalogue DVD musicaux** : Booze Brothers • **Distribué par** : Uncle Sam rcds (Jap.)

LABEL DE MAI

✆ **04 67 29 76 30**
contact.labeldemai@gmail.com
De Bouche à Oreille • 27 rue du Fbg Figuerolles • 34070 **MONTPELLIER**

Anouar HADJI

Genre(s) musical(aux) : Chanson française, trad' Occitan • **Catalogue national** : Spi et la gaudriole, Bangril, Chanteurs Latins • **Distribué par** : CD1D

LABEL FOLIE

✆ **09 82 21 50 29**
contact@labelfolie.com • **www.labelfolie.com**
2 3e impasse de la Comète • 26000 **VALENCE**

Christophe GENEVEST (Booking) • Olivier LE ROY (Booking) • Anne-Jane RUHLAMB (Administration)

Genre(s) musical(aux) : Chanson, slam, jazz, rock, hip-hop • **Catalogue national** : Miss White & the Drunken Piano, Des Fourmis dans les Mains, Laurent Montagne, No Shangsa, Iaross, Horla • **Catalogue DVD musicaux** : Miss White & the Drunken Piano, Ana Dess • **Distribué par** : L'Autre Distribution, Idol

LABEL FORGE

✆ **04 76 42 86 12 / 06 63 71 98 38**
aforge@laforgecir.com • **www.laforgecir.com**
La Forge • 16 rue du Drac • 38000 **GRENOBLE**

René ROBIN (Directeur administratif) • Estelle BRETHEAU (Chargée de production et de diffusion)

Genre(s) musical(aux) : Jazz, musiques improvisées • **Catalogue national** : « Sati(e)rik Excentrik », « Cité Folk », « La Grande Forge », « Trio Non Tempéré » (Raulin/Avenel/Dramé), Tian Xia « Sous le ciel », « Umlaut » « vol.2 Looking glass » (Scarpa/Poncet/Escoffier), Quartet Novo « Jardin Volant » (Berne/Mandel/Gerbelot/Baldy), Micromegas « Straight From The Cash », « Ostinato » (F. Raulin solo), « Tuyaux » (Mandel/Gerbelot) • **Distribué par** : MVS-Anticraft, Les Allumés du jazz

LABEL OUEST

✆ **02 40 98 62 82** • fax 02 41 47 15 35
www.label-ouest.net
23 rue de la Houssaye • 49410 **ST LAURENT DU MOTTAY**

Pierre LEBRUN (Directeur) • Janete LEBRUN (Directrice de la production)

Genre(s) musical(aux) : Chanson française, musiques traditionnelles, jazz, jazz manouche • **Catalogue national** : Trio Garcia (Mundine & Rocky), Martin Weis, Noé Reinhardt, Samy Daussat, Bero Landauer, Lallan Weiss, Bruno Garreau, Taraf Doïna Botoca, Translave, Les Jambons, Ellebore, Duo Bertrand, Victor Racoin, Fred Bourgeois, Gambette, Médalgio, Mopti Sextet « Don Cherry's Gift », Charco • **Distribué par** : L'Autre Distribution

LABEL OUIE

✆ **02 35 34 24 80 / 06 14 73 20 23 / 06 24 18 83 41**
fax 02 35 34 24 80
labelouie@wanadoo.fr • **www.musicaouir.fr**
2 rue Macé • 76000 **ROUEN**

Denis CHAROLLES (Responsable artistique) • Christine JACQUEMONT (Présidente)

Genre(s) musical(aux) : Jazz et musiques buissonnières, création autour du texte et de la musique • **Catalogue national** : Melosolex, La Compagnie des Musiques à Ouïr, Denis Charolles, Pyromanes, Ixo, The Rest is Silence, David Chevallier, Les Etrangers Familiers, Journal intime • **Distribué par** : MVS-Anticraft

LABEL ROUGE PROD.

✆ **06 64 44 40 50**
contact@labelrougeprod.fr • **www.labelrougeprod.fr**
96 rue Amelot • 75011 **PARIS**

Jérôme PICHON (Responsable)

Genre(s) musical(aux) : Hip hop • **Catalogue national** : COM « Label Rouge » (vol. 1, 2, 3), « Art'east », « Sang d'encre » (réédition), « Les 10 ans d'une Diam's », Booba, Cut Killer/Lunatic, Tepa (Les Spécialistes), Leeroy (Saïan Supa Crew), Alibi Montana, Oxmo Puccino, Flynt, Apotre H, Pejmaxx, Le Singe Fume sa Cigarette • **Catalogue DVD musicaux** : « Painterz », « Black » (Alibi Montana), « Toxic », « Breakin'dance », « J'éclaire ma vie » (Flynt Live), etc. • **Labels en licence** : Areno Jaz (1995) • **Distribué par** : VPC (www.justlikehiphop.com & www.tshirt-hiphop.com)

LABEL'ENFANCE - FIM PRODUCTIONS

✆ **02 47 50 86 07 / 01 45 43 29 67**
info@les-zims.com • **www.les-zims.com**
2 allée des Pétunias • 37270 **MONTLOUIS SUR LOIRE**

François IMBERT (Auteur compositeur interprète, producteur) • Françoise MOREAU (Auteur compositeur interprète)

Genre(s) musical(aux) : Chansons, spectacles, bals pour jeune public • **Catalogue national** : Groupe familial et musical pour jeune public : François Imbert, Françoise Moreau, Jérémie Imbert, Corentin Imbert • **Catalogue DVD musicaux** : DVD « La Bamba des Bambins », « Bal Grenadine » (FIM Productions), « Les Zim's s'envolent » • **Distribué par** : L'Autre Distribution

LABELUZ

✆ **05 56 25 38 46 / 05 56 25 38 46** • fax 05 56 25 36 12
cie.lubat@uzeste.org • **www.cie-lubat.org**
18 rue Faza • 33730 **UZESTE**

Bernard LUBAT (Directeur artistique)

Genre(s) musical(aux) : Jazz gascon • **Catalogue national** : Cie Lubat « Scatrap Jazzcogne », Bernard Lubat « Conversatoire », Lubat/Manciet « Poesiques » (CD+livret), « Chansons Enjazzées » (Victoire Jazz 2009 catégorie artiste vocal) • **Catalogue DVD musicaux** : « Vive la musique » (B. Lubat), « Improvista » (B. Lubat/M. Portal) • **Distribué par** : Harmonia Mundi

LABORIE JAZZ

✆ **05 55 31 84 84**
jm.leygonie@wanadoo.fr • **www.laboriejazz.com**
Fondation La Borie en Limousin • Domaine de La Borie
87110 **SOLIGNAC**

Jean-Michel LEYGONIE (Directeur artistique) • François COUSSIÈRE (Assistant de production Jazz) • Emilie BOUILLAGUET (Chargée de communication)

Genre(s) musical(aux) : Jazz • **Catalogue national** : Michel Reis, Shai Maestro, Daniel Humair, Yaron Herman, Emile Parisien, Anne Paceo Triphase, Arnault Cuisinier, Paul Lay, Bertrand Renaudin, Ray Lema, Murat Öztürk, Laurent Robin « Sky Riders », Benjamin Moussay trio, Diederik Wissels, Périne Mansuy Trio, Vincent Mondy, Ortie • **Catalogue DVD musicaux** : Emile Parisien (2010) • **Distribué par** : Abeille Musique, Qobuz

LAFOLIE RECORDS

jb@lafolierecords.com • **www.lafolierecords.com**
64 rue de la Folie Regnault • 75011 **PARIS**

Jean-Baptiste AYOUB (Label manager)

Genre(s) musical(aux) : Indie, pop, rock, folk • **Catalogue national** : Suki Brownies, La Maman & La Putain, Magic Pop Hotel, Sonic Satellite, Redeye, Kid Parade • **Catalogue international** : Suki Brownies, Sugarbeans, La Maman & La Putain, Deneuve, Magic Pop Hotel, Malaquet, Sonic Satellite • **Distribué par** : Mus-Anticraft, Musicast

LAST CALL

✆ **01 46 54 12 31 / 06 07 67 99 20**
lastcall@wanadoo.fr • **www.lastcallrecords.com**
1 rue Gallieni • 92240 **MALAKOFF**

Patrick MATHÉ (Directeur)

Genre(s) musical(aux) : Rock, blues, world music, chanson • **Catalogue national** : Alain Giroux et Jean-Louis Mahjun, Michel Hermon, OTH, Les Sheriff, the Hopla, Bijou SVP, la Souris Déglinguée • **Catalogue international** : Screamin' Jay Hawkins, Calvin Russell, Jairo, The Inmates, Walter Salas-Humara, Jim Dickinson, Vera Bila, Rich Minus, Box Tops, Alex Chilton, Anne Watts, Richard Heyman, Eliott Murphy, Angel Parra, Soledad Bravo, Kocany Orkestar, Gun Club, Robert Gordon, Willy Alexander • **Distribué par** : Differ-Ant, Believe

LAST EXIT RECORDS

✆ **06 70 91 99 40**
reception@lastexitrecords.com • **www.lastexitrecords.com**
41 rue de Coat Tan • 29200 **BREST**

Damien LITAUD (Gérant)

Genre(s) musical(aux) : Tous • **Catalogue national** : Robin Foster, Arnaud Le Gouefflec, Sheer K, Rotor Jambreks, HKU • **Catalogue international** : Empire Dust • **Distribué par** : Coop Breizh, Believe

LATITUDE 116

✆ **04 75 59 93 40** • fax 04 75 59 93 48
www.sephoramusic.com
c/o Séphora, la mMusique de la Vie • 1 rue René Cassin - ZA La Pimpie
26120 **MONTELIER**

Marc BRUNET (PDG) • Samuel TAGARIAN (Responsable de la promotion) • Françoise BRUNET (Contact)

Genre(s) musical(aux) : Tous styles • **Catalogue national** : Georges Reyes, Theozed, Nicolas Desmarest, Rija, Nicolas Ternisien, Sonia de Meglio, Suzan Lopes, Bryan Ost, Daniel Pialat • **Distribué par** : Sephora, La Musique de la Vie

LBA RECORDS

✆ **06 66 24 05 49 / (941) 952 8242**
andrea@lbarecords.com • **www.lbarecords.com**
USA

Neil NESSEL (CEO) • Andrea V. (Responsable Europe)

Nessel Music Group • **Genre(s) musical(aux)** : Electro, pop, rock, dance, house, breaks, ambient, soundtrack, avant-garde • **Catalogue international** : Squares To Bend, The Eventual, Bad Employees, Mi Corazon Negro, Chris Bradshaw, DJ Darwin, Francesco Demegni, Electronic Yellow Jammer, Gnowee, DJ Chris Tanch, Dancing For Architecture, Saleem DJ, Fractional, Pit Par Coeur, NLP, Stone Mason, 23 id, Dissolved, Blippo, Djhaili, Vladimir Hirsch, DJ Slasher, Electrik Soul, Vladimir Lovkov, Gabriel Delev aka DJ Gabriel, Naiko Massida, Phon/Antiphon, Lapinu, Louis Beaudoin, Karno's Army • **Labels représentés ou intégrés** : Lba Records, Bent Ant Records, Wagmore Records, Nessel Music Publishing • **Distribué par** : Symphonic Distribution

LENTONIA RECORDS

info@lentonia.com • **www.lentonia.com**
75011 **PARIS**

Elise PIERRE (Label manager) • Emmanuelle DE HÉRICOURT (Label manager)

Genre(s) musical(aux) : Electro, électro-pop, électro-rock, cold wave, hard pop, shoegaze • **Catalogue national** : Unison, Edh, Phoebe Jean & The Air Force, Video Love, Kim Ki O, Alex June, Elmapi • **Distribué par** : Modulor, Nails/Allegro (US)

LEZ'ART MUSIC

axl@lezartmusic.com • **www.myspace.com/lezartmusic**
44 rue de Miromesnil • 75008 **PARIS**

Axl TALAR (Label manager) • Yohann DOREY (Label manager)

Genre(s) musical(aux) : Pop, rock, chanson, électro • **Catalogue national** : Lili Ster, Laviolette, Daisybox, Molly • **Distribué par** : Universal, Idol

LIMBO RECORDS

✆ **02 99 32 33 19 / 06 12 33 45 28** • fax 02 23 30 37 50
info@limborecords.fr • **www.limborecords.fr**
19ter rue du Noyer • 35000 **RENNES**

Guillaume LECOUPLIER (Responsable)

Genre(s) musical(aux) : Pop indé, rock, noise, rap • **Catalogue national** : A Cake A Room, 13th Hole, Light House, Serial MCs, Ambitieux, Dj Steed, Downtown Cuckoo • **Distribué par** : Trolley Bus, Undertow, MVS-Anticraft

LINOLEUM

✆ **05 61 90 34 99 / 06 59 59 47 84**
linoleumproductions@free.fr • **www.linoleum-records.com**
34 rue d'Auzas • 31360 **AUZAS**

Laurent ROCHELLE (Directeur artistique) • Jean-Louis PAGNON (Chargé de production)

Genre(s) musical(aux) : Musiques nouvelles et improbables, jazz, répétitif, contemporain • **Catalogue national** : Agafia, Rizla Meeting, Denis Frajerman, Lilliput Orkestra, Marc Sarrazy, Laurent Rochelle, Benoit Cazamayou, Le Gle, Dieter Arnold, Louis Durran, Zira, Grand Chahut Collectif, Loïc Schild, Legle • **Labels en licence** : Rucilo Records • **Distribué par** : Les Allumés du Jazz, Improjazz, CD Baby

LISTENABLE RECORDS

✆ **03 21 30 57 17**
info@listenable.net • **www.listenable.net**
BP 73 • 62930 **WIMEREUX**

Laurent MERLE (Gérant) • Alex BEDU (Assistant export) • Stéphanie GIROT (Promotion)

Genre(s) musical(aux) : Death, thrash, black metal • **Catalogue national** : Ultra Vomit, Adagio, Anorexia Nervosa, Gorod, Svart Crown, Andréas et Nicolas, Betraying The Martyrs • **Catalogue international** : Cavus, General Surgery, 77, Incantation, Koldborn, Kruger, Noctiferia, Sybreed, The Amenta, The Order Of Apollyon, The Red Shore, Tornado, Izegrim, Heavenwood, Katana, Satan, Moonloop, The Omega Experiment, Tormented, Panzerchrist • **Distribué par** : Soundworks, Believe

LIVIN' ASTRO

bookings@livinastro5000.com • **www.livinastro5000.com**
Boite 158 • 40 rue Damrémont • 75018 **PARIS**

Genre(s) musical(aux) : Hip hop, latine, etc. • **Catalogue national** : Assassin, Rockin'Squat, Pyroman, Profecy, Badman Talk, DJ Duke, Mama Moon • **Catalogue international** : Z'Africa Brasil • **Distribué par** : EMI

LIVING ROOM MUSIC FRANCE

✆ **09 51 05 62 53**
livingroomfrance@gmail.com • **www.livingroommusicfrance.com**
93 rue de Dunkerque • 75009 **PARIS**

Frédéric BECHECLOUX (Label manager) • Christophe GENTIL (Promotion radio-presse)

Genre(s) musical(aux) : Variétés, pop, world • **Catalogue national** : Gianni Palazzo, Jessika Ferley, Fred Actone, Severine Ferrer, Sandrine Devillard, Sandrine-Amphoux, X-Ray-Pop, Jean-Michel Rinaldi • **Catalogue international** : Graziano • **Distribué par** : Believe, Le courrier du Livre

LOFT RECORDS

✆ **04 70 98 58 16**
20 rue du Golf • 03200 **VICHY**

Christian DI NATALE (Directeur général)

Genre(s) musical(aux) : Blues • **Catalogue international** : Spencer Bohren, Bill Wharton, Roach Thompson • **Distribué par** : Sony

LOGISTIC RECORDS

✆ **09 60 09 21 33**
mail@logisticrecords.com • **www.logisticrecords.com**
93 rue des Ormes • 93230 **ROMAINVILLE**

Alexandre PETIT (Label manager) • Benoit DECOURCHELLE (Promotion et distribution numérique)

Genre(s) musical(aux) : Techno-house • **Catalogue national** : Losoul, Jeff Samuel, 100Hz, Monobox, Atom & Pink Elln, Tom Ellis, Dr Bootygrabber, Tobias, Radiq, D'Kawa • **Labels représentés ou intégrés** : Telegraph • **Distribué par** : Vinyl France Distribution, La Baleine

LOLA PRODUCT - SPEED RECORDS

✆ **04 67 15 55 23**
lolaproduct@free.fr • **www.lolaproduct.com**
4 rue du Gal Riu • 34000 **MONTPELLIER**

Marc HACQUET (Président)

Genre(s) musical(aux) : Punk, rock garage, rock indé • **Catalogue national** : Dummies, The What!, Sonic Angels • **Catalogue international** : Jeff Dahl, Tav Falco's & Panther Burns, Electric Frankenstein, The Grinners, Sonny Vincent, Les Arondes

LOLLIPOP

✆ **04 91 81 23 39**
lollipop.records@wanadoo.fr • **lollipop.records.free.fr**
2 bd Théodore Thurner • 13006 **MARSEILLE**

Stéphane SIGNORET (Responsable)

Genre(s) musical(aux) : Punk, rock'n'roll, garage, pop • **Catalogue national** : Jerry Spider Gang, Hatepinks, Petit Vodo, This is Pop, Gasolheads, Exxon Valdez, Bushmen, Cowboys from Outerspace, Neurotic Swingers, etc. • **Catalogue international** : Briefs, Kevin K., Tokyo Sex Destruction, Manikins, Power Solo • **Catalogue DVD musicaux** : Lollipop's Burning • **Distribué par** : Autodistribution

LUSAFRICA

✆ **01 53 11 19 00** • fax 01 53 11 19 05
lusafrica@lusafrica.com • **www.lusafrica.fr**
115 rue Lamarck • 75018 **PARIS**

José DA SILVA (Directeur) • François POST (Responsable du catalogue éditorial)

Genre(s) musical(aux) : Musiques du monde, afro-cubaine, salsa, Caraïbes, etc. • **Catalogue national** : La MC Malcriado, Vis à Vie • **Catalogue international** : Cap Vert (Cesaria Evora, Teofilo Chantre, Nancy Vieira, Zé Luis), Afrique (Bonga, Boubacar Traoré, Sia Tolno, Pierre Akendengue), Cuba (Orquesta Aragon, Cubanito, Polo Montanez), Brésil (Dona Ivone Lara), Pérou (Tania Libertad) • **Catalogue DVD musicaux** : Meiway, Oliver N'Goma, Cordas do Sol • **Labels représentés ou intégrés** : Marabi, Harmonia, Casa Verde Productions • **Distribué par** : Sony (F), Tumbao (P), Proper (UK), Coast to Coast (NL), Rough Trade (G), Muzik Vertrieb (CH), Doscmedi (E)

LZO RECORDS

✆ **06 13 26 88 89 / 09 52 55 88 89**
contact@lzorecords.com • **www.lzorecords.com**
3 allé chaplin • 93270 **SEVRAN**

Laurent MEMMI (Directeur artistique) • Arnaud GILAIZEAU (Attaché de presse) • Anaël KREMER (Directeur commercial) • Julien CARTON (Ingénieur du son) • Yann CHERRUALT • Jean-Michel CARDA • Emmanuel LE COURBE (Réalisateur vidéo)

Genre(s) musical(aux) : Hip hop, rap, instrumental, chanson française, electro, pop, alternatif • **Catalogue national** : Fred Yaddaden, Incredible Polo, Iris & Arm, Lartizan, G Bonson, The Glass Half, Taipan, Soklak, Le Parasite, Sept, Amhade

M & O MUSIC

✆ **06 63 37 84 49**
info.music@m-o-music.com • **www.m-o-music.com**
Route des Aresquiers • Clos de Vic 68 • 34110 **VIC LA GARDIOLE**

Alexandre SABA (Président)

Genre(s) musical(aux) : Rock, pop, metal • **Catalogue national** : Gokan, Kipling, Holophonics, Aeterna Hystoria, Ciguë, Nelly Olson, Bad Tripes, Dunkelnacht, Tess, Kinky Yukky Yuppy, Tenebrarum Infanteus, Ashka, Gravity, Shades of Syn, etc. • **Distribué par** : CD1D (F), MVS-Anticraft (F), Code7, Plastic Heads (UK), Roooar Violent Store (CH), Believe (World)

M6 MUSIC LABEL

✆ **01 41 92 66 66** • fax 01 41 92 62 96
gvuksanovic@m6.fr • **www.m6.fr**
M6 Interactions - Service Disque • 89 av. du Gal de Gaulle
92575 **NEUILLY SUR SEINE CEDEX**

Isabelle PRATLONG (Directrice de la musique du Groupe M6) • Laëtitia SEVILLA (Directrice du marketing) • Marina CAROL (Chef de projet) • Marina CERCY (Responsable de la promotion)

Genre(s) musical(aux) : Tous • **Catalogue national** : Laurent Wolf, Imany, Sorel ; en co-production : Christophe Willem (Sony), Julien Doré (Sony), Amel Bent (Sony), Camélia Jordana (Sony), Sheryfa Luna (Universal), Jena Lee (Universal), Luce (Sony), Ycare (Sony) The ET's (Play On), etc. • **Catalogue international** : Agnes, Eisblume, Andy Grammer, Amanda Mair • **Distribué par** : Sony, Universal, Warner

La MACHINE

✆ **02 51 83 24 64**
troc@lamachinefolle.com • **www.lamachinefolle.com**
c/o Pol'n • 11 rue des Olivettes • 44000 **NANTES**

Antoine QUENET-RENAUD (Label manager)

Genre(s) musical(aux) : Tous styles (sauf la cornemuse, le biniou et la musique de hippies) • **Catalogue national** : Zetlaskars, Urban Poizon, La Brume Ro[z]e, Hatebonz, Princesse Ravage, Hungart Thorsen, etc. • **Distribué par** : Autodistribution

MADRIGAL MUSIQUE

madrigalmusique@gmail.com
53100 **MAYENNE**

Nicolas NIVERT (Directeur de production)

Genre(s) musical(aux) : Rap, hip hop, scratch musique • **Catalogue national** : Sine Qua Non, Foodj, Bredda Jahmal Sixx, Ti Layon, Baxteroide, Black Sad, NSB • **Catalogue international** : AR'C'NAL E-POP, Al Faylassouf, Dally Fever • **Distribué par** : Believe

La MAISON

✆ **06 30 17 94 75**
contact@label-maison.org • **www.label-maison.org**
83 rue Jean Catelas • 80480 **SALEUX**

Vadim VERNAY

Genre(s) musical(aux) : Abstract hip hop, electronica • **Catalogue national** : Vadim Vernay, Azerti, Jĩ Mob • **Distribué par** : Believe, Musicast, CD1D

MAJOR ASINUS

✆ **06 66 22 91 16**
contact@major-asinus.fr • **www.myspace.com/charlotterecords**
9 av. Jean Moulin • 60150 **THOUROTTE**

Cyril DOCHE (Président)

Catalogue national : Les Craneurs, Magic Hawaï, Rollin' Bunkers

La MALLE AUX TRÉSORS

✆ **01 56 83 22 84** • fax 01 47 81 11 58
ɔ.a3music@free.fr
⁷5 bis rue des Champarons • 92700 **COLOMBES**

Philippe LECANTE (Direction de production) • Jean-Claude COINTARD (Direction administrative et juridique) • Claude ANTHONIOZ-ROSSIAUX (Direction technique)

Genre(s) musical(aux) : Jeune public • **Catalogue national** : Mylie, Claudine Régnier, Isabelle Bal, Tim Holm, Fête aux Sornettes, Percy Copey, Fabrice Duroc, Bob Tibone, Julien Laroche, Mamemo, Gabrielle Gallard, Le Petit Monde de Jano & Bigoudi, 65 Chansons Comptines et Karaokés, 130 Chansons Comptines et Karaokés • **Distribué par** : DJP

MAM PRODUCTIONS

✆ **02 47 49 85 13 / 02 47 49 20 33**
fax 02 47 49 85 13 / 02 47 49 20 33
martial.martinay@wanadoo.fr • **www.magic-records.com**
BP 111 • 37541 **ST CYR SUR LOIRE CEDEX**

Martial MARTINAY (Directeur général) • Mireille MARTINAY (Gérante)

Magic Records • **Genre(s) musical(aux)** : Variétés internationales, variétés françaises, rock'n'roll, ambiance, instrumentale, spécialisé en rééditions 50's à 80's • **Catalogue national** : Marie Laforêt, Les Variations, Mike Shannon, Triangle, Annie Philippe, Chantal Goya, Pussycat, etc • **Catalogue international** : Hollies, Jerry Lee Lewis, Gene Vincent, Shadows, Manfred Mann, Wallace Collection, Canned Heat, America, Eddie Cochran, Carl Perkins, Fats Domino, Little Richard, etc. • **Labels représentés ou intégrés** : Magic Records • **Distribué par** : Arcadès

MAÑANA

✆ **01 45 35 54 19**
contact@mananamusic.com • **www.mananamusic.com**
17 rue Pascal • 75005 **PARIS**

Eduardo MAKAROFF (Fondateur) • Edouard LACAN (Label manager)

Genre(s) musical(aux) : Tango • **Catalogue international** : Jerez Le Cam Quartet, Müller and Makaroff, Di Giusto, Melingo, Cáceres, Mosalini y Quatuor Benaïm, Gustavo Beytelmann, Horacio Molina • **Distribué par** : Naïve, Finetunes, iTunes

MANDALA RECORDS

✆ **06 61 45 30 93**
mandalarecords@gmail.com • **www.mandalarecords.org**
5 route de St-Hilaire • 79210 **ARCAIS**

Grégory CHAUVREAU (Président)

Genre(s) musical(aux) : Trance, progressive, électro, tribal, psytrance, techno, chill-out • **Catalogue national** : Lives : Total Eclipse, The Antidote, Joti Sidhu, Psychaos, Krane, Hyper Frequencies, Plasmotek, Dystre, C.s.x aka Cortical Systematix, Toirès, Asia 2001, Elea, Digital Mystery Tour, Irinami Khailova, Ecosphere, Mox, Soundragon, Telekinetic, Rising High, 1Ntt, Toxic Engine, Irina Mikhailova, Squazoïd ; Djs : Greg, Vortex, Fred*x, Kitty, Tsuyoshi, Drenan, Tribal Tul, Madam James, T2b, Gru ; Décoration : Cosmo Vision, Vj & Designer Nico Psyart, Vj & Designer Meskalart • **Distribué par** : Autodistribution

MANGROVE PRODUCTIONS ET ÉDITIONS

✆ **(687) 28 56 85 / (687) 78 72 85** • fax (687) 28 56 85
contact@mangrove.nc • **www.mangrove.nc**
96 route du Port Despointes • BP 12777
98802 **NOUMEA CEDEX (NOUVELLE CALEDONIE)**

Alain LECANTE (Directeur)

Genre(s) musical(aux) : Musiques de la Nouvelle Calédonie et du Pacifique, world, reggae, kaneka, traditionnelles • **Catalogue national** : Edou, Dick & Hnatr, Sumaele, Sharzy, Hmej, Oriatal, Vamaley • **Catalogue international** : Black Rose (Fiji), Sharzy (Solomon Islands), Naio (Vanuata), Anslom ((PNG), Manahune (Tahiti) • **Labels en licence** : Vanuata (Vanuatu), Quakes Productions (PNG) • **Distribué par** : Vanuata (Vanuatu), CHM (PNG), King Exports (NZ)

Label MANIVELLE

✆ **06 76 29 02 51**
contact@labelmanivelle.com • **www.labelmanivelle.com**
28 rue du Béryl • 11100 **NARBONNE**

Etienne LECOMTE (Directeur)

Genre(s) musical(aux) : Jazz • **Catalogue national** : Etienne Lecomte (FL), Laurent Guitton (TUB), Oriol Roca (BT) • **Catalogue international** : « Vrak'Trio », « Vrak' Crossroads Project », « Vrak'Air » • **Distribué par** : Autodistribution, Zimbalam

MANIVETTE RECORDS

✆ **04 42 83 67 97 / 06 13 41 75 57**
novelas.manivette@gmail.com
moussut.ohaime.com/manivette.php
18 rue Capitaine Badille • 13600 **LA CIOTAT**

Emmanuelle TIRMARCHE (Gérante)

Genre(s) musical(aux) : World music, chanson marseillaise, chanson niçoise • **Catalogue national** : Moussu T E Lei Jovents, Gigi de Nissa • **Catalogue DVD musicaux** : Moussu T E Lei Jovents « Inventé à la Ciotat » (2007) • **Distribué par** : Le Chant du Monde, Harmonia Mundi, Rue Stendhal

La MANTE PRODUCTIONS

✆ **06 08 89 98 60**
lamanteprod@neuf.fr • **www.lamanteproductions.com**
c/o La Mante Productions • 20 av. du Bel Air • 75012 **PARIS**

Bernard GIONTA (Directeur)

Genre(s) musical(aux) : Pop, rock, folk, musiques électroniques • **Catalogue national** : Red Lili, Madame Lenoir, Henley on Todd, Not For Capture, Kaluun • **Labels représentés ou intégrés** : Green L.F ant records, Be • **Distribué par** : Believe

MARBLE

contact@marble.fm • **www.marble.fm**
16 rue de la Folie Méricourt • 75011 **PARIS**

Genre(s) musical(aux) : Musiques électroniques • **Catalogue national** : Bobmo, Canblaster, Das Glow, High Powered Boys, Marble Players, Myd, Para One, Sam Tiba, Surkin, Symphony Hall

MARENDADISC

✆ **06 18 52 58 47**
raph@raphaeldumas.com • **www.marendadisc.com**
55 av. du Cdt Soubielle • 66000 **PERPIGNAN**

Manuel PEREZ (Responsable) • Raphaël DUMAS (Responsable)

Genre(s) musical(aux) : House, soul, funk, electro, jazz, folk • **Catalogue national** : The Entertainers, Raph Dumas and the Primaveras, The Primaveras, Uninvited Partners, Raph Dumas, Franck de Villeneuve, Manuel Perez, Nice, Nilco, Maria Angeli, LaBulo • **Catalogue international** : DJ Mourad Sliti, Alvina Red, Alton Miller, Håkan Lidbo, Tunis Diaspora, Pawel Kobak • **Labels représentés ou intégrés** : Enjoy Recordings, Lace Recordings, Marendadisc • **Distribué par** : Idol, Vadim Music, Discmedi

MARMOTTES PRODUCTIONS

✆ **01 46 30 22 58**
contact@versini.com • **www.versini.com**
49 rue du Plateau • 92350 **LE PLESSIS ROBINSON**

Anny VERSINI (Responsable) • Jean-Marc VERSINI (Responsable)

Genre(s) musical(aux) : Jeune public, country • **Catalogue national** : Anny et Jean-Marc Versini (51 LPs) • **Distribué par** : Believe

MARTYRS OF POP

✆ 06 85 37 93 57
d-luxe@wanadoo.fr
9 rue Marquis • 76100 **ROUEN**

Jean-Emmanuel DUBOIS (Gérant)

Genre(s) musical(aux) : Pop, rock, expérimental, musiques électroniques, psychédéliques (old & new) • **Catalogue national** : Alexander Faem, Jean-Emmanuel Deluxe, Penelope, The Beautiful Losers, Feamonster, Leatherman • **Catalogue international** : April March, Kevin Coral, Purple Submarine Orchestra • **Catalogue DVD musicaux** : Mondo Hollywood, The Committee, J X Williams • **Labels représentés ou intégrés** : Lion Productions • **Distribué par** : Modulor, Clearspot

MASS PRODUCTIONS

✆ 02 23 40 26 45
massprod@massprod.com • **www.massprod.com**
c/o Le Jardin Moderne • 11 rue du Manoir de Sévigné • 35000 **RENNES**

Vincent BRIDE (Label / tournée)

Genre(s) musical(aux) : Rock, punk, hardcore, ska, reggae • **Catalogue national** : Dobermann, la Fraction, Burn At All, 100 Raisons, Ho-Làa, Mars Murderers, Six-8, Charly's Angels, Gilbert et ses Problèmes, Betty Boots, Fiction Romance, COM « Breizh Disorder », « Rock e Breizh », Les Clebards, 8°6 Crew • **Catalogue international** : Raw Power, Inner Terrestrials, Sick on the Bus, Varukers, Dobermann Cult, Sensa Yuma, Devotos, Utopia, The Capaces • **Catalogue DVD musicaux** : Inner Terrestrials • **Distribué par** : Autodistribution, Coop Breizh

MAYIM

✆ 04 75 59 93 40 • fax 04 75 59 93 48
www.sephoramusic.com
c/o Séphora, la Musique de la Vie • 1 rue René Cassin - ZA La Pimpie
26120 **MONTELIER**

Marc BRUNET (PDG) • Samuel TAGARIAN (Responsable de la promotion) • Françoise BRUNET (Contact)

Genre(s) musical(aux) : Tous styles • **Catalogue national** : Georges Ellyot, Jean-Jacques Leprince, Felana, Felina Backer • **Catalogue international** : Fa#, Jo Botena, JON'L.S, Marya Adé, O'Nel Mala, Constance • **Distribué par** : Sephora, La Musique de la Vie

MEDSIDE MUSIC

✆ 09 51 79 58 05 • fax 01 79 73 51 79
contact@medside.fr • **www.medside.fr**
120 ch. des Maures et des Adrets • 06530 **PEYMEINADE**

Christophe FERNANDEZ

MEGA PROD / GB PROD

✆ 03 81 98 46 14 / 01 44 09 04 87 / 06 63 71 73 21
laurent@dissident.fr • **www.mega-prod.com**
c/o Dissident • 3 rue Galvani • 75017 **PARIS**

Grégory BARATA (Producteur) • Laurent BARBIER (Ventes spectacles) • Jean-François MANU (Promotion)

Genre(s) musical(aux) : Pop, dancefloor, clubbing, house, électro, dance, kuduro, soleil, ragga, dancehall, festif, ambiance • **Catalogue national** : King Kuduro, Kyrah, Obed, L Rayan, The Dee, Greg B, Jeffman, John Revox, Laurent H, Lady Lova, Alex Dakosta, Alycia Stefano, Sarah Sand, Zap, Baye Fall • **Labels en licence** : Titre A, Do It, Sound Of Pirate • **Distribué par** : Sony, Universal, Warner, Emi, Wagram, Nacarat, Pias, Believe

MELISSE

contact@melisse.fr • **www.melisse-music.fr**
26 route de Larchant • 77760 **VILLIERS SOUS GREZ**

Edouard FERLET (Responsable artistique) • Benjamin GRATTON (Responsable de l'administration) • Audrey SCHMITT (Administration)

Genre(s) musical(aux) : Jazz contemporain • **Catalogue national** : Edouard Ferlet, Benoit Dunoyer, Stephan Oliva/François Raulin, Jean-Philippe Viret, Issam Krimi, Frédéric Norel, Franck Vaillant « Magnetic Benzine », Kapsa/Reininger/Fleau (Trio Sphere), Nancy Huston • **Distribué par** : Integral, Abeille (numérique)

MELODINOTE

✆ 06 64 20 18 22
melodinote@hotmail.fr • **www.melodinote.fr**
15 rue Gensan • 33000 **BORDEAUX**

Rudy LANNOU (Président)

Genre(s) musical(aux) : Jazz, chanson, folk, musiques traditionnelles • **Catalogue national** : Les Gosses de la Rue, Solvända, Amarga Menta, Thomas Bercy Jazz Band, Eskelina Svanstein, The Jouby's, Faburden, Irish Times, La Forcelle, etc. • **Distribué par** : Believe, 1d-aquitaine

MENTALOW MUSIC

✆ 06 17 35 00 55 / 06 15 65 73 03
mentalow@gmail.com • **www.mentalow.com**
44 rue des Saules • 75018 **PARIS**

Cécile UNIA (Présidente / Administration) • Vincent LEPAGE (Directeur artistique)

Genre(s) musical(aux) : Hip hop, rap, musiques électroniques • **Catalogue national** : Pumpkin, Vin'S da Cuero • **Distribué par** : Musicast

MI'STER PRODUCTIONS

✆ 07 61 31 52 24
aurelie@misterproductions.com • **www.misterproductions.com**
10 rue Adolhe Pajeaud • 92160 **ANTONY**

Aurélie DELMAS (Administratrice / Chargée de production) • Ibrahim MAALOUF (Gérant)

Genre(s) musical(aux) : Jazz, folk • **Catalogue national** : Isabel Sörling • **Catalogue international** : Ibrahim Maalouf • **Distribué par** : Harmonia Mundi

MIAM RECORDS

✆ 06 62 36 06 32
oz@miamrecords.com • **www.facebook.com/MiamRecords**
2 rue Myrha • 75018 **PARIS**

Olivier FROSSARD (Président)

Genre(s) musical(aux) : Electro world • **Catalogue national** : Professor Oz, Que Pasa, Nélo

MICROCULTURES

✆ 06 83 34 39 04
contact@microcultures.fr • **www.microcultures.fr**
3 rue de Lancry • 75010 **PARIS**

Jean-Charles DUFEU (Gérant)

Genre(s) musical(aux) : Indie pop, folk • **Catalogue national** : Tokyo/Overtones, Folks, Reza, Angil • **Catalogue international** : Phantom Buffalo, Soltero, Shiv Hurrah • **Labels représentés ou intégrés** : French Toast • **Distribué par** : Modulor

MIGHTY WORM

✆ 06 72 94 28 37
mightyworms@gmail.com • **www.mightyworm.fr**
24 rue de la Préfecture • 25000 **BESANCON**

Benjamin ROGEZ (Président) • Lucas DALPHIN (Secrétaire)

Genre(s) musical(aux) : Rock, punk rock, country rock • **Catalogue national** : Accompagnement de The Rebel Assholes, Texas Mongols, Bad Chickens, Jack and the Bearded Fishermen, Jetsex • **Catalogue DVD musicaux** : COM Mighty Worm • **Labels représentés ou intégrés** : Productions Impossible Records, Free Edge Conspiracy • **Distribué par** : Autodistribution

MILAN MUSIC

✆ 01 45 48 30 02 • fax 01 45 48 24 37
international@milanmusic.fr • **www.milanrecords.com**
1 rue de Fleurus • 75006 **PARIS**

Emmanuel CHAMBOREDON (PDG / Synchro) • Annelies DOKIER (Comptable) • Yael BATOUA (Responsable Royautés / Synchro) • Joachim PINEAU (Responsable Nouveau média) • Jérémie OLLIVIER (Responsable Market international) • Jean-Christophe CHAMBOREDON (Directeur Amérique du nord)

Genre(s) musical(aux) : BOF, jazz, sound design, latino-américain • **Catalogue international** : Ghost, Mulholland Drive, Conan the Barbarian, La Cité de Dieu, Astor Piazzolla, Upa Dance, Maurice Jarre, La Vérité si je mens 3, Chronicle • **Distribué par** : Universal (France), Warner (reste du monde)

MILLE MILLIARDS

✆ 01 39 21 54 90 • fax 01 39 73 29 21
mille-milliards@mille-milliards.com • **www.mille-milliards.com**
c/o La Clef • 46 rue de Mareil • 78100 **ST GERMAIN EN LAYE**

Guillaume LE HENO (Contact) • François-Pierre CLAVEL (Contact)

Genre(s) musical(aux) : Rock, dub, musiques électroniques, musiques improvisées • **Catalogue national** : Lab°, Section Amour, K-Iman, 1=0, Urine, etc. • **Distribué par** : Pias, Crash Distro, CD1D

MISSIVE MUSIC

✆ 01 56 79 06 07 • fax 01 56 79 14 68
contact@missive-music.fr • **www.missive-music.fr**
7 rue Bridaine • 75017 **PARIS**

Pierre-Olivier VERGNOT (Gérant) • Thomas DI MATTEO (Directeur artistique) • Julien PARISÉ (Artiste)

Genre(s) musical(aux) : House, deep-house, downtempo, broken beat • **Catalogue national** : Bomac, Thomas di Mateo, Mister J., Lullabies, Lanoiraude, Julien Parisé, etc. • **Catalogue international** : Rob Mello, Charles Webster, Tiefschwarz, Sei A., Alland Byallo, Ina D., Solaris Height, etc. • **Distribué par** : Believe, Modulor

MISTIROUX PRODUCTIONS

✆ 09 52 57 37 82 • fax 09 52 57 37 82
info@mistirouxproductions.com
www.myspace.com/mistirouxproductions
6/14 rue d'Estienne d'Orves • 92120 **MONTROUGE**

Olivia RIVASSEAU (Productrice / gérante)

Genre(s) musical(aux) : Chanson, pop, rock, métal, etc. • **Catalogue national** : Valérie Barrier, Serge Utgé-Royo, Bernard Joyet, Deserty, Elodie Ruillier, Jean Guidoni, Doyle, Simone Tassimot, etc. • **Distribué par** : L'Autre Distribution, Rue Stendhal, Believe

MJF PRODUCTIONS

✆ **01 45 30 38 91** • fax 01 45 30 38 91
contact@mjfproductions.fr • **www.mjfproductions.fr**
266 av. Daumesnil • 75012 **PARIS**
Fabrice MARCHAL (Gérant)

Genre(s) musical(aux) : World music, dance, latino, musiques improvisées et nouvelles, pop, variété, lounge music, rock, etc. • **Catalogue national** : Baptiste Charden, KSM, les Petits Chanteurs de Saint-Marc, Boxon, The Slugz, Valentin Marceau, Stone & Charden, Romain Ughetto, Jeremy Chapron, Papa Rital • **Catalogue international** : Ritmo Latino, Caramusa, Latino Party, Ice Cub, Decharme, Pendeiro, Salon Oriental, Relaxation, Indian Room, Salon Indien, Jardin d'Orient, China Spirit, Buddha Mudra, Cool Boheme, Pure Tranquillité, Nu jazz, Relax & Classic, Global Chillout, Salon Spa, Al'Anbar, les Secrets de l'Orient, les Jardins du Maharadja, les Jardins d'Okinawa, Carlos Campos, Zen, Bebezen, Jacob • **Catalogue DVD musicaux** : Les Délices de Marakech • **Labels représentés ou intégrés** : Vox Terrae • **Distribué par** : Sony, EMI, Universal, Warner, Wagram, Play On

MLP MICHEL LEVY PRODUCTION

✆ **06 21 55 57 43**
levy75020@yahoo.fr • **www.mlpmusic.fr**
26 rue des Rigoles • 75020 **PARIS**
Michel LEVY (Directeur) • Bruno BARRE (Directeur artistique)

Genre(s) musical(aux) : Musiques du Maghreb • **Catalogue national** : Youness, Cheb Bilal, Nassima, Malika Domrane, DJ Malik, Cheb Aïssa, Cheb Nasro, Souad, Cheb Kader, Sanoune, Mourad El Bidaoui, catalogue judéo-arabe, etc. • **Catalogue DVD musicaux** : Spécialiste de la COM en licence CD/DVD (+ de 10 000 titres en catalogue) • **Distribué par** : Rue Stendhal (physique), WMO et Idol (numérique)

MODULOR

✆ **01 42 23 09 06** • fax 01 42 23 09 34
pierre@modulor.tv • **www.moduledistribution.com**
322 rue des Pyrénées • 75020 **PARIS**
Pierre BLOTMAN (Responsable des ventes) • Jérémy PLATINI (Responsable de la promotion) • Arnaud MERLIN (Responsable commercial)

Genre(s) musical(aux) : Electro, rock, folk, hip hop • **Catalogue national** : Fukkk Offf, Prodigy (rap US), dDamage, Lexicon, Tokyo Ska Paradise Orchestra, COM « Rexpérience » (vol. 1 à 3) • **Labels représentés ou intégrés** : Desire • **Distribué par** : Modulor

MON SLIP

✆ **09 60 13 01 47**
contact@monslip.fr • **www.facebook.com/labelmonslip**
83 rue de Reuilly • 75012 **PARIS**
Christian OLIVIER (Gérant) • Valerien PERREVE (Chargé de production)

Genre(s) musical(aux) : Tous • **Catalogue national** : La Demoiselle inconnue, Jean Corti, La Coteri • **Catalogue international** : Les Frères Guissé • **Distribué par** : Wagram (sous distrib. Tôt ou Tard)

MONOPSONE

contact@monopsone.com • **www.monopsone.com**
155 rue de la Mariette • 72000 **LE MANS**
Denis FRELAT (Président)

Genre(s) musical(aux) : Pop, électro, rock, post rock, chanson • **Catalogue national** : Laudanum, Novö, Erik Arnaud, Supercilious, Micro : Mega, Arch Woodmann, Darko, Pan Aurora, etc. • **Catalogue international** : The Fatales, Giardini di Miro, Velma, Alexander Perls, Below the Sea, Epic45, Schengen, Violens, Zaza, The Declining Winter • **Distribué par** : Differ-ant

MONSTERK7

monsterk7@gmail.com • **www.monsterk7.com**
8 rue Rodier • 75009 **PARIS**
Anne LE GAL

Genre(s) musical(aux) : Folk, electronica • **Catalogue national** : Kawaii, GNG, Carton Sonore, Nitneroc • **Catalogue international** : Michael Wookey • **Distribué par** : Autodistribution

MONTAUK

✆ **06 88 15 70 89**
bruno@montauk.fr • **www.montauk.fr**
4 rue de la Mairie • 41310 **SASNIERES**
Bruno BELLENOUE (Président)

Catalogue national : NestorIsBianca, The Sugar Plum Fairy Pr., Poney Club • **Distribué par** : Codaex, Differ-ant

MOONKEYS MUSIC

✆ **06 27 36 77 42**
martin@moonkeysmusic.com • **www.moonkeysmusic.com**
76 rue du Ruisseau • 75018 **PARIS**
Martin TOLOTON (Directeur) • Jules TERRIEN (Directeur du marketing) • Miske ALHAOUTHOU (Artists manager) • Marlène MONAT (Chargée de production)

Genre(s) musical(aux) : Variés (pop, folk, chanson, etc.) • **Catalogue national** : Namasté, The Sophia Lorenians, Fränk, Djazia Satour, Christine, AD • **Distribué par** : Musicast, Believe, Zimbalam

MORADISC

✆ **01 42 81 14 89**
jocelyn.moradel@aliceadsl.fr • **www.moradisc.com**
51 bd Rochechouard • 75009 **PARIS**
Eric MORADEL (PDG) • Jocelyn MORADEL (Gérant)

Genre(s) musical(aux) : Zouk • **Catalogue national** : Frédéric Caracas, Pascal Latour, Patrick Benoit, Fuzion, Zouc Party • **Distribué par** : Autodistribution

MURAILLES MUSIC

muraillesmusic@gmail.com • **www.muraillesmusic.com**
Julien COURQUIN (Label manager)

Genre(s) musical(aux) : Musiques actuelles, pop rock, folk • **Catalogue national** : Papier Tigre, The Patriotic Sunday, La Terre Tremble !!!, L'Ocelle Mare, Powerdove, Ramona Córdova • **Distribué par** : Differ-ant (Fr), Plop (Jap), Stiffslack (Jap), Wanba Records (Chine), Cargo (GB)

MURRAYFIELD MUSIC LTD

✆ **01 43 34 07 69 / 06 78 73 32 94**
info@murrayfield.com • **www.murrayfield.com**
6 rue Watteau • 92400 **COURBEVOIE**
Peter MURRAY (Directeur)

Genre(s) musical(aux) : Pop rock • **Catalogue national** : The Dodoz, Dolly, Silmarils, Nemi

MUSEA

✆ **03 87 76 70 49 / 03 87 36 46 84** • fax 03 87 36 64 73
manager@musearecords.com • **www.musearecords.com**
138 rue de Vallieres • 57070 **METZ**
Bernard GUEFFIER (Président)

Genre(s) musical(aux) : Rock progressif, hard rock, jazz fusion, électronique, folk, ethnique • **Catalogue national** : Yoch'ko Seffer, Faton Cahn, Laura Littardi, Atoll, Pulsar, Mona Lisa, Christian Décamps, Jean Pascal Boffo, Minimum Vital, Halloween, Zao, Sandrose, Versailles, Xaal, Arachnoid, Weidorje, Asia Minor, Shylock, XII Alfonso, Drama, Ange • **Catalogue international** : Now, Eris Pluvia, Galadriel, Neuschwanstein, Galaad, Anekdoten, Masque, Apocalypse, Ritual, Kaipa, Isopoda, Procol Harum, Rick Wakeman • **Catalogue DVD musicaux** : Ange, Mona Lisa, Vital Duo • **Labels en licence** : Musea Parallèle, Gazul, Brennus, Thundering, Angular, Ethnea, Dreaming, Great Winds, Rebel Music, Musiphyle • **Distribué par** : Musea, CD1D

MUSIC FEAR SATAN

✆ **01 56 92 29 60**
info@musicfearsatan.com • **musicfearsatan.com**
28 rue Rodier • 75009 **PARIS**

Genre(s) musical(aux) : Rock, indus, postrock, krautrock, drone, stoner, metal, etc. • **Catalogue national** : Aussitot Mort, Le Réveil des Tropiques • **Catalogue international** : Across Tundras, Alabaster, etc.

MUSIC PLUS PRODUCTION

✆ **05 56 85 60 30**
musicplus@free.fr • **www.musicplusfrance.com**
3 rue Louis Braille • 33140 **VILLENAVE D'ORNON**
Eric WENDEL (PDG)

Genre(s) musical(aux) : Électro, techno, house, trance, makina, bumping, poky, hardhouse • **Catalogue national** : Arriba DJ, Soma Riba, Dj Maki, Dj Snacky, Pakka, Sound Makers, DJ XL • **Catalogue international** : William K. Badsail, Nitrogen, DJP.andco, Ferry Krantz (Pakito), Law, William k, Alkatraz, Leinender, Ibizana, Prince Of House, Makina System, Vortex, Alkatraz, Paranga, Red Night, Atlantik, etc. • **Labels représentés ou intégrés** : Music Plus, Sound Makers Records • **Distribué par** : Autodistribution

MUSIC STAR LINE LTD

www.facebook.com/musicstarline
4 village du Château • 33320 **LE TAILLAN MEDOC**
Farid BAGARI

Genre(s) musical(aux) : Musique du monde, reggae, soul, hip hop • **Catalogue international** : Isiah Shaka, Lyricson

MUSIC UNIT

✆ **01 42 87 47 11**
contact@musicunit.fr • **www.musicunit.fr**
28 rue Kléber • 93100 **MONTREUIL**
Julien CHIROL (Associé) • Issam KRIMI (Codirecteur)

Genre(s) musical(aux) : Tous • **Catalogue national** : Kinski Elevator, Issam Krimi, Some Like It Odd, Wildmimi, Lou Marco, Le Sacre du Tympan, Niuver, Ensemble Nord-Sud, Cumbia Ya ! • **Distribué par** : L'Autre Distribution

MUSICA GUILD

✆ **02 47 93 12 08 / 06 76 52 86 47**
musicaguild@free.fr
10 rue Emile Hebert • 37500 **CHINON**
Christian GENTET (Directeur)

Genre(s) musical(aux) : Musique instrumentale, jazz • **Catalogue national** : L'Orchestre de Contrebasses, Pierrick Hardy, Christian Gentet, Francis Jauvain, Luiz Antonio, Ferdi Zipci, Emiko Minakuchi, Toupie Jazz Musette, Olivier Calmel, Romulo Marques • **Distribué par** : Abeille

MUSICALPES

✆ **06 81 92 29 21**
contact@musicalpes.com • **www.musicalpes.com**
La Bottière • En Brovant • 73340 **AILLON LE VIEUX**

Philippe LEFORT (Gérant)

Genre(s) musical(aux) : Ts • **Catalogue national** : Neil Dixon, Phil & Bee, BB Fricotin, Tempo Forte, Modigan's • **Catalogue international** : William Dunker • **Distribué par** : MVS-Anticraft

MUSIKELA

✆ **06 61 54 81 36**
musikela@gmail.com
11 rue de Prague • 75012 **PARIS**

Claire BATAILLE (Gérante) • Solo RAZAFINDRAKOTO (Directeur artistique)

Genre(s) musical(aux) : Chansons francophones, musiques du monde • **Catalogue national** : Graeme Allwright • **Catalogue international** : Solo Razafindrakoto, Erick Manana • **Catalogue DVD musicaux** : Solorazaf « Rendez-Vous à Melting Pot » • **Distribué par** : Universal

MUSIQUE LARGE

bertrand@musiquelarge.com • **www.musiquelarge.com**
14 rue de la Providence • 75013 **PARIS**

Anthony THIERCELIN (Gérant)

Catalogue national : Fulgeance, Souleance, Débruit, Ghislain Poirier, Baron Retif & Concepcion Perez • **Distribué par** : Autodistribution

MUSIVI

✆ **09 52 09 21 47**
fcotinaud@free.fr • **www.jazzbank.com**
Jazz Bank Association • 31 rue Carnot • 93130 **NOISY LE SEC**

François COTINAUD (Directeur artistique) • Sylvie COHEN (Régisseur)

Genre(s) musical(aux) : Jazz contemporain, musiques improvisées, musiques du monde, poésie sonore, soundpainting • **Catalogue national** : François Cotinaud (« Loco solo », « Princesse », « Pyramides ») Carole Hémard (« La voix à 360° »), Sylvie Cohen « (Yo m'enamori »), Luc Rebelles et Marc Stutz-Boukouya (« J'ozz / suite carnavalesque »), Ramon Lopez/François Cotinaud (« Opéra »), Geoffroy de Masure et Bo van der Verf (« Tribu »), Tierra del Fuego (« Calcuttango »), Brechet/Denizet/Ponthieux, Ensemble Text'up/F. Cotinaud/Pierre Charpy (« Rimbaud et son Double » : 2 CD+ DVD) • **Catalogue international** : « François Cotinaud fait son Raymond Queneau » • **Catalogue DVD musicaux** : « Rimbaud et son double », CD/DVD Klangfarben « Monologue de Schönberg » • **Distribué par** : Les Allumés du Jazz, CVS, CD Mail, Orchestra International, GAM Mail et via le site

MUST RECORD - VALEANE EDITIONS

✆ **06 68 49 66 62 / 06 67 57 02 97 / 01 43 36 64 94**
mustrecord@yahoo.fr • **www.mustrecord.com**
19 rue des Gobelins • 75013 **PARIS**

Stéfan PATRY (Directeur artistique) • Jean-Francois DIVAY (Gérant)

Genre(s) musical(aux) : Label spécialisé ORG Hammond jazz et tous styles • **Catalogue national** : Rhoda Scott, Stefan Patry, Oscar Marchioni, Thierry Eliez, Emmanuel Bex, Benoît Sourisse, Julian Getreau, Organ Crumble • **Catalogue DVD musicaux** : DVD « Organ Masters » au Duc des Lombards avec Rhoda Scott, Benoît Sourisse, Emmanuel Bex, Stefan Patry et Thierry Eliez, « Rhoda Scott Anthology », Rhoda Scott Lady Quartet « Live at the Sunset » • **Distribué par** : Socadisc, Absilone, Universal

MUZIKOM

✆ **06 23 15 43 67 / 05 81 43 00 34**
muzikom@muzikom.org • **www.muzikom.org**
Le Château • 81220 **SERVIES**

Jean-Claude CLERC (Président)

Genre(s) musical(aux) : Musiques actuelles • **Catalogue national** : Iris Corporation, Diogen, Kerria Noir, Iphaze, Nolentia, Montréal on Fire, RMS Riddim, Marianne Colombier • **Catalogue international** : Iphaze • **Catalogue DVD musicaux** : Iphaze « Wink Pulse » • **Distribué par** : CD1D, CVS, CD Mail, Gam Annecy

MVS RECORDS

✆ **01 40 09 00 75** • fax 01 43 56 62 95
pboyer@mvs.fr • **www.mvsrecords.com**
15 rue des Immeubles Industriels • 75011 **PARIS**

José LÉVICES (PDG) • Philippe RODI (Responsable de la coordination des projets et du marketing) • Patrick BOYER (Directeur du pôle musique) • Fabrice BERTIN (Directeur distribution)

Genre(s) musical(aux) : Tous • **Catalogue national** : Merlot, Kana, Amélie, Les Trois Accords, Motrices Session, Paul Collins, Le Nombre, The Bishops, Lily Frost, Minimum Serious, Daisybox, Prototypes, RNB, Darin, Apple Jelly, Go Go Charlton, COM Girl Power • **Labels représentés ou intégrés** : Boxson, Bassofone !, Lofty • **Distribué par** : MVS-Anticraft, Believe

MY MAJOR COMPANY

✆ **01 40 13 16 10** • fax 01 40 26 37 51
contact@mymajorcompany.com • **www.mymajorcompany.com**
20 rue du Sentier • 75002 **PARIS**

Michael GOLDMAN (Président) • Sévan BARSIKIAN (Directeur Label) • Anthony MARCIANO (Directeur de la production) • Laurent BONNET (Directeur du marketing) • Stéphane BITTOUM (Directeur du développement) • Angélique COUVIDOU (Promotion Presse) • Bertrand KALETA (Promotion web, PQR, radio/TV)

Genre(s) musical(aux) : Musiques actuelles • **Catalogue national** : Grégoire, Agonie, Joyce Jonathan, Irma, Mani, Licia Chery, Lola, Thierry De Cara, Eyejack, Thomas Pradeau, Margaux Simone, Fabien Duclerc, Maxime, Siobhan Wilson, Meltones, Thony Ritz, Julien Comblat, Hanna, Marie Amélie, Golf, Greg Laffargue, David Parienti, Christophe Cirillo, Nathalie Beaton, Mayor, Emily Lady, Joy Wild, Juno, Dumè, Hushh, Zero, etc. • **Distribué par** : Warner

NACARAT PROD

✆ **06 12 06 49 36**
rohee.charles@orange.fr
35 av. Raymond Poincaré • 94320 **THIAIS**

Charles ROHÉE (Directeur)

Genre(s) musical(aux) : Pop, rock, variété, dance • **Catalogue national** : Beia, Samuel • **Catalogue international** : Waiting Call, Edouard Maya, Haddaway, Milow, Justin Nozuka • **Distribué par** : Warner, Pias, Universal

NAÏVE

✆ **01 56 02 20 00** • fax 01 56 02 20 20
naive@naive.fr • **www.naive.fr**
9 rue Victor Massé • 75009 **PARIS**

Patrick ZELNIK (PDG) • Béatrice LAUNAY (Assistante de Patrick Zelnik) • Béatrice COSTERMANS (Vice-présidente) • Benjamin DELOBELLE (Assistant de Béatrice Costermans) • Jérémy ZELNIK (Directeur général adjoint) • Thierry BROYART (Directeur commercial) • Didier MARTIN (Directeur du département classique) • Marie DA SILVA (Responsable de la promotion département pop) • Florian ABESSIRA (Responsable de l'international) • Philippe GONDOUIN (Responsable Projets spéciaux - DVD) • Marc ANSEL (Responsable logistique) • Nicolas JOUANNEAU (Responsable Artistes) • Patrick SCHUSTER (Responsable Artistes Jazz) • Marion GAUDART (Responsable marketing France département pop) • Blandine BAUFUMÉ (Responsable Naïve Jeunesse) • Françoise CRUZ (Directrice des éditions Naïve livre) • Johann ASSOULINE (Responsable digital) • Corinne STENNELER (Promotion Presse nationale) • Florian LEROY (Promotion Télé)

Genre(s) musical(aux) : Tous styles • **Catalogue national** : Mina Agossi, Béatrice Ardisson, Arthur H, ASA, Astonvilla, Axelle Red, Baden Baden, Balbino, Jeanne Balibar, Emmanuel Bex, Benjamin Biolay, Faton Cahen, Bertrand Chamayou, Data, Claire Diterzi, Pascal Dusapin, Andy Emler, Laurence Equilbey, Enzo Enzo, Glenn Ferris, Girls in Hawaï, Minino Garay, Anne Gastinel, Tony Gatlif, Hadouk Trio, Laurent Korcia, Lise de la Salle, Julien Lourau, Vincent Malone, Mouzanar, Para One, Pierre Perret, Sandrine Piau, Christina Pluhar, Manuel Rocheman, Titi Robin, Jean Christophe Spinosi, Alex Tassel, Baptiste Trotignon, Jean François Zygel, Zut, Rachid Taha, Arno, etc. • **Catalogue international** : Katie Melua, Biyouna, Till Brunner, Angélique Ionatos, Elysian Fields, Kina Granni, David Grumel, Guillemots, Seu Jorge, Jude, Marianne Faithfull, Cindy Laupeur, M 83, Meshell Ndegeocello, Raul Paz, Pink Martini, Rinaldo Alessandrini, Palya Beata, Mercan Dede, Metric, Nervous Cabaret, Fazil Say, Tanita Tikaram, We Have Band, Yeasayer, Jill is Lucky, etc. • **Catalogue DVD musicaux** : Eagle Vision • **Labels représentés ou intégrés** : Naïve, Astrée, Montaigne, Andante, Opus 111, Ambroisie, Jordi Savall, Beggars • **Distribué par** : Naïve

NECH EDITIONS

✆ **06 14 60 72 60 / 02 35 10 05 42**
papaz@nech.fr • **www.nech.fr**
1061 ch. du Petit Bosc • 76450 **OURVILLE EN CAUX**

Patrick PAPAZIAN (Manager artistique) • Corwin (Contact)

Genre(s) musical(aux) : Rock alternatif, traditionnel • **Catalogue national** : Deleyaman, OCDA, Djivani, Khachadour Avetissian • **Catalogue international** : Hakhverdian Rouben, Grigorian Mannik, Hovhannissian Lucineh • **Labels en licence** : T.T.O. Records • **Labels représentés ou intégrés** : Nech, Garni (USA) • **Distribué par** : Autodistribution

NEO SONNIX PRODUCTION

✆ **02 47 25 22 05** • fax 02 47 96 37 05
neosonnixproduction@redight.fr • **www.neosonnix-production.fr**
29 rue du Comte de Mons • 37300 **JOUE LES TOURS**

Sylvain BIGOT (Producteur / Compositeur)

Genre(s) musical(aux) : Musiques électroniques • **Catalogue national** : Twilight Motion, Kriggah, Haxis • **Distribué par** : CD1D

NEÔMME

✆ **04 78 39 29 66**
prod@neomme.com • **www.neomme.com**
92 rue de la République • 69270 **COUZON AU MONT D'OR**

Bruno CARIOU (Directeur)

Genre(s) musical(aux) : Chanson, folk, pop • **Catalogue national** : Amélie Les Crayons, Bruz, Maloh, Poncet, Olivier Longre • **Catalogue DVD musicaux** : Amélie Les Crayons « Le Tour de la Question » (2005), « A L'Ouest je te plumerai la tête » (2009) • **Distribué par** : L'Autre Distribution

NESS MUSIC

✆ **01 42 45 10 30** • fax 09 70 06 21 95
contact@ness-music.com • **www.ness-music.com**
35 rue Petit • 75019 **PARIS**
Nessim SAROUSSI (Directeur)
Genre(s) musical(aux) : Musiques du monde • **Catalogue national** : Ben Zimet, Dany Delmin, Sem Hazar, Talila, Rany Zer, Les Chevatim, Meredith, Youval Taieb, Pirhei Yeroushalaim, Nessim Saroussi, Noa, Sarit Haddad • **Catalogue international** : Rita, Ofra Haza, Hayim Moshé, Dana International, Eyal Golan, Lior Narkis, Farit Haddad, Zehava Ben, Shlomi Shabbat, David Deor • **Catalogue DVD musicaux** : Farit Haddad, Zehava Ben, Shlomi Shabbat, Hayim Moshé, etc. • **Distribué par** : Ness Music

NEURONEXION

✆ **09 52 72 14 65**
nrx@neuronexion.fr • **www.neuronexion.fr**
29 rue Roger Chauviré • 49100 **ANGERS**
Sébastien BICHASCLE (Directeur) • Marie IMBERDIS (Chargée de production)
Genre(s) musical(aux) : Musiques électroniques, chanson, rock, hip hop • **Catalogue national** : Handjoyz, Steno.P, Ubikar, Ana • **Catalogue international** : Meïan • **Distribué par** : Believe, CD1D

NEW TIME SONGS

✆ **06 68 39 84 12 / 09 50 55 07 09**
newtimestudio@gmail.com • **www.newtimesongs.fr**
13 bis rue Eugène Varlin • 75010 **PARIS**
AKÉRAHIM (Producteur / compositeur) • Chris DHX (Agent artistique)
Genre(s) musical(aux) : Hip hop, soul, RnB, pop, électro, afro, musiques urbaines, actuelles • **Catalogue national** : Lala Joy, Yodé & Siro

NEW TRACK MUSIC

✆ **04 67 60 00 33 / 06 63 33 20 09**
contact@newtrackmusic.com • **www.newtrackprod.com**
3 rue Beau Séjour • 34000 **MONTPELLIER**
Stéphane RICCHIERO (Gérant)
Genre(s) musical(aux) : Tous, sauf jazz et musiques traditionnelles • **Catalogue national** : Kaophonic Tribu, Sidilarsen, Dimone, Monkey B, Le Cercle, Punish Yourself • **Distribué par** : Musicast, Pias

NEXOUND RECORDS

✆ **01 48 76 48 80**
info@nexound.fr • **www.nexound.fr**
91 rue du Fbg St-Honoré • 75008 **PARIS**
Cyrille MARTIN (Gérant / Label manager) • Camille VOURZAY (Directrice artistique) • Martin BALMAUD (Responsable technique)
Genre(s) musical(aux) : Pop-rock, électro, alternatif • **Catalogue national** : Nicolas Terrot, Manu Miroir, COM « Série Noire », « Rock en stock », « Bebird Café », « Musicpub », « Cinématique », Yan V, Electric Discharge Machine, Junkers No Junkes, The Void • **Catalogue international** : Cassidy • **Distribué par** : Believe

NJOY RECORDS

✆ **06 07 21 33 33**
contact@njoy-records.com • **www.njoy-records.com**
20a rue de Bantzenheim • 68390 **BALDERSHEIM**
Patrick DI VITO (Gérant)
Genre(s) musical(aux) : Dancefloor • **Catalogue national** : Alan Pride, The Nycer, Craig Smart, Alex Dario, Boris Way, Chazz & Bob, Clubshot, Hushmoney, Jebb Stefano, Julien Scalzo, Nasty & Clarks, Niko Larsons, Tibo Nevil • **Labels en licence** : Ultra Records, Nu Age, Ikra, Blanco Y Negro, Dance Paradise, News, Svietco • **Distribué par** : Believe

NØ FORMAT !

✆ **09 50 20 43 72** • fax 01 43 48 00 40
lbizot@noformat.net • **www.noformat.net**
8 bd Menilmontant • 75020 **PARIS**
Laurent BIZOT (Gérant)
Genre(s) musical(aux) : Eclectique • **Catalogue national** : Toto Bona Lokua, Nicolas Repac, Julia Sarr & Patrice Larose, Le Dogme des VI Jours, Gonzales, Misja Fitzgerald Michel, Mamani Keita, Rocé, Faya Dub, Meliisa Laveaux, Kouyaté/Neerman, Ballaké Sissoko, Vincent Segal, Chocolate Genius Inc • **Catalogue DVD musicaux** : Gonzales, Instant Project • **Distribué par** : Universal jazz, CD1D

NO FRIDGE

✆ **06 22 85 85 48**
contact@nofridge.com • **www.nofridge.com**
2 passage Kracher • 75018 **PARIS**
Dj CLICK (Directeur artistique)
Genre(s) musical(aux) : Musiques du monde, musiques électroniques • **Catalogue national** : UHT°, DjClick, Gnawa Njoum Exp, Tziganiada, Click Here • **Distribué par** : L'Autre Distribution

NO LIMIT RECORD

✆ **06 75 01 78 41**
caproots@hotmail.fr • **www.facebook.com/cap.roots**
32 allée Pierre Broussonet • 44600 **ST NAZAIRE**
Roger GIANNINI (Directeur / producteur)
Genre(s) musical(aux) : Dub, reggae, stepper, jazz • **Catalogue national** : Cap Roots, Rodger Sound System, The Blackstarliners • **Distribué par** : Autodistribution

NOA MUSIC

contact@noamusic.fr • **www.noamusic.fr**
Domaine du Vaudichon • 76680 **ST SAENS**
Genre(s) musical(aux) : Pop, rock, jazz • **Catalogue national** : Audrey Lavergne, S6X, Francis Lalanne, Jean-Michel Charbonnel, Brasero, Jean-Claude Leguem, Cécile Charbonnel, Christophe Hérault • **Catalogue international** : Audrey Lavergne, Lone Kent, Loud Cloud • **Distribué par** : Heben Music, Warner

NOMADES KULTUR

✆ **04 42 03 72 75** • fax 04 42 03 72 82
cendyroe@nomadeskultur.com • **www.nomadeskultur.com**
La Ferme de Napollon • 280 av. des Templiers
13676 **AUBAGNE CEDEX**
Cendryne ROE (Label manager)
Genre(s) musical(aux) : Musiques du monde, flamenco • **Catalogue national** : Juan Carmona • **Catalogue DVD musicaux** : Juan Carmona • **Distribué par** : Harmonia Mundi, Wald Village

NORMANDEEP BLUES RECORDS

✆ **06 75 73 78 38** • fax 01 79 73 91 67
normandeepblues@gmail.com
normandeepbluesrecords.blogspot.com
5 rue de la Gare • 92300 **LEVALLOIS PERRET**
Nicolas MILIANI (Gérant) • Louise VINCENT (Directrice artistique / Graphiste)
Genre(s) musical(aux) : Deep blues, alt country, folk, musiques roots et traditionelles • **Catalogue international** : Paul James • **Labels en licence** : Hillgrass Bluebilly Records • **Distribué par** : Nayati Dreams

NOTE A BENE

✆ **01 42 29 48 01**
francois@losproduction.com
11 rue Boinod • 75018 **PARIS**
François PINARD (Gérant)
Genre(s) musical(aux) : Chanson, world, électro, metal • **Catalogue national** : Aldebert, Patrick Saint Eloi, Kerplunk, Hooverphonic • **Catalogue international** : Dreadzone, Jérémie Kisling, Slovo, Jocelyne Labylle • **Catalogue DVD musicaux** : Aldebert, Kassav, « Grand Méchant Zouk » • **Distribué par** : Warner

NOTHING BUT SOUL RECORDZ

✆ **06 13 48 23 71**
nothingbutsoul@online.fr • **nothingbutsoul.online.fr**
7 imp. des Œillets • 78990 **ELANCOURT**
Olivier GUILLOTIN (Label manager)
Genre(s) musical(aux) : Hip hop, soul, scratch, électro musique • **Catalogue national** : Crazy-B, Dee Nasty, Cut Killer, Nasser, Momo, Abdel, Poska, Dj Damage, LBR, Kohndo, Mouss, Get Down, Freon, Shone, Magicut, Dj Eanov, Solo, Oncle-O, Mexicos (BMX), Vagabons Crew (Breakeurs), Dj PFEL « C2C », Dj Gero, Seb « La Goutte » (beat box), Diess. & 2 Say, hertz trouble Dj Netik • **Catalogue international** : Qbert, Noïse, Tiger Style, Rafik, le-Merg, COM « Back To The Beat » • **Catalogue DVD musicaux** : Live from NY-USA • **Labels en licence** : B&K Production (hiphopgame.com), Pure • **Labels représentés ou intégrés** : Tous des Moutons Editions, Aerosoul Recording, Beat Juices, Strictly Breaks, Beat Prodigy • **Distribué par** : Tous les distributeurs

NOVA EXPRESS

✆ **03 85 87 11 89** • fax 03 85 87 02 90
kaisernova@aol.com • **www.novaexpressrecords.com**
Demeure du Levant • 21 ch. des Carrières • 71150 **CHAGNY**
Jean-Luc TACCARD (Directeur) • Lucas TROUBLE (Producteur)
Genre(s) musical(aux) : Punk, garage, noisy, pop, psyché, indus • **Catalogue national** : Cowboys From Outer Space, The Gitanes, Vibromaniacs, The Mediums, The Needs, Dionysos, The Mystic Ryders from Spectral South, Ich Bin Dead, Tony Truand • **Catalogue international** : Simon Chainsow • **Distribué par** : Socadisc, autodistribution

NOWADAYS RECORDS

contact@nowadaysrecords.com • **www.nowadaysrecords.com**
7 rue Geoffroy Marie • 75009 **PARIS**
Vincent LEIBOVITZ (Gérant / Directeur artistique) • Ugo DE ANGELIS (Directeur artistique / Promo)
Genre(s) musical(aux) : Electronique, hip hop, alternative • **Catalogue national** : La Fine Equipe, CLST, Hooksy, CM Jones • **Catalogue international** : Mattic (Fantastic Planet) • **Distribué par** : Musicast, Believe, Cézame FLE

NRJ MUSIC

✆ **01 40 71 40 00 / 01 40 71 39 49** • fax 01 40 71 41 36
fkost@nrj.fr • **www.nrj.fr**
22 rue Boileau • 75203 **PARIS CEDEX 16**

Fabrice KOST (Directeur label et édition) • Yves TAIEB (Directeur des antennes nationales du groupe) • Florence LINCK (Responsable artistique) • Sandra DUMONT (Chef de projet NRJ Music) • Marta SPATAFORA (Chef de projet NRJ Music & NRJ Publishing)

OBLIQSOUND PRODUCTIONS

✆ **01 48 24 77 49**
www.obliqsound.com
31 bd Bourdon • 75004 **PARIS**

Michele LOCATELLI (Fondateur / Directeur artistique)

Genre(s) musical(aux) : Jazz, world, indie pop, folk • **Catalogue national** : DAD • **Catalogue international** : Gretchen Parlato, Gilfema, Lionel Loueke, Olivier Manchon, Alon Yavnai, John Shannon, Sasha Dobson, etc. • **Labels représentés ou intégrés** : Creek Valley • **Distribué par** : Naïve, Harmonia Mundi

OCCITANIA PRODUCCIONS

✆ **06 60 75 43 10**
auraproductions@free.fr • **www.madeinoccitania.com**
Occitania Produccions • 199 rue Hélène Boucher
34170 **CASTELNAU LE LEZ**

Patrick MARTIN (Directeur)

Genre(s) musical(aux) : World music, musiques et poésies d'Occitanie • **Catalogue national** : Patric, Polyphonies Occitanes, Trésors d'Occitanie, Mans de Breish, Banda Sagana, Philippe Vialard, Michel Réhane, Flamen'oc, Corne d'Aur'oc, Un Autre Bal, Musiques Napolitaines • **Catalogue DVD musicaux** : Patric

OCORA RADIO FRANCE

✆ **01 56 40 38 04** • fax 01 56 40 49 49
www.radiofrance.fr
Maison de Radio-France - Pièce 10357 • 116 av. du Pdt Kennedy
75220 **PARIS CEDEX 16**

Serge NOEL-RANAIVO (Coordinateur) • Bruno LETORT (Secrétaire général)

Genre(s) musical(aux) : Musiques traditionnelles populaires et savantes du monde • **Distribué par** : Harmonia Mundi

ODETTE

✆ **06 07 29 41 80**
odette33@wanadoo.fr • **odette33.blogspot.com**
102 rue Camille Flammarion • 33100 **BORDEAUX**

Thierry HOSTEINS (Directeur)

Genre(s) musical(aux) : Rock • **Catalogue national** : Supermika, Microfilmures, Kim, Snut, Alkatraaz, Pull, Maria Blonde, Jon Smith, Deborah, People On Holiday, Aeroflot, Call Gate, No Non Nein, Les Suivants • **Distribué par** : Orkhestra, Believe

OLIVI MUSIC

✆ **01 45 67 30 66** • fax 01 43 06 30 26
olivi@olivi.com • **www.olivi.com**
21 rue de Pondichery • 75015 **PARIS**

Jean-Philippe OLIVI (Gérant)

Genre(s) musical(aux) : Musiques traditionnelles, chanson • **Catalogue national** : Petru Guelfucci, Voce di Corsica, A Filetta, Félix Leclerc • **Distribué par** : Sony, Socadisc

ON AND ON RECORDS

✆ **09 51 01 10 15**
info@onandon-records.com • **www.onandon-records.com**
Parc Technologique de la Croix St-Marc • 1 rue Maryse Bastié • 93600
AULNAY SOUS BOIS

Yann NEDELEC (Label manager) • Sylvain RICHARD (Directeur artistique)

Genre(s) musical(aux) : Hip hop, turntablism, break beat, musiques électroniques • **Catalogue national** : Hocus Pocus, C2C, 20Syl, Beat Torrent, Le Deunff • **Distribué par** : Universal, Musicast, P Vine (Jap), Idol, Believe

ON TIME RECORDZ

✆ **03 83 31 14 30**
contact@ontimerecordz.com • **www.ontimerecordz.com**
23 rue Claudot • 54000 **NANCY**

Nicolas CHAREYRE (Responsable)

Genre(s) musical(aux) : Hip hop • **Catalogue national** : C-Vice Musik, Dutch Boogie, Fratello Beatz, Koffy, Ricky B, Wadja, Deal-M, Slave • **Distribué par** : Believe

ONE 2 FREE

✆ **06 60 90 98 04**
booking@one2free.fr • **www.one2free.fr**
Pavillon 8 • 63 av. des Etats-Unis • 63300 **THIERS**

Abdel TEBBOUB (Label manager)

Genre(s) musical(aux) : Musiques du monde, reggae, rock métissé • **Catalogue national** : Afrorok • **Catalogue international** : Jimi Oihid, Dolais Kib • **Distribué par** : Believe, Musicast

ONZE HEURES ONZE

✆ **06 12 17 41 40**
alexandre.herer@hotmail.fr • **www.onzeheuresonze.com**
101 rue de Paris • 77220 **TOURNAN EN BRIE**

Alexandre HERER (Musicien) • Mara-José GALINDO (Contact presse)

Genre(s) musical(aux) : Jazz • **Catalogue national** : Guilhem Flouzat Sextet (feat Ben Wendel, Laurent Coq, Tigran Hamasyan, Antonin Hoang), Alexandre Herer Trio, Khoom, Olivier Laisney Slugged Quintet • **Distribué par** : MVS distribution

OPERA MUSIC

✆ **01 53 09 20 13**
lelabel@opera-music.fr • **www.opera-music.fr**
56 rue Ordener • 75018 **PARIS**

Stéphane DOUZILLY (Label manager)

Genre(s) musical(aux) : Chanson, rock, soul • **Catalogue national** : Volo, Ollie Joe, Joyeux Urbains, David Lafore, Soulya • **Labels représentés ou intégrés** : Not In French Records • **Distribué par** : L'Autre Distribution, Believe

OPPOSITE PROD

✆ **06 18 58 59 40**
43 rue des Charretiers • 45000 **ORLEANS**

Pierre MESTRINARO (Contact)

Genre(s) musical(aux) : Punk rock, hardcore, etc. • **Catalogue national** : Burning Heads, Gravity Slaves, Trouble Every Day, Ravi, Baxters, Brokken Roses • **Distribué par** : Pias, autodistribution

OPTICAL SOUND

opticalsound@zone51.com • **www.optical-sound.com**
105 rue des Volubilis • 83190 **OLLIOULES**

Pierre BELOUIN (Responsable)

Genre(s) musical(aux) : Electronique, expérimental, cold wave, field recording, industriel, concrete • **Catalogue national** : I Apologize, Eddie Ladoire, Cercueil, Clair Obscur, Tsé, Postgods, Palo Alto, Hervé Birolini, Lionel Marchetti, Saâdane Afif, Michèle Bokanowski, The Grief, The Garçon, Jérôme Poret, EHB, Légion Cérébrale, Blue Baboon, Mathias Delplanque, Sébastien Roux, 2kilos & more, Wild Shores, El tiger Comics Group, That Summer, Pierre Belouin, Rainier Lericolais, Cocoon, Tape, Heller, Bidibop, That Summer, Norscq, etc. • **Catalogue international** : Simon Fisher Turner, Jim Thirlwell, Robin Guthrie, .tape., Olivia Louvel, Christophe Bailleau • **Catalogue DVD musicaux** : V/a : Rvb Transfert, Cécile Babiole « Crumple Zone », Servovalve, Skoltz Kolgen • **Labels représentés ou intégrés** : Optical Sound and Aspic Records, Optical Sound • **Distribué par** : Byself

ORGANIC

✆ **04 76 55 60 79** • fax 09 59 40 42 99
organic.land@free.fr • **www.conapt-sounds.com**
54 ch. des Vieilles Bruyères • 38490 **CHIMILIN**

Didier GIBELIN (Directeur)

Genre(s) musical(aux) : Musiques expérimentales, nouvelles, improvisées, industrielles, naïves, etc. • **Catalogue national** : Palo Alto, Klimperei, Deleted, Falter Bramnk • **Catalogue international** : Trespassers W, Sumbur, Mana Erg • **Labels en licence** : BDA, Glyptique • **Distribué par** : Conapt-Sounds, Alapage.com, YTT, Margen, etc.

ORIGINS

✆ **09 72 38 47 76 / 01 53 25 00 64**
mail@origins.fr • **www.origins.fr**
c/o Mila • 2 rue André Messager • 75018 **PARIS**

Jean-Patrick TEYSSAIRE • Mayline GAUTIÉ

Genre(s) musical(aux) : Musiques de bien-être, de nature et de rêves • **Distribué par** : Nature et Découvertes

ORIT PRODUCTIONS

✆ **09 81 64 47 43**
contact@oritproductions.com • **www.oritproductions.com**
30 bd Alphonse Moutte • 13013 **MARSEILLE**

François PELISSOU (Gérant)

Genre(s) musical(aux) : Musiques actuelles, variétés françaises et internationales • **Catalogue national** : Caroline Peysson, Tchook, Toowee, Marco Paolo, Tessa Scheli • **Distribué par** : Believe

OSMOSE PRODUCTIONS SARL

✆ **03 21 81 03 74** • fax 03 21 81 16 51
osmose@osmoseproductions.com • **www.osmoseproductions.com**
BP 57 • 62990 **BEAURAINVILLE**

Myriam LOZINGE (Directrice) • Hervé HERBAULT (Label manager)

Genre(s) musical(aux) : Death metal, black metal, heavy, grind • **Catalogue national** : Seth, Reverence, Inkisitor, Sektemtum • **Catalogue international** : Impaled Nazarene, Enslaved, Immortal, Exciter, Angel Corps, Revenge, Impiety, Inhume, Detonation, Shining, Lifelover, Khors, IXXI, Mournful Congregation, Vomitchapel, Dioclétien, Darkestrah, Hour of Penance, Frostmoon Eclipse, Elysian Blaze, Witchrist, Coffins • **Distribué par** : Socadisc, Believe

OSORNO RECORDS

✆ **01 77 18 89 07 / 06 20 59 30 20**
thomas@osornorecords.fr • **www.osornorecords.fr**
77 rue du Théâtre • 75015 **PARIS**
Thomas SANDOVAL (Label manager)
Genre(s) musical(aux) : Électronique, rock, chanson pop • **Catalogue national** : Silvouplay, ClockN'Works, Deschannel • **Distribué par** : Autodistribution physique, Believe

OSYLVER PRODUCTION

✆ **06 76 34 81 45**
osylverproduction@yahoo.fr • **www.osylver.com**
9 bd Biron • 93400 **ST OUEN**
Octave NZONZI (Label manager)
Genre(s) musical(aux) : Rap, R&B, zouk, wolrd music, dancehall • **Catalogue national** : Julia D, Dominique Louya, Sherty, O.B.M, Dj osytech, Noy Wayden, Loriann, Burning Saw • **Distribué par** : Autodistribution

La OUACHE PRODUCTION

✆ **01 43 59 01 45**
julien@laouache-prod.com • **www.laouache-prod.com**
4 rue Emile Blémont • Hall 14 • 75018 **PARIS**
Julien BANES (Gérant)
Genre(s) musical(aux) : Rock, hip hop, punk, chanson • **Catalogue national** : Matmatah, Dr. Vince, Marco, Svinkels, The Craftmen Club • **Distribué par** : Idol, L'Autre Distribution

OUJASAV ARTISTIQUES PRODUCTIONS

✆ **06 50 99 70 45 / 06 80 23 70 29**
contact@oujasavproductions.com • **oujasavproductions.com**
5 rue de la Rotlach • 67850 **HERRLISHEIM**
Michel LATOUR (Directeur Label / Label Manager) • Frédéric GARNIER (Manager)
Genre(s) musical(aux) : World (Caraïbes, Brésil, Afrique) • **Catalogue national** : Djokla, Lucia de Carvalho, Sum Voice, Nota de Choro • **Distribué par** : Com D pro

OUTHERE MUSIC FRANCE

✆ **01 43 45 11 20**
pascal@outhere-music.com • **www.outhere-music.com**
6 rue du fbg Montmartre • 75009 **PARIS**
Charles ADRIAENSEN (Président) • Pascal DUMAY (Directeur général) • Stéphanie FLAMENT-GOARANT (Chargée de communication / Attachée de presse)
Genre(s) musical(aux) : Musique ancienne & baroque, classique, contemporaine, jazz, world music • **Labels en licence** : Arcana • **Labels représentés ou intégrés** : Aeon, Alpha, Fuga Libera, Ricercar, Ramée, Outnote Records, Zig-Zag Territoires, Phi • **Distribué par** : Harmonia Mundi

OUTNOTE RECORDS

✆ **01 43 45 11 20**
outnoterecords@outhere-music.com
www.outhere-music.com/outnote
c/o Outhere S.A. • 16 rue du Fbg Montmartre • 75009 **PARIS**
Charles ADRIAENSEN (Président) • Pascal DUMAY (Directeur général) • Stéphanie FLAMENT-GOARANT (Chargée de communication / Attachée de presse)
Genre(s) musical(aux) : Jazz • **Catalogue national** : Jean-Paul Celea, Stéphane Galland, Stéphane Kerecki, Jean-Pierre Mas, Leila Martial, Joachim Kühn, Eric Watson, Ronnie Lynn Patterson, Kenny Werner, Quest, After in Paris, Dave Liebman, Richie Beirach, Lifescape • **Distribué par** : Harmonia Mundi

OUTRO BRASIL

✆ **09 51 32 82 07 / 06 16 35 78 50**
agency@outrobrasil.com • **www.outrobrasil.com**
3 pl. Robert Desnos • 75010 **PARIS**
Marc RÉGNIER (Directeur artistique) • Soraya CAMILO (Promotion)
Booking et Records • **Genre(s) musical(aux)** : Musiques du Brésil, du monde • **Catalogue international** : Silverio Pessoa, Eddie, Funk'n Lata, Dulsori, Renato Borghetti, Jean Didier Hoareau, Marcos Suzano • **Labels en licence** : Outro Brasil • **Distribué par** : L'Autre Distribution

OUVEZE MUSIC

✆ **01 48 99 60 13 / 06 78 90 89 06 / 06 42 46 82 50**
fax 01 48 99 60 13
ste-ouveze-music@orange.fr
13 rue Antoine Lavoisier • 94000 **CRETEIL**
Jean-Patrick BLADET (PDG) • Valérie GUILLOU (Directrice de la promotion) • Jacqueline POUVREAU (Attachée de presse) • Jean-Pierre ALBERTI (Directeur commercial)
Genre(s) musical(aux) : Variété, jazz, rock • **Catalogue national** : Linda Alberti, Florence Axel, Jacqueline Delorme, Ghislaine Joly, Laurence Kebler, Véronique Loriat, Sylvie Sechaud, Daniel Collange, Patrick Deschamp, Raymond Durieux, Jacques le Guevel, Robert Monnot • **Distribué par** : Ouveze Music

OVERDUB INTERACTIVE

✆ **06 10 05 25 66**
pierre@overdubinteractive.com • **www.overdubinteractive.com**
12 rue Caulaincourt • 75018 **PARIS**
Benjamin MORIN (Gérant) • Pierre QUIQUERÉ (Directeur artistique)
Genre(s) musical(aux) : Reggae, dub, hip hop, électro, jazz, etc. • **Catalogue national** : Piratedub, Ras Daniel Ray, Dgiz • **Distribué par** : Dreadlyon

OVERSEASROCK

✆ **06 62 12 44 60** • fax 01 55 46 04 73
richard.cabaret@overseasrock.com • **www.overseasrock.com**
37 rue Thomas Lemaitre • 92000 **NANTERRE**
Richard CABARET (Label manager)
Genre(s) musical(aux) : Folk, metal, rock, pop, chanson • **Catalogue national** : Little, Hanna, Trëma • **Catalogue international** : UVR • **Distribué par** : Believe, Universal

OYAS RECORDS

✆ fax 01 40 40 19 19
contact@oyasrecords.com • **www.oyasrecords.com**
32 bd Exelmans • 75016 **PARIS**
Nicolas OYAS MALINUR (Président)
Genre(s) musical(aux) : Hip hop, soul, pop rock, caribbean music, world • **Catalogue national** : Lira Gandj, The Jumo, Mello Mello • **Distribué par** : Oyas Records, Believe, Wagram, Universal

L'OZ PRODUCTION

✆ **02 98 06 50 55** • fax 02 98 06 99 22
info@loz-production.com • **www.loz-production.com**
1 route des Chaumières • 29340 **RIEC SUR BELON**
Gilles LOZAC'HMEUR (Gérant)
Genre(s) musical(aux) : Musiques celtiques et bretonnes, musiques du monde • **Catalogue national** : Didier Squiban, Yann-Fañch Kemener, Ronan Le Bars, Manu Lann Huel, Guillemer, Bagad Men Ha Tan, Sharluber, Alain Trevarin, Latin Groove, Bruno Nevez, Orchestre de Bretagne, Henri Texier, Melaine Favennec, Gérard Delahaye, Patrick Molard, Eric Le Lann, Lamour, Archie Shepp, Perry Rose, Doudou N'Diaye Rose, etc. • **Catalogue international** : Didier Squiban, Kohann, Lamour, Skilda, Titom, Louise Ebrel, Siam • **Catalogue DVD musicaux** : Didier Squiban, Men Ha Tan & Doudou N'Diaye Rose, Eostiged Ar Stangala • **Distribué par** : Coop Breizh, Avex, Multiwaves, Believe, Keltia Musique

PAGANS - ASS. FAMILHA ARTUS

✆ **06 71 07 39 14**
contact@pagansmusica.net • **www.pagansmusica.net**
Ass. Familha Artus • Presbytère • 40090 **BOSTENS**
Romain BAUDOIN (Président) • Romain COLAUTTI (Trésorier)
Genre(s) musical(aux) : Improvisations, musique trad, rock, noise, punk • **Catalogue national** : Familha Artús, The Balladurians, France, Ad'arrOn, Kat ça-i, Feiz Noz Moc'h, François Dumeaux & Nicolas Godin, D'en haut • **Catalogue international** : Xarnege • **Labels en licence** : Stomoxine records, Tyto Alba, 8mm • **Distribué par** : Bandcamp, L'Autre Distribution, Believe

PAKER PROD

✆ **06 61 44 67 72**
contact@pakerprod.com • **www.pakerprod.com**
Le Questel • 29900 **CONCARNEAU**
Yann PELLIET (Gérant)
Genre(s) musical(aux) : Musique bretonne, musique traditionnelle, musique celtique • **Catalogue national** : Startijenn, Fred Guichen, Konogan An Habask, Tangi Le Gall-Carré / Erwan Moal, Xavier Boderiou / Sylvain Hamon / Hervé Le Floc'h / Alexis Meunier, Jakez Pincet • **Distribué par** : Coop Breizh

PALASS

✆ **01 42 25 13 40** • fax 01 42 25 13 46
palass@palass.fr • **www.palass.fr**
35 rue Washington • 75008 **PARIS**
Marc DI DOMENICO (Directeur général) • Pauline FOURCADE (Chargé de production)
Catalogue national : Arielle Dombasle, Liquid Architecture, BB Brunes, Adam Vadel, Carine Erseng, Aylin Prandi, Philippe Lavil, Martin Rahin, Simon Autain, Loureb & K • **Catalogue international** : Emir Kusturica & The No Smoking Orchestra, Klezmopolitan, Micky Green, Demis Roussos • **Catalogue DVD musicaux** : Emir Kusturica & The No Smoking Orchestra, le Temps des Gitans

PAMPLEMOUSSE PRODUCTIONS

✆ **01 39 56 66 34**
contact@pamplemousse.fr • **www.pamplemousse.fr**
4 rue Jean Casale • 78530 **BUC**
Alain ZEHARIAN (Gérant)
Genre(s) musical(aux) : Breakbeat, scratch, turntablism, abstract hip hop, électro, house, disco house, deep house, ambiante, lounge • **Catalogue national** : Jo Zas, Mr X, Boogymann, Mocca, Quato, Henry Goes Dirty, Dj Troubl, Lil' Mike, Gasoline, Dj Matsa, série : « Battle Weapons » After 6, Bordas, etc. • **Catalogue international** : Hideo Kobayashi (Japon), Brendan Costigane (Canada), Barry Valder (Ecosse), Johnny Fiasco (USA), Marissa Knight (USA) Analog Suspect (USA) • **Distribué par** : Modulor

PAN EUROPEAN RECORDING

✆ **01 81 83 00 10**
contact@paneuropeanrecording.com
www.paneuropeanrecording.com
31 pl. Edouard Detaille • 78100 **ST GERMAIN EN LAYE**

Arthur PESCHAUD (Label manager) • Aurélie MERCIER (Business affairs) • Elodie HADDAD (Label assistant)

Genre(s) musical(aux) : Rock progressif, krautrock, musiques électroniques, expérimentales • **Catalogue national** : Aqua Nebula Oscillator, Koudlam, Sir Alice, Service, Kill for Total Peace, Jonathan Fitoussi, One Switch to Collision, Judah Warsky, Poni Hoax • **Distribué par** : Sony

PARANOÏA LABEL

✆ **06 60 10 59 65**
jeanlouis.boyer71@yahoo.fr • **www.facebook.com/paranoiafanzine**
Lot. La Blanchette • 173 ch. du Cavaou • 13013 **MARSEILLE**

Jean-Louis BOYER (Responsable)

Genre(s) musical(aux) : Hardcore mélodique, pop, noise, punk rock, garage, rock • **Catalogue national** : 45T, VY, COMs avec Moonstruck, Tchykok, Dog is Dog, Maki's Bright Experience, Seven Hate, Shaggy Hound, Greedy Guts, Eklektiks, Tantrum, Beam Trap, Headache, Split Six Pack/Concrete Idea, The Bushmen, Upstairs People, Splynn, Calc, The Sobers, Weak The Dead, Foolish, The Piracy, etc. • **Distribué par** : Autodistribution

PARANOIAK

✆ **06 89 07 14 86**
contact@paranoiaklabel.com • **www.paranoiaklabel.com**
22 rue Berlier • 21000 **DIJON**

Alexandre PACOTTE (Label manager) • Clément MEUCCI (Label manager)

Genre(s) musical(aux) : Electronique, hip-hop, pop, rock • **Catalogue national** : Emperia, Irish Steph, Le Marchand, Pulpalicious, The Blisters Boyz • **Catalogue international** : Häxeri, Joey McCrilley, Just Kiddin, Meridian, Tâches • **Distribué par** : Idol, Topplers, Musicast

PARIS DJS

✆ **06 87 36 40 27**
info@timec.net • **www.parisdjs.com**
T.I.M.E.C. • 240 rue de Belleville • 75020 **PARIS**

Julien LAKSHMANAN (Label manager / Directeur artistique) • Grant PHABAO (Directeur technique Son) • Ben HITO (Directeur artistique Image) • Loik DURY (Directeur artistique Son) • Nicolas RAGONNEAU (Rédacteur)

Genre(s) musical(aux) : Reggae, afrobeat, afrofunk, funk, soul, jazz, latin • **Catalogue national** : Grant Phabao, Grant Phabao Afrofunk Arkestra, Doctor L, Franck Biyong, Gregsky, Kraked Unit, Les Frères Smith, Soul Suger • **Catalogue international** : Adrian Quesada, Afrodyete, Carlton Livingston, Echo Minott, Jungle, Fire, Kaleta, Lee Fields, Leroy Gibbon, Oghene Kologbo, Osemako, Pepe Deluxé, Pyramid Blue, Shawn Lee, Super Hi-Fi, The Cactus Channel, The Jays, The Lone Ranger, The Silvertones • **Distribué par** : Autodistribution

PARKLIFE RECORDS

✆ **03 89 41 13 95**
parklife@calixo.net • **www.myspace.com/parkliferecords**
BP 90402 • 68007 **COLMAR CEDEX**

Matthieu MARMILLOT (Responsable)

Genre(s) musical(aux) : Pop noisy, électro • **Catalogue national** : Pull, Manson's Child, Sons des Disco, Herman Düne • **Distribué par** : Autodistribution

PARSIPARLA

✆ **04 70 20 65 10** • fax 09 81 70 05 51
info@parsiparla.com • **www.parsiparla.com**
16 ch. des Lys aux Plantes • 03400 **YZEURE**

Philippe BESSON (Directeur)

Genre(s) musical(aux) : Ethno pop, musiques accoustiques et traditionnelles, spécialisées en musique pour l'image (gestion droits masters) • **Catalogue national** : Gilles Chabenat, Fabrice Besson, Rachel Averdy, Frédéric Paris, Kaophonic Tribu, etc. • **Distribué par** : WMO, Modulor

PASSPORT SONGS MUSIC

passportmusic@orange.fr • **www.passportsongsmusic.com**
18 pl. Dauphine • 75001 **PARIS**

Thierry PERRIER (Directeur) • Marie CLAUGRIE (Assistante administrative & copyright)

Genre(s) musical(aux) : Tous • **Catalogue national** : Irène & Francis Jacob (licencié pour 1 LP chez Universal Jazz), Lola, Gipsy Kings, Ricardo Teté, ElleSonParis (Sony Music Smari), David Linx • **Catalogue international** : EP Music/District 6, Atal Music, Fabric Publishing • **Labels en licence** : Sara Music • **Distribué par** : Believe et divers en physique

PATATE RECORDS

✆ **01 48 06 58 11** • fax 01 48 06 70 28
pierre@patate-records.com • **www.patate-records.com**
57 rue de Charonne • 75011 **PARIS**

Pierre MESTCHERINOFF (Responsable)

Genre(s) musical(aux) : Reggae, ragga, dub, ska, rock steady, dubstep • **Catalogue national** : Aspo, Orange Street, Moon Hop, Jim Murple Memorial, etc. • **Catalogue international** : Fogata, Rod Taylor, Earl Sixteen, Jah Mason, etc. • **Labels représentés ou intégrés** : Belleville International • **Distribué par** : Autodistribution, Believe

PATCH WORK PRODUCTION

✆ **06 76 20 49 33** • fax 09 55 35 72 56
patchworkprod@gmail.com • **www.patchworkproduction.fr**
35 av. du Gal de Gaulle • 30290 **LAUDUN**

Arnold METROT (Label manager / gérant) • Cyrille ANNIBALE (Chargé de production)

Genre(s) musical(aux) : Chanson, rock, reggae, dub, électro • **Catalogue national** : Acorps de Rue, David Vincent, L'Albert, Gueules d'Aminche, Bionik, Control Alt Supp, Papaya Cake, Jayadeva • **Catalogue international** : CAT INT (Soul Sindikate & Dub Trooper) • **Distribué par** : Socadisc, Absilone, Titanium Digitals, CD1D

PEERMUSIC FRANCE

✆ **01 53 83 92 50** • fax 01 53 83 92 55
paris@peermusic.com • **www.peermusic.fr**
5 rue Lincoln • 75008 **PARIS**

Bruno LION (Gérant)

Genre(s) musical(aux) : Rock, pop, punk • **Catalogue national** : Davide Esposito, Soldat Louis, Curry & Coco

PERSONNE RECORDS

✆ **06 63 01 31 54**
info@personne-records.com • **www.personne-records.com**
60 rue aux Arènes • 57000 **METZ**

Arnaud DEWITTE (Directeur artistique)

Genre(s) musical(aux) : Électronique • **Catalogue national** : Abstract Sound Project, Kit, Mr nô, Plateau Repas, Herr 2003, Color Blaster, Silvouplay, Stern*, Milf, Rhaft, etc. • **Catalogue international** : Wizestar • **Labels en licence** : Be Yourself.Network • **Distribué par** : Believe, CD1D, Vinylfrance

PETIT LABEL

✆ **06 10 33 00 87 / 02 14 40 19 12**
contact@petitlabel.com • **www.petitlabel.com**
65 rue des Rosiers • 14000 **CAEN**

Nicolas TALBOT (Responsable artistique) • Pascal VIGIER (Attaché de production)

Genre(s) musical(aux) : Jazz, free jazz, musiques improvisées, électroacoustiques • **Catalogue national** : Now Freeture & François Verly Quintet, Verona, Z'VEEP, Guyliane Cosseron & Cécile Duval, Yoann Loustalot, Grand Six, Frix, Renza Bô, Gaël Horellou, Alain Blesing, Annette Banneville, Wark, Kurt Weill project, Etienne de la Sayette, Benjamin Duboc, Didier Lasserre, Henri Roger & bruno Tocanne, Jean-Luc Petit & Mathias Pontevia, etc. • **Distribué par** : Improjazz, Les Allumés du jazz, Métamkine

PIANO BASS MUSIC ÉDITION

✆ **01 42 38 61 61**
contact@pianobass.com • **www.pianobass.com**
24 rue d'Hautpoul • 75019 **PARIS**

Jannick TOP (Contact) • Serge PERATHONER (Contact)

Genre(s) musical(aux) : Musiques de films, génériques séries et émissions TV, artistes chanson et variétés • **Catalogue national** : Serge Perathoner, Jannick Top, Ushuaïa, Joane Labelle, Claude Turner, musiques des films de Pierre Jolivet

PIAS LE LABEL

✆ **01 44 53 71 30** • fax 01 44 53 71 81
info@pias.com • **www.pias.com/fr**
14 rue Milton • 75009 **PARIS**

Guillaume DEPAGNE (Responsable) • Stéphanie ROPHILLE (Assistante / Chargée de production) • Pauline DAGEVILLE (Productrice manager)

Genre(s) musical(aux) : Tous • **Catalogue national** : Eiffel, Miossec, Florent Marchet, The Chase, Da Silva, Jean-Louis Murat, Dominique Dalcan • **Catalogue international** : School is Cool, Saule • **Distribué par** : Pias France

PIAS-COOP

✆ **01 44 53 71 30**
info@pias.com • **www.cooperativemusic.fr**
14 rue Milton • 75009 **PARIS**

Mathieu PINAUD

Genre(s) musical(aux) : Indie, folk, pop, rock, électro, metal, world, hip hop • **Catalogue national** : Jamaica, Housse de Racket, We are the Lilies, etc. • **Catalogue international** : Interpol, Black Keys, Two Door Cinema Club, Bloc Party, Au Revoir Simone, Eagles of Death Metal, Children Of Bodom, Hercules & Love Affair, Fleet Foxes, Cold War Kids, etc. • **Labels représentés ou intégrés** : Bella Union, Deltasonic, DFA, Downtown, Heavenly, Kitsuné, Lex, Moshi Moshi, Spinefarm, V2 Music, Wichita, Transgressive, Kemado, Mexican Summer • **Distribué par** : Pias France

PIROS

✆ **01 45 24 70 71** • fax 01 42 24 01 41
piros@piros.net • **www.piros.net**
3 rue Montpré • 97412 **BRAS PANON (REUNION)**

Jean-Louis ROSELY (Gérant) • Régine ROSELY (Comptable) • Muriel ROSELY (Contact)

Genre(s) musical(aux) : Antilles, Afrique, Océan Indien, Réunion, Madagascar • **Catalogue national** : Carino, Marcelino, Shimita, Jean-Louis Deny, Gramoune Sello, Melanz Nasyon, Carino • **Catalogue international** : D. Waro, Dicktam, Jean-Louis Deny, Black Affair, Mammouth • **Catalogue DVD musicaux** : Clips Sigas, Hit du Soukouss vol.1, Thierry Jardinot, Africadance • **Distribué par** : Debs, Piros

Label La PLAGE SONORE

✆ **06 13 01 30 23**
laplagesonore@yahoo.fr • **www.laplagesonore.com**
11 rue Crudère • 13006 **MARSEILLE**

Laurent KOUBY (Label manager)

Genre(s) musical(aux) : Pop folk, rock • **Catalogue national** : Loop, Mysterlô, Phosphene • **Catalogue international** : Loop, Mysterlô, Phosphene • **Distribué par** : Anticraft, Believe

PLATINUM RECORDS

✆ fax 05 57 59 14 18
fabienne@platinumrds.com • **www.platinumrds.com**
c/o Alienor Records • 12 pl. de la Victoire • BP 90 • 33037 **BORDEAUX CEDEX**

Laurent LAFFARGUE (Label manager) • Fabienne QUILLET (Chargée de projets)

Genre(s) musical(aux) : Musiques électroniques • **Catalogue national** : 0800, Arch Woodman, Bikini Machin, Bosco, Champagne Champagne, Fatale, Le Pingouin, Presidentchirac, Yé Yé, Zimpala, etc. • **Distribué par** : Sony, Differ-Ant

PLAY ON

✆ **01 84 19 01 43** • fax 01 84 19 01 52
info@play-on.fr • **www.play-on.fr**
101 bd Jean Jaurès • 92100 **BOULOGNE BILLANCOURT**

Sébastien DUCLOS (Directeur général) • Julien GODIN (Président) • Frédéric GOUALARD • Olivia GUZZO • Dorothée BENNAIM

Genre(s) musical(aux) : Chanson • **Catalogue national** : Zaz, Milow, Colonel Reyel, Elisa Tovati, Gérard Lenorman, Volo, Benjamin Boehm, Valentin, Merlot • **Catalogue international** : Edward Maya, Tom Dice, Alexandre Stan, Brooke Fraser • **Distribué par** : EMI

PLAYER RECORDS

✆ **09 51 01 86 21**
stephane@playerrecords.fr • **www.playerrecords.fr**
10 ch. de la Mue • 14130 **ST GATIEN DES BOIS**

Stéphane DURAND (Label manager)

Genre(s) musical(aux) : Club, dance, tek, R&B, ragga, électro, comédie musicale • **Catalogue national** : 909 Style, Jesse Marshall, Mad'House, Fat Dog, Federal Blasters, Black Runner, Djesse, Kingston Official, Chic Libido, Sunstepper, Botcho, etc. • **Catalogue DVD musicaux** : Fat Dog, Federal Blasters • **Distribué par** : Sony, EMI, Warner, Universal, Wagram

PLUS LOIN MUSIC

✆ **06 75 98 87 54 / 02 23 48 88 79**
info@plusloin.net • **www.plusloin.net**
5 rue des portes mordelaises • 35000 **RENNES**

Yann MARTIN (Directeur)

Genre(s) musical(aux) : Jazz • **Catalogue national** : Thierry Maillard, Mélanie Dahan, Brady Winterstein, Prysm, Cédric Hanriot, Thierry Maillard/Débora Seffer, Sophie Alour, Pierrick Pedron, Patrick Artero, Gérard Badini, Michel Benita & Manu Codjia, Emmanuel Bex, Andy Bey, André Ceccarelli, Avishaï Cohen, Médéric Collignon, Jean-Pierre Como, Lemmy Constantine, Laurent Courthaliac, Christophe Dal Sasso, Pierre De Bethmann, Laurent De Wilde, Riccardo Del Fra, Julien Duthu & Rémi Panossian, David El-Malek, Andy Emler, Christian Escoudé, Michael Felberbaum, Boulou & Elios Ferré, Tigran Hamasyan, Antoine Hervé, Stéphane Huchard, Olivier Hutman, Jazz Hip Trio, Olivier Ker Ourio, Elisabeth Kontomanou, Issam Krimi Trio, Steeve Laffont, Eric Le Lann, Olivier Louvel, Rick Margitza, Moreno, Moutin Reunion Quartet, Nano, Leïla Olivesi, Isabelle Olivier, Yvan Robilliard, Manuel Rocheman, Thomas Savy, Martial Solal, Olivier Temime, François Thuillier, Jacques Vidal, Vintage Orchestra, The Volunteered Slaves, Christophe Wallemme, Kellylee Evans, Eddie Gomez, Cesarius Alvin, The Cookers, Rudresh Mahanthappa, David Weiss, Troc (DD Ceccarelli/Jamick Top/Alex Ligertwood, Eric Legnini/Claude Engel) • **Catalogue international** : Shauli Einav, Andy Bey, Peter Delano, Barry Harris, David Weiss, Lucy Dixon • **Labels représentés ou intégrés** : Blujazz (Florin Niculescu, Laïka Fatien, Dee Alexander) et tout le catalogue Nocturne jazz (120 réf.) • **Distribué par** : Harmonia Mundi

PLUSH

✆ **01 48 03 09 35**
email@plush-internet.org • **www.plush-internet.org**
27 rue Yves Toudic • 75010 **PARIS**

Steve ARGÜELLES (Directeur)

Genre(s) musical(aux) : Musiques électroniques, électrojazz • **Catalogue national** : Carol Robinson, Ambitronix, Steve Argüelles, Benoît Delbecq, Mathias Delplanque, Req, Ashley Slater, Domenico Ferrari, Dj Nem, Tagomago, Roderick Packe, Lena and the Floating Roots Orchestra, Dr Bone, Erik Minkinnen, Marc Chalosse a.k.a Lipitone, Corin Curschellas • **Distribué par** : Abeille

POINTÉ RECORDS

✆ **01 45 85 80 28**
pointerecords@gmail.com • **www.pointerecords.com**
15 cour du Liégat • 75013 **PARIS**

Nicolas TSADIROGLU (Directeur général)

Genre(s) musical(aux) : House, UK Bass, Techno, musiques électroniques • **Catalogue national** : Fobator, Pidoo, Definition, MDMA • **Catalogue international** : Loungery Day, Hesk, Hissy Fit, Jesse Scotto, KwikFiks, Paveun, Idea3, George Jetson, Latcha • **Distribué par** : Baseware, Juno Download

Un POISSON DANS L'DÉSERT

✆ **03 82 25 67 84**
info@updd.com • **www.updd.com**
7 rue de la Chapelle • 54400 **LONGWY**

Thierry CORDIER (Directeur artistique) • Edith COLIN (Présidente)

Genre(s) musical(aux) : Chanson, chanson rock, chanson électro • **Catalogue national** : George Garage, Tableau Noir, Thierry Cordier, EriK Bonnet, Kaïros • **Distribué par** : Believe

POLE'N

✆ **03 26 40 20 00** • fax 03 26 47 08 21
polen.productions@wanadoo.fr • **www.polenproductions.com**
56 rue Chanzy • 51100 **REIMS**

Jean-Luc PERRET (Gérant)

Genre(s) musical(aux) : Variétés, jazz, humour • **Catalogue national** : La Cricca d'Umberto, Yves Duteil, Gavroche, Jean-Pierre Marcellesi, Akel • **Distribué par** : Cristal Records, Abeille Musique, Socadisc

POLYCHRONE

✆ **09 72 41 77 78**
info@polychrone.com • **www.polychrone.com**
c/o Mila • 2 rue André Messager • 75018 **PARIS**

Clément PRAUD (Directeur) • Aïleen HEARN (Administratrice)

Genre(s) musical(aux) : Tous • **Catalogue national** : Tomás Gubitsch, Guillaume Farley, Jules, Djéli Moussa Condé • **Labels représentés ou intégrés** : Autruchon Productions, TG & CO • **Distribué par** : Absilone, Socadisc

PONY MUSIC PRODUCTION

✆ **01 39 90 14 43 / 06 07 43 81 44**
alain.turban@wanadoo.fr • **alainturban.com**
8 rue André Vassord • 95200 **SARCELLES**

Noëlle TURBAN (Gérante) • Alain TURBAN (Directeur artistique)

Genre(s) musical(aux) : Variété, rock, chanson française et anglaise, dance • **Catalogue national** : Alain Turban « Toulbot », Nicolas Richardoin, Giorgio Faelli, Caroline Marx, Michou, Chanter l'Ardèche, spectacle « La légende de Montmartre » • **Catalogue international** : Giorgio Faelli • **Catalogue DVD musicaux** : Alain Turban « À la Cigale » (1998) et « Casino de Paris » (1999), « Cigale 2008 », « L'Européen » (2009), « Olympia » (2013) • **Distribué par** : Autodistribution, Believe, Quant de Lune

POOL E MUSIC

✆ **01 44 64 94 11** • fax 01 47 00 58 24
info@poolemusic.com • **www.poolemusic.com**
12 rue de Belfort • 75011 **PARIS**

Aude DUFOUR (Label manager / business affairs) • Théo HIRT (Promotion / Direction artistique) • Laurent PAUTRAT (Gérant)

Genre(s) musical(aux) : Musiques électroniques • **Catalogue national** : Peter Luts, Roger Sanchez, Da Hool, Steve Angello, Bodyrox, Laidback Luke, Ian Carey, Armin Van Buuren, Denis The Menace, Hott 22, Kurd Maverick, Syke N Sugarstarr, Thomas Gold, Tom Navy, Tv Rock, etc. • **Catalogue international** : Antoine Clamaran, Tristan Garner, Digital Mode, Laurent Pautrat, Naël, Florian Gasperini, E-Play, Eric Laville, Future Funk, Afronics, Poolboy, Abel Ramos, Vertical Smile, Timofey & Bartosz Brenes, French Government, Addict DJ, Florian Gasperini, Hell-Ektrik, Joanna Rays, etc. • **Labels en licence** : Armada, News, Opaque, CR2 Records, Catch 22, Joia, Great Stuff • **Labels représentés ou intégrés** : Ambassade, Academy, Electron, Karma, Finetune, Electrade, Ma Jolie Musique, Fortune, Influence, Voices, Vector, Peaktime, Tumbata, Sunshine, PooleDigital, Update, Pool Classics, Congos, Paintball • **Distribué par** : Believe, Juno, Beatport

Label POON

✆ **04 75 90 13 58**
label.poon26@gmail.com • **www.facebook.com/label.poon**
30 imp. La Paillette • 26160 **LA BEGUDE DE MAZENC**

Pascal VALY (Administrateur)

Genre(s) musical(aux) : Chanson, pop, rock • **Catalogue national** : Du Sang Sur Le Lino, M'a-t'il dy • **Distribué par** : CD1D, Zimbalam

POP NOIRE

contact@popnoire.com • **www.popnoire.com**

Patrick VOTAN (Label manager) • Marion CHAPDELAINE (Administratrice)

Catalogue international : Lescop, Savages, John & Jehn, HTB • **Distribué par** : Universal

POPCORN RECORDS

✆ **06 35 53 90 60**
info@popcorn-rec.com • **www.popcorn-rec.com**
52 av. de le Motte Picquet • 75015 **PARIS**

Antoine MOLKHOU (Président) • Dimitri DIBIE (Secrétaire)

Genre(s) musical(aux) : Techno, house, deep house, chill, pop • **Catalogue national** : Louca, Rafaël Murillo, Lowris, Eliott Litrowski, Siler&Dima, Andrade • **Catalogue international** : Boris Brejcha, Rhauder, Jay Bliss, Daso, Pawas, Coma, Geoff Wichmann • **Labels représentés ou intégrés** : Street Knowledge, Bucharest Express • **Distribué par** : Idol

POTLATCH

✆ **06 08 96 16 08**
music@potlatch.fr • **www.potlatch.fr**
BP 205 • 75921 **PARIS CEDEX 19**

Jacques OGER (Responsable artistique)

Genre(s) musical(aux) : Musiques improvisées • **Catalogue national** : Bertrand Denzler, Derek Bailey, Joëlle Léandre, Daunik Lazro, Carlos Zingaro, Michel Doneda, Fred van Hove, Steve Lacy, Evan Parker, Keith Rowe, Kristoff Kroll, Xavier Charles, Dominique Répécaud, Pascal Battus, Camel Zekri, Axel Dörner, John Butcher, Sophie Agnel, Lionel Marchetti, Jérôme Noetinger, Jean-Marc Foussat, Frédéric Blondy, Lê Quan Ninh, Stephane Rives, Triololid avec David Chiesa, Isabelle Duthoit & Laurent Dailleau, Alessandro Bosetti, Trio Sowari (Burkhard Beins, Bertrand Denzler & Phil Durrant), Jean-Luc Guionnet • **Distribué par** : Orkhestra

PPT / STEMBOGEN

✆ **01 48 00 04 68**
ploum@e-ppt.net • **www.e-ppt.net**
c/o Warmgrey • 2 rue Bleue • 75009 **PARIS**

Denis CHEVALIER (Responsable artistique / Coordinateur) • Guy CHEVALIER (Consultant artistique et technique) • Florence PROLONGEAU (Présidente Association PPT) • Christophe LE DANTEC (Ingénieur du son)

Genre(s) musical(aux) : Expérimental, disques concept, BO, hybride, etc. • **Catalogue national** : Vincent Epplay, Gol, Rainier Lericolais, Mokuhen, RadioMentale, Portradium, Kink Gong, Radioon, etc. • **Catalogue international** : Eric Letourneau (Benjamin Muon), etc. • **Labels représentés ou intégrés** : Ponctuellement Editions Cactus, Tsuku Boshi, Ytterbium/Modulo • **Distribué par** : Metamkine, CD1D, Toolbox, a-musik (GE)

PRENUP/AKIRIRA

✆ **01 42 52 99 70**
ben@prenup.tv • **www.prenup.tv**
78 rue du Ruisseau • 75018 **PARIS**

Benjamin HERBIERE (Manager) • Kévin LAMALLE (Assistant manager)

Genre(s) musical(aux) : Tous • **Catalogue national** : Babylon Circus, Soan • **Distribué par** : Sony Music

PRIKOSNOVENIE

✆ **02 40 54 23 44**
prikos5@wanadoo.fr • **www.prikosnovenie.com**
5 pl. de la Trinité • BP 89204 • 44192 **CLISSON CEDEX**

Sabine ADELAIDE (Responsable) • Frédéric CHAPLAIN (Responsable) • Arnaud PELLERIN (Promotion)

Genre(s) musical(aux) : World féérique, électro/pop/rock, gothique, relaxation • **Catalogue national** : Orange Blossom, Onze H30, Antrabata, Misstrip, Zmiya, Collection Arnell Andrea, Crista Galli, Mediavolo, etc. • **Catalogue international** : Irfan, Atlas Project, Prajna, Louisa John-Krol, Caprice, Daemonia Nymphe, Maple Bee, Flëur, Rada & Ternovnik, Karin Höghielm, Corde Oblique, Luigi Rubino, Alizbar, Ivo Sedlacek, Ashram, etc. • **Labels représentés ou intégrés** : Solaris, Lunae, Mandalia, Supernove • **Distribué par** : Coop Breizh, Soundworks, Believe

PRODUCTIONS IMPOSSIBLE RECORDS

✆ **06 60 89 96 00**
productionsimpossible@gmail.com
www.productions-impossible.com
10 rue des Arbues • 25600 **VIEUX CHARMONT**

LE CHEF

Genre(s) musical(aux) : Punk rock, ska, psychobilly, surf, rock • **Catalogue national** : Hawaii Samuraï, Hellbats, Kryptonix, Two Tone Club, Wangs, Rebel Assholes, Tastes in Vibes, The Ronnie Rockets, The Irradiates, Upten • **Distribué par** : Pias, MVS-Anticraft

PRODUCTIONS JACQUES CANETTI

✆ **01 42 04 97 05** • fax 01 42 04 21 21
productions@canetti.com • **www.jacques-canetti.com**
19 rue de la Cerisaie • 92150 **SURESNES**

Françoise CANETTI (PDG) • Hélène PICON (Attachée de direction) • Raphaël SOBEL (Assistant de production) • Michela GERMANI (Responsable de l'administration)

Genre(s) musical(aux) : Chanson française • **Catalogue national** : Brigitte Fontaine, Jacques Higelin, Jeanne Moreau, Serge Reggiani, Simone Signoret, Michel Simon, Claude Pieplu, intégrales de Boris Vian et de Jacques Prévert, Monique Morelli, Cora Vaucaire, Zette, Catherine Sauvage, Magali Noël, etc. • **Catalogue DVD musicaux** : COM « Mes 50 ans de chansons » (Jacques Canetti) • **Distribué par** : Because, Warner

PRODUCTIONS MARY JOSEE

✆ **01 49 29 55 50** • fax 01 47 00 12 01
e.jiroux@recremania.com • **www.henrides.com**
4 rue de Braque • 75003 **PARIS**

Eric JIROUX (Directeur) • Isabelle MOISAN (Directeur de la production)

Genre(s) musical(aux) : Musique pour enfants • **Catalogue national** : Henri Des • **Distribué par** : Universal

PRODUCTIONS ORLANDO

✆ **01 46 06 88 35** • fax 01 42 64 28 47
10 rue Damrémont • 75018 **PARIS**

Bruno ORLANDO (PDG) • Antoine ANGELELLI (Directeur artistique) • Philippe TESSIER (Responsable de la promotion)

Genre(s) musical(aux) : Variété française • **Catalogue national** : Dalida, Hélène Ségara, Indra • **Distribué par** : Universal

PROHIBITED RECORDS

promo@prohibitedrecords.com • **www.prohibitedrecords.com**
163 rue de Charenton • 75012 **PARIS**

Véronique FABRE (Présidente)

Genre(s) musical(aux) : Rock indépendant, new rock • **Catalogue national** : Prohibition, Purr, Héliogabale, Patton, Herman Düne, NLF 3, Don Nino, Soeza, the Berg Sans Nipple, Wilfried, Mendelson • **Distribué par** : Autodistribution

PSB

✆ **01 42 00 63 78** • fax 01 42 00 72 04
psb2@wanadoo.fr • **www.psb-musique.com**
118 av. Jean Jaurès • 75019 **PARIS**

Philippe BIRUKOFF (Directeur)

Productions Stéphanie Bertrand • **Genre(s) musical(aux)** : Musiques du monde, variétés françaises et internationales, country, reggae, BOF, musiques d'ambiance, jazz, blues • **Catalogue national** : Charlie Mc Coy • **Catalogue DVD musicaux** : Music Products, BR Music • **Labels représentés ou intégrés** : Creature Music, Discorama, Disky, Takamba, Music Products, Fat Cat, Baster Productions • **Distribué par** : PSB

PSCHENT MUSIC

✆ **01 43 72 01 15** • fax 01 43 72 01 16
pschent@pschent.com • **www.pschent.com**
3 cité de l'Ameublement • 75011 **PARIS**

Éric HAUVILLE (PDG) • David PIRSON (Responsable juridique) • Frédéric LAVOLET (Responsable Nouveaux médias) • Damien KEYSER (Responsable de la communication) • Eric PAJOT (Chef de produit / Licencing) • Jean SALOMON (Booking)

Genre(s) musical(aux) : House, électro-pop, lounge • **Catalogue national** : Discodéine, Slove, Scratch Massive, Masomenos, Grand Popo Football Club, Hôtel Costes, Yan Wagner, Tristesse Contemporaine, etc. • **Distribué par** : Wagram, autodistribution digitale

PURÉE NOIRE

✆ **06 20 97 40 53**
pureenoire@free.fr • **pureenoire.free.fr**
Les ateliers intermediaires • 15 bis rue Dumont d'Urville • 14000 **CAEN**

Yannick LECOEUR (Président) • Fabien DOMAGNÉ (Trésorier)

Genre(s) musical(aux) : Musiques électroniques et vidéo • **Catalogue national** : Princess Rotative, Swinging Skeletor

PUZZLE PRODUCTIONS

✆ **01 64 29 63 63 / 02 38 89 25 34**
jpdanel@puzzleproductions.com • **www.puzzleproductions.com**
102 av. Champs Elysées • 75008 **PARIS**

Jean-Pierre DANEL (Directeur) • Margit PONNELLE (Gérante)

Genre(s) musical(aux) : Variétés, dance, world music, jeune public • **Catalogue national** : Pascal Danel, Jean-Pierre Danel, Stone (A. Gautrat), Michael Jones, etc. • **Distribué par** : Sony, Warner, EMI, M6, Pias, Universal, Rendez-Vous Digital, Believe, Idol

QUAI DU BLUES RECORDING

✆ **01 46 37 33 88 / 06 70 80 10 00**
gv@gve.fr • **www.quaidublues.com**
c/o Back to Blues • 17 bd Vital Bouhot • 92200 **NEUILLY SUR SEINE**

Gérard VACHER (Producteur)

Genre(s) musical(aux) : Blues • **Catalogue national** : Martha High, Holly Maxwell, Chick Willis

QUIXOTE RPM

patrice@quixotemusic.eu • **quixotemusic.eu**
211 bis rue de Bercy • Esc D - 3e et. • 75012 **PARIS**

Patrice MANCINO

Genre(s) musical(aux) : Musiques actuelles • **Catalogue national** : Backbone Party, 1=0, Françoise, Lucky Joy, Spleen vs Ideal, The Tape, We are disco doom revenge aka Francisco Esteves • **Distribué par** : CD1D, Believe, autodistribution

QUOI DE NEUF DOCTEUR

✆ **01 46 36 90 80** • fax 01 46 36 90 80
qdnd1@noos.fr • **www.quoideneufdocteur.fr**
c/o Dokidoki • 24/32 rue des Amandiers • 75020 **PARIS**

Serge ADAM (Directeur artistique)

Genre(s) musical(aux) : Jazz contemporain • **Catalogue national** : Big Band Quoi de Neuf Docteur, Les amants de Juliette, Stéphane Payen (Thôt), Jazz Mic Mac, Christophe Monniot, Haute Fréquence, Hradcany, Surnatural Orchestra, Collectif Polysons, Too Fast for Techno (Adam/Huby), Reverse (Orti/Sens) • **Catalogue international** : Synomilia, Serge Adam, Yula Michail • **Distribué par** : Believe, Les Allumés du Jazz, autodistribution

RABEAT'S CAGE

✆ 06 87 07 36 46
rabeatscage@gmail.com • **www.rabeatscage.com**
10 rue de Mazagran • 75010 **PARIS**
Jérémy MOORS (Label manager) • Astrid MOORS (Chef de projet)
Genre(s) musical(aux) : Rock indépendant, électro • **Catalogue national** : Sarah W_ Papsun, The Nodz, Tam Rush, Apes did ensemble • **Distribué par** : Believe

RECORD MAKERS

✆ 01 44 78 60 60 • fax 01 44 78 60 64
recordmakers@recordmakers.com • **www.recordmakers.com**
6 rue André Messager • 75018 **PARIS**
Stéphane ELFASSI (Responsable) • Marc TESSIER DU CROS (Directeur artistique) • Audrey BOUC (Coordinatrice / Chargée de production)
Genre(s) musical(aux) : Tous • **Catalogue national** : Sébastien Tellier, Puro Instinct, BO « Drive », Arpanet, Air « Virgin Suicides », COM « I hear voices », Turzi, I Love UFO, Hypnolove, Damien, Acid Washed, DSL, Klub des Loosers, Sex in Dallas & Biladoll • **Catalogue international** : BO John Carpenter « Assault » • **Distribué par** : Wagram, La Baleine, News, Republic of Music (UK), Audioglobe (It), Alive (Ger), Namskeio (Swi), Bang ! (Benelux), Select (Can), MRI (USA)

REJUVENATION RECORDS

rejuvenation@wanadoo.fr • **www.rejuvenationrecords.com**
97 rue Henri Barbusse • 92110 **CLICHY**
Greg SAROTIN (Contact) • Agnès
Genre(s) musical(aux) : Punk, emocore, popcore, post rock, noise, hardcore • **Catalogue national** : Shub, Kimmo, Revok, Pord, Microfilm, Unlogistic, Do You Compute, etc. • **Catalogue international** : Silent Front, Scul Hazzards, New Brutalism, Ten Volt, Shock, etc. • **Distribué par** : Autodistribution

REMARK RECORDS

✆ 01 55 42 20 02 • fax 01 46 33 15 35
marc.lumbroso@remarkrecords.com
26 rue des Carmes • 75005 **PARIS**
Marc LUMBROSO (Président) • Jessi LUMBROSO (Directrice artistique)
Catalogue national : Raphael, Marie Espinosa, Wisla (Sexion d'Assaut), Aylin Prandi, Mateo, Alain Lanty, Benoit Carré, Manuel Armstrong, John Mamann, Sophie Maurin, Thomas Louise, Mila Auguste, Christine and the Queens, « La Compilation du Baron », BOF : « Faubourg 36 », « El Gusto » • **Catalogue DVD musicaux** : La Chanson du Dimanche • **Distribué par** : Universal

RESSOURCE PRODUCTIONS

ressource.music@orange.fr
20 av. Victor Cresson • 92130 **ISSY LES MOULINEAUX**
Daniel BETAN (Directeur de la production)
Genre(s) musical(aux) : Variété, rock, world • **Catalogue national** : Rodrigo Bay, Selden • **Distribué par** : Sony, Universal, Warner

RICORDU

✆ 04 95 20 05 90 • fax 04 95 20 06 39
studioricordu@wanadoo.fr • **www.ricordu.com**
Ornagone • 20129 **BASTELICACCIA**
Antoine LEONARDI (Gérant) • Michel LEONARDI (Directeur commercial) • Patricia PALOMO (Secrétaire générale)
Genre(s) musical(aux) : Trad., jazz, classique, musiques corses • **Catalogue national** : Caramusa, Chjami Aghjalesi, I Muvrini, Surghjenti, Canta u Populu Corsu, Voci Di A Gravona, Raphaël Fays, Alte Voce, Jean Mattei • **Distribué par** : Autodistribution, Idol

RISE RECORDINGS

✆ 09 51 44 17 71
28 rue Pétrelle • 75009 **PARIS**
Marc LINET (Directeur)
Genre(s) musical(aux) : Electro-pop, électro-rock, électro • **Catalogue national** : Alb, Klanguage, Don Rimini, Invaders, Rafale, Yuksek, Popular Computer • **Distribué par** : Topplers, Believe

RKG

✆ 01 43 55 33 33
rkg@rkg.net • **www.rkg.net**
103 av. de la République • 75011 **PARIS**
David KEMMOUN (Label manager)
Radikal Groov Records • **Genre(s) musical(aux)** : Techno, dance, house, pop • **Catalogue national** : Freon, Elegia, Daddy DJ, Just a Man, Miguel K Y Paulino, Solone & Marli • **Catalogue international** : Colonel Abrams, Dead or Live, Boy George, Gigi D'Agostino, Molella • **Distribué par** : EMI, Universal, Sony

RKO RECORDS

✆ 04 78 27 88 17 • fax 04 78 94 21 04
rkorg@yahoo.com • **www.rkorecords.fr**
10 imp. du Point du Jour • 69005 **LYON**
Ian DORAY (Président) • François RAMEL (Directeur artistique) • Jean PIERCE (Attaché de presse) • Brigitte DORAY (Assistante)
Genre(s) musical(aux) : Blues rock, électro rock, classique, contemporain, power pop • **Catalogue national** : Ian Doray, Electro-Evo, Little Boy, Olivia Doray, Iksvox, Orudo, Léo Valtes, My My, Kharapace • **Catalogue international** : Nadine Ellman, Johanna Rittiner • **Labels représentés ou intégrés** : Evolutive Rec • **Distribué par** : Autodistribution

ROCHE MUSIQUE

✆ 06 84 01 24 42
roche.musique@gmail.com
8 rue des Acacias • 75017 **PARIS**
Jean JANIN (Label manager)
Genre(s) musical(aux) : Nu-disco, house, deep-house • **Catalogue national** : Cézaire, Kartell, Hot Steppa, Xtrafunk • **Distribué par** : Idol

ROCK PARADISE RECORDS

✆ 01 45 58 40 30
rockparadise@wanadoo.fr • **www.rockparadise.fr**
42 rue Duranton • 75015 **PARIS**
Patrick RENASSIA (Gérant)
Genre(s) musical(aux) : Rock 50's & 60's, pop • **Catalogue national** : Margerin, Tony Marlow, Bijou SVP, The 1, 2, 3 et 4, Rockers Kulture, Easy Lazy « c », The Megatons, Ghost Highway, Be Bop Creek, Howlin Jaws, Four Aces, Ol Bry, Jamy and the Rockin, Trio, Hoop's 45 • **Distribué par** : Rue Stendhal

ROCK'S MY ASS RECORDS

gaylord@rocksmyassrecords.com • **www.rocksmyassrecords.com**
Gaylord DELETANG (Label manager)
Genre(s) musical(aux) : Rock, pop, folk, indie • **Catalogue national** : Niandra Lades • **Catalogue international** : The Disciplines, Dani Llamas, Lukestar, Shake Before Use • **Distribué par** : Autodistribution

ROGUE ART

✆ 01 44 61 07 63 / 06 85 07 06 44
contact@roguart.com • **www.roguart.com**
22 rue Victor Massé • 75009 **PARIS**
Michel DORBON (Directeur) • Christine BAREAU
Genre(s) musical(aux) : Jazz • **Catalogue international** : Michel Edelin, Alexandre Pierrepont/Mike Ladd « Maison hantée », Rob Brown, Daniel Carter, Gerald Cleaver, Ernest Dawkins, Hamid Drake, Luther Gray, Sabir Mateen, Nicole Mitchell, Roscoe Mitchell, Joe Morris, William Parker, Jaribu Shahid, Matthew Shipp, Steve Swell, Tani Tabbal, Graig Taborn, Greg Ward, Corey Wilkes, Matthew Shipp, Larry Ochs • **Distribué par** : Improjazz, Les Allumés du Jazz, Souffle Continu ou via le site

RÒKER PROMOCION

✆ 06 71 61 87 17
contact@rokerpromocion.com • **www.rokerpromocion.com**
2 rue de Chateauredon • 13001 **MARSEILLE**
Caroline BONHEUR (Label manager)
Genre(s) musical(aux) : Ragga, rock, électro, world • **Catalogue national** : Massilia Sound System, Gari Grèu, Papet-J, Oai Star, Fabulous Trobadors, Papet-J.Rit • **Distribué par** : Harmonia Mundi, Wagram

ROLLX MUSIC

✆ 06 52 42 74 36
rollx-music@hotmail.fr
72 bd Roger Salengro • 93190 **LIVRY GARGAN**
Raphaël ROLLE (Gérant) • Blaise SEUKAP (Associé) • Mina MALONGA (Manager)
Genre(s) musical(aux) : Dance-hall, hip hop, soul, R&B, zouk, reggaeton • **Catalogue national** : Spart MC • **Catalogue international** : Spart MC, Lieutenant, Valley, Kulu G, Elvys, Julya, Eric Brouta, Danilo, Lino • **Labels représentés ou intégrés** : Artybeile Production, Bobby King Production • **Distribué par** : Wagram, EMI

ROOTS VIBES

✆ 06 59 43 16 45 / 03 51 42 02 00
rootsvibesprod@hotmail.com • **www.rootsvibes.com**
25 rue Gambetta • 51500 **MAILLY CHAMPAGNE**
Geoffrey ROBERT (Label manager)
Genre(s) musical(aux) : Reggae, dub, afro, soul, blues, rock • **Catalogue national** : Ebene & the Soul Rockers, Mr Haze (& the S.O.A.), Schizosonic, City Kay • **Catalogue international** : Ricky Grant, Max Romeo, Earl Zero, Tetrack, Doolay • **Distribué par** : Autodistribution, principaux sites commerciaux

ROTORELIEF

rotorelief.info@gmail.com • **www.rotorelief.com**
BP 40 • 35380 **PLELAN LE GRAND**
Christophe LOUIS (Label manager)
Genre(s) musical(aux) : Musiques bruitistes, industrielles, expérimentales, psychédéliques, concréte, krautrock, electronica, dartk folk, noïse musique, non music, musiques de traverse, etc. • **Catalogue national** : Vivenza, Le Syndicat, Brumen Pacific 231, Vox Populi !, Lieutenant Caramel, Ilitch, Parazite, Marc Caro, Frog, Les Belles Noïseuses • **Catalogue international** : Nurse With Wound, Sand, Current 93, M.B, CoH, Bryin Dall (Thee Majesty), Roxy Epoxy (The Epoxies), Fujako, Takaaki, Pharmakustik, Ether • **Distribué par** : Rotorelief, Metamkine, Clear Spot, Disk Union

ROY MUSIC

✆ **01 42 57 11 36**
contact@roymusic.com • **www.roymusic.com**
22 rue Vicq d'Azir • 75010 **PARIS**

Rodolphe DARDALHON (Cogérant) • Yvan TAIEB (DA&Web) • Pascaline ROVERSO (Juriste) • Christophe TASTET (Electro & export) • Olivier CHINI (Image) • Céline BAZARD (Chef de produit)

Catalogue national : Mademoiselle K, Oldelaf, Duel, Néry, Jean Racine, Quaisoir, Boulbar, Rachel Des Bois, Hangar, Jérôme Attal • **Catalogue international** : Jil Is Lucky, Talisco, Alba Lua, Izabo, The Toxic Avenger, Make the Girl Dance, Vismets • **Catalogue DVD musicaux** : Live Mademoiselle K, Oldelaf et Monsieur D • **Distribué par** : Universal

RUDE AWAKENING

✆ **09 54 45 17 82** • fax 09 59 45 17 82
info@rude-awakening.org • **www.rude-awakening.org**
14 rue Dom Vaissette • 34000 **MONTPELLIER**

Aurélien BESNARD (Directeur artistique) • Ela KESSELHEIM (Chargée de communication)

Genre(s) musical(aux) : Jazz contemporain & musiques improvisées, jazz noise, musiques minimalistes • **Catalogue national** : Contrabande, Samuel Silvant Trio, Figurines, Bernard Santacruz, Jonah, Sap(e), Twits, Ça Dépend des Mouettes, Mécanos Sonores, Fonetic, Poche à Son, Red Planet, Duo Soletti/Besnard, Denis Fournier 4tet, Les Yeux de la Tête, « Q » avec Julien Desprez, Fanny Lasfargues et Sylvain Darrifourcq • **Catalogue international** : Empty Cage Quartet & Soletti/Besnard, Contrabande • **Catalogue DVD musicaux** : Collection Microscope • **Distribué par** : Allumés du Jazz, actuellecd.com

RUE BLEUE

✆ **01 44 79 00 36** • fax 01 44 79 00 34
ruebleue@azimuthprod.com • **labelruebleue.fr**
43 rue de Trévise • 75009 **PARIS**

Geneviève GIRARD (Gérante) • Bernard BATZEN (Directeur artistique)

Genre(s) musical(aux) : Chanson, musiques du monde, jazz • **Catalogue national** : Claude Barthélémy, Marc Perrone, Alain Brunet, Cyrius, Fania, The Popopopops • **Catalogue international** : Sawt El Atlas, Septeto Turquino, Ilene Barnes, Raul Paz • **Distribué par** : L'Autre Distribution, Chant du Monde

La RUMEUR

larumeurrecords@yahoo.fr • **www.la-rumeur.com**
40 rue Damremont • 75018 **PARIS**

RISSNO (Manager)

Genre(s) musical(aux) : Rap • **Catalogue national** : La Rumeur

RUMINANCE RECORDS

fredericdherouville@hotmail.com • **ruminance.blogspot.com**

Fred D'HEROUVILLE (Label manager)

Genre(s) musical(aux) : Tous styles • **Catalogue national** : Cheval de Frise, Chevreuil, Gordz, Ulan Bator, Sun Plexus, TG, Herman Düne, Rroselicœur, Stars at my Desk, My Own, Permanent Fatal Error, Passe Montagne, l'Ocelle Mare, Sabo • **Catalogue international** : The Red Krayola, Oxbow, US Maple, Oxes, Ricaine, Get The People, Okay, Aucan, Frog Eyes, Brian Harnetty & Bonnie Prince Billy, Rachel Grimes, Shipping News • **Distribué par** : Pias (France), Code 7 (UK), Goodfellas (It), Inpartmaint (Jap), Mandai (Bel)

SABOR DISCOS

✆ **05 58 06 15 53**
sabordiscos@yahoo.fr • **sabordiscos.free.fr**
L'Ostalet • Grand Poussade • 40420 **GAREIN**

Hervé MOLIA (Président) • Cédric CAILLAUD (Trésorier) • Laurent LABADIE (Secrétaire)

Genre(s) musical(aux) : Rock, musiques métissées latines, salsa, cumbia, merengue, reggae, ska, dub • **Catalogue national** : Adji, Ocho y Media et diverses COMs thématiques • **Catalogue international** : Desorden Publico, Satelite Kingston et diverses COMs thématiques • **Distribué par** : VPC, 1d-aquitaine.com

SAGA

✆ **01 42 52 67 90**
francois.lexuan@sagajazz.com • **www.sagajazz.com**
101 rue de Clignancourt • 75018 **PARIS**

François LÊ XUÂN (Label manager)

Genre(s) musical(aux) : Jazz, blues • **Catalogue national** : Collections « Saga Jazz », « Saga Blues », « Saga All Stars », « Rétrospective, etc. • **Labels représentés ou intégrés** : Cent Un • **Distribué par** : Universal (physique), Idol (digital)

SAKIFO RECORDS

✆ **02 62 32 11 29** • fax 02 62 27 04 67
sakifo@sakifo.com • **www.sakifo.com**
18 rue Maurice Janicot • 97410 **ST PIERRE, REUNION (REUNION)**

Jérôme GALABERT (Directeur artistique) • Romuald REQUENA (Label manager) • Myriam CHIARAMONTI (Chargée de production)

Genre(s) musical(aux) : Maloya, hip hop, folk, reggae, soul • **Catalogue national** : Nathalie Natiembé, Bazbaz • **Catalogue international** : True Live, Finley Quaye, Success, Winston McAnuff & Bazbaz Orchestra, Ziskakan, Tiloun, Maya Karaty, Alex, Tumi and The Volume, etc. • **Distribué par** : Wagram, autodistribution

SAMEDI 14 / LMD

✆ **06 80 72 14 89 / 09 83 06 99 93**
frank@samedi14.com • **www.samedi14.com**
1 rue Chalopin • 69007 **LYON**

Frank BROUSSAS (Directeur artistique)

Genre(s) musical(aux) : Chanson, jeune public, rock • **Catalogue national** : Balmino, Camel Arioui, Evelyne Gallet, François Gaillard, Billie, La Blanche, Broc, Traversée de la scène à la rage, Williwaw • **Distribué par** : L'Autre Distribution

SANS BRUIT

✆ **01 43 20 56 50 / 06 63 95 41 90**
sansbruit@sansbruit.fr • **www.sansbruit.fr**
37 rue Léon Bocquet • 94100 **ST MAUR DES FOSSES**

Philippe GHIELMETTI (Président) • Stéphane BERLAND (Secrétaire) • Stéphane OSKERITZIAN (Trésorier)

Genre(s) musical(aux) : Jazz et musiques créatives • **Catalogue national** : Sophia Domancich/Raphaël Marc, Stephan Oliva, Yvan Robilliard, Noah Rosen/Yves Robert/Didier Levallet, Ran Blake, Benoît Delbecq & Marc Ducret, Jean-Marc Foltz & Stephan Oliva, Nuts (B. Duboc, D. Lasserre, I. Oki, M. Sato, R. Siddik), Les Fées du Rhin (Daniel Erdmann, Benjamin Duboc et Antoine Paganotti), Bruno Angelini/Joe Fonda/Ramon Lopez, Alexandra Grimal & Giovanni di Domenico, Yes is a Pleasant Country (Bruno Ruder, Jeanne Added et Vincent Lê Quang), Pascal Maupeu, Bruno Angelini/Gargano Mauro/Fabrice Moreau, Didier Levallet Quintet, Sylvain Rifflet • **Distribué par** : Believe

SARAVAH

✆ **02 51 65 72 31**
yvonnick@saravah.fr • **www.saravah.fr**
36 rue de l'Eglise • 85500 **LES HERBIERS**

Yvonnick AGENEAU (Gestion et administration)

Catalogue national : Gérard Ansaloni, Arbadétorne, Véronique Balmont, Pierre Barouh, Bia, Big Mini, Etienne Brunet, Jean-Roger Caussimon, Dragibus, Claire Elzière, A Filetta, Brigitte Fontaine, Stéphane Goldman, Jacques Higelin, Françoise Kucheida, Le Coq, Allain Leprest, Pierre Louki, Daniel Mille, Mediavolo, Gérard Pierron, Elisa Point, Fred Poulet, Quartet Elan, Yannick Saulnier, Barney Wilen • **Catalogue international** : Lewis Furey, Steve Lacy, Nana Vasconcelos, Mimosa, Cathrin Pfeifer • **Distribué par** : Socadisc

Le SAULE

✆ **09 51 82 41 90**
contact@lesaule.fr • **www.lesaule.fr**
43 rue du Simplon • 75018 **PARIS**

Aurélien MERLE (Label manager)

Catalogue national : Jean-Daniel Botta, Léonore Boulanger, Camille CouteauPhilippe Crab, June et Jim, Antoine Loyer, Aurélien Merle • **Distribué par** : L'Autre Distribution, Rough Trade Distribution

SCHNITZ PRODUCTIONS

coco.leonet@gmail.com
3 rue Bamberger • Apt 307 • 57000 **METZ**

Corinne LEONET

Genre(s) musical(aux) : Rock, rock'n'roll, garage • **Catalogue national** : Les Wad-Billys, AdOk, Docteur Wilmouth, Les Excelsiors • **Distribué par** : CD1D

SEASON OF MIST

✆ **04 91 83 03 08** • fax 04 91 80 00 37
info@season-of-mist.com • **www.season-of-mist.com**
c/o Soundworks • 111 route de la Valentine • Lot n° 11 • 13011 **MARSEILLE**

Michaël BERBERIAN (Gérant)

Genre(s) musical(aux) : Hard rock, metal • **Catalogue national** : Klone, Otargos, Trepalium, The Arrs, Eths, Benighted, etc. • **Catalogue international** : Mayhem, Arcturus, Cynic, Watain, Atheist, Destroyer 666, Morbid Angel, Rotting Christ, Septicflesh, etc. • **Labels représentés ou intégrés** : Noevdia • **Distribué par** : Soundworks, The Orchard

SEKENCE RECORDS

✆ **01 73 73 21 04**
sekence@futuriaproduction.com • **www.futuriaproduction.com**
Futuria Production • 4 cour St Pierre • 75017 **PARIS**

Christophe LYARD (Gérant)

Genre(s) musical(aux) : Musiques électroniques • **Catalogue national** : Phunky Data, Lake Soul, Kiko, Lamia, Nexus Groove • **Distribué par** : Autodistribution

SERGENT MAJOR COMPANY

✆ **01 46 42 31 01** • fax 01 44 95 14 14
contact@sergentmajorcompany.com
www.sergentmajorcompany.com
128 rue de la Boétie • 75008 **PARIS**

Jesse G HESTER (Directeur) • Jacques DEJEAN (Label manager) • René LEGER (Chef de produit) • Valérie CHABOT (Promotion) • Lydia BRAOUDÉ (Promotion)

Genre(s) musical(aux) : BOF, chanson, pop, rock, jazz, world music, musiques pour enfants • **Catalogue national** : Florian Bellecourt, Francis Lockwood, Maurice Vander, Elijah, Damien Poupart-Taussat, Zetlab, Pascal Fossart, Mercedes Audras, Plastic Bertrand, La Serpent, Albert, Tchook, Pascal Rinaldi, The Booze Brothers, Tres Hombres, Carole Sergent, Hélène Delavault, Indigo, Zizi Jeanmaire, Jean Guidoni, Rufus, Anna Prucnal, Gold, Nicole Rieu, Capercaillie, Annabelle, Mouloudji, Isabelle Carpentier, Grazzia Giu, Ric-tus, Lauren D., Damien Poupart-Taussat, Mercedes Audras, etc. • **Catalogue international** : XXI Productions, Robdigital, GalettiBoston • **Labels représentés ou intégrés** : Sergent Street, Major Tom, collection du Tambour Major

SERIAL RECORDS

✆ **01 55 79 93 93** • fax 01 55 79 93 90
info@serialrecordings.com • **www.serialrecords.com**
6 rue Coustou • 75018 **PARIS**

Rodolphe LEJEUNE (Label manager) • Mike GUIMOND (Licences internationales & Projets spéciaux) • Jérôme RICHELME (Web & Digital Manager)

Genre(s) musical(aux) : Musiques électroniques, deep house, house, progressive house, dubstep, dance, etc. • **Catalogue national** : Arno Cost, Muttonheads, Mathieu Bouthier, Norman Doray, Arias, Soldiers of Twilight, Demon Ritchie, Dj Phantom, etc. • **Catalogue international** : Tim Berg, Nadia Ali, Mischa Daniels, Mischa Moor, Dabruck & Klein, Jean Elan, Armin Van Bureen, etc. • **Distribué par** : Universal, Zebralution

SEVEN ISLANDS RECORDS

✆ **06 25 43 65 50**
sevenislandsrecords@gmail.com • **www.7islands.net**
184 rue de Belleville • 75020 **PARIS**

Régis MULLER (Label manager)

Genre(s) musical(aux) : Jazz, nu jazz, nu soul, hip hop, RnB, drum'n'bass • **Catalogue national** : Tassel & Naturel « Fillet of Soul », Alexandre Tassel & Christian Brun, Dj Reg, Dj Domisoul • **Distribué par** : La Baleine

SEVENTH RECORDS

✆ **01 48 26 10 27**
seventh@seventhrecords.com • **www.seventhrecords.com**
101 av. Jean Jaurès • 93806 **EPINAY SUR SEINE CEDEX**

Isabelle FEUILLEUBOIS (Gérante) • Stella LINON-VANDER (Contact)

Genre(s) musical(aux) : Jazz, rock progressif • **Catalogue national** : Christian Vander et toutes ses déclinaisons (Offering, Magma, Trio) • **Distribué par** : Harmonia Mundi

SHOOTING STAR

✆ **01 45 73 28 90**
info@shooting-star.com • **www.shooting-star.com**
124 rue Constant Coquelin • 94400 **VITRY SUR SEINE**

Patricia RUSCITO (Directrice général)

Genre(s) musical(aux) : Techno, new age, world, instrumental, classique, B.O. de films et de jeux vidéos, musiques de la nature • **Catalogue international** : Made In : Bamboo, Metal, Roc, Air, H2O. MMM (Multi media music) : Obscura, Atlantis 1 et 2, Lost Eden, Riverworld, Dragon Lore 2, Deo Gratias, Chroniques de la Lune noire, Outcast, Tintin, Atlantis IV • **Labels en licence** : Made in, MMM • **Distribué par** : Shooting Star

SHOW 2000

✆ **03 52 19 03 93** • fax 03 85 38 09 49
show2000@free.fr
411 quai Jean Jaurès • 71000 **MACON**

Fernand PIQUERAS (Directeur général)

Genre(s) musical(aux) : Rock, variétés • **Catalogue national** : Laurent Clairville, Claude Demay • **Distribué par** : S2M Distribution (23, rue Albert Cousin - 01750 St-Laurent-sur-Saône)

SIGNATURE

✆ fax 01 56 40 49 49
dagmara.girod@radiofrance.com
c/o Radio France • 116 av. du Pdt Kennedy • 75220 **PARIS CEDEX 16**

Bruno LETORT

Genre(s) musical(aux) : Musiques du monde, jazz, musiques électroniques • **Catalogue national** : « La Tectonique des Nuages » (opéra jazz de Laurent Cugny), Joachim Kühn & Quatuor IXI, Gilles Coronado, Fred Poulet, Jean-François Pauvros, Red, Martin Saint Pierre, Bumcello, Rom, Pelix, Noël Akchoté, Xavier Garcia, David Hykes, Artaud, Hector Zazou, Gérard Siracusa, Monty Adkins, J-L. Marchand, Ch. Rieger, Fred Frith, etc. • **Distribué par** : Harmonia Mundi

SING MY SONG

✆ **09 83 22 96 95**
charlotte@singmysong.fr • **www.singmysong.fr**
c/o Mila • 2 rue André Messager • 75018 **PARIS**

Cos CORLEONE (Label manager) • Charlotte LE GAL (Communication)

Catalogue national : Ninh, Ana Ka, Ana Leonora

SINK 9 PROD

✆ **06 49 52 65 27**
sink9prod@hotmail.com • **www.sink9prod.com**
36 bis rue du Mal Foch • 59730 **ST PYTHON**

Anthony MARION (Responsable / Chargé de communication / Designer) • VIDA (Ingénieur du son / Beatmaker)

Genre(s) musical(aux) : Hip hop, COM samples • **Catalogue national** : El Jefe, 24 Carats, Solaris, Lesly Ja, Feini X Crew, Sengio MC, Fatcap, La Familia ; production sampler : L'Espry Hip Hop (sortie trimestrielle) regroupant sélection, inédits, remix, etc. • **Catalogue international** : L'Assemblée • **Distribué par** : Sink 9 Prod

SISMIC MUSIC

✆ **01 41 27 09 25**
info@sismic-music.com • **www.sismic-music.com**
132 bd Jean Jaurès • 92110 **CLICHY**

Emmanuel PLEGAT (Headmaster / A&R) • Romain MORLAT (Studio manager) • Olivier HUGUENARD (Studio manager)

Genre(s) musical(aux) : House electro, pop, indie • **Catalogue national** : Fat Phaze, Teka, Revolte, T.B.S, Vektorkat, Walter, etc. • **Catalogue international** : Zygomatik, Dr Bass, Patrick Alavi, Overthrill, The Lifers • **Distribué par** : Idol via La Tebwa

SIXONINE PRODUCTIONS

www.sixonine.fr

SINIK (Directeur artistique) • Nabyl H. (Production & édition) • Karim B. (Production & édition)

Genre(s) musical(aux) : Rap • **Catalogue national** : Sinik, Damain Marques, L'Algerino, Cifach

SKALOPARDS PROD'Z

✆ **06 23 07 25 42**
www.skalopards.fr
12 bd Jean Cocteau • 30900 **NIMES**

Laurent SPEZIALE (Président) • Marc (Responsable de production)

Genre(s) musical(aux) : Punk, ska, hardcore • **Catalogue national** : Leptik Ficus, Les Vilains Clowns, Leituss, Blurp !, Chepa, Les Ecureuils Qui Puent, Jneb, Les Out Of School Activities, Toxic Waste • **Catalogue DVD musicaux** : « Live à St Genies », « Rock'n'Roll Circus X Show » LVC • **Distribué par** : Autodistribution

SOBER & GENTLE

✆ **09 81 25 97 92**
contact@soberandgentle.com • **www.soberandgentle.com**
98 rue des Martyrs • 75009 **PARIS**

Stéphane GILLE (Gérant) • Laura ROUVELLAT (Chef de projet)

Genre(s) musical(aux) : Pop, folk, rock, indie • **Catalogue national** : Hey Hey My My, Cocoon, Kid Bombardos, Greenshape, Mélanie Pain, Kid Bombardos, Tricot Machine, Coming Soon, Peaks, Photo, Great Mountain Fire • **Catalogue international** : Trico Machine (Can) • **Catalogue DVD musicaux** : « Back To Panda Mountains » (Cocoon), Porn Groove, This is so foot, Love is the Drugs • **Distribué par** : Sony

SONOGRAMME

✆ **06 12 17 31 19**
info@sonogramme.fr • **www.sonogramme.fr**
92 rue de Montreuil • 94300 **VINCENNES**

Sébastien NOLY (Responsable) • Bertrand DUPUICH (Webmaster)

Genre(s) musical(aux) : Jazz, musique improvisée, musique classique, etc. • **Catalogue national** : Jazz : Daniel Casimir & l'Ensemble Squillante, Benoît Ment & l'Ensemble Accroche Note, Misja Fitzgerald Michel « Les plus belles berceuses jazz » (Livre-CD) • **Distribué par** : Abeille et Quobuz

SONORE

✆ **04 67 73 11 07** • fax 09 51 33 64 44
www.sonore.com
c/o Jaapan • 197 rue de Paris • 93100 **MONTREUIL**

Franck STOFER (Artiste & répertoire) • Jean-Alain SIDI (Editions)

Genre(s) musical(aux) : Musiques électroniques et expérimentales japonaises • **Catalogue international** : Yuko Nexus6, Satoru Wono, Satanicpornocultshop, L?K?O, Kangaroo Paw, Plapla Pinky • **Labels représentés ou intégrés** : NuNuLAXNuLAN • **Distribué par** : Autodistribution

Le SONOTONE

✆ 09 50 63 07 40
contact@lesonotone.com • **www.lesonotone.com**
10 rue de l'Industrie • 25000 **BESANCON**
Rémi CLEMENCIN (Président)
Genre(s) musical(aux) : Musiques du monde, électro, rock, pop • **Catalogue national** : Blackwater, Spakr, Austin Newcomers, Plugged, Nez a Foot, Stellardrive

SORDIDE SENTIMENTAL

✆ 02 35 62 82 99
info@sordide-sentimental.com • **sordide-sentimental.com**
BP 534 • 76005 **ROUEN CEDEX 1**
Jean-Pierre TURMEL (Directeur artistique)
Catalogue national : Steeple Remove, UNACD, Private Circus, Rosa Crux, Quattrophage, GRRZZZ, Tempsion, Jean-François Jamoul, Rainier Lericolais • **Catalogue international** : Psychic TV, Martyn Bates, Krackhouse, Circle X, Sin City Disciples, Digital Sex, Davy Allan and The Arrows, the Red Krayola, Bruce Licher, Thee Majesty • **Catalogue DVD musicaux** : Bruce Licher, Tempsion, Thee Majesty, Jean François Jamoul • **Distribué par** : Musea, Metamkine

SOULAB

✆ 03 83 43 27 70
soulab@soulab.com • **www.soulab.com**
c/o SARL Soulville • BP 59 • 54200 **TOUL**
Gwenn-Mael PIRIOU (Directeur artistique)
Genre(s) musical(aux) : Soul, jazz, house • **Catalogue international** : Allen Hoist, Uptown Funk Empire, Dan Electro, Isaac Aesili, Slow Motion Replay, Weeland & The Urban Soul Collective, Uraz Kurt, Giuseppe Storniolo • **Distribué par** : Topplers, Finetunes

SOULBEATS RECORDS

✆ 05 56 69 10 30 / 06 08 78 58 47 • fax 05 56 69 12 92
info@soulbeats.fr • **www.soulbeats.fr**
1 rue Pierlot • 33460 **MACAU EN MEDOC**
Vianney LIESENBORGHS (Label manager) • Yoann MOULIN (Responsable de la distribution) • Sarah MOKNI (Chargée de communication)
Genre(s) musical(aux) : Reggae, rock, ska, soul, funk, musiques du monde • **Catalogue national** : Shaolin Temple Defenders, Soul Revolution, Broussaï • **Catalogue international** : Groundation, Tarrus Riley, Linval Thompson, U-Roy, Martha High, Takana Zion, Harrison "Professor" Stafford, Rootz Underground, Sebastian Sturm, Rebelution, Gizelle Smith, Mista Savona • **Distribué par** : Socadisc, Believe, Naïve, Harmonia Mundi

SOUNDS AROUND RECORDS

✆ 06 62 53 84 16 / 01 30 31 93 51
soundsaround@wanadoo.fr • **www.soundsaround.net**
3 rue du Ponceau • 95000 **CERGY**
Thierry ARNOLD (Label manager)
Genre(s) musical(aux) : Dub, musiques électroniques • **Catalogue national** : Thierry Arnold, Automat, Brain Damage, Dub Addict, GG Project, Hybrid Sound System, Kojitô, Lena, Molecule, Rondo, Sism-X, Vibronics, Weeding Dub, E_S.A • **Distribué par** : Pias, CD1D

SOUS LA VILLE

✆ 01 40 95 05 01 / 06 11 42 44 22
souslaville@orange.fr • **www.souslaville.com/label.html**
84, avenue de la République • 75011 **PARIS**
Marc BERTHOUMIEUX (Directeur)
Genre(s) musical(aux) : Jazz • **Catalogue national** : Marc Berthoumieux, Jean-Pierre Como, Manu Le Prince, Louis Winsberg, Sylvain Luc, Stéphane Huchard • **Distribué par** : Socadisc/Absilone et Believe

SPACE TIME RECORDS

✆ 01 44 75 59 38 • fax 01 44 67 79 36
bluegeo@bluegeo.com • **www.spacetimerecords.com**
90 cours de Vincennes • 75012 **PARIS**
Xavier FELGEYROLLES (Producteur / Directeur artistique)
Genre(s) musical(aux) : Jazz • **Catalogue international** : Tony Tixier, Gilles Naturel, Mulgrew Miller, Donald Brown, Charles Thomas, The Jet All Star Quartet (Kenny Barron/Gary Bartz/Ben Riley/Ray Drummond), Bill Mobley, Ali Jackson, Jean Toussaint, Buddy Montgomery, Ivan Lewis, Alan Dawson, Robert Glasper, Lionel Loueke, Walter Smith III, Eric Harland, Keith Brown, Julian Zavian • **Catalogue DVD musicaux** : Eric Harland • **Distribué par** : Socadisc

SPHERE FRANCE

✆ 05 53 03 25 06
info@sphere-france.com • **www.sphere-studio.com**
La Peletie • Lieu-dit Miossac • 24260 **MAUZENS ET MIREMONT**
Pascal ESCOYEZ (Directeur) • Valérie ESCOYEZ (Chargée de projets)
Genre(s) musical(aux) : Pop, rock, classique, jazz, musiques de monde, blues, hip hop, etc. • **Catalogue national** : Amélie Morin, Alain Goldstein, Wendy Nazaré, Eyal, Dimitri Nirman, Nando Circus, Marc Bienne, Arkane, Sam, Terminal Groove, Lutopia, The Black Rose, Aleyna, Kevin, Jessica Marquez, Flangers, Romulo Gonçalves, Paryzyane, Dyanmic • **Distribué par** : Autodistribution

SPOZZLE

info@spozzle.com • **www.spozzle.com**
37 rue des Panoyaux • 75020 **PARIS**
Duncan ROBERTS (Directeur artistique) • Nicole ROSS (Directrice)
Genre(s) musical(aux) : Pop, rock, électro • **Catalogue national** : Une femme mariée • **Catalogue international** : Dictafone, Leonid Love, BO, The Cold Shoulder • **Labels en licence** : Pop Muzak • **Labels représentés ou intégrés** : JTD (Can) • **Distribué par** : MVS-Anticraft

STAND OUT RECORDS

✆ 06 25 17 01 78
info@standoutrecords.com • **www.standoutrecords.com**
13 rue Le Corbusier • 92100 **BOULOGNE BILLANCOURT**
Jérémy MAHIEU (Label manager) • Mathieu ARIBART (Label manager)
Genre(s) musical(aux) : Rock, rock-électro • **Catalogue national** : Napoleon Great Army, Manufacture • **Distribué par** : Believe

STEP OUT PRODUCTIONS

krysmusic@gmail.com • **stepoutprod.com**
c/o Step Out • 19 rue des Trois Pavillons • 92110 **CLICHY**
Pedro PIRBAKAS (Label manager)
Genre(s) musical(aux) : Musiques du monde, reggae, dancehall, rap, pop • **Catalogue national** : Krys, Misié Sadik, Colonel Reyel, Black Micky Crew, Strikem, T-Shaa, Datcha Dollar'Z, X-Man, Angel • **Distribué par** : Pias, Believe

STEREOPHONK

✆ 06 17 19 42 44
stereophonk@gmail.com • **stereophonk.com**
4 passage du Couedic • 35000 **RENNES**
Martin NICOL (Trésorier)
Genre(s) musical(aux) : Hip hop, funk, groove • **Catalogue national** : Funky Bijou, DJ Marrrtin, Deheb, Ajax Tow

STICK MUSIC

✆ 01 49 01 95 20 • fax 09 59 35 04 14
welcome@stickmusic.fr • **www.stickmusic.fr**
24 rue Pasteur • 92800 **PUTEAUX**
Lionel DUCOS (Responsable manager)
Genre(s) musical(aux) : Pop, dance, rock • **Catalogue national** : Les Forbans, Fab, Pat Williams, Ludo, Laura Zen, Philippe Costes, Charles Dumont • **Catalogue international** : Bonnie Tyler, Roberto Leal, Cheba Maria, Reina Saba • **Catalogue DVD musicaux** : Bonnie Tyler, Charles Dumont, Les Forbans, Bouchnack • **Distribué par** : Socadisc, Believe

STREET SKILLZ

✆ 06 99 59 13 10
streetskillz.booking@gmail.com • **www.onlypro-agency.com**
Genre(s) musical(aux) : Rap • **Catalogue national** : Psy4 de la Rime, Soprano, R.E.D.K, Révolution Urbaine, Vincenzo, Alonzo, Magic System • **Catalogue international** : Soprano, Magic System, Psy4 de la Rime • **Catalogue DVD musicaux** : « Psychanalyse aprés l'album », « Les cités d'Or Tour »

STREETSIDE

streetside2001@yahoo.fr • **www.myspace.com/amiraljohnson**
4 rue de Copenhague • 72000 **LE MANS**
Pierre CADIEU (Directeur)
Genre(s) musical(aux) : Reggae, ragga, hip hop, world music • **Catalogue national** : Amiral Johnson • **Catalogue international** : I Fari, Ganja Tree, Sachiko, Léké, Br, Illard Scott, Dujeous, Adrienne Mack Davis, Jamalski, Lexington, Killa Puppet, Dragon Of Eden, Mc Doe Vodan, Amiral Johnson • **Labels représentés ou intégrés** : Elite Records, Creativ Studio, Folistar, Must Records • **Distribué par** : Socadisc Europe, Believe, CD Baby (USA)

SUBWAVE RECORDS

✆ 06 20 79 14 69 / 06 20 42 49 83
subwave-records@voila.fr • **www.subwave-records.com**
9 rue Painlevé • 52000 **CHAUMONT**
Genre(s) musical(aux) : Musiques actuelles • **Catalogue national** : Bioconflict, InfraZer, Casius Belli, Emcity, Fr4gment • **Distribué par** : CD1D

SUCH PRODUCTION

✆ 09 53 38 13 96 / 06 62 24 16 30 / 06 63 47 16 54
contact@suchproduction.com • **www.myspace.com/suchprod**
7 rue Maurice Thorez • 92000 **NANTERRE**
Sébastien BARTHELEMY (Label manager) • Julien BIROT (Directeur artistique)
Genre(s) musical(aux) : Jazz, électro, soul • **Catalogue national** : Sylvain Beuf, Wise, Electro Deluxe, Teknic Old Skool, Roland Brival, Wolf, Freddy, Stéphane Huchard, Sébastien Jarrousse, Diego Imbert, Louis Winsberg, Paul Jarret, Hervé Samb, Boney Fields • **Distribué par** : Harmonia Mundi

SUDE COMMUNICATION

✆ **05 34 41 88 44** • fax 05 34 41 88 40
sude@sude.fr • **www.sude.fr**
108 av Saint Germier • 31600 **MURET**
François-David DECOURTEIX (Responsable)
Genre(s) musical(aux) : Tous • **Catalogue national** : La Légende de Gaucelm, Orchestre Philharmonique du Maroc, Thérèse Dussaut, Marc Drobinsky, etc.

SUMMITS RECORDS / STICK MUSIC

✆ **04 89 09 25 33 / 06 70 20 44 38** • fax 04 83 43 14 12
summitsrecords@noos.fr • **www.summitsrecordsproductions.com**
404 av. François Cuzin • 83000 **TOULON**
Frank DERRIER (Président)
SMR / GLG • **Genre(s) musical(aux)** : Electro • **Catalogue national** : Dj Turtle, Dj Miss Kailly, Steve Roberts, Beenie Becker, Superball, The French Family, Floran C, Andy Myler, Robie Neji, Luke Jeferson, Jimmy Picci, Audiodish, D.N.V, Yvan Kay, Los Dj, Siana Crown, Ary –D • **Catalogue international** : Pat Farrell, Patrick Miller, Loco Slickers, Pulserockerz, Tony Zampa, Dj Divine, Indigo, Alex Barattini, Glamotronik, Beat Music, Roxana Nemes, Bootmasters, Magdalena, Maddie, MEA, Papa A.P, Major Tosh, Massive Dj's • **Catalogue DVD musicaux** : « Sexy Lounge » vol.1 • **Labels représentés ou intégrés** : GastHouse recording, Gleam Records, Smilax Publishing, Andy Prinz Publishing • **Distribué par** : Believe, Itunes, Beatport, DJ Tunes, etc.

SUNSET-FRANCE

✆ **01 46 03 32 25** • fax 01 48 25 97 70
info@playasound.com • **www.playasound.com**
96 rue du Château • 92100 **BOULOGNE**
Alain NORMAND (Gérant) • Sébastien NORMAND (Commercial)
Genre(s) musical(aux) : Musiques traditionnelles, musiques du monde • **Catalogue international** : Adama Dramé, Tambours de Tokyo, Nazaré Pereira, Haydee Alba, etc. • **Labels en licence** : Manuiti • **Labels représentés ou intégrés** : Air Mail Music, Playasound, Crossing Records • **Distribué par** : Harmonia Mundi (Playasound et Air Mail Music)

SUPER APES

✆ **02 53 00 47 93**
superapes@hotmail.fr • **superapeslabel.bandcamp.com**
37 rue de Savenay • 44000 **NANTES**
Pierre BOIVENT (Président) • Morgan COCHENNEC (Trésorier)
Genre(s) musical(aux) : Rock, folk, électro, variété, Chanson française, punk, expérimental, etc. • **Catalogue national** : Jorge Bernstein & the Poupioufuckers, Arnaud Le Gouëfflec, Glossop, The Odd Bods, Bachbullbyrd, Kaleïdoson, Poppy No Good, The Gildebergs, Monsieur Free, Piero, The Planet Of The Super Apes, Peter Woodwind

SUPERHUIT

✆ **06 66 15 40 14**
superhuitmusic@hotmail.com • **superhuitmusic.free.fr**
15 rue Dumenge • 69004 **LYON**
Olivier PILLET (Label manager)
Genre(s) musical(aux) : House, deep house, trip-hop, soul, hip-hop, funk, jazz • **Catalogue national** : Teo « Boogymann » Moritz, Cinnamone, Ron-Hayes, Dan Electro, Infrared, Kyle Troy, DJ Deeno, J. Dovy, Sam « H » Zaff • **Distribué par** : Cyber Production, Believe

SURPRIZE

✆ **09 52 96 02 78**
contact@surprize.fr • **www.surprize.fr**
3 rue Bellot • 75019 **PARIS**
Adrien BETRA (Cogérant)
Genre(s) musical(aux) : Electro, techno • **Catalogue national** : Sexy Sushi, Only For The Kids, Ever Never • **Labels représentés ou intégrés** : Concrete, Scandale, Paramaniac • **Distribué par** : Believe, La Baleine

SYNCOPE MANAGEMENT

✆ **02 43 80 70 38 / 06 06 61 68 16**
booking@synopse-prod.com • **www.syncope-prod.com**
c/o ZA du Vivier • 17 rue du Vivier • 72700 **ALLONNES**
Mathieu MARÉE
Genre(s) musical(aux) : Metal, électro, rock, jazz, reggae, hip-hop • **Catalogue national** : Acné, Azzura's, Climat, Dirty Charly, Glück, Yellam, La Mauvaise Humeur, Noïd, Novels, Sheran And Tracy, Shuffle, Unleashing He Beast • **Distribué par** : CD1D, Season of Mist, Believe

T & F PRODUCTIONS

✆ **03 26 65 14 48** • fax 03 26 65 14 48
tf-prod@orange.fr
3 rue de l'Isle-aux-Bois • 51000 **CHALONS EN CHAMPAGNE**
Thierry BROYART (Administrateur)
Genre(s) musical(aux) : Rock, pop, metal • **Catalogue national** : TSK, Fifty One's, The Buccaneer, Kalffa, Plasma Girl, The French Mist, Sens Unique, etc. • **Catalogue international** : Fifty One's, TSK, Kalffa • **Catalogue DVD musicaux** : Natchez • **Distribué par** : Naïve, Wagram, Believe Digital

TALITRES

✆ **05 56 91 71 45 / 06 66 69 04 39** • fax 05 57 59 14 18
talitres@talitres.com • **www.talitres.com**
12 pl. de la Victoire • 33000 **BORDEAUX**
Sean BOUCHARD (Gérant / Directeur artistique)
Genre(s) musical(aux) : Pop, rock indépendant • **Catalogue national** : Temper, That Summer, Kim Novak, Thee, Stranded Horse, Verone, François & The Atlas Mountains, Maison Neuve, The Callstore • **Catalogue international** : Elk City, The Birdwatcher, Brando, Destroyer, The Walkmen, Calla, Dakota Suite, The National, Tex La Homa, Flotation Toy Warning, Clogs, Early Day, Mimers, The Wedding Present, The Organ, Idaho, Redjetson, I Like Trains, Tunng, Ralfe Band, Stars Like Fleas, le Loup, The Slpeeping Years, Swell, Emily Jane White, Scary Mansion, Forest Fire, Be My Weapon, Rubik, Ewert And The Two Dragons, Motorama, Tropical Popside, Will Stratton, Garciaphone • **Distribué par** : Differ-ant (F), CD1D, Rough Trade (All), Hoanzl (Autriche), Shellshock (UK), Goofellas (It), Compact (P), Munich (Benelux), Greenufos (Esp.), Hitchhyke (Grèce), Irascible (CH)

TANGRAM RECORDS

✆ **01 44 74 71 33** • fax 09 56 71 90 70
tangram@mac.com
39 rue de Pommard • 75012 **PARIS**
Paul DE PREKEL (Label manager)
Genre(s) musical(aux) : Jazz, world, musiques nouvelles • **Catalogue national** : Didier Malherbe, Martin Saint-Pierre, François Elie Roulin, Limborg, Zelwer, Thierry David, Ravi Prassad, Bruno Letort, Henri Agnel, Philippe Laurent, Serge Minnen, Denis Levaillant, Kamil Tchalaev, Von Magnet, J.Livengood/R.Pinhas, etc. • **Catalogue international** : Penguin Cafe Orchestra • **Distribué par** : Orkhestra

TAXI RECORDS

✆ **02 35 03 32 30** • fax 02 35 72 11 98
taxirecords@wanadoo.fr • **www.taxirecords.net**
60 rue Victor Basch • 76140 **LE PETIT QUEVILLY**
Jacques HUPIN (Gérant) • Alexis PEIGNE (Label manager)
Genre(s) musical(aux) : Tous styles dont jazz • **Catalogue national** : Xavier Richardeau, Holyland, Zikatatane • **Catalogue international** : Zach Prather & The Blues Express, The Ethiopians, Ras Michael, Vince Taylor, Akendengue, Larry Martin, etc.

La TEBWA

✆ **01 53 69 63 63** • fax 01 53 69 63 69
romain@latebwa.com • **www.latebwa.com**
14 rue Coquillère • 75001 **PARIS**
Stanislas RAMSAY-LEVI (Directeur) • Romain COULON (Directeur)
Genre(s) musical(aux) : Tous • **Catalogue national** : The Supermen Lovers, Golden Bug, Get a room !, Demon, Herr Styler, RimK (113), Edward...pour les intimes, Golden Bug & Mustang, Count Jackula, Ilya Santana, Lou Teti, Rodion & Khan, In Fields, Clap Rules • **Labels représentés ou intégrés** : La Belle Records • **Distribué par** : Wagram, Idol

TEMPO 111

✆ **06 81 73 51 69 / 06 67 25 14 19**
pierre@tempo111.com • **www.tempo111.com**
Pierre LOUISE (Gérant) • Gaëtan HERVÉ-DUPENHER (Directeur artistique)
Genre(s) musical(aux) : Jazz • **Catalogue national** : Eddy Louiss « Taurorque » (2010), « D'un jour à l'autre » (5 CD) • **Distribué par** : Autodistribution

TER A TERRE

✆ **05 58 52 44 02** • fax 09 59 83 11 66
booking@teraterre.com • **www.teraterre.com**
22 rue Paul Claudel • 40280 **ST PIERRE DU MONT**
Laurent LACROUTS (Label manager / Promotion) • Mathieu JOURDAIN
Genre(s) musical(aux) : Groove, rock • **Catalogue national** : The Inspector Cluzo • **Labels représentés ou intégrés** : Fuck The Bass Player Records • **Distribué par** : Wagram

TERRA INCOGNITA

✆ **06 74 57 41 73**
contact@terrabooking.fr • **www.terrabooking.fr**
Espace Louis Aragon • Place Vitoria • 16000 **ANGOULEME**
Arnaud ROY (Responsable)
Genre(s) musical(aux) : Rock, jazz • **Catalogue national** : Collectif Terra Incognita : The Fire Within (2011), « L'effet papillon » (2007), « Mimétique » (2002), « La planète incolore » (2001) • **Distribué par** : Allumés du Jazz

TEST

✆ **01 56 53 76 00** • fax 01 56 53 76 01
stand@wagram.fr • **www.wagram.fr**
c/o Wagram Music • 19 rue des Plantes • 75014 **PARIS**
Philippe GAILLARD (Label manager) • Perrine DE LA RUFFIE (Chef de produit)
Genre(s) musical(aux) : Tous • **Catalogue national** : Sofia Gon's, Sheryfa Luna, Sir Samuel, Logobi GT, Dry • **Catalogue international** : Alpha Blondy, Ziggy Marley, Wezepe • **Distribué par** : Wagram Music

THIRD SIDE RECORDS

✆ **01 43 55 23 62**
info@thirdsiderecords.net • **www.thirdsiderecords.net**
41 rue Sedaine • 75011 **PARIS**

Benoit TREGOUET (Label manager) • Michel NASSIF (Directeur artistique)

Genre(s) musical(aux) : Indé, pop, rock, folk, chanson • **Catalogue national** : Flairs, Cocosuma, Fugu, Austine, Domingo, La Femme, Blind Digital Citizen, Splash Waves, Lafayette, etc. • **Distribué par** : L'ambianceur, Believe

TIGERSUSHI RECORDS

✆ **01 42 33 90 30** • fax 01 42 33 78 42
pr@tigersushi.com • **www.tigersushi.com**
56 rue de la Fontaine au Roi • 75011 **PARIS**

Joakim BOUAZIZ (Directeur artistique / production)

Genre(s) musical(aux) : Electronica, techno, rock, expérimental, new wave, etc. • **Catalogue national** : Krikor, DyE, Maestro, Principles Of Geometry, Joakim, Yes Wizard !, Poni Hoax, Panico, My Sister Klaus, D_I_R_T_Y, Tigersushi Bass System • **Catalogue DVD musicaux** : Discipline • **Distribué par** : Modulor, Believe, SRD (GB)

TITRE A

✆ **03 88 95 79 34 / 03 88 95 78 40**
titrea@club-internet.fr • **www.titrea.net**
14 rue des Peupliers • 67880 **KRAUTERGERSHEIM**

Paul GLAESER (Directeur) • Frédérique ZOLTANE (Directrice artistique) • Patrick JAYMES (Directeur artistique) • Anne BALTA (Coach vocal)

Genre(s) musical(aux) : Chanson française, humour, enfants, dance, pop, musiques festives, ambiance, country • **Catalogue national** : Daizy, Les Dagobert, Prof des Ecoles, Sébasto, nombreuses COM, Camping Orchestra • **Catalogue international** : Dominique Nadia • **Distribué par** : Universal, WEA, Wagram, Sony, Atoll, Warner, EMI, Harmonia Mundi

TOOLBOX

✆ **01 48 05 80 16**
contact@toolboxrecords.com • **www.toolboxrecords.com**
30 rue St-Ambroise • 75011 **PARIS**

Christophe BRUNEL (Production)

Genre(s) musical(aux) : Breakcore, hard, techno, industriel, hardcore, dub, drumn'bass, hip hop, électro, dubstep, break beat, ragga jungle • **Catalogue national** : MonstR, Hupsy Down, Liquid Wicked, 16 Bit, Niveau Zero, Mahandee, FX Projekt, Popof, FKY, Noisebuilder, Mr Gasmask, Patrick Creamer, BRZ, Stefan ZMK, Acid Cirkus, etc. • **Labels en licence** : Toolbox limited, Monkeytool, Peur Bleue, Rouge de colère, Prat, Toolbox Killerz, Ptit Gris, DestPub, Acid Night, HIC, etc. • **Labels représentés ou intégrés** : Komod O Dragon, Volt, Rébus, Mas I Mas, Galletas Caliente, FDB, Clash records, Heretik HS, Lytik, RUFF (Peace OFF), Treem Records, Physical Records, Yttrium, Junky Robot Wax, Fenek, Radio Bomb RP, Fantomatik, etc.

TÔT OU TARD

✆ **01 55 28 85 85** • fax 01 55 28 34 35
info@totoutard.net • **www.totoutard.com**
113 rue St-Maur • 75011 **PARIS**

Vincent FRÈREBEAU (Directeur artistique & directeur du label) • Virginie AUSSIETRE (Productrice exécutive) • Emilie DAMON (Responsable marketing) • Frédéric GAUDIN (Directeur juridique / développement international) • Anne-Marie DORDOR (Responsable de la promotion) • Amélie MOUSSET (Promotion Radio) • Aurélie SAUFFIER (Promotion Radio et TV) • Laura ASTRUC (Assistante label)

Genre(s) musical(aux) : Tous • **Catalogue national** : Robin Leduc, L, L'Oiseau Bleu, Thomas Fersen, Dick Annegarn, Vincent Delerm, Bumcello, Stanley Beckford, Mathieu Boogaerts, JP Nataf, Yael Naim, Olive et Moi, James Delleck, Albin de la Simone, Shaka Ponk, Pamela Hute • **Catalogue international** : Piers Faccini • **Labels représentés ou intégrés** : Toto ou Tartare • **Distribué par** : Wagram

TOTEM MUSIC

✆ **04 67 06 94 99** • fax 04 67 06 94 99
contact@totem-music.com • **www.totem-music.com**
42 rue Adam de Craponne • 34000 **MONTPELLIER**

Danièle TEMSTET (Manager) • Valérie DOUTON-GAL (Chargée de diffusion)

Genre(s) musical(aux) : Folk-rock, chanson francaise, rock, world, musiques méditerranéennes, jeune public • **Catalogue national** : Les Êtres Humains, Caravanserail, Le Théâtre en Flammes, Brassens l'Irlandais, O mama O, Tempo (spectacle pour bébés), Georges Nounou, Ploùm

TOTO OU TARTARE

✆ **01 55 28 85 85** • fax 01 55 28 34 35
info@totoutard.net • **www.totoutard.com**
c/o Tôt ou Tard • 113 rue St-Maur • 75011 **PARIS**

Vincent FRÈREBEAU (Directeur du label & directeur artistique)

Genre(s) musical(aux) : Jeune public • **Catalogue national** : « Le Mystère Des Couleurs », « Quand on arrive à Molidor », « Le Peuple des Dunes », « Léonard a une sensibilité de gauche » • **Distribué par** : Wagram

TOULOUSE EN SCÈNE

✆ **09 50 30 82 11**
contact2@toulouseenscene.com • **www.toulouseenscene.com**
3 quai des Escoussières • 81800 **RABASTENS**

Mathieu DULIVAL (Directeur artistique) • Jean-Philippe RODRIGUES (Webmaster)

Genre(s) musical(aux) : Chanson française, pop, rock, classique, ska, théâtre musical • **Catalogue national** : Alter & co, L'Homme en Bleu, Guillaume Barraband, Les Poids Plume, Pierre Planes & LeGroup, COMs Toulouse en Scène, Toulouse en Chanson • **Labels représentés ou intégrés** : L'épopée rustre

TOXIC-MUSIC

✆ **06 89 89 87 61 / 05 61 62 25 46 / 09 50 11 87 61**
contact@toxic-planet.net • **www.toxic-planet.net**
88 rue Riquet • 31000 **TOULOUSE**

Brice MIRAMONT (Président) • Gwarr GREFF (Directeur artistique)

Genre(s) musical(aux) : Tous • **Catalogue national** : XTRL CTRL, Hot Club de Pom Gali • **Catalogue international** : Big Sir, Lisa Papineau, Com « Electrad » • **Catalogue DVD musicaux** : Vidéoclips : Saidi, T.O.C, Big Sir, XTRL CTRL, Brian Lopez, Elektric Geisha, Gospel Praise Family, Bubblies • **Distribué par** : Idol

TRACE LABEL

✆ **01 46 36 43 21**
tracelab@tracelab.com • **www.tracelab.com**
19 rue Levert • 75020 **PARIS**

Laurent SAÏET (Responsable)

Genre(s) musical(aux) : Nouvelles musiques, post-rock, électroacoustique, poésie sonore • **Catalogue national** : G. Loizillon, L. Saïet, H. Zénouda, C. Groult, P. Müller, J. Hubaut, J. Blaine, J-F. Pauvros, Tribraque, Empan, TanKJ, Dièse 440, S. Lespinas, Pupusse & Patrack, C. Pennequin, etc. • **Catalogue international** : M. Bokanowski, Moondog (tribute), Post minimalism (compile myspace), documents • **Catalogue DVD musicaux** : « Instant T : un hommage à Chris Marker » • **Distribué par** : Orkhestra, Metamkine, via le site

TRAD VIBE RECORDS

tradviberecords@gmail.com • **www.tradvibe.fr**

Jérôme POTIN (Directeur artistique) • Ludovic MAHO (Label manager / Admintrateur)

Genre(s) musical(aux) : Jazz, funk, hip hop, électro, soul • **Catalogue national** : Moar, Dee Nasty, Alain Mion, Dj Goodka, Dj Pharoah, Third P, Yann Kesz • **Catalogue international** : Cortex, Venice Beach, Sarsha Simone, Raashan Ahmad, The Audible Doctor, COM « Wizard Performances », LS Brigandes, Sarsha Simone, The Groovologists • **Distribué par** : Musicast, The Pusher, Fine Tunes

TRAFFIX MUSIC

✆ **01 48 51 30 81** • fax 01 43 60 38 44
emilie@traffixmusic.com • **www.traffixmusic.com**
130 av. Pasteur • 93170 **BAGNOLET**

Emilie HOUDEBINE (Gérante)

Genre(s) musical(aux) : Chanson, rap, rock, pop, hip-hop, world • **Catalogue national** : Pascal Parisot, Fredda, June et Jim, Axel & The Farmers, Daara J Family • **Distribué par** : Musicast

TRANSPORTATION LABEL

✆ **+1 514 931 62 35 / +1 514 996 25 95**
transportation@me.com • **www.transportationlabel.com**
26 allée du Lac Bleu • 97320 **ST LAURENT DU MARONI (GUYANE)**

Michaël CHRISTOPHE (Gérant)

Genre(s) musical(aux) : Reggae, ragga, musiques du monde • **Catalogue international** : Chris Combette, Prince Koloni, Energy Crew, Little Guerrier, etc.

TRAUMA SOCIAL

✆ **06 20 85 04 26**
traumasocial@yahoo.fr • **trauma-social.propagande.org**
3 rue de la Platerie • 91150 **ETAMPES**

Zéric HARTWEG (Label manager)

Genre(s) musical(aux) : Punk • **Catalogue national** : Brigitte Bop, Gasteropodes Killers, Rem and The Courbarians, Garage Lopez, Gilbert et ses Problèmes, La Meute, Dezes, Toxic Waste, Bakterien Kavalkade, MEDEF Inna Babylon, Jungle Fever, Tados, Escate, etc. nombreuses COM • **Distribué par** : Autodistribution

TRAVELLING MUSIC

info@travellingmusic.net • **www.travellingmusic.net**
4 ch. des Pountills • 31410 **LAVERNOSE LACASSE**

Nicolas CANCEL (Fondateur) • Stéphane CORBARIEU (Fondateur)

Genre(s) musical(aux) : Folk, post rock, chanson • **Catalogue national** : Leau, Hoepffner, Andrew Sweeny, Alina Simone, The Artificial Sea, Minors, Yeepee, Morose • **Catalogue international** : BD Harrington • **Distribué par** : Musicast, Believe

TRICATEL

✆ **01 83 91 91 46**
contact@tricatel.com • **www.tricatel.com**
6 rue André Messager • 75018 **PARIS**

Bertrand BURGALAT (Directeur) • Cyril VESSIER (Label manager) • Céline LEPAGE (Chef de projet)

Genre(s) musical(aux) : Pop, rock, électro • **Catalogue national** : Bertrand Burgalat, Chassol, Les Shades, A.S Dragon, Michel Houellebecq, Valérie Lemercier • **Catalogue international** : April March, Jef Barbara

Le TRITON

✆ **01 49 72 83 13** • fax 01 49 72 83 11
contact@letriton.com • **www.letriton.com**
11 bis rue du Coq Français • 93260 **LES LILAS**

Jean-Pierre VIVANTE (Directeur) • Jacques VIVANTE (Ingénieur du son)

Genre(s) musical(aux) : Jazz, rock, world, chanson, progressif • **Catalogue national** : Christophe Monniot/Didier Ithursarry/Guillaume Roy/Atsushi Sakaï, Soft Bounds, Archimusic, Z Quartett, We Insist !, Ad Vitam, Polysoft, Vortex, Mad Sheer Khan, Vincent Courtois, One Shot, Las Malenas, Station Mir, Exubérance • **Catalogue DVD musicaux** : Allen, Hopper, Cutler, One Shot « Dark Shot » • **Distribué par** : Musea

TROLL'S PRODUCTION

✆ **03 84 25 24 77**
info@trollsprod.fr • **www.trollsprod.fr**
ZA de la Fromagerie • 39130 **LE FRASNOIS**

Aurélien BOUVERET (Directeur) • Jenny CALINON (Chargée de diffusion) • Florian NEGRELLO (Chargé de production) • Amandine MAILLARBAUX (Chargée de diffusion)

Genre(s) musical(aux) : Musiques actuelles, blues • **Catalogue national** : The Washing Machine Cie, Prowpuskovic, Pascal Mathieu, Braco Baldos, Nadamas, Sub Grabbing, Ana Popovic, Catfish • **Distribué par** : MVS-Anticraft, Rue Stendhal

TSUKUBA / SMALL TALK

✆ **06 60 11 00 05**
contact@tsukuba.fr • **www.tsukuba.fr**
2 av. Combattants en Afnord • 93260 **LES LILAS**

Sébastien ROUILLER (Directeur artistique)

Genre(s) musical(aux) : Tous • **Catalogue national** : Orchestre Ducoin, Sire-K, Marche ou Rêve, Perceval • **Distribué par** : CD1D

TSUNAMI ADDICTION ÉDITIONS

✆ **01 73 74 24 28**
talk@tsunami-addiction.com • **www.tsunami-addiction.com**
N°341 - ESC.G - 3e étage • 11 rue Léon Jouhaux • 75010 **PARIS**

Gloria PEDEMONTE (Label manager)

Genre(s) musical(aux) : Électro, pop, indie folk, expérimental, punk, rock, tropical, surf, weird • **Catalogue national** : dDamage, Milkymee, Hypo, Mensch, La Chatte, Rikslyd, Haussmann, The Konki Duet, Claude Violante, Puce Moment, ZaZaZoZo, Kid North, dDash • **Distribué par** : Modulor

TURBOROCK RECORDS

✆ **06 73 51 81 02 / 02 31 96 70 36**
stephane.lemazier@wanadoo.fr • **www.turborock.com**
6 rue Maurice Dutacq • 14000 **CAEN**

Stéphane LEMAZIER (Directeur artistique) • Claire ROST (Secrétaire)

Genre(s) musical(aux) : Rock'n'roll, punk, garage, rock • **Catalogue national** : The Holy Curse, Weak, Thee Vibrafingers, Lazybones, Billy Bullock and the Broken Teeth, The Repeaters, Ashtones, Asphalt Tuaregs • **Catalogue international** : The Bellrays, Live Fast Die, Johnny Casino's Easy Action, Rock'n'Roll Soldiers, etc. • **Distribué par** : MVS-Anticraft (F), Code 7 (UK)

UDPR

anakyne.udpr@gmail.com • **www.underpressure-records.com**
43 rue Riquet • 75019 **PARIS**

Olivier 'Anakyne' CAROFF (Label manager)

Under Pressure Records • **Genre(s) musical(aux)** : Bass music, baltimore dubstep, drum'n'bass, électro, hip hop, house, UK funky • **Catalogue national** : Anakyne, Dj Absurd, Deoda, Funktastics, Elisa Do Brasil, Dj Flow, Dj Friction, Gemo, Heblank, Kmi, Luce, Lynx, Nitrox, Mabuzaxxx, Og Bulldog, Otis, Skinny Aka Nu Balance, Soper, Stakka & Skynet, Stoneway, The Access, The Anarchist, Titineboy, Tommy Kid, Dj Vas, Von D, Youthman • **Labels représentés ou intégrés** : Flavor Records • **Distribué par** : Triple Vision

UFO RECORDS

nadege@ufo-records.com • **www.ufo-records.com**
2 rue Alphonse Daudet • 26100 **ROMANS SUR ISERE**

Nadège OTTONE (Label manager)

Genre(s) musical(aux) : Rock, punk, metal, fusion • **Catalogue national** : God Damn, Five • **Catalogue international** : Sinner Sinners, Never More Than Less • **Distribué par** : MVS-Anticraft

UGOP

✆ **01 55 79 70 25** • fax 01 55 76 79 25
ugop.label@gmail.com • **www.ugop.fr**
4 rue Emile Blémont - esc 14 • 75018 **PARIS**

Oswald MAVOUNGOUD (Label manager) • Salima DRIDER (Responsable)

Une goutte d'organisation productions • **Genre(s) musical(aux)** : Pop, chanson pour enfant, rap, variété française • **Catalogue national** : Conte musical « La pluie d'or », « Appelle Moi Mc », « Explicit Dixhuit » • **Catalogue international** : COM « Eclectik Soul Gospel » • **Distribué par** : Musicast, Idol

ULTIMAE RECORDS

✆ **04 78 39 84 31** • fax 04 78 39 84 31
contact@ultimae.com • **www.ultimae.com**
51 rue de la Charité • 69002 **LYON**

Sandrine GRYSON (Label manager)

Genre(s) musical(aux) : Ambient, progressive & morning trance, atmospheric electronica, neo-classic, downtempo • **Catalogue national** : AES Dana, Asura, Hol Baumann, Bob Tracker, Cell, Subgardens, etc. • **Catalogue international** : Solar Fields, Carbon Based Lifeforms, H.U.V.A. Network, Sync24, I Awake, James Murray, Hybrid Leisureland, Circular, Field Rotation, etc. • **Distribué par** : Ultimae Network (VPC)

ULTRACK

✆ **01 49 74 05 13**
info@ultrack.net • **www.ultrack.net**
69 rue de Rosny • 94120 **FONTENAY SOUS BOIS**

Hubert DUPONT (Responsable artistique)

Genre(s) musical(aux) : Jazz, nouvelles musiques improvisées • **Catalogue national** : Sawadu, Dupont T, Dupont Solo, Kartet, Hask Collective • **Distribué par** : Shark Entertainment

UMLAUT RECORDS FRANCE

✆ **06 88 18 90 15 / 06 16 39 11 89**
umlautfrance@gmail.com • **www.umlautrecords.com**
47 rue Polonceau • 75018 **PARIS**

Pierre-Antoine BADAROUX

Transformation of sound • **Genre(s) musical(aux)** : Free jazz, jazz contemporain, rock • **Catalogue national** : Pierre Borel, Pierre-Antoine Badaroux, Antonin Gerbal, Eve Risser, Joel Grip, Joris Rühl, DDj, Donkey Monkey, Peeping Tom, Karl Naegelen, etc. • **Catalogue international** : Kege Snö, Raymond Strid, Roland Keijser, Derek Shirley, Axel Dörner, Hannes Lingens, etc. • **Distribué par** : Orchestra, Plugged

UN JE-NE-SAIS-QUOI

✆ **06 80 52 24 73**
info@un-je-ne-sais-quoi.com • **www.un-je-ne-sais-quoi.com**
2 rue de la Chevalerie • 37510 **BALLAN MIRE**

Guillaume BERNARD (Directeur artistique)

Genre(s) musical(aux) : Tous styles • **Catalogue national** : The Psychologist & his Medicine Band, Janski Beeeats, Sex & Dollars, Moonjellies, Dees Chan, Paul Durango, The Cherry Bones, Thachery Earwicket • **Distribué par** : Idol, CD1D

UNDERDOG RECORDS

✆ **06 78 73 98 03**
maxime@underdogrecords.fr • **www.underdogrecords.fr**
29 rue de Gassicourt • 78200 **MANTES LA JOLIE**

Maxime PERON (Label manager / promotion) • Laurent LOUDIER (Label manager)

Genre(s) musical(aux) : Musiques actuelles • **Catalogue national** : Da Brasilians, Afro Latin Vintage Orchestra, Fanga, Flox, Tribeqa, Hooka Hey, B.Alone, Molecule, Congopunq, Freddy McQuinn, Dajla, Juan Rozoff, Booster, Alex Keren, Erevan Tusk, Lenox • **Catalogue international** : Dafuniks, 4 Guys From The Future, Sweatshop, Nanna.B • **Catalogue DVD musicaux** : Fanga Live (sortie prévue oct. 2011) • **Distribué par** : Rue Stendhal, La Baleine, Believe, CD1D, Pusher Distribution

URBAN POP

✆ **01 56 53 76 00** • fax 01 56 53 76 01
stand@wagram.fr • **www.wagram.fr**
Wagram Music • 19 rue des Plantes • 75014 **PARIS**

Florian GERBIER (Label manager)

Genre(s) musical(aux) : Dance, hip hop, R&B, etc. • **Catalogue national** : Julien Creance, Loic B, Yan Syenna, Nadia, Gary Fico et Rosie Rogers • **Distribué par** : Wagram Music

UTOPIA

✆ **03 26 36 30 50 / 09 81 07 01 92 / 06 70 90 72 11**
fax 09 59 18 54 87
info@utopia-music.fr • **www.mediacom-tour.com**
32 bd de Strasbourg • 75010 **PARIS**

Michel JOVANOVIC (Label manager)

Genre(s) musical(aux) : Reggae • **Catalogue international** : Alpha Blondy, Max Romeo, Israel Vibration, Flamengo, The Cargos • **Catalogue DVD musicaux** : Alpha Blondy, Capleton, Ijahman • **Distribué par** : Musicast

VAÏ LA BOTT RECORDINGS

✆ **06 07 78 98 09**
info@watchaclan.com • **www.watchaclan.com**
16 a bd Clément • 13013 **MARSEILLE**
Julien QUEYSANNE (Label manager)
Genre(s) musical(aux) : Electro-world, global beat • **Catalogue national** : Watcha Clan • **Catalogue international** : Watcha Clan • **Labels représentés ou intégrés** : Piranha Musik & IT • **Distribué par** : L'Autre Distribution, CD1D

VAND'OEUVRE

✆ **03 83 56 15 00** • fax 03 83 53 21 85
bruno@centremalraux.com • **www.centremalraux.com/disques**
c/o Studio CCAM • BP 90126 • 54504 **VANDOEUVRE CEDEX**
Dominique REPECAUD (Directeur artistique) • Bruno FLEURENCE (Communication / Distribution)
Genre(s) musical(aux) : Musiques nouvelles, improvisées, etc. • **Catalogue national** : Grand orchestre des 1000 cris (Collectif Emil), Berthet Le Junter, Ensemble Sic, Michel Doneda, Beñat Achiary, Frederic Le Junter, Ensemble Aleph, Serge Pey et Les Diseurs de Musique, Camel Zekri, Sophie Agnel, Xavier Charles, Jean Luc Guionnet, Guigou Chenevier, Wiwili, Georges Aperghis, Musique Action #1, #2, #3, #4, Filiamotsa Soufflant Rhodes • **Catalogue international** : Joe Mc Phee, Evan Parker, Kristoff K. Roll, Martin Tétreault, Pascal Comelade, Ghedalia, Tazartes • **Distribué par** : Metamkine, Les Allumés du Jazz

VAZIVA MUSIC

✆ **01 53 63 34 20**
management@vazivamusic.com • **www.vazivamusic.com**
99 rue du Cherche Midi • 75006 **PARIS**
Catalogue national : Kiddo, Loretta, Leon Showman, Evaanz

VÉRONE PRODUCTIONS

✆ **03 20 33 17 34** • fax 03 20 33 13 54
veroneproductions@nordnet.fr • **www.veroneproductions.com**
58 rue Brûle Maison • 59000 **LILLE**
Guy MARSEGUERRA (Gérant) • Philippe CASSAN (Label manager)
Genre(s) musical(aux) : Chanson, rock, pop • **Catalogue national** : Les Mauvaises Langues, BP Zoom, Pambanizza Cirkus, Stocks, William Schotte, Max on Mars, Jeff Kino, Softly Spoken Magic Spells • **Distribué par** : L'Autre Distribution

VERSATILE

✆ **01 43 72 00 87**
info@versatilerecords.com • **www.versatilerecords.com**
39 rue de la Folie Regnault • 75011 **PARIS**
Gilbert COHEN (Directeur) • Ygal OHAYON (Label manager)
Genre(s) musical(aux) : House, techno, électro, rock indé • **Catalogue national** : Zombie Zombie, I :Cube, Cheek, Chateau Flight, Dj Gilb'R, Aladdin • **Distribué par** : Modulor, Believe

VERYCORDS

✆ **01 80 48 27 40** • fax 01 45 63 79 61
contact@verycords.fr • **www.facebook.com/verycords**
12 rue Martel • 75010 **PARIS**
Simon TURGEL (Président) • Mehdi EL JAÏ (Directeur général associé) • Cécile BONNET (Business affairs) • Sabrina COHEN AIELLO (Promotion) • Samuel PERNES (Responsable de l'administration)
Genre(s) musical(aux) : Rock, metal, variété, blues, pop, world, jazz, chanson française • **Catalogue national** : Koritni, Yossi Sassi, Parabellum, Crucified Barbara, Christopher Cross, Dick Rivers, Triggerfinger, Marty Friedman, Mass Hysteria, Steve Nieve, Skunk Anansie, Fictian Plane, Tcheky Karyo, Bukowski, The Arrs, Kaolin • **Distribué par** : Warner (F), Plastic Head Distribution (GB), Disques Office (CH), Suburban (PB), Soulfood (All, Aut), AMG Records (B)

VIBRATION CLANDESTINE

✆ **06 03 31 79 42** • fax 04 11 84 00 45
production@vibrationclandestine.com
www.vibrationclandestine.com
Jean-Michel COMTE (Coordinateur)
Genre(s) musical(aux) : Electronique, punk, rock, dub, etc. • **Catalogue national** : PilouFace, DJ Hams.Tr, Gary Clunk, Polémiks, Eg, Se-Te-Ve, Td+, Marmonie, Skizofonik, Heawocky, Candy, Progress Musik, G-pcho • **Distribué par** : Via le site, Toolbox, CD1D

VICIOUS CIRCLE

✆ **05 57 59 14 13** • fax 05 57 59 14 18
phil@viciouscircle.fr • **www.viciouscircle.fr**
BP 70015 • 33023 **BORDEAUX CEDEX**
Philippe COUDERC (Directeur artistique) • Vianney MONGE (Export manager) • Guillaume LE COLLEN (Promotion)
Genre(s) musical(aux) : Rock, pop, électro • **Catalogue national** : Mansfield Tya, Calc, Kim, le Klub des 7, Corde Breve, Clelia Vega, Julien Pras, Tender Forever, Olivier Depardon, Luis Francesco Arena, Pollyanna • **Catalogue international** : The Notwist, Shannon Wright, Radio 4, The Ex, Minor Majority, Yann Tiersen & Shannon Wright, Bellrays, 22 Pistepirkko, Puppetmastaz, Elysian Fields, Bob& Lisa, Men Without Pants, Chokebore, troy Von Balthasar, Elyias Khan • **Catalogue DVD musicaux** : Puppetmastaz • **Distribué par** : Differ-Ant, 1d-aquitaine, Believe

VICTOR MELODIE

✆ **01 40 30 13 41 / 06 60 10 12 64** • fax 01 40 30 17 11
victormelodie@orange.fr • **www.victormelodie.com**
40 rue de la Justice • 75020 **PARIS**
Isabelle CARRIERE (Responsable)
Genre(s) musical(aux) : Jeune public • **Catalogue national** : Babouille Bonbon, Cie aLumeCiel, Benoît & Thierry Cassard, Cie Delimelo, Les Déménageurs, Laurent Deschamps, Violeta Duarte, Les Farfadas, Les Frères Léon, Catherine Fontaine & Marie, Vincent Malone, Mlle Micoton, Pascal Peroteau, Petrek, Philipo, Pierre et Vincent, Thomas Sidibé, Badra Chera-Benhamou, Agnès Buffet, Catherine Vaniscotte, Les Zinzins, Baobal, Balbibus, Les Voilà Voilà, Philippe Lhomme, Solen Imbeaud & Benjamin Ramône, Les Drôles de Zanimaux • **Catalogue international** : Christian Merveille, Gibus, Les Vaches Aztèques, Ici Baba, Les Déménageurs • **Labels représentés ou intégrés** : Viva Kids • **Distribué par** : Autodistribution

VICTORIE MUSIC

✆ **01 49 29 55 50** • fax 01 47 00 12 01
marie@victorie-music.com • **www.victorie-music.com**
4 rue de Braque • 75003 **PARIS**
Eric JIROUX (Directeur) • Isabelle MOISAN (Directrice artistique) • Valentine BERGEON (Booking) • Marie SANGLA (Développement) • Coline PÉNICHAUD (Développement) • Hervé PÉPION (Développement)
Genre(s) musical(aux) : Jeune public • **Catalogue national** : Dominique Dimey, Pierre, Chêne, Sophie Forte, Jean-Yves Lacombes, Geneviève Laloy, Jacques Haurogné, Amipagaille, Alain Schneider, Robinson, Chanson Plus Bifluorée, etc. • **Labels représentés ou intégrés** : La Montagne Secrète • **Distribué par** : Universal

VINILKOSMO

✆ **05 61 81 95 65**
vinilkosmo@esperanto.org • **www.vinilkosmo.com**
c/o Esperanto-Muzik-Prod. • 31450 **DONNEVILLE CEDEX**
Floréal MARTORELL (Directeur)
Genre(s) musical(aux) : Tous styles chantés en esperanto exclusivement (rock, pop, chanson, reggae, hip-hop, musique du monde, etc.) • **Catalogue international** : Team, Amplifiki, Kajto, Solotronik, Libertarios, Pichismo, Persone, Jacques Yvart, Flavio Fonseca, Araukana, Merlin, Jomart & Natacha, Esperanto, La Mevo, La Porkoj, La Kompanoj, Kore, Dolcxamar, Kaj Tiel Plu, Esperanto-Desperado, Krio de Morto, Thierry Faverial, Meven JoMo, Morice Bénin, Nikolin', Alberta Casey, Tarcisio Lima, Lunatiko, Adreas Viklund, Dj Kunar, Magnus, Dj Roger, Asorti, Mhz, Ketchka, Elena Puhova, Mikaelo Bronshtejn, Supernova, Martin & la Talpoj, Mihail Povorin, La Perdita Generacio, La Pafklik, Ale Kosabela, Konga Espero, Vigla Muziko, Mayoma, Eterne Rima, Inicialoj DC, Manuel, Rêverie, Amindaj, Zhou-Mack Mafuila, Jonny M, i.d.c., Platano, baRok-Projekto • **Distribué par** : Vinilkosmo, CD1D, Believe

VISION FUGITIVE

✆ **06 79 70 33 47**
contact@visionfugitive.fr • **www.visionfugitive.fr**
37 rue La Pérouse • 75116 **PARIS**
Philippe MOURATOGLOU (Producteur et musicien) • Jean-Marc FOLTZ (Producteur et musicien) • Philippe GHIELMETTI (Producteur)
Genre(s) musical(aux) : Jazz, musique improvisée • **Catalogue national** : Jean-Marc Foltz/Stephan Oliva, Marc Copland/Michel Butor, Philippe Mouratoglou, Bruno Chevillon • **Catalogue international** : Bill Carrothers, Matt Turner • **Distribué par** : Harmonia Mundi

Les VIVEURS

✆ **06 15 73 35 63** • fax 09 57 19 77 72
contact@lesviveurs.com • **www.lesviveurs.com**
771 ch. de la Bruyère • 69760 **LIMONEST**
François VILLET (Gérant)
Genre(s) musical(aux) : Chanson, classique, rock, pop, etc. • **Catalogue national** : Hervé Lapalud, Agnès Bacconnier, Jean-Christophe Treille, La Margot, Cristine, A'SN • **Distribué par** : L'Autre Distribution, Coop Breizh, CD1D, Idol

VLAD

✆ **06 69 02 77 61 / 09 81 00 52 95**
vlad@vladproductions.fr • **www.vladproductions.fr**
30 av. de Laumière • 75019 **PARIS**
Romain PIERRE (Gérant)
Genre(s) musical(aux) : Punk, électro, musiques du monde • **Catalogue national** : Boris Viande, Captain Cumbia, DB2A, DJ Stanbul, FFR 2.0, Klakomaniak, Lorenzo And The Lamas, Sauvage FM, Slobodan Experiment, Vladivostok • **Catalogue international** : Alek et les Japonaises • **Distribué par** : CD1D

VOICE PRODUCTIONS

✆ **01 47 20 09 15** • fax 01 47 23 50 24
voiceproductions@noos.fr • **www.voice-productions.com**
9 rue Goethe • 75116 **PARIS**
Serge TALARD (PDG) • Stéphane MONTAGU (Directeur juridique)
Genre(s) musical(aux) : Disco, funk, pop, RnB, dance, variétés • **Catalogue national** : Caroline Loeb, Alain Chabat, Gérard Darmon • **Catalogue international** : Gala, Robert Miles, Mousse P., Double, Butterfly Ball, Boys Town Gang, Karen Young, Ray Charles & Dee Dee Bridgewater, Opus, Evelyn Thomas, Maisonettes, Irene Cara, Gloria Gaynor • **Distribué par** : EMI

VOLVOX MUSIC

✆ **09 54 37 28 27**
info@volvoxmusic.com • **www.volvoxmusic.com**
3 rue Grande • 77250 **MORET SUR LOING**
Olivier LEBEAU (Directeur général)
Genre(s) musical(aux) : Pop, rock, jazz, world, électro, chanson française • **Catalogue national** : Exsonvaldes, LaFille, Lou, Désolé, Atomik, No Bluff, Paname Dandies, Julien jacob, Huck, Tristen, Red Lili, Maud Lübeck, Edward Barrow, Dead Rock Machine, Fabrice Ravel-Chapuis, OK Choral • **Catalogue international** : Budam, Mintzov, Alfa Rococo, Kill The Young, Family Of The Year, The Rambling Wheels, Liesa Van Der Aa, Sonambulo • **Catalogue DVD musicaux** : Twisted Cabaret Vol. 1 • **Distribué par** : Rue Stendhal

VOX POPULI

✆ **01 47 53 68 68** • fax 01 47 63 68 69
info@accords-croises.com • **www.accords-croises.com**
23 rue des Fontaines du Temple • 75003 **PARIS**
Saïd ASSADI (Responsable)
Genre(s) musical(aux) : Musiques du monde • **Catalogue national** : Trio Chemirani, Yobadi, Faiz Ali Faiz, Keyvan Chemirani, Repentistas, Qawwali-Flamenco, Fang Liu, Altiplano, Battements au cœur de l'Orient, etc. • **Distribué par** : Harmonia Mundi

WAGRAM LABEL

✆ **01 76 74 93 72** • fax 01 76 74 93 94
stand@wagram.fr • **www.wagramlabel.com**
12 bd Poissonnière • 75009 **PARIS**
Francis JULLIEN (Directeur du label) • Florence MARIN-NAHON (Directrice artistique) • Sandrine LALUYAUX (Responsable de la promotion) • Elias BOUALLAGUI (Responsable marketing)
Genre(s) musical(aux) : Tous styles • **Catalogue national** : Caravan Palace, Corneille, Lisa Portelli, FM Laeti, Yves Jamait, Jessy Matador, Staff Benda Bilili, Jérôme Minière, Les Cowboys Fringants, Cali, etc. • **Distribué par** : Wagram Music

WARP FRANCE

bonjour@warpfrance.net
c/o Mila • 1 rue André Messager • 75018 **PARIS**
Alexandre CAZAC (Responsable)
Genre(s) musical(aux) : Musiques électroniques • **Catalogue international** : Battles, Grizzly Bear, Gonjasufi, Autechre, Flying Lotus, Born Ruffians, Bibio, Prefuse 73, Plaid, Hudson Mohawke, etc. • **Distribué par** : Differ-Ant

WASABI RECORDS

✆ **01 44 08 77 70**
gaelle.buecheler@vizeurope.com • **www.wasabi-records.fr**
c/o Kazé SA • 45 rue de Tocqueville • • 75017 **PARIS**
Hype NARITA (PDG Kazé SA) • Gaelle BUECHELER (Label manager)
Genre(s) musical(aux) : J-pop, j-rock, artistes japonais, BO films • **Catalogue national** : Donjon de Naheulbeuk, Noémie Alazar • **Catalogue international** : Kanon Wakeshima, Puffy Ami Yumi, Kokia, Flow, Move • **Distribué par** : Autodistribution

WATERHOUSE RECORDS

wrecords@laposte.net • **www.waterhouserecords.com**
23 rue du Fbg du Temple • 75010 **PARIS**
Erwan BROUSSINE (Directeur)
Genre(s) musical(aux) : Indie, folk, pop • **Catalogue national** : Rum Tum Tiddles, Flowers from the Man Who Shot Your Cousin, Pollyanna • **Catalogue international** : June Madrona, Christina Antipa, Jordan O'Jordan, Brittain Ashford • **Labels représentés ou intégrés** : Bicycle Records • **Distribué par** : Abeille Distribution (Fr), Cod&s (Be)

WAZ RECORDZ

✆ **09 52 43 06 36**
www.wazrecordz.com
11 rue Louis Delos • 59800 **LILLE**
Vincent CUNAT (Label manager) • Christophe CLOISEAU (Label manager)
Genre(s) musical(aux) : Electro, jazz, funk, break beat, world, broken beat, hip hop • **Catalogue national** : J-Funk, Da.taz, Numu, Dj Bicen, Dj Housatonic, Junior Market, COM « Waz goin'on?», nombreux maxis • **Distribué par** : Autodistribution

WE ARE UNIQUE ! RECORDS

✆ **05 31 42 12 43**
weareunique@orange.fr • **www.weareunique.fr**
24 rue Antoine Courthieu • Bât. A • 31500 **TOULOUSE**
Gérald GUIBAUD (Gérant) • Axel MATTERN (Responsable tournées) • Mickaël MOTTET (Démos)
Genre(s) musical(aux) : Noisy-pop, post-rock, électro, folk, hip hop, expérimental • **Catalogue national** : Lunt, Virga, A Place For Parks, Baka !, Melatonine, Baxendall, Angil, Electrophönvintage, Half Asleep, the John Venture Melonhead, Eud, King Kong was a Cat, Zéro Degré, Imagho, B R OAD WAY, Del, The Definitions, Jerri, Ichliebelove, Raymonde Howard, Deschannel, Midget !, The We Are Unique Ensemble, Delphine Dora, Michaël Wookey, Old Mountain Station • **Labels représentés ou intégrés** : Hitomi Recordings, The Tremens Archives • **Distribué par** : La Baleine, Believe, CD1D

WE HAVE A DREAM

✆ **01 53 89 03 75** • fax 01 53 75 15 66
wehaveadream@wanadoo.fr
25 rue de Ponthieu • 75008 **PARIS**
Xavier BARON (Gérant) • Julien LEROY (Directeur)
Genre(s) musical(aux) : Gospel • **Catalogue international** : Nighty Chariots of Fire, The New Orleans Harmonettes, Craig Adams and The Voices of New Orleans, Wimberly Family Gospel Singers, Sjuwana Byers and the Ladies of Alabama, Nicole Slack Jones and The Soul Sisters, Davell Crawford • **Catalogue DVD musicaux** : La Nuit du Gospel « Live Jazz à Vienne 2005 », « Craig Adams - Live à Vienne » • **Distribué par** : Harmonia Mundi

WEDOO

✆ **06 15 30 36 75**
chebli@wedoomusic.fr
119 av. Charles de Gaulle • 95160 **MONTMORENCY**
Chebli MSAIDIE (Directeur artistique)
Genre(s) musical(aux) : World & jazz • **Catalogue national** : L'Afrique Enchantée, African Party • **Catalogue international** : Papa Wemba, Chebli, Za Matjini, etc. • **Catalogue DVD musicaux** : Jua, Koffi, Zaïko, etc. • **Distribué par** : Rue Stendhal, Sony, Emi, Sina Performance, Ioda via Frochot Music Cantos

WILD WILD RENNES

✆ **06 08 57 69 17 / 02 99 31 70 29**
wildwildrennes@gmail.com • **www.wwr-records.net**
4 rue Etienne Dolet • 35000 **RENNES**
Philippe MAUJARD (Label manager) • Vincent DC SHELL (Visual manager)
Genre(s) musical(aux) : Rock, pop, dance, chanson, etc. • **Catalogue national** : Cleaner, El Kalamar en su Tinta, Dupont Dupond, Ubik, DJ Le Clown, Dargelos, Presidance • **Labels en licence** : Alkemia • **Distribué par** : Coop Breizh, CD1D, Zimbalam, Bandcamp, disquaires indé

WILLING PRODUCTIONS

✆ **05 61 53 85 06**
willingblue@wanadoo.fr • **www.willingprod.com**
9 rue Achille Viadieu • 31400 **TOULOUSE**
Bernard VILLENEUVE (Directeur) • Béatrix (Assistante)
Genre(s) musical(aux) : Rock, blues, chanson, world • **Catalogue national** : Les Malpolis, Serge Lopez, Fly & the Tox, Les Femmouzes T, Lone Kent, Benoît Blue Boy, John Doe, Les Rosemary's Babies, Prisca, ARM Posse, Superpop, Johan Asherton, etc. • **Catalogue international** : Hans Olson • **Distribué par** : Idol

WOH LAB

greg@wohmgmt.fr • **www.wohlab.fr**
84 ch. du Grand Champ • 30900 **NIMES**
Bastien GRINO (Président) • Grégory DELON
Way of House • **Genre(s) musical(aux)** : House, techno • **Catalogue national** : Bastien Grine, Claude Monnet, Düal, Greg Delon, Ignacy Rome, Joris Delacroix, Laurent Wild • **Distribué par** : Believe

WORLD VILLAGE

✆ **04 90 49 90 49** • fax 04 90 49 96 14
pbussy@harmoniamundi.com • **www.worldvillagemusic.com**
31/33 rue Vandrezanne • 75013 **PARIS**
Pascal BUSSY (Label manager) • Christian GIRARDIN (Responsable de production) • Céline BREUGNON (Responsable de la communication et de la promotion) • Miles YZQUIERDO (Communication / promotion)
Genre(s) musical(aux) : World music • **Catalogue international** : Lokua Kanza, Omar Sosa, Gilzene, Yasmin Levy, Le Trio Joubran, Omara Portuondo, Melingo, Emel Mathlouthi, etc. • **Distribué par** : Harmonia Mundi

X-RAY PRODUCTION

✆ **06 62 79 01 01 / 09 54 18 21 75**
xraycontact@hotmail.com • **www.bigaranx.com**
39 av. Ernest Reyer • 75014 **PARIS**
Alexandre VIZIOZ (Label manager) • Julie CESCUT (Promotion)
Genre(s) musical(aux) : Reggae, musiques électroniques, world • **Catalogue national** : Mayra & Mr.Mow, Papa Style & Baldas • **Catalogue international** : Biga*Ranx, Danakil, Elisa Do Brasil, General Levy • **Catalogue DVD musicaux** : Danakil « Live @ Cabaret Sauvage » • **Distribué par** : Socadisc, Believe, Disques Office, Munich Records, Outside Music

YA BASTA !

✆ **01 55 33 16 00** • fax 01 55 33 16 01
info@yabasta-records.com • **www.yabasta-records.com**
4 rue Martel • 75010 **PARIS**
Philippe COHEN-SOLAL (Directeur) • Lunia GÖKALP (Label manager)
Genre(s) musical(aux) : Musiques électroniques et acoustiques • **Catalogue international** : Gotan Project, David Walters, Boyz from Brazil, Stereo Action Unlimited, Ya Basta Crew, Solal, Féloche, El Hijo de la Cumbia • **Catalogue DVD musicaux** : Gotan Project « La Revancha del Tango Tour », « Tango 3.0 Live » • **Distribué par** : Barclay, XL Records, (UK, USA, Can, Aus, NZ), Rambling (Jap), Ramdom Records (Arg), Universal Germany, MCDC Brésil (Gotan Project)

YELLOW PRODUCTIONS

✆ **01 42 77 42 11** • fax 01 42 77 42 16
info@yellowprod.fr • **www.yellowprod.fr**
40 rue des Blancs Manteaux • 75004 **PARIS**

Christophe LE FRIANT (Gérant) • Mehdi OURIAGHLI (Chef de projet) • Elise NOE (Administratrice / Royalties / Juriste)

Genre(s) musical(aux) : House, trip hop, électro • **Catalogue national** : Bob Sinclar, Michael Calfan, Salomé De Bahia, Tom & Joy, Africanism, Shiny Grey, The Mighty Bop, Reminiscence Quartet, Ok Rocks, Art of Disco, Lyszak, Louise Vertigo, Bang Bang, Paul Johnson, Black Joy, Something A La Mode, etc. • **Catalogue international** : Bootik • **Distribué par** : Universal, Believe

YOLK RECORDS

✆ **02 51 82 41 45**
yolk@yolkrecords.com • **www.yolkmusic.com**
La Fabrique Dervallières • 19 rue Jean-Marc Nattier • 44100 **NANTES**

Jean-Louis POMMIER (Directeur artistique) • Sébastien BOISSEAU (Directeur artistique) • Alban DARCHE (Directeur artistique)

Genre(s) musical(aux) : Jazz • **Catalogue national** : Alban Darche Trio,, Le Gros Cube, Le Cube, J.A.S.S. (Hollenbeck, Boisseau, Darche, Blaser), Qüntêt, « LPT.3 » (Lavergne, Pommier & Thuillier Trio), Yolk en Cuisine, Unit, Matthieu Donarier, Daniel Casimir, European TV Brass Trio, Geoffroy Tamisier, Alexis Thérain, Print, X'Tet, Francis et ses peintres, Frasques, Le Bruit du [sign], Sidony Box, Western Trio, etc. • **Distribué par** : L'autre distribution ou via le site

YOTANKA PRODUCTIONS

✆ **02 41 05 59 57**
contact@yotanka.net • **www.yotanka.net**
12 pl. Imbach • 49000 **ANGERS**

Vivien GOUERY (Label manager) • Clarisse ARNOU (Label manager) • Vincent BAZILLE (Promotion)

Genre(s) musical(aux) : Dub, électro, soul, hip hop, reggae • **Catalogue national** : Nouvel R, Daria, Versari, The Procussions • **Catalogue international** : Jamika, Zenzile, Meï Teï Shô, The Procussions, Sweet Back • **Distribué par** : Differ-Ant

YOUR MUSIC HALL

✆ **01 77 17 17 18**
ymh@yourmusichall.com • **www.yourmusichall.com**
75 rue du fbg St-Martin • 75010 **PARIS**

Alain DOPOURIDIS (Directeur de la production) • Jean-Claude KUENTZ (Directeur du marketing) • Fabrice EYMERY (Responsable Vidéo)

Catalogue national : June, Lord Kossity, Jean-Luc Lahaye, etc. • **Distribué par** : Believe, VPC (autodistribution)

YOUTH WAY RECORDS

✆ **06 81 72 76 06**
contact@youthwayrecords.com • **www.youthwayrecords.com**
281 voie Romaine • 74370 **NAVES PARMELAN**

Alexandre HARLÉ (Responsable) • Nicolas MOLLIN (Secrétariat)

Genre(s) musical(aux) : Punk rock, hardcore, metal, rock • **Catalogue national** : The Twisted Minds, The Reaction, Exit Wounds • **Catalogue international** : Easyway, G.A.S. Drummers, Antillectual, All Its Grace

YUPPY

✆ **06 86 86 57 46**
yannick@yuppy.fr • **www.facebook.com/beyuppy**
88 av. Félix Faure • 75015 **PARIS**

Yannick POINSIGNON

Genre(s) musical(aux) : Rock, pop, musiques électroniques • **Catalogue national** : The Yupps, KTM, Driss Malek • **Distribué par** : CD1D, autodistribution

YY

contact@yylabel.com • **www.yylabel.com**
2 rue Nouvelle • 78500 **SARTROUVILLE**

Yannick HENRY (Label manager)

Double Why • **Catalogue national** : Poor Boy, Starboard Silent Side, Xavier Plumas, Colin Chloé, La Boîte à ooTi • **Distribué par** : Pias, Bang ! (Bel), Disques Office (CH), Idol

Z FACTORY RECORDS

✆ **09 50 31 40 31 / 06 69 15 29 20** • fax 09 55 31 40 31
info@studiozfactory.com • **zfactoryrecords.com**
8 sentier du Clos Hallé • 94240 **L'HAY LES ROSES**

Benoit BILLARD (Label manager) • Igor OLSEVSCHI (Directeur artistique) • Guillaume GONZALES (Responsable de la promotion et du marketing)

Genre(s) musical(aux) : Pop, rock, folk • **Catalogue national** : Astings, High-School Motherfuckers, Mlle Joris, I'm Your Man, ILMN, Stackass • **Catalogue international** : Amber Rubarth, Jenni Alpert, Justyna Kelley • **Distribué par** : MVS-Anticraft

ZÉRO ÉGAL PETIT INTÉRIEUR

zeroegalpetitinterieur@gmail.com • **www.zeroegalpetitinterieur.com**
32 rue Franklin • 92400 **COURBEVOIE**

Guillaume COLLET (Président) • Antoine DUCOIN (Secrétaire) • Jérôme ORSONI (Secrétaire adjoint) • Romain PIEGAY (Trésorier)

Genre(s) musical(aux) : Rock indépendant, psychédélique, instrumental, folk, ambiant, drone • **Catalogue national** : Rome Buyce Night, Sons of Frida, O!Jerôme, Emboe, Outside The Air, Horse Temple • **Distribué par** : Believe

ZF RECORDS

zfrecords@rocketmail.com
www.feppia.org/website/labels/zf-records/

Anthony BACCHETTA (Label manager)

Genre(s) musical(aux) : Electro, rock, folk, ethnique, experimental • **Catalogue national** : Lima*Djari, Radiobomb, Code K, Elektric Cirkus, Z »Ukr, Commodore 64 Bit, Propagande Poetik, Id Sonore, Ua Tea, Michelle Lawless, Lima+Djari & Lady calling pour Monde Imagination • **Distribué par** : 1D Aquitaine, CD1D, Believe

ZIG-ZAG TERRITOIRES

✆ **06 14 78 30 51 / 01 43 45 11 20**
franck@outhere-music.com • **www.outhere-music.com/zigzag**
c/o Outhere Music France • 16 rue du Fbg Montmartre • 75009 **PARIS**

Charles ADRIAENSSEN (Président) • Pascal DUMAY (Directeur général) • Franck JAFFRES (Directeur artistique) • Stéphanie FLAMENT-GOARANT (Promotion)

Genre(s) musical(aux) : Classique, mais aussi jazz • **Catalogue national** : Jazz : Trio Humair/Malaby/Chevillon, Trio François Couturier/François Laizeau/François Mechali, David Chevallier, Vincent Peirnani, Stéphane Kerecki, Raphaël Imbert, Newtopia Project, Michel Donato, Guillame Bouchard, John Greaves, Kumquat, Ronnie Lynn Patterson, Jérémie Ternoy, Gérard Lesne, Bruno Angelini, Raùl Barboza • **Distribué par** : Harmonia Mundi

ZINGY RECORDS

infos@zingy.fr • **www.zingy.fr**
8 rue Chevreul • 75011 **PARIS**

Olivier DOUDON (Label manager)

Genre(s) musical(aux) : Electro, rock, chanson, pop, expérimental • **Catalogue national** : Dada Crew, Ma Public Therapy, Apoplexie, Jean-Louis Costes, David Noir, aMinus, King's Queer, This is the Third Day of our Freedom, The Dropper, Yagg, Jerk Off, Malkhior, I Apologize, Sérafine • **Distribué par** : Autodistribution

ZONE

alex@zone-music.fr • **www.zone-music.fr**
44 av. Foch • 69002 **LYON**

Alexandre REYNAUD (Directeur) • Michel AMATO (Directeur artistique) • David RIMOK (Directeur de la communication & artistique)

Genre(s) musical(aux) : Electro, techno • **Catalogue national** : The Hacker, Gesaffelstein, David Carretta, Crack Boy, Julien Workerpoor, Maelstrom, Ali Renault • **Catalogue DVD musicaux** : The Hacker • **Labels représentés ou intégrés** : Good Life • **Distribué par** : Idol

ZUMOL RECORDS

✆ **06 84 55 17 57**
zumol.records@gmail.com • **www.zumol.com**
Le Ztudio • Ancienne école de Fontvergne • 12300 **DECAZEVILLE**

Franck LAGNIER (Président) • Sébastien CHAIGNEAU (Label manager)

Genre(s) musical(aux) : The Dum Dum Boys, Elektric Geisha, Muckrackers, Mayanob • **Catalogue DVD musicaux** : Kill Me Tomorrow « Let me live Tonight », Muckrakers « Chanson de la forge » • **Distribué par** : Zimbalam, disquaires indé (FLIM)

ABEILLE MUSIQUE

✆ **01 49 26 01 40 / 08 92 25 97 70** • fax 01 49 26 01 41
info@abeillemusique.com • **www.abeillemusique.com**
249 rue de Crimée • 75019 **PARIS**

Yves RIESEL (Président / Directeur classiques) • Alexandre LEFORESTIER (Directeur général / répertoires jazz et world) • Sébastien ALEXANDRE (Business affairs) • Rémi FIRINCIOGULLARI (Chef de produit) • Cyril BONZOM (Responsable référencement) • Geneviève GOLAZ (Responsable éditoriale sites abeillemusique.com et Qobuz)

En ligne et/ou physique : Les 2 • **Genre(s) musical(aux)** : Classique, jazz, pop, rock, électro, world, enfants • **Labels distribués** : 1 001 Notes, Absinthe Music, Accent, Acqua Records, Active Suspension, Alfred Music Publishing, Allegria, Animal Music, APR, ARB Music, Archie Ball, Arfi, BBC, Bee Jazz, Cadence Music, Carpe Diem, Casa Editions, Chief Inspector, Clapping Music, Cristal Records, Daphne Records, Delos International, Diapason, EMD, Fleur de Son, Honey it's me !, Ina Archives, Jazz Icons, Jazzwerkstatt, L'empreinte digitale, L'Inlassable, Laborie Jazz, Naxos, North South Recordings, etc. • **Clients** : Enseignes spécialisées (Fnac, Virgin, Starter, Cultura), hyperdistribution (Auchan, Carrefour, Leclerc, Casino), disquaires et libraires indépendants, plateformes de téléchargement num. (iTunes, Fnacmusic, VirginMega, Nokia)

AGORILA SARL

✆ **05 59 52 39 03** • fax 05 59 52 48 34
agorila@wanadoo.fr • **www.agorila.com**
13 rue Montalibet • 64100 **BAYONNE**

Jean MEYZENC (PDG) • Sylvie MEYZENC (Communication) • Dominique LOPEPE (Comptable)

Genre(s) musical(aux) : Fêtes, ambiances du Sud-Ouest, traditionnel, musique taurine variétés • **Labels distribués** : Pasarela, Senador, Fonografica Del Sur, Agorila, Musique du Sud

L'AUTRE DISTRIBUTION

✆ **02 47 50 79 79** • fax 02 47 50 79 80
autredistribution@wanadoo.fr
ZAC de Conneuil • 9 rue Lavoisier • 37270 **MONTLOUIS SUR LOIRE**

Luc GENETAY (Label manager) • Céline CHARISSOU (Assistante de direction) • Fabienne D'ESPINAT SAINT-LUC (Export)

En ligne et/ou physique : Les 2 • **Genre(s) musical(aux)** : Chanson française, rock français, musiques du monde, folk, musiques pour enfants, musiques électroniques, musiques improvisées • **Labels distribués** : Das Kapital Records, Innacor, Cobalt, La Rue Kétanou, La Familla, Meso Prod, Modal, Cinq Planètes, Dunya, C.I.C, Wild Boar Music, Label Ouest, Cordae/La Talvera, Mustradem, Vindanga, Heaven and Hearth, Editions Lugdivine, Vérone Music, Rue Bleue, Bizou Music, Coast To Coast, Meso Prod, etc. • **Clients** : Tout point de vente

La BALEINE

✆ **05 49 33 12 12** • fax 05 49 33 78 78
romuald@la-baleine.com • **www.la-baleine.com**
26 rue de Blaise Pascal • 79000 **NIORT**

Romuald HEUCHIN (Gérant / Promotion) • Yann BOUCAUD (Responsable des ventes) • Sophie GARNAULT (Comptable) • Robert NYGREN (Label manager) • Yves LELAY (Stock)

Genre(s) musical(aux) : Musiques électroniques, drum'n'bass, black music, rock indé, metal, soul funk, musiques du monde, techno • **Labels distribués** : !K7, BBE, 20:20 Vision, All Tomorrow's Parties, Anticon, Axe Killer, B-Pitch Control, Backbeats, Bear Funk, Black Hole, Bloodshot Records, Boysnoize, Brownswood Recordings, Cadenza, Carpark Records, Chimera Music, Clapping Music, CLJ Records, Cocoon, D:Vision, DC Recordings, E1 Music, Essay Records, FatCat, Get Physical, Ghostly International, Harmless, Herzfeld, Idwet, Inter Deejay Gigolo, Late Night Tales, Loaf, Magic Records, etc. • **Clients** : Fnac, Virgin, Amazon, Starter, Espaces Culturel Leclerc, Gibert Joseph, disquaires indépendants, export, etc.

BELIEVE DIGITAL

✆ **08 25 62 47 62**
contact@believedigital.com • **www.believedigital.com**
2 pl. du Colonel Fabien • 75019 **PARIS**

Denis LADEGAILLERIE (Président) • Arnaud CHIARAMONTI (Directeur artistique / Promotion France) • Laure DUHARD (Labels jazz, classique, jeunesse, musiques du monde, BOF/TV) • Aurore LANCHART (Labels hip hop, reggaeton) • Romain VIVIEN (Directeur général) • Arnaud CHEVRÉ (Directeur artistique) • Marie-Anne ROBERT (Directrice du marketing) • Jérôme FULCRAND (Manager contenus / Communication) • Jean-Christophe MERCIER (Responsable opérationnel des labels distribués) • Éric LANDOUZY (Directeur d'exploitation) • Lois DURRLEMAN (Responsable de la promotion digitale)

En ligne et/ou physique : En ligne • **Genre(s) musical(aux)** : World, jazz, rock, rap, pop, électro, variété française • **Labels distribués** : Uniquement catalogue indépendant : Atoll, Caravage, Circus Company, Comet, Demain La Veille, Dernière Bande, DSA, Future/Now, Hammerbass, Jerkov, La Grange à Disque, Last Call, etc. • **Clients** : Accords de distribution avec des plates-formes de téléchargement et les services de promotion de musique; Believe numérise & procède à la mise en ligne, au marketing et à la promotion des œuvres

BLACK CATALOG

✆ **06 68 94 72 76 / 09 54 28 42 79**
blackcatalog@hotmail.com • **www.black-catalog.com**
16 rue St-Sabin • 75011 **PARIS**

Eric (Responsable)

En ligne et/ou physique : VY uniquement • **Genre(s) musical(aux)** : Ska, rock steady, reggae, UK stepper, dub • **Labels distribués** : 150 labels reggae anglais et français • **Clients** : Disquaires européens

Association CD RUN

✆ **06 92 26 02 70 / 02 62 59 74 53**
cdrunproduction@gmail.com • **www.cdrun.re**
195 bis ch. Portail • 97430 **LE TAMPON (REUNION)**

Olivier PEUVRIER (Président) • Sabrina CADET (Responsable artistique / Manager) • Anne-Marie PEUVRIER (Trésorière)

En ligne et/ou physique : Les 2 • **Genre(s) musical(aux)** : World music, spécialisé musiques Océan indien, sega, maloya, reggae, dub, électro, dancehall • **Labels distribués** : CD Run, AP • **Clients** : iTunes, Nokia, VirginMega, Fnac et plateformes partenaires du réseau Believe

CEDPP

✆ **01 48 85 23 15** • fax 01 48 85 36 62
fernandosismeiro@orange.fr • **www.presseportugaise.com**
13 av. de la Mésange • 94100 **ST MAUR DES FOSSES**

Fernand SISMEIRO (Gérant) • William SISMEIRO (Directeur commercial)

Centre européen de diffusion de la presse portugaise • **Genre(s) musical(aux)** : Musiques traditionnelles, fado, variétés, rock, accordéon, musiques portugaises et brésiliennes • **Labels distribués** : LYS, EMI, WEA, Sony, Vidisco, Edisco, etc.

CHABINE PROD.

✆ **05 96 64 54 63 / 06 96 25 71 11** • fax 05 96 64 54 63
chabineprod@gmail.com • **www.chabineprod.com**
8 rés. Les Crotons • Route de Cluny • 97200 **FORT DE FRANCE (MARTINIQUE)**

Claude CABIT (CEO) • Gérald DE NEGRI (Responsable Guadeloupe)

En ligne et/ou physique : Physique • **Genre(s) musical(aux)** : Zouk et musiques des Caraïbes • **Labels distribués** : Artistes : Christiane Vallejo, Jean-Marie Ragald, Médhy Custos, Princess Lover, Peggy, L.S., Jimmy Devarieux, Harry Diboula, Skanky, Eric Virgal, Tony Chasseur, Paulo Albin, Moun Karayib, etc. • **Clients** : Librairie Antillaise, Hibiscus Records, Debs, Kazamédia, grande distribution, etc.

CHARLE'S MUSIC

✆ **02 35 70 60 13 / 06 08 02 46 08** • fax 09 64 36 36 11
charles-music@orange.fr • **www.studios13.com**
30 ch. de la Planquette • 76130 **MONT ST AIGNAN**

Frederick TUNETIER (Directeur)

En ligne et/ou physique : Les 2 • **Genre(s) musical(aux)** : Tous • **Labels distribués** : Atlanta Records, Discovery Music, Melusine Prod., Albane Crea, Charles XIII Music • **Clients** : Physique : GMS, CE, Etat, tous disquaires ; digital : Fnac, Virgin, Orange, Starzik ; VPC : Amazon

CHIFF-CHAFF

✆ **09 52 34 03 42** • fax 09 52 34 03 42
infos@chiff-chaff.com • **www.chiff-chaff.com**
9 bd du Gal Ferrié • 94100 **ST MAUR DES FOSSES**

Hervé MILLANCOURT (Directeur commercial)

En ligne et/ou physique : Les 2 • **Genre(s) musical(aux)** : Sons de la nature, bruitages, découverte du monde sonore, contes, musiques et chansons pour enfants, disques • **Labels distribués** : Nashvert Production, Le Sablier, Ample, Schaken, GMVL, Assoplume, Grandir Nature

CODAEX FRANCE

✆ **01 39 08 01 02** • fax 01 39 08 06 20
fr@codaex.com • **www.codaex.com**
42 rue Pierre Curie • 78670 **MEDAN**

François SEGRE (Responsable) • Tido VISSER (Responsable de l'export)

Genre(s) musical(aux) : Jazz, variété, world, rock indépendant, classique • **Labels distribués** : Mac Avenue, Resonance, Linn Records, Bis, CPO, Ondine, Dynamic, Channel Classics, Intrada, Lyrinx, BNL Syrius, Ameson, Opus Arte, MDG, Vai, Music & Arts, Coro, Oehms, Satirino, Diligence, Hortus, BBC Legend, Aphrodite Records, Newklang, Acte Préalable, Analekta, Ar-Ré-Sé, Champeaux, Et Cetera, Mickael Nyman Records, Orange Mountain Music, Gramola, Melodiya, Oehms, Quantum, Ramée, Verso, Raumklang, RCO Live, Effendi Records, Bro Records, Label Hérisson, Avid Jazz, GHA Records, Pirouet Records, Promise Land, Musique et Mémoire, Immortal

COOP BREIZH MUSIQUE ET VIDÉO

✆ **02 98 93 83 14** • fax 02 98 93 87 97
info@coop-breizh.fr • **www.coop-breizh.fr**
Kerangwenn • 29540 **SPEZET**

Jean-Yves LE CORRE (Directeur de la production)

En ligne et/ou physique : Les 2 • **Genre(s) musical(aux)** : Au cœur de la musique bretonne (musique traditionnelle, chanson, jazz) • **Labels distribués** : L'Oz Production, Paker Prod, Last Exit Records, Mass Prod, Kendalc'h, Enragé Production, BNC Production, Marzelle, Astec Musique, Hirustica, Planet' Momes, Dastum, Dylie, Label Productions • **Clients** : Chaînes de magasins, disquaires indépendants, Idol

DG DIFFUSION

✆ **05 61 00 09 99** • fax 05 61 00 23 12
f.coste@dgdiffusion.com • **www.dgdiffusion.com**
ZI de Bogues • 31750 **ESCALQUENS**

David GRUSZEWSKI (PDG) • Frédéric COSTE (Responsable Département Musique, DVD)

En ligne et/ou physique : Physique • **Genre(s) musical(aux)** : New age, world, relaxation, musicothérapie • **Labels distribués** : Blue Flame Records, Art Composite, Refined Records, Ellebore, ENP, Hearts of Space, Membran, MP Productions, New World, New Earth, Oreade, Solitudes, Ayu Prod, João Del, Biosphère,etc.

DIFFER-ANT

✆ **01 49 72 00 68** • fax 01 49 72 05 38
contact@differ-ant.fr • **www.differ-ant.fr**
12/14 rue Jean-Jacques Rousseau • 93100 **MONTREUIL**

Boris CABEZA (Label manager) • Luc DEVAUD (Directeur commercial) • Sylvain MORTON (Directeur à l'international) • Sandrine BILECI (Label manager / Export) • Lena HEIDMA (Label manager)

En ligne et/ou physique : Les 2 • **Genre(s) musical(aux)** : Indé, soul-funk, hip hop, rock, metal, électro • **Labels distribués** : Asthmatic Kitty, Cargo Records, Constellation, Daptone Records, Ipecac, Konkurrent, Monopsone, Sweet Nothing, Table of the Elements, Talitres, Tee Pee, Temporary Residence Ltd., Timmion Records, Ici d'Ailleurs, InFiné, Warp, Havalina, Soul Jazz Records, etc.

DISQUES DOM

✆ **01 49 60 06 38** • fax 01 49 60 75 72
contact@domdisques.com • **www.domdisques.com**
14 rue Jules Vanzuppe • 94854 **IVRY SUR SEINE CEDEX**

Frédéric KHAVESSIAN (Directeur des labels)

En ligne et/ou physique : Les 2 • **Genre(s) musical(aux)** : Classique, world, jazz, blues, rock, pop, ambiance, jeune public, rap, variété française & internationale • **Labels distribués** : High Note, Criss Cross, Dom, Arc Music, Arts, Hardy, Pandream, Store For Music, Pegasus, In Akustik, Biscoito Fino, Zyx, Archipel, Navras, Forlane, Bongivani, Fonti Musicali, France Productions, Music Avenue, Preiser, Envidia, Voix de l'Orient, Videoland

DISTRART MUSIQUE

✆ **09 50 50 70 30** • fax 01 43 54 47 26
info@distrart.com • **www.clicmusique.com**
Clic Musique • 63 bis rue de la Tombe Issoire • 75014 **PARIS**

Andrei MIHAILA (Directeur / gérant) • Françoise SY SAVANE (Responsable service clients) • Ludivine BODART (Administratrice)

En ligne et/ou physique : Physique • **Genre(s) musical(aux)** : Jazz, world, musique classique et contemporaine • **Labels distribués** : Jazz : Retrospective, Challenge Records, A-Records, Double Moon, Between The Lines, Alto, Intuition, Jazz In Motion, Hot Club Records, etc.

DISTRIBUTION LENSOISE

✆ **03 21 43 20 95** • fax 03 21 43 20 95
victoria.polomski@wanadoo.fr • **www.musique-polonaise.fr**
88 bd Emile Basly • 62300 **LENS**

Victoria POLOMSKI (Gérante) • Régine POLOMSKI (Directrice)

En ligne et/ou physique : Physique • **Genre(s) musical(aux)** : Groupes polonais régionaux, groupes folkloriques polonais, autrichiens, suisses, allemands, patoisants du Pas-de-Calais, variété française et internationale

DJP

✆ **01 56 83 22 84** • fax 01 47 81 11 58
info.djp@free.fr
75 bis rue des Champarons • 92700 **COLOMBES**

Jean-Claude COINTARD (Administrateur) • Philippe LECANTE (Relations labels)

Distribution Jeune Public • **Genre(s) musical(aux)** : Tous genres • **Labels distribués** : La Malle aux Trésors, Amulette

EZIC

✆ **03 81 92 45 94**
contact@ezic.fr • **www.ezic.fr**
77 A Grande Rue • 25150 **ROIDE**

Jean-Yves KEROUREDAN (Directeur) • Liana SCHLOEDER (Responsable presse)

La Musique Equitable • **Genre(s) musical(aux)** : Blues, rock, reggae, roots, chanson française, instrumental, punk, ska, rap • **Labels distribués** : Label Brune, eZic, Sens Unique, Cirage Productions, Crocodile Production, Côtes du Rhône, Recall

HANDS AND ARMS

✆ **06 48 36 62 07**
contact@handsandarms.com • **www.handsandarms.com**
10 rue Jules Valles • 75011 **PARIS**

Yves PLOUHINEC (Gérant)

En ligne et/ou physique : Les 2 • **Genre(s) musical(aux)** : Indie pop, pop sucrée, rockabilly, punk • **Labels distribués** : Alienor, Anorak, Bachelor, Bleeding Gold, Captured Tracks, Cherry Red, Close Up, Cloudberry, Dufflecoat, Fastcut, Fraction Discs, Italian Beach Babes, Jigsaw, Legos Discos, Les Temps Modernes, Matinée Recordings, Munster, Night School, Parasol, Plastilina, Pop Boomerang, Pop In, Pop the Balloon, Shelflife, Slumberland, Susy, Tryptic, Wee Pop, Yay, etc.

HARMONIA MUNDI

✆ **01 53 39 18 00** • fax 04 90 49 96 14
info.arles@harmoniamundi.com • **www.harmoniamundi.com**
Mas de Vert • BP 20150 • 13631 **ARLES CEDEX**

Eva COUTAZ (PDG) • Benoît COUTAZ (Directeur général) • Cyrille PELISSE (Directeur administratif et financièr) • Luc BABEAU (Directeur commercial Musique) • Pascale LAPIERRE (Directrice Département Livre) • Tarik TAMZALI (Responsable Export) • Jean-Marc BERNS (Promotion classique) • Stéphanie SCHMITZ (Responsable du Département digital) • Pascal BUSSY (Label manager Jazz Village) • Christian GIRARDIN (Directeur de production) • Xavier GATINEL (Coordinateur des labels distribués Musiques actuelles)

En ligne et/ou physique : Physique • **Genre(s) musical(aux)** : Classique, jazz, musiques traditionnelles, pop, rock • **Labels distribués** : Discograph, World Village, Jazz Village, Chant du Monde, Aeon, Alpha / Musicales Acte Sud, Ambronay, Apparté / Fra Prod, BD Jazz, Bel Air Classiques, BNC, Bonsaï Music, Calliope, CSO, Cumbancha, Déda / A Filetta, Didier Jeunesse, Doumtak Music, Editions du Point d'Exclamation, Editions Eponymes, Eloquantia, Enfance et Musique, Euro Arts, Frontiers, Fuga Libera, Glossa, Intense Music / Multimedia Outlet, K617, Keltia3, Ligia Digital, Loreley Production, LSO Live, Lubat Jazzcogne Productions, Mirare, Mondomix Motéma Music, Media, Musicatem, Orfeo, Oui'Dire Editions, Ponderosa, Praga Digitals, Radio France, Real World Records / Proper, Ricercar, Rideau Rouge Records, Soli Deo Gloria, Sunset, Tahra, Tololo / Vibrations, We Have a Dream, Ysaÿe Records, Accords Croisés, ACT, Ames, An Naer Produksion, Blaq Out, Cam Jazz, Candid, Cristal Records, Daqui, etc.

ID MUSIC SA

✆ **01 84 17 29 70** • fax 01 84 17 34 65
idmusic@idmusic.fr • **www.idmusic.fr**
177 rue Achille Peretti • 92200 **NEUILLY SUR SEINE**

Thierry CHEVRIER DE CHOUDENS (PDG) • Patricia FAYET (Directrice administrative et financière) • Antoine WRIGHT (Directeur commercial)

En ligne et/ou physique : Partitions musicales uniquement • **Labels distribués** : ID Music, EMF, Salabert, Durand, Eschig, Music Sales, Hal Léonard, Warner, Faber, Advance Music, Aebersold, Chandelle, Coup de Pouce, Sher Music, Mel Bay, Alfred, Outre Mesure, Presses d'Ile de France, Rebillard, First Edition, etc.

IDCD MULTIWAVES

✆ **05 49 73 36 00** • fax 05 49 73 42 75
romuald@idcd.fr • **www.idcd.fr**
15 rue Blaise Pascal • 79000 **NIORT**

Romuald HEUCHIN (Gérant)

En ligne et/ou physique : Physique • **Genre(s) musical(aux)** : Tous

IDOL

✆ **09 73 87 03 62**
contact@idolweb.fr • **www.idolweb.fr**
21 bd de Strasbourg • 75010 **PARIS**

Pascal BITTARD (PDG) • Elisabeth SIACHOUA (Directrice générale adjointe) • Julie ANDUZE (Responsable de production) • Benjamin PRUVOST (Responsable marketing) • Jean-Philippe LECAILLE (Directeur technique) • Tarafa-J. SAHLOUL (Responsable du développement) • Julien SEVENO (Développeur) • Vincent WARCKOL (Assistant de production) • Sam MAUREE (Assistante de direction / gestion)

En ligne et/ou physique : Distributeur numérique au service des labels indépendants; services complémentaires : distribution physique (via Pias), conseils marketing, clearances, promotion, etc. • **Genre(s) musical(aux)** : Tous styles • **Labels distribués** : Kitsuné, InFiné, Record Makers, Marble, Sound Pellegrino, Bromance, Cracki, Grand Blanc, Ekler'o'shock, FoolHouse, Youngunz, Boxon Records, Secure Recordings, UKW Records, Colette, Tricatel, Bang ehf, Differ-ant, Diese, Saravah, Dreyfus Jazz, JMS, Label Bleu, Plus Loin Music, MK2, Gaumont, Pathé, Europacorp, Why Not, ... No Format !, Bonsai Music, Glitterbeat, Tactikollectif, MLP, Agorila, Ricordu, Coop Breizh, Celluloïd, LA Cosca, 361, Desh, Lucidream, Issap, ARB Music, Bayard Musique, La Montagne Secrète, Aeon, Alpha, Phi, Ricercar, Zig Zag Territoires, Diapason, Radio France, etc. • **Clients** : Accords de distribution avec la totalité des plateformes de vente de musique en ligne dans le monde (téléchargements, streaming audio, streaming video, opérateurs téléphoniques, etc.).

ILD

✆ **01 46 03 40 68** • fax 01 48 25 29 41
ild@ild.tm.fr • **www.ild.tm.fr**
37 rue de la Belle Feuille • 92100 **BOULOGNE**

Eric FAGET (Directeur)

Inter loisirs disc • **Genre(s) musical(aux)** : Classique, jazz, variété, musiques du monde • **Labels distribués** : Cosmopolite Records, Clarinet Classic, Collectables, Dutton, Edinamusic, Epidaure, Guild, London, Prorius, Sepia, ILD, Prophone, Talent, Pavane, etc.

IMPROJAZZ

✆ **02 54 43 14 80 / 06 85 08 38 69** • fax 02 54 43 14 80
improjazz@wanadoo.fr • **sites.google.com/site/improjazzmag/home**
c/o Philippe Renaud • 14 allée des Myosotis • 41000 **BLOIS**

Philippe RENAUD (Directeur de la publication / Président)

Genre(s) musical(aux) : Jazz & musiques improvisées • **Labels distribués** : Eremite, Fish Music, Cimp, Bruce's Fingers, FMP, FMR, Incus, Okka, ICP, Cadence, Nuscope, Silkheart, Futura, Emanem, Amor Fati, Balance Point Acoustics, Improjazz, Barking Hoop, Data, Forward, Red Eye Music, Music Now (UK), Le Petit Label, Orkesme, Ayler, Another Timbre, Quark, Ahhum, Circum, Discus, Firehouse, Foghorn, etc.

IMUSICIAN DIGITAL

music@imusiciandigital.com • **www.imusiciandigital.com**
Binzstrasse 23 • 8045 **ZURICH (SUISSE)**

Tobias WIRZ (COO)

En ligne et/ou physique : En ligne • **Genre(s) musical(aux)** : Tous • **Labels distribués** : 400 • **Clients** : 8000

IN OUÏE DISTRIBUTION

✆ **06 08 48 47 98**
contact@inouiedistribution.org • **www.inouiedistribution.org**
27 rue Elisée Reclus • 42000 **ST ETIENNE**

Robin DÉCHANOZ (Administrateur) • Pierre-Alexandre GAUTHIER (Commercial)

En ligne et/ou physique : Physique, en ligne avec Wiseband • **Genre(s) musical(aux)** : Chanson, rock, jazz, dub, funk, électro • **Labels distribués** : Z Production, Carotte Production, Jaspir Prod, Le Cri du Charbon, Yotanka, Tête de Pioche, Label Diff 43 • **Clients** : 120 points de ventes

JTV DIGITAL

contact@jtvdigital.com • **www.jtvdigital.com**
77390 **CHAUMES EN BRIE**

Jérémie VARENGO (Président)

En ligne et/ou physique : En ligne • **Labels distribués** : Flesh Roxon, Don Johnson Big Band • **Clients** : 15 sites de vente de musique dématérialisée et de streaming (iTunes, Amazon, Spotify, Deezer, etc.)

KARAOKÉ PARIS MUSIQUE - KPM

✆ **01 48 44 06 06** • fax 01 48 44 06 10
info@karaoke-kpm.fr • **www.karaoke-kpm.fr**
BP 20053 • 93261 **LES LILAS CEDEX**

Jean-Michel PEFFER (Directeur commercial)

Labels distribués : CD Play-Back KPM, Pluriel, AudioStud+, Paul Beusher, Pocket Songs, DVD Karaoké KPM Pro, Dj Pro, Karaokemania, Super High, Singer's Dream, Universal, Wagram, Sony, PBR Records, Karaokept Portugalkaraoke

KELTIA MUSIQUE

✆ **02 98 95 45 82** • fax 02 98 95 73 19
keltiamusique@wanadoo.fr • **www.keltiamusique.com**
1 pl. au Beurre • 29000 **QUIMPER**

Alain LE MEUR (PDG) • Hervé LE MEUR (Contact service commande) • Jean-Charles FEUNTEUN (Directeur distrib. marketing)

En ligne et/ou physique : Les 2 • **Genre(s) musical(aux)** : Musiques bretonnes et celtiques • **Labels distribués** : Keltia Musique, Tara, Gael Linn, Dolphin, Green Linnett, Greentrax. Artistes catalogue import : Capercaillie, Altan, The Chieftains, Nollaig Casey & Arty, Loreena McKennitt, Sinead O'Connor, etc. • **Clients** : Chaînes, disquaires, iTunes, Fnac.com, VirginMega, Deezer, etc.

KEYZIT

✆ **01 58 07 11 90** • fax 01 58 07 11 91
contact@keyzit.com • **www.keyzit.com**
100 av. de la Marne • 92120 **MONTROUGE**

Édouard BOLLEAU (Directeur artistique)

En ligne et/ou physique : Les 2 • **Genre(s) musical(aux)** : Tous • **Clients** : Plateformes de téléchargements (iTunes, AmazonMP3, VirginMega, FnacMusic, Juno Records, 121 Musicstore, Basepoint Media, CD1D), de streaming (Deezer, Spotify, Starzik, 7 Digital, MusicMe, Youtube), opérateurs mobile (Orange, SFR, Nokia), magasins (Virgin, Fnac, E.Leclerc, Auchan, Cultura, Starter)

LABEL WORX LIMITED

✆ **+44 1482 805 212** • fax +44 870 123 6468
info@label-worx.com • **www.label-worx.com**
Sequoia Ings Lane • East Yorkshire
HU6 0AL **HULL (GRANDE BRETAGNE)**

En ligne et/ou physique : En ligne

MALOKA

distro@malokadistro.com • **www.malokadistro.com**
BP 41435 • 21014 **DIJON CEDEX**

Genre(s) musical(aux) : Anarcho-punk since 1989 ! • **Labels distribués** : Toute la scène anarcho punk en distro DIY, etc.

MODULOR

✆ **01 42 23 09 06** • fax 01 42 23 09 34
ventes@modulor.tv • **www.moduledistribution.com**
322 rue des Pyrénées • 75020 **PARIS**

Elvin PAGIRAS (Directeur général) • Jérôme MESTRE (Directeur France) • Pierre BLOTMAN (Responsable des ventes) • Jérémy PLATINI (Responsable de la promotion) • Arnaud MERLIN (Responsable commercial)

En ligne et/ou physique : Les 2 • **Genre(s) musical(aux)** : Electro, rap US, rock indé, soul, reggae, etc. • **Labels distribués** : Module, Desire, Kompakt, Versatile, Isolaring, R&S, Good Music, Ascetic, Fierce Panda, Bronzerat, Saddle Creek, One Four Seven, Tigersushi, Honest Jon's, Suicidal Records, Minor7Flat5, Dug Out, Enemy Soil, A Stable Sound / Soul Kitchen, Bouzouki Joe Records, Dubwiser Records, Gargamel Music, Hammerbass, Voodoo Funk, Tummy Touch, BMG Right, Drag City, Jaune Orange, Nublu Records, Les Disques du Manoir, KDBZik, Plug Research • **Clients** : Fnac, Virgin, Starter, Colette, Espaces culturels Leclerc, Chapitre, mailorders, médiathèques, indés, etc. ; iTunes, Amazon, Fnac.com, Orange, Deezer, VirginMega

MOOZAR

contact@moozar.com • **www.moozar.com**
23 rue d'Anjou • 75008 **PARIS**

Florian TORRES • Stanislas HINTZY

En ligne et/ou physique : En ligne • **Genre(s) musical(aux)** : Tous • **Labels distribués** : Près de 2 000 artistes ou labels (début 2013) dont Jennifer Batten, Razor & Tie Records, Hotfingers Records, Shannon Hurley, Ho Hum Records • **Clients** : Services Direct to Fan dont le Reward Links permettant aux internautes de récompenser les artistes à partir de leur diffusion sur Internet (YouTube, SoundCloud, DailyMotion, etc.)

MUSEA

✆ **03 87 76 70 49** • fax 03 87 36 64 73
manager@musearecords.com • **www.musearecords.com**
138 rue de Vallieres • 57070 **METZ**

Bernard GUEFFIER (PDG)

Genre(s) musical(aux) : Rock progressif, hard rock, metal, blues, jazz, rock • **Labels distribués** : Musea, Musea Parallèle, Dreaming, Ethnea, Great Winds, Angular Records, Rectangular Records, Thundering, Toff Records (Pendragon), Gep (IQ), Verglas (Arena), Jadis, Voiceprint, Steve Hackett, Peter Hammill, DGM (King Crimson) • **Clients** : Fnac, Virgin, Boulanger, Starter

MUSICAST

✆ **01 44 64 94 64** • fax 01 44 64 09 83
artistique1@musicast.fr • **www.musicast.fr**
3/7 rue Albert Marquet • 75020 **PARIS**

Julien KERTUDO (Gérant) • Seb « Lawkys » CHARPIOT (Responsable artistique)

En ligne et/ou physique : Les 2 • **Genre(s) musical(aux)** : Musiques actuelles • **Labels distribués** : Neochrome, Utopia (Mediacom), Debout sur le Zinc, 1995, Mister You, Electro Deluxe, Alpha Blondy, Lunatic, S. Mos, etc. • **Clients** : Physique : Fnac, Virgin, Leclerc, Starter, Cultura, Boulanger, Auchan, Carrefour, Gibert Joseph, etc. ; digital : iTunes, Deezer, AmazonMP3, etc.

MVS DISTRIBUTION - ANTICRAFT

✆ **01 42 52 77 51** • fax 09 70 63 10 68
info@anticraftmusic.com • **www.mvsdistribution.com**
15 rue des Immeubles Industriels • 75011 **PARIS**

José LÉVICES (Gérant) • Fabrice BERTIN (Auchan, Carrefour, DEM, SDO)

En ligne et/ou physique : Les 2 • **Genre(s) musical(aux)** : Jazz, world, rock, hip hop, metal, jeune public, musiques électroniques et du monde, etc. • **Labels distribués** : Circum-Disc, Onze Heures Onze, Les Musiques à ouïr, MVS Records, Boxson, T Records, Yolk, Tapsit, Prikosnovenie, Ankama, Body & Soul, Kicking Records, Altrisuoni, Grolektif Production, etc. • **Clients** : Fnac, Virgin, Cultura, Starter, Leclerc, Auchan, Carrefour, Gibert Joseph, Believe, etc.

NAÏVE

✆ **01 56 02 20 00** • fax 01 56 02 20 44
assistantmarketing@naive.fr • **www.naive.fr**
9 rue Victor Massé • 75009 **PARIS**

Patrick ZELNIK (PDG) • Jérémy ZELNIK (Directeur artistique) • Béatrice COSTERMANS (Vice-présidente) • Thierry BROYART (Directeur commercial et de la distribution) • Françoise CRUZ (Directrice Naïve livre) • Régis BACQ (Grands comptes spécialisés) • Florian ABESSIRA (Responsable de l'export) • Johann ASSOULINE (Responsable digital) • Marion GAUDART (Responsable marketing) • Cécile RIGOLLOT (Directrice financière) • Philippe GONDOUIN (Responsable special marketing) • Didier MARTIN (Directeur du département classique & jazz) • Blandine BAUFUMÉ (Responsable jeunesse)

En ligne et/ou physique : Les 2 • **Genre(s) musical(aux)** : Tous styles • **Labels distribués** : Beggars, Actes Sud, Densité 21, La Borie, Taizé, Transart, Aliavox, La Borie Jazz, Mañana, Ryko, Corida, Dramatico, Fargo, 361 Records, Tambours du Bronx, Under Cover, Télérama, Productions Adèle, Ada, Ardisong, Visuel, Lizard King, Diversité, Kartel - DVD : Eagle Vision, Les Films de mon Oncle, Montparnasse Naïve, Opening, Timpani, Ada, Eagle Rock • **Clients** : Chaînes (dont Harmonia Mundi), disquaires ; iTunes, Deezer, Spotify, Orange, SFR, etc.

NESS MUSIC

✆ **01 42 45 10 30** • fax 09 70 06 21 95
contact@ness-music.com • **www.ness-music.com**
35 rue Petit • 75019 **PARIS**

Nessim SAROUSSI (Directeur)

Genre(s) musical(aux) : Musiques du monde, ethniques et folkloriques • **Labels distribués** : NMC, Helicon, Syncoop, Israël Music, Azoulay, Play records, Greentec, Magda • **Clients** : Fnac, Virgin, librairies religieuses, disquaires spécialisés, fournisseur des sites de VPC

OPENZIC

✆ **06 62 70 87 72**
openzic@orange.fr • **www.openzic.com**
46 route du Clos Bailly • 85300 **SALLERTAINE**

Corinne TRIBOT (Gérante)

En ligne et/ou physique : Les 2 • **Genre(s) musical(aux)** : Reggae, hip hop, électronique, groove, soul-funk, dubstep, drum'n'bass, jazz • **Labels distribués** : Les Ateliers du Film, KBress, Paragon Rds, Brr Rds, Ted l'Afro, Case Nègre, The Touch Funk, Noctambule Rds, Roger Molls, Sunspot Rds, Paral-lel, Cosmos 70, Arabesque, Hadra Rds, Dome Recs., Origami Productions, Rudiments, Expansion Rds, Wax Poetics, Noctambule Records, Marvel, Les Disques du Tigre, Grand Royal, etc. • **Clients** : Indés, chaînes de magasins, Believe

ORKHESTRA INTERNATIONAL

✆ **04 77 01 09 31** • fax 04 77 01 07 96
contact@orkhestra.fr • **www.orkhestra.fr**
14 rue de Condelouse • 42570 **ST HEAND**

Isabelle EVRARD-GUYOUX (Directrice) • Bruno MEILLIER (Label manager) • Bertrand GASTAUT (Commercial)

En ligne et/ou physique : Physique • **Genre(s) musical(aux)** : Musiques nouvelles, musiques d'aujourd'hui, jazz, rock, musiques du monde, musique contemporaine, folk • **Labels distribués** : Thirsty Ear, Tzadik, Cuneiform, ReR Megacorp, Atavistic, Leo Records, Intakt, Ambiances Magnétiques, Aum Fidelity, Ayler, Bvhaast, Clean Feed, Emanem, Esp-disk, Fledg'ling Records, Ilk, In Situ, Intakt, Innova Recordings, New Albion, New World, Ogun, Pi Recordings, Playscape Recordings, Porter, Psi, Rastascan, Red Toucan, Reel Recordings, Slkheart, Sub Rosa, Sublime Frequencies, Subliminal Sounds, Victo, Web of Mimicry, etc. • **Clients** : Fnac, Virgin, Cultura, Espaces culturels Leclerc, forums Harmonia Mundi, librairies, bibliothèques, médiathèques, musées, etc.

PIAS FRANCE

✆ **01 44 53 71 30** • fax 01 44 53 71 81
info@pias.com • **www.pias.com/fr**
14 rue Milton • 75009 **PARIS**

Laurent DIDAILLER (Directeur) • Nicolas FORTEMPS (Directeur commercial) • Laetitia ROCCA (Label manager international) • Marine DUPIN (Label manager International) • Julie LEVEQUE (Label manager International) • Yves LECARPENTIER (Label manager labels & artistes français) • Stéphane LE SCIELLOUR (Juriste) • Jean-Luc MARRE (Responsable de la promotion et de la communication) • Leticia MEDINA JUANCO (Promotion radios et TV) • Jennifer HAVET (Promotion Presse) • Valérie TALAGAS (Promotion presse généraliste)

Genre(s) musical(aux) : Tous styles • **Labels distribués** : Labels internationaux : Sub Pop, Pias Coop, Nuclear Blast, Ninja Tune, Epitaph, Pias Recordings, Drag City, Cumbancha, etc. - labels français : Pias France, Crash Disques, Vision Alternative, Cantos, Foutadawa, WTPL, GUM, DDM, Label Maison, MDC, Alligator, Opposite Records, etc.

PSB

✆ **01 42 00 63 78** • fax 01 42 00 72 04
psb2@wanadoo.fr • **www.psb-musique.com**
118 av. Jean Jaurès • 75019 **PARIS**

Philippe BIRUKOFF (Directeur) • Chantal DUMOULIN (Assistante commerciale)

Productions Stéphanie Bertrand • **En ligne et/ou physique** : Physique • **Genre(s) musical(aux)** : Rock, world, variété internationale, chanson française, country, jazz, blues • **Labels distribués** : Creature Music, Disky, Discorama, Music Product, Takamba, BRM, Fat Cat, Baster Productions • **Clients** : Fnac, Virgin, Leclerc, disquaires, hypers

QUART DE LUNE

✆ **06 74 41 44 69 / 01 45 31 21 65** • fax 01 43 20 37 25
contact@quartdelune.com • **www.quartdelune.com**
4 rue de l'Harmonie • 75015 **PARIS**

Jacques PANIS (Gérant)

En ligne et/ou physique : Les 2 • **Genre(s) musical(aux)** : Chanson, world, reggae, jazz, blues, rock, pop • **Labels distribués** : Ad Litteram, Beuscher-Arpège, Tessland, Patch Work Production, Tour'n'sol Production, Trolls Prod, Root'Zik, La Cueilleuse, Nexound, Dadgad Music; Artistes : Pauline Paris, La Jeanne, Moran, Emilie Marsh, Mamzelle Lily, Soria, Guillo, Tomislav, Delphine Coutant, Colocks, Soul Sindikate & Dub Trooper, Outrage, Backtrack Lane, In Volt, Lou Demontis, Mr Hardearly, Habib Faye, Fanfarai • **Clients** : Disquaires indépendants, chaînes de magasins spécialisés et plateformes (iTunes, Qobuz, VirginMega, Amazon.fr, eMusic)

RENDEZ-VOUS DIGITAL

✆ **09 52 26 51 26**
info@rendez-vous-digital.com • **www.rendez-vous-digital.com**
142 bd Schley • 06130 **GRASSE**

Dominique ROTTET (Président / Fondateur) • Laura BENICHOU (Directrice / Fondatrice)

En ligne et/ou physique : En ligne • **Genre(s) musical(aux)** : Tous • **Clients** : The Orchard, EMI, Sony, Warner, iTunes, Amazon, Deezer, YouTube, Orange, SFR, etc.

RUE STENDHAL DIFFUSION

✆ **01 40 05 03 73** • fax 01 40 05 19 77
gilbert.castro@ruestendhal.com. • **www.ruestendhal.com**
20 rue Boyer • 75020 **PARIS**

Gilbert CASTRO (Fondateur) • Jacques PERON (Directeur commercial)

En ligne et/ou physique : Physique • **Genre(s) musical(aux)** : World, jazz, chanson, rock, enfants, classique, électro, etc. • **Labels distribués** : Audiogénic, Bayard Musique, Besides, Combat Rock, Celluloid, Cristal Records, Underdog Records, ADF- Studio SM, ARB Music, Aztec, Babaika, DEA, Editions de l'Ecritoire, Editos music, Ici d'Ailleurs, Lovarium, Lydiff, Quart de Lune, Rock Paradise, Sina Performance, Syllart Production, Volvox Music

SEDM OASIS

✆ **02 62 39 04 29** • fax 02 62 39 01 17
oasis.sedm@wanadoo.fr • **www.musiquesdelareunion.com**
85 rue Idelphonse Caro • 97421 **LA RIVIERE ST LOUIS (REUNION)**

José PAYET (Gérant)

En ligne et/ou physique : Physique • **Genre(s) musical(aux)** : Séga, maloya, romances créoles, ragga, variétés • **Clients** : Disquaires traditionnels et grandes surfaces

SEPHORA - LA MUSIQUE DE LA VIE

✆ **04 75 59 93 40** • fax 04 75 59 93 48
www.sephoramusic.com
ZA La Pimpie • 1 rue René Cassin • 26120 **MONTELIER**

Marc BRUNET (PDG) • Samuel TAGARIAN (Promotion)

Genre(s) musical(aux) : Tous styles musicaux avec textes d'inspiration chrétienne, gospel • **Labels distribués** : Myrrh, Sparrow, Word, Kingsway, Sparks, Starsong, Gotee, Brentwood, Reunion, Warner Alliance, Forefront, Maranatha, Integrity, Emi Gospel, Gospocentric, Benson, Provident, Essential, Tooth and Nail, Authentic, Hillsong, Verity

SHARK ENTERTAINMENT

✆ **01 48 70 73 13 / 06 15 84 28 58** • fax 01 48 70 72 38
distribution@shark-online.com
27 rue Léon Loiseau • 93100 **MONTREUIL**

Christophe FAUTRA (Directeur général) • Thierry GRACCHUS (Responsable logistique /CEO Label G Muzik) • Ombéline ROLAND (Responsable commerciale France)

En ligne et/ou physique : Physique • **Genre(s) musical(aux)** : Musiques du monde • **Labels distribués** : Chabine Prod, Nostrategy, Deejay SlamBB, Nouvelle Donne Music, OMC Music, Awimusic, Zouk en Or, Netty Prod, Planet Records, etc. • **Clients** : Fnac, Virgin, Boulanger, Espace Culturel Leclerc, disquaires spécialisés, etc.

SO MUCH

✆ **04 93 06 02 59**
contact@somuch.fr • **www.somuchrecords.com**
160 rue d'Antibes • 06400 **CANNES**

Patrick ATTALI (Label manager)

En ligne et/ou physique : Physique, en ligne via Believe • **Genre(s) musical(aux)** : Tous • **Labels distribués** : Angel Sweet Records, TNT Prodédition, Roman Noir, Humanoid Recording, Ghost.LA, Eric Morena • **Clients** : Cultura, Fnac, Auchan, Leclerc, et magasins Starter

SOCADISC

✆ **01 64 91 90 90** • fax 01 64 91 90 99
sed@socadisc.com • **www.socadisc.com**
Rue Pasteur • 91790 **BOISSY SOUS ST YON**

François-Régis BAAS (PDG) • Olivier ROUSSELETTE (Directeur commercial) • Eddy LARMENO (Label manager variétés internationales, pop-rock, soul-funk) • Raphaël BOUVIER (Label manager électro, reggae)

En ligne et/ou physique : Les 2 • **Genre(s) musical(aux)** : Tous • **Labels distribués** : Arion, Fremeaux, Delmark, Eveil et Découverte, Union Square, News, Ministry of Sound, Telarc, Shanachie, De Bercy, In Circum Girum, Cherry Red, J.S.P., Northern Blues, Comotion, Cadiz, Corelia, Discmedi, Osmose, BGO, EPM, Buda, Brennus, Scorpio, X-Ray, Baco, DJP • **Clients** : Fnac, Virgin, Leclerc, Auchan, Cora, Starter, Cultura, etc. (physique)

SONY MUSIC ENTERTAINMENT FRANCE

www.sonymusic.fr
52/54 rue Châteaudun • 75432 **PARIS CEDEX 9**

Laurent CHAPEAU (Directeur général Stratégie et Développement commercial)

Commercial Music Group / Digital Business / Catalogue Music Group / Legacy Recordings / SB2B • **Labels distribués** : Bad Stone, Belleville Music, Bonus Track, Chandelle, Cristal Records, Disques Gérard Meys, Disques Temey, Domino Recording, Fifty Five, France Télévision, Francis Dreyfus Music, Frenesik, FT Productions, Happy Music, LMLR, Lusafrica, M6 Music Label, Masq, MBM Records, Michel Pruvot, Neo, PanEuropean Recording, Panorama, Pomme Music, Pop Law, SND, Studio Lavabo, Sober & Gentle, The Freed

SOUNDWORKS

✆ **04 91 83 03 08** • fax 04 91 80 00 37
info@season-of-mist.com • **www.season-of-mist.com**
111 route de la Valentine • Lot n° 11 • 13011 **MARSEILLE**

Michaël BERBERIAN (Gérant)

En ligne et/ou physique : Physique en France • **Genre(s) musical(aux)** : Metal, hard rock • **Labels distribués** : Season of Mist, Napalm Records, SPV, Plastic Head, Massacre, etc. • **Clients** : Disquaires et chaines

SPHINX DISTRIBUTION

✆ **01 45 66 42 00 / 01 45 66 41 48** • fax 01 47 34 24 11
sphinx.distribution@club-internet.fr • **www.sphinx-distribution.com**
5 rue Rosa Bonheur • 75015 **PARIS**

Jean-Marie SALHANI (PDG) • Damien JACOBS (Directeur de la production)

En ligne et/ou physique : Les 2 • **Genre(s) musical(aux)** : Jazz, world, funk, pop rock, VF • **Labels distribués** : Cream Records, JMS, Abstract Logix

THE ORCHARD

✆ **06 23 61 31 81**
boldfield@theorchard.com • **www.theorchard.com**
110 bd Sébastopol • 75003 **PARIS**

Ben OLDFIELD (Vice-président France and Benelux) • Philippe GIARD (Senior client and interactive Marketing Manager)

En ligne et/ou physique : Les 2 • **Genre(s) musical(aux)** : Tous • **Labels distribués** : Uniquement labels indés : Rendez-Vous Digital, DBTH, Claves, Aliavox, Cleopatra Records, Fierce Panda, TVT Records, Dim Mak, Frenchkiss Records, Music Brokers, Rotana, Daptone Records, Ipecac records, Mr. Bongo, Wu Music Group, George V, TCB The Montreux Jazz Label, Frochot Music Cantos, World Music Network, Cherry Red, Lusafrica, etc. • **Clients** : Physique : en direct aux USA, Essential en Europe, Differ-Ant et Modulor en France ; musique digitale : accords de distribution avec les principaux services dans le monde inclus iTunes, Napster, Amazon, Verizon, Orange, Deezer, Spotify, Youtube, Google Play, Rdio, Xbox, etc.

THE PUSHER DISTRIBUTION

✆ **01 43 21 60 27**
pusherdistribution@gmail.com • **www.favoriterec.com/pusherdistribution**
36 rue Keller • 75011 **PARIS**

Pascal RIOUX (Responsable)

En ligne et/ou physique : Physique • **Genre(s) musical(aux)** : Soul, funk, afro-beat, breaks, reggae, hip hop • **Labels distribués** : Favorite, Big Single, Catblock Records, Rotax, Hot Casa, Trad Vibe, Comet, Nowadays, Soul Lab, Underdog Records, Still Muzick, Brawl rds/Pickininny, Jazzmin Records, Hollie Records, Quieres Chicle, EDR Records, Stix, Up Town Records, Sound Scupture, etc. • **Clients** : Forced Exposer (USA), Piccadilly Records, Betino (FR), Phonica, Honest Jon's Records, Light In The Attic (USA), Amoeba Music (USA) Sound of Universe, Soultrade (Ger), Fat City (UK), Groove Attack (Ger), Juno, Disk-Union (Jap), Jet Set (Jap), HHV, Jazzy Sport (Jap), Rushhour, etc.

TOOLBOX

✆ **01 48 05 80 16**
contact@toolboxrecords.com • **www.toolboxrecords.com**
20 rue St-Ambroise • 75011 **PARIS**

Christophe BRUNEL (Production) • Christophe RINGASSAMY (Responsable VPC) • Georges KIOSK (Disquaire)

Genre(s) musical(aux) : Tribe, techno, hard techno, hardcore, électro techno, dirty house, ragga jungle, drum'n'bass, dubstep, grime, UK garage, break beat, électro, dub, ragga, breakcore, idm, hip hop, turntablism, électro punk, électro indus, industriel, noise, ambient, electronica, etc. • **Labels distribués** : Monkeytool, SMB, Hymen, Ant-Zen, Planet Mu, Brooklyn Beats, Fenek, Expressillon, Network Repress, Labrataudio, Drone, Old Europa Café, Marasm, Low Res, Word Sound, Explore toi, Index, Projet 2501, Praxis, Peace Off, Framamix, Peur Bleue, Rouge de Colère, Ptt Gris, Ambivalence, Pushy !, Toolbox limited, Kiosk eclectic, Toolbox Killerz, Zero Rumble, Freestyle Listen, Humungus, Audiogenic, Enfant Sage, Toxic, IOT, Ram Rec, Position Chrome, Cause 4 Concern, Terminal Dusk, Sound Base, Suburban Trash Industries, Sozialistischer Plattenbau, etc. • **Clients** : Fnac, Centre Leclerc, distributeurs indépendants français, européens, magasins indépendants européens, japonais

TOPPLERS

✆ **01 53 39 15 00** • fax 01 53 39 15 01
info@topplers.com • **www.topplersmusic.com**
55/57 rue du Ruisseau • 75018 **PARIS**

Jérôme VIALE (Booking / Ventes) • Franck CANNON (Digital manager)

En ligne et/ou physique : Physique spécialisé VY, agrégateur num. • **Genre(s) musical(aux)** : Pop, house, deep house, électro, techno, minimal, disco, soul, rock • **Labels distribués** : Singular Records, Midnight Shift, Roulé Music, Politics of Dancing, Earth Sound, On Gravity, Miant Records, Qalomota, Label Seconde, 430west, Wave Music, Vulture, I'm a Cliché, Real Tone Records, Soulab, Foliage Records, Charivari Recordings, Sign Industry, Goog Records, Saisons Recordings, Whiskey Disco, Lazy Days, Technorama, MixxRecords, etc. • **Clients** : Chainestores, magasins indés, sites Internet, particuliers, magasins life style

UNIVERSAL MUSIC

✆ **01 46 74 26 00** • fax 01 46 74 26 74 / 01 46 66 60 16 / 01 46 74 27 37 / 01 46 74 28 40
www.universalmusic.fr
Av. Maurice Ravel • 92160 **ANTONY**

Pascal NEGRE (Président) • Jean-Luc LAVIGNETTE (Directeur commercial) • Robert CHABANCE (Directeur administratif et financier) • Jean-François DELARUELLE (Directeur logistique)

Direction d'Etablissement • **En ligne et/ou physique** : Les 2 • **Labels distribués** : 2.7 Records, 7 Productions, Abacaba, BG Productions, Blue Eyes Records, Bonbec Productions, Booster, Buda Musique, Chic Flowers Music, Comotion Musique, D. Bao, Delphine Productions, Don's Music, Editions Pluriel, EPM, Explay Music, Frenchguys Productions, Happy Music, Jal Productions, Jeni Production, Juno Music, Lez'art Music, M6 Music Label, Milan Records, Mjf Productions, Musikela, Nacarat Prod, New Dream Production, Nø Format !, On And On Records Options, Ouache Production, Overseasrock, Oyas Records, Player Records, Productions Mary Josee, Productions Orlando, etc.

WAGRAM MUSIC

✆ **01 56 53 76 00** • fax 01 56 53 76 01
stand@wagram.fr • **www.wagram.fr**
19 rue des Plantes • 75014 **PARIS**

Stephan BOURDOISEAU (PDG) • Martin DE CHAMBOST (Directeur général opérationnel) • Alexis MONIER (Directeur administratif et financier) • Gildas DUSSAUZE (Directeur commercial) • Jean-François JIMENEZ (Responsable de l'export) • Guillaume LAURENCIN (Directeur special marketing) • Pol-Eric PETIT (Responsable des labels distribués)

En ligne et/ou physique : Les 2 • **Genre(s) musical(aux)** : Tous styles • **Labels distribués** : At(h)ome, Georges V, Menace Records, Nouvelle Donne, Nova Records, Pschent, Edel, Snapper, SPV, VP, Tôt ou Tard, Discograph, etc.

WARNER MUSIC ENTERTAINMENT

✆ **01 56 60 40 00** • fax 01 56 60 42 80
warnermusic360@warnermusic.com • **www.warnermusic.com**
29 av. Mac-Mahon • 75017 **PARIS**

Yann MIOSSEC (Vice-président en charge de Warner 360°) • Marion BEHAR (Chef de projet 360 et WME)

Genre(s) musical(aux) : Vidéomusiques, documentaires, longs métrages musicaux • **Labels distribués** : Nacarat, Tôt Ou Tard, Because

WISEBAND

✆ **02 51 57 03 02**
wiseband@wiseband.com • **www.wiseband.fr**
ZA de Beaupuy • 8 imp. Auvynet • 85000 **LA ROCHE SUR YON**

Henri-Pierre MOUSSET (Gérant) • Bruno LEMONNIER (Directeur du marketing) • Tanguy AUBRÉE (Responsable de la communication) • Cédric LIMOUSIN (Directeur opérationnel)

En ligne et/ou physique : Les 2 • **Genre(s) musical(aux)** : Tous • **Labels distribués** : Yotanka, Blue Cat, Abalone, Sakifo Records, Piano Classics, etc. • **Clients** : iTunes, Fnac, Virgin, Deezer, Amazon, Juno, Google Play, Qobuz, Youtube, Dailymotion

WMO

✆ **01 47 70 38 68** • fax 01 47 70 39 71
annuaire@wmo.fr • **www.wmo.fr**
23 rue Nollet • 75017 **PARIS**

World Music Office • **En ligne et/ou physique** : En ligne • **Genre(s) musical(aux)** : Tous et spécialiste world music, classique, jazz, audiobook/spoken word, karaoké, chanson et variété française • **Labels distribués** : MLP • **Clients** : + de 400 plateformes de streaming et téléchargement, + de 30 opérateurs télécom, spécialistes de l'illustration musicale

ZAPLOOP

✆ **01 49 37 78 00** • fax 01 49 37 77 75
webmaster@zaploop.com • **www.zaploop.com**
45 av. Victor Hugo • Bât. 204 • 93300 **AUBERVILLIERS**

Nicolas RODRIGUEZ • Anthony DE FANFRASIO (Resp. artistes) • Jean-Jacques HUET • Cyril BEYNET

En ligne et/ou physique : En ligne ; permet aux indépendants (mus., groupes, producteurs et labels) de proposer aux fans internautes de vendre leur musique sur Internet, Webzine ; collaboratif, particiatif, Webradio • **Genre(s) musical(aux)** : Tous

ZEBRALUTION FRANCE & BENELUX

✆ **06 21 07 93 86 / 01 71 86 43 38**
veronique.peyrot@zebralution.com • **www.zebralution.com**
135 bd Chanzy • 93100 **MONTREUIL**

Véronique PEYROT (Senior VP)

En ligne et/ou physique : En ligne pour les contenus musique, vidéo, livres audio, produits mobiles et e-books • **Genre(s) musical(aux)** : Tous • **Labels distribués** : + de 500 labels et artistes indépendants dont Get Physical, Superstar Recordings, Embassy of Music, Blanco y Negro, Roster, Serial Records, Suol, Varese Sarabande • **Clients** : + de 600 services de musique en ligne (téléchargement, streaming audio et video, produits mobiles)

ZIMBALAM

contact@zimbalam.com • **www.zimbalam.com**
c/o Believe • 2 pl. du Colonel Fabien • 75019 **PARIS**

Denis LADEGAILLERIE (Président) • Romain VIVIEN (Directeur général) • Marie-Anne ROBERT (Responsable Europe) • Juliette CHARLOT (Chef de projet)

En ligne et/ou physique : Agrégateur numérique • **Genre(s) musical(aux)** : World, jazz, rock, rap, pop, électro, variété française • **Clients** : Accords de distribution avec des plates-formes de téléchargement (iTunes, Fnacmusic, Virginmega, Deezer, Spotify, Napster, eMusic, Rhapsody, T-Online, etc.)

BEARSTECH

✆ **01 70 61 60 16**
cmontagne@bearstech.com • **www.bearstech.com**
40 passage des Panoramas • 75002 **PARIS**

Cécile MONTAGNE

Types de prestations proposées : Hébergement, infogérance, infrastructure, audit, conseil • **Références** : Live Concerts, Les Inrockuptibles, Musicovery, Universal, KissKissBankBank, SFR Jeunes Talents, SNES, SNSP, etc.

BIBLIOMÉDIAS

✆ **09 70 44 54 26**
www.bibliomedias.net
CD Consulting • 7 rue Scheffer • 75116 **PARIS**

Cyril DARMON (Directeur général) • Olivier TIBI (Directeur commercial)

Types de prestations proposées : Service de prêt numérique destiné aux bibliothèques en France

BRIGHTCOVE

✆ **01 78 42 37 99**
hhallynck@brightcove.com • **www.brightcove.com/fr**
26/28 rue de Londres • 75009 **PARIS**

Henri HALLYNCK (Directeur commercial Europe du sud)

Types de prestations proposées : Services de contenus en nuage : Video Cloud (vidéos en ligne), App Cloud (textes, photos, vidéos), etc. Développement de plates-formes permettant de distribuer des vidéos vers tout type de sites de partage et de réseaux sociaux tels que Youtube, Facebook, Twitter, etc. • **Tarifs** : Dès 99 €/mois • **Références** : Allomusic, EMI, Sony

CELLFISH MEDIA FRANCE - BLINGTONES

general@cellfishmedia.fr • **www.cellfishmedia.fr**
Bât. 270 • 43/45 av. Victor Hugo • 93534 **AUBERVILLIERS**

Types de prestations proposées : Création et diffusion de sonneries, logo, vidéos et d'applications sur mobile; solutions de monétisation d'audience et de marketing mobile • **Références** : Milan Records, Idol, Happy Music, Warner Music

CITÉ DE MÉMOIRE

✆ **01 71 19 72 70**
priscille@citedememoire.com • **www.citedememoire.com**
30/32 rue de la Plaine • 75020 **PARIS**

Priscille MAHE (Directrice) • Étienne MARCHAND (Responsable technique) • Frédéric CHERON (Responsable de projet)

Types de prestations proposées : Expertise et réalisation de numérisation sonore et audiovisuelle, prestations documentaires (audit, conseil stratégiques, etc.) • **Technologies employées / format** : Des bandes magnétiques, cassettes audio, VY, 78T, microcassettes, cassettes DAT, mini-disc, CD, etc. vers du .wav et autres formats • **Références** : Musée de la résistance et de la déportation, Musée d'ethnographie de Genève, RFI, BNF, etc.

CRISTAL ZIK

✆ **05 46 44 96 48** • fax 05 46 34 20 47
cristalzik@cristalgroupe.com • **www.cristalzik.com**
BP 138 • 17005 **LA ROCHELLE CEDEX 1**

Colin CHAPPET (Commercial) • Éric DEBÈGUE (Directeur)

Types de prestations proposées : Logiciel d'écoute des collections musicales et patrimoniales numérisées de lieux culturels (médiathèque, musées, salles de spectacles, salles socioculturelles, bars musicaux, etc.) et point de vente de CD et DVD. Écoute intégrale, visionnage des bandes annonces. Possibilité d'accès aux 380 000 titres du catalogue Believe + écoute et téléchargement de musiques libres de droits • **Technologies employées / format** : Développée sous Windev, fonctionne sur PC, Mac ou tablettes avec un serveur pour stocker la banque de sons • **Tarifs** : 2 formules : achat du logiciel (+ MAJ annuelle 20 %/ PUHT du soft) ou abonnement sur devis • **Références** : BPI, médiathèques francophones de Wallonie, Niort, Epernay, etc.

DIGICOMPANION S.A.

✆ **01 75 43 73 00** • fax 01 75 43 73 01
info@digicompanion.com • **www.digibonus.fr**
32 bd de Strasbourg • CS 30108 • 75468 **PARIS CEDEX 10**

Jean-Marc HOLDER (Cofondateur / Président) • Jérémie WAINSTAIN (Cofondateur / Directeur général)

Types de prestations proposées : Digibonus : outil de recrutement de prospects et de clients qualifiés sur les sites marchands ou les sites de marque en créeant des jeux-concours, questionnaires ou tout autre type de parcours relationnel; Offre complète permettant aux annonceurs d'utiliser des contenus numériques dans leurs campagnes de promotion des ventes et de fidélisation, webradios brandées et personnalisées : gestion de DRM vidéo, audio jeux sur PC et mobile (protection de fichiers), gestion de statistiques en temps réel, gestion et développement d'interfaces utilisateur marque blanche en Web et WAP, gestion de données CRM, possibilité de gérer des scénarios d'exploitation avec parcours WEB, WAP, ou parcours multicanal WEB/WAP • **Technologies employées / format** : Contenu multiformat sur PC et mobile • **Tarifs** : En fonction des solutions et des contenus choisis • **Références** : BP, Galeries Lafayette, Neuf Telecom, Swarovski, Unilever

DIGIPLUG

✆ **01 53 43 37 00** • fax 01 53 43 37 99
accueil@digiplug.com • **www.digiplug.com**
12 rue Godot de Mauroy • 75009 **PARIS**

Vincent CABANEL (COO)

Types de prestations proposées : Développement de solutions logicielles pour la distribution numérique de contenus musicaux • **Références** : Prestataire pour Universal Music Group International, Sony Music Entertainement, Warner Music Group, etc.

+ EAZIEER

✆ **06 83 70 87 61**
contact@eazieer.com • **www.eazieer.com**
23/25 rue Jean-Jacques Rousseau • 75001 **PARIS**

Frédéric BARDIN (PDG)

Types de prestations proposées : Plateforme de distribution de musique et de merchandising, exploitation des données CRM et big datas • **Technologies employées / format** : Web, PHP 5, HTML 5 • **Tarifs** : Freemium, premium (3 €/mois)

FUGA FRANCE / INDEPENDANT IP

✆ **09 67 15 85 12**
gabriel@independentip.com • **www.fugamusic.com**
5 rue de Beauce • 75003 **PARIS**

Gabriel HALLÉ (Responsable du bureau français)

The Ethereal Avenue, Music Service • **Types de prestations proposées** : Solution de distribution digitale pour les détenteurs de contenus • **Références** : Harmonia Mundi, Musicast, Modulor, Ninja Tune, Ministry of Sound, Epitaph

GHANNI

✆ **09 70 44 67 33**
hadi.harb@ghanni.com • **www.ghanni.com**
320 av. Berthelot • 69008 **LYON**

Hadi HARB (Gérant)

Types de prestations proposées : Permet aux éditeurs de contenus de créer et les monétiser via des applications iPhone

GOOGLE PLAY

✆ **01 42 68 55 15** • fax 01 53 01 08 15
www.google.fr
Google France • 8 rue de Londres • 75009 **PARIS**

Types de prestations proposées : Stockage de contenus cloudés et services musicaux

HYBRID BOOK

✆ **01 41 08 29 69**
contact@hybprod.com • **www.hybrid-book.com**
77 rue Jean Jaurès • 92320 **CHATILLON**

Denis LECOQ (Gérant / Fondateur) • Jérémy PONS (Directeur artistique) • Laurence MERCIER (Directrice de la communication)

Types de prestations proposées : Développement de livres numériques enrichis par une bande-son synchronisée avec la lecture, constituée d'illustrations sonores et de musiques • **Technologies employées / format** : App iTunes et réalisation de livres au format ePub Fixed Layout, compatibles Apple et bientôt Kindle et Kobo • **Tarifs** : Sur devis ou coédition, coproduction possible • **Références** : Hachettes Jeunesse, J.C. Lattès, Nathan, BBDO France

IDOL

✆ **09 73 87 03 62**
contact@idolweb.fr • **www.idolweb.fr**
21 bd de Strasbourg • 75010 **PARIS**

Pascal BITTARD (Directeur) • Jean-Philippe LECAILLE (Responsable technique associé) • Tarafa-J. SAHLOUL (Responsable du développement)

Types de prestations proposées : Services techniques pour labels autodistribués : logistique digitale, maintenance et livraison de contenus audio et vidéo, ingestion et traitement de reportings, backoffice, interfaces de suivi des ventes, développement de e-shop de VPC et musique dématérialisée, outils de promotion en ligne, premiums digitaux, etc. • **Références** : Because, Domino, Naïve, Tôt ou Tard, Wagram, Young & Rubicam, etc.

IKLAX MEDIA

✆ **05 59 43 85 27** • fax 05 59 43 84 05
info@iklax.com • **www.iklaxmedia.com**
Hôtel d'entreprises • Technopole Izarbel • 64210 **BIDART**

James IKLAX (Gérant) • Owen LAGADEC (Directeur) • Laurent PRIMAUX (R&D)

Types de prestations proposées : Édition de logiciels reposant sur le format Iklax (audionumérique multipiste), musique interactive intégrant des contenus liés • **Références** : EMI, Universal Music Group, Digitrax, etc.

MEDIA FOREST

✆ **01 42 78 57 44 / 06 50 92 29 67**
contact@mediaforest-france.com • **www.mediaforest-france.com**
161 rue du Temple • 75003 **PARIS**

Éric JAOUI (Directeur général)

Types de prestations proposées : Spécialiste de la pige musicale (62 radios et 20 chaînes de télévisons), propose toute une série d'outils online destinés aux professionnels de la musique et aux artistes leur permettant d'obtenir des informations personnalisées et précises, en temps réel et à un moindre coût, sur leur diffusion musicale, classement top 100 (Click&Track) ; calcul en temps réel du montant des droits de diffusions des artistes basé sur le barème €/s de la Sacem (Click&Cash) ; classement des meilleures ventes en ligne de tickets de concerts en regroupant les résultats des plus grandes plateformes de vente en ligne (Click&Live)

MUSIC STORY

✆ **09 75 39 15 73**
contact@music-story.com • **www.music-story.com**
Parc de la Cimaise • 14 rue du Carrousel • 59650 **VILLENEUVE D'ASCQ**

Jean-Luc BIAULET (Dirigeant) • Mathieu WAMBRE (Responsable technique)

Types de prestations proposées : Qualification, enrichissement et gestion de métadonnées à destination des médias et des plateformes • **Technologies employées / format** : XML, API, web services • **Références** : Deezer, Amazon, MTV, Lagardère, etc.

PEPITA STORE

✆ **01 55 69 32 27**
contact@pepitastore.com • **www.pepita.fr**
29 av. François Arago • 92000 **NANTERRE**

Nicolas BADEY (Relations presse)

Technologies employées / format : Monétisation de contenus sur les réseaux sociaux et la blogosphère au travers de widgets • **Références** : Believe, Universal, EMI, Sony, Because, Skyrock, etc.

SAOOTI

✆ **06 03 42 12 26**
contact@saooti.com • **www.saooti.com**
4 rue Ampère • BP 30255 • 22300 **LANNION**

Laurent HUET (Directeur général) • Bruno MARLIÈRE (Directeur commercial)

Types de prestations proposées : Fournisseur de webradio collaborative. Accompagnement à la production, gestion des podcasts • **Références** : Radio France, Orange, Courrier International, etc.

SHAZAM ENTERTAINMENT LIMITED

✆ **+44 208 742 6820** • fax +44 208 742 6821
support@shazamteam.com • **www.shazam.com**
26/28 Hammersmith Grove • W6 7HA **LONDRES (GRANDE BRETAGNE)**

Andrew FISHER (Président) • Rich RILEY (Directeur général)

Types de prestations proposées : Logiciel de reconnaissance musicale • **Technologies employées / format** : IOS, Androïd

SNOWITE - OPENPLUS

✆ **01 69 38 74 96** • fax 01 60 46 37 18
info@snowite.fr • **www.snowite.fr**
c/o Snowite • 25 rue Schio • 91350 **GRIGNY**

Laurent BOUQUET DES CHAUX (PDG) • Jérémy GOVCYAN (Responsable marketing)

Types de prestations proposées : Création de valeur sur produit physique, numérique permettant au consommateur d'accéder à des contenus exclusifs de l'artiste et créer du lien avec le fan. Services B2B • **Références** : Majors et labels indés

SOUNDERBOX

✆ **06 34 49 26 80**
anthony.gongora@sounderbox.com • **www.sounderbox.com**
29 rue Briord • 44710 **PORT ST PERE**

Anthony GONGORA (Gérant)

Types de prestations proposées : Fourniture d'un système participatif de streaming de musique connecté • **Références** : Carlsberg, web2day, Le Nid, Melting Pot, Stereolux, Midem 2013

STREAMAKACI

✆ **01 75 43 44 75** • fax 01 75 43 44 76
contact@streamakaci.com • **www.streamakaci.com**
Galerie des Arcades - Suite 129 • Esc B - 1er ét.
76/78 av. des Champs-Elysées • 75008 **PARIS**

Olivier JOURDAN BERTON (Directeur général) • Stephane LACOMBE (Directeur associé)

Types de prestations proposées : Spécialiste de la diffusion audio et vidéo sur Internet, en direct (streaming, webcasting) ou différé (VOD en streaming, progressif ou podcast) • **Technologies employées / format** : Flash, Windows Media, MP3, AAC+, Quicktime, Real • **Tarifs** : Dès 16 € pour une diffusion au format MP3/AAC+ sur serveur dédié en data-center, au débit de 24 kB/s, vers 50 utilisateurs max. en simultané pour 1 mois • **Références** : 4U Radios, BFM, iTélé, Naïve, RMC, Virgin Radio, Banque Africaine de Développement, Unesco, OCDE

STUDIO CAPITALE ANTI-PIRATAGE

✆ **01 45 32 20 20**
sc-antipiratage@orange.fr • **studiocapitaleantipiratage.blogspot.fr**
9 rue Lakanal • 75015 **PARIS**

Stephane MEER (Gérant)

Types de prestations proposées : Destruction et déréférencement de liens pirates sur les sites de peer to peer, de téléchargement direct et de streaming ; option de flooding • **Tarifs** : Dès 50 € par film ou album ou logiciel, pour un mois de protection. Tarification 2013

ULTIMEDIA

✆ **01 42 29 60 40** • fax 01 42 29 15 52
contact@digiteka.com • **www.ultimedia.com**
c/o Digiteka • 2 rue du Helder • 75009 **PARIS**

Charles GANEM (Président)

Types de prestations proposées : Service de gestion de droits videos sur le web, distribution, monétisation et syndication de vidéos premium dont vidéos musicales sur le web et les mobiles, clips, live • **Technologies employées / format** : PHP, MySQL, .NET, Linux, Flash, Cocoa, Zend, Google Apps • **Tarifs** : Définis selon les besoins

VIZION'R

✆ **01 42 86 94 09**
contact@vizionr.fr • **www.vizionr.fr**
11 rue Danielle Casanova • 75001 **PARIS**

Marc BRELOT (Président) • Pierre SOUCHAY (Directeur général) • Jonathan LAUNAY (Responsable Produit)

Types de prestations proposées : Expertise, prestation informatique et vente de solutions pour les radios et TV • **Technologies employées / format** : Formats de diffusion (MPEG2 TS, DASH, HLS), formats de représentations de contenu (SVG, HTML5, BIFS, etc.), les lecteurs multimédia (GPAC, VLC), standards (T-DMB, Radio DNS, HbbTV) • **Références** : Radio France, RTL, etc.

AIMSA

✆ 06 45 68 28 17
djjeffouille@aimsalibre.com • **www.aimsalibre.com**
42 rue Maurice Ancel • 38290 **LA VERPILLIERE**
Jean-Francois LE HIR (Président et trésorier) • Pascal CHAMBON (Vice-président et secrétaire)

Types de contenus : Musique • **Genre(s)** : Tous • **Catalogue** : Musique libre en streaming • **Éditeur** : Aimsa libre

AU BOUT DU FIL

contact@auboutdufil.com • **www.auboutdufil.com**

Types de contenus : Musique • **Genre(s)** : Pop, rock, metal, jazz, blues, électro, world, etc. • **Catalogue** : Musique libre, gratuite • **Nombre de références** : + 350 groupes • **Téléchargement/VPC** : Gratuit • **N.B.** : Site de découvertes musicales ss licence creative commons, www.auboutdufil.com/podcast.php

AWDIO

✆ 09 52 15 17 92 / 06 95 02 71 19
support@awdio.com • **www.awdio.com**
33 rue Stephenson • 75018 **PARIS**
Vittorio STRIGARI (Fondateur / Président)

Types de contenus : Concerts & Dj sets en direct • **Genre(s)** : Électro, rock • **Catalogue** : 10 000 événements/mois • **Nombre de références** : Prog. dans 150 lieux de diffusions membres du réseau international

COMMONECOUTE

✆ 06 50 95 53 34
contact@commonecoute.fr • **www.commonecoute.fr**
5 rue Vitruve • 75020 **PARIS**
Maÿlis DUPONT (Directrice)

Types de contenus : Vidéos live ou VOD synchronisées et interactives. Participation via commentaires, votes, partages en temps réel, avec ses amis, la communauté et des personnalités invitées • **Genre(s)** : Tous

DACAST

✆ 01 77 12 68 88
business@dacast.com • **www.dacast.com**
36 rue de la Glacière • 75013 **PARIS**
Stéphane ROULLAND (PDG) • Aldric FEUILLEBOIS (Directeur technique)

Types de contenus : Audiovisuels • **Genre(s)** : Live et VOD • **Éditeur** : Dacast • **N.B.** : Plateforme web self-service permettant de diffuser des vidéos musicales ou des retransmissions de concerts vers des audiences mondiales avec la possibilité de les monétiser et de mesurer les résultats d'audience avec des solutions intégrées d'analyse et de statistiques

DAILYMOTION

✆ 01 77 35 11 00
www.dailymotion.com
49 rue Ganneron • 75018 **PARIS**
Cédric TOURNAY (PDG) • Martin ROGARD (Directeur général France) • Guiseppe DE MARTINO (Secrétaire général) • Marc EYCHENNE (Directeur des contenus) • Olivier POITREY (Directeur technique) • Alexandre MAKHLOUFI (Responsable communauté) • Damien PIGASSE (Directeur de la publicité)

Types de contenus : Vidéos • **Genre(s)** : Tous • **Nombre de références** : 1,5 milliards vidéos vues/mois

DEEZER

✆ 01 55 80 69 00 • fax 01 55 80 69 01
job@deezer.com • **www.deezer.com**
10/12 rue d'Athènes • 75009 **PARIS**
Axel DAUCHEZ (PDG) • Daniel MARHELY (Directeur général délégué) • Simon BALDEYROU (Directeur général France) • David DESLANDES (Responsable Régie publicitaire) • Clément CEZARD (Directeur International) • Béatrice TOURVIEILLE (Directrice Marketing) • Julien SIMON (Directeur de l'Acquisition des contenus) • Aurélien HERAULT (VP Engineering) • Freddy MARTEL (Responsable Relations labels) • Audrey BARADAT (Responsable Partenariats) • Gilles SUIGNARD (Responsable éditorial) • Rachel CARTIER (Responsable éditoriale) • Sophie SAMAMA (Responsable presse)

Types de contenus : Musique à la demande • **Genre(s)** : Tous • **Catalogue** : Majors & indépendants • **Nombre de références** : 20 millions de titres, webradios, smart radio par artiste • **Configuration requise** : PC, Mac, mobile, tablette, TV ; abonnements premium de 5 à 10 € • **Éditeur** : Blog Musik SA • **Téléchargement/VPC** : Orange

ECHOPOLITE

✆ 06 18 86 65 04
contact@echopolite.com • **www.echopolite.com**
2 rue André Messager • 75011 **PARIS**
Hugo BON (PDG) • Pierre MOTTRON (PDG Contents manager)

Types de contenus : Musique • **Genre(s)** : Pop, électro, experimental, jazz, neo classique, ambient • **Catalogue** : Ed. Mego, Touch music, Sakho, etc. • **Nombre de références** : + 60 000 • **Téléchargement/VPC** : Oui

L'ELECTROPHONE

✆ 02 54 42 05 93 • fax 02 54 45 50 09
lelectrophone@chatodo.com • **www.lelectrophone.fr**
c/o Association Mars • 113 av. de Vendôme • 41000 **BLOIS**
Anne-Cécile CANON (Ressource, Accompagnement et projet Electrophone)

Types de contenus : Musique • **Genre(s)** : Musiques actuelles • **Catalogue** : Artistes et labels de la région Centre • **Nombre de références** : 1 200 titres • **Éditeur** : Association Mars • **Téléchargement/VPC** : Téléchargement gratuit de certains titres • **N.B.** : Site de patrimonialisation et de valorisation des productions phonographiques en région Centre

EVERGIG

✆ 06 08 04 23 40 / 06 09 78 33 93
99 bis rue Lamarck • 75018 **PARIS**
François-Pierre BRUIET (Community manager) • Rachel MOREAU (Relations labels / Partenariats musicaux) • Arthur DAGARD (Président) • Guillaume JOUANNET (Fondateur)

Types de contenus : Vidéos de concerts générées à partir de vidéos de spectateurs • **Catalogue** : BB Brunes, Ez3kiel, The Young Professionals, Christophe Willem, Alain Chamfort, Angus & julia Stone, etc.

GRANDCREW

✆ 06 80 00 06 79
info@grandcrew.com • **www.grandcrew.com**
48 rue des Francs Bourgeois • 75003 **PARIS**
Christopher ESCLAPEZ (Directeur) • Anousonne SAVANCHOMKEO (Contenus / Communication)

Types de contenus : Concerts live audio et vidéo • **Nombre de références** : + de 300 vidéos

ICONCERTS FRANCE

✆ 01 49 55 00 94
contact@iconcerts.com • **www.iconcerts.fr**
15 rue Cognacq-Jai • 75007 **PARIS**
Mathieu SIBILLE (Président) • Jean-Luc BERNARD (Directeur TV & Manager France)

Types de contenus : Live music et concerts en TV et VOD, productions et co-productions originales • **Genre(s)** : Tous • **Catalogue** : Majors et indés • **Nombre de références** : 1 800 • **Configuration requise** : IPTV, Internet, smartphone, tablette, TV connectée

JAMENDO

✆ +352 26 53 421 • fax +352 26 53 42 42
contact@jamendo.com • **www.jamendo.com**
76 av. de la Liberté • L-1930 **LUXEMBOURG (LUXEMBOURG)**
Alexandre SABOUNDJIAN (CEO) • Pierre GERARD (Directeur / Co-fondateur) • Martin GUERBER (Promotion & Community management)

Types de contenus : Musique • **Genre(s)** : Electro, rock, pop, hip hop, ambient, chanson, reggae, jazz, etc. • **Catalogue** : Indépendants et AP (licence Creative Commons) • **Nombre de références** : 370 000 titres, 30 000 artistes • **Configuration requise** : PC, Mac, mobile • **Éditeur** : Jamendo S.A. • **Téléchargement/VPC** : Gratuit, légal & illimité

JUKEBOX

✆ 01 42 29 60 40 • fax 01 42 29 15 52
contact@digiteka.com • **www.jukebo.fr**
c/o Digiteka • 2 rue du Helder • 75009 **PARIS**
Charles GANEM (Président Digiteka)

Types de contenus : Clips • **Genre(s)** : Tous • **Catalogue** : Majors et indépendants

LA BLOGOTHÈQUE PRODUCTIONS

✆ 01 84 06 66 63 • fax 09 50 40 09 10
admin@blogotheque.net • **www.blogotheque.net**
22 rue Orfila • 75020 **PARIS**
Christophe ABRIC (Gérant) • Matthieu BUCHSENSCHUTZ (Vice-président) • Jonathan ANDRE (Directeur de production)

Types de contenus : Podcast vidéo de « concerts à emporter », filmés dans des lieux urbains. Captations de concerts en streaming sur Internet, concerts en appartement, content branding musical, conception de sites expérimentaux, contenus rédactionnels • **Genre(s)** : Rock indé • **Nombre de références** : + de 500 concerts à emporter, + de 30 concerts en appt., + de 20 captations de concerts sur scène

LAST.FM

labels@last.fm • **www.lastfm.fr**
5/11 Lavington Streer • 16 **LONDON (GRANDE BRETAGNE)**

Types de contenus : Musique, smart radio • **Genre(s)** : Tous • **Téléchargement/VPC** : ITunes, 7Digital, AmazonMP3 • **N.B.** : Lié à l'agenda Songkick

MUSICME

digital@musicme.com • **www.musicme.com**
c/o Apach Network, Parc Technopolis • 3 av. du Canada • Bât. Alpha
91974 **COURTABOEUF CEDEX**
Ludovic LEU (Directeur)

Types de contenus : Musique, vidéoclips • **Genre(s)** : Tous • **Catalogue** : 800 labels majors et indés • **Nombre de références** : 6,5 millions de titre en écoute illimitée, 150 000 vidéoclips HD • **Configuration requise** : Internet (illimité à 5 €/mois), app mobile (illimité à 9,90 €/mois) • **Éditeur** : Apach Network • **Téléchargement/VPC** : MP3 320, AAC 320, lossless

MUSICOVERY

✆ **01 47 34 70 36** • fax 01 47 34 70 36
contact@musicovery.com • **www.musicovery.com**
16 bis rue Mayet • 75006 **PARIS**
Vincent CASTAIGNET (Contact)

Types de contenus : Musique • **Genre(s)** : Tous • **Téléchargement/VPC** : AmazonMP3, iTunes • **N.B.** : Affilié à Cap Digital

MUSIMAP.COM

info@musimap.com • **www.musimap.com**
Studio L'Equipe • Av. Mommaerts 6/8 • 1140 **BRUXELLES (BELGIQUE)**

Types de contenus : Audio • **Téléchargement/VPC** : AmazonMP3, iTunes

NOISEY

✆ **01 71 19 92 23** • fax 01 71 19 92 22
info-fr@vice.com • **www.noisey.com**
c/o Vice France • 21 pl. de la République • 75003 **PARIS**
Benjamin LASSALE (Directeur de la publication) • Julien MOREL (Rédacteur en chef)

Types de contenus : Vidéos live et actualités • **Genre(s)** : Musiques amplifiées • **Catalogue** : Vice Media • **Nombre de références** : 400 • **Configuration requise** : Internet • **Éditeur** : Vice

NRJ MOBILE

www.nrjmobile.fr
12 rue Gaillon • 75107 **PARIS CEDEX 02**

Types de contenus : Musique et vidéos (clips, itw, reportages) • **Genre(s)** : Pop, rock, R&B, rap, électro, dance • **Configuration requise** : Abonnement

ORANGE

✆ **01 55 22 22 22**
orange.deezer.com/fr
c/o France Telecom • 48 rue Camille Desmoulins
92130 **ISSY LES MOULINEAUX**
Laurence LE NY (Directrice Musique) • Édouard MAIGNAN (Directeur Acquisitions) • Isabelle DROIN (Responsable des offres)
Département en charge du partenariat avec Deezer (voir Deezer)

QOBUZ

✆ **08 92 25 97 70** • fax 01 49 26 01 41
qobuz@qobuz.com • **www.qobuz.com**
2-9 rue de Crimée • 75019 **PARIS**
Yves RIESEL (Directeur de la publication) • Alexandre LEFORESTIER (Directeur général)

Types de contenus : Musique, vidéo, magazine, plateforme communautaire • **Genre(s)** : Ts les genres (classique, jazz, chanson, pop-rock, world, etc.) • **Nombre de références** : 10 millions de titres • **Configuration requise** : Tout OS, tout baladeurs, (7 €, 9,99 € ou 29 €/mois) • **Éditeur** : Qobuz SA • **Téléchargement/VPC** : MP3, WMA, AAC, OGG, FLAC, WMA Lossless et Apple Lossless ; VPC sur Abeille musique

RARA

support@rara.com • **www.rara.com**
c/o Rara Media Group Limited • 47 British Grove
W4 2NL **LONDRES (GRANDE BRETAGNE)**
Tim HADLEY (Directeur général)

Types de contenus : Musique • **Genre(s)** : Tous • **Configuration requise** : Internet (4,99 €/mois) et mobile (1,99 €/mois) • **Éditeur** : Rara Media Group Limited

RDIO

press@rdio.com • **www.rdio.com**
1550 Bryant Street, Ste. 220 • CA 94103 **SAN FRANCISCO (USA)**
Janus FRIIS (Fondateur) • Niklas ZENNSTRÖM (Fondateur)

Types de contenus : Musique • **Genre(s)** : Tous • **Catalogue** : Majors et indés • **Nombre de références** : 12 millions • **Configuration requise** : Internet (4,99 €/mois), internet + mobile/tablette + sonos (9,99 €/mois) • **Éditeur** : Rdio inc. • **Téléchargement/VPC** : Rdio (mp3 sans DRM) pour le compte de Sony Music Entertainment (SME)

SOUNDCLOUD

✆ **+49 30 467 247 600**
contact@soundcloud.com • **www.soundcloud.com**
SoundCloud Limited • Rosenthaler Straße 13 • 10119 **BERLIN (ALLEMAGNE)**

Types de contenus : Musique • **Genre(s)** : Tous • **Nombre de références** : 9 millions d'utilisateurs en France • **Configuration requise** : Internet, mobile • **Éditeur** : Soundcloud Limited • **Téléchargement/VPC** : iTunes

SOUNDS MAP

✆ **01 84 16 14 41**
contact@sounds-map.com • **www.sounds-map.pro**
8 rue Juliette Dodu • 75010 **PARIS**
Francis MELEARD • Stefff GOTKOVSKI • Louis-Marie CHARPENTIER (Community manager) • Dominique PICARD (Développeur)

Types de contenus : Audios (concerts, conférences, etc.) géolocalisés • **Genre(s)** : Musiques / Conférences • **Catalogue** : Contenus mis en ligne par les particuliers et les professionnels • **Nombre de références** : plus de 500 • **Configuration requise** : internet + ordinateur / smartphone • **Éditeur** : Maestro Conseils • **Téléchargement/VPC** : Non

SPOTIFY

✆ **01 76 31 07 08**
press@spotify.com • **www.spotify.com**
15 av. de Villiers • 75017 **PARIS**
Yann THÉBAULT (Directeur général France) • Marine ELGRICHI (Responsable presse)

Types de contenus : Musique • **Genre(s)** : Généraliste • **Catalogue** : Universal, Sony, EMI, Warner & indépendants • **Nombre de références** : 20 millions de titres • **Configuration requise** : PC, Mac, mobile • **Éditeur** : Spotify Ltd. • **Téléchargement/VPC** : 7Digital • **N.B.** : Création de playlists selon les périodes et les genres sélectionnés, synchronisation en mode déconnecté. 3 millions d'abonnés

TOUSENLIVE

✆ **04 72 10 15 36** • fax 04 78 30 46 46
pro@tousenlive.com • **www.tousenlive.com**
c/o Infoconcert • 40 quai Rambaud • 69002 **LYON**
Thierry PRAS (Responsable site, contenu éditorial) • Mélanie BRELOT (Responsable de l'information)

Types de contenus : Concerts • **Genre(s)** : Tous • **Nombre de références** : + de 25 000 artistes francophones référencés • **Éditeur** : Infoconcert

UNIVERSAL MUSIC MOBILE

www.universalmobile.fr
20 rue des Fossés St-Jacques • 75005 **PARIS**
Aymeric BECKMANN (Directeur SMP)

Types de contenus : Musique • **Genre(s)** : Tous • **Catalogue** : Universal Music • **Configuration requise** : Abonnement (offre incluse)

VIBRATION CLANDESTINE

✆ **06 03 31 79 42** • fax 04 11 84 00 45
production@vibrationclandestine.com • **www.vibrationclandestine.com**
Jean-Michel COMTE (Coordinateur) • Leonor GUIMIER (Directrice)

Types de contenus : Musique, art • **Genre(s)** : Tous • **Catalogue** : 1 400 artistes indépendants • **Éditeur** : Vibration Clandestine • **N.B.** : Agenda public, webzine

VIRGIN MOBILE FRANCE

✆ **01 41 38 10 00**
pressevirginmobile@havas.com • **www.virginmobile.fr**
Omea Telecom • 12 rue Belgrand • 92300 **LEVALLOIS PERRET**
Geoffroy ROUX DE BÉZIEUX (PDG) • Julien ALLISY (Directeur du marketing)

Types de contenus : Musique, etc. • **Configuration requise** : Abonnement

WAT TV

✆ **01 41 41 47 90** • fax 01 41 41 47 91
contact@wat.tv • **www.wat.tv**
6 pl. Abel Gance • 92100 **BOULOGNE BILLANCOURT**
Olivier ABECASSIS (Directeur général) • Michael SOLAL (Directeur du marketing)
We Are Talented • **Types de contenus** : Vidéo, audio, photo, articles

XBOX MUSIC

✆ **01 57 75 10 00**
www.microsoft.com/fr/fr
39 rue du Pdt Roosevelt • 92130 **ISSY LES MOULINEAUX**
Eric BOUSTOULLER (Président Microsoft France / Vice-président Microsoft International) • Héloïse COHEN (Responsable de la promotion et de contenu musique) • Henrique FARES LEITE (Label manager)

Types de contenus : Musique • **Nombre de références** : 30 millions • **Configuration requise** : X Box, tablettes et PC Windows 8 • **Éditeur** : Microsoft

YALA MUSIC

✆ **06 71 20 10 80**
paris@yalamusic.com • **www.yalamusic.com**
128 rue de la Boétie • 75008 **PARIS**
Patrick CHASSANY (Président fondateur) • Khadija MEKOUAR (Responsable des contenus et des acquisitions) • Camille MOUSSARD (Relations publiques)

Genre(s) : Musiques du monde • **Nombre de références** : 100 000 titres, 5 700 artistes • **Configuration requise** : Gratuit & premium payant, web, appli mobiles / PC desktop, TV connectée • **Téléchargement/VPC** : Yala Music

YOUTUBE FRANCE

✆ **01 42 68 53 00**
www.youtube.com
c/o Google France • 8 rue de Londres • 75009 **PARIS**
Christophe MULLER (Directeur partenariats Youtube Europe du Sud, de l'Est, Moyen-Orient et Afrique)

Nombre de références : 4 milliards de vidéos vues/j. dans le monde • **Éditeur** : Google • **Téléchargement/VPC** : Merch Store (téléchargement, produits dérivés, billetterie)

1D-AQUITAINE.COM

✆ **05 57 59 14 13** • fax 05 57 59 14 18
contact@feppia.org • **www.1d-aquitaine.com**
12 pl. de la Victoire • 33000 **BORDEAUX**

Christel CHAPIN (Coordinatrice)

Genre(s) musical(aux) : Tous • **Catalogue** : 30 labels implantés en Aquitaine • **Nombre de références** : < 500 • **Format** : MP3, FLAC • **Tarifs** : Divers • **N.B.** : VPC (CD, VY, DVD), promotion, agenda, vidéos

1D-PACA.COM

✆ **04 91 52 81 15** • fax 04 91 52 80 87
distridiff@phonopaca.com • **www.1d-paca.com**
16 rue du jeune Anacharsis • 13001 **MARSEILLE**

Nadine VERNA (Directrice)

Genre(s) musical(aux) : Tous styles musicaux • **Nombre de références** : Artistes des labels régionaux et AP • **N.B.** : VPC (CD, VY, DVD), promotion, agenda, vidéos

1D-RHONEALPES.COM

✆ **04 26 64 23 38** • fax 04 78 27 23 96
contact@feppra.org • **www.1d-rhonealpes.com**
13 rue René Leynaud • 69001 **LYON**

David MOREL (Président) • Alice DELEPORTE (Chargée de communication)

Genre(s) musical(aux) : Tous • **Nombre de références** : 600 • **Format** : MP3, FLAC • **Tarifs** : 10 € en moyenne • **N.B.** : VPC (CD, VY, DVD), promotion, agenda, vidéos

7DIGITAL

✆ **+44 207 099 7777** • fax +44 207 504 8020
sales@7digital.com • **www.7digital.com**
Unit 1G - Zetland House • 5-25 Scrutton Street
EC2A 4HJ **LONDON (GRANDE BRETAGNE)**

Ben DRURY (Chief executive officer / Co-founder) • James KANE (Chief technical officer / Co-founder) • Alyssa TISNE (VP Strategic Partnerships) • Emmylou PREVETT (Label manager France)

Genre(s) musical(aux) : Généraliste • **Nombre de références** : 22 millions • **Format** : MP3, AAC, FLAC, MPEG4, WMV • **Tarifs** : Gratuit et 0,99 à 1,49 €/titre, dès 5 €/LP

ADONYS 5-1

✆ **04 69 28 61 97**
contact@adonys5-1.com • **www.adonys5-1.com**
859 montée des Fauries • 26260 **ST DONAT SUR L'HERBASSE**

Agnès PORTAL

Genre(s) musical(aux) : Musiques d'illustration • **Catalogue** : Ethereal pop, what's holding us back, dreams of elsewhere, seasons go by, Disco strass and glory, Cool fusion • **Nombre de références** : 24 • **Format** : 5.1 stéréo

AMAZON MP3

✆ **01 56 60 46 00** • fax 01 56 60 46 01
accueil@amazon.fr • **www.amazon.fr**
67 av. du Gal Leclerc • 92110 **CLICHY**

Xavier GARAMBOIS (Vice-président European consumer business) • Romain VOOG (Président de Amazon.fr) • Éric BERGAGLIA (Acheteur MP3)

Genre(s) musical(aux) : Généraliste • **Nombre de références** : > 20 millions de titres • **Format** : MP3 (256 Kbps), AAC, M4A sans DRM • **Tarifs** : Gratuit à 2 €/titre, 2,29 €/LP • **N.B.** : Extrait gratuit (30 s), service de stockage Cloud Player - Autorip

ARTEMENT.COM

✆ **05 34 27 13 01** • fax 05 34 27 53 02
musiciens@artement.com • **www.artement.com**
c/o Abelya Productions, PA du Cassé • 17 rue du Cassé • 31240 **ST JEAN**

Jean-Jacques BATTY (Gérant)

Genre(s) musical(aux) : Rock, chanson, rap, reggae, jazz, musiques du monde, musiques électroniques, etc. • **Catalogue** : AP : FDH Trio, Fresh Gordon, AmyB, Pier Planas, Mark Cean, Boudu les Cops, etc. • **Nombre de références** : 100 LPs et 1 092 morceaux • **Format** : MP3 (320kbps) • **Tarifs** : 1 à 15 €

BEMYSOUND

✆ **01 70 46 90 93**
cecile@bemysound.fr • **www.bemysound.fr**
28 rue du Chemin Vert • 75011 **PARIS**

Cécile BARDET (Codirectrice) • Céline DE ROBILLARD (Codirectrice)

Genre(s) musical(aux) : Eclectique (rock, pop, electro, disco, hip hop, jazz, reggae, funk, variété, world music, etc.) • **Nombre de références** : 2 500 • **Format** : MP3 stéréo, 320 kbps • **Licences et marques blanches** : Creatives Commons • **Tarifs** : 30 à 2 600 € • **N.B.** : Compositeurs non inscrits à aucun organisme de gestion collective de type Sacem

CD1D.COM

✆ **04 77 83 75 27 / 06 13 42 30 36**
info@cd1d.com • **www.cd1d.com**
10 rue Waldeck Rousseau • 42800 **RIVE DE GIER**

Éric PETROTTO (Président)

Genre(s) musical(aux) : Ambient, break beat, breakcore, chanson française, drum'n'bass, dub, electro, fanfare, folk, funk, goth, hardcore, hardtek, hip hop, indus, jazz, jungle, metal, punk, reggae, etc. • **Catalogue** : 240 labels indépendants membres de CD1D • **Nombre de références** : 1 841 artistes, 2 983 réf., 22 000 titres • **Format** : MP3 320 kbps, FLAC, etc. • **Licences et marques blanches** : Possibilité de télécharger jusqu'à 5 fois le titre acheté • **N.B.** : VPC (CD, VY, DVD), promotion, agenda, vidéos

DOGMAZIC

✆ **09 51 43 98 61 / 06 01 86 76 61**
contact@dogmazic.net • **www.dogmazic.net**
c/o Association Musique Libre • 3 rue Burdeau • 69001 **LYON**

Alain IMBAUD (Président) • Simon CHANSON (Secrétaire)

Genre(s) musical(aux) : Musique libre • **Catalogue** : 3 625 groupes et 271 labels sous 35 licences ouvertes • **Nombre de références** : + de 40 000 morceaux à écouter et télécharger aux formats MP3 et OGG vorbis. Podcast possible pour tous les groupes, LP, labels • **Format** : WAV et FLAC, ou en CD sur http://pragmazic.net • **Tarifs** : Libre, fonctionnalités supplémentaires réservées aux membres (inscription gratuite) • **N.B.** : Webradio avec programmation communautaire

DRUNK DOG

✆ **06 75 74 32 84**
contact@drunkdog.com • **www.drunkdog.com**
38 rue Rochambeau • 94100 **ST MAUR DES FOSSES**

Xavier SIMON (Responsable)

Genre(s) musical(aux) : Rock indé, pop, folk, post-rock, etc. • **Catalogue** : Autoproduits, Talitres Records, Prohibited, Unique, Herzfeld, etc.

EMUSIC

✆ **+44 0870 9905 425**
pr@emusic.com • **www.emusic.com**
PO Box 6400 • W1A 8AW **LONDON (GRANDE BRETAGNE)**

Daniel STEIN (PDG JDS Capital Management) • Brad SOROCA (Directeur du marketing) • Madeline MILNE (Gérante Europe) • Molly NEUMAN (Label manager)

Genre(s) musical(aux) : Tous • **Catalogue** : Majors, labels indépendants, AP • **Nombre de références** : 17 millions • **Format** : MP3 (192 kbps) sans DRM • **Tarifs** : Forfait

EZIC

✆ **03 81 92 45 94**
contact@ezic.fr • **www.ezic.fr**
77 A Grande Rue • 25150 **ROIDE**

Jean-Yves KEROUREDAN (Directeur) • Liana SCHLOEDER (Responsable presse)

La Musique Equitable • **Genre(s) musical(aux)** : Blues, rock, reggae, roots, chanson française, instrumental, punk, ska, rap • **Catalogue** : Label Brune, eZic, Sens Unique, Cirage Productions, Crocodile Production, Côtes du Rhône, Recall

GOOGLE PLAY

✆ **01 42 68 53 00** • fax 01 53 01 08 15
www.google.fr
8 rue de Londres • 75009 **PARIS**

INDIZ.FR

04 67 60 00 31 • fax 04 67 60 00 32
info@pressagedecd.com • **www.indiz.fr**
3 rue Beau Séjour • 34000 **MONTPELLIER**

Patrice ROBERT (Gérant) • Pascal PORTUGUÈS (Label manager)

Genre(s) musical(aux) : Musiques actuelles • **Catalogue** : AP et labels indépendants, entre webzine et plateforme de vente de musique en ligne : DeStijl, Lady Palavas, Stevo's teen, Mauresca Fracas Dub, Belles Musettes, Rimbaud, etc. • **Nombre de références** : 2000 • **Format** : CD, MP3 • **Licences et marques blanches** : Oui • **Tarifs** : 0,99 à 30 € • **N.B.** : Également VPC. Ecoute en ligne d'extraits et vente de tous les albums

ITUNES

www.apple.com/fr/itunes/sellcontent
c/o iTunes SARL • 8 rue Heinrich Heine
1720 **LUXEMBOURG (LUXEMBOURG)**

Genre(s) musical(aux) : Généraliste • **Catalogue** : Majors, labels indépendants • **Nombre de références** : > 20 millions de titres • **Format** : AAC, MP3 (256 Kbps), avec ou sans DRM • **Tarifs** : Écoute : extrait gratuit (30 s) ; téléchargement : 0,69 à 1,29 €/titre, 5,99 €/LP, 1,79 à 2,49 €/vidéo • **N.B.** : Travaille en direct avec les labels ou via des opérateurs BtoB

JAMENDO PRO

+352 26 53 421 • fax +352 26 53 42 42
contact@jamendo.com • **www.jamendo.com**
76 av. de la Liberté • L-1930 **LUXEMBOURG (LUXEMBOURG)**

Alexandre SABOUNDJIAN (CEO) • Pierre GERARD (Directeur / Co-fondateur) • Martin GUERBER (Promotion & Community management)

Genre(s) musical(aux) : Electro, rock, pop, hip-hop, ambient, chanson, reggae, jazz, etc. • **Catalogue** : Indépendants et AP (licences Creative Commons) • **Nombre de références** : 150000 titres • **Format** : MP3, FLAC, WAV • **Licences et marques blanches** : CCPlus • **Tarifs** : 19 € à 3750 € (variable selon utilisation choisie)

JAZZ EN LIGNE

09 72 11 14 24
alain@digimus.fr • **www.jazzenligne.com**
Société Digimus • 8 rue Jules César • 75012 **PARIS**

Alain FAYAUD (Directeur)

Genre(s) musical(aux) : Jazz • **Catalogue** : Catalogue d'œuvres de jazz, des + anciennes aux + récentes • **Nombre de références** : + de 12000 LPs • **Format** : MP3 (320 kbps), WAV • **Licences et marques blanches** : AmazonMP3 • **Tarifs** : 0,79 à 0,99 €/piste, de 4,95 à 9,99 €/LP, porte-monnaie dès 5 €, carte cadeau, etc. • **N.B.** : Vidéos sur Youtube

MAGAZINE RECORDS

09 50 76 66 19 / 06 77 30 83 74
publishing@magazine-records.com • **www.magazine-records.com**
2275 av. Roger Salengro • 92370 **CHAVILLE**

Jean MARNAY (Gérant)

Genre(s) musical(aux) : Vente de musique et de sons aux agences de communication et aux producteurs de contenu • **Catalogue** : Magazine-records, Novalis classique • **Nombre de références** : 8000 • **Format** : MP3, AC3, WMA • **Licences et marques blanches** : Par type d'utilisation, forfait possible

MUSICME

digital@musicme.com • **www.musicme.com**
c/o Apach Network, Parc Technopolis • 3 av. du Canada • Bât. Alpha
91974 **COURTABOEUF CEDEX**

Ludovic LEU (Directeur)

Genre(s) musical(aux) : Tous • **Catalogue** : 800 labels majors et indés • **Nombre de références** : 6,5 millions, 4500 vidéoclips HD • **Format** : MP3 320, AAC 320, lossless • **Tarifs** : Formules prépayées (3,90 à 249,90 € + bonus) soit 0.69 à 1,29 €/titre, 9,90 €/LP, streaming & téléchargement illimité à 5 €/mois sur PC/mac, 9,90 €/mois sur app mobile

MYSURROUND

contact@mysurround.fr • **www.mysurround.com**
BP 41 • 14440 **DOUVRES LA DELIVRANDE CEDEX**

Didier RAMAGE (Président fondateur)

Genre(s) musical(aux) : Tous styles avec sélection selon deux critères principaux : mixage en surround (multicanal « 5.1 ») et qualité (technique et artistique) • **Catalogue** : Musique surround uniquement • **Nombre de références** : 35 • **Format** : DBR (ensemble de formats surround multicanaux 5.1) notamment CD Surround (dbr.wav), Dolby Digital (dbr.ac3), Microsoft (dbr.wma), MP3 Surround et stéréo MP3 • **Licences et marques blanches** : Fichiers exclusifs • **Tarifs** : Variables • **N.B.** : Le site peut faire remixer les productions des artistes souhaitant figurer sur le site moyennant la fourniture des pistes à plat non mixées

NOKIA MUSIQUE

01 53 56 99 99 • fax 01 53 56 99 50
david.servant@nokia.com • **music.nokia.fr**
Nokia France • 35 rue de la Gare • 75935 **PARIS CEDEX 19**

David SERVANT (Responsable entertainement Nokia Musique)

Genre(s) musical(aux) : Tous • **Catalogue** : Majors & indés • **Nombre de références** : > 18 millions de titres • **Format** : MP3 256 Kbps sans DRM, streaming gratuit sur Nokia Mix Radio, formule payante facultative à 3,99 €/mois • **Tarifs** : 0,79 à 1,29 €/titre, 7,99 à 12,99 €/LP

ORANGE - SERVICE DE TÉLÉCHARGEMENT

01 55 22 22 22
francoise.maze@orange-ftgroup.com • **musique.orange.fr**
c/o France Telecom • 48 rue Camille Desmoulins
92130 **ISSY LES MOULINEAUX**

Laurence LE NY (Directrice Musique) • Édouard MAIGNAN (Directeur Aquisitions) • Isabelle DROIN (Responsable des offres)

Genre(s) musical(aux) : Tous • **Catalogue** : Majors et labels indépendants, sans verrous numériques (DRM-free) • **Nombre de références** : 18 millions de titres • **Format** : Mp3 sur PC, AAC sur mobile (256 à 320 Kbps) • **Licences et marques blanches** : Affiliation Deezer.com • **Tarifs** : À la carte dès 0,48 €/titre

OYOBOO

07 70 70 58 72
oyoboo@oyoboo.com • **www.oyoboo.com**
18 rue Ste-Barbe • 67000 **STRASBOURG**

Marc LEHMANN (Directeur)

Genre(s) musical(aux) : Tous, musiques à l'image, habillage sonore • **Catalogue** : Compositeurs indépendants hors Sacem • **Nombre de références** : 1195 • **Format** : MP3, Wave sur demande • **Licences et marques blanches** : Licence libre de droit pour les clients • **Tarifs** : Licence d'exploitation du catalogue cessible : 49,99 € HT

QOBUZ

08 92 25 97 70 • fax 01 49 26 01 41
qobuz@qobuz.com • **www.qobuz.com**
249 rue de Crimée • 75019 **PARIS**

Yves RIESEL (Directeur de la publication)

Genre(s) musical(aux) : Ts les genres (classique, jazz, chanson, pop-rock, world, etc.) • **Nombre de références** : 10 millions de titres • **Format** : MP3 (320kbps minimum), WMA, AAC, OGG, FLAC, WMA Lossless et Apple Lossless, etc. • **Tarifs** : 0,99 €/piste, 9,99 €/LP • **N.B.** : Egalement streaming

SFR MUSIC

01 71 07 07 07 • fax 01 71 07 65 59
musique.sfr.fr
Tour Sequoia, la Défense 6 • 1 pl. Carpeaux • 92915 **PARIS LA DEFENSE**

Yann JALET (Responsable Pôle contenus musique) • Julien VIN RAMARONY (Directeur des contenus)

Genre(s) musical(aux) : Tous • **Nombre de références** : 5 millions de titres • **Format** : AAC, MP3, Dolby 5.1 (DRM WM 10) • **Tarifs** : Dès 0,99 €/titre ou forfait 3 €/5 Sgl, dès 6,99 €/LP, pack, 3 €/sonnerie, 3 € le video clip • **N.B.** : Streaming à la demande via Spotify

SSB STORE

09 70 40 31 27 • fax 09 59 60 03 01
contact@ssbsound.fr • **www.ssbstore.com**
17 rue de Montereau • 77148 **SALINS**

Didier DEDEYNE (Directeur web services) • Fabrice THÉSÉE (Directeur artistique)

Genre(s) musical(aux) : Zouk, ragga dancehall, reggae, musique des îles, musique antillaise, musiques du monde, salsa, kopa, RnB, rap, pop, soul, variété française, jazz, etc. • **Catalogue** : Zebralution, Wagram, Section Zouk, Aztec Music, Moradisc, Ideal Songs, SSB Sound, etc.

STARZIK

04 76 29 46 87 • fax 04 76 29 76 00
direction@starzik.com • **www.starzik.com**
25 rue de la Cure • 38360 **SASSENAGE**

Jérôme GIACHINO (PDG) • Frédérick ESTUPINA (Directeur technique)

Genre(s) musical(aux) : Musique (tous genres, artistes AP), jeu vidéo, logiciel, film & sketchs, livres num., BD • **Catalogue** : Majors, indés : V2, Scorpio, Happy Music, Naïve, Wagram, Label Bleu, etc. ; catalogue français & international • **Nombre de références** : 20 millions • **Format** : WMA, MP3, OGG, AAC, FLAC sans DRM, Lossless • **Licences et marques blanches** : 3 Suisses, Rue du Commerce, Fnac Music Belgique, Ebay en Espagne • **Tarifs** : 0,29 à 3 €/titre, de 6,99 à 170 €/LP, 2,49 €/vidéo ; packs : 30 €/33 titres, 10 €/11 titres • **N.B.** : Artistes non signés sur Mystarzikshop

TOOLZIK

✆ **09 72 17 02 82** • fax 09 58 63 75 10
contact@toolzik.com • **www.toolzik.com**
Imprim' & Com' • Rue des Vignerons • 44220 **COUERON**

Emmanuel BREGEAU (Directeur)

Genre(s) musical(aux) : Généraliste • **Catalogue** : Majors, labels indépendants • **Nombre de références** : 950 artistes, + de 1 200 albums • **Format** : MP3 (mini 256 Kbps) • **Tarifs** : Écoute : extrait gratuit (titre entier) ; téléchargement : mini 0,85 €/titre (l'artiste fixe son tarif)

UNLIMITED MUSIC

✆ **01 44 40 71 68**
music.sonyentertainmentnetwork.com

Genre(s) musical(aux) : Tous • **Catalogue** : Majors & indés • **Nombre de références** : > 12 millions • **Tarifs** : Abonnement de base : 3,99 €, abonnement premium 9,99 €, 30 j. offerts pour nouveau client

URBANBEAT

contact@urbanbeat.fr • **www.urbanbeat.fr**
BP 122 • 94304 **VINCENNES CEDEX**

Will H (Gérant) • Naz K • Adrian B

Genre(s) musical(aux) : Musiques urbaines • **Catalogue** : + de 4000 artistes et 12000 instrus en ligne, LPs, Sgl, mixtapes • **Format** : MP3, AIFF, WAV, pistes separées • **Tarifs** : 10 à 500 €

VIRGINMEGA.FR

✆ **01 58 74 82 00** • fax 01 58 74 82 01
marketing@virginstores.fr • **www.virginmega.fr**
16 bd du Gal Leclerc • Bat. F • 92110 **CLICHY**

Thierry LERNON (Directeur général) • Yoann JACQUET (Directeur contenus) • Stéphane HASCOET (Directeur commercial)

Genre(s) musical(aux) : Généraliste • **Catalogue** : Majors, labels indépendants : Wagram, Naïve, Pias, Believe, Idol, Because, M6, Harmonia Mundi, Abeille Musique, Beggars, Domino, Pschent, Scorpio, etc. • **Nombre de références** : 9 millions de titres • **Format** : Mp3 (320 Kbps, 44,1 kHz) sans DRM • **Tarifs** : Écoute : extrait gratuit (30 s) ; téléchargement : 0,99 €/titre, dès 6,99 €/LP, dès 1,99 €/vidéo ; pas d'abonnement, téléchargement définitif, gravures et transferts illimités, 3 €/sonnerie

XBOX MUSIC

✆ **01 57 75 10 00**
www.xbox.com/fr-FR/Music
c/o Microsoft • 21/23 rue des Ardennes • 75019 **PARIS**

Eric BOUSTOULLER (Président Microsoft France / Vice-président Microsoft International) • Héloïse COHEN (Responsable de la promotion et de contenu musique) • Henrique FARES LEITE (Label manager)

Genre(s) musical(aux) : Tous • **Catalogue** : Majors, indés • **Nombre de références** : 30 millions • **Format** : WMA, AAC, AAC+ • **Tarifs** : Selon les plates-formes • **N.B.** : Streaming & téléchargement audio, téléchargement & streaming video

YALA MUSIC

✆ **06 71 20 10 80**
paris@yalamusic.com • **www.yalamusic.com**
128 rue de la Boétie • 75008 **PARIS**

Patrick CHASSANY (Directeur) • Khadija MEKOUAR (Responsable des contenus et des acquisitions)

Genre(s) musical(aux) : Musiques arabes et du monde • **Nombre de références** : 100000 titres, 5700 artistes

ZAOZA

✆ **01 53 00 53 00**
contact@zaoza.fr • **www.zaoza.fr**
Vivendi Mobile Entertainment SA • 105 rue Anatole France • 92300 **LEVALLOIS PERRET**

Genre(s) musical(aux) : Tous • **Catalogue** : Universal Music et distribution UMG • **Nombre de références** : 2000 Sgl & LP, 2500 vidéos, 2500 sonneries, etc. • **Tarifs** : 9,99 €/mois

grossistes et centrales d'achat

GROSSISTES

DEM
✆ **04 92 96 72 72** • fax 04 92 96 72 62
accueil@demfrance-multimedia.com • **www.demfrance.com**
5 allée Charles Victor Naudin • 06906 **SOPHIA ANTIPOLIS**
Yves COHEN (Président) • Claude COHEN (Directeur général) • Véronique BOTTARO (Responsable achats vidéo) • Stéphane POGI (Responsable achats audio)
Diffusion électro musicale • **Rayonnement** : Région Sud, Sud-Est • **Clients** : Majors, éditeur exclusif Delta Laserlight

INTERNATIONAL RECORDS
✆ **04 75 55 88 03** • fax 04 75 43 47 48
internationalrecords@wanadoo.fr
59 av. Gambetta • 26000 **VALENCE**
Salvatore SORO (Gérant) • Paul SORO (Responsable logistique)
Rayonnement : National, international • **Clients** : Boutiques, grossistes, fournisseurs, particuliers

MULTIWAVES EXPORT - IDCD
✆ **05 49 73 36 00** • fax 05 49 73 42 75
romuald@multiwaves.fr • **www.multiwaves.fr**
15 rue Blaise Pascal • 79000 **NIORT**
Romuald HEUCHIN (Gérant)
Rayonnement : International • **Clients** : Grossistes, disquaires

SBA
✆ **03 20 09 82 83** • fax 03 20 09 85 30
p.verbeke@sbaimport.com
2 rue Fourier • 59000 **LILLE**
Patrick VERBEKE (PDG)
Rayonnement : National • **Clients** : Imports de catalogues inexistant en France (majors et indépendants)

SDO
✆ **02 99 37 56 56** • fax 02 99 37 56 30
sdorennes@sdo.fr
ZA du Gifard • BP 15 • 35410 **DOMLOUP**
Gilles MEISSONNIER (Directeur Rennes) • Jean-Marie BOISEAU (Directeur Avignon, sdoavignon@sdo.fr) • Emmanuel BOUISSET (Directeur Caen, sdocaen@sdo.fr) • Georges CHARRET (Directeur Nancy, sdonancy@sdo.fr) • Norbert POUPLIN (Directeur Toulouse, sdotoulouse@sdo.fr)

CENTRALES D'ACHAT

AUCHAN
✆ **03 28 37 67 00** • fax 03 28 37 64 00
serviceclients-france@auchan.fr • **www.auchan.fr**
200 rue de la Recherche • 59656 **VILLENEUVE D'ASCQ CEDEX**
Stéphane COEUR (Acheteur Musique) • Peggy PAYEN (Assistante)

CARREFOUR MUSIQUE
✆ **01 69 93 35 35**
78 av. du Québec • 91977 **COURTABOEUF CEDEX**
Christian HURÉ (Responsable Musique) • Paulo LEONARDO (Manager achat)

CHAPITRE.COM
✆ **0892 35 01 00**
100/102 av. de Suffren • 75015 **PARIS**
Patrick MOUGEY (Chef de projet Disque)

CORA NON ALIMENTAIRE
✆ **01 60 53 80 00**
tstefani@cora.fr • **www.provera.fr**
34 rue des Vieilles Vignes • 77435 **MARNE LA VALLEE CEDEX 2**
Giovanni BOGGIA (Acheteur CD)

CULTURA (SIÈGE SOCIAL)
✆ **05 57 29 07 07** • fax 05 57 29 07 08
www.cultura-societe.com
Héliopolis Bât. 2 • Av. Magudas • 33691 **MERIGNAC CEDEX**
Michel LABORIE (Directeur général) • Stéphane LAPLACE (Chef de produit Musique) • Gael BRUYÈRE (Acheteur Disque)

FNAC SA
✆ **01 55 21 57 93** • fax 01 55 21 55 85
www.fnac.com
ZAC Port d'Ivry • 9 rue des Bateaux-Lavoirs • 94768 **IVRY CEDEX**
Alexandre BOMPARD (PDG) • Enrique MARTINEZ (Directeur général France) • Katia HERSARD (Directrice de la marque et du marketing) • Laurent GLEPIN (Directeur de la communication) • Elodie PERTHUISOT (Directrice France Billet et du Livre) • Alexandre VIROS (Directeur de la Musique / Directeur commercial France Billet) • Olivier GARCIA (Directeur Univers Maison Cadeaux Musique DVD) • Benoit BRAYER (Chargé d'actions culturelles) • Dominique BRARD (Directeur des ressources humaines) • Ivan MICHEL (Directeur d'exploitation) • Manuel BIOTTAT (Directeur des franchises et des partenariats) • Charles BIANCHI (Directeur commercial) • Layla NACIRI (Chef de produit Musiques actuelles, Enfant) • Virginie BINARD (Responsable marketing / Communication France Billet) • Anne-Marie ROBERT (Chef de produit Jazz, Classique) • Bruno JAN (Responsable Vidéo) • Véronique CUSSEY-VITELLO (Coordinatrice Paris communication & marketing) • Brigitte BENAARON (Action Culturelle – IdF et Grande Couronne) • Agnès BÉGUIER (Action Culturelle – Ouest) • Véronique DUFOUR (Action Culturelle – Sud Ouest) • Nelly SAVOLDI (Action Culturelle – Rhône Alpes) • Françoise DRIGO (Action Culturelle – Sud Est)

FURET DU NORD (SIÈGE SOCIAL)
✆ **03 20 22 73 22** • fax 03 20 22 73 06
www.furet.com
37 rue Jules Guesde • BP 8035 • 59463 **LOMME CEDEX**
Yves DESTOMBES (Responsable Musique)

GALEC
✆ **01 49 87 50 00** • fax 01 49 87 50 50
www.e-leclerc.com
26 quai Marcel Boyer • BP 3004 • 94859 **IVRY SUR SEINE CEDEX**
François DUPRE (Directeur) • Emmanuelle PHALIPPOU (Responsable marché culturel & multimédia) • Emmanuel JOUVIE (Chef de groupe de catégories musique, vidéo, jeux vidéos) • Philippe BOUSQUÉ (Chargé de catégorie musique)

GAM ANNECY
✆ **04 50 51 25 62** • fax 04 50 51 24 55
infogam@gamannecy.com • **www.gamannecy.com**
3 av. de la Mandallaz • 74008 **ANNECY CEDEX 8**
Aurélie HUAT (Discothécaire)

GIBERT JOSEPH (SIÈGE SOCIAL)
✆ **01 44 41 88 55** • fax 01 44 41 88 60
jean.sabouraud@gibertjoseph.com • **www.gibertjoseph.com**
34 bd St-Michel • 75006 **PARIS**
M. POUNIT-GIBERT (Président du Directoire) • Jean SABOURAUD (Directeur magasin disques)

HARMONIA MUNDI SA
✆ **04 90 49 90 49**
hotline@harmoniamunid.com • **www.harmoniamundi.com**
Mas de Vert • BP 20150 • 13631 **ARLES CEDEX**
Eva COUTAZ (PDG) • Benoît COUTAZ (Directeur général Boutiques)

INTERMARCHE
pbeteille@mousquetaires.com • **www.mousquetaires.com**
37 allée des Mousquetaires • 91078 **BONDOUFLE CEDEX**
Philippe BETEILLE (Acheteur culturel (cd, dvd, jeux vidéo))

MONOPRIX SA
✆ **01 78 99 90 00**
www.monoprix.fr
Bât. Oxygène • 14/16 rue Marc Bloch • 92116 **CLICHY CEDEX**
Marie-Hélène BACH (Responsable livre, musique & produits culturels)

STARTER
✆ **02 98 46 59 42** • fax 02 98 46 59 47
contact@startermusic.fr • **www.startermusic.fr**
Centre d'Affaires - Quai n°5 • 355 rue Jurien de la Gravière • 29200 **BREST**
Christian LE MANAC'H (PDG) • Karine COCHEN (Commercial) • Gwenn TARDIVEL (Communication)

180GR

✆ **02 53 76 28 70 / 06 60 72 96 34**
contact@180gr.fr • **www.180gr.fr**
7 rue des Peupliers • 72000 **LE MANS**
Bastien CHÉTIVEAUX (Responsable)
Genre(s) musical(aux) : Hip-hop, techno, électro, rock, jazz, world • **Catalogue** : 90 % imports, 10 % occasions

ADIPOCERE RECORDS

✆ **04 74 25 25 57**
adipocere.bourg@orange.fr • **adipocere.nexenservices.com**
11 pl. Edgar Quinet • 01000 **BOURG EN BRESSE**
Christian BIVEL (Directeur) • Christophe GOUTTENOIRE (Télévente)
Genre(s) musical(aux) : Metal, death, black, heavy, thrash, gothic, indus • **Catalogue** : 15000 réf. dont Cannibal Corpse, Marduk, Cradle Of Filth, Marilyn Manson, Therion, Rhapsody, Dark Moor, Nightwish, etc.

Les ALLUMÉS DU JAZZ

✆ **02 43 28 31 30**
all.jazz@wanadoo.fr • **www.allumesdujazz.com**
2 rue de la Galère • 72000 **LE MANS**
Valérie CRINIÈRE (Responsable de la communication et VPC)
Genre(s) musical(aux) : Jazz, musiques improvisées • **Catalogue** : Tous les CD des labels membres des Allumés : AA, Ajmiseries, Amor Fati, Archiball, Arfi, Axolotl Jazz Records, Celp, Chief Inspector, Circum Disc, Cismonte È Pumonti, D'Autres Cordes, DFragment Music, Emile 13, Décalcophonie, Elabeth, Les Etonnants Messieurs Durand (EMD), Emouvance, Evidence, Free Lance, Gimini Music, Glolektif, GRRR, IMR, In Situ, Jim A. Musiques, Label Bleu, Label Usine, La Buissonne, Laborie Jazz, La Forge, La Tribu Hérisson, le Triton, Linoleum, Marmouzic, Metal Satin, Musivi Jazzbank, Nato, Petit Label, Potlatch, Quark, Quoi de neuf docteur ?, Rogue Art, Saravah, Space Time Records, Sometimes studio, Transes Européennes, la Nuit Transfigurée, Terra Incognita, Vand'Œuvre, Rude Awakening, Ultrack, Vent d'est, Vents du Sud, Wilscat Production, Yolk, Abalone, Collectif Coax, Onze Heures Onze

AMAZON.FR

✆ **01 56 60 46 00** • fax 01 56 60 46 01
accueil@amazon.fr • **www.amazon.fr**
251 bd Pereire • 75017 **PARIS**
Xavier GARAMBOIS (Vice-président European consumer business) • Romain VOOG (Président de Amazon.fr) • Pierre THONAT (Acheteur Musique)
Catalogue : Produits culturels français (livre, musique, DVD & vidéo), large sélection d'imports : + de 700000 livres, 300000 disques. Des versions dématérialisées sont disponibles sur le service de stockage Cloud Player - Autorip

ANTILLES-MIZIK.COM

✆ **01 48 38 16 67**
contact@antilles-mizik.com • **www.antilles-mizik.com**
85 rue Anizan Cavillon • 93350 **LE BOURGET**
Sébastien CAPDUPUY (Directeur)
Genre(s) musical(aux) : Zouk, musiques haïtiennes & antillaises, reggae, ragga, dancehall, salsa, campas, musiques du monde, etc. • **Catalogue** : 14010 CD, 1112 VY, 972 DVD neufs & occasions

ARCADÈS

✆ **02 54 38 24 30**
contact@arcadesdirect.fr • **www.arcadesdirect.fr**
Parc du Château de Lancosme • 36500 **VENDOEUVRES**
Michel LECOMTE (Gérant) • Dominique VANACKER (Gérant)
Genre(s) musical(aux) : Ts dont chanson, jazz, rock, etc. • **Catalogue** : + 6000 réf. films, documentaires, théâtre, musique, etc.

AUVERGNE DIFFUSION

✆ **04 73 63 03 39** • fax 04 73 64 60 09
contact@auvergnediffusion.com • **www.auvergnediffusion.fr**
1 route d'Ennezat • BP 169 • 63204 **RIOM CEDEX**
Mélanie MICAUD (Commerciale)
DSCA • **Genre(s) musical(aux)** : Musiques traditionnelles, actuelles, classiques • **Catalogue** : AP et autres labels de musiques traditionnelles

BETWEEN DEATH'N'LIFE DISTRIBUTION

✆ **03 26 48 52 48**
kaly@ksm-vpc.com • **www.ksm-vpc.com**
k.S.M Agency • 5 rue de l'Église • 51140 **MONTIGNY SUR VESLE**
Dave MOREL (Responsable)
Genre(s) musical(aux) : Metal extrême (death, black, grind, etc.) • **Catalogue** : + de 700 réf. (CD, MCD, K7 démo, CDR, T-shirts, etc.)

CAPRICORDE

✆ **05 61 29 07 32** • fax 08 25 17 68 85
lcaprecords@libertysurf.fr • **www.capricorde.com**
7 rue de la Chaîne • 31000 **TOULOUSE**
Lambert FLIGNY (Gérant)
Genre(s) musical(aux) : Généraliste • **Catalogue** : 9000 réf.

CD MAIL

✆ **01 30 75 11 55** • fax 01 30 38 61 26
cdmail@cdmail.fr • **www.cdmail.fr**
9 chaussée Jules César • BP 234, Osny
95523 **CERGY PONTOISE CEDEX**
Trevor BROOKES (Directeur) • Brigitte BORRI (Assistante de direction) • Lionel TOUTAIN (Responsable B2B)
Genre(s) musical(aux) : Tous • **Catalogue** : + de 800000 réf.

CD1D.COM

✆ **04 77 83 75 27**
info@cd1d.com • **www.cd1d.com**
10 rue de Waldeck Rousseau • 42800 **RIVE DE GIER**
Éric PETROTTO (Président)
Genre(s) musical(aux) : Tous • **Catalogue** : 240 labels, 1841 artistes, 2983 réf., 22000 titres

CDISCOUNT

✆ **05 57 14 45 00** • fax 05 57 14 45 01
www.cdiscount.com
120-126 Quai De Bacalan • 33067 **BORDEAUX**
Antoine LAMARCHE (Directeur de la communication)
Genre(s) musical(aux) : VPC en ligne, tous genres à prix discount

CLUB TRALALERE

✆ **01 49 29 45 25**
contact@club-tralalere.com • **www.club-tralalere.com**
Ch. de Pinaquy • 64990 **URCUIT**
Déborah ELALOUF (Directrice de la publication) • Eric JIROUX (Directeur de la publication)
Genre(s) musical(aux) : Jeune public • **Catalogue** : Victorie Music, Productions Mary Josée

COMPAGNIEDUDISQUE.COM

✆ **01 48 28 50 40**
contact@compagniedudisque.com • **www.compagniedudisque.com**
1 rue Maublanc • 75015 **PARIS**
Françoise FRAYSSINET (Contact)
Genre(s) musical(aux) : Variétés, rock, chanson, musiques traditionnelles, musiques du monde, classique, BOF • **Catalogue** : LP, Sgl, EP, VY, CD, vente et achat (neuf & occasion)

CULTURA

✆ **05 57 29 07 07** • fax 05 57 29 07 08
www.cultura.com/musique.cat
Héliopolis Bât. 2 • Av. Magudas • 33691 **MERIGNAC CEDEX**
Michel LABORIE (Directeur général) • Stéphane LAPLACE (Chef de produit Musique) • Gael BRUYÈRE (Acheteur Disque)
Genre(s) musical(aux) : Tous

DISCO BOX IMPORT

✆ **06 87 20 80 46**
discobox@wanadoo.fr • **www.discobox-import.com**
BP 33 • 33550 **LANGOIRAN**
Martine DARRICAU (Gérante)
Genre(s) musical(aux) : Tous • **Catalogue** : 40000 réf.

EBOUTIQUE HARMONIA MUNDI

✆ **01 53 39 18 00** • fax 04 90 49 96 14
store.france@harmoniamundi.com • **eboutique.harmoniamundi.com**
Mas de Vert • BP 20150 • 13631 **ARLES CEDEX**
Stéphanie SCHMITZ (Responsable Département digital) • Eric CHAMBON (Responsable de la logistique)
Genre(s) musical(aux) : Musiques classiques, jazz, musiques du monde, pop, rock, blues, jeune public • **Catalogue** : Labels Harmonia Mundi, World Village, Jazz Village, Ocora, Le Chant du monde, Aparté, Bel Air Classiques, Mirare Alpha, Naïve, Alia Vox, Discograph, Arthaus, Ponderosa, etc.

ELECTRIC SHOCK
✆ **02 97 35 22 50**
arnaud@electricshock.com • **www.electricshock.fr**
2 rue Villaret de Joyeuse • 56100 **LORIENT**
Arnaud (Responsable)
Genre(s) musical(aux) : Collectors rock, hard, progressif, new wave, heavy, variétés françaises et UK, imports, merchandising, etc.

FNAC.COM
✆ **01 55 21 57 93** • fax 01 55 21 55 85
www.fnac.com
ZAC Port d'Ivry • 9 rue des Bateaux-Lavoirs • 94768 **IVRY CEDEX**
Bertrand GSTALDER (Directeur)
Genre(s) musical(aux) : Tous • **Catalogue** : Tous les labels, instruments de musique, matériels de Djing/home studio, partitions

FRANCE LOISIRS
✆ **01 45 68 60 00 / 01 45 68 67 95**
serviceclub@franceloisirs.com • **www.franceloisirs.com**
123 bd de Grenelle • BP 6 • 75725 **PARIS CEDEX 15**
Marc CHEVROLAT (Directeur musique, vidéo, multimédia) • Élisabeth MICHEL (Chef de produit musique et opé vidéo)
Catalogue : CD variétés françaises & internationales, classique, vidéos

GEORGE'S SHOP
✆ **05 53 74 03 85**
georgeshop@orange.fr • **www.shop33.net**
2 rue Davout • 24100 **BERGERAC**
George PINILLA (Responsable)
Genre(s) musical(aux) : Rock progressif

GOÉLAND DISTRIBUTION
✆ **01 49 44 77 00 / 01 49 44 77 02** • fax 01 49 44 77 11
contact@goeland.fr • **www.goeland.fr**
ZI des Chanoux • 15/27 rue des Frères Lumière
93330 **NEUILLY SUR MARNE**
Catalogue : CD, DVD, livres, etc. de Aqme à Zenzile, T-shirts, sweatshirts, blousons, pantalons, bonnets, casquettes, sacs, accessoires

GROOVE COLLECTOR
✆ **04 28 04 00 32**
contact@groovecollector.com • **www.groovecollector.com**
CD & LP - Centre d'activités Purcell • Allée Henry Purcelle
42000 **ST ETIENNE**
Xavier BRESCIA (Gérant)
Genre(s) musical(aux) : Soul, funk, jazz, hip hop, afro, latin, brazil • **Catalogue** : 10 000 réf. environ

HANDS AND ARMS
✆ **06 48 36 62 07**
contact@handsandarms.com • **www.handsandarms.com**
10 rue Jules Valles • 75011 **PARIS**
Yves PLOUHINEC (Gérant)
Genre(s) musical(aux) : Indie pop, pop sucrée, rockabilly, punk • **Catalogue** : Alienor, Anorak, Bachelor, Bleeding Gold, Captured Tracks, Cherry Red, Close Up, Cloudberry, Dufflecoat, Fastcut, Fraction Discs, Italian Beach Babes, Jigsaw, Legos Discos, Les Temps Modernes, Matinée Recordings, Munster, Night School, Parasol, Plastilina, Pop Boomerang, Pop In, Pop the Balloon, Shelflife, Slumberland, Susy, Tryptic, Wee Pop, Yay, etc.

HIBISCUS RECORDS
✆ **05 96 71 49 38** • fax 09 96 63 94 30
hibiscusrec@orange.fr • **www.hibiscusrecords.com**
12 rue de la Bonne Santé Clairière
97200 **FORT DE FRANCE (MARTINIQUE)**
Marlène MAURIELLO (Directrice)
Genre(s) musical(aux) : Musiques antillaises, hip hop, reggae, zouk, soca, etc.

IRIEITES.NET
✆ **06 60 58 49 19 / 09 54 15 29 54**
irieites@hotmail.fr • **www.irieites.net**
344 av. Nationale • 72230 **ARNAGE**
Manuel MALHOEUVRE (Gérant) • Jérôme BACCAR (Gérant)
Genre(s) musical(aux) : Roots, oldies, reggae, dancehall, hip hop, remixes, etc. • **Catalogue** : Spécialiste dans la vente de VY reggae

JAPEL
✆ **06 14 60 72 60 / 02 35 10 05 42**
papaz@japel.org • **www.japel.org**
1061 ch. du Petit Bosc • 76450 **OURVILLE EN CAUX**
Patrick PAPAZIAN (Président) • Patricia DOURIQUIAN (Secrétaire)
Groupement artistique Arménien • **Catalogue** : Musique arménienne (classique, liturgique, traditionnelle, variétés), CD, CD-Rom, DVD & instruments de musiques traditionnelles

JCRMUSICNEWS
✆ **01 40 34 11 58**
jcrmusicnews@jcrmusicnews.com • **www.jcrmusicnews.com**
BP 125 • 75921 **PARIS CEDEX 19**
Jean-Claude RIOUSSET (Gérant)
Genre(s) musical(aux) : Rock sudiste, blues rock, sixties, seventies • **Catalogue** : CD, VY, DVD

JINX RECORDS
✆ **05 56 36 67 16** • fax 05 56 36 67 22
eric@jinxrecords.fr • **www.jinxrecords.fr**
BP 6 • 33601 **PESSAC CEDEX**
Éric (Responsable ventes)
Genre(s) musical(aux) : Collectors années 80 à nos jours • **Catalogue** : VPC uniquement, disques rares, épuisés, collectors & occasions, 5 000 réf. disponibles (catalogue VPC disponible contre 5 timbres)

JUSTLIKEHIPHOP.COM
✆ **09 54 35 96 82** • fax 01 43 57 30 20
contact@justlikehiphop.com • **www.justlikehiphop.com**
96 rue Amelot • 75011 **PARIS**
Jérôme PICHON (Responsable)
Catalogue : VY, CD, DVD, vidéos, livres, magazines, merchandising, streetwear, rap américain & français, soul, funk, RnB, break beat; Labels musique : Fat Beats, Traffic, Def Jam, Interscope, Stones Throw, Label Rouge Prod; street-wear : I Represent, Wati B, Ghetto Fabulous Gang, Scred Connexion, Mafia K'1fry

KARAOKÉ PARIS MUSIQUE - KPM
✆ **01 48 44 06 06** • fax 01 48 44 06 10
info@karaoke-kpm.fr • **www.karaoke-kpm.fr**
BP 20053 • 93261 **LES LILAS CEDEX**
Jean-Michel PEFFER (Directeur commercial)
Genre(s) musical(aux) : Karaoké, bandes orchestres : pop, rock, gospel, comédies musicales, jazz, variétés nationales & internationales en CD, DVD, LD & VCD, CDG et téléchargement • **Catalogue** : + de 10 000 titres disponibles

KEEP ULTIME
✆ **06 79 16 83 58**
infos@ultimemusic.com • **www.ultimemusic.com**
40 av. de Verdun • BP 15 • 69440 **MORNANT**
Jean-Marc VINCENT (Responsable)
Genre(s) musical(aux) : Tous • **Catalogue** : 20 000 disques VY, CD, neuf, occasion & collectors, protections pour VY, CD & DVD

KELTIA MUSIQUE
✆ **02 98 95 45 82** • fax 02 98 95 73 19
keltiamusique@wanadoo.fr • **www.keltiamusique.com**
1 pl. au Beurre • 29000 **QUIMPER**
Alain LE MEUR (PDG) • Hervé LE MEUR (Contact service commande)
Genre(s) musical(aux) : Musiques bretonnes et celtiques • **Catalogue** : Keltia Musique, Tara, Gael Linn, Dolphin, Green Linnett, Greentrax. Artistes catalogue import : Capercaillie, Altan, The Chieftains, Nollaig Casey & Arty, Loreena McKennitt, Sinead O'Connor, etc.

MARIANNE MELODIE
clients@mariannemelodie.fr • **www.mariannemelodie.fr**
16 av. Industrielle • 59520 **MARQUETTE LEZ LILLE**
Benoît TIBERGHIEN (Directeur de la publication)
Genre(s) musical(aux) : Chanson, variétés, musiques trad., musiques d'ambiance & fête, lyrique/opéra, etc.

METAMKINE
✆ **04 76 65 27 73**
info@metamkine.com • **www.metamkine.com**
50 passage des Ateliers • 38140 **RIVES**
Genre(s) musical(aux) : Musique expérimentale, électroacoustique, electro, improvisée, concrète, poésie sonore, performence, etc., CD, DVD, vinyl, livres, magazines • **Catalogue** : Ina-GRM, Incus, Emego, Touch, Empreintes Digitales, etc.

MISTIMUSICSHOP
✆ **09 52 57 37 82** • fax 09 52 57 37 82
contact@mistimusicshop.com • **www.mistimusicshop.com**
c/o Mistiroux Productions • 6/14 rue d'Estienne d'Orves
92120 **MONTROUGE**
Olivia RIVASSEAU (Productrice / gérante)
Genre(s) musical(aux) : Tous • **Catalogue** : Mistiroux Productions, Edito Musiques, AP, etc.

MUSEA
✆ **03 87 36 18 18** • fax 03 87 36 64 73
manager@musearecords.com • **www.musearecords.com**
138 rue de Vallières • 57070 **METZ**
Bernard GUEFFIER (Directeur)
Genre(s) musical(aux) : Rock progressif, hard-rock, musiques électroniques, musiques nouvelles, rock, jazz, etc.

MUSIQUE EN LIGNE.COM

✆ 01 55 43 08 45 • fax 01 55 43 83 02
contact@musiqueenligne.com • **www.musiqueenligne.com**
25 bd Arago • 75013 **PARIS**
Jean DAVOUST (PDG)
Genre(s) musical(aux) : Tous • **Catalogue** : Plateforme légale de diffusion de partitions imprimables directement par l'utilisateur, pédagogie interactive et formation, actualités, recueils, méthodes, matériel d'orchestre

NAYATI DREAMS

✆ 09 53 63 96 92 / 06 75 73 78 38
nayatidreams@gmail.com • **www.nayatidreams.fr**
5 rue de la Gare • 92300 **LEVALLOIS PERRET**
Nicolas MILIANI (Gérant)
Genre(s) musical(aux) : Down-home blues, punk blues, alt-country, folk, rock • **Catalogue** : Hillgrass Bluebilly Records, Broke & Hungry Records, Devil Down Records, Normandeep Blues Records, Fat Possum Records, Dust To digital, Voodoo Rhythm

NOÏZIKIDZ

✆ 04 37 65 12 71 • fax 09 72 37 40 62
contact@noizikidz.com • **www.noizikidz.com**
28 rue de la Thibaudière • 69007 **LYON**
Noémie MEYLAN (Gérante) • Jérôme GARBARINO (Responsable commercial)
Catalogue : Instruments de musique enfants et débutants : GT (acoustiques et électriques), BT, PE, CL, FL et vents, MAO, etc. ; accessoires GT, BT, VC ; supports d'apprentissages actuels, interactifs et ludiques (livres-CD, DVD, logiciels) ; jouets musicaux, sonores et insolites (« bidules à son », instruments à fabriquer soi-même, etc.), ateliers d'éveil musical

PARIS JAZZ CORNER.COM

✆ 01 42 39 07 70 • fax 01 42 39 07 77
contact@parisjazzcorner.com • **www.parisjazzcorner.com**
8 rue de Nancy • 75010 **PARIS**
Arnaud BOUBET (Cogérant) • Fandala ANDRIAMANANTENA (Cogérant)
Genre(s) musical(aux) : Jazz • **Catalogue** : Distribution et vente en ligne de disques (CD & 33T), revues et livres de jazz difficilement trouvables ailleurs, vente des productions Paris Jazz Corner, achat & expertise de collections livres & disques

PATATE RECORDS

✆ 01 48 06 58 11 • fax 01 48 06 70 28
pierre@patate-records.com • **www.patate-records.com**
57 rue de Charonne • 75011 **PARIS**
Pierre MESTCHERINOFF (Responsable)
Genre(s) musical(aux) : Reggae, ragga, dub, ska, rock steady, dubstep • **Catalogue** : + de 10000 réf., imports Jamaïcains, US, UK, LP, 45T, CD, DVD, etc.

PIROS

✆ 01 45 24 70 71 • fax 01 42 24 01 41
piros@piros.net • **www.piros.net**
3 rue Montpré • 97412 **BRAS PANON (REUNION)**
Jean-Louis ROSELY (Gérant)
Genre(s) musical(aux) : Sega, maloya, zouk, dancehall, musiques aficaines • **Catalogue** : 400 réf.

PRICEMINISTER

✆ 01 42 78 80 54 • fax 01 42 78 80 61
www.priceminister.com
57 bd de la Villette • 75010 **PARIS**
Dorian PORTA DELSOL (Responsable Musique et Vidéo)
Genre(s) musical(aux) : Achat-vente garanti sur l'audio (CD, VY, matériel de sonorisation, instruments) • **Catalogue** : 1,3 million de CD & VY, 1 million de DVD

PULS'MUSIC DJ SHOP

✆ 03 26 84 94 60 / 06 72 64 93 08
patrick@puls-music.com • **www.puls-music.com**
18-24-26 Galerie de l'Étape • 51100 **REIMS**
Patrick COURTINE (Gérant)
Genre(s) musical(aux) : Musiques électroniques, house, techno, trance

SEPHORA - LA MUSIQUE DE LA VIE

✆ 04 75 59 93 40 • fax 04 75 59 93 48
www.sephoramusic.com
ZA La Pimpie • 1 rue René Cassin • 26120 **MONTELIER**
Marc BRUNET (PDG) • Samuel TAGARIAN (Promotion)
Genre(s) musical(aux) : Musiques actuelles, gospel, musique chrétienne contemporaine (pop, rock, rap) • **Catalogue** : 3000 réf.

SUGAR AND SPICE

✆ 04 78 16 03 03 • fax 04 78 16 00 49
orders@sugarandspice.fr • **www.sugarandspice.fr**
BP 9 • 69126 **BRINDAS**
Laurent LARRIEU (Responsable)
Genre(s) musical(aux) : Hardcore, garage, punk, sixties, punk rock, labels indés • **Catalogue** : + de 40000 réf. avec commentaires et tarifs

ULTIMAE

✆ 04 78 39 84 31 • fax 04 78 39 84 31
contact@ultimae.com • **www.ultimae.com**
51 rue de la Charité • 69002 **LYON**
Sandrine GRYSON (Label manager)
Genre(s) musical(aux) : Ambient • **Catalogue** : Ultimae Records, Last Arrivals, Ajana Records, Aleph Zero, Celestial Dragon, Cosmicleaf, Dakini records, Databloem, Electrik Dream, Hadra records, Interchill, Klangwirkstoff Records, Liquid Sound Design, Peak records, Sound Of World, etc.

UNDERGROONE

✆ 06 85 96 51 12
contact@undergroone.com • **www.undergroone.com**
15 rue Salvador Allende • 92240 **MALAKOFF**
Ira WIZENBERG (Directrice) • Hocine BOUKELLA (Directeur artistique)
Genre(s) musical(aux) : Musiques algériennes • **Catalogue** : Cheik Sidi Bémol, Zerda, Hamidou, Samira Brahmia, etc.

VICIOUS CIRCLE

✆ 05 61 23 82 83 • fax 05 61 23 82 83
shop@viciouscircle.fr • **www.viciouscircle.fr**
7 rue des Puits Clos • 31000 **TOULOUSE**
Éric THÉLY (Responsable) • Grégoire RAMEAUX (Contact)
Genre(s) musical(aux) : Rock, pop, noise, hardcore, électro, dub • **Catalogue** : AP (45T, 33T, fanzines, CD, DVD), imports directs d'Espagne, Allemagne, USA, Australie, etc.

VINILKOSMO

✆ 05 61 81 95 65
vinilkosmo@esperanto.org • **www.vinilkosmo.com**
c/o Esperanto-Muzik-Prod. • 31450 **DONNEVILLE CEDEX**
Floréal MARTORELL (Directeur)
Genre(s) musical(aux) : Tous genres musicaux chantés en esperanto • **Catalogue** : Adreas Viklund, Alberta Casey, Anjo Amika, Akordo, Amplifiki, Araukana, Asorti, Dj Kunar, Dj Roger, Dolcxamar, Duoble Unu, Elena Puhova, Esperanto-Desperado, Flavio Fonseca, Inicialoj DC, Jacques Yvart, Jak Le Puil, Jomart & Natacha, JoMo, Kaj Tiel Plu, Kajto, Ketchka, Kore, Krio de Morto, La Kompanoj, La Mevo, La Pafklik, La Porkoj, Libertarios, Lunatiko, Magnus, Martin & la Talpoj, Merlin, Meven, Mhz, Mikaelo Bronshtejn, Morice Benin, Nikolin', Pichismo, Persone, Ralph Glomp, Solotronik, Strika Tango, Supernova, Tarcisio Lima, Team, Thierry Faverial, Tutmonda Muziko, La Perdita Generacio, La Pafklik, Ale Kosabela, Konga Espero, Vigla Muziko, Mayoma, Eterne Rima, Mikaelo Povorin, Carina, EspoDespo, Kapriol'!, Tone, Manuel, Rêverie, Amindaj, Zhou-Mack Mafuila, Jonny M, i.d.c., Platano, baRok-Projekto

VIRGINMEGA.FR

✆ 01 58 74 82 00 • fax 01 58 74 82 01
marketing@virginmega.fr • **www.virginmega.fr**
16 bd du Gal Leclerc • Bat. F • 92110 **CLICHY**
Thierry LERNON (Directeur général VirginMega) • Gilles DEPAIGNE (Directeur Musique & Vidéo)
Genre(s) musical(aux) : Tous • **Catalogue** : Majors, labels indépendants : Wagram, Naïve, Ninja Tunes, Discograph, Scorpio, Dreyfus, Relax Beat, Pschent, Because, M6 Music Label, etc.

WORLDSOUL

✆ 01 42 46 36 69 • fax 01 79 75 04 66
contact@worldsoul.com • **www.worldsoul.com**
65 rue du Fbg St-Denis • 75010 **PARIS**
Ali BENSAADI (Gérant / webmaster)
Genre(s) musical(aux) : Black music spécialisée en VY (LP & Maxi), collector • **Catalogue** : 10000 réf. (98 % d'imports)

ALSACE

33 AND CO

✆ **03 88 22 44 48** • fax 03 88 22 33 07
contact@33andco.com • **www.33andco.com**
49 Grand-Rue • 67000 **STRASBOURG**
Jacques BUSCH (Gérant)
Spécialité(s) : CD ts styles (neufs et occasions) • **Nombre de références** : 25 000 • **Imports** : USA, GB • **Occasions** : 50 %

L'OCCASE DE L'ONCLE TOM (STRASBOURG)

✆ **03 88 37 33 60**
oncletom67@wanadoo.fr • **occaseoncletom.blogspot.com**
119 Grand Rue • 67000 **STRASBOURG**
Philippe SEEMANN (Cogérant)
Spécialité(s) : Pop, rock français, world, techno, hip hop, reggae, metal, BO films, jazz, blues, classique • **Nombre de références** : 25 000 • **Imports** : Oui • **Occasions** : 90 % • **Autre(s) activité(s)** : Achat-vente, bandes dessinées, jouets anciens, platines disques neuves et occasions

La TROCCASE

✆ **03 89 45 14 74** • fax 03 89 46 07 02
troccase@orange.fr
13 passage du Théâtre • 68100 **MULHOUSE**
Pascal MAY (Gérant) • Thierry LAUBER (Responsable)
Spécialité(s) : Classique, metal, world, jazz, pop, rock, musiques du monde, electro, hip hop • **Nombre de références** : 55 000 • **Imports** : Oui • **Occasions** : VY neufs et occasions • **Dépôt** : Billetterie concerts, fanzines, AP locales, affiches • **Autre(s) activité(s)** : Ventes pochettes 45T, 33T, boîtiers CD, PLA 33T, cellules, flightcase, TBX, cadre pour VY

AQUITAINE

BAM BALAM RECORDS

bambalam.records@bambalam.com • **www.bambalam.com**
23 cours Pasteur • 33000 **BORDEAUX**
Jean-Jacques ARNOULD (Responsable)
Spécialité(s) : 60's, 70's, rock, pop, hard, blues, BO, jazz • **Nombre de références** : + de 10 000 • **Occasions** : 90 % • **Dépôt** : Fanzines, AP locales • **Autre(s) activité(s)** : Bambalam records (experimental, psychédélique)

BIG UP RECORDS

✆ **05 56 91 51 42**
bigupconnection@yahoo.fr • **www.bigup-reggae.com**
13 rue du Mirail • 33000 **BORDEAUX**
MAC (Responsable)
Specialité(s) : Musique jamaïcaine • **Nombre de références** : 7 000 • **Imports** : Uniquement • **Autre(s) activité(s)** : Sound system le « King Jammin' Sound », émission radio (www.reggae-vibes.fr) chaque mer. de [illegible]2h à 12h

La DEMOTHEQUE

✆ **05 53 35 46 52** • fax 05 53 35 46 52
demotheque@aol.com • **www.myspace.com/lademotheque**
8 av. Daumesnil • 24000 **PERIGUEUX**
Bernard DELGOULET
Spécialité(s) : Rock, techno, punk, scènes alternatives, etc. • **Imports** : Oui • **Occasions** : Oui • **Dépôt** : Presse, fanzines, AP, flyers, billetterie, etc. • **Autre(s) activité(s)** : Point d'information départemental, conseil, base de données, organisation de concerts, etc.

DIABOLO MENTHE

✆ **05 56 81 33 02**
30 rue de Cheverus • 33000 **BORDEAUX**
Alexandre PEQUERA (Gérant)
Spécialité(s) : Disques rares et collectors • **Nombre de références** : 40 000 • **Imports** : Du monde entier (sur commande) • **Occasions** : Oui • **Autre(s) activité(s)** : Organisateur des salons du disque de collection de Bordeaux

JET RECORDS

✆ **05 59 59 54 43 / 06 17 65 75 77**
jetrecords2000@yahoo.fr • **www.jetrecords.fr**
8 av. Maurice Trubert • 64200 **BIARRITZ**
Jacob BOUQUEAU (Gérant) • Philippe LARTIGO (Vendeur) • Céline HARTÉ (Vendeuse)
Spécialité(s) : Soul, funk, sixties, reggae, ska, pop rock, chanson, BOF latine • **Nombre de références** : 40 000 VY, 20 000 CD • **Imports** : DVD • **Occasions** : Oui • **Autre(s) activité(s)** : PLA VY d'occasion

LIBRAIRIE MARTIN DELBERT

✆ **05 53 77 07 47** • fax 05 53 47 63 43
www.martin-delbert.fr
85 bd de la République • 47000 **AGEN**
Frédéric DELBERT (Responsable) • Éric LAITIER (Responsable disque)
Spécialité(s) : Généraliste • **Imports** : Oui • **Dépôt** : Oui

TOTAL HEAVEN

✆ **05 56 31 31 03**
total.heaven@orange.fr
6 rue de Candale • 33000 **BORDEAUX**
Martial SOLIS (Responsable) • Xavier RANDRIANA SOLO (Responsable)
Spécialité(s) : Nouveautés rock, electro, hip hop, funk, punk • **Nombre de références** : 10 000 • **Imports** : US, UK, Europe (VY) • **Occasions** : 20 % • **Dépôt** : T-shirts, fanzines, affiches sérigraphiées, CD et LP locaux • **Autre(s) activité(s)** : Show cases, expositions ; t-shirts, DVD musicaux, revendeur produits PG plastique

AUVERGNE

ROLLING ROCK

✆ **04 73 91 83 79** • fax 04 73 91 83 79
rolling.rock@sfr.fr
3 rue du Port • 63000 **CLERMONT FERRAND**
Sylvain HEYRAUD (Gérant)
Spécialité(s) : Metal, rock des 70's, VY, CD • **Nombre de références** : 10 000 • **Imports** : 15 % • **Occasions** : 25 % • **Autre(s) activité(s)** : T-shirts, posters, badges

SPLIFF

✆ **04 73 91 88 54**
contact@spliffministore.com • **www.spliffministore.com**
8 rue de la Treille • 63000 **CLERMONT FERRAND**
Gilbert BIAT (Gérant) • Stéphane PINGUET (Vendeur)
Spécialité(s) : Rock, indie, électronique, hip hop, reggae, soul, etc. • **Nombre de références** : 20 000 • **Imports** : USA • **Dépôt** : Billetterie, fanzines • **Autre(s) activité(s)** : Affiches

TROC À ZIK

✆ **04 70 05 80 03** • fax 04 70 05 81 08
troc.a.zik@free.fr • **www.trocazik.com**
Centre Commercial • Ville Gozet • 03100 **MONTLUCON**
Serge BESSE (Responsable)
Spécialité(s) : Rock, hard rock, chanson française, punk, jazz, blues, world music, techno • **Nombre de références** : Plus de 5 000 • **Imports** : 5 % • **Occasions** : 40 % • **Autre(s) activité(s)** : Vente posters, affiches, cartes postales, porte-clés, photos

BASSE-NORMANDIE

DISQUES ANCIENS ET DE COLLECTION

✆ **06 80 17 65 70 / 02 31 90 53 14**
disquesanciens@claranet.fr • **www.disquesanciens.com**
9 rue de Cauvigny • 14170 **ESCURES SUR FAVIERES**
Isabelle CLAIRIN (Responsable)
Spécialité(s) : VY 33 et 45T, 78T, ts styles de musique et documents sonores • **Nombre de références** : Site web • **Imports** : Non • **Occasions** : 95 % • **Dépôt** : Non • **Autre(s) activité(s)** : VPC, partitions, divers

ESPACE DISC

✆ 02 31 50 38 32
espace.disc@free.fr • **www.espacediscs.com**
7 rue Arcisse de Caumont • 14000 **CAEN**
Gil FERRAND (Responsable)
Spécialité(s) : Catégories « petits prix », « incontournables » et « collectors » • **Nombre de références** : 9000 • **Imports** : Peu • **Occasions** : 90 % • **Dépôt** : Vente

PLANET R

✆ **02 33 77 17 77** • fax 02 33 77 17 78
planet.r.disque@orange.fr • **www.planetr.fr**
4 rue du Mal Leclerc • 50000 **ST LO**
Jean-Michel LESOT (Responsable) • Eddy (Chargé rayon variété internationale, musiques nouvelles)
Spécialité(s) : Généraliste • **Nombre de références** : Disques : 12000 • **Dépôt** : AP, billetterie • **Autre(s) activité(s)** : Librairie, DVD, papeterie, etc.

SONIC RECORDS

✆ 02 31 38 77 78
sonic.records.caen@sfr.fr
43 rue de Bras • 14000 **CAEN**
Alain LALLEMAN (Responsable)
Spécialité(s) : Ts styles • **Nombre de références** : 1950000 • **Imports** : USA, UK, Scandinavie, Australie, Japon, Amérique du Sud, Espagne, Italie, Allemagne, etc. • **Occasions** : CD et VY • **Dépôt** : Autoproductions régionales • **Autre(s) activité(s)** : Demi-gros pour magasins et collectivités (médiathèques, comités d'entreprise), VPC (liste par artiste ou catalogue sur CDrom), merchandising, T-Shirt

BOURGOGNE

CIEL ROUGE

✆ 03 80 74 81 55
magasin.ciel.rouge@gmail.com • **www.ciel-rouge.fr**
62 rue Jean-Jacques Rousseau • 21000 **DIJON**
Mathieu MANIERE (Gérant)
Spécialité(s) : Musiques alternatives et expérimentales (post-rock, gothique, électro, musique industrielle, expérimentale, metal, néoclassique, neofolk, etc.) • **Nombre de références** : 2500 environ • **Imports** : 60 % • **Occasions** : 20 % • **Dépôt** : 15 % • **Autre(s) activité(s)** : Librairie, vêtements

BRETAGNE

BAZOOM

✆ 02 90 98 22 36
bazoom@gmx.fr • **facebook.com/bazoom.bdmusique**
32 rue Belzic • 56400 **AURAY**
Spécialité(s) : Jazz, folk, blues, R&B, soul, funk, R&R, rock, pop, garage, psyché... • **Nombre de références** : Oui • **Occasions** : Oui • **Dépôt** : Librairie musicale, billetterie locale

BLIND SPOT

✆ 02 99 78 51 90
lesanglesmorts1@gmail.com • **www.blindspot.fr**
36 rue Poullain Duparc • 35000 **RENNES**
Spécialité(s) : Rock, pop indé, cold, no wave, jazz, funk, soul, afrobeat, hip hop, etc. • **Nombre de références** : 5000 • **Imports** : Oui • **Occasions** : Oui • **Dépôt** : Fanzines, billetteries, librairie, T-shirts, etc. • **Autre(s) activité(s)** : Expos, etc.

DIALOGUES MUSIQUES

✆ **02 98 80 43 44** • fax 02 98 43 20 89
musiques@librairiedialogues.fr • **www.dialoguesmusiques.fr**
37 rue Pasteur • 29200 **BREST**
Yvon JEZEQUEL (Directeur)
Spécialité(s) : Musiques actuelles, jazz, classique, world, enfants, BO de films, VY • **Nombre de références** : 55000 • **Imports** : Oui • **Dépôt** : Billetterie, fanzines, affiches, dépôts locaux ou nationaux, presse • **Autre(s) activité(s)** : Vidéos, DVD, show-cases

Le DISQUAIRE

✆ 02 96 68 67 26
ledisquaire22@gmail.com • **www.ledisquaire.fr**
22 rue du Gal Leclerc • 22000 **ST BRIEUC**
Gilles OLLIVIER (Cogérant) • Alban FONTENEY (Cogérant)
Spécialité(s) : Généraliste • **Nombre de références** : 10000 • **Imports** : Oui • **Dépôt** : Oui • **Autre(s) activité(s)** : Show-case, dédicaces (2/mois), mini-concerts/goûters

Le DRAGON BLEU

✆ 02 96 39 57 75
11 rue de la Poissonnerie • 22100 **DINAN**
Albert LEMOINE (Responsable)
Spécialité(s) : Blues, celtique, métal • **Nombre de références** : 2000 • **Imports** : Surtout sur commande • **Autre(s) activité(s)** : Location sono, jeux de lumière, etc.

IMAGINE

✆ **02 96 33 99 99** • fax 02 96 33 99 98
imagine22@wanadoo.fr • **www.imagine-22.fr**
1 rue des Grignons • 22360 **LANGUEUX**
Pascal POIRIER (Responsable)
Nombre de références : 60000 • **Occasions** : CD, DVD, vinyles, livres poche, BD • **Dépôt** : Dépôt-vente CD et livres auteurs locaux • **Autre(s) activité(s)** : Posters + jeux éducatifs enfants

L'OREILLE KC

✆ 02 30 86 60 86
oreille.kc@numericable.fr
10 rue Bugeaud • 29200 **BREST**
Yann BELIN (Gérant)
Spécialité(s) : Ts les styles • **Nombre de références** : 10000 • **Imports** : Oui • **Occasions** : Oui • **Dépôt** : Fanzines, AP, billetterie • **Autre(s) activité(s)** : BD, blue-ray, DVD, presse musicale, romans SF, figurines, goodies, etc.

TI AR SONERIEN

✆ **02 98 50 82 82** • fax 02 98 50 61 62
ti.ar@sonerien.com • **www.sonerien.com**
Rond-point de Keramporiel • 29900 **CONCARNEAU**
Yann PELLIET (Gérant)
Spécialité(s) : Musique celtique • **Nombre de références** : 1700 en magasin, 3000 sur commande • **Imports** : 55 % • **Autre(s) activité(s)** : Vente d'instruments, librairie musicale

Les TROUBADOURS DU CHAOS

✆ 02 99 63 27 15
ltdc@noos.fr • **www.ltdc.com**
48 rue Saint Malo • 35000 **RENNES**
Spécialité(s) : Punk, rock, psycho, etc. • **Dépôt** : Fanzines, billetterie associative, merchandising, accessoires

CENTRE

HAFFI DREAD RECORDS

✆ 02 38 62 39 97
haffidread@cegetel.net • **www.facebook.com/nardo.haffidread**
133 rue de Bourgogne • 45000 **ORLEANS**
Jean-Marc NARDO (Responsable)
Spécialité(s) : Reggae, Afrique, soul, funk, rythme & blues, hip hop, électro, drum'n'bass • **Imports** : Oui • **Occasions** : Oui • **Dépôt** : Oui • **Autre(s) activité(s)** : VPC, artisanat, t-shirts, livres rasta, drapeaux, produits cosmétiques, encens, pantalons, vestes, sacs, bonnets, casquettes, etc.

MADISON 2 (TOURS)

✆ 02 47 61 21 27
madisontours@sfr.fr
135 rue Colbert • 37000 **TOURS**
Bertrand POINSIGNON (Responsable)
Spécialité(s) : Cd et VINYLS • **Nombre de références** : 5000 • **Imports** : 25 % • **Occasions** : 30 % • **Dépôt** : 15 % • **Autre(s) activité(s)** : T-shirts, DVD musicaux, accessoires divers

PLANÈTE CLAIRE

11 rue Croix de Malte • 45000 **ORLEANS**
Roger CHAUVEAU (Disquaire)
Spécialité(s) : Jazz, rock, pop, métal, électro, chanson • **Nombre de références** : 10000 • **Imports** : Oui • **Occasions** : Oui • **Dépôt** : Oui • **Autre(s) activité(s)** : Billetterie sans commission, AP

CHAMPAGNE-ARDENNE

DISCOLIVRE

✆ 03 26 88 56 25
27 passage Talleyrand • 51100 **REIMS**
Jean-Yves MENNE (Directeur)
Spécialité(s) : Disques VY et CD d'occasion, BD, SF, jouets • **Nombre de références** : 7000 • **Imports** : Non • **Occasions** : 100 %

PUL'S'MUSIC DJ SHOP

✆ **03 26 84 94 60 / 06 72 64 93 08**
patrick@puls-music.com • **www.puls-music.com**
Galerie de l'Étape • 18-24-26 rue de l'Étape • 51100 **REIMS**

Patrick COURTINE (Gérant)

Spécialité(s) : Disquaire spécialisé musiques électroniques • **Nombre de références** : 1400 à 1500 • **Imports** : Oui (25 à 30 %) • **Occasions** : Non • **Dépôt** : Non • **Autre(s) activité(s)** : Vente de matériel de sonorisation, éclairages et matériels de soirée. Vente d'équipements d'accessoires et matériel Dj's (Pioneer, Technics, Sennheiser, Reloop, Vestax, Synq, Serato, Ghost, Ortofon, Denon, Behringer, Briteq, Fal, Fane, Mac Mah, etc.)

ROYER SA

✆ **03 26 55 57 20** • fax 03 26 55 21 22
royerdisques@orange.fr • **royer-epernay.fr**
10-16 rue Eugène Mercier • 51200 **EPERNAY**

Guy ROYER (Gérant)

Spécialité(s) : Tous styles • **Nombre de références** : 5000 • **Imports** : Non • **Occasions** : Non • **Dépôt** : Oui • **Autre(s) activité(s)** : Magasin d'électroménager, Hi-Fi

WILLIAM DISQUES

✆ **03 26 88 21 81**
62 rue du Jard • 51100 **REIMS**

William (Responsable)

Spécialité(s) : Ts • **Nombre de références** : 10000 • **Imports** : 5 % • **Occasions** : 95 % • **Dépôt** : Oui • **Autre(s) activité(s)** : BD, vidéos, revues musicales, fanzines, jouets

CORSE

CHORUS

✆ **04 95 32 65 23** • fax 04 95 32 20 06
chorus.angel@gmail.com
11 rue César Campinchi • 20200 **BASTIA**

Jean-Michel RADET (Responsable clientèle)

Spécialité(s) : Ts styles (conseil/recherches) + DVD • **Nombre de références** : 7000 • **Imports** : Oui • **Occasions** : Oui • **Dépôt** : Oui • **Autre(s) activité(s)** : DVD, billetterie

VIBRATIONS SARL

✆ **04 95 21 21 97** • fax 04 95 21 21 97
apaldacci@wanadoo.fr
48 rue Fesh • 20000 **AJACCIO**

André PALDACCI (Responsable)

Spécialité(s) : Ts styles, VY, merchandising (t-shirt) • **Imports** : Oui • **Occasions** : Oui • **Autre(s) activité(s)** : DVD musicaux

FRANCHE-COMTÉ

BUFFARD

✆ **03 84 24 07 72** • fax 03 84 24 18 46
buffard.sarl@wanadoo.fr
35/37 rue Jean Jaurès • 39000 **LONS LE SAUNIER**

Xavier BUFFARD (Responsable)

Spécialité(s) : Variété française, étrangère, jazz, classique • **Nombre de références** : 4000 • **Dépôt** : Billetterie, AP, affiches • **Autre(s) activité(s)** : TV, vidéo, hi-fi, multimédia, electro menager, pose d'antennes

VIRGO MUSIC

✆ **03 81 46 54 69** • fax 03 81 46 54 82
virgo-music@orange.fr
38 rue de la République • 25300 **PONTARLIER**

Gilles (Vendeur rap, reggae)

HAUTE-NORMANDIE

ATMOSPHÈRE MUSIC

✆ **02 35 22 50 30**
87 rue Richelieu • 76600 **LE HAVRE**

Florian HALLEY (Responsable)

Spécialité(s) : Tout sauf techno et classique (neuf & occasion) • **Nombre de références** : Plusieurs milliers • **Imports** : Plus d'un million de références commandable • **Occasions** : Oui (achat, vente) • **Dépôt** : Non

BAGGARYDDIM

✆ **02 35 71 29 88**
baggaryddim@sfr.fr
72 rue Beauvoisine • 76000 **ROUEN**

Nicolas BONIN (Gérant)

Spécialité(s) : Reggae, ragga, dancehall • **Nombre de références** : 3000 • **Imports** : Jamaïque, Angleterre, USA • **Dépôt** : Vente • **Autre(s) activité(s)** : Merchandising, t-shirts

DISC'GISORS

✆ **02 32 55 02 37** • fax 02 32 27 44 56
musiczag@gmail.com
2 rue de Vienne • 27140 **GISORS**

Didier ISAAC

Spécialité(s) : Généraliste • **Nombre de références** : 2000 • **Autre(s) activité(s)** : Vente et location sono, jeux de lumière

DISQUES SHOP

✆ **02 35 84 35 54** • fax 02 35 06 26 50
salle.francois@wanadoo.fr • **disques.shop.free.fr**
74 Grande Rue • 76200 **DIEPPE**

François SALLE (Responsable)

Spécialité(s) : Généraliste • **Occasions** : Neufs et occasions • **Dépôt** : Régional

ÎLE-DE-FRANCE

5ÈME DISQUE

✆ **01 43 36 17 04** • fax 01 43 36 17 04
le5emedisque@hotmail.fr
53 rue Mouffetard • 75005 **PARIS**

Laurence SIARI (Responsable)

Spécialité(s) : Jazz, blues, salsa, reggae, variétés françaises • **Dépôt** : Oui • **Autre(s) activité(s)** : DVD musicaux et films

ALL ACCESS

✆ **09 52 16 15 56**
contact@all-access.org • **www.all-access.org**
3 rue Brochant • 75017 **PARIS**

Jacques PELLET (Responsable)

Spécialité(s) : Concept store autour de la musique • **Imports** : UK, US, Japon • **Occasions** : Oui • **Dépôt** : Oui • **Autre(s) activité(s)** : Tirages photo, affiches vintage de concerts, livres, matériel Hi-Fi

ANALOG COLLECTOR

✆ **01 42 21 90 29 / 06 20 73 24 37**
info@analog-collector.com • **www.analogcollector.fr**
13 rue Charles V • 75004 **PARIS**

Rémi VIMARD (Gérant)

Spécialité(s) : Vinyles uniquement, 33T classique, jazz, pop-rock et musiques d'avant-garde • **Nombre de références** : 5000 • **Imports** : Oui • **Occasions** : Oui • **Dépôt** : Oui • **Autre(s) activité(s)** : Livres, machine à nettoyer les disques professionnelle, vente de matériel hi-fi neuf et d'occasion (platine, cellule, ampli, enceintes, etc.)

BEDISC

✆ **01 40 09 04 05** • fax 01 43 56 77 94
bedisc@hotmail.fr • **www.bedisc-achat-vente.com**
4 rue des Grands-Champs • 75020 **PARIS**

Olga RIBEIRO (Gérante) • Manuel RIBEIRO (Responsable achats)

Spécialité(s) : Pop, rock, variété, soul, funk, jazz, blues, hard, salsa, reggae, musiques du monde • **Nombre de références** : 18000 • **Imports** : USA, Japon, Amérique Latine (6 %) • **Occasions** : 70 % • **Dépôt** : Oui • **Autre(s) activité(s)** : Bandes dessinées

BETINO'S RECORD SHOP

✆ **01 43 14 61 34 / 09 60 45 00 67** • fax 01 43 14 61 44
betino@wanadoo.fr • **www.betinos.com**
32 rue St-Sébastien • 75011 **PARIS**

Betino ERRERA (Responsable)

Spécialité(s) : Black music moderne et ancienne (rock, soul, jazz, hip hop, broken beat, house, etc.) • **Nombre de références** : 10000 • **Imports** : 80 % (US, UK, Japon) • **Occasions** : Oui • **Dépôt** : Oui • **Autre(s) activité(s)** : Accessoires (T-shirt, casque, pochettes, nettoyeur VY et CD), livres, sac à disques, etc.

BIMBO TOWER

✆ **01 49 29 76 70**
bimbo.tower@free.fr • **bimbo.tower.free.fr**
5 passage St-Antoine • 75011 **PARIS**

Franck (Responsable)

Spécialité(s) : Expérimental, avant-garde électronique • **Nombre de références** : 5000 • **Imports** : Oui • **Dépôt** : Oui • **Autre(s) activité(s)** : Fanzines, DVD, label Bimbo Tower Records

BORN BAD

✆ **09 53 07 84 58**
bornbadrecordshop@gmail.com • **www.bornbad.fr**
11 rue St-Sabin • 75011 **PARIS**
Marc ADOLF (Responsable)
Spécialité(s) : Punk, garage, surf, rock'n'roll, 60's, soul, new wave, etc. • **Nombre de références** : 30 000 • **Imports** : Europe, USA • **Occasions** : Oui • **Dépôt** : Fanzines, AP, billetterie • **Autre(s) activité(s)** : Autre boutique Rue Keller (vêtements), label

BOULINIER

✆ **01 43 26 90 57** • fax 01 43 26 20 85
boulinier@wanadoo.fr • **www.boulinier.com**
20 bd St-Michel • 75006 **PARIS**
Eduardo MOGILEVKY (Responsable achats aux particuliers)
Spécialité(s) : Occasions CD et VY • **Occasions** : 100 % • **Autre(s) activité(s)** : Livres, BD d'occasion et neuves, vidéo, DVD

La BOUQUINERIE DU CENTRE

✆ **01 42 26 13 50** • fax 01 42 26 13 50
91 av. de Clichy • 75017 **PARIS**
Daniel MARCEL (Responsable)
Spécialité(s) : Occasions ts styles • **Nombre de références** : 5 000 • **Occasions** : Oui

Le CALIF DE BELLEVILLE

✆ **01 42 45 21 74**
califdebelleville@wanadoo.fr • **www.calif.fr**
23 rue Sainte-Marhe • 75010 **PARIS**
Spécialité(s) : Jazz, funk, soul, musiques du monde • **Nombre de références** : 4 000

CINE MUSIQUE

✆ **01 42 60 30 30**
cinemusique@wanadoo.fr
60 rue Alexandre Dumas • 75011 **PARIS**
Jean HERZ (Gérant)
Spécialité(s) : Musiques de films, DVD (USA, GB, Italie, Japon) • **Nombre de références** : 3 000 • **Imports** : USA, Japon, Italie, GB, etc. • **Occasions** : Oui • **Dépôt** : Oui

COOP BREIZH - PARIS

✆ **01 43 20 84 60** • fax 01 43 21 99 22
cbzhparis@free.fr • **www.coop-breizh.fr**
10 rue du Maine • 75014 **PARIS**
Jacqueline LECAUDEY-LE GUEN (Gérante) • Patrick LECAUDEY (Gérant)
Spécialité(s) : Musiques de Bretagne et des pays celtiques • **Nombre de références** : 1 300 • **Imports** : Oui (Irlande, Écosse, Pays de Galles) • **Dépôt** : Oui (tous spectacles celtiques) • **Autre(s) activité(s)** : Vente de partitions et méthodes, librairie, presse, instruments de musique, information sur les lieux d'apprentissage des musiques, danses et langues bretonnes et celtiques, VPC, vente d'instruments de musique bretonne et celtique (BIN, BOMB, CORN écossaise), pièces détachées, matériel d'entretien

CROCODISC

✆ **01 43 54 47 95 / 01 43 54 33 22** • fax 01 43 54 33 75
crocodisc@club-internet.fr • **www.crocodisc.com**
40/42 rue des Écoles • 75005 **PARIS**
Philippe SOISSON (Gérant)
Spécialité(s) : Occasion et neuf tous styles sauf classique • **Nombre de références** : 100 000 • **Imports** : USA, GB, Allemagne • **Occasions** : Oui • **Autre(s) activité(s)** : DVD musicaux

CROCOJAZZ

✆ **01 46 34 78 38** • fax 01 43 54 33 75
64 rue de la Montagne Ste-Geneviève • 75005 **PARIS**
Gilles COQUEMPOT (Responsable)
Spécialité(s) : Jazz, blues, gospel, cajun, etc. • **Nombre de références** : 8 000 • **Imports** : Oui (US) • **Occasions** : Oui • **Dépôt** : Fanzines, magazines « Soul Bag », « Cri du Coyotte », « Soul Magazine », « ABS Magazine », « Blues Again » • **Autre(s) activité(s)** : Achat aux particuliers

La DAME BLANCHE

✆ **01 43 54 54 45 / 06 08 17 49 32** • fax 01 43 29 68 42
contact@ladameblanche.fr • **www.ladameblanche.fr**
47 rue de la Montagne Ste-Geneviève • 75005 **PARIS**
Régis PAGE (Gérant)
Spécialité(s) : Généraliste, disques de collection jazz, musique classique et contemporaine, chanson, B.O., rock, CD épuisés/rares, VY et CD d'occasion • **Nombre de références** : 15 000 (CD), 100 000 (VY) • **Imports** : Oui • **Occasions** : Oui • **Dépôt** : Oui • **Autre(s) activité(s)** : Vente de platines, VPC, recherche pour les clients, lavage de disque

DEBS MUSIC

✆ **01 42 81 17 42** • fax 01 45 26 19 13
info@debs-music.com • **www.debs-music.com**
170 rue du fbg Poissonnière • 75010 **PARIS**
David DEBS (Directeur)
Spécialité(s) : Disques antillais et africains • **Nombre de références** : + de 1 000 • **Imports** : 10 % • **Autre(s) activité(s)** : Vente au détail et en gros

DÉMOCRATIE

✆ **01 56 24 05 55** • fax 01 56 24 05 55
info@democratie-paris.com • **www.democratie-paris.com**
14 bd St-Michel • 75006 **PARIS**
Kamilia HAMDANE (Responsable)
Spécialité(s) : Jazz, rock, soul, hip hop, électro, punk • **Nombre de références** : 10 000 • **Imports** : Oui • **Occasions** : Oui • **Dépôt** : Oui • **Autre(s) activité(s)** : Concept store (produits dérivés de la musique)

DISC'INTER / AD MUSIC INTL

✆ **01 43 73 63 48** • fax 01 43 73 72 15
gary_admusic@wanadoo.fr • **www.admusic.fr**
2 rue des Rasselins • 75020 **PARIS**
Gilles NORKA (Responsable) • Gary ANDRÉ (Gérant)
Spécialité(s) : Musique haïtienne, africaine, antillaise, salsa, ragga • **Nombre de références** : 1 500 • **Imports** : Oui • **Occasions** : Oui • **Dépôt** : Oui • **Autre(s) activité(s)** : Expéditions France et étranger

DUB WIZE

✆ **01 46 06 01 03** • fax 01 46 06 01 09
dubwize@9business.fr • **dubwize-records.com**
60 rue Hermel • 75018 **PARIS**
Dominique JOVIDI (Gérant)
Spécialité(s) : Reggae, ragga • **Nombre de références** : 5 000 • **Imports** : 100 % (2/3 GB et US, 1/3 Jamaïque) • **Occasions** : Oui • **Dépôt** : Oui • **Autre(s) activité(s)** : Prestations de soirée (Scawax)

L'ECLECTIQUE

✆ **01 42 83 52 23** • fax 01 48 46 43 63
eclectique@9business.fr • **www.eclectique-boutique.com**
93 av. du Bac • 94210 **LA VARENNE ST HILAIRE**
Graziella WIERZBA (Responsable)
Spécialité(s) : Ts styles • **Nombre de références** : 2 000 • **Dépôt** : AP • **Autre(s) activité(s)** : Librairie

EXODISC

✆ **01 42 23 39 40**
exodisc@club-internet.fr
70 rue du Mont-Cenis • 75018 **PARIS**
Dominique ROUSSEAU (Responsable)
Spécialité(s) : Soldeur ts genres sauf classique • **Nombre de références** : 10 000 • **Imports** : USA, GB, Japon, Italie, Allemagne • **Occasions** : Oui • **Dépôt** : AP, affiches

La FABRIQUE BALADES SONORES

✆ **01 83 87 94 87**
info@baladessonores.com • **www.baladessonores.com**
1 av. Trudaine • 75009 **PARIS**
Toma CHANGEUR (Président)
Spécialité(s) : Boutique (extra)musicale. Vente de CD, VY, K7 audio, DVD, vêtements et bijoux de créateurs, livres, etc. Organisation de showcases toutes les sem. avec des artistes pop, rock ou folk, etc. • **Nombre de références** : 2 000 • **Imports** : Labels indépendants américains, canadiens, scandinaves, etc. • **Dépôt** : Oui • **Autre(s) activité(s)** : Label, booking, agent, entrepreneur de spectacles, communication visuelle, promotion et street-marketing

FARGO

✆ **01 48 05 49 52**
contact@fargostore.com • **www.fargostore.com**
42 rue de la Folie Méricourt • 75011 **PARIS**
Michel PAMPELUNE (Gérant)
Spécialité(s) : Rock indé, folk, americana, country, blues, soul • **Nombre de références** : 5 000 • **Imports** : Oui • **Occasions** : Oui

Librairie GILDA

✆ **01 42 33 60 00**
gilda@9business.frt • **www.librairie-paralleles.com**
36 rue des Bourdonnais • 75001 **PARIS**
Jean-Christophe BUDAN (Gérant)
Spécialité(s) : Jazz, musiques du monde et classique, BO films • **Nombre de références** : 10 000 • **Occasions** : 100 % • **Autre(s) activité(s)** : CDV, DVD musicaux et films, livres

GOODIES RECORDS
✆ **01 48 87 14 37** • fax 01 48 87 14 37
3 rue Palestro • 75002 **PARIS**
Roger VEINANTE (Gérant)
Spécialité(s) : Rock, blues, variété française, jazz, soul, etc. • **Nombre de références** : Plusieurs milliers • **Imports** : USA, GB • **Occasions** : Oui • **Dépôt** : Billetterie, revues, livres, etc.

Le GRAND CERCLE 95
✆ **01 34 30 48 16** • fax 01 34 30 48 01
a.melia@legrandcercle.fr • **legrandcercle.fr**
CC Art de Vivre Eragny • 1 rue du Bas Noyer • 95610 **ERAGNY-SUR-OISE**
Alain MELIA (Responsable secteur musique/vidéo)
Spécialité(s) : Vente de produits culturels (librairie, beaux arts, papeterie, disques, vidéo, multimédia) • **Imports** : Oui • **Dépôt** : Oui

GROOVE STORE
✆ **01 44 90 09 46**
contact@groove-store.com • **www.groove-store.com**
29 rue des Dames • 75017 **PARIS**
Alexis BOUTEVILLE (Responsable) • Elie (Responsable du stock)
Spécialité(s) : Funk, soul, jazz, latin, brasil, reggae, R&B, hip hop, disco, house, garage, rock • **Nombre de références** : 4000 • **Imports** : Oui • **Occasions** : Oui • **Dépôt** : Oui

GROUND ZERO
✆ **01 40 03 83 08**
contact@groundzero.fr • **www.groundzero.fr**
23 rue Sainte-Marthe • 75010 **PARIS**
Franck (Gérant) • Julie (Disquaire)
Spécialité(s) : Indie rock, pop, electro, hip hop, garage, punk • **Nombre de références** : 6000 • **Imports** : Oui • **Occasions** : Oui • **Dépôt** : Oui • **Autre(s) activité(s)** : Vêtement, fanzines, livres

HEARTBEAT VINYL
✆ **09 51 65 92 08**
info@heartbeatvinyl.com • **www.heartbeatvinyl.com**
26 rue Godefroy Cavaignac • 75011 **PARIS**
Spécialité(s) : Soul, jazz, funk, disco, rock, pop, house, techno, hip hop • **Nombre de références** : Plusieurs milliers • **Imports** : Oui • **Occasions** : Oui

ILLOGICALL-MUSIC
✆ **01 45 26 35 59**
illogicall.music@gmail.com • **www.illogicall-music.fr**
63 rue Blanche • 75009 **PARIS**
Renan CORNETTEAU (Gérant)
Spécialité(s) : Pop, rock, jazz, variétés françaises (collectors) • **Nombre de références** : 5000 à 10000 • **Imports** : Oui • **Occasions** : Oui • **Dépôt** : Oui • **Autre(s) activité(s)** : Merchandising, support promo, PLV

L'INTERNATIONAL RECORDS
✆ **09 80 57 12 61**
contact@linternationalrecords.com • **www.linternationalrecords.com**
12 rue Moret • 75011 **PARIS**
Julien DEVERRE • David KOULICHE
Spécialité(s) : Psychédélisme, electro, pop, garage, rock, dub, deep house, folk, hip hop, rare grooves • **Imports** : Oui • **Occasions** : Oui • **Dépôt** : Oui • **Autre(s) activité(s)** : Librairie, revue, T-shirts, etc.

KARMA
✆ fax 01 42 46 19 18
sarkarma@gmail.com
3-5 rue de Metz • 75010 **PARIS**
Kadir KARABULUT (Responsable)
Spécialité(s) : Musique turque et orientale • **Nombre de références** : 10000 • **Imports** : Oui • **Autre(s) activité(s)** : Vente d'instruments de musique, de costumes et accessoires de danse orientale

KIOSK ECLECTIC
✆ **06 82 75 70 10** • fax 01 48 05 81 16
kioskeclectic@gmail.com • **www.kiosk-eclectic.com**
La Chauvinière • 03160 **BOURBON L'ARCHAMBAULT**
Georges KIOSK (Responsable)
Spécialité(s) : Hip hop, musiques électroniques, ragga, dub, jungle, break beat, drum'n'bass, experimental, hard core, traditionnel, dubstep, 4x4 bassline, grime • **Nombre de références** : 7500 • **Imports** : Oui • **Occasions** : Oui • **Dépôt** : CD, mixtapes, fanzines, DVD, livres, etc.

LENOX
✆ **01 42 28 02 45**
lenox.societe@wanadoo.fr • **www.shakinstuff.com**
138 rue Legendre • 75017 **PARIS**
Luc HEROUARD (Gérant)
Spécialité(s) : Blues, Rock'n'Roll, années 45-65 • **Imports** : Suède, UK, Allemagne (50 %) • **Occasions** : 45T, 78 RPM, LPs, EPs • **Dépôt** : Magazines • **Autre(s) activité(s)** : Production de groupes de rockabilly et de blues

LUCKY RECORDS
✆ **01 42 72 74 13**
info@lucky-records.com • **www.lucky-records.com**
66 rue de la Verrerie • 75004 **PARIS**
M. ROBERT (Responsable)
Spécialité(s) : Variété française et internationale, VY et CDs de collection, Madonna • **Nombre de références** : 30000 • **Imports** : 80 % • **Occasions** : 80 % • **Dépôt** : Fanzines

MONSTER MELODIES
✆ **01 40 28 09 39**
monster@club-internet.fr • **www.monstermelodies.fr**
9 rue des Déchargeurs • 75001 **PARIS**
Serge VINCENDET (Gérant)
Spécialité(s) : Rock, hard, indés, punk, reggae, jazz, soul jazz, musique de films • **Nombre de références** : 100000 • **Imports** : Oui • **Occasions** : 50 % • **Autre(s) activité(s)** : Collectors VY, affiches de collection, VPC

MORADISC
✆ **01 42 81 14 89**
moradisc@alicepro.fr • **www.moradisc.com**
51 bd de Rochechouart • 75009 **PARIS**
Lucien MORADEL (Responsable)
Spécialité(s) : Musique afro-caribéenne • **Nombre de références** : 600 • **Imports** : 20 % (Haïti) • **Dépôt** : Billetterie • **Autre(s) activité(s)** : Production, distribution

MOTS ET MERVEILLES
✆ **01 47 07 25 21** • fax 01 43 37 61 27
info@motsetmerveilles.com • **www.motsetmerveilles.com**
63 bd St-Marcel • 75013 **PARIS**
Edgar HADDAD (Responsable)
Spécialité(s) : Textes, contes, chansons pour enfants, chanson française, musique du monde, etc. • **Nombre de références** : 10000 • **Imports** : Oui • **Autre(s) activité(s)** : Librairie et disques en ligne, fournisseur de bibliothèques

MUSIC AVENUE PARIS
✆ **01 40 24 16 20** • fax 01 40 24 16 20
francesco-maz@hotmail.fr • **facebook.com/musicavenue**
10 rue Paul Bert • 75011 **PARIS**
François MAZZA (Gérant)
Spécialité(s) : Soul, funk, acid-jazz, rap, R&B, techno, jungle, trip hop, dance • **Nombre de références** : 10000 • **Imports** : 80 % • **Occasions** : 5 % • **Dépôt** : AP, affiches, fanzines, démos, tracts • **Autre(s) activité(s)** : Dépôt-vente matériel mus. et DJs, fringues

MUSIC FEAR SATAN
✆ **01 56 92 29 60**
info@musicfearsatan.com • **musicfearsatan.com**
28 rue Rodier • 75009 **PARIS**
Spécialité(s) : Rock, post-rock, Krautrock, rock expérimental, indus, etc. • **Imports** : Oui • **Occasions** : Oui • **Dépôt** : T-shirts, DVD, magazines, etc. • **Autre(s) activité(s)** : VPC, vente en ligne

NATIONALE 7
✆ **09 83 20 84 42**
nationale7paris.com
114 rue du Fbg poissonnière • 75010 **PARIS**

Librairie PARALLÈLES
✆ **01 42 33 62 70**
contact@librairie-paralleles.com • **www.librairie-paralleles.com**
47 rue St-Honoré • 75001 **PARIS**
Jacques BRIAUD (Gérant)
Spécialité(s) : Rock, blues, jazz • **Nombre de références** : 9000 (CD), 4000 (VY) • **Imports** : GB, US • **Occasions** : 100 % (achats, ventes) • **Autre(s) activité(s)** : Librairie (littérature, politique, BD, cinéma, SF, polar, livres musicaux, revues, fanzine, écologie, etc.)

PARIS JAZZ CORNER
✆ **01 43 36 78 92** • fax 01 43 37 40 05
jazzsale@hotmail.com • **www.parisjazzcorner.com**
5/7 rue de Navarre • 75005 **PARIS**
Arnaud BOUBET (Gérant)
Spécialité(s) : Jazz • **Nombre de références** : 33T (15000), CD (10000) • **Imports** : 30 % (Japon, USA, GB, Italie) • **Occasions** : 60 % (33T) • **Dépôt** : AP • **Autre(s) activité(s)** : Librairie spécialisée sur le jazz, affiches, cartes postales. Publication d'un catalogue de disques rares pour achat par enchères (auction list)

PATATE RECORDS

✆ **01 48 06 58 11** • fax 01 48 06 70 28
pierre@patate-records.com • **www.patate-records.com**
57 rue de Charonne • 75011 **PARIS**
Pierre MESTCHERINOFF (Responsable)
Spécialité(s) : Reggae, ragga dub, ska, rocksteady • **Nombre de références** : Plus de 10 000 • **Imports** : 100 % (Jamaïque, GB, USA) • **Occasions** : Oui • **Dépôt** : Billetterie, AP, fanzines • **Autre(s) activité(s)** : Production

PLASTIC SOUL RECORDS

✆ **01 43 55 77 44**
bond1@club-internet.fr
93 av. Ledru Rollin • 75011 **PARIS**
Michel LABY (Gérant)
Spécialité(s) : Ts styles • **Nombre de références** : 5 000 • **Imports** : UK, USA (CD)

PLUS DE BRUIT

✆ **01 49 70 08 70**
35 rue de la Rochefoucault • 75009 **PARIS**
Jean-Paul FRIGOUT (Responsable)
Spécialité(s) : Rock, pop, punk, variétés, reggae, jazz • **Nombre de références** : 25 000 • **Occasions** : 100 % • **Dépôt** : Fanzines, AP en VY + BD d'occasion

ROCK PARADISE

✆ **01 45 58 40 30**
rockparadise@wanadoo.fr • **www.rockparadise.fr**
42 rue Duranton • 75015 **PARIS**
Patrick RENASSIA (Gérant)
Spécialité(s) : Rock/pop, 50-60-70-punk • **Nombre de références** : 3 000 • **Autre(s) activité(s)** : Label de disque

ROCK'N'ROLL VOLTAGE

✆ **01 42 74 64 19** • fax 01 42 77 36 43
rock_arnaud@yahoo.fr
23 rue du Roi de Sicile • 75004 **PARIS**
Charles CLIPET (Gérant) • Arnaud CLIPET (Manager)
Spécialité(s) : Hard rock, hard core, trash, speed, FM, glam, black metal • **Nombre de références** : 75 000 à 80 000 • **Imports** : Neufs CD, DVD, livres, VY (USA, GB, Japon, Australie, Brésil, Allemagne, Scandinavie, Amérique du Sud, Afrique du Sud, Europe, etc.) • **Occasions** : CD, DVD, VY • **Dépôt** : Billetterie hard, AP • **Autre(s) activité(s)** : Affiches, posters, livres, objets, figurines, guitares, PLV

ROCKET RECORDS

hichem.abida@gmail.com
Marché Dauphine • 140 rue des Rosiers • 93400 **ST OUEN**
Hichem ABIDA (Gérant)
Spécialité(s) : Rock'n roll, rockabilly, blues, jazz, ska, etc. • **Nombre de références** : 4 000 • **Imports** : 90 % • **Occasions** : 10 % • **Dépôt** : Fanzines, AP • **Autre(s) activité(s)** : Label Sfax (spécialisé dans le rockabilly)

Le SILENCE DE LA RUE

✆ **09 71 35 94 20**
lesilencedelarue@wanadoo.fr
39 rue Faidherbe • 75011 **PARIS**
Christophe OUALI (Gérant)
Spécialité(s) : Supports CD et VY, imports, black music, nouvelle chanson française, hardcore, punk, garage, indé, pop rock, jazz, blues, soul, funk, Brésil, Afrique, musiques caribéennes • **Nombre de références** : 12 000 • **Imports** : 60 % (USA, GB, Allemagne) • **Occasions** : 10 % • **Dépôt** : Vente (peu) • **Autre(s) activité(s)** : Merchandising, presse musicale

SOUFFLE CONTINU

✆ **01 40 24 17 21** • fax 01 40 24 17 21
soufflecontinu@gmail.com • **www.soufflecontinu.com**
20/22 rue Gerbier • 75011 **PARIS**
Théo JARRIER (Cogérant) • Bernard DUCAYRON (Cogérant)
Spécialité(s) : Rock, post-rock, psyche 60's, 70's, black metal, thrash, indus, folk, soul, free-jazz, impro, electro, etc. • **Nombre de références** : 13 000 • **Imports** : 25 % • **Occasions** : 5 % • **Dépôt** : 10 % • **Autre(s) activité(s)** : Livres et magazines spécialisés musique, DVD musicaux, merchandising (t-shirts, posters, stickers), billetterie

SUPERFLY RECORDS

✆ **01 44 61 06 07**
info@superflyrecords.com • **www.superflyrecords.com**
53 rue Notre Dame de Nazareth • 75003 **PARIS**
Manu BOUBLI • Paulo GONCALUES
Spécialité(s) : Jazz, soul, funk, rock, pop, psycho, electronica, afro, Brasil, latin, etc. • **Nombre de références** : 10 000 • **Imports** : Oui • **Occasions** : Oui • **Dépôt** : Non • **Autre(s) activité(s)** : Boutique en ligne

TECHNO IMPORT

✆ **01 48 05 71 56**
www.techno-import.fr
16 rue des Taillandiers • 75011 **PARIS**
Arnault (Contact) • MAZE (Contact)
Spécialité(s) : Musiques électroniques • **Nombre de références** : 10 000 • **Imports** : Oui • **Dépôt** : Billetterie, fanzines gratuits et flyers • **Autre(s) activité(s)** : Vente en ligne, prix grossiste pour particuliers

TOOLBOX RECORDS

✆ **01 48 05 80 16**
contact@toolboxrecords.com • **www.toolboxrecords.com**
30 rue St-Ambroise • 75011 **PARIS**
Christophe BRUNEL (Directeur) • Menotte FANATIK (Stock) • Georges KIOSK (Shop)
Spécialité(s) : Drum'n'bass, Dub, électro, grime, dubstep, techno, hard-techno, hardcore, break beat, Techno, Minimal, Indus, Electro rock, etc. • **Nombre de références** : 15 000 (95 % de vinyles) • **Imports** : Oui • **Occasions** : Oui • **Dépôt** : Oui • **Autre(s) activité(s)** : Expo permanente

The TROC

✆ **01 43 55 54 80** • fax 01 43 55 54 80
the.troc@free.fr
52 rue J-P. Timbaud • 75011 **PARIS**
Férid KADDOUR (Gérant)
Spécialité(s) : Rock 60', 70' et 80', soul, jazz, blues, reggae, chanson française, techno • **Nombre de références** : 1 000 • **Imports** : Underground anglais, espagnol, japonais (BD) • **Occasions** : Oui • **Dépôt** : Fanzines, affiches • **Autre(s) activité(s)** : Éditeur et distributeur des Freak Brothers (G. Shelton), de Robert Crumb et de l'underground US, librairie BD, posters et T-shirts rock, artisanat, brocante, antiquités, salon et vente de thés

UNIVERS DU LIVRE / GIBERT JOSEPH

✆ **01 39 75 29 65** • fax 01 39 75 45 08
orgeval.disque@gibertjoseph.com • **gibertjoseph.com**
Centre Art de Vivre • 502 route Quarante Sous • 78630 **ORGEVAL**
François PIRONON (Responsable)
Spécialité(s) : Généraliste • **Nombre de références** : 15 000 • **Imports** : Oui • **Occasions** : Oui • **Autre(s) activité(s)** : Librairie, papeterie, carterie, galerie (encadrement), etc.

VINYL OFFICE

✆ **06 58 10 65 69**
vinyl.office@gmail.com • **www.myspace.com/vinyloffice**
9 rue Trousseau • 75011 **PARIS**
Ronnie ROLLO (Gérant)
Spécialité(s) : Jazz, rock, punk, new wave, garage, pop, soul, etc. • **Occasions** : VY (100 %)

La VIOLETERA

✆ **01 45 23 34 17**
la.violetera@orange.fr
12 rue Papillon • 75009 **PARIS**
José MOLINA (Responsable)
Spécialité(s) : Années 60, disques rares, BO, variétés • **Nombre de références** : 40 000 • **Imports** : Oui (Espagne, Italie, Allemagne, Japon) • **Occasions** : Oui, état neuf (80 %) • **Autre(s) activité(s)** : Vente magazines des années 60, photos/cartes postales de vedettes

LANGUEDOC-ROUSSILLON

AU TEMPS DU VINYL

✆ **04 67 64 62 55**
autempsduvinyl@free.fr
10 bd d'Orient • 34070 **MONTPELLIER**
Bruno BERTHEZENE (Responsable)
Spécialité(s) : Années 60 et autres • **Nombre de références** : 30 000 • **Occasions** : Oui

BEST OF

✆ **04 66 27 55 98**
bestof30@voila.fr
6 rue de la Monnaie • 30000 **NIMES**
Fabrice ANTON (Responsable)
Spécialité(s) : Généraliste • **Nombre de références** : 10 000 • **Occasions** : Uniquement • **Autre(s) activité(s)** : BD, VHS occasion, jeux vidéos

BLACK N' BLUE

✆ **04 67 66 17 10**
ph4321@yahoo.fr • **www.black-blue.net**
1 rue de la Carbonnerie • 34000 **MONTPELLIER**
Philippe CHAZELLE (Directeur)
Spécialité(s) : Rock, black music, techno, jazz, reggae, world, funk, jungle • **Nombre de références** : 20 000 • **Imports** : Monde • **Occasions** : Oui • **Dépôt** : CDs • **Autre(s) activité(s)** : Recherche de CD, DVD et de VY dans le monde entier (base de données internationale)

Le COMPTOIR DU DISQUE

✆ **04 67 60 91 71** • fax 04 67 60 91 71
contact@lecomptoirdudisque.fr
www.myspace.com/comptoirdudisque
2 pl. Petrarque • 12 rue de la petite Loge • 34000 **MONTPELLIER**
Alain BOUCHER (Directeur) • Nicolas VERON (Responsable du magasin)
Spécialité(s) : Spécialiste hors catalogues et introuvables • **Nombre de références** : 200 000

COSMIC GROOVE

✆ **04 67 66 46 18**
info@cosmicgroove.fr • **www.cosmicgroove.fr**
1 rue St-Come • 34000 **MONTPELLIER**
Bruno GUICHARD (Responsable)
Spécialité(s) : Soul, funk, rare groove, lounge, exotica, hip hop old school, latin, etc. • **Nombre de références** : Quelques milliers • **Imports** : Oui • **Occasions** : Oui • **Dépôt** : Oui • **Autre(s) activité(s)** : Label Cosmic Groove

MUSIC ACTION

✆ **09 50 96 52 34**
www.myspace.com/musicactionperpignan
40 pl. Rigaud • 66000 **PERPIGNAN**
Lionel BILBAULT (Gérant)
Spécialité(s) : Rock, pop, garage, punk, metal, hardcore, gothic, indus, cold jazz, blues, reggae, ska, soul, funk, rythmes and blues, rock'n'roll, country, psycho, alternatif • **Nombre de références** : 12 000 • **Imports** : Du monde entier • **Occasions** : Oui • **Dépôt** : Flyers

ROCK'N'ROLL ATTITUDE

✆ **04 67 66 23 02**
musicattitude34@sfr.fr • **rocknrollattitude34.fr**
5 rue du Petit Paris • 34000 **MONTPELLIER**
M. SCHOUKROUN (Responsable)
Spécialité(s) : Généraliste • **Nombre de références** : 10 000 CD, 10 000 vinyles, 100 DVD • **Occasions** : Exclusivement • **Dépôt** : Oui

LIMOUSIN

POINT SHOW

✆ **05 55 32 39 22** • fax 05 55 32 39 22
pointshow@hotmail.fr
3 rue Elie Berthet • 87000 **LIMOGES**
Didier DEMAISON (Responsable) • Bruno MARVIER (Responsable)
Spécialité(s) : Généraliste • **Nombre de références** : 14 000 • **Imports** : Oui • **Occasions** : Uniquement VY • **Dépôt** : AP • **Autre(s) activité(s)** : Billetterie

THC

✆ **06 88 44 61 11**
v-racocha@reaktif.org • **thc-shop.audiovortex.fr**
7 rue Jeanty Sarre • 87000 **LIMOGES**
Peter (Gérant)
Spécialité(s) : Musiques électroniques : dub, electro, techno, tribe, hxc, tek, hard techno, rave, gabber, transe, house, drum, jungle, ragga, hip hop, etc. • **Nombre de références** : 750 • **Imports** : Oui • **Occasions** : Oui • **Dépôt** : Oui • **Autre(s) activité(s)** : Merchandising et articles pour fumeurs

UNDERSOUNDS

✆ **05 55 33 44 65**
undersounds87@gmail.com • **undersounds87.free.fr**
6 rue de Gorre • 87000 **LIMOGES**
Spécialité(s) : Punk, rock, garage, pop indé, psycho, ska, reggae, dub, groupes locaux • **Nombre de références** : 5 000 • **Imports** : Oui • **Occasions** : Oui • **Dépôt** : Billetterie, fanzines, fripes rock'n'roll • **Autre(s) activité(s)** : Promotion de la scène locale, showcases

LORRAINE

DISC OVER

✆ **03 87 75 60 85** • fax 03 87 75 60 85
9 rue Ste-Marie • 57000 **METZ**
Philippe GILKIN (Responsable)
Spécialité(s) : Rock indé, 70's, trip hop, jungle, variété, metal, jazz • **Nombre de références** : 20 000 • **Imports** : 50 % • **Occasions** : 80 % • **Dépôt** : Billetterie

FACE CACHÉE

✆ **03 87 62 44 78**
www.la-face-cachee.com
6 rue du Lancieu • 57000 **METZ**
Spécialité(s) : Rock, pop, jazz, electro, metal, reggae, hip hop, garage, etc. • **Nombre de références** : 15 000 • **Autre(s) activité(s)** : Vente en ligne

MANGE DISQUES

✆ **09 51 06 06 13**
lemangedisc@gmail.com • **www.myspace.com/lemangedisquesncy**
36 rue des Sœurs Macarons • 54000 **NANCY**
Spécialité(s) : Multispécialiste • **Nombre de références** : Des tonnes • **Imports** : Oui • **Occasions** : Oui • **Dépôt** : Billetteries, fanzines • **Autre(s) activité(s)** : Instruments, hi-fi vintage...

PUNK RECORDS

✆ **03 83 36 79 56** • fax 03 83 36 79 56
27 rue des Maréchaux • 54000 **NANCY**
Francis KREMER (Gérant)
Spécialité(s) : Rock • **Nombre de références** : 8 000 • **Imports** : Oui • **Occasions** : Oui • **Dépôt** : Fanzines, billetterie, affiches

MIDI-PYRÉNÉES

ARMADILLO DISQUES

✆ **05 62 26 28 57**
armadillodisques@wanadoo.fr
32 rue Pharaon • 31000 **TOULOUSE**
Benoît BINET (Gérant) • Antoine MADRIGAL (Responsable)
Spécialité(s) : Rock 50's/60's/70's, garage, punk, soul, funk, reggae, jazz, blues • **Nombre de références** : 17 000 • **Imports** : 35 % (USA, GB, Australie, Allemagne, Espagne, etc.) • **Occasions** : 65 %, (VY et CD) • **Dépôt** : AP, fanzines • **Autre(s) activité(s)** : Concerts occasionnels, VPC, émission de radio

CENTRAL DISC

✆ **05 63 36 61 58**
laurencon81@wanadoo.fr • **www.centraldisc.fr.st**
5 pl. Jean Jaurès • 81400 **CARMAUX**
Patrick LAURENCON (PDG)
Spécialité(s) : Ts styles, spécialiste collectors et musiques électroniques (techno, house, R&B, hip hop, drum'n'bass, etc.) • **Imports** : USA, UK, Italie, Espagne, Allemagne, Benelux, etc. (15 %) • **Dépôt** : Billetterie pour concerts locaux • **Autre(s) activité(s)** : Vente sur commande de matériel sono, radio, télé, hi-fi, vidéo, électroménager, recherche personnalisée de collectors

CROC'VINYL

✆ **05 61 23 79 90**
crocvinyl@free.fr • **www.crocvinyl.com**
12 rue des Lois • 31000 **TOULOUSE**
Eugène CORONA (Gérant)
Spécialité(s) : Rock, imports et neufs à prix réduits, VY (33 et 45T), DVD, blu-ray, BD • **Nombre de références** : 10 000 • **Imports** : Ts pays • **Occasions** : 1/3 • **Dépôt** : Fanzines, AP, démos • **Autre(s) activité(s)** : BD occasions, collectors

Le LABORATOIRE

✆ **05 61 21 96 17**
labfromtlse@yahoo.fr • **www.myspace.com/lelaboratoiretoulouse**
9 rue de la Bourse • 31000 **TOULOUSE**
Cédric BARBE (Gérant)
Spécialité(s) : Ts styles • **Nombre de références** : 30 000 • **Imports** : USA, UK, Allemagne, Jamaïque • **Occasions** : Oui • **Dépôt** : Exclusivement VY région toulousaine • **Autre(s) activité(s)** : Organisation de concerts, stickers, sérigraphie, patchs, distribution revue « Wax Poetics », matériel vintage (AMPS, platines VY)

MADE IN JAZZ

✆ **05 61 12 30 80**
madeinjazz@madeinjazz.com • **www.madeinjazz.com**
10 rue Cujas • 31000 **TOULOUSE**
Jean-Marc POMMEYROL (Responsable)
Spécialité(s) : Jazz, blues • **Nombre de références** : 3 500 vinyles, 2 500 CDs, DVDs • **Occasions** : Achat & vente VY, CD, DVD, livres, collections • **Dépôt** : Groupes locaux • **Autre(s) activité(s)** : Ouvert mar./sam. de 11h à 19h30

MELODIE

✆ **05 61 66 66 50 / 06 22 26 89 84** • fax 05 61 66 64 62
melodiemusiquebd@gmail.com
17 rue du Bourg • 09200 **ST GIRONS**
Jean-Pierre CATHALA (Gérant)
Spécialité(s) : Ts genres • **Nombre de références** : 10 000 • **Imports** : US, GB (10 %) • **Occasions** : 10 % • **Dépôt** : Oui • **Autre(s) activité(s)** : Instruments de musique et BD

PAUL EMILE VINYLS

✆ **05 62 27 18 21**
www.disque-vinyle.fr
5 rue Temponières • 31000 **TOULOUSE**
Jean-Olivier MOUNAL (Gérant) • David FONTEYNE (Vendeur)
Spécialité(s) : 33, 45 et 78T, ts les styles des années 30/40 à nos jours • **Nombre de références** : Plusieurs milliers • **Imports** : USA, Europe (originaux) • **Autre(s) activité(s)** : Vente de PLA disques à petits prix + AMPs

VICIOUS CIRCLE

✆ **05 61 23 82 83** • fax 05 61 23 82 83
shop@viciouscircle.fr • **www.viciouscircle.fr**
7 rue des Puits Clos • 31000 **TOULOUSE**
Éric THÉLY (Directeur) • Grégoire RAMEAUX (Responsable)
Spécialité(s) : Rock, garage, noise, hardcore, pop, hip hop, hardtek, techno, drum'n'bass, etc. • **Nombre de références** : 5 000 • **Imports** : 2 500 (surtout USA) • **Occasions** : 500 • **Dépôt** : Oui • **Autre(s) activité(s)** : VPC, T-shirts, badges, etc.

NORD - PAS-DE-CALAIS

BESIDES RECORDS

✆ **03 20 95 43 55**
infos@besides-records.com • **www.besides-records.com**
47 rue d'Amiens • 59000 **LILLE**
Spécialité(s) : Rock, hip hop, jazz, reggae, world, krautrock, electro, etc. • **Nombre de références** : 8 000 LP • **Imports** : Oui 10 % • **Occasions** : Oui 40 % • **Dépôt** : Oui • **Autre(s) activité(s)** : Accessoires vinyles

La BOITE DE FER

✆ **03 20 77 09 36** • fax 03 20 77 17 59
laboitedefer@wanadoo.fr
17 pl. du Gal de Gaulle • 59280 **ARMENTIERES**
Jean-Jacques DEFER (Responsable)
Spécialité(s) : Surtout jazz moderne • **Nombre de références** : 15,000 • **Imports** : Bertus • **Dépôt** : Fanzines, billetterie, APs, labels indépendants

Le TEMPLE DU DISQUE (DOUAI)

✆ **03 27 71 29 05** • fax 03 27 71 29 01
templedudisque@nordnet.fr
172 rue de Bellain • 59500 **DOUAI**
Vincent CHOPLAIN (Gérant) • Jean-Pierre (Classique, jazz, musique du monde)
Spécialité(s) : Classique, jazz, musique du monde • **Imports** : Oui • **Occasions** : Oui • **Dépôt** : Oui • **Autre(s) activité(s)** : Billetterie en magasin

PAYS DE LA LOIRE

Les ALLUMÉS DU JAZZ

✆ **02 43 28 31 30**
all.jazz@wanadoo.fr • **www.allumesdujazz.com**
2 rue de la Galère • 72000 **LE MANS**
Valérie CRINIÈRE (Responsable de la communication & VPC)
Spécialité(s) : Jazz, musiques improvisées • **Nombre de références** : 2 000 dont les 58 labels membres des Allumés du jazz - Bac à destination des enfants, DVD, livres des illustrateurs du journal de l'association - Possibilité d'écoute sur place. • **Autre(s) activité(s)** : Organisation d'animations musicales, lectures, rencontres, débats.

MÉLOMANE

✆ **02 40 47 62 75**
meloman.nantes@gmail.com • **www.melomane.fr**
2 quai de Turenne • 44000 **NANTES**
Jean-Christophe FILLON (Gérant) • Anthony CHASLERIE (Salarié)
Spécialité(s) : Rock indé, hip hop, électro, reggae, soul funk, latin, sixties, soul, BO films etc. • **Nombre de références** : 5 000 • **Imports** : USA, Allemagne, GB, Japon • **Occasions** : Oui • **Dépôt** : Oui • **Autre(s) activité(s)** : Billetterie, DVD, fanzines, T-shirts, sérigraphie, vente en ligne

PICARDIE

La MALLE A DISQUES

✆ **03 22 72 01 86**
contact@lamalleadisques.fr • **www.lamalleadisques.fr**
1 rue du Marché Lanselles • 80000 **AMIENS**
Thierry TAUPIER (Disquaire indépendant)
Spécialité(s) : Généraliste, priorité musiques actuelles • **Nombre de références** : 10 000 • **Imports** : Oui • **Occasions** : Oui • **Dépôt** : Fanzines, AP • **Autre(s) activité(s)** : DVD, billeterie, t-shirts, collectors

Le MANGE-DISQUE

✆ **03 44 78 39 98**
lemangedisque@wanadoo.fr
40 rue Fontaine • 60600 **CLERMONT**
Michel GUINAND (Resp./Gérant)
Spécialité(s) : Pop, rock, metal, punk, reggae, ska, ragga, chanson française, jazz, musiques du monde, soul, funk, rare groove • **Nombre de références** : 10000 • **Imports** : 20 % • **Occasions** : 50 % • **Autre(s) activité(s)** : VPC

POITOU-CHARENTES

DIAPASON

✆ **05 45 95 20 20** • fax 05 45 95 26 89
diapasondisquaire@wanadoo.fr
20 rue Ludovic Travrieux • 16000 **ANGOULEME**
James MOREAU (Responsable)
Spécialité(s) : Ts • **Occasions** : Non

DISQUE D'OR

✆ **05 49 88 39 52** • fax 05 49 88 39 52
disquedor@gmail.com
26 rue Édouard Grimaux • 86000 **POITIERS**
Jean-Louis ROSE (Directeur)
Spécialité(s) : Nouveautés 33T, 45T, CD rares, collectors, expertises • **Nombre de références** : 25 000 • **Imports** : 30 % (Japon, USA, Allemagne, Suède, Australie, etc.) • **Occasions** : 15 000 (+ de 50 %) • **Dépôt** : Groupes autoproduits • **Autre(s) activité(s)** : Accessoires vestimentaires concernant les groupes + posters, cartes postales, affiches, cinéma + vêtements rock, punk, gothique

Les MONDES DU DISQUE

✆ **05 49 88 27 52** • fax 05 49 60 09 56
lesmondesdudisques@orange.fr
20 rue Petonnet • 86000 **POITIERS**
Jean-Claude BERTRAND (Responsable)
Spécialité(s) : Tous styles • **Nombre de références** : 15 000 • **Imports** : USA, GB, Allemagne, Japon, Pays-Bas • **Dépôt** : Billetterie, fanzines, AP régionales

PLEXUS RECORDS

✆ **05 49 30 41 22**
plexusrecords.blogspot.fr
198 Grande rue • 86000 **POITIERS**
Spécialité(s) : Jazz, soul, funk, rock, blues, hip hop, nu groove, etc.

TOONZ SHOP

✆ **09 67 10 27 55**
contact@toonzshop.com • **www.toonzshop.com**
158 Grand Rue • 86000 **POITIERS**
Spécialité(s) : Musiques électroniques • **Dépôt** : Bijoux, matériel DJ • **Autre(s) activité(s)** : Organisation de soirées

TRANSAT

✆ **06 60 70 44 97**
loutransat@free.fr • **www.myspace.com/transatshop**
185 rue du faubourg du Pont Neuf • 86000 **POITIERS**
Lionel BOUET (Responsable)
Spécialité(s) : VY, CD, DVD, neuf et d'occasion, punk, garage, oldies, hip hop, funk, soul, new wave, etc. • **Nombre de références** : 3000 • **Imports** : Oui • **Occasions** : Oui • **Dépôt** : Oui

PROVENCE - ALPES - CÔTE D'AZUR

ARPEGE MUSIQUES

✆ **04 90 74 10 56 / 06 31 43 58 61 / 06 61 61 72 52**
arpege.music@orange.fr • **arpegemusiques.blogspot.fr**
197 cours Lauze de Perret • 84400 **APT**
Meryll CLAVERT (Responsable)
Spécialité(s) : Jazz, rock, variétés, world music, pop rock, enfants • **Nombre de références** : 4 000 • **Imports** : Oui • **Occasions** : Oui • **Dépôt** : Billetterie, affiches, AP, fanzines • **Autre(s) activité(s)** : Magasin d'instruments, de hi-fi, librairie musicale, partitions, sonorisation, point pédagogique Fuzeau

COSMIC TRIP

✆ **04 94 68 35 50**
cosmictrip@aliceadsl.fr
43 rue de l'Observance • 83300 **DRAGUIGNAN**
Thierry ARNAUD (Directeur)
Spécialité(s) : Musiques actuelles, disques de collection, occasions, généralité, collection anciens et récents & disques neuf • **Nombre de références** : 40 000 • **Imports** : Oui • **Occasions** : Oui • **Dépôt** : Fanzines, AP, affiches, billetterie

GALETTE

✆ **09 77 76 05 07**
galette13@orange.fr
31 rue des Trois Rois • 13006 **MARSEILLE**
Spécialité(s) : Sopul, jazz, afro, funk, rock, indie, hip hop, électro

HIT IMPORT

✆ **04 93 62 38 54** • fax 04 93 80 62 09
hitimport@wanadoo.fr • **www.hitimport.com**
11 rue Lépante • 06000 **NICE**
Jean-Paul GALLIANO (Directeur)
Spécialité(s) : Musiques électroniques, rock, blues, reggae, indus, jazz-rock, hard rock, metal, gothic • **Nombre de références** : 15000 • **Imports** : USA, Europe, Japon • **Occasions** : 5 % • **Dépôt** : Billetterie, flyers, AP, etc. • **Autre(s) activité(s)** : Produits dérivés, posters, t-shirts

LOLLIPOP MUSIC STORE

✆ **04 91 81 23 39**
lollipop.music.store@wanadoo.fr • **www.lollipopmusicstore.fr**
2 bd Théodore Thurner • 13006 **MARSEILLE**
Stéphane SIGNORET • Paul MILHAUD
Spécialité(s) : Rock, pop, punk, chanson, électro, blues, HxC, folk, soul, etc. • **Nombre de références** : 7000 • **Imports** : 60 % • **Occasions** : 15 % • **Dépôt** : Oui • **Autre(s) activité(s)** : Label

MUSIQUES - ARLES

✆ **04 90 96 59 93** • fax 04 90 96 59 95
contact@passionnes.com • **www.passion-toros.com**
14 rue Réattu • 13200 **ARLES**
Jean COLOMINA (Gérant) • Catherine LEGUELLAUT (Directrice généraliste indépendant)
Spécialité(s) : Généraliste plus créations régionales, musiques provençales, gitanes, espagnoles et méditerranéennes • **Nombre de références** : 12000 • **Imports** : Espagne • **Dépôt** : Fanzines, AP groupes régionaux, billetterie papier • **Autre(s) activité(s)** : Organisation du festival Convivencia en juil.

SABRE TOOTH

✆ **04 91 48 39 29**
info@sabre-tooth.net • **www.sabre-tooth.fr**
19 rue des Trois Mages • 13001 **MARSEILLE**
Philippe GALAS
Spécialité(s) : CD, VY : Heavy, death, black, goth, punk, oi !, hardcore, métal, visual kei, etc. • **Nombre de références** : 5000 • **Imports** : Oui • **Occasions** : Oui • **Autre(s) activité(s)** : Merchandising, bracelets, ceintures, tee-shirts, chaussures, sacs, habits pour enfants

RHÔNE-ALPES

ADIPOCERE

✆ **04 74 25 25 57**
adipocere.christian@orange.fr • **adipocere.nexenservices.com**
11 pl. Edgar Quinet • 01000 **BOURG EN BRESSE**
Christian BIVEL (Directeur)
Spécialité(s) : Metal, gothic • **Nombre de références** : Plusieurs milliers

ART DISQUES

✆ **04 78 39 22 82**
morison@artdisques.com • **www.artdisques.com**
12 pl. Gabriel Rambaud • 69001 **LYON**
André MORISON (Responsable)
Spécialité(s) : Chanson française et francophone, ts styles et époques • **Nombre de références** : 25000 • **Imports** : Non • **Occasions** : Oui (50 %) • **Dépôt** : Oui

BOUL'DINGUE OCCASIONS

✆ **04 78 38 03 97**
bouldingue@gmail.com • **www.bouldingue.fr**
8 rue du Palais de Justice • 69005 **LYON**
Roland BOISSAT (Gérant)
Spécialité(s) : Rock, reggae, rap, indus, chanson française, heavy metal, hardcore, techno • **Nombre de références** : 20000 • **Occasions** : 100 % • **Dépôt** : Fanzines, billetterie, AP • **Autre(s) activité(s)** : Vente de BD (courantes et de collection) et de comics US

DANGERHOUSE

✆ **04 78 27 15 64**
contact@dangerhouse.fr • **www.dangerhouse.fr**
3 rue Thimonnier • 69001 **LYON**
Bruno BIEDERMANN (Gérant)
Spécialité(s) : Rock, punk, sixties, ska, easy listening, hardcore, fifties • **Nombre de références** : 10000 • **Imports** : USA, UK, Australie, Italie • **Occasions** : 50 % • **Dépôt** : Billetterie, fanzines, AP

INTERNATIONAL RECORDS

✆ **04 75 55 88 03 / 04 75 55 07 33** • fax 04 75 43 47 48
internationalrecords@wanadoo.fr
59 av. Gambetta • 26000 **VALENCE**
Salvatore SORO (Gérant)
Spécialité(s) : Grossiste spécialisé dance, house, électro • **Nombre de références** : 20000 • **Imports** : Oui • **Occasions** : Peu • **Autre(s) activité(s)** : Production d'artistes

LIVITY REGGAE

✆ **04 78 29 85 52**
www.livityreggae.com
1 rue du Docteur Augros • 69005 **LYON**
Spécialité(s) : Reggae, ragga, dub, etc. • **Autre(s) activité(s)** : Merchandising, rasta caps, pressage, dubplates, etc.

SOFA

✆ **04 78 39 06 56**
sofarecords@yahoo.fr • **www.sofarecords.fr**
7 rue d'Algérie • 69001 **LYON**
Spécialité(s) : jazz, soul, funk, world music, rock, psyché, musiques bizarres, pop • **Nombre de références** : 10000 • **Occasions** : Oui

SOFA RECORDS

✆ **04 78 39 06 56**
soundcloud.com/sofa-records-shop
7 rue d'Algérie • 69001 **LYON**
Spécialité(s) : Jazz, funk, reggae, groove, afro, rock

UNDERGROUND STORE

✆ **04 27 49 30 31**
waxtrade@gmail.com • **www.undergroundstore.fr**
168 rue de la Sous-Préfecture • 69400 **VILLEFRANCHE SUR SAONE**
PitcHH The Sinista
Spécialité(s) : VY tout format et Hip Hop Culture • **Nombre de références** : 35000 • **Imports** : 20 % • **Occasions** : 70 % • **Dépôt** : 10 % • **Autre(s) activité(s)** : Boutique en ligne Production indépendante d'artistes et d'événements

OUTRE-MER

Guyane

MUSIQUE MUSIC

✆ **05 94 29 69 69 / 05 94 29 69 66** • fax 05 94 29 69 68
musique-music@wanadoo.fr
36 bd Jubelin • BP 1029 • 97343 **CAYENNE CEDEX**
Régis NOGARA (Gérant)
Spécialité(s) : Ts les genres musicaux • **Nombre de références** : 6000 à 7000 • **Imports** : USA, Brésil • **Dépôt** : Billetterie • **Autre(s) activité(s)** : Vidéoclub - Grossiste, distributeur CD/DVD

SUN STUDIO

✆ **05 94 30 07 06** • fax 05 94 25 02 36
sunstudio973@wanadoo.fr
13 bd Jubelin • 97300 **CAYENNE**
Jean-Paul ROTAM (Gérant)
Spécialité(s) : Tous genres musicaux • **Nombre de références** : 2500 • **Imports** : USA, UK, Brésil • **Dépôt** : Oui • **Autre(s) activité(s)** : Studio d'enregistrement

13 MAP ÉDITION

✆ 06 09 53 08 09 • fax 04 42 70 38 04
bahjatm@free.fr • **www.music-art-productions.com**
175 RD 43 A • Les Aubes - Campagne Leotier • 13400 **AUBAGNE**
Maurice BAHJAT (Editeur / producteur)
Artiste(s) : Mélissa M, Ross & Maldini, Richard Bahericz, Sandro Diamantis, Jacojack, Marina Russo, Leo Wilson, South Beat Inc & Sandro Diamantis

14 PRODUCTIONS

✆ 01 53 93 96 40 • fax 01 45 61 24 14
14productions@14productions.fr
66 av. des Champs-Elysées • 75008 **PARIS**
Françoise LEVAILLANT (Assistante de direction)
Artiste(s) : Patrick Bruel

609 PUBLISHING

www.sixonine.fr
SINIK (Directeur artistique) • Nabyl H. (Production & édition) • Karim B. (Production & édition)
Artiste(s) : Enterprise, Lewis, Sinik, Enzo Vega, L'Algerino, Cifach, Hayna Samet

7 PRODUCTIONS

laura@7-productions.com • **www.7-productions.com**
142 bd Schley • 06130 **GRASSE**
Laura BENICHOU (Gérante)
Artiste(s) : Pedro Ibanez, Dalila Cernatescu, Los Machucambos, Les Chœurs de l'Armée Rouge, Daniel Colin, Henri Pélissier

A PRIME MUSIC PUBLISHING

✆ 01 55 38 12 12 • fax 01 55 38 12 13
muriel.lesigne@aprimegroup.com • **www.aprimegroup.com**
112 av. Jean-Baptiste Clément • 92100 **BOULOGNE BILLANCOURT**
Dominique AMBIEL (Président) • Charlotte GUENIN (Gérante) • Linda SOUIBJUI (Responsable juridique)
Artiste(s) : Salvatore Adamo, Bensé • **Catalogue(s) représenté(s)** : B.O films, séries, émissions, prog., mag. pour A Prime Group

ABACABA

✆ 01 40 09 50 10 / 01 40 09 50 26 • fax 01 40 09 70 31
edition@abacaba.net • **www.abacaba.net**
116 rue des Pyrénées • 75020 **PARIS**
Danièle MOLKO (Gérante) • Nathalie ASHWELL (Directrice)
Artiste(s) : Alexis HK, Daniel Lavoie, Daniel Mille, Catherine Major, Bertrand Soulier, Pascale Schembri, Xavier Lacouture, François Raoult, Madeleine Besson, DJ Zebra, Marc Fichel, etc. • **Catalogue(s) représenté(s)** : Piano Blanc (Véronique Sanson), Shokaway (Michel Fugain), Prosadis (Sacha Distel), Les Studios Mademoiselle (Juliette)

ABSILONE TECHNOLOGIES

✆ 06 08 23 55 86
fma.absil@wanadoo.fr
6 rue des Mariniers • 77360 **VAIRES SUR MARNE**
Fabrice ABSIL (Gérant)
Artiste(s) : Abaji, L'Attirail, Mathias Duplessy, Presque Oui, Tarace Boulba, Contre Jour (Habib Koite-Dobet Gnahore), Fiodor Dream Dog, Nicolas Cuer • **Catalogue(s) représenté(s)** : Contre Jour, Tambourine Songs, etc.

ACN

✆ 01 46 51 09 49 • fax 01 46 51 73 74
assist@lederman.fr
59 bd Exelmans • 75016 **PARIS**
Alexandre LEDERMAN (PDG) • Paul LEDERMAN (Directeur de production)
Artiste(s) : Les Inconnus, Coluche, Le Luron, Le Grand Orchestre du Splendid, Jean-Marc Thibault, Thé à la Menthe ou Thé Citron

ADD IT UP ÉDITIONS

additupcharlotte@gmail.com • **additup.fr**
16 RUE NOLLET • 75017 **PARIS**
Charlotte NANSOT (Gérante)
Artiste(s) : The Lanskies, Kid Francescoli, Mathieu Coupat

AFRICA NOSTRA

✆ 01 53 11 19 02 • fax 01 53 11 19 01
publishing@africanostra.com • **www.lusafrica.fr**
115 rue Lamarck • 75018 **PARIS**
José DA SILVA (Gérant) • François POST (Responsable du catalogue éditorial)
Artiste(s) : Teofilo Chantre, Bonga, Boy Ge Mendes, Henri Dikongue, Sally Nyolo, B. Leza, Manuel de Novas, Polo Montanez, Lura, Tcheka • **Catalogue(s) représenté(s)** : Lusafrica, Africa Nostra, Marabi Productions

Les AIRS À VIF

✆ 06 08 45 75 76
laurent.clery@lesairsavif.com • **www.lesairsavif.com**
21 rue de l'Arc de Triomphe • 75017 **PARIS**
Laurent CLERY (Gérant)
Artiste(s) : Pony Pony Run Run, Archimède, Lussi in the Sky, Candide, Viva and the Diva, The Guests Only, Heymoonshaker

AKA PUBLISHING

✆ 09 81 93 68 96 • fax 09 81 70 86 80
aka.publishing@gmail.com
15 pl. de la Mare • 14000 **CAEN**
Romain PELLICIOLI (Gérant)
Artiste(s) : La Casa, Ludo Pin, Boogers

ALL RIGHT MUSIC

✆ 05 59 47 90 80
contact@allrightmusic.com • **www.allrightmusic.com**
39 rue de Parme • 64200 **BIARRITZ**
Christophe PIOT (Directeur)
Catalogue(s) représenté(s) : Square Rivoli Publishing (Joachim Garraud), What A Publishing (David Guetta), Rister Editions, Editions FG, Gwenwed Editions (Nolwenn Le roy), Dharma (Nadiya), Temps D'avance 1 (Martin Solveig), etc.

ALPHA BRAVO

✆ 04 70 96 11 96
a-bravo@wanadoo.fr
19 av. de la Marne • 03200 **VICHY**
Daniel BORNET (Directeur)
Artiste(s) : Gabriel Yacoub, Catalogue, Atlani, Buzy

L'ALT MUSIQUE

www.laltmusic.com
40 av. Barthélemy Buyer • 69009 **LYON**
Jean-Pierre LAFOY (Directeur)
Artiste(s) : L'Affaire Louis Trio, Benjamin Biolay, Shelby, Philippe Régnier, Moko, Roselend, Melrose, Moun, Tarakingth, My French Drama, Destronics, Botom Botom, l'OLTV

ALTER K

✆ 06 19 27 43 47 / 01 47 00 94 65
info@alter-k.com • **www.alter-k.com**
76 rue de la Folie-Régnault • 75011 **PARIS**
Guillaume HEINTZMANN (Responsable) • Gilles LARDOUX (Responsable)
Artiste(s) : Wax Tailor, The Legendary Tigerman, Wraygunn, Nzca/Lines, Vandaveer, Nameless, First Lady, ASM, Sauvage, Mi And L'Au, Bodies Of Water, Quadron, Charles Walker & The Dynamites, Elysian Fields, Goldwave, KumiSolo

AMPLITUDE

✆ 01 34 17 37 55 • fax 01 34 17 56 07
amplitude.publishing@wanadoo.fr • **amplitude-publishing.com**
18 rue du Châtaignier Brûlé • 95230 **SOISY SOUS MONTMORENCY**
Jean CLAUDEL (Gérant) • Frédéric CLAUDEL (Directeur artistique) • Carla AMARAL (Administration) • Isabelle HODIN (Administration) • Muriel MIGUET (Administration) • Martine VARLOT (Commerciale) • Manuela CASTRO (Commerciale) • Isabelle CLEMENTE (Commerciale) • Stéphanie ROLLAND (Commerciale)
Artiste(s) : Nombreux compositeurs des principaux pays du monde • **Catalogue(s) représenté(s)** : Éditions des principaux pays du monde

ANNE FORET ÉDITIONS MUSICALES

✆ 09 67 20 94 45
afedition@orange.fr
6 ch. Grande Cour • 37210 **ROCHECORBON**
Anne FORET (Directrice)
Artiste(s) : René Bottlang, 13 NRV, Vaguement la Jungle, Fumuj • **Catalogue(s) représenté(s)** : Nightbirds, Editions AA, gestion de catalogues éditoriaux, Yap, Ghat, Versus, Le Son, Socrate Music

ART MUSIC FRANCE
✆ **01 44 41 91 80 / 01 44 41 94 00**
16 rue des Fossés St-Jacques • 75005 **PARIS**
Tanja NEUMANN (Directrice du copyright & des royalties) • Valérie FORAY (Business affairs) • Nathalie GOURGEOT (Finances)
Artiste(s) : Michel Delpech, Serge Reggiani, Dionysos, Catherine Lara, Alexandra Roos, Michel Sardou, Mes Souliers sont Rouges, Cyrano

ARTISAN(S) PUBLISHING
✆ **06 08 03 68 71**
jct@artisans-publishing.com
36 rue Debelleyme • 75003 **PARIS**
Jean-Christophe THIEFINE (Editeur)
Artiste(s) : Maissiat, Mariscal, Bengale

ARTSIDE
music@artside.fr
c/o Mila • 2 rue André Messager • 75018 **PARIS**
Adel KADDAR (Gérant)
Artiste(s) : S Petit Nico, Sancho

ARTSOUND
✆ **01 47 35 46 05** • fax 01 47 35 46 88
info@cdm-music.com • **www.cdm-music.com**
2 rue Ledru Rollin • 92240 **MALAKOFF**
Patrick CASSAIGNE (Responsable) • Régis SADA (Manager / Copiright)
Artiste(s) : Derry Hall, Robson Galdino, Christophe Jacquelin, Marc Bozonnet, Philippe Codecco, etc. • **Catalogue(s) représenté(s)** : Artsoond

AS CORPUS ÉDITIONS
julien@clappingmusic.com
c/o ABC + • 118/130 av. Jean Jaurès • 75169 **PARIS CEDEX 19**
Julien ROHEL (Directeur)
Artiste(s) : Domotic, O. Lamm, Davide Balula, The Konki Duet, My Jazzy Child, Orval Carlos Sibelius, King Q4, Pokett, Kumi Solo, Clara Clara, François Virot, Karaocake

AS DE CŒUR PRODUCTIONS
✆ **01 47 97 78 60**
asdecoeur1@wanadoo.fr
7 Villa Hardy • 44 rue Stendhal • 75020 **PARIS**
Monique BENNET (Gérante)
Artiste(s) : René Joly, René Aubry, Etienne Schwarcz, Jean-Guy Coulange, Gilles Hekimian, Musique sacrée du Tibet, Méditation de Tchenresi, Music for Dance (vol. 1 & 2), Philippe Agou

ASCOT MUSIC
✆ **09 64 00 33 55** • fax 01 46 22 57 00
charlesibgui@orange.fr • **www.ascotmusic.fr**
52 rue du fbg St Honoré • 75008 **PARIS**
Jacqueline IBGUI (Gérante) • Charles IBGUI (Consultant) • Jessica IBGUI (Responsable)
Artiste(s) : Ishtar, Alabina, Mustafa Sandal, Tarkan, Adamo, Los Ninos de Sara, Rhany, Erika, Queen Samantha, Rod, Kaoma, Fiona Gelin, Tia, Glasgow, Sanny Goz, Kid Credle & The coconuts, Salim Halali, Hit Des Petits Calins, Cesar Hora • **Catalogue(s) représenté(s)** : Roy Be Music (US), Jonathan Music (ltd UK), Blue & White Music, JJM (US), Catalyst (UK), Masq, etc.

ATLETICO MUSIC
www.atleticomusic.com
9 rue des Moines • 75017 **PARIS**
Franck VERON
Artiste(s) : Pascal Obispo, Donzella, etc.

AU MERLE MOQUEUR
✆ **09 54 79 82 75** • fax 01 72 70 41 42
distrib@aumerlemoqueur.com • **www.aumerlemoqueur.com**
12 rue de la Liberté • 93500 **PANTIN**
Benoît CAILLARD (PDG)
Artiste(s) : Olivier Caillard, Triocephale, Harold Abraham, Geneviève Schneider, Agnès Chaumié, Jacky Galou, Las Torrès, Mr Lune, Isabelle Caillard • **Catalogue(s) représenté(s)** : Enfance et Musique, Au Merle Moqueur

AU PAYS DES MERVEILLES
alice@aupaysdesmerveilles.fr
23 rue Boyer • 75020 **PARIS**
Alice CARON (Gérante)
Artiste(s) : Babet

AURASKY MUSIC
✆ **01 43 98 06 97**
contact@auraskymusic.com • **www.auraskymusic.com**
14 villa du Combat • 93800 **EPINAY SUR SEINE**
Frédéric PERROT (Gérant) • Vincent LIMOUZIN (Directeur artistique)
Artiste(s) : Norazia, Jaster, Arjuna De Bromo, Guilhem André, Jefferson Underground, Mila Auguste, Santa

AUTEUR MAXIMUM
✆ **01 47 00 79 79**
absolutemanag@gmail.com
Anne CLAVERIE (Gérante)
Artiste(s) : Aline, Perez, Nicolas Comment, Pauline Croze, Jean-Louis Pierot, etc.

BALANDRAS ÉDITIONS
✆ **09 51 48 08 08** • fax 09 56 48 08 08
laurent@balandraseditions.com • **www.balandraseditions.com**
8 rue Merlin • 75011 **PARIS**
Laurent BALANDRAS (Editeur) • Mariette COUSTY (Assistante artistique)
Artiste(s) : Wladimir Anselme, Olivia Ruiz, Marie Nimier, Weepers Circus, Thierry Illouz, Charles Gancel, Caroline Loeb, Anna Karina, Delphine Volange, Lyre Le Temps, Louis Ville, MGK • **Catalogue(s) représenté(s)** : Barback éditions (Les Ogres de Barback), Nouvelles Editions Rideau Rouge (G. Bécaud), Boomlover (A. Lear)

BECAUSE EDITIONS
✆ **01 53 21 53 21** • fax 01 53 20 02 60
reception@because.tv • **www.because.tv**
173/175 rue du fbg Poissonnière • Bât. B • 75009 **PARIS**
Emmanuel DE BURETEL (Président) • Michel DUVAL (Directeur)
Artiste(s) : Perle Lama, James Deano, Justice, Street Fabulous, Werasson, Bakar, Bilal, Hicham, Guy Wahi, Asyl, Akli D, Spleen, Sebastian, Para One, Mouloud, La Phaze, One Shot, Tefa et Masta, Mc Tyer, Kap Bambino, Charlotte Gainsbourg, Stromae, Vitaa, Kery James, Mr Oizo, Daft Punk, Uffie, Plastiscines, Pascal Comelade, Dj Mehdi, Thomas Dutronc, Mike Ibrahim, NTM, etc. • **Catalogue(s) représenté(s)** : Jeune Musique, Ed Banger, etc.

BELUGA PRODUCTIONS & ÉDITIONS
✆ **01 42 84 13 54** • fax 01 42 84 13 54
www.belugaprod.com
204 bd St-Germain • 75007 **PARIS**
Eric DUFAURE (Gérant)
Artiste(s) : Martine City Queen, Tomuya, Thierry Chazelle, Claire Diterzi, Eric Dufaure, Blue Garden, Private Pepper • **Catalogue(s) représenté(s)** : Blubber Music, Paspat

Editions BEUSCHER / ARPÈGE
✆ **01 78 09 97 80** • fax 01 78 09 97 81
mg@beuscher-arpege.fr • **www.beuscher-arpege.fr**
2 av. Marceau • 75008 **PARIS**
Valérie BILLAUD (PDG) • Maryse GOLDSTEIN (Responsable du copyright)
Artiste(s) : Grands standards du répertoire français, Edith Piaf, Nino Ferrer, Pierre Vassiliu, Jo Privat, Yvette Horner, André Verchuren, Aimable, Barbara, Bourvil, Maniatakis, catalogue africain • **Catalogue(s) représenté(s)** : Ad Litteram, MDRB, catalogue espagnol

BLONDE MUSIC
✆ **01 56 60 45 00** • fax 01 56 60 45 99
wcmfra@warnerchappell.com • **www.blondemusic.com**
c/o Warner Chappell Music France • 29 av. Mac Mahon • 75017 **PARIS**
Caroline MOLKO (Président) • Dalila REVENU (Directrice administrative et financière) • Carole GUERNALEC (Directrice juridique) • Anna-Maria PLATTNER (Responsable copyright & royalties) • Sandrine RUNSER (Directrice artistique sénior) • Matthieu TESSIER (Directeur artistique) • Adel KADDAR (Directeur artistique) • Alain PIERRON (Responsable Synchro) • Sébastien CAYLA (Responsable Synchro pub et internationale)
Artiste(s) : Dimitri from Paris, Erik Truffaz, Camille, Alan Braxe & Fred Falke, Sébastien Tellier, Frédéric Galliano, Siegfried, Lacquer, Louis Dandrel, Rose, Luciole, Maya Barsony, 1973, Mina Tindle • **Catalogue(s) représenté(s)** : Revolvair (Air), Ostinato (Snooze), Basic Groove (Laurent Garnier, Scan X, The Youngsters, etc.), Le Racket Publishing (Llorca, Jori Hulkkonen, Think Twice, etc.), Tong (Alex Gopher, Etienne de Crecy, etc.)

BMG RIGHTS MANAGEMENT FRANCE
✆ **01 53 21 07 67** • fax 01 53 21 05 81
info.fr@bmg.com • **www.bmg.com**
5 rue de Castiglione • 75001 **PARIS**
Stéphane BERLOW (Directeur général) • Marie NOWAK (Directrice Artistes & repertoire) • Aurélie GAUTIER (Synchronisation & Marketing) • Alan SAWYER (Directeur Royalties) • Nawel HAYANI (Copyright Manager) • Sylvain GAZAIGNES (Directeur artistique) • Véronique AZER (Copyright international) • Yvonne RANOUX (Directrice des affaires financières) • Claire CAYEZ (Business & légal)
Artiste(s) : Edition musicale : Gérald De Palmas, Louis Chedid, Sarah Riani, Alister, Abd Al Malik, Nadeah, Alexandre Kinn, Jali, Joseph Leon, Tété, 1995, L, Melissmell, Skip The Use, Owlle, Mai Lan, Eddy La Gooyatsh, Sultan, Tinariwen, Emel Mathlouthi, The Dø, Gaëtan Roussel, Asa, Dominique Dalcan, Camelia Jordana, Benoit Doremus, Leeroy, Street Fab, Phyltre, etc. ; droits « master » : Barbara, Yves Montand, Sylvie Vartan, etc. • **Catalogue(s) représenté(s)** : Virgin Music Publishing, Francis Dreyfus Music, Dreyfus Jazz, Music Addict, PRK Music, Sur La Route Editions, Editions Louis Chedid, Suite 10, Crosstown, Insomnia Music Publishing, Cherry Lane, Stage Three, Chrysalis et le catalogue de tous les affiliés BMG Rights Management dans le monde

BRUIT BLANC

✆ **06 13 59 45 16** • fax 01 77 65 64 71
matthieu@bruitblanc.fr • **www.bruitblanc.fr**
6 rue du Pont de Lodi • 75006 **PARIS**
Matthieu CHABAUD (Directeur artistique)
Artiste(s) : Monfkopf, I Love UFO, Cheval Blanc, Butch McKoy, Polar, We don't care about music anyway • **Catalogue(s) représenté(s)** : Asphalt Duchess, Bipolar

BUDDE MUSIC FRANCE

✆ **01 45 74 43 72** • fax 01 45 74 52 33
office@buddemusic.fr • **www.buddemusic.fr**
5 rue Denis Poisson • 75017 **PARIS**
Jean-Raphaël MARANINCHI (Directeur général) • Marie-Christine ARNAL-DI-SCHULZ (Responsable royalties et backoffice) • Jessica IBGUI (Responsable artistique)
Artiste(s) : Céline Dion, Nicole Croisille, Seal, Frankie Goes to Hollywood, Alba Lua, Joan Baez, Madeleine Peyroux, Dave Brubeck, Gasandji, Jean-Elliot Senor, Zaiba, Aparat • **Catalogue(s) représenté(s)** : Rolf Budde Musikverlag, Strengholt Music Group, Corbeau Publishing France, Chelsea Music, Valentine Music, Derry Music, Chandos Music, Gabriel Earl Music, Alphaville Songs, Budde Music Inc, Golden Withers, Port Music, Bavaria / Enterprise Sonor, Sugar Hill Music, Bleunig Music, I2I Musik Production, Curci France, RTI, Frederic Hollander, Greg Allman, Pennywell, Bravo Montecarlo, Vision Alternative

CAMPBELL CONNELLY FRANCE

✆ **01 53 24 64 64** • fax 01 53 24 68 49
campbell@musicsales.co.uk • **www.musicsales.com**
10 rue de la Grange Batelière • 75009 **PARIS**
Claude DUVIVIER (Gérant) • Axelle BERNARD (Directrice du copyright)
Catalogue(s) représenté(s) : Atalante, Monde Melody, Music Sales, Sparta Florida, Sherlock Holmes, Tempo Music, Noël Gay, Embassy, Music Corp, Larrickin, Emily Music, Harrison Music, etc.

Studio CANAL

✆ **01 71 35 35 35** • fax 01 71 35 11 92
catherine.serre@studiocanal.com • **www.studiocanal.com**
1 pl. du Spectacle • 92863 **ISSY-LES-MOULINEAUX CEDEX 9**
Catherine SERRE (Directrice musique) • Olivier THEARD (Responsable copyright, royalties et synchro) • Hayat RIDA (Chargée de gestion royautés)
Artiste(s) : Martin Meissonnier, Joseph Loduca • **Catalogue(s) représenté(s)** : Studio Canal (Canal+), Carolco, Deg

CARAVAGE

contact@caravage.fr • **www.caravage.fr**
64 rue Anatole France • 92300 **LEVALLOIS PERRET**
Sophie SMETS (Responsable de catalogue)
Artiste(s) : Aparecida, Soazig, Harry Kalapana, Georges Schmitt, Son Caribe, Alain Mion, Mark Taynor, Enrique Santamaria, Chiquinho Timotéo, et importants fonds de catalogues tous genres musicaux (nombreuses œuvres instrumentales) • **Catalogue(s) représenté(s)** : Doiteau-Context

CH+

✆ **01 47 22 08 23 / 06 81 23 42 96**
ch2chplus@wanadoo.fr
10 bis rue Berteaux Dumas • 92200 **NEUILLY SUR SEINE**
Christian HERRGOTT (Gérant)
Artiste(s) : Sanseverino, June & Lula, Alec Mansion, Gatzby, Cédric Boulard

CHANCY PUBLISHING

✆ **01 34 17 52 89**
francois.chancy@gmail.com • **www.myspace.com/chancypublishing**
42 av. Danielle Casanova • 95210 **ST GRATIEN**
François JULIEN (Gérant / Directeur artistique)
Artiste(s) : David Carroll & The Migrating Fellows, Miroda, Mad River, Shinju Gumi, Sire, Jiben, VS

Le CHANT DU MONDE

✆ **01 53 80 12 30** • fax 01 53 80 12 18
cdm@lechantdumonde.com • **www.lechantdumonde.com**
31/33 rue Vandrezanne • 75013 **PARIS**
Hervé DESARBRE (Directeur artistique) • Pascal IANCO (Chargé de promotion)
Artiste(s) : Chostakovitch, Prokofiev, Kabalevski, Lazkano, Milhaud, Saguer, Khatchaturian, Yanov Yanovski, Cholley, Morançon, Vercken, Strasnoy, Chtchetinsky, Dessy, Zograbian, Bacri, Sikora, Miaskovsky, Chébaline, Rivas, Rizo-Salom, Knipper, Kasparov

CHOÏ MUSIC

✆ **01 53 21 53 21** • fax 01 53 20 02 60
www.choi-music.com
24 rue Lalo • 75116 **PARIS**
Vincent CARPENTIER (Editeur)
Artiste(s) : Thomas Dutronc, Amandine Bourgeois, Claire Keim, Antoine Léonpaul, Norman Langolff, David Concato, Arnaud Garoux, Guillaume Soulan, etc.

CHRIS MUSIC

✆ **06 98 36 07 52**
contact@chrismusic.fr • **www.chrismusic.fr**
180 bis av. Jean Jaurès • 75019 **PARIS**
Dominique MOUYEAUX (Gérant) • Christine NORDHEIM-MOUYEAUX (Business affairs et copyright)
Artiste(s) : Partenaire Particulier, Jorge Humberto, Les Anges Gardiens, Yan Caillasse, Beangrowers, Chikinki, Knorkator, Bismak, Youles International, Errol Dunkley, Barcelone, Dominique Py, Hugues Onestas, LVL Project, Christian Fougeron • **Catalogue(s) représenté(s)** : Tyna Music, Editions Dominique Mouyeaux

CHRISAL MUSIC

ediprod@chrisalmusic.com • **www.chrisalmusic.com**
5 av. du Mal Juin • 92100 **BOULOGNE BILLANCOURT**
Alain RAVEL (Responsable)
Artiste(s) : Kastilla, Kohtec, Dj Rom007, Rave Combo, Emerald, Louis Ravel, Heartquake, 16.130, Amazonia, Jazz Fizz, Plook Machine, La belle lisse poire en chansons (Gallimard Jeunesse), Darkplayer, Yaune, Junior JFK, Dj Bat, SnowRiders, Dj Marvel, Frédéric Bernachon, Delmo, Kool Bass, Philosong, Glitzerhaus, Dj Chris, TTM, Memrâ, String Ensemble, The Chubbys, Yzaak, Roman Schwartz, Manukeen, Seyiah, Cameron, Alone With Everybody, Arphy • **Catalogue(s) représenté(s)** : TLR Music, DDMD-06

CIE DEBERCY

✆ **01 64 91 90 90** • fax 01 64 91 90 99
francois@socadisc.com • **www.socadisc.com**
Rue Pasteur • 91790 **BOISSY SOUS ST YON**
François-Régis BAAS (Gérant)
Artiste(s) : Diplomates, Eric Ter, Sid, O'maley, Cabriole, Guillaume Corpard • **Catalogue(s) représenté(s)** : Delmark, La Hola

COBALT

✆ **01 47 97 69 99** • fax 01 47 97 65 44
cobalt@africolor.com • **africolor.com**
5 rue Arthur Groussier • 75010 **PARIS**
Artiste(s) : Danyel Waro, Lindigo, Sayon Bamba, Nahawa Doumbia, Moriba Koïta, Faytinga, Christine Salem, Sibiri Samaké

COLOVE MUSIC

✆ **01 46 05 52 39** • fax 01 46 05 17 65
colette.moughli@wanadoo.fr
8 rue de l'Est • 92100 **BOULOGNE BILLANCOURT**
Colette MOUGHLI (Gérante)
Artiste(s) : Laurent Larcher Trio, Tangora, Nicolas Ruelle • **Catalogue(s) représenté(s)** : « Les aventures de Chatran », « Manika, une vie plus tard », contes pour enfants, etc. ; catalogues d'illustration musicale : Rai Trade, New Team

COMPIMUSIC

www.compimusic.fr
BP 80118 • 56401 **AURAY CEDEX**
Maxime BALCON (Dirigeant)
Artiste(s) : Hofmann Family Blues Experience, Strugg, Vincent Delcourt, Gilles Servat

La COSCA

✆ **04 91 07 71 40** • fax 04 91 07 71 41
christelle@lacosca.com
34 ch. Grottes Loubières • 13013 **MARSEILLE**
Aïcha FRAGIONE (Gérante) • Christelle FRAGIONE (Assistante)
Artiste(s) : Akhenaton, Bouga, Chiens de Paille, Psy 4 De La Rime, IAM, Saïd, Shurik'n, Soprano, etc.

COTE OBSCUR

✆ **04 91 07 71 40** • fax 04 91 07 71 41
christelle@lacosca.com • **www.iam.tm.fr**
c/o La Cosca • 34 ch. des Grottes Loubières • 13013 **MARSEILLE**
Pascal PEREZ (Gérant)
Catalogue(s) représenté(s) : Shurik'n, IAM, Fonky Family, 3ème Œil, Def Bond, Kheops

CRC ÉDITIONS

✆ **01 43 80 49 30**
crc.editions@wanadoo.fr
93 av. Niel • 75017 **PARIS**
Renaldo CERRI (Gérant)
Artiste(s) : Manu Dibango, Raoul Barboza, Jean Musy, Jairo, Marine Thibault, Sidilarsen etc. • **Catalogue(s) représenté(s)** : Musiques de films, téléfilms, séries TV et différents artistes

CRISTAL PUBLISHING

✆ **05 46 44 96 48 / 06 07 49 40 45 / 06 63 86 10 23**
fax 05 46 34 20 47
publishing@cristalgroupe.com • **www.cristalpublishing.com**
2 pl. de la Petite Sirène • BP 138 • 17005 **LA ROCHELLE CEDEX 1**
Eric DEBÈGUE (Directeur artistique) • Vivien KIPER (Responsable Publishing & Synchro)
Artiste(s) : Pierre Bertrand, Béatrice Thiriet, Chris Joss, Grégoire Hetzel, Christophe La Pinta, Yvan Cassar, Pierre Adenot, Bernard Grimaldi, Nicolas Jorelle, Denis Hekimian, Lazare Boghossian, Angélique et Jean-Claude Nachon, Jean-Marie Seria, Martin Wheeler, Fabien Nataf, Samuel Hercule, Bruno Vouillon, etc. • **Catalogue(s) représenté(s)** : RDC Records, Coyote Conseil, Cinétévé, Agorazique, Renaud Barbier, Bollock Records, Frémeaux & Associés

D. BAO

✆ **06 79 65 54 97**
louna.musique@wanadoo.fr
16 rue Gaspard Monge • 13200 **ARLES**
Roger GOUPIL (Gérant)
Artiste(s) : Véronique Gain, Nelly Mella, Jean Mouchès, Moya, Laurent Malot

DB PRODUCTIONS ÉDITIONS MUSICALES

f.db@club-internet.fr
73 rue du Chateau • 92100 **BOULOGNE BILLANCOURT**
Frédéric BRUN (Directeur associé)
Artiste(s) : Jean Dréjac, Bertrand Louis, Romain Didier, Allain Leprest, Pascal Mathieu, Nicolas Richard

DIESE PRODUCTIONS

✆ **06 23 15 13 42**
yann@dieseproductions.com • **www.dieseproductions.com**
9 cité de Trévise • 75009 **PARIS**
Artiste(s) : Henri Salvador, Benjamin Biolay, Keren Ann, Coralie Clement, Joseph Leon, Hubert Mounier

DIFFER-ANT ÉDITIONS

✆ **01 49 72 00 68** • fax 01 49 72 05 38
contact@differ-ant.fr • **www.differ-ant.fr**
12/14 rue Jean-Jacques Rousseau • 93100 **MONTREUIL**
Luc DEVAUD (Gérant)
Artiste(s) : Maison Neuve, Les Soul Investigators

DINAMYTE

✆ **06 07 59 98 85**
dinamyte@dinamyte.com • **www.dinamyte.com**
33 rue Marcadet • 75003 **PARIS**
Dinah DOUIEB (Directrice artistique) • Simon BENDAHAN (Gérant)
Artiste(s) : Bruknahm Project, Cheikharabia, Open Collections, Get Open, Joy, Chezere • **Catalogue(s) représenté(s)** : Overtime, Tiferet

DISCOGRAPH

✆ **04 90 49 90 49** • fax 04 90 49 96 14
disco@discograph.com • **www.discograph.com**
62/64 rue Pelleport • 75020 **PARIS**
Olivier LACOURT (Directeur)
Artiste(s) : PacoVolume, Bako Dagnon, Stuck in the Sound, The Elderberries, Olivia Pedroli, Aufgang, General Elektriks (sous-éd.)

ECHO ORANGE

✆ **06 95 22 33 82**
maxime@echo-orange.fr • **www.echo-orange.fr**
23 rue René Leynaud • 69001 **LYON**
Maxime JACQUARD (Directeur artistique)
Catalogue(s) représenté(s) : Erotic Market, Daisy Lambert, The Rebels of Tijuana, Neils Children

EDEAL PUBLISHING

✆ **04 93 20 71 40 / 06 99 52 04 04**
edealmusic1@gmail.com • **www.edealmusic.org**
113 Promenade de la plage • 06800 **CAGNES SUR MER**
Gilles RONZIER (Gérant) • Philippe DELMAS (Associé)
Looping Productions • **Artiste(s)** : Caligagan, Celine Mastrorelli, Jean-Pierre Chardiet, Balatman • **Catalogue(s) représenté(s)** : Kitto (Unlearn Your Generation, 2010)

EDIPOL MUSIC

✆ **03 26 40 20 00** • fax 03 26 47 08 21
polen.productions@wanadoo.fr • **www.polenproductions.com**
56 rue Chanzy • 51100 **REIMS**
Jean-Luc PERRET (Gérant)
Artiste(s) : Berthet, Francis Décamps, La Cricca d'Umberto, Gavroche

EDITIONS BAMBINO

✆ **01 46 06 88 35** • fax 01 42 64 28 47
10 rue Damrémont • 75018 **PARIS**
Bruno ORLANDO (PDG)
Artiste(s) : Hélène Segara, Indra, Céréna

Les ÉDITIONS BI-POLE

✆ **04 95 04 95 62** • fax 04 95 04 95 00
editions@bi-pole.org • **www.bi-pole.org**
Friche Belle de Mai • 41 rue Jobin • 13003
Cyril TOMAS-CIMMINO (Chef de projet)
Artiste(s) : 340ml, Zong, Jako-Maron, Jabotica, Rona Hartner, Filewile, Télérama Dub Festival

Les EDITIONS DE L'ANALOGIQUE

✆ **01 43 55 33 33**
rkg@rkg.net • **www.rkg.net**
103 av. de la République • 75011 **PARIS**
David KEMMOUN (Label manager / Président)
Artiste(s) : Daddy DJ, Noizette, Just a Man • **Catalogue(s) représenté(s)** : RKG Records, Radikal Groov'Records, Funk You !, Blow Job Recordings + divers France et international

EDITIONS DELPHINE

✆ **01 58 61 28 28** • fax 01 58 61 28 29
c.duviquet@delphine.fr • **www.clayderman.co.uk**
9 rue de Teheran • 75008 **PARIS**
Olivier TOUSSAINT (Directeur général) • Chantal DUVIQUET (Directrice financière)
Artiste(s) : Richard Clayderman, Nicolas De Angelis, Diego Modena, Jean-Claude Borelly

ÉDITIONS FAIRWOOD MUSIC

✆ **01 41 05 40 62**
cyril.dohar@fairwoodmusic.com • **www.musicdeal.fr**
78 rue Chaptal • 92300 **LEVALLOIS PERRET**
Cyril DOHAR (Editeur)
Artiste(s) : Orange Blossom, Tambours de Brazza, T & Masson, Eddy (La) Gooyatsh, Dino Merhstein, Microsillon, Jesus Volt • **Catalogue(s) représenté(s)** : RZO Music, Still On Top, Fairwood UK

EDITIONS FGL

✆ **08 92 35 03 20**
info@fglmusic.com • **www.fglmusic.com**
25 bd Arago • 75013 **PARIS**
Thierry WOLF (PDG) • Nathalie LALLEMENT (Directeur) • Catherine-Diem TRAN (Relations publiques)
Artiste(s) : Francis Lai, Gérard Rinaldi, Jeanne Mas, Desireless, Pétula Clark, Lio, Iggy Pop, Francis Lalanne, Jeane Manson, Le Bolchoï, Les Chœurs de l'Armée Rouge • **Catalogue(s) représenté(s)** : Play Time, Revenge, Anthology's, Swingmania, Silva Screen, Remedy, Axe Killer, etc.

ÉDITIONS FORTIN

✆ **01 48 74 28 21** • fax 01 40 23 98 67
editions_fortin@club-internet.fr • **www.armiane.fr**
16 rue Ganneron • 75018 **PARIS**
France MONOT-FORTIN • Marie-Ange MULTRIER-FORTIN
Artiste(s) : Michel Desproges, Renaud Detressan, Théodore Botrel, Gaston Couté, Damia, Fréhel, Yvette Guilbert, Vincent Scotto, Bourvil, Paulus Polin, Jean-Yves Astier, Monthéus, Bahasabé • **Catalogue(s) représenté(s)** : Fortin, Armiane, Scotto, Delormel, Levy, Mennesson, Meugnier, Ondet, Paris Chansons, Siever, Auber, Villeneuve

ÉDITIONS J. GARZON

✆ **01 64 45 09 13 / 06 08 46 83 35** • fax 01 64 45 02 58
editions-garzon@wanadoo.fr • **www.editions-garzon.com**
ZAC du Port • 4 rue du Loing • 77140 **ST PIERRE LES NEMOURS**
Janet GARZON-PARKER (PDG)
Catalogue(s) représenté(s) : Codiscos (Colombie), Moréno Torroba (Esp.), Prodémus (Colombie), Editora Musical (Cuba), Emlasa, Edimusa (Mexique), Ed. Pirovano (Arg.), New Music Corporation Hebra (B)

ÉDITIONS JEAN GAMET

✆ **04 74 05 00 19** • fax 04 74 05 00 19
jgamet@hacienda.fr
Lieu de Bine • 69490 **LES OLMES**
Jean GAMET (Gérant)
Artiste(s) : Jean Gamet, Freddy Kroegher, Michel Rouyre, Reverdy, Tryphon, A. Baraige, Raoul Petite, E. Ravahatra, C. Clément, Dogs, Elisel, Level Eye, Mok, J.-C. Treille, Steve Marsala, Gilles Coquard, Elisel et Lui

ÉDITIONS LEVALLOIS

✆ **01 43 59 01 45**
levallois@uptonpark.biz
Hall 14 • 4 rue Emile Blémont • 75018 **PARIS**

Paul BANES (Cogérant) • Julien BANES (Cogérant)

Artiste(s) : Malik, Justin Vali, Ternil, Matmatah, Sam Mangwana, Elde, Christian Decamps, Mix Brothers, Ange Kikrokos

Les ÉDITIONS LIMITÉES PARIS (LELP)

gregory@les-editions-limitees.com • **www.es-editions-limitees.com**
130 rue St-Maur • 75011 **PARIS**

Grégory PEZARD • Betsy PARAYIL-PEZARD

Artiste(s) : Junesex, Guillaume Fedou, Betsyapolis, Benjamin Diamond

Les ÉDITIONS MAELYS

✆ **09 51 79 58 05** • fax 01 79 73 51 79
contact@medside.fr • **www.medside.fr**
Medside • 120 ch. des Maures et des Adrets • 06530 **PEYMEINADE**

Christophe FERNANDEZ

Artiste(s) : Maniacx, Monstery Music

ÉDITIONS MAJESTIC

✆ **01 42 04 97 05** • fax 01 42 04 21 21
productions@canetti.com • **www.jacques-canetti.com**
19 rue de la Cerisaie • 92150 **SURESNES**

Françoise CANETTI (PDG) • Michela GERMANI (Responsable de l'administration) • Hélène PICON (Attachée de direction)

Artiste(s) : Jacques Higelin, Brigitte Fontaine, Boris Vian, Jacques Prévert, Jean Cocteau, Bruno Brel, Elsa Triolet, Jean-Loup Dabadie, Norge, Félix Leclerc, etc. • **Catalogue(s) représenté(s)** : Productions Jacques Canetti

Les ÉDITIONS MÉTROPOLITAINES

✆ **01 48 24 53 64** • fax 01 45 23 17 36
editions@raoulbreton.fr • **www.raoulbreton.com**
67 bd de Courcelles • 75008 **PARIS**

Gérard DAVOUST (Président) • Laurent BODIN (Directeur général)

Artiste(s) : Edith Piaf, Yves Montand, Barbara, Paco, Fernandel, Bourvil, Jeanne Moreau, Ute Lemper, Félix Leclerc, Les Frères Jacques, Marie Laforêt, Henri Salvador, Nana Mouskouri, Boris Vian, Dalida, Gloria Lasso, Sophia Loren, Maurice Chevalier, Michel Legrand, Patachou, Sheila, Mona Heftre, Bruno Lorenzoni, Cassita, Phil Paris, Luz Casal

ÉDITIONS MUSICALES ALPHA ET JACQUES WOLFSOHN

✆ **01 78 09 97 80** • fax 01 78 09 97 81
alphamusicpub@gmail.com
2 av. Marceau • 75008 **PARIS**

Jacques WOLFSOHN (Cogérant) • Jan SODDERLAND (Cogérant)

Artiste(s) : Jacques Dutronc, Françoise Hardy, Téléphone, Cherche Midi, Paul Personne, Taxi Girl

ÉDITIONS MUSICALES J-M. SALHANI

✆ **01 45 66 42 00** • fax 01 47 34 24 11
jms1@club-internet.fr • **www.jms-creamrecords.com**
12 rue Bouchut • 75015 **PARIS**

Jean-Marie SALHANI (PDG) • Damien JACOBS (Assistant)

Artiste(s) : Bill Evans, Joe Zawinul, Alain Caron, Gordon Beck, Martial Solal, Didier Lockwood, Uzeb, Michel Cusson, Victor Bailey, Jean-Marie Machado, Mike Stern, Emmanuel Bex, Aldo Romano, Louis Sclavis, Stéphane Grappelli, Henri Texier, Christian Escoudé, Jean-Pierre Mas • **Catalogue(s) représenté(s)** : Editions Label Bleu, Little Shoes Music, Indigo

EDITIONS ORIT

✆ **09 81 64 47 43**
contact@oritproductions.com • **www.oritproductions.com**
c/o Orit Productions • 30 bd Alphonse Moutte • 13013 **MARSEILLE**

François PELISSOU (Gérant)

Artiste(s) : Yann Matisse, Tchook, Benjamin Levaux, Florence Nurisso, Bernard Clapot, Caroline Peysson, Toowee, Marco Paolo

ÉDITIONS PIERRE LAFITAN

✆ **01 34 17 20 25** • fax 01 34 28 59 48
pierre.lafitan@wanadoo.fr • **www.lafitan.com**
17 bd du Lac • 95880 **ENGHIEN LES BAINS**

Pierre LAFITAN (Gérant)

Artiste(s) : Michel Nierenberger, Jérôme Naulais, Michel Chebrou, Maurice Philibert, Thierry Muller, Claude Henry Joubert, Emile Lelouch, André Beck, Michel Delgiudice, Jacques Devogel, Pierre Lafitan, René Maurice, André Zemp, René Zugarramurdi, Francis Coiteux, Marc Steckar, Marc Kowalczyk, Jean-Jacques Flament, Claude Davide, Jacques Erdos, collection de musique instrumentale « Plaisir de Jouer » • **Catalogue(s) représenté(s)** : Catalogue pour orchestres d'harmonie, big band, fanfares, batteries, bandas, musique instrumentale pour conservatoires et écoles de musique

ÉDITIONS PLURIEL

✆ **02 33 38 77 23** • fax 02 33 38 81 66
jfoucher@pluriel.com • **www.pluriel.com**
La Planchotière • BP 21 • 61350 **MANTILLY**

Jean FOUCHER (Directeur)

Artiste(s) : Philippe Duchemin, Bernard Benoît, Yvon Etienne, Swing Mômes, Joël Perri, Francis Alfred Moerman, Tonnerre de Brest, Victor Vivier, Long John Silver, Christophe Caron, Michel Corringe, José et René, Eric Bouvelle • **Catalogue(s) représenté(s)** : N° 1, Terroir, Normandisc, Chombiero Music, Paroles et Musiques, Disker, Arc Music, SPI, Pluriel Enfant, Carat Ok

ÉDITIONS RAOUL BRETON

✆ **01 48 24 53 64** • fax 01 45 23 17 36
editions@raoulbreton.com • **www.raoulbreton.com**
67 bd de Courcelles • 75008 **PARIS**

Gérard DAVOUST (Président) • Laurent BODIN (Directeur général) • Luigi VERRECCHIA (Directeur financier) • Caroline BOURGEOIS (Assistante / Synchronisation)

Artiste(s) : Tom Fire, Agnès Bihl, Charles Aznavour, Charles Trenet, Serge Lama, Alexis HK, Lynda Lemay, Matthew Andrae, Nana Mouskouri, Sanseverino, Dominique Fillon, Mariné Gyulumyan, Le Comte de Bouderbala, Les Rois de la Suède, Zoufris Maracas, Giovanni Mirabassi, Yves Jamait • **Catalogue(s) représenté(s)** : P.E.S.L, Editions Métropolitaines, Editions Musicales Djanik, Banco Music, Melodium Music, Editions Musicales Patricia, Paroles de Dimey, CH+ (Sanseverino, June & Lula)

ÉDITIONS SALABERT

✆ **01 44 41 50 90** • fax 01 44 41 50 91
promotion.umpe@umusic.com • **www.salabert.fr**
16 rue des Fossés St-Jacques • 75005 **PARIS**

Nelly QUEROL (Directrice générale) • Eric DENUT (Directeur de la promotion) • Patricia ALIA (Assistante de direction & promotion) • Marjorie SATHOU (Responsable service Location) • David BRAY (Responsable service Fabrication Editions)

Artiste(s) : E. Piaf, C. Trénet, Y. Montand, M. Chevalier, J. Baker, A. Bruant, Mistinguett, V. Scotto, V. Cosma, Duke Ellington, Martial Solal, Arthur Howegger, Francis Poulenc, Erik Satie, Pascal Dusapin, Iannis Xenakis, Toru Takemitsu, musiques de films, etc.

ÉDITIONS UNIVERSELLES

✆ **01 56 60 45 00** • fax 01 56 60 45 99
wcmfra@warnerchappell.com • **www.universelles.com**
c/o Warner Chappell Music France • 29 av. Mac Mahon • 75017 **PARIS**

Caroline MOLKO (Président) • Dalila REVENU (Directrice administrative et financière) • Anna-Maria PLATTNER (Responsable du copyright & royalties) • Nathalie DIDELET (Responsable back catalogue) • Matthieu TESSIER (Directeur artistique)

Artiste(s) : Astor Piazzolla, Emile Noblot, Jo Privat, Maurice Larcange, Bruno Lorenzoni

ELEMENT MUSIC PUBLISHING

✆ **04 91 91 93 41**
elementmusic@element-music.com • **www.element-music.com**
Le Grand Domaine • 26 bd des Dames • 13002 **MARSEILLE**

Etienne IMER (Directeur)

Artiste(s) : Stéphane d'Elisium, Curl, Copyshop, Two Heads On, Troublemakers, Dj Did, Nataraj XT • **Catalogue(s) représenté(s)** : ArtTrafic

ELLIOT MUSIC

✆ **01 42 26 16 15**
info@elliot-music.com • **www.elliot-music.com**
108 rue Damrémont • 75018 **PARIS**

Agnès LANGELLA (Editrice) • Gérard LANGELLA (Producteur)

Artiste(s) : Dead Men Suit, Mr Untel, Doc Gee, Loving Paris, The Maggoos, Velvet Work, Hanna H

EMDF

✆ **01 47 58 06 81**
emdf@noos.fr
39 rue Chaptal • 92300 **LEVALLOIS PERRET**

Danièle FERET (Gérante) • Véronique HANQUIER-BOURGOGNE (Responsable du copyright)

Editions Musicales Danièle Féret • **Catalogue(s) représenté(s)** : Boventoon, Effervescence Editions, Geteve, Hopi Mesa, Marine Handler (William Sheller), Marathon, Mataya Productions, A440 Publishing, Pachli Productions, Studio 124, Télé Images Editions

EMERGENCE

contact@emergence-music.com • **www.emergence-music.com**
14 rue Deguerry • 75011 **PARIS**

Laurent AGNOUX (Gérant)

Artiste(s) : Oh ! Tiger Mountain, Inga Liljeström, Lartigo, Marklion, Mars Red Sky, Adam Kesher, Envelopes, Eldia, Madam Jesus, Franz is Dead, etc.

EMHA

✆ **01 43 38 24 25** • fax 01 43 57 35 30
xn@emha.fr • **www.emha.fr**
16 rue de la Pierre Levée • 75011 **PARIS**

Xavier NICOD (Gérant)

Artiste(s) : James Brown, Aretha Franklin, The Kinks, Ray Davies, Ralph Stanley, Ray Charles, Nina Simone, Billie Holiday, David Bowie, The Shadows, Cliff Richard, Joe Gibbs, Meat Loaf, Simon & Garfunkel, Elvis Presley, Dolly Parton, Piero Umiliani, Gill Scott Heron, Melanie Safka, Whitney Houston, John Mayall, Bobby Darin, Ernesto Lecuona, etc. • **Catalogue(s) représenté(s)** : Carlin Music

EMMA PRODUCTION PARIS

✆ **01 56 60 45 00** • fax 01 56 60 45 99
wcmfra@warnerchappell.com • **www.warnerchappell.com**
29 av. Mac Mahon • 75017 **PARIS**

Caroline MOLKO (Président)

Artiste(s) : E. Anaïs, La Grande Sophie, Clarika, J-J. Nyssen, Richard Pinhas/Dantec, Lo'Jo, Jacno, Tom Novembre, De Rien, Tinariwen, Le Maximum Kouette, Heloïse Martins, etc.

Les éditions ENCORE MERCI

✆ **01 45 42 24 24** • fax 01 45 42 90 32
info@encoremerci.com • **www.encoremerci.com**
24 rue du Champ de l'Alouette • 75013 **PARIS**

David SECHAN (Gérant) • Juliette METZ (Directrice de la production) • Alexia FORFAIT (Copyright) • Chloé ROLLINDE (Copyright) • Robin BENCTEUX (Copyright) • Julie GUINARD (Copyright)

Artiste(s) : Music Shop, Music Shop Zen, Music Gallery, Music Shop Tools, Music Shop Online, Videohelper, ScoreHelper, TRX, Production TRX, Headlock, In The Groove, PP Music, Ultraphonic, Boom Music, redCola, Hen's Teeth, Studio Fontana, Parsiparla, Wrong Planet, 4 Elements (collections de musiques d'illustration), Astier, Arnold Turboust • **Catalogue(s) représenté(s)** : Sound Ideas et Noise Generator (bruitages et sound design)

ENTERPRISE MUSIC

www.laltmusic.com
60 av. Barthélémy Buyer • 69009 **LYON**

Jean-Pierre LAFOY (Directeur) • Mounir MAAROUF (Directeur artistique)

Artiste(s) : Noemie, Manu, Mounir

Éditions ESSEX

✆ **01 43 70 20 17** • fax 01 43 70 20 58
halitmusic@wanadoo.fr
83 rue de Buzenval • 75020 **PARIS**

Halit UMAN (Gérant)

Artiste(s) : Rolling Stones, Who, Bowie, Pink Floyd

EXPLAY MUSIC

✆ **06 14 85 85 45**
ds@explaymusic.com
Mini Parc bât. 3 • 912 rue de la Croix Verte • 34198 **MONTPELLIER**

Thierry SAID (Gérant)

Artiste(s) : Rodrigo Bay, Tim Dixon, La Compagnie Les Sales Gosses, Soan, Luna, Monia, M. Pokora

FA DIÈSE CORSICA

✆ **04 95 25 46 40**
Rupione • 33 Castello Rosso • 20166 **PORTICCIO**

Louis RUTHERFORD (Ingénieur du son / Gérant) • Christine STAGNARO (Secrétaire / Comptable)

Casa di Mare • **Artiste(s)** : Patrick Fiori, H. Tempête, Trio Pietra, Polyphonies d'Alte Voce, Anghjula Dea, Tramuntana, I. Gargarozzi, L'Albinu, J.-M. Ceccaldi, Sylvie Bonello, G. Laudato, X. Paoli, Polyphonies de Valle Voce Guitares Serenades, J. Gianelli, Jérôme Valinco, Lucien Bocognano, Guy Rinieri, J.-P. Poletti, Jackie Micaelli, Cimqui so, J. Antoine, Tincres, Les Pères Verts Peppers, etc.

FKO MUSIC

✆ fax 01 44 24 04 67
amblanc@labelleaffaire.eu
41 rue de la Duée • 75020 **PARIS**

Francis KERTEKIAN (Directeur) • Anne-Marie BLANC (Responsable royalties et copyright)

Artiste(s) : Les Têtes Raides, Fela Anikulapo Kuti, J.-P. Morgand, Rachid Taha, Femi Kuti, Pierre Vikian, Polo, Schultz, Vendetta, Feverish, Bruno Maman, Didier Super, Julien Déniel, Sexy Sushi, Sam, Fergus, etc.

FLE / CEZAME MUSIC AGENCY

✆ **01 42 22 00 68** • fax 01 42 22 04 09
contact@cezame-fle.com • **www.cezame-fle.com**
11 rue de Sèvres • 75006 **PARIS**

Frédéric LEIBOVITZ (Gérant /direction artistique) • Françoise MARCHESSEAU (Directrice artistique) • Fabien BERMANT (Responsable marketing /communication) • Gabrielle JARZYNSKI (Copyright) • Anäelle CORMIER (Conseillère musique) • Benjamin ROY (Conseiller artistique)

Frédéric Leibovitz Editeur • **Artiste(s)** : Alain Kremski, André Charlier, Benoît Sourisse, Bernard Parmegiani, Bruno Letort, Cesarius Alvim, Christian Zanesi, Christofer Bjurström, Cyrille Aufort, Denis Levaillant, Didier Malherbe, Dominique Cravic, Frédéric Daverio, Gréco Casadesus, Jean-François Vrod, Jean-Jacques Milteau, Marc-Olivier Dupin, Marc Perrone, Philippe Hersant, Renaud Garcia-Fons, Steve Shehan, Pierre Adenot, Cyrille Aufort, Bernard Becker, Robert Benzrihem, Pajaro Canzani, Eric Daniel, Arnaud de Buchy, Daniel Diaz, Loy Ehrlich, Manuel Galvin, Michel Godard, Didier Goret, John Greaves, Teddy Lasry, Vincent Leibovitz, Bruno Letort, Frédéric Loth, Fay Lovsky, Guy Lukowski, Gilles Maugenest, Christian Mesmin, Silvano Michelino, Nicolas Mizrachi, Jean-François Morin, Piotr Moss, Selma Mutal, Claude Polikar, Arnaud Rebotini, Laurent Rochelle, Sébastien Roux, etc. • **Catalogue(s) représenté(s)** : Cezame, Cezame Virtuel, Cezame Carte Blanche, IPM, Gum Collections, GMT, Signature Radio France, Ocora

FRANCE TÉLÉVISIONS DISTRIBUTION

✆ **01 56 22 90 00** • fax 01 56 22 90 90
sophie.lefevre@francetv.fr • **www.francetv.com**
Le Barjac • 1 bd Victor • 75015 **PARIS**

Yann CHAPELLON (PDG / Directeur de la diversification et du développement) • Denis ROSTEIN (Directeur des éditions) • François FRITSCHER (Responsable des éditions musicales) • Delphine DUCLOS (Responsable marketing) • Frédéric ELKABBACH (Coordinateur médias) • Sophie LEFEVRE (Chargée du service presse) • Serge PERRIN (Chargé des partenariats radio)

Catalogue(s) représenté(s) : France 2 Editions, France 3 Editions, France 4 Editions, France 5 Editions

FRANCIS DREYFUS MUSIC

✆ **01 53 21 07 67** • fax 01 53 21 05 81
info.dreyfus@bmg.com • **www.disquesdreyfus.com**
Dreyfus Music/BMG Music Rights Management • 5 rue de Castiglione • 75001 **PARIS**

Stéphane BERLOW (Directeur général)

Artiste(s) : Alan Stivell, Jean-Michel Jarre, Christophe, Richard Galliano, Didier Lockwood, Michel Petrucciani, Philip Catherine, Anne Ducros, Sara Lazarus, Franck Avitabile, Eddy Louiss, Marco Tamburini, Rosario Giuliani, Arnaud Garoux, Jackson Fourgeaud, Elhad Behava, Jean-Michel Pilc, Peter Kitsch, Norman Gaby

FRENCH FRIED MUSIC

✆ **01 39 76 29 49** • fax 01 34 80 04 59
eileen@frenchfriedmusic.com • **synchroffm.blogspot.com**
6 av. d'Aligre • 78230 **LE PECQ**

Eileen GOLDSEN (Gérante) • Julie RAOUT (Business affairs / Royalties) • Philippe DIEU (Synchro) • Julien ROHEL (Synchro)

Artiste(s) : Jacques Davidovici, Sylvie Vartan, Cyril Morin, les Goristes • **Catalogue(s) représenté(s)** : Criterion, Gazell, Sylvie Songs, Just isn't Music, The Royalty Network, MRD Music, Memory Lane, Talpa Music, Jalbert & Son Pty, Discovery Communications, Eagle I, Native Tongue

FROCHOT MUSIC CANTOS

✆ **01 42 23 18 47**
contact@cantos.fr • **www.cantos.fr**
23 rue du Buisson Saint-Louis • 75010 **PARIS**

Clémence DE BODINAT (Directrice générale) • Laurie COTTEAUX (Chef de produit)

Artiste(s) : Le Tone, Magic System, Haïtian Troubadours, Sékouba Bambino, Papa Wemba, Koffi Olomidé, Africando, Kékélé, Ba Cissoko, Afia Mala, Lino Versace, etc. • **Catalogue(s) représenté(s)** : Syllart Production, Saregama, 2020 Vision, etc.

G. VACHER MUSIC

✆ **01 46 37 33 88 / 06 70 80 10 00**
gv@gve.fr • **www.lizmccomb.com**
17 bd Vital-Bouhot • 92200 **NEUILLY SUR SEINE**

Gérard VACHER (Gérant)

Artiste(s) : Liz Mc Comb, Les lives à Quai du Blues

GAFAITI PRODUCTION MUSIC

✆ **09 52 46 59 45 / 06 18 97 15 66** • fax 01 41 37 32 93
gafaitiproductionmusic@hotmail.fr • **www.myspace.com/gafaitiproduction**
4 allée Alfred de Musset • 92000 **NANTERRE**

Nourredine GAFAITI (Gérant)

Artiste(s) : Kheïra, Sahraoui, Zahouania, Kadirou, Nasro, Anouar, El Hindi, Karima, Laazaz, Tarik, Ouahid, Benlemou, Marsaoui, Kamel Igmane, Karim Chaker, Asma, Rachida, Zinou, Hanini, Nadim, Rimitti, Pahar

GIMINI MUSIC
✆ **02 96 16 52 05 / 06 13 79 88 96**
gerard.lhomme22@orange.fr
1 la lande Muriot • 22610 **LANMODEZ**
Gérard LHOMME (PDG)
Artiste(s) : Lydia Domancich, Sophia Domancich, Short Waves, Pan à Paname, Paul Rogers, Didier Malherbe, Andouma, Madomko, etc.

GM. MUSIPRO
✆ **01 45 63 90 37** • fax 01 45 63 76 24
contact@gmmusipro.com
41 rue de Plaisance • 75014 **PARIS**
Georges MARY (PDG)
Artiste(s) : Interprètes : Céline Dion, Marilou, Eddie Johns, Judith Bérard, Marianne, Jeff Smallwood, VMB, Elsa, Daniel Belanger, Jean-Marie Senia, Goût de Luxe, Ceccarelli, Christian Gaubert, Garou, Hélene Segara, Bruno Peletier, Ray Charles, Stéphanie de Monaco, Grégory Lemarchal, Marc Lavoine ; auteurs-compositeurs : Boris Bergman, Marc Lavoine, Jean-Loup Dabadie, Pierre Grosz, Carol Welsman, Christian Loigerot, Sylvain Lebel, Jacques Duvall, Thierry Sechan, Gérard Presgurvic, Jacques Davidovici, Vincent-Marie Bouvot, Roger Candy, Jean Bouchety, Christophe Guiot, Jean-Claude Dubois, Raymond Guiot, Gabriel Yared • **Catalogue(s) représenté(s)** : Georges Mary Canada Inc./ Romus, Editions Musicales d'Elles, Editions la Tanière SEC., Editions Hush Tone, Editions Musicales RCNE SEC, Plamondon Publishing

Editions GORGONE MUSIC
✆ **03 28 36 23 62** • fax 03 28 36 23 63
contact@gorgone.fr • **www.gorgone.fr**
1 pl. aux Bleuets • 59800 **LILLE**
Eric GLEIZER (Gérant)
Artiste(s) : One Million Bulgarians, Manu Pekar, Dani & the Stranglers, Martial Solal, Mansour, Alaska, Williams Schotte, King Size, Hanuman Care Kit, O. Yagoubi, R. Cuvillier, C. Wambergue, P. Damanti, Out, Jungle Beanz, Sapho

HALIT MUSIC
✆ **01 43 70 20 17** • fax 01 43 70 20 58
halitmusic@wanadoo.fr
83 rue de Buzenval • 75020 **PARIS**
Carine UMAN (Gérante)
Catalogue(s) représenté(s) : Régent, T. Snow, Hornall Bros, Mizmo, Mushroom, Elvis Presley

HELICE
✆ **06 20 99 34 87**
contact@helicemusic.com • **www.helicemusic.com**
14 allée du Dr Schweitzer • 94300 **VINCENNES**
Gaël CHATELAIN (Directeur)
Artiste(s) : Pep's, Remingway, Myra Lee, Rubato, Scoth & Sofa • **Catalogue(s) représenté(s)** : Ludéal

HEXAGONE
olivier.boyer@domisic.com
5 rue Lincoln • 75008 **PARIS**
Olivier BOYER
Artiste(s) : Malicorne, Dan Ar Braz, Le Grand Rouge

HI JACK
✆ **01 49 25 82 82** • fax 01 42 23 67 04
virginie.haye@corida.fr
120 bd Rochechouart • 75018 **PARIS**
Virginie HAYE
Artiste(s) : Piers Faccini, Laëtita Sheriff, Red, Mouzanar, Zebda, Mouss & Hakim

HONEY B
✆ **01 43 38 24 25** • fax 01 43 57 35 30
pm@originszenmedia.com • **www.originszenmedia.com**
16 rue de la Pierre Levée • 75011 **PARIS**
Xavier NICOD (Directeur) • Philippe MANIVET (Responsable commercial et artistique)
Artiste(s) : Laurent Dury, Philippe Bestion, Jaya Satria, Dominique Verdan, Shan Di, Sylvain & Valérie Poge, Nicolas Jeandot, Georges Bodossian, Thierry Noritop, André Garceau, Bruno Iachini, Gioari, Vincent Bruley, Emmanuelle Hildebert, Frédéric Rousseau, Serge Guirao, Julie Pietri, Edouard Bineau, Sébastien Texier, After in Paris, Michel Petrucciani, Jean-Pierre Mas • **Catalogue(s) représenté(s)** : Honey B, Owl, Origins

HOOK MUSIC PUBLISHING
✆ **06 23 05 23 18**
charly.idounda@gmail.com
91 rue du Faubourg Saint Honoré • 75008 **PARIS**
Charly IDOUNDA (Directeur)
Artiste(s) : Nâdiya

HOPI MESA
✆ **01 45 57 26 36** • fax 01 45 57 80 03
hopimesa@hopimesa.com • **www.hopimesa.com**
93 av. Niel • 75017 **PARIS**
Jacques MARBEHANT (Directeur)
Artiste(s) : René Aubry, Henry Torgue, Serge Houppin, Jean-Philippe Goude

ICI D'AILLEURS...
✆ **03 83 28 82 41** • fax 03 72 39 02 95
contact@icidailleurs.com • **www.icidailleurs.com**
3 rue Fabert • 54000 **NANCY**
Stéphane GRÉGOIRE (Responsable) • Anne BOISSEZ (Assistante)
Artiste(s) : Yann Tiersen, Matt Elliott, Chapelier Fou, Jean-Philippe Goude, Thomas Belhom, The Shoppings, I&Fused, Madrid, Arca, Julien Ribot, Zëro, Variety Lab, Mein Sohn William

ILCM
✆ **06 60 97 19 80 / 02 99 33 96 99**
ismael.lefeuvre@ilcm.fr • **www.ilcm.fr**
3 rue de Lorraine • 35000 **RENNES**
Ismaël LEFEUVRE
Artiste(s) : The Popopopops, The Wankin' Noodles, Manceau, Juveniles

ILLUSTRA SON
✆ **04 90 27 16 28** • fax 04 90 27 16 28
info@illustrason.com • **www.illustrason.com**
2 rue Pente Rapide • 84000 **AVIGNON**
Régis DELAYE (Directeur)
Catalogue(s) représenté(s) : Albedo, Nil, Illustra-Son, Re-music

INTOXYGÈNE
✆ **01 43 48 51 51**
infos@intoxygene.com • **www.intoxygene.com**
c/o Jammes EURL • 27 rue Eugène Carrière • 75018 **PARIS**
Patrick JAMMES (Gérant)
Artiste(s) : Virtuart, Y Front, Peeping Tom, Electrobolt, Love Motel, Alex Carter, Thierry Zaboitzeff/La Missa Furiosa, Djaimin, Steve Tallis, Io'n, Escal, Dubberman, [Ma-lak], The Young Gods • **Catalogue(s) représenté(s)** : Pas Mal Publishing

JEAN DAVOUST ÉDITEUR
✆ **01 55 43 08 45** • fax 01 55 43 83 02
jean-davoust-editeur@wanadoo.fr • **www.musiqueenligne.com**
25 bd Arago • 75013 **PARIS**
Jean DAVOUST (Gérant) • Séverine HALTSROEM (Responsable du copyright) • Julian DAVOUST (Redevances)
Artiste(s) : Christina Rosmini, Balablan, Delphine Matineau, Master Phil, Maria Koval, Paco Koné, Claire Guyot, Loop, Achille Pellegrini, Atoll, Michel Colombier, Hugues Aufray, Jeane Manson, Lucie Chapelle, Yann Armellino, Sly Athann, Manigance, Adagio, Tibert, Pierre Mazeirat, Yann Walcker, Positive Radical Sound, Ganahel Truchot, 9 ave. B, Christian Sales, Michel Legrand, Jean-Marie Senia, Thierry Caens, Philippe Sarde, Adam Keeney, Alexander, Reggie Noble, Randy Klein, Erick Sermon, etc. • **Catalogue(s) représenté(s)** : Jamie Music/Blockbuster Music, Splottched Music, Big Tiger Music, Angela Music, René Moore, Riptide, Ana Teresa Music, Ala Bianca, Ellipsis Music Corp, Autores Productores Associados, Lunas Rotas Sl, Oakley Music, Heavy Harmony, Dump Music Inc, Night River Publishing, American Summer Music, Festival Attractions, Helène Blue Music, Mayan Music, Montrose Music, Sish Music Inc, Music & Media International, Seibenpunkt, Gabric Music & Chiaramusic & Via media Edizioni Musicali, Child Right Music, Thunderboys, Steel Chest Music, De Sade Song, Tejaz Entertainment Music, Paul Winter, Recorday Music, Lee Ritenour, Third Tiers Music, Third Lung Music, Dangerous Water Music, Jeff Saxon, Schenk Lieder Publishing, Riptide Music/Via Marina Inc., Phantom records/Heartscape Publishing, Steven Mac Kinnon, The Sound of Hollywood Music, Soapman Productions Music, Stop Gap Productions, Big Tiger/Blue Cat, Lazer Production, De Lite, Della Music, Songs of Della, Funcky Noble Prod, Drop Dead Music, Jazzheads Records, Da Mascott, Bar Mitzvah Music, etc.

Editions JEUNE MUSIQUE
✆ **01 53 21 53 21** • fax 01 53 20 02 60
reception@because.tv • **www.because.tv**
c/o Because Music • 173/175 rue du fbg Poissonnière • Bât. B • 75009 **PARIS**
Michel DUVAL (Responsable éditorial)
Artiste(s) : Claude François (My Way, Alexandrie, Magnolias), Occitania, Terra Nuna, Sidji Moon, Wish, Olympeace, Arnaud Gidoin (humour)

JOHNNY WILLIAMS SON
✆ **01 48 43 31 25** • fax 01 48 43 25 71
morin.jws@gmail.com • **www.sun-records.fr**
32 rue des Pommiers • 93500 **PANTIN**
Harry WILLIAMS (PDG) • Matthieu MORIN (Directeur artistique)
Artiste(s) : Pierre Vassiliu, André Verchuren, Harry Williams, Nazaré Pereira, Yvette Horner, Alice Dona, Annie Cordy, Luis Corchia, Alexandra Paris, 3° Est • **Catalogue(s) représenté(s)** : WH Records, Sun Records

K MUSIK

✆ **01 41 12 90 90** • fax 01 41 12 90 51
info@kapagama.fr • **www.kapagama.fr**
7 rue Audé • 92210 **ST CLOUD**
Valérie CACHEUX (Responsable du copyright) • Nicolas FARCY (Conseiller musique) • Véronique CHARLES (Conseillère musique) • Iris PAVAGEAU (Directrice commerciale) • Isabelle BOUGEOIS (Conseillère Classique)
Catalogue(s) représenté(s) : Kosinus, KPM, Sonimage, Megatrax, Music House, Mondiophone, X-Ray Dog, Hot Latin Tracks, Muzikotek, Montparnasse 2000, Cinemusic, Ded Good, Siren Cues, Juice Music, FTV Media, The Scene, Impact Trailer Music, etc. Egalement musique classique

KDBZIK

contact@kdbzik.com • **www.kdbzik.com**
126 rue Castéja • 92100 **BOULOGNE BILLANCOURT**
Jean-François KODJO (Directeur artistique & Lbale manager) • Jean-Jacques KODJO (Editeur)
Artiste(s) : Melopheelo, Les Sages Poètes de la Rue, Zoxea

KEVIN ORGANISATION

✆ **01 64 98 02 02** • fax 01 64 98 02 02
rbenzi@wanadoo.fr
Hameau de Beauvais • 3 rue de la Justice • 91750 **CHAMPCUEIL**
Roland BENZI (Gérant)
Artiste(s) : Anggun, Gildas Arzel, Erick Benzi, Jacques Veneruso, Céline Dion, Yannick Noah, Projet « Exposition musicale - Marseille Rêve »

KOS AND CO

✆ **01 40 09 09 45** • fax 01 40 09 71 28
kosandco@wanadoo.fr • **www.kosandco.com**
170 rue de Charonne • 75011 **PARIS**
Jean-Claude KOSKAS (Gérant)
Artiste(s) : Marc Bellaïche, Louis Cervin, Cheb Madjid, Carabean Voices, John Boxingo, Chaud Lapin, Jean-Pierre Cassel, Vincent Lepoivre, Mystic World, Karlmix, BLB, Vicky Edimo, Mike Génie, Mam's L'1solent, Laudy, Nina Christie Andersen, Dr. Schlomo, Rémy Balouka, Delvis El Salsero, Smaïn, Sanel • **Catalogue(s) représenté(s)** : Kos and co

KÜTU FOLK RECORDS

✆ **06 64 90 44 45 / 04 73 91 92 64**
kutufolk@gmail.com • **www.kutufolk.com**
c/o La Pépinière de Mai • Pl. du 1er mai • 63100 **CLERMONT FERRAND**
Alexandre ROCHON (Label manager)
Artiste(s) : The Delano Orchestra, St Augustine, Pastry Case, Leopold Skin

LA ÉDITIONS

✆ **02 99 67 63 31** • fax 02 99 31 30 83
yann.hamon@yapucca.com • **www.louiseattaque.com**
24 bd Voltaire • 35000 **RENNES**
Yann HAMON (Gérant)
Louise Attaque Éditions • **Artiste(s)** : Louise Attaque, Mickey 3D, Tarmac, Ali Dragon, Captain Kverne, Ben'Bop

LABEL BLEU

✆ **03 22 97 79 79** • fax 03 22 97 79 90
contact@label-bleu.com • **www.label-bleu.com**
Maison de la Culture d'Amiens • Pl. Léon Gontier • CS 60631
80006 **AMIENS CEDEX 1**
Brigitte PERIN (Administratrice)
Artiste(s) : Richard Manetti, Stefano Bollani, Steve Coleman, David Krakauer, Battista Lena, David Linx, Julien Lourau, Magic Malik, Palatino, Michel Portal, Enrico Rava, Louis Sclavis, Vincent Segal, Henri Texier, Bojan Z, etc. ; catalogue Indigo : Mahotella Queens, Famille Lela de Permet, Juan José Mosalini, Duoud, D'Gary, Rajery, Régis Gizavo, Vaovy, Jaojoby, Rokia Traoré, Boubacar Traoré, Ballaké Sissoko, Djélimady Tounkara, Super Rail Band de Bamako, Granmoun Lélé, etc. • **Catalogue(s) représenté(s)** : Label Bleu, Indigo, Bleu Electric

LALOULINE ÉDITIONS

✆ **06 72 57 32 08**
info@lalouline-editions.com • **www.lalouline-editions.com**
7 rue Elie De Beaumont • 14000 **CAEN**
Jérôme COSNIAM (Gérant)
Artiste(s) : bAM, Christophe Corbier, Donas, Empati, Eva Garcia, Gloriadays, In the Can, Jann Halexander, JeanYve, Jeune Goinfre, LKO, My Blobfish, Nonolimite, Skyern Aklea, Sumsic ; Appartement Mental, Lion's, Thomily

LAMBERT & PARTNERS

✆ **0[illegible] 34 18 12 21**
lambert.boudier@orange.fr
26 rue du Chouquet • 76220 **BEAUVOIR EN LYONS**
Lambert BOUDIER (Gérant)
Artiste(s) : Jean-Louis Aubert, Thomas Semence, Pierre Guimard, Lily Margot, Doc Mateo, Clementine, Le Mystère des Voix Bulgares, Mad Sheer Khan, Philippe Dana, Hanna, Lou, BO : « 17 Fois Cécile Cassart », « FOON » • **Catalogue(s) représenté(s)** : BO « Djihad » Canal+ / La Loupe

LAST EXIT PUBLISHING

✆ **06 70 91 99 40**
reception@lastexitrecords.com • **www.lastexitpublishing.com**
41 rue de Coat Tan • 29200 **BREST**
Damien LITAUD (Gérant)
Artiste(s) : Robin Foster, Sheer.K, Rotor Jambreks, Hku., Too Soft, NagNagNag, Marc Sens, Lords Of Frequency

LDA PUBLISHING

✆ **05 56 31 13 11**
fabienne@platinumrds.com • **www.platinumrds.com**
12 pl. de la Victoire • BP 90 • 33037 **BORDEAUX CEDEX**
Laurent LAFFARGUE (Editeur) • Fabienne QUILLET (Chef de projet)
Artiste(s) : Manson's Child, Newell, Olympia, Mouloud, Burgess, Rubin Steiner, Pull, Zimpala, Doubleman, Yvi Slan, Chazam, Bikini Machine, Manutension, Yé-Yé, Président Chirac, The Delano Orchestra • **Catalogue(s) représenté(s)** : Alienor, Platinum, Cornflakes Zoo

LÉA & BILL MUSIC

✆ **01 48 40 97 48**
leabillmusic@sfr.fr
12 rue du Rocher • 75008 **PARIS**
Bill GHIGLIONE (Gérant) • Léa IVANNE (Cogérante)
Artiste(s) : Roch Voisine, Julio Iglesias, Chimène Badi, etc.

LEZ'ART MUSIC

axl@lezartmusic.com • **www.myspace.com/lezartmusic**
44 rue de Miromesnil • 75008 **PARIS**
Axl TALAR (Editeur) • Yohann DOREY (Editeur)
Artiste(s) : Daisybox, Molly, Goo Goo Blown

LILI LOUISE MUSIQUE

✆ **01 55 28 85 85** • fax 01 55 28 34 35
info@totoutard.net • **www.totoutard.com**
113 rue St-Maur • 75011 **PARIS**
Vincent FRÈREBEAU (Directeur du label & directeur artistique) • Laura ASTRUC (Assistante de direction) • Virginie AUSSIETRE (Productrice exécutive)
Artiste(s) : Vincent Delerm, Jeanne Cherhal, Bastien Lallemant, Peter Von Poehl, Constance Amiot, Manu Da Silva, James Delleck, etc.

LITTLE BONSAÏ

✆ **01 44 08 05 55** • fax 01 47 07 02 01
pierre@bonsaimusic.fr • **www.bonsaimusic.fr**
c/o FGL • 25 bd Arago • 75013 **PARIS**
Pierre DARMON (Associé) • Bertrand COQUEUGNIOT (Associé)
Artiste(s) : Hymn, Thierry Fanfant, Manu Galvin, Matthieu Brillard, Irie Kane, Jean-Baptiste Marino, Musica Nuda, Usthiax, Shine, Mary's Dream, Louis-Ronan Choisy, Giovanni Ceccarelli, Julien Daian, Paolo Fresu, Nasser, Emmanuel Bex, Nico Morelli, Flavio Boltro, The Electronic Conspiracy, La Mordue • **Catalogue(s) représenté(s)** : Ben Sidran

LMLR

✆ **01 42 25 43 43** • fax 01 40 74 01 93
contact@lmlr.fr • **www.lmlr.fr**
27 rue de l'Armorique • 75015 **PARIS**
Jean-Marc FOLLIET (Gérant) • Eric MARESKA (Directeur commercial)
Artiste(s) : Daniel Prevost, Gustave Parking, Sandrine Alexi, Pierre Bonte, Les Frères Ennemis, Roger, Pierre et Jean-Marc Thibault, Grosso et Modo, Les Petit Rapporteur, Arsène Lupin, etc. ; réédition d'albums sous forme de Vinyl Replica Deluxe (J. Dutronc, S. Vartan, R. Palmer, etc.) : www.vinyl-replica.fr • **Catalogue(s) représenté(s)** : Au Théâtre ce Soir, Théâtre Michel, Au Théâtre chez Soi, etc.

La LOUPE

✆ **01 43 17 37 00** • fax 01 44 18 08 68
infos@vma.fr • **www.vma.fr**
20 av. Rapp • 75007 **PARIS**
Lambert BOUDIER (Responsable)
Artiste(s) : Jean-Louis Aubert

LOUVRE MUSIQUE

✆ **01 42 36 92 32 / 01 48 24 92 32**
06 09 09 36 24 / 09 50 55 92 32
studioegp@gmail.com • **www.studioegp.fr**
12 rue d'Enghien • 75010 **PARIS**
Georges PETILLAULT (Gérant) • Paule CHAMPETIER DE RIBES (Planning)
Artiste(s) : Louis Amade, André Dulamb, Grand Angle, Megumi Satsu, musiques de films de Pierre Jolivet « Strictement Personnel », « Le Complexe du Kangourou », « Force Majeure »

LP&C

tlpublishing@voila.fr
20 rue de Lorgeril • 35000 **RENNES**
Thomas LAGARRIGUE (Gérant)
Artiste(s) : Abstrackt Keal Agram, Psykick Lyrikah, Robert le Magnifique, Tepr, The Binary Folks, Mobiil, etc. • **Catalogue(s) représenté(s)** : Idwet

M6 INTERACTIONS

✆ **01 41 92 66 66** • fax 01 41 92 62 96
gvuksanovic@m6.fr • **www.m6.fr**
Service Disque • 89 av. du Gal de Gaulle • 92575 **NEUILLY SUR SEINE CEDEX**
Isabelle PRATLONG (Directrice Pôle Musique et Spectacle)

MADAME JE VOUS AIME

✆ **01 43 72 42 70** • fax 01 72 70 38 92
cream@creaminal.com • **www.creaminal.com**
11 rue d'Uzes • 75002 **PARIS**
Clément SOUCHIER (Producteur / Réalisateur artistique)
Artiste(s) : Alice Lewis, Bost & Bim, Booster, Norman Bambi, Emma Mario, Fred Avril, etc.

MADORO MUSIC

✆ **06 07 76 18 74**
paul.lavergne@madoromusic.fr • **www.imdb.com/name/nm0491922/**
6 rue Principale • 49320 **LUIGNE**
Paul LAVERGNE (Manager)
Artiste(s) : Titi Robin, Bruno Coulais (« Microcosmos », « Himalaya », « Le Peuple Migrateur », « Les Choristes », « Océans », « Bébés », « Génésis », « Marsupilami », etc.), Jean-Claude Petit (« Aime ton père », « Les Misérables », etc.), Richard Grégoire (« Napoléon »), Philippe Sarde (« Le grand Meaulnes », etc.), Marc Marder (« Thérèse et Léon », « Gigi », etc.), Olivier Daviaud (« Gainsbourg, vie héroique », « Le Chat du Rabbin », etc.)

MAKHNO EDITIONS

✆ **06 80 02 96 50 / 06 86 86 76 43**
makhno@makhnomusic.fr
Le silo • 27 rue François Monier • 72000 **LE MANS**
Alain LAURENSON (Directeur) • Catherine LAURENSON (Responsable du copyright et gestion catalogue)
Artiste(s) : Les Alphabêtes, Arielle, Clelia Vega, Rockandroll, Miss Mary Mack • **Catalogue(s) représenté(s)** : Didier Jeunesse, Ici D'ailleurs, Katabami, LDA Publishing, Naïve, Polyphase Publishing, Satori Song, Vicious Square Publishing

Studio MANGROVE / ÉDITIONS MGV

✆ **(687) 28 56 85 / (687) 78 72 85** • fax (687) 28 56 85
contact@mangrove.nc • **www.mangrove.nc**
96 route du Port Despointes • BP 12777
98802 **NOUMEA CEDEX (NOUVELLE CALEDONIE)**
Alain LECANTE (Directeur)
Artiste(s) : Black Rose, Vanessa Quai, Edou, Gurejele, Dick et Hnatr, Feydz, Sharzy

MANUITI

✆ **(689) 42 82 39 / (689) 79 44 77**
manuiti@manuiti.pf • **www.manuiti.pf**
72 av. des Tipaniers - Taina • BP 381868
98718 **PUNAAUIA (POLYNESIE FRANCAISE)**
Yves ROCHE (Producteur) • Shona ROCHE (Directrice)
Artiste(s) : Bimbo, Charley Mauu, Gabilou, Andy Tupaia, Mila et Loma, Henriette Winkler, Eliane, Coco Temaeva, Emma, Poline, Alec Salmon, Vavitu, Mapu, Marie Mariteragi, Coco Temaeva, Fetia, Maeva, Tahiti Nui, Tamarii Punaruu, Kaina Boys, etc.

MELMAX MUSIC

✆ **01 44 53 06 07** • fax 01 44 53 07 76
editions@melmax.fr • **www.melmax.fr**
BP 248 • 75424 **PARIS CEDEX 09**
Dominique ABIDJAOUDI (Copyright et royalties)
Artiste(s) : Aokky, Shanky, Philippe Morino, Peyman Yazdanian, Yacine Azeggagh, JMZ, Jorge Ben Jor, Jeff Beck, Jean Luc Ponty, Corinne Bailey Rae, Poumi Lescaut, Pollyana, Brian Lopez, Fouxi, Andrea Terrano, Samuel Alhaouthou, Sepultura, Doolin • **Catalogue(s) représenté(s)** : Bangbang & Beats, Rise Publishing, Versatile, Novatempo, Misty Music, Funzalo Music, Brunswick Publishing, Phrased Differently, Arlequim, Catalogue Music, A7, Goodgroove Music, Alan Lomax Music, Gabesco Publishing

MELODY NELSON PUBLISHING

✆ **01 43 17 37 00** • fax 01 43 17 37 20
c.laignel@vma.fr
c/o VMA • 20 av. Rapp • 75007 **PARIS**
Christian DULCY (Gérant) • Catherine LAIGNEL (Service copyright)
Artiste(s) : Serge Gainsbourg

MÉTISSE MUSIC SARL

✆ **01 40 59 04 73 / 01 45 79 73 93** • fax 01 45 75 04 80
contact@metisse-music.com • **www.metisse-music.com**
1 villa Juge • 75015 **PARIS**
Petra GEHRMANN (Gérante) • Thomas BONIFAS (Promotion copyright / royalties) • Adrien DENIEL (Copyright / royalties / synchronisation)
Artiste(s) : La Caravane Passe, Jun Miyake, Jacky Terrasson, Yom, Yaron Herman, Omar Sosa, Chava Alberstein, Paul Bley, Claude Chalhoub, Paolo Fresu, Ghetto Blaster, John Greaves, Kip Hanrahan, Jon Hassell, Djamel Laroussi, Arto Lindsay, Airto Moreira, Manuel Wandji, Harold Budd, Popa Chubby, Steve Lacy, Jacques Coursil, Denis Colin, Sylvain Rifflet, Dave Liebman, Kenny Wermer, Kenny Wheeler, etc. • **Catalogue(s) représenté(s)** : World Circuit, Asphalt Tango, A-Train, ACT, Jaro, Messidor/Termidor, Piranha Musik, Westbury Music, Jack Russell Music, Red House, SMV - Schacht, American Clave, Ubiquity, etc.

Editions MONICA

✆ **01 53 83 92 50** • fax 01 53 83 92 55
paris@peermusic.com • **www.peermusic.fr**
5 rue Lincoln • 75008 **PARIS**
David KASSNER (Gérant) • Joëlle GALANTE (Directrice générale)
Catalogue(s) représenté(s) : Ray Charles Enterprises, Graduate, Tangerine Music Corp, Cherry Red Songs, Soundtree Music Publishing

MORGANE MUSIC PUBLISHING

✆ **01 41 43 71 00** • fax 01 41 43 71 01
contact@morgane-groupe.fr • **www.morgane-groupe.fr**
c/o Morgane Productions • 3/5 bd Georges Seurat
92200 **NEUILLY SUR SEINE**
Fabrice NATAF (Responsable)
Artiste(s) : Theodore Paul & Gabriel, Bastian Baker • **Catalogue(s) représenté(s)** : Spirit Music Group

MOSAME

✆ **06 78 73 98 03**
maxime@underdogrecords.fr • **www.underdogrecords.fr**
29 rue de Gassicourt • 78200 **MANTES LA JOLIE**
Maxime PERON (Label manager / promotion)
Artiste(s) : Da Brasilians, Fanga, Flox, Tribeqa, Alex Keren, Afro Latin Vintage Orchestra, Dafuniks, 4 Guys From The Futur, Framix, Erevan Tusk, Lenox, Sweatshop, Nanna-B

MSAI

✆ **02 99 19 01 50**
msai@msai.fr • **www.editions-msai.com**
3 cours de l'astrolabe • 35430 **ST JOUANT DES GUERETS**
Gilles RETTEL (Gérant)
Artiste(s) : Casse Pipe, Jack O'Lanternes, Long John Silver, Vincent Spatari, Vein, Pascal Lamour, Arkan, Torii Kami

MURRAYFIELD MUSIC LTD

✆ **01 43 34 07 69 / 06 78 73 32 94**
info@murrayfield.com • **www.murrayfield.com**
6 rue Watteau • 92400 **COURBEVOIE**
Peter MURRAY (Directeur)
Artiste(s) : The Dodoz, Nemi, Dolly, Silmarils

MUSIC BOX PUBLISHING

✆ **01 74 30 42 84**
contact@musicboxpublishing.fr • **www.musicboxpublishing.fr**
93 av. Niel • 75017 **PARIS**
Thierry DUREPAIRE (Gérant) • Soraya DABLIZ (Développement / Synchro)
Artiste(s) : Yules, Loheem, Marie Busato, Soma, Yeti Lane, Brooklyn, Demi Evans, Jeanette Lindstrom, Daniel Goyone, Cyann & Ben, Carine Bonnefoy, Jérôme Paressant, Bertrand Renaudin, Olivier Cahours, Jean-Philippe Viret, Claude Barthélemy, Elvire Aucher, Pulpo Prod, Richard Bee, Natacha et Nuits de Princes, Piccolo, Gueorgi Kornazov, Marcel Boungou, The Palata Singers, Wurk Insoxx, XXII, Ffffrrrreeeq, The Sterehoes, Talia, Hotel, Norma Peals, Sophie Forte, Laurent David, etc. • **Catalogue(s) représenté(s)** : Richard Galliano Music, Label Alter-Nativ, Most Wanted Music, CRC Editions, Soul Makossa, Victorie Music, Country and Eastern

MUSIC JAG

✆ **02 97 53 06 39**
info@musicjag.com • **www.musicjag.com**
50 rue Maurice Berteaux • 95120 **ERMONT**
Pascal GAILLARD (Directeur artistique)
Catalogue(s) représenté(s) : 2000 œuvres originales pour l'illustration

MUSICA GUILD

✆ **02 47 93 12 08 / 06 76 52 86 47**
musicaguild@free.fr
10 rue Emile Hebert • 37500 **CHINON**
Christian GENTET (Directeur) • Catherine GAK (Directrice) • Michaël MORLON (Responsable de la promotion)
Artiste(s) : L'Orchestre de contrebasses, Pierrick Hardy, Francis Jauvin, Luiz Antonio, Christian Gentet, Ferdi Zipci, Emilio Minakuchi, Olivier Calmel, Romulo Marques

MVS MUSIC PUBLISHING
✆ **01 40 09 00 75** • fax 01 43 56 62 95
www.mvsmusicpublishing.com
15 rue des Immeubles Industriels • 75011 **PARIS**
José LÉVICES (PDG) • Philippe RODI (Responsable de la coordination des projets et du marketing)
Artiste(s) : Kana, Smadj, Fergessen, Bagdad Rodéo, Apple Jelly, Nelson, I Love UFO, Go Go Charlton, Hype, Butch McKoy, Tehss, Lik...id, Subway, HushPuppies, etc.

MYMA
✆ **01 34 12 09 90** • fax 01 34 12 09 07
info@myma-sync.com • **www.myma-sync.com**
14 av. des Cures • 95580 **ANDILLY**
Sébastien BONNEAU (Gérant) • Julien BONNEAU (Directeur artistique) • David KRUTTEN (Directeur artistique) • Cyril CRESPO (Copyright et développement commercial) • Etienne SALINA (Community manager)
Montmorency Music Agency • **Artiste(s)** : Stéphane Grapelli, Jean Wiener, Francky Vincent, Golden Gate Quartet, Chet Baker, Memphis Slim, etc. • **Catalogue(s) représenté(s)** : 42 Records, Sonic Quiver, Montmorency Records, Abaco Music, Studio G, Onetrackaday, Paris Music, Sarao Music, Selt Music, Nova Nota, Justement Music, Cosnind (musikverlag), Antes Édition de la musica, Thorofon, Sauce Music, Pacifica Music, Heavy Promos, Roba Production Music, etc.

NACOPAJAZ
✆ **01 44 64 99 90**
nacopajaz@gmail.com • **www.nacopajaz.fr**
4 rue Courat • 75020 **PARIS**
Olivier DURAND (Label manager)
Artiste(s) : Fedaden, Del Wire, Mai, Lucy and the Popsonics, Os the Darma Lovers, Satanic Samba, Hurtmold, Canvas, Shubaka, The Banjo Consortium

NACREDITIONS
✆ **07 62 51 14 09**
nacreditions@live.fr
24 rue des Sherbrooke • 14610 **VILLONS LES BUISSONS**
Frank DELANNET (Manager)
Artiste(s) : Anne-Flore, Lavion Rose, Maki, Xav Feugray, Nyxtone, Little Boy, La Tchoucrav', Macadam Bumper's, Saint Addiction

NAÏVE ÉDITIONS
✆ **01 56 02 20 00** • fax 01 56 02 20 44
cbraud@naive.fr • **www.naive.fr**
9 rue Victor Massé • 75009 **PARIS**
Patrick ZELNIK (PDG) • Béatrice COSTERMANS (Vice-présidente) • Charles BRAUD (Responsable Editions / Droits / Synchro)
Artiste(s) : Musiques classiques, musiques du monde, musique et cinéma, chanson, jeune public, bruitages et ambiance, littérature, pop, rock, musiques électroniques, rap, nouvelles musiques, jazz

NAULLEAU JF
✆ **02 62 23 58 58** • fax 02 62 28 25 04
contact@discorama.fr • **www.discorama.fr**
Technopole • 9 ch. Grand Canal • 97490 **SAINTE CLOTILDE (REUNION)**
Jean-François NAULLEAU (Gérant)
Artiste(s) : Ziskakan, René Lacaille, Farreyrol Jacqueline, Kaya, Pat'Jaune, Sabouk, Tropicadéro

NEXOUND MUSIC
✆ **01 48 76 48 80**
info@nexound.fr • **www.nexound.fr**
91 rue du Fbg St-Honoré • 75008 **PARIS**
Cyrille MARTIN (Gérant) • Camille VOURZAY (Directrice artistique)
Artiste(s) : Compositeurs • **Catalogue(s) représenté(s)** : Electric Discharge Machine, Junkers no Junkies, Yan V, Cassidy

NO FRIDGE
✆ **06 22 85 85 48**
contact@nofridge.com • **www.nofridge.com**
2 passage Kracher • 75018 **PARIS**
Artiste(s) : UHT°, DjClicK, Gnawa Njoum Exp, Tziganiada

NOTA BENE MUSIC
✆ **01 43 38 24 25** • fax 01 43 57 35 30
xn@notabenemusic.fr • **www.notabenemusic.fr**
13 rue de la Pierre Levée • 75011 **PARIS**
Xavier NICOD
Artiste(s) : Millie Jackson, Judas Priest, Joe Simon, Nina Simone, The Beach Boyz, Steve Wariner, The Tremoloes, Morgan Heritage, Chuck Loeb, Franck Sinatra, Chuck Loeb, etc.

NOVA NOTA
✆ **06 95 89 47 96**
contact@novanota.fr • **frenchfriespublishing.orange.fr**
3 ter Cité du Palais Royal de Belleville • 75019 **PARIS**
Noëlle TATICH (Gérante) • Gilles CHRISTOPHE (Gérant) • Luiz DE AQUINO (A&R) • Agnès PROUIN (Chargée du développement)
Artiste(s) : Ludovic Selmi, Verioca, Aurélie Tiszblat, Alberto Queiroz, Bruno Mursic, Jorge Benjor, Chico Buarque, Dominguinhos, Gilberto Gil, Antonio Carlos Jobim, Hermeto Pascoal, Thierry Anmuth, Carlos Bernardo, Edmundo Carneiro, Mu Carvalho, Luiz de Aquino, Alfred Deville, Patrick Gorce, Véronique Le Berre, etc. • **Catalogue(s) représenté(s)** : Arlequin/Corsico, TBM, Mr Music, Classical Ways

NRJ PUBLISHING
✆ **01 40 71 40 00 / 01 40 71 39 49** • fax 01 40 71 41 36
fkost@nrj.fr • **www.nrj.fr**
22 rue Boileau • 75203 **PARIS CEDEX 16**
Fabrice KOST (Directeur label et édition) • Marta SPATAFORA (Chef de projet)
Catalogue(s) représenté(s) : Habillage antennes du groupe NRJ

ODEVA
✆ **03 84 25 24 77 / 06 88 49 10 00**
contact@odeva.fr • **www.odeva.fr**
ZA de la Fromagerie • 39130 **LE FRASNOIS**
Aurélien BOUVERET (Gérant) • Florian NEGRELLO (Cogérant)
Artiste(s) : Catfish, Pascal Mathieu, Sub Grabbing, The Washing Machine Cie, Nadamas

ON AND ON MUSIC
✆ **09 51 01 10 15**
info@onandon-records.com • **www.onandon-records.com**
Parc Technologique de la Croix St-Marc • 1 rue Maryse Bastié
93600 **AULNAY SOUS BOIS**
Yann NEDELEC (Editeur)
Artiste(s) : Gwen Delabar, Ledeunff, Hocus Pocus, C2C

ONE MOVE PARIS
✆ **01 42 05 80 91** • fax 09 55 70 90 45
contact@one-move.com • **www.one-move.com**
29 rue au Maire • 75003 **PARIS**
Didier FELICITE (Gérant) • Rémy WALTER (Directeur artistique)
Artiste(s) : Bady Alhassane, Rémy Walter

OUVEZE MUSIC
✆ **01 48 99 60 13 / 06 78 90 89 06 / 06 42 46 82 50**
fax 01 48 99 60 13
ste-ouveze-music@orange.fr
13 rue Antoine Lavoisier • 94000 **CRETEIL**
Jean-Patrick BLADET (PDG) • Valérie GUILLOU (Directrice de la promotion) • Jean-Pierre ALBERTI (Directeur commercial) • Jacqueline POUVREAU (Attachée de presse)
Artiste(s) : Linda Alberti, Florence Axel, Jacqueline Delorme, Ghislaine Joly, Laurence Kubler, Véronique Loriat, Sylvie Sechaud, Daniel Collange, Patrick Deschamp, Raymond Durieux, Jacques Le Guevel, Robert Monnot

L'OZ PRODUCTION
✆ **02 98 06 50 55** • fax 02 98 06 99 22
info@loz-production.com • **www.loz-production.com**
1 route des Chaumières • 29340 **RIEC SUR BELON**
Gilles LOZAC'HMEUR (Gérant)
Artiste(s) : Didier Squiban, Dan Ar Braz, Siam, Arvest, bagad Men Ha Tan, e.sens, Manu Lann Huel, Guillemer, Yann Raoul, Yann-Fañch Kemener, Skilda, Titom, Louise Ebrel, Kohann, Le Swing du Lundi, Darcan

PANORAMA
✆ **01 49 22 20 01**
annie.maymil@groupe-ab.fr • **www.abweb.com**
132 av. du Pdt Wilson • 93210 **LA PLAINE ST DENIS**
Jean-Michel FAVA (PDG) • Annie MAYMIL (Directrice éditions)
Catalogue(s) représenté(s) : Gabardine, Ab Edition, Pense à Moi, Panorama

PARIGO
✆ **01 49 23 94 76**
info@parigomusic.com • **www.parigomusic.com**
1 rue de Bigorre • 75014 **PARIS**
Guillaume ALBECK • Samantha PAULMIER • Thomas CHRISTIN • Pauline SALZES
Catalogue(s) représenté(s) : Cavendish Music, Sonoton, Lift Music, Zone Music, Hella Good Records, Los Angeles Post Music, Reliable Source Music, Production Music Online, Decibel Collective Music, Noise Pump Music, Standard Music, Online Production Music, 5 Alarm Music, Cue, Music Box, Epic Score, Fantasy Production Music, 1 Revolution Music

PARSIPARLA

✆ **04 70 20 65 10** • fax 09 81 70 05 51
info@parsiparla.com • **www.parsiparla.com**
16 ch. des Lys aux Plantes • 03400 **YZEURE**

Philippe BESSON (Directeur)

Artiste(s) : Gilles Chabenat, Philippe Besson, F. Besson, la Chavannée, etc. • **Catalogue(s) représenté(s)** : Daqui en synchronisation

PASSPORT SONGS MUSIC

passportmusic@orange.fr • **www.passportsongsmusic.com**
18 pl. Dauphine • 75001 **PARIS**

Thierry PERRIER (Directeur) • Marie CLAUGRIE (Assistante administrative & copyright)

Artiste(s) : Michel Sardou, ZA, David Linx, Julien Melville, Tcheky Karyo, Johanna St-Pierre, Amina, Gregory Barata, David Murray, Jean Lamoot, Arnaud Devos, Jean-Louis Solans, Pascal Danae, Fabrice Mantegna, Johnny Hallyday, Didier Barbelivien, Irène & Francis Jacob, Lola, Paulo Goude, Ana, Mister Février, Circus, Lewis Furey, Chynna Blue, Christophe Casanave, Gotan Project, Gipsy Kings, Yann Tiersen, Grégory Barata, Molécule, Rue de Plaisance, La Harissa, Ter à Terre, Najoua Belyzel, Cosmo Vitelli • **Catalogue(s) représenté(s)** : Atal Music, Fabric Publishing

PEERMUSIC FRANCE

✆ **01 53 83 92 50** • fax 01 53 83 92 55
paris@peermusic.com • **www.peermusic.fr**
5 rue Lincoln • 75008 **PARIS**

Bruno LION (Gérant) • Joëlle GALANTE (Directrice générale) • Fabien BONNIN (Directeur artistique) • Philippe ZAVRIEW (Directeur artistique)

Artiste(s) : Agoria, Gaël Faure, Thomas Roussel (SALM), David Barthololomé, Sharko, Matthieu Mendes, Titi Robin, Franck Fossey, Davide Esposito, Variety Lab, Kassav', Astonvilla, Soldat Louis, Gipsy Kings, Mister Lab, Staël, Hifana, Curry & Coco • **Catalogue(s) représenté(s)** : Get in staff, French Flair, Linz Music, Malaco, Fozbeat Music, Moncur Street, Songs of Cameleon, Aporia (Lily Frost), Pham/Emmi, Epitone Music, Einstein Brothers, Galatée, Peermusic III ltd, Songs of Peer, Peertunes, McCartney Music

PILOTIS - ATLETICO MUSIC

✆ **01 46 27 80 30** • fax 01 42 26 50 08
editions@atletico.fr • **www.atleticomusic.com**
9 rue des Moines • 75017 **PARIS**

Nicole GUERIN

Artiste(s) : Pascal Obispo, Lionel Florence, Natasha St Pier

PITCH MUSIC CENTER

✆ **09 81 64 47 43**
contact@pitchmusiccenter.com • **www.pitchmusiccenter.com**
c/o Orit Productions • 30 bd Alphonse Moutte • 13013 **MARSEILLE**

François PELISSOU (Président / rélations créateurs et pros)

Artiste(s) : Musiques actuelles, variétés françaises et internationales, synchronisation audiovisuelle • **Catalogue(s) représenté(s)** : 900 créateurs pour 13 000 professionnels de la filière musicale en ligne

PITCHI POI

✆ **01 46 05 52 39** • fax 01 46 05 17 65
colette.moughli@wanadoo.fr
8 rue de l'Est • 92100 **BOULOGNE BILLANCOURT**

Boris BERGMAN (Gérant) • Colette MOUGHLI (Gestionnaire)

Artiste(s) : Coédition de titres Alain Bashung, Paul Personne, Axelle Renoir, Henri Salvador, Lio, Maxime Le Forestier, Cyrius, Lambert Wilson, Christophe Mae, Louis Bertignac

PLAS & PARTNERS

✆ **01 46 24 22 39**
cplas@plasetpartners.com
63 rue Jacques Dulud • 92200 **NEUILLY SUR SEINE**

P&PP (Plas & Partners Productions) • **Artiste(s)** : Arbon, Gaelle Cotte • **Catalogue(s) représenté(s)** : 300 titres disponibles

POMME MUSIC

✆ **01 43 59 15 78** • fax 01 43 59 66 77
contact@pomme-music.fr • **www.pomme-music.fr**
61 rue de Ponthieu • 75008 **PARIS**

Charles TALAR (PDG)

Artiste(s) : Didier Barbelivien, Félix Gray, Murray Head, Cosma, Notre-Dame de Paris, Oui-Oui

POUR OUVRIR UNE PARENTHESE

✆ **01 43 42 13 30** • fax 01 40 53 30 40
parenthesemusic@gmail.com
25 rue de Chazelles • 75017 **PARIS**

Thomas MIGNOT (Gérant)

Artiste(s) : Sayem, Rock Experience, Le Prince Miiaou, Cléa Vincent

PREMIERE MUSIC GROUP

✆ **01 53 24 64 64** • fax 01 53 24 68 49
premiere@musicsales.co.uk • **www.musicsales.com**
10 rue de la Grange Batelière • 75009 **PARIS**

Claude DUVIVIER (Gérant) • Axelle BERNARD (Business affairs / Copyright / Royalties) • Emmanuelle MÉRAND (Assistante Synchronisation)

Artiste(s) : C. Nougaro, Alain Turban, Patrick Loiseau, H. Salvador, B. Vian, S. Gainsbourg, C. Trenet, Graeme Allwright, Brigitte Fontaine, A. Bashung, Catherine Ribeiro, etc. • **Catalogue(s) représenté(s)** : Editions Musicales Henri Salvador, Médiasong, Pony Music, Poulbot Music, Martin Cayla, August Bosc, X Music, Editions Amour, Editions Choudens, Industrial Music, Mute Songs, Karl Brull, Ambient Music, Mangas, Calane, Edition du Chiffre Neuf, etc.

PRODUCTIONS ALLÉLUIA

✆ **01 42 60 85 05** • fax 01 49 27 95 69
meys.valerie@wanadoo.fr • **www.meys.com**
4 av. Albert De Mun • 75116 **PARIS**

Gérard MEYS (PDG) • Valérie GERARD (Attachée de presse)

Artiste(s) : Jean Ferrat, Maurice Fanon, Jacques Brel, Jacques De Bronckart, Allain Leprest, Romain Didier, Serge Gainsbourg, Bruno Grimaldi, Isabelle Aubret, Anne Sylvestre, Francis Lemarque, Félix Leclerc, Jean-Claude Carrière, Dave, Didier Barbelivien, Serge Lama, Boris Vian, Etienne Roda-Gil, Gilles Vigneault, Ennio Morricone, etc.

QUAI N° 3

✆ **01 42 72 29 61**
mayart@club-internet.fr
10 rue Malher • 75004 **PARIS**

Nicole COURTOIS-HIGELIN (Directrice)

Artiste(s) : Arthur H, Gianmaria Testa, Louise Vertigo

RED TRACKS PUBLISHING

✆ **01 45 88 46 66** • fax 01 45 65 08 32
contact@redtracksmusic.com • **www.redtracksmusic.com**
1 pl. Paul Verlaine • 92100 **BOULOGNE BILLANCOURT**

Cyril MARTINI (Editeur et gérant)

Artiste(s) : Soundset, Julien Fourquez, Supercilious, Electric Rescue, Dead Sexy Inc., Victor Gambard, Jean-Pascal Vielfaure, Vincent Azevedo, Marko/Willy, Winds, etc.

REMARK

✆ **01 55 42 20 02** • fax 01 46 33 15 35
marc.lumbroso@remarkrecords.com
26 rue des Carmes • 75005 **PARIS**

Marc LUMBROSO (Président) • Jessi LUMBROSO (Directrice artistique junior)

Artiste(s) : Raphael, Adrienne Pauly, F.M, Marie Espinosa, Benoit Carré, Suarez, Layori, Sophie Maurin, Christine and the Queens, Layori, Sexion D'Assaut, John Mamann, Sian Pottok • **Catalogue(s) représenté(s)** : Unlimited (Jean Roch)

RESSOURCE PRODUCTIONS

ressource.music@orange.fr
20 av. Victor Cresson • 92130 **ISSY LES MOULINEAUX**

Daniel BETAN (Directeur de la production)

Artiste(s) : Fabien Duclerc, Philippe Joncquel, Selden, Rodrigo Bay, Dimone, Marc Rouvé, spectacle « Les Sales Gosses font leur Ciné », Stevo's Teen, Lisa Maximin

RFI

✆ **01 84 22 79 94**
daniel.lieuze@rfi.fr • **www.rfi.fr**
Coéditions musicales • 80 rue Camille Desmoulins
92130 **ISSY LES MOULINEAUX**

Daniel LIEUZE (Responsable des Coéditions musicales)

Artiste(s) : Gasandji, Cat's Eyes, Jasser Haj Youssef, Electro Bamako, Negrissim', Jaojoby, Yao Bobby, JB Moundele, Art Melody, Faycal Salhi, Baco

Éditions RICORDU

✆ **04 95 20 05 90** • fax 04 95 20 06 39
studioricordu@wanadoo.fr • **www.ricordu.com**
Sornagone • 20129 **BASTELICACCIA**

Michel LEONARDI (Directeur commercial) • Antoine LEONARDI (Gérant) • Patricia PALOMO (Secrétaire générale)

Artiste(s) : Raphael Fays, I Muvrini, Antoine Ciosi, Chjami Aghjalesi, Canta u Populu Corsu, Surghjenti, Michel Mallory, Caramusa, Feli, I Mantini, Eric Mattei, Petru Guelfucci, Bruno Tafani, Diana Di L'Alba, Voci di A Gravona, Jean Mattei, Alte Voce, Altru Latu, Vaghjime • **Catalogue(s) représenté(s)** : Ricordu, Corail, Voce, Les Voix de l'Emotion

RIVE DROITE MUSIC FRANCE

✆ 01 42 12 52 72 • fax 01 42 12 52 75
rivedroitemusic@rivedroitemusic.com • **www.13bis.com**
23 rue Texel • 75014 **PARIS**

Laurent DREUX-LEBLANC (Gérant) • Sylvie MONTEIRO (Gérante)

Artiste(s) : Gladiators, Elize, Giorgia Fumanti, Kiko, Les Gipsyland, œuvres interprétées par Jeane Manson, Johnny Hallyday, Mike Brant, Lionel Richie, L. Fabian, Smash, Katerine, Jenkins, Veronica, Shout !, Tony Henry, Hall and Oates, Rod Stewart • **Catalogue(s) représenté(s)** : Rive Droite Music Ltd (Gina G, Dream House, Phat N' Phunki, Dannii Minogue, Cher, Laurie Simpson, Pauline Henry, Pandora, Enrique Iglesias), Beldone Music, Boogie One Limited (Nicolas Bulostin, Rapasamba), FYP Music Limited, Constance Music

RONDOR MUSIC FRANCE / UNIVERSAL

✆ 01 44 41 94 00 • fax 01 44 41 94 01
jenny.defaut@umusic.com
20/22 rue des Fossés St-Jacques • 75242 **PARIS CEDEX 5**

Jean-Philippe ALLARD (Directeur) • Tanja NEUMANN (Directrice copyright & royalties) • Jenny DEFAUT (Assistante de direction)

Artiste(s) : Supertramp, Dire Straits, Bruce Springsteen, Garbage, Avril Lavigne, Bryan Adams, Burt Bacharah, Cunnie Williams, Lionel Richie

ROY MUSIC PUBLISHING

✆ 01 42 57 11 36
rodolphe@roymusic.com • **www.roymusic.com**
22 rue Vicq d'Azir • 75010 **PARIS**

Rodolphe DARDALHON (Contact) • Yvan TAIEB (Contact) • Pascaline ROVERSO (Contact) • Olivier CHINI • Céline BAZARD

Artiste(s) : Agora Fidélio, Jérôme Attal, Mademoiselle K, Néry, Jean Racine, Nazim, Jil Is Lucky, Quaisoir, Boulbar, Onili, Oldelaf et Monsieur D, Hangar, Vismets, Make the Girl Dance, The Toxic Avanger

RUE BLEUE

✆ 01 44 79 00 36 • fax 01 44 79 00 34
ruebleue@azimuthprod.com • **labelruebleue.fr**
43 rue de Trévise • Escalier C • 75009 **PARIS**

Geneviève GIRARD (Gérante) • Bernard BATZEN (Directeur artistique)

Artiste(s) : Marc Perrone, Claude Barthélémy, Cyrius, Septeto Turquino, Sawt El Atlas, Ilene Barnes

SAFAR PRODUCTIONS & ÉDITIONS

taliamouracade@gmail.com • **www.steveshehan.com**
11 rue Jean Jaurès • 94000 **CRETEIL**

Talia MOURACADE (Gérante)

Artiste(s) : Steve Shehan, Baly Othmani, Youssef El Idrissi, Dominique Figaro, Bruce Dunlap, Peter Herbert, Peter Madsen, L'Ensemble Traditionnel Touareg

SAMARKAND

✆ 06 23 26 81 31
samarkandfr@free.fr
47 bd de Stalingrad • 94400 **VITRY SUR SEINE**

Ryad HANNI (Directeur)

Artiste(s) : Youcef, Seydina Insa Wade, Tao Ravao/Vincent Bucher, El Wali, Madjebar, Gaâda « Le Diwane de Béchar », Cheik Sidi Bemol, Aicha Lebga, El Liazid Mohammed

SAMEDI 14 PUBLISHING

✆ 06 80 72 14 89 / 09 83 06 99 93
frank@samedi14.com • **www.samedi14.com**
1 rue Chalopin • 69007 **LYON**

Gérard BROUSSAS (Gérant) • Frank BROUSSAS (Chargé de production)

Artiste(s) : Balmino, Broc

SAPHIR PRODUCTION

✆ 06 63 34 88 05 / 01 56 08 32 44
contact@saphirproductions.net • **www.saphirproductions.net**
57 rue d'Alleray • 75015 **PARIS**

Pierre-J. DYENS (Gérant) • Maxence NAEL (Chargé du développement) • Caroline SALMON (Assistante de production)

Artiste(s) : Kurt Weill, Alexandre Knyazev, Anne kaasa, David Walter, Jean-marc Bonn, Rebecca Chaillot, Jean-Claude Pennetier, Régis Pasquier, Roland Pidoux, Quatuor Parisii, Michel Moraguès, Patrick Gallois, Emile Naoumoff, Laurent Wagschal, Nicolas Dautricourt, Marie-Catherine Girod, Mish Mash, Niels Lan Doky, Line Kruse • **Catalogue(s) représenté(s)** : Saphir Productions (classique), Blue Saphir (jazz et monde)

SARAVAH

✆ 02 51 65 72 31
yvonnick@saravah.fr • **www.saravah.fr**
36 rue de l'Eglise • 85500 **LES HERBIERS**

Yvonnick AGENEAU (Gestion et administration)

Artiste(s) : Pierre Barouh, Bïa, Jean-Roger Caussimon, Brigitte Fontaine, Jacques Higelin, Allain Leprest, Pierre Louki

SCARLETT ÉDITIONS-PRODUCTIONS SARL

scarletteditions@yahoo.fr
Douharesse • 63210 **ORCIVAL**

Laure BERGHEAUD (Gérante)

Artiste(s) : Jean-Louis Murat, Les Rancheros, Gengis, etc.

SCHERZO CONCERTS & PRODUCTION

✆ 01 44 53 80 80 • fax 01 44 53 80 81
contact@scherzoproduction.com • **www.scherzoproduction.com**
34 rue de la Victoire • 75009 **PARIS**

Isabelle DACHEUX (Responsable) • Alexandre BOISAUBERT (Service copyright)

Artiste(s) : Daran, Pierre-Yves Lebert, Jean-Jacques Marnier, Will Campa • **Catalogue(s) représenté(s)** : Johnny Hallyday « L'Attente », « Le Tableau de Hopper », « Au bord des routes », Florent Pagny « Là où je t'emmenerai », « Tout et son contraire », « La folie d'un ange », Daran « Déménagé », « Augustin et Anita », « Pêcheur de pierres » ; BO « Monsieur papa » de Kad Merad

SCHUBERT MUSIC PUBLISHING FRANCE

✆ 06 13 59 45 16 • fax 01 77 65 64 71
m.chabaud@schubertmusic.com • **www.schubertmusic.com**
14 rue Charles V • 75004 **PARIS**

Matthieu CHABAUD (Editeur)

Artiste(s) : Prohom, Syan, Nour • **Catalogue(s) représenté(s)** : Tune Core, Bruit Blanc, Wardlaw Banks Ltd, Bipolar Editions, Unique Musikverlag, Resolution Music Ltd, Avex, Moka, Kayax, etc.

SCIENCE ET MÉLODIE PUBLISHING

✆ 01 55 33 16 00 • fax 01 55 33 16 01
info@yabasta-records.com • **www.yabasta-records.com**
4 rue Martel • 75010 **PARIS**

Philippe COHEN-SOLAL (Président)

Artiste(s) : Gotan Project, David Walters, Féloche, $olal, Boys from Brazil, Stereo Action Unlimited, El Hijo de la Cumbia

SCORPIO MUSIC

✆ 01 56 90 11 11 • fax 01 45 05 12 82
anthony@scorpiomusic.fr • **www.scorpiomusic.fr**
92 av. Kleber • 75116 **PARIS**

Henri BELOLO (PDG) • Ginette BELOLO (Vice-présidente) • Jonathan BELOLO (Directeur général / International) • Anthony BELOLO (Directeur général / Responsable du copyright / Directeur artistique)

Artiste(s) : Dj Assad, Village People, Ritchie Family, Eartha Kitt, Break Machine, Papy Sanchez, Mr Vegas, Hermes House Band, Marie-Amélie Seigner, Ilona, Najoua Belyzel, etc. • **Catalogue(s) représenté(s)** : Champion Music, Morrisson Evans Music, Salfan, Do It Yourself, And Kind of Music/Radikal, Tango Ross Music Publishing, Big Time International, Be's Songs/Antler, Roba, etc.

SEEDS N'HARVEST

✆ 09 50 60 25 71 / 06 33 17 21 43
contact@seedsnharvest.com • **www.seedsnharvest.com**
36 rue Jules Ferry • 92130 **ISSY LES MOULINEAUX**

Bérénice IZARD (Responsable)

Artiste(s) : Anoma • **Catalogue(s) représenté(s)** : Broken Music Publishing, Cooking Vinyl Publishing, Amoc, MML Music

SEMI / LES NOUVELLES EDITIONS MERIDIAN

✆ 01 53 83 92 50 • fax 01 53 83 92 55
paris@peermusic.com • **www.semi-meridian.fr**
5 rue Lincoln • 75008 **PARIS**

Bruno LION (Gérant) • Joëlle GALANTE (Directrice générale) • Fabien BONNIN (Directeur artistique chargé des catalogues) • Philippe ZAVRIEW (Directeur artistique)

Artiste(s) : Francis Lemarque, Charles Dumont, Michel Rivgauche, Boris Vian, Pierre Delanoë, Jean Dréjac, Michel Magne, Norbert Glanzberg, Francis Lopez, Hubert Giraud, Marguerite Monnot, Charles Borel-Clerc, Emile Carrara, Léo Ferré, George Van Parys, Frank Gerald, Raymond Asso, Albert Willemetz, Cyrus Rezvani • **Catalogue(s) représenté(s)** : Monica, Robinsong, Donovan Music

SFORZA CONNEXION

✆ 06 60 88 13 84 • fax 01 47 26 17 48
thierry.sforza@free.fr • **www.thierrysforza.com**
43 rue des Coquettes • 94800 **VILLEJUIF**

Thierry SFORZA (Gérant)

Artiste(s) : Céline Dion, Julie Zenatti, G. Montagné, Garou, Eurovision, Lorie, Loana, Titou le Lapinou, Cindy Lopes, Silly le Petit Phoque, Pinocchio, FX, etc. • **Catalogue(s) représenté(s)** : Corato Music

SHOOTING STAR

✆ **01 45 73 28 90**
info@shooting-star.com • **www.shooting-star.com**
124 rue Constant Coquelin • 94400 **VITRY SUR SEINE**
Patricia RUSCITO (Directrice générale)
Artiste(s) : Pierre Estève, Stéphane Picq, Almalatina • **Catalogue(s) représenté(s)** : Made In (Bamboo, Metal, Stone, H20, Air, U), MMM (Atlantis, Lost Eden, Obscura, Dragon Lore II, Riverworld, 2e Monde, Deo Gratias, Atlantis 2, Chroniques de la Lune Noire, Outcast), Tintin-documentaires (« Les Gardiens de la Forêt », « Le Maître des Génies », Superbats, Cleopatra's lost city, Atlantis Evolution, Devenir un homme, Dieux et Démons)

SOBER & GENTLE

✆ **09 81 25 97 92**
contact@soberandgentle.com • **www.soberandgentle.com**
98 rue des Martyrs • 75009 **PARIS**
Stéphane GILLE (Gérant) • Laura ROUVELLAT (Chef de produit junior)
Artiste(s) : Hey Hey My My, Cocoon, Claire Denamur, La Canaille, Kid Bombardos, GreenShape, Mélanie Pain, Tricot Machine, Peaks, Photo, Great Mountain Fire

SONG WIRE MUSIC PUBLISHING

✆ **09 52 26 51 26**
info@song-wire.com • **www.song-wire.com**
142 bd Schley • 06130 **GRASSE**
Dominique ROTTET (Fondateur / Directeur)
Artiste(s) : Kathleen Chaplin, Mark Angelil, Clever Lopez, Peter Templar

SONICNOMIC PUBLISHING

✆ **06 12 51 41 50 / 09 66 96 02 38**
joda@lamusicagence.com • **www.lamusicagence.com**
c/o La Musique Agence • 21 rue de Fécamp • 75012 **PARIS**
Joshua DARCHE (Directeur de création)
Catalogue(s) représenté(s) : La Musique Agence, créations musicales d'illustration pub, documentaires, cinéma, etc.

SONY - EMI MUSIC PUBLISHING FRANCE SA

✆ **01 43 18 52 80**
www.emimusicpub.com
27 rue de Berry • 75008 **PARIS**
Olivier CABROL (Vice-président senior) • David BERTIL (Directeur artistique) • Gabriel MAJERCSIK (Responsable de la promotion catalogue) • Nicolas DESPORT (Directeur commercial)
Artiste(s) : Martin Solveig, M. Polnareff, NTM, Rohff, Keren Ann, TLF, Sadek, Magic system, Lady & Bird, Mademoiselle K, Dominique A, Gonzales, M83, Elio, Birdy Nam Nam, Venus, Big Nas, Das Pop, Kanye West, Jay Z, Rihanna, Beyoncé, Stargate, Arctic Monkeys, Train, Lady Antebelum, Texas, Queen, Simply Red, Blur, Eros Ramazzotti, T. Chapman, N. Jones, Pharell Williams, L. Kravitz, J. Blunt, Lana Del Rey, Drake, Beirut, Arcade fire, James Vincent McMorrow, Justin Nozuka, C. Winston, Deadmau5, Swedish House Mafia, C. Harris, Mark Ronson, Paul Epworth, Take That, Tinie Tempah, Taio Cruz, Duffy, Hurts, Sia, Primal Scream, PJ Harvey, Bryan Ferry, Sean Paul, Deus, Marilyn Manson, Scissor Sisters, Supergrass, P. Gabriel, Sum 41, Nirvana, Alicia Keys, The White Stripes, Pink, P. Collins, Lou Reed, B. Harper, 50 Cent, Starsailor, Slipknot, Tears for Fears, Billy Joël, Duran Duran, etc. • **Catalogue(s) représenté(s)** : Delabel Editions, Sidonie, Dubplate, Jobete, Abkco Music (Rolling Stones), Realsongs, United Artists, Fox Music, Endemol, Editions François 1er, Shine, ITV

SONY/ATV MUSIC PUBLISHING FRANCE

✆ **01 43 18 52 80** • fax 01 43 18 52 92
info.fr@sonyatv.com • **www.sonyatv.com**
92 av. de Wagram • 75017 **PARIS**
Nicolas GALIBERT (Président) • Jean-Christophe BOURGEOIS (Directeur adjoint) • Anne JOUANNEAU (Directrice Finance et administration) • Maria-Jesus DE LA FUENTE (Responsable du copyright) • Muriel CHABERT (Responsable Royalties) • Valérie FOSSIER (Copyright & Licencing analyst) • Emmanuelle DEGORCE (Synchro & Licensing manager) • Pierre CORNET (Directeur artistique) • Delphine PAUL (Creative marketing manager, film & TV, song plugging) • Gilles COLLOT (Synchro & Creative manager) • Sébastien SOUMIER (Copyright & Licensing analyst)
Artiste(s) : Lady Gaga, Akon, Zaho, Booba, Tiken Jah Fakoly, 113, Deep Forest, Kyo, Didier Golemanas, Patrice Guirao, Marie-Jo Zarb, Beatles, Neil Diamond, Bob Dylan, Fugees, J. Hendrix, Lauryn Hill, Oasis, Rage Against The Machine, Sade, Silverchair, Toto, Jean Fauque, Le Peuple de l'Herbe, Souad Massi, Kore, Marie Amélie, Axelle Renoir, Emily Loizeau, Amadou & Mariam, Humphrey, Dj Shean, Fania, Joe Satriani, Jennifer Lopez, Shakira, Leonard Cohen, Midnight Oil, Mariah Carey, Vegastar, Volo, Awadi, Jehro, Sinsemilia, Cattleya, Marcellesi, System of a Down, Katie Melua, Fredrika Stahl, Davy Sicard, Rhesus, Usmar, Rike, Mika, Medhy Custos, Pink, Razorlight, James Morrison, Gaëtan Roussel, Laurent Voulzy, Avishai Cohen, Da Silva, Joke • **Catalogue(s) représenté(s)** : Reverb, LadyPoka, Greensleeves, Famous Music Publishing, Yaya Tova

SOPHIANE PRODUCTIONS

✆ **04 73 45 18 12 / 06 07 80 53 52** • fax 04 73 93 96 13
sophianeprod@gmail.com • **www.sophiane.net**
8 av. du Pont • 63800 **COURNON D'AUVERGNE**
Annick CLAVAIZOLLE (Gérante) • Amélie DUVERNOY (Editrice)
Artiste(s) : Zak Laughed, The Elderberries, Julien Estival, Cocoon, Christophe Adam, Kissinmas, Johannes Hopfner, Galaktyk Kowboy, Lola Dubini, You and You, Franck Echegut, etc.

SOSTENUTO

✆ **03 20 52 59 08 / 06 87 96 85 25**
sostenuto1@free.fr • **www.sostenutoprod.com**
50 rue de Thumesnil • 59000 **LILLE**
Magali LECLERC (Directrice artistique associée) • Fatima HASSOUNA (Directrice artistique associée)
Artiste(s) : Thibaud Defever, Isabelle Haas, Marie-Hélène Picard, Elodie Christelle, Hélène Marcq, Arnaud Van Lancker, Stéphane Beaucourt, Ian Zielinski, Samuel Veyrat

SOUND EFFECT KILLER / VIBES MUSIC

✆ **06 23 55 88 87** • fax 01 48 11 13 34
hiphopvibes@hotmail.com
c/o Sound Effect Killer • 35 route Nationale • 91510 **LARDY**
Marie-Odette PASSE (Directrice générale) • LORD KILLER (Responsable du copyright) • Pascal BLACK (Chef de produit)
Artiste(s) : D.LOV, Xtasy, C-L'Est, Gued 1, Lord Killer, Le Délit, Hip Hop Vibes, La Faxion, Vandetta, HSI, Resk-P, Klif, Degy, Kut Effekt, Atk, CMP Familia, El Staff, Sek Bomb Squatt, B12, Seven, Calde, Bokaille, Gwada Vibes, Izly, Nina Monteiro et Noorine, Caractere Soul, Sabrina Berton • **Catalogue(s) représenté(s)** : CMP Productions, Nyso, Spart Mc, Hip Hop Vibes Label, Lord Killer Mizik, French Lessons, Steeven, Kayci Music

SOUND OF PARIS

✆ **01 47 28 00 15** • fax 01 40 99 90 51
infos@happy-music.fr • **www.happy-music.fr**
c/o Happy Music • 36/38 rue Voltaire • 92800 **PUTEAUX**
Pierre FORGACS (Président) • Delphine GOSSET (Directrice des affaires financières) • Claude BERNATH (Business affairs) • Natalie REWUCKI (Responsable de l'international) • Roland BONN (Chef de produit)
Catalogue(s) représenté(s) : Absolute Sound, Feel the Rhythm, Overdance, Step 2 House, On the Beat

SPIN-OFF

✆ **01 53 21 07 67**
hello@spinoffmusic.com
5 rue de Castiglione • 75001 **PARIS**
Stéphane BERLOW • Marie NOWAK
Artiste(s) : La Grande Sophie, Bénabar, Ma Boutique, Julien Voulzy (June), Detektivbyran, Eric Bélanger, Cyril Taieb, Pepper Island • **Catalogue(s) représenté(s)** : Ma Boutique (Bénabar)

SPP MUSIC

✆ **01 46 07 88 18 / 06 03 00 41 22**
elabeth@elabeth.com
12 rue du Petit Pont • 78310 **MAUREPAS**
Didier DRUSSANT (Directeur) • Chantal DRUSSANT (Directrice du copyright)
Artiste(s) : Jimmy Gourley, Xavier Richardeau, Luigi Trussardi, Guy Boulanger, Chris Joris, Bruno Dubois, Richard Raux, Olivier Témime, Fabien Mary, Olive et ses Noyaux, Daniel Visani, Patrick Lemaitre, Olivier Hutman, Steve Williams, Herry Ansker • **Catalogue(s) représenté(s)** : Nouba Music, Mire de Barre, Elabeth, Air Play, Lyrae, I Bleu Records, Nemo, Bazik Muzik, Magneto Serge, Magneto Presse

STRICTLY CONFIDENTIAL FRANCE SARL

✆ **01 40 40 22 60** • fax 01 40 40 22 61
info@strictly-confidential.net • **www.strictly-confidential.net**
54 rue René Boulanger • 75010 **PARIS**
Firmin MICHIELS (Directeur général) • Gaëlle DONELIAN (Directrice artistique) • Jean-Jacques VALAY (Directeur de l'exploitation et du répertoire / Synchronisation) • Nathalie MALGOIRE (Directrice Copyright et Royalties) • Ahlam BRAHIM (Assistante Copyright et Royalties)
Artiste(s) : Arman Méliès, Barbara Carlotti, Ben Mazué, Bensé, Blankass, Clarika, Cléa Vincent, Dantès, Dionysos, Eiffel, Eléphant, Elodie Frégé, Hold Your Horses, Kaolin, La Fiancée, La Maison Tellier, Madjo, Mai, Maissiat, M.A.P., Florent Marchet, Christophe Miossec, Oh la la (Natacha Le Jeune), Pendentif, Teenage Bad Girl, Trez Records (Street Fabulous), Twin Twin, Vitalic, Zahra Hindi, Robi, etc. • **Catalogue(s) représenté(s)** : Editions de la Bascule, Karmacode (Nada Surf), Silver Fiddle / Broken Arrow Music (Neil Young), Pema Music, Reine Multimédia Publishing, R&S, Seemsa, Strictly Confidential, Sugar Music France, Wixen Music Publishing Inc, Wixen Music Uk, World Connection

TAKTIC MUSIC

✆ **01 45 22 45 30**
contact@takticmusic.com • **www.takticmusic.com**
145 bd Magenta • 75010 **PARIS**
Jean-Michel REUSSER (Directeur)
Artiste(s) : Alexkid, Daniella D'Ambrosio, Dubphonic, Edo, Lo'Jo Triban, Stefane Goldman, Alexis Mauri, Ben Mosca, Jean-Philippe Rykiel, Emilie Simon, Hector Zazou, Jérémie Poirier-Quinot, Rodriguez Junior, Peau, Liset Alea, Flow, Blondand Blond and Blond

TALITRES

✆ **05 56 91 71 45 / 06 66 69 04 39** • fax 05 57 59 14 18
talitres@talitres.com • **www.talitres.com**
12 pl. de la Victoire • 33000 **BORDEAUX**
Sean BOUCHARD (Directeur artistique) • Vianney MONGE
Artiste(s) : Kim Novak, Flotation Toy Warning, Frànçois & The Atlas Mountains, Scary Mansion, Garciaphone, Will Stratton

TANGRAM EDITIONS

✆ **01 44 74 71 33** • fax 09 56 71 90 70
tangram@mac.com • **www.tangram-records.com**
39 rue de Pommard • 75012 **PARIS**
Paul DE PREKEL (Label manager)
Artiste(s) : Didier Malherbe, Loy Ehrlich, Bruno Letort, Zelwer, Limborg, Martin St-Pierre, Kamil Tchalaev, Tierra Del Fuego, Philippe Laurent, Henri Agnel, Serge Minnen, Nadaka, François Elie Roulin, Pinguin Café Orchestra

TER A TERRE

✆ **05 58 52 44 02** • fax 09 59 83 11 66
booking@teraterre.com • **www.teraterre.com**
22 rue Paul Claudel • 40280 **ST PIERRE DU MONT**
Laurent LACROUTS (Directeur)
Artiste(s) : Fishbone, The Inspector Cluzo, The Dynamites, Dr. Madd Vibe, Wolfunkind, Ceux qui Marchent Debout

THI TCHE PRODUCTIONS

ThiTcheProd@aol.com
1 rue Galvani • 75017 **PARIS**
Brigitte ROUGERON (Gérante)
Artiste(s) : Interprètes : Enzo Enzo ; auteurs et compositeurs en éditions : Joël Barret, Philippe Latger, Maurice Vallet (auteur pour Julien Clerc, etc.)

TINUTA SARL

✆ **01 80 46 09 47**
contact@tinuta.com • **www.tinuta.com**
3 rue Louis Rouquier • 92300 **LEVALLOIS PERRET**
Marie-Hélène JARNO-TAPHOREL (Gérante)
Artiste(s) : Jocelyne Giani, Jean-Charles Roche, Gilles Moumas • **Catalogue(s) représenté(s)** : Solensi, Amo Bliss Music (Vanessa Paradis), AGFB (I Muvrini), Les Editions du Chat Noir (Rose Laurens)

TOPOMIC MUSIC

✆ **01 47 69 98 07 / 06 77 89 35 55**
writetopierre@hotmail.com • **www.myspace.com/topomicmusic**
33 av. Colombier Bernard • 92250 **LA GARENNES COLOMBES**
Pierre JAUBERT (Directeur) • Laurent JAUBERT (Producteur) • Pascal JAUBERT (Producteur) • Dominique ZAMI (Copyright) • Julien JAUBERT (Rap, RnB) • Caroline BERTRAND-JAUBERT (Juriste)
Artiste(s) : Jean Coignoux, Annick Thou, Mazeau, Ice, Lafayette Afro Rock Band, Shelley Miller, Omolara, Mikki White

TRICATEL

✆ **01 83 91 91 46**
cyril@tricatel.com • **www.tricatel.com**
6 rue André Messager • 75018 **PARIS**
Cyril VESSIER (Label manager) • Bertrand BURGALAT (Directeur) • Céline LEPAGE (Chef de projet)
Artiste(s) : Bertrand Burgalat, A.S Dragon, April March, Les Shades, Laure Briard chante la France, Chassol, Jef Barbara

UNE MUSIQUE

✆ **01 41 41 12 34** • fax 01 41 41 26 50
c/o TF1 • 1 quai du Point du Jour • 92656 **BOULOGNE CEDEX**
Olivier JACOBS (Président) • Santiago CASARIEGO (Directeur général Une Musique) • Cécile BERNIER (Responsable du copyright & Royalties) • Sylvie CHEKROUNE (Responsable du copyright national) • Valérie ALLON (Chargée de production) • Amélie BAILLY (Chargée de production)
Catalogue(s) représenté(s) : Séries TV, films, génériques, librairie musicale ; sous-éd. : Film und Mediascore, Massive Music Publishing ; gestion à l'étranger : TEL France, Neria Productions, RDV Musiques, PMMP, Euro Visual, Boxeur de Lune, Septembre Productions, Safari De Ville

UNIVERSAL MUSIC PUBLISHING

✆ **01 44 41 94 00** • fax 01 44 41 94 01
jenny.defaut@umusic.com • **www.universalmusic.fr**
16 rue des Fossés St-Jacques • 75005 **PARIS**
Jean-Philippe ALLARD (Directeur) • Jenny DEFAUT (Assistante de direction) • Michèle DOMI (Directrice artistique) • Jacques SANJUAN (Directeur artistique) • Stéphane KACZOROWSKI (Directeur artistique) • Nicolas PELLET (Directeur artistique) • Antoine RESSAUSSIÈRE (Directeur artistique) • Vanessa VALERO (Coordinatrice International & Song plugging) • Farida BACHIR (Directrice chargée de la production) • Tanja NEUMANN (Directrice copyright & royalties) • Florence RETAILLEAU (Copyright national) • Cyril JOUAN (Copyright international) • Séverine MICHEL (Royalties)
Artiste(s) : National : Miossec, Ayo, O. Ruiz, R. Luce, The Dø, Cascadeur, Danger, Junior Caldera, Mike Ibrahim, Naive New Beaters, Berry, Chris Willis, Inna, M. Delpech, Antoine Sahler, Antoine Essertier, Arthur H, Travis Bürki, G. Bregovic, Emir Kusturica & The No Smoking Orchestra, Apocalyptica, Little, Stephan Eicher, A. Bashung, Christophe, A. Souchon, Trak Invaders, Yuri Buenaventura, Areski, Sonny Black, Salif Keita, Zaza Fournier, Féfé, Pauline, Carmen Maria Vega, Orishas, Sly Jonhson, Okou, Puggy, Diving with Andy, Rinôcerôse, Bardie Johannsson, Creature, Greg Fontaine, Jeremy De Kost, Jessy Matador, Benjamin Paulin, Lemon Incest, Lauren Lopez, Saïd Des Mureaux, Craig Walker, CHKRRR, Cœur de Pirate, Tom Frager, BirdPaula, Sophie Hunger, etc. ; international : Adele, Feist, Coldpay, Mumford & Sons, The Drums, Wu Lyf, Florence & The Machine, Thomas Dybdahl, Example, Metronomy, Lily Allen, Richard Hawley, Jay Jay Johansson, MGMT, Mariah Carey, Franz Ferdinand, The Killers, Foo Fighters, 50 Cent, Bruce Springsteen, Elton John, Paul Simon, U2, Jill Scott, Justin Bieber, Eminem, Raphael Saadiq, Bon Jovi, Owl City, Burt Bacharach ; nouvelles signatures : Aloe Blacc, Lala Joy, Dave Dario, Merwann Rim, Imany, Kery James, Anouk Aiata, Fool HD, Jack & Jenny's, Mesparrow, Alex Beaupain, St Germain, Mutine, Mc Luvin, The Ritch Kids, Nazim, Yohann Malory, Charles-Baptiste, Melissa Nkonda, Danger, etc. • **Catalogue(s) représenté(s)** : MBM, Editions Musicales 57, Le Minotaure, Téléphone Music, Source Music, Mathilde Mélodie, Peekaboo, Prudet Rhotel, Fantasia, MCA Music Publishing

UNIVERSAL PUBLISHING PRODUCTION MUSIC

✆ **01 44 41 94 11** • fax 01 44 41 94 45
delphine.colin@umusic.com • **www.unippm.fr**
16 rue des Fossés St-Jacques • 75005 **PARIS**
Pierre-Michel LEVALLOIS (Directeur général) • Delphine COLIN (Chargée de production) • Frédéric CORTIAL (Directeur artistique) • Rodolphe PLISSON (Directeur artistique) • Daphné JANET (Consultante musique & TV) • Jean-Marie BÉASSE (Consultant musical) • Armand THOMASSIAN (Consultant musical)
Catalogue(s) représenté(s) : Koka Media, Koka Classic, Cezame, Galerie, Bruton, Chappell, Atmosphere, Killer Tracks, Firstcom, Connect, Match, UBM, Score Music, Evo, Lo Editions, Bis, Claves, etc.

UPTON PARK PUBLISHING

✆ **01 43 59 01 45**
promo@uptonpark.biz • **www.uptonpark.biz**
4 rue Emile Blémont • Hall 14 • 75018 **PARIS**
Julien BANES (Gérant)
Artiste(s) : Matmatah, Svinkels, Paul Slade, Heavy BarryJeff, The Craftmen Club, Gérard Baste, Dr. Vince, Fatal Bazooka, Merzhin, Tristan Nihouarn, Im Takt, Thomas Howard Memorial, Falabella • **Catalogue(s) représenté(s)** : Upton Park Publishing, Editions Levallois, Queen Bee Music, Robin Foster

V.DEST

✆ **01 46 03 11 65 / 06 60 53 81 65** • fax 01 46 89 40 75
inocera@vdest.fr • **www.vdest.fr**
41/43 rue Paul Bert • 92100 **BOULOGNE BILLANCOURT**
Luigi NOCERA (Responsable) • Boris ORLOV (Directeur artistique) • Tatiana MIKHAILOFF (Directrice de la communication)
Artiste(s) : Beranger, Amrani, JB Sabiani, Pooyard, Trololo Man • **Catalogue(s) représenté(s)** : Citadel, Saravah, Promo Sonor, Korail Editions, Jmel ; audits, gestion et conseil (Gloria, ODJ, Scarlett, Korail Editions, Tete, Jmel, Notify Music, Ladilafé)

VELVETICA MUSIC PUBLISHING

✆ **01 43 72 42 70**
thomas@velvetica.com • **www.velvetica.com**
11 rue d'Uzès • 75002 **PARIS**
Thomas JAMOIS (Gérant) • Simon VUILLARD-PERNIER (Copyright)
Catalogue(s) représenté(s) : Pathé Production, Mandarin Cinéma, Long Distance Productions, Censo, La Chunga, Blow Up, Nord-Ouest, Rockumentary, Dirty Dozen, Add It Up, Dogora, Grand Blanc, Hant et Court, Crunchy Tunes, Black Strobe

VERYCORDS PUBLISHING

✆ **01 80 48 27 40** • fax 01 45 63 79 61
contact@verycords.fr • **www.facebook.com/verycords**
12 rue Martel • 75010 **PARIS**
Simon TURGEL (Président) • Mehdi EL JAÏ (Directeur général associé) • Cécile BONNET (Business affairs)
Artiste(s) : Koritni, Myrath, The Arrs, Bukowski, Kaolin, Steve Nieve, Zuul FX

VITAL SONG

✆ 01 45 49 29 33 • fax 01 45 49 49 47
contact@vitalsong.com • **www.vitalsong.com**
93 rue de Vaugirard • 75006 **PARIS**

François MILLET (Manager)

Artiste(s) : Datafolk, Jena Lee, Eskemo, Vogart, Nao

VOLVOX MUSIC

✆ 09 54 37 28 27
info@volvoxmusic.com • **www.volvoxmusic.com**
3 rue Grande • 77250 **MORET SUR LOING**

Olivier LEBEAU (Directeur général)

Artiste(s) : Exsonvaldes, Rougge, Milkymee, LaFille, Julien Jacob, Dog Almond, Mobile in Motion, The Fatales, Mintzkov, Philos, Pascal Salkin, Julien Jaouen, Paname Dandies, No Bluff, Atomik, TG Mauss, Phon°Noir, Caprice, Misstrip, Mikhail Karikis, Radio Zumbido, Language Computer, The Shoppings, Mitchell Akiyama, Martyn Bates, Stephen Vitiello, Winter Family, Portradium, Red Lili, Tristen, Budam, Family Of The Year, Claudine Muno & The Luna Boots, Huck, Kill The Young, Dat Politics, Maud Lübeck, Edward Barrow, Sonambulo, Helluvah, Mokuhen, Liesa Van Der Aa, The Rambling Wheels, Dead Rock Machine • **Catalogue(s) représenté(s)** : Sub Rosa, Quatermass

WAGRAM PUBLISHING

✆ 01 76 74 93 32 • fax 01 76 74 93 21
prenom.nom@publishing.wagram.fr • **www.wagrampublishing.com**
111/113 rue St Maur • 75011 **PARIS**

Catherine CUNY (Directrice générale) • Benoît CHAPDELAINE (Directeur artistique) • Catherine ROUYEZ (Responsable Copyright & Royalties) • Charles MOUKOURI (Chef de projet Synchro)

Artiste(s) : Rover, Bertrand Belin, Team Ghost, Natas Loves You, Saycet, Séverin, Zuzoom, Doriand, Jessy Matador, Corneille, Laura Cahen, Lise, Mariama, Tom Fire, Dissonant Nation, Passi, Alan Corbel, Lek Sen, Gary Fico, Guillaume Cantillon, Sarah Zeppilli, Madizm, Sec.Undo, Jean Guidoni, Nicolas Dri, Gérald Genty, Albin de la Simone, Roxane K., Radiosofa, Djazia Satour, Pollux from Rio, Brune, Applause, etc. • **Catalogue(s) représenté(s)** : Bleepmachine, I am Sound (Fool's Gold), Café de la Danse (Gush, Caravan Palace), Coin Coin Publishing, Topolino Bello, Penso Positivo, Les Editions de Mireille (Cali)

WANNAZIK

✆ 06 66 72 51 05
contact@wannazik.com • **www.wannazik.com**
151 bd Murat • 75016 **PARIS**

Yulia DMITRIEVA (Fondatrice)

Artiste(s) : Compositeurs gagnant des appels à projets proposés par des marques sur la plateforme dédiée

WARM MUSIC / BIG GREEN BAMBOO PUBLISHING

contact@warm.fr • **www.warm.fr**
5 bis / 7 rue Bridaine • 75017 **PARIS**

Jessica IBGUI (Propriétaire)

Artiste(s) : Da-Taz, Inabeathead, Modx, Babamars, Les Gourmets, Ali Harter, APPART, The Resistors • **Catalogue(s) représenté(s)** : Remark, Ascot Music, Atmosphériques, Dreyfus, Sober & Gentle, Missive, Wagram, Wax Tailor, Hocus Pocus, Native Tongue, Masq, Kods, AMC Records, Roy Music

WARNER CHAPPELL MUSIC FRANCE

✆ 01 56 60 45 00 • fax 01 56 60 45 99
wcmfra@warnerchappell.com • **www.warnerchappell.com**
29 av. Mac Mahon • 75017 **PARIS**

Caroline MOLKO (Président) • Dalila REVENU (Directrice administrative et financière) • Carole GUERNALEC (Directrice juridique) • Anna-Maria PLATTNER (Responsable Copyright & Royalties) • Adel KADDAR (Directeur artistique) • Sandrine RUNSER (Directrice artistique senior) • Matthieu TESSIER (Directeur artistique) • Alain PIERRON (Responsable Synchro) • Sébastien CAYLA (Responsable Synchro pub et Internationale)

Artiste(s) : Catalogue national : Caravan Palace, Christophe Maé, Oxmo Puccino, Orelsan, Shy'm, K'Maro, William Rousseau, Emmanuel Moire, Inna Modja, Booba, Granville, Clément « Animalsons » Dumoulin, Benjamin Clémentine, Greg Frite, John Watson, Karim Ouellet, Nach, Julio Masidi, Redouanne Harjane, Philippe Uminski, Emmanuelle Cosso-Merad, Fabien Cahen, Disiz, A.D, Jérôme Attal, Jamaïca, Lilly Wood and the Prick, Bruno Dandrimont, Daby Toure, Sliimy, Thomas Marfisi, Vitaa, Zaho, Felipe Saldivia, Loane, Manu Larrouy, Rodrigue Janois, Siméo, Paul Séré, Daniel Balavoine, Jacques Brel, Michel Delpech, Serge Gainsbourg, Michel Legrand, Boris Vian, Renaud, Barbara, William Sheller, Paul Misraki, David Hallyday, Ben Ricour, Concrete Knives, Elisabeth Anaïs, Isleym, Feed, Anaïs, Jean-Pierre Pilot, Pierre Jaconelli, Boogers, Angélique Kidjo, Sisi K, Skread, Benoît Dorémus, Thomas VDB, La Chanson du Dimanche, Cannibal Smith, Charles Pasi, Beataucue, Is tropical, Nx Musique, Kent, David Sztanke, Blastar, Mohand et Jérémie, Stan E etc. ; Catalogue international : Natacha Atlas, Moby, Eric Clapton, George Gershwin, Madonna, REM, Sex Pistols, Jarabe de Palo, Radiohead, Led Zeppelin, George Michael, Roger Waters, Emiliana Torrini, Michael Jackson, Red Hot Chili Peppers, Dido, The Strokes, New Order, Damien Rice, Harry Nilsson, etc. • **Catalogue(s) représenté(s)** : Vogue, Barclay, Marouani, Carrère, You You Music, Mino Music, Ray Ventura, Veranda, EPTC, Chappell, Tutti Intersong, Rcaetera, Quillz, AKA Pub, Deadline, Low Wood, Futurikon, Kitsuné, Cristal Publishing, Five Copyright Bank, les Editions Universelles, Ceci Cela, Emma Productions, Blonde Music, Ear Print, etc.

WILLING PRODUCTIONS

✆ 05 61 53 85 06
willingblue@wanadoo.fr • **www.willingprod.com**
9 rue Achille Viadieu • 31400 **TOULOUSE**

Bernard VILLENEUVE (Directeur)

Artiste(s) : Les Malpolis, Fly & the Tox, Johan Asherton, Peter Nathanson, Benoit Blue Boy, Prisca, Serge Lopez, John Doe, Eric Nemo, ARM Posse, Lone Kent, Juan Martin, etc.

WTPL MUSIC

✆ 09 83 53 94 31
bill@regainmusic.com • **www.wtpl.fr**
49 rue de Valenciennes • 59000 **LILLE**

Xavier COLLIN (General manager)

Woof Trade Publishing Limited • **Artiste(s)** : I-Che Lee & Union Square Group, Barking Dogs, Useless, Les Belles Lurettes, Jan Stého, Marcel & Son Orchestre, Obdurate, Mangoreva, Unswabbed, Didascalie, Union Square Group, Bangcock, Mud Flow, Club 8, Mondial, Willy Léger, Kayans, XToff, Tibo, Wahead, Nicolas Loconte, K-maro, Dugs, Axiom, M.A.P, Guillaume Simon, Têtard, Treize à Table, Lulu, 10 rue d'la Madeleine, Vasithy, Arbon, Les Anges Gardiens, Lezard Martien, Mad River, Felipecha, Bœuf, Stress, Rodrigue, Lole, ManiacX, Kiemsa, Marxs, Bad News Brown, Trompe le monde, Twindays, Micoe, Bat'Ker, Mahelle, Stoned Popes, Nadj, The Peas Project, Mutiny on the Bounty, The Moorings, Majid Life, Lili Road, Prisca, The Octopus, Yalta Club, etc. • **Catalogue(s) représenté(s)** : Regain d'Avance, Woof Trade Publishing Limited, T4A, Activist Music, Laborie, Effendi, Editions Essentielles, Bombers, Dadgad Music, Nubiatik Publishing, Overdose your life edition, First Publishing, Peacelounge Music

X-RAY PRODUCTION

✆ 09 54 18 21 75
xraycontact@hotmail.com • **www.bigaranx.com**
39 av. Ernest Reyer • 75014 **PARIS**

Alexandre VIZIOZ (Label manager) • Caroline GATAULT (Edition)

Artiste(s) : Biga*Ranx, Elisa Do Brasil, Mayra & Mr.Mow, Noble Society, General Levy, Papa Style et Baldas, Society

XIII BIS MUSIC

✆ 01 42 12 52 72 • fax 01 42 12 52 75
13bismusic@13bismusic.com • **www.13bis.com**
23 rue Texel • 75014 **PARIS**

Laurent DREUX-LEBLANC (Gérant)

Artiste(s) : Linkup, Diadems, Jonatan Cerrada, Houcine, J.A.H.O, Noémie Christiaens, Karine Costa, Keith Urban, Cliff Richard, Nick Lachey, Martin Kesici, Clay Aiken, Ryan Malcom, Sonya Isaacs, Camille Angel, Leann Rimes, Johnny Hallyday, Miossec, Miro, Red Fish, Guesh Patti, No Man's Land, Billy Bridge, Les Go de Koteba, Patrick Abrial, Lagony, Love Bizarre, Raoul Petite, Tango, The Ten Tenors, Jahwise, Rick James, Neal Black, Mad Pop X, Cool Water, Sham, La Confrérie, Cmp, S.Kiv, Manou, Yussef Mac Kinashita, Ahmed Soultan, Myriam Abel, Cylia, Sita, Morphin, Mickael Guerrand, sté, Faith Hill, Backstreet Boys, David Lukas, Blackpool, Freddy Carrara, Sylvain Courlay, Maxime Van Laer • **Catalogue(s) représenté(s)** : Lord Killer, Lido Paris, SEK, PA Music, L.M.C, Métisse Magique, Zoom That Records, Stone Music, To The Moon Music, Wagram, Diva Music, (AA) Paris, Alta Roca, Amro Music, Atalaja Music, Bucheron Music, Everglad Music, Flavia Music, Emcy Editions, J.A.H.O Publishing, Korrigane, MHO Records, Mozaland, By Music, Heavenly

XIII BIS PRODUCTION

✆ 01 42 12 52 72 • fax 01 42 12 52 75
13bismusic@13bismusic.com • **www.13bis.com**
23 rue Texel • 75014 **PARIS**

Laurent DREUX-LEBLANC (Gérant)

Artiste(s) : Love Bizarre, Toure Kunda, Elmer Food Beat, Mory Kante, Sylvain Stabile

YOTANKA PRODUCTIONS

✆ 02 41 05 59 57
contact@yotanka.net • **www.yotanka.net**
12 pl. Imbach • 49000 **ANGERS**

Vivien GOUERY (Directeur) • Henri-Pierre MOUSSET (Gérant) • Clarisse ARNOU (Edition & Promotion)

Artiste(s) : Zenzile, Von Pariahs, The Procussions, Versarti, Mei Tei Sho, etc.

ZAÏNE MUSIC

www.zainemusic.com
42 rue Raymond Losserand • 75014 **PARIS**

Alan LE GUERN (Gérant) • Stéphan LIPIANSKY (Responsable) • Benoît ROSSI (Responsable)

Artiste(s) : Rona Hartner, New Pretoria, Reza, Princes Chameaux, Shaka Milo, Pockett, MileStone, Porco Rosso, Transgunner, El Gafla, Ziveli Orkestar, Lacay, Les Doigts De l'Homme, Erwan Pinard, Orange Bud, Spline et la Mauvaise Herbe • **Catalogue(s) représenté(s)** : French Toast, Salamah Productions, Lamastrock, Atea Production, Kap'N'Doo, ZN production

AIM PRODUCTION

✆ **01 42 88 00 11** • fax 01 45 25 68 49
amelie.de-chassey@wanadoo.fr • **www.aim-production.com**
9 rue de la Tour • 75116 **PARIS**

Amélie DE CHASSEY (Superviseur musical)

Artist Intermediaire Multimédia • **Types de supports illustrés** : Longs metrages, TV film, documentaires, fiction radio, etc. • **Types de suivis** : Recherche musicales, obtention des droits, supervision enregistrement musique originale, depôt et suivi Sacem, sortie BOF • **Références** : « Huit femmes » de F. Ozon, « Podium » de Y. Moix, « Loup » de N. Vannier, « Olivier Twist » de R. Polansky, « Le Renard et l'Enfant » de L. Jacquet • **Autres activités** : Label (Amelie aime le Cinema), éditions (Les éditions Amelie)

ALABAMA SONG

✆ **06 62 22 05 50**
f.lherisson@gmail.com
126 rue Thiers • 92100 **BOULOGNE BILLANCOURT**

Fabien LHÉRISSON

Types de supports illustrés : Long, moyen, court métrages ; documentaire, etc. • **Types de suivis** : Production exécutive, direction artistique, casting de compositeurs, temp tracking et montage musique, recherches musicales et négociations des droits de synchronisation, préparation et direction des séances d'enregistrement et de mixage, suivi du spotting et du cue sheet, rédaction et finalisation des contrats et des dépôts Sacem • **Références** : « Akwaba » réalisé par Benoit Mariage (2012), « Le monde nous appartient » réalisé par Stephan Streker (2011), « Viva Riva ! » réalisé par Djo Munga (2010)

ALTER K

✆ **06 19 27 43 47 / 01 47 00 94 65**
info@alter-k.com • **www.alter-k.com**
75 rue de la Folie-Régnault • 75011 **PARIS**

Guillaume HEINTZMANN (Responsable) • Gilles LARDOUX (Responsable) • Olivier RIGOUT (Responsable)

Types de supports illustrés : Emissions TV, longs et courts métrages, pub TV et web, institutionnels • **Types de suivis** : Direction artistique, production, mixage, négociation des droits, clearance, édition, etc. • **Genres musicaux** : Electronique, pop, rock, world, musique de film • **Références** : Rendez-vous en Terre Inconnue (France 2), Les Nouveaux Explorateurs et Mafiosa (Canal +), Patisserie (Pernel Media, France 5), Au P'tit Bonheur la France, Sidaction, Taxi Show, etc. Lacoste, Chanel, Dior, Narta, Chantelle, Garance Doré, Marie Claire, SFR, Comptoires des Cordonniers, etc. • **Autres activités** : Editions musicales, label

AUDIO FORMATIONS

✆ **09 79 18 34 32**
contact@audiorama.org • **www.audiorama.org**
Zone d'Art • 2 rue du Rhin Napoléon • 67000 **STRASBOURG**

Bruno DE CHÉNERILLES (Chef de projet)

Genre(s) musical(aux) : Formation professionnelle continue en techniques audio et num. • **Références** : MAO sur Vubase, Logic, Ableton Live Max Msp, vidéo sur Final Cut Pro, Quartz Composer, Prise de son, stages AFDAS, etc. • **Autre(s) activité(s)** : Formation professionnelle continue techniques numériques du son et MAO

BABBAR

babbar.beatmaker@gmail.com • **www.myspace.com/babbar16**
PARIS

Genre(s) musical(aux) : Hip hop

BAM PROD/LE STUDIO ACOUSTI

✆ **01 46 33 53 30**
contact@bamprod.com • **www.bamprod.com**
54 rue de Seine • 75006 **PARIS**

Hervé LE COZ (Gérant) • Jean-Luc DANIEL (Producteur associé) • Bastien DESHAYES (Producteur associé) • Tanneguy DE VILLEMAGNE (Production-Communication)

Éditeur : BAM Publishing • **Autre(s) activité(s)** : Editions musicales, production de sons pour l'audiovisuel

Michel BENITA

✆ **01 72 40 11 61**
mb@michelbenita.com • **www.michelbenita.com**
53 rue Sadi Carnot • 93170 **BAGNOLET**

Genre(s) musical(aux) : Musiques de film et docucumentaire • **Références** : Musique du film « Un soir au club » de Jean Achache avec Elise Caron (Chant du Monde, 2009), Hilton McConnico, Hermès, CEE, BO court-métrages pour Peugeot, PSA, Pub Maggi, Renault • **Autre(s) activité(s)** : CO de jazz

CHAL CRÉATION

✆ **06 23 03 66 70**
fabrice@chal.fr • **www.chal.fr**
Chef-lieu • 73370 **BOURDEAU**

Fabrice GOGUET-CHAPUIS (Gérant / Auteur-compositeur-interprète)

Genre(s) musical(aux) : Electro, classique • **Références** : Musique pour TV : Euroconcep, pub : Vacherin Mont d'or, site web : Savoie Angels, identité sonore : Smartool-Castorama, spectacle vivant : « L'alchimiste » (d'après l'œuvre de Paulo Coelho), « L'appeau du désir » de Gérard Levoyer ; http://chal-bandesoriginales.blogspot.com/

CREAMINAL

✆ **01 43 72 42 70** • fax 01 72 70 38 92
clement@creaminal.com • **www.creaminal.com**
11 rue d'Uzes • 75002 **PARIS**

Clément SOUCHIER (Superviseur musical) • Jeanne TRELLU (Légal) • Thomas JAMOIS (Synchronisation) • Jaco ZIJLSTRA (Chef de projet)

Types de supports illustrés : Cinéma, publicité, jeux vidéo

CYBEARSONIC

✆ **01 64 35 02 83**
ask@cybearsonic.com • **www.cybearsonic.com**
565 av. du Prado • 13008 **MARSEILLE**

Didier-J. MARY

Types de supports illustrés : Publicités, films, habillages chaînes/émissions, etc. • **Types de suivis** : Brief, recommandations, sélections, juridique, direction artistique, etc. • **Genres musicaux** : Pop, dance, musiques du monde, jazz, etc. • **Références** : SNPTV, VoxAfrica TV • **Autres activités** : Production, synchronisation, communication sonore 360°, habillage et identité sonores

Riccardo DEL FRA

✆ **01 48 87 67 50 / 06 12 44 77 71**
r.delfra@free.fr • **www.riccardodelfra.net**

Genre(s) musical(aux) : Compositeur de musique de film • **Références** : Rapt (2009) ; La Raison du Plus Faible (2005) ; Jackye Bastide (2003) ; Ourasi, Le Roi Fainéant (2003) ; BO de la Trilogie : Un Couple Epatant - Cavale & Après la vie (Universal, 2002) ; Poisson de lune (Peixe-Lua) : film de José Alvaro Morais (2000), etc. • **Autre(s) activité(s)** : CO de jazz ; compositeur - en 2009 : Sky changes - Tree thrills : pour le Dave Liebman Project - commande de l'Ensemble Intercontemporain - création le 12 mars 2009 à la Cité de la Musique (direction Susanna Mälkki)

Les DISQUES SÉRIEUX

✆ **06 83 89 07 18**
les.disques.serieux@orange.fr • **claudeserieux.wordpress.com**
c/o SDM • 8 rue du Fbg Poissonnière • 75010 **PARIS**

Claude SERIEUX (Directeur artistique / Compositeur)

Types de supports illustrés : Publicité, film, événementiels, marketing spécial, sound design, jeux vidéos, etc. • **Types de suivis** : Illustration sonore, conseil et supervision musicale, synchronisation • **Genres musicaux** : Musiques électroniques

Jérôme ECHENOZ « TACTEEL »

✆ **06 68 13 05 01**
message@grandblanc.net • **www.myspace.com/tacteel**
c/o Grand Blanc • 83 av. Félix Faure • 75015 **PARIS**

Genre(s) musical(aux) : Hip hop, électro, pop • **Références** : Kenzo Parfums, Perrier-Jouët, EADS, GDF, SFR, Orange, Canal +, Arte, France 5, etc.

ECHOPLEX

✆ **06 22 48 52 00**
a33.john@gmail.com
9 av. Solvert • 13009 **MARSEILLE**

Jonathan MARTINEZ (Lead Audio Designer)

Genre(s) musical(aux) : Abstract hip hop, electro, habillage sonore, musique à l'image • **Références** : Nash, Bastwo, Xtech, FKY, Scrathacker, Audience33, etc.

EMI SYNC

✆ **01 56 55 77 77** • fax 01 56 55 70 70
www.emisoundsgood.com
118 rue du Mont-Cenis • 75891 **PARIS CEDEX 18**

Valérie ALBERT-MIGNOT (Directrice synchronisation) • Estelle PHORDOY (Responsable juridique) • Emmanuel PLANE (Chef de projet) • Leila KHELAFI (Chef de projet)

Types de supports illustrés : Longs metrages (fiction ou documentaire), pubs, séries/téléfilms, sites et campagnes pubs webs, jeux videos, etc.

FLE / CEZAME MUSIC AGENCY

✆ **01 42 22 00 68** • fax 01 42 22 04 09
contact@cezame-fle.com • **www.cezame-fle.com**
11 rue de Sèvres • 75006 **PARIS**

Frédéric LEIBOVITZ (PDG) • Fabien BERMANT (Directeur commercial) • Françoise MARCHESSEAU (Responsable de la supervision) • Gabrielle JARZYNSKI (Copyright) • Anäelle CORMIER (Conseillère musique) • Benjamin ROY (Conseiller artistique)

Frédéric Leibovitz Editeur • **Types de supports illustrés** : Ts • **Types de suivis** : Personnalisés • **Genres musicaux** : Ts • **Références** : « L'Histoire du Western » (Bo Travail), « Palestro, Algérie : l'istoire d'une embuscade » (Les Poissons Volants - Arte France), « Docteur Maure » (Image & Compagnie), « Les Enfants du Sida » (Lignes de Mire), « Cash » (Premières lignes), « Dans tes yeux » (Upside), « Hitler et Mussolini. L'Opéra des Assassins » (Artline Films), etc. • **Autres activités** : Composition de musiques originales, label et éditions

Etienne GAUTHIER

✆ **06 62 85 94 09**
contact@etienne-gauthier.com • **www.etienne-gauthier.com**
155 rue Marcadet • 75018 **PARIS**

Etienne GAUTHIER (Compositeur)

Genre(s) musical(aux) : Electro, jazz, musique de film • **Références** : France 2 « Un jour un destin », Arte, France 5

GLORIA

✆ **01 43 58 25 64**
jeffgenie@gmail.com • **www.gloria-consulting.com**
36 bd. Haussmann • 75009 **PARIS**

Hubert CORNET (Superviseur musical)

Types de supports illustrés : Cinéma, TV • **Références** : « Asterix et Obelix au service de sa majesté » (L. Tirard), « Camille Redouble » (N. Lvovsky), « Amitiés Sincères » (S. Archinard et F. Prevost Leygonie), « Ocean » (E. Laborie), « Arrêtez moi » (JP Lilienfeld), etc. • **Autres activités** : Management d'artistes

GREEN UNITED MUSIC

✆ **01 42 58 41 90** • fax 01 42 58 41 91
reach_us@greenunitedmusic.com • **www.greenunitedmusic.com**
7D Villa du Lavoir • 70 rue René Boulanger • 75010 **PARIS**

Frédéric MONVOISIN (Directeur)

Types de supports illustrés : Pub, cinéma, TV • **Références** : « Ours », « Le Placard » (Canal+, 2011-12), Weight Watchers (2012), Bledina (2011), Dior (2010), Yves St-Laurent (2009), « Nip Tuck », « Friends », « Gossip Girl », « The Black Donnellys », etc.

David GRUMEL

✆ **01 44 41 91 24**
david@davidgrumel.com • **www.davidgrumel.com**
c/o Universal Music Vision • 16 rue des Fossés Saint-Jacques
75235 **PARIS CEDEX 05**

Genre(s) musical(aux) : Electro pop • **Références** : BOF « Clara Sheller », « Rendez-vous en terre inconnue », « Mise à nu », « Inéquation », « Illuminations », pub « Renault Scenic Latitude », pub « Visa premier », pub « Ariel style », trailer série « Big Love », pub Tv « Deutsche Bahn », pub « Infinity »

HEDAYAT MUSIC

✆ **01 84 20 01 43**
hedayatmusic@gmail.com • **www.hedayatmusic.com**

Genre(s) musical(aux) : Pop, rock, RnB, rap, zouk, électro, etc. • **Références** : Star Academy, Kery James, Laure Milan, Lynnsha, Blankass, Make it with noise, Ali Angel, Trade Union, etc. • **Autre(s) activité(s)** : Réalisateur artistique

Olivier HUTMAN

✆ **01 75 57 61 90 / 06 09 07 75 03**
ohutman@club-internet.fr • **www.olivierhutman.com**
41 rue de Wattignies • 75012 **PARIS**

Genre(s) musical(aux) : Musiques de films (publicités, télé, cinéma) • **Références** : Longs métrages cinéma, fictions et documentaires TV, institutionnels, musiques de pubs. collaborations avec Bertrand Tavernier et Serge Moati, Jean-Paul Goude • **Éditeur** : Cristal Publishing - 05 46 44 96 48 • **Autre(s) activité(s)** : PI de jazz

Jacques LOUSSIER

✆ **02 54 46 82 75 / 06 84 78 21 23** • fax 02 54 46 81 27
elizabeth.note@wanadoo.fr • **www.loussier.com**
Rés. Elisabeth • 1936 **VERBIER (SUISSE)**

Genre(s) musical(aux) : Compositeur de musiques de film et télévision • **Références** : Trés abondante • **Autre(s) activité(s)** : PI de jazz

MADAME PEEL

✆ **01 48 45 77 84 / 06 61 97 45 47**
nadia@madamepeel.com • **www.madamepeel.com**
9 rue du Télégraphe • 75020 **PARIS**

Nadia CHENNA (Directrice)

Types de suivis : Gestion éditoriale • **Genres musicaux** : Tous • **Références** : Parker, Chanel, Hennessy, France 3, Givenchy, Ruinart, etc. • **Autres activités** : Edition

MARIE SABBAH AGENCY

✆ **01 40 91 68 29**
contact@masa-agency.com • **www.masa-agency.com**
Bât B5 • 65 bd du Mal Joffre • 92340 **BOURG LA REINE**

Marie SABBAH (Directrice)

Types de supports illustrés : Cinéma, TV, pub, etc. • **Types de suivis** : Artistique, technique, juridique & financier et suivi d'exploitation dont gestion éditoriale • **Genres musicaux** : Musiques de film • **Références** : Ombline, Transporter (série TV), Les Hommes de l'Ombre (série TV), Le Petit Nicolas, La Chance de ma vie, L'Arbre, Splice, etc • **Autres activités** : Agent de compositeurs

MI 56

✆ **01 84 16 03 27**
herve.defranoux@mi56group.com • **www.mi56group.com**
33 rue Stephenson • 75018 **PARIS**

Hervé DEFRANOUX (Président)

Music Intelligence 56

MODE-F PARIS

✆ **01 80 50 66 07** • fax 01 47 66 00 27
contact@mode-f.com • **www.mode-f.com**
19 rue Theodore de Banville • 75017 **PARIS**

Nano DE CLAUSEL • Alexander MAXWELL • Laurent BALLOT • Emeline PAYET

Références : Dior, Givenchy, Kenzo, Thierry Mugler, Lanvin, Dom Perignon, Louis Vuitton, Nina Ricci, etc.

MY MELODY

✆ **09 53 22 56 26**
rebecca@my-melody.fr • **www.my-melody.fr**
c/o Studio + • 18 rue Jean Aicard • 75011 **PARIS**

Rebecca DELANNET (Superviseur musical) • Astrid GOMEZ-MONTOYA (Superviseur musical)

Types de supports illustrés : Longs métrages, pub, spectacle vivant • **Types de suivis** : Direction artistique, production exécutive, gestion administrative • **Genres musicaux** : Tous • **Références** : LOL, Hollywoo, A Cœur Ouvert, Au Bonheur des Ogres, Attila Marcel, Lancôme, Nina Ricci • **Autres activités** : Production exécutive d'albums, gestion éditoriale

MYMA

✆ **01 34 12 09 90** • fax 01 34 12 09 07
info@myma-sync.com • **www.myma-sync.com**
14 av. des Cures • 95580 **ANDILLY**

Sébastien BONNEAU (Gérant associé) • Julien BONNEAU (Directeur artistique) • David KRUTTEN (Directeur artistique) • Cyril CRESPO (Copyright et développement commercial) • Etienne SALINA (Community manager)

MONTMORENCY MUSIC AGENCY • **Genre(s) musical(aux)** : Tous • **Références** : Stéphane Grapelli, Jean Wiener, Francky Vincent, Golden Gate Quartet, Chet Baker, Memphis Slim, etc.

NOODLES (SUPERVISION)

✆ **09 51 76 68 70** • fax 09 56 76 68 70
pascal@noodles-supervision.com • **noodlessupervision.blogspot.com**
16 rue Chaudron • 75010 **PARIS**

Pascal MAYER (Superviseur musical)

Types de supports illustrés : Cinéma et TV

Agence **PING PONG**

✆ **01 48 78 12 79** • fax 01 48 78 06 73
antoine@pingpong.fr • **www.pingpong.fr**
21 rue Henry Monnier • 75009 **PARIS**

Frédéric ELALOUF (Directeur) • Julie DELEANT (Promotion presse / TV / radio)

Types de supports illustrés : Publicités (télévision, radios, Internet, POS, etc), cinéma, films institutionnels, clips, web • **Types de suivis** : Recherches musicales, compositions originales de titres, gestion des droits éditoriaux • **Genres musicaux** : Musique éléctroniques, hip-hop, pop, rock, folk • **Références** : Cinematic Orchestra, Amon Tobin, Bonobo, Fink, Roots Manuva, Pop Levi, The Heavy, The Death Set, Kruder & Dorfmeister, Tosca, Urbs, Stereotyp, Peter Kruder, Hyphen Hyphen • **Autres activités** : Relations presse, relations publiques, marketing, événementiel

RECOMMANDÉ

✆ **06 85 53 69 81**
recommande@orange.fr
6 rue du Marché Popincourt • 75011 **PARIS**

Olivier BAS (Responsable)

Types de supports illustrés : TV, pub, cinéma, médias • **Autres activités** : Animateur radio. Consultant pour les maisons de disques et éditeurs

Sylvain **RIFFLET**

✆ **06 84 88 07 75**
sylvain.rifflet@free.fr • **www.sylvainrifflet.com**
19 rue du Dr Heulin • 75017 **PARIS**

Genre(s) musical(aux) : Musique de film • **Références** : BOF : « La grippe du laisser-faire »(2009), «Dernier maquis » (2008), « Sin Maíz no Hay País : les graines de la dignité » (2008) • **Éditeur** : Métisse Musique • **Autre(s) activité(s)** : SA de jazz

SAINT-CRAU

✆ **06 70 52 51 99**
www.musimix.org
c/o Musimix • 6 rue Rampal • 75019 **PARIS**

Christophe LEDUC (Responsable)

Frédéric **SANCHEZ**

✆ **01 44 54 89 54** • fax 01 44 54 89 50
studio@fredericsanchez.com • **www.fredericsanchez.com**
132 rue du Fbg St Denis • 75010 **PARIS**

Références : Rue du Mail, Calvin Klein, Prada, Mary Katrantzou, Anna Sui, Versace Couture, etc.

SCALDE

infos@scalde.com • **www.scalde.com**

Marine DE BRUYN (Manager)

Genre(s) musical(aux) : Pop, électro • **Références** : Diverses bandes originales pour court-métrages, jingles radios, illustrations musicales de sites web, remixes (Fredo Viola, Dominique A, Tahiti 80, Agoria, Pokett, Julien Ribot, Vale Poher, etc.) • **Agent** : Lucas Vionnet, Arty Farty, lucas@nuits-sonores.com • **Éditeur** : Pampa Tan Editions

SCHMOOZE

✆ **01 41 12 30 72**
info@schmooze.fr • **www.schmooze.fr**
25 rue Henri Monnier • 75009 **PARIS**

Mathieu SIBONY (Directeur / Producteur) • Grégoire GALIAN (Producteur) • Sylvain RETY (Directeur du studio) • Laura GENTILE (A&R)

Types de supports illustrés : Publicité, cinéma, court métrage • **Types de suivis** : Gestion des droits éditoriaux, composition originale avec suivi juridique, clearance de droits pour synchronisation, représentation en France du compositeur américain : Cliff Martinez • **Références** : www.schmooze.fr ou demande de showreel par e-mail info@schmooze.fr

SIXIÈME SON

✆ **01 55 43 07 07** • fax 01 55 43 07 17
www.sixiemeson.com
4 rue Scipion • 75005 **PARIS**

Michaël BOUMENDIL (Président) • Julie BATARD (Directrice de projet)

Références : SNCF, Aéroports de Paris, Royal Air Maroc, PSA Peugeot Citroën, Century 21, Brit Air, HSBC France, Michelin, EDF, etc.

SOUNDRESS

gbaurez@gmail.com • **www.soundress.com**
3 rue des Taillandiers • 75011 **PARIS**

Guillaume BAUREZ (Directeur artistique) • Romain PASCAL (Chef de projet)

Types de suivis : Production musicale, conseil artistique, sound design, synchronisation

Les **SUPERVISEURS**

✆ **06 98 98 05 10**
superviseur@lessuperviseurs.com • **www.lessuperviseurs.com**
45 rue de Maubeuge • 75009 **PARIS**

Arnaud BOIVIN (Gérant / Superviseur musical)

Types de supports illustrés : Film (court, moyen, long métrage), téléfilm, documentaire, émission TV, pub, corporate • **Genres musicaux** : Tous • **Références** : « Two Days In New-York » de Julie Delpy, « Manipulations » de Laurent Herbiet, « Le Chant Des Sirènes » de Laurent Herbiet, « Adieu De Gaulle Adieu » de Laurent Herbiet, « The Silent Army » de Jean Van de Velde, « Relentless » d'Andy Okoraofor, « Yellow Bird » de Rodolphe Pauly

UNIVERSAL MUSIC VISION

✆ **01 44 41 94 00** • fax 01 44 41 94 01
www.universalmusic.fr
Service Vision • 20/22 rue des Fossés St-Jacques • 75235 **PARIS CEDEX 5**

Eric MICHON (Directeur UMV) • Charles-Henri DE PIERREFEU (Responsable Synchro) • Roland MONCORGER (Chef de projet Films & TV) • Nicolas FREIDENBERG (Chef de projet Synchro pub) • Christine CATHERIN (Chef de projet Films & TV) • Aline VILLAIN (Coordinatrice Administration & Juridique Films & TV)

ALSACE

DEAF ROCK STUDIO

✆ **09 53 89 62 15**
studio@deafrockrecords.com • **www.deafrockstudio.com**
15 rue du Fbg de Saverne • 67000 **STRASBOURG**

Julien HOHL (Label manager)

Studio d'enregistrement • **Cabine(s) technique(s)** : 4 • **Console** : Nuendo 4 UAD2 Nevana 128 + plugins • **Magnétophone** : Pro Tools 9, Cubase 4 • **Références** : Plus Guest, Electric Suicide Club, Colt Silvers, Enneri Blaka, Chapel Hill, Catewa, 1984, Keys and Promises, Lyre le Temps • **Mastering** : Oui • **Tarifs** : 300 € TTC

DOWNTOWN STUDIOS

✆ **03 88 61 25 80 / 06 30 28 68 89**
houbre@orange.fr
1 rue Bernegger • 67000 **STRASBOURG**

Didier HOUBRE (Président)

Studio d'enregistrement • **Cabine(s) technique(s)** : 4 (20, 2x30 & 40 m2) • **Plateau(x)** : 8 (3x10, 2x20, 2x30, 50 m2) • **Console** : Focusrite C24 (x2), Trident Trimix, DDA AMR24 • **Magnétophone** : Pro Tools (HD1/HD3/HDX/LE), convert. Apogee AD 8000 (x6), Digidesign 96 (x2), Metric Halo • **Références** : Ahmad Jamal, Enge, Inhumate, La Fanfare du Pétard, Ozma, Weepers Circus • **Mobile** : Oui • **Mastering** : Oui • **Tarifs** : Sur devis

MDDP

✆ **03 88 84 64 62**
studiomddp@gmail.com • **www.mddp.net**
4 rue des Fleurs • 67120 **WOLXHEIM**

Florian DAMOUR (Réalisateur artistique)

Musique Design Damour Productions • *Studio d'enregistrement* • **Cabine(s) technique(s)** : 3 • **Console** : Digidesign C24 • **Magnétophone** : Pro Tools HD3, Logic Studio 9 • **Références** : Arte, France 3, etc. • **Mastering** : Possible • **Tarifs** : 350 €/j.

STUDIO DE LA PASSERELLE

✆ **06 07 94 03 63**
musicsystemes@wanadoo.fr
Parc d'activités La Passerelle • 68190 **ENSISHEIM**

Jacques BELZUNG (Ingénieur du son)

Studio d'enregistrement • **Cabine(s) technique(s)** : 1 • **Plateau(x)** : 1 • **Console** : Soundtcraft 2400 avec automation • **Magnétophone** : Digital Perf, 2x Motu 1296, Motu 896 • **Tarifs** : 50 €/h

TITRE A

✆ **03 88 95 79 34 / 03 88 95 78 40**
titrea@club-internet.fr • **www.titrea.net**
14 rue des Peupliers • 67880 **KRAUTERGERSHEIM**

Paul GLAESER (Directeur) • Frédérique ZOLTANE (Directrice artistique) • Patrick JAYMES (Directeur artistique) • Pierrick MARTINEZ (Designer, illustrateur) • Anne BALTA (Coach vocal)

Studio d'enregistrement • **Cabine(s) technique(s)** : 4 • **Plateau(x)** : 4 • **Console** : 3 CONS Tascam (total 72 entrées) avec automation, CONS Yamaha (40 voies), surface de contrôle 24 • **Magnétophone** : 2 x 24 pistes sur 2 Mac G4, Mac G5 quad, Pro Tools HD3, Control 24 DigiDesign • **Références** : France Inter (Rien à cirer), TF1, France 2, Christophe O'Neil, Frédérique Zoltane, M10, Adès, Wagram, Forlane, Buffalo Grill, Corsair, Les Dagobert, Camping Orchestra, Harmonia Mundi, Warner, Sony, EMI, ULM, Universal • **Tarifs** : Sur devis, toujours au forfait

Studio de mastering • **Matériel(s) utilisé(s)** : Pro Tools HD (4 studios), Avalon, Logic • **Tarifs** : 29 € HT/h • **Références** : Universal, Sony, Warner, Wagram, EMI, ULM, Harmonia Mundi

AQUITAINE

A/D MASTERING

✆ **06 85 43 47 09** • fax 05 57 59 14 18
a.dmastering@free.fr • **www.admastering.net**
12 pl. de La Victoire • BP 90 • 33037 **BORDEAUX CEDEX**

Stéphane TEYNIE (Responsable)

Studio de mastering • **Matériel(s) utilisé(s)** : Sonic Solution, Avalon, TC Electronic, Pro Tools, Dynaudio, Lucid Technology, SPL, Studer, Adam, Lexicon, Sony, Cambridge Audio, etc. • **Tarifs** : Sur devis • **Références** : WEA, Virgin, Vicious Circle, Platinum Records, Alienor, Travaux Public, + de 200 masters en indépendant, etc. • **Formats acceptés** : Tous formats

Studio ALTER NOTES

✆ **05 56 78 77 67**
contact@altenotes.com • **www.alternotes.com**
36 route de Cenac • 33880 **ST CAPRAIS DE BORDEAUX**

Bruno MENAGER (Gérant)

Studio d'enregistrement • **Cabine(s) technique(s)** : 2 (12 et 30 m2) • **Plateau(x)** : 2 (40 et 100 m2) • **Console** : DDA avec automation 96 in • **Magnétophone** : Pro Tools 10 • **Références** : Placido Domingo, Raphaël Fays, Nilda Fernandez • **Mobile** : Oui • **Mastering** : DAT, PC, Mac, traitements analog. • **Tarifs** : Sur devis

Studio AREMA ROCK ET CHANSON

✆ **05 57 35 32 33**
studio@rocketchanson.com • **www.rocketchanson.com**
181 rue François Boucher • 33400 **TALENCE**

Pascal RICARD (Régisseur son)

Association d'expression musicale en Aquitaine • *Studio d'enregistrement* • **Cabine(s) technique(s)** : 1 (45 m2) • **Plateau(x)** : 3 (30, 16, 5 m2) • **Console** : Control 24, préAMP • **Magnétophone** : Pro Tools HD2 • **Références** : Les Frères Brothers, M. Manring, Y. Carbonne, D. Di Piazza, Empalot, M. Gaynor, Jean Fontanille • **Mobile** : Live (24 p. num.) • **Mastering** : Oui • **Tarifs** : Prise live (160 € /j.), multipistes (200 € /j.)

L'ATELIER

✆ **06 89 61 82 60**
contact@cedricmoulie.fr • **www.cedricmoulie.fr**

Cédric MOULIÉ (Réalisateur / Arrangeur / Musicien)

Studio d'enregistrement • **Cabine(s) technique(s)** : 1 • **Console** : Pro Tools sur Digi 03 • **Références** : Sorel, Béranger, Douady, Le Manège Grimaçant, Duo Grim, Le Road Movie Cabaret, Daguerre, Cali, Francis Cabrel • **Mobile** : L'Atelier Nomade • **Mastering** : Oui

Studio BERDUQUET

✆ **05 56 20 67 89 / 06 72 08 53 79**
serge@berduquet.com • **www.berduquet.com**
8 allée de Berduquet • 33360 **CENAC**

Serge DEUERLING (Ingénieur du son / studio manager)

Studio d'enregistrement • **Cabine(s) technique(s)** : 4 (12, 15, 25 & 50 m2), régie (40 m2) • **Console** : Neve V2 (48 channels) • **Magnétophone** : Pro Tools HDX • **Références** : Pendentif, Joss Stone, ZedVan, Ramdam, Fred Borey, Voices of Praise, Les Gosses de la Rue, Edgar, As de Trèfle, Juan Carlos, Rendez Vous, Tom Frager, Bastian Saez, etc.

GLOBE AUDIO MASTERING

✆ **05 57 95 61 39 / 06 08 75 10 14** • fax 05 57 95 61 51
globe-audio@wanadoo.fr • **www.globe-audio.com**
79 rue Pelleport • 33800 **BORDEAUX**

Alexis BARDINET (Ingénieur de mastering) • Benjamin WEBER (Ingénieur de mastering) • Bertrand REBOULLEAU (Directeur technique)

Studio de mastering • **Matériel(s) utilisé(s)** : 1 cabine stéréo et multicanal, 1 cabine stéréo, 1 cabine transfert & editing • **Tarifs** : 80 à 110 € HT/h • **Références** : Michel Jonasz, J.-L. Murat, Noir Desir, Cocoon, BB Brunes, Youssou N'Dour, Tiken Jah Fakoly, Mademoiselle K, Michel Legrand, etc. • **Formats acceptés** : WAVE & AIFF (jusqu'à 24/192), bandes analog. 1/4 & 1/2 p.

HESAT RECORDINGS

✆ **06 61 32 64 22**
hesat33@yahoo.fr • **www.hesat.fr**
380 av. de la Libération • 33110 **LE BOUSCAT**

Jean-Baptiste CALLUAUD (Directeur / Ingénieur du son)

Studio de mastering • **Matériel(s) utilisé(s)** : 2x TBX num. Sony DMX-R100 48 channels full automation, comp. Universal Audio 2-1176, préAMP (SSL, Focusrite, UA), Cubase 7 • **Tarifs** : 130 €/j. (prise de son, mixage, mastering) • **Références** : April, In Veins, The Furs, Be Quiet, CCW, Erick Manana, Terre Mer Bleu, etc. • **Formats acceptés** : Wav 24 bits

LAGUNA RECORDS

✆ **05 59 43 72 00**
info@lagunarecords.fr • **www.lagunarecords.fr**
25 rue de la Négresse • BP 214 • 64205 **BIARRITZ CEDEX**

Xabi PELLARINI (Ingénieur du son / Studio manager)

Studio d'enregistrement • **Cabine(s) technique(s)** : 1 (30 m2) • **Plateau(x)** : 1 (50 m2) • **Console** : Digidesign C24 • **Magnétophone** : 3M Analog, Pro Tools HD2, M6000, etc. • **Références** : Labels : Universal, Agorila, Barclay, Island, Mercury, Virgin ; artistes : Bernard Lavilliers, Jean-Louis Murat, Oldarra, No One is Innocent, Fermin Muguruza, Root' System, etc. • **Mobile** : Oui • **Tarifs** : Sur devis

Studio de mastering • **Matériel(s) utilisé(s)** : Pro Tools + plugins, Avalon (stéréo comp.), Focusrte (EQ+préAMP), DBX (stéréo comp/limiter), TC M6000, écoutes (Genelec 1031, FARDW 80 + Mackie HR824, Avantone) • **Tarifs** : 43 € HT/h • **Références** : + de 300 LP • **Formats acceptés** : Tous (envoi via FTP possible)

Le PHARE / AUDIO PRO

✆ **05 57 92 94 00** • fax 05 56 47 83 66
lephare@audiopro.fr • **www.audiopro.fr**
ZI Le Phare • 13 av. Gustave Eiffel • 33700 **MERIGNAC**

Fabrice VELLA (Gérant) • Frédéric FOULQUIER (Ingénieur du son)

Studio d'enregistrement • **Cabine(s) technique(s)** : 1 (25 m2) • **Plateau(x)** : 3 (34, 10, 10 m2) • **Console** : Digidesign D-Command 24 faders • **Magnétophone** : Pro Tools HD3, Tascam MX2424 • **Références** : Les Frères Brothers, Fred Batista, Oversoul, Nihil, Zombie Eaters, Psykup, The Automators, Idiograme, Wolfunkind, etc. • **Mobile** : Oui • **Tarifs** : 280 €/8h à 360 € HT suivant config. avec ingé du son, forfaits possibles

PROSYSTEM STUDIO

✆ **05 53 07 21 12**
prosystem@libertysurf.fr
Tamiserie Haute • 24460 **CHATEAU L'EVEQUE**

Patricia TROMBERT (Manager) • Jean-Paul TROMBERT (Ingénieur du son)

Studio d'enregistrement • **Cabine(s) technique(s)** : 1 • **Plateau(x)** : 2 • **Console** : Tascam M15B • **Magnétophone** : Pro Tools TDM Mix4 • **Références** : Hot Gang, Origins, B. Roy, Augustin Ganimède, Isa, 19th Street Red, Rhamsa, Angie Palmer, Talk That Talk, Guest Society, etc. • **Mobile** : Oui • **Mastering** : DAT, CD, MD DVD, CDR • **Tarifs** : Sur devis

Studio ROBY

✆ **05 59 41 15 88**
studioroby@wanadoo.fr • **www.nushockmusic.com**
981 av. de Biarritz • 64210 **BIDART**

ROBY (Conceptions publicitaires)

Studio d'enregistrement • **Cabine(s) technique(s)** : 1 • **Plateau(x)** : 2 • **Console** : Midas • **Magnétophone** : Cubase 5/6,5/7 (24 bits, 192 kHz)/ Nuendo • **Mobile** : Oui • **Mastering** : Wavelab, Soundforge, Station UAD

Studio de mastering • **Matériel(s) utilisé(s)** : Wavelab, Soundforge, Station « UAD », CONS Amek BCII • **Formats acceptés** : Mp3, WAV, AIFF, OGG

SPHÈRE STUDIO

✆ **05 53 03 25 06**
info@sphere-france.com • **www.sphere-studio.com**
La Peletie • Lieu-dit Miossac • 24260 **MAUZENS ET MIREMONT**

Pascal ESCOYEZ (Directeur) • Valérie ESCOYEZ (Chargée de projets)

Studio d'enregistrement • **Cabine(s) technique(s)** : 1 (20 m2) • **Plateau(x)** : 1 (220 m2) • **Console** : 2 Sony DMX-R100 + Tascam DA-88/RC-848/DA-40 • **Magnétophone** : Pro Tools HDx2 • **Références** : Zazie, Wendy Nazaré, Eric Stewart, Jessica Marquez, Amélie Morin, Marka, etc. • **Tarifs** : Sur devis

VIRTUAL STUDIO

✆ **06 13 44 64 64**
direction@vstudio-fr.com • **vstudio-fr.com**
9 ch. des Rousseaux • 33390 **CARTELEGUE**

Gérard MURILLO (Directeur)

Studio d'enregistrement • **Cabine(s) technique(s)** : 1 • **Plateau(x)** : 1 • **Console** : Yamaha DM 2000, Yamaha 02R 96, Behringer MX9000, automation sur DDX3216 • **Magnétophone** : Adat, DtD Cubase SX • **Références** : Mlle Julie, Daunis, Mc Pherson, L'été sera show, Sébasto, Chœurs de Guyenne, Stephen K, Lord Byron, Mudo, etc. • **Mobile** : Oui • **Mastering** : Prémastering, DAT, CDR, DVD • **Tarifs** : Sur devis

AUVERGNE

BASALTE STUDIO

✆ **09 51 21 60 64 / 06 69 26 08 72**
info@basalte-studio.com • **www.basalte-studio.com**
81 ter av. Jean Noëllet • 63110 **BEAUMONT**

Simon CAPONY (Gérant)

Studio de mastering • **Matériel(s) utilisé(s)** : GML 2030/9500, Maselec MLA3/MLA2/MEA2, Crane Song HEDD192, Pendulum PL2, Avalon AD2055, Flux :, Waves MAXXBCL, Lavry Engineering LE3000S, Universal Audio UAD2, Metric Halo LIO, SSL X-Patch, Lynx Aurora, Antelope Audio Trinity, Focal Twin6, Focal Solo6, Adam SUB2100, Venus Acoustic • **Tarifs** : Sur devis • **Références** : 7Weeks, The Elderberries, Stone blind Woman, OMMM, La Position Du Tireur Couché, The Délano orchestra, Garciaphone, St Augustine, etc. • **Formats acceptés** : Wave, Aiff, SD2 (44100, 48000, 88200, 96000 Hz - 24/32 bit)

Studio BLATIN

✆ **04 73 34 12 30** • fax 04 73 34 96 20
studioblatin@wanadoo.fr • **www.studioblatin.fr**
69 rue Blatin • 63000 **CLERMONT FERRAND**

Paul DUMAS (Directeur)

Studio de mastering • **Matériel(s) utilisé(s)** : Sonic Solution, Pyramix • **Tarifs** : Sur devis • **Références** : Vocci Da Capella, Orchestre d'Auvergne, Steve Waring, Patrick Koclaym, La Fabrique, Domino, etc. • **Formats acceptés** : DAT, MD, bande 1/4 p., CD

Studio d'enregistrement • **Cabine(s) technique(s)** : 2 (30 m2) • **Plateau(x)** : 1 (40 m2) • **Console** : Tascam M700 avec automation, Yamaha DM2000 • **Magnétophone** : MX 2424, Pyramix • **Références** : Leader Vocal, Black Chantilly, S. Waring, Voce Da Cappela, Big Band Turquoise, KDD, Fabe, La Fabrique • **Mobile** : Oui • **Mastering** : 1/4, DAT, CDR, Sonic Solution, Pro Tools, Pyramix • **Tarifs** : 380 à 488 € TTC/j.

COCOON STUDIO

cocoonstudio63@gmail.com • **www.myspace.com/cocoonstudio**
11 rue Anne de Beaujeu • 63100 **CLERMONT FERRAND**

Yann LAVOCAT (Ingénieur du son)

Studio d'enregistrement • **Cabine(s) technique(s)** : 1 (régie fixe et mobile) + 1 pièce de prise • **Console** : Yamaha 02R avec automation • **Magnétophone** : Pro Tools TDM 24 5.1 • **Références** : Les Tambours du Bronx, Cie Metalovoice, Les Farfadas, Anna Marhad, Eugène FRA, Festival Pamparina, OMP, Michiko 66, L'Orchestre du grand ordinaire, Human Fly, Punishment Park, Boris Shot Kewitz, etc. • **Mobile** : Oui • **Tarifs** : Sur devis

Studio de mastering • **Matériel(s) utilisé(s)** : Convert. Apogee AD1000, Drawmer 1960, TC Master X, Eq Waves Renaissance, Bomb Factory Pultec Eq, GRM Eq Mix, Ecoutes Dynaudio BM15 A, NS10, Wave Burner Pro Mastering • **Tarifs** : Forfait • **Références** : Les Tambours du Bronx, Cie Metalovoice, Les Farfadas, Anna Marhad, Eugène FRA, Festival Pamparina, OMP, Michiko 66, L'Orchestre du grand ordinaire, Human Fly, Punishment Park • **Formats acceptés** : WAV, SDII, AIFF, 44.1 ou 48K, 16/24 bits (pas MP3)

Studio ELDORA PRODUCTIONS

✆ **06 21 64 45 97**
j.p.chauvet@eldora-productions.fr • **www.eldora-productions.fr**
Le Paleau • 03370 **COURCAIS**

Jean-Pierre CHAUVET (Ingénieur du son) • Guillaume CHAUVET

Studio d'enregistrement • **Cabine(s) technique(s)** : 1 (15 m2) • **Plateau(x)** : 3 (60 m2) • **Console** : Amek/Neve Mozart • **Magnétophone** : Tascam • **Références** : Nombreux groupes régionaux et nationaux, musiques de film, théâtre • **Mobile** : Oui • **Mastering** : Oui • **Tarifs** : Sur devis

MC STUDIO PRODUCTION

✆ **06 81 09 95 17**
mathias.chaumet@gmail.com • **www.mc-studio-prod.com**
Le Bourg • 43230 **LA CHOMETTE**

Mathias CHAUMET (Responsable / Ingénieur du son)

Studio d'enregistrement • **Cabine(s) technique(s)** : 2 (87 & 9 m2) • **Console** : Amek Rembrandt 56 tranches 112 en mix, automation supertrue 3.1 • **Magnétophone** : Pro Tools HD3, Tascam 24 piste à bande • **Références** : La Cafetera Roja, Jim Yamouridis, La Maison qui tient chaud, Sabaly, Nemo, Loopzilla • **Mastering** : Oui • **Tarifs** : 420 € TTC/j.

MUSIC PARTNERS ORGANISATION/ LCDLP COMBRAILLES

✆ **04 73 69 75 42** • fax 04 73 93 03 52
musicpartnersorganisation@wanadoo.fr
8 rue de la Petite Garde • 63960 **MONTON**

Jean-Pierre MARTIN (Ingénieur du son (groupe ANGE))

Studio d'enregistrement • **Plateau(x)** : 1 (42 m2) • **Console** : Presonus 32, Sony DMX R100 Digital, Pro Tools 2010 • **Magnétophone** : Fostex 16 p, DtD 32 p x2 • **Références** : Groupes locaux RnB et rock 70's, Ange • **Mobile** : Oui • **Mastering** : DAT, CD, MD, K7 • **Tarifs** : 250 à 500 €/j. TTC, forfait

Studio **PALISSY**

✆ **04 73 45 18 08** • fax 04 73 93 96 13
studiopalissy@sfr.fr • **www.studiopalissy.fr**
ZA de l'Artière • 19 rue Bernard Palissy • 63110 **BEAUMONT**

Annick CLAVAIZOLLE (Gérante)

Studio d'enregistrement • **Cabine(s) technique(s)** : 1 • **Plateau(x)** : 1 • **Console** : Audient ASP 8024 (36 voies) • **Magnétophone** : Digidesign, Pro Tools HDX, conv. Lynx Aurora 16 x2, préAMP/périph. (Neve, API, Avalon, Lexicon, Amek, Studer, Summit, Empirical Labs, UA, Sony, etc.) • **Références** : The Elderberries, Zak Laughed, Eric Harland, Marcel Azzola, Marlon Simon, Le Comité, Walter Smith III, Babayaga, Botibol, Kill the Young, Kutu Folk Records, PG Project, Stephan Rizon, You and You • **Mobile** : Oui • **Mastering** : Oui • **Tarifs** : 360 € HT/j. avec ingé, 200 € HT/j. sans ingé

Studio **S.O.N**

✆ **04 71 05 90 99 / 06 23 05 00 72**
studioson43@orange.fr • **www.myspace.com/studioson43**
Plaine de Rome • 7 route de la Météo • 43000 **AIGUILHE**

Franck LHERMET (Ingénieur du son)

Studio d'enregistrement • **Cabine(s) technique(s)** : 1 (16 m2) • **Plateau(x)** : 2 (16 & 32 m2) • **Console** : DDA QII 36/16/3, Neve 5465 16/4/2/1, Soudcraft GB2R 16/2 (X3) • **Magnétophone** : Tascam X-48, DA-38, DV-RA1000HD • **Références** : Mr. Probe Bruno Nelissen, Marieke Berendsen, Tom'A, Vincent Bucher, Claude Bolling Big Band, Valérie Cicco • **Mobile** : Oui • **Mastering** : Oui • **Tarifs** : Sur devis

SCÈNE & STUDIO SARL

✆ **04 70 98 30 06 / 06 07 27 08 39** • fax 09 59 53 89 29
info@scene-studio.com • **www.scene-studio.com**
47 av. Doumer • 03200 **VICHY**

Gérard FAYET (Gérant)

Studio d'enregistrement • **Cabine(s) technique(s)** : 3 (10, 20, 40 m2) • **Plateau(x)** : 2 (70, 20 m2) • **Console** : Yamaha M7CL, D8B Mackie • **Magnétophone** : Tascam DA 88, Pro Tools HD, Logic Audio • **Références** : Artistes régionaux et nationaux • **Mastering** : DAT, CD, DVD • **Tarifs** : /h ou /j.

SOPHIANE PRODUCTIONS

✆ **04 73 45 18 12 / 06 07 80 53 52** • fax 04 73 93 96 13
sophianeprod@gmail.com • **www.sophiane.net**
8 av. du Pont • 63800 **COURNON D'AUVERGNE**

Annick CLAVAIZOLLE (Gérante)

Studio d'enregistrement • **Cabine(s) technique(s)** : 2 • **Console** : Lafont Producer 40 voies, automation Optifile • **Magnétophone** : Pro Tools HD3, interface 192 i/o x2, RME x3, Mac G5 bi-pro • **Références** : The Elderberries, Kandid, Zadig, Fab Foundation, JL Brouillon, Elisa Tovati, Carlosound, Cocoon, Zak Laughed, Daniel Darc, Bashung, Stephan Rizon, You And You', Julien Estival, etc. • **Mobile** : Oui • **Mastering** : Oui • **Tarifs** : Sur devis

BASSE-NORMANDIE

Studio **AMA**

✆ **02 31 44 30 10** • fax 02 31 41 30 10
asso-ama@hotmail.fr
24 rue des Sherbrooke • 14610 **VILLONS LES BUISSONS**

Thomas DELANNET (Technicien son)

Studio d'enregistrement • **Cabine(s) technique(s)** : 1 (12 m2) • **Plateau(x)** : 1 (15 m2) • **Console** : Yamaha 02R • **Magnétophone** : Tascam MX 24/24, préAMP Presonus, Focusrite • **Références** : La Tchoucrav', Anne Flore, Riff Raff, Macadam Bumper's, etc. • **Mastering** : DAT, CD-R • **Tarifs** : 40 €/h avec ingé son + côtisation 30 €/an/mus.

BIG WALTER

✆ **06 84 81 74 45**
gael@bigwalter.com • **www.bigwalter.com**
Maison Flora Tristan • 33 rue de Bougainville
50130 **CHERBOURG-OCTEVILLE**

Studio d'enregistrement • **Console** : Yamaha 01V96, Joemeek OneQ, Trident, Yamaha LS9 - 32 • **Magnétophone** : PréAMP (Universal Audio, SSL XLogic Alpha, Presonus), convert. (SSL XLogic Alpha Link) • **Références** : Ah Why !, Yann Porée, Valérie Le Juez, Sugartown Cabaret, Baldrigann, live A fond d'cale, Magène, Les marins du Cotentin, Gaviotta, etc. • **Mastering** : T-Racks • **Tarifs** : 30 €/h.

DRS

✆ **02 31 71 10 32** • fax 02 31 71 10 31
info@atech-atl.com • **www.atech-atl.com**
c/o Atech • 141 rue de Lormelet • Rives de L'Odon • 14790 **MOUEN**

Jean-Marie ROUSSEL (Directeur technique) • Valérie LEROUX (Secrétaire)

Studio d'enregistrement • **Plateau(x)** : Captation live sur site • **Console** : Soundcraft VI.4, Sony DMX R100 option Madi, Yamaha DM1000, DM2000, O1V96 • **Magnétophone** : Pro Tools 8 HD3, Pyramix • **Références** : Youssou N'Dour, Dee Dee Bridgewater, Michel Portal, Juliette, Louis Winsberg, Sonic Youth ; Printemps de Bourges, Route du Rock, Festival Rock en Seine, Universal ; émissions musicales : Arte, Visual TV (Grand Journal, live U2, AMP, concert 3D Julien Clerc) • **Tarifs** : Sur devis

Le **HAMEAU**

sergei@lehameau.fr • **www.lehameau.fr**

Sergeï BALMAYER • Solange GELBLAT

Studio d'enregistrement • **Cabine(s) technique(s)** : 2 • **Plateau(x)** : 4 • **Console** : A : API (40 à 48 In), 12 tranches de P.A. externes (Chandler, Dw Fearn, Helios, Millenia), 8 à 10 tranches d'EQ externes, 20 à 24 tranches de comp. / dynamiques ; B : API 1608 en 8 à 16 voies (sur demande suivant dispos), 4 à 6 tranches de P.A. externes (Chandler, Dw Fearn), 2 à 4 tranches d'EQ externes • **Références** : Izia, Granville, Bertrand Belin, Mesparrow, La Femme, Concrete Knives, Kaolin, Peaks, Daphné, Ben Ellis, Yalta Club, Madjo, Volo, Christine • **Tarifs** : B : Forfait 6j. /5 nuits à 1 590 € HT avec hébergement de 2 pers. inclus, hors assistant ou ingé si nécessaire

Studio **MALTESS**

✆ **06 70 84 03 51**
studiomaltess@yahoo.fr • **www.ludovicformentin.fr**
48 rue Gaston Lamy • 14120 **MONDEVILLE**

Ludovic FORMENTIN (Responsable / Ingénieur son / Compositeur / Arrangeur)

Studio d'enregistrement • **Cabine(s) technique(s)** : 2 (5, 10 m2) • **Plateau(x)** : 1 • **Console** : Yamaha 12 in/6 out • **Magnétophone** : Mac G5 Bipro, Macbook Pro • **Références** : Brent Spar, Youss Benda, Pascal Periz (ex Pow Wow), Sophie Lefetey, Stéphane Auvray, CLO, L'Antite, Nathalie Drey, Casilda, Triste Tropique, Yannick Delahaye, Ramses • **Mastering** : JBL Hi Fi, T-Racks Suite Mastering • **Tarifs** : 30 €/h, 100 €/mi-journée, 180 €/j.

MELODY MUSIC

✆ **02 31 85 71 22 / 02 31 50 27 72** • fax 02 31 86 66 32
melodymusic@orange.fr • **www.melody-music.fr**
36 av. du 6 juin • 14000 **CAEN**

Joël ROUSSEL (Directeur) • Isaac AZOULAY (Ingénieur du son) • Frédéric DAVID (Ingénieur du son)

Studio d'enregistrement • **Cabine(s) technique(s)** : 1 • **Plateau(x)** : 35 m2 + 20 m2 • **Console** : Yamaha O2R96, Pro Tools 24 mix+ • **Magnétophone** : Adat, DtD • **Références** : E. Bex, Les Rapetou, Papaq, D. Libman, Eniotna, Positive Radical Sound, Mes Souliers sont Rouges, musique pour J. Leblanc, Plan de Rome, etc. • **Mobile** : Oui • **Mastering** : Oui • **Tarifs** : 450 €/j.

Studio **PICKUP**

✆ **02 50 65 45 92**
corinne@studio-pickup.com • **www.studio-pickup.com**
8 rue Michel Cabieu • Port de Plaisance • 14000 **CAEN**

Olivier LEGOUPIL (Ingénieur du son) • Corinne CHATELAIN (Responsable)

Studio d'enregistrement • **Cabine(s) technique(s)** : 3 (8, 11 & 21 m2) • **Plateau(x)** : 1 (38 m2) • **Console** : Euphonix CS 2000 56 pistes, M6000 TC Electronic • **Magnétophone** : Oui • **Références** : Kim Novak, Mes Souliers sont Rouges, Imbert Imbert, Concrete Knives, Witch Doctors, Chocolate Donuts • **Mobile** : Oui • **Tarifs** : Sur devis

Studio de mastering • **Matériel(s) utilisé(s)** : CONS Euphonix CS2000, TC Electronic M6000, Sonic Solutions Sound Blade, Pro Tools HD2, monitoring (Dynaudio, Focal) • **Tarifs** : 55 €/titre, 40 €/titre si enreg. et/ou mixage au Studio Pickup, forfait 40 €/titre dès 12 titres • **Références** : Universal, Kim Novak, Mes Souliers sont Rouges, Jesus Christ Fashion Barbe, Witch Dostors, etc.

SARL SCOP

✆ **09 51 04 92 09**
contact@lehangaraprod.com • **www.lehangaraprod.com**
26 rue du Gal de Gaulle • 50110 **TOURLAVILLE**

Romuald OURSELIN (Gérant / Technicien) • Delphine MOYTIER (Accueil)

Studio d'enregistrement • **Cabine(s) technique(s)** : 2 • **Plateau(x)** : 2 • **Console** : Station Apple, Studio Master analog. 32/16/8 série 2 • **Magnétophone** : Cubase 6 et Pro Tools 9 + plugs-in • **Mobile** : Oui • **Mastering** : Oui • **Tarifs** : 160 €/8h

STUDIO DE LA SOULEUVRE

studiodelasouleuvre@yahoo.fr • **www.facebook.com/studiodelasouleuvre**
13 rue des Teinturiers • 14000 **CAEN**

Antony JOSSE (Gérant)

Studio d'enregistrement • **Cabine(s) technique(s)** : 3 • **Plateau(x)** : 1 • **Console** : Plus XXX customisé • **Magnétophone** : Pro Tools HD3 w/ waves SSL, Sonnox, Altiverb, Melodyne, Mc DSP, Slate Digital plugins • **Références** : Headcharger, Taint, Karysun, Guns Of Brixton, Hell Burns Away, The Repeaters, Concrete Knives, Hot Rod 56, Hebus, etc. • **Mastering** : Oui • **Tarifs** : 28 €/h

BOURGOGNE

AMA MUSIQUE ET ART

✆ **09 51 00 85 42**
papproduction@aol.com • **amamusique.com**
47 rue du Fbg Perpeuil • 21200 **BEAUNE**

Pierre-Alexandre PETIOT (Directeur)

Studio d'enregistrement • **Cabine(s) technique(s)** : 1 • **Console** : Yamaha O2/R, Yamaha 01/V96 • **Magnétophone** : MAC G5, Pro Tools, CONS Digi003, Cubase 5x • **Références** : Pub Renault, Gil Evans, Conseil général de Bourgogne, etc. • **Tarifs** : Sur devis

Studio ARTDAM

✆ **03 80 67 08 61** • fax 03 80 66 52 95
studio@artdam.asso.fr • **www.artdam.asso.fr**
7 rue du Pr. Louis Neel • 21600 **LONGVIC**

Yannick HERVE (Responsable)

Agence culturelle et technique • *Studio d'enregistrement* • **Cabine(s) technique(s)** : 1 (21 m2) • **Plateau(x)** : 1 (80 m2) • **Console** : Focusrite, préAMP Avalon, Neve • **Magnétophone** : Pro Tools HD3 • **Références** : Djivilli Quartet, Sybiel, Bratsh, Flying Donuts, Y. Jamait, Voss, etc. • **Mobile** : Oui (32 p. num.) • **Mastering** : Oui • **Tarifs** : 200 € HT/j. (sem.)

L'ATELIER DU SON

✆ **06 80 42 49 77**
atelier.du.son@free.fr • **www.atelier-du-son.com**
6 rue du Musigny • 21000 **DIJON**

Eric MOUTOT (Ingénieur du son)

Studio d'enregistrement • **Cabine(s) technique(s)** : 2 • **Console** : Studer 962, Studer 962, Sonosax SXM32 • **Magnétophone** : HD24, convert. Apogee • **Références** : Warner, Universal, Propergol, etc. • **Mobile** : Captation Neumann AES42 et analog. • **Mastering** : Finalizer, Universal Audio, etc. • **Tarifs** : Sur devis

KAISER STUDIO

✆ **03 85 87 11 89** • fax 03 85 87 02 90
kaisernova@aol.com • **www.novaexpressrecords.com**
Demeure du Levant • 21 ch. des Carrières • 71150 **CHAGNY**

Jean-Luc TACCARD (Directeur) • Lucas TROUBLE (Producteur)

Studio d'enregistrement • **Cabine(s) technique(s)** : 1 (20 m2) • **Plateau(x)** : 1 (40 m2) • **Console** : Tascam 8, Studiomaster 16, Hill 24 • **Magnétophone** : 2 Tascam M16 (1 p. chacun) • **Références** : Dionysos, Cowboys from Outerspace, Electric Karma, JMPZ, Tony Truant, The Gitanes, Mack Stevens, Brassen's not Dead, Vietnam Veterans, Vibromaniax • **Tarifs** : 200 €/j.

STUDIO DES ROCHES

✆ **03 80 93 87 31**
eddiemor21@yahoo.fr
3 rue Haute • 21510 **MINOT**

Eddie MOREAU (Ingénieur du son)

Studio d'enregistrement • **Cabine(s) technique(s)** : 1 (30 m2) • **Plateau(x)** : 1 (30 m2) • **Console** : Yamaha M3000 • **Magnétophone** : Motu HD192, Soundcraft, DtD PC (Samplitude) • **Références** : Groupes locaux, Michel Violet, Christian Lechenet • **Mastering** : Num. • **Tarifs** : 240 € TTC/j. (8h) avec ingé

BRETAGNE

AMADEUS

✆ **02 98 43 37 58**
amadeus.brest@orange.fr
2 rue Paul Fort • 29200 **BREST**

Jacky THOMAS (Gérant)

Studio d'enregistrement • **Cabine(s) technique(s)** : 1 (25 m2) • **Plateau(x)** : 2 (25 m2, 15 m2) • **Console** : TAC Matchless • **Magnétophone** : Pro Tools 24 mix+ • **Références** : Gilles Servat, Les Goristes, Tiskell, Gwalarn, Cap Horn, Cabestan • **Mobile** : Oui • **Mastering** : 1/4, DAT, CD-ROM • **Tarifs** : 64 € HT/h avec ingé, possibilité forfait

BALLOON FARM STUDIO

✆ **02 99 32 11 11** • fax 02 23 30 37 50
vincent@balloonfarm.fr • **www.balloonfarm.fr**
19 rue du Noyer • 35000 **RENNES**

Vincent LECOUPLIER (Responsable)

Studio d'enregistrement • **Cabine(s) technique(s)** : 1 (25 m2) • **Plateau(x)** : 2 x 45 m2 • **Console** : Audient ASP 8024/36 • **Magnétophone** : Tascam ATR24, conv. RME 24 bits • **Références** : Lighthouse, Olympia, 6e République, A Cake A Room, Pandïp, Tryckle, 13TH Hole, The Dude, Marie qui se la joue, Tribeqa, Malted Milk, Sterne, etc. • **Mobile** : Oui • **Mastering** : DAT, CDR • **Tarifs** : Sur devis

La CITROUILLE

✆ **02 96 01 51 40** • fax 02 96 01 51 41
studios.citrouille@orange.fr • **www.lacitrouille.org**
Pl. Nina Simone • 22000 **ST BRIEUC**

Yann TRONET (Régisseur)

Studio d'enregistrement • **Cabine(s) technique(s)** : 1 • **Console** : Tascam SX1 • **Magnétophone** : Tascam SX1, 2 D160 Fostex, Allen & Heath iLive 32 • **Références** : Notch, Menestrolls, Gens Normals, etc. • **Mobile** : Possible • **Mastering** : Plug-ins • **Tarifs** : 24 €/h, 160 €/8h (6h enreg. + 2h de mix)

CONFLIKT ARTS (SARL)

✆ **02 99 92 89 05**
contact@confliktarts.com • **www.confliktarts.com**
12C rue des Landelles • 35510 **CESSON SEVIGNE**

Emmanuel LEBARBIER (Gérant)

Studio de mastering • **Matériel(s) utilisé(s)** : Plusieurs studios partenaires • **Tarifs** : Selon le studio choisi • **Formats acceptés** : AIFF, WAV dès 44,100 Hz - 16 bits

Studio GUIZPROD

✆ **02 99 66 78 23 / 06 03 96 32 79 / 06 22 20 90 66**
studio@lespratos.org • **www.guizprod.fr**
Trémagouët • 35190 **QUEBRIAC**

Studio d'enregistrement • **Cabine(s) technique(s)** : 1 • **Console** : Amek Mozart 40 voies, conv. (2x 192 I/O + 1 x 888 Digidesign, Creamwear A16Ultra), 2x 192 I/O + 1 x 888 Digidesign, Creamwear A16Ultra, Logic audio 7.3 • **Références** : Les Flow, Désert Rebel, Pause, Kaophonic Tribu, Percujam, Gerald Gentil, M'Panada, Maracujah, etc.

LES STUDIOS DE BRETAGNE L.S.D.B

✆ **02 97 72 11 48**
yassine@lsdb.fr • **www.lsdb.fr**
17 bd Foch • 56800 **PLOERMEL**

Clarisse GUILMOTO (Gérante) • Yassine DEBAH (Directeur)

Studio d'enregistrement • **Cabine(s) technique(s)** : 1 • **Plateau(x)** : 2 • **Console** : Neve VX60 avec total recall & automation Encore • **Magnétophone** : Pro Tools HD3 avec conv. Apogee • **Références** : Because Music, Keny Arkana, Urban Black, Erik Del, etc. ; post-prod : « Namoos-Duel Sanglant », « Namoos-Partie de pêche »

MASTER PLUS

✆ **02 90 78 13 30**
contact@masterplusonline.com • **www.masterplusonline.com**
9 rue du Bas Village • 35510 **CESSON SEVIGNE**

Julien (Ingénieur Mastering) • Tom (Ingénieur Mix) • Antoine (Ingénieur Mix)

Studio de mastering • **Matériel(s) utilisé(s)** : B&W 801 D, Classé Audio CA 2200, Ecosse Cables, Dangerous music D/A, Dangerous Music Master, Dangerous Music Monitor, Dangerous Music MQ, Maselec MEA-2, Manley Massive Passive Mastering Version, Manley Variable Mu Mastering version, Jünger Accent 2, Waves Maxx BCL, Prism Sound Ada 8XR, Pro Tools HD, Sonic studio Pre Master CD, Brainworx Bx Digital, McDsp ML 4000, Sterling Modular desktops, Monster Power HTS5100, Monster Cables Pro 1000, Mac Pro 8 core • **Tarifs** : Dès 54 € HT/mix • **Références** : Nouvelle Vague, Keen'v, Lexicon, Tyrese, Toxic Avenger, Orelsan, Make The Girl Dance, Namor, Soprano, Collectif Métissé, Neïman, Sizzla, Jeremy Hills, The Nycer, Dj Snake, Jil is Lucky, Oldelaf, The Dancers, Golden Crew • **Formats acceptés** : Fichiers stéréo .wav, .aif (44.1/48/88.2/96/192 kHz) quantifiés en 16/24/32 bit

Studio ROD

✆ **06 12 53 09 70**
info@rodolphegervais.com • **www.rodolphegervais.com**
9 allée François Mauriac • 35000 **RENNES**

Rodolphe GERVAIS (Gérant)

Studio d'enregistrement • **Cabine(s) technique(s)** : 1 • **Plateau(x)** : 3 • **Magnétophone** : Pro Tools 10 • **Références** : Ray Charles, Anthony Kavanagh, Tryo, Idir, Jean-Felix Lalanne, Michel Portal, Desert Rebel, etc.

SIWA

✆ **02 98 54 85 62** • fax 02 98 54 68 86
contact@siwa.fr • **www.siwa.fr**
11 rue Hent Kamm • 29000 **QUIMPER**

Olivier CHASSIOT (Président) • Yves GUEGAN • Cédric HUET (Directeur technique)

Studio d'enregistrement • **Cabine(s) technique(s)** : 1 • **Console** : Profile 48/24, Yamaha PM5DRH, M7cl, DM2000 • **Magnétophone** : Pro Tools, Tascam DA88, Adat Alesis 24 (x4) • **Références** : Live : Christophe Maé, Trust, Dionysos, Bagad Kemper, Bagad Men Ha Tan, Didier Squiban, J. Hallyday à St-Etienne, Nuits Celtiques ; Studio : Didier Squiban, Mélaine Favennec, Bagad Kemper, Bagad de Saint Nazaire, etc. • **Mobile** : studio • **Mastering** : Oui

STUDIO DU FAUNE

✆ **02 99 06 61 14** • fax 02 99 06 55 96
info@studiodufaune.com • **www.studiodufaune.com**
BP 16005 • 35360 **MONTAUBAN DE BRETAGNE**

Laurent RENAULT (Studio manager) • Laurent CAUVIN (Ingénieur du son)

Studio d'enregistrement • **Cabine(s) technique(s)** : 3 (35, 26, 12 m2) • **Plateau(x)** : 3 (92, 26, 12 m2) • **Console** : 30 unités préAMP, EQ, comp. vintage (Neve, API, Tubetech, Ureï, Fearn, etc.), Pro Control • **Magnétophone** : Pro Tools HD3/HD3 Accel • **Références** : Pias, Naïve, Atmosphériques, Sony, Universal, Miossec, Moriarty, Assassin, Tinariwen, Kyo, Melaine Favennec, The Wankin Noodles, etc. • **Mobile** : Oui • **Mastering** : DAT, CDR, DVD

VOCATION RECORDS

✆ **02 98 28 35 10** • fax 02 98 28 30 66
hello@vocation-records.com • **www.vocation-records.com**
100 rue de Keriegu • 29490 **GUIPAVAS LE DOUVEZ**

Didier TOUSCH (Responsable) • Damien MORVAN (Technicien) • Sarah TOUSCH (Responsable commerciale)

Studio d'enregistrement • **Cabine(s) technique(s)** : 2 • **Plateau(x)** : 1 • **Console** : Icon D-Control • **Magnétophone** : Pro Tools HD3, Accel + 2x192 I/o, Neve, Apogee • **Références** : + de 2500 • **Mobile** : Oui • **Tarifs** : Dès 200 €/j.

Studio de mastering • **Matériel(s) utilisé(s)** : Manley, Neve, Sonic, Apogee • **Tarifs** : Entre 300 et 800 € HT • **Références** : + de 2500 • **Formats acceptés** : Ts formats

ZFPROD / MIX +

✆ **02 99 01 04 39**
fabrice@mix-plus.com • **www.mix-plus.com**
Gohorel • 35510 **CESSON SEVIGNE**

Xavier MAIRE (Directeur) • Fabrice BAYARD (Ingénieur mix)

Studio d'enregistrement • **Cabine(s) technique(s)** : Cabine voix • **Plateau(x)** : 3 (16, 20, 37 m2) • **Console** : SSL Matrix, Lika • **Magnétophone** : Logic Studio 9 • **Références** : Niko De Luka, Patico Brown, Elias B., Pakistar, Kay-O, Faceless, Existence, Rike, Le Cube, Serendou, Fuzy Garden, Monty Picon, Uzers • **Mastering** : Master+ • **Tarifs** : Devis automatique sur le site

CENTRE

Studio CONTREPOINT

✆ **02 38 64 60 21**
studio@contrepoint-records.com • **www.contrepoint-records.fr**
Les Longères • RN 20 • 45590 **ST CYR EN VAL**

Jonathan LE PAGE (Technicien) • Alexandre BADAIRE (Producteur) • Gwenael LE PAGE (Webmaster / Relations publiques)

Studio d'enregistrement • **Cabine(s) technique(s)** : 2 • **Plateau(x)** : 2 • **Console** : Neve VX-S 72 • **Magnétophone** : Pro Tools HD3, DAT 7030R, Tascam CDRW-901 • **Références** : Manu Dibango, Wayne Beckford, Melissa Mars, Aldebert, Miliana, Freeman, Loudblast • **Tarifs** : Sur devis

Studio HELIX

✆ **02 47 55 70 54** • fax 02 47 55 70 54
studiohelix@sfr.fr • **studiohelix.perso.sfr.fr**
2 rue de la République • 37230 **LUYNES**

Philippe PENIN (Ingénieur du son)

Studio de mastering • **Matériel(s) utilisé(s)** : Sadie + divers périph. (Finalizer, Avalon, plugins, etc.) • **Tarifs** : Sur devis • **Formats acceptés** : Tous

Studio d'enregistrement • **Cabine(s) technique(s)** : 2 (36 et 26 m2) • **Plateau(x)** : 3 (58, 26, 9 m2) • **Console** : Sony DMX R100, Digital Performer • **Magnétophone** : Alesis HD24 • **Mobile** : Oui • **Mastering** : Sadie • **Tarifs** : Sur devis

MII RECORDING STUDIO

✆ **06 22 56 75 99**
m2recordingstudio@club-internet.fr
www.facebook.com/m2recordingstudio
9 rue de la Vallée - Mérangle • 28500 **LA CHAPELLE FORAINVILLIERS**

Jean-Christophe LEMAITRE (Ingénieur du son) • Didier CHESNEAU (Ingénieur du son) • Aurélien CONGREGA (Assistant)

Studio d'enregistrement • **Cabine(s) technique(s)** : 2 (40, 30 m2) • **Plateau(x)** : 2 (80, 40 m2) • **Console** : Soundtracks, TLA • **Magnétophone** : Pro Tools 10, Logic 9, Alesis HD24 • **Références** : EMI, NTS, Hollyrec, Blackstone, Musea, SPV, Universal, Editions de Paris, XIII Bis, etc. • **Mobile** : Oui • **Mastering** : DAT, CDR • **Tarifs** : Dès 229 € TTC/j.

Studio NYIMA

✆ **02 38 66 98 49**
info@studionyima.com • **www.studionyima.com**
Briand Terence • 6 levée de la Chevauchée • 45650 **ST JEAN LE BLANC**

Terence BRIAND (Ingénieur du son) • P.e MERIAUD (Ingénieur du son) • Muriel BRIAND (Gérante) • Sébastien BEDRUNNES (Ingénieur du son)

Studio d'enregistrement • **Cabine(s) technique(s)** : 3 (10, 25, 34 m2) • **Plateau(x)** : 1 (34 m2) • **Console** : VS3, Mytek, Neve, API, Pullteck, SSL, Chandler • **Magnétophone** : Pyramix, Pro Tools, Alesis HD24, convertisseur Mytek, SSL • **Références** : Atef, As de Trefle, Le Baluche de la Saugrenue, Kent, Starshooter, Burning Heads, Gravity Slaves, Rokia Traoré, Marcel Kanche, Nano, Fred, etc. • **Mobile** : Oui • **Mastering** : Pyramix • **Tarifs** : 500 €/j. (avec ingé.), 175 €/j. (sans ingé.)

PÔLE NORD

✆ **02 54 42 05 93**
studiopolenord@chatodo.com • **studiopolenord.com**
2 rue Jean-Baptiste Charcot • 41000 **BLOIS**

Frédéric GRAMAGE (Ingénieur du son) • Frédéric NORGUET (Ingénieur du son freelance)

Asso. Mars • *Studio d'enregistrement* • **Cabine(s) technique(s)** : 1 (20 m2) • **Plateau(x)** : 2 (2 x 30 m2) • **Console** : Audient 24 • **Références** : The Sugar Plum Fairy Pr., Lofofora, EZ3kiel, groupes locaux, etc. • **Tarifs** : Jusqu'à 442 € TTC/j. (sur devis), 33 €/h. TTC

Studio POTART

✆ **06 20 40 18 10**
studiopotart@free.fr • **www.studiopotart.com**
40 rue des Chalets • 18500 **MARMAGNE**

Pascal JACQUELIN (Ingénieur du son)

Studio d'enregistrement • **Cabine(s) technique(s)** : 1 (10 m2) • **Plateau(x)** : 1 (12 m2) • **Console** : Mackie Firewire 16/4/4 + Roland VS2480HD • **Magnétophone** : Station Cubase/Wavelab, Pro Tools + Adobe Audition CS6, station de prémastering • **Références** : Orange Blues, G. Slab, K. Leaf, G. de Zarlo, Latin Son, Raphaël Fays • **Mobile** : Oui • **Mastering** : 24/96 sur CDR • **Tarifs** : 240 € TTC/j.

Le PRESSOIR

✆ **02 54 32 76 41**
studiolepressoir@wanadoo.fr • **www.studiolepressoir.com**
6 ch. des Cabanes • 41400 **BOURRE**

François VACHON (Ingénieur) • Sylvie SCHOCH (Gérante) • Lionel NAYA (Ingénieur du son)

Studio d'enregistrement • **Cabine(s) technique(s)** : 1 (45 m2) • **Plateau(x)** : 3 (4 m2, 5 m2, 50 m2) • **Console** : Neve 8108 / 48 entrées + automation Optifile LC • **Magnétophone** : Studer A820, Dolby SR, Pro Tools 24 Mix+ • **Références** : Les Têtes Raides, Yann Tiersen, Gérard Blanchard, Ceux qui Marchent Debout, etc. • **Tarifs** : 300 € HT/j. (hébergement inclus)

STUDIO VOCAL SORIANE

✆ **06 64 18 30 77**
studiosoriane@gmail.com • **www.studio-soriane.com**
96 bis rue Gambetta • 45120 **CHALETTE SUR LOING**

Sophie SORIANO

Studio d'enregistrement • **Cabine(s) technique(s)** : 2 • **Plateau(x)** : Analog. Soundcraft Delta 8 + conv. RME, Samplitude, plugins • **Références** : Chanteurs (es) • **Mobile** : Oui • **Mastering** : Oui • **Tarifs** : Devis

TEMPO LOCO

✆ **02 47 38 58 69** • fax 02 47 39 05 36
tempoloco@gmail.com • **www.tempoloco.com**
42 rue du Pont aux Oies • 37000 **TOURS**

Simon LARDROT (Ingénieur du son) • Carlos DOS SANTOS (Graphiste)

Antenne des affaires culturelles de la ville de Tours • *Studio d'enregistrement* • **Cabine(s) technique(s)** : 5 (23, 19, 21, 16 et 17 m2) • **Console** : TAC 24 pistes + SSL Mad AX + Cubase 5 • **Magnétophone** : Fostex à bandes B16, RME Digiface Hammerfall • **Références** : Duet, Via Doubaï, Lua, Motorbooty, Hunting Ground, Necroticism, etc. • **Mobile** : Oui • **Mastering** : Oui • **Tarifs** : 15 € TTC/h avec ingé du son

CHAMPAGNE-ARDENNE

Studio **ÂME DU TEMPLE**
✆ **03 25 75 63 31**
amedutemple@gmail.com • **www.studios-ame-du-temple.com**
10 rue Breslay • 10000 **TROYES**

Yoan ANGEL (Gérant)

Studio d'enregistrement • **Cabine(s) technique(s)** : 2 • **Plateau(x)** : 4 • **Console** : Soundcraft Serie Five, Soundtracks Solitaire • **Magnétophone** : Motu, Cubase • **Tarifs** : 20-30 €/h

La **CARTONNERIE**
✆ **03 26 36 72 40 / 03 26 36 72 49** • fax 03 26 36 72 41
studios@cartonnerie.fr • **www.cartonnerie.fr**
84 rue du Dr Lemoine • 51100 **REIMS**

Fadel GHRIB (Régie des studios de répétition)

Studio d'enregistrement • **Cabine(s) technique(s)** : 3 • **Plateau(x)** : Cabaret et grande salle • **Console** : Yamaha O2R 96 V2 & O1V 96 V2 • **Magnétophone** : Soundcraft série V, Pro Tools 10 HD native 192 i/o x2 • **Références** : Titi Robin, Luke, Vincent Courtois, Barcella, Deadline • **Tarifs** : Selon projet

CHÂTEAU DE FAVEROLLES
✆ **03 25 84 43 21**
mail@chateaudefaverolles.com • **www.chateaudefaverolles.com**
2 route du Château • 52260 **FAVEROLLES**

Andreas RATHGEB (Ingénieur du son)

Studio d'enregistrement • **Cabine(s) technique(s)** : 1 (25 m2) • **Plateau(x)** : 3 (35, 45 & 300 m2) • **Console** : SSL 4040E (avec 24 modules SL611E), DigiDesign Command 8 • **Magnétophone** : Tascam MSR24, Studer A820 (dolby SR), Adat 20 bits, Pro Tools HD5 Accel • **Références** : Manu Codjia, le Soldat Inconnu, Gabriel Yacoub, Patrick Bouffard, etc. • **Mobile** : Oui • **Mastering** : 1/4, DAT, CDR, DVD

P'N'F STUDIOS
✆ **03 26 65 14 48**
pfstudios@orange.fr • **www.pnf-studios.com**
17 route de Montmirail • 51510 **FAGNIERES**

Joël DELORME (Directeur) • Fred ROCHETTE (Directeur technique)

Studio d'enregistrement • **Cabine(s) technique(s)** : 6 (450 m2) • **Plateau(x)** : 2 • **Console** : Soundcraft, Fairlight, Yamaha, EMI • **Magnétophone** : Samplitude, Pro Tools, Fairlight, Studer, Pyramix • **Références** : The Sliping Kangooroos, Natchez, Phylarmonique de Prague, Kalffa, Le Pieton, Eddy Louis, ADX, The Buccaneers, Sens Unique, Wild Pigs, Plasma Girl, Escape Parween, The French Mist, Alma Encriada, Frezzato, Jigsaw, etc. • **Mobile** : Oui • **Mastering** : Tout format • **Tarifs** : À la carte

POLYSTUDIO-STUDIO DE L'AMCA
✆ **03 24 32 75 04 / 06 81 72 60 53**
polystudio@orange.fr • **polystudio.monsite-orange.fr**
c/o AMCA • 1 bis ch. Sous les Roches • 08000 **CHARLEVILLE MEZIERES**

Thierry GRIMBARD (Technicien)

Studio d'enregistrement • **Cabine(s) technique(s)** : 1 • **Plateau(x)** : 1 (24 m2) • **Console** : Yamaha 02R96 + préAMP Avalon • **Magnétophone** : Alexis XT 24 + BRC (studio mobile), Cubase • **Références** : Charlie Hebdo, Wendell Brunious, Paddy Sherlock & The Swinging Lovers, Spirit of Swing, Sydney Bechet Memory, Olivier Franc, Sens Unique, etc. • **Mobile** : Oui • **Mastering** : 1/4, DAT, CDR • **Tarifs** : 300 € TTC/j.

RED HOUSE STUDIO
✆ **09 53 26 45 75 / 06 32 66 97 35**
contact@redhousestudio.fr • **www.redhousestudio.fr**
1 rue Casimir Boirot • 51120 **LA FORESTIERE**

Lucas MEDUS (Directeur technique) • Joana BALAVOINE (Gérante) • Loick MARZIN (Assistant)

Studio d'enregistrement • **Cabine(s) technique(s)** : 1 • **Plateau(x)** : 3 • **Console** : Neve VR 24 • **Magnétophone** : Pro Tools 10 HD3, Studer, HPR24 • **Références** : ZA, Les Gars dans L'coin, Bruno Desplan, Les Poulpes Magiques, Joana Balavoine/Dj Phantom, Mathis Rajot, Dizis Labeste, Circus, Calogero, Stanislas, Philippe Uminski, Elise And The Cats, Benabar, Gentle Republic • **Mastering** : Pré-mastering • **Tarifs** : 500 à 1 300 €

ROOTS VIBES
✆ **06 59 43 16 45 / 03 51 42 02 00**
rootsvibesprod@hotmail.com • **www.rootsvibes.com**
25 rue Gambetta • 51500 **MAILLY CHAMPAGNE**

Geoffrey ROBERT (Responsable ingenieur son)

Studio d'enregistrement • **Cabine(s) technique(s)** : 1 • **Plateau(x)** : 3 • **Console** : Soundcraft 24 pistes • **Magnétophone** : Informatique et bande • **Références** : Label Roots Vibes, Mr Haze, Ebene & The Soul Rockers, Max Romeo, Ricky Grant, Les Reskapés, etc. • **Mastering** : Oui • **Tarifs** : Selon projets

CORSE

Studio **CASA ÉDITIONS**
✆ **04 95 61 74 28 / 04 95 61 76 57** • fax 04 95 61 77 81
infos@casa-editions.com • **www.casa-editions.com**
Pl. de l'Église • 20220 **PIGNA**

Jérôme CASALONGA (Directeur artistique) • Jean-Sebastien MAHR (Administrateur) • René LOUISOR MARCHINI (Ingénieur du son) • Raynold AMADEI (Commercial)

Studio d'enregistrement • **Cabine(s) technique(s)** : 1 (25 m2) • **Plateau(x)** : 2 (25 & 80 m2) • **Console** : Digidesign Pro Control 24 • **Magnétophone** : Pro Tools HD2, Tascam DA88, DAT • **Références** : Andy Emler, Henri Agnel, Myriam Joly, Alphonse Arouga, A Compagnia, Zamballarama, etc. • **Mobile** : Oui • **Mastering** : Oui • **Tarifs** : Sur devis

RICORDU
✆ **04 95 20 05 90** • fax 04 95 20 06 39
studioricordu@wanadoo.fr • **www.ricordu.com**
Sornagone • 20129 **BASTELICACCIA**

Antoine LEONARDI (Gérant) • Michel LEONARDI (Directeur commercial)

Studio d'enregistrement • **Cabine(s) technique(s)** : 1 (30 m2) + cabine midi (15 m2) • **Plateau(x)** : 1 (70 m2) • **Console** : Mackie x 2 • **Magnétophone** : Tascam ATR 80, Soundscape version 2 • **Références** : I Muvrini, Canta u Populu Corsu, I Chjami Aghjalesi, Diana di l'Alba, Petru Guelfucci, Paulo Quilici, Surghjenti, Antoine Ciosi, I Voci di a Gravona, Felì, Eric Mattei, Michel Mallory, Vaghjime, Alte Voce, Caramusa, Terra, Les Voix de l'Emotion, etc. • **Mastering** : DAT • **Tarifs** : 600 € HT/j. sans ingé, 850 € HT/j.

La **SOURCE**
✆ **04 95 52 80 84 / 06 10 11 04 16** • fax 04 95 52 80 84
romei.laurence@orange.fr • **www.la-source-studio.com**
Campo al Muro • 20133 **CARBUCCIA**

Laurence ROMEI (Directeur) • Stéphane ROMEI (Ingénieur du son)

Studio d'enregistrement • **Cabine(s) technique(s)** : 1 (65 m2) • **Plateau(x)** : 3 (3, 40 & 65 m2) • **Console** : SSL 6000 G + 48 pistes, Avalon VT737 et VT747, TC M2000, TC M6000, Icon, Bellari RP533, Lexicon PCM 91, etc. • **Magnétophone** : DPA, Pro Tools HD 2, Accel 7.3, 3 interfaces 192 I/O, full option D/A & A/D • **Références** : Natali Valli, Dopu Cena, Manât, Petru Guelfucci, Electrad, Joan Project, David Solinas, Pierre Gambini, Alba, Paul Mancini Quartet, Jean-Charles Papi, Notte, Patrick Fiori, TF1, NBC, Blue Circle, etc. • **Mobile** : Oui • **Mastering** : DAT, CD • **Tarifs** : Sur devis

FRANCHE-COMTÉ

Studio **CUBE**
✆ **06 28 33 38 46**
yann@cube-studio.com • **www.cube-studio.com**
10 ter av. Denfert Rochereau • 25000 **BESANCON**

Yann MOREL (Propriétaire) • Sébastien DECAMPS (Formateur)

Studio d'enregistrement • **Cabine(s) technique(s)** : 4 (16 à 25 m2) • **Console** : TAC Scorpion, modifiée par Graham Langley • **Magnétophone** : Nuendo 5.5, RME Fireface, Apogee Rosetta • **Références** : Asidefromaday, The Rebel Assholes, The Ronnie Rockets, etc. • **Mobile** : Possible • **Mastering** : Oui • **Tarifs** : 210 €/j. avec ingé, sans ingé : à consulter

INDIE EAR STUDIO
✆ **06 83 74 76 98 / 06 63 53 13 99**
indie.ear.studio@gmail.com • **www.indieearstudio.com**
Pl. d'Armes • 90000 **BELFORT**

Julien REVEL (Gérant) • Mathieu KABI (Ingénieur du son)

Studio d'enregistrement • **Console** : Studer 963, 24IN mono, 4 In stereo, 8 sous-groupes • **Magnétophone** : SSL Alpha Link (24bits/96 kHz) • **Références** : La Belle Affaire, I Was A Teenage, Bobby Sixkiller, Moukby & The World Samples, Tidalwav, Blue Job, etc. • **Mobile** : Oui • **Mastering** : CD • **Tarifs** : 190 € TTC/j. avec technicien

STUDIO 103
✆ **03 81 51 07 36**
contact@studio103.fr • **www.studio103.fr**
14 route de Levier • 25720 **BEURE**

Marc CHAPUIS (Gérant / Ingé son)

Studio d'enregistrement • **Cabine(s) technique(s)** : 1 (15 m2) • **Console** : Ramsa WR- DA7 Panasonic • **Magnétophone** : Creamwar Pulsar 20 I/O 24 bits 96 kHz • **Références** : Heal Aka Laurent Perrier, Ginkgo Mouloud Rmx, Austin Newcomers, Tennisoap, Christophe Fiat, Alter Odio, Dreyf • **Mobile** : Oui • **Mastering** : Analog. & num. • **Tarifs** : 150 € HT/j. sans ingé, forfaits, etc.

STUDIO 12

✆ **03 81 94 55 36**
studio12@cegetel.net • **www.studio12.fr**
17 bis rue des Mines • 25400 **EXINCOURT**

Jean-François ERARD (Directeur)

Studio d'enregistrement • **Cabine(s) technique(s)** : 1 (20 m2) • **Plateau(x)** : 1 (50 m2) • **Console** : Tascam TDM 4200 + DM 3200 • **Magnétophone** : Tascam X48 • **Mastering** : CD-R, DAT, 1/4, DVD-R • **Tarifs** : 50 € TTC/h, 350 € TTC/j. (8h)

WILD HORSE STUDIO

✆ **06 81 33 61 46**
contact@wildhorse-studio.com • **www.wildhorse-studio.com**
84 Grande Rue • 25000 **BESANCON**

François MICHAUD (Ingénieur du son)

Studio d'enregistrement • **Cabine(s) technique(s)** : 1 (20 m2) • **Console** : Shadow hills Industries the Equinox, Phoenix Audio Nicerizer 16 MKII • **Magnétophone** : Pro Tools, Digital Performer, SoundBlade • **Références** : Austin Newcomers, Billy Gaz Station, Billy The Kill, Ginkgo, Hellbats, Manuel Wandji, Mariam Jo'Burg, My Lady's House, Rebel Assholes, Rec Punk HXC, Red Side, Ritchie Buzz, Sandro Quispe • **Mobile** : Oui • **Tarifs** : Enregistrement : 170 €/j., mixing : 110 €/j., mastering : 45 €/j., mastering en stems : 70 €/j.

Studio le ZÈBRE

✆ **03 81 50 31 47**
contact@studiol-zebre.com • **www.studio-zebre.com**
68 rue des Granges • 25000 **BESANCON**

Françoise JACQUOT (Administration) • Thomas JACQUOT (Technicien) • Flavien VAN LANDUYT (Technicien)

Studio d'enregistrement • **Cabine(s) technique(s)** : 2 • **Plateau(x)** : 2 (2 x 70 m2) • **Console** : Lafont Producer 32 voies, Universal Audio 1176 LN, Tubetech MP1A & 2 CL1B, Manley Massive Passive EQ, Eventide H3000, Universal audio 6176, Lexicon PCM 91, Pro Tools 10, Cubase 7 • **Magnétophone** : Conv. RME ADI 8 pro, RME HDSP, Digital Perfomer, Fireface 800 • **Références** : Cirque Plume, Pascal Mathieu, Bénabar, Aldebert, Nâo, Alfred Massaï, Richardo Torres, Fayçal, Prowpuskovic • **Mobile** : Oui • **Mastering** : Oui • **Tarifs** : Studio A dés 280 €, studio B 180 €/j., réa. artistique sur devis

HAUTE-NORMANDIE

ACCES DIGITAL

✆ **02 35 07 47 73**
contact@accesdigital.com • **www.accesdigital.com**
6 bis rue Edouard Adam • 76000 **ROUEN**

François CASAYS (Ingénieur du son)

Studio d'enregistrement • **Cabine(s) technique(s)** : 3 • **Plateau(x)** : 4 (60, 30, 2 x 5 m2) • **Console** : Studer • **Magnétophone** : Adat, Soundcraft, Studer, 2 Pro Tools TDM • **Références** : Loïc Lantoine, Kim Novak, S. Souchois, Arfi, Thierry Gervais, BBC, Dedicace, Romain Dubeck, Castafiores Bazooka, etc • **Mobile** : Oui • **Mastering** : DAT, CDR • **Tarifs** : 460 € HT/j. (avec ingé. son)

Studio de mastering • **Matériel(s) utilisé(s)** : Ecoutes Westlake Référence, convert. Apogee et Studer, Pro Tools, Wavelab • **Tarifs** : 70 €/h, sur devis • **Références** : + de 150 CD • **Formats acceptés** : Tout num., bande analog. 1/4 p., DAT, MD

C-LIVE STUDIO

✆ **09 62 21 62 14 / 06 16 33 35 15** • fax 03 44 24 18 94
contact@c-livestudio.com • **www.c-livestudio.com**
Z.A Zone Jaune • 76370 **ROUXMESNIL BOUTEILLES**

Thierry OZOUF (Ingénieur du son)

Studio d'enregistrement • **Cabine(s) technique(s)** : 1 • **Console** : Audient 36 voies (analog.) • **Magnétophone** : Pyramix Masscore 48, JoeCo BBR1B en synchro (sauvegarde) • **Références** : R. Galliano, L. Peterson, Otis Taylor, C. Bazbaz, Médéric Collignon, etc. • **Mobile** : Oui • **Mastering** : Studio Chambinator (Byron Bay, Australie) • **Tarifs** : Sur devis

Studio NEPTUNE

✆ **09 51 77 99 05** • fax 09 56 77 99 05
prod@studioneptune.fr • **www.studioneptune.fr**
200 rue du Gal Chanzy • 76200 **DIEPPE**

Anakin BAGO (Ingénieur du son / réalisateur) • Céline (Chargé de production) • Romain DUDEK (Producteur / Manager)

Studio d'enregistrement • **Cabine(s) technique(s)** : 1 (15 m2) • **Plateau(x)** : 2 (35 et 20 m2) • **Console** : Tascam DM-4800, Focusrite Octopre Platinium • **Magnétophone** : Pro Tools HD, Logic pro 9, Live Suite 8, Samplitude, préAMP Focusrite Octopre platinium et SSL, Motu 828 • **Références** : Boule, Romain Dudek, Sébastien Jarrousse, Francart, etc. ; Prod/post-prod/édition : On y va ! média, Magneto Presse, Canal +, France 2, France 4, Arte, etc. • **Mobile** : Partiellement • **Mastering** : Oui • **Tarifs** : Dès 275 €/j.

OPUS STUDIOS / RSA

rsa@retentive-sound-agency.com • **www.retentive-sound-agency.com**
Domaine de la Ferme de Grestain • 27210 **FATOUVILLE GRESTAIN**

Pascal BOMY (Directeur) • Véronique COUSIN (Administration)

Studio d'enregistrement • **Cabine(s) technique(s)** : 2 • **Plateau(x)** : 1 (200 m2) • **Console** : Euphonix system5, Cube 20, automation • **Magnétophone** : Pro Tools, Tascam DA30, Euphonix R1, Studer D751 • **Références** : M. Sardou, Eric Le Lann/Jannick Top, M. Fugain, Dominique Fillon, Garou, J.-M. Jarre • **Mobile** : Location de studio mobile Globe Trotter

QUASAR STUDIO

✆ **02 35 88 81 40** • fax 02 35 70 36 71
info@quasar-studio.com • **www.quasar-studio.com**
2 rue Lezurier de la Martel • 76000 **ROUEN**

Jean-Paul LECLERE (Ingénieur du son) • Loïc LOUVEL (Gérant)

Studio d'enregistrement • **Cabine(s) technique(s)** : 2 (7 & 26 m2) • **Plateau(x)** : 1 (45 m2) • **Console** : VTC TL Audio 24 voies • **Magnétophone** : Pro Tools HD2 Accel, 192 i/o • **Références** : NH3, Les Super Héros, LAO, Natal, etc. • **Tarifs** : 400 € HT/j.

Studio de mastering • **Matériel(s) utilisé(s)** : Pro Tools HD2 TDM • **Tarifs** : 400 € HT/j. • **Formats acceptés** : Tous

STUDIO 33 REC

✆ **02 32 55 27 08**
studio33rec@live.fr • **www.studio33rec.com**
36 rue Guérard • 27140 **ST DENIS LE FERMENT**

Alain WITS (Gérant / Ingénieur du son)

Studio d'enregistrement • **Cabine(s) technique(s)** : 1 (25 m2 • **Plateau(x)** : 2 (60 & 26 m2) • **Console** : Analog. 32 voies Tascam M3500 • **Magnétophone** : Pro Tools HD • **Références** : Isaac Delusion, Spy Elephant, Kimmo, Natural Mighty, Lucky Lindy, etc. • **Mobile** : Oui • **Mastering** : Oui • **Tarifs** : 200 €/j. avec ingéson

STUDIO DES DOCKS

✆ **06 46 34 11 69**
contact@studiodesdocks.com • **www.studiodesdocks.com**
ADD'ART • 1 allée de la Câblerie • 76600 **LE HAVRE**

Eric DOCTEUR (Responsable)

Studio d'enregistrement • **Cabine(s) technique(s)** : 1 • **Plateau(x)** : 1 • **Console** : Saje Auxy 30 voies • **Magnétophone** : Logic, Cubase, Pro Tools, conv. SSL • **Références** : Kevin M'Finka, Makasiwé, Gang, MadMarx, Your Happy End, etc. • **Mobile** : Oui (24 ou 48 pistes) • **Mastering** : Oui • **Tarifs** : Sur devis

STUDIO DU FLÂNEUR

✆ **02 35 07 51 67 / 06 87 49 35 40**
contact@studioduflaneur.com • **www.studioduflaneur.com**
1 rue du Val Fleury • 76000 **ROUEN**

Christophe PELISSIE (Gérant)

Studio d'enregistrement • **Cabine(s) technique(s)** : 1 (25 m2) • **Plateau(x)** : 1 (55 m2) • **Console** : Studer 169, Vox-Box Manley, préAMP Tube-Tech, AEA, Ampex • **Magnétophone** : Pro Tools 9 Digi 003 Factory, conv. Apogee Rosetta • **Références** : Dominique Comont, Giles Hedley, Elisabeth Wiener, Latché Swing, Artem Nyzhnyk, Gene Clarksville, etc. • **Mobile** : Oui • **Mastering** : Sommateur Tube Tech SSA2B, Finalizer TC Electronic 96K, limiteur compressseur Manley Stereo variable MU

STUDIO XIII

✆ **02 35 70 60 13 / 06 08 02 46 08** • fax 09 64 36 36 11
studio13mastering@gmail.com • **www.studios13.com**
30 ch. de la Planquette • 76130 **MONT ST AIGNAN**

Frederick TUNETIER (Directeur)

Studio de mastering • **Matériel(s) utilisé(s)** : Sadie, Pro Tools mix +, Focusrite, GML, Apogee, Dolby SR, Avalon, etc. • **Références** : Soul Machine, Top House, Techno vol. 5, Glem, EMI, Arcade, etc. • **Formats acceptés** : Tous

ÎLE-DE-FRANCE

129H STUDIO

✆ **01 77 12 63 63**
nico@129H.com • **www.129h.com**
38/40 rue des Amandiers • 75020 **PARIS**

Nico SELAMBIN (Responsable studio)

Studio d'enregistrement • **Cabine(s) technique(s)** : 1 • **Console** : Studio master Track mix 24 • **Magnétophone** : DA88 (Tascam), DtD, DAT • **Références** : Rouda, Grand Corps Malade, Souleymane Diamanka, Faya Dub, Takana Zion, Jah Mason, Lyricson, Jamalski, Clinton Fearon, Willie Williams, Sugar Minott, Jaqee • **Mobile** : 32 pistes num. • **Mastering** : Pré-mastering, mastering, restauration sonore • **Tarifs** : 60 €/h, 250 €/j HT avec ingé son

Studios **7ÈME CIEL**

✆ **01 46 45 09 03**
info@studios7emeciel.com • **www.studios7emeciel.com**
9 rue d'Estienne d'Orves • 92130 **ISSY LES MOULINEAUX**

Jérôme GRAILHE (Gérant) • Jean-Maurice HAYANO (Gérant) • Loïc LE-BOUILLONEC (Gérant)

Studio d'enregistrement • **Cabine(s) technique(s)** : 2 • **Plateau(x)** : 1 • **Console** : Amek Angela • **Magnétophone** : Pro Tools HD9 • **Références** : Ray Lema, NGuyen Lê, François Staal, American Gospel Singers, Nana Mouskouri, Soprano, Vadel • **Tarifs** : Mixage dès 289 €/j. ; enregistrement dès 369 €/j. ; multicabines dès 479 €/j.

Studio de mastering • **Matériel(s) utilisé(s)** : Mastering num. • **Tarifs** : 50 € TTC/h • **Références** : Ray Lema, Bea Tristan, Attalah, Soul Like Breeze, Robynson

85 PRODUCTIONS / STUDIO 85

✆ **01 53 86 86 79**
85prods@gmail.com • **www.85productions.fr**
85 rue Lecourbe • 75015 **PARIS**

Guillaume ANDRÉ (Ingénieur du son) • Renaud REBILLAUD (Ingénieur du son)

Studio d'enregistrement • **Cabine(s) technique(s)** : 1 • **Plateau(x)** : 2 cabines (10 & 40 m2) • **Console** : Console SSL Duality special edition 48 voies • **Magnétophone** : Mac Pro 2Xquad core, 1 interfaces DigiDesign 192, 5 interfaces DigiDesign 96, Pro Tools 10 HD3, 2 conv. Lynx Aurora 16, horloge Antelope Isochrone OCX-V • **Références** : Sexion d'Assaut, The Shin Sekai, Big Ali, Vita, Amen Birdmen, Florence Foresti, Orishas, Amalya (The Voice), Maître Gims, L'Oréal, BMW, Chanel, Coca-Cola, Gallimard, etc.

À LA FERME

✆ **01 48 02 47 47**
studio.alaferme@free.fr • **www.studioalaferme.com**
15 rue Philéas Collardeau • 93140 **BONDY**

Olivier BENAMOU (Gérant)

Studio d'enregistrement • **Cabine(s) technique(s)** : 1 (15 m2) • **Plateau(x)** : 2 (5,5 m2 et 10 m2) • **Console** : Mackie 24-8, Yamaha O1V • **Magnétophone** : Digital Performer, Adat • **Références** : B Real, Soma, Sinik, Casey, Le Bavar, Dry, Kamnouze, Ol'Kairy, VR, Alibi Montana, etc. • **Mastering** : DAT, CD-R • **Tarifs** : 32 € TTC/h, 280 € TTC/10h

Studio **ADAM**

✆ **01 60 28 11 32** • fax 01 60 28 11 32
studio.adam@orange.fr
39 av. du Château • 77680 **ROISSY EN BRIE**

Madeleine BEAUCAMPS (Directrice) • Philippe BEAUCAMPS (Ingénieur du son)

Studio d'enregistrement • **Cabine(s) technique(s)** : 1 (28 m2) • **Plateau(x)** : 1 (50 m2) • **Console** : Studer EMI avec automation • **Magnétophone** : 3M avec synchro Adams Smith, Tascam DA 78 HR • **Références** : F. Rabbath, M. Solal, Kirjuhel, F. Gambale, A. Kremsky, F. Jeanneau, P. Ibanez, Hiroko Ito, François Verly, Franck Steckar, Michel Deneuve • **Mobile** : Oui • **Mastering** : 1/4, DAT, CDR • **Tarifs** : 425 € HT/9h

AERONEF

✆ **06 79 66 46 30**
info@aeronef.fr • **www.aeronef.fr**
5 rue Pixerecourt • 75020 **PARIS**

Patrick CHENAIS (Responsable) • Philippe BOUVET (Ingénieur) • Antoine KARACOSTAS (Ingénieur)

Studio d'enregistrement • **Cabine(s) technique(s)** : 2 (12, 16 m2) • **Plateau(x)** : 4 (10, 16, 20, 30 m2) • **Console** : Tascam DM 4800 • **Magnétophone** : Pro Tools HD2, G5 • **Références** : Loy Ehrlich, Orlando Poleo, Krishna Levy, René Urtreger, Alain Jean-Marie, Mima Agossi, Irène Jacob etc. • **Mobile** : Oui • **Mastering** : Oui • **Tarifs** : 450 €/j. avec ingé

AK STUDIOS

✆ **09 51 19 34 90**
akstudios75@gmail.com • **www.akstudios.fr**
16 rue Saint Denis • 75001 **PARIS**

Alexandre ROUX (Responsable / Ingénieur du son) • Grégory DURAND (Ingénieur du son) • Anh-Ninh GARRET (Ingénieur du son)

Studio d'enregistrement • **Console** : TL Audio M4/16 • **Magnétophone** : Pro Tools HD2 • **Références** : Vicelow, Sexion d'Assaut, Nemir, Steve Mc Craven, Robert Aaron, Kelem, Shaolin Temple Defender, Staight Away, No Place for Heroes, D-Twice, etc.

ALTIS

✆ **01 45 93 06 06** • fax 01 45 94 01 30
altis@altisproductions.com • **www.altisproductions.com**
27 rue de la République • 94430 **CHENNEVIERES SUR MARNE**

Patricia FAURE (Gérante) • Richard LAZZINI (Directeur artistique)

Studio d'enregistrement • **Cabine(s) technique(s)** : 1 (50 m2) • **Plateau(x)** : 1 (40 m2) • **Console** : Control 24 Focusrite • **Magnétophone** : Pro Tools Mix Cube • **Références** : Assimil, TF1, Canal+, France 2, M6, etc. • **Mastering** : Conversion, transfert num., restauration • **Tarifs** : 120 € HT/h, 810 € HT/j. (avec ingé)

ART ET SON STUDIO

✆ **01 48 06 70 40**
artetson@9business.fr
16 rue du Grand Prieuré • 75011 **PARIS**

Alexis FRENKEL (Gérant) • Christophe HENAULT (Gérant)

Studio de mastering • **Matériel(s) utilisé(s)** : PLA disques EMT 948 & 950, magnéto Studer A80 & A810, EQ Weiss EQ1 MK2 & COMP Weiss DS1 MK2 (24/96), Cedar De Crakler CR1 série 2, syst. informatique Pyramix • **Tarifs** : Sur devis • **Références** : Universal, EMI, etc. • **Formats acceptés** : CD, DAT (24 bits), bandes magnétiques toutes vitesses (Dolby A & SR), VY, K7, fichiers num.

ARTSONOR

✆ **06 09 33 27 08**
sgrangier1@live.fr • **www.artsonor.com**
2 imp. des Peintres • 75002 **PARIS**

Stéphane GRANGIER DE LA MARINIERE (Responsable)

Studio d'enregistrement • **Cabine(s) technique(s)** : 3 • **Console** : MCI JH 600 36/8/2, Neve 55, Pro DigiDesign • **Magnétophone** : Pro Tools 24 Mix, HD3 (x3) • **Références** : Aqme, Orishas, Goran Bregovic, Gojira, Nick Bizz, Wycleaf Jean, etc. • **Mastering** : Oui • **Tarifs** : Dès 85 € HT/h, 380 € HT/j. (avec ingé du son)

Studio **AUDIOLANE**

✆ **06 60 07 84 81 / 01 47 91 38 73**
audiolane@neuf.fr • **www. audiolane.fr**
68 bis rue Sartoris • 92250 **LA GARENNE COLOMBES**

Studio d'enregistrement • **Cabine(s) technique(s)** : 1 (35 m2) • **Console** : D&R Cinemix 48 in line + 10 stéréo returns, 5.1 surround master section avec automation Optifile • **Magnétophone** : Pro tools HD3 7.2, Mac G5, plug-ins (Apogee, DAT Tascam, Phillips CD recorder, Marantz cassette Player), EQ, comp. • **Références** : ZAZ, H.-F. Thiefaine, Fredrika Stahl, Almo, Lenny Kravitz, etc.

L'AUTRE STUDIO

✆ **01 60 08 58 84** • fax 01 60 08 12 55
info@lautrestudio.com • **www.lautrestudio.com**
4 allée Georges Carpentier • 77360 **VAIRES SUR MARNE**

Anne BOUQUET (Collaboratrice) • Jean-Pierre BOUQUET (Ingénieur du son)

Studio de mastering • **Matériel(s) utilisé(s)** : Pyramix 32 bits, Yamaha O2R, Midas Venice, périph. (Avalon, Apogee, Cedar, etc.), MIC (Neumann, Oktava, Sennheiser, Milab, etc.), Genelec S 30 V, BW CD MII, PMC TB II, Studer A80RC, Tascam 32 2B • **Références** : The Golden Gate Quartet, Liz Mc Comb, Abed Azrié, Michel Chapuis, Marina Tchebourkina, Alexandre Rabinovitch-Barakovski, Philippe Cuper, Leonardo Sanchez, etc.

Studio d'enregistrement • **Cabine(s) technique(s)** : 1 (15 m2) • **Console** : Yamaha O2R num., Midas Venice • **Références** : Liz Mc Comb, Abed Azrié, Lokua Kanza, Trio Khoury Project

BAM PROD/LE STUDIO ACOUSTI

✆ **01 46 33 53 30**
acoustistudios@gmail.com • **www.lestudioacousti.com**
54 rue de Seine • 75006 **PARIS**

Hervé LE COZ (Gérant) • Valérie PINAUD (Assistante) • Didier POUYDESSEAU (Ingénieur du son)

Studio d'enregistrement • **Cabine(s) technique(s)** : 3 (12, 25 & 40 m2 équipée 5.1) • **Plateau(x)** : 2 (12 & 100 m2) • **Console** : Euphonix CS 2000, Euphonix S5 mixage 5.1 • **Magnétophone** : A827 Studer Dolby SR, Pro Tools, DA 88 • **Références** : Paris Combo, Arthur H, O. Ruiz, Les Pires, Adamo, Maurane, Y. Jamait, Bénabar, V. Delerm, Arthur H, ONB, Belmondo Big Band, etc. • **Tarifs** : Sur devis

Studio **BAMAKO @ MUSIQUES TANGENTES**

✆ **01 40 84 80 09** • fax 01 40 92 83 84
info@musiques-tangentes.asso.fr • **www.musiques-tangentes.asso.fr**
c/o Musiques Tangentes • 15 rue Salvador Allende • 92240 **MALAKOFF**

Louis-Marie GALTIER (Technicien son)

Studio d'enregistrement • **Cabine(s) technique(s)** : 1 • **Plateau(x)** : 1 • **Console** : Sony DMX 100 • **Magnétophone** : Pro Tools, Cubase, Ardour, carte son RME, Madi • **Références** : Les Escrocs, Misanthrope, Steve Lacy, Eddy Louis, Manu Lods, Cheik Sidi Bemol, Swing, Bat'agua, Lame Asteroïds, etc. • **Tarifs** : Enregistrement 275 €/j., mixage 200 €/J.

Studio **BANDE ORIGINALE**

✆ 01 40 28 11 88
contact@studio-bo.com • **www.studio-bo.com**
77 rue des Pyrénées • 75020 **PARIS**

Maxime MONIN (Directeur) • Grégoire MONIN (Gérant)

Studio d'enregistrement • **Cabine(s) technique(s)** : 1 • **Plateau(x)** : 3 (45, 30, 15 m2) • **Console** : Soundcraft Vienna • **Magnétophone** : Nuendo 5, Pro Tools 9 • **Références** : TF1, M6, Arte, UWE, L'OREAL, Julien Doré, So Called, EDF, etc. • **Mastering** : Oui • **Tarifs** : 50 €/h et 350 €/j. avec ingé son (8h)

BASEMENT PRODUCTIONS

✆ 01 44 53 06 39
basement.prod@wanadoo.fr • **www.basementprod.com**
38 rue Rochechouart • 75009 **PARIS**

Oliver FURTER (Directeur technique) • Nick BUXTON (Directeur artistique)

Studio d'enregistrement • **Cabine(s) technique(s)** : 1 (25 m2) • **Plateau(x)** : 1 (30 m2) • **Console** : Amek Einstein • **Magnétophone** : Tascam MS16, Nuendo 5.5 • **Mastering** : DAT, CDR • **Tarifs** : 45 à 50 €/h, possibilité forfaits demi-j./j.

Studio **BASTILLE**

✆ 06 60 41 65 60
studiobastille@plan2music.com • **www.studiobastille.com**
8 passage St-Sébastien • 75011 **PARIS**

Xavier PLECHE (Gérant) • Vince VAN DRIESTEN (Ingénieur du son)

Studio d'enregistrement • **Cabine(s) technique(s)** : 2 (38 & 15 m2) • **Console** : A : Euphonix System 5 Fusion, conv. Euphonix/SSL Alphalink-Deltalink / B : Euphonix controllers (artist serie pack 8 faders) • **Magnétophone** : Player : Pro Tools HD 9 & 10 128 I/O, LogicPro9, Recorder : Pro Tools HD10 64 I/O • **Références** : Mac Miller, Iicia Chery, Alex Renart, ZAZ, Milow, Tryo, I AM, 113, Manu Dibango, Magic System, Cesaria Evora, Populaire, Radiostars, TF1, Caméra Café, etc. • **Tarifs** : Sur devis

BAZAR L'OREILLE

✆ 02 35 93 37 27
infos@miromaispasourd.com • **www.miromaispasourd.com**
Bazar l'oreille / Chromatic production • 37 rue du Dr Roux
92330 **SCEAUX**

Gian-Marco MIROGLIO DIT MIRO (Réalisateur) • Catherine BAKAN (Gérante) • Jérôme HENRY (Ingénieur du son) • Garbis BAHARIAN (Ingénieur du son live) • Clothilde FAUCHILLE (Assistante ingénieur du son)

Studio d'enregistrement • **Cabine(s) technique(s)** : 2 • **Console** : Mackie 56 voies • **Magnétophone** : Periph Lexicon, Eventide, Ensoniq, Mac Pro Tools • **Références** : Miro, Barsony, Sound Scan Collections, MC Solaar, Monsieur Melon, Manu Eveno, Tryo, etc. • **Mastering** : Peak Sadie Solutions, syst. 24/96 • **Tarifs** : Sur devis

BEER NECESSITIES SOUND GALLERY

✆ 01 53 19 98 88
studio@anythingmatters.com • **www.anythingmatters.com/studio**
104 quai de Jemmapes • 75010 **PARIS**

Karel BEER (Gérant)

Studio d'enregistrement • **Cabine(s) technique(s)** : 1 (20 m2) • **Plateau(x)** : 10 x 4 • **Console** : Soundtracks • **Magnétophone** : Alesis, Triple Dat, Sony, Logic Pro 8 • **Références** : France Animation, Radio Nova, Tiger Sushi, Hachette, etc. • **Tarifs** : Sur devis

Studio **BELLEVILLE**

✆ 01 40 40 79 12
info@studiobelleville.com • **www.studiobelleville.com**
53 rue de Belleville • 75019 **PARIS**

Paul SCEMAMA (Gérant)

Studio de mastering • **Matériel(s) utilisé(s)** : Unité TC M 6000, EQ Avalon 2055 (classe A), COMPs : Neve 9098, Tube-tech CL 2A, TC Finalizer, convert. Apogee PSX100 • **Tarifs** : Sur devis • **Références** : Origins, AZ, Archipel, ATK, Polygame, East West, Eden Rock, Les Umins, La Moutarde Me Monte Au Nez, Barouf Production, etc. • **Formats acceptés** : Tous

Studio d'enregistrement • **Cabine(s) technique(s)** : 7 • **Plateau(x)** : 3 (21, 35, 40 m2) doublage et musique • **Console** : Face de contrôle D-Command, 2x D-Command 8, 4x Euphonix • **Magnétophone** : 9 Pro Tools HD, Sync I/0, Beta SP, Beta num. 500P, DA98, DAT 7040, HD Cam • **Références** : Souad Massi, Benjamin Biolay, Keren Ann, Hervé Krief, TF1, Arte, Canal +, etc. • **Mobile** : Oui • **Tarifs** : Sur devis

Studios & production **BLAXOUND**

✆ 01 42 79 91 34 / 06 28 29 92 99
contact@blaxound.fr • **www.blaxound.fr**
41 rue Falguière • 75015 **PARIS**

William GOUOT (Gérant) • Audrey RULEWSKI (Management)

Studio d'enregistrement • **Cabine(s) technique(s)** : 3 • **Console** : Control 24, SSL X-Rack pistes • **Références** : La Fouine, Manukey, Youssoupha, Les Nubian's, Kery James, 113, Diam's, Jacob Desvarieux, MC Jean Gab'1, etc. • **Mastering** : Sony Oxford et Izotop 4 • **Tarifs** : Dès 20 €/h (enregistrement, mixage & mastering)

BOBURST RECORDING STUDIO

✆ 01 58 51 10 94
contact@boburst.com • **www.boburst.com**
132 rue Saint Maur • 75011 **PARIS**

Yohann ZVEIG (Directeur) • Stéphanie TAIEB (Gérante)

Studio d'enregistrement • **Cabine(s) technique(s)** : 1 régie (25 m2) • **Plateau(x)** : 2 (17 & 8 m2) • **Console** : SSL AWS948, périph. (Lexicon, Ears 660, Neve 1073, Purple Audio) • **Magnétophone** : Pro Tools HD3 Accel, Apple MacPro, Synchro Apogee BigBen • **Références** : UEFA Europa League, FIFA, TF1, Canal+, M6, France Télévisions, le Printemps du Cinéma, la Française des Jeux

BOPCITY

✆ 01 48 46 45 05 / 06 11 55 98 10
mail@bopcity.fr • **www.bopcity.fr**
9 rue de Stalingrad • 93310 **LE PRE ST GERVAIS**

Max JESION (Gérant)

Studio d'enregistrement • **Cabine(s) technique(s)** : 5 • **Plateau(x)** : 2 (16 m2) • **Console** : Soundcraft • **Magnétophone** : Alesis Adat x 3, Motu 2408 (PC) • **Références** : CNSM, Boris Blanchet, Ramon Lopez, Alain Jean-Marie, Katy Roberts, Bobby Few, Nico Morelli, etc. • **Mastering** : DAT, CDR

The **BORDER STUDIO**

✆ 06 83 02 84 92
contact@theborder.fr • **www.theborder.fr**

Maïkôl (Gérant / ingénieur du son) • Sylvain THEVENARD (Ingénieur du son)

Studio d'enregistrement • **Cabine(s) technique(s)** : 1 • **Plateau(x)** : 1 • **Console** : Harrison S12 • **Magnétophone** : Pyramix • **Références** : Yvinec, Maxime Le Forestier, Hadouk Trio, Serge Bozon, Les Ongles Noirs, Ourida, Wladimir Anselme, Claudia Solal, Emile Spanyi • **Mobile** : Le « BorderLive » • **Tarifs** : Sur devis

CALM MUSIC

✆ 06 60 42 67 21
info@derapageprod.fr • **calmmusic.free.fr**
2 rue Pasteur • 93250 **VILLEMOMBLE**

Greg CONNAN (Ingénieur du son / responsable)

Studio d'enregistrement • **Cabine(s) technique(s)** : 1 • **Plateau(x)** : 1 • **Console** : DDA AMR 24, Neve 51 • **Magnétophone** : Mac Pro, Logic Audio Pro, DA 98, Apogee, Lucide • **Références** : Publicis, Thalassa, France Télévisions, Universal, El Hijo de la Cumbia, Patrick Verbeck, M6, Théo, Brice Kapel, etc. • **Mastering** : Oui

Studio **CBE**

✆ 01 46 06 66 20 • fax 01 46 06 66 20
contact@studiocbe.fr • **www.studiocbe.fr**
95 rue Championnet • 75018 **PARIS**

Michèle ESTARDY (Gérante) • Julie ESTARDY (Directrice artistique) • David MESTRE (Ingénieur du son / réalisateur / musicien)

Chatelain Bisson Estardy • *Studio d'enregistrement* • **Cabine(s) technique(s)** : 1 • **Plateau(x)** : 3 (dont 2 cabines) • **Console** : 32 voies analog. Gunther Loof • **Magnétophone** : Pro Tools 8 HD, 2 pistes Studer A80, Akai DR 16 • **Références** : Lili Wood and The Prick, Charlotte Gainsbourg, Corte Real, Les Gadjos, Sébastien Tellier, Les Shades, Berry, Tony Hallen, Theodor Paul & Gabriel, J-M Jarre, etc. • **Mastering** : Oui • **Tarifs** : 600 € HT/j.

La **CHOCOLATERIE / GEL PRODUCTION**

✆ 01 42 55 10 13
manu@studiolachocolaterie.com • **www.studiolachocolaterie.com**
7 rue Germain Pilon • 75018 **PARIS**

Manu LANVIN (Propriétaire / booking)

Studio d'enregistrement • **Plateau(x)** : 2 • **Console** : TLA tube CONS 32 • **Magnétophone** : Pro Tools HD4 • **Références** : M. Delpech, Calvin Russell, Dani, Abd Al Malik, Vitaa, Philippe Katerine, Paul Personne, Wallen, Neal Black, etc. • **Tarifs** : 250 à 500 €/j. avec ingénieur

La **CLEF**

✆ 01 39 21 54 98 • fax 01 39 73 29 21
contact@laclef.asso.fr • **www.laclef.asso.fr**
46 rue de Mareil • 78100 **ST GERMAIN EN LAYE**

Bruno BOULBEN (Régisseur studio)

Studio d'enregistrement • **Cabine(s) technique(s)** : 1 (10 m2) • **Plateau(x)** : 1 (48 m2) • **Console** : Yamaha 02R • **Magnétophone** : DtD • **Références** : Overhead, St. Germain, Soel, etc. • **Mobile** : Oui • **Mastering** : Oui • **Tarifs** : Sur devis

CLIMAX MASTERING

✆ 06 62 86 25 57 / 01 34 75 26 99
contact@climax-mastering.com • **www.climax-mastering.com**
78580 **BAZEMONT**

Jean-Charles PANIZZA (Gérant)

Studio de mastering • **Matériel(s) utilisé(s)** : Forsell, Thermionic Culture, Crane Song, E.A.R, Weiss, Empirical Labs, Bryston, Legacy Audio, Neve, Acoustic Zen, Bricasti, LA2A, SSL • **Tarifs** : 60 € TTC/titre • **Références** : Jenifer, Captain Kid, Pony Pony Run Run, Mai Lan, Tahiti 80, Chateau Marmont, Team Ghost, etc. • **Formats acceptés** : Tous

COLOR SOUND STUDIO

✆ 09 67 03 68 17
contact@colorsoundstudio.fr • **www.colorsoundstudio.fr**
119/121 rue Damrémont • 75018 **PARIS**

Florent SABATON (Gérant / Ingénieur du son) • David HACHOUR (Ingénieur du son)

Studio de mastering • **Matériel(s) utilisé(s)** : Périph. analog. • **Tarifs** : Sur devis ; 59 € HT/titre, sur place ; 90 €/titre TTC, e-mastering ; 70 €/titre TTC • **Références** : David Guetta, Sébastien Drum, Black Strobe, Avicii, Yann Wagner, Something à la Mode • **Formats acceptés** : AIFF, WAV

COPPELIA STUDIOS

✆ 01 45 67 30 66 • fax 01 43 06 30 26
studiosparis@olivi.com • **www.studioscoppelia.com**
21 rue de Pondichery • 75015 **PARIS**

Jean-Philippe OLIVI (Gérant)

Studio d'enregistrement • **Cabine(s) technique(s)** : 4 • **Plateau(x)** : 5 • **Console** : DDA 56 voies avec automation • **Magnétophone** : MCI JH 24, 4 Tascam DA88, Pro Tools x3 • **Références** : Marc Lavoine, Mystic, Faudel, Manu Dibango, etc. • **Mastering** : Oui • **Tarifs** : Sur devis

CUSTOM STUDIO

✆ 01 46 06 03 16
infos.studio.irm@custom-studio.com • **www.custom-studio.com**
4 bis av. Henriette • 93170 **BAGNOLET**

Mark HALIDAY (Ingénieur du son / gérant)

Studio d'enregistrement • **Cabine(s) technique(s)** : 1 • **Plateau(x)** : 1 • **Console** : Pro Control • **Magnétophone** : Pro Tools HD3 Accel, 96 I/O, Apogee AD8000 • **Références** : Mandoo, Talia, Freegh, Jean-My Truong, Didier Lockwood, Francis Lockwood, Nacash, Manu Le Prince, Victoria Rummler, Wajdi Cherif, Yannis Arzimanoglou • **Mastering** : Pre-mastering 24 bits, CD, DDP • **Tarifs** : Sur devis

DELICATES'SON

✆ 01 46 36 46 28 • fax 01 46 36 37 68
studios.smom@wanadoo.fr • **www.studios-smom.fr**
c/o Studio SMOM • 10 rue Boyer • 75020 **PARIS**

Vincent COTTE (Gérant)

Studio d'enregistrement • **Cabine(s) technique(s)** : 1 régie + cabine speak • **Plateau(x)** : 2 x 40 m2 • **Console** : TBX Allen & Health GL2800 32 voies, 10 aux, 8 subs • **Magnétophone** : Logic Studio 9 DtD • **Tarifs** : 40 €/h. TTC, dès 200 €/j. avec ingé son

DGD MUSIC STUDIO

✆ 01 48 45 65 68
contact@dgd-studio.com • **www.dgd-studio.com**
36 rue Delizy • 93500 **PANTIN**

Didier DE GRAEVE (Directeur)

Studio d'enregistrement • **Cabine(s) technique(s)** : 1 • **Plateau(x)** : 3 • **Console** : Tascam M15B, Audient Mico, UA L610 MKII • **Magnétophone** : PC Duo Core 2.9 4Go, RME 18 in/out, Cubase 6.5 • **Références** : Zoe's Dream, Luke, Shouff, Zig Jazz, Neilja, Triple Buzz, Amaury Blanchard, etc. • **Tarifs** : Prise 47 €/h, mix 37 €/h, 340 €/j. avec ingé ou assistant

DIP MUSIC

✆ 01 34 61 68 77 • fax 01 34 61 68 77
dipmusic@club-internet.fr
92 av. Habert de Montmort • 78320 **LE MESNIL ST DENIS**

Didier PÉRIER (Responsable)

Studio d'enregistrement • **Cabine(s) technique(s)** : 1 • **Plateau(x)** : 1 • **Console** : Icon DigiDesign, Soundcraft Delta Deluxe, CS10 Control Station • **Magnétophone** : Pro Tools HD4, Studer A810, Alesis HD24 • **Références** : J. Hallyday, V. Sanson, Vangelis, Lubat, etc. • **Mobile** : Pro Tools • **Tarifs** : 85 € HT/h, 600 € HT/j. (forfait journée 9h)

Studio de mastering • **Matériel(s) utilisé(s)** : Pro Tools HD4 avec CONS Icon, plugins (Waves Mercury, TC, Focusrite, Serato, etc.), périph. analog. (Avalon, TC Electronic, Manley, Empirical Labs, DBX, Drawmer, Valley People) • **Tarifs** : 85 € HT/h ; forfait 600 € HT/j. (9h) • **Références** : EMI, Universal, Sony, Sunset, indés • **Formats acceptés** : Tous

DK MASTERING

✆ 01 43 55 04 44 • fax 01 43 55 04 44
info@dkmastering.com • **www.dkmastering.com**
148/150 rue St-Maur • 75011 **PARIS**

Hervé DE KEROULLAS (Gérant)

Studio de mastering • **Matériel(s) utilisé(s)** : Syst. de gravure VY Neumann, convert. Prism Sound 24 bit/96 kHz ADA8, station de pre-mastering Sonic Solution HD, No Noise, Cedar DNS1000, Studer A68, B&W, Weiss EQ1 DYN/LP, Weiss DS1 MK3, Weiss DNA1, TC M6000 Reverb&Mastering • **Tarifs** : Gravure VY dès 50 € HT, mastering CD dès 50 € HT, prémastering, montage, restauration sonore sur devis • **Références** : Nosfell, PdB, Koudlam, Label Maison, Virgin, EMI, Adidas, Hugo Boss, Philippe Decouflé, Angstrom, Mark Atkins, Laurent Garnier, Coil, Laibach, etc. • **Formats acceptés** : WAV, AIF, DAT, CD audio, 33T, 45T

Studio **DLF**

✆ 01 69 83 03 90
dlfstudio@sfr.fr • **www.myspace.com/dlfstudio**
75 bd du Gal de Gaulle • 91210 **DRAVEIL**

François DEBRIE (Ingénieur du son) • Laurent MARCONNET (Directeur)

Asso. Derrière les Fagots • *Studio d'enregistrement* • **Cabine(s) technique(s)** : 1 (10 m2) • **Plateau(x)** : 2 (12 m2) • **Console** : Soundcraft Ghost • **Magnétophone** : DA 78 HR • **Références** : Nourou, Soyouz, Ich Bin Wallou, Acidgroov, Tanawa, Dreamlost, The Bree Van de Kamp's • **Mastering** : 1/2, DAT, DCC • **Tarifs** : 200 €/j. adh., 280 €/j. non adh.

EDS LES STUDIOS DAVOUT

✆ 01 43 71 53 39 • fax 01 43 72 44 83
compta@davout.com • **www.davout.com**
73 bd Davout • 75020 **PARIS**

Olivier KOWALSKI (Gérant) • Marc PRADA (Directeur financier)

Studio d'enregistrement • **Cabine(s) technique(s)** : 3 • **Plateau(x)** : 3 • **Console** : SSLX 9080, SSL 4056G, Neve VR60 • **Magnétophone** : 2 Sony 3348, Studer A 800, 5 Pro Tools HD3 • **Références** : Rihanna, Yvan Cassar, Claude Lelouch, Lady Gaga, Eminem, Lenny Kravitz, Philippe Rombi, etc. • **Mastering** : Oui

EGP

✆ 01 42 36 92 32 / 01 48 24 92 32 / 06 09 09 36 24 / 09 50 55 92 32
studioegpl@gmail.com • **www.studioegp.fr**
12 rue d'Enghien • 75010 **PARIS**

Georges PETILLAULT (Directeur) • Paule CHAMPETIER DE RIBES (Responsable de la communication)

Studio d'enregistrements Georges Petillault • *Studio d'enregistrement* • **Cabine(s) technique(s)** : 1 (49 m2) • **Plateau(x)** : 2 (50 & 40 m2) • **Console** : Neve Melbourn 1974, Pro Tools HD3 • **Magnétophone** : Otari MTR 90 II, Tascam DA78 HR • **Références** : BOF, pubs, variété, multimédia, jazz, classique • **Tarifs** : Sur devis

ELEKTRA MASTERING

✆ 06 78 76 48 97
info@elektramastering.com • **www.elektramastering.com**
77111 **SOIGNOLLES EN BRIE**

Bruno GRUEL (Ingénieur)

Studio de mastering • **Matériel(s) utilisé(s)** : Weiss, Prism sound, Apogee, Z systems, Empirical labs, Spl, Genelec, Tascam, Sony, Pyramix, Westlake audio, DW fearn, ToneZombi • **Tarifs** : Sur devis • **Formats acceptés** : CD, DAT, U-Matic, PCM 1630, serveur FTP, fichiers tous formats, 1/4 & 1/2 p.

ENTOUKA PRODUCTIONS

✆ **01 71 18 17 77** • fax 01 71 18 17 79
info@entoukaprod.com • **www.entoukaprod.com**
52 rue Richer • 75009 **PARIS**

Gael BRUSSELEERS (Gérant / Ingénieur du son) • Mathieu FRANÇOIS (Responsable du développement et de production) • Luis CALDERON (Ingénieur du son / Coordinateur de production) • Bob LANDSER (Musicien / Arrangeur)

Studio d'enregistrement • **Console** : Pro Tools 9 HD3 + conv. Rosetta 200 Apogee 24bit / 96k, conv./interface (Lynx Audio Aurora 16 24bits/192k, Lynx Audio Aurora 8 24bits/192k), World Clock Antelope Isochrone Ocx, Euphonix MC Control, préAMP, EQ, comp. (Neve, Trident, A-Designs Pacifica, Distressor, Stéréo Milennia), sommateur Chandler Limited, etc. • **Références** : Alain Chamfort, General Levy, Pad Brapad, Pep's, Patricia Kaas, Philippe Katerine, Rohff, Danakil, Dominique A, Lyre le Temps, Naïve New Beaters, etc.

L'ENTRESOL

✆ **06 10 61 08 74**
contact@lentresol.fr • **www.lentresol.fr**
190 bd Saint-Denis • 92400 **COURBEVOIE**

Laurent LAVAUR (Gérant)

Studio d'enregistrement • **Cabine(s) technique(s)** : 2 (45 m2 et 5 m2 pour prise voix) • **Console** : Mac 2x2.8 GHz Quad-Core Intel Xeon + plugins (UAD 2 Quad + Solo, Waves Platinum 6 + Studio Classics, Sonnox Elite, Sound Toys, Altiverb, Melodyne DNA, Aether), conv. (SSL Alpha Link Ax, contrôleur monitoring 5.1 SPL) • **Magnétophone** : Pro Tools 9 HD, Logic Studio 9 • **Tarifs** : 450 €HT/j.

Studio ETLANUIT - MUSICUNIT

✆ **01 42 87 47 11**
martin.antiphon@musicunit.fr • **www.musicunit.fr**
28 rue Kléber • 93100 **MONTREUIL**

Martin ANTIPHON (Régisseur)

Studio d'enregistrement • **Cabine(s) technique(s)** : 4 + 1 (15 m2) • **Plateau(x)** : 70 m2, hsp 6m • **Console** : Studer 903 • **Références** : J.-L. Aubert, Le Sacre du Tympan, Elise Caron, Oxmo Puccino, Fred Pallem, Niuver, Issam Krimi, Patrick Artero, Julien Chirol Ensemble Nord-Sud, Le Vasco, Garou, Kinski Elevator, Cabadgi, Rocé, Djazia Satour • **Mastering** : Oui

FATBROS STUDIO

✆ **06 43 56 57 32**
david.coscas@hotmail.com
91 rue François Charles Ostyn • 92700 **COLOMBES**

David COSCAS

Studio d'enregistrement • **Cabine(s) technique(s)** : 1 • **Console** : DIGI003 Pro Tools • **Références** : Graam, Backtrack Lane, Alex FL, Freak Show, Fragile, Just You, Nazca, JS, Ninja Wolf, Worst Case Scenario, Bloodthirthy Hippies, etc. • **Mastering** : Oui • **Tarifs** : 200 € HT/j., formules : Single (1 j. de rec + 1 j. de mix) : 350 € HT, Titres (2 j. de rec + 2 j. de mix) : 650 € HT, EP 5 titres (6 j. de rec + 6 j. de mix) : 2000 € HT, Album 9/10 titres (20 j. de rec + 20 j. de mix) : 3800 € HT

Studios FERBER

✆ **01 43 61 31 01** • fax 01 43 61 95 06
ferber2@free.fr
56 rue du Capitaine Ferber • 75020 **PARIS**

Jean-Christophe LE GUENNAN (Manager)

Studio d'enregistrement • **Cabine(s) technique(s)** : 2 • **Plateau(x)** : 2 (187 & 80 m2) • **Console** : Neve 8248, Neve V Flying Faders • **Magnétophone** : Sony 3324A et 3348, Otari DTR 900, Pro Tools HD10 • **Références** : J. Doré, Micky Green, V. Paradis, J.-L. Aubert, Bruno Coulais, Nick Cave, B. Lavilliers, E. Simon, Louise Attaque, etc. • **Mastering** : 1/4, 1/2, DAT

La FONDERIE - STUDIO SEXTAN

✆ **01 46 54 33 20** • fax 01 46 54 00 23
studiosextan@studiosextan.fr • **www.studiosextan.fr**
10 rue Eugène Varlin • 92240 **MALAKOFF**

Vincent MAHEY (Gérant / Ingénieur du son) • Hervé MARTIN (Gérant / Ingénieur du son) • Axel PFIRRMANN (Gestionnaire des plannings, prestations et séances) • Nicolas SERVANT (Directeur technique)

Enregistrement et sonorisation • *Studio d'enregistrement* • **Cabine(s) technique(s)** : 4 (50 m2) • **Plateau(x)** : 1 (195 m2) • **Console** : Amek Mozart, Sony DMX R100 • **Magnétophone** : Otari MX80, Pro Tools HD 3, Tascam MX 24 • **Références** : Ahmad Jamal, B. Lagrene, Elsabeth Kontomanou, Médéric Collignon, Hati, Joachim Kuhn, Charlie Watts, Chico Buarque, etc. • **Mobile** : Oui • **Tarifs** : 800 € HT /j. ingé inclus

FOX FACTORY/PIXEL ROOM

✆ **06 20 35 68 44** • fax 01 48 57 78 01
pierre.attyasse@gmail.com • **www.pixelroom.fr**
9 bis av. du Belvédère • 93310 **LE PRE ST GERVAIS**

Pierre ATTYASSE (Studio manager)

Studio d'enregistrement • **Cabine(s) technique(s)** : 1 • **Plateau(x)** : 3 • **Console** : Euphonix CS3000 M • **Magnétophone** : Pro Tools HD10, MCI JH24, Euphonix R-1, Dash 3348 + périph. • **Références** : Olivier Miller, Tahiti80, Alister, Mumbaï Queen, Microsillon, Girbig, Quadricolor, Sally Nyolo, Nude, Peter von Poehl, BOF « En attendant Junior », etc. • **Mobile** : Oui • **Mastering** : Oui • **Tarifs** : 300 à 800 € HT/j. avec assistant

Studio FRANÇOIS

francois@ageorges.biz • **www.facebook.com/studiofrancois**
54 A rue de Clichy • 75009 **PARIS**

Hass KEITA (Responsable) • Olivier CASTAING (Régisseur) • François AGEORGES (Musicien / Ingénieur du son)

Studio d'enregistrement • **Cabine(s) technique(s)** : 3 • **Console** : Digi 192 i/o +Apogee AD 8000 • **Magnétophone** : Pro Tools HD2 • **Références** : Erik Aliana, Barbara Luna, Angus Sinclair, Raul Paz, Mlle Anna, Renaud Leymans, Laurence Dugas-Fermon, François Barriet • **Tarifs** : 300 €/j.

La FRETTE STUDIOS

✆ **01 39 31 51 00 / 06 85 31 07 59** • fax 01 39 31 51 05
studios@lafrette.com • **www.lafrette.com**
10 rue Jean Lefebvre • 95530 **LA FRETTE**

Olivier BLOCH-LAINÉ (Directeur) • Nicolas QUÉRÉ (Assistant / ingenieur du son)

Studio d'enregistrement • **Cabine(s) technique(s)** : 1 (35 m2) • **Plateau(x)** : 4 (35 m2) • **Console** : Neve 36 voies 1081, Fairchild 670, Langevin, Telefunken V76, etc. • **Magnétophone** : Studer A820, Studer J37, Studer C37, CLASP, Fairlight • **Références** : Feist, Charlie Winston, Patrick Watson, Marie-Jo Therio, Jean-Paul Goude, Plants & Animals, Karkwa, Salif Keita, Omar Pene, Minino Garay, etc. • **Mobile** : Oui • **Mastering** : 1/2, DAT, CDR • **Tarifs** : Sur devis

La FUGITIVE

✆ **09 52 55 04 63**
sterenn.lafugitive@gmail.com • **www.lafugitive.com**
50 rue de la Bidassoa • 75020 **PARIS**

Olivier BODIN (Ingénieur du son) • Frank WILLIAMS (Ingénieur du son)

Studio d'enregistrement • **Cabine(s) technique(s)** : 1 • **Plateau(x)** : 2 • **Console** : Amek BCII • **Magnétophone** : Pro Tools 9 HD4 Accel, plugin (Emi, URS, DigiDesign, Eventide, Soundtoys, Line 6, Massenburg, etc.), Otari MTR 10, Studer A810 • **Références** : Koudlam, Fantazio, Pedro Kouyate, Little Ballroom, Twin Twin, Les Chevals, Williams Traffic, Thierry Cokrane, Ladytron, Le Volume Courbe, JP Nataf • **Mobile** : Oui • **Mastering** : Oui • **Tarifs** : Sur devis

G POINT STUDIO

✆ **06 12 88 96 93**
gpointstud@gmail.com
101 rue Alexandre Dumas • 75020 **PARIS**

Serge GLANZBERG (Directeur)

Studio d'enregistrement • **Cabine(s) technique(s)** : 1 (28 m2) • **Plateau(x)** : 2 (8 & 26 m2) • **Console** : Hybride Neve V3, SSL 4000G, 48 entrées • **Magnétophone** : Pro tools 10, Cubase 7 • **Références** : Richard Bona, René Lacaille, Bob Brozman, Salif Keita, Oumou Sangaré, Grace, Najma, Paco Sery • **Mobile** : Pro Tools HD3 • **Mastering** : Oui • **Tarifs** : 490 € HT/j. (10h)

Studio GANG

✆ **01 47 07 11 83** • fax 01 43 36 07 38
gangstudio@orange.fr • **www.myspace.com/gangstudio**
12/14 bd de l'Hôpital • 75005 **PARIS**

Claude PUTERFLAM (Directeur)

Studio d'enregistrement • **Cabine(s) technique(s)** : 1 (40 m2) • **Plateau(x)** : 1 (90 m2) • **Console** : API avec automation • **Magnétophone** : Pro Tools HD3, 2 x Sony 3324, Scully 16 p. analog. 2 p., Struder 24 p. analog. • **Références** : Ben Harper, Renan Luce, Julien Doré, A. Bauer, Air, Jonasz, Chris Robinson, etc. • **Mobile** : Oui • **Tarifs** : Sur devis

Le GARAGE MASTERING

✆ **09 50 63 46 39** • fax 08 26 71 76 80
studio@legaragemastering.com • **www.legaragemastering.com**
12 allée des Acacias • 95000 **CERGY**

François FOURLIN (Gérant) • Elisabeth MAUGER (Administration)

Studio de mastering • **Matériel(s) utilisé(s)** : Manley Vari MU, Massiv passiv, GML8200, Maselec MLA-3, Thermionic Cultur the Phoenix Mastering Plus, Kush Audio Fatso, Clariphonic UBK, conv. Prism Ada 8 XR, Neve, SSL, Pro Tools HD 10, Soundblade, Sequoia 120, plugins • **Tarifs** : 69 € TTC prémastering stéréo, 79 € TTC prémastering en Stems (sous-groupes) • **Références** : Kamel Shadi, Lynnsha, Singuila, France Gall, Ls, Rycko, etc. • **Formats acceptés** : Tout format non compressé, sauf bande magnétique 2 pouces, K7 DAT acceptées

Studio GRANDE ARMÉE

✆ **01 40 68 24 11** • fax 01 40 68 05 79
info@studiosga.com • **www.studiograndearmee.com**
Editions du Palais/Palais des Congrès de Paris • CIP 96
2 pl. de la Porte Maillot • 75853 **PARIS CEDEX 17**

Zach HANOUN (Directeur général) • Jean-Luc DENIS (Directeur technique)

Studio d'enregistrement • **Cabine(s) technique(s)** : 4 (10 et 3x58 m2) • **Plateau(x)** : 2 (75 et 250 m2) • **Console** : SSL 4000, Neve VR60, Sony Oxford OXF-R3 • **Magnétophone** : Clasp / Studer A800MKIII, A820, ATR102, Pro Tools HDX2 • **Références** : Kenny West, Will.I.A.M., Rihanna, Lady Gaga, Black Eyed Peas, Johnny Hallyday, Ne-Yo, No Doubt, etc. ; « The Artist », « ADN », « ZD30 », etc. • **Mobile** : Pro Tools HDX • **Mastering** : 1/4 p., 1/2 p., 96 kHz, 192 kHz

Studio GREN@DE

✆ **01 42 23 64 82**
96 rue Championnet • 75018 **PARIS**

Etienne WERSINGER (Directeur / Réalisateur / Musicien)

Studio d'enregistrement • **Cabine(s) technique(s)** : 1 • **Plateau(x)** : 2 • **Console** : Makie 32/8/2 • **Magnétophone** : Pro Tools • **Références** : Teri Moise, Camille, Tété, Air, Natali Ioriot, Bang Bang, Beth Hirsh, Oregann, etc. • **Mastering** : Oui • **Tarifs** : 250 € HT/j., 35 €/h

Studio HAXO

✆ **01 42 45 60 60** • fax 01 42 45 60 67
studio@studiohaxo.com • **www.studiohaxo.com**
299 rue de Belleville • 75019 **PARIS**

Frédéric CURIER (Gérant) • David SOUDAN (Gérant)

Studio d'enregistrement • **Cabine(s) technique(s)** : 2 • **Plateau(x)** : 1 • **Console** : Euphonix CS 3000 Flying faders, total recall Mixage 5.1 • **Magnétophone** : Pro Tools HD • **Références** : Barclay, Because, Polydor, Wagram, Catherine Ringer, Film Flam, Christophe Maé, Dan the Automator, Féfé, Yannick Noah, Orelsan, Natasha St Pier

Studio de mastering • **Matériel(s) utilisé(s)** : NS10, KRK 9000 B • **Références** : COMs hip hop et zouk (Perle Lama, etc.), French Latino

HOCCO STUDIO

✆ **01 43 91 15 02 / 06 95 72 05 95** • fax 01 43 91 15 00
info@hocco.fr • **www.hocco.fr**
13 rue Camille Groult • 94400 **VITRY SUR SEINE**

Martine FORESTIER (Chargée d'affaires)

Studio d'enregistrement • **Cabine(s) technique(s)** : 2 son équipées • **Plateau(x)** : Backline, CONS retour, wedges, side, périph., parc MIC • **Console** : Midas, Soundcraft, Yamaha, Mackie • **Magnétophone** : Pro Tools TDM MIX3, HD24 Alesis, Tascam DA88 et 38 • **Références** : Lenny Kravitz, Iggy Pop, Placebo, Phoenix, Calogero, Raphaël, Michel Jonasz, Dany Brillant, etc. • **Tarifs** : De 7 à 50 €/h, devis sur demande studio@hocco.fr

CI SOUND

✆ **01 46 48 07 22 / 06 52 97 63 62**
contact@icisound.com • **www.icisound.com**
18 rue Marcel Miquel • 92130 **ISSY LES MOULINEAUX**

Jean-Luc PASCAUD (Gérant /ingénieur du son)

Studio d'enregistrement • **Cabine(s) technique(s)** : 1 (27 m2) • **Plateau(x)** : 1 (45 m2) • **Console** : Tascam 3200 • **Magnétophone** : Pro Tools 10 + Complete Production Pack, 2 préAMP Neve, Manley VoxBox & Variable MU, Reveb Lexicon PCM91, Mac Pro 8 core double, 8 Ga RAM • **Références** : Emmanuel Weil, RTL, Canal +, Boris Bergman • **Mastering** : Oui • **Tarifs** : Sur devis

Studio de mastering • **Matériel(s) utilisé(s)** : Tascam 3200 FW + Pro Tools 10 Complete Production Pack + Manley Variable MU + Finalizer plus 96k +Ozone 5 • **Tarifs** : Sur devis • **Références** : « Alain Bashung. Remets-lui Johnny Kid » (Boris Bergman) • **Formats acceptés** : Ts

Studio d' IKKEN

✆ **06 60 45 99 64**
sesame@studiodikken.com • **www.studiodikken.com**
EAE de la Tuilerie • 30 bis rue de l'Ormeteau • 77500 **CHELLES**

Myriam EDDAIRA (Manager)

Studio d'enregistrement • **Cabine(s) technique(s)** : 1 • **Plateau(x)** : 1 • **Console** : SSL 5000M 32voies • **Magnétophone** : Pro Tools HD3, 24 i/o analog, NS10, Mackie HR824, Focal Twin 6Be • **Références** : Esjan, Esima, Florent A., Al Maari, Bawdy Festival, Sophia s'en mêle, Diamond Fizz, La Nébuleuse d'Hina, Vim Cortez, Atri Nassouf • **Mobile** : Pro Tools Mix, TDM 16 in/out

KOS AND CO

✆ **01 40 09 09 45** • fax 01 40 09 71 28
kosandco@wanadoo.fr • **www.kosandco.com**
170 rue de Charonne • 75011 **PARIS**

Jean-Claude KOSKAS (Ingénieur du son)

Studio d'enregistrement • **Cabine(s) technique(s)** : 1 • **Plateau(x)** : 1 • **Console** : Icon DCommand • **Magnétophone** : Pro Tools HD3 PCIE, 3 M 79, 4 Adat XT20, EFF Lexicon 480L, Parc MIC • **Références** : Manu Chao, Arthur H, Viva la Musica, M. Bellaiche, Papa Wemba, Vicky Edimo, BLB, Tiwony, Mike Génie • **Mobile** : Oui • **Mastering** : Oui • **Tarifs** : Sur devis

LOCKOUT STUDIOS

booking@lockout-studios.com • **www.lockout-studios.com**
9 bis av. du Belvédere • 93310 **LE PRE ST GERVAIS**

Adam BASTARD (Gérant / Ingénieur du son) • Samuel NAVEL (Ingénieur du son) • Derek BLESING

Studio d'enregistrement • **Cabine(s) technique(s)** : 1 (25 m2 réalisée par C. Malcurt) • **Console** : SSL 8000 GB, conv. SSL Série Alpha 48 in/out, Universal Audio 2192 • **Magnétophone** : Pro Tools HD10 • **Références** : Joey Staar, The Red Lips, S Petit Nico, Ben Ricour, Kid North, etc.

Studio MADIOKO MOBILE

✆ **06 11 12 99 45 / 06 13 20 20 17 / 01 47 07 73 25**
madiokomusic@yahoo.fr • **www.madioko.com**
c/o KAMAZI • 8 bd St Marcel • 75005 **PARIS**

Isaac COHEN ARAZI (Contact)

Isaac & Danyo' • *Studio d'enregistrement* • **Console** : Allen & Heath Wizzard • **Magnétophone** : Pro Tools LE, Adat XT (x2) • **Références** : Danyel Waro, Madioko et Rafika, Abdulaye Diabate, Modibo Diabate, Larbi Dida, Orchestra de Fuba, Senge, Original Turtel Shell Band, Faytinga (Erythree), Kween Kahina, TDO International • **Mobile** : Oui

MALAMBO STUDIOS

✆ **01 42 42 01 83**
contact@malambo.fr • **www.malambo.fr**
4 rue Marie-Laure • 92270 **BOIS COLOMBES**

Luis RIGOU (Gérant)

Studio d'enregistrement • **Cabine(s) technique(s)** : 2 • **Plateau(x)** : 2 • **Console** : Neve 5532, nombreux préAMP (Focusrite, SSL, Tubetech, etc.) • **Magnétophone** : Mac, Pro Tools, Logic Pro, Rosetta 800, etc. • **Références** : Michel Legrand & Nathalie Dessay, Véronique Sanson, Nicolle Croisille, Capture, Gustavo Beytelmann, Diego Modena, The Fitzcarraldo sessions, Accords Croisés, Abacaba, Manana, Warner, concerts parisiens • **Mastering** : Oui

La MANTE PRODUCTIONS

✆ **06 08 89 98 60**
lamanteprod@neuf.fr • **www.lamanteproductions.com**
c/o La Mante Productions • 20 av. du Bel Air • 75012 **PARIS**

Bernard GIONTA (Directeur)

Studio d'enregistrement • **Cabine(s) technique(s)** : 1 • **Plateau(x)** : 2 • **Magnétophone** : Cubase 6, Pro Tools HD • **Références** : Red Lili, Noriéga, Cars Cash Baby, Madame Lenoir, Not For Capture, Valérie Gabail, Canal +, TF1 • **Tarifs** : Dès 150 €/j.

MASTERDISK EUROPE

✆ **01 70 08 71 51 / 06 24 94 74 05** • fax 01 70 08 71 53
info@masterdiskeurope.com • **www.masterdiskeurope.com**
19 rue Brey • 75017 **PARIS**

Benoit JOURNO (Gérant)

Studio de mastering • **Matériel(s) utilisé(s)** : CONS analog. Masterdisk New York, EQ Sontec, EQ Prism, Al.So Dynax custom, Z System, convert. Prism, B&W 801D, AMP Classé, Station Pyramix • **Tarifs** : Sur devis • **Références** : Sexion D'Assaut, Mylène Farmer, Magic System, BB Brunes, Sliimy, AP (113), Diam's, Aaron, Sheryfa Luna, Sinik, Ayo, SMDB, Cerrone, Grand Corps Malade, Mokobé, Julien Doré, Shy'm, Melissa M, Bérurier Noir, Kery James, Anggun, Soprano, etc. • **Formats acceptés** : CD audio, CD data, disque dur, WAV, AIFF, DAT, bande 1/2 p., etc.

MERRYMAKER LAB

✆ **01 77 17 45 08**
merrymakerlab@hotmail.fr • **www.myspace.com/merrymakerlab**
35 av. Reille • 75014 **PARIS**

Anne-Sophie OUVRIER (Gérante)

Studio d'enregistrement • **Cabine(s) technique(s)** : 1 régie, 1 cabine • **Console** : SSL Matrix • **Magnétophone** : Pro Tools HD3 • **Références** : Katel, Maissiat, Marcel Amont, Anatomie Bousculaire, Chimères, J&Y, Adrienne Coppola, Rue de la Muette, Radio Belgrade, Oriel, Toybloïd, Amen Birdmen, Jina, Divine Pilot, Bunny & Cloud, Threatmantics, The Victorian English Gentlemens Club • **Mastering** : 360 €/j. TTC

MICROBE STUDIOS

✆ 06 14 61 82 11
info@microbestudios.com • **www.microbestudios.com**
c/o Midilive • 2 allée des Acacias • 93430 **VILLETANEUSE**

Stéphane ICHAÏ (Studio manager)

Studio d'enregistrement • **Cabine(s) technique(s)** : 4 • **Plateau(x)** : 1 • **Console** : MCI JH636 • **Magnétophone** : Pro Tools HD2 (conv. Apogee Rosetta 800 et DA 16), magnéto à bande MCI JH24, Ampex ATR 102 • **Références** : Cascadeur, Peter Von Poehl, Rover, Alex Beaupain, Sing Tank, Yom, Alister, Tahiti Boy, Mike Ladd, Josh T Pearson, Cocoon, Hey Hey My My, Barbara Carlotti, Denis Cuniot, BOF Möbius, Mohamed Dubois, Les Beaux Gosses, etc. • **Tarifs** : 300 à 500 €/j. avec assistant

MIDILIVE

✆ 06 80 66 28 34 / 06 09 49 59 41
midilive2@wanadoo.fr • **www.midilive.fr**
Allée des Acacias • 28 rue Marcel Sembat • 93430 **VILLETANEUSE**

Yann NOEL (Directeur technique) • Jérôme FRULIN (Responsable)

Studio d'enregistrement • **Cabine(s) technique(s)** : 8 cabines de prises • **Plateau(x)** : 1 (120 m2) • **Console** : Amek Big, Midas Heritage (en option) • **Magnétophone** : Pro Tools HD9 • **Références** : Anger, In Vivo, Bartone, Peach FTL, Le Minimum, Yannick Noah, Trust; cinéma : « Taken », « Océan », « Piccolo et Saxo », « Le Chat du Rabin », « Hellboy », etc. • **Mobile** : Oui • **Mastering** : Oui • **Tarifs** : Dès 300 € HT/j.

MOBILISON

✆ 09 51 06 86 80
antoine@mobilison.net • **www.mobilison.net**
29/31 rue Boussingault • Bât. C5 • 75013 **PARIS**

Antoine BERNARD (Réalisateur artistique)

Studio d'enregistrement • **Cabine(s) technique(s)** : 1 • **Magnétophone** : Iomega et Western digital • **Références** : Exsonvaldes, Onirique, Rhesus, Vian, etc. • **Mobile** : Oui • **Mastering** : Oui • **Tarifs** : Dès 200 € TTC/j.

Studio MONTMARTRE RECORDING

✆ 01 42 62 84 46
montmartrerecording@gmail.com • **www.montmartrerecording.com**
49 rue Lepic • 75018 **PARIS**

Jérôme LITRÉ-FROMENT (Ingénieur du son) • Mathieu MAESTRACCI (Ingénieur du son)

Studio d'enregistrement • **Cabine(s) technique(s)** : 1 • **Plateau(x)** : 1 • **Console** : Digidesign Command 8, conv. (Lynx Studio Aurora 16 & Aes 16e, Mytek Stereo DAC) • **Magnétophone** : Pro Tools 9 • **Tarifs** : Avec ingé : 50 €/h, 170 €/demi-j., 300 €/j., 1 200 €/5 j. ; sans ingé : 40 €/h, 150 €/demi-j., 240 €/j., 950 €/5 j. (TTC)

Studio de mastering • **Matériel(s) utilisé(s)** : Avalon 747 + plugs in • **Tarifs** : Avec ingé : 50 €/h, 170 €/demi-j., 300 €/j., 1 200 €/5 j. ; sans ingé : 40 €/h, 150 €/demi-j., 240 €/j., 950 €/5 j. (TTC) • **Formats acceptés** : WAV, AIFF

La MUSE EN CIRCUIT

✆ 01 43 78 80 80
info@alamuse.com • **www.alamuse.com**
18 rue Marcelin-Berthelot • 94140 **ALFORTVILLE**

David JISSE (Directeur) • Vincent HINDSON (Communication / Relations publics) • Laurent CODOUL (Directeur technique) • Camille LEZER (Technicien son) • Sébastien BERANGER (Conseiller / Responsable de la pédagogie et de la recherche)

Centre national de création musicale • *Studio d'enregistrement* • **Console** : Sonosax 16 voies, Yamaha O2R + O1V, TL Audio (8 voies) • **Magnétophone** : EFF (Ureï, TC Electronic, Lexicon, Publishons) • **Références** : Emmanuel Bex, Mal Waldron/Archie Shepp, Pablo Cueco, Décor Sonore, Luis Naon, Michel Edelin, Benoît Delbecq • **Mastering** : Tc 6000

MUSICAMIX

✆ 01 47 84 15 55 / 06 03 52 95 49
studiomusicamix@hotmail.com • **www.studiomusicamix.com**
2 bis rue de Tilly • 92700 **COLOMBES**

Pascal BELIARD (Directeur)

Studio d'enregistrement • **Cabine(s) technique(s)** : 1 (20 m2) • **Plateau(x)** : 1 (14 m2) • **Console** : Saje ULN2 56 voies • **Magnétophone** : Pro Tools 24 mix cube, interfaces 888/24 (x6), Apogee Rosetta 800, Adat • **Références** : TF1, France Télévisions, M6, Sony, BMG, Universal, MyMajorCompany, etc. • **Mastering** : DAT, Pro Tools, CD, Apogee Rosetta 800 • **Tarifs** : 45 €/h, 300 €/j

NEW TIME SONGS

✆ 06 68 39 84 12 / 09 50 55 07 09
newtimestudio@gmail.com • **www.newtimesongs.fr**
13 bis rue Eugène Varlin • 75010 **PARIS**

AKÉRAHIM (Gérant / producteur / réalisateur) • Chris DHX (Manager d'artistes) • Philippe DELSART (Ingénieur du son) • William MARGUIER (Assistant de production) • Audrey URSULE (Chef de projet) • Vincent GUILIAN (Chargé de communication / Marketing) • Besard LIKAJ (Directeur artistique)

Studio d'enregistrement • **Cabine(s) technique(s)** : 2 (10 m2 + 15 m2) avec prompteur • **Console** : Sony DMX-R 100 • **Magnétophone** : Pro Tools 10 HD3 • **Références** : ZAZ, Sexion d'Assaut, JoeyStarr, Roff, Brick & Lace, Tiken Jah Fakoly, Lola Joy, John Legend, Ronnie Turnor, Medhy Custos etc.

Studio OMEGA

✆ 01 41 38 07 08 • fax 01 47 72 03 27
vero@studio-omega.fr • **www.studio-omega.fr**
51/53 rue Merlin de Thionville • 92150 **SURESNES**

Véronique PERY (Présidente)

Studio d'enregistrement • **Cabine(s) technique(s)** : 3 • **Plateau(x)** : 1 (150 m2) • **Console** : SSL XL 9096K, SSL Duality 72 • **Magnétophone** : Pro Tools HD9, Studer A820, Analo 2 tracks with Dolby SR/A, 6DA88, 3348 HR, Doremi Labs V1 • **Références** : Sting, I. Boulay, Renaud, N. St Pier, Kyo, P. Obispo, Céline Dion, Garou, J. Hallyday, Alicia Keys, M. Carrey, L. Kravitz, P. Collins, etc. ; cinéma : « Potiche », « Fatal » • **Mastering** : Oui • **Tarifs** : Sur devis

OSCILLO SYSTÈME

✆ 01 41 71 08 06 / 06 22 14 24 75
oscillostudio@free.fr • **www.oscillostudio.com**
55 rue Cartier Bresson • 93500 **PANTIN**

Rémy ETOURNEAU (Ingénieur du son)

Studio d'enregistrement • **Cabine(s) technique(s)** : 1 (15 m2) • **Plateau(x)** : 5 (35, 3x50, 250 m2) • **Console** : Soundcraft TS 12 48 in-line automation • **Magnétophone** : Studer à bande, Mitsubishi 32 p. num., Sony MSAI, Sony 24 Dash, conv. Apogee, Samplitude 7.1, Pro Tools 10 • **Références** : Diam's, Cali, Dee Dee Bridgewater, L. Bertignac, Yael Naim, Jean-Luc Lahaye, etc. • **Mastering** : Oui • **Tarifs** : 40 à 90 €/h

PARELIES S.A

✆ 01 45 57 26 26 • fax 01 45 57 28 84
contact@parelies.com • **www.parelies.com**
5 rue de la Montagne de l'Espérou • 75015 **PARIS**

François TERRAZZONI (Président) • Anne-Marie TERRAZZONI (Directrice technique)

Studio de mastering • **Matériel(s) utilisé(s)** : Spécialiste restauration sonore documents anciens : syst. déclicking Cedar & post traitement informations : Sony, HP, Samplitude, TC Electronic System 6000 (64 bits audio processing); prémastering CD : station Sony, HP; gravure VY : Neumann VMS70 & SX74 (88,2 kHz/32 bits) • **Tarifs** : LP : 280 € HT; maxi : 210 € HT; 45T 17 simple : 130 € HT; 45T 17 EP : 140 € HT • **Références** : Frémeaux, Universal, Sony, EMI, etc. • **Formats acceptés** : DAT, 1/2 & 1/4, anciens supports pour restaurations, VY 78T, CDR, MD, etc.

Studio PASTEUR

✆ 01 49 01 95 20 • fax 09 59 35 04 14
stickmusic@stickmusic.fr • **www.stickmusic.fr**
24 rue Pasteur • 92800 **PUTEAUX**

Jean LAHCENE (Gérant) • Lionel DUCOS (Directeur)

Studio d'enregistrement • **Cabine(s) technique(s)** : 2 (25 & 100 m2) • **Plateau(x)** : 1 (40 m2) • **Console** : Digidesign Control 24 • **Magnétophone** : Studer 24, Mitsubishi 32, Pro Tools HD10, Logic Audio Pro • **Références** : Disco Beach, Bonnie Taylor, Philippe Costes, Charles Dumont, Laura Zen • **Mastering** : Oui • **Tarifs** : Sur devis

PENNY LANE

✆ 01 42 39 09 12 / 06 22 74 20 43 • fax 01 40 03 83 38
studiopennylane@yahoo.fr • **www.studiopennylane.com**
7 passage du Buisson St-Louis • 75010 **PARIS**

Philippe GUILLOTEL (Directeur) • Antoine MORELON (Ingénieur)

Studio d'enregistrement • **Cabine(s) technique(s)** : 1 (45 m2) • **Plateau(x)** : 1 (55 m2) • **Console** : Trident 80B • **Magnétophone** : Pro Tools HD3, Otari MTR90 • **Références** : La Caravane Passe, Triptik, Rocca, Vendetta, Israël Vibration, Alexis HK, Cunnie Williams • **Mobile** : Oui • **Mastering** : 1/4, DAT, CDR • **Tarifs** : Dès 375 € HT/j.

Studio **PICCOLO**

✆ **01 42 27 90 47 / 01 42 12 00 70** • fax 01 42 12 00 71
studiopiccolo@gmail.com
48 rue Levis • 75017 **PARIS**

Vincent BRULEY (Gérant) • Vicky PERESSE-TURPIN (Assistante de production)

Studio d'enregistrement • **Cabine(s) technique(s)** : 1 (25 m2) • **Console** : Amek 44 (auto) • **Magnétophone** : Pro Tools 9, Cubase 5, Logic Pro 9, Ableton Live 8 • **Références** : Les Escrocs, Jérome Pijon, Princess Erika, Richard Bona, Gaumont, etc. • **Mastering** : DtD • **Tarifs** : 600 € HT/j.

Studio **PIGALLE**

✆ **01 45 26 80 63 / 06 21 37 76 50**
studiopigalle@hotmail.fr • **studiopigalle.fr**
18 rue Pigalle • 75009 **PARIS**

Jérôme POULOUIN (Responsable / ingénieur du son)

Studio d'enregistrement • **Plateau(x)** : 2 (10 & 80 m2) • **Console** : Neve Melbourne • **Magnétophone** : Pro Tools HD3 • **Références** : Warner, Sony, Universal, Polydor, EMI, etc. • **Mastering** : Possible • **Tarifs** : 850 € avec assistant

PLANÈTE SUN STUDIOS

✆ **01 46 92 09 53 / 06 09 80 69 73**
studio@planetesun.com • **www.planetesun.com**
7 rue Godefroy • 92800 **PUTEAUX**

Gilles RAVINET (Gérant)

Studio d'enregistrement • **Cabine(s) technique(s)** : 2 • **Plateau(x)** : 1 (70 m2 + 1 cabine prise de voix) • **Console** : Studio A SSL 4000G + Total Recall (48 tranches CONS+12 tranches Neve 8108), reverb. EMT 140, studio B Pro Tools HD8 + Control 24 Digidesign + 12 préAMP Neve 54 12 voies • **Magnétophone** : Pro Tools HD8, Studer A807 (modifié 2 pistes) • **Références** : BB Brunes, Ben l'Oncle Soul, PZK, Kool Shen, Rose, Lilly Wood & the Prick, Jean-Philippe Bonnichon, Jean-Marie Paras, Bob Coke, François Gauthier, etc. • **Tarifs** : Studio A : 450 € HT/j. sans ingé ; forfait sem. : 3 000 € HT sans ingé. Studio B : 200 € HT/j. (250 € avec ingé) ; forfait sem. : 1 000 € HT sans ingé

Patrick **PLISSON**

✆ **01 64 07 64 55 / 06 60 67 64 55**
plissman@gmail.com
7 rue Renard • 77390 **OZOUER LE VOULGIS**

Studio d'enregistrement • **Cabine(s) technique(s)** : Cab. mixage (25 m2) • **Console** : ADT 48 entrées • **Magnétophone** : Pro Tools • **Références** : Willy Deville, Raul Paz, Saian Suppa Crew, Abd Al Malik, Salif Keita, Toma, D'de Cabal, Youssoupha, Carla Bruni, etc. • **Mobile** : Pro Tools 48 pistes, Safety Alesis HD24XR • **Mastering** : Pro Tools + comp. à lampes + STC 8 Crane, finalisation sur L2 Wave ultramaximizer Hard en num. • **Tarifs** : 200 €/j., 25 €/h

Studio **POPION**

✆ **01 60 11 12 00** • fax 01 60 11 16 11
jmb@jmbernard.net • **www.jmbernard.net**
134 rue d'Estienne d'Orves • 91370 **VERRIERES LE BUISSON**

Jean-Michel BERNARD (PDG)

Studio d'enregistrement • **Cabine(s) technique(s)** : 1 (60 m2) • **Plateau(x)** : 1 pièce live (+ de 14 cordes) + 5 pièces d'enregistrement • **Console** : SSL Matrix • **Magnétophone** : Pro Tools HD, Logic Audio • **Références** : H. Salvador, BOF « Paris-Manhattan », Michel Gondry, « Punch », « Cadences Obstinées » • **Mastering** : DAT, CD • **Tarifs** : Sur devis

POTAR HURLANT

✆ **01 69 41 84 84** • fax 01 69 41 14 05
potar@potar-hurlant.com • **www.potar-hurlant.com**
25 route de Jouy • 91570 **BIEVRES**

José PEREZ (Président) • Mourad MALKI (Directeur commercial) • Madje MALKI (Directeur technique)

Studio d'enregistrement • **Cabine(s) technique(s)** : 1 • **Console** : Studer analog. • **Magnétophone** : Pro Tools HDS 2x 2192 • **Références** : B. Lavilliers, Rita Mitsouko, Christophe Maé, Camille, Aaron, Emilie Simon, Soldat Louis, Johnny Hallyday, etc. • **Mobile** : Oui • **Mastering** : Oui • **Tarifs** : 350 € HT/j. avec technicien et consommables

PRONTO - STUDIO GARAGE

ledudaldominique@free.fr
75 av. Gambetta • 75020 **PARIS**

Dominique LEDUDAL (Gérant / Ingénieur du son / Réalisateur) • Julien SMIAND (Ingénieur du son)

Studio d'enregistrement • **Cabine(s) technique(s)** : 1 (25 m2) • **Plateau(x)** : 1 (70 m2) • **Console** : API avec automation, Yamaha O2R • **Magnétophone** : Otari MTR90II, Sony 3348, Pro Tools HD4 Accel, Studer A820 • **Références** : Rita Mitsouko, Lavilliers, J. Caplan, J. Alanski, Philippe Katerine, Hubert Felix Thiéfaine, Sally Nyolo, JP Nataf, etc. • **Mobile** : Oui • **Mastering** : Oui • **Tarifs** : 700 € HT/j. max.

Studio **QUESTION DE SON**

✆ **01 48 07 57 51**
contact@questiondeson.com • **www.questiondeson.com**
49 rue du Fbg St-Denis • 75010 **PARIS**

Jordan KOUBY (Gérant / Ingénieur) • Frédéric VECTOL (Studio manager / Ingénieur) • Hélène TEXIER (Booking)

Studio d'enregistrement • **Cabine(s) technique(s)** : 3 régies : A (35 m2), B (35 m2), C (10 m2) • **Plateau(x)** : Studio A (70 m2), booth B-C (7 m2) • **Console** : Neve VR48, SSL 4048 G+, périph. (Lexicon, EAR, API, Neve, Telefunken, Urei, Pultec) • **Magnétophone** : Studer A820 (Dolby), Pro Tools HD, Synchro Apogee BigBen, Lavry, PSX-100 • **Références** : Rover, Cali, Sanseverino, Héléna Noguerra, June & Lula, Imany, Maxime Le Forestier etc.

Studio **REJOYCE**

✆ **01 39 50 81 71** • fax 01 39 50 81 42
musique@rejoyce.fr • **www.rejoyce.fr**
79 rue de la Paroisse • 78000 **VERSAILLES**

Gabriel LEFEVRE (Directeur associé) • Eric LONG (Directeur associé) • Arnaud DERNONCOURT (Responsable commercial & communication)

Studio d'enregistrement • **Cabine(s) technique(s)** : 1 • **Plateau(x)** : 2 • **Console** : Midas x32 • **Magnétophone** : Pro Tools HD9 • **Références** : Saint Michel, MIlestone, Glorious, Theos, Daniel Facérias, Montparnasse • **Mobile** : Oui • **Mastering** : Oui

Studio **RTM**

✆ **06 68 10 33 42**
contact@studio-rtm.com • **www.mastering.studio-rtm.com**
33 av. Philippe Auguste • 75011 **PARIS**

Jean-Nicolas CASALIS (Responsable)

Studio d'enregistrement • **Console** : Pro Tools • **Magnétophone** : Pro Tools • **Références** : Djouss Quartet, G. Blin (Radio France), J. Mini, Quatuor Gabriel, Les Concerts d'Athalie, Ralf Hartmann, Mathieu Sanders, Abigoba, China Moses, Erik Truffaz, Shassy • **Mobile** : Oui • **Mastering** : Oui • **Tarifs** : Sur devis

SEQUENZA STUDIO

✆ **01 55 86 23 06 / 06 89 84 01 16** • fax 01 55 86 23 06
contact@sequenza.fr • **www.sequenza.fr**
1 rue des Roulettes • 93100 **MONTREUIL**

Thomas VINGTRINIER (Directeur / ingénieur du son)

Studio d'enregistrement • **Cabine(s) technique(s)** : 2 • **Plateau(x)** : 1 • **Console** : NEVE 8232, CADAC type A, Yamaha DM2000 • **Magnétophone** : Sequoia, Pro Tools, convert. Lavry • **Références** : Nombreuses références jazz, classique et musiques de films (site web) • **Mobile** : Oui • **Mastering** : Oui • **Tarifs** : 800 € HT/j. avec ingénieur du son, hors PI

SGPS / 3D CLASSICS

✆ **01 73 74 73 76** • fax 01 40 27 00 84
www.3dclassics.com
38 bd de Sébastopol • 75004 **PARIS**

Jean-Claude BENEZECH (Directeur technique et gérant) • Alain BOINOT (Directeur commercial)

Studio de mastering • **Matériel(s) utilisé(s)** : Pyramix 7.1, Sony, Roland, Altiverb, etc. • **Références** : Studios SM/Universal, etc. • **Formats acceptés** : DAT, CDR, Exabyte, bandes analog. 2 pistes/CCIR/MAB, fichiers Warve, BWF, AIFF, SD2, etc. clef USB, disque dur

SISMIC MUSIC

✆ **01 41 27 09 25**
info@sismic-music.com • **www.sismic-music.com**
132 bd Jean Jaurès • 92110 **CLICHY**

Studio d'enregistrement • **Cabine(s) technique(s)** : 3 • **Console** : SSL Matrix • **Références** : Emi, Universal Music Publishing, Wagram Music, Record Makers, etc. • **Mastering** : Oui • **Tarifs** : 50 €/h

SOFRESON

✆ **01 48 74 25 73** • fax 01 45 26 25 93
sofreson@wanadoo.fr • **www.sofreson.com**
18 rue Pigalle • 75009 **PARIS**

Lionel RISLER (Gérant / Ingénieur du son)

Studio d'enregistrement • **Cabine(s) technique(s)** : 2 • **Plateau(x)** : 1 (160 m2) • **Console** : Amek Dig • **Magnétophone** : Pro Tools HD3 2x192 I/o (24 entrées analog.), Otari MX 80 2 pouces 24 pistes, Otari MX 50 1 pouce 8 pistes, Dolby A et SR • **Références** : BMG, Sony Music, EMI, EPM, Warner, Universal, Forlane, Marianne Mélodie, Phonothèque nationale • **Mobile** : Oui • **Mastering** : 1/4, 1/2, DAT, Sonic Solutions, No noise, 1/4 MX55, Pro Tools • **Tarifs** : 725 € HT/j.

SOS MIXAGE

✆ **06 27 06 66 51** • fax 01 73 01 75 15
sosmixage@gmail.com • **www.sosmixage.fr**
24 rue Louis Bleriot • 91320 **WISSOUS**

Alek TAHORA (Gérant / Ingénieur du son) • Laurence RAKOTO (Chargé de production)

Studio d'enregistrement • **Cabine(s) technique(s)** : 16 m2 • **Console** : Artist control / mix • **Magnétophone** : Pro Tools 10HD • **Références** : TF1, France 2, M6, tt. style de musique • **Mastering** : Dans le studio Anomaly de Los Angeles (CONS Neve Genesys, Sadie, Manley, Weiss, Crane Song) • **Tarifs** : Dès 89 € TTC

SOUNDGARLANDS STUDIOS

✆ **01 45 39 74 83 / 06 14 02 75 24**
soundgarlands@wanadoo.fr • **www.soundgarlands.com**
55 av. Jean Moulin • 75014 **PARIS**

Stéphane PAPATHANASSIOU (direction)

Studio de mastering • **Matériel(s) utilisé(s)** : 2 studios num. et analog., haute définition (192 kHz), multicanal 5.1, Sonic Palette Process • **Références** : Internationales (majors et indépendants), ts styles de musiques • **Formats acceptés** : CD, VY, DVD, 1/2, DAT

Studio d'enregistrement • **Cabine(s) technique(s)** : 5 (15, 20, 25, 30 & 50 m2) • **Plateau(x)** : 2 (20, 30 m2) • **Console** : ProControl avec Edit Pack, Sonic Palette, périph. analog., plugins • **Magnétophone** : Pro Tools Haute Définition 192 kHz Multicanal 5+1 • **Références** : Internationales, majors et labels indépendants • **Mobile** : Oui • **Tarifs** : Prise (dès 49 €/h), mix (dès 59 €/h), pré-mastering (dès 89 €/h)

Studio SOYUZ

✆ **01 43 48 44 44**
freddy@flam.biz • **www.flammusic.com**
8 bd Ménilmontant • 75020 **PARIS**

Freddy LAMOTTE (Gérant) • Elga DOBONG'NA (Assistante)

Studio d'enregistrement • **Cabine(s) technique(s)** : 1 • **Plateau(x)** : 2 • **Console** : Apple MacPro (2x 2,8 Ghz quatcore intel xeon 4,6 Go, OS10.6.4), Pro Tools HD3, interfaces Avid HDIO + DigiDesign 192 I/O x2 + Apogee Rosetta • **Magnétophone** : Apple G5 1,8 MHz 1,5 Go RM, OS X V.10.4.2, Pro Tools HD3 Accel 7.4, DigiDesign 192 I/O x2, Apogee Rosetta • **Références** : Mumford & Sons, Sophie Hunger, Salif Keita, The Maccabees, De La Soul, J. Higelin, Desportivo, Tinariwen, Naïve New Beaters, La Maison Tellier, Anaïs, Emily Loizeau, etc. • **Mastering** : Oui

Studio SSI

✆ **01 75 73 06 07 / 06 85 29 13 13**
contact@signaturesonores.com • **www.signaturesonores.com**
25 rue des Faux Quonins • 77270 **VILLEPARISIS**

Fred WOFF (Ingénieur du son / Responsable technique) • Lionel GIARDINA (Directeur)

Studio Signatures Sonores Indépendantes • *Studio d'enregistrement* • **Cabine(s) technique(s)** : 1 (30 m2) • **Console** : SC Ghost 32 Autom. 2 x 32 voies (customisation CONS préAMP OPA series Burr-Brown Hifi Audio), EFF (Universal Audio 1176LN, echo à bandes Meazzi, Leslie 142, Boss SE50, Yamaha, Pod XT live), EFF analog. custom • **Magnétophone** : Syst. num. 56 pistes HD 24 bits 96 kHz + 24 pistes analog. 2" Studer + racks Dolby sur demande • **Références** : La Maison Tellier, Eddy Louiss, Sapho, Two the West, Emmanuel Tugny, John Greaves, Mickael Plihon, Nocturne, Sergent Major, Musicast, Socadisc, Y-D Music, etc. ; musique classique/film/TV • **Mobile** : Syst. 24 pistes Mackie HDR 2496 & CONS analog. SC SPF-4

Studio de mastering • **Matériel(s) utilisé(s)** : Périph. analog. (UA, Focusrite, custom) + solutions num. d'optimisation spectrale, de contrôle de dynamique et de spatialisation, matériel de mesure (analyseur de spectre, dynamique, phase), mix multitrack, remastering et de la restauration sonore • **Tarifs** : Mastering audio : 65 €/h, tarif dégressif. Remastering et restauration sonores d'œuvres musicales et vocales (hors contexte cinéma) : 65 €/h. Remastering de pistes sonores cinéma. Prix variables • **Formats acceptés** : Mastering : ts formats num. non compressés, fichiers standard 2 pistes ou stems, restauration sonore : bandes audio, vidéo, disques et films argentiques

STUDIO 101

✆ **01 42 52 67 90**
studio.101@free.fr • **studio.101.free.fr**
101 rue de Clignancourt • 75018 **PARIS**

Benoît RUCHETON (Ingénieur du son) • François LÊ XUÂN (Label manager)

Studio de mastering • **Matériel(s) utilisé(s)** : Massive Passive, Weiss EQ1, The Phoenix, Sony Oxford EQ + Restoration Suite, UAD2 Quad, GML 8302, Drawmer 1962, TL Audio M3, convert. Lavry Blue, SSL Alphalink, écoutes Studer, Proac, AMP Studer, etc. • **Références** : Universal Music, EMI Music Publishing, Saga, TF1, Michael Franti, Emilie Satt, Mathias Durand, Romane, etc. • **Formats acceptés** : Fichiers audio num., CD, VY, bande magnétique 1/4

STUDIO 180

✆ **06 98 36 07 52**
contact@studio180.fr • **www.studio180.fr**
180 bis av. Jean Jaurès • 75019 **PARIS**

Dominique MOUYEAUX (Gérant)

Studio d'enregistrement • **Cabine(s) technique(s)** : 1 • **Console** : SSL4040E Computer G series, Total Recall • **Références** : Aboutoo Roots, Vincent Absil, Marine Bercot, Bismak, Elisa Vellia, Youles International, Mariana Ramos, Emigrante, Christian Fougeron • **Mastering** : Apogee Rosetta AD2 Converter, HHB CDR 850, Tascam DAT DA 40, Sony DAT DTC A 9 • **Tarifs** : Sur devis

STUDIO DE MEUDON

✆ **01 45 34 24 24 / 06 80 06 07 78** • fax 01 45 34 24 24
studiodemeudon@free.fr • **www.studiodemeudon.com**
Sté Notes en Stock • 37 rue d'Arthelon • 92190 **MEUDON**

Bernard FAULON

Studio d'enregistrement • **Cabine(s) technique(s)** : 1 • **Plateau(x)** : 1 (et 2 booth) • **Console** : Neve 8128 (modèle 1978), périph. vintage de qualité (comp, EFF, etc.) • **Magnétophone** : Pro Tools HD3 • **Références** : Baptiste Trotignon, Archie Shepp, Joachim Kühn, Keziah Jones, diverses BOF, Melody Gardot, etc.

STUDIO DES JARDINS / CECB

✆ **01 48 35 38 21** • fax 01 48 36 58 73
cecbsdj@free.fr • **www.cecb-lebourget.com**
1 rue des Jardins • 93350 **LE BOURGET**

Stéphane PIGEON (Ingénieur du son)

Studio d'enregistrement • **Cabine(s) technique(s)** : 20 m2 • **Console** : Num. • **Magnétophone** : Station num. sur carte son Motu • **Références** : Claude Bolling, Richard Raux, Jean-Pierre Kalfon, Boney Fields • **Mastering** : Prémastering sur CD • **Tarifs** : 300 €/8h (multipiste), 120 €/4h (prise de son)

STUDIO DU PEKINOIS

✆ **01 43 87 15 83**
pekinois@club-internet.fr
8 rue Etienne Jodelle • 75018 **PARIS**

Jean-Michel GUESDON (Gérant)

Studio d'enregistrement • **Cabine(s) technique(s)** : 1 (15 m2) • **Plateau(x)** : 1 (20 m2) • **Console** : Soundcraft 6000 32 voies • **Magnétophone** : Pro Tools HD2 192 I/O • **Références** : Sony, Universal, Atlas, Philips, Astérix, etc. • **Mastering** : Pro Tools • **Tarifs** : 90 € HT/h

STUDIO DU PETIT PONT

✆ **01 30 66 68 66** • fax 01 30 50 35 81
studiodupetitpont@studiodupetitpont.com
www.studiodupetitpont.com
12 rue du Petit Pont • 78310 **MAUREPAS**

Didier DRUSSANT (Directeur) • Alan TAXWELL (Directeur) • Nicolas VUARCHEX (Ingénieur du son)

Studio d'enregistrement • **Cabine(s) technique(s)** : 2 (2 x 30 m2) • **Plateau(x)** : 1 (100 m2) • **Console** : Amek avec automation • **Magnétophone** : Adat, Tascam, Pro Tools • **Références** : Olivier Hutman, Alain Jean-Marie, René Urtreger, TF1, France 2, France 3, Canal +, TV5 • **Mastering** : Pro Tools • **Tarifs** : 520 € HT/j.

STUDIO NICE

✆ **01 34 15 36 44** • fax 01 34 15 03 11
m.eyan@mageos.com
6 rue François Mauriac • 95130 **FRANCONVILLE**

Michel EYAN (Réalisateur) • Fabrice DEBIRE (Ingénieur du son)

Studio d'enregistrement • **Cabine(s) technique(s)** : 1 (20 m2) • **Plateau(x)** : 1 (50 m2) • **Console** : ARC • **Magnétophone** : Adat, Mackie HDR24, Pro Tools, Logic Audio • **Références** : M. Eyan, Franger, S. Mondino, A. Tomé, C. Cheype, Harissa, Hanna H, Fjäril, Lucio David, Polygram • **Mastering** : 1/4, DAT • **Tarifs** : Sur devis

STUDIO PLUS +30

✆ **04 32 60 02 56 / 06 20 71 63 55** • fax 04 32 60 02 57
mlg@studioslafabrique.com • **www.studioslafabrique.com**
35/37 rue des Annelets • 75019 **PARIS**

Hervé LE GUIL (Président) • Maxime LE GUIL (Manager Studio +30)

Studio d'enregistrement • **Cabine(s) technique(s)** : 1 (40 m2) • **Plateau(x)** : 1 (150 m2), 3 cabines d'isolation • **Console** : SSL 4048 E + Total Recall, Neve V51 24 canaux en side-car • **Magnétophone** : Studer A820-24, Sony APR 5000-1/2', Pro Tools HD3 Accel • **Références** : Boris Vian, Kent, David Hallyday, Katerine, Renan Luce, Jeanne Cherhal, Alizée, etc. • **Mastering** : 1/2 Sony APR 5000 • **Tarifs** : Sur devis

Les STUDIOS CAMPUS

✆ **01 43 55 44 03** • fax 01 43 55 44 09
terraindentente@free.fr • **terraindentente.free.fr**
c/o Asso. Terrain d'entente • 12 bis rue Froment • 75011 **PARIS**

Jean-François PAUVROS (Président) • Thierry DE LAVAU (Directeur)

Studio d'enregistrement • **Cabine(s) technique(s)** : 1 • **Plateau(x)** : 1 (90 m2) • **Console** : Yamaha 01V96 x2, 02R • **Magnétophone** : Pro Tools 9HD • **Références** : Joe Mc Phee, Diaba Koita, Ramon Lopez, Plasticine, Revolver, Lokua Kanza, Guem, etc. • **Tarifs** : Adh. : 120 €/8h

Les STUDIOS DE LA SEINE - 1

✆ **01 43 43 67 77**
emilie@studiosdelaseine.com • **www.studiosdelaseine.com**
80 rue Traversière • 75012 **PARIS**

Daniel BRUNETTI (Gérant) • Emilie HATTERER

Studio d'enregistrement • **Cabine(s) technique(s)** : 6 • **Plateau(x)** : 3 • **Console** : SSL XL 9000K, Oxford Sony, Neve V3 Flying Faders, SSL 4000G • **Magnétophone** : Sony 3348 et 3324S, Studer A80 MK IV, 6x TDM Mix 4, 4x Pro Tools HD3 • **Références** : Alain Souchon, Amadou & Mariam, Björk, Camille, Sniper, 50 cent, Pharell Williams • **Mastering** : 1/2, DAT, DtD

Les STUDIOS DU CHAT PERCHÉ

✆ **01 34 43 18 09**
studiosduchatperche@ville-cergy.fr
17 square de l'Échiquier • 95800 **CERGY ST CHRISTOPHE**

William BASTIANI (Responsable) • Adrien DELAROCHE (Régisseur son)

Studio d'enregistrement • **Cabine(s) technique(s)** : 1 • **Console** : Mackie Onyx 24/04 + Focusrite Saffire Liquid • **Magnétophone** : Cubase 6 sur Mac • **Mastering** : Oui • **Tarifs** : 10 €/h, forfait 305 €/3 j. + adh.

STUDIOS GUILLAUME TELL

✆ **01 42 04 05 05** • fax 01 42 04 68 69
guillaumetell@wanadoo.fr • **www.guillaumetell.com**
20 av. de la Belle Gabrielle • 92150 **SURESNES**

Roland GUILLOTEL (Booking) • Denis CARIBAUX (Responsable technique / Ingénieur du son)

Studio d'enregistrement • **Cabine(s) technique(s)** : 3 • **Plateau(x)** : 1 (240 m2) • **Console** : SSL 9096 J, Sony OXF R3 avec automations • **Magnétophone** : 3348 HR, A820, JH 24, PCM 800, Pro Tools HD10 • **Références** : Iron Maiden, Roger Waters, Hélène Ségara, Rolling Stones, Cheb Mami, Ayo, C. Aznavour, E. Mitchell, M. Farmer, L. Kravitz, émission « Acoustique » de TV5, etc. • **Tarifs** : Sur devis

STUDY'O2 - WINSTAGE MUSIC

✆ **01 48 35 01 43** • fax 01 43 11 18 11
mikeelliott55@aol.com • **www.lestudyo2.com**
8-20 rue Cantin • 92400 **COURBEVOIE**

Mike ELLIOTT (Directeur général)

Studio d'enregistrement • **Cabine(s) technique(s)** : 1 (35 m2) • **Plateau(x)** : 1 (70 m2) + 2 cabines VC • **Console** : SSL 4048E Total Recall computer G. • **Magnétophone** : Pro Tools 24 Mix+ avec interface Apogee AD 8000 XG • **Références** : Shym, P. Obispo, Magic System, Faf Larage, Kyo, EMI Publishing, EMI, Sony BMG, M6, RCA, Warner, Universal, Universal Spain, Epic, Diese Production • **Mastering** : 1/2 p. Dolby SR, DAT • **Tarifs** : 500 € HT/j. sans assistant

SV MASTERING

✆ **06 68 66 22 18** • fax 01 45 22 66 39
sydnee.vion@freesbee.fr • **www.sv-mastering.com**
30 rue de St-Petersbourg • 75008 **PARIS**

Sydnée VION (Ingénieur du son)

Studio de mastering • **Matériel(s) utilisé(s)** : Avalon, TC Electronic, Tascam, Sony, KRK, Samplitude, Universal Audio (UAD), Nakamichi, Studer • **Tarifs** : 70 €/h et forfait mastering CD, montage num., traitements • **Références** : Voice Productions, Warner, ULM, BMG, EMI, Edina Music, Astrolab Music, Palass, Aylin Prandi, The Void, Francis Lockwood • **Formats acceptés** : DAT, CD Audio, CD data, fichiers Wave & Aiff, VY 33T & 45T

Studio SYSMO RECORDS

✆ **01 42 55 64 62**
pourtouteinformation@sysmo-records.com • **www.sysmo-records.com**
136 rue Championnet • 75018 **PARIS**

Pierre GUIMARD (Gérant)

Studio d'enregistrement • **Plateau(x)** : Pour 10 mus. • **Console** : Lafont 56 entrées avec automation, Soundscape 62 p., Tascam (2x8), Pro Tools • **Magnétophone** : Studer • **Références** : Claire Lise Vincent, Thoma Sav-, Michel Legrand, Frédéric Belinski, Jean Musy, Carine Bonnefoy, Stéphane Belmondo, Florin Niculescu, etc. • **Mobile** : Oui • **Mastering** : 1/4, DAT, CDR, duplication CDR en petite série • **Tarifs** : 500 € HT/j avec ingé + PI accordé

TALK OVER

✆ **01 42 71 04 04**
sabrina@talkover.fr • **www.talkover.fr**
35/37 rue des Annelets • 75019 **PARIS**

Redha ZAIM (Gérant) • Sabrina MESLEM (Assistante de production)

Studio d'enregistrement • **Cabine(s) technique(s)** : 3 (20, 25 & 70 m2) • **Plateau(x)** : 1 (150 m2) • **Console** : SSL 4048E, Digidesign D-Command, Control 24 • **Magnétophone** : Studer A80, Pro Tools HD10 • **Références** : Hommage Boris Vian, Kent, etc. ; dessins animés (« Minuscule », « Chasseurs de Dragons », « Foot de Rue », « Le Petit Nicolas », « Minijusticiers », « Le Ranch », etc.), jeux vidéo (Lecroupier.com), films (« Magma »), etc. • **Tarifs** : Sur devis

TEXAVRIL/FERBER

✆ **01 43 61 31 01** • fax 01 43 61 95 06
philavril@mac.com • **www.texavril.com**
56 rue du Capitaine Ferber • 75020 **PARIS**

Jean-Christophe LE GUENNAN

Studio d'enregistrement • **Cabine(s) technique(s)** : 1 x 40 m2 • **Plateau(x)** : 1x Studio A Ferber (180 m2) • **Console** : SSL 4048 E, computer G • **Magnétophone** : Studer A800, Pro Tools (convert. Euphonix) • **Références** : La Strada, Ute Lemper, Papa Wemba, Sanseverino, Philippe Lavil, Jimmy Sissoko, Elisabeth Anaïs, Julie Zenatti, Jun Miyake, Emir Kusturica, Johnny Hallyday, Roberto Alagna • **Mobile** : Oui • **Mastering** : A 80 Studer • **Tarifs** : 850 € HT/j. avec assistant, 457 € HT/j. (studio B)

Studio TIME

✆ **01 49 00 05 40** • fax 01 47 73 89 96
info@studiotime.com • **www.studiotime.com**
3 bis rue Jean Jaurès • 92800 **PUTEAUX**

Philippe BENSOUSSAN (Gérant) • Pierre-Henri SAMION (Gérant) • Nicolas ROBIN (Compositeur / Post-production son)

Studio d'enregistrement • **Cabine(s) technique(s)** : 4 (40, 20, 2 x 15 m2) • **Plateau(x)** : 4 (80, 15, 2 x 10 m2) • **Console** : Pro Control • **Magnétophone** : Pro Tools HD • **Références** : Gérald De Palmas, publicités (Nivéa, Neslé, Fiat, etc.), etc. • **Tarifs** : Sur devis

TOXIC MASTER

✆ **06 11 93 89 06**
info@toxicmaster.net • **www.toxicmaster.net**
4 rue Kléber • 92320 **CHATILLON**

Didier MOUFLIN (Dirigeant / Ingénieur du son) • Laurence BENICHOU (Administration)

Studio de mastering • **Matériel(s) utilisé(s)** : Analog. (Manley, Summit Audio, TK Audio, MindPrint, Avalon Design, Focusrite, SPL) ; num. (TC Electronic, Apogee, Universal Audio, Audiofile Engineering, Pro Tools) ; monitoring (DynaudioAcoustics, Genelec, Yamaha, Mackie, Tannoy, JBL) ; Monster Câbles • **Tarifs** : 59 € HT/titre • **Références** : LBB, Tatoo-Music, etc. • **Formats acceptés** : 16/24/32 bits ; 44,1/48/88,2/96 kHz ; DAT, CD, MD, DVD, wav, aiff, sd2, jam, Sd2f, disc, iso, etc.

TRANSLAB

✆ **01 47 07 54 86** • fax 01 43 36 07 38
translabmastering@orange.fr • **www.translab-mastering.com**
12/14 bd de l'Hôpital • 75005 **PARIS**

Claude PUTERFLAM (PDG)

Studio de mastering • **Matériel(s) utilisé(s)** : Système de montage Sadie • **Tarifs** : 180 € HT/h, gravure VY 200 € HT/face • **Références** : Renan Luce, NTM, IAM, EMI Arabia, Arthur H, Tété, Sergent Garcia, Pierpoljak, Émilie Simon, Christophe Willem, Camelia Jordana, Emmanuelle Seigner, Pauline, Elodie Fréjé, Vanessa Paradis, Keren Ann, etc. • **Formats acceptés** : DAT, 1/4 et 1/2 analog., Umatic, Exabyte, PCM F1, fichiers Aiff, Wave, SD2 & DDPI

Le TRITON

✆ **01 49 72 83 13** • fax 01 49 72 83 11
contact@letriton.com • **www.letriton.com**
11 bis rue du Coq Français • 93260 **LES LILAS**

Jean-Pierre VIVANTE (Directeur) • Jacques VIVANTE (Directeur technique)

Studio d'enregistrement • **Cabine(s) technique(s)** : 1 • **Plateau(x)** : 1 • **Console** : Yamaha DM2000 + 01V • **Magnétophone** : Tascam DA 98 HR + 2 DA78HR • **Références** : Archimusic, Vincent Courtois, Soft Bounds, etc. • **Mastering** : Pro Tools • **Tarifs** : 70 €/h sans ingénieur du son, 120 €/h avec

TWIN STUDIOS

✆ **01 45 04 00 44** • fax 01 45 04 00 90
twin@twin-studios.com • **www.twin-studios.com**
2 av. du Mal Maunoury • 75016 **PARIS**

Roberto RÉA (Gérant)

Studio d'enregistrement • **Cabine(s) technique(s)** : 3 • **Console** : SSL 9080 J (+ Total Recall & Ultimation avec automation), Euphonix CS3000, Control Station • **Magnétophone** : Pro Tools HD3, Sony PCM 3348, Studer A800 MKIII • **Références** : J.-L. Aubert, Grand Corps Malade, Fabulous, Rimka, La Fouine, 113, Olivier Miller, Dave Patty, etc. • **Tarifs** : Sur devis

UP LINE PRODUCTION

✆ **06 14 26 10 74**
recording@uplinestudios.com • **www.uplinestudios.com**
9 passage de la Main d'Or • 75011 **PARIS**

Joseph NOIA (Gérant / Direction artistique et technique)

Studio d'enregistrement • **Console** : Amek 26-8 • **Magnétophone** : Otari • **Références** : Stuck In The Sound, Buzinparis • **Tarifs** : 300 € HT/j.

Studio URBAIN

✆ **06 75 64 82 82**
urbainstudio@gmail.com
21 rue des Moulins • 78290 **CROISSY SUR SEINE**

Grégory URBAIN (Directeur)

Studio d'enregistrement • **Cabine(s) technique(s)** : 1 • **Console** : Control 24 • **Magnétophone** : Pro Tools HD2, Avalon VT 737, Universal Audio 1176, Distressor EL8X • **Références** : Mohombi, Jorell, Dj Assad, Willy William, Ro & Cut, Youssoupha, Médine, Ol'Kainry, Nakk, Booba, Big Ali, Jessy Matador etc. • **Tarifs** : Devis

URBAN GROOVE

✆ **06 69 15 06 06 / 09 75 88 95 45**
urbanstudio@hotmail.com • **www.urbangroove.fr**
3 rue Alfred de Musset • 95190 **GOUSSAINVILLE**

David LAFILAY (Directeur artistique / Management) • Cécilia LAFILAY (Ingénieur du son)

Studio d'enregistrement • **Cabine(s) technique(s)** : 2 • **Plateau(x)** : 100 m2 • **Console** : 01/v96, Avalon, Apogee, Neumann, AKG • **Magnétophone** : Pro Tools 10 HD2, Cubase 7 • **Références** : www.urbangroove.fr • **Mobile** : 06 69 15 06 06 • **Mastering** : Wavelab 7 • **Tarifs** : Dès 200 € TTC/ j. avec ingé son

VAGH & WEINMANN MUSIC

✆ **01 43 54 43 75 / 06 09 39 95 62**
vaghv@yahoo.fr • **www.vagh-weinmann.com**
24 rue des Fossés St-Bernard • 75005 **PARIS**

Victor VAGH (Réalisateur) • Nicolas VAGH (Ingénieur du son)

V&W Music • *Studio d'enregistrement* • **Cabine(s) technique(s)** : 3 • **Console** : SSL Matrix • **Magnétophone** : Pro Tools HD3 • **Références** : Jah Mason, Philippe Katerine, U Roy, Les Nubians, Doudou Masta, Julien Baer, Caligagan, Juju Child, Basile, Funde, Sacha, Djaal, Momo Roots, etc. • **Tarifs** : Sur devis

VAL D'ORGE

✆ **01 64 48 81 86** • fax 01 69 09 79 37
www.valdorge.com
6 allée des Rossays • 91360 **EPINAY SUR ORGE**

Jean TAXIS (Directeur) • Elisa ARRANZ (Relations publiques)

Studio d'enregistrement • **Cabine(s) technique(s)** : 1 (35 m2) • **Plateau(x)** : 4 (45, 16, 9 & 8 m2) • **Console** : Neve 8108 (72 entrées) avec automation • **Magnétophone** : Pro Tools HD, Studer A800 2 p., A80 1/2 p., A820 1/4 p. (Dolby SR) • **Références** : Enzo Enzo, Gipsy Kings, Les Yeux d'la Tête, Steve Nieve, Fredrika Stahl, Fred Wesley, Yes, etc. • **Mastering** : Oui • **Tarifs** : Sur devis

VERSAILLES STATION

✆ **01 39 53 54 10**
78versailles@gmail.com • **www.versailles-station.com**
6 rue Mazière • 78000 **VERSAILLES**

Philippe BESOMBES (Gérant)

Studio d'enregistrement • **Cabine(s) technique(s)** : 1 (45 m2) • **Plateau(x)** : 1 (45 m2) • **Console** : Tascam • **Mastering** : Oui • **Tarifs** : 450 €/j.

VFP

✆ **06 10 02 74 69** • fax 01 48 59 16 19
fpasquotti@vfp-studio.com • **www.vfp-studio.com**
70 rue de la Fraternité • 93170 **BAGNOLET**

Franck PASQUOTTI (Responsable / ingénieur du son) • Liliane BIETRIX (Administratrice / comptable)

Studio de mastering • **Matériel(s) utilisé(s)** : Écoutes (K+H 0300 + caisson 0800), CONS. Tascam DM4800, périph. (API, DAV, Pultec, Thermionic Culture, Alan Smart, Pendulum Audio, logiciels (Magix, Universal Audio, Voxengo, Bias), convert. (Lynx & Lavry, API, Pendulum, Neve, TFPro, Peak, Samplitude, Waves, URS), Mac Pro • **Tarifs** : Dès 59 €/titre • **Références** : Télé Zéro Jours, Adonys, Shaye Bishop, Radikal MC, Laurent Dodivers, Yank Baseu, Pepe Oleka, Hedayat Music, Warner, France 2, Stof Terrier, Youroff • **Formats acceptés** : Redbook CD, CD24, Data DVD & CD-Rom, 45T & 33T, WAV, AIFF, SD2, K7, Sonic Solutions, mpeg, pcm, etc.

La VILLA

✆ **09 52 69 27 42**
contact@villamastering.com • **www.villamastering.com**
11 sentier des Jasmins • 93100 **MONTREUIL**

Jérémy HENRY (Ingénieur du son)

Studio de mastering • **Matériel(s) utilisé(s)** : Neumann VMS80, Focusrite Blue 315, Groove Tube Glory Comp, Shadow Hills Mastering Compressor, Crane Song Ibis, Dangerous S&M, Also Dynax, Avalon AD2077, Prism ADA 8 XR, Weiss EQ1 Dyn Lp, Weiss DS1, Junger D01, etc. • **Tarifs** : 70 € HT/titre, prix dégressifs, forfait LP dès 600 € HT • **Références** : Sony, Universal, EMI, Warner, Wagram, Blue Note, Because, Record Makers, etc. • **Formats acceptés** : Ts fichiers et supports num., bandes analog., etc.

Studio VINTAGE LABS

✆ **01 49 31 02 35** • fax 01 43 05 27 15
vintagelabs@yahoo.fr • **www.studio-vintagelabs.com**
10 allée de la Marne • 93160 **NOISY LE GRAND**

Francine STARASELSKI (Gérante) • Laurent MARY (Ingénieur du son) • Antoine GUIOLLOT

Studio d'enregistrement • **Cabine(s) technique(s)** : 2 • **Plateau(x)** : 1 • **Console** : Euphonix CS2000 update 3000, Studer 905 Custom 5.1 • **Magnétophone** : 2 Pro Tools HD (2 Rec. & 1 Edit), Revox PR99 MKII, Tascam 16 tracks 2 p., Revox B77, Otari MTR90, Studer A80 24 tracks, Studer A80 16 tracks • **Références** : Victoires musique du Jazz, Bam's, Hotel Costes, Universal, Barclay, Sony, indés, etc. • **Mobile** : Pro Tools HD & 8 • **Mastering** : Pro Tools HD, PMCD, etc. • **Tarifs** : Studio VLS : 450 € HT/j. (8h). Nautilus : 300 € HT/j. (8h)

Le VOYAGEUR

✆ **01 34 38 25 25**
laurent@levoyageur.com • **www.levoyageur.com**
ZAC du Moulin • 18 rue Meunier • 97700 **ROISSY EN FRANCE**

Laurent ISRAEL-ALEXANDRE (Responsable / technico commercial)

Studio d'enregistrement • **Cabine(s) technique(s)** : 2 • **Console** : Neve VR 48, SSL, C200 • **Magnétophone** : Tascam X48, Pro Tools HD3 • **Références** : Restos du Cœur, Mylène Farmer, J. Hallyday, etc • **Mobile** : Oui • **Tarifs** : Sur devis

Z FACTORY

✆ **09 50 31 40 31 / 06 69 15 29 20** • fax 09 55 31 40 31
info@studiozfactory.com • **www.studiozfactory.com**
8 sentier du Clos Hallé • 94240 **L'HAY LES ROSES**

Benoit BILLARD (Ingénieur du son) • Igor OLSEVSCHI (Ingénieur du son)

Studio d'enregistrement • **Cabine(s) technique(s)** : 2 (20 et 18 m2) • **Plateau(x)** : 2 (25 et 55 m2) • **Console** : Soundcraft DC2020, Tascam DM-24 • **Magnétophone** : Tascam X48 (x2), Tascam DV-RA1000HD, Fostex D2424, Pro Tools HD8, Logic Audio • **Références** : Samsung, Chaphi Records, Active Entertainment, Beuscher Arpèges, Orange, Pression Live, Emergenza, Clint, Stackass, Sheraff, Elephants, The Edge, Astings, etc. • **Mobile** : Live sur 24/48 pistes num. • **Mastering** : Oui • **Tarifs** : Formules dès 99 €

LANGUEDOC-ROUSSILLON

Studio AMPLITUDE

✆ **04 66 52 71 71 / 06 84 29 02 06**
studio.amplitude@wanadoo.fr • **www.studioamplitude.com**
45 av. Marcel Cachin • 30100 **ALES**

Patrice SCOTTO D'ANIELLO (Ingénieur du son)

Studio d'enregistrement • **Cabine(s) technique(s)** : 1 (20 m2) • **Plateau(x)** : 2 (100 & 30 m2) + grande salle attenante • **Console** : DM 2000, 01V96 • **Magnétophone** : Nuendo, Pro Tools, Cubase, Logic Pro • **Références** : Richard Alexandre, Gen Cod, Modernes Fakirs, Agape, Virginie Marino, Manyfest • **Mobile** : Oui • **Mastering** : DAT, CD, Mini-Disc, DVD • **Tarifs** : 30 €/h + 5 € cotisation

AURORA STUDIO

✆ **06 77 34 01 68**
contact@mastering-audio.fr • **www.mastering-audio.fr**
Ancienne route de Bréau • Quartier Cauvalat le Haut • 30120 **AVEZE**

Fabrice MOUCHAIN (Ingénieur du son)

Studio de mastering • **Matériel(s) utilisé(s)** : Avalon VT747-Sp, Aphex Dominator, UAD-2, Tannoy Dual concentric, Logic Audio Pro, conv. Apogee • **Tarifs** : 450-550 € (tarifs indicatifs pour un album (num., analog.) adaptés selon projets, finalisation de démos à tarifs préférentiels) • **Références** : Boulevard des Airs, Johnny Jay, Carole Gabriel, KounKoun, Volfonicq, Mystèr' Walter Scott, etc. • **Formats acceptés** : WAV, AIFF

DIREKT TRIBAL FAMILY

✆ **04 66 23 17 85**
assodtf@gmail.com • **www.myspace.com/direkttribalfamily**
c/o CSCS Valdegour • 4 pl. Pythagore • 30900 **NIMES**

Coraline PAILHES (Administratrice)

Studio d'enregistrement • **Cabine(s) technique(s)** : 2 • **Plateau(x)** : 1 • **Console** : Pro Tools 9 • **Références** : L'Homme Parle, Sola, Légende Urbaine • **Mobile** : Oui • **Mastering** : Oui • **Tarifs** : 200 €/j., forfait possible

IN THE BOX STUDIO

✆ **06 63 51 13 68**
intheboxstudio@free.fr • **www.myspace.com/studiointhebox**
25 rue St-Exupéry • 34430 **ST JEAN DE VEDAS**

Cédric CASTEL (Ingénieur du son / Gérant)

Studio d'enregistrement • **Cabine(s) technique(s)** : 1 • **Console** : Mackie, PréAMP lampes • **Magnétophone** : Tascam • **Références** : Servo, La Souris Déglinguée, Marvin, Ofoam, Illegal Process • **Mastering** : Oui • **Tarifs** : A partir de 150 €

INFERNALE MACHINE

✆ **04 67 36 38 54 / 06 26 91 60 03**
im@infernalemachine.fr • **www.infernalemachine.fr**
Domaine départemental d'Art & de Culture • Parvis Jacques Echantillon, Route de Vendres • 34500 **BEZIERS**

Matteo MANNONI (Gérant)

Studio d'enregistrement • **Cabine(s) technique(s)** : 1 (50 m2) • **Plateau(x)** : 1 (164 m2) • **Console** : Harrison MPC 2 • **Magnétophone** : Analog. : Lyrec TR 533 24 pistes bande, num. : Crane Song Hedd 2 AD / 2 DA, Lavry Blue 8 AD, Aurora 16 VT x 2 - 32 AD / 32 DA • **Mobile** : Oui • **Mastering** : MCI JH110c • **Tarifs** : 300 €/j. (dégressif)

Studio LAKANAL

✆ **04 67 79 21 89**
contact@studiolakanal.com • **www.studiolakanal.com**
15 rue Lakanal • 34090 **MONTPELLIER**

Isabelle NAUJAC (Gérante) • Pierre VANDEWAERTER (Ingénieur du son) • Jean-Charles GORCEIX (Ingénieur du son) • Boris DARLEY (Ingénieur du son)

Studio d'enregistrement • **Cabine(s) technique(s)** : 1 • **Plateau(x)** : 3 • **Console** : Sony DMX-R100, Schlumberger, préAMP : Tube-tech, Focusrite, etc. • **Magnétophone** : Radar 24HR Izcorp, Pro Tools HD3, RME, Mackie SDR2496 pour live • **Références** : + de 300 dps 2001 • **Mobile** : Oui • **Mastering** : Manley Vari-Mû, Weiss EQ2, Prism Masselec MA-2, Junger, plugins Universal Audio • **Tarifs** : Sur devis, forfaits pré-mastering

PATCH WORK STUDIO

✆ **06 76 20 49 33** • fax 09 55 35 72 56
patchworkprod@gmail.com • **www.patchworkproduction.fr**
35 av. du Gal de Gaulle • 30290 **LAUDUN**

Arnold METROT

Studio d'enregistrement • **Cabine(s) technique(s)** : 3 • **Plateau(x)** : 1 • **Console** : Soundcraft 500 • **Magnétophone** : Pro Tools HD • **Mobile** : Oui • **Mastering** : Oui • **Tarifs** : Dès 150 € HT/j.

Studio de mastering • **Matériel(s) utilisé(s)** : Num. & analog. • **Tarifs** : 30 € HT/titre, 80 € HT/démo, 100 € HT/maxi, 200 € HT/LP • **Formats acceptés** : Tous

Studio RECALL

✆ **04 66 77 95 40 / 06 11 15 87 58** • fax 04 66 77 68 69
smusic@free.fr • **www.studiorecall.com**
Mas de Quintanel • 30170 **POMPIGNAN**

Philippe GAILLOT (Directeur)

Studio d'enregistrement • **Cabine(s) technique(s)** : 1 (90 m2) • **Plateau(x)** : 1 (150 m2) • **Console** : Amek Rembrandt Galileo, 2 Yamaha 02R, Procontrol 32 Moving Faders + Edit Pack. Mixage 5.1 • **Magnétophone** : 3M, Tascam DA88, Tascam Dash, Pro Tools HD3, Otari MTR 90 Mark3 • **Références** : Louis et François Moutin, Yaron Herman, Biréli Lagrene, Jacky Terrasson, Carlos Maza, John Mc Laughlin, S. Kouyaté, Shakti, etc. • **Mobile** : Oui • **Mastering** : Num. • **Tarifs** : Sur devis

SOLIS-PROD STUDIO

✆ **04 66 80 78 65**
contact@solis-prod.com • **www.solis-prod.com**
874 ch. de Junas • 30250 **AUBAIS**

Annie MARTIN (Gérante) • Patricia DESROCHES (Ingénieur du son) • Cédric ROBERT (Assistant)

Studio d'enregistrement • **Cabine(s) technique(s)** : 1 • **Plateau(x)** : 2 • **Console** : Audient analog. ASP8024-24PB • **Magnétophone** : Cubase 7, DTD • **Références** : Locales & internationales • **Mobile** : Oui • **Mastering** : Oui • **Tarifs** : 300 € HT/j.

STUDIO DES AVIATEURS

✆ **06 06 80 38 00**
studiodesaviateurs@gmail.com • **www.studiodesaviateurs.fr**
2650 av. de Maurin • 34070 **MONTPELLIER**

Agathe DELPHINO (Responsable)

Studio d'enregistrement • **Cabine(s) technique(s)** : 4 (5 à 20 m2) • **Console** : Tascam, Sony DMX R100 • **Magnétophone** : Radar Otari 24, Adat Alesis, DAT, MAG à bandes, etc. • **Références** : Général Alcasar, P. Vassiliu, Les Boukakes, Pascal Comelade, Roland Ramade, République Démocratique du Mambo, Allegria Brass Band, etc. • **Mobile** : Oui • **Mastering** : Oui • **Tarifs** : 360 €/j. TTC, tarifs à l'h et demi-j.

Studio VOX

✆ **09 52 04 41 53 / 06 14 82 30 05**
contact@studiovox.fr • **www.studiovox.fr**
2 bis Legendre Hérail • 34000 **MONTPELLIER**

Emmanuel DE ROQUETAILLADE (Président) • Jean-François SABOY (Responsable technique)

Studio d'enregistrement • **Cabine(s) technique(s)** : 1 • **Console** : RME Fireface 800, Samplitude • **Magnétophone** : Samplitude 10 Pro • **Références** : Dimoné, Fanga, Florian Brinker (Rinôçérôse), Purafé, Koala-Desperados, Fa 7, Skeleton Band, Imed alibi, Oaloo, Fausta, etc. • **Mobile** : Oui (32 p. num.) • **Mastering** : Oui • **Tarifs** : 160 à 250 €/j. avec ingé son

LIMOUSIN

ARIANE SON

✆ **05 55 81 41 62 / 06 72 10 22 57** • fax 05 55 62 40 90
ass.ariane@orange.fr
Les Brégères • 23150 **LA VAVEIX LES MINES**

Jean-Michel SADRIN (Responsable)

Studio d'enregistrement • **Cabine(s) technique(s)** : 1 (15 m2) • **Plateau(x)** : 2 (60 m2) • **Console** : Soundcraft 2400, Mac • **Magnétophone** : Pro Tools TDM 24 mix + • **Références** : Groupes locaux • **Mobile** : Oui • **Mastering** : DAT, Finalizer dbx Quantum • **Tarifs** : 280 €/j.

OUI-DIRE STUDIO

✆ **05 55 31 35 53**
dominique@ouidirestudio.com • **www.ouidirestudio.com**
18 rue du Capitaine Viguier • 87000 **LIMOGES**

Dominique BOOS (Gérant)

Studio d'enregistrement • **Cabine(s) technique(s)** : 1 (20 m2) • **Plateau(x)** : 2 (100, 40 m2) • **Console** : Neve 5106 • **Magnétophone** : Station Pyramix merging, conv. SSL madi SX • **Références** : Kevin Reverand, Trio Areli, Sylvie Dubreuil, Desmons et Rabetaud, Pat Giraud, Bourbon Street, Elise, Malville, Polyglotte, Michel Deshays, Joël Barret, Deni, etc. • **Mobile** : Oui • **Mastering** : DAT, Wave Lab, Pyramix • **Tarifs** : 47 € TTC/h, 340 € TTC/ j., dégressif

LORRAINE

Studio AMPER

✆ **03 87 58 34 34 / 06 80 08 35 02**
studioamper@wanadoo.fr • **www.myspace.com/studioamper**
1 rue des Jardins • 57185 **CLOUANGE**

Jean-Pascal BOFFO (Ingénieur du son)

Studio d'enregistrement • **Cabine(s) technique(s)** : 1 (30 m2) • **Plateau(x)** : 2 (20 & 30 m2) • **Console** : Audient 4816, convertisseur SSL, Lucid, Presonus StudioLive, nombreux préAMP et comp. « vintage » • **Magnétophone** : DtD Mackie SDR 2496, Pro Tools 10, Cubase 6 • **Références** : Flying Orkestar, Baye Gallo, Mariette Hélou, Emma Demoiselle, Blue Frog, Vache 2 Zoo, As Malick, Yaro, Alifair, Ange, Régis Cunin, etc. • **Mobile** : Oui • **Tarifs** : 300 € TTC/j.

Studio de mastering • **Matériel(s) utilisé(s)** : Wavelab 7 & plugins, carte UAD Octo avec ts les plugs, console Audient & Manleu MU Variable (compresseur-limiteur à lampes), EQ Pultec à lampes • **Tarifs** : 250 € /j., 40 €/h • **Références** : Ange, Sligo, Flying Orkestar, Yaro, le Ptit Jezu, A cause de Sylvia, As Malick, Myster Mobius, Charge 69, Adissabeba, Alifair, La Boite Vocale, Alicia Hiblot, Murat Oztürk, etc. • **Formats acceptés** : CD, WAV ou Aiff

Studio **CCAM**

✆ 03 83 56 15 00 • fax 03 83 53 21 85
francois@centremalraux.com • **www.centremalraux.com**
Rue de Parme • BP 90126 • 54504 **VANDOEUVRE LES NANCY CEDEX**

Dominique REPECAUD (Directeur) • François DIETZ (Ingénieur du son)

Centre culturel André Malraux • *Studio d'enregistrement* • **Cabine(s) technique(s)** : 1 (30 m2) • **Plateau(x)** : 2 (50 m2) • **Console** : 02 R96 Yamaha • **Magnétophone** : Station Nuendo, RME AD8DS 16/16 • **Références** : Pascal Comelade, Etage 34, Ulan Bator, Pedro Soler, Beñat Achiary • **Mobile** : Oui • **Mastering** : Wavelab 6 • **Tarifs** : 220 € TTC/j.

DAKOTA PRODUCTIONS

✆ 03 87 65 23 29 • fax 03 87 65 21 86
info@dakota-productions.fr • **www.dakota-productions.fr**
31 rue du Stade • 57155 **MARLY**

J-Michel MAUFFRAY (Gérant) • Christian BREMONT (Ingénieur du son)

Studio d'enregistrement • **Cabine(s) technique(s)** : 1 (35 m2) • **Plateau(x)** : 3 (40, 15 & 4 m2) • **Console** : MTA 32/24 avec automation Optifile Tetra • **Magnétophone** : Tascam DA88, Pro Tools HD2, Logic Audio; plugins : Waves, SSL, Sonalksis, Abbey Road, Antares, etc. • **Références** : J. Martin, Nation, Miko, A. Gozzo, Cuisine, Citizen, etc. • **Mobile** : Oui • **Mastering** : 1/4, DAT, CDR

DBDC

✆ 06 08 37 81 44
dbdcprod@gmail.com • **www.desbruitsdecasseroles.fr**
Maison Eclusière N° 4 • 54850 **MESSEIN**

Arnaud GAUCHARD (Ingénieur du son)

Des bruits de casseroles • *Studio d'enregistrement* • **Cabine(s) technique(s)** : 2 • **Plateau(x)** : 2 • **Console** : DM 3200 Tascam • **Magnétophone** : RME + conv. Universal Audio • **Références** : Aghostino, St Max, Dub in VO, 2TH, Diego Palavace, Irréversible, Dum Dum Spiro, Spiral Dogma, etc. • **Mastering** : 2 cartes uad1 + nombreux préAMP vintage • **Tarifs** : 300 €/j.

Studio **LATITUDE**

✆ 03 29 56 69 27 • fax 03 29 51 30 98
studio@mvs.fr • **www.mvsbroadcast.com**
c/o MVS Broadcast • 395 ch. de La Cartonnerie • BP 294
88100 **STE MARGUERITE**

Studio d'enregistrement • **Cabine(s) technique(s)** : 2 (20 & 40 m2) • **Console** : SSL 4048 comp G, Digidesign • **Magnétophone** : JH 24 MCI, Pro Tools HD, Sony PCM 3348 & 3324, Otari MTR10 analog. • **Références** : Universal Music, Warner, EMI, Naïve, MVS Records, Sony Music, BMG, Virgin, Delabel, Wagram. Artistes en AP et sous licence • **Mobile** : Oui • **Tarifs** : Sur devis

Studio d'enregistrement • **Cabine(s) technique(s)** : 1 (35 m2) • **Plateau(x)** : 8 • **Console** : SSL 6048, Lafont Audio Labs Twin Mix Custom • **Magnétophone** : JH 24 MCI, Sony analog., Pro Tools HD 8, Logic Audio Pro 8, convert. Otari Radar II, Otari MTR10 analog., Sony PCM 3324, cartes RME, plugins Waves, Magix Sequoia 7 • **Références** : EMI, Naïve, MVS Record, Sony, BMG, Virgin, Delabel, Wagram, Conseil général des Vosges, Conseil régional de Lorraine • **Mobile** : MVS Recording • **Mastering** : MVS Mastering • **Tarifs** : Sur devis

MVS MASTERING

✆ 03 29 56 19 42 • fax 03 29 51 30 98
studios@mvs.fr • **www.mvsrecords.com**
BP 294 • 88108 **SAINT DIE CEDEX**

José LÉVICES (PDG)

Studio de mastering • **Matériel(s) utilisé(s)** : Manley, EMT Franz, Universal Audio, Presonus, TC Electronic, Telefunken, Neve, Lexicon, Eventide, Lafont Audio Labs, Otari MTR10 analog., Dolby SR 361 • **Références** : EMI, MVS Records, Sony, BMG, Virgin, Delabel, Wagram, artistes AP & licenciés • **Formats acceptés** : Tous num. & analog.

MIDI-PYRÉNÉES

La **BOÎTE À SON**

✆ 05 65 30 92 83 / 06 15 08 42 31
laboiteason@wanadoo.fr • **www.boiteason.com**
Croix de Plasié • 46150 **CRAYSSAC**

Julien SICARD (Gérant) • Joël SEGURA (Ingénieur du son)

Studio d'enregistrement • **Cabine(s) technique(s)** : 1 (20 m2) • **Plateau(x)** : 2 (25 et 12 m2) • **Console** : Mackie analog. CFX 20.8.4.2 et Onyx 16401 • **Magnétophone** : Cubase SX 5 Studio, comp. limiteur à lampes, pré-AMP TL Audio à lampes, EFF Antarès, Lexicon, carte son Steinberg VSL2020 • **Références** : Jacques Munõz, Flagrants Délires, Joël Segura • **Mastering** : CD • **Tarifs** : 160 €/j., 30 €/h. (avec ingé son)

CDM

✆ 05 61 70 00 40 / 06 20 61 54 02
cdmstudio@free.fr • **www.cdm-studio.fr**
38 ch. de Moulis • 31200 **TOULOUSE**

Marc DUBEZY (Ingénieur du son)

Cour des miracles • *Studio d'enregistrement* • **Cabine(s) technique(s)** : 1 (20 m2) • **Plateau(x)** : 2 (40, 100 m2) • **Console** : SSL AWS 900, Control 24 • **Magnétophone** : Pro Tools HD • **Références** : Lone Kent, Véro Ségo, Dick Annegarn, Mickey Toutseul, Maitane Sebastian • **Mobile** : Oui • **Mastering** : Oui • **Tarifs** : 350 €/j., 500 € pour le 5.1

Les **COMPAGNONS DU SON - SOUNDMASTERS**

✆ 05 63 27 68 80 / 06 64 85 92 70
contact@soundmasters-online.com • **www.soundmasters.fr**
1730 ch. de la Bourriasse • 82440 **CAYRAC**

Frédéric VERET (Ingénieur du son)

Studio de mastering • **Matériel(s) utilisé(s)** : Mackie, NS10, B&W, AMP NAD, Marantz USA, trait. du son Manley, SSL, Dbx, SPL, Lexicon, TC Electronic, conv. Apogee • **Tarifs** : Dès 50 € (test-pro) • **Références** : 500 réf. • **Formats acceptés** : Ts formats num., bandes 1/4 p., VY

FORMAT SON

✆ 05 61 48 61 48
dje@format-son.com • **www.format-son.com**
97 ch. de Gabardie • 31200 **TOULOUSE**

Jérôme KOENIG (Directeur / Formateur)

Studio d'enregistrement • **Cabine(s) technique(s)** : 1 régie et 3 cabines • **Console** : Mackie 32/8/2 • **Magnétophone** : Pro Tools 10, Cubase 5 • **Références** : La Sauce à Charly, Traio Romano, Too Late • **Tarifs** : 35 €/h, 190 €/j.

Les **HAUTS PLATEAUX**

✆ 06 82 19 72 91
contact@leshautsplateaux.com • **www.leshautsplateaux.com**
23 rue des Crêtes • 12850 **ONET LE CHATEAU**

Fabien SALABERT (Ingénieur du son) • Sébastien CHAIGNEAU (Ingénieur du son)

Studio de mastering • **Matériel(s) utilisé(s)** : Crane Song Ibis, HEDD 192, STC 8M, BenchMark DAC1, PMC, TC Electronic, Avalon, Tascam, Genelec, WaveLab7.x, Pt HD 9.X, Live9.x, etc. • **Tarifs** : Cf. site web • **Références** : Pagan, D'en Haut, Piget Prod, Vizio 3D, Novö, Lina and, Cancon, Electrik Geisha, Dora Dorovitch, Wally, Bric A Drac, Piget Prod, IOA, PhV, X.Vidal, MuKracKers, DumDumBoys, etc. • **Formats acceptés** : DAT, MD, CD, Rom

MUSIC'HALLE

✆ 05 61 21 12 25
studioimprimerie@music-halle.com • **www.music-halle.com**
Espace Job • 105 route de Blagnac • Quartier des Sept Deniers
31200 **TOULOUSE**

Philippe METZ (Directeur) • Serge FAUBERT • Olivier BROUSSE

studio de l'imprimerie • *Studio d'enregistrement* • **Cabine(s) technique(s)** : 1 (12 m2) • **Console** : 2 Revox • **Tarifs** : Sur demande

POLYGONE STUDIOS

✆ 05 61 30 44 45 • fax 05 61 30 01 71
info@polygone-studios.com • **www.polygone-studios.com**
4 av. du Parc • 31700 **BLAGNAC**

Thierry AMALVY (Gérant) • Nicolas GOUDINOT (Ingénieur du son)

Studio d'enregistrement • **Cabine(s) technique(s)** : 2 (2 x 50 m2) • **Plateau(x)** : 2 (250 m2) • **Console** : SSL 4064 G, SSL 4048 E avec automations, Control 24 DigiDesign • **Magnétophone** : Sony 3324, Sony 3348 x 2, Pro Tools 10HD • **Références** : Skunk Anansie, Art Mengo, Don Choa, Chimène Badi, Orchestre du Capitole, JoeyStarr, Alicia Keys, Rohff • **Mastering** : 1/4, 1/2, DAT, CDR, Pro Tools HD • **Tarifs** : Sur devis

PRODUC'SON

✆ 05 34 31 56 82
produc.son@orange.fr • **www.studioproducson.com**
4 rue des Libellules • 31400 **TOULOUSE**

Cyril CHATEAU (Gérant)

Studio d'enregistrement • **Cabine(s) technique(s)** : 1 (25 m2) • **Console** : SSL 6034 • **Magnétophone** : Pro Tools HD • **Références** : Labels, producteurs • **Mastering** : Oui • **Tarifs** : 200 €/j., 100 €/demi-j., 30 €/h

SOLSTICE

✆ 05 61 12 42 42 / 06 12 39 01 10
contact@studio-solstice.fr • **www.studio-solstice.fr**
1 rue St-Bruno • 31000 **TOULOUSE**

Laurent IVES (Ingénieur du son)

Studio d'enregistrement • **Cabine(s) technique(s)** : 1 (16 m2) • **Console** : Studer 089, Schlumberger UPS 6000 • **Magnétophone** : Pro Tools HD3, convert. Lynx Aurora 16, Rosetta 800 Apogee • **Références** : Mr Tristan, Les Malpolis, Svensson, L'Air de Rien, La Varda, Mopa, Cats on Tree, Dunst, Agora Fidelio, etc. • **Mobile** : Oui • **Mastering** : Oui • **Tarifs** : Sur devis (25 €/h, 200 €/j.)

STUDIO DE LA MANNE

✆ **05 61 24 52 83**
studio-de-la-manne@orange.fr • **www.studiodelamanne.com**
5 ch. de la Manne • 31130 **BALMA**

Jean RIGAUD (Ingénieur du son)

Studio d'enregistrement • **Cabine(s) technique(s)** : 1 (25 m2) • **Plateau(x)** : 1 (45 m2), 2 (12 m2), 3 (5 m2) • **Console** : Raindirk (Concord) • **Magnétophone** : Pro Tools, Studer A80 • **Références** : Bernado Sandoval, Merci Marlene, Jeff Zima, Les Cousins de Mandrin etc. • **Mobile** : Oui • **Mastering** : Oui • **Tarifs** : 240 € HT/j

STUDIO DE LA TRAPPE

✆ **06 12 16 50 97 / 05 61 22 19 36** • fax 05 61 22 19 36
contact@studiodelatrappe.com • **www.studiodelatrappe.com**
2 bis ch. du Canal • 31450 **DONNEVILLE**

Luc SULEM (Responsable) • TRIBOULET (Ingénieur du son)

Studio d'enregistrement • **Cabine(s) technique(s)** : 1 • **Plateau(x)** : 3 (5, 7 & 25 m2) • **Console** : Mitec Joker, Varydesk 40 voies • **Magnétophone** : Tascam MS16 analog. 16 pistes • **Références** : Michel Cloup, Jad Fair, Sibyl Vane, Greedy Guts, Jerry Spider Gang, Mr Browne, Subcity Stories, Tapetto Traci, Tetsuo, BO Film Alain Guiraudie • **Mastering** : Oui

Le STUDIO DE LA VIERGE

✆ **06 22 74 33 51**
marc.denis2008@gmail.com • **www.studiodelavierge.com**
54 av. Honoré Serres • 31000 **TOULOUSE**

Marc DENIS (Responsable technique)

Studio d'enregistrement • **Cabine(s) technique(s)** : 3 • **Console** : Schlumberger/Enertec UPS 24 voix • **Magnétophone** : 3M 16 p., Mitsubishi 24 p., Pro Tools • **Références** : Svensson, Bertrand Betsch, Decaum, TonTon Salut, etc. • **Mobile** : Pro Tools, cons. Revox/Schlumberger • **Mastering** : Oui • **Tarifs** : 200 €/j. avec ingé, forfaits

STUDIO DU MOULIN

✆ **09 52 55 76 96** • fax 05 63 58 76 96
jerome.cotte@studio-du-moulin.com • **www.studio-du-moulin.com**
Lieu dit « Le Moulin » • 81500 **MONTCABRIER**

Jérôme COTTE (Producteur / musicien) • Jacques HERMET (Ingénieur du son)

Studio d'enregistrement • **Cabine(s) technique(s)** : 2 (20 & 40 m2) • **Plateau(x)** : 5 • **Console** : Studer 369, Studer mobile 269 • **Magnétophone** : Pro Tools HD2, Avid HD I/O Apogee AD/DA 16x • **Références** : Art Mengo, Les Motivés, Rodolphe Testut, Serge Lopez, Paul Chéron, O. Temine, Moussa Diouf, Eric Lareine, etc. • **Mobile** : Oui • **Mastering** : Oui • **Tarifs** : Sur devis

WAKE THE DEAD !

✆ **05 65 24 37 56**
info@wakethedead-studio.com • **www.wakethedead-studio.com**
Viernes • 46230 **LALBENQUE**

Virginie CLAPIER (Responsable) • Phil WAKE (Technicien)

Studio d'enregistrement • **Cabine(s) technique(s)** : 1 (60 m2) • **Plateau(x)** : 2 (25 et 4 m2) • **Console** : Soundtracks avec automation • **Magnétophone** : 3x Tascam DA 38, 2x Motu 2408, Sequoia • **Mobile** : Oui • **Mastering** : DAT, CD, DDP • **Tarifs** : Voir site web

ZEN MULTIMEDIA

✆ **05 61 14 92 92 / 05 61 14 92 95** • fax 05 61 14 92 93
zen@zen.fr • **www.zen.fr**
18 rue Pharaon • 31000 **TOULOUSE**

Pascal ZENOU (Directeur) • Thomas BLANC (Ingénieur du son)

Studio d'enregistrement • **Cabine(s) technique(s)** : 2 (2 x 50 m2) • **Plateau(x)** : 1 (20 m2) • **Console** : Pro Tools HD2 & LE, C24 DigiDesign • **Références** : B. Lavilliers, KDD, Editions Milan, institutionnels • **Mobile** : Oui • **Tarifs** : 500 € HT/j, 75 € HT/h

NORD - PAS-DE-CALAIS

L'ARA

✆ **03 20 28 06 50** • fax 03 20 68 06 78
info@ara-asso.fr • **www.ara-asso.fr**
301 av. des Nations Unies • 59100 **ROUBAIX**

Yacine MOKHNACHI (Directeur) • Michaël VANZELE (Accompagnement groupes / programmation)

Autour des rythmes actuels • *Studio d'enregistrement* • **Cabine(s) technique(s)** : 1 (80 m2) • **Plateau(x)** : 1 (12 m2) • **Console** : Snow Leopard, Venice 320 • **Magnétophone** : Alesis HD24 5DTD, Logic Audio 8, carte Motu 828 MKII / 8PRE • **Références** : Cercueil, Jérémie Ternoy, Cheikh de Staël, Bobik ou Sasha, Titan Parano, Margareth Catcher, etc. • **Mastering** : CD • **Tarifs** : Sur devis

BRAS D'OR

✆ **03 21 31 28 52** • fax 03 21 33 57 43
dubrasdor@aol.com • **www.sboaudiopro.com**
11 rue Jules Huret • 62200 **BOULOGNE SUR MER**

Bruno DUPONT (Directeur) • Laurence (Contact)

Studio d'enregistrement • **Cabine(s) technique(s)** : 2 (30, 50 m2) • **Plateau(x)** : 3 (4, 30 et 150 m2) • **Console** : Neve 8128 avec automation, Midas • **Magnétophone** : Sony APR 24, Pro Tools HD • **Références** : Thomas Otten, Nicolas Peyrac, Natacha Tertone, Trio Urbain, Marcel et son Orchestre, Victor et E, Marc Em, CO2, La Ruda, etc. • **Mastering** : 1/4, DAT, CDR • **Tarifs** : Sur devis

DEEWAM STUDIO

✆ **06 80 30 06 14**
contact@deewamstudio.com • **www.deewamstudio.com**
41 av. Alfred Lefrançois • 59200 **TOURCOING**

Jean-Philippe FAILLIE (Ingénieur du son / Compositeur / Arrangeur)

Studio d'enregistrement • **Cabine(s) technique(s)** : 1 • **Plateau(x)** : 1 • **Console** : Qcon Pro, SSL Duende • **Magnétophone** : Logic Pro 9, conv. Universal Audio 4-710d, Motu 896 MK3 • **Références** : Rapsodie, The Wisemen Band, Pinkman, Paranoyan, Nefaste, Slimane Azem, Mister 16S, La Storm, etc. • **Mastering** : Num. • **Tarifs** : 25 €/h, 150 €/j.

Studio ERISON

✆ **03 21 38 49 49** • fax 03 21 38 49 49
studioerison@free.fr • **studio.erison.free.fr**
4 ch. Charrette • 62500 **LEULINGHEM LES ESTREHEM**

Yves DECARPIGNY (Ingénieur du son)

Studio d'enregistrement • **Cabine(s) technique(s)** : 1 (25 m2) • **Plateau(x)** : 1 (70 m2) • **Console** : Neve 5116 24/8/8/2 • **Magnétophone** : Cubase 5 • **Références** : Zect, Sup, Out, Cyril Vanbergue, Belles Agogo, François Thuiller, etc. • **Mobile** : Oui • **Mastering** : 1/4, DAT, CDR

GORGONE PRODUCTIONS

✆ **03 28 36 23 62** • fax 03 28 36 23 63
contact@gorgone.fr • **www.gorgone.fr**
1 pl. aux Bleuets • 59800 **LILLE**

Eric GLEIZER (Gérant) • Soline ROUGEAUX RIAZA (Chargée de production) • Laurent BOQUEREAU (Technicien son) • Anne PIÉTIN (Chef de projet audiovisuel)

Studio d'enregistrement • **Cabine(s) technique(s)** : 1 (30 m2) • **Plateau(x)** : 2 (50 m2) • **Console** : Yamaha DM 2000 • **Magnétophone** : o Tools HD1 & HD3, Sony APR24 • **Références** : Jeux vidéo (Sony, Disney Pixar, etc.), publicités, téléphonie (serveurs vocaux), Out, W. Schotte, A. Lacazio, Renaud, M. Solal, M. Pékar, Philippe Léotard, Sapho, Swing Gadje, Dan & The Strangles, etc. • **Tarifs** : 700 € HT/j avec ingé

Le HANGAR À SONS

✆ **06 83 56 65 53**
tfarasse@sfr.fr
10 bis rue des pres • 59267 **PROVILLE**

Bertrand CHARLET • Tieri FARASSE

Studio d'enregistrement • **Cabine(s) technique(s)** : 1 régie (25 m2), 1 cabine de prise (50 m2) • **Console** : Audient 4816 • **Magnétophone** : Pro Tools HD-X • **Références** : Sixers, Burn the Lies, Made in Cellar, Bas les Pattes, Alaska, Jean-Pierre Marcellesi, Hot Tension, Lézard Martien, Dylath Leen, C. Mondoloni • **Mobile** : Non • **Tarifs** : 180 €/demi-j., 300 €/j.

HUNGRY STUDIO

✆ **09 52 08 95 93**
hungrystudio@gmail.com • **www.hungrystudio.fr**
14 rue Jean-Jacques Rousseau • 59800 **LILLE**

Yann BONNET (Technicien studio-live / Compositeur) • Rémi LAVIALLE (Technicien studio / Compositeur / Arrangeur)

Studio d'enregistrement • **Cabine(s) technique(s)** : 1 • **Console** : Yamaha 01x • **Magnétophone** : Cubase SX5 • **Références** : Soprano, Elephant Man, Daddy Nuttea, Big Red, Paranoyan, Mr Samy, Mr Aya • **Tarifs** : 30 €/h

Studio KA

✆ **03 20 62 96 95 / 06 84 49 00 26**
contact@studioka.net • **www.studioka.net**
Centre musical Les Arcades • 16 rue Kleber
59155 **FACHES THUMESNIL**

Patrice KUBIAK (Technicien) • Benjamin MRAZ (Contact)

Studio d'enregistrement • **Cabine(s) technique(s)** : 1 (20 m2) • **Plateau(x)** : 2 (64, 24 m2) • **Console** : Neve 8816 • **Magnétophone** : Pro Tools HD2 • **Références** : Automatiq, Kinski Palace, Yukiko, Djuwel, Circum Grand Orchestre, Tour de Chauffe, etc. • **Mastering** : CD • **Tarifs** : 333 € TTC/j., 70 € TTC/h

LB LAB

✆ **03 20 28 40 24**
info@lblab.com • **www.lblab.com**
16 B rue Pasteur • 59223 **RONCQ**

Gus ROSTOLL • Grégoire SAINT MAXIN

Studio d'enregistrement • **Cabine(s) technique(s)** : 30 m2 • **Plateau(x)** : 40 m2 • **Console** : Lafont Producer in line • **Magnétophone** : Mac G5 Intel Core, carte son RME • **Mastering** : Oui • **Tarifs** : Dès 33 € TTC/h avec ingé son

Studio les LOCOS

✆ **03 20 93 53 97** • fax 03 20 00 89 14
info@studioleslocos.com • **www.studioleslocos.com**
32 rue Jean-Baptiste Dumas • 59160 **LOMME**

François LECAT (Responsable) • Jb JIMENEZ (Devis et Technique)

Studio d'enregistrement • **Cabine(s) technique(s)** : 1 (30 m2) • **Plateau(x)** : 1 • **Console** : Mackie Control • **Magnétophone** : Mac Pro 2x3 gHz Quadcore, 2x Motu 896, Logic 9, preAMP • **Références** : Marcel et son Orchestre, Les Blaireaux, Sheetah et les Weissmüller, Na Zdrowie, etc. • **Mastering** : Démo

MDB CONCEPT

✆ **06 85 20 71 16**
lorenzotop@aol.com
13 allée Chardin • 59650 **VILLENEUVE D'ASCQ**

Laurent PREVOST (Ingénieur du son)

Studio d'enregistrement • **Cabine(s) technique(s)** : 2 • **Console** : Mitec Varydesc 40 in-line • **Magnétophone** : Alesis HD 24, Motu 2408 x3, Logic Platinium, Mac, Logic Audio, Urei LA 4 x2, Channel One, Charisma, Drawmer TS2, Manley Stéréo DI • **Références** : Zoé, Wahead, Gwenn, Black Bomb A, No Flag, Abuse, E2lb, bruitages, création sonore, etc. • **Mobile** : Oui (live) • **Tarifs** : 200 €/j.

Le NOIZE MAKER

✆ **09 51 39 61 48 / 06 82 27 17 90**
contact@lenoizemaker.com • **www.lenoizemaker.com**
152 av. de la République • 62420 **BILLY MONTIGNY**

Raphaëlle DUQUESNOY (Ingénieur du son)

Studio d'enregistrement • **Cabine(s) technique(s)** : 1 • **Plateau(x)** : 2 • **Console** : Tascam Serie 1600 • **Magnétophone** : Pro Tools 10, Prism Sound « Orpheus », Fostex D2424 LV • **Références** : Louis Aguilar, Shiko, Shiko, Oui Mais Non, Dylan Municipal, Amélie, Joy With colors, Marvin Hood, Ed Wood Jr, Pollyanna, Gunter Carnaval, Redneck Manifesto • **Mobile** : Oui • **Mastering** : CDR • **Tarifs** : 300 €/j., mastering 60 €/titre

ORION PRODUCTIONS

✆ **06 03 31 43 14**
orion@orionproductions.com • **www.orionproductions.com**
47 bis rue de Bir Hakeim • 59240 **DUNKERQUE**

Estelle THOUVENOT (Directrice)

Studio d'enregistrement • **Cabine(s) technique(s)** : 1 avec climatisation acoustique • **Console** : Yamaha 01V96 • **Magnétophone** : DtD • **Références** : APLF, CNES, groupes internationaux jazz et latino, projets humanitaires • **Mobile** : Oui • **Mastering** : Oui • **Tarifs** : 300 € TTC/demi-j., 500 € TTC/j.

RED STUDIO

✆ **06 14 02 34 15 / 03 27 98 63 17**
redstudio@redstudio.fr • **www.redstudio.fr**
4120 route de Tournai • 59500 **DOUAI**

Olivier ANICAUX (Gérant / Ingénieur du son)

Studio d'enregistrement • **Cabine(s) technique(s)** : 2 • **Plateau(x)** : 1 • **Console** : Tascam DM4800 • **Magnétophone** : Pro Tools 7HD, Cubase 5, Prism Orpheus, Tube Tech SMC2B, TG2 Chandler Distressor, Massive Passive Manley, Focusrite, Fearn DI, Mindprint En-Voice • **Mastering** : Tubetech SMC2B, Manley Massive Passive, Slam, etc. • **Tarifs** : 280 €/j., 150 €/j. (« DIY »)

STUDI OH !

✆ **03 61 58 25 25** • fax 03 61 58 25 26
info@studi-oh.fr • **www.studi-oh.fr**
78 rue de la Lys • 59100 **ROUBAIX**

Jeremy DARME (Gérant / Producteur)

Studio d'enregistrement • **Cabine(s) technique(s)** : 1 • **Console** : SSL • **Magnétophone** : Studer, Logic Pro, Pro Tools • **Références** : Marcel et son Orchestre, Wasis Diop, Nilda Fernandez, Royal de Luxe, CarlouD, Jimi Hope, Nono « Trust » • **Mastering** : Analog. haut de gamme • **Tarifs** : 60 € HT/h

PAYS DE LA LOIRE

ADJOLOLO SYSTEM

✆ **06 63 71 59 96**
contact@adjololo.com • **www.adjololo.com**
Les Fromentinières • 49440 **FREIGNE**

Vincent LIVENAIS (Coordinateur) • Antoine LIVENAIS (Ingénieur du son)

Studio d'enregistrement • **Cabine(s) technique(s)** : 5 • **Plateau(x)** : 1 • **Console** : Amek Angela 39 voies • **Magnétophone** : Mac Pro Intel Xéon, HD24 Alesis, Pro Tools 9 DIGI003, Apogee Rosetta 800 AD/DA • **Références** : La Ruda, Zenzile, Akeikoi, Térakaft, Justin Adams, Nouvel R, Tinariwen, Irshad Ali, Ma Valise, Gustavo Ovalles, Harouna Dembélé, Oncle Strongle, etc. • **Tarifs** : 200 à 350 € / j. (selon prestation)

B.A.BA STUDIOS

✆ **02 51 66 92 26**
studios@babamusic.fr • **www.babamusic.fr**
36 rue de l'Eglise • 85500 **LES HERBIERS**

Anthony BAIZE (Directeur technique / ingénieur du son)

Studio d'enregistrement • **Cabine(s) technique(s)** : 1 • **Plateau(x)** : 1 • **Console** : Universal Audio • **Magnétophone** : Pro Tools HD, Lavry • **Références** : Flam, Editions Saravah, Xavier Merlet, Strollad, etc. • **Mobile** : Oui • **Mastering** : Oui

Studio BLACK BOX

✆ **02 41 61 58 66**
info@studioblackbox.fr • **studioblackbox.fr**
Lieudit • La Dionnaie • 49520 **NOYANT LA GRAVOYERE**

Sylvie PICHARD • Peter DEIMEL • David ODLUM

Studio d'enregistrement • **Cabine(s) technique(s)** : 1 (65 m2) • **Plateau(x)** : 2 : (BT 40 m2, prise 140 m2) • **Console** : Flickinger 1969 et MCI JH 428 • **Magnétophone** : 24 pistes MCI JH24, 16 pistes MCI JH 16 et 2 pistes MCI JH 110 • **Références** : Anna Calvi, Arthur H, The Last Shadow Puppets, The Kills, The Klaxons, The Wedding Present, etc. • **Tarifs** : Entre 500 et 600 € HT/ j. avec hébergement

DOME STUDIO

✆ **06 87 71 49 70**
david@lyzanxia.com • **www.myspace.com/domestudio**
8 rue Ternière • 49240 **AVRILLE**

David POTVIN (Producteur) • Franck POTVIN (Producteur)

Studio d'enregistrement • **Cabine(s) technique(s)** : 1 • **Plateau(x)** : 1 • **Console** : Hudson • **Magnétophone** : Pro Tools HD2 • **Références** : Lyzanxia, One-Way Mirror, Phaze I, Kilo, Coldsight, Arcania, Sexypop, Withdrawn, Abysse, Leitus, A Subtle Understatement, Barback, Akentra, Holding Sand, CSB, T.A.N.K, Undo the abyss, Aboroth, etc. • **Mastering** : Oui • **Tarifs** : Forfait suivant le projet

EAT SOUNDS

✆ **06 12 20 39 55**
romain.chevillon@gmail.com • **www.eatsounds.com**
37 rue Théodore Monod • 85000 **LA ROCHE SUR YON**

Romain CHEVILLON (Réalisateur artistique)

Studio de mastering • **Matériel(s) utilisé(s)** : WaveLab, WaveBurner, Suite Waves, Brainworx • **Tarifs** : 350 €/j. • **Formats acceptés** : WAV, AIFF

MAGIC MASTERING

✆ **02 40 54 23 44**
prikos@wanadoo.fr • **www.prikosnovenie.com**
c/o Prikosnovenie • 5 pl. de La Trinité • BP 89204
44192 **CLISSON CEDEX**

Frédéric CHAPLAIN (Gestionnaire)

Studio de mastering • **Matériel(s) utilisé(s)** : Buzz req 2.2, P35 Me, Forsell Mada2, Box eq, Rockruepel comp one, etc. • **Tarifs** : 40 €/h. • **Références** : Orange Blossom, Antrabata, Zmiya, Misstrip, Dark Sanctuary, Caprice, etc. • **Formats acceptés** : Wav, aiff

MASTER LAB SYSTEMS

✆ **02 40 48 14 58**
masterlab@wanadoo.fr • **www.masterlabsystems.com**
52 rue de la Bastille • 44000 **NANTES**

Sybille DELATTRE (Gestion clientèle) • Benoît ROUX (Ingénieur mastering) • Ronan CLOAREC (Ingénieur mastering)

Studio de mastering • **Matériel(s) utilisé(s)** : George Massenburg labs, Manley, Avalon, Apogee, TC Electronic, Dynaudio, Sony, Marantz, Maselec, Lavery, Cranesong, etc. • **Tarifs** : 60 € HT/h, forfait journée : 420 € TTC • **Références** : Kamnouze, Popa Chubby, Hocus Pocus, Dixiefrog, Osmose Productions, Yolk, Smooth, Minitel Rose, Anorexia Nervosa, Ultra Vomit, Banane Metalik, Philemon, Rue D'la Gouaille, Liz Cherhal, Pierre Barouh, MJ's, Les Escales, Art Rock, etc. + de 100 studios & labels indés • **Formats acceptés** : Fichiers WAV, AIFF, SD2, CD données, CDR, DAT

MASTER STUDIO

✆ **02 43 75 76 13** • fax 02 43 75 76 13
masterstudio@wanadoo.fr • **www.myspace.com/masterstudio**
CD 92 • L 'Ancien Moulin • 72230 **MULSANNE**

Corinne LANDEAU (Trésorière)

Studio d'enregistrement • **Cabine(s) technique(s)** : 1 (25 m2) • **Plateau(x)** : 2 (33 et 10 m2) • **Console** : Pro Control 24 • **Magnétophone** : Pro Tools HD9 & Access 3, convert. 192 (x4) + Prism Sound (x2) • **Références** : Run Rony Run, Novels, Tryo, Agadez, Stomy Bugsy, Dave Golitin Trio, Jean-Pierre Derouard Big Band, etc. • **Mastering** : DAT, CDR, Pro Tools • **Tarifs** : 350 € /j. avec ingé son

PANONORAMIX STUDIO

✆ **02 41 61 92 81** • fax 02 41 61 92 81
noel.goltier@free.fr • **noel.goltier.free.fr**
La Réorie • 49500 **ST SAUVEUR DE FLEE**

Noël GAULTIER (Ingénieur du son)

Studio d'enregistrement • **Cabine(s) technique(s)** : 1 (30 m2) • **Plateau(x)** : 1 (75 m2) • **Console** : Saje Odissey • **Magnétophone** : Pro Tools Digi 002, Mackie SDR24 • **Références** : JP Niobe, Celine Pessoa, Benoit Blue Boy, Kiemsa, Bandits D'honneur, Chorales, Son et Lumieres, etc. • **Mobile** : Oui • **Mastering** : Oui • **Tarifs** : 250 € TTC/j. (avec ingé son), possibilité de location sans ingé son

SF1 AUDIO PRO

✆ **02 40 29 16 84**
sf1.audiopro@wanadoo.fr • **www.sf1.fr**
20 rue Jean Emile Laboureur • 44000 **NANTES**

Bertrand DE LA CHARIE (Directeur)

Studio de mastering • **Matériel(s) utilisé(s)** : Station Sonic Solution HDSP, Equal et comp. Série Bleu Focusrite, convert. DCS, écoutes stéréo 1038 Genelec, Auratone, etc. • **Tarifs** : Sur devis • **Formats acceptés** : Bandes audio : K7, bandes 19-38, DAT, CDR, MDISC

SIBEM'HALL

✆ **02 40 03 45 63**
sibemhall@orange.fr
33 route de Nantes • 44120 **VERTOU**

Karim BENNANI (Président) • Jean-Yves GUILÉ (Ingénieur du son)

Studio d'enregistrement • **Cabine(s) technique(s)** : 1 (20 m2) • **Plateau(x)** : 2 (20 & 25 m2) • **Console** : Tascam DM 24, 16/8/2 Allen & Heath GS3 + préAMP et périph. (Daking, Focusrite, Millennia, Thermionic) • **Magnétophone** : Mac Pro, Logic Studio 9, Motu 2408 MK3 • **Références** : Emmanuelle Ferson, Starwax, Rue d'la Gouaille, Delphine Coutant, La Pompe, Hugues Pluviôse, Subsonics, Lyse, La Chienne, M'Kaliz, etc. • **Mobile** : Oui • **Mastering** : Possible • **Tarifs** : 150 €/j.

STUDIO XXS

✆ **06 08 64 31 34**
ariski.l@free.fr
28 av. Jean Jaurès • 72000 **LE MANS**

Ariski LUCAS (Responsable)

Studio d'enregistrement • **Cabine(s) technique(s)** : 3 (40, 20, 10 m2) • **Console** : Trident 65 • **Magnétophone** : HD 24 1 Pro Tools • **Références** : Irie Ites Label, Yotanka Label, Zenzile, High Tone, Mas Bajo, Arte, M6, France Télévisions, Universal, Paul Personne, Yelemba, Rude Boy System, etc. • **Mobile** : Oui • **Mastering** : Oui • **Tarifs** : 300 € TTC/j.

STUDIOSCOPE

✆ **02 41 42 15 84** • fax 02 41 42 15 84
cali@studioscope.net • **www.studioscope.net**
2 rue Thomas Edison • 49460 **MONTREUIL JUIGNE**

Olivier FOURNIER (Ingénieur du son)

Studio d'enregistrement • **Cabine(s) technique(s)** : 1 • **Plateau(x)** : 2 • **Console** : Amek M2500 36 voies • **Magnétophone** : Lynx Aurora 32 i/o • **Références** : Bernhoft, Zenzile, Ez3kiel, Hint, La Ruda, La Phaze, K2R Riddim, Terakaft, Porcelain, Daria, Sexypop • **Mobile** : Oui • **Mastering** : Studer 1/4', Universal Audio 2192 • **Tarifs** : Sur devis

WOODBOX RECORDING STUDIO

✆ **09 72 29 62 55** • fax 02 51 42 25 39
contact@wboxstudio.com • **www.wboxstudio.com**
15 rue des Lilas • 85600 **BOUFFERE**

Jeff FERRAND (Ingénieur du son / Producteur) • Michèle MASSUYEAU (Administratrice)

Studio d'enregistrement • **Cabine(s) technique(s)** : 27 m2 • **Plateau(x)** : 2 (14 et 12 m2) • **Console** : Trident Series 75 (28/24/24) • **Magnétophone** : Logic Audio 9, Pro Tools 9, SSI Alpha Link Madi, Echo Audiofire 12 (x2) • **Tarifs** : Mixage et e-mixage dès 99 € HT/titre, 49 € HT/titre en mastering et e-mastering, dégressif dès 10 titres à 42 € HT/titre

Studio de mastering • **Matériel(s) utilisé(s)** : Manley Massive Passive stereo tube EQ, Millennia Media NSEQ-2 stereo, API 5500 dual-mono equalizer, Crane Song STC-8, Requisite Audio L2M mk. III tube mastering API 2500 stereo bus compressor, Lavry Engineering LavryBlue M.AD824 24-bit/96 kHz, etc. • **Tarifs** : Dès 49 € HT/titre en mastering et e-mastering, dégressif dès 10 titres 42 € HT/titre • **Formats acceptés** : WAV, AIFF, CD-R, DAT

PICARDIE

19" PRODUCTION

✆ **03 44 19 04 10 / 06 09 64 42 23**
prod19@19production.com • **www.19production.com**
Villa des Tilleuls • 60 rue du Gal de Gaulle • 60510 **LA NEUVILLE EN HEZ**

Alain GOUBY (Gérant)

Studio de mastering • **Matériel(s) utilisé(s)** : Sound Designer, graveurs Yamaha et Kodak • **Tarifs** : 150 € HT à 180 € HT selon la durée • **Références** : Atofina, Bruno Brel, Angélik, Aéroports de Paris • **Formats acceptés** : 1/4 et 1/2, DAT toutes fréquences, U-Matic, PCM 7030

Studio d'enregistrement • **Cabine(s) technique(s)** : 1 (50 m2) • **Plateau(x)** : 3 (50 m2) • **Console** : Tascam, Digidesign avec automation • **Magnétophone** : Tascam, Pro Tools • **Références** : Express, B. Laury, Mirror Ball, Manimo, Dj Fred, Bruno Brel, Jacky Raison, Angélik Atofina, Aéroports de Paris • **Mobile** : Oui • **Mastering** : 1/2, DAT, CD, U-Matic • **Tarifs** : 275 €/j, 39 €/h

ORANGE BLEU STUDIO

✆ **06 09 91 73 11**
studio@transversalmusic.com • **www.transversalmusic.com**
30 rue Roger Blondeau • 60240 **CHAUMONT EN VEXIN**

Philippe VIROLLE (Conseiller artistique / gérant) • Laurent MAILLARD (Ingénieur du son)

OBS • *Studio d'enregistrement* • **Cabine(s) technique(s)** : 1 • **Plateau(x)** : 1 • **Console** : Sony DMX R100 • **Magnétophone** : Scope, DtD • **Références** : Andy's Naws, Wanda, Ground Zero, Mooka, Dragon Fly, Blues autour du zinc, Maya Pumpkin, Opsyon, M. Collignon/ Ph. Gleizes, D. Coding, Darwin, Raidkaufi, Chant Libre, etc. • **Mobile** : Oui • **Mastering** : Oui

WALNUT GROOVE STUDIOS

✆ **03 22 48 28 43 / 06 03 97 52 95**
contact@walnutgroove.net • **www.walnutgroove.net**
4 rés. des Champs • 80000 **AMIENS**

Axel WURSTHORN (Ingénieur du son)

Studio d'enregistrement • **Cabine(s) technique(s)** : 1 (5 m2) • **Plateau(x)** : 1 (12 m2) • **Console** : Roland + préAMP et comp. Neve, Avalon, etc. • **Magnétophone** : Dtd Nuendo + carte RME + Adat • **Références** : Yrzen, Melted Space, Carnival In Coal, ADX, Witches, Wormfood, Evil One, • **Mobile** : Oui • **Mastering** : Analog. (lampes) • **Tarifs** : 250 € TTC/j. (tarif normal), 180 € TTC/j. (tarif assos, étudiants)

POITOU-CHARENTES

Studio ALHAMBRA-COLBERT

✆ **05 46 87 28 87** • fax 05 46 34 20 47
studio@cristalgroupe.com • **www.alhambracolbert.com**
c/o Cristal Publishing • 79 rue Jean Jaurès • 17300 **ROCHEFORT**

François GAUCHER

Studio d'enregistrement • **Cabine(s) technique(s)** : 3 (25, 18, 12 m2), cabine enregistrement : 5 (16, 9, 12, 5 et 4 m2) • **Plateau(x)** : 1 (250 m2) • **Console** : Neve 66.VR • **Magnétophone** : 1 DA 88, 1 DA 78 • **Références** : Paris Jazz Big Band, Manu Dibango, Sebastien & Henry Texier, Régis & André Ceccarelli, Marcel Kanche, Antonio Faraho, NJO, Red Cardell ; musiques de film : « L'Homme Sans Nom », « V Comme Vian », etc. • **Mobile** : Digi 002 • **Mastering** : DAT, CDR • **Tarifs** : Sur devis

La MACHINE À RÊVES STUDIO

✆ **06 63 75 82 48**
machineareves@yahoo.fr • **www.machineareves.com**
6 rue de la Sente • 17800 **PONS**

Benjamin MANDEAU (Ingénieur du son)

Studio d'enregistrement • **Cabine(s) technique(s)** : 1 • **Plateau(x)** : 1 • **Console** : Lunchbox API, A-Design P1 x2, Purple Audio Biz, Joe Meek, Twin Q, Mindprint Envoice, Audient ASP008 • **Magnétophone** : RME Fireface 800, Reaper • **Références** : Le Prince Miiaou, Meringue Alcohol And Us, Les Gens, Marie Flore, Team Ghost, Coups de Marron, etc. • **Mobile** : Oui • **Tarifs** : 20 €/h.

La NEF

✆ **05 45 25 97 00** • fax 05 45 25 97 10
info@lanef-musiques.com • **www.lanef-musiques.com**
Rue Louis Pergaud • 16000 **ANGOULEME**

Etienne JOUANNEAU (Régisseur)

Studio d'enregistrement • **Cabine(s) technique(s)** : 5 • **Plateau(x)** : 1 (11x7 m, scène de la Nef) • **Console** : Amek Recall, Nuendo 4, préAMP Millennia HV3D-8 x2, Midas XL42 x4 • **Magnétophone** : DAW sur Mac G5, Nuendo 3 et carte TC Electronic Powercore Firewire • **Références** : Headcases, Moon Fargo, Mobil Session Team Dédé Saint Prix, Epileptic, Down to Earth, Gâtechien, Tanen, Zone Libre, groupes locaux • **Mastering** : Pré-mastering • **Tarifs** : Devis selon demande et nature des projets, tarifs dégressifs

SUPER SONIC SCALE

✆ **06 07 73 49 64**
supersonicscale@gmail.com • **www.supersonicscale.com**

Veronica FERRARO (Ingénieur du son)

Studio d'enregistrement • **Cabine(s) technique(s)** : Mixage uniquement • **Références** : Pink, Fedde le Grand, Frida Gold • **Tarifs** : Sur devis

PROVENCE - ALPES - CÔTE D'AZUR

Studio 26B

✆ **06 81 18 52 58**
studio26b@orange.fr • **www.studio26b.org**
152 rue Félix Pyat • 13013 **MARSEILLE**

Bernard MENU (Réalisateur artistique)

Studio d'enregistrement • **Cabine(s) technique(s)** : 2 • **Console** : C24 Digidesign • **Magnétophone** : Pro Tools HDX • **Références** : Yvan le Bolloc'h et Ma guitare s'appelle reviens, Christina Rosmini, France 3, Arte, M6, Peter Lods, Quirino Guevarra, Levon Minassian, Xavier Sanchez, Bruno Caviglia, Javier Fernandez, Alden del Toro • **Mastering** : Sonics Mastering • **Tarifs** : 400 € HT/j.

Les Studios A54

✆ **06 86 76 08 23**
sossasson@wanadoo.fr • **www.studioa54.fr**
Mas de Poscros • Route de Salon • 13310 **ST MARTIN DE CRAU**

Jean-Pierre SALAFIA (Responsable général / Trésorier)

Studio d'enregistrement • **Cabine(s) technique(s)** : 1 (28 m2) • **Console** : Motu 24/08 • **Magnétophone** : Digital Performer • **Références** : French Connection, Idem, Soma, Phyltre, Les Chacrads, Lédily, Replay, Two To You Too, Ladies Only, Acoustic, Ortega • **Mobile** : Oui • **Mastering** : Oui • **Tarifs** : 120 € TTC/j. sans ingé

ALAYA RECORDS

✆ **04 22 13 50 18** • fax 09 72 31 70 87
contact@alayarecords.com • **www.alayarecords.com**
M.I.N. des Fleurs de Nice • Boite n° 21 • 06296 **NICE CEDEX 3**

Alix STANFORD (Manager)

Studio d'enregistrement • **Cabine(s) technique(s)** : 5 • **Plateau(x)** : 2 • **Console** : Neve 8248, Euphonix, Digico SDII • **Magnétophone** : Pro Tools HD Native, Pro Tools HDX Accel, MTR90 II, HD24 • **Références** : Archive, Akon, Xtraball, Coulais, Besson, Maroon5, Mc Laughline, Red One production, D. Guetta, PDD, Jenifer Lopez, LMFAO • **Mobile** : Façade Crey 500, Pro Tools HD, Digico, Martin • **Mastering** : Prism, Crane, Apogee, Lynx, SSL, RTW, Manley, Tube Tech, Summit Audio, Neve, Focusrite, Urei, Eventide, TC M6000, Lexicon • **Tarifs** : 150 à 450 € /j. (8h), lock-out 250 à 450 €/j.

Studio ARCHIPEL

✆ **06 80 90 79 61**
heiries@archipel-prod.com • **www.archipel-prod.com**
50 clos Saint Girons • 13290 **LES MILLES**

Raphaël HEIRIES (Responsable)

Studio d'enregistrement • **Cabine(s) technique(s)** : 1 • **Magnétophone** : Pro Tools HD2 (64 pistes stéréos 24bits/96 kHz) • **Références** : Raff, Dinidad, Le Verdict, MC Porto, René Malleville, La Fiesta des Suds, BOF « Minimum Overdrive » • **Tarifs** : 30 €/h, 125 €/demi-j., 250 €/j. + 20 €/titre

Studio ARION

✆ **04 93 62 49 00 / 06 23 41 27 49**
andre@studioarion.com • **www.studioarion.com**
14 av. Pauliani • 06000 **NICE**

André FISICHELLA (Ingénieur du son)

Studio d'enregistrement • **Cabine(s) technique(s)** : 1 (20 m2) • **Plateau(x)** : 1 (30 m2) • **Console** : Trident • **Magnétophone** : Logic Audio, RME, Mytek • **Références** : Vinnie Collaïuta, H. Hancock, Jean-Marc Jafet, Umberto Tozzi, Barre Philipps, Rock Voisine, Stella Vander • **Mastering** : DAT, 1/4, Logic Audio, Wave Lab

BLOC NOTE

✆ **04 92 20 48 28**
blocnote@club-internet.fr • **www.studioalys.com**
25 E av. de la Libération • 05100 **BRIANCON**

Stéphane MASSE (Responsable)

Studio d'enregistrement • **Cabine(s) technique(s)** : 1 (12 m2) • **Plateau(x)** : 2 (6 & 12 m2) • **Console** : Tascam DM4800 • **Magnétophone** : Samplitude, 2x Alesis HD24 • **Références** : Scott Hamilton, Enrico Rava, Dusko Goykowitch, enregistrement « Le tableau », Quatuor Bella, etc. • **Mobile** : Oui • **Mastering** : Weiss EQ1, Lexicon L300, TC Finalizer, M4000, etc. • **Tarifs** : Sur devis

COBALT

✆ **04 91 92 36 13 / 06 07 61 81 52** • fax 04 83 07 50 13
cobalt.marseille@wanadoo.fr • **www.youtube.com/user/001Cobalt**
18 rue du Loisir • 13001 **MARSEILLE**

Dominique Pascal CLÉMENT (Chargé de production) • Olivia D'ALESSANDRO (Chargée de communication) • Denis THÉRY (Preneur de son)

Studio d'enregistrement • **Cabine(s) technique(s)** : 1 (40 m2) • **Plateau(x)** : 1 (40 m2) • **Console** : Soundcraft 6000 • **Magnétophone** : Pro Tools, Nagra V, Cantar X • **Références** : Voix Polyphoniques, Jean Carmona, Les Grands Couturiers, Jo Corbeau, Toko Blaze, IAM, etc. • **Mobile** : Oui • **Mastering** : 1/4, DAT, CD • **Tarifs** : 65 € HT/h

COXINHELL RECORDING STUDIO

✆ **06 03 46 38 26** • fax 04 94 45 58 57
coxinhellstudio@wanadoo.fr • **www.coxinhellstudio.com**
2215 RN 98 • 83370 **ST AYGULF**

Sébasien GROS (Ingénieur du son)

Studio d'enregistrement • **Cabine(s) technique(s)** : 1 (30 m2) • **Plateau(x)** : 3 (2 x 30 & 110 m2) • **Console** : Trident B-Range 1973, Neve 1073 x2, Api 7600, Api 2500, Vac Rac, SSL fxg383, Manley Voxbox, Ampex 351(x2), GML 8200, Alan Smart C2, etc. • **Magnétophone** : Pro Tools HD3, PrismSound Ada 8 XR x2, Ampex ATR 102 1/4 p. • **Références** : Chokebore, Pony Pony Run Run, Fangs, Troy Von Balthazar, Maniacx, Puppet Mastaz, Dismo, Eths, Sikh, Anorak • **Mobile** : Possible • **Mastering** : Pro Tools HD10, PrismSound Ada 8 x2, Ampex ATR 102 • **Tarifs** : 200 à 250 €/j.

DA TOWN

✆ **04 91 62 78 28 / 06 37 79 08 38 / 06 62 74 48 91**
salehamoudjari@hotmail.com • **www.datownstudio.com**
14 rue du 141e R.I.A. • 13003 **MARSEILLE**

Saléha MOUDJARI (Administratrice) • Ulrich EDORH (Ingénieur du son / producteur / compositeur)

Studio d'enregistrement • **Cabine(s) technique(s)** : 1 (12 m2) • **Plateau(x)** : 3 (3, 12 & 25 m2) • **Console** : Amek, Tac Matchless • **Magnétophone** : Digital Performer 6, Pro Tools LE 8 • **Références** : Asa, David Walters, Imhotep, Mr Catra, Manosanta, Saf Sap, Tchale, Dj Rebel, Dj Faze, Kabbalah, etc. • **Mastering** : Oui • **Tarifs** : 360 € HT/j.

DIGIKOM

✆ **04 92 27 95 23**
studio@digikom.fr • **www.digikom.fr**
36 rue Richelmi • 06300 **NICE**

Yannick DENIZET (Ingénieur du son)

Studio d'enregistrement • **Cabine(s) technique(s)** : 1 • **Console** : DM 3200 & extensions • **Magnétophone** : Pro Tools 10, waves SSL 4000, Uad-2 quad Nevana 128, SPL Transient Designer, Fairchild, precision serie, Pultec-pro, Cambridge, Apollo Universal Audio, Shadow Hills, 1116 Collection, Ampex ATR102, Lexicon 224, etc. • **Références** : Partouche, Paul Jeffrey, Soleil Noir, Sashird Lao, Melba Moore, Petra Magoni, MTV, Apple, etc. • **Mastering** : Oui • **Tarifs** : 400 €/j.

Studio de mastering • **Matériel(s) utilisé(s)** : DM3200, Pro Tools 9, Digidesign RM20, PreAMP Universal Audio, UAD Nivana 128 + extentions (cf. fiche studio) • **Tarifs** : Sur devis • **Références** : Dès 16 bit 44.1 non normalisée • **Formats acceptés** : Flat

DIGITAL RENDEZ-VOUS

✆ **04 93 56 38 88**
info@digitalrdv.com • **www.digitalrdv.com**
16 rue Abbé Salvetti • 06300 **NICE**

Francis GAVET (Ingénieur du son)

Studio d'enregistrement • **Cabine(s) technique(s)** : 1 (40 m2) • **Plateau(x)** : 1 (60 m2) • **Console** : Soundtracks 32/32/8/2 avec automation • **Magnétophone** : Adat XT, Alesis BRC, RMB, Motu AI synchronisé avec DtD 24 bit/96 kHz 24 entrées • **Références** : Phil Palmer, Gipsy King, Max Von Sydow, Emma De Caunes, Deutsche Grammophon, Orchestre Philharmonique de Monte-Carlo • **Mobile** : Oui • **Mastering** : DAT, CDR • **Tarifs** : Sur devis

ECS - LABEL DURANCE

✆ **04 92 62 61 64** • fax 04 92 62 61 64
contact@ami-asso.fr • **www.studio-ecs.org**
Imm. communal • Ch. du Lac • 04160 **CHATEAU ARNOUX**

Patricia PERIGNAC (Coordinatrice administrative) • Antony SOLER

Evolutif Concept Studio • *Studio d'enregistrement* • **Cabine(s) technique(s)** : 1 (20 m2) • **Plateau(x)** : 3 (40 m2) • **Console** : Logic + Pro Tools • **Références** : André Jaume, Ron Carter, Remy Charmasson, Toots Thielemans, Joe Lovano, Larry Schneider, Eric Barret • **Mobile** : Oui • **Mastering** : DAT, CD • **Tarifs** : 400 € TTC/j. Lock-out 10h, forfaits possibles, tarifs dégressifs

ESPACE MUSICAL D'ANIMATION HYPERION

✆ **04 91 49 27 88** • fax 04 91 34 83 64
espacehyperion@aliceadsl.fr • **www.espacehyperion.com**
2 bis av. Mal Foch • 13004 **MARSEILLE**

Thomas IVALDY (Ingénieur du son) • Ludovic BARDET (Ingénieur du son)

Studio d'enregistrement • **Cabine(s) technique(s)** : 2 (15 & 30 m2) • **Console** : Procontrol, 3 Faders Pack • **Magnétophone** : Pro Tools HD4 & plugins • **Références** : Zaz, J.-J. Goldmann, P. Fiori, Les Prêtres, Oaïstar, Dogoba, etc. • **Mastering** : CD • **Tarifs** : 140 €/demi-j., 275 €/j., 1 020 €/sem., montage audio 40 €/h

L'ESTUDIO

✆ **06 12 47 06 44**
lestudio13@numericable.fr • **www.lestudio13.com**
14 rue Henri Diffonty • 13600 **LA CIOTAT**

Lionel DELANNOY (Gérant / Ingénieur du son)

Studio d'enregistrement • **Cabine(s) technique(s)** : 1 • **Plateau(x)** : 1 • **Console** : Pro Tools HD3 • **Références** : Massilia Sound System, Moussu T e lei jovents, Oai Star, Papet J & Soleil FX, WFP, Truc à Trois, Sam De Agostini, Patric, Akwe • **Mobile** : Captation de concert (16 à 96 pistes audio en enregistrement) ; mobilité du studio d'enregistrement • **Mastering** : Oui • **Tarifs** : Forfaits ajustables et adaptés aux AP

EVS

✆ **04 92 79 98 44** • fax 04 92 79 88 44
mercyswamp@aol.com
10 rue Elie F. Julien • 04700 **ORAISON**

Jean-Paul AVELLANEDA (Ingénieur du son / arrangeur / musicien) • Jean-Michel URBAN (Ingénieur du son)

En voiture Simone • *Studio d'enregistrement* • **Cabine(s) technique(s)** : 1 (30 m2) • **Plateau(x)** : 2 (15 m2) • **Console** : TAC Scorpion • **Magnétophone** : Pro Tools Digi 002 G5 bi-pro, Fostex 16, 4 Akai DR4, pré-AMP JoeMeek & Avalon, Mil.VX : Brauner, Audiotech • **Références** : Spline & la Mauvaise Herbe, Didier Volubile, F. Younès, Plymouth Family, Washing Machine, Solsista, La Marque Jaune, Les Crétains des Alpes, Billy C. Farlow, LeadFoot Rivet, etc. • **Mobile** : Oui • **Mastering** : DAT • **Tarifs** : 229 €/9h, dégressif

Les studios de la FABRIQUE

✆ **04 32 60 02 56** • fax 04 32 60 02 57
hlg@studioslafabrique.com • **www.studioslafabrique.com**
454 petite route des Jardins • 13210 **ST REMY DE PROVENCE**

Hervé LE GUIL (Président) • Isabelle LE GUIL (Booking) • Damien ARLOT (Assistant)

Studio d'enregistrement • **Cabine(s) technique(s)** : 1 (125 m2) • **Plateau(x)** : 3 (400 m2) • **Console** : Neve 88R84 • **Magnétophone** : Studer A800-24, Studer A80, Pro Tools HD 2 Accel 192 I/O & Lynx Aurora • **Références** : ONJ Yvinec, Tryo, Patricia Kaas, Rokia Traoré, Philippe Petrucciani, Babet, Arthur H, J.-L. Aubert, Soko, etc. • **Mastering** : 1/2, Studer, Pyramix • **Tarifs** : Sur devis

La FARINIÈRE

✆ **06 22 70 76 76**
info@lafariniere.com • **www.lafariniere.com**
Ch. de la Gazanne à Beausoleil • 13170 **LES PENNES MIRABEAU**

Julien AULAGNIER (Ingénieur du son)

Studio d'enregistrement • **Cabine(s) technique(s)** : 2 (30 et 35 m2) • **Plateau(x)** : 3 (5, 15 & 40 m2) et 1 (35 m2) • **Console** : DigiDesign C24 • **Magnétophone** : Pro Tools HD • **Références** : Flangers, Maria, Godisdead, Duo Tomasi, Al Ziino, etc. • **Mobile** : Oui • **Mastering** : Oui • **Tarifs** : 250 €/j.

Studio ICEBERG

✆ **06 98 92 16 64**
manzi.morgan@gmail.com • **www.iceberg-studio.com**
1050 ch. de Grec • 06340 **DRAP**

Morgan MANZI (Ingénieur)

Studio d'enregistrement • **Cabine(s) technique(s)** : 1 • **Console** : Trident 80 • **Magnétophone** : Pro Tools HD3, conv. Apogee • **Références** : Quadricolor, Chinaski, Pascal Mono, Emilie Loizeau, Universal, Rufus Wainwright, etc. • **Mastering** : Oui • **Tarifs** : 250 € HT/j. forfaits à étudier

MARABOO

✆ **06 16 17 47 17**
lolomaraboo@gmail.com • **www.myspace.com/studiomaraboo**
c/o Groupe Jean Jaures • 18 Av des Arnavaux • 13014 **MARSEILLE**

Laurent LONGUBARDO (Technicien son)

Studio d'enregistrement • **Cabine(s) technique(s)** : 1 (30 m2) • **Plateau(x)** : 5 (4, 5, 7, 20, et 30 m2) • **Console** : Soundtracks MRX 24/16/8/2 • **Magnétophone** : Pro Tools 9, Studer 8 piste 1/4 p. • **Références** : Black Marché, Abyssinians, Mighty Diamonds, Handcart Band, Isaé, Soma, etc. • **Mastering** : DAT, CD • **Tarifs** : 200 €/j. dégressif

Studio MARYLIN

✆ **04 93 22 44 48**
studmarylin@wanadoo.fr • **www.studio-marylin.com**
4 ch. des Travails • 06800 **CAGNES SUR MER**

Jean-Pierre CHARDIET (Responsable) • Emmanuel SERRE (Ingénieur du son / Mastering) • Greg DRUHEN (Ingénieur du son) • Martin SELLES (Ingénieur du son)

Studio d'enregistrement • **Cabine(s) technique(s)** : 1 (30 m2) • **Plateau(x)** : 1 (90 m2) • **Console** : Laffont 40 voies • **Magnétophone** : DtD Logic Audio Pro 8, Pro Tools 9, DMX R100 • **Références** : No Jazz, Jil Aigrot, Amadeus Pappioka, Timothée, COM festival de Fes, Synopsis, Alte Voce, etc. • **Mobile** : Oui • **Mastering** : Oui • **Tarifs** : 40 € HT/h, 350 € HT/j.

MASTERING SUITE

✆ **06 50 16 09 11**
infos1@masteringsuite.net • **www.masteringsuite.net**
940 ch. du Charrel • 13400 **AUBAGNE**

Frédéric MASSON (Technicien son)

Djinns Productions • *Studio de mastering* • **Matériel(s) utilisé(s)** : Manley, Dangerous Music, ADT Audio, Adam, Lavry, TC, Orban, etc. • **Tarifs** : 60 €/titres ou forfaits sur devis • **Références** : David Carion, Zed Funky FreeStyle, Duval MC, Malakwa, Juan Carmona, Andromakers, DXS, Elisa Joe, Anwynn, Yang, Eddy Ray Cooper, etc. • **Formats acceptés** : Fichiers WAV, AIFF, SDII jusqu'à 192 kHz 24 bits, K7 DAT 16bits, CD 16 bits, Minidisc, CD 24bits Masterlink, K7 ADAT

MERCURE PRODUCTION

✆ **04 92 92 25 19**
client@mercureprod.com • **www.mercureprod.com**
261 allée des Chardonnerets • 06250 **MOUGINS**

Gilles SERIN (Président)

Studio d'enregistrement • **Cabine(s) technique(s)** : 1 (20 m2) • **Plateau(x)** : 2 (80 et 20 m2) • **Console** : Sony DMXR100, 56 voies • **Magnétophone** : Apogee AD16X, Apogee Rosetta, 2 Adat XT, Mackie HDR 24/96, DtD Pulsar • **Références** : TF1, M6, France3, Esteban Candia, Mix Up, Jean-Charles Roche, Suzy Wong, Les Commandos Percu, Marc Cerrone, Sabrina (Popstars) • **Mobile** : Oui • **Tarifs** : 300 € HT/j. pour 8h

MUSIQUE AVENIRS

✆ **06 80 42 56 62**
bernard.marzullo@free.fr • **www.musiqueavenirs.com**
c/o Marzullo Bernard • 4 av. des Vignes • 83240 **CAVALAIRE SUR MER**

Bernard MARZULLO (Gérant / ingénieur du son)

Studio de mastering • **Matériel(s) utilisé(s)** : Millennia, Manley, Maselec, CharterOak, Thermionic Culture, Summit, Lexicon, Otari, Pyramix, Sadie Monitors Adam, Pro Tools 8 HD 3, Monitors PMC • **Tarifs** : Prix d'ouverture de -30 % à -50 % du prix de la dernière facture • **Formats acceptés** : CD-R, WAV, AIFF, DAT

NERVES WOS

✆ 04 90 56 94 01 / 06 72 53 59 18 • fax 04 90 56 94 01
nerves.wos@free.fr • **www.nerveswos.com**
28 rue porte coucou • 13300 **SALON DE PROVENCE**

Jean-Michel BOUILLOT (Contact)

Studio d'enregistrement • **Cabine(s) technique(s)** : 1 (30 m2) • **Plateau(x)** : 1 (50 m2) • **Console** : Sony DMX R100, Neve 8816 • **Magnétophone** : Pro Tools, HD 2 Accel, Apogee AD16x DA16x 192 i/o, Big ben • **Références** : Oneira, Trio Chemirani, Chin Nana Poun, Lo Cor de la Plana, Keith B Brown, Alain Ortega, Kami, Soma, Zaman Fabriq, Billy C Farlow, Luis de La Carrasca, La Cumbia Chicharra, Gaio, Isaya • **Mastering** : Oui • **Tarifs** : Dès 300 €HT/j.

Studio PAVILLON

✆ 04 91 88 20 29 / 06 09 07 20 15
joassa@studiopavillon.com • **www.studiopavillon.com**
16 allée du Pavillon • 13012 **MARSEILLE**

Jose ASSA (Technicien)

Studio d'enregistrement • **Cabine(s) technique(s)** : 1 (12 m2) • **Plateau(x)** : 2 (12 & 16 m2) • **Console** : Yamaha 02R (x 2) • **Magnétophone** : Digital Performer 7.24, Alesis HD24 • **Références** : Daniel Roure, Saïdou Abatcha, J.-Jacques Elangué Quartet, Kristin Marion, Remi Abram Quartet • **Mobile** : Oui • **Mastering** : CDR • **Tarifs** : 50 € TTC/h, 350 € TTC/j.

Rémy PELLESCHI STUDIO

✆ 06 45 86 16 35 / 04 92 42 08 13
info@remy-pelleschi.com • **www.studio-de-mastering.com**
276 av. François de Théas • 06750 **THORENC**

Rémy PELLESCHI (Ingénieur du son)

Studio de mastering • **Matériel(s) utilisé(s)** : Station Pro Tools, Station Sonic Solution, comp. multibandes, comp. à lampes et Class A, comp. FET, EQ Class A et à lampes, Focal, Crane Song, Grace Design, Metric Halo, Waves Maxx BCL 24/96, etc. • **Tarifs** : 50 €/titre mastering analog. à lampes et Class A • **Références** : Julian Lennon, Roger Sanchez, Manu Dibango, Rhaled, Cesaria Evora, Mlada Fronta, Eths, Veust Lyricist, Collapse, Scorn, Somatic Responses, Bernard Heidsieck, Kayna Samet, Dum Dum Boys, Paul Mauriat, Michel Redolfi, Church of Misery, Kuta, Von Magnet, etc. • **Formats acceptés** : Tous supports

Studio d'enregistrement • **Cabine(s) technique(s)** : 1 (40 m2) • **Console** : Metric Halo Mio Console 5 (80bits) • **Magnétophone** : Metric Halo 2882 2D (x2), Mytek 8x192 • **Références** : Mlada Fronta, Kuta, Curl, Wired Brain, Mimetic, Olen'K, Purple Cat, Tarik Lamirat, Vito Rodrigues, etc. • **Mobile** : Oui • **Tarifs** : 320 €/j.

PULS'PRODUCTION

✆ 04 42 58 05 72 / 06 86 58 79 40 • fax 04 42 58 05 27
contact@puls-production.fr • **www.puls-production.fr**
Quartier Payannet • 905 ch. de Chabanu • 13120 **GARDANNE**

Nicolas TCHAKAMIAN (Responsable studio)

Studio d'enregistrement • **Cabine(s) technique(s)** : 4 (2 x 4 m2, 25 & 40 m2) • **Mobile** : 32 pistes • **Mastering** : Oui • **Tarifs** : 200 €/j. (enregistrement studio et live, mixage, mastering), 30 €/h

REC

rec13270-enregistrement@yahoo.fr • **www.studio-rec.fr**
225 allée Marie Curie • 13270 **FOS SUR MER**

Christophe FERRARI (Président)

Répétitions, Enregistrements, Concerts • *Studio d'enregistrement* • **Cabine(s) technique(s)** : 1 • **Console** : Soundtracks T séries • **Magnétophone** : Cubase 5 • **Références** : Isaya, Ledily, Lets Girls, etc. • **Mastering** : Pré-master uniquement (pressage sous-traité) • **Tarifs** : 50 € TTC/titre mixé + adh.

RÉFLEXIONS SONORES

✆ 06 19 56 48 36
olivier-gascoin@club.fr
Rue du Moulin à Huile • 84160 **CUCURON**

Olivier GASCOIN (Ingénieur du son)

Studio d'enregistrement • **Cabine(s) technique(s)** : 1 • **Console** : Mixage direct, 3 cartes Universal Audio, Remote Euphonix • **Magnétophone** : Nuendo, carte RME, conv. RME M16AD + préAMP Universal Audio 6176/LA610 MK2 • **Références** : Inga Liljestrom, Rocé, Gaspard LaNuit, OK, Jack The Ripper, Sibiel, Norah Krief, Frédéric Fresson, OPM, etc. • **Mobile** : Oui • **Mastering** : Oui • **Tarifs** : Selon projet

ROOTS STUDIO

✆ 06 52 07 61 68
rootstudio@free.fr • **www.rootsstudio.net**
7 rue Jean Moulin • 06800 **CAGNES SUR MER**

Emmanuel SERRE (Ingénieur)

Studio de mastering • **Matériel(s) utilisé(s)** : Studer 963 (17 mono et 9 stéréo), Samplitude V11 Pro, Logic Pro 9, Pro Tools 9, Focal Twin 6 BE & sub, Yamaha NSP5, périph. (carte audio Weiss AFI-1 24 in/out, conv. UA 2192 & Lynx Auroa 16, TC Reverb 4000, Waves Maxx BCL, Manley Massive Passive, comp. Foote Control P3S ME, Manley Variable MU, Manley Slam, Manley Voxbox, UA 6176, Neumann M149) • **Tarifs** : De 50 à 75 € HT/titre • **Références** : Reggae, rock, world, jazz, chanson française • **Formats acceptés** : WAV, AIFF, MP3, etc.

RRC STUDIO

✆ 04 94 91 52 54 • fax 04 94 91 83 80
fab@rrc.fr • **www.duplication.rrc.fr**
8 allée Courbet • 83000 **TOULON**

Bernard DUPRÉ (Gérant)

Studio de mastering • **Matériel(s) utilisé(s)** : Pro Tools HD 96 kHz • **Références** : + de 300 réf. • **Formats acceptés** : DAT, 1/4, CD

SONICS MASTERING

✆ 06 77 81 71 61
contact@sonics-mastering.com • **www.sonics-mastering.com**
1 rue de Cadolive • 13004 **MARSEILLE**

François FANELLI

Studio de mastering • **Matériel(s) utilisé(s)** : Conv. dCS & Forssell Technologies, EQ à lampes Esoteric Audio Research modifié par Tim de Paravicini, EQ Sontec MES482, EQ Neumann modifié par Matthias Flache (VintageCity), comp., EQ, interface audionumérique et conv. de fréquences d'échantillonnages Weiss, Crane Song, System6000 de TC Electronics, Station de travail Magix Séquoia • **Tarifs** : Tarif indé (AP, labels indé., studios d'enregistrements), tarif major • **Références** : Warner, Sony, Emi, Polydor, Pias France, Traffix, V2, Crystal Records, Universal, Discograph, Dreyfus Jazz, Bee Jazz, etc., Arthur H, Babet, Piers Faccini, Ba Cossiko, Massilia Sound System, Khalil Chahine, Rit, Adrien Moignard, Rocky Gresset, Yvan la Bolloc'h, Usthiax, Chinese Man, Dj Oil, Imhotep, Nasser, etc.

SOUL SPIRIT STUDIOS

✆ 09 50 30 02 00 • fax 09 55 30 02 00
soulspiritstudio@gmail.com • **www.soulspiritstudio.com**
165 av. du Prado • 13008 **MARSEILLE**

Nelson LEEROY (Ingénieur en chef)

Studio d'enregistrement • **Cabine(s) technique(s)** : 2 • **Plateau(x)** : 4 • **Console** : A en 7.1 : Euphonix Avid Syst. 5 Fusion ; B en stéréo : Control 24, UAD Apollo Quad • **Magnétophone** : Avid Pro Tools 10 HDX 2, convert. Antelope Orion 32 X3, Isochrone Trinity + 10 M • **Références** : Imagination, Wycleff Jean, EWF, Barbara Hendricks, Soprano, Stephen Fry, Les Prêtres, Jeff Lindsay (Dexter), etc. • **Mastering** : Pro Tools 10 HDX, Logic et périph. analog. • **Tarifs** : Dès 319 €

STUDIO 26

✆ 06 10 07 67 34
studio26@free.fr • **www.studio26.fr**
26 bd Dugommier • 06600 **ANTIBES**

Frédéric BETIN (Responsable)

Studio d'enregistrement • **Cabine(s) technique(s)** : 1 (25 m2) • **Plateau(x)** : 4 (2 x 20, 15 & 60 m2) • **Console** : Digidesign Pro Control, nombreux préaAMP • **Magnétophone** : Pro Tools HD7 • **Références** : André Ceccarelli, J.-P. Como, C. Wallemme Septet, Michel Perez, Sylvain Luc, P. Alain Goualch, Sylvain Beuf, Emanuele Cisi, Diego Imbert, Alfio Origlio, John Mclaughlin • **Mastering** : Oui

STUDIO PHANTOM

✆ 09 50 91 19 90 / 06 64 13 18 09 / 06 87 42 60 77 / 06 09 03 52 13
contact@studiophantom.com • **www.studiophantom.com**
7 rue Saint Esprit • 06600 **ANTIBES**

Jim BESSON (Gérant) • Nicolas BARLET (Ingénieur du son / Gérant) • Martial DE ROFFIGNAC (Ingénieur du son)

Studio d'enregistrement • **Cabine(s) technique(s)** : 1 (33 m2) • **Plateau(x)** : 2 (45 & 35 m2), prises live possible • **Console** : Quad 8, Leonard et Trident + périph. Universal Audio, Distressor, MCI, Manley, SSL, Telefunken, Dbx, Mesaboogie, Publison, EMT, Summit, MXR, et SPL, etc. • **Magnétophone** : Pro Tools, MIC (Gefell, Beyer Dynamic, Josephson, et Royer) • **Références** : Hythen Hythen, M83, Yuna Project, Les Playboys, etc. • **Mastering** : CDR • **Tarifs** : Sur devis

STUDIOS LA BUISSONNE

✆ 04 90 61 34 60 • fax 04 90 61 35 06
info@labuissonne.com • **www.labuissonne.com**
397 route de la Buissonne • 84210 **PERNES LES FONTAINES**

Gérard DE HARO (Directeur Ingénieur du son) • Nicolas BAILLARD (Ingénieur du son) • Romain CASTÉRA (Ingénieur du son)

Studio d'enregistrement • **Cabine(s) technique(s)** : 2 (60 & 40 m2) • **Plateau(x)** : 3 (12 à 200 m2) • **Console** : Sony MXP 3036 (36 in-line, 72 voies) avec automation Optifile Tetra • **Magnétophone** : Otari Radar x2, Pro Tools HD2 • **Références** : + de 1000 CD dont Gary Peacock, Paul Motian, Paul Bley, Daniel Humair, Michel Portal, P. Katerine, J.-L. Trintignant, Jon Hassell, etc. • **Mobile** : Oui • **Mastering** : Exabyte, CDR • **Tarifs** : 850 € HT/j.

SUN MUSIC

✆ 06 80 25 22 64 • fax 04 92 13 06 18
studiosunmusic@hotmail.fr • **www.facebook.com/StudioSunMusic**
Allée de la Plage • 06270 **VILLENEUVE LOUBET**

Luc EVRARD (Directeur / Ingénieur du son)

Studio d'enregistrement • **Cabine(s) technique(s)** : 1 (30 m2) • **Plateau(x)** : 1 (30 m2) • **Console** : Sony DMX-R100 • **Magnétophone** : Mac Pro Quad, UAD 2, logic Pro • **Références** : Fat Mama, Titanic, Roy Robinson, La Face B, Cylie, Fat Joe, Kuma • **Mobile** : Sono extérieure • **Mastering** : DAT, CD R • **Tarifs** : 50 €/h, 250 €/j., 600 €/3 j.

Studio de mastering • **Matériel(s) utilisé(s)** : Logic Pro, Lexicon, Avalon x 3, 1032 A, NS10M, Sony DMX R100, Mac Pro, UAD 2 • **Tarifs** : 50 €/h ; 250 €/j. • **Références** : Titanic, Fat Mama, Roy Robinson, la Face B, Martin Folly, Cylia, Fat Joe, Kuma • **Formats acceptés** : DAT, CD, K7, VY, 1/2 p.

Studio TOTEM

✆ 04 91 75 09 11 / 06 62 02 96 51
contact@studiototem.com • **www.studiototem.com**
3 bd des Chênes • 13009 **MARSEILLE**

Jean-Henri BRANDONE (Gérant / ingénieur du son)

Studio d'enregistrement • **Plateau(x)** : 150 m2 • **Console** : D-Command 24 faders (X-Mon) • **Magnétophone** : Pro Tools HD6 (avec station Avid synchronisée) • **Références** : Insane Bananas, Factory Band (Deeci), Jeremy Whyte, Devon, Asta Diankha, etc. • **Tarifs** : 400 €/j., 200 €/demi-j., 80 €/h., forfaits, lock'in et lock'out

TRANSONIX

✆ 06 50 87 95 95
chain@transonix.com • **www.transonix.com**
239 bd du Mont Boron • 06300 **NICE**

Chain RAFATI (Gérant)

Studio d'enregistrement • **Cabine(s) technique(s)** : 1 • **Console** : Amek Media 51 44/24/5 (préAMP, EQ Neve) • **Magnétophone** : Pro Tools HD3 Accel, conv. SSI, Tascam X48 (Spare) • **Références** : J.-L. Aubert, Placebo, Concert NRJ, Montreux Jazz Festival, Symphonie Equestre, etc. • **Mobile** : PL Mercedes 613 • **Mastering** : Oui

VEGA STUDIO

✆ 04 90 60 61 54
vega-studio@wanadoo.fr • **www.vega-studio.com**
437 ch. du Mourre de Cabanis • 84200 **CARPENTRAS**

Manfred KOVACIC (Gérant)

Studio d'enregistrement • **Cabine(s) technique(s)** : 1 (36 m2) • **Plateau(x)** : 3 (110 m2) • **Console** : EMI TG 12345 (+ automation Optifile Drax) • **Magnétophone** : Pro Tools HD3 Accel, Studer A80 MK IV • **Références** : Julien Doré, Renaud, Noir Désir, Matmatah, Herman Düne, Cali, Oxmo Puccino, Keren Ann, Jeanne Cherhal, Sophie Hunger • **Tarifs** : Sur devis

VILLAGE MUSIQUE STUDIO

✆ 09 50 49 58 62 / 06 81 57 24 77
villagemusique@gmail.com • **www.villagemusique.com**
Ch. de Ste-Agnès • 06500 **MENTON**

Luc MAHE (Ingénieur du son)

Studio d'enregistrement • **Cabine(s) technique(s)** : 2 (25 & 10 m2) • **Plateau(x)** : 2 (35 m2) • **Console** : Lafond Producer, Bac 40 voies, 02R Yamaha • **Magnétophone** : Pro Tools, Logic Audio, Samplitude, DtD • **Références** : Johnny Clegg, Salif Keita, Enrico Macias, Tania Maria, William Christie, Ravi Shankar, Space, Gilberto Gil, Lorin Mazel • **Mobile** : Oui • **Mastering** : Oui (pré-mastering) • **Tarifs** : Sur devis

RHÔNE-ALPES

1936 STUDIO

✆ 06 75 10 86 24
1936studio@gmail.com • **www.lepruniersauvage.com**
Cultur'Act - Le Prunier Sauvage • 63 rue Albert Reynier • BP 2741
38037 **GRENOBLE**

Antonin CHARDONNEREAU (Ingénieur du son) • Lamson NGUYEN (Ingénieur du son)

Studio d'enregistrement • **Cabine(s) technique(s)** : 1 • **Console** : Yamaha 01V96 • **Magnétophone** : Cubase 6 • **Références** : Oui • **Tarifs** : 150 €/j.

ALTHO

✆ 04 78 83 04 42
altho@altho-audio.com • **mastering.altho-audio.com**
32 ter quai Arloing • 69009 **LYON**

Philippe POTTECK (Gérant)

Studio de mastering • **Matériel(s) utilisé(s)** : Manley, Massive passive, Variable-Mu, Apogee, Weiss, Junger, Studer, etc. • **Tarifs** : Dès 240 € • **Références** : EMI, Virgin, Sony, Pias, Anticraft, etc. • **Formats acceptés** : DAT, CD, CDR

Studio d'enregistrement • **Cabine(s) technique(s)** : 1 • **Plateau(x)** : 3 • **Console** : Neotek Elan 32 voies in-line • **Magnétophone** : Pro Tools HD2 Accel • **Références** : Amélie les Crayons, Trio Concertant, Prohom, Entre Deux Caisses, Rose et Noire, Pascal Carré, Maloh, Antiquarks, Erwan Pinard, etc. • **Mastering** : Oui • **Tarifs** : Dès 280 € HT/j.

Studio AMPHORE

✆ 04 78 97 07 40 / 06 21 14 69 60
contact@studio-amphore.com • **www.studio-amphore.com**
1 bis ch. des Balmes • 69140 **RILLIEUX LA PAPE**

Alexandre BADAGEE (Gérant)

Studio d'enregistrement • **Cabine(s) technique(s)** : 1 (10 m2) • **Plateau(x)** : 1 (20 m2) • **Console** : Neve Einstein 80 Channels By Amek • **Magnétophone** : Pro Tools HD3 Accel + UA 1176, Avalon, Lexicon, TC, Empirical Labs, SSL, etc. • **Références** : Karim Atros, Steve Cingala, Dj Serenity, Gilles Devaux, Aria, Philippe Vernet, Anksunamon, Dribble Blues, Ana M, Mauss, Eve Angeli, Sony Music, Mercury, EMI, Blind Test, Charlie, Chahla, Star Académie 5 et 6, etc. • **Mastering** : CD-R, CD audio, DtD, MD, DAT • **Tarifs** : 275 € HT

AUDIO PIGMENT

✆ 04 72 73 47 21 / 06 11 54 55 92 • fax 04 72 71 94 68
contact@audiopigment.com • **www.audiopigment.com**
10 rue Nicolaï • 69007 **LYON**

Laurent GUILLOT (Gérant / sounds designer) • Romain NOIRET (Ingénieur du son)

Studio d'enregistrement • **Cabine(s) technique(s)** : 2 (25 m2) • **Plateau(x)** : 1 (50 m2) • **Console** : Sony, DMX R100 • **Magnétophone** : 2 Pro Tools HDX • **Références** : Pub, bande son TV, enregistrement live, Pias, M6 Music, Universal Music, etc. • **Mobile** : Oui • **Tarifs** : 600 €/j.

Studio CARTELLIER

✆ 04 74 29 44 04 / 06 14 63 51 00
studio.cartellier@free.fr
12 rue de la Rebatière • BP 1 • 38150 **SALAISE SUR SANNE**

Raphaël CARTELLIER (Ingénieur du son)

Studio d'enregistrement • **Cabine(s) technique(s)** : 1 • **Plateau(x)** : 3 (70 m2) • **Console** : Soundtracs 32, préAMP Millennia STT1 (X2), Audient (X24), MIC (Neumann, Sennheiser, AKG, Shure, Oktava, etc.) • **Magnétophone** : Studer A 800 24 pistes, Samplitude pro, Motu 24 In/Out • **Références** : Deadlysins, Daddy Sucks, 109, Biffins, The Pookies, Uncommonmenfrommars, Decent, Les Estropiés, God Damn, Sfonx, The Melting Snow Quartet, UMFM, 314 Project, etc. • **Mobile** : Oui • **Mastering** : DAT, TC Finalizer • **Tarifs** : Sur devis

DOWNMIX MASTERING

✆ 04 75 06 39 80 / 06 20 25 31 48 • fax 04 75 06 39 80
info@downmixmastering.com • **www.downmixmastering.com**
Le Village • 07340 **ST ETIENNE DE VALOUX**

Cédric MONNET (Ingénieur du son) • Abdel HAMED (Chargé du développement Label et Mastering)

Studio de mastering • **Matériel(s) utilisé(s)** : DAW Pyramix, Neumann PE EQ, EAR 825, Vertigo VSC-2, Studer 169, AD-DA Universal Audio 2192, CONS Crockwood Mastering, écoutes Focal 2.1 • **Tarifs** : 65 €/h, forfait 50 €/titre, 80 €/LP, EP/maxi/sgl : 60 € ; CD de contrôle : 30 € • **Références** : Daft Punk, Air, Arno, J.-L. Murat, Transgunner, UncommonMenFromMars, Kady Diarra, Julien Clerc, Didier Lockwood, Submerged, Teenage Bad Girl, Les Doigts de l'Homme, Marc-André Léger, etc. • **Formats acceptés** : CD audio, données (WAV, AIFF, SD2), DAT 44.1-48 kHz

EYEMAT MASTERING STUDIO

✆ **06 18 01 73 72**
mastering@eyemat-mastering.com • **www.eyemat-mastering.com**
3 rue Adamoli • 69001 **LYON**

Matthieu MONNOT (Gérant)

Studio de mastering • **Matériel(s) utilisé(s)** : EQ (Sontec, Manley, Millenia Media, Weiss), processeurs num. (TC Electronic, Waves, Lavry Engineering, Crane Song), processeurs dynamiques (Manley, GML, Crane Song), monitoring (Crookwood, Bowers & Wilkins, Pass Labs, Genelec), daw (Apple) • **Formats acceptés** : Tous

GIL'MAN - STUDIO MOBILE

✆ **06 81 63 28 14**
gilmandebox@gmail.com
80 rue du 11 novembre • 42100 **ST ETIENNE**

Studio d'enregistrement • **Console** : 03D • **Magnétophone** : Fostex D 160 • **Références** : Vaste Ocean, Martin et ses Antécédants, Mister Moog, Keith Rowe, Toshimaru Nakamura, Box, Ballast, Weirdland, etc. • **Mobile** : Oui • **Mastering** : CDR • **Tarifs** : 400 € TTC/3 j. (enregistrement + mix + mastering), 100 € /j. suppl.

Les Studios de l'HACIENDA

✆ **04 74 05 00 19**
contact@studios-hacienda.com • **www.studios-hacienda.com**
51/53 ch. du Danguin • 69170 **TARARE**

Stéphane PIOT (Ingénieur du son) • Jonathan VERNE (Ingénieur du son)

Studio d'enregistrement • **Cabine(s) technique(s)** : 1 (50 m2) • **Plateau(x)** : 2 (70 et 50 m2) • **Console** : Lafont Chroma 64 voies in line + automation, Neve 5442 8 voies, Studer 169 • **Magnétophone** : Pro Tools 10 HD3 PCIe, Radar II 24bits, 2 Otari MX80 • **Références** : Larry Graham, Docteur Lester, Celkilt, Les Choristes, Enhancer, Kaolin, George Benson, Kells, Blankass, Raoul Petite, Les Fils de Theupu, Nilda Fernandez, etc. • **Mobile** : 24 in sur Metric Halo • **Tarifs** : 500 € TTC/j. avec ingé-son, hébergement compris

JARRING EFFECTS

✆ **04 78 30 50 29 / 06 74 73 39 33** • fax 04 78 27 23 96
celine@jarringeffects.net • **www.jarringeffects.net**
13 rue René Leynaud • 69001 **LYON**

Céline FREZZA (Ingénieur du son) • Guillaume JALLUT (Chargé de communication)

Studio d'enregistrement • **Cabine(s) technique(s)** : 5 • **Plateau(x)** : 1 (95 m2) • **Console** : Amek Recall Tranches Neve • **Magnétophone** : Digital Performer 7.1 • **Références** : High Tone, EZ3kiel, Reverse Engineering, Brain Damage, Zentone, Hybrid Sound System, Laurent Dratler, L'Oeuf Raide, Sheer K, Karlit et Kabok, Ben Sharpa, etc. • **Mobile** : Oui • **Mastering** : CDR • **Tarifs** : 250 € HT/j

Studio SLC

✆ **04 75 46 65 29** • fax 04 75 46 65 29
contact@studio-slc.com • **www.studio-slc.com**
9 rue Raymond Grosset • La Guillaumière • 26780 **ESPELUCHE**

Monique BERLY (Gérante)

Studio d'enregistrement • **Cabine(s) technique(s)** : 5 (+ 1 studio mobile) • **Console** : Focusrite, Présonus • **Magnétophone** : DtD, convertisseurs Motu 192 kHz • **Mobile** : Oui • **Mastering** : Oui • **Tarifs** : Sur devis

STUDIO E

✆ **04 77 58 98 49 / 06 30 08 81 08** • fax 04 77 58 98 49
info@studioe.fr • **www.studioe.fr**
3 ch. de Gaya • 42600 **ECOTAY L'OLME**

Gilles GUIGNETON (Technicien)

Studio d'enregistrement • **Cabine(s) technique(s)** : 1 (40 m2) • **Plateau(x)** : 3 (60, 32 et 8 m2) • **Console** : MCI JH618, Control 24, Yamaha O3D, Yamaha 01V • **Magnétophone** : Pro Tools HD-X + 2 192 I/o • **Références** : Mickey 3D, Yvan Marc, Kent, Parabellum, Pep's • **Mobile** : Oui • **Mastering** : Station Pyramix, Virtual Studio, tous supports • **Tarifs** : 419 €/j. avec technicien

STUDIO TAVERNIER SARL

✆ **04 75 71 41 35** • fax 04 75 71 41 35
tavernier.p@gmail.com
Lieu dit St-Martin • 26750 **MONTMIRAL**

Patrice TAVERNIER (Gérant)

Studio d'enregistrement • **Cabine(s) technique(s)** : 2 (30 et 25 m2) • **Plateau(x)** : 2 (70 m2) • **Console** : Raindirk avec automation • **Magnétophone** : Pro Tools HD 3 adat, Scully 16 pistes 2 p. à 3m 1/4p • **Références** : Heineken, Festival de Montreux, Spit, Vitamine Jazz Band, Activ Permis • **Mobile** : Oui • **Mastering** : DAT, CDR • **Tarifs** : Sur devis

Les STUDIOS DE LA RUCHE

laruche@studios-ruche.com • **www.studios-ruche.com**
466 rue des Carriers • 69210 **ST GERMAIN SUR L'ARBRESLE**

André JANUEL (Gérant) • Sébastien VALLET (Ingénieur du son) • Jean-Bertrand ANDRÉ (Ingénieur du son) • Julien ESPINOZA (Ingénieur du son) • Thibaut RAS (Ingénieur du son)

Studio d'enregistrement • **Cabine(s) technique(s)** : 1 • **Plateau(x)** : 3 dont 1 de 35 m2 • **Console** : Euphonix CS2 + 16 comp. ES108 + Audio Cube 48/8 • **Magnétophone** : 2 Apogee Rosetta 800, 1 Apogee DA16X, 2408 MkII Motu, Otari MTR2 10 • **Références** : Yannick Jaulin, OUM, Yasmina Sana, Laomé, Jina, Czar, etc. • **Mobile** : HD24 • **Mastering** : Oui • **Tarifs** : Sur devis

TMP

✆ **04 79 88 21 90** • fax 04 79 88 21 90
contact@talent-management.fr • **www.talent-management.fr**
36 av. d'Italie • 73100 **AIX LES BAINS**

Jean CHIODIN (Gérant / producteur) • Julien THOMAS (Ingénieur du son)

Talent Management Productions • *Studio d'enregistrement* • **Cabine(s) technique(s)** : 1 (30 m2) • **Plateau(x)** : 1 (60 m2) • **Console** : Mackie 32/8 • **Magnétophone** : Pro Tools HD2, Logic 9, SSL Alpha Link Madi AX • **Références** : Yvan Cassar, Astro, Julien Thomas Tiborg, Christophe Willem, Will.I.Am, Alizée, Mika, Milk Inc., 30 seconds to Mars • **Mastering** : Oui • **Tarifs** : 598 €/j.

VOX POPULI - L'ÉCOLE DE LA VOIX

✆ **04 37 46 01 01** • fax 09 58 72 39 00
edlv@voxpopuli.fr • **www.voxpopuli.fr**
L'Ecole de la Voix • 2 rue de la Roche • 69380 **CHAZAY D'AZERGUES**

Pierre-Louis ROSTAGNAT (Associé) • Benoit RIOT (Gérant) • Laurent PASQUIER (Intervenant)

Studio d'enregistrement • **Cabine(s) technique(s)** : 2 • **Console** : Tascam • **Magnétophone** : Cubase SX • **Références** : The Cure, Mad Professor, Robert Rich, Solar Fields, Litfiba • **Mastering** : CD, DVD • **Tarifs** : 1 680 € /stage 42h

WARM AUDIO

✆ **04 78 49 90 73**
infos@warmaudio.net • **www.warmaudio.net**
29 rue Wilson • 69150 **DECINES**

Mickaël KASSAPIAN (Gérant)

Studio d'enregistrement • **Cabine(s) technique(s)** : 3 • **Console** : SSL AWS 900 • **Magnétophone** : Pro Tools HD • **Références** : Uncommonmenfrommars, Opius du Peuple, Dirty Fonzy, Flying Lotus, Charly Fiasco, Ta Gueule, Son Of Buddha, etc. • **Tarifs** : Sur devis

OUTRE-MER

Guyane

SUN STUDIO

✆ **05 94 30 07 06** • fax 05 94 25 02 36
sunstudio973@wanadoo.fr
13 bd Jubelin • 97300 **CAYENNE**

Jean-Paul ROTAM (Gérant)

Studio d'enregistrement • **Cabine(s) technique(s)** : 1 • **Plateau(x)** : 2 (25 m2) • **Console** : Aries 24 • **Magnétophone** : Tascam MS16, Pro Tools HD • **Références** : Doubout, Viviane Emigre, Palô, Les Jumeaux, jose Ultet, Guyanaval, Serge Touloupe

Martinique

WORKING COMPANY SERVICES

✆ **06 96 72 42 00** • fax 05 96 68 42 70
wrkngcompany2@gmail.com • **www.workingcompanyservices.com**
6 rue des Oursins Anse à l'Ane • 97229 **LES TROIS ILETS**

Johann ETIFIER (Gérant) • Hamid ELATIFI (Commercial)

Studio d'enregistrement • **Cabine(s) technique(s)** : 1 (13 m2) • **Plateau(x)** : 1 (Drums) • **Console** : Allen & Heath zed 436 • **Magnétophone** : Tascam CDRW900SL, Digi 002 8 in/out, Pro Tools 8, Logic Audio 9 • **Références** : Anthony « Gideon bass » Hibbert, Courtland « Gizmo » White, Miss Grady, Goldy, Clive Hunt, Packy Abednego, Brandon Carey, Eustache « Pako » Pascal, Daddy Mory (Raggasonic), Straika D, Kulu G"Ruff Neg, etc. • **Mobile** : M box 2 pro, MIC Cardioide AKG 214 • **Mastering** : Oui • **Tarifs** : Dès 35 €

Nouvelle-Calédonie

MANGROVE PRODUCTIONS ET ÉDITIONS

✆ **(687) 28 56 85 / (687) 78 72 85** • fax (687) 28 56 85
contact@mangrove.nc • **www.mangrove.nc**
96 route du Port Despointes • BP 12777 • 98802 **NOUMEA CEDEX**

Alain LECANTE (Directeur) • Philippe FRICOTTE (Assistant)

Studio d'enregistrement • **Cabine(s) technique(s)** : 1 (30 m2) • **Plateau(x)** : 1 (40 m2) • **Console** : Sony DMXR 100 Digitale • **Magnétophone** : Logic Audio • **Références** : Gurejele, Edou, Ok ! Ryos, Wececa, Black Rose, Sharzy, Vamaley, Dick & Hnatr, DMP, Naio, etc. • **Mobile** : Oui • **Mastering** : DAT, CD • **Tarifs** : Sur devis

Réunion

Studio ACOUSTIK

✆ **02 62 21 72 01** • fax 02 62 21 14 21
studio.acoustik@gmail.com • **studio-acoustik.com**
c/o Technopole de la Réunion • 1 rue Emile Hugot • BP 9302
97490 **SAINTE CLOTILDE**

Thierry THOPART (Directeur) • Christophe MARTIN (Ingénieur du son) • Yannick LE SAGER (Ingénieur du son)

Studio d'enregistrement • **Cabine(s) technique(s)** : 2 x 30 et 1 x 20 m2 • **Plateau(x)** : 2 (15 m2) • **Console** : Fairlight Constellation Dream • **Magnétophone** : Fairlight • **Références** : Canal+, TF1, France Télévisions, Orange, SFR • **Mobile** : Prise de son cinéma et doc sur 2 Cantar AATON et set complet de MIC avec bonnette et 6 HF Audio Limited • **Mastering** : DAT, Avalon EQ, S 6000 TC Electronic • **Tarifs** : Sur devis

Studio OASIS

✆ **02 62 39 04 29** • fax 02 62 39 01 17
oasis.sedm@wanadoo.fr • **www.discoasis.com**
85 rue Idelphonse Caro • 97421 **LA RIVIERE ST LOUIS**

José PAYET (Gérant)

Studio d'enregistrement • **Cabine(s) technique(s)** : 1 (40 m2) • **Plateau(x)** : 4 (80 m2) • **Console** : Amek avec automation • **Magnétophone** : Studer D827 • **Références** : Baster, Ti-Fock, Ousa Mousava, Ras Natty Baby, Surprise Party, Ensemb Zot, « Les 20 Plus Belles Chansons de La Réunion », etc. • **Mastering** : 1/4, DAT, CDR • **Tarifs** : 275 €/6h

Studio POSITIVE SON SYSTEM

✆ **06 92 26 02 70 / 02 62 59 74 53**
cdrunproduction@gmail.com • **www.cd-run.com**
195 bis ch. Portail • 97430 **LE TAMPON**

Olivier PEUVRIER (Président) • Sabrina CADET (Responsable artistique / Manager) • Anne-Marie PEUVRIER (Trésorière)

Asso. CD-Run • *Studio d'enregistrement* • **Cabine(s) technique(s)** : 2 • **Plateau(x)** : 1 • **Console** : Allen & Health GF 3000 • **Magnétophone** : ADOUR • **Références** : Sabiah, Message, Roots, Raymond Kerbidi, Anne Cheynet, Mystic Dub, Ti Fred • **Mobile** : Live • **Mastering** : Oui • **Tarifs** : 35 €/h., 250 €/j.

REC DISC STUDIO REUNION

✆ **02 62 97 04 57 / 06 92 54 54 24**
recdisc@hotmail.fr • **www.recdisc.fr**
3 allées des Lianes Poc-Poc • 97400 **ST DENIS**

David CHAUDESAIGUES (Responsable / Formateur)

Studio d'enregistrement • **Cabine(s) technique(s)** : 1 • **Plateau(x)** : 3 • **Console** : Convertisseurs Lynx / Préamp Spl, Avalon, UA, TLA • **Magnétophone** : Cubase 7, Pro Tools HD10 • **Références** : Sho'r Ezé, Kiltir, Lorizyne Nout Zénès, KassLéKui, Bakari, Destyn Maloya, Coeur de Jade, etc. • **Mobile** : Non • **Mastering** : Non • **Tarifs** : 300 € /j.

19" PRODUCTION
✆ **03 44 19 04 10 / 06 09 64 42 23**
prod19@19production.com • **www.19production.com**
Villa des Tilleuls • 60 rue du Gal de Gaulle • 60510 **LA NEUVILLE EN HEZ**
Alain GOUBY (Gérant)
Tarifs : Selon quantités

Studios 7ÈME CIEL
✆ **01 46 45 09 03**
info@studios7emeciel.com • **www.studios7emeciel.com**
9 rue d'Estienne d'Orves • 92130 **ISSY LES MOULINEAUX**
Jérôme GRAILHE (Gérant) • Jean-Maurice HAYANO (Gérant) • Loïc LE-BOUILLONEC (Gérant)
Capacité : CD, DVD, VY • **Tarifs** : 589 € TTC/1000 CD pochette carton • **Commande minimum** : Dès 100 ex pour certains modèles

ADI-MEDIA
✆ **04 74 51 53 20**
contact@adi-media.net • **www.adi-media.net**
11 pl. Edgar Quinet • 01000 **BOURG EN BRESSE**
Christian BIVEL (Directeur)
Commande minimum : Pressage : 500 unités ; gravage : 100 unités

ADL IMATEC
✆ **01 46 99 02 42** • fax 01 46 05 26 63
commercial@imatec-duplication.fr • **www.imatec-duplication.fr**
94/96 rue de Paris • 92100 **BOULOGNE**
Cécile DOS SANTOS (Directrice / Responsable de fabrication) • Krystèle MOREAU (Responsable commerciale)
Capacité : Duplication CD, DVD, clés USB ; pressage & gravage de CD, CD-ROM, DVD, 8 cm, CD découpés carte de visite • **Tarifs** : Selon quantité

ALLDUP
✆ **01 47 74 54 32** • fax 01 47 74 51 19
contact@alldup.com • **www.alldup.com**
24/30 rue Carle Hebert • 92400 **COURBEVOIE**
Nelly DEGUY (Commerciale) • Joseph SAROOKHIAN (Commercial)
Capacité : Dupli : 20 000/j. • **Tarifs** : Revendeurs

ARKA DESIGN
✆ **03 22 48 28 43**
www.arkadesign.fr
4 rés. des champs • 80000 **AMIENS**
Pascal KOVAC (Gérant)
Tarifs : Sur devis, tarifs spéciaux pour AP et pour studios d'enregistrement • **Commande minimum** : 500 pour le pressage, 50 pour la duplication (gravure)

ARVATO ENTERTAINMENT EUROPE - SONOPRESS FRANCE
✆ **01 53 43 82 32** • fax 01 53 43 82 33
adis-paris@bertelsmann.de • **www.arvato-entertainement.de**
24 rue Juge • 75015 **PARIS**
Pierre-Marc ROUGE (Directeur commercial)
Capacité : 4,1 millions CD/j., 2,1 millions DVD/j., 90 000 Blu-ray/j. • **Tarifs** : Sur devis • **Commande minimum** : 1 000

Studio BLATIN
✆ **04 73 34 12 30** • fax 04 73 34 96 20
studioblatin@wanadoo.fr • **www.studioblatin.fr**
69 rue Blatin • 63000 **CLERMONT FERRAND**
Paul DUMAS (Gérant)
Capacité : Tirage express (24-48h), toutes quantités, possibilité de CD imprimables

CDA BELGIUM/FRANCE
✆ **08 00 91 67 65 / +32 53 810 310 / +49 3681 387 249**
gunther.heyman@cda.de • **www.cdafrance.fr**
Dendermondsesteenweg 43 • 9300 **AALST (BELGIQUE)**
Gunther HEYMAN (Responsable France) • Nicole DRECHSEL (Responsable des ventes)
Capacité : 350 000 CD/j., 150 000 DVD/j. • **Commande minimum** : 1 000

CDFACTORY.FR
✆ **04 93 80 57 79 / 06 70 06 19 85**
contact@cdfactory.fr • **www.cdfactory.fr**
29 bd Gambetta • 06000 **NICE**
Patrice FIOL (Gérant)
Tarifs : Sur devis • **Commande minimum** : 50 ex.

CDPRO
✆ **01 60 77 65 33** • fax 01 77 05 80 37
ventes@cdpro.fr • **www.cdpro.fr**
4 av. Ambroise Croizat • 91130 **RIS ORANGIS**
Isabelle MASSOT (Gérante)
Capacité : Duplication express : 3 000 CD & DVD/j. (pressage sous 15 j., CD & DVD illimité) • **Tarifs** : De 0,35 € le CD pressé par quantité à 1,40 € l'unité • **Commande minimum** : 50

CHIC DUPLICATION
✆ **05 34 27 67 10 / 05 34 27 67 17 / 05 34 27 67 16 / 05 34 27 67 19 / 05 34 27 67 13** • fax 05 34 27 67 11
richard@chic-online.com • **www.chic-online.com**
4 ter Ch. de Lourmet • 31180 **CASTELMAUROU**
Richard TÊTE (Gérant) • Aurélie GRELIER (Assistante commerciale)
Capacité : 150 000/mois • **Tarifs** : Sur devis • **Commande minimum** : 1 ex. en duplication, 500 ex. en pressage

CINRAM OPTICAL DISCS
✆ **02 32 21 47 00 / 02 32 25 72 00 / 01 69 91 77 00**
fax 02 32 21 47 01
infofrance@cinram.com • **www.cinram.com**
26 av. Winston Churchill • BP 615 • 27406 **LOUVIERS CEDEX**
Pierre FAGUER (Directeur général) • Eric COMMELIN (Directeur général adjoint) • Jean-Luc LABEURY (Directeur des opérations)
Capacité : Pressage DVD, Vidéo, DVD-ROM • **Tarifs** : Sur demande • **Commande minimum** : 500

CLAUDE ARPEL SARL
✆ **01 45 85 02 20**
contact@claudearpel.fr • **www.claudearpel.fr**
47 rue du Château des Rentiers • 75013 **PARIS**
Claude ARPEL (Gérant)
Capacité : 25 000/mois (CD/DVD) • **Tarifs** : Sur devis • **Commande minimum** : 100

CONFLIKT ARTS (SARL)
✆ **02 99 92 89 05**
contact@confliktarts.com • **www.confliktarts.com**
12C rue des Landelles • 35510 **CESSON SEVIGNE**
Emmanuel LEBARBIER (Gérant) • Fabien JUGUET (Directeur commercial)
Tarifs : CD, DVD, VY, sérigraphie ; tarifs : 574 € HT/1000 CD promo, 789 € HT/1000 CD cristal livret classique 4 pages • **Commande minimum** : 100

D1MANAGEMENT
contact@d1management.com • **www.d1management.com**
BP 80235 • 60631 **CHANTILLY CEDEX**
Olivier
Conseils et solutions pour artistes indépendants • **Capacité** : De 500 à 10 000 exemplaires • **Tarifs** : Sur devis • **Commande minimum** : 100 exemplaires

DH ÉLECTRONIQUE EURL

✆ 03 85 82 24 36 / 06 07 51 46 13 • fax 03 57 75 62 16
dhe@orange.fr • **www.dhelec.fr**
14/16 route de Mesvres • BP 5 • 71190 **ETANG SUR ARROUX**

Dominique HERRGOTT (Gérant)

Tarifs : Sur devis • **Commande minimum** : 100

DIGITAL SERVICES

✆ 04 67 60 00 31 • fax 04 67 60 00 32
info@pressagedecd.com • **www.pressagedecd.com**
3 rue Beau Séjour • 34000 **MONTPELLIER**

Lionel PORTUGUES (Gérant) • Frédéric VERNAY (Responsable administratif)

Capacité : 400 000 CD ou DVD/j. • **Tarifs** : Sur devis • **Commande minimum** : 500 (offre de gravure pour petites quantités)

DUPLI SSI

✆ 01 75 73 06 07 / 06 85 29 13 13
contact@signaturesonores.com • **www.signaturesonores.com**

Fred WOFF (Ingénieur du son / Responsable technique) • Lionel GIARDINA (Directeur)

Studio Signatures Sonores Indépendantes • **Capacité** : Illimitée • **Commande minimum** : 300 pour le pressage. Pas de minimum pour la dupli en gravure

DUPLIMÉDIA

✆ 03 59 00 11 00 • fax 03 59 00 22 00
duplimedia@duplimedia.com • **www.duplimedia.com**
31 rue de la Fonderie • 59200 **TOURCOING**

Christophe CARON (Directeur)

Tarifs : Sur devis (cf. site web) • **Commande minimum** : 100 (CD) et 100 (DVD)

DUPLIPROMO

✆ 03 83 31 14 30
contact@duplipromo.com • **www.duplipromo.com**
23 rue Claudot • 54000 **NANCY**

Nicolas CHAREYRE (Responsable) • Perrine MAWOIS

Capacité : 10 à 100 000 ex. • **Tarifs** : Sur devis

DUPLITECHNOLOGIES

✆ 03 25 30 50 89 / 06 21 27 78 40 • fax 03 25 30 50 91
laeti@duplitechnologies.fr • **www.duplitechnologies.fr**
9 rue du Lac • 52360 **CHANGEY**

Laetitia THEVENIN (Responsable commerciale)

FUNMASTERS

✆ 01 49 46 96 96
seigneurjm@vectracom.fr • **www.vectracom.fr**
Bât. D2, Parc de la Monjoie • 2 rue de la Justice
93217 **ST. DENIS LA PLAINE CEDEX**

Jean-Michel SEIGNEUR (Directeur commercial)

Tarifs : Sur devis • **Commande minimum** : 10 ex.

GROOV

✆ 06 92 56 96 27
contact@groov.fr • **www.groov.fr**
106 A rue Marius et Ary Leblond • 97410 **ST PIERRE (REUNION)**

Julien CAUBET (Gérant)

GW-STORE

✆ 05 47 50 01 25
contact@gw-store.com • **www.gw-store.com**
Bât. 14 • Rue des Terres Neuves • 33130 **BEGLES**

Olivier SIMON (Commercial)

Commande minimum : CD/DVD dès 500 ex, VY dès 300 ex

HIGH-TECH TRANSFERT

✆ 01 49 27 07 16 • fax 01 49 27 07 02
contact@h-tt.com • **www.h-tt.com**
51 rue Ste-Anne • 75002 **PARIS**

Salvatore ALONGI

Commande minimum : Duplication et pressage de CD et CD-Rom à l'unité et en quantité, conception et impression livrets et jaquettes

The HOUSE OF HITS

✆ 06 03 34 81 51
01thoh@gmail.com
11 rue d'Annam • 75020 **PARIS**

Olivier CHANTEUR (Gérant)

Capacité : 180 000 CD/j, 70 000 DVD/j.

HURRICANE ENTERTAINMENT

✆ 06 23 17 04 44 / 04 75 42 79 44
hurricanecds@free.fr • **www.hurricaneentertainment.com**
11 rue Pompéry • 26500 **BOURG LES VALENCE**

Jean-François REY

Capacité : 50 à plus. millions • **Tarifs** : 620 €/500, 777 €/1 000 ex. (quadri avec livrets 4 pages, jaquettes 2 faces et boitier cristal), 750 €/500, 830 €/1 000 ex. (quadri avec livrets 8 pages, jaquettes 2 faces et boitier cristal), 652 €/500, 867 €/1 000 ex. (digifiles), 680 €/500, 950 €/1 000 ex. (digisleeves), 850 €/500, 1 050 €/1 000 (digipacks quadri), 510 €/500, 560 €/1 000 ex. (pochettes cartonnées quadri), Prix TTC, livraison incluse • **Commande minimum** : 50

ICI D'AILLEURS... PRESSAGE

✆ 03 83 28 82 41 • fax 03 72 39 02 95
contact@icidailleurs.com • **www.icidailleurs.com**
3 rue Fabert • 54000 **NANCY**

Stéphane GRÉGOIRE (Gérant)

Capacité : Illimitée • **Tarifs** : Sur devis • **Commande minimum** : 300

IMATEC DUPLICATION

✆ 04 57 00 02 00 • fax 04 76 90 95 54
devis@imatecdiffusion.fr • **www.imatecdiffusion.fr**
31 rue des Glairons • 38400 **ST MARTIN D'HERES**

William CONINX (Directeur général) • Giuseppe GRASSONO (Directeur commercial)

Capacité : Pressage & gravage de CD, CD-ROM, DVD, disques 8 cm, CD découpés au format carte de visite, clés USB, cartes badges, cartes mémoires personnalisable par l'impression d'un visuel sur CD/DVD vierges, solution de packaging • **Tarifs** : Selon projet

KDG FRANCE

✆ 03 29 58 40 70 • fax 03 29 58 36 56
kdg.france@kdg.fr • **www.kdg.fr**
ZI des Paituotes • 88100 **STE MARGUERITE**

Pierre-Antoine BERTHOLD (PDG) • François-Xavier JUZDZEWSKI (Directeur général) • Luc MARCHAND (Directeur général adjoint) • Marc DEVILLE (Directeur Nouveaux médias) • Alain ENGLERT (Responsable commercial) • Louisa KHOUAR (Responsable commerciale) • Corinne DEMANGEON (Responsable de l'administration des ventes)

Capacité : CD, DVD, duplication de clés USB, pressage de Blu Ray Disc BD 25 • **Tarifs** : Sur devis • **Commande minimum** : 500

LIMBO DISCS

✆ 02 99 32 33 19 / 06 12 33 45 28 • fax 02 23 30 37 50
info@limbodiscs.fr • **www.limbodiscs.fr**
19ter rue du Noyer • 35000 **RENNES**

Guillaume LECOUPLIER (Responsable)

Capacité : Illimité • **Commande minimum** : 1 CD, 1 DVD, 300 VY

LOADING ZONE

✆ 05 61 69 34 69 / 06 78 88 14 96
info@loading-zone.org • **www.loading-zone.org**
2 av. du Gal Leclerc • 09100 **PAMIERS**

Vanessa MALINE (Responsable sérigraphie textile)

Capacité : Duplication et pressage CD, DVD et VY • **Tarifs** : Devis en ligne • **Commande minimum** : 500

MAC AUDIO SYSTEM

✆ 01 48 71 67 62 • fax 01 48 71 67 63
contact@macaudiosystem.com • **www.macaudiosystem.com**
161/163 bd Alsace Lorraine • 94170 **LE PERREUX SUR MARNE**

Michel DE VAUX

Capacité : Illimitée • **Tarifs** : Sur devis • **Commande minimum** : 100

MASTER LAB SYSTEMS

✆ 02 40 48 14 58
masterlab@orange.fr • **www.masterlabsystems.com**
52 rue de la Bastille • 44000 **NANTES**

Guillaume BRETIN (Directeur) • Sybille DELATTRE (Responsable de production) • Benoît ROUX (Ingénieur mastering) • Ronan CLOAREC (Ingénieur mastering) • Suzy GOUAULT (Infographiste)

Capacité : CD : 1 million/j. ; DVD : 500 000/j. • **Tarifs** : Offres permanentes & devis en ligne sur www.masterlabsystems.com • **Commande minimum** : 300

MH IMAGES

✆ 01 46 44 54 02
contact@mhimages.com • **www.mhduplication.com**
6 rue Marcel Duchamps • 75013 **PARIS**

Stéphane DORDEVIC (Responsable)

Capacité : 600 000 CD/mois • **Tarifs** : Sur devis • **Commande minimum** : 100

MPO FRANCE

✆ **01 41 10 51 61** • fax 01 41 10 51 52
info@mpo.fr • **www.mpo.fr**
40 rue de Paris • 92100 **BOULOGNE**

Loic DE POIX (Président) • Alban PINGEOT (Directeur général) • Xavier D'ESTAIS (Directeur du marketing et commercial) • Victoire BASTIEN (Responsable marketing et communication)

Moulages Plastiques de l'Ouest • **Capacité** : 450 000 CD/j., 150000 DVD/j., VY, HD, DVD, CD-R & DVD-R, imprimerie, services vidéonum., logistique de distribution • **Tarifs** : Sur devis (ou par www.mpo.fr)

OFM VINYL

✆ **01 83 95 08 33 / 03 63 56 27 09**
vinyl@ofmvinyl.com • **www.ofmvinyl.com**
c/o Official.fm • 58 Rue Tiquetonne • 75002 **PARIS**

Olivier DUCRET (Responsable Vente) • David ZANFRINO (Responsable Atelier)

Capacité : VY 5000/mois, illimitée via partenaire • **Tarifs** : 299 €/50 VY une face, pack miniminimini (sous pochette blanches, macaron blanc); 899 €/100 VY couleur, pack maXXimus (2 faces, sous-pochettes noires, pochette quadri, macarons quadri), 849 €/1000 CD digipack quadri, pack digipack, plateau transparent (incl. livraison un point France). HT et hors transport • **Commande minimum** : VY 33T (1-100), VY 33T 45T (300), CD (250), DVD (250)

Armel PALATUIK

✆ **04 91 96 16 17**
armelpalatuik@free.fr • **www.frequence13.com**
168 ch. des Bourrelly • BP 61 • 13240 **SEPTEMES LES VALLONS**

FRÉQUENCE 13 • **Capacité** : 1 à 2000 et + • **Tarifs** : Sur devis

PICOW

✆ **01 49 27 92 92**
picow@orange.fr
25 rue Mont Thabor • 75001 **PARIS**

Jean-Luc DELORME (Directeur)

Capacité : Petites et moyennes quantités

REPLIK CD

✆ **09 50 56 50 46**
contact@replik-cd.fr • **www.replik-cd.fr**
20 rue du 10 avril • 31500 **TOULOUSE**

Thierry RÉGNIER-VIGOUROUX (Gérant)

Tarifs : 25 à 100K ex.

REVERBERATION (BORDEAUX)

✆ **05 57 59 14 13** • fax 05 57 59 14 18
bordeaux@reverberation.fr • **www.reverberation.fr**
12 pl. Victoire • BP 70015 • 33023 **BORDEAUX CEDEX**

Philippe COUDERC (Directeur) • Vianney MONGE (Commercial) • Thomas GRANDJEAN (Commercial)

Commande minimum : 100 ex.

REVERBERATION (TOULOUSE)

✆ **05 81 34 77 85 / 06 65 67 93 80**
toulouse@reverberation.fr • **www.reverberation.fr**
7 rue des Puis Clos • 31000 **TOULOUSE**

Éric THÉLY (Directeur)

RRC DUPLICATION

✆ **04 94 91 52 54** • fax 04 94 91 83 80
fab@rrc.fr • **duplication.rrc.fr**
8 allée Courbet • 83000 **TOULON**

Bernard DUPRÉ (Gérant)

Capacité : Pressage de 500 à 500 000 CD/DVD/BD, gravure jusqu'à 500 CD/DVD • **Tarifs** : Devis immédiat en ligne • **Commande minimum** : Jusqu'à 500 en gravure et dés 500 en pressage

SHARK ENTERTAINMENT

✆ **01 48 70 73 13 / 06 15 84 28 58** • fax 01 48 70 72 38
duplication@shark-online.com
27 rue Léon Loiseau • 93100 **MONTREUIL**

Christophe FAUTRA (Gérant)

Capacité : 300 000 CD/mois, 700000 DVD/mois • **Commande minimum** : 500

SNA

✆ **01 53 68 79 80** • fax 01 53 68 79 89
info@snadisc.com • **www.snadisc.com**
Sté Nouvelle Areacem • 233 rue de la Croix Nivert • 75015 **PARIS**

Arnaud LE SAOUT (Président) • Hervé EYMERY (Directeur général) • Ingrid DENIEL (Responsable commerciale)

Capacité : CD : 300000/j., DVD : 300000/j., Blu-Ray • **Tarifs** : Sur devis • **Commande minimum** : 300 CD, 300 DVD

SO MUCH

✆ **04 93 06 02 59**
contact@pressage-cd-dvd-somuch.com
www.pressage-cd-dvd-somuch.com
160 rue d'Antibes • 06400 **CANNES**

Patrick ATTALI (Label manager)

Capacité : 80000 • **Tarifs** : 1000 ex. pochette carton quadri ou 5 couleurs + cello + transport en 1 point 660 € HT, 1000 ex. boitier cristal 4 pages 5 couleurs + cello +transport en 1 point 736 € HT, digipack 2 volets sans livret 500 ex., 5 couleurs + cello + transport en 1 point 760 € HT • **Commande minimum** : 500 en pressage et 100 en duplication

TOOLZIK

✆ **09 72 17 02 82** • fax 09 58 63 75 10
pressage@toolzik.com • **www.toolzikrecords.com**
Imprim' & Com' • Rue des Vignerons • 44220 **COUERON**

Emmanuel BREGEAU (Directeur)

Capacité : 15000 ex./mois • **Commande minimum** : 50 ex. pour les CD, 300 ex. pour VY

TROLL'S PRODUCTION

✆ **03 84 25 24 77**
info@trollsprod.fr • **www.trollsprod.fr**
ZA de la Fromagerie • 39130 **LE FRASNOIS**

Aurélien BOUVERET (Directeur) • Florian NEGRELLO (Chargé de production)

Capacité : Illimitée • **Tarifs** : Devis • **Commande minimum** : 300

La VILLA

✆ **09 52 69 27 42**
contact@villamastering.com • **www.villamastering.com**
11 sentier des Jasmins • 93100 **MONTREUIL**

Jérémy HENRY (Ingénieur du son)

Capacité : Ttes • **Tarifs** : 1000 ex. CD boitier cristal + livret 4 pages : 650 € HT; 500 CD pochettes cartonnées « single » : 450 € HT; 1000 digipacks : 895 € HT; gravure VY : 300 12inch pochettes trouées noires ou blanches 760 € HT, 300 12inch pochettes dos carré couleur : 890 € HT, 500 12inch pochettes dos carré couleur : 1050 € HT • **Commande minimum** : CD : 500 ex., VY : 300 ex.

VOCATION RECORDS

✆ **02 98 28 35 10** • fax 02 98 28 30 66
hello@vocation-records.com • **www.vocation-records.com**
100 rue de Keriegu • 29490 **GUIPAVAS LE DOUVEZ**

Didier TOUSCH (Responsable) • Sarah TOUSCH (Responsable commerciale)

Capacité : 500 à plusieurs millions • **Tarifs** : Devis en ligne • **Commande minimum** : Pressage : 500; gravure : 25

WISEBAND

✆ **02 51 57 03 02**
wiseband@wiseband.com • **merch.wiseband.com**
ZA de Beaupuy • 8 imp. Auvynet • 85000 **LA ROCHE SUR YON**

Henri-Pierre MOUSSET (Gérant) • Bruno LEMONNIER (Directeur du marketing) • Tanguy AUBRÉE (Responsable de la communication) • Cédric LIMOUSIN (Directeur opérationnel)

Commande minimum : 50

WOLFPACK UNITED

✆ **06 86 61 73 24**
contact@wolfpack-united.com • **www.wolfpack-united.com**
c/o Mila • 2 rue André Messager • 75018 **PARIS**

Clément BAUMELOU (Gérant)

Tarifs : En ligne et sur devis • **Commande minimum** : Dupli CD/DVD : 100 ex, pressage CD/DVD : 500 ex, pressage VY : 250 ex

WOODBOX RECORDING STUDIO

✆ **09 72 29 62 55** • fax 02 51 42 25 39
contact@wboxstudio.com • **www.wboxstudio.com**
15 rue des Lilas • 85600 **BOUFFERE**

Jeff FERRAND (Ingénieur du son / Producteur) • Michèle MASSUYEAU (Administratrice)

Capacité : Pressage CD/DVD dès 500 ex., dupli. CD/DVD dès 50 ex., VY dès 300 ex. • **Commande minimum** : 50 ex.

FORMATION
CONSEIL

Les formations Irma

Musique et Internet

Un partenariat Irma / Paris Mix

Musique et environnement web

Comprendre les enjeux du numérique et définir des stratégies de développement liées aux évolutions des environnements technologiques et juridiques.

http://www.irma.asso.fr/Musique-et-environnement-web

Optimiser sa présence sur le web

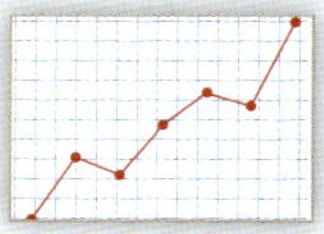

Comprendre les notions de référencement, d'audience et de visibilité d'un site web. Avoir les clés pour optimiser le référencement naturel de son site web et connaître les techniques de mesure d'audience.

http://www.irma.asso.fr/Optimiser-sa-presence-sur-le-web

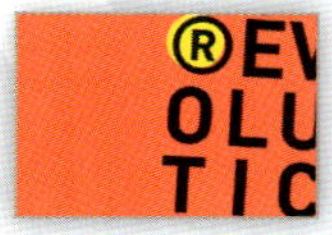

Musique et stratégies numériques

Construire et animer une *fan base*, adopter les bonnes pratiques en *social media* et optimiser les stratégies de vente en ligne.

http://www.irma.asso.fr/Marketing-strategies-numeriques

Gérer une communauté • *Community management*

Définir et mettre en œuvre les outils nécessaires pour constituer et gérer une communauté. Créer, organiser et animer échanges et discussions en appliquant les règles de communication et de modération.

http://www.irma.asso.fr/Gerer-une-communaute

Réaliser un e-mailing professionnel

Maîtriser et gérer les principaux paramètres du publipostage ou de l'e-mailing.

http://www.irma.asso.fr/Realiser-un-e-mailing

Créer et administrer son site avec WordPress

Savoir administrer et gérer au quotidien un site Internet dans le domaine musical de façon totalement autonome (intégration des vidéos, *playlist* audio, galerie photo, monétisation, etc.).

http://www.irma.asso.fr/Creer-et-administrer-son-site-web

Synchroniser ses métadonnées sur Internet

Centraliser l'actualité de vos projets artistiques en automatisant la synchronisation de vos données sur tous vos sites web et réseaux sociaux.

http://www.irma.asso.fr/Synchroniser-et-automatiser-ses

Le travail collaboratif dans les nuages

Comprendre les enjeux du travail collaboratif à l'heure d'Internet et du *cloud computing* et en maîtriser les principaux outils.

http://www.irma.asso.fr/Le-travail-collaboratif

Vendre et diffuser sa musique sur Internet

Maîtriser les enjeux de la distribution physique et numérique. Intégrer sa distribution numérique dans une stratégie globale.

http://www.irma.asso.fr/Distribution-et-internet

irma – centre d'information et de ressources pour les musiques actuelles

paris mix – Musiques / Innovation / Diversité

Prise en charge possible par l'Afdas ou par l'OPCA de votre employeur.

Formations Irma • 22 rue Soleillet 75020 Paris • Tél. : 01 43 15 11 11
ou sur **www.irma.asso.fr** • **formation@irma.asso.fr**

3IS

✆ **01 61 37 34 94** • fax 01 30 50 43 63
3is@3is.fr • **www.3is.fr**
4 rue Blaise Pascal • 78990 **ELANCOURT**

Jean-Claude WALTER (Directeur général) • Gilles CHANTEMERLE (Directeur des admissions) • Denis FASSE (Directeur de la communication)

Institut international de l'image et du son • **Formation(s)** : Technicien spécialisé Cinéma audiovisuel • **Contenu** : Spécialisation possible en image, son, montage, réalisation et assistanat de réalisation/scripte, production, journalisme, audiovisuel, etc. • **Durée** : Année préparatoire, formation post-bac sur 3 ans. Stages de formation continue • **Validation, diplôme** : Titre certifiés selon spécialisation • **Conditions d'admission** : Classe préparatoire : Bac, dossier et entretien. 1re année : Bac, dossier, entretien et concours. En 2e et 3e année : Bac+2, dossier, entretien et tests techniques • **Agrément** : Organismes professionnels

Formation(s) : Technicien son et lumière • **Contenu** : 1 an tronc commun « Techniques du spectacle vivant » + 1 an de spécialisation son ou lumière • **Durée** : 2 ans, en alternance • **Validation, diplôme** : Titre homologué Technicien du spectacle vivant niveau IV au RNCP • **Conditions d'admission** : Dossier, entretien, tests écrits, signature d'un contrat pro avec une entreprise d'acceuil. Niveau CAP, BEP, bac technique ou 2 ans d'expérience professionnelle • **Agrément** : Organismes professionnels

Formation(s) : Régisseur son, lumière et général • **Contenu** : 1re année de tronc commun, 2è et 3è spécialisées • **Durée** : 3 ans • **Validation, diplôme** : RNCP • **Conditions d'admission** : Bac, dossier, concours • **Agrément** : Organismes professionnels

ABRICOT-FORMATION

✆ **01 56 47 11 95** • fax 01 42 42 56 12
abricotformation@gmail.com • **www.abricot-formation.com**
1 rue des Champarons • 92700 **COLOMBES**

Corinne PERNOL (Gérante)

Formation(s) : Eclairagisme et plastique de la lumière, décoration intérieure, conception à l'éclairage scénique • **Durée** : 35h à 140h • **Conditions d'admission** : CV et lettre de motivation

ACSEF

✆ **02 62 88 78 87 / 06 93 80 79 38** • fax 08 21 90 92 60
didier@acsef.fr • **www.acsef.fr**
305 rte des Vacoas • 97425 **LES AVIRONS (REUNION)**

Didier DAMBREVILLE (Dirigeant) • Olivier DIGUET (Ingénieur du son)

Formation(s) : Technicien de sonorisation spectacles • **Contenu** : Cours théoriques et cas pratiques • **Durée** : 5j. 25h. • **Validation, diplôme** : Attestation • **Conditions d'admission** : Entretien

ACT FORMATION

✆ **05 61 12 00 55** • fax 05 61 12 31 31
info@act-formation.fr • **www.act-formation.fr**
Bât. Tertial 2 • 216 route de Saint Simon • 31100 **TOULOUSE**

Francis FOURCOU (Directeur) • Pauline DE MONTAIGNE (Responsable de la formation)

Cinéma, audio, vidéo, web, multimédia • **Formation(s)** : Image, techniques du spectacle vivant, production • **Contenu** : Prise de son en reportage, post production audiovisuelle sur Pro Tools, Pyramise, régie son, régie lumière, prise de son et mixage, mastering, technicien polyvalent son, etc. • **Durée** : 35 à 280h • **Agrément** : CR Midi-Pyrénées, Afdas

ADAMS

✆ **05 56 51 90 30** • fax 05 57 85 51 65
info@adamsformation.com • **www.adamsformation.com**
Batiment 7 • Rue des Terres Neuves • 33130 **BEGLES**

Sonia MANGIN (Coordinatrice pédagogique pôle spectacle) • Pascal DELAUNAY (Directeur pédagogique) • Patricia LE GALL (Chargée des formations continues)

École supérieure des techniques du spectacle et de l'audiovisuel • **Formation(s)** : Sécurité et prévention, technicien du spectacle (son, lumière) • **Durée** : 2j à 2 ans selon formation • **Validation, diplôme** : Diplôme d'école • **Conditions d'admission** : Dossier de candidature et concours d'entrée • **Agrément** : Région Aquitaine, Ministère de la Culture pour Sécurité licence 1, RNCP, certains stages conventionnés Afdas

Domaine : Audiovisuel • **Formation(s)** : BTS Métiers de l'Audiovisuel • **Contenu** : Option son, image, gestion de production, montage • **Durée** : 2 ans • **Validation, diplôme** : BTS • **Conditions d'admission** : Bac • **Agrément** : Agrément Rectorat - Académie de Bordeaux n° 0333215R

ADDP

✆ **04 67 93 80 02 / 06 70 86 61 40**
micheldenis@addp.fr • **www.addp.fr**
44 rue du Conti • 34120 **PEZENAS**

Edwige FLORIS (Présidente) • Michel DENIS (Formateur)

Association départementale de défense du public • **Domaine** : Audiovisuel • **Formation(s)** : MAO, Musique et internet • **Contenu** : Mixage & mastering (Cubase, Pro Tools, Logic Pro, Wavelab); L'ordinateur en concert (Ableton Live); Composer et réaliser avec Pro Tools; L'écriture musicale sur Sibelius; Musique et Internet (Dreamweaver, Flash); Musique en ligne; Montage vidéo avec Sony Vegas; Composer et réaliser avec Logic Pro; Perfectionnement anglais (validé Afdas) • **Durée** : 10, 15 ou 20 j. • **Validation, diplôme** : Afdas • **Conditions d'admission** : Entretien individuel

ALKYMIA

✆ **05 61 59 84 62**
contact@alkymia.fr • **www.alkymia.fr**
31 rue Carrière • 31700 **BLAGNAC**

Francis BACONNET (Responsable des formations)

Formation(s) : Audiovisuel, MAO Mac & PC, techniques de prise de son, mixage, montage vidéo, deejaying • **Contenu** : Mac : Logic Pro, Garage Band, Reason, Pro Tools, Traktor; PC : Sound Forge, WaveLab, Cubase, Nuendo, Ableton Live, Serato, Pro Tools, Reason, Final Cut, Imovie, IDVD, Aperture, Cubase, Nuendo, Traktor • **Durée** : Sur mesure • **Validation, diplôme** : Logic Pro, Aperture, Final Cut • **Conditions d'admission** : Technicien audio-vidéo, photographe, particuliers, DIF, intermittent du spectacle • **Agrément** : AATC (Apple Authorised Training Center) audio video-photo

ARFIS ECOLE

✆ **04 78 29 81 30** • fax 04 78 29 57 23
info@arfis.com • **www.arfis.com**
13 rue Emile Decorps • 69100 **VILLEURBANNE**

Jérôme GAY (Directeur)

Formation(s) : Technicien, formation technique initiale cinéma et vidéo (image, son, montage, réalisation), assistant de réalisation, production • **Contenu** : 1re année : enseignement polyvalent - 2e année : spécialisation • **Durée** : 3 ans • **Validation, diplôme** : Certification professionnelle • **Conditions d'admission** : Bac + dossier et entretien

ARTDAM

✆ **03 80 67 22 06** • fax 03 80 66 52 95
formation@artdam.asso.fr • **www.artdam.asso.fr**
7 rue du Pr. Louis Neel • 21600 **LONGVIC**

Mathilde MESSELET (Assistante)

Agence culturelle et technique • **Formation(s)** : Formation continue • **Contenu** : Sécurité des spectacles (habilitation électrique, SSIAP, licence d'entrepreneur, CACES, etc.), sono (CONS num., Pro Tools, Cubase, Logic, controleurs de dynamiques et effets audio), éclairage (Grand Ma, proj. asservis et motorisés, etc.), vidéo (captation de spectacle vivant, proj. vidéo et lumières, montage, etc.), DAO (Autocad), CAD (Inventor) • **Durée** : 1 j. à 4 sem., plusieurs sessions/an, stage intra-entreprises sur demande • **Conditions d'admission** : Professionnels intermittents et permanents du spectacle • **Agrément** : AFDAS

ARTEK

✆ **02 51 86 47 84** • fax 02 40 74 77 56
contact@artek-formations.fr • **www.artek-formations.fr**
2 bd Gaston Doumergue • 44200 **NANTES**

Sandrine THEBAUD (Responsable administrative) • Alain MONSÉGU (Responsable pédagogique) • Yann METAYER (Consultant)

Formation(s) : Formations professionnelles à la sécurité et à la prévention des risques pour le spectacle • **Contenu** : Formation pour obtention de la licence 1; technicien qualifié du spectacle et de l'événement, branchements électriques du spectacle (habilitation BRH1V); équipier de première intervention incendie & évacuation; sauveteur secouriste du travail (SST); CACES; agent de service de sécurité incendie & assistance aux personnes (SSIAP); technicien compétent en tribunes démontables; technicien compétent en chapiteaux, tentes & structures; etc. • **Durée** : 1 à 5 j., cycle technicien qualifié de 20 à 30 j. • **Validation, diplôme** : Attestations, autorisations de conduite, habilitations électriques • **Conditions d'admission** : Expérience professionnelle dans le spectacle ou l'événement • **Agrément** : Ministère de la Culture pour la formation Sécurité exploitant de lieux (licence 1), préfecture de Loire-Atlantique pour la formation SSIAP

AUDIO-FORMATION

✆ 04 66 80 78 65
info@audio-formation.com • **www.audio-formation.com**
874 ch. de Junas • 30250 **AUBAIS**

Annie MARTIN (Gérante) • Patricia DESROCHES (Ingénieur du son / Formatrice)

Formation(s) : Techniques du son en studio d'enregistrement • **Contenu** : MAO, enregistrement, prise de son, mixage et mastering, musique à l'image sur Live, Cubase, Pro Tools, Logic Pro, Wavelab • **Durée** : 35 à 350h • **Validation, diplôme** : Attestation • **Conditions d'admission** : Entretien • **Agrément** : Région Languedoc-Roussillon

AUDIOSUB

✆ 06 80 78 45 95
vpecqueur@free.fr • **www.audiosub.com**
Le Boumbët • 18 av. des Mouettes • 40480 **VIEUX BOUCAU**

Vincent PECQUEUR (Administrateur)

Formation(s) : Formation Son Sub Pro • **Contenu** : Connaissance des matériels et systèmes immergeables d'enregistrement, matelotage, positionnement GPS, méthodologies d'installation et de mise en œuvre des systèmes, notions d'électricité et connaissance des systèmes embarqués sur les navires, étanchéification, liaisons filaires, RF, supports et exploitation normalisée, l'outil informatique de traitement, notions de design sonore, etc. • **Durée** : 5 j. • **Validation, diplôme** : Attestation • **Conditions d'admission** : Majorité, Bac (diplôme facultatif), certificat médical de - d'1 an, savoir nager, expérience minimum en micro-informatique

AVANT-MARDI

✆ 05 34 31 26 50 • fax 05 34 31 26 55
formation@avant-mardi.com • **www.avant-mardi.com**
17 rue Valentin • 31400 **TOULOUSE**

Williams BLOCH (Directeur) • Pauline THUILLIER (Chargée de la formation professionnelle) • Sandrine FERRITO (Assistante Formation)

Réseau musiques actuelles Midi-Pyrénées • **Formation(s)** : Sonorisation de spectacle, initiation à la régie de spectacle, sonorisation de concert, formation spécifique à la sécurité des spectacles adaptée à la nature du lieu de spectacle en partenariat avec l'Irma, lumière de scène • **Contenu** : Principes fondamentaux en son et en électricité, stage en entreprise, sécurité des lieux de spectacles pour l'obtention de la licence 1 • **Durée** : 70 à 400h • **Validation, diplôme** : Attestation, certificat délivré par l'Irma • **Conditions d'admission** : Dossier, entretien et test technique • **Agrément** : Région Midi-Pyrénées, Ministère de la Culture au nom de l'Irma

BAKELITE STUDIO

✆ 04 67 58 89 56 • fax 04 67 58 25 26
contact@bakelite-studio.com • **www.bakelite-studio.com**
22 rue St-Etienne • 34070 **MONTPELLIER**

Laurence CUVELLIER (Directrice) • Jacques AVAKIAN (Intervenant principal)

Formation(s) : Réalisation et production musicale sur logiciels • **Contenu** : Logic Pro 9, Final Cut Pro x, Pro Tools, Cubase SX5, Ableton Live 8, montage et mixage son & image, dj mix et scratch • **Durée** : 4 sem., 120h - 1 session/an en nov. • **Validation, diplôme** : Attestation, certification Apple « Logic Pro 9 » et « Final Cut Pro x » • **Conditions d'admission** : Connaissance de l'outil informatique, de Mac OS, de Logic Pro 9 et des techniques du home studio • **Agrément** : Afdas

La BALEINE BLEUE

✆ 01 75 43 90 13 • fax 01 75 43 90 14
mail@labaleinebleue.net • **www.labaleinebleue.net**
95 bd Magenta • 75010 **PARIS**

Eric WAGER (Ingénieur du son)

Formation(s) : Technologie et production studio • **Contenu** : Théorie du son, direct-to-disc, sequenceur, midi, échantillonneur, table de mixage, automation, mastering, etc. • **Durée** : 2 j.

Le CARGÖ

✆ 02 31 86 79 31 • fax 02 31 38 95 83
contact@lecargo.fr • **www.lecargo.fr**
c/o Arts Attack ! • 9 cours Caffarelli • 14000 **CAEN**

Elodie NOURIGAT (Responsable lieu ressource) • Stéphane BRUSCOLINI (Responsable des studios)

Contenu : Techniques Son niveau I, niveau II, Techniques Lumière niveau I, niveau II. Techniques d'enregistrement en studio • **Durée** : 1 sem./formation environ

CESARE

✆ 03 26 88 65 74 • fax 03 26 91 09 20
contact@cesare.fr • **www.cesare.fr**
27 rue Ferdinand-Hamelin • 51450 **BETHENY**

Philippe LE GOFF (Directeur)

Centre national de création musicale • **Formation(s)** : Création musicale et composition électroacoustique • **Contenu** : Physique du son, traitement du son, prise de son, montage et composition (Niveau 1) - Approfondissement du niveau 1, techniques Midi, transformation du son en temps reel • **Durée** : Formations annuelles ou stages ponctuels • **Validation, diplôme** : DEM, Licence ou master • **Agrément** : Education nationale

CFA DU SPECTACLE VIVANT ET DE L'AUDIOVISUEL

✆ 01 48 97 25 16 • fax 01 48 97 19 19
contact@cfpts.com • **www.afasam.fr**
92 av. Galliéni • 93170 **BAGNOLET**

Patrick FERRIER (Directeur) • Béatrice GOUFFIER (Responsable pédagogique et coordinatrice générale des formations) • Enca LOPES (Administration et suivi des apprentis) • Jérémie VIVIER (Coordinateur des relations entreprises)

Centre de formation des apprentis du spectacle vivant et de l'audiovisuel • **Formation(s)** : Régisseur de spectacle option plateau, option lumière, option son et Technicien du spectacle option lumière en partenariat avec Staff • **Durée** : 1250h/2 ans en alternance • **Validation, diplôme** : Titre homologué de niveau III et titre homologué de niveau IV délivré par le Staff • **Conditions d'admission** : Être agé de 18 à 25 ans. Niveau bac ou diplôme technique égal ou supérieur au BEP. Contrat d'apprentissage

CFPMS

✆ 04 91 67 20 27 • fax 04 95 05 71 32
cfpms@free.fr • **cfpms.free.fr**
Centre commercial Les Flamants • Av. Georges Braque
13014 **MARSEILLE**

Patrick JEANNETTE (Directeur)

Centre de formation professionnelle des métiers du son • **Formation(s)** : Responsable technique d'exploitations sonores • **Contenu** : Techniques du son, informatique, audionum., Midi, électronique, électricité, formation musicale, mathématiques, anglais technique, communication, techniques de recherche d'emploi, règlement, administration, droit • **Durée** : 1258h en centre, 280h en entreprise • **Validation, diplôme** : RTES (Responsable technique d'exploitation sonore) Diplôme d'état niveau III (Bac +2) • **Conditions d'admission** : Niveau IV, Bac obligatoire (lettre de motivation + CV + test + entretien avec conseil pédagogique) • **Agrément** : Région, Afdas

CFPTS

✆ 01 48 97 25 16 • fax 01 48 97 19 19
contact@cfpts.com • **www.cfpts.com**
92 av. Gallieni • 93177 **BAGNOLET CEDEX**

Patrick FERRIER (Directeur) • Béatrice GOUFFIER (Responsable pédagogique de formatio) • Emmanuelle SAUNIER (Directrice de la communication)

Centre de formation professionnelle aux techniques du spectacle • **Domaine** : Régisseur son et lumière • **Formation(s)** : 93 modules de formations continue réparties en 200 sessions • **Durée** : 34 semaines (1204h dont 294 de stage en entreprise) du 13/01/2014 au 18/09/2014 • **Validation, diplôme** : Titre de niveau III, attestation de stage, certificats spécialisés en prévention des risques, CAP accessoiriste réalisateur, etc. • **Conditions d'admission** : Niveau Bac ; bonnes bases en algèbre, trigonométrie et électricité ; sensibilité artistique ; intérêt pour les techniques et leurs évolutions

Formation(s) : Directeur technique de spectacle vivant • **Durée** : 22 sem. (07/10/2013 au 25/03/2014) • **Validation, diplôme** : Titre de niveau I / Bac+5 • **Conditions d'admission** : Régisseurs et régisseurs généraux confirmés ayant déjà une expérience d'au moins 8 ans. Maîtrise de la régie plateau, et/ou lumière, et/ou son, et régie générale ; maîtrise de la bureautique (traitement de texte, tableur, pdf, Internet, etc.)

CIAM

✆ 05 56 91 26 65 • fax 05 56 31 83 40
info@le-ciam.com • **www.le-ciam.com**
35 rue Leyteire • 33000 **BORDEAUX**

Stéphane ALAUX (Directeur pédagogique) • Cyril TACAILLE (Responsable formation son)

Centre d'informations et d'activités musicales • **Formation(s)** : Formation Technicien Son • **Contenu** : Sonorisation concerts (théorie, pratique), son studio (enregistrement, mixage, écoute et analyse), bases techniques du spectacle (chaîne lumière, cablage, etc.), formation générale (sécurité, régie de tournée, nuisances sonores, etc.), travaux pratiques, mise en situation professionnelle • **Durée** : 700h à 930h • **Validation, diplôme** : Certificat de stage • **Conditions d'admission** : Entretien, CV, expérience dans un des 3 domaines (régie, son, lumière), connaissance du secteur et de la profession

CIFAP

✆ 01 48 18 28 20 • fax 01 48 18 78 83
musique@cifap.com • **www.cifap.com**
27 bis rue du Progrès • 93100 **MONTREUIL SOUS BOIS**

Julian GUY (Responsable Pôle musique) • Alexandre DARTOIS (Conseiller en formations)

Centre international de formation à l'audiovisuel et de production • **Formation(s)** : Musique et MAO • **Contenu** : Musique à l'image, direction d'orchestre pour la musique de film, réalisation artistique, sounddesign, droit et contrat en musique et spectacle vivant, Logic Pro, Pro Tools, Ableton Live, Cubase, Finale, Reaktor • **Durée** : 1 à 5 sem., plus. sessions/an • **Validation, diplôme** : Attestation • **Agrément** : Afdas

CINE-SUP

✆ **02 51 84 82 20 / 02 51 84 82 21 / 02 51 84 82 34**
fax 02 51 84 82 38
guisthau.cinesup@wanadoo.fr • **guisthau.e-lyco.fr**
3 rue Marie-Anne du Boccage • BP 34201 • 44042 **NANTES CEDEX 1**
Olivier MAGRÉ (Coordinateur)

Lycée Gabriel Guist'hau • **Domaine** : Cinéma-Audiovisuel • **Formation(s)** : Préparation à la Fémis et à l'Ecole Louis Lumière (ENSLL) - Classe préparatoire, CNSM, INSAS • **Durée** : 2 ans • **Validation, diplôme** : Concours d'entrée à la Fémis et à l'Ecole Louis Lumière • **Conditions d'admission** : Sur dossier et entretien • **Agrément** : Convention avec université de Paris 1 Sorbonne

CMA

✆ **03 59 95 70 56** • fax 03 59 95 70 57
infos@cma-valenciennes.fr • **www.cma-valenciennes.fr**
65 Av. Désandrouin • 59300 **VALENCIENNES**
Arnaud ADAM (Directeur) • Paul-Alain FONTAINE (Directeur pédagogique)

Campus des musiques actuelles • **Formation(s)** : Technicien du son scène et studio • **Contenu** : Enregistrement, prise de son, mixage, mastering, etc. • **Durée** : 34 sem. (800h mini + stage de 200h maxi) • **Conditions d'admission** : Entretien (audition), évaluation niveau et projet professionnel

CMI FORMATION

✆ **01 43 38 16 17** • fax 01 43 38 20 90
cmi@cmiformation.com • **www.cmiformation.com**
5-7 rue Saint-Hubert • 75011 **PARIS**
Pierre BEDROSSIAN (Directeur)

Centre musical informatique • **Formation(s)** : MAO, techniques du son et de l'image • **Contenu** : Formation technique sur la manipulation des différents logiciels en exploitation professionnelle (Pro Tools, Pyramix, Logic Pro, Cubase 4, Ableton Live, Digital Performer, Finale, Reason, Plug-in, Avid Xpress, Final Cut Pro) • **Durée** : 1 à 10 sem. • **Validation, diplôme** : Attestation • **Agrément** : Afdas - centre agréé Apple, Digidesign, Steinberg

CNSMD PARIS

✆ **01 40 40 45 56** • fax 01 40 40 47 68
deptson@cnsmdp.fr • **www.cnsmdp.fr**
Département Son • 209 av. Jean Jaurès • 75019 **PARIS**
Georges BLOCH (Responsable du département son) • Catherine BARBE (Assistante Département Son)

Conservatoire national supérieur de musique et danse • **Formation(s)** : Formation supérieure aux métiers du son • **Durée** : 4 ans • **Validation, diplôme** : Diplôme de formation supérieure de mus.-ingénieur du son. Homologué niveau 1 • **Conditions d'admission** : Sur concours : présélection sur dossier, admissibilité, admission - Bac +2 et excellent niveau musical

COURTS-ON

✆ **09 81 24 66 25**
contact@courts-on.fr • **www.courts-on.fr**
57 rue Letort • 75018 **PARIS**
Sabine STERLÉ (Responsable Programme Musique) • Nicolas BISSARDON (Directeur)

Centre de Formations Professionnelles spécialisé auprès des Intermittents • **Domaine** : Cinéma • **Formation(s)** : La musique de films : méthodes d'écriture et techniques de création • **Contenu** : Impact émotionel de la musique sur l'image, analyses d'images, de techniques d'écriture et d'ateliers de création, Logic Pro, montage, etc. • **Durée** : 4 sem. • **Conditions d'admission** : Entretien individuel + pré-requis (musicien, compositeur, ingénieur du son, passionné par la pratique de MAO) • **Agrément** : Afdas (prise en charge si intermittent)

CRR BOULOGNE-BILLANCOURT

✆ **01 41 31 83 10** • fax 01 41 31 83 37
laurence.ivan@ville-boulogne-billancourt.fr • **www.bb-cnr.com**
22 rue de la Belle Feuille • 92100 **BOULOGNE BILLANCOURT**
Laurence IVAN (Assistante de direction)

Conservatoire à rayonnement régional • **Formation(s)** : Classe de prise de son classique, jazz et MAO • **Contenu** : Techniques de prise de son postproduction et direction artistique • **Durée** : 800h • **Validation, diplôme** : Certificat de prise de son du CRR • **Conditions d'admission** : Sur concours avec un niveau bac scientifique et une solide culture musicale

CSCV

✆ **09 54 57 06 65 / 06 62 04 53 41** • fax 09 59 57 06 65
admin@cadredescene.com • **www.cadredescene.com**
190 av. Antoine de Saint Exupéry • 31400 **TOULOUSE**
Alexandre BREME (Directeur)

Cadre de Scène Cadre de Vie • **Domaine** : Technique du spectacle • **Formation(s)** : Structures temporaires (échafaudages, structures scéniques, chapiteaux, tribunes démontables, monteur compétent et structures temporaires), électricité (électricien du spectacle qualifié, prévention des risques, gestion de distribution autonome), plateau (rigger pour le spectacle qualifié, habilitation au montage de grill temporaire, travail en hauteur de cordes, machinerie théâtrale, accroche levage circadien), lumière (encordage et pupitrage de proj. asservis, pupitre num., etc.), projection d'images géantes (projection Pani, proj. vidéo DL3 et Madiaserver), sécurité (SSIAP1, SSIAP2, SSIAP3, SST, EPI, CACES nacelles, CACES charriot élévateur, CACES manuscopique) • **Durée** : 2 à 34 j.

CSE TECHNOLOGY

✆ **03 20 18 03 80** • fax 03 20 18 03 81
contact@cse-tec.com • **www.cse-tec.com**
ZA du Bois • 191 rue des 5 voies • 59200 **TOURCOING**
Alexis DEVILLERS (Gérant) • Guy FAVIEZ (Directeur commercial)

Ciné service équipement • **Formation(s)** : Catalogue de modules en formation continue • **Contenu** : Habilitation électrique, éclairage scénique (2 niveaux), techniques de sonorisation (2 niveaux), périph. audios, audionum., formation Wysiwyg, proj. asservis, pupitreur jeux d'orgues, rigging et levage, etc. • **Durée** : Variable selon module • **Agrément** : Afdas

EMC

✆ **01 46 55 39 19** • fax 01 46 54 00 23
webmaster@emc.fr • **www.emc.fr**
10-12 rue Eugène Varlin • 92240 **MALAKOFF**
Jean-Paul DEBARD (Directeur) • Virginie DECREQUY (Directrice de la communication) • Guillaume COUDERETTE (Directeur technique / Responsable du département Son) • Florence GIRARD (Responsable des relations entreprises et du département multimédia) • Francois GALARD (Responsable pôle Images)

Ecole supérieure des métiers de l'image, du son et du multimédia • **Formation(s)** : Prépa audiovisuelle (1 an), BTS audiovisuel option montage, son, image, gestion de production, Technicien son musiques actuelles (2 ans, Titre RNCP Niveau IV), Production musicale studio (certificat d'école délivré par les professionnels), Ingénieur du son musiques actuelles (certificat d'école délivré par les professionnels), directeur technique musiques actuelles • **Contenu** : Cours théoriques, culture musicale, enregistrement, montage de spectacles, informatique musicale • **Conditions d'admission** : Bac, concours d'entrée, dossier personnel, entretien individuel, titulaires du BTS audiovisuel option son ou du diplôme technicien son musiques actuelles

ENS LOUIS LUMIÈRE

✆ **01 84 67 00 01**
com@ens-louis-lumiere.fr • **www.ens-louis-lumiere.fr**
La cité du cinéma • 20 rue Ampère • BP 12
93213 **SAINT-DENIS LA PLAINE CEDEX**
Francine LEVY (Directrice) • Medhi AIT-KACIMI (Responsable de la communication et du développement)

École nationale supérieure Louis Lumière • **Formation(s)** : Formation initiale et professionnelle aux métiers de l'image et du son • **Contenu** : Cours fondamentaux, théoriques et pratiques : acoustique, électronique, technologie audio, prise de son musicale, cinéma, radio, pratique de traitement, post-production (montage, mixage) mémoire de recherches appliquées • **Durée** : 3 ans pour la formation initiale, de 2j à 1sem. pour les stages • **Validation, diplôme** : Diplôme de l'ENS Louis Lumière (confère le grade de master) • **Conditions d'admission** : Concours national à niveau Bac +2 • **Agrément** : Ministère de l'Enseignement supérieur

ENSATT

✆ **04 78 15 05 05** • fax 04 78 15 05 39
ensatt.son@wanadoo.fr • **www.ensatt.fr**
4 rue Soeur Bouvier • 69322 **LYON CEDEX 05**
Thierry PARIENTE (Directeur) • Lionel DEMOL (Responsable de la communication) • Jean-Claude LE GUÉ (Directeur des études et de la production)

Ecole nationale supérieure des arts et techniques du théâtre • **Formation(s)** : Réalisateur son, mastère direction technique du spectacle vivant proposé en partenariat avec l'Insa (Institut national des sciences appliquées) à Lyon • **Contenu** : Introduction à l'univers de la représentation : physique appliquée au spectacle, techniques du plateau, de l'éclairage, du sonore, production et exploitation, le bâtiment, le matériel, le spectacle hors les murs, administration et gestion, gestion des ressources humaines, hygiène et sécurité • **Durée** : 12 mois dont 3 mois d'atelier pratique et 4 mois de stage en entreprise, 3 ans • **Validation, diplôme** : Diplôme d'état à bac + 5, Label accrédité par la Conférence des grandes écoles à l'Insa • **Conditions d'admission** : Concours, bac + 2, dérogation, - de 25 ans au 1er oct. de l'année du concours, étudiants issus d'écoles d'ingénieurs, d'écoles de théâtre Bac+5, personnel en activité ayant au moins 5 ans d'expérience

ESRA BRETAGNE

✆ **02 99 36 64 64** • fax 02 99 36 26 40
rennes@esra.edu • **www.esra.edu**
1 rue Xavier Grall • 35700 **RENNES**

Alain BIENVENU (Directeur)

Section ISTS Institut supérieur des techniques du son • **Domaine** : Production et réalisation de clips musicaux, de films de communication, etc. • **Formation(s)** : Formation initiale aux métiers du son • **Contenu** : 3 ans d'études, spécialisation en 3e année son musical, sonorisation, son audiovisuel • **Durée** : 3 ans • **Validation, diplôme** : Certificat de fin d'études de l'ESRA Bretagne • **Conditions d'admission** : Être titulaire du bac + concours

ESRA COTE D'AZUR - ISTS

✆ **04 92 00 00 92** • fax 04 92 00 00 93
nice@esra.edu • **www.esra.edu**
9 quai des Deux Emmanuel • 06300 **NICE**

Thierry COLLARD (Directeur)

Institut supérieur des techniques du son • **Formation(s)** : Métiers du son • **Durée** : Initiales (3 ans + 4è optionnelle à NYC) • **Validation, diplôme** : Certificat, attestation • **Conditions d'admission** : Bac + concours ou dossier, entretien, test

ESRA PARIS - ISTS

✆ **01 44 25 25 25** • fax 01 44 25 25 14
paris@esra.edu • **www.esra.edu**
135 av. Félix Faure • 75015 **PARIS**

Annie SAUTERET (Directeur administratif)

Institut supérieur des techniques du son • **Formation(s)** : Formation continue technicien du son • **Contenu** : Travaux pratiques, prise de son ciné/tv, studio 8 pistes, initiation midi (Logic Pro, Digital performer, Cubase, Pro Tools), enregistrement extérieur 16 pistes, studio num. DM 2000, studio SSL, studio Audient, 5.1, mastering • **Validation, diplôme** : Certificat de l'école • **Conditions d'admission** : Niveau 4, test et entretien

Formation(s) : Formation initiale aux métiers du son • **Contenu** : 3 ans d'études, spécialisation en 3e année : son musical (2 sous-options : réalisation artistique et enregistrement studio), son audiovisuel (cinéma, vidéo, radio), sonorisation de spectacles et d'événements live • **Durée** : 3 ans • **Validation, diplôme** : DESTS • **Conditions d'admission** : Bac, concours

FACTORY

✆ **04 37 48 00 21** • fax 04 27 46 20 56
contact@centre-factory.com • **www.centre-factory.com**
Pôle Pixel • 26 rue Emilie Decorps • 69100 **VILLEURBANNE**

Christophe CROZIER (Directeur) • Francois VILLET (Responsable pédagogique des fillières « production » et « son ») • Manuel LIMINIANA (Responsable pédagogique des filières « arts de la scène et du cinéma »)

Cinéma - Théâtre - 3D/FX • **Domaine** : Technicien du son • **Formation(s)** : Illustration sonore • **Contenu** : Esthétique du son, MAO, maintenance appareil, sons musicaux, sons harmoniques, association sonore, technologies du son, acoustique, électricité, impédances, sound designing, histoire de l'art, histoire de la musique, environnement juridique, gestion, communication expression, culture économique et générale, anglais, microphonie, consoles de mixage, effets, hauts parleurs, physique, informatique, dtd, réseaux, son numérique, formats audio-numériques, langage midi, synchronisation, exploitation & travaux pratiques (workshop), prises de son extérieur, prises de son studio et spectacle, mixage analogique et numérique, édition, montage et sound designing, m.a.o & post synchronisation • **Durée** : 2 ans : 900h/an • **Validation, diplôme** : SP de technicien du son, reconnaissance professionnel Pôle de compétitivité • **Conditions d'admission** : Bac, dossier de candidature, test, entretien de motivation • **Agrément** : Ministère de l'éducation nationale

La FÉMIS

✆ **01 53 41 21 00** • fax 01 53 41 02 80
femis@femis.fr • **www.lafemis.fr**
6 rue Francoeur • 75018 **PARIS**

Marc NICOLAS (Directeur général)

Ecole nationale supérieure des métiers de l'image et du son • **Domaine** : Cinéma, audiovisuel • **Formation(s)** : Formation initiale aux métiers du cinéma • **Contenu** : Cursus général : réalisation, montage, image, production, scénario, son, décor, Cursus scripte, distribution, exploitation • **Durée** : 4 ans cursus général, 3 ans cursus scripte, 2 ans cursus distribution-exploitation • **Validation, diplôme** : Grade Master • **Conditions d'admission** : Cursus général et scripte Bac+2 (moins de 27 ans) ou Bac+ 4 années d'expérience professionnelle (moins de 30 ans), cursus distribution-exploitation : Bac+3 (moins de 27 ans)

Les FILMS DU GENIEVRE

✆ **05 65 37 00 71** • fax 05 65 32 76 47
f.dg@wanadoo.fr • **www.fdg-formation.com**
Lacroix • 46600 **CREYSSE**

Gérard PERRIER (Directeur)

Formation(s) : Vidéo numérique et montage virtuel, numérisation et documentation des archives sonores, photographiques et audiovisuels • **Contenu** : Montage virtuel, vidéo et audio, habillage de films, authoring DVD • **Durée** : De 50 à 300h, par modules de 45h • **Validation, diplôme** : Attestation • **Conditions d'admission** : Entretiens

FORMATION HOME STUDIO

olivier@formation-home-studio.fr • **www.formation-home-studio.fr**
103 rue Sadi Carnot • 93170 **BAGNOLET**

Olivier BESSAIGNET (Dirigeant)

Domaine : Home studio • **Formation(s)** : Formation à distance, vidéos, forums • **Contenu** : Studio, son, mixage, prise de son, mastering, Home Studio, etc. • **Durée** : Personnalisée

Les FORMATIONS D'ISSOUDUN

✆ **02 54 03 16 26** • fax 02 54 21 79 37
info@lfissoudun.org • **www.lfissoudun.org**
Pôle Images Arts Formations • rue du Bât le tan • 36100 **ISSOUDUN**

Michel BOSSEAU (Directeur) • Stanislas SOUEDET (Responsable pédagogique) • Maxime JUNCHAT (Responsable de la communication)

Formation(s) : Régisseur de production • **Contenu** : Environnement et marché, types de produits culturels, mécanismes de production, type de lieu d'accueil, régie et logistique, déroulement des productions, événements spéciaux, informatique, stage en entreprise • **Durée** : 900h dont 220h en entreprise • **Conditions d'admission** : 20 ans min. + niveau études secondaires, BEP, CAP + notions de base en régie de spectacles • **Agrément** : Etat, région

Formation(s) : Backliner • **Durée** : 560h de fév. à juin • **Conditions d'admission** : Agé de + 20 ans, anglais informatique, connaissance des instruments des musiques actuelles et experience antérieure liée à la régie du spectacle vivant • **Agrément** : Région

FORMATIONS DU FAUNE

✆ **02 99 06 61 14** • fax 02 99 06 55 96
info@formationsdufaune.com • **www.formationsdufaune.com**
BP 16005 • 35360 **MONTAUBAN DE BRETAGNE**

Olivier THOUAULT (Responsable pédagogique) • Laurent RENAULT (Responsable administratif) • Rodolphe GERVAIS (Responsable Formations audio)

Domaine : Productions musicale et audiovisuelle • **Contenu** : Prise de son stéréo et 5.1, mixage, post-prod, mastering, sonorisation sur Pro Tools, Nuendo + audiovisuel, multimedia sur Suite Adobe (Ps, Ai, ID), Final Cut • **Durée** : 2j. à 3 sem. • **Validation, diplôme** : Attestation • **Agrément** : Afdas

GOBELINS, L'ÉCOLE DE L'IMAGE

✆ **01 40 79 92 12 / 01 40 79 92 29** • fax 01 40 79 92 71
info@gobelins.fr • **www.gobelins.fr**
73 bd St-Marcel • 75013 **PARIS**

Véronique LABLE (Directrice) • Eric BRABO (Responsable formation continue) • Laëtitia CHARBONNEAU (Chargée de communication)

Formation(s) : Formations aux métiers de l'image : vidéo & son, multimédia/internet, communication & industries graphiques, photographie, animation/3D • **Contenu** : 5 modules Vidéo & son : « Le sound design : pour faire vivre les images » (45j. - 8 100 €), « La voix : de la captation à la diffusion » (5j. - 1 520 €), « La révolution du micro numérique - Maîtrise de la norme AES42 » (2j. - 600 €), « Pratique du montage audio et vidéo » (10j ; - 2 995 €), « L'audionumérique : pièges et astuces » (3j. - 895 €) • **Durée** : De 2 à 50 j. • **Agrément** : AFDAS (sound design uniquement)

GRIM-EDIF

✆ **04 72 76 80 60** • fax 04 72 76 80 61
info@grimedif.com • **www.grimedif.com**
17 rue St-Michel • 69007 **LYON**

Nicolas VERNAY (Direction) • Frédéric GRIVOLAT (Développement et ralations extérieures)

Formation(s) : Régisseur du spectacle vivant et de l'événementiel, Techniques du son et MAO, Sécurité et prévention (SSIAP1), Lumière et LAO, Plateau machiste-cintrier, effets spéciaux, Audiovisuel • **Durée** : Initiales et professionnelles • **Validation, diplôme** : Certifications (RNCP, Licence 1), attestations • **Conditions d'admission** : Bac, entretien, test selon formations

HOME

✆ **01 43 80 68 37 / 06 67 42 85 25** • fax 01 56 89 26 27
contact@home.fr • **www.home.fr**
55 av. Marceau • 75016 **PARIS**

Guillaume PATROIS (Responsable)

Formation(s) : Informatique Audio Visuel Multimédia (I.A.V.M) • **Contenu** : Maîtriser l'usage des logiciels, périph. et accessoires informatique, appliquer ses compétences aux besoins spécifiques de l'entreprise et des institutions • **Durée** : 1 000h, (20h à 32h/sem.) • **Validation, diplôme** : IAVM bac+2 • **Conditions d'admission** : Connaissances de base en informatique, niveau Bac ou expérience professionnelle. Tests et entretien de motivation

I-ST@GE

✆ **09 60 16 49 95** • fax 01 60 60 29 01
contact@istage-formation.org • **www.istage-formation.org**
16 rue des Écoles • 77380 **COMBS LA VILLE**

Patrice CREVEUX (Directeur exécutif)

Formation(s) : Formation professionnelle • **Contenu** : Informatique musicale, audio professionnel, connaissances professionnelles, commerce des produits musicaux, sécurité du spectacle • **Durée** : 1 à 10 j. • **Agrément** : DRTEFP, Afdas, CNFPT, Uniformation

IIFA

✆ **04 66 62 00 29** • fax 04 66 62 00 74
iifa@iifa.fr • **www.iifa.fr**
65 av. Jean Jaurès • 30900 **NIMES**

Pascal SOUCLIER (Directeur du développement)

Institut international de formation à l'audiovisuel • **Formation(s)** : Modules en formation professionnelle continue • **Contenu** : Mixage multipiste, montage audio sur DD1500 et Publison, montage et mixage sur Pro Tools, prise de son en reportage TV, mixage stéréophonique, prise de son en captation multicaméras, systèmes en reseaux, formats de fichiers audio et video, formations sur mesure, formations intra entreprise, norme Dolby E, R128 • **Durée** : 1 à 10 j. • **Validation, diplôme** : Attestation d'acquisition de connaissances • **Conditions d'admission** : CV, entretien téléphonique • **Agrément** : Certification en cours auprès de l'OPQF

IMCA

✆ **04 90 86 15 37** • fax 04 90 85 60 93
info@imca-provence.com • **www.imca-provence.com**
74 pl. des Corps Saints • 84000 **AVIGNON**

Nayma DIAF (Directrice) • Sylvain METAIS (Directeur de la formation)

Institut des métiers de la communication audiovisuelle • **Domaine** : Audiovisuel • **Formation(s)** : Métiers de l'audiovisuel • **Contenu** : Connaissance du matériel, théorie, format HD • **Durée** : 1239h dont 336h en entreprise. 2 sessions/an • **Validation, diplôme** : Certificat professionnel OPEMIS, titre niveau IV • **Conditions d'admission** : Dossier & entretien • **Agrément** : RNCP

IMFP

✆ **04 90 53 12 52** • fax 04 90 53 42 36
administration@imfp.fr • **www.imfp.fr**
95 av. Raoul Francou • 13300 **SALON DE PROVENCE**

Véronique LE MARCHAND (Contact) • Gilles LABOUREY (Directeur)

Institut musical de formation professionnelle • **Formation(s)** : Techniques prise de son • **Contenu** : 1re année : Pratique studio : enregistrement avec mus., mixage dans studio professionnel, MAO (Pro tools, Logic pro, Live, etc.). Sonorisation : concerts élèves et professionnels. Théorie : acoustique, électronique, câblage, sonorisation, informatique. Option musiques actuelles : formation musicale, écoute et analyse ou option vidéo : théorie, tournage, montage. Stages : habilitation électrique, lumières, socio-professionnel, gestes et postures, etc. 2e année : approfondissement du travail de 1re année (informatique, théorie son, FMAO, studio, mixage, sonorisation), audition et critiques de mixages, constitution d'un CD/CV qui reflète les travaux personnels de l'année. Stages : Lumières, socio-professionnel • **Durée** : 1 ou 2 ans • **Validation, diplôme** : 1re année : technicien du son, option musiques actuelles ou vidéo, titre de niveau IV reconnu par l'Etat et enregistré au RNCP • **Conditions d'admission** : Sur dossier • **Agrément** : Afdas, DDTE, région, ministère de la Culture

INA EXPERT

✆ **01 49 83 20 00** • fax 01 49 83 31 73
contact@ina.fr • **www.ina-sup.com**
4 av. de l'Europe • 94366 **BRY SUR MARNE CEDEX**

Valérie BELMOKHTAR • Christine NÉE (Responsable unité des formations à la technique et à la production) • Kheira BERGER (Responsable de l'unité de formation son)

Institut national de l'audiovisuel • **Formation(s)** : Filière technique et production son (formation professionnelle) • **Contenu** : Les CONS numériques en sonorisation (5j.) - Ingénierie de la diffusion sonore (10j.) - Scénario sonore/design sonore (10j.) - Le son multicanal : mixage (10j.) ou prise de son (10j.) - Pro Tools : prise en main (5j.), en production musicale (10j.), en post-production multicanal (10j.), post-production à l'image (10j.), approche du design sonore et création de jingle (5j.) - Production musicale en variété (10j.) - Production musicale live (15j.), etc. Technicien d'exploitation son (120 j.) • **Durée** : 3 à 15 j. (sauf 2 modules de 60 et 120 j.) • **Validation, diplôme** : RNCP : Technicien d'exploitation son • **Conditions d'admission** : Admission sur présentation d'un CV et d'un lettre de motivation • **Agrément** : Afdas, Fongecif, etc.

Formation(s) : BTS des métiers de l'audiovisuel, option « métiers du son » en partenariat avec Le Lycée Evariste Galois et le CFA du spectacle et de l'audiovisuel • **Contenu** : Régler et exploiter les appareils et équipements nécessaires à la captation sonore, au montage son, au mixage, à l'illustration sonore et à la diffusion sonore lors de productions audiovisuelles • **Conditions d'admission** : - de 26 ans, bac S ou STI Sélection sur dossier et entretien

INFA

✆ **01 45 14 64 34** • fax 01 43 94 91 44
multimedia@infa-formation.com • **www.infa-formation.com**
5-9 rue Anquetil • 94736 **NOGENT SUR MARNE CEDEX**

Pierre RICHARD (Directeur) • Marie-Ange DJEBARA (Secrétaire) • Pascale CHAUVELOT

Institut national de formation et d'application • **Formation(s)** : Audiovisuel, assistant son, technicien de post production son • **Contenu** : Sémiologie, analyse musicale, audition, acoustique, électronique, informatique, numérisation et normes audionumériques, fonctionnement des matériels audio-professionnels. Fonctionnement des équipements : studios d'enregistrement et de mixage musique, studios de poste production pour documentaires et dessin animé, studio MIDI, de production pour la radio et la publicité audio. Mise en pratique des équipements et configurations de production : utilisation des MIC, CONS, EFF, haut-parleurs, séances de prise de son, synchronisation et poste synchro, séance de mixages pour film/vidéo ou musique, home studio (prise et mixage) • **Durée** : 4 mois à 12 mois • **Validation, diplôme** : Assistant son / Technicien de post-production/sonorisateur • **Conditions d'admission** : Dossier, test et entretien • **Agrément** : Titre professionnel niv IV, inscription au RNCP (JO du 16/05/2007)

IRCAM

✆ **01 44 78 48 23** • fax 01 44 78 15 60
info-pedagogie@ircam.fr • **www.atiam.ircam.fr**
1 pl. Igor Stravinsky • 75004 **PARIS**

Cyrielle FIOLET (Chargée d'études et réalisations culturelles)

Institut de recherche et coordination acoustique/musique • **Formation(s)** : Master 2 ATIAM (acoustique, traitement de signal et informatique appliqués à la musique) • **Contenu** : Bases scientifiques et culture musicale pour aborder les recherches dans l'acoustique et l'informatique musicales • **Durée** : 1 an • **Validation, diplôme** : Master Sciences & Technologies, mention Informatique ou Sciences de l'ingénieur, avec indication du parcours ATIAM • **Conditions d'admission** : Bac+4, sélection sur dossier et entretien • **Agrément** : Partenariat avec l'UPMC (Université Pierre et Marie Curie) et Télécom Paris Tech

IRMA

✆ **01 43 15 11 16** • fax 01 43 15 11 10
formations@irma.asso.fr • **www.irma.asso.fr**
22 rue Soleillet • 75980 **PARIS CEDEX 20**

Bertrand MOUGIN (Responsable du département formation) • Monique BAUER (Assistante formations)

Centre d'information et de ressources pour les musiques actuelles • **Domaine** : Prévention des risques • **Formation(s)** : Sécurité des spectacles adaptée à la nature du lieu de spectacle • **Contenu** : Formation spécifique à la sécurité des spectacles pour l'obtention de la licence 1 d'entrepreneur de spectacles (arrêté du 29 juillet 2009) • **Durée** : 5j (35h) • **Validation, diplôme** : Certificat • **Agrément** : Ministère de la Culture

Domaine : Prévention des risques • **Formation(s)** : CCP de gestion sonore • **Contenu** : Émission et réception des bruits et des sons, diffusion des musiques amplifiées, diffusion sonore et situation du personnel, diffusion sonore et situation des tiers • **Durée** : 1 j. • **Validation, diplôme** : Certificat de Compétence Professionnelle

IRPA

✆ **06 60 44 71 58** • fax 04 78 55 29 97
miribel.irpa@gmail.com
441 Grande rue • 01700 **MIRIBEL**

Jacques VARACHE (Directeur) • Loïc PAGÉ (Adjoint de direction chargé du suivi des stagiaires)

Institut de recherche pédagogique audiovisuel • **Formation(s)** : Techniciens polyvalents son et lumière • **Contenu** : Travail autour des régies son et lumière, modules de sécurité, habilitation électrique, accompagnement de réalisations artistiques • **Durée** : 800h en centre, 315h en entreprise dont la participation au festival « Nuits Sonores » • **Validation, diplôme** : Certificat professionnel « d'Assistant Son et Lumière », diplôme professionnel de niveau IV reconnu par la RNCP • **Agrément** : Conseil Régional Rhône-Alpes

ISTS AVIGNON

✆ **04 90 14 14 17** • fax 04 90 14 14 16
ists-info@ists-avignon.com • **www.ists-avignon.com**
Espace St-Louis • 20 rue Portail Boquier • 84000 **AVIGNON**

David BOURBONNAUD (Directeur) • Jean-Louis LARCEBEAU (Directeur de la formation et du conseil) • Roger OLIVIER (Formation Régisseur & Lumière) • Yann ULLERICH (Formation Machinerie) • Gaël ANASSE (Formation Régie générale) • Laura CALMELS (Secrétaire aux formations)

Institut supérieur des techniques du spectacle • **Formation(s)** : Chef machiniste, Directeur technique des entreprises de spectacle vivant, Régisseur du spectacle, Éclairage, Son, Le dessin appliqué au spectacle, Certifications de sécurité (SST), Régisseur général, Electricité, Cintrier, Accrochage-levage • **Agrément** : Afdas, Agecif, Fongecif, Région Paca

ITEMM

✆ **02 43 39 39 00** • fax 02 43 39 39 39
contact@itemm.fr • **www.itemm.fr**
71 av. Olivier Messiaen • 72000 **LE MANS**

Franck FUMOLEAU (Directeur général) • Régine HÉDOUIN (Directrice des formations)

Institut technologique européen des métiers de la musique • **Domaine** : Facture instrumentale • **Formation(s)** : Réparateur (instruments à vents, guitare, accordéon, réparateur/accordeur de pianos), Technicien en facture instrumentale (option piano, vents, guitare, accordéon)

Domaine : Techniques du son • **Formation(s)** : Régisseur son du spectacle vivant ou de la production multimédia • **Contenu** : Spectacle vivant : organisation du spectacle, sonorisation, matériel d'enregistrement - Production multimédia : gestion graphique, logiciels multilmédia, matériels de diffusion, matériels audiovisuels, traitement de signal • **Durée** : 1 ou 2 ans • **Validation, diplôme** : Régisseur son du spectacle vivant ou de la production multimédia niveau III RNCP • **Conditions d'admission** : Bac, sélection sur dossier, tests et entretien

Le JARDIN MODERNE

✆ **02 99 14 04 68**
formation@jardinmoderne.org • **www.jardinmoderne.org**
11 rue du Manoir de Servigné • ZI Lorient • 35000 **RENNES**

Guillaume LÉCHEVIN (Directeur) • Rozenn LEBASTARD (Responsable des formations)

Domaine : Techniques du spectacle vivant • **Formation(s)** : « Initiation plateau et son » et « Approfondissement plateau et son » ; « Initiation aux lumières » ; « Approfondissement aux lumières » ; Ableton Live, Max-MST-Jitter, Max for a life • **Contenu** : 2 modules consécutifs (le plateau et introduction à la régie) suivis de mises en pratique sur des concerts • **Durée** : 1 à 105h • **Validation, diplôme** : Attestation de stage • **Conditions d'admission** : Débutants, intermittents • **Agrément** : Enregistré à la Direccte, Afdas

JEUDI FORMATION

✆ **02 62 77 64 04 / 06 93 00 24 01** • fax 02 62 44 40 87
contact@jeudiformation.re • **www.jeudiformation.re**
336 rue Saint-Louis • 97460 **SAINT PAUL (REUNION)**

Teddy JAMOIS

Domaine : Technique du spectacle • **Contenu** : Sécurité (CACES, habilitations électriques, sécurité des spectacles adaptée à la nature des lieux Licence 1) - Régie générale d'une manifestation - Son (consoles Soundcraft, introduction au son, installation et optimisation d'un système de diffusion, entretien son) - Lumière (introduction lumière, entretien des éclairages automatiques et traditionnels, console MA LIGHTING Grand MA 1&2, les automatiques) - Structure (Rigging, accroche et levage)

KLAXON ROUGE

✆ **02 98 87 94 93** • fax 02 98 82 75 77
contact@klaxonrouge.com • **klaxonrouge.com**
Domaine du Dourdy • 29750 **LOCTUDY**

Régis LORD (Directeur) • Christelle RICHE (Responsable de l'administration)

Formation(s) : Technicien son et lumière du spectacle vivant • **Durée** : Initiale et professionnelle

LASER

✆ **01 40 33 44 72 / 01 40 33 40 90** • fax 01 43 58 60 62
spectacle@laserformation.org • **www.laserformation.org**
41/43 rue des Rigoles • 75020 **PARIS**

Benoît BERMOND (Directeur)

Formation(s) : Technicien polyvalent du spectacle vivant • **Contenu** : Electricité/sécurité, régie générale, vidéos et images, plateau, son, lumière, environnement professionnel, stage pratique en entreprise, techniques de la 3D • **Durée** : 860h en centre, 420h en entreprise • **Validation, diplôme** : Certificat technicien du spectacle niveau IV • **Conditions d'admission** : Habiter la région Centre, être demandeur d'emploi, avoir un niveau IV bis, dossier, tests, entretien • **Agrément** : Certificat conventionné région Centre et enregistré au RNCP

LYCÉE GABRIEL GUIST'HAU

dmaregie.spectacle@ac-nantes.fr • **guisthau.e-lyco.fr**
3 rue Marie-Anne du Boccage • BP 34201 • 44042 **NANTES CEDEX 1**

Didier GORD (Responsable de la formation) • Laurent KEUNEBROEK (Coordinateur)

Formation(s) : DMA de la régie du spectacle option lumière et option son • **Durée** : 2 ans (Niveau 3), 1920h de cours dont 1/3 d'ensignements artistiques, 1/3 d'enseignements généraux et scientifiques appliqués, 1/3 professionnels + 40 jours de stages • **Validation, diplôme** : DMA (diplome de métier d'art) • **Conditions d'admission** : Bac (niveau 4) • **Agrément** : Ministère Education nationale

LYCÉE POLYVALENT GEORGE SAND

✆ **02 54 62 17 00** • fax 02 54 62 17 01
ce.0360019a@ac-orleans-tours.fr
lyc-george-sand-la-chatre.tice.ac-orleans-tours.fr/php5
25 av George Sand • BP144 • 36400 **LA CHATRE**

François GHIRON (Chef de travaux) • Sébastien TOURNY (Coordinateur)

Formation(s) : Lutherie (Formation Complémentaire d'Initiative Locale) • **Contenu** : Initiation aux techniques de lutherie des instruments de musiques traditionnelles • **Durée** : 1 an dont 18 sem. de formation en entreprise • **Validation, diplôme** : Attestation de formation de niveau 5 • **Conditions d'admission** : Sur dossier. Public scolaire ou adultes dans le cadre de la formation continue par le biais du GRETA. Connaissances des metiers du bois et/ou musicales souhaitées, autodidacte motivé.

LYCÉE SACRÉ-COEUR

✆ **02 96 68 39 39** • fax 02 96 33 80 59
lycee@sacrecoeur22.com • **www.sacrecoeur22.com**
2 bd St Jean Baptiste de la Salle • BP 305 • 22003 **ST BRIEUC CEDEX 1**

Johann CHAMPION (Chef d'établissement)

Formation(s) : Brevet de technicien des métiers de la musique • **Contenu** : Formation générale, musicale, artistique, technique et commerciale, stage professionnel • **Durée** : 3 ans • **Validation, diplôme** : Brevet de technicien des métiers de la musique • **Conditions d'admission** : Admission en seconde générale et tests musicaux (écoute, théorie musicale, solfège, épreuve instrumentale ou orale, culture générale) • **Agrément** : Education nationale

MAO CENTER

✆ **05 62 19 13 36 / 06 64 17 75 73** • fax 05 61 73 01 45
contact@maocenter.com • **www.maocenter.com**
4099 La Lauragaise • 31670 **LABEGE CEDEX**

Yann SERRA (Gérant)

Formation(s) : Pro Tools, Logic Pro, Ableton live, Cubase, mixage, prise de son, CONS, num., Smart live, mastering, Final Cut Premier • **Durée** : 70h, 140h et 350h • **Conditions d'admission** : Débutants acceptés • **Agrément** : Centre agréé Steinberg, Avid

MILLE ET UNE FORMATIONS

✆ **02 31 28 69 62** • fax 02 31 91 69 07
contact@1000et1formations.com • **www.1000et1formations.com**
Citis • 4 av de Cambridge • 14200 **HEROUVILLE ST CLAIR**

Jean-Paul VERETOUT

Formation(s) : Sécurité et prévention des risques • **Contenu** : Modules : Sécurité - Habilitations électriques, SST, Gestes et postures - Management de la sécurité • **Durée** : 2 j. • **Validation, diplôme** : Certificat

MULTICREA

✆ **01 49 85 96 89**
kadosch@multicrea.fr • **www.multicrea.fr**
31 av. Laplace • 94110 **ARCUEIL**

Philippe KADOSCH (Responsable)

Création recherche enseignement des arts multimedia • **Formation(s)** : MAO • **Contenu** : Logiciels Mac OSX, Pro Tools, Final Cut Pro, Grand VJ, etc. • **Durée** : 140h sur 18 j. dont la moitié se déroule en cours particuliers • **Validation, diplôme** : Attestation • **Conditions d'admission** : Connaissances en informatique • **Agrément** : Afdas, fongécif, mairies, CIF, DIF

REMCA FORMATIONS

✆ **03 26 36 72 40 / 03 26 36 72 49** • fax 03 26 36 72 41
f.saket@cartonnerie.fr • **www.remcaformations.fr**
84 rue du Dr Lemoine • 51100 **REIMS**

Gérald CHABAUD (Directeur) • Farida SAKET (Responsable des formations)

Formation(s) : Technicien polyvalent Son et Lumière • **Contenu** : Electricité, mathématiques, connaissances générales, sécurité, développement durable, son, lumière, anglais, T.R.E., communication, stages en entreprise, mémoire de stage • **Durée** : 1150 h (dont 336h stages en entreprise) • **Validation, diplôme** : Attestation (Dava de Reims) • **Conditions d'admission** : Expérience, mobilité géographique, projet professionnel

Formation(s) : Modules de formation professionnelle • **Contenu** : Line Array (calage système de sonorisation) - Cubase (mao) - Grande MA/Ma Lighting (projecteurs asservis) - Hoog (projecteurs asservis) - Préparation habilitation électrique (HO-BO, HOB1-BR) - Accès et travail en hauteur - SSIAP 1 et SSIAP 1R - Équipier de première intervention - Prévention et sécurité pour l'obtention de la licence 1 • **Durée** : 1 à 10 j. • **Validation, diplôme** : Attestation, certificat SSIAP 1

SAE INSTITUTE PARIS

✆ **01 48 11 96 96** • fax 01 48 11 96 84
admin@sae-france.fr • **www.sae-france.fr**
Bât. 229 • 45 av. Victor Hugo • BP 40331 Aubervilliers
93534 **LA PLAINE ST-DENIS CEDEX**

Anne IBOG (Responsable de l'administration)

School of audio engineering • **Formation(s)** : Formations courtes et longues sur les métiers du son • **Contenu** : Electronic music producer (6 mois), Audio engineer (12 et 21 mois), Web design + development (12 mois), multimedia (8 mois), technicien son (1 an) • **Durée** : 1 mois à 3 ans • **Validation, diplôme** : Diplôme SAE • **Conditions d'admission** : 18 ans min., Bac, examen pour Audio engineer

SBO FORMATION

✆ **03 21 31 28 52** • fax 03 21 33 57 43
sboformation@aol.com • **www.sboformation.com**
ZAL Les Garennes • 10 rue Jean-Marie Bourguignon • 62930 **WIMEREUX**

Bruno DUPONT (Directeur)

Domaine : Techniques du spectacle vivant et de studio • **Formation(s)** : Technicien qualifié polyvalent, backliner, Technicien sonorisation, Régie du spectacle, Prévention des risques, Enregistrement en studio, Régisseur éclairagiste, Sécurité, Habilitations électriques, Licence 1 • **Durée** : 2 à 17 sem. • **Conditions d'admission** : Pré-requis ou expérience professionnelle pour les niveaux « perfectionnement »

SERVICE MUSIQUES AMPLIFIÉES

✆ **01 30 64 54 47** • fax 01 39 30 31 33
musique.amplifiee@montigny78.fr
www.facebook.com/secteurmusiqueamplifiee.sma
4 pl. Jacques Cœur • 78180 **MONTIGNY LE BRETONNEUX**

Marc ISACCO (Responsable du secteur) • Benjamin SAVIGNONI (Formateur)

Formation(s) : Ateliers MAO (2 stages/an) et Sonorisation (1 stage de 5 j./an) • **Contenu** : Initiation Cubase : prise de son, arrangement, mixage, composition, édition ; initiation pratique et théorique • **Conditions d'admission** : Avoir + de 15 ans

SPECTACLE VIVANT EN LORRAINE

✆ **03 83 87 80 70 / 03 83 87 80 67** • fax 03 83 87 80 71
formation@svlorraine.com • **www.spectacle-vivant-lorraine.com**
Abbaye des Prémontrés • 9 rue St-Martin • BP 83
54704 **PONT A MOUSSON CEDEX**

Fatia BENARIBA (Responsable Formation)

Association régionale de développement du spectacle vivant en Lorraine • **Formation(s)** : Sécurité des lieux de spectacle

STAFF

✆ **02 40 25 28 36** • fax 02 40 25 21 56
contact@staff.asso.fr • **www.staff.asso.fr**
7 rue des Petites Industries • 44470 **CARQUEFOU**

Sébastien BITOT (Directeur) • Sandrine DEBELLE (Responsable pédagogique) • Céline RICAUT (Assistante administrative)

Spectacle et techniques association française de formation • **Formation(s)** : Technicien du spectacle vivant option son, lumière ou machinerie • **Contenu** : Son, lumière, machinerie, sécurité dans le spectacle vivant • **Durée** : 1849h (1372h en centre et 477h en stage pratique) • **Validation, diplôme** : Titre de technicien option lumière, son ou machinerie inscrit au RNCP (niveau 4) • **Conditions d'admission** : Concours (culture générale, électricité et mathématiques) • **Agrément** : Région Pays de la Loire

Formation(s) : Modules en formation continue • **Contenu** : Proj. asservis (lumière), Backline, Sécurité dans les ERP du spectacle, Sécurité électrique dans le spectacle + recyclage (habilitation), Réglage systèmes de diffusion, CONS num., Réseau audionum., Grand Ma, Martin MX, Node • **Durée** : 24 à 160h • **Validation, diplôme** : Attestation

Formation(s) : Sécurité des lieux de spectacles et recyclage • **Contenu** : Formation spécifique à la sécurité des lieux aménagés pour les représentations publiques • **Durée** : 35h, pour formation recyclage, 1j. (7h) • **Conditions d'admission** : Être demandeur de la licence 1 ou avoir une expérience professionnelle dans la réalisation technique de spectacles • **Agrément** : Ministère de la Culture par arrêté du 26/11/06

STUDIO ECOLE DE FRANCE

✆ **01 46 20 31 31** • fax 01 46 20 39 17
secretariat@studioecoledefrance.com
www.studioecoledefrance.com
125 rue Jean-Jacques Rousseau • 92700 **ISSY LES MOULINEAUX**

Sylviano MARCHIONE (Directeur général)

Formation(s) : Animateur, rédacteur chroniqueur (journaliste), réalisateur en expression radiophonique • **Contenu** : Montage analog. & num., CONS MIC, animation radio, Pro Tools, techniques de réalisation • **Durée** : 2 ans • **Validation, diplôme** : Titre certifié niveau III • **Conditions d'admission** : Adultes, bonne culture G • **Agrément** : Ministère du Travail

STUDIO FORUM

✆ **04 50 67 26 10 / 06 73 52 34 22 / 06 74 44 88 37**
stforum@studioforum.net • **www.studioforum.net**
7 rue du Forum • 74000 **ANNECY**

Philippe BLANCHARD (Président) • Bernard DONZEL-GARGAND (Musicien) • Jean-Louis BELMONTE (Formateur)

Formation(s) : Logiciel Pro Tools / MAO • **Contenu** : Logiciel de montage, mixage son et vidéo • **Durée** : 72h (6h /j. pdt 12 j.) • **Validation, diplôme** : Certificat • **Conditions d'admission** : Expérience de l'enregistrement Audio num., de la MAO et avoir des notions MIDI. Connaissance de Pro Tools et de ses plugins • **Agrément** : Afdas

STUDIO M (LYON)

✆ **04 72 17 53 21** • fax 04 72 17 83 20
contact@studio-m.fr • **www.studio-m.fr**
565 rue du Sans Soucis • 69760 **LIMONEST**

Marilyn BONANO • Sébastien GONCALVES-MOREIRA

Formation(s) : Formations initiales aux métiers du son • **Contenu** : BTS audiovisuel option son • **Durée** : 2 ans • **Validation, diplôme** : BTS, Diplôme d'état • **Conditions d'admission** : BAC scientifique

TECHNISCÈNE FORMATION

✆ **08 20 00 07 10** • fax 03 88 62 26 07
contact@techniscene.org • **www.techniscene.org**
15 rue Alfred Kastler • ZA du Mittelfeld • 67300 **SCHILTIGHEIM**

Jérôme LE ROY (Directeur) • Bernard SCHAEFLI (Directeur adjoint) • Céline GERMOND (Coordinatrice pédagogique) • Jérôme BULTOT (Responsable Antenne Nord Pas-de-Calais) • Frédéric JEAN (Responsable Antenne Poitou-Charente) • Marion VILLAIN (Responsable Antenne Franche-Comté) • Toni D'APOTE (Responsable Antenne Lorraine / Champagne-Ardenne)

Centre de formation aux techniques du spectacle • **Formation(s)** : Sonorisation, éclairage et sécurité pour le spectacle et l'événementiel

TMI

✆ **02 31 78 77 52** • fax 02 31 78 77 44
contact-tmi@laposte.net
La rivière • 14220 **TOURNEBU**

Sébastien BILLAUX (Directeur) • Stéphanie HOMMAIN (Assistante)

Tour du monde international • **Formation(s)** : Formation continue des professionnels du spectacle : accroche-levage, travail en hauteur, rigging, habilitation électrique, SST, SSIAP1, nacelle, conduite d'engins • **Durée** : 1 à 2 semaines en fonction du module • **Validation, diplôme** : Attestation • **Conditions d'admission** : Pré-requis nécessaires en fonction du module • **Agrément** : SST et SSIAP (agréments Cram ou SDIS)

TREMPOLINO

✆ **02 40 46 66 55** • fax 02 40 46 67 57
patricia@trempo.com • **www.trempo.com**
La Fabrique, laboratoire(s) artistique(s) • 6 bd Léon Bureau
44200 **NANTES**

Philippe AUDUBERT (Directeur adjoint) • Patricia GUYON (Assistante de direction) • Sandrine NOGUE (Assistante administratrive formation)

Formation(s) : Stages courts, initiation et perfectionnement en direction des artistes, éclairage, son-scène, son-studio, informatique musicale et nouvelles technologies • **Contenu** : Connaissance du matériel, de son environnement et de son utilisation en fonction de ses propres besoins • **Durée** : 21h à 35h • **Conditions d'admission** : Motivation et niveau pré-requis sur certains stages • **Agrément** : Attestation

TSSE

✆ **04 78 83 04 42**
contact@altho-audio.com • **www.altho-audio.com**
c/o ALTHO • 32 ter quai Arloing • 69009 **LYON**

Philippe POTTECK (Gérant)

Techinques du Son en Studio d'Enregistrement • **Domaine** : Techniques en studio d'enregistrement • **Contenu** : Prises de son, mixage, mastering • **Durée** : 105h sur 15 j. • **Agrément** : AFDAS, Congés formations, etc.

UNIVERSITÉ BLAISE PASCAL

✆ **04 73 40 70 13**
scolamaster.sciences@univ-bpclermont.fr • **www.univ-bpclermont.fr**
Formation Ingénierie du son • 24 av. des Landais • BP 80026
63171 **AUBIERE CEDEX**

Luc BIDEUX (Responsable de la formation)

Formation(s) : Ingénierie du son • **Contenu** : Physique du son, modélisation d'une onde sonore, traitement du signal, électronique du son, techniques de prise de son, de mixage et d'édition sonore • **Durée** : 2 ans • **Validation, diplôme** : Master • **Conditions d'admission** : Titulaires d'une licence de Science de la Matière, titulaires d'un master 1 de Sciences de la Matière, ou équivalent

UNIVERSITÉ D'AIX MARSEILLE

✆ **04 13 55 18 95** • fax 04 13 55 18 90
satis.sc@univ-provence.fr • **satis.univ-provence.fr**
Département Sciences Arts et Techniques de l'Image et du Son (Satis)
9 bd Lakanal • 13400 **AUBAGNE**

Jacques SAPIEGA (Directeur) • Rémi ADJIMAN (Directeur adjoint /Responsable de la spécialité « Son à l'image ») • Antoine GONOT (Responsable de la spécialité « Musique pour l'image »)

Formation(s) : Métiers de l'image et du son • **Contenu** : 5 spécialités : métiers de la réalisation et méthodes de production, prise de vue, montage, son à l'image, musique pour l'image • **Validation, diplôme** : Licence, master • **Conditions d'admission** : Bac+2, sur dossier, QCM et entretien

UNIVERSITÉ DE VALENCIENNES & DU HAINAUT-CAMBRESIS

✆ **03 27 51 15 00** • fax 03 27 51 15 01
beatrice.buchart@univ-valenciennes.fr • **www.univ-valenciennes.fr**
Le Mont-Houy • 59313 **VALENCIENNES CEDEX 9**

Sylvie MERVIEL (Directrice du département) • Michel POMMERAY (Directeur des études)

Institut des sciences et techniques • **Formation(s)** : Ingénierie des systèmes images et sons, management de la communication audiovisuelle, trucage numérique des Images et des Sons, journaliste-rédacteur d'Images et de sons • **Durée** : 3 ans (licence), 2 ans (Master), 1 an (Licence pro) • **Validation, diplôme** : Licence Sciences, Technologies, Santé Sciences de l'Information, Audiovisuel et Médias Numériques (SIAMN), Master professionnel Audiovisuel et multimédia, licence professionnelle Joris, Master Recherche Sciences de l'Information et de la Communication • **Conditions d'admission** : Dossier, entretien

UNIVERSITÉ LE MANS

✆ **02 43 83 36 23** • fax 02 43 83 35 20
scolarite.acoustique@univ-lemans.fr • **www.univ-lemans.fr**
Faculté des Sciences et Techniques • 71 Av. Olivier Messiaen
72085 **LE MANS CEDEX 9**

Laurent SIMON (Responsable Licence) • Elisabeth DUBOIS (Assistante)

Université du Maine • **Domaine** : Acoustique • **Formation(s)** : Vibrations, acoustique, signal • **Contenu** : Première année commune, spécialisation en parcours général (en vue d'un master) ou parcours professionnel à partir de la 2e année • **Durée** : 3 ans • **Validation, diplôme** : Licence Science pour l'Ingénieur, parcours Acoustique • **Conditions d'admission** : Bac S ou technologique de préférence

UNIVERSITÉ PARIS-EST MARNE-LA-VALLÉE

✆ **01 49 32 90 11** • fax 01 49 32 91 20
corinne.aupied@univ-mlv.fr • **www.univ-mlv.fr**
Bât. Ifi - Bureau A240 • 5 bd Descartes • Champs-sur-Marne
77454 **MARNE-LA-VALLEE CEDEX 2**

Kevin DAHAN (Responsable) • Geneviève MATHON (Responsable) • Corinne AUPIED (Secrétaire)

Formation(s) : Licence parcours Musique et Métiers du son • **Durée** : 3 ans • **Conditions d'admission** : Initiale, continue et VAE, expérience musicale conseillée

WESTSOUND FORMATION

✆ **06 32 05 06 51**
info@westsoundformation.com • **www.westsoundformation.com**
2 allée du Jardin • 35830 **BETTON**

Isabelle COTARD (Contact) • Jean-Michel COTARD (Contact)

Formation(s) : Sonorisation et enregistrement audionum. sur système Pro Tools HD et LE • **Contenu** : Partie théorique et pratique • **Durée** : 70h & 245h • **Validation, diplôme** : Attestation • **Conditions d'admission** : Entretien • **Agrément** : Afdas

3IS

✆ **01 61 37 34 94** • fax 01 30 50 43 63
3is@3is.fr • **www.3is.fr**
4 rue Blaise Pascal • 78990 **ELANCOURT**

Jean-Claude WALTER (Directeur général) • Gilles CHANTEMERLE (Directeur des admissions) • Denis FASSE (Directeur de la communication)

Institut international de l'image et du son • **Domaine** : Audiovisuel • **Formation(s)** : Technicien Spécialisé Cinéma Audiovisuel • **Contenu** : Spécialisation possible en image, son, montage, réalisation et assistanat de réalisation/scripte, production, journalisme, audiovisuel, etc. • **Durée** : Année préparatoire, formation post-bac sur 3 ans. Stages de formation continue • **Validation, diplôme** : Titre certifiés selon spécialisation • **Conditions d'admission** : Classe préparatoire : bac minimum, dossier et entretien de motivation. 1re année : Bac minimum, dossier, entretien et concours. En 2e et 3e année : Bac+2 minimum, dossier, entretien et tests techniques • **Agrément** : Agréé par les organismes professionnels.

ACSEF

✆ **02 62 88 78 87 / 06 93 80 79 38** • fax 08 21 90 92 60
contact@acsef.fr • **www.acsef.fr**
305 rte des Vacoas APP2 • 97425 **LES AVIRONS (REUNION)**

Didier DAMBREVILLE (Dirigeant)

Formation(s) : Créer et gérer un site internet, manager artistique, anglais professionnel spécialisé spectacle vivant • **Durée** : 1 à 15 j. • **Validation, diplôme** : Attestation • **Conditions d'admission** : Entretien préalable

ACT'

✆ **02 40 20 60 29** • fax 02 40 84 01 32
contact@lesformations-act.com • **www.lesformations-act.com**
11 rue des Olivettes • BP 41805 • 44018 **NANTES CEDEX 1**

Nicolas MARC (Directeur) • Fabiola DROUET (Coordinatrice des formations)

Art Culture Transmission • **Formation(s)** : Formations culturelles • **Contenu** : Modules : Diffusion internationale - Action culturelle et relations aux publics - Stratégie de communication culturelle - Développement de projets jeune public - Production et développement du projet artistique - Booking et développement d'artiste - Médiation artistique et culturelle • **Durée** : 10, 15 ou 20 j. • **Validation, diplôme** : Attestation

AEMC

✆ **01 42 05 41 25** • fax 01 42 05 41 25
aemc@aemc-culture.com • **www.aemc-culture.com**
50 rue de Paradis • 75010 **PARIS**

Dominique FERON (Directeur)

Agence européenne de management culturel • **Formation(s)** : Ingénieur culturel, chef de projets culturels et évènementiels • **Contenu** : Mise en place de projets culturels, montage et gestion de spectacles

AFPAM - CFCL

✆ **03 26 86 62 48** • fax 03 26 86 86 20
info@cfcl-formation.fr • **www.cfcl-formation.fr**
CFCL Formation • 21 rue de Courcelles • 51100 **REIMS**

Séverine RAVILY (Directrice) • Agnès CHAVAROT (Responsable pédagogique)

Institut de Formation des Disquaires • **Formation(s)** : Conseiller, vendre et gérer les produits culturels • **Contenu** : Economie et distribution du disque, approfondissement des connaissances (jazz, classique, world music, etc.), comptabilité, gestion, témoignages de professionnels, marketing, merchandising, consumérisme, négociation et techniques de négociation, vente et techniques de vente, nouvelles technologies, etc. • **Durée** : 810h en centre, 350h en entreprise • **Validation, diplôme** : Niveau III, VAE • **Conditions d'admission** : Dossiers, Tests et entretien individuel • **Agrément** : RNCP

AGECIF

✆ **01 48 87 58 24** • fax 01 48 87 65 16
formation@agecif.com • **agecif.com**
22 rue de Picardie • 75003 **PARIS**

Denis THÉVENIN (Directeur) • Anne-Sophie PUIG (Responsable de la formation) • Jacques CHABRILLAT (Responsable pédagogique)

Aide à la gestion des entreprises culturelles en Ile-de-France • **Domaine** : Spectacle vivant • **Formation(s)** : Formation modulaire : administration et gestion du secteur culturel • **Contenu** : Comptabilité et finance, droit et réglementation, communication et stratégie, développement et partenariat, production et diffusion, efficacité personnelle et professionnelle, internet et nouvelles technologies, informatique, préventinon des risques, publics et médiation, équipe et organisation, arts numériques • **Durée** : Modules de 1 à 10 j. • **Validation, diplôme** : Attestation de fin de stage • **Conditions d'admission** : Entretien • **Agrément** : Afdas

AMOC

✆ **01 47 70 14 64** • fax 01 47 70 14 54
mail@amoc.fr • **www.amoc.fr**
3 rue Portefoin • 75003 **PARIS**

Paul BESSONE (Directeur) • Edith GAUDY (Responsable de l'administration) • Marie MOTSCH (Responsable de la coordination)

Formation(s) : Formations modulaires • **Contenu** : Modules : Management d'artistes - Booking & Tournées - La vente de spectacles - Les industries musicales - Les contrats de la musique - Les budgets de productions phonographiques - • **Durée** : 140h, 140h, 70h, 280h, 35h, 21h ou 14h • **Validation, diplôme** : Attestation • **Conditions d'admission** : Dossier et entretien • **Agrément** : Afdas

ARCADE PACA

✆ **04 42 21 78 62** • fax 04 42 21 78 01
formation@arcade-paca.com • **www.arcade-paca.com**
Service formation • 6 pl. Barthélémy Niollon • CS 30759
13617 **AIX EN PROVENCE CEDEX 01**

Sara DESCHRYVER (Responsable du service Formation) • Anaïs ENON (Coordinatrice de formation) • Fany LATARGEZ (Coordinatrice de formation)

Agence régionale des arts du spectacle de Provence-Alpes-Côte d'Azur • **Domaine** : Gestion et développement de l'entreprise culturelle • **Formation(s)** : Production, diffusion de spectacles, anglais, management, administration, droits d'auteur et droits voisins, contrats, musique et internet, communication et RP, éducation artistique et culturelle, accueil et billetterie, travailler avec les équipes techniques, responsabilités, sécurité, prévention et assurances, fiscalité, législation sociale, paie, comptabilité, fiscalité, partenariats privés et mécénat, montage de projets culturels européens, programmation hors les murs • **Durée** : 2 à 6 j. • **Agrément** : Afdas

ARDEC

✆ **04 67 92 21 74** • fax 04 67 92 36 51
contact@ardeclr.org • **www.ardeclr.org**
42 rue Adam de Craponne • 34000 **MONTPELLIER**

Gilles ALBALAT (Contact) • Cyril JULIEN (Responsable formations modulaires)

Association régionale pour le développement des entreprises culturelles • **Formation(s)** : Formations modulaires, formation longue durée • **Contenu** : Initiation à la comptabilité, analyse financière, la fiscalité des entreprise culturelles, l'environnement juridique des contrats du spectacle, l'administration des salaires du spectacle, méthodologie de montage de projets, communication culturelle, métiers de la production et de la diffusion, production, diffusion, vente du spectacle, communication, etc. Formation longue durée dans le programme regional pour demandeur d'emploi, production et diffusion • **Durée** : 1 à 5 j., 2 x 5 j. pour la comptabilité

ARTES

✆ **02 40 20 35 35** • fax 02 40 20 35 36
contact@artes-formations.fr • **www.artes-formations.fr**
6 rue Monteil • 44000 **NANTES**

Cyrille BUREAU (Directeur) • Justine PELLETREAU (Assistante)

Formation(s) : Tous domaines liés à la gestion, l'administration, la communication, le montage et financement de projet, le management d'équipe, l'organisation du travail, la billeterie, les relations avec les publics, la diffusion de spectacles, etc. • **Durée** : 1 à 20 j. selon la thématique • **Validation, diplôme** : Attestation de formation • **Conditions d'admission** : Entretien téléphonique et analyse des besoins des candidats

ARTS CONTACTS

✆ **01 47 66 95 80 / 06 28 79 49 06**
artscontacts.fa@gmail.com • **www.artscontacts.com**
22 rue Léon Jost • 75017 **PARIS**

Francoise CORTET (Gérante) • Michel CORTET (Responsable)

Formation(s) : Formations cinématographiques et audiovisuelles • **Contenu** : Droits d'auteur, édition musicale, amortissement comptable des droits audiovisuels, crédit d'impôt audiovisuel, producteur audiovisuel et financement de la production, intermittents dans le domaine audiovisuel • **Durée** : 1 à 4 jours

ARTS VIVANTS 52

✆ **03 25 02 05 75** • fax 03 25 02 05 50
contact@artsvivants52.org • **www.artsvivants52.org**
2 rue du 14 juillet • 52000 **CHAUMONT**

Roland BOUCHON (Directeur) • Françoise LACAN (Chargé du développement et de la diffusion)

Association départementale pour le développement des arts vivants en Haute-Marne • **Contenu** : Communication, rédaction de contrats, développement de projet et des enseignements artistiques • **Durée** : Formations courtes

ATLA LE VILLAGE MUSIQUES ACTUELLES

✆ **01 44 92 96 36** • fax 01 44 92 96 37
atla@atla.fr • **www.atla.fr**
11 rue André Antoine • 75018 **PARIS**

Gilles CHRISTOPHE (Directeur) • Caroline SAMANDOULOUGOU (e-pôle, formation M.A.C) • Hélène SANGUINE (Financements et Subventions)

Formation(s) : Management artistique et culturel • **Contenu** : 4 types de moments : intégration professionnelle, projet (suivi individuel, stage en entreprise, etc.), métier (connaissance de l'environnement professionnel des musiques actuelles, régime social, structurer son activité, structurer son projet, stratégies de développement et méthodes de communication), développement personnel • **Durée** : 6 mois, 3 formules : de 470h à 720h • **Validation, diplôme** : Diplôme ATLA • **Conditions d'admission** : Entretien, pas de niveau d'étude spécifique requis • **Agrément** : Afdas, Mairie de Paris, Région île de France

AVANT-MARDI

✆ **05 34 31 26 56** • fax 05 34 31 26 55
formation@avant-mardi.com • **www.avant-mardi.com**
17 rue Valentin • 31400 **TOULOUSE**

Pauline THUILLIER (Chargée formation professionnelle) • Sandrine FERRITO (Assistante Formation)

Réseau musiques actuelles Midi-Pyrénées • **Formation(s)** : Production du spectacle vivant • **Contenu** : Statut de l'artiste, partenaires professionnels, cadre juridique, législation et fiscalité, régie générale, administration d'une production, communication et marketing, production et édition phonographique, stage en entreprise • **Durée** : 420h dont 140h en entreprise • **Validation, diplôme** : Attestation • **Conditions d'admission** : Dossier et entretien • **Agrément** : Région Midi-Pyrénées

La BALEINE BLEUE

✆ **01 75 43 90 13** • fax 01 75 43 90 14
mail@labaleinebleue.net • **www.labaleinebleue.net**
95 bd Magenta • 75010 **PARIS**

Hilary DESAULES (Contact)

Formation(s) : Music-business / Création et gestion de label • **Contenu** : Les contrats, la production, l'édition, fabrication, promotion, distribution, internet, booking, les formes juridiques • **Durée** : 1 j. compris dans le pack label

CAGEC

✆ **02 40 48 22 23** • fax 02 40 35 87 35
formation@cagec.fr • **www.cagec.fr**
12 allée Duguay-Trouin • BP 42206 • 44022 **NANTES CEDEX 1**

Tanguy BERTHELOT (Directeur /gérant) • Gaëlle AUDEON (Directrice / gérante) • Sylvie RICORDAIRE (Assistante formation) • Fabienne POLLET (Responsable du développement et des relations publiques)

Formation(s) : Modules courts • **Contenu** : Formation-actualité sociale, paye, fiscale, Spectacle et financements privés, sécuriser les contrats avec des artistes étrangers, Production d'un spectacle, Techniques de payes du spectacle, Payes complexes du spectacle, Les frais professionnels, Droits d'auteurs, droits voisin, droits à l'image, Comptabilité, Sécuriser ses contrats de cession et coréalisation, Gestion du temps, Réussir sa prise de parole en public, Les différentes formes de rémunérations dans le secteur culturel, Les interventions des artistes, Conquérir, diversifier et fidéliser ses publics, Evaluer un projet culturel, Les contrats des intermittents, Les droits des intermittents, Convention collective • **Durée** : 1 à 5 j., 1 à 5 fois/an • **Validation, diplôme** : Attestation • **Conditions d'admission** : Expérience professionnelle dans secteur culturel • **Agrément** : OPQF

Le CARREFOUR DES ABEILLES

✆ **04 91 50 85 45**
contact@carrefourdesabeilles.info • **www.carrefourdesabeilles.info**
40 G Bd Voltaire • 13001 **MARSEILLE**

Christian MEYER (Directeur)

Domaine : Spectacle vivant, médiation dans les conflits • **Formation(s)** : Production de spectacle, diffusion, médiation dans les conflits • **Durée** : à 5 j. • **Validation, diplôme** : Attestation

CEPIERE FORMATION

✆ **05 34 63 04 03** • fax 05 34 63 04 04
uniteculture.cf@unioncepiere.fr • **www.cepiereformation.com**
28 rue de l'Aiguette • 31100 **TOULOUSE**

Sylvie MANAC'H (Directrice générale) • Bernard AMADE (Coordinateur Unité Culture)

Formation(s) : Gérer une entreprise culturelle • **Contenu** : Droit des associations, environnement juridique et social du spectacle vivant, comptablilité, gestion, partenaires financiers, suivi individuel des projets • **Durée** : 217h • **Conditions d'admission** : Dossier et entretien • **Agrément** : Conseil régional, FEDER

Formation(s) : Accompagnement de projets culturels et artistiques • **Contenu** : Marketing culturel, environnement culturel, environnement juridique et social, communication avec les médias, gestion, partenaires financiers • **Durée** : 530h • **Conditions d'admission** : Dossier et entretien • **Agrément** : Conseil régional, FEDER

CFPTS

✆ **01 48 97 25 16** • fax 01 48 97 19 19
contact@cfpts.com • **www.cfpts.com**
92 av. Gallieni • 93177 **BAGNOLET CEDEX**

Patrick FERRIER (Directeur) • Béatrice GOUFFIER (Responsable pédagogique) • Emmanuelle SAUNIER (Directrice de la communication)

Centre de formation professionnelle aux techniques du spectacle • **Formation(s)** : Administrateur de spectacle vivant en alternance • **Contenu** : Développer les compétences juridiques, économiques et relationnelles nécessaires à l'encadrement administratif d'un projet artistique (théâtre, musique, danse, arts de la rue) et/ou d'un lieu de spectacle vivant (entreprises culturelles, institutions, compagnies, festivals, etc.) • **Durée** : 1 an (07/10/2013 au 19/09/2014) • **Conditions d'admission** : Jeunes diplômés, Bac +4/+5 à dominante gestion, salariés permanents d'entreprises culturelles et/ou demandeurs d'emploi ayant déjà une expérience d'au moins 2 ans dans l'encadrement des métiers administratifs du spectacle vivant

Formation(s) : Bâtir un dossier de financement, créer de nouveaux chemins de financement, développer les finances et les budgets, droits d'auteur et droits voisins dans le spectacle vivant, fondamentaux techniques pour les non techniciens, solutions pratiques pour organiser un événement culturel, spectacle vivant : contrats de production et d'exploitation, contrats de travail • **Durée** : Selon modules • **Validation, diplôme** : Attestations

CIFAP

✆ **01 48 18 28 20** • fax 01 48 18 78 83
musique@cifap.com • **www.cifap.com**
27 bis rue du Progrès • 93100 **MONTREUIL SOUS BOIS**

Julian GUY (Responsable Pôle musique) • Alexandre DARTOIS (Conseiller en formations)

Centre international de formation à l'audiovisuel et de production • **Formation(s)** : Métiers de la musique et du spectacle vivant • **Contenu** : Modules : Produire et organiser un spectacle vivant - Vendre son spectacle - Booker dans les musiques actuelles - Manager, gérer, organiser et animer la carrière d'artiste • **Durée** : 2 sem. à 4 mois - plus. sessions/an • **Agrément** : Afdas

CITÉ DE LA MUSIQUE - SIM

✆ **01 44 84 45 00** • fax 01 44 84 46 45
formation@cite-musique.fr • **mediatheque.cite-musique.fr**
221 av. Jean Jaurès • 75019 **PARIS**

Christiane LOUIS (Responsable du service d'informations musicales) • Gilles VACHIA (Responsable adj. Sim) • Marion LESAFFRE (Chargée de mission)

Domaine : Professionnalisation du mus. • **Formation(s)** : Projet professionnel, financements, diffusion, communication et promotion, environnement juridique et social, association • **Contenu** : Formations courtes (ateliers de 3h)

CNFPT-INSET

✆ **03 83 19 22 22** • fax 03 83 37 19 70
francois.derudder@cnfpt.fr • **www.cnfpt.fr**
1/3 bd d'Austrasie • BP 20442 • 54001 **NANCY CEDEX 01**

François DERUDDER (Directeur adjoint) • Jenny RIGAUD (Cadre pédagogique, métiers des bibliothèques)

Institut National Spécialisé d'Etudes Territoriales • **Formation(s)** : Formation des cadres de la fonction publique territoriale, pôle de compétence culture (action culturelle, enseignement artistique, bibliothèque et patrimoine) • **Contenu** : Orientations culturelles. Outils techniques et de gestion, politiques culturelles sectorielles, immersion artistique • **Conditions d'admission** : Professionnels de l'administration, de la gestion culturelle et du patrimoine, en poste dans les collectivités territoriales

COMBUSTIBLE

✆ **05 81 34 45 13** • fax 05 31 60 53 43
olivier.hag@combustible.cc • **www.combustible.fr**
38 rue Roquelaine • 31000 **TOULOUSE**

Olivier HAG (Coordinateur formation Pratiques numériques)

Domaine : Economie numérique • **Formation(s)** : Concevoir soi-même son site internet, Les valeurs sociales & solidaires dans le web 2.0 • **Contenu** : Préparation et conception d'un site Internet, les nouveaux enjeux numériques, la veille, développement de projets et promotion de ses valeurs sur les réseaux sociaux (Facebook, Twitter), valorisation de projet via un circuit de diffusion et de partage des contenus • **Durée** : 4-5 j.

CRY POUR LA MUSIQUE

✆ **01 34 78 77 81 / 06 30 93 03 68**
info@lecry.com • **www.lecry.com**
28 rue de Lorraine • 78200 **MANTES LA JOLIE**

Stéphanie GILBERT (Chargée de la formation professionnelle)

Centre de ressources yvelinois pour la musique • **Domaine** : Spectacle vivant • **Formation(s)** : Modules courts d'initiation ou de perfectionnement • **Contenu** : Environnement professionnel et institutionnel, règlementations et pratiques du SV, gestion des équipements et prévention des risques, formation des bénévoles et dirigeant associatifs, formations administratives pour les MUS. • **Durée** : 1 à 3 j. • **Conditions d'admission** : Pré-requis selon module

DOMAINE MUSIQUES

✆ **03 20 63 65 80** • fax 03 20 63 65 90
contact@domaine-musiques.com • **www.domaine-musiques.com**
105 av. de la République • 59110 **LA MADELEINE**

Jean-Luc CHOQUEL (Pôle accompagnement formation)

Formation(s) : « Les règles du jeu », formations aux métiers de la musique (en partenariat avec l'Irma) • **Contenu** : Management • **Durée** : 3 à 5 j.

ECOPIA

✆ **02 54 78 75 28** • fax 02 54 78 75 28
contact@ecopia.fr • **www.ecopia.fr**
10 rue des Remparts • 41000 **BLOIS**

Arnaud LANTOINE (Directeur) • Amélie NECTOUX (Chargée de mission Loir-et-Cher) • Nicolas JAUMAIN (Chargé de mission Touraine - « musiques »)

Formation(s) : « Projet professionnel : appui à la réflexion, aide à la décision », « Artistes auteurs / Métiers de la création / Projet individuel », « Métiers de la musique », « Associations / Projets collectifs et du spectacle vivant », « Collectivités territoriales et entreprises » • **Contenu** : Bilan de compétences, élaboration et mise en oeuvre du projet professionnel artistique, identification des statuts juriques, organisation du monde de la musique et de l'environnement socio-économique, aspects legislatifs et réglementaire, plan d'actions • **Durée** : 1, 3, 6 ou 9 mois • **Validation, diplôme** : Attestation • **Conditions d'admission** : Tous publics du secteur culturel (prise en charge pour bénéficiaires du RSA ou de financements de la formation professionnelle) • **Agrément** : CG41, CG37, Pôle emploi 41, OPCA (AFDAS, CNFPT, Uniformation)

ENSATT

✆ **04 78 15 05 05** • fax 04 78 15 05 39
lionel.demol@ensatt.fr • **www.ensatt.fr**
4 rue Soeur Bouvier • 69322 **LYON CEDEX 05**

Thierry PARIENTE (Directeur) • Lionel DEMOL (Chargé de communication)

Ecole nationale supérieure des arts et techniques du théâtre • **Formation(s)** : Administrateur de spectacle vivant • **Contenu** : Comptabilité, gestion, droit, communication, histoire de l'art et du théâtre • **Durée** : 1 ou 2 ans • **Validation, diplôme** : Diplôme d'état à bac + 5, homologué niveau 1 • **Conditions d'admission** : Concours Bac +3, - de 25 ans au 1er oct. de l'année du concours - formation initiale

EPPSE

✆ **04 95 04 51 11**
contact@eppse.fr • **www.eppse.fr**
55 ch. du Passet • 13016 **MARSEILLE**

Olivia FORTIN (Directrice pédagogique)

Ecole Pratique de Production du Spectacle et de l'Evénementiel • **Domaine** : Gestion de production • **Contenu** : Organiser un événement avec l'aide d'une agence (briefer, accompagner, valider le travail d'une agence); Organiser un événement de A à Z (le budget; les outils organisationnels; la logistique; introduction à la gestion des risques; spécificités des événements grand public; comprendre la technique et découvrir les innovations); Se spécialiser (administration de production; direction de production; organiser un événement pour une institution publique; les bases de la technique; les bases de la décoration; de la création à l'impression (présentation de la chaîne graphique); l'anglais de la production, de la logistique, de la technique; formation Excel pour la production, la logistique, la technique; formation File MakerPro pour la production, la logistique, la technique) • **Durée** : 7 à 70h selon les modules • **Validation, diplôme** : Diplôme de l'école : « Manager de l'événementiel »

ESC DIJON BOURGOGNE

✆ **03 80 72 59 00** • fax 03 80 72 59 99
nathalie.grzeskowiak@escdijon.eu • **www.mastereculture.eu**
29 rue Sambin • BP 50608 • 21006 **DIJON CEDEX**

Mario D'ANGELO (Directeur pôle management entreprise culturelles) • Nathalie GRZESKOWIAK (Assistante de direction) • Jean-Yves KLEIN (Coordinateur)

Ecole Supérieure de Commerce de Dijon Bourgogne • **Formation(s)** : Management des entreprises culturelles et industries créatives • **Contenu** : Connaissances générales en management et outils d'analyse spécifiques sur l'ensemble des métiers de la culture ; 3 modules de spécialisation : culture et spectacle vivant, patrimoine et tourisme et événementiel culturel, industries culturelles; stage de 4 mois min., thèse professionnelle; session à Paris exclusivement Mastère spécialisé et Master ESC • **Durée** : 500h sur 1 an (cours : 350h - conférences : 150h) • **Validation, diplôme** : Master ESC • **Conditions d'admission** : Bac+4 ou professionnels (bac+4 & expérience) • **Agrément** : Conférence des grandes écoles

ESPACE ASSOCIATIF DU RHÔNE

✆ **04 72 61 71 66** • fax 04 72 61 72 72
gerard.leaune@rhone.fr • **www.rhone.fr**
15 rue de Sévigné • 69003 **LYON**

Gérard LEAUNE (Responsable) • Jean-Louis VAZETTE (Permanent) • Murielle DAHAN (Assistante)

Service du Conseil Général du Rhône pour la vie associative locale • **Formation(s)** : Gestion, fiscalité, fonctionnement des associations, conseil et formation • **Durée** : Formations en soirée (1 à 6 soirées) • **Conditions d'admission** : Pr les asso. du Rhône avc petite participation financière

FILAGE

✆ **03 20 47 81 72** • fax 03 20 47 81 72
formation@filage.fr • **www.filage.fr**
135 rue Pierre Legrand • 59000 **LILLE**

Kristina DEBOUDT (Coordinatrice Formations) • Stella BOMMEL (Coordinatrice pédagogique) • Mélanie HANSCOTTE (Conseillère pédagogique)

Domaine : Administration, production, diffusion, communication • **Formation(s)** : Administration de compagnie, production de spectacles • **Contenu** : Approfondir différentes techniques d'administration du spectacle (gestion budgétaire, du personnel, diffusion, etc.) • **Durée** : 28 jours répartis sur une saison (200h) • **Agrément** : Afdas

Formation(s) : Modules courts de formations professionnelles (30 modules) • **Contenu** : Administration et gestion du spectacle, communication, diffusion, développement de compétences • **Durée** : 1 à 5 jours • **Validation, diplôme** : Attestation de formation • **Agrément** : Afdas

Les FORMATIONS D'ISSOUDUN

✆ **02 54 03 16 26** • fax 02 54 21 79 37
info@lfissoudun.org • **www.lfissoudun.org**
Pôle Images Arts Formations • rue du Bât le tan • 36100 **ISSOUDUN**

Michel BOSSEAU (Directeur) • Stanislas SOUEDET (Responsable pédagogique) • Maxime JUNCHAT (Responsable de la communication)

Formation(s) : Assistant de production disque et spectacle vivant • **Contenu** : Législation, aspects socio-professionnels, gestion, anglais, comptabilité, marketing, communication, et stage en entreprise • **Durée** : 1050h dont 300 en entreprise • **Validation, diplôme** : Titre homologué de « Assistant de production », niveau III • **Conditions d'admission** : Dès 20 ans, niveau bac ou équivalent, expérience, projets • **Agrément** : État, région

GROUPE EAC

✆ **01 47 70 23 83** • fax 01 47 70 17 83
paris@groupeeac.com • **www.groupeeac.com**
Groupe EAC • 33 rue de la Boétie • 75008 **PARIS**

Gérard FLAMME (Directeur)

Groupe d'enseignement supérieur d'Economie, d'Art et de Communication (EXPERTIS, ESARTS, ARTIS, IDETH, EAC SENIOR) • **Formation(s)** : Formations 1er, 2e, et 3e cycle en gestion et administration culturelles, formations continues, en alternance et à la carte • **Contenu** : Anglais, économie, économie de la culture, philosophie, animation culturelle, mécénat, gestion, comptabilité, projets culturels, relations publiques, histoire de l'art, consommation et industries culturelles, etc. • **Durée** : 3 à 5 ans avec admission sur équivalence en 2e, 3e et 4e année, 1 an pour les 3e cycles et la formation professionnelle, 2 ans pour le cycle court • **Validation, diplôme** : Mastère EAC en commmunication culturelle, Manager de projet culturel, certifié par l'Etat au niveau 1, Bachelor Médiateur culturel niveau 2, MBA Manager du marché de l'art niveau 1, Bachelor Négociateur d'art niveau 2 • **Conditions d'admission** : Bac ou par équivalence avec diplômes universitaires • **Agrément** : Etablissement reconnu par le ministère de la Culture et de la Communication. Accrédité par IDEART-international (bachelor et master). Degrees in arts communication and culture

Gestion et administration de la musique

Un ensemble de 47 modules de formation professionnelle et un diplôme universitaire de second cycle. Un accompagnement du secteur au plus près de ses besoins : les formations de l'Irma couvrent l'essentiel des problématiques de la filière musicale, de la carrière d'artistes à la gestion d'une structure.

Carrière d'artistes • 4 modules

- Le statut de l'artiste
- Profession manager
- Manager d'artistes / en partenariat avec MMF France
- L'artiste et son projet / en partenariat avec ACP La Manufacture

Édition phonographique et musicale • 4 modules

- Profession producteur
- Les droits d'auteur et l'édition musicale / avec la participation de la Sacem
- La musique à l'image (la synchronisation)
- La réalisation artistique

Organisation d'évènements et de spectacles • 10 modules

- Profession entrepreneur de spectacles
- Réseaux, prospection, tournées
- Organisation de soirées / en partenariat avec Technopol
- La diffusion internationale du spectacle
- La gestion de la paie dans le spectacle
- Assurances et responsabilité dans le spectacle
- La billetterie
- Préparation et organisation d'une manifestation
- Engager son projet dans une démarche de développement durable

Prévention des risques • 4 modules

- Sécurité des spectacles adaptée à la nature du lieu de spectacles (agréé par le ministère de la Culture)
- Certificat de compétence professionnelle de gestion sonore (CCP Gestion sonore)
- Certificat de compétence professionnelle aux fondamentaux de la prévention des risques professionnels dans le spectacle vivant (CCP)
- Le document unique / en partenariat avec l'Agecif NOUVEAU

Prise en charge possible par Afdas ou par l'OPCA de l'employeur.

irma

centre d'information et de ressources pour les musiques actuelles

Communication et ressources humaines • 3 modules

- Savoir prospecter et négocier
- Réussir la communication d'un projet culturel
- Manager une équipe NOUVEAU

Financements, montage de projet et création de structure • 5 modules

- La création d'entreprise dans le secteur artistique et culturel
- La gestion d'une association dans le secteur musical
- Les financements publics
- Les financements professionnels
- Transformer une association en Scop dans le domaine culturel NOUVEAU

Musique et Internet • 9 modules en partenariat avec Paris Mix

- Musique et environnement web
- Optimiser sa présence sur le web (techniques de référencement)
- Musique et stratégies numériques
- Gérer une communauté (*community management*)
- Réaliser un e-mailing professionnel NOUVEAU
- Créer et administrer son site web avec WordPress
- Synchroniser ses métadonnées sur Internet NOUVEAU
- Le travail collaboratif dans les nuages NOUVEAU
- Vendre et diffuser sa musique sur Internet

Musique et gestion • 8 modules en partenariat avec ACE

- Tenir la comptabilité d'une association dans le domaine culturel
- Clôture des comptes et obligations fiscales dans le cadre d'une activité culturelle
- Les immobilisations incorporelles
- Construire et suivre ses budgets : prévision et gestion budgétaire
- Fiscalité des artistes et des auteurs
- Excel, outil de gestion pour les projets musicaux
- CIEL comptabilité pour les associations dans le domaine culturel NOUVEAU
- Contrôle fiscal et Urssaf dans une activité artistique : comment s'y préparer ? NOUVEAU

Formation longue diplômante

13e édition en partenariat avec l'université Paris Ouest Nanterre La Défense

université Paris Ouest Nanterre La Défense

- « Économie et gestion de projets musicaux », diplôme universitaire de niveau Bac +3 (13e édition) sanctionné par la certification professionnelle de niveau II d'administrateur/producteur de projets artistiques enregistrée au RNCP

IC'COM

✆ **01 42 40 42 88** • fax 01 42 40 85 26
contact@culture-ic.com • **www.culture-ic.com**
11 bd Magenta • 75010 **PARIS**

Eric MONSINJON (Directeur de la formation) • Jérémy RAK (Administrateur) • Mathilde PIAT (Responsable administrative et relations publiques)

Institut de la culture, de la communication et du management • **Domaine** : Management culturel • **Formation(s)** : Cycles de professionnalisation et modules d'expertise • **Contenu** : Management et gestion de projets culturels, administration, communication, recherche de financements, diffusion, marketing culturel, comptabilité • **Durée** : Cycles longs et courts • **Validation, diplôme** : De l'IC'COM • **Conditions d'admission** : BAC+2 ou expérience professionnelle • **Agrément** : Afdas, Fongecif, Agefos, Uniformation

IDDAC

✆ **05 56 17 36 36** • fax 05 56 17 36 31
formation@iddac.net • **www.iddac.net**
59 av. d'Eysines • BP 155 • 33492 **LE BOUSCAT CEDEX**

François POUTHIER (Directeur) • Martine LAMARQUE (Responsable de la formation) • Cathy BIENFAIT (Documentaliste)

Agence culturelle de la Gironde • **Domaine** : Techniques d'accueil d'un spectacle, actualité du spectacle vivant et du secteur culturel • **Formation(s)** : Modules courts et adaptés • **Contenu** : Diffusion de spectacles en coorganisation avec des opérateurs culturels • **Durée** : 3j.

IESA LYON

✆ **09 54 98 25 00** • fax 01 42 97 42 54
iesa.lyon@iesa.fr • **www.iesa.fr**
2 pl. Antonin Jutard • 69003 **LYON**

Régine DJALO (Formation professionnelle) • Hélène ECOCHARD

Institut d'études supérieur des arts • **Domaine** : Administration, production et diffusion dans le secteur artistique et culturel • **Formation(s)** : Formations professionnelles continues sur les fonctions d'administration, de production et de diffusion du spectacle vivant, formations initiales sur la commercialisation et la diffusion des arts contemporains et sur l'administration et la production dans le spectacle vivant • **Contenu** : Gestion, comptabilité, droits d'auteur, communication, pilotage de projet, management, etc. • **Validation, diplôme** : Formation professionnelle continue : 2 titres inscrits au RNCP et formation initiale : titres certifiés par l'Etat, niveaux I et II • **Conditions d'admission** : Dossier et entretien (+ test de culture générale pour la formation initiale)

ILLUSION & MACADAM

✆ **04 67 04 47 94** • fax 04 67 58 09 68
formation@usion-macadam.fr • **www.illusion-macadam.coop**
31 rue de l'Aiguillerie • 34000 **MONTPELLIER**

Jordi CASTELLANO (Responsable de la formation) • Marielle ROSSIGNOL (Chargée de communication et d'information)

Un goût d'illusion • **Domaine** : Formations pour le secteur culturel (métiers de la communication, production et diffusion, administration et développement, etc.) • **Formation(s)** : Entreprendre dans les musiques actuelles : tourneur, manager / Entreprendre dans les musiques actuelles : parcours d'artiste • **Durée** : 280h en centre / 280h en entreprise et 260h au centre / 80h de TP • **Validation, diplôme** : Attestation • **Conditions d'admission** : Dossier + entretien • **Agrément** : Région Languedoc-Roussillon

IMSA

✆ **04 42 41 42 56**
info@imsa-formation.com • **www.imsa-formation.com**
Ch. de la Gazanne à Beausoleil • 13170 **LES PENNES MIRABEAU**

Julien AULAGNIER (Ingénieur du son)

Institut des métiers du son et de l'audiovisuel • **Domaine** : Son et audiovisuel • **Formation(s)** : Opérateur studio (2 mois), technicien son studio & live (1 an), modules Ableton Live, mastering, mixage, prise de son, Pro Tools (1 à 3 j.)

INA EXPERT

✆ **01 49 83 20 00** • fax 01 49 83 31 73
formation@ina.fr • **www.ina.fr/formation**
4 av. de l'Europe • 94366 **BRY SUR MARNE CEDEX**

Serge SCHICK (Directeur délégué à l'enseignement, recherche et formation pro)

Institut national de l'audiovisuel - Direction de l'enseignement et de la recherche • **Domaine** : Radio, son, droit, gestion de production, journalisme/écriture et réalisation, web, jeux vidéos, photographie, technique de l'audiovisuel, montage post-production, image/lumière, etc. • **Formation(s)** : 450 stages de formation • **Durée** : BTS aux mastères spécialisés • **Validation, diplôme** : formations qualifiantes, diplômantes • **Conditions d'admission** : CV, lettre de motivation ou autre selon la formation • **Agrément** : Conventions Afdas

INSTITUT DES MÉTIERS DE LA MUSIQUE - IMM

✆ **01 47 70 14 64** • fax 01 47 70 14 54
info@immcampus.com • **www.immcampus.com**
3 rue Portefoin • 75003 **PARIS**

Paul BESSONE (Directeur) • Edith GAUDY (Directrice adjointe) • Marie MOTSCH (Responsable de la coordination)

Formation(s) : Chargé(e) de communication, d'administration et de commercialisation de la musique • **Contenu** : Industrie musicale, management, comptabilité et gestion, production exécutive, marketing, droit, multimédia, musique, audiovisuel, spectacle, action commerciale, communication, nouveaux médias (internet, téléphonie), travaux pratiques, stages en entreprises (3 mois) • **Durée** : 2 ans (Paris) + 3e année optionnelle (6 mois à Montréal et 6 mois à Barcelone) • **Validation, diplôme** : Diplôme d'école • **Conditions d'admission** : Dossier et entretien, niveau bac

INSTITUT DES METIERS DU SPECTACLE

✆ **04 67 15 91 41** • fax 04 67 15 06 79
contact@linstitut.org • **www.linstitut.org**
494 rue Léon Blum • 34000 **MONTPELLIER**

Claude PICHOT (Directeur) • Aadel ESSAADANI (Coordinateur)

Formation(s) : Techniques (son et lumière), gestion des projets culturels, attaché de production, chargé de diffusion • **Contenu** : Droit, gestion, comptabilité, communication, méthodologie, montage de projets • **Durée** : longue (329h, 420h), courte (70h, 42h) • **Conditions d'admission** : Niveau bac, expérience dans l'activité culturelle

IRMA FORMATIONS

✆ **01 43 15 11 11** • fax 01 43 15 11 10
formations@irma.asso.fr • **www.irma.asso.fr**
22 rue Soleillet • 75980 **PARIS CEDEX 20**

Bertrand MOUGIN (Responsable du département formations) • Monique BAUER (Assistante formations)

Centre d'information et de ressources pour les musiques actuelles • **Domaine** : Administration, gestion, communication • **Formation(s)** : Cycle modulaire (38 modules) • **Contenu** : Organisation et administration du spectacle - Les assurances du spectacle - La diffusion internationale du spectacle - Associations et secteur culturel - La production et l'édition phonographique - Le droit d'auteur et l'édition musicale - Le statut de l'artiste - Le management d'artistes - Réalisation artistique - La création d'entreprise dans le secteur artistique - Les financements publics et professionnels - Réseaux, prospection, tournées - La gestion des salaires dans le spectacle - La Billetterie - Modules en partenariat avec Ace Expert : Tenir la comptabilité d'une association dans le domaine culturel - Clôturer ses comptes et présenter son bilan - Mettre en place une comptabilité analytique - Gérer son entreprise avec Excel - La fiscalité des auteurs et artistes - La gestion budgétaire - Modules en partenariat avec Paris Mix : Gérer sa présence sur le web - Communiquer avec les outils du web 2.0 - Gérer une communauté - Optimiser sa présence sur le web - Marketing : stratégies numériques pour la musique - Distribution et internet - Définir le cahier des charges d'un site internet • **Durée** : 1 à 5 j. • **Validation, diplôme** : Attestation

Formation(s) : Diplôme universitaire « Economie et gestion de projets musicaux » (en partenariat avec le CREFOP de l'Université de Paris Ouest Nanterre La Défense) • **Contenu** : Economie du secteur musical et logiques d'intervention des pouvoirs publics, cadre juridique, organisation de la production, exploitation et diffusion de la production, gestion financière et comptable, informatique, conférences et rencontres professionnelles • **Durée** : 1 086h (666h en centre et 420h en entreprise) • **Validation, diplôme** : Diplôme Universitaire de niveau II • **Conditions d'admission** : Sélection sur dossier et entretien (2011-2012, 11e session)

IRPA

✆ **06 60 44 71 58** • fax 04 78 55 29 97
miribel.irpa@gmail.com
441 Grande rue • 01700 **MIRIBEL**

Jacques VARACHE (Directeur)

Institut de recherche pédagogique audiovisuel • **Formation(s)** : BPJEPS expression culturelle, Option 1 : émergence de projets artistiques musicaux, Option 2 : accompagnement de groupes de musiques actuelles, Option 3 : Ecriture/Lecture, Expressions (poésie, slam, théâtre) • **Contenu** : Formation d'animateurs culturels niveau IV, travail autour de l'émergence musicale, travail d'accompagnement de groupes de musique, travail autour de l'expression et de l'écriture, formation au Brevet de Directeur de Centre de Vacances • **Durée** : 18 mois en alternance • **Validation, diplôme** : BPJEPS animateur culturel, directeur centre de vacances • **Agrément** : Ministère jeunesse & sports

ITEMM

✆ **02 43 39 39 00** • fax 02 43 39 39 39
contact@itemm.fr • **www.itemm.fr**
71 av. Olivier Messiaen • 72000 **LE MANS**
Franck FUMOLEAU (Directeur général) • Régine HÉDOUIN (Directrice des formations)

Institut technologique européen des métiers de la musique • **Domaine** : Commerce d'instruments de musique et produits musicaux • **Formation(s)** : Vendeur d'instruments de musique • **Contenu** : Pôle entreprendre, pôle gérer, pôle vendre (commun aux deux) - (option 1) Vente d'instrument de musique : typologie et marché des instruments, fonctionnement des instruments acoustiques, électriques & électroniques, technologie du matériel audio & de sonorisation, MAO, culture musicale, techniques de démonstrations - (option 2) Vente de musique enregistrée : structure du marché, culture musicale, aménagement et animation de rayon, architecture et animation de site internet, relation client, approche des produits connexes (vidéo, livre) • **Durée** : 1 an • **Validation, diplôme** : Bac pro commerce • **Conditions d'admission** : Baccalauréat ou niveau, sélection sur dossier, tests et entretien • **Agrément** : Conseil régional des Pays-de-la-Loire

IUT DE CHAMBÉRY

✆ **04 79 75 86 93** • fax 04 79 75 86 96
pierre.chemarin@univ-savoie.fr • **www.iut-chy.univ-savoie.fr**
IUT département GACO • Campus Scientifique
73376 **LE BOURGET DU LAC CEDEX**
Pierre CHEMARIN (Responsable GACO Musique)

Département Gaco • **Formation(s)** : DUT Gestion Administrative et Commerciale (GACO) section musique études • **Contenu** : Informatique de gestion, économie, marketing, communication, stratégie, anglais commercial. Enseignements spécifiques : culture musicale, informatique musicale, politiques culturelles, gestion du spectacle vivant • **Durée** : 3 ans • **Validation, diplôme** : DUT spécialité GACO • **Conditions d'admission** : Toutes séries de bac, audition musicale, entretien - formation initiale

IUT DE L'INDRE

✆ **02 54 03 59 06** • fax 02 54 03 00 15
sophie.krupa@univ-orleans.fr
www.univ-orleans.fr/iut_chateauroux
5 rue Georges Brassens • 36100 **ISSOUDUN**
Sophie KRUPA (Responsable de la formation) • Nicole PILLOT (Assistante)

Formation(s) : « Communication et commercialisation des produits culturels », spécialisation industrie musicale et spectacle vivant - formation initiale ou continue en partenariat avec les Formations d'Issoudun • **Contenu** : Connaissance du secteur et de son environnement, compréhension des enjeux de la communication commerciale, maîtrise des outils spécifiques • **Durée** : 16 sem. • **Validation, diplôme** : Licence pro • **Conditions d'admission** : Bac+2 ou validation des acquis, entretien, formation continue

Le JARDIN MODERNE

✆ **02 99 14 04 68**
accueil@jardinmoderne.org • **www.jardinmoderne.org**
11 rue du Manoir de Servigné • ZI Lorient • 35000 **RENNES**
Rozenn LEBASTARD (Responsable des formations)

Formation(s) : Formations administratives sur l'environnement professionnel des musiques actuelles • **Contenu** : L'asso. loi 1901 (aides, comment créer une asso., etc.), accompagnement de groupes en développement, les aides professionnelles à la musique, production discographique, contrats de disque, statut social de l'artiste, organisation d'événements, promotion d'une autoproduction, prospection et diffusion (méthodologie de recherches de concerts), diffusion à l'étranger, les droits d'auteurs et l'édition, initiation à la comptabilité, communication, web • **Durée** : De 1 à 5 j. • **Validation, diplôme** : Attestation

JEUDI FORMATION

✆ **02 62 77 64 04 / 06 93 00 24 01** • fax 02 62 44 40 87
contact@jeudiformation.re • **www.jeudiformation.re**
336 rue Saint-Louis • 97460 **SAINT PAUL (REUNION)**
Teddy JAMOIS

Contenu : Anglais professionnel, communication, relations presse, administration/production du spectacle

LA.CEFOR

✆ **02 47 94 96 77**
contact@lacefor.com • **www.lacefor.com**
2 le Village du Bois • 37350 **CHAUMUSSAY**
Pierre PALAZZO (Responsable)

Formation(s) : Les métiers du spectacle vivant • **Contenu** : Le métier d'artiste. Le métier de tourneur. Le métier de manager. Le métier d'entrepreneur de spectacles. Les relations diffuseurs/entrepreneurs. (Favoriser les échanges interdisciplinaires et décoder les règles et comportements qui régissent le milieu professionnel.) • **Durée** : 1 à 5 jours

LEGI SPECTACLE

✆ **04 67 58 60 59** • fax 04 67 58 00 21
legi.spectacle2@yahoo.fr • **www.legi-spectacle.org**
2 rue de la Merci • 34000 **MONTPELLIER**
Rose GIORGIO (Directrice) • Charlotte HUGUET (Documentaliste)

Formation(s) : Administration de structure culturelle • **Contenu** : Cadre légal, contrats de travail et du spectacle, bulletin de salaire, droit d'auteur et droit voisins, expertiser et chiffrer le projet, rechercher des financements, gestion comptable, calendrier de production • **Durée** : 10 j. • **Conditions d'admission** : Résidant en région • **Agrément** : Plan de formation régional 2013, convention Afdas

MBA MANAGEMENT DE LA PRODUCTION MUSICALE

✆ **01 55 25 69 10 / 01 55 25 61 82**
admissions@mba-esg.com • **www.mba-esg.com**
35 avenue Philippe Auguste • 75011 **PARIS**
Alain KRUGER (Directeur) • Daniel FINDIKIAN (Responsable du MBA) • Margaux NIVET (Admissions)

Formation(s) : Management de la production musicale • **Contenu** : Marché et acteurs de la musique-Droit-Management d'artiste et production musicale-Distribution et révolution digitale-Spectacle vivant-Les nouveaux métiers de la musique-Projet professionnel-Outils et techniques • **Durée** : 2 sessions (octobre et février) - 3 jours/semaine, 2 jours semaine et 3 jours entreprise, temps plein entreprise • **Validation, diplôme** : MBA (niveau Bac +5) • **Conditions d'admission** : L'admission en MBA spécialisé de l'ESG, programme en un ou deux ans, se déroule en deux phases : étude de dossier et entretien individuel.

MILLE ET UNE FORMATIONS

✆ **02 31 28 69 62** • fax 02 31 91 69 07
contact@1000et1formations.com • **www.1000et1formations.com**
Citis • 4 av de Cambridge • 14200 **HEROUVILLE ST CLAIR**
Jean-Paul VERETOUT • Fréderic GARREL (Conseiller Formations) • Christèle DELAMONTAGNE (Formatrice / community manager)

Formation(s) : Promouvoir son activité sur les réseaux sociaux • **Contenu** : Présentation des principaux réseaux sociaux, mode de fonctionnement, élaboration de stratégies, ciblage des communautés, outils de monitoring et de suivi, création de comptes • **Durée** : 2 j. minimum • **Validation, diplôme** : Attestation • **Conditions d'admission** : Pratique courante d'internet

MSAI

✆ **02 99 19 01 50**
gilles@msai.fr • **www.formations-musique.com**
3 cours de l'astrolabe • 35430 **ST JOUANT DES GUERETS**
Gilles RETTEL (Directeur)

Contenu : Production sonore (histoire, économie), réalisation artistique, propriété intellectuelle, diffusion et distribution musicale sur internet, esthétiques musiques actuelles, musicologie, etc.

OBSERVATOIRE DES POLITIQUES CULTURELLES

✆ **04 76 44 33 26** • fax 04 76 44 95 00
contact@observatoire-culture.net • **www.observatoire-culture.net**
1 rue du Vieux Temple • 38000 **GRENOBLE**
Jean-Pierre SAEZ (Directeur) • Jean-Pascal QUILES (Directeur adjoint) • Alice-Anne JEANDEL (Chargée de mission Formations)

Université Pierre Mendès France - Institut d'études politiques • **Formation(s)** : Direction de projets culturels • **Contenu** : Politiques de la culture au niveau local, national et international, enjeux artistiques et culturels contemporains, économie, gestion et administration de la culture, industries culturelles, communication et stratégies territoriales • **Durée** : 12 sem. sur 2 ans • **Validation, diplôme** : Master 2 • **Conditions d'admission** : Cadres des collectivités territoriales et services décentralisés de l'Etat, responsables d'institutions et de projets culturels. Niveau master 1 ou équivalent. Validation des acquis - formation continue en alternance

Formation(s) : Direction de projet artistique et culturel et développement des territoires • **Contenu** : Grandes évolutions sociétales qui traversent le secteur culturel • **Durée** : 5 modules de 3 j. • **Validation, diplôme** : Certificat • **Conditions d'admission** : Sur dossier

ORCCA

✆ **03 26 55 71 71** • fax 03 26 55 32 59
marc.petry@orcca.fr • **www.orcca.fr**
33 av. de Champagne • BP 86 • 51203 **EPERNAY CEDEX**
Marc PETRY (Directeur administratif) • Guillaume GONTHIER (Chargé de projets musiques actuelles et accompagnement des pratiques)

Office régional culturel de Champagne-Ardenne • **Contenu** : Gestion, administration, médiation culturelle • **Durée** : Stages de 1 ou 2 j. • **Conditions d'admission** : Amateurs ou professionnels

PREMIER'ACTE

✆ **05 49 88 07 20** • fax 05 49 88 12 60
1acte@1acte.fr • **www.1acte.fr**
60 bd du Grand Cerf • 86000 **POITIERS**

Jean-Louis PATHEIRON (Directeur adjoint) • Nathalie BONNET (Inscriptions)

Conseil Etudes Audits Formation • **Formation(s)** : Cycle de modules courts : administration et médiation culturelle • **Contenu** : Maitriser son projet, technique et sécurité des spectacles, les publics en question, administration du spectacle vivant • **Durée** : 1 à 5 j.

RUNMUZIK

✆ **02 62 90 94 60** • fax 02 62 90 94 61
contact@runmuzik.fr • **www.runmuzik.fr**
6 bis rue Pasteur • BP 1018 • 97481 **ST DENIS CEDEX (REUNION)**

Nadège NAGES (Assistante de direction)

Pôle Régional des Musiques Actuelles - Réunion • **Formation(s)** : Professionnalisation de l'environnement musical • **Contenu** : Essentiellement formations avec l'Irma : management d'artiste, édition musicale, organisation de spectacles, droit des associations, etc. • **Durée** : 1 sem.

SPECTACLE VIVANT EN LORRAINE

✆ **03 83 87 80 70 / 03 83 87 80 67** • fax 03 83 87 80 71
formation@svlorraine.com • **www.spectacle-vivant-lorraine.com**
Abbaye des Prémontrés • 9 rue St-Martin • BP 83
54704 **PONT A MOUSSON CEDEX**

Fatia BENARIBA (Responsable Formation)

Association régionale de développement du spectacle vivant en Lorraine • **Domaine** : Administration, gestion, communication • **Formation(s)** : Modules courts de formation professionnelle • **Contenu** : L'emploi dans les associations culturelles - Élaborer et conduire un projet culturel - Construire la communication de sa structure - Réseaux, prospection, tournées - Marketing : stratégies numériques pour la musique • **Durée** : 2 à 5 jours • **Validation, diplôme** : Attestation

STUDIO M

✆ **04 99 52 98 68** • fax 04 67 42 03 18
contact@studio-m.fr • **www.studio-m.fr**
3320 bd Paul Valery • 34070 **MONTPELLIER**

Formation(s) : BTS Audiovisuel option gestion de production • **Contenu** : Enseignement général - Enseignement technique - Information et communication - Stage en entreprise (8 à 12 semaines) • **Durée** : 2 ans • **Validation, diplôme** : BTS • **Conditions d'admission** : Bac ou niveau Bac, entretien

TINUTA SARL

✆ **01 80 46 09 47**
contact@tinuta.com • **www.tinuta.com**
37 rue Louis Rouquier • 92300 **LEVALLOIS PERRET**

Marie-Hélène JARNO-TAPHOREL (Gérante)

Formation(s) : Droit d'auteur et édition musicale • **Contenu** : De l'histoire du Droit d'Auteur à la gestion pragmatique de l'Edition Musicale • **Durée** : 2 j. et plus • **Conditions d'admission** : S'adresse à ts les pros et futurs pros du secteur de la musique • **Agrément** : Déclarée au Ministère du Travail et de la Formation professionnelle

UNIVERSITÉ AIX-MARSEILLE III

✆ **04 42 17 28 06**
danielle.bougrat@univ-cezanne.fr • **www.facdedroit.fr**
Faculté de Droit • 3 av. Robert Schuman
13628 **AIX-EN-PROVENCE CEDEX 1**

Norbert ROULAND (Directeur)

Formation(s) : Droit et politiques des professions et activités artistiques • **Contenu** : Partie 1 : Les grands principes de l'action culturelle et artistique (149h). Partie 2 : Droit des activités artistiques (239h), stage de 2 mois min • **Durée** : 300h d'oct. à mai • **Validation, diplôme** : Master 2 Professionnel • **Conditions d'admission** : Titulaire d'un master 1, d'un diplôme équivalent, d'un diplôme de fin d'études d'une école d'art ou d'une expérience professionnelle jugée équivalente (formation continue), recrutement par sélection

UNIVERSITÉ BORDEAUX IV

fcbx4@u-bordeaux4.fr • **www.u-bordeaux4.fr**
Service de la Scolarité du 3e cycle • Av. Léon Duguit
33608 **PESSAC CEDEX**

Xavier DAVERAT (Responsable du Master)

Université Montesquieu - UFR de Droit et Science Politique • **Formation(s)** : Propriété intellectuelle et communication • **Contenu** : Option « Droit de la culture et des créations intellectuelles » : préparation aux carrières juridiques liées à la création artistique (édition, arts graphiques et plastiques, cinéma, audiovisuel, télécommunications, multimédia, etc.). Option « Administration des établissements culturels » : préparation à la direction, l'encadrement et la conduite de projets dans les secteurs de la culture pour les entreprises et les collectivités territoriales • **Validation, diplôme** : Master 2 Pro • **Conditions d'admission** : Diplôme bac +4 ou validation des acquis (accessible en formation initiale ou formation continue) - formation initiale et continue

UNIVERSITE BRETAGNE OCCIDENTALE

✆ **02 98 01 63 27** • fax 02 98 01 63 90
msv@univ-brest.fr • **www.univ-brest.fr/msv**
UFR Lettres et sciences sociales • 20 rue Duquesne • CS 93 837
29238 **BREST CEDEX 3**

Jean-Manuel WARNET (Responsable pédagogique) • Nora GASNIER (Secrétaire du Master)

UFR lettres et sciences sociales - Service universitaire de formation continue • **Formation(s)** : Management du spectacle vivant • **Contenu** : Administration générale, esthétiques contemporaines, environnement culturel; montage de projet professionnel; contact avec le milieu professionnel • **Durée** : 1 an • **Validation, diplôme** : Master 2 • **Conditions d'admission** : Bac + 4 (dossier + entretien), formation initiale et continue, (possibilité de validation des acquis de l'expérience) • **Agrément** : Habilitation ministérielle

UNIVERSITÉ CLERMONT 1

✆ **04 73 17 72 81 / 04 73 17 77 03 / 04 73 17 77 02**
s.calipel@u-clermont1.fr • **www.u-clermont1.fr**
Faculté des Sciences Économiques et de Gestion
41 bd François Mitterrand • BP 54 • 63000 **CLERMONT FERRAND**

Stéphane CALIPEL (Responsable)

Domaine : Marketing • **Formation(s)** : Master 2 Management des Activités Culturelles et Audiovisuelles • **Contenu** : Le parcours management des activités culturelles et audiovisuelles vise à répondre au besoin important de cadres disposant d'une expertise opérationnelle en matière de management dans les secteurs de la culture, de l'industrie culturelle et audiovisuelle • **Durée** : 2 ans • **Validation, diplôme** : M2 • **Conditions d'admission** : Formation initiale et continue. Dossier et entretien. Niveau d'entrée Bac+3

UNIVERSITÉ DE BOURGOGNE - IUP DENIS DIDEROT

✆ **03 80 58 98 54** • fax 03 80 58 98 55
cpatriat@u-bourgogne.fr • **idd.u-bourgogne.fr**
Institut Denis Diderot • 36 rue Chabot Charny • 21000 **DIJON**

Daniel DURNEY (Administrateur provisoire) • Jean-Philippe THONY (Responsable de l'administration) • Lionel MAILLOT (Responsable de l'Experimentarium)

Institut Denis Diderot • **Domaine** : Art, lettres et langues • **Formation(s)** : Spécialité ingénierie des Métiers de la Culture • **Contenu** : L'objectif de la spécialité est de préparer dans les domaines de la culture, en formation initiale comme en formation continue, des administrateurs, des gestionnaires, des médiateurs de projets culturels • **Durée** : 2 ans • **Validation, diplôme** : Master 1 et 2 • **Conditions d'admission** : Dossier de candidature puis entretien • **Agrément** : Université de Bourgogne, EPSCP (Etablissement public à caractère scientifique, culturel et professionnel)

UNIVERSITÉ DE LORRAINE

✆ **03 87 31 57 27** • fax 03 87 31 52 55
serafin@univ-metz.fr • **www.sha.univ-metz.fr**
UFR Sciences humaines et arts • Ile du Saulcy • BP 80794
57012 **METZ CEDEX**

Sonia SERAFIN (Responsable) • Marc-Olivier GOETZ (Responsable)

Formation(s) : Licence professionnelle « Assistant de production et d'administration Musiques Actuelles » • **Contenu** : Organisation, mise en œuvre et promotion d'un produit musical enregistré ou de spectacle vivant, dans le domaine des musiques actuelles; Organisation de la diffusion des œuvres, maîtrise des enjeux de la production et de la diffusion des musiques actuelles, connaître les contraintes juridiques, fiscales et réglementaires • **Durée** : 1 an dont 12 sem. de stage pratique • **Validation, diplôme** : Licence pro • **Conditions d'admission** : Étudiant bac+2, salarié ou bénévole pouvant faire valoir une expérience dans le secteur de la musique - dossier et entretien

Formation(s) : Licence « Assistants de gestion, de diffusion et de développement culturels » • **Contenu** : Vise à développer des capacités de diagnostic et d'intervention dans un cadre culturel et à former des cadres intermédiaires polyvalents, financièrement accessibles, dont le cœur du métier sera la gestion, au sens le plus large, de structures culturelles. Comprendre le jeu des institutions et des phénomènes de médiation, maîtriser les problèmes pratiques et financiers de la production et de la diffusion culturelles, savoir mettre en forme et traduire concrètement les axes d'une politique d'établissement, jusque dans les actes quotidiens de gestion et d'administration, connaître les contraintes juridiques, fiscales et réglementaires • **Durée** : 1 an • **Validation, diplôme** : Licence pro • **Conditions d'admission** : Dossier puis entretien - Formation initiale et continue

UNIVERSITÉ DE LORRAINE

✆ **03 87 31 52 28 / 03 87 31 50 50**
emc@univ-metz.fr • **www.arts.sup.fr/**
UFR Sciences Humaines et Arts • Ile de Saulcy • BP 30309
57006 **METZ CEDEX 1**

Frederic GIMELLO (Responsable M2 Pro)

Formation(s) : Master art et culture spécialité Expertise et médiation culturelle, parcours direction de projets culturels • **Contenu** : Arts, esthétique et industries culturelles - Savoir de l'organisation des espaces culturels - Méthodologie de l'intervention professionnelle - Expertise des pratiques artistiques - Sociologie/arts du spectacle - Communication/arts du spectacle - management des musiques actuelles • **Durée** : 1 an • **Validation, diplôme** : Master 2 pro, master labellisé par la commission européennes (programme Erasmus - Master in Arts, culture et international management) ; classé parmi les meilleurs masters universitaires de l'enseignement public en 2009-2011-2012 (classement SMBG / L'Expansion / le Nouvel Observateur). • **Conditions d'admission** : Sélection sur dossier, projet professionnel et entretien • **Agrément** : Ministère de l'Education Nationale

UNIVERSITÉ DU LITTORAL CÔTE D'OPALE

✆ **03 28 23 70 30** • fax 03 28 23 70 19
lydie.desmis@univ-littoral.fr • **www.univ-littoral.fr**
Centre universitaire de la Citadelle • 220 av. de l'Université • BP 5526
59379 **DUNKERQUE CEDEX 1**

Sophie GRAVEREAU (Responsable Master) • Gaby BIZIEN (Option musiques actuelles)

Formation(s) : Master professionnel culture, création artistique et développement du territoire. Spécialisation au choix : musiques actuelles (partenariat avec Domaine Musiques), art contemporain, nouvelles formes de spectacle vivant • **Contenu** : Connaissance des courants artistiques contemporains - Politiques culturelles - Sociologie de la culture et des publics - Droit et économie de la culture - Administration et gestion de la culture - Gestion de projets - Communication et médiation - Informatique - Langues vivantes • **Durée** : Formation en 2 ans : 1re année : 300h de cours + conférences de professionnels + stage de 10 sem. 2e année : 200h de cours + conférences de professionnels + stage de 5 mois • **Validation, diplôme** : Master Sciences Humaines et Sociales. Mention : espaces littoraux, histoire, culture, acteurs et territoires. Spécialité : culture, création artistique et développement du territoire (Les étudiants ne faisant pas la 2e année se voient attribuer un diplôme de Maîtrise) • **Conditions d'admission** : Titulaires d'une licence « Culture et Médias ». Entretien préalable. Admission possible par validation d'études ou d'acquis professionnels • **Agrément** : Ministère

UNIVERSITÉ EVRY-VAL D'ESSONNE

✆ **01 69 47 74 26 / 01 69 47 74 44** • fax 01 69 47 74 23
kmask@univ-evry.fr • **www.univ-evry.fr**
Dept. Arts-Musique • Bd François Mitterand
Bureau A 304, Bât. 1er cycle • 91025 **EVRY CEDEX**

Andre LISCHKE (Responsable de la mention Musique et Spectacle)

Formation(s) : Licence-master 1 musicologie et arts du spectacle, master 2 Administration de la musique et du spectacle vivant • **Contenu** : Techniques musicales (formation musicale, écriture et harmonisation à vue), pratique musicale, musiques et esthétiques du XXe siècle, droit et gestion de la musique, gestion de production, institutions culturelles (musique, théâtre, danse), communication, pratique artistique • **Durée** : 3 ans et plus • **Validation, diplôme** : Licence, master 1, master 2 • **Conditions d'admission** : Bac + pratique artistique, sur dossier pour le master 2

Domaine : Droit et management • **Formation(s)** : L3, M1, M2 « juriste-administrateur des structures artistiques et culturelles » (Jasac) • **Contenu** : Formation de futurs juristes, gestionnaires et administrateurs de la culture : double formation en droit et administration, connaissance des arts et de la culture (droit, administration et gestion, art et culture, ateliers de pratique artistique/technique, langues, communication, stages en entreprises, projets culturels) • **Durée** : 1, 2 ou 3 ans • **Validation, diplôme** : L3 Droit parcours « juriste-administrateur des structures et activités culturelles », M1 et M2 Droit et management spécialité « juriste-administrateur des structures et activités culturelles » • **Conditions d'admission** : En L3, niveau L2 ou DUT ; En M1, niveau L3 Droit ou équivalent ; En M2, niveau M1 Droit ou équivalent

UNIVERSITÉ LA ROCHELLE

✆ **05 46 45 83 79** • fax 05 46 45 68 55
carole.simonnet@univ-lr.fr • **www.univ-larochelle.fr**
UFR FLASH • 1 parvis Fernand Braudel • 17402 **LA ROCHELLE CEDEX 1**

Didier POTON (Responsable du Master 2 DCV)

UFR Lettres, Langues, Arts & Sciences Humaines • **Formation(s)** : Développement culturel de la Ville • **Contenu** : Former des professionels pour les secteurs du développement culturel urbain : la culture dans le développement des quartiers, la coopération européenne et internationale, la gestion des services et des équipements ; rédaction d'un mémoire et d'un projet collectif, stage professionnel de 3 mois min. en France ou à l'étranger • **Durée** : 1 an • **Validation, diplôme** : Master 2 Professionnel • **Conditions d'admission** : Dossier de candidature (à retirer à partir de mars, dépôt au 6 juin, sélection fin juin/début juil.)

UNIVERSITÉ LE MANS

✆ **02 43 83 31 85 / 02 43 83 31 54** • fax 02 43 83 38 17
isabelle.handy@univ-lemans.fr • **lettres.univ-lemans.fr/**
Faculté des Lettres, Langues et Sciences Humaines
Av. Olivier Messiaen • 72085 **LE MANS CEDEX 9**

Isabelle HANDY (Responsable)

Université du Maine • **Formation(s)** : Licence professionnelle Activités culturelles et artistiques spécialité gestion et développement des structures musicales en partenariat avec l'Itemm • **Contenu** : Vise à répondre aux spécificités d'un secteur en structuration, celui des musiques actuelles. Comprend en + des fondamentaux économiques, juridiques et de gestion, un volet important d'acquisition d'une culture technique et artistique : acoustique des salles, techniques de sonorisation et de matériels, musique assistée par ordinateur, gestion d'un parc instrumental, communication en lien avec les nouvelles technologies, insertion professionnelle, préoccupation environnementale, culture et pratique musicale • **Durée** : 1 an • **Validation, diplôme** : Licence • **Conditions d'admission** : Dossier et entretien. Formation initiale et continue

UNIVERSITÉ LIMOGES

✆ **05 55 43 56 00 / 05 55 43 57 28 / 05 55 43 56 35**
fax 05 55 43 56 03
florence.jannot@unilim.fr • **www.flsh.unilim.fr**
Faculté des lettres et sciences humaines • 39 E rue Camille-Guérin
87000 **LIMOGES**

Florence JANNOT (Secrétaire pédagogique)

UFR Lettres sciences humaines • **Formation(s)** : Activités culturelles & artistiques, ressources documentaires et base de données • **Durée** : 1 an • **Validation, diplôme** : Licence pro Métiers de la culture pour le développement territorial ; licence pro Métiers des bibliothèques et de documentation • **Conditions d'admission** : Bac+2 ou équivalent, sur dossier

UNIVERSITÉ LYON II

✆ **04 78 69 70 88 / 06 82 99 56 74** • fax 04 78 69 71 80
secretariat.mca@univ-lyon2.fr • **eco.univ-lyon2.fr**
Faculté de Sciences Économiques & de Gestion • 16 quai Claude Bernard
69365 **LYON CEDEX 7**

André TIRAN (Directeur du Master) • Olivier COLIN (Professeur associé) • Charlye MCGRATH (Assistante de direction d'études)

Formation(s) : Diplôme national de Master 2 Management & carrières d'artistes • **Contenu** : Droit d'auteurs & droit des contrats, nouveau média : diffusion & commercialisation sur internet, formes juridiques & gestion de l'entreprise, dispositif de financement privé & public, management & stratégies de développement de carrières, méthodologie de projet (business plan), export • **Durée** : Formation d'oct. à fév. + stage pratique de 4 à 6 mois • **Validation, diplôme** : Master 2 professionnel (Bac+5) • **Conditions d'admission** : Dossier, entretien et projet professionnel, VAE, formation continue

Formation(s) : Développement de projets artistiques et culturels internationaux • **Contenu** : Direction de projets internationaux / Espace social, Territoires et Politiques publiques / Mondialisation, Interculturalité, Industries créatives / Processus de l'œuvre et circulation des formes • **Durée** : Formation à temps plein (1 an) ou en alternance (2 ans) • **Validation, diplôme** : Master 2 spécialité professionnelle • **Conditions d'admission** : Formation initiale et continue, BAC +4 et/ou VAP, VAE

UNIVERSITÉ NANTES

✆ **02 72 64 88 26**
isabelle.galesne@univ-nantes.fr • **www.univ-nantes.fr**
Bâtiments Ateliers et Chantiers de Nantes • 2 bis bd Léon Bureau
44200 **NANTES**

Damien TASSIN (Trempolino) • Isabelle GALESNE (Coordinatrice)

Formation(s) : DIU Développement durable appliqué, parcours Culture et Développement durable en partenariat avec l'Université d'Angers et Trempolino • **Contenu** : Contenus théoriques et pratiques permettant aux stagiaires d'élaborer des projets culturels dans le contexte d'une approche renouvelée des enjeux culturels dans la société, mettant particulièrement l'accent sur les stratégies liées au développement durable et solidaire • **Durée** : 1 an • **Validation, diplôme** : DIU (diplôme inter-universitaire) niveau 1 (RNCP en cours) • **Conditions d'admission** : Dossier et entretien en formation continue

UNIVERSITÉ PARIS OUEST NANTERRE LA DÉFENSE

✆ **01 40 97 71 07** • fax 01 40 97 71 81
salim.belkadi@u-paris10.fr • **www.u-paris10.fr**
CREFOP • 200 av. de la République • 92000 **NANTERRE CEDEX**
Marianne CLEVY (Coordinatrice pédagogique)

Formation(s) : Administration des structures du spectacle vivant • **Contenu** : Projet professionnel, cadre juridique, gestion financière et comptable, production et diffusion, politiques culturelles, relations avec le public, micro-informatique, stage • **Durée** : 1 an • **Validation, diplôme** : Diplôme universitaire de niveau II (licence) • **Conditions d'admission** : Professionnels du spectacle en reconversion avec bac+2 ou validation des acquis professionnels, formation continue

Domaine : Master 2 pro Economie et Société • **Formation(s)** : Conduite de projets culturels - Connaissance des publics • **Contenu** : Approches historiques et sociologique des arts de la scène, la culture et le droit, politiques culturelles internationales, la question des publics, les entreprises du spectacle vivant, secteur patrimonial et valorisation culturelle, sociologie de l'écrit • **Durée** : 2 semestres, 3 mois de stage minimum • **Validation, diplôme** : Master • **Conditions d'admission** : Master 1 + formation en sociologie, anthropologie, études politiques, histoire de l'art ou médiation culturelle. Sélection sur dossier, audition

UNIVERSITÉ PARIS OUEST NANTERRE LA DÉFENSE

salim.belkadi@u-paris10.fr • **www.u-paris10.fr**
CREFOP • 200 av. de la République • 92001 **NANTERRE CEDEX**
Bertrand MOUGIN (Coordinateur pédagogique)

Formation(s) : Economie et gestion de projets musicaux (en partenariat avec l'Irma) • **Contenu** : Economie du secteur musical et logiques d'intervention des pouvoirs publics, cadre juridique, organisation de la production, exploitation et diffusion de la production, gestion financière et comptable, informatique, conférences et rencontres professionnelles • **Durée** : 1086h (666h en centre et 420h en entreprise) - 9e édition • **Validation, diplôme** : Diplôme Universitaire de Niveau II (RNCP en cours) • **Conditions d'admission** : Titulaires d'un Deug ou d'un équivalent ou validation des acquis professionnels. Sélection sur dossier et entretien - formation continue

UNIVERSITÉ PARIS VIII

✆ **01 49 40 65 92 / 01 49 40 65 93** • fax 01 49 40 65 94
iee_adm@univ-paris8.fr • **iee.univ-paris8.fr**
Université Paris VIII • 2 rue de la Liberté • 93526 **ST DENIS CEDEX 02**
Renaud ZUPPINGER (Responsable formation) • Marc LE GLATIN (Responsable formation)

Institut d'études européennes • **Formation(s)** : Politiques et gestion de la culture en Europe • **Contenu** : Enseignements théoriques : étude des institutions et des stratégies de politique culturelle, de l'environnement de la création artistique, des évolutions de l'esthétique, de la place des mythes, etc. • **Durée** : 500h + stage de 3 à 4 mois (1 an) • **Validation, diplôme** : Master Politiques et gestion de la culture (mention « Etudes européennes et internationales ») • **Conditions d'admission** : Bac + 4 ou équivalent (sur concours), formation initiale

UNIVERSITÉ PARIS XIII VILLETANEUSE

✆ **01 49 40 32 80** • fax 01 49 40 44 79
parres@sic.univ-paris13.fr • **www.univ-paris13.fr**
UFR des Sciences de la communication • 99 av. Jean-Baptiste Clément 93430 **VILLETANEUSE**
Claire OGER (Responsable de la formation) • Emmanuel PARIS (Responsable de la formation) • Alexia PARRES (Secrétaire pédagogique)

Domaine : Culture et médias • **Formation(s)** : Master « Dynamiques culturelles : politiques, espaces, pratiques » • **Contenu** : 2 parcours : « Politiques des loisirs et équipements culturels » et « Conception d'événements et circulation des savoirs ». Théorie des industries culturelles - Socio-économie des loisirs - Politiques de ville et équipements culturels - Logiques et pratiques sectorielles en information et communication - Pratiques de médiation des loisirs - Politiques de communication et stratégies d'innovation, etc. • **Durée** : 1 an - M2 de 350h • **Validation, diplôme** : Master 2 mention « Culture et médias » spécialité « Dynamiques culturelles » • **Conditions d'admission** : M1 à M2 : sur dossier, entretien et examen de projet professionnel

UNIVERSITE PARIS-DAUPHINE

✆ **01 44 05 42 46 / 01 44 05 47 69**
rachida.daifallah@dauphine.fr • **www.formation-continue.dauphine.fr**
Département d'Education Permanente • Pl. du Mal de Lattre de Tassigny 75775 **PARIS CEDEX 16**
Patrick OLIVIER (Directeur du Master formation continue) • Xavier DUPUIS (Directeur du Master formation initiale) • Michèle MARCHAND (Assistante du Master formation continue) • Rachida DAIF-ALLAH (Assistante du Master formation initiale)

Département d'Education Permanente • **Formation(s)** : Management des organisations culturelles • **Contenu** : Droit et économie de la culture, pouvoirs publics et culture, gestion des productions culturelles, marketing culturel, financement des activités culturelles, décentralisation culturelle, gestion des contrats, etc. • **Durée** : Formation continue : la durée des études est d'une année universitaire. Les enseignements du Master 2. commencent par 1 sem. complète mi-sep. Ils se déroulent ensuite au rythme de 9h le ven. et de 3h à 6h le sam. Ils se terminent à la mi-juil. (à l'exception du mémoire remis fin sep.) Formation initiale : les cours ont lieu sur 5 j./sem. de mi-sept. à fin avril et sont suivis par un stage en entreprise d'au moins 3 mois • **Validation, diplôme** : Master 2 Pro • **Conditions d'admission** : Bac + 4 et 3 ans d'expérience professionnelle dans le domaine culturel pour la formation continue et titulaire d'un M1 pour la formation initiale

UNIVERSITÉ REIMS CHAMPAGNE-ARDENNE

✆ **03 26 91 38 38** • fax 03 26 91 37 94
monique.dessalles@univ-reims.fr • **www.univ-reims.fr**
UFR Droit et Science Politique (CRDT) • 57 bis rue Pierre Taittinger • 51096 **REIMS CEDEX**
Jean-Claude NEMERY (Directeur du CRDT) • Monique DESSALLES (Secrétaire) • Fabrice THURIOT (Coordinateur)

Domaine : Droit public • **Formation(s)** : Droit public, politiques culturelles, administration territoriale • **Contenu** : Droit de la décentralisation, droit et politiques de la culture • **Durée** : 1 an • **Validation, diplôme** : Master 2 droit des collectivités territoriales et des entreprises culturelles (DTCEC) • **Conditions d'admission** : Master 1, droit, éco, gestion, sciences politiques, lettres et sciences humaines, professionnels sur dossier de VAP en formation initiale ou continue

UNIVERSITÉ SAINT-ÉTIENNE

✆ **04 77 42 13 31 / 04 77 42 13 80**
jean.christophe.branger@univ-st-etienne.fr • **www.univ-st-etienne.fr**
Faculté des Arts, Lettres et Langues • 33 rue du 11 novembre 42023 **SAINT-ETIENNE CEDEX 02**
Jean-Christophe BRANGER (Responsable) • Anne DAMON-GUILLOT (Responsable)

Université Jean Monnet • **Formation(s)** : Administration et gestion de la musique • **Contenu** : Droit, administration, gestion, stratégies de production, communication, culture musicale • **Durée** : 1 an (300h de cours, 12 sem. de stage min.) • **Validation, diplôme** : Master II professionnel • **Conditions d'admission** : Etudiant de master I ou professionnels du domaine culturel s'inscrivant dans un processus de validation d'acquis

WEBSET FORMATIONS

✆ **05 35 54 19 23** • fax 09 72 27 15 88
formation@webset.fr • **www.webset.fr**
Espace Legendre • 33 rue Max Linder • BP 205 • 33506 **LIBOURNE CEDEX**
David LOUIS (Directeur)

Domaine : Outils web dans le secteur culturel • **Formation(s)** : Modules courts • **Contenu** : Communication web et print, gestion, administration, comptabilité, diffusion, booking, production, management, statégie digitale, accompagnement, autoproduction • **Durée** : 1 à 5 j. • **Validation, diplôme** : Attestation • **Conditions d'admission** : Expérience professionnelle dans le secteur culturel • **Agrément** : Région Aquitaine

Association YEMAYA

✆ **05 61 11 28 29** • fax 09 50 53 67 02
associationyemaya@orange.fr • **www.yemaya.asso.fr**
47 rte de Blagnac • 31200 **TOULOUSE**
Christine WEBER (Consultant formatrice)

Formation(s) : Organisateur de spectacle vivant/festival • **Contenu** : Avoir une vision globale et concrète du secteur culturel et du métier d'entrepreneur de spectacle vivant. Connaître les étapes clés pour la réalisation d'un événement. Posséder des outils et méthodes efficaces directement applicables sur le terrain afin d'acquérir le professionnalisme nécessaire à la conduite d'un projet. Promouvoir et diffuser l'événement. Savoir mettre en œuvre son projet • **Durée** : 2 j • **Validation, diplôme** : Attestation

2L2S - UNIVERSITÉ DE LORRAINE

✆ **03 87 31 53 31**
jmleverat@numericable.fr • **www.sha.univ-metz.fr**
UFR Sciences humaines et Arts • Ile du Saulcy • BP 80794 • 57012 **METZ CEDEX**

Jean-Marc LEVERATTO (Directeur) • Fabien HEIN (Chercheur)

Domaine(s) de recherche : Sociologie de la culture, réception artistique et industries culturelles : réflexion sur les jugements esthétiques mobilisés non seulement dans les pratiques artistiques, mais aussi dans les pratiques professionnelles en général, et dans les pratiques d'expertise culturelle. Cela conduit à articuler les différents outils d'analyse de la conduite esthétique constitués par la sociologie de la culture, l'histoire culturelle, la philosophie de l'art, l'économie de la consommation culturelle, etc. • **Département, laboratoire** : Dpt. Arts et dpt. Sociologie (site de Metz). Laboratoire Lorrain de sciences sociales (axe Arts et industries culturelles) • **Chercheurs et universitaires** : Fabien Hein (sociologie de la musique), Jean-Marc Leveratto (histoire et sociologie de l'industrie des spectacles) • **Autre(s) activité(s)** : Master pro. Expertise et médiation culturelle, Master recherche Arts et industries culturelles

CEAQ

✆ **01 42 86 46 34** • fax 01 42 86 46 34
ceaq@ceaq-sorbonne.org • **www.ceaq-sorbonne.org**
Université Paris V • 45 rue des Saints Pères • Bureau 525 • 75006 **PARIS**

Michel MAFFESOLI (Responsable) • Lionel POURTAU (Chercheur)

Centre d'étude sur l'actuel et le quotidien • **Rattachement** : Univ. Paris V • **Domaine(s) de recherche** : Sociologie, postmodernité

CEIAS

✆ **01 49 54 23 56 / 01 49 54 23 58** • fax 01 49 54 26 76
kschreib@ehess.fr • **ceias.ehess.fr**
c/o EHESS • 190-198 av. de France • 75013 **PARIS**

Catherine SERVAN-SCHREIBER (Chargée de recherche au CNRS) • Nadia GUERGUADJ (Secrétaire du CEIAS)

Centre d'études de l'Inde et de l'Asie du Sud • **Rattachement** : CEIAS, CNRS/EHESS, UA CNRS 118, UMR 8564 • **Domaine(s) de recherche** : Mus. en Inde (ambulants) et musique indienne à l'Ile Maurice et au Surinam • **Département, laboratoire** : Centre d'études de l'Inde et de l'Asie du Sud

CENTRE DE RECHERCHE EN ETHNOMUSICOLOGIE

✆ **01 46 69 26 68** • fax 01 46 69 25 91
ethnomus@mnhn.fr • **www.crem-cnrs.fr**
Bât. MAE CREM lesc umr 7186 CNRS • 21 allée de l'Université
92023 **NANTERRE CEDEX**

Jean LAMBERT (Responsable du laboratoire) • Aude JULIEN DA CRUZ LIMA (Responsable des archives sonores et audiovisuelles)

CREM/Laboratoire d'ethnologie et de sociologie comparative • **Rattachement** : LESC, UMR 7186 du CNRS associant le CNRS, l'univ. de Paris Ouest Nanterre La Défense, le ministère de la Culture • **Domaine(s) de recherche** : Ethnomusicologie générale et régionale • **Département, laboratoire** : Rituel et musique, systèmes musicaux, musique et société, archives musicales, laboratoire d'analyse du son • **Autre(s) activité(s)** : Coll. de disques CNRS/musée de l'Homme (Chant du monde), production Hypermedia « clés d'écoute ». Enseignements d'ethnomusicologie au dpt d'ethnologie de l'univ. de Paris Ouest Nanterre La Défense ainsi qu'à l'univ. de Paris 8-St-Denis (dpt de musique)

CENTRE DU PATRIMOINE DE LA FACTURE INSTRUMENTALE

✆ **02 43 43 81 05 / 06 79 55 94 89** • fax 02 43 43 81 05
cpfi.lemans@wanadoo.fr • **www.cpfi-lemans.com**
11 rue des Frères Gréban • 72000 **LE MANS**

Bernard POULELAOUEN (Directeur)

Domaine(s) de recherche : Facture instrumentale • **Département, laboratoire** : Coll. de 3000 instruments du monde, atelier de restauration (restauration des instruments du dpt d'ethnomusicologie du musée de l'Homme), programme d'étude avec des facteurs étrangers • **Autre(s) activité(s)** : Exposition, enseignement, échanges européens, stages de fabrication d'instruments, stage vidéo et réalisation de film ethnomusicologique

CERDO

✆ **05 49 94 90 70** • fax 05 49 94 90 71
cerdo@metive.org • **www.cerdo.fr**
UPCP-Métive • 1 rue de la Vau St-Jacques • 79200 **PARTHENAY**

Stéphanie COULAIS (Coordinatrice du CERDO)

Centre d'études, de recherche et documentation sur l'oralité • **Rattachement** : FAMDT • **Domaine(s) de recherche** : Chanson et musique traditionnelles, conte, mythe, légende, rumeur, langue et savoir-faire • **Autre(s) activité(s)** : Publication régulières (Cahiers du CERDO), bases de données multimédia (enquêtes ethnographiques, littérature orale, musiques et chansons traditionnelles), numérisation d'archives sonores, expositions, etc.

CITÉ DE LA MUSIQUE - MUSÉE DE LA MUSIQUE

✆ **01 44 84 44 84 / 01 44 84 46 00** • fax 01 44 84 46 01
musee@cite-musique.fr • **www.citedelamusique.fr**
221 av. Jean Jaurès • 75019 **PARIS**

Eric DE VISSCHER (Directeur du Musée de la Musique)

Rattachement : Cité de la musique • **Domaine(s) de recherche** : Facture instrumentale, organologie, restauration, caractérisation physique et chimique des matériaux • **Autre(s) activité(s)** : Centre de documentation, diffusion (auditorium), collections permanentes, expositions temporaires, activités pédagogiques (ts publics). Laboratoire de recherche et de restauration

CNRP GALERIE SONORE D'ANGERS

✆ **02 41 66 24 00** • fax 02 41 80 02 75
galerie-sonore@wanadoo.fr • **www.galeriesonore.fr**
Maison des musiques • 1 rue du Pin • 49000 **ANGERS**

Kalak BEN AZZOUZ (Directeur)

Rattachement : Membre de la société française d'ethnologie • **Domaine(s) de recherche** : Recherches organologiques, collection d'instruments de musique du monde, travail plus spécifique sur l'Afrique de l'Ouest, le monde arabe, l'Indonésie et les musiques afro-cubaines • **Autre(s) activité(s)** : Publications : « La collection d'un voyageur », « Notices sur la collection d'instruments de musique de Maurice Fleuret »

CORDAE/LA TALVERA

✆ **05 63 56 19 17 / 06 08 63 98 59** • fax 05 63 56 24 87
talvera@talvera.org • **www.talvera.org**
23 grand rue de l'Horloge • BP 40 • 81170 **CORDES SUR CIEL**

Daniel LODDO (Responsable)

Centre occitan de recherche de documentation et d'animation ethnographiques • **Domaine(s) de recherche** : Ethnomusicologie en Midi-Pyrénées, Portugal, Brésil. Enquête de terrain, recherches, conservation, restitution, typologie des instruments de musique, archives sonores et visuelles, médiathèque • **Autre(s) activité(s)** : Edition

CRMT

✆ **04 70 56 81 78**
musee-luthiers.jenzat@wanadoo.fr • **www.maison-luthier-jenzat.fr**
Maison du luthier / Musée • 8 rue des Luthiers • 03800 **JENZAT**

Jean-François CHASSAING (Conservateur)

Centre de recherche sur les musiques traditionnelles • **Rattachement** : La Maison du luthier/Musée, adhérent fédération des écomusées et musées de société, association des musées bourbonnais et Pass'Allen (Conseil général de l'Allier) • **Domaine(s) de recherche** : Ethnologie de la musique, des modes musicales, de la facture et de la diffusion instrumentale • **Autre(s) activité(s)** : Visites guidées (« La vielle à roue en Europe », « Joseph Bechonnet », « Les instruments à cordes sympathiques », « L'accordéon »), expositions temporaires (« La vielle au temps de J.-J. Rousseau », 2012) ; « À la grande renommée de la vielle bourbonnaise », 2011 ; « L'harmonie au village », 2010 ; « Avec tambours et trompettes » ; « Gilbert Pimpard, luthier », expositions permanentes depuis 1986, catalogage des instruments de musique, édition catalogues d'expo. (L'harmonie au vilage, 2012)

DASTUM

✆ **02 99 30 91 00**
dastum@dastum.net • **www.dastum.net**
16 rue de la Santé • 35000 **RENNES**

Gaëtan CRESPEL (Directeur) • Vincent MOREL (Conservateur patrimoine oral) • Jean-Luc RAMEL (Documentaliste)

Centre de musique traditionnelle en région Bretagne • **Rattachement** : • **Domaine(s) de recherche** : Centre de recherche et de documentation sur le patrimoine oral de Bretagne (5 dpts). Collecte, conservation, traitement documentaire et valorisation des archives sonores • **Autre(s) activité(s)** : Numérisation des archives sonores et photos, médiathèque, formations, conférences, éditions phonographiques et livres, édition de la revue Musique Bretonne

GMEA

✆ **05 63 54 51 75** • fax 05 63 38 24 74
gmea@wanadoo.fr • **www.gmea.net**
4 rue Ste Claire • 81000 **ALBI**

Thierry BESCHE (Directeur) • Amandine PETIT (Chargée de production et d'administration)

Centre national de création musicale d'Albi-Tarn • **Domaine(s) de recherche** : Informatique musicale, gestion du son dans l'espace, nouvelles lutheries, écriture de l'intermédia, etc. • **Autre(s) activité(s)** : Accueil de compositeurs, production, diffusion, sensibilisation, formation

GMEM

✆ **04 96 20 60 10** • fax 04 96 20 60 19
gmem@gmem.org • **www.gmem.org**
15 rue de Cassis • 13008 **MARSEILLE**
Christian SEBILLE (Directeur) • Sarah OLAYA (Administration et productions)

Centre national de création musicale • **Domaine(s) de recherche** : Formation musicale, production et diffusion des musiques d'aujourd'hui (mixtes, électroacoustiques, instrumentales et vocales), festival Les Musiques, édition phonographique et papier, studio, salle de diffusion

INSTITUT DES ARCHIVES SONORES

✆ **01 40 06 92 22** • fax 01 40 06 92 20
contactias@yahoo.fr • **www.archisound.com**
109 bd Haussman • 75008 **PARIS**
Franklin PICARD (Contact)

Domaine(s) de recherche : Sauvegarde du patrimoine sonore, banque d'archives sonores, édition phonographique, traitement, numérisation

LANGUES MUSIQUES SOCIÉTÉS

lms@vjf.cnrs.fr • **www.vjf.cnrs.fr/lms**
CNRS • 7 rue Guy Môquet - Bât. D • 94800 **VILLEJUIF**
Frank ALVAREZ-PEREYRE (Responsable) • Susanne FURNISS (Contact)

Rattachement : CNRS • **Domaine(s) de recherche** : Musiques de tradition orale : la systématique de ces musiques et leurs rapports avec les représentations mentales collectives • **Département, laboratoire** : Afrique subsaharienne (Centrafrique, Cameroun), Gabon • **Autre(s) activité(s)** : Séminaire de formation à la recherche en ethnomusicologie (dirigé par Simha Arom et Susanne Fürniss à l'EHESS). Publications d'ouvrages, d'articles (dans des revues spécialisées) et de disques (Ocora, Unesco Collection, CNRS-Musée de l'Homme, etc.)

LISAA/CCAMAN

✆ **01 60 95 71 15** • fax 01 60 95 71 09
dejan.ristic@univ-mlv.fr • **lisaa.univ-mlv.fr**
Université Paris-Est Marne-la-Vallée • 5 bd Descartes
77454 **MARNE-LA-VALLEE CEDEX 2**
Martin LALIBERTÉ (Directeur du CCAMAN) • Gisèle SÉGINGER (Directrice du LISAA) • Dejan RISTIC (Responsable administratif du LISAA)

L'Institut supérieur des arts appliqués/Confluences cinématographiques, audiovisuelles, musicales et arts numériques • **Rattachement** : École doctorale Cultures et sociétés de l'univ. Paris-Est Marne-la-Vallée • **Domaine(s) de recherche** : Le corps, le geste, l'outil (saisir les pratiques, les écritures et la réception des œuvres) ; subterfuge de la perception et imaginaire (analyser le rôle des illusions sensorielles dans les arts en lien avec l'imagination des créateurs) ; création-diffusion (interactions entre la création et ses modes de diffusion, sous les feux convergents de la littérature, de l'opéra, du théâtre et du cinéma et de l'audiovisuel) ; représenter la théorie, penser les pratiques (rendre saisissable le lien souterrain qui relie la pensée aux pratiques artistiques) • **Département, laboratoire** : Équipe interne du laboratoire LISAA (Littératures, Savoirs et Arts) • **Chercheurs et universitaires** : M. Almiron, K. Dahan, D. Faroult, J. Kiss, M. Laliberté, G. Mathon, S. Thouard, P. Martin, G. Pisano (membres de l'équipe) • **Autre(s) activité(s)** : Formation rattachée : master recherche et professionnel Arts et sciences de l'enregistement (spécialité cinéma et audiovisuel, archives et patrimoine, arts numériques et multimédia et musique)

MMSH

✆ **04 42 52 41 13** • fax 04 42 52 49 02
ginouves@mmsh.univ-aix.fr • **phonotheque.hypotheses.org**
Phonothèque • 5 rue du Château de l'Horloge • BP 647 • 13094 **AIX EN PROVENCE CEDEX 2**
Brigitte MARIN (Directrice) • Véronique GINOUVES (Phonothécaire)

Maison méditéranéenne des sciences de l'Homme • **Rattachement** : USR 3145 médiathèque • **Domaine(s) de recherche** : Histoire orale, récit de vie, dialectologie, littérature orale et littérature régionale, ethnologie, ethnomusicologie sur l'aire culturelle méditerranéenne • **Département, laboratoire** : Unité mixte de service et de recherche regroupant pour les sciences humaines et sociales contemporaines les laboratoires : Telemme (temps, espace, langages, Europe méridionales, Méditerrannée), Idemec (Institut d'ethnologie méditerranéenne et comparative), Iremam (Institut de recherches et d'études sur le monde arabe et musulman), IEA (Institut d'études africaines) • **Autre(s) activité(s)** : Publication du manuel d'analyse du son inédit (AFAS/FAMDT), recensement des collections d'archives sonores du patrimoine oral sur la Méditerranée, annuaire sur l'aire culturelle de l'Europe du sud, mis à jour sur le site web de la MMSH élargi à l'ensemble de la Méditerranée (interne), stage de sensibilisation à l'archivage sonore, à la numérisation et aux spécificités de son traitement documentaire

MUSÉE DE LA MUSIQUE D'ANDUZE

✆ **04 66 61 86 60 / 06 81 33 26 71**
contact@musee-musique.com • **musee-musique.com**
4 route d'Alès • 30140 **ANDUZE**
Sylvie LEJEUNE (Contact)

Domaine(s) de recherche : Instruments du monde • **Département, laboratoire** : Musée instrumental • **Autre(s) activité(s)** : Ateliers, animations, expositions itinérantes en France & Europe

OBSERVATOIRE MUSICAL FRANÇAIS

✆ fax 01 40 46 25 88
omf@noos.fr • **www.omf.paris-sorbonne.fr**
Université Paris-Sorbonne • 1 rue Victor Cousin • 75005 **PARIS**
Danièle PISTONE (Directrice)

Rattachement : Univ. Paris-Sorbonne (Paris IV) • **Domaine(s) de recherche** : Musique, sciences humaines, lettres, arts, environnement technologique • **Département, laboratoire** : Centre d'esthétique, musique et philosophie contemporaines (D. Cohen-Levinas), Groupe de recherche musiques brésiliennes (E. Chueke), Jazz, chanson, musiques populaires actuelles (L. Cugny et C. Rudent), Musicologie, informatique et nouvelles technologies (M. Battier), Musique et arts plastiques (M. Barbe, X. et S. Douche), MUSECO : musique société enseignement et cognition (F. Madurell) • **Autre(s) activité(s)** : Publications (collection propre, revues de l'OMF : JREM et Musicologies), séminaires doctoraux et post-doctoraux, concerts, expositions, enregistrements, etc.

PHONOTHÈQUE DU MUSÉE DE LA CORSE

✆ **04 95 45 25 45** • fax 04 95 45 25 36
bernard.pazzoni@ct-corse.fr • **www.musee-corse.com**
Collectivité territoriale de Corse • La Citadelle • 20250 **CORTE**
Bernardu PAZZONI (Responsable phonothèque)

Rattachement : Collectivité territoriale de Corse • **Domaine(s) de recherche** : Collectages micro-régionaux en Corse (instruments de musique traditionnels, orgues, contexte culturel méditerranéen, musiques de traditions orales), travail sur les modes (chants et instruments) • **Département, laboratoire** : Archives sonores : 1700h, en cours de numérisation • **Chercheurs et universitaires** : B. Pazzoni thèse de doctorat sur le violoneux de Corse ; Universita Pasquale de Paoli (Corte) 2007 • **Autre(s) activité(s)** : Organisation de stages, organisation de conférences ou de journées à thématique ethnomusicologique. Préparation en cours d'une exposition sur « La Corse et la musique »

PÔLE DE LA MODALITÉ

✆ **09 65 16 71 21** • fax 08 11 38 32 60
nathalie.miel@drom-kba.eu • **www.drom-kba.eu**
c/o Le Quartz • 60 rue du Château • BP 91039 • 29210 **BREST CEDEX 1**
Tangi LE BOULANGER (Chargé du Pôle de la Modalité) • Nathalie MIEL (Développement de la formation et de la communication) • Alice BLANC (Chargée d'administration)

Domaine(s) de recherche : Musique modale • **Chercheurs et universitaires** : Erik Marchand • **Autre(s) activité(s)** : Colloque international

La SOULERE

✆ **02 51 05 54 24**
lasoulere@orange.fr • **la.soulere.monsite-orange.fr/**
Moulin Sec • 85000 **LA ROCHE SUR YON**
Olivier GAUTIER (Directeur)

Rattachement : Métive • **Domaine(s) de recherche** : Musiques traditionnelles et cultures populaires en Bas-Poitou • **Département, laboratoire** : Bas-Poitou Vendée • **Autre(s) activité(s)** : Enseignement, spectacles et animations scolaires sur les cultures populaires

UNIVERSITÉ LILLE III

✆ **03 20 41 63 25 / 03 20 41 70 59 / 06 13 01 91 36**
fax 03 20 41 70 59
alain.desjacques@univ-lille3.fr • **www.univ-lille3.fr**
UFR Humanités • Dpt d'études musicales • BP 149
59653 **VILLENEUVE D'ASCQ CEDEX**
Alain DESJACQUES (Responsable)

Rattachement : CEAC (Centre d'études des arts contemporains) • **Domaine(s) de recherche** : Musicologie, anthropologie musicale, musiques d'Asie, de Mongolie, Sibérie, Inuit, Madagascar, voix, etc. • **Département, laboratoire** : CEAC • **Autre(s) activité(s)** : Créations musicales avec instruments

AUDIO SCULPT

✆ **01 44 78 49 62 / 01 44 78 48 43** • fax 01 44 78 43 55
info-pedagogie@ircam.fr • **www.ircam.fr**
c/o IRCAM • 1 pl. Igor Stravinsky • 75004 **PARIS**
Frank MADLENER (Directeur) • Paola PALUMBO (Resp. admin. des ventes)

Contenu : Logiciel permettant de sculpter un son de manière visuelle • **Plateforme** : Mac OS X.4 min. (Tiger) • **Public(s) visé(s)** : Compositeurs, sound designers, enseignants • **Support** : Téléchargement • **Éditeur** : Ircam

DIPHONE STUDIO

✆ **01 44 78 49 62 / 01 44 78 48 43** • fax 01 44 78 15 40
info-pedagogie@ircam.fr • **www.ircam.fr**
c/o IRCAM • 1 pl. Igor Stravinsky • 75004 **PARIS**
Frank MADLENER (Directeur) • Paola PALUMBO (Resp. admin. des ventes)

Contenu : Logiciel dédié au morphing sonore • **Plateforme** : Mac OSX.3 min., compatible Mac PPC uniquement • **Public(s) visé(s)** : Compositeurs, sound designers, enseignants, chercheurs • **Support** : Téléchargement • **Éditeur** : Ircam

EARMASTER SCHOOL 5.0

✆ **+45 43 64 34 49** • fax +45 43 64 64 89
ventes@earmaster.com • **www.earmaster.fr**
Egaa Havvej 21, 1 • 8250 **EGAA (DANEMARK)**
Hans JAKOBSEN (Directeur) • Quentin NICOLLET (Responsable des ventes - France)

Contenu : Logiciel interactif de formation de l'oreille musicale/ear training à destination des professeurs de musique. 12 types d'exercices abordant intervalles, accords, gammes, rythmes et melodies, 2 tuteurs (standard et jazz), 651 leçons prêtes à l'emploi. Fonctionalités pédagogiques (installations en réseau, création d'exercices et tests notés, statistiques des élèves), niveaux progressifs (débutant à confirmé) • **Plateforme** : Windows 98/ME/2000/XP/Vista, Mac OS X 10.4.11 ou supérieur (Intel & PPC) • **Public(s) visé(s)** : Tout public, tout instrument • **Support** : CD-ROM • **Éditeur** : Earmaster Aps

HARMONY ASSISTANT

✆ **05 61 47 23 40**
sylvie@myriad-online.com • **www.myriad-online.com**
c/o Myriad • 26 rue Michel de Montaigne • 31200 **TOULOUSE**

Contenu : Aide à l'écriture et à la composition musicale assistée par ordinateur • **Plateforme** : Mac OS 10.6 ou Windows 2000 mini, Ubuntu • **Éditeur** : Myriad (éditeur de partitions)

MELODY ASSISTANT

✆ **05 61 47 23 40**
sylvie@myriad-online.com • **www.myriad-online.com**
c/o Myriad • 26 rue Michel de Montaigne • 31200 **TOULOUSE**

Contenu : Logiciel dédié à l'écriture, l'impression et la restitution de musique • **Plateforme** : Mac OS 10.6 mini et PC Windows 2000 mini, Ubuntu • **Public(s) visé(s)** : Initié • **Support** : CD-ROM • **Éditeur** : Myriad (éditeur de partitions)

MODALYS

✆ **01 44 78 48 17** • fax 01 44 78 15 60
info-pedagogie@ircam.fr • **www.ircam.fr**
c/o IRCAM • 1 pl. Igor Stravinsky • 75004 **PARIS**
Frank MADLENER (Directeur) • Paola PALUMBO (Resp. admin. des ventes)

Contenu : Création d'instruments virtuels à partir d'objets physiques simples (cordes, plaques, tubes, membranes, archets et marteaux) • **Plateforme** : Mac OS X.4 min • **Public(s) visé(s)** : Compositeurs, chercheurs, enseignants • **Support** : Téléchargement • **Éditeur** : Ircam

MUSIQUE LAB

✆ **01 44 78 48 17** • fax 01 44 78 15 60
info-pedagogie@ircam.fr • **www.ircam.fr**
c/o IRCAM • 1 pl. Igor Stravinsky • 75004 **PARIS**
Frank MADLENER (Directeur) • Paola PALUMBO (Resp. admin. des ventes)

Contenu : Applications pour l'enseignement musical • **Plateforme** : Windows XP ou Vista, Mac OSX 10.4.11 (Tiger) minim. ou Mac OSX 10.5 X (Leopard) • **Public(s) visé(s)** : Enseignants et élèves en conservatoires, collèges et lycées • **Support** : Téléchargement • **Éditeur** : Ircam

VISUAL GUITARE

✆ **01 46 32 09 09** • fax 01 46 32 62 35
communication@hit-diffusion.fr • **www.editions-hit-diffusion.fr**
c/o Hit Diffusion • 36 rue de la Porte de Trivaux • 92140 **CLAMART**
Paul FERRETTE (Directeur éditorial) • Jacques FERRETTE (Directeur administratif)

Contenu : Editeur de partitions et méthodes musicales. Méthodes, répertoires et livres pratiques pour l'apprentissage musical. • **Plateforme** : CD-ROM (lisible également sur platine CD) • **Public(s) visé(s)** : GT tout styles • **Support** : Répertoire classique, jazz, blues, pop, rock, chanson avec CD et/ou DVD • **Éditeur** : Editions Hit Diffusion

WEEZIC

✆ **01 84 16 72 21**
contact@weezic.com • **www.weezic.com**
3 rue du Dr Heulin • 75017 **PARIS**
Grégory DELL'ERA (Directeur général) • Nicolas ARBOGAST (Président) • Gabriel BONEU (Marketing) • Julien COLAFRANCESCO (Développeur)

Contenu : Partitions Augmentées ® : partitions num. intelligentes et interactives • **Public(s) visé(s)** : Musiciens amateurs, professeurs de musiques, élèves • **Support** : Internet, tablettes • **Éditeur** : Weezic

CONFÉRENCES ET CONFÉRENCIERS

Séverine ABHERVÉ
severine.abherve@gmail.com • **safmrn.blogspot.fr**
86 avenue de la République • 69160 **TASSIN LA DEMI-LUNE**
Thème(s) / spécialité(s) : Musiques de films et cinéma

ATELIER DES MUSIQUES ACTUELLES
✆ 06 85 93 55 11 / 01 48 06 06 21
contact@ama.asso.fr • **www.ama.asso.fr**
c/o Mila • 2 rue André Messager • 75018 **PARIS**
Igor SZABASON (Président) • Pascal BUSSY (Conférencier / consultant) • Jérôme ROUSSEAUX (Conférencier, consultant)
Thème(s) / spécialité(s) : Genres musicaux ou par artistes : blues, soul music, hip hop et rap, rock, metal et punk, musiques électroniques, chanson et rock français. De l'ethnomusicologie à la « world music », musiques brésiliennes, reggae, free jazz et swing libertaire. Du jazz électrique à l'électrojazz. Artistes : James Brown, Ray Charles, John Coltrane, Miles Davis, Bob Dylan, Serge Gainsbourg, John Lennon, Charles Trenet

Franck BERGEROT
✆ 01 56 88 17 73
franckbergerot@jazzmagazine.com
Esc. B appt 174 • 18 rue Jules Parent • 92800 **RUEIL MALMAISON**
Thème(s) / spécialité(s) : Histoire du jazz, grandes figures, courants, instruments, initiation à l'écoute du jazz, aperçus sur le jazz contemporain, l'accordéon jazz et musette. Conférence illustrée de documents sonores, écoute commentée

Christian BETHUNE
✆ 04 73 25 44 46
christianbethune@aol.com
24 rue de l'Ancien Couvent • Pompignat • 63119 **CHATEAUGAY**
Thème(s) / spécialité(s) : Culture afro américaine, jazz, rap

Jean-Noël BIGOTTI
✆ 06 63 19 90 12
jnbigotti@titraille.com • **www.titraille.com**
1 allée des Alouettes • 45430 **CHECY**
Thème(s) / spécialité(s) : Industrie du disque, numérique et physique. Spécialisation dans le secteur phonographique, mais aussi sur la modération de conférence, l'animation de débats

François BILLARD
✆ 06 76 55 94 89
frafrabil@hotmail.com • **www.ninicabarets.com**
11 rue Cours Lieutaud • 13006 **MARSEILLE**
Thème(s) / spécialité(s) : Jazz, histoire des instruments (notamment saxophone et accordéon), du musette, des zazous (Trenet, etc.), du cabaret (à partir d'Aristide Bruant), du jazz manouche, des Tsiganes, du surréalisme et de la chanson (axé sur le Cabaret surréaliste de Robert Desnos)

Bruno BLUM
✆ 06 62 71 76 47
reggaedoc@sfr.fr • **www.docreggae.com**
Doc reggae • **Thème(s) / spécialité(s)** : « Get Up Stand Up, l'histoire du reggae » ou « Serge Gainsbourg et le reggae » ou « La Vie de Bob Marley », « Punk Rock - Histoire de la rebellion dans le rock, du blues aux Sex Pistols », « L'Histoire du punk rock », « L'Histoire du dub »

BODY AND SOUL : SUIVEZ LE THÈME
✆ 01 43 15 11 14 • fax 01 43 15 11 10
panquetil@irma.asso.fr
c/o Centre d'Information du Jazz • 22 rue Soleillet • 75980 **PARIS CEDEX 20**
Pascal ANQUETIL (Conférencier)
Thème(s) / spécialité(s) : L'Histoire du jazz, d'Armstrong à aujourd'hui, à travers l'évolution et les versions canoniques d'un célèbre standard ; « Body and Soul » à travers ses emblématiques versions vocales mais aussi instrumentales (SA, PI, GT, grand orchestre, etc.)

Etienne BOURS
etienne.bours@skynet.be
54 rue de la Magrée • 4163 **TAVIER (BELGIQUE)**
Thème(s) / spécialité(s) : Musiques du monde, évolutions. Musiques traditionnelles et leurs influences sur les musiques populaires. Discographies des musiques du monde. Renouveau d'un certain folk. Conférence pour découvrir la complexité des musiques dites « du monde ». Formations sur les musiques du monde et leurs évolutions. Analyse des musiques populaires d'aujourd'hui

Christophe BRAULT
✆ 06 31 82 11 56
christophebrault@numericable.fr
1 square de la Grande Charbonnière • 35700 **RENNES**
Thème(s) / spécialité(s) : Histoire du rock et de la musique électronique (approche sociologique et artistique), musiques noires, musiques jamaïcaines, rock français

Olivier CACHIN
orlus@magic.fr
Thème(s) / spécialité(s) : Histoire du hip hop américain, saga du rap français, origines du rap, Michael Jackson, l'histoire de la musique noire aux USA, etc. Conférence de 1h à 1h30, avec écoute d'extraits musicaux en CD et extraits de clips (en option)

Olivier CATHUS
✆ 06 71 63 55 70
ocathus@magic.fr • **stagesmusiquesactuelles.blogspot.com**
18 rue du Passage 75 • 34070 **MONTPELLIER**
Thème(s) / spécialité(s) : Conférences et formations sur les musiques noires US, R&B, funk, soul, hip hop, les musiques du monde et les musiques du Brésil : évocation des contextes socio-historiques, de la culture populaire qui a porté ces musiques. Présentation des œuvres et artistes majeurs

Louis CHRETIENNOT
✆ 04 74 98 27 47 • fax 04 74 98 27 47
louis.chretiennot@orange.fr
Transcultures • 1071 rue de Bresse • 01330 **VILLARS LES DOMBES**
Thème(s) / spécialité(s) : Histoire des courants musicaux, « Rapport entre l'évolution technologique, l'écoute musicale et la création », le métal, l'histoire de l'enseignement musical

Francis COUVREUX
✆ 03 25 76 36 82
francis.couvreux@hotmail.fr • **www.djangostation.com**
90 rue de la Cour St Phal • 10600 **SAVIERES**
Thème(s) / spécialité(s) : Django Reinhardt et le swing manouche (1/2 j. ou 2h)

Yann DESCAMPS
✆ 06 23 28 11 87
descampsyann@yahoo.fr
11 pl. des Frères Montgolfier • 94150 **RUNGIS**
Thème(s) / spécialité(s) : Musique noire américaine, évolution et nationalisme noir. En quoi la musique noire américaine est-elle la bande-son de l'évolution de la condition de cette communauté aux Etats-Unis ?

Pol DODU
pol.dodu@wanadoo.fr • **vivonzeureux.fr**
15 rue Corbier • 51160 **MAREUIL SUR AY**
Thème(s) / spécialité(s) : New wave, Creation Records et le rock indépendant anglais

Tyrone DOWNIE
✆ 06 70 19 85 60
frederic.eiden@voila.fr
c/o Frédéric Eiden • 50 rue Saint Roch • 57290 **FAMECK**
Frédéric EIDEN (Contact)
Thème(s) / spécialité(s) : Reggae (ancien clavier des Wailers) : historique de la Jamaïque, exposé sur les differents genres (ska, rocksteady, roots, rub-a -dub, ragga etc.), illustrations musicales (parfois jouées au clavier), extraits vidéo et discussion ouverte avec le public

Bertrand DUPOUY
✆ 06 72 96 48 63
rudehiver@dartybox.com
19 rue Felnon • 59320 **SEQUEDIN**
Thème(s) / spécialité(s) : Histoire des courants musicaux (jazz, musiques du monde, musiques classiques & contemporaines, actuelle). Durée entre 1 et 2h, agrémentées d'exemples musicaux (écoutes, images, etc.)

EFFORT 2 CONSCIENCE
✆ 06 61 48 86 21
staff@effort2conscience.fr • **www.effort2conscience.fr**
Rés. Les Fauvettes - Appt. 22 • 24 rue Fernand Grosse • 33700 **MERIGNAC**
Cédric BERNARD (Président)
Thème(s) / spécialité(s) : Histoire de la culture hip hop

Patrick **FOULHOUX**

✆ **06 70 10 91 40**
pfoulhoux@free.fr • **www.myspace.com/patrickfoulhoux**
49 rue des Lionards • 63000 **CLERMONT FERRAND**

Thème(s) / spécialité(s) : Soul (de Sam Cooke à Sharon Jones en passant par Ray Charles, Aretha Franklin, Otis Redding, Marvin Gaye, Curtis Mayfield ou James Brown. En passant le gospel de l'église à la rue. Des émeutes de Watts à L.A., du refus de Rosa Parks, de Martin Luther King, des Black Panthers, du cinéma de genre Blaxploitation, quel héritage a laissé la plus riche des musiques ?). Punk (du punk au hardcore, de Gustave Courbet à Green Day en passant par New York et Londres. L'approche culturelle, artistique, politique et sociale du mouvement). Presse et média (des débuts de la presse rock jusqu'à la foultitude de magazines hyper spécialisés aujourd'hui. Sommes-nous en train d'assister à la mort de la presse papier au profit des sites Internet ?)

FRANCK ZAPPA

laure.decibel@gmail.com • **www.myspace.com/assodecibel2**
c/o Association Décibel • 38 rue des Teinturiers • 31300 **TOULOUSE**
Laure DELSAUX

Thème(s) / spécialité(s) : Conférence de Christophe Delbrouck : Frank Zappa n'est pas un simple génie scandaleux des années glorieuses du rock. Il a révolutionné les arcanes de la pop, du jazz et de la musique contemporaine

Philippe **FRECHET**

✆ **05 61 68 90 05**
phf@carla-bayle.com
Bellecoste • 09130 **CARLA BAYLE**

Thème(s) / spécialité(s) : « De jazz en pages » (jazz & littérature) : cycle sur l'histoire du jazz + séries de lectures publiques (pour adultes ; pour enfants) sur le jazz, le blues, les musiques noir-américaines

GABY BIZIEN FORMATION CONSEIL

✆ **06 84 50 93 91**
g.bizien@gbfc.fr • **www.gbfc29.wix.com/gbfc**

Thème(s) / spécialité(s) : Histoire, acteurs et développement des musiques actuelles

GENERATION WOODSTOCK

laure.decibel@gmail.com • **www.myspace.com/assodecibel2**
c/o Association Décibel • 38 rue des Teinturiers • 31300 **TOULOUSE**
Laure DELSAUX (Coordinatrice)

Thème(s) / spécialité(s) : La révolution hippie californienne. Christophe Delbrouck travaille depuis plus de 20 ans sur la culture musicale des années soixante en Amérique. Ses écrits (Les Byrds, Jimi Hendrix ou Janis Joplin) mettent l'accent sur la richesse et la prolixité d'une époque pleine de liberté et d'innovations, mais aussi d'une communauté et d'un public qui évoluent tout autant de Monterey à Woodstock, de la psychédélie, du rapport aux drogues et à l'establishment, de la société de marketing et des conditions de création de mus.

Cédric **GROUHAN**

✆ **02 47 44 55 02 / 06 85 02 06 21**
rudaceon@wanadoo.fr
31 rue Pierre Sémard • 37700 **ST PIERRE DES CORPS**

Thème(s) / spécialité(s) : Une histoire du rock, du reggae, du rap, de la techno, du disco, de la house, du punk, etc. traversée par les révolutions sociales, présentée en musique, disques et platines à l'appui

Gérard **HERZHAFT**

✆ **04 72 33 45 89**
jukegh@gmail.com • **jukegh.blogspot.com**
57 rue Florian • 69100 **VILLEURBANNE**

Thème(s) / spécialité(s) : Genre ou partie de l'histoire du continent américain racontés avec des extraits musicaux ou joués à la guitare et à l'harmonica. Durées de 1h30 à 2h30. Conférences musicales, conférences-concerts, rencontres scolaires : blues, folk, country music, cajun, amérindiens, Hawaï et autour des romans pour la jeunesse

HISTOIRE DES MUSIQUES AMPLIFIÉES

✆ **06 58 46 75 40**
seminairesprod@yahoo.fr
c/o Séminaire Prod. • 4 rue de la Sous-préfecture • 27700 **LES ANDELYS**
Fabrice HUBERT • Bastien CANTILLON

Thème(s) / spécialité(s) : « Du disco à la french touch : le génie de la french production » (2 à 3h), « Stax et Tamla Motown, deux parcours opposés, deux réussites » (2 à 3h), « Histoire de la soul à travers ses héros », (2 à 3h), « L'épopée du mouvement punk » (2 à 3h), « 1959-1968 : du dancehall au reggae, la naissance d'une identité musicale jamaïcaine » (2 à 3h), « mods et soul ; rude-boys et rock steady ; skinheads et reggae » (2 à 3h), « Histoire du rap et de la culture hip hop » (2 à 3h), « Un style ne meurt jamais : liens et passerelles entre les styles d'hier et ceux d'aujourd'hui » (2 à 3h). Interventions de 2 à 5 j. (programme complet) sur l'histoire des musiques amplifiées selon le public visé et les objectifs. Durent de 2 à 3h, sont interactives, très illustrées (photos, écoutes audio et vidéos, démonstrations techniques, blind test, etc.)

Olivier **JULIEN**

Olivier.Julien@paris-sorbonne.fr
omf.paris-sorbonne.fr/IMG/html/olivierjulien.html
Observatoire musical français • Université Paris-Sorbonne
1 rue Victor Cousin • 75005 **PARIS**

Thème(s) / spécialité(s) : Histoire et musicologie des musiques populaires anglo-américaines

Guillaume **KOSMICKI**

✆ **06 64 66 94 78**
guillaume.kosmicki@no-log.org • **guillaume-kosmicki.org**
Association Lyre • Le Manéguen • 56150 **GUENIN**

Thème(s) / spécialité(s) : Histoire de la musique du Moyen-Âge à nos jours ; les musiques électroniques ; la musique du XXe siècle ; nouvelles musiques, nouvelles technologies ; histoire des musiques actuelles, du Hip-Hop ; musiques populaires, musiques savantes. Conférences illustrées allant de 1h30 (tout public) à 6 j. (dans le cadre de formations)

Hervé **KRIEF**

✆ **01 42 58 67 50 / 06 08 16 13 01**
rvk@herve-krief.com • **www.herve-krief.com**

Thème(s) / spécialité(s) : La naissance du blues / Funk & Black Power / Robert Johnson

LE JAZZ ROCK

laure.decibel@gmail.com • **www.myspace.com/assodecibel2**
c/o Association Décibel • 38 rue des Teinturiers • 31300 **TOULOUSE**
Laure DELSAUX (Coordinatrice)

Thème(s) / spécialité(s) : Le jazz rock ou l'âge d'or des années 70 par Christophe Delbrouck. Une histoire complète de l'une des plus grandes mutations du jazz avec ttes les ramifications du jazz électrique depuis sa création jusqu'au milieu des années 80, avec un panel historique des œuvres et des initiatives les plus marquantes

Frédéric **LECOMTE**

✆ **06 80 14 15 93**
frederic.lecomte20@wanadoo.fr
8 rue Tesson • 75010 **PARIS**

Thème(s) / spécialité(s) : Rock, blues, folk : toute l'histoire du rock de la naissance du blues à nos j.

Jean-Yves **LELOUP**

jyleloup@orange.fr • **globaltechno.wordpress.com**
16 rue Martel • 75010 **PARIS**

Thème(s) / spécialité(s) : Musique électronique, art et musique, art et son

Ollivier **LEROY**

✆ **06 15 77 83 30**
olli35@wanadoo.fr • **www.labelcaravan.com**
9 rue Leguen de Kérangal • 35200 **RENNES**

Thème(s) / spécialité(s) : Conférences musicales, presentations instruments, les infleunces des musiques indiennes dans les musiques actuelles, découverte des differents style de musiques indiennes de Bollywood au classique

Florent **MAZZOLENI**

✆ **06 80 18 06 61 / 09 53 86 70 06**
florentmazzoleni@gmail.com • **www.secretsong.fr**
30 cours Victor Hugo • 33000 **BORDEAUX**

Thème(s) / spécialité(s) : Musiques noires

Christian **MEYER**

✆ **06 66 14 83 42 / 04 91 50 85 45**
contact@carrefourdesabeilles.info • **www.carrefourdesabeilles.info**
Carrefour des Abeilles • 40 G bd Voltaire • 13001 **MARSEILLE**

Thème(s) / spécialité(s) : Développement culturel, administration de projets, médiation dans les conflits

MILES DAVIS UNE HISTOIRE DU JAZZ DU BEBOP AU HIP HOP

✆ **04 77 93 35 82** • fax 04 77 93 35 82
dbdb42@gmail.com • **www.brotski.fr**
Asso. musiques actuelles • 102 rue de la Sablière • 42000 **ST ETIENNE**
Daniel BROTHIER (Musicien / conférencier)

Thème(s) / spécialité(s) : Conférence-concert sur le jazz (5 m de large, 3 m de profondeur nécessaire). Découvrir ou redécouvrir les courants principaux du jazz initiés par Miles Davis : bebop, cool jazz, hard bop, jazz modal, jazz électrique funk et hip hop

Gilles **MOUELLIC**

✆ **02 99 14 20 03 / 02 99 14 15 19**
gilles.mouellic@univ-rennes2.fr • **perso.univ-rennes2.fr/gilles.mouellic**
49 rue Dupont des Loges • 35000 **RENNES**

Thème(s) / spécialité(s) : Relations entre la musique et le cinéma, avec un intérêt particulier pour les rapports entre le jazz et le cinéma (histoire et esthétique)

MSAI

✆ 02 99 19 01 50
msai@msai.fr • **www.formations-musique.com**
3 cours de l'astrolabe • 35430 **ST JOUANT DES GUERETS**
Gilles RETTEL (Directeur)
Thème(s) / spécialité(s) : Histoire des musiques actuelles (approche originale de ces musiques par la technologie). Histoire de la guitare électrique et des musiques actuelle. Du cylindre au mp3 (une histoire des supports de la musique enregistrée). Musiques actuelles et technologies, (comment la technologie amène la création de nouveaux courants musicaux). La réalisation artistique (le studio comme instrument)

ON VOUS EMBOBINE L'OREILLE

✆ 06 73 88 01 63
elizabeth.anscutter@gmail.com • **www.elizabeth.anscutter.net**
1 allée des Saules • 94240 **L'HAY LES ROSES**
Elizabeth ANSCUTTER
Thème(s) / spécialité(s) : Conférences et ateliers enfants et adultes sur la musique de films. A grands renforts d'extraits, de petits jeux et de démonstration, E. Anscutter, compositrice passionnée de cinéma, fait (re)découvrir l'importance des bandes originales et montre combien la musique embobine l'oreille

Daniel PANTCHENKO

✆ 01 47 97 20 36
contact@pantchenko.fr • **www.pantchenko.fr**
11 rue du Pressoir • 75020 **PARIS**
Thème(s) / spécialité(s) : Chanson d'expression française. Formation, stage, conférences, rencontres-débats, etc. Des origines à nos j., de 1900 à nos j., des années 50, des années 90, fractionné sur une, deux, trois j. consécutifs ou espacés dans le temps, stage, conférences sur Aznavour, Nougaro, Ferrat ou à la demande

PEACE & LOBE

✆ 06 28 71 37 63 / 01 44 23 82 13
com@agi-son.org • **www.agi-son.org**
6 rue Duchefdelaville • 75013 **PARIS**
Bertrand FURIC (Président) • Angélique DUCHEMIN (Coordinatrice) • Klara JACQUAND (Chargée de communication)
Thème(s) / spécialité(s) : Spectacle pédagogique de sensibilisation à la gestion sonore et aux risques auditifs liés à la fatigue et à l'écoute de la musique. Spectacle dynamique et illustratif, qui comprend des temps d'interprétation musicale, de vidéo-projections, des explications didactiques et un débat. Existe en Ile-de-France (RIF), Midi-Pyrénées (Avant-Mardi), Basse-Normandie (Papaq Production), Paca (Régie culturelle), Bourgogne (Cave à Musique & Asso Youz), Haute-Normandie, Réunion (Bato Far), Haute-Normandie (Le Kalif), Rhônes-Alpes (La Nacre), Aquitaine (Rock School Barbey), Bretagne (Mutualité française UMIV), Franche Comté (Rézo Parleur), Champagne-Ardennes (Le Polca), Limousin (Fédé Hiéro Limoges), Nord Pas de Calais (Ara-Réseau Raoul), Pays de la Loire (Muraille Médias, Le Pôle)

Les PIONNIERS DU HIP-HOP

✆ 06 29 85 93 14
dizzylez@aol.com • **www.dizzylez.com**
Thème(s) / spécialité(s) : Origines du mouvement hip hop

Bernard POUPON

✆ 01 48 59 29 32 / 06 98 40 16 00
bpoupon@free.fr • **bpoupon.free.fr**
16 rue de la République • 93100 **MONTREUIL**
Thème(s) / spécialité(s) : Musiques amplifiées : plusieurs formules modulables sur l'histoire générale du rock, ses différents styles, les tendances actuelles. Egalement formules modulables sur les musiques populaires noires américaines, le rap, la soul, le R&B, le funk, le reggae, ainsi que sur les nouvelles musiques électroniques, des origines à aujourd'hui

ROTOR JAMBREKS

✆ 02 99 54 32 02
julie@armada-productions.com • **www.rotorjambreks.com**
11 rue du Manoir de Servigné • 35000 **RENNES**
Julie BETSCH (Booking)
Thème(s) / spécialité(s) : Histoire du rock'n'roll

SCRATCH CONFERENCE

✆ 06 89 30 75 71 • fax 03 22 66 34 54
prolifik.records@me.com • **www.prolifik.fr**
c/o Le Diapason • Pl. Bourgogne • 80000 **AMIENS**
DJ JOS (Artiste) • Nicolas OSSYWA (Coordinateur)
Thème(s) / spécialité(s) : Histoire interactive du Djing du XIXè s. à nos j.

Association SIYA

✆ 06 76 03 71 66
yelassocoul@yahoo.fr • **www.yelassina.com**
appt 84 • 1 rue Aristide Mallol • 18000 **BOURGES**
Ye-Lassina COULIBALY (Responsable artistique)
Thème(s) / spécialité(s) : Découverte et diffusion de la culture africaine, rapports Nord/Sud. Conférences, projections de documents, résidences musicales d'artistes, coopération avec d'autres structures associatives visant le développement de partenariats culturels entre l'Europe et l'Afrique de l'Ouest

STEPHAN OLIVA « MUSIQUE ET CINEMA »

✆ 06 32 37 21 21
simon@wanbliprod.com • **www.wanbliprod.com**
20 la Hallopiere • 44690 **MONNIERES**
Simon BARREAU (Responsable)
Thème(s) / spécialité(s) : Conférence-concert, extraits de films, exemples joués et commentés en direct au Piano

Bernard STRUBER

✆ 03 88 35 00 71
strubernard@gmail.com • **www.jazztett.com**
21 A rue Jacob • 67200 **STRASBOURG**
Thème(s) / spécialité(s) : Zappa, Gershwin, aspects/histoire du rock, du jazz, du rythm'n'blues, de la guitare électrique, en relation avec la musique classique, contemporaine, ethnique, électronique et sous forme d'une pédagogie ludique et spontanée. Réactions à chaud à partir de disques apportés par le public, échanges parlés, chantés avec le public

SWINGIN' LONDON

laure.decibel@gmail.com • **www.myspace.com/assodecibel2**
c/o Association Décibel • 38 rue des Teinturiers • 31300 **TOULOUSE**
Laure DELSAUX (Coordinatrice)
Thème(s) / spécialité(s) : Swingin' London ou l'âge d'or de la scène anglaise des années soixante. Christophe Delbrouck relate cette période féconde qui voit l'arrivée des Beatles, des Rolling Stones, des Kinks, de Cream, de Traffic et de beaucoup d'autres de 1964 à 1969

TOTAL RTT

✆ 04 77 93 35 82 • fax 04 77 93 35 82
dbdb42@gmail.com • **totalrtt.musicblog.fr**
Asso. musiques actuelles • 102 rue de la Sablière • 42000 **ST ETIENNE**
Daniel BROTHIER (Musicien / conférencier) • Frédéric LEYRELOUP (DJ / conférencier)
Thème(s) / spécialité(s) : Histoire des musiques électroniques. Conférence/concert avec Daniel Brothier et Izwalito du duo Total RTT, illustré en direct par un mix (5m de large sur 3m de profondeur nécessaire). Proposition de découvrir ou de redécouvrir les Dj's et les courants les + importants du mouvement des musiques électroniques

UNDERGROUND MUSICAL EN FRANCE

✆ 06 08 82 48 79
grimo2@wanadoo.fr • **grimo.pagesperso-orange.fr/**
Dominique GRIMAUD • Eric DESHAYES
Thème(s) / spécialité(s) : Après mai-68 une contre-culture musicale se met en place sur le territoire français. Elle développe des pratiques libertaires et expérimentales, des réseaux, etc.

Max WELL

✆ 04 32 52 17 26
well-max@wanadoo.fr • **scenesderockenfrance.com**
348 C ch. de Canfier • 84440 **ROBION**
Thème(s) / spécialité(s) : Histoire des musiques actuelles-amplifiées et scène rock française, presse musicale, industrie discographique. Journalisme, intervenant formations professionnelles, documentaliste musique. Gestion association « Scènes de rock en France »

DOCUMENTAIRES

93 LA BELLE REBELLE

helenepons@zebrock.net
c/o Chroma / Zebrock Imm. Le Terminal • 2 rue Saint-Just • 93130 **NOISY LE SEC**
Jean-Pierre THORN (Réalisateur) • Hélène PONS (Zebrock) • Hugo GILBERT (Zebrock)
Sujet : Épopée du rock slam, en passant par le punk et le hip-hop, des années 60 jusqu'à nos jours. Espace de métissage et de créativité (King Zulu, Bérurier Noir, D' de Kabal)

ALIVE

✆ 06 16 90 84 75
fsadaune@sfr.fr • **www.culturedimages.sitew.com**
Association Culture d'Images • 10 rue Panserot • 91510 **LARDY**
Frédéric SADAUNE (Réalisateur) • Astrid SADAUNE (Réalisatrice)
Sujet : Histoire des petits lieux de musique en France des années 1980 aux années 2000, à travers le témoignage de fondateurs de lieux, d'artistes et d'images d'archives. Avec les Wampas, Burning Heads, Little Bob, Svinkels, Expérience, Sixun, A.S.Dragon, Christian Vander trio, les Endimanchés, Zombie zombie, Gomm, Fantazio, K2R Riddim, Rasta Bigoud, D.J. Poulet, Bonobo, etc.

AUX BARS ET CÆTERA

✆ 05 49 55 37 99
coordination@pole-musiques.com • **www.pole-musiques.com**
c/o PRMA • 91 bd du grand Cerf • 86000 **POITIERS**
Anne LOUSSOUARN (Coordinatrice)
Sujet : Voyage sur la route de musiciens (Gâtechien, Bud Mc Muffin, My Secretary, DJ Korto, Le Lôbe…) et de bars, ces petits lieux d'expression indispensables aux groupes autant qu'à nos territoires

CYCLES OF THE MENTAL MACHINES

contact@jacquelinecaux.com • **www.jacquelinecaux.com**

Jacqueline CAUX (Réalisatrice)

Sur les traces d'Electrifying Mojo • **Sujet** : Emergence de la musique techno à Détroit

DON'T PANIK

✆ 06 11 08 93 75

contact@derniersdelaclasse.com • **derniersdelaclasse.com**

26 rue Jules Ferry • 94500 **CHAMPIGNY-SUR-MARNE**

Keira MAAMERI (Réalisatrice) • Hélène AMÉTIS (Productrice) • Gabrielle MIRBEAU (Attachée de presse)

Sujet : Témoignages de 6 rappeurs musulmans. Rapprochement entre leur vie d'artiste et leur spiritualité.

ET LE SILENCE EST ENTENDU

✆ 06 24 78 14 51

rockumentaire@gmail.com • **elsee.free.fr**

Elsee Prod • 203 Route de Paris • 80090 **AMIENS**

Rafaël SAVARY (Réalisateur) • Julien MOREAU (Réalisateur) • Alexis RÉTHORÉ (Réalisateur)

Sujet : Etats des lieux des musiques actuelles à Nantes et quelle place pour la pratique amateur dans l'environnement urbain sur la base de la scène rock nantaise

EUROPEAN ELECTRIC SUICIDE TOUR

✆ 06 11 86 90 21

contact@lacitedelaprod.com • **www.lacitedelaprod.com**

c/o La Cité de la Prod • 67 avenue des Vosges • 67000 **STRASBOURG**

Sujet : Trois musiciens se font aspirer dans un jeu vidéo. Le seul moyen de sortir du jeu est de réaliser une tournée suicidaire de 43 concerts en 45 jours.

Documentaire NOISY PLACES

✆ 06 16 90 84 75 / 01 78 83 53 44

fsadaune@sfr.fr • **http://www.culturedimages.sitew.com**

10 rue Panserot • 91510 **LARDY**

Frédéric SADAUNE (Président)

Sujet : Les mutations dans le secteur musical vues à travers les témoignages d'artistes et de professionnels des musiques actuelles

PARIS/BERLIN, 20 YEARS OF UNDERGROUND TECHNO

✆ 06 99 43 59 95

amelie.ravalec@gmail.com • **www.paris-berlin-20years.com**

22 av. Adolphe Schneider • 92140 **CLAMART**

Amélie RAVALEC (Réalisatrice)

Sujet : Musique techno, culture underground, Paris/Berlin (Adam X, Kareem, Tama Sumo, Electric Rescue, Remote, Heartbeat etc...)

POST-SCRIPTUM

✆ 06 74 04 44 40

thomas.dadoun@gmail.com • **www.post-scriptum.tv**

L'Œil et la Lune • 13 rue de Trévise • 59000 **LILLE**

Thomas DADOUN (Réalisateur) • Lucas TAKERKART (Producteur délégué) • Camille BRILLOIT (Assistante de réalisation) • Annouchka YAHI (ITW / Rédactrice)

Sujet : Univers de la scène rap française indépendante et des nouveaux médias

La ROUTE EST LONGUE

la.route.est.longue.docu@gmail.com

www.taktakprod.com/documentaires/la-route-est-longue

Taktak productions • 163 rue du Devoir • 63000 **CLERMONT FERRAND**

Alexis MAGAND • Gregory GOMEZ

Sujet : Trois groupes de rock inconnus du grand public sur la route. Géraud, rocker depuis 20 ans croit dur comme fer en sa dernière tentative. Kafka est persuadé que l'on peut remplir des salles avec des morceaux instrumentaux de plus de quinze minutes. Kunamaka s'est fixé un planning très précis pour sortir son deuxième album... Un an et demi de la vie de groupes de rock. Entre déceptions et espoirs. Des rencontres improbables, des concerts, des milliers de kilomètres : la route est longue...

RUDE BOY STORY

✆ 06 03 97 44 77

rudeboystory@gmail.com • **rudeboystory.com**

Diversité Films • 4 rue Buisson • 42000 **ST ETIENNE**

Cécile MOUNIER (Contact presse) • Mathieu OLIVIER (Diversité Films) • Élise VANDERHAEGEN (Réseau musique) • Christophe LIABEUF (Réseau cinéma)

Sujet : Documentaire sur le parcours musical du groupe de reggae français Dub Inc qui prône indépendance et autoproduction

SMELLS LIKE HIP HOP

✆ 06 12 66 36 23

stephane.rocket@rocketmail.com

canalstreet.canalplus.fr/emissions/smells-like-hip-hop

Stéphane ROCKET (Réalisateur)

La Culture Hip Hop En France • **Sujet** : 26 épisodes sous forme d'abécédaire sur 30 ans de culture hip hop made in France

VINYLMANIA

✆ 09 50 53 60 13

mathilde@latosensu.tv • **www.latosensu.tv**

52 rue Sébastien Gryphe • 69007 **LYON**

Paulo CAMPANA (Réalisateur) • Eduardo FRACCHIA (Producteur) • Muriel BARRA (Productrice)

Sujet : Documentaire sur la passion grandissante pour les vinyles à l'heure d'internet (avec Sanju Chiba, Gotan Project, Winston Smith, The Karminsky Experience, DJ Kentaro, Rich Medina)

EXPOSITIONS

Association 45 TOUR

✆ 06 33 51 28 84 / 0041 78 674 79 77

asso45tour@yahoo.fr • **www.45tour.fr**

71 bvd Emile Zola • 51000 **CHALONS EN CHAMPAGNE**

Sylvie PFAEHLER (Présidente) • Céline DOUADI (Trésorière)

Thématique : Rencontres musicales, concerts et expositions • **Description** : Promotion et diffusion d'artistes au sein de médiathèques et de centres culturels

60 ANS DE MUSIQUE JAMAÏCAINE

✆ 06 99 05 74 31

rockingtimerecords@gmail.com • **michael.avignon.free.fr**

c/o Association Rocking Time • 74 rue du Petit Sol • 95800 **CERGY LE HAUT**

Michaël AVIGNON

Thématique : Musiques jamaïcaines • **Description** : Exposition « 60 ans de musique jamaïcaine » et conférences (seul ou accompagné de musiciens) sur l'histoire de la musique jamaicaine

ACCORDÉONS...

✆ 04 90 23 39 02

santiagorobert@orange.fr • **www.robertsantiago.com**

21 rés. les Chênes Verts • Route de Châteauneuf du Pape • 84700 **SORGUES**

Alexandra NAJBERGER

Thématique : Expositions sur l'ACC • **Description** : Selon la capacité du lieu d'accueil, de 60 à 120 ACC romantiques, ACD, ACH, mixtes, BNO et concertinas, harmoniflûte, basses aux pieds, cartel pour chaque démonté. Ancêtres : orgues à bouche (Sheng, Khène), gimbardes, harmonicas. Reconstitution d'une estrade de bal musette (ACH, BA, BJ)

ALLEZ LES FILLES

✆ 04 90 20 86 86

franpou2@wanadoo.fr • **scenesderockenfrance.com**

2760 route de la roque • 84800 **L'ISLE SUR LA SORGUE**

François POULAIN (Photographe)

Thématique : Des filles, rien que des filles dans le milieu des musiques actuelles (panorama sur 20 ans) • **Description** : 26 photographies N&B, 30x40 : Emilie Simon, Coco Rosie, Les Suprêmes Dindes, La Grande Sophie, The Cramps, Maximum Kouette, My Bloody Valentine, La Troppa, PPI, Femmouzes T, etc.

Patrick AUDOUX

✆ 01 34 74 03 80 / 06 80 48 09 47

ap.scene@free.fr • **www.vues-sur-scenes.com**

5 Parc Amilcar • 78130 **LES MUREAUX**

Description : + de 100 photos 40x60 sur le jazz actuel, pouvant être fractionnée selon le thème de votre exposition : jazz vocal et/ou instrumental

AVEC NOUGARO

✆ 06 83 12 44 31

contact@grand-babyl.info • **grand-babyl.info**

Frédéric PAGES • Hélène NOUGARO

Thématique : La vie et l'œuvre de Claude Nougaro (concert, exposition, atelier, rencontres) • **Description** : 9 panneaux couleur avec 9 thèmes

BOITES À FRISSONS

✆ 03 44 08 88 14 / 06 60 68 84 75 • fax 03 44 08 88 14

improductions@wanadoo.fr • **www.improductions.org**

c/o Association Improductions • Bornel • BP 10156

60541 **MERU CEDEX**

Philippe NASSE (Contact)

Thématique : Accordéons et accordéonistes • **Description** : 25 photographies de Patrick Bard, noir et blanc et couleurs contrecollées sur support aluminium 50/60 cm, 40/50 cm, 30/40 cm

Terry BRISACK

✆ **03 28 04 81 38 / 01 43 55 47 36** • fax 03 28 04 81 38
orage.continental@libertysurf.fr • **www.oragecontinental.com**
150 rue du Chemin Vert • 75011 **PARIS**

Thématique : Les racines du rock, aux origines de la musique électronique, une histoire de la guitare, l'histoire du disque et du son, etc. • **Description** : Expositions et ou interventions à la carte sur le thème des origines des musiques populaires : concerts pédagogiques, conférences/ projections avec jeu live sur instruments vintage ou appareils sonores d'époque, atelier d'éveil ou de créations musicales collectives, etc.

Benoît BUISSON

✆ **06 13 86 70 49**
beranben@free.fr • **www.expoitinerante.fr**
c/o Archipels • 74 Boulevard Dunois • 14000 **CAEN**
Xavier FONTAINE (Chargé de communication)

Thématique : Instruments du monde • **Description** : Exposition instrumentale participative à travers explications, livret pédagogique disponible sur demande, démonstrations, et ateliers pratiques. Instruments traditionnels du Maghreb, d'Afrique Noire et d'Asie

COLLECTION ALAIN DISTER

info@a360.org • **www.alaindister.com**
c/o A360.org • 5 av. Milleret de Brou • 75016 **PARIS**
Arnaud CONTRERAS

Thématique : Summer of love, Beat generation, Japan rock, Portraits de musiciens

DANSONS LE JAZZ

✆ **01 42 55 78 88 / 06 31 71 09 68**
pbaudoin@noos.fr • **www.baudoinjazz.com**
5 bis cité du Midi • 75018 **PARIS**
Philippe BAUDOIN (Concepteur)

Thématique : « Dansons le jazz » • **Description** : La danse dans le jazz, les musiques et spectacles populaires à travers les illustrations de partitions musicales (1850 -1950) - 32 panneaux (L 85 cm X H 120 cm) mettent en relief le graphisme et les couleurs des 270 splendides couvertures originales de partitions musicales. Chacun de ces documents est agrémenté d'un commentaire

DAZIBAO

✆ **04 67 62 56 18**
dazibaoexpo@gmail.com • **www.dazibao-expo.com**
4 rue de la Tour • 34500 **BEZIERS**
Didier PINOT (Directeur)

Thématique : Jazz (« L'Odyssée du jazz : invitation au voyage dans la grande saga des musiciens afro-américains », réalisée par Noël Balen), blues (« Au commencement était le blues », expo de Jacques Vassal, tirée du livre « Le pays où naquit le blues » d'Alan Lomax), chanson française (« Il était une fois la chanson française », « 80ans de chanson française, du microphone au mp3 ») • **Description** : Panneaux plastifiés 70x100 cm

DJANGO REINHARDT SWING DE PARIS

✆ **01 44 84 45 57**
ilaine@cite-musique.fr
Cité de la Musique • Service des expositions • 221 av. Jean Jaurès
75019 **PARIS**
Isabelle LAINÉ (Responsable du Service des expositions)

Description : Conçue en 2012 par Vincent Bessières, commissaire, et Patrick Bouchain, scénographe, pour le Musée de la Cité de la Musique. Une version itinérante et allégée de l'exposition est proposée aux médiathèques et lieux culturels en régions ainsi qu'aux centres culturels à l'étranger

DUKE ELLINGTON PANORAMA

✆ **01 42 55 78 88 / 06 31 71 09 68**
phil@baudoinjazz.com • **www.maison-du-duke.com**
La Maison du Duke • 5 bis cité du Midi • 75018 **PARIS**
Philippe BAUDOIN

Thématique : Exposition itinérante consacrée à Duke Ellington, un panorama qui embrasse en 12 panneaux la vie et l'œuvre ducales. Cette exposition inédite a été conçue et réalisée par Philippe Baudoin et Isabelle Marquis (conseiller : Claude Carrière) • **Description** : Outre une chronologie historique détaillée, elle met en valeur ses grands solistes et son alter ego Billy Strayhorn, évoque ses nombreuses apparitions à l'écran, dépeint ses rapports privilégiés avec la France et insiste sur l'intense rayonnement de sa musique jusqu'à nos jours. Dans le dernier panneau, sont dévoilés les aspects insolites de ce personnage hors du commun. De nombreux documents parfois très rares, une bande sonore et des bornes vidéo illustrent ce panorama

ET L'ARGENTINE CRÉA LE TANGO

✆ **03 28 04 81 38 / 01 43 55 47 36** • fax 03 28 04 81 38
orage.continental@libertysurf.fr • **www.oragecontinental.com**
Association l'Orage Continental • 150 rue du ch. Vert • 75011 **PARIS**
Terry BRISACK

Thématique : Histoire du tango argentin • **Description** : 21 panneaux (1 m x 1,22 m). Possibilité d'animations musicales, de bal tango, de projection, de conférences en partenariat avec Musicargentina

ETHNIC & ELECTRONIC MUSIQUES

✆ **02 40 74 30 74 / 06 61 95 77 32 / 02 40 35 58 67 / 06 71 07 81 83**
olbriand@aol.com
31 rue du Maine • 44000 **NANTES**
Olivier BRIAND (Contact) • Joël BRIAND (Animateur)

Thématique : Instruments de musique du monde (actuellement 750 pièces) • **Description** : Exposition orientée sur l'objet d'art musical, thématique géographique ou organologique, de 100 à 300 pièces sélectionnées spécialement pour chaque événement, conférences sur l'organologie avec une trentaine d'interventions musicales sur nos instruments

La FANZINOTHÈQUE

fanzino@fanzino.org • **www.fanzino.org**
185 rue du fbg du Pont-Neuf • 86000 **POITIERS**
Cécile GUILLEMET (Directrice) • Gilles BEUNECHE (Administrateur)

Thématique : Fanzinat (rencontres, débats, exposition) • **Description** : 2 à 3 expos/an

FAYA

✆ **06 73 22 57 85**
dddmostra@free.fr
www.flickr.com/photos/dddmostra-stencil-experiences
Lieu dit « Les Guerres » • 26300 **CHATUZANGE LE GOUBET**
Didier DUYATS (Graphiste)

Thématique : Une petite histoire du reggae • **Description** : 25 peintures originales au pochoir 60x80 (du graphiste didier DDD) inspirées par des grands noms et symboles du mouvement reggae : Bob et Rita Marley, Hailé Sélassié, Marcus Garvey, Lee Scratch Perry, Marcia Griffiths, LKJ, Tiken Jah Fakoly, Mad Professor, Big Red, Peter Tosh... Cette exposition est également le support visuel à la conférence sur l'histoire du Reggae de MaxWell de l'Association Scènes de Rock en France

GRAIN D'SCÈNE

✆ **04 90 20 86 86**
franpou2@wanadoo.fr • **scenesderockenfrance.com**
2760 route de la Roque • 84800 **L'ISLE SUR LA SORGUE**
François POULAIN (Photographe)

Thématique : La scène indépendante Française (surtout) et étrangère (un peu) en live, des images fortes • **Description** : 23 Panneaux 30 x 40 sans verres, photos 30 x 40 noir & blanc. Sont présents Franz Ferdinand, Noir Désir, Buzzcocks, Raoul Petite, Louise Attaque, Oai Star, Maniax, The Craftmen Club, Parabellum, Thomas Fersen, Mano Negra, Mass Murderers, The Cramps, Les Cadavres, Los Mescaleros, Ludwig von 88, Suspense Rubberband, Les Sheriff, Les Casse-Pieds, Les Nonnes Troppo, Henry Rollins, Le Cri de la Mouche, Dogs

La GRANDE AVENTURE DU DISQUE ET DU SON

✆ **03 28 04 81 38 / 01 43 55 47 36** • fax 03 28 04 81 38
orage.continental@libertysurf.fr • **www.oragecontinental.com**
Association l'Orage Continental • 150 rue du Chemin Vert • 75011 **PARIS**
Terry BRISACK

Thématique : Des premiers enregistrements à la révolution numérique • **Description** : Histoire du son enregistré : phonographes, gramophones, âge d'or du disque (microsillon, stéréophonie, bande magnétique), révolution numérique (CD, miniaturisation). Accessoires : gramophone et disques, pick-up à lampes, enregistrements début XXè, partitions anciennes

Christian GUALDI

✆ **06 08 92 51 26**
mualc@wanadoo.fr • **www.musalc.net**
Association Musiques à la clef • 32 rue St-Maur • 75011 **PARIS**

Thématique : Musiques du sud des USA (Louisiane), blues • **Description** : Expositions itinérantes : L'Histoire du blues, Musique en Louisiane, Musique cajun et zydeco, Negro spirituals et gospel, l'Histoire du Jukebox, Les Beatles

GUEULES DE ROCK

✆ **04 90 20 86 86**
franpou2@wanadoo.fr • **scenesderockenfrance.com**
2760 route de la Roque • 84800 **L'ISLE SUR LA SORGUE**
François POULAIN (Photographe)

Thématique : Portraits posés ou live de personnages et musiciens du rock français • **Description** : 36 panneaux 40x50 sans verre, photos 24x30 N&B colorisées par le dessinateur E.T.

HARPES DES CELTES CORPS ET AME

✆ **02 96 87 36 69**
contact@maisondelaharpe.org • **www.harpe-celtique.fr**
c/o Maison de la Harpe • 6 rue de 'horloge • 22100 **DINAN**
Hélène CHAPILLON

Thématique : Harpe celtique, Harpe celtique et conte, Harpe d'Amérique du sud et centrale, Harpe du Moyen âge • **Description** : « Harpe celtique » : Expo de 22 panneaux, 3 harpes historiques et objet sonore - « Harpe celtique et conte » : Expo de 13 panneaux 208x80, harpe historique - « Harpe d'Amérique du sud et centrale » : Expo de 10 panneaux 208x80, harpe - « Harpe du moyen âge » : Expo de 15 panneaux, harpe historique

HIDDEN ROCK

✆ **06 14 08 54 22**
louisemaisons@sfr.fr • **www.louise-maisons.com**
98 rue Didot • 75014 **PARIS**

Louise MAISONS

Description : Photos de scène et portraits en extérieur ou en studio noir et blanc, scène alternative internationale de 81 à 86 et photos récentes

Une HISTOIRE DE LA GUITARE

✆ **03 28 04 81 38 / 01 43 55 47 36** • fax 03 28 04 81 38
orage.continental@libertysurf.fr • **www.oragecontinental.com**
Association l'Orage Continental • 150 rue du Chemin Vert • 75011 **PARIS**

Terry BRISACK

Thématique : Histoire de la guitare, de l'Antiquité au 21è siècle • **Description** : Apparition et évolution de l'instrument, présentation des guitares acoustiques et électrique, des grandes firmes, etc.

I-VOIR.COM

✆ **05 81 29 29 92**
christian.lebon@i-voir.com • **www.i-voir.com**
c/o Christian Lebon • Griou • 09200 **MONTJOIE EN COUSERANS**

Christian LEBON

Thématique : Expositions photographiques en location • **Description** : 6 expos disponibles (Irlande en musique, Irlande Hommes et paysages, Fête du violon en Roumanie, Lutherie du violon, Exploration rupestre au Sahara, Musicien du monde)

IL ETAIT UNE FOIS LA PERCUSSION

✆ **06 08 47 10 33 / 05 65 30 16 23 / 05 65 21 63 06**
grimal.musique@orange.fr • **musiques-en-liberte.fr**
Espace Clément Marot, bureau 217 • Pl. Bessière • 46000 **CAHORS**

Gérard GRIMAL (Responsable artistique /auteur de l'exposition)

Thématique : Exposition documentaire itinérante de 400 percussions du monde • **Description** : Un fabuleux trésor de 400 percussions du monde, dans une présentation visuelle et sonore composé de 8 décors évoquant chaque continent

INSTRUMENTS DU MONDE

✆ **06 81 31 73 51**
bulots@orange.fr
c/o Serge Bulot • 99 rue de Férin • 59500 **DOUAI**

Serge BULOT (Contact / musicien)

Thématique : Instruments du monde • **Description** : Exposition vivante, 150 instruments, concerts dans le cadre de l'exposition

INSTRUMENTS POPULAIRES CORSES

✆ **04 95 45 25 45** • fax 04 95 45 25 36
bernard.pazzoni@ct-corse.fr • **www.musee-corse.com**
Phonothèque • La Citadelle • 20250 **CORTE**

Bernardu PAZZONI (Responsable phonothèque)

Thématique : Exposition photo couleurs d'instruments traditionnels utilisés en Corse • **Description** : 60 panneaux rigides avec cartels d'explications, surface et matériel nécessaires

JAMAIQUE : SUR LA PISTE DU REGGAE

✆ **06 62 71 76 47**
reggaedoc@sfr.fr • **www.docreggae.com**

Bruno BLUM

Thématique : « Jamaïque : sur la piste du reggae » • **Description** : 29 tableaux 40X60 (détails sur : www.docreggae.com/conferences/conferences.htm)

JAZZBOX

✆ **06 74 77 34 05**
morganhelou@lenadazy.fr • **www.cecilelena.org**
Association Léna d'Azy • 56 rue Forestier • 33800 **BORDEAUX**

Morgan HELOU (Administration de production) • Cécile LÉNA (Scénographe) • Philippe MEZIAT (concepteur)

Thématique : Jazz • **Description** : Série de dix modules autonomes : le spectacteur dans un isoloir musical écoute et découvre un morceau de jazz illustré par une petite scène en volume. Le choix musical des dix boîtes/isoloirs est conduit d'une part par la chronologie : faire entendre des morceaux emblématiques des grandes « périodes » du jazz (nouvelle-orléans, swing, bop, jazz rock, etc.) et d'autre part, par la « géographie », dans la mesure où le jazz s'est répandu dans le monde entier avec ses codes musicaux

Association L'ORAGE CONTINENTAL

✆ **03 28 04 81 38 / 01 43 55 47 36** • fax 03 28 04 81 38
orage.continental@libertysurf.fr • **www.oragecontinental.com**
150 rue du Chemin Vert • 75011 **PARIS**

Terry BRISACK

Thématique : Rock'n'roll, surf music, sixties beat • **Description** : Les racines du rock'n'roll (1954-1959) avec les pionniers (Elvis Presley, Carl Perkins...) / La surf music et le rock instrumental (early 60's) avec Duane Eddy, Dick Dale, Shadows, Trashmen, etc. / Le sixties beat (du british boom au garage rock) avec bien sûr les Beatles, Kinks, Animals, Yardbirds, Them, etc. Pour chaque thème, une trentaine de cadres présentant biographies et iconographies des figures essentielles et une prestation live sur instruments d'époque proposée : grande histoire et anecdotes, jeu live, projections, etc.

LUDICART

✆ **04 67 86 04 12**
infos@ludicart.com • **www.ludicart.com**
423 rue du Paradis • 34400 **ST SERIES**

Thématique : Art interactif ludique • **Description** : Installations ludiques et musicales (Moulins à Paroles, Guéridons Musicaux, Musique dans le noir, La Ronde, Le Cube, Tableaux Sonores, Les Pyramides, Fresques Musicales, Tubulophone, Hop' Music, etc.)

LUTHERIE INOUIE

✆ **01 43 63 85 42** • fax 01 48 97 43 50
contact@lutherieurbaine.com • **www.lutherieurbaine.com**
c/o Lutherie urbaine • 59 av. du Général de Gaulle • 93170 **BAGNOLET**

Agnès DUFOUR (Directrice administrative)

Thématique : Objets sonores et instruments inédits • **Description** : Regroupement d'une sélection d'instruments construits par Lutherie Urbaine et des réalisations de luthiers de Seine-St-Denis à partir d'objets et matériaux de récupération

Ces MÉTIERS QUI ACCOMPAGNENT LA PRATIQUE DES MUSIQUES ACTUELLES

✆ **01 30 63 03 30** • fax 01 30 63 04 75
accueil@cacgeorgesbrassens.com • **www.cacgeorgesbrassens.com**
18 rue de Gassicourt • 78200 **MANTES LA JOLIE**

Eric GUILLAMAUD (Directeur) • Joël LE CROSNIER (Directeur)

Thématique : Renseigner un public désireux de travailler dans le spectacle vivant ou tout simplement curieux. Information, sensibilisation sur les différentes orientations possibles et les formations qui en découlent. Permet d'éclairer un néophyte sur la structuration générale de ce secteur professionnel • **Description** : 12 bâches format 80x120, impression quadri

MÉTISSAGE

✆ **06 22 65 71 15**
metissage94@wanadoo.fr • **www.metissage94.com**
7 rue de Bordeaux • 94700 **MAISONS ALFORT**

Youssef KABOUCHE (Directeur)

Thématique : La Culture hip hop • **Description** : Exposition sur la culture Hip Hop comprenant 20 panneaux (120 cm de large sur 190 de haut sur support), 15 enrouleurs et 3 structures PVC (Totem : largeur 80 cm, hauteur : 200 cm)

MUPOP

✆ **04 70 08 73 51 / 04 70 08 73 50**
contact@mupop.fr • **www.mupop.fr**
3 rue Notre-Dame • 03100 **MONTLUCON**

Marc TOUCHE (Commissaire d'exposition) • Isabelle LOUIS (Chargée de communication)

Musée des musiques populaires de Montluçon • **Thématique** : Histoire des musiques populaires en France de 1750 à nos jours • **Description** : 1 000 instruments, 5 000 cartes postales et 6 000 partitions exposés

MUSÉE DES INSTRUMENTS À VENT

✆ **02 32 36 28 80**
musee@lacoutureboussey.com • **www.lacoutureboussey.com**
2 rue d'Ivry • 27750 **LA COUTURE BOUSSEY**

Virginie ALLARD (Responsable) • Elisabeth BRIAUD (Médiatrice culturelle)

Thématique : Instruments à vent • **Description** : Collection d'instruments de musique (FL, CLA, HAU) du XVIIIe siècle à nos j., machines, outils et histoire de la facture instrumentale locale

MUSICAS DO BRASIL

✆ **05 47 17 80 56 / 06 81 04 88 03**
gerald.guillot@gmail.com • **www.gerald-guillot.fr**
54 rue Frère • 33000 **BORDEAUX**

Gérald GUILLOT (Commissaire d'exposition)

Thématique : Musiques du Brésil • **Description** : Découverte de la diversité des expressions musicales du Brésil

Les MUSIQUES DU PAYSAGE

✆ **04 73 64 60 00** • fax 04 73 64 60 09
contact@amta.fr • **www.amta.fr**
1 route d'Ennezat • BP 169 • 63204 **RIOM CEDEX**

José DUBREUIL (Chargée du patrimoine et de diffusion)

Thématique : 12 thèmes autour des musiques traditionnelles : cornemuse, vielle, violon, accordéon (facteurs et instruments) ; musiques et espace ; occasions de musiques ; musiques et rituels ; les musiques au Pays ; les auvergnats hors de l'Auvergne ; de la bourrée au musette ; du folk à aujourd'hui ; les musiques traditionnelles en Auvergne • **Description** : 12 panneaux de 3/3 m où est installée la « Scène » et une toile sur laquelle sont imprimées les photos (2 hauteurs proposées : enfants et adultes)

Les **MUSIQUES NOIRES DANS LE MONDE**

✆ 01 56 03 90 85 • fax 01 56 03 90 84
info@mondomix.com • **www.mondomix.com**
c/o Mondomix • 144/146 rue des Poissonniers • 75018 **PARIS**
Marc BENAICHE (Coordinateur)

Thématique : Musiques noires dans le monde • **Description** : Entièrement multimédia et interactive, cette exposition présente de façon inédite l'histoire des musiques noires à travers le monde, de l'Antiquité jusqu'à nos jours, ainsi que les grands artistes, les grands courants des musiques noires et les tendances d'aujourd'hui grâce à une centaine d'installations audiovisuelles interactives réparties en 6 chapitres. Le parcours a été conçu par un comité d'experts africains, européens et américains

La **NAISSANCE DU ROCK**

✆ 03 28 04 81 38 / 01 43 55 47 36 • fax 03 28 04 81 38
orage.continental@libertysurf.fr • **www.oragecontinental.com**
Association l'Orage Continental • 150 rue du Chemin Vert • 75011 **PARIS**
Terry BRISACK

Thématique : Des origines du rock'n roll à l'apparition des grands courants actuels • **Description** : Histoire du rock'n roll : 1920 à 1950 (blues, honky-tonk), naissance (pionniers, grandes figures, underground), évolution (psyché, glam rock, punk, grunge, etc.), 8 CD, 1 CD-ROM, affiche de l'expo, reproductions disques rares, 3 DVD. Possibilité d'interventionsmusicales à la carte pour petits et/ou grands : concert pédagogique, conférence avec jeu live et projections, ateliers d'éveil ou de création collective... avec ou sans l'expo

ORIGINES DE LA MUSIQUE ÉLECTRONIQUE

✆ 03 28 04 81 38 / 01 43 55 47 36 • fax 03 28 04 81 38
orage.continental@libertysurf.fr • **www.oragecontinental.com**
Association l'Orage Continental • 150 rue du Chemin Vert • 75011 **PARIS**
Terry BRISACK

Thématique : Aux origines des musiques électroniques • **Description** : Exposition retraçant l'histoire de la musique éléctronique de ses origines au début du 20e s. jusqu'à la révolution numérique des années 80 : racines de la new-wave, krautrock allemand, musique cosmisque des années 70, musique contemporaine d'après 1945, grands précurseurs (Bartok, Debussy, Boulez, etc.) mais aussi les instruments (Moog, premiers synthétiseurs, B3, Theremin, etc.).

PHILIPPE THIEYRE

✆ 06 86 65 69 47
phthieyre@wanadoo.fr
Philippe THIEYRE (Collectionneur)

Thématique : Rock psychédélique et autres • **Description** : Pochettes de disques, posters, objets, revues et enregistrements sonores fournis. Conférences à la demande.

Claude **RIBOUILLAULT**

✆ 05 49 69 01 26 / 06 81 49 83 04
claude.ribouillault@wanadoo.fr • **www.artpopu.info**
Les Deux Eaux • 79340 **CHANTECORPS**

Thématique : Exposition, animation d'instruments de musique traditionnels français, de masques, de marionnettes du monde • **Description** : Pédagogie musicale JMF, expositions tournant en France et à l'étranger depuis 30 ans en centres culturels, festivals, conservatoires, bibliothèques et médiathèques

ROCK À VIF

✆ 04 90 20 86 86
franpou2@wanadoo.fr • **scenesderockenfrance.com**
2760 route de la Roque • 84800 **L'ISLE SUR LA SORGUE**
François POULAIN (Photographe)

Thématique : Rock indé international live • **Description** : 30 panneaux, photos 24x30 N&B virées sépia. Avec Urban Dance Squad, Henry Rollins, Morphine, Calvin Russel, Young Gods, Mano Negra, Drive Blind, Parabellum, Burma Shave, Cramps, Negu Gorriak, L7, Uk Subs, Hard Ons, etc.

ROCK POSTER ART

lesartsdurock@live.fr • **www.rock-poster-art.com**
Résidence du stade • 32 av. Eglise St-Joseph • 64000 **PAU**
Didier MAIFFREDY (Responsable)

Thématique : Arts graphiques dans le rock par rapport aux origines : EUA et Europe. Exposition de sérigraphies de concerts • **Description** : Chaque sérigraphie est placée sous verre, encadrée selon les règles de l'art avec Marie Louise de séparation

Association **SARANGHI**

✆ 05 49 43 49 97 / 06 92 31 63 • fax 02 62 21 90 72
festivalinternationalvivonne@wanadoo.fr
12 imp. Bellevue • 86370 **VIVONNE**
François MENARD (Président (Réunion et océan Indien)) • Marie-Claude BARROT (Président (France))

Thématique : Instruments de musiques traditionnels du monde entier • **Description** : Expos modulables selon demande (collection de plus de 4 000 instruments)

SCÈNES DE ROCK EN FRANCE

✆ 04 32 52 17 26 / 04 90 20 86 86
franpou2@wanadoo.fr • **scenesderockenfrance.com**
c/o La Gare • 105 quai des entreprises • 84660 **LE COUSTELLET**
François POULAIN (Responsable photographe) • Max WELL (Responsable scribe)

Thématique : Histoire du rock en France de ces 20 dernières années • **Description** : 50 panneaux de photographies rappelant l'histoire du rock, panorama de la scène rock et musiques actuelles en général. Affiches historiques, objets cultes (fanzine, pochettes de disques, etc.)

Lionel **STOCARD**

✆ 04 78 29 89 40 / 06 84 32 24 18
lionel@stocard.com • **www.stocard.com**
8 rue Joseph Serlin • 69001 **LYON**

Thématique : La chambre expérimentale des rêves • **Description** : Installations sonores, machines à rêver, instruments originaux et concerts

TRANSPARENCES / MUSIVERRE

✆ 01 42 85 20 28 • fax 01 42 80 43 13
jc.chapuis@glassmusic.org • **www.glassmusic.org**
64 rue Condorcet • 75009 **PARIS**
Jean-Claude CHAPUIS (Responsable)

Thématique : Concerts et exposition d'instruments de cristal et d'instruments exceptionnels de tous les continents • **Description** : Expos, conférences. Concerts sur 15 instruments en cristal, pour un répertoire de tous types de musique. En solo, duo... quintet, sextuor avec chant, spectacles musicaux tous publics : spect. sur B. Franklin mus. et homme de science

La **TURBOTHEQUE**

✆ 06 38 95 78 82
airforcezero@free.fr • **la.turbotheque.free.fr**
Arnaud RIVIERE (Créateur)

Thématique : Propose une lecture verticale des disques : superposition pour une écoute simultanée, optimisée et réduite (jusqu'à 20 fois) • **Description** : Contient 205 disques et recompose automatiquement de nouvelles pièces sonores à partir d'albums existants

TXALAPARTA

✆ 06 13 82 14 86 / 05 59 47 33 78
festival3c@yahoo.fr • **txalaparta.perso.sfr.fr**
14 rue Iduski Alde • 64122 **URRUGNE**
Jean-Claude ENRIQUE

Thématique : Txalaparta, idiophone à percussion d'origine basque • **Description** : 4 panneaux de 4,80 x 2m; 8 cadres A3 avec textes & photos; txalaparta ancienne; txalaparta moderne; txalaparta en pierre; borne multimédia à écran tactile; programme d'écriture musicale pour txalaparta (nécessite le prêt d'un PC); DVD (nécessite le prêt d'un écran et d'un lecteur DVD)

UNE HISTOIRE DES MUSIQUES ÉLECTRONIQUES

✆ 06 58 46 75 40
seminairesprod@yahoo.fr
4 rue de la Sous-préfecture • 27700 **LES ANDELYS**
Fabrice HUBERT • Bastien CANTILLON

Thématique : Histoire des musiques électroniques à travers le triptyque (instruments électroniques, recherche sur la matière sonore et recherche du rythme métronomique) • **Description** : Parcours musical visuel et interactif

ALSACE

ARTEFACT PRL
✆ **03 88 23 72 37** • fax 03 88 23 72 30
plateforme@artefact.org • **www.loco.artefact.org**
13 rue du Hohwald • 67000 **STRASBOURG**
Jean-Luc GATTONI (Centre de ressources)
Activité(s) : Centre de ressources pour l'Irma, information

CRMA BAS-RHIN NORD
✆ **06 59 94 20 00 / 09 83 03 40 93**
crma@reseaujack.fr • **www.crma.reseaujack.fr**
Espace Associations • 6 pl. Robert Schuman • 67500 **HAGUENAU**
Thomas LINCKER (Chargé de mission)
Activité(s) : Informations, formations, ressources

AQUITAINE

ACPA
✆ **05 53 48 25 27**
acpa.asso@wanadoo.fr • **www.acpa47.over-blog.com/**
10 rue Ledru Rollin • 47000 **AGEN**
Dany MADIER-DAUBA (Présidente)
Associacion per la cultura populara en Agenés • **Activité(s)** : Valorisation du patrimoine sonore, expositions, actions de formation et de diffusion. Etude et connaissance du patrimoine oral

L'ATABAL
✆ **05 59 41 73 20** • fax 05 59 23 38 31
francois.atabal@orange.fr • **www.atabal-biarritz.fr**
37 allée du Moura • 64200 **BIARRITZ**
Corinne THION (Chargée de communication)
Activité(s) : Multimedia, information, formation

CIMA / ALLEZ LES FILLES
✆ **05 56 52 31 69 / 05 56 81 64 83**
com@allezlesfilles.com • **www.allezlesfilles.net**
9 rue Teulère • 33000 **BORDEAUX**
Francis VIDAL (Programmation)
Centre d'Information des Musiques en Aquitaine • **Activité(s)** : Base de données, festival «Relâche» (gratuit, plein air, pdt l'été), «Boxe and soul», Funky Kids (apprentissage de la danse soul dans les écoles)

Le KRAKATOA
✆ **05 56 99 60 36** • fax 05 56 99 18 05
pepiniere@krakatoa.org • **www.krakatoa.org**
c/o Transrock • 3 av. Victor Hugo • 33700 **MERIGNAC**
Guillaume MANGIER (Responsable du centre info ressource et de l'accompagement / pépinière) • Lucille TORRES (Coordinatrice e-mallette)
Activité(s) : Information, conseil, suivi de projet pour amateurs et professionnels, organisation de journées d'info

RAMA
✆ **05 56 84 15 26**
info@le-rama.org • **www.le-rama.org**
95 av. Alexis Capelle • 33130 **BEGLES**
Florent TEULE (Directeur)
Réseau aquitain des musiques actuelles • **Activité(s)** : Coordination de projets régionaux, analyse et ingénierie, structuration du secteur, mise en réseau, information et documentation, pôle ressource «musiques amplifiées» du Conseil régional d'Aquitaine, etc.

AUVERGNE

AMTA
✆ **04 73 64 60 00** • fax 04 73 64 60 09
contact@amta.fr • **www.amta.fr**
1 route d'Ennezat • BP 169 • 63204 **RIOM CEDEX**
André RICROS (Directeur) • José DUBREUIL (Patrimoine et communication) • Eric DESGRUGILLERS (Chargé de la sauvegarde du patrimoine culturel)
Agence des musiques des territoires d'Auvergne

La COUVEUSE
✆ **04 71 05 55 68**
contact@lacouveuse.fr • **www.lacouveuse.fr**
MPT • Cours de la Liberté • 43770 **CHADRAC**
Stéphane LAURENT (Responsable secteur musiques actuelles)
Activité(s) : Information, documentation, accompagnement de projet, formation, travail scénique, prévention des risques auditifs, etc,.

LMT
✆ **04 71 64 14 99**
lovemitendeur@wanadoo.fr • **www.myspace.com/lovemitendeur**
Parc de la Fraternité • Rue Jean Moulin • 15000 **AURILLAC**
Josy PUECHBROUSSOU • Jean PUECHBROUSSOU
Love Mi Tendeur • **Objet** : Développer la pratique, l'information et la diffusion musicale

PÔLE MUSIQUES ACTUELLES - MONTLUCON
✆ **04 70 08 35 63** • fax 04 70 08 35 66
corine.merceret@mjc-montlucon.asso.fr
c/o MJC de Montluçon • 18 av. de Fontbouillant • 03100 **MONTLUCON**
Corine MERCERET (Animatrice responsable secteur musiques amplifiées)
Activité(s) : Recensement des acteurs sur le dpt soutien aux artistes

Le TRANSFO (RESSOURCES)
✆ **04 73 28 83 40**
contact@letransfo.fr • **www.letransfo.fr**
7 allée Pierre de Fermat • CS 30518 • 63178 **AUBIERE CEDEX**
Romain BARD (Chargé de mission musiques actuelles) • Marc MOURGUIART (Chargé de mission musiques actuelles)
Objet : Promotion et accompagnement de projet • **Activité(s)** : Coordination du réseau ressources régional, conseil et accompagnement

BASSE-NORMANDIE

CENTRE INFO ROCK DU CARGÖ
✆ **02 31 86 79 31** • fax 02 31 38 95 83
elodie@lecargo.fr • **www.lecargo.fr**
c/o Arts Attack! • 9 cours Caffarelli • 14000 **CAEN**
Elodie NOURIGAT (Action culturelle) • Nancy TIXIER (Accueil, information)
Activité(s) : Ressource, dépôt-vente d'artistes régionaux, antenne Irma, conseils personnalisés sur RV, organisation de formations professionnelles et de journées d'info, accueil et billetterie

La LUCIOLE
✆ **02 33 32 83 33** • fax 02 33 32 84 34
infos@laluciole.org • **www.laluciole.org**
171 route de Bretagne • 61000 **ALENCON**
Damien YBERT
Activité(s) : Info, conseil, documentation

BOURGOGNE

La CUISINE
✆ **03 86 40 95 10**
lacuisine@citedesmusiques.org • **www.citedesmusiques.org**
Asso. Service Compris • 7 rue de l'Île aux Plaisirs • 89000 **AUXERRE**
Sylvain BRIAND (Directeur) • Frédéric HUVET (Régisseur studio)
Activité(s) : Espace d'information, de conseil, de répétitions et de formations

MPO
✆ **03 85 82 77 00** • fax 09 61 22 60 52
mpo.bg@orange.fr • **www.mpo-bourgogne.org**
Pl. de la Bascule • 71550 **ANOST**
Guillaume LABOIS (Directeur)
Maison du patrimoine oral de Bourgogne • **Activité(s)** : Patrimoine Immatériel (recherche et valorisation), mise en réseau des opérateurs et des acteurs. Fonds documentaire

La VAPEUR
✆ **03 80 48 86 00** • fax 03 80 60 96 11
cir@lavapeur.com • **www.lavapeur.com**
42 av. de Stalingrad • 21000 **DIJON**
Sacha BOROUKHOFF (Chargé de l'action artistique)
Activité(s) : Accompagnement pratiques musicales

BRETAGNE

ARTS & COB
✆ **02 97 23 43 51** • fax 02 97 23 43 51
info@artsetcob.org • **www.artsetcob.org**
13 rue Jacques Rodallec • Espace Dr. Lohéac • 56110 **GOURIN**
Hélène GRENET (Présidente) • Laure ALART (Directrice de la publication)
Activité(s) : Structure de coordination et espace d'échange sur les enjeux culturels locaux

La CARÈNE
✆ **02 98 46 66 00** • fax 02 98 80 12 21
pauline.uchard@lacarene.fr • **www.lacarene.fr**
30 rue jean Marie Le bris • 29200 **BREST**
Pauline UCHARD (Chargée du centre infos ressources)
Activité(s) : Information spécialisée

CIR BRETAGNE
✆ **02 99 31 57 67** • fax 02 99 30 39 51
philippe@crij-bretagne.com • **www.crij-bretagne.com**
c/o Crij Bretagne • 4 bis cours des Alliés • 35000 **RENNES**
Philippe ROUTEAU
Objet : Centre régional d'information et de ressources musiques actuelles

La CITROUILLE
✆ **02 96 01 51 40** • fax 02 96 01 51 41
studios.citrouille@orange.fr • **www.lacitrouille.org**
Pl. Nina Simone • 22000 **ST BRIEUC**
Yann TRONET (Régisseur studio)
Objet : Aide à la création et à la diffusion des musiques actuelles

Le JARDIN MODERNE
✆ **02 99 14 04 68**
ressource@jardinmoderne.org • **www.jardinmoderne.org**
11 rue du Manoir de Servigné • ZI Lorient • 35000 **RENNES**
Gaël CORDON (Animateur centre ressource)
Objet : Espace d'aide à la création et la diffusion des musiques actuelles • **Activité(s)** : Le centre de ressources propose des documents en libre consultation, de l'orientation et du conseil, soirées d'information

Le LABO
✆ **02 96 39 47 80**
lelabo@cc-codi.fr • **www.codi.fr/lelabodukiosque**
Rue Victor Schoelcher • 22100 **DINAN**
Franck ZIMMERMANN (Directeur)
Espace musiques actuelles du Kiosque • **Activité(s)** : Information, conseils et orientation à destination des groupes et des musiciens.

La NOUVELLE VAGUE
✆ **02 99 19 00 22** • fax 02 99 19 00 26
veronique.puren@lanouvellevague.org • **lanouvellevague.org**
Rue des Acadiens • 35400 **ST MALO**
Véronique PUREN (Centre de ressources, action culturelle)
Activité(s) : Information, formation sur les musiques actuelles

CENTRE

CAIMAN
✆ **02 54 27 63 86**
federation.caiman@gmail.com • **www.federation-caiman.fr**
103 bis rue Grande • 36000 **CHATEAUROUX**
Sandrine GABILLET (Administratrice) • Jérôme MINASSIAN (Coordinateur)
Collectif des associations de l'Indre sur les musiques amplifiées ou novatrices • **Activité(s)** : Base de données, accompagnement, formations courtes, gestion sociale des intermittents

CHATO'DO CENTRE RESSOURCES
✆ **02 54 45 50 00** • fax 02 54 45 50 09
info@chatodo.com • **www.chatodo.com**
c/o Association Mars • 113 av. de Vendôme • 41000 **BLOIS**
Anne-Cécile CANON (Chargée de projet numérique et du lieu-ressources)
Activité(s) : Accompagnement, ressource, diffusion via l'Electrophone

EMMETROP
✆ **02 48 50 38 61**
emmetrop@orange.fr • **emmetrop.pagesperso-orange.fr**
26 route de la Chapelle • BP 6003 • 18024 **BOURGES CEDEX**
Frédérique MARCINIAK (Codirectrice) • Erik NOULETTE (Codirecteur)
Activité(s) : Centre de ressources

FRACA-MUSIQUES ACTUELLES
✆ **02 38 54 07 69** • fax 02 38 54 07 69
pole@fracama.org • **www.fracama.org**
108 rue de Bourgogne • 45000 **ORLEANS**
Boris ADAMCZYK (Chargé de l'information et de la communication)
Activité(s) : Mise en place de rencontres et de réflexions autour des musiques actuelles, mutualisation des besoins et des actions sur des aspects d'information, de centre de ressources, de formation et de diffusion

PÔLE NORD
✆ **02 54 42 05 93**
ressources@chatodo.com • **studiopolenord.com**
2 rue Jean-Baptiste Charcot • 41000 **BLOIS**
Benjamin LELIARD (Chargé d'action culturelle, répétition)

CHAMPAGNE-ARDENNE

Le KIOSQUE
✆ **03 26 36 72 51** • fax 03 26 36 72 41
kiosque@cartonnerie.fr • **www.cartonnerie.fr**
c/o La Cartonnerie • 84 rue du Dr Lemoine • 51100 **REIMS**
Jean-Charles SIWIELA (Responsable centre de ressources)
Activité(s) : Consultation et emprunt du fonds documentaire, distribution CD des groupes champardennais, mise à disposition de l'information culturelle, visite pédagogique de la Cartonnerie, RDV conseils personnalisés, point d'appui Envie d'agir (PAEA), conférences-rencontres : les Mercredis du Kiosque, projections vidéos, musique et cinéma

FRANCHE-COMTÉ

ROCKHATRY
✆ **03 84 58 11 77**
rockhatry@pmabelfort.com • **www.poudriere.com**
7 av. Sarrail • BP 60324 • 90006 **BELFORT CEDEX**
Guillaume DAMPENON (Chargé accompagnement ressources)
Activité(s) : Lieu de répétition - Point information ressources

La RODIA
✆ **03 81 87 86 05** • fax 03 81 87 86 14
philippe.angelot@larodia.com • **www.larodia.fr**
4 av. de Chardonnet • 25000 **BESANCON**
Philippe ANGELOT (Responsable Pôle ressources) • Anouk CLERC (Animatrice Centre ressources)
Activité(s) : Infomation, actualité, «causeries - découverte», rencontres, ateliers thématiques, conseil, diagnostic, orientation, accompagnement, action culturelle & artistique

HAUTE-NORMANDIE

ASSO6SONS
✆ **02 35 31 55 78**
contact@asso6sons.com • **www.asso6sons.com**
126 route de Mirville • Esplanade • 76210 **BOLBEC**
Marina QUAISSE (Projets numériques) • Barbara PINCELOUP (Coordinatrice)
Activité(s) : Information, conseils et orientation sur le secteur des musiques actuelles, antenne Printemps de Bourges, sonothèque de Haute Normandie

MUSIQUES HN
✆ **02 35 22 70 65 / 02 35 45 53 62** • fax 02 35 43 17 55
contact@musiques-hn.com • **www.musiques-hn.com**
c/o Cem • 10 rue Franklin • 76600 **LE HAVRE**
Bastien CANTILLON • Pascal LAMY (Directeur pédagogique)
Activité(s) : Information, ressource sur les musiques actuelles en Haute-Normandie

ODIA NORMANDIE
✆ **02 35 70 05 30** • fax 02 35 70 01 42
contact@odianormandie.fr • **www.odianormandie.com**
Pôle régional des savoirs • 115 boulevard de l'Europe • 76100 **ROUEN**
Caroline LOZÉ (Directrice) • Nicolas BRIA (Chargé Formations - ressources) • Etienne BISSON (Responsable de l'URT (Unité de Ressources Techniques)) • Katell ADAM (Chargée de l'information et de la communication)
Activité(s) : Accompagnement artistique, mise en réseau des professionnels, soutien à la diffusion de spectacles, conseils en scénographie

ÎLE-DE-FRANCE

ARCADI
✆ **01 55 79 00 00** • fax 01 55 79 97 79
ressources@arcadi.fr • **www.arcadi.fr**
51 rue du fbg St-Denis • CS 10106 • 75468 **PARIS CEDEX 10**
Karen BENAROUCH (Accompagnement des porteurs de projets) • Stéphanie MOLINERO (Chargée Observation culturelle) • Isabelle ROUX (Chargée des dispositifs de mutualisation) • Delphine MARTINCOURT (Ressources documentaires)
Action culturelle d'Île-de-France • **Activité(s)** : Service d'information et de conseil au bénéfice de tous les acteurs de la vie artistique et culturelle francilienne, Point Doc (accessible sur rdv)

ARIAM ILE-DE-FRANCE - MUSIQUES ET DANSES DU MONDE
✆ **01 42 85 45 37**
julien.andre@ariam-idf.com • **www.ariam-idf.com**
9 rue La Bruyère • 75009 **PARIS**
Julien ANDRÉ (Conseiller musiques et danses du monde)
Activité(s) : Conseil aux artistes et aux collectivités territoriales; formation professionnelle continue

Le CAP
✆ **01 48 66 40 38** • fax 01 48 66 31 46
lecap@aulnay-sous-bois.com • **www.lecap-aulnaysousbois.com**
56 rue Auguste Renoir • 93600 **AULNAY SOUS BOIS**
Omar CHAÏB (Responsable pôle ressources)
Activité(s) : Organisation de rencontres à thème (20 ans du hip hop, labels indépendants)

CICOS
✆ **01 46 88 10 37**
contact@cicos.fr • **www.cicos.fr**
177 rue Legendre • 75017 **PARIS**
Vincent GAVARIAUX (Président)
Centre interassociatifs de conseils et de services • **Activité(s)** : Consultations juridiques, fiscalité, comptabilité, droit du travail, documentations associatives, stages de formation

COBALT
✆ **01 30 50 66 83** • fax 01 30 50 95 05
cobalt@maurepas.net • **cafe.maurepas.fr**
C/o Mairie • 2 pl. d'Auxois • 78310 **MAUREPAS**
Christophe MAFFAIT (Directeur) • Yann KASZUBA (Responsable Cobalt)
Activité(s) : Répétition, information, formations artistiques

COMBO 95
✆ **01 30 75 00 24**
info@combo95.org • **www.combo95.org**
c/o L'Observatoire • 12 allée des petits pains • 95800 **CERGY**
Céline COUTABLE (Directrice) • David PHELIPPE (Responsable du Centre de ressources) • Mathieu DURIEUX (Chargé de l'information et de la communication)
Activité(s) : Conseil, information, rencontres, formations, point écoute avec cdthèque de groupes valdoisiens, mise en réseau et bibliothèque spécialisée, dispositif d'accompagnement Starter

CRD DE L'IRMA
✆ **01 43 15 11 11** • fax 01 43 15 11 10
info@irma.asso.fr • **www.irma.asso.fr**
22 rue Soleillet • 75980 **PARIS CEDEX 20**
Romain BIGAY (Responsable ressources) • Mathias MILLIARD (Chargé Information/Ressources) • Florence DE CONINCK (Chargée de la documentation) • Yann PERRIN (Conseil, orientation)
Centre de ressources et de documentation pour les musiques actuelles • **Activité(s)** : Information, orientation, documentation, conseil. Fonds consultable uniquement sur place, recherche documentaire en ligne ou sur place (www.reseaudocs.org). Membre du Réseau Ressource

CRY POUR LA MUSIQUE
✆ **09 81 85 79 82 / 06 98 31 78 00**
info@lecry.com • **www.lecry.com**
46 rue de Mareil • 78100 **ST GERMAIN EN LAYE**
Thierry DUVAL (Directeur) • Michael LOUCAS (Responsable de l'information et de la communication) • Bruno REVERT (Webmaster / graphiste et chargé de RéseauDocs)
Centre de ressources yvelinois pour la musique • **Activité(s)** : Information et conseils, bases de données,

Le CUBE
✆ **01 58 88 30 00** • fax 01 51 88 30 10
contact@art3000.com • **www.lesiteducube.com**
20 cours St-Vincent • 92130 **ISSY LES MOULINEAUX**
Stéphanie FRAYSSE-RIPERT (Directrice) • Florent AZIOSMANOFF (Directeur de la création) • Carine LE DALET (Programmation) • Isabelle SIMON-GILBERT (Responsable des publics et de l'action éducative)
Objet : Centre culturel multimédia • **Activité(s)** : Favoriser les pratiques artistiques amateurs et profesionnels utilisant les nlles technologies, diffusion des arts numériques

Les CUIZINES
✆ **01 60 93 04 74**
lescuizines@chelles.fr • **www.lescuizines.fr**
38 rue de la Haute Borne • 77500 **CHELLES**
Maude GASSET (Animatrice / action culturelle) • Lionel OLIVO (Chargé de l'accompagnement de la scène locale)
Objet : Centre de ressources • **Activité(s)** : Information pour les différents acteurs du secteur musiques actuelles/amplifiées du dpt Nord Seine et Marne

DEUX PIÈCES CUISINE
✆ **01 48 69 79 43** • fax 01 48 79 10 16
public@deuxpiecescuisine.net • **www.deuxpiecescuisine.net**
42 av. Paul Vaillant-Couturier • 93150 **BLANC MESNIL**
Philippe GUILLARD (Ressources et actions culturelles)
Activité(s) : Orientation, stages administratifs (communication, etc.), conseils, forum de discussion, démothèque, «bio»thèque

FLEURY GOUTTE D'OR - BARBARA
✆ **01 53 09 30 70** • fax 01 53 09 30 80
ressource@fgo-barbara.fr • **www.fgo-barbara.fr**
1 rue Fleury • 75018 **PARIS**
Danièle GAMBINO (Responsable) • Vanessa ESCAICHE (Conseillère)
Activité(s) : Information, conseil, orientation, accompagnement personnalisé sur RDV, expositions, rencontres thématiques, événements, débats, conférences, soutien aux associations locales, projections documentaires

GAÎTE LYRIQUE
✆ **01 53 01 51 51 / 01 53 01 52 00** • fax 01 53 01 51 75
centrederessources@gaite-lyrique.net • **www.gaite-lyrique.net**
3 bis rue Papin • 75003 **PARIS**
Catherine DI SCIULLO (Responsable du centre de ressources) • Elise SCHWEISGUTH (Documentaliste) • Harold FOUCHET (Documentaliste)
Activité(s) : Consultation du fonds uniquement sur place, recherches documentaires, visionnage d'œuvres numériques, portail documentaire thématique, logiciels d'apprentissage son et image en accès libre, expositions)

MAISON DES PRATIQUES ARTISTIQUES AMATEURS
✆ **01 46 34 68 58 / 01 46 34 94 90** • fax 01 46 34 68 71
contact@mpaa.fr • **www.mpaa.fr**
Auditorium St-Germain • 4 rue Félibien • 75006 **PARIS**
Guillaume DESCAMPS (Directeur) • Véronique COUSIN (Directrice adjointe) • Sylvie COHEN-SOLAL (Responsable musique et du pôle ressourcesojets musique) • Nathalie DEMBELE (Responsable de l'information et de la base Ric)
Activité(s) : Centre de ressources sur les pratiques amateurs à Paris, organisation de débats, ateliers, masterclass, diffusion et création, salles de répétitions théâtre et arts du récit pour les amateurs

MAISON DU HIP HOP
contact@maisonduhiphop.com • **www.maisonduhiphop.com**
7 rue Desargues • 75011 **PARIS**
Nathalie BARRAUX (Déléguée générale) • DJ GONE (Conseiller artistique musique) • Ludovic PERRON (Conseiller Graff)
Activité(s) : Centre de documentation sur le hip hop, organisation de conférences et tables rondes, laboratoire de recherches, pôle événements, conseil sur RDV

Documentation-Musique MINISTERE DE LA CULTURE ET DE LA COMMUNICATION
✆ **01 40 15 74 33**
elisabeth.ratier@culture.gouv.fr • **www.culturecommunication.gouv.fr/Disciplines-et-secteurs/Musique/Publicat**
Centre de documentation Musique • 62 rue Beaubourg • 75003 **PARIS**
Elisabeth RATIER (Documentaliste)

POLE D'ACCOMPAGNEMENT DE PROJETS MUSIQUES ACTUELLES DES HAUTS-DE-SEINE
✆ **01 47 36 78 23**
nicolas@reseau92.com • **www.reseau92.com**
c/o Conservatoire de Clamart • Pl. Jules Hunebelle • 92140 **CLAMART**
Nicolas ACQUAVIVA (Responsable ressources et accompagnement) • Florian AUVINET (Coordinateur) • Matteo DELLA VALENTINA (Chargé de l'information communication)
Activité(s) : Aide et d'accompagnement à la création de structure juridique, à la recherche de spectacles, à l'auto-production, à la création d'une manifestation ou d'une activité permanente, à la formation

PÔLE DES MUSIQUES DU MONDE 77
✆ **01 64 10 55 12** • fax 01 64 10 55 19
pole@scenedumonde.fr • **poledesmusiquesdumonde.com**
Espace Prévert - Scène du Monde • 4 pl. du miroir d'eau
77176 **SAVIGNY LE TEMPLE**
Mathieu ROSATI (Responsable pôle musiques du monde)
Activité(s) : Mise à disposition de documents écrits, sonores, et vidéos sur les musiques du monde. Conversations thématiques autour des musiques du monde, organisation du festival «Les enfants du folk» (mai)

RÉSEAUX MUSIQUES 94

✆ **01 45 60 57 67** • fax 01 46 87 21 98
coord@reseau-musiques-94.fr • **www.reseau-musiques-94.fr**
Parc départemental Chérioux • 4 route de Fontainebleau
94407 **VITRY SUR SEINE CEDEX**
Alain CHRISTOPHOUL (Directeur) • El-Hadji DABO (Coordinateur) • Laure MASSIP (Médiatrice culturelle)

LANGUEDOC-ROUSSILLON

LE GARAGE ÉLECTRIQUE

✆ **04 67 58 27 48**
contact@legarageelectrique.net • **www.legarageelectrique.net**
42 rue Adam de Craponne • 34000 **MONTPELLIER**
Mathieu LAMBERT • Elodie RICHARD (Chargée de ressources)
Activité(s) : Information, ressources pour les musiques électro-amplifiées, spectacle vivant (danse contemporaine)

LIMOUSIN

DES LENDEMAINS QUI CHANTENT

✆ **05 55 26 09 50** • fax 09 74 44 72 12
info@deslendemainsquichantent.org
www.deslendemainsquichantent.org
Av. du Lt Colonel Faro L'Auzelou • 19000 **TULLE**
Noémie BRIOT (Programmatrice / ressource / actions culturelles)
Activité(s) : Fonds documentaire, agendas, information, rdv conseils, accompagnement et suivi de projets, temps de formation

La MA.NET

✆ **05 55 10 00 84 / 09 61 30 99 10**
jeremyhiero@gmail.com • **ma.net.free.fr**
c/o Fédération Hiero • 8 rue Vochave • BP 861 • 87016 **LIMOGES CEDEX**
Jérémy GALLIOT (Chargé de développement)

LORRAINE

L'AUTRE CANAL

✆ **03 83 38 44 88** • fax 03 83 38 44 99
info@lautrecanalnancy.fr • **www.lautrecanalnancy.fr**
45 bd d'Austrasie • 54000 **NANCY**
Vincent GAUGAIN (Responsable accompagnement ressources)
Activité(s) : Information, documentation sur le spectacle vivant et les musiques actuelles, rencontres et débats, formations professionnelles, masterclass, accompagnement. Pépinière d'artistes et d'entreprises.

MIDI-PYRÉNÉES

AVANT-MARDI

✆ **05 34 31 26 50** • fax 05 34 31 26 55
ressource@avant-mardi.com • **www.avant-mardi.com**
7 rue Valentin • 31400 **TOULOUSE**
Alexandre BARTHES (Chargé de l'information ressource)
Activité(s) : Accueil public (artistes, associations, professionnels)

COMDT TOULOUSE MIDI-PYRÉNÉES

✆ **05 34 51 28 38**
contact@conservatoire-occitan.org • **www.conservatoire-occitan.org**
5 rue du Pont de Tounis • 31000 **TOULOUSE**
Maïlis BONNECASE (Directrice) • Stéphane LATOUR (Administrateur) • Bénédicte BONNEMASON (Documentaliste)
Centre occitan des musiques et danses traditionnelles Toulouse Midi-Pyrénées • **Activité(s)** : Prêt de livres et de disques; facture instrumentale, fabrication, maintenance et vente d'instruments traditionnels (aboès, hautbois de Vailhourles, bohas, anches, clapets, etc.)

COUAC

✆ **05 61 22 95 41**
contact@couac.org • **couac.org**
12 rue Ferdinand Lassalle • 31200 **TOULOUSE**
Mélanie LABESSE MUSTELIER (Co-coordinatrice - relations aux partenaires) • Fred ORTUNO (Co-coordinateur information ressource et comm.)
Collectif Urgence d'Acteurs Culturels de l'agglomération toulousaine • **Activité(s)** : Veille transdisciplinaire sur les politiques culturelles, mise à disposition d'informations

La GESPE - POINT INFO ROCK

✆ **05 62 51 32 98** • fax 05 62 93 61 29
contact@lagespe.com • **www.lagespe.com**
23 rue Cézanne • 65000 **TARBES**
Marion MAGNAN (Animatrice du centre de ressources)
Activité(s) : Programmation musiques actuelles, mise à disposition box répétition, accompagnement artistique

Les MUSICOPHAGES

✆ **05 61 21 71 50**
contact@musicophages.org • **www.musicophages.org**
6 rue de la Bourse • 31000 **TOULOUSE**
Lucie CHÉDEVILLE (Référente pôle ressource) • Ronald LE MANISSIER (Référent pôle numérique)
Activité(s) : Centre de ressource, mise à disposition d'une salle pour des conférences et rencontres musicales, information et formations sur l'usage des TIC, accompagnement de projets, mise à disposition d'une documentation physique et numérique (histoire, économie, législation, institution)

NORD - PAS-DE-CALAIS

DOMAINE MUSIQUES (RESSOURCES)

✆ **03 20 63 65 80** • fax 03 20 63 65 90
contact@domaine-musiques.com • **www.domaine-musiques.com**
105 av. de la République • 59110 **LA MADELEINE**
Olivier DUBOIS (Responsable pôle information et observation) • Laurence PLANCQ (Administration)
Activité(s) : Information, formation, conseil pour toutes esthétiques et toutes pratiques liées à la musique : gestion d'une base de données sur la vie musicale et culturelle du Nord-Pas-de-Calais, publication d'un site web avec annuaire en ligne, réalisation de travaux d'étude et enquêtes en Nord-Pas-de-Calais

PAYS DE LA LOIRE

CENTRE DE RESSOURCES DES ESCALES

✆ **02 40 22 43 05 / 02 40 22 66 89** • fax 02 40 01 87 66
ressources-vip@les-escales.com • **www.les-escales.com**
24 rue d'Anjou • BP 161 • 44613 **ST NAZAIRE CEDEX**
Emmanuel LEGRAND
Activité(s) : Information, conseil, accompagnement, mise à disposition d'une documentation spécialisée, organisation de rencontres-débats, de projections, d'expositions. Membre du réseau Tohu-Bohu

La CERCLERE

✆ **02 41 34 93 87**
cerclere@lechabada.com • **www.lechabada.com**
c/o Adrama • Ch. Cerclère - Route de Briollay • 49100 **ANGERS**
Jerôme SIMONNEAU • Yann RADZIKOWSKI
Activité(s) : Conseil aux artistes, aux porteurs de projets, info sur les structures du dpt (lieux, assos, artistes et groupes). Membre du réseau Tohu Bohu

CLUSTER QUARTIER DE LA CRÉATION

✆ **02 51 89 54 35**
claudia.lescouarnec@samoa-nantes.fr • **creationduquartier.com**
Quartier de la Création • 1 mail du Front Populaire • CS 90222
44202 **NANTES CEDEX 2**
Claudia LE SCOUARNEC (Chargée de l'information)
Activité(s) : Développement économique, rénovation urbaine, accompagner les acteurs créatifs, organiser des ponts avec l'enseignement supérieur de la recherche, structurer et animer les réseaux liés aux industries créatives

CRIM/ASSOCIATION BEBOP

✆ **02 43 78 92 30** • fax 02 43 75 19 09
crim@bebop-music.com • **www.oasislemans.fr**
28 av. Jean-Jaurès • 72100 **LE MANS**
Julien MARTINEAU (Chargé de l'information)
Activité(s) : Informer, orienter, conseiller, accompagner

ETHNODOC

✆ **02 28 11 42 51 / 06 07 66 31 21**
arexcpo.envendee@orange.fr • **ethnodoc.free.fr**
Centre de doc. du patrimoine culturel immatériel
4 pl. Louis de la Rochejaquelein • 85300 **LE PERRIER**
Jean-Pierre BERTRAND (Président) • Philippe BOISSELEAU (Directeur)
Activité(s) : Collecte d'archives inédites, traitement d'archives sonores et iconographiques, production de vidéo pour QR Codes, maquettage d'ouvrages imprimés et sonores

FUZZ'YON - LES HALLES

✆ **02 51 06 97 70** • fax 02 51 24 09 55
info@fuzzyon.com • **www.fuzzyon.com**
18 rue Sadi Carnot • 85005 **LA ROCHE SUR YON CEDEX**
Benoît DEVILLERS (Responsable action culturelle et programmateur)
Activité(s) : Information, conseil, relais départemental du Cirma, point-écoute

TREMPOLINO
✆ **02 40 46 66 33** • fax 02 40 46 67 57
lucie@trempo.com • **www.trempo.com**
La Fabrique, laboratoire(s) artistique(s) • 6 bd Léon Bureau
44200 **NANTES**
Lucie BRUNET (Coordinatrice du centre) • Cécile ARNOUX (Chargée d'info-ressources réseau et mag Tohu Bohu) • Sandrine MARTIN (Chargée du fonds documentaire) • Chloé NATAF (Chargée du développement des musiques enregistrées)
Centre info-ressources musiques actuelles et spectcle vivant Pays de la Loire • **Activité(s)** : Gestion d'une base de données régionale (http://tohuboh.trempo.com), infos, conseils aux artistes et porteurs de projets, librairie, fonds documentaire, forums infos, conférences, discothèque régionale. Membre du Réseau Ressource

POITOU-CHARENTES

MIR DEUX-SEVRES
✆ **05 49 17 50 45** • fax 05 49 17 50 50
julie.r@camji.com • **www.pole-musiques.com**
c/o Camji • 3 rue de l'Ancien Musée • 79000 **NIORT**
Julie RUSSEIL (Chargée de mission)
Musiques, informations, ressources • **Activité(s)** : Information (gestion base de données régionale, gestion d'un fonds documentaire sur le cadre réglementaire du spectacle vivant, la filière discographique, etc.). Aide au montage de projet, appui méthodologique, orientation.

MIR VIENNE
✆ **05 49 46 08 08** • fax 05 49 61 30 34
mir86@confort-moderne.fr • **www.pole-musiques.com**
c/o Le Confort Moderne • 185 rue du fbg du Pont Neuf • 86000 **POITIERS**
Pierre ALBERICI (Responsable)
Musiques, informations, ressources • **Activité(s)** : Information (gestion base de données régionale, gestion d'un fonds documentaire sur le cadre réglementaire du spectacle vivant, la filière discographique, etc.). Aide au montage de projet, appui méthodologique, orientation, dispositifs et organismes spécialisés, formation, rdv d'information, etc.

PLATE-FORME MIR 16
✆ **05 45 82 48 06**
mir16@westrock.org • **www.pole-musiques.com**
14 rue Louise de Savoie • 16100 **COGNAC**
Nicolas MORIN (Responsable)
Musiques, informations, ressources • **Activité(s)** : Information (gestion base de données régionale, gestion d'un fonds documentaire sur le cadre réglementaire du spectacle vivant, la filière discographique, etc.). Aide au montage de projet, appui méthodologique, orientation, etc.

PROVENCE - ALPES - CÔTE D'AZUR

AJMI
✆ **04 90 86 08 61**
info@jazzalajmi.com • **www.jazzalajmi.com**
La Manutention • 4 rue des Escaliers Ste-Anne • 84000 **AVIGNON**
Pierre VILLERET (Directeur artistique)
Association pour le jazz et les musiques improvisées • **Activité(s)** : Conseil, orientation, formation de jeunes musiciens

ARCADE PACA
✆ **04 42 21 78 00** • fax 04 42 21 78 01
cid@arcade-paca.com • **www.arcade-paca.com**
Maison Darius Milhaud • 6 pl. Barthélémy Niollon • CS 30759
13617 **AIX EN PROVENCE CEDEX 01**
Jean-Louis BATTISTETTI (Responsable information et documentation) • Gilles PAGES (Responsable musiques actuelles) • Zoé CARLIER (Documentaliste)
Agence régionale des arts du spectacle de Provence-Alpes-Côte d'Azur • **Activité(s)** : Information et orientation, monographies, fiches techniques

COUVEUSE CADO
✆ **04 95 04 95 50** • fax 04 95 04 95 55
couveusecado@amicentre.biz • **www.amicentre.biz**
c/o La Friche La Belle de Mai • 41 rue Jobin • 13003 **MARSEILLE**
Ferdinand RICHARD (Directeur) • Grégory DUVERNAY (Accompagnement de porteurs de projets) • Nadia AGUIR (Chargée de mission)
Activité(s) : Appui individualisé, formations, mutualisation d'outils, rencontres professionnelles, voyages de prospection économique

MJC DE MANOSQUE - LE CAFÉ PROVISOIRE
✆ **04 92 72 19 70** • fax 04 92 72 65 22
mjc.manosque@wanadoo.fr • **www.mjc-manosque.com**
1 allée de Provence • 04100 **MANOSQUE**
Arnaud LHERMENIER (Responsable point info musique)
Activité(s) : Point info musique, locaux répétitions, accompagnement

PÔLE INFO MUSIQUE / AGESCA
✆ **04 91 08 85 35** • fax 04 91 08 46 02
liveinmarseille@concertandco.com • **www.concertandco.com**
60 rue Consolat • 13001 **MARSEILLE**
Isabelle MARTINI (Co-administratrice et coordinatrice Pim) • Cyril BARBIN (Co-administrateur et coordinateur Pim)
Objet : Information, conseil, orientation des porteurs de projets en musiques actuelles • **Activité(s)** : Accueil sur rdv, journées d'information collective, centre de documentation professionnelle

TANDEM
info@tandem83.com • **www.tandem83.com**
19 rue Paul Lendrin • BP 715 • 83052 **TOULON CEDEX**
Grégoire HERGIBO (Médiateur culturel)
Scène de musiques actuelles de Toulon • **Objet** : Formation, actions culturelles, sensibilisation, rencontres médiation, ateliers de pratiques

RHÔNE-ALPES

Les ABATTOIRS
✆ **04 74 19 14 20** • fax 04 74 18 08 30
contact@lesabattoirs.fr • **www.lesabattoirs.fr**
18 route de l'Isle d'Abeau • 38300 **BOURGOIN JALLIEU**
Jean-Louis BERTHET (Coordinateur pédagogique)
Activité(s) : Multimédia (libre accès sur recherche musicale, infographie)

Le BRISE GLACE
✆ **04 50 33 65 10** • fax 04 50 33 65 11
info@le-brise-glace.com • **www.le-brise-glace.com**
54 bis rue des Marquisats • 74000 **ANNECY**
Clémence FÉLISAZ (Médiatrice culturelle)
Activité(s) : Conseils aux porteurs de projets, groupes/mus., grand public, éducation nationale, etc. ; organisation rencontres/débats

La CORDONNERIE - PÔLE DE MUSIQUE ACTUELLES
✆ **04 75 71 00 15**
la-cordonnerie@orange.fr • **lacordonnerie.blogspirit.com**
cap 26 • 13 rue du clair vivre • BP 29 • 26101 **ROMANS CEDEX**
Marie-Laure CROS (Communication, accueil, actions culturelles) • Alexandre MARTIN (Accompagnant musical)
Activité(s) : Aide dans les démarches et réalisations de projets musiques actuelles, point information, actions culturelles vers collèges et lycées, etc.

KEEP SMILING
✆ **04 72 60 92 66 / 06 78 37 66 89** • fax 04 72 60 92 66
info@keep-smiling.com • **www.keep-smiling.com**
3 rue Baraban • 69006 **LYON**
Ilies KHARBOUCH (Coordinateur) • Jeffe HAUTIN (Coordinateur)
Activité(s) : Association d'auto-support en milieu festif

Le LABORATOIRE
✆ **04 74 53 08 59** • fax 04 74 31 78 59
laboratoire@locomysic.com • **www.locomysic.com**
4 rue Joseph Martin • 38200 **VIENNE**
Jérôme LEFEBVRE
Activité(s) : Répétition, accompagnement, lieu d'échanges et de ressources pour les pratiques artistiques et les musiques actuelles

Association POLE MUSICAL D'INNOVATION
✆ **04 76 43 27 30 / 06 64 99 10 38** • fax 04 76 43 13 86
arg38@wanadoo.fr • **www.rocktambule.com**
51 bd Gambetta • 38000 **GRENOBLE**
Grégory SIGNORET (Directeur)
Activité(s) : Diffusion (Festival Rocktambule), gestion du pôle ressources musiques actuelles

SOLID'ARTE
✆ **04 72 07 70 24** • fax 04 78 39 44 17
solidarte@gmail.com • **www.solid-arte.com**
3 rue St-Claude • 69001 **LYON**
Sophie DUBOUX (Directrice)
Activité(s) : Accueil, information, services, accompagnement et suivi professionnel, journées d'information professionnelles, espace de médiation entre artistes et institutions

HORS FRANCE

ROCKHAL MUSIC & RESSOURCES
✆ **+352 245 551** • fax +352 245 55 222
mr@rockhal.lu • **www.cr.rockhal.lu**
5 av. du Rock'n'Roll • • L-4361 **ESCH-ALZETTE (LUXEMBOURG)**
Sam REINARD (Responsable centre de ressources)
Activité(s) : Consultation et emprunt du fonds documentaire, formations et conférences, rendez-vous conseils personnalisés, mise à disposition de salles de répétitions, enregistrement de démos

ACIM

✆ 03 88 78 80 47 / 03 89 22 90 10
xgalaup@gmail.com • **acim.asso.fr**
46 bis rue St-Maur • 75011 **PARIS**

Sophie CORNIÈRE (Présidente) • Jonathan GARRY (Secrétaire) • Florian DACHÉ (Trésorier)

Association pour la coopération des professionnels de l'information musicale • **Objet** : Documentation • **Contenu** : Espace de mise en commun de ressources utiles aux bibliothécaires musicaux : bibliographies, discographies ainsi que toutes questions bibliothéconomiques sur le fonctionnement des bibliothèques musicales, sélection de netlabels • **Rayonnement** : National • **Conditions d'accès** : Libre

ALLOSTUDIO

✆ 09 70 40 30 75
contact@allostudio.fr • **www.allostudio.fr**
199 av. de Choisy • 75013 **PARIS**

Sylvain GAUTIER (Gérant)

Objet : Plateforme de mise en relation entre les studios de musique et les mus., outils de gestion (espace studio et espace groupe), mise en relation via un service de réservation en ligne de studios • **Contenu** : Annuaire des studios de répétition et d'enregistrement en France avec possibilité de réservation en ligne, outil de gestion de studio permettant la gestion du planning des salles, TDC, outil de gestion de groupes de musique en ligne. • **Rayonnement** : France • **Conditions d'accès** : Être un studio de musique pour la partie Annuaire, aucune pour l'Espace groupe

ARMONIA ONLINE

✆ 01 47 15 41 80
sylvain.piat@sacem.fr • **www.armoniaonline.eu**
Sacem • 225 av. Charles de Gaulle • 92528 **NEUILLY SUR SEINE CEDEX**

Sylvain PIAT (Chargé du développement international)

Objet : Guichet unique qui permet de délivrer des licences paneuropéennes pour l'utilisation des répertoires que représentent la Sacem et ses homologues espagnols, la SGAE, et italien, la SIAE • **Rayonnement** : France, Espagne, Italie

ARTEFACT

✆ 03 88 23 72 37 • fax 03 88 23 72 30
info@artefact.org • **www.loco.artefact.org**
13 rue du Hohwald • 67000 **STRASBOURG**

Thierry DANET • Jean-Luc GATTONI (Centre de ressources)

Objet : Documentation • **Contenu** : Fiches ressources, lieux de concerts, artistes, actualités sur la scène régionale en Alsace, vidéo wall, boutique numérique • **Rayonnement** : Régional

ARTFACTORIES/AUTRE(S)PARTS

✆ 06 78 26 56 76
infos@artfactories.net • **www.artfactories.net**
12 rue Ferdinand Lassalle • 31200 **TOULOUSE**

Eric CHEVANCE (Délégué général) • Christophe PIRET (Délégué adjoint) • Philippe FOULQUIÉ (Délégué adjoint)

Objet : Plateforme internationale de ressources pour les lieux d'art et de culture citoyens • **Contenu** : Base de données de lieux, cartographie des projets, boîte à outils, liste de réseaux et résidences artistes, base documentaire et bibliographies, actualités

ARTISTES-ETRANGERS.EU

cagec@cagec.fr • **www.artistes-etrangers.eu**
c/o Cagec Gestion • 12 allée Duguay Trouin • BP 42206
44022 **NANTES CEDEX 1**

Objet : Juridique • **Contenu** : Informations juridiques et pratiques sur les artistes étrangers en France : dossiers, questions-réponses, jurisprudence, liens • **Rayonnement** : International • **Conditions d'accès** : Libre

ARTS & COB

✆ 02 97 23 43 51 • fax 02 97 23 43 51
info@artsetcob.org • **www.artsetcob.org**
13 rue Jacques Rodallec • Espace Dr. Lohéac • 56110 **GOURIN**

Hélène GRENET (Présidente) • Laure ALART (Directrice de la publication)

Objet : Administration, technique, artistique • **Contenu** : Agenda, annuaire régional, documents téléchargeables. Ouvrages de référence, guides pratiques, revues techniques et généralistes • **Rayonnement** : Centre Ouest Bretagne • **Conditions d'accès** : Libre. Circulation des documents et accès au catalogue sur : www.bibliocob.com

ASSOCIATION MUSIQUE LIBRE !

contact@dogmazic.net • **www.dogmazic.net**
3 rue Burdeau • 69001 **LYON**

Alain IMBAUD (Président) • Étienne ROUGE (Trésorier) • Simon CHANSON (Secrétaire) • Aurélien ROUX (Membre du CA trésorier adjoint)

Genre(s) musical(aux) : Musiques actuelles • **Objet** : Guide de la musique libre, partage des créations grâce à des licences dites ouvertes, comme les Creative Commons ou la licence Art Libre • **Contenu** : + de 40 000 morceaux à écouter et télécharger aux formats MP3 et ogg vorbis, podcast possible, webradio avec programmation communautaire ; wiki sur la musique libre, ressources documentaires • **Rayonnement** : International avec une forte communauté francophone (site traduit en anglais, italien et espagnol) • **Conditions d'accès** : Libre, fonctionnalités supplémentaires réservées aux membres (inscription gratuite)

AUDIOFANZINE

✆ 01 43 22 39 26 • fax 01 43 22 39 25
mail@audiofanzine.com • **www.audiofanzine.com**
56 rue du Moulin Vert • 75014 **PARIS**

Philippe RAYNAUD

Objet : Technique • **Contenu** : News sur le monde de la musique, dossiers éducatifs, tests de logiciels et matériels informatiques pour la musique, services pour les mus. • **Rayonnement** : International • **Conditions d'accès** : Gratuit

CIMT

✆ 01 43 15 11 11 / 01 43 15 11 13 • fax 01 43 15 11 10
cimt@irma.asso.fr • **www.irma.asso.fr/-CIMT-**
c/o Irma • 22 rue Soleillet • 75980 **PARIS CEDEX 20**

François BENSIGNOR (Responsable)

Centre d'information des musiques traditionnelles et du monde • **Genre(s) musical(aux)** : Musiques traditionnelles et musiques du monde • **Objet** : Mettre à disposition du public documents et actualités consacrés aux musiques traditionnelles et aux musiques du monde, valorisant le travail des opérateurs dans ce domaine ainsi que leurs réseaux • **Contenu** : Magazine en ligne sur la page d'accueil du site, ressources articles de fonds, actes de forum, sélection de sites Internet en France et dans le monde, glossaire d'instruments, lexique de termes employés dans les musiques du monde

CITÉ DE LA MUSIQUE - SIM

✆ 01 44 84 45 00 / 01 44 84 45 21 • fax 01 44 84 46 45
sim@cite-musique.fr • **www.citedelamusique.fr**
221 av. Jean Jaurès • 75019 **PARIS**

Christiane LOUIS (Responsable centre d'information) • Gilles VACHIA (Responsable adj. Sim) • Pierre CLERTANT (Documentaliste) • Sarah BAUMFELDER (Documentaliste)

Service d'informations musicales • **Objet** : Administration, juridique, pédagogique • **Contenu** : Panorama des ressources musicales en 8 rubriques, sélection de 3 000 sites musicaux gérés par le service d'information musicale. Formations, accompagnement individuel. • **Rayonnement** : International • **Conditions d'accès** : Du mar au sam (12h-18h) et dim (13h-18h)

CULTURE.FR

✆ 01 40 15 81 20 • fax 01 42 61 35 77
webmestre-portail@culture.fr • **www.culture.fr**
Ministère de la culture et de la communication • 3 rue de Valois
75042 **PARIS CEDEX 1**

Laurence ENGEL (Directrice de cabinet et de la publication) • Thomas AILLAGON (Responsable de la publication)

Objet : Actualités, agenda • **Contenu** : 5 000 sites internet, 10 000 manifestations, 60 000 organismes sur tout le champ culturel

ENCYCLOPÉDISQUE

contact@encyclopedisque.fr • **www.encyclopedisque.fr**
17 passage Larousse • 92240 **MALAKOFF**

Stéphane LEROUX (Président de l'association)

L'encyclopédie en ligne du 45 tours francophone • **Genre(s) musical(aux)** : Chanson francophone • **Objet** : Base de données de 45 tours • **Contenu** : Plus de 54 000 disques référencés : artistes, pochettes, compositeurs, photographes, labels, etc. • **Conditions d'accès** : Libre

GLOSSAIRE DES TERMES TECHNIQUES DU SPECTACLE

✆ **05 59 22 02 30**
fborzeix@numericable.fr • **www.gtts.org**
Rés. Venise - Apt B34 • 3 all. des Iris • 64600 **ANGLET**
Fred BORZEIX

Objet : Technique • **Contenu** : Glossaire en 6 sections : théâtre, machinerie & scène, structure & accrochage, lumière, sécurité, son, divers + annexes, index, bibliographie, liens

HALL DE LA CHANSON

✆ **01 53 72 43 00**
webmaster@lehall.com • **www.lehall.com**
Parc de la Villette - Pavillon du Charolais • 211 av. Jean Jaurès
75019 **PARIS**
Serge HUREAU (Directeur) • Françoise SIMON (Administratrice) • Constantin DELIYANNIS (Responsable multimédia) • Guillaume FACON (Responsable de la documentation) • Julien CROCHET (Webmaster)

Centre national du patrimoine de la chanson, des variétés et des musiques actuelles • **Genre(s) musical(aux)** : Chanson • **Objet** : Artistique, historique • **Contenu** : Patrimoine de la chanson, réalisation et diffusion d'expositions en ligne, thématiques tous publics (dont scolaire), création de spectacles, visites-spectacles, conférences chantées, colloques sur l'histoire et répertoires de la chanson, formation de formateur

INJEP

✆ **01 70 98 94 00**
culture@injep.fr • **www.injep.fr**
95 av. de France • 75650 **PARIS CEDEX 13**
Olivier TOCHE (Directeur de la publication) • Katy BOUSQUET (Responsable éditoriale) • Chantal DAHAN (Chargée d'études sur les pratiques artistiques, culturelles et sportives des jeux)

Institut national de la jeunesse et de l'éducation populaire • **Objet** : Accompagnement des pratiques artistiques et culturelles des jeunes • **Contenu** : Actualités, interviews, dossiers, études, articles de fond, fiches expériences d'actions culturelles, agenda, contacts, etc.

IRCAM

✆ **01 44 78 47 44 / 01 44 78 48 43** • fax 01 44 78 15 40
info-pedagogie@ircam.fr • **mediatheque.ircam.fr**
1 pl. Igor Stravinsky • 75004 **PARIS**
Frank MADLENER (Directeur) • Claire MARQUET (Responsable pôle éditorial)

Institut de recherche et coordination acoustique/musique • **Objet** : Artistique, scientifique, technique • **Contenu** : Bases de données, analyses musicales, articles scientifiques, dossiers compositeurs, répertoires

IRMA

✆ **01 43 15 11 11** • fax 01 43 15 11 10
info@irma.asso.fr • **www.irma.asso.fr**
22 rue Soleillet • 75980 **PARIS CEDEX 20**
Romain BIGAY (Responsable ressources) • Mathias MILLIARD (Chargé Information/Ressources) • Florence DE CONINCK (Chargée de la documentation) • Romain PIERRE (Chargé de commercialisation) • Charles DAUBENTON (Responsable de la distribution (librairie)) • Denis CHRISTINE (Webmaster)

Centre d'information et de ressources pour les musiques actuelles • **Objet** : Actualités, administration, juridique, technique, politique, économique • **Contenu** : Actualités professionnelles, fiches pratiques, documentation en ligne et base de données documentaire RéseauDocs (www.reseaudocs.org), focus du mois, pages personnelles de chercheurs, etc. • **Rayonnement** : National

IRMAWORK

✆ **01 43 15 11 11** • fax 01 43 15 11 10
emploi@irmawork.com • **www.irmawork.com**
22 rue Soleillet • 75980 **PARIS CEDEX 20**
Romain PIERRE (Chargé de commercialisation) • Marion MOTA (Coordination, gestion) • Gilles CASTAGNAC (Directeur)

La plateforme emplois et stages des professionnels de la musique et de la culture • **Objet** : Plateforme dédiée à l'emploi dans le domaine musical et culturel • **Contenu** : Offres d'emploi et de stages, profilothèque, conseils • **Conditions d'accès** : Accès libre sur inscription

JZIK

info@jzik.fr • **www.jzik.fr**
1249 route de Lunel • 34400 **VILLETELLE**
Patrice PERRET (Directeur)

Just music • **Objet** : Artistique, technique • **Contenu** : Petites annonces et annuaire dédié à la pratique musicale et la collection • **Conditions d'accès** : Sur inscription

KEEP SMILING

✆ **04 72 60 92 66 / 06 78 37 66 89** • fax 04 72 60 92 66
info@keep-smiling.com • **www.keep-smiling.com**
3 rue Baraban • 69006 **LYON**
Ilies KHARBOUCH (Coordinateur) • Jeffe HAUTIN (Coordinateur)

Genre(s) musical(aux) : Musiques électroniques • **Objet** : Réduction des risques et prévention santé • **Contenu** : Actualités, agenda, infos pratiques, forum, liens, documentation sur la réduction des risques liés à la consommation de drogues

LEGI SPECTACLE

✆ **04 67 58 60 59** • fax 04 67 58 00 21
legi.spectacle2@yahoo.fr • **www.legi-spectacle.org**
2 rue de la Merci • 34000 **MONTPELLIER**
Charlotte HUGUET (Documentaliste)

Objet : centre de gestion et « pôle ressource » qui accompagne tous les acteurs du spectacle, organisateurs professionnels ou non, artistes, techniciens, administrateurs, etc. Organisation de journées d'étude • **Contenu** : fonds documentaire spécialisé, des recherches thématiques et des entretiens personnalisés. Permet de connaître les structures titulaires de la licence de spectacle du Languedoc-Roussillon • **Conditions d'accès** : Adhésion (55 €/an). Du lun au vend (9h30-12h30 / 13h30-16h30) permanences tél.

LEGICULTURE.FR

contact@cagec.fr • **www.legiculture.fr**
c/o Cagec Gestion • 12 allée Duguay Trouin • BP 42206
44022 **NANTES CEDEX 1**
Ronan BERTHELOT (Responsable Internet)

Objet : Base juridique sur la législation de la culture et des secteurs associatif et privé • **Contenu** : Articles, fiches thématiques, jurisprudences, dossiers d'experts • **Rayonnement** : National • **Conditions d'accès** : Libre et gratuit

Dép.-Information-et-com MINISTERE DE LA CULTURE ET DE LA COMMUNICATION

✆ **01 40 15 80 00 / 01 40 15 79 15** • fax 01 42 61 35 77
info@culture.gouv.fr • **www.culture.gouv.fr**
Mission du Mécénat • 3 rue de Valois • 75033 **PARIS CEDEX 01**
Tuan LUONG (Chargé des éditions et de l'Internet)

Objet : Politique, administration, juridique, statistiques, actualités • **Contenu** : Infos pratiques, dossiers thématiques, publications du Deps, chiffres, bases de données, etc.

MON PROJET MUSIQUE

✆ **01 47 15 45 71**
contact@monprojetmusique.fr • **www.monprojetmusique.fr**
c/o Sacem • 225 av. Charles de Gaulle
92528 **NEUILLY SUR SEINE CEDEX**
Emmanuel BOURCET (Administrateur délégué)

Objet : Recensement de toutes les aides financières disponibles pour les porteurs de projets musicaux professionnels • **Contenu** : Répertorie les aides financières publiques et celles de la filière musicale sous la forme de fiches synthétiques pour tous les projets, toutes les structures et toutes les musiques sur tout le territoire ; moteur de recherche permettant de filtrer les informations par catégorie d'aides, type de porteur de projet, et organisme ; conseils pratiques, témoignages et liste des aides attribuées • **Rayonnement** : National

MUSICOLOGIE.ORG

✆ **06 06 61 73 41**
courrier@musicologie.org • **www.musicologie.org**
56 rue de la Fédération • 93100 **MONTREUIL**
Jean-Marc WARSZAWSKI (Responsable)

Objet : Ressource musicale • **Contenu** : Documentation en musique et en musicologie, réflexion, histoire et théorie. Importante collection de biographies et d'articles encyclopédiques relatifs à la musique • **Rayonnement** : 6000 visiteurs/jour

MUSIQUE EN LIGNE.COM

✆ **01 55 43 08 45** • fax 01 55 43 83 02
contact@musiqueenligne.com • **www.musiqueenligne.com**
25 bd Arago • 75013 **PARIS**
Jean DAVOUST

Genre(s) musical(aux) : Tous • **Objet** : Plateforme légale de diffusion de partitions imprimables directement par l'utilisateur, pédagogie interactive et formation, actualités, recueils, méthodes, matériel d'orchestre

Retrouvez les éditions Irma près de chez vous :

Librairies musicales / librairies spécialisées

Une sélection non exhaustive :

Paris
- Librairie L'Appel du livre
- Librairie L'Arbre à lettres
- Librairie La Boutique du spectacle
- Librairie Cité de la musique
- Librairie Monnier
- Librairie musicale de Paris
- Librairie Paul Beuscher
- Librairie Eyrolles
- Librairie Dixit
- Librairie LGDJ

Marne-la-Vallée
- Librairie Écosphère

Amiens
- Librairie Martelle

Le Havre
- Librairie La Galerne

Bordeaux
- Librairie Mollat

Brest
- Librairie Dialogues

Lyon
- Librairie Musicalame

Marseille
- Librairie musicale internationale

Montpellier
- Librairie Sauramps

Nantes
- Librairie Coiffard
- Librairie Vent d'Ouest

Toulouse
- Librairie Chapitre Privat
- Librairie Ombres blanches

Ailleurs en Europe
- Bruxelles : librairie Tropismes
- Genève : Librairie du Boulevard

Librairie Irma (Paris) / boutique en ligne

Librairie Irma :
22 rue Soleillet • 75020 Paris
lundi-vendredi 10h-13h et 14h-18h

Rendez-vous sur place à la librairie spécialisée de l'Irma, dédiée aux musiques actuelles et au spectacle vivant avec des ouvrages de référence : guides-annuaires, guides techniques et pratiques, guides des métiers, essais, etc.

site : www.irma.asso.fr • rubrique librairie

Les chaînes de librairies et de distribution de produits culturels

- Cultura
- Espace culturel Leclerc
- Fnac
- Forum Harmonia Mundi
- Furet du Nord
- Gibert Joseph

Vente en ligne : sites Internet de vente de produits culturels

- www.alapage.com
- www.amazon.fr
- www.chapitre.com
- www.decitre.fr
- www.fnac.com
- www.librairie-ecosphere.com
- www.rueducommerce.com

Documentation : ouvrages en consultation

- Bibliothèques / médiathèques municipales
- Centres d'information, de ressources et de documentation spécialisés (voir p. 561, 612, 632)

irma
centre d'information et de ressources pour les musiques actuelles

Éditions Irma • 22 rue Soleillet 75020 Paris • Tél. : 01 43 15 11 11
ou sur **www.irma.asso.fr** • **librairie@irma.asso.fr**

Guides-annuaires

L'Officiel de la musique 2014

Jazz de France

Euro World Book

Guide des fanfares

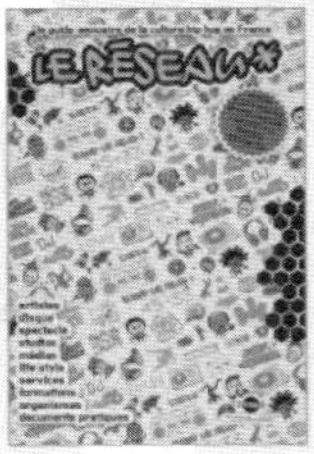

Le Réseau

Métiers de la musique

Profession entrepreneur de spectacles

L'Édition musicale

Je monte mon label

La Circulation internationale du spectacle

Les Contrats de la musique

La Gestion sonore

La Sécurité des lieux de spectacles

Profession artiste

®évolutic

Musiques actuelles : ça part en *live*

version française ou anglaise

Musique et stratégies numériques

Culture et développement durable

Les Contrats 360°

Et aussi…

Les Musiciens dans la révolution numérique

Artistes 2020

Irmalistes

Des listes de contacts par branche (disponible en PDF) :

- Tremplins et dispositifs d'accompagnement
- Salles et petits lieux de diffusion
- Médiathèques de prêt
- Magasins d'instruments, de matériels et de logiciels audio
- Formations artistiques
- Acousticiens
- Jeune public
- Studios de répétitions

irma

centre d'information et de ressources pour les musiques actuelles

MUSIQUE PRIM

✆ **05 49 49 78 78** • fax 05 49 49 78 16
www.cndp.fr/musique-prim/accueil.html
Téléport 1 • Bâtiment @4 • BP 80158 • 86961 **FUTUROSCOPE CEDEX**

Jean-Marc MERRIAUX (Directeur général directeur de la publication Musique Prim)

Objet : Accompagner les professeurs des écoles dans l'enseignement des programmes d'éducation musicale • **Contenu** : Fiches pédagogiques, mise en avant des offres légales de musique disponibles en France, ressources pour expliquer aux enfants la valeur de la création et leur faire découvrir les métiers de la musique (double CD Chansons Prim téléchargeable)

OBSERVATOIRE DE LA MUSIQUE

✆ **01 44 84 44 98** • fax 01 44 84 46 58
observatoire@cite-musique.fr • **observatoire.cite-musique.fr**
Cité de la musique • 221 av. Jean Jaurès • 75019 **PARIS**

André NICOLAS (Responsable) • Judith VERONIQUE (Chargée d'études) • Isabelle MARTIRENE (Chargée d'études)

Objet : Mission générale d'information sur les évolutions industrielles, économiques et financières de la filière musicale • **Contenu** : Analyse des marchés physiques, numériques, de la diversité musicale dans le paysage radiophonique et télévisuel, études sur la diffusion numérique • **Rayonnement** : National

OPALE - CNAR CULTURE

✆ **01 45 65 20 00** • fax 01 45 65 23 00
opale@opale.asso.fr • **www.opale.asso.fr**
45 rue des Cinq Diamants • 75013 **PARIS**

Luc DE LARMINAT (Directeur) • Réjane SOURISSEAU (Responsable des études formations et publications) • Lucile RIVERA (Chargée de mission Cnar) • Dellya KONOPNICKI-OMBADE (Chargée de l'administration et des ressources)

Objet : Accompagnement à la consolidation et au développement de structures artistiques et culturelles principalement dans le champ de l'économie sociale et solidaire • **Contenu** : Analyses, enquêtes, fiches repères (sectorielles ou thématiques), accompagnement de la mise en réseau d'acteurs • **Rayonnement** : National

PAROLES 2 CHANSONS

✆ **01 75 43 29 01** • fax 01 75 43 48 56
martin@cypok-media.com • **www.paroles2chansons.com**
Cypok Média • 50 quai Louis Blériot • 75016 **PARIS**

Maxime VUARRIER (Gérant) • Martin MUTEL (Directeur général)

Objet : Site 100 % légal (affilié à la CSDEM) publiant les paroles de chansons • **Contenu** : + de 100 000 paroles de chansons • **Conditions d'accès** : Gratuit

PROFILCULTURE.COM

✆ **01 42 36 04 88** • fax 01 42 36 06 74
contact@profilculture.com • **www.profilculture.com**
46 rue Albert Thomas • 75010 **PARIS**

Yves PAUMELLE (Responsable) • Florent SCHRICKE (Chargé de l'emploi) • Sophie MOURAI (Consultante recrutement-RH)

Objet : Emploi dans le secteur de la culture, assistance et conseil en recrutement • **Contenu** : Offres d'emploi et de stages, espace candidat, dépôt de CV, alerte email, guide des formations des métiers de la culture, fiche pratiques • **Conditions d'accès** : Accès libre pour les candidats

RELAIS CULTURE EUROPE

✆ **01 53 40 95 10** • fax 01 53 40 95 19
info@relais-culture-europe.org • **www.relais-culture-europe.org**
132 rue du Fbg St-Denis • 75010 **PARIS**

Pascal BRUNET (Directeur) • Marie SALOME-DAUGERON (Responsable Coopération - programme Culture) • Martha GUTIERREZ (Accompagnement)

Objet : Administration, juridique • **Contenu** : Repères juridiques sur les programmes de financements européens, base de données de projets européens, débats, études, fiches pratiques, actualités

RÉSEAU RESSOURCE

✆ **04 67 58 27 48 / 02 38 54 07 69** • fax 04 67 58 27 48
direction@reseauressource.info • **www.reseauressource.info**
2 rue Adam de Craponne • 34000 **MONTPELLIER**

Mathieu LAMBERT (Animateur) • Vincent PRIOU (Président)

Objet : Site participatif dédié aux métiers de l'information et de la ressource dans les musiques actuelles • **Contenu** : Échange de compétences, d'idées, d'outils autour de la ressource et de l'information. Actualités professionnelles, outils pratiques, événements, etc.

RÉSEAUDOCS

✆ **01 43 15 11 11**
contact@reseaudocs.org • **www.reseaudocs.org**
c/o Irma • 22 rue Soleillet • 75020 **PARIS**

Mathieu LAMBERT • Séverine MORIN • Sébastien BERTHE • Jean-Charles SIWIELA • Florence DE CONINCK • Romain BIGAY

Objet : Plateforme de mutualisation des documents liés à la gestion de projets culturels • **Contenu** : Catalogue en ligne des documents (physiques et numériques) disponibles dans les centres documentaires participants, concernant la gestion de projets culturels et artistiques, principalement en musiques actuelles. Bibliothèque des données juridiques, techniques, statistiques, fiscales, réglementaires, etc. Portail web de recherche permettant de lister les documents existants par secteur d'activité, par thème et par territoire (sur la France, jusqu'à l'échelon départemental) • **Rayonnement** : National • **Conditions d'accès** : Cooptation par le groupe de travail, dossier de candidature d'adhésion à remplir, et signature de la charte d'utilisation après validation

SNEPMUSIQUE.COM

✆ **01 47 38 04 04**
valerie.dete@snepmusique.com • **www.snepmusique.com**
14 bd du Gal Leclerc • 92200 **NEUILLY SUR SEINE**

Antonie CARTIER (Directrice des affaires économiques) • Patricia SARRANT (Directrice de la communication) • Valérie DÉTÉ (Assistante de communication)

Objet : Statistique, juridique, pédagogique • **Contenu** : Actualités, chiffres du marché, classements, études sur l'offre numérique, etc. • **Rayonnement** : National

La SONOTHEQUE DE HAUTE-NORMANDIE

✆ **02 35 31 55 78** • fax 02 35 31 55 78
contact@sonotheque-hn.com • **www.sonotheque-hn.com**
c/o L'Asso6sons • 126 route de Mirville • Esplanade • 76210 **BOLBEC**

Marina QUAISSE (Chargée de projets)

Genre(s) musical(aux) : Tous • **Objet** : Site de streaming régional et patrimonial • **Contenu** : Musiques, informations, photos • **Rayonnement** : Régional • **Conditions d'accès** : Gratuit

TECHNIC2RADIO.FR

contact@technic2radio.fr • **www.technic2radio.fr**
30 rue du Gal de Castelnau • 85000 **LA ROCHE SUR YON**

Lyonel BERNARD (Fondateur / Rédacteur / Webmaster)

Objet : Actualité du broadcast et des informations relatives au bon fonctionnement d'une radio • **Contenu** : Référencement du matériel technique (CONS de mixage, MIC, PLA CD, Codec IP, etc.) et des logiciels utilisés (automation, pige, podcast, traitement de son, etc.) dans les studios de radio ainsi qu'une partie blog traitant de toute l'actualité du monde la radio

TOURING ARTISTS

✆ **+49 (0)30 234 5766 6**
info@touring-artists.info • **www.touring-artists.info**
C/O IGBK Internationale Gesellschaft der Bildenden Künste • Mohrenstr. 63 • D - 10117 **BERLIN**

Christine HEEMSOTH (Responsable des éditions)

Objet : Destiné aux artistes travaillant à l'international. Pratiques applicables aux visas, les programmes de partenariat, etc. • **Contenu** : informations concernant les différents contextes légaux des pays : droits d'auteur, sécurité sociale, taxes, etc. Experts répondant aux différentes questions concernant la mobilité des artistes (assurance, etc.)

TOUS POUR LA MUSIQUE

✆ **01 48 74 09 29 / 01 47 38 04 04**
patricia.sarrant@snepmusique.com • **www.touspourlamusique.org**
C/o Snep • 14 bd du Général Leclerc • 92290 **NEUILLY**

Bruno LION (Président) • Patricia SARRANT (Directrice de la communication)

Objet : Ressources sur la musique : création, diffusion, offres, métiers • **Contenu** : Promotion de la musique en ligne dans un cadre équitable, tant pour les ayants droit que pour le public et, par l'information et la pédagogie, lutte contre toute forme de piraterie qui conduirait à l'appauvrissement de la création et de l'offre de contenu

VINYLUNITY.COM

✆ **02 40 75 41 93**
max@vinylunity.com • **www.vinylunity.com**
c/o Oreades • 15 rue Paul Bellamy • 44000 **NANTES**

Maxime COUTURIER

Genre(s) musical(aux) : Tous • **Objet** : Acheter, vendre ou presser un VY • **Contenu** : Petites annonces, annuaires des disquaires et des labels indépendants, forum • **Conditions d'accès** : Gratuit et payant

Les VOLEURS

lesvoleurs@lesvoleurs.com • **www.lesvoleurs.com**
79 rue Fondary • 75015 **PARIS**

Objet : Plateforme d'échange de compétences pour les porteurs de projets • **Contenu** : 3 formules : échange simple (50 €), échange suivi (100 €), échange étendu (200 €)

AQUITAINE

ABC
✆ **05 57 93 12 93** • fax 05 57 93 12 90
mascaret.abc@wanadoo.fr • **www.abc-blanquefort.fr**
c/o Cij • 8 rue Raymond Valet • 33290 **BLANQUEFORT**
Philippe PERES (Animateur) • David AMBIBARD (Programmateur)
Genres musicaux : Rock, pop, folk, hip hop, chanson

BASSE-NORMANDIE

AÖC
✆ **02 31 86 79 31** • fax 02 31 38 95 83
contact@lecargo.fr • **www.lecargo.fr**
c/o Le Cargö • 9 cours Caffarelli • 14000 **CAEN**
Damien MAURICE (Directeur des relations publiques et accompagnement)
Genres musicaux : Musiques actuelles • **Rayonnement** : Régional • **Conditions d'admission** : Être un groupe bas-normand • **Types d'accompagnement** : Répétition, enregistrement, diffusion, communication, etc.

COMITÉ D'AIDE AUX GROUPES DE MUSIQUES ACTUELLES
✆ **02 31 27 88 17** • fax 02 31 27 88 11
accompagnement@le-far.fr • **www.le-far.fr**
c/o Le Far • 25 rue de Geôle • 14000 **CAEN**
Bénédicte LE PENNEC (Accompagnement musiques actuelles)
Genres musicaux : Musiques amplifiées, jazz, musiques du monde • **Rayonnement** : Régional

BOURGOGNE

CENTRE REGIONAL DU JAZZ EN BOURGOGNE
✆ **03 86 57 88 51**
crj@crjbourgogne.org • **www.crjbourgogne.org**
3 bis pl. des Reines de Pologne • BP 824 • 58008 **NEVERS CEDEX**
Roger FONTANEL (Directeur) • Geneviève HERBRETEAU (Chargée du développement / Centre de Ressources)
Genres musicaux : Jazz • **Rayonnement** : Régional • **Types d'accompagnement** : Aides aux musiciens et aux formations régionales

BRETAGNE

PARTIS POUR UN TOUR
✆ **02 96 62 76 22** • fax 02 96 62 76 29
julien.pion@itineraires-bis.org • **www.itineraires-bis.org**
c/o Itinéraires bis • 2 pl. St-Michel • 22000 **ST BRIEUC**
Julien PION (reférent musiques actuelles)
Genres musicaux : Musiques actuelles • **Rayonnement** : Départemental • **Conditions d'admission** : être domicilié en Côtes d'Armor • **Types d'accompagnement** : Diagnostic sur scène, formation administrative, accompagnement artistique, aide à la diffusion, aide à la promotion

CENTRE

PROPUL'SON
✆ **02 38 54 07 69** • fax 02 38 54 07 69
propulson@fracama.org • **www.propulson.com**
c/o Fraca-Ma • 108 rue de Bourgogne • 45000 **ORLEANS**
Alexandre TINSEAU (Coordinateur)
Genres musicaux : Musiques amplifiées • **Rayonnement** : Régional • **Conditions d'admission** : Groupes domiciliés dans la région Centre, et non signés par un label (sauf distribution) • **Types d'accompagnement** : Formations, filages, modules de répétitions, enregistrements, conseil, échanges avec la Réunion et le Québec, etc.

CHAMPAGNE-ARDENNE

DSAR
✆ **03 26 88 35 82**
info@polca.fr • **www.polca.fr**
Polca • 84 rue du docteur Lemoine • 51100 **REIMS**
Julien MAGGIORI (Directeur)
Genres musicaux : Musiques actuelles • **Rayonnement** : Régional • **Conditions d'admission** : Être artiste de la région Champagne-Ardenne • **Types d'accompagnement** : Formations, résidences, accompagnement à la répétition, promotion, diffusion en région, aide à la production, etc.

FRANCHE-COMTÉ

PISTON
✆ **03 81 81 31 12** • fax 03 81 81 31 12
jordan@lebastion.org • **www.lebastion.org**
16 av. Gaulard • 25000 **BESANCON**
Jordan DAVERIO (Régisseur)
Genres musicaux : Tous styles • **Rayonnement** : Départemental • **Types d'accompagnement** : Répétition, studio, scène, coaching vocal, sensibilisation, stratégies

SPAAM
✆ **03 84 58 11 77**
accompagnement@pmabelfort.com • **www.moloco.com**
7 av. Sarrail • BP 60324 • 90006 **BELFORT CEDEX**
Guillaume DAMPENON (Accompagnement, ressource)
Genres musicaux : Musiques actuelles • **Rayonnement** : Départemental + Montbéliard avec le Moloco • **Types d'accompagnement** : Diagnostic, répétition accompagnée, musicien conseil, coaching vocal, formations techniques et administratives, etc.

HAUTE-NORMANDIE

BOOSTER
contact@musiques-hn.com • **www.rmahn.fr**
C/o RMAHN, Trianon transatlantique • 114 av. du 14 juillet
76300 **SOTTEVILLE LES ROUEN**
Bastien CANTILLON
Genres musicaux : Musiques actuelles • **Rayonnement** : Régional • **Conditions d'admission** : Artistes domiciliés en Haute-Normandie • **Types d'accompagnement** : Apport financier administré, diagnostic d'entrée, conseils artistiques, administratifs et techniques, bilans d'étapes, formations adaptées, etc.

ÎLE-DE-FRANCE

DESIN'VOLT
✆ **01 46 36 46 28** • fax 01 46 36 37 68
studios.smom@wanadoo.fr • **www.studios-smom.fr**
c/o Studios Smom • 10 rue Boyer • 75020 **PARIS**
Genres musicaux : Musiques actuelles • **Rayonnement** : Paris • **Types d'accompagnement** : Coaching, résidence, heures de répétitions et d'enregistrement, aide à la démarche de professionnalisation, programmation sur la suite du dispositif

FAIR
✆ **01 48 78 46 10** • fax 01 48 78 46 11
contact@lefair.org • **www.lefair.org**
15 rue Henri Monnier • 75009 **PARIS**
Julien SOULIÉ (Directeur) • Frédérique DE ALMEIDA (Chargée de communication) • Marion ORLANDI (Administratrice) • Julie CERIZAY (Assistante de communication & de production)
Genres musicaux : Rock, chanson, hip hop, musiques électroniques • **Rayonnement** : National • **Conditions d'admission** : Retrait des dossiers à partir de début fév. par téléphone uniquement, date limite des dépôts le 31 mars • **Types d'accompagnement** : Aide directe aux artistes sous forme de soutien financier, promotionnel, de formation et de conseil en management

GRAND BAIN
✆ **01 60 85 49 89** • fax 01 60 85 10 60
contact@rezonne.org • **www.rezonne.org**
c/o Rézonne • 12 rue Louis Armand • 91220 **BRETIGNY SUR ORGE**
Jean-Marie POTIER (Coordinateur)
Genres musicaux : Musiques actuelles • **Rayonnement** : Départemental • **Conditions d'admission** : 2 morceaux lives, 2 titres studios • **Types d'accompagnement** : Formations artistiques, techniques, juridiques, communication, développement de projet

Le GRAND ZEBROCK
✆ **01 55 89 00 60** • fax 01 55 89 00 61
info@zebrock.net • **www.myspace.com/grandzebrock**
Imm. Le Terminal • 2 rue Saint-Just • 93130 **NOISY LE SEC**
Edgard GARCIA (Directeur) • Hélène PONS (Directrice de production)
Réseau chanson, rock et musiques actuelles en Seine-St-Denis et en Île-de-France • **Genres musicaux** : Musiques actuelles • **Rayonnement** : Régional • **Conditions d'admission** : Groupes amateurs d'Île-de-France • **Types d'accompagnement** : Ateliers chants, écriture, jouage, prestation scénique, rencontres professionnelles, compilation promo, soirées ciné-musique. Scène Zebrock à la Fête de l'Humanité

ITINÉRANCE

✆ **09 54 93 18 98**
info@lerif.org • **www.lerif.org**
c/o Rif/Maison des réseaux • 221 rue de Belleville • 75019 **PARIS**
Flavie PEZZETTA (Animatrice du réseau, communication, ressources)
Genres musicaux : Musiques actuelles • **Rayonnement** : Régional

JAZZ MIGRATION

✆ **01 42 36 00 12** • fax 01 42 36 00 32
contact@ajc-jazz.eu • **www.ajc-jazz.eu**
AJC - Association Jazzé Croisé • 34 rue Duris • 75020 **PARIS**
Antoine BOS (Secrétaire général)
Genres musicaux : Jazz • **Rayonnement** : National • **Types d'accompagnement** : Tournées organisées dans les lieux membres de l'AJC

REVÉLATIONS TALENTS JAZZ DU FAS

✆ **01 47 15 48 90** • fax 01 47 15 48 95
fonds.action@sacem.fr • **www.sacem.fr**
Fonds d'Action Sacem • 30 rue Ballu • 75431 **PARIS CEDEX 9**
Alejandra NORAMBUENA-SKIRA (Secrétaire générale) • Bernadette BOMBARDIERI (Chargée de mission)
Genres musicaux : Jazz • **Rayonnement** : National

STARTER

✆ **01 30 75 00 24**
info@combo95.org • **www.combo95.org**
c/o L'Observatoire - Combo 95 • 12 allée des Petits Pains • 95800 **CERGY**
David PHELIPPE (Contact)
Genres musicaux : Musiques actuelles • **Rayonnement** : Départemental • **Conditions d'admission** : Être valdoisien • **Types d'accompagnement** : Conseils au projet, formation à l'environnement musical, technique et artistique, aide à la diffusion, aide à la promotion

TALENTS JAZZ ADAMI

✆ **01 44 63 10 63 / 05 75 23 75 46** • fax 01 44 63 10 10
tcharlon@adami.fr • **www.adami.fr**
Association artistique de l'Adami • 14-16 rue Ballu • 75311 **PARIS CEDEX 09**
Tina CHARLON (Directrice de l'Association artistique de l'Adami) • Danielle MORAINVILLE (Chargée de production) • Marie REBAUD (Chargée de production) • Yo BRACONNIER (Assistante de production)
Genres musicaux : Jazz • **Rayonnement** : National • **Conditions d'admission** : Les candidats doivent disposer d'un tourneur, d'un producteur discographique et d'une actualité artistique en 2013 (tournée, sortie d'album, etc.) - Lauréats 2013 : Celine Bonacina, Guillaume Perret & the Electric Epic, • **Types d'accompagnement** : Mettre en valeur les musiques de jazz et permettre à des artistes en développement de se produire sur les scènes de grands festivals

TRÄCE

✆ **01 47 36 78 23**
nicolas@reseau92.com • **www.reseau92.com**
c/o Conservatoire de Clamart • Pl. Jules Hunebelle • 92140 **CLAMART**
Nicolas ACQUAVIVA (Responsable ressources et accompagnement)
Genres musicaux : Musiques actuelles • **Rayonnement** : Départemental • **Conditions d'admission** : Pas de signature avec des partenaires professionnels (labels, etc.), compositions originales • **Types d'accompagnement** : Formation artistique, administrative, aides à la diffusion (concerts), à la distribution (enregistrement), à la communication, au management de projets

YVELIVE

✆ **01 34 78 77 81 / 06 30 93 03 68**
info@lecry.com • **www.lecry.com**
c/o Le Cry • 28 rue de Lorraine • 78200 **MANTES LA JOLIE**
Michael LOUCAS (Responsable de l'information)
Genres musicaux : Musiques actuelles • **Rayonnement** : Départemental • **Conditions d'admission** : L'un des membres du groupe doit être Yvelinois • **Types d'accompagnement** : Résidence, formations administratives, promotion, soutien du réseau, etc.

LANGUEDOC-ROUSSILLON

L-RIM

contact@l-rim.org • **www.l-rim.org**
c/o La Méridionale des spectacles • BP 2172 • 34027 **MONTPELLIER CEDEX**
Yves BOMMENEL (Directeur)
Genres musicaux : Musiques actuelles • **Rayonnement** : Régional • **Types d'accompagnement** : Arrangements, enregistrement, scène, mise en place d'un plan de formation individuel et apports techniques, création de supports et définition d'une campagne promotionnelle, analyse et définition d'une stratégie de diffusion adaptée

MIDI-PYRÉNÉES

AA

✆ **05 34 31 26 50** • fax 05 34 31 26 55
mediation@avant-mardi.com • **www.avant-mardi.com**
c/o Avant-Mardi • 17 rue Valentin • 31400 **TOULOUSE**
Cyril DELLA-VIA (Médiateur culturel)
Genres musicaux : Musiques actuelles • **Rayonnement** : Régional • **Conditions d'admission** : Groupes ou artistes de la région repérés dans le cadre de l'appel à candidature des Découvertes du Printemps de Bourges • **Types d'accompagnement** : Résidence, répétitions accompagnées, préproduction, communication, diffusion en région, hors région et international (Eurorégion...), Festivals nationaux et internationaux, expositions professionnelles (marchés pro...), etc.

NORD - PAS-DE-CALAIS

L'ARA

✆ **03 20 28 06 50** • fax 03 20 68 06 78
info@ara-asso.fr • **www.ara-asso.fr**
301 av. des Nations Unies • 59100 **ROUBAIX**
Michaël VANZELE (Accompagnement groupes / programmation)
Autour des rythmes actuels • **Genres musicaux** : Tous • **Rayonnement** : Régional • **Types d'accompagnement** : Artistique

START PLAY REC

✆ **03 20 63 65 80** • fax 03 20 63 65 90
musiquesactuelles@domaine-musiques.com
www.domaine-musiques.com
c/o Domaine musiques • 105 av. de la République • 59110 **LA MADELEINE**
Jean-Luc CHOQUEL (Responsable administratif et pôle accompagnement formation)
Genres musicaux : Musiques actuelles • **Rayonnement** : Régional • **Types d'accompagnement** : Artistique sous forme de résidences encadrées et de pré-production en studio, aides à la tournée et au disques

TOUR DE CHAUFFE

✆ **03 20 62 96 96**
contact@tourdechauffe.fr • **www.ville-fachesthumesnil.fr**
Centre musical Les Arcades • 16 rue Kléber • 59155 **FACHES THUMESNIL**
Julien AMEZ
Genres musicaux : Musiques actuelles • **Rayonnement** : Métropole lilloise • **Conditions d'admission** : Groupe non signé de la métropole lilloise • **Types d'accompagnement** : Résidence, studios, bilan scénique

PAYS DE LA LOIRE

78 TOURS

✆ **02 40 48 08 85** • fax 09 55 21 77 28
contact@fedelima.org • **www.fedelima.org**
11 rue des Olivettes • 44000 **NANTES**
Stéphanie-Stiff THOMAS (Responsable accompagnement des adhérents)
Genres musicaux : Musiques amplifées • **Rayonnement** : National • **Conditions d'admission** : Candidature portée par un lieu adhérent. Avoir un début d'entourage pro, justifier de 10 dates hors région, avoir sorti un EP ou album • **Types d'accompagnement** : Aide à la tournée hors région et hors territoire français

ARTISTES EN SCÈNE

✆ **02 40 46 66 33 / 02 40 46 66 99 / 02 40 46 66 55**
fax 02 40 46 67 57
karim@trempo.org • **www.trempo.com**
La Fabrique, laboratoire(s) artistique(s) • 6 bd Léon Bureau • 44200 **NANTES**
Karim BENNANI (Coordinateur pédagogique)
Genres musicaux : Musiques actuelles • **Rayonnement** : Régional • **Conditions d'admission** : Sur dossier • **Types d'accompagnement** : Préparation scénique et administration

PICARDIE

PRISE DE SON

✆ **03 60 28 70 35**
contact@le-patch.net • **www.le-patch.net**
5/2 Passage Bélu • 80000 **AMIENS**
Connexions amplifiées en Picardie • **Genres musicaux** : Musiques actuelles • **Rayonnement** : Régional • **Conditions d'admission** : Projet artistique picard de qualité et stratégie de professionnalisation • **Types d'accompagnement** : Mise en place de rdv info-conseil avec les porteurs de projet ou leurs représentants, accompagnement scénique et un suivi général (artistique, administratif, technique, etc.)

PROVENCE - ALPES - CÔTE D'AZUR

CAC

✆ **04 91 57 50 57** • fax 04 91 57 54 15
fbruschi@regionpaca.fr • **www.regionpaca.fr**
Conseil régional Paca, Direction de la Culture • 27 pl. Jules Guesdes
13481 **MARSEILLE CEDEX 2**
Fred BRUSCHI (Chargé de mission musiques actuelles)
Conseil artistique à la création • **Genres musicaux** : Musiques actuelles • **Rayonnement** : Régional

RHÔNE-ALPES

TRANS'ABATTOIRS

✆ **04 74 19 14 20** • fax 04 74 18 08 30
coordination-pedagogique@lesabattoirs.fr • **www.lesabattoirs.fr**
Les Abattoirs • 18 route de l'Isle d'Abeau • 38300 **BOURGOIN JALLIEU**
Jean-Louis BERTHET (Coordinateur pédagogique)
Genres musicaux : Musiques actuelles • **Rayonnement** : Régional • **Conditions d'admission** : Composition, motivation, sérieux • **Types d'accompagnement** : Cohérence rythmique, expression vocale et scénique, maîtrise du son sur scène, structuraion juridique, accompagnement au management, formation des régisseurs son et lumière, etc. (voir référenciel)

ACTES SUD

✆ **04 90 49 86 91 / 01 55 42 63 00**
fax 04 90 96 95 25 / 01 55 42 63 01
www.actes-sud.fr
Place Nina-Berberova • BP 90038 • 13633 **ARLES CEDEX**

Françoise NYSSEN (Directrice) • Nathalie BARAVIAN (Attachée de presse) • Thierry MAGNIER (Éditeur Actes Sud Junior)

Type(s) d'ouvrages : Biographies, essais, jeunesse • **Collection(s)** : « Musiques du monde » Cité de la musique / Actes Sud, « Toto ou tartare » Actes Sud Junior / Tôt ou tard • **Références** : Musiques une encyclopédie du XXe siècle, Léonard a une sensibilité de gauche (Vincent Delerm), The rest is noise • **Distributeur** : Union Distribution

ADAMI

✆ **01 44 63 10 00** • fax 01 44 63 10 10
www.adami.fr
14-16-18 rue Ballu • 75311 **PARIS CEDEX 09**

Bruno BOUTLEUX (Directeur général Gérant)

Société civile pour l'administration des droits des artistes et musiciens-interprètes • **Type(s) d'ouvrages** : Guides pratiques • **Collection(s)** : Guide de la négociation des contrats d'artistes • **Références** : Les contrats d'enregistrements de phonogrammes, Les contrats dans la production cinématographique • **Distributeur** : Irma

AFO

✆ **01 42 80 26 27** • fax 01 42 80 26 46
afo@france-orchestres.com • **www.france-orchestres.com**
24 rue Philippe de Girard • 75010 **PARIS**

Philippe FANJAS (Directeur) • Florent GIRARD (Secrétaire général)

Association française des orchestres • **Type(s) d'ouvrages** : Guides pratiques • **Références** : Le guide de prévention des risques auditifs, l'abécédaire de l'orchestre • **Distributeur** : Irma

ALEXITÈRE

✆ **05 63 20 08 09** • fax 05 63 91 28 11
alexitere@medecine-des-arts.com • **www.medecine-des-arts.com**
715 ch. du Quart • 82000 **MONTAUBAN**

André-François ARCIER (Directeur)

Type(s) d'ouvrages : Pratique • **Collection(s)** : Revue Médecine des arts (1e revue européenne sur l'étude médicale et scientifique des pratiques artistiques) • **Références** : Physiologie et art du chant, La main du guitariste, 50 ans de psychologie de la musique, Prévention des pathologies des musiciens, Le stretching du musicien, Le Qi Gong du musicien, L'entrainement physique du musicien, Physiologie et art du violon, La main du pianiste, La posture et le geste du guitariste, Technique Alexander pour les musiciens, Sophrologie pour les musiciens, Prévention des troubles fonctionnels chez les musiciens, Education physique préventive pour les musiciens, Le trac : Le comprendre pour mieux l'apprivoiser, Le trac : Stratégies pour le maîtriser • **Distributeur** : Alexitère

ALLIA

✆ **01 42 72 77 25**
allia@editions-allia.com • **www.editions-allia.com**
16 rue Charlemagne • 75004 **PARIS**

Gérard BERREBY (Directeur)

Type(s) d'ouvrages : essais, histoire, courants musicaux • **Références** : Mystery Train, Sweet Soul Music, Modulations, Dead Elvis, England's Dreaming, Bass Culture, Please kill me, Can't stop won't stop, Lipstick Traces, Turn the beat around, Machine soul • **Distributeur** : Harmonia Mundi

ALTER EGO EDITIONS

✆ **06 87 73 94 90** • fax 04 68 87 23 24
Joel.mettay@wanadoo.fr • **leseditionsalterego.wordpress.com**
3, rue Elie Danflous • 66400 **CERET**

Joël METTAY (Éditeur)

Collection(s) : « Jazz Impressions » • **Références** : Jean-Louis Lemarchand « Ce jour-là sur la planète jazz... », Jacques B. Hess « Hess-O-Hess - Chroniques 1966-1971 », Michel Arcens « John Coltrane, la musique sans raison » et « Instants de jazz », Franck Medioni « My Favourite Things, le tour du jazz en 80 écrivains », Alain Pailler « Koko », Alain Gerber « Petit dictionnaire des incompris » et « Longueur du temps », Jean-Pierre Moussaron « Les blessures du désir - pulsions et puissances en jazz » • **Distributeur** : Soleils Diffusion (23, rue de Fleurus 75006 Paris)

L'ATTRIBUT

✆ **09 77 37 52 05** • fax 05 61 84 58 11
diffusion@editions-attribut.fr • **www.editions-attribut.fr**
43 rue Bayard • 31000 **TOULOUSE**

Eric FOURREAU (Éditeur) • Doriane CADEAC (Chargée de diffusion) • Sophie GERMOND (Administration / Gestion commerciale)

Éditions • **Type(s) d'ouvrages** : Portraits d'artistes, la culture en questions, essais sur les politiques culturelles. • **Collection(s)** : La culture en questions, Culture et sociétés, Exils, Empreintes • **Références** : La culture pour qui ?, Et si on partageait la culture ?, Internet : un séisme dans la culture ?, Nos enfants ont-ils droit à la culture ?, Culture et Société un lien à recomposer, Quand je serai ministre de la Culture... • **Distributeur** : L'Attribut

AU DIABLE VAUVERT

✆ **04 66 73 16 56** • fax 04 66 73 16 57
contact@audiable.com • **www.audiable.com**
La Laune • 30600 **VAUVERT**

Marion MAZAURIC (Chef des diables) • Julien VIGNIAL (Responsable commercial)

Type(s) d'ouvrages : Biographies, courants musicaux, beaux livres • **Références** : The Clash, Mort aux Ramones, U2 by U2, Babylon's burning, John Cale une autobiographie, Fly girls, 25 ans Rockstore, Bring the noise, Une histoire du rock pour les ados • **Distributeur** : Sodis

AUTOUR DU LIVRE

✆ **01 46 21 34 85**
contact@adlivre.com • **www.adlivre.com**
81 rue les enfants du paradis • 92100 **BOULOGNE BILLANCOURT**

Hugues BARRIERE (Directeur)

Type(s) d'ouvrages : Essais, autobiographies, romans, beaux-livres • **Collection(s)** : Les Cahiers du Rock, Récits rock, Documents rock, Images du rock • **Références** : Brit Pulp, M le Mot dit, Qui a tué Elvis ?, Muscle Shoals, Elvis est vivant !, Rock & Religion, Dictionnaire essentiel du documentaire rock • **Distributeur** : Dilisco

CAMION BLANC

✆ **03 83 23 04 23** • fax 03 83 23 04 24
contact@camionblanc.com • **www.camionblanc.com**
43 Grand Rue • 54385 **ROSIERES EN HAYE**

Fabrice REVOLON (Gérant) • Bruno BREUER (Commercial) • Dominique FRANCESCHI (Directeur de la publication)

Type(s) d'ouvrages : Biographies, courants musicaux • **Références** : Motörhead La fièvre de la ligne blanche, Keep it gangsta ! De Compton à Paris, Kraftwek J'étais un robot, Festivals Raves parties Free parties Histoire des rencontres musicales actuelles en France et à l'étranger • **Distributeur** : Camion Blanc

Le CASTOR ASTRAL

✆ fax 01 48 45 97 52 / 05 56 49 13 99
castor.editeur@wanadoo.fr • **www.castorastral.com**
52 rue des Grilles • 93500 **PANTIN**

Jean-Yves REUZEAU (Directeur) • Bénédicte PÉROT (Responsable éditoriale)

Collection(s) : Castor Music • **Références** : « Miles de A à Z » (Franck Bergerot), « Prince, le dictionnaire » (Frédéric Goaty), « Les producteurs de rock : Take one » (Nicolas Dupuy), « Frank Zappa ou La Parade de l'Homme-Wazoo » (Guy Darol), « Jimi Hendrix » (Renaud Ego), « Thelonious Monk » (Yves Buin) Afro Pop, Combat Rap, Le rap est né en Jamaïque, « Greateful Dead » (Alain Dister), Burkina Faso musiques modernes voltaïques, Musiques modernes et traditionnelles du Mali, etc. • **Distributeur** : Volumen

Editions DEMI LUNE

✆ **02 98 55 52 03**
contact@editionsdemilune.com • **www.editionsdemilune.com**
26 Menez Kerveyen • 29170 **PLOGASTEL SAINT GERMAIN**

Emmanuel DEBAECQUE (Contact) • Arno MANSOURI (Éditeur)

Collection(s) : Voix du Monde • **Références** : Cesaria Evora, Astor Piazzola, Ravi Shankar, Salif Keita, Fela Kuti, Nusrat Fateh Ali Khan, Caetano Veloso, Youssou N'Dour • **Distributeur** : Al-Bouraq

DIDIER JEUNESSE

✆ **0149544954** • fax 0149544831
promo@editions-didier.fr • **www.didierjeunesse.com**
8 rue d'Assas • 75006 **PARIS**

Michèle MOREAU (Directrice) • Stéphanie BOURGEOIS (Commerciale)

Type(s) d'ouvrages : Albums jeunesse, livres-cd, eveil musical • **Collection(s)** : Les P'tits Lascars, Polichinelle, Les Petits Cousins, Comptines du monde, Comptines d'ici, Contes musicaux, Chanson jeune public, Les partitions, Eveil musical, Mes histoires à écouter, Passeurs d'histoires • **Références** : Premières rondes et chansons, Mes premières comptines anglaises, Les plus belles berceuses du monde, Pleins feux sur la chanson jeune public, Pierre et le loup • **Distributeur** : Hachette

DIXIT

✆ **01 49 70 03 33** • fax 01 49 70 02 15
info@dixit.fr • **www.dixit.fr**
3 rue La Bruyère • 75009 **PARIS**

Jean-Pierre FOUGEA (PDG)

Type(s) d'ouvrages : Ouvrages pratiques sur les métiers du cinéma et de l'audiovisuel • **Références** : Prise de son et mixage en 2 tomes, Les Contrats de la production, Créer et gérer une entreprise audiovisuelle • **Distributeur** : Dixit

DUNOD

✆ **01 40 46 35 00 / 01 40 46 35 36** • fax 01 40 46 49 95
infos@dunod.com • **www.dunod.com**
5 rue Laromiguière • 75241 **PARIS CEDEX 05**

Florence MARTIN (Responsable de la communication)

Type(s) d'ouvrages : Ouvrages techniques • **Références** : Acoustique et musique, Sonorisation et prise de son, Le Livre des techniques du son (3 tomes), Guide pratique du mixage sonorisation et enregistrement, Guide de la prise de son d'instruments et d'orchestres • **Distributeur** : Hachette

L'ECAILLER

✆ **0411808746 / 0616905570**
delphinebole@lecailler.fr • **www.lecailler.fr**
41 rue Paradis • 13001 **MARSEILLE**

Guy FIRROLONI (Directeur) • Delphine BOLE (Attachée de presse / Secrétaire d'édition)

Type(s) d'ouvrages : Documents sur la musique • **Collection(s)** : L'écailler du rock • **Références** : Rock en vrac, Retour à Jakouka : Sur les traces de Brian Jones au Maroc • **Distributeur** : Volumen

EYROLLES

✆ **01 44 41 11 11** • fax 01 44 41 11 44
service-clients@eyrolles.com • **www.eyrolles.com**
61 bd St-Germain • 75005 **PARIS**

Nathalie GRATADOUR (Responsable commerciale) • Magali MIGONE (Commerciale grands comptes) • Elsa AZIS (Responsable marketing)

Type(s) d'ouvrages : Ouvrages techniques, son, lumière, MAO, informatique... • **Références** : Son et enregistrement, Théorie et pratique de la prise de son stéréo, Guide pratique de la sonorisation • **Distributeur** : Sodis

Editions FUZEAU MUSIQUE

✆ **05 49 72 29 09** • fax 05 49 72 28 98
pedagogie-musicale@fuzeau.com • **www.musique-education.com**
La Plainelière • BP 406 COURLAY • 79306 **BRESSUIRE CEDEX**

Christine FUZEAU-BAUDOUIN (Présidente) • Jean-Pierre FUZEAU (Directeur général)

Type(s) d'ouvrages : éveil musical, livres-cd, ouvrages pédagogiques • **Collection(s)** : Mélomaniac, La musique des tout petits, Jeux voix vocalises, Trésors d'enfance, Consonance, ZIK, Jazzimuth, odi..., Percuti Percuta, Au-delà de la chanson, etc. • **Distributeur** : Fuzeau

GALLIMARD

✆ **01 49 54 42 00** • fax 01 49 44 94 03
david.ducreux@gallimard.fr • **www.gallimard.fr**
5 rue Gaston-Gallimard • 75328 **PARIS CEDEX 07**

David DUCREUX (Attaché de presse)

Type(s) d'ouvrages : Documentaires, essais, beaux-livres, jeunesse • **Collection(s)** : Gallimard Jeunesse Musique, Folio • **Références** : L'offensive rap, Chronique des musiques d'aujourd'hui, La Musique sud-américaine, rythmes et danses d'un continent, Souvenirs, souvenirs, 100 ans de chanson française - Jeunesse : Mes premières découvertes de la musique, Musiques d'ailleurs, Musiques de tous les temps • **Distributeur** : Sodis

GUIDEARTS

✆ **01 43 67 95 47** • fax 01 43 67 95 47
contact@guidearts.com • **www.guidearts.com**
11 rue St Maur • 75011 **PARIS**

Catherine DORVAL (Directrice de la publication)

Type(s) d'ouvrages : Guides techniques • **Références** : Guide des Aides et Subventions pour le Cirque et les Arts de la rue - CDROM • **Distributeur** : Irma

L'HARMATTAN

✆ **01 40 46 79 20** • fax 01 43 25 82 03
diffusion.harmattan@wanadoo.fr • **www.editions-harmattan.fr**
5 rue de l'Ecole Polytechnique • 75005 **PARIS**

Denis PRYEN (Directeur des éditions) • Anne-Marie GREEN (Directrice de collection) • Armelle RICHE (Responsable relations extérieures)

Type(s) d'ouvrages : Biographies, essais, ethnologie, musicologie, sociologie • **Collection(s)** : Univers musical et musiques, Logiques sociales • **Références** : Ambivalence du rock, Le Chant des moteurs, Musiques et société, Rock et production de soi, Pratique rock et échec scolaire, Rock et politique • **Distributeur** : L'Harmattan

HORS COLLECTION

✆ **01 44 16 05 00 / 01 44 16 06 82** • fax 01 44 16 05 23
horscollection@placedesediteurs.com • **www.horscollection.com**
12 av. d'Italie • 75627 **PARIS CEDEX 13**

Carola STRANG (Directrice) • Laetitia MATUSIK (Assistante de communication)

Type(s) d'ouvrages : Biographies, encyclopédies • **Références** : L'Odyssée du rock, Hard rock, l'Epopée de la musique africaine, Les Racines du rock, Bob Marley le reggae et les rastas, Rock connexion • **Distributeur** : Interforum

IRMA ÉDITIONS

✆ **01 43 15 11 11** • fax 01 43 15 11 10
editions@irma.asso.fr • **www.irma.asso.fr/-Les-editions-de-l-irma-**
22 rue Soleillet • 75980 **PARIS CEDEX 20**

Gilles CASTAGNAC (Directeur) • Marie-José SALLABER (Directrice adjointe) • Romain PIERRE (Chargé de commercialisation) • Charles DAUBENTON (Responsable de la distribution) • Sarah BONET (Responsable de la fabrication) • Céline POIRIER (Correctrice)

Centre d'information et de ressources pour les musiques actuelles • **Type(s) d'ouvrages** : Annuaires, guides-métiers, ouvrages prospectifs • **Collection(s)** : Métiers de la musique, Révolutic, Guide-annuaires, Tout savoir • **Références** : L'Officiel de la musique, Jazz de France, Euro World Book, Le Réseau, Guide des fanfares, Je monte mon label, Les Contrats de la musique, L'Édition musicale, Profession entrepreneur de spectacles, La Sécurité des lieux de spectacles, La Circulation internationale du spectacle, La Gestion sonore, Profession artiste, Tout savoir de la scène au disque, Musique 2.0, Artistes 2020, Les Musiciens dans la révolution numérique, Les Contrats 360°, Culture et développement durable, Musique et stratégies numériques, Musiques actuelles : ça part en live • **Distributeur** : Irma

KLINCKSIECK

✆ **01 43 54 47 57** • fax 01 43 54 45 62
courrier@klincksieck.com • **www.klincksieck.com**
c/o Belles Lettres • 95 bd Raspail • 75006 **PARIS**

Alain SECOND (Gérant) • Jean-Marc LOUBET (Directeur éditorial)

Type(s) d'ouvrages : Musicologie, histoire, essais • **Collection(s)** : L'université des arts, Collection d'esthétique • **Références** : La création artistique face aux nouvelles technologies, Le Jazz et l'Occident, Adorno et le Jazz • **Distributeur** : Belles Lettres

LAROUSSE

✆ **01 44 39 44 00 / 01 44 39 44 41** • fax 01 44 39 43 43
mcrocq@larousse.fr • **www.editions-larousse.fr**
21 rue de Montparnasse • 75283 **PARIS CEDEX 6**

Thérèse LERIDON (Responsable des relations presse) • Maryline CROCQ (Attachée de presse)

Type(s) d'ouvrages : Dictionnaires, ouvrages généraux • **Références** : Le Dictionnaire illustré du rock, La Chanson française et francophone, Alain Souchon : Une vie à travers ses chansons, Le Jazz dans tous ses états • **Distributeur** : Hachette

Editions-Musicales LUGDIVINE

✆ **04 37 41 10 40** • fax 04 37 41 10 41
lugdivine@lugdivine.com • **www.lugdivine.com**
24 rue Joannes Masset • BP 9025 • 69265 **LYON CEDEX 9**

Claudine et Michel ASSELINEAU (Co-responsables)

Type(s) d'ouvrages : éveil musical, ouvrages pédagogiques • **Références** : Lugdirythmes, Rekupertou, Musiques de légumes • **Distributeur** : Lugdivine

LA MACHINE A CAILLOUX

caillou@lamachineacailloux.com • **www.lamachineacailloux.com**
3A rue François 1er • 92170 **VANVES**

Jennifer CROOK (Responsable des éditions)

Type(s) d'ouvrages : Essais • **Collection(s)** : Carré • **Références** : « Sorties de route » Bertrand Belin, « Une lentille dans les cailloux » Bastien Lallemant, « Je ne sais pas » Matthieu Boogaerts, « Un bon chanteur mort » Dominique A, « La tristesse durera toujours » Bertrand Betsch • **Distributeur** : Irma

MÉLANIE SETEUN

editions@seteun.net • **www.seteun.net**
L'Esturmel • 44390 **SAFFRE**

Emmanuel PARENT (Co-responsable et secrétaire de rédaction) • Gérôme GUIBERT (Directeur de la publication) • Béatrice RATREMA (Chargée de diffusion)

Collection(s) : Musique et Société, revue semestrielle Volume ! • **Références** : Bruyante techno, Les nouveaux courants musicaux, Les mots distordus, Un maquis techno, Stand Down Margaret, Hard-rock Heavy-metal, metal, Le monde du rock, La production de la culture, Stéreo, La radio et ses publics, Quand le rap sort de sa bulle, Technomedia • **Distributeur** : Irma

MILLÉNAIRE PRESSE - LA SCÈNE

✆ **02 40 20 60 20** • fax 02 40 20 60 30
prenom.nom@lascene.com • **www.lascene.com**
11 rue des Olivettes • CS 41805 • 44018 **NANTES CEDEX 1**

Nicolas MARC (Directeur des publications) • Cyrille PLANSON (Rédacteur en chef La Scène et Le Piccolo) • Yves PERENNOU (Rédacteur en chef lettre du spectacle) • Agnès GARNIER (Rédactrice en chef Le Jurisculture) • Fabiola DROUET (Communication Régie Publicitaire)

Type(s) d'ouvrages : Guides pratiques spectacle vivant • **Collection(s)** : Aide-mémoire • **Références** : Sceno, Captation audiovisuelle des spectacles vivants, Droits d'auteur et droits voisins, Assurances des activités culturelles, Le Jurisculture, Le Piccolo, Juriscène • **Distributeur** : Dif'pop

LE MOT ET LE RESTE

✆ **09 75 28 42 27** • fax 09 75 28 42 27
ed.mr.info@wanadoo.fr • **atheles.org/lemotetlereste/**
BP 34 • 13244 **MARSEILLE CEDEX 01**

Yves JOLIVET (Directeur) • Deborah MORTALI (Communication)

Type(s) d'ouvrages : Anthologies, essais, parcours, biographies • **Collection(s)** : Formes, Attitudes • **Références** : En Studio avec les Beatles, Free Party, musiques électroniques, Retromania, musiques expérimentales, Folk et Renouveau • **Distributeur** : Harmonia Mundi

MUSICALE ECRITURE

✆ **03 23 84 31 21** • fax 03 23 69 43 88
contact@musicale-ecriture.com • **musicale-ecriture.com**
1 av. Wilson • 02400 **CHATEAU THIERRY**

Mélodie MEDAM (Responsable)

Type(s) d'ouvrages : Partitions de musique

NAÏVE LIVRES

✆ **01 56 02 20 00** • fax 01 56 02 20 44
assistant.livre@naive.fr • **www.naive.fr**
9 rue Victor Massé • 75009 **PARIS**

Patrick ZELNIK (PDG) • Françoise CRUZ (Directrice éditoriale) • Laurent QUINT (Assistant éditorial) • Gabrielle LESDEMA (Assistante)

Type(s) d'ouvrages : Biographies, essais, romans, BD • **Références** : Un démocrate, Mick Jagger 1960-1969, David Bowie, Rolling Thunder, Playlist, La Factory • **Distributeur** : Union Distribution

OUTRE MESURE

✆ **01 47 07 06 21** • fax 01 47 07 06 45
outremesure@wanadoo.fr • **outre-mesure.net**
36 rue Pascal • 75013 **PARIS**

Claude FABRE (Directeur) • Vincent COTRO (Directeur de collection Contrepoints) • Jacques SIRON (Conseiller éditorial)

Type(s) d'ouvrages : Biographies, méthodes, essais, ouvrages théoriques • **Collection(s)** : Théories, Instruments, Partitions, Contrepoints, Hors-Collection • **Références** : Analyser le jazz, Le Jazz - des origines à nos jours, Une chronologie du Jazz, Talkin' that talk, Les Cahiers du Jazz • **Distributeur** : Id music, Outre Mesure

Editions PARENTHÈSES

✆ **04 95 08 18 20** • fax 04 95 08 18 24
info@editionsparentheses.com • **www.editionsparentheses.com**
72 cours Julien • 13006 **MARSEILLE**

Patrick BARDOU (Directeur) • Varoujan ARZOUMANIAN (Directeur) • Philippe FRECHET (Directeur de collection Eupalinos) • Marion BRUN (Contact presse)

Type(s) d'ouvrages : Biographies, essais • **Collection(s)** : Collection Eupalinos, collection epistrophy, collection mood indigo • **Références** : Moins qu'un chien, Le Cas Coltraine • **Distributeur** : Harmonia Mundi

PAYOT & RIVAGES

✆ **01 44 41 39 90**
editions@payotrivages.com • **www.payot-rivages.net**
106 bd St Germain • 75006 **PARIS**

Françoise NYSSEN (Présidente) • Benoîte MOUROT (Directrice générale)

Type(s) d'ouvrages : Biographies, courants musicaux • **Collection(s)** : Rivages Rouge • **Références** : Feel like going home, The man who Led Zeppelin, Mods une anthologie, L.A.Byrinthe, Ici Londres • **Distributeur** : Hachette

PRESSES UNIVERSITAIRES DE FRANCE

✆ **01 58 10 31 00 / 01 58 10 31 83** • fax 01 58 10 31 82
nom@puf.com • **www.puf.com**
6 av. Reille • 75014 **PARIS**

Monique LABRUNE (Directrice éditoriale) • Laurence SCHEYER (Directrice administrative et financière) • Dominique REYMOND (Directrice de la communication) • Paul GARAPON (Responsable éditorial) • Julie GAZIER (Editrice de la collection « Que sais-je ? ») • Christophe JEANCOURT-GALIGNANI (Directeur commercial)

Type(s) d'ouvrages : Essais • **Collection(s)** : Que sais-je ?, L'interrogation philosophique • **Références** : La pop-music et les musiques rock, La musique arabe, Histoire de la musique en France, Les nouveaux gestes de la musique, La culture du rock • **Distributeur** : Union Distribution

ROBERT LAFFONT EDITEUR

✆ **01 53 67 14 00 / 01 53 67 15 23** • fax 01 53 67 15 20
adumortier@robert-laffont.fr • **www.bouquins.tm.fr**
24 av. Marceau • 75008 **PARIS**

Jean-Luc BARRÉ (Directeur de la collection Bouquins) • Agnès DUMORTIER (Attachée de presse) • Agnès HIRTZ (Editrice)

Type(s) d'ouvrages : Dictionnaires thématiques, ouvrages de références • **Collection(s)** : Bouquins • **Références** : Dictionnaire du rock, Nouveau dictionnaire du jazz, Dictionnaire biographique des musiciens, Dictionnaire des interprètes, Dictionnaire encyclopédique de la musique, Une histoire de la musique des origines à nos jours • **Distributeur** : Interforum

Editions TANA

✆ **01 44 16 92 00** • fax 01 44 16 92 08
relationpresse@copyright.fr • **www.tana.fr**
16/24, rue Cabanis • 12, Villa de Lourcine • 75014 **PARIS**

Hervé TARDY (Directeur général) • Marie BOUCHER (Attachée de presse)

Type(s) d'ouvrages : Beaux Livres • **Références** : « Être Rock », « Rock'n'sSex », « The Rolling Stones », « Petit livre à offrir à un amateur de rock », « Petit livre à offrir à un amateur de Jazz » par Misterioso, « Portraits légendaires du jazz » par Pascal Anquetil • **Distributeur** : Interforum

TOURNON

✆ **01 43 36 32 00** • fax 01 43 36 37 96
contact@groupetournon.com • **www.editionstournon.fr**
45 rue Broca • 75005 **PARIS**

Henri-Claude PRIGENT (PDG)

Type(s) d'ouvrages : Biographies, essais, beaux livres • **Collection(s)** : Images du rock, Dictionnaire des chansons • **Références** : Queen, Hard Times, 100 albums cultes soul funk rnb, Dictionnaire des chansons de Nirvana • **Distributeur** : Dilisco

GUIDES-ANNUAIRES INTERNATIONAUX

EURO WORLD BOOK
✆ **01 43 15 11 11** • fax 01 43 15 11 10
info@irma.asso.fr • **www.irma.asso.fr**
c/o Irma • 22 rue Soleillet • 75980 **PARIS CEDEX 20**
François BENSIGNOR (Responsable CIMT) • Fabrice JALLET (Base de données) • Sundy TASKER (Assistante distribution) • Sarah BONET (Responsable de la fabrication)
Objet(s) : Annuaire trilingue (allemand, anglais, français) • **Contenu** : Règlements européens concernant les artistes, informations détaillées sur le droit social et le droit fiscal en France et en Allemagne, sélection pointue de 5000 contacts en France, Allemagne et 27 autres pays d'Europe • **Nombre de références** : 5000

Le GUIDE DE LA CARAÏBE CULTURELLE
✆ **04 42 50 59 92** • fax 09 80 83 71 22
info@ventsdailleurs.com • **www.ventsdailleurs.com**
c/o Vents d'Ailleurs • 11 route de Ste-Anne
13640 **LA ROQUE D'ANTHERON**
Objet(s) : Annuaire des cultures caribéennes, Haïti, Guadeloupe, Martinique, Europe • **Contenu** : Arts visuels, audiovisuel, conte, danse, littérature, musique, théâtre • **Nombre de références** : + de 1000 contacts de créateurs, compagnies, financeurs, partenaires publics et privés, organismes professionnels, médias

The VIP BOOK
✆ **+44870 755 0092** • fax +44870 622 1953
vip@vip-booking.com • **www.vip-booking.com**
c/o Vip-Booking.com • 145-157 St John Street
EC1V 4PW **LONDRES (GRANDE BRETAGNE)**
Ronni DIDRIKSEN (PDG) • Peter BRIGGS (Directeur général)
Objet(s) : Annuaire des professionnels de l'industrie de la musique Live en Europe • **Contenu** : 5000 lieux en Europe, 3500 agences de booking, management et entrepreneurs de spectacles, 10000 artistes. En anglais • **Périodicité** : Annuel • **Tirage** : 10000

GUIDES-ANNUAIRES NATIONAUX

ANNUAIRE DE LA MUSIQUE
✆ **01 47 28 70 70** • fax 01 47 28 73 83
commercial@alphamedian.fr • **www.francemusiqueimageson.fr**
Alphamedian et Johanet • 38 bd Henri Sellier • 92156 **SURESNES CEDEX**
Sandrine JEAN-ELIE (Responsable marketing)
Objet(s) : Musique, image et son • **Contenu** : Instruments, matériels & accessoires, services & éditions musicales, enseignement, spectacle • **Nombre de références** : 18000 entreprises et professionnels de la musique • **Périodicité** : Régulièrement actualisé

ANNUAIRE DU SPECTACLE VIVANT
✆ **01 44 61 84 85** • fax 01 44 61 84 86
accueil@cnt.asso.fr • **www.cnt.asso.fr**
c/o CNT • 134 rue Legendre • 75017 **PARIS**
Jacques BAILLON (Directeur de la publication) • Cécile HAMON (Directrice de la rédaction) • Dorothée BURILLON (Directrice de la communication)
Objet(s) : Annuaire de contacts pour les proteurs de projets culturels • **Contenu** : Base de données du CNT des lieux de création et de diffusion et leur équipe • **Nombre de références** : 30000 contacts • **Périodicité** : en ligne, régulièrement actualisé (version papier épuisée)

BEPUB
✆ **03 59 30 65 73** • fax 03 20 51 66 83
www.bepub.com
42 rue de la Filature • 59350 **ST ANDRE LEZ LILLE**
Nicolas HUYNH VAN (Directeur associé) • Frédéric RENAR (Directeur associé) • Thomas LAIGLE (Responsable commercial) • Jérémie MONEIN (Responsable de la communication)
Objet(s) : Annuaires professionnels de la création et de la communication • **Contenu** : Création sonore, studios d'enregistrement, auteur-compositeur, banques sonores, communication, événementiel, audiovisuel, etc. • **Tirage** : 15000

BLUESUD
✆ **08 70 75 79 51**
asso@bluesud.com • **www.bluesud.com**
La sarette Bât 7 • 30 ch. du Lancier • 13008 **MARSEILLE**
Philippe MORANA (Président)
Objet(s) : Annuaire du Blues • **Contenu** : Informations sur les concerts, festivals, groupes de blues dans le sud de la France et ailleurs • **Périodicité** : en ligne, régulièrement actualisé

BTS
✆ **02 40 48 64 24** • fax 02 40 48 64 32
redaction@as-editions.fr • **www.as-editions.fr**
c/o Éditions AS • 14 rue Crucy • 44000 **NANTES**
Michel GLADYREWSKY (Directeur de la publication) • Lydie PIOU GONI (Coordinatrice générale)
Book Technique du Spectacle • **Objet(s)** : Annuaire des sociétés et produits pour le spectacle vivant, l'événementiel et l'exposition en France et pays limitrophes • **Contenu** : Matériel technique destiné au spectacle et à l'équipement scénique, contacts et coordonnées des concepteurs, fabricants, fournisseurs et prestataires de services • **Nombre de références** : 3200 sociétés et 20000 répertoriées • **Périodicité** : Annuel + une version en ligne • **Tirage** : 5000

BUSINESS GUIDE DE L'AUDIOVISUEL
✆ **01 41 40 33 33** • fax 01 41 40 32 66
mass.media@wanadoo.fr • **www.mass-media.fr**
Mass Media • 9 allée Jean Prouvé • 92110 **CLICHY**
Stéphanie CASASNOVAS (Directrice) • Nathalie PERRIN (Responsable éditoriale)
Objet(s) : Guides thématiques sur les secteurs de l'entertainment en France • **Contenu** : 8000 sociétés, 16000 contacts : tv, radio, cinéma, audiovisuel, musique, multimédia, prestataires; base de données en ligne • **Périodicité** : Biennale, parution 2013/14 • **Tirage** : 8000

Le CARNET D'ADRESSES
✆ **01 42 72 28 99**
info@centredelachanson.com • **www.centredelachanson.com**
c/o Centre de la Chanson • 24 rue Geoffroy l'Asnier • 75004 **PARIS**
Roxane JOSEPH (Directrice)
Objet(s) : Répertoire chanson • **Contenu** : 2100 contacts professionnels (fiches détaillées) des salles des spectacles, festivals, tremplins, radios, formations, contacts administratifs • **Périodicité** : Bisannuel • **Tirage** : 500

DELAMUSIC
✆ **04 96 17 67 00** • fax 04 91 54 03 63
info@jigal.com • **www.delamusic.com**
Editions JIGAL • 27 cours Estienne d'Orves • 13001 **MARSEILLE**
Jimmy GALLIER (Directeur) • Véronique GISZ (Responsable publicité)
Objet(s) : Annuaire des sites de la musique en France • **Contenu** : Professionnels de la musique présents sur le Web : show-biz, son, image, spectacles et scène (éditeurs, labels, studios, location de matériel, etc.) • **Nombre de références** : + de 20000 • **Périodicité** : Quotidienne

Le GUIDE DES FESTIVALS
✆ **03 20 97 68 87**
contact@leguidedesfestivals.com • **www.leguidedesfestivals.com**
c/o Pro Festivals • 49 rue de Douai • 59000 **LILLE**
Nicolas DUQUENOY (Gérant associé)
Objet(s) : Guide • **Contenu** : Liste des festivals européens les plus importants • **Nombre de références** : + de 5000 • **Périodicité** : Trimestrielle • **Tirage** : 80000

Le GUIDE DES FESTIVALS NUMÉRIQUES
✆ **01 83 89 13 73**
contact@digitalmcd.com • **www.digitalmcd.com**
14 rue Violet • 75015 **PARIS**
Anne-Cécile WORMS (Directrice de la rédaction) • Laurent DIOUF (Rédacteur en chef)
Objet(s) : Guide-annuaire et revue • **Contenu** : Guide-annuaire recensant près de 350 festivals « musiques, arts et multimédia » • **Périodicité** : Annuelle, revue trimestrielle

Le GUIDE DES RELATIONS PRESSE ET DE LA COMMUNICATION
✆ **01 42 96 33 30** • fax 01 42 96 33 03
edinove@club-internet.fr • **www.leguidedesrelationspresse.com**
Edinove • 30 rue st-Marc • 75002 **PARIS**
Olivier DUJOL (Directeur général)
Contenu : Contacts des responsables de la communication de 14000 entreprises et organismes divers, 500 agences évenementielles. Existe aussi en ligne. • **Périodicité** : Annuel • **Tirage** : 5000

Le GUIDE DU SHOW BUSINESS

✆ **08 11 09 40 04** • fax 01 78 09 15 81
info@promo-presse.fr • **www.lgdsb.com**
Promo-presse • 1 rue Bourbon le Chateau • 75006 **PARIS**
Guy PLISSON (Directeur)
Objet(s) : Annuaire professionnel (musique, cinéma, théâtre, spectacle, audiovisuel) • **Contenu** : 50 000 contacts, 1 000 pl. • **Périodicité** : Annuel • **Tirage** : 5 000

GUIDE PROFESSIONNEL DE LA RADIO ET DU SON

✆ **05 55 18 03 61** • fax 05 55 18 27 97
infos@leguideradio.com • **www.editionshf.fr**
c/o Éditions HF • 30 rue du Pontel • 19240 **ST VIANCE**
Philippe CHAPOT (Gérant)
Objet(s) : Répertoire des professionnels du milieu radio et son • **Contenu** : Annuaire des radios francophones, organismes professionnels, formations, études, régies, fabricants de matériel, studios d'enregistrement, services en ligne, web radios, actualité de l'année • **Nombre de références** : 8 000 contacts, 5 000 sociétés • **Périodicité** : Annuelle • **Tirage** : 6 000

L'HEXAGONE

hexagonemusic@gmail.com • **hexagonemusic.free.fr**
Objet(s) : Metal, gothic • **Contenu** : Annuaire en ligne des groupes français metal et gothic, interviews, compte rendus et annonces de concerts • **Nombre de références** : Plus de 700 groupes et 1 700 albums • **Périodicité** : Site actualisé régulièrement

HORSLESMURS.FR

✆ **01 55 28 10 10** • fax 01 55 28 10 11
info@horslesmurs.fr • **www.horslesmurs.fr**
68 rue de la Folie Mericourt • 75011 **PARIS**
Isabelle DRUBIGNY (Responsable des éditions) • Sophie PERRIN (Chargée du Centre de documentation) • Violette BERNAD (Responsable de la communication)
Centre national de ressources des arts de la rue et des arts du cirque • **Objet(s)** : Guide professionnel en ligne des arts de la rue et des arts du cirque en France et à l'étranger • **Contenu** : Artistes, savoir-faire, organisateurs d'événements, festivals, institutions, prestataires de services, écoles et lieux de formation, agents artistiques, lieux de résidence

INFO-GROUPE

✆ **06 63 22 99 33 / 09 50 38 00 35** • fax 09 72 11 23 62
contact@info-groupe.com • **www.info-groupe.com**
10 rue du Vieux Moulin • 35220 **CHATEAUBOURG**
Thierry LEPRINCE (Programmation & développement web)
Objet(s) : Tous styles musicaux • **Contenu** : Groupes de musique, organisateurs de concerts et prestataires de services musicaux • **Nombre de références** : 7 000 profils • **Périodicité** : Quotidienne

JAZZ DE FRANCE

✆ **01 43 15 11 11** • fax 01 43 15 11 10
panquetil@irma.asso.fr • **www.irma.asso.fr**
c/o Irma • 22 rue Soleillet • 75980 **PARIS CEDEX 20**
Pascal ANQUETIL (Rédacteur en chef / Responsable CIJ) • Fabrice JALLET (Base de données) • Sundy TASKER (Assistante distribution / librairie) • Sarah BONET (Responsable de la fabrication)
Le guide-annuaire du jazz en France • **Objet(s)** : Guide-annuaire du jazz en France • **Contenu** : Plus de 6 000 contacts en France dont artistes, producteurs, agents, clubs, festivals, concours, associations, labels, distributeurs, disquaires, organismes, écoles, médias, journalistes, web, etc. • **Périodicité** : Bisannuel

KEEP ULTIME

✆ **06 79 16 83 58**
infos@ultimemusic.com • **www.ultimemusic.com**
40 av. de Verdun • BP 15 • 69440 **MORNANT**
Jean-Marc VINCENT (Contact)
Contenu : Annuaire en ligne : artistes, cours, lieux de spectacles, son & image, disques, média et communication. Agenda & billetterie concerts, festivals, foires aux disques, 5 000 liens de sites musicaux • **Nombre de références** : 55 000 contacts professionnels

MEDIASIG

✆ **04 78 63 32 20**
mediasig@dila.gouv.fr • **www.ladocumentationfrancaise.fr**
29/31 quai Voltaire • 75344 **PARIS CEDEX 7**
Claude GUINAMARD (Responsable)
Objet(s) : Annuaire de presse et de communication • **Contenu** : Services de presse et communication, audiovisuel, agences de presse, principaux groupes de presse, presse écrite nationale et régionale, organismes syndicaux et professionnels de la presse, l'international en France, medias en ligne • **Nombre de références** : 8 000 contacts • **Périodicité** : Annuel • **Tirage** : 5 000

MEMO

✆ **01 43 15 02 50** • fax 01 46 36 11 62
contact@zonefranche.com • **www.zonefranche.com**
c/o Zone Franche • 146 rue des Poissonniers • 75018 **PARIS**
Fabienne BIDOU (Directrice)
Guide des musiques du Monde • **Contenu** : Festivals et lieux de diffusion des musiques du monde ; annuaire du réseau Zone Franche • **Périodicité** : Bisannuelle • **Tirage** : 11 000 (dont 5 500 encartés dans La Scène)

Le MEMO-EVENEMENTIEL.COM

✆ **04 92 52 09 69** • fax 04 92 52 08 41
info@lememo.fr • **www.lememo-evenementiel.com**
Immeuble Business Plaza, bât 3, 2e étage • 159 rue de Ther
34000 **MONTPELLIER**
Stéphane GOBARD (Responsable)
Contenu : Guide Internet des artistes et prestataires techniques du spectacle associés aux organisateurs. 2 services en ligne : demande de devis et annuaire • **Nombre de références** : 20 000 artistes, 30 000 prestataires techniques, 30 000 organisateurs • **Périodicité** : Régulièrement actualisé

L'OFFICIEL DE LA MUSIQUE

✆ **01 43 15 11 11** • fax 01 43 15 11 10 / 01 43 15 06 06
info@irma.asso.fr • **www.irma.asso.fr**
22 rue Soleillet • 75980 **PARIS CEDEX 20**
Gilles CASTAGNAC (Directeur) • Marie-José SALLABER (Directrice adjointe) • Frédéric DREWNIAK (Responsable éditorial) • Romain PIERRE (Publicité) • Fabrice JALLET (Base de données) • Sarah BONET (Fabrication) • Sundy TASKER (Assistante distribution / librairie)
Objet(s) : Guide-annuaire, outil de référence au service des professionnels, amateurs et partenaires du monde musical • **Contenu** : Contacts musiques actuelles : labels, salles, studios, artistes, organismes, medias etc. • **Nombre de références** : 25 000 contacts • **Périodicité** : Annuel

ONDA

✆ **01 42 80 28 22** • fax 01 48 74 16 03
info@onda.fr • **www.onda.fr**
13 bis rue Henry Monnier • 75009 **PARIS**
Fabien JANNELLE (Directeur) • Catherine BARTHELEMY (Responsable de l'information Site Internet) • Adrien CHIQUET (Conseiller musique)
Office national de diffusion artistique • **Objet(s)** : Théâtre, danse, musique, cirque, arts de la rue • **Contenu** : Annuaire en ligne : festivals, productions étrangères et créations françaises, répertoire des lieux, producteurs, tourneurs, centres de ressources, réseaux, médias en France et à l'étranger • **Nombre de références** : 2 535 organismes dont 488 en musique • **Périodicité** : Régulièrement actualisé

PLANET' TEKNO

info@planet-tekno.com • **www.planet-tekno.com**
156 bd de Stalingrad • 94200 **IVRY SUR SEINE**
Nicolas DARMON
Objet(s) : Musiques électroniques • **Contenu** : Annuaire de sites Internet (artistes, lieux, matériels et logiciels, associations, pages perso, shopping, etc.) • **Nombre de références** : 250

PRODUCTEURS

✆ **01 49 70 03 33** • fax 01 49 70 02 15
info@dixit.fr • **www.dixit.fr**
3 rue La Bruyère • 75009 **PARIS**
Jean-Pierre FOUGEA (Gérant) • Myrtille BAKOUCHE
Objet(s) : Annuaire numérique des producteurs des télévision et cinéma • **Contenu** : Organigramme des sociétés de production et réf. récentes, 900 contacts (longs et courts-métrages, publicités, institutionnels, documentaires, fictions télévision) • **Nombre de références** : 900 • **Périodicité** : Régulièrement actualisé • **Tirage** : PDF et fichier excel

REPERTOIRE CONSERVATOIRES ÉCOLES DE MUSIQUE EN FRANCE

✆ **01 56 77 04 00** • fax 01 56 77 04 09
info@lalettredumusicien.fr • **www.lalettredumusicien.fr**
14 rue Violet • 75015 **PARIS**
Michèle WORMS (Directrice) • Valérie LAHANQUE (Directrice de la publicité et administration)
Objet(s) : Répertoire d'établissements d'enseignement musical • **Contenu** : Etablissements publics et privés : coordonnées, classement, nombre d'élèves et de professeurs, accessibilité aux handicapés etc. • **Nombre de références** : + 3 600 • **Périodicité** : Biennal

RÉPERTOIRE DU MÉCÉNAT D'ENTREPRISE

✆ **01 42 55 20 01** • fax 01 42 55 71 32
contact@admical.org • **www.admical.org**
c/o Admical • 26 ter rue Ordener • 75018 **PARIS**
Bénédicte MENANTEAU (Déléguée générale) • Sarah DIGONNET (Responsable des publications et études)
Objet(s) : Mécénat d'entreprise • **Contenu** : Tendances et bilans commentés du mécénat, entreprises mécènes, actions de solidarité, culture, recherche, centres de ressources en France et à l'étranger, formations, bibliographie etc. • **Périodicité** : Bisannuel • **Tirage** : 2 500 ex.

RÉPERTOIRE IRMA

✆ **01 43 15 11 11** • fax 01 43 15 11 10
info@irma.asso.fr • **www.irma.asso.fr/repertoire**
22 rue Soleillet • 75980 **PARIS CEDEX 20**
Gilles CASTAGNAC (Directeur) • Fabrice JALLET (Base de données)
Centre d'information et de ressources pour les musiques actuelles • **Objet(s)** : Musiques actuelles • **Contenu** : Répertoire permettant la recherche par son nom d'une activité ou d'un contact dans la base de données de l'Irma : nom de la structure, adresse, téléphonie, site, adresse électronique, organigramme, description de l'activité, etc. • **Nombre de références** : 50 000 • **Périodicité** : Quotidienne

SCENO

✆ **02 40 20 60 20** • fax 02 40 20 60 30
prenom.nom@lascene.com • **www.lascene.com**
11 rue des Olivettes • CS 41805 • 44018 **NANTES CEDEX 1**
Nicolas MARC (Directeur des publications) • Fabiola DROUET (Communication / Régie publicitaire) • Eric DEGUIN (Directeur artistique)
Objet(s) : Annuaire professionnel théâtre, musique, danse • **Contenu** : Adresses et contacts pour les théâtres, salles de spectacles, festivals, tourneurs, compagnies et organisateurs de spectacles • **Nombre de références** : 1 000 • **Périodicité** : Bisannuel

WOFFI.COM

✆ **01 43 15 11 11** • fax 01 43 15 11 10
info@woffi.com • **www.woffi.com**
c/o IRMA • 22 rue Soleillet • 75980 **PARIS CEDEX 20**
Gilles CASTAGNAC (Directeur) • Fabrice JALLET (Base de données)
Objet(s) : Musiques actuelles • **Contenu** : Accès à l'ensemble des annuaires musiques actuelles édités par l'Irma (jazz, musiques traditionnelles et du monde, hip hop, fanfares) via des modules de recherches multicritères, de sélection, d'édition et de mémorisation de listes, possibilité d'imprimer ces listes au format étiquette pour campagnes par publipostage, prestation emailing (contacter l'Irma) • **Nombre de références** : Plus de 50 000 entreprises et contacts • **Périodicité** : Quotidienne

GUIDES-ANNUAIRES RÉGIONAUX

L'ANNUAIRE DU RÉSEAU 92

✆ **01 47 36 78 23**
nicolas@reseau92.com • **www.reseau92.com**
c/o Conservatoire de Clamart • Pl. Jules Hunebelle • 92140 **CLAMART**
Nicolas ACQUAVIVA (Responsable ressources et accompagnement) • Florian AUVINET (Coordinateur)
Objet(s) : Musiques actuelles • **Contenu** : Annuaire en ligne des musiques actuelles des Hauts-de-Seine : artistes, organismes, médias, studios, disques, formations, ressources • **Nombre de références** : 3 000 contacts • **Périodicité** : Régulièrement actualisé

ANNUAIRE TOHU-BOHU

✆ **02 40 46 66 33** • fax 02 40 46 67 57
cecile@trempo.com • **tohubohu.trempo.com/annuaire**
Trempolino - La Fabrique, laboratoire(s) artistique(s) • 6 bd Léon Bureau 44200 **NANTES**
Cécile ARNOUX (Cirma / Tohu Bohu)
Objet(s) : Acteurs des musiques actuelles de la région Pays de la Loire, mise en réseau • **Contenu** : Musiciens, diffuseurs, organismes, disques, studios, médias, etc. • **Nombre de références** : En ligne + de 3 000 contacts • **Périodicité** : Régulièrement actualisé

ARCADE PACA

✆ **04 42 21 78 00** • fax 04 42 21 78 01
cid@arcade-paca.com • **www.arcade-paca.com**
Maison Darius Milhaud • 6 pl. Barthélémy Niollon • CS 30759
13617 **AIX EN PROVENCE CEDEX 01**
Jean-Louis BATTISTETTI (Responsable information et documentation) • Laurence CHARRIER-MONTBEL (Chargée de la base réseau information culture)
Réseau information culture • **Objet(s)** : Annuaire régional du spectacle vivant en Paca • **Contenu** : Base de données musique, danse, théâtre, arts de la rue et arts de la piste • **Nombre de références** : 15 000 en ligne • **Périodicité** : Régulièrement actualisé

ARSV

✆ **05 49 55 33 19** • fax 05 49 55 39 89
accueil@culture-poitoucharentes.fr • **www.culture-poitoucharentes.fr**
9 bd du Grand-Cerf • 86000 **POITIERS**
Anne GERARD (Directrice) • Aline FELACO (Chargée de l'information) • Nadège FORTIN (Opératrice de saisie)
Annuaire Régional du Spectacle Vivant • **Objet(s)** : Annuaire du spectacle vivant en Poitou-Charentes • **Contenu** : Annuaire en ligne (salles, festivals, écoles, etc.), agenda des formations, guides pratiques, informations ressources, annuaire de « spectacles à vendre » • **Périodicité** : Régulièrement actualisé

ARTECA

✆ **03 83 40 87 40** • fax 03 83 40 87 41
arteca@arteca.fr • **www.arteca.fr**
Bât. C • Domaine de Pixérécourt • CS 80076 • 54220 **MALZEVILLE**
Roger TIRLICIEN (Président) • Frédéric LAPIQUE (Directeur) • Delphine CHOLEWA-CLARISSE (Responsable de l'information)
Annuaire des opérateurs culturels en Lorraine • **Objet(s)** : Référencement des opérateurs culturels de Lorraine • **Contenu** : Annuaire en ligne des structures des 4 départements lorrains • **Nombre de références** : 9 450 • **Périodicité** : Régulièrement actualisé

FRACAMA.ORG

✆ **02 38 54 07 69** • fax 02 38 54 07 69
contact@fracama.org • **www.fracama.org**
c/o FRACA-MA • 108 rue de Bourgogne • 45000 **ORLEANS**
Rémi BRETON (Président) • Alexandre TINSEAU (Directeur de la publication) • Boris ADAMCZYK (Administrateur) • Emmanuelle HULLOT (Contributrice) • Grégoire PATEAU (Contributeur)
Le guide-annuaire en ligne des musiques actuelles en région Centre • **Objet(s)** : Annuaire en ligne des musiques actuelles en région Centre • **Contenu** : Contacts des artistes (photos, sons, liens, flux RSS), disque, édition, formations, médias, organismes, studios, etc. • **Nombre de références** : + de 3 000 contacts • **Périodicité** : Régulièrement actualisé

JAZZ À CAEN

sbarthod@jazzcaen.com • **www.jazzcaen.com**
Stéphane BARTHOD (Webmaster)
Jazz à Caen et en Basse-Normandie • **Objet(s)** : Jazz • **Contenu** : Annuaire en ligne de Basse-Normandie : musiciens par instruments, salles, festivals, formations, etc. • **Périodicité** : Régulièrement actualisé

LOCO ARTEFACT

✆ **03 88 23 72 37** • fax 03 88 23 72 30
plateforme@artefact.org • **www.artefact.org**
c/o Artefact PRL • 13 rue du Hohwald • 67000 **STRASBOURG**
Thierry DANET • Jean-Luc GATTONI (Centre de ressources)
Objet(s) : Annuaire en ligne des musiques actuelles en Alsace • **Contenu** : Artistes, collectifs, associations, lieux de concerts, festivals • **Nombre de références** : 15 000 • **Périodicité** : Régulièrement actualisé

MUSIQUE EN STOCK

✆ **06 07 91 39 02**
jp.demeusy@aliceadsl.fr • **www.musiqueenstock.com**
BP 55 • 67044 **STRASBOURG CEDEX**
Jean-Paul DEMEUSY (Directeur) • Isabelle LEBEAU (Coordinatrice)
Objet(s) : Guide en ligne des musiques nouvelles et actuelles en Alsace, ainsi que sorties de CD audio de compil'régionales thématiques (Vol.5 mars 2012) • **Contenu** : Instruments, groupes, concerts, lieux, festivals, plus CD audio thématique • **Périodicité** : Régulièrement actualisé

MUZIKANNUAIRE

✆ **02 62 90 94 69** • fax 02 62 90 94 61
annick@runmuzik.fr • **www.muzikannuaire.com**
6 bis rue Pasteur • BP 1018 • 97481 **ST DENIS CEDEX (REUNION)**
Alain COURBIS (Directeur) • Nadège NAGES (Assistante de direction) • Annick NOURRY (Responsable Ressources)
Objet(s) : Guide-annuaire d'artistes musicaux et des professionnels • **Contenu** : Contacts, discographie, concerts, etc. • **Nombre de références** : 1 050

ORACLIM

✆ **05 55 10 90 28** • fax 05 55 10 90 70
contact@oraclim.fr • **www.culture-en-limousin.fr**
31 av. de la Libération • 87000 **LIMOGES**
Yves MENUT (Directeur) • Jean-Claude ROBERT (Administrateur Chargé de l'information relationnelle)
Observatoire régional des arts et de la culture en Limousin • **Objet(s)** : Musiques actuelles en Limousin • **Contenu** : Coordonnées des artistes et des lieux de diffusion en Limousin • **Nombre de références** : 1 800 • **Périodicité** : Régulièrement actualisé

Le PACK DU ZIKOS

✆ **09 75 47 88 35**
associationtomahawk@gmail.com • **tomahawk-music.eu**
c/o Collectif Tomahawk • Boudiguen • 29141 **QUERRIEN**
JC KLOTZ (Coordinateur) • Savi GODEFROY (Chargé de projets) • Frédéric DESBOIS (Chargé de projets)
Contenu : Conseil en développement et fichiers contacts pour groupes de musiques actuelles émergents et en phase de professionnalisation • **Périodicité** : 1/2 ans • **Tirage** : 300 version papier FR, 100 version papier UK

ZEBROCK.NET

✆ **01 55 89 00 60** • fax 01 55 89 00 61
info@zebrock.net • **www.zebrock.net**
Immeuble Le Terminal • 2 rue Saint-Just • 93130 **NOISY LE SEC**
Edgard GARCIA (Directeur) • Béatrice BALVAY (Secrétaire générale) • Marie BIHAN (Communication)
Objet(s) : Musiques actuelles en Seine-Saint-Denis • **Contenu** : Annuaire en ligne des artistes et lieux musicaux dans le 93 • **Périodicité** : Régulièrement actualisé

CONSEIL ARTISTIQUE

BURO LANO
✆ **01 47 00 23 61**
karin@burolano.com • **www.burolano.com**
3 rue Charles Nodier • 75018 **PARIS**
Karin LAENEN (Consultante)
Domaine(s) et activité(s) : Conseil, organisation, programmation

André **GINTZBURGER**
✆ **01 42 97 45 36** • fax 01 42 96 42 99
gintzburger@wanadoo.fr • **www.gintzburger.net**
47 rue de Richelieu • 75001 **PARIS**
André GINTZBURGER (Conseiller) • Edwige MARLE (Assistante)
Domaine(s) et activité(s) : Conseiller en organisation de spectacles vivants

HARMONIQUES
✆ **01 42 78 73 13 / 06 81 45 09 43**
info@harmoniques.fr • **www.harmoniques.fr**
41 rue volta • 75003 **PARIS**
Jean-Francis ZERMATI (Directeur)
Domaine(s) et activité(s) : Formation, conseil et accompagnement d'artistes, conseil en ressources humaines et développement de projets, coaching, bilans de compétences

IMPROBABLES CONSULTING
✆ **04 66 59 03 32 / 06 80 03 81 33**
bordarier_christian@orange.fr • **lesagitesdulocal.blogspot.com**
Rue des tilleuls • 30580 **BELVEZET**
Christian BORDARIER (Consultant / Formateur)
Forme juridique : EURL • **Domaine(s) et activité(s)** : Direction artistique, consultant en développement de carrières, formateur

Bénédicte **LE LAY**
benedictelelay@free.fr • **wwww.benedictelelay.com**
9/11 rue de la Charbonnière • 75018 **PARIS**
Forme juridique : Entrepreneur salarié chez CAE Clara • **Domaine(s) et activité(s)** : Accompagnement scénique pour mus. continue ou ponctuel, en vue de concert ou non, individuel et en groupe ; intervention spécialisée sur le travail corporel, contenu pédagogique sur demande • **Références** : Mains d'œuvres, FGO, Chantiers des Francos, Maad 93, Combo 95, Trempolino, etc.

MARITTA MUSIC COACH
✆ **06 72 83 09 94**
contact@marittamusic-coach.fr • **www.marittamusic-coach.fr**
92 rue de Paris • 92100 **BOULOGNE BILLANCOURT**
Maritta CALVEZ (Coach)
Forme juridique : Auto-entreprise • **Domaine(s) et activité(s)** : Aide à la communication : conseils, coaching d'artistes et de projets, élaboration et rédaction de bio, montage dossier de presse, stratégie Internet, choix de visuels, accompagnement, suivi

CONSEIL EN MARKETING

¡ ALLEZ ZOU L'AGENCE !
✆ **06 07 24 67 21**
laurent.desideri@allezzoulagence.com • **www.allezzoulagence.com**
11 rue de Verneuil • 60700 **FLEURINES**
Laurent DESIDERI (Gérant) • Matthieu RAYNAUD (Associé / Conseiller stratégie marketing et promo commerciale)
Forme juridique : SARL • **Domaine(s) et activité(s)** : Conception et organisation d'événements, conseil en strategie marketing et promo, etc.

CULTURE CONSEIL
contact@culture-conseil.com • **www.culture-conseil.com**
c/o Médiasphères Group • 25 pl. Guillaume Benoit Houdet • 77100 **MEAUX**
Nicolas BARITEAU (Consultant)
Forme juridique : EI • **Domaine(s) et activité(s)** : Conseil, audit, formation en stratégies Internet, média sociaux et web marketing pour les professionnels de la culture, optimisation et refonte de site Web, gestion de projet Web

DBTH
✆ **01 83 89 19 95**
contact@dbth.fr • **www.dbth.fr**
32 rue Cler • 75007 **PARIS**
Virginie BERGER (Directrice générale) • Julien PHILIPPE (Chef de projet)
Forme juridique : SARL • **Domaine(s) et activité(s)** : Conseil, stratégie et développement international pour les artistes, industries créatives et technologies emergentes, développement de marques internationales sur la France et les territoires francophones • **Références** : Yala Music, Radio Neo, The Elderberries, Imhotep, Misteur Valaire, Nancy Fortune, The Riffles

GECE ENQUÊTES ET SONDAGES
✆ **02 23 30 77 32 / 06 74 30 79 71**
contact@gece.fr • **www.gece.fr**
3 bd de Verdun • 35000 **RENNES**
Domaine(s) et activité(s) : Enquêtes, sondages, audit, analyse des publics, conseil, formation, etc. • **Références** : Vieilles charrues, Rennes Métropole, Marsatac, etc.

GL CONNECTION
✆ **01 75 50 76 99**
gildas.lefeuvre@hotmail.fr • **www.reseauglconnection.com**
75 rue de Charonne • 75011 **PARIS**
Gildas LEFEUVRE (Consultant)
Forme juridique : EI • **Domaine(s) et activité(s)** : Conseil, études, coaching, coordination de projet, management d'artistes • **Références** : L. Records, Saft/Noa Music, Lib Productions, Odaras Productions, Kalista Prod, Sppam, Unesco, etc.

LBDJ
✆ **06 72 65 91 13**
lyproduction@gmail.com • **www.lbdj.fr**
L'Abyourte • 81260 **LE BEZ**
Lysiane LOUIS (Gérante) • Samia DJITLI • Norbert LE GUÉNÉDAL • Maurice LIDOU
Les Bonheurs du jour • **Domaine(s) et activité(s)** : Conseil/expertise, accompagnement de projets, montage de projets et organisations d'événements, accompagnement d'artistes : assistance à la conduite de projet, outils de pilotage et d'évaluation, recherche de financement ; analyse stratégique et organisationnelle, rationalisation et optimisation des ressources ; conseil en gestion, outils financiers (prévisionnel, plan de financement, plan de trésorerie) ; conseil en communication, « benchmark », positionnement, identité visuelle et plate-forme de discours, relations presse et relations publiques, etc.

MDC
✆ **01 42 01 95 36**
maggie.doherty@music-mdc.com • **www.music-mdc.com**
8 rue André Messager • 75018 **PARIS**
Maggie DOHERTY (Gérante)
Music Development Company • **Domaine(s) et activité(s)** : Conseils, stratégies de développement, recherche de partenaires en France comme à l'étranger, communication et promotion, marketing et publicité, gestion de la relation label – distributeur, coordination entre tous les acteurs du marché, etc. • **Références** : Ludovico Einaudi, Bassekou Kouyaté, Amparo Sanchez, Fatoumata Diawara, Vinicio Capossela, etc. ; labels : Accords Croisés, Ponderosa, World Circuit, Sterns, Out Here, Kasba Music, Galileo Music, Brownswood, World Village, Mintaka, Dead & Co. Tupelo, etc

MPC PROD
info@mpcprod.com • **www.mpcprod.com**
David COUQUE • Florent MUSET
Domaine(s) et activité(s) : Accompagnement et management de projet (artistique, stratégique, marketing), relations presse et relations publiques, organisation d'événements, street marketing • **Références** : Wagram, Asterios, Because Music, Emi Music, Epitaph, Garance Productions, Mercury, Naïve, Nouveau Casino, Polydor, Rex Club, Rhymesayers, Social Club, Showcase, Talents Boutique, Transmusicales, Warner, Flynt, Deen Burbigo, Skyrock, etc.

NXA - NOUVEAUX ARMATEURS

✆ 05 46 50 17 00 • fax 05 46 50 17 01
g.peudupin@nxa.fr • **www.nxa.fr**
24 rue Sénac de Meilhan • 17000 **LA ROCHELLE**

Guy PEUDUPIN (Directeur)

Domaine(s) et activité(s) : Cabinet d'études marketing et sociologiques spécialisé dans l'événementiel et la mesure d'impact (réf : Les Francofolies, Chorus, festival de la BD d'Angoulême, Académies Musicales de Saintes, étude d'impact sur les festivals de la région Midi-Pyrénées, les Nuits Secrètes)

PUBLIC IMPACT

✆ 06 14 02 58 59
contact@public-impact.fr • **www.public-impact.fr**
6 bd Gambetta • 94130 **NOGENT SUR MARNE**

Alain MAES (PDG)

Forme juridique : SARL • **Domaine(s) et activité(s)** : Spécialisé dans l'analyse des publics de l'entertainment, des agences et annonceurs. Etudes et conseil marketing : perception, satisfaction et attentes du public, optimisation des œuvres, tests d'affiches, amélioration qualité d'accueil, attractivié, recommandation, buzz, études ad hoc; logiciel Quattro : mesure d'efficacité du placement de produits culturels (ciné, TV, clips)

QUART DE LUNE

✆ 06 74 41 44 69 / 01 45 31 21 65 • fax 01 43 20 37 25
contact@quartdelune.com • **www.quartdelune.com**
4 rue de l'Harmonie • 75015 **PARIS**

Jacques PANIS (Gérant)

Forme juridique : SARL • **Domaine(s) et activité(s)** : Conseil en organisation de sortie d'album en France et à l'export. Distribution physique et numérique pour les artistes-producteurs indépendants. Missions de chef de produit pour les labels • **Références** : Pierre Bensusan, Pauline Paris, La Jeanne, Colocks, Soul Sindikate & Dub Trooper, Fanfaraï, Guillo, Emilie Marsh, Moran, Soria, Outrage, Mr Hardearly, In Volt, Tour'n'sol prod, Trolls Prod, Ad Litteram, XIII Bis Music, Nexound, Beuscher-Arpèges

TEAMZIC

✆ 06 82 48 82 96
baronne.yules@orange.fr
24 av. Philippe Auguste • 75011 **PARIS**

Thierry DUREPAIRE (Président / Editeur) • Anne-Claire GALESNE (Attachée de presse / Manageuse) • Valérie SUDER (Manageuse / Financement de projets)

Forme juridique : Asso • **Domaine(s) et activité(s)** : Groupement de professionnels indépendants de la musique dans le conseil, business management, relations presse, management, tournées, production, distribution, édition, financement de projets, réalisation, arrangement, coaching, DA, communication visuelle, promo, marketing, etc. • **Références** : Yules, Paris Combo, Lucie Bernardoni, Julien Loko, Moran, La Jeanne, Emilie Marsh, Pauline Paris, Outrage, Colocks, Mamzelle Lily, Vulcain, Shannon, Tomislav, Kandid, Guillo, Lou Demontis, Involt, Soul Sindikate & Dub Trooper, etc.

VAL COMMUNICATION

✆ 06 07 03 29 09 • fax 09 55 66 10 13
val.communication@club-internet.fr
18 allée des Biches • 78680 **EPONE**

Jean-Michel SAUVAGE (Président) • Olivier FIASCHI (Directeur)

Domaine(s) et activité(s) : Conseil en marketing et droit des médias. Centre de formation professionnelle

HYGIÈNE, SÉCURITÉ ET DÉVELOPPEMENT DURABLE

BAYA

✆ 02 51 86 47 84 • fax 02 40 74 77 56
baya@baya-services.com • **www.baya-services.com**
2 bd Gaston Doumergue • 44200 **NANTES**

Yann METAYER (Gérant / Coordinateur des audits, études et conseils)

Domaine(s) et activité(s) : Audit, études, conseils en prévention des risques pour le spectacle et l'événement. Tout dossier de sécurité, registre de sécurité • **Références** : Rock en Seine, Festival interceltique de Lorient, Noyveau Casino, etc.

Les CONNEXIONS

✆ 04 75 49 00 53
contact@lesconnexions.org • **www.lesconnexions.org**
ZA du Buis d'Aps • 07400 **ALBA LA ROMAINE**

Nicolas DAHAN (Directeur) • Marianne GUYON (Communication) • Jean-Marie GUIGUENO (Coordinateur Grand-Ouest)

Forme juridique : France et pays limitrophes • **Domaine(s) et activité(s)** : Audit et formation gestion des déchets et recyclage • **Références** : PdB, Rock en Seine, Eurockéennes, Solidays, tour de France, Marathon, etc.

HERRY CONSULTANT

✆ 06 81 59 25 50
jean-claude@herryconsultant.fr • **herryconsultant.fr**
10 pl. Puget • 83000 **TOULON**

Jean-Claude HERRY (Consultant)

Domaine(s) et activité(s) : Conseil et formation en responsabilité sociale et environnementale auprès des entreprises culturelles et événementielles • **Références** : TransMusicales, Collectif des festivals en Bretagne, Le Circuit des festivals en Wallonie, Les Suds à Arles, Charlie Jazz festival, Le Chantier, Aéronef, Irma, Artes Formations, Arcade, IESA, etc.

TECHNINOMADES

✆ 06 62 72 94 85
e.joly@techninomades.fr • **techninomades.fr**
4 rue Herbert Pradeland • Porte 8008 • 44230 **ST SEBASTIEN SUR LOIRE**

Eric JOLY (Directeur)

Domaine(s) et activité(s) : Conseil technique pour le spectacle (organisateurs de festivals, exploitants de salles) : études de faisabilité, rédaction et présentation des dossiers de sécurité, conseil en aménagement de sites et de salles

INGÉNIERIE CULTURELLE

ADC, EP

✆ 01 40 03 94 70 • fax 01 42 06 66 06
contact@adcep.fr • **www.adcep.fr**
21 rue de la Villette • 75019 **PARIS**

Sylvie CANAL (Directrice générale)

Association pour le développement de la création, études et projets • **Domaine(s) et activité(s)** : Conception, réalisation d'événements, ingénierie culturelle

ARGOS CULTURE

✆ 06 82 99 02 78
c.robillard@argosculture.fr • **www.argosculture.fr**
44 av. de l'Ecole d'Agriculture • 34000 **MONTPELLIER**

Charles ROBILLARD (Directeur)

Domaine(s) et activité(s) : Recherche de partenariat, mécénat et parrainage

L'AUTRE IDEE

✆ 02 99 53 11 70 / 06 68 63 99 72
message@lautre-idee.org • **www.lautre-idee.org**
2 rue Glais Bizoin • 35000 **RENNES**

Nicolas FILY (Directeur / Consultant)

Domaine(s) et activité(s) : Bureau d'études et de consultants, accompagnement de projets, information culturelle. Production d'aventures culturelles : résidence artistique (Sénégal, etc.), production d'ouvrage, CD, DVD, exposition, etc.

Le CARREFOUR DES ABEILLES

✆ 04 91 50 85 45
contact@carrefourdesabeilles.info • **www.carrefourdesabeilles.info**
40 G Bd Voltaire • 13001 **MARSEILLE**

Christian MEYER (Directeur)

Forme juridique : Asso • **Domaine(s) et activité(s)** : Audit, conseil, stratégie, accompagnement dans le spectacle vivant et les arts graphiques • **Références** : Esia 13, Esia 84, Claie 06, Ifape 83, Corse Active, Seconde Nature, etc.

CERAC

✆ 05 56 51 38 97 / 06 60 45 90 17
rabota@orange.fr
1 rue Colbert • 37000 **TOURS**

Alain RABOT (Juriste / Directeur pédagogique)

Centre d'Etudes de Recherche sur les Activités Culturelles • **Forme juridique** : Asso • **Domaine(s) et activité(s)** : Accompagnement de projets artistiques et culturels; formation, sensibilisation, conférences, colloques • **Références** : Le CIAM, Drac Aquitaine, Universités Bordeaux III, Université Bordeaux IV

COOPERACTION

✆ 04 63 05 02 76
assocooperaction@gmail.com
c/o Pépinière de Mai • Pl. du 1er Mai • 63100 **CLERMONT FERRAND**

Pascal CHEVEREAU (Consultant)

Forme juridique : Asso. • **Domaine(s) et activité(s)** : Etudes, accompagnements, conseils et formations : définition de projets, gestion et administration, fiscalité, organisation et gestion des ressources humaines (GPEC, prévention des risques professionnels, etc.) • **Références** : MA en Languedoc Roussillon, accompagnement de projets de coopération des SMAC Ardèche, Montluçon, Belfort-Montbelliard, DLA pour MAPL, Sans Réserve, Camji, Cave aux Poètes, CEM, ARA, Jazz à Tours, La Note Bleue, etc.

CÔTÉ COUR

✆ **02 31 96 31 31 / 06 07 88 52 29**
contact@cote-cour.fr • **www.cote-cour.fr**
159 rue Victor Tesnière • 14990 **BERNIERES SUR MER**

Christian COLIN (Responsable) • Denis GEHANNE (Responsable)

Domaine(s) et activité(s) : Ingénierie du spectacle vivant. Evaluation des besoins, conception, rédaction de projets personnalisés, budgétisation, communication, soutien logistique, gestion administrative, régie technique et générale

ECOPIA

✆ **02 54 78 75 28** • fax 02 54 78 75 28
contact@ecopia.fr • **www.ecopia.fr**
10 rue des Remparts • 41000 **BLOIS**

Arnaud LANTOINE (Directeur) • Amélie NECTOUX (Chargée de mission Loir-et-Cher) • Nicolas JAUMAIN (Chargé de mission Touraine - « musiques »)

Forme juridique : Asso. • **Domaine(s) et activité(s)** : Accompagnement individuel de porteur de projet culturel (bilan de compétences, dispositif d'accompagnement à l'élaboration, évaluation et mise en œuvre du projet professionnel artistique et de formation, etc.), accompagnement des collectifs (création d'association ou d'entreprise coopérative, audit d'activité, conseil en stratégie et développement de projet), appui aux collectivités dans la mise en œuvre de leurs actions culturelles (études économiques, études de faisabilité, évaluation de projet, animation)

ECOPIA - DECLICA

✆ **02 54 78 75 28** • fax 02 54 78 75 28
contact@ecopia.fr • **www.ecopia.fr**
10 rue des Remparts • 41000 **BLOIS**

Arnaud LANTOINE (Directeur) • Amélie NECTOUX (Chargée de mission Loir-et-Cher) • Nicolas JAUMAIN (Chargé de mission Touraine - « musiques ») • Caroline JOULIN (Chargée de mission Touraine - « spectacle vivant - arts visuels ») • Muriel DARTIGALONGUE (Touraine - Psychologue du travail) • Sylvie DIETRICH (Coordinatrice)

Dispositif d'Éclairage des Initiatives Culturelles et Artistiques • **Forme juridique** : Asso • **Domaine(s) et activité(s)** : Dispositif gratuit d'accompagnement et d'insertion professionnel dans le secteur culturel en 3 temps : rdv individuel, 2 demi-j. collective (panorama du secteur culturel, recherche documentaire, les différents statuts de la culture, etc.), rdv individuel bilan pour l'orientation vers les dispositifs adaptés

IF

✆ **02 40 70 85 02**
accueil@if-scop.fr • **www.if-scop.fr**
1 bd Paul Leferme • 44600 **ST NAZAIRE**

Guillaume SAUPIN (Directeur) • Marc MARTINEZ (Chargé d'études et de conseils) • Jérémy GABARD (Chargé d'événements)

Forme juridique : SCOP-SARL • **Domaine(s) et activité(s)** : Etudes & audit, conseils dans le champ culturel et événements • **Références** : Ville de Paris, Montoir de Bretagne, FSE, DLA Fondes Pays de la Loire, ADDRN, Audicity, etc.

OPTION CULTURE

✆ **01 48 52 64 47**
option.culture@wanadoo.fr • **www.option-culture.com**
Bât. 7 • 6 av. Villeneuve Saint-Georges • 94600 **CHOISY LE ROI**

Jean-Michel TOBELEM (Gérant)

Domaine(s) et activité(s) : Développement, organisation, gestion et financement des institutions, événements et équipements culturels ; définition, mise en œuvre et évaluation de politiques culturelles, de projets de territoire et de productions culturelles ; étude des publics de la culture et du tourisme culturel • **Références** : Villes de Blagnac, Caen, etc. St Etienne Metropole, Roissy-en-France, ministère de la Culture (Etude sur la notion d'équipement culturel « structurant »), etc.

ORAMA

✆ **03 85 22 08 91 / 06 16 26 48 16** • fax 03 85 22 08 91
o.rama@wanadoo.fr
BP 14012 • 71040 **MACON CEDEX 9**

Henri DIDONNA (Directeur) • Philippe GRAND

Domaine(s) et activité(s) : Conseil en définition et gestion de projets culturels. Œuvre dans le domaine de l'ingénierie culturelle et plus précisément dans le secteur des musiques actuelles et du multimédia - Soutien à la mise en place de projets culturels (réflexion, écriture, administration, gestion) - Accompagnement de projets (expertise, conseil et médiation, mise en place d'actions en préfiguration, consolidation des équipes et des budgets, mise en place d'outils de gestion) - Aide à la conception d'équipements culturels (en collaboration avec des programmistes, acousticiens et scénographes : aide au choix d'implantation, participation à la réflexion de fonctionnalité (volumes, circulations, etc.)

PREMIER'ACTE

✆ **05 49 88 07 20** • fax 05 49 88 12 60
1acte@1acte.fr • **www.1acte.fr**
60 bd du Grand Cerf • 86000 **POITIERS**

Jean-Louis PATHEIRON (Directeur adjoint) • Benoît HAYS (Chargé d'études)

Conseil Etudes Audits Formation • **Forme juridique** : Asso. • **Domaine(s) et activité(s)** : Information et documentation spécialisées, formation (gestion, médiation culturelle, etc.), accompagnement de projets (conseils, audits, études de faisabilité), prestations de recrutement, études de programmation, assistance à maîtrise d'ouvrage

Le TROISIEME PÔLE

✆ **01 76 74 74 94** • fax 01 76 74 74 95
info@letroisiemepole.com • **www.letroisiemepole.com**
38 rue Notre Dame de Nazareth • 75003 **PARIS**

Steven HEARN (Gérant) • Yann LEROUX (Administrateur)

Domaine(s) et activité(s) : Accompagnement des acteurs publics dans la conception et la mise en œuvre de leurs projets

VIACULTURE

✆ **05 67 11 12 41**
etudes-viaculture@gmail.com • **www.viaculture-etudes.fr**
10 rue des Princes • 31500 **TOULOUSE**

Nicolas MECKEL (Chef de projet)

Forme juridique : Micro-entreprise • **Domaine(s) et activité(s)** : Ingénierie culturelle, expertise et conseil aux collectivités sur les réseaux du spectacle vivant et les enseignements artistiques - Spécialisé sur les dispositifs « musiques actuelles », formation des acteurs

PROGRAMMATION ARCHITECTURALE

ABCD

✆ **01 55 34 99 40** • fax 01 55 34 99 41
contact@abcd-culture.com • **www.abcd-culture.com**
6 bd de Strasbourg • 75010 **PARIS**

Pierre FRANQUEVILLE (Directeur)

Domaine(s) et activité(s) : Ingénierie culturelle : études de définition et de faisabilité d'équipements - Programmation architecturale - Production d'expositions et d'événements (conception, scénographie et réalisation), aménagement culturel du territoire

AVEC INGENIERIE PROGRAMMATION

✆ **05 57 14 07 07**
contact@agence-avec.com • **www.agence-avec.com**
50 pl. des Martyrs de la Résistance • 33000 **BORDEAUX**

Christiane LORENZ (Directrice et programmiste) • Clotilde ROUSSELOT (Programmiste) • Stéphanie DELARUE (Chargée d'études)

Domaine(s) et activité(s) : Conseil et expertise. Programmation architecturale, urbain, ingénierie de projets, assistance à maîtrise d'ouvrage

CULTURE PARTAGÉE

✆ **01 47 36 47 04** • fax 01 46 42 41 06
c_part@club-internet.fr • **www.culturepartagee.com**
15 rue Parmentier • 92140 **CLAMART**

Domaine(s) et activité(s) : Etudes d'opportunité et de faisabilité ; études, enquêtes et diagnostic des publics ; audit, ingénierie de projets de développement, assistance à la mise en œuvre ; programmation fonctionnelle, technique et architecturale d'équipements ; diagnostic urbain et étude de sites d'implantation d'équipements ; préfiguration et modélisation du fonctionnement : budgets, recettes, ressources humaines, statuts ; assistance à la maîtrise d'ouvrage ; marché de définition dans le cadre de réhabilitation ; maîtrise d'œuvre • **Références** : L'Atelier d'Ecouflant, Maison des Arts Urbains (Epinay s/ Sénart), Studios PMA (Clermont), etc.

COMPTABILITÉ

ARYTHMÉTHIQUE
✆ **04 67 04 47 94** • fax 04 67 58 09 68
contact@arithmethique.fr • **www.arithmethique.fr**
31 rue de l'Aiguillerie • 34000 **MONTPELLIER**
Arnaud THURBEZ (Expert comptable) • Jean-Marc LENGLART (Expert comptable) • Laurence ROCCI (Comptable)
Forme juridique : SARL • **Domaine(s) et activité(s)** : Expertise comptable

COM'COM
✆ **01 53 19 00 00** • fax 01 53 19 00 05
e.hainaut@emargence.fr • **www.comcom.fr**
15 bis rue Jean Baptiste Pigalle • 75009 **PARIS**
Éric HAINAUT (Gérant / expert comptable) • Stéphane MARIETTE (Gérant / expert comptable)
Club THOT • **Forme juridique** : SARL • **Domaine(s) et activité(s)** : Société d'expertise comptable spécialisée dans les domaines artistiques (salle de spectacle, production musicale et audiovisuelle, tourneur, paye intermittent, maison des artistes, Agessa, etc.)

CULTURE DE GESTION
✆ **01 84 03 01 00**
didier.lebras@culturedegestion.com • **www.culturedegestion.com**
88 av. du Gal de Gaulle • 93170 **BAGNOLET**
Didier LE BRAS (Expert comptable)
Club THOT • **Forme juridique** : SARL • **Domaine(s) et activité(s)** : Expertise comptable intervenant uniquement dans le secteur culturel et notamment celui de la musique (labels, studios, distributeurs, groupes, éditeurs, etc.)

Ariane GIBRAT
✆ **09 52 51 70 61** • fax 09 57 51 70 61
a.gibrat@orange.fr
11 rue Pasteur • 75011 **PARIS**
Ariane GIBRAT (Expert comptable) • Caroline BOGLIOLO (Collaboratrice)
Forme juridique : EI • **Domaine(s) et activité(s)** : Expertise compatble et commissariat aux comptes, conseil comptables et financiers dans le spectacle vivant

GMBA SELECO
✆ **01 44 93 10 30** • fax 01 44 93 10 39
paris@gmba.fr • **www.gmbabti.com**
5 rue Lespagnol • 75020 **PARIS**
Philippe BORETTAZ (Expert comptable) • Alain CARTIER (Expert comptable) • Michel GIRE (Expert comptable)
Forme juridique : SA • **Domaine(s) et activité(s)** : Expertise, audit et révision comptable, commissariat aux comptes. Spécialiste des activités culturelles, artistiques et de loisirs. Membre du réseau Baker Tilly France

VARINOT & ASSOCIÉS
✆ **01 42 78 86 66 / 06 62 98 99 76** • fax 01 42 78 89 53
gv@varinotassocies.com • **www.varinotassocies.com**
28 rue de Turbigo • 75003 **PARIS**
Gilles VARINOT (Expert comptable)
Forme juridique : SARL • **Domaine(s) et activité(s)** : Expert comptable, commissaire aux comptes

WIRED EXPERTISE ET COMMISSARIAT
✆ **01 56 79 06 07** • fax 01 56 79 14 68
info@wiredcpa.com • **www.wiredcpa.com**
7 rue Bridaine • 75017 **PARIS**
Antoine COCQUEBERT (Expert comptable) • Pierre-Olivier VERGNOT
Forme juridique : SARL • **Domaine(s) et activité(s)** : Expertise comptable, commissariat aux comptes, conseil spécialisé gestion, fiscalité, recherches de financements, audit d'acquisition d'entreprises et de catalogues éditoriaux et phonographiques

GESTION ET NÉGOCIATION DES DROITS

19ᵉ PRODUCTION
✆ **03 44 19 04 10 / 06 09 64 42 23**
prod19@19production.com • **www.19production.com**
Villa des Tilleuls • 60 rue du Gal de Gaulle • 60510 **LA NEUVILLE EN HEZ**
Alain GOUBY (Gérant)
Forme juridique : EURL • **Domaine(s) et activité(s)** : Conseil artistique (production, édition) et/ou démarches auprès des maisons de disques. Défense des auteurs et des artistes, droit des artistes

L'ACCOMPAGNATRICE
✆ **06 47 97 79 07**
laccompagnatrice@gmail.com • **www.facebook.com/laccompagnatrice**
93 rue Duhesme • 75018 **PARIS**
Hélène TEXIER (Présidente)
Forme juridique : SAS • **Domaine(s) et activité(s)** : Assistanat & backoffice d'artistes, productions exécutives, formations, consulting, etc. pour la musique enregistrée et les artistes

AMOC
✆ **01 47 70 14 64** • fax 01 47 70 14 54
mail@amoc.fr • **www.amoc.fr**
3 rue Portefoin • 75003 **PARIS**
Paul BESSONE (Directeur)
Institut des Métiers de la Musique • **Forme juridique** : SARL • **Domaine(s) et activité(s)** : Analyse et/ou négociation de contrats, réalisation d'audits, constitution de demandes d'aides et subventions, contrôle des états et relevés de ventes, élaboration de budgets de production, de promotion, de fabrication et d'exploitation, recherche de partenaires et de financements, réalisation d'analyses stratégiques, conception de plans marketing

APELA GROUP
✆ **04 90 86 63 39 / 04 32 81 17 05**
apelaedition@yahoo.fr
22 rue Victor Hugo • 84100 **ORANGE**
Eric FERAUD (Consultant)
Arts populaires des économies latines • **Domaine(s) et activité(s)** : Conseil spécialisé en rémunération proportionnelle et forfaitaire, en récupération des droits d'auteur contre la Sacem. Mise à disposition d'une équipe juridique (avocat, professeur, chercheur, etc.)

AVD COMMUNICATION
✆ **06 61 10 56 25** • fax 01 43 55 65 91
vero@avd-com.com • **www.avd-com.com**
Véronique DAFFA (Responsable de la communication) • Tilla MILANI (Assistante promotion) • Florent PERVERIE (Web)
Domaine(s) et activité(s) : Business management, conseil et prestations en édition et promotion musicale, développement artistique, relations presse, agence de communication

La BOUGIE
✆ **01 30 72 99 53** • fax 01 30 72 99 53
la-bougie@wanadoo.fr
Elizabeth CORNATON (Administratrice)
Forme juridique : SARL • **Domaine(s) et activité(s)** : Consultant auprès d'auteurs-compositeurs et d'éditeurs indépendants : copyrights, royalties, droit d'auteur, vérification de droits, négociation contrats (disques et édition), aide à la gestion commerciale et administrative de catalogues d'édition

BREAKZ
✆ **06 76 59 78 89** • fax 09 55 69 32 17
contact@breakz.fr
2 bis Dupont de l'Eure • 75020 **PARIS**
Michel FERRET (Juriste / buniness affair)
Domaine(s) et activité(s) : Conseils en administration de label (indépendant et autoproduction), négociations juridiques, business affair • **Références** : Grace, Missill, Julien Vichnievsky, DTC Records, IOT Records, D-Fragment Music, Boxon Records, etc.

CENTRE DE MÉDIATION CULTURE
accueil@centredemediationculture.com
www.centredemediationculture.com
22 rue de Picardie • 75003 **PARIS**
Jean VINCENT (Président) • Jean-Marie GUILLOUX (Médiateur) • Sylvie ADIJÈS (Médiatrice et formatrice en médiation) • Adeline GUILHEN (Médiatrice) • Isabelle MEUNIER (Médiatrice)
Forme juridique : Asso • **Domaine(s) et activité(s)** : Intervention et résolution de désaccord ou litige entre les professionnels du spectacle, de la production phonographique, de l'édition et des arts visuels : aspects contractuels de toute nature, recouvrement de créance, fiscalité, droits d'auteur, droits voisins, droit des marques, droit à l'image, etc.

CLMB CONSEIL
✆ fax 04 66 88 87 91
clmbconseil@gmail.com • **www.ndhmusic.com**
c/o No Direction Home • 15 bis rue J.-J. Rousseau • 94200 **IVRY SUR SEINE**
Charlotte LANCOUD (freelance)
Forme juridique : Auto-entrepreneur • **Domaine(s) et activité(s)** : Services au spectacle vivant : production, administration, promotion; gestion des droits voisins, mise en valeur back catalogue, etc. • **Références** : Dik musiques, Diksud, No direction home, Takfarinas, Cie du mystère Bouffe, Idbassaïd, Global Reggae culture, Omar Perry, Pascal Mono, Phoenix music

COMPIMUSIC
contact@compimedia.fr • **www.compimusic.fr**
BP 80118 • 56401 **AURAY CEDEX**
Maxime BALCON (Dirigeant)
Forme juridique : SARL • **Domaine(s) et activité(s)** : Production phonographique exécutive, pilotage et professionnalisation d'autoproduits, label locatif

DA ADMINISTRATION
✆ **01 40 18 40 98** • fax 01 40 18 42 34
contact@daadmin.com • **www.daadmin.com**
1 passage Brady • 75010 **PARIS**
Forme juridique : SARL • **Domaine(s) et activité(s)** : Gestion et administration des sociétés d'édition, de production, de réalisation, dans les champs artistique, musical et audiovisuel • **Références** : Bambi Rose, Free Demo, Birdy Five, Deux minutes Trente, Villa Mederic, Malifusic, Bemy events, etc.

DANIELS & PARTNERS
✆ **01 44 53 06 07** • fax 01 44 53 07 76
monsieur@danielsandpartners.com • **www.danielsandpartners.com**
Philippe DANIEL (Associé)
Forme juridique : SARL • **Domaine(s) et activité(s)** : Conseil, clearance internationale, recherche d'ayant-droits, licensing, synchronisation, audit royalty, audit publishing

DOUBLE V
✆ **01 40 16 46 52**
doublev@club-internet.fr • **www.doublev.fr**
2 rue de Navarin • 75009 **PARIS**
Virginie BORGEAUD (Directrice)
Forme juridique : SARL • **Domaine(s) et activité(s)** : Conseil et négociation de contrats, management, propriété littéraire et artistique

Sarah HAJBLUM
✆ **06 60 66 57 53**
basaata@wanadoo.fr • **www.facebook.com/sarah.hajlblum**
3 rue du Moulin Joly • 75011 **PARIS**
Domaine(s) et activité(s) : Conseil juridique sur les contrats de production et d'édition phonographique

JA. M
✆ **01 43 48 51 51**
contact@patrickjammes.net • **www.patrickjammes.net**
27 rue Eugène Carrière • 75018 **PARIS**
Patrick JAMMES (Contact)
Forme juridique : EURL • **Domaine(s) et activité(s)** : Prestations de conseils en gestion, propriété intellectuelle, management. Administration et secrétariat artistique • **Références** : Alpha Blondy Productions & AlphAlliance SARL, etc.

KOLLECTOR
✆ **+32 2 346 35 95**
info@kollector.com • **www.kollector.com**
Rue Gachard 88 • Boîte 8 • 1050 **B BRUXELLES (BELGIQUE)**
Dominique DERWA (Cofondateur)
Domaine(s) et activité(s) : Prestation de traçabilité de l'exploitation des œuvres sur le web dans 56 pays pour 1890 radios suivies

LICENSING MEDIA
✆ **01 44 85 94 54** • fax 01 44 85 94 54
licensing.media@wanadoo.fr
61 rue Boursault • 75017 **PARIS**
Guillaume BRANDICOURT (Responsable)
Forme juridique : EURL • **Domaine(s) et activité(s)** : Conseils pour l'industrie phonographique : négociation, gestion de concession de licence, gestion de droits d'auteurs (artistes interprètes, photographes, réalisateurs)

MADORO MUSIC
✆ **06 07 76 18 74**
paul.lavergne@madoromusic.fr
www.imdb.com/name/nm0491922/
6 rue Principale • 49320 **LUIGNE**
Paul LAVERGNE (Manager)
Forme juridique : SARL • **Domaine(s) et activité(s)** : Consulting, conseil, expertise, auditeur, formateur en droits d'auteurs, droits voisins, productions et éditions audio et/ou audiovisuelles, gestion de droits • **Références** : Galatée Films/Jacques Perrin, Cargo Films/Jean-Jacques Beinelx, Autochenille Productions /Joann Sfar, Logline Studios/Christophe Barratier, etc.; Peermusic, Sony ATV Music Publishing, etc.; Titi Robin, Bruno Coulais, Serge Teyssot Gay, Lo'jo, Olivier Daviaud, etc.; Irma, Fair, Festivals Premiers Plans Angers, ADDM, Trempolino, Fac Nanterre et Angers

MAKHNO
✆ **06 80 02 96 50**
makhno@makhnomusic.fr
Le silo • 27 rue François Monier • 72000 **LE MANS**
Alain LAURENSON (Responsable) • Catherine LAURENSON (Responsable du copyright)
Forme juridique : SARL • **Domaine(s) et activité(s)** : Consultant pour labels et éditeurs indépendants. Administration de catalogues éditoriaux. Management d'artistes • **Références** : Naïve, Satori Song, Katabami, LDA Publishing, Ici d'Ailleurs, Vicious Circle Publishing, Polyphase Publishing, Didier Jeunesse

MANIFESTO !
✆ **06 61 45 15 50 / 02 47 54 96 12**
lestontonsflingueurs@hotmail.com
www.facebook.com/manifestoweb
133 quai Paul Bert • Bât. 5 • 37100 **TOURS**
David BOMPARD (Chargé de production)
Forme juridique : Asso. • **Domaine(s) et activité(s)** : Conseils juridique et social auprès des groupes, compagnies et festivals, recherche de financement, mise en place de procédure, accompagnement, programmation artistique, régie et production • **Références** : Imbert Imbert, Funktrauma, Divine Paiste, Zamora Productions, Prod Cité, Bringue en Beauce, Cie 100 Voix, Cie L'Arc Electrique, 504 Productions, Festival Aucard de Tours, Fraca-MA

MI 56
✆ **01 84 16 03 27**
herve.defranoux@mi56group.com • **www.mi56group.com**
33 rue Stephenson • 75018 **PARIS**
Hervé DEFRANOUX (Président)
Music Intelligence 56 • **Domaine(s) et activité(s)** : Prestations de conseil en édition, production, label management stratégie marketing, organisation et business affairs ; accompagnement et direction de la production exécutive et de la direction artistique des projets d'enregistrement ; représentation d'artistes et accompagnement de professionnels de l'industrie musicale, médias, marques et industries créatives ; services d'illustration musicale et de synchronisation

MSO
✆ **06 30 41 95 54 / 01 83 96 09 32**
csoulard@mexican.fr
c/o Mila • 2 rue André Messager • 75018 **PARIS**
Christophe SOULARD (Gérant)
Mexican Stand Off • **Forme juridique** : SARL • **Domaine(s) et activité(s)** : Business affairs, producteurs indépendants et artistes. Négociation de tout contrat musique (enregistrement, licence, distribution physique et numérique, édition, management, musique de films, merchandising, production de spectacles, etc.). Conseil en développement et stratégie, négociation de droits, calcul de redevances, production exécutive. Missions d'expert (droits numériques, convention collective, etc.)

Les OREILLES BLEUES
celine@lesoreillesbleues.com
Germaine LABRO (Gérante)
Forme juridique : SARL • **Domaine(s) et activité(s)** : Consultant dans le domaine de la musique, du spectacle et de l'audiovisuel • **Références** : Labels Ya Basta Records, Mañana, Superfruit, Heavy Surf, Mon Slip, Jamais Je Dégueule Ou Presque, etc., Loïc Lantoine

POLYCHRONE
✆ **09 72 41 77 78**
info@polychrone.com • **www.polychrone.com**
c/o Mila • 2 rue André Messager • 75018 **PARIS**
Clément PRAUD (Directeur) • Aïleen HEARN (Administratrice)
Forme juridique : SAS • **Domaine(s) et activité(s)** : Conseil en management, en stratégie de carrière, conseils en structuration de projets, production exécutive, production déléguée

PROD CONSULTING
✆ **06 22 06 91 34** • fax 09 54 09 39 13
contact@prod-consulting.fr • **www.prod-consulting.fr**
9 bd Sauveur Rambelli • 13011 **MARSEILLE**
Arnaud COUARD (Consultant)
Domaine(s) et activité(s) : Conseil, gestion et administration en production, propriété intellectuelle et droit d'auteur. Gestion de projets audiovisuels et production exécutive totale ou partielle, portage salarial spécialisé

RIGHT BACK
✆ **01 48 78 55 80**
contact@rightback.fr • **www.rightback.fr**
5 rue de Douai • 75009 **PARIS**
Christian DULONG DE ROSNAY (Manager) • Grégoire CORMAN (Manager)
Forme juridique : SARL • **Domaine(s) et activité(s)** : Management, business management, collecte et audit de droits voisins auprès des sociétés de gestion de droits en France et à l'étranger

Le SAC 2 NOTES

✆ **06 16 10 71 09**
mariemalvaldi@gmail.com
39 rue du Gal Galliéni • 94350 **VILLIERS SUR MARNE**
Marie MALVALDI (Responsable)
Domaine(s) et activité(s) : Conseil en gestion des droits, gestion administrative et financière • **Références** : Thomas VDB, Mathieu Madenian, Keny Arkana, Axel Bauer, Alexis HK, Infiné, Le Chantiers des Francos, etc.

SEEDS N'HARVEST

✆ **09 50 60 25 71 / 06 33 17 21 43**
contact@seedsnharvest.com • **www.seedsnharvest.com**
36 rue Jules Ferry • 92130 **ISSY LES MOULINEAUX**
Bérénice IZARD (Responsable)
Domaine(s) et activité(s) : Conseil, formation sur mesure à l'édition musicale et à la gestion de droit d'auteur (numéro d'agrément de formation), prestations en édition musicale : gestion de catalogues éditoriaux, audit de répartitions, de catalogues, négociation de contrat, etc. • **Références** : All Right Management, Audio Network, Copyright Power International, etc.

SENTINEL - MUSIC BACK OFFICE

✆ **09 61 51 35 72** • fax 04 91 45 39 70
cbo.sentinel@yahoo.fr • **www.sentinel13.com**
2 rue Villa Oddo • 13005 **MARSEILLE**
Catherine BONIFACIO (Gérante) • Frédéric BENAYOUN (Responsable des droits) • Magali THEROUIN (Assistante)
Forme juridique : Sentinel (SARL), Music Back Office (SAS, située 145 rue de Belleville 75019 Paris) • **Domaine(s) et activité(s)** : Crédit d'impôt, subventions, gestion financière, gestion labels, gestion éditoriale

SYLVIE HAMON ÉDITIONS

✆ **01 78 28 38 38 / 06 14 79 55 64**
sylvie@hamon-editions.fr
78 av. Foch • 94340 **JOINVILLE LE PONT**
Sylvie HAMON (Gérante)
Forme juridique : SARL • **Domaine(s) et activité(s)** : Conseil en gestion éditoriale : audit de société en vue d'une acquisition (analyser les contrats, calculer le revenu moyen de la société pour évaluer la NPS, etc.), gestion de catalogues, administration des œuvres, redevances, vérifications des droits, informatique

TAKLIT

contact@abaloneproductions.com • **www.taklit.net**
22 rue de Fleurus • 75006 **PARIS**
Agnès LATREILLE DE LAVARDE (Business affairs) • Yann PERRIN (Consultant)
Forme juridique : SARL • **Domaine(s) et activité(s)** : Conseils juridiques, négociation/médiation et redaction de tous types de contrats, expertises, conseils en management et communication tous métiers & niveaux, aide à la rédaction des demandes de subvention, etc. • **Références** : TF1, Warner Chappell, Universal Music Publishing, Le Quartz, Parc de La Villette, etc.

TRANSPARENCY

✆ **01 87 16 52 74**
ifb@transparency-rights-management.com
www.transparency-rights-management.com
24 rue de l'Est • 75020 **PARIS**
Jean-François BERT (Président) • Magali CLAPIER (Directrice du développement) • Simon SOTTOCORNO (Responsable back-office)
Forme juridique : SAS • **Domaine(s) et activité(s)** : Tiers de confiance dans la gestion des droits numériques. Conseil en implémentation de métadonnées et protocoles DDEX et autres formats spécifiques

PRESTATIONS ADMINISTRATIVES ET TRAITEMENTS DES SALAIRES

AADPS

✆ **03 28 59 11 05 / 06 82 08 20 69 / 06 81 98 90 95**
production@aadps.com • **www.aadps.com**
3 square Proudhon • 59760 **GRANDE SYNTHE**
Thierry CHAGNOT (Contact)
Association d'aide à la diffusion des productions scéniques • **Forme juridique** : Asso. • **Domaine(s) et activité(s)** : Traitement des salaires, prestations administratives, production d'artistes et de spectacles, vidéos, prestations techniques

ABC ACTIONS CULTURELLES

✆ **05 34 41 14 44**
communication@abcactionsculturelles.com
www.abcactionsculturelles.com
48 allées Jean Jaurés • 31000 **TOULOUSE**
Bernadette COLAS
Domaine(s) et activité(s) : Pépinière d'artistes : traitement des salaires et des charges sociales (intermittents & régime général), fiches de paie, gestion des caisses sociales, rédactions et suivides contrats de cession, montage financier des dossiers de demandes de subventions

ACTES IF

✆ **01 44 53 00 44** • fax 01 42 49 53 64
ginevra@actesif.com • **www.actesif.com**
c/o Maison des réseaux art. et culturels • 221 rue de Belleville
75019 **PARIS**
Chloé SÉCHER (Coordinatrice générale) • Ginevra FUSINI (Chargée de l'administration et de la ressource)
Forme juridique : Asso. • **Domaine(s) et activité(s)** : Concertation, mutualisation, accompagnement

AGETA - CHÈQUES INTERMITTENTS

✆ **01 30 61 98 81** • fax 01 30 61 98 80
info@cheque-intermittents.com • **www.cheque-intermittents.com**
1 rue du Prieuré • CS 68289 • 78105 **ST-GERMAIN-EN-LAYE**
François DEJOUY (Président)
Forme juridique : Association • **Domaine(s) et activité(s)** : Centre de gestion de la paie pour les employeurs prof. et occasionnels du spectacle, du cinema et de l'audiovisuel

AGLAE SERVICES

✆ **09 81 81 53 74**
infos@aglaeservices.com • **www.aglaeservices.com**
8 rue Boyer • 75020 **PARIS**
Aïleen HEARN (Présidente) • Marine CHEVREAU-DELLA VECCHIA (Administratrice) • Clément PRAUD (Consultant) • Aurélie THUOT (Consultante)
Forme juridique : Asso. • **Domaine(s) et activité(s)** : Services administratifs aux artistes et aux structures culturelles. Traitement des salaires, conseil, accompagnement de projets

ALLO JAZZ

✆ **01 69 05 18 80** • fax 01 69 05 16 60
allojazz-info@wanadoo.fr • **allo-jazz.com**
BP 10 • 91602 **SAVIGNY SUR ORGE CEDEX**
Marc-Gilbert LACHIN (Président) • Corinne VAN SIMMERTIER (Secrétaire générale)
Centre de traitement de salaires pour la protection sociale des intermittents du spectacle • **Forme juridique** : Asso. • **Domaine(s) et activité(s)** : Traitement de salaires des intermittents. Broadcast numérique pour l'aide à la recherche d'emploi et petites productions des intermittents du spectacle CD ou DVD et duplication audio-vidéo

AMALGAMMES

✆ **01 48 04 88 14 / 06 08 69 28 28** • fax 01 48 04 88 14
contact@amalgammes.net • **www.amalgammes.net**
16 allée Georges Pompidou • 94300 **VINCENNES**
Christian BRENNER (Relations publiques) • Arnauld-Luc SERRAF (Président) • Jean-Marc JOURQUIN (Trésorier)
Forme juridique : Asso. • **Domaine(s) et activité(s)** : Programmation artistique, gestion d'événements musicaux, aide à la gestion des contrats pour les concerts achetés par les organisateurs (festivals, scènes nationales), localités (mairies, régio, etc.), le secteur privé (hôtel, bars restaurants) et le secteur associatif

AMC & LES TONTONS TOURNEURS

✆ **02 31 47 85 16**
infos@lestontonstourneurs.com • **www.amc-spectacle.com**
Maison des associations • 1018 Maison polyvalente du Grand Parc
14200 **HEROUVILLE ST CLAIR**
Magali DEMULIER (Administration)
Forme juridique : Asso. • **Domaine(s) et activité(s)** : Accompagnement administratif d'artistes et de techniciens du spectacle vivant (conseil, contrats, salaires) • **Références** : Ville du Havre, Conseil général du Loir et Cher, Médiathèque de Haute-Marne, Fnac, mairies, communauté de communes, casinos, prestataires techniques, compagnies, etc.

ANAXOS SPECTACLES

✆ **06 10 84 08 08**
contact@anaxos-spectacles.com • **www.anaxos.fr**
18 rue de Montmorency • 75003 **PARIS**
Bruno ADDA (Responsable)
Forme juridique : SARL • **Domaine(s) et activité(s)** : Traitement de la paye des artistes et techniciens du spectacle et administration des entreprises culturelles

L'ANNEXE DU SPECTACLE

✆ **01 57 10 94 41** • fax 01 76 50 34 22
patriciatpro@me.com • **www.lannexeduspectacle.fr**
27 route de Champigny • 94350 **VILLIERS SUR MARNE**
Patricia TEYSSIER
Forme juridique : EI • **Domaine(s) et activité(s)** : Gestion sociale (paie intermittent et permanent, déclarations, suivis, prestations annexes), gestion comptable et financière, direction et administration du spectacle vivant

AVEC INGENIERIE PROGRAMMATION

✆ **05 57 14 07 07**
contact@agence-avec.com • **www.agence-avec.com**
50 pl. des Martyrs de la Résistance • 33000 **BORDEAUX**
Bruno GILLE (Responsable gestion)
Forme juridique : SCOP ARL • **Domaine(s) et activité(s)** : Service paie spectacles, aide à la gestion pour les entreprises culturelles, organise des formations à destination des salariés

BELOKANE
✆ **05 49 95 03 27** • fax 05 49 95 03 27
production@belokane.org • **www.belokane.org**
3 rue Henri Durant • 79200 **PARTHENAY**
Sylvie MOUROUX (Administratrice de production) • Elodie ROBBE (Administrateur de production)
Forme juridique : Asso. • **Domaine(s) et activité(s)** : Bureau de production, administration de production, communication, diffusion, aide à la structuration • **Références** : Largo, Nouvel R, La Roulette Rustre, Jazz Combo Box, Scratcho Band, Laeta, Le Châto d'Ô, Les Musiques à Ouïr, etc.

CAE-CLARA
✆ **06 99 77 97 98**
contact@cae-clara.fr • **www.cae-clara.fr**
9/11 rue de la Charbonnière • 75018 **PARIS**
Myriam FAIVRE (Directrice opérationnelle) • Odile LAFONT (Responsable de l'Etablissment Audiovisuel et Numérique)
Coopérative de Liaison des Activités et des Ressources Artistiques • **Forme juridique** : SCOP-SARL • **Domaine(s) et activité(s)** : Développement économique de l'entreprenariat, accompagnement, création d'entreprise, prestations de biens et services artistiques et culturels

CAGEC
✆ **02 40 48 22 23** • fax 02 40 35 87 35
formation@cagec.fr • **www.cagec.fr**
12 allée Duguay-Trouin • BP 42206 • 44022 **NANTES CEDEX 1**
Tanguy BERTHELOT (Directeur / Gérant) • Gaëlle AUDEON (Directrice / Gérante) • Anne BOISORIEUX (Rédactrice en chef de la lettre)
Forme juridique : SARL • **Domaine(s) et activité(s)** : Service paie et gestion sociale pour les employeurs culturels, lettre mensuelle d'information fiscale, sociale et juridique du secteur culturel (« La lettre de l'entreprise culturelle »). www.legiculture.fr, base de données juridiques du secteur culturel

La CENTRALE ECLECTIQUE
✆ **09 82 41 91 03**
contact@l-c-e.fr • **www.l-c-e.fr**
13 route de la Roche • 85190 **AIZENAY**
Thomas COUGNAUD (Administrateur)
Forme juridique : Sarl • **Domaine(s) et activité(s)** : Traitement des salaires des intermittents

Association CONFLUENCES
✆ **06 13 30 27 53**
maudfravega@yahoo.fr • **www.assoconfluences.free.fr**
12 pl. Grégoire Bordillon • 49100 **ANGERS**
Maud FRAVEGA
Forme juridique : Asso. • **Domaine(s) et activité(s)** : Ressources humaines, paie, déclarations, contrats et factures, dossiers de présentation, financements, communication, diffusion

DIOGÈNE PRODUCTIONS / CARROUSEL
✆ **02 98 47 94 54** • fax 02 98 47 94 62
contact@diogene.fr • **www.diogene.fr**
745 rue du Tromeur • 29200 **BREST**
Jacques ABALAIN (Gérant) • Jean-Alain LE GOUALCH (Administrateur)
Forme juridique : SARL • **Domaine(s) et activité(s)** : DUE, contrats bulletins de paye, feuillets ASSEDIC, congés spectacles, déclarations sociales et fiscales pour les intermittents et organisateurs

EAUTEUR
✆ **09 70 44 81 84**
contact@eauteur.com • **www.eauteur.com**
33 rue des Peupliers • 92100 **BOULOGNE BILLANCOURT**
Louis DORARD (Gérant) • Maud BALAGNA (Juriste)
Domaine(s) et activité(s) : Solution en ligne de protection juridique des œuvres artistiques dans les domaines de la musique, de la littérature, des arts graphiques, etc. Dès 4,99 €/protection + packs

Les FOURMIS
✆ **02 96 80 27 74** • fax 02 96 80 27 74
contact@lesfourmis.net • **www.lesfourmis.net**
les Villes Joies • 22130 **ST LORMEL**
Didier PORTE (Gérant) • Thomas SCHMITT (Directeur)
Forme juridique : SARL • **Domaine(s) et activité(s)** : Traitement des salaires, conseil et accompagnement technique pour les collectivités (salles et évènements), accompagnement administratif (autorisation de séjour et travail pour les artistes étrangers)

GUIDEARTS
✆ **01 43 67 95 47** • fax 01 43 67 95 47
contact@guidearts.com • **www.guidearts.com**
11 rue St Maur • 75011 **PARIS**
Catherine DORVAL (Contact)
Forme juridique : Asso. • **Domaine(s) et activité(s)** : Information, conseil et prestations administratives

HEMPIRE SCENE LOGIC
✆ **03 20 15 13 52** • fax 03 20 15 13 52
mail@hempirescenelogic.com • **www.hempirescenelogic.com**
51 rue Marcel Hénaux • 59000 **LILLE**
Frédéric HOCHET (Administrateur)
Forme juridique : Asso. • **Domaine(s) et activité(s)** : Gestion et traitement des salaires (intermittents du spectacle, artistes et techniciens)

ILLUSION & MACADAM
✆ **04 67 04 47 94** • fax 04 67 58 09 68
contact@illusion-macadam.fr • **www.illusion-macadam.coop**
31 rue de l'Aiguillerie • 34000 **MONTPELLIER**
Sébastien PAULE (Directeur) • Nicolas PETER (Responsable de la paie) • Marielle ROSSIGNOL (Chargée de communication et d'information)
Forme juridique : SCIC (Société coopérative d'intérêt collectif) • **Domaine(s) et activité(s)** : Accompagnement à la structuration et au développement des projets culturels, information et conseil, traitement social, ingénierie, production de spectacles et d'événements, formation professionnelle

INTERCACHET PARIS
✆ **01 48 87 17 42 / 01 48 87 58 24** • fax 01 48 87 65 16
intercachet@agecif.com • **www.intercachet.com**
c/o Agecif • 22 rue de Picardie • 75003 **PARIS**
Sabrina ZIELINSKI (Chargée du développement) • Rémi THÉVENIN (Responsable informatique) • Aurélia ONGENA (Assistante paie)
Forme juridique : Asso. • **Domaine(s) et activité(s)** : Traitement des salaires des intermittents du spectacle, du cinéma, de l'audiovisuel, du disque

KAP N'DOO PRODUCTIONS
✆ **09 81 21 53 58**
info@kapndoo.com • **www.kapndoo.com**
9 imp. du Chardonnet • 73000 **CHAMBERY**
Elie CHOWANEK (Directeur)
Forme juridique : Asso • **Domaine(s) et activité(s)** : Production déléguée, gestion de paie intermittent, déclarations, etc.

KLAKSON
✆ **05 62 27 10 89** • fax 05 31 60 19 30
klakson.paie@gmail.com • **www.klakson.fr**
78 av. des Etats-Unis • 31200 **TOULOUSE**
Karim GUERCH (Développement et financement)
Forme juridique : Asso. • **Domaine(s) et activité(s)** : Service de traitement des salaires des intermittents du spectacle, des salariés des entreprises culturelles, appui à la recherche de financements, conseil

LABEL PAYE
✆ **05 65 59 76 92** • fax 05 65 59 74 36
jts.ab@wanadoo.fr • **www.label-paye.fr**
64 av. Charles de Gaulle • 12100 **MILLAU**
Jocelyne TRIPOTEAU (Gérante)
Forme juridique : SARL • **Domaine(s) et activité(s)** : Traitement de salaires des intermittents du spectacle, conseil formation et aide à la gestion d'activités culturelles et artistiques

LEGI SPECTACLE
✆ **04 67 58 60 59** • fax 04 67 58 00 21
legi.spectacle2@yahoo.fr • **www.legi-spectacle.org**
2 rue de la Merci • 34000 **MONTPELLIER**
Rose GIORGIO (Directrice) • Charlotte HUGUET (Documentaliste)
Forme juridique : Asso. • **Domaine(s) et activité(s)** : Centre de gestion du spectacle (comptabilité, traitement des salaires) agréé pour l'édition des formulaires du guichet unique (DUCS), organisme collecteur agréé CNCS et Guso

MAPREUVE.FR
✆ **03 20 79 24 09** • fax 03 20 34 20 52
a.dubois@mapreuve.fr • **www.mapreuve.fr**
c/o Dhimyotis • Zone de la Plaine • 20 allée de la Râperie
59650 **VILLENEUVE D'ASCQ**
Arnauld DUBOIS (Correspondant)
Domaine(s) et activité(s) : Solution en ligne de protection juridique pour les créations musicales (textes, musiques, arrangements), photos et vidéos. Packs 1, 10, 25 et 50 preuves (5 €/preuve), ou en formule illimitée annuelle

MOOV'N AKTION
✆ **01 40 10 28 06** • fax 01 40 10 28 13
contact@moovnaktion.org • **www.moovnaktion.org**
3 bis villa des Lions • 93310 **LE PRE ST GERVAIS**
Dirk KORELL (Directeur de production / Relations internationales) • Yacine AMBLARD (Directeur de production / Développement territorial) • Valérie DORPE (Administratrice)
Forme juridique : Asso. • **Domaine(s) et activité(s)** : Production, diffusion et suivi administratif de spectacles de danse hip hop et de compagnies, montage de projets, organisation événementielle, conseil, mise en réseau, coopération culturelle (Afrique, Brésil, Asie, Europe), formation • **Références** : « Danse Hip Hop Tanz », Storm, Collectif Jeu de jambes, Sébastien Ramirez et Raphael Hillebrand, Yiphun Chiem

MWG

✆ **03 69 81 91 15**
info@musicworkersgroup.com • **www.musicworkersgroup.com**
78 av. des Vosges • 67000 **STRASBOURG**
Jotma DEPARNAY • Pascal WALTER
Music Workers Group • **Forme juridique** : Asso. • **Domaine(s) et activité(s)** : Mise en commun de compétences en administration, technique et communication des projets musicaux • **Références** : Souldancer (Festival Springroll), Jeannette et les Cycleux, dj Czam, Rokkafunk, Blackadiscomental, John Stracker

ON FAIT LA PAIE, ET PAS QUE ÇA !

onfaitlapaie@gmail.com
1 rue Lebon • 49100 **ANGERS**
Chloé PAILLOTIN
Forme juridique : Asso. • **Domaine(s) et activité(s)** : Administration du spectacle vivant : paie des intermittents, déclarations sociales, dossiers administratifs, subventions, demande de licences, etc. • **Références** : Fairplaylist, Festival de Ménilmontant

GE OPEP

✆ **06 35 25 34 96**
contact@ge-opep.org • **ge-opep.org**
6 rue Malbec • 31000 **TOULOUSE**
Olivia SERRE (Coordinatrice)
Groupement d'Employeurs Organisation Pour l'Emploi Partagé • **Forme juridique** : Asso. • **Domaine(s) et activité(s)** : Mise à disposition de salariés mutualisés du secteur culturel

PHOENIX PRODUCTIONS

✆ **04 73 91 46 09**
cachets-artistes.com
30 rue St-Dominique • 63000 **CLERMONT FERRAND**
Corinne CHOSSON (Administratrice) • Céline OTIN (Administratrice)
Forme juridique : Asso. • **Domaine(s) et activité(s)** : Spectacle vivant : centre de traitement des salaires, secrétariat artistique, conseil social, juridique et fiscal aux salariés (intermittents ou non). Aide en gestion aux entreprises culturelles, organisateurs de spectacles réguliers ou occasionnels, gestion de projets artistiques, externalisation de salaires

POP PAYE

✆ **02 40 93 19 70**
info@poppaye.fr • **www.poppaye.fr**
7 rue Charles Perrault • 44400 **REZE**
Jérôme GUYON (Gérant) • Belinda CASTRO DE (Gestionnaire de paies) • Sandrine CALTERO (Gestion des paies)
Forme juridique : SARL • **Domaine(s) et activité(s)** : Traitement des salaires - Formation, conseil et prestations d'assistance au traitement de la paie - Distribution de logiciels

SILENCE PRODUCTIONS ET COMPAGNIE

✆ **01 42 45 96 17** • fax 01 42 45 19 99
silenceproductions@sfr.fr • **www.silence-productions.org**
MDA du 10è • 206 quai de Valmy • 75010 **PARIS**
Florent CHAILLOU (Administrateur)
Forme juridique : Asso • **Domaine(s) et activité(s)** : Paie des intermittents du spectacle, secrétariat, communication et production

SMARTFR

✆ **03 20 08 06 90** • fax 03 66 72 12 71
contact@smartfr.fr • **www.smartfr.fr**
75 rue Léon Gambetta • 59000 **LILLE**
Sandrino GRACEFFA (Président) • Céline POCHON (Coordinatrice nationale)
Forme juridique : Union d'économie sociale anonyme à capital variable • **Domaine(s) et activité(s)** : Coopérative de gestion de projets artistiques et culturels

SMARTFR LILLE

✆ **03 66 72 23 06**
lille@smartfr.fr • **www.smartfr.fr**
75 rue Gambetta • 59000 **LILLE**
Claire BASTIEN (Gestionnaire d'activités) • Marion GOUSSEAU (Gestionnaire d'activités)
Domaine(s) et activité(s) : Correspondant Smartfr pour la région Nord

SMARTFR LYON - LA TERRE EST RONDE

✆ **04 78 18 41 05** • fax 04 72 04 59 16
lyon@smartfr.fr • **www.terre-ronde.com**
4 pl. Danton • 69003 **LYON**
Véronique KIEDROWSKI (Gestionnaire d'activités)
Forme juridique : SCOP • **Domaine(s) et activité(s)** : Gestion et administration d'un ensemble d'outils et de moyens dédiés au développement de la filière artistique et culturelle. Correspondant Smartfr pour la région Rhône-Alpes

SMARTFR MONTPELLIER

✆ **04 67 84 58 89**
montpellier@smartfr.fr • **www.smartfr.fr**
c/o Illusion & Macadam • 31 rue de l'aiguillerie • BP 41123
34008 **MONTPELLIER CEDEX 01**
Sébastien PAULE (Directeur) • Hélène DEHAIS (Gestionnaire de projet Smart)
Forme juridique : UES (Union d'économie sociale) • **Domaine(s) et activité(s)** : Gestion et administration d'un ensemble d'outils et de moyens dédiés au développement de la filière artistique et culturelle

SMARTFR OUEST

✆ **02 23 50 35 53** • fax 02 23 50 35 53
rennes@smartfr.fr • **www.smartfr.fr**
c/o Le Jardin Moderne • 11 rue du Manoir de Servigné • ZI Lorient
35000 **RENNES**
Valérie FAVROU (Chargée du développement) • Stéphanie FABER (Gestionnaire d'activités)
Forme juridique : Asso • **Domaine(s) et activité(s)** : Gestion et administration d'un ensemble d'outils et de moyens dédiés au développement de la filière artistique et culturelle. Correspondant Smartfr pour la région Bretagne, Pays de la Loire, Poitou-Charente

SMARTFR PARIS

✆ **01 48 87 02 22** • fax 01 48 87 65 16
paris@smartfr.fr • **www.smartfr.fr**
22 rue de Picardie • 75003 **PARIS**
Virginie LOGEROT (Gestionnaire d'activités)
Domaine(s) et activité(s) : Gestion et administration d'un ensemble d'outils et de moyens dédiés au développement de la filière artistique et culturelle. Correspondant Smartfr pour les régions Ile-de-France, Centre, Picardie, Bourgogne, Basse-Normandie

SMARTFR STRASBOURG

✆ **09 67 07 28 89**
strasbourg@smartfr.fr • **www.smartfr.fr/strasbourg.html**
19 rue du Commandant Reibel • 67000 **STRASBOURG**
Myriam AOUADI-BRUNNER (Gestionnaire d'activités)
Domaine(s) et activité(s) : Gestion et administration d'un ensemble d'outils et de moyens dédiés au développement de la filière artistique et culturelle. Correspondant Smartfr pour les régions Alsace, Lorraine, Champagne-Ardenne

SOLEDAD SARL

✆ **06 60 03 90 21**
soldupont@gmail.com
10 rue Henri Barbusse • 03350 **CERILLY**
Soledad DUPONT (Gérante)
Forme juridique : Profession libérale • **Domaine(s) et activité(s)** : Conseil en gestion administrative

SUPERCALIFRAGILISTIC

info@supercalifragilistic.net • **www.supercalifragilistic.net**
132 rue d'Arras • 75006 **PARIS**
Anne-Claire DAVY (Contact)
Forme juridique : SARL • **Domaine(s) et activité(s)** : Assistance aux artistes, obligations sociales, mise en forme des projets, suivi des contrats

TAKLIT / NECTAR PROSE

contact@abaloneproductions.com • **www.taklit.net**
22 rue de Fleurus • 75006 **PARIS**
Nicolas GLADY (Administrateur)
Forme juridique : SARL • **Domaine(s) et activité(s)** : Administration des tournées et spectacles en France et à l'international, accompagnement et planification stratégique du développement de carrières artistiques, médiation, formations • **Références** : TF1, Warner Chappell, Universal Music Publishing, Festival Rio Loco, Les Orientales, etc.

TOHU-BOHU

✆ **02 31 28 93 30** • fax 02 31 28 94 36
contact@tohubohu.fr • **www.tohubohu.fr**
Espace jean Monnet • 8 pl. de l'Europe • 14200 **HEROUVILLE ST CLAIR**
Karim HASSANI (Administration) • Emilie PAUGAM (Chargée de diffusion et de production) • Anaïs BRUMENT (Assistante administrative)
Forme juridique : SARL • **Domaine(s) et activité(s)** : Hébergement d'artistes (traitements de salaires, conseils, coproduction, etc.), production et administration de spectacles vivants, promotion d'artistes et catalogue en ligne, pôle jeune public

Marie TREANTON

marietreanton@wanadoo.fr • **www.myspace.com/marietreanton**
Traouler • 29530 **PLONEVEZ DU FAOU**
Marie TREANTON (Administratrice de production)
Forme juridique : EI • **Domaine(s) et activité(s)** : Musiques traditionnelles, jazz et arts de la rue. Mise en œuvre, suivi et gestion des contrats de cessions et d'engagements, coordination administrative de créations scéniques ou phonographiques, interface entre organisateurs et artistes/techniciens. En collaboration avec l'association La Grande Marie, titulaire dune licence d'entrepreneur de spectacles

ADMINASSOS - MUSASSOS

✆ **09 72 12 60 23**
contact@openassos.fr • **www.openassos.fr**
2iOPENservice / OPENassos • Bât. Netotec • 1586 av. des Glières
74300 **CLUSES**

Guillaume CORCOBA (Responsable commercial et administratif) • Michel PERNET-SOLLIET (Responsable technique)

Type de logiciel : Solutions web de gestion dédiée aux chorales et orchestres (orchestres à vents, cordes, formations de jazz, etc.) et gestion dédiée aux écoles de musique, théatre, danse et conservatoires • **Contenu** : AdminAssos : gestion des MUS., des contacts extérieurs, du planning, des instruments, des partitions, communication (correspondance email, événements), statistiques, site internet intégré et couplé au logiciel, etc. Musassos : pédagogie (suivi des élèves, gestion des examens, bureau virtuel), gestion administrative (des professeurs et des élèves, des emplois du temps et des côtisation), communication (correspondance email, événements), statistiques, site internet intégré et couplé au logiciel, etc. • **Éditeur** : 2iOPENservice (Open Assos)

ALLEGRISSIMO

✆ **09 53 33 00 10** • fax 09 58 33 00 10
sales@allegrissimo.com • **www.allegrissimo.com**
Bwl • 92 rue Grignan • 13001 **MARSEILLE**

Bertrand WEHRLI (PDG)

Type de logiciel : Gestion de spectacles • **Contenu** : Planification et contrôle budgétaire (planning général et horaires, interconnexion avec un système de validation d'heures, calcul des relevés d'heures, du nombre de jours de congés, fiches de payes), modules (commandes et fournisseurs, suivi des budgets, fichier personnel et artistique, contrats automatisés, absences et congés, planning général de production, plannings nominatifs et relevés d'heures, etc.) • **Éditeur** : Bwl

BOB BOOKING

✆ **06 84 78 37 87 / 05 47 74 52 40**
bob@bobelweb.eu • **www.bobelweb.eu**
c/o Bob El Web • 51 rue Saint-François • 33000 **BORDEAUX**

Jean-Luc MIREBEAU (Gérant Conception / développement) • Johanna PICAUD (Administratrice) • Guillaume BOBINNEC (Hotliner) • Cyrille MARTIN (Commercial)

Type de logiciel : Application de gestion client à destination des professionnels du spectacle • **Contenu** : Bob booking web, application en ligne pour le spectacle vivant

CAT CABINET JEAN-CHRISTOPHE BOGGIO

✆ **02 47 52 34 84**
info@thefreecat.org • **www.thefreecat.org**
12 rue de la Corne • 37370 **CHEMILLE SUR DEME**

Jean-Christophe BOGGIO (Directeur)

Type de logiciel : Inpro : Calcul de royalties disque ; Le Sage : Logiciel de gestion d'éditions musicales sur Windows : Le Sage (Système Automatisé de Gestion d'Editions musicales) • **Éditeur** : CAT

DEKLA

contact@dekla.fr • **www.dekla.fr**

Laurent GLEIZES (Webmaster / développeur)

Type de logiciel : Logiciel destiné aux travailleurs intermittents (artistes, ouvriers, techniciens, orchestres, associations, mandataires, etc.) • **Contenu** : Pôle Emploi (multi protocole) : nombreux calculs, dont la future allocation journalière et l'évolution de la période en cours, congés spectacles, module fiscal complet, sécurité sociale, gestion des employeurs, gestion des contrats, frais professionnels • **Éditeur** : Dekla

DV-LOG SARL

✆ **01 30 75 80 20** • fax 01 30 75 80 21
contact@dvlog.fr • **www.dvlog.fr**
La Grande Arche Paroi Nord • 92044 **PARIS LA DEFENSE**

Patrick D'ARANJOS (Gérant)

Contenu : Développement de logiciels spécifiques spectacle vivant : éditeur logiciels de gestion, conseil social et formation

EUCLYDIA

✆ **04 67 60 00 31** • fax 04 67 60 00 32
euclydia@280com.com • **www.euclydia.com**
3 rue Beau Séjour • 34000 **MONTPELLIER**

Patrice ROBERT (Gérant)

Type de logiciel : Gestion de fonds musical pour les médiathèques (2 400 références) • **Contenu** : Description et présentation du CD, liste des titres avec extrait, module de réservation, module de recherche, gestion de stock, etc.

EXPERTO

✆ **05 55 66 35 95** • fax 05 55 66 35 95
experto@localtechnique.fr • **www.localtechnique.fr**
Scop Local Technique • Esplanade Charles de Gaulle
23200 **AUBUSSON**

Jean-Christophe GOGUET (Chargé de diffusion) • Cécile TEUMA

Contenu : Réglementation de sécurité dans les établissements recevant du public et immeubles de grandes hauteurs. Version spectacle et version complète • **Éditeur** : Local Technique

GESTASSO

info@gestasso.com • **www.gestasso.com**
c/o David Brusley • Ch. des Adrechs de Valcros • 83440 **MONTAUROUX**

David BRUSLEY (Responsable)

Type de logiciel : Logiciel de gestion • **Contenu** : Gestion d'associations & cms

GHS SPAIECTACLE

✆ **01 53 34 25 25** • fax 01 53 34 25 26
spaiectacle@ghs.eu • **www.spaiectacle.com**
39 rue du fbg Poissonniere • 75009 **PARIS**

Gilles HOPPENOT (Gérant)

Type de logiciel : Logiciel de paie des entreprises du spectacle. Formation aux mécanismes de la paie du spectacle

HORSCÈNE

marenka@marenka.fr • **www.marenka.fr**
c/o Marenka • 6 rue du Château Gaillard • 58400 **LA CHARITE SUR LOIRE**

Frank FLEISMAHER (Chargé d'études)

Type de logiciel : Logiciels de gestion et d'administration du spectacle vivant (organisateur, technique, fichier, diffusion) • **Contenu** : Organisateur, tourneur, compagnie • **Éditeur** : Marenka

INTERMITTENT

✆ **06 95 03 87 30**
contact@orlaim.com • **www.orlaim.com**

Vincent PUECHEGUD

Type de logiciel : Suivi et analyse de la situation d'intermittent du spectacle • **Éditeur** : Orlaim

INTRAZIK

✆ **09 70 46 24 72**
contact@intrazik.com • **www.intrazik.com**
27 rue Tupin • 69002 **LYON**

Fabrice ECOIFFIER • Guillaume CLARY

Type de logiciel : Application en ligne pour les organisateurs de spectacles, les tourneurs, les salles et festivals, les centres de formation et les écoles de musique • **Contenu** : Suivi de production, agendas, plannings, uitilisation des ressources, gestion de contacts + fonctionnalités spécifiques aux métiers • **Éditeur** : Intrazik

LEGIE SAS INFORMATIQUE DU SPECTACLE

✆ **03 85 45 80 90** • fax 03 85 45 80 95
damocles@legie.org • **www.legie.org**
23 rue des Lieutenants Chauveau • 71100 **CHALON SUR SAONE**

François DUGOUJON (Directeur) • Thierry BEZARD (Responsable du développement) • Bernard PELLOUX (Responsable du développement)

Type de logiciel : Concepteur de logiciels de spectacles

M@SCARON

info@mascaron.eu • **www.mascaron.eu**
c/o PopSoft • 20 rue des Remparts d'Ainay • 69002 **LYON**

Sylvain MALLEVAL

Type de logiciel : Gestion de base de données structures/contacts • **Contenu** : Base de données, correspondances (emails, courriers, étiquettes), suivi + mailing (notes, rappels, agenda), organisation des dossiers, multicomptes, imports BDD, assistance • **Éditeur** : PopSoft

MON PLAN DE SCÈNE

✆ **06 63 68 90 54** • fax 01 79 73 32 82
franck.richard@cinod.fr • **www.monplandescene.com**
16 rue Joseph Fouriaux • 92160 **ANTONY**

Patrick RICHARD

Type de logiciel : Solution en ligne de gestion des plans techniques de scènes (scènes, places, grills et light) et de promotion de ces informations

POMCLASS

✆ **01 75 93 42 81**
contact@pomclass.com • **www.pomclass.com**
c/o Or Platine • 8 rue de Berri • 75008 **PARIS**

Stéphane CABANIS (Responsable commercial)

Type de logiciel : Site web • **Contenu** : Service complet de gestion de salles de répétitions, de studio, outils d'agenda planning d'activités, gestion personnelle, diffusion des planning sur un portail web à l'intention du public et des clients. Métiers concernés : studios de répétition, studios d'enregistrement, salles de spectacle, salles de cours de musique, conservatoires, écoles de musique

QUICK STUDIO

✆ **01 43 79 12 15**
contact@quick-studio.com • **www.quick-studio.com**
15 rue Faidherbe • 75011 **PARIS**

Albin FREYCENON (Gérant) • Sébastien VRILLAUD (Directeur technique)

Type de logiciel : Logiciel de gestion des réservations et de la programmation conçu pour les lieux de répétition, enregistrement et salles de concerts • **Contenu** : Gestion de planning, groupes, mus., matériels, édition de la feuille de route ; génération de statistiques, rapports d'observation ; édition de devis et factures ; affichage en temps réel des disponibilités sur site web, Ipad, Iphone et Androïd • **Éditeur** : Quick-Studio

SINOPE DEVELOPPEMENT

✆ **02 35 96 62 46** • fax 02 35 96 62 46
contact@musicole.net • **www.musicole.net**
3 rue Sainte Geneviève du Mont • 76000 **ROUEN**

Stéphane FEUILLOLAY (Gérant)

Type de logiciel : Logiciel de gestion des écoles de musique et conservatoires

TCF ARTISTE-AUTEUR

✆ **01 46 10 30 60** • fax 01 46 20 47 60
contact@innomatix.com • **www.innomatix.com**
Innomatix • 33 rue Nationale • 92100 **BOULOGNE BILLANCOURT**

Pierre FAMECHON (Gérant d'Innomatix)

Tous Comptes Faits Artiste-Auteur • **Type de logiciel** : Application dédiée aux artistes et les auteurs affiliés à l'Agessa ou à la Maison des Artistes • **Contenu** : Gestion de facturation, suivi de trésorerie, déclarations de revenus en ligne, déclarations de TVA, calcul des charges ou précompte, impression d'états comptables. Module d'accès au site bancaire • **Éditeur** : Innomatix, Addona Editions

WIBOOK

✆ **06 63 08 18 90**
contact@wi-book.com • **www.wi-book.com**
Ma Case Prod • 23 rue Michel Montagné • Villa 7
31170 **TOURNEFEUILLE**

François BLOQUÉ (Chargé de diffusion)

Type de logiciel : Solution logicielle dédiée aux professionnels du secteur du spectacle vivant responsables de la diffusion des artistes • **Contenu** : Gestion de la prospection et de la relation avec les diffuseurs, gestion des représentations et tournées, emailing • **Éditeur** : Ma Case Prod / Livespot

ZE PUBLISHER

✆ **09 70 40 80 28**
contact@zepublisher.com • **www.zepublisher.net**

Type de logiciel : Gestion de catalogues éditoriaux • **Contenu** : Catalogue des œuvres, contrats, dépôts, facturation, descomptes, répartitions Sacem, etc.

ZIKCARD

✆ **06 86 40 03 19 / 06 03 28 91 34**
contact@zikcard.com • **www.zikcard.com**
Association ZikCard • BP 123 • 29833 **CARHAIX-PLOUGUER CEDEX**

Matteo CARGNELUTTI (Président / Développeur) • Gwenaël QUEMENER (Chargé du développement) • Patrick CARGNELUTTI (Chargé de communication et de relation usagers)

Type de logiciel : Application en ligne • **Contenu** : Outil de gestion avancé des tremplins musicaux pour le duo organisateur/participants et des dispositifs d'accompagnement. Conventionnement obligatoire • **Éditeur** : Asso. ZikCard

1DZIK

✆ **06 16 98 15 15**
anne-claire.galesne@wanadoo.fr
90 rue Bouchaud • 44100 **NANTES**

Anne-Claire GALESNE (Gérante / Manageuse / Attachée de presse) • Valérie SUDER (Associée / Manageuse / Financement de projets)

Domaine(s) et activité(s) : Management, promotion, financement de projets, conseil en stratégie • **Artiste(s)** : Yules, Rencontres d'Astaffort, Julien Loko, Paris Combo, Lucie Bernardoni, Elmer Food Beat, Mam'Zelle Lily, Colocks

ABACABA

✆ **01 40 09 50 26** • fax 01 40 09 70 31
dmolko@abacaba.net • **www.abacaba.net**
116 rue des Pyrénées • 75020 **PARIS**

Danièle MOLKO (Gérante) • Nathalie ASHWELL (Assistante de production)

Domaine(s) et activité(s) : Management d'artistes, suivi projets • **Artiste(s)** : Bertrand Soulier, François Raoult, Madeleine Besson, Marc Fichel

ABSOLUTE MANAGEMENT

✆ **01 47 00 79 79**
absolutemanag@gmail.com

Anne CLAVERIE (Gérante)

Domaine(s) et activité(s) : Edition et production musicale, conseil, négociation contractuelle • **Artiste(s)** : Aline, Perez, Nicolas Comment, Pauline Croze, Jean-Louis Pierot, etc.

ADJOLOLO SYSTEM

✆ **06 63 71 59 96**
contact@adjololo.com • **www.adjololo.com**
Les Fromentinières • 49440 **FREIGNE**

Vincent LIVENAIS (Coordinateur) • Eric BELLIARD (Président)

Domaine(s) et activité(s) : Développeurs d'artistes, management, production discographique, secteur musiques actuelles • **Artiste(s)** : Akeïkoi, Kunbe, Thom, Irshad Ali, Gustavo Ovalles, Red Only, 2OFus, Térakaft, Mamadou Hopkins, Yatiéné, Iom With The Freaky Men, Segun Ola

Les AIRS À VIF

✆ **06 08 45 75 76**
laurent.clery@lesairsavif.com • **www.lesairsavif.com**
21 rue de l'Arc de Triomphe • 75017 **PARIS**

Laurent CLERY (Gérant)

Domaine(s) et activité(s) : Management, conseil et négociations • **Artiste(s)** : Archimède, Lussi in the Sky

L'ALBATROS MANAGEMENT

✆ **06 60 71 37 59 / 01 77 12 78 23**
albatrosprod@gmail.com
5 rue Hégésippe Moreau • 75018 **PARIS**

Bertrand HELLIO (Directeur)

Domaine(s) et activité(s) : Management, formation en musiques actuelles, design sonore, organisation de festivals, consultant en brand content • **Artiste(s)** : Oscar Ride, No Bluff, Atomik

ALLO FLORIDE

thomas@allofloride.com • **www.allofloride.com**
13 bd de Belleville • 75011 **PARIS**

Thomas LEFRANÇOIS (Booking management) • David LEBLANC (Booking management)

Domaine(s) et activité(s) : Management, booking, production audiovisuelle • **Artiste(s)** : Madeon, Toxic Avenger, Beat Torrent, Flume, Knife Party, Noisia, Foreign Beggars, Bondax, Flux Pavilion, Jupiter, Total Warr, Stalley, Pyramid, Midnight Magic, Le Crayon, Kelpe, Slugabed, etc.

ANIMAL FACTORY MANAGEMENT

fred@animalfactory.fr • **www.animalfactory.fr**
7 rue Carpenter • 33800 **BORDEAUX**

Frédéric VOCANSON (Manager)

Artiste(s) : Botibol, J.-C. Satàn

AU PAYS DES MERVEILLES

alice@aupaysdesmerveilles.fr
23 rue Boyer • 75020 **PARIS**

Alice CARON (Gérante) • Thomas LE DEM (Chargé de production)

Domaine(s) et activité(s) : Management, production, éditions, production audiovisuelle • **Artiste(s)** : Babet, Bensé, Gush, Ardisong

BACK TO BASICS

✆ **06 33 24 07 98**
nathalie.chapuy@backtobasics.fr • **www.backtobasics.fr**
36 rue d'Aboukir • 75002 **PARIS**

Nathalie CHAPUY (Manager)

Domaine(s) et activité(s) : Management et conseil • **Artiste(s)** : Hushpuppies, Luke, Soma, Rococo, Jo Wedin, AV, Mat Hilde

BELLEVUE

✆ **09 50 06 76 91**
contact@bellevuemusic.net • **www.bellevuemusic.net**
23 rue Boyer • 75020 **PARIS**

Thomas BONARDI (Manager) • David BARAT (Manager)

Domaine(s) et activité(s) : Management • **Artiste(s)** : Oh la la !, Peter Von Poehl, Syd Matters, Sammy Decoster, Soko, Marie-Flore, Frederika Stahl, Gaspard Royant, Eiffel, Yeti Lane, Singtank, Second Sex, Jay Jay Johanson

BOBINE

✆ **01 48 87 03 23**
bobine@bobine.net • **www.bobine.net**
113 rue St Maur • 75011 **PARIS**

Alix TURRETTINI (Gérante)

Domaine(s) et activité(s) : Management • **Artiste(s)** : Zazie, Albin de la Simone, Franck Monnet, Ornette

BOOGIE DRUGSTORE

✆ **09 81 75 17 99**
justine@boogiedrugstore.net • **www.boogiedrugstore.net**
37 rue Pigalle • 75009 **PARIS**

Justine DEBICKI (Manager) • Thomas ROUSSEAU (Manager)

Artiste(s) : Mélissa Laveaux, Prince of Assyria, 4 Guys From The Future, Chimes and Bells, Il Tempo Gigante, etc.

BRIO MUSIC

✆ **09 50 24 60 98** • fax 09 55 24 60 98
contact@briomusic.fr • **www.briomusic.fr**
67 rue Montorgueil • 75002 **PARIS**

Benoit BRAYER (Responsable)

Domaine(s) et activité(s) : Management, production exécutive, conseils et gestion de projets • **Artiste(s)** : Caravan Palace, Ludo Pin, Simone Elle Est Bonne, Demago, Weepers Circus, J.-J. Cale, Gush, Kent, etc.

CARNET DE ROUTE

✆ **06 09 67 51 10**
laure.c2route@gmail.com
242 bd Voltaire • 75011 **PARIS**

Laure MICHELON (Manager)

Domaine(s) et activité(s) : Consel, management • **Artiste(s)** : Clarika, Sébastien Agius, Sirius Plan, Skye

CDS PRODUCTIONS

✆ **06 66 80 64 92**
contact@cdsproductions.com • **www.cdsproductions.com**
3 rue Elisa Desjobert • 91400 **ORSAY**

Catherine SCHLEMMER

Domaine(s) et activité(s) : Management, production, diffusion, événementiel (musique et théâtre) • **Artiste(s)** : Vadim Piankov, Vadim Sher, Dimitri Artemenko

CHICKEN WALK

✆ **06 88 70 89 07**
cyrilfournier@chickenwalk.com
20 rue André Del Sarte • 75018 **PARIS**

Cyril FOURNIER (Manager)

Domaine(s) et activité(s) : Management • **Artiste(s)** : Mustang, Sylvain Sylvain

COACHING CATHIE COURONNE

✆ **06 09 24 67 63**
c.couronne@free.fr
3 passage River • 75011 **PARIS**

Cathy COURONNE (Coach)

Domaine(s) et activité(s) : Coaching production (scène) • **Artiste(s)** : Les VRP, Lili Cros, Thierry Chazelle, Nicolas Jules, Florence Zing, Emmanuel Vizioz

DERRIERE LES PLANCHES

✆ **01 40 29 01 00**
contact@derrierelesplanches.com • **www.derrierelesplanches.fr**
9 rue Victor Massé • 75009 **PARIS**

Nicole SCHLUSS (Gérante) • Marc MOTTIN (Manager) • Armel BERNARD (Assistante)

DLP • **Domaine(s) et activité(s)** : Management, production, éditions • **Artiste(s)** : Oxmo Puccino, Vanessa Paradis, Babx, Mai Lan, Tété, Camélia Jordana, Joséphine, Lana Reina, Helena Noguerra

DIESE PRODUCTIONS

✆ **01 42 46 64 83**
yann@dieseproductions.com • **www.dieseproductions.com**
33 rue de Trévise • 75009 **PARIS**

Yann BAEHREL

Domaine(s) et activité(s) : Management, production, édition • **Artiste(s)** : Saint Michel, Elephant, Part Time Friends, Joseph Leon, Elisa Jo, Pauline Croze, Laurent Marimbert, Cyril Mokaiesh, Juliette Kratz, etc.

DM2

✆ **06 09 67 50 50**
dmargules@gmail.com
44 rue de Miromesnil • 75008 **PARIS**

Daniel MARGULES (Directeur) • Anne HORELLOU (Assistante)

Domaine(s) et activité(s) : Assistance, conseil négociations de contrats. Production de spectacles. Management • **Artiste(s)** : MC Solaar, Saya

ELECTRON'Y'POP

✆ **06 09 03 33 53**
ze.tavares@wanadoo.fr
19 rue Bridaine • 75017 **PARIS**

José TAVARES

Domaine(s) et activité(s) : Management, conseil, formation, label • **Artiste(s)** : Meltones, Sarclo(ret), Appletop

ENTRE NOIR & BLANC

✆ **06 80 46 30 92**
regine.lacan@laposte.net • **www.entrenoiretblanc.com**
9 rue des Pins • 46160 **CAJARC**

Régine LACAN (Gérante)

Domaine(s) et activité(s) : Management, régies, booking • **Artiste(s)** : Musiques du monde : Hanitra, Annie-Flore Batchiellilys, Boni Gnahore, Paul Sibide, cie Punta Négra, Couleurs Brésil ; Chanson française : Didier Tousis, Emilie Cadiou, Chanson à Bretelles, Marin ; jeune public : Miss Popotte, « Le lièvre et l'avion » ; classique : trio Dintrich ; contes : Laura Campagnet, L'heure des griots « Nuit blanche humour noir », Mamane, Phil Darwin ; théâtre : Parole de sable, Anotnio Ngomi

La FAMILIA

✆ **06 61 72 89 14**
julien@la-familia.fr • **www.la-familia.fr**
23 rue Boyer • 75020 **PARIS**

Julien SOULIÉ (Fondateur) • Louis PLANTARD (Assistant manager)

Domaine(s) et activité(s) : Management, production • **Artiste(s)** : Alexis HK, Florent Marchet, Robin Leduc

FRENCH FLAIR

✆ **06 60 50 29 54**
fabrice@frenchflair.biz • **www.facebook.com/frenchflairentertainment**

Fabrice MARTINEZ (Manager)

Domaine(s) et activité(s) : Management, édition, conseil, mise en relation artistes et marques • **Artiste(s)** : Ycare, Joyce Jonathan, Laurent Lamarca, Luce, Séverin

GANDHI'S REVENGE

✆ **06 25 99 72 35**
alexis@gandhisrevenge.org • **www.gandhisrevenge.org**
167 rue St Maur • 75011 **PARIS**

Alexis SEVENIER (Manager)

Domaine(s) et activité(s) : Management, label • **Artiste(s)** : Dysfunctional by Choise, Mass Hysteria

GLISSANDO MUSIC

✆ **06 09 33 93 57 / 09 74 76 25 89**
communication@glissando-music.com • **www.glissando-music.com**
Les Costes • 81500 **GARRIGUES**

Domaine(s) et activité(s) : Arts du spectacle : conseil artistique, représentation et management d'artiste étrangers • **Artiste(s)** : Yeshe, Dylan Perron, Elixir de Gumbo

GLORIA

✆ **01 43 58 25 64**
jeffgenie@gmail.com • **www.gloria-consulting.com**
36 bd. Haussmann • 75009 **PARIS**

Jeff GENIE (Directeur) • Christophe BOSQ (Directeur) • Hubert CORNET (Superviseur musical)

Domaine(s) et activité(s) : Management, supervision musicale pour le cinéma et la TV • **Artiste(s)** : Renan Luce, Coeur de Pirate, Emily Loizeau, Pendentif, Emilie Gassin

GRAND BLANC

✆ **06 68 13 05 01**
message@grandblanc.net • **www.grand-blanc.net**
83 av. Félix Faure • 75015 **PARIS**

Olivier LINGLET

Domaine(s) et activité(s) : Management, éditions musicales • **Artiste(s)** : Anoraak, Jupiter, Logo, Villeneuve, Stal, Tacteel

HELL RIDER MANAGEMENT & BOOKING AGENCY

✆ **05 55 87 67 90**
hell_rider.management.booking@gmail.com
21 rue Alexis Jaubert • 19100 **BRIVE LA GAILLARDE**

Jean-Claude CHARAGEAT (Manager / Booker)

Domaine(s) et activité(s) : Management, booking • **Artiste(s)** : Little Big Moon, face to Face, Sticky Sweet, The Atramps, Korrosiah, Blackness, Death Decline, Forsaken World, Kam Talium

INTERNEXTERNE

✆ **04 96 17 57 26** • fax 09 62 35 26 43
contact.internexterne@gmail.com • **www.internexterne.org**
22 rue Robert • 13007 **MARSEILLE**

Olivier JACQUET (Directeur / Management) • Lucie LEBRUN (Chargée de diffusion et de production) • Damien ROUX (Production) • Fabien KOUACHI (Communication) • Clément JAULIN (Chargé de diffusion)

Artiste(s) : Nevchehirlian, Ottilie [B], Marcel Kanche, The Red Rum Orchestra, Martin Mey, Red Rails

IZITOUR

✆ **06 62 25 88 02**
izitour@hotmail.fr • **izitour.wix.com/izitour**
9 quintum av. de St-Germain • 78560 **LE PORT MARLY**

Frantz HÉBERT (Gérant)

Domaine(s) et activité(s) : Conseil, management, booking • **Artiste(s)** : Gravité Zéro, The Robotiks, Macka B, General Levy, James Delleck, Specta, King Riddim, Badjoke, Cosmik, Connection, Dj Panik, Signal Electrique, Frer 200, Strup X, Juno Reactor, Dynamic Band, N3v3rstop, Mad Professor, Dealy Hunta, Siliant Frequencies, Dj Fly, Gaiden

JDS MANAGEMENT

✆ **01 53 11 19 00** • fax 01 53 11 19 05
lusafrica@lusafrica.com
115 rue Lamarck • 75018 **PARIS**

José DA SILVA (PDG)

Domaine(s) et activité(s) : Musiques du monde • **Artiste(s)** : Sia Tolno, Nancy Vieira, Tcheka, etc.

JPR PRODUCTION

✆ **06 75 46 65 95 / 0032 (0) 479 72 64 01**
prod@jpr-production.org • **www.jpr-production.org**
2 ch. des Meules • 08600 **RANCENNES**

Jean-Philippe ROLOT (Gérant)

Domaine(s) et activité(s) : Management, booking • **Artiste(s)** : Jazz : Phil Abraham, Fabien Degryse, Trio Actual Proof, JO Scinta ; pop-variété : Camping Sauvach, Alec Mansion, Rock Show 80, William Dunker, Polk, Michael Jones, Sarah Letor, Six Ways to Funk

KOLIAPOV PRODUCTION
✆ **06 50 75 75 40 / 01 82 28 37 25**
koliapov@gmail.com • **www.koliapov.com**
5 rue du Moulin Joly • 75011 **PARIS**

Kolia RUSTIN

Domaine(s) et activité(s) : Management, diffusion, production • **Artiste(s)** : Erevan Tusk, Bombay Show Pig, Qwel&Maker, Scarlett O'Hanna, Two Kids On Holiday, Leaf House, Signal?, Arash Khalatbari

LABEL BRUNE
✆ **09 54 62 95 76**
contact@labelbrune.fr • **www.labelbrune.fr**
6 rue Baudin • 02100 **ST QUENTIN**

Jean-Christophe WAHART (Manager)

Domaine(s) et activité(s) : Management, aide à l'autoproduction • **Artiste(s)** : Emilienne Apple, Je Vous Déteste, Miva Boïka, Bad News From The Stars

LICKSHOT ENTERTAINMENT
✆ **01 53 90 19 35** • fax 01 45 45 07 59
info@lickshot.com • **facebook.com/lickshot.entertainment**
21 rue du Fbg St Antoine • 75011 **PARIS**

Sébastien FARRAN (Directeur) • Thomas GOAZEMPIS (Manager) • Laurence FAVALELLI

Domaine(s) et activité(s) : Management, conseil et négociations de contrats (R&B, rap, variété, chanson) • **Artiste(s)** : NTM, JoeyStarr, Toma, Outlines, Johnny Hallyday

LOCCO & CO
✆ **09 61 13 40 17**
contact@locco.biz
231 rue St-Honoré • 75001 **PARIS**

Laurent COLLEY

Domaine(s) et activité(s) : Management • **Artiste(s)** : Arthur H, Dionysos, Olivia Ruiz, Soha, Orly Chap, Dan Kamit, Dita Madrid

LP PROD
✆ **07 62 51 14 09**
lp.prod@hotmail.fr
24 rue des Sherbrooke • 14610 **VILLONS LES BUISSONS**

Frank DELANNET (Manager)

Domaine(s) et activité(s) : chanson, pop rock, hardrock • **Artiste(s)** : La Tchoukrav', Anne-Flore, Little Boy, Nyxtone, Macadam bumper's

M2O SOLUTIONS
✆ **01 53 26 03 62**
yamani@m2osolutions.fr • **www.m2osolutions.fr**
155 rue du Fbg St-Denis • 75010 **PARIS**

Yamani DAZI (Gérant)

Domaine(s) et activité(s) : Management, label, édition musicale • **Artiste(s)** : Housse de Racket, La Californie, Antigone Project, Abraxas, Elephanz

MADEMOISELLE & CO
1 rue Pasteur • 78150 **LE CHESNAY**

Judith LEVY (Manager)

Artiste(s) : La Grande Sophie, Barbara Carlotti, L

MAGO & CO
✆ **01 34 76 00 00** • fax 01 34 76 00 03
magoandco@free.fr
11 Les Marcets • 78270 **LA VILLENEUVE EN CHEVRIE**

Laurent MAGO (Tourneur)

Domaine(s) et activité(s) : Management • **Artiste(s)** : TTC, Busdriver (Europe), Daedelus, Detroit Grand Pubahs, Dj Orgasmic, Cuizinier (TTC), Blake Worrell (des Puppetmastaz), Sheeduz

MARCBEVENT
✆ **01 64 65 67 53 / 06 73 42 05 97**
contact@marcbevent.com • **www.marcbevent.com**
c/o MB Studio 7 • 2 ch. des Clos • 77320 **JOUY SUR MORIN**

Marc BUSQUETS (Manager)

Domaine(s) et activité(s) : Manager, booking, attaché de presse, régie générale • **Artiste(s)** : Chico Freeman, Manu Le Prince, Scott Tixier, Ladell Mclin, Fabrice Mantegna (chanteur du groupe Era), Ali Campbell ex UB40, Malavoi, La Perfecta, Tabou Combo, Lyannaj, Tri Yann, Plantec, Victor O, Fred Deshayes, James Germain, Rony Théophil

MASTAR WORLDWIDE
✆ **06 10 15 06 77**
lemastar@free.fr
35 rue Georges Doisseau • 92110 **CLICHY**

Lionel PRADINES (Responsable)

Domaine(s) et activité(s) : Management, conseil marketing / artistique • **Artiste(s)** : Shelby, Matt Kukes

MEDSIDE MUSIC
✆ **09 51 79 58 05** • fax 01 79 73 51 79
contact@medside.fr • **www.medside.fr**
120 ch. des Maures et des Adrets • 06530 **PEYMEINADE**

Christophe FERNANDEZ (Manager)

Artiste(s) : Tom Frager, Maniacx

MICROQOSMOS
✆ **06 14 68 80 79**
antoine@microqosmos.com • **www.microqosmos.com**
Cracki Records • 8 bis av. Anatole France • 92240 **MALAKOFF**

Antoine BIGOT (Manager)

Domaine(s) et activité(s) : Conseil et développement • **Artiste(s)** : Isaac Delusion, L'Impératrice, Qosmonaut

MIDLANDS ARTISTIC
contact@midlandsartistic.com • **www.midlandsartistic.com**
BP 21 • 57150 **CREUTZWALD**

Ludovic FAROULT (Directeur) • Elodie BODO (Distribution) • Olivia DE BORTOLI (Attachée de presse) • Florian PULLARA (Clubbing)

Domaine(s) et activité(s) : Management international d'artistes, conseils et promotion médias (TV, presse, radios, web), production exécutive et déléguée • **Artiste(s)** : Magalie Vaé, Jean-Sébastien Lavoie, Margie Nelson, Greg Armano, Paradoxx, Soccx, 3 Voix, Ema Keley, Vince, Anthony Clarp, Calaska, Jess Costa, Sann, etc.

MY BEST FRENCH MUSIC
mybestfrenchmusic@gmail.com • **www.mybestfrenchmusic.com**

Benjamin DUMAZOT (CEO)

Domaine(s) et activité(s) : Publishing, licensing, supervision, consulting & musique design • **Artiste(s)** : Olivier Libaux, Ornette, The Rodeo, Milosh, Team Ghost, Stuck In The Sound, Pacovolume, The Elderberries, Aufgang, Jacques Pellarin, Kid A, Fukkk Offf, Rone, Captain Kid

NECTAR PROSE
✆ **01 45 49 11 42 / 06 42 73 06 70 / 06 88 95 42 59 / 06 09 32 47 29**
international@taklit.net • **www.taklit.net**
22 rue de Fleurus • 75006 **PARIS**

Patricia JOHNSTON (Manager) • Nicolas GLADY (Superviseur musical) • Agnès LATREILLE DE LAVARDE (Juriste)

Domaine(s) et activité(s) : Management artistique, service administratif artistes/producteurs/tourneurs • **Artiste(s)** : Jazz : Line Kruse, Gilad Hekselman, Intrigo - World : les Trois Violons du Monde, Trio Khory, Mugar, Caliana, Optima Pustyn

NEURONART
✆ **06 34 10 56 61**
neuronart@neuronart.org • **www.neuronart.org**
85 rue du Faubourg Saint Denis • 75010 **PARIS**

Pierre-Guillaume STÉPHAN (Consultant)

Domaine(s) et activité(s) : Booking, tour, développement • **Artiste(s)** : Steve Shehan, Tribeqa, Ness Herramani, Supa Cosh

OLYMPIA AGENCY
✆ **01 55 27 10 02** • fax 01 55 27 10 10
marie.audigier@olympiaagency.com
18 rue de Caumartin • 75009 **PARIS**

Marie AUDIGIER

Domaine(s) et activité(s) : Structure créée par Universal Music dédiée au management d'artistes • **Artiste(s)** : Ayo, Cascadeur, Gary, ibeyi, Laïka

ONLY PRO
✆ **06 99 59 13 10**
streetskillz.booking@gmail.com • **www.onlypro-agency.com**

Domaine(s) et activité(s) : Booking, management • **Artiste(s)** : Soprano, Psy4 de la Rime, Carpe Diem, Révolution Urbaine

Le PÉRISCOPE
✆ **04 56 14 71 71** • fax 04 56 14 71 70
info@leperiscope.com • **www.leperiscope.com**
163 cours Berriat • 38000 **GRENOBLE**

Alex AUJOLAS (Manager)

Domaine(s) et activité(s) : Management, booking • **Artiste(s)** : Guillaume Cantillon, Kaolin, Exsonvaldès, Pep's

PLAY IT BY EAR

✆ **01 78 09 54 20** • fax 01 78 09 54 29
noel.geraldine@gmail.com
5 rue Vernet • 75008 **PARIS**

Géraldine NOEL (Responsable)

Domaine(s) et activité(s) : Business management : création et gestion de sociétés pour les artistes (administration, juridique, comptabilité, fiscalité, conseil carrière France et international) • **Artiste(s)** : Yann Tiersen, Herman Düne, The Shoes, Yuksek, Etienne de Crécy

PRENUP/AKIRIRA

✆ **01 42 52 99 70**
ben@prenup.tv • **www.prenup.tv**
78 rue du Ruisseau • 75018 **PARIS**

Benjamin HERBIERE (Manager) • Kévin LAMALLE (Assistant manager)

Domaine(s) et activité(s) : Management, label, édition • **Artiste(s)** : Soan, Babylon Circus, Smod

QUAI DE SCÈNE

✆ **06 14 49 09 07**
bellet.s@free.fr
22 rue des Boulangers • 75005 **PARIS**

Sophie BELLET (Manager)

Domaine(s) et activité(s) : Management, promotion • **Artiste(s)** : Bertrand Belin

RIGHT BACK

✆ **01 48 78 55 80**
contact@rightback.fr • **www.rightback.fr**
5 rue de Douai • 75009 **PARIS**

Christian DULONG DE ROSNAY (Manager) • Grégoire CORMAN (Manager)

Domaine(s) et activité(s) : Management, business management, collecte et audit de droits voisins auprès des sociétés de gestion de droits en France et à l'étranger • **Artiste(s)** : Management et business management : Justice, Uffie, Birdy Nam Nam, Skip The Use, Soko, Sebastian, Breakbot, Jackson, Kavinsky ; collecte et audit de droits voisins : Phoenix, Thomas Dutronc, John Butler, Amadou & Mariam, Keziah Jones, Charlie Winston, Yelle, Yael Naim, The White Stripes

RUE DU FAUBOURG

info@ruedufaubourg.fr • **www.ruedufaubourg.fr**
5 rue Vernet • 75008 **PARIS (BELGIQUE)**

Lilia ZAALOUNI (Gérante)

Domaine(s) et activité(s) : Editions, management • **Artiste(s)** : Set&Match, Rimcash, Didaï, Naï, Billie Brelok

SARASWATI MUSIC

saraswati.music@orange.fr • **www.cathybitton.com**
44 rue Saint Antoine • 75004 **PARIS**

Cathy BITTON (Manager) • Caroline SAULNIER (Manager)

Artiste(s) : David Sicard, Laurent Voulzy, Joseph d'Anvers, Lail Arad, Rose, Sliimy, Susheela Raman

SAS PROD

✆ **05 94 31 25 95 / 06 94 431 777** • fax 05 94 31 25 95
contact@sasprod.net • **www.sasprod.net**
Appt 4 - Bât. Thomas • Lotissement Gritte - Ch. Source de Baduel • BP 226 • 97325 **CAYENNE CEDEX (GUYANE)**

Nathaniel ALEXIS (Président) • Jérémie GRAC (Médiateur)

South American Soldiers Production • **Domaine(s) et activité(s)** : Création musicale, diffusion et accompagnement d'artistes • **Artiste(s)** : Ruud Daddy, CRB 10, H Clan, MC Lilee, Lady Lao, Mea, Rhamsin, Choose One, Fleot

SEDUCE MANAGEMENT

paulmesguich@me.com • **www.facebook.com/Seducemanagement**
7 rue Poulet • 75018 **PARIS**

Paul MESGUICH (Manager)

Domaine(s) et activité(s) : Management, gestion de carrière • **Artiste(s)** : Cocoon, Hugh Coltman, Naïve New Beaters, Tahiti Boy, François and The Atlas Mountains, Hollysiz, Tairo, Coming Soon, etc.

SOBER & GENTLE MANAGEMENT

✆ **09 81 25 97 92**
contact@soberandgentle.com • **www.soberandgentle.com**
98 rue des Martyrs • 75009 **PARIS**

Stephane GILLE (Manager) • Laura ROUVELLAT (Assistante manager)

Domaine(s) et activité(s) : Management et conseil, édition musicale • **Artiste(s)** : Mademoiselle K, Claire Denamur, Jeanne Balibar, Mélanie Pain, Kid Bombardos, Tricot Machine, Great Shape, Coming Soon

SPHERE MANAGE

spheremanage@me.com • **www.spheremanage.net**
13 pl. du Marché Couvert • 02300 **CHAUNY**

Richard GAMBA (Responsable)

Domaine(s) et activité(s) : Management (rock, métal, chanson) • **Artiste(s)** : Ez3kiel, Demians, La Mordue, Arthur H

STYLOBRIQUE

✆ **06 22 22 57 47**
eric@stylobrique.org • **www.stylobrique.org**
1 bis rue du Gal Fabvier • 54000 **NANCY**

Eric BICHON (Manager)

Artiste(s) : Chapelier Fou, Filiamotsa

TALENT SORCIER

✆ **01 44 59 99 00** • fax 01 44 59 99 01
info@talentsorcier.com • **www.myspace.com/talentsorcier**
56 rue Notre Dame de Nazareth • 75003 **PARIS**

Cyril PRIEUR (Manager) • Édouard DUGOIS (Manager / Directeur artistique) • Richard WALTER (Manager / Gérant) • Martine TRENDEL (Directeur financier) • Ghislaine BEAL

Domaine(s) et activité(s) : Management • **Artiste(s)** : P. Kaas, Arno, Les Innocents, Constance Amiot, Daniel Chevenez, Niagara

La TEBWA

✆ **01 53 69 63 63** • fax 01 53 69 63 69
romain@latebwa.com • **www.latebwa.com**
14 rue Coquillère • 75001 **PARIS**

Stanislas RAMSAY-LEVI (Directeur) • Romain COULON (Directeur)

Domaine(s) et activité(s) : Manager, producteur, éditeur, gestion de catalogue, gestion de Frenesik (Rim-K) • **Artiste(s)** : The Supermen Lovers, Golden Bug, Herr Styler, Get a room !, Demon, Rim'K (113), Lil thug, Edward...pour les intimes

TÉO MGMT

✆ **06 16 34 14 12**
teomanagement@gmail.com
12 place imbach • 49000 **ANGERS**

Téo DURAND

Domaine(s) et activité(s) : Management, développement d'artistes • **Artiste(s)** : Pony Pony Run Run, Tahin, Eddy La Gooyatsh, The Lemon Queen

UNICUM

✆ fax 01 79 73 57 83
contact@unicum-music.com • **www.unicum-music.com**
17 rue Burq • 75018 **PARIS**

Emily GONNEAU (Directrice / Fondatrice)

Domaine(s) et activité(s) : Management, éditions et conseil (artistique, stratégique, marketing) • **Artiste(s)** : Emilie Chick, Dynasty Electric, Super Social Jeez, Ok Go, Mademoiselle Sane, RadioRadio, Moon Hooch, Xeum

VOLVOX MUSIC

✆ **09 54 37 28 27**
info@volvoxmusic.com • **www.volvoxmusic.com**
3 rue Grande • 77250 **MORET SUR LOING**

Olivier LEBEAU (Directeur général) • Antoine COINDE (Responsable management)

Artiste(s) : Catfish, Hyphen Hyphen, Maud Lübeck, Julien Jaouen

YEAH PROD

✆ **06 99 20 23 33**
olivier@yeahprod.fr • **www.yeahprod.fr**
85 rue des Fromenteaux • 44200 **NANTES**

Olivier TOUATI (Manager)

Artiste(s) : Cabadzi, Le Monde Diplodocus, About the Girl

YES WE CAB !

✆ **06 82 97 80 36**
fredericaboura@hotmail.com • **fredericaboura.wix.com/yeswcab**
2 imp. du Ruisseau • 90140 **CHARMOIS**

Frédéric ABOURA

Domaine(s) et activité(s) : Management, conseils, formation sur l'univers musical • **Artiste(s)** : La Canaille, Lou Marco, Carol's Cousin

François **AJE**

✆ **01 39 24 08 70** • fax 01 30 21 31 95
francoisaje@cabinetaje.fr
5 rue Pierre Bertin • 78000 **VERSAILLES**
Domaine(s) et activité(s) : Droit de la musique

AKLEA AIX

✆ **04 42 25 11 30** • fax 04 42 51 76 25
communication@aklea.fr • **www.aklea.fr**
Les Pleïades 3 - bât. C • 320 av. Archimède
13857 **AIX-EN-PROVENCE CEDEX 3**
Jean ANDRÉ (Avocat) • François PERRUCHOT (Avocat) • Anne-Marie PECORARO (Avocate)
Domaine(s) et activité(s) : Musique et industrie du disque. Internet et réseaux. Audiovisuel, cinéma, édition, publicité, marques, mécénat. (François Perruchot est aussi en charge d'un bureau à Shangaï)

AKLEA LYON

✆ **04 72 44 44 44** • fax 04 72 44 44 45
communication@aklea.fr • **www.aklea.fr**
29 rue de Bonnel • 69442 **LYON CEDEX 03**
Anne-Marie PECORARO (Avocat associée)
Domaine(s) et activité(s) : Musique et industrie du disque. Internet et réseaux. Audiovisuel, cinéma, édition, publicité, marques, mécénat

AKLEA PARIS

✆ **01 56 43 45 80** • fax 01 56 43 45 82
communication@aklea.fr • **www.aklea.fr**
71/73 av. des Champs-Elysées • 75008 **PARIS**
Anne-Marie PECORARO (Avocate associée) • Rodolphe BOISSAU (Avocat)
Domaine(s) et activité(s) : Musique et industrie du disque. Internet et réseaux. Audiovisuel, cinéma, édition, publicité, marques, mécénat

Nathalie **ALBO**

✆ **04 88 44 40 60** • fax 04 91 33 33 90
nathalie.albo-michel@wanadoo.fr
33 cours Pierre Puget • 13006 **MARSEILLE**
Domaine(s) et activité(s) : Droit de la propriété littéraire et artistique (notamment production et édition musicale), droit des marques, droit communautaire et nouvelles technologies, droit du travail

ANDRÉ & FIOCCA

✆ **04 96 11 29 00** • fax 04 96 11 29 09
gildas.andre@wanadoo.fr
2 pl. Félix Baret • 13006 **MARSEILLE**
Gildas ANDRÉ (Avocat)
Domaine(s) et activité(s) : Propriété intellectuelle, littéraire et artistique, droit d'auteur, marques, droit des affaires, clientèles privées et institutionnelles (directions culturelles, offices de la culture, etc.) : cinéma, musique, littérature, contrefaçons

Caroline **ARENE**

✆ **01 44 63 57 50** • fax 01 44 63 57 51
caroline.arene@wanadoo.fr
18 rue Notre Dame de Lorette • 75009 **PARIS**
Domaine(s) et activité(s) : Propriété intellectuelle, audiovisuel, musique, multimédias. Droit des affaires, droit de la presse, droit du travail

Philippe **AUTRIVE**

✆ **01 45 44 81 32** • fax 01 45 44 96 90
philippe-autrive@wanadoo.fr • **www.maitre-autrive.fr**
5 pl. du 18 juin 40 • 75006 **PARIS**
Domaine(s) et activité(s) : Défense des droits et de la libre circulation des artistes

BAGS AVOCATS AARPI

✆ **01 44 01 09 59** • fax 01 42 60 70 26
bruno.anatrella@bags-avocats.com • **www.bags-avocats.com**
7 rue d'Argenteuil • 75001 **PARIS**
Bruno ANATRELLA (Avocat) • Guillaume SAUVAGE (Avocat)
Domaine(s) et activité(s) : Droit de la propriété intellectuelle, de la communication, de l'internet

BFPL & ASSOCIÉS

✆ **01 58 36 18 70** • fax 01 58 36 02 10
jbenchetrit@bfpl-law.com • **www.bfpl-law.com**
5 rue de Téhéran • 75008 **PARIS**
Christophe PECH DE LACLAUSE (Avocat) • Arnault BUISSON-FIZELLIER (Avocat)
Domaine(s) et activité(s) : Droit de la communication, propriété intellectuelle, droit économique (distribution et concurrence), droit social

BIGLE LAW FIRM

✆ **01 55 74 06 00** • fax 01 45 25 79 55
gerald@bigle.net • **www.bigle.fr**
118 av. Mozart • 75016 **PARIS**
Gérald BIGLE (Avocat) • Aurélie HESLOIN (Assistante)
Domaine(s) et activité(s) : Musique, spectacle, audiovisuel, propriété intellectuelle, numérique et technologies de l'information, rédaction et négociation de contrats, stratégie et assistance au contentieux

Caroline **BIRONNE**

✆ **01 56 43 45 00** • fax 01 40 74 02 20
caroline.binonne@gmail.com
21 rue de Téhéran • 75008 **PARIS**
Domaine(s) et activité(s) : Propriété littéraire et artistique, audiovisuel, droit social du spectacle, droit fiscal

Emmanuelle **BIZIEN**

✆ **01 53 53 98 98** • fax 01 53 53 98 88
e.bizien@avocats-pi.fr • **www.astaiza-ceci-avocats-pi.fr**
23 rue d'Artois • 75008 **PARIS**
Domaine(s) et activité(s) : Docteur en droit de la propriété intellectuelle. Avocat spécialisé musique (artiste, producteur, éditeur, spectacle, manager)

Emmanuelle **BRUCH**

✆ **05 96 42 61 61** • fax 05 96 42 61 71
emmanuellebruch@yahoo.fr
Imm. CPL - Californie • 97232 **LE LAMENTIN (MARTINIQUE)**
Domaine(s) et activité(s) : Droits d'auteur

CABINET CATALA ET THEVENET

✆ **01 47 03 64 00** • fax 01 47 03 91 32
thevenet@avocats163.com
163 rue Saint-Honoré • 75001 **PARIS**
Christophe THEVENET (Avocat)
Domaine(s) et activité(s) : Droit de la communication et du multimedia : du VY au MP3. Droit des sociétés : mise en place et suivi des structures de production et d'édition. Droit d'auteur : rédaction et négociation de contrats d'artistes, licences, distribution, portail web et téléphonie (français/anglais)

CABINET GILLES VERCKEN

✆ **01 42 21 34 75** • fax 01 42 21 32 77
contact@gillesvercken.com • **www.gillesvercken.com**
14 rue Séguier • 75006 **PARIS**
Gilles VERCKEN (Avocat associé) • Florence GAULLIER (Avocate associée) • Martin LEMERY (Avocat) • Elise PASCAL-HEUZE (Avocate) • Valérie-Laure BENABOU (Professeur) • Marie FILLIETTE (Avocate) • Virginie DE MECQUENEM (Avocate) • Benjamin JEAN (Consultant technique Open Source - Open Data)
Domaine(s) et activité(s) : Médias, nouvelles technologies, propriété intellectuelle

CABINET GÔ ET ASSOCIÉS

✆ **01 40 13 72 74** • fax 01 42 36 36 29
mh.vignes@go-associes.com • **www.go-associes.com**
7 rue du Louvre • 75001 **PARIS**
Marie-Hélène VIGNES (Avocate) • Florence DIFFRE (Avocate)
Domaine(s) et activité(s) : Auteurs, artistes, managers, producteurs, éditeurs (contrats et contentieux)

CABINET JEANCARD

✆ **01 53 59 33 59** • fax 01 47 53 00 14
acjeancard@avocats193universite.net
193 rue de l'Université • 75007 **PARIS**
Anne-Charlotte JEANCARD (Avocate)
Domaine(s) et activité(s) : Propriété intellectuelle, droits d'auteur et droits voisins - Droit commercial - Droit social

CABINET LAROPOIN

✆ **09 61 07 15 45 / 06 66 19 42 42** • fax 03 21 48 40 99
conseil@laropoin.com • **www.laropoin.com**
1 square Léon Jouhaux • BP 80141 • 62003 **ARRAS CEDEX**
David LEFRANC (Avocat)
Domaine(s) et activité(s) : Conseil et assistance contentieuse dans le domaine de la propriété intellectuelle, des nouvelles technologies et des matières limitrophes

CABINET MICHEL MAGNIEN

✆ **01 46 34 62 94** • fax 01 43 26 66 10
magnien@noos.fr
22 bd St-Michel • 75006 **PARIS**
Michel MAGNIEN (Avocat)
Domaine(s) et activité(s) : Droit d'auteur, du spectacle (disque, cinéma, audiovisuel), des affaires, des sociétés

CABINET PIERRAT

✆ **01 53 63 29 40** • fax 01 42 22 34 71
contact@cabinet-pierrat.com • **www.cabinet-pierrat.com**
91 bd Raspail • 75006 **PARIS**
Emmanuel PIERRAT (Avocat)
Domaine(s) et activité(s) : Propriété intellectuelle, droit d'auteur, droits appliqués aux domaines de la musique et du spectacle vivant

CABINET PIERRE LAUTIER AVOCATS

✆ **01 43 79 33 64 / 06 62 58 48 22** • fax 01 43 79 33 65
pierrelautier@gmail.com • **www.cabinetpierrelautier.com**
88 rue St Martin • 75004 **PARIS**
Pierre LAUTIER (Avocat) • Chloé BONVALET (Avocate)
Club THOT • **Domaine(s) et activité(s)** : Droit de la musique, droit d'auteur/de l'édition, droit de la propriété artistique, droit de l'image, droit du multimédia, droit de la production cinématographique

CABINET QUEROL

✆ **01 56 43 45 00** • fax 01 40 74 02 20
avocats.tra@gmail.com
21 rue de Téhéran • 75008 **PARIS**
Yves QUEROL (Avocat) • Elodie QUEROL (Avocate)
Domaine(s) et activité(s) : Fiscalité des sociétés et des personnes (auteurs, artistes). Propriété littéraire et artistique. Négociation et rédaction des contrats de production, édition et commercialisation de toutes œuvres audiovisuelles

Caroline CAUSSE-REBUFAT

✆ **04 91 52 32 14** • fax 04 91 31 50 74
causse.avocat@wanadoo.fr
18 cours Pierre Puget • 13006 **MARSEILLE**
Caroline CAUSSE (Avocate)
Domaine(s) et activité(s) : Conseil et contentieux : propriété littéraire et artistique, droit d'auteur, droit des affaires, droit du travail, droit des artistes, contrefaçon

Florence COTTIN-PERREAU

✆ **04 72 83 50 00** • fax 04 78 24 08 01
cottinperreau@fcp-avocats.com • **www.fcp-avocats.com**
11 rue Vauban • 69006 **LYON**
Domaine(s) et activité(s) : Rédaction de contrats de la musique (enregistrement, édition, etc.), constitution de sociétés

Pierre CRISTIANI

✆ **01 45 53 54 81** • fax 01 44 05 00 14
pcristiani@wanadoo.fr
35 av. Kléber • 75116 **PARIS CEDEX**
Domaine(s) et activité(s) : Droit d'auteur (secteurs phonographique, audiovisuel et édition musicale)

DELSOL & ASSOCIÉS

✆ **01 53 70 69 69** • fax 01 53 70 69 60
xdelsol@delsolavocats.com • **www.delsolavocats.com**
4 bis rue du Colonel Moll • 75017 **PARIS**
Xavier DELSOL (Avocat)
Domaine(s) et activité(s) : Droit et fiscalité des associations et organismes à but non lucratif; droit de la culture, mécénat, gestion des entreprises culturelles; droit public, relations pouvoirs publics/associations; droit des affaires et des sociétés en général; droit social

DILLENSCHNEIDER FAVARO

✆ **01 46 34 01 00** • fax 01 46 34 02 00
francoise.favaro@paris-avocats.fr • **www.dillenschneider-favaro.fr**
5 av. de Messine • 75008 **PARIS**
Françoise FAVARO (Avocate)
Avocats Associés
• **Domaine(s) et activité(s)** : Droit social, droit commercial, propriété intellectuelle

FACTORI

✆ fax 01 45 67 81 11
avocats@factori.fr • **www.factori.fr**
10 rue d'Aumale • 75009 **PARIS**
Pierre-Marie BOUVERY (Avocat) • Vanessa LAMOTHE-MATIGNON (Avocate) • Francois POUGET (Avocat)
Domaine(s) et activité(s) : Propriété intellectuelle et littéraire (musique, audiovisuel, spectacle vivant, édition littéraire), droit des marques, droit commercial, droit de la communication

Carol FONTANILLE

✆ **01 45 51 29 99** • fax 01 45 51 03 13
fontanil@noos.fr
28 rue Fabert • 75007 **PARIS**
Domaine(s) et activité(s) : Droit français et anglo-saxon de la propriété littéraire et artistique

Jean-Marie GUILLOUX

✆ **01 40 53 08 00** • fax 01 40 53 04 05
guilloux@guilloux-avocats.com
11 rue Portalis • 75008 **PARIS**
Domaine(s) et activité(s) : Propriété intellectuelle, musique, cinéma, nouveaux medias, dessins et modèles, droit des marques, droit de la presse, vie privée et image, droit social, droit des sociétés, aide à la création d'entreprise; médiateur agréé CMAP

Pierre HENRIOT

✆ **01 47 66 15 49** • fax 01 47 66 14 85
allrights@wanadoo.fr
2 rue de Logelbach • 75017 **PARIS**
Domaine(s) et activité(s) : Propriété littéraire et artistique, négociation et rédaction des contrats de production, édition et diffusion de toutes œuvres de l'esprit

HMV

✆ **01 44 34 22 22** • fax 01 45 05 32 01
accueil@hmv.fr • **www.hmv.fr**
52 av. Kléber • 75116 **PARIS**
Anne MESSAS (Avocate associée) • Alain HANZAN (Avocat associé)
Domaine(s) et activité(s) : Propriété intellectuelle, nouvelles technologies, éditions et productions musicales, médias et communication, conseil et contentieux

Association HUGOTAVOCATS

✆ **01 44 94 83 83** • fax 01 44 94 83 84
jp@hugot.fr • **www.hugot.fr**
4 pl. André Malraux • 75001 **PARIS**
Jean-Philippe HUGOT (Avocat) • Olivier HUGOT (Avocat) • Émilie WALLON (Assistante)
Domaine(s) et activité(s) : Droit des affaires, droit de la propriété intellectuelle et industrielle, droit de la communication et des nouvelles technologies

ISGE & ASSOCIÉS

✆ **01 56 89 36 36** • fax 01 56 89 36 37
jc.zedjaoui@illouzpartners.com
104 av. Kennedy • 75016 **PARIS**
Juan-Carlos ZEDJAOUI (Avocat)
Domaine(s) et activité(s) : Propriété littéraire et artistique, droit de l'audiovisuel, droit des nouvelles technologies, droit de la presse, droit des marques, droit de la concurrence et de la consommation, droit des contrats, droit des affaires

JOUCLARD AVOCATS

✆ **01 45 00 35 72** • fax 01 40 67 95 25
alexandra.jouclard@ajlex.com
72 av. Victor Hugo • 75116 **PARIS**
Nicole RAFFIERS (Assistante)
Domaine(s) et activité(s) : Cabinet spécialisé en propriété intellectuelle (audiovisuel, cinéma, musique, édition littéraire, arts graphiques et plastiques), droits d'auteurs et droits voisins, droit des nouvelles technologies, droit des marques, droit des affaires (concurrence et parasitisme), droit des sociétés, conseil et contentieux

KGA AVOCATS

✆ **01 44 95 20 00** • fax 01 49 53 03 97
v.kleim@kga.fr • **www.kga.fr**
44 av. des Champs Elysées • 75008 **PARIS**
Francois KLEIN (Avocat) • Karine RIAHI (Avocate)
Domaine(s) et activité(s) : Propriété intellectuelle, droit commercial, droit des médias de la communication, nouvelles technologies, droit public, droit social

KOHN ET ASSOCIÉS

✆ **01 53 76 30 00** • fax 01 53 76 30 01
kohn@kohn-avocats.com • **kohn-avocats.com**
12 rue Lincoln • 75008 **PARIS**
Jacques-Henri KOHN (Responsable) • Delphine LEFAUCHEUX (Responsable)
Domaine(s) et activité(s) : Rédaction et négociation des contrats contentieux dans les secteurs audiovisuel, musique, édition, art graphique, multimedia, presse, publicité. Droit des affaires

Martin LE PECHON
✆ **01 53 92 51 51** • fax 01 53 92 51 50
mlepechon@avocats-franchise-reseaux.fr
www.avocats-franchise-reseaux.fr
1 rue Largillière • 75016 **PARIS**
Domaine(s) et activité(s) : Droit de la propriété intellectuelle, droit de la distribution, de la concurrence

Flore LELACHE
✆ **01 39 53 44 01**
maitre.lelache@wanadoo.fr • **avocat-lelache.com**
Bât. D • 7 rue Mermoz • 78000 **VERSAILLES**
Domaine(s) et activité(s) : Négociation des contrats d'artiste, de production, de distribution, d'édition, conseil et suivi des procédures judiciaires en France et à l'étranger. Bilingue anglais

Michaël MAJSTER
✆ **01 53 24 97 30** • fax 01 53 24 16 25
majster@mmavocat.com
3 rue Rossini • 75009 **PARIS**
Domaine(s) et activité(s) : Propriété littéraire et artistique, droit de la communication, droit de la presse ; secteurs d'activité principaux : musique, cinéma, audiovisuel

MANSWELL
✆ **01 45 61 93 41** • fax 01 47 20 54 21
maximilien.jazani@manswell.fr • **mja-law.eu**
153 bd Haussmann • 75008 **PARIS**
Maximilien JAZANI (Président / Avocat)
Domaine(s) et activité(s) : Musique, audiovisuel, cinéma, droit des sociétés, droit social, droit fiscal

Ismay MARÇAIS
✆ **01 42 23 15 07 / 06 69 47 10 10** • fax 01 42 23 15 28
i.marcais@im-avocats.com • **www.marcais-avocats.com**
54 rue du Fbg St-Honoré • 75008 **PARIS**
Domaine(s) et activité(s) : Contrats commerciaux, propriété littéraire et artistique (audiovisuel, cinéma, musique), marché de l'art, conseil et contentieux, vie privée

MATON - FENAERT - VANDAMME - CARTER
✆ **03 20 74 40 63** • fax 03 20 13 16 66
gmaton@nordnet.fr • **www.carnot-juris.com**
85 rue de la Tossé • 59200 **TOURCOING**
Gilles MATON (Avocat) • Jean-François FENAERT (Avocat) • Karl VANDAMME (Avocat)
Domaine(s) et activité(s) : Propriété intellectuelle, droit commercial, droit social, droit immobilier

Jim MICHEL-GABRIEL
✆ **01 44 32 08 00** • fax 01 46 34 16 17
jim@jimmichel-gabrielavocat.com
www.jimmichel-gabrielavocat.com
4 carrefour de l'Odéon • 75006 **PARIS**
Domaine(s) et activité(s) : Droit de la propriété intellectuelle (musique, cinéma, audiovisuelle, édition, etc.), droit de la communication, droit des affaires, droit pénal

Anne MOREAU
✆ **01 78 10 04 05** • fax 01 43 55 04 05
annemoreau@live.fr
6 bd Beaumarchais • 75011 **PARIS**
Domaine(s) et activité(s) : Propriété intellectuelle : droits d'auteur, droit de la musique, production audiovisuelle et cinématographique, spectacle vivant, édition, NTIC (Nouvelles Technologies de l'Information et de la Communication) et droit à l'image

MT ADVOGADOS
m.donval@mtlaw.eu • **www.mtlaw.eu**
16 quai Kleber • 67000 **STRASBOURG**
Michel DONVAL (Juriste) • Karlo FONSECA TINOCO (Avocat)
Domaine(s) et activité(s) : Droit de la propriété intellectuelle, droit des sociétés, droit civil et de la consommation, droit des contrats, droit du travail, droit fiscal, droit économique et de la concurrence, droit de l'environnement

Yves Henri NEDELEC
✆ **01 44 67 10 11** • fax 01 43 43 04 66
yveshenri.nedelec@wanadoo.fr
56 rue Crozatier • 75012 **PARIS**
Domaine(s) et activité(s) : Spécialiste en droit de la propriété intellectuelle. Chargé d'enseignement à l'Université Paris Dauphine. Co-auteur du Guide pratique des contrats de l'audiovisuel (Ed. Litec, 1992)

NOMOS
✆ **01 43 18 55 00** • fax 01 43 18 55 55
nomos@nomosparis.com • **www.nomosparis.com**
13 rue Alphonse de Neuville • 75017 **PARIS**
Eric LAUVAUX (Contact) • Héléna DELABARRE (Contact) • Armelle FOURLON
Domaine(s) et activité(s) : Musique, audiovisuel, internet, publicité

ORSAY AVOCATS ASSOCIÉS
✆ **01 56 59 88 88** • fax 01 56 59 88 89
info@orsaylaw.com • **www.orsaylaw.com/**
146 av. des Champs-Elysées • 75008 **PARIS**
Stéphane BACRIE (Avocat)
Domaine(s) et activité(s) : Propriété intellectuelle, droit commercial, droit de la communication

François RUFFIE
✆ **05 57 51 55 93** • fax 05 57 74 04 14
francois@ruffie-avocat.fr • **www.L2Rcavocats.fr.st**
15 rue Thiers • 33500 **LIBOURNE**
Domaine(s) et activité(s) : Contentieux du spectacle, des œuvres de l'esprit, du statut personnel et social de l'artiste

SCP ZYLBERSTEIN - HALPERN
✆ **01 43 26 41 00** • fax 01 43 54 81 08
assist.zylberstein@wanadoo.fr
12 rue du Val de Grâce • 75005 **PARIS**
Jean-Claude ZYLBERSTEIN (Avocat) • Marie-Christine HALPERN (Avocate)
Domaine(s) et activité(s) : Cabinet spécialisé dans les industries culturelles : édition, audiovisuel, musique (contentieux, contrats, droit du travail des artistes interprètes), droit public (administratif, collectivité, etc.)

SELARL IMH
✆ **01 43 25 05 15** • fax 01 43 25 07 05
imhaziot@mac.com • **www.ingridhaziot.com**
12 av. de l'Observatoire • 75006 **PARIS**
Ingrid-Mery HAZIOT (Avocate)
Domaine(s) et activité(s) : Conseil et contentieux : droit d'auteur (musique, audiovisuel, etc.), droit de la production de phonogrammes, contrats de la musique, droit des artistes-interprètes, droit des journalistes, droit des marques, droit de la presse et de la personnalité. Fiscalité des artistes mus., Dj, fiscalité des droits d'auteur et droits voisins, droit des sociétés

SIMON TAHAR-CABINET TAHAR & ROSNAY-VEIL
✆ **01 45 01 47 00** • fax 01 44 17 90 80
contact@tahar-rosnayveil.com
9 rue de Sontay • 75116 **PARIS**
Simon TAHAR (Avocat)
Domaine(s) et activité(s) : Propriété intellectuelle (audiovisuel, musique, etc.), internet, informatique et marques

Jean VINCENT
✆ **01 55 62 04 44** • fax 01 46 24 79 18
jvlawyer@wanadoo.fr
130 bis av. Charles de Gaulle • 92200 **NEUILLY SUR SEINE**
Domaine(s) et activité(s) : Droit d'auteur et droits voisins, droit social des artistes, négociation de contrats de production, licence, distribution, utilisations, création d'associations, coopératives, etc. Négociation collective, chargé de formation professionnelle et d'enseignement universitaire

VINCENT VARET AVOCATS
✆ **01 44 70 77 10** • fax 01 44 70 77 11
contact@vincentvaret.com • **www.vincentvaret.com**
4 rue Cambon • 75001 **PARIS**
Vincent VARET (Avocat associé) • Anne-Laure MOYA-PLANA (Collaboratrice) • Laetitia BASSET
Domaine(s) et activité(s) : Propriété intellectuelle, nouvelles technologies, éditions et productions musicales, médias et communication, conseil et contentieux

WAN AVOCATS
✆ **01 55 30 10 10** • fax 01 55 30 10 00
contact1@wan-avocats.com • **www.wan-avocats.com**
22 rue du Gal Foy • 75008 **PARIS**
Isabelle WEKSTEIN (Avocat) • Raphaël NACCACH (Associé)
Domaine(s) et activité(s) : Spectacle vivant, musique, production audiovisuelle et cinématographique, droit pluriel des affaires et du travail, droit de la concurrence et de la distribution, acquisition, droit de la communication, internet et multimédia, propriété littéraire, etc.

YS AVOCATS
✆ **01 82 28 45 00** • fax 01 82 28 45 01
contact@ys-avocats.com • **www.ys-avocats.com**
51 rue Jean-Jacques Rousseau • 75001 **PARIS**
Brad SPITZ (Avocat) • Jean-Paul YILDIZ (Avocat)
Domaine(s) et activité(s) : Cabinet bilingue français-anglais. Expertise dans les domaines en relation avec la communication : propriété littéraire et artistique (musique, audiovisuel, littérature, spectacle vivant), propriété industrielle (marques, dessins, modèles), droit du travail spécifique aux auteurs et artistes interprètes

ASSURANCE & SPECTACLE

✆ **01 53 32 20 00** • fax 01 45 26 82 97
eap@assuranceetspectacle.com • **www.assuranceetspectacle.com**
91 rue St-Lazare • 75009 **PARIS**

Eric-Alexandre PATRELLE

Prestations proposées : Spécialisé dans le spectacle vivant ; responsabilité civile, locaux, véhicules et engins de manutention, matériel de la structure (décor, son, lumière, instruments), informatique, objets de valeurs, perte financière (annulation, perte d'exploitation), protection juridique

ASSURANCES LEGRAND

✆ **02 40 69 51 10** • fax 02 40 69 81 14
assurances.legrand@orange.fr • **www.assuranceslegrand.com**
4 rue de l'Heronnière • 44000 **NANTES**

Yves-Alain LEGRAND (Directeur) • ANA (Souscriptrice) • NADINE (Souscriptrice) • ISABELLE (Studio et salles de spectacles)

Prestations proposées : Assurance des professionnels du spectacle (festivals, entrepreneurs, producteurs, etc.), assurance médicale des artistes étrangers et assistance, assurances annulation de tournées, assurances matériel, prévoyance des bénévoles, RC des dirigeants et mandataires sociaux, assurances intempéries, assurance studios d'enregistrements et salles de spectacles • **Rayonnement** : National et international

ASSURANCES LEROY

✆ **01 58 75 86 86** • fax 01 58 75 81 05
leroy-musique@aon.fr • **assurances-leroy.com**
Aon Assurances - Défense Ouest • 420 rue d'Estienne d'Orves
92705 **COLOMBES CEDEX**

Dominique LEROY (Gérant)

Prestations proposées : Assurances tous risques des instruments de musiques, du matériel de sonorisation et d'éclairage ; assurance protection individuelle du mus., assurance annulation de spectacles et autres manifestations • **Rayonnement** : National

ASSURANCESALON.COM

✆ **01 40 82 99 11** • fax 01 40 82 95 96
information@assurancesalon.com • **www.assurancesalon.com**
80 rue Marcadet • 75018 **PARIS**

Jean-Marc NEUVILLE (PDG)

Prestations proposées : Produits d'assurances dommages, garantie de la Responsabilité Civile des Organisateurs et de leurs Clients. Garantie Financière en cas d'annulation totale ou partielle, de retard, de repli, voire de report suite à des événements accidentels, climatiques ou politiques, garantie du transport des biens et matériels. Spécialiste de la couverture des risques événementiels, des salons professionnels et grand public, des foires, expositions artistiques, congres et séminaires, des événements culturels et sportifs

ASSUREVENTS

✆ **01 44 53 44 10** • fax 01 44 53 10 90
nick.barnacott@assurevents.net • **www.assurevents.net**
29 bd de Courcelles • 75008 **PARIS**

Nicholas BARNACOTT (Gérant)

Prestations proposées : Assurance de spectacles et événements culturels et sportifs • **Rayonnement** : Europe & Amériques, Chine, Dubaï, Montreal

BACKSTAGE ASSURANCES

✆ **04 96 11 07 82** • fax 04 96 11 07 83
contact@backstage-assur.com • **www.backstage-assur.com**
97 bd Notre Dame • 13006 **MARSEILLE**

Gérald BEYRAND • Jacques GREGOIRE • Florence D'ACHILLE

Prestations proposées : Courtier en assurance spécialisé dans le spectacle, tournées, concerts, festivals (annulation intempéries, indisponibilité d'artistes, responsabilité civile, asurances des biens et des personnes, etc.), assurance d'instruments, etc. • **Rayonnement** : Monde entier

BAYVET-BASSET SA

✆ **01 42 93 39 72** • fax 01 43 87 54 65
cbayvet@bayvet.fr • **www.bayvet-basset.com**
25 pl. de la Madeleine • 75008 **PARIS**

Thibault BAYVET (PDG) • Cyril BAYVET (PDG)

Prestations proposées : Entreprises et professionnels • **Rayonnement** : France, étranger

CABINET GRAS SAVOYE

✆ **01 41 43 50 38 / 01 41 43 65 21**
emilie.stricher@grassavoye.com • **www.grassavoye.com**
Imm. quai 33 • 33 quai de Dion-Bouton • CS70001
92814 **PUTEAUX CEDEX**

Emilie STRICHER

Prestations proposées : Gestion et prévention de risques, assurances spectacles • **Rayonnement** : International • **Références** : NRJ Music Awards, Les Enfoirés, Festival Paris Cinéma

EGERIS

✆ **03 81 47 80 45** • fax 03 81 80 11 66
production@egeris.com • **www.egeris.com**
Espace Valentin • Rue du Pré Brenot • BP 3033
25045 **BESANCON CEDEX**

Gérard ROUTHIER (Directeur) • Philippe ALMAND (Chargé de clientèle)

Prestations proposées : Assurance du spectacle vivant, garantie annulation, garantie dommages matériels, garantie responsabilité civile, assurance des personnes • **Rayonnement** : France

OVATIO COURTAGE

✆ **01 42 77 72 99** • fax 01 42 77 73 88
romain.frobert@ovatio-courtage.com • **www.ovatio-courtage.com**
37 rue de Liège • 75008 **PARIS**

Romain FROBERT (Président Directeur Général)

Société de courtage d'assurance spécialisée dans le divertissement, les médias et l'industrie de la communication • **Prestations proposées** : Audit de programme existant (analyse et conception), placement de programme (intermédiation et conseil), gestion de programme, communication & information (veille juridique, notices d'informations, extranet, serveur vocal) pour : musique, événements, films, TV, sports, théâtre • **Rayonnement** : National et international • **Références** : JHD Alias, Corida, Nous Productions, Asterios Spectacles, Gilbert Coullier Productions, Auguri, Arachnée Productions, Jean-Claude Camus Productions, Lagardère Unlimited Live Entertainment, Adam-FM, R.P.O, Eldorado, Verone Productions, Sud Concerts

org-
an-
ismes

ADAMI

✆ **01 44 63 10 00** • fax 01 44 63 10 10
www.adami.fr
14-16-18 rue Ballu • 75311 **PARIS CEDEX 09**

Jean-Jacques MILTEAU (Président) • Bruno BOUTLEUX (Directeur général Gérant) • Odile RENAUD (Directrice de l'action artistique) • Jean PELLETIER (Directeur chargé des relations extérieures) • Isabelle FELDMAN (Directrice des affaires juridiques et internationales) • Douglas DELANNOY (Responsable du service Relation artistes) • Claire CZERNIAK (Directrice de la répartition) • Benjamin SAUZAY (Responsable de la stratégie institutionnelle) • Tina CHARLON (Directrice de l'association artistique de l'Adami) • Carine DESCHENES (Responsable de la communication)

Société civile pour l'administration des droits des artistes et musiciens-interprètes • **Objet** : Percevoir, gérer et répartir les droits voisins du droit d'auteur dont bénéficient les artistes interprètes (comédiens, artistes lyriques et de la variété, danseurs, chefs d'orchestre) • **Activité(s)** : Aide à la création, à la diffusion du spectacle vivant et à la formation d'artistes (théâtre, musique, variétés, lyrique, danse, audiovisuel, etc.), à l'enregistrement

ALPA

✆ **01 45 22 07 07** • fax 01 45 22 77 17
contact@alpa.asso.fr • **www.alpa.asso.fr**
6 rue de Madrid • 75008 **PARIS**

Nicolas SEYDOUX (Président) • Frédéric DELACROIX (Délégué général)

Association de lutte contre la piraterie audiovisuelle • **Objet** : Faire respecter le code de la propriété intellectuelle, faire poursuivre tous les contrefacteurs violant les intérêts des ayants droit directs ou indirects des œuvres audiovisuelles quels que soient les supports de diffusion

ASSEMBLEE NATIONALE

✆ **01 40 63 65 95** • fax 01 40 63 55 22
oconnan@assemblee-nationale.fr • **www.assemblee-nationale.fr**
126 rue de l'Université • 75007 **PARIS**

Patrick BLOCHE (Président Commission Affaires culturelles) • Olivier CONNAN (Chef de secrétariat (division com. affaires culturelles))

Commission des affaires culturelles et de l'éducation • **Objet** : Législation et contrôle dans les secteurs culturel et audiovisuel • **Activité(s)** : Examen des projets de loi intervenant en matière culturelle et audiovisuelle. Examen du budget. Travaux d'information et de contrôle de l'activité gouvernementale

BIEM

✆ **01 55 62 08 40** • fax 01 55 62 08 41
info@biem.org • **www.biem.org**
20-26 bd du Parc • 92200 **NEUILLY SUR SEINE**

Ronald MOOIJ (Secrétaire général) • Thierry DESURMONT (Président)

Bureau international des sociétés gérant les droits d'enregistrement et de reproduction mécanique • **Objet** : Organisme international • **Activité(s)** : Droits d'auteurs

BNF - DÉPÔT LÉGAL DES DOCUMENTS SONORES

✆ **01 53 79 53 02** • fax 01 53 79 83 39
depotlegalsons@bnf.fr • **www.bnf.fr**
Quai François Mauriac • 75706 **PARIS CEDEX 13**

Pierre PICHON (Responsable Dépôt légal doc son) • Chloé COTTOUR (Chargée des relations avec les déposants) • Jean-Rodolphe ZANZOTTO (Dépôt légal des phonogrammes)

Objet : A pour mission première de recevoir le dépôt légal de tous les phonogrammes diffusés en France • **Activité(s)** : Patrimoine sonore (1 million de documents), reflet et mémoire de l'édition phonographique et de ses mutations. Formulaire de dépot légal sur le site

CNV

✆ **01 56 69 11 30** • fax 01 53 75 42 61
info@cnv.fr • **www.cnv.fr**
9 bd des Batignolles • 75008 **PARIS**

Guy MARSEGUERRA (Président) • Jacques RENARD (Directeur) • Jean-Christophe BONNEAU (Directeur administratif et financier) • Pierrette BETTO (Responsable secteur « entreprises et actions économiques et professionnelles ») • Mary VERCAUTEREN (Responsable secteur « activités de production ») • Jean-François PAUX (Responsable secteur « salles de spectacles ») • Séverine MORIN (Responsable du pôle ressources et communication) • Sébastien BERTHE (Chargé d'études) • Corinne BRET (Chargée de communication) • Fabienne LEGALL (Assistante de direction)

Centre national de la chanson, des variétés et du jazz • **Objet** : Établissement public industriel et commercial, sous tutelle du ministère de la Culture et de la Communication, regroupant l'Etat, les organisations professionnelles du spectacle et les collectivités territoriales • **Activité(s)** : Soutient le spectacle vivant dans le secteur de la chanson, des musiques actuelles et des variétés, sur les fonds qu'il collecte par la perception de la taxe sur la billetterie des spectacles et concerts • **Publications** : Lettre Infos (trimestrielle), Flash Infos (newsletter mensuelle)

COMMISSION SUR LA RÉMUNÉRATION POUR LA COPIE PRIVÉE

www.copieprivee.culture.gouv.fr
Ministère de la Culture et de la Communication • 182 rue St-Honoré
75033 **PARIS CEDEX 01**

Raphaël HADAS-LEBEL (Président) • Marion BARROIS (SDAJ - Bureau de la Propriété littéraire et artistique)

Objet : Chargée de déterminer les types de support qui entrent dans le champ de la rémunération, le montant par type de support auinsi que les modalités de versement • **Activité(s)** : Commission composée de 3 collèges : auteurs, artistes-interprètes, profucteurs, éditeurs de l'écrit et de l'image (12 sièges) / fabricants et importateurs (6 sièges) / consommateurs (6 sièges) • **Publications** : Décisions, comptes-rendus de séances et rapports annuel

COPIE FRANCE

✆ **01 47 15 47 15** • fax 01 47 15 87 97
copieprivee@copiefrance.fr • **www.copiefrance.fr**
225 av. Charles De Gaulle • 92200 **NEUILLY SUR SEINE**

Charles-Henri LONJON (Gérant) • Olivier DE ROFFIGNAC (Responsable des perceptions)

Société pour la perception de la rémunération de la copie privée audiovisuelle et sonore • **Objet** : Percevoir et répartir la rémunération pour la copie privée audiovisuelle et sonore

CSA

✆ **01 40 58 38 00** • fax 01 45 79 00 06
www.csa.fr
Tour Mirabeau • 39/43 quai André Citroën • 75739 **PARIS CEDEX 15**

Olivier SCHRAMECK (Président) • Marc EL NOUCHI (Directeur général) Jean-Baptiste GOURDIN (Directeur de cabinet) • Francine MARIANI-DUCRAY (Conseillère Pdte du Groupe musique) • Frédérique BAYRE (Responsable de la communication)

Conseil supérieur de l'audiovisuel • **Objet** : Autorité administrative indépendante, compétente en matière de TV (hertzienne par câble et par satellite) et de radios (publiques et privées) • **Activité(s)** : Délivre des autorisations d'émettre aux radios et aux TV privées, autorise les réseaux cablés, garant du respect des textes législatifs réglementaires et conventionnels applicables aux diffuseurs publics et privés, notamment en matière de protection de l'enfance, de pluralisme et de quotas de diffusion et de production

CSPLA

✆ **01 40 15 82 16** • fax 01 40 15 88 45
cspla@culture.gouv.fr • **www.cspla.culture.gouv.fr**
c/o ministère de la Culture et de la Communication • 182 rue St-Honoré
75033 **PARIS CEDEX 01**

Pierre-François RACINE (Président) • Samuel BONNAUD-LE ROUX (Secrétaire)

Conseil supérieur de la propriété littéraire et artistique • **Objet** : Instance placée auprès du ministre, le CSPLA a une vocation de concertation, d'expertise et de proposition en matière de propriété littéraire et artistique • **Activité(s)** : Fonction d'observatoire de l'exercice et du respect des droits d'auteurs et des droits voisins, suivi de l'évolution des pratiques et des marchés, réunit des représentants des administrations concernées, des personnalités qualifiées et des professionnels • **Publications** : Nombreux rapports

FAIR

✆ **01 48 78 46 10** • fax 01 48 78 46 11
contact@lefair.org • **www.lefair.org**
15 rue Henri Monnier • 75009 **PARIS**

Julien SOULIÉ (Directeur) • Frédérique DE ALMEIDA (Chargée de communication et coordination) • Marion ORLANDI (Administratrice) • Julie CERIZAY (Assistante de communication & de production)

Objet : Aide directe aux artistes sous forme de soutien financier, promotionnel, de formation et de conseil en management • **Activité(s)** : 15 artistes en « démarrage de carrière » sélectionnés chaque année « au coup de cœur » par un comité de 15 professionnels

FCM

✆ **01 41 92 00 00** • fax 01 41 92 52 82
info@lefcm.org • **www.lefcm.org**
35 rue du Pont • 92200 **NEUILLY SUR SEINE**

Karim KACEL (Président) • François CHESNAIS (Directeur) • Alexandre ZORDAN (Chargé de mission Spectacle vivant, festivals, DVD, formation) • Aurélie HEUX (Chargée de mission Disque, vidéo et audiovisuel musical) • Raphaelle AUGEARD (Assistante de direction) • Capucine MORLET (Assistante de chargés de mission) • Jean-Paul TCHAPI (Comptable)

Fonds pour la création musicale • **Objet** : Financement de la création musicale • **Activité(s)** : Disque, vidéomusique, audiovisuel musical, formation professionnelle d'artistes, DVD, spectacle en France et à l'étranger, festivals en France et à l'étranger, Fonds édition contemporaine, création lyrique, etc. • **Publications** : La Lettre du FCM (semestrielle)

FÊTE DE LA MUSIQUE

✆ **01 40 03 94 70**
fmparisidf@adcep.fr • **fetedelamusique.culture.fr**
c/o Adcep • 21 rue de la Villette • 75019 **PARIS**

Sylvie CANAL (Coordinatrice générale) • Manoline BEAUTIER (Coordinatrice Régions) • David MILLIER (Coordinateur Paris/Ile-de-France et international) • Jean-Benoît SERRES (Responsable du multimédia) • Sylvie DESNOUVEAUX (Relations presse)

Objet : Coordination générale de la Fête de la musique (France et international) • **Activité(s)** : Coordination, conseils (techniques, programmation), communication, relation avec les médias • **Publications** : site : www.fetedelamusique.culture.fr

HAUT CONSEIL DE L'EDUCATION ARTISTIQUE ET CULTURELLE

✆ **01 47 03 89 87**
jean-miguel.pire@inha.fr • **www.education.arts.culture.fr**
c/o INHA • 2 rue Vivienne • 75002 **PARIS**

Didier LOCKWOOD (Vice-président) • Alain CASABONA (Secrétaire général) • Jean-Miguel PIRE (Rapporteur général)

Objet : Promouvoir l'ensemble des actions susceptibles de soutenir l'éducation artistique et culturelle comprise au sens large du terme • **Activité(s)** : Présidé par les ministres de la Culture et de l'Education nationale, il comprend dix-neuf membres dont quatre représentants de l'Etat, trois des collectivités territoriales et douze personnalités qualifiées - Le Haut Conseil se réunit 2 fois par an en séance plénière • **Publications** : Rapports biannuels

IFCIC

✆ **01 53 64 55 55** • fax 01 53 64 55 66
saunier@ifcic.fr • **www.ifcic.fr**
46 av. Victor Hugo • 75116 **PARIS**

Laurent VALLET (Directeur général) • Sebastien SAUNIER (Directeur Crédit aux entreprises) • Nicolas TRICHET (Chargé d'affaires Crédits aux entreprises)

Institut pour le financement du cinéma et des industries culturelles • **Objet** : Aider au financement du cinéma, de l'audiovisuel, et des « industries culturelles » • **Activité(s)** : Garantie de crédits bancaires consentis aux entreprises culturelles et notamment : producteurs, éditeurs phonographiques, éditeurs de partitions, organisateurs de spectacles, studios d'enregistrements, facture instrumentale, distributeurs indépendants, salles de concerts, disquaires, etc., gére également un fonds d'avances aux producteurs éditeurs et distributeurs d'œuvres musicales : les avances sont destinées à financer un programme d'investissement lié au développement de l'entreprise ou à son adaptation aux nouvelles conditions du marché

MFA

✆ **01 47 15 48 78** • fax 01 47 15 48 79
info@musiquefrancaise.net • **www.musiquefrancaise.net**
30 rue Ballu • 75009 **PARIS**

Claudine PELLERIN (Coordinatrice) • Dominique LOHNHERR (Assistante)

Musique française d'aujourd'hui • **Objet** : Dispositif d'aide à la production phonographique et vidéo sous forme de subventions et/ou moyens techniques (partenariat ministère de la Culture, Sacem, Radio France, SACD) • **Activité(s)** : Musique classique contemporaine, musiques improvisées, jazz et musiques traditionnelles de création

OMPI

✆ **(41) 22 338 9111** • fax (41) 22 733 54 28
wipo.mail@wipo.int • **www.wipo.int**
Customer Service • 34 ch. des Colombettes
CH1211 **GENEVE 20 (SUISSE)**

Francis GURRY (Directeur général) • Samar SHAMOON (Chef de département relations médias)

Organisation mondiale de la propriété intellectuelle • **Objet** : Institution spécialisée du système des Nations-Unies comprenant 185 états membres pour élaborer un système international de propriété intellectuelle • **Activité(s)** : Collaboration avec les Etats membres en faveur d'une évolution équilibrée du droit international de la propriété intellectuelle, administration des traités, aide aux gouvernements et organisations dans l'élaboration des politiques, structures et compétences, mise en œuvre des systèmes d'enregistrement international pour les marques, les brevets et les dessins industriels, offre de services d'arbitrage, de médiation pour le règlement de litiges commerciaux, promotion du respect de la propriété intellectuelle, etc.

ONDA

✆ **01 42 80 28 22** • fax 01 48 74 16 03
info@onda.fr • **www.onda.fr**
13 bis rue Henry Monnier • 75009 **PARIS**

Fabien JANNELLE (Directeur) • Nathalie VIMEUX (Directrice adjointe) • Adrien CHIQUET (Conseiller musique) • Catherine BARTHELEMY (Responsable de l'information Site Internet) • Eric SEIGNEUR (Attaché à l'information)

Office national de diffusion artistique • **Objet** : Intervient, en France, auprès des structures de diffusion artistique pour les aider à mieux connaître les projets artistiques français et étrangers en cours de réalisation et pour les soutenir dans leur décision de programmation, dès lors que celle-ci constitue une prise de risque artistique et financière • **Activité(s)** : S'appuie sur les Rida (Rencontres interrégionales de diffusion artistique), lieux informels de rencontre et d'échange ouverts aux programmateurs

PROCIREP

✆ **01 53 83 91 91** • fax 01 53 83 91 92
accueil@procirep.fr • **www.procirep.fr**
11 bis rue Jean Goujon • 75008 **PARIS**

Alain SUSSFELD (Président) • Idzard VAN DER PUYL (Secrétaire général)

Société des producteurs de cinéma et de télévision • **Objet** : Gestion des droits issus de la copie privée (part producteur)

RELAIS CULTURE EUROPE

✆ **01 53 40 95 10** • fax 01 53 40 95 19
info@relais-culture-europe.org • **www.relais-culture-europe.org**
132 rue du Fbg St-Denis • 75010 **PARIS**

Pascal BRUNET (Directeur) • Emmanuelle SADELER (Administration) • Martha GUTIERREZ (Accompagnement) • Fabienne POURTEIN (Animation de la coopérative) • Laurence BARONE (Chargée de l'analyse politique)

Objet : Interface entre les professionnels et les dispositifs communautaires • **Activité(s)** : Organisme d'information sur les financements européens, coopération culturelle, pôle formation sur la culture en Europe, analyse prosepective, etc.

SACD

✆ **01 40 23 44 55** • fax 01 40 23 45 76
infosacd@sacd.fr • **www.sacd.fr**
11 bis rue Ballu • 75009 **PARIS**

Jacques FANSTEN (Président) • Pascal ROGARD (Directeur général) • Janine LORENTE (Directrice générale adjointe) • Linda CORNEILLE (Directrice du Spectacle vivant) • Jérôme DESCHENE (Directeur de l'audiovisuel) • Catherine VINCENT (Directrice de la communication) • Hubert TILLIET (Directeur juridique)

Société des auteurs et compositeurs dramatiques • **Objet** : Gérée par et pour les auteurs, regroupe 53000 membres : auteurs dramatiques, compositeurs, réalisateurs (cinéma et télévision), chorégraphes, metteurs en scène, auteurs multimédia • **Activité(s)** : Mission économique (perçoit et répartit les droits des auteurs), juridique (intervient dans la négociation des contrats), sociale (participe à la gestion du système d'assurance maladie et de retraite complémentaire) et culturelle (assure la promotion, la diffusion du répertoire) • **Publications** : Journal d'information (3/an), newsletter

SACEM

✆ **01 47 15 48 50**
eric.de.bondy@sacem.fr • **www.sacem.fr**
225 av. Charles de Gaulle • 92528 **NEUILLY SUR SEINE CEDEX**

Jean-Claude PETIT (Président) • Jean-Noël TRONC (Directeur général) • David EL SAYEGH (Secrétaire général) • Louis DIRINGER (Directeur des sociétaires) • Cécile RAP-VEBER (Directrice des licences) • Christophe WAIGNIER (Directeur ressources et stratégie) • Patrick FONTANA (Directeur du réseau) • Claude GAILLARD (Directeur de l'international) • Véronique SINCLAIR (Directrice des systèmes d'information) • Claire GIRAUDIN (Cheffe de cabinet) • Blaise MISTLER (Directeur des relations institutionnelles) • Catherine BOISSIERE (Directrice de la communication) • François BESSON (Directeur de l'action culturelle) • Lilian GOLDSTEIN (Action culturelle - musiques actuelles) • Eric DE BONDY (Délégué aux relations interprofessionnelles)

Société des auteurs, compositeurs et éditeurs de musique • **Objet** : Société privée à but non lucratif créée et gérée par les auteurs, compositeurs et éditeurs de musique qui compte 145 000 membres et représente 70 millions d'œuvres françaises et étrangères dans tous les genres • **Activité(s)** : Collecte et répartition les droits des auteurs, compositeurs et éditeurs français et du monde entier pour chaque utilisation des œuvres représentées. Défense et représentation des créateurs et des éditeurs en France, comme à l'international. Promotion et soutien à la création dans toute sa diversité • **Publications** : MagSacem, newsletter

SACENC

✆ **687 263 264** • fax 687 259 360
contact@sacenc.nc • **www.sacenc.nc**
16, rue de l'Alma - 3e étage • BP 5142
98853 **NOUMEA CEDEX (NOUVELLE CALEDONIE)**

Tim SAMEKE (Président du Conseil d'Administration) • Evariste WAYARIDRI (Directeur général) • Valérie PORTRAT (Directrice générale adjointe) • Alain LECANTE (Vice-président) • Philippe BUSTON (Trésorier)

Objet : Organisme de perception et de répartition des droits d'auteur • **Activité(s)** : Exerce et administre le droit de représentation et le droit de reproduction de ses membres et des sociétés d'auteurs étrangères, protection sociale des auteurs, action culturelle et promotion du répertoire

SCAM

✆ **01 56 69 58 58**
communication@scam.fr • **www.scam.fr**
5 av. Vélasquez • 75008 **PARIS**

Jean-Xavier DE LESTRADE (Président) • Hervé RONY (Directeur général) • Sylvain GAGANT (Directeur général adjoint)

Société civile des auteurs multimedia • **Objet** : Perception et répartition de droits • **Publications** : La Lettre de la Scam

SCPP

✆ **01 41 43 03 03** • fax 01 41 43 03 26
contact@scpp.fr • **www.scpp.fr**
14 bd du Gal Leclerc • 92527 **NEUILLY SUR SEINE CEDEX**

Pascal NEGRE (Président) • Marc GUEZ (Directeur général gérant) • Jacques CHESNAIS (Directeur administratif et financier) • Laurence MARCOS-COURANT (Directrice juridique) • Sophie BARBIER (Directrice droits phonographiques) • Aurore MOURAO (Responsable aide à la création) • Anouchka ROGGEMAN (Responsable de la communication)

Société civile des producteurs phonographiques • **Objet** : Au service de ses membres, producteurs de phonogrammes et de vidéomusiques, gère certains des droits, qui leurs sont reconnus par le CPI, pour lesquels elle est dûment mandatée • **Activité(s)** : Répartit les rémunérations dues aux producteurs au titre de la rémunération équitable et de la copie privée, perçoit et répartit les droits résultant des utilisations de phonogrammes et de vidéomusiques pour lesquelles elle a mandat de gestion, intente des actions pour faire cesser toute infraction aux droits des producteurs, lutte contre la piraterie, attribue des aides à la création phonographique, à la formation d'artistes et à la diffusion du spectacle vivant

SDRM

✆ **01 47 15 47 15** • fax 01 47 45 12 94
thierry.desurmont@sacem.fr • **www.sdrm.fr**
225 av. Charles de Gaulle • 92528 **NEUILLY SUR SEINE CEDEX**

Jean-Pierre BOURTAYRE (Président) • Thierry DESURMONT (Directeur général)

Société pour l'administration du droit de reproduction mécanique • **Objet** : Perception du droit de reproduction mécanique des auteurs, compositeurs et éditeurs • **Activité(s)** : Radio, télévision, producteurs de phonogrammes et de vidéogrammes

SEAM

✆ **01 42 96 76 46** • fax 01 42 86 02 83
seamfrance@free.fr • **www.seamfrance.fr**
175 rue St-Honoré • 75040 **PARIS CEDEX 01**

Philippine GIRARD-LEDUC (Directrice juridique) • Cécile LHERBIER (Assistante)

Société des éditeurs et auteurs de musique • **Objet** : Société de gestion collective de perception et de répartition des droits de reprographie, de copie privée numérique graphique de certains droits numériques de la musique imprimée (partitions musicales, paroles de chansons, etc.) • **Activité(s)** : Informe les utilisateurs, agit répressivement à l'encontre des établissements qui pratiquent la photocopie illégalement, propose des licences contractuelles d'utilisation limitée de la photocopie de partition musicale et de certaines utilisations numériques

SESAM

✆ **01 47 15 87 31** • fax 01 47 15 87 39
sesam@sesam.org • **www.sesam.org**
225 av. Charles De Gaulle • 92528 **NEUILLY SUR SEINE CEDEX**

Cécile RAP-VEBER (Gérant) • Caroline CHAMPARNAUD (Responsable)

Objet : A mandat de gérer au titre des sociétés associées (Sacem, SDRM) les droits des auteurs des œuvres préexistantes ou originales utilisées dans le multimédia • **Activité(s)** : Permet aux auteurs de bénéficier de l'exploitation de leurs œuvres et aux producteurs de les utiliser à leur juste valeur, dans tous les domaines du multimédia ; d'identifier les œuvres et leurs titulaires de droits dans les divers domaines de la création artistique (arts graphiques et plastiques, musique, littérature, audiovisuel, etc.) et de délivrer les autorisations nécessaires, etc.

SPEDIDAM

✆ **01 44 18 58 58** • fax 01 44 18 58 59
info@spedidam.fr • **www.spedidam.fr**
16 rue Amélie • 75343 **PARIS CEDEX 07**

François NOWAK (Président) • Jean-Paul BAZIN (Directeur général gérant) • François LUBRANO (Directeur Culture & communication) • Xavier BLANC (Directeur affaires juridiques et internationales)

Société de perception et de distribution des droits des artistes-interprètes • **Objet** : Société de gestion collective des droits de propriété intellectuelle des artistes-interprètes • **Activité(s)** : Perçoit et répartit les sommes qui sont reconnues par le CPI au bénéfice des artistes-interprètes : rémunération pour copie privée, rémunération équitable et utilisations secondaires pour lesquelles elle exerce le droit exclusif des artistes-interprètes qui lui en ont confié la mission

SPPF

✆ **01 53 77 66 55** • fax 01 53 77 66 44
direction.generale@sppf.com • **www.sppf.com**
28 rue de Châteaudun • 75009 **PARIS**

Marc THONON (Président) • Jérôme ROGER (Directeur général) • Laetitia MOREL (Directrice administrative et financier) • Karine COLIN (Directrice juridique) • Pierre GIRARD (Directeur des services opérationnels) • Valérie THIEULENT (Responsable des aides à la création, communication et événements) • Ourdia TARARBIT (Responsable service phonogrammes) • Delphine ARTHUIS (Responsable services vidéogrammes et nouveaux droits) • Xavier MEYZONNETTE (Responsable service reconnaissance)

Société civile des producteurs de phonogrammes en France • **Objet** : Organisme de perception et de répartition des droits voisins des producteurs indépendants, représente et défend les intérêts de plus de 1 300 producteurs de phonogrammes et/ou de vidéomusiques auprès des utilisateurs • **Activité(s)** : Perçoit et répartit les rémunérations dues aux producteurs au titre de la rémunération équitable et de la copie privée, exerce collectivement leurs droits en fonction des mandats qui lui ont été conférés (vidéomusiques, attentes téléphoniques, etc.), négocie des minima de rémunération avec les services de musique en ligne (internet, téléphonie mobile), exploite une base de données numérisée des catalogues des producteurs indépendants, attribue des aides (productions d'albums, de vidéomusiques, tours-supports, DVD musicaux, promotion et marketing), lutte contre la contrefaçon physique et numérique

SPRE

✆ **01 53 20 87 00** • fax 01 53 20 87 01 / 01 53 20 87 02
pierre.jabouley@spre.fr • **www.spre.fr**
61 rue La Fayette • 75009 **PARIS**

Nathalie KALESKI (Directrice générale) • Rudolphe ACKERMANN (Directeur de la gestion des droits) • Véronique DE GONNEVILLE (Contact radios associatives) • Humbert DE GRIVEL (Contact radios commerciales et publiques, TV)

Société pour la perception de la rémunération équitable • **Objet** : Perception auprès des télévisions, radios, discothèques, établissements et lieux sonorisés (hôtels, restaurants, cafés, salons de coiffure, magasins, cinémas, etc.) de la rémunération équitable due aux artistes-interprètes et aux producteurs de phonogrammes en contrepartie de la radio-diffusion et de la communication au public des phonogrammes du commerce

STUDIO DES VARIÉTÉS

✆ **01 53 20 64 00** • fax 01 53 20 64 05
info@studiodesvarietes.org • **www.studiodesvarietes.org**
28 rue Ballu • 75009 **PARIS**

Michel JOUBERT (Président) • Philippe ALBARET (Directeur) • Virginie OLIVIER (Directrice adjointe) • Florence CABRET (Coordinatrice pédagogique et artistique) • Romain DE COCK (Chargé de mission auprès des artistes)

Objet : Centre de formation en musiques actuelles

MINISTÈRE DE LA CULTURE ET DE LA COMMUNICATION

✆ **01 40 15 80 00** • fax 01 40 15 81 30
info@culture.gouv.fr • **www.culturecommunication.gouv.fr**
Mission du Mécénat • 3 rue de Valois • 75033 **PARIS CEDEX 01**
Aurélie FILIPPETTI (Ministre) • Laurence ENGEL (Directrice de cabinet) • Christopher MILES (Directeur adjoint du cabinet) • Marie AUBERT (Chef de cabinet) • Alexandre TIPHAGNE (Chef adjoint) • Laurent DREANO (Conseiller Spectacle) • Sophie-Justine LIEBER (Conseillère en charge du Numérique) • Kim PHAM (Conseiller Audiovisuel et Cinéma) • Daniel GUERIN (Conseiller Affaires sociales) • Haude HELLIO (Chargée de mission Musique)

DIC

✆ **01 40 15 83 33**
programmation.agenda@culture.gouv.fr • **www.culture.fr/Agenda**
3 rue de Valois • 75033 **PARIS CEDEX 01**
Thomas AILLAGON (Chef de département) • Catherine VERGRIETE (Chef adjointe) • Lydia POITEVIN (Responsable Presse, relations publiques)
Département de l'information et de la communication • **Mission** : Met en œuvre la politique de communication du ministère et coordonne, dans ce domaine, l'action des autres services, notamment en matière de relations avec la presse, de publications et d'événements

DGCA

✆ **01 40 15 80 00** • fax 01 40 15 89 08
62 rue Beaubourg • 75003 **PARIS**
Michel ORIER (Directeur) • Pierre OUDART (Directeur adjoint chargé des arts plastiques) • Silvy CASTEL (Conseillère auprès du DGCA)
Direction générale de la création artistique • **Mission** : Soutient la création et facilite la rencontre de toutes les disciplines artistiques, concourt au développement des réseaux de création et de diffusion du spectacle vivant et des arts plastiques, favorise la mise en œuvre d'actions par une implantation pérenne de structures permanentes (...) s'attache à l'accompagnement et à la structuration des professions et de l'emploi (...) est attentive à la sensibilisation, à l'élargissement de l'offre aux publics, et plus généralement à la démocratisation culturelle, au développement de l'éducation artistique et culturelle et des pratiques amateurs, etc.

DÉLÉGATION À LA MUSIQUE

✆ **01 40 15 80 00** • fax 01 40 15 88 28
Anne POURSIN (Déléguée) • Dominique PONSARD (Délégué adjoint) • André CAYOT (Conseiller musiques actuelles) • Marina WATREMEZ (Chargée de mission Musiques actuelles, CNV) • Cécile JEANPIERRE (Assistante Conseiller) • Catherine BUARD (Chargée de mission Enseignement et insertion) • Catherine FOREST (Chargée de mission Diffusion, festival et art lyrique en région) • Agnès PRETREL (Chargée de mission Orchestres, ensemble musicaux) • Brigitte BIGORGNE (Chargée de mission Commandes musicales)

SOUS-DIRECTION DE L'EMPLOI ET DE LA FORMATION

✆ **01 40 15 80 00** • fax 01 40 15 89 80
Philippe GARO (Sous-directeur) • Agnès TOULLIEUX (Chef de bureau Emploi) • Ghislaine LEFEVRE (Chargée de mission législation du travail, assurance chômage) • Isabelle LEVY (Chargée de mission Licences entrepreneurs) • Didier BRUNAUX (Chef de bureau Enseignement / Formation) • Céline THOULON (Adjointe Chef bureau Enseignements, formation)

SOUS-DIRECTION DES AFFAIRES FINANCIÈRES ET GÉNÉRALES

✆ **01 40 15 80 00** • fax 01 40 15 88 93
Patricia LANDOUR (Sous-directrice Affaires générales et financières) • Benoit PROUVOST (Chef de bureau Affaires générales) • Sylvie MIDALI (Chef de bureau Action territoriale) • Pascale SUISSA-ELBAZ (Chef de bureau Affaires juridiques) • Catherine LEPHAY-MERLIN (Chef de bureau Observation) • Michèle KERGOSIEN (Architecte conseil)

DEPARTEMENT DES PUBLICS ET DE LA DIFFUSION

✆ **01 40 15 80 00** • fax 01 40 15 88 93
Laurence TISON-VUILLAUME (Chef de département Publics et diffusion) • Daniel VERON (Chef de bureau Education artistiques et pratiques amateurs) • Inès DA SILVA (Chef de bureau Action européenne et internationale) • Mickaël LE BOUEDEC (Chef de bureau Réseaux pluridisciplinaires, multimédia et numérisation) • Virginie BEDOTTI (Chargée de mission Cultures urbaines, Danse)

SERVICE DE L'INSPECTION ET DE L'EVALUATION

✆ fax 01 40 15 88 93
3 rue de Valois • 75001 **PARIS**
Alain LOISEAU (Chef de l'Inspection) • Philippe RIBOUR (Inspecteur Coordinateur collège musique) • Anne-Claire ROCTON (Inspectrice musiques actuelles) • Jean-Pierre ESTIVAL (Inspecteur domaine musiques traditionelles) • Elisabeth RATIER (Centre de documentation)
Mission : Mission de contrôle, d'évaluation et d'inspections des réseaux et établissements relevant du spectacle vivant

DÉLÉGATION À LA DANSE

✆ **01 40 15 80 00** • fax 01 40 15 88 70
Laurent VAN KOTE (Délégué à la Danse) • Frédéric MOREAU (Délégué adjoint) • Vincent COSSE (Création, diffusion)

DÉLÉGATION AU THÉÂTRE

✆ **01 40 15 88 03** • fax 01 40 15 88 70
Michèle DURAND (Déléguée adjointe) • Frédérique SARRE (Adjointe au délégué au Théâtre) • Elena DAPPORTO (Arts du cirque, arts de la rue, marionnettes)

MISSION COMMUNICATION

✆ **01 40 15 80 00** • fax 01 40 15 88 88
Marie-Ange GONZALEZ (Chargée des relations presse) • Carmen CAMISON (Relations publiques, salons)

DGMIC

✆ **01 42 75 80 00** • fax 01 40 15 33 26
www.dgmic.culture.gouv.fr
182 rue St-honoré • 75033 **PARIS CEDEX 01**

Laurence FRANCESCHINI (Directrice générale) • Nicolas GEORGES (Directeur adjoint chargé du Livre et de la lecture) • Emmanuelle BENSIMON-WEILER (Chef de service adjointe au directeur général) • Joseph-Antoine D'ORNANO (Chef de département Affaires financières générales) • Frédéric BOKOBZA (Sous-directeur Dvpt de l'économie culturelle) • Pierre MAINGUY (Chef du Bureau du financement des industries culturelles) • Sarah BRUNET (Chargée de mission Industrie du disque et facture instrumentale) • Constance HERREMAN (musique) • Danielle SOUESME (Crédit d'impôt) • Philippe TILLY (Chargé de mission Financement des entreprises culturelles) • Patricia DAVIS (Chargée de mission Mécénat) • Caroline ROGARD (Bureau des études et des évaluations économiques) • Robert FOHR (Mission du Mécénat) • Olivier CORROLEUR (Bureau des technologies et des réseaux) • Victoire CITROEN (Bureau des affaires européennes et internationales) • Marie-Catherine VENCATASIN (Chef du Centre de documentation)

Direction générale des médias et des industries culturelles • **Mission** : Définit, met en œuvre et évalue la politique de l'État en faveur du développement et du pluralisme des médias, de l'industrie publicitaire, de l'ensemble des services de communication au public par voie électronique, de l'industrie phonographique, du livre, de la lecture et de l'économie culturelle. Suit les activités du CNC

MISSION DU MECENAT

✆ **01 40 15 83 97 / 01 40 15 79 15** • fax 01 40 15 77 07
mission-mecenat@culture.gouv.fr
www.culturecommunication.gouv.fr/Politiques-ministerielles/Mecenat
Ministère de la Culture • Dpt de l'Information et de la Communication • 3 rue de Valois • 75001 **PARIS**

Robert FOHR (Chef de la Mission) • Karim MAATOUG (Chargé de mission) • Marie-Christine GERAND (Chargée de mission) • Elyane ROBINE (Chargée du développement)

Mission : Faire connaître la Loi du 1er août 2003 relative au Mécénat, développer le mécénat culturel et coordonner l'action du ministère et des acteurs en la matière

CNC

✆ **01 44 34 34 40** • fax 01 47 55 04 91
www.cnc.fr
12 rue de Lübeck • 75784 **PARIS CEDEX 16**

Eric GARANDEAU (Président) • Audrey AZOULAY (Directrice générale déléguée) • Maylis ROQUES (Secrétaire générale) • Milvia PANDIANI-LACOMBE (Directrice de la communication) • Guillaume BLANCHOT (Directeur de l'audiovisuel et de la création artistique) • Benoit DANARD (Directeur des études, des statistiques et de la prospective)

Centre national du cinéma et de l'image animée • **Mission** : Aide à l'industrie cinématographique et audiovisuelle

SECRÉTARIAT GÉNÉRAL

✆ **01 40 15 74 40** • fax 01 40 15 75 46
secretariat.sg@culture.gouv.fr • **www.culture.gouv.fr**
182 rue St-Honoré • 75033 **PARIS CEDEX 01**

Jean-François COLLIN (Secrétaire général) • Noël CORBIN (Secrétaire général adjoint)

Mission : Assiste le ministre pour son administration, coordonne l'action de l'ensemble des services, participe à leur évaluation et le représente, dans ses domaines de compétence, dans les instances interministérielles

DEPS

✆ **01 40 15 79 12** • fax 01 40 15 79 99
contactdeps.ddai@culture.gouv.fr
www.culture.gouv.fr/nav/index-stat.html
182 rue St-Honoré • 75033 **PARIS CEDEX 01**

Valérie GALABERT (Adjointe) • Jean-Cédric DELVAINQUIRERE (Chargé d'études politique, régulation) • Olivier DONNAT (Chargé d'études Publics, transmission) • Jean-Michel GUY (Chargé d'études Publics, international) • Yann NICOLAS (Chargé d'études Economie de la culture) • Sylvie OCTOBRE (Chargée d'études Publics, transmission) • Frédérique PATUREAU (Chargée d'études Emploi culturel) • François ROUET (Chargé d'études Economie de la culture) • Chantal LACROIX (Documentation) • Edwige MILLERY (Responsable des publications)

Département des études, de la prospective et des statistiques • **Mission** : Appartenant au système de la statistique publique national, le DEPS est le service central d'études du ministère de la Culture. Réalise ou fait réaliser les études et recherches qui relèvent des sciences sociales (principalement la socio-économie de la culture). Rassemble et élabore les données statistiques sur la culture, met à disposition de l'administration, des professionnels et des chercheurs, des informations documentaires

SCPCI

✆ **01 40 15 74 40** • fax 01 40 15 75 46
www.culture.gouv.fr
182 rue St-Honoré • 75033 **PARIS CEDEX 01**

Carole SPADA (Adjointe)

Service de la coordination des politiques culturelles et de l'innovation

DEDAC

✆ **01 40 15 74 40** • fax 01 40 15 75 46
www.culture.gouv.fr
SCPCI • 182 rue St-Honoré • 75033 **PARIS CEDEX 01**

Ariane SALMET (Chef du Département) • Jean-Hugues PIETTRE (Mission Exclusion/éducation populaire) • Elisabeth DAUMAS (Mission Politique de la ville)

Dpt de l'éducation et du développement artistiques et culturels • **Mission** : Mise en cohérence des actions en matière de démocratisation et d'éducation artistique et culturelle, assure le lien avec les réseaux associatifs concernés, soutien les pratiques innovantes, développe une thématique de ressources et de valorisation consacrée aux politiques des publics, assure en concertation avec la DGEFP une mission en matière d'emploi culturel (repérage, référentiels métier et formations correspondantes, aide à la structuration des entreprises), etc.

DREST

✆ **01 40 15 74 40** • fax 01 40 15 75 46
www.culture.gouv.fr
SCPCI • 182 rue St-Honoré • 75033 **PARIS CEDEX 01**

Astrid BRANDT-GRAU (Chef de département)

Dpt de l'enseignement supérieur, de la recherche et de la technologie

DPT DES PROGRAMMES NUMÉRIQUES

✆ **01 40 15 74 40** • fax 01 40 15 75 46
www.culture.gouv.fr
SCPCI • 182 rue St-Honoré • 75033 **PARIS CEDEX 01**

Carole SPADA (Adjointe)

MINISTÈRE SPORTS, JEUNESSE, ÉDUCATION POPULAIRE ET VIE ASSOCIATIVE

DJEPVA

✆ **01 40 45 99 99** • fax 01 40 45 92 92
djepva@jeunesse-sports.gouv.fr • **www.associations.gouv.fr**
95 av. de France • 75650 **PARIS CEDEX 13**

Yann DYEVRE (Directeur Jeunesse, éducation populaire et vie associative) • Catherine LAPOIX (Sous-directrice Politiques de jeunesse) • Sylvie BANOUN (Sous-directrice Vie associative et éducation populaire) • Chantal BRUNEAU (Chargée de mission)

Direction de la jeunesse, de l'éducation populaire et de la vie associative • **Mission** : Animation et réglementation des politiques de jeunesse, d'éducation populaire et de la vie associative

MINISTÈRE DE L'ÉCONOMIE, DES FINANCES ET DU COMMERCE EXTÉRIEUR

MINISTERE DELEGUE A L'ECONOMIE SOCIALE ET SOLIDAIRE

✆ **01 40 04 04 04**
Télédoc 146 • 139 rue de Bercy • 75772 **PARIS CEDEX 12**

Benoit HAMON (Ministre délégué) • Bertrand GAUME (Directeur du cabinet) • Catherine JOLY (Directrice adjointe de cabinet) • Jérôme SADDIER (Chef de cabinet)

ministère délégué auprès du ministre de l'Economie, des Finances et du commerce extérieur, chargé de l'Economie sociale et solidaire

MINISTÈRE DU REDRESSEMENT PRODUCTIF

MINISTERE DELEGUE A L'ECONOMIE NUMERIQUE

139 rue de Bercy • 75572 **PARIS CEDEX 12**

Fleur PELLERIN (Ministre déléguée) • Sébastien SORIANO (Directeur de cabinet) • Erol OK (Directeur adjoint du cabinet) • Judith HERPE (Chef de cabinet) • Aymeril HOANG (Conseiller Innovation et économie numérique)

Ministère délégué auprès du ministre du redressement productif, chargé des petites et moyennes entreprises, de l'innovation et de l'économie numérique

MINISTÈRE DES AFFAIRES ÉTRANGÈRES

DGM

✆ **01 43 17 90 00** • fax 01 43 17 97 91
www.diplomatie.gouv.fr
Ministère des Affaires étrangères • 27 rue de la Convention • CS 91533
75732 **PARIS CEDEX 15**

Jean-Baptiste MATTEI (Directeur général) • Delphine BORIONE (Directrice de la Politique culturelle et du français) • Yves CARMONA (Directeur adjoint) • Jean-Paul LEFEVRE (Sous-directeur diversité culturelle et patrimoine mondial) • Jean-Christophe FLEURY (Sous-directeur de l'audiovisuel extérieur et des technologies de communication)

Direction générale de la mondialisation, du développement et des partenariats

ORGANISMES GOUVERNEMENTAUX ET INTERMINISTÉRIELS

CONSEIL NATIONAL DU BRUIT

✆ **01 40 81 87 90** • fax 01 40 81 98 88
gerard.cambon@developpemet-durable.gouv.fr • **www.ecologie.gouv.fr**
Ministère de l'Ecologie • Arche de la Défense - Paroi Nord
92055 **LA DEFENSE CEDEX**

Christophe BOUILLON (Président) • Gérard CAMBON (Secrétaire général)

Mission : Organisme consultatif placé auprès du ministre chargé de l'Environnement. Rend des avis sur des réglementations relatives au bruit, émet des recommandations et participe à l'information et à la sensibilisation des collectivités locales et du grand public dans le domaine de la lutte contre le bruit ou de l'amélioration de l'environnement sonore. A créé le concours annuel « le Décibel d'Or »

DATAR

✆ **01 40 65 12 34** • fax 0143 06 99 01
e-doc@datar.gouv.fr • **www.datar.gouv.fr**
8 rue de Penthièvre • 75800 **PARIS CEDEX 08**

Emmanuel BERTHIER (Délégué interministériel) • Priscilla DE ROO (Culture, patrimoine, villes moyennes)

Délégation interministérielle à l'aménagement du territoire et à l'attractivité régionale • **Mission** : Administration de mission à vocation interministérielle (service du premier ministre mis à disposition du ministère du logement et de l'égalité des territoires), prépare, impulse et coordonne les politiques d'aménagement du territoire menées par l'Etat

AFDAS

✆ **01 44 78 39 39** • fax 01 44 78 39 40
paris@afdas.com • **www.afdas.com**
66 rue Stendhal • CS 32016 • 75990 **PARIS CEDEX 20**
Thierry TEBOUL (Directeur général) • Kris LUDHOR (Responsable du développement) • Valérie SOHAEKOWIEZ (Directrice des Dpt opérationnels) • Marc ANDRE (Directeur de la communication)
Objet : Gestion des fonds destinés à financer la formation professionnelle continue des employeurs, salariés permanents, intermittents du spectacle, salariés pigistes, demandeurs d'emploi pour les secteurs du spectacle, du cinéma, de l'audiovisuel, de la publicité, de la presse, de l'édition, de la distribution directe et des loisirs • **Activité(s)** : Information sur le dispositif légal, les modalités d'accès aux stages, les organismes et programmes de formation, conseil sur la constitution d'un dossier de candidature, l'élaboration d'un plan de formation. Gestion administrative des dossiers, de l'inscription au paiement. Financement de tout ou partie du coût de l'action de formation • **Publications** : Journal trimestriel

AGESSA

✆ **01 48 78 25 00** • fax 01 48 78 60 00
contact@agessa.org • **www.agessa.org**
21 bis rue de Bruxelles • 75439 **PARIS CEDEX 09**
Christian CHAMOURAT (Président) • Thierry DUMAS (Directeur)
Association pour la gestion de la sécurité sociale des auteurs • **Objet** : Affiliation des auteurs créateurs à la Sécurité sociale, recouvrement des cotisations auprès des auteurs et diffuseurs de leurs œuvres

ASPEC

✆ **03 28 48 39 39** • fax 03 28 49 67 62
mervil@wanadoo.fr • **www.aspec.free.fr**
Manoir du Laurier • BP 37 • 59660 **MERVILLE**
Jack MERVIL (Président)
Association Syndicale des Propriétaires Exploitants de Chapiteaux • **Objet** : Regrouper les professionnels et accroître leur force auprès des pouvoirs publics

Groupe AUDIENS

✆ **08 11 65 50 50** • fax 08 11 65 60 60
www.audiens.org
74 rue Jean Bleuzen • 92177 **VANVES CEDEX**
Patrick BEZIER (Directeur général)
Objet : Groupe de protection sociale de la culture, la communication et des médias (permanents & intermittents); gère la retraite, la prévoyance, la santé, l'action sociale, le logement et l'épargne et les services aux professions de ces professionnels dans le respect du paritarisme qui l'anime • **Activité(s)** : 42 000 entreprises, 500 000 salariés, 150 000 retraités • **Affiliation(s)** : Tutelles : retraite des cadres (Agirc), retraite complémentaire des salariés (Arrco), prévoyance (CTIP), mutuelle (Mutualité française)

CAISSE DES CONGES SPECTACLES

✆ **01 44 83 45 00 / 01 44 83 44 40** • fax 01 48 00 02 94
www.conges-spectacles.com
7 rue du Helder • 75440 **PARIS CEDEX 9**
Régis BRAUT (Délégué général)
Activité(s) : Assurer le service du congé payé aux artistes et techniciens qui ont été occupés chez un même employeur moins de 12 mois consécutifs

CEMF

✆ **01 56 68 86 60** • fax 01 56 68 90 66
contact@cemf.fr • **www.cemf.fr**
c/o Editions Lemoine • 27 rue Beaumarchais • 75004 **PARIS**
Pierre LEMOINE (Président) • Nelly QUEROL (Secrétaire générale)
Chambre syndicale des éditeurs de musique de France • **Objet** : Syndicat d'éditeurs de musique classique graphique

CME - SANTÉ AU TRAVAIL

✆ **01 49 27 60 00 / 01 42 60 06 77** • fax 01 42 60 38 40
contact@cmb-sante.fr • **www.cmb-sante.fr**
26 rue Notre-Dame-Des-Victoires • 75086 **PARIS CEDEX 2**
Pascale FUMEAU-DEMAY (Directrice)
Service interentreprises de santé au travail • **Objet** : Santé au travail des intermittents du spectacle • **Activité(s)** : Visites médicales et actions de prévention des risques professionnels

CNEA

✆ **01 41 79 59 59** • fax 01 41 79 59 60
cnea@cnea-syn.org • **www.cnea-syn.org**
Espace Condorcet • 88 rue Marcel Bourdarias • 94142 **ALFORTVILLE CEDEX**
Christophe DUPRE (Président) • Franck SEGUIN (Délégué général) • Christine RODRIGUEZ (Déléguée générale adjointe)
Conseil national des employeurs associatifs • **Objet** : Syndicat d'employeurs de l'économie sociale (conventions collectives de l'animation, du sport, du tourisme social, de la formation) • **Activité(s)** : Conseil technique et juridique • **Publications** : Lettre, informations pratiques, cahiers techniques

CNFPT

✆ **03 83 19 22 22** • fax 03 83 37 19 70
www.cnfpt.fr
1/3 bd d'Austrasie • BP 20442 • 54001 **NANCY CEDEX 01**
François DELUGA (Président) • Vincent POTIER (Directeur général) • François DERUDDER (Directeur adjoint chargé des formations) • Jenny RIGAUD (Cadre pédagogique, métiers de la culture)
Centre national de la fonction publique territoriale • **Objet** : Etablissement public à caractère administratif, cet organisme paritaire a pour mission le recrutement et la formation des personnels des collectivités territoriales • **Activité(s)** : Structuré en 29 délégations régionales, 66 antennes départementales et 5 instituts. Offre de formation culturelle dans le domaine de l'enseignement artistique spécialisé en articulation avec le réseau des organisations professionnelles, les associations régionales et départementales de développement musical et les Drac

CPNEFSV

✆ **01 40 26 12 58** • fax 01 40 26 12 85
info@cpnefsv.org • **www.cpnefsv.org**
48 rue St Honoré • 75001 **PARIS**
Jean-François PUJOL (Président) • Jean-Joël LE CHAPELAIN (Vice-président) • Carole ZAVADSKI (Déléguée générale) • Flavie DRUON (Assistante de direction)
Commission paritaire nationale de l'emploi et de la formation dans le spectacle vivant • **Objet** : Commission regroupant la quasi-totalité des organisations syndicales du spectacle vivant (employeurs et salariés) et ayant pour mission d'étudier la situation de l'emploi et les évolution du marché du travail, de promouvoir la formation professionnelle, de créer des outils et des dispositifs au profit des salariés et des entreprises en partenariat avec les institutions sociales. Pilote l'Observatoire prospectif des métiers et des qualifications • **Activité(s)** : A réalisé le tableau de bord statistique de l'emploi, le répertoire des formations professionnelles, etc.; délivre des Certificats de Compétences Professionnelles

CSCAD - PARISNIGHTLIFE

✆ **06 18 41 84 88 / 01 44 53 05 92**
rebecca.cscad@gmail.com • **www.cscad.fr**
5 bd Poissonnière • 75002 **PARIS**
Bruno BLANCKAERT (Président) • Rebecca LE CHUITON (Déléguée générale)
Chambre syndicale des cabarets artistiques, salles et lieux de spectacles vivant, discothèques • **Objet** : Syndicat professionnel • **Activité(s)** : Cabarets, salles, lieux de spectacle vivant, jazz, variétés, musiques actuelles, discothèques, formations • **Affiliation(s)** : Siège à la Fesac, au CNPS et à la CPNEF-SV

CSDEM

✆ **01 48 74 09 29**
csdem@csdem.org • **www.csdem.org**
74 rue de la Fédération • 75015 **PARIS**
Nelly QUEROL (Présidente) • Angélique DASCIER (Déléguée générale) • Céline DESMAZES (Administration)
Chambre syndicale de l'édition musicale • **Objet** : Représentation et protection des intérêts professionnels des éditeurs de musique • **Activité(s)** : Conseiller et informer les éditeurs de musique. Représenter la profession auprès des organismes professionnels, des pouvoirs publics et des organismes sociaux, administration de BOEM (base de données de paroles de chansons), organisation des Prix de la Création Musicale • **Affiliation(s)** : Confédération internationale des éditeurs de musique (CIEM/ICMP) • **Publications** : « Un siècle de chansons françaises »

CSFI

✆ **01 77 32 11 02**
csfi@wanadoo.fr • **www.csfimusique.com**
CSFI • 2 rue Henri Chevreau • 75020 **PARIS**
Patrick SELMER (Président) • Anna POUZOULLIC (Déléguée générale)
Chambre syndicale de la facture instrumentale • **Objet** : Promotion de la facture instrumentale en France et à l'étranger, développement de la pratique instrumentale auprès de tous publics, défense de la profession, représentation auprès des pouvoirs publics • **Activité(s)** : 6 commissions (Développement de la pratique instrumentale, Promotion de la facture instrumentale française, événements en France, Communication, Economie, Formation professionnelle et continue), Salon de la musique et du son, « Osez la Musique », action « Orchestre à l'école » • **Publications** : « Profession musique » (annuel)

CSMM

✆ **01 42 06 79 49** • fax 01 40 22 05 14
metiersdelamusique@wanadoo.fr • **www.metiersdelamusique.org**
45 rue des Petites Ecuries • 75010 **PARIS**
Vanina PAOLI (Présidente)
Chambre syndicale des métiers de la musique • **Objet** : Défendre les intérêts des commerces de la musique et artisans, en agissant concrètement et positivement pour la profession • **Publications** : Revue bimestrielle

ESML

27 rue de la Boétie • 75008 **PARIS**
Axel DAUCHEZ (Président) • Sophie SAMAMA (Relations presse) • Jean-Christophe DE LAUNAY (Vice-président) • Jérôme GIACHINO (Vice-président) • Ludovic POUILLY (Vice-président) • Xavier FILLIOL (Trésorier)
Syndicat des Editeurs de services de musiques en ligne • **Objet** : La défense des intérêts et du développement des personnes morales exerçant de manière habituelle une des professions ou activité d'éditeur de services de musique en ligne

FÉDÉRATION DES PROFESSIONNELS ARTISTIQUES ET CULTURELLES

✆ **03 21 24 74 74**
contact@fpac.eu • **www.fpac.eu**
111 av. Victor Hugo • 75784 **PARIS CEDEX 16**
Bruno HENNEL (Président) • Jean-Yves DEBERNARD (Vice-président) • Vincent BREGET (Trésorier) • Loris MANCINI (Secrétaire général)
Objet : Organisation professionnelle regroupant les professions du spectacle et du monde artistique

FEPS

✆ **01 40 37 65 89**
contact@feps.fr • **www.feps.fr**
24 rue Philippe de Girard • 75010 **PARIS**
Catherine DELCROIX (Présidente)
Fédération nationale des employeurs du spectacle vivant, public et privé

FESAC

✆ **01 40 53 23 00** • fax 01 40 53 23 23
secretariat@fesac.fr • **www.fesac.fr**
5 rue Cernuschi • 75017 **PARIS**
Jacques PESKINE (Président) • François CAILLE (Secrétaire général)
Fédération des entreprises du spectacle vivant, de la musique, de l'audiovisuel et du cinéma • **Objet** : Représenter les intérêts communs des entreprises du secteur du spectacle (cinéma, télévision, musique, spectacle vivant) notamment dans le domaine social

FICAM

✆ **01 45 05 72 55** • fax 01 45 05 72 50
info@ficam.fr • **www.ficam.fr**
11/17 rue de l'Amiral Hamelin • 75783 **PARIS CEDEX 16**
Hervé CHATEAUNEUF (Délégué général) • Thierry DE SEGONZAC (Président)
Fédération des industries du cinéma de l'audiovisuel et du multimédia • **Objet** : Fédération patronale des prestataires de l'image et du son • **Activité(s)** : Veille économique et financière, recommandations techniques, fiscal et social, négociation convention collective, etc. • **Affiliation(s)** : Feitis (Fédération européenne des industries techniques de l'image et du son) • **Publications** : Newsletter

FNSAC-CGT

✆ **01 48 03 87 60** • fax 01 42 40 90 20
cgtspectacle@fnsac-cgt.com • **www.fnsac-cgt.com**
14-16 rue des Lilas • 75019 **PARIS**
Jean VOIRIN (Secrétaire général) • Jean-François PUJOL (Secrétaire général adjoint) • Claude MICHEL (Secrétaire général adjoint)
Fédération nationale des syndicats du spectacle, de l'audiovisuel et de l'action culturelle • **Objet** : Fédération de Syndicats de salariés • **Activité(s)** : Défense des salariés des secteurs du spectacle, du cinéma, de l'audiovisuel et des activités culturelles • **Affiliation(s)** : CGT • **Publications** : « Spectacle, culture et communication »

GUSO

✆ **08 10 86 33 42** • fax 08 11 37 08 97
www.guso.com.fr
TSA 72039 • 92891 **NANTERRE CEDEX 9**
Guichet unique spectacle occasionnel • **Objet** : Service gratuit et obligatoire proposé par Urssaf, Assedic, Congés spectacles, Afdas, Audiens, CMB • **Activité(s)** : Permet aux employeurs non professionnels de spectacle vivant d'accomplir, en une seule fois, toutes les formalités liées à l'embauche d'un salarié du spectacle vivant

MMF FRANCE

mmffrance@mmffrance.com • **www.mmffrance.com**
2 rue Navarin • 75009 **PARIS**
Virginie BORGEAUD (Présidente) • Florence HENDRICKX (Secrétaire générale) • Christophe SOULARD (Vice-président) • Cathy BITTON (Relations internationales)
Music Manager Forum France • **Objet** : Syndicat de managers • **Activité(s)** : Représentation de la profession, code de déontologie, conseil aux membres, information, formations, organisation régulière de rencontres professionnelles (dont shows case et réunions thématiques trimestriels) • **Affiliation(s)** : IMF international (GB, Etats-Unis, Japon, Allemagne, Australie, Hollande, pays scandinaves, Canada, etc.)

MUTUELLE AUDIENS

✆ **08 11 65 50 50** • fax 08 11 65 60 60
mutuelle@audiens.org
la-mutuelle-audiens-presse-spectacle-communication.audiens.org/
74 rue Jean Bleuzen • 92177 **VANVES CEDEX**
Claude DEBORD (Secrétaire général)
Objet : Mutuelle complémentaire santé des secteurs de la presse, du spectacle et de la communication

POLE EMPLOI 75 - ALHAMBRA (SPECTACLE)

✆ **39 49 / 39 95**
aperecrutement.75512@pole-emploi.fr • **www.pole-emploi-spectacle.fr**
Agence Alhambra • 50 rue de Malte • 75011 **PARIS**
Fabienne SAILLANT (Responsable Service Spectacle)
Activité(s) : Réseau Spectacle

PRODISS

✆ **01 42 65 73 13** • fax 01 42 65 73 23
prodiss@prodiss.org • **www.prodiss.org**
23 bd des Capucines • 75002 **PARIS**
Jules FRUTOS (Président) • Malika SÉGUINEAU (Secrétaire générale) • Aline RENET (Responsable de la communication) • Pierre RENAULD (Responsable juridique)
Union du spectacle musical et de variété • **Objet** : Défense et représentation des intérêts collectifs des producteurs, diffuseurs et salles de spectacles • **Activité(s)** : Représente + de 300 entrepreneurs privés œuvrant dans le domaine des musiques actuelles et de la variété (comédie musicale et humour). Veille à ce que les lois et réglements appliquables au secteur prennent en compte leurs particularités; se constitue en force de proposition afin de défendre l'industrie du spectacle musical et de variété • **Affiliation(s)** : Présidence ou participation : CNV, Afdas, Audiens, Fesac, CPNEFSV, Victoires de la musique, Gemap, Observatoire des lieux de vie et de diffusion musicale, Tous pour la musique, etc. • **Publications** : « Les Petits Pratiques du Prodiss »

PROFEDIM

✆ **01 44 76 08 16 / 06 14 14 36 38**
coordination@profedim.org • **www.profedim.org**
49 rue de Maubeuge • 75009 **PARIS**
Lorraine VILLERMAUX (Présidente) • Claire GUILLEMAIN (Déléguée générale)
Syndicat professionnel des producteurs, festivals, ensembles, diffuseurs indépendants de musique • **Objet** : Syndicat professionnel • **Activité(s)** : Défense des intérêts des structures musicales dans le champ de la convention collective des entreprises artistiques et culturelles

SDLC

✆ **01 55 90 86 69** • fax 01 55 90 86 69
contact@sdlc.fr • **www.sdlc.fr**
16 bd Gal Leclerc • Bât F - 2e étage • 92110 **CLICHY**
Jean-Luc TREUTENAERE (Président) • Olivier HUGON-NICOLAS (Délégué général)
Syndicat des distributeurs de loisirs culturels • **Objet** : Défense des intérêts professionnels des distributeurs de loisirs culturels

SEVN

✆ **01 42 25 33 04** • fax 01 45 63 36 46
info@sevn.fr • **www.sevn.fr**
24 rue Feydeau • 75002 **PARIS**
Jean-Yves MIRSKI (Délégué général) • Isabelle LACHENAL (Assistante) • Sonia LEGAI (Assistante)
Syndicat de l'édition vidéo numérique • **Objet** : Syndicat professionnel représentant les éditeurs et distributeurs d'œuvres audiovisuelles et cinématographiques en DVD, Blu-ray et VOD • **Activité(s)** : Défense et promotion de la profession d'éditeur-distributeur et de ses intérêts

SFA

✆ **01 53 25 09 09** • fax 01 53 25 09 01
contact@sfa-cgt.fr • **www.sfa-cgt.fr**
1 rue Janssen • 75019 **PARIS**
Jimmy SHUMAN (Délégué général) • Denys FOUQUERAY (Délégué général) • Olivier CLEMENT (Délégué national) • Henri UZUREAU (Délégué général) • Karine PELADE (Déléguée juridique) • Joëlle BROVER (Trésorière)
Syndicat français des artistes-interprètes • **Objet** : Regroupe les artistes-interprètes du spectacle vivant et enregistré • **Activité(s)** : Négocie des conventions collectives et les « minima syndicaux », participe à la négociation des textes et gestion de divers organismes sociaux • **Affiliation(s)** : Associé à la fédération du spectacle CGT et à la Fédération internationale des acteurs regroupant la Fédération des artistes de variétés • **Publications** : « Plateaux » (trimestriel)

SIA-UNSA

✆ **01 48 18 88 25** • fax 01 48 18 88 91
sia@unsa.org • **www.sia-unsa.org**
21 rue Jules Ferry • 93177 **BAGNOLET CEDEX**
Alain CLAIR (Secrétaire général) • Serge VINCENT (Secrétaire général adjoint)
Syndicat indépendant des artistes interprètes • **Objet** : Défense des intérêts et des droits matériels et moraux des artistes interprètes français ou résidents en France • **Activité(s)** : Audiovisuel et spectacle vivant • **Affiliation(s)** : Membre fondateur de l'Unsa (Union nationale des syndicats autonomes)

SIPLACDA

✆ **06 08 25 36 24 / 01 48 98 30 06** • fax 01 48 98 30 06
siplacda@neuf.fr • **www.siplacda.com**
66 av. des Champs-Elysées • 75008 **PARIS**
Joëlle FEAUVEAU-LAGNEAUX (Présidente / Juriste) • Jocelyn CHRISTOPHER (Secrétaire général) • Réal CARRIER (Secrétaire adjoint) • André MEUNIER (Trésorier)
Syndicat International pour la Protection Littéraire et Artistique, le Copyright et la Défense des Droits des Artistes • **Objet** : Protection juridique des œuvres • **Activité(s)** : Dépôt en ligne de tous documents : textes, musiques, dessins, règlements de jeux, reconnaissances de dettes pour tous supports. Tarifs dégressifs, paiement sécurisé Paypal ou par chèque, facilités de paiement, horodatage par huissier de Justice. Suivi juridique

SIRTI

✆ **01 45 43 80 05** • fax 01 45 43 80 56
info@sirti.fm • **www.sirti.info**
7 Villa de Virginie • 75014 **PARIS**
Philippe GAULT (Président) • Mathieu QUETEL (Vice-président) • Agnès MARTIN (Chargée de mission)
Syndicat interprofessionnel des radios et télévisions indépendantes • **Objet** : Défense des intérêts professionnels des radios et télévisions indépendantes. Développement des radios et télévisions locales, régionales, thématiques, indépendantes. Défense du pluralisme médiatique et de la diversité des opérateurs • **Activité(s)** : Relations avec le CSA, les pouvoirs publics, négociations avec la Spre et la Sacem, élaboration de conventions collectives, relations avec le monde de la musique et du disque, relations publiques

SMA

✆ **06 99 10 75 75 / 01 42 49 21 16**
coordination@sma-syndicat.org • **www.sma-syndicat.org**
c/o Maison des réseaux art. et culturels • 221 rue de Belleville
75019 **PARIS**
Pascal CHEVEREAU (Président) • Aurélie HANNEDOUCHE (Déléguée générale) • Dorothée ANTON (Chargée de l'organisation interne) • Eliane BRUNET (Conseillère en législation sociale)
Syndicat des Musiques Actuelles • **Objet** : Représentation et défense des membres et du champ socio-économique dans lequel ils s'inscrivent • **Activité(s)** : Négociation et représentation auprès du secteur professionnel et des pouvoirs publics

SNAC

✆ **01 48 74 96 30**
snac.fr@wanadoo.fr • **www.snac.fr**
80 rue Taitbout • 75009 **PARIS**
Simone DOUEK (Présidente) • Emmanuel DE RENGERVE (Délégué général)
Syndicat national des auteurs et des compositeurs • **Objet** : Syndicat de défense et conseil aux auteurs et compositeurs, dépôt d'œuvres (théâtre, musique, variété, cinéma, radio, TV, danse, lettres, auteurs de bandes dessinées, doublage et sous-titrage) • **Activité(s)** : Bulletins des auteurs, dossiers, techniques et brochures professionnelles, organisation de réunions pour les professionnels, représentation collective ou individuelle des auteurs et compositeurs, conseils et assistance juridiques ou judiciaires • **Publications** : « Le Bulletin des auteurs »

SNACOPVA

✆ **01 55 30 69 03** • fax 01 55 30 69 00
snacopva@wanadoo.fr • **www.snacopva.org**
59/63 rue du Rocher • 75008 **PARIS**
André BARGUES (Président) • Pascal LOUET (Secrétaire général)
Syndicat national des artistes chef d'orchestre professionnels de variétés et arrangeurs • **Objet** : Défense des intérêts moraux, matériels, économiques et professionnels de ses membres exerçant la profession d'artistes et chef d'orchestre de variétés • **Activité(s)** : Information, conseil • **Affiliation(s)** : CFE-CGC

SNAM

✆ **01 42 02 30 80** • fax 01 42 02 34 01
snam-cgt@orange.fr • **www.snam-cgt.org**
14/16 rue des Lilas • 75019 **PARIS**
Yves SAPIR (Président) • Marc SLYPER (Secrétaire général) • Lionel DEMAREST (Trésorier)
Syndicat national des artistes musiciens de France • **Objet** : Défense des droits sociaux, moraux et de la propriété intellectuelle des artistes-interprètes et enseignants de la musique • **Activité(s)** : Toutes les musiques vivantes et musiques enregistrées, enseignement • **Affiliation(s)** : Fédération nationale des syndicats du spectacle, de l'audiovisuel et de l'action culturelle (FNSAC-CGT), Fédération internationale des musiciens (FIM)

SNAPAC CFDT

✆ **01 44 78 54 71**
snapac@f3c.cfdt.fr • **www.snapac-cfdt.fr**
c/o Bourse du Travail • 85 rue Charlot • 75003 **PARIS**
Albert ROSSE (Secrétaire général) • Christian SEVETTE (Secrétaire général adjoint)
Syndicat national des artistes et des professionnels de l'animation, du sport et de la culture • **Objet** : Assurer la défense individuelle et collective des intérêts professionnels, économiques et sociaux des artistes interprètes ainsi que leur information et leur formation • **Activité(s)** : Développe l'organisation syndicale, élabore les revendications, conduit et soutien l'action propre aux artistes • **Affiliation(s)** : CFDT

SNDTP

✆ **01 42 27 87 83** • fax 01 43 80 96 38
syndicat@theatreprive.com • **www.theatreprive.com**
48 rue de Laborde • 75008 **PARIS**
Bernard MURAT (Président) • Isabelle GENTHILLOMME (Déléguée générale)
Syndicat national des directeurs et tourneurs du théâtre privé • **Activité(s)** : Défense des droits des entreprises privées produisant, ou diffusant, ou exploitant en lieux fixes des spectacles dramatiques, lyriques, chorégraphiques, théâtre musical

SNELAC

✆ **01 40 50 05 65** • fax 01 40 50 94 85
contact@snelac.com • **www.snelac.com**
2 rue d'Amsterdam • 75009 **PARIS**
Arnaud BENNET (Président) • Sophie HUBERSON (Déléguée générale)
Syndicat national des espaces de loisirs, d'attractions et culturels • **Objet** : Syndicat professionnel et patronal

SNEP

✆ **01 47 38 04 04**
valerie.dete@snepmusique.com • **www.snepmusique.com**
14 bd du Gal Leclerc • 92200 **NEUILLY SUR SEINE**
Stéphane LE TAVERNIER (Président) • Yves RIESEL (Vice-président) • Guillaume LEBLANC (Directeur général) • Patricia SARRANT (Directrice de la communication) • Antonie CARTIER (Directrice des affaires économiques) • Alexandre LASCH (Directeur juridique)
Syndicat national de l'édition phonographique • **Objet** : Organiser, étudier et protéger les intérêts des producteurs, éditeurs et fabricants de phonogrammes, presseurs, duplicateurs, éditeurs et distributeurs exclusifs de vidéomusiques produites à partir des phonogrammes • **Affiliation(s)** : Membre de l'IFPI, Medef

SNES

✆ **01 42 97 98 99** • fax 01 42 97 42 40
syndicat@spectacle-snes.org • **www.spectacle-snes.org**
48 rue St Anne • 75002 **PARIS**
Jean-Claude LANDE (Président) • Philippe CHAPELON (Délégué général)
Syndicat national des entrepreneurs de spectacles • **Objet** : Regroupe, représente et défend les entrepreneurs de spectacles des 2e et 3e catégories de licences : producteurs, entrepreneurs de tournées, diffuseurs (domaines artistiques théâtre, musique, danse, variétés)

SNM-FO

✆ **01 47 42 35 86 / 06 18 00 16 21**
musiciens.fo@orange.fr • **www.musiciens-fo.com**
2 rue de la Michodière • 75002 **PARIS**
Jean-Luc BERNARD (Secrétaire général) • Hélène LEQUEUY-DUCHESNE (Présidente) • Alain-Jérôme BONIFACIO (Secrétaire général adjoint)
Syndicat national des musiciens • **Objet** : Défense des droits matériels et moraux des mus., danseurs et chanteurs interprètes et enseignants • **Affiliation(s)** : FASAP-FO (Fédération force ouvrière des arts du spectacle et de la presse)

SNRL

✆ **04 91 55 56 85 / 06 62 92 65 21** • fax 04 91 54 22 19
snrl@online.fr • **www.snrl.fr**
Tour Paris-Pleyel • 153 bd Anatole France • 93200 **ST DENIS**
Emmanuel BOUTTERIN (Président) • Jean-Marie GADOIS (Secrétaire général) • Pierre MONTEL (Délégué général)
Syndicat national des radios libres • **Objet** : Organisation professionnelle des radios associatives • **Activité(s)** : Défense et promotion des opérateurs de radiodiffusion de catégorie A, représentation auprès des pouvoirs publics, autorités de régulation (dont CSA), instances de dialogue social et professionnelles et dans les institutions paritaires de formation et de prévoyance - service associé : Orcel (Office de la radiodiffusion et des communications électroniques) • **Affiliation(s)** : Amarc (ass. mondiale des radiodiffuseurs communautaires), Usgeres (Union des groupements d'employeurs de l'économie sociale), Apar (ass. patronale de la radiodiffusion) et Fesac • **Publications** : « La Lettre des Radios Libres » (bimestriel)

SNSP

✆ **01 40 18 55 95** • fax 01 40 18 55 96
contact@snsp.fr • **www.snsp.fr**
Hôtel Massa • 38 rue du Fbg St Jacques • 75014 **PARIS**
Michel LEFEIVRE (Président) • Marianne CHARPY (Déléguée générale) • Mélina BATAILLARD (Responsable du conseil juridique) • Bénédicte POLACK (Déléguée générale adjointe)

Syndicat national des scènes publiques • **Objet** : Syndicat professionnel rassemblant plus de 170 structures de spectacle vivant, subventionnées principalement par une (ou plusieurs) collectivité(s) territoriale(s) ; ces structures assurant des missions de service public sont gérées aussi bien sous statut privé (association, SEM, etc.) que sous statut public (régies, EPCC, etc.) • **Activité(s)** : Concertation, représentation de ses membres, négociation de la convention collective nationale des entreprises artistiques et culturelles, services directs : information et assistance juridiques et professionnelles, journées d'étude, conseil et médiation, etc. • **Affiliation(s)** : Feps (Fédération nationale des employeur du spectacle vivant public et privé), Fesac (Fédération des Entreprises du Spectacle Vivant, de la Musique, de l'Audiovisuel et du Cinéma), Pearle (Ligue européenne des associations d'employeurs des arts du spectacle), etc. • **Publications** : Scènes Publiques-Infos Services

SNTP

✆ **09 50 66 10 13** • fax 01 30 90 21 56
sntp.tr.proxi@free.fr
18 allée des Biches • 78680 **EPONE**
Jean-Michel SAUVAGE (Président)

Syndicat national des télévisions de proximité • **Objet** : Syndicat des télévisions hertziennes locales • **Activité(s)** : Représentation des TV locales

SPPAM

✆ **06 09 08 86 45**
thierry.caron@sppam.com • **www.sppam.com**
3 passage Meunier • 93200 **ST DENIS**
Thierry CARON (Secrétaire général)

Syndicat des producteurs de programmes audiovisuels & musicaux • **Objet** : Regrouper les producteurs de programmes audiovisuels musicaux, défendre leurs droits et soutenir les artistes en developpement • **Activité(s)** : Industrie musicale et audiovisuelle

SYNAVI

✆ **04 78 39 47 17**
contact@synavi.org • **www.synavi.org**
Maison des Chartreux • 36 cours du général Giraud • 69001 **LYON**
Violaine FENESTRE (Directrice exécutive) • Muriel GUYON (Chargée de la permanence juridique)

Syndicat national des arts vivants • **Objet** : Défense des intérêts des structures indépendantes du spectacle vivant

SYNDEAC

✆ **01 44 53 72 10** • fax 01 44 53 72 12
contact@syndeac.org • **www.syndeac.org**
8 rue Blanche • 75009 **PARIS**
François LE PILLOUER (Président) • Alain HERZOG (Directeur) • Fabienne HERENBERG (Directrice adjointe) • Joëlle BOULLIER-DEBUF (Juriste) • Nadine BUGNOT (Juriste) • Karine BERNARD (Administration) • Béatrice LE LEU (Documentation, site internet) • Marie-Pierre BAYLE (Communication) • Emanuela MORARU (Questions européennes) • Lysis CARUANA (Secretariat du pôle conseil)

Syndicat national des entreprises artistiques et culturelles • **Objet** : Syndicat professionnel (employeurs du spectacle vivant subventionné). Porte parole d'instance de négociation. Chambre professionnelle. Instance représentative d'une profession. Négociateur d'accords avec les organismes paritaires pour le compte de ses membres

SYNPASE

✆ **01 42 01 80 00** • fax 01 42 01 80 02
synpase@synpase.fr • **www.synpase.fr**
103 rue La Fayette • 75010 **PARIS**
Gilles HUGO (Président) • Philippe ABERGEL (Délégué général)

Syndicat national des prestataires de l'audiovisuel scénique et événementiel • **Objet** : Regrouper les prestataires techniques du spectacle vivant et de l'événementiel • **Activité(s)** : Défense des intérêts des prestataires techniques (son, lumière, décor, backline-image, vidéo, laser) • **Publications** : Sites labels « Prestataires de service du spectacle vivant » - www.labelspectacle.org et « PrestaDD » - www.prestadd.fr

SYNPTAC-CGT

✆ **01 42 08 79 03** • fax 01 42 39 00 51
synptac@synptac-cgt.com • **www.synptac-cgt.com**
3 rue du Chateau d'Eau • 75010 **PARIS**
Angeline BARTH (Secrétaire générale) • Yann GUILLOU (Secrétaire général adjoint)

Syndicat national des professionnels du théâtre et des activités culturelles • **Activité(s)** : Défense des droits des salariés du spectacle vivant • **Affiliation(s)** : CGT

TOUS POUR LA MUSIQUE

✆ **01 48 74 09 29 / 01 47 38 04 04**
www.touspourlamusique.org
C/o Snep • 14 bd du Général Leclerc • 92290 **NEUILLY**
Bruno LION (Président) • Patricia SARRANT (Contact) • Michel JOUBERT (Trésorier) • Jean-Marie MOREAU (Secrétaire) • David EL SAYEGH (Vice-président) • Olivier HUGON-NICOLAS (Vice-président)

Objet : Regroupe l'ensemble de la filière musicale notamment pour tout ce qui a trait à la défense du répertoire musical français dans l'univers numérique, promouvoir la création, sensibiliser le public sur les métiers, etc. • **Activité(s)** : Assure notamment un rôle pédagogique avec le site Promusicfrance • **Affiliation(s)** : Se compose de 6 collèges regroupant les artistes interprètes et mus., les auteurs-compositeurs, les distributeurs grossistes/détaillants et les plateformes de distribution de musique en ligne, les éditeurs de musique et les managers, les entrepreneurs de spectacle, les producteurs phonographiques • **Publications** : Newsletter électronique

UFISC

✆ **01 42 49 53 64 / 06 73 49 74 29** • fax 01 42 49 53 64
contact@ufisc.org • **www.ufisc.org**
c/o Maison des réseaux • 221 rue de Belleville • 75019 **PARIS**
Philippe BERTHELOT (Président) • Patricia COLER (Déléguée générale) • Chloé MONTEILLET (Chargée du développement et de coordination) • Serge CALVIER (Secrétaire général) • Bertrand KRILL (Trésorier)

Union fédérale d'intervention des structures culturelles • **Objet** : Fédération professionnelle d'employeurs • **Activité(s)** : Assistance juridique, fiscale, défense des intérêts collectifs de ses membres, suivis économiques liés au spectacle vivant, etc. • **Publications** : « Manifeste pour une autre économie de l'art et de la culture »

UNAC

✆ **01 30 56 51 40**
contact@unac-auteurs-compositeurs.org
www.unac-auteurs-compositeurs.org
2 rue du Gal Lanrezac • 92528 **NEUILLY SUR SEINE CEDEX**
Dominique PANKRATOFF (Président) • Michel PELAY (Secrétaire général)

Union nationale des auteurs et compositeurs • **Objet** : Défend les intérêts primordiaux des auteurs et compositeurs français (droits moraux, sociaux, culturels et droits d'auteurs) • **Activité(s)** : Ministères, CSA, CSPLA, Clic, Comité de vigilance, Sacem, Agessa, Victoires de la Musique, FCM, Musique France plus. Grand Prix Unac (Prix de la chanson de l'année, Prix de la carrière, Prix de l'autoproduction)

UNÉDIC

✆ **01 44 87 00 00**
www.unedic.org
4 rue Traversière • 75012 **PARIS**
Vincent DESTIVAL (Directeur général) • Isabelle JOURDAN (Directrice de la communication)

Activité(s) : L'Unédic assure les relations avec les instances nationales des partenaires sociaux et des pouvoirs publics, notamment au sein du SPE (Service Public de l'Emploi). L'Unédic centralise, analyse les informations liées à l'emploi et au chômage et met ces données statistiques à disposition

UPFI

✆ **01 53 77 66 40** • fax 01 53 77 66 44
upfi@wanadoo.fr • **www.upfi.fr**
28 rue de Châteaudun • 75009 **PARIS**
Stephan BOURDOISEAU (Président) • Jérôme ROGER (Directeur général)

Union des producteurs phonographiques français indépendants • **Objet** : Syndicat professionnel qui regroupe et représente les producteurs et distributeurs phonographiques indépendants en France et dans les pays francophones • **Activité(s)** : Fédérer et centraliser toutes les actions permettant à la production et à la distribution indépendante française de se développer • **Affiliation(s)** : Impala

USPA

✆ **01 40 53 23 00** • fax 01 40 53 23 23
www.uspa.fr
5 rue Cernuschi • 75017 **PARIS**
Jean-Pierre GUÉRIN (Président) • Stéphane LE BARS (Délégué général)

Union syndicale de la production audiovisuelle • **Objet** : Représentation et défense des intérêts des producteurs de programmes TV • **Activité(s)** : Négociations avec les partenaires sociaux, lobby auprès des administrations françaises et européennes

USPAOC-CGT

✆ **01 42 40 94 02**
secretariat@uspaoc-cgt.org • **www.uspaoc-cgt.org**
14/16 rue des Lilas • 75019 **PARIS**
Ahmed HAMADI (Secrétaire général)

Union des syndicats des personnels des associations et organismes culturels • **Objet** : Défense des intérets des personnels de l'action culturelle • **Activité(s)** : Animations culturelles, socio-culturelles et sportives • **Affiliation(s)** : CGT

AFPIDA

✆ **01 42 21 34 75**
contact@gillesvercken.com • **www.gillesvercken.com**
C/o cabinet Gilles Vercken • 14 rue Séguier • 75006 **PARIS**

Pierre SIRINELLI (Président) • Florence-Marie PIRIOU (Secrétaire générale) • Valérie-Laure BENABOU (Co-responsable, professeur)

Association francaise pour la protection internationale du droit d'auteur • **Objet** : Réunit plus de 200 personnes (avocats, juristes d'entreprise, magistrats, enseignants, chercheurs) spécialisés ou intéressés par le domaine du droit d'auteur et des droits voisins • **Activité(s)** : Réunions de travail bimensuelles et des manifestations internationales annuelles l'association analyse l'état du droit en la matière et de réfléchir sur son évolution • **Accès** : Sur demande et parrainages

AGI-SON

✆ **06 28 71 37 63 / 01 44 23 82 13**
com@agi-son.org • **www.agi-son.org**
6 rue Duchefdelaville • 75013 **PARIS**

Bertrand FURIC (Président) • Angélique DUCHEMIN (Coordinatrice) • Klara JACQUAND (Chargée de communication)

Agir pour une bonne gestion sonore • **Objet** : Travailler sur les conditions de bonne gestion sonore et impulser des dynamiques de prévention, de sensibilisation, de formation et d'éducation • **Activité(s)** : Sensibilisation aux risques auditifs, veille juridique et documentaire, mise en place de formations et éducation au sonore (coordination des actions de sensibilisation « Peace and Lobe »...) • **Publications** : DVD « Hein ? sensibilisation aux risques auditifs liés à la pratique et l'écoute de la musique », « Guide de la bonne gestion sonore dans le spectacle vivant », « Kit pro pour une bonne gestion sonore » (kitpro.agi-son.org)

APCE

✆ **01 42 18 58 58** • fax 01 42 18 58 00
info@apce.com • **www.apce.com**
14 rue Delambre • 75682 **PARIS CEDEX 14**

Alain BELAIS (Directeur général)

Agence pour la création d'entreprises • **Objet** : Assure la diffusion de l'esprit d'entreprise en développant des produits et services susceptibles d'aider les créateurs, opérateurs et pouvoirs publics. Conçoit et diffuse des ouvrages méthodologiques et propose toutes les informations indispensables permettant de mieux structurer un projet, ainsi que les adresses et spécialités des organismes locaux d'accueil et d'accompagnement

AVISE

contact@avise.org • **www.avise.org**
167 rue du Chevaleret • 75013 **PARIS**

Patrick GEZE (Secrétaire général) • Karim ZERGUIT (Chargé de mission)

Agence de valorisation des initiatives socio-économiques • **Objet** : Favoriser l'émergence de nouvelles initiatives créatrices d'emploi et porteuses de cohésion sociale • **Activité(s)** : Appui aux acteurs des initiatives socio-économiques, ainsi qu'aux politiques publiques de soutien aux activités et aux emplois d'utilité sociale (DLA, approche par filière, CNAR, SCIC, etc.) • **Accès** : S'adresse aux promoteurs d'initiatives au carrefour du social et de l'économique, ainsi qu'à leurs réseaux • **Publications** : Guide des SCIC, guide de l'entrepreneur social, Notes juridiques sur les SCIC, études, rapports, etc.

BGE

✆ **01 43 20 54 87** • fax 01 43 20 28 49
info@bge.asso.fr • **www.bge.asso.fr**
44 rue Cambronne • 75015 **PARIS**

Sophie JALABERT (Secrétaire générale)

Réseau des boutiques de gestion • **Objet** : Guider les initiatives de créations d'entreprises. Accompagnement des futurs chefs d'entreprise et suivi post-création • **Activité(s)** : Accueillir le porteur du projet, valider et étudier les projets, conseils d'experts, formations des créateurs, ingénierie financière des projets

BIBLIOTHEQUE NATIONALE DE FRANCE

✆ **01 53 79 53 26** • fax 01 53 79 47 21
audiovisuel@bnf.fr • **www.bnf.fr**
Quai François Mauriac • 75706 **PARIS CEDEX 13**

Christophe GAUTHIER (Directeur du Dpt de l'audiovisuel) • Pascal CORDEREIX (Chef de service documents sonores) • Pierre PICHON (Responsable dépôt légal documents sonores)

Département de l'audiovisuel • **Objet** : Collecte, conserve et communique toute la production phonographique et vidéographique, multi-média éditée et distribuée en France (Dépôt légal). Fonds historique pour les documents sonores des origines à nos jours (Fonds Charles Delaunay soit 22 000 disques de jazz, Fonds de musique traditionnelle : Fonds Quilici, Fonds Massignon) • **Activité(s)** : Ecoute sur place. Possibilité de copies exclusivement avec autorisations écrites des ayants-droit et seulement pour ce qui n'est plus dans le commerce. Production de la bibliographie nationale française, documents sonores, audiovisuels et multimédias, en ligne sur le site (rub. « professionnels ») • **Accès** : Accessible à partir de 16 ans après l'achat du titre d'entrée dans l'espace tous publics, sur accréditation pour l'espace Chercheurs • **Publications** : Catalogue général consultable en ligne

CDMC

✆ **01 47 15 49 86** • fax 01 47 15 49 89
cdmc@cdmc.asso.fr • **www.cdmc.asso.fr**
16 pl. de la Fontaine aux Lions • 75019 **PARIS**

Laure MARCEL-BERLIOZ (Directrice) • Katherine VAYNE (Administratrice) • Isabelle GAUCHET DORIS (Responsable service Documentation)

Centre de documentation de la musique contemporaine • **Objet** : Documenter, faire connaître et promouvoir le répertoire contemporain. Faire le lien entre créateurs et interprètes, chorégraphes, cinéastes, vidéastes, metteurs en scène. Susciter la création de nouveaux répertoires. Facilite les rapports entre mus. et organismes producteurs ou diffuseurs • **Activité(s)** : Centre de documentation sur la musique contemporaine (16 000 œuvres consultables), concerts-rencontres, séminaires, expositions en location • **Accès** : Ouverture au public gratuit : mar. et mer., 14h/18h, jeu., 14h/19h, ven., 11h/17h • **Publications** : « Ostinato » (en ligne)

CENTRE DE LA CHANSON

✆ **01 42 72 28 99**
info@centredelachanson.com • **www.centredelachanson.com**
24 rue Geoffroy l'Asnier • 75004 **PARIS**

Gérard MOREL (Président) • Roxane JOSEPH (Directrice)

Objet : Découverte et promotion des nouveaux talents, centre de ressources, structuration professionnelle • **Activité(s)** : Spectacle vivant, édition et formation, conseil • **Accès** : Public et adhérents de l'association (25 €/année civile) • **Publications** : « Le petit format » (lettre d'informations), « Le carnet d'adresses » (répertoire de contacts professionnels)

CENTRE FRANÇAIS DU PATRIMOINE CULTUREL IMMATERIEL

✆ **02 99 75 82 90** • fax 02 99 75 82 93
info@cfpci.fr • **maisondesculturesdumonde.org**
Maison des Cultures du monde, Prieuré des Bénédictins
2 rue des Bénédictins • 35500 **VITRE**

Séverine CACHAT (Directrice) • Edith BARRÉ (Documentaliste) • Claire MARCADÉ (Chargée des expositions) • Karen JEULAND (Médiatrice culturelle)

Objet : patrimoine culturel immatériel, en particulier les formes d'expression spectaculaires, musicales et rituelles du monde • **Activité(s)** : centre de documentation, exposition permanente d'instruments de musique du monde, expositions thématiques, activités pédagogiques, conférences, séminaires, etc. • **Accès** : du mar. au vend. (et sam.-dim. pendant les expositions temporaires) 14h-18h ou sur RDV • **Publications** : Collection de disques du label Inédit. Base de données en ligne "Ibn Battuta" : mcm.base-alexandrie.fr:8080

CENTRE NATIONAL DU THÉÂTRE

✆ **01 44 61 84 85** • fax 01 44 61 84 86
accueil@cnt.asso.fr • **www.cnt.asso.fr**
134 rue Legendre • 75017 **PARIS**

Stéphane FIEVET (Directeur) • Cécile HAMON (Directrice adjointe) • Dorothée BURILLON (Directrice de la communication) • Delphine DEVAL (Accueil assistante communication) • Emilie LE THOER (Responsable pôle juridique) • Laurent LALANNE (Responsable pôle auteurs) • Marie-Anna LE MÉNAHÈZE (Assistante pôle auteurs) • Naïma BENKHELIFA (Responsable Pôle Métiers / Formations) • Cléo JACQUE (Responsable de l'audiovisuel) • Marie-Pierre BIANCHI (Responsable du centre de documentation) • Nancy ANAKESY

Objet : Centre d'information et de ressources s'adressant aux professionnels et aux amateurs, aux institutions théâtrales, aux relais d'informations et au grand public • **Activité(s)** : 5 pôles (auteurs, juridique, documentation, audiovisuel, métiers/formations), base de données, édition, rencontres, débats, projections, lectures, festival « Scènes Grand Écran » • **Accès** : Ouvert au public du lun. au ven. (10h/13h et 14h/19h), sauf le lun. matin et fermeture le ven. à 18h • **Publications** : Annuaire du spectacle vivant

CIDB

✆ **01 47 64 64 64** • fax 01 47 64 64 65
cidb@cidb.org • **www.bruit.fr**
12/14 rue Jules Bourdais • 75017 **PARIS**

Alice DEBONNET-LAMBERT (Directrice) • Sylvie BOUIN-ZAKOWIC (Relations presse)

Centre d'information et de documentation sur le bruit • **Objet** : Informer, sensibiliser, documenter et former sur le thème de la protection de l'environnement sonore • **Activité(s)** : Bibliothèque de 12000 documents (acoustique du bâtiment, effets du bruit sur la santé, réglementation, etc.), organisation de stages (acoustique du bâtiment, bruit de voisinage, constat des infractions), organisation de journées techniques d'information (le maire et le bruit, les lieux musicaux, les écrans anti-bruit, etc.) • **Publications** : Annuaire des acteurs de l'environnement sonore, revues « Echo Bruit » et « Acoustique & Techniques »

CIJ

✆ **01 43 15 11 11** • fax 01 43 15 11 10
panquetil@irma.asso.fr • **www.irma.asso.fr/cij**
c/o Irma • 22 rue Soleillet • 75980 **PARIS CEDEX 20**

Pascal ANQUETIL (Responsable)

Centre d'information du jazz • **Objet** : Informer, documenter, orienter tous les acteurs amateurs ou professionnels de la vie du jazz en France • **Activité(s)** : Entretient un fichier de 10000 contacts qui présente les acteurs du secteur, anime un réseau d'expertise d'une trentaine de correspondants en régions • **Publications** : « Jazz de France », guide annuaire du jazz en France (7e édition en 2012)

CIMT

✆ **01 43 15 11 11 / 01 43 15 11 13** • fax 01 43 15 11 10
cimt@irma.asso.fr • **www.irma.asso.fr/-CIMT-**
c/o Irma • 22 rue Soleillet • 75980 **PARIS CEDEX 20**

François BENSIGNOR (Responsable)

Centre d'information des musiques traditionnelles et du monde • **Objet** : Information et conseil, soutien à la structuration du secteur professionnel et associatif dans le domaine des musiques traditionnelles et des musiques du monde • **Activité(s)** : Enquêtes et recensements, entretien d'une base de données d'environ 12000 contacts, conseils par entretiens privés (sur rdv), expertise, conseil auprès des professionnels, etc. • **Publications** : « Euro World Book » (guide-annuaire européen des musiques traditionnelles et du monde); magazine en ligne CIMT actualités : www.irma.asso.fr/-CIMT-

La CINEMATHEQUE DE LA DANSE

✆ **01 44 75 42 75**
danse@lacinemathequedeladanse.com
www.lacinemathequedeladanse.com
70 bd de Reuilly • 75012 **PARIS**

Patrick BENSARD (Directeur) • Marie-Hélène DE RANCHER (Administratrice) • Nicolas VILLODRE (Chargé des collections) • Virginie AUBRY (Responsable culturel) • Bernard RÉMY (Relations presse)

Objet : Créée au sein de la Cinémathèque française, cette association, indépendante depuis 2005, a pour missions la conservation, la mise en valeur et la réalisation de documents filmés ayant trait à l'expression chorégraphique au sens large • **Activité(s)** : Diffusion de films issus de ses collections (plus de 400 films) et programmation de projections thématiques liées à la danse et au jazz (collection Jo Milgram) en France et dans d'autres pays

CIR

✆ **01 43 15 11 11 / 01 43 15 11 12** • fax 01 43 15 11 10
cir@irma.asso.fr • **www.irma.asso.fr/cir**
c/o Irma • 22 rue Soleillet • 75980 **PARIS CEDEX 20**

Frédéric DREWNIAK (Responsable)

Centre d'information Rock, chanson, hip hop, musiques électroniques • **Objet** : Information, conseil et soutien à la structuration du secteur professionnel et associatif dans les domaines du rock, de la chanson, du hip hop, des musiques électroniques • **Activité(s)** : Entretien d'une base de données de plus de 15 000 contacts, coordination d'un réseau d'une trentaine de correspondants régionaux, conseil personnalisé (sur rdv) • **Publications** : « Le Réseau, guide-annuaire de la culture hip hop en France », coordination de « L'Officiel de la musique »

CITÉ DE LA MUSIQUE - DPM

✆ **01 44 84 89 45** • fax 01 44 84 46 43
mediatheque@cite-musique.fr • **mediatheque.cite-musique.fr**
221 av. Jean Jaurès • 75019 **PARIS**

Marie-Hélène SERRA (Directrice pédagogie & médiathèque) • Christiane LOUIS (Responsable du service d'informations musicales) • Christine MAILLEBUAU (Responsable fonds Médiathèque) • Patrice VERRIER (Responsable catalogue et documentation du musée) • Gilles DELEBARRE (Responsable Folie Musique des ateliers et des formations) • Pascale SAINT ANDRE (Conseillère Musicologique) • Julie DAVID (Responsable des évènements pédagogiques)

Département pédagogie et médiathèque • **Objet** : Information, pédagogie, documentation musicale • **Activité(s)** : Regroupe la médiathèque, les événements et concerts éducatifs, les ateliers de pratique musicale, les collèges d'histoire de la musique (classique, jazz, rock), les activités adultes (forums, citescopies, etc.), rencontres professionnelles

CITÉ DE LA MUSIQUE - MEDIATHEQUE SIM

✆ **01 44 84 45 21** • fax 01 44 84 46 45
sim@cite-musique.fr • **mediatheque.cite-musique.fr**
221 av. Jean Jaurès • 75019 **PARIS**

Christiane LOUIS (Responsable) • Gilles VACHIA (Adjoint) • Pierre CLERTANT (Documentaliste) • Aurore LEGER (Documentaliste) • Sarah BAUMFELDER (Documentaliste) • Christine MAILLEBUAU (Responsable fonds et logistique) • Patrice VERRIER (Responsable catalogue et documentation du musée)

Service d'informations musicales • **Objet** : Centre de ressources sur les pratiques musicales, les formations aux métiers de la musique, l'insertion professionnelle des mus. • **Activité(s)** : Orientation, conseil et accueil du public, fonds documentaire spécialisé (ouvrages, dossiers documentaires, revues professionnelles), bases d'information (écoles, stages, ateliers, formations professionnelles, concours), formations professionnelles, rencontres • **Accès** : Ouverture au public du mar. au dim. (12h/18h) • **Publications** : Guide des métiers de la musique, Guide du disque classique, Devenir musicien (classique et jazz)

CND / RESSOURCES PROFESSIONNELLES

✆ **01 41 83 98 39** • fax 01 41 83 98 41
ressources@cnd.fr • **www.cnd.fr**
1 rue Victor Hugo • 93507 **PANTIN CEDEX**

Monique BARBAROUX (Directrice générale) • Agnès WASSERMAN (Directrice du dpt ressources professionnelles) • Alice RODELET (Adjointe dpt ressources professionnelles) • Samuela BERDAH (Chargée de l'information juridique et production) • Raphaëlle PETITPERRIN (Chargée de l'information juridique)

Centre national de la Danse • **Objet** : Informer et accompagner les professionnels du secteur chorégraphique dans l'exercice de leur métier • **Activité(s)** : Informations et conseils sur les métiers, l'emploi, statut social et professionnel, réglementation, santé du danseur • **Accès** : Service gratuit ouvert du lun. au ven. (13h/18h) • **Publications** : Fiches d'information, version papier et téléchargeables sur internet

CONFERENCE PERMANENTE DES DIRECTEURS DE CIRDC

✆ **01 44 61 84 85**
conference.permanente@cnt.asso.fr
c/o CNT • 134 rue Legendre • 75017 **PARIS**

Cécile HAMON (Présidente) • Monique BARBAROUX (Directrice générale du CND) • Jacques BAILLON (Directeur du CNT) • Gilles CASTAGNAC (Directeur de l'IRMA) • Julien ROSEMBERG (Directeur de Hors Les Murs)

Conférence permanente des directeurs de centre d'information et de ressources du domaine culturel • **Objet** : Coordonner les actions transversales entre les centres d'information nationaux intervenant dans le domaine culturel • **Activité(s)** : Organisation de journées d'information publiques sur des questions d'ordre juridique et réglementaire, transversales au secteur culturel (« Artistes d'ailleurs, scènes d'ici : l'accueil d'équipes et d'artistes étrangers », mars 2013), organisation des rencontres nationales « Enjeux de la ressource dans le domaine culturel » (juin 2010), etc. • **Accès** : Protocole

DIC

✆ **01 40 15 38 00** • fax 01 40 15 84 53
point-culture@culture.gouv.fr • **www.culture.fr/Agenda**
Point Culture • 182 rue St-Honoré • 75001 **PARIS**

Thomas AILLAGON (Chef de département) • Sonia SALAZAR ZEA (Bases de données, responsable agenda, guides - culture.fr) • Paul-Henri DORO (Rédacteur en chef Culture / Communication) • Anne PETITJEAN (Rédactrice en chef Culturecommunication.gouv.fr) • Cécile HOLSTEIN (Responsable Point Culture)

Département de l'information et de la communication • **Objet** : Met en œuvre la politique d'information et de communication du ministère et coordonne, dans ce domaine, l'action des autres services, notamment en matière de relations avec la presse, de publications et d'événements • **Activité(s)** : Centre de ressources pour tous publics et vitrine des actions et missions menées par le ministère • **Accès** : Au cœur du hall d'accueil le « Point Culture » est ouvert du lun. au ven.de 9h à 19h • **Publications** : « Culture et communication » magazine mensuel sur abonnement; deux guides culturels : « Festivals et expositions » et « Saison culturelle »

DIGITAL RADIO DR

france@digitalradiodr.com • **www.radio-numerique.fr**
224/228 rue du fbg St Antoine • 75012 **PARIS**

Philippe CHAPOT (Secrétaire) • Jamil SHALAK (Président) • Dominique FORTUNATO (Trésorier)

Association pour la radio numérique • **Objet** : Promouvoir l'ensemble des techniques de numérisation de la radio • **Activité(s)** : Structurer le label commun DR en France et en Europe par la mise en place d'une reflexion partagée • **Publications** : Newsletter mensuelle

La FANZINOTHÈQUE

fanzino@fanzino.org • **www.fanzino.org**
185 rue du fbg du Pont-Neuf • 86000 **POITIERS**

Cécile GUILLEMET (Directrice) • Gilles BEUNECHE (Administrateur) • Marie BOURGOIN (Documentaliste)

Objet : Centre de documentation, lieu de ressources et d'information sur la « petite presse » musicale, BD et autres, lieu d'archivage et de consultation (30 000 volumes) • **Activité(s)** : Base de données musicale (50 000 volumes) établie à partir du dépouillement des fanzines, consultable sur le site

FING

✆ **01 83 62 98 28 / 04 91 52 88 26**
infos@fing.org • **www.fing.org**
8 pass. Brulon • 75012 **PARIS**

Daniel KAPLAN (Délégué général) • Véronique ROUTIN (Relations adhérents et partenaires)

Fondation internet nouvelle génération • **Objet** : Rassemble et anime un réseau de décideurs privés et publics, professionnels, chercheurs, entrepreneurs... afin de repérer, stimuler, valoriser l'innovation dans les services et les usages de l'internet et des technologies de l'information • **Activité(s)** : Groupes de travail, veille, séminaires, publications, interventions sur les transformations du numérique • **Accès** : Adh. • **Publications** : Internet Actu (lettre coéditée avec l'Inist-CNRS), blog, etc.

FRANCE BENEVOLAT

✆ **01 40 61 01 61** • fax 01 45 67 99 75
contact@francebenevolat.org • **www.francebenevolat.org**
Hall B1 • 127 rue Falguière • 75015 **PARIS**

Jean BASTIDE (Président)

Activité(s) : Réseau national d'accueil, d'orientation et de formation au service des bénévoles et des asso. Répondre aux besoins des asso. et des bénévoles

HALL DE LA CHANSON

✆ **01 53 72 43 00**
webmaster@lehall.com • **www.lehall.com**
Parc de la Villette - Pavillon du Charolais • 211 av. Jean Jaurès
75019 **PARIS**

Gérard DAVOUST (Président) • Serge HUREAU (Directeur) • Françoise SIMON (Administratrice) • Constantin DELIYANNIS (Responsable multimédias)

Centre national du patrimoine de la chanson, des variétés et des musiques actuelles • **Objet** : Patrimoine • **Activité(s)** : Production multimédia, production d'expositions, de spectacles de répertoire, de conférences chantées, d'études et d'actions-événements sur le patrimoine de la chanson, formation de formateurs • **Publications** : Fonds de ressources anthologiques et thématiques sur le site

HORS LES MURS

✆ **01 55 28 10 10** • fax 01 55 28 10 11
info@horslesmurs.fr • **www.horslesmurs.fr**
68 rue de la Folie Mericourt • 75011 **PARIS**

Jean DIGNE (Président) • Julien ROSEMBERG (Directeur) • Patricia DEME (Adjointe de direction) • Gentiane GUILLOT (Secrétaire générale) • Yohann FLOCH (Responsable relations internationales) • Violette BERNAD (Responsable de la communication) • Anne GONON (Chargée des études et de la recherche) • Sophie PERRIN (Responsable du Centre de documentation) • Isabelle DRUBIGNY (Responsable des éditions)

Centre national de ressources des arts de la rue et des arts du cirque • **Objet** : Centre de ressources subventionné par le ministère de la Culture (DGCA) dans les domaines des arts de la rue et du cirque : information, conseil, études et édition à destination des créateurs, des collectivités publiques, des structures de création et de diffusion artistique • **Publications** : « Stradda » (revue trimestrielle), « Goliath » (guide-annuaire des arts de la rue et de la piste), lettre électronique mensuelle

INJEP

✆ **01 70 98 94 00**
culture@injep.fr • **www.injep.fr**
95 av. de France • 75650 **PARIS CEDEX 13**

Chantal DAHAN (Chargée d'études et de recherches)

Institut national de la jeunesse et de l'éducation populaire • **Objet** : Centre de ressources et d'accompagnement à destination de tous les acteurs impliqués dans le champ de la jeunesse, de la culture et du social • **Activité(s)** : Sociologie de la culture des jeunes (15-25 ans) • **Publications** : Sur les pratiques artistiques et culturelles des jeunes

IRMA

✆ **01 43 15 11 11** • fax 01 43 15 11 10
info@irma.asso.fr • **www.irma.asso.fr**
22 rue Soleillet • 75980 **PARIS CEDEX 20**

Geneviève GIRARD (Présidente) • Gilles CASTAGNAC (Directeur) • Marie-José SALLABER (Directrice adjointe) • Pascal ANQUETIL (CIJ) • François BENSIGNOR (CIMT) • Frédéric DREWNIAK (CIR) • Bertrand MOUGIN (Responsable Dpt formation) • Jérôme PAUL-HAZARD (Conseiller pédagogique) • Monique BAUER (Assistante formations) • Romain BIGAY (Responsable ressources) • Mathias MILLIARD (Chargé Information/Ressources) • Florence DE CONINCK (Chargée de la documentation) • Yann PERRIN (Conseil, orientation) • Marion MOTA (Coordination, gestion) • Romain PIERRE (Chargé de commercialisation) • Charles DAUBENTON (Responsable de la distribution) • Sundy TASKER (Assistante distribution) • Fabrice JALLET (Base de données) • Denis CHRISTINE (Webmaster) • Sarah BONET (Fabrication) • Fatiha ADMI-BEDDI (Comptabilité) • Céline POIRIER (Comptabilité, facturation) • Isabelle MENESSIER (Conseiller pédagogique Standard)

Centre d'information et de ressources pour les musiques actuelles • **Objet** : Centre national de ressources pour l'ensemble de la filière musicale • **Activité(s)** : Bases de données, édition (annuaires, guides thématiques et pédagogiques, etc.), formations, offres d'emploi, documentation, conseil, librairie, conférences, veille, prospective, animation de réseaux, etc. • **Accès** : Ouvert au public du lun. au ven. de 10h à 13h et de 14h à 18h (Centre de documentation : uniquement les après-midi des lun., mar. et mer.) • **Publications** : IrmACTU, newsletter électronique mensuelle (sur inscription)

Association LA CULTURE AVEC LA COPIE PRIVÉE

✆ **01 44 07 06 66** • fax 01 44 07 17 88
www.copieprivee.org
Adami • 14/16 rue Ballu • 75009 **PARIS**

Christophe BARRATIER (Président) • Florence-Marie PIRIOU (Déléguée générale)

Objet : Défense de la copie privée • **Activité(s)** : Promotion du « label copie privée », réalisation de documents pédagogiques sur le fonctionnement du dispositif, etc.

MUSIQUE ET SANTÉ

✆ **01 55 28 81 00** • fax 01 55 28 81 01
info@musique-sante.org • **www.musique-sante.org**
4 passage de la Main d'Or • 75011 **PARIS**

Philippe BOUTELOUP (Directeur) • Eve-Laure GAY (Chargée de mission) • Charlotte ANDRIEUX (Secrétaire)

Objet : Actions, formations et recherche dans le domaine de la musique vivante en milieu hospitalier et du handicap • **Activité(s)** : Interventions musicales au chevet, ateliers musicaux, formation de mus. et de soignants, recherche, médiation, etc. • **Publications** : CD « Manque pas d'air » (avec J.-J. Milteau)

OBSERVATOIRE DE LA MUSIQUE

✆ **01 44 84 46 62** • fax 01 44 84 46 58
observatoire@cite-musique.fr
observatoire.cite-musique.fr/observatoire/
Cité de la Musique • 221 av. Jean Jaurès • 75019 **PARIS**

André NICOLAS (Responsable) • Judith VERONIQUE (Chargée d'études) • Isabelle MARTIRENE (Chargée d'études)

Objet : Mission générale d'information sur les évolutions industrielles, économiques et financières de la filière musicale • **Activité(s)** : Analyse des marchés physiques et numériques, analyse de la diversité musicale, dans le paysage radiophonique et télévisuel, nombreuses études sur la diffusion numérique, etc. • **Publications** : Études en ligne

OBSERVATOIRE DES POLITIQUES CULTURELLES

✆ **04 76 44 33 26** • fax 04 76 44 95 00
contact@observatoire-culture.net • **www.observatoire-culture.net**
1 rue du Vieux Temple • 38000 **GRENOBLE**

Jean-Pierre SAEZ (Directeur) • Jean-Pascal QUILES (Directeur adjoint) • Michèle FERRIER-BARBUT (Secrétaire générale) • Lisa PIGNOT (Responsable des publications) • Cécile MARTIN (Directrice des études) • Elisabeth RENAU (Responsable colloques et séminaires) • Karine BALLON (Responsable Documentation)

Objet : Organisme national dont la mission est d'accompagner la décentralisation des politiques culturelles publiques par l'organisation d'études, de rencontres, de formations et la diffusion d'informations, etc. • **Activité(s)** : Conseille les collectivités territoriales et les partenaires publics dans la conception d'études et d'évaluations de leur politique culturelle. Pilote des études de portée générale en vue d'accompagner les décisions et actions des collectivités publiques. Restitue et met en débat les observations et analyses de l'observatoire auprès des élus, professionnels, chercheurs à l'occasion de colloques et séminaires • **Publications** : « L'Observatoire - la revue des politiques culturelles »

OPALE - CNAR CULTURE

✆ **01 45 65 20 00** • fax 01 45 65 23 00
opale@opale.asso.fr • **www.opale.asso.fr**
45 rue des Cinq Diamants • 75013 **PARIS**

Luc DE LARMINAT (Directeur) • Réjane SOURISSEAU (Responsable des études, formations et publications) • Lucile RIVERA (Chargée de mission Cnar Culture) • Dellya KONOPNICKI-OMBADE (Chargée de l'administration et des ressources)

Objet : Fonction de ressources pour le DLA (dispositif de soutien à l'emploi associatif) et pour les fédérations et syndicats du secteur artistique et culturel • **Activité(s)** : Production d'analyses, enquêtes et témoignages sur le secteur culturel, l'utilité sociale, l'économie solidaire

SCÈNES DE ROCK EN FRANCE ASSOCIATION

✆ **04 32 52 17 26 / 04 90 20 86 86**
well-max@wanadoo.fr • **scenesderockenfrance.com**
c/o La Gare • 105 quai des entreprises • Coustellet • 84660 **MAUBEC**

Max WELL (Documentaliste) • François POULAIN (Co-responsable)

Objet : Association pour la conservation, l'information et la formation sur l'histoire et le patrimoine dans le domaine des musiques rock et actuelles/amplifiées • **Activité(s)** : Centre de ressources et de conservation (affiches, flyers, publications, presse, plv, prod. discographique, maquettes, etc.). Gestion et montage d'animation, d'expos, mise en relation de partenaires • **Accès** : 5 €/an (individu), 15/an (collectivités) • **Publications** : Livre et expo « Scènes de rock en France », expos « Rock à vif », « Gueules de rock », « Grain d'scène », « Allez les filles ! » - bibliographie rock en France et divers répertoires

TECHNO +

✆ **06 03 82 97 19**
coordination@technoplus.org • **www.technoplus.org**
5 passage de la Moselle • 75019 **PARIS**

Adrien HELIOT (Président) • Emilie COUTRET (Coordinatrice)

Objet : Favoriser l'épanouissement du mouvement culturel Techno et promouvoir les stratégies individuelles et collectives de réduction des risques liés aux pratiques festives • **Activité(s)** : Actions de prévention et de réduction des risques (stands et chill out, fourniture de matériel et de documents de prévention : flyers, préservatifs, pailles, ethylotest, etc.) • **Accès** : Pour les volontaires, formation initiale • **Publications** : Brochures sur les risques liés aux pratiques festives

ACIM

✆ **03 88 78 80 47 / 03 89 22 90 10**
xgalaup@gmail.com • **acim.asso.fr**
46 bis rue St-Maur • 75011 **PARIS**
Sophie CORNIÈRE (Présidente) • Jonathan GARRY (Secrétaire) • Florian DACHÉ (Trésorier)
Association pour la coopération des professionnels de l'information musicale • **Objet** : Fédérer les associations de la documentation musicale. Représenter, au côté des coopérateurs, les bibliothécaires musicaux travaillant au sein du réseau de lecture publique des collectivités territoriales • **Activité(s)** : Portail Internet ouvert à tous les partenaires de la documentation musicale, liste de diffusion, rencontres nationales annuelles • **Condition(s) d'adhésion** : Individuelle 15 €, collectivité 60 € • **Publications** : Bulletin électronique de liaison trimestriel

ADF

✆ **01 45 49 60 20** • fax 01 45 49 60 21
adf@departement.org • **www.departement.fr**
6 rue Duguay-Trouin • 75006 **PARIS**
Claudy LEBRETON (Président) • Yves ACKERMANN (Président Commission Culture, Sports et monde associatif)
Assemblée des départements de France • **Objet** : Regroupe et représente en la personne de leurs présidents les 102 Conseils généraux de métropole et d'outre-mer • **Activité(s)** : Etablir une concertation étroite entre les Conseil généraux sur la mise en œuvre des compétences transférées aux départements par les lois de décentralisation. Etre une instance de représentation et de liaison avec toutes les autres institutions et organisations de la vie économique et sociale, afin de développer avec eux tout partenariat pouvant servir l'efficacité de l'action publique à l'échelon départemental

AEMDT

✆ **05 55 48 90 84** • fax 05 55 48 90 84
aemdt@aemdt.fr • **www.aemdt.fr**
Le Charbonnier • 87380 **CHATEAU CHERVIX**
Françoise ETAY (Contact)
Association des enseignants de musique et danse traditionnelles • **Objet** : Regrouper et fédérer les professionnels de l'enseignement des musiques et danses traditionnelles • **Activité(s)** : Evaluation de l'enseignement des musiques et danses traditionnelles en France, représentation des professionnels auprès du ministère de la Culture, organisation de rencontres et de débats, action internationale

AFA

✆ **01 44 54 86 60** • fax 01 44 54 86 50
afa@afa-france.com • **www.afa-france.com**
5 rue de Charonne • 75011 **PARIS**
Alain LIBERGE (Président) • Carole GAY (Responsable des affaires juridiques et réglementaires) • Nicolas D'ARCY (Juriste) • Quentin AOUSTIN (Juriste)
Association des fournisseurs d'accès et de services Internet • **Objet** : Regroupe les prestataires techniques internet (réseaux IP, hébergement, accès, portails) • **Activité(s)** : Promouvoir le développement des services en ligne et du réseau internet. Engager avec les pouvoirs publics et les autres organismes intéressés, concertation et collaboration sur les questions d'intérêt public dans le domaine. Plusieurs chartes déontologiques

AFAS

mb.legonidec@gmail.com • **afas.revues.org**
BNF • Quai François Mauriac • 75706 **PARIS CEDEX 13**
Marie-Barbara LE GONIDEC (Présidente) • Pascal CORDEREIX (Vice-président)
Association française des détenteurs de documents audiovisuels et sonores • **Objet** : Réunir les institutions comme les personnes qui s'intéressent à la sauvegarde, au traitement et à la communication au public des documents audiovisuels • **Activité(s)** : Patrimoine sonore et audiovisuel, traitement documentaire, conservation • **Publications** : Bulletin trimestriel, plus « Sonorités : cahiers du patrimoine sonore et audiovisuel »

AFO

✆ **01 42 80 26 27** • fax 01 42 80 26 46
afo@france-orchestres.com • **www.france-orchestres.com**
24 rue Philippe de Girard • 75010 **PARIS**
Philippe FANJAS (Directeur) • Florent GIRARD (Secrétaire général) • Clémence QUESNEL (« Orchestres en fête »)
Association française des orchestres • **Objet** : Coordination permanente entre les 40 orchestres adhérents • **Activité(s)** : Lieu de réflexion, de proposition et de communication sur les enjeux des orchestres. Observation, centre de ressources, porte-parole de la profession aux plans national et international, opération « Orchestres en fête » • **Condition(s) d'adhésion** : Cotisation • **Publications** : « Actes du Forum européen des orchestres » (2005), « Guide de prévention du risque auditif » (2007), « L'Abécédaire de l'Orchestre » (2009)

AJC - ASSOCIATION JAZZÉ CROISÉ

✆ **01 42 36 00 12** • fax 01 42 36 00 32
contact@ajc-jazz.eu • **www.ajc-jazz.eu**
34 rue Duris • 75020 **PARIS**
Armand MEIGNAN (Président) • Antoine BOS (Secrétaire général) • Philippe OCHEM (Vice-président) • Roger FONTANEL (Trésorier) • Jean-Paul RICARD (Secrétaire)
Objet : Association qui regroupe 43 de festivals de jazz et musiques improvisés (Afijma) et qui sous le nom d'Association Jazz Croisé (AJC) s'ouvre au 1er janvier 2013 à l'ensemble des structures de diffusion de jazz (festivals, scènes conventionnées et nationales, théâtres, centres culturels, clubs) qui partagent ses objectifs et valeurs, tels qu'énoncés dans sa charte • **Activité(s)** : Actions diverses pour la coordination des actions des festivals, la diffusion des mus., en France et en Europe, pour des groupes constitués ou des créations issus des festivals. Mise en place de « Jazz Migration », opération d'accompagnement et de valorisation de jeunes artistes de la scène jazz française en partenariat avec la Fedelima. Pilotage d'un programme d'échange franco-scandinave « French Nordic Jazz Transit », etc. • **Condition(s) d'adhésion** : Cooptation par l'ensemble des festivals déjà adhérents • **Publications** : « Les Cahiers de l'Afijma » (n° 1 en nov. 2007 et n° 2 en juin 2009). La Lettre d'information de l'Afijma (en ligne)

Les ALLUMÉS DU JAZZ

✆ **02 43 28 31 30**
all.jazz@wanadoo.fr • **www.allumesdujazz.com**
2 rue de la Galère • 72000 **LE MANS**
Françoise BASTIANELLI (Présidente) • Cécile SALLE (Comptable) • Valérie CRINIÈRE (Responsable de la communication et VPC)
Objet : Association qui regroupe les labels indépendants de jazz en France • **Activité(s)** : Conduire, avec le soutien du ministère de la Culture, du FCM, et de la Sacem, des opérations de valorisation des catalogues des labels adhérents à travers un journal trimestriel, un département de distribution sur les festivals, un site internet et une boutique situé au Mans • **Condition(s) d'adhésion** : Etre distribué comme label, cotisation annuelle • **Publications** : « Les Allumés du jazz » : publication gratuite « à périodicité aléatoire ». Web Radio (sur le site)

AMF

✆ **01 44 18 14 14** • fax 01 44 18 14 15
amf@amf.asso.fr • **www.amf.asso.fr**
41 quai d'Orsay • 75343 **PARIS CEDEX 7**
Roland MOUCHEL BLAISOT (Directeur général) • Marie-Hélène GALIN (Chargée de communication)
Association des maires de France • **Objet** : Conseil, information et représentation des maires de France • **Publications** : Maires de France

AMGVF

✆ **01 44 39 34 56** • fax 01 45 48 98 54
amgvf@grandesvilles.org • **www.grandesvilles.org**
22 rue Joubert • 75009 **PARIS**
Michel DESTOT (Président) • Christian LALU (Directeur général) • David CONSTANS-MARTIGNY (Chargé de mission éducation, insertion, culture)
Association des maires des grandes villes de France • **Publications** : Grandes villes hebdo (en ligne)

ANDACRE

✆ **02 31 06 95 44 / 06 31 47 27 22**
ja.maignan@crbn.fr
Conseil régional • Pl. Reine Mathilde • BP 523 • 14035 **CAEN CEDEX**
Jack MAIGNAN (Président)
Association nationale des directeurs d'action culturelle des régions • **Objet** : Fédérer les Directeurs Culture des régions de France

ANIMAFAC

✆ **01 42 22 15 15** • fax 01 42 22 53 15
info@animafac.net • **www.animafac.net**
23 rue Dagorno • 75012 **PARIS**
Céline VANNEROY (Déléguée générale)
Objet : Réseau et outil pour les associations étudiantes • **Activité(s)** : Week-ends au campus, formations à la vie associative et à la conduite de projets à travers toute la France, mise à disposition de volontaires en service civique, multiples campagnes de sensibilisation • **Publications** : Collection de guides et de fiches pratiques

APEMU

annefgy@orange.fr • **www.apemu.fr**
6 imp. Dubet • 33700 **MERIGNAC**
Yolande BARBIER (Présidente) • Fernando SEGUI (Vice-président) • Etienne GÉGOUT (Vice-président)
Association des professeurs d'éducation musicale • **Objet** : Regroupe les professeurs d'éducation musicale de l'Education Nationale • **Activité(s)** : Développe l'éducation musicale à tous les niveaux de la vie scolaire • **Publications** : Journal trimestriel et actes des congrès

ARF

✆ **01 45 55 82 48** • fax 01 45 50 20 38
regions.de.france@arf-regions.org • **www.arf.asso.fr**
282 bd St-Germain • 75007 **PARIS**
Alain ROUSSET (Président) • Claire BERNARD (Déléguée culture) • Marie DUSSELIER (Déléguée tourisme)
Association des régions de France • **Activité(s)** : Concertation entre les conseils régionaux et lieu de propositions - Groupes de travail (aménagement du territoire, contrats État-Régions et fonds européens, développement économique, transfert aux Régions des transports d'intérêt régional, éducation, apprentissage et formation professionnelle, finances régionales et ressources humaines, coopération européenne et à l'international, etc.)

ARTS VIVANTS & DÉPARTEMENTS

✆ **06 10 78 59 92**
f.arsicaud@arts-vivants-departements.fr
www.arts-vivants-departements.fr
c/o Hérault Musique Danse • 1722 rue de Malbosc • BP 7214
34086 **MONTPELLIER CEDEX 4**
Michel TAMISIER (Président) • Fabienne ARSICAUD (Coordinatrice) • Hervé BISEUIL (Vice-président) • Thierry MORLET (Secrétaire)
Fédération nationale des organismes départementaux de développement des arts vivants • **Objet** : Fédération à l'initiative des associations départementales de développement du spectacle vivant, réunissant l'ensemble de ces structures au sein d'un réseau national en liaison avec l'association des départements de France (ADF), l'association Culture et Départements et les services culturels de l'Etat • **Activité(s)** : Travail en commission (prospective et nouvelles gouvernances territoriales, musique enseignement et pratiques, danse, théâtre, réseau des administrateurs, information-communication), formation continue des personnels, rencontres professionnelles, séminaires, colloques • **Publications** : Publications thématiques et études

CALIF

✆ **01 42 45 21 74**
contact@calif.fr • **www.calif.fr**
8 rue Ste Marthe • 75010 **PARIS**
David GODEVAIS (Directeur)
Club action des labels indépendants français • **Objet** : Regroupement d'éditeurs phonographiques souhaitant contribuer à la redynamisation du secteur musical indépendant à travers la création de nouveaux points de vente • **Activité(s)** : Aide à la création de nouveaux disquaires, apport d'un soutien technique et financier aux disquaires indépendants déjà existants, création d'espaces de vente de disques dans le réseau des libraires, affiliation, aide à la promotion, aide au développement de réseaux commerciaux, etc. • **Condition(s) d'adhésion** : Ouvert aux sociétés indépendantes commerciales françaises de producteurs et d'éditeurs phonographiques et de distributions indépendantes

CD1D

✆ **04 77 83 75 27**
info@cd1d.com • **www.cd1d.com**
10 rue Waldeck Rousseau • 42800 **RIVE DE GIER**
Éric PETROTTO (Président) • Marie IMBERDIS (Coordinatrice)
Objet : Fédération de labels indépendants • **Activité(s)** : Mise en place d'un outil commun de distribution en ligne

Le CHAINON/FNTAV

✆ **02 43 49 85 11** • fax 02 43 49 47 85
administration@fntav.com • **www.fntav.com**
Directions des Affaires Culturelles • Musée Ecole de la Perrine • 10 allée Adrien Bruneau • 53000 **LAVAL**
François GABORY (Président) • Mathieu SIORAT (Responsable artistique) • Evelyne RIVET (Responsable d'administration et finances)
Fédération des nouveaux territoires des arts vivants • **Objet** : Regroupement de 10 fédérations régionales (300 adhérents) • **Activité(s)** : Toutes disciplines du spectacle vivant. Tournées : 60 artistes et 800 dates/an. Festival annuel « le Chaînon Manquant » à Laval en sep. échanges d'information et formations • **Condition(s) d'adhésion** : Ns contacter

CMF

✆ **01 48 78 39 42** • fax 01 45 96 06 86
cmf@cmf-musique.org • **www.cmf-musique.org**
103 bd Magenta • 75010 **PARIS**
Jean-Jacques BRODBECK (Président) • Philippe LATRIVE (Responsable administratif et du développement) • Ludovic LAURENT-TESTORIS (Directeur du développement culturel et de la communication) • Elsa PHILIPPE (Chargée de communication) • Christine BERGNA (Journaliste) • Isabelle PONCEL (Médiathèque) • Marine FOUCAUD (Assistante culturelle) • Rouguy DIOP (Chargée des assurances et du secrétariat)
Confédération musicale de France • **Objet** : Regroupe des écoles de musique et des sociétés musicales (orchestres, chorales, etc.) et constitue le premier réseau de la pratique musicale en amateur • **Activité(s)** : Examens fédéraux, assurances, aide juridique et administrative, communication, récompenses, concours nationaux, stages, orchestre national d'harmonie des jeunes, championnat national de brass band, concours d'excellence, médiathèque, partenariats, etc. • **Condition(s) d'adhésion** : Côtisation annuelle • **Publications** : Journal CMF (5/an), newsletter mensuelle "CMF infos"

CNGFF - FRANCE FOLKLORE

✆ **04 76 67 33 47 / 06 70 09 58 51** • fax 04 76 05 39 55
francefolklore@orange.fr • **www.france-folklore.com**
15 rue des Cerneaux • 38500 **VOIRON**
Nicolas CHARLETY (Président) • Paulette BAYLAC (Secrétaire général)
Confédération nationale des groupes folkloriques français • **Objet** : Rassembler toutes les associations, groupes folkloriques soucieux de préserver les arts, la culture et les traditions populaires sous toutes leurs formes • **Activité(s)** : Collecter les éléments qui font d'un terroir une entité culturelle, maintenir et présenter costumes, chants, danses, archiver toutes les données • **Publications** : « Les instruments de musique de nos terroirs », revue « Folklore de France » (trimestriel), « Les maisons de nos terroirs » (2010)

CNRA

✆ **09 62 00 13 74**
cnra@free.fr • **www.cnra.fr**
15 rue des Volontaires • 34000 **MONTPELLIER**
Hervé DUJARDIN (Président)
Confédération nationale des radios associatives • **Objet** : Représentation et défense de toutes les sensibilités de la FM associative • **Activité(s)** : Représentation et action syndicale devant tous les partenaires et interlocuteurs publics et privés au niveau national. Siège au conseil d'administration de l'Epra, au Conseil national de la vie associative (CNVA)

COFAC

✆ **01 43 55 60 63** • fax 01 43 55 60 63
co.fac@wanadoo.fr • **www.cofac.asso.fr**
15 rue La Condamine • 75017 **PARIS**
Alain DE LA BRETESCH (Président) • Eva CAMPS (Coordinateur nationale) • Claire VAPILLON (Vice-présidente) • Véronique DUROY (Chargée de mission)
Coordination des fédérations et associations de culture et de communication • **Objet** : Promouvoir une réelle et libre vie associative dans les domaines de la Culture et de la Communication, placer les associations au cœur des débats et projets de la société, obtenir leur reconnaissance auprès de toutes les institutions et les représenter nationalement • **Activité(s)** : Représentation (CPCA, CNVA), copilotage du Cnar-Culture, formation, études, expertise - les fédérations réfléchissent et agissent de manière concertée sur la place des associations, des amateurs et des bénévoles dans la coconstruction des politiques culturelles

COLLECTIF DES RADIOS BLUES

✆ **06 08 81 02 24** • fax 04 74 27 05 53
radiosblues@wanadoo.fr • **www.radiosblues.com**
7 av. du Bourg • 38080 **L'ISLE D'ABEAU**
Francis RATEAU (Président)
Objet : Fédération de nombreux animateurs de radios blues (une cinquantaine) en France, Belgique, Québec, Afrique, autour de l'idée d'échanger, diffuser et promouvoir les musiques blues, sous toutes ses formes • **Activité(s)** : Le CRB remet chaque année son Trophée « Coup de Cœur » à l'un des finalistes du Tremplin Blues Sur Seine et réalise chaque mois le PowerBlues, classement des meilleurs sorties CD blues publié dans le magazine Crossroads

CONSERVATOIRES DE FRANCE

conservatoiresdefrance@yahoo.fr • **www.conservatoires-france.com**
Ecole de musique - CRC • 24 rue de la Dalinière • 44400 **REZE**
Catherine BAUBIN (Présidente) • Sophie KIPFER (Vice-présidente) • Jean-Yves FOUQUERAY (Vice-président)
Objet : Asso. professionnelle d'établissements d'enseignement artistique représentés par leurs directeurs • **Activité(s)** : Stage, rencontres, colloques, actions et réflexions sur les professions concernées, relations avec le monde institutionnel • **Publications** : Lettre d'information, actes de colloques

Collectif CULTURE BAR-BARS

✆ **02 85 52 60 22**
nicolas@bar-bars.com • **www.bar-bars.com**
6 rue Saint Dominigue • 44200 **NANTES**
Cédric PRAUD (Président) • Eric LEJEUNE (Vice-président) • Denis TALLEDEC (Directeur) • Aurélie JOUAUX (Chargée de l'administration) • David MILBEO (Chargé du développement) • Samuel RAYMOND (Chargé du développement et de la communication) • Nicolas CRUSSON (Chargé des événements)
Objet : Fédération nationale des petits lieux de diffusion • **Activité(s)** : Information, structuration, défense des intérêts collectifs et individuels des responsables des petits lieux de diffusion indépendants • **Condition(s) d'adhésion** : Charte des petits lieux posant l'éthique et les revendications de la fédération, être une pers morale (CHR) 60 €/an • **Publications** : Plaquettes de présentation

CULTURE ET DEPARTEMENTS

✆ **05 56 17 36 06**
www.culturedepartements.org
c/o IDDAC • 59 rue d'Equines • 33492 **LE BOUSCAT**
François POUTHIER (Président)
Objet : Regroupe les responsables culturels départementaux (directeurs de la culture et directeurs d'offices culturels départementaux) • **Activité(s)** : Réflexion collective sur les politiques culturelles territoriales, colloque, conseils et publications • **Condition(s) d'adhésion** : 40 € individuel, 500 € collectivités

FAMDT

✆ **02 85 52 67 04**
accueil@famdt.com • **www.famdt.com**
35 rue Crucy • 44000 **NANTES**
Bernard GUINARD (Directeur) • Maureen LARGOUËT (Secrétaire générale) • Bénigne LODÉHO (Chargé de ressource et logistique)
Fédération des associations de musiques et danses traditionnelles • **Objet** : Musiques et danses traditionnelles • **Activité(s)** : Spectacle vivant professionnel (dont opération Planètes Musiques), synergie entre les différents acteurs de la scène professionnelle, valorisation des lieux de création ; collectage, catalogage, valorisation du patrimoine oral (pôle associé avec la BNF) ; identification, sauvegarde et transmission du patrimoine culturel immatériel ; transmission, formation professionnelle, pratiques en amateurs ; mise en réseau des acteurs, représentation et valorisation du secteur auprès des partenaires et des médias, accompagnement des adhérents (ressources internes et externes, veille juridique et documentaire) • **Condition(s) d'adhésion** : Réservée aux personnes morales avec délibération d'un vote

FEDELIMA

✆ **02 40 48 08 85** • fax 09 55 21 77 28
contact@fedelima.org • **www.fedelima.org**
11 rue des Olivettes • 44000 **NANTES**
Guillaume LÉCHEVIN (Président) • Cyrille GOHAUD (Vice-président) • Philippe BERTHELOT (Directeur) • Hyacinthe CHATAIGNÉ (Responsable Etudes et observation) • Laurent MÉNARD (Secrétaire comptable) • Mélanie FOURMON (Chargée du développement activités artistiques et culturelles) • Stéphanie-Stiff THOMAS (Chargée logiques territoriales nationales et européennes) • Frédérique FRANCIS (Chargée vie associative et suivi adhérents) • Vera BEZSONOFF (Chargée accompagnement adhérents) • Clothilde FERY (Coordinatrice Live DMA)
Fédération des lieux de musiques actuelles • **Objet** : Réseau de 130 lieux de musiques amplifiées/actuelles et jazz en France • **Activité(s)** : Centre d'analyses, de ressources, observatoire via travail permanent d'observation participative de ses adhérents ; mission de veille, conseil et accompagnement ; interface avec organismes professionnels et pouvoirs publics ; initie et participe à des temps de réflexion et des actions communes sur problématiques culturelles et artistiques • **Condition(s) d'adhésion** : Equipements ou associations développant un projet artistique et culturel dans le domaine des musiques amplifiées/actuelles (sur dossier)

FÉDÉRATION DES MUSIQUES CRÉATIVES

✆ **05 49 47 31 48**
fedemusicrea@gmail.com
c/o Fabrice Schmit • 5 rue de Bouteiller • 57000 **METZ**
Emmanuelle PELLEGRINI (Présidente) • Mathilde COUPEAU (Secrétaire)
Objet : Promouvoir et fédérer le secteur de la diffusion des musiques improvisées, expérimentales et créatives ainsi que les fédérations de mus. les représentant • **Activité(s)** : Sensibilisation, information sur ces esthétiques musicales auprès des institutions politiques ; aide à l'émergence d'un débat public autour des pratiques musicales contemporaines ; espace d'échange, de réflexion et d'observation • **Condition(s) d'adhésion** : Personnes morales

FEDERATION HIERO

✆ **03 89 32 94 10 / 03 89 41 01 81** • fax 03 89 42 05 96
info@noumatrouff.fr • **www.fede-hiero.com**
BP 3135 • 68063 **MULHOUSE CEDEX**
Matthieu STAHL (Président Mulhouse) • Nicolas JEANNIARD (Président Colmar)
Objet : Créer et gérer de nouveaux lieux culturels, rassembler et multiplier les acteurs culturels d'une ville, d'une région, d'un pays, etc. • **Activité(s)** : Musiques vivantes (du rock au rap, du trash à la techno), labels, locaux de répétitions, promotion de groupes locaux, graphisme, arts plastiques, journal, BD, cinéma, théâtre de rue, projet multimédia (site internet et retransmission en direct de concerts sur le net) • **Condition(s) d'adhésion** : 20 €/an • **Publications** : Bulletin des membres

FEDERATION NATIONALE DES ARTS DE LA RUE

✆ **01 42 03 91 12 / 06 33 81 22 93**
coordination@federationartsdelarue.org • **federationartsdelarue.org**
c/o Maison des réseaux artistiques et culturels • 221 rue de Belleville
75019 **PARIS**
Pierre PREVOST (Président) • Thomas LAOU-HAP (Coordinateur) • Julie MALHÉ (Coordinatrice)
Objet : Association professionnelle des arts de la rue • **Activité(s)** : Lobbying auprès des pouvoirs publics et structuration du secteur, développement d'un réseau européen et de fédérations en régions, initiateurs de la campagne « L'art est public » (lartestpublic.fr) • **Condition(s) d'adhésion** : 55 €/an pour individu, 1/1 000e chiffre d'affaire pour structures • **Publications** : En ligne, infos aux adhérents

FELIN

✆ **05 57 59 14 13**
contact@fede-felin.org • **www.fede-felin.org**
12 pl. de la Victoire • 33000 **BORDEAUX**
Philippe COUDERC (Président)
Fédération nationale des Labels Indépendants • **Objet** : Représentation des labels indépendants auprès des institutions, des politiques, des médias et du public afin d'organiser, étudier et protéger des intérêts professionnels économiques et moraux, nationaux et internationaux de ses membres

FERAROCK

✆ **02 23 48 62 78** • fax 02 99 14 25 15
contact@ferarock.org • **www.ferarock.org**
9/11 rue de Dinan • 35000 **RENNES**
Dominique MARIE (Président) • Camille FROGER (Coordinatrice)
Fédération des radios associatives musiques actuelles - Radios de découverte • **Objet** : Regroupe des radios associatives qui ont pour finalité de diffuser principalement les musiques actuelles en émergence ou peu exposées sur les radios nationales. Ces radios accordent un regard particulier à la scène française et à l'espace francophone • **Activité(s)** : Coordonner au niveau national les initiatives politiques, économiques et culturelles des radios associatives musiques actuelles, et initier auprès de ses membres des actions d'envergure nationale. Elaboration et diffusion du Trente de France et de la Féraliste • **Condition(s) d'adhésion** : Cooptation

FFDSP

✆ **01 42 06 92 08** • fax 01 42 06 92 08
bureau@ffdsp.com • **www.ffdsp.com**
6 rue Frédérick Lemaître • 75020 **PARIS**
Catherine DUVAL (Présidente) • Pierre PANNETIER (Coordinateur internet)
Fédération française de slam poésie • **Objet** : Promouvoir les performances et les créations de Slam poésie • **Activité(s)** : Base de données sur le mouvement slam et ses acteurs dans toute la France • **Condition(s) d'adhésion** : Slameurs et associations

FFEM

✆ **05 56 87 81 64** • fax 05 56 87 90 64
info@ffemnet.com • **www.ffemnet.com**
Imm. Topaze - ent. C • 2 rue Jean Bonnardel
33140 **VILLENAVE D'ORNON**
Alfred HERZOG (Président)
Fédération française de l'enseignement musical, chorégraphique et théâtral • **Objet** : Regrouper les établissements de l'enseignement musical spécialisé (CRR, CRD, CRC, etc.) au niveau national • **Activité(s)** : Aide à la pédagogie et au fonctionnement des conservatoires • **Condition(s) d'adhésion** : Suivant les effectifs des conservatoires

FFMJC

✆ **01 44 69 82 25** • fax 01 44 69 82 30
culture@ffmjc.org • **www.ffmjc.org**
15 rue la Condamine • 75017 **PARIS**
Anne-Marie BOURROUILH (Chargée de mission)
Fédération française des maisons des jeunes et de la culture • **Objet** : Fédération • **Activité(s)** : Animation du réseau MJC par des rencontres et des formations qui transforment une dynamique d'accompagnement artistique et de promotion culturelle en une démarche d'appropriation critique • **Publications** : Newsletter mensuelle

FNADAC

✆ **04 50 51 86 96**
fnadac@free.fr
François DESCHAMPS (Président) • David PONCET (Trésorier) • Claude LECHAT (Secrétaire)
Fédération Nationale des Directeurs des affaires culturelles de collectivités territoriales • **Objet** : Lieu de réflexion sur les politiques culturelles publiques, espace de représentation nationale de la profession de DAC, carrefour de rencontres et d'entraide et interlocuteur auprès des institutions et des structures professionnelles

FNCC

✆ **04 77 41 78 71 / 06 07 85 50 84** • fax 04 77 38 20 48
contact@fncc.fr • **www.fncc.fr**
15 rue Léon Lamaizière • 42000 **ST ETIENNE**
Philippe LAURENT (Président) • Nicole DAZY (Secrétaire générale) • Françoise VRAY (Responsable des finances) • Jean-François BURGOS (Vice-président / Délégué Musiques actuelles) • Marie-Thérèse FRANCOIS-PONCET (Vice-présidente d'honneur / Co-déléguée Musiques actuelles)
Fédération nationale des collectivités territoriales pour la culture • **Objet** : Association pluraliste regroupant les élus chargés des affaires culturelles dans les collectivités territoriales • **Activité(s)** : Organisation de colloques d'information, centre agréé de formation des élus, service conseil • **Condition(s) d'adhésion** : Variable selon le nombre d'habitants des collectivités territoriales et leur type • **Publications** : Lettre électronique (bimestrielle), guides, etc.

FNCMR

✆ **01 48 73 06 72** • fax 01 70 74 64 86
federation@lescmr.asso.fr • **www.lescmr.asso.fr**
Bât. B • 2 pl. du Gal Leclerc • 94130 **NOGENT SUR MARNE**
Jean-Louis DAVICINO (Président) • Sylvie BESSENAY (Directrice) • Gaëlle MARIE (Responsable des formations) • Amélie DUMORTIER (Chargée du développement)
Fédération nationale des centres musicaux ruraux • **Objet** : Favoriser un accès à la musique pour le plus grand nombre en partenariat avec les collectivités • **Activité(s)** : Interventions musicales en milieu scolaire et périscolaire, pratique musicale en amateur, accompagnement de groupes de musiques actuelles, intervention dans les milieux de la petite enfance et spécialisés, classes découverte et séjours musicaux • **Condition(s) d'adhésion** : 1 % de la valeur du contrat passé • **Publications** : « Interlignes »

FNEIJMA

✆ **04 66 26 34 64** • fax 04 66 26 93 66
contact@fneijma.org • **www.fneijma.org**
44 rue de Beaucaire • 30000 **NIMES**
Serge CECCALDI (Président) • Stéphan LE SAGERE (Directeur) • Stella PINNISI (Communication) • Nadège GUEDON (Trésorière) • Noëlle TATICH (Secrétaire)
Fédération nationale des écoles d'influence jazz et musiques actuelles • **Objet** : Réunir les centres de formation d'artistes et de mus. dans le sens d'une réflexion prospective, d'une concertation et d'une coordination des activités • **Activité(s)** : Délivre le titre de niveau IV de « Musicien interprète des musiques actuelles » (certificat Fneijma), aussi accessible par VAE - Etudes, conseil, colloques ; aspects techniques, juridiques, sociaux de la formation ; organisation de stages, commissions, mises en réseau, opérations d'insertion professionnelle • **Condition(s) d'adhésion** : Existence depuis plus d'un an, programme pédagogique détaillé, respect de la Charte, cotisation annuelle en fonction du budget • **Publications** : « Enseigner les musiques actuelles » (actes du colloque national 2005), Etude emploi 2006 « Le devenir professionnel des certifiés Fneijma », référentiel métier musicien musiques actuelles

FRANCE BLUES

✆ **06 61 41 97 03**
president@franceblues.com • **www.franceblues.com**
24 rue du clos scellier • 78200 **MANTES LA JOLIE**
Jean GUILLERMO (Président) • François DUJARDIN (Vice-président et correspondant de Blues Matters) • Fred DEFFORGE (Trésorier et représentant Zicazic.com) • Jacques DEGUIGNET (Secrétaire général et représentant Paris-Move.co)
Objet : Fédération de tous les intervenants de la communiqué blues • **Activité(s)** : Promouvoir le Blues et genres musicaux associés, les acteurs, en premier lieu les artistes mais aussi les associations, festivals, media et sites web spécialisés, développer les échanges internationaux d'une manière générale et en particulier la coopération entre festivals européens, et les initiatives en direction des plus jeunes (Blues à l'école) • **Condition(s) d'adhésion** : Par cooptation et adh. à une charte de qualité • **Publications** : Edition et distribution en Europe de plaquettes de promotion des bluesmen français

FRANCE FESTIVALS

✆ **01 56 81 01 05** • fax 01 56 81 05 95
contact@francefestivals.com • **www.francefestivals.com**
Hôtel de Massa • 38 rue du Fbg St-Jacques • 75014 **PARIS**
Philippe TOUSSAINT (Président) • Bénédicte DUMEIGE (Directrice) • Anaïs MORAIS (Chargée de mission) • Anne GUEUDRE (Attachée de presse)
Objet : Représenter et valoriser ses adhérents, promotion de leurs festivals • **Activité(s)** : Observatoire, études, colloques, mutualisation de projets, etc. • **Condition(s) d'adhésion** : Membre actif ou organisation abonnée selon l'ancienneté et l'importance du festival • **Publications** : Actes de colloques, étude scientifique, « Etudes des publics des festivals » (Co-éd. Michel de Maule, France Festivals)

FUTURS COMPOSÉS

✆ **01 77 32 23 19**
contact@futurscomposes.com • **www.futurscomposes.com**
51 rue de Chabrol • 75010 **PARIS**
Benoît THIEBERGIEN (Président) • Anaïs CHAPALAIN (Déléguée générale) • Alice GABBAI (Chargée de communication)
Objet : Réseau national de la création musicale • **Condition(s) d'adhésion** : Ensembles et compagnies musicales, centres nationaux de création musicale, structures de production et diffusion, éditeurs, festivals, centres de formation et d'information, compositeurs et interprètes

La GAM

✆ **06 85 32 25 05**
contact@lagam.org • **www.lagam.org**
70 rue Blanche • 75009 **PARIS**
Axel BAUER (Président) • Suzanne COMBO (Référente) • Issam KRIMI (Secrétaire) • KENT
Guilde des artistes de la musique • **Objet** : Rassembler des artistes et musiciens établis en France pour constituer un espace de regroupement, de concertation, de partage, d'informations et de création collective d'un projet commun • **Activité(s)** : Produire une parole propre aux artistes, positionner l'artiste au cœur des débats et des prises de décisions, structurer un réseau de réflexion, être force de proposition • **Condition(s) d'adhésion** : Être un artiste professionnel de la musique ou être parrainée par deux membres de l'association, dont au moins un membre du CA. Cotisation : 40 €/an ou 15 €/an (artistes non-imposables)

GESTE

✆ **01 47 03 04 60** • fax 01 47 03 04 65
llataillad@geste.fr • **www.geste.fr**
76 rue de Richelieu • 75002 **PARIS**
Corinne DENIS (Présidente) • Laure DE LATAILLADE (Directrice) • Maxime JAILLET (Juriste) • Rama DIAGNE (Juriste)
Groupement des éditeurs de services en ligne • **Objet** : Défendre les intérêts de ses membres dans les instances où se décident les règles qui s'appliquent à l'édition en ligne • **Activité(s)** : Commissions (juridique, presse en ligne, systèmes de paiement, kiosque, etc.), assistance juridique, observatoire marketing, lettre hebdo, Charte de l'édition en ligne

GRANDS FORMATS

✆ **06 12 99 47 65 / 01 40 26 31 36**
aurelie@grandsformats.com • **www.grandsformats.com**
10 rue Coquillière • 75001 **PARIS**
Frédéric MAURIN (Président) • Thierry VIROLLE (Vice-président) • Laurent MIGNARD (Trésorier) • Aurélie FOUCHER (Déléguée générale)
Objet : Favoriser le développement et le rayonnement des grandes formations spécialisées dans le jazz et les musiques à improviser, constituer une instance collégiale de représentation • **Activité(s)** : Actions sur la diffusion, pôle de ressources, partenariats • **Condition(s) d'adhésion** : Orchestre fondé par un ou plusieurs artistes, porteur d'un projet artistique identifié, inscrit dans la durée, engageant des mus. professionnels, ayant une existence juridique propre, en règle avec les administrations sociales et fiscales et dont le foyer fiscal est en France • **Publications** : Double Digipack « Grands Formats » (Le Chant du monde, 2006)

GRIF

formecomm@club-internet.fr
18 allée des Biches • 78680 **EPONE**
Jean-Michel SAUVAGE (Président)
Groupement des radios indépendantes de France • **Objet** : Club des radios indépendantes (catégories A et B) auprès des pouvoirs publics, de la profession et des institutions diverses • **Activité(s)** : Réflexion sur les conditions de développement des radios liées à des territoires et aux populations y résidant et y œuvrant

HOT CLUB DE FRANCE

✆ **06 14 55 98 62** • fax 01 46 09 03 61
hcf@noos.fr • **www.hot-club.asso.fr**
3 rue Ernest Renan • 92310 **SEVRES**
François DESBROSSES (Président) • Christian SABOURET (Vice-président) • Dominique BRIGAUD (Secrétaire général) • Henri DELHAYE (Trésorier) • Pierre ROBIN (Secrétaire général adjoint - Coordinateur du site internet)
Objet : Fédère des Hot clubs affiliés français, coordonne leurs activités pour La défense et la promotion du « jazz authentique » et des mus. qui le pratiquent • **Activité(s)** : Sensibilisation et connaissance du jazz classique (écoute de disques, conférences, concerts, etc.) - En déc. 2012, commemoration du 80e anniversaire de la création du Hot Club de France en 1932 et du centenaire de la naissance de son President-Fondateur, Hugues Panassié (1912 - 1974) • **Publications** : Le Bulletin du HCF (La revue du Jazz authentique), le Site internet du Hot Club de France

Les INDES RADIOS

✆ **01 58 14 22 40** • fax 01 58 14 22 41
ecrire@lesindesradios.fr • **www.lesindesradios.fr**
14 rue Lübeck • 75016 **PARIS**
Jean-Éric VALLI (Président) • Géraldine BEGUIN (Directrice générale exécutive)
Objet : Groupement d'intérêt économique de radios indépendantes • **Activité(s)** : Commercialisation nationale de l'espace publicitaire des radios, formations, prestations pour ses adhérents (centre de ressources)

JMF

✆ **01 44 61 86 86** • fax 01 44 61 86 88
info@lesjmf.org • **www.lesjmf.org**
Union nationale des JMF • 20 rue Geoffroy l'Asnier • 75004 **PARIS**
Vincent NIQUEUX (Directeur général) • Delphine LECLERC (Secrétaire générale) • Anne TORRENT (Directrice artistique) • Benoit VUILLON (Coordinateur réseau)
Jeunesses Musicales de France • **Objet** : Organisation de 2 000 concerts jeune public par saison sur le temps scolaire (primaire, collège, lycée) et tout public, promotion de jeunes artistes professionnels (musiques du monde, classiques, contemporaines et actuelles), encouragement à la pratique amateur

LIVE-BOUTIQUE.COM

✆ **01 83 64 23 33**
patrick@live-boutique.com • **www.live-boutique.com**
Rue Tournemire • 46600 **MARTEL**
Patrick DOMAGE (Directeur)
Objet : Regroupement de producteurs de spectacles : Anteprima, Auguri Productions, Azimuth, Bleu Citron, Blue Line, Caramba, Dessous de Scène, La Prod JV, Les Visiteurs du Soir, LMD Productions, Mad Minute Music, Pbox, Pyrprod, Quartier Libre, Yapuca, Zamora Productions • **Activité(s)** : Promotion d'artistes, agenda de concerts, vente de spectacles, organisations d'évènements, pôle de réflexion • **Condition(s) d'adhésion** : Sur critères validés par le CA

PLATE-FORME INTERREGIONALE

✆ **06 73 73 84 53**
contact@pfi-culture.org • **www.pfi-culture.org**
c/o Nacre • 33 cours de la Liberté • 69003 **LYON**
Gérard AUTHELAIN (Président) • Stéphane GROSCLAUDE (Coordinateur)
Plate-forme interrégionale d'échange et de coopération pour le développement culturel • **Objet** : Faciliter le travail en réseau et la conduite de chantiers interrégionaux, dans le domaine de la musique, de la danse, du théâtre, des arts de la piste et de la rue, et de toute autre forme des arts du spectacle vivant • **Condition(s) d'adhésion** : Structure investie par l'Etat et un Conseil régional ou par un Conseil régional d'une mission de développement et d'aménagement culturel du territoire au niveau régional (coordination, concertation, médiation, information) • **Publications** : « Observer, étudier : des savoir-faire à partager, entre pluralités et principes de convergence » (A. Le Vaillant 2008/09), « Enseigner le chant : quelles compétences pour quels métiers ? » (2009), « Enquête sur l'économie des chœurs » (2010)

RADIO CAMPUS FRANCE

✆ **01 40 33 07 11** • fax 01 40 33 07 11
nhorber@radiocampus.fr • **www.radiocampus.org**
6-8 passage des Récollets • 75010 **PARIS**
Yvan TRELLU (Président) • Nicolas HORBER (Délégué général) • Ghislain CHANTEPIE (Chargé du développement réseau et contenus multimedia)
International Association of Student Television and Radio • **Objet** : Assurer le développement, le rayonnement, la promotion et la sauvegarde des associations membres. Mener des actions communes, favoriser la formation, négocier les financements, partenariats et conventions au niveau national, aider à la création de nouvelles radios étudiantes • **Activité(s)** : Echange de programmes et de compétences, mise en place d'actions communes et synergies, représentations et conventions nationales, partenariats festivals culturels et industrie du disque

REDITEC

✆ **06 73 84 52 90**
president@reditec.fr • **www.reditec.fr**
14 rue Yves Bodiguel • 44000 **NANTES**
Régis VASSEUR (Président) • Bénédicte CLERMONT (Secrétaire)
Association des responsables techniques du spectacle vivant • **Objet** : Regrouper des responsables techniques du spectacle vivant et d'événements culturels, plus particulièrement des directeurs techniques et régisseurs généraux • **Activité(s)** : Représentation nationale et professionnelle, groupes de travail, etc. • **Publications** : Cadres de scène, newsletter diffusée par courrier électronique

RESEAU PRINTEMPS

✆ **01 42 38 40 50** • fax 01 42 38 40 41
contact@reseau-printemps.com • **www.reseau-printemps.com**
46 rue Bouret • 75019 **PARIS**
Daniel COLLING (Président) • Marcelle GALINARI (Directrice) • Rita SAREGO (Administratrice)
Objet : 26 antennes françaises et 3 francophones ayant pour objectif de découvrir, sélectionner, présenter les Découvertes pour le Printemps de Bourges et d'assurer leur promotion • **Activité(s)** : Réception des candidatures et organisation des sélections des Découvertes du Printemps de Bourges, séances de formation artistique, aide au développement de carrière

RÉSEAU RESSOURCE

✆ **04 67 58 27 48 / 02 38 54 07 69** • fax 04 67 58 27 48
contact@reseauressource.info • **www.reseauressource.info**
42 rue Adam de Craponne • 34000 **MONTPELLIER**
Mathieu LAMBERT (Animateur) • Vincent PRIOU (Président)
Objet : Définir et affirmer la spécificité d'un métier lié aux questions de l'information et des ressources dans le domaine des musiques actuelles • **Activité(s)** : Organisation des 1res Rencontres nationales sur l'information et la ressource dans le domaine des musiques actuelles (Printemps de Bourges 2005), cycles de formation, séminaire de réflexion (Toulouse 2006, Clermont-Ferrand 2008), création d'un outil de travail collaboratif destiné aux ingénieurs ressources (site), création d'une base de données documentaires transversales avec l'Irma et le CNV • **Condition(s) d'adhésion** : Formulaire à télécharger sur le site, demande à adresser au CA

COLLECTIF **RPM**

✆ **07 60 38 60 40**
contact@collectifrpm.org • **www.collectifrpm.org**
c/o le CRY • 28 rue de Lorraine • 78200 **MANTES LA JOLIE**
Thierry DUVAL (Président) • Nicolas BONGRAND (Coordinateur)
Recherche en pédagogie musicale • **Objet** : Recherche-action sur l'accompagnement des pratiques musicales • **Activité(s)** : Séminaires, journées d'étude, formations de formateur, prestations de formation sur site, recensements des offres de formation spécialisées, définition de référentiels sur les métiers d'accompagnement musical, publications pédagogiques • **Publications** : « Enseigner les musiques actuelles ? » (2012)

SYROL

✆ **01 55 25 50 70** • fax 01 74 90 10 21
bureau.syrol@syrol.fr • **www.syrol.fr**
c/o Sébastien Troquier • 70 rue de Mouzaia • 75019 **PARIS**
Olivier RIOU (Président) • Sébastien TROQUIER (Secrétaire général)
Objet : Syndicat des radios on-line • **Activité(s)** : Six commissions : juridique, technique, mesure d'audience et publicité, musique, webradios associatives, radio num. & mobile

TECHNOPOL

✆ **01 53 36 04 19**
info@technopol.net • **www.technopol.net**
150 bd Montparnasse • 75114 **PARIS**
Thomas VAUDECRANE (Président) • Bruno ASSELIN (Trésorier) • Guillaume SAINT-ÉTIENNE • Christophe VIX-GRAS (Chargé de mission) • Aude BADJEL (Chargé de mission)
Objet : Association pour la reconnaissance et la défense des cultures, des arts et des musiques électroniques • **Activité(s)** : Conseils juridiques, aide à la professionnalisation, etc.; organisation de la Techno Parade, de la Semaine Culturelle de la Techno Parade et des Croisières Electro, organisation de stages de formation en collaboration avec des organismes de formation (IRMA, Musiques Tangentes, IESA, Paris Mix, etc.), organisation de conférences thématiques • **Condition(s) d'adhésion** : Etre acteur de la scène électronique • **Publications** : technopol.net, technoparade.fr

UCMF

✆ **06 26 82 25 26**
contact@ucmf.fr • **www.ucmf.fr**
Espace Altura • 46 rue Saint Antoine • 75004 **PARIS**
Bernard GRIMALDI (Président) • Katy BORIE (Déléguée générale) • Pierre-André ATHANÉ (Vice-président) • Elizabeth ANSCUTTER (Secrétaire générale) • Philippe D'ARAM (Trésorier)
Union des compositeurs de musiques de films • **Objet** : Regroupement de professionnels souhaitant offrir une représentation cohérente de leur métier • **Activité(s)** : Valorisation du métier, échange d'informations et d'expériences, inventaire de la profession, analyse de son économie, etc. • **Condition(s) d'adhésion** : Soumises au CA

UMJ

✆ **01 45 83 22 71 / 09 53 65 22 71**
contact@umj-asso.com • **www.umj-asso.com**
19 rue des Frigos • 75013 **PARIS**
Myriam BOUK MOUN (Présidente) • Gilbert RICARD (Vice-président) • Ann BALLESTER (Trésorière) • Oscar GONÇALVES (Régisseur) • Marie ROBERT (Régisseur)
Union des musiciens de jazz • **Objet** : Améliorer les conditions de création, de production, de diffusion et l'image de la musique de jazz • **Activité(s)** : Structurer et améliorer le fonctionnement du milieu professionnel par un travail d'information, de discussion et de proposition, gestion des studios de répétition UMJ à Paris (Quai de la Gare), développement de projets de diffusion et pédagogique à travers l'orchestre associatif à géométrie variable « Le Spoumj » • **Condition(s) d'adhésion** : cotisation annuelle : 15 € • **Publications** : « Livre du jazz en France » (Editions Outre-Mesure)

UNGTP

✆ **06 89 50 68 19**
serge.creuzenet@laposte.net • **www.ungtp.com**
5 rue Fontaine Melon • 71380 **ST MARCEL**
Serge CREUZENET (Président)
Union nationale des groupes de traditions populaires • **Objet** : Fédère les associations d'arts et traditions populaires sur l'ensemble du territoire (Dom-Tom compris) • **Activité(s)** : Chants, musiques, danses et tout ce qui se rapporte à la tradition populaire, organisations de stages de formation • **Condition(s) d'adhésion** : 65 €/an

UNION DES FANFARES DE FRANCE

uff@uff.cc • **www.uff.cc**
Les Dominicains • BP60111 • 68502 **GUEBWILLER CEDEX**
Michel BING (Président)
UFF • **Objet** : Promouvoir et de développer la musique pour batterie-fanfare et harmonie-fanfare. Guider les associations membres afin de leur donner accès à une activité musicale évolutive et de qualité. Favoriser le développement de la pratique amateur

UNION DES LIBRAIRIES MUSICALES

✆ **01 46 05 52 39**
info@librairiesmusicales.fr • **www.librairiesmusicales.fr**
8 rue de l'Est • 92100 **BOULOGNE BILLANCOURT**
Juliette METZ (Présidente) • Pierre-Michel LEVALLOIS (Vice-président) • Claude HADAD (Trésorier)
Association des Producteurs et Editeurs d'Illustration Musicale • **Objet** : Défense et protection des intérêts matériels et moraux (dont artistiques), économiques et financiers des producteurs de phonogrammes et éditeurs de musiques destinées, à titre principal, à des fins d'illustration musicale • **Activité(s)** : Crée et entretient des fiches d'information sur les membres et leurs collections, produit des documents d'information sur leurs activités et les droits afférants à destination des professionnels • **Condition(s) d'adhésion** : Etre producteur et/ou éditeur de catalogues d'illustration musicale • **Publications** : « Mode d'emploi : Librairie musicale »

ZONE FRANCHE

✆ **01 43 15 02 50** • fax 01 46 36 11 62
contact@zonefranche.com • **www.zonefranche.com**
21 rue du Borrégo • 75020 **PARIS**
Frank TENAILLE (Président) • Fabienne BIDOU (Directrice) • Amandine SAUMONNEAU (Coordinatrice) • Mireille FENWICK (Chargée d'administration)
Réseau des musiques du monde • **Objet** : Réseau de professionnels des musiques du monde • **Activité(s)** : Rassemble 200 structures professionnelles oeuvrant pour la diversité musicale, représentant toute la chaîne des métiers des musiques du monde (festivals, lieux de concerts, producteurs, managers, labels, éditeurs, marchés, médias) et provenant d'une vingtaine de pays; mène des actions en faveur de la circulation des artistes, accompagne la professionnalisation et la structuration des opérateurs culturels du Sud, organise des rencontres régulières, participe aux salons et marchés internationaux, mutualise des outils de communication, réalise des études • **Condition(s) d'adhésion** : Activité dans les musiques du monde et respect des principes définis par la charte des musiques du monde • **Publications** : Newsletter (abonnement en ligne)

Les éditions Irma

Les Contrats de la musique

Pierre-Marie Bouvery

Premier ouvrage publié dans ce domaine, *Les Contrats de la musique* fournit les clés essentielles des rapports contractuels entre les artistes et les différents partenaires des secteurs de la musique que sont l'édition musicale, la production phonographique, le spectacle vivant, la gestion de carrière et la musique en ligne.

Partant d'exemples tirés des principaux contrats, il décrit, avec précision et dans un langage clair, le rôle et les obligations de chacun sous leurs aspects juridiques et financiers.

L'auteur

Pierre-Marie Bouvery est avocat à la Cour de Paris. Après avoir été membre de la direction juridique d'une société de gestion des droits voisins, il exerce son activité au sein du cabinet Factori dont il est l'un des cofondateurs. Il est également l'auteur des *Contrats 360°* aux éditions Irma.

Thématiques

L'environnement professionnel et juridique :

L'édition musicale

- Le contrat de cession
- Le contrat de préférence
- Le contrat 360°
- Les contrats annexes et alternatifs

La production phonographique

- Le contrat d'enregistrement
- La convention collective de l'édition phonographique
- Le contrat de licence
- Le contrat de distribution

La production audiovisuelle

- La captation
- La musique dans les œuvres audiovisuelles

Le spectacle vivant

- Le contrat d'engagement
- Le contrat de vente de spectacle
- Le contrat de coréalisation

La gestion de carrière

- Agents et managers
- L'exclusivité et la durée du mandat

La musique en ligne

- Les contrats de distribution numérique
- Gestion de droits et diffusion en ligne

Indications complémentaires

Édition : 2013

http://www.irma.asso.fr/Les-contrats-de-la-musique

Éditions Irma • 35 €

AMBASSADE DE FRANCE EN CHINE

✆ **+86 10 85 31 20 00** • fax +86 10 85 31 20 20
communication@institutfrancais-chine.com • **ambafrance-cn.org**
Service culturel • 60 Tianze Lu • Chaoyang District
100600 **BEIJING (CHINE)**

Sébastien CAVALIER (Attaché culturel)

Activité(s) : Développement sur le territoire chinois des artistes produits en France. Aide à la recherche de distributeur physique ou digital. Contribution financière à des tournées d'artistes français, à partir du moment où se manifeste l'intérêt (financier) d'un tourneur, d'un label ou d'une société chinoise, et que l'agent français de l'artiste est d'accord au montage d'une tournée

AMI

✆ **04 95 04 95 50** • fax 04 95 04 95 55
contact@amicentre.biz • **www.amicentre.biz**
c/o La Friche La Belle de Mai • 41 rue Jobin • 13003 **MARSEILLE**

Ferdinand RICHARD (Directeur) • Elodie LE BREUT (Responsable de la communication et conseillère artistique) • Cécilia JUMEZ (Administratrice) • Nathalie VO (Responsable de la prospective) • Nathalie PAPPALARDO (Responsable de production)

Aide aux musiques innovatrices • **Objet** : Mise en réseau d'opérateurs culturels, musiques actuelles et d'échanges croisés avec Marseille (Afrique, Maghreb et monde arabe, pourtour méditerranéen, Brésil) • **Activité(s)** : Projet de création Digibap entre l'Afrique de l'O./ France/ Brésil (www.amicentre.biz/-Digibap-.html), mise en réseau des opérateurs de la couveuse CADO.Entre 2009-2011 l'AMI était chef de file du projet européen Sostenuto (Penser la culture comme facteur d'innovation éco. et sociale) dans le cadre du programme "MED" (4 laboratoires en euroméditerranée) : cluster métiers d'art (Italie), systeme d'échange local non monétaire (Slovénie), nouveaux modes de gouvernance (Monténégro – Italie). Communication – dissémination : Relais Culture Europe. Modélisation : Université de Valencia (Espagne) • **Publications** : Rencontres professionnelles entre 2008 et 2011

AOLF

✆ **09 54 14 40 89** • fax 09 59 14 40 89
info@aolf.fr • **www.aolf.fr**
12 place de la mairie • 91400 **SACLAY**

Aline GAUTRIN (Administratrice) • Vincent COMBET (Producteur, régie)

Alors, on le fait... ?! • **Objet** : Échanges culturels internationaux, booking export, tournée, résidences • **Activité(s)** : Centre de ressources, accompagnement de projet (sur RDV) • **Publications** : Productions de cd/dvd/livres – carnet de voyages

ARTFACTORIES/AUTRE(S)PARTS

✆ **06 78 26 56 76**
infos@artfactories.net • **www.artfactories.net**
12 rue Ferdinand Lassalle • 31200 **TOULOUSE**

Philippe FOULQUIÉ (Délégué général) • Christophe PIRET (Délégué adjoint) • Adeline BOURDILLAT (Chargée de communication et de ressources) • Eric CHEVANCE (Coordinateur)

Objet : Plateforme internationale de ressources pour les lieux de culture et d'arts nés de projets artistiques citoyens et fondés sur un engagement avec des populations • **Activité(s)** : Information, identification, repérage, mise en réseau, médiation, orientations, conseil, recherche • **Publications** : QuArtiers : les projets participatifs au coeur [de la politique] de la ville, 2011. Actes des rencontres nationales : Démarche artistique et régénérations urbaines, 2010

BAAPE

✆ **01 44 16 65 21** • fax 01 44 16 65 47
baape@ciup.fr • **www.ciup.fr/fr/mobilite/artiste/home**
Cité internationale universitaire de Paris • 17 bd. Jourdan • 75014 **PARIS**

Anaïs LUKACS

Bureau d'accueil des artistes et des professionnels étrangers • **Objet** : Pôle d'information, d'orientation et de soutien aux artistes et professionnels de la culture étrangers venant en Ile-de-France et aux structures qui les accueillent, toutes disciplines confondues • **Activité(s)** : Aide aux démarches administratives (visas, fiscalité...) et pratiques (recherche logement, assurances...), lieu-ressources pour les artistes et professionnels étrangers

BUREAU EXPORT

✆ **01 49 29 52 10** • fax 01 49 29 52 24
paris@french-music.org • **www.french-music.org**
2 rue de la Roquette • Passage du Cheval Blanc - esc. Avril • 75011 **PARIS**

Olivier NUSSE (Président) • Sophie MERCIER (Directrice) • Gaëlle HEURTEBIS (Communication et site) • Emmanuelle JEANNE (Coordination du réseau) • Vincent FOURNIER-LAROQUE (Prospection, opérations collectives à l'étranger) • Sophia MOUNSSIF (Commission tournées, promotion musiques actuelles, adhésions) • Aude TILLETTE (Commission export, opérations collectives en France) • Morgane KRIKORIAN (Commission classique)

Objet : Accompagnement de la filière musicale française dans le développement de ses artistes à l'international (soutien financier, information, mise en relation et promotion)

BUREAU EXPORT À BERLIN

✆ **+49 30 885 902 14** • fax +49 30 885 902 11
berlin@french-music.org • **www.french-music.org**
Kurfürstendamm 211 • D-10719 **BERLIN (ALLEMAGNE)**

Sylvain THOLLON (Responsable) • Daniel WINKEL (Responsable artistique) • Ben LING (Chargé de mission Live & digital) • Sophie SCHRICKER (Correspondante Musiques Classiques & Impuls Neue Musik) • Katrin LEHMANN (Communication et veille)

Objet : Développement de la musique française en Allemagne, Autriche, Pays-Bas, Suisse alémanique et pays de l'Est • **Activité(s)** : Mise à disposition d'outils d'information et de veille sur les marchés prioritaires, base de données de contacts internationaux, qualifiée et régulièrement actualisée, permettant de mieux connaître et explorer ces marchés export et leurs réseaux, mise en relation directe entre professionnels français et internationaux, mise en place d'outils et d'actions de promotion sur les artistes et leur actualité export auprès de professionnels internationaux identifiés soutien financier, accompagnement des prises de risques financiers liées à la production de concerts et tournées à l'étranger, et à la réalisation d'actions de promotion, de prospection et de projets numériques à l'international; le bureauexport s'appuie sur un réseau dynamique de 5 bureaux implantés sur des territoires stratégiques à travers le monde • **Publications** : Cahier de l'export Allemagne. Publication en ligne du Compro (communiqué professionnel à destination des pros français)

BUREAU EXPORT À LONDRES

✆ **+44 207 870 35 24** • fax +44 207 871 35 29
london@french-music.org • **www.french-music.org**
Institut Français • 17 Queensberry Place
SW7 2DT **LONDON (GRANDE BRETAGNE)**

Eric VANDEPOORTER (Directeur) • Géraldine ZANASKA (Chargée de mission Live music) • David MCKENNA (Chargé de mission Labels / PRs) • Francoise CLERC (Consultante classique)

Objet : Accompagnement et dvlp. de la filière musicale française au R.-U. • **Activité(s)** : Mise à disposition d'outils d'info./veille sur le marché UK, base de données de contacts internationaux permettant de mieux connaître et explorer ces marchés export et leurs réseaux, mise en relation directe entre professionnels français et internationaux, mise en place d'outils et d'actions de promotion sur les artistes et leur actualité export auprès de professionnels internationaux identifiés, soutien financier, accomp. et expertise liées à la production de concerts et tournées UK , et à la réalisation d'actions de promotion, etc. • **Publications** : Focus marché + newsletters

BUREAU EXPORT À NEW-YORK

✆ **+1 212 439 1415** • fax +1 212 988 4388
michele.a@french-music.org • **www.french-music.org**
972 5th Avenue • 10075 **NEW-YORK (USA)**

Michèle AMAR (Responsable)

Objet : Information aux professionnels français de la musique et aide à la promotion des artistes signés en France sur les Etats-Unis et le Canada • **Activité(s)** : Musique, TV, film, radio, spectacle vivant, new media, linguistique • **Publications** : Newsletter, website

BUREAU EXPORT À TOKYO

✆ **+81 3 5206 2642** • fax +81 3 5206 2641
tokyo@french-music.org • **www.french-music.org**
c/o institut Français de Tokyo • 15 Ichigaya Funagawara-cho • Shinjuku-ku
162-8415 **TOKYO (JAPON)**

Charles ROGNET (Directeur) • Mélanie NAULEAU (Chargée de mission)

Objet : Antenne du Bureau export au Japon • **Activité(s)** : Réalisation du Cahier de l'export Japon (2004, 2006, 2008 et 2010) & Corée (2002), organisation des Rencontres des professionnels de la musique (2004). Publication en ligne du Marché en bref (communiqué professionnel à destination des pros français) ; accompagnement de la fillière musicale et développement d'artistes français sur le territoire japonais et sud-coréen

BUREAU EXPORT SAO PAULO

✆ **55 11 3234 3019**
saopaulo@french-music.org • **www.french-music.org**
Rua Dr. Vila Nova 245 • Vila Buarque
01222-020 **SAO PAULO SP (BRESIL)**

Bruno BOULAY (Directeur)

Objet : Promotion de la musique française • **Activité(s)** : Coordination des échanges et projets musicaux entre la France et le Brésil • **Publications** : Cahiers de l'export Brésil, Le Guide du marché de la musique

CENTRE CULTUREL DE SERBIE / KULTURNI CENTAR SRBIJE

✆ **01 42 72 50 50** • fax 01 42 72 52 80
info@ccserbie.com • **www.ccserbie.com**
123 rue St. Martin • 75004 **PARIS**

Milica ZIVADINOVIC (Chargée des arts plastiques) • Vladimir MARINKOVIC (Chargé du spectacle vivant) • Vuk VELICKOVIC (Directeur artistique) • Milovan CIROVSKI (Programmateur)

Objet : Présentation d'artistes serbes en France • **Activité(s)** : Concerts, expositions, tribunes littéraires, cours de langue serbe, organisation du festival Jazzycolors

CENTRE CULTUREL IRLANDAIS

✆ **01 58 52 10 30** • fax 01 58 52 10 30
spratschke@centreculturelirlandais.com
www.centreculturelirlandais.com
5 rue des Irlandais • 75005 **PARIS**

Sheila PRATSCHKE (Directrice)

Activité(s) : Organisation multiculturelle : expositions, concerts, pièce de théâtre, conférence d'artistes irlandais

CENTRE CULTUREL SUISSE

✆ **01 42 71 44 50 / 01 42 71 95 70** • fax 01 42 71 51 24
ccs@ccsparis.com • **www.ccsparis.com**
32 et 38 rue des Francs-Bourgeois • 75003 **PARIS**

Jean-Paul FELLEY (Codirecteur) • Olivier KAESER (Codirecteur) • Katrin SAADE (Administratrice)

Pro-Helvetia, Fondation suisse pour la culture • **Objet** : Concerts d'artistes suisses, principalement en jazz, classique, musique contemporaine et musiques improvisées

CENTRE CULTUREL TCHÈQUE

✆ **01 53 73 00 22** • fax 01 53 73 00 27
ccparis@czech.cz • **www.czechcentres.cz/paris/**
18 rue Bonaparte • 75006 **PARIS**

Michael-W. PROSPISIL (Directeur) • Jean-Gaspard PALENICEK (Directeur adjoint)

Objet : Diffusion de la culture tchèque • **Activité(s)** : Expositions, concerts, conférences, soirées littéraires, jazz club, cours de tchèque

CENTRE WALLONIE BRUXELLES

✆ **01 53 01 96 96** • fax 01 48 04 90 85
info@cwb.fr • **www.cwb.fr**
127-129 rue St-Martin • 75004 **PARIS**

Anne LENOIRE (Directrice)

Objet : Représentation culturelle de la Wallonie et de Bruxelles • **Activité(s)** : Accueil des créations de Wallonie et de Bruxelles, festival francophonie métissée en oct. (musique, danse, théâtre, arts plastiques & cinéma)

CIRCULA - BEMA

✆ **+221 33 855 44 50 / +221 77 708 58 54**
bema2007@free.fr • **www.circulabema.com**
DAKAR PONTY • BP22161 **DAKAR (SENEGAL)**

Fodéba KEIRA (Président) • Cécile RATA NDAW (Administratrice générale)

Bureau export de la musique africaine • **Activité(s)** : Circulation, promotion et exportation des musiques africaines

CITE INTERNATIONALE DES ARTS

✆ **01 42 78 71 72** • fax 01 42 78 40 54
secretariat@citedesartsparis.fr • **www.citedesartsparis.fr**
18 rue de l'Hôtel de Ville • 75180 **PARIS CEDEX 04**

André LARQUIÉ (Président) • Jean-Yves LANGLAIS (Directeur général) • Corinne LOISEL (Chargée de communication)

Objet : Accueil d'artistes en résidence, ateliers collectifs et studios de répétition, expositions, concerts

COMITE VISAS ARTISTES

✆ **01 43 15 02 50** • fax 01 46 36 11 62
comite-visas-artistes@zonefranche.com • **www.zonefranche.com**
c/o Zone Franche • 144-146 rue des Poissonniers • 75018 **PARIS**

Fabienne BIDOU (Directrice de Zone Franche)

Objet : Comité consultatif en faveur d'une meilleure circulation internationale des professionnels du secteur musical • **Activité(s)** : Sensibilisation sur les problèmes d'octroi de visas pour les artistes, intervention dans des situations de blocage ou d'urgence, concertation avec les organismes européens

CONSEIL FRANCOPHONE DE LA CHANSON

✆ **+32 2 550 13 42** • fax +32 2 550 13 39
europe@conseilfrancophone.org • **www.conseilfrancophone.org**
c/o Maison des Musiques • Rue Lebeau 39
1000 **BRUXELLES (BELGIQUE)**

Dominique THIANGE (Directrice)

Bureau Europe • **Objet** : Organisation internationale non gouvernementale pour la promotion de la chanson et des musiques de l'espace francophone à travers le monde • **Activité(s)** : Coordination de la présence de producteurs africains sur les marchés internationaux. Réalisation de CDs promotionnels de compilation d'artistes africains • **Publications** : Guide pratique des droits d'auteur et droits voisins dans les pays d'Afrique francophone (2007), lettre d'information électronique

COURT-CIRCUIT ASBL

✆ **00 32 2 550 13 28** • fax 02 550 13 34
www.court-circuit.be
Rue Lebeau 39 • B-1000 **BRUXELLES (BELGIQUE)**

David DEHARD (Coordinateur Court-Circuit, Club Plasma et Circuit des festivals, Admin. & parte) • Amandine VANDERMEIR (Responsable de la publication)

Objet : Centre d'information et de promotion des musiques actuelles en communauté française créé en 1992. Outils de développement et promotion de la scène belge francophone • **Activité(s)** : Puredemo, Concours Circuit, Boutik Rock (avec le Programme Rock), promotion commune pour les organisateurs du réseau Club Plasma et du Circuit des Festivals. Dispositif d'informations : mise en place d'ateliers, de rencontres et de tables rondes, etc.

ECUME

✆ **04 91 91 41 41** • fax 04 91 91 40 40
info@ecume.org • **www.ecume.org**
1 pl. Gabriel Péri • 13001 **MARSEILLE**

Omar Daniel BELLI (Président)

Echanges culturels en Méditerranée • **Objet** : Échanges internationaux dans le domaine de la musique, des arts visuels et du théâtre

FFMMU

✆ **03 80 92 01 06 / 06 60 20 51 50**
promotion@danstafacepromotion.com
www.danstafacepromotion.com/
2 rue Corroyeurs • 21000 **DIJON**

Damien ROUSSELET (Président) • Cédric TARTERET (Directeur général et administration) • Andréa RICHARD (Communication) • Xavier LEDIEU (Responsable audiovisuel)

Fédération francophone des médias de la musique urbaine • **Objet** : Regroupe des médias (TV, radios, internet, presse, activistes) associatifs ou non diffusant principalement des musiques urbaines à l'échelle francophone • **Activité(s)** : Coordonner et diffuser au niveau national et francophone les projets artistiques d'artistes évoluant dans le domaine des musiques urbaines ; mise en place d'un classement mensuel sur des sorties de 30 projets de musiques urbaines élaboré par différents médias

FONDATION ALLIANCE FRANÇAISE

✆ **01 53 63 08 03** • fax 01 45 44 52 10
llalatonne@fondation-alliancefr.org • **www.fondation-alliancefr.org**
101 bd Raspail • 75270 **PARIS CEDEX 06**

Jean-Claude JACQ (Secrétaire général) • Laurence LALATONNE (Responsable de l'action culturelle) • Marie GRANGEON-MAZAT (Déléguée Afrique, Amérique latine, Caraïbes-partenariats) • Isabelle MORIEUX (Déléguée Amérique du Nord et Océanie-Formation) • Anne-Garance PRIMEL (Déléguée Asie et Europe) • Florence CASTEL-LESCURE (Responsable journal Le Fil d'Alliances et site Internet)

Objet : Créée en juillet 2007. Coordination de 900 Alliances françaises dans 136 pays • **Activité(s)** : Enseigner le français et promouvoir les cultures francophones

FONDATION CALOUSTE GULBENKIAN - DÉLÉGATION FRANCE

✆ **01 53 85 93 93** • fax 01 53 23 93 99
calouste@gulbenkian-paris.org • **www.gulbenkian-paris.org**
39 bd de la Tour Maubourg • 75007 **PARIS**

Joao CARAÇA (Directeur) • Fatima GIL (Responsable expositions, concerts et conférences) • Arlette DARBORD (Responsable bibliothèques)

Objet : Diffusion de la culture contemporaine • **Activité(s)** : Tables rondes, expositions, bibliothèque, colloques, débats, concerts

FRANCOPHONIE DIFFUSION

✆ **01 53 36 77 77** • fax 01 53 36 77 78
francodiff@francodiff.org • **www.francodiff.org**
1 rue Keller • 75011 **PARIS**

Gérard DAVOUST (Président) • Marie-Christine BLOCH (Directrice) • Olivier JABOIN (Adjoint à la direction) • Matthieu GUEGUEN (Webmaster) • Sergio MARIGOMEZ (Relations avec les producteurs) • Adrien SIMONNET (Chargé développement international et sync manager) • Camille HYRON (Relations avec les radios)

Objet : Promotion internationale de la production musicale française et de ses artistes auprès des médias • **Activité(s)** : Travaille avec un réseau de 1 000 radios et nouveaux médias de 100 pays, sur les 5 continents via une plateforme promotionnelle sécurisée

FRENCH-AMERICAN JAZZ EXCHANGE (FAJE)

✆ **+1 917 388 9599**
michelle.a@diplomatie.gouv.fr • **facecouncil.org/jazz/index.html**
French Embassy • French Music Export Office • 972 Fifth Avenue • NY 10075 **NEW YORK (USA)**

Michele AMAR (Directrice du French Music Export Office)

Objet : Cogéré par le service culturel de l'ambassade de France à New York, FACE (French American Cultural Exchange) et la Mid Atlantic Arts Foundation, avec l'aide financière de la Doris Duke Charitable Foundation, The Florence Gould Foundation, la Sacem et l'Institut français, ce programme vise à soutenir les collaborations franco-américaines (nouvelles de préférence) dans le domaine du jazz (et influences diverses). Un projet d'écriture est obligatoire ainsi que des représentations publiques • **Activité(s)** : Ce programme permet à une dizaine de projets par an de se réaliser avec l'obtention de bourses permettant à des mus. américains d'inviter des jazzmen français (ou réciproquement) sur un projet concernant les deux côtés de l'Atlantique (que ce soit pour une série de concerts ou pour un enregistrement ou couplant les deux volets). Les lauréats peuvent bénéficier d'une aide allant jusqu'à jusqu'a 25000 $ par projet. (En 2011 un total de 129550 $ a été réparti sur des projets mobilisant six jazzmen américains et sept français). Date limite de dépôt des dossiers : 31 mai pour des projets dont la réalisation est prévue entre jan. et août de l'année suivante (facecouncil.org/jazz/index.html)

GOETHE INSTITUT

✆ **01 44 43 92 30** • fax 01 44 43 92 40
scriba@paris.goethe.org • **www.goethe.de/ins/fr/par/frindex.htm**
17 av. d'Iena • 75116 **PARIS CEDEX**

Joachim UMLAUF (Directeur) • Susanne BIGOT (Coordinatrice Musique) • Antonia BLAU (Coordinatrice des projets culturels à Marseille) • Pia ENTENMANN (Coordinatrice des Maisons d'Allemagne)

Objet : Centre culturel allemand. Organise des concerts en partenariat avec France Musique, Festival d'Automne, clubs festivals allemands • **Activité(s)** : Les activités culturelles sont organisées en coopération avec des institutions françaises ou européennes

ICEC

✆ **01 43 25 04 35** • fax 01 46 34 09 10
icec.paris@sfr.fr • **www.catalanarts.cat**
3 rue de la Boétie • 75008 **PARIS**

Ramon-Lluis FOSSATI (Directeur)

Institut catalan des entreprises culturelles • **Objet** : Promotion des entreprises culturelles catalanes (musique, théâtre, arts de la scène, audiovisuel, édition, etc.) • **Activité(s)** : Informer, conseiller et soutenir les artistes, les agents et les entités culturelles catalanes, les programmateurs internationaux. Organiser des missions culturelles pour promouvoir la présence de programmateurs aux principaux festivals et marchés de la Catalogne ; aides économiques ; accords de collaboration avec des festivals étrangers ; base de données sur les artistes catalans, les festivals et les programmateurs étrangers intéressés par la culture catalane, gestion de l'étiquette « Catalan Arts » • **Publications** : Newsletter

INSTITUT FINLANDAIS

✆ **01 40 51 89 09**
info@institut-finlandais.asso.fr • **www.institut-finlandais.asso.fr**
60 rue des Ecoles • 75005 **PARIS**

Meena KAUNISTO (Directrice) • Laura VANTO (Programmatrice exposition, musique, spectacle) • Michaël TOLEDANO (Chargé de communication webmaster)

Objet : Centre culturel • **Activité(s)** : Expositions, concerts, colloques, cinéma

INSTITUT FRANÇAIS

✆ **01 53 69 83 00** • fax 01 53 69 33 00
info@institutfrancais.com • **www.institutfrancais.com**
8-14 rue du Capitaine Scott • 75015 **PARIS**

Xavier DARCOS (Président) • Sylviane TARSOT-GILLERY (Directrice générale déléguée) • Pierre COLLIOT (Secrétaire général) • Gaëlle MASSICOT BITTY (Responsable du pôle spectacle vivant et des musiques actuelles) • Olivier DELPOUX (Chargé de mission sur les musiques actuelles) • Sophie RENAUD (Directrice du Dpt des échanges et coopérations artistiques) • Valérie THFOIN (Chargé de mission Afrique et Caraïbes en créations, chargée des musiques) • Catherine BRIAT (Directrice du département Communication et nouveaux médias) • Eric LEBAS (Responsable du pôle collectivités / Drac) • Palmina D'ASCOLI (Responsable pôle résidences) • Lisa ROZENBLIT (Assistante du Département Communication et nouveaux médias)

Objet : Encourager la réciprocité des échanges, en développer la dimension européenne et affirmer une vocation solidaire avec les autres cultures du monde • **Activité(s)** : Politique de soutien à la diffusion à l'international dans une perspective professionnelle. Echanges culturels et pédagogiques : tournées, festivals, résidences d'artistes, invitation de professionnels étrangers, participation à des salons, etc. (en concertation avec les acteurs des musiques actuelles : institutions, sociétés civiles, professionnels du spectacle, de l'industrie musicale et des artistes)

JAZZSHUTTLE

✆ **01 42 36 00 12** • fax 01 42 36 00 32
contact@ajc-jazz.eu • **www.ajc-jazz.eu**
c/o AJC • 34 rue Duris • 75020 **PARIS**

Armand MEIGNAN (Président) • Antoine BOS (Secrétaire général)

Objet : La Sacem et l'AJC (ex-Afijma), avec le concours du British Council, se sont associées pour fonder JazzShuttle, initiative pour encourager la collaboration franco-britannique dans le domaine du jazz de création. Ce fonds est créé pour encourager la création et la diffusion de nouveaux projets. JazzShuttle a pour but de favoriser une dynamique d'échanges culturels, un enrichissement et un élargissement du dialogue artistique entre les deux pays (concerts, résidence de 4 jours en France et en Angleterre) • **Activité(s)** : Les projets soutenus en 2013 : Laurent Dehors/Matthew Bourne, Donkey Monkey (Eve Risser & Yuko Oshima) + Chris de Bezenac + Chris Charkey (Ex Trio VD), Stuart MacCallum/De Wilde/Robin, Sonsale, Of Gauls and Gaels, The Langston Project, Celine Bonacina/Gwilym Simcock/Michel Benita

MAISON DES CULTURES DU MONDE

✆ **01 45 44 72 30** • fax 01 45 44 76 60
info@maisondesculturesdumonde.org • **maisondesculturesdumonde.org**
101 bd Raspail • 75006 **PARIS**

Chérif KHAZNADAR (Président) • Arwad ESBER (Directrice) • Cécile PELISSIER (Directrice adjointe) • Pierre BOIS (Programmateur musical, resp. label Inédit) • Aimée POLLARD (Responsable de la communication, partenariats et relations publiques)

Objet : Programmation Festival de l'Imaginaire (mars/juin) et programmes ponctuels (sep. à juin), diffusion et promotion des cultures du monde, édition de CD (coll. INEDIT) et de livres, accueil de responsables culturels étrangers pour des stages et des séjours culturels personnalisés. Centre français du patrimoine culturel immatériel • **Activité(s)** : Au théâtre de l'Alliance française et autres lieux • **Publications** : Revue internationale de l'imaginaire (chez Babel)

MICA

✆ **0043 1 521 04/0** • fax 0043 1 521 04/59
office@musicaustria.at • **www.mica.at**
Stiftgasse 29 • 1070 **WIEN (AUTRICHE)**

Sabine REITER (Directrice) • Andrea WETZER (Assistante de direction) • Helge HINTEREGGER (Chef de projet / responsable jazz)

Music information center Austria • **Objet** : Augmenter et intensifier la sortie, la distribution, l'écoute de la création musicale autrichienne • **Activité(s)** : Information sur l'activité de la musique en Autriche, recherche sur l'activité contemporaine, distribution de musique, base de données, magasin en ligne

MUSIC : LX

✆ **+352 26 26 21 21** • fax +352 26 26 21 77
info@musiclx.lu • **www.musiclx.lu**
16 rue Belle-Vue • L-1227 **LUXEMBOURG (LUXEMBOURG)**

Patrice HOURBETTE (Directeur) • Giovanni TRONO (Project manager)

Luxembourg Export Office • **Objet** : Soutien et promotion de groupes luxembourgeois au niveau national et international • **Activité(s)** : Informer sur l'évolution des marchés de l'industrie musicale, promotion auprès des publics étrangers et pro internationaux des groupes lux., construire et renforcer les liens entre musiciens lux. et pro intern., participation aux frais de tournées et attachés de presse

OFAJ

✆ **01 40 78 18 18** • fax 01 40 78 18 88
info@ofaj.org • **www.ofaj.org**
51 rue de l'Amiral Mouchez • 75013 **PARIS**

Béatrice ANGRAND (Secrétaire générale et directrice de la publication) • Florence BATONNIER-WOLLER (Attachée de presse)

Office franco-allemand pour la jeunesse • **Objet** : Soutient les échanges franco-allemands de jeunes

OFQJ

✆ **01 49 33 28 50** • fax 01 49 33 28 88
info@ofqj.org • **www.ofqj.org**
11 passage de l'Aqueduc • 93200 **ST DENIS**

Jany DE CHAMBRUN (Chargée de projets culturels)

Office franco-québécois pour la jeunesse • **Objet** : Echange franco-québécois de jeunes professionnels et d'étudiants (18/35 ans) désireux d'approfondir leur formation et leur expérience professionnelle dans les domaines artistiques et culturels, ou encore participer à une tournée de spectacles • **Activité(s)** : Soutien aux projets, délégation de professionnels et stages pratiques

ON THE MOVE

info@on-the-move.org • **www.on-the-move.org**
Square Sainctelette, 19 • BE-1000 **BRUXELLES (BELGIQUE)**

Marie LE SOURD (Secrétaire générale) • Elena DI FEDERICO (Communication/Lobby)

Objet : Communiquer des informations pratiques sur la mobilité professionnelle des artistes et opérateurs culturels dans le secteur des arts de la scène, du spectacle vivant, des arts visuels et des arts pluridisciplinaires. Outil d'entraide destiné aux professionnels de la culture qui souhaitent voyager dans l'UE et à l'extérieur pour travailler sur des projets internationaux, des coproductions, des résidences, etc. • **Activité(s)** : Liens vers des sources d'information, de financement, d'opportunité de mobilité et échange international; publication de guides; plaider auprès des institutions nationales et UE • **Publications** : Newsflash (e-news mensuel, articles spécialisés); guides sur thèmes liés à la mobilité (opportunités de financement, mobilité « verte », etc.)

PÉPINIÈRES EUROPÉENNES POUR JEUNES ARTISTES

✆ **01 41 12 29 30** • fax 01 46 02 54 82
info@art4eu.net • **www.art4eu.net**
Domaine National de Saint-Cloud • BP 80132
92216 **SAINT CLOUD CEDEX**

Patrice BONNAFFE (Directeur) • Nathanaïs MAS (Administratrice générale) • Victor COUTARD (Chargé du développement et de la prospective) • Laura AUBERT (Coordinatrice nationale)

Objet : Promotion de jeunes créateurs, mise en place de programmes de mobilité, aide à l'insertion professionnelle sur la scène artistique européenne en collaboration avec des coordinateurs nationaux, des lieux de création, des collectivités territoriales et autres institutions partenaires • **Activité(s)** : Programme de résidences artistiques multidisciplinaires dans 35 pays en Europe et au Canada • **Publications** : « Choisir et préparer sa résidence d'artiste »

POPBÜRO STUTTGART

✆ **+49 (0) 711 489097 0** • fax +49 (0) 711 489097 29
pop-info@region-stuttgart.de • **www.popbuero.de**
Im Römerkastell • Naststraße 11a • 70376 **STUTTGART (ALLEMAGNE)**

Peter JAMES (Directeur) • Pierre SEIDEL (Musique et économie des médias) • Steffen GELDNER (Communication et marketing) • Kay SWOBODA (Chef de projet Live entertainment)

Objet : Bureau pour la promotion de la musique populaire et de jeunes talents, ainsi que d'entreprises du secteur de la musique dans la région de Bade-Würtemberg • **Activité(s)** : Conseils pour tous les acteurs du secteur de la musique ; séminaires et conférences en coopération avec la Pop Akademie Baden-Württemberg + des spécialistes du secteur et des mus. ; aide pour la recherche de bureaux, de studios d'enregistrement, de salles de répétitions ou de concerts ; compétitions et prix de promotions pour jeunes groupes de musique locaux ; organisation de Pop Open Stuttgart, une grande foire pour tous les acteurs du secteur de la musique ; échanges internationaux des jeunes groupes de musique

ROCKHAL

✆ **+352 245 551** • fax +352 245 55 222
mr@rockhal.lu • **www.cr.rockhal.lu**
5 av. du Rock'n'Roll • • L-4361 **ESCH-ALZETTE (LUXEMBOURG)**

Olivier TOTH (Directeur général) • Sam REINARD (Assistant centre de ressources)

(Médiathèque du centre de ressources) • **Objet** : Diffusion et promotion de spectacles de musiques actuelles, centre de ressources (ouvert sur RDV) Promotion des productions musicales des groupes pop, rock, métal, jazz, électro et hip hop du Luxembourg. Annuaire national des MA en ligne • **Activité(s)** : Organisation de spectacles. Coproduction. Centre de ressources (information, documentation, studio d'enregistrement, salles de répétitions)

SME

✆ **+ 41 22 363 75 90** • fax + 41 22 362 47 87
info@swiss-music-export.com • **www.swiss-music-export.com**
Rue st-Jean 1 • 1260 **NYON (SUISSE)**

Marc RIDET (Directeur)

Swiss Music Export • **Objet** : Promotion de la scène suisse à l'étranger pour la chanson, rock, rap, musiques électroniques

TROCK MUSIC NETWORK

✆ **00 41 21 648 0848** • fax 00 41 21 648 0858
info@trock.ch • **www.trock.ch**
Rue de la Borde 16 • 1018 **LAUSANNE (SUISSE)**

Gérard DUVOISIN (Président) • Laurent QUINCHE (Vice-président) • Laurent KERN (Responsable de la communication)

Objet : Centre de ressources et informations sur les musiques actuelles suisses pour les artistes et professionnels • **Activité(s)** : Conseil aux nouveaux artistes, programmation sur demande, écoute et recencement des sorties suisses • **Publications** : Bulletin d'info TrocKnews (bimestriel)

UBIFRANCE

✆ **01 40 73 38 22 / 01 40 73 30 00** • fax 01 40 73 32 00
nicolas.legoff@ubifrance.fr • **www.ubifrance.com**
71/77 bd St-Jacques • 75014 **PARIS**

Marie-Françoise NOLET (Musique & Jeux vidéo) • Françoise SALOMON (Musique & Jeux vidéo)

Agence française pour le développement international des entreprises françaises • **Objet** : Accompagnement des entreprises françaises dans leur démarche à l'export • **Activité(s)** : Diagnostic export complet, exécution des projets sur les marchés étranger • **Publications** : Ouvrages relatifs aux marchés étrangers disponibles à Ubifrance

UNESCO - FONDS INTERNATIONAL POUR LA PROMOTION DE LA CULTURE

✆ fax 01 45 68 55 95
aschberg@unesco.org • **www.unesco.org/culture/aschberg**
1 rue Miollis • 75732 **PARIS CEDEX 15**

Maria LOLI PFLÜCKER

Objet : Aider les créateurs et les entrepreneurs culturels à trouver un complément de financement dans une perspective de diversité culturelle (FIPC). Ouvrir de nouvelles perspectives de carrière à de jeunes artistes dans toutes les disciplines (Bourses) • **Activité(s)** : « Bourses Aschberg » : permet aux artistes de poursuivre leur formation dans des institutions spécialisées • **Publications** : Brochure annuelle « Bourses pour artistes » disponible sur le site

WALLONIE BRUXELLES MUSIQUES

wbm@cfwb.be • **www.wbm.be**
18 pl. Eugène Flagey • Bte 10 • 1050 **BRUXELLES (BELGIQUE)**

Patrick PRINTZ (Directeur) • Liliana GRAZIANI (Chargée de mission jazz, world et musiques traditionnelles) • Julien FOURNIER (Chargée de mission Rock, pop, électro, hip hop) • Jessica DUPONT (Chargée de mission Chanson, musique classique et jeune public) • Baptiste CHARLES (Chargé de communication)

Objet : Promotion internationale des artistes, producteurs et éditeurs de Wallonie et de Bruxelles dans tous les genres musicaux • **Activité(s)** : Stands collectifs, invitations de professionnels, service de documentation, aide financière pour tout support et promotion disques

AEC

✆ (32) 27371670
info@aec-music.eu • **www.aec-music.eu**
Avenue des Celtes / Keltenlaan 20 • 1040 **ETTERBEEK, BRUSSELS (BELGIQUE)**
Linda MESSAS (Chef de projet) • Jeremy COX (Directeur) • Julia WACK (Chef de bureau) • Hannah HEBERT (Projet « Polyphonia »)
Association européenne des conservatoires, académies et écoles de musique • **Objet** : Représenter à un niveau national, européen et international les intérêts des institutions concernées par l'enseignement musical professionnel • **Activité(s)** : Stimuler la collaboration internationale entre les membres, projets internationaux dans le domaine de l'enseignement musical, organisation de congrès • **Type d'adhérents** : Conservatoires de musique • **Représentation française** : 24 conservatoires en France

AEPO-ARTIS

✆ +32 (0) 2 280 19 34 • fax +32 (0) 2 230 35 07
aepo-artis@aepo-artis.org • **www.aepo-artis.org**
Av de Cotenbergh 116 • 1000 **BRUXELLES (BELGIQUE)**
Xavier BLANC (Secrétaire général) • Nicole SCHULZE (Head of office)
Association des organisations européennes d'artistes interprètes • **Objet** Développer et améliorer au niveau européen la protection des artistes interprètes, de leurs droits dans le domaine tant musical qu'audiovisuel et de la gestion collective de ces droits • **Type d'adhérents** : Sociétés de gestion des droits des artistes interprètes • **Représentation française** : Adami, Spedidam

BANLIEUES D'EUROPE

✆ 04 72 60 97 80 • fax 04 78 95 28 15
contact@banlieues-europe.com • **www.banlieues-europe.com**
271 rue Vendôme • 69003 **LYON**
Jean HURSTEL (Président) • Myriam BENTOUMI (Chargée de projets) • Marjorie FROMENTIN (Chargée du pôle ressources) • Charlotte BOHL (Chargée du développement)
Objet : Plateforme d'échanges et de réflexions sur les pratiques artistiques contre l'exclusion • **Activité(s)** : Organisation de rencontres européennes, relais d'information, recherches universitaires, formations • **Type d'adhérents** : 300 partenaires actifs, plus de 6000 contacts internationaux

CISAC

✆ 01 55 62 08 50 • fax 01 55 62 08 60
cisac@cisac.org • **www.cisac.org**
20-26 bd du Parc • 92200 **NEUILLY SUR SEINE**
Jean-Michel JARRE (Président) • Hervé DI ROSA (Vice-président) • Olivier HINNEWINKEL (Directeur général) • Marianne ROLLET (Directrice de la communication) • Mitko CHATALBASHEV (Directeur des affaires européennes)
Confédération internationale des sociétés d'auteurs et compositeurs • **Objet** : Meilleure reconnaissance et protection des droits des créateurs à travers le monde • **Activité(s)** : Renforcer et développer le réseau international de sociétés de droit d'auteur. Améliorer la qualité de la gestion collective des droits d'auteur. Rationaliser l'échange d'informations entre sociétés de droit d'auteur, renforcer les droits inaliénables des créateurs pour leur permettre de vivre de leurs œuvres. Garantir une place aux sociétés d'auteurs et aux créateurs dans le débat international sur l'avenir du droit d'auteur • **Type d'adhérents** : Sociétés d'auteurs uniquement (231 sociétés dans 121 pays) • **Publications** : Rapport annuel & analyse économique des perceptions mondiales

CONSEIL INTERNATIONAL DE LA MUSIQUE

✆ 01 45 68 48 50 • fax 01 45 68 48 66
info@imc-cim.org • **www.imc-cim.org**
1 rue Miollis • 75732 **PARIS CEDEX 15**
Silja FISCHER (Secrétaire générale) • Maha BULOS (Directrice FIPC) • Maria LOLI PFLÜCKER • Guiomar ALONSO CANO (Coordinateur Alliance globale pour la diversité culturelle)
Objet : Principale organisation mondiale pour la musique. Développement et consolidation des relations de travail cordiales entre les cultures musicales du monde • **Activité(s)** : Education musicale de la musique contemporaine, diffusion de la musique, musique traditionnelle, statut de l'artiste, les genres de musique ; organisation mondiale spécialisée, forum d'échange et de réflexion, observatoire pour la musique grâce à son extension géographique et à la variété des compétences de ses membres, travail de lobbying en faveur de la musique et des mus. Coopération internationale pour le développement de secteurs de musique • **Type d'adhérents** : 48 conseils nationaux de la musique, 92 organisations musicales internationales régionales, nationales ou spécialisées dans les domaines des arts et de la culture • **Publications** : IMC Music World News (en ligne)

CULTURE ACTION EUROPE

✆ + 32 2 534 40 02 • fax + 32 2 534 11 50
advocate@cultureactioneurope.org • **www.cultureactioneurope.org**
Rue de la science 10 • 1000 **BRUXELLES (BELGIQUE)**
Luca BERGAMO (Secrétaire général) • Emma ERNSTH (Coordinatrice de campagne) • Julia POULPY (Chargée de la politique)
Objet : Forum européen pour les Arts et le Patrimoine. Représentation des intérêts du secteur artistique et culturel auprès des décideurs politiques européens, développement des politiques culturelles européennes • **Activité(s)** : Information, suivi et influence des politiques culturelles européennes • **Type d'adhérents** : Organisations, associations et réseaux artistiques européens • **Représentation française** : Relais culture Europe, Onda, Syndeac, AFO, Association des départements français • **Publications** : Bulletin d'information électronique bimensuel

DE CONCERT !

✆ 03 84 22 46 58
festival@eurockeennes.fr • **www.deconcert.org**
C/o Eurockéennes, Techn'Hom5 • 3 rue Marcel Pangon
90300 **CRAVANCHE**
Jean-Paul ROLAND (Coprésident) • Paul-Henri WAUTERS (Coprésident)
Objet : Fédération internationale de festivals indépendants de musiques, d'arts de rue, de multimédias ou d'un mélange de ces différentes disciplines • **Activité(s)** : Démarche solidaire, échanges et mutualisation des expériences d'organisation, de programmation et de communication, étude de l'évolution du secteur des festivals ainsi que leur représentation au sein d'organismes • **Type d'adhérents** : Charte, festivals artistiquement indépendants, soucieux de l'accueil du public et des artistes, attachés à leur territoire mais ouverts à la coopération nationale et transnationale • **Publications** : Magazine « Festivals »

EFA

✆ +32 92 41 80 80 • fax +32 92 41 80 89
info@efa-aef.eu • **www.efa-aef.eu**
Kasteel Borluut • Kleine Gentstraat 46 • B-9051 **GENT (BELGIQUE)**
Eva NUNES (European projects manager) • Juliane REISSIG (Communication and project manager)
European Festivals Association • **Objet** : Fédération internationale de festivals • **Activité(s)** : Actions publicitaires communes, contribution à la coopération culturelle internationale, etc. • **Type d'adhérents** : Plus de 100 festivals dans 43 pays dans le monde. En 2013, 6 festivals rejoingent la fédération dont Festival d'Automne à Paris, Usedom Music Festival en Allemagne, Riga Festival en Lettonie, Menuhin à Gstaad et l'association des festivals bulgares • **Représentation française** : France festivals • **Publications** : « Still so much to be done, challenges for culture in Europe », « Give, get or get off, challenges of cultural networking today », « Cahier de l'Atelier, arts, festivals for the sake of art ? », « Dialogue »

EFWMF

✆ +32 3 455 69 44 • fax +32 3 454 11 62
info@efwmf.org • **www.efwmf.org**
c/o Sfinks Animatie office • Heuvelstraat 63a
2530 **BOECHOUT (BELGIQUE)**
Alexandra ARCHETTI STOLEN (Présidente) • Brahim EL MAZNED (Secrétaire) • Sarah VEREYCKEN (Coordinatrice)
European Forum of Worldwide Music Festivals • **Objet** : Association internationale à buts pédagogiques et artistiques. Partage d'informations, d'expériences, et de contacts entre ses membres. Créer une base pour promouvoir les activités de ses membres en Europe et dans le monde. Initier des projets de coopération • **Activité(s)** : Organisation du Strictly Mundial • **Type d'adhérents** : Festivals (directeurs artistiques et organisateurs) • **Représentation française** : Musiques métisses, Les suds à Arles, Les Nuits Atypiques, les Méditerranéennes, Azimuth, Accent Aigu, Fiesta des suds

ELMF

info@elmf.eu • **www.elmf.eu**
Adlerbergstrasse 13 • 9000 **ST GALLEN (SUISSE)**
Peter JENNER (Président) • Hans HJORTH (Directeur général)
European Live Music Forum • **Objet** : Plaide pour la création d'un vrai marché unique de la scène vivante européenne comme la liberté de circulation des artistes • **Type d'adhérents** : 16 associations nationales et internationales membres de la scène vivante européenne • **Représentation française** : Music Managers Forum France • **Publications** : lettre d'information

EMMEN

✆ **04 66 26 34 64** • fax 04 66 26 93 66
contact@fnejma.org • **www.emmenet.org**
c/o Fneijma • 44 rue de Beaucaire • 30000 **NIMES**

Juan SAN-MARTIN (Président) • Ondine QUACKELBEEN (Vice-présidente) • Isabelle SCHMIDT (Secrétaire (Allemagne))

European Modern Music Education Network • **Objet** : Mise en réseau de structures européennes de formation de droit privé aux musiques modernes • **Activité(s)** : Echanges européens / commissions, études, colloques et conférences concernant les différents domaines liés à la formation : pédagogiques, juridiques et sociaux. Projets artistiques favorisant la mobilité, mise en place de dispositifs d'évaluation. Parcours de formation : European Modern Music Circuit, Emmen Diploma délivre ce diplôme de niveau supérieur une session par an • **Type d'adhérents** : Structures de formation de droit privé (écoles, fédérations, etc.) • **Représentation française** : Fneijma

EMO

✆ **(32) 2 213 14 00** • fax (32) 2 213 14 01
info@emo.org • **www.emo.org**
Rue du Trône 51 • 1050 **BRUXELLES (BELGIQUE)**

Dieter GORNY (Président) • Fabien MICLET (Projets, règlementation, juridique)

European Music Office • **Objet** : Défense des intérêts du secteur musical dans sa globalité auprès des institutions européennes • **Activité(s)** : Actions de sensibilisation auprès des institutions européennes pour la mise en place d'un véritable programme européen de soutien à la musique. Développement d'un réseau des acteurs de la filière musicale européenne • **Type d'adhérents** : Fédérations professionnelles nationales et européennes • **Représentation française** : Sacem, FCM, Bureau export

EUROPE JAZZ NETWORK - EJN

✆ **01 49 22 10 18**
info@europejazz.net • **www.europejazz.net**
9 rue Gabrielle Josserand • 93500 **PANTIN**

Nod KNOWLES (Président (Bath Festivals, UK)) • Annamaija SAARELA (Vice-présidente (Rajatsi ry - Raahe Jazz, Finland)) • Gerard GODLEY (Secrétaire (Improvised Music company, Ireland)) • Antoine BOS (Trésorier (FIJMA, France)) • Xavier LEMETTRE (Membre du CA Banlieues Bleues)

Objet : Association regroupant des producteurs, collectifs d'artistes, promoteurs, directeurs de festivals de jazz européens • **Activité(s)** : Promouvoir la collaboration entre professionnels, coordonner des projets communs et favoriser la circulation des informations (concerts, artistes, labels, médias, etc.) • **Représentation française** : Afijma, Banlieues Bleues, Grenoble Jazz Festival, Jazzdor, Festival de jazz de Strasbourg

EUROPEAN BLUES UNION (EBJ)

france@bluesyou.com • **www.bluesyou.com**
Chrysantenstraat 28 • 1020 **BRUSSELS (BELGIQUE)**

Mike LÉCUYER (Responsable Bluesyou.com - France)

Objet : Fédération réunissant une large diversité d'acteurs du blues (labels, tourneurs, managers, festivals, magazines, radios) de près de 15 nationalités différentes • **Activité(s)** : Organisation de l'European Blues Challenge (EBC) • **Type d'adhérents** : 6 membres fondateurs : Crosscut Records (Allemagne), Notodden Blues Festival (Norvège), Rootsway Blues Festival de Parme (Italie), Ruf Records (Allemagne), Winne Pennincks (Belgique) et Blues sur Seine (France) • **Représentation française** : Awek, Blues & Co, Blues Magazine, Blues sur Seine, Cahors Blues Festival, Collectif des Radios Blues, Echo Productions, Jazz me Blue, Nueva Onda, Paris Move, Zicazic.com, 106 dB Productions

FIM

✆ **01 45 26 31 23** • fax 01 45 26 31 57
office@fim-musicians.com • **www.fim-musicians.com**
21 bis rue Victor Massé • 75009 **PARIS**

Benoît MACHUEL (Secrétaire général et directeur de publication) • Thomas DAYAN (Secrétaire adjoint) • Adeline BRUN (Coordinatrice)

Fédération internationale des musiciens • **Objet** : Fédération représentant au plan international tous les syndicats de mus. et, à ce titre, négociant dans un cadre international avec, par exemple, l'OMPI ou le Bureau International du Travail • **Activité(s)** : Aide aux pays en voie de développement (Afrique, Amérique Latine, Asie) ou en transition (Europe de l'Est) pour créer des structures syndicales, professionnelles et libres qui représentent les mus.; participation aux travaux sur les questions de la propriété intellectuelle et des droits sociaux des artistes dans le monde, etc. • **Type d'adhérents** : Syndicats de musiciens • **Représentation française** : Membre français : SNAM

GESAC

✆ **32 2 511 44 54** • fax 32 2 514 56 62
secretariatgeneral@gesac.org • **www.gesac.org**
Rue Montoyer 23 • 1000 **BRUXELLES (BELGIQUE)**

Christophe DEPRETER (Président Directeur général de la Sabam) • Véronique DESBROSSES (Secrétaire générale)

Groupement européen des sociétés d'auteurs et compositeurs • **Objet** : œuvre en faveur d'une protection efficace et au plus haut niveau du droit d'auteur, dans le cadre de la construction Européenne • **Activité(s)** : Collaboration étroite avec les institutions européennes chargées de l'élaboration et de la mise en œuvre d'une réglementation européenne concernant la protection juridique des créateurs, directement (propriété intellectuelle) ou indirectement (nouvelles technologies, politique des médias, droit de la concurrence, etc.) • **Type d'adhérents** : Sociétés d'auteurs de l'UE, Norvège et Suisse • **Représentation française** : Sacem

IAMIC

✆ **+32 2 504 90 99**
iamic@iamic.net • **www.iamic.net**
c/o Flandres Music Centre • Steenstraat 25 rue des Pierres
BE-1000 **BRUXELLES (BELGIQUE)**

Olga SMETANOVA (Présidente) • Stef CONINX (Secrétaire et directeur du Flandres Music Centre)

International Association of Music Information Centres • **Objet** : Réseau mondial de centres d'information et de promotion des nouvelles musiques • **Activité(s)** : Promotion des échanges internationaux, projets collectifs avec ses membres, organisation de conférences • **Type d'adhérents** : Centres d'information musicale (39 organisations membres dans 37 pays) • **Représentation française** : CDMC

IAML

✆ **+46 31 786 40 57** • fax +46 31 786 40 59
secretary@iaml.info • **www.iaml.info**
University of Gothenburg • Academy of Music and Drama
Library Box 210 **GOTHENBURG (SUEDE)**

Martie SEVERT (Présidente) • Pia SHEKHTER (Secrétaire générale)

INTERNATIONAL ASSOCIATION OF MUSIC LIBRARIES • **Objet** : Encourager et favoriser les activités des bibliothèques, archives et centres de documentation musicaux, et renforcer la coopération entre les institutions et les personnes travaillant dans ces domaines. Prendre en charge et faciliter la réalisation de différents projets de bibliographie, de documentation et de bibliothéconomie musicales, à l'échelon national et international, promouvoir l'enseignement professionnel et la formation, encourager la protection et la conservation des documents musicaux de toutes les époques • **Activité(s)** : Conférences annuelles • **Publications** : lettre d'information

IASPM-BFE / BRANCHE FRANCOPHONE D'EUROPE

e.grassy@yahoo.fr • **iaspmfrancophone.online.fr/**
c/o Elsa Elsa Grassy • 22 rue des Orphelins • 67000 **STRASBOURG**

Vincent ROUZÉ (Président) • Céline CECCHETTO (Trésorière) • Elsa GRASSY (Secrétaire)

International Association for Study of Popular Music • **Objet** : Réunir tous ceux et celles qui s'intéressent aux musiques populaires dans une perspective de recherche et pluridisciplinaire • **Activité(s)** : Organisation de colloques et de journées d'études, création d'un site internet, traduction en français d'ouvrages du secteur, « Prix jeune chercheur » • **Type d'adhérents** : chercheurs

IETM

✆ **+32 2201 0915** • fax +32 2203 0226
ietm@ietm.org • **www.ietm.org**
19 Square Sainctelette • BE - 1000 • 1000 **BRUXELLES (BELGIQUE)**

Nan VAN HOUTE (Secrétaire générale) • Milica ILIC (Responsable de la communication et de l'administration) • Anaïs GABAUT (Assistante de communication) • Michel QUÉRÉ (Responsable des réunions) • Laetitia VAN DE WALLE (Assistante à l'administration) • Camille BUTTIN (Assistante à la recherche)

Réseau international des arts du spectacle • **Objet** : Organisation qui réunit des membres afin de stimuler la qualité, l'échange et le développement des arts du spectacle contemporains dans un environnement global favorable. initie et facilite le travail en réseau professionnel, ainsi que la communication, l'échange d'information, la transmission du savoir-faire et la présentation de pratiques exemplaires • **Type d'adhérents** : 570 organisations professionnelles de 50 pays œuvrant dans le spectacle vivant contemporain. Théâtres, festivals, compagnies, centres culturels, centres de ressources, collectivités territoriales, etc.

IFEA EUROPE

✆ **+ 353 90 964 37 80**
elena@aoifeonline.com • **ifeaeuropeblog.wordpress.com**
c/o AOIFE • Town Hall Theatre, Society Street • Ballinsloe
CO **GALWAY (IRLANDE)**

Allan XENIUS GRIGE (Chairman)

Objet : Réseau européen connectant les professionnels des événements publics et des festivals autour du monde • **Activité(s)** : Met en relation les festivals culturels, les organisateurs, les décideurs publics, les fournisseurs, chercheurs et universités pour partager les idées • **Type d'adhérents** : Personnes de domaines variés

IMPALA

✆ **+32 2 503 3138** • fax +32 2 503 2391
info@impalamusic.org • **www.impalamusic.org**
Rue Coudenberg 70 • 1000 **BRUXELLES (BELGIQUE)**

Jonas SJÖSTRÖM (Président) • Michel LAMBOT (Coprésident) • Mark KITCATT (Coprésident) • Helen SMITH (Executive chair) • Didier GOSSET (Community manager)

Independent music companies association • **Objet** : Association sans but lucratif active dans le recherche à objet scientifique sur les questions de propriété intellectuelle, d'accès au marché et de compétitivité au profit des indépendants de la musique. • **Type d'adhérents** : Structures indépendantes (et organisations professionnelles les regroupant) dans les domaines de la production et de la distribution discographique et de l'édition musicale

INTERNATIONAL JAZZ FESTIVALS ORGANIZATION

✆ **+43 1 712 42 24**
office@ijfo.org • **www.ijfo.org**
Lammgasse 12/8 • A 1080 **VIENNA (AUTRICHE)**
Fritz THOM (Président) • Annika LARSSON (Coordinatrice)

Objet : Regroupement de 15 importants festivals de jazz dans le monde se déroulant dans la même période estivale • **Activité(s)** : Mise en commun de projets de tournées communes, meetings annuels • **Type d'adhérents** : Jazz à Vienne (France), Jazz Fest Wien (Autriche), Pori Jazz Festival (Finlande), North Sea Jazz Festival (Pays-Bas), Montreux Jazz Festival (Suisse), Umbria Jazz Festival (Italie), Molde Jazz Festival (Norvège) Festival de Jazz de Vitoria-Gasteiz (Espagne), Festival International de Jazz de Montréal (Canada), London Jazz Festival (UK), Ravinia Festival (USA), International Istanbul Jazz Festival (Turquie), Vancouver International Jazz Festival (Canada), Monterey Jazz Festival (USA), Jazz à Juan (France) • **Représentation française** : Jazz à Vienne, Jazz à Juan

JAZZPLAYSEUROPE

✆ **49(0)2 31 862 90 30** • fax 03 20 63 65 90
deventer@jazzplayseurope.eu • **www.jazzplayseurope.eu**
c/o Jazzwerkruhr • Hansastr. 7-11
D -44137 **DORTMUND (ALLEMAGNE)**

Réseau international d'aide à la scène jazz • **Objet** : Forum réunissant 7 structures jazz représentants 7 pays qui s'associent pour promouvoir le jazz en création. • **Activité(s)** : Faire circuler les groupes dans les différents pays du réseau • **Type d'adhérents** : JazzLab Series, Gent – Belgique, Jazztopad Festival, Wroclaw, Pologne - Jazzus Productions, Reims, France - Jazzwerkruhr, Dortmund, Allemagne - Music Centre Slovakia, Bratislava, Slovaquie - Music:LX, Esch-sur-Alzette – Luxembourg - Tritone, Amsterdam, Pays-Bas • **Représentation française** : Jazzus Productions (Reims)

LIVE DMA EUROPEAN NETWORK

✆ **07 62 69 19 87**
clothilde@la-fedurok.org • **www.live-dma.eu**
79 rue Gantois • 59000 **LILLE**
Stéphanie-Stiff THOMAS (Présidente) • Jakob BRIXVOLD (Vice-président) • Clothilde FERY (Assistante de coordination)

Linking Initiatives and Venues in Europe Developing Musical Actions • **Objet** : Réseau européen des lieux et festivals de musiques actuelles • **Activité(s)** : Promouvoir la diversité, l'émergence et l'innovation des initiatives et défendre le développement des projets et des modèles de structuration • **Type d'adhérents** : 1 000 structures (lieux et festivals) en Europe

MERLIN UK LTD

✆ **+44 207 436 7387** • fax +44 207 183 2445
info@merlinnetwork.org • **www.merlinnetwork.org**
29/33 Berners Street • W1T 3AB **LONDON (GRANDE BRETAGNE)**
Charles CALDAS (Directeur général) • Charlie LEXTON (Responsable commercial) • Tom DEAKIN (Responsable opérations)

Objet : Renforcer la compétitivité des producteurs et éditeurs phonographiques indépendants à l'échelle mondiale • **Activité(s)** : Protéger ses membres de tout abus ou atteinte à leurs droits, permettre aux indépendants d'accéder aux nouveaux flux de revenus qui leur sont actuellement fermés ou dont ils sont clairement exclus, • **Type d'adhérents** : Labels indépendants dans 25 pays

Les RADIOS FRANCOPHONES PUBLIQUES

✆ **01 56 40 27 41** • fax 01 56 40 44 53
radiosfrancophones@radiofrance.com
www.radiosfrancophones.org
c/o Maison de Radio France - bureau 7429 • 116 av. du pdt Kennedy
75220 **PARIS CEDEX 16**
Françoise DOST (Secrétaire générale)

Objet : Mise en réseau des principales radios francophones : Radio France, RTBF, Radio télévisée en Suisse et Radio Canada • **Activité(s)** : Média • **Type d'adhérents** : Radio publiques francophones • **Représentation française** : Secrétariat général à Radio France • **Publications** : Micro 4

RESEAU AREA

✆ **02 43 49 85 11** • fax 02 43 49 47 85
administration@fntav.com • **www.fntav.com**
c/o Réseau Chainon • 35 rue Bertrand Panouse
31170 **TOURNEFEUILLE**
Mathieu SIORAT (Coordinateur Réseau) • Stephanie ALAUX (Productrice) • Evelyne RIVET (Administratrice)

Association des réseaux d'événements artistiques • **Objet** : Regroupement international d'événements artistiques dont la mission est de favoriser le développement de carrières internationales d'artistes de scène, susciter des échanges entre programmateurs de différents pays et cultures • **Type d'adhérents** : Organismes produisant des événements artistiques • **Représentation française** : Réseau Chaînon

TRANS EUROPE HALLES

info@teh.net • **www.teh.net**
Coordination Office - Mejeriet • Stora Södergatan 64
222 23 **LUND (SUEDE)**
Erik BACKER (Président) • Birgitta PERSSON (Secrétaire générale) • Anna WEITZ (Marketing et communication) • Marian SÖDERHOLM (Chargée de projets) • Zanda ZILGALVE (board) • Malti KORTELAINEN (Board)

TEH contact point • **Objet** : Secrétariat général du réseau Européen de lieux de culture indépendants. Mobilité et développement professionnel • **Activité(s)** : Réseau de centres culturels indépendants, cette plateforme stimule les échanges et la coopération entre ses membres encourageant la collaboration entre disciplines artistiques différentes et le soutien de modes alternatifs d'expression artistique. Organisation des meetings TEH 2 fois /an • **Type d'adhérents** : 49 centres dans 26 pays différents • **Publications** : Les Fabriques, lieux imprévus

YOUROPE

✆ **(41) 71 223 41 01** • fax (41) 71 223 41 09
yourope@yourope.org • **www.yourope.org**
Adlerbergstrasse 13 • 9000 **ST. GALLEN (SUISSE)**
Christof HUBER (General manager)

The European festival association • **Objet** : Renforcer la scène festival en Europe en termes de conditions de travail, sécurité, échange de talents • **Activité(s)** : Guide de la santé et de la sécurité, programmes de formations, solutions européennes pour les taxes des artistes, etc. • **Type d'adhérents** : 30 festivals dans toute l'Europe • **Représentation française** : Méditerranéennes d'Argelès-sur-Mer, Eurockéennes de Belfort, Summer festival

Les correspondants de l'Irma en région

● Correspondants jazz ▲ Correspondants musiques traditionnelles et du monde ■ Correspondants rock, chanson, hip hop et musiques électroniques

Les trois centres d'informations rassemblés au sein de l'Irma se sont dotés de réseaux de correspondants présents dans toutes les régions et les Dom-Tom. Structures spécialisées solidement implantées en région et individus reconnus dans leurs domaines musicaux, ces correspondants assurent la collecte de l'information en région au plus près de la réalité des activités. Au-delà du recensement, ils contribuent au développement et à la structuration de leur secteur. Ils représentent autant de lieux de ressources pourvus d'interlocuteurs efficaces.

ALSACE

ARTEFACT PRL

✆ **03 88 23 72 32** • fax 03 88 23 72 30
jeanluc@artefact.org • **www.artefact.org**
13 rue du Hohwald • 67000 **STRASBOURG**

Jean-Luc GATTONI (Correspondant)

Expert : Rock • **Activités du correspondant** : Centre de ressource musiques actuelles, relais d'information pour les groupes locaux et régionaux, accueil à la Laiterie, consultation doc sur place, Plateforme d'accompagnement Labels • **Activités de la structure** : Diffusion artistique (200 concerts/an à la Laiterie) ; organisation du Festival des Artefacts • **Zone géographique** : Bas-Rhin

FÉDÉRATION HIÉRO NOUMATROUFF

✆ **03 89 32 94 10** • fax 03 89 42 05 96
olivier.dieterlen@noumatrouff.fr • **www.noumatrouff.com**
57 rue de la Mertzau • BP 3135 • 68063 **MULHOUSE CEDEX**

Olivier DIETERLEN (Correspondant) • Jérémie ZINDY (Chargé de Prévention & Information)

Expert : Rock • **Activités du correspondant** : Réactualisation du fichier rock pour le Cir, relais d'information sur la région, accueil et documentation sur place • **Activités de la structure** : Organisation stages et séminaires, concerts, locaux de répétition • **Zone géographique** : Haut-Rhin

MUSIQUE EN STOCK

✆ **06 07 91 39 02**
jp.demeusy@aliceadsl.fr • **www.musiqueenstock.com**
BP 55 • 67044 **STRASBOURG CEDEX**

Jean-Paul DEMEUSY (Correspondant) • Isabelle LEBEAU (Secrétaire)

Expert : Jazz • **Activités du correspondant** : Directeur • **Activités de la structure** : Association d'information • **Zone géographique** : Alsace

AQUITAINE

INSTITUT CULTUREL BASQUE

✆ **05 59 93 25 25** • fax 05 59 93 06 84
info@eke.org • **www.eke.org**
Château Lota • BP 6 • 64480 **USTARITZ**

Pantxoa ETCHEGOIN (Directeur) • Frank SUAREZ (Responsable spectacle vivant - Correspondant)

Euskal kultur erakundea • **Expert** : Musiques traditionnelles et du Monde • **Activités de la structure** : Sauvegarde et promotion de la culture basque : euskara (la langue basque), littérature, édition, théâtre et bertsularisme, production audiovisuelle, chant et musique, arts plastiques, patrimoine et environnement, sports basques. Encourage la création artistique, la diffusion, l'animation et la formation. Organisme d'animation et d'action culturelle en faveur de la langue et de la culture basques • **Zone géographique** : Pays Basque

MUSIQUES DE NUIT DIFFUSION

✆ **05 56 74 80 00** • fax 05 56 67 63 52
contact@lerocherdepalmer.fr • **lerocherdepalmer.fr**
1 rue Aristide Briand • 33152 **CENON CEDEX**

Patrick LABESSE (Correspondant) • Patrick DUVAL (Directeur) • Aurélie STUBER (Chargée de communication)

Pôle de ressource jazz et musiques du monde en Aquitaine • **Expert** : Musiques traditionnelles et du monde • **Activités du correspondant** : Responsable du Centre de Ressource • **Activités de la structure** : Pôle de ressource jazz et musiques du monde en Aquitaine • **Zone géographique** : Aquitaine

RAMA

✆ **05 56 99 60 36**
pepiniere@krakatoa.org • **www.le-rama.org**
c/o Krakatoa • 3 av. Victor Hugo • 33700 **MERIGNAC**

Guillaume MANGIER (Correspondant)

Réseau aquitain des musiques actuelles • **Expert** : Rock • **Activités du correspondant** : Coordonne la réactualisation du fichier Cir d'Aquitaine pour le Rama, coordination de la Pépinière et du Centre de ressource du Krakatoa • **Activités de la structure** : Le Rama regroupe une quinzaine d'associations spécialisées sur toute l'Aquitaine, Charte commune • **Zone géographique** : Aquitaine

AUVERGNE

AMTA

✆ **04 73 64 60 00** • fax 04 73 64 60 09
contact@amta.fr • **www.amta.fr**
1 route d'Ennezat • BP 169 • 63204 **RIOM CEDEX**

André RICROS (Directeur) • José DUBREUIL (Chargée de communication / Patrimoine) • Laurence MAZATAUD (Correspondante)

Agence des musiques des territoires d'Auvergne • **Expert** : Musiques traditionnelles et du monde • **Activités du correspondant** : Correspondante, secrétaire, comptable • **Activités de la structure** : Centre de ressources axé sur le Patrimoine Culturel Immatériel en Auvergne. Recherche, collectage, documentation (archives images et son), formation, diffusion, production, commercialisation • **Zone géographique** : Auvergne

Le TRANSFO - ART ET CULTURE EN RÉGION AUVERGNE

✆ **04 73 28 87 95**
contact@letransfo.fr • **www.letransfo.fr**
7 allée Pierre de Fermat • CS 30518 • 63178 **AUBIERE CEDEX**

Marc MOURGUIART (Correspondant jazz) • Romain BARD (Correspondant CIR)

Expert : Rock et jazz • **Activités du correspondant** : Chargé de mission jazz et musiques actuelles • **Activités de la structure** : Information, ressources, coordination de projets, expertise • **Zone géographique** : Auvergne

BASSE-NORMANDIE

Le CARGÖ

✆ **02 31 86 79 31** • fax 02 31 38 95 83
contact@lecargo.fr • **www.lecargo.fr**
c/o Arts Attack ! • 9 cours Caffarelli • 14000 **CAEN**

Elodie NOURIGAT (Correspondante)

Expert : Rock, musiques électroniques, etc. • **Activités du correspondant** : Gestion du fichier rock, chanson hip hop et musiques électroniques pour le Cir • **Activités de la structure** : Salle de spectacles, répétitions, enregistrement, formations, et centre de ressources • **Zone géographique** : Basse-Normandie

Le FAR

✆ **02 31 27 88 10** • fax 02 31 27 88 11
contact@le-far.fr • **www.le-far.fr**
Le FAR Maison des Quatrans • 25 rue de Geôle • 14000 **CAEN**

Jean-Claude LEMENUEL (Directeur) • Delphine QUONIAM (Coordinatrice) • Aurélie ETIENNE (Communication)

Agence Musicale Régionale • **Expert** : Musiques traditionnelles et du monde • **Activités du correspondant** : Ethnomusicologue, conférencier, formateur, directeur du Far-Agence musicale régionale • **Activités de la structure** : Favoriser la découverte des musiques du monde par la rencontre régulière avec les artistes mus., danseurs, conteurs des différentes communautés de la région. Médiateur de débat autour de l'interculturalité et les pratiques artistiques. Organisation de concerts. Enseignement : ateliers réguliers de musique et danse, séminaires, stages, formation de formateurs (IUFM, Cefedem). Interventions scolaires, création de spectacles poétiques, conférences • **Zone géographique** : Basse-Normandie

JAZZ SOUS LES POMMIERS

✆ **02 33 76 78 60** • fax 02 33 45 48 36
jslp@jazzsouslespommiers.com • **www.jazzsouslespommiers.com**
Les Unelles • BP 524 • 50205 **COUTANCES CEDEX**

Denis LE BAS (Correspondant) • Edwige DUJARDIN (Chargée de mission Cij)

Expert : Jazz • **Activités du correspondant** : Directeur du festival « Jazz sous les pommiers » et du théâtre municipal de Coutances • **Activités de la structure** : Prog. de spectacles et concerts • **Zone géographique** : Basse-Normandie

BOURGOGNE

CENTRE REGIONAL DU JAZZ EN BOURGOGNE

✆ **03 86 57 88 51**
crj@crjbourgogne.org • **www.crjbourgogne.org**
3 bis pl. des Reines de Pologne • BP 824 • 58008 **NEVERS CEDEX**

Roger FONTANEL (Correspondant) • Geneviève HERBRETEAU (Centre de ressources) • Tatiana BOURDEAU (Assistante à la ressource et à l'information)

Expert : Jazz • **Activités du correspondant** : Correspondance du CIJ pour la Bourgogne, fonction de coordination et de centralisation à l'échelle bourguignonne avec Patrick Bacot (service compris) pour l'Yonne et avec Jacques Parize (Media Music) pour la Côte-d'Or et la Saône-et-Loire • **Activités de la structure** : Développer et promouvoir le jazz en Bourgogne (missionnements et résidences d'orchestres, soutien aux formations et projets régionaux, soutien à la prod., centre d'info) • **Zone géographique** : Bourgogne

CEP

jeanleger@orange.fr
20 rue du Lavoir • 21220 **CHEVANNES**

Jean LÉGER (Correspondant)

Collectif d'Expression Populaire • **Expert** : Musiques traditionnelles et du monde • **Activités du correspondant** : Artiste-interprète (chansons et musiques trad. de Bourgogne et du Morvan) • **Activités de la structure** : Regroupement d'associations, groupes, mus. pros et amateurs, conteurs. Secrétariat collectif, info sur les pratiques régionales • **Zone géographique** : Bourgogne

MEDIA MUSIC ASSOCIATION

✆ **03 80 59 10 32**
jacques.parize@orange.fr • **www.mediamusic-dijon.fr**
c/o Maison des associations • 2 rue Corroyeurs • BP 22343
21023 **DIJON CEDEX**

Jacques PARIZE (Correspondant)

Expert : Jazz • **Activités du correspondant** : Correspondant du Cij en Bourgogne • **Activités de la structure** : Gestion « D'jazz Kabaret » (jazz-club de Dijon), festivals « D'Jazz dans la ville » (mai), « D'Jazz au jardin » (juil.), action « D'Jazz à la plage » (août) • **Zone géographique** : Dpts de la Côte-d'Or et de la Saône-et-Loire

La VAPEUR

✆ **03 80 60 96 18** • fax 03 80 60 96 11
cir@lavapeur.com • **www.lavapeur.com**
42 av. de Stalingrad • 21000 **DIJON**

Yann CRUAUD

Expert : Rock • **Activités du correspondant** : Gestion du fichier rock, chanson, musiques électroniques et hip hop pour le Cir • **Activités de la structure** : Salle de diffusion musiques actuelles, locaux de répétition, Centre de documentation et d'information, modules de formation • **Zone géographique** : Bourgogne

BRETAGNE

CIR BRETAGNE

✆ **02 99 31 57 67** • fax 02 99 30 39 51
philippe@crij-bretagne.com • **www.crij-bretagne.com**
c/o Crij Bretagne • 4 bis cours des Alliés • 35000 **RENNES**

Philippe ROUTEAU (Correspondant) • Fabien DESRONDIERS (Information)

Expert : Rock • **Activités du correspondant** : Centre de ressources (fichier musiques actuelles), accueil du public, infos et conseils, Centre Régional Information Jeunesse • **Activités de la structure** : Organisation du festival Quartiers d'Eté, scène Fête de la musique, fichier musiques actuelles sur le Réseau information jeunesse Bretagne, etc. • **Zone géographique** : Bretagne

PENN AR JAZZ

✆ **02 29 00 40 01 / 02 29 00 40 02**
contact@penn-ar-jazz.com • **www.penn-ar-jazz.com**
6 rue Guy Ropartz • 29200 **BREST**

Janick TILLY (Correspondante) • Christophe MEVEL (Programmateur) • Pascale GROUX (Administratrice) • Anne YVEN (Chargé de communication)

Expert : Jazz • **Activités du correspondant** : Directrice de l'association • **Activités de la structure** : Diffusion de concerts de jazz et de musiques improvisées, organisation du festival Sonore (mai) et de l'Atlantique Jazz Festival en Finistère (oct.), organisation de stages, masterclass et accompagnement des créations des musiciens de la région • **Zone géographique** : Bretagne

CENTRE

FRACA-MUSIQUES ACTUELLES (45)

✆ **02 38 54 07 69** • fax 02 38 54 07 69
contact@fracama.org • **www.fracama.org**
108 rue de Bourgogne • 45000 **ORLEANS**

Boris ADAMCZYK (Correspondant)

Fédération régionale des acteurs culturels et associatifs • **Expert** : Rock • **Activités du correspondant** : Chargé d'information et de communication • **Activités de la structure** : Développement du dispositif de Pôle Régional des Musiques Amplifiées avec le soutien du Conseil Régional du Centre et de la Drac • **Zone géographique** : Région Centre

JAZZ À TOURS

✆ **02 47 66 55 97** • fax 02 47 20 04 51
dsalle@jazzatours.com • **www.jazzatours.com**
8 rue Jules Simon • 37000 **TOURS**

Didier SALLÉ (Correspondant) • Marie CHÊNE (Chargée d'actions culturelles et communication)

Expert : Jazz • **Activités du correspondant** : Directeur de l'école « Jazz à Tours », membre du secrétariat national du SMA • **Activités de la structure** : Formation (improvisation, arrangement, harmonie, solfège, déchiffrage, ateliers, stages, masterclass, formation professionnelle, cycle intensif, préparation au DEM jazz), organisation du festival « Emergences » • **Zone géographique** : Centre

Rencontres internationales de LUTHIERS ET MAÎTRES SONNEURS

✆ **02 54 48 60 60** • fax 02 54 48 21 29
info@rencontresdeluthiers.org • **www.rencontresdeluthiers.org**
Comité George Sand • 7 av. George Sand • 36400 **LA CHATRE**

Amélie MASSONNEAU (Correspondante)

Expert : Musiques traditionnelles et du Monde • **Activités du correspondant** : Chargée de communication • **Activités de la structure** : Organisation des Rencontres de luthiers et Maîtres Sonneurs, du festival Pierres qui Chantent, animations musicales, recherche, formation en lutherie, diffusion • **Zone géographique** : Région Centre

CHAMPAGNE-ARDENNE

DJAZ 51

✆ **03 26 47 00 10**
info@djaz51.com • **www.djaz51.com**
53 rue Vernouillet • Bureau 212 • 51100 **REIMS**

Francis LE BRAS (Responsable) • Mathieu TOUBART (Administrateur et chargé de communication)

Association pour le développement du jazz et des musiques improvisées en Champagne-Ardenne • **Expert** : Jazz • **Activités du correspondant** : Responsable de l'association • **Activités de la structure** : Organisation du Reims Jazz Festival (nov.) et concerts de jazz à Reims

CORSE

CMT DE CORSE

✆ **04 95 46 05 05** • fax 04 95 46 05 25
centre-musique-tradionnelle@wanadoo.fr
5 av. Jean Nicoli • BP 102 • 20250 **CORTE**

Damien DELGROSSI (Directeur)

Centre des musiques traditionnelles de Corse • **Expert** : Musiques traditionnelles et du monde • **Activités du correspondant** : Directeur du Centre • **Activités de la structure** : Information, conseil, stages, ateliers, diffusion, etc. • **Zone géographique** : Corse

FRANCHE-COMTÉ

Le BASTION

✆ **03 81 81 31 12** • fax 03 81 81 31 12
sebastien.dasse@lebastion.org • **www.lebastion.org**
16 av. Gaulard • 25000 **BESANCON**

Sébastien DASSE (Responsable Pôle DJ)

Expert : Cir • **Activités du correspondant** : Correspondance pour le Cir sur la région Franche-Comté • **Activités de la structure** : Studios de répétitions, formations techniques • **Zone géographique** : Franche-Comté

Le CHAPEAU DE PAILLE

✆ **09 75 34 18 90**
chapeau.paille@wanadoo.fr • **chapeaudepaille.org**
c/o Jean-Pierre Aufort • 135 rue de la Fruitière • 39800 **BARRETAINE**

Jean-Pierre AUFORT (Correspondant)

Expert : Musiques traditionnelles et du monde • **Activités du correspondant** : Mus. • **Activités de la structure** : Production de spectacles, organisation de la Nuit du Folk à Gennes (25), production de CD et autres supports audiovisuels • **Zone géographique** : Franche-Comté

HAUTE-NORMANDIE

CEM

✆ **02 35 22 70 65 / 02 35 45 53 62** • fax 02 35 43 17 55
contact@musiques-hn.com • **www.musiques-hn.com**
10 rue Franklin • 76600 **LE HAVRE**

Bastien CANTILLON (Correspondant)

Centre d'Expressions Musicales • **Expert** : Rock • **Activités du correspondant** : Gestion du fichier rock, chanson, musiques électroniques et hip hop pour l'Irma • **Activités de la structure** : Ecole de musiques actuelles, organisme de formation agréé • **Zone géographique** : Haute Normandie

GALAOR

✆ **02 35 08 55 30**
phgibaux@free.fr • **www.galaor.com**
Ch. du Vieux-Moulin • 76160 **ST MARTIN DU VIVIER**

Philippe GIBAUX (Correspondant)

Expert : Musiques traditionnelles et du Monde • **Activités du correspondant** : Mus., enseignant, luthier • **Activités de la structure** : Organisation de concerts, bals et stages, cours réguliers de chant, musique et danse, animations • **Zone géographique** : Haute-Normandie

ÎLE-DE-FRANCE

ARIAM ILE-DE-FRANCE - MUSIQUES ET DANSES DU MONDE

✆ **01 42 85 45 37** • fax 01 48 74 46 59
julien.andre@ariam-idf.com • **www.ariam-idf.com**
9 rue La Bruyère • 75009 **PARIS**

Bernadette GREGOIRE (Directrice générale) • Julien ANDRÉ (Conseiller musiques et danses du monde) • Toria EL KIZIOUA (Accueil information)

Expert : Musiques traditionnelles et du monde • **Activités du correspondant** : Conseiller artistique • **Activités de la structure** : Mise en réseau des acteurs des musiques et danses traditionnelles autour de structures départementales, accompagnement de projets, formation professionnelle • **Zone géographique** : Ile-de-France

CIJ

✆ **01 43 15 11 11 / 01 43 15 11 14** • fax 01 43 15 11 10
panquetil@irma.asso.fr • **www.irma.asso.fr/cij**
c/o IRMA • 22 rue Soleillet • 75980 **PARIS CEDEX 20**

Pascal ANQUETIL (Correspondant)

Centre d'information du jazz • **Expert** : Jazz • **Activités du correspondant** : En plus de son action d'information et de conseil au service des acteurs de la vie du jazz et de son travail éditorial, le Cij assume la fonction de « correspondant » en Ile-de-France • **Activités de la structure** : Mission nationale d'information et de conseil au service des acteurs de la vie du jazz • **Zone géographique** : Ile-de-France

CIMT

✆ **01 43 15 11 11 / 01 43 15 11 13** • fax 01 43 15 11 10
cimt@irma.asso.fr • **www.irma.asso.fr/-CIMT-**
c/o Irma • 22 rue Soleillet • 75980 **PARIS CEDEX 20**

François BENSIGNOR (Responsable)

Centre d'information des musiques traditionnelles et du monde • **Expert** : Musiques traditionnelles et du monde • **Activités du correspondant** : Responsable du CIMT, journaliste • **Activités de la structure** : Information et ressources pour les musiques traditionnelles et du monde • **Zone géographique** : Ile-de-France

CIR

✆ **01 43 15 11 11 / 01 43 15 11 12** • fax 01 43 15 11 10
cir@irma.asso.fr • **www.irma.asso.fr/cir**
c/o Irma • 22 rue Soleillet • 75980 **PARIS CEDEX 20**

Frédéric DREWNIAK (Correspondant)

Centre d'information Rock, chanson, hip hop, musiques électroniques • **Expert** : Rock • **Activités du correspondant** : Centre de ressources (fichiers rock, chanson, hip hop et musiques électroniques), information, orientation et conseil pour les acteurs et le public d'Ile-de-France • **Activités de la structure** : Structure nationale (expertise, information, conseil et coordination d'un réseau de correspondants régionaux) • **Zone géographique** : Ile-de-France

LANGUEDOC-ROUSSILLON

LE GARAGE ÉLECTRIQUE

✆ **04 67 58 27 48**
contact@legarageelectrique.net • **www.legarageelectrique.net**
42 rue Adam de Craponne • 34000 **MONTPELLIER**

Mathieu LAMBERT (Correspondant) • Elodie RICHARD (Chargée de ressources)

Expert : Rock, chanson, hip hop et musiques électroniques • **Activités du correspondant** : Expertise sur le fichier rock, chanson, hip hop et musiques électroniques pour le Cir-Irma • **Activités de la structure** : Label de production musical et audiovisuelle, lieu ressource • **Zone géographique** : Languedoc-Roussillon

Collectif JAZZ EN L'R

✆ **04 68 35 37 46 / 06 72 91 78 00**
contact@jazzenlr.fr • **www.jazzenlr.fr**
Théâtre de Sète • Av. Victor Hugo • 34200 **SETE**

Yann CAUSSE (Président) • Franck BIGOTTE (Correspondant)

Collectif de Jazz et de Musique Improvisée en Languedoc Roussillon • **Expert** : Jazz • **Activités du correspondant** : Regroupe un grand nombre d'acteurs du jazz en région Languedoc-Roussillon (mus., collectifs de mus., associations, scènes nationales, festivals, programmateurs) • **Activités de la structure** : Réflexion sur les politiques régionales en faveur du jazz et des musiques improvisées, mutualisation, mise en réseau, organisation d'événements à teneur régionale, actions de coopération et d'échanges inter-régionaux, etc. Organisation des « Journées Jazz en L'R » - Pôles de résidences Jazz en L'R

RÉSEAU EN SCÈNE LANGUEDOC-ROUSSILLON

✆ **04 67 66 90 97** • fax 04 67 66 90 80
p.jaussaud@reseauenscene.fr • **www.reseauenscene.fr**
8 av. de Toulouse • CS 50037 • 34078 **MONTPELLIER CEDEX 03**

Pascal JAUSSAUD (Correspondant)

Association régionale de coordination et de diffusion des arts du spectacle • **Expert** : Musiques traditionnelles et du Monde • **Activités du correspondant** : Attaché à l'information • **Activités de la structure** : Contribuer au développement artistique et culturel du Languedoc-Roussillon afin d'en faire une région dynamique pour les créateurs qui y vivent et une terre d'émergence de nouvelles formes artistiques. Soutenir les démarches visant à réduire les inégalités d'accès à la culture. Domaines d'intervention : musiques, danse, théâtre, cirque, arts de la rue. Affiliations : Plate-forme interrégionale d'échange et de coopération pour le développement culturel ; Réseau international des arts du spectacle • **Zone géographique** : Languedoc-Roussillon

LIMOUSIN

CRMT LIMOUSIN

✆ **05 55 27 93 48** • fax 05 55 27 93 49
crmtl@crmtl.fr • **www.crmtl.fr**
4 av. Jean Vinatier • 19700 **SEILHAC**

Olivier DURIF (Directeur) • Dominique MEUNIER (Correspondant)

Centre régional des musiques traditionnelles en Limousin • **Expert** : Musiques traditionnelles et du Monde • **Activités du correspondant** : Adjoint de direction, chargé de l'information et de la communication • **Activités de la structure** : Enseignement, recherches, diffusion, information et mise en réseau • **Zone géographique** : Limousin

FÉDÉRATION HIERO LIMOGES

✆ **05 55 10 00 84 / 09 61 30 99 10**
jeremyhiero@gmail.com • **www.hierolimoges.com**
8 rue Vochave • BP 861 • 87016 **LIMOGES CEDEX**

Jérémy GALLIOT (Correspondant)

Expert : Rock, chanson, hip hop, musiques électroniques • **Activités du correspondant** : Gestion de la base de données en musiques électro-amplifiées en Limousin • **Zone géographique** : Limousin, RIC

ORANE KHALIL DEVELOPPEMENT

✆ **05 55 77 98 46 / 06 30 09 28 55**
jm.leygonie@wanadoo.fr
1 rue Montaigne • 87000 **LIMOGES**

Jean-Michel LEYGONIE (Correspondant)

Expert : Jazz • **Activités du correspondant** : Programmateur pour le jazz et la word du Centre Culturel de Rencontre La Borie en Limousin, directeur artistique du label Laborie Jazz, directeur artistique du festival « Eclats d'Email- Jazz Edition » (Limoges) • **Zone géographique** : Limousin

LORRAINE

JAZZPOTE ASSOCIATION

✆ **03 82 53 02 56 / 06 82 17 21 26**
jazzpote@hotmail.com • **www.jazzpote.com**
13 rue des Buissons • Volkrange • 57100 **THIONVILLE**

Christian SCHOTT (Programmateur)

Expert : Jazz • **Activités du correspondant** : Directeur de festival • **Activités de la structure** : Organisation du Festival de jazz de Thionville (fin juin) • **Zone géographique** : Lorraine

Association PAVE

✆ **03 82 85 17 44** • fax 07 61 14 14 69
pave.ressource@bbox.fr • **www.association-pave.com**
BP 50065 • 57702 **HAYANGE CEDEX**

Thomas DOS SANTOS (Correspondant)

Scène de musiques actuelles en Val de Fensch • **Expert** : Musiques Traditionnelles et du Monde • **Activités du correspondant** : Chargé de production / ressource et accompagnement • **Activités de la structure** : Scène Conventionnée - Scène de Musiques Actuelles en Val de Fensch • **Zone géographique** : Lorraine

MIDI-PYRÉNÉES

AVANT-MARDI

✆ **05 34 31 26 50** • fax 05 34 31 26 55
ressource@avant-mardi.com • **www.avant-mardi.com**
17 rue Valentin • 31400 **TOULOUSE**

Alexandre BARTHES (Correspondant)

Réseau musiques actuelles Midi-Pyrénées • **Expert** : Rock, chanson, musiques électroniques, hip hop • **Activités du correspondant** : Centre de ressources (base de données, accueil, info, centre de doc ouvert au public) • **Activités de la structure** : Pôle régional musiques actuelles, promotion des artistes en développement, mise en réseau des structures de diffusion, professionnalisation des acteurs, conseil aux porteurs de projets, formations aux métiers du spectacle, etc. • **Zone géographique** : Midi-Pyrénées

COMDT TOULOUSE MIDI-PYRÉNÉES

✆ **05 34 51 28 38**
direction@conservatoire-occitan.org
www.conservatoire-occitan.org
5 rue du Pont de Tounis • 31000 **TOULOUSE**

Carole SARASA (Correspondante Chargée de communication) • Maïlis BONNECASE (Directrice)

Centre occitan des musiques et danses traditionnelles Toulouse Midi-Pyrénées • **Expert** : Musiques traditionnelles et du Monde • **Activités du correspondant** : Responsable de la programmation, des publications et de la formation; rédactrice en chef de la revue « Pastel » • **Activités de la structure** : Centre occitan des musiques et danses traditionnelles en Midi-Pyrénées : formation (ateliers hebdomadaires et stages ponctuels), diffusion (saison de concerts), centre de documentation, facture instrumentale, éducation artistique, publication, missions régionales auprès du tissu associatif • **Zone géographique** : Midi-pyrénées

MUSIC'HALLE

✆ **05 61 21 12 25**
info@music-halle.com • **www.music-halle.com**
Espace Job • 105 route de Blagnac • Quartier des Sept Deniers
31200 **TOULOUSE**

Philippe METZ (Correspondant)

Ecole des musiques vivaces • **Expert** : Jazz • **Activités du correspondant** : Directeur de Music'Halle, école de musiques vivaces • **Activités de la structure** : Formation, production, lieu de ressources et enregistrements • **Zone géographique** : Midi-Pyrénées

NORD - PAS-DE-CALAIS

ATTACAFA

✆ **03 20 31 55 31** • fax 03 20 12 05 62
attacafa.sun@laposte.net • **www.attacafa.com**
24 rue de la Barre • 59000 **LILLE**

Emilie DA LAGE (Présidente)

Scène universelle nomade • **Expert** : Musiques traditionnelles et du Monde • **Activités du correspondant** : Maître de conférences en sciences de la communication Université de Lille 3; Membre de Geriico et de l'Observatoire des mutations des industries culturelles • **Activités de la structure** : Promotion des cultures tradtionnelles à travers les musiques du monde; faire se croiser les individus et les cultures, notamment grâce à une programmation musicale axée sur la découverte • **Zone géographique** : Nord-Pas de Calais

DOMAINE MUSIQUES

✆ **03 20 63 65 80** • fax 03 20 63 65 90
cleduc@domaine-musiques.com • **www.domaine-musiques.com**
105 av. de la République • 59110 **LA MADELEINE**

Céline LEDUC (Assistante Dpt musiques actuelles)

Expert : Rock • **Activités du correspondant** : Centre de ressources (fichier rock) pour l'Irma, conseils, informations et documentations dans le cadre de la mission d'information de Domaines Musiques • **Activités de la structure** : Coordination un plan régional d'aide au développement de carrière (Start-Play-Rec) ainsi que des formations aux métiers de la musique (Les Règles du Jeu). Domaine musiques est une agence régionale de développement de la musique • **Zone géographique** : Nord-Pas-de-Calais

PAYS DE LA LOIRE

CRIR

✆ **02 40 46 66 33 / 02 40 46 66 99** • fax 02 40 46 67 57
cecile@trempo.com • **tohubohu.trempo.com**
La Fabrique, laboratoire(s) artistique(s) • 6 bd Léon Bureau
44200 **NANTES**

Cécile ARNOUX (Correspondante CIR) • Lucie BRUNET (Correspondante CIMT)

Centre régional info-ressources • **Expert** : Rock, chanson, hip hop, musiques électroniques, musiques traditionnelles et du monde • **Activités du correspondant** : Infos, consultation sur place de la presse spécialisée, librairie musicale, dossiers sur les groupes, démothèque, press-book, conseil, coordination du réseau Tohu Bohu • **Activités de la structure** : Correspondance Irma (Rock et chanson/musiques trad), antenne Printemps de Bourges, centre info ressources, accompagnement de projets, studios répétition, bus studio, scènes découvertes, formations artistiques, administratives et techniques, aide au développement de projets (production discographique, pépinière, etc.) • **Zone géographique** : Pays de la Loire

NANTES JAZZ ACTION

✆ **02 40 48 74 74** • fax 02 40 48 28 18
info@pannonica.com • **www.pannonica.com**
3 cour de la Brocante • 44000 **NANTES**

Cyrille GOHAUD (Correspondant)

Expert : Jazz • **Activités du correspondant** : Anime à Nantes la scène de jazz et de musiques improvisées le Pannonica • **Activités de la structure** : Diffusion, résidences, action culturelle notamment dans les écoles et des publics empêchés (hôpital, prisons, etc.) • **Zone géographique** : Pays-de-la-Loire

PICARDIE

Le PATCH

✆ **03 60 28 70 35**
contact@le-patch.net • **www.le-patch.net**
5/2 Passage Bélu • 80000 **AMIENS**

Babak TAGHAVI (Observation et ressource)

Connexions amplifiées en Picardie • **Expert** : Rock, chanson, hip hop, musiques électroniques - Jazz et musiques improisées • **Activités du correspondant** : Gestion du fichier « rock, chanson, hip hop et musiques électroniques » pour le Cir et « jazz » pour le Cij • **Activités de la structure** : Réseau régional des acteurs en musiques actuelles • **Zone géographique** : Picardie

POITOU-CHARENTES

JAZZ À POITIERS

✆ **05 49 47 31 48** • fax 05 49 30 09 29
jazzapoitiers@wanadoo.fr • **www.jazzapoitiers.org**
c/o La Maison du Coin • 2 pl. Aristide Briand • 86000 **POITIERS**

Matthieu PERINAUD (Correspondant) • Mathilde COUPEAU (Administratrice)

Expert : Jazz • **Activités du correspondant** : Directeur et programmateur • **Activités de la structure** : Programmation de concerts de jazz et musiques improvisées au Carré bleu (Poitiers) • **Zone géographique** : Poitou-Charentes

PRMA

✆ **05 49 55 37 99** • fax 05 49 55 39 89
coordination@pole-musiques.com • **www.pole-musiques.com**
91 bd du Grand-Cerf • 86000 **POITIERS**

Anne LOUSSOUARN (Correspondante) • Sylvain COUSIN (Animateur réseau)

Pôle régional des musiques actuelles de Poitou-Charentes • **Expert** : Rock • **Activités du correspondant** : Coordinatrice du Pôle régional des musiques actuelles de Poitou-Charentes (coordination du réseau Plates-Formes MIR, dispositif RADAR, interventions en milieu scolaire, relai régional Agi-Son, observation du secteur) • **Activités de la structure** : Soutien au développement du spectacle vivant en Poitou-Charentes : aide aux projets, animation de réseaux, observatoire régional du spectacle vivant, publication d'études, coordination du Coreps, etc • **Zone géographique** : Poitou-Charentes

UPCP-METIVE

✆ **05 49 94 90 70** • fax 05 49 94 90 71
saison@metive.org • **www.metive.org**
Maison des cultures de Pays • 1 rue de la Vau St-Jacques
79000 **PARTHENAY**

Josette RENAUD (Directrice) • Dominique PASSEBON (Correspondante)

Expert : Musiques traditionnelles et du Monde • **Activités du correspondant** : Coordinatrice de la saison culturelle de l'UPCP-Métive d'octobre à juin : 8 à 10 rendez-vous à l'année • **Activités de la structure** : Gestion de la Maison des cultures de pays (salle de spectacle, salle cabaret, studio vidéo, studio son). Documentation sonore, iconographique, vidéo et écrite au sein du Centre d'études de recherche et de documentation sur l'oralité (Cerdo). Accueil en résidence d'artistes (mus., danseurs, conteurs, etc.) • **Zone géographique** : Poitou, Charentes, Vendée

PROVENCE - ALPES - CÔTE D'AZUR

AJMI

✆ **04 90 86 08 61**
jp icard@gmail.com • **www.jazzalajmi.com**
La Manutention • 4 rue des Escaliers Ste-Anne • 84000 **AVIGNON**

Jean-Paul RICARD (Président) • Pierre VILLERET (Directeur)

Association pour le jazz et les musiques improvisées • **Expert** : Jazz • **Activités du correspondant** : Directeur artistique, programmateur • **Activités de la structure** : Jazz in Arles, Concerts de jazz, formation, stages, expositions, conférences, location salle, production disques, diffusion, info, centre de documentation jazz, prêt CD, conseil programmation, ateliers pratique artistique. Depuis 2001, production phonographique (label Ajmisérie) • **Zone géographique** : Vaucluse

ARCADE PACA

✆ **04 42 21 78 00** • fax 04 42 21 78 01
prma@arcade-paca.com • **www.arcade-paca.com**
Maison Darius Milhaud • 6 pl. Barthélémy Niollon • CS 30759
13617 **AIX EN PROVENCE CEDEX 01**

Gilles PAGES (Pôle musiques actuelles) • Charline GICQUEL (Assistante)

Agence régionale des arts du spectacle de Provence-Alpes-Côte d'Azur • **Expert** : Rock, jazz • **Activités du correspondant** : Coordinateur musiques actuelles, fichiers rock et jazz en collaboration - Info, conseil aux porteurs de projets, formations, comité régional d'experts pour les musiques actuelles (CAC musiques actuelles), rencontres régionales musiques actuelles, opération régionale de prévention des risques auditifs • **Activités de la structure** : Coordination, développement et valorisation des différents secteurs de la musique, de la danse, du théâtre, des arts de la rue et arts du cirque en Provence-Alpes-Côte d'Azur, outil du ministère de la Culture et de la Région • **Zone géographique** : Paca

Le CRI DU PORT

✆ **04 91 50 51 41**
com.criduport@orange.fr • **www.criduport.fr**
8 rue du Pasteur Heuzé • 13003 **MARSEILLE**

Michel ANTONELLI (Directeur) • Armel BOUR (Chargée de communication)

Le lieu de tous les Jazz(s) • **Expert** : Jazz • **Activités du correspondant** : Correspondant du Cij sur les Bouches-du-Rhône sous la tutelle de l'Arcade • **Activités de la structure** : Scène de musiques actuelles à caractéristique jazz (résidences, enregistrements, centre de ressources, sensibilisation jeune public), organisation de concerts à Marseille • **Zone géographique** : Bouches-du-Rhône, région Paca

Service des MUSIQUES ET DANSES TRADITIONNELLES ET DU MONDE

✆ **04 42 21 78 00** • fax 04 42 21 78 01
mrmdtrad@arcade-paca.com • **www.arcade-paca.com**
Arcade - Maison Darius Milhaud • 6 pl. Barthélémy Niollon • CS 30759
13617 **AIX EN PROVENCE CEDEX 01**

Philippe FANISE (Correspondant CIMT) • Laurence CHARRIER-MONTBEL (Coordinatrice base Réseau culture)

Expert : Trad • **Activités du correspondant** : Mise en réseau des opérateurs et activités du domaine des musiques et danses traditionnelles et du monde en région Paca • **Activités de la structure** : Agence de développement du spectacle vivant. Information, conseil, mise en réseau, enquêtes, édition, formation, etc. • **Zone géographique** : Paca

RHÔNE-ALPES

ATHOS PRODUCTIONS

✆ **04 72 37 92 93 / 06 03 00 70 80** • fax 04 72 37 14 15
info@athosprod.com • **www.athosbook.com**
9 rue Carnot • 69500 **BRON**

Jean-Sébastien ESNAULT (Correspondant)

Expert : Musiques traditionnelles et du monde • **Activités du correspondant** : Chargé de production • **Activités de la structure** : Tourneur • **Zone géographique** : Rhône-Alpes

JAZZ(S) RA

✆ **04 72 73 77 61** • fax 04 72 73 77 61
administration@jazzsra.fr • **www.jazzsra.fr**
Le Village Sutter • 10 rue de Vauzelles • 69001 **LYON**

Pascal BUENSOZ (Coordinateur)

Plateforme des Acteurs du Jazz en Rhône-Alpes • **Expert** : Jazz • **Activités du correspondant** : Mise en réseau des différents acteurs culturels présent sur le territoire rhône-alpin, développement et promotion du jazz et des musiques improvisées, soutien aux artistes et collectifs, soutien à la diffusion, l'émergence et la formation, renforcement des liens et échanges nationaux et internationaux, observation, etc. • **Activités de la structure** : Née de la fusion de Suivez' le jazz et Rhône Jazz Alpes, l'association est formée de 4 collèges : artiste, diifusion, formation et production/édition

TAGADA TSOIN TSOIN

✆ **04 72 00 95 21** • fax 04 72 00 95 21
contact@tagadatsointsoin.net • **www.tagadatsointsoin.net**
Le village Sutter • 10 rue de Vauzelles • 69001 **LYON**

Aurélie MONTAGNON (Administratrice)

Expert : Rock, chanson, hip hop, musiques électroniques • **Activités de la structure** : Réseau d'acteurs des musiques actuelles en Rhône-Alpes, antenne Printemps de Bourges • **Zone géographique** : Rhône-Alpes

OUTRE-MER

Guadeloupe

REPRIZ CMT GUADELOUPE

✆ **05 90 20 99 18** • fax 05 90 91 27 88
cmdt.gpe@orange.fr • **www.repriz-cmdtp.org**
2 rue Dubouchage • 97110 **POINTE A PITRE**

Felix COTELLON (Président) • Dominique CYRILLE (Responsable de la mission patrimoine)

Centre Régional des Musiques et Danses Traditionnelles et Populaires de la Guadeloupe • **Expert** : Musiques traditionnelles • **Activités du correspondant** : Organisateur du Festival de Gwo Ka de Sainte-Anne • **Activités de la structure** : Sauvegarde du patrimoine culturel immatériel (quadrille, chants de marin, musiques d'origine Tamoul, chants de labour, etc); soutien à la transmission et à l'enseignement artistique; diffusion et promotion de la culture et des artistes de Guadeloupe; coopération dans la Caraïbe et dans le monde • **Zone géographique** : Guadeloupe

Guyane

RÉGION GUYANE DÉPARTEMENT CULTURE

✆ **05 94 27 10 18 / 06 94 26 36 39 / 06 13 26 52 21**
fax 05 94 29 81 21
elisabeth.lama@cr-guyane.fr • **www.cr-guyane.fr**
Région Guyane - Cité Administrative • 4179 route de Montabo
BP 7025 • 97321 **CAYENNE CEDEX**

Elisabeth LAMA (Chef de service culture région Guyane)

Expert : Musiques traditionnelles et du Monde, Jazz et musique improvisée • **Activités du correspondant** : Chef du département adjointe, gestion des politiques publiques; directrice du festival Piano Pianos - Correspondante du CIMT et du CIJ • **Activités de la structure** : Programmation, diffusion, gestion Auditorium 420 places • **Zone géographique** : Guyane

Association **SAS PROD**

✆ **05 94 31 25 95 / 06 94 431 777** • fax 05 94 31 25 95
contact@sasprod.net • **www.sasprod.net**
Appt 4 - Bât. Thomas • Lotissement Gritte - Ch. Source de Baduel
BP 226 • 97325 **CAYENNE CEDEX**

Jérémie GRAC (Correspondant)

South American Soldiers Production • **Expert** : Rock • **Activités du correspondant** : Correspondant du Cir pour la Guyane • **Activités de la structure** : Production discographique, organisateur de spectacles, accompagnement. • **Zone géographique** : Guyane

Nouvelle-Calédonie

POEMART

✆ **00 687 28 20 74**
poemart@canl.nc • **poemart.net**
27 rue de Sébastopol • Imm. Le Central 310 • 98800 **NOUMEA**

Chris TATEOSSIAN (Directeur) • Lena QUILLIER (Assistante de direction) • Jean WADEWE (Président)

Pôle d'export de la musique et des arts de Nouvelle-Calédonie • **Expert** : Musiques actuelles • **Activités du correspondant** : Directeur du Pôle • **Activités de la structure** : Promouvoir la création artistique locale à l'intérieur et à l'extérieur du territoire de Nouvelle-Calédonie en accompagnant collectivement les artistes et en mettant à leur disposition des outils et un réseau de ressources local et international • **Zone géographique** : Pacifique Sud

Réunion

PÔLE RÉGIONAL DES MUSIQUES ACTUELLES - RÉUNION

✆ **02 62 90 94 60** • fax 02 62 90 94 61
nadege@runmuzik.fr • **www.runmuzik.fr**
6 bis rue Pasteur • BP 1018 • 97481 **ST DENIS CEDEX**

Alain COURBIS (Directeur) • Nadège NAGES (Correspondante) • Fanie PRECOURT (Chargée de mission patrimoine / chargée du Label Takamba)

RUNMUZIK • **Expert** : Jazz, trad, rock • **Activités du correspondant** : Directeur • **Activités de la structure** : Action de développement des musiques actuelles de la Réunion, recherche et préservation du patrimoine musical • **Zone géographique** : La Réunion et îles du sud-ouest de l'Océan indien

ALSACE

ADMINISTRATIONS ET ORGANISMES RÉGIONAUX

ACA

✆ **03 88 58 87 58** • fax 03 88 58 87 50
agence@culture-alsace.org • **www.culture-alsace.org**
1 espace Gilbert Estève • Route de Marckolsheim
67601 **SELESTAT CEDEX**

Francis GELIN (Directeur général) • Marc JACQUEMOND (Directeur technique) • Virginie LONGCHAMP (Responsable Spectacle vivant) • Olivier GRASSER (Directeur Frac) • Sabine FRANTZ D'OURS (Responsable du pôle communication & ressources) • Glenn HANDLEY (Responsable Cinéma et Audiovisuel)

Agence culturelle d'Alsace • **Mission** : Soutien au développement culturel en Alsace, formation associative • **Activité(s)** : Prêt de matériel d'éclairage et de sonorisation, aide aux projets, tournages et post-production audiovisuelle, soutien à la création, accueil des compagnies en résidence via le Plateau, espace Scènes d'Alsace

ADIAM 67

✆ **03 88 21 03 27** • fax 03 88 21 03 28
contact@adiam67.com • **www.adiam67.com**
2 rue Baldung Grien • 67000 **STRASBOURG**

Martine FLEITH (Directrice) • Maxime MEUNIER (Chargé de mission)

Association départementale d'information et d'action musicales et chorégraphiques du Bas-Rhin • **Mission** : Développement et élargissement de la vie musicale et chorégraphique dans le département • **Activité(s)** : Enseignement artistique spécialisé, formation professionnelle et actions pédagogiques, pratiques collectives amateurs, diffusion et création, aides, informations et conseils

AFDAS (EST)

✆ **03 88 23 94 70** • fax 03 88 23 05 88
strasbourg@afdas.com • **www.afdas.com**
42 rue Jean-Frédéric Oberlin • 67000 **STRASBOURG**

Virginie DELACOUR (Déléguée régionale)

Mission : Gestion des fonds destinés à financer la formation professionnelle continue des salariés des secteurs spectacles, radios, télévision, loisirs, cinéma et audiovisuel, publicité et des intermittents du spectacle • **Activité(s)** : Délégation Alsace, Lorraine

CONSEIL RÉGIONAL D'ALSACE

✆ **03 88 15 64 73** • fax 03 88 15 69 49
christiane.goncalves@region-alsace.eu • **www.region-alsace.eu**
Direction Culture, Tourisme & Sports • 1 pl. Adrien Zeller • BP 91006 • 67070 **STRASBOURG CEDEX**

Delphine GOUGEON (Directrice culture & sports) • Christine STEINER Chef de service dvpt culturel & audiovisuel) • Anne HAHN (Chargée de mission Spectacle vivant) • Laura VREYSEN (Chargée de mission Spectacle vivant, coopération culturelle transfrontalière et) • Murielle FAMY (Chargée de mission Audiovisuelle et cinéma)

DRAC ALSACE

✆ **03 88 15 57 00 / 03 88 15 57 35** • fax 03 88 75 60 95
jean.verne@culture.gouv.fr
www.culturecommunication.gouv.fr/regions
Palais du Rhin • 2 pl. de la République • 67082 **STRASBOURG CEDEX**

Alain HAUSS (Directeur) • Christelle CREFF-WALRAVENS (Directrice adjointe) • Jean VERNE (Conseiller musique et danse) • Gérard ROBLIN (Licences du spectacle)

Direction régionale des affaires culturelles

MISSION-VOIX ALSACE

✆ **03 89 77 91 80** • fax 03 89 77 91 84
contact@missionvoixalsace.org • **missionvoixalsace.org**
Quai 140 • 140 rue de Logelbach • 68000 **COLMAR**

Denis HABERKORN (Directeur) • Isabelle HUMBERT (Gestion et dvpt de projets) • Pauline MEYER (Chargée de communication) • Nicole SCHWERER-ROLL (Documentation / Formation) • Mireille KEMPF (Secrétaire -comptable)

Mission : Développement et valorisation de la pratique vocale, de la voix parlée à la voix chantée, à tous âges, tous niveaux et dans tous les répertoires • **Activité(s)** : Formation, conseil, information, assistance technique et pédagogique, observation

POLE EMPLOI ALSACE (CULTURE SPECTACLE)

✆ **39 49 / 39 95**
culture.stbg@pole-emploi.fr • **www.pole-emploi-spectacle.fr**
Agence Pont Mathis • 4 rue Gustave Adolphe Hirn • 67000 **STRASBOURG**

Béatrice SIMON • Dominique WERLEN (Animatrice)

SACEM (DIRECTION REGIONALE DE L'EST)

✆ **03 69 67 25 20** • fax 03 69 67 25 21
strasbdr@sacem.fr • **www.sacem.fr**
40 A rue Oberlin • CS 40342 • 67009 **STRASBOURG CEDEX**

Jean BERTON (Directeur régional)

FÉDÉRATIONS ET RÉSEAUX RÉGIONAUX

FÉDÉRATION HIERO COLMAR

✆ **03 89 41 19 16**
contact@hiero.fr • **www.hiero.fr**
7 rue de la Lauch • 68000 **COLMAR**

Fabien ROTH (Programmateur régie, administration)

Objet : Fédérer le tissu local dans le domaine des musiques actuelles • **Activité(s)** : Concerts, cinéma, festivals Natala et Supersounds, développement d'artistes, actions pédagogiques jeune public

FÉDÉRATION HIERO MULHOUSE

✆ **03 89 32 94 10** • fax 03 89 42 05 96
info@noumatrouff.fr • **www.noumatrouff.fr**
BP 3135 • 68063 **MULHOUSE CEDEX**

Matthieu STAHL (Président)

Objet : Promotion des groupes locaux • **Activité(s)** : Concerts, salles de répétitions, festival Bêtes de Scènes (juil.), gestion du Noumatrouff

AQUITAINE

ADMINISTRATIONS ET ORGANISMES RÉGIONAUX

ADAM 40

✆ **05 58 05 40 40** • fax 05 58 05 41 48
fabien.olmiccia@cg40.fr • **www.landes.org**
Hôtel du Département • 23 rue Victor Hugo
40025 **MONT DE MARSAN CEDEX**

Fabien OLMICCIA (Directeur) • Marie-Claire BENDEJACQ (Secrétaire)

Association pour le développement des activités musicales dans les Landes • **Mission** : Favoriser la pratique musicale et chorégraphique dans le département • **Activité(s)** : Aide à la création artistique, plans de formation, mise en place de résidences, etc.

AFDAS (SUD-OUEST)

✆ **05 56 48 91 80** • fax 05 56 48 91 81
bordeaux@afdas.com • **www.afdas.com**
Les Jardins de Gambetta - Tour n° 2 • 74 rue Georges Bonnec • 33000 **BORDEAUX**

Béatrice DE FOURNOUX (Déléguée régionale)

Mission : Gestion des fonds destinés à financer la formation professionnelle continue des salariés des secteurs spectacles, radios, télévision, loisirs, cinéma et audiovisuel, publicité et des intermittents du spectacle • **Activité(s)** : Délégation Aquitaine, Midi-pyrénées, Poitou-Charentes, Limousin

AGENCE CULTURELLE DORDOGNE-PÉRIGORD

✆ **05 53 06 40 00** • fax 05 53 06 40 01
info@culturedordogne.fr • **www.culturedordogne.fr**
Espace Culturel F. Mitterrand • 2 pl. Hoche • 24000 **PERIGUEUX**

Bernard CAZEAU (Président) • Bernard NOEL (Directeur général adjoint) • Isabelle PICHELIN (Directrice adjointe) • Matthieu JACOBS (Musique) • Laurence COUDENNE (Communication & Coordination) • Christelle BISSOULET (Chargée des publics spécifiques) • Isabelle DELORD (Responsable Centre d'information et ressources) • Patrick MOLET (Directeur technique)

Mission : Etablissement public créé par le Conseil général • **Activité(s)** : Spectacle vivant, arts visuels, patrimoine et culture occitane, centre de ressources, ressources scéniques

CONSEIL REGIONAL D'AQUITAINE

✆ **05 57 57 80 17** • fax 05 57 57 86 68
culture@aquitaine.fr • **aquitaine.fr**
14 rue François de Sourdis • 33077 **BORDEAUX CEDEX**

Anne-Marie COCULA (Conseillère régionale en charge de la Culture) • Frédéric VILCOCQ (Conseiller Culture, économie créative et numérique) • Alain HERMAN (Directeur de l'observatoire régional de la culture) • Luc TRIAS (Chef de service Dvpt culturel et artistique) • Isabelle DOS SANTOS-BARRERE (Chargée de mission diffusion spectacle vivant et musiques actuelles)

Mission : Aide à la création et à l'innovation : La création de pôles régionaux de développement culturel ; Le développement des filières « Cinéma & audiovisuel » et « Livre & disque » constituent un axe de travail essentiel de la politique culturelle de la Région • **Activité(s)** : La Drac et le Conseil régional d'Aquitaine ont contribué conjointement au financement d'une étude sur la situation des musiques amplifiées en Aquitaine

DRAC AQUITAINE

✆ **05 57 95 02 02** • fax 05 57 95 01 25
contact.drac-aquitaine@culture.gouv.fr
www.culturecommunication.gouv.fr/regions
54 rue Magendie • 33074 **BORDEAUX CEDEX**

Arnaud LITTARDI (Directeur) • Elisabeth MELLER-LIRON (Chef de service Création, dvpt culturel et formation) • Pierre BLANC (Conseiller musique et danse) • Jacques DAVIAU (Chargé des licences d'entrepreneur de spectacles) • Sylvain NADAU (Pôle information, documentation, communication) • Christèle JOUSSERAND (Secrétariat du directeur)

Direction régionale des affaires culturelles

IDDAC

✆ **05 56 17 36 36** • fax 05 56 17 36 01
direction@iddac.net • **www.iddac.net**
59 av. d'Eysines • BP 155 • 33492 **LE BOUSCAT CEDEX**

François POUTHIER (Directeur) • Martine LAMARQUE (Responsable de la formation) • Cathy BIENFAIT (Documentaliste)

Agence culturelle de la Gironde • **Mission** : Organisme partenaire du Conseil général, soutenu par la Drac, le Conseil régional, Jeunesse et Sports et le Rectorat, l'Iddac a pour vocation le rapprochement entre créateurs et diffuseurs régionaux et la sensibilisation des publics • **Activité(s)** : Coorganisation de tournées, coproduction de spectacles en Gironde, actions de formations en direction des amateurs et des professionnels, éducation artistique et pratique amateur, aide technique, etc.

INÒC AQUITÀNIA

✆ **05 59 13 06 40** • fax 05 59 13 06 44
inoc@in-oc.org • **www.in-oc.org**
Château d'Este • BP 326 • 64141 **BILLERE VILHERA CEDEX**

Sèrgi JAVALOYES (Directeur) • Jean-Jacques CASTERET (Ethnomusicologue, pôle culture et société) • Jean-Brice BRANA (Pôle langue et société) • Lucie ALBERT (Médiatrice culturelle)

Institut Occitan Aquitaine • **Mission** : Opérateur de la région Aquitaine pour le soutien et le développement de la langue et de la culture occitane • **Activité(s)** : Opérateur du conseil régional d'Aquitaine pour le soutient et le développement de la langue et de la occitane en Aquitaine

INSTITUT CULTUREL BASQUE

✆ **05 59 93 25 25** • fax 05 59 93 06 84
info@eke.org • **www.eke.org**
Château Lota • BP 6 • 64480 **USTARITZ**

Pantxoa ETCHEGOIN (Directeur) • Frank SUAREZ (Responsable spectacle vivant - Corrrespondant) • Jakes LARRE (Responsable nouvelles technologies) • Frederik BERRUET (Base de données/agenda)

Euskal kultur erakundea • **Mission** : Sauvegarde et promotion de la culture basque • **Activité(s)** : Euskara (langue basque), littérature, édition, théâtre et bertsularisme, production audiovisuelle, chant et musique, arts plastiques, patrimoine et environnement, sports basques

OARA

✆ **05 56 01 45 67 / 05 56 01 45 66**
oara@oara.aquitaine.fr • **www.oara.fr**
33 rue du Temple • BP 163 • 33036 **BORDEAUX CEDEX**

Joël BROUCH (Directeur) • Evelyne GEN (Administratrice) • Stéphanie PANOUZE (Communication) • Vincent BOUILLIER (Actions culturelles)

Office artistique de la région Aquitaine • **Mission** : Agence du conseil régional ayant pour mission de contribuer au développement culturel et artistique aquitain dans le domaine du spectacle vivant • **Activité(s)** : Résidence d'artistes et accueil de projets artistiques portés par des partenaires culturels aquitains (Molière-Scène d'Aquitaine) dans les domaines théâtre, musique, danse, chanson, arts du cirque, arts de la rue, etc.

POLE EMPLOI 33 (CULTURE SPECTACLE)

✆ **05 56 33 38 71 / 05 56 33 38 78** • fax 05 56 31 38 75
culture-spectacle.33@pole-emploi.fr • **www.pole-emploi-spectacle.fr**
Agence Bordeaux St Jean • 10A quai de Paludate • 33800 **BORDEAUX**

Marc DALLA-LONGA (Animateur Culture-spectacle) • Laurie LEBLOND (Conseillère personnel)

SACEM (DIRECTION REGIONALE SUD-OUEST ATLANTIQUE)

✆ **05 67 34 80 10** • fax 05 67 34 80 11
bdxdr@sacem.fr • **www.sacem.fr**
26 quai de Bacalan • 33300 **BORDEAUX**

Hervé LECAT (Directeur)

FÉDÉRATIONS ET RÉSEAUX RÉGIONAUX

AEMK

✆ **+34 945 230 131**
aemkonex@gmail.com • **musikonexion.com**
Venta de la Estrella • 6 Pab. 44 • 01006 **GASTEIZ-ARABA (ESPAGNE)**

Réseau d'échanges culturels et artistiques entre l'Aquitaine et l'Euskadi • **Objet** : Réseau transfrontalier pour les musiques actuelles en Aquitaine-Euskadi, et vise à fédérer de nouveaux acteurs qui participeront au développement des musiques actuelles sur cette Euro-Région

FEPPIA

✆ **05 57 59 14 13** • fax 05 57 59 14 18
contact@feppia.org • **www.feppia.org**
12 pl. de la Victoire • 33000 **BORDEAUX**

Philippe COUDERC (Président) • Christel CHAPIN (Coordinatrice) • Laurent LAFFARGUE (Vice-président) • Frédéric VOCANSON (Trésorier)

Fédération des éditeurs et producteurs phonographiques indépendants d'aquitaine • **Objet** : Représenter les labels indépendants d'Aquitaine, coordonner des actions communes, valoriser les pratiques professionnelles de la filière et favoriser les échanges d'informations • **Activité(s)** : Développement des outils et des réseaux de diffusion/distribution (lieux alternatifs, disquaires, plate-forme numérique) et de mutualisation afin de former une force d'expertises et de propositions auprès des institutions

RAMA

✆ **05 56 84 15 26**
info@le-rama.org • **www.le-rama.org**
95 av. Alexis Capelle • 33130 **BEGLES**

Éric ROUX (Président) • Florent TEULE (Directeur) • Isabelle BOUSQUET (Administratrice / coordinatrice) • Aurelie FORME (Chargée de communication et de projet numérique)

Réseau aquitain des musiques actuelles • **Objet** : favoriser le développement des musiques actuelles sur le territoire aquitain • **Activité(s)** : Coordination de projets régionaux, analyse et ingénierie (lieu de réflexions et de propositions sur les politiques culturelles de la musique), structuration du secteur, mise en réseau, information et documentation, etc.

AUVERGNE

ADMINISTRATIONS ET ORGANISMES RÉGIONAUX

AMTA

✆ **04 73 64 60 00** • fax 04 73 64 60 09
contact@amta.fr • **www.amta.fr**
1 route d'Ennezat • BP 169 • 63204 **RIOM CEDEX**

André RICROS (Directeur) • David DE ABREU (Directeur adjoint)

Agence des musiques des territoires d'Auvergne • **Mission** : Recherche, diffusion, formation des musiques et danses traditionnelles en région Auvergne • **Activité(s)** : Recherches et collectages, archives sonores, réseau de diffusion de spectacles, gestion d'une salle de spectacle à Riom (Le Rexy), éditions écrites et sonores, ingénierie culturelle

CANTAL MUSIQUE DANSE

✆ **04 71 43 42 90** • fax 04 71 43 42 91
contact@cantalmusiqueetdanse.fr • **www.cantalmusiqueetdanse.fr**
12 rue Marie Maurel • 15000 **AURILLAC**

Frédérique JANAND (Directrice) • Frédéric SERAGER (Chargé de mission musiques actuelles)

Activité(s) : Conseil auprès des élus et des structures culturelles (associations, milieu scolaire, écoles de musique ou de danse, ensembles musicaux, etc.), coordination des initiatives et des projets au niveau du département, proposition et action dans les domaines de l'enseignement, la formation, la création, la diffusion musicale et chorégraphique

CONSEIL REGIONAL D'AUVERGNE

✆ **04 73 31 85 05 / 04 73 31 85 85** • fax 04 73 31 96 55
culture@cr-auvergne.fr • **www.cr-auvergne.fr**
Service culture • BP 60 • 63402 **CHAMALIERES CEDEX**

Nicole ROUAIRE (Vice-présidente Culture, patrimoine et dvpt des usages numériques) • Ginette CHAUCHEPRAT (Chef de service Qualité de la vie, Culture)

DRAC AUVERGNE

✆ **04 73 41 27 00** • fax 04 73 41 27 69
isabelle.combourieu@culture.gouv.fr
www.culturecommunication.gouv.fr/regions
Hôtel de Chazerat • 4 rue Pascal • BP 378 • 63010 **CLERMONT FERRAND CEDEX 1**

Isabelle COMBOURIEU (Conseillère musique et danse) • Jean-Luc LASCAR (Documentation générale)

Direction régionale des affaires culturelles

HAUTE-LOIRE MUSIQUES DANSES

✆ **04 89 12 08 20** • fax 04 71 09 78 01
contact@hauteloiremusiquesdanses.fr
www.hauteloiremusiquesdanses.fr
6 bd de la République • 43000 **LE PUY EN VELAY**

Grégory LASSON (Directeur) • Christine AVONT (Administration) • Michel ALLEMAND (Chargé de mission musiques actuelles)

Mission : Développement et structuration • **Activité(s)** : Enseignement musical spécialisé (mise en réseau des écoles), pratique amateur (formation chefs de chœurs, etc.), danse, musiques actuelles (formation et diffusion des groupes, mise en réseau des diffuseurs), gestion d'un parc départemental de matériel scénique

SACEM (CLERMONT FERRAND)

✆ **04 86 06 31 10** • fax 04 86 06 31 11
dl.clermontferrand@sacem.fr • **www.sacem.fr**
12 rue Marx Dormoy • BP 167 • 63005 **CLERMONT FERRAND CEDEX 1**

Jean-Philippe LESAFFRE (Délégué régional)

Activité(s) : Perception et répartition des droits d'auteur dans les dpts du Puy-de-Dôme, de l'Allier et du Cantal

Le TRANSFO - ART ET CULTURE EN RÉGION AUVERGNE

✆ **04 73 28 83 40** • fax 04 73 28 83 41
contact@letransfo.fr • **www.letransfo.fr**
7 allée Pierre de Fermat • CS 30518 • 63178 **AUBIERE CEDEX**

Simon POURRET (Directeur) • Véronique DELARBRE (Administratrice) • Fabrice BORIE (Adjoint de direction / chargé du développement culturel) • Nathacha SIBELLAS (Adjointe de direction Communication et information) • Romain BARD (Chargé de mission musiques actuelles) • Marc MOURGUIART (Chargé de mission musiques actuelles) • Nicole COMBEZOU (Europe, international, formation)

Mission : Agence régionale de développement culturel en Auvergne • **Activité(s)** : Service d'information et de soutien aux acteurs culturels, organisation de rencontres profssionnelles, accompagnement, valorisation, développe des projets innovants, des actions de formation

FÉDÉRATIONS ET RÉSEAUX RÉGIONAUX

Le DAMIER

✆ **04 73 44 50 90 / 07 61 90 50 91**
contact@ledamier-auvergne.com • **www.ledamier-auvergne.com**
Pascalis 1 • 10 allée Evariste Galois • 63000 **CLERMONT FERRAND**

Katia BOUFERRACHE (Coordinatrice) • Fanny LAPORTA (Administratrice)

Objet : Grappes d'entreprises des filières disque, spectacle vivant, services (management, promotion, infographie) et audiovisuelle pour promouvoir les filières musique et image en région et sur l'international; développer les partenariats entre les acteurs de la filière (projets de coopérations, mutualisation, regroupements, etc.); permettre aux adhérents de se regrouper (et mutualiser des compétences) pour accéder à des marchés nationaux et internationaux (appels d'offres, appels à projets, démarchage, etc.); permettre la création d'emplois nouveaux et durables sur le territoire; permettre aux adhérents de la grappe de bénéficier de ressources et de conseils dans les domaines financer, juridique, réglementaire, fiscal, etc.; Permettre aux artistes et créateurs locaux d'accéder à un développement international en région, grâce à la présence d'acteurs professionnels en local; accueillir de nouveaux acteurs économiques et de nouvelles compétences sur le territoire; favoriser la création d'activités, de richesses et d'emplois sur les territoires • **Activité(s)** : Structurer, faciliter la circulation de l'information et dynamiser une véritable communauté d'acteurs dans le but d'encourager le partage des savoir-faire et le développement de projets

FRMJC AUVERGNE

✆ **06 80 33 30 81**
francois.lap@orange.fr
Maison des services • Pl. Daniel Casanova • 03100 **MONTLUCON**

François LAPLANCHE (Administrateur chargé des musiques amplifiées)

Fédération régionale des mjc • **Objet** : Accompagnement à la création de studios de répétition par l'assistance d'un acousticien et conseils organisationnels et pédagogiques • **Activité(s)** : Formation, diffusion, accompagnement

BASSE-NORMANDIE

ADMINISTRATIONS ET ORGANISMES RÉGIONAUX

CONSEIL REGIONAL DE BASSE-NORMANDIE

✆ **02 31 06 98 98** • fax 02 31 06 95 95
mag.anger@crbn.fr • **www.cr-basse-normandie.fr**
Abbaye aux Dames • Pl. Reine Mathilde • BP 523 • 14035 **CAEN CEDEX**

Pascale CAUCHY (Conseillère régionale en charge de la Culture) • Isabelle LABICHE-MITTENDORF (Directrice des affaires culturelles) • Jack MAIGNAN (Directeur général adjoint Culture, éducation, formation, sport) • Magali ANGER (Chargée de mission Musique)

Service culturel • **Mission** : La Région met l'accent sur le domaine de la Voix • **Activité(s)** : Soutient le festival Polyfollia, apporte une aide aux lieux de diffusion de musiques actuelles, mise e place d'une mission musiques actuelles

DRAC BASSE-NORMANDIE

✆ **02 31 38 39 40** • fax 02 31 38 39 53 / 02 31 23 84 65
drac.basse-normandie@culture.gouv.fr
www.culturecommunication.gouv.fr/regions
13 bis rue St-Ouen • 14052 **CAEN CEDEX 4**

Kléber ARHOUL (Directeur) • Ariane LE CARPENTIER (Conseillère Développement culturel) • Véronique FRICOTEAUX (Conseillère spectacle vivant) • Hervé MIGNON (Conseiller pour la musique et la danse)

Direction régionale des affaires culturelles de Basse-Normandie

Le FAR

✆ **02 31 27 88 10** • fax 02 31 27 88 11
contact@le-far.fr • **www.le-far.fr**
Le FAR Maison des Quatrans • 25 rue de Geôle • 14000 **CAEN**

Jean-Claude LEMENUEL (Directeur) • Delphine QUONIAM (Relations publiques / Assistante de direction) • Anne-Laure TOUZANI (Responsable administratif et Comptable) • Mériam KHALDI (Responsable du développement des Pratiques et Publics) • Aurélie ETIENNE (Responsable de la communication / Assistante Accompagnement) • Joëlle HUMMEL (Responsable Formation et Pratiques vocales) • Bénédicte LE PENNEC (Responsable Accompagnement et Musiques Actuelles) • Louis FOURQUEMIN (Assistant Formation / Ressource) • Arnault DEBRIS (Gestionnaire informatique / Base de données RIC) • Xavier FONTAINE (Responsable Régie / Webmastering)

Agence Musicale Régionale • **Mission** : Association régionale soutenue et financée par la région, la Drac, et les 3 départements • **Activité(s)** : Formation, accompagnement, ressource, la gazette - Coordination du comité de pilotage Focus Jazz, du réseau des Smac régionales, etc.

ODACC 14

✆ **02 31 57 18 20** • fax 02 31 57 18 25
odacc@calvados.fr • **odacc.calvados.fr**
36 rue Fred Scamaroni • 14000 **CAEN**

Jacky BESNIER (Directeur) • Christine IZZO (Chargée de mission musique et ens. art.)

Office départemental d'action culturelle du Calvados • **Mission** : Aide à la création et à la diffusion de spectacles sur le Calvados

POLE EMPLOI 14 (CULTURE SPECTACLE)

✆ **39 49 / 39 95**
equipespectacle-anim.14105@pole-emploi.fr
www.pole-emploi-spectacle.fr
Agence Caen Sud • 909 rue de Caen • 14123 **IFS**

Marie-Hélène GOUJON (Responsable)

SACEM (CAEN)

✆ **02 90 92 21 30** • fax 02 90 92 21 31
dl.caen@sacem.fr • **www.sacem.fr**
Imm. Silicon valley • 4 bd G. Pompidou • BP 45435
14054 **CAEN CEDEX 4**

Bruno RATS (Délégué régional)

BOURGOGNE

ADMINISTRATIONS ET ORGANISMES RÉGIONAUX

CENTRE REGIONAL DU JAZZ EN BOURGOGNE

✆ **03 86 57 88 51**
crj@crjbourgogne.org • **www.crjbourgogne.org**
3 bis pl. des Reines de Pologne • BP 824 • 58008 **NEVERS CEDEX**

Arnaud MERLIN (Président) • Roger FONTANEL (Directeur) • Geneviève HERBRETEAU (Responsable du développement / Réseau) • Tatiana BOURDEAU (Chargée de ressource et d'information) • Hoël GERMAIN

Mission : Développer et promouvoir le jazz en Bourgogne par diverses missions (résidences, soutien aux formations et projets régionaux, soutien à la production, centre d'information, correspondant du CIJ pour la Bourgogne)

CONSEIL RÉGIONAL DE BOURGOGNE

✆ 03 80 44 33 00 • fax 03 80 44 33 30
crb@cr-bourgogne.fr • **www.cr-bourgogne.fr**
Pôle Jeunesse et Culture • 17 bd de la Trémouille • BP 23502
21035 **DIJON CEDEX**

Francoise TENENBAUM (Vice-présidente en charge de la Culture) • Géraldine HARLY (Directrice générale adjointe Pôle Jeunesse) • Éveline GOGUEY (Directrice de la culture et du patrimoine, du sport et de la jeunesse)

DRAC BOURGOGNE

✆ 03 80 68 50 50 • fax 03 80 68 50 99
charles.desservy@culture.gouv.fr
www.culturecommunication.gouv.fr/regions
Hôtel Chartraire de Montigny • 39/41 rue Vannerie • BP 10578
21005 **DIJON CEDEX**

Bruno CHAUFFERT-YVART (Directeur) • Charles DESSERVY (Conseiller musique et danse) • Séverine HUSSON (CID) • Céline FABRE (Conseillère Action culturelle et Education artistique)

Direction régionale des affaires culturelles • **Mission** : Service déconcentré du Ministère de la culture et de la communication • **Activité(s)** : Accompagnement, conseil, suivi de projets artistiques, tutelle pédagogique des établissements d'enseignement initial et supérieur

LIAISONS ARTS BOURGOGNE - LE LAB

✆ 03 80 68 26 00 • fax 03 80 68 26 01
information@le-lab.info • **www.le-lab.info**
Villa Messner • 5 rue Parmentier • 21000 **DIJON**

Marie-Josephe BOUR (Directrice)

Mission : Centre ressource pour le spectacle vivant • **Activité(s)** : Information et documentation, orientation et conseils, transmission et formation professionnelle, espace de concertation et de réflexion, animation de réseaux, accompagnement

SACEM (DIJON)

✆ 03 69 67 27 00
dl.dijon@sacem.fr • **www.sacem.fr**
Res. Les frands ducs • 3A bd Eugène Spuller • BP 30936
21029 **DIJON CEDEX**

Raphaël LEVRON (Délégué régional)

REPRÉSENTATIONS SYNDICALES RÉGIONALES

FNSAC/CGT (BOURGOGNE)

✆ 03 80 73 64 96 / 06 82 08 80 37
yann.astruc@free.fr
1 rue du 4 septembre • 21000 **DIJON**

Yann ASTRUC (Délégué régional) • Jean LÉGER

Union fédérale régionale des syndicats du spectacle, de l'audio-visuel et de l'action culturelle • **Objet** : Défense des métiers du spectacle et de l'audiovisuel

SFA (BOURGOGNE)

✆ 03 80 61 49 31 / 06 83 23 05 94
jeanleger@orange.fr
Bourse du Travail • 17 rue du Transvaal • 21000 **DIJON**

Jean LÉGER (Conseiller national)

FÉDÉRATIONS ET RÉSEAUX RÉGIONAUX

UGMM

✆ 03 85 82 72 50 • fax 09 61 22 60 52
ugmm@wanadoo.fr • **www.mpo-bourgogne.org**
Maison du patrimoine oral • 71550 **ANOST**

Union des groupes et ménétriers du Morvan • **Objet** : Regroupement d'associations, groupes folkloriques, groupes, chanteurs, conteurs du Morvan • **Activité(s)** : Information, production, diffusion et organisation de manifestations (musiques trad. en Bourgogne), diffusion CD (boutique en ligne), festivals de musiques traditionnelles (Printemps de l'Auxois et Fête de la Vielle) ainsi que l'organisation de stages de musique

BRETAGNE

ADMINISTRATIONS ET ORGANISMES RÉGIONAUX

ADDAV 56

✆ 02 97 47 10 97 • fax 02 97 47 47 85
contact@addav56.org • **www.addav56.org**
8/10 rue du Capitaine Jude • 56000 **VANNES**

Marie CAER (Directrice) • Christine ARGENTÉ (Directrice adjointe et information juridique) • Dominique GUILLOPE (Chargée de mission enseignement artistique) • Maureen LARGOUËT (Chargée de mission création et diffusion) • Catherine GELE (Documentation - ressources) • Aurélie MEYER (Formations) • Natalia KARCZMARCZUK (Chargée de communication)

Association départementale pour le développement des arts vivants dans le Morbihan • **Mission** : Développement des arts vivants (musique, danse, théâtre, cirque, conte, etc.) en Morbihan • **Activité(s)** : Information, conseil, accompagnement de projets, coordination, médiation, observation et expertise, formations et rencontres, etc. Accueil du lun. au ven. 14h-18h et le matin sur rdv. Service info juridique par tél mar. jeu. 14h-17h et sur rdv 8h30-17h

AFDAS (OUEST)

✆ 02 23 21 12 60 • fax 02 23 21 12 61
rennes@afdas.com • **www.afdas.com**
227 rue de Chateaugiron • 35000 **RENNES**

Tatiana MAKSIMOVIC (Déléguée régionale)

Mission : Gestion des fonds destinés à financer la formation professionnelle continue des salariés des secteurs spectacles, radios, télévision, loisirs, cinéma et audiovisuel, publicité et des intermittents du spectacle • **Activité(s)** : Délégation Bretagne, Pays-de-la-Loire, Basse-Normandie

ARTS VIVANTS EN ILLE-ET-VILAINE

✆ 02 99 35 45 90 • fax 02 99 35 45 99
marie.sauvage@arvivan.org • **www.arvivan.org**
2 av. Janvier • 35000 **RENNES**

Sébastien DESLOGES (Directeur) • Isabelle MATAS (Chargée de l'accompagnement des acteurs culturels) • Camille LE JANNOU (Chargée du développement des partiques culturelles et artistiques) • Marie SAUVAGE (Chargée de l'information et de la valorisation des données)

Mission : Aménagement culturel et artistique du département • **Activité(s)** : Informer et promouvoir, conseiller et structurer, accompagner et développer

CONSEIL REGIONAL DE BRETAGNE

✆ 02 99 27 11 70 / 02 99 27 14 66 • fax 02 22 93 98 99
culture@region-bretagne.fr • **www.bretagne.fr**
283 av. du Gal Patton • CS 21101 • 35711 **RENNES CEDEX 7**

Jean-Michel LE BOULANGER (Vice-président en charge de la Culture) • Thierry LE NEDIC (Directeur de la Culture)

DASTUM

✆ 02 99 30 91 00
dastum@dastum.net • **www.dastum.net**
16 rue de la Santé • 35000 **RENNES**

Gaëtan CRESPEL (Directeur) • Caroline LE MARQUER (Communication) • Jean-Luc RAMEL (Documentaliste)

Centre de musique traditionnelle en région Bretagne • **Mission** : Collecter, conserver, diffuser et mettre en valeur le patrimoine ethnologique de la Bretagne, Centre de musiques traditionnelles en région • **Activité(s)** : Documentation (sonore, iconographique, vidéo, internet, imprimée), médiathèque de consultation, éditions sonores et écrites, recherches, animation

DRAC BRETAGNE

✆ 02 99 29 67 86 / 02 99 29 67 67 • fax 02 99 29 67 99
cid.bretagne@culture.gouv.fr
www.culturecommunication.gouv.fr/regions
Hôtel de Blossac • 6 rue du Châpitre • CS 24405 • 35044 **RENNES CEDEX**

François ERLENBACH (Directeur) • Dominique MULLER (Conseiller Musique)

Direction régionale des affaires culturelles

ITINERAIRES BIS

✆ 02 96 62 76 00 • fax 02 96 62 76 29
contact@itineraires-bis.org • **www.itineraires-bis.org**
2 pl. St-Michel • 22000 **ST BRIEUC**

Philippe SACHET (Directeur) • Isabelle PHILIPPE (Secrétaire générale) • Natacha RENAULT (Administratrice) • Pascal DELDIN (Responsable socle de fabrication) • Charles DILO (Chargé de communication) • Julien PION (Référent Musiques actuelles / Responsable Centre de ressources)

Association de développement culturel et artistique des Côtes d'Armor • **Mission** : Soutien à la création artistique • **Activité(s)** : Centre de ressources et de documentation, diffusion culturelle artistique : programmation culturelle et artistique, ingénierie culturelle et accompagnement de projets, ressources, festival pluridisciplinaire « Objectif 373 », dispositif d'accompagnement départemental « Partis pour un Tour », Propositions culturelles en direction des aolescents : « Pas sages »

MUSIQUES ET DANSES EN FINISTERE

✆ **02 98 95 68 90** • fax 02 98 95 09 88
contact@md29.org • **www.md29.org**
12 rue Stang-Ar-c'hoat • 29000 **QUIMPER**

Jean-Jacques GIRE (Directeur) • Célia RIDE (Chargée de mission spécialisée musiques actuelles)

Mission : Mise en place de la politique Musique et danse du Conseil général • **Activité(s)** : Enseignement musical et chorégraphique, musiques actuelles

POLE EMPLOI 29 (CULTURE SPECTACLE)

✆ **02 98 44 83 31** • fax 02 98 43 41 48
equipespectacle29.29014@pole-emploi.fr
www.pole-emploi-spectacle.fr
Agence Brest Marine • 130 rue Ernest Hemingway • CS 31817
29218 **BREST CEDEX**

Emmanuelle SUISSA

POLE EMPLOI 35 (CULTURE SPECTACLE)

✆ **39 49 / 39 95**
spectacle.35061@pole-emploi.fr • **www.pole-emploi-spectacle.fr**
Agence Rennes Sud • 38 bd Albert 1er • 35000 **RENNES**

Muriel GANTIER (Animatrice d'équipe)

SACEM (DIRECTION REGIONALE DE L'OUEST)

✆ **02 90 92 20 70** • fax 02 90 92 20 71
rennesdr@sacem.fr • **www.sacem.fr**
11 galeries du Théâtre • CS 40414 • 35104 **RENNES CEDEX 3**

Jean SEPULCHRE (Directeur)

SPECTACLE VIVANT EN BRETAGNE

✆ **02 99 37 34 58** • fax 02 99 37 37 62
contact@svbretagne.fr • **www.spectacle-vivant-bretagne.fr**
107 av. Henri Fréville • BP 60219 • 35202 **RENNES CEDEX 2**

Thierry BORE (Directeur) • Pierre-Yves CHARLOIS (Directeur adjoint) • Isabel ANDREEN (Conseillère artistique et international - référente danse et théâtre) • Sarah KARLIKOW (Conseillère artistique et réseaux - référente musique) • Madée TESSIER (Administration et information juridique) • Flora EVEN (Information, communication, e-ressources documentaires)

Mission : Accompagnement des structures de programmation et des équipes artistiques professionnelles implantées en région Bretagne, travail en interaction et partenariat avec l'ensemble de la filière du spectacle. Domaines d'intervention : théâtre, danse, musique, arts du cirque, arts de la rue, conte, théâtre de marionnettes et d'objets, et leurs formes croisées • **Activité(s)** : Relai d'informations ; mise en réseau, conseil et qualification du secteur ; accompagnement des équipes artistiques ; travail avec les structures de programmation ; coopération interrégionale ; aides financières (sur la diffusion et la mobilité) ; Pôle régional Culture Europe

REPRÉSENTATIONS SYNDICALES RÉGIONALES

SBAM-CGT (BRETAGNE)

✆ **06 16 43 16 26**
huetk@wanadoo.fr
12 square Vercingétorix • 35000 **RENNES**

Pol HUELLOU (Secrétaire)

Syndicat de Bretagne des artistes musiciens

FÉDÉRATIONS ET RÉSEAUX RÉGIONAUX

APRÈSMAI

apresmai@free.fr • **apresmai.free.fr**
c/o Jardin Moderne • 11 rue du Manoir de Servigné • 35000 **RENNES**

Guillaume LÉCHEVIN (Président) • Pierre PAULY (Secrétaire) • Marylise LE GAC (Trésorière)

Association des pôles régionaux et structures de musiques actuelles et Improvisées • **Objet** : Œuvrer à la structuration du secteur des musiques actuelles sur le territoire de la région Bretagne

BODADEG AR SONERION

✆ **02 97 86 05 54** • fax 02 97 86 00 48
contact@badadeg-ar-sonerion.org • **www.bodadeg-ar-sonerion.org**
Centre Amzer Nevez • 2 ch. du Conservatoire • 56270 **PLOEMEUR**

André QUEFFELEC (Président) • Vonig FRAVAL (Directrice) • Philippe GRELLIER (Secrétaire général)

Assemblée des sonneurs de Bretagne • **Objet** : Regroupe et organise les sonneurs bretons, notamment au sein des bagadoù • **Activité(s)** : Cours et stages, organisation de concours, coproducteur de la collection « Championnat de Bretagne » avec Coop Breizh

BRETAGNE EN SCÈNE(S)

contact@bretagneenscenes.com • **www.bretagneenscenes.com**
c/o Le Sterenn, MJC • Route de Pont-Aven • 29910 **TREGUNC**

Xavier LE JEUNE (Président)

Objet : Fédération régionale des salles de spectacles • **Activité(s)** : Espace d'échanges sur les domaines artistiques et les pratiques professionnelles, formations, accompagnement de projets de diffusion et/ ou création, rencontres artistiques et professionneles « Bretagne en Scène(s) » en mars

FEDDS BRETAGNE

✆ **02 99 31 70 87** • fax 02 99 30 39 51
contact@lecollectifdesfestivals.org • **www.lecollectifdesfestivals.org**
4 bis cours des Alliés • 35000 **RENNES**

Maryline CHASLES (Coordinatrice) • Emilie CHERBONNEL (Chargée de l'information et de la communication) • Cécile TALON (Chargée de l'accompagnement des festivals)

Collectif des festivals engagés pour un développement durable et solidaire en Bretagne • **Objet** : Conception, rédaction, suivi de la Charte des festivals engagés pour le développement durable et solidaire en Bretagne, expérimentation et la mise en œuvre de la Charte, coordination et mise en commun des expériences, développement de l'expertise, mise en œuvre de solutions novatrices et de projets techniques innovants • **Activité(s)** : Accompagnement des adhérents dans leur programme d'actions Agenda 21, recherche et expérimentation, diffusion du travail du Collectif au-delà des adhérents

FRLPB

✆ **02 99 79 23 23**
frlpb@orange.fr
3 rue Beaumanoir • BP 90205 • 35102 **RENNES CEDEX 3**

Gabriel AUBERT (Président)

Fédération des radios locales privées de Bretagne • **Objet** : Fédérer les radios locales privées associatives ou non-commerciales de Bretagne • **Activité(s)** : Défendre les intérêts des radios, coopération et solidarité, assistance technique, etc.

KENDALC'H

✆ **02 97 53 31 35**
confederation@kendalch.com • **www.kendalch.com**
12 rue Nationale • BP 20 • 56250 **ELVEN**

Mathieu LAMOUR (Directeur)

Objet : Confédération culturelle bretonne (danse, musique, chant choral), anime et coordonne les activités de 122 associations (15 000 membres) • **Activité(s)** : Formation/stages, diffusion, édition

WAR'L LEUR

✆ **02 98 06 57 57** • fax 02 98 06 57 67
warleur@wanadoo.fr • **www.warleur.org**
3 rue des Gentilhommes • 29340 **RIEC SUR BELON**

Joëlle DUBOIS (Présidente) • Marie LE GOFF (Secrétaire) • Marlène LE QUERLER (Secrétaire / Comptable / Chargée du patrimoine vestimentaire) • Florian FERRÉ (Chargé de communication)

Confédération des cercles celtiques • **Objet** : Etude, recherche, préservation des arts et traditions populaires bretons • **Activité(s)** : Formation, sauvegarde du patrimoine, promotion et diffusion de la culture bretonne (danse, musique, langue, chant, etc.) par la formation des adhérents, du public, aide à l'organisation de fêtes et festivals, dont le festival de danse Gouel War'l Leur, éditions, mise à disposition d'expositions, de documents

CENTRE

ADMINISTRATIONS ET ORGANISMES RÉGIONAUX

CONSEIL GÉNÉRAL D'INDRE-ET-LOIRE

✆ **02 47 31 49 24** • fax 02 47 31 48 60
dlecerf@cg37.fr • **www.cg37.fr**
Hôtel du département • Pl. de la Préfecture • 37927 **TOURS CEDEX 9**

Sophie COULON (Directrice de la culture) • Dominique LECERF (Chef de service action culturelle et éducative)

CONSEIL REGIONAL DU CENTRE

✆ **02 38 70 30 30** • fax 02 38 70 33 69
reginald.hoffmann@regioncentre.fr • **www.regioncentre.fr**
Direction de la Culture et des Sports • 9 rue St-Pierre Lentin
45041 **ORLEANS CEDEX 1**

Carole CANETTE (Vice-présidente en charge de la Culture et de la Créativité numérique) • Emmanuel PORCHER (Directeur général délégué à la Culture et aux sports) • Olivier CAYATTE (Directeur de la Culture) • Réginald HOFFMANN (Chargé de mission Musique)

Activité(s) : Soutien à la création musicale ; soutien aux festivals du Printemps de Bourges, St-Chartier, Darc, etc.

CULTURE O CENTRE

✆ **02 38 68 28 28** • fax 02 38 68 28 29
information@cultureocentre.fr • **www.cultureocentre.fr**
1 rue Royale • Boîte 301 • 45000 **ORLEANS**

Marc BRYNHOLE (Président)

Agence régionale de développement culturel • **Mission** : Agence régional de développement culturel • **Activité(s)** : Observation, débats et rencontres, production

DRAC CENTRE

✆ **02 38 78 85 00 / 02 38 78 85 66** • fax 02 38 78 85 99
drac.centre@culture.gouv.fr
www.culturecommunication.gouv.fr/regions
6 rue de la Manufacture • 45043 **ORLEANS CEDEX 1**

Sylvie LE CLECH (Directeur) • Michel GIES (Conseiller musique et danse) • Frédéric LOMBARD (Chargé de mission Musiques Actuelles/Enseignements artistiques) • Marie-Hélène PRIET (Responsable Centre de documentation) • Georges ABOULICAM (Licences entrepreneurs)

Direction régionale des affaires culturelles

POLE EMPLOI CENTRE (CULTURE SPECTACLE)

ape.37011@pole-emploi.fr • **www.pole-emploi-spectacle.fr**
Agence Tours Ronsard • 106 rue Ronsard • 37100 **TOURS**

Martine MARTIN-GATHERON

POLE REGIONAL CHANSON (CENTRE)

✆ **02 48 60 19 11** • fax 02 48 60 19 78
theatre.bains.douches@wanadoo.fr • **www.bainsdouches-lignieres.fr**
c/o Les Bains Douches • Pl. Anne Sylvestre • 18160 **LIGNIERES**

Jean-Claude MARCHET (Directeur) • Nathalie RAINAUD (Communication) • Dominique POUBEAU (Administratrice)

Mission : Accompagnement des artistes régionaux • **Activité(s)** : Organisation de soirées de repérage, résidences, conseils artistiques et aides aux festivals, sensibilisation, journées pros, expos

POLE REGIONAL DES MUSIQUES ACTUELLES - REGION CENTRE

✆ **02 38 54 07 69** • fax 02 38 54 07 69
pole@fracama.org • **www.fracama.org**
c/o Fraca-Ma • 108 rue de Bourgogne • 45000 **ORLEANS**

Rémi BRETON (Président) • Alexandre TINSEAU (Coordinateur) • Emmanuelle HULLOT (Chargée de développement) • Boris ADAMCZYK (Chargé de l'information et de la communication) • Grégoire PATEAU (Chargé du développement culturel)

Mission : Accompagnement et promotion des musiques actuelles en région Centre • **Activité(s)** : Animation et coordination du réseau de coopération, coordination des points d'info et de ressources, site d'information et annuaire régional, programme d'initiation et de formations, dispositif de repérage et d'accompagnement (Propul'Son), expertise, réflexions, rencontres thématiques

SACEM (TOURS)

✆ **02 90 92 20 40** • fax 02 90 92 20 41
dl.tours@sacem.fr • **www.sacem.fr**
5 rue Paul-Louis Courier • CS 51457 • 37014 **TOURS CEDEX 1**

Lorène MOREAU (Déléguée régionale)

FÉDÉRATIONS ET RÉSEAUX RÉGIONAUX

FRACA-MUSIQUES ACTUELLES (37)

✆ **02 47 41 77 49**
greg@fracama.org • **www.fracama.org**
1?3 quai Paul Bert • 37100 **TOURS**

Grégoire PATEAU (Chargé du développement culturel)

Fédération régionale des acteurs culturels associatifs • **Objet** : Développement d'un réseau d'associations et d'artistes de la région Centre dans le champ des musiques actuelles • **Activité(s)** : Mise en place de rencontres et de réflexions autour des musiques actuelles, mutualisation des besoins et des actions sur des aspects d'information, de centre de ressources, de formation et de diffusion

FRACA-MUSIQUES ACTUELLES

✆ **02 38 54 07 69** • fax 02 38 54 07 69
pole@fracama.org • **www.fracama.org**
108 rue de Bourgogne • 45000 **ORLEANS**

Alexandre TINSEAU (Directeur) • Boris ADAMCZYK (Chargé de l'information et de la communication) • Emmanuelle HULLOT (Chargée du développement) • Grégoire PATEAU (Chargé du développement)

Fédération régionale des acteurs culturels et associatifs • **Objet** : Développement d'un réseau d'associations et d'artistes de la région Centre regroupés au sein de collectifs départementaux • **Activité(s)** : Mise en place de rencontres et de réflexions autour des musiques actuelles, mutualisation des besoins et des actions sur des aspects d'information, de centre de ressources, de formation et de diffusion

CHAMPAGNE-ARDENNE

ADMINISTRATIONS ET ORGANISMES RÉGIONAUX

ARTS VIVANTS 52

✆ **03 25 02 05 75** • fax 03 25 02 05 50
contact@artsvivants52.org • **www.artsvivants52.org**
2 rue du 14 juillet • 52000 **CHAUMONT**

Roland BOUCHON (Directeur) • Françoise LACAN (Chargée du développement du spectacle vivant) • Brigitte MONGIN (Administratrice) • Cédric BARRÉ (Chargé de communication) • Alexandra CORROY (Coordinatrice de projets, intervenante pédagogique)

Association départementale pour le développement des arts vivants en Haute-Marne • **Mission** : Information, conseil, mise en réseau, développement musical, chorégraphique et théâtral • **Activité(s)** : Education artistique, plan de formation, diffusion, action culturelle, aide à la création, accompagnement de projet culturel, réalisation d'états des lieux, centre de ressources

CONSEIL REGIONAL DE CHAMPAGNE-ARDENNE

✆ **03 26 70 31 31** • fax 03 26 70 86 62
information@cr-champagne-ardenne.fr
www.cr-champagne-ardenne.fr
Direction de la culture • 5 rue de Jericho
51037 **CHALONS EN CHAMPAGNE CEDEX**

Nathalie DAHM (Vice-présidente en charge de la Culture et du patrimoine)

DRAC CHAMPAGNE-ARDENNE

✆ **03 26 70 36 50** • fax 03 26 70 43 71 / 03 26 70 63 48
www.culturecommunication.gouv.fr/regions
3 fbg St-Antoine • 51037 **CHALONS EN CHAMPAGNE**

Jean-Paul OLLIVIER (Directeur) • Sylvie SIERRA-MARKIEWICZ (Conseillère musique et danse) • Thérèse COMPAGNE-FLEURY (Centre d'information et de documentation)

Direction régionale des affaires culturelles

ORCCA

✆ **03 26 55 71 71** • fax 03 26 55 32 59
info@orcca.fr • **www.orcca.fr**
33 av. de Champagne • BP 86 • 51203 **EPERNAY CEDEX**

Marc PETRY (Directeur) • Laurent MATHIEU (Chargé de mission musique & emploi-formation) • Guillaume GONTHIER (Chargé de projets musiques actuelles) • Anne-Dominique CHERRIOT (Assistante musiques) • Daniel DOLLINGER (Parc régional de matériel) • Christelle COLIN-BUFFET (Chargée de mission information / communication)

Office régional culturel de Champagne-Ardenne • **Mission** : Observation, concertation, information, formation, promotion-diffusion, développement des publics, soutien matériel et technique • **Activité(s)** : Observatoire des politiques culturelles, conseil, études, éditions (revues, guides), programme de formation (stages), à destination des professionnels et amateurs (mission voix), lycéens au cinéma, accueil de tournages, parc de matériel scénique, dispositifs d'accompagnement des groupes régionaux

POLCA

✆ **03 26 88 35 82** • fax 09 72 28 95 80
info@polca.fr • **www.polca.fr**
84 rue du Dr Lemoine • 51100 **REIMS**

Julien MAGGIORI (Directeur) • Grégory BLANCHON (Chargé de l'information et communication)

Pôle régional musiques actuelles de Champagne-Ardenne • **Mission** : Information, observation, ressource et accompagnement de projets • **Activité(s)** : Animation du réseau et des relais ressource, dispositif DSAR et Zoom, prévention risques auditifs

POLE EMPLOI 51 (CULTURE SPECTACLE)

✆ **39 49 / 39 95**
ale.clairmarais@pole-emploi.fr • **www.pole-emploi-spectacle.fr**
Agence Reims Claimarais • 6 rue de St-Brice • BP 203
51057 **REIMS CEDEX**

Bruno BELLANGER (Correspondant regional)

SACEM (TROYES)

✆ **03 69 67 26 10**
dl.troyes@sacem.fr • **www.sacem.fr**
32 bd Victor Hugo • BP 4041 • 10014 **TROYES CEDEX**

Fabien VALOUR (Délégué régional)

FÉDÉRATIONS ET RÉSEAUX RÉGIONAUX

PÔLE SUD MUSIQUE

✆ **06 08 74 39 07** • fax 03 26 50 32 29
polesudmusique@maisondequartier-reims.fr • **www.polesudmusique.com**
c/o Espace Ludoval • 1 pl. René Clair • 51100 **REIMS**

Jean-Christophe URBAIN (Coordinateur)

Objet : Regroupant tt acteur local développant une réelle politique culturelle liée aux musiques actuelles à Reims (maisons de quartier ou associations amateurs de programmation musicale) ; Pôle Sud Musique est un relais entre amateurs et professionnels • **Activité(s)** : Communication de réseau, formations internes, accompagnement de projets, conférences, rencontres entre mus. amateurs et professionnels, dispositif « Jeunes Talents », etc.

CORSE

ADMINISTRATIONS ET ORGANISMES RÉGIONAUX

CMT DE CORSE

✆ **04 95 46 05 05** • fax 04 95 46 05 25
centre-musique-tradionnelle@wanadoo.fr
5 av. Jean Nicoli • BP 102 • 20250 **CORTE**

Damien DELGROSSI (Directeur) • Nathalie FERRARI (Accueil)

Centre des musiques traditionnelles de Corse • **Mission** : Recherche et valorisation du patrimoine, formation, diffusion, création • **Activité(s)** : Information, conseil, stages, ateliers, diffusion, etc.

POLE EMPLOI 20 (CULTURE SPECTACLE)

✆ **39 49 / 39 95**
ale.bastia@pole-emploi.fr • **www.pole-emploi-spectacle.fr**
Agence Bastia Sud • Quartier Aglian • Montesoro • 20600 **BASTIA**

Colette GELIS

SACEM (DIRECTION REGIONALE DE CORSE)

✆ **04 86 06 31 80** • fax 04 86 06 31 81
dl.ajaccio@sacem.fr • **www.sacem.fr**
res. Lantivy • bd François Salini • BP 824 • 20192 **AJACCIO CEDEX 4**

Philippe MESSANT (Directeur)

FÉDÉRATIONS ET RÉSEAUX RÉGIONAUX

Le RÉZO

✆ **04 95 32 75 91** • fax 04 95 32 12 83
info@le-rezo-corse.com • **le-rezo-corse.com**
5 rue Notre-dame de Lourdes • 20200 **BASTIA**

Stéphane BIANCARELLI (Président) • Marc BOXBERGER (Coordinateur)

Objet : Constituer un réseau de repérage, de soutien, d'aide à la professionnalisation, et à la diffusion, en Corse et hors de Corse des créateurs de musique résidant sur l'île • **Activité(s)** : accompagnement, résidences, diffusion, aides diverses

TUTTI IN PIAZZA !

✆ **04 95 20 37 60**
tutti.piazza@wanadoo.fr • **www.tuttiinpiazza.com**
A Pulluneta • 20126 **EVISA**

Monique ALFONSI (Présidente) • Alain BITTON ANDREOTTI (Conseiller musique et danse)

Objet : Fédération des associations pratiquant le quadrille et autres danses populaires de Corse • **Activité(s)** : Atelier, stages, animations autour du quadrille et des autres danses populaires de Corse et des musiques traditionnelles, organisation de la Festa di u Viulinu et des Scontri di Quatrigliu, de FestiBallu

FRANCHE-COMTÉ

ADMINISTRATIONS ET ORGANISMES RÉGIONAUX

ADDIM 70

✆ **03 84 75 36 37** • fax 03 84 75 02 97
contact@addim-haute-saone.fr • **www.addim-haute-saone.fr**
Maison de la musique • 23 rue La Fayette • 70000 **VESOUL**

Fabrice CREUX (Directeur) • Laurence JOURDY (Administratrice) • Karine BEAUDOIN (Centre de ressources)

Association départementale pour le développement et l'initiative de la musique et de la danse • **Mission** : Outil de développement culturel dans le secteur musique et danse • **Activité(s)** : Centre de ressources, information, conseil, promotion, accompagnement, études, musiques actuelles (formations), Jazz et musiques improvisées (résidences, etc.), enseignement musical (structuration, etc.), pratiques musicale en amateur (chorales, stages, etc.), musique à l'école

CONSEIL GÉNÉRAL DU TERR. DE BELFORT

✆ **03 84 90 90 90** • fax 03 84 90 90 99
jean-damien.collin@cg90.fr • **www.cg90.fr**
Pl. de la Révolution française • 90020 **BELFORT**

Jean-Damien COLLIN (Directeur du développement culturel)

CONSEIL REGIONAL DE FRANCHE-COMTÉ

✆ **03 81 61 61 61** • fax 03 81 83 12 92
culture@franche-comte.fr • **www.franche-comte.fr**
Direction de la Culture, Jeunesse, Sports et Vie associative
4 square Castan • CS51857 • 25031 **BESANCON CEDEX**

Sylvie MEYER (Conseillère régionale en charge de la Culture) • Rachel FOURMENTIN (Directrice) • Florence MILLE (Chef de service Culture)

DRAC FRANCHE-COMTE

✆ **03 81 65 72 00** • fax 03 81 65 72 72
drac.franche-comte@culture.fr
www.culturecommunication.gouv.fr/regions
7 rue Charles Nodier • 25043 **BESANCON CEDEX**

Lazare PAUPERT (Directeur) • Claire CHATON-AUBEY (Directrice adjointe) • Christine SCHELL (Conseillère musique et danse) • Bilal TOPALOGLU (Gestionnaire administratif et financier au service musique et danse) • Gianfranca VEGLIANTE (Centre d'information et de documentation)

Direction régionale des affaires culturelles

POLE EMPLOI 25 (CULTURE SPECTACLE)

✆ **39 49 / 39 95**
culturetourismeloisirs.25013@pole-emploi.fr
www.pole-emploi-spectacle.fr
Agence Besançon Témis • 17A rue Alain Savary
25041 **BESANCON CEDEX 3**

Florence THOMAS-ANDRIKIAN (Animatrice Culture et spectacle) • Isabelle ALLELY (Conseillère)

SACEM (BESANCON)

✆ **03 69 67 25 70** • fax 03 69 67 25 71
dl.besancon@sacem.fr • **www.sacem.fr**
26 rue de la Préfecture • 25042 **BESANCON CEDEX**

Nicolas BRISSET (Délégué régional) • Christine CHOLLE

FÉDÉRATIONS ET RÉSEAUX RÉGIONAUX

RÉZO PARLEUR

✆ **03 81 81 31 12**
rezoparleur@gmail.com • **www.rezoparleur.org**
c/o Le Bastion • 16 av. Gaulard • 25000 **BESANCON**

Réseau régional des acteurs musiques actuelles en Franche-Comté • **Objet** : Mutualisation des moyens et des compétences de ses membres, visant à un développement commun et concerté du secteur des musiques actuelles, structuration et la représentation des acteurs, soutien et l'accompagnement à la pérennisation et au développement de ses membres

HAUTE-NORMANDIE

ADMINISTRATIONS ET ORGANISMES RÉGIONAUX

CONSEIL GÉNÉRAL DE SEINE-MARITIME

✆ **02 35 15 69 49**
virginie.marin@cg76.fr • **www.cg76.fr**
Hôtel du Département • 25 bd des Belges • 76000 **ROUEN**

Virginie MARIN (Adjointe au chef de service Culture) • Sonia LEPLAT (Chef de service de la Culture) • Hélène BISSON (Responsable dossiers musiques)

CONSEIL RÉGIONAL DE HAUTE-NORMANDIE

✆ **02 35 52 57 39** • fax 02 35 52 57 95
eric.boquelet@hautenormandie.fr • **www.hautenormandie.fr**
5 rue Schuman • BP 1129 • 76174 **ROUEN CEDEX**

Emmanuèle JEANDET-MENGUAL (Conseillère régionale en charge de la Culture) • Eric BOQUELET (Chef de projet)

DRAC HAUTE-NORMANDIE

✆ **02 32 10 70 50** • fax 02 32 51 37 50
www.culturecommunication.gouv.fr/regions
7 pl. de la Madeleine • 76172 **ROUEN CEDEX 1**

Luc LIOGIER (Directeur) • Catherine REFLE (Directrice adjointe) • Lysianne CARON (Conseillère musique) • Marie-Hélène LEMOINE (Centre d'information et de documentation) • Stéphane WERCHOWSKI (Conseiller Musique, danse et enseignements spécialisés)

Direction régionale des affaires culturelles

POLE EMPLOI 27 (CULTURE SPECTACLE)

✆ **02 32 71 39 60** • fax 02 32 51 90 24
culture-spectacle.27@pole-emploi.fr • **www.pole-emploi-spectacle.fr**
rue du Dr Burnet • 27200 **VERNON**

Michel ROUE

POLE EMPLOI 76/DIEPPE (CULTURE SPECTACLE)

✆ **39 49 / 39 95**
ale.dieppe-belved@pole-emploi.fr • **www.pole-emploi-spectacle.fr**
Agence Dieppe Belvédère • Route du Vallon • BP 300
76203 **DIEPPE CEDEX**

Catherine MERAULT

POLE EMPLOI 76/LE HAVRE (CULTURE SPECTACLE)

✆ **39 49 / 39 95**
ape.76021@pole-emploi.fr • **www.pole-emploi-spectacle.fr**
Agence Havre Souday • 17 rue Paul Souday • BP 8
76083 **LE HAVRE CEDEX**

Véronique RIESCO

POLE EMPLOI 76/ROUEN (CULTURE SPECTACLE)

✆ fax 02 32 95 91 29
ape.76243@pole-emploi.fr • **www.pole-emploi-spectacle.fr**
7 rue Abel Gance • BP 118 • 76804 **ST ETIENNE DU ROUVRAY CEDEX**

Danièle BLIARD (Responsable)

SACEM (ROUEN)

✆ **02 90 92 22 40** • fax 02 90 92 22 41
dl.rouen@sacem.fr • **www.sacem.fr**
3 rue Alain Blanchard • CS 80882 • 76004 **ROUEN CEDEX 1**

Jean HORNECKER (Délégué régional)

FÉDÉRATIONS ET RÉSEAUX RÉGIONAUX

RMAHN

www.rmahn.fr
C/o Trianon transatlantique • 114 av. du 14 juillet
76300 **SOTTEVILLE LES ROUEN**

Grégory PRUVOT (Président) • Hedi HASSOUNA (Vice-président)

Réseau musiques actuelles en Haute-Normandie • **Objet** : Réfléchir sur un dispositif commun d'accompagnement des artistes régionaux et constituer une filière de développement • **Activité(s)** : Dispositif d'accompagnement Booster

ÎLE-DE-FRANCE

ADMINISTRATIONS ET ORGANISMES RÉGIONAUX

ACT'ART 77

✆ **01 64 83 03 30 / 01 64 83 03 41** • fax 01 64 83 03 33
npasseron@actart77.com • **www.actart77.com**
Hôtel du Département • 77010 **MELUN CEDEX**

Hervé BISEUIL (Directeur) • Virginie DELOZIER (Responsable administrative et financière) • Julie TRIVIER (Chargée de communication web / Responsable de la base de données)

Action artistique en Seine-et-Marne • **Mission** : Développement culturel et artistique dans le dpt • **Activité(s)** : Musique, danse, cinéma, théâtre, arts plastiques

ADIAM 94

✆ **01 41 73 11 79** • fax 01 46 86 84 85
adiam94@adiam94.org • **www.adiam94.org**
Parc Cherioux - Foyer B • 4 route de Fontainebleau
94407 **VITRY SUR SEINE CEDEX**

Didier SENDRA (Directeur) • Julie MESSAGER (Responsable des actions) • Sylvie NICOLAS (Administratrice)

Mission : Information du public amateur et des professionnels des actions musicales, impulsion et coordination des projets, formation, observatoire des pratiques • **Activité(s)** : Information, coordination, aide au développement de toute activité musicale amateur

AGECIF

✆ **01 48 87 58 24** • fax 01 48 87 65 16
accueil@agecif.com • **agecif.com**
22 rue de Picardie • 75003 **PARIS**

Denis THÉVENIN (Directeur) • Anne-Sophie PUIG (Responsable de la formation) • Jacques CHABRILLAT (Responsable pédagogique)

Aide à la gestion des entreprises culturelles en Ile-de-France • **Mission** : Organisme de formation continue et de conseil en gestion des entreprises culturelles • **Activité(s)** : Formation continue des professionnels du secteur culturel, accompagnement, conseil en gestion et informatique pour les entreprises culturelles, services InterCachet (traitement de la paie pour les intermittents), SmartFr (administration en ligne de projets culturels)

ARCADI

✆ **01 55 79 00 00** • fax 01 55 79 97 79
info@arcadi.fr • **www.arcadi.fr**
51 rue du fbg St-Denis • CS 10106 • 75468 **PARIS CEDEX 10**

Eddie AïT (Président) • Frédéric HOCQUARD (Directeur) • Stéphane GIL (Administrateur) • Claire GOTLIBOWITZ (Directrice du pôle des Arts de la scène) • Gilles ALVAREZ (Directeur Pôle Arts de l'image) • Stéphanie MOLINERO (Chargée Observation culturelle) • Olivier MOREAU (Responsable service Chanson) • Arnaud KOSELEFF (Conseiller artistique chanson) • Gersende GIRAULT (Directrice de la communication)

Action culturelle d'Île-de-France • **Mission** : Développement de la chanson en Ile-de-France • **Activité(s)** : Aide à la création, à la diffusion et à l'action artistique ; médiation culturelle dans les lycées et les universités d'Île-de-France ; rencontres professionnelles ; organisation des concerts Oh Taquet ! avec le Chantier des Francos et La Loge

ARIAM ÎLE-DE-FRANCE

✆ **01 42 85 45 28** • fax 01 48 74 46 59
claire.boland@ariam-idf.com • **www.ariam-idf.com**
9 rue La Bruyère • 75009 **PARIS**

Bernadette GREGOIRE (Directrice générale) • Denis CUNIOT (Sous-directeur et responsable du Pôle Conseil et Développement) • Catherine PEROUX (Secrétaire générale et responsable du Pôle Gestion) • Julien ANDRÉ (Conseiller musiques et danses du monde) • David KONOPNICKI (Conseiller artistique musiques actuelles) • Christelle FERRARI-COLAS (Chargée de mission Pratiques intrumentales et hip hop) • Claire BOLAND (Communication) • Alain BIOTEAU (Conseiller à la formation continue) • Florence BIERET (Pratique vocale, musiques et danses du monde) • Nicolas FRANCOIS (Formation continue et musiques actuelles) • Judith KAN (Pratiques instrumentales) • Christian MILLOT (Régisseur parc instrumental)

Association régionale d'information et d'actions musicales • **Mission** : Service public visant à développer la pratique musicale en Ile-de-France • **Activité(s)** : Mission régionale musiques traditionnelles et musiques actuelles (formation, information, conseil, mise en réseau des partenaires culturels et institutionnels. Développement des pratiques professionnelles en direction des amateurs

CMT ILE-DE-FRANCE - MJC DE RIS ORANGIS

✆ **01 69 02 13 20** • fax 01 69 02 13 21
pabellan@mjcris.org • **www.mjcris.org**
10 pl. Jacques Brel • 91130 **RIS ORANGIS**

Max LEGUEM (Directeur MJC) • Paquita ABELLAN (Contact CMT)

Centre des musiques et danses traditionnelles en Ile-de-France • **Mission** : Musiques et danses traditionnelles du monde entier • **Activité(s)** : Programmation, école de musiques et danses traditionnelles, membre du Réseau Ile-de-France des musiques du monde, pôle musique et danses du monde en Essone, conseil en programmation, etc.

CONSEIL REGIONAL D'ILE-DE-FRANCE

✆ **01 53 85 72 68** • fax 01 53 85 55 29
francoise.patrigeon@iledefrance.fr • **www.iledefrance.fr**
33 rue Barbet de Jouy • 75007 **PARIS**

Julien DRAY (Conseiller régional en charge de la Culture) • Francoise PATRIGEON (Directrice Culture, tourisme, sport et loisirs) • Elisabeth HENRY (Chef de service Spectacle vivant) • Isabelle PELLISSIER (Chargée de mission Direction de la culture)

DRAC ILE-DE-FRANCE

✆ **01 56 06 50 00 / 01 56 06 51 60**
fax 01 56 06 52 48 / 01 56 06 52 44
cid-idf@culture.fr • **www.culturecommunication.gouv.fr/regions**
45-47 rue Le Peletier • 75009 **PARIS**

Véronique CHATENAY-DOLTO (Directrice) • Hervé CORRIGES (Chef de service musique et danse) • Isabelle LAZZARINI (Conseillère musique) • Isabelle RISBOURG (Conseillère musique) • Didier CORMIER (Conseiller musique) • David MATI (Conseiller danse) • Sylviane MATHIS (Conseillère danse) • Emmanuelle CHARRIER (Adjointe du service Musique & Danse) • Isabelle DU RANQUET (Affaires générales, juridiques, licence d'entrepreneur de spectacles) • Elena DUPONT (Services des licences)

Direction régionale des affaires culturelles

MAIRIE DE PARIS - AFFAIRES CULTURELLES

✆ 01 42 76 40 40 / 01 42 76 84 00
www.paris.fr
Hôtel d'Albret - DAC • 31 rue des Francs-Bourgeois
75188 **PARIS CEDEX 04**

Régine HATCHONDO (Directrice) • Philippe VINCENSINI (Directeur adjoint) • Francis PILON (Sous-direction Education artistique et pratiques culturelles) • François MOREAU (Chef de bureau de la musique) • Loïc AGNESOD (Bureau de la musique) • Sylvain LAMOTHE (Adjoint au Chef de Bureau Musique)

MILA

✆ 01 58 60 20 63
info@milaparis.fr • **www.milaparis.fr**
2 rue André Messager • 75018 **PARIS**

Aude MERLET (Coordinatrice) • Frédéric NEFF (Président) • Gilles CASTAGNAC (Vice-président) • Romain APARICIO (Vice-président)

Marché indépendant des labels • **Mission** : Soutien et aide au développement économique des labels indépendants, initié par la Mairie de Paris (18e), avec le concours de Paris Habitat OPH et le soutien du Conseil régional d'Ile-de-France • **Activité(s)** : Location de surfaces d'activités (bureaux ou boutiques), pôle d'accueil de micro-entreprises (pépinière et mutualisation), activité de communication et de promotion mutualisées

POLE EMPLOI 75 - ALHAMBRA (SPECTACLE)

✆ 39 49 / 39 95
aperecrutement.75512@pole-emploi.fr
www.pole-emploi-spectacle.fr
Agence Alhambra • 50 rue de Malte • 75011 **PARIS**

Monique DE BLIGNIERES (Directrice) • Colette FREMESNIL (Directrice adjointe) • Anne MAGNIN (Responsable Service arts vivants)

Mission : En charge des métiers artistiques pour Paris

POLE EMPLOI 75 (JEAN RENOIR)

✆ 01 77 86 39 49 • fax 01 56 41 89 67
aperecrutement.75512@pole-emploi.fr
www.pole-emploi-spectacle.fr
84 quai de la Loire • 75019 **PARIS**

Xavier TUAL (Directeur) • Annie PARLEBAS (Directrice adjointe)

Mission : En charge des métiers techniques, de la réalisation, de la production et de la mise en scène pour Paris

POLE EMPLOI 77 (CULTURE SPECTACLE)

✆ 39 49 / 39 95
www.pole-emploi-spectacle.fr
Agence Val d'Europe • 27 pl. d'Ariane • 77700 **CHESSY**

Francine DELORY (Responsable de l'équipe Production) • Christophe MOUTY (Expert spectacle)

POLE EMPLOI 92 (CULTURE SPECTACLE)

✆ 39 49 • fax 39 95
aperecrutement.92028@pole-emploi.fr
www.pole-emploi-spectacle.fr
Agence Boulogne Santelli • 56 rue de Billancourt • 92100 **BOULOGNE BILLANCOURT**

Pauline LUCIANA-PINZELLI (Directrice) • Martine GUEZOU

Mission : Mise en relation entre employeurs et demandeurs d'emplois, informations générales sur les différents secteurs professionnels du spectacle (spectacle vivant et audiovisuel) • **Activité(s)** : Recrutement

POLE EMPLOI 93 (CULTURE SPECTACLE)

✆ 39 49 / 39 95
ape.93035@pole-emploi.fr • **www.pole-emploi-spectacle.fr**
Agence Georges Méliès • 62 rue du Landy • 93210 **LA PLAINE ST DENIS**

Anne DE VASCONCELOS (Directrice) • Sylvie SID (Responsable adjointe)

SACEM (DIRECTION REGIONALE NORD-IDF)

✆ 01 76 76 74 00
parisdr@sacem.fr • **www.sacem.fr**
30 rue Ballu • 75009 **PARIS**

Raphael AMOROSO (Directeur)

UNITE SPECTACLE VIVANT

✆ 01 47 29 30 31 • fax 01 47 29 33 81
culture@cg92.fr • **www.hauts-de-seine.net**
Conseil général des Hauts-de-Seine • Direction de la Culture
2/16 bd Soufflot • 92015 **NANTERRE CEDEX**

Stephan KUTNIAK (Responsable du service) • David AMBIBARD (Responsable du secteur musiques actuelles) • Emmanuelle PESSY (Directrice adjointe de la culture) • Marie-Hélène BONNOT (Chef du service d'Intervention artistique et culturelle)

Service des interventions artistiques et culturelles • **Activité(s)** : Organisation du festival Chorus des Hauts-de-Seine, du Tremplin de la chanson, du Starting rock, de La Défense jazz festival et du Concours national de jazz à La Défense

REPRÉSENTATIONS SYNDICALES RÉGIONALES

SAMUP (ILE-DE-FRANCE)

✆ 01 42 81 30 38 • fax 01 42 81 17 20
samup@samup.org • **www.samup.org**
21bis rue Victor Massé • 75009 **PARIS**

Jean-Paul BAZIN (Président) • François NOWAK (Secrétaire général)

Syndicat d'Artistes Interprètes et Enseignants de la Musique et de la Danse de Paris Ile de France • **Objet** : Défense des droits sociaux, moraux et de propriété intellectuelle des artistes interprètes et enseignants de la musique

FÉDÉRATIONS ET RÉSEAUX RÉGIONAUX

ACTES IF

✆ 01 44 53 00 44 • fax 01 42 49 53 64
chloe@actesif.com • **www.actesif.com**
c/o Maison des réseaux art. et culturels • 221 rue de Belleville
75019 **PARIS**

Chloé SÉCHER (Coordinatrice en charge de l'administration) • Ginevra FUSINI (Chargée de l'administration et de la ressource) • Regis EVENNOU (Webmaster)

Objet : Réseau solidaire de lieux culturels franciliens • **Activité(s)** : Mise à disposition de ressources et de conseils, plateforme d'échange d'informations, d'expériences et de savoir-faire, collaborations artistiques, réflexion collective, valorisation des activités et des modes de fonctionnement de ses adhérents

CHROMA/ZEBROCK

✆ 01 55 89 00 60 • fax 01 55 89 00 61
info@zebrock.net • **www.zebrock.net**
Imm. Le Terminal • 2 rue Saint-Just • 93130 **NOISY LE SEC**

Edgard GARCIA (Directeur) • Béatrice BALVAY (Secrétaire général) • Hélène PONS (Directrice de production) • Aurore BECQUET (Administratrice) • Marie BIHAN (Communication) • Klervi GUERRERO (Administratrice adjointe) • Marion TANYERES (Actions éducatives)

Réseau chanson, rock et musiques actuelles en Seine-St-Denis • **Objet** : Promotion et développement des musiques actuelles; mise en œuvre d'actions culturelles dans le domaine des musiques actuelles et d'accompagnement des pratiques musicales amateurs • **Activité(s)** : Actions éducatives Zebrock au bahut, dispositif d'accompagnement et festival, formations professionnelles et artistiques, pôle ressources, animation réseau départemental (salles, studios, associations, médiathèques), sites ressources, recherche-action populaire, conférences, etc.

COMBO 95

✆ 01 30 75 00 24
info@combo95.org • **www.combo95.org**
c/o L'Observatoire • 12 allée des petits pains • 95800 **CERGY**

Céline COUTABLE (Directrice) • Mathieu DURIEUX (Chargé de l'information et de la communication) • David PHELIPPE (Responsable du Centre de ressources)

Objet : Promouvoir et soutenir la structuration et le développement des musiques actuelles/amplifiées dans le Val d'Oise, regoupe 17 adhérents représentant les principales structures de diffusion, de répétition et d'enregistrement du dép. • **Activité(s)** : Développement d'une fédération départementale, centre de ressources musiques actuelles, dispositif de repérage et d'accompagnement, festival dédié à la scène locale, études, rencontres professionnelles

CRY POUR LA MUSIQUE

✆ 01 34 78 77 81 / 06 30 93 03 68
info@lecry.com • **www.lecry.com**
28 rue de Lorraine • 78200 **MANTES LA JOLIE**

Thierry DUVAL (Directeur) • Michael LOUCAS (Responsable de l'information) • Sandrine RUBIO (Administratrice) • Stéphanie GILBERT (Chargée du programme de formations) • Bruno REVERT (Webmaster / graphiste)

Centre de ressources yvelinois pour la musique • **Objet** : Fédère 32 lieux de répétition et de diffusion des Yvelines, promotion des musiques actuelles et amplifiées • **Activité(s)** : Organisation d'une dynamique fédérative départementale, formation et promotion des pratiques musicales collectives, information et sensibilisation, aide au développement des lieux adaptés, création d'outils de recherche et d'évaluation, sensibilisation aux risques auditifs, accompagnement artistique

EIFEIL

✆ **01 44 53 80 82** • fax 01 44 53 80 81
contact@eifeil.com • **www.eifeil.fr**
34 rue de la Victoire • 75009 **PARIS**

Isabelle DACHEUX (Présidente) • Thierry PERRIER (Secrétaire) • Julien BANES (Trésorier)

Editeurs Indépendants Fédérés en Ile-de-France • **Objet** : Fédérer et représenter les éditeurs musicaux indépendants et les labels indépendants d'Ile-de-France, auprès des institutions publiques régionales, nationales, européennes et internationales, les personnalités politiques et des médias afin de partager leurs préoccupations et de protéger leurs intérêts économiques et professionnelles • **Activité(s)** : Harmoniser les pratiques de production et d'édition, être un relais actif dans l'aide aux structures de développement et de professionnalisation, animer le réseau des acteurs de la filière (studios d'enregistrement, attachés de presse et professionnels du spectacle)

MAAD 93

✆ **01 48 36 82 27**
coordination.maad93@gmail.com • **www.maad93.com**
c/o Le Triton • 11 bis rue du Coq Français • BP 13 • 93260 **LES LILAS**

Jean-Pierre VIVANTE (Président) • Alice ROGER (Coordinatrice) • Marinette GUINHUT (Animatrice de réseau)

Musiques actuelles amplifiées en développement de Seine Saint Denis • **Objet** : Valorisation et fédération des projets attachés aux pratiques, à la formation et à la diffusion des musiques actuelles amplifiées dans le département de la Seine Saint Denis • **Activité(s)** : Fédération des lieux de pratique/formation/diffusion des musiques actuelles du 93, réflexion et actions sur la place de ces musiques, le fonctionnement des lieux, la formation des encadrants, l'accompagnement des pratiques et la diffusion des artistes amateurs et professionnels ; participation aux réflexions à l'échelle régionale, festival Maad in 93, « créations exclusives et éphémères » (du 21/09 au 07/10 en 2013)

MAP

✆ **01 46 36 28 94**
contact@reseau-map.fr • **www.reseau-map.fr**
8 rue Boyer • 75020 **PARIS**

Renaud BARILLET (Président) • Maguelone CATHALA (Coordinatrice)

Réseau des musiques actuelles à Paris • **Objet** : Regrouper et fédérer les structures de musiques actuelles à Paris, favoriser les échanges et la mutualisation entre adhérents, mettre en place des évènements de valorisation des artistes et des professionnels parisiens • **Activité(s)** : Soutien, promotion de l'expression des pratiques amateurs et professionnelles, sensibilisation et information, mise en place d'outils d'observation concernant les pratiques et les publics

PARIS JAZZ CLUB

✆ **01 83 06 61 01**
contact@parisjazzclub.net • **www.parisjazzclub.net**
39 rue des Lombards • 75001 **PARIS**

Jean-Michel PROUST (Président) • Stéphane PORTET (Secrétaire - Sunset) • Maria RODRIGUEZ (Trésorière - Baiser salé) • Lucie BUATHIER (Coordinatrice)

Objet : Célébrer et promouvoir le jazz sous toutes ses formes à travers des lieux de Jazz de Paris et d'Île-de-France • **Activité(s)** : Organisation de l'opération « Paris Jazz Club », soirée thématique sur le concept « 1 entrée, 4 clubs », ts les trimestres dans les clubs de la rue des Lombards - Carte d'adhesion Paris Jazz Club : concerts gratuits ou à tarifréduit dans plusieurs clubs, etc.

PARIS MIX / LES FAUBOURGS NUMÉRIQUES

✆ **01 71 19 91 15** • fax 01 71 19 91 18
info@parismix.fr • **www.parismix.fr**
143 rue des Poissonniers • 75018 **PARIS**

Marc BENAICHE (Président) • Marjorie CAVAYE (Coordinatrice) • Simon BOICHOT (Webmarketing)

Objet : Développement économique des entreprises musiques du monde sur le territoire francilien (labels, producteurs, tourneurs, organisateurs de spectacles) • **Activité(s)** : Pôle d'action numérique : mise en œuvre d'une plate-forme de réflexion stratégique sur le numérique pour permettre à la filière d'anticiper sur les mutations technologiques et mutualisation d'une plate-forme de distribution numérique. Pôle de professionnalisation et de formations aux réseaux numériques favorisant la création d'emplois partagés et l'insertion des publics jeunes défavorisés de Paris et de la proche banlieue. Communication / Visibilité de la filière : Création d'outils de diffusion accroissant la visibilité des activités de la filière sur les réseaux médiatiques (IPTV, réseaux sociaux)

Les PIAF

piaf.asso@gmail.com
46 rue de Mareil • 78100 **ST GERMAIN EN LAYE**

MARSU (Président) • Yves PLOUHINEC (Secrétaire) • Guillaume LE HENO (Trésorier)

Producteurs Indépendants et Autoproduits Franciliens • **Objet** : Structuration de la filière disque en Ile-de-France, aide au développement et promotion des labels indépendants franciliens (dont aide à la distribution), L'action de l'association se définit dans le cadre de l'économie sociale et solidaire. Elle encourage l'innovation, l'expérimentation, la création et la pratique citoyennes • **Activité(s)** : Réseau des labels indépendants et autoproduits franciliens

Le PINCE OREILLES

✆ **01 60 93 03 15**
contact@pinceoreilles.fr • **www.pinceoreilles.fr**
Maison de Quartier de la Ferme du Buisson • 8 passage de Lorgre
77186 **NOISIEL**

Alexandre SAUMONNEAU (Président) • Jean-Baptiste JOBARD (Directeur)

Objet : Favoriser le développement des musiques actuelles amplifiées en Seine-et-Marne • **Activité(s)** : Accompagnement des artistes locaux (compilation « La Pépinière », promotion, information/ressources, aide à la diffusion des CD's autoproduits, etc.), campagne de sensibilisation aux risques auditifs, veille informationnelle (techniques, réglementaires et administratives), pôle accompagnement et ressources, expos, etc.

RESEAU 92

✆ **01 47 36 78 23**
contact@reseau92.com • **www.reseau92.com**
c/o Conservatoire de Clamart • Pl. Jules Hunebelle • 92140 **CLAMART**

Thierry LALET (Président) • Florian AUVINET (Coordinateur) • Nicolas ACQUAVIVA (Responsable ressources et accompagnement) • Matteo DELLA VALENTINA (Chargé de l'information communication)

Objet : Association de lieux de diffusion et de formation, studios de répétition et d'enregistrement • **Activité(s)** : Information, accompagnement d'artistes et de structures, formation, dispositif d'aide aux groupes (Träce)

REZONNE

✆ **01 60 85 49 89** • fax 01 60 85 10 60
contact@rezonne.org • **www.rezonne.org**
12 rue Louis Armand • 91220 **BRETIGNY SUR ORGE**

Bérengère SALLES (Présidente) • Jean-Marie POTIER (Coordinateur) • Gladys LE BIAN (Chargée de communication)

Objet : Réseau départemental de musiques actuelles • **Activité(s)** : Formation et structuration, dispositif d'accompagnement « Le Grand Bain », information et communication, etc.

RIF

✆ **09 54 93 18 98**
info@lerif.org • **www.lerif.org**
c/o Maison des réseaux • 221 rue de Belleville • 75019 **PARIS**

Franck MICHAUT (Directeur) • François BEAUDENON (Président) • Flavie PEZZETTA (Animatrice du réseau, communication, ressources) • Emmanuel BOIS (Chargé de mission risques auditifs/gestion sonore) • Marion BLANCHARD-LAGOEYTE (Assistante de direction)

Réseaux musiques actuelles/amplifiées d'Île-de-France • **Objet** : Confédération de structures dédiées aux musiques actuelles dédiés aux musiques actuelles/amplifiées en Ile-de-France • **Activité(s)** : Représentation des structures auprès des institutions, valorisation et harmonisation des initiatives, observatoire des pratiques musicales en Ile-de-France, développement d'actions régionales, formation professionnelle des acteurs, prévention des risques auditifs

LANGUEDOC-ROUSSILLON

ADMINISTRATIONS ET ORGANISMES RÉGIONAUX

ADDMD 11

✆ **04 68 11 74 35 / 04 68 11 74 38** • fax 04 68 11 74 40
contact@addmd11.fr • **www.addmd11.fr**
30/32 av. Franklin Roosevelt • 11000 **CARCASSONNE**

Frank SIMONEAU (Directeur) • Carole LACOURTIADE (Chargée de mission Musiques Actuelles)

Association départementale de développement de la musique et de la danse • **Mission** : Développement musical et chorégraphique de l'Aude • **Activité(s)** : Information, coordination pour l'enseignement, le spectacle, la facture instrumentale ou tout secteur touchant à la musique et à la danse et pour tous styles, étude sur les musiques actuelles, compilation, résidences départementales des musiques actuelles, etc.

CONSEIL REGIONAL DE LANGUEDOC-ROUSSILLON

✆ **04 67 22 80 00** • fax 04 67 22 90 98
spectaclevivant@cr-languedocroussillon.fr • **www.laregion.fr**
201 av. de la Pompignane • 34064 **MONTPELLIER CEDEX 2**

Josianne COLLERAIS (Conseillère régionale en charge de la Culture) • Fabrice MANUEL (Directeur de la culture et du patrimoine) • Simon MARTINEZ (Chef de service création, diffusion)

Direction de la Culture et du Patrimoine

DRAC LANGUEDOC-ROUSSILLON

✆ **04 67 02 32 00** • fax 04 67 02 32 04
valerie.bruas@culture.gouv.fr
www.culturecommunication.gouv.fr/regions
Hôtel de Grave • 5 rue de la Salle l'Evêque • CS 49020
34967 **MONTPELLIER CEDEX 2**

Alain DAGUERRE DE HUREAUX (Directeur) • Valérie BRUAS (Conseillère musique) • Jean-Pierre BESOMBES-VAILHÉ (Conseiller Politique de la ville) • Isabelle TACCONI (Licences du spectacle)

Direction régionale des affaires culturelles

HÉRAULT MUSIQUE DANSE

✆ **04 67 45 71 10 / 04 67 45 71 13** • fax 04 67 45 02 75
contact@heraultmusiquedanse.fr • **www.heraultmusiquedanse.fr**
1722 rue de Malbosc • BP 7214 • 34086 **MONTPELLIER CEDEX 4**

Guilhem TREBUCHON (Chargé de mission musiques actuelles)

Mission : Développement musical et chorégraphique dans le département, lieu ressource • **Activité(s)** : Conseils, aides aux projets musicaux et chorégraphiques, information, organisation de 34 tours (dispositif de soutien à l'émergence en musiques actuelles), développement de l'enseignement musical, soutien aux pratiques musicales des amateurs

POLE EMPLOI LANGUEDOC-ROUSSILLON (CULTURE SPECTACLE)

✆ **39 49 / 39 95**
culture-spectacle.languedoc@pole-emploi.fr • **www.pole-empoi-spectacle.fr**
Agence Montpellier Celleneuve • Quai Louis Le Vau • ZAC La Fontaine • 34184 **MONTPELLIER CEDEX 4**

Linda PELLET (Responsable d'équipe de production) • Odile BLIN (Conseillère Culture/spectacle) • Sabrina ABDERREZAK (Conseillère Culture/spectacle) • Stéphane NICOLAS (Conseiller Culture/spectacle)

RÉSEAU EN SCÈNE LANGUEDOC-ROUSSILLON

✆ **04 67 66 90 90** • fax 04 67 66 90 80
contact@reseauenscene.fr • **www.reseauenscene.fr**
8 av. de Toulouse • CS 50037 • 34078 **MONTPELLIER CEDEX 03**

Solange DONDI (Présidente) • Jean-Pierre WOLLMER (Directeur) • Yvan GODARD (Directeur adjoint Administration, Formation) • Pascal JAUSSAUD (Attaché à l'information) • Nadège STAEBLER (Chargée de mission Diffusion) • Pauline BIOULES (Chargée de mission Information) • Florence POIGNON (Chargée de mission Communication) • Christophe BURDIN (Chargé de mission Diffusion) • David IRLE (Chargé de mission Projets européens) • Laure MAZÉ (Coordinatrice du Coreps) • Manon MARTIN (Coordinatrice des projets de coopération) • Philippe JABAUD (Comptable)

Association régionale de coordination et de diffusion des arts du spectacle • **Mission** : Accompagner les équipes artistiques, favoriser la circulation des œuvres, participer à la réduction de l'inégalité d'accès, faire découvrir les démarches artistiques participant au renouvellement de ces formes • **Activité(s)** : Information, formation, soutien à la diffusion

SACEM (MONTPELLIER)

✆ **04 86 06 33 70** • fax 04 86 06 33 71
dl.montpellier@sacem.fr • **www.sacem.fr**
Arche Jacques-Coeur • 266 Pl. Ernest-Granier • CS 92075
34960 **MONTPELLIER CEDEX 2**

Franck VIADERE (Délégué régional)

SCÈNES CROISÉES DE LOZÈRE

✆ **04 66 65 75 75** • fax 04 66 65 75 76
contact@scenescroisees.fr • **www.scenescroisees.fr**
13 bd de Britexte • BP 95 • 48003 **MENDE CEDEX**

Nicolas BLANC (Directeur) • Jean-Pierre KIRCHER (Secrétaire général) • Pierre-Louis SEGUIN (Administrateur) • Pascale PAROUTY (Responsable de la communication et des RP)

Scène conventionnée • **Mission** : Développer les activités musicales, chorégraphiques et théâtrales en Lozère, sensibilisation jeunes publics • **Activité(s)** : Organisation d'une saison artistique dans le spectacle vivant (musique, danse, théâtre, cirque, etc.) en partenariat avec les différents opérateurs ; soutien à la création contemporaine ; accompagnement des pratiques amateurs

REPRÉSENTATIONS SYNDICALES RÉGIONALES

URF LR CGT SPECTACLE

✆ **04 67 15 91 70**
evaloyer@yahoo.fr • **cgtspectaclelr.org**
Ud CGT - Maison des syndicats • 474 allée Henri II de Montmorency
BP 9592 • 34000 **MONTPELLIER**

Eva LOYER (Secrétaire générale)

Union Régionale Fédérale du Languedoc-Roussillon des syndicats CGT Spectacle

FÉDÉRATIONS ET RÉSEAUX RÉGIONAUX

APEM LR

✆ **04 67 60 00 33** • fax 04 67 60 00 32
contact@apem-lr.com
3 rue Beau Séjour • 34000 **MONTPELLIER**

Stéphane RICCHIERO (Président) • Alain RABAUD (Coordinateur)

Association des producteurs et éditeurs de musique du Languedoc-Roussillon • **Objet** : Promotion et aide aux producteurs et éditeurs de musique du Languedoc-Roussillon • **Activité(s)** : Mise en réseau, réalisation de produits promotionnels, organisation de spectacles, animation d'un ou plusieurs sites web, formations

FEMAG

✆ **04 66 84 70 74 / 06 24 25 59 56**
info@femag.fr • **www.femag.fr**
1 rue Ménard • 30000 **NIMES**

Emilie RUAH (Coordinatrice)

Fédération des musiques actuelles du Gard • **Objet** : Développement des musiques actuelles sur le département • **Activité(s)** : Centre ressources, accompagnement d'artistes, diffusion, formation, relais régional Agi-Son

Collectif JAZZ EN L'R

✆ **04 68 35 37 46 / 04 68 51 13 14** • fax 04 68 34 45 80
contact@jazzenlr.fr • **www.jazzenlr.fr**
Théâtre de Sète • Av. Victor Hugo • 34200 **SETE**

Yann CAUSSE (Président)

Collectif de Jazz et de Musique Improvisée en Languedoc Roussillon • **Objet** : Collectif d'acteurs du jazz en Languedoc-Roussillon (mus., collectifs de mus., associations, scènes nationales et festivals) • **Activité(s)** : Réflexion sur les politiques régionales en faveur du jazz et des musiques improvisées, mutualisation, mise en réseau, organisation d'événements à teneur régionale, actions de coopération et d'échanges inter-régionaux - Organisation des « Journées Jazz en L'R » (8e édition en déc. 2013) - Pôles de résidences Jazz en L'R

LIMOUSIN

ADMINISTRATIONS ET ORGANISMES RÉGIONAUX

ADIAM 19

✆ **05 55 93 77 53** • fax 05 55 93 77 57
adiam@cg19.fr • **www.adiam19.fr**
Hôtel du département • 9 rue René & Emile Fage • BP 199
19005 **TULLE CEDEX**

Henri LEBOULLEUX (Directeur) • Pierre COUEGNAS (Chargé de mission musiques actuelles / Programmateur) • Stephane ROIG (Chargé de mission Régie technique) • Nicolas BAUDELET (Chargé de mission Information) • Amandine VEYSSET (Assistante de programmation)

Association départementale d'information et d'action musicale en Corrèze • **Mission** : Centre de ressources musique, danse, théâtre • **Activité(s)** : Conseil, information et animation. Actions de développement des activités musicales en milieu scolaire, écoles de musique et de danse, coordination et structuration de la diffusion, accompagnement des pratiques amateurs, etc.

ADIAM 23

✆ **05 44 30 24 55** • fax 05 44 30 24 57
adiam23@cg23.fr • **www.adiam.creuse.com**
Hôtel du Département • Château des Comtes de la Marche
23011 **GUERET CEDEX**

Liliane BARDON (Directrice) • Lydie LACHERADE (Chargée de l'information) • Luce CATHALA (Chargée de mission Danse)

Association départementale d'information et d'action musicale en Creuse • **Mission** : Association départementale d'information et d'animation musique et danse • **Activité(s)** : Développement musique et danse

CONSEIL GÉNÉRAL DE HAUTE-VIENNE

✆ **05 55 45 10 10** • fax 05 55 14 15 64
contact.culture-sport-tourisme@cg87.fr • **www.cg87.fr**
11 rue François Chénieux • CS 83112 • 87031 **LIMOGES CEDEX 1**

Jean-Pierre FAYE (Chargé de mission culture)

CONSEIL RÉGIONAL DU LIMOUSIN

✆ 05 55 45 19 00 / 05 55 45 18 05
ma-bernard-griffiths@cr-limousin.fr • **www.cr-limousin.fr**
Direction des Enseignements • 27 bd de la Corderie
87031 **LIMOGES CEDEX**

Stéphane CAMBOU (Conseiller régional en charge de la Culture) • Véronique CHAUVOIS (Chef de service Culture) • Patricia OUDIN (Chargée de mission Emploi - Manifestations culturelles) • Fabienne PORTE (Chargée de mission Equipes artistiques)

Activité(s) : Projet éligibles aux aides : soutien aux équipes professionnelles et permanentes; projets de diffusion à caractère régional; festivals avec une ligne artistique et un caractère régional; productions discographiques pour soutenir la promotion d'artistes installés en région et ayant un projet professionnel naissant; artistes ayant un projet de création dans le cadre professionnel ou pré- professionnel; associations dont le projet social est de renseigner, promouvoir ou accompagner les artistes régionaux; structure réalisant un travail spécifique pour la formation, la sensibilisation, la promotion des pratiques amateurs; projets en cohérence avec un développement concerté et harmonisé au niveau régional

CRMT LIMOUSIN

✆ 05 55 27 93 48 • fax 05 55 27 93 49
crmtl@crmtl.fr • **www.crmtl.fr**
4 av. Jean Vinatier • 19700 **SEILHAC**

Olivier DURIF (Directeur) • Dominique MEUNIER (Adjoint de direction)

Centre régional des musiques traditionnelles en Limousin • **Mission** : Recherches, formation, diffusion création dans le domaine des musiques et danses traditionnelles dans la région Limousin

DRAC LIMOUSIN

✆ 05 55 45 66 00 • fax 05 55 45 66 01
nadine.chanteraud@culture.gouv.fr
www.culturecommunication.gouv.fr/regions
6 rue Haute-Comédie • 87036 **LIMOGES CEDEX**

Philippe GEFFRE (Directeur) • Christine DIFFEMBACH (Directrice adjointe) • Marie-Chantal ROUX (Secrétaire générale) • Marianne VALKENBURG (Conseillère musique et danse) • Catherine CATINUS (Responsable du CID)

Direction régionale des affaires culturelles

ORACLIM

✆ 05 55 10 90 28 • fax 05 55 10 90 70
contact@oraclim.fr • **www.culture-en-limousin.fr**
31 av. de la Libération • 87000 **LIMOGES**

Yves MENUT (Directeur) • Jean-Claude ROBERT (Responsable de l'information / Administrateur)

Observatoire régional des arts et de la culture en Limousin • **Mission** : Observatoire régional de la culture (spectale vivant, audiovisuel, patrimoine, lecture, etc.) • **Activité(s)** : Information (service permanent d'info, création et mise à jour d'indicateurs, publications d'études, etc.), Etudes des publics du spectacle vivant en Limousin

POLE EMPLOI LIMOUSIN (CULTURE SPECTACLE)

✆ 39 95 • fax 39 49
ale.limogesjourdan@pole-emploi.fr • **www.pole-emploi-spectacle.fr**
Agence Limoges Jourdan • 13 cours Jourdan • 87000 **LIMOGES**

Karine CHATARD (Animatrice d'équipe)

SACEM (LIMOGES)

✆ 05 67 34 81 70
dl.limoges@sacem.fr • **www.sacem.fr**
1 cours Gay Lussac • BP 299 • 87008 **LIMOGES CEDEX**

Dominique GRENIER (Délégué régional)

LORRAINE

ADMINISTRATIONS ET ORGANISMES RÉGIONAUX

AC2M

✆ 03 83 94 51 69 / 03 83 94 58 19 • fax 03 83 94 51 62
info@ac2m.org • **www.ac2m.org**
14 rue Louis Majorelle • 54000 **NANCY**

Myriam LOUELHI (Directrice) • Michel FASSE (Mission musiques actuelles) • Jean-Charles MASSON (Chargé de mission Information et communication)

Agence Culturelle Meurthe & Moselle • **Mission** : Lieu d'expertise au service du département et des collectivités du territoire, doté d'une mission musiques actuelles • **Activité(s)** : Centre de ressources au service des mus. et des asso. (soutien logistique, administratif, fichiers, studio mobile, festival itinérant)

ARTECA

✆ **03 83 40 87 40** • fax 03 83 40 87 41
arteca@arteca.fr • **www.arteca.fr**
Bât. C • Domaine de Pixérécourt • CS 80076 • 54220 **MALZEVILLE**

Roger TIRLICIEN (Président) • Frédéric LAPIQUE (Directeur) • Delphine CHOLEWA-CLARISSE (Responsable de l'information)

Centre de ressources de la culture en Lorraine • **Mission** : Développer des services au public en améliorant la connaissance sur les activités culturelles régionales • **Activité(s)** : Accompagner le développement d'activités, observation des activités culturelles, pôle régional culture europe

CONSEIL REGIONAL DE LORRAINE

✆ **03 87 33 67 82** • fax 03 87 32 89 33
patricia.colombo@cr-lorraine.eu • **www.lorraine.eu**
7/9 rue Sainte - Barbe • 57036 **METZ CEDEX 1**

Thibaut VILLEMIN (Vice-président en charge de la Culture) • Katherine HALLE-GUET (Directeur pôle jeunesse) • Brigitte FAZAN (Directeur culture) • Patricia COLOMBO (Secrétaire service culturel)

DRAC LORRAINE

✆ **03 87 56 41 00** • fax 03 87 75 28 28
www.culturecommunication.gouv.fr/regions
6 pl. de Chambre • 57045 **METZ CEDEX 1**

Marc CECCALDI (Directeur) • Frédérique BOURA (Directrice régionale adjointe) • Florence FORIN (Musique et danse) • Isabelle WAGNER (Responsable communication, relations publiques et documentation)

Direction régionale des affaires culturelles

MOSELLE ARTS VIVANTS

✆ **03 87 62 94 13** • fax 03 87 62 94 04
jean-francois.angelini@cg57.fr • **www.cg57.fr**
Hôtel du département • 1 rue du Pont Moreau • BP 11096
57036 **METZ CEDEX 1**

Christian SCHNELL (Directeur) • Jean-François ANGELINI (Musiques actuelles et secteur scolaire)

Mission : Développement des arts vivants en Moselle

POLE EMPLOI 54 (CULTURE SPECTACLE)

✆ **39 49** • fax 03 83 90 33 43
spectacles.54058@pole-emploi.fr • **www.pole-emploi-spectacle.fr**
Pole emploi Nancy Port de Plaisance • 6 bd du 21è Régiment d'Aviation • BP 60823 • 54011 **NANCY CEDEX 01**

Elisabeth BIRCK

POLE EMPLOI 57 (CULTURE SPECTACLE)

✆ **03 87 65 82 64** • fax 03 87 65 10 08
spectacles.57044@pole-emploi.fr • **www.pole-emploi-spectacle.fr**
3 ter rue Gambetta • 57000 **METZ**

Marie-Jo GUZZI (Responsable équipe) • Patrick KLEIN (Chargé des placements) • Cyrille NOWACKI (Chargée des placements) • Stéphanie BANTZ (Chargée des indemnisations) • Naïma BECKER • Naïma MEKRALDI (Chargée des placements) • Jean-Luc ROUET (Chargé des indemnisations)

SACEM (NANCY)

✆ **03 69 67 26 60** • fax 03 69 67 26 61
dl.nancy@sacem.fr • **www.sacem.fr**
Immeuble MEDIAPARC • 4 rue JAcques Villermaux • CS 20400
54007 **NANCY CEDEX**

Bruno QUILLET (Délégué régional)

SPECTACLE VIVANT EN LORRAINE

✆ **03 83 87 80 70** • fax 03 83 87 80 71
contact@svlorraine.com • **www.spectacle-vivant-lorraine.com**
Abbaye des Prémontrés • 9 rue St-Martin • BP 83
54704 **PONT A MOUSSON CEDEX**

Marc LÉONARD (Directeur) • Vincent AMPE (Chargé de mission musiques) • Fatia BENARIBA (Responsable Formation)

Association régionale de développement du spectacle vivant en Lorraine • **Mission** : Développement des pratiques artistiques dans les domaines de la musique, de la danse, du théâtre et du spectacle vivant • **Activité(s)** : Coordination, conseil, information, formation

VOSGES ARTS VIVANTS

✆ **03 29 29 89 08** • fax 03 29 29 87 32
vosgesartsvivants@orange.fr • **www.vosgesartsvivants.fr**
Hôtel du département • 8 rue de la Préfecture
88088 **EPINAL CEDEX 9**

Thierry SZABO (Directeur)

Association départementale pour la musique, la danse et le théâtre • **Mission** : Mission de développement, structuration, concertation, information, conseil • **Activité(s)** : Pratiques amateurs, soutien à l'enseignement, conseil à la création, diffusion. Musique, danse, théâtre

REPRÉSENTATIONS SYNDICALES RÉGIONALES

SFA (LORRAINE)

✆ **03 83 52 39 79**
sfa.lorraine@wanadoo.fr
UD CGT • 2 rue Drouin • 54000 **NANCY**

Marie-France MICHEL (Déléguée régionale)

FÉDÉRATIONS ET RÉSEAUX RÉGIONAUX

FLIPPE

✆ **06 43 56 81 50 / 03 83 38 44 98**
laflippe@gmail.com • **http://laflippe.fr**
c/o L'Autre Canal • 45 bd d'Austrasie • 54000 **NANCY**

Stéphane GRÉGOIRE (Président) • Gérard N'GUYEN (Coordinateur) • Alexis UNTEREINER (Trésorier) • Robin VEYSSIERE (Secrétaire)

Fédération des labels indépendants et des producteurs phonographiques de l'Est • **Objet** : Réunir les labels indépendants, éditeurs phonographiques de l'Est pour impulser et coordonner la concertation autour des questions relatives à l'avenir de la filière discographique et musicale ; renforcer la lisibilité des actions des membres de l'association auprès de leurs partenaires publics et privés • **Activité(s)** : Permettre une mutualisation des moyens et une harmonisation des pratiques de production ; fédérer les initiatives de chacun des membres pour favoriser la reconnaissance du métier de label ; impulser des partenariats publics et privés

MIDI-PYRÉNÉES

ADMINISTRATIONS ET ORGANISMES RÉGIONAUX

ADDA 31

✆ **05 34 45 58 30** • fax 05 34 45 58 32
accueil@adda31.fr • **www.adda31.fr**
7 rue Jules Chalande • 31000 **TOULOUSE**

Michel DOYARD (Directeur) • Sylvie CASTRO (Chargée de mission Education artistique et spectacle vivant) • Gilbert VIENNE (Chargé de production Jazz sur son 31) • Frédéric COTTEREAU (Chargé de mission Enseignement spé et pratique amateur) • Élisabeth PAUMIER (Documentaliste)

Association départementale pour le développement des arts en Haute-Garonne • **Mission** : Promouvoir les arts vivants en Haute-Garonne, organiser des actions avec les partenaires culturels (information, enseignement spécialisé, pratique amateur, spectacle vivant, éducation artistique, création) • **Activité(s)** : Festival Jazz sur son 31, 31 notes d'été, parcours jazz au collège, stages d'orchestre à cordes et big band de jeunes

ADDA 32

✆ **05 62 67 47 47** • fax 05 62 67 47 50
addagers@cg32.fr • **www.addagers.fr**
Hôtel du département • BP 20 569 • 32022 **AUCH CEDEX 09**

Benoit RIVIERE (Directeur)

Association départementale pour le développement des arts dans le Gers • **Mission** : Centre de ressources et d'information, coordination d'initiatives en matière de diffusion du spectacle vivant, sensibiliation et éductaion artistique, formation, etc.

ADDA 46

✆ **05 65 20 60 30** • fax 05 65 20 60 38
contact@adda-lot.com • **www.adda-lot.com**
Pl. Chapou • 46000 **CAHORS**

Stéphanie LANDES (Directrice) • Clémence GRENAPIN (Chargée de mission Spectacle vivant) • Mariam SARR (Chargée de mission musique) • Mariel MISSUD (Chargée de communication) • Jeanne L'HOTELIER (Médiatrice culturelle)

Association départementale pour le développement des arts dans le Lot • **Mission** : Promotion et développement musique, danse et théâtre (information, accompagnement, etc.) • **Activité(s)** : Conseil, expertise, sensibilisation, diffusion, structuration de l'enseignement, formation

ADDA 81

✆ **05 63 77 32 18** • fax 05 63 47 96 61
adda.tarn@adda81.com • **www.adda81.com**
Conseil général • 81013 **ALBI CEDEX 9**

Thierry MORLET (Directeur) • Michel BESSET (Chargé de mission musiques actuelles) • Alain GONZALEZ (Chargé de mission voix) • Nathalie AUBOIRON (Chargée de mission Danse)

Association départementale pour le développement des arts dans le Tarn • **Mission** : Conseils et aide techniques aux associations, collectivités et groupes du département • **Activité(s)** : Actions d'éducation artistique vers des publics scolaires (danse, théâtre, chœurs, sensibilisation aux risques auditifs, histoire des musiques actuelles, etc.) ; accompagnement des pratiques amateurs (stages, formation, tremplins, etc.) ; organisme de formation aux métiers de la musique (formation professionnelle "assistant régisseur général du spectacle vivant" organisée tous les deux ans) ; aide à la diffusion (organisation de tournées groupes du département, organisation du Printemps vocal du Tarn, Voix là !, etc.)

ADDA 82

✆ **05 63 91 83 96** • fax 05 63 66 78 38
adda82@wanadoo.fr • **www.adda.cg82.fr**
Hôtel du Département • BP 783 • 82013 **MONTAUBAN CEDEX**

Stéphanie CARNET (Directrice) • Jean-Luc GARCIA (Chargé de mission musiques actuelles)

Association départementale pour le développement des arts • **Mission** : Information, conseil, soutien, aide à la formation et diffusion, résidence • **Activité(s)** : Sensibilisation spectacles décentralisés, mise en valeur du patrimoine, tremplin Tarn et Garock, aide aux pratiques artistiques, itinéraire musical et gastronomique

AVANT-MARDI

✆ **05 34 31 26 50** • fax 05 34 31 26 55
ressource@avant-mardi.com • **www.avant-mardi.com**
17 rue Valentin • 31400 **TOULOUSE**

Williams BLOCH (Directeur) • Alexandre BARTHES (Chargé de l'information ressource) • Faustine ALIOT (Administration) • Cyril DELLA-VIA (Médiateur culturel - communication) • Pauline THUILLIER (Chargée formation professionnelle) • Sandrine FERRITO (Assistante Formation)

Réseau musiques actuelles Midi-Pyrénées • **Mission** : Promotion des artistes en développement, mise en réseaux des structures de diffusion, professionalisation des acteurs, irrigation du tissu culturel de Midi-Pyrénées, Centre de ressources, conseil aux porteurs de projet • **Activité(s)** : Repérage et promotion des jeunes talents (antenne Midi-Pyrénées Réseau Printemps), information (correspondant Cir/Irma) diffusion (coordination des stuctures et impulsion de la diffusion en région), formation (mise en place de programme de formation professionnelle aux métiers du spectacle), sensibilisation (prévention des risques auditifs)

COMDT TOULOUSE MIDI-PYRÉNÉES

✆ **05 34 51 28 38**
contact@conservatoire-occitan.org • **www.conservatoire-occitan.org**
5 rue du Pont de Tounis • 31000 **TOULOUSE**

Maïlis BONNECASE (Directrice) • Stéphane LATOUR (Administrateur)

Centre occitan des musiques et danses traditionnelles Toulouse Midi-Pyrénées • **Mission** : Promotion et valorisation des musiques et danses traditionnelles en Midi-Pyrénées • **Activité(s)** : Formation (ateliers hebdomadaires et stages ponctuels), diffusion, centre de documentation, facture instrumentale, éducation artistique, publication, soutien aux autres acteurs régionaux (associations, groupes, écoles de musique etc.) dans les domaines des musiques et danses traditionnelles

CONSEIL GÉNÉRAL DE L'ARIÈGE

✆ **05 61 02 09 09** • fax 05 61 02 09 13
dsubra@cg09.fr • **www.cg09.fr**
Service Culture, Jeunesse, Sport • Dir. de la Culture, Education, Patrimoine • BP 23 • 09001 **FOIX CEDEX**

Solange GOUIRIC (Chef de service Culture, jeunesse, sport) • Dominique SUBRA (Responsable Musiques actuelles)

Mission : Etude et gestion des projets avec ou sans demande de subventions dans le domaine culturel • **Activité(s)** : Jeunesse, sport, culture, patrimoine, gestion sites, musique, danse, théâtre, arts plastiques, spectacles vivants

CONSEIL GÉNÉRAL DES HAUTES-PYRENEES

✆ **05 62 56 71 38** • fax 05 62 56 77 97
eric.lagarrigue@cg65.fr • **www.cg65.fr**
Pôle Arts vivants-arts plastiques • 6 rue Gaston Manent • BP 1324 • 65013 **TARBES CEDEX 09**

Béatrice VINET-GARCIA (Chargée de mission Arts vivants - Arts plastiques • Eric LAGARRIGUE (Responsable secteur musiques actuelles)

Mission : Développement des activités liées aux arts vivants • **Activité(s)** : Conseil et information, développement des pratiques amateurs, accompagnement des pratiques pré-professionnelles, formation, diffusion, médiation, animation scolaire

CONSEIL REGIONAL DE MIDI-PYRENEES

✆ **05 34 45 96 20** • fax 05 34 45 96 44
daniel.hechinger@cr-mip.fr • **www.cr-mip.fr**
Hôtel de Région • 22 bd du Mal Juin • 31406 **TOULOUSE CEDEX 9**

Dominique SALOMON (Vice-présidente en charge de la Culture) • Daniel HECHINGER (Directeur de la Culture) • Georges MIRA (Chargé de mission Formation et musiques actuelles) • François RIGAL (Chef de service du spectacle vivant)

DRAC MIDI-PYRENEES

✆ **05 67 73 20 44** • fax 05 61 23 12 71
jean-pierre.daragon@culture.gouv.fr
www.culturecommunication.gouv.fr/regions
32 rue de la Dalbade • BP 811 • 31080 **TOULOUSE CEDEX 06**

Laurent ROTURIER (Directeur) • Jean-Pierre DARAGON (Conseiller musique et danse)

Direction régionale des affaires culturelles

POLE EMPLOI MIDI-PYRENEES (CULTURE SPECTACLE)

✆ **39 49 / 39 95**
culture-spectacle.midi-pyrenees@pole-emploi.fr
www.pole-emploi-spectacle.fr
Agence Toulouse Spectacle • 7 av. des Herbettes
31432 **TOULOUSE CEDEX 4**

Jacky CATHALA (Conseiller) • Brice SEMIS (Conseiller)

SACEM (TOULOUSE)

✆ **05 67 34 81 80** • fax 05 67 34 81 81
dl.toulouse@sacem.fr • **www.sacem.fr**
Bd Lascrosses • 7 esplanade Compans Caffarelli • BP 28502
31685 **TOULOUSE CEDEX 06**

Philippe LE MOEN (Délégué régional)

FÉDÉRATIONS ET RÉSEAUX RÉGIONAUX

FLIM

✆ **06 84 43 46 42**
info@flim.asso.fr • **www.flim.asso.fr**
Bât. A • 24 rue Antoine Courthieu • 31500 **TOULOUSE**

Laure DELSAUX (Coordinatrice) • Gérald GUIBAUD (Président) • Stéphane CORBARIEU (Trésorier)

Fédération des Labels Indés de Midi-Pyrénées • **Objet** : Fédérer, promouvoir et représenter les labels musicaux • **Activité(s)** : Outil de mutualisation des compétences et des ressources des labels indépendants de musiques actuelles de Midi-Pyrénées, organisation du FAM (Forum des Alternatives pour la Musique), forum des labels indépendants

NORD - PAS-DE-CALAIS

ADMINISTRATIONS ET ORGANISMES RÉGIONAUX

AFDAS (NORD-OUEST)

✆ **03 20 17 16 80** • fax 03 20 17 16 81
afdas.lille@afdas.com • **www.afdas.com**
87 rue Nationale • 59800 **LILLE**

Yves MUCHEMBLED (Délégué régional) • Séverine LANTOINE (Assistante administration) • Caroline DHUYETERRE (Chargée d'accueil salariés)

Mission : Gestion des fonds destinés à financer la formation professionnelle continue des salariés des secteurs spectacles, radios, télévision, loisirs, cinéma et audiovisuel, publicité et des intermittents du spectacle, presse et édition • **Activité(s)** : Délégation Nord-Pas-de-Calais, Haute-Normandie, Picardie

CONSEIL RÉGIONAL DU NORD-PAS DE CALAIS

✆ **03 28 82 82 82** • fax 03 28 82 82 83
i.laforce@nordpasdecalais.fr • **www.nordpasdecalais.fr**
Hôtel de Région • 151 bd Hoover • 59555 **LILLE CEDEX**

Isabelle LAFORCE (Directrice de la Culture) • Angélique JUILLET (Chef de service) • Michel KOUTEYNIKOV (Chargé de mission musique) • Jocelyne MAMELIN (Directrice adjointe à l'Action Culturelle)

DOMAINE MUSIQUES

✆ **03 20 63 65 80** • fax 03 20 63 65 90
contact@domaine-musiques.com • **www.domaine-musiques.com**
105 av. de la République • 59110 **LA MADELEINE**

Jean-Luc CHOQUEL (Responsable administratif) • Olivier DUBOIS (Responsable de l'information observation, communication) • Fannette ROUSSEAU (Chargée des pratiques vocales) • Sophie VAN NESTE (Chargée de communication) • Céline LEDUC (Information, observation musiques actuelles)

Mission : Association régionale de développement musical (pratiques amateurs, musiques actuelles, patrimoine musical régional, service d'information et de documentation). Pôle régional musiques actuelles • **Activité(s)** : Formation, information, coordination

DRAC NORD-PAS-DE-CALAIS

✆ **03 20 06 87 58** • fax 03 28 36 62 21
www.culturecommunication.gouv.fr/regions
Hôtel Scrive • 1/3 rue du Lombard • CS 80016 • 59041 **LILLE CEDEX**

Marie-Christiane DE LA CONTE (Directrice) • Simon-Pierre DINARD (Directeur adjoint) • Frédéric BOURDIN (Conseiller musique et danse) • Laurent BARROIS (Information, communication)

Direction régionale des affaires culturelles

POLE EMPLOI NORD-PAS-DE-CALAIS (SPECTACLE)

✆ **03 28 52 20 36** • fax 03 28 52 20 21
culture-spectacle.59400@pole-emploi.fr
www.pole-emploi-spectacle.fr
12 rue de Jemmapes • BP 69 • 59009 **LILLE CEDEX**

Pierre GEMBALA • Fabrice FLETER • Frédéric PINELLI • Stephanie LEFEBVRE

SACEM (LILLE)

✆ **03 69 67 27 80** • fax 03 69 67 27 81
dl.lille@sacem.fr • **www.sacem.fr**
9/11 rue Trullin • 59000 **LILLE**

Philippe CAIROLE (Délégué régional)

FÉDÉRATIONS ET RÉSEAUX RÉGIONAUX

La MINE

✆ **03 20 28 26 40**
info@la-mine.info • **www.la-mine.info**
c/o Pôle Images • 21 rue Edgar Quinet • BP 152
51333 **TOURCOING CEDEX**

Xavier COLLIN (Président) • Eric GLEIZER (Trésorier) • Fatima HASSOUNA (Secrétaire)

Music Industry Nord Europe • **Objet** : Représenter les éditeurs et labels de musique du Nord - Pas de Calais, coordonner des actions communes, valoriser les pratiques professionnelles de la filière et favoriser les échanges d'information • **Activité(s)** : Développement des outils et réseaux de diffusion/distribution et de mutualisation afin de former une force d'expertises et de propositions auprès des institutions

RAOUL

✆ **03 20 73 22 56** • fax 03 20 68 06 78
contact@reseau-raoul.com • **www.reseau-raoul.com**
301 av. des Nations Unies • 59100 **ROUBAIX**

Mickaël PERISSINOTTO (Coordinateur)

Réseau Associatif des Organisateurs et Utilisateurs des Lieux de musiques actuelles en Nord-Pas-de-Calais • **Objet** : Le R.A.O.U.L., réseau Musiques Actuelles en Nord-Pas de Calais, rassemble 20 structures oeuvrant dans les domaines de la diffusion, l'action culturelle, l'accompagnement d'artistes professionnels ou en voie de professionnalisation, les pratiques amateurs • **Activité(s)** : Structuration du secteur, plateforme de réflexion et de mutualisation, services aux adhérents, interface de dialogue avec les pouvoirs publics

PAYS DE LA LOIRE

ADMINISTRATIONS ET ORGANISMES RÉGIONAUX

ACB 44

✆ **02 51 84 16 07**
acbml@free.fr • **www.acb44.com**
Espace Jacques Demy - Médiathèque • 24 quai de la Fosse
44000 **NANTES**

Yves AVERTY (Coordinateur) • Anne-Claire QUIVIGER (Chargée de communication)

Agence culturelle bretonne de Loire-Atlantique • **Mission** : Communication et valorisation de la culture bretonne en Loire-Atlantique • **Activité(s)** : Interactivité (milieu associatif, organisateurs, artistes, grand public), coordination et promotion des événements (dates sur répondeur, site, courriel bimensuel)

ADDM 53

✆ **02 43 59 96 50** • fax 02 43 59 96 49
addm53@cg53.fr • **www.addm53.asso.fr**
Centre administratif Jean Monnet • 25 rue de la Maillarderie • BP 1429
53014 **LAVAL CEDEX**

Baptiste CLEMENT (Directeur) • Nicolas MOREAU (Médiateur culturel chargé des musiques actuelles et de l'action culturelle)

Association départementale pour le développement de la musique et de la danse en Mayenne • **Mission** : Information, conseil, coordination, aide au développement de la musique et de la danse en Mayenne • **Activité(s)** : Plan départemental de développement de l'enseignement musical et chorégraphique, formation pour mus. professionnels et amateurs tous styles : stages, harmonie, jazz et improvisation, musiques actuelles/amplifiées, travail en milieu scolaire et sensibilisation de nouveaux publics

CONSEIL REGIONAL DES PAYS DE LA LOIRE

✆ **02 28 20 51 46** • fax 02 28 20 50 34
lucie.vinatier@paysdelaloire.fr • **www.culture.paysdelaloire.fr**
Hôtel de la Région • 1 rue de la Loire • 44266 **NANTES CEDEX 2**

Chloé LE BAIL (Vice-présidente / Commission Culture- sport -jeunesse - éducation populaire) • Nicolas CARDOU (Directeur des affaires culturelles) • Sophie VINATIER (Chargée du programme Musique & danse)

DASTUM 44

✆ **02 40 35 31 05**
contact@dastum44.net • **www.dastum44.net**
69 rue de Bel Air • 44000 **NANTES**

Oona HENGOAT (Présidente) • Hugo ARIBART (Agent de développement culturel)

Centre des traditions orales en Loire-Atlantique • **Mission** : Collecter, conserver et mettre en valeur les traditions orales de Loire-Atlantique • **Activité(s)** : Collectage de chants, musiques et contes, numérisation, archivage et mise à disposition des fonds sonores et écrits (médiathèque de consultation), formation (ateliers et stages de chant), édition, animations (veillées, randonnées chantées, etc.), diffusion de spectacles (concerts, contes, Festival La Grande Veillée, etc.)

DRAC PAYS-DE-LA-LOIRE

✆ **02 40 14 28 12 / 02 40 14 23 00** • fax 02 40 14 23 01
communication.pays-de-la-loire@culture.gouv.fr
www.culturecommunication.gouv.fr/regions
1 rue Stanislas Baudry • BP 63518 • 44035 **NANTES CEDEX 01**

Guillaume DE LA CHAPELLE (Responsable de la communication) • Marc LE BOURHIS (Directeur adjoint) • Marc LAWTON (Conseiller Danse et musiques actuelles)

Direction régionale des affaires culturelles

MUSIQUE ET DANSE EN LOIRE-ATLANTIQUE

✆ **02 51 84 38 88** • fax 02 51 84 05 55
contact@md44.asso.fr • **www.musiqueetdanse44.asso.fr**
Forum d'Orvault • 11 rue Jules Verne • 44700 **ORVAULT**

Yves DE VILLEBLANCHE (Directeur) • Jérôme SOULIE (Responsable accompagnement des artistes)

Mission : Développement de la musique et de la danse sur le département • **Activité(s)** : Stages pour amateurs, formation professionnelle, coproduction et organisation spectacles de danse et concerts, accompagnement de groupes, centre de ressources, insertion professionnelle, intervention en milieu scolaire (musique et collège) et hospitalier

Le PÔLE

✆ **02 40 20 03 25** • fax 02 51 83 94 41
contact@lepole.asso.fr • **www.lepole.asso.fr**
6 rue de Saint Domingue • 44200 **NANTES**

Stéphane HEUVELIN (Président) • Vianney MARZIN (Directeur) • Aude BRUNEAU (Chargée d'observation Spectacle vivant) • Yann BIEUZENT (Animateur réseau et appui au secteur) • Céline PLOQUIN (Assistante administrative)

Mission : Pôle régional des musiques actuelles • **Activité(s)** : Structuration et développement du secteur via 5 missions : mise en réseau, obsevation participative et partagée des musiques actuelles et du spectacle vivant, appui au secteur et aux collectivités, animation des concertations territoriales

POLE EMPLOI 44 (CULTURE SPECTACLE)

✆ **39 95 / 39 49**
culture-spectacle.44@pole-emploi.fr • **www.pole-emploi-spectacle.fr**
Agence Saint-Sebastien Gripots • 12 rue Marie Curie • Z.A les Gripôts
44230 **ST SEBASTIEN SUR LOIRE**

Evelyne BROUARD (Responsable)

Mission : Inscrire, indemniser et accompagner les demandeurs d'emploi du spectacle et de l'audiovisuel, dans leur recherche d'emploi

POLE EMPLOI 49 (CULTURE SPECTACLE)

✆ 39 49 • fax 39 95
ale.angers-moulin@pole-emploi.fr • **www.pole-emploi-spectacle.fr**
Agence Angers Jean Moulin • 25 rue du Gal Lizé
49066 **ANGERS CEDEX 01**

Régis MAREAU (Animateur service culture / spectacle) • Marie PÉRIGOT (Conseillère) • Alice DULAC (Conseillère)

SACEM (NANTES)

✆ 02 90 92 21 10 • fax 02 90 92 21 11
dl.nantes@sacem.fr • **www.sacem.fr**
29 quai de Versailles • BP 50425 • 44004 **NANTES CEDEX 1**

Patrick AVRIL (Délégué régional)

TREMPOLINO

✆ 02 40 46 66 33 • fax 02 40 46 67 57
info@trempo.com • **www.trempo.com**
La Fabrique, laboratoire(s) artistique(s) • 6 bd Léon Bureau
44200 **NANTES**

Pierre MONTEL (Président) • Vincent PRIOU (Directeur) • Philippe AUDUBERT (Directeur adjoint) • Patricia GUYON (Assistante de direction / Coordinatrice des formations) • Benjamin REVERDY (Chargé de communication) • Lucie BRUNET (Coordinatrice du Centre Info) • Cécile ARNOUX (Cirma / Tohu Bohu) • Chloé NATAF (Chargée du développement des musiques enregistrées) • Olivier TURA (Chargé du développement économie solidaire) • Raphaèle PILORGE (Chargée d'actions culturelles) • Sandrine NOGUE (Administratrice des formations) • Sébastien VARRIERAS (Responsable locaux de répétition) • Karim BENNANI (Coordinateur pédagogique) • Damien TASSIN (Master professionnel) • Ronan BERTHOMÉ (Régisseur général) • Christine ESNEAULT (Coordinatrice de La Place/ Café culture) • Bertrand RIPOCHE (Coordinateur ateliers instrumentaux)

Mission : Accompagnement des artistes, musiciens, organisateurs de concerts, labels, développeurs d'artistes dans la mise en œuvre de leurs projets en Pays de la Loire • **Activité(s)** : Correspondance Irma (rock et chanson, musiques traditionnelles et du monde), Centre information-ressources Pays de la Loire (musiques actuelles/spectacle vivant), accompagnement/conseil, ateliers de pratique musicale (enfants, ados, adultes), studios de répétition, studio d'enregistrement, formations artistiques, techniques et métiers du spectacle, aide au développement de projets (aides au disque, aides financières, pépinières, couveuse d'activités, etc.), antenne Printemps de Bourges en Pays de la Loire, insertion professionnelle des groupes/artistes), action culturelle

REPRÉSENTATIONS SYNDICALES RÉGIONALES

SPLAM-CGT (NANTES)

splam.cgt@laposte.net
Maison des syndicats • Pl. de la Gare de l'Etat • CP 1
44046 **NANTES CEDEX 2**

Philippe GAUTIER • Jacques DRIN (Responsable intermittents)

Syndicat des pays de la Loire des artistes-musiciens • **Objet** : Défense des intérêts des musiciens

FÉDÉRATIONS ET RÉSEAUX RÉGIONAUX

CRDJ

✆ 02 40 48 74 74 • fax 02 40 48 28 18
www.crdj.org
3 cour de la Brocante • 44000 **NANTES**

François GABORY (Président) • Cyrille GOHAUD (Membre du CA) • Armand MEIGNAN (Membre du CA)

Collectif régional de diffusion du jazz en Pays de la Loire • **Objet** : Regrouper différents lieux et acteurs associés à la diffusion du jazz en Pays de la Loire en vue de coordonner et stimuler la diffusion du jazz dans la région • **Activité(s)** : Organisation du festival « Jazz Tempo » (nov.), créations, résidences d'artistes (Vincent Courtois en 2012), sensibilisation pédagogique, valorisation de groupes émergents, etc.

FEPPAL

✆ 09 52 72 14 65
sebastien.bichascle@feppal.fr • **www.feppal.fr**
21 rue du Hanipet • 49100 **ANGERS**

Sébastien BICHASCLE (Président) • Alain LAURENSON (Trésorier)

Fédération des Editeurs et Producteurs Phonographiques en Pays-de-la-Loire • **Objet** : Promouvoir, développer, structurer et mettre en réseau les activités de la filière disque en région Pays de la Loire avec l'ensemble des acteurs du secteur des musiques actuelles, traditionnelles, jazz, contemporaines et classiques • **Activité(s)** : Mise en réseau, mutualisation des actions et des moyens, réflexions sur l'avenir des métiers du disque, se présenter comme interlocuteur privilégié auprès des politiques et des collectivités territoriales concernant les problématiques liées au disque

Le MAGNETO

✆ 02 43 78 92 30
contact@le-magneto.org • **www.myspace.com/lemagneto**
c/o Le Crim/ Be Bop • 28 av. Jean-Jaurès • 72100 **LE MANS**

Objet : Développement et structuration des musiques actuelles en Sarthe • **Activité(s)** : Structuration, ressource, expertise, concertation

RESEAU TOHU BOHU

✆ 02 40 46 66 33 • fax 02 40 46 67 57
cecile@trempo.com • **tohubohu.trempo.com**
La Fabrique, laboratoire(s) artistique(s) • 6 bd Léon Bureau
44200 **NANTES**

Cécile ARNOUX (Coordinatrice)

Objet : Coordination d'un réseau d'information-ressources des musiques actuelles Pays de la Loire • **Activité(s)** : Information, conseils, base de données musiques actuelles en ligne (artistes, lieux de diffusion, festivals, labels, etc.) ; tohubohu.trempo.com, centre de documentation, accompagnement de projets, conférences, forums, etc.

PICARDIE

ADMINISTRATIONS ET ORGANISMES RÉGIONAUX

ADAMA 02

✆ 03 23 24 60 09 • fax 03 23 24 87 55
jmverneiges@cg02.fr
Hôtel du Département • 2 rue Paul Doumer • 02013 **LAON CEDEX**

Jean-Michel VERNEIGES (Directeur)

Association pour le développement des activités musicales dans l'Aisne • **Mission** : Coordonner les projets musicaux du dpt • **Activité(s)** : Information à tous les niveaux, structuration des axes d'intervention, actions patrimoniales, aide à l'élaboration des projets musicaux, instruction des dossiers de demandes de subventions remises au Conseil Général

CONSEIL REGIONAL DE PICARDIE

✆ 03 22 97 26 37 • fax 03 22 97 16 22
zguelfat@cr-picardie.fr • **www.cr-picardie.fr**
11 mail Albert 1er • BP 2616 • 80026 **AMIENS CEDEX 1**

Alain REUTER (Conseiller régional en charge de la Culture) • Béatrice BAZIN (Directrice de la culture et du patrimoine) • Zohra GUELFAT (Chargée de mission musiques)

Activité(s) : Les moyens budgétaires régionaux alloués à la culture a permis : la création d'une centaine d'emplois solidaires dans les associations culturelles, un développement des conventionnements avec les scènes régionales et les compagnies, la création de nouveaux festivals, la mise en réseau des acteurs, de nouvelles actions d'éducation artistique, etc.

DRAC PICARDIE

✆ 03 22 97 33 00 • fax 03 22 97 33 56
drac.picardie@culture.gouv.fr • **www.culturecommunication.gouv.fr/regions**
5 rue Henri Daussy • 80044 **AMIENS CEDEX 01**

Nicole PHOYU-YEDID (Directrice) • Jean-Michel TREGUER (Directeur adjoint) • Christine DOGNY (Conseillère musique et danse)

Direction régionale des affaires culturelles

POLE EMPLOI 60 (SERVICES SPECIALISES)

✆ 39 49 • fax 39 95
ale.creil-picasso@pole-emploi.fr • **www.pole-emploi.fr**
Agence de services spécialisés • 1 rue de l'Union • 60106 **CREIL CEDEX 1**

SACEM (AMIENS)

✆ 03 69 67 27 20 • fax 03 69 67 27 21
dl.amiens@sacem.fr • **www.sacem.fr**
Res. des Luzarches • 5 rue Lamarck • BP 812 • 80008 **AMIENS CEDEX 1**

Fabrice MAILY (Délégué régional)

REPRÉSENTATIONS SYNDICALES RÉGIONALES

SAMPIC (AMIENS)

✆ 06 86 78 15 39 / 06 22 60 01 27
vincentdefurne@sfr.fr
29 rue Notre-Dame • 80260 **RUBEMPRE**

Vincent DEFURNE • Catherine PRESLE

FÉDÉRATIONS ET RÉSEAUX RÉGIONAUX

Le PATCH

✆ **03 60 28 70 35**
contact@le-patch.net • **www.le-patch.net**
5/2 Passage Bélu • 80000 **AMIENS**

Connexions amplifiées en Picardie • **Objet** : Réseau en région Picardie - favoriser le développement des musiques actuelles et des pratiques, notamment par une structuration du secteur de la diffusion et de la formation - lieu permanent d'échanges entre les différentes structures musicales, de réflexion sur les politiques culturelles • **Activité(s)** : Animation de réseau, état des lieux, mise en ligne d'une plateforme d'échange, développement d'outils pour la ressource, résidences croisées, échanges inter-régions, sensibilisation risques auditifs, réflexion sur les dispositifs de soutien à la scène régionale

POITOU-CHARENTES

ADMINISTRATIONS ET ORGANISMES RÉGIONAUX

ARSV POITOU-CHARENTES

✆ **05 49 55 33 19** • fax 05 49 55 39 89
accueil@culture-poitoucharentes.fr • **www.culture-poitoucharentes.fr**
91 bd du Grand-Cerf • 86000 **POITIERS**

Anne GERARD (Directrice) • Anne LOUSSOUARN (Coordinatrice du PRMA) • André CURMI (Responsable observatoire spectacle vivant) • Philippe MANGIN (Coordinateur Coreps) • Catherine MULLER (Chargée de mission création et diffusion) • Sylvie CAQUE-MENNEGUERRE (Chargée de l'information et communication) • Aline FELACO (Chargée de mission information)

Agence régionale du spectacle vivant • **Mission** : Accompagner le développement du spectacle vivant en région (musique, musiques actuelles, danse, théâtre, arts de la rue, arts de la piste) • **Activité(s)** : Développement de l'observatoire régional du spectacle vivant, coordination du pôle régional des musiques actuelles, coordination du Coreps, information, conseil, mise en réseaux des acteurs professionnels, participation à la mise en place de formations, ainsi qu'à la conception de rencontres, colloques, débats, etc.

CONSEIL RÉGIONAL DE POITOU-CHARENTES

✆ **05 16 01 40 20** • fax 05 16 01 40 29
culture@cr-poitou-charentes.fr • **www.cr-poitou-charentes.fr**
15 rue de l'Ancienne Comédie. • BP 575 • 86021 **POITIERS CEDEX**

Maud BRUN (Chef de service culture et patrimoine)

Mission : Prise en compte de la diversité culturelle et de nouvelles esthétiques, faciliter l'accès à tous à la culture, développer la charte des éco-manifestations

DRAC POITOU-CHARENTES

✆ **05 49 36 30 30** • fax 05 49 88 32 02
drac.poitou-charentes@culture.fr
www.culturecommunication.gouv.fr/regions
Hôtel de Rochefort • 102 Grand'Rue • BP 553 • 86020 **POITIERS CEDEX**

Anne-Christine MICHEU (Directrice) • Gwenaëlle DUBOST (Action culturelle) • Sylvie DUVIGNEAU (Communication information et documentation)

Direction régionale des affaires culturelles

PRMA POITOU-CHARENTES

✆ **05 49 55 78 30**
coordination@pole-musiques.com • **www.pole-musiques.com**
91 bd du grand Cerf • 86000 **POITIERS**

Lionel ROGEON (Président) • Anne LOUSSOUARN (Directrice) • Sylvain COUSIN (Animateur)

Pôle régional des musiques actuelles de Poitou-Charentes • **Mission** : Fédérer les acteurs, contribuer au développement du secteur et à sa reconnaissance par les pouvoirs publics, développer des actions en réseau dans les champs privilégiés de l'information-ressources, l'observation, l'aide à la création, l'accompagnement des pratiques, etc. • **Activité(s)** : Animation d'espaces de concertation, coordination des plates-formes Mir (réseau régional de centres d'information et de ressources pour les musiques actuelles), coordination de la campagne Agi-Son, coordination d'interventions en milieu scolaire sur les risques auditifs, participation à l'observation des musiques actuelles en région

UPCP-METIVE

✆ **05 49 94 90 70** • fax 05 49 94 90 71
debouchea oreille@metive.org • **www.metive.org**
Maison des cultures de Pays • 1 rue de la Vau St-Jacques
79000 **PARTHENAY**

Jean-François MINIOT (Président) • Josette RENAUD (Directrice) • Dominique PASSEBON (Coordinateur Saison culturelle) • Stéphanie COULAIS (Responsable Cerdo)

Mission : Culture et langue poitevines et saintongeaises, Centre de musique et de danse traditionnelles en région, mise en réseau d'une cinquantaine d'associations - Objet : Recherche, documentation, formation, création et diffusion dans le domaine des musiques, danses et arts de la parole • **Activité(s)** : Gère la Maison des cultures de pays (spectacle, cabaret, studios vidéo et son). Documentation sonore, iconographique, vidéo et écrite au sein du Cerdo. Suivi de la formation continue des formateurs intervenant dans les écoles de musique. Organise une saison culturelle et le festival « De bouche à oreille », résidences d'artistes

FÉDÉRATIONS ET RÉSEAUX RÉGIONAUX

G19

✆ **05 46 51 14 70**
www.g19.fr
Le Carré Amelot • 10 bis rue Amelot • BP 309
17013 **LA ROCHELLE CEDEX**

Christelle BEAUJEON (Présidente)

Groupement du 19 novembre • **Objet** : Collectif de 19 diffuseurs de Poitou-Charentes (diffusion, action culturelle, accompagnement d'artistes, etc.) • **Activité(s)** : Tournée G19 régionale, coopération artistique, projets spécifiques

PROVENCE - ALPES - CÔTE D'AZUR

ADMINISTRATIONS ET ORGANISMES RÉGIONAUX

AFDAS (SUD-EST)

✆ **04 91 99 41 98** • fax 04 91 91 23 08
marseille@afdas.com • **www.afdas.com**
Imm. Europrogramme • 40 bd de Dunkerque • BP 71663
13566 **MARSEILLE CEDEX 2**

Monika SUSINI (Déléguée régionale)

Mission : Gestion des fonds destinés à financer la formation professionnelle continue des salariés des secteurs spectacles, radios, télévision, loisirs, cinéma et audiovisuel, publicité et des intermittents du spectacle • **Activité(s)** : Délégation Paca, Languedoc-Roussillon, Corse

ARCADE PACA

✆ **04 42 21 78 00** • fax 04 42 21 78 01
arcade@arcade-paca.com • **www.arcade-paca.com**
Maison Darius Milhaud • 6 pl. Barthélémy Niollon • CS 30759
13617 **AIX EN PROVENCE CEDEX 01**

Bernard MAAREK (Directeur) • Noémie BEHR (Déléguée générale) • Danielle RULLIER (Administratrice) • Jean-Louis BATTISTETTI (Responsable de l'information) • Gilles PAGES (Responsable musique actuelle) • Sara DESCHRYVER (Responsable Service formation) • Magali BLAIN (Responsable Observatoire des arts du spectacle)

Agence régionale des arts du spectacle de Provence-Alpes-Côte d'Azur • **Mission** : Coordination, développement et valorisation des arts du spectacle en Paca, outil du ministère de la Culture et de la Région • **Activité(s)** : Base de données « Réseau Information Culture » (musique, danse, théâtre, cirque et arts de la rue), centre de documentation, conseil, formation, animation-concert de prévention des risques auditifs pour les lycéens, rencontres professionnelles mensuelles

ARTS VIVANTS EN VAUCLUSE

✆ **04 90 86 11 62** • fax 04 90 85 86 59
infos@artsvivants84.fr • **www.artsvivants84.fr**
51 rue des Fourbisseurs • 84000 **AVIGNON**

Lyliane DOS SANTOS (Directrice) • Nicolas CHATENOUD (Chargé de mission musiques) • Marianne BRACHET (Information, documentation) • Marc MENUGE (Administrateur)

Mission : Coordination et développement de la vie musicale, chorégraphique et circassienne du département, mission d'information et de documentation • **Activité(s)** : Programme d'actions VAE enseignants, Danse à l'école, informations/ressources, SDEA, diffusion, gestion de l'Auditorium Jean Moulin

CEDRA 05

✆ **04 92 46 97 00** • fax 04 92 46 97 07
frederic.voyer@cg05.fr • **www.cedra05.fr**
Agence culturelle • 22 bd de Bellevue • 05000 **GAP**

Alexandre GIRARDIN (Directeur) • Sandra BARTHELEMY (Assistante de direction) • Frédéric VOYER (Chargé de mission musiques actuelles) • Luc ROSIER (Chargé de mission pratiques musicales en amateur) • Emmanuelle CAMBON (Chargée de mission danse et théâtre)

Centre Départemental de Ressources des Arts- Conseil général des Hautes-Alpes • **Mission** : Suivi de coordination des projets et actions des associations pour le Conseil général des Hautes-Alpes, suivi du SDEA, programmation estivale au Domaine Départemental de Montmaur • **Activité(s)** : Information, développement de l'enseignement musical, pratiques amateurs, diffusion, tout type musical, parc matériel, relais RIC, formations, etc.

CONSEIL GÉNÉRAL DES BOUCHES DU RHÔNE

✆ **04 13 31 15 00** • fax 04 91 91 68 03
infos@cg13.fr • **www.cg13.fr**
52 av. St Just • 13256 **MARSEILLE CEDEX 20**

Cécile AUBERT (Directrice de la culture) • Dimitri KOGAN (Chargé de mission musiques actuelles)

Mission : Direction de la culture, service culturel du Conseil général des Bouches-du-Rhône, rattaché à la Direction de l'Education, de la Culture et des Sports et chargé de la mise en œuvre de la politique culturelle départementale • **Activité(s)** : Aide à la création, la diffusion, la formation des acteurs culturels du département, organisation de manifestations

CONSEIL RÉGIONAL DE PROVENCE-ALPES-COTE D'AZUR

✆ **04 91 57 50 57** • fax 04 91 57 54 15
www.regionpaca.fr
Direction de la Culture • 27 pl. Jules Guesdes
13481 **MARSEILLE CEDEX 2**

Cécile HELLE (Conseillère régional délégué à la Culture) • Laurent STERNA (Directeur de la Culture et du patrimoine) • Sylvaine PONTAL (Chef de service Arts vivants) • Fred BRUSCHI (Chargé de mission Musiques actuelles)

DRAC PACA

✆ **04 42 16 19 00** • fax 04 42 38 03 22
cid.paca@culture.gouv.fr
www.culturecommunication.gouv.fr/regions
23 bd du Roi René • 13617 **AIX EN PROVENCE CEDEX 1**

Denis LOUCHE (Directeur) • Denis DECLERCK (Directeur adjoint) • Francis BARASCOU (Conseiller musique et danse) • Marinette BILLOIN (Coordinatrice administrative et financière du spectacle vivant, en chage du bure) • Christophe ERNOUL (Chargé de mission pour les musiques actuelles) • Anne DUFOURG (Responsable Centre d'information et documentation)

Direction régionale des affaires culturelles

POLE EMPLOI 06 (CULTURE SPECTACLE)

✆ **39 49 / 39 95**
spectaclenicecentre.06212@pole-emploi.fr
www.pole-emploi-spectacle.fr
Agence Nice Centre • 10 rue Oscar II • 06050 **NICE CEDEX 1**

Claudine SARKIS (Animatrice équipe spectacle)

POLE EMPLOI 13 (CULTURE SPECTACLE)

culture-spectacle.13@pole-emploi.fr • **www.pole-emploi-spectacle.fr**
Marseille Joliette • 35 rue Duverger • 13235 **MARSEILLE CEDEX 02**

Virginie MILANO (Responsable de l'équipe du spectacle vivant) • Hélène SERRE

POLE EMPLOI 83 (CULTURE SPECTACLE)

✆ **39 95 / 39 49**
spectaclevar.83405@pole-emploi.fr • **www.pole-emploi-spectacle.fr**
Agence Toulon Ouest • 145 route de Marseille • 83200 **TOULON**

Eric STRENTZ (Responsable)

POLE EMPLOI 84 (SPECTACLE)

✆ **39 95** • fax 39 49
spectaclevaucluse.84037@pole-emploi.fr
www.pole-emploi-spectacle.fr
ZAC de la Castelette • 75 rue Alexandra David Neel • 84000 **AVIGNON**

Marie-Josée PEREZ (Responsable)

SACEM (DIRECTION REGIONALE SUD MEDITERRANNEE)

✆ **04 86 06 31 90** • fax 04 86 06 31 91
aixcr@sacem.fr • **www.sacem.fr**
7 rue Vendôme • cs 60861 • 13626 **AIX EN PROVENCE CEDEX 1**

Jean-René FABER (Directeur)

FÉDÉRATIONS ET RÉSEAUX RÉGIONAUX

CERCLE DE MIDI

✆ **04 42 18 19 88 / 04 42 18 18 36**
accueil@cercledemidi.org • **cercledemidi.org**
Théâtre Comoedia • Rue des Coquières • 13400 **AUBAGNE**

Jean-Luc DIMITRI (Président)

Fédération régional du réseau Chaînon • **Objet** : Découverte, accompagnement et aide à la diffusion des talents de la région • **Activité(s)** : Organisation de « région en scène »

PHONOPACA

✆ **04 91 52 81 15** • fax 04 91 52 80 87
phonopaca@phonopaca.com • **www.phonopaca.com**
16 rue du jeune Anacharsis • 13001 **MARSEILLE**

Olivier CORCHIA (Président) • Nadine VERNA (Directrice) • Carine KHIAMI (Assistante de communication)

Groupement des acteurs de l'industrie musicale en Paca • **Objet** : Groupement des acteurs de l'industrie musicale en région Paca • **Activité(s)** : Mise en œuvre d'actions d'intérêt général pour le développement de la filière, etc.

Réseau TREMA

✆ **04 98 07 00 83 / 07 60 01 00 85** • fax 04 98 07 00 85
info@trema-paca.org • **www.trema-paca.org**
c/o Tandem • 19 rue Paul Lendrin • 83000 **TOULON**

Marc BAUDINO (Président / co-directeur Tandem) • Lucie VIAN (Trésorière La Fissure Prod.) • Thierry NOYGUES (Secrétaire L'Escale)

Territoire régional et musiques actuelles • **Objet** : La reconnaissance et la structuration du secteur des Musiques Actuelles en région PACA dans un cadre légal et professionnel. La défense des droits ainsi que des intérêts matériels et moraux tant collectifs qu'individuels de ses membres, au regard de leurs analyses et besoins. Le développement des pratiques artistiques et culturelles dans le domaine des musiques actuelles • **Activité(s)** : Le réseau Tréma rassemble des acteurs professionnels de la filière musiques actuelles, regroupés autour d'une charte, qui agissent dans un même but de reconnaissance du secteur en privilégiant notamment les coopérations internes au réseau, les rencontres avec les acteurs extérieurs et/ ou partenaires, les échanges européens. Souhaite coordonner des actions et réflexions initiées par ses membres et favoriser un rapprochement sur le territoire régional PACA

UDCM

✆ **04 91 89 62 38 / 06 80 23 88 34**
contact@udcm.net • **www.udcm.net**
1 rue de Nazareth • 13011 **MARSEILLE**

Max TRAN-NGOC (Responsable) • Emmanuel BESSON (Chargé du développement)

Objet : Réseau d'actions des musiques actuelles en région Paca, antenne du printemps de Bourges • **Activité(s)** : Repérage, accompagnement d'artistes, projets pédagogiques

RHÔNE-ALPES

ADMINISTRATIONS ET ORGANISMES RÉGIONAUX

ADDIM DE L'AIN

✆ **04 74 32 77 20** • fax 04 74 32 65 58
addim01@addim01.fr • **www.addim01.fr**
165 ch. du Stade • 01960 **PERONNAS**

Claire MARINONI (Directrice) • Pauline SAURET (Chargée de mission Musique et enseignement artistique) • Jérôme PAUGET (Chargé de l'information)

Mission : Médiation au service de l'aménagement culturel du territoire : information, formation, accompagnement de projets et d'accès aux œuvres dans le spectacle vivant • **Activité(s)** : Formations, projets de territoire, accompagnements de groupes de musiques actuelles, de compagnies et d'artistes professionnels, de collectivités, mise en réseau de professionnels, relais e-mallette

AFDAS (CENTRE-EST)

✆ **04 72 00 23 00** • fax 04 72 00 22 71
lyon@afdas.com • **www.afdas.com**
Espace Confluence • 3 cours Charlemagne • 69002 **LYON**

Florence ORSOLINI (Adjoint au délégué régional) • Michèle HEITZ (Information salariés & intermittents)

Mission : Gestion des fonds destinés à financer la formation professionnelle continue des salariés des secteurs spectacles, radios, télévision, loisirs, cinéma et audiovisuel, publicité et des intermittents du spectacle • **Activité(s)** : Délégation Rhône-Alpes, Bourgogne, Auvergne et Franche-Comté

Culture et développement durable

Il est temps d'organiser la palabre…

Jean-Michel Lucas

À travers cet ouvrage, Jean-Michel Lucas nous invite à une réflexion citoyenne qui interpelle le politique. Il y questionne « la culture » devenue espoir d'un futur meilleur, mais dont les acteurs n'ont plus qu'une position de « fournisseurs de services ». Démontrant qu'une autre perspective politique est possible, l'auteur préconise de réécrire l'Agenda 21 en ce sens, et estime qu'il est vraiment temps d'organiser la palabre !

L'auteur

Jean-Michel Lucas, universitaire, est engagé de longue date dans l'action culturelle et particulièrement la valorisation des musiques actuelles. Il a occupé des fonctions de responsabilité dans l'administration culturelle (Drac et conseiller de Jack Lang). Ses travaux de recherche portent sur la critique des politiques culturelles et, sous le pseudonyme du Doc Kasimir Bisou, il plaide pour la prise en compte des enjeux éthiques dans la conduite des politiques de la culture.

Thématiques

- La culture comme contribution au développement durable
- Les critiques de la politique culturelle
- Le quatrième pilier du développement durable
- Agenda 21 de la Culture
- Culture et éthique de la rentabilité
- L'universalité des droits culturels

Indications complémentaires

Édition : janvier 2012
ISBN : 978-2-916668-40-6
http://www.irma.asso.fr/Culture-et-developpement-durable

Éditions Irma • 15 €

irma
centre d'information et de ressources pour les musiques actuelles

En vente à la librairie Irma • 22 rue Soleillet 75020 Paris • Tél. : 01 43 15 11 11
ou sur **www.irma.asso.fr** • **librairie@irma.asso.fr**
et aussi : Fnac, librairies spécialisées et auprès de nos correspondants.

AIDA

✆ **04 74 20 31 37** • fax 04 76 42 72 91
secretairegeneral@aida38.fr • **www.musiques-actuelles.aida38.fr**
7 av. des Maquis du Grésivaudan • 38700 **LA TRONCHE**

Bruno MESSINA (Directeur & Pogrammation) • François THEVENET (Secrétaire général) • Corinne MOREL (Assistante de production)

Agence iséroise de diffusion artistique • **Mission** : Organisation de concerts musiques actuelles et toutes esthétiques musicales en Isère dans des lieux du patrimoine, promotion et gestion du Festival Berlioz, Démos Isère (Dispositif d'Education Musicale et Orchestrale à vocation Sociale) • **Activité(s)** : Spectacle vivant en Isère, dispositif « C'est ma tournée » (groupes isérois amateurs)

CONSEIL GÉNÉRAL DE L'ARDÈCHE

✆ **04 75 66 79 32** • fax 04 75 66 98 97
www.ardeche.fr
BP 737 • 07007 **PRIVAS CEDEX**

Christine CHARBONNIER (Directrice de la Culture) • Christine CHAUSSINAND (Chef de service de l'action culturelle)

Mission : Apporter soutien et cohérence aux activités de musiques actuelles en Ardèche • **Activité(s)** : Mise en place d'un studio d'enregistrement mobile à la disposition des groupes et associations pour la réalisation de CD non commerciaux. Aide diffusion, formation et conseil technique

CONSEIL GÉNÉRAL DE L'ISERE

✆ **04 76 00 38 38** • fax 04 76 01 09 77
cg38@cg38.fr • **www.cg38.fr**
BP 1096 • 38022 **GRENOBLE CEDEX 1**

Emmanuel HENRAS (Directeur de la culture et du patrimoine) • Valérie-Aude PELLIER (Directrice adjointe) • Jean-Luc GAILLIARD (Chef du service de développement culturel)

CONSEIL GÉNÉRAL DU RHÔNE

✆ **04 72 61 76 34** • fax 04 72 61 76 41
info@rhone.fr • **www.rhone.fr**
Service culture • 29/31 Cours de la Liberté • 69483 **LYON CEDEX 3**

Magalie MORET (Directrice Affaires culturelles)

CONSEIL REGIONAL DE RHÔNE-ALPES

✆ **04 26 73 42 39** • fax 04 26 73 48 57
ichardonnier@rhonealpes.fr • **www.rhonealpes.fr**
1 esplanade François Mitterrand • CS 20033 • 69269 **LYON CEDEX 02**

Farida BOUDAOUD (Conseillère régionale délaguée à la Culture) • Isabelle CHARDONNIER (Directrice de la culture) • Catherine CREMET-PARELLA (Responsable du service spectacle vivant) • Jonathan BAZIN (Musiques actuelles) • Stéphane GIBOUDAUD (Directeur du développement économique et emploi)

Activité(s) : Plan régional en faveur des musiques actuelles voté en juin 2002 en faveur des lieux, des artistes, des collectifs et des réseaux complété en déc. 2004 par un plan en faveur de la filière phonographique

DÉPARTEMENT DE LA DROME

✆ **04 75 79 26 01**
culture@ladrome.fr • **www.ladrome.fr**
Hôtel du Département • 26 av. E. Herriot • 26026 **VALENCE CEDEX 9**

Sandrine MEYER (Responsable) • Jean-Louis GALY (Chargé de mission Enseignements artistiques) • Louise-Michèle YOU (Chargée de mission Dvpt culturel) • Eve CLAUDY (Chargée de mission Pratiques et publics)

Service des Interventions Culturelles

DIAPASON - EPCC 73

✆ **04 79 70 42 81** • fax 04 79 70 42 42
contact@diapason73.fr • **www.diapason73.fr**
Carré Curial • 67/79 pl. F. Mitterrand • BP 90213
73002 **CHAMBERY CEDEX**

Pierre BOUTIN (Directeur) • Farid DAOUD (Directeur technique) • Marine NGUYEN (Responsable Service Information - Documentation)

Mission : Développement des arts et de la culture pour le plus grand nombre sur l'ensemble du territoire • **Activité(s)** : Ingénierie culturelle, formation, accompagnement de projets, gestion d'un lieu de pratique, observation, centre de ressources

DRAC RHÔNE-ALPES

✆ **04 72 00 44 00** • fax 04 72 00 43 30
www.culturecommunication.gouv.fr/regions
Le Grenier d'Abondance • 6 quai St-Vincent • 69283 **LYON CEDEX 1**

Jean-François MARGUERIN (Directeur) • Sylvie DHUYVETTER (Conseillère musique et danse) • Julien BRUN (Conseiller musique) • Liliane SAB (Licence entrepreneur de spectcale) • Jean-Pierre COMMUN (Centre d'information et documentation)

Direction régionale des affaires culturelles

La NACRE

✆ **04 72 77 84 30**
contact@la-nacre.org • **www.la-nacre.org**
33 cours de la Liberté • 69003 **LYON**

Jean-Louis SACKUR (Président) • Nicolas RIEDEL (Directeur) • Patrick WEILER (Administrateur) • Catherine LIRHANTZ (Chargée de l'administration) • Laetitia MISTRETTA (Chargée de communication) • Céline PALLUY (Assistante de direction) • Marie COSTE (Documentaliste) • Léo ANSELME (Chargé de mission Observation) • Ludivine DUCROT (Chargée de mission Législation sociale) • Morgane LE MOAL (Chargée de mission Economie sociale et solidaire) • Delphine TOURNAYRE (Chargée de mission Animation des groupes de travail)

Nouvelle agence culturelle régionale Rhône-Alpes • **Mission** : Outil au service du développement et de la structuration des secteurs des pratiques musicales, chorégraphiques et théâtrales en Rhône-Alpes • **Activité(s)** : Centre information-ressources, pôle des pratiques musicales, pôle des pratiques chorégraphiques, mission observation « emploi et formation dans le spectacle et l'audiovisuel », mission théâtre - documentation, info-conseil, journées d'information, publications, base de données régionale RMD, études, états des lieux, animation groupes de travail, rencontres professionnelles, développement de collaboration interrégionales

POLE EMPLOI 26/07 (CULTURE SPECTACLE)

✆ **39 49 / 39 95**
ale.valence-est@pole-emploi.fr • **www.pole-emploi-spectacle.fr**
Techniparc Parc de la Plaine • 34 rue Dr Abel • BP 57
26902 **VALENCE CEDEX 9**

Geneviève CHAUVET

POLE EMPLOI 38 (SPECTACLE)

✆ **39 49 / 39 95**
ale.grenoble-b@pole-emploi.fr • **www.pole-emploi-spectacle.fr**
Agence Grenoble Bastille • 15/17 rue du colonel Denfert-Rochereau • 38028 **GRENOBLE CEDEX 1**

Jacques ROUX (Chef d'équipe)

POLE EMPLOI 42 (CULTURE SPECTACLE)

✆ **39 95** • fax 39 49
www.pole-emploi-spectacle.fr
Agence St-Etienne • 84 bis cours Fauriel • 42026 **ST ETIENNE CEDEX 02**

Yves CIZERON

POLE EMPLOI 69 (CULTURE SPECTACLE)

✆ **39 49 / 39 95**
equipe-spectacle.69280@pole-emploi.fr
7 rue Louis Guérin • 69628 **VILLEURBANNE CEDEX**

Sabine DANQUIGNY (Responsable du site) • Caroline COVO-POULARD (Responsable d'équipe) • Carole LABLACHE (Responsable d'équipe)

SACEM (DIRECTION REGIONALE RHONE-ALPES AUVERGNE)

✆ **04 86 06 30 00** • fax 04 86 06 30 01
lyondr@sacem.fr • **www.sacem.fr**
74 cours Lafayette • 69421 **LYON CEDEX 03**

Eric BOURSON (Directeur régional)

Mission : Gestion du droit d'auteur

FÉDÉRATIONS ET RÉSEAUX RÉGIONAUX

FEPPRA

✆ **04 26 64 23 38** • fax 04 78 27 23 96
contact@feppra.org • **www.feppra.org**
13 rue René Leynaud • 69001 **LYON**

David MOREL (Président)

Fédération des éditeurs et producteurs phonographiques de la région Rhône-alpes • **Objet** : Promotion, structuration, développement et mise en réseau de la filière disque en Rhône-Alpes • **Activité(s)** : Agit pour la défense de la diversité culturelle, en soutenant les services de distribution, de promotion, d'information et de formation alternatifs, en lien avec l'ensemble des acteurs, toutes esthétiques musicales confondues

JAZZ(S) RA

✆ **04 72 73 77 61** • fax 04 72 73 77 61
administration@jazzsra.fr • **www.jazzsra.fr**
Le Village Sutter • 10 rue de Vauzelles • 69001 **LYON**

Jacques BONNARDEL (Président) • Pascal BUENSOZ (Coordinateur) • Benjamin TANGUY (Vice-président) • Valérie BRUJAS (Vice-présidente)

Plateforme des Acteurs du Jazz en Rhône-Alpes • **Objet** : Plateforme du jazz en région rhône Alpes • **Activité(s)** : Objectifs de JAZZ(s) RA : soutenir les artistes, ensembles et projets régionaux, la création et résidences d'artistes, la diffusion, la formation et l'émergence, renforcer les liens, échanges nationaux et internationaux, participer à la structuration en région et enfin instaurer une dynamique territoriale (observation/réflexion/conseil) et fidéliser de nouveaux publics - Tremplin jazz's)RA (13e édition en 2013) - « le Grand Escalier », orchestre d'Insertion Jazz(s)RA 2012>2014 sous la direction Jean-Charles Richard

LIMACE

✆ **04 77 34 46 40** • fax 04 77 01 05 41
contact@le-fil.com • **www.le-fil.com**
20 bd Thiers • 42000 **ST ETIENNE**

Colin LEMAITRE (Coprésident) • Philippe CHAPPAT (Coprésident)

Objet : Fédérer les différentes initiatives culturelles et artistiques ligériennes dans les musiques actuelles • **Activité(s)** : Gestion de la Smac Le Fil

OUTRE-MER

ADMINISTRATIONS ET ORGANISMES RÉGIONAUX

Guadeloupe

CONSEIL REGIONAL DE GUADELOUPE

✆ **05 90 80 40 40 / 05 90 80 40 72** • fax 05 90 80 40 87
m.moutou@cr-guadeloupe.fr • **www.cr-guadeloupe.fr**
DCFA/Service spectacle vivant • av. Paul Lacavé • Petit paris
97100 **BASSE TERRE**

Fély KACY-BAMBUCK (Conseillère régional en charge de la Culture) • Manuella MOUTOU (Chef de service)

Mission : Promotion et valorisation des talents. Accompagnement de ceux qui participent à la renommée de la Guadeloupe • **Activité(s)** : Organisation de Gwadloup'festival, festival de Gwo-Ka, festival de Jazz, créole blues, forum de la mode, festival de théâtre

DRAC GUADELOUPE

✆ **05 90 41 14 57 / 05 90 41 14 54** • fax 05 90 41 14 60
philippe.bon@culture.gouv.fr
www.culturecommunication.gouv.fr/regions
22 rue Auguste Perrinon • 97100 **BASSE TERRE**

Anne MISTLER (Directrice) • Yannick CAUREL (Conseiller spectacle vivant) • Yveline LOUEMBA (Responsable du bureau des licences d'entrepreneurs de spectacles)

Direction régionale des affaires culturelles

POLE EMPLOI GUADELOUPE ET ÎLES DU NORDS (CULTURE SPECTACLE)

✆ **05 90 32 50 45** • fax 05 90 32 50 11
marc.prevost@pole-emploi.fr • **www.pole-emploi-spectacle.fr**
1/7 Lot jardins de Houelbourg • Jarry • 97122 **BAIE MAHAULT**

Marc PRÉVOST

SACEM (DÉLÉGATION RÉGIONALE GUADELOUPE, ST-BARTHELEMY & ST-MARTIN)

✆ **05 90 41 94 50** • fax 05 90 41 94 51
dl.guadeloupe@sacem.fr • **www.sacem.fr**
Imm. Les Tropiques • voie verte ZI de Jarry • 97122 **BAIE MAHAULT**

Patrick MATHIEU (Délégué régional)

Guyane

DAC GUYANE

✆ **05 94 25 54 00** • fax 05 94 25 54 10
fabrice.delaroa@culture.gouv.fr • **www.culturecommunication.gouv.fr/regions**
95 rue du Gal De Gaulle • BP 11 • 97321 **CAYENNE CEDEX**

Michel COLARDELLE (Directeur) • Michel VERROT (Directeur adjoint) • Claudine SEGUI (Secrétaire générale) • Fabrice DELAROA (Action culturelle, musique, danse, théâtre)

Direction des affaires culturelles

Martinique

DAC RÉUNION

✆ **02 62 21 91 71** • fax 02 62 41 61 93
guilene.tacoun@culture.gouv.fr
www.culturecommunication.gouv.fr/regions
23 rue Labourdonnais • CS 71045 • 97404 **ST DENIS CEDEX**

Marc NOUSCHI (Directeur) • Guilène TACOUN (Conseillère musique et danse)

Direction des affaires culturelles Océan Indien

DRAC MARTINIQUE

✆ **05 96 60 05 36** • fax 05 96 64 27 84
www.culturecommunication.gouv.fr/regions
54 rue Pr. Raymond Garcin • 97200 **FORT DE FRANCE**

Reine PRAT (Directrice) • Marie-Claire DUBERNARD (Directrice adjointe) • Agnès CLAUSSE (Conseillère musique, théâtre, danse et spectacles)

Direction régionale des affaires culturelles

PRESS 972 (CULTURE SPECTACLE)

✆ **05 96 58 13 63** • fax 05 96 58 13 61
culture-spectacle-martinique.97222@pole-emploi.fr
www.pole-emploi-spectacle.fr
USP PRESS – Pôle Emploi Spectacle Martinique • Imm. Les Cascades
Pl. F. Mitterrand • 97200 **FORT DE FRANCE**

Olivier JOSEPH (Collaborateur)

Pôle régional des emplois et services spécialisés

SACEM (DELEGATION REGIONALE MARTINIQUE/GUYANE)

✆ **05 96 72 61 61** • fax 05 96 72 58 31
dl.martinique@sacem.fr • **www.sacem.fr**
pointe Simon • 111/113 rue Ernest Deproge • BP 428
97204 **FORT DE FRANCE CEDEX**

Christian BOUTANT (Délégué régional)

Nouvelle-Calédonie

ADCK

✆ **(687) 41 45 55** • fax (687) 41 45 56
adck@adck.nc • **www.adck.nc**
Centre culturel Tjibaou • Rue des accords de Matignon - Baie de Tina
BP 378 • 98845 **NOUMEA CEDEX**

Emmanuel TJIBAOU (Directeur) • Ashley VINDIN (Secrétaire général) • Guillaume SOULARD (Directeur artistique et culturel) • Sarah GUEMRIRÈNE (Responsable dépt. Communication) • Nadège LAGNEAU (Responsable dépt. Spectacle)

Agence de développement de la culture kanak • **Mission** : Valoriser le patrimoine archéologique et linguistique Kanak; encourager les formes contemporaines d'expression de la culture Kanak, en particulier dans les domaines artisanal, audiovisuel et artistique; promouvoir les échanges culturels, notamment dans la région Pacifique Sud; définir et conduire des programmes de recherches • **Activité(s)** : Diffusion musiques, danses, théâtre; constitution d'un Fonds d'art contemporain kanak et océanien, expositions; aide à la création; recherche et collecte du patrimoine oral; médiathèque, etc.

DIRECTION DE LA CULTURE DE LA PROVINCE SUD

✆ **(687) 24 60 90** • fax (687) 24 60 91
dc.contact@province-sud.nc • **www.province-sud.nc**
Imm. Le XVI • 16 rue Galliéni • BP 2365 • 98846 **NOUMEA CEDEX**

Jean-Baptiste FRIAT (Directeur) • Christine AÏTA (Chef de service du développement artistique et culturel – Audiovisuel) • Joséphine JANNOT (Chargée d'actions culturelles Danse et Musique) • Alexia DUCHESNE (Chargée d'actions culturelles Education artistique - Publics spécifiques)

Mission : Aide à la création et à la diffusion des arts vivants, des arts visuels, de l'audiovisuel, du livre et de la lecture publique, soutien à la formation et à l'éducation artistique • **Activité(s)** : Programmation artistique, soutien aux projets associatifs et scolaires, aides à la formation artistique

Réunion

CONSEIL REGIONAL DE LA REUNION

✆ **262 (0) 262 92 22 96** • fax 262 (0) 262 92 22 95
region.reunion@cr-reunion.fr • **www.regionreunion.com**
Hôtel de la Région - Le Moufia • Av. René Cassin • BP 7190
97719 **ST DENIS MESSAGE CEDEX 9**

Patrice BERTIL (Directeur)

Direction des affaires culturelles et sportives • **Mission** : Promotion de la musique réunionnaise, des arts visuels, du patrimoine, de la littérature, du spectacle vivant, de l'enseignement artistique, mise en valeur des équipements et musées régionaux • **Activité(s)** : Aides financières aux acteurs du spectacle vivant, direction et direction du Conservatoire à rayonnement régional

POLE EMPLOI REUNION (CULTURE SPECTACLE)

✆ **39 49** • fax 39 95
culture-spectacle.reunion@pole-emploi.fr
www.pole-emploi-spectacle.fr
Agence Saint-Paul • 6 bis route de Savanna • BP 74
97862 **ST PAUL CEDEX**

Jacky LOW-HONG (Conseiller référent Spectcale audiovisuel) • Valérie SCALLIET

PÔLE RÉGIONAL DES MUSIQUES ACTUELLES - RÉUNION

✆ **02 62 90 94 60** • fax 02 62 90 94 61
contact@runmuzik.fr • **www.runmuzik.fr**
6 bis rue Pasteur • BP 1018 • 97481 **ST DENIS CEDEX**

Alain COURBIS (Directeur) • Laurent BOURMAULT (Administrateur) • Nadège NAGES (Chargée de production) • Fanie PRECOURT (Chargée de mission patrimoine / chargée du Label Takamba) • Nicolas GONTHIER (Chargé de communication) • Annick NOURRY (Animatrice centre Ressources)

RUNMUZIK • **Mission** : Action de développement et professionalisation des musiques actuelles, recherche et préservation du patrimoine musical • **Activité(s)** : Patrimoine (collectage, archivage et publication), formation (stages et masterclass), information (bulletin, guide-annuaire, site internet et centre de documentation), exportation (développement de réseaux pour la promotion des musiques de la Réunion et de l'océan Indien, participation aux rencontres professionnelles nationales et internationales), observation

SACEM (DELEGATION REGIONALE DE LA REUNION ET MAYOTTE)

✆ **02 62 94 82 20** • fax 02 62 94 82 21
dl.reunion@sacem.fr • **www.sacem.fr**
Imm. Le Quartz • 216 bd Jean Jaurès • 97490 **SAINTE CLOTILDE**

Patrick MATHIEU (Délégué régional)

REPRÉSENTATIONS SYNDICALES RÉGIONALES

Guadeloupe

SYNDIPROS

✆ **06 90 14 07 24**
lesyndipros@yahoo.fr
34 rue Maurice François • BP 136 • 97170 **PETIT BOURG**

Christian-Georges HENRY-LEO (Président)

Groupement des producteurs et organisateurs de spectacles de la Guadeloupe • **Objet** : Syndicat des diffuseurs, des producteurs et des salles de spectacles de Guadeloupe

FÉDÉRATIONS ET RÉSEAUX RÉGIONAUX

Guyane

MAGMAT

magmat973@gmail.com • **www.reseau-musiques-guyane.com**
24 rue des Incas • Lotissmement Maya • 97351 **MATOURY**

Jean-René POLONY (Président) • Roland LOE-MIE (Trésorier)

Mouvement associatif guyanais des musiques actuelles & traditionnelles • **Objet** : Valorisation et fédération des projets attachés aux pratiques, à la formation et à la diffusion des musiques actuelles amplifiées et traditionnelles dans le département de la Guyane, ainsi que la réflexion, ensemble, sur un dispositif commun d'accompagnement des artistes régionaux pour constituer une filière de développement qui s'appuie sur la complémentarité et les collaborations entre les différentes structures présentes sur le territoire régional • **Activité(s)** : Organisation et participation à des événements comme: festival du Tambour & des Artistes engagés, festival Kreyoloson des Musiques Traditionnelles Créoles Progressives, mini Résidences, Salon des Folkores & Traditions, etc.

Index des annonceurs

Liste des abréviations utilisées

Adresses

appt	appartement
av.	avenue
bât.	bâtiment
BP	boîte postale
bd	boulevard
c/o	chez
ch.	chemin
esc.	escalier
fbg	faubourg
imm.	immeuble
imp.	impasse
lot.	lotissement
pl.	place
rés.	résidence
Dr	docteur
Gal	général
Mal	maréchal
Pdt	président
Pr.	professeur
St(e)(s)	Saint(e)(s)
dép.	département

Dates et durées

lun.	lundi
mar.	mardi
mer.	mercredi
jeu.	jeudi
ven.	vendredi
sam.	samedi
dim.	dimanche
jan.	janvier
fév.	février
jui.	juillet
sep.	septembre
oct.	octobre
nov.	novembre
déc.	décembre
s	seconde
min	minute
h	heure
j.	jour
sem.	semaine
WE	week-end
tte l'année	toute l'année
ts les (x) j.	tous les (x) jours
(x)/j.	(x) fois par jour
apr.	après
av.	avant
suiv.	suivant(es)

Supports de phonogrammes

CD	compact disc
CDR	compact disc recordable
CD-ROM	CD read only memory
DAT	digital audio tape
DVD	digital video disc
K7	cassette
MP3	Mpeg layer 3
VY	vinyle
num.	numérique

Formats de phonogrammes

33T	33 tours
45T	45 tours
EP	extended play/ mini album
LP	long play
maxi (x) T	maxi (x) titres
sgl	single
COM	compilation

Unités de mesure

mm	millimètre
cm	centimètre
m	mètre
km	kilomètre
kW	kilowatt
W	watt
mHz	megaherz

Instruments

ACC	accordéon
ACH	accordéon chromatique
ACD	accordéon diatonique
BAL	balafon
BAK	balalaïka
BNO	bandonéon
BJ	banjo
BA	basse
BAC	basse acoustique
BAS	basson
BT	batterie
BEN	bendir
BIN	biniou
BOMB	bombarde
BOU	bouzouki
BUG	bugle
CAB	cabrette
VC	chant lead
CHA	charengo
CH	choriste
CIT	citare
CLA	clarinette
CLAB	clarinette basse
CL	clavier
CONG	congas
CO	contrebasse
CORN	cornemuse
COP	cornet à piston
CU	cuivre
CYM	cymbale
DER	derbouka
DJE	djembe
EPT	épinette
FIF	fifre
FL	flûte
FLT	flûte traversière
GAL	galoubet
GT	guitare
GTA	guitare acoustique
GTE	guitare électrique
HA	harmonica
HAC	harmonica chromatique
HAD	harmonica diatonique
HAR	harpe
HAU	hautbois
MAN	mandoline
MAR	marimba
ORG	orgue
PE	percussion
PI	piano
PLA	platine
STR	santour
SAN	sanza
SA	saxophone
SAA	saxophone alto
SAB	saxophone baryton
SAS	saxophone soprano
SAT	saxophone ténor
SIT	sitar
SOUB	soubassophone
STD	steel drum
SY	synthétiseur
TBR	tambour
TB	trombone
TR	trompette
TUB	tuba
VEU	veuze
VIB	vibraphone
VIE	vielle
VI	violon
VIC	violoncelle

Matériel

ampli/AMP	amplificateur
BR	boîte à rythmes
CONS	console
EFF	effet(s)
MA	machine
MIC	micro
SAMP	sampleur/ échantillonneur
TBX	table de mixage

Divers

AP	autoproduit
DAN	danseur
DJ	disc-jockey
VJ	vidéo-jockey
MC	maître de cérémonie
mus.	musicien
MAO	musique assistée par ordinateur
Cie	compagnie
ex.	exemple
réf.	référence
rdv	rendez-vous

index général par nom de structure et contact

numérique

A

B

C

D

E

F

G

H

I

J

K

L

M

N

O

P

Q

R

S

T

U

V

index des festivals par date

janvier

février

mars

avril

mai

juin

juillet

août

septembre

octobre

novembre

décembre

index des labels par esthétique musicale

chanson, variété

jazz, blues, musiques improvisées

jeune public

musiques électroniques

musiques fonctionnelles

rap, R&B, soul, funk

reggae, dub, ragga, dancehall

rock, pop, metal, folk, punk

musiques traditionnelles et du monde

L'OFFICIEL DE LA MUSIQUE 2014

JE CHERCHE UNE LISTE DE CONTACTS (PAR METIERS)*

1 REFEREZ-VOUS AUX ENCOCHES...

2 PUIS AU SOMMAIRE DES CHAPITRES

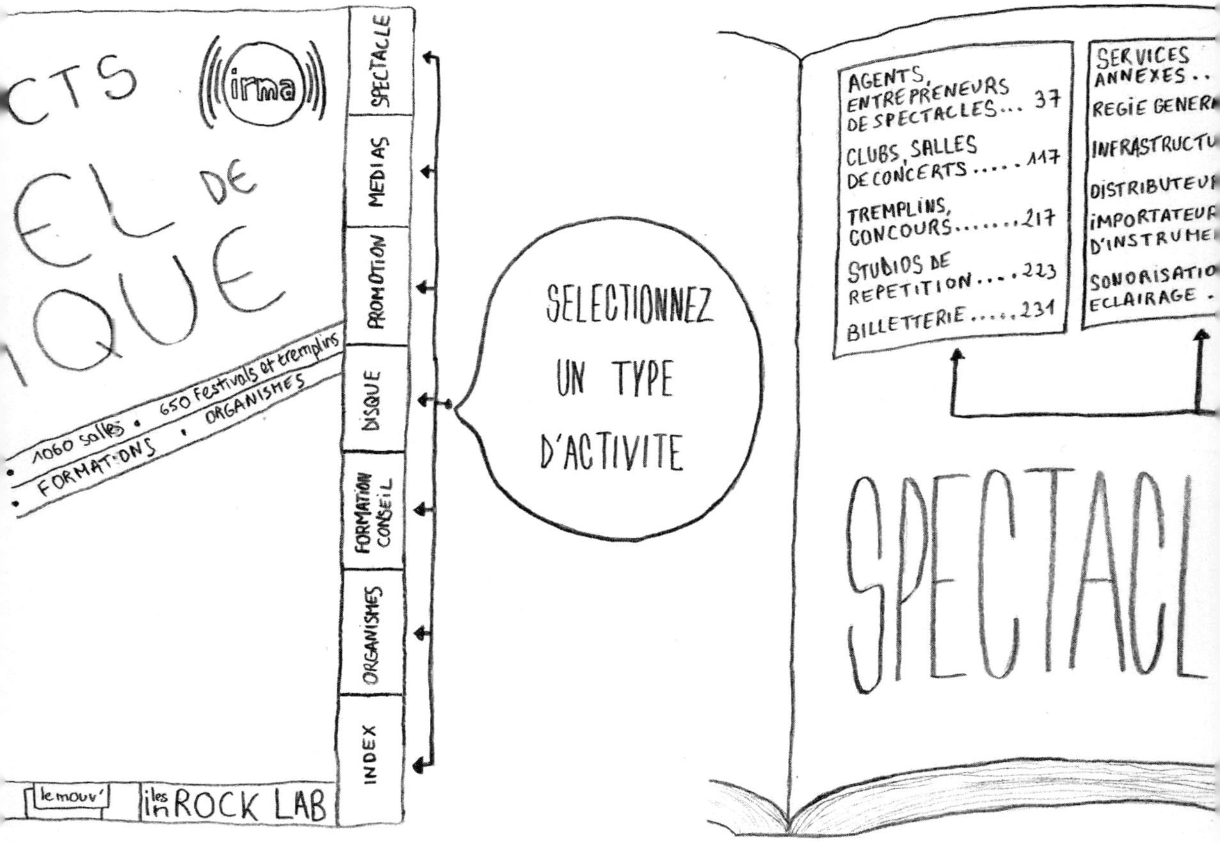

* ⚠ DANS L'OFFICIEL DE LA MUSIQUE, NE FIGURENT PAS TOUS LES METIERS.
IL CONVIENT AU PREALABLE DE VERIFIER LES METIERS / TYPES D'ACTIVITES DANS LE SOMMAIRE PAGES 4-5

MODE D'EMPLOI

D'AUTRES LISTES DE CONTACTS DANS :

LE WOFFI : L'OFFICIEL DE LA MUSIQUE EN LIGNE

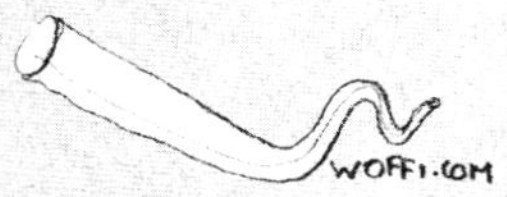

SUR LE WOFFI.COM,
EFFECTUEZ DES RECHERCHES CROISEES
ET ETABLISSEZ VOS PROPRES LISTES.
VOS LISTES SONT ENREGISTREES
ET AUTOMATIQUEMENT MISES A JOUR

LES IRMALISTES

DES LISTES DE CONTACTS PAR ACTIVITES
SALLES . STUDIOS DE REPET'
MAGASINS D'INSTRUMENTS
TREMPLINS . MEDIATHEQUES
FORMATIONS ARTISTIQUES
JEUNE PUBLIC . ACOUSTICIENS

DISPONIBLES EN PDF SUR
WWW.IRMA.ASSO.FR/IRMALISTES

REPORTEZ-VOUS AUX LISTES DE METIERS/ACTIVITES

LES GUIDES-ANNUAIRES SPECIALISES

JAZZ DE FRANCE
EUROWORLD BOOK
LE RESEAU (HIPHOP)
GUIDE DES FANFARES

DISPONIBLES SUR
WWW.IRMA.ASSO.FR/LES-EDITIONS-IRMA

JE CHERCHE DES INFORMATIONS SUR UN CONTACT DONT JE CONNAIS LE NOM

REFEREZ-VOUS A L'INDEX GENERAL PAGES 665 A 713

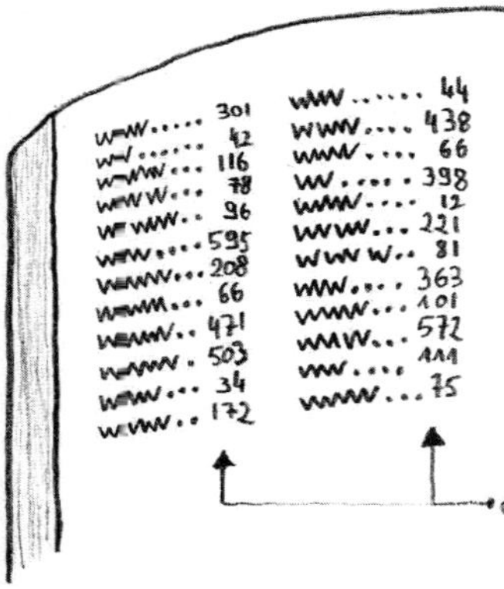

LE NOM D'UN CONTACT OU STRUCTURE PEUT ETRE ASSOCIE A PLUSIEURS PAGES S'IL EST REFERENCE DANS PLUSIEURS ACTIVITES

VOUS POUVEZ AUSSI CHERCHER DANS

LE REPERTOIRE EN LIGNE

TOUTE LA BASE DE DONNEES DE L'IRMA
– 50 000 CONTACTS –

DISPONIBLE EN LIGNE SUR SIMPLE INSCRIPTION
WWW.IRMA.ASSO.FR/-LE-REPERTOIRE-

ET SI JE CHERCHE

A CONNAITRE L'ENTOURAGE PROFESSIONNEL D'UN ARTISTE *

➡ INDEX ARTISTES PAGES 25 A 33

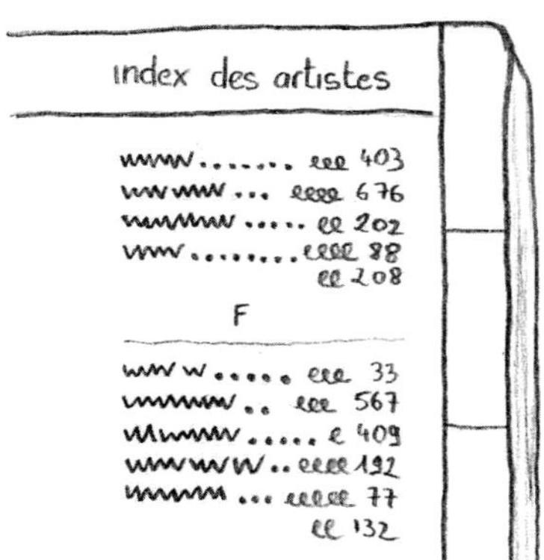

LE NOM DE L'ARTISTE EST ASSOCIE AUX CONTACTS MANAGER OU TOURNEUR OU LABEL

LES LABELS SONT CLASSES PARMI L'UNE DES DIX FAMILLES DE GENRES MUSICAUX

SI UN LABEL PRODUIT PLUSIEURS GENRES, IL PEUT ETRE REFERENCE DANS PLUSIEURS FAMILLES

* L'OFFICIEL DE LA MUSIQUE RECENSE UNE SELECTION D'ARTISTES PRODUITS ET AYANT UNE ACTIVITE EN FRANCE

COMMENT LIRE LES INFORMATIONS DISPONIBLES SUR UNE STRUCTURE ?

CHAQUE ACTIVITE DISPOSE D'UNE FICHE DESCRIPTIVE COMPOSEE DE :

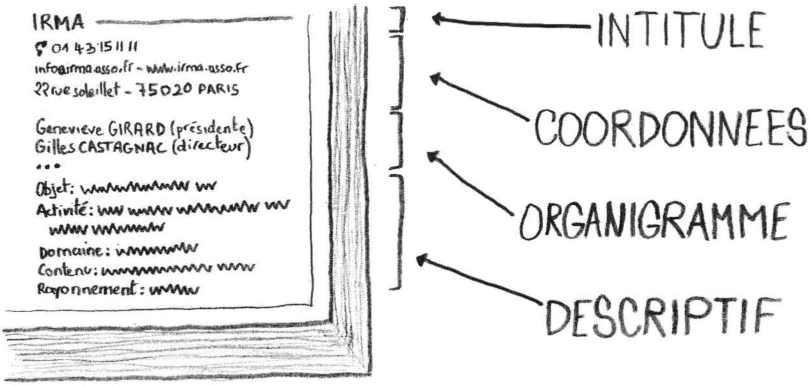

UNE LISTE DE FESTIVALS CLASSES PAR DATES DE PROGRAMMATION

➡ INDEX FESTIVALS PAGES 714 - 715

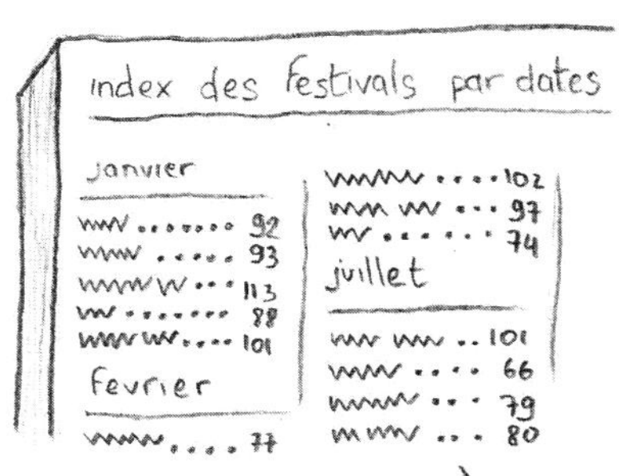

UNE LISTE DES MAISONS DE DISQUES ET LABELS CLASSES PAR GENRES MUSICAUX

➡ INDEX LABELS PAGES 716 A 718

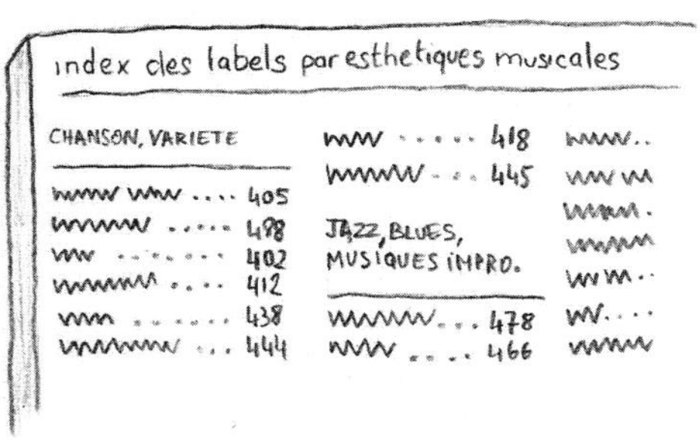

LES FESTIVALS SONT CLASSES SELON LA PERIODE OU ILS SE DEROULENT

SE REFERER AUX FICHES DESCRIPTIVES POUR CONNAITRE LES DATES DE BOUCLAGE DE LA PROGRAMMATION

ANNEXE

JE CHERCHE A METTRE A JOUR LES INFORMATIONS SUR MON ACTIVITE

VERIFIEZ LES INFORMATIONS PUBLIEES ET INDIQUEZ-NOUS LES MODIFICATIONS A REACTUALISATION@IRMA.ASSO.FR

JE CHERCHE A DECLARER MON ACTIVITE AUPRES DE L'IRMA

INDIQUEZ-NOUS VOTRE SECTEUR D'ACTIVITE ET VOS COORDONNEES A REACTUALISATION@IRMA.ASSO.FR

⚠ TOUTES LES INFORMATIONS FOURNIES NE SONT PAS NECESSAIREMENT PUBLIEES. ELLES SONT SELECTIONNEES PAR L'IRMA SELON SES CRITERES DE PUBLICATION

JE CHERCHE A REALISER UNE CAMPAGNE D'EMAILING A PARTIR DES FICHIERS DE L'IRMA

CONTACTEZ-NOUS POUR UNE DEMANDE DE DEVIS A REACTUALISATION@IRMA.ASSO.FR

PARCOURS D'ARTISTES

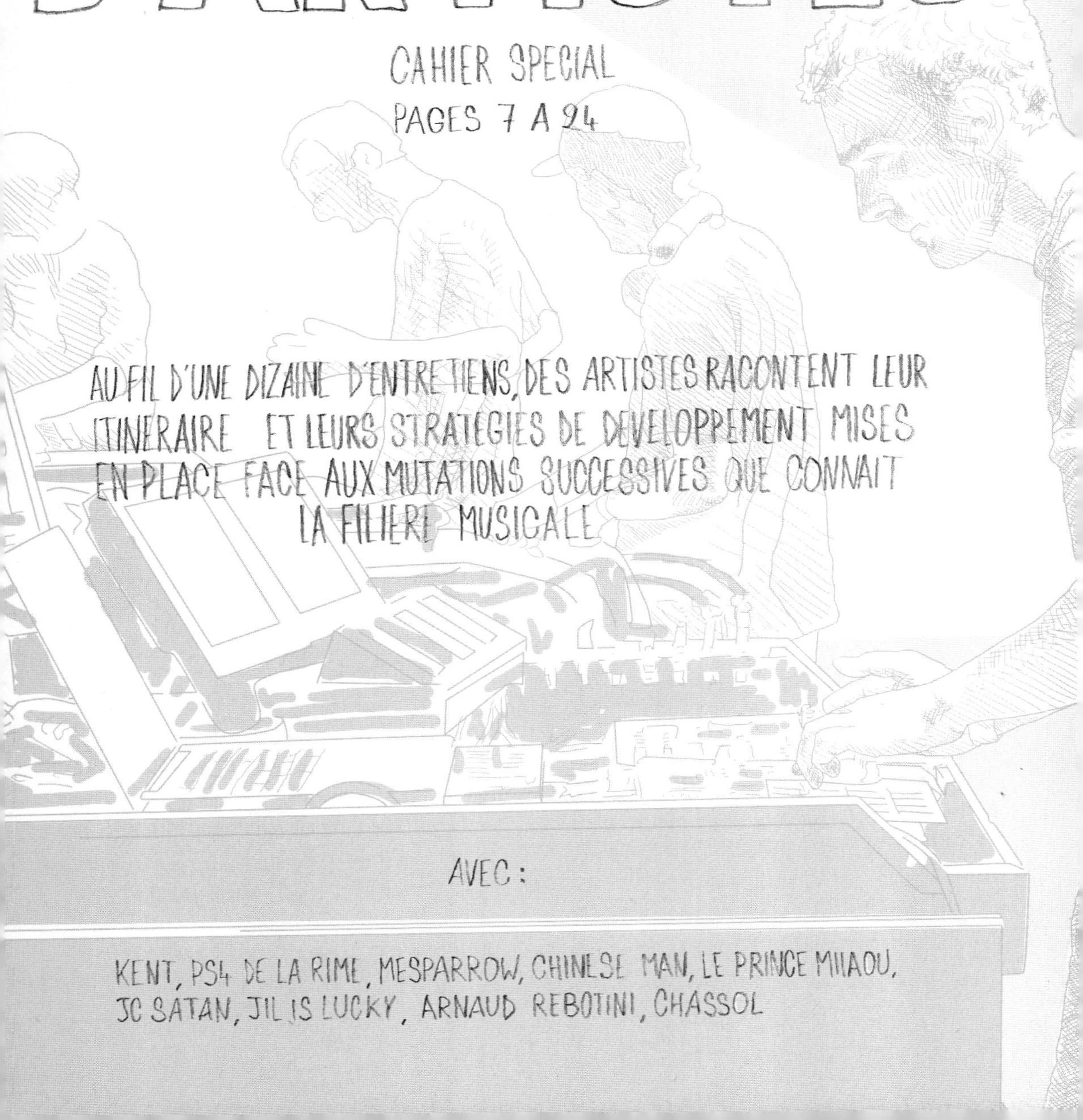

IRMA : LE

L'IRMA EST UN ORGANISME OUVERT A TOUS LES ACTEURS DES MUSIQUES ACTUELLES POUR LEUR INFORMATION, LEUR ORIENTATION, LEUR CONSEIL OU LEUR FORMATION

VOUS ETES ICI

VOUS ETES

ARTISTE

PROFESSIONNEL DE LA MUSIQUE

PORTEUR D'UN PROJET EN LIEN AVEC LE MONDE DE LA MUSIQ

T : 01 43 15 11 11
F : 01 43 15 11 10

22 RUE SOLEILLET
75020 PARIS

@
www.irma.asso.fr
info@irma.asso.fr

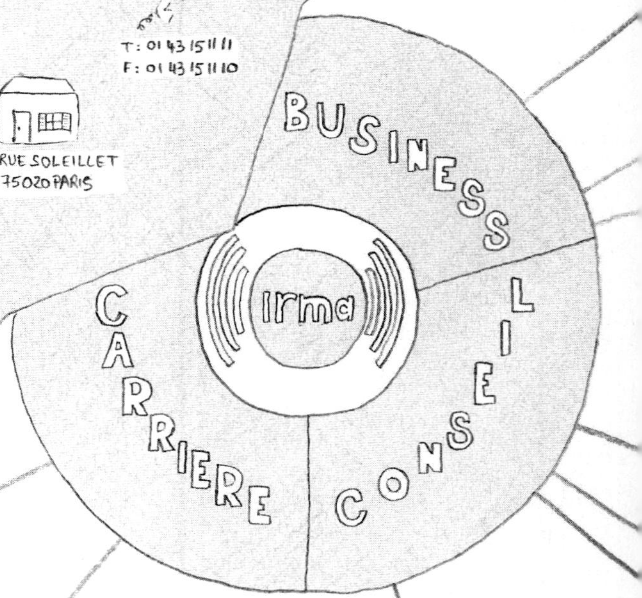

IRM@WORK

LA PLATEFORME EMPLOIS ET STAGES DES PROFESSIONNELS DE LA MUSIQUE ET DE LA CULTURE

WWW.IRMAWORK.COM

FORMATION

- PRES DE 40 STAGES COURTS DE FORMATION PROFESSIONNELLE
  - ➜ THEMES : CARRIERE D'ARTISTES, EDITION PHONOGRAPHIQUE ET MUSICALE, ORGANISATION DE SPECTACLES, MUSIQUE ET INTERNET, GESTION ET MONTAGE DE PROJETS...
- UN DIPLOME UNIVERSITAIRE "ECONOMIE ET GESTION DE PROJETS MUSICAUX" AVEC L'UNIVERSITE PARIS OUEST NANTERRE LA DEFENSE

ORIENTATION PROFESSIONNELLE ET SPECIALISEE

- UN CONSEILLER PROFESSIONNEL VOUS ORIENTE DANS VOS DEMARCHES ET LE DEVELOPPEMENT DE VOTRE ACTIVITE
- TROIS CENTRES D'INFORMATION SPECIALISES PAR GENRE POUR VOUS GUIDER AU SEIN D'UN RESEAU :
  - CIR : ROCK, CHANSON, ELECTRO, HIP HOP
  - CIJ : JAZZ, MUSIQUES IMPROVISEES
  - CIMT : MUSIQUES TRADITIONNELLES ET DU MONDE

MODE D'EMPLOI

ACTUALITES PROFESSIONNELLES

- UN FIL QUOTIDIEN D'INFORMATION SUR L'ACTUALITE PROFESSIONNELLE DU SECTEUR MUSICAL
- CHAQUE MOIS, UN FOCUS COMPLET SUR UN SUJET POINTU DE L'ACTUALITE MUSICALE
- UN AGENDA DES PRINCIPAUX RENDEZ-VOUS PROFESSIONNELS

RESTEZ EN CONTACT

irmACTU LA LETTRE D'INFO

LES RESEAUX SOCIAUX f t YouTube

METIERS

- DEUX COLLECTIONS D'OUVRAGES :
  - METIERS DE LA MUSIQUE : DES GUIDES PRATIQUES POUR MONTER OU DEVELOPPER SON ACTIVITE
  - ®EVOLUTIC : DES TRIBUNES POUR DISCUTER DU DEVELOPPEMENT DU SECTEUR MUSICAL
- DES FICHES PRATIQUES POUR TOUT SAVOIR DE LA SCENE AU DISQUE

CONTACTS

- UNE BASE DE DONNEES REACTUALISEE EN CONTINU (50 000 CONTACTS)

  ➥ LES EXPLOITATIONS :
  - GUIDE-ANNUAIRE : L'OFFICIEL DE LA MUSIQUE, JAZZ DE FRANCE, ETC.
  - IRMALISTE : SALLES, STUDIOS DE REPET', TREMPLINS...
  - REPERTOIRE EN LIGNE : ACCEDEZ AU DESCRIPTIF D'UN CONTACT PAR SON NOM
  - WOFFI.COM : UN ANNUAIRE EN LIGNE AVEC RECHERCHE MULTICRITERE
- ROUTAGE D'EMAILING ET PUBLIPOSTAGE A PARTIR DES CONTACTS DE LA BASE DE DONNEES

RENCONTRES PROFESSIONNELLES

ORGANISATION ET ANIMATION DE TABLES RONDES ET CONFERENCES EN LIEN AVEC L'ACTUALITE

DOCUMENTATION

- UN CONSEILLER VOUS RENSEIGNE SUR LES OUVRAGES, GUIDES ET PRESSE SPECIALISEE CONSULTABLES SUR PLACE
- UNE SELECTION DOCUMENTAIRE DISPONIBLE EN LIGNE

LIBRAIRIE

- UNE LIBRAIRIE SPECIALISEE AVEC PLUS DE 1000 OUVRAGES DE REFERENCE
- UNE LIBRAIRIE EN LIGNE POUR COMMANDER A DISTANCE

THEMATIQUES :
METIERS DE LA MUSIQUE
ECONOMIE ET POLITIQUES CULTURELLES
GESTION ET MANAGEMENT D'ACTIVITES
GENRES ET MUSICOLOGIE
REGLEMENTATION
TECHNIQUE...

L'OFFICIEL DE LA MUSIQUE 2014

L'équipe de *L'Officiel de la musique 2014*

Directrice de la publication : Geneviève Girard (présidente) • **Directeur** : Gilles Castagnac • **Directrice adjointe/responsable des éditions** : Marie-José Sallaber-Lizotte • **Responsable des relations presse** : Mathias Milliard • **Coordination générale** : Marion Mota • **Coordination/rédaction en chef de l'ouvrage** : Frédéric Drewniak • **Coordination de la base de données** : Fabrice Jallet • **Responsable de la fabrication** : Sarah Bonet • **Diffusion** : Charles Daubenton • **Partenariats/régie publicitaire** : Romain Pierre assisté de Léa Ferry • **Correction** : Céline Poirier • **Comptabilité** : Fatiha Beddi • **Standard** : Isabelle Menessier • **Conception maquette couverture** : BB&B (01 40 33 79 41) • **Déclinaison graphique couverture** : Denis Christine assisté de Housnati Mlamali • **Logo Irma** : Agence Lalu • **Impression** : Corlet imprimeur • **Cartographie réalisée avec le logiciel** : ©Arctique (www.articque.com).

Dossier spécial « Parcours d'artistes »

Rédacteurs : Frédéric Drewniak, Mathias Milliard • **Conception graphique/mise en page** : Sarah Bonet.

Les chefs de rubriques

Fichier jazz : Pascal Anquetil (CIJ) • **Fichier musiques traditionnelles et du monde** : François Bensignor (CIMT) assisté de Lamia Fourment • **Fichier rock, chanson, hip hop et musiques électroniques** : Frédéric Drewniak (CIR) assisté de Martin Malensua • **Organismes** : Gilles Castagnac • **Formations, conseil** : Bertrand Mougin, Fabrice Jallet • **Communication visuelle** : Denis Christine, assistés de Charline Haïssat • **Salles de spectacles, festivals, associations et services culturels, tremplins, disquaires, presse spécialisée, journalistes** : CIJ, CIMT, CIR • **Agents, producteurs, services scène** : Marie-José Sallaber-Lizotte assistée de Juliette Trébucien • **Disque, édition musicale, promotion** : Fabrice Jallet assisté de Charline Haïssat • **Médias radio, TV et production audiovisuelle** : Romain Bigay • **Presse, conférences, documentaires et expositions** : Mathias Milliard • **Ressources, international** : Florence de Coninck, assistés de Alice Renaud • **Chercheurs** : Sarah Bonet • **Éditions d'ouvrages spécialisés, guides-annuaires** : Charles Daubenton assisté de Franck Paredes.

La liste de nos correspondants régionaux se trouve en pages 631 à 637.

Remerciements

Philippe Astor, Malika Baaziz, Katrin Besacier, Agnès Bongo, Martine Bourzicot, Rémi Bouton, Pierre-Marie Bouvery, Maguelone Cathala, Marjorie Cavaye, Chassol, Chinese Man, Magali Clapier, Séverine Daniel, Christophe Demay, Jean-Baptiste Gourdin, High-Ku, JC Satan, Jil is Lucky, Marc Kaiser, Kent, Issam Krimi, Le Prince Miiaou, Emmanuel « Lou Grant » Legrand, Renan Luce, Éric Mériel, Aude Merlet, Mesparrow, François Millet, Séverine Morin, Sandrine Nedelec, Frédéric Neff, Jérôme Paul-Hazard, Babeth Picat, Psy4 de la Rime, Marina Quaisse, Arnaud Rebotini, Soprano, Natalie Vabé, Nicolas Vedeau, Marina Watremez. Et bien évidemment celle ou celui que l'on a oublié(e)…

Directrice de la publication : Geneviève Girard

Imprimé en France par Corlet imprimeur S.A. • BP 86 • 14110 Condé sur Noireau • Tél. : 02 31 59 53 00

PEFC 10-31-1510

Dépôt légal : septembre 2013
ISBN : 978-2-36748-014-5
Prix : 49 €

Irma • 22 rue Soleillet 75980 PARIS CEDEX 20 • tél. : 01 43 15 11 11 • fax : 01 43 15 11 10
www.irma.asso.fr • www.woffi.com • www.irmawork.com